WANDER GARCIA

Um dos maiores especialistas em Exames e Concursos do País

NOVO CED CPC

COMO PASSAR NA OAB

1ª FASE

5.000 QUESTÕES COMENTADAS

2017
13ª EDIÇÃO

EDITORA FOCO

2017 © Editora Foco

Coordenador: Wander Garcia

Autores: Wander Garcia, Ana Paula Garcia, Arthur Trigueiros, Bruna Vieira, Cintia Martins Rodrigues, Denis Skorkowski, Eduardo Dompieri, Fernando Cavalcante, Gabriela Rodrigues, Henrique Subi, Hermes Cramacon, José Renato Gomes, Luiz Dellore, Renan Flumian, Robinson S. Barreirinhas, Teresa Melo

Editor: Márcio Dompieri

Diretor Acadêmico: Leonardo Pereira

Gerente Editorial: Paula Tseng

Equipe Editora Foco: Georgia Dias e Ivo Shigueru Tomita

Capa: Wilton Carvalho Garcia (WCG Propaganda & Design) e R2 Editorial

Projeto Gráfico: Ladislau Lima

Diagramação: R2 Editorial

Impressão miolo e acabamento: INTERGRAF

Dados Internacionais de Catalogação na Publicação (CIP)
(Câmara Brasileira do Livro, SP, Brasil)

Garcia, Wander
Como passar na OAB : 5.000 questões / Wander Garcia. -- 13. ed. -- Indaiatuba, SP : Editora Foco Jurídico, 2017. -- (Coleção como passar)

ISBN 978-85-8242-165-9

1. Ordem dos Advogados do Brasil - Exames, questões etc. I. Título. II. Série.

16-06761 CDU-347.965.8(81)(079.1)

Índices para Catálogo Sistemático:

1. Exames de Ordem : Ordem dos Advogados do Brasil : Direito 347.965.8(81)(079.1)
2. Ordem dos Advogados do Brasil : Exames de Ordem : Direito 347.965.8(81)(079.1)

NOTAS DA EDITORA:

Atualizações e erratas: A presente obra é vendida como está, atualizada até a data do seu fechamento, informação que consta na página II do livro. Havendo a publicação de legislação de suma relevância, a editora, de forma discricionária, se empenhará em disponibilizar atualização futura.

Bônus ou Capítulo *On-line*: Excepcionalmente, algumas obras da editora trazem conteúdo no *on-line*, que é parte integrante do livro, cujo acesso será disponibilizado durante a vigência da edição da obra.

Erratas: A Editora se compromete a disponibilizar no site www.editorafoco.com.br, na seção Atualizações, eventuais erratas por razões de erros técnicos ou de conteúdo. Solicitamos, outrossim, que o leitor faça a gentileza de colaborar com a perfeição da obra, comunicando eventual erro encontrado por meio de mensagem para contato@editorafoco.com.br. O acesso será disponibilizado durante a vigência da edição da obra.

* A presente obra contém 5.000 questões comentadas (impresso e *on-line*).

Impresso no Brasil (09.2016)

Data de Fechamento (08.2016)

1ª Tiragem

MISTO
Papel produzido a partir de fontes responsáveis
FSC® C011188

2017

Editora Foco Ltda
Al. Júpiter 542 – American Park Distrito Industrial
CEP 13347-653 – Indaiatuba – SP
E-mail: contato@editorafoco.com.br
www.editorafoco.com.br

APRESENTAÇÃO

A experiência diz que aquele que quer ser aprovado deve cumprir três objetivos: a) entender a teoria; b) ler a letra da lei, e c) treinar. A teoria é vista em cursos e livros à disposição do candidato no mercado. O problema é que este, normalmente, para nessa providência. A leitura da lei e o treinamento acabam sendo deixados de lado. E é nesse ponto que está o grande erro. Em média, mais de 90% das questões são respondidas a partir do texto da lei. Além disso, as questões de prova se repetem muito.

É por isso que é fundamental o candidato contar com a presente obra. Com ela você poderá ler a letra da lei e treinar. Cada questão vem comentada com o dispositivo legal em que você encontrará a resposta correta. Com isso você terá acesso aos principais dispositivos legais que aparecem no Exame de Ordem, de uma maneira lúdica e desafiadora. Além disso, você começará a perceber as técnicas dos examinadores, as 'pegadinhas' típicas de prova e todas as demais características da Banca Examinadora, de modo a ganhar bastante segurança para o momento decisivo, que é o dia da sua prova.

É importante ressaltar que essa obra é única no mercado, pois somente ela traz tamanho número de questões do Exame de Ordem e da FGV, questões estas que estão classificadas e comentadas, sendo que o comentário é feito para cada alternativa de cada questão, sempre que necessário.

As questões de Processo Civil estão comentadas de acordo com o Novo CPC de 2015 e o capítulo de Ética Profissional está escrito à luz do Novo Código de Ética e Disciplina da OAB.

É por isso que podemos afirmar com uma exclamação que esta obra vai demonstrar a você COMO PASSAR NA OAB!

SUMÁRIO

3. DIREITO INTERNACIONAL 239

4. DIREITO EMPRESARIAL 271

5. DIREITO DO CONSUMIDOR 347

6. DIREITO CIVIL 377

7. DIREITO PROCESSUAL CIVIL – NOVO CPC – LEI 13.105/2015 479

8. DIREITO ADMINISTRATIVO 515

9. DIREITO TRIBUTÁRIO 667

10. DIREITO DO TRABALHO 785

11. DIREITO PROCESSUAL DO TRABALHO 847

12. DIREITO AMBIENTAL 899

13. DIREITO DA CRIANÇA E DO ADOLESCENTE 939

14. DIREITO PENAL 961

15. DIREITO PROCESSUAL PENAL 1055

16. DIREITOS HUMANOS 1137

17. FILOSOFIA DO DIREITO 1175

Como ter acesso ao Capítulos *On-line*?

Entre no site
www.editorafoco.com.br

clique em
Atualizações

e baixe o arquivo
Capítulos *On-line*

COMO USAR O LIVRO?

Para que você consiga um ótimo aproveitamento deste livro, atente para as seguintes orientações:

1º Tenha em mãos um ***vademecum*** ou **um computador** no qual você possa acessar os textos de lei citados.

Neste ponto, recomendamos o Vade Mecum de Legislação FOCO 2016 – 3ª edição, que é o Vade Mecum com o melhor conteúdo impresso do mercado – confira em www.editorafoco.com.br.

2º Se você estiver estudando a teoria (fazendo um curso preparatório ou lendo resumos, livros ou apostilas), faça as questões correspondentes deste livro na medida em que for avançando no estudo da parte teórica.

3º Se você já avançou bem no estudo da teoria, leia cada capítulo deste livro até o final, e só passe para o novo capítulo quando acabar o anterior; vai mais uma dica: alterne capítulos de acordo com suas preferências; leia um capítulo de uma disciplina que você gosta e, depois, de uma que você não gosta ou não sabe muito, e assim sucessivamente.

4º Iniciada a resolução das questões, tome o cuidado de ler cada uma delas **sem olhar para o gabarito e para os comentários**; se a curiosidade for muito grande e você não conseguir controlar os olhos, tampe os comentários e os gabaritos com uma régua ou um papel; na primeira tentativa, é fundamental que resolva a questão sozinho; só assim você vai identificar suas deficiências e "pegar o jeito" de resolver as questões; marque com um lápis a resposta que entender correta, e só depois olhe o gabarito e os comentários.

5º **Leia com muita atenção o enunciado das questões.** Ele deve ser lido, no mínimo, duas vezes. Da segunda leitura em diante, começam a aparecer os detalhes, os pontos que não percebemos na primeira leitura.

6º **Grife as palavras-chave, as afirmações e a pergunta formulada.** Ao grifar as palavras importantes e as afirmações você fixará mais os pontos-chave e não se perderá no enunciado como um todo. Tenha atenção especial com as palavras "correto", "incorreto", "certo", "errado", "prescindível" e "imprescindível".

7º Leia os comentários e **leia também cada dispositivo legal** neles mencionados; não tenha preguiça; abra o *vademecum* e leia os textos de leis citados, tanto os que explicam as alternativas corretas, como os que explicam o porquê de ser incorreta dada alternativa; você tem que conhecer bem a letra da lei, já que mais de 90% das respostas estão nela; mesmo que você já tenha entendido determinada questão, reforce sua memória e leia o texto legal indicado nos comentários.

8º Leia também os **textos legais que estão em volta** do dispositivo; por exemplo, se aparecer, em Direito Penal, uma questão cujo comentário remete ao dispositivo que trata da falsidade ideológica, aproveite para ler também os dispositivos que tratam dos outros crimes de falsidade; outro exemplo: se aparecer uma questão, em Direito Constitucional, que trate da composição do Conselho Nacional de Justiça, leia também as outras regras que regulamentam esse conselho.

9º Depois de resolver sozinho a questão e de ler cada comentário, você deve fazer uma **anotação ao lado da questão**, deixando claro o motivo de eventual erro que você tenha cometido; conheça os motivos mais comuns de erros na resolução das questões:

DL – "desconhecimento da lei"; quando a questão puder ser resolvida apenas com o conhecimento do texto de lei;

DD – "desconhecimento da doutrina"; quando a questão só puder ser resolvida com o conhecimento da doutrina;

DJ – "desconhecimento da jurisprudência"; quando a questão só puder ser resolvida com o conhecimento da jurisprudência;

FA – "falta de atenção"; quando você tiver errado a questão por não ter lido com cuidado o enunciado e as alternativas;

NUT - "não uso das técnicas"; quando você tiver se esquecido de usar as técnicas de resolução de questões objetivas, tais como as da **repetição de elementos** ("quanto mais elementos repetidos existirem, maior a chance de a alternativa ser correta"), das **afirmações generalizantes** ("afirmações generalizantes tendem a ser incorretas" - reconhece-se afirmações generalizantes pelas palavras *sempre, nunca, qualquer, absolutamente, apenas, só, somente exclusivamente* etc.), dos **conceitos compridos** ("os conceitos de maior extensão tendem a ser corretos"), entre outras.

obs: recomendo o curso *on-line* de "Ténicas de Resolução de Questões Objetivas" do IEDI (www.iedi.com.br), ministrado por nós.

10ª Confie no **bom-senso**. Normalmente, a resposta correta é a que tem mais a ver com o bom-senso e com a ética. Não ache que todas as perguntas contêm uma pegadinha. Se aparecer um instituto que você não conhece, repare bem no seu nome e tente imaginar o seu significado.

11ª Faça um levantamento do **percentual de acertos de cada disciplina** e dos **principais motivos que levaram aos erros cometidos**; de posse da primeira informação, verifique quais disciplinas merecem um reforço no estudo; e de posse da segunda informação, fique atento aos erros que você mais comete, para que eles não se repitam.

12ª Uma semana antes da prova, faça uma **leitura dinâmica** de todas as anotações que você fez e leia de novo os dispositivos legais (e seu entorno) das questões em que você marcar "DL", ou seja, desconhecimento da lei.

13ª Para que você consiga ler o livro inteiro, faça um bom **planejamento**. Por exemplo, se você tiver 90 dias para ler a obra, divida o número de páginas do livro pelo número de dias que você tem, e cumpra, diariamente, o número de páginas necessárias para chegar até o fim. Se tiver sono ou preguiça, levante um pouco, beba água, masque chiclete ou leia em voz alta por algum tempo.

14ª Desejo a você, também, muita **energia**, **disposição**, **foco**, **organização**, **disciplina**, **perseverança**, **amor** e **ética**!

Wander Garcia
Coordenador

1. ÉTICA PROFISSIONAL[1] (RESOLUÇÃO DO CFOAB 2/2015)

Arthur Trigueiros[1]

1. ATIVIDADE DE ADVOCACIA E MANDATO

(OAB/Exame Unificado – 2016.2) João outorgou procuração ao advogado Antônio, para sua defesa em certo processo. Todavia, decorridos alguns dias, João concluiu que a atuação de apenas um profissional não seria suficiente à sua satisfatória representação e buscou Antônio, a fim de informá-lo de que pretendia também contratar o advogado Luiz, para atuar juntamente com ele no feito. Ocorre que Antônio negou-se a aceitar a indicação, por duvidar das qualidades profissionais do colega. Meses depois, convencido de que realmente precisa de auxílio, resolveu substabelecer o mandato, com reserva de poderes, ao advogado Lucas, que goza de sua absoluta confiança.

Diante da situação narrada, assinale a afirmativa correta.

(A) A recusa de Antônio à indicação de outro profissional pelo cliente não constitui infração ética, pois o advogado não é obrigado a aceitar a indicação de outro profissional para com ele trabalhar no processo. Por sua vez, o substabelecimento do mandato a Lucas depende de prévia comunicação a João.

(B) A recusa de Antônio à indicação de outro profissional pelo cliente constitui infração ética, uma vez que ele comportou-se com deslealdade em face do colega advogado, pronunciando-se contra sua contratação. Por sua vez, o substabelecimento do mandato a Lucas depende de prévia comunicação a João.

(C) A recusa de Antônio à indicação de outro profissional pelo cliente constitui infração ética, uma vez que ele comportou-se com deslealdade em face do colega advogado, pronunciando-se contra sua contratação. Por sua vez, o substabelecimento do mandato a Lucas independe de prévia comunicação a João, pois constitui ato pessoal do advogado da causa.

(D) A recusa de Antônio à indicação de outro profissional pelo cliente não constitui infração ética, pois o advogado não é obrigado a aceitar a indicação de outro profissional para com ele trabalhar no processo. Por sua vez, o substabelecimento do mandato a Lucas independe de comunicação a João, já que constitui ato pessoal do advogado da causa.

Nos termos do art. 24 do CED, o advogado não se sujeita à imposição do cliente que pretenda ver com ele atuando outros advogados, nem fica na contingência de aceitar a indicação de outro profissional para com ele trabalhar no processo. Também, o art. 26, caput, do CED, dispõe que o substabelecimento do mandato, com reserva de poderes, é ato pessoal do advogado da causa. Portanto, não se exige prévio e inequívoco conhecimento do cliente, tal como ocorreria se se tratasse de substabelecimento sem reserva de poderes (art. 26, §1º, do CED). Assim, vamos às alternativas. **A:** incorreta, pois a segunda parte da assertiva dispõe que o substabelecimento a outro advogado, com reserva de poderes, exigiria a comunicação ao cliente (João), o que vimos não ser verdadeiro. Lembre-se: somente no substabelecimento sem reserva de poderes, que tem o condão de extinguir o mandato, exige-se que o advogado dê prévio e inequívoco conhecimento de tal ato ao cliente; B e **C:** incorretas, pois não se vê qualquer infração ética cometida pelo advogado, que, como visto, não poderá ser obrigado a sujeitar-se à imposição de cliente de atuar conjuntamente com outro profissional. Também, a assertiva é incorreta ao afirmar que o substabelecimento ao advogado Lucas exigiria a comunicação prévia a João, o que já vimos ser falso; **D:** correta. De fato, como já dissemos, o art. 24 do CED prevê expressamente que o advogado não poderá ser obrigado a aceitar a imposição de cliente que pretenda ver com ele atuando outros advogados. Ainda, quanto ao substabelecimento com reserva de poderes, por não acarretar a extinção do mandato, é considerado ato pessoal do advogado (não se exigindo prévia comunicação ao cliente).

Gabarito "D"

(OAB/Exame Unificado – 2015.3) Determinada causa em que se discutia a guarda de dois menores estava confiada ao advogado Álvaro, que trabalhava sozinho em seu escritório. Aproveitando o período de recesso forense e considerando que não teria prazos a cumprir ou atos processuais designados durante esse período, Álvaro realizou viagem para visitar a família no interior do estado. Alguns dias depois de sua partida, ainda durante o período de recesso, instalou-se situação que demandaria a tomada de medidas urgentes no âmbito da mencionada ação de guarda. O cliente de Álvaro, considerando que seu advogado se encontrava fora da cidade, procurou outro advogado, Paulo, para que a medida judicial necessária fosse tomada, recorrendo-se ao plantão judiciário. Paulo não conseguiu falar com Álvaro para avisar que atuaria na causa em que este último estava constituído, mas aceitou procuração do cliente assim mesmo e tomou a providência cabível.

Poderia Paulo ter atuado na causa sem o conhecimento e a anuência de Álvaro?

(A) Paulo poderia ter atuado naquela causa apenas para tomar a medida urgente cabível.

(B) Paulo poderia ter atuado na causa, ainda que não houvesse providência urgente a tomar, uma vez que o advogado constituído estava viajando.

1. O presente capítulo encontra-se atualizado de acordo com o Novo Código de Ética e Novo CPC – Resolução 2/2015, do Conselho Federal da OAB.
2. Os comentários das questões do Exame Unificado 2010.1 foram feitos pela própria organizadora da prova.

(C) Paulo não poderia ter atuado na causa, pois o advogado não pode aceitar procuração de quem já tenha patrono constituído, sem prévio conhecimento deste, ainda que haja necessidade da tomada de medidas urgentes.

(D) Paulo não poderia ter atuado na causa, pois os prazos estavam suspensos durante o recesso.

Nos termos do art. 14 do CED, o advogado não deve aceitar procuração de quem já tenha patrono constituído, sem prévio conhecimento deste, salvo por motivo plenamente justificável ou para adoção de medidas judiciais urgentes e inadiáveis. A banca examinadora, em virtude do precitado dispositivo normativo, assinalou como correta a alternativa "A". Do texto do referido diploma normativo emergem uma regra e duas exceções. A regra: não deve o advogado aceitar procuração de quem já tenha patrono constituído (em simples palavras: um advogado não pode aceitar "assumir uma causa" quando outro colega já estiver atuando em prol da parte). As exceções: i) admite-se que um advogado aceite procuração de quem já tenha patrono constituído por motivo plenamente justificável; ii) admite-se que um advogado aceite procuração de quem já tenha patrono constituído para adoção e medidas judiciais urgentes e inadiáveis. Portanto, havendo MOTIVO PLENAMENTE JUSTIFICÁVEL ou para ADOÇÃO DE MEDIDAS JUDICIAIS URGENTES E INADIÁVEIS, é lícito ao advogado aceitar procuração mesmo quando outro colega já estivesse atuando nos autos, ainda que sem prévio conhecimento deste. No caso relatado no enunciado da questão, afirmou-se que o advogado Álvaro, durante o recesso forense, viajou. Seu cliente, parte em ação de guarda de menores, em referido período, necessitou da intervenção de um advogado em virtude de situação que demandaria a tomada de medidas urgentes em aludido processo, o que foi feito por outro advogado (Paulo), que não conseguiu falar com seu colega que assumiria a causa para a tomada das medidas judiciais cabíveis (decerto em virtude de sua ausência da cidade). A banca examinadora assinalou como correta a alternativa "A" (*Paulo poderia ter atuado naquela causa apenas para tomar a medida urgente cabível*). Ainda que não se possa afirmar que a assertiva sob enfoque esteja completamente ERRADA, visto que, no contexto apresentado no enunciado, a assunção da causa por Paulo seria possível, à vista da necessidade da adoção de "medidas judiciais urgentes e inadiáveis" (uma das exceções anteriormente destacadas), o fato é que a expressão "apenas" contida na alternativa vai de encontro ao precitado art. 14 do CED, que, como visto, autoriza que outro advogado aceite procuração de quem já tenha patrono constituído, sem prévio conhecimento deste, quando houver MOTIVO PLENAMENTE JUSTIFICÁVEL ou para ADOÇÃO DE MEDIDAS JUDICIAIS URGENTES E INADIÁVEIS. Na narrativa da questão, embora se tenha afirmado que "medidas urgentes" precisariam ser tomadas no processo de guarda, o que admitiria que o advogado Paulo aceitasse procuração do cliente de Álvaro, que já estava constituído nos autos, é certo que a ausência dele da cidade, e a impossibilidade de contato do novo causídico constituído pela parte, ainda que não houvesse urgência, seriam suficientes a caracterizar o "motivo plenamente justificável" de que trata o art. 14 do CED. Portanto, seria de se aceitar como correta a alternativa "B" (*Paulo poderia ter atuado na causa, ainda que não houvesse providência urgente a tomar, uma vez que o advogado constituído estava viajando*). No contexto da questão, a viagem do advogado, e a impossibilidade de Paulo contatá-lo, seriam um MOTIVO PLENAMENTE JUSTIFICÁVEL (lembre-se: uma das exceções previstas no art. 14 do CED) para a intervenção deste último nos autos da ação de guarda. Havendo, portanto, uma expressão contida na alternativa "A" que contraria o texto do CED, e diante de todo o exposto no tocante à alternativa "B", a questão mereceria ter sido anulada.

Gabarito "A"

(OAB/Exame Unificado – 2015.3) Paulo é contratado por Pedro para promover ação com pedido condenatório em face de Alexandre, por danos causados ao animal de sua propriedade. Em decorrência do processo, houve condenação do réu ao pagamento de indenização ao autor, fixados honorários de sucumbência correspondentes a dez por cento do apurado em cumprimento de sentença. O réu ofertou apelação contra a sentença proferida na fase cognitiva. Ainda pendente o julgamento do recurso, Pedro decide revogar o mandato judicial conferido a Paulo, desobrigando-se de pagar os honorários contratualmente ajustados. Nos termos do Código de Ética da OAB, a revogação do mandato judicial, por vontade de Pedro,

(A) não o desobriga do pagamento das verbas honorárias contratadas.

(B) desobriga-o do pagamento das verbas honorárias contratadas.

(C) desobriga-o do pagamento das verbas honorárias contratadas e da verba sucumbencial.

(D) não o desobriga do pagamento das verbas honorárias sucumbenciais, mas o desobriga das verbas contratadas.

A: correta. Nos termos do art. 17 do CED, a revogação do mandato judicial por vontade do cliente não o desobriga do pagamento das verbas honorárias contratadas, bem como não retira o direito do advogado de receber o quanto lhe seja devido em eventual verba honorária de sucumbência, calculada proporcionalmente em face do serviço efetivamente prestado; B, C e **D:** incorretas, visto que em descompasso com o quanto dita o Código de Ética. Assim, de acordo com o enunciado, Paulo teve o mandato que lhe fora outorgado por Pedro revogado, por vontade deste, enquanto o processo estava em grau de recurso. Tal fato – revogação do mandato -, como visto, não tem o condão de isentar o cliente do pagamento dos honorários contratualmente ajustados, assim como não afastará eventuais honorários sucumbenciais, que serão recebidos pelo causídico proporcionalmente aos serviços que efetivamente prestou.

Gabarito "A"

(OAB/Exame Unificado – 2015.2) O advogado Márcio, sócio de determinado escritório de advocacia, contratou novos advogados para a sociedade e substabeleceu, com reserva em favor dos novos contratados, os poderes que lhe haviam sido outorgados por diversos clientes. O mandato possuía poderes para substabelecer. Um dos clientes do escritório, quando percebeu que havia novos advogados trabalhando na causa, os quais não eram por ele conhecidos, não apenas resolveu contratar outro escritório para atuar em sua demanda como ofereceu representação disciplinar contra Márcio, afirmando que o advogado não agira com lealdade e honestidade. A esse respeito, assinale a afirmativa correta.

(A) A representação oferecida não deve ser enquadrada como infração disciplinar, pois apenas o substabelecimento do mandato sem reserva de poderes deve ser comunicado previamente ao cliente.

(B) A representação oferecida não deve ser enquadrada como infração disciplinar, pois o substabelecimento do mandato, com ou sem reserva de poderes, é ato pessoal do advogado da causa.

(C) A representação oferecida deve ser enquadrada como infração disciplinar, pois o substabelecimento do mandato, com ou sem reserva de poderes, deve ser comunicado previamente ao cliente.

(D) A representação oferecida deve ser enquadrada como infração disciplinar, pois o advogado deve avisar previamente ao cliente acerca de todas as petições que apresentará nos autos do processo, inclusive sobre as de juntada de substabelecimentos.

Nos termos do art. 26, § 1º, do CED, "o substabelecimento do mandato sem reservas de poderes exige o prévio e inequívoco conhecimento do cliente", diferentemente do substabelecimento com reserva de poderes, que é ato pessoal do advogado. Assim, no caso do enunciado, Márcio substabeleceu com reserva de poderes aos novos advogados da sociedade, razão por que não cometeu qualquer infração disciplinar. Destaque-se, ainda, que no mandato havia poderes para substabelecer, ou seja, no corpo da procuração havia aquilo que se chama de "cláusula de substabelecimento", concluindo-se que o cliente tinha ciência de que poderia ocorrer a transferência (substabelecimento). Vamos às alternativas! **A:** correta. Como visto, no substabelecimento com reserva de poderes, não há exigência no CED que o cliente tenha prévio e inequívoco conhecimento, diversamente do que ocorre com o substabelecimento sem reserva de poderes, que, inclusive, é causa de extinção do mandato, motivo pelo qual o cliente deve ter prévio e inequívoco conhecimento de tal ato; **B** e **C:** incorretas. Apenas o substabelecimento com reserva de poderes é ato pessoal do advogado, não havendo exigência de que se dê ao cliente prévio e inequívoco conhecimento, o que se faz necessário apenas no substabelecimento sem reserva de poderes; **D:** incorreta, por falta de previsão legal.

Gabarito "A"

(OAB/Exame Unificado – 2015.2) Os atos e contratos constitutivos de pessoas jurídicas, para sua admissão em registro, em não se tratando de empresas de pequeno porte e de microempresas, consoante o Estatuto da Advocacia, devem

(A) apresentar os dados do contador responsável.
(B) permitir a participação de outros profissionais liberais.
(C) conter o visto do advogado.
(D) indicar o advogado que representará a sociedade.

Nos termos do art. 1º, § 2º, do EAOAB, "os atos e contratos constitutivos de pessoas jurídicas, sob pena de nulidade, só podem ser admitidos a registro, nos órgãos competentes, quando visados por advogados". Assim, vamos à análise das alternativas. **A:** incorreta, pois não é requisito para o registro de atos e contratos constitutivos de pessoas jurídicas a apresentação dos dados do contador responsável, inexistindo previsão legal nesse sentido; **B:** incorreta, pois o Estatuto da Advocacia (EAOAB) não prevê que os atos e contratos constitutivos de pessoas jurídicas permitam a participação de outros profissionais liberais; **C:** correta. Como já afirmado, os atos e contratos constitutivos de pessoas jurídicas, para que sejam admitidos a registro no órgão competente, deverão ter o visto (leia-se: a assinatura) do advogado, à exceção das microempresas e empresas de pequeno porte, cuja legislação de regência não exige o requisito em questão (visto do advogado) para o registro de seus respectivos atos constitutivos; **D:** incorreta, pois o EAOAB nada fala a respeito da indicação de advogado que represente a sociedade que será constituída.

Gabarito "C"

(OAB/Exame Unificado – 2015.1) João é advogado da sociedade empresária X Ltda., atuando em diversas causas do interesse da companhia. Ocorre que o controle da sociedade foi alienado para uma sociedade estrangeira, que resolveu contratar novos profissionais em várias áreas, inclusive a jurídica. Por força dessa circunstância, rompeu-se a avença entre o advogado e o seu cliente. Assim, João renunciou ao mandato em todos os processos, comunicando formalmente o ato à cliente. Após a renúncia, houve novo contrato com renomado escritório de advocacia, que, em todos os processos, apresentou o instrumento de mandato antes do término do prazo legal à retirada do advogado anterior. Na renúncia focalizada no enunciado, consoante o Estatuto da Advocacia, deve o advogado

(A) afastar-se imediatamente após a substituição por outro advogado.
(B) funcionar como parecerista no processo pela continuidade da representação.
(C) atuar em conjunto com o advogado sucessor por quinze dias.
(D) aguardar dez dias para verificar a atuação dos seus sucessores.

A renúncia ao mandato impõe ao advogado o dever de comunicar seu cliente de tal ato, bem como o de prosseguir na sua representação pelo prazo de dez dias, salvo se, nesse período, for substituído por outro advogado (art. 5º, § 3º, do Estatuto da OAB). No caso relatado no enunciado, após a renúncia feita por João, novo contrato foi entabulado com renomado escritório de advocacia, tendo havido a juntada de procuração antes do término dos dez dias. Assim, o advogado renunciante, diante da constituição de novo(s) advogado(s), não mais poderá atuar nas causas, devendo-se afastar imediatamente. Correta, pois, a alternativa A, estando as demais erradas, posto que em desacordo com o Estatuto da OAB.

Gabarito "A"

(OAB/Exame Unificado – 2014.2) Matheus é estagiário vinculado ao escritório Renato e Associados. No exercício da sua atividade, por ordem do advogado supervisor, o estagiário acompanha o cliente diretor da sociedade Tamoaí S/A. Por motivos alheios à vontade do estagiário, que se disse inocente de qualquer deslize, o diretor veio a se desentender com Matheus, e, por força desse evento, o escritório resolve renunciar ao mandato conferido pela pessoa jurídica. Nos termos do Estatuto da Advocacia, sobre o caso descrito, assinale a afirmativa correta.

(A) O advogado pode afastar-se do processo em que atua sem comunicação ao cliente.
(B) A renúncia deve ser notificada ao cliente pelos advogados mandatários.
(C) A renúncia aos poderes conferidos no mandato dependerá do cliente do escritório.
(D) A renúncia ao mandato, sem respeitar o prazo legal, implica abandono da causa.

A: incorreta, pois em caso de renúncia, que é forma de extinção do mandato, o advogado deverá notificar o cliente, nos termos do art. 5º, § 3º, do Estatuto da OAB (EAOAB); **B:** correta, nos termos do já referido art. 5º, § 3º, do EAOAB; **C:** incorreta, pois a renúncia é forma de extinção do mandato que parte do advogado, vale dizer, é direito seu fazê-lo. Trata-se, em nosso entendimento, de ato unilateral, ou seja, que independe de aceitação do cliente. Contudo, como visto, será de rigor que o advogado renunciante (mandatário) comunique tal decisão sua ao mandante (cliente); **D:** incorreta, de acordo com a banca examinadora. Contudo, parece-nos correta a assertiva em tela, visto que, de fato, a renúncia ao mandato, sem respeitar o prazo legal, implica abandono da causa. Basta conjugar o art. 5º, § 3º, do EAOAB (o advogado que renunciar ao mandato continuará, *durante os dez dias seguintes à notificação da renúncia*, a representar o mandante, salvo se for substituído antes do término desse prazo) com o art. 16 do CED (a renúncia ao patrocínio deve ser feita sem menção do motivo que a determinou, fazendo cessar a responsabilidade profissional pelo acompanhamento da causa, uma vez decorrido o prazo previsto em lei – EAOAB, art. 5º, § 3º) e o art. 34, XI, do EAOAB (constitui infração disciplinar *abandonar a causa* sem justo motivo ou *antes de decorridos dez dias da comunicação da renúncia*). Portanto, entendemos correta, também, a assertiva D.

Gabarito oficial "B"

(OAB/Exame Unificado – 2014.2) Mara é advogada atuante, tendo especialização na área cível. Procurada por um cliente da área empresarial, ela aceita o mandato. Ocorre que seu cliente possui, em sua empresa, um departamento jurídico com numerosos advogados e um gerente. Por indicação deles, o cliente determina que Mara inclua, no mandato que lhe foi conferido, os advogados da empresa, para atuação conjunta. Com base no caso apresentado, observadas as regras do Estatuto da OAB e do Código de Ética e Disciplina da OAB, assinale a opção correta.

(A) A advogada deve aceitar a imposição do cliente por ser inerente ao mandato.
(B) A advogada deve aceitar a indicação de um advogado para atuar conjuntamente no processo.
(C) A advogada deve acolher o comando, por ser natural na vida forense a colaboração.
(D) A advogada não é obrigada a aceitar a imposição de seu cliente no caso.

Nos termos do art. 24 do Código de Ética e Disciplina, "o advogado não se sujeita à imposição do cliente que pretenda ver com ele atuando outros advogados, nem fica na contingência de aceitar a indicação de outro profissional para com ele trabalhar no processo". Trata-se de regra extremamente salutar, visto que são características inerentes à advocacia a isenção técnica e a independência profissional (art. 18 do Estatuto da OAB), mantidas mesmo diante de eventual relação de emprego. Assim, a advogada Mara não pode ser compelida pelo cliente que lhe outorgou o mandato a atuar conjuntamente com outros advogados do departamento jurídico da empresa.

Gabarito "D"

(OAB/Exame Unificado – 2014.1) O advogado Carlos pretende substabelecer os poderes que lhe foram conferidos pelo seu cliente Eduardo, sem reserva de poderes, pois pretende realizar uma longa viagem, sem saber a data do retorno, não pretendendo manter compromissos profissionais.

Nos termos das normas do Código de Ética, tal ato deve

(A) prescindir do conhecimento do cliente por ser ato privativo.
(B) ser comunicado ao cliente de modo inequívoco.
(C) ser realizado por tempo determinado.
(D) implicar na devolução dos honorários pagos antecipadamente pelo cliente.

A: incorreta. O substabelecimento sem reserva de poderes, que é forma de extinção do mandato consistente na transferência total deste, por um advogado, a outro, exige, nos termos do art. 26, § 1º, do CED, o prévio e inequívoco conhecimento do cliente; **B:** correta, nos exatos termos do já citado art. 26, § 1º, do CED. O advogado substabelecente, pelo fato de transferir totalmente o mandato a outro advogado, deverá dar ao seu constituinte (cliente) prévio e inequívoco conhecimento. Afinal, um novo advogado "assumirá" o caso, não podendo o cliente ser surpreendido com tal situação; **C:** incorreta. O substabelecimento sem reserva de poderes não se dá por tempo determinado. Ao contrário, trata-se de causa de extinção do mandato; **D:** incorreta, pois o fato de o advogado substabelecer o mandato a outro colega, sem reserva de poderes, não implica devolução dos honorários pagos antecipadamente. Não há previsão assim no CED. Contudo, é claro que o contrato de honorários poderá disciplinar quais as consequências da extinção do mandato, seja por ato do advogado (renúncia ou substabelecimento sem reserva de poderes), seja por ato do cliente (revogação).

Gabarito "B"

(OAB/Exame Unificado – 2013.3) Saulo é advogado de Paula em determinada ação de natureza cível. Após os trâmites necessários, a postulação vem a ser julgada improcedente. Em decorrência de julgamento de recurso, a decisão foi mantida. Saulo comunicou o resultado à sua cliente que, tendo tomado ciência, manteve-se silente. Houve o trânsito em julgado da decisão.

Sob a perspectiva do Código de Ética e Disciplina da Advocacia, assinale a afirmativa correta.

(A) Após o trânsito em julgado, o mandato conferido ao advogado continua a ser cumprido.
(B) O mandato conferido ao advogado não cessa mesmo depois de concluída a causa.
(C) O resultado infrutífero da causa é considerado como quebra do mandato.
(D) O final da causa presume o cumprimento do mandato conferido ao advogado.

A: incorreta. No caso relatado no enunciado, Saulo advogou para Paula em ação cível, com desfecho desfavorável à parte assistida, sem, contudo, interposição de recurso, tendo havido o trânsito em julgado. Ora, após o trânsito, não há mais razões para que o advogado continue a ter que observar o mandato anteriormente pactuado com sua cliente, especialmente em razão da improcedência; **B:** incorreta, pois o art. 13 do CED preconiza haver presunção da cessação do mandato com a conclusão da causa ou arquivamento do processo; **C:** incorreta, pois o rompimento do mandato não se dá pelo resultado infrutífero da causa, mas, sim, pela renúncia advinda do advogado (art. 5º, § 3º, do Estatuto da OAB), pela revogação oriunda do cliente (art. 17 do CED) ou pelo substabelecimento sem reserva de poderes (art. 26, § 1º, do CED), bem como pela conclusão da causa ou arquivamento do processo, havendo, neste caso, presunção de cumprimento e cessação do mandato (art. 13 do CED); **D:** correta. Nos termos do já citado art. 13 do Código de Ética e Disciplina (CED), concluída a causa ou arquivado o processo, presume-se extinto e cumprido o mandato.

Gabarito "D"

(OAB/Exame Unificado – 2013.2) Christiana, advogada recém-formada, está em dúvida quanto ao seu futuro profissional, porque, embora possua habilidade para a advocacia privada, teme a natural instabilidade da profissão. Por força dessas circunstâncias, pretende obter um emprego ou cargo público que lhe permita o exercício concomitante da profissão que abraçou. Por força disso, necessita, diante dos requisitos usualmente exigidos, comprovar sua efetiva atividade na advocacia.

Diante desse contexto, de acordo com as normas do Regulamento Geral do Estatuto da Advocacia e da OAB, assinale a afirmativa correta.

(A) O efetivo exercício da advocacia comprova-se pela atuação em um processo por ano, desde que o advogado subscreva uma peça privativa de advogado.
(B) O efetivo exercício da advocacia exige a atuação anual mínima em cinco causas distintas, que devem ser comprovadas por cópia autenticada de atos privativos.
(C) A atividade efetiva da advocacia, como representante judicial ou extrajudicial, cinge-se a dois atos por ano.
(D) O advogado deve comprovar, anualmente, a atuação em atos privativos, mediante declaração do Juiz onde atue, de três atos judiciais.

A, **C** e **D**: incorretas. O efetivo exercício da advocacia vem definido no art. 5º do Regulamento Geral; **B**: correta, de acordo com a banca examinadora. O art. 5º do Regulamento Geral considera efetivo exercício da advocacia a participação anual mínima em *cinco atos privativos* previstos no art. 1º do Estatuto da OAB, em causas ou questões distintas. Perceba que a assertiva assinalada como correta pela FGV foi aquela contida na alternativa "B". No entanto, entendemos haver impropriedade técnica cometida pela examinadora, visto que o conceito de "efetivo exercício da advocacia" não se resume à atuação anual mínima em "*cinco causas*", mas, como afiançado pelo já citado art. 5º do Regulamento Geral, "*cinco atos privativos previstos no art. 1º do Estatuto*". A expressão "causa" corresponde a "postulação judicial", que diz respeito a um dos atos privativos de advocacia (art. 1º, I, do EAOAB). Não é correto afirmar que se considera efetivo exercício da advocacia apenas a atuação anual mínima em *cinco causas distintas* (leia-se: postulações judiciais em feitos distintos). Se, por exemplo, um advogado, em determinado ano, atuar em três causas (processos judiciais) e elaborar dois pareceres (consultoria jurídica), terá exercido efetivamente a advocacia (3 postulações judiciais = art. 1º, I, EAOAB; 2 pareceres = art. 1º, II, EAOAB), visto que, somados, corresponderão a *cinco atos privativos* de advocacia.

Gabarito "B"

(OAB/Exame Unificado – 2013.2) Cláudio, advogado com vasta experiência profissional, é contratado pela sociedade LK Ltda. para gerenciar a carteira de devedores duvidosos, propondo acordos e, em último caso, as devidas ações judiciais. Após um ano de sucesso na empreitada, Cláudio postula aumento nos seus honorários, o que vem a ser recusado pelos representantes legais da sociedade. Insatisfeito com o desenrolar dos fatos, Cláudio comunica que irá renunciar aos mandatos que lhe foram conferidos, notificando pessoalmente os representantes legais da sociedade que apuseram o seu ciente no ato de comunicação. Dez dias após, a sociedade contratou novos advogados, que assumiram os processos em curso.

Observado tal relato, baseado nas normas do Regulamento Geral do Estatuto da Advocacia e da OAB, assinale a afirmativa correta.

(A) A comunicação da renúncia do mandato não pode ser pessoal, para evitar conflitos com o cliente.

(B) A renúncia ao mandato deve ser comunicada ao cliente, preferencialmente mediante carta com aviso de recepção.

(C) O advogado deve comunicar a renúncia ao mandato diretamente ao Juízo da causa, que deverá intimar a parte.

(D) O advogado não tem o dever de comunicar à parte a renúncia ao mandato judicial ou extrajudicial.

A: incorreta. Não há qualquer disposição no Regulamento Geral que vede ao advogado comunicar a renúncia ao mandato pessoalmente; **B**: correta. De fato, nos termos do art. 6º do Regulamento Geral, o advogado deverá comunicar o cliente acerca da renúncia, preferencialmente, por carta com aviso de recepção (AR), e, a seguir, ao juízo. Em suma: comunica-se o cliente, primeiramente (de preferência, repita-se, por carta com AR), e, a seguir, o juízo (obviamente por petição). Perceba que o Regulamento Geral recomenda a comunicação da renúncia por carta com AR, mas, em nenhum momento, veda outras formas (por exemplo, por telegrama, ou por notificação extrajudicial via cartório); **C**: incorreta. Como se vê no art. 6º do Regulamento Geral, a renúncia ao mandato impõe ao advogado que comunique diretamente seu cliente, e, a seguir, ao juízo; **D**: incorreta, nos termos do já referido art. 6º do Regulamento Geral, que exige que o advogado comunique seu ato (renúncia ao mandato) ao constituinte.

Gabarito "B"

(OAB/Exame Unificado – 2013.1) Lara, advogada, é chefe do departamento jurídico da empresa Nós e Nós, que é especializada na produção de cordas. O departamento que ela coordena possui cerca de cem advogados. Dez deles resolvem propor ação judicial para reclamar direitos que são comuns a todos, inclusive à advogada chefe do departamento.

Nos termos do Código de Ética, a advogada chefe do departamento deve

(A) assumir a defesa da empresa, por força da relação de trabalho.

(B) comunicar o fato à empresa e escusar-se de realizar a defesa.

(C) indicar advogado da sua equipe para realizar a defesa.

(D) renunciar ao cargo por impossibilidade de exercício do mesmo.

Nos termos do art. 4º, *caput*, do Código de Ética e Disciplina, "o advogado, ainda que vinculado ao cliente ou constituinte, mediante relação empregatícia ou por contrato de prestação permanente de serviços, ou como integrante de departamento jurídico, ou de órgão de assessoria jurídica, público ou privado, deve zelar pela sua liberdade e independência". Por tais razões, é legítima a recusa, pelo advogado, do patrocínio de causa e de manifestação, no âmbito consultivo, de pretensão concernente a direito que também lhe seja aplicável ou contrarie orientação que tenha manifestado anteriormente (art. 4º, parágrafo único, do CED). Logo, Lara poderia recusar a defesa da própria empresa em que é empregada, visto que a pretensão de seus colegas também lhe aproveitaria (alternativa A). Caso fosse obrigada, pela relação de emprego, a defender a empresa, seria colocada em situação absolutamente desconfortável, especialmente por ser obrigada a formular defesa violadora de sua liberdade e independência. Afinal, como defender o empregador diante de demanda cuja pretensão também lhe aproveitaria? Se assim ocorresse, Lara iria aviltar sua própria liberdade e consciência. Portanto, a conduta correta da advogada é a de comunicar a empresa sobre o fato e recusar-se a defendê-la, baseando-se no já citado art. 4º, parágrafo único, do CED (alternativa B). Sequer poderia ser indicado outro advogado da equipe de Lara, pois, conforme afirma o enunciado, a ação judicial proposta por dez dos cem advogados do departamento jurídico da empresa retrata pretensão por direitos aplicáveis a todos. Assim, nem Lara, nem qualquer outro advogado, poderá ser obrigado a assumir a defesa da empresa (alternativa C). O fato de a advogada recusar-se ao patrocínio da defesa da empresa não induz pensar devesse ela "renunciar ao cargo". Simplesmente, em razão desse "conflito", deveria, naquele caso concreto, comunicar a empresa de que não poderia formular a defesa, valendo-se, para tanto, do CED.

Gabarito "B"

(OAB/Exame Unificado – 2013.1) O advogado Mário pertence aos quadros da sociedade de economia mista controlada pelo Estado W, na qual chefia o Departamento Jurídico. Não existe óbice para a prestação de serviços de advocacia privada, o que ocorre no escritório que possui no centro da capital do Estado, em horário diverso do expediente na empresa. Um dos seus clientes realiza contrato para que Mário aponha o seu visto em ato constitutivo de pessoa jurídica, em Junta Comercial cuja sede está localizada na capital do Estado W.

Observado tal relato, consoante as normas do Regulamento Geral do Estatuto da Advocacia e da OAB, assinale a afirmativa correta.

(A) As circunstâncias indicam que não existe óbice para a aposição do visto nos referidos atos.

(B) O fato de chefiar Departamento Jurídico de empresa, seja de que natureza for, constitui elemento impeditivo da aposição do visto.
(C) O exercício da advocacia no local da sede da Junta Comercial é impeditivo para a aposição do visto.
(D) A atuação em sociedade de economia mista estadual impede a aposição do visto contratado.

A: incorreta. Como será visto no comentário à alternativa "D", há impedimento para o exercício da atividade em comento (aposição de visto em ato constitutivo de pessoa jurídica) em determinadas situações, tal como a narrada no enunciado; **B:** incorreta. Se Mário chefiasse departamento jurídico de empresa privada, não haveria impedimento algum. No enunciado, como o advogado chefia departamento jurídico de sociedade de economia mista no Estado W, como será melhor analisado mais à frente, ficará impossibilitado de vistar atos constitutivos de pessoas jurídicas cujo registro deva ocorrer no Estado W; **C:** incorreta. O mero exercício da advocacia no local da sede da Junta Comercial não constitui impedimento para a aposição de visto em ato constitutivo. Referido impedimento, como se verá no comentário à alternativa seguinte, surge em razão da atividade desempenhada por Mário (chefiar departamento jurídico de sociedade de economia mista, que é ente da administração pública indireta); **D:** correta. Nos termos do art. 2º, parágrafo único, do Regulamento Geral, são impedidos de apor visto em atos constitutivos de pessoas jurídicas os advogados que prestem serviços a órgãos ou entidades da Administração Pública direta ou *indireta* (neste caso, autarquias, fundações, empresas públicas e *sociedades de economia mista*), da unidade federativa a que se vincule a Junta Comercial, ou a quaisquer repartições administrativas competentes para o mencionado registro.

Gabarito "D"

(OAB/Exame Unificado – 2012.3.B) A advogada Ana estava constituída nos autos de determinada ação penal. Em determinado momento, seu cliente passou a descumprir o contrato de honorários firmado. Ana notificou seu cliente de sua decisão de renunciar à causa. Passados cinco dias, contados da notificação da renúncia, foi publicada decisão abrindo prazo para o oferecimento de determinada petição pelo acusado.

A partir da situação sugerida, assinale a alternativa que indica o procedimento que Ana deverá adotar.

(A) Ana deve elaborar e apresentar a petição, uma vez que em ações penais, no âmbito das quais estão em risco a liberdade do acusado, o advogado que renuncia à causa deve aguardar que outro o substitua.
(B) Ana deve elaborar e apresentar a petição, pois continua a representar o mandante durante os 10 (dez) dias seguintes à notificação da renúncia.
(C) Ana não está obrigada a elaborar e apresentar a petição, pois avisou seu cliente, com antecedência razoável, de que renunciaria à causa.
(D) Ana não está obrigada a elaborar e apresentar a petição, pois em caso de inadimplemento de honorários advocatícios, o advogado fica desobrigado de atuar na causa imediatamente após a comunicação da renúncia.

A: incorreta. A renúncia ao mandato, pouco importando o tipo de ação que esteja sob a responsabilidade do advogado (cível ou criminal), carreará a este o dever de permanecer representando o (ex)cliente pelo prazo de dez dias, contados da notificação da renúncia, salvo se novo advogado for constituído nesse interregno (art. 5º, § 3º, do Estatuto da OAB e art. 16 do CED); **B:** correta. De fato, como visto, a renúncia ao mandato, pelo advogado, não lhe permite "sair do processo" imediatamente. Os referidos arts. 5º, § 3º, do Estatuto e 16 do CED, preveem que nos dez dias subsequentes à notificação da renúncia, o advogado continuará a representar o (ex)cliente, salvo se substituído antes do término de aludido prazo; **C:** incorreta. Como a intimação no processo-crime ocorreu cinco dias após a notificação da renúncia, a advogada Ana tem o dever de apresentar a petição, sob pena, inclusive, de caracterizar-se o abandono da causa, que é infração ética (art. 34, XI, do Estatuto da OAB); **D:** incorreta. Pouco importa o motivo da renúncia. O advogado renunciante tem o dever de permanecer representando o (ex)cliente pelo prazo de dez dias após a notificação da renúncia, salvo se novo advogado for constituído nesse período (art. 5º, § 3º, do Estatuto e art. 16 do CED).

Gabarito "B"

(OAB/Exame Unificado – 2012.3.B) Um advogado É contatado por cliente, que está em viagem ao exterior sem data de regresso, para representá-lo em processo de natureza cível em curso. O advogado, diante da urgência da atuação, requer o ingresso nos autos, postulando pela apresentação posterior do instrumento de mandato no prazo estatutário.

Quanto ao referido prazo, assinale a afirmativa correta.

(A) Corresponde a trinta dias prorrogáveis indefinidamente.
(B) É fixado pelo Juiz de acordo com a complexidade do processo.
(C) É de quinze dias, prorrogáveis por igual período.
(D) Será fixado de acordo com o procedimento adotado no processo.

A: incorreta. A atuação do advogado, em juízo, exige que faça a prova do mandato (art. 5º, *caput*, do Estatuto da OAB). Porém, em caso de urgência, o advogado poderá postular, momentaneamente, sem a procuração, devendo, contudo, juntá-la aos autos no prazo de 15 dias, prorrogável por igual período. Aqui, chamamos a atenção do candidato: a soma do prazo (15 + 15) resultaria em 30 dias. Contudo, como adverte o art. 5º, § 1º, do Estatuto da OAB, a prorrogação é admitida uma única vez, e pelo prazo de apenas 15 dias; **B:** incorreta. O prazo para a juntada de procuração pelo advogado, caso não a apresente no momento do ato postulatório considerado urgente, é fixado pela lei (art. 5º, *caput*, do Estatuto), e não pelo juiz; **C:** correta, nos exatos termos do art. 5º, § 1º, do Estatuto da OAB; **D:** incorreta. O procedimento (rito) processual em nada interfere no prazo para a juntada da procuração pelo advogado que tenha atuado sem exibi-lo desde logo. Como visto, em caso de urgência, disporá o advogado de 15 dias, prorrogáveis por outros 15.

Gabarito "C"

(OAB/Exame Unificado – 2012.3.A) Marcio é estagiário de Direito regularmente inscrito na Ordem dos Advogados do Brasil e atua sob supervisão da advogada Helena. Atuando em determinado processo, a advogada substabelece ao estagiário os poderes que lhe foram conferidos pelo cliente.

A respeito do caso apresentado, consoante as normas do Regulamento Geral do Estatuto da Advocacia e da OAB, assinale a afirmativa correta.

(A) O estagiário poderá retirar os autos do cartório conjuntamente com a advogada.
(B) Os atos do estagiário ocorrem sob a supervisão e responsabilidade da advogada.
(C) As petições apresentadas no processo terão a subscrição conjunta da advogada inclusive de juntada de documentos.
(D) O estagiário poderá realizar audiências judiciais autonomamente sem a presença da advogada.

A: incorreta, pois o estagiário poderá retirar autos de cartório (realizar carga, portanto), independentemente de atuação conjunta com advogado, consoante de extrai do art. 29, § 1º, I, do Regulamento Geral. Evidente, porém, que, para tanto, disponha o estagiário de procuração ou substabelecimento do advogado responsável pela condução do processo; **B:** correta. Como regra, o estagiário somente poderá atuar em conjunto e sob a supervisão do advogado (art. 29, *caput*, e § 1º, do Regulamento Geral). Mesmo para aqueles atos que o estagiário poderá realizar isoladamente (art. 29, § 1º, I, II e III, do Regulamento Geral), a responsabilidade por eles continua a ser do advogado; **C:** incorreta. Uma das atividades que o estagiário pode praticar isoladamente é, exatamente, a subscrição de petições de juntada de documentos a processos judiciais ou administrativos, conforme autoriza o art. 29, § 1º, III, do Regulamento Geral; **D:** incorreta, pois não se inserem dentre as atividades que o estagiário possa realizar isoladamente (art. 29, § 1º, I, II e III, do Regulamento Geral), o acompanhamento de audiências judiciais, representando o cliente.

Gabarito "B"

(OAB/Exame Unificado – 2012.3.A) Laura, advogada na área empresarial, após concluir o mestrado em renomada instituição de ensino superior, é convidada para integrar a equipe de assessoria jurídica da empresa K S/A. No dia da entrevista final, é inquirida pelo Gerente Jurídico da empresa, bacharel em Direito, sem inscrição na Ordem dos Advogados do Brasil, apesar de o mesmo ter logrado êxito no Exame de Ordem. Observado tal relato, consoante as normas do Regulamento Geral do Estatuto da Advocacia e da OAB, assinale a afirmativa correta.

(A) O bacharel em Direito pode exercer as funções de Gerência Jurídica mesmo que não tenha os requisitos para ingresso na Ordem dos Advogados.
(B) A função de Gerente Jurídico é privativa de advogados com regular inscrição nos quadros da Ordem dos Advogados.
(C) O bacharel em Direito, caso preencha os requisitos legais, inclusive aprovação em Exame de Ordem, pode exercer funções de Gerente Jurídico antes da inscrição na Ordem dos Advogados.
(D) A função de Gerente Jurídico, como é de confiança da empresa, pode ser exercida por quem não tem formação na área.

A: incorreta. Prestar assessoria, consultoria e direção jurídica, em empresa pública ou privada, é atividade privativa de advocacia (art. 1º, II, do Estatuto da OAB). Assim, se um bacharel em Direito, sem inscrição na OAB, a despeito de ter sido aprovado em Exame de Ordem, exercer a função de direção jurídica em uma empresa, estará exercendo ilegalmente a profissão (art. 4º, *caput*, do Regulamento Geral), fato caracterizador de contravenção penal, diga-se de passagem (art. 47 da LCP); **B:** correta. De fato, nos termos do já citado art. 1º, II, do Estatuto da OAB, a direção jurídica é tarefa privativa de advogado, com regular inscrição nos quadros da OAB; **C:** incorreta. Não é demais destacar que o exercício de atividades privativas de advocacia (art. 1º do Estatuto da OAB) e a própria denominação "advogado", são exclusivos dos inscritos na Ordem dos Advogados do Brasil, consoante dispõe o art. 3º do Estatuto da OAB; **D:** incorreta, ainda mais se considerada a afirmação de que um gerente jurídico, por ser função de confiança, pode ser pessoa não formada em Direito. A própria inscrição na OAB exige o bacharelado no curso de Direito (art. 8º, II, do Estatuto da OAB).

Gabarito "B"

(OAB/Exame Unificado – 2011.3.A) Caio, próspero comerciante, contrata, para prestação de serviços profissionais de advocacia, Mévio, que se apresenta como advogado. O cliente outorga a devida procuração com poderes gerais para o foro. Usando o referido instrumento, ocorre a propositura de ação judicial em face de Trácio. Na contestação, o advogado do réu alega vício na representação, uma vez que Mévio não possui registro na OAB, consoante certidão que apresenta nos autos judiciais. Diante de tal circunstância, é correto afirmar que

(A) os atos praticados pelo suposto advogado não ofendem qualquer dispositivo legal.
(B) verificada a ausência de inscrição profissional, deverá ser outorgado prazo para sua regularização.
(C) os atos praticados por Mévio são nulos, pois foram praticados por pessoa não inscrita na OAB.
(D) a declaração de nulidade dos atos processuais esgota o rol de atos sancionatórios.

De fato, de acordo com o art. 4º, parágrafo único, do EAOAB, são nulos os atos praticados por pessoa não inscrita nos quadros da OAB. Correta, portanto, a alternativa C.

Gabarito "C"

(OAB/Exame Unificado – 2011.3.B) A empresa Consumidor Ltda., composta por contadores, despachantes, arquitetos e engenheiros, divulga, semanalmente, sua agenda de defesa judicial dos direitos dos consumidores, não possuindo advogados nos seus quadros. Notificada pelo órgão seccional da OAB, alega que as atividades de consultoria jurídica não seriam privativas dos advogados. Diante desse quadro, à luz das normas estatutárias, é correto afirmar que é atividade privativa da advocacia

(A) a postulação nos Juizados Especiais.
(B) a consultoria e assessoria jurídicas.
(C) a impetração de *habeas corpus*.
(D) a divulgação conjunta da advocacia com outras atividades.

A: incorreta, pois a postulação nos Juizados Especiais, embora conste no art. 1º, I, do EAOAB como atividade privativa de advocacia, com o advento da Lei 9.099/1995 (art. 9º), deixou de ser atividade que exija, indistintamente, a participação do advogado. Deve o candidato recordar-se que nas causas de até 20 (vinte) salários-mínimos, no âmbito estadual, em 1ª instância, a participação do advogado é dispensável. Em outras palavras, as partes (autor e réu) não precisarão constituir advogado, em primeiro grau de jurisdição, nas causas com referido valor de alçada; **B:** correta (art. 1º, II, do EAOAB); **C:** incorreta (art. 1º, § 1º, do EAOAB); **D:** incorreta, pois não é dado ao advogado divulgar a advocacia em conjunto com outras atividades, sob pena de haver risco de captação de clientela ou mercantilização da profissão, o que é vedado pelo art. 39 do CED.

Gabarito "B"

(OAB/Exame Unificado – 2012.1) A multiplicidade de opções para atuação do advogado desenvolveu o ramo da Advocacia Pública. Assim, à luz das normas do Regulamento Geral do Estatuto da Advocacia e da OAB, nela podem ser integrados o(a), exceto:

(A) Advogado-Geral da União.
(B) Defensor Público.
(C) Advogado (Procurador) de Autarquia.
(D) Advogado de Sociedade de Economia Mista.

Conforme dispõe o art. 9º do Regulamento Geral (e, também, o art. 3º, § 1º, do EAOAB), exercem a advocacia pública os integrantes da Advocacia-Geral da União, da Defensoria Pública e das Procuradorias e Consultorias Jurídicas dos Estados, do Distrito Federal, dos Municípios, das autarquias e das fundações públicas, estando obrigados à inscrição na OAB, para o exercício de suas atividades. Portanto, apenas a alternativa "**D**" contém advogado que não integra a denominada "advocacia pública". No âmbito da administração pública indireta, os advogados de autarquias e fundações públicas serão considerados advogados públicos. Porém, assim não serão considerados os advogados de sociedades de economia, visto não estarem contemplados pelo já citado art. 9º do Regulamento Geral. Não é demais frisar que as sociedades de economia mista, embora integrem a administração pública indireta, são pessoas jurídicas de direito privado.

Gabarito "D"

(OAB/Exame Unificado – 2012.1) Esculápio, advogado, deseja comprovar o exercício da atividade advocatícia, pois inscreveu-se em processo seletivo para contratação por empresa de grande porte, sendo esse um dos documentos essenciais para o certame. Diante do narrado, à luz das normas do Regulamento Geral do Estatuto da Advocacia e da OAB, o efetivo exercício da advocacia é comprovado pela participação anual mínima em

(A) seis petições iniciais civis.
(B) três participações em audiências.
(C) quatro peças defensivas gerais.
(D) cinco atos privativos de advogado.

De acordo com o art. 5º do Regulamento Geral, considera-se efetivo exercício da atividade de advocacia a participação anual mínima em *cinco atos privativos* previstos no art. 1º do Estatuto, em causas ou questões distintas. Perceba o candidato que 5 (cinco) atos privativos de advogado não compreendem, necessariamente, 5 (cinco) causas (leia-se: postulações judiciais), abarcando toda e qualquer atividade privativa de advocacia (postulação judicial, assessoria, consultoria e direção jurídica e vistos em atos constitutivos de pessoas jurídicas).

Gabarito "D"

(OAB/Exame Unificado – 2012.1) Mévio é advogado, especializado em causas cíveis, exercendo a profissão por longos anos, tendo sobressaído na defesa dos seus clientes e percebendo, como remuneração, os seus honorários. Sendo figura conhecida no município, onde exerce a profissão e possui domicílio, é convidado a ministrar palestra em estabelecimentos de ensino, divulgando a atuação do advogado e sua posição na sociedade. Um dos aspectos abordados está relacionado à atividade do advogado como indispensável à administração da justiça. Nesses limites, consoante as normas estatutárias, é correto afirmar que

(A) o advogado exerce função pública.
(B) exerce ministério privado, exercendo função social.
(C) atua na defesa de interesses patrimoniais privados, com função pública.
(D) no seu ministério privado, deixa de exercer função social.

A: incorreta, pois, tecnicamente, o advogado não exerce *função pública*, mas, sim, *múnus público* (art. 2º, § 2º, do EAOAB); **B:** correta (art. 2º, § 1º, do EAOAB); **C:** incorreta, pois, como visto, o advogado, mesmo na sua atividade privada, tem relevante função social, não atuando apenas na defesa de interesses patrimoniais privados; **D:** incorreta, eis que, ainda que na sua atividade privada (ministério privado), o advogado exerce função social.

Gabarito "B"

(OAB/Exame Unificado – 2012.2) Paulo, bacharel em Direito, exerceu relevantes cargos no Poder Executivo das três esferas de Governo, adquirindo profundo conhecimento sobre as atividades internas da Administração Pública. Após aposentar-se, sem requerer inscrição nos quadros da OAB, estabelece serviço de consultoria jurídica, tendo angariado vários clientes desde o período da inauguração da sua atividade.

De acordo com o narrado e observadas as normas estatutárias, assinale a afirmativa correta.

(A) Dentre as atividades privativas do advogado incluem-se a postulação judicial e a assessoria jurídica, mas não a consultoria.
(B) O bacharel em Direito aposentado não tem vedado qualquer prática de atividade jurídica, mesmo não inscrito nos quadros da OAB.
(C) O advogado atua na atividade judicial pugnando pela defesa dos interesses dos seus clientes e na consultoria jurídica
(D) As atividades privativas do advogado incluem a assessoria jurídica, a direção jurídica e a atuação nos Juizados Especiais.

A: incorreta, pois são atividades privativas de advocacia, dentre outras, a assessoria, *consultoria* e direção jurídicas (art. 1º, II, do EAOAB); **B:** incorreta, pois o bacharel em Direito, não inscrito no quadro de advogados, obviamente, não pode praticar atos privativos de advocacia, que exige, à evidência, a respectiva (e necessária) inscrição (art. 3º, *caput*, do EAOAB); **C:** correta, pois, de fato, o advogado poderá, além da postulação judicial (art. 1º, I, do EAOAB), exercer, também, a atividade de consultoria jurídica, assim como a assessoria e direção jurídicas (art. 1º, II, do EAOAB) e o visto em atos constitutivos de pessoas jurídicas (art. 1º, § 2º, do EAOAB e art. 2º, *caput*, do Regulamento Geral); **D:** incorreta, pois a postulação perante os Juizados Especiais, embora conste no art. 1º, I, do EAOAB, como atividade privativa de advocacia, deixou de ser atividade exclusiva dos advogados com o advento da Lei 9.099/1995 (art. 9º), que passou a exigir a intervenção do advogado, em 1ª instância, apenas nas causas cujo valor supere 20 (vinte) salários mínimos.

Gabarito "C"

(OAB/Exame Unificado – 2010.1) Em obediência ao que dispõe o Estatuto da Advocacia e da OAB, o advogado que, por motivos pessoais, não mais deseje continuar patrocinando determinada causa deve

(A) renunciar ao mandato e continuar representando seu cliente por trinta dias, salvo se este constituir novo advogado antes do término do prazo.
(B) fazer um substabelecimento sem reservas de poderes para outro advogado e depois comunicar o fato ao cliente.
(C) comunicar ao cliente a renúncia ao mandato e funcionar no processo nos dez dias subsequentes, caso outro advogado não se habilite antes.
(D) comunicar ao cliente a desistência do mandato e indicar outro advogado para a causa, o qual deve ser, obrigatoriamente, contratado pelo cliente.

A: incorreta. O prazo é de dez dias após a ciência ao cliente (Lei 8.906/1994, art. 5.º, § 3.º; art. 16, *caput*, do CED); **B:** incorreta. O advogado pode fazer substabelecimento sem reservas a outro advogado, desde que dê prévio e inequívoco conhecimento de tal fato ao cliente (art. 26, § 1º, CED); **C:** correta. Depois da ciência do cliente, o advogado responde por até dez dias, mas, se outro advogado ingressar no processo antes, o anterior se desobriga (Lei 8.906/1994, art. 5.º, § 3.º; art. 16, *caput*, do CED); **D:** incorreta. O advogado pode até indicar outro profissional, mas deve, primeiro, comunicar o cliente, sendo a decisão sempre do cliente (Lei 8.906/1994, art. 5.º, § 3.º).

Gabarito "C"

(OAB/Exame Unificado – 2010.1) Prescinde-se de constituição de advogado regularmente inscrito na OAB para o ajuizamento de ação na 1.ª instância da justiça do trabalho, ação, no valor de até vinte salários-mínimos, no juizado especial cível,

(A) e *habeas corpus*.
(B) *habeas corpus* e ação popular.
(C) *habeas corpus* e mandado de segurança.
(D) e mandado de segurança.

A: correta. Não se exige a capacidade postulatória para a impetração de *habeas corpus* em qualquer instância ou tribunal (art. 1.º, I, § 1.º, da Lei 8.906/1994). Importante frisar que também não haverá necessidade de intervenção de advogado nas instâncias ordinárias da Justiça do Trabalho (*vide* Súmula 425 do TST), nas causas de até 20 (vinte) salários mínimos, em 1ª instância, nos Juizados Especiais Cíveis Estaduais (art. 9º da Lei 9.099/1995) e nos Juizados Especiais Cíveis Federais (art. 10 da Lei 10.259/2001); **B:** incorreta. Qualquer cidadão pode ser autor de ação popular, porém, deve constituir advogado para ingressar em juízo (Lei 8.906/1994, art. 1.º, I); **C:** incorreta. O mandado de segurança é ajuizado por quem tem capacidade postulatória, ou seja, advogado (Lei 8.906/1994, art. 1.º, I, § 1.º); **D:** incorreta. *Vide* justificativa apresentada na opção C.

Gabarito "A"

(OAB/Exame Unificado – 2009.3) Assinale a opção correta de acordo com o Regulamento Geral do Estatuto da Advocacia e da OAB.

(A) As funções de diretoria e de gerência jurídicas em qualquer empresa pública, privada ou paraestatal, inclusive em instituições financeiras, são privativas de advogado, permitindo-se, entretanto, seu exercício por quem não esteja inscrito regularmente na OAB.
(B) Considera-se efetivo exercício da atividade de advocacia a participação anual mínima em cinco atos privativos da profissão de advogado, em causas ou questões distintas.
(C) Procurador de Estado está desobrigado de inscrever-se na OAB, visto que sua capacidade postulatória já deriva da própria assunção desse cargo público.
(D) Os honorários de sucumbência a que o advogado empregado faça jus, como regra, devem integrar o salário ou remuneração e, por isso, devem ser considerados para efeitos trabalhistas ou previdenciários.

A: incorreta, visto que se considera atividade privativa de advocacia a assessoria, consultoria e direção jurídica, seja esta última em empresas públicas, privadas ou paraestatais, nos termos do art. 1º, II, do Estatuto da OAB (Lei 8.906/1994 – EAOAB) e art. 7º do Regulamento Geral; **B:** correta, pois, de fato, de acordo com o art. 5º do Regulamento Geral, o efetivo exercício da advocacia decorre da participação anual mínima em cinco atos privativos da advocacia (sobre atividades privativas de advogado, ver art. 1º do EAOAB); **C:** incorreta, pois o Procurador do Estado, assim como os integrantes da Advocacia Geral da União, da Procuradoria da Fazenda Nacional, das Defensorias Públicas da União e dos Estados, das autarquias e fundações públicas, consoante dispõem o art. 9º do Regulamento Geral e art. 3º, § 1º, do EAOAB, são advogados públicos, deles sendo exigida a inscrição nos quadros da OAB; **D:** incorreta, pois os honorários de sucumbências configuram verba eventual, motivo pelo qual não integram o salário do advogado empregado para fins trabalhistas ou previdenciários (art. 14 do Regulamento Geral).

Gabarito "B"

(OAB/Exame Unificado – 2009.2) No que concerne à capacidade postulatória do advogado, assinale a opção correta.

(A) O advogado que renunciar à procuração que lhe foi outorgada fica obrigado a representar o outorgante pelo prazo de dez dias, a contar da notificação da renúncia, ainda que outro advogado o substitua.
(B) A procuração para o foro confere, em geral, poderes especiais ao advogado.
(C) Em caso de urgência, pode o advogado postular em juízo sem procuração, devendo apresentá-la no prazo de quinze dias.
(D) Caso o advogado não junte procuração, o juiz mandará intimá-lo para que a apresente imediatamente, sob pena de indeferimento da petição inicial.

A: incorreta. A renúncia, que é causa de extinção do mandato judicial por ato do advogado, irá obrigá-lo a prosseguir na representação de seu cliente pelo prazo de 10 dias, a contar da notificação do ato, salvo se, antes do término de referido prazo, for substituído por outro advogado (art. 5º, § 3º, da Lei 8.906/1994 – EAOAB; art. 16, *caput*, do CED); **B:** incorreta, pois, como o próprio nome sugere, a procuração para o foro em geral confere ao advogado os poderes necessários a postular em qualquer instância, mas não lhe confere poderes especiais, os quais deverão constar expressamente na procuração (art. 5º, § 2º, da Lei 8.906/1994 – EAOAB); **C:** correta, pois, de fato, se o advogado afirmar urgência, ficará momentaneamente desobrigado a juntar aos autos a procuração. Contudo, deverá juntá-la no prazo de 15 dias, prorrogável por igual período (a prorrogação não é automática!), nos termos do art. 5º, § 1º, da Lei 8.906/1994 – EAOAB; **D:** incorreta, visto que caberá ao advogado, no primeiro momento em que representar o cliente em juízo, anexar aos autos à procuração. Porém, em caso de urgência, poderá fazê-lo sem procuração por até 15 dias, quando, então, deverá juntá-la. Tal prazo poderá ser prorrogado por igual período por despacho do juiz, consoante dispõe o art. 104, § 1º, do Novo CPC. Caso não o faça, o advogado não será intimado para que apresente o instrumento de mandato. Ao contrário, ,o ato será considerado ineficaz, respondendo o advogado por perdas e danos (art. 104, § 2º, do Novo CPC).

Gabarito "C"

(OAB/Exame Unificado – 2009.2) Acerca do exercício da advocacia, assinale a opção correta.

(A) A única petição que o estagiário pode assinar sozinho é a de solicitação de preferência no julgamento do processo.
(B) Com a instituição das defensorias públicas nos Estados e no DF, regidas por lei específica, os defensores públicos não podem exercer atividade de advocacia e, por isso, não se sujeitam à Lei n. 8.906/1994.
(C) Os procuradores da fazenda nacional, por serem funcionários públicos, não se sujeitam à Lei n. 8.906/1994.
(D) Ao estagiário devidamente inscrito na OAB é permitido praticar os atos privativos de advogado, desde que em conjunto com o advogado e sob sua responsabilidade, podendo assinar isoladamente petição de juntada de documentos.

A: incorreta, visto que, de acordo com o art. 29 do Regulamento Geral, o estagiário, isoladamente, somente poderá realizar as seguintes atividades: I) realizar carga de processos; II) obter certidões cartorárias; III) elaborar petição de juntada de documentos e; iv) realizar serviços extrajudiciais, desde que munido de procuração; **B** e **C:** incorretas, visto que, de acordo com o art. 3º, § 1º, da Lei 8.906/1994 – EAOAB e art. 9º do Regulamento Geral, os integrantes da Advocacia Geral da União, da Procuradoria da Fazenda Nacional, das Defensorias Públicas da União e dos Estados, das Procuradorias e Consultorias Jurídicas dos Estados e Municípios, bem como das autarquias e fundações públicas, por serem considerados advogados públicos, sujeitam-se aos ditames do EAOAB, sem prejuízo de suas próprias leis de regência (leis orgânicas). Assim, o fato de os defensores públicos não poderem exercer a atividade privada da advocacia não induz pensar que não se sujeitam ao Estatuto da OAB; **D:** correta, pois, de acordo com o art. 3º, § 2º, do Estatuto da OAB, em conjunto e sob a supervisão de um advogado, o estagiário poderá praticar os atos privativos de advocacia (art. 1º do EAOAB), atentando-se ao art. 29 do Regulamento Geral (*vide* comentário à alternativa A).

Gabarito "D"

(OAB/Exame Unificado – 2008.3) Acerca das disposições relativas a mandato judicial previstas no Código de Ética e Disciplina da OAB, julgue os itens subsequentes.

I. A revogação do mandato judicial por vontade do cliente desobriga-o do pagamento das verbas honorárias contratadas, sendo, em razão disso, retirado do advogado o direito de receber eventuais honorários de sucumbência.

II. Tanto o mandato judicial quanto o extrajudicial devem ser outorgados coletivamente aos advogados que integrem a sociedade de que façam parte e exercidos no interesse do cliente, respeitada a liberdade de defesa.

III. Os mandatos judicial e extrajudicial não se extinguem pelo decurso de tempo, desde que permaneça a confiança recíproca entre o outorgante e o seu patrono no interesse da causa.

Assinale a opção correta.

(A) Apenas o item I está certo.
(B) Apenas o item III está certo.
(C) Apenas os itens I e III estão certos.
(D) Apenas os itens II e III estão certos.

I: incorreto (art. 17 do CED). A revogação do mandato não irá desobrigar o cliente de pagar ao advogado os honorários contratados, nem impedirá que ele receba a verba de sucumbência, ainda que proporcionalmente; **II:** incorreto (art. 15, § 3º, do Estatuto da OAB – Lei 8.906/1994). O mandato judicial, em caso de sociedade de advogados, deve ser constituído com a participação dos sócios da sociedade. Em outras palavras, a procuração será outorgada individualmente aos sócios, e não à sociedade; **III:** correto (art. 18 do CED). De fato, o mandato judicial não "caduca" pelo decurso do prazo, salvo de o contrário for consignado no respectivo instrumento. Muito embora não conste expressamente no CED, enquanto permanecer a confiança recíproca entre cliente e advogado, o mandato será válido.

Gabarito "B"

(OAB/Exame Unificado – 2008.2.SP) Em cada uma das opções a seguir, é apresentada uma situação hipotética relacionada à Lei n. 8.906/1994 – Estatuto da Advocacia e da Ordem dos Advogados do Brasil (OAB) –, seguida de uma assertiva a ser julgada. Assinale a opção que apresenta a assertiva correta.

(A) Adelaide constituiu uma associação e pretende levar o ato de constituição a órgão competente. Nessa situação, para que o ato seja registrado, ele terá, obrigatoriamente, de estar assinado por advogado.
(B) Ronaldo, bacharel em direito não inscrito na OAB, foi preso, em operação da Polícia Federal, em março de 2008, por determinação de juiz federal. Nessa situação, Ronaldo não pode impetrar *habeas corpus* perante o TRF, por não exercer a profissão de advogado.
(C) Eduardo foi funcionário de uma empresa de seguros por mais de 25 anos e, em março de 2008, recebeu a comunicação de sua demissão. Irresignado, ele pretende ingressar com reclamação trabalhista perante a justiça do trabalho. Nessa situação, para ingressar com a ação na justiça, Eduardo deverá, obrigatoriamente, contratar um advogado.
(D) Carlos é bacharel em direito e, tendo sido aprovado no exame de ordem, foi inscrito na OAB. Nessa situação, ele não pode ingressar com ação de indenização nos juizados especiais, pois o acesso aos juizados é restrito ao cidadão comum.

A: correta, pois, de acordo com o art. 1º, § 2º, da Lei 8.906/1994, os atos constitutivos de pessoas jurídicas somente serão admitidos a registro se visados por advogados (há duas exceções apenas: microempresas e empresas de pequeno porte!); **B:** incorreta, pois a impetração de *habeas corpus*, consoante prevê o art. 1º, § 1º, da Lei 8.906/1994, não exige capacidade postulatória; **C:** incorreta, visto que o art. 791 da CLT garante a reclamante e reclamado, ao menos nas instâncias ordinárias (*vide* Súmula 425 do TST), o *jus postulandi*, dispensando-se, pois, a intervenção nos atos processuais de advogados; **D:** incorreto, visto que o advogado poderá atuar perante os juizados especiais, muito embora sua intervenção seja dispensável nas causas em primeira instância cujo valor não supere vinte salários-mínimos (art. 9º da Lei 9.099/1995).

Gabarito "A"

(OAB/Exame Unificado – 2008.2.SP) Assinale a opção correta acerca da atividade da advocacia prevista no Estatuto da Advocacia e da OAB.

(A) Um estagiário de advocacia regularmente inscrito na OAB/SP está apto a assinar sozinho as contestações e reconvenções dos processos do escritório em que atua.
(B) Alegação final apresentada em audiência por advogado suspenso do exercício profissional é considerada ato nulo.
(C) A procuração, instrumento indispensável para o exercício profissional da advocacia, habilita o advogado para a prática de todos os atos judiciais em prol do seu cliente, sendo sua imediata apresentação exigida até nos casos de urgência.
(D) Ao renunciar ao mandato de cliente, já no dia seguinte, o advogado estará sem a representação do referido cliente, eximindo-se de qualquer responsabilidade sobre a causa.

A: incorreta. O estagiário, isoladamente, somente poderá realizar as atividades constantes no art. 29 do Regulamento Geral. Não poderá, sem a supervisão e atuação conjunta de um advogado, subscrever sozinho contestações e reconvenções, visto que tais atos postulatórios são privativos de advocacia (art. 1º, I, do Estatuto da OAB); **B:** correta. De acordo com o art. 4º, parágrafo único, da Lei 8.906/1994 – Estatuto da OAB, os atos praticados por pessoa incompatível, por advogado impedido, nos limites do impedimento, e por advogado suspenso, são considerados nulos; **C:** incorreta, pois, em caso de afirmação de urgência, nos termos do art. 5º, § 1º, da Lei 8.906/1994, poderá o advogado atuar sem procuração, devendo, contudo, juntá-la aos autos em 15 dias, prorrogáveis por igual período, por despacho do juiz (art. 104, § 1º, do Novo CPC); **D:** incorreta, pois, nos termos do art. 5º, § 3º, da Lei 8.906/1994 (e, também, art. 16, *caput*, do CED), caberá ao advogado prosseguir na representação judicial de seu ex-cliente pelo prazo de 10 dias, salvo se outro advogado substituí-lo nesse interregno.

Gabarito "B"

(OAB/Exame Unificado – 2008.1) João, administrador de empresas desempregado, e Júlio, mecânico, por não disporem dos recursos financeiros necessários à constituição de advogado, resolveram ingressar em juízo pessoalmente. João impetrou *habeas corpus* em favor de seu irmão Jânio, e Júlio ingressou com ação no juizado especial civil.

Tendo como referência essa situação hipotética, assinale a opção correta.

(A) Apenas na impetração de *habeas corpus* é possível ingressar em juízo pessoalmente, prescindindo-se da constituição de advogado.

(B) Em ambas as circunstâncias descritas, seria impossível ingressar em juízo sem constituir advogado.

(C) Para ingressar com ação no juizado especial civil sem constituir advogado, é necessário que se comprove formação universitária.

(D) Tanto na impetração de *habeas corpus* quanto no juizado especial civil, em causas cujo valor seja inferior a vinte salários-mínimos, é possível ingressar em juízo pessoalmente, prescindindo-se da constituição de advogado.

De acordo com o art. 1º, I, do Estatuto da OAB (Lei 8.906/1994 – EAOAB), a postulação em juízo é atividade privativa de advocacia. Contudo, são admitidas algumas exceções, especialmente em razão do julgamento da ADIn 1.127-8 pelo STF, a saber: I) impetração de *habeas corpus* em qualquer instância ou tribunal (art. 1º, § 1º, do EAOAB); II) postulação nas causas de até 20 (vinte) salários mínimos, em primeira instância, nos Juizados Especiais Cíveis estaduais (art. 9º da Lei 9.099/1995), bem como nos Juizados Especiais Federais (art. 10 da Lei 10.259/2001), também em primeiro grau de jurisdição, até o limite de alçada (sessenta salários mínimos); III) *jus postulandi* na Justiça do Trabalho (*vide* art. 791 da CLT e Súmula 425 do TST).

Gabarito "D"

(OAB/Exame Unificado – 2008.1.SP) Alberto, estagiário de renomado escritório de advocacia da capital paulista, está inscrito na OAB/SP desde março de 2008 e acompanha os processos do escritório, sob a responsabilidade de um advogado, perante as varas cíveis da primeira instância da capital, bem como no Tribunal de Justiça de São Paulo (TJ/SP). Considerando essa situação hipotética, assinale a opção correta de acordo com a norma em vigor.

(A) Alberto pode assinar petição de juntada de documento em processo em curso perante qualquer vara cível da capital, sem a assinatura conjunta do advogado por ele responsável.

(B) Mesmo com autorização do advogado responsável, Alberto não pode retirar autos em cartório.

(C) Por estar regularmente inscrito na OAB como estagiário, Alberto pode participar, sem a presença do advogado responsável, das audiências do escritório que estejam em curso nas varas cíveis de primeira instância.

(D) Alberto pode assinar isoladamente apenas as contrarrazões de apelação perante o TJ/SP, não lhe sendo permitido fazer qualquer sustentação oral nos julgamentos.

A: correta, nos termos do art. 29, § 1º, III, do Regulamento Geral (o estagiário, mesmo sozinho, poderá elaborar petição de juntada de documentos); **B:** incorreta, nos termos do art. 29, § 1º, I, do Regulamento Geral (o estagiário poderá fazer carga dos autos judiciais, desde que, é claro, tenha procuração ou substabelecimento nos autos); **C:** incorreta, visto que o art. 29 do Regulamento Geral não traz essa possibilidade (o estagiário somente pode participar de audiências se estiver com o advogado responsável pela causa); **D:** incorreta, visto que o art. 29 do Regulamento Geral não permite a um estagiário a assinatura isolada de contrarrazões de apelação (apenas de petição de juntada de documentos!).

Gabarito "A"

(OAB/Exame Unificado – 2007.3.SP) Dra. Cristina, advogada, recebeu procuração de sua cliente para propor ação de separação judicial, o que foi feito, após prolongada fase probatória, audiências e recurso a instância superior. Após o trânsito em julgado, com as expedições e registros de mandado de averbação competente e formal de partilha de bens, os autos foram arquivados. Após 15 meses, Dra. Cristina foi procurada por essa mesma cliente, que lhe solicitou a propositura de ação de divórcio, entendendo esta que a contratação anterior se estenderia também a essa causa, apesar de nada constar na procuração e no contrato de honorários, restritos à separação judicial. Considerando essa situação hipotética, assinale a opção correta de acordo com a norma em vigor.

(A) Por se tratar de direito de família, o acessório (divórcio) acompanha o principal, a separação, sem necessidade de nova procuração.

(B) Não é necessária nova procuração, mas devem ser cobrados novos honorários.

(C) Uma vez concluída a causa ou arquivado o processo, presumem-se o cumprimento e a cessação do mandato, sendo necessários nova procuração para o pedido de divórcio e novo contrato de honorários.

(D) Não é necessária nova procuração desde que se proponha conversão da separação em divórcio, de forma consensual.

Nos termos do art. 13 do Código de Ética e Disciplina – CED, presume-se cumprido e extinto o mandato uma vez concluída a causa ou arquivado o processo. Trata-se de presunção de extinção do mandato. Este não precisará ser revalidado pelo decurso do tempo, salvo se o contrário estiver consignado no respectivo instrumento (art. 18 do CED), permanecendo vigente enquanto houver confiança recíproca entre advogado e cliente.

Gabarito "C"

(OAB/Exame Unificado – 2007.2) Em relação à atividade do advogado, assinale a opção correta de acordo com o Regulamento Geral da OAB.

(A) A diretoria de empresa privada de advocacia pode ser exercida por quem não se encontre regularmente inscrito na OAB.

(B) O advogado da Caixa Econômica Federal é considerado advogado público pelo Regulamento Geral da OAB.

(C) Os integrantes da advocacia pública são elegíveis e podem integrar qualquer órgão da OAB.

(D) A prática de atos privativos de advogado por terceiros não inscritos na OAB é permitida desde que autorizada por dois terços dos integrantes do Conselho Federal da OAB.

A: incorreta, visto que não existe essa possibilidade no Regulamento Geral. Outrossim, importante relembrar que a direção jurídica é atividade privativa de advocacia, nos termos do art. 1º, II, do Estatuto da OAB (Lei 8.906/1994); **B:** incorreta, pois, nos termos do art. 9º do Regulamento

Geral, somente os advogados de autarquias e fundações públicas são considerados advogados públicos, sendo certo que a CEF é empresa pública federal; **C:** correta, de acordo com o art. 9º, parágrafo único, do Regulamento Geral; **D:** incorreta, nos termos do art. 4º do Regulamento Geral (a prática de atos privativos de advocacia por terceiros não inscritos na OAB configura exercício ilegal da profissão, e, portanto, contravenção penal – art. 47 da LCP).

Gabarito "C"

(OAB/Exame Unificado – 2007.1) Em 05.02.2007, José Silva, advogado, notificou pessoalmente seu cliente da renúncia ao mandato outorgado nos autos de ação cível, pelo rito ordinário, ajuizada pela União. O Diário de Justiça de 08.02.2007 publicou a intimação para que as partes especificassem provas que desejavam produzir. Considerando a situação hipotética acima e o que dispõe o Estatuto da Advocacia, assinale a opção correta.

(A) José Silva deverá apresentar petição de especificação de provas na hipótese de seu cliente não ter constituído novo advogado nos autos.

(B) José Silva deverá comunicar ao seu cliente da publicação da intimação para que ele providencie outro advogado para cumpri-la.

(C) O juiz deve reabrir o prazo para especificação de provas porque uma das partes estava sem advogado nos autos.

(D) O cliente pode se dirigir diretamente ao juiz e informar as provas que pretende produzir, juntando aos autos a notificação de renúncia de seu advogado.

Nos termos do art. 5º, § 3º, da Lei 8.906/1994 (Estatuto da OAB), e, também, do art. 16, *caput*, do CED, o advogado que renunciar ao mandato deverá permanecer representando judicialmente seu ex-cliente pelo prazo de 10 dias, salvo se for substituído em prazo inferior.

Gabarito "A"

(OAB/Exame Unificado – 2006.3) Um advogado foi contratado por um cliente para atuar, em substituição a outro advogado, em um processo que tramita na primeira vara cível de uma capital há 10 anos, dos quais há dois anos está concluso para sentença. Considerando-se a situação hipotética acima e o que dispõe o Código de Ética e Disciplina da Ordem dos Advogados do Brasil (CED – OAB), o advogado contratado deverá

(A) juntar aos autos novo instrumento de procuração e requerer que as futuras intimações sejam feitas em seu nome, assim como pedir ao juiz que intime o afastamento do advogado que atuava anteriormente no processo.

(B) requerer ao juiz da causa que declare a extinção do mandato do advogado que atuava no processo.

(C) orientar o cliente para revogar a procuração outorgada ao outro advogado mediante ação judicial prevista no Livro de Procedimentos Especiais do Código de Processo Civil.

(D) entrar em contato com o advogado que já atua no caso e solicitar-lhe substabelecimento ou renúncia ao mandato.

Nos termos do art. 14 do CED (Código de Ética e Disciplina), o advogado não deve aceitar procuração de quem já tenha patrono constituído, sem prévio conhecimento deste, salvo por motivo plenamente justificável ou para adoção de medidas judiciais urgentes e inadiáveis.

Gabarito "D"

(OAB/Exame Unificado – 2006.2) Acerca do que consta no Regimento Geral da OAB, assinale a opção correta.

(A) Em sociedade de economia mista, a função de diretoria ou gerência jurídicas é privativa de advogado inscrito regularmente na OAB.

(B) Os advogados públicos sujeitam-se exclusivamente ao regime do Estatuto, do Regulamento Geral e do Código de Ética e Disciplina da OAB e não à legislação aplicada aos demais servidores públicos.

(C) É permitido que advogado de pessoa jurídica figure, nos mesmos processos judiciais, como preposto, se houver poderes especiais.

(D) Em regra, os honorários de sucumbência fixados em favor dos advogados empregados pertencem aos seus empregadores, pois integram a remuneração dos advogados.

A: correta, pois, nos termos do art. 7º do Regulamento Geral, a função de diretoria ou gerência jurídicas, seja em empresas públicas, privadas ou paraestatais, é privativa de advogado; **B:** incorreta, visto que os advogados públicos, sem prejuízo das regras previstas no Estatuto da OAB, também sujeitam-se à legislação local (leis orgânicas de suas carreiras ou leis regentes do "funcionalismo" público); **C:** incorreta, nos termos do art. 3º do Regulamento Geral, que assim prevê: "É *defeso* ao advogado funcionar no mesmo processo, simultaneamente, como patrono e preposto do empregador ou cliente". No mesmo sentido, o art. 25 do CED; **D:** incorreta, visto que, de acordo com o art. 14 do Regulamento Geral, os honorários de sucumbência não integram a remuneração dos advogados. De outra borda, o STF, no julgamento da ADIn 1.194, admitiu a possibilidade de acordo quanto à destinação dos honorários sucumbenciais, os quais, em regra, pertencerão ao advogado da parte vencedora. Contudo, havendo disposição em contrário, esta poderá prevalecer.

Gabarito "A"

2. DIREITOS DO ADVOGADO

(OAB/Exame Unificado – 2016.2) Júlia é advogada de Fernando, réu em processo criminal de grande repercussão social. Em um programa vespertino da rádio local, o apresentador, ao comentar o caso, afirmou que Júlia era "advogada de porta de cadeia" e "ajudante de bandido". Ouvinte do programa, Rafaela procurou o Conselho Seccional da OAB e pediu que fosse promovido o desagravo público. Júlia, ao tomar conhecimento do pedido de Rafaela, informou ao Conselho Seccional da OAB que o desagravo não era necessário, pois já ajuizara ação para apurar a responsabilidade civil do apresentador.

No caso narrado,

(A) o pedido de desagravo público só pode ser formulado por Júlia, que é a pessoa ofendida em razão do exercício profissional.

(B) o pedido de desagravo pode ser formulado por Rafaela, mas depende da concordância de Júlia, que é a pessoa ofendida em razão do exercício profissional.

(C) o pedido de desagravo pode ser formulado por Rafaela, e não depende da concordância de Júlia, apesar de esta ser a pessoa ofendida em razão do exercício profissional.

(D) o pedido de desagravo público só pode ser formulado por Júlia, que é a pessoa ofendida em razão do exercício profissional, mas o ajuizamento de ação para apurar a responsabilidade civil implica a perda de objeto do desagravo.

Nos termos do art. 18, caput, do Regulamento Geral, o inscrito na OAB, quando ofendido comprovadamente em razão do exercício profissional ou de cargo ou função da OAB, tem direito ao desagravo público promovido pelo Conselho competente, de ofício, a seu pedido ou de qualquer pessoa. Assim, o direito ao desagravo público, também expresamente previsto no rol das prerrogativas profissionais (art. 7º, XVII e §5º, do EAOAB), independerá da concordancia do advogado ofendido (art. 18, §7º, do Regulamento Geral), devendo ser promovido a critério do Conselho. No caso relatado no eunciado, tendo a advogada Júlia sido ofendida pelo apresentador de um programa de rádio, a ouvinte Rafaela tem "legitimidade" para provocar a OAB a deflagrar procedimento de desagravo público, ainda que a causídica tenha expressamente manifestado a desnecessidade da medida, visto que ajuizara ação de responsabilidade civil contra o apresentador. Perceba que o desagravo público, mais do que um mecanismo a serviço do advogado ofendido, é um instrumento da OAB para repudir ofensas à classe de advogados, razão por que sequer se exige a anuência do ofendido.

Gabarito "C"

(OAB/Exame Unificado – 2016.1) O advogado Carlos dirigiu-se a uma Delegacia de Polícia para tentar obter cópia de autos de inquérito no âmbito do qual seu cliente havia sido intimado para prestar esclarecimentos. No entanto, a vista dos autos foi negada pela autoridade policial, ao fundamento de que os autos estavam sob segredo de Justiça. Mesmo após Carlos ter apresentado procuração de seu cliente, afirmou o Delegado que, uma vez que o juiz havia decretado sigilo nos autos, a vista somente seria permitida com autorização judicial.

Nos termos do Estatuto da Advocacia, é correto afirmar que

(A) Carlos pode ter acesso aos autos de qualquer inquérito, mesmo sem procuração.

(B) Carlos pode ter acesso aos autos de inquéritos sob segredo de Justiça, desde que esteja munido de procuração do investigado.

(C) Em caso de inquérito sob segredo de Justiça, apenas o magistrado que decretou o sigilo poderá afastar parcialmente o sigilo, autorizando o acesso aos autos pelo advogado Carlos.

(D) O segredo de Justiça de inquéritos em andamento é oponível ao advogado Carlos, mesmo munido de procuração.

Nos termos do art. 7º, XIV, do EAOAB, com a redação que lhe foi dada pela Lei 13.245/2016, é direito do advogado examinar, em qualquer instituição responsável por conduzir investigação, mesmo sem procuração, autos de flagrante e de investigações de qualquer natureza, findos ou em andamento, ainda que conclusos à autoridade. Caso os autos tramitem em sigilo (ou segredo de justiça), o exame pelo advogado somente será possível se apresentada procuração (art. 7º, § 10, do EAOAB). Isto posto, vamos às alternativas. **A:** incorreta, pois o acesso aos autos de inquérito, quando tramitarem em sigilo (ou segredo de justiça), exigirão apresentação de procuração. Perceba que a expressão "qualquer" torna a assertiva errada; **B:** correta, nos exatos termos do art. 7º, XIV e § 10, do EAOAB; **C:** incorreta, pois o EAOAB, em momento algum, condiciona o exercício da prerrogativa do advogado de examinar autos de inquéritos que tramitem em segredo de Justiça à autorização judicial. Como dito, caso os autos estiverem sob sigilo/segredo, bastará ao advogado que apresente procuração para ter acesso a eles; **D:** incorreta, pois, como visto, se o advogado estiver munido de procuração, terá acesso aos autos de inquérito que tramitem em segredo de justiça.

Gabarito "B"

(OAB/Exame Unificado – 2015.3) Os advogados criminalistas X e Y atuavam em diversas ações penais e inquéritos em favor de um grupo de pessoas acusadas de pertencer a determinada organização criminosa, supostamente destinada ao tráfico de drogas. Ao perceber que não havia outros meios disponíveis para a obtenção de provas contra os investigados, o juiz, no âmbito de um dos inquéritos instaurados para investigar o grupo, atendendo à representação da autoridade policial e considerando manifestação favorável do Ministério Público, determinou o afastamento do sigilo telefônico dos advogados constituídos nos autos dos aludidos procedimentos, embora não houvesse indícios da prática de crimes por estes últimos. As conversas entre os investigados e seus advogados, bem como aquelas havidas entre os advogados X e Y, foram posteriormente usadas para fundamentar a denúncia oferecida contra seus clientes. Considerando-se a hipótese apresentada, assinale a afirmativa correta.

(A) A prova é lícita, pois não havia outro meio disponível para a obtenção de provas.

(B) A prova é lícita, pois tratava-se de investigação de prática de crime cometido no âmbito de organização criminosa.

(C) Considerando que não havia outro meio disponível para a obtenção de provas, bem como que se tratava de investigação de prática de crime cometido no âmbito de organização criminosa, é ilícita a prova obtida a partir dos diálogos havidos entre os advogados e seus clientes. É, no entanto, lícita a prova obtida a partir dos diálogos havidos entre os advogados X e Y.

(D) A prova é ilícita, uma vez que as comunicações telefônicas do advogado são invioláveis quando disserem respeito ao exercício da profissão, bem como se não houver indícios da prática de crime pelo advogado.

Nos termos do art. 7º, II, do EAOAB, são direitos do advogado a inviolabilidade de seu escritório ou local de trabalho, bem como de seus instrumentos de trabalho, de sua correspondência escrita, eletrônica, telefônica e telemática, desde que relativas ao exercício da advocacia. Ainda, o §6º, do precitado dispositivo legal, determina que a quebra da inviolabilidade de que trata o inciso II, do mesmo art. 7º do EAOAB, será possível desde que presentes indícios de autoria e materialidade da prática de crime por parte do advogado. Ora, no enunciado apresentado pela banca examinadora, ficou claro que os advogados criminalistas X e Y não eram alvo da investigação, instaurada em desfavor de seus clientes, cujas conversas foram interceptadas, bem como interceptadas foram conversas entre os próprios advogados, utilizadas para fundamentar posterior denúncia oferecida pelo Ministério Público. Afora as questões de índole penal e processual penal, é certo que, do ponto de vista da legislação de ética profissional, com destaque para o referido art. 7º. II e §6º, do EAOAB, as comunicações havidas entre clientes e advogados, no exercício da profissão, são invioláveis, salvo se os próprios causídicos estiverem sendo investigados por suposta prática de infrações penais. Como, na espécie, afirmou-se que os profissionais não tinham qualquer envolvimento nas práticas criminosas perpetradas por seus clientes, a quebra da inviolabilidade de suas comunicações feriu de morte a prerrogativa em comento. Ilícita, portanto, as provas que embasaram o início da ação penal. Correta, pois, a alternativa "D", estando as demais em descompasso com o EAOAB.

Gabarito "D"

(OAB/Exame Unificado – 2015.3) A advogada Ana retirou de cartório os autos de determinado processo de conhecimento em que representava a parte ré, para apresentar contestação. Protocolou a petição tempestivamente, mas deixou de devolver os autos em seguida por esquecimento, só o fazendo após ficar pouco mais de um mês com os autos em seu poder. Ao perceber que Ana não devolvera os autos imediatamente após cumprir o prazo,

o magistrado exarou despacho pelo qual a advogada foi proibida de retirar novamente os autos do cartório em carga, até o final do processo.

Nos termos do Estatuto da Advocacia, deve-se assentar quanto à sanção disciplinar que

(A) não se aplica porque Ana não chegou a ser intimada a devolver os autos.

(B) não se aplica porque Ana ficou menos de três meses com os autos em seu poder.

(C) aplica-se porque Ana reteve abusivamente os autos em seu poder.

(D) aplica-se porque Ana não poderia ter retirado os autos de cartório para cumprir o prazo assinalado para contestação.

A: correta. Nos termos do art. 7º, XV, do EAOAB, é direito do advogado ter vista dos processos judiciais ou administrativos de qualquer natureza, em cartório ou na repartição competente, ou retirá-los pelos prazos legais. Contudo, referida prerrogativa será afastada – no tocante à retirada dos autos -, até o encerramento do processo, se o advogado houver deixado de devolvê-los no prazo legal, e só o fizer depois de intimado (art. 7º, §1º, "c", do EAOAB). No caso relatado no enunciado, a advogada Ana sequer chegou a ser intimada a restituir os autos ao cartório, tendo o magistrado, diretamente, exarado despacho proibindo-a de retirar os autos novamente em carga até o fim do processo. Assim, inaplicável seria a sanção imposta pelo EAOAB, qual seja, a de se vedar nova carga dos autos, eis que tal somente será aplicada se a devolução dos autos ocorrer após intimação. Como visto, a advogada Ana, embora não tenha devolvido os autos do processo, por esquecimento, fê-lo antes de ser intimada a tanto. Logo, inaplicável o disposto no art. 7º, §1º, "c", do EAOAB; B, C e **D:** incorretas. Analisando-se conjugadamente o precitado art. 7º, §1º, "c", do EAOAB com a infração disciplinar constante no art. 34, XXII, do EAOAB (retenção abusiva ou extravio de autos), chega-se à conclusão de que o advogado somente incorrerá em infração ética caso não restitua os autos após ser intimado a tanto.

Gabarito "A"

(OAB/Exame Unificado – 2015.3) Alice, advogada, em audiência judicial, dirigiu a palavra de maneira ríspida a certa testemunha e ao magistrado, tendo este entendido que houve a prática dos crimes de injúria e desacato, respectivamente. Por isso, o juiz determinou a extração de cópias da ata e remessa à Promotoria de Justiça com atribuição para investigação penal da comarca.

Considerando a situação narrada, a disciplina do Estatuto da OAB e o entendimento do Supremo Tribunal Federal, sobre as manifestações de Alice, proferidas no exercício de sua atividade profissional, é correto afirmar que

(A) podem configurar injúria e desacato puníveis, pois o Supremo Tribunal Federal declarou inconstitucional a imunidade profissional prevista no Art. 7º, § 2º, do Estatuto da OAB, já que a Constituição Federal consagra a incolumidade da honra e imagem.

(B) não podem constituir injúria ou desacato puníveis. Isso porque o advogado tem imunidade profissional, nos termos do Art. 7º, § 2º, do Estatuto da OAB, cuja integral constitucionalidade foi declarada pelo Supremo Tribunal Federal.

(C) não podem constituir injúria, mas podem configurar desacato punível. Isso porque o advogado tem imunidade profissional, nos termos do Art. 7º, § 2º, do Estatuto da OAB, mas esta, de acordo com o Supremo Tribunal Federal, não compreende o desacato, sob pena de conflitar com a autoridade do magistrado na condução da atividade jurisdicional.

(D) não podem constituir injúria ou desacato puníveis, mas podem caracterizar crime de desobediência. Isso porque o advogado tem imunidade profissional, nos termos do Art. 7º, § 2º, do Estatuto da OAB, cuja constitucionalidade foi declarada pelo Supremo Tribunal Federal, com a ressalva ao delito de desobediência, a fim de não conflitar com a autoridade do magistrado na condução da atividade jurisdicional.

O art. 7º, §2º, do EAOAB, em sua redação original, dispunha que o advogado tem imunidade profissional, não constituindo injúria, difamação ou desacato puníveis qualquer manifestação de sua parte, no exercício de sua atividade, em juízo ou fora dele, sem prejuízo das sanções disciplinares perante a OAB, pelos excessos que cometer. Ocorre que o STF, no julgamento da ADI 1.127-8, declarou a inconstitucionalidade de parte do referido dispositivo (*ou desacato*). Assim, o que a Suprema Corte assentou foi o entendimento de que o advogado, embora imune aos crimes de injúria e difamação, quando praticados no exercício de sua atividade, responderá criminalmente por desacato, já que, assim não fosse, haveria patente falta de isonomia entre autoridades e os advogados. Com base no que expusemos até o momento, vamos à análise das alternativas. **A:** incorreta, eis que, como dito, o STF declarou apenas parcialmente a inconstitucionalidade da imunidade profissional do advogado, mantida no tocante aos crimes de injúria e difamação; **B:** incorreta, pois o STF declarou, como já ressaltado, a inconstitucionalidade de parte da redação do art. 7º, §2º, do EAOAB; **C:** correta, já que a advogada Alice, embora seja imune a eventual injúria praticada contra a testemunha, não o será, conforme julgamento realizado pelo STF na ADI 1.127-8, quanto ao desacato perpetrado contra o magistrado; **D:** incorreta, haja vista que o art. 7º, §2º, do EAOAB, não trata do crime de desobediência, mas, sim, de crimes contra a honra (injúria e difamação), alcançados pela imunidade profissional, e de um crime contra a administração pública (desacato), afastado, pelo STF, da abrangência da prerrogativa profissional dos advogados.

Gabarito "C"

(OAB/Exame Unificado – 2015.2) Gisella é advogada recém-aprovada no Exame de Ordem e herda diversas causas de um colega de classe que resolveu trilhar outros caminhos, deixando numerosos processos para acompanhamento nos Juízos de primeiro grau. Ao acompanhar uma sessão de julgamento na Câmara Cível do Tribunal W, tem necessidade de apresentar, antes de iniciar o julgamento, alegações escritas aos integrantes do órgão julgador, que somente foram completadas no dia da sessão. Aguardando o início dos trabalhos, assim que os julgadores se apresentaram para o julgamento, a jovem advogada dirigiu-se a eles no sentido de entregar as alegações escritas, sendo admoestada quanto à sua presença no interior da sala de julgamento, na parte reservada aos magistrados. Nos termos do Estatuto da Advocacia, o ingresso dos advogados nas salas de sessões

(A) está restrito ao espaço da plateia.
(B) depende de autorização do Presidente da Câmara.
(C) é livre inclusive na parte reservada aos magistrados.
(D) depende de concordância dos julgadores.

Nos termos do art. 7º, VI, "a", do EAOAB, é direito do advogado ingressar livremente nas salas de sessões dos tribunais, mesmo além dos cancelos que separam a parte reservada aos magistrados. Assim, vamos às alternativas. **A:** incorreta, pois o advogado, nas sessões de julgamento dos tribunais, tem acesso não somente ao espaço destinado à plateia, mas, também, àquele reservado aos magistrados; **B:** incorreta. O exercício do direito previsto no art. 7º, VI, "a", do EAOAB, não depende de autorização de quem quer que seja; **C:** correta, nos exatos termos do art. 7º, VI, "a", do EAOAB; **D:** incorreta, pois, como visto, o acesso do advogado às sessões dos tribunais, mesmo além dos cancelos que separam a parte reservada aos magistrados, não depende da concordância dos julgadores. Trata-se, é bom destacar, de prerrogativa profissional.

Gabarito "C"

(OAB/Exame Unificado – 2015.2) A advogada Maria foi presa em flagrante por furto cometido no interior de uma loja de departamentos. Na Delegacia, teve a assistência de advogado por ela constituído. O auto de prisão foi lavrado sem a presença de representante da Ordem dos Advogados do Brasil, fato que levou o advogado de Maria a arguir sua nulidade. Sobre a hipótese, assinale a afirmativa correta.

(A) O auto de prisão em flagrante não é nulo, pois só é obrigatória a presença de representante da OAB quando a prisão decorre de motivo ligado ao exercício da advocacia.
(B) O auto de prisão em flagrante não é nulo, pois a presença de representante da OAB é facultativa em qualquer caso, podendo sempre ser suprida pela presença de advogado indicado pelo preso.
(C) O auto de prisão em flagrante é nulo, pois advogados não podem ser presos por crimes afiançáveis.
(D) O auto de prisão em flagrante é nulo, pois a presença de representante da OAB em caso de prisão em flagrante de advogado é sempre obrigatória.

Nos termos do art. 7º, IV e § 3º, do EAOAB, é direito do advogado ter a presença de representante da OAB, quando preso em flagrante, por motivo ligado ao exercício da advocacia, para a lavratura do respectivo auto, sob pena de nulidade. E a prisão em flagrante, quando relacionada ao exercício da profissão, somente será admissível em se tratando de crime inafiançável. No caso narrado no enunciado, Maria foi presa em flagrante por furto cometido no interior de uma loja de departamentos, portanto, sem guardar qualquer relação com o exercício da profissão. Dessa forma, não terá o direito de ter a presença de representante da OAB durante a lavratura do auto de prisão em flagrante, que não é nulo. Frise-se: a prerrogativa em tela pressupõe, necessariamente, que a prisão em flagrante do advogado ocorra por motivo ligado ao exercício da profissão, quando, somente nessa circunstância, um representante da OAB deverá se fazer presente para acompanhar a lavratura do auto. Assim, de planos, as alternativas **C** e **D** são incorretas. Correta é a alternativa **A**, por todos os esclarecimentos que já fizemos. Quanto à alternativa **B**, incorreta, não é verdadeira a afirmação de que a presença de representante da OAB para a lavratura do auto de prisão em flagrante seja facultativa em qualquer caso. Vimos que se se tratar de flagrante delito por motivo ligado à profissão, a presença de representante da entidade deverá ocorrer, sob pena de nulidade, ainda que contasse o advogado com um defensor constituído.

Gabarito "A"

(OAB/Exame Unificado – 2015.2) Leôncio é estagiário de escritório especializado na área cível e testemunha o descumprimento de norma legal por funcionário público, imediatamente comunicando a situação ao seu advogado supervisor. Ambos dirigem-se ao órgão diretor administrativo competente e reclamam pelo descumprimento de lei, o que foi reduzido a termo. A referida reclamação veio a ser sumariamente arquivada por não ter sido feita na forma escrita. Nos termos do Estatuto da Advocacia, reclamações por descumprimento de lei

(A) devem ser necessariamente escritas.
(B) devem ser formuladas pela OAB, exclusivamente.
(C) podem ser verbais.
(D) são de atribuição privativa de Conselheiro da OAB.

Nos termos do art. 7º, XI, do EAOAB, é direito do advogado reclamar, verbalmente ou por escrito, perante qualquer juízo, tribunal ou autoridade, contra a inobservância de preceito de lei, regulamento ou regimento. Portanto, no caso apresentado no enunciado, Leôncio, estagiário, e seu advogado supervisor, ao constatarem o descumprimento de norma legal por funcionário público, poderiam, nos moldes do referido dispositivo legal, reclamar de forma verbal ou escrita. Correta, portanto, a alternativa C.

Gabarito "C"

(OAB/Exame Unificado – 2015.1) Ao decretar segredo de Justiça nos autos de determinada investigação policial, o magistrado alertou o Delegado de Polícia de que, aos advogados ali constituídos, deveria ser facultado o acesso à integralidade dos elementos de prova já documentados nos autos, ressaltando, no entanto, expressa e reservadamente, que ninguém, nem mesmo advogado constituído por meio de instrumento de procuração, poderia ter acesso à medida cautelar de interceptação telefônica em andamento.

Sobre a advertência do magistrado, assinale a afirmativa correta.

(A) A advertência é ilegal, pois é direito do advogado, apresentando procuração do investigado, ter vista da integralidade do procedimento de qualquer natureza.
(B) A advertência é ilegal, pois é direito do advogado ter vista de procedimentos de qualquer natureza, independentemente da apresentação de procuração.
(C) A advertência é lícita, pois, em se tratando de procedimento sob segredo de Justiça, é permitido ao advogado, munido de procuração do investigado, o acesso aos elementos de prova já documentados nos autos, mas não a medidas cautelares ainda em andamento.
(D) A advertência é lícita, pois nem mesmo advogados munidos de procuração podem ter acesso a autos de procedimentos sob segredo de Justiça.

Nos termos do art. 7º, XIV, do Estatuto da OAB, é direito do advogado ter vista de autos de inquérito policial ou de prisão em flagrante, findos ou em andamento, em qualquer repartição policial, independentemente de procuração, ainda que conclusos à autoridade, podendo, também, obter cópias e fazer apontamentos. Assim, a regra é a desnecessidade da procuração. Contudo, se no inquérito tiver sido decretado segredo de justiça (ex.: nos crimes contra a dignidade sexual, o art. 234-B, do CP, impõe o segredo de justiça), o advogado somente terá acesso aos autos se tiver procuração. Uma vez exibido o instrumento de mandato, terá acesso amplo aos elementos de prova. Contudo, nos termos da Súmula vinculante 14, o defensor somente poderá consultar os elementos de prova já documentados nos autos (ou seja, já colhidos e reduzidos a termo), o que exclui, por óbvio, as diligências futuras e aquelas que corram em apartado, tal como ocorre com os autos da interceptação telefônica, que somente serão anexados ao IP ao final. Assim, com base no caso relatado no enunciado, vamos às alternativas. **A** e **B**: incorretas, pois a advertência feita pelo magistrado é lícita, já que decretado o segredo de justiça no inquérito policial, razão por que a procuração deveria ser exigida, bem como no tocante à interceptação telefônica, na esteira da precitada Súmula vinculante 14; **C**: correta, pois em procedimento investigatório em que seja decretado segredo de justiça, seu acesso por advogado será permitido desde que munido de procuração, podendo consultar apenas os elementos de prova já documentados nos autos, consoante a referida súmula vinculante; **D**: incorreta, pois, como visto, o advogado, desde que munido de procuração, terá acesso aos autos de procedimentos sob segredo de justiça.

Gabarito "C"

(OAB/Exame Unificado – 2015.1) O advogado Antônio participava do julgamento de recurso de apelação por ele interposto. Ao proferir seu voto, o Relator acusou o advogado Antônio de ter atuado de forma antiética e de ter tentado induzir os julgadores a erro. Em seguida, com o objetivo de se defender das acusações que lhe haviam sido dirigidas, Antônio solicitou usar da palavra, pela ordem, por mais cinco minutos, pleito que veio a ser indeferido pelo Presidente do órgão julgador.

A respeito do direito de Antônio usar a palavra novamente, assinale a afirmativa correta.

(A) Não é permitido o uso da palavra por advogado em julgamentos de recursos de apelação.
(B) É direito do advogado usar da palavra, pela ordem, mediante intervenção sumária, para replicar acusação ou censura que lhe forem feitas.
(C) É direito do advogado intervir, a qualquer tempo e por qualquer motivo, durante o julgamento de processos em que esteja constituído.
(D) O uso da palavra, pela ordem, mediante intervenção sumária, somente é permitido para o esclarecimento de questões fáticas.

Nos termos do art. 7º, X, do Estatuto da OAB, é direito do advogado usar da palavra, pela ordem, em qualquer juízo ou tribunal, mediante intervenção sumária, para esclarecer equívoco ou dúvida surgida em relação a fatos, documentos ou afirmações que influam no julgamento, *bem como para replicar acusação ou censura que lhe forem feitas*. Analisemos, pois, as alternativas. **A**: incorreta, podendo o advogado valer-se da prerrogativa em comento durante o julgamento de qualquer tipo de recurso ou processo; **B**: correta, nos exatos termos do art. 7º, X, do EAOAB; **C**: incorreta, pois o advogado, embora possa fazer uso da palavra a qualquer momento, deverá fazê-lo mediante intervenção sumária, e não por qualquer motivo, mas, sim, para esclarecer equívocos ou dúvidas relativas a aspectos fáticos ou documentais, ou diante de afirmações capazes de influir no julgamento, ou para replicar acusação ou censura que lhe tenham sido dirigidas; **D**: incorreta, pois, como visto no comentário à alternativa antecedente, o advogado poderá fazer uso da prerrogativa em comento para esclarecimento de fatos, documentos ou afirmações que influam no julgamento, ou para rebater acusação ou censura que lhe tenham sido desfechadas.

Gabarito "B"

(OAB/Exame Unificado – 2015.1) Epitácio é defendido pelo advogado Anderson em processo relacionado à dissolução de sua sociedade conjugal. Posteriormente, Epitácio vem a se envolver em processo de natureza societária e contrata novo advogado especialista na matéria. Designada audiência para a oitiva de testemunhas, a defesa de Epitácio arrola como testemunha o advogado Anderson, diante do seu conhecimento de fatos decorrentes do litígio de família, obtidos exclusivamente diante do seu exercício profissional e relevantes para o desfecho do litígio empresarial. Consoante o Estatuto da Advocacia, o advogado deve

(A) atuar como testemunha em qualquer situação.
(B) depor, porém sem revelar fatos ligados ao sigilo profissional.
(C) resguardar-se e requerer autorização escrita do cliente.
(D) buscar suprimento judicial para depor em Juízo.

Nos termos do art. 7º, XIX, do Estatuto da OAB, é direito do advogado recusar-se a depor como testemunha em processo no qual funcionou ou deva funcionar, ou sobre fato relacionado com pessoa de quem seja ou foi advogado, mesmo quando autorizado ou solicitado pelo constituinte, bem como sobre fato que constitua sigilo profissional. Assim, no caso relatado no enunciado, como o advogado Anderson atuou em processo a favor de Epitácio, tendo tomado conhecimento, então, de fatos que interessam ao "novo processo", não poderia depor. Assim, vamos às alternativas! **A**: incorreta, pois o EAOAB impõe limites à atuação do advogado como testemunha, podendo recusar-se a depor em casos em que o sigilo profissional ficará em xeque; **B**: correta, conforme assinalado pela banca examinadora. Contudo, entendemos imperfeita a conclusão a que chegou a FGV, pois no enunciado ficou claro que o processo em que o advogado Anderson atuou como patrono, tomou conhecimento de fatos que interessavam ao "novo processo" em que fora arrolado a pedido do ex-cliente. Não poderia, nessa situação, depor, visto que haveria risco de violação ao sigilo profissional. Caberia ao advogado, simplesmente, ao comparecer à audiência, apresentar a recusa, nos termos do art. 7º, XIX, do EAOAB e art. 38 do CED; **C**: incorreta, pois nos casos referidos nos precitados dispositivos normativos, ainda que haja autorização do cliente, o advogado ficará impedido de prestar depoimento; **D**: incorreta, pois inexiste previsão legal que autorize o advogado a depor por meio de suprimento judicial.

Gabarito "B"

(OAB/Exame Unificado – 2015.1) Isabella, advogada atuante na área pública, é procurada por cliente que deseja contratá-la e que informa a existência de processo já terminado, no qual foram debatidos fatos que poderiam interessar à nova causa. Antes de realizar o contrato de prestação de serviços, dirige-se ao Juízo competente e requer vista dos autos findos, não anexando instrumento de mandato. Nesse caso, consoante o Estatuto da Advocacia, a advogada pode

(A) ter vista dos autos somente no balcão do cartório.
(B) ter vista dos autos no local onde se arquivam os autos.
(C) retirar os autos de cartório por dez dias.
(D) retirar os autos, se anexar instrumento de mandato.

Nos termos do art. 7º, XVI, do Estatuto da OAB, é direito do advogado retirar autos de processos findos, mesmo sem procuração, pelo prazo de dez dias. Correta, assim, a alternativa C, estando as demais em descompasso com a prescrição legal.

Gabarito "C"

(OAB/Exame Unificado – 2014.2) O estagiário Marcos trabalha em determinado escritório de advocacia e participou ativamente da elaboração de determinada peça processual que estava para ser analisada pelo magistrado da Vara em que o processo tramitava, assinando, ao final, a petição, em conjunto com alguns advogados do escritório. Como conhecia muito bem a causa, resolveu falar com o magistrado com o objetivo de ressaltar, de viva voz, alguns detalhes relevantes. Quando o magistrado percebeu que estava recebendo o estagiário do escritório, e não um dos advogados que atuava na causa, informou ao estagiário que não poderia tratar com ele sobre o processo, solicitando que os advogados viessem em seu lugar, se entendessem necessário. Marcos, muito aborrecido, afirmou que faria uma representação contra o magistrado, por entender que suas prerrogativas profissionais foram violadas. A respeito da conduta de Marcos, assinale a opção correta.

(A) Marcos teve sua prerrogativa profissional violada, pois é direito do advogado e do estagiário inscrito na OAB dirigir-se diretamente ao magistrado nas salas e gabinetes de trabalho, independentemente de horário previamente marcado, observando-se a ordem de chegada.

(B) Marcos não teve sua prerrogativa profissional violada, pois apenas deve dirigir-se diretamente ao magistrado quando os advogados que atuam na causa estiverem impossibilitados de fazê-lo, sendo a atuação do estagiário subsidiária em relação à atuação do advogado.

(C) Marcos não teve sua prerrogativa profissional violada, pois apenas o advogado tem direito de dirigir-se diretamente ao magistrado nas salas e gabinetes de trabalho, independentemente de horário previamente marcado, observando-se a ordem de chegada. Ao contrário, Marcos praticou ato excedente à sua habilitação e, em razão disso, ficará impedido, posteriormente, de obter sua inscrição definitiva como advogado.

(D) Marcos não teve sua prerrogativa profissional violada, pois apenas o advogado tem direito de dirigir-se diretamente ao magistrado nas salas e gabinetes de trabalho, independentemente de horário previamente marcado, observando-se a ordem de chegada. Ao contrário, Marcos praticou ato excedente à sua habilitação e deve ser punido com pena de censura.

A: incorreta, pois o direito de dirigir-se diretamente aos magistrados, nas salas e gabinetes de trabalho, independentemente de prévio agendamento, observada a ordem de chegada, pertence ao advogado (art. 7º, VIII, do EAOAB). Embora, na praxe forense, estagiários se dirijam diretamente a juízes, geralmente para despacho de petições, não se pode afirmar que tal prática "costumeira" constitua uma prerrogativa. O rol do art. 7º do EAOAB é destinado aos advogados, não aos estagiários; **B:** incorreta, pois a atuação do estagiário não pode, salvo nas hipóteses do art. 29, §§ 1º e 2º, do Regulamento Geral, ser isolada. Em outras palavras, a regra é a de que o estagiário somente poderá atuar em conjunto com o advogado nas atividades consideradas privativas de advocacia (art. 29, *caput*, do Regulamento Geral e art. 3º, § 2º, do EAOAB). Despachar uma petição, nos moldes delineados no enunciado, e argumentar tecnicamente sobre o que se discute nos autos, em nosso entendimento, caracteriza ato de postulação judicial (art. 1º, I, do EAOAB), que, como sabido, é atividade privativa de advogado; **C:** incorreta, pois a conduta praticada pelo estagiário não lhe acarretará, por falta de previsão legal, a consequência indicada na alternativa, qual seja, a de ficar impossibilitado de obter, futuramente, sua inscrição definitiva como advogado; **D:** correta. De fato, como visto, o estagiário não goza da prerrogativa de que trata o art. 7º, VIII, do EAOAB. Ao contrário, ao demonstrar ao juiz que tinha amplo conhecimento da causa, inclusive trazendo argumentos e fazendo ponderações relevantes sobre a causa, praticou ato excedente de sua habilitação, incorrendo no art. 34, XXIX, do EAOAB (infração disciplinar, passível de censura).

Gabarito "D"

(OAB/Exame Unificado – 2014.2) Às 15h15, o advogado Armando aguardava, no corredor do fórum, o início de uma audiência criminal designada para as 14h30. A primeira audiência do dia havia sido iniciada no horário correto, às 13h30, e a audiência da qual Armando participaria era a segunda da pauta daquela data. Armando é avisado por um serventuário de que a primeira audiência havia sido interrompida por uma hora para que o acusado, que não se sentira bem, recebesse atendimento médico, e que, por tal motivo, todas as demais audiências do dia seriam iniciadas com atraso. Mesmo assim, Armando informa ao serventuário que não iria aguardar mais, afirmando que, de acordo com o EAOAB, tem direito, após trinta minutos do horário designado, a se retirar do recinto onde se encontre aguardando pregão para ato judicial. A partir do caso apresentado, assinale a opção correta.

(A) Armando poderia se retirar do recinto, pois o advogado tem o direito de não aguardar por mais de trinta minutos para a realização de ato judicial.

(B) Armando não poderia se retirar do recinto, pois a autoridade que presidiria o ato judicial do qual Armando participaria estava presente.

(C) Armando não poderia se retirar do recinto, pois a prerrogativa por ele invocada não é válida para audiências criminais.

(D) Armando poderia se retirar do recinto, pois não deu causa ao atraso da audiência.

A: incorreta, pois o advogado somente poderá se valer da prerrogativa do art. 7º, XX, do EAOAB, se o juiz estiver ausente do local em que deva presidir o ato; **B:** correta. A questão é muito boa e pode induzir a erro o candidato. É que o direito de retirada do advogado do local em que deva ser realizado o ato judicial (ex.: audiência) somente poderá ser exercido se o juiz que deva presidi-lo estiver ausente por, pelo menos, trinta minutos (art. 7º, XX, do EAOAB). No caso relatado no enunciado, o magistrado encontra-se presente, mas a audiência anterior foi suspensa em razão do mal estar do acusado que a ela compareceu. Trata-se de verdadeiro "atraso de pauta", que muito ocorre no dia a dia forense. E, nesse caso, como o juiz está presente, mas as audiências estão atrasadas, o advogado não poderá se socorrer do precitado art. 7º, XX, do EAOAB; **C:** incorreta, pois a prerrogativa prevista no art. 7º, XX, do EAOAB, não faz distinção do tipo de audiência. Contudo, destacamos que, pelo princípio da especialidade, se se tratasse de uma audiência trabalhista, aplicar-se-ia o disposto no art. 815, parágrafo único, da CLT (bastam quinze minutos de ausência do magistrado para que o advogado possa se retirar do local); **D:** incorreta. Pouco importa, para o exercício da prerrogativa em questão, ter o advogado dado ou não causa ao atraso da audiência. Imprescindível, como visto, que o juiz esteja ausente para que o causídico se valha do seu direito de retirada.

Gabarito "B"

(OAB/Exame Unificado – 2014.2) O advogado Antônio de Souza encontra-se preso cautelarmente, em cela comum, por força de decreto de prisão preventiva proferido no âmbito de ação penal a que responde por suposta prática de reiteradas fraudes contra a Previdência. O advogado de Antônio requereu ao magistrado que decretou a prisão a transferência de seu cliente para sala de estado-maior. Como não havia sala de estado-maior disponível na localidade, o magistrado determinou que Antônio deveria permanecer em prisão domiciliar até que houvesse sala de estado-maior disponível. Sobre a decisão do magistrado, assinale a opção correta.

(A) O magistrado decidiu corretamente, pois, de acordo com o EAOAB, é direito do advogado não ser recolhido preso, antes de sentença transitada em julgado, senão em sala de Estado-maior e, na sua falta, em prisão domiciliar.

(B) O magistrado não decidiu corretamente, pois o advogado, assim como qualquer outro cidadão que tenha concluído curso superior, tem direito a ser recolhido preso em prisão especial, mas não em sala de estado-maior, que apenas é garantida a magistrados e membros do Ministério Público.

(C) O magistrado decidiu corretamente, devendo o advogado permanecer em prisão domiciliar, mesmo havendo sala de Estado Maior, após eventual trânsito em julgado de sua condenação.

(D) O magistrado não decidiu corretamente, pois o advogado apenas tem direito a não ser recolhido preso, antes de sentença transitada em julgado, em sala de estado-maior e, na sua falta, em prisão domiciliar, quando o crime que lhe esteja sendo imputado decorra do exercício regular da profissão de advogado.

A: correta. De fato, é direito do advogado, antes do trânsito em julgado, ficar recolhido preso em sala de Estado-Maior, com acomodações e comodidades condignas, ou, à falta dela, em prisão domiciliar (art. 7º, V, do EAOAB); **B:** incorreta, pois, como dito, é prerrogativa do advogado permanecer preso cautelarmente (ou seja, antes do trânsito em julgado) senão em sala de Estado-Maior, ou, à falta, em prisão domiciliar; **C:** incorreta. O advogado somente permanecerá preso cautelarmente em prisão domiciliar se, na localidade, não houver sala de Estado-maior (art. 7º, V, do EAOAB); **D:** incorreta. Essa é uma excelente pegadinha da banca examinadora! O direito de o advogado ficar preso cautelarmente em sala de Estado-maior, ou, à falta, em prisão domiciliar, não se vincula ao tipo de crime por ele praticado, vale dizer, se relativo ou não ao exercício da profissão. Assim, terá direito ao "benefício" ora debatido advogado acusado de estupro, tráfico de drogas, homicídio ou qualquer outro tipo de crime, ainda que não guarde qualquer relação com o exercício regular da profissão.

Gabarito "A"

(OAB/Exame Unificado – 2014.2) A advogada Ana integrou o departamento jurídico da empresa XYZ Ltda. e, portanto, participava de reuniões internas, com sócios e diretores, e externas, com clientes e fornecedores, tendo acesso a todos os documentos da sociedade, inclusive aos de natureza contábil, conhecendo assim, diversos fatos e informações relevantes sobre a empresa. Alguns anos após ter deixado os quadros da XYZ Ltda., Ana recebeu intimação para comparecer a determinada audiência e a prestar depoimento, como testemunha arrolada pela defesa, no âmbito de ação penal em que um dos sócios da empresa figurava como acusado do crime de sonegação fiscal. Ao comparecer à audiência, Ana afirmou que não prestaria depoimento sobre os fatos dos quais tomou conhecimento enquanto integrava o jurídico da XYZ Ltda. O magistrado que presidia o ato ressaltou que seu depoimento havia sido solicitado pelo próprio sócio da empresa, que a estaria, portanto, desobrigando do dever de guardar sigilo. Sobre a questão apresentada, observadas as regras do Estatuto da OAB e do Código de Ética e Disciplina da OAB, assinale a opção correta.

(A) Ana terá o dever de depor, pois o bem jurídico administração da justiça é mais relevante do que o bem jurídico inviolabilidade dos segredos.

(B) Ana terá o dever de depor, pois foi desobrigada por seu ex-cliente do dever de guardar sigilo sobre os fatos de que tomou conhecimento quando atuou como advogada da XYZ Ltda.

(C) Ana terá o dever de depor, pois não integra mais o departamento jurídico da empresa XYZ Ltda., tendo cessado, portanto, seu dever de guardar sigilo.

(D) Ana não terá o dever de depor, pois o advogado tem o direito de se recusar a depor, como testemunha, sobre fato relacionado à pessoa de quem foi ou seja advogado, mesmo quando solicitado pelo cliente.

A: incorreta, pois, nos termos do art. 7º, XIX, do Estatuto da OAB (EAOAB), é direito do advogado recusar-se a depor como testemunha em processo no qual funcionou ou deva funcionar, ou sobre fato relacionado com pessoa de quem seja ou foi advogado, mesmo quando autorizado ou solicitado pelo constituinte, bem como sobre fato que constitua sigilo profissional. Assim, nada obstante a advogada tenha sido intimada a prestar depoimento, é sua prerrogativa recusar-se a depor; **B:** incorreta, pois, como visto no comentário à alternativa antecedente, o fato de o ex-cliente solicitar o depoimento não a desobriga de recusar-se a prestá-lo. Ainda,nos termos do art. 38 do CED, o advogado não é obrigado a depor, em processo ou procedimento judicial, administrativo ou arbitral, sobre fatos a cujo respeito deva guardar sigilo profissional; **C:** incorreta, pois o fato de Ana não mais integrar o departamento jurídico da empresa XYZ não a desobriga de observar seus deveres éticos, dentre eles, o de sigilo profissional. Afinal, todos os fatos de que tinha ciência em razão de sua atuação profissional estão abrangidos, como dito, pelo sigilo, não podendo ser revelados mesmo em caso de o cliente (ou ex-cliente) solicitar ou autorizar o depoimento; **D:** correta, nos moldes previstos nos comentários antecedentes, que se baseiam no art. 7º, XIX, do EAOAB e art. 38 do CED.

Gabarito "D"

(OAB/Exame Unificado – 2014.1) Agnaldo é advogado na área de Direito de Empresas, tendo como uma de suas clientes a sociedade Cobradora Eficiente Ltda., que consegue realizar os seus atos de cobrança com rara eficiência. Por força de sua atividade, a sociedade é convidada a participar de reunião com a Associação dos Consumidores Unidos e envia o seu advogado para dialogar com a referida instituição.

Consoante o Estatuto da Advocacia, deve o advogado comparecer

(A) à reunião com seu cliente, responsável pela empresa.

(B) desacompanhado, com procuração com poderes *ad juditia*.

(C) à reunião, com mandato outorgado com poderes especiais.

(D) ao local sem a presença do cliente e sem mandato.

A, B e **D:** incorretas. É que um advogado poderá comparecer a uma reunião ou assembleia, ainda que desacompanhado de seu cliente, nelas representando-o, desde que munido de procuração com poderes especiais; **C:** correta, nos exatos termos do art. 7º, VI, "d", do EAOAB. Assim, é direito do advogado ingressar livremente em qualquer assembleia ou reunião de que participe ou possa participar o cliente (ou seja, ainda que este esteja ausente!), desde que munido de poderes especiais. Portanto, o ingresso do advogado nesse tipo de lugar (assembleias/reuniões) somente é possível, ainda que desacompanhado do cliente, desde que disponha de procuração que lhe tenha sido outorgada. Porém, referida procuração não pode ser "comum", mas, sim, com poderes especiais (para comparecer/representar o cliente).

Gabarito "C"

(OAB/Exame Unificado – 2014.1) Abel, por força de suas atividades como advogado, comparece à audiência designada para ocorrer às 13 horas. Aguarda algum tempo, mas não recebe qualquer notícia do início dos trabalhos forenses.

Nesse caso, consoante o Estatuto da Advocacia, protocolizando comunicação em juízo, pode retirar-se do recinto passados

(A) vinte minutos do horário designado.
(B) trinta minutos do horário designado.
(C) quarenta minutos do horário designado.
(D) cinquenta minutos do horário designado.

A, **C** e **D**: incorretas, pois, como será visto no comentário a seguir, o prazo que o advogado deverá aguardar, até que possa exercer sua prerrogativa, é de trinta minutos; **B**: correta. Nos termos do art. 7º, XX, do EAOAB, é direito do advogado retirar-se do recinto onde se encontre aguardando pregão para ato judicial, após trinta minutos do horário designado e ao qual não tenha comparecido a autoridade que deveria presidir a ele, mediante comunicação protocolizada em juízo.

Gabarito "B"

(OAB/Exame Unificado – 2013.3) Sobre o *desagravo público*, assinale a afirmativa correta.

(A) O advogado poderá ser desagravado quando ofendido no exercício da profissão ou em razão dela, desde que faça o requerimento em petição dirigida ao Presidente do Conselho Seccional no prazo de seis meses, contados a partir da data da realização da ofensa.
(B) O desagravo público depende de concordância do advogado ofendido.
(C) O advogado não pode dispensar o desagravo público quando o Conselho Seccional decidir promovê-lo.
(D) O advogado tem direito a ser desagravado, mesmo que a ofensa por ele sofrida não guarde relação com o exercício da profissão ou de cargo ou função na OAB.

A: incorreta, pois o desagravo público é prerrogativa do advogado, nos termos do art. 7º, XVII, do Estatuto da OAB, podendo ser realizado de ofício pelo Conselho competente, ou a pedido do advogado ofendido ou de qualquer pessoa (art. 18, *caput*, do Regulamento Geral). Portanto, não é verdadeira a afirmação de que o advogado será desagravo desde que faça requerimento nesse sentido, tal como menciona a assertiva em tela; **B**: incorreta, eis que o desagravo público, por ser instrumento de defesa dos direitos e prerrogativas da advocacia, não depende sequer de concordância do ofendido, que não poderá dispensá-lo, devendo ser promovido a critério do Conselho (art. 18, § 7º, do Regulamento Geral); **C**: correta, nos termos do comentário à alternativa anterior, estando de acordo com o que dispõe o precitado art. 18, § 7º, do Regulamento Geral; **D**: incorreta, já que o desagravo público somente será realizado quando a ofensa dirigida ao advogado guardar relação com o exercício da profissão ou de cargo ou função que tenha na OAB (art. 18, *caput*, do Regulamento Geral). Portanto, ofensas de caráter estritamente pessoal não deverão ser apuradas pela OAB, cabendo ao relator propor o arquivamento do pedido (art. 18, § 2º, do Regulamento Geral).

Gabarito "C"

(OAB/Exame Unificado – 2013.2) O advogado Caio solicitou vista de autos de processo disciplinar instaurado na OAB contra seu desafeto, o advogado Tício. Caio justificou seu pedido afirmando que juntaria as informações contidas no processo disciplinar em questão às de um determinado processo judicial no qual ambos atuaram, visando, com isso, demonstrar que Tício costumava ter comportamento aético.

Com relação à hipótese sugerida, assinale a afirmativa correta.

(A) Caio não poderá ter acesso aos autos do processo disciplinar instaurado contra Tício, porque demonstrou que juntaria as informações nele contidas às de um processo judicial em que ambos atuavam, prejudicando, assim, a boa administração da justiça.
(B) Caio não poderá ter acesso aos autos do processo disciplinar instaurado contra Tício, uma vez que os processos disciplinares instaurados na OAB contra advogados tramitam em sigilo, até o seu término, só tendo acesso às suas informações as partes, seus defensores e a autoridade judiciária competente.
(C) Caio poderá ter acesso aos autos do processo disciplinar instaurado contra Tício, desde que assine termo pelo qual se compromete a não divulgar a terceiros as informações nele contidas.
(D) Caio poderá ter acesso irrestrito aos autos do processo disciplinar instaurado contra Tício, uma vez que processos disciplinares instaurados na OAB contra advogados não tramitam em sigilo.

A: incorreta, não pelo fato de o advogado Caio haver afirmado que juntaria as informações obtidas no processo disciplinar a um processo judicial, mas, sim, pelo fato de aquele tramitar em sigilo (art. 72, § 2º, do EAOAB), como será melhor visto na próxima alternativa; **B**: correta. De fato, nos exatos termos do art. 72, § 2º, do EAOAB, o processo disciplinar tramita em sigilo, até o seu término, só tendo acesso às suas informações as partes, seus defensores e a autoridade judiciária competente. Logo, se Caio não for parte no processo ético-disciplinar, não conseguirá ter acesso aos autos; **C** e **D**: incorretas, pois, como visto, salvo as partes, seus procuradores e a autoridade judiciária competente, o processo disciplinar tramitará em sigilo. Em outras palavras, à exceção das pessoas previstas no já referido art. 72, § 2º, do EAOAB, ninguém mais terá acesso ao processo disciplinar em trâmite (leia-se: antes do trânsito em julgado).

Gabarito "B"

(OAB/Exame Unificado – 2013.2) Walter é advogado com atuação no Estado W e foi surpreendido pela acusação de participar de evento criminoso, tendo sido decretada sua prisão cautelar, por ordem judicial.

Com relação ao caso relatado, nos termos do Estatuto da Advocacia, assinale a afirmativa correta.

(A) O advogado deve ser apresentado ao Presidente da Seccional da OAB ou ao seu representante.
(B) O advogado ficará preso em sala de Estado-Maior ou equivalente até o final do processo.
(C) O advogado ficará restrito à sua residência, em prisão domiciliar, até reunião da seccional da OAB.
(D) O advogado sofrerá punição disciplinar pelo fato de estar respondendo a processo criminal.

A: incorreta, pois o Estatuto da OAB, em momento algum prevê que ao advogado que tenha contra si decretada prisão cautelar (flagrante, temporária ou preventiva), seja apresentado ao Presidente do Conselho Seccional ou a qualquer representante deste órgão. O que há em referido diploma legal é que, em caso de prisão em flagrante decorrente do exercício profissional, um representante da OAB acompanhe a lavratura do respectivo auto (art. 7º, IV). A presença do representante da instituição somente ocorrerá em caso de prisão em flagrante, mas, não, nos demais casos de prisões cautelares (temporária e preventiva) decretadas por autoridade judiciária; **B**: correta, de acordo com a banca examinadora. O art. 7º, V, do EAOAB, garante que o advogado, antes do trânsito em julgado, fique recolhido preso senão em Sala de Estado-Maior, com comodidades condignas, ou, à sua falta, em prisão domiciliar. Não concordamos com a expressão "ou equivalente" contida na assertiva. Repare que o enunciado pede ao candidato que responda com base nos termos do Estatuto da OAB. E o Estatuto, como visto, garante ao advogado a permanência em Sala de Estado-Maior, ou, à falta dela, em prisão domiciliar. Em outras palavras, não havendo Sala de Estado-Maior, a alternativa legalmente prevista é a prisão domiciliar, e não "salas equivalentes". Errou, tecnicamente, a banca examinadora, especialmente pelo fato de ter exigido do candidato que assinalasse alternativa "*nos termos do Estatuto da Advocacia*". Repetimos: o Estatuto não fala em "Sala equivalente". E o que seria "Sala equivalente"? Admitir como correta a assertiva é fazer letra morta a prerrogativa em comento; **C:** incorreta. Como visto no comentário antecedente, o advogado ficará recolhido preso em Sala de Estado-Maior, e, somente à falta dela, em prisão domiciliar (art. 7º, V, EAOAB); **D:** incorreta. O só fato de responder a processo criminal não enseja qualquer punição disciplinar. Basta verificar o rol do art. 34 do Estatuto da OAB, que trata das infrações disciplinares. No entanto, advertirmos que se um advogado praticar crime infamante (art. 34, XXVIII, EAOAB), poderá sofrer pena de exclusão (art. 38 do EAOAB), mas após regular processo disciplinar.

Gabarito "B"

(OAB/Exame Unificado – 2013.2) Úrsula, advogada com larga experiência profissional, necessita atualizar o seu arquivo de causas. Assim, requer o desarquivamento de determinados autos processuais de processo findo de um cliente, que tramitou sob sigilo, mas de época anterior à sua atuação. Ao dirigir-se ao cartório judicial, é surpreendida pela exigência de procuração com poderes especiais para retirar os autos.

Nos termos do Estatuto da Advocacia, é direito do advogado retirar autos de processos findos

(A) com procuração, inseridos poderes gerais, pelo prazo de cinco dias.
(B) com procuração, com poderes especiais, pelo prazo de quinze dias.
(C) sem procuração, com autorização do escrivão do cartório, pelo prazo de dez dias.
(D) sem procuração, pelo prazo de dez dias.

Nos exatos termos do art. 7º, XVI, do Estatuto da OAB, é direito do advogado retirar autos de processos findos, mesmo sem procuração, pelo prazo de dez dias. Ainda que o processo que Úrsula pretendia fazer carga tenha tramitado em sigilo, tal não seria motivo para não conseguir exercer sua prerrogativa. Todavia, caso o processo tivesse tramitado sob segredo de justiça, aí sim não teria o direito de retirá-los do cartório (salvo, é claro, se tivesse procuração do cliente). É o que decorre do art. 7º, § 1º, "1", do EAOAB.

Gabarito "D"

(OAB/Exame Unificado – 2013.1) O advogado Francisco é conhecido por sua rara habilidade no setor de contratos empresariais, experto nas chamadas cláusulas venenosas que dificultam a quebra imotivada de avenças. No exercício regular da sua profissão de advogado, apresenta-se, munido dos devidos poderes, em assembleia de sociedade anônima, cujo controlador é seu cliente. O presidente da assembleia não acolhe a sua presença, aduzindo falta de autorização legal.

Nos termos do Estatuto da Advocacia, é direito do advogado

(A) ingressar em assembleia, representando seu cliente, mesmo não munido de mandato.
(B) representar seu cliente com procuração outorgada com poderes gerais.
(C) atuar em assembleia a que seu cliente possa comparecer, munido de poderes especiais.
(D) atuar excepcionalmente com autorização do presidente da assembleia, que supre o mandato.

Nos termos do art. 7º, VI, "d", do Estatuto da OAB, é direito do advogado ingressar livremente em qualquer assembleia ou reunião de que participe ou possa participar o seu cliente, ou perante a qual este deve comparecer, desde *que munido de poderes especiais*. Assim, o advogado Francisco pode, sim, comparecer à assembleia de sociedade anônima, cujo controlador é seu cliente, ainda que este lá não esteja, desde que munido de procuração com poderes especiais. O mandato (com poderes especiais), como se vê, é indispensável para que o advogado possa ingressar, livremente, em assembleias e reuniões em que estejam ou pudessem estar seus clientes.

Gabarito "C"

(OAB/Exame Unificado – 2013.1) A advogada Maria solicitou, no cartório de determinada vara cível, ter vista e extrair cópias dos autos de processo não sujeito a sigilo. O serventuário a quem foi feita a solicitação afirmou que Maria não havia juntado procuração aos autos do processo em questão e, em razão disso, apenas poderia ter vista dos autos e que lhe seria vedada a extração de cópias.

A partir do caso apresentado, assinale a afirmativa correta.

(A) O serventuário não agiu corretamente. Mesmo não estando constituída nos autos do processo, Maria pode ter vista e obter cópias dos autos do processo, já que o mesmo não está sujeito a sigilo.
(B) O serventuário agiu corretamente. O advogado não constituído nos autos de determinado processo apenas pode ter vista dos mesmos em balcão, mas não pode retirá-los de cartório para extração de cópias.
(C) O serventuário não agiu corretamente. Tendo em vista que Maria não estava constituída nos autos e que não poderia retirá-los de cartório para a extração de cópias, o serventuário deveria ter providenciado pessoalmente as cópias de que Maria necessitava.
(D) O serventuário não agiu corretamente. Tendo em vista que Maria não estava constituída nos autos do processo, não poderia sequer ter vista dos mesmos.

A: correta. Nos termos do art. 7º, XIII, do Estatuto da OAB, é direito do advogado examinar, em qualquer órgão dos Poderes Judiciário e Legislativo, ou da Administração Pública em geral, autos de processos findos ou em andamento, *mesmo sem procuração*, quando não estejam sujeitos a sigilo, assegurada a obtenção de cópias, podendo tomar apontamentos. Assim, agiu incorretamente o serventuário, pois o fato de a advogada não ter procuração não constitui obstáculo para que ela tenha vista e obtenha cópias dos autos. Porém, caso o processo fosse sigiloso, somente com procuração poderia ter vista e carga dos autos; **B:** incorreta. Como visto, o art. 7º, XIII, do Estatuto, garante ao advogado, mesmo sem procuração (salvo se os autos tramitarem em sigilo!), o direito de examinar (ter vista) e obter cópias dos autos; **C:** incorreta, pois a advogada Maria, mesmo sem estar constituída nos autos (leia-se: ter procuração outorgada pelo cliente), teria o direito de examiná-los e obter as respectivas cópias diretamente, vale dizer, independentemente de qualquer atividade do serventuário; **D:** incorreta. A falta de procuração não constitui óbice ao advogado para ter vista e obter cópias dos autos de processos que tramitem em quaisquer dos Poderes (Executivo, Legislativo e Judiciário), salvo se sujeitos a sigilo. Neste caso, somente com procuração o advogado terá vista e poderá obter cópias dos autos.

Gabarito "A"

(OAB/Exame Unificado – 2013.1) João, advogado regularmente inscrito nos quadros da Ordem dos Advogados do Brasil, veio a ser indiciado por força de investigação proposta em face de um dos seus inúmeros clientes, não tendo o causídico participado de qualquer ato ilícito, mas apenas como advogado. Veio a saber que seu nome fora incluído por força de exercício considerado exacerbado de sua atividade advocatícia. Contratou advogado para a sua defesa no inquérito criminal e postulou assistência à Ordem dos Advogados do Brasil por entender feridas suas prerrogativas profissionais.

Observado tal relato, consoante as normas do Regulamento Geral do Estatuto da Advocacia e da OAB, assinale a afirmativa correta.

(A) Ao contratar advogado para a defesa da sua pretensão não mais cabe à Ordem dos Advogados interferir no processo para salvaguardar eventuais prerrogativas feridas.

(B) A atuação da Ordem dos Advogados na defesa das prerrogativas profissionais implicará a assistência de representante da instituição, mesmo com defensor constituído.

(C) A assistência da Ordem dos Advogados está restrita a processos judiciais ou administrativos, mas não a inquéritos.

(D) A postulação de assistência deve ser examinada pelo Conselho Federal da Ordem dos Advogados que pode autorizar ou não essa atividade.

A: incorreta. Veremos ainda nos comentários a esta questão que a OAB deverá interferir em inquéritos e processos em que o advogado figure como indiciado, acusado ou mesmo vítima, desde que os fatos digam respeito à atuação profissional, ainda que o advogado tenha constituído defensor; **B:** correta. Nos termos do art. 16 do Regulamento Geral, sem prejuízo da atuação de seu defensor, contará o advogado com a assistência de representante da OAB nos inquéritos policiais ou nas ações penais em que figurar como indiciado, acusado ou ofendido, sempre que o fato a ele imputado decorrer do exercício da profissão ou a este vincular-se; **C:** incorreta, pois, como visto, o art. 16 do Regulamento Geral permite a interferência da OAB não apenas nas ações penais em que figure como acusado ou ofendido um advogado, mas, também, nos inquéritos policiais, desde que os fatos apurados digam respeito ao exercício profissional; **D:** incorreta, pois o Regulamento Geral não diz caber ao Conselho Federal a análise sobre pedido de intervenção da OAB em inquéritos policiais ou ações penais em que figurem advogados como indiciados, réus ou ofendidos.

Gabarito "B".

(OAB/Exame Unificado – 2012.3.B) O advogado Antônio foi intimado a comparecer em Juízo para depor como testemunha a respeito de determinados fatos envolvendo um ex-cliente, a respeito dos quais tomou conhecimento em razão de seu ofício, em reuniões com o cliente em questão. Antônio recusou-se a depor, mesmo após ter sido autorizado por seu ex-cliente a fazê-lo.

A respeito da hipótese sugerida, assinale a afirmativa correta.

(A) Antônio não agiu corretamente. Ele está obrigado a depor, já que foi desobrigado por seu ex-cliente do dever de guardar sigilo.

(B) Antônio não agiu corretamente. Ele está obrigado a depor, já que o dever de guardar sigilo cede diante da decisão judicial que determinou sua intimação.

(C) Antônio agiu corretamente. O advogado tem o direito de recusar-se a depor como testemunha sobre fato relacionado com pessoa de quem seja ou foi advogado, mesmo quando autorizado ou solicitado pelo constituinte.

(D) Antônio não agiu corretamente. Ele está obrigado a depor, pois não é mais advogado do ex-cliente em questão.

A: incorreta. Nos termos do art. 7º, XIX, do Estatuto da OAB, é direito do advogado recusar-se a depor como testemunha em processo em que figure cliente ou ex-cliente, ainda que desobrigado; **B:** incorreta. A intimação judicial que determinou o comparecimento do advogado à audiência não constitui motivo ou justificativa para que se rompa o dever ético de resguardo do sigilo profissional (art. 7º, XIX, do Estatuto; art. 38 do Código de Ética e Disciplina); **C:** correta, nos termos do art. 7º, XIX, do Estatuto, bem como do art. 38 do Código de Ética; **D:** incorreta. Pouco importa se a parte envolvida no processo é cliente ou ex-cliente. O advogado, ao mesmo tempo, tem a prerrogativa de recusar-se a depor como testemunha (art. 7º, XIX, do Estatuto), bem como o dever ético de resguardar o sigilo profissional (art. 38 do Código de Ética e Disciplina).

Gabarito "C".

(OAB/Exame Unificado – 2012.3.B) José, advogado recém-formado, é contratado para defender os interesses de Cláudio que fora preso em flagrante, por crime afiançável, estando pendente o valor da fiança. Dirigindo-se ao local onde seu cliente está detido, apresenta-se à autoridade estatal competente e requer entrevista pessoal com Cláudio. A autoridade afirma que somente poderá autorizar o seu ingresso mediante a apresentação do instrumento de mandato.

Nos termos do Estatuto da Advocacia, o advogado, nesse caso, deve

(A) assentar que pode entrevistar-se com seu cliente mesmo sem procuração.

(B) contatar a família para que apresente o instrumento de procuração.

(C) aguardar a fixação da fiança para entrevistar-se com seu cliente em liberdade.

(D) aduzir que nesses casos tem prazo para apresentação de procuração.

A: correta. Nos termos do art. 7º, III, do Estatuto da OAB, é direito do advogado comunicar-se pessoal e reservadamente com seu cliente preso, em estabelecimentos civis ou militares, independentemente do procuração, ainda que considerado incomunicável; **B:** incorreta. Como visto, o art. 7º, III, do Estatuto, dispensa a exibição de procuração para que um advogado tenha acesso ao seu cliente preso; **C:** incorreta, pois, seja afiançável, seja inafiançável o crime pelo qual o cliente tenha sido preso em flagrante ou seja causa de qualquer outra espécie de prisão cautelar, o direito de o advogado com ele comunicar-se é prerrogativa conferida pelo já citado art. 7º, III, do Estatuto da OAB; **D:** incorreta. A procuração – ou a falta dela – não constitui requisito para o exercício de prerrogativa profissional atinente à comunicação de causídico com seu cliente preso.

Gabarito "A".

(OAB/Exame Unificado – 2012.1) Tício, advogado militante há longos anos, tem entrevero com o Juiz da Comarca W que, em altos brados, afirma que o causídico é praticante de chicanas e atos de má-fé processual, sendo conhecido como exímio procrastinador da atividade processual, obstando o bom desenvolvimento da Justiça. À luz das normas do Regulamento Geral do Estatuto da Advocacia e da OAB, é correto afirmar:

(A) Tais atos permitem o agravo do advogado se houver requerimento pessoal ao Presidente da Seccional.

(B) Havendo requerimento de qualquer pessoa poderá ocorrer o desagravo após decisão do Relator do processo.

(C) O desagravo é público e promovido pelo Conselho competente podendo ocorrer de ofício.

(D) Caso constatado que a ofensa é decorrente do exercício da profissão poderá ocorrer o arquivamento sumário.

A: incorreta, pois, nos termos do art. 7º, XVII e § 5º, do EAOAB, caso um advogado seja ofendido em razão de sua profissão ou do exercício de cargo ou função na OAB, deverá ser promovida a competente sessão pública de desagravo, a fim de ser repudiada a ofensa dirigida ao causídico. Nos termos do art. 18 do Regulamento Geral, o desagravo poderá ser promovido de *ofício*, a *pedido* do advogado ou ofendido ou a *pedido* de qualquer pessoa; **B:** incorreta, pois, uma vez formulado o requerimento de desagravo público, caberá ao Relator do processo deflagrado na OAB oferecer parecer que, se acolhido, aí sim, gerará a designação de sessão específica para tal fim (art. 18, § 4º, do Regulamento Geral); **C:** correta, pois está conforme o disposto no art. 18 do Regulamento Geral; **D:** incorreta, pois, de acordo com o art. 18, § 2º, do Regulamento Geral, será caso de arquivamento, por proposta do Relator do processo, caso seja constatado que a ofensa não diz respeito ao exercício profissional (ou seja, quando tiver conotação de ofensa meramente pessoal, e não profissional).

Gabarito "C"

(OAB/Exame Unificado – 2012.1) O escritório Alpha, Beta e Gama Advogados Associados, especializado em advocacia criminal, foi alvo de medida cautelar de busca em apreensão, determinada por juiz criminal, no âmbito de ação penal em que diversos clientes do escritório figuravam como acusados. O magistrado fundamentou a decisão de deferimento da medida de busca e apreensão apontando a gravidade dos crimes atribuídos pelo Ministério Público aos acusados, clientes do escritório em questão, bem como a impossibilidade de obtenção, por outros meios, de prova dos crimes por eles praticados. Considerando o que dispõem as normas aplicáveis à hipótese, assinale a alternativa correta:

(A) A inviolabilidade de escritórios de advocacia é absoluta, sendo ilegal e inconstitucional, em qualquer hipótese, a realização de medida de busca e apreensão em seu interior.

(B) A inviolabilidade de escritórios de advocacia é relativa, podendo-se determinar medida de busca e apreensão em seu interior quando houver certeza de que serão encontradas provas do crime praticado pelo cliente do advogado que ali trabalhe.

(C) A inviolabilidade de escritórios de advocacia é relativa, podendo-se determinar medida de busca e apreensão em seu interior quando houver indícios de autoria e materialidade da prática de crime por parte de advogado que ali trabalhe, sendo, no entanto vedada a utilização de documentos pertencentes a clientes do advogado investigado, quando os mesmos não estejam, por sua vez, sob formal investigação.

(D) A inviolabilidade de escritórios de advocacia é relativa, podendo-se determinar medida de busca e apreensão em seu interior quando houver indícios de autoria e materialidade da prática de crime por parte de advogado que ali trabalhe. Neste caso, a garantia da inviolabilidade resta absolutamente afastada, não havendo limites para a realização da medida.

A: incorreta, pois como se verá nos comentários às demais alternativas, a inviolabilidade do escritório de advocacia é relativa, vale dizer, comporta exceções; **B:** incorreta, pois, a despeito de ser possível a decretação de medida cautelar de busca e apreensão em escritório de advocacia, consoante permite o art. 7º, II e §§ 6º e 7º, do EAOAB, não se exigirá, para tanto, certeza de que serão encontradas provas do crime praticado pelo advogado, bastando *indícios* de autoria e materialidade delitivas; **C:** correta. De fato, embora a regra seja a da inviolabilidade do escritório de advocacia, consoante dispõe o art. 7º, II, do EAOAB, é certo que referida inviolabilidade é relativa, sendo perfeitamente possível a busca e apreensão nos escritórios de advocacia quando tal medida for necessária para a apuração da autoria e materialidade da prática de crime cometido pelo advogado. Em regra, na busca e apreensão, não poderão ser utilizados documentos, objetos e mídias pertencentes a clientes do advogado, salvo se estes forem coautores ou partícipes daquele na prática do mesmo crime que ensejou a medida cautelar (*vide* art. 7º, § 7º, do EAOAB); **D:** incorreta, pois a busca e apreensão, embora constitua instrumento que "relativiza" a inviolabilidade do escritório de advocacia, é medida que encontra limites impostos pela própria lei (art. 7º, II, e §§ 6º e 7º, do EAOAB), tais como os próprios requisitos de admissibilidade: indícios de autoria e materialidade delitivas, mandado de busca e apreensão específico e pormenorizado, necessidade de presença de representante da OAB etc.

Gabarito "C"

(OAB/Exame Unificado – 2012.1) Aparecida, advogada da autora no âmbito de determinada ação indenizatória, bastante irritada com o conteúdo de sentença que julgou improcedente o pedido formulado, apresenta recurso de apelação em cujas razões afirma que o magistrado é burro e ignora as leis aplicáveis ao caso em exame. Disse ainda que tal sentença não poderia ter outra explicação, senão o fato de o magistrado ter recebido vantagem pecuniária da outra parte. A respeito da conduta de Aparecida, é correto afirmar:

(A) Aparecida não praticou crime nem conduta antiética, pois fez tais afirmações no exercício da profissão, devendo atuar sem receio de desagradar ao magistrado.

(B) Aparecida praticou o crime de injúria, ao afirmar que o magistrado é burro e ignora as leis aplicáveis ao caso e o de calúnia, quando afirmou que o magistrado prolatara a sentença em questão por ter recebido dinheiro da outra parte. Além disso, por todas as ofensas irrogadas, violou dispositivo do Código de Ética e Disciplina da OAB, que impõe ao advogado o dever de urbanidade.

(C) Aparecida violou apenas dispositivo do Código de Ética e Disciplina da OAB, por desrespeitar o dever de urbanidade, mas não praticou crime, uma vez que tem imunidade profissional, não constituindo injúria, difamação ou calúnia puníveis qualquer manifestação de sua parte, no exercício de sua atividade, em juízo ou fora dele.

(D) Aparecida violou dispositivo do Código de Ética e Disciplina da OAB, por desrespeitar o dever de urbanidade e praticou o crime de calúnia ao afirmar que o magistrado prolatara a sentença em questão por ter recebido dinheiro da outra parte. Não praticou crime quando afirmou que o magistrado é burro e ignora as leis aplicáveis ao caso, pois tem imunidade profissional, não constituindo injúria punível qualquer manifestação de sua parte, no exercício de sua atividade, em juízo ou fora dele.

De acordo com o art. 7º, § 2º, do EAOAB, o advogado, no exercício profissional, em juízo ou fora dele, goza de imunidade profissional, sendo certo que *qualquer* manifestação sua (repita-se: desde que relativa ao exercício da profissão!) não constituirá injúria ou difamação puníveis. Porém, eventuais excessos serão passíveis de punição no âmbito disciplinar, consoante prevê referido dispositivo legal. No caso relatado no enunciado, a advogada Aparecida, ao xingar de "burro", teria cometido, em tese, o crime de injúria (art. 140 do CP). Ainda, ao afirmar que o magistrado recebera vantagem pecuniária para prolatar aquela sentença, teria, também, incidido no crime de calúnia (art. 138 do CP). Lembre-se que a imunidade profissional do advogado abarca apenas dois crimes: injúria e difamação. Portanto, Aparecida, embora imune ao crime de injúria, não o é com relação à calúnia (*falsa imputação, a terceiro, de fato definido como crime*), por esta devendo responder. Todavia, ainda que a advogada seja inviolável no tocante à injúria, é certo que xingar um juiz de "burro" viola dever ético de urbanidade, vale dizer, dever de tratamento respeitoso (art. 44 do CED). Portanto, Aparecida deverá responder criminalmente por calúnia e disciplinarmente pelo excesso cometido em relação ao magistrado.

Gabarito "D"

(OAB/Exame Unificado – 2011.3.A) Mévio, advogado de longa data, pretendendo despachar uma petição em processo judicial em curso perante a Comarca Y, é surpreendido com aviso afixado na porta do cartório de que o magistrado somente receberia para despacho petições que reputasse urgentes, devendo o advogado dirigir-se ao assessor principal do juiz para uma prévia triagem quanto ao assunto em debate. À luz das normas estatutárias, é correto afirmar que

(A) a organização do serviço cartorário é da competência do juiz, que pode estabelecer padrões de atendimento aos advogados.

(B) a triagem realizada por assessor do juiz permite melhor eficiência no desempenho da atividade judicial e não colide com as normas estatutárias.

(C) o advogado tem direito de dirigir-se diretamente ao magistrado no seu gabinete para despachar petições sem prévio agendamento.

(D) a duração razoável do processo é princípio que permite a triagem dos atos dos advogados e o exercício dos seus direitos estatutários.

De fato, de acordo com o art. 7º, VIII, do EAOAB, é direito do advogado dirigir-se diretamente aos magistrados em suas salas e gabinetes de trabalho, independentemente de prévio agendamento, devendo respeitar apenas a ordem de chegada.

Gabarito "C"

(OAB/Exame Unificado – 2011.3.A) Semprônia, advogada há longos anos, é contratada para representar os interesses de Esculápio, que está preso à disposição da Justiça criminal. Ao procurar contatar seu cliente, verifica que ele está em penitenciária, considerado incomunicável, por determinação de normas regulamentares do sistema. Apesar disso, requer o acesso ao seu cliente, que foi indeferido. Consoante as normas legais e estatutárias, é correto afirmar que

(A) a atuação do advogado deve estar submetida aos regulamentos penitenciários, para a sua própria segurança.

(B) os estabelecimentos penitenciários civis devem organizar as visitas dos advogados por ordem de chegada.

(C) o advogado, quando for contatar o seu cliente em prisão, deve ser acompanhado por representante da OAB.

(D) é ilegal vedar a presença do advogado no contato com seu cliente, ainda que considerado incomunicável.

De fato, o art. 7º, III, do EAOAB, garante ao advogado o direito de comunicar-se pessoal e reservadamente com seus clientes, ainda que presos em estabelecimentos civis ou militares, independentemente de procuração. A prerrogativa em comento é possível de ser exercida mesmo se o cliente for considerado incomunicável. Registre-se, por oportuno, que a doutrina e jurisprudência processuais penais informam que o art. 21 do CPP, que trata da incomunicabilidade do preso, não foi recepcionado pela CF/1988. Afinal, nem mesmo durante estado de defesa admite-se a incomunicabilidade (art. 136, § 3º, IV, da CF/1988).

Gabarito "D"

(OAB/Exame Unificado – 2011.3.A) Caio ajuíza ação em face da empresa Toupeira e Lontra S.A. buscando a devolução de numerário por ter recebido produto com defeito oculto. O pedido é julgado improcedente por ausência de provas. Houve recurso de apelação. No início do julgamento, o relator apresentou críticas à atuação do advogado do recorrente, que não teria instruído o processo adequadamente. Presente no julgamento, o advogado pediu a palavra, que lhe foi negada, por já ter apresentado sua sustentação oral. Com base no relato acima, de acordo com as normas estatutárias, é correto afirmar que

(A) a sustentação oral esgota a atividade do advogado no julgamento.

(B) só esclarecimentos de situação de fato serão admitidos no caso.

(C) somente em momento posterior poderá o advogado tomar providências.

(D) é assegurado ao advogado o direito de usar a palavra para replicar a acusação feita contra ele, ainda que já proferida sua sustentação oral.

De fato, o art. 7º, X, do EAOAB, prevê a prerrogativa do advogado de fazer uso da palavra, pela ordem, em qualquer juízo ou tribunal, mediante intervenção sumária, para esclarecer fatos relevantes para o julgamento da causa, ou, ainda, para replicar censura ou acusação que lhe sejam dirigidas.

Gabarito "D"

(OAB/Exame Unificado – 2011.3.A) Mévio, advogado, é procurado por Eulâmpia, que realiza consulta sobre determinado tema jurídico. Alguns meses depois, o advogado recebe uma intimação para prestar depoimento como testemunha em processo no qual Eulâmpia é ré, pelos fatos relatados por ela em consulta profissional. No concernente ao tema, à luz das normas estatutárias, é correto afirmar que

(A) o advogado deve comparecer ao ato e prestar depoimento como testemunha dos fatos.

(B) é caso de recusa justificada ao depoimento por ter tido o advogado ciência dos fatos em virtude do exercício da profissão.

(C) a simples consulta jurídica não é privativa de advogado, equiparada a mero aconselhamento protocolar.

(D) o advogado poderá prestar o depoimento, mesmo contra sua vontade, desde que autorizado pelo cliente.

De fato, nos termos do art. 7º, XIX, do EAOAB, bem como diante do disposto no art. 38 do CED, o advogado arrolado como testemunha em processo no qual funcione ou devesse funcionar, ou sobre fato relacionado com pessoa de quem seja ou foi advogado, *mesmo quando autorizado ou solicitado pelo constituinte*, deverá recusar-se a depor como testemunha, sob pena de infringir seu dever de sigilo profissional.

Gabarito "B"

(OAB/Exame Unificado – 2011.3.B) O advogado Mévio casou-se com a médica Esculápia, vindo a ter cinco filhos. No curso do casamento, Esculápia veio a concluir o curso de Bacharel em Direito, obtendo aprovação no Exame de Ordem e vindo a obter o seu registro profissional, atuando, concomitantemente com sua profissão de médica, como advogada em vários processos. Em determinado momento, veio a desentender-se com seu marido, gerando diversos processos civis e criminais. Quanto à assistência da OAB nesse caso, à luz das normas do Regulamento Geral do Estatuto da Advocacia e da OAB, é correto afirmar que a assistência

(A) ocorrerá pela qualidade dos litigantes, ambos advogados.
(B) é assegurada nos processos vinculados ao exercício da profissão.
(C) poderá ocorrer em qualquer processo, autorizada pelo Conselho Seccional.
(D) é inerente à condição de advogado, mas com autorização do Presidente da Seccional.

De fato, sem prejuízo da atuação de seu defensor, contará o advogado com a assistência de representante da OAB nos inquéritos policiais ou nas ações penais em que figurar como indiciado, acusado ou ofendido, sempre que o fato a ele imputado *decorrer do exercício da profissão ou a este vincular-se* (art. 16 do Regulamento Geral). Logo, a mera qualidade de advogado envolvido em processo criminal ou inquérito policial não demandará a intervenção da OAB nos autos.

Gabarito "B"

(OAB/Exame Unificado – 2011.3.B) Morgano, advogado recém-formado e inscrito na OAB, com aprovação no Exame de Ordem logo após a colação de grau, é contratado para defender cliente em audiência de instrução e julgamento. No recinto forense, depara-se com um tablado onde estão alocados a mesa ocupada pelo juiz e ao seu lado o representante do Ministério Público. Curioso pela situação e ainda inexperiente, questiona se tal arquitetura é comum nos demais recintos e a razão de o advogado estar em plano inferior aos demais agentes do processo. Como resposta, recebe a informação de que a disposição física foi estabelecida em respeito à hierarquia entre magistrados e membros do Ministério Público, que devem permanecer em posição superior à dos advogados das partes. Diante do narrado, à luz das normas estatutárias, é correto afirmar que

(A) a hierarquia é inerente à atividade desenvolvida pelos advogados, que atuam de forma parcial em defesa dos seus clientes.
(B) como dirigente do processo, o magistrado subordina a atuação dos advogados como forma de disciplina da audiência.
(C) os membros do Ministério Público nos atos processuais são hierarquicamente superiores aos advogados.
(D) advogados, membros do Ministério Público e magistrados não têm relação de hierarquia entre si.

A: incorreta, pois o advogado, mesmo no seu ministério privado, exerce função social, não sendo verdade que atue de forma parcial em defesa de seus clientes. Mesmo postulando a pretensão do cliente, o advogado deve pautar-se pela boa-fé; **B:** incorreta, pois o magistrado, ainda que seja o "presidente do processo judicial", não dispõe de "poder hierárquico" com relação aos advogados. Cada qual (juiz e advogado) desempenhará seu relevante papel na busca da prestação jurisdicional e da administração da justiça; **C:** incorreta, pois, conforme dispõe o art. 6º do EAOAB, não existe hierarquia ou subordinação entre juízes, membros do Ministério Público e advogados; **D:** correta, pois corresponde ao disposto no art. 6º do EAOAB.

Gabarito "D"

(OAB/Exame Unificado – 2011.3.B) Terêncio é convocado, a altas horas da noite, para assistir cliente que se encontra recolhido preso em delegacia de polícia, tendo comparecido ao local para ter ciência das acusações existentes e contatar o seu cliente. Ao adentrar o recinto, encontra presentes dois agentes policiais de plantão, estando os demais em diligências para o esclarecimento de crimes ocorridos durante o dia. Os agentes informam que somente poderia ocorrer o contato com o cliente quando o delegado retornasse de uma das diligências, o que estaria na iminência de ocorrer. No concernente ao tema, à luz das normas aplicáveis, é correto afirmar que

(A) deve o advogado aguardar pacientemente o retorno da autoridade policial ao recinto da delegacia.
(B) o advogado pode contatar o seu cliente independentemente da presença do delegado.
(C) o contato do advogado fora do horário normal depende de assistência da OAB.
(D) nesses casos, tendo em vista a segurança pública, somente com autorização judicial pode ocorrer o ato.

A: incorreta, pois o advogado tem direito de comunicar-se pessoal e reservadamente com seu cliente que se encontre preso em qualquer repartição civil ou militar (art. 7º, III, do EAOAB), bem como o de ingressar livremente em delegacias e prisões, independente da presença de seus titulares (art. 7º, VI, "b", do EAOAB); **B:** correta, conforme dispõe o art. 7º, III e VI, "b", do EAOAB; **C:** incorreta, pois o advogado terá direito de ingressar em repartições públicas em geral, incluídas as delegacias e prisões, mesmo fora do horário normal de expediente, independentemente de qualquer assistência da OAB; **D:** incorreta, seja pela falta de previsão legal, seja pelo fato de o exercício da prerrogativa profissional em comento (direito de ingresso de advogado em delegacias) não se subordinar a qualquer condição.

Gabarito "B"

(OAB/Exame Unificado – 2011.3.B) Maurício, advogado recém-formado, ciente das suas prerrogativas, pretende apresentar requerimento de certidão ao escrivão que chefia o Cartório Judicial de determinada comarca, havendo situação de urgência. Como a localização física do Chefe do Cartório é distante do balcão de atendimento ao público, o advogado precisa entrar no recinto em que ele está. Seu ingresso, contudo, não é permitido. Com base nas normas estatutárias, é correto afirmar que

(A) o requerimento deve ser apresentado no balcão, vedado o ingresso do advogado no recinto cartorário.
(B) o ingresso poderá ocorrer mediante autorização do escrivão.

(C) deve haver participação do representante da OAB nesse ingresso.

(D) o livre acesso ao recinto, no caso, é direito do advogado.

A: incorreta. O art. 7º, VI, "b", do EAOAB, dispõe ser direito do advogado ingressar livremente em diversos recintos, dentre eles, os cartórios e ofícios de justiça, independentemente da presença de seus titulares; **B:** incorreta. É absolutamente desnecessária qualquer autorização para que o advogado ingresse em repartições públicas em geral, sob pena de restar frustrada sua prerrogativa profissional; **C:** incorreta, seja por falta de previsão legal, seja pela desnecessidade de um advogado, para ingressar em um ofício judicial, necessitar da participação de representante da OAB; **D:** correta (art. 7º, VI, "b", do EAOAB).

Gabarito "D"

(OAB/Exame Unificado – 2011.2) O advogado Antônio é convocado para prestar depoimento como testemunha em ação em que um dos seus clientes é parte. Inquirido pelo magistrado, passa a tecer considerações sobre fatos apresentados pelo seu cliente durante as consultas profissionais, mesmo sobre estratégias que havia sugerido para a defesa do seu cliente. Não omitiu quaisquer informações. Posteriormente à audiência, foi notificado da abertura de processo disciplinar pelo depoimento prestado.

Em relação ao caso acima, com base nas normas estatutárias, é correto afirmar que

(A) no caso em tela, houve justa causa, capaz de permitir a revelação de dados sigilosos.

(B) o sigilo profissional é uma faculdade do advogado.

(C) inquirido pelo magistrado, o advogado não pode se escusar de depor e prestar informações.

(D) a quebra do sigilo profissional, ainda que judicialmente, como no caso, é infração disciplinar.

A: incorreta, pois, de acordo com o art. 7º, XIX, do Estatuto da OAB (Lei 8.906/1994 – EAOAB), é prerrogativa do advogado recusar-se a depor como testemunha em processo no qual funcionou ou deva funcionar, ou sobre fato relacionado com pessoa de quem seja ou foi advogado, mesmo quando autorizado ou solicitado pelo constituinte, bem como sobre fato que constitua sigilo profissional. Outrossim, o art. 38 do Código de Ética e Disciplina (CED), em reforço, dispõe que o advogado não é obrigado a depor, em processo ou procedimento judicial, administrativo ou arbitral, sobre fatos a cujo respeito deva guardar sigilo profissional. Este, porém, poderá ser rompido **em face de circunstâncias excepcionais que configurem justa causa,** como nos casos de grave ameaça ao direito à vida e à honra **ou que envolvam defesa própria (art. 37 do CED)**; **B:** incorreta, pois, como visto, o sigilo profissional não é faculdade, mas um dever do advogado (e, também, uma prerrogativa); **C:** incorreta, visto que a própria lei (Estatuto da OAB) prevê ao advogado poder recusar-se a prestar depoimento na qualidade de testemunha (art. 7º, XIX, do EAOAB; art. 38 do CED); **D:** correta. De fato, a quebra do sigilo profissional é considerada infração disciplinar, nos termos do art. 34, VII, do EAOAB, passível de punição (pena de censura).

Gabarito "D"

(OAB/Exame Unificado – 2011.2) Manoel, empresário, promove ação de separação judicial litigiosa em face de Maria, sua esposa, alegando graves violações aos deveres do casamento, entre as quais abandono material e moral das duas filhas do casal. Anexa documento comprovando que sua esposa deixara as menores em casa para comparecer a festas em locais distantes, o que lhes causou riscos à saúde física e mental. Apesar de as normas sobre o tema determinarem o sigilo, o processo tramita como se fosse público. O advogado do autor comunica o fato ao juiz que preside o processo e ao escrivão que chefia o cartório judicial. Baldados foram os seus esforços. Em relação ao caso acima, à luz das normas estatutárias, é correto afirmar que

(A) não pode reclamar para outra autoridade, já tendo apresentado a primeira ao juiz da causa.

(B) a publicidade do processo constitui mera irregularidade, infensa a medidas de qualquer naipe.

(C) o advogado atuou corretamente ao reclamar do descumprimento de lei.

(D) a reclamação deve ser escrita.

Nos termos do art. 7º, XI, do Estatuto da OAB (Lei 8.906/1994 – EAOAB), configura prerrogativa do advogado reclamar, verbalmente ou por escrito, perante qualquer juízo, tribunal ou autoridade, contra a inobservância de preceito de lei, regulamento ou regimento. Portanto, tendo havido a inobservância de preceito legal (*in casu*, da restrição à publicidade, ainda mais em matéria de direito de família, em que a intimidade das partes envolvidas justifica a decretação de segredo de justiça), agiu corretamente o advogado em apresentar reclamação, que pode ser escrita ou verbal, ao juiz competente. Correta, pois, a alternativa C.

Gabarito "C"

(OAB/Exame Unificado – 2011.2) Conceição promove ação possessória em face de vários réus que ocuparam imóvel sem construção, de sua propriedade, em área urbana. Houve a designação de audiência de conciliação, com a presença dos réus e dos seus advogados. Na audiência, visando organizar o ato, o magistrado proibiu que os advogados se mantivessem de pé, bem como saíssem do local durante a sua realização.

Com base no que dispõe o Estatuto da Advocacia e as leis regentes, é correto afirmar que

(A) caso o advogado necessite retirar-se do local, deve postular licença à autoridade.

(B) o advogado pode permanecer sentado ou de pé nos recintos do Poder Judiciário.

(C) pode permanecer de pé, caso autorizado pela autoridade competente.

(D) o advogado deve permanecer sentado na sala de audiências até o final do ato.

De acordo com o art. 7º, VII, do Estatuto da OAB (Lei 8.906/1994 – EAOAB), é direito do advogado permanecer sentado ou em pé nas salas de sessões dos tribunais, nas salas e dependências de audiências, secretarias, cartórios, ofícios de justiça, serviços notariais e de registro, delegacias, em qualquer edifício ou recinto em que funcione repartição judicial ou outro serviço público, em qualquer assembleia ou reunião de que participe ou possa participar o seu cliente, podendo retirar-se de quaisquer locais anteriormente indicados independentemente de licença. Em suma, poderá o advogado permanecer sentado ou em pé em todos os locais referidos, não se podendo exigir o contrário.

Gabarito "B"

(OAB/Exame Unificado – 2011.2) Na Secretaria Municipal de Fazenda, tramita procedimento administrativo relacionado à imposição do IPTU em determinada área urbana. O proprietário do imóvel contrata o advogado Juliano para solucionar a questão. Portando mandato extrajudicial, o advogado dirige-se ao local e, em face dos seus conhecimentos pessoais, obtém o ingresso no recinto da secretaria e recebe as informações pertinentes, apresentando, por petição, os esclarecimentos necessários. Em um dos dias em que atuava profissionalmente, viu-se interpelado por um dos chefes de seção, que questionou sua permanência no local, proibida por atos regulamentares.

Diante disso, é correto afirmar que

(A) as características especiais dos órgãos fazendários limitam os direitos dos advogados.
(B) o ingresso em quaisquer recintos de repartições públicas, no exercício da profissão, é direito dos advogados.
(C) o advogado não pode ter acesso a procedimentos administrativos, salvo com autorização da autoridade competente.
(D) a questão em tela está vinculada à proteção do sigilo profissional.

A: incorreta, pois, de acordo com o art. 7º, VI, alínea "c", do Estatuto da OAB (Lei 8.906/1994 – EAOAB), é direito do advogado ingressar em qualquer edifício ou recinto em que funcione repartição judicial ou outro serviço público no qual deva praticar ato ou colher prova ou informação útil ao exercício da atividade profissional, dentro do expediente ou fora dele, e ser atendido, desde que se ache presente qualquer servidor ou empregado. Portanto, nenhum ato regulamentar (ex.: portarias, comunicados, ordens de serviço etc.) poderia cercear uma prerrogativa profissional legalmente instituída; **B:** correta, conforme art. 7º, VI, alínea "c", do EAOAB; **C:** incorreta, pois é direito do advogado ter acesso a procedimentos administrativos ou judiciais de qualquer natureza, conforme prevê o art. 7º, XV, do EAOAB; **D:** incorreta, pois o sigilo em processos judiciais ou administrativos constitui óbice ao acesso por advogados sem procuração. Contudo, sendo esta apresentada, referido óbice terá fim.

Gabarito "B"

(OAB/Exame Unificado – 2011.2) A Administração Pública, por meio de determinado órgão, promove processo administrativo de natureza disciplinar em face do servidor público Francisco. O servidor contrata o advogado Sócrates para defendê-lo. Munido do instrumento de mandato, Sócrates requer vista dos autos do processo administrativo e posteriores intimações. O requerimento foi indeferido pela desnecessidade de advogado atuar no referido processo.

Com base no relatado acima, à luz das normas estatutárias, é correto afirmar que

(A) o direito de vista é aplicável ao processo administrativo.
(B) o advogado não tem direito de atuar em processo administrativo.
(C) nos processos disciplinares, a regra é a da presença do advogado.
(D) a atuação do advogado é obrigatória nos processos administrativos.

A: correta, pois corresponde a um direito do advogado, previsto no art. 7º, XV, do Estatuto da OAB, como veremos nos comentários à alternativa "B"; **B:** incorreta. Primeiramente, é direito do advogado, nos termos do art. 7º, XV, do Estatuto da OAB (Lei 8.906/1994 – EAOAB), ter vista dos processos judiciais ou administrativos de qualquer natureza, em cartório ou na repartição competente, ou retirá-los pelos prazos legais. Outrossim, o fato de um processo administrativo de natureza disciplinar eventualmente dispensar a defesa por advogado não induz pensar em negativa ao direito de o acusado ser defendido por um; **C** e **D:** incorretas, pois, de acordo com a Súmula vinculante n. 5, do STF, a falta de defesa técnica por advogado no processo administrativo disciplinar não ofende a Constituição. Contudo, é certo, havendo previsão infraconstitucional da necessidade de defesa técnica em processo administrativo disciplinar, deverá haver a participação do advogado, sob pena de nulidade por ofensa ao devido processo legal (art. 5º, LIV, da CF/1988).

Gabarito "A"

(OAB/Exame Unificado – 2011.2) No julgamento da ação envolvendo Manoel e Joaquim, o relator do processo assacou diversas acusações contra os representantes judiciais das partes, inclusive relacionadas à litigância de má-fé. Os advogados requereram a palavra, que foi indeferida, sendo retirados do recinto por servidores do Tribunal. Requereram, então, as medidas próprias à OAB. Com base nesse cenário, à luz das regras estatutárias, é correto afirmar que

(A) é situação típica de desagravo pela atuação profissional dos advogados.
(B) esses litígios devem ser resolvidos no âmbito do processo judicial.
(C) inexistem medidas administrativas a realizar no âmbito da OAB.
(D) a separação entre a atividade do juiz e a do advogado bloqueia a atividade da OAB.

A: correta, pois usar da palavra, pela ordem, em qualquer juízo ou tribunal, mediante intervenção sumária, para esclarecer equívoco ou dúvida surgida em relação a fatos, documentos ou afirmações que influam no julgamento, bem como para replicar acusação ou censura que lhe forem feitas, é prerrogativa dos advogados, consoante art. 7º, X, do Estatuto da OAB (Lei 8.906/1994 – EAOAB). Destarte, havendo violação às prerrogativas dos advogados, caberá a promoção de desagravo público, nos moldes do art. 7º, XVII e § 5º, do EAOAB, que consistirá na realização de uma sessão pública solene, cujo fim último é repudiar o ato cerceador de prerrogativas profissionais dos advogados; **B:** incorreta, pois a violação a uma prerrogativa profissional, sem prejuízo de poder ser solucionada processualmente, é fato gerador de realização de desagravo público pela OAB (art. 7º, XVII e § 5º, do EAOAB e arts. 18 e 19 do Regulamento Geral); **C:** incorreta, pois, como visto, a violação a prerrogativas dos advogados dá margem a medidas administrativas realizadas no âmbito da OAB (sessão de desagravo público); **D:** incorreta, pelas mesmas razões já citadas anteriormente.

Gabarito "A"

(OAB/Exame Unificado – 2011.2) A empresa Frios e Gelados S.A. promove ação de responsabilidade civil em face da empresa Calor e Chaud Ltda. No curso do processo, surge decisão judicial, atacada por recurso apresentado pelo representante judicial da empresa autora, o advogado Lúcio. Tal recurso não tem previsão legal de sustentação oral. Apesar disso, o advogado comparece à sessão de julgamento e requer ao tribunal o tempo necessário para a sustentação referida.

Nos termos das normas estatutárias, é correto afirmar que

(A) a sustentação oral dependerá do relator do recurso.
(B) o direito à sustentação oral será por trinta minutos.
(C) é direito do advogado a sustentação oral em todos os recursos.
(D) o direito à sustentação oral está vinculado à sua previsibilidade recursal.

A, B e **C:** incorretas, pois o STF, no julgamento da ADIn 1.105-7, declarou inconstitucional o art. 7º, IX, do Estatuto da OAB (Lei 8.906/1994 – EAOAB), que previa a prerrogativa dos advogados de sustentarem oralmente as razões de qualquer recurso perante o Judiciário e Administração Pública, após o voto do relator, pelo prazo de quinze minutos, salvo se outro maior fosse concedido. Assim, não é prerrogativa do advogado fazer sustentação oral em todo e qualquer recurso; **D:** correta. De fato, a sustentação oral vincula-se à previsão normativa de tal ato de defesa. Em outras palavras, havendo previsão legal ou nos regimentos internos dos tribunais, será deferida ao advogado a sustentação oral. Em suma: advogado somente poderá fazer sustentação oral em recursos se tal medida for prevista.

Gabarito "D"

(OAB/Exame Unificado – 2011.1) Túlio, advogado, é surpreendido ao praticar crime inafiançável, sendo preso em flagrante pela autoridade policial. A OAB é comunicada, e, por meio de membro da Comissão de Prerrogativas, acorre advogado ao local onde estão sendo realizados os trâmites procedimentais. Nos termos das normas estatutárias, é correto afirmar que

(A) a prisão do advogado que demanda a intervenção da OAB é a originária do exercício profissional.

(B) o fato de a prisão atingir advogado indica a presença do representante da OAB.

(C) a prisão preventiva é aquela que está circunscrita na atuação da OAB.

(D) só a prisão determinada pelo juiz é que permite a participação dos representantes da OAB.

A: correta. A prerrogativa referente à presença de representante da OAB ao ato de lavratura do auto de prisão em flagrante está diretamente ligada ao exercício profissional. Assim, somente por motivo ligado à advocacia é que o advogado terá o direito de ver um membro da OAB assistir ao ato policial (art. 7º, IV, do Estatuto da OAB – EAOAB – Lei 8.906/1994). Caso contrário, estaríamos diante de privilégio infundado; **B:** incorreta. Como visto, somente por motivo ligado ao exercício profissional é que a prerrogativa em questão deverá ser observada; **C:** incorreta. A prerrogativa prevista no EAOAB diz respeito apenas à prisão em flagrante, não se estendendo à prisão preventiva (art. 7º, IV, do EAOAB); **D:** incorreta. Ao contrário, a prisão realizada pela autoridade policial é que permite e determina a presença física de um representante da OAB, e não aquela decretada judicialmente (prisão preventiva ou prisão temporária).

Gabarito "A"

(OAB/Exame Unificado – 2011.1) Hércules, advogado recém-formado, é procurado por familiares de uma pessoa que descobriu, por vias transversas, estar sendo investigada em processo sigiloso, mas não tem ciência do objeto da investigação. Sem portar instrumento de procuração, dirige-se ao órgão investigador competente para obter informações, identificando-se como advogado do investigado. A autoridade competente, em decisão escrita, indefere o postulado, por estar ausente o instrumento do mandato e, ainda, ser a investigação sigilosa. Diante dessas circunstâncias, à luz da legislação aplicável, é correto afirmar que

(A) o acesso a processo sigiloso é possível aos advogados somente quando requeiram a prática de ato.

(B) o acesso dos advogados dos interessados a processos sigilosos romperia com a proteção que eles mereceriam.

(C) mesmo sem urgência, a atuação do advogado poderia ocorrer, sem mandato, em processo sigiloso.

(D) o processo sigiloso é acessível a advogado portando instrumento de mandato.

A: incorreta. De acordo com o art. 7º, XIII, do Estatuto da OAB (EAOAB – Lei 8.906/1994), é direito do advogado examinar, em qualquer órgão dos Poderes Judiciário e Legislativo, ou da Administração Pública em geral, autos de processos findos ou em andamento, mesmo sem procuração, quando não estejam sujeitos a sigilo, assegurada a obtenção de cópias, podendo tomar apontamentos. Portanto, mesmo que os advogados não requeiram a prática de qualquer ato, lhes assiste o direito de simplesmente consultar/examinar autos de processos findos ou em andamento; **B:** incorreta. É direito do advogado, como visto, acessar autos de processos findos ou em andamento, mesmo sem procuração, desde que não estejam sujeitos a sigilo. Nesse caso, somente com procuração o advogado terá acesso aos autos; **C:** incorreta. Como visto, o art. 7º, XIII, do EAOAB, permite o acesso do advogado a autos de processos administrativos ou judiciais, mesmo sem procuração, desde que não estejam acobertados pelo sigilo. Caso contrário, apenas com procuração da parte interessada (leia-se: parte processual) é que o advogado poderá examinar os autos; **D:** correta (art. 7º, XIII, do EAOAB).

Gabarito "D"

(OAB/Exame Unificado – 2010.3) O magistrado Mévio, de larga experiência forense, buscando organizar o serviço do seu cartório, edita Portaria disciplinando o horário de atendimento das partes e dos advogados não coincidente com o horário forense. Os processos passam a ser distribuídos, por numeração, com a responsabilização individual de determinados servidores. Estabeleceu-se que os autos de final 0 a 3 teriam atendimento ao público, aí incluídos advogados, das 11h às 13h, e daí sucessivamente. Com tal organização, obteve o cumprimento de todas as metas estabelecidas pela Corregedoria do Tribunal. À luz da legislação estatutária, assinale a alternativa correta quanto a essa atitude.

(A) A Administração dos órgãos do Poder Judiciário é autônoma, podendo ocorrer ato do magistrado impondo restrições ao advogado.

(B) O ato normativo do magistrado colide frontalmente com o direito dos advogados de serem atendidos a qualquer momento pelo Magistrado e servidores públicos.

(C) As metas de produção determinadas pelos órgãos de controle do Poder Judiciário justificam a restrição dos direitos dos advogados de acesso aos autos e aos agentes públicos.

(D) O princípio da eficiência sobrepõe-se aos interesses das partes e dos advogados, seguindo moderna tendência da Administração Pública.

A: incorreta, visto que a Portaria baixada pelo magistrado Mévio, disciplinadora do horário de atendimento das partes e dos advogados pelo seu cartório judicial, conflita diretamente com o disposto no art. 7º, VI, alíneas "b" e "c", e VIII, todos do Estatuto da OAB (EAOAB – Lei 8.906/1994); **B:** correta, pois, tal como visto na alternativa anterior, o ato normativo editado pelo magistrado colide com *direitos do advogado* expressamente previstos no já citado art. 7º do EAOAB, quais sejam, o de *ingressar livremente* nas salas e dependências de audiências, *cartórios, ofícios de justiça, sem prévio agendamento,* bem como de dirigir-se diretamente aos magistrados nas salas e gabinetes de trabalho, *independentemente de horário previamente marcado* ou outra condição, observando-se a ordem de chegada (art. 7º, VI, "b" e "c" e VIII, do EAOAB); **C:** incorreta, visto que, à luz do regramento legal, nenhuma meta de produção do Judiciário pode justificar a restrição de prerrogativas legalmente estabelecidas aos advogados; **D.** incorreta, visto que o princípio constitucional da eficiência (art. 37 da CF/1988) da Administração Pública não pode ser tomado em sua acepção leiga como razão para o cerceamento dos direitos dos advogados.

Gabarito "B"

(OAB/Exame Unificado – 2010.3) O advogado Ademar é surpreendido por mandado de busca e apreensão dos documentos guardados no seu escritório, de forma indiscriminada. Após pesquisa, verifica que existe processo investigando um dos seus clientes e a ele mesmo. Apesar disso, os documentos de toda a sua clientela foram apreendidos. Diante do narrado, é correto afirmar que

(A) a proteção ao escritório do advogado não se inclui na hipótese versada.

(B) houve excesso na apreensão de todos os documentos da clientela do advogado.

(C) a inviolabilidade do escritório de advocacia é absoluta.

(D) a prática é correta, em função de a investigação atingir o advogado.

A: incorreta, pois a busca e apreensão nos escritórios de advocacia vem disciplinada no art. 7º, II e §§ 6º e 7º, do Estatuto da OAB (EAOAB – Lei 8.906/1994), que lhes garante não apenas a inviolabilidade do escritório, *excetuadas as hipóteses autorizadoras previstas nos dispositivos citados*, mas também dos instrumentos de trabalho e de suas correspondências; **B:** correta, pois, para que referida diligência (busca e apreensão) seja efetivada, mister a observância da regra-matriz que rege o tema, qual seja, a de ser garantida a *inviolabilidade do escritório ou local de trabalho do advogado*, bem como de seus *instrumentos de trabalho*, de sua correspondência escrita, eletrônica, telefônica e telemática, desde que relativas ao exercício da advocacia (art. 7º, II, do EAOAB), admitindo-se, no entanto, a "quebra da inviolabilidade" desde que presentes os requisitos constantes dos §§ 6º e 7º do EAOAB; **C:** incorreta, pois, como visto nos comentários à alternativa anterior, a inviolabilidade do escritório *não é absoluta*, sendo admitida, repita-se, desde que preenchidos os requisitos legais (art. 7º, II e §§ 6º e 7º, do EAOAB); **D:** incorreta, visto que a mera existência de investigação contra o advogado não é fundamento suficiente à "quebra" da inviolabilidade de seu escritório e a apreensão indiscriminada de documentos, ferindo, por evidente, o direito à intimidade dos clientes (art. 7º, II, e §§ 6º e 7º, do EAOAB).

Gabarito "B"

(OAB/Exame Unificado – 2010.3) Tertúlio, advogado, testemunha a ocorrência de um acidente de trânsito sem vítimas, envolvendo quatro veículos automotores. Seus dados e sua qualificação profissional constam nos registros do evento. Posteriormente, em ação de responsabilidade civil, o advogado Tertúlio é arrolado como testemunha por uma das partes. No dia designado para o seu depoimento, alega que estaria impossibilitado de realizar o ato porque uma das pessoas envolvidas poderia contratá-lo como profissional, embora, naquele momento, nenhuma delas tivesse manifestado qualquer intenção nesse sentido. A respeito do tema, é correto dizer que

(A) o depoimento do advogado, no caso, é facultativo.

(B) somente poderia prestar depoimento após a intervenção de todas as partes no processo.

(C) o advogado é suspeito para prestar depoimento no caso em tela.

(D) a possibilidade decorre da ausência de efetiva atuação profissional.

A: incorreta, pois constitui direito do advogado o de recusar-se a depor como testemunha *em processo no qual funcionou ou deva funcionar*, ou sobre fato relacionado com pessoa de quem *seja ou foi advogado* (art. 7º, XIX, do EAOAB – Lei 8.906/1994), devendo, assim, resguardar o sigilo profissional sobre o que saiba *em razão de seu ofício* (art. 38 do CED – Código de Ética e Disciplina), inexistindo facultatividade no cumprimento do dever em comento; **B:** incorreta, pelas mesmas razões expostas na alternativa anterior; **C:** incorreta, visto inexistir qualquer previsão legal no sentido de tornar o advogado suspeito de depor como testemunha em processo no qual não patrocine a causa para qualquer das partes; **D:** correta, pois, como visto na alternativa "A", o advogado tem o dever de recusar a prestar depoimento, na qualidade de testemunha, sobre fatos que conheça em razão de seu ofício (art. 7º, XIX, do EAOAB e art. 38 do CED), inclusive sob pena de responder por infração disciplinar (art. 34, VII, do EAOAB).

Gabarito "D"

(OAB/Exame Unificado – 2010.2) Renato, advogado em início de carreira, é contactado para defender os interesses de Rodrigo que está detido em cadeia pública. Dirige-se ao local onde seu cliente está retido e busca informações sobre sua situação, recebendo como resposta do servidor público que estava de plantão que os autos do inquérito estariam conclusos com a autoridade policial e, por isso, indisponíveis para consulta e que deveria o advogado retornar quando a autoridade tivesse liberado os autos para realização de diligências.

À luz das normas aplicáveis,

(A) o advogado, diante do seu dever de urbanidade, deve aguardar os atos cabíveis da autoridade policial.

(B) o acesso aos autos, no caso, depende de procuração e de prévia autorização da autoridade policial.

(C) no caso de réu preso, somente com autorização do juiz pode o advogado acessar os autos do inquérito policial.

(D) o acesso aos autos de inquérito policial é direito do advogado, mesmo sem procuração ou conclusos à autoridade policial.

O art. 7º, XIV, da Lei 8.906/1994 dispõe que é direito do advogado "examinar em qualquer repartição policial, mesmo sem procuração, autos de flagrante e de inquérito, findos ou em andamento, ainda que conclusos à autoridade, podendo copiar peças e tomar apontamentos". Tal prerrogativa é corroborada pela Súmula vinculante 14 do STF. Assim, está correta a alternativa "D".

Gabarito "D"

(OAB/Exame Unificado – 2010.2) Joel é experiente advogado, inscrito há muitos anos nos quadros da OAB. Em atividade profissional, comparece à sessão de tribunal com o fito de sustentar, oralmente, recurso apresentado em prol de determinado cliente. Iniciada a sessão de julgamento, após a leitura do relatório, pelo magistrado designado para tal função no processo, dirige-se à tribuna e, regularmente, apresenta sua defesa oral. No curso do julgamento há menção, pelo Relator de data e fls. constantes dos autos processuais que se revelam incorretas. No concernente ao tema, à luz das normas estatutárias, o advogado

(A) deve aguardar o final do julgamento, com a proclamação do resultado, para apresentar questão de ordem.

(B) poderá usar a palavra, pela ordem, para esclarecer questão de fato, que influencie o julgamento.

(C) não possui instrumento hábil para interromper o julgamento.

(D) após o final do julgamento deverá, mediante nova sustentação oral, indicar os erros cometidos.

O art. 7º, X, da Lei 8.906/1994 dispõe que é direito do advogado "**usar da palavra, pela ordem**, em qualquer juízo ou tribunal, mediante intervenção sumária, para esclarecer equívoco ou dúvida surgida em relação a fatos, documentos ou afirmações que influam no julgamento, bem como para replicar acusação ou censura que lhe forem feitas" (g.n.). Assim, está correta a alternativa "B".

Gabarito "B"

(OAB/Exame Unificado – 2010.2) João Vítor e Ana Beatriz, ambos advogados, contraem núpcias, mantendo o estado de casados por longos anos. Paralelamente, também mantêm sociedade em escritório de advocacia.

Por motivos vários, passam a ter seguidas altercações, com acusações mútuas de descumprimento dos deveres conjugais. Ana Beatriz, revoltada com as acusações desfechadas por João Vítor, requer que a OAB promova sessão de desagravo, uma vez que sua honra foi atingida por seu marido, em discussões conjugais. À luz das normas estatutárias,

(A) nenhum ato poderá ser realizado pela OAB, tendo em vista que as ofensas não ocorreram no exercício da profissão de advogado.
(B) o ato de desagravo depende somente da qualidade de advogado do ofendido.
(C) sendo o ofensor advogado, o desagravo é permitido pelo estatuto.
(D) o desagravo poderá ocorrer privadamente.

A: correta, pois, segundo o art. 7º, § 5º, da Lei 8.906/1994, o desagravo só pode ser promovido em caso de ofensa a inscrito na OAB, *no exercício da profissão ou de cargo* ou função de órgão da OAB; **B:** incorreta, pois ofendido deve se tratar de inscrito na OAB, podendo ter sido ofendido no exercício da profissão de advogado ou no exercício de um cargo ou função na OAB; ademais, deve ter ocorrido uma ofensa; **C:** incorreta, pois o estatuto não traz essa previsão; **D:** incorreta, pois o desagravo é *público* (art. 7º, § 5º, da Lei 8.906/1994 e art. 18 do Regulamento da OAB).

Gabarito "A"

(OAB/Exame Unificado – 2010.2) Francisco, advogado, dirige-se, com seu cliente, para participar de audiência em questão cível, designada para a colheita de provas e depoimento pessoal. O ato fora designado para iniciar às 13 horas.

Como é de praxe, adentraram o recinto forense com meia hora de antecedência, sendo comunicados pelo Oficial de Justiça que a pauta de audiências continha dez eventos e que a primeira havia iniciado às dez horas, já caracterizado um atraso de uma hora, desde a audiência inaugural.

A autoridade judicial encontrava-se presente no foro desde as nove horas da manhã, para despachos em geral, tendo iniciado a primeira audiência no horário aprazado. Após duas horas de atraso, Francisco informou, por escrito, ao Chefe do Cartório Judicial, que, diante do ocorrido, ele e seu cliente estariam se retirando do recinto.

Diante do narrado, à luz das normas estatutárias

(A) qualquer atraso superior a uma hora justifica a retirada do recinto, pelo advogado.
(B) o advogado deveria, no caso narrado, peticionar ao Magistrado e retirar-se do recinto.
(C) o atraso que justifica a retirada do advogado está condicionado à ausência da autoridade judicial no evento.
(D) meros atrasos da autoridade judicial não permitem a retirada do advogado do recinto.

A: incorreta; segundo o art. 7º, XX, da Lei 8.906/1994, é direito do advogado "retirar-se do recinto onde se encontre aguardando pregão para ato judicial, após trinta minutos do horário designado e ao qual **ainda não tenha comparecido a autoridade** que deva presidir a ele, mediante comunicação protocolizada em juízo" (g.n.); assim, não é qualquer atraso que justifica a retirada do recinto, pelo advogado; deve-se tratar de atraso de mais de *30 minutos*, concernente à situação de *não comparecimento do juiz*, e não de atraso nas audiências; **B:** incorreta, pois, como se viu, o advogado não deveria ter se retirado; **C:** correta, pois somente à *ausência* do juiz autoriza a retirada do advogado, após o prazo mencionado e mediante a comunicação protocolada em juízo; **D:** incorreta, pois caso o atraso do juiz seja *superior a 30 minutos*, concernente à situação de não comparecimento do juiz, cabe a retirada do advogado do recinto.

Gabarito "C"

(OAB/Exame Unificado – 2009.2) No que se refere aos direitos e deveres do advogado, assinale a opção correta.

(A) O advogado devidamente inscrito na OAB só pode advogar no Estado onde tenha homologado sua inscrição.
(B) O advogado pode ter vista, mesmo sem procuração, de qualquer processo, administrativo ou judicial, que não esteja sujeito a sigilo, podendo copiá-lo e anotar o que bem entender.
(C) Ao falar em juízo, durante uma audiência, o advogado deve permanecer de pé.
(D) O advogado que desejar falar com magistrado deve agendar previamente um horário, devendo estar presente à audiência com, pelo menos, quinze minutos de antecedência.

A: incorreta, pois o advogado, nos termos do art. 7º, I, da Lei 8.906/1994, poderá exercer a advocacia em todo o território nacional. Contudo, fora do seu Estado de inscrição, se passar a exercer a advocacia com habitualidade (mais de cinco causas em cada ANO), deverá requerer inscrição suplementar (art. 10, § 2º, da Lei 8.906/1994 e art. 26 do Regulamento Geral); **B:** correta, conforme dispõe o art. 7º, XIII, da Lei 8.906/1994; **C:** incorreta, visto que, de acordo com o art. 7º, VII, da Lei 8.906/1994, poderá permanecer sentado ou em pé, bem como ausentar-se sem licença prévia; **D:** incorreta, pois, nos termos do art. 7º, VIII, da Lei 8.906/1994, o advogado poderá dirigir-se aos magistrados e com eles falar sem qualquer necessidade de prévio agendamento. É dever dos magistrados atender os advogados, respeitada, é verdade, a ordem de chegada.

Gabarito "B"

(OAB/Exame Unificado – 2009.1) Manuel foi constituído advogado para patrocinar os interesses de Lúcio em uma ação de divórcio litigioso. Durante o trâmite processual, surgiu a acusação de que Lúcio seria bígamo, tendo sido instaurada ação penal para apurar o referido crime. Considerando a situação hipotética apresentada, assinale a opção correta de acordo com o Estatuto da OAB.

(A) Não existe óbice para que Manuel seja testemunha na ação penal, visto que somente é advogado de Lúcio na ação cível, vigorando o dever de sigilo profissional apenas nesta ação.
(B) Manuel não pode recusar-se a depor, caso seja arrolado como testemunha de acusação na ação penal e Lúcio consinta com o seu depoimento.
(C) Caso seja arrolado como testemunha, Manuel deve testemunhar na ação penal, independentemente de autorização de Lúcio, visto que não pode eximir-se da obrigação de depor.
(D) Manuel tem o direito de recusar-se a depor como testemunha, caso tenha tomado ciência dos fatos em razão do exercício profissional.

Nos termos do art. 7º, XIX, da Lei 8.906/1994, o advogado pode recusar-se a prestar depoimento como testemunha, especialmente na hipótese de haver tomado ciência dos fatos em razão do exercício profissional, mesmo que o cliente o autorizasse a depor ou solicitasse tal providência. A prerrogativa em comento vem corroborada pelo art. 38 do CED.

Gabarito "D"

(OAB/Exame Unificado – 2009.1) De acordo com o Estatuto da Advocacia e da OAB, o advogado deve apresentar procuração para

(A) comunicar-se com seus clientes, pessoal e reservadamente, quando estes se acharem presos, detidos ou recolhidos em estabelecimentos civis ou militares.
(B) examinar, em órgão dos Poderes Judiciário e Legislativo ou da administração pública, autos de processos em andamento.
(C) retirar autos de processos findos, no prazo previsto em lei.
(D) ingressar livremente em qualquer assembleia ou reunião de que participe o seu cliente.

A: incorreta, nos termos do art. 7º, III, da Lei 8.90619/94 (poderá comunicar-se com seus clientes, ainda que presos, mesmo sem procuração); **B:** incorreta, nos termos do art. 7º, XIII, da Lei 8.906/1994 (poderá examinar autos de processos findos ou em andamento, mesmo sem procuração); **C:** incorreta, pois, de acordo com o art. 7º, XVI, da Lei 8.906/1994, poderá retirar autos de processos findos, no prazo legal, mesmo sem procuração; **D:** correta, visto que, de acordo com o art. 7º, VI, "d", da Lei 8.906/1994, o advogado poderá ingressar em assembleia ou reunião de que participe seu cliente, desde que munido de poderes especiais.

Gabarito "D"

(OAB/Exame Unificado – 2009.1) Acerca dos direitos do advogado previstos no Estatuto da OAB, julgue os seguintes itens.

I. O advogado pode retirar-se, após trinta minutos do horário designado, independentemente de qualquer comunicação formal, do recinto onde esteja aguardando pregão para ato judicial e ao qual ainda não tenha comparecido a autoridade que deva presidir a sessão.
II. O advogado preso em flagrante delito de crime inafiançável tem o direito à presença de representante da OAB para lavratura do respectivo auto, sob pena de a prisão ser considerada nula.
III. É direito do advogado ver respeitada a inviolabilidade de seu escritório e residência, bem como de seus arquivos, correspondência e comunicações, salvo em caso de busca e apreensão determinadas por magistrado e acompanhadas de representante da OAB.

A quantidade de itens certos é igual a

(A) 0.
(B) 1.
(C) 2.
(D) 3.

I: incorreta (art. 7º, XX, da Lei 8.906/1994), visto que a retirada do advogado deverá ocorrer mediante comunicação escrita; **II:** incorreta, pois, nos termos do art. 7º, IV, da Lei 8.906/1994, o advogado preso em flagrante por crime inafiançável somente terá direito de ver presente um representante da OAB à lavratura do auto se referido crime tiver sido cometido por motivo ligado à advocacia; **III:** incorreta, pois, nos termos do art. 7º, II, da Lei 8.906/1994, invioláveis são o escritório e os instrumentos de trabalho do advogado, e não sua residência (pegadinha!).

Gabarito "A"

(OAB/Exame Unificado – 2008.3) De acordo com o Estatuto da Advocacia e da OAB, ao advogado que exerça, em Brasília, a advocacia criminal perante o TJDFT, o STJ e o STF é assegurado

(A) ingressar livremente nas delegacias de polícia no horário de expediente, desde que na presença do delegado responsável.
(B) adentrar as salas de audiências de primeiro grau, desde que lhe seja dada autorização do magistrado que estiver respondendo pela respectiva vara.
(C) ingressar livremente na sala de sessões desses tribunais até mesmo além dos cancelos que dividem a parte reservada aos desembargadores e ministros.
(D) dirigir-se aos juízes criminais de primeiro grau em seus gabinetes de trabalho sempre em horário previamente agendado ou em outra condição que os tribunais determinarem.

A: incorreta (art. 7º, VI, *b*, da Lei 8.906/1994 – o advogado pode ingressar livremente em delegacias de polícia no horário de expediente, com ou sem a presença do delegado responsável); **B:** incorreta (art. 7º, VI, *b*, da Lei 8.906/1994 – é direito do advogado ingressar livremente nas salas de audiência, independentemente de qualquer autorização); **C:** correta (art. 7º, VI, *a*, da Lei 8.906/1994); **D:** incorreta (art. 7º, VIII, da Lei 8.906/1994 – não pode o advogado ficar limitado a prévio agendamento ou qualquer outra condição para dirigir-se aos magistrados).

Gabarito "C"

(OAB/Exame Unificado – 2008.3) Márcio, advogado em Brasília, pretende examinar, sem procuração, um processo administrativo, em curso na Câmara dos Deputados, que não está sujeito a sigilo. Nessa situação hipotética, à luz do Estatuto da OAB, Márcio

(A) poderá examinar os autos do processo administrativo, tomar apontamentos e obter cópia deles.
(B) está legalmente impedido de examinar os autos do processo administrativo visto que não dispõe de procuração da parte interessada.
(C) poderá examinar os autos do processo, mas não obter cópia deles, visto que não dispõe de procuração.
(D) está legalmente impedido de examinar os autos do referido processo visto que, sem procuração, só é permitido examinar autos de processo perante os órgãos do Poder Judiciário.

Nos termos do art. 7º, XIII, da Lei 8.906/1994 (Estatuto da OAB), examinar, em qualquer órgão dos Poderes Judiciário e Legislativo, ou da Administração Pública em geral, autos de processos findos ou em andamento, mesmo sem procuração, quando não estejam sujeitos a sigilo, assegurada a obtenção de cópias, podendo tomar apontamentos.

Gabarito "A"

(OAB/Exame Unificado – 2008.3.SP) Assinale a opção correta de acordo com o Regulamento Geral da OAB.

(A) O desagravo público depende da concordância do ofendido.
(B) Advogado inscrito na Seccional do DF e que tenha até três ações na justiça em São Paulo deverá, obrigatoriamente, fazer a inscrição suplementar na OAB/SP.
(C) Delegado da polícia federal é legitimado para requerer desagravo público, a ser promovido pelo conselho seccional, em favor de advogado, inscrito na OAB, que tenha sido ofendido em razão do exercício profissional.
(D) O compromisso perante o conselho seccional da OAB para fins de requerimento da inscrição principal no quadro de advogados poderá ser feito por procuração.

A: incorreta (art. 7º, § 5º, da Lei 8.906/1994 e art. 18, § 7º, do Regulamento Geral – o desagravo público independe de requerimento ou mesmo de anuência do advogado ofendido no exercício da profissão); **B:** incorreta (art. 10, § 2º, da Lei 8.906/1994 e art. 26 do Regulamento Geral – o advogado poderá atuar em Estado diverso daquele em que tenha inscrição principal, desde que respeitado o limite máximo de cinco causas por ano, sendo certo que a partir da sexta causa, deverá providenciar inscrição suplementar); **C:** correta (art. 18, *caput*, do Regulamento Geral – qualquer pessoa poderá deflagrar o desagravo público em razão de ofensas praticadas contra advogados em razão do exercício profissional ou de cargo ou função na OAB); **D:** incorreta (art. 20, § 1º, do Regulamento Geral – o compromisso perante o Conselho Seccional é ato personalíssimo, não podendo ser feito por procuração).

Gabarito "C"

(OAB/Exame Unificado – 2008.2) No que diz respeito aos direitos e prerrogativas dos advogados, julgue os seguintes itens.

I. As autoridades, os servidores públicos e os serventuários da justiça devem dispensar ao advogado, no exercício da profissão, tratamento compatível com a dignidade da advocacia e condições adequadas ao seu desempenho.

II. Não há hierarquia nem subordinação entre advogados, magistrados e membros do Ministério Público (MP).

III. Compete exclusivamente ao presidente do Conselho Federal conhecer de fato que possa causar ou tenha causado violação de direitos ou prerrogativas do advogado.

IV. São direitos dos advogados, entre outros, o de exercer, com liberdade, a profissão em todo o território nacional, bem como o de comunicar-se com seus clientes, pessoal e reservadamente, mesmo sem procuração, salvo quando estes forem considerados incomunicáveis.

A quantidade de itens certos é igual a

(A) 1.
(B) 2.
(C) 3.
(D) 4.

I: correta (art. 6º, parágrafo único, da Lei 8.906/1994 – Estatuto da OAB – EAOAB); **II:** correta, conforme preceitua o art. 6º do EAOAB); **III:** incorreta (art. 15 do Regulamento Geral – Compete ao Presidente do Conselho Federal, do Conselho Seccional ou da Subseção, ao tomar conhecimento de fato que possa causar, ou que já causou, violação de direitos ou prerrogativas da profissão, adotar as providências judiciais e extrajudiciais cabíveis para prevenir ou restaurar o império do Estatuto, em sua plenitude, inclusive mediante representação administrativa); **IV:** incorreta (art. 7º, I e III, da Lei 8.906/1994 – o advogado poderá comunicar-se com seus clientes, mesmo sem procuração, ainda que considerados incomunicáveis).

Gabarito "B"

(OAB/Exame Unificado – 2008.2) Otaviano, advogado regularmente inscrito na OAB/GO, aguardava pregão para ato judicial. Após três horas do horário designado, certificou-se de que a autoridade que deveria presidir o ato não havia comparecido. Nessa situação hipotética, Otaviano estaria autorizado a

(A) retirar-se do recinto mediante comunicação protocolizada em juízo.
(B) retirar-se do recinto mediante representação do presidente da seccional.
(C) embargar o referido ato mediante moção de repúdio do presidente da seccional.
(D) requerer a suspensão do referido ato mediante representação ao tribunal de justiça.

De acordo com o art. 7º, XX, da Lei 8.906/1994 (Estatuto da OAB), poderá o advogado retirar-se do recinto em que esteja aguardando a realização de ato judicial, desde que o magistrado que deva presidi-lo encontre-se ausente por pelo menos 30 (trinta) minutos (ou 15 minutos, em se tratando da Justiça do Trabalho – art. 815, parágrafo único, da CLT), devendo comunicar sua retirada mediante petição devidamente protocolizada.

Gabarito "A"

(OAB/Exame Unificado – 2008.1) Acerca do desagravo público e das disposições do Regulamento Geral do Estatuto da Advocacia e da OAB, julgue os itens subsequentes.

I. O inscrito na OAB, quando ofendido comprovadamente em razão do exercício profissional ou de cargo ou função da OAB, tem direito ao desagravo público promovido pelo conselho competente, de ofício, a seu pedido ou de qualquer pessoa.

II. Na sessão de desagravo, o presidente lê a nota a ser publicada na imprensa, encaminhada ao ofensor e às autoridades e registrada nos assentamentos do inscrito, bem como no livro-tombo do Conselho Nacional de Imprensa.

III. O desagravo público, como instrumento de defesa dos direitos e prerrogativas da advocacia, não depende de concordância do ofendido, que não pode dispensá-lo, devendo ser promovido a critério do conselho.

IV. O relator não pode propor o arquivamento do pedido, ainda que a ofensa seja eminentemente pessoal, visto que a opinião pública poderá relacioná-la com o exercício profissional ou com as prerrogativas gerais do advogado. O arquivamento só é possível quando for configurada crítica de caráter doutrinário, político ou religioso.

Assinale a opção correta.

(A) Apenas o item III está certo.
(B) Apenas os itens I e III estão certos.
(C) Apenas os itens II e IV estão certos.
(D) Todos os itens estão certos.

I: correta, pois corresponde ao disposto no art. 18 do Regulamento Geral; **II:** incorreta (art. 18, § 5º, do Regulamento Geral – a nota a ser publicada na imprensa será encaminhada ao ofensor e às autoridades, bem como será registrada nos assentamentos do advogado, mas não será registrada no "livro-tombo" do Conselho Nacional de Imprensa, como mencionado na assertiva); **III:** correta, em consonância com o art. 18, § 7º, do Regulamento Geral); **IV:** incorreta (art. 18, § 2º, do Regulamento Geral – poderá ser requerido pelo relator o arquivamento do pedido de desagravo público caso a ofensa seja eminentemente pessoal, visto que a prerrogativa em questão pressupõe que o advogado tenha sido ofendido em razão do exercício profissional ou de cargo ou função exercida na OAB).

Gabarito "B"

(OAB/Exame Unificado – 2007.3) Assinale a única opção que não representa direito dos advogados.

(A) O livre ingresso nas salas de sessões, mesmo além dos cancelos que separam a parte reservada aos magistrados.
(B) A comunicação com clientes presos, mesmo sem procuração.
(C) A possibilidade de realização de sustentação oral por no mínimo quinze minutos em recursos após o voto do relator.

(D) Deixar de realizar audiência judicial na hipótese de o juiz se atrasar por mais de 30 minutos, mediante comunicação protocolizada em juízo.

A: incorreta, pois corresponde a um direito dos advogados (art. 7º, VI, *a*, da Lei 8.906/1994 – Estatuto da OAB); **B**: incorreta, pois tal afirmação está prevista como direito dos advogados (art. 7º, III, da Lei 8.906/1994); **C**: correta (o art. 7º, IX, da Lei 8.906/1994 foi declarado inconstitucional pelo STF no julgamento na ADIN 1.105. Assim, a sustentação oral do advogado somente será possível nos recursos que a admitam, respeitados os regimentos internos dos tribunais); **D**: incorreta, pois a assertiva está elencada entre os direitos dos advogados (art. 7º, XX, da Lei 8.906/1994).

Gabarito "C"

(OAB/Exame Unificado – 2007.3.SP) Dr. Cláudio, advogado, compareceu com seu cliente para a audiência designada pelo juízo, a primeira do dia, no horário correto, às 13 h. Ficou aguardando, pacientemente, por mais de 30 min, tendo tido a notícia de que o magistrado sequer havia chegado ao fórum. Nessa situação, o advogado, de acordo com o Estatuto da Advocacia, em especial, no que se refere às prerrogativas profissionais, teria o direito de retirar-se, desde que comunicasse,

(A) verbalmente, o responsável pelo pregão de que iria embora com seu cliente.
(B) verbalmente, à escrivã, na sala de audiências, que iria embora em virtude da ausência do juiz.
(C) por escrito, a razão de sua retirada, entregando o documento, em mãos, à escrivã, na sala de audiência.
(D) por escrito, a razão de sua retirada, protocolando o documento no setor competente.

Nos termos do art. 7º, XX, da Lei 8.906/1994, poderá o advogado retirar-se do recinto em que esteja aguardando a realização de ato judicial, desde que a ausência do juiz já se arraste por pelo menos trinta minutos (na Justiça do Trabalho bastam quinze minutos, consoante art. 815, parágrafo único, da CLT). Nesse caso, poderá retirar-se, desde que o faça mediante comunicação por escrito, devendo a petição ser protocolizada no setor competente.

Gabarito "D"

(OAB/Exame Unificado – 2007.3.SP) Considere-se que João, procurador municipal, concursado, tenha recebido determinação de seu superior hierárquico para adotar determinada tese jurídica da qual ele, João, discordasse por atentar contra a legislação vigente e jurisprudência consolidada, inclusive, tendo João emitido sua opinião, anteriormente, em processos e artigos doutrinários de sua lavra, sobre o mesmo tema. Nessa situação, João poderia ter recusado tal determinação?

(A) Sim, lastreado em sua liberdade e independência e, também, porque a adoção da mencionada tese jurídica afrontaria posicionamento anterior seu.
(B) Não, porque, sendo detentor de cargo público, ele teria o dever de atender aos interesses maiores da administração pública.
(C) Não, pois o conceito de liberdade e independência é exclusivo aos advogados particulares, que podem, ou não, aceitar uma causa.
(D) Sim, visto que inexiste hierarquia entre procuradores municipais concursados.

Nos termos dos arts. 7º, I, 18 e 31, § 1º, da Lei 8.906/1994 (Estatuto da OAB) e art. 4º do CED, poderá o advogado exercer a advocacia com liberdade, mantendo íntegras sua isenção técnica e independência profissional, ainda que seja empregado. Outrossim, é legítima a recusa, pelo advogado, do patrocínio de pretensão concernente a lei ou direito que também lhe seja aplicável, ou contrarie expressa orientação sua, manifestada anteriormente.

Gabarito "A"

(OAB/Exame Unificado – 2007.3.SP) Advogado especializado foi contratado para defender interesses de cliente que estava sendo investigado por supostos delitos. Decorridos alguns meses, o porteiro do prédio onde estava situado o escritório do advogado o avisou, às 6 horas da manhã, de que a polícia havia ingressado no local em busca de documentos. Considerando a situação hipotética acima, assinale a opção correta de acordo com a Lei federal 8.906/1994 – Estatuto da Advocacia e da OAB.

(A) A inviolabilidade do escritório é sagrada, não podendo a polícia ter agido como o fez.
(B) A polícia poderia ter invadido o escritório de advocacia desde que o advogado estivesse sendo investigado juntamente com seu cliente.
(C) A polícia poderia ter ingressado no escritório desde que por ordem judicial expressa em mandado de busca e apreensão e respeitados documentos e dados cobertos com tutela de sigilo profissional.
(D) A polícia, desde que munida de ordem judicial expressa em mandado de busca e apreensão, poderia ter ingressado no escritório do advogado e revistado o local sem quaisquer restrições.

Nos termos do art. 7º, II, da Lei 8.906/1994, o escritório de advocacia e os instrumentos de trabalho do advogado são invioláveis, salvo se existirem indícios de autoria e materialidade da prática de crime pelo advogado, hipótese em que será admitida a busca e apreensão. Contudo, indispensável que a decisão judicial seja fundamentada e o mandado de busca e apreensão seja específico e pormenorizado, garantindo-se a presença de representante da OAB no momento da diligência, sob pena de nulidade (caberá ao juiz comunicar à OAB, em ofício reservado, a decretação da busca e apreensão, devendo-se providenciar o comparecimento de advogado à busca e apreensão. Caso o advogado não compareça, a diligência será considerada válida! Esta é a interpretação do STF, assim enunciada no julgamento da ADI 1.127-8). Repare que, depois da realização da prova (2007.3), a Lei 11.767/2008 mudou a redação do dispositivo.

Gabarito "C"

(OAB/Exame Unificado – 2007.1) Com relação ao entendimento do Supremo Tribunal Federal (STF) quanto ao Estatuto da Advocacia, assinale a opção correta.

(A) É direito do advogado não ser recolhido preso, antes de sentença transitada em julgado, senão em sala de Estado Maior, com instalações e comodidades condignas, assim reconhecidas pela Ordem dos Advogados do Brasil (OAB), e, na falta dessas, ser aplicada prisão domiciliar.
(B) É direito do advogado sustentar oralmente, após o voto do relator, em julgamentos de recursos nos tribunais superiores, pelo prazo de até 15 minutos.
(C) É direito do advogado ter respeitada a inviolabilidade de seu escritório ou local de trabalho, de seus arquivos e dados e sua correspondência e de suas comunicações, salvo caso de busca e apreensão determinada por magistrado e acompanhada de representante da OAB.

(D) É prescindível a presença de representante da OAB quando um advogado é preso por motivo ligado ao exercício da advocacia, bem assim, nos casos de crime comum, a comunicação à OAB.

A: incorreta (o art. 7º, V, da Lei 8.906/1994, alvo da ADIn 1.127-8, deve ser interpretado no sentido de que as acomodações da Sala de Estado Maior, embora devam ser consideradas condignas, não sofrerão intervenção ou passarão pelo crivo da OAB); **B:** incorreta, pois o art. 7º, IX, da Lei 8.906/1994, que previa a sustentação oral trazida na alternativa foi declarado inconstitucional no bojo da ADIn 1.105 (*vide* também ADIN 1.127-8). Assim, a sustentação oral pelo advogado, nos recursos, está vinculada à sua previsibilidade (ou seja, havendo previsão legal admitindo a sustentação, esta será possível); **C:** correta (*vide* nova redação do art. 7º, II, da Lei 8.906/1994 e do § 6º do mesmo dispositivo); **D:** incorreta, pois é *im*prescindível a presença de representante da OAB no caso relatado na alternativa (art. 7º, IV e § 3º, da Lei 8.906/1994).

Gabarito "C"

(OAB/Exame Unificado – 2007.1) Com relação aos direitos dos advogados, assinale a opção correta de acordo com o Estatuto dos Advogados e a interpretação do STF.

(A) A imunidade profissional do advogado pelas manifestações em juízo não alcança o crime de calúnia.

(B) O advogado não pode recusar-se a depor como testemunha em processo em que tenha atuado, na medida em que ele sempre presta serviço público e exerce função social na administração da justiça.

(C) É facultada aos advogados a consulta de autos de processos findos em cartório, mas a retirada para a extração de cópias ou estudo no escritório é condicionada à existência de procuração para o advogado que for retirá-los.

(D) O advogado somente pode postular em juízo mediante a apresentação de procuração outorgada pelo cliente.

A: correta (art. 7º, § 2º, da Lei 8.906/1994 – a imunidade profissional do advogado somente alcança os crimes de injúria e difamação, mas, não, o de calúnia); **B:** incorreta, pois contraria o disposto no art. 7º, XIX, da Lei 8.906/1994 e art. 38 do Código de Ética e Disciplina; **C:** incorreta (art. 7º, XIII e XVI, da Lei 8.906/1994 – referida prerrogativa independe de procuração); **D:** incorreta (art. 5º, § 1º, da Lei 8.906/1994 – em situação de urgência, poderá o advogado postular sem procuração pelo prazo de quinze dias, prorrogáveis por igual período, por despacho do juiz).

Gabarito "A"

(OAB/Exame Unificado – 2006.3) Considerando as prerrogativas do advogado, assinale a opção correta.

(A) Os advogados da União são empregados e, portanto, espécie do gênero advogado empregado, tendo seu regime jurídico regido exclusivamente pelo estatuto da advocacia, Lei n. 8.906/1994.

(B) A vista dos autos de processos judiciais em cartório somente pode ser deferida aos advogados que possuem procuração.

(C) O advogado não tem imunidade profissional em razão de manifestação nos autos judiciais em nome de seu cliente.

(D) O desagravo público é instrumento de defesa dos direitos e prerrogativas da advocacia e sua concessão não depende da concordância do advogado ofendido nem pode ser por este dispensado, devendo ser efetuado a exclusivo critério do conselho.

A: incorreta, pois os advogados públicos (o que inclui os advogados da União) estão sujeitos às leis do ente a que pertencerem e também à Lei 8.906/1994, conforme dispõe o art. 3º, § 1º, do referido diploma legal e, também, os arts. 9º e 10 do Regulamento Geral; **B:** incorreta (art. 7º, XV, e art. 5º, § 1º, ambos da Lei 8.906/1994 – a vista dos autos em cartório, salvo segredo de justiça, independerá de procuração); **C:** incorreta, visto que em desacordo com a previsão contida no art. 7º, § 2º, da Lei 8.906/1994; **D:** correta, pois corresponde ao disposto no art. 7º, § 5º, da Lei 8.906/1994 e art. 18, § 7º, do Regulamento Geral.

Gabarito "D"

(OAB/Exame Unificado – 2006.2) A respeito dos direitos dos advogados, conforme a Lei n. 8.906/1994 e o entendimento do STF, assinale a opção correta.

(A) Considere que Pedro, advogado, no exercício da profissão, dirija palavras grosseiras e desrespeitosas a um juiz, em uma atitude de total desprezo pelo magistrado. Nessa situação, Pedro não responderá por crime, pois a sua imunidade material profissional abrange o desacato.

(B) Considere que a polícia requeira, perante a autoridade judiciária competente, a busca e apreensão de documentação de Antônio no escritório de seu advogado, que, em razão desse requerimento, a autoridade judiciária competente intime a OAB, em caráter confidencial e com as cautelas próprias, a indicar um representante para acompanhar a diligência e que a OAB se mantenha inerte. Nesse caso, a prova produzida a partir da diligência será considerada lícita.

(C) É direito do advogado sustentar, oralmente e no prazo de quinze minutos, as razões de qualquer recurso ou processo, nas sessões de julgamento, após o voto do relator, em instância judicial ou administrativa.

(D) O advogado pode ser preso em flagrante, por motivo de exercício da profissão, mesmo em casos de crime afiançável.

A: incorreta (art. 7º, § 2º, da Lei 8.906/1994 – o advogado poderá responder pelo crime de desacato, conforme entendimento do STF no julgamento da ADIN 1.127-8); **B:** correta (art. 7º, II e §§ 6º e 7º, da Lei 8.906/1994 –19 na busca e apreensão em escritório de advocacia é indispensável que a OAB seja comunicada da diligência. Contudo, caso nenhum advogado seja enviado para acompanhar a busca e apreensão, esta será considerada válida, consoante entendimento do STF); **C:** incorreta, pois o art. 7º, IX, da Lei 8.906/1994 foi declarado inconstitucional na ADIN 1.105 (a sustentação oral somente será admitida quando houver previsão legal de tal ato, bem como deverá atentar aos regimentos internos dos tribunais); **D:** incorreta (art. 7º, IV, da Lei 8.906/1994 – o advogado, por crime cometido no exercício da profissão, somente poderá ser preso em flagrante se o crime for inafiançável).

Gabarito "B"

(OAB/Exame Unificado – 2006.1) No que se refere à imunidade material do advogado, prevista na Lei n. 8.906/1994, assinale a opção correta.

(A) A imunidade material do advogado alcança a difamação, a injúria e a calúnia.

(B) A imunidade material do advogado alcança a difamação e a injúria apenas quando a manifestação se der em juízo.

(C) A imunidade material não exclui a responsabilidade civil ou penal, quando a manifestação do advogado caracterizar calúnia.

(D) Por causa de sua imunidade material, o advogado não pode ser responsável administrativamente perante a Ordem dos Advogados do Brasil (OAB) pelos excessos que cometer, se for absolvido nas esferas penal ou civil.

Nos termos do art. 7º, § 2º, da Lei 8.906/1994, o advogado goza de imunidade material (leia-se: penal) no tocante aos crimes de injúria e difamação praticados no exercício de sua atividade, seja em juízo ou fora dele. No tocante ao crime de desacato, o STF, no julgamento da ADIN 1.127-8 reconheceu a inconstitucionalidade da imunidade, visto que criaria um enorme descompasso entre o advogado e o juiz (violação à isonomia). Frise-se, ainda, que, quanto aos crimes contra a honra, a imunidade do advogado somente alcança a injúria (art. 140 do CP) e difamação (art. 139 do CP), mas não a calúnia (art. 138 do CP). Assim, os excessos praticados pelo advogado poderão acarretar-lhe responsabilidade penal (ex.: calúnia), civil e ética (administrativa).

Gabarito "C"

(OAB/Exame Unificado – 2004.ES) Se um advogado, em determinado estado da Federação, tiver suas prerrogativas profissionais desrespeitadas por um juiz de direito daquele estado,

(A) o respectivo conselho seccional da OAB poderá promover, de ofício, desagravo público do advogado.

(B) será dispensável a realização de sessão pública de desagravo, desde que o conselho seccional pertinente promova a publicação de uma mensagem de desagravo público em jornal de grande circulação no estado.

(C) dado que o direito ao contraditório é constitucionalmente garantido apenas no âmbito dos processos judiciais, seria permitido que a OAB realizasse desagravo público sem conceder, previamente, a oportunidade ao referido juiz de manifestar-se acerca dos fatos motivadores do desagravo.

(D) caso o advogado dispense a realização do desagravo público, o respectivo conselho seccional da OAB deverá convertê-lo em privado, enviando mensagem reservada de desagravo ao referido juiz.

Nos termos do art. 7º, § 5º, da Lei 8.906/1994 e art. 18 do Regulamento Geral, se o advogado for ofendido em razão do exercício da profissão ou de cargo ou função que exerça na OAB, caberá ao Conselho Seccional competente promover a sessão de desagravo público, a qual independerá da anuência ou da vontade do advogado ofendido, podendo a OAB promovê-la de ofício.

Gabarito "A"

(OAB/Exame Unificado – 2004.ES) O advogado Wilon compareceu a uma vara cível e, mesmo não tendo procuração nos autos, pediu para examinar um processo em que figurava como autor um tio seu. A propósito dessa situação hipotética, assinale a opção correta.

(A) Um motivo suficiente para o indeferimento do pedido de Wilon seria o fato de o referido processo já ter sido encerrado e arquivado.

(B) O pedido de Wilon deve ser deferido, desde que o referido processo não esteja submetido a sigilo.

(C) A ausência de procuração nos autos seria motivo suficiente para o indeferimento do pedido de Wilon, exceto se ele provasse, documentalmente, seu parentesco com o autor da ação.

(D) A solicitação de Wilon deve ser negada, pois advogados somente têm direito de examinar processos judiciais em que atuem como procuradores.

Conforme preceitua o art. 7º, XIII, da Lei 8.906/1994: "São direitos dos advogados (...) examinar, em qualquer órgão dos Poderes Judiciário e Legislativo, ou da Administração Pública em geral, autos de processos findos ou em andamento, *mesmo sem procuração*, quando *não estejam sujeitos a sigilo*, assegurada a obtenção de cópias, podendo tomar apontamentos". Assim, está correta a alternativa "B".

Gabarito "B"

(FGV – 2008) É correto afirmar que o advogado:

(A) tem imunidade profissional, não constituindo desacato punível qualquer manifestação de sua parte, no exercício de sua atividade.

(B) pode ser preso em flagrante, por motivo de exercício da profissão, em caso de crime grave contra a honra.

(C) pode, no caso de infração, sujeitar-se às sanções de advertência, censura, multa, suspensão ou exclusão.

(D) está sujeito à sanção de exclusão no caso de ter sofrido, por duas vezes, a aplicação de suspensão.

(E) não tem direito a vista de processo judicial que tramite sob regime de segredo de justiça.

A: incorreta, pois o STF, ao julgar a ADIN 1.127-8, declarou a inconstitucionalidade da expressão "ou desacato", contida no § 2º do art. 7º da Lei 8.906/1994; **B:** incorreta, pois art. 7º, § 3º, da Lei 8.906/1994, só admite a prisão em flagrante do advogado, por motivo ligado ao exercício da profissão, em caso de *crime inafiançável*, que não é o caso de crimes contra a honra, ainda que graves; **C:** incorreta, pois a advertência não é sanção disciplinar prevista na Lei 8.906/1994 (art. 35 do Estatuto); **D:** incorreta, pois a exclusão, nesse caso, só é aplicável caso a suspensão tenha sido aplicada *três* vezes (art. 38, I, da Lei 8.906/1994); **E:** correta, nos termos do art. 7º, XV e XVI, c/c art. 7º, § 1º, "1", da Lei 8.906/1994.

Gabarito "E"

3. INSCRIÇÃO NA OAB

(OAB/Exame Unificado – 2016.1) Victor nasceu no Estado do Rio de Janeiro e formou-se em Direito no Estado de São Paulo. Posteriormente, passou a residir, e pretende atuar profissionalmente como advogado, em Fortaleza, Ceará. Porém, em razão de seus contatos no Rio de Janeiro, foi convidado a intervir também em feitos judiciais em favor de clientes nesse Estado, cabendo-lhe patrocinar seis causas no ano de 2015.

Diante do exposto, assinale a opção correta.

(A) A inscrição principal de Victor deve ser realizada no Conselho Seccional de São Paulo, já que a inscrição principal do advogado é feita no Conselho Seccional em cujo território se localize seu curso jurídico. Além da principal, Victor terá a faculdade de promover sua inscrição suplementar nos Conselhos Seccionais do Ceará e do Rio de Janeiro, onde pretende exercer a profissão.

(B) A inscrição principal de Victor deve ser realizada no Conselho Seccional do Rio de Janeiro, pois o Estatuto da OAB determina que esta seja promovida no Conselho Seccional em cujo território o advogado exercer intervenção judicial que exceda três causas por ano. Além da principal, Victor poderá promover sua inscrição suplementar nos Conselhos Seccionais do Ceará e de São Paulo.

(C) A inscrição principal de Victor deve ser realizada no Conselho Seccional do Ceará. Isso porque a inscrição principal do advogado deve ser feita no Conselho Seccional em cujo território pretende estabelecer o seu domicílio profissional. A promoção de inscrição suplementar no Conselho Seccional do Rio de Janeiro será facultativa, pois as intervenções judiciais pontuais, como as causas em que Victor atuará, não configuram habitualidade no exercício da profissão.

(D) A inscrição principal de Victor deve ser realizada no Conselho Seccional do Ceará. Afinal, a inscrição principal do advogado deve ser feita no Conselho Seccional em cujo território ele pretende estabelecer o seu domicílio profissional. Além da principal, Victor deverá promover a inscrição suplementar no Conselho Seccional do Rio de Janeiro, já que esta é exigida diante de intervenção judicial que exceda cinco causas por ano.

Nos termos do art. 10, caput, do EAOAB, a inscrição principal do advogado debe ser promovida perante o Conselho Seccional em que pretende estabelecer seu domicílio profissional. Caso passe a advogar com habitualidade (intervenções judiciais que excederem a cinco causas), deberá providenciar inscrição suplementar, nos termos do art. 10, §2º, do EAOAB. Assim, vejamos as alternativas. **A:** incorreta, pois a inscrição principal deve ser feita no Conselho Seccional em que o advogado pretenda estabelecer seu domicílio profissional, e não naquele em que tiver concluido o curso jurídico, ou naquele em que residir. Não se fala, também, em facultatividade de promover inscrição em outros Conselhos Seccionais. Se Victor pasar a exercer a profissão, com habitualidade, perante outros Conselhos Seccionais, deverá promover pedido de inscrição suplementar (art. 10, §2º, do EAOAB). No caso relatado no enunciado, considerando que Victor pretende establecer seu domicílio profissional em Fortaleza-CE, a inscrição deve ser realizada no Conselho Seccional do Ceará (OAB/CE).; **B:** incorreta. Como visto, a inscrição principal de Victor será feita perante a OAB/CE (domicílio profissional). O fato de ter concluído o curso de Direito em São Paulo em nada influencia o local da inscrição principal. Quanto ao Rio de Janeiro, será necessária a inscrição suplementar, pois, em 2015, atuará em seis causas, o que faz reconhecer a habitualidade do exercício profissional, nos moldes do art. 10, §2º, do EAOAB; **C:** incorreta. Não se fala em facultatividade na inscrição suplementar que deverá ser promovida no Rio de Janeiro, pois o já referido art. 10, §2º, do EAOAB, impõe ao advogado que a providencie caso passe a atuar com habitualidade (mais de cinco causas por ano); **D:** correta. De fato, a inscrição principal terá que ser promovida no Ceará (domicílio profissional de Victor), bem como será necessária a inscrição suplementar no Rio de Janeiro (habitualidade da advocacia, reconhecida pelas seis causas em que patrocinará).

Gabarito "D"

(OAB/Exame Unificado – 2015.3) Fernanda, estudante do 8º período de Direito, requereu inscrição junto à Seccional da OAB do estado onde reside. A inscrição foi indeferida, em razão de Fernanda ser serventuária do Tribunal de Justiça do estado. Fernanda recorreu da decisão, alegando que preenche todos os requisitos exigidos em lei para a inscrição de estagiário e que o exercício de cargo incompatível com a advocacia não impede a inscrição do estudante de Direito como estagiário.

Merece ser revista a decisão que indeferiu a inscrição de estagiário de Fernanda?

(A) Sim, pois Fernanda exerce cargo incompatível com a advocacia e não com a realização de estágio.

(B) Não, pois as incompatibilidades previstas em lei para o exercício da advocacia também devem ser observadas quando do requerimento de inscrição de estagiário.

(C) Sim, pois o cargo de serventuário do Tribunal de Justiça não é incompatível com a advocacia, menos ainda com a realização de estágio.

(D) Não, pois apenas estudantes do último período do curso de Direito podem requerer inscrição como estagiários.

De acordo com o art. 9º, I, do EAOAB, para inscrição como estagiário é necessário preencher os requisitos do art. 8º, I (capacidade civil), III (título de eleitor e quitação do serviço militar), V (não exercer atividade incompatível), VI (ter idoneidade moral) e VII (prestar compromisso perante o Conselho Seccional competente). Sendo Fernanda serventuária do Tribunal de Justiça do estado em que solicitou a inscrição na OAB, seu ingresso como estagiária seria, de fato, vedado, eis que exerce atividade incompatível com a advocacia, nos termos do art. 28, IV, do EAOAB (cargos ou funções vinculados direta ou indiretamente ao Poder Judiciário). Perceba o leitor que as incompatibilidades para o exercício da advocacia também afetam a pretensão do candidato ao estágio profissional da advocacia, razão pela qual estão incorretas as alternativas "A" e "C", estando correta a alternativa "B". Também incorreta a alternativa "D", pois pode postular a inscrição como estagiário o estudante que estiver cursando os últimos anos de Direito (leia-se: para os cursos de cinco anos, a partir do quarto ano ou sétimo semestre/período).

Gabarito "B"

(OAB/Exame Unificado – 2015.2) Patrícia foi aprovada em concurso público e tomou posse como Procuradora do Município em que reside. Como não pretendia mais exercer a advocacia privada, mas apenas atuar como Procuradora do Município, pediu o cancelamento de sua inscrição na OAB. A partir da hipótese apresentada, assinale a afirmativa correta.

(A) Patrícia não agiu corretamente, pois os advogados públicos estão obrigados à inscrição na OAB para o exercício de suas atividades.

(B) Patrícia não agiu corretamente, pois deveria ter requerido apenas o licenciamento do exercício da advocacia e não o cancelamento de sua inscrição.

(C) Patrícia poderia ter pedido o licenciamento do exercício da advocacia, mas nada a impede de pedir o cancelamento de sua inscrição, caso não deseje mais exercer a advocacia privada.

(D) Patrícia agiu corretamente, pois, uma vez que os advogados públicos não podem exercer a advocacia privada, estão obrigados a requerer o cancelamento de suas inscrições.

A: correta. Um procurador municipal, nos termos do art. 3º, § 1º, do EAOAB, ao lado dos integrantes da Advocacia-Geral da União, da Procuradoria da Fazenda Nacional, da Defensoria Pública e das Procuradorias e Consultorias Jurídicas dos Estados, DF, das autarquias e fundações públicas, é considerado advogado público, sujeitando-se, portanto, às regras contidas no Estatuto da OAB, Código de Ética e Regulamento Geral. Portanto, o fato de Patrícia, aprovada em concurso para determinada procuradoria municipal, não mais pretender exercer a advocacia privada, não a exime de prosseguir com sua inscrição na OAB. É que, repita-se, todos os integrantes da advocacia pública devem ter inscrição nos quadros da entidade; **B** e **C:** incorretas. A aprovação em concurso para procurador municipal não é causa de licenciamento da advocacia, não se enquadrando a situação em qualquer das hipóteses do art. 12 do EAOAB, nem de cancelamento (art. 11 do EAOAB). Como dito, os integrantes da advocacia pública estão submetidos às normas previstas no EAOAB, assim como no CED e Regulamento Geral. São, portanto, advogados, e para que possam exercer a advocacia, ainda que nos limites do cargo que assumirem, precisarão manter suas inscrições na OAB. Em caso de cancelamento ou licenciamento (arts. 11 e 12 do EAOAB, respectivamente), não poderiam praticar quaisquer atos privativos de advocacia, o que iria inviabilizar o exercício de suas funções públicas; **D:** incorreta. Primeiramente, não é verdadeira a afirmação de que os advogados públicos sejam proibidos de exercer a advocacia privada. Diversos Estados admitem, por exemplo que os Procuradores estaduais exerçam a advocacia privada, o mesmo ocorrendo no âmbito dos Municípios. De outro lado, como já afirmado anteriormente, os advogados públicos sujeitam-se às regras do Estatuto da OAB, que vincula o exercício da atividade de advocacia à inscrição na OAB (art. 3º, *caput*, do EAOAB).

Gabarito "A"

(OAB/Exame Unificado – 2015.1) Bernardo é bacharel em Direito, mas não está inscrito nos quadros da Ordem dos Advogados do Brasil, apesar de aprovado no Exame de Ordem. Não obstante, tem atuação na área de advocacia, realizando consultorias e assessorias jurídicas. A partir da hipótese apresentada, nos termos do Regulamento Geral da Ordem dos Advogados do Brasil, assinale a afirmativa correta.

(A) Tal conduta é permitida, por ter o bacharel logrado aprovação no Exame de Ordem.
(B) Tal conduta é proibida, por ser equiparada à captação de clientela.
(C) Tal conduta é permitida mediante autorização do Presidente da Seccional da Ordem dos Advogados do Brasil.
(D) Tal conduta é proibida, tendo em vista a ausência de inscrição na Ordem dos Advogados do Brasil.

O bacharel em Direito, ainda que aprovado no Exame de Ordem, enquanto não tiver obtido sua regular inscrição, com o preenchimento de todos os requisitos do art. 8º do Estatuto da OAB, não poderá praticar os atos privativos de advocacia (art. 1º do EAOAB), dentre eles, as tarefas de assessoria e consultoria jurídicas (art. 1º, II, do EAOAB e art. 4º, *caput*, do Regulamento Geral). Assim, a única alternativa correta é a D, estando as demais em descompasso com os preceitos normativos citados.

Gabarito "D"

(OAB/Exame Unificado – 2013.3) Ângelo, comandante das Forças Especiais do Estado "B", é curioso em relação às normas jurídicas, cuja aplicação acompanha na seara castrense, já tendo atuado em órgãos julgadores na sua esfera de atuação. Mantendo a sua atividade militar, obtém autorização especial para realizar curso de Direito, no turno da noite, em universidade pública, à qual teve acesso pelo processo seletivo regular de provas.

Ângelo consegue obter avaliação favorável em todas as disciplinas até alcançar o período em que o estágio é permitido. Ele pleiteia sua inscrição no quadro de estagiários da OAB e que o mesmo seja realizado na Justiça Militar.

Com base no caso narrado, nos termos do Estatuto da Advocacia, assinale a afirmativa correta.

(A) O estágio é permitido, desde que ocorra perante a Justiça Militar especializada.
(B) O estágio é permitido, mas, por tratar-se de função incompatível, é vedada a inscrição na OAB.
(C) O estágio poderá ocorrer, mediante autorização especial da Força Armada respectiva.
(D) O estágio possui uma categoria especial que limita a atuação em determinados processos.

Preliminarmente, antes de iniciarmos os comentários a cada uma das alternativas, faz-se preciso um breve histórico. Assim, temos que o estágio profissional, nos termos do art. 9º, I, do Estatuto da OAB (EAOAB), exigirá que o futuro estagiário preencha os requisitos mencionados nos incisos I, III, V, VI e VII do art. 8º, do mesmo diploma legal, quais sejam: I – ter capacidade civil (art. 8º, I, EAOAB); II – título de eleitor e quitação militar, se brasileiro (art. 8º, III, EAOAB); III – não exercer atividade incompatível com a advocacia (art. 8º, V, EAOAB); IV – ter idoneidade moral (art. 8º, VI, EAOAB) e; V – prestar compromisso perante o Conselho Seccional (art. 8º, VII, EAOAB).
Considerando que no enunciado em análise temos que Ângelo é *militar na ativa*, tal atividade o torna *incompatível com o exercício da advocacia*, nos termos do art. 28, VI, do Estatuto da OAB, fato suficiente a obstar sua inscrição como estagiário, visto que não preenche o requisito do art. 8º, V, EAOAB (não exercer atividade incompatível com a advocacia). Assim, vamos às alternativas. **A** e **C:** incorretas, pois se Angelo exerce atividade incompatível, não poderá obter a inscrição na OAB no quadro de estagiários, não havendo qualquer exceção, tal como a proposta nas assertivas (estágio na Justiça Militar ou com autorização da Força Armada respectiva); **B:** correta, pois muito embora Angelo não possa obter a inscrição na OAB como estagiário, pelas razões já alinhadas, o art. 9º, § 3º, do EAOAB, autoriza que o aluno de curso jurídico que exerça atividade incompatível com a advocacia possa frequentar o estágio ministrado pela respectiva instituição de ensino superior, para fins de aprendizagem, vedada, repita-se, a inscrição na OAB; **D:** incorreta, pois, com base nos fatos relatados no enunciado, como dito, Angelo não poderá sequer obter a inscrição na OAB, não se falando em restrição à atuação em determinados tipos de processo, tal como sugere a assertiva.

Gabarito "B"

(OAB/Exame Unificado – 2013.2) Ferrari é aluno destacado no curso de Direito, tendo, no decorrer dos anos, conseguido vários títulos universitários, dentre eles, medalhas e certificados. Indicado para representar a Universidade em que estudou, foi premiado em evento internacional sobre arbitragem. A repercussão desse fato aumentou seu prestígio e, por isso, recebeu numerosos convites para trabalhar em diversos escritórios de advocacia. Aceito o convite de um deles, passou a redigir minutas de contratos, sempre com supervisão de um advogado. Após um ano de estágio, conquistou a confiança dos advogados do seu setor e passou a ter autonomia cada vez maior. Diante dessas circunstâncias, passou a chancelar contratos sem a interferência de advogado.

Nos termos do Estatuto da Advocacia, o estagiário deve atuar

(A) autonomamente, após um ano de estágio.
(B) conjuntamente com um advogado, em todos os atos da advocacia.
(C) autonomamente, em alguns atos permitidos pelo advogado.
(D) vinculado ao advogado em atos judiciais, mas não em atos contratuais.

Nos termos do art. 3º, § 2º, do Estatuto da OAB, o estagiário de advocacia, regularmente inscrito, pode praticar os atos previstos no art. 1º, na forma do Regulamento Geral (art. 29), em conjunto com advogado e sob responsabilidade deste. A questão não deixou claro quais os contratos chancelados pelo estagiário, sem a atuação conjunta do advogado. Parece que a intenção da banca foi tratar dos atos constitutivos de pessoas jurídicas, cujo visto (chancela) é atividade privativa de advocacia (art. 1º, § 2º, do EAOAB e art. 2º do Regulamento Geral). Porém, ainda que assim não seja, um estagiário de um escritório não poderia, sozinho, chancelar qualquer tipo de contrato elaborado para cliente, visto que tal tarefa não se encontra dentro daquelas em que se admite a atuação isolada (art. 29, § 1º, do Regulamento Geral – I – retirar e devolver autos em cartório, assinando a respectiva carga; II – obter junto aos escrivães e chefes de secretarias certidões de peças ou autos de processos em curso ou findos; III – assinar petições de juntada de documentos a processos judiciais ou administrativos).

Gabarito "B"

(OAB/Exame Unificado – 2013.1) Um jovem advogado inicia sua carreira em seu estado natal, angariando clientes em decorrência das suas raras habilidades de negociador. Com o curso do tempo, sua fama de bom profissional se espraia e, em razão disso, surgem convites para atuar em outros estados da federação. Ao contatar um cliente no Estado Y, distante mais de mil quilômetros do seu estado natal, é surpreendido pelas autoridades de Y, com determinação restritiva ao seu exercício profissional, por não ser advogado do local.

A partir do exposto, nos termos do Estatuto da Advocacia, assinale a afirmativa correta.

(A) O advogado deve restringir o exercício profissional ao local em que obteve sua inscrição.

(B) O advogado deve solicitar autorização a cada processo em que atuar fora do local de inscrição.

(C) O advogado deve realizar Exame de Ordem em cada estado em que for atuar.

(D) O advogado pode exercer sua profissão em todo o território nacional.

A: incorreta. A inscrição do advogado em qualquer Estado (leia-se: Conselho Seccional) o permite advogar não somente naquele território, mas, também, em todo o Brasil (art. 7º, I, do Estatuto da OAB). Porém, caso passe a advogar com habitualidade em outros Estados que não aquele em que mantém inscrição principal (art. 10, *caput*, do Estatuto), deverá, de fato, providenciar sua inscrição suplementar (art. 10, § 2º, do Estatuto e art. 26 do Regulamento Geral); **B:** incorreta, pois, como dito, a inscrição do advogado em qualquer Estado da federação o habilita a advogar em todo o território nacional, não se exigindo autorização para cada processo em que atuar fora do local de inscrição. Porém, sempre é necessário que se atente à eventual necessidade de promoção de inscrição suplementar; **C:** incorreta. Não constitui exigência legal para a inscrição suplementar ou para o exercício da advocacia fora do local de inscrição principal ser o advogado compelido a prestar Exame de Ordem, que, lembre-se, é, atualmente, unificado; **D:** correta. De fato, a inscrição do advogado na OAB (pouco importando em qualquer Estado/Conselho Seccional), o qualifica a advogar em todo o território nacional (art. 7º, I, do Estatuto da OAB). Porém, frisamos uma vez mais, tal direito não é irrestrito, pois o art. 10, § 2º, do Estatuto, e art. 26 do Regulamento Geral exigem a inscrição suplementar em caso de habitualidade do exercício da advocacia em outros Estados que não o de inscrição principal do advogado.

Gabarito "D"

(OAB/Exame Unificado – 2012.3.B) Marcio, advogado com inscrição regular, passou a exercer atividade incompatível com a advocacia e, por força disso, teve sua inscrição cancelada. Após sua aposentadoria no cargo que gerava a incompatibilidade requereu o seu retorno aos quadros da OAB. Assinale a alternativa que indica o requisito exigido pelo Estatuto para a inscrição nesse caso.

(A) Diploma de graduação em Direito.

(B) Certificado de reservista.

(C) Compromisso perante o Conselho.

(D) Titulo de eleitor.

A: incorreta. Para o retorno de (ex)advogado à OAB, que teve sua inscrição cancelada por assunção de atividade incompatível em caráter definitivo (art. 11, IV, do Estatuto da OAB), bastará o preenchimento, nos termos do art. 11, § 2º, do Estatuto da OAB, dos requisitos previstos no art. 8º, I (capacidade civil), V (não exercer atividade incompatível), VI (ter idoneidade moral) e VII (prestar compromisso perante o Conselho competente), do mesmo diploma legal. O diploma ou a certidão de graduação em Direito serão exigidos apenas no primeiro pedido de inscrição (art. 8º, II, do Estatuto da OAB); **B:** incorreta. A quitação militar será exigida apenas dos candidatos homens, se brasileiros, no momento do requerimento da inscrição inaugural (art. 8º, III, do Estatuto). Em caso de reinscrição (retorno após cancelamento da inscrição "original"), não será exigida novamente o documento (quitação militar); **C:** correta. Em caso de novo pedido de inscrição, o candidato (ex-advogado) deverá, novamente, prestar compromisso perante o Conselho Seccional, consoante determina o art. 11, § 2º, c.c. art. 8º, VII, do Estatuto da OAB. **D:** incorreta, pois, conforme indicado nos comentários à alternativa "A", o advogado que teve sua inscrição cancelada e que ingressa com pedido de nova inscrição deverá comprovar os requisitos descritos nos incisos I, V, VI e VII do art. 8º da Lei 8.906/1994, dentre os quais não está previsto o título de eleitor.

Gabarito "C"

(OAB/Exame Unificado – 2012.3.A) José da Silva, advogado renomado, é acometido por doença mental considerada pela unanimidade dos médicos como incurável, perdendo suas faculdades de discernimento e sendo considerado absolutamente incapaz por sentença judicial.

Nos termos das regras estatutárias, sua inscrição como advogado será

(A) suspensa até laudo médico sobre a doença portada.

(B) cancelada diante da incurabilidade da doença.

(C) extinta por decisão de junta médica convocada para tal fim.

(D) suspensa temporariamente para avaliação pelo Conselho Seccional.

De fato, se um advogado for acometido por doença mental considerada incurável, tornar-se-á incapaz para os atos da vida civil, perdendo, assim, o primeiro requisito para a obtenção de inscrição na OAB (art. 8º, I, do Estatuto da OAB). Assim, nos termos do art. 11, V, do Estatuto da OAB, será cancelada a inscrição do advogado que perder qualquer dos requisitos para a inscrição. Logo, José da Silva terá sua inscrição cancelada. É bom que o candidato fique atento ao seguinte: se a doença mental que acometer um advogado for considerada curável, será caso de licenciamento do profissional (afastamento temporário), nos termos do art. 12, III, do Estatuto da OAB. Não se confunde o *licenciamento* com a *suspensão* do advogado, considerada *pena* pela prática de infração ética (art. 37 do Estatuto da OAB).

Gabarito "B"

(OAB/Exame Unificado – 2012.3.A) Silvio, aluno regularmente matriculado em Escola de Direito, obtém a sua graduação e, logo a seguir, aprovação no Exame de Ordem. Por força de movimento grevista na sua instituição, o diploma não pode ser expedido.

A respeito da inscrição no quadro de advogados, consoante as normas do Regulamento Geral do Estatuto da Advocacia e da OAB, assinale a afirmativa correta.

(A) O diploma é essencial para a inscrição nos quadros da Ordem dos Advogados.

(B) O bacharel, diante do impedimento de apresentar o diploma, deve apresentar declaração de autoridade certificando a conclusão do curso.

(C) A Ordem, diante do movimento grevista comprovado, poderá acolher declaração de próprio punho do requerente afirmando ter obtido grau.

(D) O bacharel em Direito deve apresentar certidão de conclusão de curso e histórico escolar autenticado.

A: incorreta. O bacharelado em Direito constitui, de fato, requisito para a obtenção da inscrição nos quadros da OAB. Todavia, o documento comprobatório de referido requisito pode ser o diploma ou a certidão de graduação em Direito (art. 8º, II, do Estatuto da OAB). Todavia, caso o candidato não apresente o diploma, a alternativa será a aludida certidão de conclusão do curso, acompanhada do respectivo histórico escolar autenticado (art. 23 do Regulamento Geral); **B:** incorreta. Como visto, dois são os documentos comprobatórios do bacharelado em Direito (diploma ou certidão – e não declaração! – de graduação no curso), nos termos do já citado art. 8º, II, do Estatuto da OAB; **C:** incorreta. A declaração unilateral de graduação, pelo candidato, obviamente não demonstra ser ele formado em Direito. Trata-se de requisito que deve ser comprovado documentalmente à OAB (lembre-se: por diploma ou certidão de conclusão do curso); **D:** correta, nos termos do art. 23 do Regulamento Geral. Não dispondo o candidato do diploma, a alternativa será a apresentação da certidão de graduação em Direito (também conhecida como certidão de colação de grau), acompanhada de histórico escolar autenticado.

Gabarito "D"

(OAB/Exame Unificado – 2011.3.A) Terêncio, após intensa atividade advocatícia, é acometido por mal de origem psiquiátrica, mas diagnosticado como passível de cura após tratamento prolongado. Não podendo exercer os atos da vida civil, apresenta requerimento à OAB. No concernente ao tema, à luz das normas aplicáveis, é correto afirmar que é caso de

(A) cancelamento da inscrição como advogado.
(B) impedimento ao exercício profissional, mantida a inscrição na OAB.
(C) licença do exercício da atividade profissional.
(D) penalidade de exclusão por doença.

De fato, a doença mental curável, consoante dispõe o art. 12, III, do EAOAB, é causa de licenciamento do advogado. Somente seria caso de cancelamento se se tratasse de doença mental incurável, caso em que o advogado teria perdido um dos requisitos para a inscrição, qual seja, a capacidade civil (art. 8º, I, do EAOAB).

Gabarito "C"

(OAB/Exame Unificado – 2011.3.B) O Bacharel em Direito, após aprovação no Exame de Ordem, deve apresentar cópia do diploma. Caso ele não tenha sido expedido, segundo as normas do Regulamento Geral do Estatuto da Advocacia e da OAB,

(A) ocorrerá a inscrição provisória como advogado.
(B) não poderá ocorrer a inscrição até expedido o diploma.
(C) pode apresentar certidão de conclusão com histórico escolar.
(D) deve obter permissão especial do Conselho Seccional.

De fato, caso um bacharel em Direito, após aprovado em Exame de Ordem, requeira sua inscrição na OAB, precisará, dentre outros requisitos, apresentar diploma ou certidão de conclusão do curso (art. 8º, II, do EAOAB; art. 23 do Regulamento Geral).

Gabarito "C"

(OAB/Exame Unificado – 2011.3.B) Nos termos das normas do Regulamento Geral do Estatuto da Advocacia e da OAB, o estagiário poderá isoladamente realizar o seguinte ato:

(A) atuar em audiências nos Juizados Especiais representando os clientes do escritório.
(B) obter com os Chefes de Secretarias certidões de peças de processos em curso.
(C) sustentar oralmente os recursos nos tribunais, quando cabível a defesa oral.
(D) assinar petições iniciais ou contestações quando incluído no instrumento de mandato.

De acordo com o art. 29 do Regulamento Geral, com destaque para os §§ 1º e 2º, poderá o estagiário, isoladamente, praticar os seguintes atos: a) carga e descarga de processos; b) *obter certidões de peças ou autos de processos em curso*; c) elaborar petição de juntada e; d) realizar atos extrajudiciais, desde que autorizado ou munido de substabelecimento do advogado. Assim, correta a alternativa B. As demais alternativas contêm atividades que não podem ser realizadas isoladamente pelo estagiário, mas, sim, por advogado. Até é possível que um estagiário assine petições iniciais, contestações ou recursos, desde que em conjunto e sob a supervisão e responsabilidade do advogado (art. 3º, § 2º, do EAOAB)

Gabarito "B"

(OAB/Exame Unificado – 2012.1) Nos termos das normas do Regulamento Geral do Estatuto da Advocacia e da OAB, o Estágio Profissional de Advocacia é requisito para inscrição no quadro de estagiários da OAB, sendo correto afirmar:

(A) É ministrado pela Seccional da OAB sem intervenção de entidade de ensino superior.
(B) Pode ser ofertado por instituição de ensino superior em convênio com a OAB.
(C) Deve ter carga horária mínima de 360 horas distribuídas em dois anos de atividade.
(D) Pode ocorrer a complementação de carga horária em escritórios sem credenciamento junto à OAB.

A: incorreta, pois o estágio profissional contará, por evidente, com a intervenção da entidade de ensino superior. Afinal, o objetivo do estágio é a aprendizagem prático-profissional; **B:** correta, conforme dispõe o art. 27, § 1º, do Regulamento Geral; **C:** incorreta, pois a carga horária mínima do estágio profissional será de 300 (trezentas) horas, distribuídas e dois ou mais anos, conforme prevê o art. 27, § 1º, do Regulamento Geral; **D:** incorreta, pois o estágio profissional, quando realizado fora da instituição de ensino superior, deverá ser realizado em local (escritório ou entidades) que mantenha convênio com a OAB, conforme prevê o art. 30 do Regulamento Geral.

Gabarito "B"

(OAB/Exame Unificado – 2012.2) Pedro, advogado regularmente inscrito nos quadros da OAB, após regular processo administrativo disciplinar, é apenado com a sanção de exclusão por ter sido condenado pela prática de crimes contra o patrimônio, tendo a decisão judicial transitada em julgado. Após cumprir a pena e tendo sido a mesma julgada extinta pelo Juízo competente, apresenta requerimento de retorno à OAB.

Nos termos do Estatuto, deve o requerente

(A) apresentar a documentação prevista para inscrição inaugural no quadro de advogados, além de submeter-se a novo Exame de Ordem.
(B) requerer a restauração da sua inscrição anterior com os documentos previstos para a inscrição inaugural, sem submissão a novo Exame de Ordem.
(C) indicar provas para a inscrição nos quadros da OAB que comprovem a sua capacidade civil apta a permitir o retorno, e os documentos para inscrição inaugural.
(D) comprovar a sua reabilitação e apresentar os documentos relacionados à idoneidade moral.

A: incorreta, pois o advogado que tiver sua inscrição na OAB cancelada em virtude de sofrer pena de exclusão, para retornar à instituição, embora deva submeter-se a prévia reabilitação (art. 11, § 3º, do EAOAB), não terá que prestar novo Exame de Ordem; **B:** incorreta, pois, como visto na alternativa anterior, o retorno à OAB, em caso de exclusão, exige pedido de reabilitação, não bastando mero pedido de restauração da inscrição anterior. Aliás, após o cancelamento da inscrição, não se restaura a inscrição (leia-se: número) anterior!; **C:** incorreta, pois o retorno de advogado excluído da OAB exige não apenas os requisitos necessários à inscrição inaugural (art. 8º da EAOAB), mas, também, a reabilitação (art. 11, § 3º, do EAOAB); **D:** correta (art. 11, § 3º, do EAOAB). Temos uma crítica ao gabarito. A alternativa "D" é a "menos errada". Porém, é certo que o retorno de advogado com inscrição cancelada em razão de pena de exclusão, a despeito de exigir prévia reabilitação, inclusive criminal (art. 41, parágrafo único, do EAOAB), não exige "prova documental" de idoneidade moral. De fato, a idoneidade moral é requisito necessário à inscrição na OAB (art. 8º, VI, do EAOAB). No entanto, trata-se de um requisito "presumido", que independe de prova. Ainda que se esteja diante de exclusão oriunda da prática de crime infamante, com a reabilitação judicial, resgata-se a idoneidade (art. 8º, § 4º, do EAOAB).

Gabarito "D".

(OAB/Exame Unificado – 2011.2) Alcides, advogado de longa data, resolve realizar concurso para o Ministério Público, vindo a ser aprovado em primeiro lugar. Após os trâmites legais, é designada data para a sua posse, circunstância que acarreta seu requerimento para suspender sua inscrição nos quadros da OAB, o que vem a ser indeferido. No caso em comento, em relação a Alcides, configura-se situação de

(A) incompatibilidade, podendo atuar, como advogado, em determinadas situações.

(B) cancelamento da inscrição por assunção de cargo incompatível.

(C) suspeição enquanto permanecer no cargo.

(D) suspensão da inscrição até a aposentadoria do membro do Ministério Público.

De fato, o exercício de cargo no Ministério Público é causa geradora de incompatibilidade em caráter definitivo, fato suficiente a ensejar o cancelamento da inscrição do advogado, nos termos do art. 11, IV, do Estatuto da OAB (Lei 8.906/1994 – EAOAB). Deve o candidato recordar que ser membro do Ministério Público configura causa de incompatibilidade (proibição total para advogar), nos termos do art. 28, II, do EAOAB. A licença (e não suspensão, que é espécie de pena pela prática de infração ética, prevista no art. 37 do EAOAB) da inscrição somente seria viável se se tratasse de incompatibilidade em caráter temporário, nos termos do art. 12, II, do EAOAB, o que, evidentemente, não é o caso de um advogado que tome posse para o exercício de cargo no Ministério Público.

Gabarito "B".

(OAB/Exame Unificado – 2011.1) Semprônio reside no Estado W, onde mantém o seu escritório de advocacia, mas requer sua inscrição principal no Estado K, onde, em alguns anos, pretende estabelecer domicílio. No concernente ao tema, à luz das normas estatutárias, é correto afirmar que

(A) na dúvida entre domicílios, prevalece o da sede principal do exercício da advocacia.

(B) a inscrição principal está subordinada ao domicílio profissional do advogado.

(C) o Conselho Federal pode autorizar a inscrição principal fora da sede do escritório do advogado.

(D) o advogado pode eleger qualquer seccional para inscrição principal ao seu arbítrio.

A: incorreta, pois, de acordo com o art. 10, § 1º, do Estatuto da OAB (EAOAB – Lei 8.906/1994), considera-se domicílio profissional a sede principal da atividade de advocacia, prevalecendo, **na dúvida**, o domicílio da **pessoa física** do advogado (e não o da sede principal do exercício da advocacia, como mencionado na alternativa); **B:** correta. De fato, a inscrição principal do advogado deve ser feita no Conselho Seccional em cujo território pretende estabelecer o seu domicílio profissional (art. 10 do Estatuto da OAB – EAOAB – Lei 8.906/1994), assim entendido como a sede principal da atividade da advocacia (art. 10, § 1º, do EAOAB); **C:** incorreta, pois contraria o disposto no art. 10 do EAOAB); **D:** incorreta, posto que em desconformidade com o previsto no art. 10 do EAOAB).

Gabarito "B".

(OAB/Exame Unificado – 2011.1) Juvenal, estagiário regularmente inscrito nos Quadros da OAB, em processo no qual se encontra indicado como tal, retira do cartório os autos do processo, deixando de devolvê-los no prazo legal. Regularmente intimado, mantém a sua inércia. Em termos disciplinares, é correto afirmar que

(A) o estagiário não sofre sanções disciplinares.

(B) não há diferença na atuação do estagiário e do advogado para efeito de sanções disciplinares.

(C) no caso em tela, não haverá qualquer sanção nem ao advogado nem ao estagiário.

(D) o advogado responsável pelo estagiário é o destinatário das sanções nesse caso.

A questão é polêmica e deveria ter sido anulada pela banca examinadora. Com efeito, o enunciado é bastante claro ao mencionar que Juvenal, estagiário, retirou os autos do processo do Cartório Judicial, deixando de restituí-los mesmo após ser regularmente intimado para tanto. Nos termos do art. 29, § 1º, I, do Regulamento Geral da OAB, é lícito ao estagiário retirar e devolver autos de processos judiciais, porém, sob a responsabilidade do advogado. Assim, certamente baseando-se em referido dispositivo, a banca optou por indicar como correta a alternativa D. Porém, na docência de Paulo Lôbo, eminente jurista na área da ética profissional do advogado, tratando da responsabilidade do advogado pelo extravio ou retenção abusiva de autos, infração geradora de suspensão dos quadros da OAB (art. 34, XXII, do EAOAB – Lei 8.906/1994), menciona ser ela "principal e solidária" (*Comentários ao Estatuto da Advocacia e da OAB*, 4ª edição, Ed. Saraiva, p. 42), donde se extrai que o estagiário que houver efetuado a carga dos autos também será responsabilizado. Portanto, em nosso entendimento, nenhuma alternativa é correta. No entanto, a questão em comento não foi anulada!

Gabarito "D".

(OAB/Exame Unificado – 2010.2) Fábio, advogado com mais de dez anos de efetiva atividade, obtém a indicação da OAB para concorrer pelo quinto constitucional à vaga reservada no âmbito de Tribunal de Justiça. No curso do processo também obtém a indicação do Tribunal e vem a ser nomeado pelo Governador do Estado, ingressando nos quadros do Poder Judiciário. Diante disso, à luz das normas estatutárias ocorrerá:

(A) o cancelamento da inscrição como advogado.

(B) a suspensão até que cesse a incompatibilidade.

(C) o licenciamento do profissional.

(D) a passagem para a reserva do quadro de advogados.

Nos termos do art. 12, II, da Lei 8.906/1994, *licencia-se* o profissional que "passar a exercer, em caráter temporário, atividade incompatível com o exercício da advocacia". No caso, Fábio não ficará afastado temporariamente, mas por um bom tempo. Assim, o caso não se enquadra na hipótese da alternativa "c", que trata do licenciamento do profissional. Na hipótese, como a advocacia é *incompatível* com a condição de membro do Poder Judiciário (art. 28, II, da Lei 8.906/1994), e tal condição se dará com caráter duradouro, Fábio deverá pedir o cancelamento da sua inscrição como advogado, nos termos do art. 11, IV, da Lei 8.906/1994, de modo que a alternativa "A" é a correta.

Gabarito "A".

(OAB/Exame Unificado – 2010.1) Assinale a opção correta de acordo com as disposições do Regulamento Geral do Estatuto da Advocacia e da OAB.

(A) O compromisso que o requerente à inscrição nos quadros da OAB deve fazer perante o conselho seccional, a diretoria ou o conselho da subseção é indelegável, haja vista sua natureza solene e personalíssima.

(B) Toda vez que figurar como indiciado em inquérito policial, por qualquer espécie de infração, o advogado deve ser assistido por um representante da OAB, sem prejuízo da atuação de seu defensor.

(C) É vedado ao requerente pleitear inscrição nos quadros da OAB sem ter, regularmente registrado, diploma de bacharel em direito, não suprindo sua falta nenhum outro documento.

(D) O estagiário inscrito na OAB pode praticar, isoladamente, todos os atos próprios de advogado, desde que sua inscrição esteja regular.

A: correta. É o que se extrai do art. 20, *caput* e seu § 1º, do Regulamento Geral; **B:** incorreta. O art. 16 do Regulamento Geral afirma que tal assistência de representante da OAB nos inquéritos policiais ou nas ações penais em que o advogado figurar como indiciado, acusado ou ofendido, só ocorrerá quando o fato a ele imputado decorrer do exercício da profissão ou a este vincular-se; **C:** incorreta. O requerente à inscrição no quadro de advogados, na falta de diploma regularmente registrado, poderá apresentar certidão de graduação em direito, acompanhada de cópia autenticada do respectivo histórico escolar (art. 23 do Regulamento Geral); **D:** incorreta. Praticamente todos os atos de advocacia, previstos no art. 1.º do Estatuto, podem ser praticados por estagiário inscrito na OAB, mas devem ser feitos em conjunto com o advogado ou o defensor público. Apenas alguns poucos atos podem ser, isoladamente, praticados por estagiários (De acordo com o art. 29, § 1.º, do Regulamento Geral "O estagiário inscrito na OAB pode praticar isoladamente os seguintes atos, sob a responsabilidade do advogado: I – retirar e devolver autos em cartório, assinando a respectiva carga; II – obter junto aos escrivães e chefes de secretarias certidões de peças ou autos de processos em curso ou findos; III – assinar petições de juntada de documentos a processos judiciais ou administrativos").

Gabarito "A"

(OAB/Exame Unificado – 2009.3) Célio, advogado regularmente inscrito na OAB/SC, tem escritório próprio de advocacia em Florianópolis, onde atua na área trabalhista e na do direito do consumidor. No ano de 2006, atuou excepcionalmente como advogado em quatro ações de indenização perante o TJDFT. Em 2007, ajuizou quinze ações em face da mesma empresa perante o TRT, em Brasília – DF, e, em 2008, atuou como advogado constituído em mais de dez causas. Na situação hipotética apresentada, Célio, de acordo com o Regulamento Geral do Estatuto da OAB,

(A) cometeu infração disciplinar por ter exercido, em 2006, a advocacia fora de seu domicílio de inscrição.

(B) está obrigado, desde 2007, à inscrição suplementar na Seccional da OAB/DF.

(C) está dispensado de comunicar à OAB o exercício da advocacia perante o TRT.

(D) está impedido de requerer a inscrição suplementar na OAB/DF, dada a regular inscrição na OAB/SC.

Considerando o disposto no art. 10, § 2º, da Lei 8.906/1994 (Estatuto da OAB), caberá ao advogado promover a inscrição suplementar perante o Conselho Seccional do Estado em que passar a exercer habitualmente a advocacia, assim entendida a partir da sexta causa do advogado no mesmo ano. Assim, até cinco causas (o que chamamos, por brincadeira, de "test drive"), o advogado está liberado para atuar em Estados diversos ao da sua inscrição principal. Porém, ultrapassado o limite quantitativo mencionado, deverá promover sua inscrição suplementar, sob pena de exercício ilegal da profissão. Na questão ora analisada, Célio estará obrigado, a partir de 2007, a ter inscrição suplementar perante a OAB/DF, visto que, em referido período, ajuizou 15 ações perante o TRT, em Brasília, e, em 2008, foi constituído em outras dez causas, extrapolando, pois, o "test drive" que a OAB lhe garante.

Gabarito "B"

(OAB/Exame Unificado – 2009.2) Assinale a opção correta acerca da inscrição do advogado nos quadros da OAB.

(A) Promotor de justiça aposentado pode solicitar inscrição nos quadros da OAB como advogado.

(B) Oficial das Forças Armadas formado em curso de direito e aprovado no exame de ordem pode solicitar inscrição nos quadros da OAB como advogado.

(C) Considere que Juan, cubano, bacharel em direito por faculdade de seu país de origem, fixe residência no Brasil. Nessa situação hipotética, Juan pode requerer inscrição, como advogado, nos quadros da OAB, desde que revalide seu diploma no Brasil.

(D) Considere que Hugo, venezuelano, após revalidar, no Brasil, diploma de bacharel em direito obtido no Equador, requeira sua inscrição, como advogado, na OAB, sem ter sido aprovado no exame de ordem, sob o argumento de que, em seu país, inexiste tal exigência. Nesse caso específico, a OAB poderá dispensá-lo do exame.

A: correta (art. 8º, V, da Lei 8.906/1994 – se o Promotor já estiver aposentado, terá deixado de exercer uma atividade incompatível, motivo pelo qual poderá solicitar sua inscrição na OAB); **B:** incorreta, visto que os militares na ativa (leia-se: os ocupantes das Forças Armadas), por serem incompatíveis com a advocacia (art. 28, VI, da Lei 8.906/1994), não terão sua inscrição deferida na OAB (art. 8º, V, do Estatuto da OAB); **C** e **D:** incorretas (art. 8º, § 2º, da Lei 8.906/1994 – ao bacharel em direito no estrangeiro, impor-se-á, além da revalidação de seu diploma, a satisfação dos demais requisitos exigidos para a inscrição, dentre eles, a aprovação no exame de ordem).

Gabarito "A"

(OAB/Exame Unificado – 2009.2) Em cada uma das opções a seguir, é apresentada uma situação hipotética seguida de uma assertiva a ser julgada. Assinale a opção que apresenta assertiva correta com relação à inscrição do advogado na OAB.

(A) Marcelo, advogado, e Ana, juíza federal substituta, são casados entre si e residem em Manaus – AM. Ana foi transferida para Roraima, para assumir a titularidade de uma vara naquele estado. Nessa situação, Marcelo, ao mudar seu domicílio profissional para Roraima, não será obrigado a requerer a transferência de sua inscrição na OAB para aquele estado.

(B) André, advogado, foi convidado a assumir temporariamente cargo incompatível com a advocacia. Nessa situação, caso pretenda aceitar o convite, André deverá requerer o cancelamento de sua inscrição na OAB.

(C) José, advogado, tem sua inscrição principal na OAB/DF e também atua na comarca de Luziânia – GO, onde advoga para uma empresa, assumindo mais de seis causas por ano nessa comarca. Nessa situação, José deve requerer sua inscrição suplementar na OAB/GO.

(D) Paulo, advogado, obteve aprovação em concurso público e passou a exercer cargo incompatível com a advocacia. Nessa situação, para que ocorra o cancelamento de sua inscrição, somente Paulo poderá comunicar o fato à OAB.

A: incorreta (art. 10, § 3º, da Lei 8.906/1994 – caso haja mudança efetiva do domicílio profissional para outro Estado, deverá o advogado requerer a transferência de sua inscrição principal para o Conselho Seccional respectivo); **B:** incorreta (art. 12, II, da Lei 8.906/1994 – o exercício de atividade incompatível em caráter temporário enseja o licenciamento, mas não o cancelamento da inscrição); **C:** correta (art. 10, § 2º, da Lei 8.906/1994 e art. 26 do Regulamento Geral– o exercício habitual da advocacia perante Conselho Seccional diverso ao da inscrição principal obriga o advogado a promover sua inscrição suplementar); **D:** incorreta (art. 11, § 1º, da Lei 8.906/1994 – poderá o cancelamento da inscrição ser promovido de ofício pela OAB ou mediante comunicação).

Gabarito "C"

(OAB/Exame Unificado – 2008.3) De acordo com o Estatuto da OAB, o documento de identidade profissional, na forma prevista no Regulamento Geral, é de uso

(A) facultativo, pois não constitui prova de identidade civil para fins legais.
(B) obrigatório no exercício da atividade de advogado ou de estagiário e constitui prova de identidade civil para todos os fins legais.
(C) obrigatório no exercício da atividade de advogado, porém facultativo para os estagiários.
(D) obrigatório no exercício da atividade de advogado ou de estagiário, embora não constitua prova de identidade civil para fins legais.

Nos termos do art. 13 da Lei 8.906/1994 (Estatuto da OAB), o documento de identidade profissional, na forma prevista no regulamento geral, é de uso obrigatório no exercício da atividade de advogado ou de estagiário e constitui prova de identidade civil para todos os fins legais.

Gabarito "B"

(OAB/Exame Unificado – 2008.2) Suponha que Laércio, advogado regularmente inscrito na OAB/RJ e domiciliado na cidade do Rio de Janeiro, esteja atuando em doze causas na cidade de Belo Horizonte. Nessa situação, Laércio deve

(A) requerer ao Poder Judiciário – com a devida comunicação protocolada junto às respectivas seccionais envolvidas – a transferência de foro, baseando-se no princípio processual do *lex fori regit actus*.
(B) associar-se a um escritório de advocacia cuja sede se situe na cidade de Belo Horizonte, sob pena de exclusão dos quadros da OAB.
(C) pedir a transferência de sua inscrição para a OAB/MG, sob pena de multa e suspensão.
(D) pedir sua inscrição suplementar na OAB/MG, sob pena de exercício ilegal da profissão e sanção disciplinar.

Nos termos do art. 10, § 2º, da Lei 8.906/1994 (Estatuto da OAB) e art. 26 do Regulamento Geral, Laércio deverá solicitar sua inscrição suplementar à OAB/MG, visto que está advogando com habitualidade (mais de cinco causas por ano).

Gabarito "D"

(OAB/Exame Unificado – 2008.1.SP) Assinale a opção correta no que se refere à advocacia pública, prevista no Regulamento Geral do Estatuto da Advocacia e da OAB.

(A) Um consultor jurídico de estado da Federação regularmente inscrito na respectiva Seccional da OAB sujeita-se ao regime do Código de Ética e Disciplina da OAB e não pode integrar cargos de diretoria da Seccional.
(B) Os defensores públicos federais não estão obrigados à inscrição na OAB por não exercerem a advocacia.
(C) Um procurador de Estado exerce a advocacia pública e está obrigado à inscrição na OAB, contudo não pode compor qualquer órgão de Conselho Seccional em que esteja inscrito, por incompatibilidade.
(D) Os advogados da União são obrigados à inscrição na OAB para o exercício de suas atividades.

A: incorreta (art. 9º, parágrafo único, do Regulamento Geral – membros da advocacia pública podem ter cargos na OAB); **B:** incorreta (arts. 9º e 10 do Regulamento Geral – defensores públicos são advogados públicos e, portanto, obrigados à inscrição na OAB); **C:** incorreta (art. 9º, parágrafo único, do Regulamento Geral – membros da advocacia pública podem ter cargos na OAB); **D:** correta, em consonância com os arts. 9º e 10 do Regulamento Geral.

Gabarito "D"

(OAB/Exame Unificado – 2007.3) Em relação à inscrição para atuação como advogado e como estagiário, assinale a opção correta de acordo com o Estatuto da OAB.

(A) Compete a cada seccional regulamentar o exame de ordem mediante resolução.
(B) O brasileiro graduado em direito em universidade estrangeira não pode obter inscrição de advogado no Brasil.
(C) O estágio profissional de advocacia com duração superior a dois anos exime da realização de prova para inscrição como advogado na OAB.
(D) O aluno de direito que exerça cargo de analista judiciário pode frequentar estágio ministrado pela respectiva instituição de ensino superior, para fins de aprendizagem, vedada a inscrição na OAB.

A: incorreta, pois o art. 8º, § 1º, da Lei 8.906/1994, prevê que compete ao Conselho Federal regulamentar, mediante provimento, o exame de ordem; **B:** incorreta, contraria o disposto no art. 8º, § 2º, da Lei 8.906/1994; **C:** incorreta, não existe essa previsão (art. 8º, IV, da Lei 8.906/1994); **D:** correta (art. 9º, § 3º, da Lei 8.906/1994 – exercer o cargo de analista judiciário torna a pessoa incompatível com a advocacia, nos termos do art. 28, IV, do Estatuto da OAB, mas, para fins de aprendizagem prático-profissional, poderá frequentar estágio ministrado em sua própria Faculdade de Direito).

Gabarito "D"

(OAB/Exame Unificado – 2007.3) Ana, residente e domiciliada em Salvador – BA, é uma advogada inscrita somente no Conselho Seccional da OAB na Bahia (OAB/BA). Além de atuar em oito causas perante o Poder Judiciário baiano, Ana atua, também, em treze processos que correm na justiça estadual de Pernambuco e em dois processos que correm perante varas da justiça federal em São Paulo. Considerando a situação hipotética acima, assinale a opção correta.

(A) Ana deve solicitar a transferência de sua inscrição para a OAB/PE, pois ela atua em mais processos na justiça pernambucana que na justiça baiana.
(B) Ana somente tem o dever de solicitar inscrição suplementar na OAB/PE.

(C) Ana deve solicitar inscrição suplementar no Conselho Seccional da OAB/PE e no da OAB/SP.
(D) A situação de Ana é regular, pois a inscrição na OAB tem caráter nacional, podendo ela advogar em todo o território brasileiro.

Nos termos do art. 10, § 2º, da Lei 8.906/1994 e art. 26 do Regulamento Geral, a inscrição suplementar deverá ser requerida em caso de atuação habitual do advogado perante Estado diverso do de sua inscrição principal. Deve-se entender como "advocacia habitual" a intervenção em mais de cinco causas por ano pelo advogado. Assim, Ana deverá providenciar sua inscrição suplementar apenas no Estado de Pernambuco, visto que, em São Paulo, conta com apenas dois processos.
Gabarito "B"

(OAB/Exame Unificado – 2007.3) Rafael, advogado regularmente inscrito na OAB/DF, tomou posse em cargo público comissionado, demissível *ad nutum*, para exercer, em Brasília – DF, a função de diretor jurídico de uma autarquia federal. Nessa situação, Rafael deve, com relação a sua inscrição na OAB,

(A) mantê-la, pois a referida função é atividade privativa de advogado.
(B) ser licenciado de ofício, por ingresso em cargo público.
(C) solicitar cancelamento, por perder um dos requisitos necessários para a inscrição.
(D) solicitar suspensão por tempo indeterminado, devendo essa suspensão se estender pelo período em que estiver ocupando o referido cargo.

De acordo com o art. 1º, II, da Lei 8.906/1994, reforçado pelo art. 7º do Regulamento Geral, considera-se atividade privativa de advocacia a assessoria, consultoria e direção jurídica, motivo pelo qual Rafael deverá manter sua inscrição. Ressalte-se que a função de diretoria e gerência jurídicas em qualquer empresa pública, privada ou paraestatal, inclusive em instituições financeiras, é privativa de advogado, não podendo ser exercida por quem não se encontre inscrito regularmente na OAB.
Gabarito "A"

(OAB/Exame Unificado – 2007.1) Em relação à inscrição dos advogados na OAB, assinale a opção correta de acordo com o Estatuto da Advocacia.

(A) Para a inscrição como advogado, é necessário ser brasileiro nato.
(B) Além da inscrição principal, o advogado deve promover a inscrição suplementar nos conselhos seccionais em cujos territórios tenha atuação em mais de 5 feitos judiciais por ano.
(C) O exercício em caráter definitivo de atividade incompatível com a advocacia no ano de 2002 implicará o licenciamento do profissional, restaurando-se o número da inscrição anterior após a cessação da incompatibilidade.
(D) A aprovação em concurso de procurador de Município autoriza a obtenção da inscrição como advogado sem que o interessado se submeta ao exame da ordem.

A: incorreta, pois não há esse requisito no art. 8º da Lei 8.906/1994; **B:** correta, conforme dispõem os arts. 10, § 2º, da Lei 8.906/1994 e 26 do Regulamento Geral; **C:** incorreta, pois, nos termos do art. 11, IV, da Lei 8.906/1994 (Estatuto da OAB), o exercício de atividade incompatível em caráter definitivo gera o cancelamento da inscrição do profissional, que, em caso de retorno à OAB, após cessada a incompatibilidade, não resgatará o número original (art. 11, § 2º, da Lei 8.906/1994); **D:** incorreta, visto que a lei não admite essa dispensa (art. 8º da Lei 8.906/1994).
Gabarito "B"

(OAB/Exame Unificado – 2006.3) Um advogado que atua exclusivamente em Salvador – BA, onde tem seu domicílio profissional e inscrição principal, foi procurado por um cliente para patrocínio de uma ação de repetição de indébito, pelo rito ordinário, na justiça federal, em Aracaju – SE. Com base nessa situação hipotética, assinale a opção correta acerca da atuação profissional em outro domicílio.

(A) O advogado poderá atuar desde que haja prévia comunicação à OAB/BA, em até cinco dias, a partir da sua primeira atuação nos autos do processo em Aracaju.
(B) Não será possível a atuação do advogado sem a prévia inscrição suplementar na OAB/SE.
(C) O advogado poderá atuar na causa sem prévia inscrição na OAB/SE e sem comunicar o fato à OAB/BA.
(D) A atuação regular do advogado em Aracaju depende de prévia autorização do secretário geral da OAB/SE.

Nos termos do art. 7º, I, do Estatuto da OAB, o advogado é livre para exercer a advocacia em todo o território nacional, motivo pelo qual, embora inscrito em determinado Estado, não dependerá de anuência ou comunicação prévia da prática de ato privativo de advocacia a qualquer órgão da OAB. Ressalte-se que a necessidade de inscrição suplementar surge caso o advogado passe a exercer a advocacia com habitualidade (mais de cinco causas por ano, nos termos do art. 10, § 2º, da Lei 8.906/1994 e art. 26 do Regulamento Geral).
Gabarito "C"

(OAB/Exame Unificado – 2006.3) Em relação à inscrição como advogado e às anuidades pagas à OAB, assinale a opção correta.

(A) O advogado que completa 70 anos de idade fica desobrigado do pagamento de anuidade.
(B) A inscrição como estagiário na OAB é feita na seccional do domicílio do requerente.
(C) O advogado denunciado pela prática de crime hediondo tem sua inscrição suspensa no momento do recebimento da denúncia.
(D) A inidoneidade moral para inscrição como advogado pode ser suscitada por qualquer pessoa e deve ser declarada por decisão de, no mínimo, dois terços dos votos de todos os membros do conselho competente, em procedimento em que sejam observados os termos do procedimento disciplinar.

A: incorreta, pois não existe essa regra; **B:** incorreta (art. 9º, § 2º, da Lei 8.906/1994 – a inscrição do estagiário deve ser feita no Conselho Seccional em que se localize o curso jurídico); **C:** incorreta, eis que não existe essa previsão; **D:** correta (art. 8º, § 3º, da Lei 8.906/1994), tratando-se de causa de exclusão do advogado (arts. 34, XXVII, e 38, II, do Estatuto da OAB).
Gabarito "D"

(OAB/Exame Unificado – 2006.1) Em face do Regulamento Geral do Estatuto da OAB e dos precedentes dos tribunais superiores, assinale a opção correta.

(A) As anuidades da OAB são fixadas por lei federal.
(B) Os advogados públicos são dispensados do pagamento da anuidade da OAB.
(C) Os advogados públicos devem ser obrigatoriamente inscritos na OAB.
(D) As anuidades da OAB têm natureza tributária.

A: incorreta, visto que, nos termos do art. 55, § 1º, do Regulamento Geral, as anuidades são fixadas pelos Conselhos Seccionais; **B:** incorreta, pois todos os inscritos devem pagar a anuidade (art. 55, *caput*, c/c art. 10, ambos do Regulamento Geral); **C:** correta, nos termos do art. 9º do Regulamento Geral; **D:** incorreta. A OAB defende a tese de que a anuidade não tem natureza tributária; assim, a anuidade pode ser aumentada sem lei prévia; por outro lado, não é possível a utilização da execução fiscal.

Gabarito "C"

(OAB/Exame Unificado – 2004.ES) Considere que Celso, advogado inscrito na OAB/ES, foi recentemente aprovado em concurso público para provimento de cargo de procurador do estado do Espírito Santo, sendo que amanhã ele tomará posse e entrará em exercício no cargo. Nessa situação, a inscrição de Celso na OAB/ES

(A) deverá ser suspensa enquanto ele permanecer no exercício do referido cargo.

(B) deverá ser cancelada, mas, caso venha a se reinscrever, ele terá direito a restaurar seu número original de inscrição.

(C) somente poderá ser mantida caso ele permaneça licenciado durante o período em que estiver investido no referido cargo, licença essa que o tornaria isento do pagamento da anuidade à OAB/ES.

(D) deverá ser mantida, pois a advocacia pública somente pode ser exercida por advogados regularmente inscritos na OAB.

Nos termos do art. 3º, § 1º, da Lei 8.906/1994 e art. 9º do Regulamento Geral, Celso deverá manter sua inscrição, visto ser considerado um advogado público, sujeito, inclusive, às regras do Estatuto da OAB, Código de Ética e Regulamento Geral, sem prejuízo de sua própria lei de regência (lei orgânica).

Gabarito "D"

(OAB/Exame Unificado – 2004.ES) Helena foi aprovada em exame de ordem realizado pela OAB/ES, mas, por motivo de saúde, encontra-se impedida de comparecer à solenidade em que os bacharéis aprovados no referido exame prestarão compromisso perante a OAB/ES. Em face dessa situação hipotética, assinale a opção correta.

(A) Helena será dispensada de prestar o referido compromisso, desde que comprove devidamente a impossibilidade de seu comparecimento.

(B) Helena poderá prestar o compromisso mediante procurador constituído por instrumento público, desde que o mandatário seja advogado regularmente inscrito na OAB.

(C) Mesmo sendo impossível o seu comparecimento à referida solenidade, Helena somente poderá ser inscrita como advogada depois de prestar pessoalmente compromisso perante a OAB/ES.

(D) Desde que esteja inscrita como estagiária perante a OAB/ES, Helena poderá ser inscrita como advogada sem prestar o referido compromisso.

Nos termos do art. 8º, VII, da Lei 8.906/1994, é requisito para a inscrição que o aprovado em exame de ordem preste o compromisso perante o Conselho Seccional competente. Trata-se de ato personalíssimo, o qual não pode ser transmitido por procuração (art. 20, § 1º, do Regulamento Geral).

Gabarito "C"

4. SOCIEDADE DE ADVOGADOS

(OAB/Exame Unificado – 2015.3) Os advogados Márcio, Bruno e Jorge, inscritos nas Seccionais do Paraná e de Santa Catarina da Ordem dos Advogados resolveram constituir determinada sociedade civil de advogados, para atuação na área tributária. A sede da sociedade estava localizada em Curitiba. Como os três sócios estavam inscritos na Seccional de Santa Catarina, eles requereram o registro da sociedade também nessa Seccional. Márcio, por outro lado, já fazendo parte da sociedade com Bruno e Jorge, requereu, juntamente com seu irmão, igualmente advogado, o registro de outra sociedade de advogados também na Seccional do Paraná, esta com especialização na área tributária. As sociedades não são filiais.

Sobre a hipótese descrita é correto afirmar que a sociedade de advogados de Márcio, Bruno e Jorge

(A) não poderá ser registrada na seccional de Santa Catarina, pois apenas tem sede na Seccional do Paraná. Márcio não poderá requerer inscrição em outra sociedade de advogados no Paraná.

(B) não poderá ser registrada na seccional de Santa Catarina, pois apenas tem sede na Seccional do Paraná. Márcio poderá requerer inscrição em outra sociedade de advogados no Paraná.

(C) poderá ser registrada na seccional de Santa Catarina, pois os três advogados que dela fazem parte estão inscritos na Seccional em questão. Márcio não poderá requerer inscrição em outra sociedade de advogados no Paraná.

(D) poderá ser registrada na seccional de Santa Catarina, pois os três advogados que dela fazem parte estão inscritos na Seccional em questão. Márcio poderá requerer inscrição em outra sociedade de advogados no Paraná.

A questão em tela foi alvo de severas críticas por professores de diversos cursos preparatórios para o Exame de Ordem, dentre os quais me incluo. Com base na narrativa contida no enunciado, a banca examinadora assinalou como correta a alternativa "A" (*não poderá ser registrada na seccional de Santa Catarina, pois apenas tem sede na Seccional do Paraná. Márcio não poderá requerer inscrição em outra sociedade de advogados no Paraná).* Contudo, não se pode concordar, *data venia*, com a assertiva indicada, pelos motivos a seguir. Primeiramente, não é verdadeira a afirmação inicial de que os advogados Márcio, Bruno e Jorge não poderiam registrar na seccional de Santa Catarina uma sociedade de advogados. Conforme enuncia o art. 15, §1º, do Estatuto da OAB, a sociedade de advogados adquire personalidade jurídica com o registro aprovado dos seus atos constitutivos no Conselho Seccional da OAB em cuja base territorial tiver sede. No caso relatado, os advogados decidiram registrar sociedade em Curitiba (portanto, seccional do Paraná). Também resolveram constituir sociedade em Santa Catarina (não há menção se se trata de filial, mas tudo leva a crer que sim!). Na parte final da questão, afirma-se que as sociedades não são filiais. Mas quais sociedades: aquelas constituídas por Márcio, Bruno e Jorge ou por Mário e seu irmão? A redação do enunciado é confusa, o que, por si só, já deveria ensejar a anulação! No mais, entendendo-se que a sociedade que Márcio, Bruno e Jorge constituíram em Santa Catarina era uma filial, nenhum problema haveria. Tal é autorizado pelo art. 15, §4º, do Estatuto da OAB (nenhum advogado pode integrar mais de uma sociedade de advogados, com sede ou filial na mesma área territorial do respectivo Conselho Seccional). Assim, incorreta a primeira parte da alternativa "A". Pelo exposto, a alternativa adequada e que deveria ter sido assinalada pela banca examinadora é a "C" (*poderá ser registrada na seccional de Santa Catarina, pois os três advogados que dela fazem parte estão inscritos na Seccional em questão. Márcio não poderá requerer inscrição em outra sociedade de advogados no Paraná).* Frise-se que, em qualquer caso, Márcio, por já integrar sociedade de advogados no Paraná (juntamente com Bruno e Jorge), não poderia integrar outra sociedade na mesma seccional, consoante dispõe o já referido art. 15, §4º, do Estatuto. A questão, por tudo o que se argumentou, deveria ter sido anulada, visto que, além de ter redação confusa, apontou alternativa errada como correta, mormente se considerada que a sociedade que seria constituída em Santa Catarina seria uma filial daquela com sede no Paraná, o que seria perfeitamente admissível.

Gabarito "A"

(OAB/Exame Unificado – 2015.3) Gabriela é sócia de uma sociedade de advogados, tendo, no exercício de suas atividades profissionais, representado judicialmente Júlia. Entretanto, Gabriela, agindo com culpa, deixou de praticar ato imprescindível à defesa de Júlia em processo judicial, acarretando-lhe danos materiais e morais.

Em uma eventual demanda proposta por Júlia, a fim de ver ressarcidos os danos sofridos, deve-se considerar que

(A) Gabriela e a sociedade de advogados não podem ser responsabilizadas civilmente pelos danos, pois, no exercício profissional, o advogado apenas responde pelos atos que pratica mediante dolo, compreendido por meio do binômio consciência e vontade.

(B) a sociedade de advogados não pode ser responsabilizada civilmente pelos atos ou omissões praticados pessoalmente por Gabriela. Assim, apenas a advogada responderá pela sua omissão decorrente de culpa, no âmbito da responsabilidade civil e disciplinar.

(C) Gabriela e a sociedade de advogados responderão civilmente pela omissão decorrente de culpa, sem prejuízo da responsabilidade disciplinar da advogada, cuidando-se de hipótese de responsabilidade civil solidária entre ambas.

(D) Gabriela e a sociedade de advogados podem ser responsabilizadas civilmente pela omissão decorrente de culpa. A responsabilidade civil de Gabriela será subsidiária à da sociedade e ilimitada pelos danos causados, sem prejuízo de sua responsabilidade disciplinar.

Nos termos do art. 17 do EAOAB, corroborado pelo art. 40 do Regulamento Geral, além da sociedade, o sócio e o titular da sociedade individual respondem subsidiária e ilimitadamente pelos danos causados aos clientes por ação ou omissão no exercício da advocacia, sem prejuízo da responsabilidade disciplinar em que possa incorrer. No enunciado ficou claro que a advogada Gabriela, sócia de uma sociedade de advogados, agindo com culpa no exercício da profissão, deixou de praticar ato imprescindível à defesa de Júlia em um processo judicial, daí advindo danos materiais e morais à cliente. Assim, vamos à análise das alternativas. **A:** incorreta, eis que não somente os atos dolosos praticados pelo advogado, no exercício profissional, ensejam a responsabilização civil dele e da sociedade de advogados a que faça parte. Nos termos do precitado art. 40 do Regulamento Geral, os advogados sócios e os associados respondem subsidiária e ilimitadamente pelos danos causados diretamente ao cliente, nas hipóteses de dolo ou culpa e por ação ou omissão, no exercício dos atos privativos de advocacia, sem prejuízo da responsabilidade disciplinar em que possam incorrer; **B:** incorreta, pois à sociedade de advogados imputar-se-á a responsabilidade civil pelos atos praticados pelos seus sócios ou titular. Destaque-se que, nesse caso, a responsabilidade da sociedade será principal, aos sócios e titular da sociedade individual existindo apenas responsabilidade subsidiária, embora ilimitada; **C:** incorreta, pois os sócios não respondem solidariamente com a sociedade, mas, sim, subsidiariamente, conforme se vê expressamente nos arts. 17 do EAOAB e 40 do Regulamento Geral; **D:** correta, eis que, de fato, tanto a sociedade, quanto os sócios, responderão pelos danos causados aos clientes, sendo certo que a responsabilidade civil dos advogados que integrem a sociedade é subsidiária a esta, embora ilimitada, sem prejuízo de responsabilização disciplinar.

Gabarito "D"

(OAB/Exame Unificado – 2015.3) O banco Dólar é réu em diversos processos de natureza consumerista, todos com idênticos fundamentos de Direito, pulverizados pelo território nacional. Considerando a grande quantidade de feitos e sua abrangência territorial, a instituição financeira decidiu contratar a sociedade de advogados X para sua defesa em juízo, pois esta possui filial em diversos estados da Federação. Diante da consulta formulada pelo banco, alguns advogados, sócios integrantes da filial situada no Rio Grande do Sul, realizaram mapeamento dos processos em trâmite em face da pessoa jurídica. Assim, observaram que esta mesma filial já atua em um dos processos em favor do autor da demanda.

Tendo em vista tal situação, assinale a opção correta.

(A) Os advogados deverão recusar, por meio de qualquer sócio do escritório ou filial, a atuação da sociedade de advogados na defesa do banco, pois os advogados sócios de uma mesma sociedade profissional não podem representar em juízo clientes de interesses opostos.

(B) Os advogados deverão identificar quem são os sócios do escritório que atuam na causa, pois estes não poderão realizar a defesa técnica do banco em quaisquer dos processos em trâmite, sendo autorizada, porém, a atuação dos demais sócios da sociedade de advogados, de qualquer filial.

(C) Os advogados deverão recusar a defesa do banco pela filial da sociedade de advogados no Rio Grande do Sul e indicar as outras filiais para atuação nos feitos, pois todos os sócios da filial ficam impedidos de representar em juízo a instituição financeira, em razão de já haver atuação em favor de cliente com interesses opostos.

(D) Os advogados deverão informar ao banco que há atuação de advogados daquela filial em um dos processos em favor do autor da demanda, a fim de que a instituição financeira decida se deseja, efetivamente, que a sua defesa técnica seja realizada pela sociedade de advogados, garantindo, assim, o consentimento informado do cliente.

A: correta. Nos exatos termos do art. 19 do CED, os advogados integrantes da mesma sociedade profissional, ou reunidos em caráter permanente para cooperação recíproca, não podem representar, em juízo ou fora dele, clientes com interesses opostos. No caso apresentado, considerando que o banco Dólar, réu em processo judicial, contratou profissionais de sociedade de advogados, com filiais em todo o Brasil, que identificaram que atuam em favor do autor da ação, será impossível que patrocinem a defesa da instituição financeira. Pouco importa o local em que o processo judicial tramita. Se uma das filiais da sociedade de advogados contratada pelo banco constatou que o autor da ação é seu cliente em um dos processos movidos contra referida instituição, os advogados deverão recusar, por meio de qualquer sócio ou filial, a atuação da sociedade de advogados em prol do banco, conforme preconiza o referido art. 19 do CED; B, C e **D:** incorretas, visto que em descompasso com o quanto disposto no Código de Ética.

Gabarito "A"

(OAB/Exame Unificado – 2014.3) Os advogados X de Souza, Y dos Santos e Z de Andrade requereram o registro de sociedade de advogados denominada Souza, Santos e Andrade Sociedade de Advogados. Tempos depois, X de Souza vem a falecer, mas os demais sócios decidem manter na sociedade o nome do advogado falecido.

Sobre a hipótese, assinale a afirmativa correta.

(A) É possível manter o nome do sócio falecido, desde que prevista tal possibilidade no ato constitutivo da sociedade.

(B) É possível manter o nome do sócio falecido, independentemente de previsão no ato constitutivo da sociedade.

(C) É absolutamente vedada a manutenção do nome do sócio falecido na razão social da sociedade.

(D) É possível manter, pelo prazo máximo de seis meses, o nome do sócio falecido.

Nos exatos termos do art. 16, § 1º, do Estatuto da OAB, a razão social da sociedade de advogados deve ter, obrigatoriamente, o nome de, pelo menos, um advogado responsável pela sociedade, podendo permanecer o de sócio falecido, desde que prevista tal possibilidade no ato constitutivo. Correta, pois, a alternativa A, estando as demais em dissonância com aquilo que preconiza o EAOAB.

Gabarito "A"

(OAB/Exame Unificado – 2013.3) O escritório Hércules Advogados Associados foi fundado no início do século XX, tendo destacada atuação em várias áreas do Direito. O sócio-fundador faleceu no limiar do século XXI e os sócios remanescentes manifestaram o desejo de manter o nome do advogado falecido na razão social da sociedade.

A partir da hipótese sugerida, nos termos do Regulamento Geral da Ordem dos Advogados do Brasil, assinale a afirmativa correta.

(A) Falecendo o advogado sócio, determina-se a sua exclusão dos registros da sociedade incluindo a razão social do escritório.

(B) Permite-se a manutenção do sócio-fundador nos registros do escritório, mediante autorização especial do plenário da Seccional.

(C) Havendo previsão no ato constitutivo da sociedade de advogados, pode permanecer o nome do sócio falecido na razão social.

(D) Existindo acordo entre o escritório de advocacia, os clientes e a Seccional da Ordem dos Advogados do Brasil, é permitida a manutenção do nome do sócio falecido.

A e **D:** incorretas, visto que em caso de falecimento do advogado sócio, nada obstante, por razões óbvias, não mais possa figurar no corpo societário, poderá ter seu nome mantido na razão social da sociedade, desde que essa possibilidade esteja prevista no ato constitutivo (art. 16, § 1º, do EAOAB); **B:** incorreta, pois inexiste base legal ou em qualquer outro diploma normativo que autorize a permanência de sócio-fundador de sociedade de advogados nos registros do escritório mesmo após seu falecimento. Como pessoa morta poderia continuar a figurar como sócia da sociedade? Assim, absolutamente descabida a assertiva; **C:** correta, nos termos do já citado art. 16, § 1º, do EAOAB. Isto porque a razão social de uma sociedade de advogados, em caso de falecimento do sócio-fundador que lhe emprestava o nome, poderá ser mantida inalterada desde que tal possibilidade esteja expressamente prevista no seu ato constitutivo.

Gabarito "C"

(OAB/Exame Unificado – 2013.2) Os advogados Roberto e Alfredo, integrantes da sociedade Roberto & Alfredo Advogados Associados, há muito atuavam em causas trabalhistas em favor da sociedade empresária "X". A certa altura, o advogado Armando ingressou na sociedade de advogados. Armando, no entanto, já representava os interesses de ex-empregado da sociedade empresária "X". Em razão disso, Armando não foi constituído para atuar nas causas do escritório envolvendo a sociedade empresária "X", continuando, assim, a atuar em favor do ex-empregado. Por outro lado, Roberto e Alfredo não foram constituídos para advogar pelo ex-empregado.

A partir do caso apresentado, assinale a afirmativa correta.

(A) Roberto, Alfredo e Armando agiram correta e eticamente, pois dividiram os clientes, de forma que nenhum deles advogasse, ao mesmo tempo, para clientes com interesses opostos.

(B) Roberto, Alfredo e Armando não agiram corretamente, pois, em causas trabalhistas, os advogados de partes com interesses opostos não podem ter qualquer tipo de relação profissional ou pessoal.

(C) Roberto, Alfredo e Armando não agiram correta e eticamente, pois os advogados sócios de uma mesma sociedade profissional não podem representar, em juízo, clientes com interesses opostos.

(D) Roberto, Alfredo e Armando não poderiam ter constituído a sociedade em questão, ainda que Armando deixasse de atuar na causa em favor do ex-empregado.

A: incorreta, como será melhor analisado no comentário à alternativa "C". O fato de Roberto, Alfredo e Armando integrarem a mesma sociedade de advogados lhes impõe a observância de alguns preceitos éticos, dentre eles, o de jamais atuarem em causas em que seus clientes sejam litigantes uns contra os outros; **B:** incorreta. Não apenas nas causas trabalhistas veda-se que advogados das partes litigantes tenham relação profissional (ex.: escritório em comum ou sociedade). Como veremos a seguir, há restrição geral para que advogados que integrem a mesma sociedade ou escritório patrocinem pretensões de clientes com interesses conflitantes; **C:** correta. Nos exatos termos do art. 15, § 6º, do EAOAB, os *advogados sócios de uma mesma sociedade profissional não podem representar em juízo clientes de interesses opostos*. Ainda, o art. 19 do Código de Ética e Disciplina (CED), em reforço, adverte que *os advogados integrantes da mesma sociedade profissional, ou reunidos em caráter permanente para cooperação recíproca, não podem representar, em juízo ou fora dele, clientes com interesses opostos*; **D:** incorreta. Se o sócio Armando deixasse de representar um ex-empregado da empresa "X", cliente da sociedade que passou a integrar, não mais existiriam os obstáculos previstos nos já citados arts. 15, § 6º do Estatuto e 19 do CED.

Gabarito "C"

(OAB/Exame Unificado – 2012.3.A) O advogado João, regularmente contratado para defender os interesses de José em Juízo, realiza a defesa regular em primeiro grau, mas não apresenta recurso de apelação contra sentença que julgou improcedente o pedido, mesmo havendo sólida fundamentação para modificar o decidido. O prejuízo causado ao cliente foi de R$ 10.000,00, parcialmente coberto por seguro realizado pela sociedade de advogados integrada por João.

Consoante as regras estatutárias, os prejuízos causados ao cliente acarretam a responsabilidade pessoal do sócio advogado de forma

(A) limitada à responsabilidade decorrente de contrato de seguro.

(B) ilimitada, mas subsidiária em relação à sociedade.

(C) limitada e principal, sendo a da sociedade subsidiária.

(D) ilimitada e vinculada ao resultado do processo disciplinar instaurado.

Nos termos do art. 17 do Estatuto da OAB, reforçado pelo art. 40 do Regulamento Geral, pelos danos causados dolosa ou culposamente a terceiros por sócios ou associados, a responsabilidade civil recairá apenas subsidiariamente às pessoas físicas, respondendo, em primeiro lugar, a pessoa jurídica (sociedade de advogados). Todavia, a despeito de os sócios responderem *subsidiariamente*, caso seus patrimônios pessoais sejam atingidos por insuficiência patrimonial da pessoa jurídica (ou seja, da sociedade de advogados a que pertencerem), tal ocorrerá de forma *ilimitada*. Assim, pouco importará a sua participação no capital social da sociedade.

Gabarito "B"

(OAB/Exame Unificado – 2011.3.B) No concernente à Sociedade de Advogados, é correto afirmar, à luz do Estatuto e do Código de Ética e Disciplina da OAB, que

(A) pode se organizar de forma mercantil, com registro na Junta Comercial.

(B) está vinculada às regras de ética e disciplina dos advogados.

(C) seus sócios estão imunes ao controle disciplinar da OAB.

(D) seus componentes podem, isoladamente, representar clientes com interesses conflitantes.

A: incorreta (art. 16, *caput*, e § 3º, do EAOAB). Importa anotar que a sociedade de advogados não tem natureza empresarial, mas civil (sociedade simples); **B:** correta, conforme disposto no art. 15, § 2º, do EAOAB; **C:** incorreta (art. 40 do Regulamento Geral), pois os sócios da sociedade de advogados submetem-se, por evidente, ao controle disciplinar da OAB; **D:** incorreta (art. 19 do CED e art. 15, § 6º, do EAOAB), pois é vedado que sócios da mesma sociedade de advogados patrocinem clientes com interesses conflitantes. Afinal, além de antiético, tal proceder poderia violar o necessário sigilo profissional que rege a relação cliente-advogado.

Gabarito "B"

(OAB/Exame Unificado – 2012.1) Lara é sócia de determinada sociedade de advogados com sede no Rio de Janeiro e filial em São Paulo. Foi convidada a integrar, cumulativamente e também como sócia, os quadros de outra sociedade de advogados, esta com sede em São Paulo e sem filiais. Aceitou o convite e rapidamente providenciou sua inscrição suplementar na OAB/SP, tendo em vista que passaria a exercer habitualmente a profissão nesse estado.

(A) Lara agiu corretamente, pois, considerando-se que passaria a atuar em mais do que cinco causas por ano em São Paulo, era necessário que promovesse sua inscrição suplementar nesse estado.

(B) Lara não agiu corretamente, pois é vedado ao advogado integrar mais de uma sociedade de advogados com sede ou filial na mesma área territorial do respectivo Conselho Seccional.

(C) Lara não agiu corretamente, pois é vedado ao advogado integrar mais de uma sociedade de advogados dentro do território nacional.

(D) Lara agiu corretamente e sequer era necessário que promovesse sua inscrição suplementar, pois passaria a exercer a profissão em São Paulo na qualidade de sócia e não de advogada empregada da sociedade em questão.

De acordo com o art. 15, § 4º, do EAOAB, nenhum advogado poderá integrar mais de uma sociedade de advogados com sede ou filial na mesma base territorial (leia-se: mesmo Conselho Seccional). Logo, agiu incorretamente a advogada Lara, visto que, sendo sócia de sociedade com sede no Rio de Janeiro e filial em São Paulo, não poderia ter aceitado o convite para integrar outra sociedade de advogados com sede em São Paulo. Frise-se: advogado não poderá integrar mais de uma sociedade por Conselho Seccional, seja sede, seja filial! Logo, correta a alternativa B. Quanto às demais alternativas (A, C e D), deve o leitor recordar-se que o "fato gerador" da inscrição suplementar é a habitualidade da advocacia em outros Conselhos Seccionais que não o de inscrição principal do advogado. Referida habitualidade somente se caracteriza com o acompanhamento/patrocínio e mais de 5 (cinco) causas por ano, assim entendidas as intervenções judiciais (art. 10, § 2º, do EAOAB e art. 26 do Regulamento Geral). No entanto, especificamente no tocante aos sócios de sociedade de advogados, em caso de constituição de filial, os sócios obrigam-se à inscrição suplementar "automaticamente", ou seja, independentemente do número de causas que venham a acompanhar no Conselho Seccional respectivo (art. 15, § 5º, do EAOAB).

Gabarito "B"

(OAB/Exame Unificado – 2011.1) Os advogados Pedro e João desejam estabelecer sociedade de advogados com o fito de regularizar o controle dos seus fluxos de honorários e otimizar despesas. Estabelecem contrato e requerem o seu registro no órgão competente. À luz da legislação aplicável aos advogados, é correto afirmar que

(A) o Código de Ética não se aplica individualmente aos profissionais que compõem sociedade de advogados.

(B) é possível a participação de advogados em sociedades sediadas em áreas territoriais de seccionais diversas.

(C) a procuração é sempre coletiva quando atuante sociedade de advogados.

(D) podem existir sociedades mistas de advogados e contadores.

A: incorreta. A sociedade de advogados, obviamente, é composta por advogados regularmente inscritos na OAB, os quais, à evidência, submetem-se às regras deontológicas (regras éticas), inclusive, e principalmente, aquelas previstas no Código de Ética e Disciplina. Ressalte-se que a própria sociedade de advogados submete-se ao Código de Ética, consoante determina o art. 15, § 2º, do Estatuto da OAB (EAOAB – Lei 8.906/1994); **B:** correta. De fato, admite-se que um advogado, sócio de uma sociedade, integre outras sociedades de advogados, desde que sediadas em outra base territorial (leia-se: outro Estado – Conselho Seccional), consoante art. 15, § 4º, do EAOAB; **C:** incorreta, pois a procuração deve ser outorgada individualmente aos advogados, e não de forma coletiva (art. 15, § 3º, do EAOAB); **D:** incorreta. É absolutamente vedado que uma sociedade de advogados apresente como objeto qualquer atividade diversa das privativas de advocacia (art. 16 da EAOAB).

Gabarito "B"

(OAB/Exame Unificado – 2010.2) Michel, Philippe e Lígia, bacharéis em Direito recém-formados e colegas de bancos universitários, comprometem-se a empreender a atividade advocatícia de forma conjunta logo após a aprovação no Exame de Ordem. Para gáudio dos bacharéis, todos são aprovados no certame e obtém sua inscrição no Quadro de Advogados da OAB. Assim, alugam sala compatível em local próximo ao prédio do Fórum do município onde pretendem exercer sua nobre função. De início, as causas são individuais, por indicação de amigos e parentes. Logo, no entanto, diante do sucesso profissional alcançado, são contactados por sociedades empresárias ansiosas pela prestação de serviços profissionais advocatícios de qualidade. Uma exigência, no entanto, é realizada: a prestação deve ocorrer por meio de sociedade de advogados. No concernente ao tema, à luz das normas aplicáveis

(A) a sociedade de advogados é de natureza empresarial.

(B) os advogados sócios da sociedade de advogados respondem limitadamente por danos causados aos clientes.

(C) o registro da sociedade de advogados é realizado no Conselho Seccional da OAB onde a mesma mantiver sede.

(D) não é possível associação com advogados, sem vínculo de emprego, para participação nos resultados.

A: incorreta, pois o art. 15, *caput*, da Lei 8.906/1994 estabelece que deve se tratar de sociedade civil, ou, na linguagem do atual Código Civil, de sociedade simples, e não de sociedade empresária; **B:** incorreta, pois, além da sociedade, o sócio responde subsidiária e *ilimitadamente* pelos danos causados aos clientes (art. 17 da Lei 8.906/1994); **C:** correta, pois "a sociedade de advogados adquire personalidade jurídica com o **registro** aprovado dos seus atos constitutivos no **Conselho Seccional** da OAB em cuja base territorial tiver **sede**" (art. 15, § 1º, da Lei 8.906/1994); **D:** incorreta, pois "a sociedade de advogados **pode** associar-se com advogados, sem vínculo de emprego, para participação nos resultados" (g.n.) (art. 39 do Regulamento da OAB).

Gabarito "C"

(OAB/Exame Unificado – 2009.3) Assinale a opção correta de acordo com o Estatuto da Advocacia e da OAB.

(A) O sócio de sociedade de advogados que cause danos a clientes deve responder por seu ato comissivo ou omissivo, sendo tal responsabilidade pessoal, não havendo implicações para a pessoa jurídica.

(B) Falecendo o advogado durante o curso de um processo, os honorários de sucumbência serão integralmente recebidos pelo profissional que o suceder na causa.

(C) Na situação em que advogados se reúnam em sociedade civil, devem as procurações ser outorgadas individualmente a cada causídico, com a indicação da sociedade de que façam parte.

(D) É proibido que a sociedade de advogados ostente, na razão social, o nome de sócio falecido. Assim, em caso de falecimento de algum sócio, deve-se, obrigatoriamente, providenciar a alteração do registro da sociedade.

A: incorreta, pois a sociedade também responde com seu patrimônio (art. 17 da Lei 8.906/1994); **B:** incorreta (art. 24, § 2º, da Lei 8.906/1994 – os honorários de sucumbência, em caso de falecimento do advogado, serão transmitidos aos sucessores ou representantes legais); **C:** correta, corresponde ao disposto no art. 15, § 3º, da Lei 8.906/1994; **D:** incorreta (art. 16, § 1º, da Lei 8.906/1994 – admite-se a continuidade do uso de nome de sócio falecido, desde que haja expressa previsão no ato constitutivo da sociedade de advogados).

Gabarito "C"

(OAB/Exame Unificado – 2009.2) A respeito das sociedades de advogado, assinale a opção correta.

(A) Considere que Rogério e Daniel sejam sócios na XYZ Advogados, com sede em Belém – PA, e que André convide Rogério para integrar a equipe de sua sociedade, a MNP Advocacia, com sede em Santarém – PA. Nessa situação, não há qualquer impedimento ao fato de Rogério integrar a MNP Advocacia, uma vez que a sede das referidas sociedades está situada em cidades diferentes.

(B) A sociedade de advogados só adquire personalidade jurídica após o registro na seccional da OAB em cuja base territorial estiver situada a sede da sociedade.

(C) As procurações podem ser outorgadas à sociedade de advogados, bastando que se faça menção ao registro dos advogados que a compõem.

(D) A personalidade jurídica da sociedade de advogados é adquirida com o seu registro na junta comercial.

A: incorreta (art. 15, § 4º, da Lei 8.906/1994 – não pode um advogado ser sócio de duas sociedades na mesma base territorial, ou seja, no mesmo Estado da federação); **B:** correta, conforme previsão do art. 15, § 1º, da Lei 8.906/1994: **C:** incorreta, visto que, nos termos do art. 15, § 3º, da Lei 8.906/1994, a procuração deverá ser outorgada individualmente aos sócios, devendo constar no referido instrumento a sociedade de que façam parte; **D:** incorreta, visto que a sociedade de advogados adquire personalidade jurídica após o registro dos atos constitutivos no Conselho Seccional da OAB em cuja base territorial tiver sede (art. 15, § 1º, da Lei 8.906/1994), e não na Junta Comercial ou qualquer Cartório de Registro Civil de Pessoas Jurídicas. Lembre-se que a sociedade de advogados não tem natureza jurídica de sociedade empresária!

Gabarito "B"

(OAB/Exame Unificado – 2009.1) No que concerne à sociedade de advogados, assinale a opção correta.

(A) De acordo com o Estatuto da OAB, a sociedade de advogados adquire personalidade jurídica quando do registro dos atos constitutivos perante a junta comercial em cuja base territorial tiver sede.

(B) Advogados sócios da mesma sociedade profissional podem representar em juízo clientes de interesses opostos, desde que mantenham o decoro e a autonomia funcional.

(C) Nenhum advogado pode integrar mais de uma sociedade de advogados, com sede ou filial na mesma área territorial do respectivo Conselho Seccional.

(D) É possível registrar no Cartório de Registro Civil de Pessoas Jurídicas sociedade que inclua, entre outras finalidades, a atividade de advocacia.

A: incorreta (art. 15, § 1º, da Lei 8.906/1994 – o registro deve ser feito no Conselho Seccional em cuja base territorial tiver sua sede); **B:** incorreta, contraria o disposto no art. 15, § 6º, da Lei 8.906/1994, bem como o quanto contido no art. 19 do CED; **C:** correta, de acordo com o art. 15, § 4º, da Lei 8.906/1994; **D:** incorreta, pois é *proibido* o registro na hipótese versada na alternativa em comento (art. 16, § 3º, da Lei 8.906/1994).

Gabarito "C"

(OAB/Exame Unificado – 2008.3) No tocante à sociedade de advogados, assinale a opção correta.

(A) A sociedade de advogados pode associar-se com advogados apenas para participação nos resultados, sem vínculo de emprego.

(B) Com o falecimento do sócio que dava nome à sociedade de advogados, o conselho seccional deverá notificar de imediato os demais sócios para a alteração do ato constitutivo, independentemente de previsão de permanência do nome do sócio falecido.

(C) Os advogados associados não respondem pelos danos causados diretamente ao cliente, sendo essa responsabilidade exclusiva dos sócios do escritório.

(D) Ainda que condenado judicialmente por dano causado a cliente, o advogado não deverá sofrer qualquer sanção disciplinar no âmbito da OAB.

A: correta (art. 39 do Regulamento Geral – os advogados associados não são sócios ou empregados da sociedade de advogados, mas, apenas, "parceiros", que auferirão uma participação nos resultados dos trabalhos realizados em nome da sociedade); **B:** incorreta, pois, nos termos do art. 16, § 1º, da Lei 8.906/1994, o nome do sócio falecido poderá continuar na razão social da sociedade desde que haja expressa previsão no ato constitutivo; **C** e **D:** incorretas, pois dispõem de modo diverso do previsto no art. 40 do Regulamento Geral.

Gabarito "A"

(OAB/Exame Unificado – 2008.2.SP) João Braz e Antônio Geraldo são advogados inscritos na Seccional de São Paulo. Em janeiro de 2002, eles tornaram-se sócios de um escritório de advocacia, que foi registrado na Seccional da OAB de São Paulo com o nome Antônio Geraldo Advogados Associados. Após seis anos de trabalho como sócio de João Braz, Antônio Geraldo faleceu. Considerando a situação hipotética apresentada, assinale a opção correta no que se refere à sociedade de advogados.

(A) Obrigatoriamente, a razão social do escritório deveria conter, o nome dos dois sócios, ou seja, João Braz e Antônio Geraldo Advogados Associados.

(B) Antes da morte de Antônio Geraldo, João Braz poderia ter integrado outra sociedade de advogados, desde que o escritório tivesse filial na mesma área territorial da Seccional de São Paulo.

(C) O registro de constituição do escritório Antônio Geraldo Advogados Associados deve ser feito no Conselho Federal da OAB.

(D) Após a morte de Antônio Geraldo, o escritório poderá permanecer com o mesmo nome, se houver previsão dessa possibilidade no ato constitutivo da sociedade.

A: incorreta, visto que o art. 38 do Regulamento Geral e art. 16, § 1º, da Lei 8.906/1994 admitem que o nome da sociedade seja composto pelo nome de pelo menos um dos sócios, completo ou abreviado, não se exigindo, portanto, o nome de todos os sócios; **B:** incorreta, pois não pode o sócio de uma sociedade integrar outra sociedade na mesma base territorial (leia-se: mesmo Conselho Seccional), conforme art. 15, § 4º, do Estatuto da OAB; **C:** incorreta (art. 15, § 1º, do Estatuto da OAB – o registro deve ser feito perante o Conselho Seccional); **D:** correta (art. 16, § 1º, do Estatuto da OAB e art. 38 do Regulamento Geral).

Gabarito "D"

(OAB/Exame Unificado – 2008.1.SP) Assinale a opção correta quanto à sociedade de advogados.

(A) A sociedade de advogados que incluir no seu quadro de sócio bacharel em direito sem inscrição na OAB não obterá o registro no Conselho Seccional da OAB.

(B) Pessoa jurídica de direito privado que contratar os serviços de uma sociedade de advogados outorgará poderes mediante procuração em nome do sócio majoritário, e, não individualmente, a cada advogado da sociedade.

(C) Considere que A, B, C e D sejam sócios da mesma sociedade de advogados e que X e Z sejam empresas clientes da sociedade. Nesse caso, havendo uma demanda com interesses opostos, a sociedade poderá representar, em juízo, os interesses de ambas as empresas com a condição de que os advogados sócios A e B defendam, em juízo, a empresa X, e os advogados sócios C e D defendam a empresa Z.

(D) Quatro advogados podem associar-se em uma sociedade por cotas de responsabilidade limitada, tendo como objeto a atividade da advocacia e registrando-a na respectiva junta comercial.

A: correta (art. 16, *caput*, da Lei 8.906/1994 – somente advogados inscritos na OAB podem integrar a sociedade de advogados); **B:** incorreta (art. 15, § 3º, da Lei 8.906/1994 – a procuração deve ser outorgada individualmente aos sócios, com menção à sociedade que integram); **C:** incorreta (art. 15, § 6º, da Lei 8.906/1994 e art. 19 do CED – sócios de mesma sociedade não podem defender clientes com interesses conflitantes); **D:** incorreta (arts. 15, § 1º, e 16, § 3º, ambos da Lei 8.906/1994 – a sociedade de advogados deverá ser registrada no Conselho Seccional em que se estabelecer a sede, sendo vedada a assunção de qualquer forma mercantil).

Gabarito "A"

(OAB/Exame Unificado – 2007.3) A personalidade jurídica de uma sociedade de advogados sediada no Pará tem início com o registro, aprovado,

(A) de seu contrato social na Junta Comercial competente.

(B) de seus atos constitutivos na OAB/PA.

(C) de seu contrato social no cadastro unificado do Conselho Federal da OAB.

(D) de seus estatutos no Registro Civil de Pessoas Jurídicas.

A: incorreta, pois a sociedade de advogados não tem natureza empresarial, não podendo, portanto, ser registrada em Junta Comercial (art. 16, § 3º, do EAOAB); **B:** correta. Nos termos do art. 15, § 1º, da Lei 8.906/1994, os atos constitutivos devem ser levados a registro perante o Conselho Seccional em que for se estabelecer a sede. Portanto, no caso em análise, sociedade de advogados sediada no Pará adquirirá sua personalidade jurídica com o registro de seus atos constitutivos perante o Conselho Seccional do Pará (OAB/PA); **C:** incorreta, pois, como visto, o registro ocorrerá no Conselho Seccional da sede da sociedade; **D:** incorreta, pois é vedado o registro de sociedade de advogados em Cartório de Registro Civil, tal como prevê o referido art. 16, § 3º, do EAOAB.

Gabarito "B"

(OAB/Exame Unificado – 2007.3) Rodrigo celebrou contrato de prestação de serviços advocatícios com a sociedade de advogados Carvalho e Pereira, composta por dois advogados, com o objetivo de que ambos o representem judicialmente em uma ação indenizatória. Nessa situação hipotética, a procuração judicial referente à prestação desse serviço

(A) deve ser outorgada aos advogados, com a indicação de que eles fazem parte da referida sociedade.
(B) deve ser outorgada à sociedade, com a expressa enumeração e qualificação dos advogados que a compõem.
(C) deve ser outorgada à sociedade, sendo dispensável a indicação expressa dos advogados que a integram, pois o contrato de prestação de serviços foi celebrado com a pessoa jurídica.
(D) pode ser outorgada tanto à sociedade quanto individualmente aos advogados.

Nos termos do art. 15, § 3º, da Lei 8.906/1994, a procuração deverá ser outorgada individualmente aos sócios, indicando-se a sociedade a que eles façam parte.

Gabarito "A".

(OAB/Exame Unificado – 2007.3.PR) Considerando que um advogado integre duas renomadas sociedades de advogados, ambas sediadas em Curitiba, assinale a opção correta.

(A) O advogado em questão não pode integrar mais de uma sociedade de advogados na cidade de Curitiba, pois o respectivo conselho seccional não autoriza tal atuação na comarca da capital.
(B) Nenhum advogado pode integrar mais de uma sociedade de advogados, com sede ou filial na mesma área territorial do respectivo conselho seccional.
(C) O advogado em questão pode integrar mais de uma sociedade de advogados, desde que não atue em causas propostas pelo mesmo cliente em ambas as sociedades.
(D) Esse advogado pode tomar parte como sócio-fundador na primeira sociedade em que se integrou e atuar na outra como sócio benemérito.

Nos termos do art. 15, § 4º, da Lei 8.906/1994, um advogado não pode integrar duas sociedades (sede ou filial) na mesma base territorial, vale dizer, no mesmo Estado da federação.

Gabarito "B".

(OAB/Exame Unificado – 2007.3.PR) Considere-se que uma sociedade de advogados sediada em Curitiba – PR – pretenda abrir filial na cidade de Goiânia – GO. A esse respeito, é correto afirmar que o ato de

(A) constituição da filial deve ser averbado no registro da sociedade e arquivado junto ao Conselho Estadual do local onde for instalada, ficando os sócios obrigados a inscrição suplementar.
(B) constituição da filial deve ser averbado no Conselho Federal da OAB e arquivado na Junta Comercial, ficando os sócios obrigados a eleger, em um prazo máximo de noventa dias, novo sócio com inscrição regular na Seccional do local onde for instalada.
(C) fundação da filial deve ser averbado na Junta Comercial e arquivado no Conselho Federal da OAB, ficando os sócios obrigados a inscrição suplementar.
(D) constituição deve ser averbado na Junta Comercial, registrado no cartório de registro civil de pessoas jurídicas e arquivado no Conselho Federal da OAB, ficando os sócios obrigados a transferir sua inscrição para a Seccional onde a filial for instalada.

Nos termos do art. 15, § 5º, da Lei 8.906/1994, a abertura de filial de uma sociedade de advogados exigirá a averbação no registro da sociedade (Conselho Seccional em que estiver situada a sua sede), sendo indispensável que os sócios providenciem inscrição suplementar. Lembre-se que é vedada a abertura de filial de sociedade de advogados no mesmo Estado da federação!

Gabarito "A".

(OAB/Exame Unificado – 2007.3.PR) O advogado Pedro Pires convidou seu antigo colega de graduação, André Silva, regularmente inscrito na OAB/PR, para com ele constituir sociedade de advogados. Também foram convidados a constituir tal sociedade o contabilista Omar Pascoal, a psicóloga Ana Pereira e a desembargadora Laura Benevides. Em reunião preliminar, os sócios concordaram em atribuir à referida sociedade o nome Dura Lex Advogados Associados e decidiram que a esta prestaria consultoria contábil e psicológica aos seus clientes, além dos serviços jurídicos propriamente ditos, sendo estes ofertados ao público através do "carnê justiça", inovador sistema de financiamento dos honorários advocatícios. Em relação a essa situação hipotética, é correto afirmar que a referida sociedade

(A) não deve ser admitida em registro, mas admite autorização de funcionamento, pelo Tribunal de Ética da OAB, como sociedade de advocacia mista, desde que devidamente registrada no Conselho Federal de Contabilidade e no Conselho Regional de Psicologia.
(B) pode ser admitida em registro, mas não poderá funcionar, em razão da não inscrição da desembargadora na OAB.
(C) não deve ser admitida em registro, nem pode funcionar, visto que apresenta forma ou característica mercantil, adota denominação de fantasia, tende a realizar atividade estranha à advocacia e inclui sócio totalmente proibido de advogar.
(D) não deve ser admitida em registro nem pode funcionar, pois deveria ter sido escolhido para a sociedade nome fantasia, obrigatoriamente, em língua portuguesa, sendo vedada a utilização de expressões estrangeiras.

A sociedade de advogados somente pode ser composta, como o nome sugere, por advogados regularmente inscritos na OAB, não se podendo admitir que seja integrada por pessoas estranhas à advocacia (contadores, psicólogos e magistrados). Outrossim, é absolutamente vedada a adoção de nome fantasia, bem como a prestação de atividades que não aquelas privativas de advocacia. Sobre as vedações às sociedades de advogados, *vide* art. 16 da Lei 8.906/1994 (Estatuto da OAB).

Gabarito "C".

(OAB/Exame Unificado – 2007.3.PR) Os advogados João da Silva e José de Sousa, integrantes da mesma sociedade profissional, representam em juízo clientes com interesses opostos, sem que estes tenham ciência do fato. Considerando a situação hipotética acima, assinale a opção correta com base no Código de Ética e Disciplina da OAB.

(A) Os advogados em questão devem limitar-se a informar seus respectivos clientes, de forma clara e inequívoca, dos eventuais riscos da sua pretensão e das consequências que poderão advir da demanda por eles patrocinada, uma vez que integram uma mesma sociedade profissional.

(B) Quando advogados de uma mesma sociedade profissional representam em juízo clientes com interesses opostos, faz-se necessária a presença de um interventor do conselho de ética da seccional em que essa sociedade encontra-se sediada, com o objetivo de controlar e fiscalizar a atuação dos causídicos.

(C) Os advogados integrantes da mesma sociedade profissional ou reunidos em caráter permanente para cooperação recíproca não podem representar em juízo clientes com interesses opostos.

(D) A necessidade de resguardar o sigilo profissional impede que os advogados em questão informem seus respectivos clientes das pretensões de seus oponentes, todavia não os impede de representar em juízo clientes com interesses opostos, desde que empreguem todos os meios lícitos para formular acordo compatível com os interesses de seus representados.

Nos termos do art. 15, § 6º, do Estatuto da OAB (Lei 8.906/1994) e art. 19 do CED, não podem advogados de uma mesma sociedade, ou que estejam reunidos em caráter permanente, representarem clientes com interesses conflitantes.

Gabarito "C"

(OAB/Exame Unificado – 2007.1) No tocante às sociedades de advogados, assinale a opção correta.

(A) É vedada a permanência de nome de sócio falecido na razão social da sociedade de advogados.

(B) É possível que um advogado pertença a mais de uma sociedade de advogados registradas em uma mesma seccional, desde que os respectivos escritórios não patrocinem clientes de interesses opostos.

(C) O CED-OAB não se aplica às sociedades de advogados porque o direito brasileiro não admite a responsabilização penal da pessoa jurídica.

(D) É vedado às juntas comerciais o registro de sociedade que inclua a atividade de advocacia entre suas finalidades.

A: incorreta (art. 16, § 1º, da Lei 8.906/1994 e art. 38 do Regulamento Geral – o nome de sócio falecido poderá permanecer na razão social da sociedade, desde que exista expressa autorização no ato constitutivo); **B:** incorreta (art. 15º, § 4º, da Lei 8.906/1994 – impossível que um advogado seja sócio de mais de uma sociedade na mesma base territorial, vale dizer, no mesmo Estado da federação); **C:** incorreta, pois"*aplica-se* à sociedade de advogados o *Código de Ética e Disciplina*, no que couber" (art. 15, § 2º, da Lei 8.906/1994); **D:** correta, visto que a atividade de advocacia, exercida em sociedade de advogados, deve ser registrada perante o Conselho Seccional em que for se estabelecer a sede (art. 15º, § 1º, da Lei 8.906/1994).

Gabarito "D"

(OAB/Exame Unificado – 2006.3) No que se refere às sociedades de advogados, assinale a opção correta.

(A) A razão social de uma sociedade de advogados deve, obrigatoriamente, conter o nome de pelo menos um advogado responsável pela sociedade, podendo permanecer o de sócio falecido, desde que tal possibilidade esteja prevista no ato constitutivo.

(B) As sociedades de advogados são registradas nos cartórios de registro de pessoas jurídicas do local de sua sede.

(C) O advogado somente poderá integrar mais de uma sociedade de advogados mediante expressa autorização do conselho seccional e se houver previsão no contrato social das sociedades.

(D) O licenciamento de sócio para o exercício temporário de atividade incompatível com a advocacia não precisa ser averbado no registro da sociedade.

A: correta, pois corresponde ao disposto no art. 16, § 1º, da Lei 8.906/1994 e art. 38 do Regulamento Geral; **B:** incorreta, já que as sociedades de advogados *são registradas* perante o *Conselho Seccional* em que for se estabelecer a sede (art. 15, § 1º, da Lei 8.906/1994); **C:** incorreta, pois o advogado *não* pode integrar mais de uma sociedade na mesma base territorial do Conselho Seccional (art. 15, § 4º, da Lei 8.906/1994); **D:** incorreta, pois tal licenciamento *deve* ser averbado no registro da sociedade (art. 16, § 2º, da Lei 8.906/1994). No entanto, tal situação não alterará a constituição de referida sociedade.

Gabarito "A"

(OAB/Exame Unificado – 2004.ES) Após ter ouvido elogios ao trabalho de Maria, que integra a Maciel Advogados, sociedade de advogados sediada no estado do Espírito Santo, Zózimo decidiu contratar essa empresa para representá-lo em uma ação judicial. Em face dessa situação hipotética, assinale a opção correta.

(A) A Maciel Advogados, por ser pessoa jurídica, encontra-se fora da incidência do Código de Ética e Disciplina da OAB (CED-OAB), já que esse diploma normativo estabelece direitos e deveres apenas para pessoas físicas.

(B) O fato de Maria integrar a referida sociedade impede que ela seja sócia de qualquer outra sociedade de advogados com sede no estado do Espírito Santo.

(C) A Maciel Advogados pode adotar tanto a forma de sociedade limitada quanto a forma de sociedade anônima.

(D) Por ter efetuado contrato com a Maciel Advogados, Zózimo deve outorgar procuração *ad judicia* à própria sociedade, sendo desnecessário, no instrumento de mandato, nomear individualmente os advogados que compõem a sociedade.

A: incorreta, pois "*aplica-se* à sociedade de advogados o *Código de Ética e Disciplina*, no que couber" (art. 15, § 2º, da Lei 8.906/1994); **B:** correta (art. 15, § 4º, da Lei 8.906/1994 – um advogado não pode ser sócio de mais de uma sociedade de advogados na mesma base territorial, ou seja, no mesmo Estado da federação); **C:** incorreta, visto que a sociedade não pode ter forma mercantil, por isso não pode ser uma sociedade anônima (art. 16, *caput*, da Lei 8.906/1994); **D:** incorreta, visto que, conforme preconiza o art. 15, § 3º, da Lei 8.906/1994, a procuração deve ser outorgada individualmente aos sócios, devendo mencionar a sociedade a que pertencem.

Gabarito "B"

5. ADVOGADO EMPREGADO

(OAB/Exame Unificado – 2011.3.A) Mévio é advogado empregado de empresa de grande porte atuando como diretor jurídico e tendo vários colegas vinculados à sua direção. Instado por um dos diretores, escala um dos seus advogados para atuar em processo judicial litigioso, no interesse de uma das filhas do referido diretor. À luz das normas estatutárias, é correto afirmar que

(A) a defesa dos interesses dos familiares dos dirigentes da empresa está ínsita na atuação profissional do advogado empregado.

(B) a atuação do advogado empregado nesses casos pode ocorrer voluntariamente, sem relação com o seu emprego.

(C) a relação de emprego retira do advogado sua independência profissional, pois deve defender os interesses do patrão.

(D) em casos de dedicação exclusiva, a jornada de trabalho máxima do advogado será de quatro horas diárias e de vinte horas semanais.

A: incorreta, pois "O advogado empregado *não* está obrigado à prestação de serviços profissionais de interesse pessoal dos empregadores, fora da relação de emprego" (art. 18, parágrafo único, do EAOAB); **B:** correta (art. 18, parágrafo único, do EAOAB). O fato de o advogado ser empregado não lhe imporá o dever contratual de atuar em causas de interesse pessoal dos dirigentes da empresa (empregador). Atividades estranhas ao contrato de trabalho até poderão ser prestadas pelo advogado empregado, mas "fora" da relação laboral, devendo ser contratado para a prestação do serviço e receber para tanto; **C:** incorreta, pois contraria o art. 18, parágrafo único, do EAOAB; **D:** incorreta, visto que não condiz com o art. 12, parágrafo único, do Regulamento Geral, que assim dispõe: "Em caso de dedicação exclusiva, serão remuneradas como extraordinárias as horas trabalhadas que excederem a jornada normal de *oito horas* diárias".

Gabarito "B"

(OAB/Exame Unificado – 2010.1) Assinale a opção correta acerca da situação do advogado como empregado, de acordo com as disposições do Estatuto da Advocacia e da OAB.

(A) O advogado empregado não está obrigado à prestação de serviços profissionais de interesse pessoal, fora da relação de emprego.

(B) Nas causas em que for parte empregador de direito privado, os honorários de sucumbência serão devidos a ele, empregador, e não, aos advogados empregados.

(C) Considera-se jornada de trabalho o período em que o advogado esteja à disposição do empregador, aguardando ou executando ordens no âmbito do escritório, não sendo consideradas as horas trabalhadas em atividades externas.

(D) A relação de emprego, no que se refere ao advogado, não retira a isenção técnica inerente à advocacia, mas reduz a independência profissional, visto que o advogado deve atuar de acordo com as orientações de seus superiores hierárquicos.

A: correta, assim dispõe o art. 18, parágrafo único, do EOAB; **B:** incorreta. Em tal situação, os honorários serão devidos aos advogados empregados (EOAB, art. 21, *caput*), salvo se houver disposição em contrário, conforme admitiu o STF no julgamento da ADIN 1.194; **C:** incorreta. O conceito de jornada de trabalho deve englobar tanto o período em que o advogado empregado esteja à disposição do empregador no âmbito do escritório quanto aquele em que esteja realizando atividades externas (EOAB, art. 20, § 1.º); **D:** incorreta. A relação advocatícia de empregado não implica redução da independência profissional (EOAB, art. 18).

Gabarito "A"

(OAB/Exame Unificado – 2009.2) Com relação ao advogado empregado, assinale a opção correta.

(A) Considere que Fabiana, advogada da empresa SW, tenha ganhado processo para seu empregador. Nessa situação, caso haja honorários de sucumbência, estes devem ser repassados à empresa, haja vista que Fabiana já é remunerada para defender os interesses da empresa SW.

(B) Considere que Daniel, advogado empregado do banco Z, tenha sido chamado à sala do diretor-presidente e lá recebido ordem para fazer contestação do processo de separação desse diretor-presidente. Nessa situação, Daniel não está obrigado a prestar seus serviços profissionais, visto que a causa é de interesse pessoal do diretor-presidente, sem relação com o contrato de trabalho.

(C) Considere que Marcos, advogado empregado do banco X, tenha recebido ordem para elaborar parecer favorável em um contrato manifestamente ilegal. Nesse caso, por ser empregado do banco, ele não possui independência profissional para fazer, por convicção, parecer contrário ao referido contrato.

(D) O advogado empregado, no exercício da profissão, não pode ter regime de trabalho superior a trinta horas semanais, independentemente de acordo coletivo ou de contrato de dedicação exclusiva.

A: incorreta, pois, em regra, a sucumbência pertencerá ao advogado, mesmo que empregado (art. 21, *caput,* do Estatuto da OAB). Contudo, o STF, no julgamento da ADIN 1.194, relativizou a regra rígida de que a sucumbência sempre pertence ao advogado, afirmando tratar-se de direito disponível, motivo pelo qual admite acordo em sentido contrário; **B:** correta, visto que, nos termos do art. 18, parágrafo único, do Estatuto da OAB, o advogado empregado não pode ser obrigado a prestar serviços estranhos àqueles estabelecidos no contrato de trabalho; **C:** incorreta, pois o art. 18, *caput*, do Estatuto da OAB, garante ao advogado empregado sua isenção técnica e independência profissional, motivo pelo qual não pode ser compelido, ainda que na qualidade de empregado, a elaborar manifestação sobre a validade de um contrato manifestamente ilegal; **D:** incorreta, pois os arts. 20, *caput*, da Lei 8.906/1994 e art. 12 do Regulamento Geral preveem de modo diverso: a jornada do advogado empregado "não poderá exceder a duração diária de quatro horas contínuas e a de vinte horas semanais, salvo acordo ou convenção coletiva ou em caso de dedicação exclusiva". No caso de dedicação exclusiva, "serão remuneradas como extraordinárias as horas trabalhadas que excederem a jornada normal de oito horas diárias".

Gabarito "B"

(OAB/Exame Unificado – 2004.ES) Considerando que Douglas seja advogado empregado na consultoria jurídica de uma grande empresa, assinale a opção correta.

(A) Será nula disposição contratual que defina regime de dedicação exclusiva para Douglas.

(B) Por ser Douglas advogado empregado, somente fará jus a receber honorários de sucumbência caso esse direito esteja expressamente previsto em seu contrato de trabalho.

(C) Os honorários de sucumbência recebidos por Douglas devem integrar a base de cálculo de sua gratificação natalina.

(D) Caso venha a desligar-se futuramente da empresa, a Douglas será vedado patrocinar causa voltada à anulação de ato em cuja elaboração ele tenha participado.

A: incorreta, pois é possível a contratação pelo regime de dedicação exclusiva (art. 20, *caput*, da Lei 8.906/1994); **B:** incorreta, pois a regra contida no art. 21 da Lei 8.906/1994 é diametralmente oposta (muito embora o STF entenda ser possível a existência de cláusula contratual em que haja destinação diversa da verba de sucumbência ao advogado, ou a repartição desta – *vide* ADIN 1.194); **C:** incorreta, pois, de acordo com o art. 14 do Regulamento Geral, os honorários sucumbenciais não integram o salário do advogado empregado; **D:** correta, em consonância com o previsto no art. 22 do CED.

Gabarito "D"

6. HONORÁRIOS

(OAB/Exame Unificado – 2016.2) A advogada Laila representou judicialmente Rita, em processo no qual esta postulava a condenação do Município de Manaus ao cumprimento de obrigação de pagar quantia certa. Fora acordado entre Laila e Rita o pagamento de valor determinado à advogada, a título de honorários, por meio de negócio jurídico escrito e válido. Após o transcurso do processo, a Fazenda Pública foi condenada, nos termos do pedido autoral. Antes da expedição do precatório, Laila juntou aos autos o contrato de honorários, no intuito de obter os valores pactuados.

Considerando a situação narrada, é correto afirmar que

(A) Laila deverá executar os honorários em face de Rita em processo autônomo, sendo vedado o pagamento nos mesmos autos, por se tratar de honorários contratuais e não sucumbenciais.

(B) o juiz deverá determinar que os valores acordados a título de honorários sejam pagos diretamente a Laila, por dedução da quantia a ser recebida por Rita, independentemente de concordância desta nos autos, salvo se Rita provar que já os pagou.

(C) Laila deverá executar os honorários em face do município de Manaus, em processo autônomo de execução, sendo vedado o pagamento nos mesmos autos, por se tratar de honorários contratuais e não sucumbenciais.

(D) o juiz poderá determinar que os valores acordados a título de honorários sejam pagos diretamente a Laila, por dedução da quantia a ser recebida por Rita, caso Rita apresente sua concordância nos autos.

A: incorreta, pois o art. 22, §4º, do EAOAB, autoriza o advogado a juntar aos autos o contrato de honorários, quando, então, o juiz autorizará que o respectivo valor acordado seja descontado da quantia a ser recebida pelo constituinte, desde que tal providência seja postulada pelo causídico antes de expedido o mandado de levantamento ou o precatório; **B:** correta, nos termos do art. 22, §4º, do EAOAB. Destaque-se que esse "mecanismo" para recebimento dos honorários previsto no Estatuto da OAB independe de concordância da parte contratante (leia-se: cliente do advogado), salvo se esta provar que já efetuou o pagamento dos valores; **C:** incorreta, pois a advogada Laila dispõe de um título executivo extrajudicial (contrato de honorários) passível de exigência a seu cliente (no caso, Rita), e não ao réu (município de Manaus); **D:** incorreta, pois, como visto, a concordância do cliente não é prevista como requisito para que o advogado receba os valores acordados diretamente do montante a ser recebido pelo constituinte.

Gabarito "B".

(OAB/Exame Unificado – 2016.2) A advogada Taís foi contratada por Lia para atuar em certo processo ajuizado perante o Juizado Especial Cível. Foi acordado o pagamento de honorários advocatícios no valor de R$ 5.000,00 (cinco mil reais). O feito seguiu regularmente o rito previsto na Lei nº 9.099/95, tendo o magistrado, antes da instrução e julgamento, esclarecido as partes sobre as vantagens da conciliação, obtendo a concordância dos litigantes pela solução consensual do conflito.

Considerando o caso relatado, assinale a afirmativa correta.

(A) Diante da conciliação entre as partes, ocorrida antes da instrução e julgamento do feito, Taís fará jus à metade do valor acordado a título de honorários advocatícios.

(B) A conciliação entre as partes, ocorrida antes da instrução e julgamento do feito, não prejudica os honorários convencionados, salvo aquiescência de Taís.

(C) Diante da conciliação entre as partes, ocorrida antes da instrução e julgamento do feito, deverá o magistrado, ao homologar o acordo, fixar o valor que competirá a Taís, a título de honorários advocatícios, não prevalecendo a pactuação anterior entre cliente e advogada.

(D) Em razão da conciliação entre as partes, ocorrida antes da instrução e julgamento do feito, deverá ser pactuado, por Taís e Lia, novo valor a título de honorários advocatícios, não prevalecendo a obrigação anteriormente fixada.

Nos exatos termos do art. 24, §4º, do EAOAB, o acordo feito pelo cliente do advogado e a parte contrária, salvo aquiescência do profissional, não lhe prejudica os honorários, quer os convencionados, quer os concedidos por sentença. Assim, o fato de as partes do processo em que a advogada Taís figurava como patrona de uma delas terem chegado a um acordo, não irá obstaculizar que a profissional receba os honorários convencionados, salvo se assim concordar. Correta, pois, a alternativa "B", estando as demais em desacordo com o quanto dispõe o Estatuto da OAB.

Gabarito "B".

(OAB/Exame Unificado – 2016.1) Daniel contratou a advogada Beatriz para ajuizar ação em face de seu vizinho Théo, buscando o ressarcimento de danos causados em razão de uma obra indevida no condomínio. No curso do processo, Beatriz substabeleceu o mandato a Ana, com reserva de poderes. Sentenciado o feito e julgado procedente o pedido de Daniel, o juiz condenou Théo ao pagamento de honorários sucumbenciais.

Com base na hipótese apresentada, assinale a afirmativa correta.

(A) Ana poderá promover a execução dos honorários sucumbenciais nos mesmos autos judiciais, se assim lhe convier, independentemente da intervenção de Beatriz.

(B) Ana e Beatriz poderão promover a execução dos honorários sucumbenciais, isoladamente ou em conjunto, mas devem fazê-lo em processo autônomo.

(C) Ana poderá promover a execução dos honorários sucumbenciais nos mesmos autos, se assim lhe convier, mas dependerá da intervenção de Beatriz.

(D) Ana não terá direito ao recebimento de honorários sucumbenciais, cabendo-lhe executar Beatriz pelos valores que lhe sejam devidos, caso não haja o adimplemento voluntário.

Nos exatos termos do art. 26 do EAOAB, o advogado substabelecido, com reserva de poderes, não pode cobrar honorários sem a intervenção daquele que lhe conferiu o substabelecimento. No caso relatado no enunciado, Beatriz substabeleceu a Ana, com reserva de poderes, tendo o feito em que atuavam as advogadas sido sentenciado, com a condenação da parte adversa a pagar honorários sucumbenciais. Vamos, assim, às alternativas. **A:** incorreta, pois, como visto, a advogada substabelecida (no caso, Ana) somente poderá executar os honorários sucumbenciais se houver a intervenção da advogada substabelecente (Beatriz); **B:** incorreta. A uma, porque somente será possível a execução dos honorários se ambas as advogadas o fizerem, eis que a advogada substabelecida não poderá exigir os honorários sucumbenciais se não contar com a intervenção da substabelecente. A duas, porque os honorários de sucumbência poderão ser executados nos próprios autos em que fixados, se assim convier ao advogar, nos termos do art. 24, §1º, do EAOAB; **C:** correta, conforme disposto no art. 26 do EAOAB; **D:** incorreta, pois a advogada substabelecida fará jus aos honorários sucumbenciais, na forma que tenha ajustado com a advogada substabelecente.

Gabarito "C"

(OAB/Exame Unificado – 2015.2) Laura formou-se em prestigiada Faculdade de Direito, mas sua prática advocatícia foi limitada, o que a impediu de ter experiência maior no trato com os clientes. Realizou seus primeiros processos para amigos e parentes, cobrando módicas quantias referentes a honorários advocatícios. Ao receber a cliente Telma, próspera empresária, e aceitar defender os seus interesses judicialmente, fica em dúvida quanto aos termos de cobrança inicial dos honorários pactuados. Em razão disso, consulta o advogado Luciano, que lhe informa, segundo os termos do Estatuto da Advocacia, que salvo estipulação em contrário,

(A) metade dos honorários é devida no início do serviço.
(B) um quinto dos honorários é devido ao início do processo judicial.
(C) a integralidade dos honorários é devida até a decisão de primeira instância.
(D) um terço dos honorários é devido no início do serviço.

Nos termos do art. 22, § 3º, do EAOAB, salvo estipulação em contrário, um terço dos honorários é devido no início do serviço, outro terço até a decisão de primeira instância e o restante no final. Para fins de memorização: 1/3, 1/3 e 1/3! Correta a alternativa D.

Gabarito "D"

(OAB/Exame Unificado – 2014.3) O advogado Caio atuava representando os interesses do autor em determinada ação indenizatória há alguns anos. Antes da prolação da sentença, substabeleceu, com reserva, os poderes que lhe haviam sido outorgados pelo cliente, ao advogado Tício. Ao final, o pedido foi julgado procedente e o cliente de Caio e Tício recebeu a indenização pleiteada, mas não repassou aos advogados os honorários de êxito contratados, estipulados em 30%. Caio, para evitar desgaste, preferiu não cobrar judicialmente os valores devidos pelo cliente. Tício, não concordando com a opção de Caio, decidiu, à revelia deste último, ingressar com a ação cabível, valendo-se, para tanto, do contrato de honorários celebrado entre Caio e o cliente. A partir do caso apresentado, assinale a afirmativa correta.

(A) Tício pode ajuizar tal ação, pois, embora não tivesse celebrado o contrato com o cliente, recebeu poderes de Caio para atuar na causa.
(B) Tício pode ajuizar tal ação, pois ingressou na causa antes da prolação da sentença, sendo, assim, igualmente responsável pelo êxito.
(C) Tício não pode ajuizar tal ação porque, como Caio e Tício não requereram o destaque dos honorários contratuais, ele não tem mais direito a recebê-los.
(D) Tício não pode ajuizar tal ação porque o advogado substabelecido com reserva de poderes não pode cobrar honorários sem a intervenção daquele que lhe conferiu o substabelecimento.

Nos termos do art. 26 do Estatuto da OAB, o advogado substabelecido, com reserva de poderes, não pode cobrar honorários sem a intervenção daquele que lhe conferiu o substabelecimento. Correta, portanto, a alternativa D. A regra em comento tem total razão de ser: em caso de substabelecimento com reserva de poderes, o advogado substabelecido não tem qualquer relação contratual com o cliente, razão pela qual somente poderá cobrar os honorários com a intervenção do substabelecente – este sim, o advogado "originário" da causa. As alternativas A e B estão erradas, e pela mesma razão: o advogado substabelecido, ainda que tenha recebido poderes do substabelecente para atuar na causa, não poderá, sozinho, cobrar os honorários do cliente, haja vista o teor do precitado art. 26 do EAOAB. Também está incorreta a alternativa C, pois a possibilidade de recebimento dos honorários contratuais independe de se ter solicitado ao juiz, nos termos do art. 22, § 4º, do EAOAB, a reserva do numerário correspondente ao valor constante no contrato.

Gabarito "D"

(OAB/Exame Unificado – 2014.1) Maria, após vários anos de tramitação de ação indenizatória em que figurava como autora, decidiu substituir José, advogado que até então atuava na causa, por João, amigo da família, que não cobraria honorários de nenhuma espécie de Maria. Ao final da ação, quando Maria finalmente recebeu os valores que lhe eram devidos, a título de indenização, foi procurada por José, que desejava receber honorários pelos serviços advocatícios prestados até o momento em que foi substituído.

Sobre a hipótese sugerida, assinale a afirmativa correta.

(A) José tem direito a receber a integralidade dos honorários contratuais e de sucumbência, como se tivesse atuado na causa até o final, uma vez que foi substituído por vontade da cliente e não sua.
(B) José não tem direito a receber honorários, porque não atuou na causa até o seu fim.
(C) José tem direito a receber honorários contratuais, mas não tem direito a receber honorários de sucumbência.
(D) José tem direito a receber honorários contratuais, bem como honorários de sucumbência, calculados proporcionalmente, em face do serviço efetivamente prestado.

A, **B** e **C:** incorretas, pois o fato de o cliente revogar o mandato conferido por Maria a José, substituído por outro colega, não induz pensar que o "antigo causídico" nada receberá de honorários, sejam os convencionados, sejam os eventuais honorários sucumbenciais. Tal será melhor visto no comentário a seguir; **D:** correta. Nos termos do art. 17 do CED, a revogação do mandato judicial por vontade do cliente não o desobriga do pagamento das verbas honorárias contratadas, assim como não retira o direito do advogado de receber o quanto lhe seja devido em eventual verba honorária de sucumbência, calculada proporcionalmente, em face do serviço prestado.

Gabarito "D"

(OAB/Exame Unificado – 2014.1) Sobre o prazo para ajuizamento de ação de cobrança de honorários de advogado, assinale a opção correta.

(A) Prescreve em dois anos a ação de cobrança de honorários de advogado, contando-se o prazo do vencimento do contrato, se houver.

(B) Prescreve em cinco anos a ação de cobrança de honorários de advogado, contando-se o prazo do trânsito em julgado da decisão que os fixar.
(C) Prescreve em dois anos a ação de cobrança de honorários de advogado, contando-se o prazo da ultimação do serviço extrajudicial.
(D) Prescreve em cinco anos a ação de cobrança de honorários de advogado, contando-se o prazo da decisão que os fixar, independentemente do seu trânsito em julgado.

A e **C:** incorretas, de plano. É que a prescrição da pretensão à cobrança de honorários, nos termos do art. 25 do EAOAB, ocorre no prazo de cinco anos; **B:** correta. De fato, prescreve em cinco anos a ação de cobrança de honorários de advogado, contando-se o prazo (termo inicial) do vencimento do contrato, se houver (inc. I do art. 25 do EAOAB), do trânsito em julgado da decisão que os fixar (inc. II do art. 25 do EAOAB), da ultimação do serviço extrajudicial (inc. III do art. 25 do EAOAB), da desistência ou transação (inc. IV do art. 25 do EAOAB) ou da renúncia ou revogação do mandato (inc. V do art. 25 do EAOAB); **D:** incorreta. Como visto, somente a partir do trânsito em julgado da decisão que fixar os honorários (ex.: honorários sucumbenciais) é que começará a fluir o prazo prescricional.

Gabarito "B"

(OAB/Exame Unificado – 2013.3) Eugênio é advogado contratado pela empresa Ônibus e Ônibus Ltda. Na empresa ele é responsável pelas defesas em ações que pleiteiam o reconhecimento da responsabilidade civil da sua cliente e dos seus prepostos. O contrato de honorários venceu em 2010 e não foi renovado. Em dificuldades financeiras, a empresa não pagou os honorários devidos.

O termo inicial para a contagem do prazo para a prescrição da pretensão de cobrança dos honorários advocatícios, observado o disposto no Estatuto da Advocacia, ocorre a partir da

(A) última tentativa de conciliação.
(B) data fixada pelo Juiz.
(C) última prestação de serviço.
(D) data do vencimento do contrato.

A, B e **C:** incorretas, pois não se enquadram em quaisquer dos termos iniciais de contagem da prescrição da cobrança de honorários definidos no art. 25 do EAOAB; **D:** correta. De acordo com o art. 25 do Estatuto da OAB (EAOAB), prescreve em cinco anos a ação de cobrança de honorários, contado o prazo: I – do vencimento do contrato, se houver; II – do trânsito em julgado da decisão que os fixar; III – da ultimação do serviço extrajudicial; IV – da desistência ou transação; V – da renúncia ou revogação do mandato. Assim, com base no enunciado proposto, temos que o termo inicial para a contagem do prazo prescricional para a propositura de ação de cobrança dos honorários é o *vencimento do contrato* havido entre o advogado Eugênio e a empresa Ônibus e Ônibus Ltda, que ocorreu em 2010.

Gabarito "D"

(OAB/Exame Unificado – 2013.2) Deise, advogada renomada, com longos anos de experiência na profissão, obtém sentença condenatória favorável contra o município "X". Após o trânsito em julgado, inicia a execução, apurando vultoso valor a receber para o seu cliente, bem como honorários advocatícios de sucumbência correspondente a dez por cento do principal. Além disso, a ilustre advogada possui contrato de honorários escrito, fixando outros dez por cento em decorrência do resultado final do processo, a título de honorários de êxito. No entanto, para manter cordial a sua relação com o cliente, não apresenta o contrato em Juízo, esperando o cumprimento espontâneo do mesmo, o que não veio a ocorrer. Assim, antes do pagamento do precatório, mas tendo sido o mesmo expedido, requer a advogada o bloqueio do valor correspondente ao seu contrato de honorários.

Observado tal relato, segundo as regras do Estatuto da Advocacia, assinale a afirmativa correta.

(A) O destaque correspondente aos honorários advocatícios definidos em contrato escrito pode ocorrer a qualquer momento antes do pagamento do precatório.
(B) O advogado, ocorrendo a existência de honorários advocatícios contratuais fixados por escrito, deve requerer o seu pagamento com a dedução do valor devido ao cliente antes da expedição do precatório.
(C) O pagamento dos honorários contratuais fixados em documento escrito deve ser realizado pelo cliente ou em ação judicial sem que possa ocorrer desconto no valor do precatório expedido em favor do cliente.
(D) O Juiz fazendário da condenação, em se tratando de acerto privado, não possui competência para definir se tal valor é ou não devido, sendo inviável o desconto no valor do precatório.

A: incorreta. O art. 22, § 4º, do EAOAB, prevê que se o advogado fizer juntar aos autos o seu contrato de honorários *antes de expedir-se o mandado de levantamento ou precatório*, o juiz deve determinar que lhe sejam pagos diretamente, por dedução da quantia a ser recebida pelo constituinte, salvo se este provar que já os pagou. Portanto, não é correto afirmar que a dedução dos honorários advocatícios definidos em contrato escrito pode ocorrer "a qualquer momento" antes do pagamento do precatório, mas, sim, até sua expedição; **B:** correta, nos termos do precitado art. 22, § 4º, do EAOAB; **C:** incorreta. O Estatuto da OAB permite que o advogado que tenha avençado seus honorários em contrato escrito o junte aos autos, a fim de que se proceda à dedução do montante respectivo do valor que esteja à disposição do cliente (art. 22, § 4º, EAOAB). Trata-se de um excelente mecanismo contra a futura – e eventual – inadimplência. Assim, o advogado terá a garantia de que receberá os valores ajustados com o cliente; **D:** incorreta. A possibilidade de dedução do valor dos honorários advocatícios contratualmente fixados, na forma já referida nos comentários às alternativas antecedentes, decorre de lei (leia-se: do Estatuto da OAB, art. 22, § 4º), razão pela qual o Juiz fazendário terá, sim, competência para proceder ao desconto no valor do precatório devido ao cliente.

Gabarito "B"

(OAB/Exame Unificado – 2013.1) Nos termos do Estatuto da Advocacia existe a previsão de pagamento de honorários advocatícios. Assinale a afirmativa que indica como deve ocorrer o pagamento, quando não houver estipulação em contrário.

(A) Metade no início e o restante parcelado em duas vezes.
(B) Um terço no início, um terço até a decisão de primeira instância e um terço ao final.
(C) Dez por cento no início, vinte por cento na sentença e o restante após o trânsito em julgado.
(D) Cinquenta por cento no início, trinta por cento até decisão de primeiro grau e o restante após o recurso, se existir.

Nos exatos termos do art. 22, § 3º, do Estatuto da OAB, salvo estipulação em contrário, um terço dos honorários é devido no início do serviço, outro terço até a decisão de primeira instância e o restante no final. Portanto: 1/3, 1/3 e 1/3!

Gabarito "B"

(OAB/Exame Unificado – 2012.3.A) Um advogado é contratado por um empresário para atuar em causas na área empresarial, formalizando contrato escrito e emitindo fatura para pagamento dos honorários ajustados. A partir de determinado momento o empresário passou a não pagar os honorários ajustados. Consoante as regras do Código de Ética, o advogado para buscar o recebimento dos honorários pactuados, deverá

(A) emitir duplicatas decorrentes da fatura apresentada.
(B) levar o contrato de honorários a protesto.
(C) emitir debêntures em decorrência do contrato firmado.
(D) cobrar os valores por meio de ação judicial.

De acordo com o art. 52 do Código de Ética, o crédito por honorários advocatícios, seja do advogado autônomo, seja de sociedade de advogados, não autoriza o saque de duplicatas ou qualquer outro título de crédito de natureza mercantil, podendo, apenas, ser emitida fatura, quando o cliente assim pretender, com fundamento no contrato de prestação de serviços, a qual, porém, não poderá ser levada a protesto. Pode, todavia, ser levado a protesto o cheque ou a nota promissória emitido pelo cliente em favor do advogado, depois de frustrada a tentativa de recebimento amigável (art. 52, parágrafo único, do CED). Assim, a única alternativa que resta ao advogado que ser vir diante de inadimplência do cliente no tocante aos honorários, é a cobrança dos respectivos valores por meio de ação judicial. Se houver contrato escrito, que tem eficácia executiva (art. 24, *caput*, do Estatuto da OAB), poderá o advogado promover a execução de referido título. Caso não o tenha, deverá promover ação objetivando o arbitramento judicial dos honorários (art. 22, § 2º, do Estatuto da OAB), não podendo ser inferiores ao mínimo estipulado nas tabelas editadas pelos Conselhos Seccionais.

Gabarito "D"

(OAB/Exame Unificado – 2011.3.A) No caso de arbitramento judicial de honorários, pela ausência de estipulação ou acordo em relação a eles, é correto afirmar, à luz das regras estatutárias, que

(A) os valores serão livremente arbitrados pelo juiz, sem parâmetros, devendo o advogado percebê-los.
(B) a fixação dos honorários levará em conta o valor econômico da questão.
(C) a tabela organizada pela OAB não é relevante para essa forma de fixação.
(D) havendo acordo escrito, poderá ocorrer o arbitramento judicial de honorários.

A: incorreta, pois o juiz, quando do arbitramento de honorários ao advogado, decorrente da ausência de estipulação ou acordo com o cliente, irá pautar-se pelas tabelas editadas pelos Conselhos Seccionais (art. 22, § 2º, do EAOAB); **B:** correta, de acordo com o art. 22, § 2º, do EAOAB; **C:** incorreta, pois, como dito, a tabela de honorários editada por cada Conselho Seccional servirá como parâmetro ao magistrado quando do arbitramento dos honorários advocatícios; **D:** incorreta, pois, havendo acordo escrito, o advogado não necessitará de arbitramento de seus honorários pelo magistrado. Afinal, o contrato escrito de honorários constitui título executivo, passível, portanto, de execução (art. 24 do EAOAB).

Gabarito "B"

(OAB/Exame Unificado – 2011.3.B) Esculápio realiza contrato escrito de honorários com Terêncio, no valor de R$ 20.000,00. Consoante as normas estatutárias aplicáveis à espécie, é correto afirmar que

(A) esse documento não se reveste passível de futura execução, como título executivo.
(B) a ausência de pagamento do valor pactuado leva ao arbitramento judicial dos honorários.
(C) o contrato escrito é titulo executivo, podendo o advogado ingressar com ação de execução dos seus honorários.
(D) esse crédito não possui privilégio em eventual insolvência do cliente.

A: incorreta, pois o contrato escrito de honorários é título executivo (art. 24, *caput*, do EAOAB); **B:** incorreta, pois, havendo contrato escrito, que, como visto, é considerado título executivo, caberá ao advogado credor promover a competente ação de execução, não sendo necessário o arbitramento judicial dos honorários, que somente ocorrerá quando não houver acordo (art. 22, § 2º, do EAOAB); **C:** correta, corresponde à previsão contida no art. 24, *caput*, do EAOAB; **D:** incorreta, pois os honorários advocatícios são considerados créditos privilegiados em caso de concurso de credores (ex.: falência e insolvência civil).

Gabarito "C"

(OAB/Exame Unificado – 2012.1) O advogado João apresentou petição em determinada Vara Cível, pela qual fazia juntar o contrato de honorários celebrado com seu cliente para aquela causa, bem como requeria a expedição de mandado de pagamento em seu nome, a fim de receber seus honorários diretamente, por dedução da quantia a ser recebida por seu constituinte. Sobre a hipótese e à luz do que dispõe o Estatuto da Advocacia e da OAB, assinale a alternativa correta:

(A) O advogado tem direito à expedição de mandado de pagamento em seu nome, para que receba diretamente seus honorários, por dedução da quantia a ser recebida pelo constituinte, devendo, para tanto, fazer juntar aos autos o contrato de honorários.
(B) O advogado tem direito à expedição de mandado de pagamento em seu nome, para que receba diretamente seus honorários, por dedução da quantia a ser recebida pelo constituinte, devendo, para tanto, fazer juntar aos autos o contrato de honorários, bem como declaração expressa de seu constituinte anuindo com a realização do pagamento diretamente ao advogado.
(C) O advogado não tem direito à expedição de mandado de pagamento em seu nome, para que receba diretamente seus honorários, por dedução da quantia a ser recebida pelo constituinte, mas o magistrado pode assim determinar, caso entenda conveniente.
(D) O advogado não tem direito, em hipótese alguma, à expedição de mandado de pagamento em seu nome, para que receba diretamente seus honorários, por dedução da quantia a ser recebida pelo constituinte. Mandados de pagamento, incluindo-se aqueles referentes aos honorários do advogado, são sempre expedidos em nome da parte.

De acordo com o art. 22, § 4º, do EAOAB, se o advogado fizer juntar aos autos o seu contrato de honorários antes de expedir-se o mandado de levantamento ou precatório, o juiz deve determinar que lhe sejam pagos diretamente, por dedução da quantia a ser recebida pelo constituinte, salvo se este provar que já os pagou. Trata-se de excelente "favor legal" pela existência de um contrato escrito de honorários, qual seja, a de dedução do montante correspondente ao valor a ser percebido pelo advogado da quantia a ser levantada pelo cliente. Vale frisar que tal possibilidade (dedução dos honorários da quantia a ser recebida pelo cliente) decorre diretamente da lei, não sendo necessária qualquer autorização do cliente (tal como referido na parte final da alternativa B). Caberá ao juiz, com a juntada aos autos judiciais do contrato de honorários, expedir mandado de levantamento diretamente em nome do advogado, no montante correspondente aos honorários contratados. O valor restante, por óbvio, será levantado pelo cliente.

Gabarito "A"

(OAB/Exame Unificado – 2012.2) João postulou, por meio de representação de advogado, ação condenatória em face da sociedade Cacos e Cacos Ltda., obtendo sentença favorável, condenando a ré ao pagamento da quantia de R$ 100.000,00 (cem mil reais), acrescida de R$ 15.000,00 (quinze mil reais) de honorários advocatícios. Após o trânsito em julgado da decisão judicial, João e seu advogado Pedro são cientificados de que a sociedade está falida, devendo os seus créditos sofrer procedimento de habilitação.

Nesse caso, a natureza dos créditos correspondentes a honorários advocatícios, nos termos do Estatuto, é considerada como

(A) quirografária.
(B) real.
(C) privilegiada.
(D) natural.

De fato, o crédito correspondente a honorários advocatícios, conforme dispõe o art. 24, *caput*, do EAOAB, é considerado privilegiado no caso de concurso de credores (ex.: falência ou insolvência). Importante destacar, porém, que a jurisprudência do STJ (REsp 1.152.218/RS, de relatoria do Ministro Luis Felipe Salomão) consolidou o entendimento que os créditos resultantes de honorários advocatícios têm natureza alimentar e equiparam-se aos trabalhistas para efeito de habilitação em falência. Confira-se abaixo a ementa do referido julgado: "DIREITO PROCESSUAL CIVIL E EMPRESARIAL. RECURSO ESPECIAL REPRESENTATIVO DE CONTROVÉRSIA. ART. 543-C DO CPC [Art. 1.036 do CPC/2015]. HONORÁRIOS ADVOCATÍCIOS. FALÊNCIA. HABILITAÇÃO. CRÉDITO DE NATUREZA ALIMENTAR. ART. 24 DA LEI 8.906/1994. EQUIPARAÇÃO A CRÉDITO TRABALHISTA". Assim, o crédito decorrente de honorários advocatícios, quando habilitado na falência, gozará de privilégio especial.

Gabarito "C"

(OAB/Exame Unificado – 2012.2) João é contratado para propor ação de cobrança pela sociedade M e P Ltda., em face da sociedade C e L Ltda., sendo o valor da causa, correspondente ao débito, de R$ 200.000,00 (duzentos mil reais). Após iniciada a ação, mas antes do ato citatório, a sociedade autora vem a desistir da mesma. Houve contrato de honorários subscrito pelas partes aventando que, nesse caso, seriam devidos honorários fixos de R$ 10.000,00 (dez mil reais). A sociedade notificada regularmente não pagou os honorários contratuais.

Nesse caso, o prazo para a prescrição da ação de cobrança de honorários passa a contar da data

(A) do trânsito em julgado da decisão judicial.
(B) da desistência judicial formulada.
(C) do término do mandato judicial.
(D) da ultimação do serviço judicial.

A: incorreta, pois o trânsito em julgado de decisão judicial somente constituirá termo inicial do prazo prescricional à cobrança de honorários quando os tiver fixado (art. 25, II, do EAOAB). No problema proposto, a decisão judicial não fixou os honorários, mas, simplesmente, homologou o pedido de desistência da ação; **B:** correta (art. 25, IV, do EAOAB); **C:** incorreta, pois, no caso relatado no enunciado da questão, o termo inicial da prescrição à cobrança dos honorários é a própria desistência judicial (art. 25, II, do EAOAB), e não o término do mandato em razão, por exemplo, de renúncia ou revogação (art. 25, V, do EAOAB); **D:** incorreta, pois o advogado foi contratado para promover ação judicial (e não serviços extrajudiciais).

Gabarito "B"

(OAB/Exame Unificado – 2011.1) A prescrição para a cobrança de honorários advocatícios tem como termo inicial, consoante as normas estatutárias,

(A) o dia do primeiro ato extrajudicial.
(B) o início do contrato de prestação de serviços.
(C) a data da revogação do mandato.
(D) a sentença que julga procedente o pedido em favor do cliente do advogado.

A: incorreta. De acordo com o art. 25 do Estatuto da OAB (EAOAB – Lei 8.906/1994), a prescrição da ação de cobrança de honorários advocatícios é de cinco anos, contados: I – do vencimento do contrato, se houver; II – do trânsito em julgado da decisão que os fixar; III – da ultimação do serviço extrajudicial; IV – da desistência ou transação; e V – da renúncia ou revogação do mandato. Portanto, o termo inicial não poderá ser o dia do primeiro ato extrajudicial, mas sim de sua ultimação (término); **B:** incorreta, pois, consoante art. 25, I, do EAOAB, o prazo de prescrição começará a fluir a partir do vencimento do contrato, se houver, e não do início da prestação dos serviços; **C:** correta. De fato, a partir da revogação do mandato, a relação cliente-advogado está extinta, cabendo ao advogado, a partir de então, intentar com demanda no prazo máximo de cinco anos (art. 25, V, do EAOAB); **D:** incorreta. Apenas com o trânsito em julgado da decisão que houver fixado os honorários (ex.: honorários sucumbenciais ou honorários por arbitramento) é que terá início a prescrição quinquenal (art. 25, II, do EAOAB).

Gabarito "C"

(OAB/Exame Unificado – 2010.3) Homero, advogado especializado em Direito Público, após longos anos, obtém sentença favorável contra a Fazenda Pública Estadual. Requer a execução especial e apresenta, após o decurso normal do processo, requerimento de expedição de precatório, estabelecendo a separação do principal, direcionado ao seu cliente, dos honorários de sucumbência e postulando o desconto no principal de vinte por cento a título de honorários contratuais, cujo contrato anexa aos autos. O pedido é deferido pelo Juiz, mas há recurso do Ministério Público, que não concorda com tal desconto. De acordo com as normas estatutárias aplicáveis, é correto afirmar que

(A) seja o contrato escrito ou verbal, pode o advogado requerer o pagamento dos seus honorários contratuais mediante desconto no valor da condenação.
(B) é possível o pagamento de honorários advocatícios contratuais no processo em que houve condenação, havendo precatório, desde que o contrato seja escrito.
(C) os honorários devidos no processo judicial se resumem aos sucumbenciais, vedado o desconto de quaisquer outros valores a esse título.
(D) os honorários advocatícios, que gozam de autonomia, quer sucumbenciais, quer contratuais, devem ser cobrados em via própria diretamente ao cliente.

A: incorreta, pois, conforme preconiza o art. 22, § 4º, do Estatuto da OAB (EAOAB – Lei 8.906/1994), "*se o advogado fizer juntar aos autos o seu* contrato de honorários *antes de expedir-se o mandado de levantamento ou precatório, o juiz deve determinar que lhe sejam pagos diretamente, por dedução da quantia a ser recebida pelo constituinte, salvo se este provar que já os pagou.*" (g.n.). Assim, se o contrato for verbal, inviável a aplicação do dispositivo legal transcrito; **B:** correta, pois, de acordo com o já citado art. 22, § 4º, do EAOAB, é perfeitamente possível que o advogado Homero pleiteie em juízo a reserva do montante capaz de quitar os honorários contratualmente avençados, expedindo-se, inclusive, precatório ou requisição de pequeno valor da verba em questão; **C:** incorreta, pois, no bojo de um processo judicial, como visto, poderá o advogado receber os *honorários contratuais*, mediante juntada do contrato escrito aos autos (art. 22 do EAOAB), bem assim os *honorários sucumbenciais*, que devem ser pagos pelo vencido ao advogado do vencedor (art. 23 do EAOAB); **D:** incorreta, pois os honorários sucumbenciais *podem ser cobrados nos próprios autos* em que forem fixados, sendo desnecessário o ajuizamento de ação autônoma para que o advogado os receba (art. 23 do EAOAB).

Gabarito "B"

(OAB/Exame Unificado – 2010.2) Eduardo, advogado, é contratado para defender os interesses de Otávio, próspero fazendeiro, em diversas ações, de natureza civil, empresarial, criminal, bem como em processos administrativos que tramitam em numerosos órgãos públicos.

Antes de realizar os atos próprios da profissão, apresenta ao cliente os termos de contrato de honorários, que divide em valores fixos, acrescidos dos decorrentes da eventual sucumbência existente nos processos judiciais. À luz das normas aplicáveis,

(A) os honorários sucumbenciais e os contratados são naturalmente excludentes, devendo o profissional optar por um deles.

(B) os honorários contratuais devem ser sempre em valor fixo.

(C) os honorários de sucumbência podem, ao alvedrio das partes, sofrer desconto dos honorários pactuados contratualmente.

(D) os honorários sucumbenciais acrescidos dos honorários contratuais podem superar o benefício econômico obtido pelo cliente.

A: incorreta, pois, segundo o art. 22, *caput*, da Lei 8.906/1994, a prestação do serviço assegura ao advogado direito aos honorários convencionados, aos fixados por arbitramento judicial **e** aos de sucumbência; ademais, os honorários fixados em sentença pertencem ao advogado, que pode executá-los autonomamente (art. 23 da Lei 8.906/1994). Ademais, não é verdadeira a firmação de que os honorários sucumbenciais excluem os contratuais, ou vice-versa, haja vista que são espécies distintas de honorários, pagos, inclusive, por pessoas distintas. Os contratuais são pagos, obviamente, pelo cliente (contratante), ao passo que os sucumbenciais são pagos pela parte vencida no processo. Aliás, segundo o CED, "os honorários da sucumbência e os honorários contratuais, pertencendo ao advogado que houver atuado na causa, poderão ser por ele executados, assistindo-lhe direito autônomo para promover a execução do capítulo da sentença que os estabelecer ou para postular, quando for o caso, a expedição de precatório ou requisição de pequeno valor em seu favor (art. 51) "; assim, é possível que o contrato de honorários determine que o advogado fique com os dois honorários (contratual e de sucumbência) ou que se combine algum tipo de compensação; **B:** incorreta, pois não existe, nos arts. 22 a 26 do EAOAB, nem nos arts. 48 a 54 do CED, obrigação nesse sentido; **C:** correta, cabendo às partes (cliente e advogado) disporem da forma que bem entenderem. Afinal, de acordo com o STF (ADI 1194), os honorários têm natureza disponível; **D:** incorreta, pois, segundo o art. 50, *caput*, do CED, "na hipótese da adoção de cláusula *quota litis*, os honorários devem ser necessariamente representados por pecúnia e, quando acrescidos dos de honorários da sucumbência, **não podem ser superiores às vantagens advindas a favor do cliente**" (g.n.).

Gabarito "C"

(OAB/Exame Unificado – 2010.1) Referentemente à cobrança de honorários advocatícios, assinale a opção correta.

(A) A ação de cobrança de honorários prescreve em cinco anos, sendo o prazo contado, necessariamente, a partir do vencimento do contrato, cuja juntada é imprescindível.

(B) O prazo prescricional da ação de cobrança de honorários depende do tipo de trabalho profissional contratado e é contado a partir do trânsito em julgado da decisão que os fixar.

(C) O advogado substabelecido com reserva de poderes pode cobrar honorários proporcionais ao trabalho realizado, sem a intervenção daquele que lhe conferiu o substabelecimento.

(D) A decisão judicial que arbitrar honorários e o contrato escrito que o estipular são títulos executivos e constituem crédito privilegiado na falência e na liquidação extrajudicial, entre outras situações.

A: incorreta. Além do vencimento do contrato, podem haver outros marcos iniciais do prazo prescricional (art. 25 do Estatuto – I) vencimento do contrato; II) trânsito em julgado da sentença que houver fixado os honorários; III) ultimação dos serviços extrajudiciais; IV) renúncia ou revogação do mandato; V) desistência ou transação) **B:** incorreta. O prazo é de 5 anos e tem outros marcos iniciais (art. 25 do Estatuto – *vide* comentário à alternativa A); **C:** incorreta. Tal cobrança não pode ser feita sem a referida intervenção (art. 26 do Estatuto); **D:** correta. É o que estabelece o art. 24 do Estatuto.

Gabarito "D"

(OAB/Exame Unificado – 2009.1) Assinale a opção correta com relação aos honorários advocatícios.

(A) Nos honorários sucumbenciais, impostos por decisão judicial, estão incluídos os contratuais, salvo se estipulado o contrário no contrato entre advogado e cliente.

(B) De acordo com o Estatuto da OAB, é imprescritível a ação de cobrança de honorários contratuais, ainda que o contrato preveja prazo certo para tanto.

(C) Os honorários sucumbenciais são devidos ao advogado pela parte perdedora da ação, podendo o causídico, inclusive, promover a execução ou cumprimento da sentença, conforme o caso, nos próprios autos da causa em que atuou.

(D) Na execução contra a fazenda pública, é vedado ao advogado pleitear ao juízo a expedição de precatório de crédito de honorários contratuais de forma separada do valor devido ao cliente.

A: incorreta (art. 22, *caput*, da Lei 8.906/1994 – repare na partícula "e"); **B:** incorreta, visto que a prescrição da pretensão à cobrança dos honorários ocorre no prazo de cinco anos, consoante dispõe o art. 25 da Lei 8.906/1994; **C:** correta (arts. 23 e 24, § 1º, da Lei 8.906/1994); **D:** incorreta (art. 23 da Lei 8.906/1994). Importante destacar, inclusive, o teor da Súmula vinculante 47: "Os honorários advocatícios incluídos na condenação ou destacados do montante principal devido ao credor consubstanciam verba de natureza alimentar cuja satisfação ocorrerá com a expedição de precatório ou requisição de pequeno valor, observada ordem especial restrita aos créditos dessa natureza."

Gabarito "C"

(OAB/Exame Unificado – 2008.3) Acerca dos honorários profissionais previstos no Código de Ética e Disciplina da OAB, assinale a opção correta.

(A) O trabalho do advogado e o tempo necessário ao serviço profissional são elementos que devem ser atendidos para a fixação dos honorários advocatícios.

(B) Os honorários advocatícios são tabelados nacionalmente e obedecem ao critério de fixação de preços com base no valor da causa, não tendo relevância a condição econômica do cliente.

(C) Os honorários advocatícios para as causas de família e do direito do trabalho podem ser previstos em contrato escrito ou verbal.

(D) A cobrança judicial dos honorários advocatícios deve ser feita pelo próprio profissional contratado.

A: correta, conforme dispõe o art. 49, II, do CED; **B:** incorreta (arts. 49, IV, do CED e 58, V, da Lei 8.906/1994 – os honorários são tabelados por ato dos Conselhos Seccionais, que são os órgãos estaduais da OAB, sendo levado em consideração, dentre outras situações a condição econômica do cliente): **C:** incorreta. De acordo com o art. 48, *caput*, e § 1º, do CED, os serviços profissionais serão contratados preferentemente por escrito, não exigindo o contrato forma especial. Assim, não é verdadeira a afirmação de que apenas para as causas de direito de família e de direito do trabalho os honorários serão previstos em contrato escrito ou verbal. O precitado art. 48 do CED é aplicável indistintamente a qualquer ramo do Direito; **D:** incorreta, pois, de acordo com o art. 54 do CED, "havendo necessidade de promover arbitramento ou cobrança judicial de honorários, deve o advogado renunciar previamente ao mandato que recebera do cliente em débito".

Gabarito "A"

(OAB/Exame Unificado – 2008.2.SP) Segundo as disposições do Código de Ética e Disciplina da OAB, o advogado inscrito na OAB há vinte anos, ao fixar seus honorários advocatícios, deve observar

(A) a forma de contrato oral prevista para os advogados inscritos há mais de dez anos na OAB.

(B) o impedimento da adoção da cláusula *quota litis* para honorários representados por pecúnia.

(C) a possibilidade de participação em bens particulares do cliente mediante contrato verbal ou escrito.

(D) sua competência profissional e seu renome.

A: incorreta (art. 48, § 1º do CED – os serviços profissionais serão contratados preferentemente por escrito); **B:** incorreta (art. 50 do CED – os honorários podem ser estabelecidos na forma *quota litis*, fixados em um percentual do proveito econômico da causa, não podendo, somados à sucumbência, superar os ganhos do cliente); **C:** incorreta (art. 50, §1º, do CED – a participação do advogado em bens particulares do cliente é admitida excepcionalmente, desde que comprovadamente o cliente não disponha de recursos financeiros e desde que fixado em instrumento contratual tal forma de pagamento); **D:** correta (art. 49, VII, do CED – os honorários advocatícios deverão ser fixados com moderação, atendidos, dentre outros, a competência do profissional).

Gabarito "D"

(OAB/Exame Unificado – 2007.3) A construtora Muralha Ltda. contratou Souza e Silva Advogados Associados S/S para o ajuizamento de ação para condenação da União ao pagamento de crédito de R$ 300.000,00 decorrente de contrato administrativo de prestação de serviços já devidamente realizados. Ficou pactuado, no caso de êxito, o pagamento de 20% do proveito econômico decorrente da decisão judicial. O pedido foi julgado procedente e houve a condenação da Fazenda também em honorários advocatícios de 10% do valor da condenação. Antes do trânsito em julgado, a empresa faliu. Considerando a situação acima exposta, assinale a opção correta de acordo com o Estatuto da OAB.

(A) A sociedade de advogados tem legitimidade para executar autonomamente os honorários de sucumbência, inclusive nos mesmos autos judiciais.

(B) Na hipótese de a União não pagar os honorários de sucumbência, a sociedade poderá exigir do cliente o adimplemento desta obrigação.

(C) O Conselho Federal da Ordem dos Advogados do Brasil entende que apenas os honorários contratuais são direito do advogado e que os de sucumbência pertencem ao cliente.

(D) O crédito decorrente do contrato de honorários é quirografário no processo de falência.

A: correta, conforme arts. 23 e 24, § 1º, da Lei 8.906/1994 e art. 51, *caput*, do CED; **B:** incorreta, visto que os honorários de sucumbência são devidos pela parte vencida ao advogado da parte vencedora; **C:** incorreta, pois os honorários sucumbenciais, como visto, pertencem ao advogado da parte vencedora; **D:** incorreta (art. 24, *caput*, da Lei 8.906/1994 – Estatuto), eis que os honorários advocatícios constituem crédito privilegiado (e não quirografário) nas execuções coletivas (ex.: falência).

Gabarito "A"

(OAB/Exame Unificado – 2007.3.SP) No que se refere a honorários advocatícios, assinale a opção correta.

(A) No sistema de *quota litis*, não é possível a cumulação desta com os honorários de sucumbência.

(B) Inexistindo contrato escrito de honorários, está implícito que o advogado receberá, apenas, os honorários de sucumbência.

(C) O advogado substabelecido com reserva pode cobrar os honorários diretamente do cliente, sem intervenção daquele que lhe substabeleceu.

(D) A ação de cobrança de honorários prescreve em cinco anos, a contar do trânsito em julgado da decisão que o fixar, entre outras hipóteses previstas no Estatuto da Advocacia.

A: incorreta (art. 50, *caput*, do CED). Admite-se a cumulação no sistema *quota litis* com os honorários de sucumbência, mas o advogado não poderá receber mais do que o cliente; **B:** incorreta, pois, inexistindo contrato escrito "os honorários são fixados por arbitramento judicial, em remuneração compatível com o trabalho e o valor econômico da questão, não podendo ser inferiores aos estabelecidos na tabela organizada pelo Conselho Seccional da OAB" (art. 22, § 2º, da Lei 8.906/1994); **C:** incorreta, já que o advogado substabelecido com reservas *não* poderá cobrar sem a intervenção daquele que lhe substabeleceu. (art. 26 da Lei 8.906/1994); **D:** correta, em conformidade com o art. 25, II, da Lei 8.906/1994.

Gabarito "D"

(OAB/Exame Unificado – 2007.2) Em relação aos honorários advocatícios tratados no Código de Ética e Disciplina dos Advogados, assinale a opção correta.

(A) O recebimento de honorários de sucumbência exclui o pagamento dos honorários contratuais.

(B) O advogado não pode levar em consideração a condição econômica do cliente para fixação dos honorários advocatícios.

(C) Na hipótese de adoção de cláusula *quota litis*, os honorários devem ser necessariamente representados por pecúnia.

(D) Há expressa vedação a que o advogado tenha participação no patrimônio particular de clientes comprovadamente sem condições pecuniárias de pagá-lo.

A: incorreta, pois os honorários de sucumbência não excluem os contratuais, conforme se depreende do art. 51, *caput*, do CED; **B:** incorreta, pois o advogado, na fixação dos honorários, levará em consideração a condição econômica do cliente (art. 49, IV, do CED); **C:** correta, consoante dispõe o art. 50, *caput*, do CED. Porém, é bom advertir, tolera-se, excepcionalmente, a participação do advogado em bens particulares do cliente, desde que este, comprovadamente, não disponha de recursos financeiros para pagar os honorários ajustados em pecúnia (art. 50, § 1º, do CED); **D:** incorreta, pois em caráter excepcional, a participação no patrimônio poderá ocorrer (art. 50, §1º, do CED), conforme analisado no comentário à alternativa anterior.

Gabarito "C"

(OAB/Exame Unificado – 2006.2) Quanto à aplicação do Estatuto da OAB e à sua interpretação pelos tribunais superiores, assinale a opção correta.

(A) Os honorários advocatícios devem ser compensados quando houver sucumbência recíproca, assegurando-se o direito autônomo do advogado à execução do saldo sem exclusão da legitimidade da própria parte.

(B) Os honorários de sucumbência fixados em sentença judicial transitada em julgado contra a União acima do limite previsto na Constituição Federal, para crédito de pequeno valor, não podem ser executados por meio de precatório alimentar, já que não são enquadráveis nesse conceito.

(C) Mesmo que haja indicação pelo juiz, o advogado não é obrigado a aceitar o patrocínio de causa de juridicamente necessitado, no caso de impossibilidade da defensoria pública no local da prestação de serviço, já que, nesse caso, não há como se fixarem os honorários advocatícios em seu favor.

(D) A execução dos honorários deve ser promovida em ação executiva autônoma.

A: correta, conforme a Súmula 306 do STJ; **B:** incorreta, pois o STF reconheceu que os honorários sucumbenciais são de natureza alimentar (RE n. 470407/DF, *DJ* de 13.10.2006, Rel. Min. Marco Aurélio). Tal foi corroborado com a edição da Súmula vinculante 47, segundo a qual "os honorários advocatícios incluídos na condenação ou destacados do montante principal devido ao credor consubstanciam verba de natureza alimentar cuja satisfação ocorrerá com a expedição de precatório ou requisição de pequeno valor, observada ordem especial restrita aos créditos dessa natureza"; **C:** incorreta (art. 22, § 1º, da Lei 8.906/1994 – nesse caso, os honorários serão fixados pelo juiz, consoante a tabela de honorários estabelecida por cada Conselho Seccional, cabendo ao Estado o pagamento ao advogado); **D:** incorreta (art. 24, § 1º, da Lei 8.906/1994 – a execução da sucumbência poderá ocorrer nos próprios autos em que houver sido fixada).

Gabarito "A"

7. INCOMPATIBILIDADES E IMPEDIMENTOS

(OAB/Exame Unificado – 2010.1) Formaram-se em uma Faculdade de Direito, na mesma turma, Luana, Leonardo e Bruno. Luana, 35 anos, já exercia função de gerência em um banco quando se graduou. Leonardo, 30 anos, é prefeito do município de Pontal. Bruno, 28 anos, é policial militar no mesmo município. Os três pretendem praticar atividades privativas de advocacia.

Considerando as incompatibilidades e impedimentos ao exercício da advocacia, assinale a opção correta.

(A) Luana não está proibida de exercer a advocacia, pois é empregada de instituição privada, inexistindo impedimentos ou incompatibilidades.

(B) Bruno, como os servidores públicos, apenas é impedido de exercer a advocacia contra a Fazenda Pública que o remunera.

(C) Os três graduados, Luana, Leonardo e Bruno, exercem funções incompatíveis com a advocacia, sendo determinada a proibição total de exercício das atividades privativas de advogado.

(D) Leonardo é impedido de exercer a advocacia apenas contra ou em favor de pessoas jurídicas de direito público, empresas públicas, sociedades de economia mista, fundações públicas, entidades paraestatais ou empresas concessionárias ou permissionárias de serviço público.

Luana, pelo fato de exercer função de gerência em um banco, seja este público ou privado, é incompatível com o exercício da advocacia, nos termos do art. 28, VIII, do EAOAB, sendo totalmente proibida de advogar. Com relação a Leonardo, também se constata a incompatibilidade, eis que é prefeito municipal, sendo, pois, chefe do Poder Executivo local (art. 28, I, do EAOAB). Finalmente, Bruno, por ser policial militar, é, igualmente, incompatível com o exercício da advocacia, nos termos do art. 28, V, do EAOAB. Ciente disso, vamos à análise das alternativas. **A:** incorreta. As funções de direção ou gerência em instituições financeiras, inclusive privadas, geram incompatibilidade (art. 28, VIII, do EAOAB); **B:** incorreta. É verdade que Bruno é servidor público (no caso, policial militar). Contudo, a atividade por ele desempenhada encontra-se prevista no rol das incompatibilidades (art. 28, V, do EAOAB), o que o torna absolutamente proibido de exercer a advocacia. Não se encontrassem as atividades policiais no art. 28 do EAOAB, aí sim seria possível afirmar o impedimento (proibição parcial de advogar) previsto no art. 30, I, do EAOAB, que atinge os servidores públicos em geral; **C:** correta. De fato, Leonardo, Bruno e Luana, como visto, exercem atividades incompatíveis com a advocacia, o que lhes acarreta a proibição total para o exercício de atividades privativas de advogado; **D:** incorreta, pois Leonardo, por ser prefeito (Chefe do poder executivo), é incompatível (art. 28, I, do EAOAB). Logo, será totalmente proibido de advogar.

Gabarito "C"

(OAB/Exame Unificado – 2016.1) Carlos integrou a chapa de candidatos ao Conselho Seccional que obteve a maioria dos votos válidos e tomou posse em 1º de janeiro do ano seguinte ao de sua eleição. Um ano após o início do mandato, Carlos passou a ocupar um cargo de direção no Conselho de Administração de uma empresa, controlada pela Administração Pública, sediada em outro estado da Federação.

Nesse caso, de acordo com o Estatuto da OAB, assinale a afirmativa correta.

(A) Não se extingue o mandato de Carlos, pois a ocupação de cargo de direção em empresa controlada pela Administração Pública, em estado da Federação distinto do abrangido pelo Conselho Seccional, não configura incompatibilidade a ensejar o cancelamento de sua inscrição.

(B) Extingue-se automaticamente o mandato de Carlos, pois a ocupação de cargo de direção em empresa controlada pela Administração Pública, em qualquer circunstância, configura incompatibilidade a ensejar o cancelamento de sua inscrição.

(C) Extingue-se o mandato de Carlos mediante deliberação de dois terços dos membros do Conselho Seccional, pois a ocupação de cargo de direção em empresa controlada pela Administração Pública pode configurar incompatibilidade a ensejar o cancelamento de sua inscrição.

(D) Não se extingue o mandato de Carlos, pois a ocupação de cargo de direção em empresa controlada pela Administração Pública, em qualquer circunstância, não configura incompatibilidade a ensejar o cancelamento de sua inscrição.

Nos termos do art. 66 do EAOAB, extingue-se automaticamente o mandato quando, dentre outras hipóteses, ocorrer o cancelamento da inscrição ou o licenciamento do profissional (inc. I). No caso relatado no enunciado, Carlos, após um ano do início de seu mandato, passou a ocupar cargo de direção no Conselho de Administração de uma empresa controlada pela Administração Pública. Referida atividade (cargo de direção em empresa controlada pelo poder público) caracteriza-se como incompatível com o exercício da advocacia, nos moldes do art. 28, III, do EAOAB. Posto isto, vamos à análise das alternativas. A e **D:** incorretas, pois a ocupação de cargo de direção em empresa controlada pela Administração Pública é hipótese de incompatibilidade (art. 28, III, do EAOAB); **B:** correta, nos termos dos arts. 66, I e 28, III, ambos do EAOAB; **C:** incorreta, pois a extinção do mandato não exigirá, como dito na alternativa, deliberação de dois terços dos membros do Conselho Seccional, tratando-se de causa automática de extinção.

Gabarito "B"

(OAB/Exame Unificado – 2015.2) Deise é uma próspera advogada e passou a buscar novos desafios, sendo eleita Deputada Estadual. Por força de suas raras habilidades políticas, foi eleita integrante da Mesa Diretora da Assembleia Legislativa do Estado Z. Ao ocupar esse honroso cargo procurou conciliar sua atividade parlamentar com o exercício da advocacia, sendo seu escritório agora administrado pela filha. Nos termos do Estatuto da Advocacia, assinale a afirmativa correta.

(A) A atividade parlamentar de Deise é incompatível com o exercício da advocacia.

(B) A participação de Deise na Mesa Diretora a torna incompatível com o exercício da advocacia.

(C) A função de Deise como integrante da Mesa Diretora do Parlamento Estadual é conciliável com o exercício da advocacia.

(D) A atividade parlamentar de Deise na Mesa Diretora pode ser conciliada com o exercício da advocacia em prol dos necessitados.

Nos termos do art. 28, I, do EAOAB, são incompatíveis com a advocacia os membros das Mesas do Poder Legislativos, e seus substitutos legais. Considerando que as incompatibilidades geram proibição total para o exercício da advocacia (art. 27 do EAOAB), Deise, ao se tornar integrante da Mesa Diretora da Assembleia Legislativa do Estado Z, como dito, tornou-se incompatível, não mais podendo exercer a advocacia. Correta, portanto, a alternativa B, estando as demais em descompasso com os aludidos arts. 27 e 28, I, do EAOAB.

Gabarito "B"

(OAB/Exame Unificado – 2014.3) Abelardo é magistrado vinculado ao Tribunal de Justiça do Estado K e requer licença para tratamento de questões particulares, pelo prazo de três anos, o que foi deferido.

Como, antes de assumir o referido cargo, era advogado regularmente inscrito nos quadros da OAB, requer o seu reingresso, comprovando o afastamento das funções judicantes.

Nos termos do Estatuto da Advocacia, assinale a afirmativa correta.

(A) A incompatibilidade com a advocacia persiste mesmo após aposentadoria do cargo efetivo.

(B) O afastamento temporário do cargo que gera a incompatibilidade permite inscrição provisória.

(C) A incompatibilidade permanece mesmo que ocorra o afastamento temporário do cargo.

(D) O afastamento do cargo incompatível permite a inscrição após um período de três anos.

A: incorreta, pois a incompatibilidade (proibição total para advogar – vide art. 28 do EAOAB**)** não persiste se o agente se aposentar do cargo que inviabilizava o exercício profissional. Por exemplo, se um juiz – incompatível por força do art. 28, II, do EAOAB – aposentar-se, poderá exercer a advocacia; **B:** incorreta, pois o afastamento temporário do cargo gerador da incompatibilidade, nos termos do art. 28, § 1.º, do EAOAB, não altera a situação da pessoa: persiste a incompatibilidade! Assim, por exemplo, se um juiz afastar-se do cargo para tratamento de saúde, tal afastamento – que é temporário – não fará com que ele possa, nesse período, advogar. É que, repita-se, a incompatibilidade permanece ainda que a pessoa esteja temporariamente afastada do cargo ou função; **C:** correta. Abelardo, magistrado, licenciado para tratamento de assuntos particulares, durante o prazo da licença, continuará incompatível (proibido totalmente de advogar – art. 28, § 1º, do EAOAB); **D:** incorreta. É que o afastamento temporário do cargo incompatível – não importa o prazo desse afastamento, desde que temporário! – não permite o exercício da advocacia.

Gabarito "C"

(OAB/Exame Unificado – 2014.2) Cláudia, advogada, inicialmente transitou pelo direito privado, com assunção de causas individuais e coletivas. Ao ser contratada por uma associação civil, deparou com questões mais pertinentes ao direito público e, por força disso, realizou novos estudos e contatou colegas mais experientes na matéria. Ao aprofundar suas relações jurídicas, também iniciou participação política na defesa de temas essenciais à cidadania. Por força disso, Cláudia foi eleita prefeita do município X em eleição bastante disputada, tendo vencido seu oponente, o também advogado Pradel, por apenas cem votos. Eleita e empossada, motivada pelo sentido conciliatório, convidou seu antigo oponente para ocupar cargo em comissão na Secretaria Municipal de Fazenda. A partir da hipótese apresentada, observadas as regras do Estatuto da OAB, assinale a opção correta.

(A) A prefeita exerce função incompatível com a advocacia.

(B) O secretário municipal pode atuar em ações contra o município.

(C) A prefeita deve pedir autorização para exercer a advocacia.

(D) O secretário municipal pode atuar em pleitos contra o Estado federado.

A: correta. De fato, considera-se atividade incompatível com a advocacia, gerando, portanto, proibição total para advogar, mesmo em causa própria, ocupar carga de Chefe do Poder Executivo (art. 28, I, do EAOAB). Assim, a partir da posse, Cláudia tornou-se incompatível, não mais podendo exercer a advocacia (até que desocupe definitivamente o cargo eletivo); **B:** incorreta. O secretário municipal, segundo entendemos, ocupa cargo de direção na Administração Pública, razão pela qual é, também, incompatível com a advocacia (art. 28, III, do EAOAB), não podendo exercê-la em hipótese alguma; **C:** incorreta, pois as incompatibilidades, como visto, geram proibição total para advogar (art. 28 do EAOAB), não sendo admissível autorização para fazê-lo; **D:** incorreta, pelas mesmas razões apresentadas no comentário à alternativa B. É que o secretário municipal exerce cargo incompatível com a advocacia (art. 28, III, do EAOAB), sendo totalmente proibido de advogar. Não se confunde com a situação descrita no art. 30, I, do EAOAB (servidores públicos), que trata do impedimento (proibição parcial de advogar – apenas contra a Fazenda Pública que os remunere ou a qual se vincule a entidade empregadora). É que o secretário municipal não é um "servidor público comum", ocupando cargo de direção na Administração Pública. Daí enquadrar-se, como dito, no art. 28, III, do EAOAB, e não no art. 30, I, do EAOAB.

Gabarito "A"

(OAB/Exame Unificado – 2014.1) Juarez da Silva, advogado, professor adjunto de Direito Administrativo em determinada Universidade Federal, foi procurado, na qualidade de advogado, por um grupo de funcionários públicos federais que desejavam ajuizar determinada ação contra a União.

Pode Juarez aceitar a causa, advogando contra a União?

(A) Não. Juarez não pode aceitar a causa, pois está impedido de exercer a advocacia contra a Fazenda Pública que o remunera.
(B) Sim. Juarez poderá aceitar a causa, pois o impedimento de exercício da advocacia contra a Fazenda Pública que remunera os advogados que são servidores públicos não inclui a hipótese de docentes de cursos jurídicos.
(C) Sim. Juarez poderá aceitar a causa, pois não há nenhum tipo de impedimento para o exercício da advocacia por servidores públicos.
(D) Não. Juarez não poderá aceitar a causa, pois exerce o cargo de professor universitário, que é incompatível com o exercício da advocacia.

A: incorreta. Embora Juarez da Silva possa ser considerado um funcionário público, já que é professor em Universidade Federal, a ele não se aplica o disposto no art. 30, I, do EAOAB (impedimento de exercer a advocacia contra a Fazenda Pública que o remunere ou a qual esteja vinculada a entidade empregadora). É que aos docentes de cursos jurídicos públicos aplica-se o art. 30, parágrafo único, do EAOAB, que, em suma, os autoriza a demandar mesmo contra a Fazenda Pública a que se vincule a universidade em que trabalhe; **B:** correta, tal como explicitado no comentário antecedente, que se funda, repita-se, no art. 30, parágrafo único, do EAOAB; **C:** incorreta. Embora Juarez não esteja abrangido pelo impedimento de que trata o art. 30, I, do EAOAB, a assertiva é incorreta ao referir que "não há nenhum tipo de impedimento para o exercício da advocacia por servidores públicos". Há, sim, impedimento de o servidor público advogar contra a Fazenda Pública que o remunere ou a que esteja vinculada a entidade empregadora. Contudo, esse impedimento, por expressa disposição legal (art. 30, parágrafo único, do EAOAB), apenas não alcança os docentes de cursos jurídicos; **D:** incorreta, pois o cargo de professor universitário não se enquadra em qualquer das hipóteses de incompatibilidade previstas no art. 28 do EAOAB. Ainda que se tratasse de Diretor ou Coordenador da Faculdade pública de Direito, não seria alcançado pela incompatibilidade do art. 28, III, do EAOAB, por força da parte final do § 2º, do mesmo dispositivo.

Gabarito "B"

(OAB/Exame Unificado – 2013.3) Joel é Conselheiro do Tribunal de Contas do Município J, sendo proprietário de diversos imóveis. Em um deles, por força de contrato de locação residencial, verifica a falta de pagamentos dos alugueres devidos. O Conselheiro é Bacharel em Direito, tendo exercido a advocacia por vários anos na área imobiliária.

Nesse caso, nos termos do Estatuto da Advocacia, o Conselheiro

(A) poderia atuar como advogado em causa própria.
(B) deverá contratar advogado para a causa diante da situação de incompatibilidade.
(C) poderia advogar; recomenda-se, contudo, a contratação de advogado.
(D) está com a sua inscrição como advogado suspensa.

A: incorreta, pois sendo Joel um Conselheiro do Tribunal de Contas do Município J, não poderá exercer a advocacia, nem mesmo em causa própria. Isto porque, nos termos do art. 28, II, do Estatuto da OAB (EAOAB), são incompatíveis com a advocacia, e, portanto, totalmente proibidos de advogar, inclusive em causa própria, os membros dos Tribunais e Conselhos de Contas; **B:** correta, pois, como visto, sendo Joel integrante do Tribunal de Contas de determinado município, é considerado incompatível com a advocacia (art. 28, II, EAOAB), sendo totalmente proibido de advogar, até mesmo em causa própria. Por tal razão, não poderá ajuizar ação em face do locatário inadimplente, devendo contratar advogado para tanto; **C:** incorreta, pois, como já afirmado anteriormente, Joel é incompatível com a advocacia (art. 28, II, EAOAB), não podendo exercer a advocacia; **D:** incorreta, pois o fato de Joel ser Conselheiro do Tribunal de Contas municipal não é causa de "suspensão", que é expressão a ser tomada tecnicamente, tratando-se de penalidade por infração disciplinar (art. 37 do EAOAB). Também não se trata de hipótese de licenciamento – art. 12 do EAOAB.

Gabarito "B"

(OAB/Exame Unificado – 2012.3.B) Paulo, advogado inscrito na seccional de seu Estado há 10 anos, toma posse no cargo de Auditor-Fiscal da Receita Federal do Brasil.

Considerando a hipótese de Paulo continuar a exercer a função de advogado, assinale a afirmativa correta.

(A) Paulo não poderá continuar a exercer a função de advogado, tendo em vista que passou a exercer função incompatível com a advocacia.
(B) Paulo poderá continuar a exercer a advocacia, desde que não advogue contra a União, que o remunera.
(C) Paulo poderá continuar a exercer a advocacia, desde que não atue em causas envolvendo matéria tributária.
(D) Paulo poderá continuar a exercer a advocacia, não havendo qualquer tipo de impedimento.

A: correta. De fato, um advogado que toma posse no cargo de Auditor-Fiscal da Receita Federal do Brasil, por passar a ter competência para fiscalização, arrecadação ou lançamento de tributos, torna-se incompatível para o exercício da advocacia (art. 28, VII, do Estatuto da OAB), sendo o caso de cancelamento de sua inscrição (art. 11, IV, do Estatuto); **B:** incorreta. Paulo, ao tomar posse no cargo de Auditor-Fiscal, como visto, passará a exercer atividade incompatível com a advocacia, sendo totalmente proibido de advogar, mesmo em causa própria (art. 28, *caput*, do Estatuto). Tal situação não se confunde com o art. 30, I, do Estatuto, que trata do impedimento (proibição parcial) de servidores públicos em geral (ou seja, que não exerçam as atividades previstas no art. 28 do Estatuto), advogarem contra a Fazenda Pública que os remunere ou à qual seja vinculada a entidade empregadora; **C:** incorreta. Como visto, a assunção do cargo de Auditor-Fiscal pelo advogado Paulo o tornou incompatível com a advocacia. Ou seja, a partir de então, será totalmente proibido de advogar, inclusive em causa própria; **D:** incorreta. Paulo, nos termos do art. 28, VII, do Estatuto, passará a ocupar cargo incompatível com a advocacia, sendo totalmente proibido de exercê-la.

Gabarito "A"

(OAB/Exame Unificado – 2012.1) Tício é advogado prestando serviços à Junta Comercial do Estado Y. Exerce a atividade concomitantemente em escritório próprio, onde atua em causas civis e empresariais. Um dos seus clientes postula o seu visto em atos constitutivos de pessoa jurídica que pretende criar. Diante do narrado, à luz das normas do Regulamento Geral do Estatuto da Advocacia e da OAB, assinale a alternativa correta:

(A) Sendo um cliente do escritório, é inerente à atividade da advocacia o visto em atos constitutivos de pessoa jurídica.

(B) Ao prestar serviços para Junta Comercial, surge impedimento previsto no Regulamento Geral.

(C) A análise do conteúdo dos atos constitutivos pode ser realizada pelo advogado tanto no escritório quanto na Junta Comercial.

(D) A atuação na Junta Comercial gera impedimento para ações judiciais, mas não para vistos em atos constitutivos.

De acordo com o art. 2º, *caput*, do Regulamento Geral, o visto do advogado em atos constitutivos de pessoas jurídicas é providência indispensável ao registro e arquivamento nos órgãos competentes, devendo resultar da efetiva constatação, pelo profissional que os examinar, de que os respectivos instrumentos preenchem as exigências legais pertinentes. No entanto, por evidente, estarão impedidos de exercer o referido ato de advocacia (visar ato constitutivo de pessoa jurídica) os advogados que prestem serviços a órgãos ou entidades da Administração Pública direta ou indireta, da unidade federativa a que se vincule a Junta Comercial, ou a quaisquer repartições administrativas competentes para o mencionado registro (art. 2º, parágrafo único, do Regulamento Geral). Em outras palavras, se um advogado prestar serviços na Junta Comercial de determinado Estado, não poderá, evidentemente, visar atos constitutivos de futuras sociedades empresariais com necessidade de registro perante aquela mesma Junta. Observe-se que o impedimento ficará restrito à atuação do advogado perante a Junta Comercial em que presta serviços, mas não perante outras Juntas Comerciais de outros Estados, ou mesmo para a postulação judicial. Como visto, o impedimento será restrito àquela Junta Comercial em que preste serviços.

Gabarito "B"

(OAB/Exame Unificado – 2012.2) Além de advogado, João é professor da Universidade pública "M", com natureza de autarquia, onde exerce as funções de coordenador acadêmico da graduação do Curso de Direito. Diante do prestígio acumulado, o seu escritório de advocacia vem a ter renome, atuando em diversas causas nas comarcas de influência da universidade.

Essas circunstâncias indicam que o cargo ocupado pelo advogado seria um caso

(A) abrangido pelas normas que criam regras de incompatibilidade para administradores públicos.

(B) não previsto, vez que a atuação como dirigente de entidade pública é irrelevante para o sistema de incompatibilidades.

(C) excepcionado diante da característica que o vincularia ao magistério jurídico.

(D) incluído no rol de incompatibilidades por não permitir que o advogado exerça cargo administrativo nas universidades públicas.

De fato, de acordo com o art. 28, § 2º, do EAOAB, não são abrangidos pela incompatibilidade tratada no inciso III, do mesmo dispositivo legal (ocupantes de cargos ou funções de direção na Administração Pública direta ou indireta) aqueles que ocupem cargo ou função de administração acadêmica vinculada ao magistério jurídico (leia-se: Coordenadores ou Diretores de Faculdades públicas de Direito!). É exatamente o caso de João, professor e Coordenador do Curso de Direito da Universidade pública "M".

Gabarito "C"

(OAB/Exame Unificado – 2012.2) Osvaldo é vereador do município "K" e ocupa cargo vinculado à Mesa da Câmara de Vereadores. Necessitando propor ação cominatória em face do seu vizinho Marcos, e sendo advogado, apresenta-se em Juízo postulando em causa própria.

Nos termos das normas estatutárias, assinale a afirmativa correta.

(A) A função de membro do Poder Legislativo impede o advogado de atuar, mesmo em causa própria.

(B) A eleição para a Mesa Diretora do Poder Legislativo impede o advogado de atuar, gerando uma incompatibilidade.

(C) O mandato de vereador não se inclui dentre as situações de incompatibilidade, ocupe ou não cargo na Mesa Diretora.

(D) As incompatibilidades dos membros do Poder Legislativo estão circunscritas aos integrantes do Senado e da Câmara dos Deputados Federal.

A: incorreta, pois o fato de um advogado ser parlamentar não o torna impedido para advogar em causa própria, mas, sim, contra ou a favor do Poder Público em todos os níveis (art. 30, II, do EAOAB). A incompatibilidade somente surgirá se o parlamentar passar a ocupar a Mesa de sua Casa Legislativa (art. 28, I, do EAOAB); **B:** correta. De fato, de acordo com o art. 28, I, do EAOAB, os parlamentares ocupantes das Mesas do Poder Legislativo são considerados incompatíveis com a advocacia, sendo totalmente proibidos de advogar mesmo em causa própria (art. 28, *caput*, do EAOAB); **C:** incorreta, pois se o vereador fizer parte da mesa diretora, haverá incompatibilidade (art. 28, I, do EAOAB); **D:** incorreta, pois as incompatibilidades dos membros do Poder Legislativo, quando ocupantes das Mesas de suas respectivas Casas Legislativas, abrangem todos os parlamentares (deputados federais e estaduais, senadores e vereadores).

Gabarito "B"

(OAB/Exame Unificado – 2012.2) José, general de brigada, entusiasmado com a opção do seu filho pelo curso de Direito, resolve acompanhá-lo nos estudos. Presta exame vestibular e matricula-se em outra instituição de ensino, também no curso de Direito. Ambos alcançam o período letivo em que há necessidade de realizar o estágio forense. José, desejando acompanhar seu filho nas atividades forenses nas horas de folga, vez que continua na ativa, agora como General de Divisão, requer o seu ingresso no quadro de estagiários da OAB.

A partir do caso apresentado, assinale a afirmativa correta.

(A) Militar não pode, enquanto permanecer na ativa, inscrever-se no quadro de advogados, mas se permite a ele a inscrição no quadro de estagiários.

(B) Militar não pode, enquanto na ativa, obter inscrição no quadro de advogados nem no quadro de estagiários.

(C) Militar da ativa pode atuar na Justiça Militar especializada, porque se inscreve no quadro especial de estagiários.

(D) Militar de alta patente pode obter inscrição tanto no quadro de estagiários como no de advogados, mediante permissão especial do Presidente da OAB.

A: incorreta, pois a pessoa considerada incompatível, tal como ocorre com os militares na ativa (art. 28, VI, do EAOAB), não poderá inscrever-se tanto no quadro de advogados (art. 8º, V, do EAOAB), quanto no de estagiários (art. 9º, I, do EAOAB); **B:** correta (arts. 8º, V, 28, VI e 9º, I, todos do EAOAB); **C:** incorreta (art. 9º, I, do EAOAB); **D:** incorreta (arts. 8º, V, 28, VI e 9º, I, todos do EAOAB).

Gabarito "B"

(OAB/Exame Unificado – 2012.2) João, advogado inscrito há muitos anos na OAB, decide candidatar-se, pelo quinto constitucional, ao cargo de Juiz do Tribunal Regional Federal. Em razão dessa iniciativa, é submetido a exame curricular e sabatina perante o Conselho Federal da OAB. Após longo processo avaliatório, vem a ser escolhido para integrar a lista sêxtupla a ser remetida ao Tribunal Regional Federal.

Diante dessa narrativa, à luz da legislação aplicável aos advogados, assinale a afirmativa correta.

(A) O advogado, ao ser incluído em lista sêxtupla para integrar os quadros de tribunal, deve requerer licença para tratamento de questões particulares.

(B) O advogado que integra lista sêxtupla ou tríplice para ingresso pelo quinto constitucional pode continuar exercendo livremente suas atividades.

(C) O advogado que integra lista sêxtupla ou tríplice passa a ser considerado incompatibilizado para o exercício da advocacia.

(D) O advogado que pretende ingressar na magistratura pelo quinto constitucional passa a ser considerado impedido ao compor lista sêxtupla.

De acordo com o art. 28, II, do EAOAB, considera-se incompatível para o exercício da advocacia, sendo totalmente proibido de advogar até mesmo em causa própria, o advogado que passar a compor o Poder Judiciário como seu membro. É o caso, por exemplo, do advogado escolhido para ocupar vaga de Tribunal pelo quinto constitucional. Perceba, porém, o candidato, que a incompatibilidade, por evidente, somente se concretiza com a posse no cargo de Desembargador do Tribunal, e não com a simples menção de seu nome em lista sêxtupla promovida pelo Conselho Federal da OAB. Logo, se João simplesmente integrar referida lista, poderá continuar exercendo normalmente a advocacia. Frise-se que a incompatibilidade de que trata o já citado art. 28, II, do EAOAB, decorre da posse no cargo. Integrar a lista sêxtupla traduz mera expectativa de eventual escolha para a vaga do quinto constitucional. Não haverá, na espécie, qualquer exigência de licença, ou caracterização de incompatibilidade ou impedimento (alternativas A, C e D).

Gabarito "B"

(OAB/Exame Unificado – 2011.1) Caio, professor vinculado à Universidade Federal, ministrando aulas no curso de Direito, resolve atuar, em causa própria, pleiteando benefícios tributários em face da União Federal. Nos termos do Estatuto, é correto afirmar que

(A) o docente em cursos de Direito não pode exercer a advocacia, sendo circunstância de incompatibilidade.

(B) enquanto durar o exercício do magistério, a inscrição na OAB permanecerá suspensa.

(C) é situação peculiar que permite o exercício da advocacia mesmo contra entidade vinculada.

(D) a situação caracteriza impedimento, uma vez que há vínculo da Universidade com a União Federal.

A: incorreta, pois os docentes em cursos de Direito, desde que em faculdades públicas (geralmente autarquias), sequer sofrem as consequências dos impedimentos (não exercer a advocacia contra a Fazenda Pública que o remunere ou a qual se vincule sua entidade empregadora – art. 30, I, do EAOAB – Lei 8.906/1994), aos quais não se submetem por força do art. 30, parágrafo único, do EAOAB; **B:** incorreta, pois, como visto, os professores de cursos jurídicos em instituições públicas de ensino não sofrerão óbices ao exercício da advocacia (art. 30, parágrafo único, do EAOAB); **C:** correta. Como visto, embora os servidores públicos sejam impedidos de exercer a advocacia contra a Fazenda Pública que os remunere ou a qual seja vinculada a entidade empregadora (art. 30, I, do EAOAB), com relação aos docentes de cursos jurídicos (desde que estejamos falando em instituições públicas de ensino), o EAOAB não impõe referidas vedações, tratando-se, de fato, de situação peculiar que permite o exercício da advocacia mesmo contra a entidade pública a que se vincular a instituição de ensino (art. 30, parágrafo único, do EAOAB). **D:** incorreta. Como visto no comentário à alternativa anterior, o art. 30, parágrafo único, do EAOAB, afasta o impedimento previsto no inciso I, do mesmo dispositivo legal, no tocante aos docentes de cursos jurídicos. Portanto, embora Caio seja professor vinculado a Universidade Federal, não sofrerá impedimento (proibição parcial de advogar contra a Fazenda Pública a que se vincule a instituição de ensino em que é funcionário).

Gabarito "C"

(OAB/Exame Unificado – 2011.1) Caio é eleito Senador da República e escolhido para compor a mesa do referido órgão legislativo. Como advogado regularmente inscrito nos quadros da OAB, pretende atuar em causa própria e realiza consulta nesse sentido à OAB. Quanto ao tema em foco, de acordo com as regras estatutárias, é correto afirmar que a atuação de Caio

(A) poderá ocorrer, nessa situação, mediante autorização especial.

(B) não é possível, sendo o caso de incompatibilidade mesmo em causa própria.

(C) é possível, pois a função exercida caracteriza mero impedimento.

(D) em causa própria constitui uma exceção aplicável ao caso.

A: incorreta, pois Caio, Senador, ao passar a compor a mesa do referido órgão legislativo, tornar-se-á incompatível (art. 28, I, parte final, do EAOAB – Lei 8.906/1994), não sendo possível qualquer autorização para que possa desempenhar as atividades privativas de advocacia; **B:** correta, já que de acordo com o art. 28, I, parte final, do EAOAB; **C:** incorreta, pois se Caio simplesmente fosse Senador, de fato a função exercitada caracterizaria mero impedimento (art. 30, II, do EAOAB). Porém, sendo membro da Mesa do Senado Federal, como dito, será incompatível com a advocacia, não podendo postular nem mesmo em causa própria, sob pena de nulidade (art. 4º, parágrafo único, do EAOAB); **D:** incorreta, pois, como dito, a incompatibilidade permanece mesmo em se tratando de postulação em causa própria (art. 28, *caput*, do EAOAB).

Gabarito "B"

(OAB/Exame Unificado – 2010.3) Xisto, advogado, é convidado a ocupar o prestigiado cargo de Procurador-Geral de um município, cargo de confiança do Prefeito Municipal passível de exoneração *ad nutum*. O cargo é privativo de advogado. No entanto, ao assumir o referido cargo, ocorrerá o (a)

(A) cancelamento da sua inscrição.

(B) suspensão do exercício da atividade advocatícia.

(C) anotação de impedimento.

(D) exercício limitado da advocacia.

A: incorreta, pois as hipóteses de cancelamento da inscrição do advogado vêm previstas no art. 11 do Estatuto da OAB (EAOAB – Lei 8.906/1994), dentre elas a de o advogado passar a *exercer função incompatível em caráter definitivo*, o que não é o caso de Xisto; **B:** incorreta, visto que Xisto, na qualidade de Procurador-Geral do Município, deverá *obrigatoriamente estar inscrito nos quadros da OAB*, tratando-se de *advogado público*, nos termos do art. 3º, § 1º, do EAOAB e art. 9º do Regulamento Geral; **C:** incorreta, visto que o exercício da advocacia pública, composta pelos integrantes da *Advocacia-Geral da União*, da *Procuradoria da Fazenda Nacional*, da *Defensoria Pública* e das *Procuradorias e Consultorias Jurídicas* dos Estados, do Distrito Federal, dos Municípios e das respectivas entidades de administração indireta e fundacional, por evidente, não enseja o reconhecimento de qualquer das hipóteses de impedimento descritas no art. 28 do EAOAB; **D:** correta, pois, de acordo com o art. 29 do EAOAB, "*os Procuradores Gerais, Advogados Gerais, Defensores Gerais e dirigentes de órgãos jurídicos da Administração Pública direta, indireta e fundacional* são exclusivamente legitimados para o exercício da advocacia vinculada à função que exerçam, *durante o período da investidura.*" (g.n.). Não se trata aqui de incompatibilidade (proibição total para advogar – art. 28 do EAOAB) ou de impedimento (proibição parcial para advogar – art. 30 do EAOAB), mas de *exercício limitado da advocacia.*

Gabarito "D".

(OAB/Exame Unificado – 2009.3) Considere que Salvador, advogado regularmente inscrito na OAB, tenha sido eleito deputado estadual e tomado posse. Considere, ainda, que, durante o mandato parlamentar, Salvador tenha sido constituído por Manoel e ingressado em juízo com uma ação trabalhista contra a empresa privada XYZ. Nessa situação, de acordo com o Estatuto da Advocacia e da OAB, o ato processual praticado por Salvador é considerado

(A) anulável, pois qualquer parlamentar está impedido de advogar.
(B) nulo, visto que o advogado está no exercício de atividade incompatível com a advocacia.
(C) anulável, devendo o advogado ser punido pela OAB.
(D) plenamente válido.

O art. 4º, parágrafo único, da Lei 8.906/1994 (Estatuto) estabelece que são nulos os atos praticados por advogado impedido, suspenso, licenciado ou que exerça atividade incompatível com a advocacia. Porém, os deputados estaduais não estão impedidos ou em situação de incompatibilidade com a advocacia. Apenas os membros das Mesas do Poder Legislativo estão em situação de incompatibilidade (art. 28, I, da Lei 8.906/1994).

Gabarito "D".

(OAB/Exame Unificado – 2008.3.SP) Quanto à incompatibilidade e ao impedimento do advogado, assinale a opção correta.

(A) Auditor-fiscal de secretaria estadual da fazenda que desempenhe função de lançamento, arrecadação ou fiscalização de tributos está impedido de exercer a advocacia contra a União.
(B) Bacharel em direito que exerce as funções de assessor de gabinete de desembargador está em situação de impedimento para o exercício da advocacia.
(C) Servidor da justiça do trabalho não possui capacidade postulatória, por exercer função incompatível com a advocacia.
(D) Militares, de qualquer natureza, que estejam na reserva são impedidos do exercício da advocacia.

A: incorreta, trata-se de incompatibilidade (art. 28, VII, da Lei 8.906/1994); **B:** incorreta, trata-se de incompatibilidade (art. 28, IV, da Lei 8.906/1994); **C:** correta, pois, de fato, trata-se de incompatibilidade (art. 28, IV, da Lei 8.906/1994); **D:** incorreta, visto que a incompatibilidade não existe para quem esteja em reserva (portanto, somente os militares na ativa são incompatíveis!), nos termos do art. 28, VI, da Lei 8.906/1994. Também não se cogita em impedimento do militar na reserva, não se aplicando o art. 30, I, do EAOAB.

Gabarito "C".

(OAB/Exame Unificado – 2007.3.SP) Advogados que venham a ocupar, em nível estadual ou municipal, cargo de presidente ou de diretores no Sistema Nacional de Defesa do Consumidor (PROCON), quanto ao exercício concomitante da advocacia, estão

(A) impedidos de advogar contra a fazenda pública, órgão que os remunera.
(B) incompatibilizados para o exercício da advocacia.
(C) incompatibilizados para o exercício da advocacia, podendo, entretanto, patrocinar os interesses do PROCON ao qual estejam subordinados.
(D) impedidos de advogar contra a União, Estados e Municípios.

Nos termos do art. 28, III, da Lei 8.906/1994, são incompatíveis com a advocacia os detentores de cargos de direção na Administração Pública direta, indireta ou fundacional. Assim, se o PROCON guarda vinculação com o Poder Público (natureza de fundação pública), seu diretor ou presidente será incompatível.

Gabarito "B".

(OAB/Exame Unificado – 2006.3) Quanto às incompatibilidades e impedimentos dos advogados, assinale a opção correta.

(A) O impedimento implica proibição total para o exercício da advocacia, como é o caso dos membros do Poder Judiciário.
(B) Os militares da Marinha, por integrarem a administração federal direta, são impedidos de advogar contra a União, mas não, contra as entidades da administração federal indireta.
(C) Os professores de direito nas universidades públicas federais não são impedidos de advogar contra a União.
(D) Os tabeliães podem exercer a advocacia, exceto no território em que se encontra localizado o seu cartório.

A: incorreta, pois o impedimento implica proibição parcial para advogar, nos termos do art. 27 da Lei 8.906/1994 (Estatuto). Outrossim, os membros do Poder Judiciário, consoante art. 28, II, do Estatuto, são incompatíveis com a advocacia, acarretando, pois, proibição total para advogar; **B:** incorreta (art. 28, VI, da Lei 8.906/1994 – trata-se de incompatibilidade); **C:** correta (art. 30, I e parágrafo único, da Lei 8.906/1994 – embora os professores de universidades públicas federais de direito sejam servidores públicos, ficam excluídos do impedimento); **D:** incorreta, visto que os tabeliães são alcançados pelo art. 28, IV, da Lei 8.906/1994, sendo, portanto, incompatíveis com a advocacia (proibição total para advogar).

Gabarito "C".

(OAB/Exame Unificado – 2006.1) No que se refere à incompatibilidade e ao impedimento do advogado, constantes na Lei n. 8.906/1994, e com base nos precedentes dos tribunais superiores, assinale a opção correta.

(A) A incompatibilidade determina a proibição parcial e o impedimento, a proibição total do exercício da advocacia.
(B) A incompatibilidade do exercício da advocacia com o exercício da função jurisdicional não alcança os advogados membros da justiça eleitoral.
(C) Professores de cursos jurídicos de universidades públicas, investidos em cargo efetivo, são impedidos de advogarem, já que são integrantes da administração indireta.
(D) Um deputado federal, que seja também advogado, não está impedido de advogar contra uma concessionária de serviço público federal.

A: incorreta, pois a incompatibilidade determina a proibição total e o impedimento a proibição parcial para o exercício da advocacia (art.

27 da Lei 8.906/1994 – Estatuto); **B:** correta, pois, de fato, na ADIN 1.127-8, foi feita essa ressalva ao art. 28, II, da Lei 8.906/1994, vale dizer, os membros da advocacia que integrem o TSE e os TRE´s (arts. 119 e 120 da CF), ficam excluídos da incompatibilidade, somente não podendo advogar em matéria eleitoral, especialmente perante os órgãos jurisdicionais que venham a integrar; **C:** incorreta, pois os docentes de cursos jurídicos *não* são impedidos de advogar (art. 30, I e parágrafo único, da Lei 8.906/1994); **D:** incorreta, contraria a previsão contida no art. 30, II, da Lei 8.906/1994).

Gabarito "B".

(FGV – 2008) Entre as hipóteses abaixo, qualifica-se como de impedimento o exercício da advocacia:

(A) por militares de qualquer natureza, na ativa.
(B) por ocupantes de cargos ou funções de direção em órgãos da Administração Pública.
(C) por ocupantes de cargos ou funções que tenham competência para a fiscalização de tributos.
(D) pelos membros do Poder Legislativo, contra ou a favor das pessoas jurídicas de direito público.
(E) pelos membros do Ministério Público e dos Conselhos de Contas.

A: incorreta, pois os militares na ativa têm *incompatibilidade* (art. 28, VI, da Lei 8.906/1994), e não *impedimento*; **B:** incorreta, pois tais agentes públicos têm *incompatibilidade* (art. 28, III, da Lei 8.906/1994), e não *impedimento*; **C:** incorreta, pois os fiscais de tributos têm *incompatibilidade* (art. 28, VII, da Lei 8.906/1994), e não *impedimento*; **D:** correta, pois os membros do Poder Legislativo não têm *incompatibilidade*, que importa na total impossibilidade de exercer a advocacia, mas sim *impedimento*, que, no caso, impede que advoguem apenas contra ou favor das pessoas jurídicas de direito público e das demais pessoas mencionadas no art. 30, II, da Lei 8.906/1994; **E:** incorreta, pois tais agentes públicos têm *incompatibilidade* (art. 28, II, da Lei 8.906/1994), e não *impedimento*.

Gabarito "D".

8. PROCESSO ADMINISTRATIVO DISCIPLINAR

(OAB/Exame Unificado – 2015.3) O Presidente de determinada Seccional da OAB recebeu representação contra advogado que nela era inscrito por meio de missiva anônima, que narrava grave infração disciplinar. Considerando a via eleita para a apresentação da representação, foi determinado o arquivamento do expediente, sem instauração de processo disciplinar. Pouco tempo depois, foi publicada matéria jornalística sobre investigação realizada pela Polícia Federal que tinha como objeto a mesma infração disciplinar que havia sido narrada na missiva anônima e indicando o nome do investigado naquele procedimento inquisitorial. Com base na reportagem, foi determinada, pelo Presidente da Seccional, a instauração de processo disciplinar.

Sobre o procedimento adotado pelo Presidente da Seccional em questão, assinale a afirmativa correta.

(A) Deveria ter instaurado processo disciplinar quando recebeu a missiva anônima.
(B) Não poderia ter instaurado processo disciplinar em nenhuma das oportunidades.
(C) Deveria ter instaurado processo disciplinar em qualquer uma das oportunidades.
(D) Poderia ter instaurado processo disciplinar a partir da publicação da matéria jornalística.

Nos termos do art. 72, caput, do EAOAB, o processo disciplinar instaura-se de ofício ou mediante representação de qualquer autoridade ou pessoa interessada. Por sua vez, corroborando o dispositivo legal citado, o art. 55, §2º, do CED, além de reiterar as duas formas de instauração do processo disciplinar (de ofício ou mediante representação), afirma não ser considerada como fonte idônea, para fins de instauração de ofício, a denúncia anônima. Assim, vamos à análise das alternativas. A e **C:** incorretas, pois representação anônima não é meio adequado de instauração de processo ético-disciplinar; **B:** incorreta, haja vista que, a despeito de o processo disciplinar não poder ser instaurado por missiva (carta) anônima, o mesmo não se pode dizer com relação à reportagem jornalística, que serviu de base (fonte idônea) à instauração, de ofício, pelo Presidente do Conselho Seccional; **D:** correta, pois, como dito, a publicação da matéria jornalística dando conta das investigações perpetradas pela Polícia Federal acerca da infração disciplinar cometida por advogado, pode embasar, perfeitamente, a deflagração do competente processo disciplinar. Neste caso, repita-se, estaremos diante de instauração de ofício.

Gabarito "D".

(OAB/Exame Unificado – 2014.3) O advogado João, inscrito na Seccional do estado X, cometeu grave infração ética ao atuar em determinada causa no estado Y. Assinale a opção que indica o Conselho Seccional com poder de punir disciplinarmente o advogado infrator.

(A) Apenas o Conselho Seccional do estado X terá poder para punir João disciplinarmente.
(B) Apenas o Conselho Seccional do estado Y terá poder para punir João disciplinarmente.
(C) Apenas o Conselho Federal terá poder para punir João disciplinarmente.
(D) Os Conselhos Seccionais dos estados X e Y terão poderes concorrentes para punir João disciplinarmente.

Nos termos do art. 70, *caput*, do Estatuto da OAB, o poder de punir disciplinarmente os inscritos na OAB compete exclusivamente ao Conselho Seccional em cuja base territorial tenha ocorrido a infração, salvo se a falta for cometida perante o Conselho Federal. Portanto, cabe ao Conselho Seccional do lugar da infração, e não o do lugar em que o advogado é inscrito, puni-lo disciplinarmente pelo cometimento de infrações disciplinares. Assim, sendo João inscrito na Seccional X, mas tendo cometido a infração ética no estado Y, competente para a punição será o Conselho Seccional deste último. Correta, portanto, a alternativa B.

Gabarito "B".

(OAB/Exame Unificado – 2012.3.A) Caio é advogado que atua em três estados da federação, possuindo uma inscrição principal e duas suplementares, tendo em vista o número elevado de causas que possui. Em decorrência de conflitos ocorridos em função dos processos em que atua, foram instaurados três processos disciplinares, um em cada seccional onde atua. De acordo com as normas do Estatuto da Advocacia, a competência para julgamento desses processos cabe ao

(A) Conselho Federal da Ordem dos Advogados do Brasil.
(B) Conselho Seccional em que o advogado possui inscrição principal.
(C) Conselho Seccional de cada infração disciplinar.
(D) Conselho Nacional de Justiça.

A: incorreta. Em matéria de competência para julgar processos disciplinares, o Conselho Federal somente o será quando a falta (infração ética) for praticada perante ele (art. 70, *caput*, do Estatuto da OAB), ou quando o infrator for Presidente de Conselho Seccional ou membro do próprio Conselho Federal (art. 58, § 5º, do CED); **B:** incorreta. Como se verá no comentário a seguir, a competência para o julgamento de processo disciplinar não se prende ao local, necessariamente, em que o advogado tenha inscrição (principal ou suplementar). O critério básico é o do "lugar da infração"; **C:** correta. Considerando que o enunciado deixou claro que Caio teve contra si instaurados três processos disciplinares, um em cada seccional onde atua, a competência para julgá-los será, nos termos do já citado art. 70, *caput*, do Estatuto da OAB, do Conselho Seccional em cuja base territorial tenha ocorrido a infração disciplinar (portanto, local de cada infração). Assim, exemplificando, se Caio cometer uma infração ética no Estado do Paraná, outra em Santa Catarina e a última no Rio Grande do Sul, cada um dos Conselhos Seccionais instaurará e julgará os respectivos processos. **D:** incorreta, pois não é competência do CNJ.

Gabarito "C"

(OAB/Exame Unificado – 2011.3.A) Após recebida representação disciplinar sem fundamentos, cabe ao relator designado pelo presidente do Conselho Seccional da OAB, à luz das normas aplicáveis,

(A) arquivar o processo ato contínuo.
(B) propor ao presidente o arquivamento do processo.
(C) designar data para a defesa oral pelo advogado.
(D) julgar improcedente a representação.

A: incorreta, pois o relator do processo disciplinar não poderá, diretamente, arquivar o processo disciplinar destituído de fundamentos, mas, sim, propor o arquivamento ao Presidente da Subseção ou do Conselho Seccional competente (art. 120, § 1º, do Regulamento Geral); **B:** correta (art. 58, § 3º, do Código de Ética e art. 120, § 1º, do Regulamento Geral); **C:** incorreta, pois não se compreende nas competências do relator de processo disciplinar designar data para a defesa oral pelo advogado. Em verdade, o advogado será notificado para apresentar defesa prévia, por escrito (art. 59, *caput*, do Código de Ética); **D:** incorreta, pois não é competência do relator do processo disciplinar julgá-lo, mas, apenas, instruí-lo, emitindo parecer preliminar quando do fim da instrução (art. 120, § 1º, do Regulamento Geral; art. 59, § 7º, do Código de Ética e art. 73, *caput*, do EAOAB).

Gabarito "B"

(OAB/Exame Unificado – 2011.2) José foi condenado criminalmente, com sentença transitada em julgado, e, paralelamente, punido também em processo disciplinar perante a OAB em função dos mesmos atos que resultaram naquela condenação criminal. Nos termos das normas estatutárias, é correto afirmar que

(A) a reabilitação administrativa é pressuposto da criminal.
(B) é pressuposto da reabilitação à OAB o deferimento da criminal.
(C) ambas as reabilitações podem tramitar paralelamente.
(D) a reabilitação administrativa independe da criminal.

Nos termos do art. 41, parágrafo único, do Estatuto da OAB (Lei 8.906/1994 – EAOAB), quando a sanção disciplinar resultar da prática de crime, o pedido de reabilitação (art. 69 do CED) depende também da correspondente reabilitação criminal. Assim, ao que se vê, a reabilitação perante a OAB, apenas em caso de sanção disciplinar que resulte da prática de crime (ex.: crime infamante – art. 34, XXVIII, do EAOAB), exige a prévia reabilitação criminal.

Gabarito "B"

(OAB/Exame Unificado – 2011.1) Em termos de processo disciplinar perante a OAB, é correto dizer que, havendo representação contra presidente de seccional, o órgão competente será o

(A) Conselho Federal da OAB.
(B) Conselho Federal da OAB, quando houver impedimento de dois terços do Conselho Seccional de origem para o julgamento.
(C) Conselho Seccional que for escolhido pelo Conselho Federal da OAB, por maioria absoluta.
(D) próprio Conselho Seccional, impedido o presidente.

A: correta, visto que a representação contra presidente de Conselho Seccional, ou mesmo Conselheiro Federal, determinará a competência do Conselho Federal da OAB (art. 58, § 5º, do CED), não se aplicando a regra geral segundo a qual competirá ao Conselho Seccional em cuja base territorial ocorrer a infração o poder (e dever) de punir o infrator (art. 70, *caput*, do EAOAB); **B**, **C** e **D:** incorretas, pois, como dito, competirá sempre ao Conselho Federal da OAB processar e julgar infração ético-disciplinar praticada por Presidentes de Conselhos Seccionais e membros do próprio Conselho Federal (art. 58, § 5º, do CED).

Gabarito "A"

(OAB/Exame Unificado – 2010.3) O advogado Rodrigo é surpreendido com notificação do Conselho de Ética da OAB para esclarecer determinados fatos que foram comunicados ao órgão mediante denúncia anônima. Apresenta sua defesa e, desde logo, postula a extinção do processo, que não poderia ser instaurado por ter sido a denúncia anônima. Em tal hipótese, à luz das normas do Código de Ética, é correto afirmar que

(A) é instaurado exclusivamente por representação do interessado.
(B) há necessidade de identificação do representante.
(C) não pode ocorrer a instauração, de ofício, do processo disciplinar.
(D) se admite a instauração do processo disciplinar por denúncia anônima.

A: incorreta, pois, de acordo com o art. 55 do CED e art. 72 do Estatuto da OAB (EAOAB – Lei 8.906/1994), o processo disciplinar *instaura-se de ofício ou mediante representação* de qualquer autoridade ou pessoa interessada; **B:** correta, pois, conforme determina o Código de Ética e Disciplina da OAB (CED), especificamente em seu art. 55, §§ 1º e 2º,, é vedada expressamente, como fonte idônea à instauração de processo disciplinar, a *denúncia anônima* (também chamada de *apócrifa*); **C:** incorreta, na medida em que, como visto na alternativa "A", o processo disciplinar inicia-se *de ofício* ou *mediante representação* (art. 72 do EAOAB e *55*, caput, do CED); **D:** incorreta, pelas mesmas razões referidas na alternativa "B" (art. 55, § 2º, do CED).

Gabarito "B"

(OAB/Exame Unificado – 2010.1) De acordo com o Estatuto da Advocacia e da OAB, tem efeito suspensivo recurso contra

(A) decisão não unânime proferida por conselho seccional.
(B) decisão que trate de eleições de membros dos órgãos da OAB.
(C) suspensão preventiva decidida pelo Tribunal de Ética e Disciplina.
(D) cancelamento da inscrição obtida com falsa prova.

A: correta. Todos os recursos têm efeito suspensivo, exceto quando tratam de eleições, suspensão preventiva do TED e cancelamento de inscrição obtida com falsa prova (art. 77, *caput*, do Estatuto da OAB); **B**, **C** e **D:** incorretas. *Vide* justificativa apresentada na opção A.

Gabarito "A"

(OAB/Exame Unificado – 2009.3) A punição disciplinar dos advogados compete ao

(A) conselho seccional do estado onde a infração for cometida, ainda que não seja o local onde o advogado tenha a inscrição principal ou suplementar, desde que a infração não seja praticada perante o Conselho Federal.
(B) conselho seccional do estado onde o advogado tenha inscrição principal ou onde tenha inscrição suplementar, indistintamente.
(C) conselho seccional do estado onde o advogado tenha sua inscrição principal.
(D) conselho seccional do estado onde se tome, primeiramente, conhecimento da infração.

De fato, nos termos do art. 70, *caput*, da Lei 8.906/1994 (Estatuto), compete ao conselho seccional do lugar da infração (e não do lugar em que o advogado tenha inscrição), punir o inscrito que tenha cometido infração disciplinar.

Gabarito "A"

(OAB/Exame Unificado – 2009.3) Assinale a opção correta acerca do processo disciplinar a que se sujeitam os advogados inscritos na OAB.

(A) No processo disciplinar, a pena de suspensão só pode ser imposta após decisão irrecorrível, não se mostrando lícita qualquer espécie de suspensão preventiva.
(B) De acordo com o Estatuto da OAB, o processo disciplinar contra advogado deve tramitar, de regra, com a publicidade devida a qualquer feito.
(C) É possível a revisão do processo disciplinar caso haja erro de julgamento ou condenação baseada em falsa prova.
(D) Apenas o Conselho Federal pode punir disciplinarmente o advogado inscrito na OAB.

A: incorreta, visto que o art. 70, § 3º, da Lei 8.906/1994, admite a suspensão preventiva do advogado caso venha a praticar um grave ato com repercussão prejudicial à dignidade da advocacia, cabendo ao Tribunal de Ética e Disciplina (TED) do local de inscrição (e não do local da infração, nesse caso!) suspender o advogado, pelo prazo de até 90 dias; **B:** incorreta (art. 72, § 2º, da Lei 8.906/1994 – os processos disciplinares tramitam em sigilo, somente tendo acesso a ele as partes, seus procuradores e, em caso de impugnação judicial, o juiz competente); **C:** correta, corresponde ao disposto no art. 73, § 5º, da Lei 8.906/1994; **D:** incorreta (art. 70 da Lei 8.906/1994 – o Conselho Seccional é, em regra, o órgão com poder punitivo, mas caberá ao Conselho Federal punir o advogado em caso de a infração ter sido praticada perante referido órgão, ou, ainda, caso o infrator seja Presidente de Conselho Seccional ou membro do próprio Conselho Federal, consoante dispõe o art. 58, § 5º, do CED).

Gabarito "C"

(OAB/Exame Unificado – 2009.1) Acerca do processo disciplinar regulamentado no Código de Ética e Disciplina da OAB, assinale a opção correta.

(A) Ao relator do processo compete determinar a notificação do representado para a defesa prévia, no prazo de 10 dias, devendo ser designada a defensoria pública em caso de revelia ou quando o representado não for encontrado.
(B) O interessado e o representado deverão incumbir-se do comparecimento das respectivas testemunhas, a não ser que prefiram intimações pessoais, o que deverá ser requerido na representação e na defesa prévia.
(C) Apresentadas as razões finais, o relator profere parecer preliminar e o voto, a ser submetido ao tribunal, a cujo presidente cabe, após o recebimento do processo instruído, inserir o processo na pauta de julgamento.
(D) Caracteriza-se a litigância de má-fé caso se comprove que os interessados no processo tenham nele intervindo de modo temerário, com intuito de emulação ou procrastinação.

A: incorreta, pois o prazo para apresentar defesa prévia é de 15 dias, conforme dispõe o art. art. 59, *caput*, do CED, sendo possível a prorrogação do prazo, por motivo relevante, a juízo do relator (art. 73, § 3º, do EAOAB); **B:** correta, conforme art. 59, § 4º, do CED; **C:** incorreta (arts. 59, §§ 7º e 8º e 69, ambos do CED – concluída a instrução, o relator profere parecer preliminar, a ser submetido ao TED, dando o enquadramento legal aos fatos imputados ao representado; ato seguinte, abre-se o prazo comum de 15 dias para apresentação de razões finais; o Presidente do TED, após o recebimento do processo, devidamente instruído, designará, por sorteio, relator para proferir voto); **D:** incorreta. Nos termos do art. 66 do CED, a conduta dos interessados, no processo disciplinar, que se revele temerária ou caracterize a intenção de alterar a verdade dos fatos, assim como a interposição de recursos com intuito manifestamente protelatório, contrariam os princípios deste Código, sujeitando os responsáveis à correspondente sanção. Não há uma "litigância de má-fé" na acepção técnico-processual do termo, mas, sim, uma falta de ética passível de punição.

Gabarito "B"

(OAB/Exame Unificado – 2008.3) Acerca dos procedimentos relativos ao processo disciplinar, previstos no Código de Ética e Disciplina da OAB, assinale a opção correta.

(A) No processo disciplinar, a representação contra advogados poderá ser anônima a fim de se evitar qualquer perseguição.
(B) O processo disciplinar deverá ser arquivado pelo presidente do conselho seccional caso o representado seja revel ou seja impossível encontrá-lo.
(C) A representação contra presidente de conselho seccional é processada e julgada pelo Conselho Federal da OAB.
(D) O arquivamento das representações feitas perante os conselhos seccionais deverá ser precedido de autorização do presidente do Conselho Federal da OAB.

A: incorreta (art. 55, *§ 2º*, do CED – é vedada a denúncia anônima ou apócrifa, vale dizer, sem assinatura, como fonte idônea a amparar a instauração de processo disciplinar); **B:** incorreta (art. 59, § 2º, do CED – em caso de revelia, caberá ao presidente do Conselho Seccional ou, conforme o caso, do TED, indicar ao advogado acusado um defensor dativo); **C:** correta, em consonância com o disposto no art. 58, § 5º, do CED; **D:** incorreta (art. 58, § 4º, do CED – trata-se de medida que deverá ser tomada pelo presidente do Conselho Seccional ou, conforme o caso, o do TED).

Gabarito "C"

(OAB/Exame Unificado – 2008.3.SP) Assinale a opção correta em relação ao processo disciplinar na OAB.

(A) Na omissão do Regulamento Geral e do Código de Ética e Disciplina, o Estatuto da OAB determina a aplicação subsidiária das regras do direito processual civil nas hipóteses de processo disciplinar.
(B) Os prazos ficam suspensos durante os recessos do Conselho, reiniciando-se sua contagem no primeiro dia útil seguinte ao seu término.

(C) Notificado o advogado para manifestação, a contagem do prazo se iniciará 48 horas após a juntada do aviso de recebimento dos correios.

(D) Os prazos do Estatuto são unificados e, em qualquer caso, são de 15 dias, seja para defesa, razões finais, recursos, seja para juntada do original das peças interpostas via fac-símile.

A: incorreta (art. 68 da Lei 8.906/1994 – ao processo disciplinar, em caso de omissão da legislação específica, aplicar-se-á a legislação processual penal comum, sendo que, para os demais processos, aplicar-se-ão, nessa ordem, as regras de processo administrativo e processo civil); **B:** correta, pois de acordo com o art. 139, § 3º, do Regulamento Geral; **C:** incorreta (art. 69, §§ 1º e 2º, da Lei 8.906/1994). A contagem do prazo irá se iniciar no primeiro dia útil seguinte, a partir da notificação do recebimento, em se tratando de comunicação por ofício reservado ou notificação pessoal. Em se tratando de publicação na imprensa oficial, o prazo fluirá a partir do primeiro dia útil seguinte; **D:** os prazos para manifestações e recursos, de fato, são de 15 dias (art. 69 da Lei 8.906/1994); todavia, quando o recurso é interposto via fac-símile ou similar, o original deve ser entregue até 10 (dez!) dias da data da interposição. *Vide* também o art. 139, § 1º, do Regulamento Geral.

Gabarito "B"

(OAB/Exame Unificado – 2008.3.SP) Ainda no que tange ao processo disciplinar, assinale a opção correta.

(A) Uma vez aplicada sanção no âmbito da OAB, exclui-se qualquer comunicação às autoridades competentes caso o fato constitua crime.

(B) Todos os processos disciplinares dos advogados inscritos na OAB em todo o território nacional serão recebidos no conselho seccional em cuja base territorial tenha ocorrido a infração e encaminhados ao Conselho Federal para imediato julgamento.

(C) O prazo para defesa prévia é improrrogável.

(D) O processo disciplinar na OAB tramita em sigilo até o seu término, contudo terão acesso às informações dos autos as partes, seus defensores e a autoridade judiciária competente.

A: incorreta, pois "A jurisdição disciplinar *não* exclui a comum e, quando o fato constituir crime ou contravenção, deve ser comunicado às autoridades competentes" (art. 71 da Lei 8.906/1994); **B:** incorreta. O julgamento também é feito no Conselho Seccional, exceto se a infração tiver sido cometida perante o Conselho Federal, que será por este julgada (art. 70 da Lei 8.906/1994; art. 58, § 5º, do CED); **C:** incorreta. Esse prazo pode ser prorrogável por motivo relevante, a juízo do relator (art. 73, § 3º, da Lei 8.906/1994); **D:** correta. É o que prevê o art. 72, § 2º, da Lei 8.906/1994.

Gabarito "D"

(OAB/Exame Unificado – 2008.2) Ainda com relação ao tribunal de ética e disciplina da OAB, assinale a opção correta.

(A) Cabe ao tribunal de ética e disciplina da OAB suspender preventivamente o advogado que, por mais de três anos consecutivos, não regularizar suas pendências com a Receita Federal.

(B) O processo disciplinar instaura-se somente por representação do ofendido, não sendo possível fazê-lo de ofício.

(C) Quando, além da infração disciplinar, configurar como crime ou contravenção o fato de que o advogado seja acusado, o julgamento do infrator na justiça comum dependerá de comunicação de tal fato pelo tribunal de ética e disciplina da OAB.

(D) O processo disciplinar perante a OAB tramita em sigilo até que se encerre, só tendo acesso às suas informações as partes, seus defensores e a autoridade judiciária competente.

A: incorreta, visto que não existe essa previsão (art. 70, § 3º, da Lei 8.906/1994). A suspensão preventiva será decretada pelo TED quando o advogado praticar um ato com repercussão prejudicial à dignidade da advocacia; **B:** incorreta (art. 72 da Lei 8.906/1994 e art. 55 do Código de Ética – o processo disciplinar pode ser instaurado de ofício, ou mediante representação, que não poderá ser anônima); **C:** incorreta (art. 71 da Lei 8.906/1994 – as instâncias administrativa e comum são independentes); **D:** correta, consoante disposição do art. 72, § 2º, da Lei 8.906/1994.

Gabarito "D"

(OAB/Exame Unificado – 2008.1) Com relação ao trâmite do processo disciplinar previsto no Estatuto da Advocacia e da OAB, assinale a opção correta.

(A) O processo somente pode ser instaurado mediante representação da pessoa interessada.

(B) O processo tramita em sigilo até o seu término, tendo acesso às suas informações apenas as partes, seus defensores e a autoridade judiciária competente.

(C) Apenas o relator tem acesso às informações do processo.

(D) O prazo para a defesa prévia no processo é improrrogável.

A: incorreta (art. 72 da Lei 8.906/1994 – o processo também pode ser instaurado de ofício); **B:** correta,conforme o art. 72, § 2º, do Estatuto; **C:** incorreta (art. 72, § 2º, da Lei 8.906/1994 – durante o processo disciplinar, apenas as partes, procuradores e autoridade judiciária competente têm acesso, tramitando, no mais, em sigilo, o qual, evidentemente, não existirá ao relator); **D:** incorreta (art. 73, § 3º, da Lei 8.906/1994 – a critério do relator, se houver situação de relevância, o prazo de defesa prévia poderá ser prorrogado).

Gabarito "B"

(OAB/Exame Unificado – 2008.1.SP) Assinale a opção correta no tocante ao Código de Ética e Disciplina da OAB.

(A) O processo disciplinar perante aos conselhos seccionais pode ser instaurado de ofício por qualquer de seus conselheiros ou mediante representação anônima dos clientes que se sintam prejudicados por seus advogados constituídos.

(B) Ao Tribunal de Ética e Disciplina da OAB compete julgar os processos disciplinares dos advogados inscritos nas Seccionais. As consultas, em tese, sobre ética profissional devem ser processadas e respondidas pelo presidente da Seccional.

(C) Representação contra presidente de Conselho Seccional deve ser processada e julgada pelo Conselho Federal da OAB e, não, pelo plenário do tribunal de Ética e Disciplina da sede local.

(D) A representação em face de conselheiro federal deve ser processada e julgada pelo Pleno do Conselho Seccional em que esteja inscrito o conselheiro.

A: incorreta, visto que, consoante preconiza o art. 72, *caput*, da Lei 8.906/1994 e art. 55, § 2º, do CED, não se admite a instauração de processo disciplinar por representação anônima (ou apócrifa, leia-se, sem assinatura); **B:** incorreta (art. 64 do CED – as consultas submetidas ao Tribunal de Ética e Disciplina receberão autuação própria, sendo designado relator, por sorteio, para o seu exame, podendo o Presidente, em face da complexidade da questão, designar, subsequentemente, revisor); **C:** correta (art. 58, § 5º, do CED – trata-se de verdadeiro "foro privilegiado"); **D:** incorreta (art. 58, § 5º, do CED – caberá ao Conselho Federal processar e julgar representações em face de Presidentes de Conselhos Seccionais e membros do próprio Conselho Federal).

Gabarito "C"

(OAB/Exame Unificado – 2008.1.SP) Assinale a opção correta de acordo com a norma em vigor.

(A) A punição disciplinar dos inscritos na OAB compete exclusivamente ao Tribunal de Ética e Disciplina do Conselho Federal da OAB.

(B) Os processos disciplinares contra advogados inscritos na OAB são públicos e não tramitam em sigilo, em respeito ao princípio da publicidade.

(C) As decisões do Tribunal de Ética e Disciplina são soberanas, não estando sujeitas a revisão.

(D) Recebido o processo disciplinar, o Tribunal de Ética e Disciplina deve determinar a notificação do advogado representado para apresentar defesa prévia no prazo de 15 dias.

A: incorreta (art. 70, § 1º, da Lei 8.906/1994 – competirá, em regra, aos Conselhos Seccionais em que forem praticadas as infrações disciplinares a punição aos infratores, com exceção àqueles casos em que caberá ao Conselho Federal o processo e julgamento); **B:** incorreta (art. 72, § 2º, da Lei 8.906/1994 – durante o trâmite dos processos disciplinares, somente as partes, procuradores e juiz competente, em caso de impugnação judicial, terão acesso aos seus termos); **C:** incorreta (arts. 73, § 5º, 75 e 76 da Lei 8.906/1994 – as decisões do TED não são soberanas, desafiando os recursos competentes); **D:** correta, segundo previsão contida no art. 59, *caput*, do CED.

Gabarito "D"

(OAB/Exame Unificado – 2007.3.PR) À luz do Código de Ética e Disciplina da Ordem dos Advogados do Brasil (OAB), assinale a opção correta quanto aos procedimentos do processo disciplinar.

(A) A representação contra membros do Conselho Federal e presidentes dos Conselhos Seccionais é processada e julgada pelo Supremo Tribunal Federal (STF).

(B) Extinto o prazo das razões finais, o relator profere sentença cominatória, a ser submetida ao tribunal.

(C) Em respeito aos direitos e garantias individuais consagrados na CF, os processos disciplinares, instaurados mediante representação dos interessados, devem preservá-los no anonimato. Em tais casos, recebida a representação, o presidente do Conselho Seccional designa como relator um membro da sociedade civil organizada para presidir a instrução processual.

(D) O relator pode propor ao presidente do Conselho Seccional ou da subseção o arquivamento da representação, quando esta estiver desconstituída dos pressupostos de admissibilidade.

A: incorreta (art. 58, § 5º, do CED – caberá ao Conselho Federal processar e julgar as representações contra membros do Conselho Federal e presidentes de Conselhos Seccionais, sendo competente a Segunda Câmara reunida em sessão plenária. A representação contra membros da diretoria do Conselho Federal, Membros Honorários Vitalícios e detentores da Medalha Rui Barbosa será processada e julgada pelo Conselho Federal, sendo competente o Conselho Pleno); **B:** incorreta (arts. 59, § 8º, e 60, ambos do CED – findo o prazo de razões finais, O Presidente do Tribunal de Ética e Disciplina, após o recebimento do processo, devidamente instruído, designa, por sorteio, relator para proferir voto; **C:** incorreta, pois o art. 55, § 2º, do CED, veda a instauração de processos disciplinares por denúncia anônima (ou apócrifa); **D:** correta. Nos termos do art. 58, § 3º, do CED, o Presidente do Conselho competente ou, conforme o caso, o do Tribunal de Ética e Disciplina, proferirá despacho declarando instaurado o processo disciplinar ou determinando o arquivamento da representação, nos termos do parecer do relator ou segundo os fundamentos que adotar.

Gabarito "D"

(OAB/Exame Unificado – 2007.2) Uma empresa brasileira de ônibus, com sede em São Paulo, transportava, da cidade de Campinas – SP para Buenos Aires, na Argentina, passageiros de nacionalidade argentina. Em território brasileiro, houve acidente em que faleceram todos os passageiros e o motorista. João da Silva, advogado inscrito na OAB/SP, colocou anúncios nos principais jornais argentinos, oferecendo seus serviços para o ajuizamento de ação de indenização perante a justiça estadual de São Paulo, com a afirmação de que garantia o êxito da demanda. Para alguns dos familiares dos falecidos, houve, inclusive, o envio de carta com o mesmo teor da propaganda. Em relação à situação acima descrita, assinale a opção correta, de acordo com o Estatuto da OAB.

(A) Ao tomar conhecimento do fato, o tribunal de ética e disciplina da seccional de São Paulo pode suspender o advogado preventivamente, desde que respeitado o contraditório prévio.

(B) A Ordem dos Advogados da Argentina pode instaurar processo ético-disciplinar contra o advogado.

(C) O Conselho Federal é originariamente competente para dar início ao processo disciplinar contra o advogado, visto que a infração de ostensiva propaganda com garantia de êxito na atuação em juízo ocorreu fora do território nacional.

(D) A OAB não poderá aplicar penalidade ao advogado em razão de a publicidade ter ocorrido fora do território nacional.

De acordo com o art. 70, § 3º, da Lei 8.906/1994, praticado um grave ato pelo advogado, com repercussão prejudicial à dignidade da advocacia, poderá o Tribunal de Ética e Disciplina do Conselho Seccional em que o advogado for inscrito suspendê-lo preventivamente, assegurado o contraditório prévio, referida suspensão não poderá superar 90 dias.

Gabarito "A"

(OAB/Exame Unificado – 2006.3) Em caso de repercussão prejudicial à dignidade da advocacia, o advogado pode ser suspenso preventivamente

(A) somente após o julgamento do recurso de ofício pelo conselho pleno da seccional onde tiver a inscrição principal, com o resultado obtido por maioria simples.

(B) pelo presidente da seccional onde tiver a inscrição principal, que recorrerá de ofício ao tribunal de ética e disciplina.

(C) somente em procedimento originário no Conselho Federal da Ordem dos Advogados, por maioria de dois terços de seus membros.

(D) pelo tribunal de ética e disciplina do conselho seccional onde tenha inscrição principal, depois de ouvido em sessão para a qual deverá ser notificado a comparecer.

De acordo com o art. 70, § 3º, da Lei 8.906/1994, praticado um grave ato pelo advogado, com repercussão prejudicial à dignidade da advocacia, poderá o Tribunal de Ética e Disciplina do Conselho Seccional em que o advogado for inscrito suspendê-lo preventivamente, assegurado o contraditório prévio; referida suspensão não poderá superar 90 dias.

Gabarito "D"

(OAB/Exame Unificado – 2006.1) No que se refere ao processo administrativo disciplinar perante a OAB, de que trata a Lei n. 8.906/1994, assinale a opção incorreta.

(A) Salvo disposição em contrário, aplica-se subsidiariamente ao processo disciplinar a legislação processual penal comum.

(B) Em regra, os prazos necessários à manifestação de advogados, estagiários e terceiros, em processos disciplinares da OAB, são de 15 dias.

(C) A competência do Conselho Seccional para punir disciplinarmente os inscritos na OAB firma-se, em regra, pelo lugar da infração.

(D) O processo disciplinar instaura-se apenas por meio de representação de uma autoridade ou por solicitação da pessoa interessada.

A: correta (art. 68 da Lei 8.906/1994); **B:** correta (art. 69 da Lei 8.906/1994); **C:** correta (art. 70, *caput*, da Lei 8.906/1994); **D:** incorreta, devendo ser assinalada (art. 72, *caput*, da Lei 8.906/1994 – admite-se a instauração de processo disciplinar de ofício).

Gabarito "D"

9. DEVERES DOS ADVOGADOS, INFRAÇÕES E SANÇÕES

(OAB/Exame Unificado – 2016.2) Michael foi réu em um processo criminal, denunciado pela prática do delito de corrupção passiva. Sua defesa técnica no feito foi realizada pela advogada Maria, que, para tanto, teve acesso a comprovantes de rendimentos e extratos da conta bancária de Michael. Tempos após o término do processo penal, a ex-mulher de Michael ajuizou demanda, postulando, em face dele, a prestação de alimentos. Ciente de que Maria conhecia os rendimentos de Michael, a autora arrolou a advogada como testemunha.

Considerando o caso narrado e o disposto no Código de Ética e Disciplina da OAB, assinale a afirmativa correta.

(A) Maria deverá depor como testemunha, prestando compromisso de dizer a verdade, e revelar tudo o que souber, mesmo que isto prejudique Michael, uma vez que não é advogada dele no processo de natureza cível.

(B) Maria deverá depor como testemunha, mesmo que isto prejudique Michael, uma vez que não é advogada dele no processo de natureza cível, mas terá o direito e o dever de se calar apenas quanto às informações acobertadas pelo sigilo bancário de Michael.

(C) Maria deverá recursar-se a depor como testemunha, exceto se Michael expressamente autorizá-la, caso em que deverá informar o que souber, mesmo que isto prejudique Michael.

(D) Maria deverá recursar-se a depor como testemunha, ainda que Michael expressamente lhe autorize ou solicite que revele o que sabe.

Nos termos do art. 38 do CED, o advogado não é obrigado a depor, em processo ou procedimento judicial, administrativo ou arbitral, sobre fatos a cujo respeito deva guardar sigilo profissional. No CED "antigo", o art. 26, com redação semelhante àquela prevista no precitado art. 38 do Novo CED, previa expressamente que o advogado poderia recusar o depoimento ainda que autorizado ou solicitado pelo constituinte. Embora tal previsão não mais conste expressamente no Novo Código de Ética, que entrou em vigor em 1º de setembro de 2016, é fato que a prerrogativa em comento (direito de não depor, como testemunha, em processos cujos fatos envolvam o sigilo profissional), prevista no art. 7º, XIX, do EAOAB, já dispunha que o advogado poderia recusar-se a depor "mesmo quando autorizado ou solicitado pelo constituinte", razão por que não houve alteração no tema em enfoque. Em outras palavras, e em reforço, poderá o advogado recusar-se a depor como testemunha em processos ou procedimentos cujos fatos discutidos estejam acobertados pelo sigilo profissional, ainda que o cliente autorize ou solicite o depoimento (art. 38 do Novo CED c.c. art. 7º, XIX, do EAOAB). Correta, pois, a alternativa "D", estando as demais em descompasso com o CED e EAOAB.

Gabarito "D"

(OAB/Exame Unificado – 2016.2) A advogada Dolores cometeu infração disciplinar sujeita à sanção de suspensão em 12/07/2004. Em 13/07/2008 o fato foi oficialmente constatado, tendo sido encaminhada notícia a certo Conselho Seccional da OAB. Em 14/07/2010 foi instaurado processo disciplinar. Em 15/07/2012 foi aplicada definitivamente a sanção disciplinar de suspensão.

Sobre o tema, assinale a afirmativa correta.

(A) A pretensão à punibilidade das infrações disciplinares prescreve em oito anos. No caso narrado, não se operou o fenômeno prescritivo.

(B) A pretensão à punibilidade das infrações disciplinares prescreve em cinco anos. No caso narrado, operou-se o fenômeno prescritivo, pois decorridos mais de cinco anos entre a data do fato e a instauração do processo disciplinar.

(C) A pretensão à punibilidade das infrações disciplinares prescreve em oito anos. No caso narrado, operou-se o fenômeno prescritivo, pois decorridos mais de oito anos entre a data do fato e a aplicação definitiva da sanção disciplinar.

(D) A pretensão à punibilidade das infrações disciplinares prescreve em cinco anos. No caso narrado, não se operou o fenômeno prescritivo.

Nos termos do art. 43 do EAOAB, temos que a prescrição da pretensão punitiva da OAB, no tocante às infrações disciplinares, opera-se no prazo de 5 (cinco) anos, contados da constatação oficial do fato. Assim, importante assinalar que o termo inicial de contagem do prazo prescricional não é o do cometimento da infração disciplinar, mas, sim, da data em que a OAB toma conhecimento do fato. Demais disso, o §2º, do referido dispositivo legal, enuncia as causas interruptivas da prescrição, a saber: instauração do processo disciplinar, notificação válida feita diretamente ao representado e decisão condenatória recorrível de qualquer órgão julgador da OAB. Assim, vamos às alternativas. A e **C:** incorretas, pois a prescrição da pretensão punitiva da OAB verifica-se em cinco anos, e não em oito anos, como afirma a assertiva; **B:** incorreta, pois o início de fluência do prazo prescricional é a constatação oficial do fato (no caso, o dia 13/07/2008, data em que o fato foi oficialmente constatado pelo Conselho Seccional); **D:** correta. De fato, no caso narrado, não se operou a prescrição. A partir de 13/07/2008, data da constatação oficial do fato, teve início o curso do prazo prescricional. Contudo, em 14/07/2010 foi instaurado o processo disciplinar, o que interrompeu a prescrição (lembre-se: a instauração do processo é causa interruptiva da prescrição!). Assim, tendo a condenação sido proferida em 15/07/2012, não se cogita ter havido prescrição. Importante anotar que se o processo, a partir de sua instauração, tivesse permanecido paralisado por mais de três anos, pendente de despacho ou julgamento, teria se operado a chamada prescrição intercorrente, prevista no art. 43, §1º, do EAOAB.

Gabarito "D"

(OAB/Exame Unificado – 2016.2) Guilherme é advogado de José em ação promovida por este em face de Bruno, cujo advogado é Gabriel. Na audiência de conciliação, ao deparar-se com Bruno, Guilherme o reconhece como antigo amigo da época de colégio, com o qual havia perdido contato. Dias após a realização da audiência, na qual foi frustrada a tentativa de conciliação, Guilherme se reaproxima de Bruno, e com vistas a solucionar o litígio, estabelece entendimento sobre a causa diretamente com ele, sem autorização de José e sem ciência de Gabriel.

Na situação narrada,

(A) Guilherme cometeu infração disciplinar ao estabelecer entendimento com Bruno, tanto pelo fato de não haver ciência de Gabriel, como por não haver autorização de José.

(B) Guilherme cometeu infração disciplinar ao estabelecer entendimento com Bruno, pelo fato de não haver ciência de Gabriel, mas não por não haver autorização de José.

(C) Guilherme cometeu infração disciplinar ao estabelecer entendimento com Bruno, pelo fato de não haver autorização de José, mas não por não haver ciência de Gabriel.

(D) Guilherme não cometeu infração disciplinar ao estabelecer entendimento com Bruno, sem ciência de Gabriel ou autorização de José.

Nos termos do art. 34, VIII, do EAOAB, constitui infração disciplinar estabelecer entendimento com a parte adversa sem autorização do cliente ou ciência do advogado contrário. No caso relatado no enunciado, o advogado Guilherme, sem autorização de seu cliente José, e sem a ciência de Gabriel, advogado de Bruno, com este estabeleceu, diretamente, entendimento sobre a causa. Assim, Guilherme, de fato, incorreu na infração disciplinar tipificada pelo referido art. 34, VIII, do EAOAB. Correta, pois, a alternativa "A". Frise-se que um advogado não poderá estabelecer entendimento sobre a causa em curso diretamente com a parte adversa sem que o advogado desta tenha ciência, ou mesmo sem autorização do cliente.

Gabarito "A".

(OAB/Exame Unificado – 2016.1) Os advogados Ivan e Dimitri foram nomeados, por determinado magistrado, para prestarem assistência jurídica a certo jurisdicionado, em razão da impossibilidade da Defensoria Pública. As questões jurídicas debatidas no processo relacionavam-se à interpretação dada a um dispositivo legal. Ivan recusou-se ao patrocínio da causa, alegando que a norma discutida também lhe é aplicável, não sendo, por isso, possível que ele sustente em juízo a interpretação legal benéfica à parte assistida e prejudicial aos seus próprios interesses. Dimitri também se recusou ao patrocínio, pois já defendeu interpretação diversa da mesma norma em outro processo. Sobre a hipótese apresentada, é correto afirmar que

(A) Ivan e Dimitri cometeram infração disciplinar, pois é vedado ao advogado recusar-se a prestar assistência jurídica, sem justo motivo, quando nomeado em virtude de impossibilidade da Defensoria Pública.

(B) apenas Dimitri cometeu infração disciplinar, pois não se configura legítima a recusa por ele apresentada ao patrocínio da causa, sendo vedado ao advogado, sem justo motivo, recusar-se a prestar assistência jurídica, quando nomeado em virtude de impossibilidade da Defensoria Pública.

(C) apenas Ivan cometeu infração disciplinar, pois não se configura legítima a recusa por ele apresentada ao patrocínio da causa, sendo vedado ao advogado, sem justo motivo, recusar-se a prestar assistência jurídica, quando nomeado.

(D) nenhum dos advogados cometeu infração disciplinar, pois se afiguram legítimas as recusas apresentadas ao patrocínio da causa.

Nos termos do art. 4º, parágrafo único, do Código de Ética e Disciplina (CED), é legítima a recusa, pelo advogado, do patrocínio de causa e de manifestação, no âmbito consultivo, de pretensão concernente a direito que também lhe seja aplicável ou contrarie orientação que tenha manifestado anteriormente. No caso relatado no enunciado, o advogado Ivan recusou-se a patrocinar a causa para a qual fora indicada pelo magistrado em razão de afirmar que as questões jurídicas debatidas no processo se relacionavam a dispositivo legal que também lhe é aplicável. Assim, sua recusa foi justa. O mesmo se pode dizer com relação a Dimitri, que em outro processo defendeu interpretação diversa da mesma norma objeto de discussão no processo. Portanto, para ambos os advogados não se pode cogitar de cometimento da infração disciplinar prevista no art. 34, XII, do EAOAB, que dispõe constituir infração a recusa, sem justo motivo, à prestação de assistência jurídica em caso de nomeação em virtude de impossibilidade da Defensoria Pública. Na espécie, a recusa apresentada pelos advogados Ivan e Dimitri, como visto, o foi com justo motivo, afastando, pois, a infração ético-disciplinar. Correta a alternativa D, estando as demais em descompasso com o que dispõem o CED e o EAOAB.

Gabarito "D".

(OAB/Exame Unificado – 2015.2) O advogado F recebe do seu cliente WW determinada soma em dinheiro para aplicação em instrumentos necessários à exploração de jogo não autorizado por lei. Nos termos do Estatuto da Advocacia, a infração disciplinar

(A) decorre somente se o advogado exige o valor para aplicação ilícita.

(B) surge diante do recebimento para aplicação ilícita.

(C) inocorre, pois se trata de mero ilícito moral.

(D) é descaracterizada por ausência de previsão legal.

Nos termos do art. 34, XVIII, do EAOAB, constitui infração disciplinar solicitar ou receber de constituinte qualquer importância para aplicação ilícita ou desonesta. No caso relatado no enunciado, o advogado receber de seu cliente determinada quantia em dinheiro para aplicação em instrumentos necessários à exploração de jogo não autorizado por lei, portanto, para aplicação ilícita. Correta, portanto, a alternativa B. Apenas por curiosidade, referida infração disciplinar enseja a aplicação da pena de suspensão (art. 37, I, do EAOAB).

Gabarito "B".

(OAB/Exame Unificado – 2015.1) O advogado Felício é contatado pelo seu cliente Paulo que pretende promover ação de responsabilidade civil em face de Rosa, por danos causados à sua honra e ao seu patrimônio material. Nas tratativas, o cliente cientifica o advogado que presenciara diversos atos criminosos praticados por Rosa e por seus familiares Marta e Fábio. Contratado para realizar os seus serviços profissionais, apresenta diversas ações contra o réu Rosa em que descreve seus crimes e os praticados por Marta e Fábio, seus filhos. A petição é subscrita somente pelo advogado e a procuração tem os poderes gerais para o foro. Nos termos do Estatuto da Advocacia,

(A) é inerente à atividade postulatória a menção a crimes praticados pelas partes ou terceiros.

(B) é decorrente do processo a indicação dos fatos essenciais ao deslinde da causa, inclusive os criminosos, que somente demandam ciência do advogado.
(C) é essencial a autorização escrita para imputação a terceiro de fato definido como crime.
(D) é possível a descrição de fatos criminosos atribuídos a partes ou a terceiros por autorização verbal.

Nos termos do art. 34, XV, do Estatuto da OAB, constitui infração disciplinar o fato de o advogado fazer, em nome do constituinte, *sem autorização escrita deste*, imputação a terceiro de fato definido como crime. Assim, vamos às alternativas. **A:** incorreta, pois não é verdade ser inerente à atividade postulatória a menção a crimes cometidos pelas partes ou terceiros. Como se diz usualmente, "cada caso é um caso". A menção a crimes praticados por partes ou terceiros poderá ser relevante, e até necessária como linha de defesa dos interesses da parte, mas sempre à luz do caso concreto; **B:** incorreta, pois, como visto, a indicação de fatos criminosos pelo advogado, que "fala" em nome do cliente, será possível desde que este concorde, e por escrito; **C:** correta, sendo imprescindível a autorização escrita do cliente para que o advogado impute a alguém um fato definido como crime. Lembre-se que a falsa imputação de fato definido como crime caracteriza calúnia (art. 138, CP); **D:** incorreta, pois, como visto, a autorização deve ser por escrito.

Gabarito "C"

(OAB/Exame Unificado – 2015.1) Ao final de audiência de instrução e julgamento realizada em determinada vara criminal, o juiz solicita que o advogado não deixe o recinto, bem como que ele atue em outras duas audiências que ali seriam realizadas em seguida. O advogado recusa-se a participar das outras duas audiências mencionadas, até mesmo por haver Defensor Público disponível. Com base no caso exposto, assinale a afirmativa correta.

(A) O advogado não cometeu infração ética, porque apenas resta configurada infração disciplinar na recusa do advogado a prestar assistência jurídica quando há impossibilidade da Defensoria Pública.
(B) O advogado cometeu infração ética, porque ele já estava na sala de audiências.
(C) O advogado não cometeu infração ética, porque é vedado ao advogado participar de duas audiências sucessivas.
(D) O advogado cometeu infração ética, porque ele tem o dever de contribuir para a boa administração da justiça.

Nos termos do art. 34, XII, do Estatuto da OAB, constitui infração disciplinar o fato de o advogado recusar-se a prestar, sem justo motivo, assistência jurídica, quando nomeado em virtude de impossibilidade da Defensoria Pública. Baseando-se no dispositivo citado, passemos às alternativas. **A:** correta, pois, no caso relatado no enunciado, havia defensor público disponível, razão suficiente a motivar a recusa do advogado em atuar nas audiências; **B:** incorreta, pois o fato de um advogado encontrar-se na sala de audiências não constitui motivo para que seja obrigado a atuar nas audiências subsequentes em prol das partes, ainda mais, repita-se, quando houver Defensoria Pública no local; **C:** incorreta, por falta de previsão legal. Não há qualquer proibição em um advogado participar de audiências sucessivas; **D:** incorreta. Nada obstante o advogado seja figura indispensável à administração da justiça (art. 133, CF), não incorrerá em ilícito disciplinar quando se recusar a patrocinar causas quando, na Comarca, houver Defensoria Pública

Gabarito "A"

(OAB/Exame Unificado – 2015.1) Pedro, em determinado momento, recebeu uma proposta de Antônio, colega de colégio, que se propôs a agenciar a indicação de novos clientes, mediante pagamento de comissão, a ser retirada dos honorários cobrados aos clientes, nos moldes da prática desenvolvida entre vendedores da área comercial. Com base no caso relatado, observadas as regras do Estatuto da OAB, assinale a afirmativa correta.

(A) O advogado pode aceitar a sugestão, tendo em vista a moderna visão mercantil da profissão.
(B) Caso a Seccional da OAB autorize, registrando avença escrita entre o advogado e o agenciador, é possível.
(C) Sendo publicizada a relação entre o advogado e o agenciador, está preenchido o requisito legal.
(D) Há vedação quanto ao agenciamento de clientela, sem exceções.

Nos termos do art. 34, incisos III e IV, do Estatuto da OAB, constitui infração disciplinar o fato de o advogado valer-se de agenciador de causas, mediante participação nos honorários a receber, bem como angariar ou captar causas, com ou sem a intervenção de terceiros. Portanto, correta a alternativa D, sendo vedado o agenciamento de clientela, seja mediante pagamento de parte dos honorários, seja valendo-se de terceiros para a angariação ou captação de causas.

Gabarito "D"

(OAB/Exame Unificado – 2014.3) Antônio recebe Paulo, um antigo cliente do escritório de advocacia onde presta serviços. Após a entrevista, o preenchimento de relatório com os dados pessoais do cliente e a requisição dos documentos necessários, Antônio realiza a análise final dois dias depois da entrevista com o cliente e verifica que existe norma legal que contraria, expressamente, a pretensão apresentada.

Sobre o caso, observadas as regras do Estatuto da OAB, assinale a afirmativa correta.

(A) O advogado pode postular contra texto expresso de lei.
(B) O advogado deve aconselhar o cliente a procurar o Ministério Público para propor ação contra a lei.
(C) O advogado pode se opor à norma expressa, aduzindo a sua inconstitucionalidade.
(D) O advogado deve indicar ao cliente a desistência da ação, por não portar solução para o problema.

Nos termos do art. 34, VI, do Estatuto da OAB, constitui infração disciplinar advogar contra literal disposição de lei, presumindo-se a boa-fé quando fundamentado na inconstitucionalidade, na injustiça da lei ou em pronunciamento judicial anterior. Em outras palavras, não é lícito ao advogado propor ações que contrariem literalmente a disposição de uma lei, pois, como sabemos, há uma presunção de que as leis sejam legítimas e constitucionais. Contudo, não haverá má-fé do advogado que atuar contra literal disposição de lei em três casos: 1º – se alegar a sua inconstitucionalidade; 2º – se alegar sua injustiça; ou 3º – se se basear em pronunciamento judicial anterior (jurisprudência, por exemplo). Assim, vamos às alternativas. **A:** incorreta, pois vimos que poderá o advogado Antônio, após constatar que uma norma legal contraria a pretensão apresentada por seu cliente, postular contra o texto expresso da lei, desde que invoque uma das três situações anteriormente descritas (inconstitucionalidade, injustiça ou pronunciamento judicial anterior); **B:** incorreta, pois o Estatuto da OAB permite ao advogado atuar na defesa de determinada pretensão mesmo quando haja lei em sentido contrário, desde que, repita-se, seja invocada sua inconstitucionalidade, injustiça ou existência de pronunciamento judicial anterior; **C:** correta, estando em consonância com o precitado art. 34, VI, do EAOAB; **D:** incorreta, pois o advogado, mesmo tendo constatado que a pretensão do cliente esbarra em texto legal, poderá prosseguir com a causa, desde que se valha de uma das três situações em que haverá boa-fé em postulação contra literal disposição de lei.

Gabarito "C"

(OAB/Exame Unificado – 2014.3) Sobre a prescrição da pretensão punitiva das infrações disciplinares, assinale a afirmativa correta.

(A) A pretensão punitiva quanto às infrações disciplinares prescreve em cinco anos, contados da data da constatação oficial do fato, interrompendo-se pela instauração de processo disciplinar ou pela notificação válida do representado.

(B) A pretensão punitiva das infrações disciplinares prescreve em três anos, contados da data da constatação oficial do fato, interrompendo-se pela instauração de processo disciplinar ou pela notificação válida do representado.

(C) A pretensão punitiva das infrações disciplinares é imprescritível.

(D) A pretensão punitiva das infrações disciplinares prescreve em cinco anos, contados da data da constatação oficial do fato, não havendo previsão legal de marco interruptivo de tal prazo prescricional.

A: correta a assertiva, estando em consonância com o art. 43, *caput*, e § 2º, I, do EAOAB, conforme será melhor explicitado nos comentários às demais alternativas; **B** e **C:** incorretas. Nos termos do art. 43, *caput*, do EAOAB, a pretensão à punibilidade das infrações disciplinares prescreve em cinco anos, contados da data da constatação oficial do fato; **D:** incorreta. Nos termos do § 2º, do referido dispositivo legal, haverá a interrupção do prazo prescricional (ou seja, seu reinício) com a instauração do processo disciplinar ou pela notificação válida feita diretamente ao representado (inc. I), bem como pela decisão condenatória recorrível de qualquer órgão julgador da OAB (inc. II).

Gabarito "A"

(OAB/Exame Unificado – 2014.2) Ao requerer sua inscrição nos quadros da OAB, Maria assinou e apresentou declaração em que afirmava não exercer cargo incompatível com a advocacia. No entanto, exercia ela ainda o cargo de Oficial de Justiça no Tribunal de Justiça do seu Estado. Pouco tempo depois, já bem sucedida como advogada, pediu exoneração do referido cargo. No entanto, um desafeto seu, tendo descoberto que Maria, ao ingressar nos quadros da OAB, ainda exercia o cargo de Oficial de Justiça, comunicou o fato à entidade, que abriu processo disciplinar para apuração da conduta de Maria, tendo ela sido punida por ter feito falsa prova de um dos requisitos para a inscrição na OAB. De acordo com o EAOAB, assinale a opção que indica a penalidade que deve ser aplicada a Maria.

(A) Maria não deve ser punida porque, ao tempo em que os fatos foram levados ao conhecimento da OAB, ela já não mais exercia cargo incompatível com a advocacia.

(B) Maria não deve ser punida porque o cargo de Oficial de Justiça não é incompatível com o exercício da advocacia, não tendo Maria, portanto, feito prova falsa de requisito para inscrição na OAB.

(C) Maria deve ser punida com a pena de suspensão, pelo prazo de trinta dias.

(D) Maria deve ser punida com a pena de exclusão dos quadros da OAB.

A: incorreta, pois Maria, à época em que requereu sua inscrição nos quadros da OAB como advogada, já exercia atividade incompatível (Oficial de Justiça), nos termos do art. 28, IV, do EAOAB. Assim, somente obteve referida inscrição fazendo falsa prova de um dos requisitos exigidos para tanto (art. 8º, V, do EAOAB), qual seja, o de não exercer atividade incompatível com a advocacia. Logo, deverá, sim, ser punida; **B:** incorreta, pois o cargo de Oficial de Justiça é incompatível (gera proibição total) com a advocacia, nos termos do art. 28, IV, do EAOAB; **C:** incorreta, pois a conduta praticada por Maria não se amolda às hipóteses de suspensão (art. 37 c.c. art. 34, XVII a XXV, do EAOAB); **D:** correta. De fato, como Maria somente obteve a inscrição na OAB fazendo uma falsa prova de um dos requisitos para a inscrição, qual seja, o de não exercer atividade incompatível com a advocacia (art. 8º, V, do EAOAB), deverá ser punida com exclusão (art. 38 c.c. art. 34, XXVI, do EAOAB).

Gabarito "D"

(OAB/Exame Unificado – 2013.3) O advogado João foi contratado por José para atuar em determinada ação indenizatória. Ao ter vista dos autos em cartório, percebeu que José já estava representado por outro advogado na causa. Mesmo assim, considerando que já havia celebrado contrato com José, mas sem contatar o advogado que se encontrava até então constituído, apresentou petição requerendo juntada da procuração pela qual José lhe outorgara poderes para atuar na causa, bem como a retirada dos autos em carga, para que pudesse examiná-los com profundidade em seu escritório.

Com base no caso apresentado, assinale a afirmativa correta.

(A) O advogado João não cometeu infração disciplinar, pois apenas requereu a juntada de procuração e realizou carga dos autos do processo, sem apresentar petição com conteúdo relevante para o deslinde da controvérsia.

(B) O advogado João cometeu infração disciplinar, não por ter requerido a juntada de procuração nos autos, mas sim por ter realizado carga dos autos do processo em que já havia advogado constituído.

(C) O advogado João não cometeu infração disciplinar, pois, ao requerer a juntada da procuração nos autos, já havia celebrado contrato com José.

(D) O advogado João cometeu infração disciplinar prevista no Código de Ética e Disciplina da OAB, pois não pode aceitar procuração de quem já tenha patrono constituído, sem prévio conhecimento do mesmo.

A e **C:** incorretas, pois o advogado João, ciente de que José tinha advogado constituído nos autos no momento em que deles teve vista em cartório, ainda assim optou por ingressar no feito, peticionando pela juntada de procuração outorgada pelo cliente. Assim, até por bom senso, o candidato-leitor deveria, pelo menos, desconfiar, que a postura do advogado fora antiética; **B:** incorreta, visto que o advogado cometera infração disciplinar não pelo só fato de ter realizado carga dos autos, mas, sim, por haver ingressado em processo com outro advogado já constituído, conforme será melhor explicado no comentário à próxima alternativa; **D:** correta, pois, nos termos do art. 14 do Código de Ética e Disciplina (CED), o advogado não deve aceitar procuração de quem já tenha patrono constituído, sem prévio conhecimento deste, salvo por motivo plenamente justificável ou para adoção de medidas judiciais urgentes e inadiáveis. No caso trazido no enunciado, ficou claro que João, ciente do fato de José já ter advogado constituído nos autos, insistiu em prosseguir com o mandato, inclusive peticionando e requerendo a juntada de procuração. Destarte, nos termos do art. 36, II, do Estatuto da OAB (EAOAB), João cometeu infração disciplinar punível com censura, visto que violou preceito do Código de Ética e Disciplina, qual seja, o já citado art. 14 de referido diploma normativo.

Gabarito "D"

(OAB/Exame Unificado – 2013.3) Fernanda, advogada regularmente inscrita nos quadros da OAB, atua, individualmente, sem sócios, em seu escritório situado no centro da cidade "Z", onde recebe os seus clientes para atividades de assessoria e consultoria, atuando também no contencioso cível, administrativo e trabalhista.

Em visita de cortesia, recebe sua prima Giselda que, estudando Economia, tem acesso a várias pessoas de prestigio social, econômico e financeiro, em razão da sua atividade como assessora da diretoria de associação empresarial. Por força desses vínculos, sua prima começa a indicar clientes para a advogada, que amplia o seu escritório e passa a realizar parcerias com outros colegas, diante do aumento das causas a defender. Não existe qualquer acordo financeiro entre a advogada e a economista.

Com base na situação descrita, nos termos do Estatuto da Advocacia, assinale a afirmativa correta.

(A) Constitui atividade infracional disciplinar receber clientes de pessoa com relação de parentesco e prestígio social.

(B) Constitui atividade corriqueira, não infracional, o relacionamento social com parentes ou não.

(C) Constitui atividade ilícita por valer-se de parentes para obtenção de clientela, mesmo gratuitamente.

(D) Constitui atividade vedada, uma vez que a clientela deve ser formada espontaneamente pelo advogado.

A banca examinadora (FGV) assinalou como correta a alternativa B, concluindo que a situação relatada no enunciado é corriqueira, não infracional. Todavia, à época em que a questão foi formulada, divulgamos nas redes sociais, em nosso entendimento, o desacerto da conclusão indicada como adequada na prova. Assim, entendemos que a advogada Fernanda, prima de Giselda, ao passar a recepcionar e conseguir clientes indicados rotineiramente por sua parente e, em razão disso, de acordo com a própria questão, "*amplia seu escritório e passa a realizar parcerias com outros colegas, diante do aumento das causas a defender*", incorreu na infração descrita no art. 34, IV, do Estatuto da OAB (EAOAB), qual seja, a de "*angariar ou captar causas, com ou sem a intervenção de terceiros*". Por esse motivo, acreditamos que a resposta assinalada como correta pela FGV não coaduna com o texto legal. Afinal, da forma como consta no enunciado, Giselda tornou-se uma "indicadora profissional e habitual de clientela" à advogada Fernanda, que, com a intervenção de sua prima, passou a captar causas, conduta considerada infracional. Assim, embora não estejam perfeitas do ponto de vista técnico, as alternativas A, C e D, por indicarem ter havido prática de atividade vedada, ilícita ou infracional pela advogada, estão mais consentâneas com o art. 34, IV, do EAOAB. Porém, como não se pode admitir pergunta com mais de uma alternativa correta, a solução mais justa seria a anulação da questão, o que inocorreu, infelizmente.

Gabarito "B".

(OAB/Exame Unificado – 2013.2) O advogado Mário celebrou contrato de honorários com seu cliente, para atuar em reclamação trabalhista. No contrato restou estabelecido que, em caso de êxito, ele receberia, a título de honorários contratuais, o valor de 60% do que fosse recebido pelo cliente, que havia sido dispensado pelo empregador e encontra-se em situação econômica desfavorável.

A respeito do caso apresentado, assinale a afirmativa correta.

(A) Mário não cometeu infração disciplinar, uma vez que tendo celebrado contrato de honorários, ele pode cobrar de seu cliente o valor que entender compatível com o trabalho desenvolvido.

(B) Mário não cometeu infração disciplinar, pois causas trabalhistas são muito complexas, justificando-se, assim, a cobrança de honorários elevados.

(C) Mário violou dispositivo do Código de Ética e Disciplina da OAB, segundo o qual os honorários profissionais devem ser fixados com moderação.

(D) Mário violou dispositivo do Código de Ética e Disciplina da OAB, que veda a cobrança de honorários profissionais com base em percentual do valor a ser recebido pela parte.

A e **B:** incorretas. Não é verdade que um advogado, a despeito de entabular com seu cliente contrato de honorários, possa cobrar o valor que entender compatível com seu trabalho. É que o art. 49 do Código de Ética e Disciplina (CED) consagra o "princípio da moderação", ou seja, os honorários devem ser fixados com moderação. E, no caso relatado no enunciado, a cobrança de 60% (sessenta por cento) de todo o proveito econômico da causa, evidentemente, se afigura imoderada; **C:** correta. Como visto, o advogado, na cobrança de seus honorários, deve pautar-se pela moderação (art. 49 do CED). O percentual cobrado pelo advogado, como visto, não é moderado, já que receberia valor superior àquele percebido pelo cliente. Aqui, o advogado seria verdadeiro "sócio majoritário" na causa, o que não se poderia admitir. Deve-se ponderar, ainda, que a forma de honorários com pacto ou cláusula *quota litis* (cláusula de sucesso), segundo a qual o advogado somente receberá os honorários em caso de êxito na demanda, não admite que os ganhos do profissional superem aqueles alcançados pelo cliente (art. 50 do CED); **D:** incorreta. O CED, no art. 50, admite a adoção de cláusula *quota litis*, que corresponderá a um percentual que o advogado fará jus do proveito econômico da causa para o seu cliente. Assim, não há vedação de estipulação dos honorários em percentual a ser recebido pela parte, desde que haja moderação (art. 49 do CED), e que o montante percebido pelo causídico não supere os ganhos do cliente.

Gabarito "C".

(OAB/Exame Unificado – 2013.1) João, além de advogado, é próspero fazendeiro no Estado W. Após fiscalização regular, é comunicado que seus trabalhadores estão em situação irregular, análoga à de escravidão.

Nos termos do Código de Ética, o advogado deve

(A) ignorar a comunicação porque são separadas as atividades de advogado e fazendeiro.

(B) deixar de prestar concurso a atos que atentem contra a dignidade da pessoa humana.

(C) atuar como advogado na defesa da situação considerada irregular, ignorando as acusações.

(D) defender sua atuação como fazendeiro que obedece a regras peculiares e costumeiras.

Nos termos do art. 2º, parágrafo único, VIII, "c", do Código de Ética e Disciplina, é dever do advogado abster-se de emprestar concurso (leia-se: auxiliar) aos que atentem contra a ética, a moral, a honestidade e a *dignidade da pessoa humana*. Ora, tomando conhecimento de que trabalhadores de sua fazenda estão em situação irregular, análoga à de escravidão, é dever de João fazer cessar referida situação, deixando de auxiliar ou de concorrer para a prática de atos atentatórios à dignidade da pessoa humana. O fato de o advogado ser, também, fazendeiro, não induz pensar que seus atos devam ser pautados por esta ou aquela atividade. Um advogado deve, sempre, ter conduta reta e ética.

Gabarito "B".

(OAB/Exame Unificado – 2013.1) O advogado Mário, para ilustrar a tese que desenvolvia, fez inserir, em petição por ele apresentada, citação de julgado inexistente. Inseriu, ainda, citação doutrinária, cujo teor foi completamente deturpado.

A respeito da hipótese, assinale a afirmativa correta.

(A) Mário não cometeu infração disciplinar, pois o advogado, amparado no princípio da ampla defesa, deve ter liberdade para defender os interesses de seus clientes da forma que achar conveniente.
(B) Mário cometeu infração disciplinar punível com pena de censura, nos termos do EAOAB, e violou dispositivo do Código de Ética e Disciplina da OAB.
(C) Mário cometeu infração disciplinar punível com pena de exclusão, nos termos do EAOAB, e violou dispositivo do Código de Ética e Disciplina da OAB.
(D) Mário não cometeu infração disciplinar prevista no EAOAB, tendo apenas violado dispositivo do Código de Ética e Disciplina da OAB.

A: incorreta. Mesmo que o candidato desconhecesse a existência de infração ética específica para o caso, deveria, no mínimo, desconfiar a irregularidade de um advogado fazer citação de julgado inexistente em peça processual, bem como deturpar citação doutrinária, causas, sem dúvida, de infração disciplinar; **B:** correta. O art. 34, XIV, do Estatuto da OAB, diz ser infração disciplinar deturpar o teor de dispositivo de lei, de citação doutrinária, bem como de depoimentos, documentos e alegações da parte contrária, para confundir o adversário ou iludir o juiz da causa. Para referida infração disciplinar, Mário deverá ser punido com censura (art. 36, I, do Estatuto). Frise-se que a conduta do advogado de deturpar dispositivo legal e jurisprudencial colide com seu dever ético de atuar com honestidade e decoro (art. 2º, parágrafo único, II, do CED); **C:** incorreta, pois a conduta de Mário não se amolda às infrações éticas passíveis de exclusão (arts. 34, XXVI a XXVIII, e 38 do Estatuto). Como visto, sua conduta amolda-se a infração disciplinar passível de censura; **D:** incorreta, pois a conduta de Mário amolda-se à infração disciplinar descrita no art. 34, XIV, do Estatuto da OAB.

Gabarito "B"

(OAB/Exame Unificado – 2013.1) O advogado João, que também é formado em Comunicação Social, atua nas duas profissões, possuindo uma coluna onde apresenta noticias jurídicas, com informações sobre atividades policiais, forenses ou vinculadas ao Ministério Público. Semanalmente inclui, nos seus comentários, alguns em forma de poesia, suas alegações forenses e os resultados dos processos sob sua responsabilidade, divulgando, com isso, seu trabalho como advogado.

À luz das normas estatutárias, assinale a afirmativa correta.

(A) A divulgação de notícias, como aventado no enunciado, constitui um direito do advogado em dar publicidade aos seus processos
(B) Nos termos das regras que caracterizam as infrações disciplinares está delineada a de publicação desnecessária e habitual de alegações forenses ou causas pendentes.
(C) Diante das novas mídias que também atingem a advocacia, o advogado pode utilizar-se dos meios ofertados para a divulgação de seu trabalho.
(D) A situação caracteriza o chamado desvio da função de advogado, com o prejuízo à imagem dos clientes pela divulgação.

A: incorreta. O Estatuto da OAB, em momento algum, autoriza o advogado a divulgar notícias de seus arrazoados forenses e os resultados dos processos sob sua responsabilidade; **B:** correta. De fato, nos termos do art. 34, XIII, do Estatuto da OAB, constitui infração disciplinar fazer publicar na imprensa, desnecessária e habitualmente, alegações forenses ou relativas a causas pendentes; **C:** incorreta. Ainda que se admita a publicidade na advocacia (arts. 39 a 47 do CED), esta deve sempre ser discreta e moderada, de caráter informativo, não se admitindo que o advogado divulgue lista de clientes e demandas (art. 42, IV, do CED); **D:** incorreta. O Estatuto da OAB não trata do "desvio de função de advogado". É, sim, possível, que um advogado também atue na área da comunicação social, mas desde que não desborde para a prática de infrações éticas, tal como a publicidade irregular (art. 34, XIII, do Estatuto).

Gabarito "B"

(OAB/Exame Unificado – 2012.3.B) João, após aprovação em Exame de Ordem, apresenta os documentos exigidos para inscrição nos quadros da Ordem dos Advogados do Brasil. Após sua regular inscrição, a instituição universitária que João informou ter cursado, comunicou à OAB que não havia, nos seus registros, qualquer referência a ele. Em razão disso, foi instaurado processo administrativo para apurar se o advogado havia efetivamente colado grau. Após o devido processo legal, ficou confirmado que João, efetivamente, não lograra êxito no curso de Direito. Diante dessa narrativa, à luz da legislação aplicável aos advogados, assinale a afirmativa correta.

(A) O advogado será apenado com a suspensão do exercício das atividades até apresentar certidão de colação de grau.
(B) O advogado será advertido e não poderá exercer a profissão até regularizar sua situação.
(C) O advogado terá cancelada sua inscrição na Ordem dos Advogados do Brasil.
(D) O advogado não será apenado porque o curso do tempo convalidou os seus atos sendo considerado rábula.

A: incorreta. Não consta no art. 37 do Estatuto da OAB, que trata da pena de suspensão da atividade profissional, hipótese que se amolde ao enunciado. Em outras palavras, o fato de João ter obtido inscrição na OAB sem ser, de fato, bacharel em Direito, constitui infração ética passível de exclusão, como será visto mais à frente; **B:** incorreta, pois a mera advertência ao advogado não faria cessar a irregularidade, qual seja, a de se permitir o exercício da atividade profissional a despeito de não preencher requisito legalmente imposto, qual seja, o bacharelado em Direito (art. 8º, II, do Estatuto da OAB); **C:** correta. De fato, nos termos do art. 11, V, do Estatuto da OAB, cancela-se a inscrição do advogado que não preencher quaisquer dos requisitos para obtê-la (rol do art. 8º do Estatuto da OAB). Ora, entre referidos requisitos consta o diploma ou certidão de graduação em Direito (art. 8º, II). Logo, não preenchendo o advogado os requisitos legais, sua inscrição deverá ser cancelada. Ademais disso, sua conduta (obter a inscrição sem o preenchimento dos requisitos legais) caracteriza infração ética punida com exclusão (art. 34, XXVI, do Estatuto da OAB), conforme determina o art. 38 do Estatuto; **D:** incorreta. A assertiva é absurda. É claro que o tempo não pode convalidar tamanha ilegalidade (inscrição na OAB obtida com prova falsa).

Gabarito "C"

(OAB/Exame Unificado – 2012.3.A) O advogado Cândido, conhecido pelas soluções criativas para resolver os problemas dos seus clientes, aduz, como tese defensiva, em ação de despejo por falta de pagamento, que a norma que autoriza tal desocupação forçada seria inconstitucional, pois caberia ao Estado fornecer habitação gratuita ou a preços módicos aos necessitados e, em caso de impossibilidade financeira, custear a moradia, pagando ao locador os valores devidos, a título de aluguel social. Essa defesa foi considerada como contrária à disposição de lei que determina, como consequência do não pagamento dos alugueres, o despejo por falta de pagamento. Em razão disso, foi proferida sentença determinando a desocupação do imóvel e condenando o cliente do advogado Cândido ao pagamento dos alugueres devidos, bem como as demais verbas decorrentes da sucumbência. Além disso, determinou o magistrado a expedição de ofício à Ordem dos Advogados do Brasil para abertura de processo disciplinar. Consoante as regras do Estatuto da Advocacia, assinale a afirmativa correta.

(A) O fato de advogar contra literal disposição de lei sem exceções, não constitui infração disciplinar.
(B) A alegação de inconstitucionalidade descaracteriza a infração disciplinar invocada.
(C) A infração disciplinar não está prevista no sistema por caracterizar delito de hermenêutica.
(D) A referida infração somente pode ser considerada quando causar prejuízo ao cliente o que n‹o foi o caso.

A: incorreta. Como se verá no comentário a seguir, a atuação do advogado contra a literal disposição de lei constitui infração disciplinar, admitindo, porém, algumas exceções; **B:** correta. Nos termos do art. 34, VI, do Estatuto da OAB, considera-se infração ético-disciplinar o fato de advogar contra literal disposição de lei, presumindo-se, porém, a boa-fé quando fundamentado na inconstitucionalidade, na injustiça da lei ou em pronunciamento judicial anterior. Assim, em simples palavras, o advogado que atuar contra literal disposição de lei (que se presume constitucional e legítima) incorrerá em infração disciplinar. No entanto, se a tese arguida pelo causídico, a despeito de ser frontalmente contrária à lei, tiver como fundamento a inconstitucionalidade, a injustiça da norma ou a jurisprudência, presumir-se-á sua boa-fé, inexistindo, aqui, infração ética; **C:** incorreta. Como visto no comentário anterior, constitui infração disciplinar advogar contra a literalidade de disposição legal (salvo quando fundada em inconstitucionalidade, injustiça da lei ou pronunciamento judicial anterior); **D:** incorreta. O art. 34, VI, do Estatuto da OAB, não exige a causação de prejuízo ao cliente como condição para a caracterização de infração disciplinar quando o advogado atuar contra literal disposição da lei.

Gabarito "B".

(OAB/Exame Unificado – 2011.3.A) Mévio, advogado recém-formado com dificuldades de iniciar sua atividade profissional, propõe a colegas de bairro e de escola a participação percentual nos honorários dos clientes que receber para consultas ou que pretendam ajuizar ações judiciais. Consoante as normas aplicáveis, assinale a alternativa correta em relação à conduta de Mévio.

(A) Caracteriza agenciamento de causas com participação dos honorários.
(B) É possível, desde que conste em contrato escrito entre as partes.
(C) O agenciamento de clientela é admitido em situações peculiares como essa.
(D) Desde que os serviços advocatícios sejam prestados por Mévio, inexiste infração disciplinar.

A: correta (art. 34, III, do EAOAB); **B**, **C** e **D:** incorretas, pois constitui infração ética o fato de um advogado se valer de terceiros para a captação de clientela e/ou o agenciamento de causas (art. 34, III e IV, do EAOAB).

Gabarito "A".

(OAB/Exame Unificado – 2011.3.A) Raul, advogado, é acusado, em processo disciplinar, de ter perdido prazos em diversos processos, de ter atuado contra os interesses dos seus clientes e de ter um número exagerado de indeferimento de petições iniciais, por ineptas, desconexas, com representações sucessivas à OAB. Em relação a tais circunstâncias, à luz das normas estatutárias, é correto afirmar que as condutas imputadas a Raul

(A) não caracterizam infração disciplinar.
(B) são consideradas desvios processuais exclusivamente.
(C) demandam atuação da OAB no sentido educativo.
(D) caracterizam inépcia da atuação profissional.

De fato, configura inépcia profissional a prática de erros reiterados pelo advogado (art. 34, XXIV, do EAOAB). Referidos erros podem ser tanto de vernáculo (português), quanto jurídicos. Impor-se-á ao advogado inepto a pena de suspensão, que variará de 30 (trinta) dias a 12 (doze) meses, condicionado o seu término até que preste novas provas de habilitação (art. 37, §3º, do EAOAB).

Gabarito "D".

(OAB/Exame Unificado – 2011.3.B) Esculápio, advogado militante, fica comovido com a dificuldade de Astrolábio, bacharel em Direito, em lograr aprovação no Exame de Ordem. Com o intuito de auxiliá-lo, aceita subscrever petições realizadas pelo referido graduado em Direito, bem como permitir que ele receba os seus clientes no seu escritório, como se advogado fosse, não percebendo Esculápio qualquer vantagem pecuniária por isso. Consoante as normas estatutárias, é correto afirmar que

(A) Esculápio está cometendo infração disciplinar por manter sociedade profissional fora dos limites legais.
(B) Esculápio estaria praticando a conduta de facilitação do exercício da profissão aos não inscritos.
(C) havendo motivo de força maior, o advogado pode propiciar acesso profissional aos não inscritos.
(D) o advogado estaria apenas angariando causas para o seu escritório de advocacia.

De fato, a conduta do advogado de facilitar a pessoa não inscrita na OAB o exercício da advocacia amolda-se ao disposto no art. 34, I, do EAOAB. Trata-se de infração ética punível com a pena de censura (art. 36, I, do EAOAB).

Gabarito "B".

(OAB/Exame Unificado – 2012.1) Determinado advogado, valendo-se dos poderes para receber, que lhe foram outorgados pelo autor de certa demanda, promove o levantamento da quantia depositada pelo réu e não presta contas ao seu cliente, apropriando-se dos valores recebidos. Por tal infração disciplinar, qual a sanção prevista no Estatuto da Advocacia e da OAB?

(A) Censura, com possibilidade de conversão em advertência, caso o advogado infrator preste contas ao seu cliente antes do fim do processo disciplinar instaurado na OAB.
(B) Suspensão pelo prazo de 30 (trinta) dias a 12 (doze) meses, perdurando a suspensão até que o advogado satisfaça integralmente a dívida.
(C) Suspensão pelo prazo máximo de 30 (trinta) dias.
(D) Exclusão.

De fato, sempre que um advogado apropriar-se de valores recebidos para repasse ao seu cliente, deixando de cumprir com o seu dever de prestação de contas, incorrerá na infração disciplinar prevista no art. 34, XXI, do EAOAB (*recusar-se, injustificadamente, a prestar contas ao cliente de quantias recebidas dele ou de terceiros por conta dele*). Referida infração, nos termos do art. 37, I, do EAOAB, é punível com a pena de suspensão, que durará de 30 (trinta) dias a 12 (doze) meses, podendo, porém, ser prorrogada, até que o advogado infrator satisfaça sua dívida com o cliente, corrigida monetariamente (art. 37, § 2º, do EAOAB).

Gabarito "B"

(OAB/Exame Unificado – 2012.2) O advogado Rubem, em causa em que patrocina os interesses da sociedade Só Fácil Ltda., cita fatos delituosos, por escrito, contra a honra do réu, sem autorização do seu cliente. Dias depois, é surpreendido com ação criminal em virtude dos fatos apresentados no processo judicial.

A descrição acima amolda-se à seguinte infração disciplinar:

(A) locupletar-se, por qualquer forma, à custa do cliente ou da parte adversa, por si ou interposta pessoa.
(B) incidir em erros reiterados que evidenciem inépcia profissional.
(C) prestar concurso a cliente ou a terceiro para realização de ato contrário à lei ou destinado a fraudá-la.
(D) fazer, em nome do constituinte, sem autorização escrita deste, imputação a terceiro de fato definido como crime.

De fato, incorrerá na infração ética descrita no art. 34, XV, do EAOAB, o advogado que, sem autorização de seu constituinte, imputar a terceiro fato definido como crime. Frise-se que referida conduta caracteriza, inclusive, o crime de calúnia (art. 138 do CP). Apenas para a melhor informação do candidato, a infração ética em comento acarretará ao advogado a pena de censura (art. 36, I, do EAOAB).

Gabarito "D"

(OAB/Exame Unificado – 2012.2) O advogado "X", regularmente constituído pelo seu cliente "Z", retira os autos de cartório para realizar peça defensiva dos interesses do seu cliente. Os autos permanecem no escritório profissional de "X". Um incêndio no prédio em que se localiza o escritório destruiu numerosos documentos, inclusive os autos referidos. Com base no ocorrido, "X" comunica o fato ao Juízo e ao seu cliente.

Diante dessa narrativa, à luz da legislação aplicável aos advogados, assinale a afirmativa correta.

(A) O extravio de autos é caracterizado como infração, com pena de suspensão.
(B) O advogado deverá receber pena de advertência, por não prever o incêndio.
(C) O extravio de autos deve ser doloso ou culposo, para ser punível disciplinarmente.
(D) O extravio de autos seria punível, caso fosse recebido em confiança.

A: incorreta, pois, muito embora, de fato, o extravio de autos constitua infração ética punida com a pena de suspensão (art. 34, XXII c/c art. 37, I, ambos do EAOAB), é certo que a parte final do enunciado da questão é claro ao dizer que "diante dessa narrativa", ou seja, de um extravio de autos decorrente de incêndio no prédio em que se localizava o escritório de advocacia. Ora, o extravio dos autos só deve gerar a pena de suspensão se praticado dolosa ou culposamente pelo advogado; **B:** incorreta, pois a advertência somente é cabível em substituição à pena de censura, e desde que exista circunstância atenuante em prol do advogado (art. 36, parágrafo único, do EAOAB); **C:** correta, pois, à evidência, o extravio dos autos pelo advogado "X" ocorreu por "força maior" (evento inesperado – incêndio), vale dizer, sem que tenha agido dolosa ou culposamente, motivo pelo qual não deverá ser suspenso; **D:** incorreta, pois o extravio de autos recebidos em confiança ou com vista somente gerará a pena de suspensão se o advogado agir com dolo ou culpa, o que não se verificou no enunciado da questão.

Gabarito "C"

(OAB Unificada – Exame 2011.2) Tício é advogado regularmente inscrito nos quadros da OAB e conhecido pela energia e vivacidade com que defende a pretensão dos seus clientes. Atuando em defesa de um dos seus clientes, exalta-se em audiência, mas mantém, apesar disso, a cortesia com o magistrado presidente do ato e com o advogado da parte contrária. Mesmo assim, sofreu representação perante o órgão disciplinar da OAB. Em relação a tais fatos, é correto afirmar que

(A) no processo judicial, os atos do advogado constituem múnus privado.
(B) a defesa do cliente deve ser pautada pelo dirigente da audiência, o magistrado.
(C) a atuação de Tício desborda os limites normais do exercício da advocacia.
(D) inexistindo atividade injuriosa, os atos do advogado são imunes ao controle disciplinar.

A: incorreta, visto que os atos praticados pelo advogado nos processos judiciais constituem um múnus público, consoante dispõe o art. 2º, § 2º, do Estatuto da OAB (Lei 8.906/1994 – EAOAB). Em outras palavras, a atuação do advogado é tão relevante para a correta administração da justiça que configura verdadeiro "encargo público" (múnus público), muito embora não seja considerado um agente estatal; **B:** incorreta, pois a defesa do cliente, por evidente, compete ao advogado, a quem incumbirá traçar as estratégias técnico-jurídicas para tal mister; **C:** incorreta, pois a mera exaltação do advogado na defesa de seu cliente, desde que não falte com o seu dever de urbanidade (tratamento respeitoso) para com os colegas e autoridades, consoante determina o art. 27 do Código de Ética e Disciplina (CED), não caracteriza infração disciplinar; **D:** correta. Nos termos do art. 2º, § 3º, do EAOAB, o advogado é inviolável por seus atos e manifestações, nos limites legais. Referidos limites estão previstos no art. 7º, § 2º, também do EAOAB, segundo o qual o advogado tem imunidade profissional, não constituindo injúria ou difamação puníveis qualquer manifestação de sua parte, no exercício de sua atividade, em juízo ou fora dele, sem prejuízo das sanções disciplinares perante a OAB, pelos excessos que cometer. Ressalte-se que a imunidade referente ao desacato foi declarada inconstitucional pelo STF no julgamento da ADIn n. 1.127-8.

Gabarito "D"

(OAB/Exame Unificado – 2011.1) Esculápio, advogado, inscrito, há longos anos, na OAB, após aprovação em Exame de Ordem, é surpreendido com a notícia de que o advogado Sófocles, que atua no seu escritório em algumas causas, fora entrevistado por jornalista profissional, tendo afirmado ser usuário habitual de drogas. A entrevista foi divulgada amplamente. Após conversas reservadas entre os advogados, os termos da entrevista são confirmados, bem como o vício portado. Não há acordo quanto a eventual tratamento de saúde, afirmando o advogado Sófocles que continuaria a praticar os atos referidos. Diante dessa narrativa, à luz da legislação aplicável aos advogados, é correto afirmar que

(A) o advogado pode ser excluído dos quadros da OAB.
(B) no caso em tela, há sanção disciplinar aplicável.
(C) a sanção disciplinar se aplica ao eventual uso de drogas.

(D) não há penalidade prevista, uma vez que se trata de questão circunscrita à Saúde Pública.

A: incorreta. As hipóteses de exclusão vêm taxativamente previstas no art. 34, XXVI a XXVIII, do Estatuto da OAB (fazer falsa prova de qualquer dos requisitos exigidos para a inscrição nos quadros da OAB; tornar-se moralmente inidôneo; prática de crime infamante), nelas não se inserindo a conduta do advogado de fazer uso habitual de drogas, que caracteriza infração disciplinar passível de suspensão (art. 34, XXV e parágrafo único, do Estatuto); **B:** correta. A toxicomania (uso de drogas) ou embriaguez, desde que habituais, configuram conduta incompatível com a advocacia (art. 34, XXV, e parágrafo único, alínea "c", do Estatuto da OAB – EAOAB – Lei 8.906/1994), sendo o caso de aplicação da pena de suspensão ao advogado (art. 37, I, do EAOAB); **C:** incorreta. Como ressaltado na alternativa anterior, apenas o uso habitual de drogas é que é capaz de caracterizar conduta incompatível com a advocacia. O uso eventual de substâncias entorpecentes, como relata a alternativa, não é passível de sanção disciplinar; **D:** incorreta. Como visto, a toxicomania habitual, embora, de fato, configure problema de saúde pública, ingressa na esfera ético-disciplinar como conduta incompatível com a advocacia.

Gabarito "B"

(OAB/Exame Unificado – 2010.3) Heitor, advogado regularmente inscrito na OAB, é surpreendido com a notícia de que seu *ex adverso* havia sido suspenso em processo disciplinar regular, mas que não havia devolvido os documentos oficiais nem comunicado a punição ao juiz dirigente do processo. Em relação à atuação de profissional suspenso das atividades, à luz do Estatuto, é correto afirmar que

(A) gera a exclusão da OAB.
(B) viola o sigilo profissional.
(C) caracteriza infração disciplinar.
(D) constitui mera irregularidade.

A: incorreta, visto que as hipóteses de exclusão do advogado estão expressamente previstas no art. 34, XXVI a XXVIII, do Estatuto da OAB (EAOAB – Lei 8.906/1994); **B:** incorreta, pois o fato de um advogado suspenso em processo disciplinar prosseguir no exercício da advocacia não significa que esteja violando sigilo profissional; **C:** correta, pois, ao profissional suspenso de suas atividades aplicar-se-á o disposto no art. 42 do Estatuto da OAB (EAOAB – Lei 8.906/1994), vale dizer, ficará *impedido de exercer o mandato*, o que, em caso de descumprimento, ensejará o reconhecimento da *infração disciplinar* tipificada no art. 34, I, do EAOAB; **D:** incorreta, pois, como visto na alternativa anterior, o prosseguimento, pelo advogado, do exercício do mandato, mesmo após ter sido suspenso ou excluído da OAB, mais do que irregularidade, constitui *infração disciplinar*, punível, diga-se de passagem, com a pena de *censura*, consoante determina o art. 36, I, do EAOAB.

Gabarito "C"

(OAB/Exame Unificado – 2010.3) Terência, jovem advogada, conhecida pela energia com que defende os seus clientes, obtém sucesso em ação indenizatória, com proveito econômico correspondente a R$ 3.000.000,00 (três milhões de reais). Buscando adequação dos seus honorários, marca reunião com seu cliente, e este exige detalhada prestação de contas, o que é negado pela advogada. Nesse momento, há amplo desentendimento. O valor da indenização fora levantado pela advogada e depositado em caderneta de poupança, no aguardo do desfecho da discussão sobre os valores que deveriam ser repassados. Terência não apresentou as contas ao cliente nem direta, nem judicialmente. Analisando-se a solução para o caso concreto acima, é correto afirmar que

(A) enquanto o cliente não apresentar postulação judicial, a prestação de contas é inexigível.
(B) o advogado, exercendo mandato, não necessita prestar contas.
(C) a prestação de contas é um dos deveres do advogado.
(D) essa questão é dirimida pelo juiz da causa em que ocorreu a condenação.

A: incorreta, pois, em simples palavras, é dever do advogado *prestar ao cliente as contas* das quantias recebidas em nome dele, conforme estabelece o art. 12 do Código de Ética e Disciplina (CED), o que poderá ser solicitado a qualquer tempo, independentemente de postulação judicial; **B:** incorreta, pois, como visto na alternativa anterior, é *direito do cliente* e *dever do advogado* prestar contas ao cliente, tão logo seja solicitado (art. 12 do CED), sob pena de se configurar infração disciplinar (art. 34, XXI, da Lei 8.906/1994 – EAOAB); **C:** correta, pois, como já visto nas alternativas anteriores, a conclusão ou desistência da causa, tenha havido, ou não, extinção do mandato, obriga o advogado a devolver ao cliente bens, valores e documentos que lhe hajam sido confiados e ainda estejam em seu poder, bem como a prestar-lhe contas, pormenorizadamente, sem prejuízo de esclarecimentos complementares que se mostrem pertinentes e necessários (art. 12 do CED). Outrossim, como já ressaltado anteriormente, configura infração disciplinar a *recusa injustificada de prestação de contas ao cliente pelo advogado* (art. 34, XXI, do EAOAB); **D:** incorreta, pois a prestação de contas não cabe ao magistrado sentenciante, mas, como afirmado diversas vezes, pelo advogado da parte (art. 12 do CED e art. 34, XXI, do EAOAB).

Gabarito "C"

(OAB/Exame Unificado – 2010.3) Marcelo promove ação de procedimento ordinário em face de Paus e Cupins Ltda. com o fito de compelir a ré à prestação de determinado fato, diante de contrato anteriormente estabelecido pelas partes e descumprido pela ré. Houve regular citação, com a apresentação de defesa, tendo o processo permanecido paralisado por oito anos por inércia das partes. Dez anos após a paralisação, o réu ingressa no processo requerendo a declaração de prescrição intercorrente, que é declarada, não tendo havido recurso do autor. Após consultas processuais, o autor descobre a real situação do processo e apresenta representação disciplinar à OAB contra o seu advogado. Nos termos da legislação estatutária e do Código de Ética, é correto afirmar que

(A) está perfeitamente caracterizado o abandono da causa.
(B) os atos referidos se esgotam no processo judicial.
(C) a inércia das partes não pode atingir os advogados, como no enunciado.
(D) o advogado não pode ser sancionado pela demora do processo, mesmo que tenha sido inerte.

A: correta, visto que, de acordo com o Código de Ética e Disciplina (CED), o advogado não deve deixar ao abandono ou ao desamparo as causas sob seu patrocínio, sendo recomendável que, em face de dificuldades insuperáveis ou inércia do cliente quanto a providências que lhe tenham sido solicitadas, renuncie ao mandato (art. 15 do CED). Ora, se o processo ficou paralisado por mais de dez anos, tudo indica que o advogado do autor deixou de dar o regular andamento ao feito, *abandonando a causa*, o que ensejou o reconhecimento da prescrição intercorrente alegada pelo réu e reconhecida pelo juízo. Embora tenha sido nesse sentido o gabarito fornecido pela OAB, é certo que o enunciado da questão é incompleto, deixando margem para dúvidas sobre de quem foi a inércia (se das partes ou do advogado); **B:** incorreta, pois o abandono da causa configura *infração disciplinar*, passível de punição com a pena de *censura* (arts. 34, XII e 36, I, ambos do EAOAB – Lei

8.906/1994); **C:** incorreta, visto que, pelo entendimento da OAB (banca examinadora), a inércia foi do advogado, caracterizando *abandono da causa*. Contudo, como dito, o enunciado não deixa claro se a inércia foi das partes, assim consideradas em sua acepção técnica (autor e réu) ou se das partes representadas por seus advogados, que são os que detêm capacidade postulatória; **D:** incorreta, pois a inércia do advogado, como dito, pode caracterizar abandono da causa (art. 15 do CED e arts. 34, XII e 36, I, do EAOAB).

Gabarito "A"

(OAB/Exame Unificado – 2010.2) Caio, advogado, inscrito na OAB-SP, após aprovação em concorrido Exame de Ordem, atua em diversos ramos do Direito. Um dos seus clientes possui causa em curso perante a Comarca de Tombos/MG, tendo o profissional comparecido à sede do Juízo para praticar ato em prol do seu constituinte. Estando no local, foi surpreendido por designação do Juiz Titular da Comarca para representar Tício, pessoa de parcos recursos financeiros, diante da ausência de Defensor Público designado para prestar serviços no local, por falta de efetivo suficiente de profissionais. Não tendo argumentos para recusar o encargo, Caio participou do ato. Diante desse quadro

(A) o ato deveria ter sido adiado diante da exclusividade da atuação da Defensoria Pública.

(B) o advogado deveria ter recusado o encargo, mesmo sem justificativa plausível.

(C) a recusa nesses casos poderá ocorrer, com justo motivo.

(D) a recusa poderia ocorrer diante da ausência de sanção disciplinar.

Nos termos do art. 34, XII, da Lei 8.906/1994, constitui infração disciplinar "recusar-se a prestar, **sem justo motivo**, assistência jurídica, quando nomeado em virtude de impossibilidade da Defensoria Pública" (g.n.). Assim, se houver justo motivo, é possível a recusa, nos termos da alternativa "C", que está correta, portanto.

Gabarito "C"

(OAB/Exame Unificado – 2010.2) Dentre as sanções cabíveis no processo disciplinar realizado pela OAB no concernente aos advogados estão a censura, a suspensão, a exclusão e a multa. Dentre as circunstâncias atenuantes para a aplicação do ato sancionatório, encontra-se, consoante o Estatuto,

(A) exercício assíduo e proficiente em mandato realizado na OAB.

(B) ser reincidente em faltas da mesma natureza.

(C) prestação de serviços à advocacia, mesmo irrelevantes.

(D) ter sido o ato cometido contra outro integrante de carreira jurídica.

A: correta, pois o "exercício assíduo e proficiente de mandato ou cargo em qualquer órgão da OAB" é circunstância atenuante (art. 40, III, da Lei 8.906/1994); **B:** incorreta, pois a reincidência em faltas é circunstância não prevista como atenuante no art. 40 da Lei 8.906/1994. Ao contrário, trata-se, ainda que sem previsão expressa, de circunstância agravante; **C:** incorreta, pois somente a prestação de serviços *relevantes* à advocacia ou à causa pública é circunstância atenuante (art. 40, IV, da Lei 8.906/1994); **D:** incorreta, pois o cometimento de ato contra outro integrante da carreira jurídica é circunstância não prevista como atenuante no art. 40 da Lei 8.906/1994.

Gabarito "A"

(OAB/Exame Unificado – 2010.1) Acerca das infrações e sanções disciplinares, assinale a opção correta.

(A) Considere que uma advogada inscrita na OAB receba, adiantadamente, honorários contratuais de seu cliente, mas não preste o serviço jurídico contratado. Nessa situação hipotética, a advogada tem direito à quantia recebida, visto que sua conduta não configura locupletamento à custa do cliente.

(B) Cometerá infração disciplinar o advogado que receber dinheiro de cliente para pagar parcelas de financiamento e proceder, sem autorização, à compensação com honorários que ele alegue devidos.

(C) Considere que um advogado, após ser notificado pelo juiz para devolver os autos que retenha além do prazo, não atenda ao mandado, tampouco ao de busca e apreensão. Nessa situação hipotética, embora não incida em nenhuma infração disciplinar perante a OAB, deverá o advogado arcar com o ônus processual de sua conduta.

(D) O advogado que esteja em débito com plurais contribuições e multas perante a OAB e que, mesmo regularmente intimado, mantenha-se inadimplente, deverá responder por infração disciplinar e pelo crime de charlatanismo.

A: incorreta. O Conselho Federal da OAB, inclusive, já reproduziu ementa esclarecedora da questão: "Advogado que recebe honorários advocatícios contratados adiantadamente, mas não presta serviços jurídicos a que se obrigou e nem devolve a quantia recebida para a prestação daqueles serviços, comete a infração prevista no art. 34, inciso XX, do Estatuto da Advocacia da OAB. Tal atitude configura locupletamento às custas do cliente" (Recurso n. 2007.08.05780-05/3.ª Turma-SCA); **B:** correta. *Vide* art. 48, § 2.º, do CED, enquadrando-se a tipificação da sanção no art. 36, inciso II, ou, até mesmo, no inciso XX do art. 34, ambos do Estatuto; **C:** incorreta. O advogado comete a infração tipificada no inciso XXII do art. 34 da Lei 8.906/1994; **D:** incorreta. Nesse caso, o advogado deve responder, tão só, pela infração tipificada no inciso XXIII do art. 34 da Lei 8.906/1994.

Gabarito "B"

(OAB/Exame Unificado – 2010.1) Mário, advogado regularmente inscrito na OAB, foi condenado pela prática de crime hediondo e, após a sentença penal transitada em julgado, respondeu a processo disciplinar, tendo sofrido, como consequência, penalidade de exclusão da Ordem. Considerando a situação hipotética apresentada e o Estatuto da Advocacia e da OAB, assinale a opção correta.

(A) Ainda que se reabilite criminalmente, Mário não poderá mais se inscrever na OAB, visto que não preenche o requisito de idoneidade moral.

(B) Serão considerados inexistentes os atos privativos de advogado praticados por Mário após a exclusão, dado o impedimento do exercício do mandato em razão da sanção disciplinar aplicada.

(C) A penalidade de exclusão somente poderia ter sido aplicada caso Mário tivesse recebido três suspensões.

(D) Supondo-se que o processo disciplinar tenha ficado paralisado por mais de três anos, aguardando o julgamento, a pretensão à punibilidade de Mário estaria prescrita e ele não poderia ser excluído da Ordem.

A: incorreta. Após um ano de bom comportamento, o advogado poderá requerer a reabilitação, que, nesse caso, depende também da reabilitação criminal (arts. 11, § 3º, e 41 do Estatuto); **B:** incorreta. São nulos os atos praticados (arts. 4º e 42 do Estatuto); **C:** incorreta. Independentemente da suspensão, com a condenação por crime infamante, o advogado já poderia ser excluído (art. 38, II, do Estatuto); **D:** correta. É o que estabelece o art. 43, § 1º, do Estatuto, tratando-se da chamada "prescrição intercorrente".

Gabarito "D"

(OAB/Exame Unificado – 2009.2) Antônio, advogado que nunca fora punido disciplinarmente, está respondendo, na OAB, a processo disciplinar sob a acusação de violação de sigilo profissional. Nessa situação hipotética, se for condenado, Antônio deverá ser punido com a pena de

(A) exclusão.
(B) suspensão.
(C) censura.
(D) multa.

De acordo com o art. 36, I, c/c art. 34, VII, da Lei 8.906/1994, Antonio deverá ser punido com a pena de censura.

Gabarito "C"

(OAB/Exame Unificado – 2009.2) Com relação a infrações cometidas por advogados e às sanções disciplinares a eles aplicadas, assinale a opção correta.

(A) O Tribunal de Ética e Disciplina não pode instaurar, de ofício, processo sobre ato considerado passível de configurar, em tese, infração a princípio ou a norma de ética profissional.
(B) É possível a instauração, perante o Tribunal de Ética e Disciplina, de processo disciplinar, mediante representação apócrifa, contra advogado.
(C) Não constitui infração disciplinar a recusa, sem justo motivo, do advogado a prestar assistência jurídica, quando nomeado por decisão judicial diante da impossibilidade da defensoria pública, visto que ninguém pode ser compelido a trabalhar sem remuneração.
(D) São consideradas condutas incompatíveis com a advocacia a prática reiterada de jogo de azar não autorizado por lei e a embriaguez habitual sem justo motivo.

A e **B:** incorretas, pois, nos termos do art. 72 da Lei 8.906/1994 e art. 55, § 2º, do Código de Ética, admite-se a instauração de processo disciplinar de ofício, não sendo admitida, em nenhuma hipótese, a instauração mediante denúncia anônima; **C:** incorreta, pois tal recusa constitui infração disciplinar (art. 34, XII, da Lei 8.906/1994); **D:** correta (art. 34, parágrafo único, *a*, da Lei 8.906/1994, muito embora a lei não mencione que a embriaguez habitual deva ocorrer sem "justo motivo". Qual seria um justo motivo para beber desbragadamente?).

Gabarito "D"

(OAB/Exame Unificado – 2009.1) Mário, advogado, foi contratado por Túlio para patrocinar sua defesa em uma ação trabalhista. O pagamento dos honorários advocatícios ocorreu na data da assinatura do contrato de prestação de serviços. No dia da audiência, Mário não compareceu nem justificou sua ausência e, desde então, recusa-se a atender e retornar as ligações de Túlio. Com relação a essa situação hipotética, assinale a opção correta.

(A) A conduta de Mário caracteriza infração disciplinar punível com suspensão, o que acarreta ao infrator a interdição do exercício profissional em todo o território nacional, pelo prazo de trinta dias a doze meses.
(B) A conduta de Mário caracteriza infração disciplinar de locupletamento à custa do cliente, cuja sanção legal é a suspensão até que a quantia seja devolvida ao cliente lesado.
(C) Mário, que descumpriu compromisso profissional, manteve conduta incompatível com a advocacia, desprestigiando toda a ordem de advogados, razão pela qual pode receber a sanção de advertência.
(D) Mário abandonou a causa trabalhista sem motivo justo, conduta que caracteriza infração disciplinar grave, iniciando-se o processo disciplinar, necessariamente, com a representação do juiz da causa, que deve certificar o abandono.

O advogado deverá ser suspenso do exercício da advocacia, nos termos do art. 37, I, c/c art. 34, XX, ambos do Estatuto. A suspensão, em regra, varia de trinta dias a doze meses, podendo, contudo, nas hipóteses do art. 34, XXI e XXIII, do Estatuto, perdurar até que o advogado quite sua dívida, que deverá ser corrigida monetariamente (art. 37, § 1º, da Lei 8.906/1994).

Gabarito "A"

(OAB/Exame Unificado – 2009.1) Acerca das infrações e sanções disciplinares, segundo o Estatuto da OAB, assinale a opção correta.

(A) A sanção disciplinar de suspensão não impede o exercício do mandato profissional, mas veda a participação nas eleições da OAB.
(B) O pedido de reabilitação de sanção disciplinar resultante da prática de crime independe da reabilitação criminal, visto que a instância administrativa independe da penal.
(C) A multa, variável entre o mínimo correspondente ao valor de uma anuidade e o máximo de seu décuplo, é aplicável cumulativamente com a censura ou suspensão, em caso de circunstâncias agravantes.
(D) A pretensão à punibilidade das infrações disciplinares prescreve em cinco anos, contados da data de ocorrência dos fatos.

A: incorreta (art. 37, § 1º, da Lei 8.906/1994 – a pena de suspensão impede o exercício da advocacia em todo o território nacional); **B:** incorreta, visto que o art. 41, parágrafo único, da Lei 8.906/1994, exige a prévia reabilitação criminal como condição para o deferimento da reabilitação perante a OAB, desde que a sanção disciplinar tenha decorrido da prática de crime; **C:** correta (art. 39 da Lei 8.906/1994 – a pena de multa é considerada acessória, visto que será aplicada cumulativamente com a censura ou suspensão, desde que existente circunstância agravante, tal como a reincidência); **D:** incorreta (art. 43 da Lei 8.906/1994 – a prescrição "geral" de cinco anos começa a fluir a partir da constatação oficial do fato pela OAB, e não a partir do cometimento ou da ocorrência da infração disciplinar).

Gabarito "C"

(OAB/Exame Unificado – 2008.3.SP) Assinale a opção correta relativamente ao Estatuto da Advocacia e da OAB.

(A) A aplicação da sanção disciplinar de exclusão a um advogado necessita da manifestação favorável de dois terços dos membros do conselho seccional competente.

(B) Os advogados aos quais forem aplicadas as sanções disciplinares de exclusão poderão exercer a advocacia em outros estados da Federação, desde que façam a inscrição suplementar e que obtenham autorização condicional do presidente do respectivo conselho seccional.
(C) A multa a um advogado é aplicável exclusivamente nos casos de sanções disciplinares mais graves, como a exclusão.
(D) Em nenhum caso de aplicação da sanção disciplinar de censura ocorrerá registro nos assentamentos do advogado inscrito na OAB.

A: correta (art. 38, parágrafo único, da Lei 8.906/1994 – a pena de exclusão, por ser a mais grave de todas, exige um quorum qualificado, diversamente das demais sanções disciplinares, que poderão ser impostas por maioria); **B:** incorreta (art. 42 da Lei 8.906/1994 – uma vez imposta a pena de exclusão, o advogado ficará impossibilitado de exercer a advocacia em todo o território nacional); **C:** incorreta (art. 39 da Lei 8.906/1994 – a multa será acessória à censura ou suspensão, desde que exista circunstância agravante); **D:** incorreta, nos termos do art. 35, parágrafo único, da Lei 8.906/1994 (repare que o registro no assentamento existirá; o que não acontecerá é a publicidade disso).

Gabarito "A"

(OAB/Exame Unificado – 2008.1) Um advogado regularmente inscrito na OAB percebeu que os conflitos existentes entre uma cliente que representa e o esposo dela devem-se à dificuldade deste em expressar a ela o seu afeto. Tendo profunda convicção religiosa quanto à indissolubilidade dos laços conjugais, o causídico resolveu, por livre e espontânea vontade, intervir no conflito do casal, convidando o esposo de sua cliente para tomar uma cerveja em sua companhia, ocasião em que estabeleceu entendimento, em relação à causa, com este, sem que sua cliente o tivesse autorizado a fazê-lo. Na situação acima descrita, a conduta do referido advogado

(A) constituiu infração disciplinar tão somente pelo fato de o advogado utilizar-se de meio impróprio – a ingestão de bebida alcoólica – para a obtenção do entendimento com a parte adversa.
(B) foi perfeitamente regular, pois fundamenta-se na utilização de métodos alternativos para a resolução de conflitos.
(C) não constituiu infração disciplinar, posto que o advogado agiu em defesa dos interesses de sua cliente.
(D) constituiu infração disciplinar, visto que o advogado estabeleceu entendimento com a parte adversa sem autorização de sua cliente.

De acordo com o art. 34, VIII, da Lei 8.906/1994, comete infração ético-disciplinar o advogado que, estabelecer entendimento com a parte adversa sem autorização do cliente ou ciência do advogado adverso. Ressalte-se que referida infração será punida com a pena de censura (art. 36, I, do Estatuto).

Gabarito "D"

(OAB/Exame Unificado – 2008.1) João, advogado, dotado de reconhecida inteligência e fluente oratória, ao substituir um colega de escritório acometido por mal súbito, teve apenas alguns minutos antes da audiência para tomar ciência do pleito. Lançando mão de informações colhidas no corredor do fórum acerca das preferências doutrinárias do juiz da causa, resolveu improvisar sua defesa, fantasiando sobre determinado manuscrito que teria sido elaborado por Hans Kelsen em seu leito de morte, em que este teria defendido tese inédita sobre a aplicabilidade da norma em questão, conseguindo, com isso, impressionar o referido magistrado e intimidar o adversário com a profundidade de seus conhecimentos jurídico-filosóficos. Na situação hipotética apresentada, de acordo com o Estatuto da Advocacia e da OAB, João

(A) não incorreu em infração disciplinar, visto que não deturpou o teor de nenhum dispositivo legal ou documento, tendo, apenas, inventado uma estória fantasiosa sobre Kelsen.
(B) incorreu em infração disciplinar, posto que o Estatuto da OAB proíbe o uso do argumento *pacta non sunt servanda*.
(C) incorreu em infração disciplinar, visto que deturpou o teor de citação doutrinária para confundir o adversário e (ou) iludir o juiz da causa.
(D) não incorreu em infração disciplinar, pois agiu amparado pelo princípio da ampla defesa.

Conforme dispõe o art. 34, XIV, da Lei 8.906/1994, incorre em infração ético-disciplinar o advogado que deturpar o teor de dispositivo de lei, de citação doutrinária ou de julgado, bem como de depoimentos, documentos e alegações da parte contrária, para confundir o adversário ou iludir o juiz da causa. Trata-se de infração que será punida com a pena de censura (art. 36, I, do Estatuto).

Gabarito "C"

(OAB/Exame Unificado – 2008.1) Considere que uma advogada regularmente inscrita na OAB e que tem como cliente uma vidente recolhida à prisão em função da prática reiterada do crime de estelionato, acreditando no dom premonitório de sua cliente, tenha solicitado e recebido desta considerável quantia em dinheiro para que pudesse apostar no jogo do bicho, cujo resultado havia sido supostamente antecipado pela vidente. Quanto à conduta da advogada em questão, assinale a opção correta.

(A) A advogada não incorreu em infração disciplinar, pois o jogo em questão consiste em contravenção que vem sendo historicamente tolerada pelas autoridades constituídas.
(B) Como o Estatuto da Advocacia e da OAB só prevê punição para o advogado que frequentar cassinos clandestinos, onde, além da prática da contravenção, há, com frequência, o concurso de crimes, tais como a exploração do lenocínio e o tráfico de drogas, a advogada não incorreu em infração disciplinar.
(C) A advogada incorreu em infração disciplinar, pois feriu dispositivo do Estatuto da Advocacia e da OAB, que proíbe ao advogado o recebimento de qualquer importância de seu constituído sem emitir recibo e informar à Seccional sobre o valor recebido.
(D) Por ter solicitado e recebido de sua cliente importância para aplicação ilícita ou desonesta, já que o chamado jogo do bicho é uma contravenção penal, a advogada incorreu em infração disciplinar.

De acordo com o art. 34, XVIII, da Lei 8.906/1994, praticará infração ético-disciplinar o advogado que solicitar ou receber de constituinte qualquer importância para aplicação ilícita ou desonesta. Sendo o jogo do bicho uma contravenção penal, portanto, um ato ilícito, terá a advogada incorrido na infração referida, a qual será punida com a pena de suspensão (art. 37, I, do Estatuto).

Gabarito "D"

(OAB/Exame Unificado – 2008.1) Considere que um advogado que nunca tenha sido punido disciplinarmente seja processado pela OAB, sob a acusação de violação de sigilo profissional, e venha a ser condenado. Nessa situação, deve-se aplicar pena de

(A) censura.
(B) exclusão, com retenção de honorários.
(C) suspensão.
(D) multa progressiva.

De acordo com o art. 36, I, c/c art. 34, VII, ambos da Lei 8.906/1994, o advogado que violar o sigilo profissional (*vide* arts. 35 a 38 do CED) será punido com a pena de censura.

Gabarito "A"

(OAB/Exame Unificado – 2007.3) No que se refere ao exercício da atividade profissional do advogado, assinale a opção incorreta.

(A) O advogado sempre deve atuar com honestidade e boa-fé, sendo-lhe vedado expor fatos em juízo falseando deliberadamente a verdade.
(B) O advogado deve estimular a conciliação entre os litigantes, prevenindo, sempre que possível, a instauração de litígios.
(C) O advogado sempre deve informar o cliente dos eventuais riscos de sua pretensão e aconselhá-lo a não ingressar em aventura judicial.
(D) O advogado deve defender com zelo e dedicação os interesses de seu cliente, tendo o dever de recorrer de todas as decisões em que seus representados sejam sucumbentes.

A: correta, pois "é defeso ao advogado expor os fatos em Juízo ou na via administrativa falseando deliberadamente a verdade e utilizando de má-fé" (art. 6º do CED); **B:** correta, consoante disposição do art. 2º, parágrafo único, VI, do CED; **C:** correta, conforme preceitua o art. 9º do CED; **D:** incorreta, devendo ser assinalada (art. 11 do CED – o advogado, no exercício do mandato, atua como patrono da parte, cumprindo-lhe, por isso, imprimir à causa orientação que lhe pareça mais adequada, sem se subordinar a intenções contrárias do cliente, mas, antes, procurando esclarecê-lo quanto à estratégia traçada).

Gabarito "D"

(OAB/Exame Unificado – 2007.3.SP) Considere-se que determinado advogado tenha sido representado perante uma das turmas disciplinares por não ter prestado a um cliente seu contas de quantia recebida ao término da causa deste. Nessa situação, após o devido processo legal, o advogado poderá

(A) ser suspenso, indefinidamente, até que satisfaça, integralmente, a dívida, inclusive, com correção monetária.
(B) não ser punido, desde que alegue situação de penúria, devidamente comprovada nos autos.
(C) sofrer pena de censura, desde que restitua, de pronto, ao cliente a quantia indevidamente recebida.
(D) ser suspenso pelo prazo máximo de 12 meses, além de ter de quitar seu débito para com o cliente.

De acordo com o art. 37, § 2º, da Lei 8.906/1994, o advogado que deixar de prestar contas ao cliente de quantias recebidas dele ou de terceiros por conta dele deverá permanecer suspenso até que quite sua dívida integralmente, com correção monetária. Aqui, não será aplicado o prazo geral da suspensão, que varia de trinta dias a doze meses (art. 37, § 1º, do Estatuto).

Gabarito "A"

(OAB/Exame Unificado – 2007.3.PR) O advogado Paulo de Sousa é casado com conhecida e renomada psicóloga de Curitiba, que se dedica a terapia de casais em crise. Mensalmente, a referida psicóloga realiza sessões de análise em grupo em um hotel-fazenda da região. O advogado Paulo sempre participa de tais eventos, ministrando, ao final das sessões, palestras sobre questões relativas ao direito de família, para os casais que não obtiveram êxito na terapia, e se vale de tal oportunidade para distribuir cartões com o endereço de seu escritório. Considerando essa situação hipotética, é correto afirmar, à luz do Estatuto da OAB, que

(A) a conduta do advogado não configura infração disciplinar, pois angariar ou captar causas só é passível de censura ou advertência quando tais procedimentos são veiculados pela mídia.
(B) o advogado em questão incorreu na conduta típica prevista, no Estatuto da OAB, como instigação ao litígio, por isso deve ser excluído da Ordem.
(C) a conduta do advogado constitui infração disciplinar visto que objetiva angariar ou captar causas com ou sem a intervenção de terceiros.
(D) a conduta do advogado é totalmente adequada e conforme com o que dispõe o Estatuto, visto que as infrações por este arroladas não abarcam a captação de causas e, sim, a cooptação de clientes.

A conduta do advogado Paulo se subsume integralmente ao art. 34, IV, da Lei 8.906/1994, que considera infração ético-disciplinar a captação de clientela. Tal infração será punida com a pena de censura (art. 36, I, do Estatuto).

Gabarito "C"

(OAB/Exame Unificado – 2007.2) Em relação às infrações disciplinares aplicáveis aos advogados, assinale a opção correta de acordo com o Estatuto do Advogado.

(A) A violação ao Código de Ética e Disciplina do Advogado é punível com suspensão do exercício da advocacia por, no mínimo, 15 dias.
(B) A deturpação de transcrição de dispositivo de lei ou de citação doutrinária em petição é falta punível, em regra, com censura.
(C) A prescrição de aplicação de penalidade de censura ocorre em um ano, a partir da data da ciência do fato pela OAB.
(D) O exercício assíduo e proficiente de mandato na OAB é cláusula excludente de aplicação de penalidade.

A: incorreta (art. 37, § 1º, da Lei 8.906/1994 – a suspensão varia de trinta dias a doze meses, em regra). Ademais, a violação a preceito do CED acarretará a aplicação da pena de censura (art. 36, II, do Estatuto da OAB); **B:** correta (art. 34, XIV, c/c art. 36, I, ambos da Lei 8.906/1994); **C:** incorreta (art. 43 da Lei 8.906/1994 – a prescrição "geral" verifica-se após o decurso de cinco anos, contados da constatação oficial do fato pela OAB); **D:** incorreta, pois se trata de atenuante e não excludente da penalidade, conforme consta do art. 40, III, da Lei 8.906/1994.

Gabarito "B"

(OAB/Exame Unificado – 2006.3) Em relação às infrações e sanções disciplinares, assinale a opção correta.

(A) Salvo os casos específicos, a violação a algum preceito do CED – OAB constitui infração disciplinar punível com censura.

(B) Prescreve em dez anos a pretensão punitiva contra advogado pela prática de infração punível com exclusão da advocacia.
(C) O estagiário não se submete às penalidades do estatuto do advogado, devendo a pena recair exclusivamente sobre o advogado responsável por seu treinamento.
(D) A pena de censura pode ser convertida em advertência, que ficará registrada nos assentamentos funcionais do advogado.

A: correta (art. 36, II, da Lei 8.906/1994); **B:** incorreta (art. 43 da Lei 8.906/1994 – a regra geral é de cinco anos, contados da constatação oficial do fato); **C:** incorreta (art. 34, XXIX da Lei 8.906/1994 e art. 76 do CED); **D:** incorreta (art. 36, parágrafo único, da Lei 8.906/1994 – caso a censura seja convertida em advertência, esta não será registrada nos assentamentos do advogado).

Gabarito "A"

(OAB/Exame Unificado – 2006.2) Acerca das infrações e sanções disciplinares, assinale a opção correta.

(A) Pedro, bacharel em direito, como não é inscrito nos quadros da OAB, fez uma petição inicial e pediu que Marcos, advogado, a assinasse. Nessa situação, Marcos não cometeu infração disciplinar.
(B) Joaquina é advogada e fez falsa prova do seu diploma de bacharel em direito. Nessa situação, a inscrição de Joaquina nos quadros da OAB pode ser anulada, mas ela não pode ser punida por infração disciplinar, nos termos do estatuto, já que a falsificação se deu antes de sua inscrição, quando ainda não era advogada.
(C) A penalidade de censura não deve ser publicada.
(D) A advertência pode ser convertida em censura, em ofício reservado, sem registro nos assentamentos do inscrito, quando presente circunstância atenuante.

A: incorreta, por facilitar o exercício da profissão a não inscrito (art. 34, I, da Lei 8.906/1994); **B:** incorreta (arts. 34, XXVI, e 38, II, da Lei 8.906/1994 – a infração será passível de imposição da pena de exclusão); **C:** correta (art. 35, parágrafo único, da Lei 8.906/1994 – somente as penas de suspensão e exclusão terão publicidade após o trânsito em julgado da decisão condenatória); **D:** incorreta (art. 36, parágrafo único, da Lei 8.906/1994 – a censura é que poderá ser convertida em advertência, e não o contrário! Cuidado com as pegadinhas!).

Gabarito "C"

(OAB/Exame Unificado – 2006.1) No que se refere às infrações e sanções disciplinares previstas na Lei n. 8.906/1994 e sua interpretação nos tribunais superiores, assinale a opção correta

(A) A censura se aplica na hipótese de deixar o advogado de pagar as contribuições, multas e preços de serviços devidos à OAB, depois de regularmente notificado, e na hipótese de prática, pelo estagiário, de ato excedente de sua habilitação.
(B) O recebimento de valores, da parte contrária ou de terceiro, relacionados com o objeto do mandato, sem expressa autorização do constituinte, é causa para aplicação da sanção de exclusão dos quadros da Ordem.
(C) A exclusão é aplicável nos casos de aplicação, por três vezes, da penalidade de suspensão, após manifestação favorável de 2/3 dos membros do Conselho Seccional competente.
(D) A prescrição da pretensão punitiva ocorre em cinco anos, a contar da prática do ato infracional.

A: incorreta (art. 37, I, c/c art. 34, XXIII, ambos da Lei 8.906/1994 – a inadimplência do advogado com relação à anuidade gerará sua suspensão); **B:** incorreta (art. 37, I, c/c art. 34, XIX, ambos da Lei 8.906/1994 – trata-se de causa de suspensão); **C:** correta (art. 38, I e parágrafo único, da Lei 8.906/1994); **D:** incorreta (art. 43 da Lei 8.906/1994 – a prescrição começa a fluir a partir da constatação oficial do fato, e não da prática do ato infracional).

Gabarito "C"

(OAB/Exame Unificado – 2004.ES) Na situação em que um advogado venha a ser condenado pelo Tribunal de Ética e Disciplina da OAB/ES pela prática de infração disciplinar punível com suspensão, o fato de o advogado ser conselheiro suplente da OAB/ES:

(A) deve ser considerado circunstância atenuante da sanção a ser aplicada.
(B) deve ser considerado circunstância agravante da sanção a ser aplicada.
(C) não deve influenciar na fixação da sanção, sob pena de nulidade do processo.
(D) tornará nula a condenação, pois o julgamento desse processo disciplinar seria de competência do Conselho Federal da OAB.

De acordo com o art. 40, III, da Lei 8.906/1994, considera-se circunstância atenuante o exercício assíduo e proficiente de mandato na OAB.

Gabarito "A"

10. OAB E ELEIÇÕES

(OAB/Exame Unificado – 2016.2) Fabiano é conselheiro eleito de certo Conselho Seccional da OAB. No curso do mandato, Fabiano pratica infração disciplinar e sofre condenação, em definitivo, à pena de censura.

Considerando a situação descrita e o disposto no Estatuto da OAB, o mandato de Fabiano no Conselho Seccional

(A) será extinto, apenas se a sanção disciplinar aplicada for de exclusão.
(B) será extinto, apenas se a sanção por infração disciplinar aplicada for de exclusão ou de suspensão.
(C) será extinto, independentemente da natureza da sanção disciplinar aplicada.
(D) será extinto, apenas se a sanção aplicada for de suspensão ou se for reincidente em infração disciplinar.

Nos termos do art. 66, II, do EAOAB, extingue-se automaticamente o mandato se o seu titular sofrer condenação disciplinar. Dado que o Estatuto da OAB não faz qualquer distinção acerca da espécie de sanção disciplinar imposta ao advogado, limitando-se a prescrever que haverá a extinção do mandato em caso de "condenação disciplinar", correta apenas a alternativa "C", estando as demais incorretas, eis que nelas há previsão de que haveria extinção do mandato apenas se aplicadas determinadas sanções, o que é incorreto.

Gabarito "C"

(OAB/Exame Unificado – 2016.2) Charles é presidente de certo Conselho Seccional da OAB. Não obstante, no curso do mandato, Charles vê-se envolvido em dificuldades no seu casamento com Emma, e decide renunciar ao mandato, para dedicar-se às suas questões pessoais.

Sobre o caso, assinale a afirmativa correta.

(A) O sucessor de Charles deverá ser eleito pelo Conselho Federal da OAB, dentre os membros do Conselho Seccional respectivo.
(B) O sucessor de Charles deverá ser eleito pelo Conselho Seccional respectivo, dentre seus membros.
(C) O sucessor de Charles deverá ser eleito pela Subseção respectiva, dentre seus membros.
(D) O sucessor de Charles deverá ser eleito por votação direta dos advogados regularmente inscritos perante o Conselho Seccional respectivo.

Nos termos do art. 50 do Regulamento Geral, ocorrendo vaga de cargo de diretoria do Conselho Federal ou do Conselho Seccional, inclusive do Presidente, em virtude de perda do mandato (art. 66 do Estatuto), morte ou renúncia, o substituto é eleito pelo Conselho a que se vincule, dentre os seus membros. Portanto, sendo Charles o Presidente de determinado Conselho Seccional, seu sucessor, em caso de renúncia, será eleito pelo próprio Conselho Seccional, dentre seus membros. Correta, portanto, a alternativa "B". Interessante anotar que se se tratasse de membro da Diretoria do Conselho Federal, seu sucessor, em virtude de perda do mandato, morte ou renúncia, seria eleito pelo Conselho Pleno, nos moldes preconizados pelo art. 98, § 3º, do Regulamento Geral.

Gabarito "B".

(OAB/Exame Unificado – 2016.2) As advogadas Tereza, Gabriela e Esmeralda desejam integrar a lista a ser encaminhada ao Tribunal de Justiça de determinado estado da federação, para preenchimento de vaga constitucionalmente destinada aos advogados na composição do Tribunal. Tereza exerce regular e efetivamente a atividade de advocacia há 15 anos. Possui reputação ilibada e saber jurídico tão notório que a permitiu ser eleita conselheira suplente, para a atual gestão, de determinada subseção da OAB. Gabriela, embora nunca tenha integrado órgão da OAB, exerce, regular e efetivamente, a advocacia há 06 anos e é conhecida por sua conduta ética e seu profundo conhecimento do Direito. Por sua vez, Esmeralda pratica regularmente a advocacia há 10 anos. Também é inconteste seu extenso conhecimento jurídico. A reputação ilibada de Esmeralda é comprovada diariamente no corretíssimo exercício de sua função de tesoureira da Caixa de Assistência de Advogados da Seccional da OAB na qual inscrita.

Sobre o caso narrado, assinale a afirmativa correta.

(A) Nenhuma das advogadas deverá compor a lista a ser encaminhada ao Tribunal de Justiça.
(B) Apenas Tereza e Esmeralda deverão compor a lista a ser encaminhada ao Tribunal de Justiça.
(C) Apenas Gabriela deverá compor a lista a ser encaminhada ao Tribunal de Justiça.
(D) Apenas Tereza deverá compor a lista a ser encaminhada ao Tribunal de Justiça.

Nos termos do art. 94, *caput*, da Constituição Federal, um quinto dos lugares dos Tribunais Regionais Federais, dos Tribunais dos Estados, e do Distrito Federal e Territórios será composto de membros, do Ministério Público, com mais de dez anos de carreira, e de advogados de notório saber jurídico e de reputação ilibada, com mais de dez anos de efetiva atividade profissional, indicados em lista sêxtupla pelos órgãos de representação das respectivas classes. Ainda, o art. 131, §5º, "i", do Regulamento Geral, tratando das condições de elegibilidade de candidatos a cargos eletivos na OAB, dispõe que somente integra chapa o candidato que não integrar listas , com processo em tramitação, para provimento de cargos nos tribunais judiciais ou administrativos. Finalmente, nos termos do art. 7º do Provimento 102/2004, do Conselho Federal da OAB, os membros de órgãos da OAB (art. 45, Lei n. 8.906/94), titulares ou suplentes, no decurso do triênio para o qual foram eleitos, não poderão inscrever-se no processo seletivo de escolha das listas sêxtuplas, ainda que tenham se licenciado ou declinado do mandato, por renúncia. Analisando-se, pois, de forma conjugada, a CF, o Regulamento Geral e o precitado Provimento do Conselho Federal da OAB, chegamos à conclusão de que nenhuma das advogadas deverá compor a lista a ser encaminhada ao Tribunal de Justiça. Com relação a Tereza e Esmeralda, ambas ocupam cargos em órgãos da OAB, o que as proíbe de candidatar-se a processo seletivo para escolha das listas sêxtuplas. Quanto a Gabriela, não conta com o tempo mínimo de efetivo exercício da advocacia, não preenchendo o requisito previsto no art. 94 da CF. Correta, portanto, a alternativa "A".

Gabarito "A".

(OAB/Exame Unificado – 2016.1) As Subseções X e Y da OAB, ambas criadas pelo Conselho Seccional Z, reivindicam a competência para desempenhar certa atribuição. Não obstante, o Conselho Seccional Z defende que tal atribuição é de sua competência. Caso instaurado um conflito de competência envolvendo as Subseções X e Y e outro envolvendo a Subseção X e o Conselho Seccional Z, assinale a opção que relaciona, respectivamente, os órgãos competentes para decidir os conflitos.

(A) O conflito de competência entre as subseções deve ser decidido pelo Conselho Seccional Z, cabendo recurso ao Conselho Federal da OAB. Do mesmo modo, o conflito entre a Subseção X e o Conselho Seccional Z será decidido pelo Conselho Seccional Z, cabendo recurso ao Conselho Federal da OAB.
(B) O conflito de competência entre as subseções deve ser decidido pelo Conselho Seccional Z, cabendo recurso ao Conselho Federal da OAB. Já o conflito entre a Subseção X e o Conselho Seccional Z será decidido, em única instância, pelo Conselho Federal da OAB.
(C) Ambos os conflitos de competência serão decididos, em única instância, pelo Conselho Federal da OAB.
(D) O conflito de competência entre as subseções deve ser decidido, em única instância, pelo Conselho Seccional Z. O conflito entre a Subseção X e o Conselho Seccional Z será decidido, em única instância, pelo Conselho Federal da OAB.

Nos termos do art. 119 do Regulamento Geral, os conflitos de competência entre subseções e entre estas e o Conselho Seccional são por este decididos, com recurso voluntário ao Conselho Federal. Em suma, conflitos entre subseções ou entre subseções e Conselhos Seccionais serão resolvidos pelo próprio Conselho Seccional, cabendo recurso ao Conselho Federal. No caso relatado no enunciado, verifica-se a existência de conflito entre subseções (X e Y) e entre estas e o Conselho Seccional (Z), que alega ser sua a competência para exercer a atribuição controvertida. Assim, caberá ao Conselho Seccional Z decidir ambos os conflitos, sendo cabível recurso ao CFOAB. Correta, portanto, a alernativa A, estando as demais em descompasso com o precitado art. 119 do Regulamento Geral.

Gabarito "A".

(OAB/Exame Unificado – 2016.1) Tício, presidente de determinada Subseção da OAB, valendo-se da disciplina do Art. 50 da Lei Federal nº 8.906/94 (Estatuto da OAB), pretende requisitar, ao cartório de certa Vara de Fazenda Pública, cópias de peças dos autos de um processo judicial que não estão cobertas pelo sigilo. Assim, analisou o entendimento jurisprudencial consolidado no Supremo Tribunal Federal sobre o tema, a fim de apurar a possibilidade da requisição, bem como, caso positivo, a necessidade de motivação e pagamento dos custos respectivos.

Diante da situação narrada, Tício estará correto ao concluir que

(A) Não dispõe de tal prerrogativa, pois o citado dispositivo legal foi declarado inconstitucional pelo Supremo Tribunal Federal, uma vez que compete privativamente aos tribunais organizar as secretarias e cartórios judiciais, não se sujeitando a requisições da OAB, por expressa disciplina constitucional.

(B) Pode realizar tal requisição, pois o citado dispositivo legal foi declarado constitucional pelo Supremo Tribunal Federal, independentemente de motivação e pagamento dos respectivos custos.

(C) Pode realizar tal requisição, pois o Supremo Tribunal Federal, em sede de controle de constitucionalidade, assegurou-a, desde que acompanhada de motivação compatível com as finalidades da Lei nº 8.906/94 e o pagamento dos respectivos custos.

(D) Não dispõe de tal prerrogativa, pois ao citado dispositivo legal foi conferida, pelo Supremo Tribunal Federal, interpretação conforme a Constituição Federal para excluir os presidentes de Subseções, garantindo a requisição apenas aos Presidentes do Conselho Federal da OAB e dos Conselhos Seccionais, desde que motivada.

Dispõe o art. 50 do EAOAB que os Presidentes dos Conselhos da OAB e das Subseções podem requisitar cópias de peças de autos e documentos a qualquer tribunal, magistrado, cartório e órgão da Administração Pública direta, indireta e fundacional. Contudo, o STF, no julgamento da ADI 1.127-8, deu interpretação conforme à CF ao referido dispositivo do EAOAB, de modo a fazer compreender a palavra "requisitar" como dependente de motivação, compatibilização com as finalidades da lei e atendimento de custos desta requisição, ficando ressalvados os documentos cobertos por sigilo. Assim, correta a alternativa "C", estando as demais em descompasso com o Estatuto da OAB e o posicionamento adotado pelo STF acerca da prerrogativa em questão.

Gabarito "C"

(OAB/Exame Unificado – 2016.1) Os jovens Rodrigo, 30 anos, e Bibiana, 35 anos, devidamente inscritos em certa seccional da OAB, desejam candidatar-se, pela primeira vez, a cargos de diretoria do Conselho Seccional respectivo. Rodrigo está regularmente inscrito na referida seccional da OAB há seis anos, sendo dois anos como estagiário. Bibiana, por sua vez, exerceu regularmente a profissão por três anos, após a conclusão do curso de Direito. Contudo, afastou-se por dois anos e retornou à advocacia há um ano. Ambos não exercem funções incompatíveis com a advocacia, ou cargos exoneráveis ad nutum. Tampouco integram listas para provimento de cargos em tribunais ou ostentam condenação por infração disciplinar. Bibiana e Rodrigo estão em dia com suas anuidades. Considerando a situação narrada, assinale a afirmativa correta.

(A) Apenas Bibiana preenche as condições de elegibilidade para os cargos.

(B) Apenas Rodrigo preenche as condições de elegibilidade para os cargos.

(C) Bibiana e Rodrigo preenchem as condições de elegibilidade para os cargos.

(D) Nenhum dos dois advogados preenche as condições de elegibilidade para os cargos.

Nos termos do art. 63, §2º, do EAOAB, o candidato a cargo eletivo na OAB deve comprovar, dentre outros requisitos, exercer efetivamente a profissão há mais de 5 (cinco) anos, explicitando o art. 131, §5º, "f", do Regulamento Geral, que o período de estágio fica excluído de referido tempo de atividade da advocacia. No caso relatado no enunciado, Rodrigo e Bibiana não preenchem o requisito "temporal" para a candidatura a cargos eletivos, visto não terem mais de cinco anos de efetivo exercício da advocacia. Repare que Rodrigo já conta com seis anos de inscrição, dos quais dois anos na condição de estagiário, enquanto que Bibiana exerce a advocacia há quatro anos (três anos após a conclusão do curso e mais um ano, após dois anos de afastamento). Assim, correta apenas a alternativa D.

Gabarito "D"

(OAB/Exame Unificado – 2015.1) Compete ao Conselho Seccional ajuizar, após deliberação,

(A) ação direta de inconstitucionalidade em face de leis ou atos normativos federais.

(B) queixa-crime contra quem tenha ofendido os advogados inscritos na respectiva Seccional.

(C) mandado de segurança individual em favor dos advogados inscritos na respectiva Seccional, independentemente de vinculação com o exercício da profissão.

(D) mandado de segurança coletivo, em defesa de seus inscritos, independentemente de autorização pessoal dos interessados.

A: incorreta, pois compete ao Conselho Seccional ajuizar, após deliberação, ação direta de inconstitucionalidade de leis ou atos normativos *estaduais e municipais*, em face da Constituição Estadual ou da Lei Orgânica do Distrito Federal (art. 105, V, "a", do Regulamento Geral); **B:** incorreta, por falta de previsão legal. Ressalte-se que a queixa-crime é a petição inicial que deflagra a ação nos crimes de ação penal privada. A OAB, ou um órgão seu, não teria legitimidade ativa para iniciar a ação penal, cabendo à vítima, ou seu representante legal, fazê-lo. **C:** incorreta, pois ao Conselho Seccional compete ajuizar, após deliberação, mandado de segurança coletivo em defesa de seus inscritos, independentemente de autorização pessoal dos interessados (art. 105, V, "c", do Regulamento Geral); **D:** correta. Nos termos do art. 105, V, "c", do Regulamento Geral, compete ao Conselho Seccional, além do previsto nos arts. 57 e 58 do Estatuto, ajuizar, após deliberação, mandado de segurança coletivo, em defesa de seus inscritos, independentemente de autorização pessoal dos interessados.

Gabarito "D"

(OAB/Exame Unificado – 2014.3) Messias é advogado com mais de trinta anos de atuação profissional e deseja colaborar para o aperfeiçoamento da advocacia. O Presidente da Seccional onde possui inscrição principal sugere que ele participe da política associativa e lance sua candidatura a Conselheiro Federal.

Observadas as regras do Estatuto da OAB, assinale a afirmativa correta.

(A) A eleição de Conselheiro Federal da OAB é indireta e secreta.

(B) O Conselheiro Federal da OAB integra uma das chapas concorrentes para as eleições seccionais.

(C) A indicação para o Conselho Federal é realizada pelo Colégio de Presidentes da OAB.

(D) O Conselheiro Federal é indicado livremente pelas Seccionais da OAB

A: incorreta, pois a eleição de Conselheiro Federal da OAB é direta, cabendo à chapa do Conselho Seccional contemplar os nomes de cada um dos conselheiros federais, que integrarão a delegação, composta de 3 Conselheiros Federais (art. 64, § 1º, do Estatuto da OAB); **B:** correta, estando de acordo com o precitado art. 64, § 1º, do EAOAB.

Confira-se: "*a chapa para o Conselho Seccional deve ser composta dos candidatos ao Conselho e à sua Diretoria e, ainda, à delegação ao Conselho Federal e à Diretoria da Caixa de Assistência dos Advogados para eleição conjunta.*"; **C** e **D**: incorretas. A indicação para o Conselho Federal ocorrerá na própria chapa para o Conselho Seccional.

Gabarito "B"

(OAB/Exame Unificado – 2014.1) A respeito da competência do Conselho Federal da OAB, assinale a opção ***incorreta***.

(A) Compete ao Conselho Federal da OAB representar, em juízo ou fora dele, os interesses coletivos ou individuais dos advogados.

(B) Compete ao Conselho Federal da OAB editar seu regimento interno e o regimento interno das Seccionais da OAB.

(C) Compete ao Conselho Federal da OAB julgar, em grau de recurso, as questões decididas pelos Conselhos Seccionais, nos casos previstos no EAOAB e no regulamento geral.

(D) Compete ao Conselho Federal da OAB velar pela dignidade, independência, prerrogativas e valorização da advocacia.

A: correta (art. 54, II, do EAOAB); **B**: incorreta, devendo ser assinalada. Obviamente, editar o regimento interno das Seccionais da OAB compete à própria Seccional, nos termos do art. 58, I, do EAOAB; **C**: correta (art. 54, IX, do EAOAB); **D**: correta (art. 54, III, do EAOAB).

Gabarito "B"

(OAB/Exame Unificado – 2014.1) Maria da Silva, advogada, apresenta requerimento ao Presidente da Seccional da OAB tendo o seu pleito sido indeferido. Nos termos do Estatuto da Advocacia, cabe recurso ao

(A) Conselho Seccional da OAB.

(B) Conselho Federal da OAB.

(C) Presidente do Conselho Federal da OAB.

(D) Presidente do Tribunal de Ética da OAB.

A: correta. Nos termos do art. 58, III, do EAOAB, compete privativamente ao Conselho Seccional julgar, em grau de recurso, as questões decididas por seu Presidente, por sua diretoria, pelo Tribunal de Ética e Disciplina, pelas diretorias das Subseções e da Caixa de Assistência dos Advogados; **B**, **C** e **D**: incorretas, pois, por expressa disposição legal, a competência para julgar recurso contra decisão do Presidente do Conselho Seccional é do próprio Conselho Seccional. A "pegadinha" reside exatamente aqui: o Conselho Seccional julgando recurso de decisão tomada pelo próprio Presidente! Geralmente pensamos que a "instância superior" é que deve julgar decisões da inferior. Contudo, ao Conselho Federal cabe julgar, em grau de recurso, as questões decididas pelos Conselhos Seccionais (art. 54, IX, do EAOAB), mas não as decisões dos Presidentes de referidos Conselhos. Cuidado!!!

Gabarito "A"

(OAB/Exame Unificado – 2013.3) Sobre as competências dos Conselhos Seccionais da OAB, assinale a afirmativa correta.

(A) Ajuizar, após deliberação, ação direta de inconstitucionalidade de leis estaduais em face da Constituição Estadual e ação direta de inconstitucionalidade de leis federais em face da Constituição Federal.

(B) Ajuizar, após deliberação, mandado de segurança coletivo em defesa de seus inscritos, independentemente de autorização pessoal dos interessados.

(C) Ajuizar, independentemente de deliberação, ações de indenização contra todos aqueles que ofenderem seus inscritos, em razão do exercício da profissão.

(D) Ajuizar, após deliberação, mandado de injunção, em face da Constituição Estadual ou em face da Constituição Federal.

A: incorreta, pois, obviamente, um Conselho Seccional, que é órgão estadual da OAB, jamais poderia ter competência para propor ação direta de inconstitucionalidade de *leis federais* em face da *Constituição federal*, competência esta conferida constitucionalmente ao Conselho Federal (art. 103, VII, da CF). Todavia, compete ao Conselho Seccional ajuizar ação direta de inconstitucionalidade de *leis estaduais* em face da *Constituição Estadual* (art. 105, V, "a", do Regulamento Geral); **B**: correta, estando de acordo com o art. 105, V, "c", do Regulamento Geral. Trata-se, de fato, de competência dos Conselhos Seccionais o ajuizamento, após deliberação, de mandado de segurança coletivo em defesa de seus inscritos, não se exigindo autorização dos interessados; **C**: incorreta, pois inexiste base normativa para que um Conselho Seccional ajuíze ação indenizatória contra pessoas que ofendam seus inscritos, em razão do exercício da profissão. Tratar-se-ia de hipótese de substituição processual (legitimação extraordinária), sem base legal; **D**: incorreta a alternativa D, pois um Conselho Seccional somente pode propor mandado de injunção, após deliberação, em face da Constituição Estadual ou da Lei Orgânica do Distrito Federal, e não em face da Constituição Federal, caso em que a competência seria, evidentemente, do Conselho Federal (órgão federal da OAB).

Gabarito "B"

(OAB/Exame Unificado – 2012.3.B) O cargo de Presidente da Caixa dos Advogados é dos mais relevantes para a OAB. Um advogado eleito para tal cargo, não tendo como concluir o seu mandato, de acordo com as normas do Regulamento Geral do Estatuto da Advocacia e da OAB, deve prestar contas

(A) ao presidente do Conselho Federal titular.

(B) ao secretário do Conselho Seccional em exercício.

(C) ao coordenador do Conselho Fiscal ou Deliberativo.

(D) ao presidente da Caixa dos Advogados sucessor.

Nos exatos termos do art. 59 do Regulamento Geral, deixando o cargo, por qualquer motivo, no curso do mandato, os Presidentes do Conselho Federal, do Conselho Seccional, da Caixa de Assistência e da Subseção apresentam, de forma sucinta, relatório e contas ao seu sucessor.

Gabarito "D"

(OAB/Exame Unificado – 2012.3.B) A respeito do voto e da participação na eleição para o Conselho Seccional da Ordem dos Advogados do Brasil, de acordo com as normas do Regulamento Geral do Estatuto da Advocacia e da OAB, assinale a afirmativa correta.

(A) É voluntário o voto, podendo candidatar-se o advogado com mais de cinco anos de atividade.

(B) É obrigatório o voto, podendo inscrever-se, para ocupar cargos no Conselho, qualquer advogado independente do tempo de exercício.

(C) É voluntário o voto, sendo a eleição direta e secreta, escolhendo os membros do Conselho Seccional e Federal.

(D) É obrigatório o voto, podendo o advogado com inscrição suplementar há mais de cinco anos ser candidato na seccional.

A: incorreta. O voto, nas eleições da OAB, é obrigatório, nos termos do art. 128, *caput*, do Regulamento Geral. Ainda, apenas podem candidatar-se os advogados que, conforme preconiza o art. 131, § 2º, "f", exerçam efetivamente a profissão, há mais de cinco anos, excluído o período de estagiário, sendo facultado à Comissão Eleitoral exigir a devida comprovação; **B**: incorreta. Como visto no comentário anterior, é condição de elegibilidade a cargo na OAB exercer efetivamente a profissão há mais de cinco anos (arts. 131, § 2º, "f", e 131-A, *caput*, do Regulamento Geral); **C:** incorreta. O voto, também afirmamos, é obrigatório (art. 128, *caput*, do Regulamento Geral). Outrossim, as eleições à Diretoria do Conselho Federal não são diretas, vale dizer, não haverá votação por todos os advogados, mas, apenas, pelo colégio eleitoral integrado pelos Conselheiros Federais eleitos no ano anterior (art. 137-A, § 1º, do Regulamento Geral); **D:** correta. De fato, o voto é obrigatório, sob pena de a ausência injustificada às eleições gerar multa de 20% da anuidade ao advogado (art. 134, *caput*, do Regulamento Geral). A respeito das condições de elegibilidade, temos as seguintes, conforme dispõe o art. 131-A do Regulamento Geral: i) ser o candidato advogado inscrito na Seccional, *com inscrição principal ou suplementar*, em efetivo exercício há mais de 05 (cinco) anos; ii) estar em dia com as anuidades na data de protocolo do pedido de registro de candidatura, considerando-se regulares aqueles que parcelaram seus débitos e estão adimplentes com a quitação das parcelas.

Gabarito "D"

(OAB/Exame Unificado – 2012.3.A) Assinale a afirmativa que indica como ocorrerá, em havendo necessidade, a criação de novos Conselhos Seccionais, de acordo com as normas do Regulamento Geral do Estatuto da Advocacia e da OAB.

(A) Por meio de Lei aprovada pelo Congresso Nacional.
(B) Por meio de Medida Provisória Federal.
(C) Por Provimento do Conselho Federal.
(D) Por meio de Resolução do Conselho Federal

Nos termos do art. 46 do Regulamento Geral, havendo necessidade da criação de novos Conselhos Seccionais (órgãos estaduais da OAB), tal se fará por meio de Resolução do Conselho Federal.

Gabarito "D"

(OAB/Exame Unificado – 2011.3.B) Entre as competências do Tribunal de Ética e Disciplina da OAB, NÃO se inclui, à luz das normas aplicáveis do Estatuto da Advocacia e do Código de Ética,

(A) instaurar de ofício processo sobre ato que considere em tese infração à norma de ética profissional.
(B) mediar pendências entre advogados, bem como conciliar questões sobre partilha de honorários.
(C) responder a consultas "em tese", aconselhando e orientando sobre ética profissional.
(D) elaborar seu orçamento financeiro a ser submetido ao Conselho Seccional.

A: correta (art. 71, I e III, do CED); **B:** correta (art. 71, VI, "a", do CED); **C:** correta (art. 71, II, do CED); **D:** incorreta, devendo ser assinalada, pois não se encontra dentro das competências do Tribunal de Ética e Disciplina elaborar seu orçamento financeiro.

Gabarito "D"

(OAB/Exame Unificado – 2012.1) Nos termos do Regulamento Geral do Estatuto da Advocacia e da OAB quanto à aquisição de patrimônio pela Ordem dos Advogados do Brasil, revela-se correto afirmar que

(A) a alienação de bens é ato privativo do Presidente da Seccional da OAB.
(B) a aquisição de bens depende de aprovação da Diretoria da OAB.
(C) a oneração de bens é ato do Presidente do Conselho Federal.
(D) a disposição sobre os bens móveis é atribuição do Presidente da Seccional.

De acordo com o art. 48 do Regulamento Geral, a *alienação* ou *oneração* de *bens imóveis* depende de aprovação do Conselho Federal ou do Conselho Seccional, competindo à Diretoria do órgão decidir pela *aquisição* de qualquer bem e *dispor* sobre os bens móveis. Frise-se que se a alienação ou oneração de bens imóveis ocorrer no âmbito do Conselho Federal, tais medidas dependerão de autorização da maioria das delegações, ao passo que no âmbito dos Conselhos Seccionais, dependerão de autorização da maioria dos membros efetivos.

Gabarito "B"

(OAB/Exame Unificado – 2012.2) As alternativas a seguir apresentam algumas das competências do Conselho Federal da Ordem dos Advogados do Brasil, **à exceção de uma**. Assinale-a.

(A) Representar, em juízo ou fora dele, os interesses coletivos dos advogados.
(B) Velar pela dignidade, independência, prerrogativas e valorização da advocacia.
(C) Representar, sem exclusividade, os advogados brasileiros nos órgãos e eventos internacionais da advocacia.
(D) Editar e alterar o Regulamento Geral, o Código de Ética e Disciplina, e os Provimentos que julgar necessários.

A: correta (art. 54, II, do EAOAB); **B:** correta (art. 54, III, do EAOAB); **C:** incorreta (art. 54, IV, do EAOAB), pois o Conselho Federal da OAB representa, *com exclusividade*, os advogados brasileiros nos órgãos e eventos internacionais da advocacia; **D:** correta (art. 54, V, do EAOAB). Para a alteração do Regulamento Geral e do Código de Ética, ou de Provimentos, o Conselho Federal precisará de votos favoráveis de 2/3 (dois terços) das delegações, conforme prevê o art. 78, *caput*, do Regulamento Geral.

Gabarito "C"

(OAB/Exame Unificado – 2009.3) Assinale a opção correta acerca das caixas de assistência dos advogados.

(A) As caixas de assistência dos advogados, no âmbito dos Estados, têm personalidade jurídica própria, não podendo sofrer intervenção dos respectivos conselhos seccionais.
(B) O estatuto da Caixa de Assistência dos Advogados deve ser aprovado pela diretoria dessa entidade e registrado pelo presidente na secretaria estadual da fazenda.
(C) A coordenação nacional das caixas de assistência é o órgão de assessoramento do Conselho Federal da OAB para a política nacional de assistência e seguridade dos advogados.
(D) A Caixa de Assistência dos Advogados tem caráter nacional e é administrada pelo presidente do Conselho Federal da OAB.

A: incorreta (art. 62, § 7º, da Lei 8.906/1994 – as Caixas de Assistência podem sofrer intervenção dos respectivos Conselhos Seccionais em caso de descumprimento de suas finalidades); **B:** incorreta (art. 62, § 1º, da Lei 8.906/1994 – o estatuto da Caixa de Assistência deve ser registrado perante o Conselho Seccional); **C:** correta, conforme dispõe o art. 126 do Regulamento Geral; **D:** incorreta, pois a Caixa de Assistência tem caráter regional, sendo criada e administrada pelos Conselhos Seccionais (art. 62 da Lei 8.906/1994).

Gabarito "C"

(OAB/Exame Unificado – 2009.3) No que se refere às eleições na OAB, assinale a opção correta.

(A) São permitidas candidaturas isoladas ou que integrem mais de uma chapa.

(B) Estagiários inscritos na OAB poderão integrar chapas que tenham em seus programas a Comissão OAB Jovem.

(C) Os advogados que compõem a comissão eleitoral poderão integrar as chapas concorrentes, estando apenas o presidente da comissão impedido de integrá-las.

(D) Para integrar uma chapa, o advogado deverá exercer efetivamente advocacia há mais de cinco anos, excluído o período de estagiário.

A: incorreta (art. 131 do Regulamento Geral – são vedadas as candidaturas isoladas!); **B:** incorreta, pois só advogado pode participar da chapa (art. 131, § 2º, *a*, do Regulamento Geral); **C:** incorreta (art. 129, *caput*, do Regulamento Geral – advogados que integrem a comissão eleitoral não podem participar das chapas concorrentes); **D:** correta, pois está de acordo com o art. 131, § 2º, f, do Regulamento Geral.

Gabarito "D"

(OAB/Exame Unificado – 2009.3) Compete ao presidente do Conselho Federal da OAB

(A) aplicar penas disciplinares, no caso de infração cometida no âmbito do Conselho Federal.

(B) alienar ou onerar bens móveis.

(C) presidir o Órgão Especial, com direito a voto de qualidade, no caso de empate.

(D) definir os critérios para despesas com transporte e hospedagem dos conselheiros, membros das comissões e convidados.

Nos termos do art. 100, V, do Regulamento Geral, compete ao presidente do Conselho Federal aplicar as sanções disciplinares no caso de infração cometida no âmbito do Conselho Federal.

Gabarito "A"

(OAB/Exame Unificado – 2008.3) Acerca da CNA, assinale a opção correta à luz do Regulamento Geral e do Estatuto da Advocacia e da OAB.

(A) Os advogados inscritos na CNA, são considerados seus membros efetivos, com direito a voto.

(B) A CNA é órgão consultivo máximo do Conselho Federal da OAB, tendo por objetivo a eleição do presidente e da diretoria desse Conselho.

(C) A comissão organizadora da CNA é designada pelo secretário-geral da OAB e integrada por professores renomados no cenário jurídico nacional.

(D) As conclusões da CNA são compiladas em atos normativos de cumprimento obrigatório pelos conselhos seccionais da OAB.

A: correta, pois, de fato, os advogados inscritos na Conferência Nacional dos Advogados – CNA são considerados membros efetivos, com direito a voto (art. 146, I, do Regulamento Geral); **B:** incorreta, pois o objetivo da CNA é "o estudo e o debate das questões e problemas que digam respeito às finalidades da OAB e ao congraçamento dos advogados" (art. 145 do Regulamento Geral); **C:** incorreta. A comissão é "designada pelo Presidente do Conselho, por ele presidida e integrada pelos membros da Diretoria e outros convidados" (art. 147 do Regulamento Geral); **D:** incorreta (art. 145, § 3º, do Regulamento Geral) – as conclusões da CNA são *recomendações*.

Gabarito "A"

(OAB/Exame Unificado – 2008.3.SP) Assinale a opção correta a respeito dos fins e da organização da OAB.

(A) A competência para processar e julgar ações do interesse ativo ou passivo da OAB é da justiça federal.

(B) O Instituto dos Advogados Brasileiros inspirou a criação da OAB, que se consolidou a partir da CF.

(C) Os conselhos seccionais da OAB são autarquias especializadas vinculadas aos respectivos estados membros em que estiverem sediadas.

(D) A criação das subseções da OAB requer autorização do presidente nacional da OAB, que definirá a abrangência de atuação em um ou mais municípios.

A: correta. De fato, a competência é da justiça federal (*vide*, p. ex., o CC 44.304/SP, *DJ* 26.03.2007, do STJ); **B:** incorreta. O Instituto dos Advogados Brasileiros foi criado em 1843 com o objetivo de "organizar a Ordem dos advogados, em proveito geral da ciência e da jurisprudência"; no entanto, a Ordem se consolidou muito antes da CF de 1988; só para se ter ideia, o antigo estatuto da advocacia é de 1963 (Lei 4.215/1963); sobre a história da OAB *vide* o seguinte *link*: http://www.oab.org.br/hist_oab/index_menu.htm; **C:** incorreta. Os conselhos seccionais são órgãos da OAB (art. 45, II, da Lei 8.906/1994), não tendo vinculação alguma com os estados membros em que estiverem sediados; para fins operacionais, esses conselhos têm personalidade jurídica (art. 45, § 2º, da Lei 8.906/1994); **D:** incorreta, pois a criação e a área de abrangência de subseções são de competência privativa do Conselho Seccional (arts. 58, II, e 60, ambos da Lei 8.906/1994).

Gabarito "A"

(OAB/Exame Unificado – 2008.3.SP) Assinale a opção correta relativamente ao Regulamento Geral do Estatuto da OAB.

(A) Presidente de conselho seccional da OAB tem direito a voto nas sessões das câmaras do Conselho Federal da OAB.

(B) Suponha que Bernardo tenha sido agraciado com a medalha Rui Barbosa em agosto de 2005. Nessa situação, a partir dessa data, Bernardo poderá participar das sessões do Conselho Pleno, com direito a voz.

(C) Presidente do Instituto dos Advogados Brasileiros tem direito a voto nas sessões das câmaras e do Conselho Pleno do Conselho Federal da OAB.

(D) As comissões permanentes do Conselho Federal serão integradas exclusivamente por conselheiros federais.

A: incorreta. Embora o Presidente de conselho seccional da OAB possa comparecer às sessões do Conselho Federal, terá apenas direto a voz, mas não a voto (art. 52, *caput*, do EAOAB e art. 62, § 3º, do Regulamento Geral); **B:** correta, consoante disposição contida no art. 63 do Regulamento Geral; **C:** incorreta, pois tem apenas direito a voz (art. 63 do Regulamento Geral); **D:** incorreta. As comissões podem ter integrantes que não sejam conselheiros federais (art. 64, parágrafo único, do Regulamento Geral).

Gabarito "B"

(OAB/Exame Unificado – 2008.3.SP) Com relação às subseções da OAB, assinale a opção correta.

(A) Conflitos de competência entre duas ou mais subseções serão dirimidos pelo conselho seccional, com recurso ao Tribunal de Ética e Disciplina da OAB.

(B) Subseção com 300 advogados efetivamente domiciliados na sua base territorial poderá instituir conselho, cujo número de membros e cuja competência serão fixados pelo conselho seccional.

(C) A área territorial das subseções não poderá abranger mais de 5 municípios e deverá contar com o número mínimo de 20 advogados nela profissionalmente domiciliados.

(D) Dada a característica da autonomia administrativa, os conselhos seccionais jamais poderão intervir nas subseções.

A: incorreta. O recurso será dirigido ao Conselho Federal (art. 119 do Regulamento Geral); **B:** correta. Havendo mais de 100 advogados já é possível a criação do conselho (art. 60, §§ 3º e 4º, da Lei 8.906/1994); **C:** incorreta, pois não há limitação ao número de municípios e a quantidade de advogados domiciliados em cada base territorial é 15, e não 20 (art. 60, § 1º, da Lei 8.906/1994); **D:** incorreta. Se houver violação do Estatuto da OAB e de seu Regimento, mediante o voto de 2/3 dos membros, os Conselhos Seccionais poderão intervir nas subseções (art. 60, § 6º, da Lei 8.906/1994).

Gabarito "B".

(OAB/Exame Unificado – 2008.2) No que se refere à CNA, assinale a opção correta.

(A) A CNA é dirigida por uma comissão organizadora, designada pelo presidente do Conselho Federal, por ele presidida e integrada pelos membros da diretoria e por outros convidados.

(B) Cabe ao Conselho Federal definir a distribuição do temário, os nomes dos expositores, a programação dos trabalhos, os serviços de apoio e infraestrutura e o regimento interno da CNA.

(C) As sessões da CNA são dirigidas por um presidente e um relator, escolhidos pelo Conselho Federal.

(D) Durante o funcionamento da conferência, a comissão organizadora é representada pelo relator, que tem poderes para cumprir a programação estabelecida e decidir as questões ocorrentes e os casos omissos.

A: correta. A Conferência Nacional dos Advogados é órgão consultivo máximo do Conselho Federal da OAB e, de fato, tem a característica apontada na alternativa (art. 147 do Regulamento Geral); **B:** incorreta. Cabe à comissão organizadora, não ao Conselho Federal (art. 147, § 2º, do Regulamento Geral); **C:** incorreta. A escolha é feita pela comissão organizadora, não pelo Conselho Federal (art. 149, § 1º, do Regulamento Geral); **D:** incorreta. A comissão é representada pelo presidente, não pelo relator (art. 148 do Regulamento Geral).

Gabarito "A".

(OAB/Exame Unificado – 2008.2) Com relação ao Conselho Federal da OAB, assinale a opção correta.

(A) As delegações de cada unidade federativa são compostas por seis conselheiros federais e dois suplentes.

(B) Os presidentes dos Conselhos Seccionais participam do plenário do Conselho Federal, podendo votar em desacordo com os respectivos conselheiros federais quando abordadas questões referentes às garantias do exercício da advocacia.

(C) O Conselho Federal compõe-se dos conselheiros federais, integrantes das delegações de cada unidade federativa, e dos seus ex-presidentes, na qualidade de membros honorários vitalícios.

(D) O Conselho Federal atua por meio da diretoria, da presidência, do plenário, de quatro câmaras técnicas e do órgão especial recursal.

A: incorreta, "cada delegação é formada por *3* conselheiros federais" (art. 51, § 1º, da Lei 8.906/1994); **B:** incorreta. Os presidentes dos Conselhos Seccionais não podem votar, pois só possuem direito a voz (art.52, da Lei 8.906/1994); **C:** correta, segundo prevê o art. 51, I e II, da Lei 8.906/1994; **D:** incorreta, pois o Conselho Federal atua por meio da diretoria, presidência, Conselho Pleno, Órgão Especial do Conselho Pleno, primeira, segunda e terceira Câmaras, bem como pelas comissões permanentes e temporárias (art. 64 do Regulamento Geral.

Gabarito "C".

(OAB/Exame Unificado – 2008.2) Entre as competências do Conselho Federal, inclui-se a de

(A) autorizar a criação, o reconhecimento e(ou) credenciamento dos cursos jurídicos no Brasil.

(B) instaurar, de ofício, processo de cassação dos presidentes vitalícios acusados de enriquecimento ilícito.

(C) autorizar, por maioria simples das delegações, a oneração ou alienação de seus bens imóveis por meio de seu presidente.

(D) dispor sobre a identificação dos inscritos na OAB e sobre os respectivos símbolos privativos.

A: incorreta, pois cabe ao Conselho Federal "*colaborar* com o aperfeiçoamento dos cursos jurídicos, e *opinar*, previamente, nos pedidos apresentados aos órgãos competentes para criação, reconhecimento ou credenciamento desses cursos" (art. 54, XV, da Lei 8.906/1994); **B:** incorreta. Não existe essa competência; **C:** incorreta, a autorização é por maioria absoluta e não há previsão que seja feita pelo seu presidente (art. 54, XVI, da Lei 8.906/1994); **D:** correta, corresponde ao art. 54, X, da Lei 8.906/1994.

Gabarito "D".

(OAB/Exame Unificado – 2008.2) As competências do órgão especial do Conselho Pleno incluem a deliberação sobre

I. recurso contra decisões das câmaras, apenas quando não tenham sido unânimes ou contrariem o estatuto, o regulamento geral, o código de ética e disciplina e os provimentos.

II. recurso contra decisões do presidente da República ou do ministro chefe da Casa Civil.

III. consultas escritas, formuladas em tese, relativas às matérias de competência das câmaras especializadas ou à interpretação do estatuto, do regulamento geral, do código de ética e disciplina e dos provimentos, devendo todos os conselhos seccionais serem cientificados do conteúdo das respostas.

IV. conflitos ou divergências entre órgãos da OAB.

V. determinação ao conselho seccional competente para instaurar processo, quando, em autos ou peças submetidos ao conhecimento do Conselho Federal, encontrar fato que constitua infração disciplinar.

Estão certos apenas os itens

(A) I, II e III.

(B) I, III e IV.

(C) II, IV e V.

(D) III, IV e V.

I: incorreto, pois também caberá recurso de decisão *unânime* que contrarie a Constituição, as leis, o Estatuto, decisões do Conselho Federal, o Regulamento Geral, o Código de Ética e Disciplina ou os Provimentos (art. 85, I, do Regulamento Geral); **II:** incorreto. Não existe essa previsão; **III:** correto, conforme previsão do art. 85, IV, do Regulamento Geral; **IV:** correto. É o que dispõe o art. 85, V, do Regulamento Geral; **V:** correto: Corresponde ao disposto no art. 85, VI, do Regulamento Geral.

Gabarito "D".

(OAB/Exame Unificado – 2008.2) Acerca da composição e do funcionamento dos tribunais de ética e disciplina da OAB, assinale a opção correta.

(A) Compete privativamente a cada conselho seccional definir a composição e o funcionamento dos tribunais de ética e disciplina, bem como a escolha dos membros desses tribunais.

(B) Os membros dos tribunais de ética e disciplina são eleitos a cada triênio, por votação direta, excluindo-se desta os estagiários.

(C) A composição desses tribunais depende de parecer expedido pela plenária do Conselho Federal.

(D) O presidente do tribunal de ética e disciplina é escolhido pelo colegiado do Conselho Federal, em votação secreta.

Segundo o art. 58, XIII, da Lei 8.906/1994, que dispõe competir privativamente ao Conselho Seccional definir a composição e o funcionamento do Tribunal de Ética e Disciplina, e escolher seus membros.

Gabarito "A"

(OAB/Exame Unificado – 2008.2.SP) Assinale a opção correta em relação ao Estatuto da Advocacia e da OAB.

(A) A tabela de honorários advocatícios é fixada pelo Conselho Seccional e tem validade em todo o território do respectivo estado da Federação.

(B) O julgamento dos recursos interpostos em face de questões decididas pelo presidente do Conselho Seccional da OAB de São Paulo é da competência privativa do Conselho Federal da OAB.

(C) É da competência do presidente de cada Conselho Seccional a eleição de lista de advogados para preenchimento dos cargos de desembargadores estaduais, a ser encaminhada ao tribunal de justiça do estado, para preenchimento de vaga reservada pelo quinto constitucional.

(D) Os conselheiros seccionais têm prioridade perante os demais advogados inscritos na Seccional para figurar nas listas de composição de escolha de desembargador estadual, para preenchimento de vaga reservada pelo quinto constitucional.

A: correta, conforme art. 58, V, da Lei 8.906/1994; **B** e **C:** incorretas, pois nas hipóteses versadas nas alternativas, a competência é do Conselho Seccional (arts. 76 e 58, XIV, da Lei 8.906/1994); **D:** incorreta, pois é "vedada a inclusão de membros do próprio Conselho e de qualquer órgão da OAB" nas listas de composição de cargos nos tribunais judiciários (art. 58, XIV, da Lei 8.906/1994).

Gabarito "A"

(OAB/Exame Unificado – 2008.2.SP) Assinale a opção correta acerca do Conselho Federal da OAB.

(A) O Órgão Especial do Conselho Pleno do Conselho Federal da OAB é presidido pelo seu vice-presidente.

(B) O Conselho Pleno do Conselho Federal da OAB é composto pelos conselheiros federais mais antigos de cada delegação.

(C) O Órgão Especial do Conselho Pleno do Conselho Federal é composto por três conselheiros federais de cada unidade da Federação.

(D) O conselheiro federal de cada delegação que participar do Órgão Especial do Conselho Pleno não poderá integrar o Conselho Pleno.

De acordo com o art. 84 do Regulamento Geral: "O Órgão Especial é composto por um Conselheiro Federal integrante de cada delegação, sem prejuízo de sua participação no Conselho Pleno, e pelos ex-presidentes, *sendo presidido pelo Vice-Presidente* e secretariado pelo Secretário-Geral Adjunto".

Gabarito "A"

(OAB/Exame Unificado – 2008.2.SP) Assinale a opção correta acerca das disposições do Conselho Federal, previstas no Regulamento Geral da OAB.

(A) As câmaras do Conselho Federal têm a mesma competência para julgamento e são presididas pelos conselheiros federais mais antigos do Órgão Especial do Conselho Pleno.

(B) À Primeira Câmara compete decidir o recurso de advogado impedido do exercício da advocacia.

(C) Os recursos dos advogados que respondem a processo disciplinar serão julgados pela vice-presidência do Conselho Federal.

(D) Compete à Segunda Câmara do Conselho Federal decidir os recursos relativos ao processo eleitoral da OAB.

A: incorreta. As Câmaras não possuem a mesma competência para julgamento e são assim presididas: o Secretário-Geral preside a primeira; o Secretário-Geral Adjunto preside a segunda e o Tesoureiro preside a terceira (arts. 87 a 89 do Regulamento Geral); **B:** correta, consoante art. 88, I, *c*, do Regulamento Geral; **C:** incorreta, pois são julgados pela segunda câmara (art. 89, I, do Regulamento Geral); **D:** incorreta, a competência é da terceira câmara (90, I, do Regulamento Geral).

Gabarito "B"

(OAB/Exame Unificado – 2008.2.SP) Assinale a opção correta com relação às subseções da OAB.

(A) Conflito de competência entre subseções do estado de São Paulo deverá ser decidido pelo Conselho Federal da OAB.

(B) As áreas territoriais das subseções deverão abranger, no máximo, um município.

(C) As subseções são órgãos da OAB vinculados ao respectivo Conselho Seccional, que fixa a sua competência territorial.

(D) As subseções não têm autonomia administrativa.

A: incorreta, pois será decidido pelo Conselho Seccional. O recurso voluntário é que será decidido pelo Conselho Federal (art. 119 do Regulamento Geral); **B:** incorreta, poderá abranger um ou mais municípios (art. 60, § 1º, da Lei 8.906/1994); **C:** correta, de acordo com previsão contida no art. 60, *caput*, da Lei 8.906/1994; **D:** incorreta. As subseções possuem autonomia (art. 60, *caput*, da Lei 8.906/1994), embora não detenham personalidade jurídica própria. Apenas para complementação dos estudos de nossos leitores, todos os órgãos da OAB detêm personalidade jurídica própria (Conselho Federal, Conselhos Seccionais e Caixas de Assistência – vide art. 45, §§ 1º, 2º e 4º, do EAOAB), exceto das Subseções. Estas, como visto, são consideradas partes autônomas dos Conselhos Seccionais (art. 45, § 3º, do EAOAB).

Gabarito "C"

(OAB/Exame Unificado – 2008.2.SP) No que diz respeito às eleições na OAB, assinale a opção correta.

(A) É obrigatório o comparecimento de todos os advogados inscritos e licenciados da OAB às eleições dos conselhos seccionais.

(B) Advogado com inscrição suplementar deverá votar obrigatoriamente na sede da inscrição principal.

(C) Para concorrerem às eleições, os atuais ocupantes de cargos de diretoria, presidência e vice-presidência deverão se licenciar dos seus mandatos três meses antes das eleições.

(D) Advogado inscrito na OAB e com três anos de exercício de advocacia não pode integrar chapa para concorrer a cargo eletivo no Conselho Seccional.

A: incorreta. O § 1º do art. art. 63 da Lei 8.906/1994 não indica os advogados licenciados; **B:** incorreta, "o advogado com inscrição suplementar *pode* exercer opção de voto, *comunicando ao Conselho onde tenha inscrição principal*" (art. 134, § 4º, do Regulamento Geral); **C:** incorreta, pois não é necessária a licença (art. 131, § 7º, do Regulamento Geral); **D:** correta, pois, para integrar a chapa, o advogado deve exercer há mais de 5 anos a profissão, excluído, dessa contagem, o período de estágio (art. 131, § 2º, *f*, do Regulamento Geral).

Gabarito "D"

(OAB/Exame Unificado – 2008.1.SP) Acerca da competência do Conselho Seccional e das Subseções, assinale a opção correta.

(A) As Subseções dos Conselhos Seccionais têm competência para ajuizar ação direta de inconstitucionalidade de lei estadual em face da Constituição Estadual perante o tribunal de justiça do estado.

(B) Um Conselho Seccional da OAB pode ajuizar mandado de segurança coletivo em defesa de seus inscritos, independentemente de autorização pessoal dos interessados.

(C) Um Conselho Seccional da OAB pode ajuizar ação direta de inconstitucionalidade de lei federal em face da Constituição Federal perante o STF.

(D) O presidente do Instituto dos Advogados de cada unidade da federação terá direito a voto nas sessões dos Conselhos Seccionais que deliberarem sobre o ajuizamento de ação direta de inconstitucionalidade de lei estadual em face da Constituição Federal.

A: incorreta, pois a competência é do Conselho Seccional, não das Subseções (art. 105, V, *a*, do Regulamento Geral); **B:** correta, em conformidade com o art. 105, V, *c*, do Regulamento Geral; **C:** incorreta. Pode ajuizar "ação direta de inconstitucionalidade de *leis* ou *atos normativos estaduais* e *municipais, em face da Constituição Estadual ou da Lei Orgânica do Distrito Federal*" (art. 105, V, *a*, do Regulamento Geral); **D:** incorreta. Não existe essa previsão.

Gabarito "B"

(OAB/Exame Unificado – 2008.1.SP) Considerando o Regulamento Geral do Estatuto da Advocacia e da OAB, assinale a opção correta.

(A) A participação de Conselho Seccional da OAB em evento internacional de interesse da advocacia depende de expressa autorização do presidente da respectiva Seccional.

(B) O Conselho Pleno do Conselho Federal da OAB é integrado pelos conselheiros federais das delegações e conselheiros seccionais de cada unidade da Federação.

(C) O pedido de criação de um curso de direito depende de parecer opinativo da Comissão de Ensino Jurídico do Conselho Federal da OAB.

(D) O conselheiro federal que integrar o Órgão Especial do Conselho Pleno não terá assento nas sessões do Conselho Pleno.

A: incorreta. A autorização deve ser dada pelo Presidente Nacional (art. 80 do Regulamento Geral); **B:** incorreta, o Conselho é integrado pelos conselheiros federais e ex-presidentes (art. 74 do Regulamento Geral); **C:** correta, é o que prevê o art. 83 do Regulamento Geral; **D:** incorreta, pois o conselheiro, nessa hipótese, *terá* assento nas sessões do Conselho Pleno (art. 84, *caput*, do Regulamento Geral).

Gabarito "C"

(OAB/Exame Unificado – 2008.1.SP) Assinale a opção correta em relação ao Estatuto da OAB.

(A) Cidadão norte-americano que seja graduado em direito por universidade nos Estados Unidos da América pode inscrever-se diretamente como advogado na OAB/SP, independentemente de aprovação no exame de ordem.

(B) Um ex-presidente do Conselho Federal da OAB tem direito a voz nas sessões do Conselho Federal.

(C) Presidente de Conselho Seccional de estado da Federação tem lugar reservado nas sessões do Conselho Federal, juntamente com a delegação de seu estado e com direito a voto.

(D) As Seccionais da OAB têm imunidade tributária para o IPTU, mas devem declarar e pagar anualmente o imposto de renda.

A: incorreta, pois deverá prestar o exame de ordem no Brasil (art. 8º, IV, da Lei 8.906/1994); **B:** correta, é um direito previsto no art. 51, § 2º, da Lei 8.906/1994 e art. 62, § 1º, do Regulamento Geral; **C:** incorreta, só tem direito a voz (art. 52 da Lei 8.906/1994); **D:** incorreta, pois há também a imunidade tributária no tocante ao imposto de renda (art. 45, § 5º, da Lei 8.906/1994).

Gabarito "B"

(OAB/Exame Unificado – 2007.3) Em relação à organização dos Conselhos Seccionais e das Subseções, assinale a opção correta.

(A) O Conselho Seccional, por voto da maioria absoluta de seus membros, pode intervir nas Subseções.

(B) O Conselho Seccional comunica aos seus advogados inscritos a tabela de honorários estipulada pelo Conselho Federal.

(C) Os Conselhos Seccionais elegem a lista sêxtupla para o provimento de cargos de desembargador, exceto o Conselho do Distrito Federal, em razão de essa unidade da Federação não ter Poder Judiciário próprio.

(D) A área territorial da Subseção pode abranger um ou mais municípios, ou parte de município, desde que haja pelo menos quinze advogados profissionalmente domiciliados.

A: incorreta, o quorum para a intervenção é de *2/3* dos membros (art. 60, § 6º, da Lei 8.906/1994); **B:** incorreta, a tabela de honorários é estipulada pelo Conselho Seccional (art. 58, V, da Lei 8.906/1994); **C:** incorreta, o DF tem Poder Judiciário próprio, por óbvio; **D:** correta, conforme o art. 60, § 1º, da Lei 8.906/1994.

Gabarito "D"

(OAB/Exame Unificado – 2007.3) Em relação à organização da Ordem dos Advogados do Brasil (OAB), assinale a opção correta.

(A) Somente é possível a criação de Caixa de Assistência dos Advogados quando a seccional contar com mais de 1.500 inscritos.

(B) A OAB está ligada ao Ministério da Justiça para fins de dotação orçamentária.

(C) O presidente de Seccional pode, a critério do Pleno, receber remuneração pelo exercício do cargo.

(D) O Conselho Seccional é órgão do Conselho Federal.

A: correta, corresponde ao disposto no art. 45, § 4º, da Lei 8.906/1994; **B:** incorreta. Não existe essa ligação. Ao contrário, a OAB não se vincula ao Poder Público, conforme decidido, inclusive, na ADI 3026, julgada pelo STF, tratando-se de instituição "sui generis", sem vinculação alguma com a Administração Pública; **C:** incorreta. Não existe essa previsão. O art. 48 do Estatuto da OAB é claro ao prescrever a gratuidade para o exercício de cargo de conselheiro ou membro da diretoria de qualquer órgão da OAB; **D:** incorreta. É órgão autônomo da OAB, inclusive com personalidade jurídica própria (art. 45, § 2º, da Lei 8.906/1994).

Gabarito "A".

(OAB/Exame Unificado – 2007.3.SP) Assinale a opção correta de acordo com o Estatuto da OAB.

(A) O pagamento da anuidade da OAB não isenta os advogados de recolherem contribuição sindical.

(B) A anuidade da OAB é fixada pelo conselho federal da entidade.

(C) Débito relativo à contribuição dos advogados para a OAB constitui título executivo extrajudicial.

(D) A prescrição para pretensão de cobrança das contribuições é de cinco anos, a contar da exigibilidade.

A: incorreta, pois há isenção (art. 47 da Lei 8.906/1994); **B:** incorreta. A anuidade é fixada pelo Conselho Seccional (art. 55, § 1º, do Regulamento Geral); **C:** correta, segundo o art. 46, parágrafo único, da Lei 8.906/1994; **D:** incorreta, pois conta-se a partir da constatação oficial do fato (art. 43 da Lei 8.906/1994).

Gabarito "C".

(OAB/Exame Unificado – 2007.3.SP) Assinale a opção correta em relação ao Estatuto da OAB.

(A) Juntamente com a eleição do Conselho Seccional e da Subseção, os advogados elegem diretamente o Conselho Federal da OAB.

(B) Uma subseção pode abranger um ou mais municípios e, ainda, partes de município.

(C) Uma seccional pode abranger um ou mais estados da Federação.

(D) Uma Caixa de Assistência aos Advogados não tem personalidade própria, mas o Conselho Seccional a que ela se vincula, sim.

A: incorreta. Os arts. 63 a 68 da Lei 8.906/1994, bem como os arts. 128 a 137-C do Regulamento Geral e o Provimento 146/2011 do Conselho Federal da OAB, tratam das eleições na OAB. Elas ocorrerão na segunda quinzena do mês de novembro do último ano do mandato (que é trienal), ocasião em que serão eleitos os membros das Subseções, Conselhos Seccionais e Caixas de Assistência dos advogados. A diretoria do Conselho Federal será eleita apenas em 31/01 do ano seguinte às eleições, em votação realizada pelos membros do Conselho Federal. Trata-se de verdadeira "eleição indireta", ou seja, os advogados "comuns" não elegerão a Diretoria do Conselho Federal, mas, sim, os Conselheiros Federais, estes integrantes das chapas dos Conselhos Seccionais; **B:** correta, pode abranger até mesmo parte da capital do Estado (art. 60, § 1º, da Lei 8.906/1994); **C:** incorreta, a seccional abrange apenas o território de *um* Estado da Federação (art. 45, § 2º, da Lei 8.906/1994); **D:** incorreta, pois a Caixa de Assistência *possui* personalidade própria (art. 62, *caput*, da Lei 8.906/1994).

Gabarito "B".

(OAB/Exame Unificado – 2007.3.PR) Assinale a opção correta no que se refere à estrutura e funcionamento do Conselho Federal da OAB.

(A) As indicações e propostas são oferecidas oralmente, devendo o presidente designar relator para apresentar relatório e voto escrito na sessão seguinte, acompanhado, obrigatoriamente, da ementa do acórdão.

(B) Todas as propostas, ainda que previstas no orçamento, devem ser apreciadas apenas depois de ouvido o diretor-tesoureiro quanto às disponibilidades financeiras para a sua execução.

(C) O conselho pleno pode decidir sobre todas as matérias privativas de seu órgão especial, quando o presidente atribuir-lhes caráter de urgência e grande relevância.

(D) Ao conselho pleno compete deliberar, em caráter nacional, sobre propostas e indicações relacionadas às finalidades institucionais da OAB bem como instituir, mediante resolução, comissões permanentes para assessorar o Conselho Federal e a diretoria; eleger o sucessor dos membros da diretoria do Conselho Federal, em caso de vacância por morte e regular, mediante provimento, matérias de sua competência que não exijam edição de resolução normativa.

A: incorreta. "As proposições e os requerimentos deverão ser oferecidos por escrito, cabendo ao relator apresentar relatório e voto na sessão seguinte, acompanhados de ementa do acórdão" (art. 76 do Regulamento Geral); **B:** incorreta. As propostas previstas no orçamento não necessitam de oitiva do diretor-tesoureiro (art. 76, § 2º, do Regulamento Geral); **C:** correta, é o que descreve o art. 75, parágrafo único, do Regulamento Geral; **D:** incorreta, pois as comissões permanentes são instituídas mediante Provimento (e não resolução, como consta na alternativa!), nos termos do art. 75 do Regulamento Geral.

Gabarito "C".

(OAB/Exame Unificado – 2007.3.PR) Acerca do Conselho Federal da OAB, com sede na capital da República, assinale a opção correta.

(A) No exercício de seu mandato, o conselheiro federal atua no interesse de seus representantes diretos, cabendo ao presidente do Conselho Federal atuar no interesse da advocacia nacional.

(B) O Conselho Federal da OAB compõe-se de um presidente, dos conselheiros federais integrantes das delegações de cada unidade federativa e de seus ex-presidentes, tendo estes direito a voz nas sessões do Conselho.

(C) Ao presidente do Conselho Seccional é reservado lugar junto à delegação respectiva, não tendo ele, porém, direito a voz nas sessões do Conselho Federal e de suas câmaras.

(D) O presidente nacional da OAB e o presidente do Conselho Federal reúnem-se, mensalmente, em sessão plenária para deliberarem em conjunto sobre os assuntos relativos ao desempenho de suas atividades.

A: incorreta, pois o conselheiro federal atua somente no interesse de seus representantes direitos. Atua, também, no interesse da advocacia nacional (art. 65 do Regulamento Geral); **B:** correta, de acordo com o art. 51 da Lei 8.906/1994; **C:** incorreta, pois tem direito a voz (art. 52 da Lei 8.906/1994); **D:** incorreta. O Presidente do Conselho Federal é o presidente nacional da OAB, conforme se vê no art. 62, § 2º, do Regulamento Geral. A alternativa em análise quis fazer distinção entre o presidente nacional da OAB e o presidente do Conselho Federal, que, como visto, são a mesma pessoa.

Gabarito "B"

(OAB/Exame Unificado – 2007.2) Em relação à organização e ao funcionamento da OAB, assinale a opção correta, de acordo com o Estatuto dos Advogados.

(A) Em razão da personalidade jurídica própria da Caixa de Assistência dos Advogados, contra ato de sua diretoria não cabe recurso ao respectivo conselho seccional.
(B) Uma subseção da OAB tem diretoria eleita, mas não pode ter conselho de subseção.
(C) O conselho federal é competente para a criação de subseções com mais de 5 mil advogados.
(D) Os conselheiros federais de São Paulo, quando presentes às sessões de seu respectivo conselho seccional, têm direito a voz, mas não podem votar nessas sessões.

A: incorreta, pois cabe recurso ao Conselho Seccional (art. 76 da Lei 8.906/1994); **B:** incorreta, pois, caso haja mais de 100 advogados, poderá ter um conselho de subseção (60, § 3º, da Lei 8.906/1994); **C:** incorreta, não existe essa previsão. A competência para a criação de subseção é do Conselho Seccional (art. 60 da Lei 8.906/1994); **D:** correta, consoante o art. 56, § 3º, da Lei 8.906/1994.

Gabarito "D"

(OAB/Exame Unificado – 2007.2) Em relação ao Conselho Federal da OAB, assinale a opção correta de acordo com o Regulamento Geral da OAB.

(A) Na hipótese de renúncia de conselheiro federal de um estado da Federação, cabe ao Conselho Federal, na inexistência de suplente, eleger outro que o substitua.
(B) O voto da delegação de conselheiros federais de um estado da Federação é o de sua maioria.
(C) Os ex-presidentes do Conselho Federal não têm direito a voto nas sessões desse conselho.
(D) Para a edição de provimentos, exige-se o *quorum* de maioria absoluta dos conselheiros federais.

A: incorreta, compete ao Conselho Seccional a eleição (art. 54, § 3º, do Regulamento Geral); **B:** correta, é o previsto no art. 77 do Regulamento Geral; **C:** incorreta. Se os ex-presidentes tiverem exercido o mandato antes de 05.07.1994 ou em exercício nesta data, terão direito a voto (art. 62, § 1º, do Regulamento Geral); **D:** incorreta, pois o quorum é de 2/3 (art. 78 do Regulamento Geral).

Gabarito "B"

(OAB/Exame Unificado – 2007.2) De acordo com o Regulamento Geral da Advocacia, assinale a opção correta em relação à organização e atuação dos conselhos seccionais da OAB.

(A) O ajuizamento de ação civil pública pela OAB pode ser decidido pela diretoria da seccional.
(B) O cargo de conselheiro seccional não tem suplentes eleitos, uma vez que a suplência somente está prevista para membros do Conselho Federal.
(C) Os conselhos seccionais são integrados por um número mínimo de 30 membros.
(D) Não cabe intervenção do conselho seccional nas suas subseções, visto que os integrantes das subseções são eleitos pelo voto direto dos advogados que as integram.

A: correta, conforme dispõe o art. 105, V, *b*, do Regulamento Geral; **B:** incorreta, a suplência está prevista para Conselho Seccional, a delegação do Conselho Federal, a diretoria da Caixa de Assistência dos Advogados, a diretoria e o conselho da Subseção (art. 106, § 2º, do Regulamento Geral); **C:** incorreta, pois *até 30* membros é o *máximo* que se pode ter para a proporção de 3.000 inscritos (art. 106, I, do Regulamento Geral); **D:** incorreta, pois cabe a intervenção do Conselho Seccional nas suas Subseções (art. 113 do Regulamento Geral).

Gabarito "A"

(OAB/Exame Unificado – 2007.1) Em relação ao Conselho Federal da Ordem dos Advogados do Brasil, assinale a opção correta.

(A) O Conselho Federal é o órgão competente para autorizar a instalação de cursos jurídicos no Brasil, inclusive promovendo a recomendação das instituições com melhor aproveitamento nos exames de ordem.
(B) Compete ao Conselho Federal elaborar a lista sêxtupla para indicação dos advogados que concorrerão à vaga de desembargador do Tribunal de Justiça do Distrito Federal e dos Territórios porque é a União que organiza e mantém o Poder Judiciário daquela unidade da Federação.
(C) O presidente do Conselho Federal tem direito apenas a voz nas deliberações do conselho.
(D) O voto nas deliberações do Conselho Federal é tomado por cada delegação estadual.

A: incorreta, o Conselho Federal *colabora* "com o aperfeiçoamento dos cursos jurídicos" e "opina previamente, nos pedidos apresentados aos órgãos competentes para criação, reconhecimento ou credenciamento desses cursos" (art. 54, XV, da Lei 8.906/1994); **B:** incorreta. Não existe essa previsão; **C:** incorreta, pois tem direito a voto de qualidade (art. 53, § 1º, da Lei 8.906/1994); **D:** correta; é o que dispõe o art. 53, § 2º, da Lei 8.906/1994.

Gabarito "D"

(OAB/Exame Unificado – 2006.3) Em relação à administração da OAB, assinale a opção correta.

(A) A terceira câmara do conselho federal da OAB é presidida por seu tesoureiro e tem, entre suas atribuições, a de apreciar os relatórios anuais e deliberar acerca do balanço e das contas da diretoria do conselho federal e dos conselhos seccionais.
(B) Compete à primeira câmara do conselho federal da OAB decidir quanto aos recursos acerca da ética do advogado.
(C) A OAB é autarquia da administração pública e tem seus servidores nomeados, após a aprovação em concurso público, pelo ministro da Justiça.
(D) O ajuizamento de ação direta de inconstitucionalidade pelo conselho federal é decisão exclusiva do seu presidente.

A: correta, descreve o disposto nos arts. 87, III, e 90, III, do Regulamento Geral; **B:** incorreta, a competência descrita é da segunda câmara arts. 88 e 89, I, do Regulamento Geral; **C:** incorreta. A OAB é um "serviço público" (art. 44, *caput* e § 1º, da Lei 8.906/1994); **D:** incorreta. Não é decisão exclusiva de seu presidente, "submetem-se ao juízo prévio de admissibilidade da Diretoria para aferição da relevância da defesa dos princípios e normas constitucionais" (art. 82 do Regulamento Geral).

Gabarito "A"

(OAB/Exame Unificado – 2006.2) A respeito da organização da OAB, assinale a opção correta.

(A) Nos termos da Lei n. 8.906/1994, as caixas de assistência dos advogados são órgãos da OAB e não possuem personalidade jurídica própria.
(B) Um membro do Conselho Federal ou de qualquer órgão da OAB pode ter o seu nome incluído nas listas constitucionais para preenchimento de cargos nos tribunais.
(C) O tesoureiro não compõe o Conselho Federal.
(D) A condenação disciplinar é hipótese expressamente prevista de extinção automática do mandato perante a ordem.

A: incorreta, pois possuem personalidade jurídica própria (art. 62, *caput*, da Lei 8.906/1994); **B:** incorreta, pois é proibida a inclusão de membro do Conselho Federal ou de qualquer órgão da OAB nas listas constitucionais para preenchimento de cargos nos tribunais (art. 54, XIII, da Lei 8.906/1994); **C:** incorreta, pois os Tesoureiros compõem o Conselho Federal (art. 55 da Lei 8.906/1994 e arts. 98 e 104 do Regulamento Geral), integrando sua Diretoria. O mesmo ocorre no âmbito dos Conselhos Seccionais e Subseções, que, igualmente, dispõem de Tesoureiros; **D:** correta. É o que estatui o art. 66, II, da Lei 8.906/1994.

Gabarito "D"

11. ÉTICA DO ADVOGADO

(OAB/Exame Unificado – 2016.1) Alexandre, advogado que exerce a profissão há muitos anos, é conhecido por suas atitudes corajosas, sendo respeitado pelos seus clientes e pelas autoridades com quem se relaciona por questões profissionais. Comentando sua atuação profissional, ele foi inquirido, por um dos seus filhos, se não deveria recusar a defesa de um indivíduo considerado impopular, bem como se não deveria ser mais obediente às autoridades, diante da possibilidade de retaliação.

Sobre o caso apresentado, observadas as regras do Estatuto da OAB, assinale a opção correta indicada ao filho do advogado citado.

(A) O advogado Alexandre deve recusar a defesa de cliente cuja atividade seja impopular.
(B) O temor à autoridade pode levar à negativa de prestação do serviço advocatício por Alexandre.
(C) As causas impopulares aceitas por Alexandre devem vir sempre acompanhadas de apoio da Seccional da OAB.
(D) Nenhum receio de desagradar uma autoridade deterá o advogado Alexandre.

Nos termos do art. 31, §2º, do EAOAB, nenhum receio de desagradar a magistrado ou qualquer autoridade, nem de incorrer em impopularidade, deve deter o advogado no exercício da profissão. Trata-se de verdadeiro imperativo a ser observado por todos os advogados, que devem atuar de acordo com os preceitos éticos. Assim, vamos às alternativas. A e **C:** incorretas, pois, como visto, ainda que a defesa assumida por Alexandre fosse de indivíduo impopular, tal não seria suficiente a impedi-lo de exercer a profissão; **B:** incorreta, eis que o precitado art. 31, §2º, do EAOAB, é claro ao prever que o advogado não terá obstaculizado o exercício da profissão pelo fato de sua atuação poder causar impopularidade ou desagradar qualquer autoridade; **D:** correta, estando a assertiva em perfeita consonância com o quanto prescrito pelo EAOAB.

Gabarito "D"

(OAB/Exame Unificado – 2015.2) O advogado Nelson, após estabelecer seu escritório em local estratégico nas proximidades dos prédios que abrigam os órgãos judiciários representantes de todas as esferas da Justiça, resolve publicar anúncio em que, além dos seus títulos acadêmicos, expõe a sua vasta experiência profissional, indicando os vários cargos governamentais ocupados, inclusive o de Ministro de prestigiada área social. Nos termos do Código de Ética da Advocacia, assinale a afirmativa correta.

(A) O anúncio está adequado aos termos do Código, pois indica os títulos acadêmicos e a experiência profissional.
(B) O anúncio está adequado aos termos do Código, por não conter adjetivações ou referências elogiosas ao profissional.
(C) O anúncio colide com as normas do Código, pois a referência a títulos acadêmicos é vedada por indicar a possibilidade de captação de clientela.
(D) O anúncio colide com as normas do Código, que proíbem a referência a cargos públicos capazes de gerar captação de clientela.

Nos termos do art. 44, § 1º, do CED, o anúncio do advogado poderá fazer referência a títulos acadêmicos e especialidades em que atue. Todavia, nos termos do § 2º do referido dispositivo, o anúncio do advogado não deve mencionar qualquer emprego, cargo ou função ocupados no presente ou passado, salvo o de professor universitário. A intenção aqui é clara: impedir a captação de clientela. Assim, no caso relatado no enunciado, Nelson, no anúncio de seu escritório, além dos títulos acadêmicos – cuja menção, como visto, é possível! –, indicou os vários cargos governamentais que já ocupou, inclusive o de Ministro. Tais referências são vedadas, estando correta, portanto, a alternativa D. As demais, pelo que já explicitamos, estão corretas.

Gabarito "D"

(OAB/Exame Unificado – 2014.3) Fred, jovem advogado, é contratado para prestar serviços na empresa BBO Ltda., que possui uma assessoria jurídica composta por cinco profissionais do Direito, orientados por uma gerência jurídica. Após cinco meses de intensa atividade, é concitado a formular parecer sobre determinado tema jurídico de interesse da empresa, tarefa que realiza, sendo seu entendimento subscrito pela gerência.

Após dez meses do referido evento, o tema é reapresentado por um dos diretores da empresa, que, em viagem realizada para outro estado, havia consultado um outro advogado.

Diante dos novos argumentos, o gerente determina que Fred, o advogado parecerista, mesmo sem ter mudado de opinião, apresente petição inicial em confronto com o entendimento anteriormente preconizado.

No caso, nos termos do Código de Ética da Advocacia, o advogado

(A) deve submeter-se à determinação da gerência jurídica.
(B) deve apresentar seu parecer ao conjunto de advogados para decisão.
(C) pode recusar-se a propor a ação diante do parecer anterior.
(D) pode opor-se e postular assessoria da OAB.

Nos termos do art. 4º, parágrafo único, do Código de Ética e Disciplina, é legítima a recusa, pelo advogado, do patrocínio de pretensão concernente a direito que também lhe seja aplicável, ou *contrarie orientação que tenha manifestado anteriormente*. Portanto, Fred poderá recusar-se a elaborar petição inicial que contrarie sua anterior manifestação, apresentada em parecer. Correta, portanto, a alternativa C, estando as demais em confronto com o quanto dita o Código de Ética.

Gabarito "C"

(OAB/Exame Unificado – 2014.3) Bernardo recebe comunicação do seu cliente Eduardo de que este havia desistido da causa que apresentara anteriormente, por motivo de viagem a trabalho, no exterior, em decorrência de transferência e promoção na sua empresa. Houve elaboração da petição inicial, contrato de prestação de serviços e recebimento adiantado de custas e honorários advocatícios.

Nesse caso, nos termos do Código de Ética da Advocacia, deve o advogado

(A) devolver os honorários antecipados sem abater os custos do escritório.
(B) prestar contas ao cliente de forma pormenorizada.
(C) arquivar os documentos no escritório como forma de garantia.
(D) realizar contrato vinculando o cliente ao escritório.

A: incorreta, pois tendo o advogado iniciado a prestação dos serviços, com a elaboração de petição inicial, fará jus, pelo menos, aos custos que tiverem existido até então; **B:** correta. Nos termos do art. 12 do Código de Ética e Disciplina, a conclusão ou desistência da causa, tenha havido, ou não, extinção do mandato, obriga o advogado a devolver ao cliente bens, valores e documentos que lhe hajam sido confiados e ainda estejam em seu poder, bem como a prestar-lhe contas, pormenorizadamente, sem prejuízo de esclarecimentos complementares que se mostrem pertinentes e necessários; **C:** incorreta, pois, com a desistência da causa, o referido art. 12 do CED determina a devolução dos documentos ao cliente; **D:** incorreta, visto que não há qualquer dispositivo do CED que imponha, em caso de desistência da causa, a entabulação de contrato vinculando o cliente ao escritório. Ao contrário: se o advogado, em razão da desistência da causa, não mais for atuar em nome do cliente, a relação contratual terá fim.

Gabarito "B"

(OAB/Exame Unificado – 2014.2) Andrea e Luciano trocam missivas intermitentes, cujo conteúdo diz respeito a processo judicial em que a primeira é autora, e o segundo, seu advogado. A parte contrária, ciente da troca de informações entre eles, requer ao Juízo que esses documentos sejam anexados aos autos do processo em que litigam. Sob a perspectiva do Código de Ética e Disciplina da Advocacia, as comunicações epistolares trocadas entre advogado e cliente

(A) constituem documentos públicos a servirem como prova em Juízo.
(B) são presumidas confidenciais, não podendo ser reveladas a terceiros.
(C) podem ser publicizadas, de acordo com a prudência do advogado.
(D) devem ser mantidas em sigilo até o perecimento do advogado.

A: incorreta, pois as comunicações epistolares (por cartas/correspondências) feitas ao advogado pelo cliente, assim como, de maneira geral, as comunicações de qualquer natureza entre cliente e advogado, presumem-se confidenciais, nos termos do art. 36, § 1º, do Código de Ética e Disciplina (CED). Logo, não constituem documentos públicos, os quais, como o próprio nome sugere, são aqueles que ganham contornos de ampla publicidade, tais como as escrituras públicas; **B:** correta. Como dito, as comunicações de qualquer natureza entre cliente e advogado, tais como as missivas (cartas) trocadas entre eles, são presumidas confidenciais, não podendo ser reveladas a terceiros (art. 36, § 1º, do CED). Contudo, é bom que se diga que, à luz do art. 27, caput, do "antigo" CED, as confidências feitas ao advogado pelo cliente poderiam ser utilizadas nos limites da necessidade da defesa, desde que autorizado pelo constituinte. Embora referida disposição não tenha sido repetida no Novo CED, entendemos que continua sendo possível o uso de correspondências, pelo advogado, inclusive com sua juntada nos autos do processo, que lhe tenham sido dirigidas pelo cliente, desde que nos limites, repita-se, da necessidade da defesa, e desde que o cliente autorize. Essa situação é muito diferente daquela expressa no enunciado, no qual quem pediu a apresentação das cartas foi a parte contrária; **C:** incorreta, pois as cartas enviadas pelo cliente ao advogado, como visto, somente poderão ser por este utilizadas nos limites da necessidade da defesa, e desde que o constituinte autorize. Portanto, não se trata de decisão unilateral do advogado (dar publicidade às comunicações epistolares com seu cliente); **D:** incorreta, pois, como visto, as missivas (cartas) trocadas entre cliente-advogado podem ser anexadas aos autos do processo, desde que observado o disposto no já referido art. 27 do antigo CED, cujo conteúdo entendemos ser passível de aplicação mesmo diante do Novo CED, que não previu regra nesse sentido. É que se o próprio cliente anuir com a apresentação, em juízo, de correspondências que tenha enviado ao seu advogado, nenhuma violação ao sigilo profissional será realizada pelo causídico.

Gabarito "B"

(OAB/Exame Unificado – 2014.1) Valdir representa os interesses de André em ação de divórcio em que estão em discussão diversas questões relevantes, inclusive de cunho financeiro, como, por exemplo, o pensionamento e a partilha de bens. Irritado com as exigências de sua ex-esposa, André revela a Valdir que pretende contratar alguém para assassiná-la.

Deve Valdir comunicar o segredo revelado por seu cliente às autoridades competentes?

(A) Valdir não pode revelar o segredo que lhe foi confiado por André, pois o advogado deve compre guardar sigilo sobre o que saiba em razão do seu ofício.
(B) Valdir poderia revelar o segredo que lhe foi confiado por André, mas apenas no caso de ser intimado como testemunha em ação penal eventualmente deflagrada para a apuração do homicídio que viesse a ser efetivamente praticado.
(C) Valdir pode revelar o segredo que lhe foi confiado por André, em razão de estar a vida da ex-esposa deste último em risco.
(D) Valdir não pode revelar o segredo que lhe foi confiado por André, mas tem obrigação legal de impedir que o homicídio seja praticado, sob pena de se tornar partícipe do crime.

A: incorreta. Embora o segredo, no tocante às confidências que o cliente faz ao advogado, seja a regra (art. 35 do CED), é certo que não se trata de cláusula absoluta. Em situações extremas, poderá o advogar romper com o seu dever de sigilo, como será melhor visto a seguir; **B:** incorreta, pois, como é sabido e ressabido, o art. 7º, XIX, do EAOAB, bem como o art. 38 do CED, permitem ao advogado que se recuse a depor como testemunha em processo que envolva cliente ou ex-cliente. Porém, no caso relatado no enunciado, veremos que Valdir poderá revelar o segredo que lhe foi confidenciado por André; **C:** correta. Como dito, embora o segredo seja a regra, o advogado poderá rompê-lo nos casos previstos no art. 37 do CED, que consagra, segundo entendemos, a excepcionalidade do rompimento do sigilo profissional, que cederá em face de circunstâncias excepcionais que configurem justa causa, como nos casos de grave ameaça ao direito à vida e à honra ou que envolvam defesa própria. No caso relatado, o advogado Valdir, diante de grave ameaça à vida da ex-esposa de André, poderá comunicar o segredo às autoridades, valendo-se, para tanto, do precitado art. 37 do CED; **D:** incorreta, seja pelo fato de Valdir poder revelar o segredo que lhe foi confiado por André, seja em razão de não ter, sob a ótica da omissão penalmente relevante (art. 13, § 2º, do CP), o dever jurídico de agir para impedir o homicídio. Afinal, o advogado não tem, seja por imposição legal ou contratual, o dever jurídico de agir para impedir a morte da ex-esposa de seu cliente. Logo, não poderia ser considerado partícipe, ainda que a morte ocorresse e ele não tivesse levado ao conhecimento das autoridades a revelação que lhe foi feita pelo cliente.

Gabarito "C"

(OAB/Exame Unificado – 2013.3) Isabela é advogada prestigiada, tendo organizado, com o correr dos anos, um escritório de advocacia especializado em Direito Ambiental, com vários advogados associados. Por sugestão de um deles, edita um atualizado boletim de notícias, com informações jurisprudenciais, doutrinárias, legais e internacionais sobre o tema, considerado uma publicação de altíssima qualidade, que é distribuído somente aos profissionais do escritório. Sabedor da publicação, Eusébio, jovem estudante de Direito, que busca direcionar seus estudos para a área ambiental, solicita acesso ao referido boletim.

Nos termos do Código de Ética da Advocacia, o boletim de notícias

(A) deve circular restritivamente entre os profissionais do escritório.
(B) pode ser enviado a qualquer pessoa como forma de propaganda.
(C) pode ser remetido a quem o requerer.
(D) é considerado como publicidade abusiva e vedado ao advogado.

A: incorreta. Nos termos do art. 45, do Código de Ética e Disciplina (CED), são admissíveis como formas de publicidade o patrocínio de eventos ou publicações de caráter científico ou cultural, assim como a divulgação de boletins, por meio físico ou eletrônico, sobre matéria cultural de interesse dos advogados, desde que sua circulação fique adstrita a clientes e a interessados do meio jurídico.. Assim, o boletim de notícias distribuído por Isabela poderá circular não apenas entre os profissionais do escritório, mas, nos termos do dispositivo normativo citado, também, entre clientes ou outras pessoas interessadas do meio jurídico; **B:** incorreta, pois a publicidade na advocacia, regida pelos arts. 39 a 47 do CED, é limitada pelos princípios da discrição e sobriedade, além da finalidade informativa, não sendo viável o encaminhamento de boletim informativo como forma de propaganda do escritório. Como visto, os boletins podem ser enviados a colegas, clientes e, de maneira geral, a interessados do meio jurídico; **C:** correta, estando em consonância com o já referido art. 45 do CED, que não exige o prévio requerimento do envio do boletim. Porém, obviamente, se alguém requerer o envio, e desde que se certifique que se trate de cliente ou pessoa interessada do meio jurídico, não haverá qualquer irregularidade; **D:** incorreta, eis que o boletim de notícias não constitui publicidade abusiva da advocacia, desde que observados os parâmetros éticos ditados pelo CED.

Gabarito "C"

(OAB/Exame Unificado – 2013.2) José é advogado de João em processo judicial que este promove contra Matheus. Encantado com as sucessivas campanhas de conciliação, busca obter o apoio do réu para um acordo, sem consultar previamente o patrono da parte contrária, Valter.

Nos termos do Código de Ética, deve o advogado

(A) buscar a conciliação a qualquer preço por ser um objetivo da moderna Jurisdição.
(B) abster-se de entender-se diretamente com a parte adversa que tenha patrono constituído, sem o assentimento deste.
(C) entender-se com as partes na presença de autoridade sem necessidade de comunicação ao *ex adverso*.
(D) participar de campanhas de conciliação e, caso infrutíferas, tentar o acordo extrajudicial diretamente com a parte contrária.

Nos exatos termos do art. 2º, parágrafo único, VIII, alínea "d", do Código de Ética, deve o advogado abster-se de entender-se diretamente com a parte adversa que tenha patrono constituído, sem o assentimento deste. Logo, José, advogado de João, ao manter contato direto com o réu para um acordo, sem consultar previamente o advogado da parte adversa, violou referido dispositivo ético.

Gabarito "B"

(OAB/Exame Unificado – 2012.3.B) João é assessor jurídico da empresa "Z" Ltda., onde exerce suas funções com proficiência. Em determinado momento, é consultado por inúmeros colegas de trabalho que pretendem ingressar com ação judicial para postular o reconhecimento de direitos em face da empresa empregadora. A pretensão dos seus colegas também beneficiaria o advogado. Nos termos do Código de Ética e Disciplina da OAB, João deve

(A) recusar o patrocínio da causa.
(B) aceitar, sem qualquer reserva pessoal.
(C) renunciar ao direito para patrocinar a causa.
(D) indicar os clientes para escritório de amigos, com participação.

Nos termos do art. 4º, *caput*, e parágrafo único, do Código de Ética e Disciplina, o advogado, ainda que vinculado ao cliente ou constituinte, mediante relação empregatícia ou por contrato de prestação permanente de serviços, ou como integrante de departamento jurídico, ou de órgão de assessoria jurídica, público ou privado, deve zelar pela sua liberdade e independência, legítima a recusa, pelo advogado, do patrocínio de causa e de manifestação, no âmbito consultivo, de pretensão concernente a direito que também lhe seja aplicável ou contrarie orientação que tenha manifestado anteriormente. Ora, sendo João assessor jurídico da empresa "Z" Ltda., deverá recusar o patrocínio da pretensão de seus colegas de trabalho, seja pelo fato de ser empregado de referida entidade, bem como em razão de os interesses deles também lhe serem aplicáveis.

Gabarito "A"

(OAB/Exame Unificado – 2012.3.B) O Conselho Nacional de Justiça tem, invariavelmente, patrocinado semanas de conciliação buscando resolver o grave problema de demora da prestação jurisdicional, que se reflete na existência de inúmeros processos sem solução. Esse movimento de cunho nacional tem angariado a atuação de magistrados e membros do Ministério Público. Sobre o tema conciliação, o Código de Ética e Disciplina da OAB dispõe como dever do advogado

(A) realizá-la eventualmente, caso seja do interesse do cliente.
(B) descartá-la, por não ser inerente à atividade advocatícia.
(C) estimular a conciliação entre os litigantes.
(D) determinar sempre a instauração de litígios.

Nos termos do art. 2º, parágrafo único, VI, do Código de Ética e Disciplina, é dever do advogado, dentre outros, *estimular, a qualquer tempo, a conciliação e a mediação entre os litigantes, prevenindo, sempre que possível, a instauração de litígios.*

Gabarito "C"

(OAB/Exame Unificado – 2012.3.A) Mério advogou, por muitos anos, para a empresa "X", especializada no ramo de cosméticos. Por problemas pessoais, afastou-se da advocacia empresarial por um período de dois anos. No retorno, passou a representar os interesses da empresa "Y", também do ramo de cosméticos, e concorrente direta da empresa para quem anteriormente prestara serviços. Quando da prestação de seus serviços à empresa "X", Mério atuou em vários contratos em que constavam informações submetidas a segredo industrial, a que teve acesso exclusivamente em decorrência da sua atuação como advogado. Observado tal relato, em consonância com as normas do Código de Ética da Advocacia, assinale a afirmativa correta.

(A) Os segredos advindos da prática profissional, após determinado período de recesso, podem ser livremente utilizados pelo advogado.

(B) O advogado, ao atuar contra antigos clientes, não pode lançar mão de informações reservadas que lhe tenham sido confiadas.

(C) O advogado não pode ser contratado por concorrentes de antigos clientes, pois o impedimento de com eles contratar não tem prazo.

(D) O advogado, diante do conflito de interesses entre o antigo e o novo cliente, deve renunciar ao mandato.

A: incorreta. O Código de Ética e Disciplina, em seus arts. 35 a 38, trata do sigilo profissional do advogado, não dispondo sobre "período de validade" de referido dever ético. Portanto, não é verdade que segredos advindos da prática profissional possam ser revelados pelo advogado após determinado recesso. Ao contrário, o sigilo, para o causídico, será eterno. Seu desrespeito caracteriza infração disciplinar (art. 34, VII, do Estatuto da OAB); **B:** correta. Nos termos do art. 21 do Código de Ética e Disciplina, o advogado, ao postular em nome e terceiros, contra ex-clientes ou ex-empregador, judicial e extrajudicialmente, deve resguardar o sigilo profissional; **C:** incorreta. A despeito de inexistir previsão legal expressa, vigora a chamada "abstenção bienal", criada pela própria OAB. Assim, um advogado não poderá, pelo período de dois anos, atuar, em nome de terceiros, contra ex-cliente ou ex-empregador. Superado o biênio, poderá fazê-lo, mas, sempre, resguardando o sigilo profissional; **D:** incorreta. Como visto, o advogado poderá atuar contra seu ex-cliente (desde que respeitada a abstenção bienal), mas sem poder utilizar os segredos ou informações privilegiadas do que tivesse conhecimento em razão de sua atividade profissional.

Gabarito "B"

(OAB/Exame Unificado – 2012.3.A) O advogado Carlos é Presidente da empresa XYZ, com sede no Município Q. Em determinada data, a empresa é notificada para apresentar defesa em processo trabalhista ajuizado por antigo empregado da empresa. No dia da audiência designada, Carlos apresenta-se como preposto, vez que dirigente da empresa e advogado, por possuir habilitação profissional regular. Observados tais fatos, de acordo com as normas do Regulamento Geral do Estatuto da Advocacia e da OAB, assinale a afirmativa correta.

(A) Por economia processual admite-se a atuação do advogado como preposto e advogado no mesmo processo.

(B) Essa é uma situação excepcional que permite a atuação do advogado como preposto da empresa e seu representante judicial.

(C) É vedada a atuação como preposto e como advogado da empresa ao mesmo tempo.

(D) Não havendo oposição da parte adversa, pode ocorrer a atuação do advogado nas duas funções: preposto e representante judicial.

A, B e **D:** incorretas. Nos termos do art. 3º do Regulamento Geral, é defeso (vedado) ao advogado funcionar, simultaneamente, no mesmo processo, como preposto e patrono do empregador ou cliente, regra repetida no art. 25 do Código de Ética e Disciplina; **C:** correta. Como visto no comentário às alternativas anteriores, não pode um advogado "acumular" duas funções, simultaneamente, no mesmo processo. Assim, por exemplo, se Carlos comparecer a uma audiência trabalhista, na condição de preposto (representante) da empresa reclamada, não poderá, a despeito de ser advogado, atuar nessa condição no processo.

Gabarito "C"

(OAB/Exame Unificado – 2011.3.A) Daniel, advogado, resolve divulgar seus trabalhos contratando empresa de propaganda e marketing. Esta lhe apresenta um plano de ação, que inclui a contratação de jovens, homens e mulheres, para a distribuição de prospectos de propaganda do escritório, coloridos, indicando as especialidades de atuação e apresentando determinados temas que seriam considerados acessíveis à multidão de interessados. O projeto é realizado. Em relação a tal projeto, consoante as normas aplicáveis aos advogados, é correto afirmar que

(A) a moderna advocacia assume características empresariais e permite publicidade como a apresentada.

(B) atividades moderadas como as sugeridas são admissíveis.

(C) desde que autorizada pela OAB, a propaganda pode ser realizada.

(D) existem restrições éticas à propaganda da advocacia, entre as quais as referidas no texto.

A: incorreta, pois a atividade da advocacia não pode ter qualquer conotação mercantil (art. 5º do CED); **B:** incorreta, pois na publicidade informada no enunciado da questão, não há nada de moderação. Ao contrário, a distribuição de prospectos de propaganda do escritório (panfletos), constando as áreas de atuação do advogado e os temas dos serviços oferecidos, viola o disposto no art. 40, VI, do CED; **C:** incorreta, pois a OAB jamais autorizaria – ou teria poderes para tanto – publicidade imoderada como a narrada no enunciado, sob pena de ofensa ao art. 39 do CED; **D:** correta. A propaganda na advocacia deve ser discreta, *sóbria* e informativa (art. 39 do CED).

Gabarito "D"

(OAB/Exame Unificado – 2012.2) O advogado "Y", recém-formado, diante da dificuldade em conseguir clientes, passa a distribuir panfletos em locais próximos aos fóruns da cidade onde reside, oferecendo seus serviços profissionais. Nos panfletos distribuídos por "Y" constam informações acerca da sua especialização técnico-científica, localização e telefones do seu escritório. Por outro lado, "Y" instalou placa na porta de seu escritório, na qual fez constar os valores cobrados por seus serviços profissionais, fixados, aliás, em patamares inferiores àqueles estipulados pela tabela de honorários da OAB.

Quanto à conduta de "Y", assinale a afirmativa incorreta.

(A) "Y" incorre em infração disciplinar, consistente na captação irregular de causas, ao distribuir panfletos ao público oferecendo seus serviços como advogado.
(B) "Y" viola dispositivo do Código de Ética e Disciplina da OAB, ao fixar honorários em valores inferiores aos estipulados na tabela de honorários da OAB.
(C) "Y" pode distribuir panfletos ao público, oferecendo seus serviços profissionais, desde que neles não conste sua especialização técnico-científica.
(D) "Y" viola dispositivo do Código de Ética e Disciplina da OAB, ao fazer constar de sua placa referências aos valores cobrados por seus serviços profissionais.

As alternativas A, B e D estão corretas, visto que, de fato, é vedada a distribuição de panfletos ao público oferecendo serviços advocatícios, pois isso é forma de captação de clientela (art. 40, VI, do CED), bem como a menção a valores de honorários para a prestação de serviços, o que não é autorizado pelo CED nos anúncios feitos pelos advogados, ainda mais em valores inferiores aos estipulados nas tabelas de honorários, o que caracterizaria, inclusive, infração disciplinar (art. 48, § 6º, do CED). Incorreta, portanto, apenas a alternativa C, uma vez que o advogado, em sua publicidade, deve ser discreto e sóbrio, primando pela finalidade informativa, não podendo oferecer seus serviços mediante distribuição irrestrita de panfletos. Tal medida, nitidamente, é imoderada, com alta capacidade de captação de clientela.

Gabarito "C"

(OAB/Exame Unificado – 2011.2) Ademir, formado em Jornalismo e Direito e exercendo ambas as profissões, publica, em seu espaço jornalístico, alegações forenses por ele apresentadas em juízo. Instado por outros profissionais do Direito a também apresentar os trabalhos dos colegas, Ademir alega que o espaço é exclusivamente dedicado à divulgação dos seus próprios trabalhos forenses.

Com base no relatado, à luz das normas estatutárias, é correto afirmar que a divulgação promovida por Ademir é

(A) justificada pelo interesse jornalístico dos trabalhos forenses.
(B) punível, por caracterizar infração disciplinar.
(C) é equiparada a ato educacional permitido.
(D) perfeitamente justificável, por ser pertinente a outra profissão.

De acordo com o art. 34, XIII, do Estatuto da OAB (Lei 8.906/1994 – EAOAB), constitui infração disciplinar fazer publicar na imprensa, desnecessária e habitualmente, alegações forenses ou relativas a causas pendentes. Assim, não é dado ao advogado publicar, sem qualquer motivo, ainda mais habitualmente, seus arrazoados forenses, sob pena de tal prática configurar uma autopromoção indevida, em violação às regras éticas acerca da publicidade na advocacia (arts. 39 a 47 do Código de Ética e Disciplina – CED). A publicidade do advogado deve pautar-se por três grandes critérios: discrição, sobriedade e informação (art. 39 do CED). A aparição do advogado em meios de comunicação deve ter finalidade educacional, ilustrativa e informativa (art. 43 do CED), não podendo ter característica de autopromoção (e, consequentemente, gerando captação de clientela). O fato de o advogado também ser jornalista não o habilita a utilizar sua outra profissão para fazer publicidade imoderada do exercício da advocacia.

Gabarito "B"

(OAB/Exame Unificado – 2011.2) Crésio é procurado por cliente que já possui advogado constituído nos autos. Prontamente recusa a atuação até que seu cliente apresente a quitação dos honorários acordados e proceda à revogação dos poderes que foram conferidos para o exercício do mandato. Após cumpridas essas formalidades, comprovadas documentalmente, Crésio apresenta sua procuração nos autos e requer o prosseguimento do processo. À luz das normas aplicáveis, é correto afirmar que

(A) a revogação do mandato exime o cliente do pagamento de honorários acordados.
(B) permite-se o ingresso do advogado no processo mesmo que atuando outro, sem sua ciência.
(C) a verba de sucumbência deixa de ser devida após a revogação do mandato pelo cliente.
(D) o advogado deve, antes de assumir mandato, procurar a ciência e autorização do antecessor.

A: incorreta, visto que a revogação do mandato, considerada uma de suas causas de extinção (ao lado da renúncia e do substabelecimento sem reserva de poderes), conforme preconiza o art. 17 do Código de Ética e Disciplina (CED), não desobriga o cliente do pagamento das verbas honorárias contratadas, assim como não retira o direito do advogado de receber o quanto lhe seja devido em eventual verba honorária de sucumbência, calculada proporcionalmente, em face do serviço efetivamente prestado; **B:** incorreta, pois, de acordo com o art. 14 do CED, o advogado não deve aceitar procuração de quem já tenha patrono constituído, sem prévio conhecimento deste, salvo por motivo plenamente justificável ou para adoção de medidas judiciais urgentes e inadiáveis; **C:** incorreta, visto que, mesmo após a extinção do mandato pela sua revogação pelo cliente, o advogado continua a ter o direito de eventual verba honorária de sucumbência, que será calculada proporcionalmente (art. 17 do CED); **D:** correta. Como visto, o art. 14 do CED traz a regra segundo a qual o advogado não deverá aceitar procuração se o cliente já tiver patrono constituído. No entanto, poderá fazê-lo se der prévio conhecimento ao advogado constituído, salvo se houver urgência.

Gabarito "D"

(OAB/Exame Unificado – 2011.1) Mévio aceita defender um cliente. Após ampla pesquisa, verifica que a legislação ordinária não acolhe a pretensão dele. Elabora, pois, a tese de que a legislação que não permite o acolhimento da pretensão do seu constituído padeceria do vício de inconstitucionalidade e recomenda que não haja o cumprimento da referida norma. À luz das normas estatutárias, é correto afirmar que

(A) ao pleitear contra expressa disposição de lei no caso referido, presume-se a má-fé.
(B) mesmo sendo a lei eivada de vício, não seria possível presumir boa-fé.
(C) se caracteriza a hipótese de postulação com má-fé contra literal disposição de lei.
(D) a situação é permitida, diante do possível vício alegado pelo advogado.

A: incorreta, visto que nem sempre pleitear contra expressa disposição legal gerará a presunção de má-fé do advogado, conforme se verá nos comentários à alternativa D; **B:** incorreta, pois se uma lei for eivada de vício (inconstitucionalidade, por exemplo), não se poderá presumir a má-fé do advogado; **C:** incorreta, pois, como dito, nem sempre advogar contra o texto expresso da lei caracterizará postulação de má-fé; **D:** correta. De fato, configurará infração ética a conduta do advogado de patrocinar pretensão contra literal disposição de lei, presumindo-se a boa-fé quando fundamentado na inconstitucionalidade, na injustiça da lei ou em pronunciamento judicial anterior (art. 34, VI, do EAOAB – Lei 8.906/1994).

Gabarito "D"

(OAB/Exame Unificado – 2010.2) Mauro, advogado com larga experiência profissional, resolve contratar com emissora de televisão, um novo programa, incluído na grade normal de horários da empresa, cujo titulo é "o Advogado na TV", com o fito de proporcionar informações sobre a carreira, os seus percalços, suas angústias, alegrias e comprovar a possibilidade de sucesso profissional. No curso do programa, inclui referência às causas ganhas, bem como àquelas ainda em curso e que podem ter repercussão no meio jurídico, todas essas vinculadas ao seu escritório de advocacia.

Consoante as normas aplicáveis, é correto afirmar que:

(A) a participação em programa televisivo está vedada aos advogados.
(B) a publicidade, como narrada, é compatível com as normas do Código de Ética.
(C) o advogado, no caso, deveria se limitar ao aspecto educacional e instrutivo da atividade profissional.
(D) programas televisivos são franqueados aos advogados, inclusive para realizar propaganda dos seus escritórios.

A: incorreta, pois os advogados podem eventualmente participar de programa de televisão ou de rádio, de entrevista na imprensa, de reportagem televisionada ou de qualquer outro meio, para manifestação profissional, devendo visar a objetivos exclusivamente ilustrativos, educacionais e instrutivos, sem propósito de promoção pessoal ou profissional, vedados pronunciamentos sobre métodos de trabalho usados por seus colegas de profissão (art. 43 do CED); **B:** incorreta, pois quando convidado para manifestação pública, por qualquer modo e forma, visando ao esclarecimento de tema jurídico de interesse geral, deve o advogado **evitar insinuações com o sentido de promoção pessoal ou profissional** (art. 43, parágrafo único, do CED); **C:** correta, pois, nos termos do citado art. 43, o advogado deve se limitar aos aspecto ilustrativo, educacional e instrutivo da atividade profissional; **D:** incorreta, nos termos do já citado art. 43, *caput* e parágrafo único, do CED.

Gabarito "C"

(OAB/Exame Unificado – 2010.1) Júlio e Lauro constituíram o mesmo advogado para, juntos, ajuizarem ação de interesse comum. No curso do processo, sobrevieram conflitos de interesse entre os constituintes, tendo Júlio deixado de concordar com Lauro com relação aos pedidos. Nessa situação hipotética, deve o advogado

(A) optar, com prudência e discernimento, por um dos mandatos, e renunciar ao outro, resguardando o sigilo profissional.
(B) manter com os constituintes contrato de prestação de serviços jurídicos no interesse da causa, resguardando o sigilo profissional.
(C) assumir, com a cautela que lhe é peculiar, o patrocínio de ambos, em ações individuais.
(D) designar, com prudência e cautela, por substabelecimento com reservas, um advogado de sua confiança.

Conforme preceitua o art. 20 do CED: "Sobrevindo conflitos de interesse entre seus constituintes e não conseguindo o advogado harmonizá-los, caber-lhe-á optar, com prudência e discrição, por um dos mandatos, renunciando aos demais, resguardado sempre o sigilo profissional". Assim, a alternativa correta é a "A".

Gabarito "A"

(OAB/Exame Unificado – 2009.3) Considerando o disposto no Estatuto da Advocacia e da OAB e no Código de Ética e Disciplina da OAB, assinale a opção correta.

(A) A lei prevê, expressamente, o termo prescricional para a ação de prestação de contas pelas quantias que o advogado recebe de seu cliente ou de terceiros por conta deste.
(B) De acordo com o Código de Ética, o advogado deve recusar-se a depor como testemunha em processo no qual tenha atuado, salvo quando autorizado pelo cliente.
(C) Os prazos recursais no processo disciplinar seguem as disposições do CPP.
(D) Em nenhuma hipótese, o Código de Ética permite a participação de advogado em bens particulares de clientes comprovadamente sem condições pecuniárias.

A: correta, corresponde ao disposto no art. 25-A da Lei 8.906/1994; **B:** incorreta. Nos termos do art. 36 do CED, o sigilo profissional é de ordem pública, independendo de solicitação de reserva que lhe seja feita pelo cliente. Ainda, o art. 38, do mesmo diploma, aduz que o advogado não é obrigado a depor, em processo ou procedimento judicial, administrativo ou arbitral, sobre fatos a cujo respeito deva guardar sigilo profissional.; **C:** incorreta (art. 69 da Lei 8.906/1994 – o prazo é de quinze dias); **D:** incorreta (art. 50, § 1º, do CED – admite-se excepcionalmente a participação do advogado em bens particulares do cliente, desde que este comprovadamente não disponha de recursos financeiros, e, ainda, se houver ajuste, em instrumento contratual, de referida forma de pagamento).

Gabarito "A"

(OAB/Exame Unificado – 2008.3) Acerca do que dispõe o Código de Ética e Disciplina da OAB a respeito das relações do advogado com seus clientes, julgue os itens a seguir.

I. Sobrevindo conflitos de interesse entre constituintes e não estando acordes os interessados, deve o advogado, com a devida prudência e discernimento, optar por um dos mandatos, renunciando aos demais, resguardado o sigilo profissional.
II. O advogado, ao postular, judicial e extrajudicialmente, em nome de terceiros, contra ex-cliente ou ex-empregador, deve resguardar o segredo profissional e as informações reservadas ou privilegiadas que lhe tenham sido confiadas.
III. Os advogados integrantes da mesma sociedade profissional ou reunidos em caráter permanente para cooperação recíproca podem representar em juízo clientes com interesses opostos quando houver compatibilidade de interesses.
IV. O advogado deve abster-se de patrocinar causa contrária à ética, à moral e aos bons costumes, bem como atuar em demandas coletivas que questionem as autoridades constituídas ou a validade de ato jurídico em que tenha colaborado, orientado ou conhecido em consulta; da mesma forma, deve declinar seu impedimento ético quando tenha sido convidado pela outra parte, se esta lhe houver revelado segredos ou obtido seu parecer.

Estão certos apenas os itens

(A) I e II.
(B) I e IV.
(C) II e III.
(D) III e IV.

I: correto, segundo disposição do art. 20 do CED; **II:** correto, corresponde à previsão contida no art. 21 do CED; **III:** incorreto, pois os advogados não podem representar clientes que tenham interesses opostos (art. 19 do CED); **IV:** incorreto (art. 22 do CED). Referido dispositivo não menciona deva o advogado abster-se de patrocinar causa contrária aos *bons costumes*, tal como consta na assertiva, mas, sim, contrária à validade ou legitimidade de ato jurídico em cuja formação haja colaborado ou intervindo de qualquer maneira; da mesma forma, deve declinar seu impedimento ou o da sociedade que integre quando houver conflito de interesses motivado por intervenção anterior no trato de assunto que se prenda ao patrocínio solicitado..

Gabarito "A"

(OAB/Exame Unificado – 2008.2) Paulo, advogado regularmente inscrito na OAB/PR, descobriu que seu potencial cliente João omitira-lhe o fato de já ter constituído o advogado Anderson para a mesma causa. Na situação apresentada, supondo-se que não se trate de medida judicial urgente e inadiável nem haja motivo justo que desabone Anderson, Paulo deve

(A) denunciar João ao Conselho Federal por litigância de má-fé.

(B) notificar Anderson por intermédio da Comissão de Ética e Disciplina da OAB para que este se manifeste no prazo de quinze dias corridos e, caso Anderson não se manifeste, continuar defendendo os interesses de João em consonância com os preceitos éticos da advocacia.

(C) denunciar Anderson ao Tribunal de Ética da OAB por omissão culposa, estando este sujeito a censura.

(D) recusar o mandato, de acordo com imposições éticas, haja vista a existência de outro advogado já constituído.

De acordo com o art. 14 do CED, salvo situação de urgência, o advogado não poderá aceitar procuração caso já exista advogado constituído nos autos.

Gabarito "D"

(OAB/Exame Unificado – 2008.1) Antônio, advogado inscrito na OAB, participa semanalmente de um programa de televisão, esclarecendo dúvidas dos telespectadores a respeito de relações de consumo. Nessas oportunidades, além de divulgar os telefones de um instituto de defesa do consumidor que oferece assistência jurídica aos seus associados a preços módicos, fundado e dirigido por ele mesmo, Antônio aconselha os telespectadores a comparecer ao referido instituto. Considerando a situação hipotética apresentada, assinale a opção correta com base no Código de Ética e Disciplina da OAB.

(A) Antônio deve deixar de participar do programa de televisão, visto que o Código de Ética e Disciplina da OAB proíbe essa participação aos advogados regularmente inscritos na Ordem, salvo em noticiários e, exclusivamente, para fins informativos, sendo vedados pronunciamentos ilustrativos, educacionais ou instrutivos.

(B) Antônio deve continuar a divulgar os telefones do referido instituto de defesa do consumidor, pois o Código de Ética e Disciplina da OAB impõe ao advogado o dever da transparência, de acordo com o princípio da publicidade e da livre expressão, sendo, portanto, permitidas todas as formas de manifestação pública do profissional regularmente inscrito na Ordem.

(C) Antônio deve abster-se de responder com habitualidade consulta sobre matéria jurídica, nos meios de comunicação social, com o intuito de promover-se profissionalmente.

(D) Antônio deve, tão somente, abster-se de debates sensacionalistas.

A aparição do advogado em meios de comunicação de massa (ex.: rádio e televisão) deve ser eventual, com finalidade ilustrativa, educacional e informativa, nos termos do art. 43 do CED, não podendo, pois, fazer verdadeira captação de clientela por meio de autopromoção. O tripé da publicidade na advocacia é: discrição, sobriedade e informação!

Gabarito "C"

(OAB/Exame Unificado – 2008.1.SP) No que se refere ao sigilo profissional e às relações com o cliente previstos no Código de Ética e Disciplina da OAB, assinale a opção correta.

(A) Considere que o advogado A assine contrato de honorários advocatícios com seu cliente. Nessa situação, caso este indique o advogado B para trabalhar no mesmo processo, deverá o advogado A aceitar a indicação, conforme previsão do Código de Ética.

(B) Prolatada a sentença, presume-se a cessação do mandato constituído ao advogado.

(C) Caso um advogado receba um mandado de intimação para prestar depoimento em processo judicial no qual tenha atuado como procurador, ele poderá recusar-se a depor, dado o dever de guardar sigilo sobre fatos relativos ao seu ofício.

(D) As confidências feitas pelo cliente não podem ser utilizadas pelo advogado na defesa, visto que tal utilização constitui violação do direito à intimidade do cliente.

A: incorreta, uma vez que "o advogado não se sujeita à imposição do cliente que pretenda ver com ele atuando outros advogados, nem fica na contingência de aceitar a indicação de outro profissional para com ele trabalhar no processo" (art. 24 do CED); **B:** incorreta (art. 13 do CED). Em verdade, há presunção de cessação do mandato quando *concluída a causa ou arquivado o processo,* e não com a prolação da sentença, tal como afirmado na assertiva; **C:** correta, pois em conformidade com os arts. 36 e 38 do CED; **D:** incorreta. Nada obstante a regra prevista no art. 27 do "antigo" CED, que permitia que confidências *pudessem* ser utilizadas/reveladas pelo advogado, desde que o cliente autorizasse e nos limites da necessidade da defesa, não tenha sido repetida no Novo CED, entendemos perfeitamente aplicável. Ora, se o cliente autoriza que o advogado utilize, para a sua própria defesa, as confidências que lhe tenha feito, não se enxerga violação ao sigilo profissional.

Gabarito "C"

(OAB/Exame Unificado – 2008.1.SP) Assinale a opção correta com relação ao Código de Ética e Disciplina da OAB.

(A) Com a criação da Rádio e TV Justiça, os anúncios dos serviços profissionais dos advogados passaram a ser veiculados exclusivamente por esses canais.

(B) Um ministro aposentado de tribunal superior pode mencionar, em seu anúncio de serviços profissionais de advocacia, para captar clientes, o cargo que ocupou, uma vez que não mais exerce função pública.

(C) Um advogado que mudar a sede profissional de seu escritório para sua residência poderá anunciar seus serviços utilizando-se de outdoor.

(D) Um advogado regularmente inscrito na OAB pode anunciar seus serviços profissionais indicando, juntamente com seu nome e número de inscrição na OAB, os títulos de mestrado e doutorado conferidos por instituição de ensino superior reconhecida.

A: incorreta (art. 40, I, do CED – é vedada a veiculação de anúncios em rádio, cinema e TV); **B:** incorreta. Não deve mencionar qualquer cargo ou função pública que ocupe ou tenha ocupado, salvo o de professor universitário (art. 44, § 2º, do CED); **C:** incorreta (arts. 39 e 40, II, do

CED – a publicidade do advogado deve ser discreta e sóbria, sendo *vedada* a utilização de *outdoor*); **D:** correta, segundo dispõe o art. 44, *caput* e § 1º, do CED.

Gabarito "D"

(OAB/Exame Unificado – 2007.3.SP) Assinale a opção correta quanto à publicidade na advocacia.

(A) O advogado em entrevista à imprensa pode mencionar seus clientes e demandas sob seu patrocínio.
(B) É permitida a divulgação de informações sobre as dimensões, qualidade ou estrutura do escritório de advocacia.
(C) É permitida a ampla divulgação de valores dos serviços advocatícios.
(D) É permitido o anúncio em forma de placa de identificação do escritório apenas no local onde este esteja instalado.

A: incorreta, uma vez que "o advogado que eventualmente participar de programa de televisão ou de rádio, de entrevista na imprensa, de reportagem televisionada ou veiculada por qualquer outro meio, para manifestação profissional, deve visar a objetivos exclusivamente ilustrativos, educacionais e instrutivos, sem propósito de promoção pessoal ou profissional, vedados pronunciamentos sobre métodos de trabalho usados por seus colegas de profissão" (art. 43, *caput,* do CED); **B** e **C:** incorretas, pois o advogado, nos anúncios de sua atividade profissional, não poderá se utilizar de expedientes capazes de gerar captação de clientela (arts. 39 e 40 do CED); **D:** correta, nos termos do disposto no art. 40, parágrafo único, do CED.

Gabarito "D"

(OAB/Exame Unificado – 2007.2) José da Silva foi denunciado pela prática de homicídio. Para defendê-lo, foi contratado o advogado Antônio Macedo, respeitável criminalista da cidade e, por coincidência, inimigo do *de cujus*. O denunciado confessou o crime no escritório de seu patrono, ocasião em que estavam presentes a esposa e os pais do réu. Durante o julgamento, porém, o réu, ao ser interrogado perante o juiz e os jurados, afirmou ter sido o advogado Antônio Macedo o verdadeiro autor do crime. Diante dos fatos acima narrados, assinale a opção correta de acordo com o Código de Ética e Disciplina dos Advogados.

(A) O advogado deverá substabelecer o mandato outorgado com reservas de iguais poderes a outro patrono.
(B) O advogado poderá revelar as confidências feitas em seu escritório desde que autorizado pelo réu
(C) O sigilo profissional impede o advogado de revelar a confissão do cliente, cabendo à esposa e aos pais do réu desmentir a acusação ocorrida no interrogatório.
(D) O advogado, nesse caso, pode revelar o segredo a ele confiado, visto que ele, vendo-se afrontado pelo próprio cliente, tem de agir em defesa própria.

Conforme disposição do art. 37 do CED, "o sigilo profissional cederá em face de circunstâncias excepcionais que configurem justa causa, como nos casos de grave ameaça ao direito à vida e à honra ou que envolvam defesa própria".. A alternativa correta é a "D".

Gabarito "D"

(OAB/Exame Unificado – 2006.3) Advogados assediam parentes de vítimas de acidente. Há advogados que comparecem a enterros de vítimas de acidentes ocorridos na prestação de serviço público praticado por empresas aéreas, para oferecer aos familiares seus serviços na proposição de ações judiciais, prometendo indenizações milionárias contra as empresas envolvidas no acidente. Advogados estrangeiros também têm vindo ao Brasil com o mesmo objetivo. Internet:<www://conjur.estadao.com.br> (com adaptações). Tendo como referência inicial o texto acima e com relação ao CED-OAB, assinale a opção correta.

(A) Em atenção ao princípio da publicidade, durante a tramitação do processo administrativo disciplinar movido contra advogados que assediam familiares de vítimas de acidentes, haverá livre acesso a todos os que desejarem manusear os autos, desde que estes não sejam retirados das dependências da OAB.
(B) O CED-OAB permite que o advogado anuncie seus serviços profissionais, individual ou coletivamente, com discrição e moderação, para finalidade exclusivamente informativa, vedada a divulgação conjunta com outra atividade.
(C) Na publicidade permitida pelo CED-OAB, pode o advogado divulgar a lista de seus clientes, desde que não indique as demandas em que eles estejam incluídos.
(D) O CED–OAB permite que o advogado debata causa sob seu patrocínio em qualquer veículo de comunicação, sem declarar o nome de qualquer um dos envolvidos, a título de esclarecimento da população, desde que essa atividade não proporcione a autopromoção do profissional.

A: incorreta, pois o processo disciplinar tramita em sigilo, somente as partes, seus defensores e autoridade judiciária competente podem ter acesso art. 72, § 2º, da Lei 8.906/1994; **B:** correta, conforme previsto nos arts. 39 e 40, IV, do CED; **C:** incorreta, pois o advogado *não* deve divulgar a lista de seus clientes e demandas (art. 42, IV, do CED); **D:** incorreta, à época em que formulada a questão (art. 33, II, do CED revogado). Contudo, à luz do Novo CED, é vedado ao advogado debater causa sob o patrocínio de outro advogado (art. 42, II). Assim, deixa de existir a proibição de o advogado debater, nos meios de comunicação, causas que esteja patrocinando. Contudo, entendemos que deve haver, sempre, moderação nos debates, de forma a não comprometer, futuramente, a defesa do cliente, bem como expor sua intimidade, até mesmo sob pena de eventual violação de sigilo profissional.

Gabarito "B"

(OAB/Exame Unificado – 2006.2) De acordo com o Código de Ética e Disciplina da OAB, assinale a opção que não constitui dever do advogado.

(A) Velar pela sua reputação pessoal e profissional
(B) Abster-se de utilizar influência indevida em seu benefício ou de seu cliente.
(C) Cumprir todas as ordens de seu patrão, quando vinculado ao cliente ou constituinte por relação de emprego.
(D) Não vincular seu nome a empreendimento de cunho manifestamente duvidoso.

A: incorreta, pois constitui dever previsto no art. 2º, parágrafo único, III, do CED; **B:** incorreta, a abstenção descrita é um dever do advogado (art. 2º, parágrafo único, VIII, *a*, do CED); **C:** correta, pois não constitui dever do advogado, que zelará por sua liberdade e independência (art. 4º do CED); **D:** incorreta. Não deve vincular seu nome a empreendimentos sabidamente escusos (art. 2º, parágrafo único, VIII, *b*, do CED).

Gabarito "C"

(OAB/Exame Unificado – 2006.2) Ainda considerando o Código de Ética e Disciplina da OAB, assinale a opção correta.

(A) É permitido o oferecimento de serviços advocatícios que importem, mesmo que indiretamente, em inculcação de clientela, desde que realizada discretamente.

(B) Considere que um advogado tenha colaborado, orientado ou conhecido em consulta ato jurídico antes da outorga de poderes pelo novo cliente. Nesse caso, é desnecessário que ele se abstenha de patrocinar causa que vise à impugnação da validade desse ato.

(C) O substabelecimento de mandato com reservas de poderes exige o prévio e inequívoco conhecimento do cliente.

(D) É legítimo que o advogado recuse o patrocínio de pretensão concernente a lei ou direito que também lhe seja aplicável, ou que contrarie expressa orientação sua, manifestada anteriormente.

A: incorreta, sendo *vedado* o oferecimento desses serviços (art. 7º do CED); **B:** incorreta. Essa conduta é antiética e o advogado deve declinar seu impedimento (art. 22 do CED); **C:** incorreta, pois é o substabelecimento *sem* reservas que exige o prévio e inequívoco conhecimento do cliente (art. 26, § 1º, do CED); **D:** correta, nos termos do art. 4º, parágrafo único, do CED.

Gabarito "D"

(OAB/Exame Unificado – 2006.2) De acordo com o Código de Ética da OAB e com a Lei n. 8.906/1994, assinale a opção correta.

(A) O anúncio dos serviços do advogado pode ser feito utilizando-se apenas o apelido pelo qual ele é conhecido, não sendo exigido que se mencione o nome completo.

(B) O anúncio dos serviços do advogado pode ser feito por meio de publicidade ou propaganda em televisão ou rádio, desde que realizado com discrição e de forma moderada.

(C) Presumem-se confidenciais as comunicações epistolares entre advogado e cliente, que não podem, portanto, ser reveladas a terceiros.

(D) A celebração de convênio para prestação de serviços jurídicos com redução dos valores estabelecidos na tabela de honorários não corresponde a captação de clientes ou causa, salvo se as condições peculiares da necessidade e dos carentes o exigirem, e não há necessidade de prévia demonstração perante o Tribunal de Ética e Disciplina.

A: incorreta, o anúncio deve trazer o nome do advogado (art. 44, *caput*, do CED); **B:** incorreta; o anúncio de serviços pela televisão, cinema ou rádio é vedada (art. 40, *I*, do CED); **C:** correta, de acordo com o art. 36, § 1º, do CED; **D:** incorreta, pois esse tipo de convênio, decerto, gera a captação de clientes ou causas. Além disso, nos termos do art. 48, § 6º, do CED, deverá o advogado observar o valor mínimo da Tabela de Honorários instituída pelo respectivo Conselho Seccional onde for realizado o serviço, inclusive aquele referente às diligências, sob pena de caracterizar-se aviltamento de honorários.

Gabarito "C"

12. QUESTÕES DE CONTEÚDO VARIADO

(OAB/Exame Unificado – 2009.1) Acerca da advocacia, assinale a opção incorreta.

(A) O advogado é indispensável à administração da justiça, razão pela qual qualquer postulação perante órgãos do Poder Judiciário é atividade privativa de advogado, sem exceção.

(B) No processo judicial, ao postular decisão favorável ao seu constituinte, o advogado contribui para o convencimento do julgador, constituindo seus atos múnus público.

(C) O advogado estrangeiro somente poderá exercer atividade de advocacia no território brasileiro se estiver inscrito na OAB.

(D) Para a inscrição como advogado, é necessário, entre outros requisitos, prestar compromisso perante o Conselho.

A: incorreta, devendo ser assinalada, pois há uma série de exceções a essa regra; por exemplo, o Ministério Público tem capacidade postulatória, assim como qualquer pessoa, em se tratando de *habeas corpus*, e o interessado, na reclamação trabalhista e no juizado especial cível; **B:** correta (art. 2º, § 2º, da Lei 8.906/1994); **C:** correta (art. 3º da Lei 8.906/1994); **D:** correta (art. 8º, VII, da Lei 8.906/1994).

Gabarito "A"

(OAB/Exame Unificado – 2009.1) Acerca do exercício da advocacia, assinale a opção correta.

(A) O advogado que passar a sofrer de doença mental incurável deve licenciar-se por prazo indeterminado.

(B) O advogado que passar a exercer, em caráter definitivo, atividade incompatível com a advocacia terá sua inscrição suspensa até desincompatibilizar-se.

(C) Todos os membros dos Poderes Legislativo e Judiciário exercem atividade incompatível com a advocacia.

(D) O advogado é responsável pelos atos que, no exercício profissional, praticar com dolo ou culpa, respondendo ilimitadamente pelos danos causados aos clientes em decorrência da ação ou omissão.

A: incorreta: art. 12, III, da Lei 8.906/1994 ("curável"); **B:** incorreta: art. 11, IV, da Lei 8.906/1994 ("cancela-se"); **C:** incorreta. A alternativa não é adequada para todos os membros do Poder Legislativo (art. 28, I, da Lei 8.906/1994). Neste caso, apenas os membros das Mesas é que são incompatíveis; **D:** correta: art. 32 da Lei 8.906/1994; a responsabilidade pessoal do advogado é ilimitada inclusive quando este atua por meio de pessoa jurídica, hipótese em que o patrimônio da pessoa jurídica deve ser esgotado em primeiro lugar (art. 17 da Lei 8.906/1994 e art. 40 do Regulamento Geral).

Gabarito "D"

(OAB/Exame Unificado – 2008.3.SP) Ministro aposentado do STJ propôs, na qualidade de parte e advogado, ação de cobrança contra Maria das Graças. Em 19.09.2008, Maria das Graças, procuradora do estado do Rio de Janeiro, foi citada por intermédio de oficial de justiça para apresentar contestação. O advogado de Maria das Graças, João das Neves, é defensor público aposentado e pretende candidatar-se ao cargo de presidente de seccional da OAB. Considerando a situação hipotética apresentada, assinale a opção correta referente à legislação da OAB.

(A) Defensores públicos estão sujeitos à inscrição na OAB para o exercício de suas funções, entretanto estão dispensados do pagamento das anuidades fixadas.

(B) Defensores públicos da União exercem a advocacia pública, mas não os procuradores de Estado, que podem advogar em causas particulares.

(C) João das Neves, como ex-integrante da advocacia pública, é elegível e pode integrar qualquer órgão da OAB.

(D) Ministro aposentado do STJ pode advogar nas primeiras e segundas instâncias das justiças estadual e federal, mas é impedido de exercer a advocacia no TST.

A: incorreta, pois não estão dispensados do pagamento das anuidades fixadas (art. 3º, § 1º, da Lei 8.906/1994), bem como arts. 55, *caput*, e 10, ambos do Regulamento Geral; **B:** incorreta. Os procuradores do Estado também exercem advocacia pública; há Estados que admitem que seus procuradores *também* exerçam advocacia privada, mas, por força do art. 30, I, do EAOAB, jamais poderiam advogar contra a Fazenda Pública que os remunere (impedimento); **C:** correta. De fato, o art. 131, § 2º, do Regulamento Geral não traz restrições para a elegibilidade de ex-integrante da advocacia pública. Ao contrário, o art. 9º, parágrafo único, do Regulamento Geral, deixa claro que os integrantes da advocacia pública são elegíveis, podendo integrar qualquer órgão da OAB. Assim, ainda que João das Neves integrasse qualquer carreira de advocacia pública, ainda assim poderia candidatar-se a cargo na OAB (ex.: Conselheiro Seccional); **D:** incorreta. Não há esse tipo de limitação; a CF somente impede que o juiz exerça a advocacia no juízo ou no tribunal do qual se afastou, antes de decorridos três anos do afastamento do cargo (art. 95, parágrafo único, V).

Gabarito "C"

(OAB/Exame Unificado – 2006.2) Assinale a opção correta acerca da interpretação e da aplicação da Lei n. 8.906/1994, segundo o entendimento do Supremo Tribunal Federal (STF).

(A) A Ordem dos Advogados do Brasil (OAB) não integra a administração pública.

(B) Os advogados não estão isentos do pagamento da contribuição sindical.

(C) A presença de advogado no juizado especial criminal federal é facultativa nas causas de até 20 salários-mínimos.

(D) O direito a prisão especial, em favor do advogado, não gera direito ao recolhimento em prisão domiciliar, na hipótese de inexistência de sala de Estado Maior.

A: correta, conforme preceitua o art. 44, § 1º, da Lei 8.906/1994; **B:** incorreta, pois o "pagamento da contribuição anual à OAB *isenta* os inscritos nos seus quadros do pagamento obrigatório da contribuição sindical" (art. 47 da Lei 8.906/1994); **C:** incorreta. No juizado *criminal* não existe essa regra; **D:** incorreta. Caso não tenha sala de Estado Maior, o advogado terá direito ao recolhimento em prisão domiciliar (art. 7º, V, da Lei 8.906/1994).

Gabarito "A"

2. DIREITO CONSTITUCIONAL

Bruna Vieira e Teresa Melo[1-2]

1. PODER CONSTITUINTE

(OAB/Exame Unificado – 2015.2) Pedro, reconhecido advogado na área do direito público, é contratado para produzir um parecer sobre situação que envolve o pacto federativo entre Estados brasileiros. Ao estudar mais detidamente a questão, conclui que, para atingir seu objetivo, é necessário analisar o alcance das chamadas cláusulas pétreas. Com base na ordem constitucional brasileira vigente, assinale, dentre as opções abaixo, a única que expressa uma premissa correta sobre o tema e que pode ser usada pelo referido advogado no desenvolvimento de seu parecer.

(A) As cláusulas pétreas podem ser invocadas para sustentar a existência de normas constitucionais superiores em face de normas constitucionais inferiores, o que possibilita a existência de normas constitucionais inconstitucionais.

(B) Norma introduzida por emenda à constituição se integra plenamente ao texto constitucional, não podendo, portanto, ser submetida a controle de constitucionalidade, ainda que sob alegação de violação à cláusula pétrea.

(C) Mudanças propostas por constituinte derivado reformador estão sujeitas ao controle de constitucionalidade, sendo que as normas ali propostas não podem afrontar cláusulas pétreas estabelecidas na Constituição da República.

(D) Os direitos e as garantias individuais considerados como cláusulas pétreas estão localizados exclusivamente nos dispositivos do Art. 5º, de modo que é inconstitucional atribuir essa qualidade (cláusula pétrea) a normas fundadas em outros dispositivos constitucionais.

A: incorreta. Não há hierarquia entre normas constitucionais, portanto as cláusulas pétreas não podem ser invocadas para sustentar a existência de normas constitucionais superiores em face de normas constitucionais inferiores. Por outro lado, e possível a existência de normas constitucionais inconstitucionais se elas forem criadas pelo poder constituinte derivado e não observarem os preceitos trazidos pelo poder constituinte originário; **B:** incorreta. As emendas constitucionais estão sujeitas ao controle de constitucionalidade, pois foram criadas pelo poder derivado reformador, o qual deve respeitar as normas trazidas pelo constituinte originário; **C:** correta. De fato, as mudanças advindas das emendas constitucionais (fruto do poder constituinte derivado reformador) se submetem ao controle de constitucionalidade, pois devem respeitar os limites (materiais, formais, circunstanciais etc.) impostos pelo poder constituinte originário. O respeito às cláusulas pétreas decorre da observância dos limites materiais; **D:** incorreta. Há direitos e garantias espalhados por todo ordenamento jurídico brasileiro e em tratados dos quais o Brasil seja signatário. De acordo com o art. 5º, § 2º, da CF, os direitos e garantias expressos na CF não excluem outros decorrentes do regime e dos princípios por ela adotados, ou dos tratados internacionais em que a República Federativa do Brasil seja parte.

Gabarito "C"

(OAB/Exame Unificado – 2013.1) A Constituição brasileira ***não*** pode ser emendada

(A) na implantação do estado de emergência e durante a intervenção da União nos Estados.

(B) na vigência do estado de sítio e na implantação do estado de emergência.

(C) quando em estado de sítio e durante a intervenção da União nos Municípios.

(D) na vigência de estado de defesa, de estado de sítio e de intervenção federal.

A: incorreta. A implantação do estado de emergência, que tem relação com desastres naturais e não com a segurança nacional, não é considerada limite ao poder de reforma. Sendo assim, a Constituição Federal pode ser alterada por emenda constitucional, ainda que o estado seja implantado. Durante a intervenção federal (art. 34, da CF), de fato, a Constituição Federal não pode ser emendada (art. 60, § 1º, da CF); **B:** incorreta. Durante a vigência de estado de sítio a Constituição Federal não pode ser emendada (art. 60, § 1º, da CF), mas no segundo caso pode, como já mencionado; **C:** incorreta. Apenas a intervenção federal faz com que a Constituição Federal não possa ser emendada. A intervenção da União em um Município, em regra, não é possível. Somente se for criado um território federal (art. 18, § 2º, da CF) e divido em Municípios é possível cogitar a intervenção da União em um destes Municípios (art. 35, da CF); **D.** correta. De acordo com o art. 60, § 1º, da CF, a Constituição Federal não pode ser emendada na vigência de *intervenção* federal, de *estado de defesa* ou de *estado de sítio*. São os chamados limites circunstanciais, ou seja, nessas situações de crise, em que o país está vivendo um estado de exceção, a Constituição Federal não pode ser emendada.

Gabarito "D"

(OAB/Exame Unificado – 2012.1) As Emendas Constitucionais possuem um peculiar sistema de iniciativa. Assim, revela-se correto afirmar que poderá surgir projeto dessa espécie normativa por proposta de:

(A) mais de dois terços das Assembleias Legislativas das unidades da Federação, sendo que, em cada uma delas, deve ocorrer a unanimidade de votos.

(B) mais de um terço das Assembleias Legislativas das unidades da Federação, sendo que, em cada uma delas, deve ocorrer a maioria simples de votos.

(C) mais da metade das Assembleias Legislativas das unidades da Federação, sendo que, em cada uma delas, deve ocorrer a maioria relativa de votos.

1 Os comentários das questões do Exame Unificado 2010.1 foram feitos pela própria organizadora da prova.

2. **Bruna Vieira** comentou as questões dos Exames Unificados 2014.3, 2015.1, 2015.2, 2015.3, 2016.1 e 2016.2. **Bruna Vieira** e **Teresa Melo** comentaram as demais questões.

(D) mais de um terço das Assembleias Legislativas das unidades da Federação, sendo que, em cada uma delas, deve ocorrer a unanimidade de votos.

A: incorreta. O art. 60, III, da CF exige *mais da metade* das Assembleias Legislativas e, em cada uma delas, deve ocorrer o voto da *maioria relativa* de seus membros; **B:** incorreta. Como mencionado, a Constituição Federal exige mais da metade das Assembleias Legislativas e não mais de um terço; **C:** correta: de acordo com o art. 60 da Carta Magna, a Constituição só poderá ser emendada mediante proposta: I – de um terço, no mínimo, dos membros da Câmara dos Deputados ou do Senado Federal, II – do Presidente da República, III – de *mais da metade* das Assembleias Legislativas das unidades da Federação, manifestando-se, cada uma delas, pela *maioria relativa* de seus membros; **D:** incorreta. Mais uma vez, não é mais de um terço das Assembleias Legislativas e sim mais da metade. Além disso, cada uma delas deve manifestar-se pelo voto da maioria relativa de seus membros e não pela unanimidade.

Gabarito "C"

(FGV – 2010) Cláusulas pétreas são as previstas na Constituição Federal, em que o Poder Constituinte Originário de 1988 julgou necessário um tratamento especial, devido à sua imprescindibilidade para a manutenção do Estado Democrático de Direito. Desse modo, definiu que tais normas não podem ser objeto de proposta de alteração tendente a aboli-las do ordenamento jurídico vigente. Além dos direitos e garantias individuais, da forma federativa de Estado e do voto direto, secreto, universal e periódico, constitui-se cláusula pétrea de nosso ordenamento jurídico vigente:

(A) A separação dos Poderes.

(B) O provimento de cargo exclusivamente por meio de concurso público.

(C) A obrigatoriedade de realização de processo licitatório pela Administração para a contratação de serviços.

(D) A organização político-administrativa da República.

(E) O regime jurídico dos servidores públicos.

Conforme dispõe o § 4º do art. 60, da CF, as denominadas cláusulas pétreas ou núcleos essenciais intangíveis são: forma federativa de Estado; o voto secreto, direto, universal e periódico; *a separação dos Poderes*; os direitos e garantias individuais.

Gabarito "A"

(FGV – 2010) Com relação ao tema "Poder Constituinte e Emenda à Constituição", analise as afirmativas a seguir.

I. A proposta de emenda constitucional exige um quórum qualificado para sua aprovação. A emenda constitucional será considerada aprovada após discussão e votação em dois turnos pelo Senado Federal, devendo obter três quintos dos votos dos seus membros em cada turno de votação.

II. São temas que não podem ser objeto de proposta de emenda constitucional que os pretenda abolir: (I) a forma federativa de Estado; (II) os direitos e garantias individuais; (III) a separação dos Poderes; (IV) o voto direto, secreto, universal e periódico; e (V) as regras constitucionais relativas ao controle de constitucionalidade.

III. A matéria constante de proposta de emenda rejeitada ou havida por prejudicada não pode ser objeto de nova proposta na mesma sessão legislativa.

Assinale:

(A) se somente a afirmativa I estiver correta.

(B) se somente a afirmativa II estiver correta.

(C) se somente a afirmativa III estiver correta.

(D) se somente as afirmativas II e III estiverem corretas.

I: incorreta. O art. 60, § 2º, da CF determina que a proposta de emenda constitucional seja discutida e votada em cada Casa do *Congresso Nacional* e não do Senado Federal, como traz o item. **II:** incorreta. As regras constitucionais relativas ao controle de constitucionalidade não fazem parte das cláusulas pétreas (art. 60, § 4º, I, II, III e IV, da CF). **III:** correta. É o que dispõe o § 5º do art. 60 da CF.

Gabarito "C"

(OAB/Exame Unificado – 2007.2) O poder constituinte reformador manifestado por meio de emendas

(A) permite que a matéria constante de proposta de emenda rejeitada ou havida por prejudicada seja objeto de nova proposta na mesma sessão legislativa, desde que por iniciativa da maioria absoluta dos membros do Congresso Nacional.

(B) tem por características ser inicial, ilimitado, autônomo e incondicionado.

(C) pode ser iniciado por meio das mesas das assembleias legislativas.

(D) exige, no âmbito federal, que a proposta seja discutida e votada em cada casa do Congresso Nacional, em dois turnos, considerando-se aprovada se obtiver, em ambos, três quintos dos votos dos respectivos membros.

A: incorreta. A proposta de emenda rejeitada ou havida por prejudicada *não* pode ser objeto de nova proposta na mesma sessão legislativa (art. 60, § 5º, da CF). O poder constituinte derivado reformador, que é o poder de fazer emendas constitucionais, possui certos limites, dentre os quais, os denominados limites formais ou procedimentais. Essa impossibilidade de reapresentação de proposta de emenda rejeitada ou prejudicada, na mesma sessão legislativa, é um exemplo de limite formal; **B:** incorreta. As características mencionadas são atribuídas *ao poder constituinte originário. O derivado reformador, ao contrário, não é inicial, pois deriva do originário e a ele é subordinado, não detém autonomia, possui limites e é condicionado;* **C:** incorreta. O art. 60, III, da CF exige que a proposta de emenda seja feita por mais da metade das Assembleias Legislativas das unidades da Federação, manifestando-se, cada uma delas, pela maioria relativa de seus membros; **D:** correta. É o que se extrai do art. 60, § 2º, da CF.

Gabarito "D"

(FGV – 2014) O poder constituinte originário estabeleceu a possibilidade de reforma da Constituição estabelecendo, no entanto, limites inafastáveis.

As alternativas a seguir apresentam matérias que podem ser veiculadas por emendas à Constituição, **à exceção de uma**. Assinale-a.

(A) A extinção dos Tribunais de Alçada vinculados aos estados da federação.

(B) O estabelecimento de mandato vitalício para o Presidente da República.

(C) A aprovação da escolha dos Ministros do Supremo Tribunal Federal pelo Senado Federal.

(D) A indicação dos Ministros de Estado dentre integrantes do Congresso Nacional.

(E) A reserva de cargos para integrantes de minorias étnicas ou sociais.

A: incorreta. A extinção de Tribunais de Alçada vinculada aos estados da federação é matéria que pode ser tratada por emenda constitucional. Aliás, a EC 45/2004, em seu art. 4º, determinou a extinção dos tribunais de Alçada, onde houvesse, passando os seus membros a integrar os Tribunais de Justiça dos respectivos Estados, respeitadas a antiguidade e classe de origem; **B:** correta. O estabelecimento de mandato vitalício para o Presidente da República viola cláusula pétrea. De acordo com o art. 60, § 4º, II, da CF, não será objeto de deliberação a proposta de emenda tendente a abolir o voto direto, secreto, universal e **periódico**; **C:** incorreta. Tal aprovação não consta do rol dos assuntos que não podem ser objeto de emenda tendente a aboli-los. Desse modo, pode ser tratado por emenda constitucional. Conforme determina o art. 84, XIV, da CF, a nomeação, após aprovação pelo Senado Federal, dos Ministros do Supremo Tribunal é da competência privativa do Presidente da República; **D:** incorreta. A nomeação e a exoneração dos Ministros de Estado competem, de forma privativa, ao Presidente da República, conforme art. 84, I, da CF. É assunto que pode ser veiculado por emenda; **E:** incorreta. Tal assunto não consta do rol das cláusulas pétreas. De acordo com o art. 60, § 4º, da CF, não será objeto de deliberação a proposta de emenda tendente a abolir: I – a forma federativa de Estado; II – o voto direto, secreto, universal e periódico; III – a separação dos Poderes e IV – os direitos e garantias individuais da CF.

Gabarito "B"

(FGV – 2013) Quanto aos limites e formas de modificação da Constituição, assinale a afirmativa **incorreta**.

(A) Caso o poder constituinte reformador estabeleça um novo direito ou uma nova garantia individual, terá garantido a proteção do seu núcleo essencial, com base na cláusula pétrea que veda a abolição de direitos e garantias individuais.

(B) A tese de que há hierarquia entre normas constitucionais originárias, dando azo à declaração de inconstitucionalidade de uma em face de outras, é incompatível com o sistema de Constituição rígida

(C) A mutação constitucional consiste em uma alteração do significado de determinada norma da Constituição, sem observância do mecanismo previsto para as emendas e sem que tenha havido qualquer modificação de seu texto.

(D) As cláusulas pétreas implícitas são: as normas concernentes ao titular do poder constituinte, as normas referentes ao titular do poder reformador e as normas que disciplinam o próprio procedimento de emenda.

(E) A norma superveniente do poder constituinte originário, a não ser quando diz o contrário, tem aplicação sobre situações constituídas antes da sua vigência, exatamente sobre os efeitos que o ato praticado no passado tenderia a produzir sob a vigência da nova norma constitucional.

A: incorreta, devendo ser assinalada. De acordo com o art. 60, § 4º, da CF, **não será objeto de deliberação** a proposta de emenda **tendente a abolir**: I – a forma federativa de Estado; II – o voto direto, secreto, universal e periódico; III – a separação dos Poderes; IV – **os direitos e garantias individuais**. É importante ressaltar que tal vedação se refere apenas à supressão de direito. Desse modo, a inclusão de novos direitos individuais é plenamente cabível. Conforme preleciona Paulo Gustavo Gonet Branco, em **Curso de Direito Constitucional**, 8. ed. São Paulo: Saraiva, 2013. p.129, "A questão que pode ser posta, no entanto, é a de saber se os novos direitos criados serão também eles cláusulas pétreas. Para enfrentá-la é útil ter presente o que se disse sobre a índole geral das cláusulas pétreas. Lembre-se que elas se fundamentam na superioridade do poder constituinte originário sobre o de reforma. Por isso, aquele pode limitar o conteúdo das deliberações deste. Não faz sentido, porém, que o poder constituinte de reforma limite-se a si próprio. Como ele é o mesmo agora ou no futuro, nada impedirá que o que hoje proibiu, amanhã permita. Enfim, não é cabível que o poder de reforma crie cláusulas pétreas. Apenas o poder constituinte originário pode fazê-lo". Com base nesse entendimento, o **novo direito ou a nova garantia não será considerado cláusula pétrea**; **B:** correta. Não há hierarquia entre normas constitucionais, portanto tal tese é incompatível com o sistema constitucional rígido; **C:** correta. Também conhecida como interpretação constitucional evolutiva, a mutação constitucional tem relação não com o aspecto formal do texto constitucional, mas sim com a interpretação dada à Constituição. Não são necessárias técnicas de revisão ou reforma constitucional para que o fenômeno se opere. A mudança social, que se dá com o passar do tempo, já faz com que a interpretação seja modificada; **D:** correta. Paulo Gustavo Gonet Branco, em **Curso de Direito Constitucional**, 8. ed. São Paulo: Saraiva, 2013. p.133, ao tratar do tema cláusulas pétreas implícitas, nos ensina que: "A natureza do poder constituinte de reforma impõe-lhe restrições de conteúdo. É usual, nesse aspecto, a referência aos exemplos concebidos por Nélson de Souza Sampaio, que arrola como intangíveis à ação do revisor constitucional: a) as normas concernentes ao titular do poder constituinte, porque esta se acha em posição transcendente à Constituição, além de a soberania popular ser inalienável; b) as normas referentes ao titular do poder reformador, porque não pode ele mesmo fazer a delegação dos poderes que recebeu, sem cláusula expressa que o autorize; e c) as normas que disciplinam o próprio procedimento de emenda, já que o poder delegado não pode alterar as condições da delegação que recebeu. As limitações implícitas decorrem do próprio sistema constitucional. Assim, as normas concernentes ao titular do poder constituinte, as normas referentes ao titular do poder reformador e as normas que disciplinam o próprio procedimento de emenda, são também protegidas; **E:** correta. Tal situação configura a eficácia retroativa mínima das regras trazidas pelo novo texto constitucional.

Gabarito "A"

(FGV – 2008) Acerca do poder constituinte instituído, é correto afirmar que, a partir da vigente Constituição da República, ele poderá ser exercido no âmbito:

(A) da União, exclusivamente.

(B) da União, dos Estados e do Distrito Federal, exclusivamente.

(C) da União, dos Estados, do Distrito Federal e dos Municípios.

(D) dos Estados, do Distrito Federal e dos Municípios, exclusivamente.

(E) dos Municípios, exclusivamente

Ao contrário do Poder Constituinte Originário (que é inicial, autônomo, ilimitado e incondicionado), o Poder Constituinte Derivado é secundário, subordinado, limitado, e exercido pelos representantes do povo. Daí resulta a conclusão de que o poder constituinte derivado encontra limites nas regras previstas pelo constituinte originário. Poder constituinte instituído (ou constituído, ou secundário) é sinônimo de Poder Constituinte Derivado. Como defendido em doutrina, o poder constituinte derivado pode ser exercido através da reforma da Constituição Federal ou da Constituição Estadual (poder constituinte derivado reformador), pela revisão da Constituição Federal (poder constituinte derivado revisor, art. 3º do ADCT) ou por intermédio da elaboração das constituições estaduais e da lei orgânica do Distrito Federal (poder constituinte derivado decorrente). Apesar de o tema ser controvertido em doutrina, a banca considerou que os Municípios também exercem o poder constituinte derivado decorrente quando na elaboração de suas leis orgânicas.

Gabarito "C"

(FGV – 2008) O Poder Constituinte Originário tem por características ser:

(A) incondicionado e irrestrito.
(B) permanente e limitado.
(C) primário e condicionado.
(D) autônomo e restrito.
(E) ilimitado e transitório.

O Poder Constituinte Originário (PCO) é inicial porque inaugura uma nova ordem jurídica; ilimitado porque não se submete aos limites impostos pela ordem jurídica anterior; autônomo porque exercido livremente por seu titular (o povo) e incondicionado por não se submeter a nenhuma forma preestabelecida para sua manifestação.

Gabarito "A"

(FGV – 2008) A respeito do poder constituinte derivado, assinale a afirmativa incorreta.

(A) O procedimento que deve ser adotado para a reforma do texto constitucional está necessariamente previsto na própria Constituição.
(B) A aprovação de uma emenda constitucional depende dos votos favoráveis de 3/5 dos membros de cada Casa do Congresso Nacional, obtidos em dois turnos de votação em cada uma delas.
(C) As chamadas cláusulas pétreas da Constituição estabelecem limitações materiais ao poder constituinte derivado.
(D) É vedada a aprovação de emenda constitucional que altere o regime constitucional da previdência social, tal como instituído no art. 201 e seguintes da Constituição de 1988.
(E) Norma aprovada pelo poder constituinte derivado está sujeita ao controle judicial de constitucionalidade.

A: correta. O procedimento vem previsto na Constituição Federal e constitui um limite implícito ao poder de reforma da Constituição, justamente porque o Poder Constituinte Derivado não pode se sobrepor à vontade do Poder Constituinte Originário; **B:** correta, conforme dispõe o art. 60, § 2º, da CF; **C:** correta. Art. 60, § 4º, da CF; **D:** incorreta, devendo ser assinalada. O regime constitucional da Previdência Social não constitui cláusula pétrea, tendo sido objeto de várias reformas ao longo dos anos (EC 20/1998; EC 41/2003; EC 47/2005); **E:** correta. É pacífico o entendimento de que cabe controle de norma constitucional oriunda de emenda à Constituição (já que constitui manifestação do Poder Constituinte Derivado). Só não podem ser objeto de controle de constitucionalidade as normas constitucionais *originárias*, porque é fruto do Poder Constituinte Originário.

Gabarito "D"

2. TEORIA DA CONSTITUIÇÃO E PRINCÍPIOS FUNDAMENTAIS

(OAB/Exame Unificado – 2016.1) O constitucionalismo brasileiro, desde 1824, foi construído a partir de vertentes teóricas que estabeleceram continuidades e clivagens históricas no que se refere à essência e à interrelaçãointer-relação das funções estatais, tanto no plano vertical como no horizontal, bem como à proteção dos direitos fundamentais. A partir dessa constatação, assinale a afirmativa correta.

(A) A Constituição de 1824 adotou, de maneira rígida, a tripartição das funções estatais, que seriam repartidas entre o Executivo, o Legislativo e o Judiciário.
(B) A Constituição de 1891 dispôs sobre o federalismo de cooperação e delineou um Estado Social e Democrático de Direito.
(C) A Constituição de 1937 considerou o Supremo Tribunal Federal o guardião da Constituição, detendo a última palavra no controle concentrado de constitucionalidade.
(D) A Constituição de 1946 foi promulgada e reinaugurou o período democrático no Brasil, tendo contemplado um rol de direitos e garantias individuais.

A: incorreta. A tripartição das funções estatais **não** foi acolhida na Constituição de 1824. Além do executivo, legislativo e judiciário, existia o poder moderador (sistema quadripartite) que tinha por finalidade assegurar a independência e harmonia dos outros três. Ocorre que esse poder ficava totalmente nas mãos do chefe supremo da nação que, naquele momento, era o Imperador; **B:** incorreta. A Constituição que fez isso foi a de 1934, primeira Constituição Social do Brasil que possuía como principais características: a forma federativa de governo, a não existência de religião oficial, a tripartição dos poderes e as mais marcantes – a admissão do voto pela mulher e a introdução, no texto constitucional, de direitos trabalhistas; **C:** incorreta. Quem instituiu o controle concentrado de constitucionalidade no Brasil foi a EC nº 16/1965. Nessa época, a Constituição vigente era a de 1946, não a de 1937. Vale lembrar que a Constituição de 1891 foi a que instituiu o Supremo Tribunal Federal e, pela primeira vez no Brasil, o sistema judicial de controle de constitucionalidade, que foi o controle difuso; **D:** correta. Fruto da redemocratização do Brasil, em 18.09.1946, foi promulgada a quinta Constituição do país, Constituição de 1946. Seu texto monstroumostrou claramente uma reação contra a ditadura e os regimes centralizadores. E, de fato, contemplou um rol de direitos e garantias individuais.

Gabarito "D"

(OAB/Exame Unificado – 2015.2) Dois advogados, com grande experiência profissional e com a justa preocupação de se manterem atualizados, concluem que algumas ideias vêm influenciando mais profundamente a percepção dos operadores do direito a respeito da ordem jurídica. Um deles lembra que a Constituição brasileira vem funcionando como verdadeiro "filtro", de forma a influenciar todas as normas do ordenamento pátrio com os seus valores. O segundo, concordando, adiciona que o crescente reconhecimento da natureza normativo-jurídica dos princípios pelos tribunais, especialmente pelo Supremo Tribunal Federal, tem aproximado as concepções de direito e justiça (buscada no diálogo racional) e oferecido um papel de maior destaque aos magistrados. As posições apresentadas pelos advogados mantêm relação com uma concepção teórico-jurídica que, no Brasil e em outros países, vem sendo denominada de

(A) neoconstitucionalismo.
(B) positivismo-normativista.
(C) neopositivismo.
(D) jusnaturalismo.

A: correta. As posições apresentadas pelos advogados mantêm relação com uma concepção teórico-jurídica que, no Brasil e em outros países, vem sendo denominada de neoconstitucionalismo. Essa concepção toma por base a necessidade de se incorporar o denominado Estado Constitucional de Direito. A Constituição, portanto, deve efetivamente influenciar todo o ordenamento jurídico. Tudo deve ser analisado à luz da CF. Ela é o filtro que valida, ou não, as demais normas. Os valores constitucionais são priorizados, além das regras relacionadas à organização do Estado e do Poder. Princípios, como a dignidade da pessoa humana, passam a ter maior relevância. Há uma aproximação das ideias de direito e justiça. O Poder Judiciário, ao validar princípios e aos valores constitucionais, atribui a eles força normativa. Além disso, sobre o Neoconstitucionalismo, é importante mencionar o conteúdo axiológico referente à promoção da dignidade humana e dos direitos fundamentais de Ana Paula de Barcellos: "Do ponto de vista material, ao menos dois elementos caracterizam o neoconstitucionalismo e merecem nota: (i) a incorporação explícita de valores e opções políticas nos textos constitucionais, sobretudo no que diz respeito à promoção da dignidade humana e dos direitos fundamentais; e (ii) a expansão de conflitos específicos e gerais entre as opções normativas e filosóficas existentes dentro do próprio sistema constitucional."; **B:** incorreta. O **positivismo-normativista** baseia-se na inteireza do ordenamento jurídico, de modo que não necessitaria observar princípios e influências advindas de fora. Os Tribunais não acolheriam os princípios com base nessa ideia. Hans Kelsen, defensor dessa concepção, obteve reconhecimento mundial com a elaboração da obra "Teoria Pura do Direito", doutrina que propugna o conteúdo puro do direito, sem interferências de cunhos sociológico, político, valorativo ou econômico. A Constituição, conforme Kelsen, apresenta o aspecto lógico-jurídico, segundo o qual é a 'norma fundamental hipotética', ou seja, traz um comando que impõe obediência obrigatória e é tida como o verdadeiro sentido de justiça, e o aspecto jurídico-positivo, em que a Constituição é a norma positiva superior em que as demais regras jurídicas encontram os seus fundamentos de validade. Sua modificação deve observar um procedimento específico e solene; **C:** incorreta. O **neopositivismo** ainda dá muita atenção às regras positivadas, mas começa a abrir para possíveis interpretações baseadas em princípios. **D:** incorreta. O **jusnaturalismo**, resumidamente, leva em conta aquilo que é considerado natural aos seres humanos, ainda que não positivado no ordenamento jurídico.

Gabarito "A"

(FGV – 2013) Acerca de democracia, da participação e da soberania popular, assinale a afirmativa correta.

(A) A Constituição Federal de 1988 possui previsão que permite sua alteração por meio de plebiscitos e referendos, havendo, ainda, previsão de iniciativa popular para projetos de emendas.

(B) A Constituição da República estabelece que a soberania popular será exercida pelo sufrágio universal e pelo voto direto e secreto. Logo, sendo o voto obrigatório as hipóteses de voto facultativo são *numerus clausus* e não admitem interpretação extensiva.

(C) O Supremo Tribunal Federal tem posicionamento no sentido de ser possível nova assembleia constituinte revisora, desde que editada emenda constitucional convocando a revisão da constituição.

(D) A iniciativa popular pode ser exercida pela apresentação à Câmara dos Deputados de projeto de lei subscrito por, no mínimo, um por cento do eleitorado nacional, distribuído pelo menos por nove Estados, com não menos de três décimos por cento dos eleitores de cada um deles.

(E) O plebiscito e o referendo, consultas formuladas ao povo para que delibere sobre matéria de acentuada relevância, devem ser convocados mediante decreto legislativo, por proposta de um terço, no mínimo, dos membros que compõem qualquer das Casas do Congresso Nacional.

A: incorreta. Não há essa previsão na CF/1988. De acordo com o art. 60, I, II e III, da CF, a Constituição poderá ser emendada mediante proposta: I – de um terço, no mínimo, dos membros da Câmara dos Deputados ou do Senado Federal; II – do Presidente da República e III – de mais da metade das Assembleias Legislativas das unidades da Federação, manifestando-se, cada uma delas, pela maioria relativa de seus membros; **B:** incorreta. A obrigatoriedade do voto não é considerada cláusula pétrea. Portanto, é possível o estabelecimento, por emenda, de voto facultativo em outras situações. Atualmente os analfabetos, os maiores de 16 e menores de 18 anos e os maiores de 70 anos, votam de forma facultativa. É o que determina o art. 14, § 1º, II, "a", da CF; **C:** incorreta. O posicionamento do Supremo é no sentido contrário. Vejamos: "Emenda ou revisão, como processos de mudança na Constituição, são manifestações do poder constituinte instituído e, por sua natureza, limitado. Está **a 'revisão' prevista no art. 3º do ADCT de 1988 sujeita aos limites** estabelecidos no § 4º e seus incisos do art. 60 da Constituição. O resultado do plebiscito de 21 de abril de 1933 não tornou sem objeto a revisão a que se refere o art. 3º do ADCT. Após 5 de outubro de 1993, cabia ao Congresso Nacional deliberar no sentido da oportunidade ou necessidade de proceder à aludida **revisão constitucional, a ser feita 'uma só vez'**. As mudanças na Constituição, decorrentes da 'revisão' do art. 3º do ADCT, estão sujeitas ao controle judicial, diante das 'cláusulas pétreas' consignadas no art. 60, § 4º e seus incisos, da Lei Magna de 1988" (ADI 981-MC, Rel. Min. Néri da Silveira, julgamento em 17-3-1993, Plenário, DJ de 05.08.1994.); **D:** incorreta. De acordo com o art. 61, § 2º, da CF, a iniciativa popular pode ser exercida pela apresentação à Câmara dos Deputados de projeto de lei subscrito por, no mínimo, um por cento do eleitorado nacional, distribuído **pelo menos por cinco Estados**, com não menos de três décimos por cento dos eleitores de cada um deles. **E:** correta. Conforme determina o art. 3º da Lei 9.709/1998, nas questões **de relevância nacional**, de competência do Poder Legislativo ou do Poder Executivo, e no caso do § 3º do art. 18 da Constituição Federal, o plebiscito e o referendo **são convocados mediante decreto legislativo, por proposta de um terço**, no mínimo, **dos membros** que compõem **qualquer das Casas do Congresso Nacional**, de conformidade com esta Lei.

Gabarito "E"

(FGV – 2010) Segundo lição doutrinária, "a ideia de objetivos não pode ser confundida com a de fundamentos, muito embora, algumas vezes, isto possa ocorrer. Os fundamentos são inerentes ao Estado, fazem parte de sua estrutura. Quanto aos objetivos, estes consistem em algo exterior que deve ser perseguido". Assinale a alternativa que NÃO corresponde a um dos direitos fundamentais da República Federativa do Brasil, relacionados no art. 3º da Constituição Federal de 1988:

(A) Construir uma sociedade livre, justa e solidária.

(B) Garantir o desenvolvimento nacional.

(C) Erradicar a pobreza e a marginalização e reduzir as desigualdades sociais e regionais.

(D) Promover o bem de todos, sem preconceitos de origem, raça, sexo, cor, idade e quaisquer outras formas de discriminação.

(E) Preservar a autodeterminação dos povos.

A questão encontra respaldo no art. 3º da CF que enumera os *objetivos* fundamentais da República Federativa do Brasil, quais sejam: construir uma sociedade livre justa e solidária, garantir o desenvolvimento nacional, erradicar a pobreza e a marginalização e reduzir as desigualdades sociais e regionais, promover o bem de todos, sem preconceitos de raça, sexo, cor, idade e quaisquer outras formas de discriminação. A autodeterminação dos povos *não* é considerada objetivo fundamental, mas sim um dos princípios que rege o Brasil nas suas relações internacionais (art. 4º, III, da CF).

Gabarito "E"

(FGV – 2010) O art. 1º da Constituição da República Federativa do Brasil de 1988 enumera, como seus fundamentos, EXCETO:

(A) Soberania.

(B) Cidadania.

(C) Dignidade da pessoa humana.

(D) Valores sociais do trabalho e da livre-iniciativa.

(E) Igualdade entre os Estados.

De fato, o art. 1º da CF enumera os *fundamentos* da República Federativa do Brasil, dentre os quais não se encontra a igualdade entre os Estados. Tal igualdade decorre da soberania dos Estados e é considerada princípio que rege o Brasil nas suas relações internacionais (art. 4º, V, da CF).

Gabarito "E".

(FGV – 2010) No que concerne ao conceito de Constituição, os doutrinadores brasileiros utilizam diversos critérios para a definição de seus elementos, tais como: conteúdo, extensão e forma. Quanto à alterabilidade, podemos afirmar que à exceção da Constituição de 1824 (tida como semirrígida), todas as Constituições brasileiras são consideradas rígidas, sendo que a de 1988 é considerada por alguns, inclusive, como super-rígida. Quando falamos em uma Constituição "semirrígida", isto significa que:

(A) Não admite qualquer alteração.

(B) Pode ter determinada matéria alterada por meio de lei infraconstitucional.

(C) Exige, para sua alteração, um processo legislativo mais solene e complexo que o exigido para a edição das outras espécies normativas.

(D) Em regra, poderá ser alterada por um processo legislativo diferenciado, mas, excepcionalmente, em alguns pontos, é imutável.

(E) Em determinadas matérias, exige um processo de alteração mais dificultoso que o exigido para a alteração das leis infraconstitucionais, enquanto que em outras, não requerem tal formalidade.

Há diversos critérios de classificação das constituições, dentre os quais é possível verificar o que toma por base o processo de mudança. Segundo esse critério, as Constituições podem ser classificadas em rígidas, semirrígidas, flexíveis ou super-rígidas. As rígidas são as alteráveis por um processo mais solene, mais dificultoso que o processo de alteração das demais normas jurídicas. As flexíveis são modificáveis livremente pelo legislador, observando-se o mesmo processo de elaboração e modificação das normas infraconstitucionais. Já as semirrígidas são aquelas em que determinadas matérias se exige um processo de alteração mais dificultoso que o exigido para a alteração das normas infraconstitucionais, enquanto que em outras não há essa formalidade. Por fim, as Constituições super-rígidas, para aqueles que adotam tal classificação, seriam aquelas que, além de rígidas, possuem uma parte que não pode ser suprimida. São as chamadas cláusulas pétreas ou núcleos essenciais intangíveis (art. 60, § 4º, da CF).

Gabarito "E".

(FGV – 2010) Aponte a seguir a alternativa que se constitui em norma constitucional considerada pela doutrina como de eficácia limitada:

(A) "A lei disciplinará a remoção ou a permuta de juízes dos Tribunais Regionais Federais e determinará sua jurisdição e sede." (art. 107, § 1º)

(B) "É livre o exercício de qualquer trabalho, ofício ou profissão, atendidas as qualificações profissionais que a lei estabelecer." (art. 5º, XIII)

(C) "Ninguém será privado de direitos por motivo de crença religiosa ou de convicção filosófica ou política, salvo se as invocar para eximir-se de obrigação legal a todos imposta e recusar-se a cumprir prestação alternativa, fixada em lei." (art. 5º, VIII)

(D) "Aos autores pertence o direito exclusivo de utilização, publicação ou reprodução de suas obras, transmissível aos herdeiros pelo tempo que a lei fixar." (art. 5º, XXVII)

(E) "São Poderes da União, independentes e harmônicos entre si, o Legislativo, o Executivo e o Judiciário." (art. 2º)

As normas de eficácia limitada, são aquelas que, para produzirem seus efeitos, dependem da atuação do legislador infraconstitucional, necessitam de regulamentação. Tais normas possuem aplicabilidade postergada, diferida ou mediata. Somente após a edição da norma regulamentadora é que efetivamente produzirão a totalidade de seus efeitos no mundo jurídico. É exemplo de tal norma o art. 107, § 1º, da CF. Portando, a alternativa a ser assinalada é a "A".

Gabarito "A".

(FGV – 2009) Entre os objetivos fundamentais da República Federativa do Brasil, constantes da Constituição Federal de 1988, não se inclui:

(A) promover o bem de todos.

(B) erradicar a marginalização.

(C) reduzir as desigualdades sociais.

(D) priorizar o desenvolvimento das regiões rurais.

(E) construir uma sociedade livre, justa e solidária.

A questão encontra respaldo no art. 3º da CF que enumera os *objetivos* fundamentais da República Federativa do Brasil, quais sejam: construir uma sociedade livre justa e solidária, garantir o desenvolvimento nacional, erradicar a pobreza e a marginalização e reduzir as desigualdades sociais e regionais, promover o bem de todos, sem preconceitos de raça, sexo, cor, idade e quaisquer outras formas de discriminação. A prioridade no desenvolvimento das regiões rurais *não* é considerada objetivo fundamental.

Gabarito "D".

(OAB/Exame Unificado – 2009.3) De acordo com a classificação das constituições, denomina-se dogmática a constituição que

(A) é elaborada, necessariamente, por um órgão com atribuições constituintes e, somente existindo na forma escrita, sistematiza as ideias fundamentais contemporâneas da teoria política e do direito.

(B) somente pode ser alterada mediante decisão do poder constituinte derivado, sendo também conhecida como histórica.

(C) contém uma parte rígida e outra flexível e sistematiza os dogmas aceitos pelo direito positivo internacional.

(D) sistematiza os dogmas sedimentados pelos costumes sociais e, também conhecida como costumeira, é modificável por normas de hierarquia infraconstitucional, dada a rápida evolução da sociedade.

A: correta. *Dogmática* é a constituição elaborada por um órgão constituinte, que sistematiza os valores políticos e ideológicos dominantes em uma determinada época histórica. É necessariamente escrita; **B** e **D:** incorretas. As constituições históricas ou costumeiras, diferentemente das dogmáticas que sempre são escritas, devem ser não escritas e resultam da formação histórica, dos fatos sociais e da evolução das tradições. Exemplo: Constituição Inglesa; **C:** incorreta. A constituição que contém uma parte rígida e outra flexível é classificada como semirrígida. Tal classificação toma por base o processo de alteração das normas constitucionais e não o seu modo de elaboração.

Gabarito "A".

(OAB/Exame Unificado – 2009.2) Com relação ao preâmbulo da CF e às disposições constitucionais transitórias, assinale a opção correta.

(A) Por traçar as diretrizes políticas, filosóficas e ideológicas da CF, o preâmbulo constitucional impõe limitações de ordem material ao poder reformador do Congresso Nacional, podendo servir de paradigma para a declaração de inconstitucionalidade.

(B) Considerando-se que o conteúdo do Ato das Disposições Constitucionais Transitórias é de direito intertemporal, não é possível afirmar que suas normas ostentam o mesmo grau de eficácia e de autoridade jurídica em relação aos preceitos constantes do texto constitucional.

(C) A doutrina constitucional majoritária e a jurisprudência do STF consideram que o preâmbulo constitucional não tem força cogente, não valendo, pois, como norma jurídica. Nesse sentido, seus princípios não prevalecem diante de eventual conflito com o texto expresso da CF.

(D) As disposições constitucionais transitórias são normas aplicáveis a situações certas e passageiras; complementares, portanto, à obra do poder constituinte originário e, situando-se fora da CF, não podem ser consideradas parte integrante desta.

A: incorreta. O preâmbulo serve tão somente como critério interpretativo das normas constitucionais, não tendo, portanto, o condão de gerar direitos e obrigações. Dessa forma, *não* pode ser empregado como *paradigma* ou padrão para *declaração de inconstitucionalidade*; **B:** incorreta. O conteúdo do ADCT (arts. 1º ao 98), de fato, tem por finalidade tratar de assuntos de direito intertemporal. É composto de normas criadas para executarem um determinado papel que, em sendo cumprido, passam a não ter mais utilidade. É por esse motivo que tais normas são conhecidas como de eficácia esgotada ou exaurida. Cumprido o encargo para o qual foram criadas, não possuem mais utilidade alguma. Mas isso não faz com que as normas constantes do ADCT não ostentem o mesmo grau de eficácia e de autoridade jurídica em relação aos preceitos constantes do texto constitucional. Tais normas integram a Constituição Federal, para serem alteradas dependem pelo processo da emenda constitucional e, além disso, estão *no mesmo patamar* das normas constantes do corpo das disposições permanentes ou duráveis (arts. 1º ao 250 da CF); **C:** correta. O *preâmbulo* da CF traz diversos *princípios*, como o da igualdade, da liberdade, da solução pacífica das controvérsias, dentre outros, que servem como diretrizes ideológicas, políticas e filosóficas a serem observados pelo intérprete das normas constitucionais. Ocorre que, embora o preâmbulo tenha de ser utilizado como alicerce, segundo o Supremo Tribunal Federal, ele *não tem força normativa*, não cria direitos e obrigações e não pode ser utilizado como parâmetro para eventual declaração de inconstitucionalidade. Por exemplo: uma lei que fira tão somente o preâmbulo constitucional não poderá ser objeto de ação direta de inconstitucionalidade no STF e nem de outro mecanismo de controle de constitucionalidade; **D:** incorreta. As normas constantes do ADCT, de fato, são aplicáveis a situações certas e passageiras, têm natureza de norma constitucional, mas, diferente do que consta da alternativa, elas *integram* a Constituição Federal.

Gabarito "C".

(FGV – 2008) Assinale a opção que reúne todos os fundamentos da República Federativa do Brasil, tal como previstos no art. 1º da Constituição de 1988.

(A) a soberania; a cidadania; a dignidade da pessoa humana; a cooperação entre os povos para o progresso da humanidade.

(B) a soberania; a cidadania; a dignidade da pessoa humana; a autodeterminação dos povos.

(C) a soberania; a cidadania; a dignidade da pessoa humana; a concessão de asilo político.

(D) a soberania; a cidadania; a dignidade da pessoa humana; a solução pacífica dos conflitos.

(E) a soberania; a cidadania; a dignidade da pessoa humana; os valores sociais do trabalho e da livre iniciativa; o pluralismo político.

A questão encontra respaldo no art. 1º da CF que enumera os *fundamentos* da República Federativa do Brasil, quais sejam: a soberania, a cidadania, a dignidade da pessoa humana, os valores sociais do trabalho e da livre iniciativa e o pluralismo político.

Gabarito "E".

(FGV – 2008) Relativamente aos princípios fundamentais, assinale a alternativa incorreta:

(A) A República Federativa do Brasil é formada pela união dissolúvel dos Estados e Municípios e do Distrito Federal.

(B) A República Federativa do Brasil constitui-se em Estado Democrático de Direito

(C) Constitui objetivo fundamental da República Federativa do Brasil construir uma sociedade livre, justa e solidária.

(D) São Poderes da União, independentes e harmônicos entre si, o Legislativo, o Executivo e o Judiciário.

(E) Todo o poder emana do povo, que o exerce por meio de representantes eleitos ou diretamente, nos termos da Constituição.

A: incorreta, devendo ser assinalada. O art. 1º da CF dispõe que a República Federativa do Brasil é formada pela união *indissolúvel* dos Estados e Municípios e do Distrito Federal; **B:** correta. É o que determina o art. 1º da CF; **C:** correta (art. 3º, I, da CF). **D:** correta (art. 2º da CF); **E:** correta (art. 1º, parágrafo único, da CF).

Gabarito "A".

(OAB/Exame Unificado – 2008.3) Assinale a opção correta no que se refere à aplicação do princípio da dignidade da pessoa humana.

(A) O uso de algemas não requer prévio juízo de ponderação da necessidade, como em casos de resistência e de fundado receio de fuga ou de perigo à integridade física própria ou alheia, por parte do preso ou de terceiros, pois, como a fuga é ato extremamente provável no momento da prisão, as algemas podem ser utilizadas como regra.

(B) A referência, na CF, à dignidade da pessoa humana, aos direitos da pessoa humana, ao livre exercício dos direitos individuais e aos direitos e garantias individuais está relacionada aos direitos e garantias do indivíduo dotado de personalidade jurídica ou não. Desse modo, a aplicação do princípio da dignidade humana exige a proteção dos embriões humanos obtidos por fertilização *in vitro* e congelados, devendo-se evitar sua utilização em pesquisas científicas e terapias.

(C) A aplicação do princípio da insignificância, embora seja consequência do princípio da dignidade da pessoa humana, não é aplicável aos crimes militares, haja vista a dignidade do bem jurídico protegido pelos tipos penais que têm por objeto de proteção os interesses da administração militar.

(D) A ausência de indicação da conduta individualizada dos acusados de crimes societários, além de implicar a inobservância aos princípios do devido processo legal, da ampla defesa e do contraditório, fere o princípio da dignidade da pessoa humana.

A: incorreta. Súmula Vinculante n. 11, STF; **B:** incorreta. A esse respeito, vide art. 5º da Lei 11.105/2005 e ADI 3510/DF, j. 29.05.2008, rel. Min. Carlos Brito, *DJe* 28.05.2010; **C:** incorreta. O *princípio da insignificância* tem incidência nos crimes militares; **D:** correta. A falta de individuação da conduta dos acusados de crimes societários, de fato, inviabiliza a ampla defesa e o contraditório (art. 5º, LV, da CF), violando o devido processo legal (art. 5º, LIV, da CF) e a dignidade da pessoa humana (art. 1º, III, da CF).

Gabarito "D"

(OAB/Exame Unificado – 2007.3) Quanto ao processo de mudança, a Constituição Federal de 1988 pode ser classificada como

(A) flexível, por admitir alteração por iniciativa não só dos membros do Congresso Nacional, como também do Presidente da República.

(B) semirrígida, por admitir alteração de seu conteúdo, exceto com relação às cláusulas pétreas.

(C) transitoriamente rígida, por não admitir a alteração dos Atos das Disposições Constitucionais Transitórias.

(D) rígida, por admitir a alteração de seu conteúdo por meio de processo mais rigoroso e complexo que o processo de elaboração das leis comuns.

A: incorreta. Quanto ao processo de mudança as constituições podem ser classificadas em rígidas, semirrígidas ou flexíveis. As rígidas são aquelas alteráveis somente por um processo mais solene, mais dificultoso que o processo de alteração das demais normas jurídicas. As flexíveis são modificáveis livremente pelo legislador, observando-se o mesmo processo de elaboração e modificação das normas infraconstitucionais. E, por último, as semirrígidas são as que possuem uma parte rígida e outra flexível. A parte rígida é alterável por um processo mais dificultoso do que o das demais normas jurídicas e a parte flexível, pelo mesmo processo de elaboração e modificação destinado às leis infraconstitucionais. Desse modo, o que essa classificação toma por base é o processo de alteração das normas constitucionais e não somente a iniciativa. A Constituição Federal de 1988 é uma constituição rígida (art. 60 da CF); **B:** incorreta. O fato de a Constituição Federal trazer núcleos essenciais intangíveis, cláusulas pétreas, não faz com que ela seja semirrígida, como mencionado na alternativa, tal classificação leva em conta o processo de alteração da Constituição Federal. Vale lembrar que apenas a doutrina minoritária menciona que a Constituição Federal de 1988 é considerada super-rígida, pelo fato de conter determinadas matérias (cláusulas pétreas) que não podem ser suprimidas do texto; **C:** incorreta. O STF já afirmou que as normas constantes do ADCT podem ser alteradas por meio do processo legislativo das emendas constitucionais. Além disso, a Constituição Federal é classificada como rígida e não transitoriamente rígida; **D:** correta. A Constituição Federal de 1988 é rígida, pois admite a alteração de seu conteúdo por meio de processo mais rigoroso e complexo que o processo de elaboração das leis comuns.

Gabarito "D"

(OAB/Exame Unificado – 2007.1) Acerca da teoria geral da Constituição Federal, assinale a opção correta.

(A) O constitucionalismo, que pode ser conceituado como o movimento político-social que pretende limitar o poder e estabelecer o rol de direitos e garantias fundamentais, está diretamente relacionado com a ideologia socialista do início da primeira metade do século XX.

(B) O poder constituinte derivado decorrente é caracterizado essencialmente pela sua ausência de vinculação a qualquer regra anterior, pela sua autonomia e pela sua incondicionalidade.

(C) O poder de reforma está limitado às chamadas cláusulas pétreas, entre as quais se inclui a proibição de mudança do voto majoritário ou proporcional pelo voto distrital misto.

(D) O valor social do trabalho e da livre iniciativa é um dos fundamentos da República Federativa do Brasil.

A: incorreta, vez não é correta a afirmação de que o *constitucionalismo* estaria diretamente relacionado com a ideologia socialista do início da primeira metade do século XX; **B:** incorreta. Criado e instituído pelo *poder constituinte originário*, o *poder constituinte derivado decorrente* é limitado e condicionado a ele; **C:** incorreta. Art. 60, § 4º, da CF; **D:** correta. Art. 1º, IV, da CF.

Gabarito "D"

(OAB/Exame Unificado – 2006.1) Acerca da história constitucional do Brasil, assinale a opção correta.

(A) A Constituição de 1824 introduziu no país a organização federativa.

(B) A Constituição de 1891 introduziu no país o voto secreto e universal, inclusive o voto das mulheres.

(C) Inspirando-se na organização dos Estados Unidos da América, a Constituição de 1934 introduziu no Brasil o sistema presidencialista de governo.

(D) A ordem constitucional instaurada pela Constituição de 1946 foi rompida pelo golpe militar de 1964.

A: incorreta. A Constituição Imperial de 1824 foi marcada pela presença do Poder Moderador; a organização federativa foi introduzida pela Constituição de 1891; **B:** incorreta. A Constituição Republicana de 1891, por sua vez, consagra o chamado *controle difuso* de constitucionalidade, presente na atual Carta; a constituição de 1891 apenas introduziu no País o voto universal, o qual significava o fim do voto censitário; já os votos secretos e das mulheres foram introduzidos pela Constituição de 1934; **C:** incorreta. Não foi a Constituição de 1934 que instituiu o sistema presidencialista e sim a de 1891. A Constituição de 1934 não só manteve o sistema de controle difuso, introduzido pela Carta anterior, como também implementou a ação interventiva; **D:** correta. Jango cai no dia 1º de abril de 1964. O poder, a partir de então, passa a ser dominado pelo Comando Militar Revolucionário. Começam as perseguições e prisões políticas. É o regime dos Atos Institucionais; o sistema de governo presidencialista foi adotado no Brasil desde a promulgação da Constituição de 1891.

Gabarito "D"

(OAB/Exame Unificado – 2006.1) De acordo com a dogmática constitucional contemporânea, as normas definidoras de direitos fundamentais têm hierarquia maior que os dispositivos que definem a organização do Estado, exceto quando as primeiras tiverem o caráter de normas programáticas. A afirmação acima é equivocada porque:

(A) a dogmática constitucional contemporânea não admite a distinção hierárquica entre normas constitucionais.

(B) a única diferença hierárquica admitida pela dogmática constitucional é a existente entre regras e princípios constitucionais, sendo que os princípios têm *status* hierárquico superior ao das regras.

(C) somente as normas definidoras de direitos individuais têm hierarquia superior aos demais dispositivos constitucionais.

(D) as normas definidoras de direitos fundamentais são sempre normas programáticas.

A: correta. De fato, as normas constitucionais se encontram no mesmo patamar; **B** e **C:** incorretas. Conforme mencionado, todas as normas contidas na Constituição (formal), inclusive as cláusulas pétreas, encontram-se no mesmo nível hierárquico. Não há, pois, que se falar em hierarquia entre normas constitucionais. As duas alternativas trazem assuntos relacionados a uma hierarquia que não existe tecnicamente; **D:** incorreta. As normas definidoras dos direitos e garantias fundamentais têm aplicação imediata (art. 5º, § 1º, da CF). Normas programáticas são as que trazem programas a serem executados pelo Poder Público como, por exemplo, o art. 196 (direito à saúde), o art. 205 (direito à educação), dentre outros.

Gabarito "A"

(OAB/Exame Unificado – 2006.1) No texto da Constituição da República, encontra-se explicitamente o princípio

(A) da proporcionalidade, no tocante à ponderação de valores constitucionais.
(B) do duplo grau de jurisdição, no que concerne ao processo civil.
(C) da eficiência, com relação à administração pública.
(D) de proteção à boa-fé, no tocante às relações jurídicas contratuais.

Dentre os princípios, apenas o da eficiência é que encontra-se expressamente previsto na Constituição Federal (art. 37, *caput*). Vale lembrar que tal princípio foi inserido no texto constitucional pela EC 19/1998.

Gabarito "C"

(OAB/Exame Unificado – 2004.ES) Com relação ao direito constitucional, assinale a opção correta.

(A) A Constituição da República de 1988, seguindo a tradição constitucionalista brasileira, foi promulgada por uma assembleia constituinte eleita exclusivamente para o fim de elaborá-la.
(B) No atual sistema constitucional, a convocação de uma assembleia nacional constituinte para elaborar uma nova constituição federal deve ser feita mediante emenda à atual Constituição da República.
(C) No sistema constitucional brasileiro, a União tem prevalência hierárquica sobre o Estado do Espírito Santo.
(D) Nos quadros da dogmática jurídica contemporânea, os princípios constitucionais que definem direitos fundamentais ocupam o mesmo patamar hierárquico das normas constitucionais que regem o processo legislativo.

A: incorreta. A Assembleia Nacional Constituinte foi formada pelos membros da Câmara dos Deputados e do Senado Federal, que foram conclamados a se reunir por meio da EC 26/2000. Não houve, portanto, eleição para essa finalidade; **B:** incorreta. A convocação de uma assembleia nacional constituinte implicaria inaugurar uma nova ordem constitucional, rompendo por completo com a ordem precedente, até então vigente; **C:** incorreta. Arts. 1º, *caput*, e 18, *caput*, da CF (Estado Federal); **D:** correta. Inexiste hierarquia entre princípios e normas constitucionais.

Gabarito "D"

(OAB/Exame Unificado – 2004.ES) A Constituição da República é rígida porque

(A) contém cláusulas pétreas.
(B) a elaboração de emendas à Constituição envolve procedimentos e requisitos específicos que tornam a modificação do texto constitucional mais difícil que a alteração da legislação ordinária ou complementar.
(C) é necessário maioria qualificada para realizar alteração do texto constitucional.
(D) o exercício do poder constituinte decorrente restou limitado ao período de revisão constitucional.

A: incorreta. O que faz com que uma constituição seja classificada como rígida é o fato de possuir uma forma de modificação mais solene, mais dificultosa que o processo de alteração das demais normas jurídicas. A Constituição Federal é uma constituição rígida (art. 60 da CF); **B:** correta. Tais procedimentos e requisitos específicos estão previstos no art. 60 da CF; **C:** incorreta. Para se modificar a Constituição Federal são necessárias, além de outras formalidades, as seguintes: aprovação nas duas casas do Congresso Nacional (Câmara de Deputados e Senado Federal), dois turnos de votação e quórum de 3/5 dos votos dos respectivos membros, em cada casa (art. 60, § 2º, da CF). A Constituição Federal de 1988 é rígida, não apenas por exigir o quórum de 3/5 (que é uma espécie de maioria qualificada), mas por uma série de formalidades previstas no próprio texto constitucional. Outro exemplo de formalidade que caracteriza a rigidez constitucional é a iniciativa dos projetos de emenda que só pode ser realizada mediante proposta: I – de um terço, no mínimo, dos membros da Câmara dos Deputados ou do Senado Federal, II – do Presidente da República, III – de *mais da metade* das Assembleias Legislativas das unidades da Federação, manifestando-se, cada uma delas, pela *maioria relativa* de seus membros (art. 60, I, II e III, da CF); **D:** incorreta. O poder constituinte derivado decorrente é o poder que cada Estado tem de fazer a sua própria Constituição Estadual (art. 25 da CF). O poder de revisão consta do art. 3º do ADCT, já foi realizado, uma única vez, em sessão *unicameral* e pelo voto da *maioria absoluta* dos membros. Seis emendas constitucionais de revisão foram fruto da manifestação desse poder (1 a 6/1994). Atualmente para modificar a constituição, só por meio do processo legislativo das emendas constitucionais (poder constituinte derivado *reformador*).

Gabarito "B"

(FGV – 2011) As constituições imutáveis são aquelas que não comportam modificação de nenhuma espécie, enquanto as rígidas exigem um processo de alteração mais rigoroso do que aquele previsto para a legislação infraconstitucional. A Constituição de 1988 é considerada super-rígida, isto é, ela possui uma parte imutável e uma parte rígida. Para que se altere a CRFB de 1988 na sua parte rígida, é necessário que

(A) haja proposta de emenda por, no mínimo, metade dos membros da Câmara dos Deputados ou do Senado Federal.
(B) a proposta de emenda seja discutida e votada em cada Casa do Congresso Nacional, em dois turnos.
(C) a proposta de emenda seja aprovada se obtiver, em pelo menos uma das casas, três quintos dos votos.
(D) a emenda seja promulgada pelo Senado Federal, que detém competência privativa para tanto.
(E) a proposta de emenda tenha iniciativa do Presidente da República ou dos Governadores dos Estados ou do Distrito Federal.

A e **E:** incorretas. De acordo com o art. 60 da CF: "A Constituição poderá ser emendada mediante proposta: I – de um terço, no mínimo, dos membros da Câmara dos Deputados ou do Senado Federal; II – do Presidente da República; III – de mais da metade das Assembleias Legislativas das unidades da Federação, manifestando-se, cada uma delas, pela maioria relativa de seus membros"; **B:** correta. Art. 60, § 2º, da CF; **C:** incorreta. O quórum de aprovação deve ser observado pelas duas casas – art. 60, § 2º, da CF; **D:** incorreta. As emendas à Constituição, por serem exercício do Poder Constituinte Derivado, são promulgadas pelas Mesas da Câmara dos Deputados e do Senado Federal (art. 60, § 3º, da CF).

Gabarito "B"

(FGV – 2011) A Constituição brasileira apresenta como seus fundamentos

(A) o respeito à liberdade de qualquer cidadão de ser candidato a cargo político.
(B) a defesa da cidadania, soberania e dignidade da pessoa humana.
(C) a existência de partidos políticos que possam disputar eleições pelo critério majoritário.
(D) a construção de uma sociedade que valorize o capital intelectual do ser humano.
(E) a construção de uma sociedade que seja uniforme no que diz respeito à composição de sua população.

De acordo com o art. 1º da CF, a "República Federativa do Brasil, formada pela união indissolúvel dos Estados e Municípios e do Distrito Federal, constitui-se em Estado Democrático de Direito e tem como *fundamentos*: I – a soberania; II – a cidadania; III – a dignidade da pessoa humana; IV – os valores sociais do trabalho e da livre iniciativa e V – o pluralismo político".

Gabarito "B"

(FGV – 2010) Considerando os critérios de classificação das constituições quanto à sua *origem*, estabilidade e extensão, é correto afirmar que a Constituição Federal de 1988 é:

(A) promulgada, rígida e sintética.
(B) outorgada, semirrígida e analítica.
(C) promulgada, rígida e analítica.
(D) outorgada, semirrígida e sintética.
(E) promulgada, flexível e analítica.

A Constituição de 1988 pode ser classificada: a) quanto à origem: *promulgada* (não foi imposta, mas fruto do trabalho de uma Assembleia Nacional Constituinte); b) quanto à forma: *escrita* (normas reunidas em um único texto solene e codificado); c) quanto à extensão: *analítica* (trata de todos os temas que os representantes do povo entenderam importantes e, por isso, é extensa e detalhista); d) quanto ao modo de elaboração: *dogmática* – ou *sistemática* –, porque traduz os dogmas, planos e sistemas preconcebidos; e) quanto à estabilidade ou alterabilidade: *rígida*, já que prevê, para a alteração das normas constitucionais, um mecanismo mais difícil que aquele estabelecido para as normas não constitucionais (art. 60 da CF).

Gabarito "C"

(FGV – 2008) O Brasil é uma república, a indicar o governo como:

(A) sistema.
(B) forma.
(C) regime
(D) paradigma.
(E) modelo.

São formas de Estado: Unitário e Federal; formas de Governo: República ou Monarquia; Sistemas de Governo: Presidencialista ou Parlamentarista; Regimes políticos: Aristocracia, Oligarquia ou Democracia. Outros falam simplesmente em Democracia ou Ditadura. O Brasil é um Estado Federal, Republicano, Presidencialista e Democrático (art. 1º da CF).

Gabarito "B"

(FGV – 2008) A Constituição da República, em seu art. 1º, determina que a República Federativa do Brasil, formada pela união indissolúvel dos Estados, Municípios e do Distrito Federal, tem como fundamento(s):

(A) os valores sociais do trabalho e da livre iniciativa.
(B) a garantia do desenvolvimento nacional.
(C) a erradicação da pobreza e da marginalização e a redução das desigualdades sociais e regionais.
(D) a prevalência dos direitos humanos.
(E) a promoção do bem de todos, sem preconceitos de origem, raça, sexo ou qualquer outra forma de discriminação.

A: correta. Art. 1º, IV, da CF; **B, C** e **E:** incorretas. Constituem *objetivos* da República Federativa do Brasil (art. 3º, II, III e IV, da CF); **D:** incorreta. É princípio que rege as relações internacionais do Brasil (art. 4º, II, da CF).

Gabarito "A"

(FGV – 2008) É consequência da rigidez constitucional:

(A) o princípio do Estado Democrático de Direito.
(B) o princípio da Supremacia da Constituição.
(C) a inalterabilidade do texto constitucional.
(D) o controle concentrado da constituição.
(E) a presença, em seu texto, de normas fundamentais.

São rígidas as constituições em que o mecanismo de alteração das normas constitucionais é mais difícil que o previsto para a modificação de normas infraconstitucionais. A Constituição Federal de 1988 é rígida, pois estabelece em seu texto um procedimento mais qualificado para aprovação de emendas constitucionais que o de alteração das leis em geral (art. 60 da CF). A rigidez, portanto, tem como consequência a supremacia da Constituição sobre as demais normas jurídicas, pois nenhuma lei ou ato normativo pode contrariar o disposto na Constituição Federal. Se não existisse um procedimento mais difícil para a alteração das normas constitucionais, qualquer norma infraconstitucional posterior à Constituição e com ela incompatível iria revogar o comando da Constituição Federal.

Gabarito "B"

(FGV – 2008) Mutação constitucional é:

(A) o mesmo que reforma da constituição.
(B) o mesmo que emenda da constituição.
(C) o processo não formal de mudança de constituição flexível.
(D) o processo não formal de mudança de constituição rígida.
(E) o processo formal de alteração do texto constitucional.

A alteração da Constituição pode ocorrer pela via formal (emendas à Constituição) ou pela via informal (mutação constitucional). A mutação permite que o sentido e o alcance da norma constitucional sejam alterados sem que haja qualquer modificação no texto do dispositivo da Constituição. É feita pelos órgãos estatais ou pelos costumes sociais.

Gabarito "D"

(FGV – 2008) Assinale a afirmativa incorreta.

(A) São características do princípio republicano: eleições periódicas para Chefe de Estado e Chefe de Governo, cidadania, soberania, diversas esferas de distribuição de poder, observância dos direitos fundamentais implícitos e explícitos, observância dos princípios sensitivos.
(B) O princípio da indissolubilidade do vínculo federativo no Estado Federal Brasileiro tem como finalidades básicas a unidade nacional e a necessidade descentralizadora.
(C) O princípio republicano impede que prevaleça a prerrogativa de foro, perante o Supremo Tribunal Federal, nas infrações penais comuns, mesmo que a prática delituosa tenha ocorrido durante o período de atividade funcional, se sobrevier a cessação da investidura do indiciado, denunciado ou réu, no cargo, função ou mandato, cuja titularidade se qualifica como o único fator de legitimidade constitucional apto a fazer instaurar a competência penal originária do STF.

(D) Como corolário do princípio federativo, a União, os Estados-membros, o Distrito Federal e os Municípios, no Brasil, são autônomos e possuidores da tríplice capacidade de auto-organização e normatização própria, autogoverno e autoadministração.

(E) A garantia constitucional de imunidade recíproca entre União, Estados, Distrito Federal e Municípios é corolário do princípio federativo.

A: incorreta, devendo ser assinalada. O princípio republicano não tem por característica diversas esferas de distribuição de poder, pois o Estado pode ser unitário, isto é, ter o poder centralizado. É o caso da República Portuguesa; **B:** correta. Art. 1º da CF; **C:** correta. conforme foi estabelecido pelo STF no julgamento do AgRg no Inq 1.376-4/MG, Pleno, j. 15.02.2007, rel. Min. Celso de Mello, *DJ* 16.03.2007 em razão do cancelamento da Súmula 394 do STF; **D:** correta. Os entes federativos são autônomos e, segundo a doutrina, a autonomia consiste na capacidade de auto-organização (cada um dos entes federativos pode elaborar sua própria Constituição), autogoverno (garantia assegurada ao povo de escolher seus próprios dirigentes e de, através deles, editar leis) e autoadministração (capacidade assegurada aos Estados de possuir administração própria, faculdade de dar execução às leis vigentes); **E:** correta. Sim, em razão da igualdade político-jurídica que os entes federados possuem na Federação brasileira.

Gabarito "A"

(FGV – 2007) A correspondência entre os valores e as aspirações de um povo e o texto constitucional confere a este último:

(A) legalidade.
(B) adequação.
(C) legitimidade.
(D) congruência temática.

De acordo com Norberto Bobbio, a noção específica de legitimidade consiste na presença de um grau de consenso capaz de assegurar a obediência (ao texto constitucional) sem a necessidade de uso da força.

Gabarito "C"

(FGV – 2007) A Constituição da República Federativa do Brasil de 1988 deve ser classificada como:

(A) material, quanto ao conteúdo; escrita, quanto à forma; histórica, quanto ao modo de elaboração; promulgada, quanto à origem; flexível, quanto à estabilidade.

(B) formal, quanto ao conteúdo; escrita, quanto à forma; dogmática, quanto ao modo de elaboração; promulgada, quanto à origem; semiflexível, quanto à estabilidade.

(C) formal, quanto ao conteúdo; escrita, quanto à forma; histórica, quanto ao modo de elaboração; outorgada, quanto à origem; rígida, quanto à estabilidade.

(D) material, quanto ao conteúdo; escrita, quanto à forma; dogmática, quanto ao modo de elaboração; outorgada, quanto à origem; semiflexível, quanto à estabilidade, haja vista as inúmeras emendas constitucionais existentes.

(E) formal, quanto ao conteúdo; escrita, quanto à forma; dogmática, quanto ao modo de elaboração; promulgada, quanto à origem; rígida, quanto à estabilidade.

A Constituição de 1988 pode ser assim classificada: a) quanto à origem: promulgada (não foi imposta, mas fruto do trabalho de uma Assembleia Nacional Constituinte); b) quanto à forma: escrita (normas reunidas em um único texto solene e codificado); c) quanto à extensão: analítica (trata de todos os temas que os representantes do povo entenderam importantes e, por isso, é extensa e detalhista); d) quanto ao modo de elaboração: dogmática – ou sistemática –, porque traduz os dogmas, planos e sistemas preconcebidos; e) quanto à estabilidade ou alterabilidade: rígida, já que prevê, para a alteração das normas constitucionais, um mecanismo mais difícil que aquele estabelecido para as normas não constitucionais (art. 60 da CF).

Gabarito "E"

(FGV – 2006) A respeito da "mutação constitucional", é correto afirmar que:

(A) é a alteração da Constituição por meio de emendas.
(B) é o mesmo que revisão constitucional.
(C) são as alterações informais feitas na substância da Constituição, especialmente por meio da interpretação judicial.
(D) não tem lugar em nosso sistema jurídico, em razão de a Carta Política ser escrita e rígida.
(E) só ocorre por meio do poder constituinte originário.

A alteração da Constituição pode ocorrer pela via formal (emendas à Constituição) ou pela via informal (mutação constitucional). A mutação permite que o sentido e o alcance da norma constitucional sejam alterados sem que haja qualquer modificação no texto do dispositivo da Constituição. É feita pelos órgãos estatais ou pelos costumes sociais.

Gabarito "C"

(FGV – 2005) Assinale a alternativa que apresente corretamente os fundamentos da República Federativa do Brasil.

(A) soberania, cidadania, direito de resposta, acesso à informação e valores sociais do trabalho e da livre iniciativa.

(B) soberania, cidadania, dignidade da pessoa humana, valores sociais do trabalho e da livre iniciativa e pluralismo político.

(C) soberania, cidadania, prevalência dos direitos humanos, acesso à informação e pluralismo político.

(D) soberania, cidadania, bem-estar social, valores sociais do trabalho e da livre iniciativa e pluralismo político.

(E) soberania, cidadania, autonomia, independência e dignidade da pessoa humana.

De acordo com o art. 1º da CF, a "República Federativa do Brasil, formada pela união indissolúvel dos Estados e Municípios e do Distrito Federal, constitui-se em Estado Democrático de Direito e tem como *fundamentos*: I – a soberania; II – a cidadania; III – a dignidade da pessoa humana; IV – os valores sociais do trabalho e da livre iniciativa e V – o pluralismo político."

Gabarito "B"

(FGV – 2005) Considerando o conceito, a classificação e a aplicação da Constituição, assinale a assertiva correta.

(A) A Constituição brasileira de 1988 é rígida, porque estabelece separação rígida de poderes.

(B) Em nosso sistema jurídico, as leis complementares têm a função de dar plena aplicabilidade às leis ordinárias.

(C) Nos Princípios Fundamentais da Constituição brasileira, são encontradas as tradicionais normas programáticas, que, por definição, são plena e imediatamente aplicáveis.

(D) O controle judicial da constitucionalidade é típico das constituições rígidas, pressupondo hierarquia formal entre as normas do sistema jurídico.

(E) A modificação do texto da Constituição por emendas constitui exercício do Poder Constituinte originário.

A: incorreta. A Constituição Federal de 1988 é rígida porque prevê, para a alteração das normas constitucionais, um mecanismo mais difícil que aquele estabelecido para as normas não constitucionais (art. 60 da CF); **B:** incorreta. As hipóteses de edição de leis complementares estão previstas taxativamente na Constituição, ou seja, quando o legislador constituinte quis que determinada matéria fosse regulada por lei complementar, assim estabeleceu expressamente. As leis ordinárias, ao contrário, podem ser editadas sempre que a Constituição não exigir lei complementar, ou seja, são residuais. Outra diferença entre elas é o quórum de aprovação, que é de maioria absoluta para as leis complementares e de maioria simples para as leis ordinárias; **C:** incorreta. As normas programáticas estabelecem diretrizes a serem atingidas pelo Estado, bem como a direção que deve tomar o legislador ordinário na implementação das políticas de governo. Por isso, têm eficácia indireta e aplicabilidade mediata; **D:** correta. São rígidas as constituições em que o mecanismo de alteração das normas constitucionais é mais difícil que o previsto para a modificação de normas infraconstitucionais. A Constituição Federal de 1988 é rígida, pois estabelece em seu texto um procedimento mais qualificado para aprovação de emendas constitucionais que o de alteração das leis em geral (art. 60 da CF). A rigidez, portanto, tem como consequência a supremacia da Constituição sobre as demais normas jurídicas, pois nenhuma lei ou ato normativo pode contrariar o disposto na mesma. Caso isso aconteça, caberá o exame da compatibilidade entre a lei e a Constituição, ou seja, controle de constitucionalidade; **E:** incorreta. A modificação do texto da Constituição por emendas constitui exercício do Poder Constituinte Derivado Reformador.

Gabarito "D".

(FGV – 2005) Quanto à democracia, soberania e cidadania, é correto afirmar que, no Brasil:

(A) o poder do povo pode ser exercido pelo plebiscito ou por referendo autorizado pelo Chefe do Executivo da União.

(B) a iniciativa popular, prevista na Constituição Federal, permite que os eleitores promovam moção de censura para remover autoridade administrativa.

(C) os Deputados Federais e Senadores podem ser processados criminalmente, independente de licença prévia da Casa a que pertencem.

(D) é necessário estar filiado a partido político e ser brasileiro nato para eleger-se Governador de Estado.

(E) não pode ser Presidente da República um indivíduo que tenha nascido no Canadá.

A: incorreta. É competência exclusiva do Congresso Nacional autorizar referendo e convocar plebiscito (art. 49, XV, da CF); **B:** incorreta. Essa hipótese não está prevista pela Constituição Federal; **C:** correta. A exigência de prévia licença foi suprimida pela EC 35/2001, que alterou o texto do art. 53 da CF; **D:** incorreta. A filiação partidária é condição de elegibilidade, ou seja, o direito brasileiro não permite "candidaturas avulsas" (art. 14, § 3º, V, da CF). Entretanto, o cargo de governador de Estado não é privativo de brasileiro nato, pois o rol do art. 12, § 3º, da CF é taxativo; **E:** incorreta. O cargo de Presidente da República é privativo de brasileiro nato (art. 12, § 3º, I, da CF), mas o simples fato de o indivíduo ter nascido no Canadá não exclui a nacionalidade brasileira nata. Se observadas as regras do art. 12, I, "b" ou "c", da CF, ele será considerado brasileiro nato e, assim, poderá concorrer ao cargo de Presidente da República.

Gabarito "C".

3. HERMENÊUTICA CONSTITUCIONAL E EFICÁCIA DAS NORMAS CONSTITUCIONAIS

(OAB/Exame Unificado – 2015.1) O diretor de RH de uma multinacional da área de telecomunicações, em reunião corporativa, afirmou que o mundo globalizado vem produzindo grandes inovações, exigindo o reconhecimento de novas profissões desconhecidas até então. Feitas essas considerações, solicitou à diretoria que alterasse o quadro de cargos e funções da empresa, incluindo as seguintes profissões: gestor de mídias sociais, gerente de marketing digital e desenvolvedor de aplicativos móveis. O presidente da sociedade empresária, posicionando-se contra o pedido formulado, alegou que o exercício de qualquer atividade laborativa pressupõe a sua devida regulamentação em lei, o que ainda não havia ocorrido em relação às referidas profissões. Com base na teoria da eficácia das normas constitucionais, é correto afirmar que o presidente da sociedade empresária

(A) argumentou em harmonia com a ordem constitucional, pois o dispositivo da Constituição Federal que afirma ser livre o exercício de qualquer trabalho, ofício ou profissão, atendidas as qualificações profissionais que a lei estabelecer, possui eficácia limitada, exigindo regulamentação legal para que possa produzir efeitos.

(B) apresentou argumentos contrários à ordem constitucional, pois o dispositivo da Constituição Federal que afirma ser livre o exercício de qualquer trabalho, ofício ou profissão, atendidas as qualificações profissionais que a lei estabelecer, possui eficácia contida, de modo que, inexistindo lei que regulamente o exercício da atividade profissional, é livre o seu exercício.

(C) apresentou argumentos contrários à ordem constitucional, pois o dispositivo da Constituição Federal que afirma ser livre o exercício de qualquer trabalho, ofício ou profissão, atendidas as qualificações profissionais que a lei estabelecer, possui eficácia plena, já que a liberdade do exercício profissional não pode ser restringida, mas apenas ampliada.

(D) argumentou em harmonia com a ordem constitucional, pois o dispositivo da Constituição Federal que afirma ser livre o exercício de qualquer trabalho, ofício ou profissão, atendidas as qualificações profissionais que a lei estabelecer, não possui nenhuma eficácia, devendo ser objeto de mandado de injunção para a sua devida regulamentação.

A: incorreta. O presidente da sociedade empresária não argumentou em harmonia com a CF, pois prevalece o entendimento de que a norma prevista no art. 5º, XIII, da CF (liberdade de profissão) é considerada de eficácia **contida** ou restringível; **B:** correta. De fato, a norma prevista no o art. 5º, XIII, da CF, a qual dispõe ser livre o exercício de qualquer trabalho, ofício ou profissão, atendidas as qualificações profissionais que a lei estabelecer, é considerada majoritariamente pela doutrina como de eficácia contida. Sendo assim, enquanto não sobrevier lei que a restrinja, o seu exercício é pleno e livre. Um exemplo de atividade profissional que tem o seu exercício restringido por lei é a advocacia. O Estatuto da OAB (EOAB - Lei 8.906/94) exige, para o exercício da advocacia, dentre outros requisitos, a aprovação prévia em exame da Ordem dos Advogados do Brasil (OAB). Tal regra já foi considerada constitucional pelo Plenário do STF (RE n. 603.583); **C:** incorreta. Como mencionado, o exercício da atividade profissional pode ser restringindo por lei, pois a norma possui eficácia contida e não plena, como afirmado na alternativa; **D:** incorreta. O dispositivo possui eficácia contida.

Gabarito "B"

(OAB/Exame Unificado – 2007.1) No que concerne à hermenêutica e à aplicação das normas constitucionais, assinale a opção correta.

(A) Denomina-se mutação constitucional o processo formal de alteração da Constituição por meio das técnicas de revisão e reforma constitucional.

(B) Quando uma norma infraconstitucional contar com mais de uma interpretação possível, uma, no mínimo, pela constitucionalidade e outra ou outras pela inconstitucionalidade, adota-se a técnica da interpretação conforme para, sem redução do texto, escolher aquela ou aquelas que melhor se conforme(m) à Constituição, afastando-se, consequentemente, as demais.

(C) Ao contrário da norma de eficácia plena, a norma constitucional de eficácia contida é aquela que já contém todos os elementos necessários para a sua aplicação imediata, não admitindo qualquer normatividade ulterior, seja para aumentar a sua eficácia, seja para restringi-la.

(D) A norma constitucional que preceitua como objetivos da República Federativa do Brasil erradicar a pobreza e a marginalização e reduzir as desigualdades sociais e regionais é enquadrada como norma constitucional de eficácia plena.

A: incorreta. *Mutação constitucional* não é o processo formal de alteração da Constituição, mas, sim, alteração no significado interpretativo da norma constitucional; **B:** correta. É o chamado *princípio da interpretação conforme a Constituição*. Consiste no mecanismo por meio do qual o intérprete, diante de normas de caráter polissêmico ou plurissignificativo, deve dar prioridade à interpretação que melhor atenda ao texto constitucional; **C:** incorreta. As *normas de eficácia contida* de fato têm aplicabilidade imediata, mas podem ter o seu alcance reduzido, contido pela atividade do legislador infraconstitucional (chamadas também de normas de eficácia *redutível* ou *restringível*); **D:** incorreta. Trata-se de *norma de eficácia limitada de princípio programático*, na medida em que estabelece um programa a ser implementado por meio de legislação integrativa da vontade constituinte.

Gabarito "B"

(OAB/Exame Unificado – 2006.3) Com relação à interpretação e à aplicação da Constituição, assinale a opção correta.

(A) No sistema constitucional brasileiro, não se admite a declaração de inconstitucionalidade de lei sem redução de texto.

(B) No sistema brasileiro, a existência de hierarquia entre normas da própria Constituição permite a declaração da inconstitucionalidade de uma norma da Constituição por violação a outra nela também prevista.

(C) Na hipótese de o Estado não produzir os atos legislativos e administrativos necessários à efetivação de direitos constitucionais, é possível exigir a sua ação positiva com fundamento no princípio da supremacia da Constituição.

(D) No sistema brasileiro, não se admite a declaração de inconstitucionalidade de proposta de emenda constitucional que tenha por objeto a abolição de normas e princípios nela previstos, qualquer que seja a matéria.

A: incorreta. Verificar-se-á a chamada *declaração de inconstitucionalidade sem redução de texto* sempre que o STF conferir a uma norma um determinado sentido interpretativo que a faça adequar-se ao texto constitucional. Esse expediente só é possível diante das normas *plurívocas*; **B:** incorreta. Não há se falar em hierarquia entre normas da Constituição; **C:** correta. Art. 103, § 2º, da CF. Trata-se da chamada *inconstitucionalidade por omissão*, em que o exercício de determinado direito está condicionado à edição de uma lei ou à tomada de uma providência administrativa; **D:** incorreta. Art. 60, § 4º, da CF (são as chamadas *cláusulas pétreas*).

Gabarito "C"

(OAB/Exame Unificado – 2006.2) O parágrafo único do art. 4º da Constituição da República estabelece que "A República Federativa do Brasil buscará a integração econômica, política, social e cultural dos povos da América Latina, visando à formação de uma comunidade latino-americana de nações". Esse dispositivo constitui:

(A) regra de eficácia limitada, uma vez que a sua aplicabilidade depende da edição de normas de caráter infraconstitucional.

(B) princípio de eficácia contida, porque os comandos constitucionais somente se concretizam mediante a própria edição das normas infraconstitucionais a que se referem.

(C) norma programática, que estabelece para o Estado o dever de envidar esforços para concretizar os seus preceitos.

(D) dispositivo normativo autoaplicável, por força da regra constitucional que atribui eficácia imediata a todos os princípios constitucionais.

Segundo o modelo de classificação desenvolvido pelo Prof. José Afonso da Silva as normas constitucionais de eficácia limitada constituem um gênero do qual são espécies as normas de princípio institutivo ou organizativos (que são as que trazem a estrutura de entidades públicas, órgãos, por exemplo, art. 25, § 3º, da CF) e as normas de princípios programáticos (que são as que estabelecem um programa a ser implementado por meio de legislação integrativa da vontade constituinte, por exemplo, art. 196 da CF – direito à saúde). A regra trazida no parágrafo único do art. 4º da CF trata-se, justamente, de norma constitucional de eficácia limitada programática. Os tratados internacionais relativos à criação e regulamentação do MERCOSUL são exemplos de esforços efetivados pelo Estado na busca da concretização da integração dos povos da América Latina.

Gabarito "C"

(OAB/Exame Unificado – 2004.ES) A disposição constitucional que determina que "o Brasil propugnará pela formação de um tribunal internacional dos direitos humanos" é uma

(A) norma de eficácia contida, pois até hoje permanece sem regulamentação.

(B) norma de eficácia limitada, porque a criação do referido tribunal não depende apenas de decisão do legislador brasileiro.

(C) norma programática.

(D) quase-norma, pois inexistem sanções aplicáveis em razão do seu descumprimento.

A: incorreta. Não é considerada norma de eficácia contida e sim limitada de princípio programático, pois depende de regulamentação para a produção de seus efeitos; **B:** incorreta. A definição de eficácia limitada não tem a ver com o fato da criação do tribunal depender de fatores externos; **C:** correta. A disposição constitucional mencionada está prevista no art. 7º do Ato das Disposições Constitucionais Transitórias (ADCT) e trata-se de norma que veicula *programas* a serem implementados pelo Estado, com o objetivo de realizar fins sociais. É denominada norma de eficácia limitada de princípio programático ou simplesmente norma programática; **D:** incorreta. O dispositivo é considerado uma norma, ainda que dependa de regulamentação para a pela produção de seus efeitos. A doutrina assegura que a norma de eficácia limitada possui, ao menos, dois efeitos: o inibidor e o revogador. O primeiro faz com que seja inibida a atividade legislativa de produzir um ato abstrato e genérico que colida com o dispositivo constitucional e o segundo torna inaplicável, ou "revoga", aquelas normas que já existem, mas que afrontam a regra constitucional.

Gabarito "C"

(FGV – 2013) Quanto às normas e princípios constitucionais, assinale V para a afirmativa verdadeira e F para a falsa.

( ) A tradicional classificação tricotômica das normas constitucionais afirma que, no tocante à sua eficácia e aplicabilidade, existem normas constitucionais de eficácia plena e aplicabilidade imediata, normas constitucionais de eficácia contida e aplicabilidade imediata, mas passiveis de restrição e normas constituidoras de eficácia limitada ou reduzida.

( ) O princípio da eficácia integradora orienta o aplicador da Constituição no sentido de dar preferência àqueles critérios ou pontos de vista que favoreçam a integração social e a unidade política.

( ) O princípio da razoabilidade ou da proporcionalidade permite ao Judiciário invalidar os atos legislativos ou administrativos.

As afirmativas são, respectivamente,

(A) V, V e V.
(B) F, F e V.
(C) F, V e F.
(D) V, F e V.
(E) F, F e F.

I: verdadeira. A teoria clássica, de fato, determina que as normas constitucionais podem ser classificadas em plena, contida e limitada. As de eficácia plena são aquelas que, por si só, produzem todos os seus efeitos no mundo jurídico e de forma imediata. Não dependem da interposição do legislador para que possam efetivamente produzir efeitos. Já as normas de eficácia contida são aquelas que produzem a integralidade de seus efeitos, mas que dão a possibilidade de outra norma restringi-los. Desse modo, até que outra norma sobrevenha e limite a produção de efeitos, a norma de eficácia contida é semelhante à norma de eficácia plena. Por fim, as de eficácia limitada são aquelas que, para produzirem seus efeitos, dependem da atuação do legislador infraconstitucional, necessitam de regulamentação. Tais normas possuem aplicabilidade postergada, diferida ou mediata; **II:** verdadeira. O princípio da eficácia integradora nos ensina que a análise dos conflitos jurídico-constitucionais deve se dar à luz dos critérios que beneficiam a integração política e social. A eficácia integradora reforça o princípio da unidade da Constituição; **III:** verdadeira. O princípio da proporcionalidade ou razoabilidade admite que o Judiciário atue no sentido de invalidar os atos legislativos ou administrativos quando eles não estiverem alinhados a sua finalidade.

Gabarito "A"

(FGV – 2010) A respeito da interpretação das normas constitucionais, assinale a afirmativa INCORRETA.

(A) O princípio da eficácia integradora concretiza uma importante função de produzir e manter a coesão sociopolítica, pelo que o intérprete da Constituição deve dar preferência aos direitos coletivos em face dos individuais.

(B) Pelo princípio da unidade da Constituição, as normas constitucionais devem ser observadas não como normas isoladas, mas como preceitos integrados, de modo que em nenhuma hipótese deve-se separá-las do conjunto em que se integram.

(C) De acordo com o princípio da concordância prática, nas situações de concorrência entre bens que são constitucionalmente protegidos, adota-se a solução que otimize a realização de todos eles, sem acarretar a negação de nenhum.

(D) Segundo o princípio da interpretação conforme a Constituição, entre diversas exegeses igualmente constitucionais, deve-se optar por aquela que se orienta para a Constituição ou pela que melhor corresponde às decisões do constituinte.

(E) Infere-se do princípio da correção funcional que os intérpretes e os aplicadores da Constituição não podem chegar a resultados que maculem o sistema organizatório-funcional nela estabelecido, a exemplo da separação de poderes.

A: incorreta, devendo ser assinalada. De acordo com o princípio do efeito integrador (Canotilho), na resolução dos problemas jurídico-constitucionais deve ser dada primazia aos critérios favorecedores da integração política e social, bem como ao reforço da unidade política; **B:** correta. Além disso, dele decorre também a afirmação de que não há hierarquia formal entre normas constitucionais, mas hierarquia axiológica; **C:** correta. Também chamado de *harmonização*. Ou seja, diante da inexistência de hierarquia entre os princípios constitucionais, deve-se buscar a redução proporcional do alcance de cada um dos bens em conflito, de modo que seus núcleos não sejam atingidos, evitando o sacrifício total de um bem em benefício do outro; **D:** correta. A *interpretação conforme a Constituição* é, ao mesmo tempo, princípio de interpretação e técnica de controle de constitucionalidade, tendo aplicação diante de normas jurídicas *plurissignificativas*. Vale dizer, a interpretação conforme a Constituição somente será possível quando a norma infraconstitucional apresentar vários significados ou puder ser interpretada de várias formas, umas compatíveis com as normas constitucionais e outras não, devendo-se excluir a interpretação contra o texto constitucional e optar pela interpretação que encontra guarida na Constituição Federal, ou seja, pela interpretação conforme a Constituição. Entretanto, não legitima o intérprete a atuar como legislador positivo; **E:** correta. Por esse princípio, o intérprete deve fiel observância à repartição constitucional de competências e de funções entre os poderes estatais.

Gabarito "A"

(FGV – 2008) A respeito do tema da interpretação constitucional, assinale a afirmativa correta.

(A) Pelo princípio da unidade da Constituição, as normas constitucionais devem ser interpretadas em conjunto, para evitar possíveis contradições com outras normas da própria Constituição.

(B) O princípio da concordância prática estabelece que a Constituição, para manter-se atualizada, deve ser interpretada no sentido de tornar sempre atuais os seus preceptivos, os quais devem acompanhar as condições reais dominantes numa determinada situação.

(C) O princípio da força normativa da Constituição estabelece que os bens jurídicos, constitucionalmente protegidos, devem ser coordenados com vistas à resolução dos problemas concretos.

(D) O princípio do critério da correção funcional estabelece que, se a Constituição propõe criar e manter a unidade política, os pontos de vista, incumbidos de interpretar as suas normas, diante dos problemas jurídico-constitucionais, devem promover a manutenção de tal unidade.

(E) O princípio da legalidade coincide com o da reserva legal, ambos expostos no art. 5º, XXXIX, da CRFB/1988.

A: correta, sendo certo que não há hierarquia formal entre normas constitucionais, mas hierarquia axiológica; **B:** incorreta. Pelo princípio da concordância prática ou harmonização, diante da inexistência de hierarquia entre os princípios constitucionais deve-se buscar a redução proporcional do alcance de cada um dos bens em conflito, de modo que seus núcleos não sejam atingidos, evitando o sacrifício total de um bem em benefício do outro; **C:** incorreta. A força normativa prioriza a interpretação constitucional que possibilita a atualidade normativa do texto, garantindo, ao mesmo tempo, sua eficácia e permanência; **D:** incorreta. O princípio da correção funcional prescreve que o intérprete deve fiel observância à repartição constitucional de competências e de funções entre os poderes estatais (separação de poderes); **E:** incorreta. O princípio da legalidade está expresso no art. 5º, II, da CF.

Gabarito "A"

(FGV – 2008) O princípio da concordância prática, adotado no âmbito da hermenêutica constitucional, é avaliado:

(A) *a posteriori.*

(B) *ex nunc.*

(C) *a priori.*

(D) *ex tunc.*

(E) *a fortiori.*

Diante de um conflito, os bens em jogo são previamente sopesados, a fim de estabelecer limites e condicionamentos recíprocos sem, contudo, sacrificar o núcleo de cada um deles.

Gabarito "C"

(FGV – 2008) Assinale a afirmativa incorreta.

(A) As normas constitucionais definidoras dos direitos e garantias fundamentais têm aplicação imediata.

(B) As normas constitucionais podem ter eficácia plena, contida e limitada.

(C) As normas constitucionais de eficácia plena são aquelas que desde a entrada em vigor da Constituição produzem, ou podem produzir, todos os efeitos essenciais, relativos aos interesses, comportamentos e situações, que o legislador constitucional, direta e normativamente, quis regular.

(D) As normas constitucionais de eficácia contida são aquelas que apresentam aplicação indireta, mediata e reduzida, porque somente incidem totalmente sobre os interesses, após uma normatividade ulterior que lhes desenvolva a aplicabilidade.

(E) As normas constitucionais programáticas são de aplicação diferida e não de aplicação ou execução imediata.

As normas constitucionais *de eficácia contida* (ou redutível ou restringível) correspondem àquelas que, muito embora tenham eficácia direta e aplicabilidade imediata quando da promulgação da Constituição Federal, podem vir a ser restringidas pelo legislador infraconstitucional no futuro. Vale dizer, ainda que autoaplicável, autoriza a posterior restrição pelo legislador. Normas constitucionais *de eficácia limitada* são as que possuem aplicabilidade indireta e eficácia mediata, pois dependem da intermediação do legislador infraconstitucional para que possam produzir seus efeitos jurídicos próprios. De acordo com a doutrina, as normas constitucionais de eficácia limitada podem ser: a) de princípio institutivo (ou organizativo) ou b) de princípio programático. Serão de princípio institutivo se contiverem regras de estruturação de instituição, órgãos ou entidades, como a norma do art. 18, § 2º, da CF. As normas constitucionais de eficácia limitada e de princípio programático veiculam programas a serem implementados pelo Estado (arts. 196, 205 e 215, da CF). Ou seja, as normas programáticas estabelecem diretrizes a serem atingidas pelo Estado, bem como a direção que deve tomar o legislador ordinário na implementação das políticas de governo. Por fim, as normas constitucionais de eficácia plena são aquelas que desde a promulgação do texto constitucional estão aptas a produzirem seus efeitos jurídicos próprios, por terem eficácia direta e aplicabilidade imediata.

Gabarito "D"

(FGV – 2004) A disposição do artigo 2º da Constituição Federal, segundo a qual "são poderes da União, independentes e harmônicos entre si, o Legislativo, o Executivo e o Judiciário", caracteriza norma de eficácia:

(A) plena.

(B) relativa.

(C) absoluta.

(D) limitada.

(E) contida.

As normas constitucionais *de eficácia contida* (ou redutível ou restringível) correspondem àquelas que, muito embora tenham eficácia direta e aplicabilidade imediata quando da promulgação da Constituição Federal, podem vir a ser restringidas pelo legislador infraconstitucional no futuro. Vale dizer, ainda que autoaplicável, autoriza a posterior restrição pelo legislador. Normas constitucionais *de eficácia limitada* são as que possuem aplicabilidade indireta e eficácia mediata, pois dependem da intermediação do legislador infraconstitucional para que possam produzir seus efeitos jurídicos próprios. De acordo com a doutrina, as normas constitucionais de eficácia limitada podem ser: a) de princípio institutivo (ou organizativo) ou b) de princípio programático. Serão de princípio institutivo se contiverem regras de estruturação de instituição, órgãos ou entidades, como a norma do art. 18, § 2º, da CF. As normas constitucionais de eficácia limitada e de princípio programático veiculam programas a serem implementados pelo Estado (arts. 196, 205 e 215, da CF). Ou seja, as normas programáticas estabelecem diretrizes a serem atingidas pelo Estado, bem como a direção que deve tomar o legislador ordinário na implementação das políticas de governo. Por fim, as normas constitucionais de eficácia plena são aquelas que desde a promulgação do texto constitucional estão aptas a produzirem seus efeitos jurídicos próprios, por terem eficácia direta e aplicabilidade imediata. Observe-se que a questão adotou a classificação de Maria Helena Diniz: normas constitucionais de eficácia absoluta são aquelas que têm incidência imediata e não podem sofrer emendas, ou seja, as que encerram cláusulas pétreas (art. 60, § 4º, da CF).

Gabarito "C"

4. CONTROLE DE CONSTITUCIONALIDADE

4.1. CONTROLE DE CONSTITUCIONALIDADE EM GERAL

(OAB/Exame Unificado – 2015.3) Muitos Estados ocidentais, a partir do processo revolucionário franco-americano do final do século XVIII, atribuíram aos juízes a função de interpretar a Constituição, daí surgindo a denominada jurisdição constitucional.

A respeito do controle de constitucionalidade exercido por esse tipo de estrutura orgânica, assinale a afirmativa correta.

(A) A supremacia da Constituição e a hierarquia das fontes normativas destacam-se entre os pressupostos do controle de constitucionalidade.

(B) A denominada mutação constitucional é uma modalidade de controle de constitucionalidade realizado pela jurisdição constitucional.

(C) O controle concentrado de constitucionalidade consiste na análise da compatibilidade de qualquer norma infraconstitucional com a Constituição.

(D) O controle de constitucionalidade de qualquer decreto regulamentar deve ser realizado pela via difusa.

A: correta. O fundamento da existência do controle de constitucionlalidadeconstitucionalidade é assegurar a supremacia do Texto Constitucional. Sendo assim, se podemos validar controle de constitucionalidade no Brasil, pois a Constituição figura no ápice do ordenamento jurídico e existe a hierarquia das fontes normativas; **B:** incorreta. A mutação constitucional tem relação não com o aspecto formal do texto constitucional, mas com a interpretação dada à Constituição. Não são necessárias técnicas de revisão ou reforma constitucional para que o fenômeno se opere. A mudança social, que se dá com o passar do tempo, já faz com que a interpretação seja modificada. Em suma, a mutação é considerada o processo informal de alteração do Texto Constitucional, não uma modalidade de controle de constitucionalidade realizado pela jurisdição constitucional; **C:** incorreta. Não é qualquer norma infraconstitucional que pode ser objeto de análise por meio do controle concentrado. As que se sujeitam, são aquelas que encontram fundamento de validade direto na Constituição. Além disso, o controle é concentrado porque realizado apenas por um ou alguns órgãos específicos do poder judiciário. No Brasil, há apenas dois órgãos que realizam controle concentrado: no âmbito federal, cujo padrão de confronto é a CF/1988, o controle é feito pelo STF e no âmbito estadual, em que o paradigma é a Constituição Estadual, pelo Tribunal de Justiça do respectivo estado; **D:** incorreta. Não é qualquer decreto regulamentar que está sujeito ao controle difuso de constitucionalidade. É necessário que o decreto tenha autonomia e seja considerado um ato normativo primário, ou seja, aquele que decorre diretamente da CF/1988.

Gabarito "A"

(OAB/Exame Unificado – 2014.2) No que tange às disposições legais regulamentadoras da ação direta de inconstitucionalidade, da ação direta de inconstitucionalidade por omissão e da ação declaratória de constitucionalidade, assinale a opção correta.

(A) A medida cautelar em ação direta de inconstitucionalidade por omissão poderá consistir na suspensão de procedimentos administrativos.

(B) O ajuizamento de ação direta de inconstitucionalidade e de ação direta de inconstitucionalidade por omissão não admite desistência. Em razão da presunção de constitucionalidade do ordenamento jurídico, a legislação específica da ação declaratória de constitucionalidade admite desistência.

(C) Existindo norma federal objeto, ao mesmo tempo, de ação declaratória de constitucionalidade e de ação direta de inconstitucionalidade, em homenagem ao caráter ambivalente destas ações, será uma delas extinta sem resolução do mérito por litispendência e a outra terá julgamento de mérito.

(D) Da decisão proferida na ação declaratória de constitucionalidade caberá, tão somente, a oposição de embargos de declaração e o ajuizamento posterior de ação rescisória.

A: correta. De fato, conforme o art. 12-F, § 1º, da Lei 9.868/1999, a medida cautelar poderá consistir na suspensão da aplicação da lei ou do ato normativo questionado, no caso de omissão parcial, bem como na **suspensão** de processos judiciais ou **de procedimentos administrativos**, ou ainda em outra providência a ser fixada pelo Tribunal; **B:** incorreta. As três ações não admitem desistência: ação direta de inconstitucionalidade genérica (art. 5º da Lei 9.868/1999), ação direta de inconstitucionalidade por omissão (art. 12-D da Lei 9.868/1999) e ação declaratória de constitucionalidade (art. 16 da Lei 9.868/1999); **C:** incorreta. O art. 24 da Lei 9.868/1999 determina que proclamada a constitucionalidade, julgar-se-á improcedente a ação direta ou procedente eventual ação declaratória; e, proclamada a inconstitucionalidade, julgar-se-á procedente a ação direta ou improcedente eventual ação declaratória. De fato, esse dispositivo trata do caráter ambivalente da ADI e ADC, mas isso não significa que uma delas terá de ser extinta; **D:** incorreta. O art. 26 da Lei 9.868/1999 determina que **a decisão que declara a constitucionalidade** ou a inconstitucionalidade da lei ou do ato normativo em ação direta ou em ação declaratória **é irrecorrível, ressalvada a interposição de embargos declaratórios, não podendo**, igualmente, **ser objeto de ação rescisória**.

Gabarito "A"

(OAB/Exame Unificado – 2013.3) Acerca do controle de constitucionalidade, assinale a alternativa incorreta.

(A) É impossível o esclarecimento de matéria de fato em sede de Ação Direta de Inconstitucionalidade.

(B) A União Nacional dos Estudantes não tem legitimidade para propor Ação Direta de Inconstitucionalidade.

(C) Não se admite a desistência após a propositura da Ação Declaratória de Constitucionalidade.

(D) Os efeitos da decisão que afirma a inconstitucionalidade da norma em sede de Ação Direta de Inconstitucionalidade, em regra, são *ex tunc*.

A: incorreta, devendo ser assinalada. De acordo com o art. 9º, § 1º, da Lei 9.868/1999, em caso de **necessidade de esclarecimento de matéria ou circunstância de fato** ou de notória insuficiência das informações existentes nos autos, poderá o relator requisitar informações adicionais, designar perito ou comissão de peritos para que emita parecer sobre a questão, ou fixar data para, em audiência pública, ouvir depoimentos de pessoas com experiência e autoridade na matéria; **B:** correta. De acordo com o art. 103, I a IX, da CF, podem propor a ação direta de inconstitucionalidade e a ação declaratória de constitucionalidade: I – o Presidente da República; II – a Mesa do Senado Federal; III – a Mesa da Câmara dos Deputados; IV – a Mesa de Assembleia Legislativa ou da Câmara Legislativa do Distrito Federal; V – o Governador de Estado ou do Distrito Federal; VI – o Procurador-Geral da República; VII – o Conselho Federal da Ordem dos Advogados do Brasil; VIII – partido político com representação no Congresso Nacional; e IX – a confederação sindical ou **entidade de classe de âmbito nacional**. Vale lembrar que o STF entende que a União Nacional dos Estudantes – UNE não tem legitimidade para propor ação direta de inconstitucionalidade, pois não se enquadra no conceito "entidade de classe". Segue o julgado: "AÇÃO DIRETA DE INCONSTITUCIONALIDADE. LEGITIMIDADE ATIVA *AD CAUSAM*. **UNIÃO NACIONAL DOS ESTUDANTES – UNE. CONSTITUIÇÃO**, ART.103, IX. 2. A União Nacional dos Estudantes, como entidade associativa dos estudantes universitários brasileiros, tem participado, ativamente, ao longo do tempo, de movimentos cívicos nacionais na defesa as liberdades públicas, ao lado de outras organizações da sociedade; e insuscetível de dúvida sua posição de entidade de âmbito nacional na defesa de interesses estudantis, e mais particularmente, da juventude universitária. **Não se reveste, entretanto, da condição de**

"entidade de classe de âmbito nacional", para os fins previstos no inciso ix, segunda parte, do art. 103, da constituição. 3. Enquanto se empresta a cláusula constitucional em exame, ao lado da cláusula "confederação sindical", constante da primeira parte do dispositivo maior em referência, conteúdo imediatamente dirigido a ideia de "profissão", **entendendo-se "classe" no sentido não de simples segmento social, de "classe social", mas de "categoria profissional"**, não cabe reconhecer a UNE enquadramento na regra constitucional aludida. As "confederações sindicais" são entidades do nível mais elevado na hierarquia dos entes sindicais, assim como definida na consolidação das leis do trabalho, sempre de âmbito nacional e com representação máxima das categorias econômicas ou profissionais que lhes correspondem. No que concerne as "entidades de classe de âmbito nacional" (2. Parte do inciso IX do art. 103 da constituição), vem o STF conferindo-lhes compreensão sempre a partir da representação nacional efetiva de interesses profissionais definidos. Ora, os membros da denominada "classe estudantil" ou, mais limitadamente, da "classe estudantil universitária", frequentando os estabelecimentos de ensino público ou privado, na busca do aprimoramento de sua educação na escola, visam, sem dúvida, tanto ao pleno desenvolvimento da pessoa, ao preparo para o exercício da cidadania, como a qualificação para o trabalho. Não se cuida, entretanto, nessa situação, do exercício de uma profissão, no sentido do art. 5º, XIII, da Lei Fundamental de 1988. 4. Ação direta de inconstitucionalidade não conhecida, por ilegitimidade ativa da autora, devendo os autos, entretanto, ser apensados aos da ADIN n. 818-8/600 (grifos nossos); **C:** correta. De acordo com o art. 16 da Lei 9.868/1999, proposta a ação declaratória, **não se admitirá desistência**; **D:** correta. De fato, os efeitos da decisão final dada em sede de ADI, em regra, são retroativos (*ex tunc*), pois a lei é inconstitucional desde a sua origem. Vale Lembrar que há possibilidade de modulação desses efeitos, conforme disposto no art. 27 da Lei 9.868/1999.

Gabarito "A"

(OAB/Exame Unificado – 2013.2) A Ação Direta de Inconstitucionalidade, a Ação Declaratória de Constitucionalidade e a Ação Direta de Inconstitucionalidade por Omissão estão regulamentadas no âmbito infraconstitucional pela Lei 9.868/1999, que dispõe sobre o processo e julgamento destas ações perante o Supremo Tribunal Federal.

Tomando por base o constante na referida lei, assinale a alternativa **incorreta**.

(A) Podem propor a Ação Direta de Inconstitucionalidade por Omissão os mesmos legitimados para propositura da Ação Direta de Inconstitucionalidade e da Ação Declaratória de Constitucionalidade.
(B) Cabe no âmbito da Ação Declaratória de Constitucionalidade a concessão de medida cautelar.
(C) As decisões proferidas em Ação Direta de Inconstitucionalidade e em Ação Declaratória de Constitucionalidade possuem o chamado efeito dúplice.
(D) Enquanto a Ação Direta de Inconstitucionalidade e a Ação Declaratória de Constitucionalidade não admitem desistência, a Ação Direta de Inconstitucionalidade por Omissão admite a desistência a qualquer tempo.

A: correta. De acordo com o art. 12-A da Lei 9.868/1999, podem propor a ação direta de inconstitucionalidade por omissão (ADI por omissão ou ADO) os legitimados à propositura da ação direta de inconstitucionalidade (ADI) e da ação declaratória de constitucionalidade (ADC); **B:** correta. Há possibilidade de concessão de medida cautelar no âmbito da ação declaratória de constitucionalidade. Conforme o art. 21 da Lei 9.868/1999, o STF, por decisão da maioria absoluta de seus membros, poderá deferir pedido de medida cautelar na ação declaratória de constitucionalidade, consistente na determinação de que os juízes e os Tribunais suspendam o julgamento dos processos que envolvam a aplicação da lei ou do ato normativo objeto da ação até seu julgamento definitivo; **C:** correta. A ADI e a ADC conhecidas como são ações de natureza dúplice, ambivalentes ou de sinais trocados, porque a procedência em qualquer delas equivale à improcedência da outra. Corroborando tal entendimento, o art. 24 da Lei 9.868/1999 menciona que, proclamada a constitucionalidade, julgar-se-á improcedente a ação direta ou procedente eventual ação declaratória; e, proclamada a inconstitucionalidade, julgar-se-á procedente a ação direta ou improcedente eventual ação declaratória; **D:** incorreta, devendo ser assinalada. Nas três ações não há possibilidade de desistência. Os fundamentos estão na Lei 9.868/1999 nos seguintes dispositivos: ADI (art. 5º da Lei 9.868/1999), ADI por omissão ou ADO (art. 12-D da Lei 9.868/1999) e ADC (art. 16 da Lei 9.868/1999).

Gabarito "D"

(OAB/Exame Unificado – 2012.1) De acordo com entendimento consolidado do STF e da doutrina, qual, dentre os órgãos e entidades listados abaixo, NÃO precisa demonstrar pertinência temática como condição para ajuizar Ação Direta de Inconstitucionalidade?

(A) Mesa de Assembleia Legislativa ou Câmara Legislativa (DF).
(B) Conselho Federal da OAB.
(C) Entidade de Classe de âmbito nacional.
(D) Confederação Sindical.

O Conselho Federal da OAB *não* precisa demonstrar pertinência temática, pois, segundo o STF, ele é considerado um legitimado universal. O art. 103 da CF trata do rol de legitimados à propositura das ações do controle concentrado (ADI, ADC e ADPF) e o STF classifica tais legitimados em *universais ou genéricos* (Presidente da República, Mesa do Senado Federal, Mesa da Câmara dos Deputados, Procurador-Geral da República, Conselho Federal da Ordem dos Advogados do Brasil e partido político com representação no Congresso Nacional) e em *temáticos ou especiais* (confederações sindicais e as entidades de classe de âmbito nacional, a mesa da Assembleia Legislativa ou da Câmara Distrital do DF e o Governador de Estado ou do DF) (*vide* ADI 1096-4/RS, Pleno, j. 16.03.1995, rel. Min. Celso de Mello, *DJ* 22.09.1995). Apenas os últimos é que devem demonstrar que a pretensão deduzida guarda relação de pertinência com os objetivos institucionais, ou seja, devem demonstrar a pertinência temática.

Gabarito "B"

(FGV – 2011) Suponha que o STF, em ação direta de inconstitucionalidade (ADI), tenha julgado a lei X inconstitucional.

Nesse caso, seria correto afirmar que a lei X

(A) é federal e deverá ser encaminhada ao Senado para que seja suspensa.
(B) pode ser federal ou estadual e deverá ser encaminhada ao Senado para que seja suspensa.
(C) pode ser federal, estadual ou municipal e deverá ser encaminhada ao Senado para que seja suspensa.
(D) pode ser federal, estadual ou municipal e não precisa ser encaminhada ao Senado para ser suspensa.
(E) pode ser federal ou estadual e não precisa ser encaminhada ao Senado para ser suspensa.

A ação direta de inconstitucionalidade está prevista no art. 102, I, "a", da CF e também na Lei Federal 9.868/1999. É uma ação constitucional que tem por objetivo verificar se uma lei ou ato normativo federal ou estadual está em conformidade com o que dispõe a Constituição Federal. Assim, o objeto da ADI pode ser uma lei estadual ou federal, entendida em sentido amplo, abarcando todas as espécies legislativas previstas no art. 59 da CF, quais sejam: emendas constitucionais, leis complementares, leis ordinárias, leis delegadas, medidas provisórias, decretos legislativos e resoluções. O único requisito é que essas espécies normativas encontrem fundamento de validade direto na Constituição Federal, pois, caso contrário, haveria crise de ilegalidade e não de inconstitucionalidade. A alternativa "E" traz o objeto correto da ADI e, além disso, menciona que a decisão não precisa ser encaminhada ao Senado para que ele suspenda a eficácia da lei tida como inconstitucional, pois isso seria desnecessário, já que essa decisão produz, em regra, efeitos *erga omnes*.

Gabarito "E"

(OAB/Exame Unificado – 2011.1) As alternativas a seguir apontam diferenças entre a ADI e a ADC, **À EXCEÇÃO DE UMA**. Assinale-a.

(A) Objeto da ação.

(B) Manifestação do Advogado-Geral da União.

(C) Rol de legitimados para a propositura da ação.

(D) Exigência de controvérsia judicial relevante.

A: incorreta. O objeto da ADI é mais amplo que o da ADC, contempla lei ou ato normativo federal ou estadual que afronte a Constituição Federal. Na ADC apenas lei ou ato normativo federal é que pode ser objeto (art. 102, I, "a", da CF). Portanto, o objeto das ações é considerado uma diferença entre a ADI e a ADC; **B:** incorreta. Diferente do que ocorre na ADI, na ADC não há manifestação do Advogado-Geral da União; **C:** correta. De fato o rol de legitimados para a propositura das ações não é uma diferença entre a ADI e a ADC, pois a EC 45/2004, alterando a redação do art. 103 da CF, equiparou os legitimados. Desse modo, os mesmos órgãos e pessoas que podem propor ADI, podem propor ADC; **D:** incorreta. A exigência de controvérsia judicial relevante é requisito para a propositura de ADC e não de ADI (art. 14, III, da Lei 9.868/1999). Desse modo, também é uma diferença entre a ADI e a ADC.

Gabarito "C"

(OAB/Exame Unificado – 2011.1) Em relação ao controle de constitucionalidade em face da Constituição Estadual, assinale a alternativa correta.

(A) Não é possível o controle de constitucionalidade no plano estadual, no modo concentrado, se a norma constitucional estadual tomada como parâmetro reproduzir idêntico conteúdo de norma constitucional federal.

(B) A decisão do Tribunal de Justiça que declara a inconstitucionalidade de lei local em face da Constituição Estadual é irrecorrível, ressalvada a oposição de embargos declaratórios.

(C) Compete aos Estados a instituição de representação de inconstitucionalidade de leis ou atos normativos estaduais ou municipais em face da Constituição Estadual, reconhecida a legitimação para agir aos mesmos órgãos e entidades legitimados a propositura de ação direta de inconstitucionalidade.

(D) Não ofende a Constituição da República norma de Constituição Estadual que atribui legitimidade para a propositura de representação de inconstitucionalidade aos Deputados Estaduais e ao Procurador-Geral do Estado.

A: incorreta. Desde que a regra esteja prevista na Constituição Estadual, ainda que seja apenas reprodução do texto da Constituição Federal, é possível a utilização de tal norma como parâmetro para o controle de constitucionalidade concentrado na esfera estadual; **B:** incorreta. De fato, a regra é que a decisão do Tribunal de Justiça que declara a inconstitucionalidade de lei local em face de Constituição Estadual é irrecorrível. Ocorre que, excepcionalmente, pode haver recurso. Se o artigo da Constituição Estadual, que serviu de parâmetro para a declaração da inconstitucionalidade, tratar de uma norma de reprodução obrigatória, ou seja, a mesma regra consta também da Constituição Federal, significa que a lei estadual ou municipal, objeto do controle, também viola a Constituição Federal. Nesse caso, como o Tribunal de Justiça não tem competência para dizer se a lei está ou não de acordo com a Constituição Federal, há possibilidade da interposição de recurso extraordinário ao STF. E um detalhe importante: segundo o Supremo, a decisão a ser dada nesse recurso produzirá os mesmos efeitos de uma decisão dada em sede de controle concentrado, em regra, *erga omnes*, *ex tunc* e vinculante. Nessa hipótese, o STF também pode se valer do mecanismo chamado modulação dos efeitos (art. 27 da Lei 9.868/1999). Vale lembrar que como os efeitos serão os mesmos dados em sede de controle abstrato, não é necessário que o Supremo comunique ao Senado a decisão, não se aplica o mandamento previsto no art. 52, X, da CF; **C:** incorreta. A primeira parte da alternativa está correta. No tocante à legitimação, o art. 125, § 2º, da CF apenas veda a atribuição a um único órgão, não dispõe, portanto, que será dada aos mesmos órgãos e entidades legitimados a propositura de ação direta de inconstitucionalidade; **D:** correta. Segundo o STF, no julgamento do RE 261.677, rel. Min. Sepúlveda Pertence, não ofende a Constituição Federal, a atribuição de legitimação ativa ao Deputado Estadual na hipótese de ação direta de inconstitucionalidade no âmbito estadual.

Gabarito "D"

(FGV – 2011) O Presidente do Supremo Tribunal Federal, em recente entrevista, manifestou sua intenção em tornar as leis expedidas pelo Congresso Nacional mais protegidas contra as alegações de inconstitucionalidade apresentadas judicialmente, inserindo a atuação prévia da Suprema Corte. Esse controle de constitucionalidade judicial preventivo pode ser considerado, consoante nossos mandamentos constitucionais,

(A) amoldado ao sistema de controle jurisdicional realizado pelo STF.

(B) inserido no âmbito do controle realizado pelo Poder Legislativo.

(C) adequado ao sistema federativo de controle de constitucionalidade.

(D) a ocorrer tanto no bojo da Câmara ou do Senado Federal.

(E) como não admitido no processo de controle da constitucionalidade judicial.

Esse controle não é admitido pelo ordenamento jurídico brasileiro, pois fere a separação dos poderes, cláusula pétrea, prevista no inciso III do § 4º do art. 60 da CF.

Gabarito "E"

(OAB/Exame Unificado – 2010.3) O Governador de um Estado membro da Federação pretende se insurgir contra lei de seu Estado editada em 1984 que vincula a remuneração de servidores públicos estaduais ao salário mínimo. Os fundamentos de índole material a serem invocados são a ofensa ao princípio federativo e a vedação constitucional de vinculação do salário mínimo para qualquer fim. A ação constitucional a ser ajuizada pelo Governador do Estado perante o Supremo Tribunal Federal, cuja decisão terá eficácia contra todos e efeito vinculante relativamente aos demais órgãos do Poder Público, é a(o)

(A) ação direta de inconstitucionalidade.

(B) mandado de segurança coletivo.

(C) mandado de injunção.

(D) arguição de descumprimento de preceito fundamental.

A: incorreta. Não pode ser objeto de ADIN norma editada antes da Constituição Federal de 1988; **B** e **C:** incorretas. O mandado de segurança coletivo e o mandado de injunção são remédios constitucionais. O primeiro é utilizado para proteger direito líquido e certo, não amparado por *habeas-corpus* ou *habeas-data*, quando o responsável pela ilegalidade ou abuso de poder for autoridade pública ou agente de pessoa jurídica no exercício de atribuições do Poder Público (art. 5º, LXIX e LXX, da CF). O segundo, mandado de injunção, é utilizado sempre que a falta de norma regulamentadora torne inviável o exercício dos direitos e liberdades constitucionais e das prerrogativas inerentes à nacionalidade, à soberania e à cidadania (art. 5º, LXXI, da CF). Tais remédios não possuem eficácia contra todos e efeito vinculante em relação aos demais órgãos do Poder Público; **D:** correta. De fato, se o ato normativo é anterior à Constituição de 1988 e a questão exige o ajuizamento de medida de controle concentrado (diretamente no STF), só pode se tratar de arguição de descumprimento de preceito fundamental – ADPF (art. 102, § 1º, da CF e art. 1º, parágrafo único, I, da Lei 9.882/1999). A decisão definitiva de mérito nas ações de controle concentrado produz, em regra, três efeitos: *erga omnes* (eficácia contra todos), *ex tunc* (retroativos) e vinculante em relação aos demais órgãos do Poder Judiciário e a Administração Pública direta e indireta, nas esferas federal, estadual e um municipal.

Gabarito "D"

(OAB/Exame Unificado – 2010.2) A obrigatoriedade ou necessidade de deliberação plenária dos tribunais, no sistema de controle de constitucionalidade brasileiro, significa que:

(A) somente pelo voto da maioria absoluta de seus membros ou dos membros do respectivo órgão especial poderão os tribunais declarar a inconstitucionalidade de lei ou ato normativo do Poder Público.

(B) a parte legitimamente interessada pode recorrer ao respectivo Tribunal Pleno das decisões dos órgãos fracionários dos Tribunais Federais ou Estaduais que, em decisão definitiva, tenha declarado a inconstitucionalidade de lei ou ato normativo.

(C) somente nas sessões plenárias de julgamento dos Tribunais Superiores é que a matéria relativa a eventual inconstitucionalidade da lei ou ato normativo pode ser decidida.

(D) a competência do Supremo Tribunal Federal para processar e julgar toda e qualquer ação que pretenda invalidar lei ou ato normativo do Poder Público pode ser delegada a qualquer tribunal, condicionada a delegação a que a decisão seja proferida por este órgão jurisdicional delegado em sessão plenária.

Dispõe o art. 97 da CF que somente pelo voto da maioria absoluta de seus membros ou dos membros do respectivo órgão especial poderão os tribunais declarar a inconstitucionalidade de lei ou ato normativo do Poder Público. Trata-se da denominada cláusula de plenário. Ainda sobre o tema, o STF editou Súmula vinculante nº 10 determinando que a decisão de órgão fracionário de tribunal que, embora não declare expressamente a inconstitucionalidade de lei ou ato normativo do poder público, afasta sua incidência, no todo ou em parte, viola a cláusula de reserva de plenário (CF, art. 97). Além disso, sobre o tema, vejam também os arts. arts. 948 e 949 do NCPC.

Gabarito "A"

(OAB/Exame Unificado – 2010.1) Assinale a opção correta a respeito da medida cautelar em sede de ação direta de inconstitucionalidade, de acordo com o que dispõe a Lei 9.868/1999.

(A) Tal medida não poderá ser apreciada em período de recesso ou férias, visto que é imperioso que seja concedida por decisão da maioria absoluta dos membros do STF, após a audiência dos órgãos ou autoridades dos quais emanou a lei ou ato normativo impugnado.

(B) Essa medida cautelar só poderá ser concedida se ouvidos, previamente, o advogado-geral da União e o procurador-geral da República.

(C) A decisão proferida em sede de cautelar, seja ela concessiva ou não, será dotada de eficácia contra todos, com efeito *ex nunc*, salvo se o STF entender que deva conceder-lhe eficácia retroativa.

(D) O relator, em face da relevância da matéria e de seu especial significado para a ordem social e a segurança jurídica, poderá, após a prestação das informações e a manifestação do advogado-geral da União e do procurador-geral da República, sucessivamente, submeter o processo diretamente ao STF, que terá a faculdade de julgar definitivamente a ação.

A: incorreta. Poderá ser concedida, no período de recesso, *ad referendum* do plenário (art. 10 da Lei 9.868/1999). O referido artigo assim dispõe: "Salvo no período de recesso, a medida cautelar na ação direta será concedida por decisão da maioria absoluta dos membros do Tribunal, observado o disposto no art. 22, após a audiência dos órgãos ou autoridades dos quais emanou a lei ou ato normativo impugnado, que deverão pronunciar-se no prazo de cinco dias. § 1º O relator, julgando indispensável, ouvirá o Advogado-Geral da União e o Procurador-Geral da República, no prazo de três dias. § 2º No julgamento do pedido de medida cautelar, será facultada sustentação oral aos representantes judiciais do requerente e das autoridades ou órgãos responsáveis pela expedição do ato, na forma estabelecida no Regimento do Tribunal. § 3º Em caso de excepcional urgência, o Tribunal poderá deferir a medida cautelar sem a audiência dos órgãos ou das autoridades das quais emanou a lei ou o ato normativo impugnado"; **B:** incorreta. Somente serão ouvidos o Advogado-Geral da União e o Procurador-Geral da República se assim entender como indispensável o Relator (Lei 9.868/1999, art. 10, já transcrito); **C:** incorreta. Somente as decisões que concedem a medida cautelar terão eficácia *erga omnes* e efeito vinculante (Lei 9.868/1999, art. 11: "§ 1º A medida cautelar, dotada de eficácia contra todos, será concedida com efeito *ex nunc*, salvo se o Tribunal entender que deva conceder-lhe eficácia retroativa. § 2º A concessão da medida cautelar torna aplicável a legislação anterior acaso existente, salvo expressa manifestação em sentido contrário"). A jurisprudência do STF se posiciona da seguinte maneira: "Agravo Regimental. Decisão que negou seguimento à reclamação. §§ 1º e 2º do art. 84 do CPP, com a redação dada pela Lei nº 10.628/2002. Alegada violação aos pronunciamentos do Supremo Tribunal Federal na ADI 2.797-MC e na Rcl 2.381-AgR. 1. No julgamento da Rcl 2.381-AgR, o STF determinou a aplicação dos §§ 1º e 2º do art. 84 do CPP (redação dada pela Lei nº 10.628/2002, até que sobreviesse o julgamento final da ADI 2.797. Julgamento em que declarou a inconstitucionalidade dos §§ 1º e 2º do art. 84 do CPP. Logo, as decisões que o reclamante aponta como desrespeitadas não mais fazem parte do mundo jurídico. 2. Esta colenda Corte indeferiu a medida liminar postulada na ADI 2.797, sendo certo que *somente as decisões concessivas das liminares em ADIs e ADCs é que se dotam de efeito vinculante. Não as denegatórias.* 3. Ante a natureza subjetiva do processo, as decisões proferidas em reclamação não têm eficácia *erga omnes* (contra todos). 4. Agravo regimental a que se nega provimento. (AgRg na Rcl 3.424-1/SP, Pleno, j. 11.10.2007, rel. Min. Carlos Britto, *DJe* 01.08.2008, Ement. Vol. 2326-2, p. 329); **D:** correta. A Lei 9.868/1999, em seu art. 12, determina: "Havendo pedido de medida cautelar, o relator, em face da relevância da matéria e de seu especial significado para a ordem social e a segurança jurídica, poderá, após a prestação das informações, no prazo de dez dias, e a manifestação do Advogado-Geral da União e do Procurador-Geral da República, sucessivamente, no prazo de cinco dias, submeter o processo diretamente ao Tribunal, que terá a faculdade de julgar definitivamente a ação."

Gabarito "D"

(OAB/Exame Unificado – 2008.3) Acerca do controle de constitucionalidade, assinale a opção correta.

(A) Tanto na ação direta de inconstitucionalidade como na ação declaratória de constitucionalidade, as decisões do STF possuem força vinculante em relação aos demais tribunais e à administração pública federal, independentemente de a decisão ter sido sumulada.

(B) Os tribunais de justiça nos estados podem desempenhar o controle abstrato e concentrado de leis estaduais e municipais diretamente em face da CF.

(C) O STF é o único órgão competente para desempenhar o controle incidental de constitucionalidade no Brasil.

(D) Na ação direta de inconstitucionalidade, quando o relator indefere, sob qualquer fundamento, pedido de liminar, é admissível a utilização da reclamação contra essa decisão.

A: correta. Art. 102, § 2º, da CF; **B:** incorreta. Em consonância com o disposto no art. 125, § 2º, da CF, os TJs nos Estados estão credenciados a exercer o controle abstrato e concentrado de leis estaduais e municipais em face tão somente da *Constituição Estadual*; **C:** incorreta. No controle incidental (*incidenter tantum*), a avaliação da constitucionalidade constitui uma questão prejudicial em relação ao mérito, ou seja, a alegação de inconstitucionalidade representa a *causa de pedir processual*. É o chamado *controle difuso*, a ser exercido por qualquer juízo ou tribunal do Poder Judiciário, ao contrário do que ocorre com o *controle concentrado*, reservado ao órgão de cúpula, o STF; **D:** incorreta. Art. 10 da Lei 9.868/1999.

Gabarito "A"

(OAB/Exame Unificado – 2008.2) Acerca do controle de constitucionalidade concentrado, julgue os itens a seguir.

I. A administração pública indireta, assim como a direta, nas esferas federal, estadual e municipal, fica vinculada às decisões definitivas de mérito proferidas pelo STF nas ações diretas de inconstitucionalidade e nas ações declaratórias de constitucionalidade.

II. Em razão do princípio da subsidiariedade, a ação direta de inconstitucionalidade por omissão somente será cabível se ficar provada a inexistência de qualquer meio eficaz para afastar a lesão no âmbito judicial.

III. É possível controle de constitucionalidade do direito estadual e do direito municipal no processo de arguição de descumprimento de preceito fundamental.

IV. São legitimados para propor ação direta de inconstitucionalidade interventiva os mesmos que têm legitimação para propor ação direta de inconstitucionalidade genérica.

Estão certos apenas os itens

(A) I e II.

(B) I e III.

(C) II e IV.

(D) III e IV.

I: correta. É o que dispõe o art. 102, § 2º, da CF; **II:** incorreta. O princípio da subsidiariedade não é requisito da ação direta por omissão, mas sim da arguição de descumprimento de preceito fundamental (ADPF); **III:** correta. A única ação do controle concentrado que admite como objeto norma municipal que viole a Constituição Federal é a ADPF. Desse modo, tal ação pode ter como objeto lei ou ato normativo federal, estadual, distrital, municipal e normas editadas antes da Constituição Federal de 1988 (art. 102, § 1º, da CF e art. 1º, parágrafo único, I, da Lei 9.882/1999; **IV:** incorreta. Está legitimado para a propositura da ação direta interventiva federal o Procurador-Geral da República (arts. 34, VII, e 36, III, da CF).

Gabarito "B"

(OAB/Exame Unificado – 2008.1) Com relação ao controle de constitucionalidade no direito brasileiro, assinale a opção incorreta.

(A) Pode ser objeto da ação direta de inconstitucionalidade o decreto legislativo aprovado pelo Congresso Nacional com o escopo de sustar os atos normativos do Poder Executivo que exorbitem do poder regulamentar ou dos limites de delegação legislativa.

(B) O governador de um Estado ou a Assembleia Legislativa que impugna ato normativo de outro estado não tem necessidade de demonstrar a relação de pertinência da pretendida declaração de inconstitucionalidade da lei.

(C) A jurisprudência do STF entende que, nas ações diretas de inconstitucionalidade, o Advogado-Geral da União não está obrigado a fazer defesa do ato questionado, especialmente se o STF já tiver se manifestado pela inconstitucionalidade.

(D) A ação declaratória de constitucionalidade só é cabível quando ficar demonstrada a existência de controvérsia judicial relevante sobre a aplicação da disposição objeto da ação.

A: correta. Art. 102, I, "*a*", da CF; **B:** incorreta, devendo ser assinalada. O STF classifica os legitimados do art. 103 da CF em universais ou genéricos – Presidente da República, Mesa do Senado Federal, Mesa da Câmara dos Deputados, Procurador-Geral da República, Conselho Federal da Ordem dos Advogados do Brasil e partido político com representação no Congresso Nacional – e em temáticos ou específicos – Confederações sindicais e as entidades de classe de âmbito nacional, a mesa da Assembleia Legislativa ou da Câmara Distrital do DF e o Governador de Estado ou do DF (*vide*: STF, ADI 1096-4/RS, Pleno, j. 16.03.1995, rel. Min. Celso de Mello, *DJ* 22.09.1995). Estes devem demonstrar que a pretensão deduzida guarda relação de pertinência com os objetivos institucionais. É o que o Supremo convencionou chamar de vínculo de pertinência temática; **C:** correta. A despeito do comando contido no art. 103, § 3º, da CF, de fato o STF vem entendendo que o Advogado-Geral da União não está obrigado a fazer a defesa do ato questionado, sobretudo quando o Supremo já houver se manifestado pela inconstitucionalidade. A esse respeito: ADI 2.101-0/MS, Pleno, j. 18.04.2001, rel. Min. Maurício Corrêa, *DJ* 05.10.2001; **D:** correta. Art. 14, III, da Lei 9.868/1999.

Gabarito "B"

(OAB/Exame Unificado – 2008.1) A concessão de medida cautelar pelo STF, nas ações diretas de inconstitucionalidade,

(A) tem o mesmo efeito da revogação da lei ou ato normativo impugnado.

(B) torna aplicável a legislação anterior acaso existente, salvo expressa manifestação em sentido contrário.

(C) é sempre dotada de efeito *ex tunc*.

(D) será dotada de eficácia *erga omnes* se houver expressa manifestação do Tribunal nesse sentido.

A: incorreta. Presentes os requisitos comuns a todas as cautelares (*periculum in mora* e *fumus boni iuris*), a medida será concedida para o fim de *suspender* a eficácia da lei ou do ato normativo (caráter provisório); **B:** correta. É o que dispõe o art. 11, § 2º, da Lei 9.868/1999; **C** e **D:** incorretas. Em regra, a medida cautelar, concedida em sede de ação direta de inconstitucionalidade, produz efeitos *ex nunc* (não retroativos), conforme determina o art. 11, § 1º, da Lei 9.868/1999. O mesmo dispositivo autoriza o Tribunal a modular os efeitos, tornando-os retroativos. Quanto à eficácia *erga omnes*, não há necessidade de manifestação expressa do Tribunal, pois se trata de controle concentrado de constitucionalidade.

Gabarito "B"

(OAB/Exame Unificado – 2007.3) O controle concentrado da constitucionalidade das leis é exercido pelo

(A) Presidente da República, quando este veta projeto de lei.
(B) Supremo Tribunal Federal (STF), quando este julga recurso extraordinário.
(C) Tribunal de Justiça do Estado, quando este julga ação direta de inconstitucionalidade.
(D) Juiz singular de primeiro grau, quando este julga mandado de segurança coletivo.

A: incorreta. Quando o Presidente da República veta um projeto de lei por entendê-lo inconstitucional (veto jurídico), fala-se em *controle preventivo de constitucionalidade*; **B:** incorreta. O STF, ao julgar recurso extraordinário, está exercendo controle difuso de constitucionalidade; **C:** correta (art. 125, § 2º, da CF). Nesse caso, estamos diante do controle concentrado de constitucionalidade estadual: aquele que ocorre quando o Tribunal de Justiça do Estado analisa, por meio de ação direta de inconstitucionalidade, se uma lei ou ato normativo está ou não de acordo com a Constituição do respectivo Estado; **D:** incorreta. Não há se falar, aqui, em controle de constitucionalidade.

Gabarito "C"

(OAB/Exame Unificado – 2007.3) No que se refere ao sistema brasileiro de controle de constitucionalidade, assinale a opção incorreta.

(A) Admite-se o ajuizamento de reclamação para garantir a autoridade de decisão do STF proferida, em medida cautelar, em ação direta de inconstitucionalidade.
(B) É legitimado para propor ação direta de inconstitucionalidade o presidente da OAB.
(C) Admite-se o uso do mandado de segurança por parlamentares para garantir que o processo legislativo em curso no Congresso Nacional seja conduzido sem vícios de forma.
(D) É cabível ação direta de inconstitucionalidade para impugnar o decreto que incorpora o tratado internacional no direito brasileiro.

A: correta, conforme o art. 102, I, "l", da CF; **B:** incorreta, devendo ser assinalada. O art. 103, VII, da CF confere legitimidade ao Conselho Federal da Ordem dos Advogados do Brasil, e não ao seu presidente; **C:** correta. O entendimento no STF é no sentido de que cabe a impetração de mandado de segurança, art. 5º, LXIX, da CF, por parlamentar, com o objetivo de garantir que o processo legislativo seja conduzido sem vícios. Constitui direito público subjetivo dos membros do Poder Legislativo a atuação em um procedimento límpido, sem vícios. Nesse caso, o Poder Judiciário, ao analisar o mandado de segurança impetrado, faz controle difuso e prévio de constitucionalidade. Vejam que é uma exceção, pois, em regra, o Poder Judiciário faz controle posterior ou repressivo de constitucionalidade e, nessa hipótese, como a lei ainda não existe, há apenas o projeto de lei, o Poder Judiciário está fazendo controle prévio ou preventivo de constitucionalidade; **D:** correta (art. 102, I, *"a"*, da CF). Independente da natureza dos *tratados e convenções internacionais*, eles sempre poderão ser objeto de ação direta de inconstitucionalidade.

Gabarito "B"

(OAB/Exame Unificado – 2007.2) Em relação ao controle de constitucionalidade das leis no direito brasileiro, assinale a opção correta.

(A) O autor de ação declaratória de constitucionalidade deve demonstrar existência de controvérsia judicial na aplicação da norma pelos tribunais ao questionar a norma perante o Supremo Tribunal Federal (STF).
(B) Não se exige de governador de estado demonstração de pertinência temática para propositura de ação direta de inconstitucionalidade.
(C) Resolução do Senado Federal é o instrumento adequado para dar eficácia *erga omnes* à decisão de ação direta de inconstitucionalidade.
(D) A decisão na ação direta de inconstitucionalidade não tem eficácia vinculante.

A: correta. A controvérsia sobre a constitucionalidade da lei ou do ato normativo é pressuposto desta ação, cuja verificação está vinculada à existência de um número razoável de ações em que seja discutida a mesma questão constitucional (art. 14, III, da Lei 9.868/1999); **B:** incorreta. O governador de Estado é legitimado temático ou específico, a quem, por conta disso, incumbe demonstrar o *vínculo de pertinência temática*, o interesse de agir, segundo entendimento do STF; **C:** incorreta. A resolução do Senado Federal (art. 52, X, CF) suspenderá a execução de lei declarada inconstitucional pelo STF em sede de *controle difuso de constitucionalidade*. Vale lembrar que a decisão final dada em sede de ação direta de inconstitucionalidade já produz, em regra, eficácia *erga omnes*; **D:** incorreta. O art. 102, § 2º, da CF dispõe que a decisão produz efeito vinculante relativamente aos demais órgãos do Poder Judiciário e à Administração Pública direta e indireta, nas esferas federal, estadual e municipal.

Gabarito "A"

(OAB/Exame Unificado – 2007.2) Acerca do controle de constitucionalidade, assinale a opção correta.

(A) É cabível a arguição de descumprimento a preceito fundamental mesmo quando houver outra medida eficaz para sanar a lesividade.
(B) No recurso extraordinário, o recorrente deverá demonstrar, em preliminar, a repercussão geral das questões constitucionais discutidas no caso, nos termos da lei, a fim de que o tribunal examine a admissão do recurso, somente podendo recusá-lo pela manifestação de dois terços de seus membros.
(C) Os partidos políticos têm legitimidade para instaurar o controle concentrado de constitucionalidade.
(D) É obrigatória a oitiva do Advogado-geral da União nas ações diretas de inconstitucionalidade por omissão.

A: incorreta. O art. 4º, § 1º, da Lei 9.882/1999 dispõe de forma diversa, pois a ADPF é uma ação subsidiária e só cabe quando não houver outro meio eficaz de sanar o problema; **B:** correta. É o que determina o art. 102, § 3º, da CF; **C:** incorreta. Apenas os partidos políticos *com representação no Congresso Nacional* têm legitimidade, conforme art. 103, VIII, da CF; **D:** incorreta. De acordo com o art. 12-E, § 2º, da Lei 9.868/1999, o relator *poderá* solicitar a manifestação do Advogado-Geral da União, que deverá ser encaminhada no prazo de 15 (quinze) dias.

Gabarito "B"

(OAB/Exame Unificado – 2006.3) Com relação ao STF e ao controle de constitucionalidade das leis, assinale a opção correta.

(A) No sistema constitucional brasileiro, não cabe ao juiz a declaração de inconstitucionalidade de lei, que é da competência exclusiva dos tribunais.

(B) Ao julgar apelação interposta com fundamento na inconstitucionalidade de lei, a turma do tribunal pode declarar a inconstitucionalidade desta e afastar a sua incidência no caso concreto.

(C) O controle incidental é a prerrogativa do STF de declarar, em abstrato e com efeito *erga omnes*, a inconstitucionalidade de lei ou ato normativo.

(D) O STF poderá, após reiteradas decisões sobre matéria constitucional, aprovar súmula que, a partir de sua publicação na imprensa oficial, terá efeito vinculante em relação aos demais órgãos do Poder Judiciário e à administração pública.

A: incorreta. Adotamos, quanto ao controle de constitucionalidade, o sistema jurisdicional misto, realizado na forma concentrada (pelo órgão de cúpula do Poder Judiciário) e na forma difusa (por *qualquer juiz* ou tribunal); **B:** incorreta. Embora um juiz sozinho possa declarar incidentalmente a inconstitucionalidade de uma norma, o Tribunal, quando for fazê-lo, deve observar a denominada *cláusula de reserva de plenário* (voto da maioria absoluta dos membros ou dos membros do respectivo órgão especial), prevista no art. 97 da CF e Súmula vinculante nº 10 do STF; **C:** incorreta. O controle incidental (*incidenter tantum*) corresponde ao controle difuso; **D:** correta (art. 103-A da CF).

Gabarito "D"

(OAB/Exame Unificado – 2006.1) Considere que uma associação de moradores, constituída há mais de cinco anos na cidade de Salvador – BA, ingressou com ação civil pública perante a justiça estadual baiana postulando a declaração de inconstitucionalidade de uma lei municipal, por ela violar direitos fundamentais previstos na Constituição da República. Nessa situação, o juiz da causa deve

(A) indeferir a petição inicial, por ilegitimidade processual ativa, na medida em que a ação civil pública é um instrumento processual exclusivo do Ministério Público.

(B) indeferir a petição inicial, pois o pedido é incompatível com a via processual escolhida.

(C) indeferir a petição inicial, pois juízes estaduais não podem exercer controle de constitucionalidade.

(D) declarar-se incompetente para o julgamento da causa, pois a incompatibilidade entre leis municipais e a Constituição da República somente pode ser apreciada pela justiça federal.

Segundo entendimento do STF, a ação civil pública somente poderá ser utilizada como instrumento idôneo para questionar a constitucionalidade de lei ou ato do Poder Público quando a questão constitucional identificar-se como prejudicial, incidental. No caso acima, a controvérsia constitucional revela-se como objeto único da demanda.

Gabarito "B"

(FGV – 2013) O partido PKK pretende apresentar ação perante o Supremo Tribunal Federal por entender que determinada norma estadual tem interpretação quanto à sua constitucionalidade controvertida, tanto em órgãos da administração pública, como em órgãos do Poder Judiciário.

Nesse sentido, consoante a normativa em vigor,

(A) a Ação Declaratória de Constitucionalidade prescinde de interpretação controvertida.

(B) a norma estadual e municipal não podem ser confrontadas com a Constituição Federal.

(C) a controvérsia entre órgãos julgadores é requisito para a Ação Declaratória de Constitucionalidade mas não para a de Inconstitucionalidade.

(D) o partido político não tem legitimidade para propor ação de controle concentrado de constitucionalidade.

(E) o controle concentrado de constitucionalidade é realizado pelo Superior Tribunal de Justiça.

A: incorreta. A ação declaratória de constitucionalidade – ADC, ao contrário do mencionado, **depende da comprovação da existência de controvérsia judicial relevante** sobre a aplicação da disposição objeto da ação declaratória (art. 14, III, da Lei 9.868/989); **B:** incorreta. Normas estaduais e municipais **podem** se confrontadas com a CF, tanto em sede de controle difuso (caso concreto) como em controle concentrado, desde que por ações específicas. Sendo assim, se estivermos tratando de controle concentrado (ou abstrato), as normas estaduais que colidam com a CF podem ser questionadas por meio de ação direta de inconstitucionalidade – ADI e por arguição de descumprimento de preceito fundamental – ADPF. Em relação às normas municipais, que não estiverem de acordo com a CF, o controle concentrado deve ser feito apenas por arguição de descumprimento de preceito fundamental – ADPF; **C:** correta, conforme dispõe o art. 14, III, da Lei 9.868/1999; **D:** incorreta. O **partido político** com representação no Congresso Nacional, ao contrário do mencionado, **tem legitimidade** para propor as ações de controle concentrado (ADI, ADC e ADPF). De acordo com o art. 103, I a IX, da CF, podem propor a ação direta de inconstitucionalidade e a ação declaratória de constitucionalidade: I – o Presidente da República; II – a Mesa do Senado Federal; III – a Mesa da Câmara dos Deputados; IV a Mesa de Assembleia Legislativa ou da Câmara Legislativa do Distrito Federal; V – o Governador de Estado ou do Distrito Federal; VI – o Procurador-Geral da República; VII – o Conselho Federal da Ordem dos Advogados do Brasil; VIII – **partido político com representação no Congresso Nacional** e IX – a confederação sindical ou entidade de classe de âmbito nacional; **E:** incorreta. O controle concentrado de constitucionalidade só pode ser realizado por dois órgãos: Supremo Tribunal Federal, quando o padrão de confronto for a CF (art. 102, I, "a", da CF) e os Tribunais de Justiça dos Estados, quando a norma utilizada como paradigma for a Constituição Estadual do respectivo Estado (art. 125, § 2º, da CF).

Gabarito "C"

(FGV – 2013) Um partido político, com representação no Congresso Nacional, pretende propor ADIn contra lei de iniciativa do Deputado Federal Y. A lei em referência, que dispõe sobre Processo Civil, teve trâmite regular no Congresso Nacional, foi sancionada pelo Presidente da República e já está em vigor.

Nesse caso, assinale a alternativa que indica o polo passivo da ADIn.

(A) Somente o Congresso Nacional.

(B) O Congresso Nacional e o Advogado-Geral da União.

(C) O Congresso Nacional e o Deputado Federal Y.

(D) A lei questionada e o Advogado-Geral da União.

(E) Somente o Deputado Federal Y.

Deve figurar no polo passivo da ação direta de inconstitucionalidade – ADI **o órgão ou a entidade responsável pela edição do ato normativo** que está sendo impugnado. Desse modo, como a lei é de natureza federal, elaborada pelo Congresso **Nacional**, órgão de detém a função típica de legislar, é ele que deve constar como legitimado passivo na ação.

Gabarito "A"

(FGV – 2013) Quanto às ações constitucionais, assinale a afirmativa **incorreta**.

(A) A Arguição de Descumprimento de Preceito Fundamental pode ser utilizada para resolver controvérsia acerca da legitimidade do direito ordinário pré-constitucional.

(B) A exclusão de benefício incompatível com o princípio da igualdade, a um determinado grupo de pessoas, pode caracterizar caso de omissão parcial do dever de legislar.

(C) A suspensão pelo Senado Federal da execução da lei inconstitucional se aplica à declaração de não recepção da lei pré-constitucional levada a efeito pelo Supremo Tribunal Federal.

(D) É dominante, no âmbito do Supremo Tribunal Federal, entendimento segundo o qual, na Ação Direta de Inconstitucionalidade e na Ação Declaratória de Constitucionalidade, prevalece o pedido da *causa petendi* aberta.

(E) O constituinte de 1988 fixou como princípios básicos, cuja lesão pelo Estado-membro poderá dar ensejo à intervenção federal, entre outros, a forma republicana, o sistema representativo e o regime democrático.

A: correta. O objeto da arguição de descumprimento de preceito fundamental é abrange e, de fato, comporta a análise de direitos previstos em normas editadas antes da CF/1988. De acordo com o art. 1º, parágrafo único, I, da Lei 9.882/1999, caberá também arguição de descumprimento de preceito fundamental quando for relevante o fundamento da controvérsia constitucional sobre lei ou ato normativo federal, estadual ou municipal, **incluídos os anteriores à Constituição**; **B:** correta. De acordo com Gilmar Ferreira Mendes, em **Curso de Direito Constitucional**, 8. ed. São Paulo: Saraiva, 2013. p.1030, "Caso clássico de inconstitucionalidade por omissão é a chamada 'exclusão de benefício incompatível com o princípio da igualdade' se a norma afronta o princípio da isonomia, concedendo vantagens ou benefícios a determinados segmentos ou grupos sem contemplar outros que se encontram em condições idênticas"; **C:** incorreta, devendo ser assinalada. O STF entende de forma contrária ao mencionado na alternativa. "Na dicção da ilustrada maioria, vencido o relator, **o conflito de norma com preceito constitucional superveniente resolve-se no campo da não recepção**, não cabendo a comunicação ao Senado prevista no inciso X do art. 52 da Constituição Federal" (RE 387.271, Rel. Min. Marco Aurélio, julgamento em 8-8-2007, Plenário, *DJE* de 1º-2-2008.); **D:** correta. Gilmar Ferreira Mendes, em **Curso de Direito Constitucional**, 8. ed. São Paulo: Saraiva, 2013. p.1133, "É interessante notar que, a despeito da necessidade legal da indicação dos fundamentos jurídicos na petição inicial, não fica o STF adstrito a eles na apreciação que faz da constitucionalidade dos dispositivos questionados. É dominante no âmbito do Tribunal que na ADI (e na ADC) prevalece a *causa petendi* aberta (ADI 259, Rel. Min. Moreira Alves, DJ de 19-2-1992, p.2030); **E:** correta. Conforme determina o art. 34, VII, da CF, a União não intervirá nos Estados nem no Distrito Federal, exceto para assegurar a observância dos seguintes princípios constitucionais: a) **forma republicana**, **sistema representativo** e **regime democrático**; b) direitos da pessoa humana; c) autonomia municipal; d) prestação de contas da administração pública, direta e indireta; e) aplicação do mínimo exigido da receita resultante de impostos estaduais, compreendida a proveniente de transferências, na manutenção e desenvolvimento do ensino e nas ações e serviços públicos de saúde. Tais princípios são conhecidos pela doutrina como princípios constitucionais sensíveis.

Gabarito "C".

(FGV – 2013) São parâmetros para o reconhecimento da inconstitucionalidade de uma *Norma*:

(A) apenas as normas do corpo permanente da Constituição.

(B) apenas as normas do corpo permanente da Constituição e as Disposições Constitucionais Transitórias.

(C) as normas do corpo permanente da Constituição, as disposições Constitucionais Transitórias e o Preâmbulo.

(D) o Preâmbulo e as normas do corpo permanente da Constituição.

(E) as normas do corpo permanente da Constituição, as Disposições Constitucionais Transitórias e o texto das Emendas Constitucionais.

A CF/1988 é composta das seguintes partes: preâmbulo, corpo das disposições permanentes, disposições constitucionais transitórias e emendas constitucionais (de revisão e propriamente ditas). O preâmbulo deve ser utilizado pelo intérprete das normas constitucionais como diretriz ideológica, política e filosófica. Todavia, embora o preâmbulo tenha de ser utilizado como alicerce, segundo o Supremo, ele não tem força cogente, não cria direitos e obrigações e não pode ser utilizado como parâmetro para eventual declaração de inconstitucionalidade. Desse modo, uma lei que fira tão somente o preâmbulo constitucional não pode ser objeto de ação direta de inconstitucionalidade no STF, nem de outro mecanismo de controle de constitucionalidade. As demais partes da Constituição (corpo das disposições permanentes, disposições constitucionais transitórias e as emendas constitucionais) podem ser utilizadas como parâmetros para o reconhecimento da inconstitucionalidade de uma norma.

Gabarito "E".

(FGV – 2011) O controle concentrado de constitucionalidade pode ser exercido por meio de diversos instrumentos elencados na Constituição. Nesse sentido, é correto afirmar que

(A) são legitimados para a propositura de ação direta de inconstitucionalidade, entre outros, o Presidente da República, o Procurador-Geral da República, o Presidente do Senado e o Conselho Federal da OAB.

(B) a concessão de medida cautelar em sede de ação direta de inconstitucionalidade não torna aplicável a legislação anterior acaso existente, em virtude da impossibilidade de repristinação no ordenamento jurídico brasileiro.

(C) o Advogado Geral da União funciona como uma espécie de curador da presunção de constitucionalidade dos atos emanados do Poder Público; entretanto, ele não está obrigado a defender tese jurídica se sobre ela o STF já fixou entendimento pela sua inconstitucionalidade.

(D) a decisão do STF em sede de ADI e ADC somente admite agravo de instrumento e embargos de declaração interpostos pelos requerentes ou requeridos, sendo vedado o benefício ao *amicus curiae*.

(E) a sentença de inconstitucionalidade tem natureza declaratória e, em consequência disso, possui, sempre, eficácia *ex tunc*, ceifando o ato no momento de sua entrada no ordenamento jurídico e assim colhendo todos os efeitos por ele produzidos à pecha de nulidade.

A: incorreta. O Presidente do Senado não se encontra no rol do art. 103, I a IX, da CF; **B:** incorreta. O art. 11, § 2º, da Lei 9.868/1999 garante a aplicação da legislação anterior, salvo expressa manifestação em contrário; **C:** correta. O Advogado-Geral da União funciona como curador da constitucionalidade das leis (art. 103, § 3º, da CF). Entretanto, é importante registrar que o STF entendeu "ser necessário fazer uma interpretação sistemática, no sentido de que o § 3º do art. 103 da CF concede à AGU o direito de manifestação, haja vista que exigir dela defesa em favor do ato impugnado em casos como o presente, em que o interesse da União coincide com o interesse do autor, implicaria retirar-lhe sua função primordial que é defender os interesses da União (CF, art. 131). Além disso, a despeito de reconhecer que nos outros casos a AGU devesse exercer esse papel de contraditora no processo objetivo, constatou-se um problema de ordem prática, qual seja, a falta de competência da Corte para impor-lhe qualquer sanção quando assim não procedesse, em razão da inexistência de previsão constitucional para tanto". V. Informativo STF 562/2009 (STF, ADI MC 4309/TO, j. 07.10.2009, rel. Min. Cezar Peluso, *DJ* 19.10.2009); **D:** incorreta. As decisões são irrecorríveis, salvo possibilidade de embargos de declaração (art. 26 da Lei 9.868/1999); **E:** incorreta. No controle por via principal, a regra é a produção de efeitos *erga omnes*, vinculantes (art. 102, § 2º, da CF) e *ex tunc*, embora seja possível a modulação de efeitos temporais, na forma do art. 27 da Lei 9.868/1999 (cuja aplicação o STF também tem admitido para o controle por via incidental).

Gabarito "C"

(FGV – 2010) Relativamente ao *controle de constitucionalidade*, assinale a afirmativa correta.

(A) As decisões definitivas de mérito, proferidas pelo Supremo Tribunal Federal, nas ações diretas de inconstitucionalidade e nas ações declaratórias de constitucionalidade produzirão eficácia contra todos e efeito vinculante, relativamente aos demais órgãos do Poder Judiciário, mas não à administração pública direta e indireta, nas esferas federal, estadual e municipal.

(B) Podem propor a ação direta de inconstitucionalidade e a ação declaratória de constitucionalidade, dentre outros, Governador de Estado, o Procurador-Geral da República, o Conselho Federal da Ordem dos Advogados do Brasil, dois terços dos membros do Senado Federal ou da Câmara dos Deputados.

(C) A súmula vinculante terá por objetivo a validade, a interpretação e a eficácia de normas determinadas, acerca das quais haja controvérsia atual entre órgãos judiciários ou entre esses e a administração pública que acarrete grave insegurança jurídica e relevante multiplicação de processos sobre questão idêntica.

(D) A matéria constante de proposta de súmula vinculante rejeitada ou havida por prejudicada não pode ser objeto de nova proposta enquanto não for modificada a composição do Supremo Tribunal Federal.

(E) Compete ao Supremo Tribunal Federal processar e julgar, originariamente, a ação direta de inconstitucionalidade e a ação declaratória de constitucionalidade de lei ou ato normativo federal, estadual ou municipal em face da Constituição Federal ou das Constituições Estaduais.

A: incorreta. Não reflete o disposto no art. 102, § 2º, da CF; **B:** incorreta. Não reflete o disposto no art. 103 da CF; **C:** correta (art. 103-A, § 1º, da CF e art. 2º, § 1º, da Lei 11.417/2006); **D:** incorreta. Não existe previsão constitucional ou legal nesse sentido; **E:** incorreta. Só cabe ADIn de lei federal ou estadual e só cabe ADC de lei federal (art. 102, I, "a" da CF).

Gabarito "C"

(FGV – 2008) A respeito do sistema de controle de constitucionalidade das leis previsto na Constituição de 1988, analise as afirmativas a seguir:

I. O controle incidental de constitucionalidade das leis, no Brasil, é exercido exclusivamente pelo Supremo Tribunal Federal, em sede de recurso extraordinário.

II. Podem propor ação direta de inconstitucionalidade perante o Supremo Tribunal Federal, dentre outros legitimados, Presidente da República, os Governadores de Estado ou do Distrito Federal, e o Conselho Federal da Ordem dos Advogados do Brasil.

III. A decisão do Supremo Tribunal Federal que declarar a constitucionalidade ou a inconstitucionalidade de lei em sede de controle concentrado tem efeito vinculante em relação aos órgãos do Poder Judiciário e à Administração Pública federal, estadual e municipal.

IV. É pressuposto de admissibilidade da ação declaratória de constitucionalidade a existência de controvérsia judicial relevante sobre a aplicação do dispositivo legal cuja constitucionalidade se discute.

Assinale:

(A) se somente a afirmativa II estiver correta.
(B) se somente a afirmativa III estiver correta.
(C) se somente as afirmativas I e III estiverem corretas.
(D) se somente as afirmativas II, III e IV estiverem corretas.
(E) se todas as afirmativas estiverem corretas.

I: incorreta. O Brasil adota o sistema misto de constitucionalidade, vale dizer, convivem em nosso país o controle abstrato (ou concentrado) e o controle difuso (ou concreto). Dessa forma, qualquer juiz ou tribunal (inclusive o STF), ao analisar um caso concreto, pode verificar a compatibilidade de lei ou ato normativo diante da Constituição Federal (controle difuso). Ao mesmo tempo, apenas ao STF cabe o controle concentrado (ou abstrato ou por via de ação) de lei ou ato normativo federal ou estadual diante da Constituição Federal (e aos TJs locais o controle concentrado em face da Constituição Estadual). Assim, o STF realiza as duas espécies de controle: o difuso, em exercício de competência recursal (art. 102, III, da CF), ao analisar um recurso extraordinário; e o concentrado, em competência originária, ao julgar ADIn, ADC e ADPF (art. 102, I, "a" e § 1º, da CF); **II:** correta. Art. 103, I, V e VII, da CF; **III:** correta. Art. 102, § 2º, da CF; **IV:** correta. Art. 14, III, da Lei 9.868/1999.

Gabarito "D"

(FGV – 2007) A ideia de não caber ao Judiciário anular uma lei quando puder preservá-la num dos sentidos que ela comporte, e que esteja em consonância com a Constituição, importa naquilo que se denomina:

(A) controle de constitucionalidade com redução de texto.
(B) interpretação conforme a Constituição.
(C) controle concentrado da Constituição.
(D) aplicabilidade imediata da norma.

Para Gilmar Mendes (*Jurisdição constitucional.* São Paulo: Saraiva, 1996. p. 196 e 197), a declaração parcial de inconstitucionalidade sem redução de texto "refere-se, normalmente, a casos não mencionados no texto, que, por estar formulado de forma ampla ou geral, contém, em verdade, um complexo de normas". A declaração de inconstitucionalidade é parcial porque atinge apenas uma (ou algumas) dessas normas, mantendo-se íntegro o texto, já que é possível declarar a inconstitucionalidade de certos entendimentos de um ato normativo sem, contudo, declarar inválido o próprio ato normativo, aplicando ao caso as técnicas da interpretação conforme a Constituição e da declaração de inconstitucionalidade sem redução de texto. A *interpretação conforme a Constituição* é, ao mesmo tempo, princípio de interpretação e técnica de controle de constitucionalidade, tendo aplicação diante de normas jurídicas *plurissignificativas*. Vale dizer, a interpretação conforme a Constituição somente será possível quando a norma infraconstitucional apresentar vários significados ou puder ser interpretada de várias formas, umas compatíveis com as normas constitucionais e outras não, devendo-se excluir a interpretação contra o texto constitucional e optar pela interpretação que encontra guarida na Constituição Federal, ou seja, pela interpretação conforme a Constituição. Entretanto, não legitima o intérprete a atuar como legislador positivo.

Gabarito "B"

4.2. CONTROLE DIFUSO DE CONSTITUCIONALIDADE

(OAB/Exame Unificado – 2015.2) Determinado Tribunal de Justiça vem tendo dificuldades para harmonizar os procedimentos de suas câmaras, órgãos fracionários, em relação à análise, em caráter incidental, da inconstitucionalidade de certas normas como pressuposto para o enfrentamento do mérito propriamente dito. A Presidência do referido Tribunal manifestou preocupação com o fato de o procedimento adotado por três dos órgãos fracionários estar conflitando com aquele tido como correto pela ordem constitucional brasileira. Apenas uma das câmaras adotou procedimento referendado pelo sistema jurídico-constitucional brasileiro. Assinale a opção que o apresenta.

(A) A 1ª Câmara, ao reformar a decisão de 1º grau em sede recursal, reconheceu, incidentalmente, a inconstitucionalidade da norma que dava suporte ao direito pleiteado, entendendo que, se o sistema jurídico reconhece essa possibilidade ao juízo monocrático, por razões lógicas, deve estendê-la aos órgãos recursais.

(B) A 2ª Câmara, ao analisar o recurso interposto, reconheceu, incidentalmente, a inconstitucionalidade da norma que concedia suporte ao direito pleiteado, fundamentando-se em cristalizada jurisprudência do Superior Tribunal de Justiça sobre o tema.

(C) A 3ª Câmara, ao analisar o recurso interposto, reconheceu, incidentalmente, a inconstitucionalidade da norma que concedia suporte ao direito pleiteado, fundamentando-se em pronunciamentos anteriores do Órgão Especial do próprio Tribunal.

(D) A 4ª Câmara, embora não tenha declarado a inconstitucionalidade da norma que conferia suporte ao direito pleiteado, solucionou a questão de mérito afastando a aplicação da referida norma, apesar de estarem presentes os seus pressupostos de incidência.

A: incorreta. Embora um juiz possa reconhecer a inconstitucionalidade de uma norma quando estiver analisando uma situação em sede de controle difuso (caso concreto), quando a decisão tiver de ser dada por um Tribunal, a CF determina que seja feita pelo voto da maioria absoluta dos membros (art. 97 da CF e Súmula Vinculante 10 – STF). É a chamada cláusula de reserva de plenário. Sendo assim, para que o órgão fracionário do Tribunal decida sobre algo que envolve questão de inconstitucionalidade, ele terá de primeiro, afetar a matéria ao pleno do Tribunal ou do respectivo órgão especial (art. 93, XI, da CF). Desse modo, a 1ª Câmara não poderia ter reformado a decisão. Vale lembrar que se já houvesse pronunciamento anterior do órgão especial do próprio Tribunal, a Câmara poderia reconhecer incidentalmente a inconstitucionalidade da norma, conforme determina o art. 949, parágrafo único, do NCPC; **B:** incorreta. O STJ não tem competência para apreciar questões sobre a constitucionalidade de leis; **C:** correta. De fato a 3ª Câmara poderia ter reconhecido, incidentalmente, a inconstitucionalidade da norma, fundamentando-se em pronunciamentos anteriores do órgão especial do próprio Tribunal, pois o art. 949, parágrafo único, do NCPC autoriza. Determina tal norma que os órgãos fracionários dos Tribunais não submeterão ao plenário ou ao órgão especial a arguição de inconstitucionalidade quando já houver pronunciamento destes ou do plenário do STF; **D:** incorreta. De acordo com a Súmula Vinculante nº 10 – STF, viola a cláusula de reserva de plenário (CF, art. 97) a decisão de órgão fracionário de tribunal que, embora não declare expressamente a inconstitucionalidade de lei ou ato normativo do Poder Público, afasta sua incidência, no todo ou em parte.

Gabarito "C"

(OAB/Exame Unificado – 2012.3.A) João ingressa com ação individual buscando a repetição de indébito tributário, tendo como causa de pedir a inconstitucionalidade da Lei Federal "X", que criou o tributo.

Sobre a demanda, assinale a afirmativa correta.

(A) João não possui legitimidade para ingressar com a demanda, questionando a constitucionalidade da Lei Federal "X", atribuída exclusivamente às pessoas e entidades previstas no art. 103 da Constituição.

(B) Caso a questão seja levada ao Supremo Tribunal Federal, em sede de recurso extraordinário, e este declarar a inconstitucionalidade da Lei Federal "X" pela maioria absoluta dos seus membros, a decisão terá eficácia contra todos e efeitos vinculantes.

(C) O órgão colegiado, em sede de apelação, não pode declarar a inconstitucionalidade da norma, devendo submeter a questão ao Pleno do Tribunal ou ao órgão especial (quando houver), salvo se já houver prévio pronunciamento deste ou do plenário do STF sobre a sua inconstitucionalidade.

(D) O juiz de primeiro grau não detém competência para a declaração de inconstitucionalidade de lei ou ato normativo, mas somente o Tribunal de segundo grau e desde que haja prévio pronunciamento do plenário do Supremo Tribunal Federal sobre a questão.

A: incorreta. João possui legitimidade para ingressar com a demanda, pois está alegando a inconstitucionalidade da lei em sede de controle difuso. A atribuição exclusiva às pessoas e autoridades previstas no art. 103 da CF é aplicada ao controle concentrado, realizado por meio das seguintes ações: ação direta de inconstitucionalidade (ADI), ação declaratória de constitucionalidade (ADC) e arguição de descumprimento de preceito fundamental (ADPF); **B:** incorreta. Ainda que a decisão seja proferida pelo STF, como foi dada em um caso concreto (controle difuso) os efeitos, em regra, são *inter partes* (para as partes) e *ex tunc* (retroativos). Há possibilidade de ampliação desses efeitos caso o STF comunique ao Senado Federal que a norma foi declarada inconstitucional de forma definitiva e este determine que seja suspensa a execução da lei no todo ou em parte (art. 52, X, da CF); **C:** correta. De fato, quando a declaração de inconstitucionalidade tiver de ser dada por um tribunal, a Constituição Federal exige que seja feita pelo voto na maioria absoluta dos seus membros ou dos membros do respectivo órgão especial (art. 97 da CF e Súmula Vinculante nº 10 do STF). É a chamada cláusula de reserva de plenário; **D:** incorreta. O juiz de primeiro grau pode declarar a inconstitucionalidade de lei ou ato normativo, em sede de controle difuso de constitucionalidade. A cláusula de reserva de plenário apenas se aplica quando a decisão tiver de ser dada por um Tribunal.

Gabarito "C"

(OAB/Exame Unificado – 2011.3.A) Suponha que o STF, no exame de um caso concreto (controle difuso), tenha reconhecido a incompatibilidade entre uma lei em vigor desde 1987 e a Constituição de 1988. Nesse caso, é correto afirmar que

(A) após reiteradas decisões no mesmo sentido, o STF poderá editar súmula vinculante.

(B) o STF deverá encaminhar a decisão ao Senado.

(C) os órgãos fracionários dos tribunais, a partir de então, ficam dispensados de encaminhar a questão ao pleno.

(D) a eficácia da decisão é *erga omnes*.

A: correta. Conforme o art. 103-A da CF há possibilidade de o STF, "de ofício ou por provocação, mediante decisão de dois terços dos seus membros, *após reiteradas decisões sobre matéria constitucional*, aprovar súmula que, a partir de sua publicação na imprensa oficial, terá efeito vinculante em relação aos demais órgãos do Poder Judiciário e à Administração Pública direta e indireta, nas esferas federal, estadual e municipal, bem como proceder à sua revisão ou cancelamento, na forma estabelecida em lei"; **B:** incorreta. A questão não trata de declaração de inconstitucionalidade no controle difuso, pois a norma impugnada foi editada antes da Constituição Federal de 1988. A discussão gira em torno de a norma ter sido ou não recepcionada. Desse modo, como não se trata de crise de inconstitucionalidade, não há que se cogitar a aplicação do art. 52, X, da CF; **C:** incorreta. Novamente a alternativa afirma uma situação que ocorre quando há crise de inconstitucionalidade, o que não é o caso. O art. 949, parágrafo único, do NCPC trata de uma exceção ao princípio da cláusula de reserva de plenário, algo que tem a ver quando se discute a inconstitucionalidade de uma norma e não incompatibilidade; **D:** incorreta. A decisão adveio de um caso concreto, de modo que, ainda que fosse crise de inconstitucionalidade, os efeitos atingiriam apenas as partes.

Gabarito "A"

(FGV – 2011) A empresa XYZ Ltda. ajuizou ação de mandado de segurança a fim de que não fosse obrigada a recolher determinado imposto federal alegando a inconstitucionalidade do referido tributo. O juiz proferiu sentença concedendo a ordem pleiteada, declarando para tanto a inconstitucionalidade da lei. Indignada, a União federal interpôs recurso ao tribunal, que manteve a decisão pelos mesmos fundamentos. Por fim, a União federal interpôs recurso ao STF, que também manteve a decisão, reafirmando a inconstitucionalidade da lei tributária. Diante desse caso, é correto afirmar que a declaração de inconstitucionalidade

(A) vale apenas para a empresa XYZ Ltda.

(B) vale para as empresas que atuam no mesmo ramo.

(C) vale para todos os contribuintes.

(D) só terá validade após a suspensão pelo Congresso Nacional.

(E) só terá validade após a suspensão pela Câmara dos Deputados.

A presente hipótese trata-se de um exemplo de controle difuso de constitucionalidade. Desse modo, como a decisão, dada em sede de controle difuso, em regra, produz efeitos *inter partes*, a declaração de inconstitucionalidade valerá apenas para a empresa XYZ Ltda.

Gabarito "A"

(OAB/Exame Unificado – 2010.2) Declarando o Supremo Tribunal Federal, incidentalmente, a inconstitucionalidade de lei ou ato normativo federal em face da Constituição do Brasil, caberá

(A) ao Procurador-Geral da República, como chefe do Ministério Público da União, expedir atos para o cumprimento da decisão pelos membros do Ministério Público Federal e dos Estados.

(B) ao Presidente da República editar decreto para tornar inválida a lei no âmbito da administração pública.

(C) ao Senado Federal suspender a execução da lei, total ou parcialmente, conforme o caso, desde que a decisão do Supremo Tribunal Federal seja definitiva.

(D) ao Advogado-Geral da União interpor o recurso cabível para impedir que a União seja compelida a cumprir a referida decisão.

O art. 52, X, da CF. A competência atribuída ao Senado Federal pelo art. 52, X, da CF, limita-se ao controle difuso ou incidental de constitucionalidade. No controle concentrado, a decisão do STF, por si só, produz efeitos contra todos (ou *erga omnes*) e vinculantes, por força do art. 102, § 2º, da CF, reproduzido no art. 28, parágrafo único, da Lei 9.868/1999.

Gabarito "C"

(OAB/Exame Unificado – 2008.1) No controle difuso da constitucionalidade,

(A) somente os tribunais poderão declarar a inconstitucionalidade das leis e atos normativos, pelo voto da maioria dos seus membros.

(B) a declaração de inconstitucionalidade nunca produzirá efeitos *erga omnes*.

(C) as decisões proferidas em única ou última instância estarão sujeitas a recurso extraordinário, quando declararem a inconstitucionalidade de lei federal.

(D) o processo deverá ser suspenso, se houver ação direta de inconstitucionalidade contra a mesma lei ou ato normativo pendente de julgamento no STF.

A: incorreta. O controle difuso, também chamado *aberto*, é realizado por qualquer juízo ou tribunal do Poder Judiciário; **B:** incorreta. Art. 52, X, da CF; **C:** correta. Art. 102, III, *b*, da CF; **D:** incorreta. O questionamento da lei ou do ato normativo via ação direta não tem o condão de determinar a suspensão do processo onde também se discuta a questão constitucional por via de exceção.

Gabarito "C"

(OAB/Exame Unificado – 2007.3) No controle de constitucionalidade de ato normativo pela via difusa, discute-se o caso concreto. A respeito desse controle, assinale a opção correta.

(A) Os efeitos da declaração de inconstitucionalidade afetam somente as partes envolvidas no processo, de forma retroativa, em regra, de modo a desfazer, desde sua origem, o ato declarado inconstitucional, juntamente com todas as consequências dele derivadas.

(B) A declaração de inconstitucionalidade terá efeitos *ex tunc* e *erga omnes* por decisão do STF, pois somente a este cabe assegurar a supremacia das normas constitucionais.

(C) Os efeitos devem ser *inter partes*, podendo, entretanto, ser ampliados por motivos de segurança jurídica ou de excepcional interesse social, em decorrência de decisão de dois terços dos membros do STF.

(D) Os efeitos se tornarão *ex tunc* a partir do momento em que o Senado Federal editar uma resolução suspendendo a execução, no todo ou em parte, da lei ou ato normativo declarado inconstitucional por decisão definitiva do STF.

A: correta. Diferentemente do que ocorre no *controle por via de ação* – art. 102, I, *a*, da CF, no *controle por via de exceção*, a declaração de inconstitucionalidade constitui exigência para a solução do caso concreto; não se trata, pois, de objetivo principal da lide, mas, sim, de mero incidente, afetando tão somente as partes do processo, de forma retroativa; **B:** incorreta. O controle difuso (por via de exceção) será feito por qualquer juízo ou tribunal integrante do Poder Judiciário, inclusive pelo próprio Supremo Tribunal Federal, e as declarações de inconstitucionalidade terão efeito *inter partes* e *ex tunc*; **C:** incorreta. Art. 52, X, da CF. É atribuição do Senado Federal, por intermédio de resolução, suspender a execução, no todo ou em parte, conferindo, dessa forma, eficácia *erga omnes*, de lei declarada inconstitucional por decisão definitiva do STF; **D:** incorreta. Os efeitos serão *ex nunc*, ou seja, não retroagirão.

Gabarito "A"

(OAB/Exame Unificado – 2006.2) Considere que um estudante de direito afirme que tenha sido publicado acórdão do STF em que o tribunal declarou incidentalmente a inconstitucionalidade de dispositivo de lei federal, em sede de controle concreto e difuso de constitucionalidade, por meio de um acórdão que tem eficácia *erga omnes* e efeitos *ex tunc*. Essa afirmação do estudante é incorreta porque

(A) declarações de constitucionalidade em sede de controle difuso não têm eficácia *erga omnes*.
(B) o STF não realiza controle difuso, mas controle concentrado de constitucionalidade.
(C) as decisões em controle concreto têm efeitos *ex nunc*.
(D) as decisões com efeitos *ex tunc* produzem efeito vinculante, e não eficácia *erga omnes*.

A: correta. Declarações de constitucionalidade em sede de controle difuso só vinculam as partes envolvidas no processo, ainda que este tenha tramitado no Supremo Tribunal Federal; **B:** incorreta. O Supremo Tribunal Federal, assim como qualquer juízo ou tribunal integrante do Poder Judiciário, realiza, sim, controle difuso de constitucionalidade; **C:** incorreta. As decisões em controle concreto têm efeitos *ex tunc* (retroativos); **D:** incorreta. As decisões em controle concreto produzem efeitos retroativos e *inter partes*. Sendo efeitos, portanto, só vinculam as partes envolvidas no processo; não há, da mesma forma, se falar em eficácia *erga omnes* (oponível contra todos).

Gabarito "A"

(OAB/Exame Unificado – 2006.1) Considere que um juiz do trabalho prolatou sentença condenatória fundamentada no argumento de que determinada cláusula de um contrato de trabalho era inválida por ser incompatível com um dispositivo da Constituição da República. Nessa situação, o referido juiz

(A) editou sentença inválida, por usurpar competência privativa do STF.
(B) exerceu controle difuso de constitucionalidade.
(C) exerceu controle de constitucionalidade por via de ação.
(D) prolatou sentença inconstitucional, pois a declaração de inconstitucionalidade de cláusulas de contratos trabalhistas é uma competência privativa do Tribunal Superior do Trabalho (TST).

Trata-se do controle exercido por qualquer juiz ou tribunal diante de um caso concreto. Chamado também de aberto, incidental ou controle por via de exceção.

Gabarito "B"

(FGV – 2008) No controle *incidenter tantum* de constitucionalidade, os tribunais podem modular temporalmente os seus efeitos, observado o *quorum* de:

(A) três quintos.
(B) um terço.
(C) dois terços.
(D) dois quintos.
(E) quatro quintos.

No controle por via incidental (ou difuso), a produção de efeitos ocorre entre as partes que participaram do processo principal (*inter partes*) e para elas têm efeitos temporais, em regra, *ex tunc*, podendo ser editada resolução do Senado Federal visando à suspensão dos efeitos contra todos (*erga omnes*), conforme previsão no art. 52, X, da CF. Nesse último caso, a produção de efeitos contra terceiros, a partir da edição da Resolução do Senado, tem eficácia *ex nunc*. Ocorre que o STF vem admitindo a aplicação ao controle difuso, por analogia, do disposto no art. 27 da Lei 9.868/1999, daí a necessidade do quórum de dois terços. Em resumo: em controle difuso, para as partes que participaram do processo, a eficácia temporal é, em regra, *ex tunc*, podendo ser aplicada a modulação de efeitos prevista no art. 27 da Lei 9.868/1999, por analogia, observando-se o quórum de dois terços. Para terceiros, se editada resolução pelo Senado Federal (art. 52, X, da CF), a eficácia temporal é *ex nunc*.

Gabarito "C"

(FGV – 2008) A via de exceção para o controle de constitucionalidade é própria:

(A) do controle difuso.
(B) do controle concentrado.
(C) do controle concentrado e difuso.
(D) do controle feito pelo Magistrado, *ex officio*.
(E) da ação popular.

O Brasil adota o sistema misto de constitucionalidade, vale dizer, convivem em nosso País o controle abstrato (ou concentrado, ou por via de ação direta) e o controle difuso (ou concreto, ou por via de exceção).

Gabarito "A"

4.3. AÇÃO DIRETA DE INCONSTITUCIONALIDADE

(OAB/Exame Unificado – 2015.1) A Medida Provisória Z, embora tendo causado polêmica na data de sua edição, foi convertida, em julho de 2014, na Lei Y. Inconformado com o posicionamento do Congresso Nacional, o principal partido de oposição, no mês seguinte, ajuizou Ação Direta de Inconstitucionalidade (ADI) atacando vários dispositivos normativos da referida Lei. Todavia, no início do mês de fevereiro de 2015, o Presidente da República promulgou a Lei X, revogando integralmente a Lei Y, momento em que esta última deixou de produzir os seus efeitos concretos.

Nesse caso, segundo entendimento cristalizado no âmbito do Supremo Tribunal Federal,

(A) deverá a ADI seguir a sua regular tramitação, de modo que se possam discutir os efeitos produzidos no intervalo de tempo entre a promulgação e a revogação da Lei Y.
(B) deverá a ADI seguir a sua regular tramitação, de modo que se possam discutir os efeitos produzidos no intervalo de tempo entre a edição da Medida Provisória Z e a revogação da Lei Y.
(C) deverá ser reconhecido que a ADI perdeu o seu objeto, daí resultando a sua extinção, independentemente de terem ocorrido, ou não, efeitos residuais concretos.

(D) em razão da separação de poderes, deverá ser reconhecida a impossibilidade de o Supremo Tribunal Federal avaliar as matérias debatidas, sob a ótica política, pelo Poder Legislativo.

A e **B:** incorretas. A ADI não deverá seguir a sua regular tramitação, pois ela perdeu o seu objeto, tendo em vista que a lei, objeto de questionamento, foi revogada por outra. De acordo com Pedro Lenza, em **Direito Constitucional Esquematizado**, 19ª Ed., 2015, p. 359, Editora Saraiva, "...estando em curso a ação e sobrevindo a revogação (total ou parcial) da lei ou ato normativo, assim como a perda de sua vigência (o que acontece com a medida provisória), ocorrerá, por regra, a prejudicialidade da ação, por "perda do objeto". Isso porque, segundo o STF, a declaração em tese de lei ou ato normativo não mais existente transformaria a ADI em instrumento de proteção de situações jurídicas pessoais e concretas (STF, Pleno, ADI 737/DF, Rel. Min. Moreira Alves). Esses questionamentos deverão ser alegados na via ordinária, ou seja, pelo intermédio do controle difuso de constitucionalidade". Vale lembrar que há posicionamento diverso, mas o que prevalece ainda é essa primeira explicação; **C:** correta. De fato deverá ser reconhecido que a ADI perdeu o seu objeto, daí resultando a sua extinção, independentemente de terem ocorrido, ou não, efeitos residuais concretos, haja vista que a ADI não é instrumento de proteção de situações jurídicas pessoais e concretas; **D:** incorreta. A impossibilidade de o Supremo Tribunal Federal prosseguir o julgamento da ADI advém da perda do objeto da ação e não pelo fundamento mencionado na alternativa.

Gabarito "C"

(OAB/Exame Unificado – 2013.1) Ajuizada uma Ação Direta de Inconstitucionalidade (ADI) requerendo expressamente que se declare inconstitucional o art. 2º da Lei X, o Supremo Tribunal Federal (STF), ao apreciar o pedido, apenas declarou inconstitucional uma interpretação possível da norma impugnada, sem declarar sua invalidade, e determinou que sua decisão só acarretasse efeitos a partir do seu trânsito em julgado.

Com base na situação acima, assinale a afirmativa correta.

(A) O STF como órgão do Poder Judiciário, por força do princípio da correlação, não poderia julgar de forma distinta daquela requerida pela parte autora.

(B) O STF, no controle abstrato de constitucionalidade, não está adstrito ao pedido formulado na inicial, podendo, inclusive, fazer uma interpretação conforme a Constituição, a despeito de expresso requerimento pela declaração de invalidade da norma.

(C) A modulação dos efeitos das decisões do STF em Ação Direta de Inconstitucionalidade (ADI) é possível, desde que com a aprovação da maioria absoluta dos seus membros.

(D) O STF não pode fixar os efeitos da decisão a partir do seu trânsito em julgado, pois, em conformidade com o princípio da supremacia da Constituição, a pecha da inconstitucionalidade contamina a lei desde a sua gênese.

A: incorreta. No controle concentrado de constitucionalidade não há necessidade do STF atender ao princípio da congruência, correlação ou adstrição, podendo, por exemplo, declarar a inconstitucionalidade de interpretações dadas ao texto e ainda de dispositivos não impugnados, mas relacionados aos que foram objeto da ação; **B:** correta. A interpretação conforme a Constituição é uma técnica utilizada pelo STF que visa preservar o dispositivo. Nesse caso, o texto constitucional permanece intacto, apenas é fixada uma interpretação que esteja conforme a Constituição Federal. Essa técnica é utilizada quando estamos diante de normas que possuem mais de um significado. As conhecidas normas polissêmicas ou plurissignificativas. Desse modo, se determinado dispositivo possui dois significados, o sentido que terá de ser atribuído à norma é o que encontra respaldo constitucional, devendo ser descartado aquele que vai de encontro ao Texto Maior. Vale lembrar que tal método não dá ao intérprete a possibilidade de atuar como legislador, criando normas gerais e abstratas; **C:** incorreta. De acordo com o art. 27 da Lei 9.868/1999, o quórum para que o STF module os efeitos da decisão dada em sede de controle concentrado é de dois terços dos membros e não maioria absoluta; **D:** incorreta. Há possibilidade do STF fixar que os efeitos da decisão valham a partir do seu trânsito em julgado ou de outro momento, desde que faça isso pelo voto da maioria de dois terços dos seus membros e ainda que haja razões de segurança jurídica ou de excepcional interesse social. Essa possibilidade vem prevista no mencionado art. 27 da Lei 9.868/1999.

Gabarito "B"

(OAB/Exame Unificado – 2012.3.A) O Estado "X" possui Lei Ordinária, que dispõe sobre regras de trânsito e transporte. Determina essa lei a instalação de cinto de segurança em veículos de transporte coletivo de passageiros, impondo penalidades em caso de descumprimento. Inconformado com este diploma legal, o Governador do Estado deseja propor ação direta de inconstitucionalidade. Neste caso, assinale a afirmativa correta.

(A) A ação não poderá ser ajuizada pelo Governador sem prévia autorização da Assembleia Legislativa do Estado X, já que se trata de ação contra lei do próprio Estado.

(B) O Governador não poderá propor a ADI, como pretende, pois a lei não possui vício de inconstitucionalidade.

(C) A lei é inconstitucional, pois viola a competência privativa da União para legislar sobre trânsito.

(D) Não haveria vício de inconstitucionalidade, caso a lei estadual tivesse status de lei complementar, ao invés de lei ordinária.

A: incorreta. O Governador do Estado é legitimado ativo para propor ADI (Ação Direta de Inconstitucionalidade) contra a norma (art. 103, V, da CF). Para ajuizar a ação não é necessária a prévia autorização da Assembleia Legislativa do seu Estado, basta que o Governador demonstre a pertinência temática, ou seja, que a pretensão deduzida possui relação de pertinência com os objetivos institucionais; **B:** incorreta. A lei é inconstitucional, pelo fato do Estado ter usurpado da competência legislativa da União. Conforme o art. 22, XI, da CF, a legislação sobre trânsito e transporte é da competência privativa da União; **C:** correta. É o que se extrai do art. 22, XI, da CF; **D:** incorreta. O vício de inconstitucionalidade permaneceria, ainda que a norma tivesse *status* de lei complementar.

Gabarito "C"

(OAB/Exame Unificado – 2012.3.B) O Prefeito do Município "X" criou, por decreto, uma parcela denominada "verba indenizatória", correspondente a 100% da remuneração, e a concedeu, indiscriminadamente, a todos os servidores lotados em seu gabinete.

A medida, divulgada na imprensa local, causou enorme revolta na população, porque diversos servidores passaram a receber acima do teto constitucional. Passados dois anos, o Ministério Público estadual ajuizou uma Representação de Inconstitucionalidade junto ao Tribunal de Justiça.

A respeito desse caso, assinale a afirmativa correta.

(A) Ainda que a norma seja declarada inconstitucional, aquela verba não pode mais ser cortada, em razão do princípio da segurança jurídica.

(B) A Representação de Inconstitucionalidade não existe no direito brasileiro desde a criação da Ação Direta de Inconstitucionalidade, e, portanto, não poderia ser ajuizada.

(C) A eventual declaração de inconstitucionalidade da norma municipal autorizará, como consequência, a interrupção do pagamento da parcela.

(D) A norma municipal não pode ser objeto de controle concentrado de constitucionalidade perante o Tribunal de Justiça.

A: incorreta. Caso a norma seja declarada inconstitucional será interrompido o pagamento da verba. De acordo com o STF (RE 122.202-6/MG, 2ª T., j. 10.08.1993, rel. Min. Francisco Rezek, *DJ* 08.04.1994), as verbas pagas com base em lei declarada inconstitucional não precisam ser devolvidas, mas "tampouco pagas após a declaração de inconstitucionalidade"; **B:** incorreta. De acordo com o art. 125, § 2º, da CF, cabe aos Estados a instituição de ***representação de inconstitucionalidade*** de leis ou atos normativos estaduais ou municipais em face da Constituição Estadual, vedada a atribuição da legitimação para agir a um único órgão; **C:** correta. De fato, a decisão determinará a interrupção do pagamento da verba declarada inconstitucional; **D:** incorreta. Se a norma municipal violar a Constituição do respectivo Estado ela poderá ser objeto de controle de constitucionalidade no respectivo Tribunal de Justiça.

Gabarito "C"

(OAB/Exame Unificado – 2012.2) Lei estadual de iniciativa do Deputado "X" previu a criação de 300 cargos de fiscal de rendas e determinou o seu preenchimento no mesmo ano, sem indicar a previsão da receita necessária para fazer frente a tal despesa. Realizado o concurso público e depois da posse e exercício dos 100 primeiros aprovados, o Governador ajuíza ação direta de inconstitucionalidade perante o Supremo Tribunal Federal, arguindo a invalidade do diploma legal, por vício de iniciativa e por não indicar a fonte de receita necessária.

Considerando as normas existentes a respeito do controle de constitucionalidade, assinale a alternativa que indica o correto posicionamento do STF.

(A) Não terá alternativa senão declarar a inconstitucionalidade da lei, por vício de iniciativa, com efeitos *ex tunc*, o julgar de plano inválido o concurso público, determinando a exoneração de todos os fiscais aprovados e a anulação dos atos por eles praticados.

(B) Não poderá acatar os argumentos da ação direta, uma vez que o Governador foi quem autorizou a realização do concurso e deu posse aos candidatos, de modo que a ação proposta por ele mesmo viola a segurança jurídica, denotando conduta contraditória.

(C) Deverá realizar uma ponderação de princípios e poderá, ao final, decidir pela constitucionalidade da lei e pela sua manutenção no ordenamento jurídico, apesar da afronta à Constituição, caso em que julgará improcedente a ação.

(D) Poderá, ao declarar a inconstitucionalidade, e pelo voto de dois terços dos ministros, restringir os efeitos da decisão ou decidir que ela só tenha eficácia a partir de seu trânsito em julgado ou de outro momento que venha a ser fixado, preservando os atos já praticados pelos fiscais.

A: incorreta. Caso o STF decidisse por tornar inválido o concurso, determinando a exoneração de todos os aprovados e a anulação dos atos praticados haveria flagrante violação aos princípios da segurança jurídica e da supremacia do interesse público; **B:** incorreta. Diante da inconstitucionalidade em razão dos vícios ocorridos no processo de elaboração da lei, como, por exemplo, a violação ao art. 61, § 1º, II, "a", da CF, o Supremo pode acatar os argumentos da ação direta. O artigo mencionado determina que a iniciativa das leis que disponham sobre a criação de cargos, funções ou empregos públicos na administração direta e autárquica ou aumento de sua remuneração é privativa do Presidente da República; **C:** incorreta. Se há afronta à Constituição, a decisão deve ser pela inconstitucionalidade da norma e não pela constitucionalidade; **D:** correta. De fato há possibilidade de o Supremo, ao declarar a inconstitucionalidade, pelo voto de dois terços dos ministros, modular os efeitos da decisão. É o que se extrai da leitura do art. 27 da Lei 9.868/1999.

Gabarito "D"

(OAB/Exame Unificado – 2011.3.A) NÃO pode ser objeto de ação direta de inconstitucionalidade

(A) decreto que promulga tratado.

(B) decreto legislativo que aprova tratado.

(C) resolução.

(D) súmula vinculante.

A e **B:** incorretas. O decreto que promulga o tratado, expedido pelo Presidente da República, e o decreto legislativo que aprova o tratado, expedido pelo Congresso Nacional, são tidos como atos normativos de incorporação dos tratados e encontram fundamento de validade direto na Constituição Federal. Segundo o STF tais atos *estão sujeitos ao controle de constitucionalidade* por meio de ADI; **C:** incorreta. De acordo com o art. 102, I, "a", da CF é da competência do STF o processo e julgamento, originário, da ação direta de inconstitucionalidade de lei *ou ato normativo* federal ou estadual. A *resolução*, considerada ato normativo, traz comando geral e abstrato, portanto, está sujeita ao controle de constitucionalidade por meio de ADI; **D:** correta. A *súmula vinculante*, prevista no art. 103-A da CF, possui *procedimento próprio* de revisão e cancelamento (Lei 11.417/2006). Sendo assim, não pode ser objeto da ADI. Há na doutrina e na jurisprudência quem entenda de forma diversa.

Gabarito "D"

(FGV – 2010) A decisão do STF que, em Ação Direta de Inconstitucionalidade (ADI), declara a inconstitucionalidade parcial sem redução de texto de determinado dispositivo de lei, implica

(A) manutenção parcial do texto do dispositivo.

(B) manutenção integral do texto do dispositivo, não sendo mais admitida a interpretação incompatível com a própria CRFB/1988.

(C) nulidade parcial do texto do dispositivo, sendo permitida a aplicação da parte restante.

(D) nulidade do dispositivo, não sendo mais permitida sua aplicação integral.

(E) nulidade integral, visto que a interpretação conforme a Constituição não pode ser aplicada.

A declaração parcial sem redução de texto é considerada um mecanismo de interpretação, utilizado pelo Supremo, que tem por finalidade "salvar" a norma (princípio da conservação ou preservação das normas). A Corte, se valendo de tal instituto, não declara a norma inconstitucional e retira-a do ordenamento jurídico, mas apenas declara que determinada interpretação (parte) dada à norma é inconstitucional. Uma lei pode ser interpretada de mais de uma maneira e que, às vezes, uma interpretação dada não está de acordo com o que diz a Constituição. É exatamente nessa hipótese que o STF se vale da declaração parcial sem redução de texto. Em vez de declarar a norma inconstitucional, determina que uma interpretação, dentre as diversas que possam existir, é inconstitucional. Assim, a declaração não é total e sim parcial, haja vista que há mais de uma interpretação para aquela lei. E, ainda "sem redução de texto", pois a norma em si é preservada, o que é declarado parcialmente inconstitucional é a interpretação dada a ela. Assim, a alternativa correta é a "B", pois o texto é mantido, não sendo mais admitida a interpretação incompatível com a própria Constituição Federal de 1988.

Gabarito "B".

(OAB/Exame Unificado – 2007.3) O Supremo Tribunal Federal não tem admitido o controle por meio de ação direta de inconstitucionalidade de

(A) decreto autônomo.
(B) emenda à Constituição.
(C) tratado internacional incorporado à ordem jurídica brasileira.
(D) norma constitucional originária.

As normas constitucionais originárias são sempre constitucionais, porquanto são produto do poder constituinte originário. Não há que se falar, pois, em controle de constitucionalidade de normas originárias. Os conflitos porventura existentes deverão ser harmonizados por meio de mecanismos de interpretação.

Gabarito "D".

(OAB/Exame Unificado – 2006.1) Considere que, no julgamento de uma ação direta de inconstitucionalidade, o Supremo Tribunal Federal (STF) realizou procedimento hermenêutico de *interpretação conforme* e declarou a inconstitucionalidade parcial, sem redução do texto, de determinado artigo de lei complementar federal. Nessa situação, considerando que o referido acórdão nada dispõe acerca da extensão dos seus efeitos, a declaração de inconstitucionalidade

(A) tem efeitos *ex nunc*, pois a atribuição de efeitos retroativos a um acórdão somente pode ser feita mediante determinação expressa, na própria decisão, da maioria absoluta dos membros do tribunal.
(B) tem efeitos *inter partes*, por tratar-se de declaração de inconstitucionalidade parcial.
(C) tem efeitos erga *omnes* e *ex tunc*.
(D) somente terá efeito vinculante caso o Senado Federal suspenda a eficácia do dispositivo declarado inconstitucional.

A: incorreta. Conforme dispõe o art. 102, § 2º, da CF, em regra, no controle concentrado de constitucionalidade a decisão final produz efeitos *erga omnes* (eficácia contra todos) e *ex tunc* (efeitos retroativos). Existe, porém, o mecanismo da modulação dos efeitos que o Supremo se utiliza quando pretende alterar esses efeitos. Para tanto, deve, expressamente, mencionar quais efeitos a decisão produzirá. Por exemplo, pela modulação, o STF pode transformar os efeitos retroativos (*ex tunc*) em não retroativos (*ex nunc*). A alternativa A, equivocadamente, menciona que a regra é que os efeitos sejam não retroativos (*ex nunc*) e é justamente o contrário. Além disso, as técnicas de interpretação utilizadas pelo STF (interpretação conforme a Constituição Federal e declaração parcial de inconstitucionalidade sem redução de texto) não interferem nos efeitos, exceto se houver a modulação, mas isso pode ocorrer em qualquer caso; **B:** incorreta. Os efeitos são, em regra, *erga omnes* (contra todos). A declaração parcial de inconstitucionalidade tem a ver com a interpretação a ser dada a norma e não com as pessoas que serão atingidas pela decisão. **C:** correta. Segundo o art. 102, § 2º, da CF, a eficácia retroativa e contra todos é a regra em se tratando de declarações de inconstitucionalidade; **D:** incorreta. A decisão final em sede de ação direta de inconstitucionalidade já produz o efeito vinculante que é aquele que atinge os demais órgãos do Poder Judiciário e a Administração Pública direta e indireta, nas esferas federal, estadual e municipal.

Gabarito "C".

(OAB/Exame Unificado – 2008.2) Assinale a opção correta no que se refere ao controle concentrado da constitucionalidade.

(A) A ação direta contra lei municipal poderá ser ajuizada no Supremo Tribunal Federal (STF).
(B) A declaração de inconstitucionalidade sempre produzirá efeitos *ex nunc*.
(C) A ação direta contra lei estadual somente será julgada no tribunal de justiça local.
(D) Não há previsão constitucional para o julgamento de ação direta no âmbito dos tribunais regionais federais (TRFs).

A: incorreta. Lei municipal que viola a Constituição Federal não pode ser objeto de ação direta de inconstitucionalidade no STF. O que poderá ocorrer é a situação de uma lei municipal ferindo a Constituição Estadual. Nessa hipótese, é possível falar em ação direta, mas o órgão competente para analisá-la é o Tribunal de Justiça do Estado e não o STF (arts. 102, I, *a*, e 125, § 2º, da CF); **B:** incorreta. A declaração de inconstitucionalidade produz em regra efeitos *ex tunc* (retroativos); **C:** incorreta. A ação direta de inconstitucionalidade de lei estadual que fira a Constituição Federal será julgada pelo STF (art. 102, I, *a*, da CF; **D:** correta. A ação direta será julgada pelo STF (art. 102, I, *a*, da CF), quando se tratar de lei ou ato normativo federal ou estadual em face da Constituição Federal, e será julgada pelo TJ local (art. 125, § 2º, da CF), em se tratando de leis ou atos normativos estaduais ou municipais em face da Constituição Estadual. No que concerne ao controle concentrado, de fato a Carta Magna não conferiu nenhuma competência aos TRFs.

Gabarito "D".

(FGV – 2010) Não possui legitimidade para propor ação direta de inconstitucionalidade:

(A) a mesa da Câmara dos Deputados.
(B) a mesa do Senado Federal.
(C) a mesa do Congresso Nacional.
(D) a mesa da Câmara Legislativa do Distrito Federal.
(E) a confederação sindical de âmbito nacional.

Os legitimados à propositura de ação direta de inconstitucionalidade estão previstos no art. 103, I a IX, da CF e no art. 2º da Lei 9.868/1999 e são os seguintes: o Presidente da República, a Mesa do Senado Federal, a Mesa da Câmara dos Deputados, a Mesa de Assembleia Legislativa ou da Câmara Legislativa do Distrito Federal, o Governador de Estado ou do Distrito Federal, o Procurador-Geral da República, o Conselho Federal da Ordem dos Advogados do Brasil, o partido político com representação no Congresso Nacional, a confederação sindical ou entidade de classe de âmbito nacional. Dentre as pessoas e órgãos mencionados há os que possuem legitimidade universal ou neutra (podem propor ações de controle concentrado sobre qualquer tema) e os legitimados especiais, temáticos ou interessados, que são aqueles que precisam demonstrar pertinência temática ao ingressar com essas ações, ou seja, o conteúdo do ato deve ser pertinente aos interesses do legitimado, sob pena de carência da ação (falta de interesse de agir). As ações propostas pela a Mesa de Assembleia Legislativa ou da Câmara Legislativa do Distrito Federal (art. 103, IV, da CF); o Governador de Estado ou do Distrito Federal (art. 103, V, da CF); e confederação sindical ou entidade de classe de âmbito nacional (art. 103, IX, da CF) devem vir acompanhadas da demonstração da pertinência temática. O Supremo já definiu que pertinência temática significa que a ação proposta pelo ente tem de estar de acordo com sua finalidade. Analisando as alternativas trazidas pela questão, apenas a "C", mesa do Congresso Nacional, trata de um órgão que não tem legitimidade para propor ADI no Supremo.

Gabarito "C".

(FGV – 2010) Considere as afirmativas abaixo:

I. São legitimados para intentar ação de inconstitucionalidade o Presidente da República e a entidade de classe de âmbito municipal ou estadual.

II. Não se admite declaração de inconstitucionalidade de lei ou de ato normativo com força de lei por lei ou ato normativo com força de lei posteriores.
III. Admite-se o efeito *ex nunc* na declaração de inconstitucionalidade de lei municipal em processo de controle difuso.
IV. Na ação direta de inconstitucionalidade, é vedada a intervenção de terceiros, mas admite-se a desistência da ação.

Somente é correto o que se afirma em

(A) I e III.
(B) II e III.
(C) I e IV.
(D) II e IV.
(E) III e IV.

I: incorreta. O Presidente da República é legitimado ativo para propor ADIn (art. 103, I, da CF), mas as entidades de classe restringem-se às de caráter nacional (art. 103, IX, da CF); **II:** correta. Não existe declaração de inconstitucionalidade pelo Poder Legislativo, por intermédio da publicação de outra lei; **III:** correta. A produção de efeitos temporais no controle difuso é, em regra, *ex nunc* (*pro futuro*); **IV:** incorreta. São vedadas a intervenção de terceiros e a desistência da ação (arts. 5º e 7º da Lei 9.868/1999).
Gabarito "B"

4.4. AÇÃO DIRETA DE INCONSTITUCIONALIDADE POR OMISSÃO

(OAB/Exame Unificado – 2009.2) Assinale a opção correta no que diz respeito ao controle das omissões inconstitucionais.

(A) A ação direta de inconstitucionalidade por omissão que objetive a regulamentação de norma da CF somente pode ser ajuizada pelos sujeitos enumerados no artigo 103 da CF, sendo a competência para o seu julgamento privativa do STF.
(B) Na omissão inconstitucional total ou absoluta, o legislador deixa de proceder à completa integração constitucional, regulamentando deficientemente a norma da CF.
(C) A omissão inconstitucional pode ser sanada mediante dois instrumentos: o mandado de injunção, ação própria do controle de constitucionalidade concentrado; e a ação direta de inconstitucionalidade por omissão, instrumento do controle difuso de constitucionalidade.
(D) O mandado de injunção destina-se à proteção de qualquer direito previsto constitucionalmente, mas inviabilizado pela ausência de norma integradora.

A: correta. Art. 12-A da Lei 9.868/1999; **B:** incorreta. Na chamada *omissão inconstitucional total ou absoluta*, há ausência de legislação integrativa infraconstitucional; na omissão parcial, a lei existe, mas é insuficiente; **C:** incorreta. No mandado de injunção, o controle é difuso (exercido pela via de exceção ou defesa); na ação direta de inconstitucionalidade por omissão, por seu turno, o controle é concentrado (art. 103, § 2º, da CF e Capítulo II-A da Lei 9.868/1999); **D:** incorreta. O art. 5º, LXXI, da CF faz menção a direitos, liberdades constitucionais e prerrogativas inerentes à nacionalidade, à soberania e à cidadania.
Gabarito "A"

(FGV – 2014) O Governador do Estado W apresenta Ação Direta de Inconstitucionalidade por omissão, sendo constatado que sua petição inicial possui defeitos. Outorgado prazo para regularização, o mesmo transcorre *in albis*, gerando decisão indeferitória da exordial.

Nos termos da legislação de regência, tal decisão é

(A) impassível de recurso.
(B) atacável por apelação.
(C) passível de agravo.
(D) enfrentável por recurso ordinário.
(E) cabível para recurso especial.

De acordo com o art. 4º da Lei 9.868/99, a petição **inicial inepta**, não fundamentada e a manifestamente improcedente serão liminarmente **indeferidas pelo relator**. O parágrafo único do mesmo dispositivo determina que o recurso cabível quando a decisão indeferir a petição inicial é o **agravo**.
Gabarito "C"

4.5. AÇÃO DECLARATÓRIA DE CONSTITUCIONALIDADE

(OAB/Exame Unificado – 2008.1) A ação declaratória de constitucionalidade

(A) foi instituída pelo constituinte originário na Constituição de 1988.
(B) pode ser proposta por qualquer cidadão, perante o STF.
(C) somente será julgada se existir controvérsia judicial relevante sobre a aplicação da lei ou do ato normativo de que trata a ação.
(D) não admite pedido de medida cautelar, haja vista a presunção de constitucionalidade das leis e atos normativos.

A: incorreta. A ação declaratória de constitucionalidade foi introduzida na ordem jurídica brasileira pela EC 3, de 17.03.1993; **B:** incorreta. Os legitimados para a propositura dessa ação são os mesmos para a propositura da ação direta de inconstitucionalidade (art. 103, I a IX, da CF); **C:** correta. Constitui pressuposto desta ação a controvérsia acerca da constitucionalidade da lei ou ato normativo, o que é mensurado por meio da existência de um número considerável de ações nas quais é questionada a constitucionalidade da lei ou do ato normativo, *ex vi* do art. 14, III, da Lei 9.868/1999; **D:** incorreta. Art. 21 da Lei 9.868/1999.
Gabarito "C"

4.6. ARGUIÇÃO DE DESCUMPRIMENTO DE PRECEITO FUNDAMENTAL

(OAB/Exame Unificado – 2015.3) A Lei Z, elaborada recentemente pelo Poder Legislativo do Município M, foi promulgada e passou a produzir seus efeitos regulares após a Câmara Municipal ter derrubado o veto aposto pelo Prefeito. A peculiaridade é que o conteúdo da lei é praticamente idêntico ao de outras leis que foram editadas em milhares de outros Municípios, o que lhe atribui inegável relevância. Inconformado com a derrubada do veto, o Prefeito do Município M, partindo da premissa de que a Lei Z possui diversas normas violadoras da ordem constitucional federal, pretende que sua inconstitucionalidade seja submetida à apreciação do Supremo Tribunal Federal.

A partir das informações acima, assinale a opção que se encontra em consonância com o sistema de controle de constitucionalidade adotado no Brasil.

(A) O Prefeito do Município M, como agente legitimado pela Constituição Federal, está habilitado a propor arguição de descumprimento de preceito fundamental questionando a constitucionalidade dos dispositivos que entende violadores da ordem constitucional federal.

(B) A temática pode ser objeto de ação direta de inconstitucionalidade ou de arguição de descumprimento de preceito fundamental, se proposta por qualquer um dos legitimados pelo Art. 103 da Constituição Federal.

(C) A Lei Z não poderá ser objeto de ação, pela via concentrada, perante o Supremo Tribunal Federal, já que, de acordo com o sistema de controle de constitucionalidade adotado no Brasil, atos normativos municipais só podem ser objeto de controle, caso se utilize como paradigma de confronto a Constituição Federal, pela via difusa.

(D) Os dispositivos normativos da Lei Z, sem desconsiderar a possibilidade de ser realizado o controle incidental pela via difusa, podem ser objeto de controle por via de arguição de descumprimento de preceito fundamental, se proposta por qualquer um dos legitimados pelo Art. 103 da Constituição Federal.

A: incorreta. O prefeito do Município M, pelo contrário, não está habilitado para propor argüuição de descumprimento de preceito fundamental – ADPF, pois ele não consta no rol de legitimados. De acordo com o art. 103 da CF e o art. 2º, I, da Lei 9.882/1999, a propositura das ações do controle concentrado de constitucionalidade (ADI, ADC e ADPF) pode ser feita pelos seguintes legitimados: I — o Presidente da República, II — a Mesa do Senado Federal, III — a Mesa da Câmara dos Deputados, IV – a Mesa de Assembleéia Legislativa ou da Câmara Legislativa do Distrito Federal, V – o Governador de Estado ou do Distrito Federal, VI — o Procurador-Geral da República, VII — o Conselho Federal da Ordem dos Advogados do Brasil, VIII — partido político com representação no Congresso Nacional e IX --- confederação sindical ou entidade de classe de âmbito nacional; **B:** incorreta. O problema não pode ser levado ao Supremo Tribunal Federal pela via da ação direta de constitucionalidade - - ADI, porque a lei é de natureza municipal e a ADI só admite a discussão da constitucionalidade de normas de natureza federal, estadual ou distrital, produzida no exercício da competência estadual. A segunda parte da alternativa está correta, pois a argüuição de descumprimento de preceito fundamental, proposta por um dos legitimados previstos no art. 103 da CF, de fato, é o veículo correto para que o controle concentrado de constitucionalidade dessa norma seja feito; **C:** incorreta. DiversamentoDiversamente do mencionado, a Lei Z poderá ser objeto de ação, pela via concentrada, perante o Supremo Tribunal Federal, desde que a ação seja a ADPF. Além disso, os atos normativos municipais também podem ser objeto de controle pela via difusa, caso o paradigma de confronto seja a Constituição Federal; **D:** correta. De acordo com o parágrafo único, I, do art. 1º da Lei nº. 9.882/1999, caberá também argüuição de descumprimento de preceito fundamental quando for relevante o fundamento da **controvérsia constitucional sobre lei ou ato normativo** federal, estadual ou **municipal**, incluídos os anteriores à Constituição.

Gabarito "D"

(OAB/Exame Unificado – 2014.1) A arguição de descumprimento de preceito fundamental (ADPF), regulada pela Lei nº 9.882/1999, tem por objeto evitar ou reparar lesão a preceito fundamental, resultante de ato do Poder Público.

Com base no legalmente disposto sobre a ADPF, assinale a opção correta.

(A) Face à extraordinariedade da ADPF, a decisão de indeferimento liminar da petição inicial é irrecorrível.

(B) De acordo com a Lei nº 9.882/99, vige o principio da subsidiariedade quanto ao cabimento da ADPF.

(C) A decisão proferida em ADPF produzirá somente efeitos erga omnes e ex tunc.

(D) O prefeito de qualquer município pode propor ADPF contra lei local perante o STF.

A: incorreta. De acordo com o art. 4º, § 2º, da Lei 9.882/1999, da decisão de indeferimento da petição inicial **caberá agravo**, no prazo de cinco dias; **B:** correta. De fato o § 1º do art. 4º da Lei 9.882/1999 consagra o princípio da **subsidiariedade**. Por tal norma, não será admitida arguição de descumprimento de preceito fundamental quando houver qualquer outro meio eficaz de sanar a lesividade; **C:** incorreta. Além dos efeitos *erga omnes* (contra todos) e *ex tunc* (retroativos), conforme o art. 10, § 3º, da Lei 9.868/1999, a decisão produzirá **efeito vinculante** relativamente aos demais órgãos do Poder Público; **D:** incorreta. O art. 2º, I, da Lei 9.882/1999 determina que os legitimados para a ação direta de inconstitucionalidade também podem propor arguição de descumprimento de preceito fundamental. Sendo assim, de acordo com o art. 103, I a IX, da CF, os legitimados para tanto são: I – o Presidente da República; II – a Mesa do Senado Federal; III – a Mesa da Câmara dos Deputados; IV – a Mesa de Assembleia Legislativa ou da Câmara Legislativa do Distrito Federal; V – o Governador de Estado ou do Distrito Federal; VI – o Procurador-Geral da República; VII – o Conselho Federal da Ordem dos Advogados do Brasil; VIII – partido político com representação no Congresso Nacional; e IX – confederação sindical ou entidade de classe de âmbito nacional.

Gabarito "B"

(OAB/Exame Unificado – 2009.1) A respeito da arguição de descumprimento de preceito fundamental (ADPF), assinale a opção correta.

(A) O conceito de preceito fundamental foi introduzido no ordenamento jurídico brasileiro pela Lei nº 9.882/1999, segundo a qual apenas as normas constitucionais que protejam direitos e garantias fundamentais podem ser consideradas preceito fundamental.

(B) Na ADPF, não se admite a figura do *amicus curiae*.

(C) A ADPF, criada com o objetivo de complementar o sistema de proteção da CF, constitui instrumento de controle concentrado de constitucionalidade a ser ajuizado unicamente no STF.

(D) A ADPF pode ser ajuizada mesmo quando houver outra ação judicial ou recurso administrativo eficaz para sanar a lesividade que se pretende atacar, em observância ao princípio da indeclinabilidade da prestação judicial.

A: incorreta. Deixaram a Constituição Federal e a Lei 9.882/1999 de definir o que vem a ser preceito fundamental, o que caberá, por certo, à doutrina e ao STF. O Supremo já mencionou que o sistema constitucional tributário é um exemplo de preceito fundamental, além de temas como os direitos e garantias individuais; **B:** incorreta. É possível a participação do *amicus curiae* (amigo da corte) na ADPF (art. 6º, § 2º, da Lei 9.882/1999); **C:** correta. Art. 102, § 1º, da CF, e Lei 9.882/1999); **D:** incorreta. A ADPF é regida pelo princípio da subsidiariedade, ou seja, só cabe quando não houver outro meio eficaz para sanar a lesividade (art. 4º, § 1º, da Lei 9.882/1999).

Gabarito "C"

(OAB/Exame Unificado – 2008.1) Assinale a opção incorreta com relação à arguição de descumprimento de preceito fundamental.

(A) Cabe reclamação ao STF quando for descumprida uma decisão tomada em arguição de descumprimento de preceito fundamental.
(B) Qualquer cidadão pode propor arguição de descumprimento de preceito fundamental.
(C) As decisões de mérito, em arguição de descumprimento de preceito fundamental, possuem efeito vinculante.
(D) A arguição de descumprimento de preceito fundamental não será admitida quando houver outro meio eficaz para sanar a lesividade.

A: correta (art. 13 da Lei 9.882/1999); **B:** incorreta, devendo ser assinalada. Podem propor ADPF os mesmos legitimados à propositura de ADI (art. 2º, I, da Lei 9.882/1999); **C:** correta (art. 10, § 3º, da Lei 9.882/1999); **D:** correta. A ADPF é uma ação subsidiária, desse modo, só pode ser proposta se não houver outro meio eficaz para sanar a lesividade (art. 4º, § 1º, da Lei 9.882/1999). Vale lembrar que o instituto da *arguição de descumprimento de preceito fundamental* está previsto no § 1º do art. 102 da CF e a Lei 9.882/1999 é quem disciplina o seu processo e julgamento.

Gabarito "B"

(OAB/Exame Unificado – 2006.2) Em uma arguição de descumprimento de preceito fundamental, o STF

(A) julga um incidente processual que lhe foi submetido por um tribunal de segundo grau.
(B) somente pode proceder ao controle de constitucionalidade de leis ou atos administrativos normativos.
(C) pode avocar processos que tramitam em tribunais superiores e que envolvam o controle concreto de constitucionalidade de atos do poder público que atentem contra direitos fundamentais.
(D) pode atribuir efeitos *ex nunc* a sua decisão.

O art. 11 da Lei 9.882/1999 trata da denominada modulação dos efeitos da decisão. Se valendo de tal mecanismo, o STF, tendo em vista razões de segurança jurídica ou de excepcional interesse social, pode, por maioria de dois terços de seus membros, restringir os efeitos da decisão ou determinar que ela só tenha eficácia a partir de seu trânsito em julgado ou de outro momento que venha a ser fixado (transformando, assim, os efeitos que eram *ex tunc*, retroativos, em *ex nunc*, não retroativos).

Gabarito "D"

(FGV – 2014) O partido político XYZ propõe Argulção de Descumprimento de Preceito Fundamental perante o Supremo Tribunal Federal que decide pelo seu não acolhimento, tendo em vista que o pleito poderia ser solvido por outras vias.

Nesse caso, houve a aplicação do Princípio da

(A) Legalidade.
(B) Igualdade.
(C) Subsidiariedade.
(D) Uniformidade.
(E) Declaratividade.

A: incorreta. O princípio da legalidade, previsto no art. 5º, II, da CF, determina que ninguém será obrigado a fazer ou deixar de fazer alguma coisa senão em virtude de lei. Tal regra pressupõe que o Poder Público não imponha qualquer exigência às pessoas, sem que haja previsão legal para tanto; **B:** incorreta. O princípio da igualdade ou isonomia, previsto no art. 5º, I, da CF, determina que todos são iguais perante a lei, sem distinção de qualquer natureza. A realização efetiva da justiça busca o tratamento igual para os iguais, mas para tanto é preciso dar tratamento desigual aos desiguais, na exata medida da desigualdade. O objetivo é a superação da igualdade meramente formal (perante a lei) e o alcance da igualdade material (real); **C:** correta. O princípio aplicável à hipótese é do da **subsidiariedade**. De acordo com o § 1º do art. 4º da Lei 9.882/99, só será cabível a arguição de descumprimento de preceito fundamental quando não houver outro meio eficaz para sanar a lesividade. Havendo a possibilidade de solucionar o problema da violação da constituição por outro meio, inclusive com o ajuizamento de ADI ou ADC, será este outro meio que deverá ser utilizado; **D:** incorreta. No direito tributário existe o princípio da uniformidade tributária, previsto no art. 151, I, da CF, o qual veda União a instituição de tributo que não seja uniforme em todo o território nacional ou que implique distinção ou preferência em relação a Estado, ao Distrito Federal ou a Município, em detrimento de outro, admitida a concessão de incentivos fiscais destinados a promover o equilíbrio do desenvolvimento socioeconômico entre as diferentes regiões do País; **E:** incorreta. Declaratividade não diz respeito a princípio constitucional.

Gabarito "C"

(FGV – 2013) Pérola pretende apresentar Ação de Descumprimento de Preceito Fundamental para defender uma pretensão individual.

Após consultas, verifica que não possui a legitimidade para a ação. Nos termos da Constituição Federal, assinale a alternativa que indica o órgão julgador da ADPF.

(A) Superior Tribunal de Justiça.
(B) Superior Tribunal Militar.
(C) Supremo Tribunal Federal.
(D) Tribunal Superior do Trabalho.
(E) Tribunal Superior Eleitoral.

Conforme determina o art. 102, § 1º, da CF, a **arguição de descumprimento de preceito fundamental**, decorrente desta Constituição, será **apreciada pelo Supremo Tribunal Federal**, na forma da lei.

Gabarito "C"

5. DIREITOS E DEVERES INDIVIDUAIS E COLETIVOS

5.1. DIREITOS E DEVERES EM ESPÉCIE

(OAB/Exame Unificado – 2016.1) José, internado em um hospital público para tratamento de saúde, solicita a presença de um pastor para lhe conceder assistência religiosa. O pedido, porém, é negado pela direção do hospital, sob a alegação de que, por se tratar de instituição pública, a assistência não seria possível em face da laicidade do Estado. Inconformado, José consulta um advogado.

Após a análise da situação, o advogado esclarece, com correto embasamento constitucional, que

(A) a negativa emanada pelo hospital foi correta, tendo em vista que a Constituição Federal de 1988, ao consagrar a laicidade do Estado brasileiro, rejeita a expressão religiosa em espaços públicos.
(B) a direção do hospital não tem razão, pois, embora a Constituição Federal de 1988 reconheça a laicidade do Estado, a assistência religiosa é um direito garantido pela mesma ordem constitucional.
(C) a correção ou incorreção da negativa da direção do hospital depende de sua consonância, ou não, com o regulamento da própria instituição, já que se está perante direito disponível.

(D) a decisão sobre a possibilidade, ou não, de haver assistência religiosa em entidades públicas de saúde depende exclusivamente de comando normativo legal, já que a temática não é de estatura constitucional.

A: incorreta. O fato de o Estado ser laico, ou seja, aquele que não professa uma religião oficial, não impede que a assistência religiosa seja prestada em um hospital público. Pelo contrário, a Constituição, em seu art. 5º, VII, assegura, nos termos da lei, a prestação de assistência religiosa nas entidades civis e militares de internação coletiva; **B:** correta. É o que determina o mencionado art. 5º, VII, da CF; **C:** incorreta. O direito à prestação de assistência religiosa é constitucionalmente garantido, cabendo a lei apenas regulamentá-lo. O regulamento do hospital não pode proibir o exercício de um direito assegurado pelo Texto Constitucional, no rol de direitos e garantias fundamentais; **D:** incorreta. A decisão não depende exclusivamente de comando normativo legal. Ao contrário do mencionado, a garantia da prestação de assistência religiosa nas entidades civis e militares de internação coletiva liberdade**possui** estatura constitucional, vem prevista no rol de direitos e garantias fundamentais (art. 5º, VII).

Gabarito "B".

(OAB/Exame Unificado – 2015.3) Um grupo autodenominado "Sangue Puro" passou a se organizar sob a forma de associação. No seu estatuto, é possível identificar claros propósitos de incitação à violência contra indivíduos pertencentes a determinadas minorias sociais. Diversas organizações não governamentais voltadas à defesa dos direitos humanos, bem como o Ministério Público, ajuizaram medidas judiciais solicitando a sua imediata dissolução.

Segundo a Constituição Federal, a respeito da hipótese formulada, assinale a afirmativa correta.

(A) A associação não poderá sofrer qualquer intervenção do Poder Judiciário, pois é vedada a interferência estatal no funcionamento das associações.
(B) Caso o pedido de dissolução seja acolhido, a associação poderá ser compulsoriamente dissolvida, independentemente do trânsito em julgado da sentença judicial.
(C) A associação poderá ter suas atividades imediatamente suspensas por decisão judicial, independentemente do seu trânsito em julgado.
(D) Apenas se justificaria a intervenção estatal se caracterizada a natureza paramilitar da associação em comento.

A: incorreta. Ao contrário do mencionado, o art. 5º, XIX, da CF determina a possibilidade de dissolução compulsória das associações ou da suspensão de suas atividades **por decisão judicial**, exigindo-se, no primeiro caso, o trânsito em julgado. Por outro lado, o art. 5º, XVIII, da CF determina que a criação de associações e, na forma da lei, a de cooperativas independem de autorização, **sendo vedada a interferência estatal em seu funcionamento.** Ocorre que isso não significa que o Judiciário não poderá intervir. Como já demonstrado, havendo decisão judicial, é possível que o Judiciário intervenha; **B:** incorreta. A dissolução da associação depende do trânsito em julgado, conforme dispõe o art. 5º, XIX, da CF; **C:** correta. É o que determina o citado art. 5º, XIX, da CF; **D:** incorreta. São vedadas tanto a existência de associação de caráter paramilitar, conforme o art. 5º, XVII, da CF, como a intervenção estatal no funcionamento das associalçõesassociações, art. 5º, XVIII, da CF.

Gabarito "C".

(OAB/Exame Unificado – 2014.3) Pedro promoveu ação em face da União Federal e seu pedido foi julgado procedente, com efeitos patrimoniais vencidos e vincendos, não havendo mais recurso a ser interposto.

Posteriormente, o Congresso Nacional aprovou lei, que foi sancionada, extinguindo o direito reconhecido a Pedro. Após a publicação da referida lei, a Administração Pública federal notificou Pedro para devolver os valores recebidos, comunicando que não mais ocorreriam os pagamentos futuros, em decorrência da norma em foco.

Nos termos da Constituição Federal, assinale a opção correta.

(A) A lei não pode retroagir, porque a situação versa sobre direitos indisponíveis de Pedro.
(B) A lei não pode retroagir para prejudicar a coisa julgada formada em favor de Pedro.
(C) A lei pode retroagir, pois não há direito adquirido de Pedro diante de nova legislação.
(D) A lei pode retroagir, porque não há ato jurídico perfeito em favor de Pedro diante de pagamentos pendentes.

A: incorreta. A lei de fato não pode retroagir, mas não por esse fundamento, pois os efeitos patrimoniais decorrentes da procedência do pedido não são indisponíveis. O que impede a retroatividade da lei nessa hipótese é a incidência da coisa julgada; **B:** correta. De acordo com o art. 5º, XXXVI, da CF, **a lei não prejudicará** o direito adquirido, o ato jurídico perfeito e **a coisa julgada**; **C** e **D:** incorretas. Ao contrário do afirmado nessas alternativas, a lei **não poderá retroagir**, pois já houve a incidência da coisa julgada.

Gabarito "B".

(OAB/Exame Unificado – 2014.2) Deise pretende ter acesso a informações pertinentes à atividade estatal que estão em poder de específico órgão público, aduzindo que todos os dados de interesse coletivo ou geral devem ser públicos. Nos termos da Constituição Federal, o direito de acesso às informações estatais

(A) é absoluto, em decorrência da publicidade dos atos.
(B) tem, como limite, o sigilo imprescindível à segurança do Estado.
(C) depende de autorização excepcional do Executivo.
(D) está limitado aos dados constantes nos sítios de informações estatais.

A: incorreta. Não há direito absoluto. A própria Constituição, em seu art. 5º, XXXIII, traz uma situação em que o direito à informação não prevalece. De acordo com esse dispositivo, todos têm direito a receber dos órgãos públicos informações de seu interesse particular, ou de interesse coletivo ou geral, que serão prestadas no prazo da lei (Lei 12.527/11), sob pena de responsabilidade, **ressalvadas aquelas cujo sigilo seja imprescindível à segurança da sociedade e do Estado**. Vale lembrar que o inciso XIV do art. 5º também assegura a todos o acesso à informação, resguardado o sigilo da fonte, quando necessário ao exercício profissional; **B:** correta. De fato, o art. 5º, XXXIII, da CF determina que o sigilo será aplicado quando for imprescindível à segurança da sociedade e do Estado. Além disso, a Lei 12.527/2011, norma que regulamentou o acesso a informações previsto no dispositivo mencionado, em seu art. 4º, III, conceitua informação sigilosa como sendo aquela submetida temporariamente à restrição de acesso público em razão de sua imprescindibilidade para a segurança da sociedade e do Estado; **C:** incorreta. Não há necessidade de autorização excepcional por parte do Poder Executivo para o exercício do direito à informação; **D:** incorreta. De acordo com o art. 2º da Lei 12.527/2011, o acesso às informações não está limitado aos dados constantes nos sítios de informações estatais. O dispositivo mencionado indica que as disposições desta Lei, aplicam-se, no que couber, às **entidades privadas** sem fins lucrativos que recebam, para realização de ações de interesse público, recursos públicos diretamente do orçamento ou mediante subvenções sociais, contrato de gestão, termo de parceria, convênios, acordo, ajustes ou outros instrumentos congêneres. Além disso, o art. Art. 7º da mesma lei informa que o acesso à informação compreende, entre outros, os direitos de obter: I – orientação sobre os procedimentos para a consecução de acesso, bem como **sobre o local onde poderá ser encontrada** ou obtida **a informação almejada**; II – informação contida em registros ou documentos, produzidos ou acumulados por seus órgãos ou entidades, **recolhidos ou não a arquivos públicos**; III – **informação produzida ou custodiada por pessoa física ou entidade privada** decorrente de qualquer vínculo com seus órgãos ou entidades, mesmo que esse vínculo já tenha cessado; IV – informação primária, íntegra, autêntica e atualizada; V – informação sobre atividades exercidas pelos órgãos e entidades, inclusive as relativas à sua política, organização e serviços; VI – informação pertinente à administração do patrimônio público, utilização de recursos públicos, licitação, contratos administrativos; e VII – informação relativa: a) à implementação, acompanhamento e resultados dos programas, projetos e ações dos órgãos e entidades públicas, bem como metas e indicadores propostos; b) ao resultado de inspeções, auditorias, prestações e tomadas de contas realizadas pelos órgãos de controle interno e externo, incluindo prestações de contas relativas a exercícios anteriores.

Gabarito "B"

(OAB/Exame Unificado – 2014.2) A Sra. Maria da Silva é participante ativa da AMA-X (Associação de Moradores e Amigos do bairro X). Todos os dias, no fim da tarde, a Sra. Maria da Silva e um grupo de associados reuniam-se na praça da cidade, distribuindo material sobre os problemas do bairro. A associação convocava os moradores para esses encontros por meio da rádio da cidade e comunicava, previamente, o local e a hora das reuniões às autoridades competentes. Certa tarde, um grupo da Associação de Moradores do bairro Y ocupou o local que os participantes da AMA-X habitualmente utilizavam. O grupo do bairro Y não havia avisado, previamente, a autoridade competente sobre o evento, organizado em espaço público. A Sra. Maria da Silva, indignada com a utilização do mesmo espaço, e tendo sido frustrada a reunião de seu grupo, solicitou aos policiais militares, presentes no local, que tomassem as medidas necessárias para permitir a realização do encontro da AMA-X. Em relação à liberdade de associação e manifestação, assinale a afirmativa correta.

(A) A AMA-X deve buscar novo local de manifestação, tendo em vista que o local de reunião é público e que a associação do bairro Y possui os mesmos direitos de reunião e manifestação.
(B) A associação do bairro Y deve buscar novo local de manifestação, pois não tem o direito de frustrar reunião anteriormente convocada para o mesmo local, já que houve prévio aviso à autoridade competente sobre o uso do espaço público pela AMA-X.
(C) A AMA-X deve dividir o espaço com a associação do bairro Y, tendo em vista que o local de reunião é público e que o direito à livre manifestação de ideias é garantido.
(D) A associação do bairro Y poderá ser dissolvida por ato da autoridade pública municipal em razão de não ter comunicado previamente à Prefeitura a realização de suas reuniões em espaço público.

A: incorreta. A associação do bairro Y é que deve procurar outro local para manifestação, pois a associação AMA-X já havia avisado previamente o local e a hora da reunião à autoridade competente; **B:** correta. De acordo com o art. 5º, XVI, da CF, todos podem reunir-se pacificamente, sem armas, em locais abertos ao público, independentemente de autorização, **desde que não frustrem outra reunião anteriormente convocada para o mesmo local**, sendo **apenas exigido prévio aviso** à autoridade competente; **C:** incorreta. O dispositivo mencionado na alternativa anterior também fundamenta esta. O local realmente é público e a manifestação de ideias garantida, mas a Constituição exige o prévio aviso à autoridade competente justamente para evitar que seja frustrada outra reunião anteriormente convocada para o mesmo local; **D:** incorreta. Conforme dispõe o art. 5º, XIX, da CF, as associações **só poderão ser compulsoriamente dissolvidas** ou ter suas atividades suspensas **por decisão judicial**, exigindo-se, no primeiro caso, o **trânsito em julgado**.

Gabarito "B"

(OAB/Exame Unificado – 2013.3) A Constituição declara que todos podem reunir-se em local aberto ao público. Algumas condições para que as reuniões se realizem são apresentadas nas alternativas a seguir, *à exceção de uma*. Assinale-a.

(A) Os participantes não portem armas.
(B) A reunião seja autorizada pela autoridade competente.
(C) A reunião não frustre outra reunião anteriormente convocada para o mesmo local.
(D) Os participantes reúnam-se pacificamente.

De acordo com o art. 5º, XVI, da CF, todos podem reunir-se **pacificamente, sem armas**, em locais abertos ao público, independentemente de autorização, desde que **não frustrem outra reunião anteriormente convocada para o mesmo local**, sendo apenas exigido prévio aviso à autoridade competente. Desse modo, para o exercício do direito de reunião, **não é necessária autorização por parte da autoridade competente**, apenas a prévia comunicação.

Gabarito "B"

(OAB/Exame Unificado – 2011.3.A) A Constituição assegura, entre os direitos e garantias individuais, a inviolabilidade do domicílio, afirmando que "a casa é asilo inviolável do indivíduo, ninguém nela podendo penetrar sem o consentimento do morador" (art. 5º, XI, CRFB).

A esse respeito, assinale a alternativa correta.

(A) O conceito de "casa" é abrangente e inclui quarto de hotel.
(B) O conceito de casa é abrangente, mas não inclui escritório de advocacia.
(C) A prisão em flagrante durante o dia é um limite a essa garantia, mas apenas quando houver mandado judicial.
(D) A prisão em quarto de hotel obedecendo a mandado judicial pode se dar no período noturno.

A: correta. De acordo com o STF (RO em HC 90.376-2/RJ, 2ª T., j. 03.04.2007, rel. Min. |Celso de Mello, *DJ* 18.05.2007), o conceito de "casa" deve ser interpretado de forma abrangente e, por estender-se a qualquer aposento de habitação coletiva, desde que ocupado (art. 150, § 4º, II, do CP), compreende-se, observada essa específica limitação espacial, os *quartos de hotel*; **B:** incorreta. O STF também já entendeu que o escritório de advocacia, ou outro compartimento privado não aberto ao público, onde um profissional exerce o seu trabalho ou atividade, como consultórios e escritórios, são protegidos pela regra da inviolabilidade domiciliar; **C:** incorreta. Conforme o art. 5º, XI, da CF, a casa é asilo inviolável do indivíduo, ninguém nela podendo penetrar sem consentimento do morador. O mesmo dispositivo ressalta que em quatro situações excepcionais pode haver violação. São as seguintes: flagrante delito, desastre, para prestar socorro, ou, durante o dia, por determinação judicial. Desse modo, é possível concluir que apenas a violação decorrente de ordem judicial é que tem de ser realizada durante o dia; **D:** incorreta. O mandado judicial deve ser cumprido durante o dia e não no período noturno, como afirmado pela alternativa.

Gabarito "A".

(FGV – 2011) Lupus, aposentado pelo regime geral da Previdência Social, é comunicado, por amigos também aposentados, da possibilidade de reconhecimento, pelo órgão previdenciário, de valores atrasados. Seu requerimento administrativo veio a ser indeferido, o que gerou a propositura de ação perante o Judiciário. Após dez anos, o seu processo continuava sem solução definitiva. À luz da principiologia constitucional, pode-se afirmar que restou violado o(s) princípio(s) do(a)

(A) contraditório e publicidade.
(B) ampla defesa e prova ilícita.
(C) publicidade e isonomia.
(D) duração razoável do processo.
(E) juiz e promotor natural.

De acordo com o inciso LXXVIII do art. 5º da CF, acrescentado pela EC 45/2005, são assegurados a todos, no âmbito judicial e administrativo, a razoável duração do processo e os meios que garantam a celeridade de sua tramitação. É o denominado princípio da celeridade ou razoável duração do processo.

Gabarito "D".

(FGV – 2010) Acerca dos direitos e garantias fundamentais, é certo dizer que, ao tutelar o direito à vida, a CRFB/88

(A) proibiu totalmente a pena de morte e a remoção de órgãos.
(B) permitiu excepcionalmente a pena de morte e a remoção de órgãos.
(C) proibiu totalmente a pena de morte, mas autorizou a remoção de órgãos.
(D) permitiu excepcionalmente a pena de morte e permitiu totalmente a remoção de órgãos.
(E) proibiu a pena de morte e restou silente quanto à remoção de órgãos.

Conforme dispõe o inciso XLVII do art. 5º da CF, em regra, não há pena de morte no Brasil, mas, ressalta o próprio dispositivo, que em caso de guerra declarada poderá haver. Além disso, o § 4º do art. 199 da CF, determina que a lei disponha sobre as condições e os requisitos que facilitem a remoção de órgãos, tecidos e substâncias humanas para fins de transplante, pesquisa e tratamento, bem como a coleta, processamento e transfusão de sangue e seus derivados, sendo vedado todo tipo de comercialização.

Gabarito "B".

(FGV – 2010) A CRFB/88, expressamente, assegura em seu art. 5º:

I. o direito à moradia e à herança;
II. ao preso, o direito à identificação dos responsáveis por sua prisão;
III. a inviolabilidade de domicílio, salvo por determinação judicial;
IV. a liberdade para o exercício de qualquer trabalho, vedadas as exigências sobre qualificação profissional.

Analise os itens acima e assinale

(A) se todos os itens estiverem corretos.
(B) se apenas os itens I e II estiverem corretos.
(C) se apenas os itens I e III estiverem corretos.
(D) se apenas os itens I, II e III estiverem corretos.
(E) se apenas os itens II, III e IV estiverem corretos.

I: incorreta. O direito à moradia vem previsto no rol dos direitos sociais, ou seja, no art. 6º, *caput*, da CF e não no art. 5º. O direito à herança, ao contrário, tem previsão constitucional no art. 5º, XXX; **II:** correta. Esse direito está garantido no art. 5º, LXIV, da CF; **III:** correta. De acordo com o art. 5º, XI, da CF, a inviolabilidade de domicílio pode ser excepcionada por determinação judicial, desde que a ordem seja cumprida durante o dia. Vale lembrar que o dispositivo traz outras hipóteses excepcionais, em que não há violação à inviolabilidade de domicílio, quais sejam: nos casos de flagrante delito, desastre e para prestar socorro. Nessas três situações a entrada no domicílio pode se dar em qualquer horário; **IV:** incorreta. O art. 5º, XIII, da CF admite que a lei exige qualificações para o exercício da profissão. Um exemplo disso é a Lei 8.906/94 (EOAB) que exige a aprovação no exame de ordem para o exercício da advocacia. Embora a banca examinadora tenha dado como correta a alternativa "D", entendemos que não há alternativa correta.

Gabarito "D".

(FGV – 2010) Assinale a alternativa que reproduz uma garantia constitucional que pertence ao rol de direitos e garantias individuais constante do art. 5º da Constituição.

(A) "É obrigatória a participação dos sindicatos nas negociações coletivas de trabalho".
(B) "Aos portugueses com residência permanente no País, se houver reciprocidade em favor de brasileiros, serão atribuídos os direitos inerentes ao brasileiro, salvo os casos previstos nesta Constituição".
(C) "O alistamento eleitoral e o voto são obrigatórios para os maiores de dezoito anos".
(D) "É livre a criação, fusão, incorporação e extinção de partidos políticos, resguardados a soberania nacional, o regime democrático, o pluripartidarismo, os direitos fundamentais da pessoa humana e observados os preceitos previstos no art. 17, da Constituição".
(E) "São invioláveis a intimidade, a vida privada, a honra e a imagem das pessoas, assegurado o direito à indenização pelo dano material ou moral decorrente de sua violação".

A: incorreta. Embora o enunciado da alternativa reflita um mandamento constitucional, o mesmo não se encontra no art. 5º da CF e sim no art. 8º, VI, da CF; **B:** incorreta. O princípio da reciprocidade aplicável aos portugueses residentes no Brasil está previsto no § 1º do art. 12 da CF; **C:** incorreta. É o art. 14, § 1º, I, da CF que trata do assunto; **D:** incorreta. Como a própria alternativa menciona, o princípio da liberdade partidária vem previsto no art. 17 da CF; **E:** correta, conforme dispõe o inciso X do art. 5º da CF.

Gabarito "E".

(FGV – 2010) O intérprete é autorizado expressamente pela CRFB/88 a distinguir outros direitos fundamentais, além daqueles por ele veiculados no art. 5º nas seguintes situações:

(A) nos acordos coletivos de trabalho.
(B) nos tratados internacionais.
(C) nos Decretos do Presidente.
(D) nas decisões do Supremo Tribunal Federal proferidas em Ação Direta de Inconstitucionalidade.
(E) em quaisquer decisões relativas a incapazes.

Nos acordos coletivos de trabalho é expressamente autorizado pela Constituição Federal que o intérprete distinga outros direitos fundamentais, além daqueles por ele veiculados no art. 5º, conforme art. 7º, XXVI, da CF.

Gabarito "A".

(FGV – 2010) Da redação original da Constituição de 1988 constavam as seguintes garantias fundamentais, à exceção de uma. Assinale-a.

(A) "Qualquer cidadão é parte legítima para propor ação popular que vise a anular ato lesivo ao patrimônio público ou de entidade de que o Estado participe, à moralidade administrativa, ao meio ambiente e ao patrimônio histórico e cultural, ficando o autor, salvo comprovada má-fé, isento de custas judiciais e do ônus da sucumbência".

(B) "A todos, no âmbito judicial e administrativo, são assegurados a razoável duração do processo e os meios que garantam a celeridade de sua tramitação".

(C) "O preso será informado de seus direitos, entre os quais o de permanecer calado, sendo-lhe assegurada a assistência da família e de advogado".

(D) "A lei só poderá restringir a publicidade dos atos processuais quando a defesa da intimidade ou o interesse social o exigirem".

(E) "A prática do racismo constitui crime inafiançável e imprescritível, sujeito à pena de reclusão, nos termos da lei".

Dentre as garantias fundamentais mencionadas, apenas o princípio da razoável duração do processo ou celeridade processual é que não constava do texto originário da Constituição de 1988. Foi a Emenda Constitucional 45/2004 que acrescentou o inciso LXXVIII ao art. 5º da CF.

Gabarito "B".

(OAB/Exame Unificado – 2010.3) A Constituição garante a plena liberdade de associação para fins lícitos, vedada a de caráter paramilitar (art. 5º, XVII). A respeito desse direito fundamental, é correto afirmar que a criação de uma associação

(A) não depende de autorização do poder público, mas só pode ter suas atividades suspensas por decisão judicial.

(B) depende de autorização do poder público e pode ter suas atividades suspensas por decisão administrativa.

(C) não depende de autorização do poder público, mas pode ter suas atividades suspensas por decisão administrativa.

(D) depende de autorização do poder público, mas só pode ter suas atividades suspensas por decisão judicial transitada em julgado.

A: correta (art. 5º, XVIII e XIX, da CF); **B** e **C:** incorretas. A criação de uma associação *não* depende de autorização judicial, mas a suspensão de suas atividades só pode ser determinada por ordem *judicial* (art. 5º, XVIII e XIX, da CF); **D:** incorreta. Primeiro porque, conforme mencionado, a criação de uma associação não depende de autorização; segundo porque não se exige o trânsito em julgado da sentença para que haja a suspensão das atividades da associação (art. 5º, XVIII e XIX, da CF). Detalhe: a Constituição Federal determina que tanto as suspensões das atividades como a dissolução das associações dependem de decisão judicial, mas apenas a dissolução exige o trânsito em julgado (art. 5º, XIX, da CF).

Gabarito "A".

(OAB/Exame Unificado – 2010.1) Assinale a opção correta com relação ao sigilo bancário.

(A) A quebra do sigilo bancário está submetida à chamada reserva de jurisdição, podendo somente os juízes determiná-la e, ainda assim, de forma fundamentada.

(B) Conforme a lei complementar que rege a matéria, constitui quebra ilegal de sigilo bancário a comunicação, às autoridades competentes, da prática de ilícitos administrativos, mesmo quando do fornecimento de informações sobre operações que envolvam recursos provenientes de qualquer prática criminosa.

(C) As comissões parlamentares de inquérito poderão determinar a quebra de sigilo bancário sem a interferência do Poder Judiciário, desde que o façam de forma fundamentada.

(D) A quebra do sigilo bancário pode ser determinada diretamente pelo Tribunal de Contas da União.

A: incorreta. "EMENTA: 1. Recurso Extraordinário. Inadmissibilidade. Instituições financeiras. Sigilo bancário. Quebra. Requisição. Necessidade de autorização judicial ou decisão de Comissão Parlamentar de Inquérito, ambas devidamente fundamentadas. Jurisprudência assentada. Ausência de razões novas. Decisão mantida. Agravo regimental improvido. Nega-se provimento a agravo regimental tendente a impugnar, sem razões novas, decisão fundada em jurisprudência assente na Corte. 2. Recurso. Agravo Regimental. Jurisprudência assentada sobre a matéria. Caráter meramente abusivo. Litigância de má-fé. Imposição de multa. Aplicação do art. 557, § 2º, c/c arts. 14, II e III, e 17, VII, do CPC [art. 1.021, § 4º, c/c arts. 5º, 77, II, e 80, VII, do NCPC]. Quando abusiva a interposição de agravo, manifestamente inadmissível ou infundado, deve o Tribunal condenar a agravante a pagar multa ao agravado." (STF, AgRg no RE 243.157-2/MG, 2ª T., j. 06.11.2007, rel. Min. Cezar Peluso, *DJe* 01.02.2008, Ement. nº 2305-4, p. 766, *LEXSTF* v. 30, nº 353, 2008, p. 195-199); **B:** incorreta. Segundo a LC 105/2001, art. 1º, § 3º: "Não constitui violação do dever de sigilo: (...) IV – a comunicação, às autoridades competentes, da prática de ilícitos penais ou administrativos, abrangendo o fornecimento de informações sobre operações que envolvam recursos provenientes de qualquer prática criminosa."; **C:** correta. *Vide* justificativa apresentada na alternativa "A"; **D:** incorreta. "EMENTA: Mandado de Segurança. Tribunal de Contas da União. Banco Central do Brasil. Operações financeiras. Sigilo. 1. A Lei Complementar nº 105, de 10.01.2001, não conferiu ao Tribunal de Contas da União poderes para determinar a quebra do sigilo bancário de dados constantes do Banco Central do Brasil. O legislador conferiu esses poderes ao Poder Judiciário (art. 3º), ao Poder Legislativo Federal (art. 4º), bem como às Comissões Parlamentares de Inquérito, após prévia aprovação do pedido pelo Plenário da Câmara dos Deputados, do Senado Federal ou do plenário de suas respectivas comissões parlamentares de inquérito. 2. Embora as atividades do TCU, por sua natureza, verificação de contas e até mesmo o julgamento das contas das pessoas enumeradas no art. 71, II, da Constituição Federal, justifiquem a eventual quebra de sigilo, não houve essa determinação na lei específica que tratou do tema, não cabendo a interpretação extensiva, mormente porque há princípio constitucional que protege a intimidade e a vida privada, art. 5º, X, da Constituição Federal, no qual está inserida a garantia ao sigilo bancário. 3. Ordem concedida para afastar as determinações do acórdão nº 72/96 – TCU – 2ª Câmara (fl. 31), bem como as penalidades impostas ao impetrante no Acórdão nº 54/97 – TCU – Plenário." (STF, MS 22.801-6/DF, Pleno, j. 17.12.2007, rel. Min. Menezes Direito, *DJe* 14.03.2008, Ement. nº 2311-1, p. 167, *LEXSTF* v. 30, nº 356, 2008, p. 488-517).

Gabarito "C".

(OAB/Exame Unificado – 2009.3) No que se refere aos direitos e garantias fundamentais, assinale a opção correta.

(A) O direito de propriedade intelectual abrange tanto a propriedade industrial quanto os direitos do autor.

(B) Às representações sindicais não é assegurado o direito de fiscalização do aproveitamento econômico de obras criadas por artistas a elas associados.

(C) A proteção à reprodução da imagem não abrange as atividades desportivas.

(D) Aos autores pertence o direito exclusivo de utilização de suas obras, mas não o de reprodução delas.

A: correta. (art. 5º, XXVII e XXIX, da CF); vale ressaltar que a Convenção da OMPI (Organização Mundial da Propriedade Intelectual) define como Propriedade Intelectual a soma dos direitos relativos às obras literárias, artísticas e científicas, às interpretações dos artistas intérpretes e às execuções dos artistas executantes, aos fonogramas e às emissões de radiodifusão, às invenções em todos os domínios da atividade humana, às descobertas científicas, aos desenhos e modelos industriais, às marcas industriais, comerciais e de serviço, bem como às firmas comerciais e denominações comerciais, à proteção contra a concorrência desleal e todos os outros direitos inerentes à atividade intelectual nos domínios industrial, científico, literário e artístico; **B:** incorreta. Tal direito é assegurado aos criadores, aos intérpretes e às respectivas representações sindicais e associativas (art. 5º, XXVIII, *b*, da CF); **C:** incorreta. (art. 5º, XXVIII, *a*, da CF); **D:** incorreta. (art. 5º, XXVII, da CF).

Gabarito "A"

(OAB/Exame Unificado – 2009.1) De acordo com a CF, todos são iguais perante a lei, sem distinção de qualquer natureza, garantindo-se aos brasileiros e estrangeiros residentes no país a inviolabilidade do direito à vida, à liberdade, à igualdade, à segurança e à propriedade. No que diz respeito aos direitos e garantias fundamentais previstos na CF, assinale a opção correta.

(A) Os direitos fundamentais não são assegurados ao estrangeiro em trânsito no território nacional.

(B) Como decorrência da inviolabilidade do direito à liberdade, a CF assegura o direito à escusa de consciência, desde que adstrito ao serviço militar obrigatório.

(C) É admitida a interceptação telefônica por ordem judicial ou administrativa, para fins de investigação criminal ou de instrução processual penal.

(D) O duplo grau de jurisdição, no âmbito da recorribilidade ordinária, não consubstancia garantia constitucional.

A: incorreta. Embora o *caput* do art. 5º da CF faça referência tão somente a brasileiros e estrangeiros residentes no País, a jurisprudência do STF já firmou entendimento segundo o qual as garantias fundamentais devem ser estendidas aos estrangeiros não residentes no País; **B:** incorreta (arts. 5º, VIII, e 143, § 1º, da CF); **C:** incorreta. A interceptação telefônica só pode ser determinada por ordem *judicial* (art. 5º, XII, da CF); **D:** correta. Vale lembrar, a despeito de o duplo grau de jurisdição não constituir garantia constitucional expressa, há diversos dispositivos no texto constitucional dos quais se infere tal princípio: arts. 5º, LV, 92, 93, III, e 108, II, da CF.

Gabarito "D"

(OAB/Exame Unificado – 2008.3) Segundo a Constituição Federal de 1988 (CF), o sigilo das comunicações telefônicas

(A) poderá ser violado, por ordem judicial ou administrativa, para instrução processual de ação de improbidade administrativa.

(B) é absolutamente inviolável.

(C) poderá ser violado, por ordem de ministro de Estado, para instrução de processo administrativo disciplinar.

(D) poderá ser violado, por ordem judicial, para fins de investigação criminal.

O art. 5º, XII, da CF trata da inviolabilidade do sigilo da correspondência e das comunicações telegráficas, de dados e das comunicações telefônicas, excepcionando tal regra na hipótese de comunicação telefônica. A Lei 9.296/1996 regulamenta a parte final deste dispositivo, autorizando a interceptação de comunicação telefônica, de qualquer natureza, desde que para constituir prova em *investigação criminal* ou *instrução processual penal*. O comando constitucional faz alusão expressa a *ordem judicial*.

Gabarito "D"

(OAB/Exame Unificado – 2008.3) É correto afirmar que a lei penal

(A) não retroagirá, salvo para beneficiar o réu.

(B) retroagirá, salvo disposição expressa em contrário.

(C) não retroagirá, salvo se o fato criminoso ainda não for conhecido.

(D) retroagirá, se ainda não houver processo penal instaurado.

Todas as alternativas encontram fundamento no art. 5º, XL, da CF e nos arts. 1º e 2º, parágrafo único, do CP. A ordem constitucional consagrou a regra da irretroatividade da lei penal, que, entretanto, comporta exceção. Ou seja, a lei penal sempre retroagirá para *beneficiar* o réu.

Gabarito "A"

(OAB/Exame Unificado – 2008.3) Segundo a CF, pode ser instituída pena

(A) de caráter perpétuo.

(B) de trabalhos forçados.

(C) de perda de bens.

(D) de banimento.

A Constituição Federal, em seu art. 5º, XLVII, proíbe algumas penas: de morte (salvo em caso de guerra declarada), de caráter perpétuo, de trabalhos forçados, de banimento e penas cruéis. Dentre essas proibições não há menção à perda de bens. Dessa maneira, tal pena pode ser instituída, mas só haverá efetiva privação de bens, se respeitado o devido processo legal (art. 5º, LIV, da CF).

Gabarito "C"

(OAB/Exame Unificado – 2008.1) Acerca da proteção e da perda do direito de propriedade, julgue os itens seguintes.

I. A Constituição assegura a proteção às participações individuais em obras coletivas e à reprodução da imagem e voz humanas, inclusive em atividades desportivas.

II. A obrigação de reparar o dano e a decretação do perdimento de bens podem ser integralmente estendidas aos sucessores e contra eles executadas.

III. Na desapropriação de imóvel rural de interesse para a reforma agrária e de imóvel urbano não edificado, subutilizado ou não utilizado, o pagamento ocorrerá mediante títulos públicos e, não, mediante indenização em dinheiro.

IV. Aos autores pertence o direito exclusivo de utilização, publicação ou reprodução de suas obras, transmissível aos herdeiros em caráter permanente.

Estão certos apenas os itens

(A) I e III.

(B) I e IV.

(C) II e III.

(D) II e IV.

I: correta (art. 5º, XXVIII, *a*, da CF); **II:** incorreta. A obrigação de reparar o dano e a decretação do perdimento de bens só podem ser estendidas aos sucessores e contra eles executadas até o limite do valor do patrimônio transferido (até as forças da herança). É o que se extrai do art. 5º, XLV, parte final, da CF; **III:** correta (arts. 182, § 4º, III, e 184, ambos da CF);

IV: incorreta. Dispõe a Constituição Federal que o direito é transmissível aos herdeiros pelo tempo que a lei fixar (art. 5º, XXVII, da CF).

Gabarito "A"

(OAB/Exame Unificado – 2008.1) Segundo a Constituição de 1988, constitui crime inafiançável e imprescritível

(A) a prática da tortura.
(B) a prática do racismo.
(C) o tráfico ilícito de entorpecentes e drogas afins.
(D) o definido em lei como hediondo.

Dentre os crimes mencionados, apenas a prática de racismo é considerada crime inafiançável e imprescritível. É o que se depreende da leitura do art. 5º, XLII, da CF.

Gabarito "B"

(OAB/Exame Unificado – 2007.3) No que se refere aos direitos e garantias fundamentais consagrados na CF, é correto afirmar que

(A) as penas de banimento restringem-se a caso de guerra declarada.
(B) o preso tem direito à identificação dos responsáveis por seu interrogatório policial.
(C) a prática da tortura é considerada crime imprescritível.
(D) o brasileiro naturalizado não poderá ser extraditado após a naturalização, salvo em caso de comprovado envolvimento em tráfico ilícito de entorpecentes e drogas afins ou de condenação por crime contra a segurança nacional.

A: incorreta. A pena de banimento é vedada no Brasil (art. 5º, XLVII, *a* e *d*, da CF). O texto constitucional excepcionou tão somente a vedação imposta à pena de morte; **B:** correta (art. 5º, LXIV, da CF); **C:** incorreta (art. 5º, XLIII, da CF e Lei 9.455/1997 – Crimes de Tortura). O crime de racismo é que é imprescritível (art. 5º, XLII, da CF); **D:** incorreta (art. 5º, LI, da CF).

Gabarito "B"

(OAB/Exame Unificado – 2007.2) Acerca dos direitos e garantias previstos na Constituição Federal, assinale a opção correta.

(A) É inviolável a liberdade de consciência e de crença, sendo assegurado o livre exercício dos cultos religiosos e garantida, na forma da lei, a proteção aos locais de culto e às suas liturgias.
(B) Em nenhuma hipótese são previstas penas de morte, ou de caráter perpétuo, ou de trabalhos forçados, ou de banimento, ou cruéis.
(C) São inafiançáveis os crimes de racismo, tortura, tráfico ilícito de entorpecentes e drogas afins, o terrorismo e os cometidos por grupos armados, civis e militares, contra a ordem constitucional e o estado democrático. Mas em relação aos crimes hediondos, fica o legislador autorizado a excluir ou não a inafiançabilidade.
(D) São legitimados a impetrar o mandado de segurança coletivo os partidos políticos e as organizações ou entidades legalmente constituídas e em funcionamento há pelo menos um ano.

A: correta (art. 5º, VI, da CF). O Brasil é um Estado leigo ou laico, portanto não professa religião oficial. É ampla a liberdade de crença, sendo garantida, na forma da lei, a proteção aos locais de culto e às liturgias; **B:** incorreta. O art. 5º, XLVII, *a*, da CF trata do assunto e menciona que a vedação imposta à pena de morte, e somente a ela, é excepcionada em caso de guerra declarada; **C:** incorreta (art. 5º, XLII, XLIII e XLIV, da CF); **D:** incorreta (art. 5º, LXX, da CF).

Gabarito "A"

(OAB/Exame Unificado – 2007.1) A respeito dos direitos e das garantias fundamentais, assinale a opção correta.

(A) No que se refere à inviolabilidade da intimidade, da vida privada, da honra e da imagem das pessoas, a Constituição Federal assegurou a preferência pelo modelo de reparação em detrimento da prevenção ao dano.
(B) Os direitos e garantias fundamentais, criados como direitos negativos, impedem o poder público, mas não a esfera privada, de violar o espaço mínimo de liberdades assegurado pela Constituição Federal.
(C) De acordo com a doutrina majoritária, os direitos de segunda geração, ou direitos sociais, não constituem simples normas de natureza dirigente, sendo verdadeiros direitos subjetivos que impõem ao Estado um *facere*.
(D) A casa é o asilo inviolável, nela não se pode penetrar, salvo na hipótese de flagrante delito ou para prestar socorro, durante o dia, ou por ordem judicial.

A: incorreta (art. 5º, IX e X, da CF); **B:** incorreta. A esfera privada, a exemplo do poder público, também deve se abster de violar as liberdades asseguradas pela Constituição Federal. É a denominada eficácia horizontal dos direitos fundamentais; **C:** correta. Os direitos sociais estão previstos no art. 6º da CF e compreendem a educação, a saúde, a *alimentação*, o trabalho, a moradia, o transporte, o lazer, a segurança, a previdência social, a proteção à maternidade e à infância, a assistência aos desamparados. Vale lembrar que o direito à alimentação foi acrescentado ao rol dos direitos sociais pela EC 64/2010; **D:** incorreta. O art. 5º, XI, da CF trata da inviolabilidade domiciliar, excepcionando tal regra em determinadas situações, quais sejam: flagrante delito, desastre, prestação de socorro e ordem judicial. Dentre as exceções, apenas a última, ordem judicial, tem de ser feita durante o dia. Nas demais hipóteses, por configurarem situações emergenciais, a Constituição Federal autoriza a entrada sem o consentimento do morador e em qualquer horário.

Gabarito "C"

(OAB/Exame Unificado – 2006.3) Acerca dos direitos e deveres individuais, assinale a opção correta.

(A) A casa é asilo inviolável do indivíduo. Ninguém pode ingressar em residência alheia sem o consentimento do morador, salvo flagrante delito ou determinação judicial, independentemente do horário do dia ou da noite.
(B) A sucessão de bens de estrangeiros situados no país será regulada sempre pela lei brasileira em benefício do cônjuge ou dos filhos brasileiros, independentemente da lei pessoal do *de cujus*.
(C) Mediante o pagamento da respectiva taxa, fica assegurado a todos o direito à obtenção de certidões em repartições públicas, para defesa de direitos e esclarecimento de situações de interesse pessoal.
(D) Uma das inovações introduzidas pela Emenda Constitucional nº 45 é a garantia dada a todos, no âmbito judicial e administrativo, da duração razoável do processo e dos meios que assegurem a celeridade de sua tramitação.

A: incorreta. O art. 5º, XI, da CF trata da inviolabilidade domiciliar, excepcionando tal regra em determinadas situações, quais sejam: flagrante delito, desastre, prestação de socorro e ordem judicial. Dentre as exceções, *apenas* a última, *ordem judicial*, tem de ser feita *durante o dia*. Nas demais hipóteses, por configurarem situações emergenciais, a Constituição Federal autoriza a penetração sem o consentimento do morador e em qualquer horário; **B:** incorreta. O art. 5º, XXXI, da CF *não* determina que a sucessão de bens de estrangeiros situados no país será *sempre* regulada pela lei brasileira, será desse modo se a lei pessoal do *de cujus* não for mais favorável aos herdeiros; **C:** incorreta. O direito de petição e de certidão são gratuitos, conforme dispõe o art. 5º, XXXIV, "a" e "*b*", da CF; **D:** correta. De fato, a EC 45/2004, conhecida como "reforma do Poder Judiciário", visando combater o problema da morosidade processual, acrescentou, ao art. 5º da CF, o inciso LXXVIII que consagra o princípio da razoável duração do processo.

Gabarito "D"

(OAB/Exame Unificado – 2006.3) Ainda a propósito dos direitos e deveres individuais, assinale a opção correta.

(A) A garantia de que nenhuma pena ultrapassará a pessoa do condenado impede que a obrigação de reparar o dano e a decretação do perdimento dos bens em decorrência de ilícito penal sejam estendidas aos sucessores e contra eles executadas.

(B) A prática do racismo constitui crime inafiançável, imprescritível, insuscetível de graça ou anistia, sujeito à pena de detenção, nos termos da lei.

(C) Os tratados e convenções internacionais sobre direitos humanos que forem aprovados, em cada Casa do Congresso Nacional, em dois turnos, por três quintos dos votos dos respectivos membros, serão equivalentes às emendas constitucionais.

(D) A vedação à identificação criminal do cidadão civilmente identificado tem caráter absoluto também em relação ao legislador, a quem a Constituição não conferiu qualquer ressalva.

A: incorreta. A obrigação de reparar o dano e a decretação do perdimento de bens podem ser estendidas aos sucessores e contra eles executadas, até o limite do valor do patrimônio transferido (até as forças da herança). É o que se extrai do art. 5º, XLV, parte final, da CF; **B:** incorreta. A prática de racismo é considerada crime sujeito à pena de reclusão (art. 5º, XLII, da CF); **C:** correta. Art. 5º, § 3º, da CF; **D:** incorreta. Art. 5º, LVIII, da CF.

Gabarito "C"

(OAB/Exame Unificado – 2006.3) Com relação à prisão e à ação penal na Constituição, assinale a opção correta.

(A) Em determinadas situações, poderá a lei vedar ao preso civil o direito à identificação dos responsáveis por sua prisão ou por seu interrogatório policial.

(B) De acordo com a Constituição da República, ninguém será levado à prisão ou nela será mantido quando a lei admitir a liberdade provisória, com ou sem fiança.

(C) Não se admite a prisão civil por dívida do responsável pelo inadimplemento voluntário e inescusável de obrigação alimentícia.

(D) É inadmissível ação privada nos crimes de ação pública, se esta não for intentada no prazo legal pelo Ministério Público.

A: incorreta. O preso tem direito à identificação dos responsáveis por sua prisão ou por seu interrogatório policial e não há exceção a essa regra (art. 5º, LXIV, da CF); **B:** correta. É o que dispõe o art. 5º, LXVI, da CF; **C:** incorreta. O art. 5º, LXVII, da CF determina que, em regra, não há prisão civil por dívida, mas excepciona tal comando em duas hipóteses: devedor de alimentos e depositário infiel. Neste último caso não há mais possibilidade, pois o STF editou a Súmula vinculante 25 determinando que é ilícita a prisão civil do depositário infiel, qualquer que seja a modalidade de depósito; **D:** incorreta. O art. 5º, LIX, da CF trata o assunto de forma contrária, admitindo a ação privada se o Ministério Público não propuser a ação penal pública dentro do prazo legal.

Gabarito "B"

(OAB/Exame Unificado – 2004.ES) Acerca de direitos e garantias fundamentais, assinale a opção correta.

(A) Se dois motoristas multados por excesso de velocidade julgarem ilegal a aplicação da penalidade e decidirem impugná-la judicialmente, a ação cabível para anulá-la será o mandado de segurança coletivo.

(B) A Constituição da República permite que delegados de polícia determinem a prisão de suspeitos para fins de averiguação, desde que estes permaneçam detidos em salas individuais.

(C) Violaria a Constituição da República a aprovação de emenda constitucional que impusesse aos presos a obrigação de trabalharem quarenta horas semanais e determinasse que a renda obtida com esse trabalho seria revertida ao custeio do sistema penitenciário brasileiro.

(D) O direito constitucional de inviolabilidade do domicílio aplica-se apenas a imóveis residenciais.

A: incorreta. Os motoristas não dispõem de legitimidade para tanto. O art. 5º, LXX, da CF determina que o mandado de segurança coletivo pode ser impetrado por: a) partido político com representação no Congresso Nacional; b) organização sindical, entidade de classe ou associação legalmente constituída e em funcionamento há pelo menos um ano, em defesa dos interesses de seus membros ou associados; **B:** incorreta (art. 5º, LXI, da CF). A *prisão para averiguação* não se coaduna com a vigente ordem constitucional; **C:** correta (art. 5º, XLVII, *c*, c/c o art. 60, § 4º, IV, ambos da CF; **D:** art. 5º, XI, da CF); **D:** incorreta. Em conformidade com a doutrina e a jurisprudência, o conceito de *casa* abrange, além dos imóveis residenciais, as oficinas, os escritórios, as empresas, o quarto de hotel etc.

Gabarito "C"

(OAB/Exame Unificado – 2004.ES) Amélia é uma brasileira pobre e Marcos é um rico empresário brasileiro. Por força constitucional, ambos têm direito a obter de forma gratuita

(A) o registro civil de nascimento.

(B) o registro de óbito.

(C) a assistência jurídica prestada pelo Estado.

(D) a celebração de casamento civil.

A: incorreta. O art. 5º, LXXVI, *a*, da CF limita a gratuidade do registro civil tão somente para os reconhecidamente pobres; **B:** incorreta. O art. 5º, LXXVI, *b*, da CF determina que a gratuidade da certidão de óbito só é aplicável aos reconhecidamente pobres; **C:** incorreta. O art. 5º, LXXIV, da CF dispõe que a assistência jurídica gratuita vale somente àqueles que comprovarem insuficiência de recursos; **D:** correta. É o que determina o art. 226, § 1º, da CF.

Gabarito "D"

(FGV – 2013) Com relação às liberdades de expressão e de comunicação, definidas na Constituição, analise as afirmativas a seguir.

I. A publicação de matéria jornalística, cujo conteúdo divulgue observações em caráter mordaz ou irônico ou veicule opiniões em tom de crítica severa dirigida contra uma figura pública, caracteriza, na jurisprudência do Supremo Tribunal Federal, violação de direito da personalidade, apta a ensejar a reparação por dano moral.

II. O Supremo Tribunal Federal já decidiu que a exigência de diploma de curso superior para o exercício da profissão de jornalista não foi recepcionada pela Constituição de 1988.

III. O Supremo Tribunal Federal já decidiu que a criação de uma ordem ou conselho profissional para a fiscalização do exercício da atividade jornalística configura controle prévio e censura às liberdades de expressão e de informação.

Assinale:

(A) se todas as afirmativas estiverem corretas.
(B) se as afirmativas I e II estiverem corretas.
(C) se as afirmativas I e III estiverem corretas.
(D) se as afirmativas II e III estiverem corretas.
(E) se apenas a afirmativa II estiver correta.

I: incorreta. De acordo com o STF: "**Não induz responsabilidade civil** a publicação de matéria jornalística cujo conteúdo divulgue observações em caráter mordaz ou irônico ou, então, veicule opiniões em tom de crítica severa, dura ou, até, impiedosa, ainda mais se a pessoa a quem tais observações forem dirigidas ostentar a condição de figura pública, investida, ou não, de autoridade governamental, pois, em tal contexto, a liberdade de crítica qualifica-se como verdadeira excludente anímica, apta a afastar o intuito doloso de ofender. AI 705630 AgR/SC AG.REG. No Agravo de Instrumento, rel. Min. Celso de Mello, Julgamento 22/03/2011 Órgão Julgador: Segunda Turma **II:** correta. Em nota, a Corte Maior menciona que: "O Plenário do STF, no julgamento do RE 511.961, declarou como **não recepcionado** pela Constituição de 1988 o art. 4º, V, do DL 972/1969, **que exigia diploma de curso superior para o exercício da profissão de jornalista**; **III:** correta. Segundo o Supremo; "O **jornalismo** é uma profissão diferenciada por sua estreita **vinculação ao pleno exercício das liberdades de expressão** e de informação. O jornalismo é a própria manifestação e difusão do pensamento e da informação de forma contínua, profissional e remunerada. Os jornalistas são aquelas pessoas que se dedicam profissionalmente ao exercício pleno da liberdade de expressão. O jornalismo e a liberdade de expressão, portanto, são atividades que estão imbricadas por sua própria natureza e não podem ser pensadas e tratadas de forma separada. Isso implica, logicamente, que a interpretação do art. 5º, XIII, da Constituição, na hipótese da profissão de jornalista, se faça, impreterivelmente, em conjunto com os preceitos do art. 5º, IV, IX, XIV, e do art. 220, da Constituição, que asseguram as liberdades de expressão, de informação e de comunicação em geral. (...) No campo da profissão de jornalista, não há espaço para a regulação estatal quanto às qualificações profissionais. O art. 5º, IV, IX, XIV, e o art. 220 não autorizam o controle, por parte do Estado, quanto ao acesso e exercício da profissão de jornalista. Qualquer tipo de controle desse tipo, que interfira na liberdade profissional no momento do próprio acesso à atividade jornalística, configura, ao fim e ao cabo, controle prévio que, em verdade, caracteriza censura prévia das liberdades de expressão e de informação, expressamente vedada pelo art. 5º, IX, da Constituição. A impossibilidade do estabelecimento de controles estatais sobre a profissão jornalística leva à conclusão de que **não pode o Estado criar uma ordem ou um conselho profissional (autarquia) para a fiscalização desse tipo de profissão**. O exercício do poder de polícia do Estado é vedado nesse campo em que imperam as liberdades de expressão e de informação. Jurisprudência do STF: Representação 930, Rel. p/ o ac. Min. Rodrigues Alckmin, DJ de 2-9-1977" (RE 511.961, Rel. Min. Gilmar Mendes, julgamento em 17-6-2009, Plenário, DJE de 13-11-2009.) (grifos nossos).

Gabarito "D"

(FGV – 2013) Acerca dos direitos fundamentais inscritos na Constituição de 1988, assinale a afirmativa correta.

(A) A Constituição, em garantia ao princípio da igualdade, prescreveu qualquer forma de discriminação, positiva ou negativa, entre cidadãos brasileiros.
(B) A previsão de exame psicotécnico em edital de concurso público supre a exigência de previsão em lei.
(C) O exercício de qualquer ofício ou profissão está condicionado ao cumprimento de condições legais para o seu exercício.
(D) O uso de algemas só é lícito nos casos de prisão em flagrante.
(E) A publicação não consentida da imagem de um indivíduo, utilizada com fins comerciais, gera dano moral reparável, ainda que não reste configurada situação vexatória.

A: incorreta. O princípio da igualdade ou isonomia, previsto no art. 5º, I, da CF indica que todos são iguais perante a lei, sem distinção de qualquer natureza. A realização efetiva da justiça **busca o tratamento igual para os iguais, mas para tanto é preciso dar tratamento desigual aos desiguais**, na exata medida da desigualdade; isso tem como objetivo a superação da igualdade meramente formal (perante a lei) e o alcance da igualdade material (real); **B:** incorreta. Conforme determina a súmula 686 do STF: **só por lei se pode sujeitar a exame psicotécnico** a habilitação de candidato a cargo público. Desse modo, a previsão no edital do concurso não supre essa exigência legal; **C:** incorreta. O exercício da profissão é livre, mas pode ser condicionado a exigências, caso haja lei nesse sentido. De acordo o art. 5º, XIII, da CF, **é livre** o exercício de qualquer trabalho, ofício ou profissão, atendidas as qualificações profissionais que a lei estabelecer. Tal norma é classificada como de eficácia contida ou restringível, ou seja, produz a integralidade de seus efeitos, mas que dá possibilidade de outra norma restringi-los; **D:** incorreta. Conforme determina a súmula vinculante nº 11: só é lícito o **uso de algemas** em caso de resistência e de fundado receio de fuga ou de perigo à integridade física própria ou alheia, por parte do preso ou de terceiros, justificada a excepcionalidade por escrito, sob pena de responsabilidade disciplinar civil e penal do agente ou da autoridade e de nulidade da prisão ou do ato processual a que se refere, sem prejuízo da responsabilidade civil do Estado; **E:** correta. Determina a súmula 403 do STJ que independe de prova do prejuízo a indenização pela publicação não autorizada de imagem de pessoa com fins econômicos ou comerciais.

Gabarito "E"

(FGV – 2011) No banheiro masculino da empresa Delta, foi instalada uma câmara de vídeo. Esse fato caracteriza ofensa à

(A) cidadania.
(B) liberdade de ir e vir.
(C) intimidade.
(D) autodeterminação pessoal.
(E) imagem da pessoa.

Cidadania (direito político), liberdade de ir, vir e permanecer (direito de locomoção) e autodeterminação pessoal (direito de escolha) não são afetados pela instalação de uma câmera de vídeo. Como a questão não fala em divulgação de dados obtidos pela câmera, não que se há falar em ofensa à imagem. O caso trata-se, por óbvio, de violação do direito à intimidade (art. 5º, X, da CF), que impede a intromissão de estranhos na privacidade de cada pessoa.

Gabarito "C"

(FGV – 2011) São admitidas no ordenamento constitucional brasileiro as penas

(A) de morte para crime hediondo.
(B) de banimento, para crimes políticos.
(C) de multa para crimes contra a vida.
(D) de suspensão de direitos.
(E) de castigos corporais.

A: incorreta. A pena de morte só é admitida em caso de guerra declarada (art. 5º, XLVII, "a", da CF); **B:** incorreta. A Constituição Federal não admite penas de banimento (art. 5º, XLVII, "d", da CF); **C:** incorreta. O art. 121 do CP não prevê pena de multa para os crimes contra a vida; **D:** correta. Como exemplo pode-se citar o art. 37, § 4º, da CF; **E:** incorreta. A Constituição Federal não admite penas cruéis (art. 5º, XLVII, "e", da CF).

Gabarito "D"

(FGV – 2010) Em relação aos *direitos e garantias fundamentais* da Constituição Federal assinale a afirmativa incorreta.

(A) Os *direitos e garantias fundamentais* visam, entre outros, a proteger o direito à vida, o direito à segurança, os direitos sociais, mas não o direito à propriedade.
(B) A Constituição Federal admite a pena de morte em circunstâncias excepcionais.
(C) O Brasil se submete à jurisdição do Tribunal Penal Internacional (TPI).
(D) Os brasileiros naturalizados não têm a mesma proteção conferida aos brasileiros natos.
(E) Atribui-se à lei a regulamentação do direito à greve.

A: incorreta, devendo ser assinalada. Não reflete o disposto no art. 5º, *caput*, e incisos XXII e XXIII, da CF; **B:** correta. Admite, em caso de guerra declarada, de acordo com o art. 84, XIX, da CF (v. art. 5º, XLVII, "a", da CF); **C:** correta. Art. 5º, § 4º, da CF; **D:** correta. Art. 12, §§ 2º e 3º, da CF, por exemplo; **E:** correta. Art. 37, VII, da CF.

Gabarito "A"

(FGV – 2010) Considerando o direito fundamental de privacidade assegurado no art. 5º da Constituição Federal de 1988, assinale a alternativa correta.

(A) A quebra de sigilo de movimentações financeiras do indivíduo pode ser decretada por ordem judicial, por deliberação das comissões parlamentares de inquérito e pelo ministério público, nas investigações de sua competência.
(B) A interceptação das comunicações telefônicas pode ser decretada por ordem judicial em processo de natureza penal, civil ou administrativa, na forma da lei.
(C) A casa é asilo inviolável do indivíduo, ninguém nela podendo penetrar sem consentimento do morador. É vedado o ingresso durante a noite, salvo no cumprimento de mandado judicial de busca e apreensão, na forma da lei.
(D) A Constituição só permite a interceptação das comunicações telefônicas nos casos de investigação de crimes de terrorismo, tráfico de drogas, lavagem de dinheiro e crimes contra a administração pública, por ordem judicial, na forma de lei complementar.
(E) A casa é asilo inviolável do indivíduo, ninguém nela podendo penetrar sem consentimento do morador, salvo em caso de flagrante delito ou desastre, ou para prestar socorro, ou, durante o dia, por determinação judicial.

A: incorreta. Apesar de o sigilo fiscal ser direito individual, não tem caráter absoluto, mas sua quebra depende de decisão judicial (é medida que se submete à "reserva de jurisdição"). Entretanto, o STF entende que as CPIs podem determinar a quebra de sigilo bancário, fiscal e telefônico por terem poderes próprios de autoridades judiciais, desde que o ato seja adequadamente fundamentado e revele a necessidade objetiva da medida extraordinária. O Ministério Público, entretanto, não tem poder para determinar a quebra de sigilo, deve requerê-lo à autoridade judiciária competente; **B** e **D:** incorretas. O art. 5º, XII, da CF, restringe as hipóteses de quebra de sigilo telefônico às investigações penais e instruções processuais penais; **C:** incorreta. A hipótese apresentada na questão não faz parte do art. 5º, XI, da CF. A garantia da inviolabilidade domiciliar só pode ser afastada em caso de flagrante delito, desastre, para prestar socorro ou por determinação judicial, desde que a ordem seja cumprida durante o dia; **E:** correta, conforme explicação da alternativa "C".

Gabarito "E"

(FGV – 2010) Todas as afirmativas abaixo são corretas e a segunda se vincula à primeira, À EXCEÇÃO DE UMA. Assinale-a.

(A) O direito à vida é a premissa dos direitos proclamados pelo constituinte. / Afora a hipótese de guerra devidamente declarada, é vedada a pena de morte em qualquer outra circunstância.
(B) O agrupamento de pessoas, no direito à reunião, é obrigatoriamente transitório. / Se o agrupamento de pessoas adotar laços duradouros, não há que se falar em reunião, mas sim em associação.
(C) O direito ao sigilo bancário não é ilimitado. / Admite-se a quebra do sigilo bancário pelo Judiciário, mas as Comissões Parlamentares de Inquérito não podem fazê-lo, por falta de autorização legal específica.
(D) O exercício do direito de reunião não está submetido a assentimento antecipado do Poder Público. / Para a realização de reunião em espaço aberto e público, exige-se o prévio aviso à autoridade competente.
(E) O direito à privacidade não é suscetível de renúncia plena. / Mas pode haver restrição à privacidade em virtude de autolimitações que não esbarrem no núcleo essencial da pessoa humana.

A: correta. Art. 5º, XLVII, "a", da CF; **B:** correta. Art. 5º, XVI e XVII, da CF; **C:** incorreta, devendo ser assinalada. Apesar de o sigilo bancário não ter caráter absoluto, sua quebra depende de decisão judicial (é medida que se submete à *reserva de jurisdição*). Entretanto, o STF entende que as CPIs podem determinar a quebra de sigilo bancário, fiscal e telefônico por terem poderes próprios de autoridades judiciais, desde que o ato seja adequadamente fundamentado e revele a necessidade objetiva da medida extraordinária; **D:** correta. Art. 5º, XVI, da CF; **E:** correta. Os direitos fundamentais podem ser restringidos, desde que seu *núcleo duro* não seja atingido, sob pena de supressão inconstitucional. O princípio da dignidade da pessoa humana é o norte a ser seguido pelo intérprete ao realizar essa tarefa.

Gabarito "C"

(FGV – 2010) Com relação ao tema *Direitos e Garantias Fundamentais* analise as afirmativas a seguir:

I. Ninguém será privado de direitos por motivo de crença religiosa ou de convicção filosófica ou política, salvo se as invocar para eximir-se de obrigação legal a todos imposta e recusar-se a cumprir prestação alternativa, fixada em lei.
II. No caso de iminente perigo público, a autoridade competente poderá usar de propriedade particular, assegurada ao proprietário indenização ulterior, se houver dano.
III. Nenhum brasileiro será extraditado, salvo o naturalizado, em caso de crime comum, praticado antes da naturalização, ou de comprovado envolvimento em tráfico ilícito de entorpecentes e drogas afins, na forma da lei.

Assinale:

(A) se somente a afirmativa I estiver correta.
(B) se somente a afirmativa II estiver correta.
(C) se somente a afirmativa III estiver correta.
(D) se somente as afirmativas I e II estiverem corretas.
(E) se todas as afirmativas estiverem corretas.

I: correta (art. 5º, VIII, da CF); **II:** correta (art. 5º, XXV, da CF); **III:** correta (art. 5º, LI, da CF).

Gabarito "E"

(FGV – 2010) Relativamente aos *Direitos e Garantias Fundamentais*, assinale a afirmativa incorreta.

(A) É livre a locomoção no território nacional em tempo de paz, podendo qualquer pessoa, nos termos da lei, nele entrar, permanecer ou dele sair com seus bens.
(B) É assegurado a todos o acesso à informação e resguardado o sigilo da fonte, quando necessário ao exercício profissional.
(C) É livre a expressão da atividade intelectual, artística, científica e de comunicação, independentemente de censura ou licença.
(D) É livre a criação de associações e a de cooperativas, na forma da lei, sujeitas à prévia autorização estatal, sendo porém vedada a interferência estatal em seu funcionamento.
(E) As associações só poderão ser compulsoriamente dissolvidas ou ter suas atividades suspensas por decisão judicial, exigindo-se, no primeiro caso, o trânsito em julgado.

A: correta (art. 5º, XV, da CF); **B:** correta (art. 5º, XIV, da CF); **C:** correta (art. 5º, IX, da CF); **D:** incorreta, devendo ser assinalada. Não reflete o disposto no art. 5º, XVIII, da CF; **E:** correta (art. 5º, XIX, da CF).

Gabarito "D"

(FGV – 2010) Da redação original da Constituição de 1988 constavam as seguintes garantias fundamentais, à exceção de uma. Assinale-a.

(A) "Qualquer cidadão é parte legítima para propor ação popular que vise à anular ato lesivo ao patrimônio público ou de entidade de que o Estado participe, à moralidade administrativa, ao meio ambiente e ao patrimônio histórico e cultural, ficando o autor, salvo comprovada má-fé, isento de custas judiciais e do ônus da sucumbência".
(B) "A todos, no âmbito judicial e administrativo, são assegurados a razoável duração do processo e os meios que garantam a celeridade de sua tramitação".
(C) "O preso será informado de seus direitos, entre os quais o de permanecer calado, sendo-lhe assegurada a assistência da família e de advogado".
(D) "A lei só poderá restringir a publicidade dos atos processuais quando a defesa da intimidade ou o interesse social o exigirem".
(E) "A prática do racismo constitui crime inafiançável e imprescritível, sujeito à pena de reclusão, nos termos da lei".

A: correta. Art. 5º, LXXIII, da CF; **B:** incorreta, devendo ser assinalada. Art. 5º, LXXVIII, da CF, incluído pela EC 45/2004; **C:** correta. Art. 5º, LXIII, da CF; **D:** correta. Art. 5º, LX, da CF; **E:** correta. Art. 5º, XLII, da CF.

Gabarito "B"

(FGV – 2009) São assegurados o contraditório e a ampla defesa:

(A) apenas aos litigantes em processos judiciais.
(B) aos acusados em geral e aos litigantes, tanto em processos judiciais como em administrativos.
(C) apenas aos acusados em processos criminais.
(D) aos litigantes e acusados apenas em processos judiciais.
(E) aos acusados em processos judiciais e administrativos, quando demonstrarem necessidade financeira.

Art. 5º, LV, da CF.

Gabarito "B"

(FGV – 2009) Ao estabelecer que "*a lei não excluirá da apreciação do Poder Judiciário nenhuma lesão ou ameaça a direito*", o inciso XXXV, do artigo 5º, da Constituição Federal está:

(A) conferindo aos juízes em geral o poder de controle concentrado de constitucionalidade.
(B) conferindo a todos os membros do Judiciário o poder de derrogar uma lei que lese ou ameace um direito fundamental.
(C) conferindo aos juízes e tribunais o controle difuso de constitucionalidade.
(D) conferindo apenas aos tribunais o controle difuso de constitucionalidade.
(E) conferindo tanto aos juízes de primeira instância, como aos tribunais, apenas o controle concentrado de constitucionalidade.

O art. 5º, XXXV, da CF, estabelece o princípio da inafastabilidade da jurisdição, o que equivale à atribuição, a qualquer membro do Poder Judiciário, de verificar a compatibilidade entre uma lei ou ato normativo e a Constituição Federal. Ou seja: essa noção coincide com o conceito de controle difuso de constitucionalidade.

Gabarito "C"

(FGV – 2008) A respeito do catálogo de direitos fundamentais da Constituição Federal de 1988, analise as afirmativas a seguir:

I. É assegurado a todos o acesso à informação e resguardado o sigilo da fonte, quando necessário ao exercício profissional.
II. É garantido o direito de propriedade. A lei estabelecerá o procedimento para desapropriação por necessidade ou utilidade pública, ou por interesse social, mediante justa e prévia indenização em dinheiro, ressalvados casos previstos na própria Constituição.
III. É vedada a cominação de pena de caráter perpétuo, salvo no caso de condenação por crimes considerados hediondos, na forma da lei.
IV. Nenhum brasileiro será extraditado, exceto no caso de comprovado envolvimento em tráfico ilícito de entorpecentes e drogas afins e em crime de terrorismo, na forma da lei.
V. Qualquer cidadão é parte legítima para propor ação popular que vise à anular ato lesivo ao patrimônio público ou de entidade de que o Estado participe, à moralidade administrativa, ao meio ambiente e ao patrimônio histórico e cultural, ficando o autor, salvo comprovada má-fé, isento de custas judiciais e do ônus de sucumbência.

Assinale:

(A) se apenas as afirmativas I, III e V estiverem corretas.
(B) se apenas as afirmativas I, IV e V estiverem corretas.
(C) se apenas as afirmativas II e IV estiverem corretas.
(D) se apenas as afirmativas I, II e V estiverem corretas.
(E) se apenas as afirmativas I, II, IV e V estiverem corretas.

I: correta (art. 5º, XIV, da CF); **II:** correta (art. 5º, XXII e XXIV, da CF); **III:** incorreta. O art. 5º, XLVII, "b", da CF, não estabelece exceções; **IV:** incorreta. Não reflete o disposto no art. 5º, LI, da CF; **V:** correta (art. 5º, LXXIII, da CF).

Gabarito "D".

(FGV – 2008) A respeito do catálogo de direitos fundamentais da Constituição Federal de 1988, analise as afirmativas a seguir:

I. A todos é assegurado o direito de reunião, para fins pacíficos, em locais abertos ao público, independentemente de autorização e de aviso prévio à autoridade competente.
II. A casa é asilo inviolável do indivíduo, ninguém nela podendo penetrar sem consentimento do morador, salvo em caso de flagrante delito ou desastre, ou para prestar socorro, ou, durante o dia, por determinação de autoridade judicial ou de Presidente de Comissão Parlamentar de Inquérito.
III. Todos têm direito a receber dos órgãos públicos informações de seu interesse particular, ou de interesse coletivo ou geral, que serão prestadas no prazo da lei, sob pena de responsabilidade, ressalvadas aquelas cujo sigilo seja imprescindível à segurança da sociedade e do Estado.
IV. A apreciação pelo Poder Judiciário de lesão ou ameaça a direito será assegurada na forma da lei, desde que observados os limites previstos em lei complementar.

Assinale:

(A) se apenas as afirmativas I e III estiverem corretas.
(B) se apenas as afirmativas I e II estiverem corretas.
(C) se apenas a afirmativa I estiver correta.
(D) se apenas a afirmativa III estiver correta.
(E) se todas as afirmativas estiverem corretas.

I: incorreta. Não reflete o disposto no art. 5º, XVI, da CF; **II:** incorreta. Não reflete o disposto no art. 5º, XI, da CF; **III:** correta. Art. 5º, XXXIII, da CF; **IV:** incorreta. Não reflete o disposto no art. 5º, XXXV, da CF.

Gabarito "D".

(FGV – 2008) A Constituição da República, em seu art. 5º, dispõe acerca dos direitos e deveres individuais e coletivos. Entre esses direitos, firma o texto constitucional o princípio do acesso ao Poder Judiciário, segundo o qual não se pode excluir da apreciação judicial qualquer lesão ou ameaça de direito. Acerca desse princípio, é correto afirmar que:

(A) pode ser condicionado ao prévio esgotamento da instância administrativa.
(B) assegura o direito de pleitear prestação jurisdicional sempre que algum direito for lesado ou ameaçado.
(C) pode ser limitado por lei.
(D) pode estar condicionado à impetração de recurso, com efeito suspensivo, na via administrativa.
(E) está condicionado, no próprio texto constitucional, ao pagamento de taxas judiciárias.

O princípio da inafastabilidade da jurisdição, insculpido no art. 5º, XXXV, da CF, é norma de eficácia plena e aplicabilidade imediata. Somente a própria Constituição pode estabelecer exceções ou condicionamentos ao seu exercício (como o fez no art. 217, § 1º, da CF).

Gabarito "B".

(FGV – 2008) A respeito dos Direitos e Deveres Individuais e Coletivos, assinale a afirmativa correta.

(A) A Constituição Federal/1988 assegura o direito à vida, admitindo, no entanto, a pena de morte em caso de guerra declarada pelo Presidente da República, devidamente autorizado pelo Senado Federal.
(B) Somente o cidadão tem legitimidade para a propositura da ação popular, podendo o autor ficar sujeito ao pagamento das custas judiciais.
(C) Nos casos de desapropriação em que o bem de produção urbano não cumpre a sua função social, a indenização poderá ser em dinheiro ou em títulos da dívida pública.
(D) A pena de banimento, vedada pela Constituição Federal/1988, impede a expulsão do estrangeiro, mesmo que seu procedimento o torne nocivo à convivência e ao interesse nacional.
(E) As associações só poderão ter suas atividades suspensas por decisão judicial transitada em julgado.

A: incorreta. Não reflete o disposto no art. 5º, XLVII, "a", da CF, que não prevê autorização pelo Senado Federal; **B:** correta. Art. 5º, LXXIII, da CF; **C:** incorreta. Não reflete o disposto no art. 5º, XXIV, da CF. O pagamento em títulos da dívida agrária está previsto para a hipótese do art. 184 da CF (imóvel rural); **D:** incorreta. Art. 65 da Lei 6.815/1980: "É passível de expulsão o estrangeiro que, de qualquer forma, atentar contra a segurança nacional, a ordem política ou social, a tranquilidade ou moralidade pública e a economia popular, ou cujo procedimento o torne nocivo à conveniência e aos interesses nacionais"; **E:** incorreta. O art. 5º, XIX, da CF, só exige trânsito em julgado para a dissolução compulsória da associação. A suspensão de atividades, apesar de só poder ser determinada por decisão judicial, pode ocorrer antes do trânsito em julgado.

Gabarito "B".

(FGV – 2008) A respeito do princípio constitucional da presunção de inocência, assinale a alternativa correta.

(A) Proíbe que réus não condenados por sentença transitada em julgado sejam submetidos à prisão cautelar.
(B) Determina que todos os réus condenados à pena privativa liberdade tenham direito à progressão de regime prisional.
(C) Determina que a prisão de réus ainda não condenados por sentença definitiva só possa ser decretada excepcionalmente, em casos de necessidade concretamente demonstrada.
(D) Não se aplica aos acusados de crimes hediondos, os quais devem necessariamente responder ao processo sob custódia cautelar.
(E) Apenas os réus que se declararem culpados em interrogatório judicial poderão ser condenados à pena privativa de liberdade.

A: incorreta. O princípio da presunção da inocência não impede a decretação de prisão antes do trânsito em julgado da condenação, mas, se decretada, terá sempre natureza cautelar; **B:** incorreta. O princípio não impede que o legislador estabeleça crimes que não possibilitam progressão de regime; **C:** correta, conforme explicação da alternativa "A"; **D:** incorreta. O princípio se aplica a todo acusado; **E:** incorreta. Não existe regra nesse sentido.

Gabarito "C"

(FGV – 2008) A Constituição de 1988 prevê, em caso de prisão em flagrante delito, que a autoridade policial, a quem for apresentado o preso, tomará, dentre outras, as seguintes providências:

(A) informará ao preso, antes de tomar seu depoimento, o direito de permanecer calado, advertindo-o de que seu silêncio pode ser interpretado em seu prejuízo.

(B) informará ao preso seus direitos, dentre os quais o de permanecer calado e o de ser assistido por advogado, e comunicará a prisão imediatamente ao juiz competente e à família do preso ou à pessoa por ele indicada.

(C) comunicará a prisão imediatamente ao juiz competente, ao Ministério Público, à defensoria pública e à Ordem dos Advogados do Brasil.

(D) relaxará imediatamente a prisão, se for ilegal, ou decretará sua prisão cautelar, se presentes os requisitos legais.

(E) conduzirá imediatamente o preso que não possuir advogado à presença do juiz competente, e este lhe designará advogado dativo para acompanhar o interrogatório policial.

Art. 5º, LXII e LXIII, da CF. O direito à não autoincriminação impede que o silêncio seja interpretado em prejuízo do réu. Além disso, a decretação de prisão e o relaxamento de prisões ilegais só podem ser determinados pela autoridade judiciária competente (art. 5º, LXI e LXV, da CF).

Gabarito "B"

(FGV – 2008) O direito ao sigilo de comunicação é:

(A) restrito às comunicações telefônicas.

(B) fundamental, podendo, entretanto, ser quebrado no caso das comunicações telefônicas, quando houver ordem judicial.

(C) abrangente de todo o tipo de comunicação.

(D) relativo, podendo ser quebrado no caso de instrução processual.

(E) relativo, podendo ser quebrado no caso do preso.

De acordo com o art. 5º, XII, da CF, é inviolável o sigilo da correspondência e das comunicações telegráficas, de dados e das comunicações telefônicas, salvo, no último caso, por ordem judicial, nas hipóteses e na forma que a lei estabelecer para fins de investigação criminal ou instrução processual penal.

Gabarito "B"

(FGV – 2008) A respeito do ato jurídico perfeito, é correto afirmar que:

(A) encerra um direito adquirido.

(B) é o mesmo que ato consumado.

(C) está compreendido no direito adquirido.

(D) é um direito exercido.

(E) está sujeito a produzir efeitos no futuro.

Art. 6º, §§ 1º e 2º, da LINDB: "§ 1º. Reputa-se ato jurídico perfeito o já consumado segundo a lei vigente ao tempo em que se efetuou; § 2º. Consideram-se adquiridos assim os direitos que o seu titular, ou alguém por ele, possa exercer, como aqueles cujo começo do exercício tenha termo pré-fixo, ou condição pré-estabelecida inalterável, a arbítrio de outrem."

Gabarito "C"

(FGV – 2008) A respeito do catálogo de direitos fundamentais da Constituição Federal de 1988, assinale a afirmativa correta.

(A) A Constituição assegura o direito de permanecer calado apenas ao preso, quando interrogado por autoridade policial.

(B) As provas obtidas por meios ilícitos são inadmissíveis apenas nos processos criminais, podendo ser utilizadas sem restrições nos processos judiciais cíveis e administrativos.

(C) Por força do princípio da presunção da inocência, a prisão do réu decretada por juiz anteriormente à condenação transitada em julgado terá sempre natureza cautelar.

(D) É possível a criação de tribunal de exceção para julgar crimes de terrorismo, na forma da lei.

(E) O contraditório e a ampla defesa não são assegurados em procedimentos administrativos disciplinares se o servidor permanecer revel.

A: incorreta. Não reflete o disposto no art. 5º, LXIII, da CF; **B:** incorreta. Não reflete o disposto no art. 5º, LVI, da CF; **C:** correta. Art. 5º, LVII, da CF; **D:** incorreta. Não reflete o disposto no art. 5º, XXXVII, da CF; **E:** incorreta. Não reflete o disposto no art. 5º, LV, da CF.

Gabarito "C"

(FGV – 2008) Assinale a afirmativa incorreta.

(A) O direito de propriedade é garantido pela Constituição Federal, devendo a propriedade urbana ou rural atender a sua função social, definida esta igualmente para ambas.

(B) Viola a garantia constitucional de acesso à jurisdição a taxa judiciária calcada sem limite sobre o valor da causa.

(C) A imunidade prevista no artigo 150, VI, *d*, da Constituição Federal de 1988 abrange filmes e papéis fotográficos necessários à publicação de jornais e periódicos.

(D) Nos processos perante o Tribunal de Contas asseguram-se o contraditório e a ampla defesa quando da decisão puder resultar anulação ou revogação de ato administrativo que beneficie o interessado, excetuada a apreciação da legalidade do ato de concessão inicial de aposentadoria, reforma e pensão.

(E) A garantia da irretroatividade da lei, prevista no artigo 5º, XXXVI, da Constituição Federal de 1988, não é invocável pela entidade estatal que a tenha editado.

A: incorreta, devendo ser assinalada. O art.182, § 2º, da CF, refere-se à função social da propriedade urbana e o art. 186, I a IV, da CF, à função social da propriedade rural; **B:** correta. Súmula 667 do STF; **C:** correta. Súmula 657 do STF; **D:** correta. Súmula vinculante 3 do STF; **E:** correta. Súmula 654 do STF.

Gabarito "A"

(FGV – 2005) Assinale a alternativa que apresente corretamente princípios constitucionais.

(A) isonomia, inviolabilidade do direito à segurança e reserva legal

(B) isonomia, reserva profissional e devido processo legal

(C) liberdade de expressão, reserva profissional e ampla defesa

(D) inviolabilidade do direito à segurança, contraditório e associação em condomínio

(E) juiz natural, contraditório e amplo exercício da vontade

A Constituição Federal não assegura, "reserva profissional", "associação em condomínio" e "amplo exercício da vontade".

Gabarito "A".

5.2. REMÉDIOS CONSTITUCIONAIS

(OAB/Exame Unificado – 2015.1) J.G., empresário do ramo imobiliário, surpreendeu-se ao tomar conhecimento de que seu nome constava de um banco de dados de caráter público como inadimplente de uma dívida no valor de R$ 500.000,00 (quinhentos mil reais). Embora reconheça a existência da dívida, entende que o não pagamento encontra justificativa no fato de o valor a que foi condenado em primeira instância ainda estar sob discussão em grau recursal. Com o objetivo de fazer com que essa informação complementar passe a constar juntamente com a informação principal a respeito da existência do débito, consulta um advogado, que sugere a impetração de um *habeas data*.

Sobre a resposta à consulta, assinale a afirmativa correta.

(A) O *habeas data* não é o meio adequado, já que a ordem jurídica não prevê a possibilidade de sua utilização para complementar dados, mas apenas para garantir o direito de acessá-los ou retificá-los.

(B) Deveria ser impetrado, em vez de *habeas data*, mandado de segurança, ação constitucional adequada para os casos em que se faça necessária a proteção de direito líquido e certo, não amparado por habeas corpus ou *habeas data*.

(C) Deve ser impetrado *habeas data*, pois, embora o texto constitucional não contemple a hipótese específica do caso concreto, a lei ordinária o faz, de modo a ampliar o âmbito de incidência do *habeas data* como ação constitucional.

(D) O *habeas data* não deve ser impetrado, pois a lei ordinária não pode ampliar uma garantia fundamental prevista no texto constitucional, já que tal configuraria violação ao regime de imutabilidade que acompanha os direitos e as garantias fundamentais.

A: incorreta. Ao contrário do mencionado, a Lei 9.507/1997, que regulamenta o *habeas data*, prevê a possibilidade de sua utilização para complementar dados, conforme determina o seu art. 7º, III. Segundo tal dispositivo, o *habeas data* pode ser concedido para a anotação nos assentamentos do interessado, de contestação ou explicação sobre dado verdadeiro, mas justificável e que esteja sob pendência judicial ou amigável; **B:** incorreta. Como o problema comporta a impetração do *habeas data*, não há que se falar na impetração de mandado de segurança que apenas terá cabimento quando o direito não estiver amparado por *habeas corpus* ou *habeas data*. É o que determina o art. 5º, LXIX, da CF; **C:** correta. O cabimento do *habeas data* nessa hipótese é extraído do art. 7º, III, da Lei 9.507/1997; **D:** incorreta. A lei ordinária não só pode como ampliou as hipóteses de cabimento do *habeas data*. As cláusulas pétreas não podem ser abolidas, mas a sua ampliação é possível.

Gabarito "C".

(OAB/Exame Unificado – 2014.2) Isabella promove ação popular em face do Município X, por entender que determinados gastos realizados estariam causando graves prejuízos ao patrimônio público. O pedido veio a ser julgado improcedente, por total carência de provas. Inconformada, Isabella apresenta a mesma ação com fundamento em novos elementos, e, mais uma vez, o pedido vem a ser julgado improcedente por carência de provas. Nos termos da Constituição Federal e da legislação de regência, assinale a opção correta.

(A) Sendo o pedido julgado improcedente, haverá condenação em honorários advocatícios.

(B) A improcedência por ausência de provas caracteriza a má-fé do autor popular.

(C) A reiteração na propositura da mesma ação acarreta o pagamento de custas pelo autor popular.

(D) As custas serão devidas se declarada, expressamente, a má-fé do autor popular.

A: incorreta. Não haverá condenação em honorários. De acordo com o art. 5º, LXXIII, da CF, qualquer cidadão é parte legítima para propor ação popular que vise a anular ato lesivo ao patrimônio público ou de entidade de que o Estado participe, à moralidade administrativa, ao meio ambiente e ao patrimônio histórico e cultural, **ficando o autor, salvo comprovada má-fé, isento de custas judiciais e do ônus da sucumbência**. O autor popular, embora tenha direito ao recebimento de honorário caso obtenha êxito na ação popular, não é obrigado a pagá-lo caso perca a ação; **B:** incorreta. A improcedência por ausência de provas **não** caracteriza a má-fé do autor popular. Conforme o art. 18 da Lei 4.717/1965 (Ação Popular), a sentença terá eficácia de coisa julgada oponível *erga omnes*, exceto no caso de haver sido a ação **julgada improcedente por deficiência de prova; neste caso, qualquer cidadão poderá intentar outra ação com idêntico fundamento, valendo-se de nova prova**; **C:** incorreta. As custas **só serão devidas se houver comprovação da má-fé** por parte do autor popular. É o que se extrai do art. 5º, LXXIII, da CF; **D:** correta. Além do dispositivo constitucional mencionado, o STF entende que: "A não ser quando há comprovação de má-fé do autor da ação popular, não pode ele ser condenado nos ônus das custas e da sucumbência" (RE 221.291, Rel. Min. Moreira Alves, julgamento em 11-4-2000, Primeira Turma, DJ de 9-6-2000.) No mesmo sentido: AI 582.683-AgR, Rel. Min. Ayres Britto, julgamento em 17-8-2010, Segunda Turma, DJE de 17-9-2010. Vide: AR 1.178, Rel. Min. Marco Aurélio, julgamento em 3-5-1995, Plenário, DJ de 6-9-1996.

Gabarito "D".

(OAB/Exame Unificado – 2014.1) A ação de *habeas data*, como instrumento de proteção de dimensão do direito de personalidade, destina-se a garantir o acesso de uma pessoa a informações sobre ela que façam parte de arquivos ou banco de dados de entidades governamentais ou públicas, bem como a garantir a correção de dados incorretos.

A partir do fragmento acima, assinale a opção correta.

(A) Conceder-se-á *habeas data* para assegurar o conhecimento de informações relativas à pessoa do impetrante ou de parente deste até o segundo grau, constantes de registro ou banco de dados de entidades governamentais ou privadas.

(B) Além dos requisitos previstos no Código de Processo Civil para petição inicial, a ação de *habeas data* deverá vir instruída com prova da recusa ao acesso às informações ou o simples decurso de dez dias sem decisão.

(C) Do despacho de indeferimento da inicial de *habeas data* por falta de algum requisito legal para o ajuizamento caberá agravo de instrumento.

(D) A ação de *habeas data* terá prioridade sobre todos os atos judiciais, com exceção ao habeas corpus e ao mandado de segurança.

A: incorreta. O *habeas data* protege apenas o direito relativo à pessoa do impetrante. Informações de terceiros não são protegidas por esse remédio. De acordo com o art. 5º, LXXII, conceder-se-á *habeas data*: a) para assegurar o conhecimento de **informações relativas à pessoa do impetrante**, constantes de registros ou bancos de dados de entidades governamentais ou de caráter público; **B:** incorreta. De acordo com o art. 8º, parágrafo único, I, da Lei 9.507/1997 (*Habeas Data*), a petição inicial, além de preencher os requisitos dos arts. 319 a 321 e 334 do NCPC, deve ser instruída com prova da recusa ao acesso às informações ou do **decurso de mais de dez dias** sem decisão; **C:** incorreta. Dispõe o parágrafo único do art. 10 da Lei 9.507/1997 que do despacho de indeferimento caberá recurso previsto no art. 15, qual seja: **apelação**; **D:** correta. O art. 19 da Lei 9.507/1997 determina que os **processos de *habeas data* tenham prioridade sobre todos os atos judiciais, exceto *habeas corpus* e mandado de segurança**. Na instância superior, deverão ser levados a julgamento na primeira sessão que se seguir à data em que, feita a distribuição, forem conclusos ao relator.

Gabarito "D"

(OAB/Exame Unificado – 2013.2) Em atenção às recentes manifestações populares, fora noticiado na TV que determinados deputados estaduais de dado Estado da Federação estavam utilizando a verba do orçamento destinada à saúde para proveito próprio. Marcos, cidadão brasileiro, insatisfeito com a notícia e de posse de documentação que denota indícios de lesão ao patrimônio de seu Estado, ajuíza Ação Popular no Juízo competente em face dos aludidos deputados e do Estado.

Em atenção ao disciplinado na Lei nº 4.717/1965, que trata da Ação Popular, assinale a alternativa **incorreta**.

(A) Marta, cidadã brasileira, residente e domiciliada no mesmo Estado, pode habilitar-se como litisconsorte de Marcos.

(B) Na mesma linha da ação de Mandado de Segurança, o direito de ajuizá-la decai em 5 (cinco) anos.

(C) O Estado, a juízo de seu representante legal, em se afigurando útil ao interesse público, poderá atuar ao lado de Marcos na condução da ação.

(D) Sendo julgada improcedente a ação movida por Marcos, poderá este recorrer, além do Ministério Público e qualquer outro cidadão.

A: correta. De acordo com o art. 6º, § 5º, da Lei 4.717/1965, é facultado a *qualquer cidadão habilitar-se como litisconsorte* ou assistente do autor da ação popular; **B:** incorreta, devendo ser assinalada. Conforme o art. 23 da Lei 12.016/2009, o direito de requerer mandado de segurança extinguir-se-á decorridos *120 (cento e vinte)* dias, contados da ciência, pelo interessado, do ato impugnado; **C:** correta. De acordo com o art. 6º, § 3º, da Lei 4.717/1965, a *pessoa jurídica de direito público* ou de direito privado, cujo ato seja objeto de impugnação, poderá abster-se de contestar o pedido, ou *poderá atuar ao lado do autor, desde que isso se afigure útil ao interesse público, a juízo do respectivo representante legal* ou dirigente; **D:** correta. Conforme o art. 19, § 2º, da Lei 4.717/1965, das sentenças e decisões proferidas *contra o autor* da ação e suscetíveis de recurso, *poderá recorrer qualquer cidadão e também o Ministério Público*.

Gabarito "B"

(OAB/Exame Unificado – 2013.1) Em relação aos remédios constitucionais, assinale a afirmativa correta.

(A) O *habeas data* pode ser impetrado ainda que não haja negativa administrativa em relação ao acesso a informações pessoais.

(B) A ação popular pode ser impetrada por pessoa jurídica.

(C) O particular pode figurar no polo passivo da ação de *habeas corpus*.

(D) O mandado de segurança somente pode ser impetrado quando as questões jurídicas forem incontroversas.

A: incorreta. A Súmula 2 do STJ determina o *não cabimento de "habeas data"* (art. 5º, LXXII, "a", da CF) *quando não há recusa ao acesso a informações* por parte da autoridade administrativa; **B:** incorreta. De acordo com a Súmula 365 do STF, a *pessoa jurídica não tem legitimidade* para propor ação popular. Vale lembrar que essa ação só pode ser proposta pelo cidadão, que é aquele que tem título de eleitor e está no exercício de seus direitos políticos (art. 5º, LXXIII, da CF e art. 1º, § 3º, da Lei 4.717/1965); **C:** correta. A *autoridade coatora ou impetrado pode ser tanto pessoa pública como privada*. O exemplo clássico de impetração desse remédio, em que figure no polo passivo um particular, ocorre quando um hospital psiquiátrico priva o paciente de sua liberdade de locomoção, por exemplo, a pedido da própria família que tem a intenção de abandoná-lo. Outra situação seria a de uma clínica de recuperação para dependentes químicos que não autoriza a saída do paciente, ainda que a família tenha solicitado, pelo fato de haver atraso no pagamento das despesas. A saída do doente é condicionada ao pagamento; **D:** incorreta. De acordo com a Súmula 625 do STF, a "*controvérsia sobre matéria de direito não impede a concessão* do mandado de segurança". O que deve ser demonstrado nesse remédio é a comprovação do direito líquido e certo, ou seja, deve haver *prova documental* pré-constituída, demonstrando a certeza e a liquidez do direto.

Gabarito "C"

(OAB/Exame Unificado – 2012.3.A) A respeito da ação de *habeas corpus*, assinale a afirmativa incorreta.

(A) Pode ser impetrado por estrangeiro residente no país.

(B) É cabível contra punição disciplinar militar imposta por autoridade incompetente.

(C) Não é meio hábil para controle concreto de constitucionalidade.

(D) A Constituição assegura a gratuidade para seu ajuizamento.

A: correta. O *habeas corpus* pode ser impetrado por *qualquer pessoa*, independentemente de nacionalidade e capacidade civil. Sendo assim, o brasileiro (nato ou naturalizado), o estrangeiro e até mesmo o apátrida podem impetrá-lo. A principal característica desse remédio é a informalidade. Fundamento constitucional: art. 5º, XV e LXVIII, da CF; **B:** correta. Embora o art. 142, § 2º, da CF, determine a não possibilidade de impetração de *habeas corpus* em relação a punições disciplinares militares, o STF, reiteradas vezes, já decidiu que *para discutir questões de legalidade*, como, por exemplo, a incompetência da autoridade que determinou a prisão, *o remédio é cabível*. Seguem dois julgados: "A legalidade da imposição de punição constritiva da liberdade, em procedimento administrativo castrense, pode ser discutida por meio de *habeas corpus*. Precedentes." (RHC 88.543-8/SP, 1ª T., j. 03.04.2007, rel. Min. Ricardo Lewandowski, *DJ* 27.04.2007) e "Não há que se falar em violação ao art. 142, § 2º, da CF, se a concessão de *habeas corpus*, impetrado contra punição disciplinar militar, volta-se tão somente para os pressupostos de sua legalidade, excluindo a apreciação de questões referentes ao mérito." (RE 338.840-1/RS, 2ª T., j. 19.08.2003, rel. Min. Ellen Gracie, *DJ* 12.09.2003); **C:** incorreta, devendo ser assinalada. Por meio da impetração de *habeas corpus* é possível fazer controle concreto (ou difuso) de constitucionalidade. Um exemplo seria a impetração do remédio para proteger a liberdade de locomoção de alguém que está preso, em virtude de ter sido aplicada uma lei inconstitucional; **D:** correta. De acordo com o art. 5º, LXXVII, da CF, são *gratuitas* as ações de *habeas corpus* e *habeas data*, e, na forma da lei, os atos necessários ao exercício da cidadania.

Gabarito "C".

(OAB/Exame Unificado – 2012.3.B) Em caso de militar da Marinha de Guerra, preso disciplinarmente por autoridade incompetente, é cabível

(A) *habeas corpus*, a ser julgado pela Justiça Federal.
(B) *habeas corpus*, a ser julgado pela Justiça Militar.
(C) mandado de segurança, a ser julgado pela Justiça Federal.
(D) mandado de segurança, a ser julgado pela Justiça Militar.

A: correta. Embora o art. 142, § 2º, da CF, determine a não possibilidade de impetração de *habeas corpus* em relação a punições disciplinares militares, o STF, reiteradas vezes, já decidiu que *para discutir questões de legalidade*, como, por exemplo, a incompetência da autoridade que determinou a prisão, *o remédio é cabível*. Nesse caso, a competência para julgamento é da *Justiça Federal*. Segue julgado: "RECURSO ORDINÁRIO EM *HABEAS CORPUS*. PROCESSUAL PENAL. INFRAÇÃO DISCIPLINAR. PUNIÇÃO IMPOSTA A MEMBRO DAS FORÇAS ARMADAS. CONSTRIÇÃO DA LIBERDADE. *HABEAS CORPUS* CONTRA O ATO. JULGAMENTO PELA JUSTIÇA MILITAR DA UNIÃO. IMPOSSIBILIDADE. INCOMPETÊNCIA. *MATÉRIA AFETA À JURISDIÇÃO DA JUSTIÇA FEDERAL COMUM*. INTERPRETAÇÃO DOS ARTS. 109, VII, e 124, § 2º. I – À Justiça Militar da União compete, apenas, processar e julgar os crimes militares definidos em lei, não se incluindo em sua jurisdição as ações contra punições relativas a infrações (art. 124, § 2º, da CF). II – A legalidade da imposição de punição constritiva da liberdade, em procedimento administrativo castrense, pode ser discutida por meio de *habeas corpus*. Precedentes. III – Não estando o ato sujeito à jurisdição militar, sobressai a competência da Justiça Federal para o julgamento de ação que busca desconstituí-lo (art. 109, VII, CF). IV – Reprimenda, todavia, já cumprida na integralidade. V – HC prejudicado." (STF; RHC 88.543-8/SP, 1ª T., j. 03.04.2007, rel. Min. Ricardo Lewandowski, *DJ* 27.04.2007); **B:** incorreta. O remédio é o *habeas corpus*, mas a competência, conforme já demonstrado, é da Justiça Federal e não da Militar; **C** e **D:** incorretas. O mandado de segurança não é mecanismo hábil para proteger a liberdade de locomoção.

Gabarito "A".

(OAB/Exame Unificado – 2012.3.B) Assinale a alternativa que indica quem pode impetrar um Mandado de Segurança Coletivo.

(A) Uma associação, desde que legalmente constituída e em funcionamento há pelo menos um ano.
(B) Uma associação, desde que expressamente autorizada pelos seus associados.
(C) Uma entidade de classe, desde que legalmente constituída e em funcionamento há pelo menos um ano.
(D) Uma organização sindical, desde que legalmente constituída e em funcionamento há pelo menos um ano.

A: correta. Conforme dispõe o art. 5º, LXX, da CF, o mandado de segurança coletivo pode ser impetrado por: a) partido político com representação no Congresso Nacional, b) organização sindical, *entidade de classe ou associação legalmente constituída e em funcionamento há pelo menos um ano*, em defesa dos interesses de seus membros ou associados; **B:** incorreta. De acordo com a Súmula 629 do STF, a impetração de mandado de segurança coletivo por entidade de classe em favor dos associados *não depende de autorização* destes; **C:** incorreta. O requisito da pré-constituição há pelo menos um ano se aplica apenas às associações; **D:** incorreta. A organização sindical também não precisa demonstrar que está em funcionamento há pelo menos um ano.

Gabarito "A".

(OAB/Exame Unificado – 2012.1) O mandado de segurança coletivo NÃO pode ser impetrado por

(A) organização sindical.
(B) partido político com representação no Congresso Nacional.
(C) entidade de classe de âmbito nacional.
(D) associações paramilitares.

De acordo com o art. 5º, LXX, da CF, o mandado de segurança coletivo pode ser impetrado por: a) partido político com representação no Congresso Nacional, b) organização sindical, entidade de classe ou associação legalmente constituída e em funcionamento há pelo menos um ano, em defesa dos interesses de seus membros ou associados. Desse modo, como não constam no rol de legitimados previstos na Constituição Federal, as associações paramilitares *não* podem impetrar mandado de segurança coletivo.

Gabarito "D".

(OAB/Exame Unificado – 2011.2) O *habeas data* não pode ser impetrado em favor de terceiro PORQUE visa tutelar direito à informação relativa à pessoa do impetrante. A respeito do enunciado acima é correto afirmar que

(A) ambas as afirmativas são falsas.
(B) a primeira afirmativa é falsa, e a segunda é verdadeira.
(C) a primeira afirmativa é verdadeira, e a segunda é falsa.
(D) ambas as afirmativas são verdadeiras, e a primeira justifica a segunda.

Dispõe o art. 5º, LXXII, da CF que o *habeas data* é concedido: a) para assegurar o conhecimento de *informações relativas à pessoa do impetrante*, constantes de registros ou bancos de dados de entidades governamentais ou de caráter público e b) para a retificação de dados, quando não se prefira fazê-lo por processo sigiloso, judicial ou administrativo. Desse modo, embora haja decisão do STJ admitindo a impetração de *habeas data* em favor de terceiro, prevalece o entendimento de que não pode ser impetrado em favor de terceiros por proteger o direito de informações relativas à pessoa do impetrante.

Gabarito "D".

(FGV – 2011) Um cidadão que não pretende recolher determinado imposto por considerar que a lei que instituiu referido tributo é inconstitucional, deverá ajuizar a seguinte ação:

(A) *habeas data*.
(B) mandado de segurança.
(C) mandado de injunção.
(D) ação popular.
(E) ação direta de inconstitucionalidade.

O remédio correto a ser utilizado no presente caso é o mandado de segurança, conforme dispõe o inciso LXIX do art. 5º da CF.

Gabarito "B".

(OAB/Exame Unificado – 2010.3) O mandado de segurança é um importante instrumento de proteção a direitos líquidos e certos, individuais ou coletivos, que não estejam amparados por *habeas corpus* ou *habeas data*, sempre que, ilegalmente ou com abuso de poder, qualquer pessoa física ou jurídica sofrer violação ou tiver justo receio de sofrê-la por parte de autoridade. Acerca do mandado de segurança coletivo, é correto afirmar que

(A) a sentença de procedência produz efeitos *erga omnes*, não limitando seus efeitos aos membros da categoria substituídos pelo impetrante.

(B) não induz litispendência para as ações individuais, de forma que os efeitos da coisa julgada beneficiam o impetrante individual, ainda que não requeira a desistência de seu mandado de segurança.

(C) a interposição de embargos infringentes é admitida para fins de exercício da ampla defesa.

(D) pode ser impetrado em defesa de direitos líquidos e certos que pertençam a apenas parte dos membros de uma categoria ou associação, substituídos pelo impetrante.

A: incorreta. A sentença proferida no mandado de segurança coletivo produz efeitos para os substituídos, não possui eficácia *erga omnes* (contra todos). V. art. 22 da Lei 12.016/2009; **B:** incorreta. Art. 22, § 1º, da Lei 12.016/2009: "O mandado de segurança coletivo não induz litispendência para as ações individuais, mas os efeitos da coisa julgada não beneficiarão o impetrante a título individual se não requerer a desistência de seu mandado de segurança no prazo de 30 (trinta) dias a contar da ciência comprovada da impetração da segurança coletiva"; **C:** incorreta. Não cabem embargos infringentes no procedimento do mandado de segurança. V. art. 25 da Lei 12.016/2009; **D:** correta. Art. 21 da Lei 12.016/2009 e Súmula 630 do STF.

Gabarito "D"

(OAB/Exame Unificado – 2010.1) Assinale a opção correta com relação à garantia constitucional do *habeas corpus*.

(A) Caso uma decisão de turma recursal de juizados especiais criminais constitua ato coator da liberdade de locomoção de um acusado, será cabível *habeas corpus* dirigido ao STJ.

(B) Caso a sentença penal condenatória emanada de juiz militar imponha pena de exclusão de militar ou de perda de patente, será cabível a utilização do *habeas corpus*.

(C) Caso ocorra, ao fim de um processo penal, a fixação de pena de multa em sentença penal condenatória, ficará prejudicada a utilização do *habeas corpus*, haja vista a sua destinação exclusiva à tutela do direito de ir e vir.

(D) Ainda que já extinta a pena privativa de liberdade, é cabível a utilização de *habeas corpus* para pedido de reabilitação de paciente.

A: incorreta. "Compete originariamente ao Supremo Tribunal Federal o julgamento de *habeas corpus* contra decisão de Turma recursal de juizados especiais criminais" (Súmula 690 do STF); **B:** incorreta. "Não cabe *habeas corpus* contra a imposição da pena de exclusão de militar ou de perda de patente ou de função pública" (Súmula 694 do STF); **C:** correta. "Não cabe *habeas corpus* contra decisão condenatória a pena de multa, ou relativo a processo em curso por infração penal a que a pena pecuniária seja a única cominada" (Súmula 693 do STF); **D:** incorreta. "Não cabe *habeas corpus* quando já extinta a pena privativa de liberdade" (Súmula 695 do STF). Nesse sentido, já decidiu o STF que: "A via do *habeas corpus* não é a adequada para o fim pretendido pela Impetrante – pedido de reabilitação do Paciente. 2. Extinta a punibilidade ou encerrada a sua execução, não há que se falar em constrangimento à liberdade de locomoção do Paciente a ser protegido via *habeas corpus*" (HC 90.554, 1ª T., j. 06.03.2007, rel. Min. Cármen Lúcia, *DJ* 23.03.2007).

Gabarito "C"

(OAB/Exame Unificado – 2010.1) Considerando as repercussões processuais das garantias constitucionais, assinale a opção correta.

(A) Impõe-se, por ser norma de processo civil, de aplicação imediata, a legislação superveniente à impetração do mandado de segurança.

(B) A ausência de decisão administrativa em prazo razoável não enseja mandado de segurança, pois o Poder Judiciário não pode fixar prazo para decisões do Poder Executivo.

(C) Estrangeiro residente no exterior não pode impetrar mandado de segurança no Brasil.

(D) Mandado de segurança coletivo impetrado pela OAB deve ser ajuizado perante a Justiça Federal, ainda que não se trate de postulação de direito próprio.

A: incorreta. Aplica-se a legislação da época da impetração (STF, AgRg no RE 457.508-6/PI, 2ª T., j. 14.08.2007, rel. Min. Eros Grau, *DJ* 21.09.2007); **B:** incorreta. Enseja a fixação de prazo razoável. Dever de decidir dos administradores públicos (STF, MS 24.167-5/RJ, Pleno, j. 05.10.2006, rel. Min. Joaquim Barbosa, *DJ* 02.02.2007); **C:** incorreta. Poderá impetrar, dado o caráter universal dos direitos fundamentais, mesmo aos turistas em passeio pelo Brasil (STF, RE 215.267-6/SP, j. 24.04.2001, rel. Min. Ellen Gracie, *DJ* 25.05.2001); **D:** correta. "Presente a Ordem dos Advogados do Brasil – autarquia federal de regime especial – no polo ativo de mandado de segurança coletivo impetrado em favor de seus membros, a competência para julgá-lo é da Justiça Federal, a despeito de a autora não postular direito próprio" (STF, AgRg no RE 266.689-1/MG, 2ª T., j. 17.08.2004, rel. Min. Ellen Gracie, *DJ* 03.09.2004).

Gabarito "D"

(OAB/Exame Unificado – 2009.1) No que se refere aos remédios constitucionais, assinale a opção correta.

(A) A doutrina brasileira do *habeas corpus*, cujo principal expoente foi Rui Barbosa, conferiu grande amplitude a esse *writ*, que podia ser utilizado, inclusive, para situações em que não houvesse risco à liberdade de locomoção.

(B) O *habeas data* pode ser impetrado ao Poder Judiciário, independentemente de prévio requerimento na esfera administrativa.

(C) A ação popular pode ser ajuizada por qualquer pessoa para a proteção do patrimônio público estatal, da moralidade administrativa, do meio ambiente e do patrimônio histórico e cultural.

(D) A ação civil pública somente pode ser ajuizada pelo MP, segundo determina a CF.

A: correta. Art. 5º, LXVIII, da CF; **B:** incorreta. Art. 8º da Lei 9.507/1997 (lei que disciplina o rito processual do *habeas data*); **C:** incorreta. Art. 5º, LXXIII, da CF. Somente está legitimado a ajuizar a ação popular o cidadão, assim entendido, o brasileiro nato ou naturalizado em gozo de seus direitos políticos. Dessa forma, foram excluídos os brasileiros que não estejam no gozo de seus direitos políticos, os estrangeiros e as pessoas jurídicas (Súmula 365 do STF); **D:** incorreta. A ação civil pública (Lei 7.347/1985) pode ser proposta pelo Ministério Público, pela União, pelos Estados, pelos Municípios, pelas associações civis e por outros legitimados relacionados na lei.

Gabarito "A"

(OAB/Exame Unificado – 2008.2) Assinale a opção incorreta acerca dos remédios constitucionais.

(A) A ação popular só pode ser proposta de forma repressiva, sendo incabível, assim, sua proposição antes da consumação dos efeitos lesivos de ato contra o patrimônio público.

(B) No *habeas data*, o direito do impetrante de receber informações constantes de registros de entidades governamentais ou de caráter público é incondicionado, não se admitindo que lhe sejam negadas informações sobre sua própria pessoa.

(C) O mandado de segurança pode ser proposto tanto contra autoridade pública quanto contra agente de pessoas jurídicas privadas no exercício de atribuições do poder público.

(D) Organização sindical, entidade de classe ou associação legalmente constituída e em funcionamento há pelo menos um ano têm legitimação ativa para impetrar mandado de segurança coletivo em defesa dos interesses de seus membros ou associados.

A: incorreta, devendo ser assinalada. Art. 5º, LXXIII, da CF; Lei 4.717/1965 (Lei da Ação Popular); **B:** correta. Art. 5º, LXXII, da CF; Lei 9.507/1997 (estabelece o rito processual aplicável ao *habeas data*); **C:** correta. Art. 5º, LXIX, da CF; **D:** correta. Art. 5º, LXX, *b*, da CF.

Gabarito "A"

(OAB/Exame Unificado – 2008.2) De acordo com a CF, nas ações populares,

(A) em nenhuma hipótese, será devido o pagamento de custas.

(B) somente será devido o pagamento de custas se houver comprovada má-fé do autor da ação.

(C) nunca haverá condenação em honorários de sucumbência.

(D) somente será devido o pagamento de custas se houver comprovada má-fé da parte ré.

Conforme determina o art. 5º, LXXIII, da CF.

Gabarito "B"

(OAB/Exame Unificado – 2008.1) No que diz respeito aos direitos fundamentais, assinale a opção correta.

(A) O Estado deve prestar assistência jurídica integral e gratuita a todos.

(B) O direito de qualquer cidadão propor ação popular é previsto constitucionalmente.

(C) São gratuitas as ações de *habeas corpus*, *habeas data* e o mandado de injunção.

(D) O mandado de segurança coletivo pode ser impetrado por qualquer partido político.

A: incorreta. O art. 5º, LXXIV, da CF dispõe que a assistência jurídica gratuita vale somente àqueles que comprovarem insuficiência de recursos; **B:** correta. De fato, tal direito está previsto no art. 5º, LXXIII, da CF; **C:** incorreta. São gratuitas apenas as ações de *habeas corpus* e *habeas data* (art. 5º, LXXVII, da CF); **D:** incorreta. O art. 5º, LXX, *a*, da CF determina que o partido político *tenha representação no Congresso Nacional.*

Gabarito "B"

(OAB/Exame Unificado – 2006.3) Assinale a opção correta acerca de remédios constitucionais.

(A) A ação popular é o remédio constitucional cabível para o cidadão atacar ato lesivo à moralidade, ao meio ambiente e ao patrimônio histórico e cultural.

(B) O *habeas data* é o remédio constitucional apropriado sempre que a falta de norma regulamentadora torne inviável o exercício dos direitos e liberdades constitucionais e das prerrogativas inerentes à nacionalidade, à soberania e à cidadania.

(C) São gratuitas as ações de *habeas corpus*, *habeas data* e mandado de segurança, e, na forma da lei, os atos necessários ao exercício da cidadania.

(D) O mandado de injunção será concedido para assegurar o conhecimento de informações, constantes de registros ou bancos de dados de entidades governamentais ou de caráter público, relativas à pessoa do impetrante.

A: correta (art. 5º, LXXIII, da CF) e Lei 4.717/1965 (Lei de Ação Popular); **B:** incorreta (art. 5º, LXXI, da CF – mandado de injunção). A falta de norma regulamentadora que inviabiliza o exercício de certos direitos é sanada pelo mandado de injunção (mecanismo de controle difuso de constitucionalidade) ou pela ação direta de inconstitucionalidade por omissão (mecanismo de controle concentrado de constitucionalidade); **C:** incorreta. O mandado de segurança não é uma ação gratuita (art. 5º, LXXVII, da CF); **D:** incorreta. A alternativa trata de situação em que é cabível a impetração de *habeas data (*art. 5º, LXXII, da CF).

Gabarito "A"

(FGV – 2013) Thaís propõe Mandado de Injunção de Competência no Supremo Tribunal Federal, tendo o seu pedido acolhido pela unanimidade daquela Corte de Justiça.

Com base nessa decisão apresenta requerimento na repartição pública, onde ocupa cargo público efetivo, postulando o deferimento de pretensão que encontra arrimo na decisão referida do STF.

Em se tratando de Mandado de Injunção, com decisão de procedência, a mesma possui efeitos

(A) gerais e extra partes.

(B) particulares inter partes.

(C) genéricos e ultra partes.

(D) especiais e intra partes.

(E) negociais e citra partes.

Os efeitos serão especiais e *intra partes*. De acordo com Hely Lopes Meirelles, Arnoldo Wald e Gilmar F. Mendes, em **Mandado de Segurança e Ações Constitucionais**. 35. ed. São Paulo: Malheiros, 2013. p.336: "O mandado de injunção é executado por meio de comunicação ao poder, órgão ou autoridade competente para cumpri-la, nos termos indicados na decisão judicial. Essa comunicação equivale a ordem de execução do julgado, que é mandamental e poderá ser feita por ofício, com transcrição completa da decisão a ser cumprida nos termos e condições do julgado. Vale lembrar é possível fazer isso por meios eletrônicos no processo judicial. Na execução, portanto, o impetrado deverá atender ao decidido, expedindo a norma regulamentadora conforme fixado pela Justiça ou possibilitando ao impetrante exercer seu direito ou liberdade constitucional ou, ainda, usufruir dos direitos inerentes à nacionalidade, soberania popular ou cidadania, nos termos estabelecidos pelo julgado. A decisão da Justiça faz coisa julgada apenas para as partes, não se estendendo a casos análogos porque o Judiciário não pode legislar, mas tão somente decidir o caso concreto que lhe é submetido a julgamento, para dar efetividade ao preceito constitucional a ser assegurado pelo mandado de injunção.

Gabarito "D"

(FGV – 2013) A respeito do *mandado de segurança coletivo*, assinale a afirmativa correta.

(A) O mandado de segurança coletivo, por ser instrumento jurídico de defesa de direitos transindividuais, pode ser utilizado para questionar a validade de lei em tese.

(B) As associações, quando impetram mandado de segurança coletivo em favor de seus filiados, dependem, para legitimar sua atuação em juízo, de autorização expressa de seus associados.

(C) A petição inicial do mandado de segurança deve ser instruída com a relação nominal dos associados da impetrante, mas não é necessária a autorização dos associados para a impetração.
(D) O partido político com representação no Congresso Nacional tem legitimidade para a propositura de mandado de segurança coletivo.
(E) A entidade de classe não tem legitimação para o mandado de segurança quando a pretensão veiculada interessa apenas a uma parte da respectiva categoria.

A: incorreta. Conforme determina a súmula nº 266 do STF: **não** cabe **mandado de segurança** contra **lei em tese**; **B:** incorreta. De acordo com a súmula 629 do STF: a impetração de **mandado de segurança coletivo** por entidade **de classe em favor dos associados independe da autorização** destes; **C:** incorreta. Não é necessária a relação nominal dos associados; **D:** correta. Conforme determina o art. 5º, LXX, da CF, o mandado de segurança coletivo pode ser impetrado por: a) **partido político com representação no Congresso Nacional**; b) organização sindical, entidade de classe ou associação legalmente constituída e em funcionamento há pelo menos um ano, em defesa dos interesses de seus membros ou associados; **E:** incorreta. De acordo com a súmula 630 do STF: a entidade de classe tem legitimação para o mandado de segurança ainda que a pretensão veiculada interesse apenas a uma parte da respectiva categoria.

Gabarito "D"

(FGV – 2013) Everaldo pretende obter o acesso de dados pessoais que estão sob a guarda do Ministério da Justiça. Não possuindo haveres apresenta o seu requerimento perante a representação do referido órgão que é localizada no Estado onde é domiciliado.

Após os trâmites burocráticos recebe, por carta subscrita pelo próprio Ministro da Justiça, resposta ao seu requerimento, tendo a Administração indeferido o acesso aos dados postulados.

Observada tal narrativa, cabe a Everaldo impetrar

(A) Mandado de Segurança de competência do Supremo Tribunal Federal.
(B) *Habeas Data* de competência do Superior Tribunal de Justiça.
(C) Mandado de Injunção de competência do Supremo Tribunal Federal.
(D) Ação Popular de competência do Superior Tribunal de Justiça.
(E) *Habeas Corpus* de competência do Supremo Tribunal Federal.

De acordo com o art. 105, I, "b", da CF, compete ao **Superior Tribunal de Justiça** processar e julgar, originariamente os mandados de segurança e os ***habeas data*** **contra ato de Ministro de Estado**, dos Comandantes da Marinha, do Exército e da Aeronáutica ou do próprio Tribunal.

Gabarito "B"

(FGV – 2013) Pedro participa de competição esportiva amadora tendo desentendimento com outro competidor, recebendo ameaça de morte do mesmo. Temeroso da ameaça realiza o registro da ocorrência em órgão policial competente. Após o registro, o individuo que realizou a ameaça é convocado para prestar depoimento e permanece detido no órgão policial, sem formação de culpa, sem ordem judicial. Nesse caso, caberia a impetração de

(A) Agravo Interno.
(B) Recurso Ordinário.
(C) Reclamação.
(D) *Habeas Corpus*.
(E) Ação Civil Pública.

Conforme determina o art. 5º, LXVIII, da CF, conceder-se-á ***habeas corpus*** sempre que alguém sofrer ou se achar ameaçado de **sofrer violência ou coação em sua liberdade de locomoção**, por ilegalidade ou abuso de poder.

Gabarito "D"

(FGV – 2010) Considere as afirmativas abaixo:

I. Admite-se mandado de segurança contra leis que concedem isenções fiscais, mas não contra os decretos que fixam tarifas.
II. Tratando-se de caso de urgência, é permitido impetrar mandado de segurança por telegrama ou outro meio eletrônico de autenticidade comprovada, desde que observados os requisitos legais.
III. Não é cabível mandado de segurança contra lei ou ato normativo em tese, admitindo-se, todavia, que seja impetrado contra lei ou decreto de efeitos concretos.
IV. O mandado de segurança abrange todo e qualquer direito subjetivo público sem proteção específica, ou seja, não amparado por *habeas corpus* ou mandado de injunção.
V. O mandado de segurança não pode ser impetrado para a defesa de interesses não caracterizáveis como direito subjetivo.

Estão corretas somente as afirmativas

(A) I e III.
(B) I e IV.
(C) II e III.
(D) II, III e V.
(E) II, IV e V.

I: incorreta. Não é possível a impetração de mandado de segurança contra "lei em tese", ou seja, contra um ato normativo genérico e abstrato, como no caso de leis que concedem isenções fiscais. Entretanto, se o ato normativo produzir efeitos concretos, a jurisprudência admite a impetração do *mandamus* (Súmula 266 do STF: "Não cabe mandado de segurança contra lei em tese"); **II:** correta. Art. 4º da Lei 12.016/2009: "Em caso de urgência, é permitido, observados os requisitos legais, impetrar mandado de segurança por telegrama, radiograma, fax ou outro meio eletrônico de autenticidade comprovada"; **III:** correta, conforme fundamentação da alternativa I; **IV:** incorreta. Não reflete o disposto no art. 5º, LXIX, da CF; **V:** correta. De acordo com a jurisprudência do STF, o mandado de segurança pode ser impetrado por pessoas naturais ou jurídicas, privadas ou públicas, em defesa de direitos individuais, recusando a possibilidade de impetração para defesa de interesses outros não caracterizáveis como direito subjetivo (MS 20.936/DF, Pleno, j. 08.11.1989, rel. p/ acórdão Min. Sepúlveda Pertence, DJ 11.09.1992).

Gabarito "D"

(FGV – 2009) A respeito da ação constitucional de mandado de segurança, assinale a alternativa que não expressa a jurisprudência firmada pelo Supremo Tribunal Federal.

(A) Controvérsia sobre matéria de direito não impede concessão de mandado de segurança.
(B) É constitucional a lei que fixa prazo de decadência para impetração de mandado de segurança.
(C) Não cabe mandado de segurança enquanto não for apreciado pedido de reconsideração do ato feito em via administrativa.

(D) A impetração de mandado de segurança coletivo por entidade de classe em favor dos associados independe da autorização destes.

(E) A entidade de classe tem legitimação para o mandado de segurança ainda quando a pretensão veiculada interesse apenas a uma parte da respectiva categoria.

A: correta. Súmula 625 do STF. As controvérsias sobre matéria de fato impedem a concessão de mandado de segurança, pois o direito protegido pelo *mandamus* deve ser comprovado de plano, não comportando dilação probatória; **B:** correta. Súmula 632 do STF; **C:** incorreta, devendo ser assinalada. As hipóteses de não cabimento de mandado de segurança estão previstas no art. 5º da Lei 12.016/2009. Súmula 430 do STF: "Pedido de reconsideração na via administrativa não interrompe o prazo para o mandado de segurança"; **D:** correta. Súmula 629 do STF; **E:** correta. Súmula 630 do STF.

Gabarito "C"

(FGV – 2008) Conceder-se-á *habeas data*:

(A) para assegurar a integridade moral do cidadão.

(B) quando o responsável pela ilegalidade for autoridade pública.

(C) para proteger o direito líquido e certo não amparado por *habeas corpus*.

(D) para a retificação de dados, quando não se prefira fazê-lo por processo sigiloso, judicial ou administrativo.

(E) quando o responsável pela ilegalidade for agente de pessoa jurídica no exercício de atribuições de Poder Público.

Todas alternativas encontram fundamento no art. 5º, LXXII, "a" e "b", da CF.

Gabarito "D"

(FGV – 2007) No que tange à Tutela Constitucional dos Direitos e das Liberdades, é correto afirmar que:

(A) não há a necessidade da negativa da via administrativa para justificar o ajuizamento do *habeas data*, pois o interesse de agir está sempre presente, por tratar-se de uma ação constitucional, de caráter civil, que tem por objeto a proteção do direito líquido e certo do impetrante em conhecer todas as informações e registros à sua pessoa e constantes de repartições públicas ou particulares acessíveis ao público, para eventual retificação de seus dados pessoais.

(B) cabe *habeas corpus* contra qualquer decisão condenatória, seja condenação a pena de multa ou a pena privativa de liberdade. Cabe, ainda, contra decisão relativa a processo em curso por infração penal a que a pena pecuniária seja a única cominada, dada a relevância desse instituto.

(C) o pedido de reconsideração na via administrativa interrompe o prazo para o mandado de segurança.

(D) controvérsia sobre matéria de direito não impede concessão de mandado de segurança.

(E) a impetração de mandado de segurança coletivo por entidade de classe em favor de associados depende da autorização destes.

A: incorreta. Não reflete o disposto na Súmula 2 do STJ: "Não cabe o *habeas data* (CF, Art. 5º, LXXII, letra *a*) se não houve recusa de informações por parte da autoridade administrativa". Da mesma forma, o STF entende que a prova do anterior indeferimento administrativo do pedido de informação de dados pessoais, ou da omissão em atendê-lo, constitui requisito indispensável para que se concretize o interesse de agir no *habeas data*; **B:** incorreta. Não reflete o disposto na Súmula 693 do STF: "Não cabe *habeas corpus* contra decisão condenatória a pena de multa, ou relativo a processo em curso por infração penal a que a pena pecuniária seja a única cominada"; **C:** incorreta. Não reflete o disposto na Súmula 430 do STF: "Pedido de reconsideração na via administrativa não interrompe o prazo para o mandado de segurança"; **D:** correta, a teor da Súmula 625 do STF; **E:** incorreta. Não reflete o disposto na Súmula 629 do STF: "A impetração de mandado de segurança coletivo por entidade de classe em favor dos associados independe da autorização destes".

Gabarito "D"

(FGV – 2006) Direito líquido e certo, em tema de mandado de segurança, é aquele:

(A) fundado em fatos que não demandam exame jurídico de grande complexidade.

(B) fundado em fatos passíveis de prova na etapa processual dilatória.

(C) fundado em fatos comprovados de plano.

(D) fundado em fatos que independem de prova testemunhal.

(E) fundado em fatos economicamente apreciáveis.

Segundo Hely Lopes Meirelles, direito líquido e certo "é o que se apresenta manifesto na sua existência, delimitado na sua extensão e apto a ser exercitado no momento da impetração", ou seja, é aquele que não demanda dilação probatória, capaz de ser comprovado de plano.

Gabarito "C"

(FGV – 2004) O remédio constitucional para garantia do exercício de liberdades constitucionais não aplicável em razão da falta de norma regulamentadora é:

(A) a ação civil pública

(B) a ação popular

(C) o mandado de segurança coletivo

(D) o mandado de injunção

(E) a ação direta de inconstitucionalidade

O mandado de segurança visa proteger direito líquido e certo não amparável por *habeas corpus* ou por *habeas data* (art. 5º, LXIX, da CF), e a ação civil pública os bens listados no art. 129, III, da CF. O mandado de injunção tem por objetivo impedir que a falta de norma regulamentadora torne inviável o exercício de direitos relativos à nacionalidade, à soberania e à cidadania (art. 5º, LXXI, da CF). A ação popular destina-se a anular ato lesivo ao patrimônio público ou de entidade de que o Estado participe, à moralidade administrativa, ao meio ambiente e ao patrimônio histórico e cultural (art. 5º, LXXIII, da CF). A ação popular só pode ser proposta pelo *cidadão* (art. 5º, LXXIII, da CF); ou seja, pode ser autor popular todo aquele que estiver no pleno gozo dos direitos políticos, comprovado pela posse de título de eleitor válido (art. 1º, § 3º, da Lei 4.717/1965). Por fim, a ação direta de inconstitucionalidade é instrumento do controle abstrato de constitucionalidade (art. 102, I, "a", da CF).

Gabarito "D"

(FGV – 2004) Podem impetrar mandado de segurança coletivo:

(A) partido político com representação no Congresso Nacional, organização sindical, entidade de classe de âmbito nacional ou associação legalmente constituída e em funcionamento há pelo menos dois anos, em defesa dos interesses dos seus associados.

(B) partido político com representação no Congresso Nacional, organização sindical, entidade de classe ou associação legalmente constituída e em funcionamento há pelo menos um ano, em defesa dos interesses de seus membros ou associados.

(C) partido político legalmente constituído, organização sindical de primeiro grau, entidade de classe ou associação legalmente constituída e em funcionamento há pelo menos um ano, em defesa dos interesses de seus membros.

(D) partido político, organização sindical, entidade de classe ou associação legalmente constituída, em defesa dos interesses de seus membros ou associados.

(E) partido político com representação em três quartos das câmaras estaduais, organização sindical, entidade de classe de âmbito nacional ou associação legalmente constituída e em funcionamento há pelo menos dois anos, em defesa dos interesses dos seus associados.

Conforme dispõe o art. 5º, LXX, "a" e "b", da CF, o mandado de segurança coletivo pode ser impetrado por: a) partido político com representação no Congresso Nacional, b) organização sindical, *entidade de classe ou associação legalmente constituída e em funcionamento há pelo menos um ano*, em defesa dos interesses de seus membros ou associados.

Gabarito "B"

5.3. TEORIA GERAL DOS DIREITOS FUNDAMENTAIS

(OAB/Exame Unificado – 2008.2) Os tratados e convenções internacionais sobre direitos humanos que forem aprovados, em cada Casa do Congresso Nacional, em dois turnos, por três quintos dos votos dos respectivos membros, serão equivalentes

(A) às leis complementares.

(B) às leis ordinárias.

(C) às emendas constitucionais.

(D) aos decretos legislativos.

Todas as alternativas encontram fundamento no art. 5º, § 3º, da CF. Vale lembrar que tal parágrafo foi acrescentado ao art. 5º pela EC 45/2004. Além disso, em 2010, o Congresso Nacional aprovou por Decreto Legislativo (Decreto nº 6.049/2009), observando a forma prevista no §3º do art. 5º da CF, a Convenção Internacional sobre os Direitos das *Pessoas com Deficiência*. Essa convenção, portanto, possui hierarquia normativa de emenda constitucional.

Gabarito "C"

(OAB/Exame Unificado – 2007.3) O descaso para com os problemas sociais, que veio a caracterizar o État-Gendarme, associado às pressões decorrentes da industrialização em marcha, o impacto do crescimento demográfico e o agravamento das disparidades no interior da sociedade, tudo isso gerou novas reivindicações, impondo ao Estado um papel ativo na realização da justiça social. O ideal absenteísta do Estado liberal não respondia, satisfatoriamente, às exigências do momento. Uma nova compreensão do relacionamento Estado/sociedade levou os poderes públicos a assumir o dever de operar para que a sociedade lograsse superar as suas angústias estruturais. Daí o progressivo estabelecimento pelos Estados de seguros sociais variados, importando intervenção intensa na vida econômica e a orientação das ações estatais por objetivos de justiça social.

Gilmar Ferreira Mendes *et al. Curso de direito constitucional*. São Paulo: Saraiva, 2007. p. 223 (com adaptações).

Esse texto caracteriza, em seu contexto histórico, a

(A) primeira geração de direitos fundamentais.

(B) segunda geração de direitos fundamentais.

(C) terceira geração de direitos fundamentais.

(D) quarta geração de direitos fundamentais.

A: incorreta. Os direitos fundamentais de primeira geração correspondem às liberdades públicas e aos direitos políticos; **B:** correta. Trata-se dos chamados direitos sociais ou direitos fundamentais de segunda geração. Estão relacionados no art. 6º da CF. Hodiernamente, as Constituições, com o fito de ver concretizada a igualdade real em situações sociais desiguais, estabelece normas de compensação, conferindo melhores condições aos mais necessitados; **C:** incorreta. Os de terceira geração são aqueles que decorrem de profundas alterações verificadas na população em geral, tais como desenvolvimento tecnológico e preocupação com o meio ambiente; **D:** incorreta. Por fim, os direitos de quarta geração são produto do avanço no campo da engenharia genética.

Gabarito "B"

(OAB/Exame Unificado – 2007.2) Acerca da teoria geral dos direitos fundamentais, assinale a opção correta.

(A) O dispositivo constitucional que assegura que a lei não excluirá da apreciação do Poder Judiciário lesão ou ameaça a direito é um direito e não uma garantia.

(B) O direito ao progresso é um exemplo de direito fundamental de segunda geração ou dimensão.

(C) Os direitos fundamentais são relativos e históricos, pois podem ser limitados por outros direitos fundamentais e surgem e desaparecem ao longo da história humana.

(D) Quando previstos em tratados e convenções internacionais, os direitos fundamentais são equivalentes às emendas constitucionais.

A: incorreta. Direito é a vantagem conferida pela norma constitucional; já garantia, como é o caso, é o instrumento apto a assegurar o exercício desse direito; **B:** incorreta. Trata-se de direito de terceira geração; **C:** correta. Os direitos fundamentais têm como características, dentre outras, a *historicidade* e o caráter *relativo*, na medida em que nascem, modificam-se e desaparecem; **D:** incorreta. Art. 5º, § 3º, da CF.

Gabarito "C"

(FGV – 2010) Em relação aos *direitos* e *garantias fundamentais* expressos da Constituição Federal, analise as afirmativas a seguir:

I. os direitos e garantias expressos na Constituição Federal constituem um rol taxativo.

II. todos os tratados e convenções internacionais de direitos humanos internalizados após a EC-45/2004 serão equivalentes às emendas constitucionais.

III. as normas definidoras dos direitos e garantias fundamentais têm aplicação imediata.

Assinale:

(A) se somente a afirmativa II estiver correta.

(B) se somente a afirmativa III estiver correta.

(C) se somente as afirmativas II e III estiverem corretas.

(D) se somente as afirmativas I e III estiverem corretas.

(E) se todas as afirmativas estiverem corretas.

I: incorreta. Art. 5º, § 2º, da CF: "Os direitos e garantias expressos nesta Constituição não excluem outros decorrentes do regime e dos princípios por ela adotados, ou dos tratados internacionais em que a República Federativa do *Brasil seja parte"*; **II:** incorreta. *Os tratados internacionais sobre direitos humanos,* conforme expressa previsão *do art. 5º, § 3º, da CF, podem* ter tratamento diferenciado se aprovados na forma prevista na Constituição, adquirindo o *status* de emenda constitucional. Assim, a depender da opção *discricionária* do Congresso Nacional, somente serão equivalentes às emendas constitucionais os tratados que observarem o procedimento do art. 5º, § 3º, da CF. Os demais tratados internacionais sobre direitos humanos, não aprovados na forma do art. 5º, § 3º, da CF terão *status supralegal*. Dessa forma, pela orientação atual do STF, poderão conviver em nosso ordenamento três tipos de tratados internacionais, com diferentes forças normativas: a) os tratados internacionais *gerais*, que continuam com força de lei ordinária; b) os tratados internacionais *sobre direitos humanos* com *status* de emenda constitucional, pois aprovados na forma do art. 5º, § 3º, da CF, e c) os tratados internacionais *sobre direitos humanos* que não observaram o procedimento previsto no art. 5º, § 3º, da CF, que gozam de supralegalidade; **III:** correta. É o que se extrai do art. 5º, § 1º, da CF.

Gabarito "B"

(FGV – 2009) A Constituição da República Federativa do Brasil apresenta um extenso catálogo de direitos e garantias fundamentais, tanto individuais como coletivos, sendo que tais normas definidoras de direitos e garantias fundamentais têm aplicação imediata, por expressa previsão constitucional. O texto constitucional também é claro ao prever que direitos e garantias expressos na Constituição não excluem outros decorrentes do regime e dos princípios por ela adotados, ou dos tratados internacionais em que a República Federativa do Brasil seja parte. Por ocasião da promulgação da Emenda Constitucional de nº 45, em 2004, a Constituição passou a contar com um § 3º, em seu artigo 5º, que apresenta a seguinte redação: "*Os tratados e convenções internacionais sobre direitos humanos que forem aprovados, em cada Casa do Congresso Nacional, em dois turnos, por três quintos dos votos dos respectivos membros, serão equivalentes às emendas constitucionais*". Logo após a promulgação da Constituição, em 1988, o Brasil ratificou diversos tratados internacionais de direitos humanos, dentre os quais se destaca a Convenção Americana de Direitos Humanos, também chamada de Pacto de San José da Costa Rica (tratado que foi internalizado no ordenamento jurídico brasileiro pelo Decreto nº 678/1992), sendo certo que sua aprovação não observou o *quorum* qualificado atualmente previsto pelo art. 5º, § 3º, da Constituição (mesmo porque tal previsão legal sequer existia). Tendo como objeto a Convenção Americana de Direitos Humanos, segundo a recente orientação do Supremo Tribunal Federal, assinale a alternativa correta sobre o *Status* Jurídico de suas disposições.

(A) *Status* de Lei Ordinária.
(B) *Status* de Lei Complementar.
(C) *Status* de Lei Delegada.
(D) *Status* de Norma Supralegal.
(E) *Status* de Norma Constitucional.

Os tratados internacionais *sobre direitos humanos*, conforme expressa previsão do art. 5º, § 3º, da CF, *podem* ter tratamento diferenciado se aprovados na forma prevista na Constituição, adquirindo o *status* de emenda constitucional. Assim, a depender da opção *discricionária* do Congresso Nacional, somente serão equivalentes às emendas constitucionais os tratados que observarem o procedimento do art. 5º, § 3º, da CF. Os demais tratados internacionais sobre direitos humanos, não aprovados na forma do art. 5º, § 3º, da CF terão *status supralegal*. O tema é de extrema importância e sofreu uma "virada jurisprudencial" no final de 2008. Até então, o STF entendia que os tratados internacionais, mesmo sobre direitos humanos tinham, em regra, força de *lei ordinária*. A partir do julgamento do RE 466.343-1/SP, Pleno, j. 03.12.2008, rel. Min. Cezar Peluso, *DJe* 05.06.2009, o Tribunal passou a reconhecer a *supralegalidade* dos tratados internacionais sobre direitos humanos. Ou seja: não equivalem às normas constitucionais, mas se encontram em patamar normativo superior ao das leis ordinárias. Dessa forma, pela orientação atual do STF, poderão conviver em nosso ordenamento três tipos de tratados internacionais, com diferentes forças normativas: a) os tratados internacionais *gerais*, com força de lei ordinária; b) os tratados internacionais *sobre direitos humanos* com *status* de emenda constitucional, pois aprovados na forma do art. 5º, § 3º, da CF, e c) os tratados internacionais *sobre direitos humanos* que não observaram o procedimento previsto no art. 5º, § 3º, da CF, que gozam de supralegalidade.

Gabarito "D"

(FGV – 2005) Assinale a alternativa correta.

(A) Na vigência da Constituição de 1988, toda lei que fixe limite de idade para ingresso em carreira de serviço público é inconstitucional.
(B) O Ministério Público tem o poder de, em procedimento de ordem administrativa, determinar a dissolução compulsória de associação que esteja sendo usada para a prática de atos nocivos ao interesse público.
(C) Pessoas jurídicas, inclusive de direito público, podem ser titulares de direitos fundamentais.
(D) A Constituição Federal não tolera nenhum tratamento legislativo diferenciado entre homem e mulher, a não ser os que prevê taxativamente no seu texto.
(E) Os direitos fundamentais, na ordem constitucional brasileira, não podem ter por sujeitos passivos pessoas físicas.

A: incorreta. Não reflete o teor da Súmula 683 do STF: "O limite de idade para a inscrição em concurso público só se legitima em face do art. 7º, XXX, da CF, quando possa ser justificado pela natureza das atribuições do cargo a ser preenchido"; **B:** incorreta. Não reflete o disposto no art. 5º, XIX, da CF, que exige decisão judicial com trânsito em julgado para a dissolução de associações (notem que a suspensão de atividades também exige decisão judicial, mas não o trânsito em julgado); **C:** correta, pois de acordo com a doutrina majoritária, pessoas jurídicas também são titulares de direitos fundamentais, inclusive em face de particulares, como, *e.g.*, o direito à imagem; **D:** incorreta. A Constituição Federal tolera tratamento legislativo diferenciado em função do princípio da igualdade. Assim, a igualdade entre homens e mulheres não afasta a possibilidade de estabelecimento de direitos diferenciados para mulheres ou para homens, desde que a distinção obedeça ao princípio da razoabilidade. Por exemplo, não há qualquer inconstitucionalidade em a mulher possuir período de licença-maternidade maior que o da licença-paternidade, notadamente porque a diferenciação se dá em função da necessidade de amamentação da criança (critério razoável). O princípio da igualdade, ao mesmo tempo em que veda as desigualdades, muitas vezes impõe o tratamento desigual; **E:** incorreta. Os direitos fundamentais são oponíveis contra o Estado (eficácia vertical) e entre os próprios particulares (eficácia horizontal dos direitos fundamentais).

Gabarito "C"

(FGV – 2005) É correto afirmar que não é característica dos direitos fundamentais a:

(A) historicidade.
(B) inalienabilidade.
(C) onerosidade.
(D) imprescritibilidade.
(E) prescritibilidade.

A: incorreta. Refere-se ao caráter histórico dos direitos fundamentais, que nasceram com o Cristianismo, passaram por diversos períodos históricos até chegarem à atualidade; **B:** incorreta. São indisponíveis, insuscetíveis de renúncia ou de transferência a terceiros, por não possuírem caráter patrimonial; **C:** correta. Não podem ser transferidos, gratuita ou onerosamente; **D** e **E:** incorretas. São permanentes, não se sujeitam a decurso de prazo, razão pela qual a alternativa "E" também estaria errada.

Gabarito "C"

6. DIREITOS SOCIAIS

(OAB/Exame Unificado – 2007.3) Acerca dos direitos sociais na CF, assinale a opção correta.

(A) O princípio da unicidade sindical, que veda a criação de mais de um sindicato representativo da mesma categoria profissional ou econômica na mesma base territorial, não é extensivo às federações e confederações sindicais.

(B) Os direitos sociais elencados no art. 7º da CF são aplicáveis, em sua totalidade, aos servidores ocupantes de cargos públicos.

(C) O aposentado tem direito a votar nas eleições dos sindicatos, federações, confederações e centrais sindicais, mas não pode integrar a diretoria dessas entidades.

(D) São assegurados ao trabalhador avulso os mesmos direitos do trabalhador com vínculo empregatício permanente.

A: incorreta. (art. 8º, II, da CF); **B:** incorreta. (art. 39, § 3º, da CF); **C:** incorreta. (art. 8º, VII, da CF); **D:** correta. (art. 7º, XXXIV, da CF).

Gabarito "D"

(FGV – 2005) Assinale a alternativa que apresente corretamente direitos sociais.

(A) Educação, saúde e previdência privada

(B) Educação, assistência aos silvícolas e trabalho

(C) Saúde, assistência aos desamparados e lazer

(D) Trabalho, moradia e liberdade de expressão

(E) Moradia, liberdade de expressão e proteção à infância

Todas alternativas encontram fundamento no o art. 6º, *caput*, da CF. Sobre o tema, importante informar ao aluno de que a EC 90/2015 inseriu o **direito ao transporte** no rol dos Direitos Sociais.

Gabarito "C"

7. NACIONALIDADE

(OAB/Exame Unificado – 2015.2) Carlos, brasileiro naturalizado, tendo renunciado à sua anterior nacionalidade, casou-se com Tatiana, de nacionalidade alemã. Em razão do trabalho na iniciativa privada, Carlos foi transferido para o Chile, indo residir lá com sua mulher. Em 15/07/2011, em território chileno, nasceu a primeira filha do casal, Cláudia, que foi registrada na Repartição Consular do Brasil. A teor das regras contidas na Constituição Brasileira de 1988, assinale qual a situação de Cláudia quanto à sua nacionalidade.

(A) Cláudia não pode ser considerada brasileira nata, em virtude de a nacionalidade brasileira de seu pai ter sido adquirida de modo derivado e pelo fato de sua mãe ser estrangeira.

(B) Cláudia é brasileira nata, pelo simples fato de o seu pai, brasileiro, ter se mudado por motivo de trabalho.

(C) Cláudia somente será brasileira nata se vier a residir no Brasil e fizer a opção pela nacionalidade brasileira após atingir a maioridade.

(D) Cláudia é brasileira nata, não constituindo óbice o fato de o seu pai ser brasileiro naturalizado e sua mãe, estrangeira.

A: incorreta. Como o pai, Carlos, era brasileiro, Cláudia, sua filha, após ser registrada na repartição brasileira competente, será considerada brasileira nata. É o que determina o art. 12, I, "c", da CF. De acordo com o mencionado dispositivo, são considerados brasileiros natos, dentre outras hipóteses, os **nascidos no estrangeiro de pai brasileiro ou de mãe brasileira, desde que sejam registrados em repartição brasileira competente** ou venham a residir na República Federativa do Brasil e optem, em qualquer tempo, depois de atingida a maioridade, pela nacionalidade brasileira; **B:** incorreta. Cláudia é considerada brasileira nata, por conta de ser filha de pai brasileiro e ter sido registrada na repartição brasileira competente; **C:** incorreta. Não é necessário que a Cláudia venha morar no Brasil e faça a opção pela nacionalidade brasileira, pois ela já foi devidamente registrada na repartição brasileira competente; **D:** correta. Cláudia é brasileira nata, pois preenche os requisitos previstos no art. 12, I, "c", primeira parte, da CF, quais sejam: filha de pai brasileira e foi devidamente registrada na repartição consular brasileira.

Gabarito "D"

(OAB/Exame Unificado – 2015.1) Alessandro Bilancia, italiano, com 55 anos de idade, ao completar 15 anos de residência ininterrupta no Brasil, decide assumir a nacionalidade "*brasileira*", naturalizando-se. Trata-se de renomado professor, cuja elevada densidade intelectual e capacidade de liderança são muito bem vistas por um dos maiores partidos políticos brasileiros. Na certeza de que Alessandro poderá fortalecer os quadros do governo caso o partido em questão seja vencedor nas eleições presidenciais, a cúpula partidária já ventila a possibilidade de contar com o auxílio do referido professor na complexa tarefa de governar o País.

Analise as situações abaixo e assinale a única possibilidade idealizada pela cúpula partidária que encontra respaldo na Constituição Federal.

(A) Alessandro Bilancia, graças ao seu reconhecido saber jurídico e à sua ilibada reputação, poderá ser indicado para compor o quadro de ministros do Supremo Tribunal Federal.

(B) Alessandro Bilancia, na hipótese de concorrer ao cargo de deputado federal e ser eleito, poderá ser indicado para exercer a Presidência da Câmara dos Deputados.

(C) Alessandro Bilancia, na hipótese de concorrer ao cargo de senador e ser eleito, pode ser o líder do partido na Casa, embora não possa presidir o Senado Federal.

(D) Alessandro Bilancia, dada a sua ampla e sólida condição intelectual, pode ser nomeado para assumir qualquer ministério do governo.

A: incorreta. A questão exige conhecimento do art. 12, § 3º, da CF, o qual trata dos cargos privativos de brasileiro nato. De acordo com o mencionado dispositivo, os Ministros do STF devem ser brasileiros natos (art. 12, § 3º, IV, da CF). Sendo assim, Alessandro Bilancia não poderá ser indicado para compor o quadro de ministros do STF; **B:** incorreta. Alessandro Bilancia pode concorrer ao cargo de deputado federal, pois não é necessário que o sujeito seja nato para ocupá-lo. Por outro lado, não poderá ser indicado para exercer a Presidência da Câmara, pois nessa hipótese é exigida a nacionalidade originária, ou seja, o deputado precisa ser brasileiro nato para presidir a Câmara dos Deputados (art. 12, § 3º, II, da CF); **C:** correta. De fato, Alessandro Bilancia pode concorrer ao cargo de senador e, se eleito, pode ser líder do partido na Casa, pois para tais atribuições não é necessário que o sujeito seja brasileiro nato. Por outro lado, não poderá presidir o Senado Federal, pois tal cargo só pode ser preenchido por brasileiro nato (art. 12, § 3º, III, da CF); **D:** incorreta. Não é qualquer ministério do governo que pode ser ocupado por brasileiro naturalizado. De acordo com a CF, o Ministro de Estado da Defesa necessariamente deve ser nato (art. 12, § 3º, IV, da CF).

Gabarito "C"

(OAB/Exame Unificado – 2014.3) A CRFB/88 identifica as hipóteses de caracterização da nacionalidade para brasileiros natos e os brasileiros naturalizados.

Com base no previsto na Constituição, assinale a alternativa que indica um caso constitucionalmente válido de naturalização requerida para obtenção de nacionalidade brasileira.

(A) Juan, cidadão espanhol, casado com Beatriz, brasileira, ambos residentes em Barcelona.
(B) Anderson, cidadão português, domiciliado no Brasil há 36 dias.
(C) Louis, cidadão francês, domiciliado em Brasília há 14 anos, que está em liberdade condicional, após condenação pelo crime de exploração sexual de vulnerável.
(D) Maria, 45 anos, cidadã russa, residente e domiciliada no Brasil desde seus 25 anos de idade, processada criminalmente por injúria, mas absolvida por sentença transitada em julgado.

A: incorreta. De acordo com o art. 12, II, "a" e "b", da CF, são considerados brasileiros naturalizados: a) os que, na forma da lei, adquiram a nacionalidade brasileira, exigidas aos originários de países de língua portuguesa apenas residência por um ano ininterrupto e idoneidade moral; b) os estrangeiros de qualquer nacionalidade, residentes na República Federativa do Brasil há mais de quinze anos ininterruptos e sem condenação penal, desde que requeiram a nacionalidade brasileira. Juan não se enquadra nas modalidades constitucionalmente admitidas; **B:** incorreta. Para se naturalizar, João precisará comprovar residência por um ano ininterrupto no Brasil e idoneidade moral. Vale lembrar que o § 1º do art. 12 da CF determina que aos portugueses com residência permanente no País, se houver reciprocidade em favor de brasileiros, sejam atribuídos os direitos inerentes ao brasileiro naturalizado; **C:** incorreta. Um dos requisitos para Louis se naturalizar é não ter condenação criminal. Sendo assim, como há condenação criminal em seu nome, a sua naturalização fica vedada; **D:** correta. Maria preenche os requisitos para a naturalização, pois não tem condenação criminal e reside no Brasil há mais de quinze anos ininterruptos (art. 12, II, "b", da CF).

Gabarito "D"

(OAB/Exame Unificado – 2012.1) A Constituição de 1988 proíbe qualquer discriminação, por lei, entre brasileiros natos e naturalizados, exceto os casos previstos pelo próprio texto constitucional. Nesse sentido, é correto afirmar que somente brasileiro nato pode exercer cargo de

(A) Ministro do STF ou do STJ.
(B) Diplomata.
(C) Ministro da Justiça.
(D) Senador.

A: incorreta. De fato os Ministros do STF precisam ser brasileiros natos, mas, aos Ministros de STJ não há essa exigência (art. 12, § 3º, IV, da CF); **B:** correta. Os *cargos* privativos de brasileiro nato são: os de Presidente e Vice-Presidente da República, o de Presidente da Câmara dos Deputados, o de Presidente do Senado Federal, o de Ministro do Supremo Tribunal Federal, o da *carreira diplomática*, o de oficial das Forças Armadas e o de Ministro de Estado da Defesa. O diplomata, portanto, tem de ser brasileiro nato. Além desse rol, o art. 89, VII, da CF determina que dentre a composição do Conselho da República, seis cadeiras devam ser destinadas a brasileiros natos, com mais de trinta e cinco anos de idade, sendo dois nomeados pelo Presidente da República, dois eleitos pelo Senado Federal e dois eleitos pela Câmara dos Deputados, todos com mandato de três anos, vedada a recondução; **C:** incorreta. O cargo de Ministro da Justiça *não* consta do rol do art. 12, § 3º, da CF; **D:** incorreta. Apenas o *Presidente do Senado* é que deve ser nato e não qualquer Senador.

Gabarito "B"

(OAB/Exame Unificado – 2011.3.A) João, residente no Brasil há cinco anos, é acusado em outro país de ter cometido crime político. Nesse caso, o Brasil

(A) pode conceder a extradição se João for estrangeiro.
(B) pode conceder a extradição se João for brasileiro naturalizado e tiver cometido o crime antes da naturalização.
(C) não pode conceder a extradição, independentemente da nacionalidade de João.
(D) não pode conceder a extradição apenas se João for brasileiro nato.

De acordo com o art. 5º, LII, da CF, o Brasil *não pode conceder* a extradição de estrangeiro *por crime político* ou de opinião. Assim, João, que é acusado da prática de crime político, não poderá ser extraditado, independentemente de sua nacionalidade.

Gabarito "C"

(OAB/Exame Unificado – 2011.2) No que tange ao direito de nacionalidade, assinale a alternativa correta.

(A) O brasileiro nato não pode perder a nacionalidade.
(B) O brasileiro nato somente poderá ser extraditado no caso de envolvimento com o tráfico de entorpecentes.
(C) O filho de pais alemães que estão no Brasil a serviço de empresa privada alemã será brasileiro nato caso venha a nascer no Brasil.
(D) O brasileiro naturalizado pode ser extraditado pela prática de crime comum após a naturalização.

A: incorreta. Conforme o art. 12, § 4º, II, da CF é declarada a perda da nacionalidade do brasileiro que adquirir outra. Assim, a aquisição voluntária de nova nacionalidade, *tanto pelo nato como pelo naturalizado*, gera perda da nacionalidade brasileira. Vale lembrar que isso deve ocorrer após procedimento administrativo, no qual tenham sido assegurados a ampla defesa e o contraditório, sendo necessário, também um decreto do Presidente da República declarando a perda. **B:** incorreta. O brasileiro *nato não pode ser extraditado*. Conforme dispõe o inciso LI do art. 5º da CF apenas o naturalizado poderá ser extraditado e nas seguintes hipóteses: crime comum, praticado antes da naturalização, ou de comprovado envolvimento em tráfico ilícito de entorpecentes e drogas afins, na forma da lei; **C:** correta. O art. 12, I, "a", da CF ao tratar dos brasileiros natos determina que os nascidos na República Federativa do Brasil, ainda que de pais estrangeiros, desde que estes não estejam a serviço de seu país, são considerados brasileiros natos. Os pais alemães estavam no Brasil a serviço de empresa de natureza privada, portanto, isso não configura hipótese de estarem "a serviço da Alemanha". E, o filho que nasce no Brasil, ainda que de pais estrangeiros, mas que não estão a serviço de seu país, é considerado brasileiro nato. Portanto, a alternativa está correta; **D:** incorreta. O inciso LI do art. 5º menciona crime comum praticado *antes* da naturalização e não após, como mencionado na alternativa.

Gabarito "C"

(FGV – 2011) A Constituição de 1988, em relação à nacionalidade, determina que

(A) são privativos de brasileiro nato os cargos de Presidente e Vice-Presidente da República, Presidente da Câmara dos Deputados e Presidente do Senado Federal, assim como os Ministros do STF e do STJ.
(B) perde a nacionalidade brasileira aquele que adquirir outra nacionalidade, sem exceções.
(C) é considerada brasileiro nato a pessoa nascida na República Federativa do Brasil, ainda que de pais estrangeiros a serviço de seu país.
(D) os estrangeiros aqui residentes há mais de 10 (dez) anos ininterruptos, sem condenação penal, podem requerer a cidadania brasileira, tornando-se brasileiros naturalizados.
(E) é brasileiro nato aquele nascido no estrangeiro de pai ou mãe brasileira, desde que qualquer deles esteja a serviço da República Federativa do Brasil.

A: incorreta. Não reflete o disposto no art. 12, § 3º, da CF; **B:** incorreta. O art. 12, § 4º, II, *a* e *b*, da CF, ressalva as seguintes hipóteses: a) "de reconhecimento de nacionalidade originária pela lei estrangeira; b) de imposição de naturalização, pela norma estrangeira, ao brasileiro residente em estado estrangeiro, como condição para permanência em seu território ou para o exercício de direitos civis"; **C:** incorreta. Se os pais estrangeiros estiverem a serviço de seu país a pessoa nascida em solo brasileiro não será brasileira (art. 12, I, "a", da CF); **D:** incorreta, pois, de acordo com o art. 12, II, "b", da CF, serão brasileiros naturalizados "os estrangeiros de qualquer nacionalidade, residentes na República Federativa do Brasil há mais de quinze anos ininterruptos e sem condenação penal, desde que requeiram a nacionalidade brasileira"; **E:** correta. Art. 12, I, "b", da CF.

Gabarito "E"

(OAB/Exame Unificado – 2008.1) São brasileiros natos

(A) os nascidos na República Federativa do Brasil, ainda que de pais estrangeiros que estejam a serviço de seu país.
(B) os nascidos, no estrangeiro, de pai brasileiro ou de mãe brasileira, desde que sejam registrados em repartição brasileira competente.
(C) os nascidos, no estrangeiro, de pai e mãe brasileiros, desde que ambos estejam a serviço da República Federativa do Brasil.
(D) os nascidos, no estrangeiro, de pai brasileiro ou de mãe brasileira, desde que venham a residir na República Federativa do Brasil e optem, em qualquer tempo, antes de atingida a maioridade, pela nacionalidade brasileira.

A: incorreta. Se os pais estrangeiros estiverem no Brasil a serviço do país de origem, seu filho, nascido em território nacional, não será considerado brasileiro nato (art. 12, I, "a", da CF); **B:** correta. Essa possibilidade do registro em repartição brasileira competente foi acrescentada ao art. 12, I, *c*, da CF pela EC 54/2007); **C:** incorreta. A Constituição Federal menciona que basta um, se o pai ou a mãe, do nascido no estrangeiro, estiver a serviço do Brasil, o sujeito será brasileiro nato (art. 12, I, "b", da CF); **D:** incorreta. A Constituição exige, nessa situação, a maioridade do sujeito (art. 12, I, "c", segunda parte, da CF).

Gabarito "B"

(OAB/Exame Unificado – 2007.3) O brasileiro que adquirir outra nacionalidade

(A) passará a ter dupla nacionalidade, pois a Constituição Federal não prevê hipóteses de perda de nacionalidade.
(B) perderá a nacionalidade brasileira, exceto se for brasileiro nato.
(C) perderá a nacionalidade brasileira, exceto se permanecer residindo em território brasileiro.
(D) perderá a nacionalidade brasileira, exceto se a lei estrangeira impuser a naturalização ao brasileiro residente no território do respectivo estado estrangeiro como condição para sua permanência.

A aquisição voluntária de nova nacionalidade pelo brasileiro, em regra, gera perda da nacionalidade. Ocorre que o art. 12, § 4º, II, *b*, da CF traz duas situações em que a aquisição não se dá de forma voluntária e que, portanto, é possível haver cumulação de nacionalidades. Dentre tais hipóteses, verifica-se a que ocorre quando a lei estrangeira impõe a naturalização, como condição de permanência, ao brasileiro residente no respectivo estado estrangeiro.

Gabarito "D"

(OAB/Exame Unificado – 2004.ES) Cada opção abaixo apresenta uma situação hipotética a respeito dos direitos da nacionalidade e do direito constitucional, seguida de uma assertiva a ser julgada. Assinale a opção cuja assertiva esteja correta.

(A) Rodrigo é um turista argentino e foi preso em flagrante em uma praia do Espírito Santo. Nessa situação, Rodrigo não tem direito de impugnar a referida prisão por meio de *habeas corpus*, pois a Constituição da República garante esse direito somente a brasileiros e a estrangeiros residentes no país.
(B) Paulo é um brasileiro nato que foi condenado na França por tentativa de homicídio, mas que, apesar da ordem de prisão dirigida contra ele, conseguiu evadir-se da Europa e voltar ao Brasil. Nessa situação, se a França solicitar ao Brasil a extradição de Paulo, para que ele cumpra a pena a que foi condenado, tal pedido lhe será negado.
(C) Hugo, filho de pai brasileiro e mãe colombiana, nasceu na Colômbia e mudou-se para o Brasil em seu trigésimo aniversário. Nessa situação, ele não pode adquirir o *status* de brasileiro nato e, portanto, é lhe vedado candidatar-se à presidência da República.
(D) Gutierrez, nascido na Venezuela, solicitou e obteve sua naturalização como cidadão brasileiro após ter concluído bacharelado em ciências jurídicas em faculdade brasileira. Nessa situação, mesmo que aprovado em concurso de provas e títulos, Gutierrez não poderá assumir o cargo de juiz de direito, pois tal investidura é restrita a brasileiros natos.

A: incorreta. O STF e a doutrina vêm entendendo, a despeito do comando contido no *caput* do art. 5º da CF, que os direitos e garantias fundamentais devem, sim, ser estendidos aos estrangeiros não residentes no país; **B:** correta. Paulo é brasileiro nato e, conforme o art. 5º, LI, da CF é vedada a extradição de brasileiro nato; **C:** incorreta. Assim que fizer a opção pela nacionalidade brasileira (art. 12, I, *c*, da CF) será tido como e nato e poderá sim candidatar-se à presidência da República. Vale lembrar que a idade mínima para se eleger Presidente da República é 35 (trinta e cinco) anos, conforme art. 14, § 3º, VI, "a", da CF. Assim, Paulo, ainda que nato, terá de completar essa idade para concorrer a tal cargo; **D:** incorreta. Os cargos privativos de nato estão previstos no art. 12, § 3º, e 89, VII, ambos da CF e, dentre eles, não se inclui o de juiz de direito. Em relação aos membros da magistratura, apenas os Ministros do STF é que têm de ser brasileiros natos.

Gabarito "B"

(FGV – 2010) Assinale o cargo que não é privativo de brasileiro nato.

(A) Carreira diplomática.
(B) Ministro de Estado da Defesa.
(C) Ministro do Superior Tribunal de Justiça.
(D) Presidente da Câmara dos Deputados.
(E) Oficial das Forças Armadas.

Todas as alternativas encontram fundamento no art. 12, § 3º, I a VII, da CF.

Gabarito "C"

(FGV – 2007) A respeito do que reza a Constituição da República Federativa do Brasil de 1988 e suas atualizações, assinale a alternativa correta.

(A) A Constituição enumera algumas hipóteses de aquisição de nacionalidade originária, podendo o Congresso Nacional, por meio de Lei Complementar, prever, com base no princípio da dignidade da pessoa humana, outras hipóteses de nacionalidade originária.
(B) Segundo a Constituição, são brasileiros natos os nascidos no estrangeiro, de pai brasileiro ou de mãe brasileira, desde que qualquer deles esteja a serviço da República Federativa do Brasil. A expressão "a serviço da República Federativa do Brasil" há de ser entendida não só como atividade diplomática afeta ao Poder Executivo, mas também como qualquer função associada às atividades da União e dos Estados Federados, excluindo-se, no entanto, os Municípios e suas autarquias e fundações públicas.
(C) Segundo a Constituição, são brasileiros natos os nascidos no estrangeiro de pai brasileiro ou mãe brasileira, desde que sejam registrados em repartição brasileira competente ou venham a residir na República Federativa do Brasil e optem, em qualquer tempo, depois de atingida a maioridade, pela nacionalidade brasileira.
(D) Conforme a Constituição, são privativos de brasileiros natos os cargos de Presidente, Vice-Presidente da República; Presidente da Câmara dos Deputados; Presidente do Senado Federal; Presidente de Assembleia Legislativa; Ministros dos Tribunais Superiores; da carreira diplomática; de oficial das Forças Armadas e de Ministro do Estado e da Defesa.
(E) Será declarada a perda da nacionalidade de brasileiro que adquirir outra nacionalidade, mesmo nos casos de reconhecimento de nacionalidade originária por lei estrangeira, pois nacionalidade é o vínculo político e pessoal que se estabelece entre o Estado e o indivíduo, e, ainda, porque a competência para legislar sobre nacionalidade brasileira é exclusiva do Estado brasileiro.

A: incorreta. As hipóteses de nacionalidade originária são apenas as previstas na Constituição (art. 12, I, da CF); **B:** incorreta. De acordo com Gilmar Mendes, Inocêncio Coelho e Paulo Gonet Branco (**Curso de Direito Constitucional**, 8ª Edição, Ed. Saraiva, pag. 666 e 667), "a expressão *a serviço do Brasil* há de ser entendida não só como a atividade diplomática afeta ao Poder Executivo, mas também como qualquer função associada às atividades da União, dos Estados ou dos Municípios ou de suas autarquias. Rezek observa que configura 'a serviço do Brasil', para os fins da norma constitucional, o serviço prestado à organização internacional de que a República faça parte, independentemente de o agente ter sido designado ou não pelos órgãos governamentais brasileiros"; **C:** correta. Art. 12, I, "c", da CF; **D:** incorreta. Não reflete o disposto no art. 12, § 3º, I a VII, da CF (muito cobrado nas provas da FGV!); **E:** incorreta. Não reflete o disposto no art. 12, § 4º, II, "a", da CF.

Gabarito "C"

8. DIREITOS POLÍTICOS

(OAB/Exame Unificado – 2016.1) André, jovem de 25 anos, é Vereador pelo Município M, do Estado E. Portanto, com domicílio eleitoral nesse Estado. Suas perspectivas políticas se alteram quando, ao liderar um grande movimento de combate à corrupção, o seu nome ganha notoriedade em âmbito nacional. A partir de então, passa a receber inúmeras propostas para concorrer a diversos cargos eletivos, advindas, inclusive, de outros Estados da Federação, a exemplo do Estado X. Nessas condições, seduzido pelas propostas, analisa algumas possibilidades.

De acordo com a Constituição Federal, assinale a opção que indica o cargo eletivo ao qual André pode concorrer.

(A) Deputado Estadual pelo Estado X.
(B) Deputado Federal pelo Estado E.
(C) Senador da República pelo Estado E.
(D) Governador pelo Estado E.

A: incorreta. De acordo com o art. 14, § 3º, IV, da CF, o domicílio eleitoral na circunscrição é uma das condições de elegibilidade. Sendo assim, como o domicílio eleitoral de André fica no Estado E, não é possível que ele se candidate ao cargo de Deputado Estadual por outro Estado; **B:** correta. De fato, é possível que André concorra ao cargo de Deputado Estadual pelo Estado E, pois o seu domicílio eleitoral (art. 14, § 3º, IV, da CF) fica nesse Estado. Além disso, como André tem 25 anos, ele já possui a idade mínima exigida para o cargo, qual seja, 21 anos, (art. 14, § 3º, VI, "c" da CF); **C:** incorreta. André não poderá concorrer ao cargo de Senador da República, pois a idade mínima exigida para tal cargo é de 35 anos, conforme determina o art. 14, § 3º, VI, "a" da CF; **D:** incorreta. André também não poderá concorrer ao cargo de Governador, pois a idade mínima exigida para tanto é de 30 anos, conforme determina o art. 14, § 3º, VI, "b" da CF.

Gabarito "B"

(OAB/Exame Unificado – 2014.1) No que concerne às condições de elegibilidade para o cargo de prefeito previstas na CRFB/88, assinale a opção correta.

(A) José, ex-prefeito, que renunciou ao cargo 120 dias antes da eleição poderá candidatar-se à reeleição ao cargo de prefeito.
(B) João, brasileiro, solteiro, 22 anos, poderá candidatar-se, pela primeira vez, ao cargo de prefeito.
(C) Marcos, brasileiro, 35 anos e analfabeto, poderá candidatar-se ao cargo de prefeito.
(D) Luís, capitão do exército com 5 anos de serviço, mas que não pretende e nem irá afastar-se das atividades militares, poderá candidatar-se ao cargo de prefeito.

A: incorreta. Somente se o Prefeito quisesse se candidatar a outros cargos é que haveria necessidade de renúncia prévia. De acordo com o § 6º do art. 14 da CF, para **concorrerem a outros cargos**, o Presidente da República, os Governadores de Estado e do Distrito Federal e **os Prefeitos devem renunciar aos respectivos mandatos até seis meses antes do pleito**. A candidatura à reeleição é admitida sem prévia renúncia. O art. 14, § 5º, da CF determina que o Presidente da República, os Governadores de Estado e do Distrito Federal, **os Prefeitos** e quem os houver sucedido, ou substituído no curso dos mandatos **poderão ser reeleitos para um único período subsequente**;

B: correta. A idade mínima é uma das chamadas condição de elegibilidade. O art., 14, § 5º, VI, "c", da CF determina que para ser Deputado Federal, Deputado Estadual ou Distrital, **Prefeito**, Vice-Prefeito e juiz de paz, o sujeito possua, ao menos, **vinte e um** anos de idade. Portanto, como João possui 22 anos, ele já pode disputar o cargo de prefeito; **C:** incorreta. O **analfabeto**, embora possa votar facultativamente, **não pode candidatar-se** a cargo eletivo. De acordo com o art. 15, § 4º, da CF, são **inelegíveis** os inalistáveis e **os analfabetos**; **D:** incorreta. O § 8º do art. 15 da CF determina que a elegibilidade do militar alistável, desde que atenda algumas condições, por exemplo, **se contar menos de dez anos** de serviço, **afaste-se da atividade**. Sendo assim, como Luís não pretende e não vai se afastar das atividades militares ele não pode candidatar-se ao cargo de prefeito.

Gabarito "B"

(OAB/Exame Unificado – 2013.3) João, 29 anos de idade, brasileiro naturalizado desde 1992, decidiu se candidatar, nas eleições de 2010, ao cargo de Deputado Federal, em determinado ente federativo. Eleito, e após ter tomado posse, foi escolhido para Presidir a Câmara dos Deputados.

Com base na hipótese acima, assinale a afirmativa correta.

(A) João não poderia ter-se candidatado ao cargo de Deputado Federal, uma vez que esse é um cargo privativo de brasileiro nato.

(B) João não poderia ser Deputado Federal, mas poderia ingressar na carreira diplomática em que não é exigido o requisito de ser brasileiro nato.

(C) João poderia ter-se candidatado ao cargo de Deputado Federal, bem como ser eleito, entretanto, não poderia ter sido escolhido Presidente da Câmara dos Deputados, eis que esse cargo deve ser exercido por brasileiro nato.

(D) João não poderia ter-se candidatado ao cargo de Deputado Federal, mas poderia ter se candidatado ao cargo de Senador da República, mesmo sendo brasileiro naturalizado.

A: incorreta. O cargo de Deputado Federal não é privativo de nato. Apenas para presidir a Câmara dos Deputados é que a Constituição exige, em seu art. 12, § 3º, II, da CF, que o sujeito seja brasileiro nato; **B:** incorreta. Ao contrário, João poderia ter se candidatado ao cargo de Deputado Federal, mas **não poderia ingressar na carreira diplomática**. De acordo com o art. 12, § 3º, V, da CF o cargo da carreira diplomática é privativo de brasileiro nato; **C:** correta. De fato, João poderia ter se candidatado ao cargo de Deputado Federal, pois, além de ser brasileiro, possui a idade mínima exigida para o cargo, qual seja: 21 anos. É o que se extrai do art. 14, § 3º, VI, "c", da CF; **D:** incorreta. Como mencionado, João poderia ter se candidatado ao cargo de Deputado Federal, mas **não poderia ter se candidatado ao cargo de Senador da Pública**, pois não possui a idade mínima exigida para o cargo que é 35 anos. A condição de ser naturalizado não impede a candidatura ao cargo de Senador. Apenas para presidir o Senado Federal é que há necessidade do sujeito ser brasileiro nato, conforme determina o art. 12, § 3º, III, da CF.

Gabarito "C"

(OAB/Exame Unificado – 2013.1) Apesar da existência de vários partidos políticos por força de questões regionais, conjunturais e do vínculo da fidelidade partidária, é comum a cada ano o surgimento de novas agremiações no cenário nacional.

Quanto ao funcionamento dos partidos políticos, à luz das normas constitucionais, assinale a afirmativa correta.

(A) Podem receber recursos financeiros de governo estrangeiro.

(B) Devem prestar as contas partidárias perante Conselho Especial.

(C) Podem ter caráter regional, representando pelo menos duas regiões.

(D) Têm acesso gratuito ao rádio e à televisão nos limites legais.

A: incorreta. De acordo com o art. 17, II, da CF, os partidos políticos *não podem receber recursos financeiros de entidade ou governo estrangeiros* ou de subordinação a estes; **B:** incorreta. Os partidos políticos, conforme o art. 17, III, da CF, prestam contas à *Justiça Eleitoral*; **C:** incorreta. O art. 17, I, da CF determina que os partidos tenham *caráter nacional*; **D:** correta. De fato, o art. 17, § 3º, da CF, garante aos partidos políticos o direito a recursos do fundo partidário e *acesso gratuito ao rádio e à televisão*, na forma da lei.

Gabarito "D"

(OAB/Exame Unificado – 2012.3.A) José da Silva, prefeito do Município "X", integrante do Estado "Y", possui familiares que pretendem concorrer a cargos elegíveis nas próximas eleições.

Sobre essa situação, assinale a afirmativa correta.

(A) José da Silva Junior, filho de José da Silva, que terá 18 anos completos na época da eleição, poderá se candidatar ao cargo de deputado estadual de "Y", desde que José da Silva tenha se desincompatibilizado seis meses antes do pleito.

(B) Maria da Silva, esposa de José da Silva, vereadora do município "X", só poderá concorrer novamente ao cargo de vereadora, se José da Silva se desincompatibilizar seis meses antes do pleito.

(C) José da Silva poderá concorrer ao cargo de governador do estado "Z", não sendo necessário que renuncie ao mandato até seis meses antes do pleito.

(D) Pedro Costa, sobrinho de José da Silva, poderá concorrer ao cargo de Vereador do Município "X" mesmo que José da Silva não tenha se desincompatibilizado seis meses antes do pleito.

A: incorreta. A idade mínima exigida para o cargo de deputado estadual é *vinte e um anos* (art. 14, § 3º, VI, "c"), portanto, ainda que José da Silva tenha se desincompatibilizado seis meses antes do pleito, José da Silva Júnior não poderá se candidatar ao cargo de deputado estadual; **B:** incorreta. *Não há necessidade de desincompatibilização* nesse caso, pois Maria da Silva já é titular de mandato eletivo e candidata à reeleição (art. 14, § 7º, parte final, da CF); **C:** incorreta. Para concorrer a outro cargo, José da Silva (Prefeito) deve renunciar ao respectivo mandato até seis meses antes do pleito (art. 14, § 6º, da CF); **D:** correta. Como o sobrinho é parente apenas em *3º grau*, de fato, não é necessária a desincompatibilização de José da Silva, seis meses antes do pleito, para que ele concorra ao cargo (art. 14, § 7º, da CF).

Gabarito "D"

(OAB/Exame Unificado – 2011.3.A) A respeito dos direitos políticos, assinale a alternativa correta.

(A) O cancelamento de naturalização por decisão do Ministério da Justiça é caso de perda de direitos políticos.

(B) A condenação criminal transitada em julgado, enquanto durarem seus efeitos, é caso de cassação de direitos políticos.

(C) A improbidade administrativa é caso de suspensão de direitos políticos.

(D) A incapacidade civil relativa é caso de perda de direitos políticos.

A: incorreta. De acordo com o art. 15, I, da CF, o cancelamento da naturalização *por sentença transitada em julgado* é que pode gerar perda dos direitos políticos; **B:** incorreta. A condenação criminal transitada em julgado, enquanto durarem os seus efeitos, é caso de *suspensão* dos direitos políticos e não de perda; **C:** correta (art. 15, V, e 37, § 4º, ambos da CF, e a Lei 8.429/1992); **D:** incorreta. A incapacidade civil *absoluta* gera *suspensão* dos direitos políticos (art. 15, II, da CF).

Gabarito "C"

(OAB/Exame Unificado – 2011.3.A) Assinale a alternativa que relacione corretamente o cargo político e o sistema eleitoral adotado.

(A) Governador: sistema proporcional de dois turnos.

(B) Prefeito: sistema majoritário de maioria simples para municípios com menos de 200 mil eleitores.

(C) Congressista: sistema proporcional.

(D) Vereador: sistema distrital.

A: incorreta. O *governador* e os demais chefes dos executivos são eleitos pelo sistema *majoritário* e não pelo proporcional; **B:** correta. De fato o Prefeito é eleito pelo sistema majoritário de maioria simples na hipótese de municípios com até 200 mil eleitores. Se for um município com mais de 200 mil eleitores, as regras aplicáveis são as previstas nos parágrafos do art. 77 da CF, ou seja, o sistema será o majoritário absoluto; **C:** incorreta. No Congresso Nacional há Deputados Federais e Senadores e os sistemas de eleição são diferenciados, portanto, é equivocado afirmar que o gênero congressista é eleito pelo sistema proporcional. Simplificando, o Senado, representante dos Estados-membros, possui senadores que são eleitos pelo sistema majoritário. Já a Câmara, representante do povo, é composta de deputados federais, eleitos pelo sistema proporcional; **D:** incorreta. O vereador é eleito pelo sistema proporcional.

Gabarito "B"

(OAB/Exame Unificado – 2011.1) Os direitos políticos não podem ser cassados. Podem, no entanto, sofrer perda ou suspensão à luz das normas constitucionais pelo seguinte fundamento:

(A) cancelamento de naturalização por decisão administrativa.

(B) improbidade administrativa.

(C) condenação cível sem trânsito em julgado.

(D) incapacidade civil relativa, declarada judicialmente.

A: incorreta. O cancelamento da naturalização pode até influir nos direitos políticos, mas só se tal ato se der por sentença judicial transitada em julgado (art. 15, I, da CF); **B:** correta. A condenação por improbidade administrativa é uma hipótese em que há suspensão dos direitos políticos (art. 15, V, e 37, § 4º, ambos da CF); **C:** incorreta. Apenas a condenação criminal transitada em julgado, enquanto durarem seus efeitos, é que terá influência nos direitos políticos (art. 15, III, da CF); **D:** incorreta. O que pode refletir nos direitos políticos é a incapacidade civil absoluta e não a relativa (art. 15, II, da CF).

Gabarito "B"

(OAB/Exame Unificado – 2010.3) De acordo com a Constituição da República, são inalistáveis e inelegíveis

(A) somente os analfabetos e os conscritos.

(B) somente os estrangeiros e os analfabetos.

(C) somente os estrangeiros e os conscritos.

(D) os estrangeiros, os analfabetos e os conscritos.

Os analfabetos são apenas inelegíveis (art. 14, § 1º, II, "a" e § 2º, da CF); os estrangeiros e os conscritos são inalistáveis *e* inelegíveis (art. 14, § 2º, da CF).

Gabarito "C"

(OAB/Exame Unificado – 2009.2) Assinale a opção correta a respeito dos partidos políticos.

(A) Como sujeitos de direitos, os partidos políticos têm legitimidade para atuar em juízo, e, se tiverem representação no Congresso Nacional, podem ajuizar mandado de segurança coletivo.

(B) Somente os partidos com representação no Congresso Nacional podem usufruir dos recursos do fundo partidário e ter acesso gratuito ao rádio e à televisão, na forma da lei.

(C) A CF consagra o princípio da liberdade partidária de modo ilimitado e irrestrito, não admitindo condicionantes para a criação, fusão, incorporação e extinção dos partidos políticos.

(D) Os partidos políticos somente adquirem personalidade jurídica após duplo registro: no registro civil das pessoas jurídicas e no tribunal regional eleitoral do estado em que estão sediados.

A: correta. (Art. 5º, LXX, "a", da CF); **B:** incorreta. O art. 17, § 3º, da CF, ao mencionar que os partidos políticos têm direito a recursos do fundo partidário e acesso gratuito ao rádio e à televisão, não faz distinção entre aqueles que têm ou não representação no Congresso Nacional. Desse modo, após serem constituídos (e a aquisição da personalidade jurídica se dá na forma da lei civil) e terem registrado seus estatutos no Tribunal Superior Eleitoral, têm direito a recursos do fundo partidário e acesso gratuito ao rádio e a televisão, na forma da lei; **C:** incorreta. O art. 17, *caput*, da CF, trata da liberdade partidária, mas traz alguns preceitos que devem ser observados, como o caráter nacional, a prestação de contas à Justiça Eleitoral etc. Portanto, o princípio mencionado não tem caráter absoluto; **D:** incorreta. O art. 17, § 2º, da CF dispõe que a aquisição da personalidade jurídica se dá na forma da lei civil. Conforme o art. 8º da Lei 9.096/1995, isso ocorre com o registro do partido político no cartório competente do Registro Civil de Pessoas Jurídicas, da Capital Federal. Nesse momento já adquiriram personalidade jurídica, após isso é que devem registrar seus estatutos no TSE.

Gabarito "A"

(OAB/Exame Unificado – 2008.2) Conforme dispõe a CF, os prefeitos municipais

(A) podem ser reeleitos para até dois períodos subsequentes ao do primeiro mandato.

(B) devem renunciar aos respectivos mandatos até seis meses antes do pleito, caso desejem se candidatar à reeleição.

(C) somente devem renunciar aos respectivos mandatos até seis meses antes do pleito, se forem concorrer a outros cargos eletivos.

(D) não poderão ser reeleitos.

A: incorreta. O art. 14, § 5º, da CF determina que os chefes do executivo, federal, estadual, distrital ou municipal, podem ser eleitos para um único período subsequente; **B:** incorreta. O art. 14, § 6º, da CF dispõe que apenas quando forem concorrer a *outros cargos* é que devem renunciar aos respectivos mandatos até seis meses antes do pleito; **C:** correta. É o que se extrai do art. 14, § 6º, da CF; **D:** incorreta. Conforme já mencionado, os prefeitos *podem* ser reeleitos para um único período subsequente (art. 14, § 5º, da CF).

Gabarito "C"

(OAB/Exame Unificado – 2008.1) No que diz respeito aos direitos políticos, assinale a opção incorreta.

(A) O conceito de domicílio eleitoral não se confunde com o de domicílio da pessoa natural regulado no Código Civil, pois, naquele, leva-se em conta o lugar onde o interessado tem vínculos políticos e sociais e, não, o lugar onde ele reside com *animus* definitivo.

(B) A Constituição Federal determina que as eleições dos deputados federais, dos deputados estaduais e dos vereadores devam efetivar-se pelo critério proporcional.

(C) O plebiscito e o referendo podem ser convocados tanto pelo Congresso Nacional, por meio de decreto legislativo, quanto mediante lei de iniciativa popular.

(D) Reconhecida a incapacidade civil absoluta, mediante sentença que decrete a interdição, ocorre a suspensão dos direitos políticos, mas, não, a perda de tais direitos.

A: correta. O texto da alternativa foi extraído exatamente do livro: "Curso de Direito Constitucional", Gilmar Ferreira Mendes, Inocêncio Coelho e Paulo Gonet Branco, 8. ed. São Paulo: Saraiva, p. 704. De fato, a conceito de domicílio eleitoral, por ser mais flexível, é diferente do adotado pelo Código Civil, em seu art. 70; **B:** correta. As eleições dos deputados federais, estaduais, distritais e dos vereadores devem observar o sistema proporcional (art. 45, *caput*, e 27, § 1º, ambos da CF e art. 84 do Código Eleitoral – Lei n. 4737/65); **C:** incorreta, devendo ser assinalada. O art. 49, XV, da CF dispõe que é competência *exclusiva* do Congresso Nacional *autorizar referendo* e *convocar plebiscito*. Tal atribuição é exercida por meio de *decreto legislativo*; **D:** correta. De fato, a sentença que reconhece a incapacidade civil absoluta e decreta *interdição* faz com que os *direitos políticos* fiquem *suspensos*, enquanto durarem os seus efeitos (art. 15, II, da CF e arts. 1.767 e 1.779 do CC/2002).

Gabarito "C"

(OAB/Exame Unificado – 2007.3) Relativamente aos direitos políticos e aos partidos políticos, assinale a opção correta.

(A) Os partidos políticos, como pessoas jurídicas de direito público, só adquirem personalidade jurídica após registrarem seus estatutos no Tribunal Regional Eleitoral do estado onde têm sede.

(B) Para concorrerem a outros cargos, o presidente da República, os governadores de estado e do Distrito Federal e os prefeitos devem licenciar-se dos respectivos mandatos seis meses antes do pleito.

(C) A norma que reconhece a facultatividade do voto aos maiores de 70 anos aplica-se às pessoas portadoras de deficiência que torne impossível ou demasiadamente oneroso o cumprimento das obrigações relativas ao alistamento e ao exercício do voto.

(D) No sistema eleitoral brasileiro, são considerados votos válidos não apenas os votos conferidos à legenda partidária e aos candidatos, mas também os votos nulos e os em branco.

A: incorreta. Os partidos políticos são pessoas jurídicas de *direito privado*, cuja aquisição da personalidade jurídica está tão só condicionada ao registro de seus estatutos no Cartório de Registro de Títulos e Documentos; **B:** incorreta. Conforme o art. 14, § 6º, da CF eles devem, em verdade, *renunciar* aos cargos; **C:** correta. O Tribunal Superior Eleitoral entende que a regra constitucional que torna o voto facultativo ao maior de 70 anos tem por fundamento possíveis limitações advindas da idade e que inviabilizariam ou dificultariam a ida dessas pessoas às seções eleitorais. Partindo do pressuposto que a mesma situação ocorre em relação às pessoas portadoras de deficiência, o TSE editou a Resolução 21.920/2004 eximindo de sanções o deficiente que não votar, em virtude de impossibilidade física ou demasiada onerosidade para chegar ao local das eleições; **D:** incorreta. O art. 77, § 2º, da CF dispõe que considera-se eleito o candidato que obtiver a maioria absoluta dos votos válidos, *não computados* os brancos e nulos.

Gabarito "C"

(OAB/Exame Unificado – 2007.3) É correto afirmar que, no sistema eleitoral brasileiro,

(A) os governadores dos estados são escolhidos pelo sistema majoritário, por maioria absoluta dos votos.

(B) os deputados federais são escolhidos pelo sistema majoritário, por maioria simples dos votos.

(C) os senadores são escolhidos pelo sistema proporcional.

(D) o Presidente da República é escolhido pelo sistema misto.

A: correta. De fato os governadores são escolhidos pelo sistema majoritário (art. 28 da CF); **B:** incorreta. O art. 45, *caput*, da CF determina a adoção do sistema proporcional; **C:** incorreta. Conforme dispõe o art. 46, *caput*, do CF o sistema adotado para a escolha dos senadores é o majoritário; **D:** incorreta. Segundo o art. 77, § 2º, da CF considera-se eleito o candidato que, registrado por partido político, obtiver a maioria absoluta de votos, não computados os em branco e os nulos. É o denominado sistema majoritário e não misto, como mencionado na alternativa.

Gabarito "A"

(OAB/Exame Unificado – 2006.2) Considere que, nas eleições que serão realizadas em outubro de 2006, o atual governador de determinado estado da Federação concorra à reeleição e sua filha, que tem 35 anos de idade e é filiada ao mesmo partido do pai, pretenda concorrer, pela primeira vez, ao cargo de deputada federal. Nessa situação,

(A) para concorrer regularmente à reeleição o governador precisaria ter renunciado ao seu cargo seis meses antes da data das eleições.

(B) a filha do governador é inelegível para o cargo de deputada federal pelo referido estado, mas seria elegível para o cargo de Presidente da República.

(C) se o governador e a sua filha se candidatassem por partidos diferentes, ambos poderiam concorrer regularmente no referido pleito eleitoral.

(D) pai e filha podem candidatar-se regularmente aos referidos cargos, mas, se ambos forem efetivamente eleitos, a filha não poderá tomar posse como deputada federal, pois a Constituição da República veda a diplomação de deputados que sejam parentes de até segundo grau dos respectivos governadores.

A: incorreta. O governador não precisa renunciar ao cargo seis meses antes do pleito para concorrer à reeleição. Tal regra só se aplicaria se ele estivesse concorrendo a outro cargo, conforme §§ 5º e 6º do art. 14 da CF; **B:** correta. A *inelegibilidade reflexa* (que é a dos parentes dos políticos) é tida como relativa e não absoluta, *pois abrange apenas o território de jurisdição do titular* do mandato. Dessa maneira, a filha do governador não pode se candidatar ao cargo de deputada federal do estado em que o pai é governador, mas pode ser candidata ao cargo da Presidência da República (art. 14, § 7º, da CF); **C** e **D:** incorretas, pelo mesmo fundamento da alternativa anterior. Nesses casos há aplicação da regra contida no § 7º do art. 14 da CF que trata da inelegibilidade reflexa.

Gabarito "B"

(OAB/Exame Unificado – 2006.2) Por força do ordenamento constitucional, os eleitos pelo sistema proporcional incluem o(s)

(A) deputados federais.

(B) prefeitos de Municípios com menos de 200 mil eleitores.

(C) senadores da República.

(D) presidente do STF.

A: correta, conforme o art. 45, *caput*, da CF. **B**, **C** e **D:** incorretas, pois o Presidente da República, o Senador e os Prefeitos dos Municípios de até 200 mil eleitores são eleitos pelo sistema majoritário. A única diferença é que a eleição do Presidente obedece ao sistema majoritário de dois turnos e a dos Senadores e Prefeitos de Municípios com até 200 mil eleitores, ao sistema majoritário simples. Por ele, considera-se eleito, num único turno, o candidato que receber o maior número de votos, sendo irrelevante a diferença de votos existente entre os demais candidatos.

Gabarito "A"

(FGV – 2011) A respeito das inelegibilidades, analise as afirmativas a seguir:

I. Os analfabetos são inelegíveis para qualquer cargo e, além disso, estão impedidos de votar por determinação legal.

II. É condição de elegibilidade a idade mínima de 35 (trinta e cinco) anos para os candidatos à Presidência da República e de 30 (trinta) anos para aqueles que pleiteiam a chefia do Poder Executivo dos Estados e do Distrito Federal.

III. Aqueles que forem condenados, em decisão transitada em julgado ou proferida por órgão judicial colegiado, desde a condenação até o transcurso do prazo de 8 (oito) anos após o cumprimento da pena, pelos crimes de lavagem de dinheiro e tráfico de drogas, entre outros, são inelegíveis para qualquer cargo.

IV. As arguições de inelegibilidade são conhecidas pelo TSE quando se tratar de candidato a Presidente ou Vice-Presidente da República e Senador, e pelos Tribunais Regionais Eleitorais no caso dos Governadores ou Vice-Governadores dos Estados e do Distrito Federal.

Assinale

(A) se apenas as afirmativas I, III e IV estiverem corretas.
(B) se apenas as afirmativas I e III estiverem corretas.
(C) se apenas as afirmativas I, II e IV estiverem corretas.
(D) se apenas as afirmativas II e III estiverem corretas.
(E) se apenas as afirmativas II e IV estiverem corretas.

I: incorreta. Os analfabetos são inelegíveis para qualquer cargo (art. 1º, I, "a", da LC 64/1990), mas podem se alistar como eleitores (possuem capacidade eleitoral ativa – de votar – mas não possuem capacidade eleitoral passiva – não podem se candidatar). Ver art. 14, § 1º, II, "a" e § 4º, da CF; **II:** correta. Art. 14, § 3º, VI, "a" e "b", da CF; **III:** correta. Art. 1º, I, "e", itens 6 e 7, da LC 64/1990); **IV:** incorreta. Deve ser apresentada ao TSE no caso de Presidente ou de Vice-Presidente da República e nos TREs quando se tratar de Senador, Governador ou Vice-Governador de Estado ou do Distrito Federal (art. 2º, parágrafo único, I e II, da LC 64/1990).

Gabarito "D"

(FGV – 2010) Relativamente aos *partidos políticos*, assinale a afirmativa incorreta.

(A) É assegurada aos partidos políticos autonomia para definir sua estrutura interna, organização e funcionamento e para adotar os critérios de escolha e o regime de suas coligações eleitorais, sem obrigatoriedade de vinculação entre as candidaturas em âmbito nacional, estadual, distrital ou municipal, devendo seus estatutos estabelecer normas de disciplina e fidelidade partidária.

(B) É livre a criação, fusão, incorporação e extinção de partidos políticos, resguardados a soberania nacional, o regime democrático, o pluripartidarismo, os direitos fundamentais da pessoa humana e observados os seguintes preceitos: I – caráter nacional; II – proibição de recebimento de recursos financeiros de entidade ou governo estrangeiros ou de subordinação a estes; III – prestação de contas à Justiça Eleitoral; IV – funcionamento parlamentar de acordo com a lei.

(C) Os partidos políticos têm direito a recursos do fundo partidário e acesso gratuito ao rádio e à televisão, na forma da lei.

(D) Os partidos políticos, após adquirirem personalidade jurídica, na forma da lei civil, deverão coletar assinaturas de pelo menos 3% (três por cento) dos eleitores regulamente inscritos na justiça eleitoral de no mínimo 7 (sete) Estados ou Territórios para que seus estatutos possam ser registrados no Tribunal Superior Eleitoral e os partidos sejam como tal reconhecidos pela lei eleitoral.

(E) É vedada a utilização pelos partidos políticos de organização paramilitar.

A: correta. Art. 17, § 1º, da CF; **B:** correta. Art. 17, *caput*, I a IV, da CF; **C:** correta. Art. 17, § 3º, da CF; **D:** incorreta, devendo ser assinalada, pois não reflete o disposto no art. 17, § 2º, da CF; **E:** correta. art. 17, § 4º, da CF.

Gabarito "D"

(FGV – 2008) É vedada a cassação de direitos políticos, cuja perda ou suspensão só não se dará nos casos de:

(A) deficiência mental.
(B) *sursis* da pena.
(C) condenação em pena pecuniária.
(D) condenação em pena restritiva de direitos.
(E) pródigos.

A: incorreta. Art. 15, II, da CF; **B**, **C** e **D:** incorretas. Art. 15, III, da CF; **E:** correta. Os pródigos são relativamente incapazes (art. 4º, IV, do CC/2002) e a Constituição Federal só determina a perda ou suspensão de direitos políticos dos absolutamente incapazes (art. 15, II, da CF).

Gabarito "E"

(FGV – 2008) A respeito dos direitos políticos regidos na Constituição Federal de 1988, assinale a afirmativa correta.

(A) Lei complementar poderá estabelecer outros casos de inelegibilidade além dos previstos na Constituição.

(B) Apenas os brasileiros natos são elegíveis, não podendo se candidatar a cargos eletivos os estrangeiros residentes no Brasil e os brasileiros naturalizados.

(C) Os analfabetos podem se alistar como eleitores e se candidatar apenas a cargos eletivos no âmbito do Poder Legislativo.

(D) A soberania popular será exercida pelo sufrágio universal e pelo voto direto e secreto, com valor igual para todos, e, nos termos da lei, apenas mediante plebiscito e referendo popular.

(E) Serão admitidas candidaturas de brasileiros que não sejam filiados a partidos políticos, excepcionalmente, na forma de lei complementar.

A: correta. Art. 14, § 9º, da CF; **B:** incorreta. Apenas os cargos listados no art. 12, § 3º, da CF, são próprios de brasileiros natos. Os demais exigem nacionalidade brasileira (art. 14, § 3º, I, da CF), mas podem ser ocupados por brasileiros naturalizados; **C:** incorreta. Art. 14, § 1º, II, "a" e § 4º, da CF. Os analfabetos são inelegíveis, ou seja, não podem se candidatar (não têm capacidade eleitoral passiva), mas seu voto é facultativo (podem votar, possuem capacidade eleitoral ativa, desde que exerçam essa vontade); **D:** incorreta. Não reflete o disposto no art. 14, I, II e III da CF; **E:** incorreta. A filiação partidária é condição de elegibilidade, ou seja, o direito brasileiro não permite "candidaturas avulsas" (art. 14, § 3º, V, da CF).

Gabarito "A"

(FGV – 2008) A respeito do regime constitucional de organização dos partidos políticos, analise as afirmativas a seguir:

I. A norma constitucional que assegura autonomia aos partidos políticos para definir sua estrutura interna, organização e funcionamento e para adotar os critérios de escolha e o regime de suas coligações eleitorais, sem obrigatoriedade de vinculação entre as candidaturas em âmbito nacional, estadual, distrital ou municipal, por ter sido instituída por emenda constitucional, só passou a ser aplicada decorrido um ano da data de sua vigência.

II. É assegurado aos partidos políticos o recebimento de financiamento por parte de entidades estrangeiras, desde que tais recursos sejam declarados anualmente perante o Tribunal Superior Eleitoral.

III. Os partidos políticos que não obtiverem em cada eleição para a Câmara dos Deputados no mínimo cinco por cento de votos apurados, distribuídos em pelo menos um terço dos Estados, não terão direito a receber recursos do fundo partidário.

Assinale:

(A) se somente a afirmativa I estiver correta.
(B) se somente a afirmativa II estiver correta.
(C) se somente a afirmativa III estiver correta.
(D) se somente as afirmativas I e III estiverem corretas.
(E) se todas as afirmativas estiverem corretas.

I: correta. A nova redação do art. 17, § 1º, da CF, por ter sido estabelecida pela EC 52/2006, só passou a ser aplicada um ano depois, por força da norma do art. 16 da CF; **II:** incorreta. Não reflete o disposto no art. 17, II, da CF; **III:** incorreta. Não reflete o disposto no art. 17, § 3º, da CF.

Gabarito "A"

(FGV – 2008) No que concerne aos direitos políticos, é correto afirmar que:

(A) eles se classificam em positivos e negativos, sendo exemplo desta última classificação a elegibilidade.
(B) não poderá ser objeto de deliberação a proposta de emenda tendente a abolir o sufrágio.
(C) são inelegíveis no território de jurisdição do titular o cônjuge e os parentes consanguíneos ou afins, até o terceiro grau, ou por adoção, do Presidente da República, de Governador de Estado ou Território, do Distrito Federal, de Prefeito ou de quem os haja substituído dentro dos seis meses anteriores ao pleito, salvo se já titular de mandato eletivo e candidato à reeleição.
(D) o cancelamento da naturalização por sentença transitada em julgado é hipótese de perda dos direitos políticos.
(E) a lei que alterar o processo eleitoral entrará em vigor na data de sua publicação, cabível a sua aplicação à eleição que ocorra até um ano da data de sua vigência.

A: incorreta. Os direitos políticos negativos constituem restrições ou impedimentos à atividade política, como, por exemplo, as inelegibilidades. A elegibilidade, ao contrário, é direito político positivo; **B:** incorreta. O que o art. 60, § 4º, II, da CF, estabelece como cláusula pétrea é o *voto*, não o *sufrágio*. Em linhas gerais, *sufrágio* é o direito público subjetivo de votar, de ser votado, e de participar no processo eleitoral, podendo ser universal (todos os que preenchem os requisitos básicos previstos na Constituição Federal podem votar) ou restrito (conferido apenas a algumas pessoas, que preencham determinados requisitos especiais). O sufrágio restrito pode ser dividido em *restrito censitário* (vinculado à capacidade econômica do eleitor, como ocorreu nas Constituições de 1891 e 1934, que proibiam o voto dos mendigos) ou *restrito capacitário* (vinculado à capacidade de entendimento do eleitor, proibindo, por exemplo, o voto dos analfabetos – como na Constituição de 1967). *Voto* é o ato pelo qual este direito é exercido, dividido em direto e indireto. Essas noções tampouco se confundem com o *escrutínio*, que diz respeito à forma como se dá o voto, podendo ser público ou secreto; **C:** incorreta. Não reflete o disposto no art. 14, § 7º, da CF; **D:** correta. O art. 15 da CF prevê as hipóteses de *perda e suspensão* dos direitos políticos. O art. 15, I, da CF traz hipótese de perda dos direitos políticos, sendo certo que a Lei 818/1949 prevê a perda da naturalização nos casos de atividades nocivas ao interesse nacional (art. 22, III). A incapacidade civil absoluta é hipótese de *suspensão* de direitos políticos. A hipótese do art. 15, III, da CF, é de *suspensão* de direitos políticos e não de perda. A *escusa de consciência* só leva à perda dos direitos políticos (art. 15, IV, da CF) se o escusante negar-se a cumprir a prestação alternativa que a lei fixar. O art. 15, V, da CF, foi regulamentado pela Lei de Improbidade Administrativa (Lei 8.429/1992), que prevê a penalidade de *suspensão* de direitos políticos nos incisos de seu art. 12; **E:** incorreta. Não reflete o disposto no art. 16 da CF.

Gabarito "D"

(FGV – 2005) Assinale a alternativa correta.

(A) Nenhum brasileiro pode ser extraditado.
(B) Durante o período de prisão albergue, o condenado por sentença criminal transitada em julgado não sofre a suspensão dos seus direitos políticos.
(C) Atos de improbidade administrativa acarretam a perda dos direitos políticos.
(D) Somente brasileiros podem titularizar cargos públicos.
(E) O analfabeto não possui capacidade eleitoral passiva.

A: incorreta. Não reflete o disposto no art. 5º, LI, da CF; **B:** incorreta. Conforme previsão do art. 15, III, da CF, a suspensão dos direitos persiste enquanto durarem as sanções aplicadas ao condenado, ou seja, apenas a execução da pena afasta a suspensão de direitos; **C:** incorreta. O art. 15, V, da CF, foi regulamentado pela Lei de Improbidade Administrativa (Lei 8.429/1992), que prevê a penalidade de *suspensão* de direitos políticos nos incisos de seu art. 12; **D:** incorreta. Com exceção dos cargos listados no art. 12, § 3º, I a VII, da CF, que são privativos de brasileiros natos, os demais são acessíveis aos estrangeiros, na forma da lei (art. 37, I, da CF); **E:** correta. Art. 14, § 4º, da CF.

Gabarito "E"

9. ORGANIZAÇÃO DO ESTADO

9.1. ORGANIZAÇÃO POLÍTICO-ADMINISTRATIVA. UNIÃO, ESTADOS, DF, MUNICÍPIOS E TERRITÓRIOS

(OAB/Exame Unificado – 2016.1) O Governador do Distrito Federal, ao tomar conhecimento de que existe jurisprudência pacífica do Supremo Tribunal Federal a respeito da competência do Município para legislar sobre os requisitos de segurança das agências bancárias, solicita à Procuradoria Geral do Distrito Federal que se manifeste acerca da possibilidade de lei distrital tratar da matéria.

Sobre a hipótese apresentada, de acordo com a Constituição Federal de 1988, assinale a afirmativa correta.

(A) Haveria tal possibilidade, pois o Distrito Federal possui competências legislativas reservadas aos Estados e aos Municípios.
(B) Haveria tal possibilidade, pois a competência legislativa do Distrito Federal, como sede da União, abarca as competências legislativas da União, dos Estados e dos Municípios.
(C) Não seria possível, pois o Distrito Federal tem competências taxativamente expressas, que não podem abarcar aquelas concedidas aos Municípios.
(D) Não seria possível, pois as competências legislativas do Distrito Federal seriam apenas aquelas reservadas aos Estados-membros da União.

A: correta. De acordo com o art. 32, § 1º, da CF, ao Distrito Federal são atribuídas as competências legislativas reservadas aos Estados **e Municípios**; **B:** incorreta. O Distrito Federal não pode legislar sobre matéria da competência legislativa da União; **C** e **D:** incorretas. Como mencionado, o art. 32, § 1º, da CF, o Distrito Federal cumula duas competências: pode legislar tanto sobre matérias reservadas aos Estados, como as atribuídas aos Municípios.

Gabarito "A"

(OAB/Exame Unificado – 2015.3) A parte da população do Estado V situada ao sul do seu território, insatisfeita com a pouca atenção que vem recebendo dos últimos governos, organiza-se e dá início a uma campanha para promover a criação de um novo Estado-membro da República Federativa do Brasil – o Estado N, que passaria a ocupar o território situado na parte sul do Estado V. O tema desperta muita discussão em todo o Estado, sendo que alguns argumentos favoráveis e outros contrários ao desmembramento começam a ganhar publicidade na mídia.

Reconhecido constitucionalista analisa os argumentos listados a seguir e afirma que apenas um deles pode ser referendado pelo sistema jurídico-constitucional brasileiro. Assinale-o.

(A) O desmembramento não poderia ocorrer, pois uma das características fundamentais do Estado Federal é a impossibilidade de ocorrência do chamado direito de secessão.
(B) O desmembramento poderá ocorrer, contanto que haja aprovação, por via plebiscitária, exclusivamente por parte da população que atualmente habita o território que formaria o Estado N.
(C) Além de aprovação pela população interessada, o desmembramento também pressupõe a edição de lei complementar pelo Congresso Nacional com esse objeto.
(D) Além de manifestação da população interessada, o sistema constitucional brasileiro exige que o desmembramento dos Estados seja precedido de divulgação de estudos de viabilidade.

A: incorreta. É possível ocorrer o desmembramento. De acordo com o art. 18, § 3º, da CF, **os Estados podem** incorporar-se entre si, subdividir-se ou **desmembrar-se** para se anexarem a outros, ou formarem novos Estados ou Territórios Federais, mediante aprovação da população diretamente interessada, através de plebiscito, e do Congresso Nacional, por lei complementar; **B:** incorreta. Os requisitos para que haja o desmembramento são: aprovação da população diretamente interessada, através de plebiscito, **e aprovação do Congresso Nacional, por lei complementar**, conforme dispõe o § 3º do art. 18 da CF; **C:** correta. É o que determina o art. 18, § 3º, da CF; **D:** incorreta. Os **estudos de viabilidade** são exigidos apenas nas hipóteses de criação, incorporação, fusão e desmembramento de **Municípios**, de acordo com o § 4º do art. 18 da CF.

Gabarito "C"

(OAB/Exame Unificado – 2015.3) A Assembleia Legislativa do Estado M, ao constatar a ausência de normas gerais sobre matéria em que a União, os Estados e o Distrito Federal possuem competência legislativa concorrente, resolve tomar providências no sentido de legislar sobre o tema, preenchendo os vazios normativos decorrentes dessa lacuna. Assim, dois anos após a Lei E/2013 ter sido promulgada pelo Estado M, o Congresso Nacional promulga a Lei F/2015, estabelecendo normas gerais sobre a matéria. Sobre esse caso, assinale a afirmativa correta.

(A) A Lei E/2013 foi devidamente revogada pela Lei F/2015, posto não ser admissível, no caso, que norma estadual pudesse preservar a sua eficácia diante da promulgação de norma federal a respeito da mesma temática.
(B) A Lei E/2013 perde a sua eficácia somente naquilo que contrariar as normas gerais introduzidas pela Lei F/2015, mantendo eficácia a parte que, compatível com a Lei F/2015, seja suplementar a ela.
(C) A Lei F/2015 não poderá viger no território do Estado M, já que a edição anterior da Lei E/2013, veiculando normas específicas, afasta a eficácia das normas gerais editadas pela União em momento posterior.
(D) A competência legislativa concorrente, por ser uma espécie de competência comum entre todos os entes federativos, pode ser usada indistintamente por qualquer deles, prevalecendo, no caso de conflito, a lei posterior, editada pelo Estado ou pela União.

A: incorreta. Apenas uma norma estadual poderia revogar outra norma estadual. A norma federal, que estabeleceu regras gerais sobre a matéria, apenas **suspenderá** a eficácia da estadual, no que lhe for contrária. É o que determina o art. 24, § 4º, da CF; **B:** correta. De acordo com o art. 24, § 4º, da CF, a superveniência de lei federal sobre normas gerais **suspende a eficácia da lei estadual, no que lhe for contrário**; **C:** incorreta. Ao contrário do mencionado, a **edição de lei estadual anterior a norma geral editada pela União não afasta a aplicação desta última**; **D:** incorreta. A competência concorrente **não pode ser usada indistintamente** por todos os entes federativos. Os parágrafos do art. 24 da CF trazem os padrões para o exercício dessa competência. O § 1º do art. 24 da CF determina que no âmbito da legislação concorrente, a competência da União limitar-se-á a estabelecer normas gerais. O § 2º do mesmo dispositivo informa que a competência da União para legislar sobre normas gerais não exclui a competência suplementar dos Estados. O § 3º indica que não existindo lei federal sobre normas gerais, os Estados exercerão a competência legislativa plena, para atender a suas peculiaridades. Por fim, o § 4º do citado art. 24 da CF menciona que a superveniência de lei federal sobre normas gerais suspende a eficácia da lei estadual, no que lhe for contrário.

Gabarito "B"

(OAB/Exame Unificado – 2014.3) No município de São José dos Cavaleiros, 87% dos atendimentos médicos nas emergências hospitalares são decorrências de acidentes automobilísticos ocasionados pelo consumo de bebidas alcoólicas. Uma vereadora do município, Sra. X, ciente das estatísticas expostas, apresenta projeto de lei propondo que os cidadãos proprietários de veículos automotores, residentes no município, municiem seus veículos com equipamento que impeça a partida do carro no caso de o condutor ter consumido álcool. A Câmara Municipal, por voto de 2/3 dos vereadores, aprova a lei.

Esta legislação deve ser considerada

(A) constitucional, por tratar de proteção de direito fundamental.
(B) inconstitucional, por tratar de matéria de competência privativa da União.
(C) inconstitucional, por vício formal relacionado ao quórum mínimo para votação.
(D) constitucional, por tratar de assunto de interesse local e ter sido aprovada por processo legislativo idôneo.

A: incorreta. Ao contrário do mencionado, a lei do município São José dos Cavaleiros viola a CF. A inconstitucionalidade de tal norma decorre da usurpação de competência legislativa. A matéria trânsito só pode ser veiculada em norma de natureza federal, pois é da competência privativa da União; **B:** correta. É o que decorre do art. 22, XI, da CF; **C:** incorreta. Como mencionado, o problema não está no *quorum* de aprovação da lei, mas na matéria disciplinada pela lei municipal. É a União, de forma privativa, quem legisla sobre trânsito (art. 22, XI, da CF); **D:** incorreta. A norma é inconstitucional. Os assuntos de interesse local, ou seja, aqueles que tenham relação com as necessidades específicas do município, de fato, pode ser tratados por lei municipal. Ocorre que, sob esse argumento, predominância do interesse municipal, não pode o Município usurpar competência legislativa da União. Quem legisla sobre trânsito é a União (art. 22, XI, da CF) e de forma privativa.

Gabarito "B"

(OAB/Exame Unificado – 2015.2) Determinado Estado da Federação vivencia sérios problemas de segurança pública, sendo frequentes as fugas dos presos transportados para participar de atos processuais realizados no âmbito do Poder Judiciário. Para remediar essa situação, foi editada uma lei estadual estabelecendo a possibilidade de utilização do sistema de videoconferência no âmbito do Estado. Diante de tal quadro, assinale a afirmativa que se ajusta à ordem constitucional.

(A) A lei estadual é constitucional, pois a matéria se insere na competência local dos Estados-membros, versando sobre assunto de interesse local.
(B) A lei estadual é inconstitucional, pois afrontou a competência privativa da União de legislar sobre Direito Processual Penal.
(C) A lei estadual é constitucional, pois a matéria se insere no âmbito da competência delegada da União, versando sobre direito processual.
(D) A lei estadual é inconstitucional, pois comando normativo dessa natureza, por força do princípio da simetria, deveria estar previsto na Constituição Estadual.

A: incorreta. A lei estadual é inconstitucional, pois não poderia tratar desse assunto. A legislação sobre Direito Processual Penal é da competência privativa da União, conforme determina o art. 22, I, da CF; **B:** correta. Conforme determina o art. 22, I, da CF, **compete privativamente à União legislar** sobre direito civil, comercial, penal, **processual**, eleitoral, agrário, marítimo, aeronáutico, espacial e do trabalho; **C:** incorreta. As matérias da competência privativa da União podem ser delegadas por meio de lei complementar. De acordo com o parágrafo único do art. 22 da CF, lei complementar poderá autorizar os Estados a legislar sobre questões específicas das matérias relacionadas neste artigo. Ocorre que no problema não há menção da existência de lei complementar autorizando o Estado a tratar do assunto; **D:** incorreta. Quem reparte as competências legislativas é a CF. O estado federal, aquele em que há repartição de competências e as capacidades estão divididas em vários centros, é resguardado justamente pelo fato das competências estarem previamente definidas no texto constitucional. Sendo assim, não há necessidade do comando normativo estar previsto nas Constituições Estaduais.

Gabarito "B"

(OAB/Exame Unificado – 2014.1) José é cidadão do município W, onde está localizado o distrito de B. Após consultas informais, José verifica o desejo da população distrital de obter a emancipação do distrito em relação ao município de origem.

De acordo com as normas constitucionais federais, dentre outros requisitos para legitimar a criação de um novo Município, são indispensáveis:

(A) lei estadual e referendo.
(B) lei municipal e plebiscito.
(C) lei municipal e referendo.
(D) lei estadual e plebiscito.

De acordo com o § 4º do art. 18 da CF, a **criação**, a incorporação, a fusão e o desmembramento **de Municípios**, far-se-ão por **lei estadual**, dentro do período determinado por Lei Complementar Federal, e dependerão de consulta prévia, mediante **plebiscito**, às populações dos Municípios envolvidos, após divulgação dos Estudos de Viabilidade Municipal, apresentados e publicados na forma da lei. Vale lembrar que a jurisprudência do STF determina a não possibilidade da criação de novos municípios enquanto não for criada a Lei Complementar Federal, mencionada no art. 18, § 4º, da CF (ADI 2.702, Rel. Min. Maurício Corrêa, j. 05.11.2003, DJ de 06.02.2004).

Gabarito "D"

(OAB/Exame Unificado – 2013.3) A Constituição da República de 1988 adotou elementos de federalismo cooperativo e de federalismo dual na repartição de competências entre os entes federados, distribuindo competências exclusivas, privativas, comuns e concorrentes.

Assim sendo, a respeito da organização do Estado estabelecida na Constituição, assinale a afirmativa correta.

(A) É competência comum da União, dos Estados, do Distrito Federal e dos Municípios proteger o meio ambiente e combater a poluição em qualquer de suas formas, competindo à lei complementar fixar normas de cooperação entre os entes.
(B) É vedado aos Estados criar códigos tributários próprios, uma vez que compete privativamente à União legislar sobre direito financeiro e tributário.
(C) É vedado à União decretar intervenção federal em Município localizado em território federal quando este não tiver aplicado o mínimo exigido de sua receita na manutenção e desenvolvimento do ensino.
(D) Em relação às competências legislativas concorrentes da União e dos Estados, havendo norma federal e estadual divergentes, deve prevalecer a norma federal, que serve de fundamento de validade à norma estadual.

A: correta. De acordo com o art. 23, VI, da CF, a competência para proteger o meio ambiente e combater a poluição em qualquer de suas formas, é comum aos entes federativos. O parágrafo único do mesmo dispositivo determina que leis complementares devam fixar normas para a cooperação entre a União e os Estados, o Distrito Federal e os Municípios, tendo em vista o equilíbrio do desenvolvimento e do bem-estar em âmbito nacional; **B:** incorreta. A competência para legislar sobre o direito tributário é concorrente. Sendo assim, o art. 24, I, da CF determina a competência da União, dos Estados e ao Distrito Federal para legislar concorrentemente sobre **direito tributário, financeiro**, penitenciário, econômico e urbanístico; **C:** incorreta. Ao contrário, **é possível a intervenção nessa hipótese**, conforme o art. 35, III, da CF; **D:** incorreta. De acordo com o art. 24, § 1º, da CF, no âmbito da legislação concorrente, a **competência da União limitar-se-á a estabelecer normas gerais**. O § 4º do mesmo dispositivo determina que a superveniência de lei federal sobre normas gerais **suspende a eficácia da lei estadual**, no que lhe for contrário.

Gabarito "A"

(OAB/Exame Unificado – 2013.1) Na ausência de lei federal estabelecendo normas gerais sobre proteção de ecossistemas ameaçados, determinado estado da Federação editou, no passado, a sua própria lei sobre o assunto, estabelecendo desde princípios e valores a serem observados até regras específicas sobre a exploração econômica de tais áreas. Criou, ainda, fiscalização efetiva em seu território e multou empresas e produtores que desrespeitaram a lei.

Anos depois, a União edita lei contendo normas gerais sobre o tema e muitas de suas disposições conflitavam com a anterior lei estadual.

Com relação a este caso, assinale a afirmativa correta.

(A) A União não poderia legislar, uma vez que o assunto é matéria de interesse local, não havendo justificativa para lei nacional sobre o tema. Houve invasão de competência privativa dos estados.

(B) No campo das competências legislativas concorrentes, a União deve legislar sobre normas gerais e o estado pode editar normas suplementares, mas enquanto inexistir lei federal, a competência do estado é plena. A superveniência de lei geral nacional suspende a eficácia das disposições contrárias da lei dos estados.

(C) A lei aplicável, no caso concreto, será aquela que estabelecer padrões mais restritivos, em atenção à proteção do meio ambiente, não importando se tal norma é a federal ou se a editada pelos estados-membros.

(D) O estado não poderia ter estabelecido normas próprias na ausência de lei nacional com disposições gerais que definissem marcos a serem seguidos pelos estados. Em consequência, são nulas todas as multas aplicadas anteriormente à publicação da lei editada pela União.

A: incorreta. De acordo com o art. 24, VI, da CF, compete à União, aos Estados e ao Distrito Federal legislar *concorrentemente* sobre florestas, caça, pesca, fauna, conservação da natureza, defesa do solo e dos recursos naturais, proteção do meio ambiente e controle da poluição. Desse modo, não há invasão de competência; **B:** correta (art. 24, §§ 1º a 4º, da CF); **C:** incorreta. Não há essa regra prevista na Constituição Federal. **D:** incorreta. Na *ausência de lei federal* sobre normas gerais, os *Estados* exercem competência legislativa *plena*, para atender as suas peculiaridades. Portanto, os Estados poderiam sim ter regulamentado a matéria e aplicado as multas.

Gabarito "B"

(OAB/Exame Unificado – 2012.3.A) O Estado W, governado por dirigente progressista, pretende realizar uma ampla reforma agrária no seu território para melhor dividir a terra, incluindo diversos desempregados na vida produtiva, apresentando, ainda, amplo programa de financiamento das atividades agrícolas. Com essa proposta política, resolve apresentar projeto de lei, criando formas de desapropriação e inovando nos procedimentos, dando característica sumária e permitindo o ingresso nos imóveis sem pagar indenização.

Quanto ao tema em foco, legislação sobre desapropriação, nos termos da Constituição Federal, assinale a afirmativa correta.

(A) Trata-se de competência privativa da União

(B) Trata-se de competência da União em comum com os Estados.

(C) Trata-se de competência privativa dos Estados

(D) Trata-se de competência dos Estados em comum com os Municípios.

De acordo com o art. 22, II, da CF, a competência para legislar sobre *desapropriação é privativa da União.*

Gabarito "A"

(OAB/Exame Unificado – 2012.3.B) As competências municipais são fixadas na Constituição Federal. À luz das normas constitucionais, é **incorreto** afirmar que o município é competente para

(A) legislar sobre assuntos de interesse local.

(B) criar distritos, observada a legislação estadual.

(C) prestar, sob regime de concessão, serviços públicos locais.

(D) legislar sobre Imposto de Renda retido na Fonte.

A: correta (art. 30, I, da CF); **B:** correta (art. 30, IV, da CF); **C:** correta (art. 30, V, da CF); **D:** incorreta, devendo ser assinalada. A competência para instituir o imposto sobre a renda e proventos de qualquer natureza é da *União* (art. 153, III, da CF).

Gabarito "D"

(OAB/Exame Unificado – 2012.3.B) O Estado "W" pretende reorganizar os serviços da Junta Comercial que atua em seu território. Para isso, apresenta projeto de lei à Assembleia Legislativa estadual.

Em relação à competência legislativa do tema, assinale a afirmativa correta.

(A) É privativa da União.

(B) É concorrente com a União.

(C) É privativa dos Estados.

(D) É concorrente com os Municípios.

Conforme dispõe o art. 24, III, da CF, a legislação sobre *juntas comerciais* é da competência *concorrente*, ou seja, todos os federados tratam do assunto. Vale lembrar que nessas situações a competência da União limitar-se-á a estabelecer normas gerais (art. 24, § 1º, da CF).

Gabarito "B"

(OAB/Exame Unificado – 2012.2) Sabendo-se que o Município integra a Federação, assinale a afirmativa correta, à luz das normas constitucionais.

(A) O município será regido por Lei Orgânica própria, votada pela Assembleia Estadual.

(B) A organização municipal conterá previsão de eleições para mandato de cinco anos, sem reeleição.

(C) Um projeto de lei de iniciativa popular, baseado em interesse local, depende de, pelo menos, cinco por cento do eleitorado.
(D) O limite máximo de dez vereadores deverá ser observado para localidades com até 15.000 (quinze mil) habitantes.

A: incorreta. De acordo com o *caput* do art. 29 da CF, "o Município reger-se-á por lei orgânica, votada em dois turnos, com o interstício mínimo de dez dias, e *aprovada por dois terços dos membros da Câmara Municipal*"; **B:** incorreta. Não há no ordenamento jurídico brasileiro essa previsão; **C:** correta. De fato, conforme o art. 29, XIII, da CF, "a *iniciativa popular* de projetos de lei de interesse específico do *Município*, da cidade ou de bairros, através de manifestação de, pelo menos, *cinco por cento do eleitorado*"; **D:** incorreta. Até 15.000 (quinze mil) habitantes o limite é de 9 (nove) e não 10 (dez) vereadores (art. 29, IV, "a", da CF).

Gabarito "C".

(OAB/Exame Unificado – 2012.1) O Governador do Estado K, preocupado com o resultado da balança comercial do seu Estado, conhecido pelo setor exportador, pretende regular a importação de bens de determinados países, apresentando, nesse sentido, projeto de lei à Assembleia Legislativa. Em termos de competência legislativa, esse tema é, nos termos da Constituição Federal,

(A) dos Estados
(B) da União.
(C) do Distrito Federal
(D) dos Municípios.

A competência legislativa para regular a importação de bens de determinados países, por tratar de comércio exterior e de importação de produtos estrangeiros, é da *União*, conforme os arts. 22, VIII, e 153, I, ambos da CF.

Gabarito "B".

(OAB/Exame Unificado – 2011.3.B) O Estado X edita norma que determina a gratuidade de pagamento em estacionamentos privados sob administração de entidades empresariais. Tal lei, à luz das normas constitucionais, está sob a égide das competências do(a)

(A) Estado.
(B) Município.
(C) Distrito Federal.
(D) União.

De acordo com o STF, a competência para legislar sobre a *gratuidade dos estacionamentos em estabelecimentos privados*, como em instituições de ensino, *shopping*, mercados etc. é da *União*. O assunto se enquadra no art. 22, I, da CF, pois diz respeito ao *direito civil*, especificamente sobre o direito de *propriedade e suas limitações* (ADI 3.710-2/GO, Pleno, j. 09.02.2007, rel. Min. Joaquim Barbosa, *DJ* 27.04.2007).

Gabarito "D".

(OAB/Exame Unificado – 2011.2) Os Estados são autônomos e compõem a Federação com a União, os Municípios e o Distrito Federal. À luz das normas constitucionais, quanto aos Estados, é correto afirmar que

(A) se requer lei complementar federal aprovando a criação de novos entes estaduais.
(B) a subdivisão não pode gerar a formação de novos territórios.
(C) o desmembramento deve ser precedido de autorização por lei ordinária.
(D) podem incorporar-se entre si mediante aprovação em referendo.

Todas as alternativas encontram fundamento no § 3º do art. 18 da CF que determina que "os Estados podem incorporar-se entre si, subdividir-se ou desmembrar-se para se anexarem a outros, ou formarem novos Estados ou Territórios Federais, mediante aprovação da população diretamente interessada, através de plebiscito, e do Congresso Nacional, por *lei complementar*".

Gabarito "A".

(OAB/Exame Unificado – 2011.2) Lei estadual que regulamenta o serviço de mototáxi é

(A) inconstitucional porque se trata de competência legislativa dos Municípios.
(B) constitucional porque se trata de competência legislativa remanescente dos Estados.
(C) inconstitucional porque se trata de competência legislativa privativa da União.
(D) constitucional porque se trata de competência legislativa reservada aos Estados.

O art. 22 da CF traz os assuntos que são da competência privativa da União, dentre os quais se encontra a legislação sobre trânsito (art. 22, XI, CF). Desse modo, a lei estadual que regulamenta o serviço de mototáxi, por ter usurpado da competência legislativa da União, é considerada inconstitucional.

Gabarito "C".

(FGV – 2011) Analise as afirmativas a seguir:

I. A competência para legislar sobre direito tributário é privativa da União, mas pode ser delegada aos Estados.
II. Lei estadual sobre política de crédito é inconstitucional, porque se trata de matéria de competência da União.
III. A competência para editar normas gerais de licitação é da União, mas, na ausência de lei federal, os Estados poderão legislar sobre a matéria.

Assinale

(A) se apenas a afirmativa I estiver correta.
(B) se apenas a afirmativa II estiver correta.
(C) se apenas a afirmativa III estiver correta.
(D) se apenas as afirmativas I e II estiverem corretas.
(E) se apenas as afirmativas I e III estiverem corretas.

I: incorreta. A competência para legislar sobre direito tributário, conforme o art. 24, I, da CF, é concorrente. Desse como, cabe à União, aos Estados e ao Distrito Federal legislar sobre o assunto. **II:** correta. De fato, é da competência privativa da União a legislação sobre política de crédito. Se o Estado legislar sobre tal disciplina, estará usurpando da competência legislativa da União e a lei será tida como inconstitucional. **III:** incorreta. Conforme o inc. XXVII do art. 22 da CF as normas gerais de licitação e contratação, em todas as modalidades, para as administrações públicas diretas, autárquicas e fundacionais da União, Estados, Distrito Federal e Municípios, é de competência privativa da União.

Gabarito "B".

(FGV – 2011) Dentre as matérias abaixo, qual integra a competência legislativa concorrente da União, dos Estados e do Distrito Federal?

(A) Direito comercial.
(B) Comércio interestadual.
(C) Comércio exterior.
(D) Política de crédito.
(E) Direito financeiro.

O art. 24 da CF lista as matérias de competência concorrente da União, dos Estados e do Distrito Federal, dentre as quais se encontra a legislação sobre direito financeiro (inc. I).

Gabarito "E"

(OAB/Exame Unificado – 2011.1) A respeito da distribuição de competências adotada pela Constituição brasileira, assinale a alternativa correta.

(A) A competência para legislar sobre direito urbanístico é privativa dos Municípios, pois é matéria de interesse local.
(B) A competência para legislar sobre defesa dos recursos naturais é privativa da União, pois é matéria de interesse nacional.
(C) A competência material da União pode ser delegada aos Estados, por lei complementar.
(D) À União compete legislar sobre direito processual e normas gerais de procedimentos.

A: incorreta. A competência para legislar sobre direito urbanístico é *concorrente*, conforme dispõe o art. 24, II, da CF. Desse modo, cabe à União, aos Estados e ao Distrito federal legislarem sobre o assunto; **B:** incorreta. A competência para legislar sobre defesa dos recursos naturais também é concorrente (art. 24, VI, da CF); **C:** incorreta. A *competência material*, também chamada de *administrativa ou não legislativa*, em regra, é *indelegável*, ou seja, as atribuições dadas por essa competência não podem ser objeto de delegação; **D:** correta. O art. 22, I, da CF dispõe que direito processual é da competência privativa da União. Já o art. 24, XI, da CF determina que é competência concorrente entre a União, os Estados e o Distrito Federal a legislação sobre procedimentos em matéria processual. O § 1º do mesmo dispositivo determina que no âmbito da legislação concorrente, a competência da União limitar-se-á a estabelecer *normas gerais*. Assim, cabe à União legislar tanto sobre direito processual como sobre normas *gerais* de procedimento.

Gabarito "D"

(OAB/Exame Unificado – 2010.2) Um determinado Estado-membro editou lei estabelecendo disciplina uniforme para a data de vencimento das mensalidades das instituições de ensino sediadas no seu território. Examinada a questão à luz da partilha de competência entre os entes federativos, é correto afirmar que:

(A) mensalidade escolar versa sobre direito obrigacional, portanto, de natureza contratual, logo cabe à União legislar sobre o assunto.
(B) a matéria legislada tem por objeto prestação de serviço educacional, devendo ser considerada como de interesse típico municipal.
(C) por versar o conteúdo da lei sobre educação, a competência do Estado membro é concorrente com a da União.
(D) somente competirá aos Estados membros legislar sobre o assunto quando se tratar de mensalidades cobradas por instituições particulares de Ensino Médio.

A: correta. Cabe privativamente à União legislar sobre Direito Civil (art. 22, I, da CF); **B:** incorreta. A questão não se refere ao direito à educação, mas à data de vencimento de mensalidade escolar, daí tratar-se de direito contratual. Além disso, deve-se lembrar que também é competência privativa da União legislar sobre diretrizes e bases da educação nacional (art. 22, XXIV, da CF). Por fim, "educação" é matéria de competência legislativa concorrente (art. 24, IX, da CF); **C:** incorreta. A competência é concorrente da União, dos Estados e do Distrito Federal (art. 24, IX, da CF); **D:** incorreta. Não cabe aos Estados legislar sobre Direito Civil (art. 22, I, da CF).

Gabarito "A"

(OAB/Exame Unificado – 2010.1) Acerca da distribuição de competências dos entes federativos prevista na CF, assinale a opção correta.

(A) Compete à União explorar, diretamente ou mediante autorização, concessão ou permissão, o aproveitamento energético dos cursos de água, em articulação com os Estados onde se situem os potenciais hidroenergéticos.
(B) No âmbito da legislação concorrente, compete à União legislar sobre normas gerais ou especiais, sem prejuízo da competência suplementar dos Estados, do DF e dos Municípios.
(C) A competência residual, ainda que em matéria tributária, como a instituição de novos impostos, é dos Estados e do DF.
(D) A competência privada da União para legislar sobre certos temas, como os de direito penal, por exemplo, impede que os Estados legislem sobre questões específicas, ainda que, para isso, haja, prevista em lei complementar, autorização da União.

A: correta. De acordo com o art. 21, XII, "b", da CF, compete à União explorar, diretamente ou mediante autorização, concessão ou permissão os serviços e instalações de energia elétrica e o aproveitamento energético dos cursos de água, em articulação com os Estados onde se situam os potenciais hidroenergéticos; **B:** incorreta. Conforme art. 24, § 1º, da CF, a competência da União, no âmbito da legislação concorrente, limitar-se-á a estabelecer **normas gerais**. Já o § 2º do mesmo dispositivo determina que a competência da União para legislar sobre normas gerais não exclui a competência **suplementar dos Estados**; **C:** incorreta. A competência residual em matéria tributária é da **União**. O art. 154 da CF determina que a União poderá instituir: I – mediante lei complementar, impostos não previstos no artigo anterior, desde que sejam não cumulativos e não tenham fato gerador ou base de cálculo próprios dos discriminados nesta Constituição; II – na iminência ou no caso de guerra externa, impostos extraordinários, compreendidos ou não em sua competência tributária, os quais serão suprimidos, gradativamente, cessadas as causas de sua criação; **D:** incorreta. Poderá haver essa autorização por meio de lei complementar. Conforme dispõe o art. 22 da CF, compete privativamente à União legislar sobre: I – direito civil, comercial, **penal**, processual, eleitoral, agrário, marítimo, aeronáutico, espacial e do trabalho. O parágrafo único do mesmo dispositivo normativo determina que lei complementar poderá autorizar os Estados a legislar sobre questões específicas das matérias relacionadas neste artigo.

Gabarito "A"

(FGV – 2013) O Governador do Estado P deseja incorporar aglomerações urbanas comuns com o Estado Y, para integrar a organização, o planejamento e a execução de funções públicas de interesse comum.

Para obter tal mister busca apoio no Congresso Nacional para a edição de ato normativo adequado ao tema, obediente aos preceitos da Constituição Federal.

Nesse caso, deverá ocorrer a edição de

(A) Lei Complementar.
(B) Emenda à Constituição.
(C) Lei Ordinária.
(D) Medida Provisória.
(E) Decreto Legislativo.

De acordo com o art. 25, § 3º, da CF, os Estados poderão, **mediante lei complementar**, instituir regiões metropolitanas, aglomerações urbanas e microrregiões, constituídas por agrupamentos de municípios limítrofes, para integrar a organização, o planejamento e a execução de funções públicas de interesse comum.

Gabarito "A"

(FGV – 2013) O Estado Y editou, no ano de 2013, Lei Ordinária concedendo porte de arma ao Procurador da Assembleia Legislativa do Estado, independente de qualquer ato formal de licença ou autorização.

Acerca desse dispositivo legal, assinale a afirmativa correta.

(A) A norma é constitucional porque o Estado Y tem competência para determinar as prerrogativas e garantias de seus servidores.
(B) A norma é inconstitucional por violar competência privativa da União para autorizar e fiscalizar a produção e o comércio de material bélico.
(C) A norma é constitucional por tratar de tema afeto ao Direito Penal, que é de competência concorrente entre a União, os estados e os municípios.
(D) A norma é constitucional, uma vez que a Constituição institui que a segurança pública é dever do Estado.
(E) A norma é inconstitucional, pois deveria ser veiculada através de Lei Complementar Estadual.

De acordo com o art. 21, VI, da CF, é da competência da União a autorização e a fiscalização da produção e do comércio de material bélico. Sendo assim, a lei ordinária do Estado Y, que concedeu porte de arma ao Procurador da Assembleia Legislativa do Estado, é inconstitucional.

Gabarito "B".

(FGV – 2013) Lei Complementar do Estado X, de iniciativa de um Deputado Estadual, determinou que as empresas de transporte coletivo que operam no território do Estado, devem instalar cinto de segurança para todos os passageiros nos veículos de suas frotas, estabelecendo um prazo de 180 dias para adequação à norma. A referida lei foi devidamente sancionada pelo Governador do Estado.

A lei citada no fragmento acima é inconstitucional. Assinale a alternativa que justifica sua inconstitucionalidade.

(A) Representa imposição de despesa sem a correspondente fonte de custeio.
(B) Representa invasão de competência dos Municípios.
(C) Representa invasão de competência da União.
(D) A matéria em comento é de iniciativa reservada do chefe do Poder Executivo estadual.
(E) A sanção do chefe do Poder Executivo estadual supre o vício de iniciativa, conforme atual entendimento jurisprudencial.

A: incorreta. O vício de inconstitucionalidade é formal, pois o Estado invadiu competência legislativa privativa da União. De acordo com o art. 22, XI, compete privativamente à **União legislar sobre trânsito e transporte**; **B:** incorreta. A competência, como mencionado, é da União e não do Município; **C:** correta. É o que determina o art. 22, XI, da CF; **D:** incorreta. As matérias de iniciativa privativa do Presidente da República vêm previstas no art. 61, § 1º, da CF. Por simetria, tais matérias, na esfera estadual, são da competência privativa dos Governadores. Ocorre que o assunto **trânsito não consta do rol do art. 61, § 1º, da CF**, de modo que não é esse o fundamento da inconstitucionalidade da lei; **E:** incorreta. A **sanção por parte do executivo**, ao contrário do mencionado, **não convalida vício de iniciativa**. Segundo o STF: "A sanção do projeto de lei não convalida o vício de inconstitucionalidade resultante da usurpação do poder de iniciativa. A ulterior aquiescência do chefe do Poder Executivo, mediante sanção do projeto de lei, ainda quando dele seja a prerrogativa usurpada, não tem o condão de sanar o vício radical da inconstitucionalidade. Insubsistência da Súmula 5/STF. Doutrina. Precedentes" (ADI 2.867, Rel. Min. Celso de Mello, julgamento em 3-12-2003, Plenário, DJ de 9-2-2007.) No mesmo sentido: ADI 2.305, Rel. Min. Cezar Peluso, julgamento em 30-6-2011, Plenário, DJE de 5-8-2011; AI 348.800, Rel. Min. Celso de Mello, decisão monocrática, julgamento em 5-10-2009, DJE de 20-10-2009; ADI 2.113, Rel. Min. Cármen Lúcia, julgamento em 4-3-2009, Plenário, DJE de 21-8-2009; ADI 1.963-MC, Rel. Min. Maurício Corrêa, julgamento em 18-3-1999, Plenário, DJ de 7-5-1999; ADI 1.070, Rel. Min. Sepúlveda Pertence, julgamento em 29-3-2001, Plenário, DJ de 25-5-2001.

Gabarito "C".

(FGV – 2010) Quanto aos Poderes Legislativo, Executivo e Judiciário, indique a alternativa que NÃO está de acordo com a CRFB/88.

(A) A Constituição Federal consagra um sistema de distribuição de competência legislativa que combina modelos de distribuição vertical e horizontal de competências.
(B) É da competência exclusiva do Congresso Nacional sustar os atos normativos do Poder Executivo que exorbitem do poder regulamentar ou dos limites de delegação legislativa.
(C) De acordo com o princípio da legalidade, apenas a lei decorrente da atuação exclusiva do Poder Legislativo pode originar comandos normativos prevendo comportamentos forçados, não havendo a possibilidade, para tanto, da participação normativa do Poder Executivo.
(D) O Poder Judiciário, fundado no princípio da isonomia previsto na Carta da República, não pode promover a equiparação dos vencimentos de um servidor com os de outros servidores de atribuições diferentes.
(E) No âmbito da competência legislativa concorrente, caso a União não tenha editado a norma geral, o Estado membro poderá exercer a competência legislativa ampla. Contudo, sobrevindo a norma federal faltante, o diploma estadual terá sua eficácia suspensa no que lhe for contrário, operando-se, a partir de então, um verdadeiro bloqueio de competência, já que o Estado membro não mais poderá legislar sobre normas gerais quanto ao tema tratado na legislação federal.

A: correta, haja vista que a Constituição Federal traz competências privativas legislativas que são privativas da União e outras que são concorrentes entre a União, os Estados e o Distrito Federal (arts. 22 e 24 da CF); **B:** correta, conforme dispõe o art. 49, V, da CF; **C:** incorreta, devendo ser assinalada, pois não está de acordo com a Constituição Federal, já que não é dada **à** lei a possibilidade de prever comportamentos forçados; **D:** correta, conforme art. 5º, *caput*, da CF; **E:** correta, segundo o art. 24, §§ 2º, 3º e 4º, da CF.

Gabarito "C".

(FGV – 2010) Assinale a seguir a alternativa que NÃO corresponde a uma competência constitucionalmente atribuída aos Municípios:

(A) Legislar sobre assuntos de interesse local.
(B) Autorizar e fiscalizar a produção e o comércio de material bélico.
(C) Promover, no que couber, adequado ordenamento territorial, mediante planejamento e controle do uso, do parcelamento e da ocupação do solo urbano.
(D) Organizar e prestar, diretamente ou sob regime de concessão ou permissão, os serviços públicos de interesse local, incluído o de transporte coletivo, que tem caráter essencial.

(E) Instituir e arrecadar os tributos de sua competência, bem como aplicar suas rendas, sem prejuízo da obrigatoriedade de prestar contas e publicar balancetes nos prazos fixados em lei.

Conforme o art. 21, VI, da CF é da competência da União a atribuição de autorizar e fiscalizar a produção e o comércio de material bélico. As demais atribuições mencionadas nas alternativas são da competência municipal, pois estão no art. 30 da CF, incs. I, VIII, V, III, respectivamente.

Gabarito "B".

(FGV - 2010) Há expressa vedação constitucional, prevista no art. 19 da Constituição de 1988, impossibilitando os entes federativos de conjuntamente ou separadamente, EXCETO:

(A) Estabelecer cultos religiosos ou igrejas, assim como subvencioná-los ou embaraçar-lhes o funcionamento.

(B) Recusar fé aos documentos públicos.

(C) Criar distinções entre brasileiros ou preferências entre si.

(D) Estabelecer e implantar política de educação para a segurança do trânsito.

(E) Manter com cultos religiosos ou igrejas ou seus representantes relações de dependência ou aliança, ressalvada, na forma da lei, a colaboração de interesse público.

Todas as alternativas encontram fundamento nos incisos do art. 19 da CF, exceto a "D", pois não há vedação em relação ao estabelecimento e implantação política de educação para a segurança do trânsito.

Gabarito "D".

(FGV - 2010) Sobre a competência concorrente entre União, Estados e Distrito Federal para legislar sobre determinadas matérias, marque V para as afirmativas verdadeiras e F para as falsas:

( ) No âmbito da legislação concorrente, a competência da União limitar-se-á a estabelecer normas gerais.

( ) A competência da União para legislar sobre normas gerais não exclui a competência suplementar dos Estados.

( ) Inexistindo lei federal sobre normas gerais, os Estados exercerão a competência legislativa plena, para atender a suas peculiaridades.

( ) A superveniência de lei federal sobre normas gerais não suspende a eficácia da lei estadual sobre o mesmo assunto, permanecendo esta em pleno vigor.

A sequência está correta em:

(A) V, V, V, V

(B) V, F, F, V

(C) F, V, F, V

(D) V, V, V, F

(E) F, F, F, F

As três primeiras afirmações estão corretas, conforme dispõe os §§ 1º, 2º e 3º do art. 24 da CF, respectivamente. A última afirmação está errada, pois o § 4º do mesmo dispositivo determina que a superveniência de lei federal sobre normas gerais *suspende a eficácia da lei estadual*, no que lhe for contrário.

Gabarito "D".

(FGV - 2010) O Título III da Constituição de 1988 se dedica à organização do Estado, atribuindo as competências e atribuições aos entes federativos do Brasil. Com base nisso, analise as assertivas:

I. Legislar sobre direito civil, comercial, penal, processual, eleitoral, agrário, marítimo, aeronáutico, espacial e do trabalho.

II. Legislar sobre direito tributário, financeiro, penitenciário, econômico e urbanístico.

III. Legislar sobre organização judiciária, do Ministério Público e da Defensoria Pública do Distrito Federal e dos Territórios, bem como organização administrativa destes.

IV. Legislar sobre educação, cultura, ensino e desporto.

Correspondem às matérias em que a União tem competência privativa para legislar, apenas as alternativas:

(A) I, II.

(B) I, II, IV.

(C) I, III.

(D) I, IV.

(E) I, II, III, IV.

É da competência legislativa privativa da União os assuntos mencionados no art. 22 da CF, dentre os quais, não se encontra a legislação sobre direito tributário, financeiro, penitenciário, econômico e urbanístico (art. 24, I, da CF – competência concorrente) e a legislação sobre educação, cultura, ensino e deporto (art. 24, IX, da CF – competência concorrente).

Gabarito "C".

(FGV - 2010) São entes federativos que podem ser divididos em Municípios:

(A) Apenas os Estados.

(B) Apenas os Territórios.

(C) Estados e Territórios.

(D) Estados, Territórios e Distrito Federal.

(E) Apenas o Distrito Federal.

Os Estados-membros e os Territórios (se criados, pois atualmente não há territórios federais) podem ser divididos em Municípios. É o que se extrai da leitura dos artigos 18, § 4º e 33, § 1º, ambos da CF.

Gabarito "C".

(FGV - 2010) Uma das características dos Municípios é a capacidade de auto-organização, através de lei específica, votada em dois turnos, com o interstício mínimo de dez dias, e aprovada por dois terços dos membros da Câmara Municipal, que a promulgará, atendidos os princípios estabelecidos na Constituição Federal e os preceitos estabelecidos nos incisos I a XIV do art. 29 da Carta Maior. Esta descrição corresponde ao seguinte diploma legal:

(A) Constituição Estadual.

(B) Código de Posturas.

(C) Lei Orgânica.

(D) Plano Diretor.

(E) Estatuto dos Servidores Públicos Municipais.

O art. 29 da CF determina que o Município reger-se-á por lei orgânica, votada em dois turnos, com o interstício mínimo de dez dias, e aprovada por dois terços dos membros da Câmara Municipal, que a promulgará, atendidos os princípios estabelecidos nesta Constituição, na Constituição do respectivo Estado.

Gabarito "C".

(OAB/Exame Unificado – 2009.3) No tocante às hipóteses de criação de Estados membros, previstas na CF, assinale a opção correta.

(A) No desmembramento para a anexação de outro Estado, a parte desmembrada constituirá novo Estado, com identidade própria.

(B) Na fusão, dois ou mais Estados unem-se, geograficamente, para a formação de um novo Estado, o que implica perda da personalidade primitiva.

(C) Na cisão, o Estado subdivide-se em dois ou mais Estados membros, com personalidades distintas, mantendo o Estado originário sua personalidade jurídica.

(D) No desmembramento para a formação de novo Estado, o Estado originário perde sua identidade, para formar um novo Estado com personalidade jurídica própria.

A: incorreta. Nos termos do art. 18, § 3º, da CF, a parte desmembrada do Estado-membro poderá tanto constituir um novo Estado quanto anexar-se a outro ente federativo. Há ainda a hipótese de a parte desmembrada dar origem a um novo Território Federal; **B:** correta. Art. 18, § 3º, da CF – incorporação entre si; **C:** incorreta. Na cisão (subdivisão), a que alude o art. 18, § 3º, da CF, o Estado de fato se subdivide em dois ou mais Estados-membros, com personalidades distintas, desaparecendo, no entanto, o Estado originário; **D:** incorreta. No desmembramento, seja para a formação de novo Estado, seja para a anexação da parte desmembrada a Estado já existente, o Estado membro original preserva sua identidade.

Gabarito "B".

(OAB/Exame Unificado – 2009.2) Considerando o sistema de repartição de competências entre os entes federativos, assinale a opção correta.

(A) É da responsabilidade da União organizar e manter o Poder Judiciário, o MP e a Defensoria Pública do Distrito Federal e dos Territórios.

(B) Aos Estados e Municípios cabe exercer os poderes enumerados no texto constitucional, restando à União a competência dita remanescente.

(C) Compete privativamente à União legislar sobre direito tributário, financeiro, penitenciário, econômico e urbanístico.

(D) No exercício de sua autonomia político-administrativa, cabe aos Municípios criar, organizar e suprimir distritos, independentemente de qualquer disciplina legal, de âmbito estadual, sobre o tema.

A: correta. Art. 21, XIII, da CF; **B:** incorreta. A competência dita remanescente, em consonância com o disposto no art. 25, § 1º, da CF, cabe aos Estados-membros. Considera-se remanescente a competência que não for expressa dos outros entes; **C:** incorreta. Art. 24, I, da CF; **D:** Incorreta. Art. 30, IV, da CF.

Gabarito "A".

(OAB/Exame Unificado – 2009.1) Acerca do federalismo nacional, assinale a opção correta.

(A) Segundo preceitua a CF, são entes federativos os Estados membros, o DF, os Municípios e os territórios federais.

(B) O DF não possui capacidade de autoadministração visto que não organiza nem mantém suas próprias polícias.

(C) A CF, ao extinguir os territórios federais até então existentes, vedou a criação de novos territórios.

(D) A CF não atribuiu ao território a chamada tríplice capacidade.

A: incorreta. Arts. 1º, *caput*, e 18, *caput* e § 2º, da CF. São entes que compõem a Federação: União, Estados, Distrito Federal e Municípios. O território constitui uma autarquia que integra a União (art. 18, § 2º); **B:** incorreta. O Distrito Federal, unidade federativa autônoma, possui capacidade de autoadministração (art. 32, CF); **C:** incorreta. Conforme determina o art. 18, § 2º, da CF, é possível a criação de novos territórios, o que deverá ser feito por meio de lei complementar; **D:** correta. O território não é dotado de autonomia política.

Gabarito "D".

(OAB/Exame Unificado – 2008.2) Assinale a opção correta acerca da disciplina constitucional dos Municípios.

(A) Os Municípios, que são dotados de autonomia, podem editar constituição própria.

(B) Compete privativamente aos Municípios legislar sobre trânsito e transporte.

(C) É vedada a criação de tribunais de contas municipais.

(D) A posse de prefeitos e vice-prefeitos ocorrerá no dia 15 de fevereiro do ano subsequente ao da eleição.

A: incorreta. Os Municípios são considerados entes políticos, ao lado da União, Estados membros e Distrito Federal, fazem parte, portanto, da organização-política do Brasil e *possuem autonomia*. Ocorre que *não* são organizados por Constituições próprias e sim por leis orgânicas, conforme art. 29 da CF; **B:** incorreta. A competência para legislar sobre *trânsito e transporte* é privativa da União, conforme art. 22, XI, da CF; **C:** correta. Antes da Constituição Federal de 1988 havia a possibilidade da criação de tribunais de contas municipais, mas a nova Constituição, no seu art. 31, § 4º, proibiu essa criação, reconhecendo como válidos apenas os que já existiam na data de sua promulgação (05.10.1988) que são os tribunais de contas dos Municípios de São Paulo e do Rio de Janeiro; **D:** incorreta. O art. 29, III, da CF dispõe que a posse ocorrerá em *1º de janeiro* do ano subsequente ao da eleição.

Gabarito "C".

(OAB/Exame Unificado – 2007.3) Nos termos da Constituição de 1988, o Estado federal brasileiro

(A) é formado pela união indissolúvel dos Estados e Municípios e do Distrito Federal (DF), todos autônomos, sendo apenas a União detentora do atributo da soberania.

(B) adota um sistema de repartição de competências que enumera os poderes da União, define indicativamente os dos municípios e atribui os poderes remanescentes para os estados.

(C) destina à União, como ente central, competências de caráter exclusivo e privativo, restando aos Estados, ao DF e aos Municípios apenas o exercício de competências legislativas em caráter remanescente e suplementar.

(D) não admite que os Municípios, mesmo de forma suplementar, possam legislar sobre as matérias que são objeto da legislação federal e estadual.

Os arts. 21 e 22 da Constituição cuidam, respectivamente, da *competência material exclusiva* e da *competência legislativa privativa* da União; já os arts. 23 e 24, também da Constituição, tratam da *competência comum* com outros entes e da *competência legislativa concorrente* com os Estados, respectivamente. Aos Estados, por força do que dispõe o art. 25, § 1º, da CF, são reservadas as competências remanescentes.

Gabarito "B".

(OAB/Exame Unificado – 2007.3) Acerca do sistema federativo brasileiro, assinale a opção correta.

(A) A instituição, pelos Estados, de regiões metropolitanas depende da edição de lei complementar federal.
(B) A lei federal é hierarquicamente superior à lei estadual.
(C) Compete ao Presidente da República decretar a intervenção federal.
(D) É permitida a divisão do Distrito Federal em Municípios, desde que feita por lei distrital precedida de consulta prévia, mediante plebiscito, da população interessada.

A: incorreta. O art. 25, § 3º, da CF exige, dentre outros requisitos, lei complementar estadual (e não federal) para a instituição de regiões metropolitanas; **B:** incorreta. Ambas são leis ordinárias e não há hierarquia entre elas; **C:** correta. Conforme o art. 84, X, da CF cabe ao chefe do Executivo federal decretar a intervenção federal. Desse modo, se estivéssemos tratando de intervenção estadual, seria competente para decretá-la o Governador do respectivo Estado; **D:** incorreta. O Distrito Federal não pode ser dividido em Municípios (art. 32 da CF).

Gabarito "C"

(OAB/Exame Unificado – 2007.3) Acerca do sistema federativo brasileiro, julgue os itens que se seguem.

I. Territórios podem ser criados por lei complementar, desde que haja consulta prévia às populações interessadas.
II. Estados podem celebrar tratados internacionais sobre matérias de sua competência, desde que autorizados previamente pelo Congresso Nacional.
III. Nenhum dos entes federais detém, singularmente, o atributo da soberania.
IV. São bens da União os sítios arqueológicos e pré-históricos.

Estão certos apenas os itens

(A) I e II.
(B) I e III.
(C) I e IV.
(D) III e IV.

I: incorreta. O art. 18, § 2º, da CF determina que a criação de território depende de lei complementar, mas *não* exige a consulta prévia às populações interessadas; **II:** incorreta. Os Estados-membros *não* são sujeitos de direito internacional público (art. 49, I, e 84, VIII, ambos da CF; **III:** correta. O art. 1º, I, da CF aloca a soberania como fundamento da República Federativa do Brasil, que é formada pelos entes federais: União, Estados-membros, Distrito Federal e Municípios; **IV:** correta, conforme art. 20, X, da CF.

Gabarito "D"

(OAB/Exame Unificado – 2007.2) O município de Aracaju editou lei que obriga todo estabelecimento bancário instalado em seu território a pagar multa de R$ 120,00 ao consumidor, toda vez que ele esperar atendimento por mais de 30 minutos na fila do banco. Em relação à situação hipotética acima, assinale a opção correta.

(A) A lei é inconstitucional porque cabe à União legislar sobre instituições bancárias.
(B) A parte da lei que dispõe sobre multa é inconstitucional porque somente lei federal ou o Banco Central podem fixar sanção pecuniária e aplicá-la a banco infrator.
(C) A lei é inconstitucional porque cabe aos Estados legislar sobre as competências residuais da Constituição Federal de 1988.
(D) A lei é constitucional, na medida em que cabe aos Municípios dispor sobre o tempo de atendimento nas agências localizadas em seu território.

Segundo o STF, a fixação do horário de funcionamento dos estabelecimentos bancários é matéria da competência da União (RE 130683-1/SP, 1ª T., j. 22.09.1992, rel. Min. Ilmar Galvão, *DJ* 09.10.1992). Diversamente, a lei que cuida do tempo de espera para o atendimento na instituição bancária, por tratar-se de assunto de *interesse local* (art. 30, I, da CF), é da competência municipal.Desse modo, a lei do município de Aracajú que dispõe sobre o tempo de atendimento nas agências localizadas em seu território é tida como constitucional.

Gabarito "D"

(OAB/Exame Unificado – 2007.2) Acerca da organização da federação brasileira, assinale a opção correta.

(A) No âmbito da competência comum, lei complementar da União fixará normas para a cooperação entre a União e os Estados, o Distrito Federal (DF) e os Municípios, tendo em vista o equilíbrio do desenvolvimento e do bem-estar em âmbito nacional.
(B) A intervenção da União nos Estados ou no DF, na hipótese de inexecução de lei federal, dispensada a apreciação pelo Congresso Nacional ou pela assembleia legislativa, deverá ser determinada pelo STF, após representação do Procurador-Geral da República, sendo que o decreto de intervenção limitar-se-á a suspender a execução do ato impugnado, se essa medida bastar ao restabelecimento da normalidade.
(C) Para a criação de um Município, é necessária a edição de uma lei autorizativa estadual; de consulta prévia, mediante plebiscito, às populações dos Municípios envolvidos; e, por fim, o estudo de viabilidade municipal, apresentados e publicados na forma da lei federal.
(D) O rio Amazonas, que se estende pelos Estados do Amazonas e do Pará, não é um bem da União.

A: incorreta. O art. 23, parágrafo único, da CF *não* exige que seja lei complementar **"da União"**; **B:** correta. É o que se extrai dos arts. 34, VI, e 36, III e § 3º, da CF; **C:** incorreta. O art. 18, § 4º, da CF determina que a primeiro ato a ser realizado é o estudo de viabilidade municipal; **D:** incorreta, conforme art. 20, III, da CF.

Gabarito "B"

(OAB/Exame Unificado – 2007.1) Acerca da organização do Estado, na forma como prevista na Constituição Federal, assinale a opção correta.

(A) A Federação é forma de Estado, ao passo que a República é forma de governo.
(B) Viola um princípio sensível, constante da Constituição Federal, o fato de um Estado-membro proceder ao provimento de cargo efetivo no âmbito da administração pública centralizada sem realizar concurso público.
(C) É cláusula pétrea a regra constitucional segundo a qual a matéria constante de proposta de emenda rejeitada ou havida por prejudicada não pode ser objeto de nova proposta na mesma sessão legislativa.
(D) No âmbito da competência concorrente, a ausência de norma estadual possibilita ao município dispor sobre a matéria de forma supletiva. O advento de norma estadual suspende a execução da norma

municipal com ela incompatível, de forma que, revogada a lei estadual superveniente, a norma municipal volta a viger.

A: correta. Art. 1º, *caput*, da CF. Forma de Estado: *Estado unitário* e *Estado federal*. Adotou o Brasil o *princípio federativo*. Forma de governo: *Monarquia* e *República*. Esta última foi por nós adotada; **B:** incorreta. Art. 37, II, da CF; **C:** incorreta. Art. 60, § 5º, da CF; **D:** incorreta. Art. 24, §§ 1º a 3º, da CF.

Gabarito "A"

(OAB/Exame Unificado – 2006.2) Considere que, para o Estado de Minas Gerais (MG) ter acesso ao mar, alguns parlamentares desse Estado advoguem a incorporação a MG do território do Espírito Santo (ES). Nessa situação, a referida incorporação

(A) seria inconstitucional, por violação do princípio federativo.
(B) somente poderia ser realizada por meio da edição de uma emenda à Constituição da República.
(C) deveria ser realizada mediante lei complementar federal, que somente entraria em vigor caso fosse referendada pela maioria absoluta dos eleitores domiciliados tanto em MG quanto no ES.
(D) dependeria da prévia aprovação tanto da população de MG quanto da população do ES.

O § 3º do art. 18 da CF traz as regras sobre a criação e a extinção dos Estados. Fala-se em incorporação (ou fusão), subdivisão (ou cisão) e desmembramento. Para todas as hipóteses há alguns requisitos comuns e cumulativos. São os seguintes: a) realização de um plebiscito: significa que a *população interessada deve*, necessariamente, *aprovar*, por meio de um plebiscito, *a formação* de um novo Estado. Somente após essa aprovação que o segundo requisito é verificado. Desse modo, fala-se que a realização do plebiscito é condição essencial à fase posterior; b) existência de um projeto de lei complementar; c) audiência nas Assembleias Legislativas e d) aprovação por parte do Congresso Nacional.

Gabarito "D"

(OAB/Exame Unificado – 2006.1) A Constituição da República determina, em seu art. 22, inciso XI, que compete privativamente à União legislar sobre trânsito e transporte. Se uma emenda à Constituição excluísse do texto constitucional o referido inciso XI, a competência para legislar acerca de trânsito

(A) passaria à competência dos Estados.
(B) passaria à competência concorrente da União, dos Estados e do Distrito Federal.
(C) permaneceria sendo uma competência privativa da União, dado que as normas que fixam as competências dos órgãos federativos não podem ser alteradas por emenda constitucional.
(D) permaneceria na competência da União, por ser da União a competência legislativa residual.

Os Estados-membros possuem a chamada competência remanescente, pois a Constituição não definiu os assuntos a serem por eles legislados (art. 25, § 1º, da CF). Desse modo, os Estados legislam sobre aquilo que não lhes sejam vedado. Assim, se uma emenda constitucional excluir algo que é da competência privativa da União e não proibir que os Estados legislem sobre tal assunto, significa que eles exercerão a competência remanescente, podendo tratar do tema.

Gabarito "A"

(FGV – 2011) A competência dos entes federativos para legislar está disposta na Constituição de 1988. A esse respeito, analise os itens a seguir:

I. seguridade social;
II. custas dos serviços forenses;
III. proteção e integração social das pessoas portadoras de deficiência;
IV. trânsito e transporte;
V. registros públicos.

Para legislar, é correto afirmar que os itens

(A) I, IV e V são de competência privativa da União.
(B) I, II e IV são de competência concorrente da União, dos Estados e do Distrito Federal.
(C) I, III e IV são de competência privativa da União.
(D) III, IV e V são de competência privativa da União.
(E) I, II e V são de competência concorrente da União, dos Estados e do Distrito Federal.

I: correta. Competência privativa da União (art. 22, XXIII, da CF); **II:** incorreta. Competência concorrente da União, Estados e Distrito Federal (art. 24, IV, da CF); **III:** incorreta. Competência concorrente da União, Estados e Distrito Federal (art. 24, XIV, da CF); **IV:** correta. Competência privativa da União (art. 22, XI, da CF); **V:** correta. Competência privativa da União (art. 22, XXV, da CF).

Gabarito "A"

(FGV – 2011) Acerca do regime federativo, consagrado na Constituição de 1988, de modo a distribuir as funções, receitas e responsabilidades entre um poder central e diversos poderes locais, analise as afirmativas a seguir:

I. A aprovação superveniente de lei federal suspende, em qualquer âmbito, a eficácia da lei estadual em vigor no que lhe for contrária.
II. A Federação brasileira inclui os Estados, os Municípios, o Distrito Federal e a União.
III. Inexiste divisão de competências na federação brasileira, uma vez que a Constituição determina competências comuns aos Estados e à União.
IV. O sistema federativo implica a divisão de receitas e competências entre os entes da Federação, nos termos da Constituição.

Assinale

(A) se apenas as afirmativas II e IV estiverem corretas.
(B) se apenas as afirmativas I e IV estiverem corretas.
(C) se apenas as afirmativas I e III estiverem corretas.
(D) se apenas as afirmativas II e III estiverem corretas.
(E) se apenas as afirmativas I e II estiverem corretas.

I: incorreta. A superveniência de lei federal sobre normas gerais suspende a eficácia da lei estadual apenas no que lhe for contrário (art. 24, § 4º, da CF); **II:** correta. Art. 18, *caput*, da CF; **III:** incorreta; **IV:** correta. Tomando por base a divisão de competências entre *administrativas, legislativas e tributárias*, pode-se dizer, em linhas gerais, que o sistema de repartição de competências adotado pela Constituição Federal de 1988 abrange: a) competências administrativas exclusivas da União (art. 21, da CF); b) competências administrativas comuns da União, Estados, Distrito Federal e Municípios (art. 23, da CF); c) competências legislativas privativas da União (art. 22, da CF); d) competências legislativas concorrentes da União, Estados, Distrito Federal (e, no que couber, dos Municípios) (art. 24, da CF); e) competências legislativas e administrativas remanescentes dos Estados (art. 25, § 1º, da CF); f) competência tributária expressa da União (art. 153, da CF); g) competência tributária residual da União (art. 154, I, da CF); h) competência tributária extraordinária da União (art. 154, II, da CF); i) competência tributária expressa dos Estados (art. 155, da CF); j) competências tributárias expressas dos Municípios (art. 156, da CF) e k) competências privativas dos Municípios (art. 30, III a IX, da CF). Importante notar que as competências *administrativas e legislativas* residuais são conferidas aos Estados, mas a competência *tributária* residual é da União.

Gabarito "A"

(FGV – 2010) As alternativas a seguir apresentam características do *sistema federativo brasileiro*, à exceção de uma. Assinale-a.

(A) Repartição constitucional de competências entre a União, Estados-membros, Distrito Federal e Municípios.
(B) Atribuição de autonomia constitucional aos Estados-membros, Distrito Federal e Municípios, podendo tais entes federativos organizar seus poderes executivo, legislativo e judiciário, na forma de suas constituições regionais.
(C) Participação dos Estados-membros na elaboração das leis federais, através da eleição de representantes para o Poder Legislativo Federal.
(D) Possibilidade constitucional excepcional e taxativa de intervenção federal nos Estados-membros e no Distrito Federal, para manutenção do equilíbrio federativo.
(E) Indissolubilidade da federação, sendo vedada a aprovação de emenda constitucional tendente a abolir a forma federativa de Estado.

A: correta. A repartição de competências pode ser exemplificada pelos arts. 21, 22, 23, 24, 25, § 1º, 30 e 32, § 1º, todos da CF; **B:** incorreta, devendo ser assinalada. O art. 18 da CF estabelece que a União, os Estados, o Distrito Federal e os Municípios são autônomos, mas não existe Poder Judiciário em âmbito municipal; **C:** correta. Art. 46 da CF; **D:** correta. A União só pode intervir nos Estados e no Distrito Federal nas estritas hipóteses fixadas pela Constituição Federal no art. 34, I a V, e nos Municípios *localizados em Territórios Federais* (único caso de intervenção federal em Municípios), desde que observado o disposto no art. 35, I a IV, da CF; **E:** correta. A forma federativa de Estado é cláusula pétrea (ou limite material de reforma da Constituição), conforme prescrito no art. 60, § 4º, I, da CF.

Gabarito "B"

(FGV – 2010) No que concerne à competência legislativa concorrente da União, dos Estados e do Distrito Federal, conforme o art. 24 da Constituição Federal, ante a inexistência de Lei Federal, o Estado do Rio de Janeiro, no exercício de sua competência suplementar (CF, art. 24, § 2º), por meio de Lei Estadual "X", introduziu normas gerais de determinada matéria. Supervenientemente, a União, por meio da Lei Federal "Y", introduziu normas gerais da mesma matéria da Lei Estadual "X", o que resultou em:

(A) inconstitucionalidade da Lei Federal "Y".
(B) suspensão da eficácia da Lei Estadual "X" no que for contrária à Lei Federal "Y".
(C) ab-rogação da Lei Estadual "X".
(D) derrogação da Lei Estadual "X" no que for contrária à Lei Federal "Y".
(E) inconstitucionalidade superveniente da Lei Estadual "X".

No âmbito da legislação concorrente, a competência da União limitar-se-á a estabelecer normas gerais, o que não exclui a competência suplementar dos Estados. Além disso, inexistindo lei federal sobre normas gerais, os Estados exercerão a competência legislativa plena, para atender a suas peculiaridades. Nesse último caso (de exercício de competência plena pelos Estados), a superveniência de lei federal sobre normas gerais suspende a eficácia da lei estadual, apenas no que lhe for contrário (art. 24, §§ 1º a 4º, da CF).

Gabarito "B"

(FGV – 2010) Relativamente à organização do Estado, assinale a afirmativa incorreta.

(A) A organização político-administrativa da República Federativa do Brasil compreende a União, os Estados, o Distrito Federal e os Municípios, todos autônomos, nos termos desta Constituição.
(B) A autonomia federativa assegura aos Estados, ao Distrito Federal e aos Municípios estabelecer cultos religiosos ou igrejas, subvencioná-los, autorizar ou proibir seu funcionamento, na forma da lei.
(C) É vedado à União, aos Estados, ao Distrito Federal e aos Municípios criar distinções entre brasileiros ou preferências entre si.
(D) Os Estados podem incorporar-se entre si, subdividir-se ou desmembrar-se para se anexarem a outros, ou formarem novos Estados ou Territórios Federais, mediante aprovação da população diretamente interessada, através de plebiscito, e do Congresso Nacional, por lei complementar.
(E) A criação, a incorporação, a fusão e o desmembramento de Municípios, far-se-ão por lei estadual, dentro do período determinado por Lei Complementar Federal, e dependerão de consulta prévia, mediante plebiscito, às populações dos Municípios envolvidos, após divulgação dos Estudos de Viabilidade Municipal, apresentados e publicados na forma da lei.

A: correta. Art. 18, *caput*, da CF; **B:** incorreta, devendo ser assinalada. Há vedação expressa no art. 19, I, da CF; **C:** correta. Art. 19, III, da CF; **D:** correta. Art. 18, § 3º, da CF; **E:** correta. Art. 18, § 4º, da CF.

Gabarito "B"

(FGV – 2010) Nas alternativas a seguir, as afirmativas são corretas e a segunda vincula-se à primeira, À EXCEÇÃO DE UMA. Assinale-a.

(A) Os Estados Federados poderão instituir regiões metropolitanas e microrregiões. / As regiões metropolitanas são dotadas de personalidade enquanto as microrregiões são órgãos.
(B) Os Municípios dispõem de competência privativa sobre os temas de interesse local. / É hostil à Constituição a lei do Estado que fixa o tempo de espera em fila de banco.
(C) A competência suplementar dos Municípios se exerce para regulamentar as normas legislativas federais e estaduais. / A superveniência de lei federal ou estadual contrária à municipal suspende a eficácia desta.
(D) Não existe superioridade hierárquica das leis federais sobre as leis estaduais. / Há inconstitucionalidade tanto na invasão de competência da União pelo Estado-membro como na hipótese inversa.
(E) Não há hierarquia entre os entes que compõem a Federação. / Mas pode-se falar em hierarquia de interesses, em que os mais amplos (da União) devem preferir aos mais restritos (dos Estados).

A: incorreta, devendo ser assinalada, pois não reflete o disposto no art. 25, § 3º, da CF; **B:** correta. Art. 30, I, da CF; **C:** correta. Art. 24, §§ 2º e 4º, aplicáveis às competências conferidas aos Municípios pela CF; **D:** correta, pois não há que se falar em hierarquia, mas em respeito às competências fixadas na Constituição. Assim, se o Estado edita lei sobre matéria da competência municipal, a lei estadual será inconstitucional; **E:** correta. Inexiste hierarquia, mas a divisão constitucional de competências entre os entes federativos obedece ao princípio da predominância do interesse.

Gabarito "A"

(FGV – 2009) Na esfera das competências legislativas concorrentes, estabelecidas pelo artigo 24 da Constituição Federal, analise as afirmativas a seguir:

I. A competência da União para legislar sobre normas gerais não exclui a competência suplementar dos Estados.
II. Inexistindo lei federal sobre normas gerais, os Estados exercerão competência legislativa plena, para atender a suas peculiaridades.
III. A superveniência de lei federal sobre normas gerais suspende integralmente a eficácia da lei estadual.

Assinale:

(A) se somente a afirmativa I estiver correta.
(B) se somente a afirmativa II estiver correta.
(C) se somente a afirmativa III estiver correta.
(D) se somente as afirmativas I e II estiverem corretas.
(E) se todas as afirmativas estiverem corretas.

I: correta. Art. 24, § 2º, da CF; **II:** correta. Art. 24, § 3º, da CF; **III:** incorreta. Só no que lhe for contrário (art. 24, § 4º, da CF).

Gabarito "D"

(FGV – 2008) Os territórios federais integram a União, e sua reintegração ao Estado de origem será regulada em lei:

(A) complementar.
(B) ordinária.
(C) delegada.
(D) complexa.
(E) mista.

Todas as alternativas encontram fundamento no art. 18, § 2º, da CF.

Gabarito "A"

(FGV – 2008) Sobre a repartição constitucional de competências dos entes federativos, assinale a afirmativa incorreta.

(A) Compete à União explorar, diretamente ou mediante autorização, concessão ou permissão, os serviços de telecomunicações, nos termos da lei.
(B) Compete privativamente à União legislar sobre águas, energia, informática, telecomunicações e radiodifusão.
(C) Compete concorrentemente à União, aos Estados e ao Distrito Federal legislar sobre direito tributário, eleitoral, financeiro, penitenciário, econômico e urbanístico.
(D) Compete concorrentemente à União, aos Estados e ao Distrito Federal legislar sobre educação, cultura, ensino e desporto.
(E) É competência comum da União, dos Estados, do Distrito Federal e dos Municípios promover programas de construção de moradias e a melhoria das condições habitacionais e de saneamento básico.

A: correta. Art. 21, XI, da CF; **B:** correta. Art. 22, IV, da CF; **C:** incorreta, devendo ser assinalada. A competência legislativa eleitoral não é concorrente (art. 24, I, da CF), mas privativa da União (art. 22, I, da CF); **D:** correta. Art. 24, IX, da CF; **E:** correta. Art. 23, IX, da CF.

Gabarito "C"

(FGV – 2008) A Federação dota seus membros de tríplice capacidade, a saber:

(A) auto-organização, autonormatização e autogoverno.
(B) autogoverno, autoadministração e autofinanciamento.
(C) auto-organização, autogoverno e autoadministração.
(D) auto-organização, autonormatização e automanutenção.
(E) autoarrecadação, autogoverno e autogerenciamento.

Os entes federativos são autônomos e, segundo a doutrina, a autonomia consiste na capacidade de auto-organização (cada um dos entes federativos pode elaborar sua própria Constituição), autogoverno (garantia assegurada ao povo de escolher seus próprios dirigentes e de, através deles, editar leis) e autoadministração (capacidade assegurada aos Estados de possuir administração própria, faculdade de dar execução às leis vigentes).

Gabarito "C"

(FGV – 2008) Estão em desacordo com o sistema de repartição de competências adotado pela Constituição Federal/1988:

(A) poderes delegados para a União.
(B) poderes remanescentes para os Estados.
(C) poderes definidos indicativamente para os Municípios.
(D) áreas comuns de atuações paralelas da União, Estado, Distrito Federal e Municípios.
(E) setores concorrentes entre União e Estados.

Tomando por base a divisão de competências entre *administrativas, legislativas e tributárias*, pode-se dizer, em linhas gerais, que o sistema de repartição de competências adotado pela Constituição Federal de 1988 abrange: a) competências administrativas exclusivas da União (art. 21 da CF); b) competências administrativas comuns da União, Estados, Distrito Federal e Municípios (art. 23 da CF); c) competências legislativas privativas da União (art. 22 da CF); d) competências legislativas concorrentes da União, Estados, Distrito Federal (e, no que couber, dos Municípios) (art. 24 da CF); e) competências legislativas e administrativas remanescentes dos Estados (art. 25, § 1º, da CF); f) competência tributária expressa da União (art. 153 da CF); g) competência tributária residual da União (art. 154, I, da CF); h) competência tributária extraordinária da União (art. 154, II, da CF); i) competência tributária expressa dos Estados (art. 155 da CF); j) competências tributárias expressas dos Municípios (art. 156 da CF) e k) competências privativas dos Municípios (art. 30, III a IX, da CF). Importante notar que as competências *administrativas e legislativas* residuais são conferidas aos Estados, mas a competência *tributária* residual é da União.

Gabarito "A"

(FGV – 2008) Na organização de distritos, o Município deve observar a legislação:

(A) estadual.
(B) local.
(C) complementar.
(D) nacional.
(E) federal.

Todas as alternativas encontram fundamento no art. 30, IV, da CF.

Gabarito "A"

(FGV – 2008) É competência administrativa dos Municípios:

(A) manter o serviço postal.
(B) conceder anistia.
(C) manter programa de educação pré-escolar, com colaboração das demais entidades da federação.
(D) organizar e manter os serviços oficiais de estatística.
(E) classificar, de forma indicativa, as diversões públicas.

A, **B**, **D** e **E**: incorretas. Competências da União (art. 21, X, XV, XVI e XVII, da CF); **C**: correta. O art. 30, VI, da CF, teve sua redação alterada pela EC 53/2006, que substituiu o termo "educação pré-escolar" por "educação infantil", que é da competência municipal.

Gabarito "C"

(FGV – 2008) Possuem competência múltipla em nosso sistema jurídico:

(A) a União e os Estados.
(B) a União e o Distrito Federal.
(C) os Estados e os Municípios.
(D) a União e os Municípios.
(E) os Estados e o Distrito Federal.

Tomando por base a divisão de competências entre *administrativas, legislativas e tributárias*, pode-se dizer, em linhas gerais, que o sistema de repartição de competências adotado pela Constituição Federal de 1988 abrange: a) competências administrativas exclusivas da União (art. 21 da CF); b) competências administrativas comuns da União, Estados, Distrito Federal e Municípios (art. 23 da CF); c) competências legislativas privativas da União (art. 22 da CF); d) competências legislativas concorrentes da União, Estados, Distrito Federal (e, no que couber, dos Municípios) (art. 24 da CF); e) competências legislativas e administrativas remanescentes dos Estados (art. 25, § 1º, da CF); f) competência tributária expressa da União (art. 153 da CF); g) competência tributária residual da União (art. 154, I, da CF); h) competência tributária extraordinária da União (art. 154, II, da CF); i) competência tributária expressa dos Estados (art. 155 da CF); j) competências tributárias expressas dos Municípios (art. 156 da CF) e k) competências privativas dos Municípios (art. 30, III a IX, da CF). Importante notar que as competências *administrativas e legislativas* residuais são conferidas aos Estados, mas a competência *tributária* residual é da União.

Gabarito "B"

(FGV – 2008) No que tange à competência constitucional dos entes da Federação, é incorreto afirmar que:

(A) é competente o Município para fixar o horário de funcionamento de estabelecimento comercial.
(B) é inconstitucional a lei ou ato normativo estadual ou distrital que disponha sobre consórcios e sorteios, inclusive bingos e loterias.
(C) compete aos Estados e ao Distrito Federal legislar, concorrentemente com a União, sobre direito tributário, financeiro, penitenciário, econômico, urbanístico, limitando-se à competência da União, nesses casos, estabelecer normas gerais.
(D) a lei federal é hierarquicamente superior à lei estadual, somente não prevalecendo se houver norma constitucional estadual no mesmo sentido. Igualmente, a lei estadual é hierarquicamente superior à lei municipal, e só não prevalece se houver norma na Lei Orgânica municipal no mesmo sentido.
(E) mediante lei complementar, pode a União Federal autorizar os Estados a legislar sobre questões específicas das matérias de sua competência privativa.

A: correta. Súmula 419 do STF; **B**: correta. Súmula vinculante 2 do STF; **C**: correta. art. 24, I e § 1º, da CF; **D**: incorreta, devendo ser assinalada. Não há que se falar em hierarquia entre as normas dos entes federativos, mas sim em respeito à repartição constitucional de competências. Dessa forma, se a Constituição estabelece que a matéria deve ser regulada pelo Município, uma lei federal que disponha sobre aquela matéria será inconstitucional, por ter invadido a competência municipal; **E**: correta. Art. 22, parágrafo único, da CF.

Gabarito "D"

(FGV – 2008) Assinale a alternativa que apresente corretamente o princípio básico para distribuição de competência pelas Unidades da Federação.

(A) Princípio da isonomia.
(B) Princípio da autonomia das unidades da federação.
(C) Princípio da autogestão.
(D) Princípio da reserva da lei.
(E) Princípio da predominância do interesse.

A: incorreta. O princípio da igualdade e da isonomia informa as relações do Estado com seus súditos e dos particulares entre si, é princípio geral (art. 5º, *caput*, da CF); **B**: incorreta. O princípio da autonomia informa o pacto federativo (art. 18, *caput*, da CF); **C**: incorreta. Não se aplica à distribuição constitucional de competências; **D**: incorreta. Aplicável em âmbito penal (art. 5º, XXXIX, da CF) e, também, em âmbito administrativo (art. 37, II, da CF); **E**: correta. De acordo com a própria FGV, não há hierarquia entre os entes que compõem a Federação, mas pode-se falar em hierarquia de interesses, em que os mais amplos (da União) devem preferir aos mais restritos (dos Estados), noção que se ajusta ao princípio da predominância do interesse.

Gabarito "E"

(FGV – 2007) A repartição da competência legiferante na Federação brasileira é informada pelo princípio:

(A) da subsidiariedade estadual e municipal
(B) da predominância do interesse
(C) do interesse regional
(D) do interesse local

Em tema de divisão constitucional de competências, há dois princípios importantes: o da predominância do interesse e o do interesse local. De acordo com a própria FGV, não há hierarquia entre os entes que compõem a Federação, mas pode-se falar em hierarquia de interesses, em que os mais amplos (da União) devem preferir aos mais restritos (dos Estados), noção que se ajusta ao princípio da predominância do interesse. No mais, compete aos Municípios legislar sobre temas de interesse local (art. 30, I, da CF), ou seja, sobre as necessidades próprias da localidade.

Gabarito "B"

9.2. INTERVENÇÃO

(OAB/Exame Unificado – 2015.1) Determinado Governador de Estado, inconformado com decisões proferidas pelo Poder Judiciário local, que determinaram o fechamento de diversos estabelecimentos comprovadamente envolvidos com ilícitos, decidiu que os órgãos estaduais a ele subordinados não cumpririam as decisões judiciais. Alegou que os negócios desenvolvidos nesses estabelecimentos, mesmo sendo ilícitos, geravam empregos e aumentavam a arrecadação do Estado, e que o não cumprimento das ordens emanadas do Poder Judiciário se justificava em razão da repercussão econômica que o seu cumprimento teria. Das opções a seguir, assinale a que se mostra consentânea com a Constituição Federal.

(A) O Presidente da República, após a requisição do Supremo Tribunal Federal, decretará a intervenção federal, dispensado, nesse caso, o controle pelo Congresso Nacional.
(B) O Governador de Estado, tendo por base a inafastável autonomia concedida aos Estados em uma organização federativa, está juridicamente autorizado a adotar o indicado posicionamento.

(C) O Presidente da República poderá decretar a intervenção federal, se provocado pelo Procurador Geral da República e com autorização prévia do Congresso Nacional, que exercerá um controle político.

(D) O Supremo Tribunal Federal, prescindindo de qualquer atuação por parte do Presidente da República, determinará, ele próprio, a intervenção federal, que será posteriormente apreciada pelo Congresso Nacional.

A: correta. De acordo com o art. 34, VI, da CF, a União não intervirá nos Estados nem no Distrito Federal, exceto para **prover a execução de ordem ou decisão judicial**. Nessa hipótese de intervenção a CF determina que haja **requisição do Supremo Tribunal Federal**, conforme determina o art. 36, II, da CF. Além disso, o § 3º do mesmo art. 36 informa que nessa situação fica **dispensada a apreciação pelo Congresso Nacional** ou pela Assembleia Legislativa e o decreto limitar-se-á a suspender a execução do ato impugnado, se essa medida bastar ao restabelecimento da normalidade; **B:** incorreta. De fato, a regra é a não intervenção, pois os entes federativos são autônomos e independentes. Ocorre que, excepcionalmente, a intervenção pode ser decretada. O problema apresentado se enquadra numa dessas situações excepcionais; **C:** incorreta. Não é necessária a autorização prévia do Congresso Nacional, conforme disposto no art. 36, 3º, da CF; **D:** incorreta. A intervenção não é decretada pelo Judiciário. Quem a decreta é o Chefe do Executivo. Se estivermos diante de intervenção da União em um Estado o no DF, quem a efetivará será o Presidente da República. Se a hipótese for de intervenção estadual, de um Estado em um Município, quem a concretizará será o Governador do respectivo Estado.

Gabarito "A"

(OAB/Exame Unificado – 2014.2) O instituto da intervenção é de extrema excepcionalidade, razão pela qual restam minuciosamente delineadas as hipóteses na CRFB/88. Assinale a opção que contempla, à luz da CRFB/88, hipótese correta de intervenção.

(A) O Estado X, sob o pretexto de celeridade e efetividade, vem realizando somente contratações diretas, sem a aplicação da Lei Federal de Licitações e Contratos Administrativos – Lei n. 8.666/93. Nessa situação, poderá a União intervir no Estado X para prover a execução de lei federal.

(B) O Município Y, localizado no Estado Z, não vem destinando nos últimos seis meses o mínimo exigido da receita municipal na manutenção das escolas públicas municipais, sob o fundamento de que a iniciativa privada realiza melhor ensino. Nesta hipótese, tanto a União quanto o Estado Z, à luz da CRFB/88, poderão intervir no Município Y para garantir a aplicação do mínimo exigido da receita municipal na aludida manutenção.

(C) Nos casos de desobediência à ordem ou decisão judiciária, a decretação de intervenção independe de requisição judicial.

(D) O Município Z, em razão de problemas orçamentários, em 2013, decidiu, excepcionalmente, pela primeira vez na sua história, não realizar o pagamento da sua dívida fundada. À luz da CRFB/88, poderá o Estado W, onde está localizado o referido Município, intervir no ente menor para garantir o pagamento da dívida fundada.

A: correta. O art. 34 da CF trata das situações excepcionais em que a União poderá intervir nos Estados e no Distrito Federal. Uma das hipóteses em que a intervenção é admitida é para **prover a execução de lei federal**, ordem ou decisão judicial (inciso VI). Sendo assim, como o Estado X não vem aplicando a Lei Federal n. 8.666/1993 (Lei Federal de Licitações e Contratos Administrativos), é possível que a União intervenha; **B:** incorreta. De acordo com o art. 35, III, da CF, para garantir a aplicação do mínimo exigido da receita **municipal** na manutenção das escolas públicas municipais é cabível a **intervenção do Estado no Município** que estiver localizado em seu território. A União não pode intervir nessa hipótese. Ademais, a União, em regra, não intervém em Municípios. A única possibilidade de isso ocorrer se dá na hipótese de Município localizado em Território Federal (que atualmente não existe). Além da localização, para que a União intervenha no Município localizado em seu Território Federal, se faz necessário o enquadramento em uma das situações previstas no art. 35 da CF; **C:** incorreta. Nos casos de desobediência à ordem ou decisão judiciária, a decretação de intervenção **depende** de requisição judicial. De acordo com o art. 36, II, da CF, a decretação da intervenção dependerá no caso de desobediência a ordem ou decisão judiciária, de **requisição** do Supremo Tribunal Federal, do Superior Tribunal de Justiça ou do Tribunal Superior Eleitoral; **D:** incorreta. Para que fosse possível a intervenção nessa hipótese, a inadimplência teria de ter ocorrido, sem motivo de força maior, e por dois anos consecutivos, conforme determina o art. 35, I, da CF. Portanto, como o Município Z, em razão de problemas orçamentários, em 2013, **decidiu, excepcionalmente, pela primeira vez na sua história**, não realizar o pagamento da sua dívida fundada, a intervenção estadual ainda não é possível.

Gabarito "A"

(OAB/Exame Unificado – 2009.3) Assinale a opção correta quanto à disciplina sobre a intervenção federal.

(A) No caso de descumprimento, por algum Estado-membro, dos princípios constitucionais sensíveis, a decretação de intervenção dependerá de provimento, pelo STF, de representação do procurador-geral da República.

(B) Se houver, por parte de Estado-membro, ameaça ao livre exercício de qualquer dos poderes, o pedido de intervenção federal dependerá de requisição do STF.

(C) A União só poderá intervir nos Estados após prévia anuência do Congresso Nacional.

(D) O Estado só poderá intervir em seus Municípios se a assembleia legislativa, por maioria absoluta, aprovar a decretação da intervenção.

A: correta. Conforme art. 36, III, da CF; **B:** incorreta. O art. 36, I, da CF determina que somente quando a coação for exercida contra o Poder Judiciário é que a decretação da intervenção depende de requisição do STF. Nas demais hipóteses de ameaça ao livre exercício dos poderes, basta a solicitação do Poder Legislativo ou do Poder Executivo coacto ou impedido; **C** e **D:** incorretas. A intervenção torna-se eficaz e começa a produzir efeitos a partir do decreto do Presidente da República (na hipótese de intervenção federal) ou governador de Estado (no caso de intervenção estadual).

Gabarito "A"

(OAB/Exame Unificado – 2009.1) De acordo com a CF e com a doutrina, a intervenção federal

(A) dispensa, quando espontânea, a autorização prévia do Congresso Nacional.

(B) exige, em qualquer hipótese, o controle político.

(C) exige do presidente da República, quando provocada por requisição, a submissão do ato ao Conselho da República e ao Conselho de Defesa Nacional, para posterior exame quanto à conveniência e oportunidade da decretação.

(D) é provocada por solicitação quando a coação ou o impedimento recaem sobre cada um dos três Poderes do Estado.

A: correta. Espontânea é a intervenção em que o chefe do Poder Executivo atua de ofício; **B:** incorreta. Art. 36, § 3º, da CF; **C:** incorreta. Em se tratando de requisição do Poder Judiciário, o Presidente da República deverá decretar a intervenção federal, estando, pois, vinculado; **D:** incorreta. É provocada por solicitação quando a coação ou o impedimento recaem sobre o Poder Legislativo ou o Poder Executivo, impedindo o exercício desses poderes. Nesse caso, o Presidente da República, para decretar a intervenção, dependerá de solicitação desses poderes.

Gabarito "A"

(OAB/Exame Unificado – 2008.2) Não constitui causa de intervenção da União nos Estados e no DF a necessidade de

(A) manter a integridade nacional.
(B) prover a execução de ordem judicial.
(C) assegurar o princípio da autonomia municipal.
(D) garantir a aplicação do mínimo exigido da receita na segurança pública.

Todas as alternativas encontram fundamento no art. 34 da CF. Dentre as hipóteses excepcionais e taxativas de intervenção da União nos Estados ou Distrito Federal, *não* há a que visa garantir a aplicação do mínimo exigido da receita na *segurança pública*. O mesmo dispositivo trata da *aplicação do mínimo exigido* da receita de impostos na manutenção e desenvolvimento do *ensino* e nas ações e serviços públicos de *saúde* (art. 34, VII, *e*, da CF). Se essa aplicação não estiver sendo garantida, cabe intervenção federal.

Gabarito "D"

(FGV – 2008) A respeito do regime constitucional de intervenção da União nos Estados e no Distrito Federal, analise as afirmativas a seguir:

I. Decreto de intervenção, que especificará a amplitude, o prazo e as condições de execução e que, se couber, nomeará interventor, será submetido à apreciação do Senado Federal, no prazo de vinte e quatro horas.
II. Se a intervenção tiver sido decretada para prover a execução de lei federal, ordem ou decisão judicial, fica dispensada a apreciação do decreto de intervenção pelo Poder Legislativo.
III. Se a intervenção tiver sido decretada para repelir invasão estrangeira, poderá o Presidente da República deixar de submeter o decreto de intervenção ao Poder Legislativo, desde que invoque a ocorrência de grave risco iminente à preservação da integridade territorial e à soberania do Estado Brasileiro.
IV. A União poderá intervir nos Estados e no Distrito Federal para assegurar a observância da aplicação do mínimo exigido da receita resultante de impostos estaduais, compreendida a proveniente de transferências, na manutenção e desenvolvimento do ensino e nas ações e serviços públicos de saúde.

Assinale:

(A) se apenas a afirmativa I estiver correta.
(B) se apenas as afirmativas I, II e IV estiverem corretas.
(C) se apenas as afirmativas II e IV estiverem corretas.
(D) se apenas as afirmativas I, II e III estiverem corretas.
(E) se apenas as afirmativas III e IV estiverem corretas.

I: incorreta. Não reflete o disposto no art. 36, § 1º, da CF; **II:** correta. Art. 36, § 3º, da CF; **III:** incorreta. A hipótese prevista no art. 34, II, da CF não dispensa a análise pelo Congresso Nacional, pois não se encontra listada no art. 36, § 3º, da CF; **IV:** correta. Art. 34, VII, "e", da CF.

Gabarito "C"

9.3. ADMINISTRAÇÃO PÚBLICA

(OAB/Exame Unificado – 2010.3) A respeito da disciplina constitucional da Administração Pública, é correto afirmar que

(A) o direito de greve é assegurado ao servidor público civil, devendo ser exercido nos termos e nos limites definidos em lei complementar.
(B) a vinculação de espécies remuneratórias no serviço público é vedada, mas admite-se a equiparação salarial entre carreiras públicas.
(C) os atos de improbidade administrativa importarão a cassação de direitos políticos, a perda da função pública, a indisponibilidade de bens e o ressarcimento ao erário, na forma e gradação previstas em lei, sem prejuízo da ação penal cabível.
(D) as funções de confiança e os cargos em comissão se destinam apenas às atribuições de direção, chefia e assessoramento.

A: incorreta. A Constituição Federal garante o direito de greve ao servidor público, nos limites definidos em lei específica (art. 37, VII, da CF); **B:** incorreta. O art. 37, XIII, da CF veda tanto a vinculação quanto a equiparação salarial entre carreiras públicas; **C:** incorreta. O art. 37, § 4º, da CF fala em "suspensão", não em "cassação" de direitos políticos; **D:** correta. Art. 37, V, da CF.

Gabarito "D"

(OAB/Exame Unificado – 2009.3) Com relação aos servidores públicos, assinale a opção correta.

(A) Pode-se estabelecer forma de contagem de tempo de contribuição fictício, desde que mediante lei complementar.
(B) Servidor público que exerça atividade de risco pode ter requisitos e critérios diferenciados para a concessão de aposentadoria.
(C) O servidor portador de deficiência não pode ter requisitos e critérios diferenciados para a concessão de aposentadoria.
(D) Ao servidor ocupante, exclusivamente, de cargo em comissão declarado em lei de livre nomeação e exoneração, bem como de outro cargo temporário ou de emprego público não se aplica o regime geral de previdência social.

A: incorreta. O art. 40, § 10, da CF proíbe qualquer forma de contagem de tempo de contribuição fictício; **B:** correta. De acordo com o art. 40, § 4º, II, da CF; **C:** incorreta. A regra é a proibição de requisitos e critérios diferenciados para a concessão de aposentadoria, mas há exceções, por exemplo, na hipótese dos portadores de deficiência (art. 40, § 4º, I, da CF); **D:** incorreta. O art. 40, § 13, da CF trata do assunto justamente de forma contrária, mencionando que a esses servidores se aplica o regime geral de previdência, se aposentando, portanto, pelo Instituto Nacional de Seguridade Social – INSS.

Gabarito "B"

(OAB/Exame Unificado – 2008.3) O art. 37, VII, da CF, dispõe que "a administração pública direta e indireta de qualquer dos Poderes da União, dos Estados, do Distrito Federal e dos Municípios obedecerá aos princípios de legalidade, impessoalidade, moralidade, publicidade e eficiência e, também, ao seguinte: (...) o direito de greve será exercido nos termos e nos limites definidos em lei específica." Acerca da interpretação e da aplicação dessas disposições constitucionais, assinale a opção correta.

(A) O direito de greve dos servidores públicos é norma de eficácia plena.
(B) A lei específica pode conter matéria estranha à disciplina do direito de greve dos servidores públicos.
(C) Na ausência de lei específica, é cabível a impetração de mandado de injunção.
(D) Compete à justiça do trabalho julgar os dissídios relativos ao direito de greve dos servidores públicos estatutários da administração direta, dos das autarquias e dos das fundações da União.

A: incorreta. O direito de greve dos servidores públicos sempre foi considerado norma de eficácia limitada, porque depende, para que a plenitude de seus efeitos seja atingida, de uma norma integrativa infraconstitucional; é bom lembrar que o STF, nos Mandados de Injunção 670-9/SP, Pleno, j. 25.10.2007, rel. para acórdão Min. Gilmar Mendes, *DJe* 31.10.2008; 708-0/DF, Pleno, j. 25.10.2007, rel. Min. Gilmar Mendes, *DJe* 31.10.2008 e 712-8/PA, Pleno, j. 25.10.2007, rel. Min. Eros Grau, *DJe* 31.10.2008, reconheceu a mora legislativa e determinou a integração da lacuna na legislação, com a aplicação, na greve dos servidores públicos, da lei de greve do setor privado (Lei 7.783/1989); **B:** incorreta. Ao contrário, deve versar tão só acerca de matéria relacionada ao direito de greve; **C:** correta. Arts. 5º, LXXI, e 102, I, *q*, da CF; **D:** incorreta. Art. 114 da CF.

Gabarito "C"

(FGV – 2013) Noemia é servidora pública da União, tendo sido aprovada em concurso público de provas e títulos, possuindo nível superior.
Nos termos da Constituição Federal, para a promoção na carreira do servidor público, um dos requisitos consiste em realização de

(A) cursos de aperfeiçoamento efetuados em escolas de governo.
(B) cursos de graduação em áreas afins ao cargo ocupado.
(C) cursos de mestrado e doutorado na área de trabalho do servidor.
(D) cursos de livre escolha pelo servidor público, desde que no interesse do serviço.
(E) cursos de grau especial ministrados por universidades conveniadas.

De acordo com o art. 39, § 2º, da CF, a União, os Estados e o Distrito Federal manterão **escolas de governo** para a **formação e o aperfeiçoamento dos servidores públicos**, constituindo-se a participação nos **cursos** um dos **requisitos para a promoção na carreira**, facultada, para isso, a celebração de convênios ou contratos entre os entes federados.

Gabarito "A"

10. PODER LEGISLATIVO

10.1. ORGANIZAÇÃO E COMPETÊNCIAS DO CONGRESSO NACIONAL

(OAB/Exame Unificado – 2012.3.A) O Congresso Nacional aprova tratados internacionais por meio de:

(A) Decreto.
(B) Resolução.
(C) Decreto-Lei.
(D) Decreto Legislativo

De acordo com o art. 49, I, da CF, é da competência exclusiva do Congresso Nacional a resolução definitiva sobre tratados, acordos ou atos internacionais que acarretem encargos ou compromissos gravosos ao patrimônio nacional. Tal atribuição é feita por meio decreto legislativo.

Gabarito "D"

(OAB/Exame Unificado – 2011.3.B) Os órgãos legislativos possuem competências definidas no texto constitucional. Sobre o tema, à luz das normas constitucionais, é correto afirmar que

(A) é competência exclusiva do Congresso Nacional resolver definitivamente sobre tratados de qualquer natureza.
(B) o Presidente da República pode ausentar-se do país por período indefinido sem autorização do Congresso.
(C) cabe ao Presidente do Senado aprovar o estado de defesa e o estado de sítio.
(D) cabe ao Congresso exclusivamente sustar os atos normativos do Executivo que exorbitem de delegação legislativa.

A: incorreta. De acordo com o art. 49, I, da CF, é da competência exclusiva do Congresso Nacional resolver definitivamente sobre tratados, acordos ou atos internacionais *que acarretem encargos ou compromissos gravosos ao patrimônio nacional*; **B:** incorreta. Conforme o art. 83 da CF, o Presidente e o Vice-Presidente da República não poderão, sem licença do Congresso Nacional, ausentar-se do País *por período superior a quinze dias*, sob pena de perda do cargo; **C:** incorreta. De acordo com o art. 49, IV, da CF, é da *competência exclusiva do Congresso Nacional*, e não do Presidente do Senado, a *aprovação do estado de defesa* e a intervenção federal, a *autorização para o estado de sítio*, ou suspensão de qualquer uma dessas medidas; **D:** correta. É o que se extrai da leitura do art. 49, V, da CF.

Gabarito "D"

(OAB/Exame Unificado – 2011.3.B) Suponha que a Comissão de Assuntos Econômicos do Senado tenha convocado o Ministro da Fazenda para prestar pessoalmente informações sobre assunto relativo à política econômica adotada pelo governo federal. Nesse caso,

(A) a convocação só poderia ser feita pelo Senado, e não por uma de suas comissões.
(B) a convocação é inconstitucional, pois a Comissão só poderia encaminhar pedido escrito de informações ao Ministro, mas não sua presença pessoal.
(C) a convocação é constitucional, e a ausência injustificada do Ministro importaria crime de responsabilidade.
(D) a convocação é constitucional, mas a ausência (mesmo que injustificada) do Ministro não importa crime de responsabilidade.

De acordo com o art. 50 da CF, a "Câmara dos Deputados e o Senado Federal, ou qualquer de suas Comissões, *poderão convocar Ministro de Estado ou quaisquer titulares de órgãos diretamente subordinados à Presidência da República para prestarem, pessoalmente, informações sobre assunto previamente determinado*, importando crime de responsabilidade a ausência sem justificação adequada."

Gabarito "C"

(OAB/Exame Unificado – 2010.2) O Congresso Nacional e suas respectivas Casas se reúnem anualmente para a atividade legislativa. Com relação ao sistema constitucional brasileiro, assinale a alternativa correta.

(A) Legislatura: o período compreendido entre 2 de fevereiro a 17 de julho e 19 de agosto a 22 de dezembro.
(B) Sessão legislativa: os quatro anos equivalentes ao mandato dos parlamentares.
(C) Sessão conjunta: a reunião da Câmara dos Deputados e do Senado Federal destinada, por exemplo, a conhecer do veto presidencial e sobre ele deliberar.

(D) Sessão extraordinária: a que ocorre por convocação ou do Presidente do Senado Federal ou do Presidente da Câmara dos Deputados ou do Presidente da República e mesmo por requerimento da maioria dos membros de ambas as Casas para, excepcionalmente, inaugurar a sessão legislativa e eleger as respectivas mesas diretoras.

A: incorreta. Cada legislatura terá a duração de quatro anos (art. 44, parágrafo único, da CF); **B:** incorreta. De acordo com o art. 57 da CF, a sessão legislativa corresponde ao intervalo de tempo compreendido entre 2 de fevereiro e 17 de julho (1º período legislativo) e entre 1º de agosto a 22 de dezembro (2º período legislativo), ou seja, é o período *anual* de reuniões do Congresso Nacional. Assim, uma legislatura tem 4 sessões legislativas e 8 períodos legislativos; **C:** correta (art. 66, § 4º, da CF); **D:** incorreta. Não reflete o disposto no art. 57, § 3º, I e § 6º, I e II, da CF.

Gabarito "C"

(OAB/Exame Unificado – 2009.2) Assinale a opção correta acerca da organização do Congresso Nacional.

(A) A convocação extraordinária do Congresso Nacional pode ser feita pelos presidentes da Câmara dos Deputados e do Senado Federal e pelo Presidente da República, nos casos taxativamente previstos na CF. Os membros de ambas as casas não têm competência para propor esse tipo de convocação.
(B) Além de outros casos previstos na CF, a Câmara dos Deputados e o Senado Federal reunir-se-ão, em sessão conjunta, para a apreciação de veto presidencial a projeto de lei e sobre ele deliberar.
(C) Na constituição das mesas da Câmara dos Deputados e do Senado Federal e na montagem das comissões permanentes e temporárias, há de se assegurar, obrigatoriamente, a representação proporcional, de modo que nenhum partido ou bloco parlamentar deixe de ser contemplado.
(D) O deputado ou senador licenciado para exercer o cargo de ministro de Estado, governador ou secretário estadual, ou que estiver licenciado para tratar de interesse particular, poderá optar pela remuneração do mandato, desde que, neste último caso, o afastamento não ultrapasse cento e vinte dias.

A: incorreta. O art. 57, § 6º, II, da CF autoriza a convocação extraordinária pelo requerimento da maioria dos membros de ambas as casas, em caso de urgência ou interesse público relevante; **B:** correta (art. 57, § 3º, IV, da CF); **C:** incorreta. O art. 58, § 1º, da CF diz que deve ser assegurada a representação proporcional, *tanto quanto possível* e não de forma absoluta; **D:** incorreta (art. 56, I e § 3º, da CF) A licença para tratar de interesse particular é obtida *sem* remuneração.

Gabarito "B"

(OAB/Exame Unificado – 2008.1) Assinale a opção correta quanto às competências dispostas na Constituição Federal acerca das relações internacionais.

(A) Compete ao Presidente da República, sem necessidade de autorização do Congresso Nacional, permitir que tropas estrangeiras transitem pelo país nos casos previstos em lei complementar.
(B) Compete ao Superior Tribunal de Justiça (STJ) julgar o litígio entre Estado estrangeiro e o Distrito Federal.
(C) Compete ao Congresso Nacional resolver definitivamente, por maioria absoluta, sobre tratados, acordos ou atos internacionais que acarretem encargos ou compromissos gravosos ao patrimônio nacional.
(D) Compete ao Congresso Nacional autorizar o Presidente da República a denunciar tratados, acordos ou atos internacionais que acarretem encargos ou compromissos gravosos ao patrimônio nacional.

A: correta. O Congresso Nacional só precisará autorizar o Presidente da República a permitir que forças estrangeiras transitem pelo país quando não houver lei complementar nesse sentido, conforme o art. 49, II, da CF. Além disso, o art. 84, XXII, da CF determina que compete privativamente ao Presidente permitir, nos casos previstos em lei complementar, que forças estrangeiras transitem pelo território nacional ou nele permaneçam temporariamente. Por fim, a LC 90/1997 estabelece as hipóteses nas quais forças estrangeiras podem transitar pelo território nacional; **B:** incorreta. A competência para julgar litígio entre Estado estrangeiro e o Distrito Federal é do Supremo Tribunal Federal (art. 102, I, "e", da CF) e não do Superior Tribunal de Justiça **C:** incorreta. É verdade que é da competência exclusiva do Congresso Nacional resolver definitivamente sobre tratados, acordos ou atos internacionais que acarretem encargos ou compromissos gravosos ao patrimônio nacional (art. 49, I, da CF), mas o dispositivo não exige o quórum de maioria absoluta. Assim, essa resolução ocorre pelo voto da maioria simples; **D:** incorreta. O Presidente não precisa de autorização do Congresso para denunciar tratados, acordos ou atos internacionais.

Gabarito "A"

(FGV – 2014) A Câmara dos Deputados e o Senado Federal gozam de autonomia na organização dos seus serviços, na criação e transformação dos cargos públicos que lhe são afetos, bem como ao exercício do poder de policia interno. Para organizar tal atividade esses órgãos legislativos editam, consoante à Constituição Federal,

(A) Regimentos Internos.
(B) Portarias Gerais.
(C) Decretos Legislativos.
(D) Leis Delegadas.
(E) Medidas Provisórias.

A: correta. De fato, a Câmara dos Deputados e o Senado Federal organizam as suas atividades por meio de seus **regimentos internos** (arts. 51, III, e 52, XII, ambos da CF); **B:** incorreta. As portarias gerais são documentos (natureza administrativa) de autoridades públicas que possuem instruções, recomendações gerais sobre a aplicação de normas, serviços e outros; **C:** incorreta. Os decretos legislativos tratam das matérias de competência exclusiva do Congresso Nacional, ou seja, aquelas previstas no art. 49 da CF; **D:** incorreta. As leis delegadas são elaboradas pelo Presidente da República, quando ele exerce, atipicamente, a função legislativa. Segundo o art. 68 da CF, para que o Presidente elabore essa lei deve solicitar a delegação ao Congresso Nacional. O ato que formaliza a autorização dada pelo Legislativo é uma resolução que deve especificar o conteúdo e os termos de seu exercício; **E:** incorreta. De acordo com o art. 62 da CF, a edição de medidas provisórias é feita pelo Chefe do Executivo, nos casos de relevância e urgência. Tal norma terá força de lei e deverá ser submetida imediatamente ao Congresso Nacional.

Gabarito "A"

(FGV – 2013) As alternativas a seguir apresentam atribuições do Congresso Nacional, à **exceção de uma**. Assinale-a.

(A) Julgar anualmente as contas prestadas pelo Presidente da República.
(B) Decretar o estado de sítio.
(C) Convocar plebiscito.
(D) Resolver definitivamente sobre tratados internacionais que acarretem encargos ao patrimônio nacional.
(E) Escolher dois terços dos membros do Tribunal de Contas da União.

A: incorreta. O **julgamento anual das contas** prestadas pelo Presidente da República **é atribuição do Congresso Nacional**, conforme determina o art. 49, IX, da CF; **B:** correta. De fato **quem decreta o estado de sítio** não é o Congresso Nacional, mas sim **o Presidente da República**, conforme determina o art. 84, IX, da CF; **C:** incorreta. Compete ao Congresso Nacional, de forma exclusiva, a autorização do referendo e a **convocação do plebiscito**. É o que se extrai do art. 49, XV, da CF; **D:** incorreta. **A escolha dois terços dos membros do Tribunal de Contas da União** também **compete ao Congresso Nacional**, conforme determina o art. 49, XIII, da CF.

Gabarito "B"

(FGV – 2014) O Senado é responsável, nos termos da Constituição Federal, através de voto secreto, pela aprovação de determinadas autoridades indicadas para cargos públicos federais.

Isso ocorre com relação à indicação

(A) do Presidente do Conselho Nacional de Justiça.
(B) do Presidente do BNDES.
(C) de Ministro do Tribunal de Contas da União.
(D) do Cônsul-Geral do Brasil nos Estados Unidos da América.
(E) do Vice-Procurador Geral da República.

De acordo com o art. 52, III, "b", da CF, compete privativamente ao Senado Federal **aprovar** previamente, **por voto secreto**, após arguição pública, **a escolha de Ministros do Tribunal de Contas da União** indicados pelo Presidente da República.

Gabarito "C"

(FGV – 2008) O Congresso Nacional, mediante o Controle Externo, e o Sistema de Controle Interno de cada Poder, de acordo com a Constituição Federal:

(A) exercerão a fiscalização contábil, financeira, orçamentária, operacional e patrimonial da União e das entidades da administração direta e indireta, quanto à legalidade, legitimidade, economicidade, aplicação das subvenções e renúncia de receitas.
(B) exercerão o julgamento das contas dos administradores e demais responsáveis por dinheiros, bens e valores públicos da administração direta e indireta, incluídas as fundações e sociedades instituídas e mantidas pelo poder público federal, e as contas daqueles que derem causa a perda, extravio ou outra irregularidade de que resulte prejuízo ao erário público.
(C) aplicarão aos responsáveis, em caso de ilegalidade de despesa ou irregularidade de contas, as sanções previstas em lei, que estabelecerá, entre outras cominações, multa proporcional ao dano causado ao erário.
(D) avaliarão a comprovação da legalidade e dos resultados, quanto à eficácia e eficiência, da gestão orçamentária, financeira e patrimonial nos órgãos e entidades da administração federal, bem como da aplicação de recursos públicos por entidades de direito privado.
(E) fiscalizarão as contas nacionais das empresas supranacionais de cujo capital social a União participe, de forma direta ou indireta, nos termos do tratado constitutivo.

A: correta. Dispõe o art. 70 da CF que "a fiscalização contábil, financeira, orçamentária, operacional e patrimonial da União e das entidades da administração direta e indireta, quanto à legalidade, legitimidade, economicidade, aplicação das subvenções e renúncia de receitas, é exercida pelo Congresso Nacional, mediante controle externo, e pelo sistema de controle interno de cada Poder"; **B, C, D** e **E:** incorretas, pois tais atribuições dizem respeito apenas ao controle externo.

Gabarito "A"

(OAB/Exame Unificado – 2007.3) A disciplina constitucional sobre a organização dos Poderes Executivo e Legislativo

(A) permite que o Presidente da República delegue aos ministros de Estado, ao Procurador-Geral da República ou ao advogado-geral da União algumas atribuições que lhe são privativas.
(B) estabelece que o Presidente da República, nas infrações comuns, só possa ser preso em flagrante delito de crime inafiançável.
(C) admite que os deputados e senadores sejam proprietários ou controladores de empresa que goze de favor decorrente de contrato com pessoa jurídica de direito público, desde que não ocupem cargos de diretores ou nela exerçam função remunerada.
(D) autoriza que o deputado ou senador se licencie do cargo para exercer a função de ministro de Estado, mas, não, a de secretário estadual.

A: correta, conforme art. 84, parágrafo único, da CF; **B:** incorreta. Durante a vigência do mandato, se o Presidente praticar um crime comum, enquanto não houver sentença condenatória ele não poderá ser levado à prisão (imunidade formal no tocante às prisões de natureza cautelar). Desse modo, o Presidente não poderá ter restrita sua liberdade por nenhuma das modalidades de prisão cautelar, ou seja, *não poderá ser preso em flagrante*, preventiva ou provisoriamente, mesmo que presentes os requisitos para a decretação de tais prisões (art. 86, § 3º, da CF); **C:** incorreta (art. 54, II, *a*, da CF); **D:** incorreta. (art. 56, I, da CF).

Gabarito "A"

(OAB/Exame Unificado – 2004.ES) Um senador da República eleito pelo Estado do Espírito Santo

(A) é parte legítima para, isoladamente, propor ação direta de inconstitucionalidade perante o Supremo Tribunal Federal (STF).
(B) tem mandato com duração correspondente a oito legislaturas.
(C) não pode assumir, durante o período de seu mandato eletivo, cargo de presidente de empresa pública federal.
(D) não pode ser processado, durante o curso do seu mandato, por crime comum ocorrido após sua diplomação.

A: incorreta. O art. 103, II, da CF determina que a Mesa do Senado Federal pode propor ação direta de inconstitucionalidade. Desse modo, um Senador individualmente *não* pode fazê-lo. Vale lembrar que o rol de legitimados é taxativo e indica que somente podem propor ações de controle concentrado no Supremo os seguintes: I – o Presidente da República, II – a Mesa do Senado Federal, III – a Mesa da Câmara dos Deputados, IV – a Mesa de Assembleia Legislativa ou da Câmara Legislativa do Distrito Federal, V – o Governador de Estado ou do Distrito Federal, VI – o Procurador-Geral da República, VII – o Conselho Federal da Ordem dos Advogados do Brasil, VIII – partido político com representação no Congresso Nacional e IX – confederação sindical ou entidade de classe de âmbito nacional; **B:** incorreta. O art. 46, § 1º, da CF determina que o mandato do Senador é de 8 (oito) anos. Uma legislatura corresponde ao período de 4 (quatro) anos. Assim, o mandato do Senador equivaleria a duas legislaturas e não oito; **C:** correta (art. 54, II, b, da CF); **D:** incorreta. Os deputados podem sim ser processados, durante o curso de seus mandatos, mas o julgamento será efetivado pelo Supremo Tribunal Federal – foro por prerrogativa de função (art. 53, § 1º, da CF). Além disso, por crimes comuns ocorridos *após a diplomação* recebida a denúncia contra o Senador, o Supremo Tribunal Federal deve dar ciência à *Casa respectiva*, que, por iniciativa de partido político nela representado e pelo voto da maioria de seus membros, *poderá*, até a decisão final, *sustar o andamento* da ação.

Gabarito "C"

(OAB/Exame Unificado – 2004.ES) Assinale a opção correta a respeito de direito constitucional.

(A) Se o Presidente da República vetar um artigo de projeto de lei regularmente aprovado pelo Congresso Nacional, tal veto poderá ser apreciado pelo Congresso Nacional, que, em sessão conjunta, poderá rejeitá-lo pelo voto da maioria absoluta dos deputados e senadores.

(B) Uma medida provisória que reduzisse alíquotas do imposto de renda seria incompatível com os mandamentos constitucionais.

(C) Seria inválida uma medida provisória que concedesse aumento de salário aos agentes de polícia federal, pois a Constituição da República veda a utilização desse tipo de norma jurídica para a finalidade de aumentar a remuneração de servidores.

(D) Seria inconstitucional decreto do Presidente da República que estabelecesse rol exaustivo de cultos religiosos cujo exercício seria livre no território nacional, pois a definição dos cultos permitidos somente pode ser feita mediante lei federal.

A: correta. É o que dispõe o art. 66, § 4º, da CF; **B:** incorreta. É possível a edição de medida provisória reduzindo alíquotas do imposto de renda (art. 62, § 2º, da CF); **C:** incorreta. O art. 62, § 1º, da CF trata das matérias que não podem ser disciplinadas por medida provisória e, dentre elas, não há essa restrição; **D:** incorreta. O Brasil é um Estado leigo ou laico, portanto, além de não professar religião oficial, não pode definir quais são os cultos permitidos, ainda que por lei federal. O art. 19, I, da CF ratificando essa situação, proíbe que os entes políticos estabeleçam cultos religiosos.

Gabarito "A".

(OAB/Exame Unificado – 2004.ES) Acerca da competência legislativa do Estado do Espírito Santo, assinale a opção correta.

(A) Incorreria em inconstitucionalidade uma lei editada pela Assembleia Legislativa estadual determinando a proibição do uso de capacetes por motociclistas nas vias urbanas do estado, em razão da reiterada ocorrência de assassinatos em que os homicidas não foram identificados por serem motociclistas que usavam capacetes.

(B) Seria constitucional dispositivo de lei estadual que fixasse o salário mínimo a ser pago por empresas com sede no estado em um valor correspondente a 150% do salário mínimo fixado por lei federal.

(C) Seria constitucional dispositivo de lei complementar estadual do Espírito Santo que atribuísse aos deputados estaduais iniciativa para propor lei alterando o salário dos servidores públicos estaduais.

(D) Seria compatível com a Constituição da República a instituição de carreira específica de juiz eleitoral estadual mediante lei complementar do Estado do Espírito Santo.

A: correta. O art. 22, XI, da CF dispõe que é da competência privativa da União a legislação sobre trânsito; Lei 9.503/1997 (Código de Trânsito Brasileiro); **B:** incorreta. A lei seria *inconstitucional*, pois é vedada a vinculação do salário mínimo para qualquer fim (art. 7º, IV, da CF); **C:** incorreta (art. 37, X, da CF); **D:** incorreta (art. 121 da CF).

Gabarito "A".

(FGV – 2011) Assinale a alternativa que apresente competência exclusiva do Congresso Nacional.

(A) Autorizar o Presidente da República e cônjuge a se ausentarem do País.

(B) Autorizar o estado de sítio ou suspendê-lo.

(C) Aprovar iniciativas do Poder Executivo referentes à matriz energética do país.

(D) Aprovar tratados e acordos internacionais na área da educação.

(E) Julgar mensalmente as contas apresentadas pelo Presidente da República.

A: incorreta. Não reflete o disposto no art. 49, III, da CF; **B:** correta. Art. 49, IV, da CF; **C:** incorreta. Não existe previsão no art. 49 da CF; **D:** incorreta. Não reflete o disposto no art. 49, I, da CF; **E:** incorreta. Não reflete o disposto no art. 49, IX, da CF.

Gabarito "B".

(FGV – 2010) Relativamente ao Poder Legislativo, assinale a afirmativa incorreta.

(A) A Câmara dos Deputados compõe-se de representantes do povo, eleitos, pelo sistema proporcional, em cada Estado, em cada Território e no Distrito Federal e o Senado Federal compõe-se de representantes dos Estados e do Distrito Federal, eleitos segundo o princípio majoritário.

(B) As deliberações de cada Casa do Congresso Nacional e de suas Comissões, salvo disposição constitucional em contrário, serão tomadas por maioria dos votos, presente qualquer quantidade de seus membros

(C) Aprovar o estado de defesa e a intervenção federal, autorizar o estado de sítio, ou suspender qualquer uma dessas medidas são, dentre outras coisas, da competência exclusiva do Congresso Nacional.

(D) Os Deputados e Senadores são invioláveis, civil e penalmente, por quaisquer de suas opiniões, palavras e votos.

(E) As comissões parlamentares de inquérito, que terão poderes de investigação próprios das autoridades judiciais, além de outros previstos nos regimentos das respectivas Casas, serão criadas pela Câmara dos Deputados e pelo Senado Federal, em conjunto ou separadamente, mediante requerimento de um terço de seus membros, para a apuração de fato determinado e por prazo certo, sendo suas conclusões, se for o caso, encaminhadas ao Ministério Público, para que promova a responsabilidade civil ou criminal dos infratores.

A: correta. Arts. 45 e 46 da CF; **B:** incorreta, devendo ser assinalada, pois não reflete o disposto no art. 47 da CF; **C:** correta. Art. 49, IV, da CF; **D:** correta. Art. 53 da CF; **E:** correta. Art. 58, § 3º, da CF.

Gabarito "B".

(FGV – 2008) Assinale, dentre as matérias abaixo relacionadas, incluídas na competência legislativa do Congresso Nacional, aquelas em que não se exige a sanção do Presidente da República.

(A) Organização administrativa, judiciária, do Ministério Público e da Defensoria Pública da União e dos Territórios.

(B) Tratados, acordos ou atos internacionais que acarretem encargos ou compromissos gravosos ao patrimônio nacional.

(C) Matéria financeira, cambial e monetária, instituições financeiras e suas operações.
(D) Criação, transformação e extinção de cargos, empregos e funções públicas.
(E) Concessão de anistia.

Conforme o texto do art. 48 da CF, não estão sujeitas à sanção as matérias previstas nos arts. 49, 51 e 52 da CF, como é o caso do art. 49, I, da CF.

Gabarito "B".

(FGV – 2008) A respeito da composição e competência legislativa do Senado Federal, analise as afirmativas a seguir:

I. Compete privativamente ao Senado Federal processar e julgar o Presidente e o Vice-Presidente da República nos crimes de responsabilidade, bem como os Ministros de Estado e os Comandantes da Marinha, do Exército e da Aeronáutica nos crimes da mesma natureza conexos com aqueles. Presidirá a sessão de julgamento o Presidente do Supremo Tribunal Federal e a condenação à perda do cargo com inabilitação, por oito anos, para o exercício de função pública, somente será proferida por dois terços dos votos dessa casa legislativa.
II. O Senado Federal compõe-se de representantes dos Estados e do Distrito Federal, eleitos segundo o princípio majoritário. Cada Estado e Distrito Federal elegerão três Senadores, com mandato de oito anos. A representação de cada Estado e do Distrito Federal será renovada de quatro em quatro anos, alternadamente, por um e dois terços.
III. Compete privativamente ao Senado Federal aprovar previamente, por voto secreto, após arguição pública, a escolha de Magistrados, nos casos estabelecidos na Constituição, Ministros do Tribunal de Contas da União indicados pelo Presidente da República, Governador de Território, Presidente e diretores do Banco Central, Procurador-Geral da República e titulares de outros cargos que a lei determinar.
IV. Compete privativamente ao Senado Federal autorizar operações externas de natureza financeira, de interesse da União, dos Estados, do Distrito Federal, dos Territórios e dos Municípios.

Assinale:

(A) se somente a afirmativa I estiver correta.
(B) se somente as afirmativas I e II estiverem corretas.
(C) se somente as afirmativas I e III estiverem corretas.
(D) se somente as afirmativas II e III estiverem corretas.
(E) se todas as afirmativas estiverem corretas.

I: correta. Art. 52, I e parágrafo único, da CF; **II:** correta. Art. 46, *caput* e §§ 1º e 2º, da CF; **III:** correta. Art. 52, III, "a" a "f", da CF; **IV:** correta. Art. 52, V, da CF.

Gabarito "E".

(FGV – 2008) Em matéria de competência constitucional, assinale a alternativa correta.

(A) Cabe ao Congresso Nacional dispor sobre todas as matérias de competência da União, especialmente sobre tomada de contas do Presidente da República, quando não apresentadas ao Congresso Nacional dentro de sessenta dias após a abertura da sessão legislativa.
(B) Cabe ao Congresso Nacional processar e julgar o Presidente e o Vice-Presidente da República nos crimes de responsabilidade.
(C) Compete privativamente à Câmara dos Deputados eleger membros do Conselho da República.
(D) Compete privativamente ao Senado Federal autorizar, por dois terços de seus membros, a instauração de processo contra o Presidente e o Vice-Presidente da República e os Ministros de Estado.
(E) É da competência exclusiva do Congresso Nacional fixar, por proposta do Presidente da República, limites globais para o montante da dívida consolidada da União, dos Estados, do Distrito Federal e dos Municípios

A: incorreta. A primeira parte está correta (art. 48 da CF), mas a competência para a tomada de contas em questão é da privativa Câmara dos Deputados (art. 51, II, da CF); **B:** incorreta. Competência privativa do Senado Federal (art. 52, I, da CF); **C:** correta. Art. 51, V, da CF; **D:** incorreta. Competência privativa da Câmara dos Deputados (art. 51, I, da CF); **E:** incorreta. Competência privativa do Senado Federal (art. 52, VI, da CF).

Gabarito "C".

(FGV – 2008) As seguintes matérias são da competência comum da União, Estados, Distrito Federal e Municípios, à exceção de uma. Assinale-a.

(A) zelar pela guarda da Constituição, das leis e das instituições democráticas.
(B) proporcionar os meios de acesso à cultura, à educação e à ciência.
(C) proteger os documentos, as obras e outros bens de valor histórico, artístico e cultural.
(D) planejar e promover a defesa permanente contra as calamidades públicas, especialmente as secas e as inundações.
(E) preservar as florestas, a fauna e a flora.

A: incorreta. De fato, zelar pela guarda da Constituição, das leis e das instituições democráticas é da competência *comum* da União, dos Estados, do Distrito Federal e dos Municípios (art. 23, I, da CF). A questão quer que seja assinalada a alternativa que não traz uma matéria de competência comum aos entes federados; **B:** incorreta. Novamente, o assunto é de competência *comum* (art. 23, V, da CF); **C:** incorreta. Essa proteção deve ser feita de forma *comum* por todos os entes federados (art. 23, III, da CF); **D:** correta. Planejar e promover a defesa permanente contra as calamidades públicas, especialmente as secas e as inundações, é competência *exclusiva da União* (art. 21, XVIII, da CF); **E:** incorreta. Preservar as florestas, a fauna e a flora é competência *comum* (art. 23, VII, da CF).

Gabarito "D".

10.2. PRERROGATIVAS E IMUNIDADES PARLAMENTARES

(OAB/Exame Unificado – 2016.1) Após ampla investigação, os órgãos competentes concluíram que o deputado federal X praticara um crime de homicídio, figurando como vítima o também deputado federal Y, seu desafeto político. Esse fato, ocorrido dentro das dependências da respectiva Casa Legislativa, despertou intenso debate a respeito de qual seria o órgão competente para julgá-lo.

À luz da sistemática constitucional, é correto afirmar que X deve ser julgado

(A) pelo Supremo Tribunal Federal, órgão competente para processar e julgar os Deputados Federais em qualquer infração penal comum.

(B) pelo Tribunal do Júri, órgão competente para julgar qualquer pessoa pela prática de crime doloso contra a vida.

(C) pelo Superior Tribunal de Justiça, órgão competente para processar e julgar os Deputados Federais no caso de crime doloso contra a vida.

(D) pela Câmara dos Deputados, órgão competente para julgar os Deputados Federais por crimes de responsabilidade, considerados como tais aqueles que tenham relação com o exercício do mandato.

A: correta. De acordo com o art. 53, § 1º, da CF — Os Deputados e Senadores, desde a expedição do diploma, serão submetidos a julgamento perante o Supremo Tribunal Federal; **B:** incorreta. O Tribunal do Júri, de fato, detém a competência para o julgamento dos crimes dolosos contra a vida, de acordo com o art. 5º, XXXVIII, "d", da CF. Ocorre que tal competência não é absoluta, de modo que não abrange aqueles que possuem o denominado foro por prerrogativa de função. O deputado federal faz parte desse grupo que detém o foro especial por prerrogativa de função, conforme dispõe o art. 53, § 1º, da CF; **C:** incorreta. **Não é o Superior Tribunal de Justiça** o órgão competente para processar e julgar os Deputados Federais no caso de crime doloso contra a vida. De acordo com o art. 53, § 1º, da CF, o **Supremo Tribunal Federal** é quem detém competência para tal julgamento; **D:** incorreta. O crime praticado pelo Deputado Federal X é de natureza comum, de modo que a competência para o seu julgamento, conforme já mencionado, é do Supremo Tribunal Federal.

Gabarito "A"

(OAB/Exame Unificado – 2015.1) Caio da Silva, Senador da República pelo Estado "Z", no decorrer do recesso parlamentar, viaja de férias com a família para um *resort* situado no Estado "X", a fim de descansar. Todavia, em meio aos hóspedes que ali se encontravam, deparou-se com Tício dos Santos, um ferrenho adversário político, com quem acabou por travar áspera discussão em torno de temas políticos já discutidos anteriormente no Senado. Caio da Silva, durante a discussão, atribuiu ao seu adversário a responsabilidade pela prática de fatos definidos como crimes, além de injuriá-lo com vários adjetivos ofensivos. Tício dos Santos, inconformado com as agressões públicas a ele desferidas, decidiu ajuizar queixa-crime em face de Caio da Silva.

Tendo em vista as particularidades da narrativa acima e considerando o que dispõe a Constituição Federal, assinale a afirmativa correta.

(A) Caio da Silva, por estar fora do espaço físico do Congresso Nacional, não é alcançado pela garantia da imunidade material, respondendo pelos crimes contra a honra que praticou.

(B) Caio da Silva, mesmo fora do espaço físico do Congresso Nacional, é alcançado pela garantia da imunidade material, tendo em vista que as ofensas proferidas estão relacionadas ao exercício da atividade parlamentar.

(C) Caio da Silva não está coberto pela garantia da imunidade material, tendo em vista que as ofensas foram proferidas em um momento de recesso parlamentar, o que afasta qualquer relação com a atividade de Senador.

(D) Caio da Silva não está coberto pela garantia da imunidade material, visto que, durante o recesso parlamentar, sequer estava no território do Estado que representa na condição de Senador.

A: incorreta. Caio da Silva, ao contrário do mencionado, é alcançado pela imunidade material, pois o que importa não é o local em que a discussão ocorreu, mas se elas estavam ou não relacionadas ao exercício da função. No problema apresentado, a conflito girou em torno de temas políticos já discutidos anteriormente no Senado, de modo que tinha relação com o exercício da função; **B:** correta. Como mencionado, o que importa é a relação das ofensas com o exercício da função. As prerrogativas dadas aos parlamentares têm por finalidade resguardar a liberdade e a independência durante o exercício do mandato eletivo; **C:** incorreta. O período de recesso não faz com o que o parlamentar perca as imunidades. O que interessa para a verificação de sua incidência é a relação do ato com o exercício da função; **D:** incorreta. O Senador tem imunidade em todo território nacional.

Gabarito "B"

(OAB/Exame Unificado – 2014.3) O senador "X" ausentou-se das atividades do Senado Federal para tratar de assunto de interesse particular por cento e cinquenta dias ininterruptos e, diante desse fato, enfrenta representação para a perda do seu mandato, por não ter comparecido à terça parte das sessões ordinárias da Casa, que foram realizadas no período em que esteve ausente.

Nessa hipótese, assinale a afirmativa correta.

(A) A perda do mandato do referido senador será decidida pelo Senado Federal, por maioria absoluta, mediante provocação da respectiva mesa ou de partido político representado no Congresso Nacional, assegurada a ampla defesa.

(B) Não poderá o referido parlamentar perder o mandato, já que o afastamento não ultrapassou cento e oitenta dias dentro da mesma sessão legislativa.

(C) A perda do mandato do referido senador poderá ser declarada pela Mesa da Casa Legislativa de ofício ou mediante provocação de qualquer dos seu membros, ou de partido político representado no Congresso Nacional, assegurada a ampla defesa.

(D) Caso o referido senador venha a renunciar após submetido ao processo que vise ou possa levar à perda do seu mandato, haverá o arquivamento do processo pela perda do seu objeto.

A: incorreta. A perda do mandado do senador "X" **não será decidida pelo Senador**. De acordo com o art. 55, III, da CF, perderá o mandato o Deputado ou Senador que deixar de comparecer, em cada sessão legislativa, à terça parte das sessões ordinárias da Casa a que pertencer, salvo licença ou missão por esta autorizada. O § 3º do mesmo art. determina que nos casos previstos nos incisos **III** a V, **a perda será declarada pela Mesa da Casa respectiva**, de ofício ou mediante provocação de qualquer de seus membros, ou de partido político representado no Congresso Nacional, assegurada ampla defesa; **B:** incorreta. A hipótese é de perda do mandato, pois já ficou demonstrada a ausência do Senador "X" em mais de um terço das sessões ordinárias; **C:** correta. É o que decorre da leitura do art. 55, III, da CF c/c o § 3º do mesmo dispositivo; **D:** incorreta. A renúncia não gera o arquivamento processo. O § 4º do art. 55 da CF determina que **a renúncia de parlamentar** submetido a processo que vise ou possa levar à perda do mandato, nos termos deste artigo, **terá seus efeitos suspensos** até as deliberações finais de que tratam os §§ 2º e 3º.

Gabarito "C"

(OAB/Exame Unificado – 2013.3) O Deputado Federal "Y" foi objeto de extensa investigação, e diversas reportagens jornalísticas indicaram sua participação em fraudes contra a previdência social. Além disso, inquéritos da polícia chegaram a fortes indícios de diversas práticas criminosas por uma quadrilha por ele liderada. O Ministério Público ofereceu denúncia contra sete acusados, incluindo o parlamentar.

Com relação ao caso apresentado, assinale a afirmativa correta.

(A) Os deputados federais não podem ser presos em hipótese alguma, pois são invioláveis, na forma prevista na Constituição da República.

(B) O processo criminal contra o deputado federal deverá tramitar perante o Superior Tribunal de Justiça e tem procedimento especial previsto em lei.

(C) O tribunal competente, recebida denúncia contra o deputado federal por crime ocorrido após a diplomação, dará ciência à Câmara dos Deputados, que poderá sustar o andamento da ação por iniciativa de partido político nela representado e pelo voto da maioria de seus membros, até a decisão final.

(D) Os membros do Congresso Nacional, desde a expedição do diploma, não poderão ser processados criminalmente sem prévia licença de sua Casa; não sendo concedida a licença, ficará suspensa a prescrição, até o fim do mandato.

A: incorreta. A regra segundo a qual os deputados federais não poderão ser presos desde a expedição do diploma **não é absoluta**. O § 2º do art. 53 da CF determina que em caso de flagrante de crime inafiançável a prisão é possível. Nesse caso, os autos serão remetidos dentro de vinte e quatro horas à Casa respectiva, para que, pelo voto da maioria de seus membros, resolva sobre a prisão; **B:** incorreta. De acordo com o art. 53, § 1º, da CF, os Deputados e Senadores, desde a expedição do diploma, serão submetidos a **julgamento perante o Supremo Tribunal Federal**. Não há procedimento especial para tanto; **C:** correta. É o que determina o § 3º do art. 53 da CF; **D:** incorreta. A CF não exige licença da Casa respectiva para que os membros do Congresso Nacional sejam processados. O que pode ocorrer, como já mencionado, é a suspensão do andamento do processo.

Gabarito "C"

(OAB/Exame Unificado – 2011.3.B) A imunidade formal e a imunidade material consistem em prerrogativas conferidas aos ocupantes de determinados cargos públicos. Em relação às referidas imunidades, é correto afirmar que

(A) a imunidade formal se aplica inclusive aos Vereadores.

(B) o Governador de Estado goza de imunidade formal e de imunidade material na mesma extensão que o Presidente da República.

(C) os Vereadores gozam de imunidade material relativa às suas opiniões, palavras e votos, nos limites territoriais do Município a que estejam vinculados.

(D) a imunidade relativa à proibição de prisão impede inclusive a prisão em flagrante por crime inafiançável.

A: incorreta. Aos vereadores *não* se aplicam as chamadas *imunidades formais* (relativas à prisão e ao processo criminal). De acordo com o art. 29, VIII, da CF, os vereadores possuem imunidade material, sendo invioláveis por suas opiniões, palavras e votos no exercício do mandato e na circunscrição do Município; **B:** incorreta. Os Chefes dos Executivos Estatuais *não* possuem as mesmas imunidades do Chefe do Executivo Federal. Conforme o art. 86, § 3º, da CF, enquanto não sobrevier sentença condenatória, nas infrações comuns, o Presidente da República não estará sujeito a prisão. Segundo o STF (ADI 1.028-0/PE, Pleno, j. 19.10.1995, rel. p/ acórdão Min. Celso de Mello, *DJ* 17.11.1995), a imunidade do Presidente relativa à impossibilidade de prisão cautelar é insuscetível de estender-se aos Governadores. Também entende o Supremo que os Estados-membros *não podem* reproduzir em suas próprias Constituições o conteúdo previsto nos §§ 3º e 4º do art. 86 da CF, pois essas prerrogativas são unicamente compatíveis com a condição institucional de Chefe de Estado (ADI 978-8/PB, Pleno, j. 19.10.1995, rel. p/ acórdão Min. Celso de Mello, *DJ* 24.11.1995); **C:** correta. É o que se extrai da leitura do art. 29, VIII, da CF; **D:** incorreta. Na hipótese da prática de crime inafiançável não se aplica a imunidade parlamentar formal relativa à prisão. Nesse caso, de acordo o art. 53, § 2º, da CF, após a prisão do acusado, os autos serão remetidos à Casa que o parlamentar está vinculado, dentro de vinte e quatro horas, para que, pelo voto da maioria de seus membros, resolva sobre a prisão.

Gabarito "C"

(FGV – 2011) Um determinado deputado federal foi flagrado cometendo delito considerado inafiançável, sendo preso pelos agentes policiais estatais. Consoante as normas constitucionais, os autos da prisão devem ser remetidos para exame do ato

(A) ao Senado da República.

(B) ao Governador.

(C) ao Presidente da República.

(D) ao Congresso Nacional.

(E) à Câmara Federal.

Segundo o § 2º do art. 53 da CF, "desde a expedição do diploma, os membros do Congresso Nacional não poderão ser presos, salvo em flagrante de crime inafiançável. Nesse caso, os autos serão remetidos dentro de vinte e quatro horas à Casa respectiva, para que, pelo voto da maioria de seus membros, resolva sobre a prisão". Na presente situação, como o crime foi praticado por um deputado federal, a casa respectiva, que receberá os autos de prisão é a Câmara Federal ou também chamada de Câmara de Deputados.

Gabarito "E"

(OAB/Exame Unificado – 2011.1) Considere a hipótese de Deputado Federal que cometeu crime (comum) após a diplomação. Nesse caso, é correto afirmar que

(A) o Congresso Nacional pode sustar o andamento da ação penal.

(B) a Câmara dos Deputados pode sustar o andamento da ação penal.

(C) o STF só pode receber a denúncia após a licença da Câmara dos Deputados.

(D) o STF só pode receber a denúncia após a licença do Congresso Nacional.

A: incorreta. Não é o Congresso Nacional quem tem competência para tanto (art. 53, § 3º, da CF). **B:** correta. De fato é a Câmara de Deputados quem pode sustar o andamento da ação penal, pois o art. 53, § 3º, da CF determina que recebida a denúncia contra o Senador ou Deputado, por crime ocorrido após a diplomação, o STF dará ciência à Casa respectiva, que, por iniciativa de partido político nela representado e pelo voto da maioria de seus membros, poderá, até a decisão final, sustar o andamento da ação. A "Casa respectiva" de um Deputado Federal é justamente a Câmara de Deputados; **C** e **D:** incorretas. A EC 35/2001 retirou do texto constitucional a exigência de licença por parte das respectivas casas, nas hipóteses de prisão e processo criminal em face de Deputado Federal e Senador.

Gabarito "B"

(OAB/Exame Unificado – 2009.3) Segundo a CF, aos membros do Poder Legislativo municipal

(A) não são asseguradas imunidades formais nem materiais.

(B) são asseguradas, em observância ao princípio da simetria, as mesmas prerrogativas formais e materiais garantidas aos membros do Poder Legislativo federal.

(C) são asseguradas apenas as imunidades materiais, visto que lhes é garantida a inviolabilidade por suas opiniões, palavras e votos, no exercício do mandato e na circunscrição do município.

(D) é assegurada imunidade formal, não podendo eles sofrer persecução penal pela prática de delitos, sem prévia licença da respectiva câmara municipal.

A: incorreta. Ao vereador é assegurada apenas a imunidade material, que é aquela que o torna inviolável civil e penalmente por palavras, opiniões e votos que proferir no curso do mandato. O art. 29, VIII, da CF determina que tal imunidade é válida na circunscrição do Município; **B:** incorreta. O vereador possui apenas imunidade material. **C:** correta. É o que dispõe o art. 29, VIII, da CF; **D:** incorreta. O vereador não possui imunidade formal ou processual que são aquelas relativas à prisão e ao processo criminal (art. 53, §§ 2º e 3º, da CF).

Gabarito "C"

(OAB/Exame Unificado – 2009.1) No que se refere às prerrogativas conferidas aos parlamentares federais, assinale a opção correta.

(A) Os delitos de opinião praticados por congressistas, no exercício formal de suas funções, somente poderão ser submetidos ao Poder Judiciário após o término do mandato do parlamentar.

(B) Recebida a denúncia contra senador ou deputado, por crime ocorrido após a diplomação, o STF dará ciência à Casa respectiva, que, por iniciativa do parlamentar réu ou do partido político a que é filiado, pode sustar o andamento da ação.

(C) A imunidade parlamentar formal não obsta, observado o devido processo legal, a execução de pena privativa de liberdade decorrente de decisão judicial transitada em julgado.

(D) As imunidades de deputados e senadores não subsistirão durante o estado de sítio dada a gravidade da situação de crise e da excepcionalidade da medida.

A: incorreta. Os parlamentares possuem certas garantias em razão da função que exercem. Dentre elas há a imunidade material que o torna inviolável civil e penalmente por palavras, opiniões e votos que proferir no curso dos mandatos (art. 53, § 1º, da CF). Desse modo, não serão responsabilizados por opiniões proferidas no curso dos mandatos; **B:** incorreta. Não é por iniciativa do parlamentar réu ou do partido a que é filiado. O art. 53, § 3º, da CF dispõe que o andamento da ação poderá ser sustado por iniciativa do partido político representado na Casa respectiva do Senador ou Deputado acusados ou pelo voto da maioria de seus membros; **C:** correta. De fato não obsta, pois nesse caso o parlamentar perderá o mandato (art. 55, VI, da CF); **D:** incorreta. A regra é que as imunidades persistem durante o estado de sítio (art. 53, § 8º, da CF).

Gabarito "C"

(FGV – 2010) Da disciplina constitucional sobre o Poder Legislativo, seus membros e suas comissões, infere-se que

(A) as comissões parlamentares de inquérito da Câmara dos Deputados e do Senado Federal possuem poderes próprios das autoridades policiais e judiciais.

(B) a imunidade material do Deputado Federal é idêntica à do Vereador, com alcance em todo o território nacional.

(C) o Vereador possui imunidade parlamentar em sentido material, mas não lhe é atribuída a imunidade formal ou processual.

(D) o Vereador possui imunidade parlamentar em sentido material e também em sentido formal ou processual, desde que na circunscrição do Município.

(E) as comissões parlamentares de inquérito da Câmara dos Deputados e do Senado Federal podem ser criadas por prazo indeterminado.

A e **E:** incorretas, pois não refletem o disposto no art. 58, § 3º, da CF; **B:** incorreta. A imunidade material dos deputados e senadores está prescrita no art. 53 da CF e a dos vereadores no art. 29, VIII, da CF, que se limita à circunscrição do município; **C:** correta. Os vereadores possuem apenas a imunidade material (art. 29, VIII, da CF), ao contrário dos deputados e senadores, que possuem imunidades material (art. 53, *caput*, da CF) e formal (art. 53, § 2º, da CF). **D:** incorreta, conforme explicado na alternativa anterior.

Gabarito "C"

(FGV – 2009) As alternativas a seguir constituem prerrogativas dos Deputados Estaduais do Estado do Pará, à exceção de uma. Assinale-a.

(A) Não podem ser processados, civil ou penalmente, por opiniões, palavras e votos proferidos no exercício de seu mandato parlamentar.

(B) Têm direito à prerrogativa de foro perante o Tribunal de Justiça desde a expedição do diploma.

(C) Não são obrigados a testemunhar sobre informações recebidas ou prestadas em razão do exercício do mandato.

(D) Só poderão ser presos em caso de flagrante de crime inafiançável, podendo a Assembleia Legislativa, pelo voto da maioria de seus membros, revogar a prisão.

(E) Desde a expedição do diploma serão suspensos todos os processos criminais em curso contra o deputado, bem como o prazo prescricional, enquanto durar o mandato.

O regime das imunidades material e formal dos deputados estaduais segue o modelo federal (art. 53 e seguintes da CF) que não prevê a automática suspensão dos processos criminais e do respectivo prazo prescricional, após a expedição do diploma.

Gabarito "E"

(FGV – 2008) A imunidade parlamentar material prevista no art. 53, *caput*, da Constituição Federal assegura:

(A) que os Deputados e Senadores não sejam processados civil e criminalmente por opiniões, palavras e votos proferidos exclusivamente dentro do parlamento, desde que haja conexão entre a ofensa irrogada e o exercício do mandato.

(B) que os Deputados e Senadores não sejam processados civil e criminalmente por opiniões, palavras e votos proferidos dentro ou fora do parlamento, desde que haja conexão entre a ofensa irrogada e o exercício do mandato.

(C) que os Deputados e Senadores não sejam processados criminalmente por opiniões, palavras e votos proferidos dentro ou fora do parlamento, desde que haja conexão entre a ofensa irrogada e o exercício do mandato. A prerrogativa não impede que os parlamentares sejam civilmente processados pela vítima da ofensa.

(D) que os Deputados e Senadores sejam processados criminalmente apenas pelos crimes de injúria e difamação. A prerrogativa não impede processo criminal por calúnia, mesmo que a ofensa tenha sido irrogada dentro do parlamento e esteja relacionada com o exercício do mandato.

(E) que processos cíveis e criminais decorrentes de opiniões, palavras e votos proferidos pelos Deputados e Senadores dentro do parlamento fiquem automaticamente suspensos enquanto durar o mandato legislativo, ficando também suspenso o curso do prazo prescricional.

As imunidades parlamentares têm por objetivo principal a garantia ao livre exercício do cargo. Por isso, a imunidade material (por opiniões, palavras e votos), também chamada de inviolabilidade, só protege o parlamentar no exercício do mandato ou em razão dele. No âmbito penal, o parlamentar responde sem necessidade de prévia licença da Casa respectiva, mas há a possibilidade de sustação da ação na forma do art. 53, § 3º, da CF (imunidade parlamentar formal).

Gabarito "B"

(FGV – 2007) Com base na Constituição da República Federativa do Brasil de 1988 e suas atualizações, assinale a alternativa correta.

(A) Conforme mandamento constitucional, os vereadores se beneficiam de todas as imunidades formais.

(B) Conforme a Constituição Federal, aos deputados estaduais se estende a imunidade material. Esta expressa a inviolabilidade civil e penal dos deputados por suas opiniões, palavras e votos, neutralizando a responsabilidade do parlamentar nessas esferas.

(C) O suplente de deputado estadual possui as garantias constitucionais de imunidade parlamentar, bem como a ele se estende a prerrogativa de foro, pois ostenta a posição de substituto eventual do titular do mandato.

(D) Conforme a Constituição Federal, aos deputados estaduais se estende a imunidade formal. Esta expressa a inviolabilidade civil e penal dos deputados por suas opiniões, palavras e votos, neutralizando a responsabilidade do parlamentar nessas esferas.

(E) A Constituição Federal prevê imunidades materiais e formais aos deputados estaduais e aos vereadores. No que tange a estes, no entanto, a imunidade material é limitada territorialmente à circunscrição do Município.

A: incorreta. Art. 29, VIII, da CF: os vereadores só possuem imunidade material (por opiniões, palavras e votos); **B:** correta. O regime das imunidades material e formal dos deputados estaduais segue o modelo federal (art. 53 e seguintes da CF); **C:** incorreta. A imunidade parlamentar é uma garantia ao livre exercício do cargo, por isso só existe em razão deste; **D:** incorreta. Aos deputados estaduais se estende a imunidade formal, mas o conceito apresentado é de imunidade material (por opiniões, palavras e votos); **E:** incorreta. Os vereadores só possuem imunidade material, limitada à circunscrição do Município (art. 29, VIII, da CF).

Gabarito "B"

10.3. COMISSÕES PARLAMENTARES DE INQUÉRITO – CPI

(OAB/Exame Unificado – 2015.2) Ocorreu um grande escândalo de desvio de verbas públicas na administração pública federal, o que ensejou a instauração de uma Comissão Parlamentar de Inquérito (CPI), requerida pelos deputados federais de oposição. Surpreendentemente, os oponentes da CPI conseguem que o inexperiente deputado M seja alçado à condição de Presidente da Comissão. Por não possuir formação jurídica e desconhecer o trâmite das atividades parlamentares, o referido Presidente, sem consultar os assessores jurídicos da Casa, toma uma série de iniciativas, expedindo ofícios e requisitando informações a diversos órgãos. Posteriormente, veio à tona que apenas uma de suas providências prescindiria de efetivo mandado judicial. Assinale a opção que indica a única providência que o deputado M poderia ter tomado, prescindindo de ordem judicial.

(A) Determinação de prisão preventiva de pessoas por condutas que, embora sem flagrância, configuram crime e há comprovado risco de que voltem a ser praticadas.

(B) Autorização, ao setor de inteligência da Polícia Judiciária, para que realize a interceptação das comunicações telefônicas ("escuta") de prováveis envolvidos.

(C) Quebra de sigilo fiscal dos servidores públicos que, sem aparente motivo, apresentaram público e notório aumento do seu padrão de consumo.

(D) Busca e apreensão de documentos nas residências de sete pessoas supostamente envolvidas no esquema de desvio de verba.

A: incorreta. A CPI **não pode decretar a prisão**, ressalvadas as hipóteses de flagrante delito, conforme inciso LXI da art. 5º da CF, pois nesses casos não só a CPI, mas qualquer um do povo pode prender. Dispõe o art. 301 do Código de Processo Penal que qualquer pessoa do povo poderá e as autoridades policiais e seus agentes deverão prender quem quer que seja encontrado em flagrante delito; **B:** incorreta. A CPI não pode determinar a quebra do sigilo das comunicações telefônicas, ou seja, a **CPI não pode determinar a interceptação telefônica**, pois, segundo o art. 5º, XII, da CF, somente para fins de investigação criminal ou instrução processual penal é que poderá haver tal diligência. Ressalta-se que o acesso às contas telefônicas (dados telefônicos) não se confunde com quebra de comunicação telefônica (que é a interceptação ou escuta). A primeira se inclui nos poderes da CPI, já a segunda é acobertada pela cláusula de reserva de jurisdição e, portanto, não cabe à CPI determiná-la. Por outro lado, o STF já afirmou que, embora haja a vedação mencionada, se a interceptação foi realizada num processo criminal e a CPI quer emprestar a prova lá produzida, para ajudar nas suas investigações, isso poderá ser feito; **C:** correta. É possível que a CPI determine a quebra do sigilo fiscal desses servidores e, nesse caso, não há necessidade de ordem judicial. Dentre os poderes da CPI, encontra-se o de quebrar o sigilo fiscal, bancário e financeiro. É imprescindível, segundo o Supremo, que o ato seja devidamente fundamentado e que haja efetiva necessidade para a da adoção da medida; **D:** incorreta. As CPIs não podem determinar e efetivar a busca domiciliar, pois tais atos dependem de ordem judicial, conforme dispõe o inciso XI do artigo art. 5º da CF;

Gabarito "C"

(OAB/Exame Unificado – 2009.1) De acordo com a doutrina e jurisprudência, as comissões parlamentares de inquérito instituídas no âmbito do Poder Legislativo federal

(A) têm a missão constitucional de investigar autoridades públicas e de promover a responsabilidade civil ou criminal dos infratores.
(B) não podem determinar a quebra do sigilo bancário ou dos registros telefônicos da pessoa que esteja sendo investigada, dada a submissão de tais condutas à cláusula de reserva de jurisdição.
(C) devem obediência ao princípio federativo, razão pela qual não podem investigar questões relacionadas à gestão da coisa pública estadual, distrital ou municipal.
(D) podem anular atos do Poder Executivo quando, no resultado das investigações, ficar evidente a ilegalidade do ato.

A: incorreta. As comissões parlamentares de inquérito não promovem responsabilidades, apenas investigam o fato determinado e encaminham seus relatórios ao Ministério Publico para que ele promova as responsabilidades dos infratores (art. 58, § 3º, da CF); **B:** incorreta. No âmbito federal, a CPI tem poder para determinar a quebra do sigilo bancário, fiscal e de dados telefônicos (acesso às contas, registros telefônicos). O que está reservado à cláusula de reserva jurisdicional, portanto só por ordem judicial e para fins de investigação criminal ou instrução processual penal é a quebra do sigilo das comunicações telefônicas (escuta ou interceptação telefônica) (art. 5º, XII, da CF); **C:** correta (art. 58, § 3º, c.c. os arts. 1º e 18, todos da CF); **D:** incorreta. Como mencionado, a CPI não promove responsabilizações (art. 58, § 3º, da CF).

Gabarito "C"

(OAB/Exame Unificado – 2007.3) É correto afirmar que as comissões parlamentares de inquérito criadas no âmbito da Câmara dos Deputados e do Senado Federal, em conjunto ou separadamente,

(A) podem ter seus atos controlados pelo Supremo Tribunal Federal (STF) quando envolverem ilegalidade ou ofensa a direito individual.
(B) possuem competência para a decretação de prisões temporárias, preventivas ou em flagrante delito.
(C) têm poderes de investigação próprios das autoridades judiciais, podendo adotar medidas como a quebra de sigilo bancário, fiscal e de dados, buscas e apreensões em domicílios e a condução coercitiva de indiciados e testemunhas.
(D) podem decretar a indisponibilidade de bens dos investigados, visto que lhes é permitido adotar medidas cautelares próprias das autoridades judiciais.

A: correta (art. 58, § 3º, da CF c/c art. 5º, XXXV, da CF); **B:** incorreta. A CPI não pode determinar a prisão, exceto em flagrante, pois isso qualquer do povo pode fazê-lo. **C:** incorreta. Embora a CPI tenha poderes próprios das autoridades judiciais, há algumas situações resguardadas pela cláusula de reserva jurisdicional, ou seja, só podem ser determinadas por ordem judicial. Um exemplo é a busca domiciliar (art. 5º, XI, da CF). **D:** incorreta. A CPI não promove responsabilização e não tem o poder de decretar a indisponibilidade de bens dos investigados.

Gabarito "A"

(FGV – 2014) O Deputado Fábio, após várias articulações políticas, consegue reunir as assinaturas necessárias para a constituição de Comissão Parlamentar de Inquérito que vem a ser presidida pelo seu colega de mandato, Virgílio.

Após a instalação, os membros da referida comissão convocaram o cidadão Antero para prestar informações de interesse das investigações que estão sendo efetuadas. Após ser regularmente intimado, Antero realiza consulta jurídica aventando a possibilidade de não comparecer à Comissão, tendo em vista que as perguntas formuladas poderiam gerar processos judiciais em seu prejuízo.

Observados tais lineamentos, assinale a afirmativa correta.

(A) Qualquer pessoa pode escusar-se a comparecer às Comissões Parlamentares de Inquérito.
(B) Os poderes das Comissões Parlamentares de Inquérito são de natureza jurisdicional.
(C) Os depoimentos prestados nas Comissões Parlamentares de inquérito são a elas circunscritos.
(D) O dever de comparecer perante Comissão Parlamentar de Inquérito surge naturalmente do seu poder investigativo.
(E) O direito ao silêncio do depoente não se aplica perante uma Comissão Parlamentar de Inquérito.

A: incorreta. De acordo com o art. 58, § 2º, V, da CF, às comissões, em razão da matéria de sua competência, cabe **solicitar depoimento de qualquer** autoridade ou **cidadão**. Sendo assim, a regra é que a pessoa deva comparecer para prestar esclarecimentos especificamente a respeito do fato que está sendo investigado; **B:** incorreta. Embora as comissões parlamentares de inquérito – CPI's, conforme dispõe o art. 58, § 3º, da CF, possuam poderes de investigação próprio das autoridades judiciais, os atos de **natureza jurisdicional**, ou seja, os **julgamentos em si**, **não podem ser realizados** por essas comissões. O fundamento para tanto é o de que os juízes não poderiam ser convocados pelas CPI's para prestarem esclarecimentos sobre decisões tomadas, pois isso violaria frontalmente a separação dos poderes; **C:** incorreta. Os **depoimentos** prestados **não ficam limitados à CPI**, pois, ao final das investigações, caso ela entenda pela responsabilidade dos investigados, fará um relatório e encaminhará ao Ministério Público para que ele promova a responsabilidade dos infratores. Conforme menciona o art. 58, § 3º, da CF, as comissões parlamentares de inquérito, que terão poderes de investigação próprios das autoridades judiciais, além de outros previstos nos regimentos das respectivas Casas, serão criadas pela Câmara dos Deputados e pelo Senado Federal, em conjunto ou separadamente, mediante requerimento de um terço de seus membros, para a apuração de fato determinado e por prazo certo, sendo suas conclusões, se for o caso, encaminhadas ao Ministério Público, para que promova a responsabilidade civil ou criminal dos infratores; **D:** correta. O dever de comparecer perante CPI, de fato, surge naturalmente do seu poder investigativo, conforme previsto no art. 58, § 2º, V, da CF; **E:** incorreta. O direito ao silêncio pode ser utilizado como mecanismo de defesa. O STF entende que: "O fato de o paciente já ter prestado declarações à CPI não acarreta prejudicialidade do writ quando ainda existir a possibilidade de futuras convocações para prestação de novos depoimentos. **É jurisprudência pacífica desta Corte a possibilidade de o investigado, convocado para depor perante CPI, permanecer em silêncio, evitando-se a autoincriminação**, além de ter assegurado o direito de ser assistido por advogado e de comunicar-se com este durante a sua inquirição. Precedentes. Considerando a qualidade de investigado convocado por CPI para prestar depoimento, é imperiosa a dispensa do compromisso legal inerente às testemunhas. Direitos e garantias inerentes ao privilégio contra a autoincriminação podem ser previamente assegurados para exercício em eventuais reconvocações. Precedentes." (HC 100.200, Rel. Min. Joaquim Barbosa, julgamento em 8-4-2010, Plenário, DJE de 27-8-2010.)

Gabarito "D"

(FGV – 2008) A respeito das comissões parlamentares de inquérito, assinale a afirmativa correta.

(A) As comissões parlamentares de inquérito dispõem de competência constitucional para ordenar a quebra do sigilo bancário, fiscal e telefônico das pessoas sob investigação do Poder Legislativo, mas devem fundamentar adequadamente a decisão de quebra.

(B) As comissões parlamentares de inquérito podem decretar monitoramento telefônico, desde que presentes os requisitos da Lei 9.296/1996. A decisão será fundamentada, sob pena de nulidade, indicando também a forma de execução da diligência, que não poderá exceder o prazo de quinze dias, renovável por igual tempo, uma vez comprovada a indispensabilidade do meio de prova.

(C) As comissões parlamentares de inquérito podem decretar a indisponibilidade de ativos financeiros das pessoas investigadas, por voto da maioria absoluta de seus membros.

(D) O direito de não se autoincriminar não se aplica às comissões parlamentares de inquérito. Todas as pessoas convocadas devem prestar compromisso de dizer a verdade aos membros da comissão, antes do início do depoimento.

(E) As decisões tomadas por maioria absoluta dos membros das comissões parlamentares de inquérito não estão sujeitas a controle judicial, em razão do princípio constitucional da independência dos poderes.

Art. 58, § 3º, da CF. O STF entende que as CPIs podem determinar a quebra de sigilo bancário, fiscal e telefônico por terem poderes próprios de autoridades judiciais, desde que o ato seja adequadamente fundamentado e revele a necessidade objetiva da medida extraordinária. Entretanto, não lhes cabe decretar a indisponibilidade de bens "que não é medida de instrução – a cujo âmbito se restringem os poderes de autoridade judicial a elas conferidos no art. 58, § 3º – mas de provimento cautelar de eventual sentença futura, que só pode caber ao Juiz competente para proferi-la" (STF, MS 23.480-6/RJ, j. 04.05.2000, rel. Min. Sepúlveda Pertence, *DJ* 15.09.2000). A garantia contra a não autoincriminação aplica-se a todo procedimento, seja judicial ou administrativo, inclusive no âmbito das CPIs. Por fim, ante o princípio da inafastabilidade do controle judicial (art. 5º, XXXV, da CF), os atos das CPIs estão sujeitos a controle jurisdicional.

Gabarito "A".

10.4. PROCESSO LEGISLATIVO

(OAB/Exame Unificado – 2016.2) O deputado federal João da Silva, em seu primeiro mandato, propõe um projeto de lei sobre regulamentação de aplicativos de mensagens. As discussões em plenário se mostram acirradas, sendo o projeto de lei rejeitado. Inconformado, o deputado, por entender que a rejeição do projeto se deveu a fatores circunstanciais e passageiros, quer voltar a tê-lo reavaliado, ainda na mesma sessão legislativa.

Em dúvida se poderia vir a fazê-lo, consulta sua assessoria que, em consonância com a CRFB/88, presta a seguinte informação:

(A) A matéria constante do referido projeto de lei somente poderá constituir objeto de novo projeto na próxima sessão legislativa, em deferência ao princípio da oportunidade.

(B) A matéria objeto do projeto de Lei rejeitado ainda poderá ser apreciada na mesma sessão legislativa, desde que proposta pela maioria absoluta dos membros de qualquer uma das casas do Congresso Nacional.

(C) A matéria, objeto do projeto de lei rejeitado, somente poderá ser apreciada na mesma sessão legislativa se comprovadamente tratar de direito que aumente o grau de dignidade e proteção da pessoa humana.

(D) A matéria, discutida em projeto de lei rejeitado pelo Congresso Nacional, não pode ser apreciada na mesma sessão legislativa, exceto se o Presidente da República, alegando interesse nacional, assim o determinar.

A: incorreta. Determina o art. 67 da CF que a matéria constante **de projeto de lei rejeitado somente poderá constituir objeto de novo projeto**, na mesma sessão legislativa, **mediante proposta da maioria absoluta dos membros de qualquer das Casas do Congresso Nacional**. O princípio aplicado aqui é o da irrepetibilidade, não o da oportunidade. De acordo com o STF, "A norma inscrita no art. 67 da Constituição – que consagra o postulado da **irrepetibilidade dos projetos rejeitados na mesma sessão legislativa** – não impede o presidente da República de submeter, à apreciação do Congresso Nacional, reunido em convocação extraordinária (CF, art. 57, § 6º, II), projeto de lei versando, total ou parcialmente, a mesma matéria que constitui objeto de medida provisória rejeitada pelo Parlamento, em sessão legislativa realizada no ano anterior. O presidente da República, no entanto, sob pena de ofensa ao princípio da separação de poderes e de transgressão à integridade da ordem democrática, não pode valer-se de medida provisória para disciplinar matéria que já tenha sido objeto de projeto de lei anteriormente rejeitado na mesma sessão legislativa (RTJ 166/890, Rel. Min. Octavio Gallotti). Também pelas mesmas razões, o chefe do Poder Executivo da União não pode reeditar medida provisória que veicule matéria constante de outra medida provisória anteriormente rejeitada pelo Congresso Nacional (RTJ 146/707-708, Rel. Min. Celso de Mello)." (ADI 2.010-MC, rel. Min. Celso de Mello, julgamento em 30.-10.-1999, Plenário, DJ de 12.0-4.-2002.) **B:** correta. É o que determina o mencionado art. 67 da CF; **C:** incorreta. Não há essa exigência prevista na CF; **D:** incorreta. Ao contrário, a matéria discutida em projeto de lei rejeitado pode ser objeto de novo projeto na mesma sessão legislativa, desde que **mediante proposta da maioria absoluta dos membros de qualquer das Casas do Congresso Nacional**.

Gabarito "B".

(OAB/Exame Unificado – 2016.2) Um Senador da República apresentou projeto de lei visando determinar à União que sejam adotadas as providências necessárias para que toda a população brasileira seja vacinada contra determinada doença causadora de pandemia transmitida por mosquito. O Senado Federal, no entanto, preocupado com o fato de que os servidores da saúde poderiam descumprir o que determinaria a futura lei, isso em razão de seus baixos salários, acabou por emendar o projeto de lei, determinando, igualmente, a majoração da remuneração dos servidores públicos federais da área de saúde pública.

Aprovado em ambas as Casas do Congresso Nacional, o projeto foi encaminhado ao Presidente da República. Com base na hipótese apresentada, assinale a afirmativa coretacorreta.

(A) O Presidente da República não terá motivos para vetar o projeto de lei por vício de inconstitucionalidade formal, ainda que possa vetá-lo por entendê-lo contrário ao interesse público, devendo fazer isso no prazo de quinze dias úteis.

(B) O Presidente da República, ainda que tenha motivos para vetar o projeto de lei por vício de inconstitucionalidade formal, poderá, no curso do prazo para a sanção ou o veto presidencial, editar medida provisória com igual conteúdo ao do projeto de lei aprovado pelo Congresso Nacional, tendo em vista o princípio da separação dos poderes.

(C) O Presidente da República poderá vetá-lo, por motivo de inconstitucionalidade material e não por inconstitucionalidade formal, uma vez que os projetos de lei que acarretem despesas para o Poder Executivo são de iniciativa privativa do Presidente da República.

(D) O Presidente da República poderá vetá-lo, por motivo de inconstitucionalidade formal, na parte que majorou a remuneração dos servidores públicos, uma vez que a iniciativa legislativa nessa matéria é privativa do Chefe do Poder Executivo, devendo o veto ser exercido no prazo de quinze dias úteis.

A: incorreta. Ao contrário do mencionado, o Presidente da República tem motivos para vetar o projeto de lei por vício de inconstitucionalidade formal, pois a iniciativa legislativa, para a edição de norma sobre a majoração da remuneração dos servidores públicos federais, é de sua competência privativa, conforme determianadetermina o art. 61, § 1º, II, 'a', parte final, da CF; **B:** incorreta. É vedada a edição de medidas provisórias nessa hipótese. Determina o art. 62, § 1º, IV, que é proibida a edição de medida provisória de matéria já disciplinada em projeto de lei aprovado pelo Congresso Nacional e pendente de sanção ou veto do Presidente da República; **C:** incorreta. Como mencionado, a inconstitucionalidade é de natureza formal, por vício de iniciativa; **D:** correta. É o que determina os arts. 66, § 1º e o 61, § 1º, II, 'a', parte final, ambos da CF.

Gabarito "D"

(OAB/Exame Unificado – 2016.1) O Presidente da República tem dúvidas sobre como proceder em determinado projeto de lei que vem gerando muitas críticas na imprensa. No décimo quarto dia útil do prazo para sancionar ou vetar o referido projeto de lei, o Chefe do Executivo consulta o Advogado-Geral da União para saber os efeitos jurídicos que adviriam do transcurso do prazo de quinze dias úteis sem a adoção de nenhuma providência expressa, simplesmente permanecendo silente.

De acordo com a sistemática constitucional, essa situação implicaria

(A) veto total, que ainda será apreciado em sessão conjunta das casas do Congresso Nacional.

(B) sanção tácita, o que não exclui a possibilidade de o Chefe do Poder Executivo promulgar a lei.

(C) sanção tácita, o que convalida eventual vício de iniciativa, ainda que da lei decorra aumento de despesa.

(D) veto parcial, que ainda será apreciado em sessão separada, pelo plenário de cada uma das Casas do Congresso Nacional.

A e **D:** incorretas. Determina o art. 66, § 3º, da CF que decorrido o prazo de quinze dias, **o silêncio do Presidente da República importará sanção**; **B:** correta. De fato, ocorre a sanção tácita e isso não exclui a possibilidade de o Chefe do Poder Executivo promulgar a lei. De acordo com § 7º do art. 66 da CF, o Presidente terá quarenta e oito horas para promulgar a lei. Caso não faça, o Presidente do Senado a promulgará, e, se este não o fizer em igual prazo, caberá ao Vice-Presidente do Senado fazê-lo; **C:** incorreta. A sanção tácita de fato ocorre, mas ela **não** convalida eventual vício de iniciativa.

Gabarito "B"

(OAB/Exame Unificado – 2015.1) Determinado projeto de lei aprovado pela Câmara dos Deputados foi devidamente encaminhado ao Senado Federal. Na Casa revisora, o texto foi aprovado com pequena modificação, sendo suprimida certa expressão sem, contudo, alterar o sentido normativo do texto aprovado na Câmara. Assim, o projeto foi enviado ao Presidente da República, que promoveu a sua sanção, dando origem à Lei "L". Neste caso, segundo a jurisprudência do Supremo Tribunal Federal,

(A) não houve irregularidade no processo legislativo, porque não há necessidade de reapreciação, pela Câmara dos Deputados, do projeto de lei que tenha expressão suprimida pelo Senado Federal, quando sentido o normativo da redação remanescente não foi alterado.

(B) não houve irregularidade no processo legislativo, porque é função precípua da Casa revisora estabelecer as mudanças que lhe parecerem adequadas, sendo desnecessário o retorno à Casa iniciadora, mesmo nas situações em que a alteração modifique o sentido normativo inicial.

(C) houve irregularidade no processo legislativo, pois qualquer alteração realizada, pela Casa revisora, no texto do projeto de lei implica a necessária devolução à Casa iniciadora, a fim de que aprecie tal alteração.

(D) houve irregularidade no processo legislativo, mas, por tratar-se de problema de natureza *interna corporis* do Congresso Nacional, somente uma ADI proposta pela Mesa da Câmara dos Deputados teria o condão de suscitar a inconstitucionalidade da Lei "L".

A: correta. De fato não houve irregularidade no processo legislativo, porque não há necessidade de reapreciação pela Casa iniciadora quando não houver alteração no sentido jurídico da norma. De acordo com o STF: "O parágrafo único do art. 65 da CF **só determina o retorno do projeto de lei à Casa iniciadora se a emenda parlamentar introduzida acarretar modificação no sentido da proposição jurídica**." (ADI 2.238-MC, rel. p/ o ac. min. Ayres Britto, julgamento em 9-8-2007, Plenário, DJE de 12-9-2008.) Vide: ADI 2.182, rel. p/ o ac. Min. Cármen Lúcia, julgamento em 12-5-2010, Plenário, DJE de 10-9-2010. Outra decisão do STF sobre o tema: "Inconstitucionalidade formal da Lei 8.429/1992 (Lei de Improbidade Administrativa): inexistência. (...) Iniciado o projeto de lei na Câmara de Deputados, cabia a esta o encaminhamento à sanção do presidente da República depois de examinada a emenda apresentada pelo Senado da República. **O substitutivo aprovado no Senado da República, atuando como Casa revisora, não caracterizou novo projeto de lei a exigir uma segunda revisão.**" (ADI 2.182, rel. p/ o ac. min. Cármen Lúcia, julgamento em 12-5-2010, Plenário, DJE de 10-9-2010.) Vide: ADI 2.238-MC, rel. p/ o ac. min. Ayres Britto, julgamento em 9-8-2007, Plenário, DJE de 12-9-2008. Assim, se uma emenda que visar apenas a correção de uma impropriedade técnica ou aprimoramento da redação do projeto de lei, por exemplo, não precisará voltar à casa iniciadora; **B:** incorreta. Quando há alteração substancial, quando o sentido jurídico da norma é modificado, o projeto precisa voltar para a Casa iniciadora para que ela aprecie, de forma pontual, a alteração feita pela Casa revisora; **C:** incorreta. Não é qualquer alteração que implica a necessária devolução à Casa iniciadora, mas apenas a que implique mudança no sentido jurídico da norma, conforme já demonstrado. **D:** incorreta. As matérias de natureza interna *corporis*, ou seja, aquelas que devem ser decididas por cada poder internamente, em regra, não podem ser objeto de ADI. Vale lembrar que o art. 18 do Regimento Interno da Câmara dos Deputados trata das emendas que podem ser feitas em relação aos projetos de lei. De acordo com o § 1º do mencionado dispositivo, as emendas podem ser supressivas, aglutinativas, substitutivas, modificativas ou aditivas. A **supressiva** é a que manda erradicar qualquer parte de outra proposição (§ 2º do art. 18 do RICD). A **aglutinativa** é a que resulta da fusão de outras emendas, ou destas com o texto, por transação tendente à aproximação dos respectivos objetos (§ 3º do art. 18 do RICD). A **substitutiva** é a apresentada como sucedânea a parte de outra proposição, denominando-se "substitutivo" quando a alterar, substancial ou formalmente, em seu conjunto; considera-se formal a alteração que vise exclusivamente ao aperfeiçoamento da técnica legislativa (§ 4º do art. 18 do RICD). A **modificativa** é a que altera a proposição sem a modificar substancialmente (§ 5º do art. 18 do RICD). A **aditiva** é a que se acrescenta a outra proposição (§ 6º do art. 18 do RICD). Além disso, denomina-se **subemenda** a emenda apresentada em Comissão a outra emenda e que pode ser, por sua vez, supressiva, substitutiva ou aditiva, desde que não incida, a supressiva, sobre emenda com a mesma finalidade (§ 7º do art. 18 do RICD). Por fim, denomina-se **emenda de redação** a modificativa que visa a sanar vício de linguagem, incorreção de técnica legislativa ou lapso manifesto (§ 8º do art. 18 do RICD).

Gabarito "A".

(OAB/Exame Unificado – 2014.3) O Presidente da República edita Medida Provisória que dispõe sobre a injeção extraordinária de verbas para o Fundo de Financiamento Estudantil (FIES). O tema, porém, já havia sido objeto de projeto de lei anteriormente aprovado pelo Congresso Nacional e remetido ao próprio Presidente da República para sanção.

Nessa linha, observado o regramento estabelecido pela Constituição Federal, assinale a afirmativa correta.

(A) É vedada a edição da Medida Provisória, pois a matéria já havia sido disciplinada em projeto de lei aprovado pelo Congresso Nacional e pendente de sanção ou veto pelo Presidente da República.

(B) A Medida Provisória narrada na questão não poderia ser editada, visto que é vedado pela Constituição Federal dispor sobre matéria orçamentária por meio dessa espécie legislativa.

(C) A Medida Provisória é juridicamente viável, mas, se não for apreciada em até sessenta dias contados da sua publicação, entrará em regime de urgência, subsequentemente, em cada uma das Casas, ficando sobrestadas todas as demais deliberações legislativas da Casa em que estiver tramitando, até que se ultime a votação.

(D) A Medida Provisória é juridicamente viável e prorrogar á por duas vezes, por igual período, a sua vigência se, no prazo de 45 dias contados de sua publicação, não tiver a sua votação encerrada nas duas Casas do Congresso Nacional.

A: correta. De acordo com o art. 62, § 1º, IV, é proibida a edição de medidas provisórias sobre matéria já disciplinada em projeto de lei aprovado pelo Congresso Nacional e pendente de sanção ou veto do Presidente da República; **B:** incorreta. De fato, em regra é proibida a edição de medida provisória sobre matéria orçamentária. Ocorre que no problema apresentado o que está em foco é a utilização dos recursos e não a sua previsão; **C:** incorreta. Ao contrário do mencionado, a medida provisória não é viável, pois já existe projeto de lei sobre o assunto, bastando apenas que o Presidente da República o sancione. Além disso, o prazo para uma medida provisória ser votada, sob pena de entrar em regime de urgência, é de 45 (quarenta e cinco) dias, conforme determina o § 6º do art. 62 da CF; **D:** incorreta. Como mencionado, a medida provisória é inviável. Se fosse válida, poderia valer por até sessenta dias e ser prorrogada uma única vez, por igual período, conforme disposto no art. 62, § 3º, da CF.

Gabarito "A".

(OAB/Exame Unificado – 2014.2) Maria da Silva, deputada federal integrante do partido Alfa, vem a ter projeto de sua iniciativa aprovado, com apoio de outros partidos políticos. Para sua surpresa, o texto do seu projeto veio a ser vetado na integralidade por decisão do Presidente da República. Após tomar ciência do veto presidencial, a deputada, com o intuito de derrubá-lo, procura as lideranças dos partidos que apoiaram seu projeto. Nos termos da Constituição Federal, assinale a opção que apresenta o procedimento correto.

(A) Vetado o projeto de lei, ocorrerá o seu arquivamento.

(B) Após o veto, a matéria somente poderá ser reapreciada no ano subsequente.

(C) O veto poderá ser rejeitado, o que acarretará o envio do projeto para promulgação pelo Presidente da República.

(D) A apreciação do veto deverá ocorrer, em separado, por cada Casa Legislativa, podendo ser rejeitado pela maioria absoluta de cada uma delas.

A: incorreta. Há possibilidade do **veto presidencial ser derrubado pelo Legislativo**. Para que isso ocorra, de acordo com o art. 66, § 4º, da CF (alterado pela EC 76/2013), será necessária a apreciação do veto em sessão conjunta, dentro de trinta dias a contar de seu recebimento, só podendo ser rejeitado pelo voto da maioria absoluta dos Deputados e Senadores; **B:** incorreta. Conforme mencionado, **o próprio projeto de lei pode ser aprovado, caso o veto seja rejeitado** pelo Legislativo; **C:** correta. De acordo com o art. 66, § 5º, da CF, **se o veto não for mantido, será o projeto enviado, para promulgação, ao Presidente da República**; **D:** incorreta. Ao contrário, o veto será apreciado em **sessão conjunta**, dentro de trinta dias a contar de seu recebimento, só podendo ser rejeitado pelo **voto da maioria absoluta dos Deputados e Senadores** (art. 66, § 4º, da CF).

Gabarito "C".

(OAB/Exame Unificado – 2013.1) Preocupado com a concorrência de eletrodomésticos produzidos na China e com o saldo da balança comercial, o Presidente da República, no dia 1º de abril, editou medida provisória determinando o aumento da alíquota do imposto sobre produtos industrializados (IPI) para os produtos provenientes daquele país. Entretanto, passados 30 (trinta) dias, o Congresso Nacional rejeitou a medida provisória, não a convertendo em lei.

Com base no caso acima, assinale a afirmativa correta.

(A) A medida provisória terá eficácia por mais 30 (trinta) dias, perfazendo o total de 60 (sessenta) dias.

(B) A medida provisória terá eficácia por mais 30 (trinta) dias, período no qual poderá haver nova tentativa de conversão em lei.

(C) A medida provisória perderá sua eficácia, cabendo ao Presidente da República, caso haja interesse, reeditá-la imediatamente.

(D) A medida provisória perderá sua eficácia, devendo o Congresso Nacional disciplinar, por decreto legislativo, as relações jurídicas dela decorrentes.

A e **B:** incorretas. Se o Congresso Nacional rejeitou a medida provisória não há mais que se falar em prorrogação de prazo. **C:** incorreta. A medida provisória perderá sua eficácia, mas o Presidente da República *não poderá reeditá-la*, pois o art. 62, § 10 da CF impede que isso seja feito na mesma sessão legislativa. **D:** correta (art. 62, § 3º, da CF).

Gabarito "D".

(OAB/Exame Unificado – 2012.3.B) A respeito do processo legislativo de emenda constitucional, assinale a afirmativa **incorreta**.

(A) A proposta de emenda pode ser apresentada pelo Presidente da República.

(B) A discussão e a votação da proposta de emenda devem ser realizadas em dois turnos.

(C) A proposta de emenda aprovada é encaminhada ao Presidente da República para promulgação.

(D) A aprovação exige *quorum* de maioria qualificada.

A: correta. De acordo com o art. 60, I, II e III, da CF, a proposta de emenda constitucional pode ser apresentada por um terço, no mínimo, dos membros da Câmara dos Deputados ou do Senado Federal, pelo *Presidente da República* ou por mais da metade das Assembleias Legislativas das unidades da Federação, manifestando-se, cada uma delas, pela maioria relativa de seus membros; **B:** correta. De fato, conforme o art. 60, § 2º da CF, a proposta será discutida e votada em cada Casa do Congresso Nacional, em *dois turnos*, considerando-se aprovada se obtiver, em ambos, três quintos dos votos dos respectivos membros; **C:** incorreta, devendo ser assinalada. A proposta de emenda *não* é encaminhada ao Presidente da República para promulgação. Conforme o art. 60, § 3º, da CF, a emenda à Constituição será *promulgada pelas Mesas da Câmara dos Deputados e do Senado Federal*, com o respectivo número de ordem; **D:** correta. De fato, a aprovação exige o *quorum* de maioria qualificada, pois o art. 60, § 2º, da CF, menciona que a emenda seja aprovada em cada Casa do Congresso Nacional por três quintos dos votos dos respectivos membros e em dois turnos de votação.

Gabarito "C"

(OAB/Exame Unificado – 2012.3.B) A respeito de uma lei delegada e de uma medida provisória que dispõem sobre matéria reservada a lei complementar, assinale a afirmativa correta.

(A) São materialmente inconstitucionais.

(B) São formalmente inconstitucionais.

(C) A lei delegada é constitucional e a medida provisória é inconstitucional.

(D) A lei delegada é inconstitucional e a medida provisória é constitucional.

A lei delegada e a medida provisória que tratam de assunto reservado à lei complementar são consideradas *formalmente inconstitucionais*, pois violam regras de processo legislativo. De acordo com o art. 62, § 1º, III, da CF, é proibida a edição de medida provisória sobre matéria reservada à lei complementar. A mesma vedação é encontrada no art. 68, § 1º, da CF e se aplica às leis delegadas.

Gabarito "B"

(OAB/Exame Unificado – 2012.2) O Presidente da República encaminhou ao Senado Federal projeto de Lei Ordinária para provimento de cargos de servidores da União. Após os debates, o projeto foi aprovado pelo plenário do Senado Federal e, em seguida, encaminhado para a Câmara dos Deputados que, em apenas um turno de discussão e votação, o aprovou e o enviou ao Presidente da República, que o sancionou.

Sobre o fato acima, assinale a afirmativa correta.

(A) A lei é inconstitucional, pois a iniciativa de projetos de lei para provimento de cargos de servidores da União é da Câmara dos Deputados.

(B) A discussão e a votação do projeto deveriam ter se iniciado na Câmara dos Deputados, havendo, por isso, vício no processo legislativo.

(C) A ocorrência de dois turnos de discussão e votação do projeto de lei ordinária, pressuposta no adequado processo legislativo, não ocorreu no caso narrado.

(D) A lei é constitucional, pois o processo legislativo foi hígido.

De acordo com o art. 64 da CF, a discussão e votação dos projetos de lei de *iniciativa do Presidente da República*, do Supremo Tribunal Federal e dos Tribunais Superiores terão *início na Câmara dos Deputados*, ou seja, os projetos de iniciativa extraparlamentar devem iniciar na Câmara de Deputados. Assim, como o projeto de lei foi encaminhado ao Senado e não à Câmara, há vício de inconstitucionalidade no processo legislativo.

Gabarito "B"

(OAB/Exame Unificado – 2012.2) A Assembleia Legislativa do Estado "M", verificando que o Estado jamais regulamentou a aposentadoria especial dos servidores públicos cujas atividades sejam exercidas sob condições especiais que prejudiquem a saúde ou a integridade física (art. 40, § 4º, III da Constituição da República), edita lei complementar, de iniciativa do deputado "X", que determina a aplicação dos mesmos critérios aplicados aos trabalhadores da iniciativa privada (previstos na Lei nº 8.213/1991). O Governador do Estado sanciona a lei, que é publicada dias depois.

Sobre o caso concreto apresentado, assinale a afirmativa correta.

(A) Há vício de iniciativa, devendo a regulamentação do regime dos servidores públicos ser estabelecida em lei de iniciativa do Chefe do Poder Executivo – no caso, o Governador do Estado.

(B) Ainda que houvesse vício de iniciativa, a sanção pelo Governador do Estado supre tal vício, uma vez que se considera que a autoridade originalmente atribuída do poder de iniciativa ratificou as disposições da lei.

(C) Não há vício de iniciativa, pois as matérias com reserva de iniciativa são somente aquelas que devem ser tratadas por meio de lei ordinária; as leis complementares, pela exigência de *quorum* qualificado, podem ser encaminhadas pelo Poder Executivo ou pelo Legislativo.

(D) Somente existe vício de iniciativa se não tiver havido tempo razoável para o Poder Executivo encaminhar à Assembleia Legislativa o projeto de lei. Diante da inércia do Governador por diversos anos, pode a Assembleia suprir a mora, elaborando o projeto.

A: correta. De acordo com o art. 61 da CF, "*a iniciativa das leis complementares e ordinárias* cabe a qualquer membro ou Comissão da Câmara dos Deputados, do Senado Federal ou do Congresso Nacional, ao Presidente da República, ao Supremo Tribunal Federal, aos Tribunais Superiores, ao Procurador-Geral da República e aos cidadãos, na forma e nos casos previstos nesta Constituição". Ocorre que o § 1º do mesmo artigo traz assuntos que são de iniciativa privativa do Presidente da República, por exemplo, leis que disponham sobre servidores públicos da União e Territórios, seu regime jurídico, provimento de cargos, estabilidade e *aposentadoria*. Tal regra é aplicada, por simetria, aos Governadores. Desse modo, como a lei foi de iniciativa do deputado "X", há vício de inconstitucionalidade já na no começo do processo legislativo; **B:** incorreta. A posterior a sanção do Governador *não convalida vício de iniciativa*; **C:** incorreta. O art. 61 da CF menciona lei complementar *e* lei ordinária; **D:** incorreta. Não há essa previsão no ordenamento jurídico brasileiro.

Gabarito "A"

(OAB/Exame Unificado – 2011.3.B) Em relação ao processo legislativo, é correto afirmar que

(A) a emenda a um projeto de lei ordinária torna necessário o retorno à casa iniciadora ainda que se trate de correção redacional.

(B) o vício de iniciativa pode ser sanado pela sanção presidencial nos projetos de lei de iniciativa privativa do presidente.

(C) rejeitada a medida provisória pelo Congresso Nacional, esse deverá disciplinar as situações jurídicas constituídas durante a vigência da MP por meio de decreto legislativo.

(D) a Constituição da República Federativa do Brasil veda expressamente a abertura de créditos extraordinários por meio de medida provisória.

A: incorreta. Segundo o STF, o *retorno* do projeto de lei à casa iniciadora deve se dar *apenas quando houver alteração no sentido jurídico da norma*. Uma emenda que visa apenas corrigir uma impropriedade técnica ou aprimorar a redação do projeto de lei não precisa voltar à casa iniciadora; **B:** incorreta. *O vício de iniciativa não é convalidado por posterior sanção presidencial*, ainda que o projeto seja de iniciativa do próprio Presidente da República; **C:** correta. Conforme o art. 62, § 3º, da CF cabe ao Congresso Nacional disciplinar, por decreto legislativo as relações jurídicas constituídas durante a vigência da medida provisória; **D:** incorreta. De acordo com o § 3º do art. 167 da CF, a abertura de crédito extraordinário somente será admitida para atender a despesas imprevisíveis e urgentes, como as decorrentes de guerra, comoção interna ou calamidade pública, observado o disposto no art. 62. Ou seja, *há possibilidade, ainda que excepcional, de abertura de créditos extraordinários por meio de medida provisória.*

Gabarito "C"

(OAB/Exame Unificado – 2011.2) A iniciativa popular é uma das formas de exercício da soberania previstas na Constituição da República. O projeto de lei resultante de iniciativa popular deve

(A) ser dirigido à Mesa do Congresso Nacional.

(B) dispor sobre matéria de lei ordinária.

(C) ser subscrito por, no mínimo, 2% do eleitorado nacional.

(D) ser subscrito por eleitores de cinco Estados da Federação.

A iniciativa popular de leis vem prevista no § 2º do art. 61 da CF. Segundo tal dispositivo, é exercida pela apresentação à Câmara dos Deputados de projeto de lei subscrito por, no mínimo, *um por cento* do eleitorado nacional, distribuído pelo menos por *cinco Estados*, com não menos de três décimos por cento dos eleitores de cada um deles. Essa iniciativa vale tanto para projetos de lei ordinária como para projetos de lei complementar.

Gabarito "D"

(FGV – 2014) O processo legislativo alberga diversas espécies normativas, com diferentes procedimentos. Caso o Deputado Federal "Y" queira apresentar projeto de emenda à Constituição deverá incorporar à iniciativa, de acordo com os termos impostos pela Constituição de 1988, no mínimo

(A) um quinto dos membros da Câmara dos Deputados.

(B) metade dos membros da Câmara dos Deputados.

(C) um terço dos membros da Câmara dos Deputados.

(D) dois terços dos membros da Câmara dos Deputados.

(E) três quintos dos membros da Câmara dos Deputados.

De acordo com o art. 60, I, II e III, da CF, a Constituição poderá ser emendada mediante proposta: I – de **um terço, no mínimo, dos membros da Câmara dos Deputados** ou do Senado Federal; II – do Presidente da República e III – de mais da metade das Assembleias Legislativas das unidades da Federação, manifestando-se, cada uma delas, pela maioria relativa de seus membros.

Gabarito "C"

(FGV – 2014) O Deputado Federal "X" apresenta projeto de lei regulamentando a doação, alienação e demais atividades relacionadas ao corpo humano, matéria considerada de Direito Civil. Tal disciplina pode ser veiculada por meio de lei ordinária.

Essa espécie normativa, prevê a Constituição Federal da República Federativa do Brasil, é de iniciativa

(A) exclusiva do Presidente da República.

(B) privativa do Presidente do Supremo Tribunal Federal.

(C) de qualquer parlamentar do Congresso Nacional.

(D) privativa do Procurador-Geral da República.

(E) de qualquer parlamentar de Assembleia Legislativa.

De acordo com o art. 61 da CF, a iniciativa das **leis** complementares e **ordinárias cabe a qualquer membro** ou Comissão da Câmara dos Deputados, do Senado Federal ou **do Congresso Nacional**, ao Presidente da República, ao Supremo Tribunal Federal, aos Tribunais Superiores, ao Procurador-Geral da República e aos cidadãos, na forma e nos casos previstos nesta Constituição.

Gabarito "C"

(FGV – 2011) NÃO é norma de mesma hierarquia o (a)

(A) lei ordinária.

(B) lei complementar.

(C) medida provisória.

(D) decreto.

(E) lei delegada.

As espécies legislativas estão arroladas no art. 59 da CF. As leis ordinárias, complementar e delegada, são espécies do gênero "lei" e, portanto, encontram-se no mesmo patamar hierárquico. A medida provisória, embora não seja lei, vale como se lei fosse e possui o mesmo grau hierárquico das lei. Assim, dentre as alternativas listadas, apenas o decreto não está no mesmo patamar.

Gabarito "D"

(FGV – 2011) A emenda constitucional, por definição, visa à modificar a Constituição. Contudo, a própria Constituição brasileira impõe limites e condições à aprovação de emendas constitucionais. Nesse sentido, é correto afirmar que uma proposta de emenda constitucional

(A) deve ser aprovada pela maioria absoluta dos membros do Congresso Nacional.

(B) deve ser discutida e votada em dois turnos, com quórum de maioria relativa.

(C) está sujeita a veto ou sanção presidencial.

(D) não pode abolir a forma federativa de Estado.

(E) não pode ser aprovada em ano eleitoral.

A e **B:** incorretas. O quórum para a aprovação das emendas constitucionais é de três quintos dos votos, conforme dispõe o § 2º do art. 60 da CF; **C:** incorreta. Não existe deliberação executiva em projeto de emenda constitucional, ou seja, não há sanção ou veto. As emendas, conforme art. 60, § 3º, da CF são promulgadas pelas Mesas da Câmara dos Deputados e do Senado Federal, com o respectivo número de ordem; **D:** correta. De fato, a emenda constitucional não pode abolir a forma federativa de Estado, pois isso é cláusula pétrea (art. 60, § 4º, I, da CF); **E:** incorreta. Não há essa vedação dentre os limites e condições à aprovação de emendas constitucionais.

Gabarito "D"

(OAB/Exame Unificado – 2010.3) A Constituição da República de 1988 reclama lei complementar para dispor sobre

(A) o estatuto jurídico das empresas públicas e sociedades de economia mista.
(B) contratação por tempo determinado na administração pública.
(C) as formas de participação do usuário na administração pública.
(D) finanças públicas.

A: incorreta. O art. 173, § 1º, da CF dispõe que a "lei" estabelecerá o estatuto jurídico das empresas públicas e sociedades de economia mista. Quando a Constituição não menciona expressamente "lei complementar", deve-se entender que a lei exigida é a lei comum, portanto, lei ordinária. **B:** incorreta. O art. 37, IX, da CF traz apenas a expressão "lei", portanto a lei exigida é a ordinária. **C:** incorreta. O art. 37, § 3º, da CF, da mesma maneira que os dois primeiros, se vale apenas do termo "lei", assim, mais uma vez, trata-se de assunto a ser disciplinado por lei ordinária; **D:** correta. O art. 163, I, da CF, de fato, exige que as finanças públicas sejam disciplinadas por lei complementar.

Gabarito "D"

(OAB/Exame Unificado – 2010.3) Assinale a alternativa que contemple matéria para cuja disciplina é vedada a edição de medida provisória.

(A) Abertura de crédito extraordinário, ainda que para atendimento a despesas imprevisíveis e urgentes.
(B) Normas gerais de licitações e contratos administrativos.
(C) Partidos políticos e direito eleitoral.
(D) Instituição ou majoração de impostos.

A: incorreta. Em regra não pode ser adotada medida provisória para a abertura de crédito extraordinário, mas a Constituição Federal expressamente excepciona o caso de despesas imprevisíveis e urgentes (art. 62, § 1º, I, "d", da CF); **B:** incorreta. Não há vedação para a adoção de medida provisória sobre direito administrativo (art. 62, § 1º, I, da CF); **C:** correta. Art. 62, § 1º, I, "a", da CF; **D:** incorreta. É permitida a adoção de medida provisória sobre direito tributário, desde que observada a regra do art. 62, § 2º, da CF.

Gabarito "C"

(OAB/Exame Unificado – 2010.3) Projeto de lei estadual de iniciativa parlamentar concede aumento de remuneração a servidores públicos estaduais da área da saúde e vem a ser convertido em lei após a sanção do Governador do Estado. A referida lei é

(A) compatível com a Constituição da República, desde que a Constituição do Estado-membro não reserve à Chefia do Poder Executivo a iniciativa de leis que disponham sobre aumento de remuneração de servidores públicos estaduais.
(B) inconstitucional, uma vez que são de iniciativa privativa do Governador do Estado as leis que disponham sobre aumento de remuneração de servidores públicos da administração direta e autárquica estadual.
(C) constitucional, em que pese o vício de iniciativa, pois a sanção do Governador do Estado ao projeto de lei teve o condão de sanar o defeito de iniciativa.
(D) inconstitucional, uma vez que os projetos de lei de iniciativa dos Deputados Estaduais não se submetem à sanção do Governador do Estado, sob pena de ofensa à separação de poderes.

Art. 61, § 1º, II, "a", da CF, aplicado por simetria federativa aos Estados-membros. A sanção do governador não supre o vício de iniciativa, conforme jurisprudência do STF (V. ADI 2.867-7/ES, j. 03.12.2003, rel. Min. Celso de Mello, *DJ* 09.02.2007; ADI 2.113-3/MG, j. 04.03.2009, rel. Min. Cármen Lúcia, *DJe* 21.08.2009 e ADI 1.070-1/MG, j. 29.03.2001, rel. Min. Sepúlveda Pertence, *DJ* 25.05.2001).

Gabarito "B"

(OAB/Exame Unificado – 2010.2) Sobre o instrumento jurídico denominado Medida Provisória que não é lei, mas tem força de lei, assinale a afirmativa correta.

(A) Sua eficácia dura sessenta dias contados da publicação, podendo a medida ser prorrogada apenas duas vezes, ambas por igual período.
(B) Se a Medida Provisória perder eficácia por decurso de prazo ou, em caráter expresso, for rejeitada pelo Congresso Nacional, vedada será sua reedição na mesma sessão legislativa.
(C) A não apreciação pela Câmara dos Deputados e, após, pelo Senado Federal, no prazo de 45 dias contados da publicação, tem como consequência apenas o sobrestamento da deliberação dos projetos de emenda a Constituição.
(D) A edição de Medida Provisória torna prejudicado o projeto de lei que disciplina o mesmo assunto e que, a par de já aprovado pelo Congresso Nacional, está pendente de sanção ou veto do Presidente da República.

A: incorreta. As medidas provisórias têm eficácia por sessenta dias e podem ser prorrogadas uma única vez, por igual período (art. 62, § 3º, da CF); **B:** correta. Art. 62, § 10, da CF; **C:** incorreta. Não reflete o disposto no art. 62, § 6º, da CF, que também prevê o regime de urgência; **D:** incorreta. É vedada a adoção de medida provisória nessa hipótese (art. 62, § 1º, IV, da CF).

Gabarito "B"

(OAB/Exame Unificado – 2010.2) Sabe-se a polêmica ainda existente na doutrina constitucionalista pátria no que se refere à eventual hierarquia da Lei Complementar sobre a Lei Ordinária. Todavia, há diferenças entre essas duas espécies normativas que podem até gerar vícios de inconstitucionalidade caso não respeitadas durante o processo legislativo. A partir do fragmento acima, assinale a afirmativa incorreta.

(A) A Lei Complementar exige aprovação por maioria absoluta, enquanto a lei ordinária é aprovada por maioria simples dos membros presentes à sessão, desde que presente a maioria absoluta dos membros de cada Casa ou de suas Comissões.
(B) As matérias que devem ser regradas por Lei Complementar encontram-se taxativamente indicadas no texto constitucional e, desde que não seja assunto específico de normatização por decreto legislativo ou resolução, o regramento de todo o resíduo competirá à lei ordinária.
(C) As matérias reservadas à Lei Complementar não serão objeto de delegação do Congresso ao Presidente da República.
(D) A discussão e votação dos projetos de lei ordinária devem, obrigatoriamente, ter início na Câmara dos Deputados.

A: correta. Art. 47 (lei ordinária) e art. 69 (lei complementar), ambos da CF; **B:** correta. O constituinte originário designou categoricamente as matérias que deveriam ser reguladas por lei complementar, fazendo expressa menção à "lei complementar" quando assim entendeu necessário. Ao contrário, as matérias reguladas "na forma da lei", o serão por lei ordinária; **C:** correta. Art. 68, § 1º, da CF. Medidas provisórias tampouco podem tratar de matérias reservadas ás leis complementares (art. 62, § 1º, III, da CF); **D:** incorreta, devendo ser assinalada. Terão início na Câmara dos Deputados os projetos de lei da iniciativa extraparlamentar, ou seja, propostos pelo Presidente da República, pelo STF, pelos Tribunais Superiores, pela iniciativa popular e pelo Procurador-Geral da República) além dos projetos iniciados por membros ou comissão da Câmara dos Deputados. Mas os projetos iniciados por membros ou comissão do *Senado Federal* começam a tramitar no próprio Senado. Sendo assim, a discussão e votação dos projetos de lei ordinária *não iniciam, obrigatoriamente, na Câmara dos Deputados.*

Gabarito "D"

(OAB/Exame Unificado – 2009.2) Considerando as normas constitucionais sobre processo legislativo, assinale a opção correta.

(A) São de iniciativa privativa do Presidente da República as leis que disponham sobre o aumento de remuneração dos cargos, funções e empregos na administração direta e autárquica.

(B) A iniciativa popular de lei pode ser exercida pela apresentação, à Câmara dos Deputados ou ao Senado Federal, de projeto de lei subscrito por, no mínimo, 1% do eleitorado nacional, distribuído, pelo menos, por cinco Estados.

(C) A iniciativa das leis complementares e ordinárias cabe a qualquer membro da Câmara dos Deputados ou do Senado Federal. As comissões permanentes de ambas as Casas podem discutir e votar projetos de lei que dispensarem a competência do plenário, mas não têm o poder de apresentar tais projetos para dar início ao processo legislativo.

(D) A emenda à CF será promulgada, com o respectivo número de ordem, pelo presidente do Senado Federal, na condição de presidente do Congresso Nacional. Se a promulgação não ocorrer dentro do prazo de quarenta e oito horas após a sua aprovação, as mesas da Câmara dos Deputados e do Senado Federal deverão fazê-lo.

A: correta. É o que determina o art. 61, II, "a", da CF; **B:** incorreta. Os projetos de iniciativa popular iniciam-se na Câmara de Deputados e não no Senado Federal, assim como os demais projetos de iniciativa extraparlamentar (ex. projeto iniciado pelo Presidente da República, pelo Procurador-Geral da República etc.). É o que dispõe o art. 61, § 2º, da CF. A Câmara, por representar o povo, é conhecida como "porta de entrada" para os projetos de iniciativa fora do parlamento; **C:** incorreta. As comissões, além de discutir e votar podem, sim, iniciar projetos de lei ordinária e lei complementar (arts. 58 e 61, *caput,* da CF); **D:** incorreta. A emenda é promulgada pelas Mesas da Câmara e do Senado, com o respectivo número de ordem (art. 60, § 3º, da CF).

Gabarito "A"

(OAB/Exame Unificado – 2008.1) No que diz respeito à disciplina constitucional relativa ao processo legislativo, assinale a opção correta.

(A) A delegação legislativa é instituto de índole excepcional, devendo ser solicitada pelo Presidente da República ao Congresso Nacional.

(B) O Presidente da República poderá solicitar urgência para votação de projetos de lei da iniciativa tanto de deputados federais quanto de senadores.

(C) É da iniciativa reservada do STJ a lei complementar sobre o Estatuto da Magistratura.

(D) O Presidente da República dispõe de 48 horas para vetar um projeto de lei, contadas da data de seu recebimento, devendo, dentro de 24 horas, comunicar os motivos do veto ao presidente do Senado Federal.

A: correta. A função típica de legislar é do Poder Legislativo. Desse modo, o Poder Executivo, quando legisla, atua de modo excepcional, devendo solicitar ao Congresso tal autorização (art. 68, *caput* e parágrafos, da CF); **B:** incorreta. O Presidente somente poderá solicitar urgência nos projetos de sua iniciativa (art. 64, § 1º, da CF); **C:** incorreta. É de iniciativa do STF e não do STJ (art. 93 da CF); **D:** incorreta. O Presidente tem (15) quinze dias úteis para vetar o projeto e (48) quarenta e oito horas para comunicar os motivos do veto (art. 66, § 1º, da CF).

Gabarito "A"

(OAB/Exame Unificado – 2007.3) Assinale a opção incorreta acerca do processo legislativo previsto na Constituição Federal.

(A) Após a aprovação da proposta de emenda constitucional pelo Congresso Nacional, cabe ao Presidente da República sancioná-la ou vetá-la.

(B) Leis complementares devem ser aprovadas por maioria absoluta.

(C) A discussão e a votação dos projetos de lei de iniciativa dos tribunais superiores devem ter início na Câmara dos Deputados.

(D) A sanção do projeto de lei não convalida o defeito de iniciativa.

A: incorreta, devendo ser assinalada. A emenda à Constituição não se submete a veto nem a sanção (art. 60, § 3º, da CF). Ela é promulgada pelas Mesas da Câmara e do Senado; **B:** correta. É o que se extrai do art. 69 da CF; **C:** correta. Os projetos de iniciativa extraparlamentar iniciam-se na Câmara de Deputados, por exemplo, os projetos iniciados pelos tribunais superiores (art. 64 da CF); **D:** correta. De fato, neste caso a lei será formalmente inconstitucional em razão do vício de iniciativa.

Gabarito "A"

(OAB/Exame Unificado – 2007.3) Com relação à disciplina constitucional das medidas provisórias, assinale a opção correta.

(A) Medida provisória pode versar sobre matéria relativa a direito penal.

(B) O STF não admite, em sede de ação direta de inconstitucionalidade, o controle de constitucionalidade de medidas provisórias.

(C) É de trinta dias o prazo máximo para a apreciação, pelas duas Casas do Congresso Nacional, de medida provisória.

(D) As constituições estaduais podem prever a edição de medidas provisórias, cumpridas as regras básicas do processo legislativo no âmbito da União.

A: incorreta. É vedada a edição de medidas provisórias sobre algumas matérias, dentre as quais, o Direito Penal (art. 62, § 1º, I, "*b*", da CF); **B:** incorreta. As medidas provisórias também se submetem ao controle de constitucionalidade; **C:** incorreta. O prazo da medida provisória é de 60 (sessenta) dias, prorrogável uma vez por igual período (art. 62, §§ 3º e 7º, da CF); **D:** correta. Se valendo do princípio da simetria, as Constituições Estaduais podem prever a edição de medida provisória. Na Constituição Federal não há nenhuma vedação quanto à edição de medidas provisórias pelos Estados.

Gabarito "D"

(OAB/Exame Unificado – 2007.3) O processo de elaboração de decreto legislativo assemelha-se ao da lei ordinária com relação à

(A) iniciativa, podendo esta ser exercida pelo Presidente da República.
(B) aprovação pelo *quorum* de maioria simples.
(C) apresentação de veto pelo Presidente da República.
(D) promulgação pelo Presidente da República.

O *decreto legislativo* (art. 59, VI, da CF) destina-se a regular as matérias contidas no art. 49 da Constituição. Seu processo de formação é idêntico ao da *lei ordinária*. Entretanto, ao contrário desta, o *decreto legislativo* não se submete à sanção nem a veto.

Gabarito "B"

(OAB/Exame Unificado – 2007.3) Com relação ao processo legislativo, assinale a opção correta.

(A) A CF veda terminantemente que a matéria constante de projeto de lei rejeitado possa ser objeto de novo projeto na mesma sessão legislativa.
(B) São de iniciativa privativa do Presidente da República as leis que disponham sobre a organização do Ministério Público da União, bem como as normas gerais para a organização do Ministério Público dos Estados.
(C) O veto presidencial a projeto de lei deverá ser apreciado inicialmente na Câmara dos Deputados, sendo o projeto remetido ao Senado Federal na hipótese de o veto ser mantido pelos deputados, ou arquivado, se o veto for por estes rejeitado.
(D) O Presidente da República somente poderá vetar integralmente um projeto de lei se considerá-lo inconstitucional.

A: incorreta. O art. 67 da CF autoriza a reapresentação, na mesma sessão legislativa, mediante proposta da maioria absoluta dos membros de qualquer das casas do Congresso Nacional; **B:** correta. É o que se extrai do art. 61, § 1º, II, "*d*", da CF; **C:** incorreta. O veto é apreciado em sessão conjunta (art. 66, § 4º, da CF); **D:** incorreta. O veto pode ser total ou parcial e os motivos podem ser razões contrárias ao interesse público (veto político) ou razões de inconstitucionalidade (veto jurídico). É o que dispõe o art. 66, § 1º, da CF.

Gabarito "B"

(OAB/Exame Unificado – 2007.2) Acerca do processo legislativo, assinale a opção correta.

(A) Compete ao Presidente da República a iniciativa a projeto de lei que disponha sobre a organização do Ministério Público da União, bem como normas gerais para a organização do Ministério Público dos Estados, do DF e dos territórios.
(B) A iniciativa popular aos projetos de lei está, conforme a Constituição, limitada ao âmbito federal.
(C) As emendas, de iniciativa parlamentar, ao projeto de lei do orçamento anual devem indicar, além da compatibilidade com o plano plurianual e a lei de diretrizes orçamentárias, a origem dos recursos necessários nas hipóteses de aumento das dotações para pessoal e seus encargos, serviço da dívida e transferências tributárias constitucionais para Estados, Municípios e DF.
(D) Considerando o Presidente da República que a utilização, pelo legislador, de uma expressão que torna o dispositivo legal inconstitucional, poderá vetar apenas a expressão inconstitucional, suprimindo-a do texto, e sancionar o restante.

A: correta. É o que se extrai do art. 61, § 1º, II, "*d*", da CF; **B:** incorreta. A Constituição admite iniciativa popular de lei federal, estadual e municipal (art. 27, § 4º e art. 29, XIII, ambos da CF); **C:** incorreta (art. 33, "d", da Lei 4.320/1964); **D:** incorreta. O veto parcial somente abrangerá texto integral de artigo, de parágrafo, de inciso ou de alínea. É o que dispõe o art. 66, § 2º, da CF.

Gabarito "A"

(OAB/Exame Unificado – 2007.1) Quanto ao processo legislativo, assinale a opção correta.

(A) No Senado Federal, para que um projeto de lei ordinária seja aprovado, é necessário que haja a maioria simples, presente a maioria absoluta de seus membros. Dessa forma, como o Senado Federal tem 81 senadores, referido projeto demandará, no mínimo, 41 votos para que seja aprovado.
(B) Um projeto de lei que disponha sobre parcelamento tributário de dívidas do imposto sobre propriedade veicular (IPVA) não pode ser apresentado por parlamentar, por ser matéria de competência privativa do chefe do Poder Executivo.
(C) Considere que o Congresso Nacional já tenha aprovado determinado projeto de lei, agora em fase de sanção ou veto, alterando o projeto inicial encaminhado pelo Presidente da República. Não satisfeito com a referida alteração, poderá o Presidente da República editar nova medida provisória (MP) sobre a matéria rejeitada.
(D) A matéria veiculada em MP rejeitada pelo Congresso Nacional não poderá ser reapresentada na mesma sessão legislativa, cabendo a esse órgão disciplinar, por meio de decreto legislativo, as relações jurídicas decorrentes da edição da MP rejeitada.

A: incorreta. Art. 47 da CF (a maioria simples exigida é dos presentes); O referido projeto demandará, no mínimo, 41 presentes para que possa ser votado, isto é, a presença da maioria absoluta dos membros do Senado. Maioria absoluta é mais da metade dos membros da Casa Legislativa. É o quórum exigido, por exemplo, para a aprovação de lei complementar. Já a maioria simples é a maioria dos votos para aprovar determinada proposição, desde que esteja presente a maioria dos membros da Casa Legislativa. As abstenções não são consideradas para se verificar o resultado; **B:** incorreta. Não existe na lei, neste caso, a exigência de projeto de lei cabe privativamente ao chefe do Poder Executivo; **C:** incorreta. Art. 62, § 1º, IV, da CF; **D:** correta. Art. 62, §§ 10 e 11, da CF.

Gabarito "D"

(FGV – 2010) O poder de reformar a Constituição está sujeito, conforme a Constituição Federal de 1988

(A) a restrições temporais, sendo vedadas emendas durante o período de quatro anos de promulgação do texto constitucional.
(B) à iniciativa popular de proposta de emenda, composta de, no mínimo, dois terços do coeficiente eleitoral.
(C) ao voto favorável de três quintos dos membros de cada Casa do Congresso Nacional, e em dois turnos de votação em cada uma.
(D) à reapresentação, na mesma sessão legislativa, de proposta de emenda nela rejeitada ou tida por prejudicada.
(E) a restrições de ordem material que se exaurem no respeito ao direito adquirido, à coisa julgada e ao ato jurídico perfeito.

A: incorreta. Não existem restrições temporais ao poder de reforma da Constituição Federal, mas, dentre outros, limites circunstanciais (art. 60, § 1º, da CF); **B:** incorreta. A iniciativa é restrita às autoridades listadas no art. 60, I a III, da CF; **C:** correta. Art. 60, § 2º, da CF; **D:** incorreta. Não reflete o disposto no art. 60, § 5º, da CF; **E:** incorreta. Os limites materiais não são apenas o respeito ao direito adquirido, à coisa julgada e ao ato jurídico perfeito, mas abrangem todas as matérias arroladas no art. 60, § 4º, da CF, conhecido em doutrina como "cláusulas pétreas".

Gabarito "C"

(FGV – 2010) Com relação ao tema "Poder Constituinte e emenda à Constituição", analise as afirmativas a seguir.

I. Podem propor emenda à Constituição: (I) o Presidente da República; (II) um terço, no mínimo, dos membros da Câmara dos Deputados ou do Senado Federal; (III) o Presidente do Supremo Tribunal Federal; e (IV) mais da metade das Assembleias Legislativas das unidades da Federação, manifestando-se, cada uma delas, pela maioria relativa de seus membros.

II. A Constituição não poderá ser emendada na vigência de intervenção federal, de estado de defesa ou de estado de sítio.

III. Determinados temas previstos na própria Constituição não podem ser objeto de proposta de emenda constitucional que os pretenda abolir.

Assinale:

(A) se somente a afirmativa I estiver correta.
(B) se somente a afirmativa II estiver correta.
(C) se somente a afirmativa III estiver correta.
(D) se somente as afirmativas II e III estiverem corretas.
(E) se todas as afirmativas estiverem corretas.

I: incorreta. Não reflete o disposto no art. 60, I a III, da CF; **II:** correta. Art. 60, § 1º, da CF; **III:** correta. Art. 60, § 4º, da CF.

Gabarito "D"

(FGV – 2009) A respeito do regramento constitucional das medidas provisórias, assinale a afirmativa incorreta.

(A) É vedada a edição de medidas provisórias sobre matéria já disciplinada em projeto de lei aprovado pelo Congresso Nacional e pendente de sanção ou veto do Presidente da República.
(B) A edição de medida provisória para instituição de tributos só será admitida para atender despesas imprevisíveis e urgentes, como as decorrentes de guerra, comoção interna ou calamidade pública.
(C) Apenas excepcionalmente o Poder Judiciário poderá, no controle de constitucionalidade da medida provisória, examinar a adequação dos requisitos de relevância e urgência, por força da regra de separação de poderes.
(D) A medida provisória não apreciada pelo Congresso Nacional podia, até a Emenda Constitucional 32/2001, ser reeditada dentro do seu prazo de eficácia de trinta dias, mantidos os efeitos de lei desde a primeira edição.
(E) É vedada a reedição, na mesma sessão legislativa, de medida provisória que tenha sido rejeitada ou que tenha perdido sua eficácia por decurso de prazo.

A: correta. Art. 62, IV, da CF; **B:** incorreta, devendo ser assinalada. As medidas provisórias em matéria tributária não são vedadas, mas devem observar o disposto no art. 62, § 2º, da CF; **C:** correta. A verificação do cumprimento dos requisitos constitucionais de relevância e urgência é atribuição do Poder Legislativo (art. 62, § 5º, da CF). Por isso, em respeito ao princípio da separação de poderes, somente excepcionalmente podem ser sindicáveis pelo Poder Judiciário; **D:** correta, pois está de acordo com a antiga redação do art. 62 da CF e da jurisprudência consolidada à época; **E:** correta. Art. 62, § 10, da CF.

Gabarito "B"

(FGV – 2006) Não constitui cláusula pétrea:

(A) a forma federativa do Estado.
(B) a separação de poderes.
(C) os direitos e garantias individuais.
(D) o voto secreto.
(E) o sistema político.

São cláusulas pétreas (ou limites materiais ao poder de reforma da Constituição) as matérias listadas no art. 60, § 4º, I a IV, da CF, que não se refere ao sistema político.

Gabarito "E"

(FGV – 2005) Analise as proposições a seguir:

I. O Congresso Nacional se compõe da Câmara dos Deputados e do Senado Federal.

II. Os governadores têm legitimidade para propor emenda à Constituição Federal.

III. A separação dos Poderes é uma das cláusulas pétreas.

IV. O Conselho Nacional de Justiça não é órgão do Poder Judiciário.

Assinale:

(A) se somente as proposições I e II forem verdadeiras.
(B) se somente as proposições I e III forem verdadeiras.
(C) se somente as proposições I e IV forem verdadeiras.
(D) se somente as proposições I, II e III forem verdadeiras.
(E) se somente as proposições II, III e IV forem verdadeiras.

I: correta. Art. 44 da CF; **II:** incorreta. Não reflete o disposto no art. 60, I a III, da CF; **III:** correta. Art. 60, § 4º, III, da CF; **IV:** incorreta. Não reflete o disposto no art. 92, I-A, da CF.

Gabarito "B"

(FGV – 2005) É correto afirmar que, no processo legislativo, a promulgação é de iniciativa:

(A) exclusiva do Presidente da República, nos projetos de lei que ele apresentar.
(B) do Presidente da Câmara dos Deputados, no caso de sanção tácita de projeto de lei.
(C) do Presidente do Senado Federal, somente no caso de rejeição do veto.
(D) do Presidente do Senado, no caso de rejeição de veto e de sanção tácita de projeto de lei, diante da omissão do Presidente da República.
(E) do Presidente da Câmara dos Deputados, no caso de rejeição de veto e de sanção tácita de projeto de lei, diante da omissão do Presidente da República.

Todas as alternativas encontram fundamento no art. 66, § 7º, da CF.

Gabarito "D"

10.5. FISCALIZAÇÃO CONTÁBIL, FINANCEIRA E ORÇAMENTÁRIA. TRIBUNAIS DE CONTAS

(OAB/Exame Unificado – 2016.2) Jovem governador do Estado Alfa, vencedor das eleições com o slogan "A vez dos jovens", propõe projeto de emenda à constituição do

Estado a fim de alterar os requisitos para escolha de conselheiros no Tribunal de Contas do Estado. A idade mínima, que antes seguia o padrão constitucional federal, sendo fixada em 35 anos, passaria a ser de 30 anos. Segundo a ordem jurídico-constitucional brasileira, tal norma deveria ser considerada

(A) inconstitucional, pois o padrão estabelecido pela CRFB/88, para o caso, configura típica cláusula de imposição de simetria.
(B) constitucional, pois a organização dos Tribunais de Contas estaduais está exclusivamente submetida ao poder constituinte derivado decorrente.
(C) constitucional, pois está baseada na autonomia dos Estados-Membros, princípio basilar e inflexível que sustenta o Pacto Federativo.
(D) inconstitucional, pois a estrutura do Poder Judiciário somente pode ser disciplinada pela Constituição da República, não pela Constituição Estadual.

A: correta. De fato, a proposta de emenda teria de ser considerada inconstitucional, pois a idade mínima de 35 anos, requisito para a escolha de conselheiros no Tribunal de Contas do Estado, deve seguir, por simetria, a regra prevista na norma federal. Algumas decisões do Supremo corroboram esse posicionamento. Vejamos: "Elaboração de lista singular para preenchimento de cargo de ministro do TCU. Pedido de elaboração de nova lista tríplice. **Limite objetivo de idade não admite exceções, CF, art. 73, § 1º**. A lista deve ser tríplice quando houver candidatos aptos, Regimento Interno do TCU, art. 281, § 5º. Lista singular elaborada em conformidade com o Regimento Interno do TCU. Prejuízo do mandado de segurança em virtude do fato de o impetrante já ter completado setenta anos." (**MS 23.968**, rel. Min. **Gilmar Mendes**, julgamento em 14-.04.-2008, Plenário, *DJE* de 13.0-6.-2008.) e "O preceito veiculado pelo art. 73 da CB aplica-se, no que couber, à organização, **composição** e fiscalização **dos tribunais de contas dos Estados e do Distrito Federal**, bem como dos tribunais e conselhos de contas dos Municípios. **Imposição do modelo federal nos termos do art. 75.** A inércia da Assembleia Legislativa cearense relativamente à criação de cargos e carreiras do Ministério Público Especial e de auditores que devam atuar junto ao tribunal de contas estadual consubstancia omissão inconstitucional." (**ADI 3.276**, rel. Min. **Eros Grau**, julgamento em 02-.06-.2005, Plenário, *DJ* de 01º-.02-.2008.) **No mesmo sentido**: ADI 374, rel. Min. **Dias Toffoli**, julgamento em 22-.03-.2012, Plenário, *DJE* de 21-.08-.2014; **B** e **C:** incorretas. Conforme mencionado, as regras sobre a composição dos Tribunais de Contas Estaduais necessariamente devem seguir o modelo federal; **D:** incorreta. Os Tribunais de Contas embora levem o nome de "Tribunal", são órgãos do Poder Legislativo.

Gabarito "A"

(OAB/Exame Unificado – 2010.3) O controle externo financeiro da União e das entidades da administração federal direta e indireta é atribuição do Congresso Nacional, que o exerce com o auxílio do Tribunal de Contas da União. É competência do Tribunal de Contas da União

(A) apreciar as contas prestadas anualmente pelo Presidente da República, mediante a emissão de parecer prévio, que só deixará de prevalecer por decisão de dois terços dos membros do Congresso Nacional.
(B) fiscalizar a aplicação de quaisquer recursos repassados pela União, mediante convênio, ajuste ou outros instrumentos congêneres, a Estado, ao Distrito Federal ou a Município.
(C) sustar contratos administrativos em que seja identificado superfaturamento ou ilegalidade e promover a respectiva ação visando ao ressarcimento do dano causado ao erário.
(D) aplicar aos responsáveis por ilegalidade de despesa ou irregularidade de contas multa sancionatória, em decisão dotada de eficácia de título executivo judicial.

A: incorreta. O quórum de aprovação do decreto legislativo previsto no art. 49, IX, da CF é de maioria simples, conforme prevê o art. 47 da CF; **B:** correta. Art. 71, VI, da CF; **C:** incorreta. Primeiro comunica a autoridade responsável (art. 71, IX, da CF). Só em caso de não atendimento o TCU procede à sustação da execução do ato (art. 71, X, da CF). A ação de ressarcimento é proposta pela Advocacia-Geral da União (art. 131 da CF); **D:** incorreta. Possui a atribuição prevista no art. 71, VIII, da CF, mas suas decisões têm força de título executivo extrajudicial (art. 71, § 3º, da CF) porque o Tribunal de Contas da União não integra o Poder Judiciário, sendo órgão auxiliar do Poder Legislativo.

Gabarito "B"

(OAB/Exame Unificado – 2008.2) Com relação às fiscalizações contábil, financeira e orçamentária previstas na CF, assinale a opção correta.

(A) Os ministros do TCU serão nomeados entre brasileiros natos.
(B) Uma das finalidades do controle interno é exercer o controle de operações de crédito, avais e garantias, bem como dos direitos e haveres da União.
(C) No âmbito da União, o controle externo é exercido exclusivamente pelo TCU.
(D) Os ministros do TCU têm as mesmas garantias, prerrogativas, impedimentos, vencimentos e vantagens dos ministros do STF.

A: incorreta. O art. 73, § 1º, da CF menciona apenas "brasileiros". Dessa maneira, é possível que tanto o nato como o naturalizado seja nomeado para o cargo de Ministro do Tribunal de Contas; **B:** correta. É o que dispõe o art. 74, III, da CF; **C:** incorreta. O controle externo é exercido pelo Congresso Nacional com auxílio do TCU (art. 71, *caput*, da CF); **D:** incorreta. O art. 73, § 3º, da CF determina as mesmas garantias, prerrogativas, impedimentos, vencimentos e vantagens dos ministros do *STJ*.

Gabarito "B"

(FGV – 2014) Após constatar irregularidades na execução de um determinado contrato administrativo, o Tribunal de Contas da União determina que o Executivo deve sustar a execução, até que as irregularidades sejam sanadas.

Nos termos da Constituição Federal

(A) a suspensão dos contratos administrativos é competência do Tribunal de Contas da União.
(B) a competência para a sustação é do Congresso Nacional, comunicado pelo Tribunal de Contas.
(C) o ato de sustação de contratos está no âmbito da fiscalização contábil.
(D) a sustação dos contratos administrativos é atribuição privativa do Executivo.
(E) a sustação dos contratos, quando irregulares, deve ser sugerida pelo Congresso Nacional.

De acordo com o art. 71, § 1º, da CF, no caso de **contrato**, o **ato de sustação será adotado diretamente pelo Congresso Nacional**, que solicitará, de imediato, ao Poder Executivo as medidas cabíveis. O § 2º do mesmo dispositivo determina que se o Congresso Nacional ou o Poder Executivo, no prazo de noventa dias, não efetivar as medidas previstas no parágrafo anterior, o Tribunal de Contas decidirá a respeito.

Gabarito "B"

(FGV – 2013) Petrus é administrador público, chefe do executivo, tendo sido comunicado pelo Congresso Nacional que deveria sustar a execução de determinado contrato administrativo, por força da constatação de irregularidades pelo Tribunal de Contas da União. Nos termos da Constituição Federal, cabe ao Tribunal de Contas, ao exercer o controle externo,

(A) imputar multa, sendo a decisão título executivo extrajudicial.
(B) impor sanções pessoais aos administradores relapsos, equiparadas à prisão civil.
(C) estabelecer a quebra dos sigilos bancários e telefônicos dos administradores.
(D) determinar a sustação imediata de contratos, quando aferir irregularidades.
(E) aguardar autorização do Ministério Público para realizar auditorias.

Conforme determina o art. 71, VIII, da CF, o controle externo, a cargo do Congresso Nacional, é exercido com o auxílio do Tribunal de Contas da União, ao qual compete **aplicar aos responsáveis**, em caso de ilegalidade de despesa ou **irregularidade** de contas, as sanções previstas em lei, que estabelecerá, entre outras cominações, **multa** proporcional ao dano causado ao erário. O § 3º do mesmo dispositivo determina que as **decisões** do Tribunal de **que resulte imputação de** débito ou **multa terão eficácia de título executivo.**

Gabarito "A".

(FGV – 2008) É correto afirmar que é competência do Tribunal de Contas da União:

(A) fiscalizar as contas nacionais das empresas supranacionais de cujo capital social a União participe apenas de forma indireta, nos termos do tratado constitutivo.
(B) aplicar aos responsáveis, em caso de ilegalidade de despesa ou irregularidade de contas, as sanções previstas em lei, que estabelecerá, entre outras cominações, multa proporcional ao dano causado ao erário.
(C) apreciar as contas prestadas anualmente pelo Presidente da República, mediante parecer prévio que deverá ser elaborado em trinta dias a contar de seu recebimento.
(D) julgar as contas dos administradores e demais responsáveis por dinheiros, bens e valores públicos da administração direta e indireta, exceto as das fundações.
(E) as decisões do Tribunal de que resulte imputação de débito ou multa não terão eficácia de título executivo.

Todas as alternativas encontram fundamento no art. 71, I a XI, da CF.

Gabarito "B".

(FGV – 2008) O sistema de controle interno das contas públicas ocorre no âmbito:

(A) do Executivo Federal.
(B) do Legislativo Federal.
(C) do Judiciário Federal.
(D) da atividade administrativa de cada um dos poderes.
(E) da atividade administrativa nas três esferas da Federação.

Todas as alternativas encontram fundamento no art. 70, *caput*, parte final, da CF.

Gabarito "D".

(FGV – 2008) A natureza da atividade dos Tribunais de Contas é:

(A) consultiva.
(B) punitiva.
(C) jurisdicional.
(D) executiva.
(E) técnica.

Todas as alternativas encontram fundamento no art. 71, I a XI, da CF.

Gabarito "E".

(FGV – 2006) Qual é o órgão de controle externo integrante do Poder Legislativo Federal?

(A) Conselho Nacional de Justiça.
(B) Advocacia-Geral da União.
(C) Conselho de Contribuintes.
(D) Tribunal de Contas da União.
(E) Secretaria de Controle Federal.

Todas as alternativas encontram fundamento no art. 71 da CF.

Gabarito "D".

11. PODER EXECUTIVO

(OAB/Exame Unificado – 2016.2) O Presidente da República, após manter áspera discussão com um de seus primos, que teve por motivação assuntos relacionados à herança familiar, efetua um disparo de arma de fogo e mata o referido parente. Abalado com o grave fato e preocupado com as repercussões políticas em razão de sua condição de Presidente da República, consulta seu corpo jurídico, indagando quais as consequências do referido ato no exercício da presidência.

Seus advogados, corretamente, respondem que a solução extraída do sistema jurídico-constitucional brasileiro é a de que

(A) será imediatamente suspenso de suas funções pelo prazo de até 180 dias, se recebida a denúncia pelo Supremo Tribunal Federal.
(B) será imediatamente suspenso de suas funções pelo prazo de até 180 dias, se recebida a denúncia pelo Senado Federal.
(C) será imediatamente suspenso de suas funções, se a acusação for autorizada por dois terços da Câmara dos Deputados e a denúncia recebida pelo Supremo Tribunal Federal.
(D) será criminalmente processado somente após o término do mandato, tendo imunidade temporária à persecução penal.

A, B e C: incorretas. De acordo o com o art. 86, § 4º, da CF, o Presidente da República, na vigência de seu mandato, não pode ser responsabilizado por atos estranhos ao exercício de suas funções. É a chamada cláusula de irresponsabilidade penal relativa. Desse modo, o Presidente da República, durante a vigência de seu mandato, só responderá por atos que tiverem relação com o exercício da função. Obviamente que após o termino do mandato presidencial, ele será criminalmente responsabilizado; **D:** correta. O o art. 86, § 4º, da CF determina que o Presidente da República, na vigência de seu mandato, não pode ser responsabilizado por atos estranhos ao exercício de suas funções.

Gabarito "D".

(OAB/Exame Unificado – 2015.3) Ao proferir um discurso em sua cidade natal, José, deputado federal pelo Estado E, afirma, de forma contundente, que um país democrático tem por regra inviolável escolher o chefe do Poder

Executivo por meio de eleições diretas. Complementa sua fala afirmando que o Brasil poderia ser considerado um país democrático, já que a Constituição Cidadã de 1988 não prevê eleição de Presidente pela via indireta.

Segundo a Constituição da República, o deputado está

(A) equivocado, pois há previsão de eleição indireta somente na eventualidade de vacância do cargo de Presidente da República nos últimos seis meses do seu mandato.

(B) correto, pois, sendo o voto direto cláusula pétrea prevista na Constituição, não pode haver situação constitucional que possibilite o uso do voto indireto.

(C) equivocado, pois há previsão de eleição indireta no caso de vacância dos cargos de Presidente e Vice-presidente da República nos últimos dois anos do mandato.

(D) correto, pois não há previsão de eleição indireta em caso de vacância, já que o cargo de Presidente da República viria a ser ocupado pelo Presidente da Câmara dos Deputados.

A: incorreta. De acordo com o art. 81, § 1º, da CF, ocorrendo a **vacância nos últimos dois anos do período presidencial, a eleição** para ambos os cargos **será feita trinta** dias depois da última vaga, **pelo Congresso Nacional**, na forma da lei. Sendo assim, a eleição indireta pode ocorrer não apenas no caso de vacância do cargo da Presidência da República ocorrer nos últimos seis meses do seu mandato, mas nos dois últimos anos do período do mandato presidencial. Além disso, a vacância tem de ser dupla: do Presidente e do Vice-Presidente da República; **B:** incorreta. Conforme mencionado, **há um caso de eleição indireta** admitida no Brasil que se dá na hipótese de dupla vacância (ausência definitiva do Presidente e Vice- Presidente da República) nos dois últimos anos do período presidencial; **C:** correta, conforme determina o citado art. 81, § 1º, da CF; D: incorreta. O **Presidente da Câmara dos Deputados só ocupará o cargo provisoriamente**, até que sejam feitas novas eleições ou na hipótese de ausência temporária do Presidente e Vice Presidente da República.

Gabarito "C"

(OAB/Exame Unificado – 2015.2) Um representante da sociedade civil, apresentando indícios de que o Presidente da República teria ultrapassado os gastos autorizados pela lei orçamentária e, portanto, cometido crime de responsabilidade, denuncia o Chefe do Poder Executivo Federal à Câmara dos Deputados. Protocolizada a denúncia na Câmara, foram observados os trâmites legais e regimentais de modo que o Plenário pudesse ou não autorizar a instauração de processo contra o Presidente da República. Do total de 513 deputados da Câmara, apenas 400 estiveram presentes à sessão, sendo que 260 votaram a favor da instauração do processo. Diante desse fato,

(A) o processo será enviado ao Senado Federal para que este, sob a presidência do Presidente do STF, proceda ao julgamento do Presidente da República.

(B) o processo será enviado ao Supremo Tribunal Federal, a fim de que a Corte Maior proceda ao julgamento do Presidente da República.

(C) o processo deverá ser arquivado, tendo em vista o fato de a decisão da Câmara dos Deputados não ter contado com a manifestação favorável de dois terços dos seus membros.

(D) dá-se o *impeachment* do Presidente da República, que perde o cargo e fica inabilitado para o exercício de outra função pública por oito anos.

A: incorreta. O processo não será enviado ao Senado Federal, pois a Câmara dos Deputados não contou com a manifestação favorável de dois terços dos membros. De acordo com o art. 51, I, da CF, compete privativamente à Câmara dos Deputados autorizar, **por dois terços de seus membros**, a instauração de processo contra o Presidente e o Vice-Presidente da República e os Ministros de Estado. O procedimento para apuração e julgamento dos crimes praticados pelo Presidente, tanto os comuns como os crimes de responsabilidade, obedece a um sistema bifásico no qual, em um primeiro momento, é necessária a autorização da Câmara dos Deputados (juízo de admissibilidade do processo), pelo voto de dois terços dos membros. Somente se a Câmara autorizar o julgamento é que haverá a segunda fase do procedimento bifásico, o julgamento propriamente dito; **B:** incorreta. O processo **não será enviado ao STF**, primeiro porque não houve a manifestação favorável de dois terços dos membros da Câmara dos Deputados, segundo porque se os dois terços dos Deputados Federais tivessem votado a favor da instauração do processo, o julgamento seria feito pelo Senado Federal, presidido pelo Presidente do STF, haja vista que o ato praticado pelo Presidente da República configura crime de responsabilidade – art. 85 da CF; **C:** correta. De fato, o processo deve ser arquivado, pois não passou pela primeira fase do procedimento bifásico, qual seja, a autorização por parte da Câmara dos Deputados, por dois terços dos membros; **D:** incorreta. A condenação pelo Senado Federal, que também deve se dar pelo voto de dois terços dos membros, somente pode ocorrer se o processo tiver sido instaurado e os trâmites legais observados. Para isso, a Câmara dos Deputados teria de ter autorizado por dois terços dos membros, o que não ocorreu. De acordo com o parágrafo único do art. 52 da CF, nos casos de crimes de responsabilidade, funcionará como Presidente o do Supremo Tribunal Federal, limitando-se **a condenação**, que **somente será proferida por dois terços dos votos do Senado Federal**, à perda do cargo, com inabilitação, por oito anos, para o exercício de função pública, sem prejuízo das demais sanções judiciais cabíveis.

Gabarito "C"

(OAB/Exame Unificado – 2014.3) O Presidente da República, à luz da CRFB/88, dispõe de dois órgãos de cúpula para consulta em determinados assuntos.

Assinale a opção que elenca corretamente esses órgãos e suas atribuições constitucionalmente definidas.

(A) Ao Conselho de Defesa Nacional compete opinar sobre a decretação do estado de defesa, do estado de sítio e da intervenção federal. Ao Conselho Nacional de Justiça compete o controle da atuação administrativa e financeira do Poder Judiciário, do Poder Legislativo e do Poder Executivo.

(B) Ao Conselho de Defesa Nacional compete opinar sobre as questões relevantes para a estabilidade das instituições democráticas. Ao Conselho da República compete opinar sobre as hipóteses de declaração de guerra e de celebração de paz.

(C) Ao Conselho Nacional de Justiça compete o controle da atuação administrativa e financeira do Poder Judiciário, do Poder Legislativo e do Poder Executivo. Ao Conselho da República compete opinar sobre as hipóteses de declaração de guerra e de celebração de paz.

(D) Ao Conselho de Defesa Nacional compete opinar sobre as hipóteses de declaração de guerra e de celebração de paz. Ao Conselho da República compete pronunciar-se sobre intervenção federal, estado de defesa e estado de sítio.

A: incorreta. A primeira parte da alternativa está correta, conforme determina o art. 91, § 1º, II, da CF. O erro é verificado na segunda parte. O Conselho Nacional de Justiça não controla a atuação administrativa e financeira do Legislativo e do Executivo, apenas do Judiciário, conforme determina a primeira parte do art. 103-B, § 4º, da CF; **B:** incorreta. As atribuições estão invertidas. A de pronunciar-se sobre as questões relevantes para a estabilidade das instituições democráticas compete ao Conselho da República, conforme determina o art. 90, II, da CF. Por outro lado, a atribuição de opinar nas hipóteses de declaração de guerra e de celebração da paz compete ao Conselho de Defesa Nacional. É o que determina o Art. 91, § 1º, I, da CF; **C:** incorreta. Como mencionado, O Conselho Nacional de Justiça não controla a atuação administrativa e financeira do Legislativo e do Executivo, apenas do Judiciário, conforme determina a primeira parte do art. 103-B, § 4º, da CF; **D:** correta. De acordo com o art. 91, § 1º, I, da CF, a atribuição de opinar nas hipóteses de declaração de guerra e de celebração da paz compete ao Conselho de Defesa Nacional. Além disso, de fato, compete ao Conselho da República, conforme determina o art. 90, I, da CF, pronunciar-se sobre intervenção federal, estado de defesa e estado de sítio.

Gabarito "D"

(OAB/Exame Unificado – 2014.1) Imagine a hipótese na qual o avião presidencial sofre um acidente, vindo a vitimar o Presidente da República e seu Vice, após a conclusão do terceiro ano de mandato.

A partir da hipótese apresentada, assinale a afirmativa correta.

(A) O Presidente do Senado Federal assume o cargo e completa o mandato.
(B) O Presidente da Câmara dos Deputados assume o cargo e convoca eleições que realizar-se-ão noventa dias depois de abertas as vagas.
(C) O Presidente do Congresso Nacional assume o cargo e completa o mandato.
(D) O Presidente da Câmara dos Deputados assume o cargo e convoca eleições que serão realizadas trinta dias após a abertura das vagas, pelo Congresso Nacional, na forma da lei.

A: incorreta. O **Presidente do Senado só pode assumir o cargo de forma provisória**. O único que poderia assumir o cargo e completar o mandado seria o Vice-Presidente. Portanto, havendo dupla vacância nos cargos da Presidência, por exemplo, morte do Presidente e do Vice, novas eleições terão de ser feitas. Como o fato ocorreu nos dois últimos anos do mandato (após a conclusão do terceiro mandato) **a nova eleição será realizada pelo Congresso Nacional** (eleição indireta), **trinta dias** depois da última vaga. É o que determina o § 1º do art. 81 da CF; **B:** incorreta. O Presidente da Câmara assume o cargo e convoca novas eleições, mas estas terão de ser realizadas **trinta dias** depois da última vaga; **C:** incorreta. A ordem de sucessão presidencial vem prevista no art. 80 da CF e não contempla o Presidente do Congresso Nacional. Segundo tal dispositivo, em caso de impedimento do Presidente e do Vice-Presidente, ou vacância dos respectivos cargos, serão sucessivamente chamados ao exercício da Presidência **o Presidente da Câmara dos Deputados, o do Senado Federal e o do Supremo Tribunal Federal**; **D:** correta. O Presidente da Câmara dos Deputados assume o cargo e convoca eleições que serão realizadas trinta dias após a abertura das vagas, pelo Congresso Nacional, na forma da lei. É justamente o que determina a redação dos arts. 80 e 81, § 1º, ambos da CF.

Gabarito "D"

(OAB/Exame Unificado – 2014.1) O Presidente da República possui uma série de competências privativas, que lhe são atribuídas diretamente pela Constituição. Admite-se que algumas delas possam ser delegadas ao Ministro de Estado da pasta relacionada ao tema. Dentre as competências delegáveis, inclui-se

(A) editar medidas provisórias com força de lei, nos termos do artigo 62 da Constituição.
(B) nomear, observado o disposto no artigo 73, os Ministros do Tribunal de Contas da União.
(C) prover e extinguir os cargos públicos federais, na forma da lei.
(D) iniciar o processo legislativo, na forma e nos casos previstos na Constituição.

A: incorreta. As atribuições do Presidente da República vêm previstas no art. 84 da CF. De fato, algumas delas podem ser delegadas, conforme determina o parágrafo único do mesmo dispositivo. A edição de medidas provisórias com força de lei (art. 84, XXVI, da CF) não faz parte desse rol de atribuições delegáveis, portanto, **é indelegável**; **B:** incorreta. A nomeação dos Ministros do Tribunal de Contas da União (art. 84, XV, da CF) também é uma atribuição indelegável; **C:** correta. De acordo com o parágrafo único do art. 84 da CF, o Presidente da República poderá delegar as atribuições mencionadas nos incisos VI, XII e XXV, primeira parte, aos Ministros de Estado, ao Procurador-Geral da República ou ao Advogado-Geral da União, que observarão os limites traçados nas respectivas delegações. A atribuição de prover e extinguir os cargos públicos federais, na forma da lei, vem prevista no inciso XXV do art. 84 da CF, portanto, **é possível a** sua **delegação**; **D:** incorreta. Iniciar o processo legislativo, na forma e nos casos previstos nesta Constituição, é atribuição do Presidente da República, conforme o art. 84, III, da CF, e não pode ser delegada, pois não vem contemplada no parágrafo único do mesmo dispositivo.

Gabarito "C"

(OAB/Exame Unificado – 2012.2) A competência para processar e julgar originariamente Governador de Estado por crime comum é do

(A) Supremo Tribunal Federal.
(B) Superior Tribunal de Justiça.
(C) Órgão Especial do Tribunal de Justiça.
(D) Juízo Criminal da capital onde se situa o Tribunal de Justiça do Estado respectivo.

Conforme dispõe o art. 105, I, "a", da CF, compete ao STJ processar e julgar, de forma originária, os *Governadores dos Estados e do Distrito Federal* quando da prática de *crime comum*. A mesma alínea indica que também é da competência do STJ o processo e julgamento dos crimes comuns e de responsabilidade praticados por desembargadores dos Tribunais de Justiça dos Estados e do Distrito Federal, por membros dos Tribunais de Contas dos Estados e do Distrito Federal, dos Tribunais Regionais Federais, dos Tribunais Regionais Eleitorais e do Trabalho, por membros dos Conselhos ou Tribunais de Contas dos Municípios e dos do Ministério Público da União que oficiem perante tribunais.

Gabarito "B"

(OAB/Exame Unificado – 2012.1) Em caso de vacância dos cargos de Presidente da República e Vice-Presidente da República no penúltimo ano de mandato,

(A) o Presidente da Câmara dos Deputados assume definitivamente o cargo.
(B) o Presidente do Senado Federal assume definitivamente o cargo.
(C) far-se-á nova eleição direta.
(D) far-se-á eleição indireta, pelo Congresso Nacional.

A e **B:** incorretas. Os Presidentes da Câmara dos Deputados e do Senado Federal não assumem definitivamente o cargo, pois são apenas *substitutos* do Presidente, ou seja, *atuam em caráter provisório*; **C:** incorreta. A eleição direta ocorre quando a dupla vacância dos cargos da Presidência e Vice-Presidência se dá nos dois primeiros anos do mandato. A questão menciona que o fato ocorreu no penúltimo ano do mandato; **D:** correta. De acordo com o art. 81, § 1º, da CF, "a *vacância* nos dois últimos anos do período presidencial, a eleição para ambos os cargos será feita trinta dias depois da última vaga, *pelo Congresso Nacional*, na forma da lei". É a chamada eleição indireta.

Gabarito "D"

(OAB/Exame Unificado – 2011.2) No processo de impedimento do Presidente da República, ocorre a necessidade de preenchimento de alguns requisitos.

Com base nas normas constitucionais, é correto afirmar que

(A) no julgamento ocorrido no Senado, funcionará como Presidente o do Supremo Tribunal Federal.
(B) condenado o Presidente, cumprirá sua pena privativa de liberdade em regime semiaberto.
(C) a Câmara autoriza a instauração do processo pelo voto da maioria absoluta dos seus membros.
(D) o julgamento ocorre pelo Senado Federal, cuja decisão deverá ocorrer pela maioria simples.

A: correta. De acordo com o art. 52, parágrafo único, da CF, é o Presidente do Supremo Tribunal Federal quem preside o processo e julgamento do Presidente da República, quando a responsabilização decorre da prática de crime de responsabilidade. É o denominado processo de *impeachment*; **B:** incorreta. A condenação do Presidente da República, *por crime de responsabilidade*, implica perda do cargo e inabilitação para o exercício de função pública por oito anos (art. 52, parágrafo único, da CF). Se a responsabilidade se desse pela prática de crime comum, enquanto não sobreviesse sentença condenatória, o Presidente da República também não estaria sujeito à prisão. É o que se extrai do § 3º do art. 86 da CF; **C:** incorreta. De fato a Câmara de Deputados tem de autorizar o processo e julgamento contra o Presidente da República, mas, conforme o art. 86 da CF, essa autorização, também chamada de juízo de admissibilidade, se dá pelo voto de dois terços dos membros e não pela maioria absoluta, como mencionado na alternativa. **D:** incorreta. É o Senado Federal quem julga, mas a decisão deve ocorrer por dois terços dos votos e não pela maioria simples.

Gabarito "A"

(FGV – 2011) No chamado crime de responsabilidade ou crime político praticado por aquele que ocupa a Vice-Presidência da República, surge um órgão com competência constitucionalmente estabelecida. Esse órgão é o(a)

(A) Supremo Tribunal Federal.
(B) Senado Federal.
(C) Câmara dos Deputados.
(D) Câmara Distrital.
(E) Senado Estadual.

De acordo com o art. 52, I, da CF é da competência privativa do Senado Federal, processar e julgar o Presidente e o Vice-Presidente da República nos crimes de responsabilidade e os Ministros de Estado nos crimes da mesma natureza conexos com aqueles.

Gabarito "B"

(FGV – 2011) O Presidente da República possui competência privativa para praticar determinados atos. A maior parte não depende de autorização ou referendo do Poder Legislativo. Dentre as seguintes alternativas, a que depende de autorização ou referendo do Congresso consiste em

(A) declarar guerra.
(B) decretar a intervenção federal.
(C) exercer a Chefia da Administração
(D) presidir o Conselho da República.
(E) nomear os membros do Conselho da República.

Art. 84, XIX, da CF.

Gabarito "A"

(OAB/Exame Unificado – 2011.1) A respeito do regime de responsabilidade do Presidente da República, assinale a alternativa correta.

(A) Compete ao Congresso Nacional processar e julgar o Presidente da República nos crimes de responsabilidade.
(B) Só se admite acusação contra o Presidente da República por três quintos da Câmara dos Deputados.
(C) O ato do Presidente da República que atenta contra o livre exercício do Poder Legislativo, do Poder Judiciário, do Ministério Público e dos Poderes constitucionais das unidades da Federação é considerado crime de responsabilidade.
(D) O Presidente ficará suspenso de suas funções nos crimes de responsabilidade somente após a condenação pelo órgão competente.

A: incorreta. Compete ao Senado Federal, e não ao Congresso, processar e julgar o Presidente da República nos crimes de responsabilidade (art. 86, *caput*, da CF); **B:** incorreta. A Câmara dos Deputados, de fato, tem de autorizar a instauração do processo contra o Presidente. É o chamado juízo de admissibilidade da Câmara. Ocorre que o quórum exigido para essa autorização é de dois terços e não três quintos, conforme mencionado na alternativa (art. 51, I, e art. 86, *caput*, ambos da CF); **C:** correta. O art. 85 da CF trata dos crimes de responsabilidade praticados pelo Presidente, dentre os quais se encontra o ato que atenta contra o livre exercício do Poder Legislativo, do Poder Judiciário, do Ministério Público e dos Poderes constitucionais das unidades da federação (art. 85, II, da CF); **D:** incorreta. O art. 86, § 1º, I e II, da CF determina dois momentos para o início da suspensão das funções do Presidente. Se o crime for comum, após o recebimento da denúncia ou queixa-crime pelo STF. Se o crime for de responsabilidade, após a instauração do processo pelo Senado Federal.

Gabarito "C"

(OAB/Exame Unificado – 2010.2) Em relação aos Ministros de Estado, a Constituição do Brasil estabelece que:

(A) como delegatários do Presidente da República, podem, desde que autorizados, extinguir cargos públicos.
(B) podem expedir instruções para a execução de leis e editarem medidas provisórias.
(C) somente os brasileiros natos poderão exercer a função.
(D) respondem, qualquer que seja a infração cometida, perante o Superior Tribunal de Justiça.

A: correta (art. 84, VI, "b" e parágrafo único, da CF); **B:** incorreta. A primeira parte está correta (art. 87, II, da CF), mas os Ministros de Estado não podem receber delegação para a adoção de medidas provisórias (art. 84, XXVI e parágrafo único, da CF); **C:** incorreta. Somente o cargo de Ministro de Estado da Defesa é privativo de brasileiro nato (art. 12, § 3º, VII, da CF); **D:** incorreta. É competência do Supremo Tribunal Federal processar e julgar os Ministros de Estado por crimes comuns e de responsabilidade (art. 102, I, "c", da CF).

Gabarito "A"

(OAB/Exame Unificado – 2010.1) Assinale a opção correta no que se refere às limitações estabelecidas no texto constitucional ao cargo de Presidente da República.

(A) O Presidente da República pode escolher e nomear livremente os ministros de Estado, com exceção do ministro das Relações Exteriores, cuja indicação deve ser aprovada pelo Senado Federal, assim como ocorre com os candidatos ao cargo de embaixador.

(B) A nomeação, pelo Presidente da República, do Advogado-Geral da União depende da prévia aprovação do Senado Federal, que o fará em escrutínio secreto.

(C) Embora nomeado pelo Presidente da República para um mandato de dois anos, o Procurador-Geral da República poderá ser destituído do cargo, de ofício, antes do término do mandato, por decisão da maioria absoluta dos senadores.

(D) Os ministros de Estado são nomeados livremente pelo Presidente da República, podendo o Congresso Nacional, por deliberação da maioria absoluta de seus membros, exonerá-los a qualquer tempo.

A: incorreta. Vale apenas para embaixadores (CF, art. 52, IV); **B:** incorreta. O Advogado-Geral da União é *nomeado livremente* pelo *Presidente*, desde que seja cidadão maior de trinta e cinco anos, possua notável saber jurídico e reputação ilibada (art. 131, § 1º, da CF); **C:** correta. Assim está disposto no art. 52, XI, da CF; **D:** incorreta. É da competência *privativa do Presidente* a nomeação *e exoneração* dos Ministros de Estado (art. 84, I, da CF).

Gabarito "C"

(OAB/Exame Unificado – 2009.2) Assinale a opção correta acerca do Poder Executivo.

(A) O presidente e o Vice-Presidente da República não podem ausentar-se do país, por qualquer período de tempo, sem licença do Senado Federal, sob pena de perda do cargo.

(B) Será considerado eleito Presidente da República o candidato que, registrado por partido político, obtiver a maioria absoluta de votos, não computados os votos em branco e os nulos.

(C) Em casos de vacância ou de impedimento do Presidente e do Vice-Presidente da República, serão chamados ao exercício da Presidência da República, sucessivamente, o presidente do Senado Federal, o presidente da Câmara dos Deputados e o presidente do STF.

(D) O Presidente da República somente poderá ser processado e julgado, nas infrações penais comuns, perante o STF, com a prévia anuência do Senado Federal.

A: Incorreta. A regra existe e está expressa no art. 83 da CF, mas a ausência não é por qualquer tempo e sim por período *superior a quinze dias*; **B:** correta. Trata-se da redação do art. 77, § 2º, da CF; **C:** incorreta. Em primeiro lugar chama-se o *Presidente da Câmara*, que é o representante do povo (detentor do poder), depois o Presidente do Senado, representante dos Estados e, por fim, o Presidente do STF, conforme art. 80 da CF; **D:** incorreta. De fato é o STF quem julga o Presidente na hipótese de crime comum, mas a *anuência* ou juízo de admissibilidade para o processo e julgamento quem faz é a *Câmara de Deputados*, por dois terços dos votos (art. 86 da CF).

Gabarito "B"

(OAB/Exame Unificado – 2009.1) No tocante à responsabilização do Presidente da República, assinale a opção correta.

(A) Na CF, é assegurada ao Presidente da República a prerrogativa de somente ser processado, seja por crime comum, seja por crime de responsabilidade, após o juízo de admissibilidade da Câmara dos Deputados.

(B) Compete ao STF processar e julgar originariamente o Presidente da República nas infrações penais comuns e nas ações populares.

(C) Tratando-se de crime de responsabilidade, a decisão proferida pelo Senado Federal pode ser alterada pelo STF.

(D) São alternativas as sanções de perda do cargo de presidente e de inabilitação, por oito anos, para o exercício de função pública.

A: correta (art. 86, *caput*, da CF); **B:** incorreta. Compete ao STF processar e julgar, originalmente, o Presidente da República nas infrações penais *comuns* (arts. 86, *caput*, e 102, I, "b", da CF); **C:** incorreta. A decisão proferida pelo Senado Federal *não* pode ser revista pelo STF; **D:** incorreta. As sanções são cumulativas, pois o art. 52, parágrafo único, da CF menciona perda do cargo *com* inabilitação, por oito anos, para o exercício de função pública, sem prejuízo das demais sanções judiciais cabíveis.

Gabarito "A"

(OAB/Exame Unificado – 2008.3) Acerca do Poder Executivo, assinale a opção correta.

(A) O Presidente da República é julgado pelo STF pelos crimes de responsabilidade.

(B) Se o Presidente da República deixar de cumprir uma decisão judicial, mesmo que a considere inconstitucional, deverá ser julgado por crime de responsabilidade.

(C) O Presidente da República só pode ser preso em flagrante por crime inafiançável.

(D) Nos crimes de responsabilidade, o Presidente da República ficará suspenso de suas atribuições desde o momento em que a acusação for recebida pela Câmara dos Deputados.

A: incorreta. O Presidente da República, nos crimes de responsabilidade, é julgado pelo Senado Federal, nos termos dos arts. 52, I, e 86 da CF. É reservada ao STF a competência para julgá-lo nas infrações penais comuns, *ex vi* dos art. 86 e 102, I, "*b*", da CF; **B:** correta. Art. 85, VII, segunda parte, da CF e a Lei 1.079/1950 (define os crimes de responsabilidade e disciplina o respectivo processo); **C:** incorreta. Art. 86, § 3º, da CF; **D:** incorreta. Art. 86, § 1º, II, da CF.

Gabarito "B"

(OAB/Exame Unificado – 2008.3) O Presidente da República pode adotar medidas provisórias, com força de lei, sobre

(A) prazos processuais.

(B) instituição e majoração de impostos.

(C) definição de crime ou majoração de sanção penal.

(D) prazos eleitorais.

A: incorreta (art. 62, § 1º, I, "*b*", da CF); **B:** correta (art. 62, § 2º, da CF); **C:** incorreta (art. 62, § 1º, I, "*b*", da CF); **D:** incorreta (art. 62, § 1º, I, "a", da CF).

Gabarito "B"

(OAB/Exame Unificado – 2008.1) No que concerne à disciplina constitucional relativa ao Poder Executivo, assinale a opção correta.

(A) Se, decorridos 10 dias da data fixada para a posse presidencial, o Presidente ou o Vice-Presidente, salvo motivo de força maior, não tiver assumido o cargo, deverá ser convocado, para assumir o cargo, o segundo mais votado no pleito eleitoral.

(B) Em caso de vacância dos cargos de Presidente e Vice-Presidente da República ocorrida nos últimos dois anos do mandato presidencial, deverá ser realizada eleição direta após 90 dias contados da abertura da última vaga.

(C) Se, antes do segundo turno da votação, houver morte, desistência ou impedimento de candidato à chefia do Poder Executivo federal, deverá ser convocado, entre os remanescentes, o de maior votação.

(D) Será considerado eleito Presidente da República, em primeiro turno, o candidato que obtiver a maioria absoluta de votos, computados os votos em branco e os nulos.

A: incorreta. Nessa hipótese, conforme o parágrafo único do art. 78 da CF, o cargo será declarado *vago* e o Vice-Presidente assumirá. **B:** incorreta. A eleição a ser realizada ocorrerá de forma *indireta*, ou seja, o Congresso Nacional é quem escolherá o novo Presidente e Vice--Presidente da República, por meio de uma eleição que se dará dentro do prazo de *30 dias* depois de aberta a última vaga (art. 81, § 1º, da CF). É indireta e não direta, pois não será o povo, detentor do poder, quem escolherá o novo governante, mas sim, seus representantes: Deputados Federais e Senadores; **C:** correta (art. 77, § 4º, da CF); **D:** incorreta. Os votos brancos e nulos *não* são computados (art. 77, § 2º, da CF).

Gabarito "C"

(OAB/Exame Unificado – 2007.3) O *impeachment* do Presidente da República

(A) pode ser iniciado por denúncia de qualquer cidadão.

(B) só pode ser processado mediante autorização de 2/3 do Senado Federal.

(C) é processado perante o Supremo Tribunal Federal, que só poderá proferir condenação mediante voto de 2/3 de seus membros.

(D) pode resultar na perda do cargo e a inabilitação permanente para o exercício de função pública.

A: correta (art. 14 da Lei 1.079/1950 – Crimes de Responsabilidade) **B:** incorreta. A *anuência* ou juízo de admissibilidade para o processo e julgamento do Presidente da República é feita pela *Câmara de Deputados*, por dois terços dos votos e não pelo Senado Federal (art. 86 da CF); **C:** incorreta. Pela prática de crime de responsabilidade, o Presidente está sujeito a julgamento perante o Senado Federal (art. 85 da CF); **D:** incorreta. O art. 52, parágrafo único, da CF menciona perda do cargo e inabilitação para o exercício de função pública, mas essa inabilitação não é permanente, se dá por *oito anos*, sem prejuízo das demais sanções judiciais cabíveis.

Gabarito "A"

(OAB/Exame Unificado – 2007.3) Assinale a opção correta acerca da disciplina constitucional do Poder Executivo.

(A) O ministro do planejamento é membro nato do Conselho de Defesa Nacional.

(B) Compete privativamente ao Presidente da República acreditar representantes diplomáticos estrangeiros, com a autorização prévia do Senado Federal.

(C) O Presidente e o Vice-Presidente da República não poderão, sem licença do Congresso Nacional, ausentar-se do país.

(D) Os ministros de Estado são escolhidos entre brasileiros natos maiores de vinte e um anos e no exercício dos direitos políticos.

A: correta (art. 91, VII, da CF); **B:** incorreta. O art. 84, VII, da CF não há necessidade de autorização prévia do Senado Federal; **C:** incorreta. A alternativa está incompleta, pois o art. 83 da CF determina que o Presidente e o Vice-Presidente da República não poderão, sem licença do Congresso Nacional, ausentarem-se do País *por período superior a quinze dias*, sob pena de perda do cargo; **D:** incorreta. O art. 87 da CF trata do assunto e não exige a condição de nato para a ocupação de cargo de Ministros de Estado.

Gabarito "A"

(OAB/Exame Unificado – 2007.2) Acerca da organização dos Poderes Legislativo e Executivo, assinale a opção correta.

(A) Constitui crime de responsabilidade a ausência, sem justificação adequada, de ministro de Estado ou qualquer titular de órgão diretamente subordinado à presidência da República, quando houver convocação por parte da Câmara dos Deputados e do Senado Federal, ou de qualquer de suas comissões, para prestar informações sobre assunto determinado.

(B) Na hipótese de vacância dos cargos de Presidente e Vice-Presidente da República, nos dois primeiros anos do mandato, o Congresso Nacional deverá proceder à eleição indireta, no prazo de 30 dias a contar da vacância do último cargo, para escolher o sucessor, que completará o mandato do antecessor.

(C) O senador ou deputado federal que tenha cometido crime antes da diplomação somente terá o seu processo penal por crime comum suspenso pela respectiva casa por iniciativa de partido político nela representado e pelo voto da maioria de seus membros.

(D) O deputado federal ou senador terá os seus direitos políticos perdidos ou suspensos somente quando decidido pela respectiva casa por voto secreto e maioria absoluta, mediante provocação da respectiva mesa ou de partido político representado no Congresso Nacional, assegurada ampla defesa.

A: correta (art. 50, *caput*, da CF e art. 13, item 3, da Lei 1.079/1950 – Crimes de Responsabilidade); **B:** incorreta. O art. 81, § 1º, da CF dispõe que nessa hipótese a eleição será *direta* e não indireta; **C:** incorreta. Essa imunidade relativa ao processo penal é aplicável apenas em relação aos crimes cometidos *após* a diplomação (art. 53, § 3º, da CF; **D:** incorreta De acordo com o art. 55, § 2º, da CF, apenas nas hipóteses dos incisos I (infringir qualquer das proibições estabelecidas no art. 54), II (procedimento declarado incompatível com o decoro parlamentar) e VI (condenação criminal em sentença transitada em julgado), a perda do mandato será decidida pela Câmara dos Deputados ou pelo Senado Federal, por maioria absoluta, mediante provocação da respectiva Mesa ou de partido político representado no Congresso Nacional, assegurada ampla defesa. Além disso, é importante lembrar que o dispositivo mencionado foi alterado pela EC 76 de 2013 e atualmente o voto não é mais secreto.

Gabarito "A"

(FGV – 2011) É atribuição constitucional do Presidente da República

(A) dispor, mediante portaria, sobre a organização e funcionamento da administração federal, quando não implicar aumento de despesa nem criação ou extinção de órgãos públicos.

(B) suspender a execução, no todo ou em parte, de lei declarada inconstitucional por decisão definitiva do Supremo Tribunal Federal.

(C) nomear, em caráter privativo e sem a aprovação dos demais Poderes da República, os Ministros do Supremo Tribunal Federal.

(D) autorizar operações externas de natureza financeira, de interesse da União, dos Estados, do Distrito Federal, dos Territórios e dos Municípios.
(E) decretar e executar a intervenção federal.

A: incorreta. O Presidente da República exerce essa atribuição mediante decreto, não portaria (art. 84, VI, "a", da CF); **B:** incorreta. Atribuição privativa do Senado Federal (art. 52, X, da CF); **C:** incorreta. O Presidente nomeia os Ministros do STF após aprovação do Senado Federal (art. 84, XIV, da CF); **D:** incorreta. Atribuição privativa do Senado Federal (art. 52, V, da CF); **E:** correta. Art. 84, X, da CF.

Gabarito "E".

(FGV – 2010) Assinale a afirmativa incorreta.

(A) Em caso de impedimento do Presidente e do Vice-Presidente, ou vacância dos respectivos cargos, serão sucessivamente chamados ao exercício da Presidência o Presidente do Senado Federal, o da Câmara dos Deputados, e o do Supremo Tribunal Federal.
(B) Vagando os cargos de Presidente e Vice-Presidente da República, far-se-á eleição noventa dias depois de aberta a última vaga.
(C) O mandato do Presidente da República é de quatro anos e terá início em primeiro de janeiro do ano seguinte ao da sua eleição.
(D) O Presidente e o Vice-Presidente da República não poderão, sem licença do Congresso Nacional, ausentar-se do País por período superior a quinze dias, sob pena de perda do cargo.
(E) O Presidente e o Vice-Presidente da República tomarão posse em sessão do Congresso Nacional, prestando o compromisso de manter, defender e cumprir a Constituição, observar as leis, promover o bem geral do povo brasileiro, sustentar a união, a integridade e a independência do Brasil.

A: incorreta, devendo ser assinalada, pois não reflete o disposto no art. 80 da CF; **B:** correta. Art. 81 da CF; **C:** correta. Art. 82 da CF; **D:** correta. Art. 83 da CF; **E:** correta. Art. 78 da CF.

Gabarito "A".

(FGV – 2009) Assinale a alternativa que defina corretamente o poder regulamentar do chefe do Executivo, seja no âmbito federal, seja no estadual.

(A) O poder regulamentar confere ao chefe do Executivo a atribuição para criar direitos e obrigações, dentro de sua respectiva esfera de competência.
(B) O poder regulamentar confere ao chefe do Executivo a competência legislativa exclusiva para reparar inconstitucionalidades realizadas pelo legislador ordinário.
(C) O poder regulamentar confere ao chefe do Executivo a competência para assegurar a fiel execução da Constituição.
(D) O poder regulamentar é uma forma atípica de competência legislativa conferida ao chefe do Executivo para suprir omissões do Poder Legislativo.
(E) O poder regulamentar confere ao chefe do Executivo a competência para assegurar a fiel execução das leis, não podendo inovar o mundo jurídico.

A: incorreta. O poder regulamentar não autoriza o Chefe do Executivo a criar direitos e obrigações, ou seja, sua atividade regulamentar não pode inovar o mundo jurídico, mas apenas conferir execução à lei, sem transbordar de seus limites (art. 84, IV, da CF); **B:** incorreta, pois o poder regulamentar refere-se às leis em geral. Além disso, não há que se falar em utilização do poder regulamentar para corrigir inconstitucionalidades; **C:** incorreta, pois serve para fiel execução das leis (art. 84, IV, da CF); **D:** incorreta, pois é exercício de função legislativa atípica, mas não serve para suprir omissões do Poder Legislativo, uma vez que o poder regulamentar não pode criar direitos e obrigações, mas apenas explicitar, detalhar os direitos e obrigações já previstos em lei; **E:** correta, conforme dito anteriormente, na fundamentação da alternativa "A".

Gabarito "E".

(FGV – 2008) A mobilização nacional pode ser decretada pelo Presidente da República em caso de:

(A) relevante interesse.
(B) ameaça institucional.
(C) calamidades.
(D) investimento público.
(E) agressão estrangeira.

Art. 84, XIX, da CF.

Gabarito "E".

(FGV – 2008) O Presidente e o Vice-Presidente da República, nos crimes de responsabilidade, serão julgados:

(A) pelo Senado Federal.
(B) pela Câmara dos Deputados.
(C) pelo Congresso Nacional.
(D) pelo Supremo Tribunal Federal.
(E) pelo Conselho da República.

Conforme o art. 86 da CF, o Presidente e o Vice-Presidente da República, nos crimes de responsabilidade, desde que a Câmara dos Deputados autorize o julgamento por 2/3 dos seus membros, serão julgados pelo Senado Federal.

Gabarito "A".

(FGV – 2008) O deputado e o senador perderão seus mandatos nas hipóteses a seguir, à exceção de uma. Assinale-a.

(A) não comparecimento, em cada sessão legislativa, à terça parte das sessões ordinárias da casa a que pertencer, salvo licença ou missão por esta autorizada.
(B) adoção de conduta incompatível com o decoro parlamentar
(C) perda ou suspensão de seus direitos políticos
(D) ter contra si oferecida denúncia criminal, perante o Supremo Tribunal Federal, por crime inafiançável.
(E) tornar-se proprietário, controlador ou diretor de empresa que goze de favor decorrente de contrato com pessoa jurídica de direito público.

A: incorreta. Tal hipótese gera perda do mandato (art. 55, III, da CF); **B:** incorreta. O procedimento incompatível com o decoro parlamentar também gera perda do mandato (art. 55, II, da CF); **C:** incorreta. A perda ou suspensão dos direitos políticos é causa de perda do mandato (art. 55, IV, da CF); **D:** correta. Apenas se o deputado ou o senador tiver com ele sentença penal transitada em julgado é que haverá a perda do mandado. O mero oferecimento da denúncia não gera perda do mandato (art. 55, VI, da CF); **E:** incorreta. Os deputados e senadores não podem ser proprietários, controlar ou dirigir tais empresas, caso o façam, perderão os seus mandatos (art. 55, I e 54, II, "a", ambos da CF).

Gabarito "D".

(FGV – 2008) Não perde o mandato o Senador:

(A) que, após a expedição do diploma, aceitar emprego remunerado em sociedade de economia mista.
(B) que perder os seus direitos políticos.
(C) que permanecer em licença por período superior a 6 (seis) meses.

(D) que sofrer condenação criminal em sentença definitiva e irrecorrível.

(E) quando o decretar a Justiça Eleitoral.

A: incorreta. De acordo com o art. 54, I, "b", os Senadores não poderão desde a expedição do diploma aceitar ou exercer cargo, função ou emprego remunerado, inclusive os de que sejam demissíveis "ad nutum", com sociedade de economia mista. Sendo assim, como a atividade é proibida, caso aceitem podem perder o mandato; **B:** incorreta. Conforme o art. 55, IV, da CF, a perda ou suspensão dos direitos políticos gera perda do mandato, **C:** correta. Se o Deputado deixa de comparecer, pois está de licença médica, isso não gera perda do mandato (art. 56, II, primeira parte, da CF); **D:** incorreta. É o que determina o art. 55, VI, da CF; **E:** incorreta. Neste caso há perda, conforme dispõe o art. 55, V, da CF.

Gabarito "C"

(FGV – 2008) O Senado Federal, durante as sessões legislativas ordinárias, reunir-se-á anualmente:

(A) de 1º de fevereiro a 15 de julho e de 1º de agosto a 22 de dezembro.

(B) de 2 de fevereiro a 15 de julho e de 1º de agosto a 22 de dezembro.

(C) de 15 de fevereiro a 17 de julho e de 15 de agosto a 20 de dezembro.

(D) de 1º de fevereiro a 17 de julho e de 1º de agosto a 20 de dezembro.

(E) de 2 de fevereiro a 17 de julho e de 1º de agosto a 22 de dezembro.

De acordo com o art. 57, *caput*, da CF, o Congresso Nacional (Câmara dos Deputados e Senado Federal) reunir-se-á, anualmente, na Capital Federal, de *2 de fevereiro a 17 de julho e de 1º de agosto a 22 de dezembro.*

Gabarito "E"

(FGV – 2008) Ao Primeiro-Secretário da Mesa do Senado Federal não cabe:

(A) despachar a matéria do expediente que lhe for distribuída pelo Presidente.

(B) promover a guarda das proposições em curso.

(C) auxiliar o Presidente na apuração das eleições, anotando os nomes dos votados e organizando as listas respectivas.

(D) expedir as carteiras de identidade dos Senadores.

(E) assinar, depois do Presidente, as atas das sessões secretas.

A: incorreta. Cabe ao Primeiro-Secretário tal atribuição, conforme o art. 54, II, do Regimento Interno do Senado Federal; **B:** incorreta. Promover a guarda das proposições em curso também é atribuição do Primeiro-Secretário, de acordo com o art. 54, VII, do Regimento Interno do Senado Federal; **C:** correta. De fato, auxiliar o Presidente na apuração das eleições, anotando os nomes dos votados e organizando as listas respectivas, não é atribuição do Primeiro-Secretário e sim do Terceiro e Quarto-Secretários. É o que se extrai do art. 56, III, do Regimento estudado; **D:** incorreta. A expedição das carteiras de identidade dos Senadores é atribuição do Primeiro-Secretário, conforme o art. 11 do Regimento em comento; **E:** incorreta. O art. 54, V, do Regimento analisado determina que, de fato, cabe ao Primeiro-Secretário assinar, depois do Presidente, as atas das sessões secretas.

Gabarito "C"

(FGV – 2008) As comissões temporárias do Senado Federal:

(A) serão internas, externas e parlamentares de inquérito.

(B) são criadas, quando externas, por qualquer comissão do Senado.

(C) podem ser internas, externas e mistas.

(D) só podem ser criadas, quando externas, em dois turnos de votação.

(E) classificam-se em internas, externas, orçamentárias e parlamentares de inquérito.

A: correta (art. 74, I, II e III, do Regimento Interno do Senado Federal); **B:** incorreta. De acordo com o art. 75 do Regimento citado, as comissões externas serão criadas *por deliberação do Plenário, a requerimento de qualquer Senador ou comissão, ou por proposta do Presidente*; **C:** incorreta. O art. 74 do Regimento trata das espécies de comissões temporárias e não faz menção à comissão mista. São apenas internas, externas ou parlamentares de inquérito; **D:** incorreta. Não há esta exigência no Regimento; **E:** incorreta. Como já mencionado, as comissões temporárias podem ser internas, externas e parlamentares de inquérito (art. 74, I, II e III, do Regimento Interno do Senado Federal).

Gabarito "A"

12. PODER JUDICIÁRIO

(OAB/Exame Unificado – 2016.2) Como determinado minério vem obtendo alto preço no mercado mundial devido às grandes quantidades compradas pela China, o Estado-membro Alfa recorre ao governo chinês para obter um empréstimo, com vistas à construção da infraestrutura necessária à sua extração. Sabedor do fato, o prefeito do Município Beta, onde se localiza o principal porto do Estado Alfa, também solicita um empréstimo à China, para viabilizar o melhor escoamento do minério. Concedidos os empréstimos, com estrita observância da sistemática constitucional e gastos os recursos, a crise no setor público acaba por inviabilizar o pagamento da dívida contraída pelos entes federativos. Insatisfeita, a China ajuíza ação, no Brasil, contra o Estado Alfa e o Município Beta.

Assinale a opção que indica a competência para processar e julgar as matérias.

(A) Supremo Tribunal Federal nos dois processos, posto que a presença da China no polo ativo da relação processual obriga que a Corte Suprema seja responsável pela solução dos dois litígios.

(B) Supremo Tribunal Federal na relação jurídica entre a China e o Estado Alfa, e Superior Tribunal de Justiça na relação entre a China e o Município Beta, por expressa determinação constitucional.

(C) Supremo Tribunal Federal na relação jurídica entre a China e o Estado Alfa, e juiz federal, na relação entre a China e o Município Beta, por expressa determinação constitucional.

(D) Tribunal de Justiça do Estado Alfa, posto que, não havendo interesse da União nos negócios jurídicos firmados, os órgãos da Justiça Federal não podem solucionar as lides.

A: incorreta. A ação que a China ajuizou contra o Município Beta deverá ser processada e julgada pelo juiz federal, conforme determina o art. 109, II, da CF; **B:** incorreta. A primeira parte da alternativa está correta. A segunda não, pois o julgamento nessa hipótese é da competência do juiz federal, conforme já citado; **C:** correta. Determina o art. 102, I, "e", da CF que **compete ao STF** processar e julgar, originariamente, **o litígio entre Estado estrangeiro** ou organismo internacional **e** a União, **o Estado**, o Distrito Federal ou o Território. Em relação ao processo em que as partes são a China e o Município Beta, a competência já demonstrada é do juiz federal, art. 109, II, da CF; **D:** incorreta. O Tribunal de Justiça do Estado Alfa não tem competência para analisar esses processos.

Gabarito "C"

(OAB/Exame Unificado – 2016.1) O instituto da súmula vinculante aos poucos vai tendo suas características cristalizadas a partir da interpretação dos seus contornos constitucionais pela jurisprudência do Supremo Tribunal Federal. Considerando a importância assumida pelo instituto, determinada associação de classe procura seu advogado e solicita esclarecimentos a respeito dos legitimados a requerer a edição da súmula vinculante, dos seus efeitos e do órgão que pode editá-la.

Com base no fragmento acima, assinale a opção que se apresenta em consonância com os delineamentos desse instituto.

(A) Pode ser editada pelos tribunais superiores quando houver reiteradas decisões, proferidas na sua esfera de competência, que recomendem a uniformização de entendimento junto aos órgãos jurisdicionais inferiores.

(B) Estão legitimados a propor a sua edição, exclusivamente, os legitimados para o ajuizamento da ação direta de inconstitucionalidade e da ação declaratória de constitucionalidade, estabelecidos no Art. 103 da Constituição Federal.

(C) Pode dizer respeito a qualquer situação jurídica constituída sob a égide das normas brasileiras, de natureza constitucional ou infraconstitucional, e ser especificamente direcionada à resolução de um caso concreto, nele exaurindo a sua eficácia.

(D) A vinculação sumular incide sobre a administração pública direta e indireta e os demais órgãos do Poder Judiciário, não podendo, porém, atingir o Poder Legislativo.

A: incorreta. A súmula vinculante só pode ser editada pelo **Supremo Tribunal Federal**. Conforme determina o art. 103-A da CF, o Supremo Tribunal Federal poderá, de ofício ou por provocação, mediante decisão de dois terços dos seus membros, após reiteradas decisões sobre matéria constitucional, aprovar súmula que, a partir de sua publicação na imprensa oficial, terá efeito vinculante em relação aos demais órgãos do Poder Judiciário e à administração pública direta e indireta, nas esferas federal, estadual e municipal, bem como proceder à sua revisão ou cancelamento, na forma estabelecida em lei; **B:** incorreta. Há outros legitimados para propor a edição de súmula vinculante, além dos que podem ajuizar as ações do controle concentrado de constitucionalidade. De acordo com o art. 3º da Lei nº 11.417/2006 (Lei da Súmula Vinculante), os legitimados a propor a edição, a revisão ou o cancelamento de enunciado de súmula vinculante são os seguintes: I — o Presidente da República; II — a Mesa do Senado Federal; III – a Mesa da Câmara dos Deputados; IV – o Procurador-Geral da República; V — o Conselho Federal da Ordem dos Advogados do Brasil; VI — **o Defensor Público-Geral da União;** VII partido político com representação no Congresso Nacional; VIII – confederação sindical ou entidade de classe de âmbito nacional; IX – a Mesa de Assembléeia Legislativa ou da Câmara Legislativa do Distrito Federal; X — o Governador de Estado ou do Distrito Federal; **XI — os Tribunais Superiores, os Tribunais de Justiça de Estados ou do Distrito Federal e Territórios, os Tribunais Regionais Federais, os Tribunais Regionais do Trabalho, os Tribunais Regionais Eleitorais e os Tribunais Militares.** Além disso, o § 1º do mesmo dispositivo legal informa que o **Município** poderá propor, incidentalmente ao curso de processo em que seja parte, a edição, a revisão ou o cancelamento de enunciado de súmula vinculante, o que não autoriza a suspensão do processo; **C:** incorreta. A súmula vinculante só poderá tratar de **matéria constitucional**. Além disso, deve haver divergência sobre a questão e que isso esteja contribuindo para multiplicação de processos e insegurança jurídica grave. De acordo com o § 1º do art. 103-A da CF, a súmula terá por objetivo a validade, a interpretação e a eficácia de normas determinadas, acerca das quais **haja controvérsia atual entre órgãos judiciários ou entre esses e a administração pública** que acarrete grave insegurança jurídica e relevante multiplicação de processos sobre questão idêntica; **D:** correta. De fato, tal súmula não vincula a função legislativa, ainda que exercida de forma atípica. Conforme determina o art. 103-A, *caput*, da CF, a partir da publicação na imprensa oficial, a súmula vinculante terá efeito vinculante em relação aos demais órgãos do Poder Judiciário e à administração pública direta e indireta, nas esferas federal, estadual e municipal.

Gabarito "D"

(OAB/Exame Unificado – 2015.2) A discussão a respeito das funções executiva, legislativa e judiciária parece se acirrar em torno dos limites do seu exercício pelos três tradicionais Poderes. Nesse sentido, sobre a estrutura adotada pela Constituição brasileira de 1988, assinale a afirmativa correta.

(A) O exercício da função legislativa é uma atribuição concedida exclusivamente ao Poder Legislativo, como decorrência natural de ser considerado o Poder que mais claramente representa o regime democrático.

(B) O exercício da função jurisdicional é atribuição privativa do Poder Judiciário, embora se possa dizer que o Poder Executivo, no uso do seu poder disciplinar, também faça uso da função jurisdicional.

(C) O exercício de funções administrativas, judiciárias e legislativas deve respeitar a mais estrita divisão de funções, não existindo possibilidade de que um Poder venha a exercer, atipicamente, funções afetas a outro Poder.

(D) A produção de efeitos pelas normas elaboradas pelos Poderes Legislativo e Executivo pode ser limitada pela atuação do Poder Judiciário, no âmbito de sua atuação típica de controlar a constitucionalidade ou a legalidade das normas do sistema.

A: incorreta. A função legislativa não é atribuição exclusiva do Poder Legislativo. Os demais poderes podem exercê-la de forma atípica, por exemplo, o Judiciário quando elabora os seus regimentos internos (art. 96, I, "a", da CF) e o Executivo quando edita medida provisória (art. 62 da CF); **B:** incorreta. A função jurisdicional também pode ser exercida pelos demais poderes de forma atípica. Quando o Senado Federal julga o Presidente da República nas hipóteses de crime de responsabilidade (art. 85 da CF) está exercendo função jurisdicional, de forma atípica. Também, o Executivo quando julga e aprecia os recursos administrativos exerce função jurisdicional, de forma atípica. A polêmica que existe é a seguinte: como as decisões do contencioso administrativo não estão acobertadas pela coisa julgada material, ou seja, podem ser revistas pelo Judiciário (art. 5º, XXXV, da CF), há quem entenda que a verificação de defesas e recursos administrativos pelo Executivo não teria caráter jurisdicional. O examinador não deu atenção a esse entendimento e a questão não foi anulada; **C:** incorreta. Conforme já mencionamos é possível o exercício de funções típicas e atípicas pelos os poderes. De fato, adotamos a tripartição de poderes sugerida por Montesquieu, mas de forma moderada, ou seja, admitindo o exercício atípico das funções, desde que autorizado pela Constituição; **D:** correta. De fato o Judiciário pode limitar a produção de efeitos das normas elaboradas pelos Poderes Legislativo Executivo por meio do controle de constitucionalidade. Tal controle pode ser realizado pela via difusa (caso concreto) e concentrada (abstrato).

Gabarito "D"

(OAB/Exame Unificado – 2014.3) O Supremo Tribunal Federal editou súmula com efeito vinculante. Pedro, advogado, deseja pleitear o cancelamento da referida súmula. Nos termos da Constituição Federal, considerando a legitimação para propor aprovação ou cancelamento de súmula junto ao Supremo Tribunal Federal,

Pedro poderá provocar o seguinte legitimado:

(A) o interessado que tenha tido a repercussão geral de seu recurso extraordinário reconhecida pelo STF.
(B) a seccional da Ordem dos Advogados do Brasil de qualquer estado da Federação.
(C) a Mesa de Câmara dos Vereadores de município que tenha interesse direto na súmula.
(D) o Partido Político com representação no Congresso Nacional.

A: incorreta. O interessado que tenha tido a repercussão geral de seu recurso extraordinário reconhecida pelo STF **não** tem legitimidade para propor aprovação ou cancelamento de súmula vinculante. De acordo com o art. 3º da Lei 11.417/2006 (Lei da Súmula Vinculante), são legitimados a propor a edição, a revisão ou o cancelamento de enunciado de súmula vinculante: I. o Presidente da República; II. a Mesa do Senado Federal; III. a Mesa da Câmara dos Deputados; IV. o Procurador-Geral da República; V. Conselho Federal da Ordem dos Advogados do Brasil; VI. o Defensor Público-Geral da União; VII o partido político com representação no Congresso Nacional; VIII. A confederação sindical ou a entidade de classe de âmbito nacional; IX. a Mesa de Assembleia Legislativa ou da Câmara Legislativa do Distrito Federal; X. Governador de Estado ou do Distrito Federal; XI. os Tribunais Superiores, os Tribunais de Justiça de Estados ou do Distrito Federal e Territórios, os Tribunais Regionais Federais, os Tribunais Regionais do Trabalho, os Tribunais Regionais Eleitorais e os Tribunais Militares. O § 1º do mesmo dispositivo indica que o Município poderá propor a edição, a revisão ou o cancelamento de enunciado de súmula vinculante, mas incidentalmente ao curso de processo em que seja parte, o que não autorizará a suspensão do processo; **B:** incorreta. Apenas o Conselho **Federal** da Ordem dos Advogados do Brasil é que legitimidade para propor aprovação ou cancelamento de súmula vinculante; **C:** incorreta. A Mesa de Câmara dos Vereadores de município que tenha interesse direto na súmula não STF **não** tem legitimidade para propor aprovação ou cancelamento de súmula vinculante. Conforme determina o § 1º do art. 103-A da CF, **o Município** poderá propor a edição, a revisão ou o cancelamento de enunciado de súmula vinculante, mas incidentalmente ao curso de processo em que seja parte, o que não autorizará a suspensão do processo; **D:** correta. De fato, o partido político com representação no Congresso Nacional tem legitimidade para propor aprovação ou cancelamento de súmula vinculante, conforme dispõe o art. 3º, VII, da Lei 11.417/2006.

Gabarito "D"

(OAB/Exame Unificado – 2014.1) Ângela, segurada da Previdência Social, residente e domiciliada na comarca X, pretende ajuizar uma demanda contra o Instituto Nacional do Seguro Social (INSS), pleiteando uma revisão de seus benefícios previdenciários.

A comarca X possui vara única da Justiça estadual, mas não é sede de vara federal. Contudo, a comarca vizinha Y é sede de vara da justiça federal, com competência sobre as comarcas X, Y e Z.

Considerando a situação exposta, assinale a afirmativa correta.

(A) A ação poderá ser ajuizada na Justiça estadual, perante a vara única da comarca X, cabendo eventual recurso ao Tribunal Regional Federal na área de jurisdição do juiz de primeiro grau.
(B) A ação deverá ser ajuizada na Vara Federal da comarca vizinha Y, que é sede de vara federal com jurisdição sobre a comarca X.
(C) A ação poderá ser ajuizada na Justiça estadual, perante a vara única da comarca X, cabendo eventual recurso ao Tribunal de Justiça do Estado.
(D) A ação deverá ser proposta diretamente no Tribunal Regional Federal que abrange o estado onde se localiza a comarca X, em razão da matéria ser competência originária desse Tribunal.

A: correta. De acordo com o art. 109, § 3º, da CF, serão processadas e julgadas na justiça estadual, no foro do domicílio dos segurados ou beneficiários, **as causas em que forem parte instituição de previdência social** e segurado, **sempre que a comarca não seja sede de vara do juízo federal**, e, se verificada essa condição, a lei poderá permitir que outras causas sejam também processadas e julgadas pela justiça estadual; B: incorreta. Como mencionado, **não há necessidade da ação ser ajuizada na comarca vizinha** por ser a sede da vara federal que abarca a comarca do segurado. A ação será proposta no foro do domicílio do segurado ou beneficiário. Nesse caso a justiça estadual fará às vezes da federal; **C:** incorreta. **O recurso será destinado ao Tribunal Regional Federal** na área de jurisdição do juiz de primeiro grau. É o que determina o § 4º do art. 109 da CF; **D:** incorreta. A matéria **não é da competência originária do TRF**, pois não se enquadra nas situações previstas no art. 108 da CF.

Gabarito "A"

(OAB/Exame Unificado – 2013.3) Nos termos da Constituição Federal, assinale a alternativa que apresenta competência(s) do Superior Tribunal de Justiça.

(A) Processar e julgar, originariamente, os mandados de segurança contra ato do Comandante da Marinha.
(B) Julgar as ações contra o Conselho Nacional do Ministério Público.
(C) Julgar e processar, originariamente, litígio entre Estado estrangeiro ou organismo internacional e a União, os Estados, o Distrito Federal ou os Territórios.
(D) Julgar, mediante recurso, as causas decididas em única ou última instância, quando a decisão recorrida julgar válida lei local contestada em face de lei federal.

A: correta. O art. 105, I, "b", da CF determina a competência originária do Superior Tribunal de Justiça para processar e julgar **os mandados de segurança** e os *habeas data* **contra ato** de Ministro de Estado, **dos Comandantes da Marinha**, do Exército e da Aeronáutica ou do próprio Tribunal; **B:** incorreta. A competência para o processo e julgamento originário das ações contra o Conselho Nacional do Ministério Público é do **Supremo Tribunal Federal**, conforme determina o art. 102, I, "r", da CF; **C:** incorreta. O processo e julgamento, de forma originária, do litígio entre Estado estrangeiro ou organismo internacional e a União, o Estado, o Distrito Federal ou o Território competem ao Supremo Tribunal Federal, de acordo com o art. 102, I, "e", da CF; **D:** incorreta. O art. 102, III, "d", da CF determina a competência do Supremo Tribunal Federal para o julgamento, mediante recurso extraordinário, das causas decididas em única ou última instância, quando a decisão recorrida julgar válida lei local contestada em face de lei federal.

Gabarito "A"

(OAB/Exame Unificado – 2013.2) Após reiteradas decisões sobre determinada matéria, o Supremo Tribunal Federal (STF) aprovou enunciado de Súmula Vinculante determinando que *"é inconstitucional lei ou ato normativo estadual ou distrital que disponha sobre sistemas de consórcios e sorteios, inclusive bingos e loterias"*. O Estado X, contudo, não concordando com a posição do Supremo Tribunal Federal (STF), edita lei dispondo exatamente sobre os sistemas de consórcios e sorteios em seu território.

A partir da situação apresentada, assinale a afirmativa correta.

(A) O Supremo Tribunal Federal (STF) poderá, de ofício, declarar a inconstitucionalidade da norma estadual produzida em desconformidade com a Súmula.

(B) Qualquer cidadão poderá propor a revisão ou o cancelamento de súmula vinculante que, nesse caso, será declarada mediante a decisão de dois terços dos membros do Supremo Tribunal Federal (STF).

(C) É cabível reclamação perante o Supremo Tribunal Federal (STF) para questionar a validade da lei do Estado X que dispõe sobre os sistemas de consórcios e sorteios em seu território.

(D) A súmula possui efeitos vinculantes em relação aos órgãos do Poder Judiciário e à Administração Pública direta e indireta, nas esferas federal, estadual e municipal, mas não vincula o Poder Legislativo na sua atividade legiferante.

A: incorreta. O STF, órgão do Poder Judiciário e que atua, em regra, mediante provocação, não pode, de ofício, declarar a inconstitucionalidade da norma estadual produzida em desconformidade com a súmula. Nesse caso, a lei deve ser impugnada por meio do controle de constitucionalidade (difuso ou concentrado). Vale lembrar que a súmula não vincula a função legislativa, de modo que há possibilidade do Estado editar uma lei que traga preceitos contrários a ela. É claro que tal lei, por violar a Constituição, será objetivo de impugnação no Judiciário. Por fim, não é cabível o ajuizamento de reclamação, pois a Constituição determina o seu cabimento apenas quando um *ato administrativo* ou uma *decisão judicial* contrariar a súmula ou indevidamente a aplicar (art. 103-A, § 3º, da CF); **B:** incorreta. A revisão ou o cancelamento do enunciado de súmula vinculante não pode ser proposto por qualquer cidadão, apenas pelos seguintes legitimados: I – o Presidente da República, II – a Mesa do Senado Federal, III – a Mesa da Câmara dos Deputados, IV – o Procurador-Geral da República, V – o Conselho Federal da Ordem dos Advogados do Brasil, VI – o Defensor Público-Geral da União, VII – partido político com representação no Congresso Nacional, VIII – confederação sindical ou entidade de classe de âmbito nacional, IX – a Mesa de Assembleia Legislativa ou da Câmara Legislativa do Distrito Federal, X – o Governador de Estado ou do Distrito Federal, XI – os Tribunais Superiores, os Tribunais de Justiça de Estados ou do Distrito Federal e Territórios, os Tribunais Regionais Federais, os Tribunais Regionais do Trabalho, os Tribunais Regionais Eleitorais e os Tribunais Militares e o Município incidentalmente ao curso de processo em que seja parte (art. 3º e § 1º, da Lei 11.417/2006); **C:** incorreta. Como mencionado, não é cabível o ajuizamento de reclamação, pois a Constituição determina o seu cabimento apenas quando um *ato administrativo* ou uma *decisão judicial* contrariar a súmula ou indevidamente a aplicar (art. 103-A, § 3º, da CF). No problema apresentado, o que contrariou a súmula foi uma lei; **D:** correta. De fato, a súmula produz efeitos apenas em relação aos demais órgãos do Poder Judiciário e à Administração Pública direta e indireta, nas esferas federal, estadual e municipal (art. 103-A, *caput*, da CF).

Gabarito "D"

(OAB/Exame Unificado – 2013.2) No que concerne à reclamação constitucional, assinale a afirmativa correta.

(A) A reclamação pode ser utilizada como sucedâneo de recurso, segundo a jurisprudência pacífica do Supremo Tribunal Federal.

(B) A Súmula do Supremo Tribunal Federal despida de eficácia vinculante é paradigma apto a dar ensejo ao conhecimento da reclamação.

(C) A reclamação é cabível, ainda que já tenha ocorrido o trânsito em julgado do ato judicial que se alega tenha desrespeitado decisão do Supremo Tribunal Federal.

(D) A reclamação pode ser utilizada tanto para a preservação da competência do Supremo Tribunal Federal quanto do Superior Tribunal de Justiça.

A: incorreta. Ao contrário, de acordo com o STF: "A reclamação *não é sucedâneo ou substitutivo de recurso próprio* para conferir eficácia à jurisdição invocada nos autos de recursos interpostos da decisão de mérito e da decisão em execução provisória." (AgRg na Rcl 6.327/RN, Pleno, j. 02.03.2011, rel. Min. Ricardo Lewandowski, *DJe* de 1º.04.2011); **B:** incorreta. No âmbito do STF, a reclamação é utilizada para a preservação de sua competência, para garantia da autoridade de suas decisões (art. 102, I, "l", da CF) e quando o ato administrativo ou decisão judicial contrariar o enunciado de *súmula vinculante* (art. 103-A, § 3º, da CF); **C:** incorreta. De acordo com a Súmula 734 do STF: "*Não cabe* reclamação quando já houver transitado em julgado o ato judicial que se alega tenha desrespeitado decisão do STF"; **D:** correta. É o que decorre da leitura dos arts. 102, I, "l", e 105, I, "f", ambos da CF.

Gabarito "D"

(OAB/Exame Unificado – 2013.1) Compete ao STF processar e julgar originariamente os litígios listados a seguir, **à exceção de um**. Assinale-o.

(A) Entre Estado estrangeiro e Estado membro da federação.

(B) Entre Estado estrangeiro e município.

(C) Entre organismo internacional e a União.

(D) Entre organismo internacional e Estado membro da federação.

A: incorreta. O processo e julgamento, originário, de litígios entre Estado estrangeiro e Estado membro da federação, de fato, competem ao STF (art. 102, I, "e", da CF); **B:** correta. O *litígio entre Estado estrangeiro e município* é processado e julgado, originariamente, pelo *juiz federal* (art. 109, II, da CF); **C:** incorreta. A competência é do STF (art. 102, I, "e", da CF); **D:** incorreta. O litígio entre organismo internacional e Estado membro da federação é processado e julgado pelo STF (art. 102, I, "e", da CF).

Gabarito "B"

(OAB/Exame Unificado – 2012.2) No intuito de garantir o regular exercício da prestação jurisdicional, a Constituição da República conferiu aos magistrados algumas prerrogativas.

A respeito dessas prerrogativas, assinale a afirmativa correta.

(A) A inamovibilidade pode ser excepcionada no caso de relevante interesse público e desde que a remoção seja aprovada pela maioria absoluta do tribunal ou do CNJ.

(B) A irredutibilidade de subsídios consiste na impossibilidade de redução do poder aquisitivo do subsídio do magistrado e não somente do seu valor nominal.

(C) O magistrado, apesar da vitaliciedade, pode perder o cargo por decisão administrativa da maioria absoluta do tribunal ou do CNJ.

(D) A aposentadoria dos magistrados seguirá regime jurídico diverso daquele aplicável aos servidores públicos em geral.

A: correta. De acordo com os arts. 95, II, e 93, VIII, da CF, de fato, a inamovibilidade, garantia dada ao juiz de não ser removido de um lugar para outro sem o seu, consentimento, pode ser excepcionada em caso de relevante interesse público e desde que a remoção seja aprovada pela *maioria absoluta* do tribunal ou do Conselho Nacional de Justiça; **B:** incorreta. A garantia da *irredutibilidade de subsídio*, prevista no art. 95, III, da CF, segundo o STF, *toma por base o valor nominal* e não o real, de modo que o poder aquisitivo do subsídio do magistrado pode sim sofrer alteração; **C:** incorreta. O magistrado, que já adquiriu a vitaliciedade, *só pode perder o cargo em razão de sentença judicial transitada em julgado*. A ele deve ser assegurado o devido processo legal com todas as suas garantias como o contraditório e a ampla defesa; **D:** incorreta. Conforme o art. 93, VI, da CF, a aposentadoria dos magistrados e a pensão de seus dependentes devem observar o disposto no art. 40 da CF. Tal artigo trata da regra geral de aposentadoria aplicável aos servidores públicos. Desse modo, ao contrário do afirmado, a aposentadoria dos magistrados segue o mesmo regime aplicável aos servidores públicos em geral.

Gabarito "A"

(OAB/Exame Unificado – 2012.1) Esculápio da Silva, advogado, candidata-se à vaga destinada ao Quinto Constitucional no Tribunal de Justiça do Estado W, logrando obter aprovação, é nomeado pelo Governador do Estado. Um ano após, candidata-se à vaga surgida pela aposentadoria de Desembargador estadual no Superior Tribunal de Justiça, vindo a ser escolhido. Diante de tal enunciado, revela-se correto afirmar:

(A) No Superior Tribunal de Justiça existem vagas destinadas a Desembargador oriundo dos Tribunais de Justiça, desde que magistrados de carreira.

(B) A divisão de vagas no Superior Tribunal de Justiça permite o ingresso através de três origens: Desembargadores estaduais, Juízes dos Tribunais Regionais Federais e Advogados.

(C) O Advogado oriundo do Quinto Constitucional nos Tribunais de Justiça concorre como magistrado para ocupar vagas no Superior Tribunal de Justiça.

(D) O ocupante do Quinto Constitucional poderá concorrer à vaga existente no Superior Tribunal de Justiça na vaga destinada aos advogados.

A: incorreta. De acordo com o art. 104, parágrafo único, I e II, da CF, o STJ é composto de, no mínimo, trinta e três Ministros. Tais Ministros são nomeados pelo Presidente da República, dentre brasileiros com mais de trinta e cinco e menos de sessenta e cinco anos, de notável saber jurídico e reputação ilibada, depois de aprovada a escolha pela maioria absoluta do Senado Federal, sendo: I – um terço dentre juízes dos Tribunais Regionais Federais e um terço dentre desembargadores dos Tribunais de Justiça, indicados em lista tríplice elaborada pelo próprio Tribunal e II – um terço, em partes iguais, dentre advogados e membros do Ministério Público Federal, Estadual, do Distrito Federal e Territórios, alternadamente, indicados na forma do art. 94. Desse modo, como a Constituição menciona apenas: "desembargadores dos Tribunais de Justiça, indicados em lista tríplice elaborada pelo próprio Tribunal", *não há* necessidade de esses juízes serem magistrados de carreira (aqueles que ingressaram na magistratura por meio de aprovação em concurso público); **B:** incorreta. Conforme mencionado acima, a divisão de vagas no STJ permite o ingresso não só de juízes dos TRFs, desembargadores estaduais e advogados, mas também de membros do Ministério Público; **C:** correta. De fato, o advogado oriundo do Quinto Constitucional nos TJs concorre como magistrado na disputa por uma vaga no STJ; **D:** incorreta. Quem já é ocupante do quinto constitucional pode concorrer à vaga existente no STJ como desembargador e não como advogado.

Gabarito "C"

(OAB/Exame Unificado – 2012.2) Pode o Presidente da República editar medida provisória contrária à súmula vinculante editada pelo STF?

(A) Não, pois o STF é o guardião da Constituição.

(B) Não, pois a súmula vincula todos os Poderes (Executivo, Legislativo e Judiciário).

(C) Sim, pois a súmula vincula a Administração Pública, mas não o chefe do Poder Executivo.

(D) Sim, pois o Presidente da República estaria, nesse caso, exercendo função legislativa.

De acordo com o art. 103-A da CF, o STF pode, de ofício ou por provocação, mediante decisão de dois terços dos seus membros, após reiteradas decisões sobre matéria constitucional, aprovar *súmula* que, a partir de sua publicação na imprensa oficial, terá *efeito vinculante em relação aos demais órgãos do Poder Judiciário e à administração pública direta e indireta, nas esferas federal, estadual e municipal*, bem como proceder à sua revisão ou cancelamento, na forma estabelecida em lei (Lei 11.417/2006). Diante dessa previsão constitucional, verifica-se que a súmula vincula o judiciário e o executivo e não o legislativo. Quando o *Chefe do Executivo* edita uma medida provisória ele está exercendo função atípica de *legislar*, desse modo, é possível afirmar que o Presidente pode editar medida provisória contrária à súmula vinculante. Há polêmica sobre o assunto.

Gabarito "D"

(OAB/Exame Unificado – 2011.3.B) Contra a decisão judicial que contrariar súmula vinculante ou que indevidamente a aplicar cabe, perante o Supremo Tribunal Federal,

(A) ação direta de inconstitucionalidade.

(B) reclamação.

(C) arguição de descumprimento de preceito fundamental.

(D) mandado de segurança.

De acordo com o art. 103-A, § 3º, da CF, do ato administrativo ou decisão judicial que *contrariar a súmula* vinculante aplicável ou que indevidamente a aplicar, *caberá reclamação ao Supremo Tribunal Federal* que, julgando-a procedente, anulará o ato administrativo ou cassará a decisão judicial reclamada, e determinará que outra seja proferida com ou sem a aplicação da súmula, conforme o caso. Além disso, o art. 7º da Lei 11.417/2006 (lei que regulamenta a súmula vinculante) também determina o cabimento da reclamação contra a decisão judicial que contrariar a súmula vinculante ou que a indevidamente aplicar.

Gabarito "B"

(OAB/Exame Unificado – 2011.2) Se Governador de Estado desejar se insurgir contra súmula vinculante que, a seu juízo, foi formulada com enunciado normativo que extrapolou os limites dos precedentes que a originaram, poderá, dentro dos instrumentos processuais constitucionais existentes,

(A) interpor reclamação contra a súmula vinculante.

(B) requerer o cancelamento da súmula vinculante.

(C) ajuizar ADPF contra a súmula vinculante.

(D) ajuizar ADI contra a súmula vinculante.

Determina o § 3º do art. 103-A da CF que do ato administrativo ou decisão judicial que contrariar a súmula vinculante ou que indevidamente a aplicar, cabe reclamação ao Supremo Tribunal Federal. Ocorre que na presente hipótese o que está sendo discutido é o próprio enunciado da súmula vinculante o não o descumprimento do efeito por ela produzido. Desse modo, cabe ao Governador do Estado requerer o cancelamento da súmula vinculante. O § 2º do art. 103-A dispõe que sem prejuízo do que vier a ser estabelecido em lei, a aprovação, revisão ou cancelamento de súmula poderá ser provocada por aqueles que podem propor a ação direta de inconstitucionalidade. O Governador de Estado ou DF, por ser legitimado ativo à propositura de ação direta de inconstitucionalidade, conforme art. 103, V, da CF, pode requerer não só a aprovação, mas a revisão e o *cancelamento* da súmula vinculante.

Gabarito "B"

(OAB/Exame Unificado – 2011.1) A respeito da garantia constitucional do acesso ao Poder Judiciário, assinale a alternativa correta.

(A) De acordo com posição consolidada do Supremo Tribunal Federal, não ofende a garantia de acesso ao Poder Judiciário a exigência de depósito prévio como requisito de admissibilidade de ação judicial na qual se pretenda discutir a exigibilidade de crédito tributário.

(B) É assegurado a todos, mediante pagamento de taxas, o direito de petição aos Poderes Públicos em defesa de direitos ou contra ilegalidade ou abuso de poder.

(C) O Poder Judiciário admitirá ações relativas à disciplina e às competições desportivas paralelamente às ações movidas nas instâncias da justiça desportiva.

(D) A todos, no âmbito judicial e administrativo, são assegurados a razoável duração do processo e os meios que garantam a celeridade de sua tramitação.

A: incorreta. A Súmula vinculante °28 do STF diz exatamente o contrário, mencionado que "é inconstitucional a exigência de depósito prévio como requisito de admissibilidade de ação judicial na qual se pretenda discutir a exigibilidade do crédito tributário"; **B:** incorreta. O direito de peticionar aos órgãos públicos em defesa de direitos ou contra ilegalidade ou abuso de poder pode ser exercido *independentemente* do pagamento de taxas, conforme dispõe o art. 5º, XXXIV, "a", da CF; **C:** incorreta. O art. 217, § 1º, da CF exige o esgotamento das instâncias da justiça desportiva para que a ação seja apreciada pelo Poder Judiciário; **D:** correta. O princípio da razoável duração do processo ou celeridade processual está previsto no art. 5º, LXXVIII, da CF. Tal dispositivo foi acrescentado pela EC 45/2004 e é, portanto, um exemplo clássico de ampliação dos direitos individuais. Assim, é possível concluir que as cláusulas pétreas não podem ser objeto de emenda tendente a aboli-las, mas podem ser objeto de emendas que visam ampliá-las.

Gabarito "D"

(OAB/Exame Unificado – 2010.3) Um juiz federal proferiu uma sentença em processo relativo a crime político e outra sentença em processo movido por Estado estrangeiro contra pessoa residente no Brasil. Os recursos interpostos contra essas duas sentenças serão julgados pelo

(A) STF, no primeiro caso, e pelo TRF, no segundo caso.

(B) TRF, no primeiro caso, e pelo STF, no segundo caso.

(C) STF, no primeiro caso, e pelo STJ, no segundo caso.

(D) TRF em ambos os casos.

1º caso: STF – art. 109, IV e art. 102, II, "b", da CF. V., tb., STF, RCR 1.468-5/RJ, Pleno, j. 23.03.2000, rel. para acórdão Min. Maurício Corrêa, *DJ* 16.08.2002; **2º caso:** STJ – art. 109, II e art. 105, II, "c", ambos da CF.

Gabarito "C"

(OAB/Exame Unificado – 2010.2) Em relação à inovação da ordem constitucional que instituiu a nominada Súmula Vinculante, é correto afirmar que.

(A) somente os Tribunais Superiores podem editá-la.

(B) podem ser canceladas, mas vedada a mera revisão.

(C) a proposta para edição da Súmula pode ser provocada pelos legitimados para a propositura da ação direta de inconstitucionalidade.

(D) desde que haja reiteradas decisões sobre matéria constitucional, o Supremo Tribunal Federal poderá, de ofício ou por provocação, aprovar a Súmula mediante decisão da maioria absoluta de seus membros.

A resposta está no confronto entre a redação do art. 103 da CF e do art. 3º da Lei 11.417/2006, que regula a edição, a revisão e o cancelamento de enunciado de Súmula vinculante pelo Supremo Tribunal Federal. A legitimação para a proposta de Súmula vinculante é conferida a todos legitimados da ADI/ADC sendo, porém, mais ampla (já que também pode ser apresentada pelo Defensor Público Geral da União e pelos Tribunais Superiores, Tribunais de Justiça de Estados ou do Distrito Federal e Territórios, Tribunais Regionais Federais, Tribunais Regionais do Trabalho, Tribunais Regionais Eleitorais e Tribunais Militares). A legitimação refere-se tanto à apresentação da proposta, quanto à sua revisão ou cancelamento. Importante ressaltar que o art. 3º, § 2º, da Lei 11.417/2006, prevê a possibilidade de o relator da proposta de Súmula vinculante admitir a manifestação de terceiros sobre a questão, cujo prazo é de cinco dias de acordo com o art. 1º da Resolução 388/2008 do STF. De acordo com o art. 2º, § 2º, da mesma lei, o Procurador-Geral da República deverá ser previamente ouvido sobre as propostas de Súmula vinculante, exceto nas que houver formulado (já que também é legitimado ativo para o processo – art. 3º, IV, da Lei 11.417/2006). As Súmulas vinculantes podem ser editadas pelo STF depois de reiteradas decisões em matéria constitucional e a aprovação da proposta depende do voto de dois terços dos membros do Supremo Tribunal Federal, *ex vi* do art. 103-A da CF e do art. 2º, § 3º, da Lei 11.417/2006.

Gabarito "C"

(OAB/Exame Unificado – 2010.1) Acerca da edição de Súmulas vinculantes pelo STF, assinale a opção correta.

(A) Ainda que inexistam reiteradas decisões sobre determinada matéria constitucional, o STF poderá criar Súmula vinculante acerca do tema caso o julgue relevante.

(B) O enunciado da Súmula deve versar sobre normas determinadas, quando exista, com relação a elas, controvérsia atual, entre órgãos judiciários ou entre esses e a administração pública, que acarrete grave insegurança jurídica e relevante multiplicação de processos.

(C) O procurador-geral da República manifestar-se-á acerca da edição de enunciado de Súmula vinculante apenas nos casos em que o propuser.

(D) O Conselho Federal da OAB e os conselhos seccionais são legitimados a propor a edição de enunciado de Súmula vinculante.

A: incorreta. O art. 103-A da Constituição Federal exige, para a edição de súmula vinculante, a existência de reiteradas decisões sobre a matéria constitucional; **B:** correta. Segundo a Leiº 11.417/2006, o enunciado da Súmula terá por objeto a validade, a interpretação e a eficácia de normas determinadas, **acerca das quais haja**, entre órgãos judiciários ou entre esses e a administração pública, **controvérsia atual** que acarrete grave **insegurança jurídica e relevante multiplicação de processos** sobre idêntica questão; **C:** incorreta. Segundo a Lei °11.417/2006, o Procurador-Geral da República, nas propostas que não houver formulado, manifestar-se-á previamente à edição, revisão ou cancelamento do enunciado de Súmula vinculante; **D:** incorreta. Segundo a Lei °11.417/2006, são legitimados a propor a edição, a revisão ou o cancelamento de enunciado de Súmula vinculante: I – o Presidente da República; II – a Mesa do Senado Federal; III – a Mesa da Câmara dos Deputados; IV – o Procurador-Geral da República; V – o Conselho Federal da Ordem dos Advogados do Brasil; VI – o Defensor Público-Geral da União; VII – partido político com representação no Congresso Nacional; VIII – confederação sindical ou entidade de classe de âmbito nacional; IX – a Mesa de Assembleia Legislativa ou da Câmara Legislativa do Distrito Federal; X – o Governador de Estado ou do Distrito Federal; XI – os Tribunais Superiores, os Tribunais de Justiça de Estados ou do Distrito Federal e Territórios, os Tribunais Regionais Federais, os Tribunais Regionais do Trabalho, os Tribunais Regionais Eleitorais e os Tribunais Militares.

Gabarito "B"

(FGV – 2010) Em relação ao Poder Judiciário, assinale a afirmativa incorreta.

(A) A lei que dispuser sobre o Estatuto da Magistratura deverá ser de iniciativa do Supremo Tribunal Federal e ter o *status* de lei complementar.

(B) Compete privativamente aos tribunais de justiça propor ao Poder Legislativo respectivo a criação ou extinção dos tribunais inferiores.

(C) São órgãos do Poder Judiciário, dentre outros, o Conselho Nacional de Justiça e os Tribunais e Juízes Militares.

(D) A Constituição estabelece que não será promovido o juiz que, injustificadamente, retiver autos em seu poder além do prazo legal, não podendo devolvê-los ao cartório sem o devido despacho ou decisão.

(E) Na apuração de antiguidade, o tribunal somente poderá recusar o juiz mais antigo pelo voto fundamentado de dois terços de seus membros, conforme procedimento próprio, e assegurada ampla defesa, repetindo-se a votação até fixar-se a indicação.

A: correta, conforme o art. 93 da CF que dispõe que *lei complementar, de iniciativa do Supremo Tribunal Federal*, disporá sobre o Estatuto da Magistratura; **B:** incorreta, devendo ser assinalada. A Constituição, em seu art. 96, menciona que compete privativamente *aos tribunais* a criação ou extinção dos tribunais inferiores. Portanto, não são apenas os Tribunais de Justiça quer propõem tal lei, mas todos tribunais; **C:** correta, segundo o art. 92, I-A e VI, da CF; **D:** correta, conforme art. 93, II, "e", da CF; **E:** correta, segundo dispõe o art. 93, II, "d", da CF.

Gabarito "B".

(FGV – 2010) Relativamente ao Poder Judiciário, assinale a afirmativa incorreta:

(A) Um quinto dos lugares dos Tribunais Regionais Federais, dos Tribunais dos Estados, do Distrito Federal e Territórios e do Superior Tribunal de Justiça será composto de membros do Ministério Público, com mais de dez anos de carreira, e de advogados de notório saber jurídico e de reputação ilibada, com mais de dez anos de efetiva atividade profissional, indicados em lista sêxtupla pelos órgãos de representação das respectivas classes.

(B) Somente pelo voto da maioria absoluta de seus membros ou dos membros do respectivo órgão especial poderão os tribunais declarar a inconstitucionalidade de lei ou ato normativo do Poder Público

(C) São órgãos do Poder Judiciário, dentre outros, o Supremo Tribunal Federal, o Superior Tribunal de Justiça, os Tribunais Regionais Federais e Juízes Federais, os Tribunais e Juízes dos Estados e do Distrito Federal e Territórios.

(D) Conforme as respectivas categorias da estrutura judiciária nacional, o subsídio dos Ministros dos Tribunais Superiores corresponderá a noventa e cinco por cento do subsídio mensal fixado para os Ministros do Supremo Tribunal Federal e os subsídios dos demais magistrados serão fixados em lei e escalonados em nível federal e estadual.

(E) O número de juízes na unidade jurisdicional será proporcional à efetiva demanda judicial e à respectiva população.

A: incorreta, devendo ser assinalada. O art. 94 da CF trata da regra denominada quinto constitucional, mas não faz menção ao Superior Tribunal de Justiça; **B:** correta (art. 97 da CF – cláusula de reserva de plenário); **C:** correta (art. 92, I, II, III e VII); **D:** correta (art. 93, V, da CF); **E:** correta (art. 93, XIII, da CF).

Gabarito "A".

(OAB/Exame Unificado – 2009.2) Relativamente à organização e às competências do Poder Judiciário, assinale a opção correta.

(A) A edição de Súmula vinculante pelo STF poderá ocorrer de ofício ou por provocação de pessoas ou entes autorizados em lei, entre estes, os legitimados para a ação direta de inconstitucionalidade. O cancelamento ou revisão de Súmula somente poderá ocorrer por iniciativa do próprio STF.

(B) Cabe reclamação constitucional dirigida ao STF contra decisão judicial que contrarie Súmula vinculante ou que indevidamente a aplique. O modelo adotado na CF não admite reclamação contra ato que, provindo da administração, esteja em desconformidade com a referida Súmula.

(C) O Conselho Nacional de Justiça, órgão interno de controle administrativo, financeiro e disciplinar da magistratura, é composto por membros do Poder Judiciário, do MP, da advocacia e da sociedade civil.

(D) As causas em que entidade autárquica, empresa pública federal ou sociedade de economia mista seja interessada na condição de autora, ré, assistente ou oponente são de competência da Justiça Federal.

A: incorreta. A segunda parte da alternativa está errada, pois o art. 103-A, § 2º, da CF dispõe que não só a edição, mas a *revisão e o cancelamento* da Súmula vinculante pode ocorrer de ofício *ou por provocação* de pessoas ou entes autorizados em lei, entre estes, os legitimados para a ação direta de inconstitucionalidade; **B:** incorreta. Ato que provenha da Administração Pública e que contrarie uma Súmula vinculante também pode ser objeto de reclamação ao STF (art. 103-A, § 3º, da CF); **C:** correta. é o que dispõe o art. 103-B da CF; **D:** incorreta. A *sociedade de economia mista* não entra nesse rol de competência da Justiça Federal (art. 109, I, da CF) As causas em que essa sociedade seja parte é de competência da *Justiça Estadual*.

Gabarito "C".

(OAB/Exame Unificado – 2008.3) Acerca da edição de Súmulas Vinculantes pelo STF, assinale a opção correta.

(A) Ainda que inexistam decisões sobre determinada matéria constitucional, o STF poderá criar Súmula Vinculante acerca de tal matéria, caso a julgue relevante.

(B) O enunciado da Súmula deve versar sobre normas determinadas apenas quando exista controvérsia atual quanto a elas, entre órgãos judiciários ou entre esses e a administração pública, que acarrete grave insegurança jurídica e relevante multiplicação de processos.

(C) O Procurador-Geral da República deverá se manifestar acerca da edição de enunciado de Súmula vinculante apenas nos casos em que o propuser.

(D) O Conselho Federal da OAB e seus órgãos seccionais são legitimados a propor a edição de enunciado de Súmula Vinculante.

A: incorreta. Art. 103-A, *caput*, da CF. O dispositivo faz alusão a *reiteradas* decisões sobre matéria constitucional; **B:** correta. Art. 103-A, § 1º, da CF; **C:** incorreta. Art. 2º, § 2º, da Lei 11.417/2006 (regulamenta o art. 103-A da CF); **D:** incorreta. O Conselho Federal da OAB dispõe de legitimidade para propor a edição, a revisão e o cancelamento de enunciado de Súmula vinculante, conforme art. 103-A, § 2º, da CF, e art. 3º, V, da Lei 11.417/2006; seus órgãos seccionais, no entanto, não contam com tal legitimidade.

Gabarito "B"

(OAB/Exame Unificado – 2008.3) Acerca do Poder Judiciário, assinale a opção correta.

(A) Compete ao STJ julgar os conflitos de competência entre o TST e o TRF.

(B) Supondo-se que Fernando fosse condenado por crime político por meio de sentença proferida por Juiz Federal da Seção Judiciária de São Paulo, o recurso interposto contra essa sentença seria julgado pelo respectivo TRF.

(C) Supondo-se que João, servidor público federal regido pela Lei 8.112/1990, pretendesse ingressar com ação contra a União buscando o pagamento de verbas salariais a que tivesse direito, a ação deveria ser proposta perante a Justiça Federal e não perante a Justiça do Trabalho.

(D) Supondo-se que Marcos, após ter sofrido dano por ação de empregado de empresa pública federal, pretendesse ingressar com ação de reparação de danos materiais e morais contra a empresa pública, deveria fazê-lo na Justiça Comum Estadual.

A: incorreta. Conforme o art. 102, I, *"o"*, da CF a competência é do *STF* e não do STJ; **B:** incorreta. O recurso seria julgado pelo STF (art. 102, II, *"b"*, da CF); **C:** correta (art. 109, I, da CF); **D:** incorreta. Nesse caso a competência é da Justiça Federal (art. 109, I, da CF).

Gabarito "C"

(OAB/Exame Unificado – 2008.3) De acordo com dispositivo constitucional vigente, a Súmula com efeito vinculante

(A) será editada pelo Superior Tribunal de Justiça (STJ), para a correta interpretação de lei federal.

(B) será editada por qualquer tribunal, quando houver reiteradas decisões que recomendem a uniformização do entendimento pelos juízes de primeiro grau.

(C) será editada pelo Supremo Tribunal Federal (STF), após reiteradas decisões sobre matéria constitucional.

(D) será editada pelo Conselho Nacional de Justiça (CNJ), para o aprimoramento das rotinas administrativas dos órgãos do Poder Judiciário.

Todas as alternativas encontram fundamento no art. 103-A da CF. Esse dispositivo, introduzido pela EC 45/2004, confere competência exclusiva ao *Supremo Tribunal Federal* para a edição da chamada *Súmula Vinculante*.

Gabarito "C"

(OAB/Exame Unificado – 2008.3) A chamada quarentena para juízes, introduzida na CF pela Emenda Constitucional nº 45/2004,

(A) veda ao juiz aposentado o exercício da advocacia no juízo ou tribunal do qual se afastou, antes de decorridos três anos do afastamento do cargo por aposentadoria.

(B) veda ao desembargador aposentado o exercício da advocacia, enquanto estiverem em atividade no tribunal do qual se afastou os magistrados que lhe foram contemporâneos.

(C) veda ao juiz afastado em processo administrativo disciplinar o exercício da advocacia no juízo ou tribunal do qual foi afastado.

(D) veda ao juiz exonerado o exercício da advocacia no juízo ou tribunal do qual se afastou, antes de decorridos dois anos da exoneração.

A: correta (art. 95, parágrafo único, V, da CF); **B:** incorreta. A vedação é imposta exclusivamente ao magistrado que se aposentou e não está condicionada a outro; **C:** incorreta. O magistrado, por possuir a garantia da vitaliciedade (em primeiro grau, adquirida após dois anos de exercício), não poderá ser afastado do cargo por processo administrativo disciplinar, apenas por sentença judicial transitada em julgado (art. 95, I, da CF) **D:** incorreta (art. 95, parágrafo único, V, da CF).

Gabarito "A"

(OAB/Exame Unificado – 2008.3) Compete ao STJ processar e julgar originalmente

(A) os mandados de segurança contra ato dos comandantes da Marinha, do Exército e da Aeronáutica ou do próprio tribunal.

(B) a ação em que todos os membros da magistratura sejam direta ou indiretamente interessados.

(C) o mandado de injunção, quando a elaboração da norma regulamentadora for do Congresso Nacional.

(D) a extradição solicitada por estado estrangeiro.

A: correta (art. 105, I, *"b"*, da CF); **B:** incorreta. Nessa hipótese a competência é do STF (art. 102, I, *"n"*, da CF); **C:** incorreta. Nessa hipótese a competência também é do STF (art. 102, I, *"q"*, da CF); **D:** incorreta. Mais uma vez trata-se de competência do STF e não do STJ (art. 102, I, *"g"*, da CF).

Gabarito "A"

(OAB/Exame Unificado – 2008.2) Com relação às regras pertinentes ao Poder Judiciário constantes da CF, assinale a opção correta.

(A) O ingresso na carreira da magistratura deve ser feito por concurso público de provas ou de provas e títulos, e o cargo inicial será o de juiz substituto.

(B) Os TRTs não se submetem à regra do quinto constitucional, diferentemente dos tribunais regionais federais e dos tribunais dos estados e do DF.

(C) Compete à Justiça do Trabalho processar e julgar as ações oriundas da relação de trabalho, abrangidos os entes de direito público externo e da administração pública direta e indireta da União, dos estados, do DF e dos Municípios.

(D) Cabe ao STF o processo e o julgamento dos mandados de segurança e dos *habeas data* contra ato de ministro de Estado, dos comandantes da Marinha, do Exército e da Aeronáutica.

A: incorreta. O art. 93, I, da CF exige concurso de *provas e títulos*; **B:** incorreta. Os TRTs também se submetem à regra do quinto constitucional (arts. 94 e 111-A, I, da CF); **C:** correta (art. 114, I, da CF); **D:** incorreta. A competência é do *STJ* e não do STF (art.105, I, "b", da CF).

Gabarito "C"

(OAB/Exame Unificado – 2008.2) A homologação de sentenças estrangeiras é de competência

(A) da Justiça Federal do local onde tem domicílio o interessado.

(B) do TRF da região onde tem domicílio o interessado.

(C) do STF.

(D) do Superior Tribunal de Justiça (STJ).

A competência para a *homologação de sentença estrangeira* é do *STJ*. Vale lembrar que antes da EC 45/2004 tal competência era dada ao STF (art. 105, I, *"i"*, da CF).

Gabarito "D"

(OAB/Exame Unificado – 2008.2) Será competente para julgar originariamente *habeas corpus* em que figure como paciente desembargador de Tribunal de Justiça Estadual

(A) o TRF da respectiva região.
(B) o STF.
(C) o próprio tribunal de Justiça Estadual ao qual esteja vinculado o desembargador.
(D) o STJ.

Todas as alternativas encontram fundamento no art. 105, I, "*c*", da CF. Desse modo, é competente para julgar originariamente *habeas corpus* em que figure como *paciente desembargador* de Tribunal de Justiça Estadual o *STJ*.

Gabarito "D"

(OAB/Exame Unificado – 2008.2) Contra decisão judicial que tenha contrariado Súmula vinculante aplicável a caso concreto cabe

(A) mandado de segurança ao STJ, se o ato provier de juiz de direito.
(B) reclamação ao STF.
(C) reclamação ao Tribunal de Justiça.
(D) reclamação ao CNJ.

O art. 103-A, § 3º, da CF é expresso no sentido de que cabe *reclamação ao STF*.

Gabarito "B"

(OAB/Exame Unificado – 2008.2) De acordo com dispositivo constitucional, a Súmula do STF com efeito vinculante

(A) será aprovada após reiteradas decisões sobre matéria constitucional.
(B) somente poderá ser revista ou cancelada mediante provocação devidamente motivada.
(C) é de observância obrigatória pelos demais órgãos do Poder Judiciário caso seja aprovada pela maioria simples dos membros do tribunal.
(D) não poderá ser cancelada ou revista.

A: correta (art. 103-A, *caput*, da CF); **B:** incorreta. A Súmula vinculante poderá ser revista ou cancelada *de ofício ou por provocação*, por exemplo, dos legitimados à propositura de ação direta de inconstitucionalidade (art. 103-A, *caput*, e § 2º, da CF); **C:** incorreta. Para que produza efeito vinculante, a súmula tem de ser aprovada por *dois terços* dos membros do STF (art. 103-A, *caput*, da CF); **D:** incorreta. É claro que a súmula *pode ser cancelada ou revisada* (art. 103-A, *caput*, e § 2º, da CF).

Gabarito "A"

(OAB/Exame Unificado – 2008.1) A Súmula do STF com efeito vinculante

(A) pode ser aprovada mediante decisão da maioria absoluta dos seus membros.
(B) não pode ser revista ou cancelada de ofício pelo próprio STF.
(C) não é de observância obrigatória para a administração pública estadual e municipal.
(D) pode ter seu cancelamento provocado por aqueles legitimados à propositura da ação direta de inconstitucionalidade.

A: incorreta. A Constituição exige a aprovação por *dois terços* dos membros do STF (art. 103-A, *caput*, da CF); **B:** incorreta. A Súmula vinculante *pode* ser revista ou cancelada *de ofício, pelo próprio STF*, ou por provocação, por exemplo, dos legitimados à propositura de ação direta de inconstitucionalidade (art. 103-A, *caput*, e § 2º, da CF); **C:** incorreta. Não só o Poder Judiciário, mas a Administração Pública direta ou indireta, nas esferas federal, estadual e municipal, são atingidos pelo efeito produzido pela Súmula vinculante (art. 103-A, *caput*, da CF); **D:** correta (art. 103-A, § 2º, da CF e art. 3º da Lei 11.417/2006).

Gabarito "D"

(OAB/Exame Unificado – 2008.1) Compete ao Superior Tribunal de Justiça (STJ) julgar, originariamente,

(A) o mandado de segurança contra ato de Ministro de Estado.
(B) a extradição solicitada por Estado estrangeiro.
(C) a arguição de descumprimento de preceito fundamental decorrente da Constituição.
(D) a ação declaratória de constitucionalidade de lei ou ato normativo estadual.

A: correta (art. 105, I, "*b*", da CF); **B:** incorreta. A competência é do STF (art. 102, I, "*g*", da CF) **C:** incorreta. Cabe ao STF o julgamento de ADPF (art. 102, § 1º, da CF); **D:** incorreta. A ação declaratória de constitucionalidade é julgada pelo STF, mas *não cabe* contra lei ou ato normativo *estadual* (art. 102, I, "*a*", da CF).

Gabarito "A"

(OAB/Exame Unificado – 2007.3) Ao STF compete,

I. julgar, originariamente, o mandado de segurança contra atos do Presidente da República, dos Ministros de Estado e do Procurador-Geral da República.
II. julgar os conflitos de competência entre tribunais de justiça estaduais.
III. julgar o litígio entre Estado estrangeiro ou organismo internacional e a União, o Estado, o DF ou o Território.
IV. julgar, em recurso ordinário, o crime político.

Estão certos apenas os itens

(A) I e II.
(B) I e III.
(C) II e IV.
(D) III e IV.

I: incorreta. Mandado de segurança contra atos de Ministros de Estado não é julgado pelo STF e sim pelo STJ (art. 102, I, "d", e 105, I, "b", ambos da CF); **II:** incorreta. Nesse caso, o conflito de competência é dirimido pelo STJ (art. 105, I, "*d*", da CF); **III:** correta (art. 102, I, "*e*", da CF); **IV:** correta (art. 102, II, "*b*", da CF).

Gabarito "D"

(OAB/Exame Unificado – 2007.3) Na atual organização constitucional do Poder Judiciário, é admitido o deslocamento para o foro da Justiça Federal, por provocação do Procurador-Geral da República, das causas que versarem sobre

(A) extradição de brasileiros naturalizados.
(B) grave violação de direitos humanos assegurados em tratado internacional.
(C) discriminação entre brasileiros natos e naturalizados.
(D) sucessão de bens de estrangeiros situados no país.

De acordo com o art. 109, § 5º, da CF (parágrafo acrescentado pela EC 45/2004), quando houver grave violação de *direitos humanos*, o Procurador-Geral da República, visando assegurar o cumprimento de obrigações decorrentes de tratados internacionais de direitos humanos dos quais o Brasil seja parte, poderá suscitar, perante o Superior Tribunal de Justiça, em qualquer fase do inquérito ou processo, incidente de *deslocamento* de competência para a *Justiça Federal*.

Gabarito "B"

(OAB/Exame Unificado – 2007.3) Sobre o Poder Judiciário e as funções essenciais à Justiça, na ordem constitucional brasileira, assinale a opção correta.

(A) A advocacia pública, apesar de prestar consultoria e assessoramento jurídico ao Poder Executivo, é um órgão independente, e seus membros são possuidores das mesmas garantias do Ministério Público.

(B) Os membros do Ministério Público, na sua totalidade, estão impedidos de exercer a advocacia, outra função pública ou atividade político-partidária.

(C) Tal como as decisões judiciais, as decisões administrativas dos tribunais do Poder Judiciário devem ser motivadas e realizadas em sessão pública.

(D) O magistrado somente perderá o cargo mediante sentença judicial transitada em julgado, garantia que se aplica, indistintamente, a todos os juízes e aos ministros do STF e demais tribunais superiores.

A: incorreta. Os integrantes da *advocacia pública* não possuem as mesmas garantias dadas aos membros do Ministério Público, por exemplo, os advogados públicos não adquirem vitaliciedade, mas sim *estabilidade*, após *três anos* de efetivo exercício no cargo, mediante avaliação de desempenho perante os órgãos próprios, após relatório circunstanciado das corregedorias (art. 132, parágrafo único, da CF); **B:** incorreta. É possível que o membro do Ministério Público acumule seu cargo com uma função pública de *magistério* (art. 128, § 5º, II, "*d*", da CF); **C:** correta (art. 93, X, da CF); **D:** incorreta. A garantia *se aplica* apenas aos *magistrados que já adquiriram a vitaliciedade.* (art. 95, I, da CF).

Gabarito "C"

(OAB/Exame Unificado – 2007.2) Acerca da organização do Poder Judiciário, assinale a opção correta.

(A) Do ato administrativo ou decisão judicial que contrariar a Súmula vinculante aplicável ou que indevidamente a aplicar, caberá arguição de descumprimento a preceito fundamental ao STF, que, julgando-a procedente, anulará o ato administrativo ou cassará a decisão judicial impugnada, e determinará que outra seja proferida com ou sem a aplicação da Súmula, conforme o caso.

(B) Compete ao STF a homologação de sentenças estrangeiras e a concessão de *exequatur* às cartas rogatórias.

(C) A atividade jurisdicional será ininterrupta, sendo vedadas férias coletivas, salvo para os tribunais.

(D) Aos juízes é vedado exercer a advocacia no juízo ou tribunal do qual se afastou, antes de decorridos três anos do afastamento do cargo por aposentadoria ou exoneração.

A: incorreta. Nessa caso cabe *reclamação ao STF* (art. 103-A, § 3º, da CF); **B:** incorreta. A competência para a *homologação de sentença estrangeira*, após a EC 45/2004, é do *STJ* e não mais do STF (art. 105, I, "*i*", da CF); **C:** incorreta. A regra da vedação das férias coletivas não é excepcionada em relação aos tribunais (art. 93, XII, da CF); **D:** correta (art. 95, parágrafo único, V, da CF).

Gabarito "D"

(OAB/Exame Unificado – 2007.1) Com relação ao Poder Judiciário, assinale a opção correta.

(A) Compete ao STF processar e julgar originariamente os mandados de segurança e *habeas corpus* impetrados contra o Conselho Nacional do Ministério Público.

(B) Compete ao Superior Tribunal de Justiça (STJ) julgar o litígio entre Estado estrangeiro ou organismo internacional e os Estados ou o DF.

(C) Os crimes cometidos contra o sistema financeiro, contra a ordem econômica-financeira e contra os consumidores são de competência da Justiça Federal.

(D) Os conflitos entre servidores públicos temporários regidos pelo Direito Administrativo e a Administração Pública direta da União passaram a ser de competência da justiça trabalhista, por força do advento da Emenda Constitucional nº 45/2005, de acordo com o entendimento do STF.

A: correta (art. 102, I, "*r*", da CF); **B:** incorreta. Trata-se de competência do STF (art. 102, I, "*e*", da CF); **C:** incorreta. Os crimes contra os consumidores são julgados pela Justiça comum e não pela Justiça Federal (art. 109, VI, da CF); **D:** incorreta. O Plenário do Supremo Tribunal Federal firmou jurisprudência no sentido de que a relação de emprego entre o Poder Público e seus servidores é sempre de caráter jurídico-administrativo e, portanto, a competência para dirimir conflitos entre as duas partes será sempre da Justiça Comum, e não da Justiça do Trabalho.

Gabarito "A"

(OAB/Exame Unificado – 2006.3) Acerca da competência dos juízes e tribunais, assinale a opção correta.

(A) Aos juízes estaduais compete processar e julgar as causas entre Estado estrangeiro ou organismo internacional e município ou pessoa domiciliada ou residente no país.

(B) Compete ao Superior Tribunal de Justiça (STJ) processar e julgar, originariamente, os litígios entre Estado estrangeiro ou organismo internacional e a União, o Estado, o Distrito Federal (DF) ou o Território.

(C) Compete ao Supremo Tribunal Federal (STF) processar e julgar, originariamente, os conflitos de competência entre os juízes estaduais e os juízes do trabalho.

(D) Na Justiça Estadual, no foro do domicílio do segurado ou beneficiário, serão processadas e julgadas as causas em que forem parte instituição de previdência social pública e segurado, sempre que a comarca não seja sede de vara do juízo federal, competindo o julgamento do recurso ao Tribunal Regional Federal da área de jurisdição do juiz de primeiro grau.

A: incorreta. Tais situações são da competência da *Justiça Federal* (art. 109, II, da CF); **B:** incorreta. Cabe ao *STF* essa atribuição (art. 102, I, "*e*", da CF); **C:** incorreta. Esse conflito é dirimido pelo *STJ* e não pelo STF (art. 105, I, "*d*", da CF); **D:** correta (art. 109, § 3º, da CF).

Gabarito "D"

(OAB/Exame Unificado – 2006.3) A propósito dos recursos especial e extraordinário, assinale a opção correta.

(A) É cabível recurso especial para o STJ contra decisão que julgar válida lei local contestada em face de lei federal.

(B) Admite-se recurso extraordinário contra decisão que, interpretando norma infraconstitucional, viola dispositivo da Constituição Federal.

(C) É inadmissível recurso especial se o tribunal *a quo* analisou a questão restritamente à legislação local, deixando de examinar a legislação federal.

(D) Compete ao STF e ao STJ, nos recursos extraordinário e especial, respectivamente, reconhecer a existência ou a inexistência de determinado fato, quando o tribunal *a quo* tiver firmado o contrário.

A: incorreta. Art. 105, III, "*b*", da CF; **B:** incorreta. Art. 102, III, da CF; **C:** correta. Súmula 211 do STJ; **D:** incorreta. Não cabe em sede de recurso especial e extraordinário análise de fatos não analisados na instância ordinária.

Gabarito "C"

(OAB/Exame Unificado – 2004.ES) Assinale a opção correta acerca do Poder Judiciário.

(A) Caso cometa crime de homicídio doloso durante o exercício do mandato, o Governador de um Estado federado deverá ser processado e julgado pelo Tribunal de Justiça do respectivo Estado.

(B) Se o Governador do Estado do Espírito Santo editasse regulamento incompatível com a Constituição desse Estado, o Procurador-Geral de Justiça poderia impugnar esse ato perante o Tribunal de Justiça do Espírito Santo (TJES) mediante ação de inconstitucionalidade.

(C) A criação de um tribunal de alçada no Espírito Santo pode ser realizada mediante lei complementar de iniciativa do TJES.

(D) O Tribunal de Contas do Estado do Espírito Santo (TCEES) é o órgão do Poder Judiciário estadual competente para processar e julgar os secretários de governo por crimes de improbidade administrativa.

A: incorreta. Nesse caso a competência é do *STJ* (art. 105, I, "*a*", da CF); **B:** correta (art. 125, § 2º, da CF); **C:** incorreta (art. 96, II, "*c*", da CF); **D:** incorreta. O Tribunal de Contas é órgão auxiliar do *Poder Legislativo* e não do Poder Judiciário (art. 71 da CF).

Gabarito "B"

(FGV – 2011) São órgãos da Justiça Eleitoral

(A) os Juizados Especiais.

(B) os Tribunais do Júri.

(C) os Juízes Eleitorais.

(D) os Tribunais Regionais Federais.

(E) as Juntas Trabalhistas.

Art. 118, I a IV, da CF.

Gabarito "C"

(FGV – 2013) O Tribunal de Justiça do Estado "X" decide, mediante acórdão, que a Lei Federal n. 10 deve ser interpretada de determinada forma. Em época próxima, o Tribunal de Justiça do Estado "W" decide, interpretando a mesma lei, em sentido oposto. Célia, advogada, pesquisando sobre o tema para defender os interesses de um cliente, apresenta ação em que defende que a melhor tese é aquela defendida pelo Tribunal de Justiça do Estado "X". Seu pedido é julgado improcedente, decisão que é mantida por acórdão proferido pelo Tribunal de Justiça do Estado "W".

Diante desse quadro, deverá o cliente de Célia apresentar

(A) Recurso Extraordinário endereçado ao Supremo Tribunal Federal.

(B) Recurso Ordinário endereçado ao Superior Tribunal de Justiça.

(C) Recurso Especial endereçado ao Superior Tribunal de Justiça.

(D) Recurso Ordinário endereçado ao Supremo Tribunal Federal.

(E) Recurso de Revista endereçado ao Tribunal Superior do Trabalho.

De acordo com o art. 105, III, "c", da CF, é da competência do **Superior Tribunal de Justiça**, o julgamento, em sede de **recurso especial, quando a decisão recorrida der a lei federal interpretação divergente da que lhe haja atribuído outro tribunal.**

Gabarito "C"

(FGV – 2013) O Tribunal de Justiça do Estado Y, composto por doze desembargadores, resolve, por ato próprio, estabelecer a criação de órgão especial composto pelo Presidente, Vice-Presidente e Corregedor, para realizar julgamentos que não necessitem de *quorum* especial.

Essa norma, à luz do sistema previsto na Constituição Federal,

(A) revela-se possível pela autonomia do ente federativo.

(B) é adequada diante do princípio da simetria.

(C) realizar o princípio da duração razoável do processo.

(D) destoa da normativa por suficiente previsão de tribunal pleno.

(E) colide com o sistema por não possuir o tribunal vinte integrantes.

De acordo com o art. 93, XI, da CF, **nos tribunais com número superior a vinte e cinco julgadores, poderá ser constituído órgão especial,** com o mínimo de onze e o máximo de vinte e cinco membros, para o exercício das atribuições administrativas e jurisdicionais delegadas da competência do tribunal pleno, provendo-se metade das vagas por antiguidade e a outra metade por eleição pelo tribunal pleno. Desse modo, o STF, confirmando o disposto na norma constitucional, determinou que: **"Só pode criar órgão especial o tribunal integrado por mais de 25 juízes** (CF, art. 93, XI): para esse fim, considera-se a composição já implementada da Corte, não bastando a existência de vagas recém-criadas, mas ainda não preenchidas" (AO 232, Rel. Min. Sepúlveda Pertence, julgamento em 3-5-1995, Plenário, DJ de 20-4-2001.)

Gabarito "D"

(FGV – 2010) Com relação às *competências* do STF, analise as afirmativas a seguir:

I. o STF processa e julga originariamente as causas e os conflitos entre Estados Federados.

II. o STF processa e julga originariamente os litígios entre Estado estrangeiro e Estado Federado.

III. o STF processa e julga originariamente os conflitos de atribuições entre autoridades judiciárias de um Estado e administrativas de outro.

Assinale:

(A) se somente a afirmativa I estiver correta.

(B) se somente a afirmativa II estiver correta.

(C) se somente a afirmativa III estiver correta.

(D) se somente as afirmativas I e II estiverem corretas.

(E) se todas as afirmativas estiverem corretas.

I: correta. Art. 102, I, "f" da CF; **II:** correta. Art. 102, I, "e", da CF; **III:** incorreta. Não consta previsão no referido artigo.

Gabarito "D"

(FGV – 2010) Considerando a competência constitucional do Supremo Tribunal Federal, analise as afirmativas a seguir.

I. Compete ao Supremo Tribunal Federal processar e julgar originariamente a ação em que todos os membros da magistratura sejam direta ou indiretamente interessados, e aquela em que mais da metade dos membros do tribunal de origem estejam impedidos ou sejam direta ou indiretamente interessados.

II. Qualquer cidadão pode propor ação direta de inconstitucionalidade perante o Supremo Tribunal Federal, desde que demonstre interesse jurídico na solução da questão constitucional subjacente, podendo ser condenado no décuplo das custas o autor da ação considerada temerária.

III. No recurso extraordinário o recorrente deverá demonstrar a repercussão geral das questões constitucionais discutidas no caso, nos termos da lei, a fim de que o Tribunal examine a admissão do recurso, somente podendo recusá-lo pela manifestação de dois terços de seus membros.

Assinale:

(A) se somente a afirmativa I estiver correta.
(B) se somente a afirmativa III estiver correta.
(C) se somente as afirmativas I e II estiverem corretas.
(D) se somente as afirmativas I e III estiverem corretas.
(E) se todas as afirmativas estiverem corretas.

I: correta. Art. 102, I, "n", da CF; **II:** incorreta, pois apenas os órgãos e entidades listados no art. 103 da CF têm legitimidade para propor ADIn; **III:** correta. Art. 102, § 3º, da CF.

Gabarito "D".

(FGV – 2010) Relativamente às vedações e garantias dos juízes, assinale a afirmativa incorreta.

(A) Os juízes gozam da garantia da inamovibilidade, salvo por motivo de interesse público, na forma da Constituição.
(B) Aos juízes é vedado exercer a advocacia no juízo ou tribunal do qual se afastou, antes de decorridos cinco anos do afastamento do cargo por aposentadoria ou exoneração.
(C) Aos juízes é vedado exercer, ainda que em disponibilidade, outro cargo ou função, salvo uma de magistério.
(D) Os juízes gozam da garantia da vitaliciedade. A vitaliciedade no primeiro grau só será adquirida após dois anos de exercício.
(E) Aos juízes é vedado dedicar-se à atividade político-partidária.

A: correta. Art. 95, II, da CF; **B:** incorreta, devendo ser assinalada, pois a "quarentena" é de três anos (art. 95, parágrafo único, V, da CF; **C:** correta. Art. 95, parágrafo único, I, da CF; **D:** correta. Art. 95, I, da CF; **E:** correta. Art. 95, parágrafo único, III, da CF.

Gabarito "B".

(FGV – 2010) Compete ao Supremo Tribunal Federal, precipuamente, a guarda da Constituição, não lhe cabendo processar e julgar, originariamente:

(A) a ação direta de inconstitucionalidade de lei ou ato normativo federal.
(B) o Presidente da República, nas infrações penais comuns.
(C) o litígio entre Estado estrangeiro ou organismo internacional e a União, o Estado, o Distrito Federal ou o Território.
(D) a extradição solicitada por Estado estrangeiro.
(E) a homologação de sentenças estrangeiras e a concessão de *exequatur* às cartas rogatórias.

As competências originárias do STF estão listadas no art. 102, I, "a" a "r", da CF. A homologação de sentenças estrangeiras e a concessão de *exequatur* às cargas rogatórias deixou de ser competência do STF, com a EC 45/2004, e hoje é da competência do STJ (art. 105, I, "i", da CF).

Gabarito "E".

(FGV – 2010) Com relação ao tema *Poder Judiciário* analise as afirmativas a seguir:

I. Compete à Justiça Militar estadual processar e julgar os militares dos Estados, nos crimes militares definidos em lei e as ações judiciais contra atos disciplinares militares, ressalvada a competência do júri quando a vítima for civil.

II. A competência dos tribunais estaduais será definida na Constituição Federal, sendo apenas a lei de organização judiciária de iniciativa do Tribunal de Justiça.

III. O Tribunal de Justiça não poderá constituir câmaras regionais, devendo funcionar de forma centralizada, a fim de assegurar igualdade de acesso do jurisdicionado à justiça em todas as fases do processo.

Assinale:

(A) se somente a afirmativa I estiver correta.
(B) se somente a afirmativa II estiver correta.
(C) se somente a afirmativa III estiver correta.
(D) se somente as afirmativas I e II estiverem corretas.
(E) se todas as afirmativas estiverem corretas.

I: correta. Art. 125, § 4º, da CF; **II:** incorreta. Não reflete o disposto no art. 125, § 1º, da CF; **III:** incorreta. Não reflete o disposto no art. 125, § 6º, da CF.

Gabarito "A".

(FGV – 2010) Em relação ao Poder Judiciário, assinale a afirmativa incorreta.

(A) A lei que dispuser sobre o Estatuto da Magistratura deverá ser de iniciativa do Supremo Tribunal Federal e ter o *status* de lei complementar.
(B) Compete privativamente aos Tribunais de Justiça propor ao Poder Legislativo respectivo a criação ou extinção dos tribunais inferiores.
(C) São órgãos do Poder Judiciário, dentre outros, o Conselho Nacional de Justiça e os Tribunais e Juízes Militares.
(D) A Constituição estabelece que não será promovido o juiz que, injustificadamente, retiver autos em seu poder além do prazo legal, não podendo devolvê-los ao cartório sem o devido despacho ou decisão.
(E) Na apuração de antiguidade, o Tribunal somente poderá recusar o juiz mais antigo pelo voto fundamentado de dois terços de seus membros, conforme procedimento próprio, e assegurada ampla defesa, repetindo-se a votação até fixar-se a indicação.

A: correta. Art. 93 da CF; **B:** incorreta, devendo ser assinalada, pois não reflete o disposto no art. 96, II, "c", da CF; **C:** correta. Art. 92, I-A e VI, da CF; **D:** correta. Art. 93, II, "e", da CF; **E:** correta. Art. 93, II, "d", da CF.

Gabarito "B".

(FGV – 2009) A respeito do princípio da publicidade dos atos processuais e das decisões judiciais, assinale a alternativa correta.

(A) O juiz não pode restringir a publicidade das audiências, tendo em vista que o acesso à informação se insere no estatuto constitucional da liberdade de expressão.

(B) A lei só poderá restringir a publicidade dos atos processuais quando o sigilo for imprescindível à segurança do Estado.

(C) As decisões administrativas dos tribunais serão tomadas em sessões secretas, com o fim de preservar a autonomia do Poder Judiciário.

(D) O juiz pode vetar o ingresso do público na sala de audiências a pedido das partes, ficando garantido apenas o acesso de jornalistas cadastrados, em razão do interesse público à informação.

(E) A lei pode limitar a presença em audiências às próprias partes e a seus advogados, ou somente a estes, nos casos em que a preservação do direito à intimidade do interessado não prejudique o interesse público à informação.

Art. 93, IX e X, da CF.

Gabarito "E"

(FGV – 2009) A respeito dos princípios constitucionais aplicáveis à carreira da magistratura, analise as afirmativas a seguir:

I. Constitui requisito para a promoção por merecimento que o juiz figure por três vezes consecutivas ou cinco alternadas em lista de merecimento, votada pelo respectivo tribunal em escrutínio secreto.

II. Na promoção por antiguidade, poderá ser recusada a promoção do juiz mais antigo pelo voto fundamentado de dois terços do órgão responsável pela votação, assegurada a ampla defesa.

III. Constitui etapa obrigatória do processo de vitaliciamento a participação do juiz em curso oficial ou reconhecido por escola nacional de formação e aperfeiçoamento de magistrados.

IV. Adquirida a vitaliciedade, o juiz só poderá perder o cargo pelo voto da maioria absoluta do respectivo tribunal ou do Conselho Nacional de Justiça, assegurada a ampla defesa.

Assinale:

(A) se somente a afirmativa III estiver correta.

(B) se somente as afirmativas II e III estiverem corretas.

(C) se somente as afirmativas II e IV estiverem corretas.

(D) se somente as afirmativas I, II e IV estiverem corretas.

(E) se todas as afirmativas estiverem corretas.

I: incorreta. Não constitui requisito, mas aquele que figurar três vezes consecutivas ou cinco alternadas em lista de merecimento, será promovido (art. 93, II, "a", da CF); **II:** correta. Art. 93, II, "d", da CF; **III:** correta. Art. 93, IV, da CF; **IV:** incorreta. Não reflete o disposto no art. 95, I, da CF.

Gabarito "B"

(FGV – 2008) A respeito do novo requisito de admissibilidade do recurso extraordinário pertinente à necessidade de demonstração da repercussão geral das questões constitucionais discutidas (art. 102, § 3º da Constituição Federal), assinale a afirmativa incorreta.

(A) Para efeito da repercussão geral, será considerada a existência, ou não, de questões relevantes do ponto de vista econômico, político, social ou jurídico, que ultrapassem os interesses subjetivos da causa.

(B) O relator poderá admitir, na análise da repercussão geral, a manifestação de terceiros, subscrita por procurador habilitado, nos termos do regimento interno do Supremo Tribunal Federal.

(C) O *quorum* para inadmissão do recurso extraordinário por falta do requisito da repercussão geral é de dois terços dos membros do Supremo Tribunal Federal.

(D) Quando houver multiplicidade de recursos extraordinários com fundamento em idêntica controvérsia, o tribunal de origem selecionará um ou mais recursos e os remeterá ao Supremo Tribunal Federal, sobrestando os demais até o pronunciamento definitivo da Corte. Negada a existência da repercussão geral os recursos extraordinários sobrestados serão considerados não admitidos.

(E) Reconhecida pelo STF a repercussão geral e julgado o mérito do recurso considerado como *leading case*, os demais tribunais estão obrigados a dar idêntica solução aos recursos extraordinários fundados em idêntica controvérsia. Em nenhuma hipótese, recursos extraordinários que versem sobre matéria já decidida pelo STF poderão ser encaminhados para aquela Corte. A recusa dos desembargadores de instâncias inferiores em aplicar a decisão do STF a casos idênticos pode configurar falta disciplinar, a ser apurada no âmbito do Conselho Nacional de Justiça, por provocação do Presidente do Supremo Tribunal Federal.

A: correta. Art. 1.035, § 1º, do NCPC; **B:** correta. Art. 1.035, § 4º, do NCPC; **C:** correta. Art. 102, § 3º, da CF; **D:** correta. Arts. 1.036, § 1º, e 1.039, parágrafo único, ambos do NCPC; **E:** incorreta, devendo ser assinalada, pois não reflete o disposto nos arts. 1.039 a 1.041 do NCPC.

Gabarito "E"

(FGV – 2008) É competência do Supremo Tribunal Federal:

(A) a conciliação, o julgamento e a execução de causas cíveis de menor complexidade e infrações penais de menor potencial ofensivo.

(B) processar e julgar originariamente os mandados de segurança contra ato de Ministro de Estado.

(C) julgar, em recurso especial, as causas decididas, em única ou última instância, pelos Tribunais Regionais Federais ou pelos Tribunais de Justiça dos Estados.

(D) processar e julgar originariamente o conflito positivo de competência entre o Tribunal Superior do Trabalho e o Tribunal Superior Eleitoral.

(E) julgar, em grau de recurso, as causas decididas pelos juízes federais e pelos juízes estaduais no exercício da competência federal da área de sua jurisdição.

A: incorreta, pois a competência é dos juizados especiais (art. 98, I, da CF); **B:** incorreta, pois a competência é do STJ (art. 105, I, "b", da CF); **C:** incorreta, pois a competência é do STJ (art. 105, III, da CF); **D:** correta. Art. 102, I, "o", da CF; **E:** incorreta, pois a competência é dos TRFs (art. 108, II, da CF).

Gabarito "D"

(FGV – 2008) Não é competência do Supremo Tribunal Federal processar e julgar, originariamente:

(A) a homologação das sentenças estrangeiras e a concessão do *exequatur* às cartas rogatórias, que podem ser conferidas pelo regimento interno a seu Presidente.
(B) a ação em que todos os membros da magistratura sejam direta ou indiretamente interessados e aquela em que mais da metade dos membros do tribunal de origem estejam impedidos ou sejam direta ou indiretamente interessados.
(C) o litígio entre Estado estrangeiro ou organismo internacional e a União, o Estado, o Distrito Federal ou o Território.
(D) nas infrações penais comuns, o Presidente da República, o Vice-Presidente, os membros do Congresso Nacional, seus próprios Ministros e o Procurador-Geral da República.
(E) a extradição solicitada por Estado estrangeiro.

As competências originárias do STF estão listadas no art. 102, I, "a" a "r", da CF. A homologação de sentenças estrangeiras e a concessão de *exequatur* às cargas rogatórias deixou de ser competência do STF e hoje é da competência do STJ (art. 105, I, "i", da CF).

Gabarito "A".

(FGV – 2007) Não são considerados órgãos do Poder Judiciário:

(A) Tribunais Regionais Eleitorais
(B) Tribunais Regionais Federais
(C) Tribunais Arbitrais
(D) Tribunais Militares

Art. 92, I a VII, da CF.

Gabarito "C".

(FGV – 2005) Analise as proposições a seguir:

I. Comporta recurso ordinário o *habeas data* decidido em única ou última instância pelos Tribunais Superiores, se denegatória a decisão.
II. Quando, em última ou única instância, for declarada a inconstitucionalidade de tratado ou lei federal, a parte interessada poderá recorrer extraordinariamente ao Excelso Supremo Tribunal Federal.
III. Quando, em mandado de segurança originário, o Tribunal Estadual extingue o processo sem apreciação do mérito, o recurso cabível é o especial dirigido ao Superior Tribunal de Justiça.
IV. A decisão proferida pelo Tribunal Estadual em sede de apelação interposta contra decisão monocrática que julgou mandado de segurança desafia recurso ordinário.

Assinale:

(A) se somente as proposições I e II estiverem corretas.
(B) se somente as proposições I e IV estiverem corretas.
(C) se somente as proposições II e III estiverem corretas.
(D) se somente as proposições III e IV estiverem corretas.
(E) se somente as proposições II, III e IV estiverem corretas.

I: correta. Art. 102, II, "a", da CF; **II:** correta. Art. 102, III, "b", da CF; **III:** incorreta. Cabe Recurso Ordinário para o STJ (art. 105, II, "b", da CF, em interpretação ampla do termo "quando denegatória a decisão"). Só cabe Recurso Especial quando a decisão do Mandado de Segurança originário concede a ordem, desde que presente(s) alguma(s) hipótese(s) do art. 105, III, da CF; **IV:** incorreta. Só cabe recurso ordinário se o Mandado de Segurança foi originariamente impetrado no Tribunal Estadual. Caso o *writ* tenha sido julgado pelo Tribunal em competência recursal (como no caso de Apelação em Mandado de Segurança), contra o acórdão do Tribunal local caberá Recurso Especial para o STJ, desde que presente(s) alguma(s) hipótese(s) do art. 105, III, da CF.

Gabarito "A".

(FGV – 2004) Ao Superior Tribunal de Justiça cabe julgar, em recurso ordinário:

(A) o crime político.
(B) a extradição solicitada por Estado estrangeiro.
(C) as causas decididas em única ou última instância, quando a decisão recorrida julgar válida lei ou ato de governo local contestado em face da Constituição.
(D) as causas decididas em única ou última instância, pelos Tribunais Regionais Federais ou pelos Tribunais dos Estados, do Distrito Federal e Territórios, quando a decisão recorrida julgar válida lei ou ato de governo local contestado em face de lei federal.
(E) as causas em que forem partes o Estado estrangeiro ou organismo internacional, de um lado, e, de outro, Município, ou pessoa residente ou domiciliada no País.

Art. 105, II, "c", da CF.

Gabarito "E".

13. CONSELHOS NACIONAIS DE JUSTIÇA E DO MINISTÉRIO PÚBLICO

(OAB/Exame Unificado – 2016.2) Ao ouvir, em matéria telejornalística, referência ao Conselho Nacional de Justiça (CNJ), João, estudante do primeiro ano de curso jurídico, interessado em melhor compreender a estrutura e as atribuições dos órgãos estatais, procura o seu professor de Direito Constitucional para obter maiores informações sobre o tema. Narra o conteúdo da matéria, informando-lhe não ter conseguido entender adequadamente o papel desempenhado pelo referido Conselho na estrutura do Estado. O referido professor, então, plenamente alicerçado na ordem constitucional, esclarece que o Conselho Nacional de Justiça

(A) é um órgão atípico, que não se encontra na estrutura de nenhum dos Poderes da República, mas que, sem prejuízo das suas atribuições administrativas, excepcionalmente possui atribuições jurisdicionais.
(B) é um órgão pertencente à estrutura do Poder Judiciário e, como tal, possui todas as atribuições jurisdicionais recursais, sem prejuízo das atribuições administrativas de sua competência.
(C) embora seja um órgão pertencente à estrutura do Poder Judiciário, possui atribuições exclusivamente administrativas, não sendo, portanto, órgão com competência jurisdicional.
(D) é um órgão auxiliar da Presidência da República, com atribuições de controle da atividade administrativa, financeira e disciplinar de toda a magistratura, incluído neste rol o Supremo Tribunal Federal.

A: incorreta. O Conselho Nacional de Justiça (CNJ) é um orgaoórgão do Poder Judiciário, conforme determina o art. 92, I-A, da CF, mas que **não detém função jurisdicional**. O art. 103-B, com redação dada pela EC 45/2004 e alterada pela EC 61/2009, instituiu o CNJ, que tem por função basicamente a fiscalização do Poder Judiciário quanto ao cumprimento dos deveres funcionais dos juízes e à administração financeira desse poder, além das previstas no § 4º do mesmo art. 103-B da CF. Tal órgão exerce uma espécie de controle interno. De acordo com o STF: "(...) esta Suprema Corte em distintas ocasiões já afirmou que o **CNJ não é dotado de competência jurisdicional, sendo mero órgão administrativo**. Assim sendo, a Resolução 135, ao classificar o CNJ e o Conselho da Justiça Federal de 'tribunal', ela simplesmente disse – até porque mais não poderia dizer – que as normas que nela se contém aplicam-se também aos referidos órgãos." (ADI 4.638-MC-REF, rel. min. **Marco Aurélio**, voto do min. **Ricardo Lewandowski**, julgamento em 08.0-2.-2012, Plenário, *DJE* de 30.-10.-2014.)."; C: **B:** incorreta. O CNJ é um órgão do Poder Judiciário, mas, como mencionado, não possui funções jurisdicionais; **C:** correta. As funções do CNJ vêm previstas no § 4º do art. 103-B da CF e são de natureza exclusivamente administrativas; **D:** incorreta. O CNJ **não** é órgão auxiliar da Presidência da República. Conforme determina o citado art. 92, I-A, da CF, o Conselho integra a estrutura do Poder Judiciário. Além disso, o próprio Supremo já decidiu que o CNJ não tem nenhuma competência sobre o STF e encontra-se hieraquicamentehierarquicamente abaixo dele0.. (ADI 3.367, rel. min. **Cezar Peluso**, julgamento em 13.0-4.-2005, Plenário, *DJ* de 22.0-9.-2006.).

Gabarito "C"

(OAB/Exame Unificado – 2011.3.A) A respeito dos Procuradores-Gerais de Justiça nos Estados e no Distrito Federal, é INCORRETO afirmar que

(A) podem ser destituídos pela Assembleia Legislativa (nos Estados) e pela Câmara Legislativa (no Distrito Federal).
(B) podem ser reconduzidos somente uma vez.
(C) devem ser integrantes da carreira e exercem o cargo por mandato de dois anos.
(D) são nomeados pelo Governador (nos Estados) e pelo Presidente da República (no Distrito Federal).

A: incorreta, devendo ser assinalada. O Procurador-Geral do Distrito Federal, nomeado pelo Presidente da República, é o chefe do Ministério Público do DF. Tal instituição é organizada e mantida pela União. Conforme o art. 128, § 4º, da CF e a Lei Complementar 75/1993, a destituição desse Procurador, antes do término do mandato, deve ser dar por deliberação da maioria absoluta do Senado Federal e não como afirmado pela alternativa; **B** e **C:** corretas. É o que se extrai da leitura do art. 128, § 3º, da CF; **D:** correta, de acordo com o art. 128, § 3º, da CF e do art. 156, *caput*, da Lei Complementar 75/1993.

Gabarito "A"

(FGV – 2011) As sucessivas reformas da Constituição atingiram a estrutura do Poder Judiciário nacional. No curso do debate, houve acerba campanha, inclusive da OAB, pela instituição do controle externo da atuação dos juízes. Após os debates, surgiram os novos órgãos: Conselho Nacional de Justiça (CNJ) e Conselho Nacional do Ministério Público (CNMP). Nessa linha, é correto afirmar que

(A) o CNJ exerce o controle externo da atividade do Poder Judiciário.
(B) os dois Conselhos referidos integram a estrutura do Poder Judiciário.
(C) é órgão integrante do Poder Judiciário o CNJ, exercendo controle interno.
(D) o CNMP exerce a atividade de controle externo do Poder Judiciário.
(E) o Poder Judiciário não possui controle administrativo interno previsto.

O art. 103-B, com redação dada pela EC 45/2004 e alterada pela EC 61/2009, instituiu o Conselho Nacional de Justiça (CJN), órgão do Poder Judiciário, que tem por função, além de outras previstas no § 4º do art. 103-B da CF, a fiscalização do Poder Judiciário quanto ao cumprimento dos deveres funcionais dos juízes e à administração financeira desse poder. Desse modo, exerce controle interno. Ressalta-se, que o CNJ, contudo, não tem funções jurisdicionais.

Gabarito "C"

(OAB/Exame Unificado – 2010.3) Leia com atenção a afirmação a seguir, que apresenta uma INCORREÇÃO.

O Conselho Nacional de Justiça (CNJ) tem competência, entre outras, para rever, de ofício ou mediante provocação, os processos disciplinares de juízes e membros de tribunais (se tiverem sido julgados há menos de um ano), zelar pela observância dos princípios que regem a administração pública e julgar os magistrados em caso de crime de abuso de autoridade.

Assinale a alternativa em que se indique o ERRO na afirmação acima.

(A) O CNJ não pode julgar magistrados por crime de abuso de autoridade.
(B) O CNJ pode rever processos disciplinares de juízes julgados a qualquer tempo.
(C) Não cabe ao CNJ, órgão que integra o Poder Judiciário, zelar por princípios relativos à Administração Pública.
(D) O CNJ, sendo órgão do Poder Judiciário, atua apenas mediante provocação, não podendo atuar de ofício.

A: correta. Art. 103-B, § 4º, IV, da CF; **B:** incorreta, pois somente podem ser revistos os processos disciplinares de juízes julgados há menos de um ano (art. 103-B, § 4º, V, da CF); **C:** incorreta. O CNJ integra o Poder Judiciário (art. 92, I-A, da CF) e a ele cabe zelar pelos princípios da Administração Pública (art. 103-B, § 4º, II, da CF); **D:** incorreta, pois atua de ofício nos casos previstos na CF (por exemplo, art. 103-B, § 4º, II e V, da CF).

Gabarito "A"

(OAB/Exame Unificado – 2010.2) A respeito do Conselho Nacional de Justiça é correto afirmar que:

(A) é órgão integrante do Poder Judiciário com competência administrativa e jurisdicional.
(B) pode rever, de ofício ou mediante provocação, os processos disciplinares de juízes e membros de Tribunais julgados há menos de um ano.
(C) seus atos sujeitam-se ao controle do Supremo Tribunal Federal e do Superior Tribunal de Justiça.
(D) a presidência é exercida pelo Ministro do Supremo Tribunal Federal que o integra e que exerce o direito de voto em todas as deliberações submetidas aquele órgão.

A: incorreta. O CNJ não tem competência jurisdicional, apenas administrativa (art. 103-B, § 4º, I a VII, da CF); **B:** correta. Art. 103-B, § 4º, V, da CF; **C:** incorreta. Competência do STF (art. 102, I, "r", da CF); **D:** incorreta. O CNJ é presidido pelo *Presidente* do STF (art. 103-B, § 1º, da CF).

Gabarito "B"

(OAB/Exame Unificado – 2008.3) As ações contra o CNJ e contra o Conselho Nacional do Ministério Público serão julgadas

(A) na Justiça Federal do domicílio do autor.
(B) no STJ, quando se tratar de mandado de segurança.
(C) no STF, em qualquer hipótese.

(D) no Tribunal Superior do Trabalho, se houver matéria trabalhista.

As ações contra o CNJ e o CNMP são sempre julgadas pelo STF, conforme dispõe o art. 102, I, "*r*", da CF.

Gabarito "C"

(OAB/Exame Unificado – 2008.3) O CNJ

(A) compõe-se integralmente de magistrados.
(B) terá seus membros nomeados pelo presidente do STF, depois de aprovados por maioria absoluta no Senado Federal.
(C) poderá rever, de ofício ou mediante provocação, os processos disciplinares de juízes e membros de tribunal julgados há menos de um ano.
(D) poderá apreciar, de ofício, a legalidade dos atos administrativos praticados por membros ou órgãos do Poder Judiciário, mas não poderá desconstituí-los.

A: incorreta. O CNJ é integrado por membros da Magistratura, do Ministério Público, da Advocacia e Cidadãos (art. 103-B, *caput* e incisos, da CF); **B:** incorreta. Quem *nomeia* os membros do CNJ, após aprovação do Senado, é o *Presidente da República* e não o do STF (art. 103-B, § 2º, da CF); **C:** correta. (Art. 103-B, § 4º, V, da CF); **D:** incorreta. O CNJ pode, não só apreciar a legalidade dos atos administrativos praticados por membros ou Órgãos do Poder Judiciário, mas também *desconstituir*, rever ou fixar prazo para se que adotem as providências necessárias (art. 103-B, § 4º, II, da CF).

Gabarito "C"

(OAB/Exame Unificado – 2008.2) Assinale a opção correta acerca do CNJ.

(A) O mandato de seus membros dura quatro anos, admitida uma recondução.
(B) Seus membros são nomeados pelo Presidente da República, depois de aprovada a escolha pela maioria absoluta da Câmara dos Deputados e do Senado Federal.
(C) Nenhum de seus membros pode ser indicado pelo Conselho Federal da OAB, cujos representantes podem, porém, falar e ser ouvidos em quaisquer sessões do CNJ.
(D) São suas funções receber e conhecer reclamações contra membro ou órgão do Poder Judiciário, inclusive contra seus serviços auxiliares.

A: incorreta. É admitida uma recondução, mas o *mandato é de dois anos* e não quatro (art. 103-B da CF); **B:** incorreta. Os membros são nomeados pelo Presidente, depois de aprovada a maioria absoluta do *Senado Federal* (art. 103-B, § 2º, da CF), **C.** incorreta. Dois advogados serão indicados pelo Conselho Federal da OAB (art. 103-B, XII, da CF); **D.** correta (art. 103-B, § 4º, III, da CF).

Gabarito "D"

(OAB/Exame Unificado – 2008.2) O Conselho Nacional de Justiça (CNJ)

(A) somente poderá apreciar a legalidade dos atos administrativos praticados por membros ou órgãos do Poder Judiciário mediante provocação devidamente fundamentada.
(B) poderá apreciar, de ofício, a legalidade dos atos administrativos praticados por membros ou órgãos do Poder Judiciário, mas não poderá desconstituí-los.
(C) poderá desconstituir os atos administrativos praticados por membros ou órgãos do Poder Judiciário, em caso de ilegalidade.
(D) poderá apreciar, de ofício ou mediante provocação, a conveniência e oportunidade dos atos administrativos praticados por membros ou órgãos do Poder Judiciário.

A e **B:** incorretas. O CNJ age de ofício ou por provocação e pode, não só apreciar a legalidade dos atos administrativos praticados por membros ou órgãos do Poder Judiciário, mas também *desconstituir*, rever ou fixar prazo para se que adotem as providências necessárias (art. 103-B, § 4º, II, da CF); **C:** correta. Conforme o dispositivo constitucional já mencionado; **D:** incorreta. A Constituição menciona apenas apreciação da "**ilegalidade**" (art. 103-B, § 4º, II, da CF). Por razões de conveniência e oportunidade (*mérito* do ato administrativo), só a própria Administração Pública é quem pode revogar um ato administrativo. O Poder Judiciário não adentra ao mérito do ato administrativo e o CNJ, como já mencionado, integra esse poder.

Gabarito "C"

(OAB/Exame Unificado – 2008.1) O Conselho Nacional de Justiça

(A) não integra o Poder Judiciário.
(B) tem seus atos sujeitos a controle apenas no STF.
(C) ainda não teve a constitucionalidade da sua instituição apreciada pelo STF.
(D) exerce função jurisdicional em todo o território nacional.

A: incorreta. O CNJ integra o Poder Judiciário (art. 92, I-A, da CF); **B:** correta. (art. 102, I, "*r*", da CF); **C:** incorreta. A constitucionalidade do CNJ já foi questionada perante o STF e a decisão foi no sentido de que o órgão é constitucional. O fundamentos do Supremo são os seguintes: o CNJ faz parte de Poder Judiciário; a maioria de seus membros advém desse poder; o órgão não constitui instrumento de controle externo e, portanto, não fere a separação dos poderes, nem o pacto federativo (ADI 3.367-1/DF, Pleno, j. 13.04.2005, rel. Cezar Peluso, *DJ* 17.03.2006); **D:** incorreta. O *CNJ não tem função jurisdicional* (STF, AgRg no MS 27.148/DF, Decisão monocrática, j. 20.05.2010, rel. Min. Celso de Mello, *DJ* 26.05.2010.) No mesmo sentido: STF, MC em MS 28.611/MS, Decisão monocrática, j. 08.06.2010, rel. Min. Celso de Mello, *DJ* 14.06.2010.

Gabarito "B"

(FGV – 2008) A respeito da composição e atribuições do Conselho Nacional de Justiça, analise as afirmativas a seguir:

I. É integrado exclusivamente por membros do Poder Judiciário e é presidido por um Ministro do Supremo Tribunal Federal.
II. Julga os recursos especiais interpostos das decisões definitivas proferidas pelo Superior Tribunal de Justiça.
III. Zela pela autonomia do Poder Judiciário e pelo cumprimento do Estatuto da Magistratura, podendo expedir atos regulamentares, no âmbito de sua competência, ou recomendar providências.
IV. Conhece das reclamações contra os membros do Poder Judiciário, podendo determinar a remoção, disponibilidade e aposentadoria de juízes, bem como a perda do cargo pelo voto da maioria absoluta de seus membros.

Assinale:

(A) se somente a afirmativa III estiver correta.
(B) se somente as afirmativas I e III estiverem corretas.
(C) se somente as afirmativas II e IV estiverem corretas.
(D) se somente as afirmativas I, III e IV estiverem corretas.

(E) se todas as afirmativas estiverem corretas.

I: incorreta. Não reflete o disposto no art. 103-B, I a XIII, da CF; **II:** incorreta. Em primeiro lugar, a competência para julgar recurso especial é do STJ (art. 105, III, da CF). Ademais, das decisões do STJ não cabe recurso especial; **III:** correta. Art. 103-B, § 4º, I, da CF; **IV:** incorreta. Não reflete o disposto no art. 103-B, § 4º, III, da CF.

Gabarito "A"

(FGV – 2008) Assinale a alternativa correta.

(A) O Supremo Tribunal Federal não está submetido às deliberações do Conselho Nacional de Justiça, pois o regime político-disciplinar dos seus Ministros é regido por normas especiais.

(B) Ao Poder Judiciário é assegurada autonomia administrativa, financeira e normativa.

(C) O Conselho Nacional de Justiça não integra o Poder Judiciário, cabendo-lhe, apenas, o controle da atuação administrativa e financeira desse Poder, bem como o controle do cumprimento dos deveres funcionais dos juízes.

(D) Aos juízes são asseguradas algumas garantias, que se destinam a efetivar a independência da atividade judicial. A garantia da inamovibilidade é excepcionada quando presente o interesse público, e o ato de remoção do magistrado deve fundar-se em decisão por voto de maioria simples do respectivo tribunal, com revisão obrigatória do Conselho Nacional de Justiça.

(E) Conforme a Constituição Federal, são órgãos do Poder Judiciário: o Supremo Tribunal Federal, o Conselho Nacional de Justiça, o Superior Tribunal de Justiça, os Tribunais Regionais Federais e Juízes Federais, os Tribunais e Juízes do Trabalho, os Tribunais e Juízes Eleitorais, os Tribunais e Juízes Militares, os Tribunais e Juízes dos Estados e do Distrito Federal e Territórios, sendo obrigatório o ingresso de seus membros por meio de concurso público.

A: correta. Entendimento pacífico do STF; **B:** incorreta. O art. 99 da CF não se refere à autonomia normativa do Poder Judiciário; **C:** incorreta. O CNJ é órgão do Poder Judiciário (art. 92, I-A, da CF) e suas atribuições estão previstas no art. 103-B, § 4º, I a VII, da CF; **D:** incorreta. Não reflete o disposto no art. 95, II c/c art. 93, VIII, da CF; **E:** incorreta. São órgãos do Poder Judiciário aqueles listados no art. 92, I a VII, da CF, sendo certo que alguns tribunais admitem o chamado "quinto constitucional" (que no STJ é "terço constitucional"), cujas regras admitem o ingresso de membros do Ministério Público e da Advocacia na carreira da Magistratura.

Gabarito "A"

14. FUNÇÕES ESSENCIAIS À JUSTIÇA

(OAB/Exame Unificado – 2011.3.B) A respeito da Advocacia Pública, assinale a alternativa correta.

(A) São princípios institucionais das Procuradorias dos Estados a unidade e a indivisibilidade. Como consequência, é inconstitucional lei estadual que crie Procuradoria-Geral para consultoria, assessoramento jurídico e representação judicial da Assembleia Legislativa.

(B) A Advocacia-Geral da União tem por chefe o Advogado-Geral da União, nomeado pelo Presidente da República dentre integrantes da carreira, maiores de trinta e cinco anos, após a aprovação de seu nome pela maioria absoluta do Senado Federal.

(C) Aos Procuradores dos Estados e do Distrito Federal, que ingressarem na carreira mediante concurso público, é assegurada estabilidade após três anos de efetivo exercício, mediante avaliação periódica de desempenho perante os órgãos próprios, após relatório circunstanciado das corregedorias.

(D) Na execução da dívida ativa de natureza tributária, a representação da União não caberá à Procuradoria-Geral da Fazenda Nacional.

A: incorreta. Os princípios mencionados são aplicáveis aos membros do Ministério Público (art. 127, § 1º, da CF); **B:** incorreta. De acordo com § 1º do art. 131 da C, a Advocacia-Geral da União, de fato, tem por chefe o Advogado-Geral da União, mas a nomeação, feita pelo Presidente da República, é livre, desde que seja dentre cidadãos maiores de trinta e cinco anos, de notável saber jurídico e reputação ilibada; **C:** correta (art. 132, *caput* e parágrafo único, da CF); **D:** incorreta. Conforme o art. 131, § 3º, da CF, na execução da dívida ativa de natureza tributária, a representação da União *cabe* à Procuradoria-Geral da Fazenda Nacional.

Gabarito "C"

(FGV – 2011) A Constituição brasileira dispõe que "o Ministério Público é instituição permanente, essencial à função jurisdicional do Estado, incumbindo-lhe a defesa da ordem jurídica, do regime democrático e dos interesses sociais e individuais indisponíveis" (art. 127). Dentre os cargos abaixo, NÃO integra o Ministério Público o

(A) Procurador do Estado.

(B) Procurador da República.

(C) Procurador de Justiça.

(D) Promotor de Justiça.

(E) Procurador do Trabalho.

O art. 128 da CF traz a composição da instituição do Ministério Público, dispondo que é composta pelo Ministério Público da União (Ministério Público Federal, Ministério Público do Trabalho, Ministério Público Militar, Ministério Público do Distrito Federal e Territórios) e pelos Ministérios Públicos dos Estados. Com exceção do Procurador do Estado, todos os cargos mencionados nas alternativas integram a instituição do Ministério Público.

Gabarito "A"

(OAB/Exame Unificado – 2010.2) Considerando que nos termos dispostos no art. 133 da Constituição do Brasil, o advogado é indispensável à administração da justiça, sendo até mesmo inviolável por seus atos e manifestações no exercício da profissão é correto afirmar que:

(A) a imunidade profissional não pode sofrer restrições de qualquer natureza.

(B) nenhuma demanda judicial, qualquer que seja o órgão do Poder Judiciário pelo qual tramite, independentemente de sua natureza, objeto e partes envolvidas, pode receber a prestação jurisdicional se não houver atuação de advogado.

(C) a inviolabilidade do escritório ou local de trabalho é assegurada nos termos da lei, não sendo vedadas, contudo, a busca e a apreensão judicialmente decretadas, por decisão motivada, desde que realizada na presença de representante da OAB, salvo se esta, devidamente notificada ou solicitada, não proceder a indicação.

(D) a prisão do advogado, por motivo de exercício da profissão, somente poderá ocorrer em flagrante, mesmo em caso de crime afiançável.

A: incorreta. A imunidade profissional do advogado é reconhecida, desde que nos limites da lei (art. 2º, § 3º, da Lei 8.906/1994). V., tb., art. 7º, § 2º, da mesma lei; **B:** incorreta. O STF, ao julgar a ADIn 1.127-8, declarou a inconstitucionalidade da expressão "qualquer" prevista no art. 1º, I, da Lei 8.906/1994. O questionamento em relação à constitucionalidade da parte final do art. 1º, I, da mesma lei foi superada pelo advento do art. 9º da Lei 9.099/1995, que dispensa a atuação do advogado nas causas de até 20 salários-mínimos perante os Juizados Especiais. Além disso, há atos que podem ser praticados sem a presença de advogados, como a impetração de *habeas corpus*, além do reconhecimento do *ius postulandi* na Justiça do Trabalho; **C:** correta. Art. 7º, II e § 6º, da Lei 8.906/1994; **D:** incorreta. Não reflete o disposto no art. 7º, § 3º, da Lei 8.906/1994.

Gabarito "C"

(OAB/Exame Unificado – 2008.3) Acerca das funções essenciais à justiça, assinale a opção correta.

(A) A Advocacia-Geral da União é a instituição que representa judicial e extrajudicialmente a União, as autarquias e as fundações públicas federais, cabendo-lhe, nos termos da lei complementar que disponha sobre sua organização e funcionamento, as atividades de consultoria e assessoramento jurídico do Poder Executivo.

(B) Às defensorias públicas da União e dos Estados são asseguradas a autonomia funcional e administrativa e a iniciativa de sua proposta orçamentária dentro dos limites estabelecidos na lei de diretrizes orçamentárias.

(C) O Procurador-Geral da República poderá ser destituído do cargo pelo Presidente da República, independentemente de prévia aprovação do Senado.

(D) Compete ao Conselho Nacional do Ministério Público receber e conhecer das reclamações contra membros ou órgãos do MPU ou dos Estados.

A: incorreta. O art. 131, *caput*, da CF trata da Advocacia-Geral da União e não inclui, dentre suas atribuições, a de representar judicial e extrajudicialmente as autarquias e fundações públicas federais; **B:** incorreta. A alternativa está *incompleta*, pois o § 2º do art. 134 da CF determina que, além dos limites estabelecidos na lei de diretrizes orçamentárias, deve ser observado o disposto no art. 99, § 2º, da CF. Além disso, é importante ressaltar que o art. 134, § 2º, da CF teve a sua redação alterada pela EC 74/2013, de modo que as regras mencionadas passaram a ser aplicadas também às Defensorias Públicas da União e do Distrito Federal; **C:** incorreta. O art. 128, § 2º, da CF exige que a destituição do Procurador-Geral da República seja *precedida de autorização* da maioria absoluta do *Senado* Federal; **D:** correta, conforme dispõe o art. 130-A, § 2º, III, da CF.

Gabarito "D"

(OAB/Exame Unificado – 2007.1) Acerca das funções essenciais à justiça, assinale a opção correta.

(A) Integra o Ministério Público da União o Ministério Público do Tribunal de Contas da União (TCU).

(B) Compete ao Conselho Nacional do Ministério Público o controle da atuação administrativa e financeira do Ministério Público, sem prejuízo do controle exercido pelo Tribunal de Contas.

(C) Os advogados da União representam a União, judicial e extrajudicialmente, inclusive no que se refere à execução da dívida ativa.

(D) Às defensorias públicas é assegurada autonomia funcional e administrativa.

A: incorreta. O Tribunal de Contas da União é órgão auxiliar do Poder Legislativo e, conforme o art. 73 da CF, contém quadro próprio de pessoal e jurisdição em todo território nacional; **B:** correta, conforme dispõe o art. 130-A, § 2º II, da CF; **C:** incorreta. A atribuição da execução da dívida ativa de natureza tributária cabe à Procuradoria-Geral da Fazenda Nacional (art. 131, § 3º, da CF); **D:** incorreta, pois a alternativa está incompleta (art. 134, § 2º, da CF).

Gabarito "B"

(FGV – 2013) O Ministério Público exerce função essencial à Justiça. Nos termos da Constituição Federal, o Chefe do Ministério Público da União é escolhido, dentre integrantes da carreira,

(A) pela maioria absoluta da Câmara dos Deputados com sanção do Presidente da República.

(B) por votação direta e secreta dos membros do Ministério Público, com aprovação do Senado Federal.

(C) por indicação dos órgãos de classe do Ministério Público, com nomeação do Presidente da República.

(D) por indicação do plenário do Senado, com aprovação do Presidente da República.

(E) pela Presidência da República, após aprovação do Senado Federal.

De acordo com o art. 128, § 1º, da CF, o Ministério Público da União tem por chefe o Procurador-Geral da República, **nomeado pelo Presidente da República** dentre integrantes da carreira, maiores de trinta e cinco anos, após a **aprovação de seu nome pela maioria absoluta dos membros do Senado Federal**, para mandato de dois anos, permitida a recondução.

Gabarito "E"

(FGV – 2013) Nos termos da legislação que regula a Advocacia Geral da União, função essencial da Justiça, compõem o Conselho Superior da AGU:

(A) o Procurador-Geral da União, o Procurador-Regional da União e o Advogado-Geral da União.

(B) o Consultor-Geral da União, o Procurador-Geral da Fazenda Nacional e o Advogado-Geral da União.

(C) o Corregedor-Geral da AGU, o Procurador-Regional da União e o Advogado-Geral da União.

(D) o Procurador-Geral da Fazenda Nacional, o Procurador- Regional da Fazenda Nacional e o Advogado-Geral da União.

(E) o Procurador-Geral das Autarquias, o Procurador-Geral Federal e o Advogado Geral da União.

Conforme determina o art. 8º, I a III, da LC 73/1993, integram o Conselho Superior da Advocacia-Geral da União: I – o **Advogado-Geral da União**, que o preside; II – o Procurador-Geral da União, o **Procurador-Geral da Fazenda Nacional**, o **Consultor-Geral da União**, e o Corregedor-Geral da Advocacia da União; III – um representante, eleito, de cada carreira da Advocacia-Geral da União, e respectivo suplente.

Gabarito "B"

(FGV – 2010) Considerando o estatuto constitucional do Ministério Público, analise as afirmativas a seguir.

I. Os membros do Ministério Público gozam da garantia da vitaliciedade, após dois anos de exercício, não podendo perder o cargo, salvo por sentença transitada em julgado, ou por decisão do Conselho Nacional do Ministério Público em processo administrativo, garantido o contraditório e a ampla defesa.

II. Algumas das vedações previstas na Constituição aos membros do Ministério Público são: *o exercício de atividade político partidária; o exercício, ainda que em disponibilidade, de qualquer outra função pública, salvo uma de magistério; e a participação em sociedade comercial, na forma da lei.*

III. São funções institucionais do Ministério Público, dentre outras, o exercício do controle externo da atividade policial, na forma da lei complementar respectiva, e a requisição à polícia judiciária de diligências investigatórias e de instauração de inquérito policial, indicados os fundamentos jurídicos de suas manifestações processuais.

Assinale:

(A) se somente a afirmativa I estiver correta.
(B) se somente as afirmativas I e II estiverem corretas.
(C) se somente as afirmativas I e III estiverem corretas.
(D) se somente as afirmativas II e III estiverem corretas.
(E) se todas as afirmativas estiverem corretas.

I: incorreta. Somente a primeira parte é verdadeira (art. 128, § 5º, I, "a", da CF); **II:** correta. Art. 128, § 5º, II, "a" a "f", da CF; **III:** correta. Art. 129, VII e VIII, da CF.

Gabarito "D"

(FGV - 2009) As alternativas a seguir apresentam funções institucionais do Ministério Público, à exceção de uma. Assinale-a.

(A) Exercer o controle externo da atividade policial, podendo avocar a presidência de inquérito policial, quando verificado desvio de poder por parte da autoridade policial competente.
(B) Promover a ação de inconstitucionalidade ou representação para fins de intervenção da União e dos Estados, nos casos previstos na Constituição.
(C) Expedir notificações nos procedimentos administrativos de sua competência, requisitando informações e documentos para instruí-los, na forma da lei complementar respectiva.
(D) Promover o inquérito civil e a ação civil pública, para a proteção do patrimônio público e social, do meio ambiente e de outros interesses difusos e coletivos.
(E) Defender judicialmente os direitos e interesses das populações indígenas.

A alternativa "A" é a única que apresenta hipótese não contemplada no art. 129, I a IX, da CF.

Gabarito "A"

15. DEFESA DO ESTADO

(OAB/Exame Unificado - 2016.2) O Presidente da República, cumprido todos os pressupostos constitucionais exigíveis, decreta estado de defesa no Estado-membro Alfa, que foi atingido por calamidades naturais de grandes proporções, o que causou tumulto e invasões a supermercados, farmácias e outros estabelecimentos, com atingimento à ordem pública e à paz social. Mesmo após o prazo inicial de 30 dias ter sido prorrogado por igual período (mais 30 dias), ainda restava evidente a ineficácia das medidas tomadas no decorrer do citado estado de defesa.

Sem saber como proceder, a Presidência da República recorre ao seu corpo de assessoramento jurídico que, de acordo com a CRFB/88, informa que

(A) será possível, cumpridas as exigências formais, uma nova prorrogação de, no máximo, 30 dias do estado de defesa.
(B) será possível, cumpridas as exigências formais, prorrogar o estado de defesa até que seja a crise completamente debelada.
(C) será possível, cumpridas as exigências formais, decretar o estado de sítio, já que vedada nova prorrogação do estado de defesa.
(D) será obrigatoriamente decretada a intervenção federal no Estado Alfa, que possibilita a utilização de meios de ação mais contundentes do que os previstos no estado de defesa.

A e **B:** incorretas. O estado de defesa **só pode ser prorrogado uma única vez**. De acordo com o art. 136, § 2º, da CF, o tempo de duração do estado de defesa não será superior a trinta dias, podendo ser prorrogado **uma vez**, por igual período, se persistirem as razões que justificaram a sua decretação; **C:** correta. De fato, o estado de sítio pode ser decretado, pois um dos casos previstos na Constituição, art. 137, I, parte final, da CF, que admite a decretação do estado de sítio é a ocorrência de fatos que comprovem a ineficácia de medida tomada durante o estado defesa. Claro que as exigências formais para essa decretação devem ser cumpritascumpridas; **D:** incorreta. Não se trata de hipótese de decretação de intervenção federal. Como mencionado, a solução viável é a decretação do estado de sítio.

Gabarito "C"

(OAB/Exame Unificado - 2014.2) O estado de defesa e o estado de sítio são tidos como legalidades extraordinárias, verdadeiras excepcionalidades que possibilitam inclusive a suspensão de determinas garantias constitucionais. As hipóteses de incidência e o procedimento são exaustivamente tratados pela CRFB/1988. Com base na previsão constitucional dos referidos institutos, assinale a opção correta.

(A) O estado de defesa e o estado de sítio podem ser decretados pelo Presidente da República, bastando a oitiva prévia do Conselho da República, do Conselho de Defesa Nacional e do Procurador-Geral da República.
(B) No estado de defesa, a oitiva do Congresso Nacional é posterior à sua decretação. Por sua vez, no estado de sítio, o Congresso Nacional deve ser ouvido previamente à decretação.
(C) Poderá o Presidente da República, à luz da CRFB/1988, decretar estado de defesa em resposta a agressão armada de país vizinho.
(D) Em sendo hipótese de estado de sítio, o Congresso Nacional deverá ser fechado até o término das medidas coercitivas, para sua salvaguarda.

A: incorreta. O estado de defesa pode ser decretado pelo Presidente da República após terem sido ouvidos o Conselho da República e o Conselho de Defesa Nacional, conforme dispõe o *caput* do art. 136 da CF. O **estado de sítio**, cabível em hipóteses mais graves que o estado de defesa, **deve ser precedido de autorização do Congresso Nacional** para ser decretado, conforme determina o art. 137, *caput*, da CF; **B:** correta. A **oitiva do Congresso Nacional no estado de defesa é posterior** à sua decretação. De acordo com o art. 136, § 6º, da CF, o Congresso Nacional apreciará o decreto dentro de dez dias contados de seu recebimento, devendo continuar funcionando enquanto vigorar o estado de defesa. **Em relação ao estado de sítio, o Congresso Nacional deve ser ouvido previamente à decretação**, pois o Presidente da República terá de pedir autorização ao Congresso para decretar esse estado. O art. 137, parágrafo único, da CF determina que o Congresso decida sobre a decretação pelo voto da maioria absoluta de seus membros; **C:** incorreta. A resposta a agressão armada estrangeira, conforme o art. 137, II, da CF, é **situação que admite a decretação do estado de**

sítio e não do de defesa; **D:** incorreta. Ao contrário, no estado de sítio o Congresso Nacional **permanecerá em funcionamento** até o término das medidas coercitivas, conforme determina o art. 138, § 3º, da CF.

Gabarito "B"

(OAB/Exame Unificado – 2009.3) Assinale a opção correta com base no que dispõe a CF acerca do estado de defesa.

(A) Quando cessar o estado de defesa, cessarão também seus efeitos, não sendo os seus executores responsabilizados pelos ilícitos cometidos.

(B) Haverá supressão do direito de reunião durante a vigência do estado de defesa.

(C) O preso ficará incomunicável durante a vigência do estado de defesa.

(D) O tempo de duração do estado de defesa não será superior a trinta dias, podendo ser prorrogado uma vez, por igual período, se persistirem as razões que justificaram a sua decretação.

A: incorreta. O art. 141, *caput*, da CF menciona que embora cessado o estado de defesa, *haverá responsabilização* dos executores ou agentes *pelos ilícitos cometidos*; **B:** incorreta. O art. 136, § 1º, I, "a", da CF não fala em "supressão", mas apenas restrição ao direito de reunião; **C:** incorreta. Diversamente do afirmado, na vigência do estado de defesa é *proibida a incomunicabilidade do preso* (art. 136, § 3º, IV, da CF); **D:** correta (art. 136, § 2º, da CF).

Gabarito "D"

(OAB/Exame Unificado – 2008.3) Acerca da defesa do Estado e das instituições democráticas, assinale a opção correta.

(A) Se o estado de sítio for decretado durante o recesso parlamentar, caberá ao Presidente da República convocar extraordinariamente o Congresso Nacional.

(B) O estado de defesa deve ser decretado quando houver declaração de estado de guerra ou resposta à agressão armada estrangeira.

(C) Tanto no estado de defesa quanto no estado de guerra, as atividades dos parlamentares no Congresso Nacional devem permanecer suspensas.

(D) A decretação do estado de defesa é autorizada para preservar ou prontamente restabelecer, em locais restritos e determinados, a ordem pública ou a paz social ameaçadas por grave e iminente instabilidade institucional ou atingidas por calamidades de grandes proporções na natureza.

A: incorreta. Não é o Presidente da República quem faz essa convocação, mas sim o *Presidente do Senado Federal* (art. 138, § 2º, da CF); **B:** incorreta. Trata-se de hipótese de cabimento da decretação do *estado de sítio* e não do estado de defesa (art. 136, *caput*, e 137, II, ambos da CF; **C:** incorreta. Os arts. 136, § 6º, e 138, § 3º, da CF tratam do assunto justamente de forma contrária, exigindo o funcionamento do Congresso Nacional; **D:** correta, conforme dispõe o art. 136, *caput*, da CF.

Gabarito "D"

(OAB/Exame Unificado – 2008.2) Com relação ao que dispõe a CF acerca da disciplina das forças armadas, assinale a opção incorreta.

(A) A sindicalização é proibida ao militar.

(B) Ao militar que esteja em serviço ativo é proibida a filiação a partido político.

(C) Os eclesiásticos são isentos do serviço militar obrigatório em tempo de paz.

(D) É garantida ao militar a remuneração do trabalho noturno superior à do diurno.

A: correta (art. 142, § 3º, IV, da CF); **B:** correta (art. 142, § 3º, V, da CF); **C:** correta (art. 143, § 2º, da CF); **D:** incorreta, devendo ser assinalada (art. 142, § 3º, VIII, da CF).

Gabarito "D"

(FGV – 2013) No que se refere ao *Estado de Exceção* (Estado de Defesa e Estado de Sítio), assinale V para a afirmativa verdadeira e F para a falsa.

I – ( ) Estado de Exceção é a situação de fato que, estabelecida, implica o esvaziamento do direito e sua substituição por uma espécie de anomia transitória, sob cuja vigência, de maior ou menor duração – a depender das circunstâncias –, são afastadas ou suprimidas as restrições que, em situação normal, as leis impõem às autoridades e aos detentores do poder em geral.

II – ( ) Na vigência do Estado de Defesa é vedado que se estabeleçam restrições aos direitos de reunião, desde que tais ocorram no seio das associações.

III – ( ) Uma das hipóteses de decretação de Estado de Sítio é a comoção grave de repercussão nacional ou ocorrência de fatos que comprovem a ineficácia de medida tomada durante o Estado de Defesa. Em tal hipótese não há necessidade de estabelecimento de prazo para duração, permanecendo o Estado de Sítio vigente durante todo o tempo de ocorrência da situação anteriormente descrita.

As afirmativas são, respectivamente,

(A) V, V e V.

(B) F, F e F.

(C) V, V e F.

(D) V, F e F.

(E) F, V e F.

I: verdadeira. De fato, os estados de exceção (estado de sítio e de defesa) configuram situações de anormalidade institucional, momentos de crise em que o próprio texto constitucional autoriza que o Estado adote medidas de repressão, limitando algumas garantias fundamentais. Tanto no estado da defesa como no estado de sítio é necessária a existência de uma comissão que tem por função o acompanhamento e a fiscalização das medidas tomadas durante este período de anormalidade; **II:** falsa. De acordo com o art. 136, § 1º, I, "a", da CF, o decreto que instituir o estado de defesa determinará o tempo de sua duração, especificará as áreas a serem abrangidas e indicará, nos termos e limites da lei, as **medidas coercitivas** a vigorarem, **dentre elas, a restrição ao direito de reunião**, ainda que exercida no seio das associações; **III:** falsa. Conforme determina o art. 138 da CF, o **decreto do estado de sítio indicará sua duração**, as normas necessárias a sua execução e as garantias constitucionais que ficarão suspensas, e, depois de publicado, o Presidente da República designará o executor das medidas específicas e as áreas abrangidas.

Gabarito "D"

(FGV – 2010) Com relação ao tema Defesa do Estado e das instituições democráticas: estado de defesa e estado de sítio analise as afirmativas a seguir:

I. O estado de defesa poderá ser decretado para preservar ou prontamente restabelecer, em locais restritos e determinados, a ordem pública ou a paz social ameaçadas por grave e iminente instabilidade institucional, declaração de estado de guerra ou resposta a agressão armada estrangeira.

II. O estado de sítio poderá ser decretado em casos de comoção grave de repercussão nacional, ou quando o país for atingido por calamidades naturais de grandes proporções.

III. Enquanto durar o estado de sítio poderão ser impostas restrições à difusão de pronunciamentos de parlamentares efetuados em suas Casas Legislativas, independentemente de licença da respectiva Mesa.

Assinale:

(A) se somente as afirmativas II e III estiverem corretas.
(B) se somente as afirmativas I e III estiverem corretas.
(C) se somente as afirmativas I e II estiverem corretas.
(D) se somente a afirmativa III estiver correta.
(E) se nenhuma afirmativa estiver correta.

I: incorreta. Não reflete o disposto no art. 136 da CF; **II:** incorreta. Não reflete o disposto no art. 137, I e II, da CF; **III:** incorreta. Não reflete o disposto no art. 53, § 8º, da CF.

Gabarito "E"

(FGV – 2010) Os Órgãos apresentados nas alternativas a seguir estão incluídos no art. 144 da Constituição como responsáveis pelo exercício da preservação da ordem pública e da incolumidade das pessoas e do patrimônio, à exceção de um. Assinale-o.

(A) Polícias Militares e Corpos de Bombeiros Militares.
(B) Polícia Ferroviária Federal.
(C) Polícias Civis.
(D) Forças Armadas.
(E) Polícia Federal.

A alternativa "D" é a correta, pois não consta no rol do art. 144, I a V, da CF.

Gabarito "D"

(FGV – 2010) Com relação ao tema *Segurança Pública* analise as afirmativas a seguir:

I. Os Municípios poderão constituir guardas municipais destinadas à proteção de seus bens, serviços e instalações, conforme dispuser a lei
II. Às polícias civis, dirigidas por delegados de polícia de carreira, incumbem, ressalvada a competência da União, as funções de polícia judiciária e a apuração de infrações penais, exceto as militares.
III. A polícia federal, instituída por lei como órgão permanente, organizado e mantido pela União e estruturado em carreira, destina-se a prevenir e reprimir o tráfico ilícito de entorpecentes e drogas afins, o contrabando e o descaminho, sem prejuízo da ação fazendária e de outros órgãos públicos nas respectivas áreas de competência.

Assinale:

(A) se somente a afirmativa I estiver correta.
(B) se somente a afirmativa II estiver correta.
(C) se somente a afirmativa III estiver correta.
(D) se somente as afirmativas I e II estiverem corretas.
(E) se todas as afirmativas estiverem corretas.

I: correta. Art. 144, § 8º, da CF; **II:** correta. Art. 144, § 4º, da CF; **III:** correta. Art. 144, § 1º, II, da CF.

Gabarito "E"

(FGV – 2008) Incumbe à Polícia Civil, de acordo com as disposições constitucionais vigentes, a função de:

(A) polícia administrativa.
(B) polícia ostensiva.
(C) polícia executiva.
(D) polícia judiciária.
(E) polícia repressiva.

Art. 144, § 4º, da CF.

Gabarito "D"

(FGV – 2008) Não se constitui pressuposto formal do estado de defesa:

(A) a especificação das áreas abrangidas pelo decreto do Presidente da República.
(B) a prévia manifestação do Conselho da República e do Conselho de Defesa Nacional.
(C) a determinação, no decreto do Presidente da República, do tempo de sua duração, que não poderá ser superior a 30 (trinta) dias.
(D) a existência de grave e iminente instabilidade institucional que ameace a ordem pública.
(E) a indicação de medidas coercitivas, dentre as discriminadas na Constituição Federal.

A e **E:** incorretas (art. 136, § 1º, da CF); **B:** incorreta (art. 136, *caput*, da CF); **C:** incorreta (art. 136, §§ 1º e 2º, da CF); **D:** correta. É pressuposto material (art. 136, *caput*, da CF).

Gabarito "D"

(FGV – 2008) Assinale a alternativa correta.

(A) É inadmissível a requisição de hospitais municipais pela União, em situação de normalidade institucional, sem a decretação de estado de defesa ou estado de sítio.
(B) A República Federativa do Brasil, formada pela união indissolúvel dos Estados, Municípios e do Distrito Federal, constitui-se em Estado Democrático de Direito. É possível a União, para manter a integridade nacional, intervir nos Estados-membros, no Distrito Federal e nos Municípios.
(C) É possível Estado-membro intervir em Município de outro Estado-membro apenas se o território do Município em questão for limítrofe ao seu, e se esse Município formar com Municípios do Estado interventor o que se denomina "região metropolitana".
(D) Alguns direitos e garantias podem ser suspensos quando da decretação do estado de defesa, como o direito de petição, o direito de acesso ao Poder Judiciário, o direito ao sigilo das correspondências e o direito de reunião.
(E) Para decretar o estado de defesa e o estado de sítio, o Presidente da República deve ouvir, com caráter vinculativo, os Conselhos da República, da Defesa Nacional e o Conselho Nacional de Justiça.

A: correta. Art. 136, § 1º, II e art. 139, VII, ambos da CF; **B:** incorreta. A União só pode intervir nos Estados, no Distrito Federal (art. 34, *caput*, da CF) e nos Municípios *localizados em Territórios Federais* (art. 35, *caput*, da CF), desde que observados os requisitos impostos pela Constituição; **C:** incorreta. Os Estados só podem intervir em seus próprios Municípios (art. 35, *caput*, da CF); **D:** incorreta. O decreto que institui o estado de defesa só pode prever a restrição (não a suspensão) aos direitos expressos no art. 136, § 1º, I, "a" a "c", da CF; **E:** incorreta. O Conselho da República e o Conselho de Defesa Nacional são órgãos meramente consultivos. Ademais, o Conselho Nacional de Justiça não é ouvido para a decretação do estado de defesa e do estado de sítio.

Gabarito "A"

16. TRIBUTAÇÃO

(FGV -2014) Eduardo resolve estudar teologia e, após cinco anos de intensa atividade intelectual, resolve atuar na atividade missionária vinculando-se à Igreja protestante. Sua missão é designada para o interior do Brasil onde, com a ajuda dos fieis, constrói uma igreja e uma habitação adjacente.

O município onde o imóvel está localizado notifica o religioso para que pague imposto predial urbano sobre a construção da igreja e da habitação adjacente.

Nos termos da Constituição Federal, o caso descrito caracteriza a aplicação de

(A) isenção.
(B) imunidade.
(C) não incidência.
(D) supressão.
(E) extraterritorialidade.

O caso descrito caracteriza a aplicação de **imunidade**, pois a própria Constituição afasta a possibilidade de instituição e exigência de tributos nessa hipótese. De acordo com o art. 150, VI, "b", da CF, além de outras garantias asseguradas ao contribuinte, é vedado à União, aos Estados, ao Distrito Federal e aos Municípios instituir impostos sobre templos de qualquer culto.

Gabarito "B"

(FGV - 2011) O projeto de lei relativo ao plano plurianual relacionado ao orçamento da União deve ser apreciado

(A) pelas duas Casas Legislativas.
(B) por comissão permanente do Senado Federal.
(C) na forma do regimento do Senado.
(D) de acordo com o regimento da Câmara.
(E) por comissão mista do Executivo.

Conforme dispõe o art. 166 da CF, os projetos de lei relativos ao plano plurianual, às diretrizes orçamentárias, ao orçamento anual e aos créditos adicionais serão *apreciados pelas duas Casas do Congresso Nacional*, na forma do regimento comum.

Gabarito "A"

17. ORÇAMENTO

(FGV - 2008) A respeito da disciplina constitucional da elaboração do orçamento público, assinale a alternativa incorreta.

(A) A lei orçamentária anual não conterá dispositivo estranho à previsão da receita e à fixação de despesa, não se incluindo na proibição a autorização para abertura de créditos suplementares e contratação de operações de crédito, ainda que por antecipação da receita, nos termos da lei.
(B) A lei de diretrizes orçamentárias compreenderá as metas e prioridades da administração pública federal, incluindo as despesas de capital para o exercício financeiro subsequente, orientará a elaboração da lei orçamentária anual, disporá sobre as alterações na legislação tributária e estabelecerá a política de aplicação das agências financeiras oficiais de fomento.
(C) Cabe à lei complementar dispor sobre o exercício financeiro, a vigência, os prazos, a elaboração e a organização do plano plurianual, da lei de diretrizes orçamentárias e da lei orçamentária anual.
(D) O orçamento da seguridade social, abrangendo todas as entidades e órgãos a ela vinculados, será obrigatoriamente incluído na lei orçamentária anual.
(E) A lei orçamentária anual compreenderá o orçamento fiscal referente aos Poderes da União, excluídas as entidades de administração indireta que possuam autonomia econômica e financeira.

A: correta. Art. 165, § 8º, da CF; **B:** correta. Art. 165, § 2º, da CF; **C:** correta. Art. 165, § 9º, I, da CF; **D:** correta. Art. 165, § 5º, III, da CF; **E:** incorreta, devendo ser assinalada, pois não reflete o disposto no art. 165, § 5º, I, da CF.

Gabarito "E"

(FGV - 2008) A respeito do projeto de lei orçamentária anual, assinale a afirmativa correta.

(A) Por ser de iniciativa exclusiva do Presidente da República, não pode receber emendas parlamentares.
(B) Somente poderá receber emendas subscritas pela maioria das comissões permanentes do Senado Federal e da Câmara dos Deputados, bem como emendas das bancadas estaduais no Congresso Nacional, não sendo admitida a apresentação de emendas individuais.
(C) Somente será submetida à aprovação do Congresso Nacional depois de regular tramitação, apreciação de emendas e elaboração de parecer pela Comissão Mista Permanente de que trata o art. 166, § 1º, da Constituição Federal.
(D) Poderá receber proposta de alteração por parte do Presidente da República, enquanto não iniciada a votação, no plenário do Congresso Nacional, da parte cuja alteração é proposta.
(E) Não pode receber emendas parlamentares cujos recursos necessários sejam provenientes de anulação de despesas ou ainda emendas que consignem créditos com finalidade imprecisa ou dotação ilimitada.

A: incorreta. Não reflete o disposto no art. 166, §§ 2º, 3º e 4º, da CF; **B:** incorreta. Não reflete o disposto no art. 166, § 2º, da CF; **C:** correta. Art. 166 da CF; **D:** incorreta. Não reflete o disposto no art. 166, § 5º, da CF; **E:** incorreta. Não reflete o disposto no art. 166, § 3º, II, da CF.

Gabarito "C"

(FGV - 2008) O Poder Executivo publicará, após o encerramento de cada bimestre, relatório resumido da execução orçamentária até:

(A) 60 dias.
(B) 120 dias.
(C) 90 dias.
(D) 30 dias.
(E) 150 dias.

As alternativas encontram fundamento no art. 165, § 3º, da CF.

Gabarito "D"

(FGV - 2008) É vedada a realização de operações de créditos que excedam o montante das despesas de capital, salvo autorizações específicas, no âmbito orçamentário, abrangendo aquelas a seguinte rubrica:

(A) pessoal civil.
(B) pessoal militar.
(C) serviços operacionais.
(D) obras públicas.
(E) serviços de terceiros.

A vedação encontra-se no art. 167, III, da CF. De acordo com o art. 13 da Lei 4.320/1964, obras públicas são despesas de capital e as demais apresentadas na questão são despesas correntes (fixas), que não podem ser financiadas por operação de crédito.

Gabarito "D"

(FGV – 2008) A abertura de crédito extraordinário, para atender a despesas, como comoção interna, será realizada, especialmente, mediante:

(A) lei delegada.
(B) decreto legislativo.
(C) medida provisória.
(D) decreto executivo.
(E) resolução.

Art. 167, § 3º, da CF.

Gabarito "C"

(FGV – 2008) O princípio do orçamento bruto tem como escopo impedir que se incluam na lei orçamentária, quanto a determinado serviço público, os saldos:

(A) positivos.
(B) negativos.
(C) positivos contábeis.
(D) negativos contábeis.
(E) positivos ou negativos.

O princípio do orçamento bruto encontra-se previsto no art. 6º da Lei 4.320/1964, segundo o qual "todas as receitas e despesas constarão da Lei de Orçamento pelos seus totais, vedadas quaisquer deduções".

Gabarito "E"

(FGV – 2008) Os créditos que não dependem de autorização legislativa e da indicação da fonte de recursos são os:

(A) extraordinários.
(B) adicionais.
(C) orçamentários.
(D) especiais.
(E) suplementares.

Todas as alternativas encontram fundamento no art. 167, § 2º, da CF.

Gabarito "A"

(FGV – 2007) As disponibilidades de caixa da União serão depositadas no Banco Central, de acordo com o art. 164, da C.R.F.B. Já as disponibilidades dos Estados, do Distrito Federal e dos Municípios serão depositadas:

(A) em instituições financeiras oficiais, à escolha de cada Entidade Federativa, desde que não estejam em débito com a União, caso em que deverão depositar 20% (vinte por cento) das disponibilidades junto ao Banco Central.
(B) em quaisquer instituições financeiras oficiais, vinculando-se os Municípios àquelas em que o fizer o Estado-membro onde se situam.
(C) em instituições financeiras oficiais, ressalvados os casos previstos em lei.
(D) na mesma Autarquia Federal, não existindo diferença de tratamento.

Todas as alternativas encontram fundamento no art. 164, § 3º, da CF.

Gabarito "C"

18. ORDEM ECONÔMICA E FINANCEIRA

(OAB/Exame Unificado – 2013.2) Assinale a alternativa que completa corretamente o fragmento a seguir.

A desapropriação para fins de reforma agrária ocorre mediante prévia e justa indenização

(A) em dinheiro, incluindo-se as benfeitorias úteis e necessárias.
(B) em dinheiro, mas as benfeitorias não são passíveis de indenização.
(C) em títulos da dívida agrária, incluindo-se as benfeitorias úteis e necessárias.
(D) em títulos da dívida agrária, mas as benfeitorias úteis e necessárias serão indenizadas em dinheiro.

A: incorreta. A desapropriação para fins de reforma agrária não é indenizada em dinheiro, mas em *títulos da dívida agrária* (art. 184, *caput*, da CF). Por outro lado, as *benfeitorias úteis e necessárias* são indenizadas *em dinheiro* (art. 184, § 1º, da CF); **B:** incorreta. Conforme mencionado, a desapropriação para fins de reforma agrária não é indenizada em dinheiro, mas em títulos da dívida agrária (art. 184, *caput*, da CF). Além disso, as benfeitorias úteis e necessárias são passíveis de indenização em dinheiro (art. 184, § 1º, da CF); **C:** incorreta. A prévia e justa indenização no caso de desapropriação para fins de reforma agrária, de fato, será paga em títulos da dívida pública. Mas, as benfeitorias úteis e necessárias, como já afirmado, devem ser indenizadas em dinheiro; **D:** correta. É da competência da União a desapropriação por interesse social, para fins de reforma agrária, de imóvel rural que não esteja cumprindo sua função social, mediante prévia e justa indenização em títulos da dívida agrária, com cláusula de preservação do valor real, resgatáveis no prazo de até vinte anos, a partir do segundo ano de sua emissão, e cuja utilização será definida em lei. (art. 184, *caput*, da CF).

Gabarito "D"

(OAB/Exame Unificado – 2013.2) "M" vem desrespeitando o zoneamento estipulado pelo Município X em seu plano diretor, uma vez que mantém, com nítido caráter de especulação, terreno não utilizado em área residencial. Assinale a alternativa que indica medida que o Município X pode tomar para que "M" utilize adequadamente seu terreno.

(A) Desapropriar o terreno, sem que haja pagamento de indenização.
(B) Desapropriar o terreno, mediante pagamento de indenização justa, prévia e em dinheiro.
(C) Determinar edificação compulsória naquele terreno.
(D) Instituir multa administrativa no patamar de até 100% do valor no IPTU do imóvel.

A: incorreta. A desapropriação só será aplicada se as penalidades previstas nos incisos I (parcelamento ou edificação compulsórios) e II (imposto sobre a propriedade predial e territorial urbana progressivo no tempo) do § 4º do art. 182 da CF não resolverem o problema. Caso o imóvel tenha de ser desapropriado, haverá pagamento de indenização mediante títulos da dívida pública; **B:** incorreta. Na situação trazida não há que se falar em desapropriação, mas, se houvesse tal possibilidade, o pagamento da indenização seria feito mediante títulos da dívida pública de emissão previamente aprovada pelo Senado Federal, com prazo de resgate de até dez anos, em parcelas anuais, iguais e sucessivas, assegurados o valor real da indenização e os juros legais (art. 182, § 4º, III, da CF); **C:** correta. Para que o Município "M" utilize adequadamente o seu terreno, o Município X determinará a *edificação compulsória do terreno* (art. 182, § 4º, I, da CF); **D:** incorreta. Não há essa previsão no ordenamento jurídico brasileiro.

Gabarito "C"

(OAB/Exame Unificado – 2010.1) A respeito dos princípios gerais da atividade econômica, assinale a opção correta com base na CF.

(A) Como agente normativo e regulador da atividade econômica, o Estado exerce, na forma da lei, as funções de fiscalização, incentivo e planejamento, que são determinantes tanto para o setor público quanto para o privado.

(B) Para todos os efeitos, os potenciais de energia hidráulica constituem propriedade do solo e, por isso, consideram-se pertencentes ao respectivo Estado da Federação.

(C) O aproveitamento do potencial de energia renovável de capacidade reduzida depende de autorização do Estado.

(D) Constitui monopólio da União o transporte, por meio de conduto, de gás natural, qualquer que seja a sua origem.

A: incorreta. O *caput* do art. 174 da CF prevê que o planejamento é determinante para o setor público, mas apenas indicativo em relação ao setor privado; **B:** incorreta. O art. 176 da CF dispõe que os potenciais de energia hidráulica constituem propriedade distinta do solo, para efeito de exploração ou aproveitamento, e pertencem à União; **C:** incorreta. O § 4º do art. 176 da CF dispõe que o aproveitamento desse potencial não depende de autorização ou concessão; **D:** correta. Assim está previsto no inciso IV do art. 177 da CF.

Gabarito "D"

(OAB/Exame Unificado – 2009.3) A respeito da política agrícola e fundiária e da reforma agrária, assinale a opção correta.

(A) A alienação, a qualquer título, de terras públicas com área de mil e quinhentos hectares a pessoa jurídica depende de prévia aprovação do Congresso Nacional.

(B) A política agrícola será planejada e executada na forma da lei, sem a participação do setor de produção.

(C) Os beneficiários da distribuição de imóveis rurais por reforma agrária receberão títulos de domínio ou de concessão de uso, inegociáveis pelo prazo de dez anos.

(D) Propriedade produtiva pode ser desapropriada para fins de reforma agrária, dada a imperiosa necessidade de se observar o interesse coletivo.

A: incorreta. O art. 188, § 1º, da CF determina área *superior a dois mil e quinhentos* hectares; **B:** incorreta. O art. 187, *caput*, da CF *exige a participação efetiva do setor de produção* na política agrícola; **C:** correta. A alternativa corresponde ao texto do art. 189, *caput*, da CF; **D:** incorreta. O art. 185, II, da CF dispõe que a *propriedade produtiva é insuscetível* de desapropriação para fins de reforma agrária.

Gabarito "C"

(OAB/Exame Unificado – 2009.2) No que se refere à política urbana e a de reforma agrária, assinale a opção correta.

(A) É insuscetível de reforma agrária a pequena e média propriedade rural, assim definida em lei, desde que seu proprietário não possua outra.

(B) O imóvel público situado na área urbana só pode ser adquirido por usucapião se estiver sendo ocupado há cinco anos, ininterruptamente e sem oposição, como moradia familiar, desde que os membros da família não sejam proprietários de outro imóvel urbano ou rural.

(C) Compete à União desapropriar, por interesse social, para fins de reforma agrária, o imóvel rural que não esteja cumprindo sua função social, mediante prévia e justa indenização em dinheiro.

(D) O plano diretor, aprovado pela câmara municipal, é obrigatório para cidades que tenham mais de vinte mil eleitores, nos termos do que dispõe o Estatuto das Cidades.

A: correta. (art. 185, I, da CF); **B:** incorreta. O bem público é imprescritível, portanto não pode ser adquirido por usucapião (art. 183, § 3º, da CF); **C:** incorreta. Essa modalidade de desapropriação *não* será paga mediante *indenização justa, prévia e em dinheiro, mas por meio de títulos da dívida agrária*, resgatáveis no prazo de até vinte anos (art. 184, *caput*, da CF); **D:** incorreta. A Constituição menciona *vinte mil habitantes e não eleitores* (art. 182, § 1º, da CF).

Gabarito "A"

(OAB/Exame Unificado – 2008.2) Assinale a opção correta a respeito da atuação do Estado no domínio econômico.

(A) A CF proíbe a formação de monopólios, inclusive os estatais.

(B) O Estado promove a exploração direta de atividade econômica por meio de empresas públicas e sociedades de economia mista.

(C) As atividades monopolizadas pela União são impassíveis de delegação.

(D) O Estado pode estabelecer o controle de abastecimento e o tabelamento de preços.

A: incorreta. O art. 177 da CF enumera uma série de atividades que constituem *monopólio da União*, por exemplo, a refinação do petróleo nacional ou estrangeiro; **B:** incorreta. Em regra, a exploração direta de atividade econômica pelo Estado só será permitida quando necessária aos imperativos da *segurança nacional* ou a *relevante interesse coletivo* (art. 173 da CF); **C:** incorreta. Observadas as condições previstas constitucional e legalmente, *poderá haver delegação* (art. 177, § 1º, da CF); **D:** correta. É o que se verifica no art. 174 da CF.

Gabarito "D"

(OAB/Exame Unificado – 2007.3) Sobre a disciplina constitucional da ordem econômica e financeira, assinale a opção incorreta.

(A) Os imóveis públicos não serão adquiridos por usucapião.

(B) As taxas de juros reais não podem exceder o limite de 12% ao ano.

(C) A defesa do meio ambiente é um dos princípios da ordem econômica.

(D) A refinação do petróleo nacional ou estrangeiro constitui monopólio da União.

Antes da EC 40/2003, que alterou a redação do art. 192 da CF, o § 3º deste dispositivo – eliminado – limitava os juros a 12% ao ano. Atualmente esse percentual pode ser ultrapassado.

Gabarito "B"

(OAB/Exame Unificado – 2007.3) A respeito da atuação do Estado no domínio econômico, assinale a opção correta.

(A) O texto constitucional, haja vista exigências de interesse público, admite a existência de monopólio estatal, assim como de monopólio privado, para o desempenho exclusivo de certas atividades do domínio econômico.

(B) A União, os Estados, o Distrito Federal e os Municípios podem exercer o tabelamento de preços quando a iniciativa privada se revela sem condições de mantê-los nas regulares condições de mercado.

(C) A CF veda expressamente a exploração direta de atividades econômicas pelo poder público; assim, o Estado só intervém no domínio econômico de forma indireta, por meio das entidades paraestatais.

(D) As empresas públicas que explorem atividade econômica possuem personalidade de direito privado e, ainda que sofram o influxo de algumas regras de direito público, sujeitam-se ao regime jurídico próprio das empresas privadas.

A: incorreta. A Constituição só admite o *monopólio estatal* e em situações peculiares (art. 173, § 4º, e art. 177 da CF); **B:** incorreta (art. 174 da CF); **C:** incorreta. O art. 173, *caput*, da CF dispõe que *ressalvados os casos previstos nesta Constituição*, a exploração *direta* de *atividade econômica* pelo *Estado* só será permitida quando necessária aos imperativos da segurança nacional ou a relevante interesse coletivo. Assim, embora o Estado explore a atividade econômica de forma direta, apenas excepcionalmente, há casos possíveis. Errada, portanto, a alternativa; **D:** correta (art. 173, § 1º, II e III, da CF).

Gabarito "D"

(FGV – 2008) Assinale a afirmativa incorreta.

(A) Ofende o princípio da livre concorrência a lei municipal que impede a instalação de estabelecimentos comerciais do mesmo ramo em determinada área.

(B) Segundo jurisprudência dos Tribunais Superiores, as concessionárias de serviço de telefonia não possuem exclusividade para editar listas ou catálogos telefônicos, pois se o tivessem haveria violação ao princípio da livre concorrência.

(C) A fixação de horário de funcionamento para o comércio dentro da área municipal pode ser feita por lei local, visando ao interesse do consumidor e evitando a dominação do mercado por oligopólio.

(D) Entre os princípios gerais da atividade econômica está o da defesa do meio ambiente, *lato sensu*, ou seja, abrangendo a noção de meio ambiente natural, cultural, artificial e laboral.

(E) Segundo Jurisprudência dos Tribunais Superiores, é inconstitucional lei que assegura gratuidade dos transportes públicos urbanos aos que têm mais de 65 anos, por ferir os princípios constitucionais da livre iniciativa e livre concorrência, princípios gerais da atividade econômica.

A: correta. Súmula 646 do STF; **B:** correta. STF, RE 158.676-1/MG, 1ª T., j. 14.08.2007, rel. para acórdão Min. Sepúlveda Pertence, *DJe* 05.10.2007; **C:** correta. Súmula 419 do STF; **D:** correta. Art. 170, VI, da CF; **E:** incorreta, devendo ser assinalada. O STF ratificou a constitucionalidade do benefício previsto no art. 39 da Lei 10.741/2003 (Estatuto do Idoso) ao julgar a ADIn 3.768-4/DF, Pleno, j. 19.09.2007, rel. Min. Cármen Lúcia, DJe 26.10.2007.

Gabarito "E"

19. ORDEM SOCIAL

(OAB/Exame Unificado – 2013.3) Ana Beatriz procura um escritório de advocacia, informando que a Universidade Pública do Estado XYZ instituiu, mediante decreto do Governador, uma taxa da matrícula no valor de R$ 100,00 (cem) reais, para estudantes que possuam renda familiar superior a 10 (dez) salários mínimos, com a finalidade de utilizar esse recurso para subsidiar a moradia de alunos de baixa renda, procedentes de Municípios distantes.

Diante da indagação de Ana Beatriz sobre a constitucionalidade da cobrança, assinale a afirmativa correta.

(A) A cobrança é constitucional, pois se trata de uma política pública de redução das desigualdades.

(B) A cobrança é constitucional em razão do princípio da autonomia universitária, previsto na Constituição da República.

(C) A cobrança é inconstitucional, uma vez que a taxa de matrícula deveria ser instituída por lei.

(D) A cobrança é inconstitucional, uma vez que viola o imperativo de gratuidade do ensino público em estabelecimentos oficiais.

A cobrança é inconstitucional, uma vez que viola o imperativo de gratuidade do ensino público em estabelecimentos oficiais. De acordo com o art. 216, I a IV, o ensino será ministrado com base nos seguintes princípios: I – igualdade de condições para o acesso e permanência na escola; II – liberdade de aprender, ensinar, pesquisar e divulgar o pensamento, a arte e o saber; III – pluralismo de ideias e de concepções pedagógicas, e coexistência de instituições públicas e privadas de ensino e IV – gratuidade do ensino público em estabelecimentos oficiais.

Gabarito "D"

(OAB/Exame Unificado – 2013.2) Acerca da disciplina constitucional do direito à educação, assinale a afirmativa correta.

(A) Os municípios atuarão prioritariamente na prestação do ensino fundamental e médio.

(B) Na prestação do ensino fundamental, além da utilização obrigatória da língua portuguesa, é assegurada às comunidades indígenas a utilização de suas línguas maternas.

(C) É permitido às universidades admitir professores estrangeiros, na forma da lei, mas é expressamente vedada a admissão de técnicos e de pesquisadores estrangeiros.

(D) O ensino é livre à iniciativa privada, independente de autorização e da avaliação de sua qualidade pelo Poder Público.

A: incorreta. De acordo com o art. 211, § 2º, da CF, os Municípios atuarão prioritariamente no ensino fundamental *e na educação infantil*; **B:** correta. Conforme dispõe o art. 210, § 2º, da CF, o ensino fundamental regular deve ser ministrado em língua portuguesa, assegurada às comunidades indígenas também a utilização de suas línguas maternas e *processos próprios de aprendizagem*; **C:** incorreta. De acordo com o art. 207, § 1º, da CF, é *facultado* às universidades *admitir professores, técnicos e cientistas estrangeiros*, na forma da lei; **D:** incorreta. O ensino é livre à iniciativa privada, mas desde que atendidas as seguintes condições: I – cumprimento das normas gerais da educação nacional e II – *autorização e avaliação de qualidade pelo Poder Público*. É o que se extrai da leitura do art. 209, I e II, da CF.

Gabarito "B"

(OAB/Exame Unificado – 2012.3.A) Com relação às diretrizes e normas constitucionais referentes à prestação da saúde, assinale a afirmativa correta.

(A) É permitida a destinação de recursos públicos para auxílios ou subvenções às instituições privadas com fins lucrativos.

(B) Ao sistema único de saúde compete, dentre outras atribuições, colaborar na proteção do meio ambiente, nele compreendido o do trabalho.

(C) É admitida a participação indireta de empresas ou capitais estrangeiros na assistência à saúde no País, independentemente de previsão legal.

(D) As instituições privadas poderão participar de forma complementar do sistema único de saúde, segundo diretrizes deste, mediante contrato de direito privado, vedada qualquer preferência ou distinção entre elas.

A: incorreta. Conforme o art. 199, § 2º, da CF, é *vedada* a destinação de recursos públicos para auxílios ou subvenções às instituições privadas com fins lucrativos; **B:** correta (art. 200, VIII, da CF); **C:** incorreta. De acordo com o art. 199, § 3º, da CF, é *vedada* a participação direta *ou indireta* de empresas ou capitais estrangeiros na assistência à saúde no País, *salvo nos casos previstos em lei*. **D:** incorreta. O art. 199, § 1º da CF determina que as instituições privadas possam participar de forma complementar do sistema único de saúde, segundo diretrizes deste, *mediante contrato de direito público* ou convênio, *tendo preferência as entidades filantrópicas e as sem fins lucrativos*.

Gabarito "B"

(OAB/Exame Unificado – 2007.3) Assinale a opção correta a respeito do meio ambiente e dos índios, na ordem constitucional brasileira.

(A) As pessoas jurídicas, tanto quanto as pessoas físicas, estão sujeitas às sanções penais e administrativas se praticarem atividades e condutas consideradas lesivas ao meio ambiente.

(B) É competência privativa da União legislar sobre florestas, pesca, fauna, defesa do solo e dos recursos naturais, proteção do meio ambiente e controle da poluição.

(C) A defesa do meio ambiente impõe a necessidade de se exigir, para instalação de qualquer obra ou atividade que possa causar algum nível de degradação ambiental, a realização de estudo prévio de impacto ambiental.

(D) As terras tradicionalmente ocupadas pelos índios destinam-se a sua posse permanente, cabendo-lhes o usufruto exclusivo das riquezas do solo, dos rios e dos lagos nelas existentes, mas elas são consideradas bens dos Estados-membros em que as comunidades indígenas estão radicadas.

A: correta. Art. 225, § 3º, da CF e Lei 9.605/1998, que define as sanções penais e administrativas derivadas de condutas e atividades lesivas ao meio ambiente; **B:** incorreta. Art. 22 c/c art. 23, VI e VII, ambos da CF; **C:** incorreta. Art. 225, § 1º, IV, da CF; **D:** incorreta. Art. 231, § 2º, da CF.

Gabarito "A"

(OAB/Exame Unificado – 2006.1) Assinale a opção correta, no que toca à regulação constitucional do direito à educação.

(A) Seria inconstitucional lei municipal que determinasse a obrigatoriedade de frequência em aulas de ensino religioso, no ensino fundamental, mesmo que essa lei garantisse a diversidade religiosa e o estímulo à tolerância com a diferença.

(B) A educação pública integra a seguridade social, que é custeada mediante impostos estabelecidos especificamente para essa finalidade.

(C) A instituição da cobrança de mensalidades em universidades públicas pode ser feita mediante lei ordinária, na medida em que a Constituição da República somente prevê gratuidade obrigatória para os níveis de ensino fundamental e médio.

(D) Desde a promulgação da Constituição da República, em 1988, somente podem instituir universidades estaduais os Estados membros da federação em que o ensino médio for garantido a todas as pessoas em idade escolar.

A: correta. A lei seria tida como inconstitucional, pois o § 1º do art. 210 da CF dispõe que o ensino religioso é disciplina de *matrícula facultativa*; **B:** incorreta. A seguridade social é gênero do qual são espécies a saúde, a previdência e assistência social, conforme o art. 194 da CF. A *educação* está prevista em capítulo próprio (arts. 205 e seguintes da CF) e *não integra a seguridade social*; **C:** incorreta. O art. 206, IV, da CF menciona que um dos princípios relativos ao ensino é o da gratuidade do ensino público em estabelecimentos oficiais. Nesse dispositivo não há limitação de gratuidade aos níveis de ensino fundamental e médio; **D:** incorreta. O art. 211, § 3º, da CF dispõe apenas que a prioridade deve ser dada ao ensino fundamental e médio, mas não condiciona à instituição de universidade estadual, à garantia de ensino médio a todas as pessoas em idade escolar.

Gabarito "A"

(OAB/Exame Unificado – 2007.1) Josias foi aposentado por invalidez, por ter contraído o vírus da AIDS, e não tem condições econômicas de custear o seu tratamento, já que os custos com medicação e as despesas de seu filho de 10 anos de idade ultrapassam o valor de seus proventos de aposentadoria. Considerando a situação hipotética acima, assinale a opção correta à luz da ordem social e do entendimento do STF.

(A) A competência para legislar sobre previdência social e sobre saúde é privativa da União. Dessa forma, caberá à União privativamente aumentar o valor do referido benefício ou custear as despesas do tratamento de Josias.

(B) A competência para fornecer a medicação gratuita em favor de Josias é solidária entre o município em que Josias tem domicílio e o respectivo Estado-membro.

(C) As ações de assistência social devem ser prestadas a Josias, independentemente de suas condições econômicas, pelo fato de ele ser pai de uma criança.

(D) A seguridade social compreende um conjunto integrado de ações de iniciativa dos poderes públicos e da sociedade destinadas a assegurar os direitos relativos à saúde, à previdência e à assistência social, as quais exigem caráter contributivo.

A: incorreta. (art. 198, § 2º, da CF); **B:** correta (Lei 9.313/1996) – dispõe sobre a distribuição gratuita de medicamentos aos portadores do HIV e doentes de AIDS; **C:** incorreta. O art. 203 da CF determina que a assistência social será prestada a quem dela *necessitar*, portanto, as condições econômicas serão observadas quando da concessão de benefício assistencial; **D:** incorreta (art. 194 da CF).

Gabarito "B"

(FGV –2013) Acerca das disposições concernentes à ordem social na Constituição, analise as afirmativas a seguir.

I. Os conjuntos urbanos e sítios de valor histórico, paisagístico, artístico, arqueológico, paleontológico, ecológico e científico, constituem patrimônio cultural brasileiro.

II. Ao Estado impõe-se garantir a educação básica gratuita, mas, em relação ao ensino médio, impõe-se apenas a sua progressiva universalização

III. A Constituição veda a prática de tratamento diferenciado para o desporto profissional e o não profissional

Assinale:

(A) se somente a afirmativa I estiver correta.
(B) se somente a afirmativa III estiver correta.
(C) se somente as afirmativas II e III estiverem corretas.
(D) se somente as afirmativas I e II estiverem corretas.
(E) se todas as afirmativas estiverem corretas.

I: correta. De acordo com o art. 216, V, da CF, constituem patrimônio cultural brasileiro os bens de natureza material e imaterial, tomados individualmente ou em conjunto, portadores de referência à identidade, à ação, à memória dos diferentes grupos formadores da sociedade brasileira, nos quais se incluem: os conjuntos urbanos e sítios de valor histórico, paisagístico, artístico, arqueológico, paleontológico, ecológico e científico; **II:** correta. Conforme determina o art. 208, I e II, da CF, o dever do Estado com a educação será efetivado mediante a garantia de: I – **educação básica obrigatória** e gratuita dos 4 (quatro) aos 17 (dezessete) anos de idade, assegurada inclusive sua oferta gratuita para todos os que a ela não tiveram acesso na idade própria e II – **progressiva universalização do ensino médio gratuito**; **III:** incorreta. Ao contrário, de acordo com o art. 217, III, da CF o tratamento diferenciado para o desporto profissional e o não profissional é regra constitucional.

Gabarito "D"

(FGV – 2010) Relativamente à *ordem social*, assinale a afirmativa incorreta.

(A) A assistência à saúde pode ser exercida pela iniciativa privada, desde que previamente autorizado seu funcionamento pelo Ministério da Saúde e submetidas às regras de concessão pública contidas na Constituição.
(B) A seguridade social compreende um conjunto integrado de ações de iniciativa dos Poderes Públicos e da sociedade, destinadas a assegurar os direitos relativos à saúde, à previdência e à assistência social.
(C) A ordem social tem como base o primado do trabalho, e como objetivo o bem-estar e a justiça sociais.
(D) A seguridade social será financiada por toda a sociedade, de forma direta e indireta, nos termos da lei, mediante recursos provenientes dos orçamentos da União, dos Estados, do Distrito Federal e dos Municípios, além de contribuições sociais determinadas na Constituição.
(E) A saúde é direito de todos e dever do Estado, garantido mediante políticas sociais e econômicas que visem a redução do risco de doença e de outros agravos e ao acesso universal e igualitário às ações e serviços para sua promoção, proteção e recuperação.

A: incorreta, devendo ser assinalada, pois não reflete o disposto no art. 199 da CF; **B:** correta. Art. 194 da CF; **C:** correta. Art. 193 da CF; **D:** correta. Art. 195 da CF; **E:** correta. Art. 196 da CF.

Gabarito "A"

(FGV – 2008) A Lei Maior determina competir ao Poder Público a organização, nos termos da lei, da seguridade social, com observância obrigatória de determinados objetivos, entre os quais, não se inclui:

(A) universalidade da cobertura e do atendimento.
(B) equidade na forma de participação no custeio.
(C) diversidade da base de financiamento.
(D) seletividade na prestação dos benefícios e serviços.
(E) caráter centralizado da gestão administrativa.

Todas as alternativas encontram fundamento no art. 194, parágrafo único, I a VII, da CF.

Gabarito "E"

(FGV – 2008) Os recursos provenientes para a realização de despesas distintas do pagamento de benefícios do regime geral de previdência social não pode ter como fonte as contribuições sobre:

(A) receita.
(B) folha de salário.
(C) faturamento.
(D) concurso de prognóstico.
(E) lucro.

Todas as alternativas encontram fundamento no art. 167, XI, da CF.

Gabarito "B"

(FGV – 2008) No que concerne ao dever do Estado de efetivar a educação, a Constituição Federal/1988 prevê expressamente a garantia de:

(A) ensino fundamental facultativo e gratuito, inclusive para todos que não tiveram acesso na idade própria.
(B) progressiva universalização do ensino médio gratuito.
(C) atendimento educacional especializado aos portadores de deficiência, obrigatoriamente na rede regular de ensino.
(D) oferta de ensino noturno regular, adequado às condições do educador.
(E) atendimento ao educando, na educação infantil, por meio de programas suplementares de transporte e alimentação.

A: incorreta. A educação básica é obrigatória e gratuita (nova redação do art. 208, I, da CF); **B:** correta. Art. 208, II, da CF; **C:** incorreta. Não reflete o disposto no art. 208, III, da CF; **D:** incorreta. Não reflete o disposto no art. 208, VI, da CF; **E:** incorreta. Não reflete o disposto no art. 208, VII, da CF.

Gabarito "B"

(FGV – 2008) A Constituição Federal/1988 prevê que nenhuma lei conterá dispositivo que possa constituir embaraço à plena liberdade de informação jornalística, observados os seguintes preceitos constitucionais, à exceção de um. Assinale-o.

(A) a liberdade de pensamento.
(B) o direito de resposta.
(C) a inviolabilidade à intimidade.
(D) a liberdade de ação profissional.
(E) a liberdade religiosa.

A: incorreta (arts. 5º, IV, e 220, § 1º, ambos da CF); **B:** incorreta (art. 5º, V, e 220, § 1º, ambos da CF); **C:** incorreta (art. 5º, X, e 220, § 1º, ambos da CF); **D:** incorreta (art. 5º, XIII, e 220, § 1º, ambos da CF); **E:** correta. A liberdade religiosa não é considerada preceito constitucional relacionado à plena liberdade de informação jornalística.

Gabarito "E"

(FGV – 2005) Assinale a alternativa que complete corretamente a proposição a seguir:

Os serviços notariais e de registro, de acordo com o art. 236, *caput*, da Constituição Federal são exercidos em caráter _____.

(A) permanente.
(B) público.
(C) precário.
(D) privado.
(E) público e privado.

Todas as alternativas encontram fundamento no art. 236 da CF: "Os serviços notariais e de registro são exercidos em caráter privado, por delegação do Poder Público".

Gabarito "D"

(FGV – 2005) É correto afirmar que o orçamento da seguridade social:

(A) somente estima receita da previdência social federal.
(B) somente estima receita e prevê a despesa da previdência social federal.
(C) estima a receita e prevê a despesa em saúde, educação e assistência social.
(D) é elaborado de forma idêntica ao orçamento fiscal.
(E) está compreendido na lei orçamentária federal, junto com o orçamento fiscal e o orçamento de investimento das empresas da União.

Todas as alternativas encontram fundamento no art. 165, § 5º, I, II e III, da CF.

Gabarito "E"

20. DISPOSIÇÕES CONSTITUCIONAIS GERAIS

(OAB/Exame Unificado – 2015.3) Luiz é proprietário de uma grande fazenda localizada na zona rural do Estado X. Lá, cultiva café de excelente qualidade – e com grande produtividade – para fins de exportação. Porém, uma fiscalização realizada por agentes do Ministério do Trabalho e do Emprego constatou a exploração de mão de obra escrava.

Independentemente das sanções previstas em lei, caso tal prática seja devidamente comprovada, de forma definitiva, pelos órgãos jurisdicionais competentes, a Constituição Federal dispõe que

(A) a propriedade deve ser objeto de desapropriação, respeitado o direito à justa e prévia indenização a que faz jus o proprietário.
(B) a propriedade deve ser objeto de expropriação, sem qualquer indenização, e, no caso em tela, destinada à reforma agrária.
(C) o direito de propriedade de Luiz deve ser respeitado, tendo em vista serem as terras em comento produtivas.
(D) o direito da propriedade de Luiz deve ser respeitado, pois a expropriação é instituto cabível somente nos casos de cultura ilegal de plantas psicotrópicas.

A: incorreta. Quando for verificada a exploração de trabalho escravo, a desapropriação **não trará direito à justa e prévia indenização**. De acordo com o art. 243 da CF, com redação dada pela EC 81/2014, **as propriedades rurais e urbanas de qualquer região do País onde forem localizadas** culturas ilegais de plantas psicotrópicas ou **a exploração de trabalho escravo** na forma da lei serão expropriadas e **destinadas à reforma agrária** e a programas de habitação popular, **sem qualquer indenização ao proprietário** e sem prejuízo de outras sanções previstas em lei, observado, no que couber, o disposto no art. 5º; **B:** correta, conforme determina o citado art. 243 da CF; **C** e **D:** incorretas. O direito de propriedade de Luiz , por ter sido constatada a exploração de mão de obra escreva, não será respeitado.

Gabarito "B"

3. DIREITO INTERNACIONAL

Renan Flumian

1. DIREITO INTERNACIONAL PÚBLICO – TEORIA E FUNDAMENTOS

(OAB/Exame Unificado – 2011.1) Com relação à chamada "norma imperativa de Direito Internacional geral", ou *jus cogens*, é correto afirmar que é a norma

(A) de direito humanitário, expressamente reconhecida pela Corte Internacional de Justiça, aplicável a todo e qualquer Estado em situação de conflito.

(B) prevista no corpo de um tratado que tenha sido ratificado por todos os signatários, segundo o direito interno de cada um.

(C) aprovada pela Assembleia Geral das Nações Unidas e aplicável a todos os Estados membros, salvo os que apresentarem reserva expressa.

(D) reconhecida pela comunidade internacional como aplicável a todos os Estados, da qual nenhuma derrogação é permitida.

A: incorreta. O Direito Humanitário é composto de princípios e regras – positivadas ou costumeiras – que têm como função, por questões humanitárias, limitar os efeitos do conflito armado. Mais especificamente, o Direito Humanitário protege as pessoas que não participam ou não mais participam das hostilidades e restringe os meios e os métodos de guerra. Tal conceito permite-nos encará-lo como Direito Internacional dos Conflitos Armados ou Direito da Guerra. É considerado por muitos a primeira limitação internacional que os Estados sofreram na sua soberania[1], pois, na hipótese de conflito armado, estes teriam de respeitar certas regras que visam proteger as vítimas civis e os militares fora de combate. Assim, teve-se início o processo de internacionalização dos direitos humanos. O Direito Internacional Humanitário é principalmente fruto das quatro Convenções de Genebra de 1949 (em 1949 foram revistas as três Convenções anteriores – 1864, 1906 e 1929 – e criada uma quarta, relativa à proteção dos civis em período de guerra) e seus Protocolos Adicionais, os quais formam o conjunto de leis para reger os conflitos armados e buscar limitar seus efeitos (Direito de Genebra). A proteção recai sobre as pessoas que não participam diretamente dos conflitos (civis, profissionais da saúde e de socorro) e os que não mais participam das hostilidades (soldados feridos, doentes, náufragos e prisioneiros de guerra). As Convenções e seus Protocolos apelam para que sejam tomadas medidas para evitar ou para encerrar todas as violações. Eles contêm regras rigorosas para lidar com as chamadas "violações graves", devendo seus responsáveis serem julgados ou extraditados, independentemente de sua nacionalidade. A outra parte das regras do Direito Internacional Humanitário provém do Direito de Haia (Convenções de Haia de 1899 e de 1907), as quais regulam especificamente o meio e os métodos utilizados na guerra, ou, em outras palavras, a condução das hostilidades pelos beligerantes e as Regras de Nova Iorque[2], que cuidam da proteção dos direitos humanos em período de conflito armado. Pode-se apontar ainda o Tribunal Penal Internacional como um dos destaques na tutela do Direito Internacional Humanitário; **B:** incorreta. A condição de *jus cogens* que uma norma pode ter não é determinada necessariamente por um tratado, mas sim pelo reconhecimento da norma pela comunidade internacional como um todo, isto é, sua existência tem por fundamento razões objetivas, as quais se encontram situadas acima do caráter volitivo dos Estados. Por questão lógica, nada impede que uma norma *jus cogens* também faça parte de um tratado, mas, como dito, não é necessariamente o tratado que lhe vai conferir tal natureza; **C:** incorreta. Consoante dito na assertiva "B", a norma imperativa de Direito internacional geral é determinada por razões objetivas, as quais se encontram situadas acima do caráter volitivo dos Estados; **D:** correta. O art. 53 da Convenção de Viena sobre o Direito dos Tratados dispõe que uma norma imperativa de Direito Internacional geral é uma norma aceita e reconhecida pela comunidade internacional dos Estados como um todo, como norma da qual nenhuma derrogação é permitida e que só pode ser modificada por norma ulterior de Direito Internacional geral da mesma natureza.

Gabarito "D"

(OAB/Exame Unificado – 2009.2) Comparando-se as instituições do direito internacional público com as típicas do direito interno de determinado país, percebe-se que, no direito internacional,

(A) há cortes judiciais com jurisdição transnacional.

(B) há um governo central, que possui soberania sobre todas as nações.

(C) há uma norma suprema como no direito interno.

(D) há órgão central legislativo para todo o planeta.

A: correta. Existem inúmeros exemplos de corte judicial com jurisdição transnacional. A Corte Internacional de Justiça é o principal órgão judicial da ONU. A Corte funciona com base em seu Estatuto e pelas chamadas *Regras da Corte* – espécie de código de processo. A competência da Corte é ampla. Em relação à competência *ratione materiae*, a Corte poderá analisar todas as questões levadas até ela, como também todos os assuntos previstos na Carta da ONU ou em tratados e convenções em vigor. Já a competência *ratione personae* é mais limitada, pois a Corte só poderá receber postulações de Estados, sejam ou não membros da ONU. Outro exemplo é o Tribunal de Justiça da União Europeia, o qual tem competência para anular os atos da Comissão, do Conselho ou emanados dos governos nacionais quando contrariarem os Tratados, como também pronunciar-se, a pedido de tribunal ou juiz nacional, sobre a correta interpretação das normas comunitárias. Existe ainda a competência para emitir pareceres vinculantes sobre os acordos que a União Europeia firmar com Estados terceiros. Ainda, tem-se o Tribunal Penal Internacional (TPI), que foi constituído na Conferência de Roma, em 17 de julho de 1998, onde se aprovou o Estatuto de Roma (tratado que não admite a apresentação de reservas), que só entrou em vigor internacional em 1º de julho de 2002, e passou a vigorar, para o Brasil, em 1º de setembro de 2002. A partir de então passou-se a ter um tribunal permanente para julgar **indivíduos** acusados da prática de crimes de genocídio, de crimes de guerra, de crimes de agressão e de crimes contra a humanidade. Deve-se apontar que, ao mencionarmos o termo *indivíduos,* dizemos respeito a quaisquer indivíduos, independentemente de exercerem funções governamentais ou cargos públicos (art. 27 do Estatuto de Roma), desde que, à data da alegada prática do crime, tenham completado 18 anos de idade. Vale lembrar que o TPI é uma entidade independente da ONU e tem sede em Haia, nos Países Baixos. Ademais, tem personalidade jurídica de direito

1. A Liga das Nações e a Organização Internacional do Trabalho são os outros exemplos dessa primeira limitação, oriunda da comunidade internacional, que os Estados sofreram em sua inabalável soberania.
2. Resolução 2.444 (XXIII) adotada em 1968 pela Assembleia Geral das Nações Unidas.

internacional e é formado pela Presidência, Seção de Instrução, Seção de Julgamento em Primeira Instância, Seção de Recursos, Procuradoria e Secretaria. Por fim, têm-se as cortes judiciais do sistema europeu (Corte Europeia de Direitos Humanos), americano (Corte Interamericana de Direitos Humanos) e africano (Corte Africana de Direitos Humanos) de proteção dos direitos humanos; **B:** incorreta, pois a grande característica do direito internacional é a ausência de mecanismos altamente centralizados e compulsórios para criação e aplicação do Direito; **C** e **D:** incorretas. Reler o comentário à assertiva anterior.

Gabarito "A"

2. DIREITO INTERNACIONAL PÚBLICO – FONTES

(OAB/Exame Unificado – 2007.3) Em razão de sua natureza descentralizada, o direito internacional público desenvolveu-se no sentido de admitir fontes de direito diferentes daquelas admitidas no direito interno. Que fonte, entre as listadas a seguir, não pode ser considerada fonte de direito internacional?

(A) Tratado.
(B) Decisões de tribunais constitucionais dos estados.
(C) Costume.
(D) Princípios gerais de direito.

O art. 38 do Estatuto da Corte Internacional de Justiça (CIJ) determina que a função da Corte é decidir as controvérsias que lhe forem submetidas com base no Direito Internacional. Ademais, indica as fontes que serão utilizadas pelos juízes na confecção de suas decisões, a saber: **a)** as convenções internacionais; **b)** o costume internacional; **c)** os princípios gerais do Direito; **d)** as decisões judiciárias e a doutrina dos juristas mais qualificados das diferentes nações. Por fim, ainda aponta a possibilidade da Corte decidir por equidade[3] (*ex aequo et bono*), desde que convenha às partes. Mesmo não constando do rol do artigo 38, pode-se indicar também como fonte do direito internacional tanto as resoluções emanadas das organizações internacionais como os atos unilaterais dos Estados. Pelo dito percebe-se que as assertivas "A", "C" e "D" estão corretas porque estão previstas expressamente no art. 38 do Estatuto da Corte Internacional de Justiça. Pela leitura fria do art. 38 poderíamos indicar a assertiva "B" como não sendo fonte do direito internacional, todavia, as ditas decisões judiciárias comportam tanto as decisões dos tribunais internacionais, dos tribunais arbitrais internacionais e dos tribunais de algumas Organizações Internacionais quanto dos **tribunais nacionais** (no caso do Brasil, o STF), existindo entre tais decisões uma hierarquia material. Portanto, uma análise mais profunda das alternativas nos leva a afirmar que essa questão deve ser anulada por não comportar resposta correta.

Gabarito oficial "B"/ Gabarito nosso "ANULADA"

3. TRATADO

(OAB/Exame Unificado – 2009.1) Com relação aos tratados internacionais, assinale a opção correta à luz da Convenção de Viena sobre Direito dos Tratados, de 1969.

(A) Reserva constitui uma declaração bilateral feita pelos Estados ao assinarem um tratado.
(B) Apenas o chefe de Estado pode celebrar tratado internacional.
(C) Ainda que a existência de relações diplomáticas ou consulares seja indispensável à aplicação de um tratado, o rompimento dessas relações, em um mesmo tratado, não afetará as relações jurídicas estabelecidas entre as partes.
(D) Uma parte não pode invocar as disposições de seu direito interno para justificar o inadimplemento de um tratado.

A: incorreta. A reserva é um condicionante do consentimento. Ou seja, é a declaração unilateral do Estado aceitando o tratado, mas sob a condição de que certas disposições não valerão para ele. A reserva pode aparecer tanto no momento da assinatura do tratado como no da ratificação ou da adesão, momento em que o Congresso Nacional pode fazer ressalvas (termo técnico utilizado) sobre o texto do tratado e até mesmo desabonar as reservas feitas por ocasião da assinatura do tratado. No primeiro caso, as ressalvas serão traduzidas em reservas no momento da ratificação pelo presidente da República e, no segundo caso, o presidente da República fica impedido de confirmar as reservas previamente feitas. Esse é o entendimento normalmente adotado e está em consonância com a prática atual brasileira. Importante destacar que a decisão final é sempre do presidente da República (ratificação), porém o Congresso Nacional deve participar desse procedimento e aprovar o texto do tratado (art. 49, I, da CF). E exatamente nesse instante o Congresso pode desabonar as reservas formuladas na assinatura. Existem autores contrários à tese, como João Hermes Pereira de Araújo, mas ela é dominante na doutrina, sendo defendida, por exemplo, pelos autores Francisco Rezek e Valerio Mazzuoli, dentre outros. E, por razões óbvias, a reserva é fenômeno incidente sobre os tratados multilaterais. Cabe ressaltar que, de acordo com a Convenção de Viena sobre Direito dos Tratados, um tratado pode proibir expressamente a formulação de reservas[4] (art. 19, *a*, da Convenção de Viena sobre o Direito dos Tratados) e que, se ele nada dispuser sobre o assunto, entende-se que as reservas a um tratado internacional são possíveis, a não ser que sejam incompatíveis com seu objeto e sua finalidade (art. 19, *c*, da Convenção de Viena sobre o Direito dos Tratados). Por fim, a Convenção de Viena sobre Direito dos Tratados também traz um conceito de reserva no seu art. 2º, I, *d;* **B:** incorreta. Os representantes dos Estados estarão aptos para proceder à assinatura de tratados desde que apresentem plenos poderes para tanto. A carta de plenos poderes é firmada pelo Chefe de Estado ou pelo Ministro das Relações Exteriores. Cabe lembrar que a apresentação de plenos poderes é dispensada quando se tratar de chefes de Estado ou de governo, de ministros das relações exteriores e de chefes de missão diplomática (art. 7º da Convenção de Viena sobre Direito dos Tratados); **C:** incorreta. O rompimento de relações diplomáticas ou consulares entre partes em um tratado não afetará as relações jurídicas estabelecidas entre elas por esse tratado, salvo na medida em que a existência de relações diplomáticas ou consulares for indispensável à sua aplicação (art. 63 da Convenção de Viena sobre Direito dos Tratados); **D:** correta, pois reflete a redação do art. 27 da Convenção de Viena sobre Direito dos Tratados.

Gabarito "D"

(OAB/Exame Unificado – 2007.3) Assinale a opção correta quanto ao direito dos tratados.

(A) De acordo com a Convenção de Viena sobre direito dos tratados, um tratado pode proibir expressamente a formulação de reservas.
(B) O recurso aos trabalhos preparatórios inclui-se na Regra Geral de Interpretação disposta na Convenção de Viena sobre direito dos tratados.
(C) Os tratados, segundo a Convenção de Viena sobre direito dos tratados, podem ser escritos ou orais.
(D) A aplicação provisória de tratados, embora alguns Estados a pratiquem, não está prevista na Convenção de Viena sobre direito dos tratados.

3. Até a presente data (22 de julho de 2013), não há registro de decisão por equidade.

4. O Tribunal Penal Internacional (TPI) foi constituído na Conferência de Roma, em 17.07.1998, onde se aprovou o Estatuto de Roma – tratado que não admite a apresentação de reservas.

A: correta, pois reflete a redação do art. 19, *a*, da Convenção de Viena sobre o Direito dos Tratados; **B:** incorreta. Os trabalhos preparatórios não são indicados como uma das regras gerais de interpretação (art. 31 da Convenção de Viena sobre o Direito dos Tratados), mas como meio suplementar de interpretação (art. 32 da Convenção de Viena sobre o Direito dos Tratados); **C:** incorreta. Tratado é todo acordo formal concluído, **por escrito**, entre pessoas jurídicas de direito internacional público que tenha por escopo a produção de efeitos jurídicos; **D:** incorreta. A aplicação provisória de tratados está prevista expressamente no art. 25 da Convenção de Viena sobre o Direito dos Tratados.

Gabarito "A"

(OAB/Exame Unificado – 2007.2) Com relação a tratados, acordos e convenções no âmbito do direito internacional, assinale a opção correta.

(A) A Convenção de Viena de 1969 destina-se a regular toda a legislação relacionada com as organizações internacionais.

(B) O Brasil submete-se à jurisdição de tribunal penal internacional a cuja criação tenha manifestado adesão.

(C) Tratado é todo acordo internacional concluído apenas entre Estados e regulado pelo direito internacional.

(D) A extinção de um tratado por ab-rogação ocorre sempre que a intenção terminativa emana de uma das partes por ele obrigadas.

A: incorreta, pois é a Convenção de Viena sobre o Direito dos Tratados entre Estados e Organizações Internacionais ou entre Organizações Internacionais de 1986 que regula toda a legislação relacionada com as organizações internacionais, como menciona a opção; **B:** correta, pois reflete a redação do art. 5º, § 4º, da CF; **C:** incorreta. Tratado é todo acordo formal concluído, **por escrito**, entre pessoas jurídicas de direito internacional público que tenha por escopo a produção de efeitos jurídicos; **D:** incorreta. O fenômeno de extinção de tratado por vontade das partes é denominado *ab-rogação*. Este tipo de extinção sempre poderá ocorrer, independentemente de previsão, pois o tratado só foi confeccionado por existir vontade das partes neste sentido, assim, a partir do momento em que esta vontade criadora não mais existir, o tratado perde sua razão de existir.

Gabarito "B"

3.2. TRATADOS NO BRASIL

(OAB/Exame Unificado – 2008.3) Tratados são, por excelência, normas de direito internacional público. No modelo jurídico brasileiro, como nas demais democracias modernas, tratados passam a integrar o direito interno estatal, após a verificação de seu *iter* de incorporação. A respeito dessa temática, assinale a opção correta, de acordo com o ordenamento jurídico brasileiro.

(A) Uma vez ratificados pelo Congresso Nacional, os tratados passam, de imediato, a compor o direito brasileiro.

(B) Aprovados por decreto legislativo no Congresso Nacional, os tratados podem ser promulgados pelo presidente da República.

(C) Uma vez firmados, os tratados relativos ao MERCOSUL, ainda que criem compromissos gravosos à União, são automaticamente incorporados visto que são aprovados por parlamento comunitário.

(D) Após firmados, os tratados passam a gerar obrigações imediatas, não podendo os Estados se eximir de suas responsabilidades por razões de direito interno.

No Brasil é necessário um procedimento complexo para proceder à ratificação de tratados. O Congresso Nacional deve aprovar o texto do tratado, e o fará por meio de um decreto legislativo[5] promulgado pelo presidente do Senado e publicado no Diário Oficial da União. Em seguida, cabe ao presidente da República ratificá-lo ou não – lembrando que a aprovação do Congresso não obriga a ulterior ratificação do tratado pelo presidente da República. Por fim, o tratado regularmente concluído depende da promulgação e da publicidade levada a efeito pelo presidente da República para integrar o Direito interno Nacional. No Brasil, a promulgação ocorre por meio de decreto presidencial e a publicidade perfaz-se com a publicação no Diário Oficial.

Gabarito "B"

4. ESTADO – SOBERANIA E TERRITÓRIO

(OAB/Exame Unificado – 2012.1) Após assaltar uma embarcação turística a 5 milhas náuticas da costa do Maranhão, um bando de piratas consegue fugir com joias e dinheiro em duas embarcações leves motorizadas. Comunicadas rapidamente do ocorrido, duas lanchas da Marinha que patrulhavam a área perseguiram e alcançaram uma das embarcações a 10 milhas náuticas das linhas de base a partir das quais se mede o mar territorial. A segunda embarcação, no entanto, só foi alcançada a 14 milhas náuticas das linhas de base. Ao final, todos os assaltantes foram presos e, já em terra, entregues à Polícia Federal. Com base no caso hipotético acima, é correto afirmar que

(A) a prisão da primeira embarcação é legal, mas não a da segunda, pois a jurisdição brasileira se esgota nos limites de seu mar territorial, que é de 12 milhas náuticas contadas das linhas de base.

(B) as duas prisões são ilegais, pois a competência para reprimir crimes em águas jurisdicionais brasileiras pertence exclusivamente à Divisão de Polícia Aérea, Marítima e de Fronteira do Departamento de Polícia Federal.

(C) as duas prisões são legais, pois a primeira embarcação foi interceptada dentro dos limites do mar territorial e a segunda dentro dos limites da zona contígua, onde os Estados podem tomar medidas para reprimir as infrações às leis de seu território.

(D) a primeira prisão é ilegal, pois ocorreu em mar territorial, área de competência exclusiva da Polícia Federal, e a segunda prisão é legal, pois ocorreu em zona contígua, onde a competência para reprimir qualquer ato que afete a segurança nacional passa a ser da Marinha.

A assertiva correta é a "C". O mar territorial é a parte do mar compreendida entre a linha de base e o limite de 12 milhas marítimas na direção do mar aberto. Cabe sublinhar que os baixios a descoberto que se encontrem, parcialmente, a uma distância do continente que não exceda a largura do mar territorial podem ser utilizados como parâmetro para medir a largura do mar territorial (art. 13, ponto 1, da Convenção das Nações Unidas sobre Direito do Mar). No âmbito do mar territorial, o Estado exerce soberania com algumas limitações. Essa soberania alcança não apenas as águas, mas também o leito do mar, seu respectivo subsolo e o espaço aéreo sobrejacente. Como adendo, sublinho que a doutrina é uniforme em defender que não existem limitações à soberania referente ao espaço atmosférico acima do mar

5. Lembrando que as matérias de competência exclusiva do Congresso Nacional (artigo 49 da CF) devem ser normatizadas via decreto legislativo.

territorial. A soberania sobre o mar territorial é mitigada pelo direito de passagem inocente, reconhecido em favor dos navios de qualquer Estado. Mas deve-se atentar que esse direito deve ser exercido de maneira contínua, rápida e ordeira, sob pena de configurar ato ilícito. Já os submarinos devem navegar na superfície e com o pavilhão arvorado. Ainda, tal soberania pode ser limitada em função da proteção ambiental. Por exercer soberania sobre o mar territorial, o Estado costeiro poderá exercer poder de polícia, para proceder à fiscalização aduaneira e sanitária, como também à regulamentação dos portos e do trânsito[6] pelas águas territoriais, inclusive tomar medidas para reprimir as infrações às leis de seu território. E a zona contígua trata-se de uma segunda faixa, a qual é adjacente ao mar territorial, e, em princípio, também de 12 milhas de largura. No âmbito da zona contígua, o Estado costeiro também exerce soberania e, destarte, poderá exercer seu poder de polícia e, assim, proceder à fiscalização no que concerne à alfândega, à imigração, à saúde e, ainda, à regulamentação dos portos e do trânsito pelas águas territoriais, como também tomar medidas para reprimir as infrações às leis de seu território.

Gabarito "C"

(OAB/Exame Unificado – 2009.3) No âmbito do direito internacional, a soberania, importante característica do palco internacional, significa a possibilidade de

(A) celebração de tratados sobre direitos humanos com o consentimento do Tribunal Penal Permanente.

(B) igualdade entre os países, independentemente de sua dimensão ou importância econômica mundial.

(C) um Estado impor-se sobre outro.

(D) a Organização da Nações Unidas dominar a legislação dos Estados participantes.

Soberania é o poder exclusivo que o Estado, representado geralmente pelo governo, detém de constituir direitos e impor deveres sobre um grupo de pessoas conjugadas num espaço terrestre delimitado pela jurisdição deste mesmo Estado. Este seria o âmbito interno da soberania, e como **âmbito externo pode-se indicar a condição de igualdade que todos os Estados possuem na comunidade internacional**.

Gabarito "B"

(OAB/Exame Unificado – 2008.3) Considerando o sentido jurídico de território, tanto em direito internacional público quanto em direito constitucional, assinale a opção incorreta.

(A) Em sentido jurídico, o território nacional é mais amplo que o território considerado pela geografia política, pois abrange áreas físicas que vão além dos limites e das fronteiras ditadas por esta.

(B) O território nacional, em sentido jurídico, pode incluir navios e aeronaves militares, independentemente dos locais em que estejam, desde que em espaço internacional e sob a condição de que não se trate de espaço jurisdicional de outro país.

(C) O território nacional, em sentido jurídico, pode possuir contornos inexatos, conforme ocorre na delimitação da projeção vertical do espaço aéreo.

(D) O território, em sentido jurídico, pode ser mais ou menos abrangente, a depender de manifestações unilaterais dos Estados soberanos.

A: correta. A abrangência do espaço no qual o Estado exerce sua soberania compreende: i) o domínio terrestre: que compreende o solo e o respectivo subsolo, e sua abrangência é determinada por limites, as ditas fronteiras. Todavia, deve-se ponderar que a ideia de fronteira é mais ampla que a de linha divisória, pois diz respeito a uma zona; ii) o domínio fluvial: que compreende os rios e demais cursos d'água que passam por seu território.; iii) o domínio marítimo: que compreende as águas interiores, o mar territorial, a zona contígua, a zona econômica exclusiva e a plataforma continental; e iv) o domínio aéreo: que compreende os ares situados acima de seu território e de seu mar territorial; **B:** incorreta, devendo ser assinalada. O Estado exerce jurisdição sobre o navio que arvora sua bandeira, como também sobre as pessoas que neste se encontrem, além de exercê-la sobre os navios de seus nacionais. Lembrando que a bandeira serve para identificar a nacionalidade do navio. Pela teoria da territorialidade, os navios representam o prolongamento do domínio dos Estados. Apesar das inúmeras críticas recebidas, essa teoria teve acolhida na Corte Permanente de Justiça Internacional (CPJI), pois no caso do *navio Lótus*, em 1927, o voto dos juízes teve por fundamentação tal teoria. Assim, o território nacional, em sentido jurídico, pode incluir navios e aeronaves militares, independentemente dos locais em que estejam e **sem nenhum condicionamento**; **C:** correta. O domínio aéreo de um Estado compreende os ares situados acima de seu território e de seu mar territorial (percebe-se que não existe uma exata delimitação). Deste modo, o regime jurídico incidente no espaço aéreo de um Estado é o mesmo da superfície subjacente. Com a diferença de não se permitir o direito de passagem inocente, o qual é tolerado no mar territorial. Todavia, a navegação aérea, civil ou militar é livre sobre os espaços onde não incide qualquer soberania estatal: o alto-mar – incluindo o polo norte – e o continente antártico; **D:** correta. Os atos unilaterais dos Estados não têm por base tratado ou costume prévios, mas sim a vontade estatal discricionária. Ao longo da História, tal expediente serviu de mecanismo para a criação de normas internacionais, ou seja, a criação de direitos e deveres desse Estado perante a sociedade internacional. Exemplo disso é a declaração, em 1945, do presidente dos Estados Unidos Harry Truman, que indicava a jurisdição de seu país sobre a Plataforma Continental, o que logo após se converteu em prática generalizada e deu origem a uma nova regra na seara do Direito do Mar. Outro exemplo é a abertura do rio Amazonas à navegação em 1866. Há duas condições para que o ato unilateral de um Estado possa gerar direitos e obrigações na comunidade internacional: o ato unilateral deve ser público e o Estado deve ter a intenção de se obrigar pelo ato unilateral produzido (princípio de *estoppel*).

Gabarito "B"

(OAB/Exame Unificado – 2007.3) A respeito do direito internacional do mar e sua recepção no direito brasileiro, assinale a opção incorreta.

(A) A zona contígua brasileira compreende uma faixa que se estende de 12 a 24 milhas marítimas, contadas a partir das linhas de base que servem para medir a largura do mar territorial.

(B) Em sua zona econômica exclusiva, o Brasil tem o direito exclusivo de regular a investigação científica marinha.

(C) É reconhecido aos navios de todas as nacionalidades o direito de passagem inocente no mar territorial brasileiro.

(D) O mar territorial brasileiro compreende uma faixa de duzentas milhas marítimas de largura, medidas a partir da linha de base.

A: correta. **A zona contígua trata-se de uma segunda faixa, a qual é adjacente ao mar territorial, e, em princípio, também de 12 milhas de largura**. No âmbito da zona contígua o estado costeiro também exerce soberania, destarte, poderá exercer seu poder de polícia e, assim, proceder à fiscalização no que concerne à alfândega, à imigração, à saúde, e ainda à regulamentação dos portos e do trânsito pelas águas territoriais (art. 4º da Lei 8.617/93); **B:** correta. A zona econômica exclusiva é a zona situada além do mar territorial e a este adjacente – logo, se sobrepõe à zona contígua – e possui largura de duzentas milhas marítimas contadas da linha de base. Assim, se a largura for medida a partir do Mar Territorial, a ZEE terá 188 milhas marítimas de largura e se

6. A passagem de trânsito também se aplica às aeronaves.

for medida a partir da linha de base, a ZEE vai ter 200 milhas marítimas de largura. **O estado costeiro também exerce direitos de soberania sobre a zona econômica exclusiva.** O artigo 56 da Convenção sobre Direito do Mar disciplina tais direitos, dentre os quais se destacam: **a)** exploração de recursos naturais vivos ou não vivos; **b)** exploração econômica de caráter abrangente, como, por exemplo, a produção de energia a partir da água, dos ventos etc.; **c)** investigação científica; **d)** proteção e preservação do meio marinho; **e)** instalação de ilhas artificiais etc. Em contrapartida, o estado costeiro tem que suportar os direitos dos outros Estados, como, por exemplo, a navegação, o sobrevoo e a colocação de cabos ou dutos submarinos (art. 8º da Lei 8.617/93); **C:** correta. O mar territorial é a parte do mar compreendida entre a linha de base e o limite de 12 milhas marítimas na direção do mar-aberto. No âmbito do mar territorial, o Estado exerce soberania com algumas limitações. Deve-se dizer que esta soberania alcança não apenas as águas, mas também o leito do mar, o respectivo subsolo, e ainda o espaço aéreo sobrejacente. Como adendo, é imperioso apontar que a doutrina é uniforme em defender que não existem limitações à soberania referente ao espaço atmosférico acima do mar territorial. Como dito no subitem anterior, **a soberania sobre o mar territorial é mitigada pelo direito de passagem inocente, reconhecido em favor dos navios de qualquer Estado.** Mas, deve-se atentar que este direito deve ser exercido de maneira contínua e rápida, sob pena de configurar ato ilícito. Já os submarinos devem navegar na superfície e com o pavilhão arvorado. Ainda, tal soberania pode ser limitada em função da proteção ambiental. Por exercer soberania sobre o mar territorial, o estado costeiro poderá exercer poder de polícia, para proceder à fiscalização aduaneira e sanitária, como também à regulamentação dos portos e do trânsito pelas águas territoriais (art. 3º da Lei 8.617/93); **D:** incorreta, devendo ser assinalada, pois o mar territorial é a parte do mar compreendida entre a linha de base e o limite de 12 milhas marítimas na direção do mar-aberto (art. 1º da Lei 8.617/93).

Gabarito "D"

4.1. IMUNIDADES

(OAB/Exame Unificado – 2013.3) Um agente diplomático comete um crime de homicídio no Estado acreditado. A respeito desse caso, assinale a afirmativa correta.

(A) Será julgado no Estado acreditado, pois deve cumprir as leis desse Estado.

(B) Poderá ser julgado pelo Estado acreditado desde que o agente renuncie a imunidade de jurisdição.

(C) Em nenhuma circunstância pode ser julgado pelo Estado acreditado.

(D) Poderá ser julgado pelo Estado acreditado, desde que o Estado acreditante renuncie expressamente à imunidade de jurisdição.

A: incorreta, pois os membros do quadro diplomático de carreira gozam de ampla imunidade de jurisdição penal (como civil e administrativo também); **B**: incorreta. Em caso algum o próprio beneficiário da imunidade (agente) pode renunciar; **C**: incorreta, pois o agente pode ser julgado desde que o Estado acreditante (o que envia o agente diplomático ou consular) renunciar às imunidades de índole penal, civil e administrativa de que gozam seus representantes diplomáticos e consulares (32 da Convenção da Convenção de Viena de 1961); **D**: correta (reler o comentário sobre a assertiva "C").

Gabarito "D"

(OAB/Exame Unificado – 2011.2) A embaixada de um estado estrangeiro localizada no Brasil contratou um empregado brasileiro para os serviços gerais. No final do ano, não pagou o 13º salário, por entender que, em seu país, este não era devido. O empregado, insatisfeito, recorreu à Justiça do Trabalho. A ação foi julgada procedente, mas a embaixada não cumpriu a sentença. Por isso, o reclamante solicitou a penhora de um carro da embaixada.

Com base no relatado acima, o Juiz do Trabalho decidiu

(A) deferir a penhora, pois o Estado estrangeiro não goza de nenhuma imunidade quando se tratar de ações trabalhistas.

(B) deferir a penhora, pois a Constituição atribui competência à justiça brasileira para ações de execução contra Estados estrangeiros.

(C) extinguir o feito sem julgamento do mérito por entender que o Estado estrangeiro tem imunidade de jurisdição.

(D) indeferir a penhora, pois o Estado estrangeiro, no que diz respeito à execução, possui imunidade, e seus bens são invioláveis.

No plano internacional, os Estados em si possuem imunidades e também os agentes estatais, tanto do corpo diplomático como do consular. A regra de imunidade jurisdicional do Estado, enquanto pessoa jurídica de direito externo, existe há muito tempo no plano internacional e se consubstancia na não possibilidade do Estado figurar como parte perante tribunal estrangeiro contra sua vontade (*par in parem non habet judicium*). Mais tarde, tal regra foi corroborada pelo princípio da igualdade soberana dos Estados. No entanto, essa outrora absoluta imunidade vem sendo reconfigurada. A título de exemplo, aponta-se a Convenção Europeia sobre a Imunidade dos Estados, concluída em Basileia e em vigor desde 1976, que exclui do âmbito da imunidade do Estado as ações decorrentes de contratos celebrados e exequendos *in loco*. Dispositivo semelhante aparece no *State Immunity Act*, que se editou na Grã-Bretanha em 1978. Também se pode apontar a Convenção sobre as Imunidades dos Estados e seus Bens, adotada pela ONU, que tem por linha-base a exclusão do âmbito de imunidade estatal as atividades de notável caráter econômico. No Brasil, por exemplo, o STF decidiu no julgamento da ACI 9.696 em 1989 que Estado estrangeiro não tem imunidade em causa de natureza trabalhista, entendida como ato de gestão. Ou seja, todo ato de gestão que envolva relação civil, comercial ou trabalhista não se encontra abrangido pela imunidade de jurisdição estatal. Assim, a imunidade recai apenas sobre os atos de império, mas pode ser afastada mediante concordância do Estado por ela beneficiado. Percebe-se que a imunidade jurisdicional do Estado estrangeiro passou de um costume internacional absoluto a matéria a ser regulada internamente por cada Estado. Em geral, pode-se dizer que a imunidade jurisdicional estatal não mais incidirá nos processos provenientes de relação jurídica entre o Estado estrangeiro e o meio local – mais exatamente os particulares locais (atos de gestão ou *ius gestionis*). Todavia, **os Estados possuem imunidade de execução**, o que significa que não poderá ser decretada a execução forçada – como a penhora, o sequestro, o arresto e o embargo – contra os bens de um Estado estrangeiro. Essa imunidade é considerada absoluta por parcela da doutrina[7], mas pode ser renunciada pelo próprio Estado (*vide* RE-AgR 222.368/PE, STF) ou relativizada quando a execução for de bens não afetos aos serviços diplomáticos e consulares do Estado estrangeiro – por exemplo, recursos financeiros vinculados a atividades empresariais disponíveis em contas bancárias (*vide* SBDI-2 ROMS nº 282/2003-000-10-00-1). Caso este não possua bens estranhos à sua representação diplomática nos limites da jurisdição brasileira, deve ser expedida carta rogatória, acompanhada de gestões diplomáticas, para se proceder à cobrança do crédito. Por fim, são também fisicamente invioláveis os locais da missão diplomática **com todos os bens ali situados**, assim como os locais residenciais utilizados pelo quadro diplomático e pelo quadro administrativo e técnico. Por todo o dito, podemos afirmar que a assertiva "D" é a correta.

Gabarito "D"

7. Para parte da doutrina, a imunidade de execução foi relativizada na medida em que **bens de uso comercial sem função pública** podem ser objeto de penhora. É a visão, por exemplo, de Antenor Madruga.

(OAB/Exame Unificado – 2008.2) Acerca do que dispõe a Convenção de Viena sobre relações diplomáticas, assinale a opção incorreta.

(A) Os locais onde se estabelece missão diplomática são invioláveis.
(B) Qualquer membro de uma missão diplomática pode ser declarado *persona non grata* pelo Estado acreditado, sem que este precise apresentar qualquer justificativa.
(C) O agente diplomático goza de isenção de impostos e taxas, havendo exceções a esse respeito.
(D) A mala diplomática não pode ser aberta, exceto nos casos de fundada suspeita de tráfico ilícito de entorpecentes ou atividade terrorista.

A: correta, pois reflete a redação do art. 22, ponto 1, da Convenção de Viena sobre Relações Diplomáticas; **B:** correta, pois reflete a redação do art. 9°, ponto 1, da Convenção de Viena sobre Relações Diplomáticas; **C:** correta, pois reflete a redação do art. 23, pontos 1 e 2, da Convenção de Viena sobre Relações Diplomáticas; **D:** incorreta, devendo ser assinalada, pois a mala diplomática não poderá ser aberta ou retida em qualquer circunstância (art. 27, ponto 3, da Convenção de Viena sobre Relações Diplomáticas).

Gabarito "D"

4.2. EXCLUSÃO DO ESTRANGEIRO E VISTOS

4.2.1. DEPORTAÇÃO

(OAB/Exame Unificado – 2014.3) Violento torcedor estrangeiro, integrante de torcida organizada e arrolado como impedido de entrar em estádios de futebol durante a Copa do Mundo, por figurar na lista da Interpol, após ter ingressado irregularmente em território nacional e ser capturado dentro de um dos estádios, tem a sua deportação promovida, por não se retirar voluntariamente.

Sobre o caso apresentado, assinale a afirmativa correta.

(A) Nunca mais poderá o torcedor estrangeiro deportado reingressar no território nacional.
(B) O torcedor estrangeiro deportado só poderá reingressar no território nacional se ressarcir o Tesouro Nacional, com correção monetária, das despesas com a sua deportação e efetuar, se for o caso, o pagamento da multa devida à época, também corrigida.
(C) O torcedor estrangeiro deportado só poderá reingressar no território nacional após o transcurso do lapso prescricional quinquenal para ressarcimento do Tesouro Nacional.
(D) O torcedor estrangeiro deportado poderá retornar se comprovadamente não tiver condições de arcar com o pagamento da quantia devida, sem prejuízo de sua própria subsistência.

A: incorreta. A deportação é a saída compulsória, do território nacional, do estrangeiro que ingressou irregularmente ou cuja presença tenha se tornado irregular. A medida não é exatamente punitiva nem deixa sequelas. Seu procedimento é simples. O estrangeiro é notificado para sair do Brasil e, caso não obedeça, pode ser decretada, pelo juiz federal, sua prisão com a finalidade de ulterior deportação; **B:** correta. O deportado só poderá reingressar no território nacional se ressarcir o Tesouro Nacional, com correção monetária, das despesas com sua deportação e efetuar, se for o caso, o pagamento da multa devida à época, também corrigida (art. 64 do Estatuto do Estrangeiro); **C** e **D:** incorretas. Reler o comentário sobre a assertiva "B".

Gabarito "B"

(OAB/Exame Unificado – 2012.3.B) Após ter entrado irregularmente em território nacional, um estrangeiro tem a sua deportação promovida, por não se retirar voluntariamente. Assinale a afirmativa que indica o procedimento a ser adotado por esse estrangeiro, caso pretenda reingressar em território nacional.

(A) O estrangeiro deportado nunca mais poderá reingressar no território nacional.
(B) O deportado só poderá reingressar no território nacional se ressarcir o Tesouro Nacional, com correção monetária, das despesas com a sua deportação e efetuar, se for o caso, o pagamento da multa devida à época, também corrigida.
(C) O deportado só poderá reingressar no território nacional após o transcurso do lapso prescricional quinquenal para a cobrança da quantia devida.
(D) O deportado poderá retornar se comprovadamente não tiver condições de arcar com o pagamento da quantia devida, sem prejuízo de sua própria subsistência.

A deportação é a saída compulsória, do território nacional, do estrangeiro que ingressou irregularmente ou cuja presença tenha se tornado irregular – quase sempre por expiração do prazo de permanência ou por exercício de atividade não permitida, como trabalho remunerado no caso do turista. A medida não é exatamente punitiva nem deixa sequelas. Seu procedimento é simples. O estrangeiro é notificado para sair do Brasil e, caso não obedeça, pode ser decretada, pelo juiz federal, sua prisão com a finalidade de ulterior deportação. De suma importância sobre o instituto é a impossibilidade de proceder *à* deportação se isso implicar extradição inadmitida pela lei brasileira (art. 63 do Estatuto do Estrangeiro). Portanto, a deportação não é permitida quando relacionada à prática de crimes políticos, de imprensa, religiosos e militares. A deportação não deve ser confundida com o impedimento à entrada de estrangeiro, que ocorre quando não forem cumpridas as exigências necessárias para o ingresso. Por fim, o deportado só poderá reingressar no território nacional se ressarcir o Tesouro Nacional, com correção monetária, das despesas com sua deportação e efetuar, se for o caso, o pagamento da multa devida à época, também corrigida (art. 64 do Estatuto do Estrangeiro).

Gabarito "B"

4.2.2. EXPULSÃO

(OAB/Exame Unificado – 2012.2) Jean Pierre, cidadão estrangeiro, foi preso em flagrante em razão de suposta prática de crime de falsificação de passaporte com o objetivo de viabilizar sua permanência no Brasil.

Diante dessa situação hipotética, assinale a afirmativa correta.

(A) A fraude para obter a entrada e permanência no território brasileiro constitui motivo suficiente para a expulsão do estrangeiro, cabendo, exclusivamente, ao Presidente da República, de forma discricionária, resolver sobre a conveniência e oportunidade da sua retirada compulsória do País.
(B) O ilícito deverá ser apurado no âmbito do Ministério da Relações Exteriores, tornando desnecessária a instauração de processo administrativo ou inquérito para fins de apuração dos fatos que ensejam a expulsão.
(C) O mérito do ato de expulsão é analisado mediante juízo de conveniência e oportunidade (discricionariedade), sendo descabido o ajuizamento de ação

judicial para impugnar suposta lesão ou ameaça de lesão a direito, devendo, nesse caso, o juiz rejeitar a petição inicial por impossibilidade jurídica do pedido.

(D) A fraude para obter entrada e permanência no território brasileiro não é motivo para fundamentar ato de expulsão de estrangeiro.

A expulsão é a saída compulsória, do território nacional, do estrangeiro que constituir perigo ou ameaça à ordem pública. Podem-se citar tais atos como os motivos mais frequentes de expulsão: tráfico de entorpecentes, falsificação e uso de documento público, furto e roubo etc. A medida deixa sequelas e pode ser considerada como punitiva. Antes de tudo, deve-se dizer que, diferentemente de outras constituições brasileiras (por exemplo, a de 1946), a Constituição de 1988 não adota norma a respeito do tema, que é disciplinado pela Lei n.º 6.815/1980 (Estatuto do Estrangeiro). Tal lei, no art. 65, dispõe que "é passível de expulsão o estrangeiro que, de qualquer forma, atentar contra a segurança nacional, a ordem política ou social, a tranquilidade ou moralidade pública e a economia popular, ou cujo procedimento o torne nocivo à conveniência e aos interesses nacionais". O parágrafo único do mesmo artigo prevê outros casos em que a expulsão do estrangeiro pode ocorrer: "a) praticar fraude a fim de obter a sua entrada ou permanência no Brasil; b) havendo entrado no território nacional com infração à lei, dele não se retirar no prazo que lhe for determinado para fazê-lo, não sendo aconselhável a deportação; c) entregar-se à vadiagem ou à mendicância; ou d) desrespeitar proibição especialmente prevista em lei para estrangeiro". Por outro lado, o art. 75, II, da Lei n.º 6.815/1980 dispõe que não se procederá à expulsão "quando o estrangeiro tiver: a) cônjuge brasileiro do qual não esteja divorciado ou separado, de fato ou de direito, e desde que o casamento tenha sido celebrado há mais de 5 (cinco) anos; ou b) filho brasileiro que, comprovadamente, esteja sob sua guarda e dele dependa economicamente". Tratam-se das chamadas *condições de inexpulsabilidade*. Em relação **à** segunda situação, deve-se asseverar que o STF possui orientação consolidada no sentido de que o nascimento de filho brasileiro após a prática da infração penal não caracteriza óbice à expulsão (*vide* Informativo 554 do STF[8]). Todavia, essa outrora posição consolidada parece ser flexibilizada em função do afeto enquanto valor constitucional central. Hodiernamente, especialmente pelo defendido no HC 114901/DF[9], sublinha-se o dever constitucional do Estado de proteger a unidade e de preservar a integridade das entidades familiares, além da necessidade de proteção integral e efetiva à criança e ao adolescente nascidos no Brasil. Logo, a posição apontada, outrora indiscutível, começa a ser relativizada, conforme verificado em excerto do citado *habeas corpus*: "constando dos autos que o nascimento do mencionado filho do paciente ocorreu após o fato criminoso e não havendo comprovação de que o menor dependa economicamente do pai e de que tenham eles convivência sócio-afetiva, a jurisprudência desta Corte, **ainda que mais flexível com o propósito de beneficiar a prole brasileira**, não ampara a pretensão de impedir a efetiva expulsão do estrangeiro, condenado por tráfico de drogas" (grifo nosso) Na prática, o estrangeiro depois de notificado de sua expulsão deve-se retirar do Brasil, do contrário poderá receber pena, geralmente de prisão, e somente após seu cumprimento vai ser enviado ao seu país, o qual não poderá negar sua entrada. É importante apontar que a pena também será imposta ao estrangeiro que, depois de sair, retornar ao Brasil sem que a expulsão tenha sido revogada, caso em que incorre no crime tipificado no art. 338 do CP ("Reingressar no território nacional o estrangeiro que dele foi expulso"). O procedimento é complexo, pois necessário se faz a realização de um inquérito[10] no âmbito do Ministério da Justiça, no qual se assegura ao estrangeiro o direito de defesa (contraditório). Após, o Presidente da República decidirá sobre a expulsão, devendo materializá-la por meio de decreto (art. 66 do Estatuto do Estrangeiro). E da decisão do Presidente da república cabe pedido de reconsideração no prazo de 10 dias, a contar da publicação do decreto de expulsão, no Diário Oficial da União (art. 72 do Estatuto do Estrangeiro). Não caberá pedido de reconsideração em certos casos, são eles: nos casos de infração contra a segurança nacional, a ordem política ou social e a economia popular, assim como nos casos de comércio, posse ou facilitação de uso indevido de substância entorpecente ou que determine dependência física ou psíquica, ou de desrespeito à proibição especialmente prevista em lei para estrangeiro (arts. 71 e 72 da Lei nº 6.815/1980). Por sua importância, cabe apontarmos o art. 67 do Estatuto do Estrangeiro: "Desde que conveniente ao interesse nacional, a expulsão do estrangeiro poderá efetivar-se, ainda que haja processo ou tenha ocorrido condenação". Tal regra foi utilizada recentemente pelo STF, quando na Ext 1133/República da Argentina[11] utilizou essa regra diante da impossibilidade de extraditar estrangeiro que responde a processo-penal no Brasil pela prática do crime de furto. Por fim, deve-se apontar que a regra no ordenamento jurídico brasileiro é que não há contraditório em procedimento investigatório, como, por exemplo, o inquérito policial. Todavia, como acabamos de ver, o procedimento de expulsão de estrangeiro do território nacional é uma exceção à regra geral (em companhia do procedimento para se apurar falta disciplinar), pois permite a defesa do estrangeiro.

Gabarito "A".

(OAB/Exame Unificado – 2004.ES) Raul, de nacionalidade italiana, foi condenado, pelo Juízo da 1ª Vara Federal do Estado do Espírito Santo, à pena de quatro anos de reclusão, como incurso nas sanções do art. 304 (uso de documento falso) combinado com o art. 71 (crime continuado) do Código Penal (CP), cuja sentença resultou confirmada pelo Tribunal Regional Federal da 2ª Região, que negou provimento ao recurso de apelação interposto pela defesa. Tendo por base tal condenação, o Ministério da Justiça instaurou processo administrativo, culminando na expedição do decreto de expulsão datado de 29/7/1994 e publicado no Diário Oficial da União em 30/7/1994, na conformidade do art. 65 da Lei nº 6.815, de 19/8/1980. Por sentença prolatada em 5/9/1994, o juiz da 1ª Vara Federal do Estado do Espírito Santo, acolhendo manifestação do Ministério Público, houve por bem declarar extinta a punibilidade de Raul, conforme o art. 107, IV, do CP. Como é sabido, a expulsão de estrangeiro é ato de soberania, discricionário e político-administrativo de defesa do Estado, da competência privativa do presidente da República, a quem incumbe o juízo de conveniência e oportunidade da decretação do ato expulsório ou de sua revogação. Em face da situação hipotética e dos esclarecimentos apresentados, os efeitos do decreto de expulsão seriam obstruídos por meio da impetração, perante o STF, de

8. No mesmo sentido, o art. 75, § 1º, do Estatuto do Estrangeiro assim dispõe: "não constituem impedimento à expulsão a adoção ou o reconhecimento de filho brasileiro supervenientes ao fato que o motivar".

9. Rel. Min. Gilmar Mendes, 9.8.2011 (Inform. STF 635).

10. "Art. 71 do Estatuto do Estrangeiro: "Nos casos de infração contra a segurança nacional, a ordem política ou social e a economia popular, assim como nos casos de comércio, posse ou facilitação de uso indevido de substância entorpecente ou que determine dependência física ou psíquica, ou de desrespeito à proibição especialmente prevista em lei para estrangeiro, **o inquérito será sumário e não excederá o prazo de quinze dias**, dentro do qual fica assegurado ao expulsando o direito de defesa".

11. Rel. Min. Gilmar Mendes, 9.8.2011 (Inform. STF 635).

(A) mandado de segurança contra ato do presidente da República, alegando-se a ilegalidade do ato expulsório por ter o expulsando filha brasileira sob sua guarda e dependência econômica, cujo reconhecimento se operou em 28/7/1994.
(B) *habeas corpus*, sendo coator o presidente da República, para impugnar o decreto expulsório em virtude de o expulsando possuir residência e emprego fixos no Brasil há mais de dez anos.
(C) mandado de segurança contra ato do presidente da República, por haver sido decretada judicialmente a extinção da punibilidade do crime que ensejou o processo administrativo de expulsão.
(D) *habeas corpus*, sendo coator o presidente da República, para impugnar o decreto expulsório por comprovado cerceamento de defesa do expulsando no curso do processo administrativo de expulsão.

A expulsão é a saída compulsória, do território nacional, do estrangeiro que constituir perigo ou ameaça à ordem pública. Podem-se citar tais atos como os motivos mais frequentes de expulsão: tráfico de entorpecentes, falsificação e uso de documento público, furto e roubo etc. A medida deixa sequelas e pode ser considerada como punitiva. O estrangeiro depois de notificado de sua expulsão deve-se retirar do Brasil, do contrário poderá receber pena, geralmente de prisão, e somente após seu cumprimento será enviado ao seu país, o qual não poderá negar sua entrada. É importante apontar que a pena também será imposta ao estrangeiro que, depois de sair, retornar ao Brasil sem que a expulsão tenha sido revogada. **O procedimento é complexo, pois necessário se faz a realização de um inquérito no âmbito do Ministério da Justiça, no qual se assegura ao estrangeiro o direito de defesa**. Após, o Presidente da República decidirá sobre a expulsão, devendo materializá-la por meio de decreto (art. 66 do Estatuto do Estrangeiro). Na situação hipotética, deve-se impetrar *habeas corpus* perante o STF (art. 102, I, *i*, da CF).

Gabarito "D"

4.2.3. EXTRADIÇÃO

(OAB/Exame Unificado – 2016.1) Ex-dirigente de federação sul-americana de futebol, após deixar o cargo que exercia em seu país de origem, sabedor de que existe uma investigação em curso na Colômbia, opta por fixar residência no Brasil, pelo fato de ser estrangeiro casado com brasileira, com a qual tem dois filhos pequenos. Anos depois, já tendo se naturalizado brasileiro, o governo da Colômbia pede a sua extradição em razão de sentença que o condenou por crime praticado quando ocupava cargo na federação sul-americana de futebol.

Essa extradição
(A) não poderá ser concedida, porque o Brasil não extradita seus nacionais.
(B) não poderá ser concedida, porque o extraditando tem filhos menores sob sua dependência econômica.
(C) poderá ser concedida, porque o extraditando não é brasileiro nato.
(D) poderá ser concedida se o país de origem do extraditando tiver tratado de extradição com a França.

A: incorreta. O art. 77 da Lei 6.815/1980 cuida das situações em que a extradição não será concedida e uma delas define que o Brasil não extradita brasileiros, salvo se a aquisição dessa nacionalidade verificar-se após o fato que motivar o pedido (ler o art. 5º, LI, da CF/1988) – que é exatamente o caso apresentado na questão; **B:** incorreta, pois não existe previsão nesse sentido; **C:** correta. O brasileiro nato nunca será extraditado e o naturalizado será em caso de crime comum, praticado antes da naturalização, ou de comprovado envolvimento em tráfico ilícito de entorpecentes e drogas afins (art. 5º, LI, da CF/1988); **D**: incorreta, pois o caso não apresenta qualquer relação com a França.

Gabarito "C"

(OAB/Exame Unificado – 2004.ES) Caso seja requerida ao governo da República Federativa do Brasil a extradição de um indivíduo por um Estado soberano, esse pedido não será concedido se o extraditando for
I. brasileiro nato.
II. brasileiro naturalizado e houver praticado crime comum após a naturalização.
III. brasileiro naturalizado e tiver participação comprovada em tráfico ilícito de entorpecentes e drogas afins, na forma da lei, após a naturalização.
IV. português amparado pelo Estatuto da Igualdade, desde que a extradição tenha sido requerida pelo governo português, pela prática de crime comum.
V. estrangeiro casado com brasileiro há mais de cinco anos ou com prole brasileira sob sua guarda ou dependência econômica.

Estão certos apenas os itens
(A) I, II e III.
(B) I, II e IV.
(C) II, III e V.
(D) III, IV e V.

I e **II:** corretas. A extradição é a entrega de um Estado para outro Estado, a pedido deste, de indivíduo que em seu território deva responder a processo penal ou cumprir pena por prática de crime de certa gravidade. Um condicionante dessa entrega é a confirmação de que os direitos humanos do extraditando serão respeitados (chamada limitação humanística). A grande finalidade da extradição é garantir, por meio da cooperação internacional, que a prática de crime não ficará sem punição. E o fundamento jurídico do pedido de extradição pode ser a existência de um tratado[12] que preveja tal hipótese ou, na falta deste, a declaração de reciprocidade[13], que funciona como suporte jurídico para o procedimento. A aceitação da promessa de reciprocidade é, no entanto, ato discricionário do Estado que a recebe. Deve-se ponderar que a extradição não é permitida quando relacionada à prática de crimes políticos, de imprensa, religiosos e militares. E

12. Além dos tradicionais tratados bilaterais à respeito, cada vez mais o pedido de extradição tem por suporte tratado multilateral, especialmente os onusianos. Exemplo do dito é a Ext. 1212/Estados Unidos da América, rel. min. Dias Toffoli, 9.8.2011 (Inform. STF 635), na qual o pedido de extradição teve por base a a Convenção das Nações Unidas contra o Crime Organizado Transnacional.

13. Recentemente o STF negou a extradição do libanês Assad Khalil Kiwan (PPE 623), preso no Brasil há três anos e acusado de tráfico internacional de armas e de drogas, porque o Estado do Líbano não fez declaração de reciprocidade – Brasil e Líbano não possuem tratado que regule a extradição. O voto da ministra Cármen Lúcia (relatora) foi acompanhado pelos demais ministros presentes à sessão, que determinaram, ainda, a remessa do processo ao Ministério Público Federal para que o órgão decida se deve enviar o caso ao Ministério da Justiça, com a sugestão de que o libanês seja expulso do Brasil. Cabe lembrar que somente o Poder Executivo tem prerrogativa para determinar a expulsão de um estrangeiro.

se o indivíduo foi condenado à morte, a extradição só deve tomar curso se ficar assegurada a conversão da pena de morte em pena de prisão. Ademais, a maioria dos países não permite a extradição de nacional seu – nesse sentido o artigo 5º, LI, da CF brasileira determina: "nenhum brasileiro será extraditado, **salvo o naturalizado, em caso de crime comum, praticado antes da naturalização, ou de comprovado envolvimento em tráfico ilícito de entorpecentes e drogas afins**, na forma da lei"; **III:** incorreta. Reler o comentário anterior; **IV:** correta, pois é a lição retirada do art. 12, § 1º, da CF; **V:** incorreta, pois não existe tal previsão no caso de extradição. Cabe lembrar que o art. 75, II, da Lei n.º 6.815/1980 (Estatuto do Estrangeiro) dispõe que não se procederá à expulsão "quando o estrangeiro tiver: **a)** cônjuge brasileiro do qual não esteja divorciado ou separado, de fato ou de direito, e desde que o casamento tenha sido celebrado há mais de 5 (cinco) anos; ou **b)** filho brasileiro que, comprovadamente, esteja sob sua guarda e dele dependa economicamente".

Gabarito "B".

4.2.4. VISTOS

(OAB/Exame Unificado – 2012.2) A respeito da autorização de trabalho a estrangeiro com vínculo empregatício no Brasil, assinale a afirmativa correta.

(A) Trata-se de ato administrativo de competência do Ministério do Trabalho, para efeito de requerimento de visto permanente e/ou temporário, a estrangeiros que desejem trabalhar no Brasil.

(B) O empregador deve se comprometer com o treinamento profissional, mas não é necessário haver correlação entre a atividade que o estrangeiro exercerá e sua qualificação/experiência anterior.

(C) O empregador que pretender importar mão de obra deverá manter pelo menos metade das vagas da empresa ocupadas por brasileiros, que também devem responder por, pelo menos, metade da folha de salários.

(D) Trata-se de ato administrativo de competência do Ministério da Educação, que dispensa a autorização para o estrangeiro que haja concluído curso de pós-graduação *stricto sensu* no Brasil ou tiver seu diploma estrangeiro revalidado.

A: correta, pois em consonância com o art. 1º da Resolução Normativa nº 80/2008 do Ministério do Trabalho e Emprego – Conselho Nacional de Imigração. Cabe lembrar, conforme ensina o Prof. Wander Garcia, que atos administrativos são declarações do Estado (ou de quem lhe faça as vezes), no exercício de prerrogativas públicas, destinada a cumprir direta e concretamente a lei; **B:** incorreta, pois é necessária a citada correlação (art. 2º da Resolução Normativa nº 80/2008 do Ministério do Trabalho e Emprego – Conselho Nacional de Imigração); **C:** incorreta, pois não existe tal previsão no ordenamento jurídico pátrio; **D:** incorreta. Reler o comentário sobre a assertiva "A".

Gabarito "A".

(OAB/Exame Unificado – 2011.1) Roberta Caballero, de nacionalidade argentina, está no Brasil desde 2008, como correspondente estrangeira do jornal "El Diário", sediado em Buenos Aires. Roberta possui visto temporário, válido por quatro anos. Em 2011, pouco antes do vencimento do visto, Roberta recebe um convite do editor de um jornal brasileiro, sediado em São Paulo, para ali trabalhar na condição de repórter, sob sua supervisão, mediante contrato de trabalho. Para continuar em situação regular, é correto afirmar que Roberta

(A) deverá transformar seu visto temporário VI (correspondente estrangeiro) em visto temporário V (mão de obra estrangeira) e requerer autorização de trabalho a estrangeiro com vínculo empregatício.

(B) não poderá aceitar o emprego, pois a Constituição Federal, em seu artigo 222, veda a atuação de repórteres estrangeiros em qualquer meio de comunicação social.

(C) deverá apenas renovar, a cada quatro anos, o visto temporário VI (correspondente estrangeiro), pois pessoas de nacionalidade de países do Mercosul não precisam de autorização de trabalho.

(D) deverá renovar, a cada quatro anos, o visto temporário VI (correspondente estrangeiro) e requerer autorização de trabalho a estrangeiro com vínculo empregatício.

A: correta. Para ingressar no Brasil, o estrangeiro deverá ser portador de documento de viagem reconhecido pelo governo brasileiro, de Certificado Internacional de Imunização, quando exigido, e de visto de entrada concedido por missões diplomáticas, repartições consulares de carreira, vice-consulados e, quando autorizados pela Secretaria de Estado das Relações Exteriores (SERE), pelos consulados honorários. As solicitações de visto devem ser feitas no exterior, diretamente às repartições consulares. Já os casos de dispensa de visto são indicados no Quadro de Regime de Vistos e geralmente ocorrem por força de acordo firmado com base na reciprocidade. Porém, recentemente foi promulgada a Lei nº 12.968/14, que permite a dispensa da exigência do visto de turista, negócios e de artista/desportista em caso de reciprocidade, por simples comunicação diplomática e sem a necessidade de acordo internacional. Assim, evita-se o demorado trâmite da aprovação congressual (art. 49, I da CF) de um acordo internacional, cujo conteúdo era fruto de simples reciprocidade de tratamento. As solicitações de visto devem ser feitas no exterior, diretamente às Repartições Consulares. Os vistos de entrada são classificados, em função da natureza da viagem e da estada no Brasil, em: a) visto diplomático – VIDIP; b) visto oficial – VISOF; c) visto de cortesia – VICOR; d) visto de turista – VITUR; e) visto de trânsito – VITRA; f) visto temporário – VITEM; e g) visto permanente – VIPER. E os vistos temporários (VITEM) subdividem-se, em função da atividade a ser desempenhada no País, em: a) VITEM I para missões culturais, de pesquisa ou estudos, e de assistência social, quando não contempladas pelo VITEM V; b) VITEM II – em viagem de negócios, assistência técnica e adoções; c) VITEM III – para artistas e desportistas; d) VITEM IV – para estudantes e bolsistas de instituições de ensino brasileiras, inclusive as de formação religiosa; e) VITEM V – para profissionais sob regime de contrato com empresa no Brasil ou com órgão do Governo; f) VITEM VI – para correspondentes de meios de comunicação estrangeiros; e g) VITEM VII – para ministros de confissão religiosa, membros de instituto de vida consagrada ou ordem religiosa, que viagem ao Brasil como missionários. Das considerações exteriorizadas sobre o regime de vistos pode-se apontar a assertiva "a" como correta, pois, para Roberta permanecer em situação regular, no Brasil, deverá transformar seu visto temporário VI (correspondente estrangeiro) em visto temporário V (mão de obra estrangeira); **B:** incorreta. O art. 222 da CF dispõe que: "A propriedade de empresa jornalística e de radiodifusão sonora e de sons e imagens é privativa de brasileiros natos ou naturalizados há mais de dez anos, ou de pessoas jurídicas constituídas sob as leis brasileiras e que tenham sede no País". Ou seja, a limitação incide sobre a propriedade de empresa jornalística e de radiofusão e não sobre o exercício da profissão de repórter, por estrangeiro, no Brasil; **C:** incorreta, pois ainda não existe tal previsão no seio do Mercosul. Assim, as pessoas de nacionalidade dos países do Mercosul também precisam do visto de trabalho; **D:** incorreta. Consoante o dito no comentário sobre a assertiva "A", os vistos temporários são conferidos conforme a atividade a ser desempenhada no País, portanto, uma vez que a atividade a ser exercida é modificada, necessário se faz a alteração da modalidade de visto para a manutenção da situação de regularidade.

Gabarito "A".

4.2.5. QUESTÕES COMBINADAS

(OAB/Exame Unificado – 2014.2) A respeito da condição jurídica do estrangeiro, disciplinada pela Lei n. 6.815/1980, assinale a afirmativa correta.

(A) Nos casos de entrada ou estada irregular de estrangeiro, se este não se retirar voluntariamente do território nacional no prazo fixado em Regulamento, será promovida a sua expulsão.

(B) Quando mais de um Estado requerer a extradição da mesma pessoa pelo mesmo fato, terá preferência o pedido daquele em cujo território a infração foi cometida.

(C) A República Federativa do Brasil não extradita os seus nacionais, salvo em caso de reciprocidade.

(D) Conceder-se-á extradição mesmo quando o fato constituir crime político e o extraditando houver de responder, no Estado requerente, perante tribunal ou juízo de exceção.

A: incorreta. O caso narrado na assertiva torna o estrangeiro passível de deportação. A deportação é a saída compulsória, do território nacional, do estrangeiro que ingressou irregularmente ou cuja presença tenha se tornado irregular – quase sempre por expiração do prazo de permanência ou por exercício de atividade não permitida, como trabalho remunerado no caso do turista; **B:** correta, pois de fato existe a citada preferência (art. 79 do Estatuto do Estrangeiro); **C:** incorreta. O art. 5º, LI, da CF assim determina: "nenhum brasileiro será extraditado, **salvo o naturalizado**, em caso de crime comum, praticado antes da naturalização, ou de comprovado envolvimento em tráfico ilícito de entorpecentes e drogas afins, na forma da lei". Portanto, percebe-se que o brasileiro naturalizado poderá sim ser extraditado e não necessariamente dependerá de declaração de reciprocidade, pois a extradição pode ser regulada por um tratado; **D:** incorreta. A extradição não é permitida quando relacionada à prática de crimes políticos, de imprensa, religiosos e militares (art. 77, VII, do Estatuto). Ademais, também não será concedida quando o extraditando houver de responder, no Estado requerente, perante tribunal ou juízo de exceção (art. 77, VIII, do Estatuto).

Gabarito "B"

(OAB/Exame Unificado – 2014.1) A respeito da extradição e/ou expulsão de estrangeiro do Brasil, assinale a afirmativa correta.

(A) É passível de extradição o estrangeiro que, de qualquer forma, atentar contra a segurança nacional, a ordem pública ou social, a tranquilidade ou a moralidade pública e a economia popular, ou cujo procedimento o torne nocivo à conveniência e aos interesses nacionais.

(B) É passível de extradição o estrangeiro que praticar fraude a fim de obter a sua entrada ou permanência no Brasil.

(C) Caberá exclusivamente ao Presidente da República resolver sobre a conveniência e a oportunidade de expulsão do estrangeiro ou de sua revogação.

(D) A expulsão do estrangeiro não poderá efetivar-se se houver processo ou ocorrido condenação.

A: incorreta. A assertiva cuida de situações que possibilitariam a expulsão do estrangeiro e não a extradição; **B:** incorreta, pois nesse caso o estrangeiro poderá ser deportado; **C:** correta (art. 66 do Estatuto do Estrangeiro); **D:** incorreta. O art. 67 do Estatuto do Estrangeiro assim dispõe: "Desde que conveniente ao interesse nacional, a expulsão do estrangeiro poderá efetivar-se, ainda que haja processo ou tenha ocorrido condenação". Tal regra foi utilizada recentemente pelo STF, na Ext. 1133/República da Argentina,[14] diante da impossibilidade de extraditar estrangeiro que responde a processo penal no Brasil pela prática do crime de furto.

Gabarito "C"

(OAB/Exame Unificado – 2010.3) Pierre de Oliveira nasceu na França, filho de pai brasileiro (que à época se encontrava em viagem privada de estudos) e mãe francesa. Viveu até os 25 anos em Paris, onde se formou em análise de sistemas e se pós-graduou em segurança de rede. Em 2007, Pierre foi convidado por uma universidade brasileira para fazer parte de um projeto de pesquisa destinado a desenvolver um sistema de segurança para uso de instituições financeiras. Embora viajasse com frequência para a França, Pierre passou a residir no Brasil, optando, em 2008, pela nacionalidade brasileira. No início de 2010, uma investigação conjunta entre as polícias brasileira e francesa descobriu que Pierre fez parte, no passado, de uma quadrilha internacional de *hackers*. Detido em São Paulo, ele confessou que, entre 2004 e 2005, quando ainda vivia em Paris, invadiu mais de uma vez a rede de um grande banco francês, desviando recursos para contas localizadas em paraísos fiscais. Com relação ao caso hipotético acima, é correto afirmar que

(A) Pierre não poderá ser extraditado, expulso ou deportado em qualquer hipótese.

(B) Pierre poderá ser deportado para a França, a menos que peça asilo político.

(C) a critério do Ministério da Justiça, Pierre poderá ser expulso do território nacional pelo crime cometido no exterior antes do processo de aquisição da nacionalidade, a menos que tenha filho brasileiro que, comprovadamente, esteja sob sua guarda e dele dependa economicamente.

(D) se a França assim requerer, Pierre poderá ser extraditado, pois cometeu crime comum sujeito à jurisdição francesa antes de optar pela nacionalidade brasileira.

A: correta, pois Pierre é brasileiro nato, consoante dispõe o art.12, *c*, da CF, e, desta forma, não poderá ser extraditado (art. 5º, LI, da CF). Já os institutos da expulsão e da deportação cuidam da exclusão do **estrangeiro**. A deportação é aplicada normalmente no caso de estrangeiro que aqui se encontre após uma entrada irregular, ou cuja estada tenha-se tornado irregular. A medida não é exatamente punitiva, nem deixa sequelas. Por seu turno, os pressupostos da expulsão são mais graves, e sua consequência é a impossibilidade de retorno do expulso ao país. No entanto, a expulsão pressupõe um inquérito a ser realizado no âmbito do Ministério da Justiça e uma decisão final do Presidente da República, a qual será materializada por meio de decreto; **B:** incorreta, pois Pierre não poderá ser deportado (*vide* comentário sobre a assertiva anterior) e nem pedir político. Vale ponderar que asilo político é o acolhimento de **estrangeiro** perseguido por causa de dissidência política, de delitos de opinião ou por crimes que, relacionados com a segurança do Estado, não configuram quebra de direito penal comum; **C:** incorreta (*vide* comentário sobre a assertiva "A"); **D:** Incorreta (*vide* comentário sobre a assertiva "A").

Gabarito "A"

14. Rel. min. Gilmar Mendes, 9.8.2011 (Inform. STF 635).

5. ORGANIZAÇÕES INTERNACIONAIS – TEORIA GERAL

(Magistratura Federal/1ª Região – 2009 – CESPE) Assinale a opção correta acerca das organizações internacionais.

(A) Podem ser membros dessas organizações apenas Estados.
(B) Suas imunidades de jurisdição e execução têm base no direito costumeiro.
(C) Sua capacidade para celebrar tratados é inerente a sua personalidade no direito internacional.
(D) Não podem ser responsabilizadas diretamente por seus atos.
(E) Estados que não sejam membros de determinada organização internacional podem opor-se à personalidade internacional dessa organização.

A: incorreta. As organizações internacionais são constituídas, de forma permanente, pela vontade coletiva dos Estados ou por outras organizações internacionais, entre elas ou com Estados, e possuem personalidade jurídica de direito internacional. Esta personalidade é derivada e distinta da personalidade de seus membros; **B:** incorreta. As OIs também gozam de privilégios e imunidades, tal como os Estados. Todavia, enquanto os Estados (e seus agentes diplomáticos e consulares) possuem tais privilégios com fundamento no princípio da reciprocidade, as OIs e seus funcionários os têm como condição para o desempenho, com plena liberdade, das funções determinadas no seu estatuto. Geralmente, os privilégios e as imunidades são disciplinados no denominado *acordo de sede*, concluído com o Estado ou Estados-hospedeiros. Neste(s) Estado(s) funcionará a sede da OI e seus centros de atividade. Um acordo de sede conhecido foi o firmado entre os EUA e a ONU em 1947. Sobre a matéria, é importante apontar que os privilégios e as imunidades das OIs e dos seus agentes somente são válidas nos Estados membros. Todavia, os privilégios e as imunidades da ONU são válidas perante qualquer país, mesmo os não membros. Os privilégios e as imunidades de que as OIs podem beneficiar revestem-se de natureza e extensão diversas e isto em função da natureza de cada OI e de suas correlatas competências. Mas, de um modo geral, podemos listar como imunidades e privilégios das OIs e seus agentes, os seguintes: **a)** imunidade de jurisdição; **b)** inviolabilidade dos locais de atividade da organização internacional e o correspondente direito de assegurar a proteção desses locais; **c)** inviolabilidade de todos os bens da OI (não passíveis de requisição, confisco ou expropriação); **d)** garantia de livre comunicação com o exterior; **e)** inviolabilidade dos arquivos em qualquer circunstância e onde quer que se encontrem; e **f)** imunidades fiscais; **C:** incorreta. Tratando da personalidade jurídica internacional das OIs, é de importância indiscutível mencionar o art. 6º da Convenção de Viena sobre o Direito dos Tratados entre Estados e Organizações Internacionais ou entre Organizações Internacionais: "**a capacidade de uma organização internacional para celebrar tratados rege-se pelas regras dessa organização**". Isto é, cada OI vai regular as características de sua personalidade jurídica. Todavia, cabe apontar que se o ato constitutivo de uma OI for omisso a esse respeito, isso não possibilitaria a contestação de sua personalidade jurídica (interna e internacional), pois a personalidade jurídica é um atributo de toda organização social (como a OI o é), pois sem ela não é possível agir em nome próprio no mundo do direito; **D:** incorreta, pois todo sujeito de direito internacional (Estado, organização internacional e pessoa humana) pode ser responsabilizado diretamente, em âmbito internacional, por seus atos; **E:** correta. As OIs possuem personalidade jurídica e esta pode ser dividida em interna e internacional. A interna aparece em relação aos seus Estados membros e aos Estados hospedeiros. Já a internacional está relacionada aos direitos, obrigações e prerrogativas em relação aos outros sujeitos de direito internacional. **A questão que suscita mais dúvidas é aquela referente a oponibilidade da personalidade jurídica internacional da OI em relação aos outros sujeitos de direito internacional.** Ainda não existe um consenso em relação a todas as OIs, mas pode-se afirmar, por exemplo, que a ONU e suas organizações especializadas ("constelação onusiana") têm personalidade jurídica internacional *erga omnes*, ou seja, extensível à todos os sujeitos de direito internacional, inclusive os Estados não membros.

Gabarito "E".

5.1. ORGANIZAÇÃO DAS NAÇÕES UNIDAS

(OAB/Exame Unificado – 2012.3.A) Com base na Carta das Nações Unidas, assinale a afirmativa correta.

(A) A Assembleia Geral pode expulsar um Estado membro que tenha persistentemente violado os princípios da Carta das Nações Unidas, ouvido o Conselho de Segurança.
(B) Os principais órgãos das Nações Unidas são a Assembleia Geral, o Conselho de Segurança, a Organização Mundial do Comércio e a Corte Internacional de Justiça.
(C) As principais atribuições do Conselho de Segurança são a manutenção da paz internacional e a liberalização dos fluxos internacionais de comércio.
(D) Um Estado não pode se tornar membro da Corte Internacional de Justiça sem antes se tornar membro nas Nações Unidas.

A: correta. A ONU reúne quase a totalidade dos Estados existentes hoje no planeta. Entre estes, existem os membros originários e os eleitos. Estes últimos são admitidos pela Assembleia Geral mediante recomendação do Conselho de Segurança. E só podem ser admitidos os Estados "amantes da paz" que aceitarem as obrigações impostas pela Carta e forem aceitos como capazes de cumprir tais obrigações. Os membros podem ser suspensos quando o Conselho de Segurança instalar uma ação preventiva ou coercitiva contra eles, como também expulsos quando violarem insistentemente os princípios da Carta. A expulsão é processada pela Assembleia Geral mediante recomendação do Conselho de Segurança (artigo 6º da Carta das Nações Unidas); **B:** incorreta, pois a OMC (Organização Mundial do Comércio) não é um órgão das Nações Unidas. Pode-se citar ainda outros órgãos da ONU, como o Secretariado e o Conselho Econômico e Social; **C:** incorreta. O Conselho de Segurança é o maior responsável pela manutenção da paz e da segurança internacionais. Por sua vez, a OMC é uma organização para liberalização do comércio, um fórum para que os governos negociem acordos comerciais e um lugar para que os governos resolvam suas diferenças comerciais; **D:** incorreta. A Corte só pode receber postulações de Estados, sejam ou não membros da ONU (art. 34, ponto 1, do Estatuto da CIJ). Não é técnico afirmar que um Estado possa ser parte da Corte Internacional de Justiça, mas sim sobre a possibilidade de postular demandas perante à Corte.

Gabarito "A".

(OAB/Exame Unificado – 2010.1) Com relação à ONU, assinale a opção correta.

(A) Poderão ser admitidos como membros da ONU todos os Estados que o desejarem, independentemente de condições de natureza política ou de qualquer outro teor.
(B) Principal órgão da ONU, a Assembleia Geral é composta de todos os membros da organização, tendo cada Estado membro direito a apenas um representante e um voto.
(C) O Secretário-geral da ONU, eleito pelo Conselho de Segurança mediante recomendação dos seus membros permanentes, tem o dever de atuar em todas as reuniões da Assembleia Geral, do Conselho de Segurança, do Conselho Econômico e Social e do Conselho de Tutela, além de desempenhar outras funções que lhe forem atribuídas por esses órgãos.

(D) O Conselho de Segurança da ONU compõe-se de cinco membros permanentes e de dez membros não permanentes, todos indicados pelo próprio Conselho, devendo estes últimos cumprir mandato de dois anos.

A: incorreta. A ONU reúne quase a totalidade dos Estados existentes. Entre estes, existem os membros originários e os eleitos. Estes últimos são admitidos pela Assembleia Geral mediante recomendação do Conselho de Segurança. E só podem ser admitidos os Estados "amantes da paz" que aceitarem as obrigações impostas pela Carta e forem aceitos como capazes de cumprir tais obrigações; **B:** incorreta. A Assembleia Geral é composta de todos os membros da ONU, cabendo a cada Estado-membro apenas um voto. Ela reúne-se em sessões ordinárias, uma vez por ano, e em sessões extraordinárias sempre que preciso for. As decisões da Assembleia Geral são tomadas pela maioria simples dos membros presentes e votantes. Mas pode-se definir que o quórum será de dois terços quando tratar de questões consideradas importantes. Entre algumas de suas funções, podemos citar: **a)** aprovação do orçamento; **b)** eleição dos membros não permanentes do Conselho de Segurança e dos membros do Conselho Econômico e Social; **c)** nomeação do secretário-geral da Nações Unidas; e **d)** eleição, em conjunto com o Conselho de Segurança, dos juízes da Corte Internacional de Justiça; **C:** correta. O Secretariado é o órgão executivo da ONU. No ápice desse órgão encontra-se o secretário-geral da ONU[15], eleito pela Assembleia Geral mediante recomendação do Conselho de Segurança. O secretário-geral atua como o principal funcionário administrativo da Organização, devendo, conforme o art. 98 da Carta da ONU, estar presente em todas as reuniões da Assembleia Geral, do Conselho de Segurança e do Conselho Econômico e Social, além de desempenhar outras funções que lhe forem atribuídas por esses órgãos; **D:** incorreta. No início, o Conselho de Segurança era composto de cinco membros permanentes (China, EUA, França, Reino Unido e URSS) e seis membros não permanentes, totalizando 11 membros, os quais eram eleitos pela Assembleia Geral para exercer mandato de dois anos, vedada a reeleição para o período seguinte. Depois de modificado em 1963, o Conselho de Segurança passou a ser composto dos mesmos cinco membros permanentes (China, EUA, França, Reino Unido e Rússia) e dez membros não permanentes, totalizando 15 membros, os quais continuam sendo eleitos pela Assembleia Geral para exercer mandato de dois anos, vedada a reeleição para o período seguinte. Cada membro do Conselho tem apenas um voto. As decisões, quando processuais, dependem do voto afirmativo de nove membros. No restante das matérias, o mesmo quórum é necessário, mas com o acréscimo de que todos os membros permanentes devem votar afirmativamente – é o chamado *direito de veto*. Em que pese a Carta da ONU prever a unanimidade dos membros permanentes, a prática tem permitido que estes se abstenham da votação, o que configura a consensualidade, e não a unanimidade. O Conselho de Segurança é o maior responsável pela manutenção da paz e da segurança internacionais.

Gabarito "C"

(OAB/Exame Unificado – 2007.3) Não compõe a estrutura da Organização das Nações Unidas (ONU) o(a)

(A) Comissão de Direito Internacional.
(B) Conselho de Direitos Humanos.
(C) Anistia Internacional.
(D) Assembleia Geral.

Dentre as alternativas, a Anistia Internacional é única que não compõe a estrutura da ONU. A Anistia Internacional exerce, juntamente com o Comitê Internacional da Cruz Vermelha, papel de destaque na tutela do direito humanitário.

Gabarito "C"

5.2. ORGANIZAÇÃO MUNDIAL DO COMÉRCIO

(OAB/Exame Unificado – 2009.2) Constitui objetivo da Organização Mundial do Comércio

(A) facilitar o empréstimo monetário internacional.
(B) solucionar controvérsias sobre tarifas do comércio internacional.
(C) fornecer recursos monetários para incentivar o desenvolvimento econômico.
(D) permitir a criação de zonas francas de comércio.

A OMC é uma organização internacional, com sede em Genebra, na Suíça, que tem por objetivo zelar pelas normas que regem o comércio entre os países, em nível mundial ou quase mundial. Por isso, diz-se que é uma organização internacional especializada de vocação universal. De maneira mais ampla, a OMC é uma organização para liberalização do comércio, um fórum para que os governos negociem acordos comerciais e um lugar para que os governos resolvam suas diferenças comerciais. Ademais, é encarregada de aplicar um sistema de normas comerciais – o chamado sistema de resolução de controvérsias da OMC. O antigo Acordo Geral de Tarifas e Comércio (Gatt, 1947) não era uma organização internacional, mas sim um acordo temporário que teve vigência de 1948 a 1994, ano em que foi absorvido pelo conjunto institucional mais amplo e mais estruturado que é a OMC. Tal acontecimento se deu na Rodada Uruguai de negociações do Gatt e tomou corpo mediante a Reunião Ministerial de Marrakesh, entrando em vigor em 1º de janeiro de 1995 com sua ratificação (Decreto 1.355/1994). Sua estrutura comportava um acordo-base (instituidor da OMC), três anexos disciplinando acordos obrigatórios (entre eles a submissão do Estado-membro ao sistema de solução de controvérsias) e um anexo cuidando de um facultativo. Antes mesmo do Gatt tencionou-se fundar a Organização Internacional do Comércio (Carta de Havana) no âmbito da Conferência de Bretton Woods, na qual se criou o Banco Mundial com a finalidade de possibilitar a reconstrução da Europa e o Fundo Monetário Internacional (FMI) para regulação do câmbio internacional. Mas a Organização Internacional do Comércio não saiu do papel, sobretudo pelas limitações do executivo estadunidense. A Conferência de Bretton Woods estabeleceu as regras para as relações comerciais e financeiras entre os países mais industrializados do mundo, ou seja, elaborou um sistema de regras, instituições (Banco Mundial e FMI[16]) e procedimentos para regular a política econômica internacional. No âmbito da OMC, vige a regra do single undertaking, ou seja, os países que aderirem à Organização automaticamente adotam os Anexos 1, 2 (Entendimento Relativo às Normas e Procedimentos sobre Solução de Controvérsias) e 3 (Mecanismo de Exame de Políticas Comerciais) do Acordo Constitutivo da OMC. O Anexo 4 (Acordos Plurilaterais[17]) é opcional. Lembrando que o Anexo 1A cuida dos Acordos Multilaterais sobre Comércio de Bens, o Anexo 1B regula o Acordo Geral sobre o Comércio de Serviços (Gats) e o Anexo 1C disciplina o Acordo sobre Aspectos dos Direitos de Propriedade Intelectual. A OMC pauta-se no livre comércio e na igualdade entre os países e atua com base nos seguintes princípios: **a)** princípio da não discriminação – é a coletivização do princípio da nação mais favorecida. A cláusula da nação mais favorecida foi muito utilizada pela Inglaterra no século XVIII, que aproveitava sua teia de relacionamento global – fato incomum na época – para conseguir o melhor acordo comercial possível com todos os países. Em termos práticos, a Inglaterra firmava um tratado com um país "B" para diminuir as tarifas sobre certo produto

15. Segue para informação a lista de todos os secretários-gerais da ONU: Trygve Lie (Noruega) – 1946-1953; Dag Hammarskjold (Suécia) – 1953-1961; U Thant (Mianmar, antiga Birmânia) – 1961-1971; Kurt Waldheim (Áustria) – 1972-1981; Javier Pérez de Cuellar (Peru) – 1982-1991; Boutros Boutros-Ghali (Egito) – 1992-1996; Kofi Annan (Gana) – 1997-2006; Ban Ki-moon (Coreia do Sul) – 2007-atualidade.

16. Ambas as instituições são agências especializadas das Nações Unidas e exercem funções complementares.

17. Anexo 4A – Acordo sobre Comércio de Aeronaves Civis; Anexo 4B – Acordo sobre Compras Governamentais; Anexo 4C – Acordo Internacional de Produtos Lácteos; Anexo 4D – Acordo Internacional sobre Carne Bovina.

e garantia que seu produto receberia o melhor tratamento possível com a inserção da cláusula da nação mais favorecida, pois, nesse caso, a Inglaterra tinha sempre que ser a nação mais favorecida. Assim, se o país "B" diminuísse ainda mais as tarifas sobre aquele produto em proveito do país "C", as tarifas em relação ao produto da Inglaterra abaixariam automaticamente. Essa cláusula já não é mais aceita na atualidade – assim *é garantido um* tratamento igual para todos os países. Importante dizer que esse princípio comporta duas exceções: uma são os acordos regionais caracterizados como união aduaneira ou zona de livre-comércio (art. XXIV do GATT, ou seja, General Agreement on Tariffs and Trade ou, simplesmente, "Acordo Geral de Tarifas e Comércio") e a outra engloba a concessão de benefícios dos países desenvolvidos em proveito dos países em desenvolvimento, como também as concessões mútuas de benefícios entre países em desenvolvimento (Sistema Geral de Preferências); **b)** princípio da previsibilidade, que visa facilitar o acesso ao comércio internacional. Nesse princípio aparece a consolidação tarifária, que nada mais é que a determinação de um teto limitador da incidência tarifária em certos produtos oriundos do exterior. Assim, antes de exportar determinado produto para o país "A", já é possível saber o máximo possível de incidência tarifária. Todavia, cabe dizer que os Estados-membros não são obrigados a consolidar todos os produtos, mas devem indicar na lista de concessões tarifárias quais deles foram consolidados e com que teto. Em outras palavras, "tarifa consolidada é o valor máximo (teto) de alíquota do imposto de importação que cada membro da OMC se compromete a aplicar para certos produtos do seu universo tarifário[18]"; **c)** princípio da concorrência leal – visa garantir um comércio internacional justo; **d)** princípio da proibição da proteção nacional – a OMC, em geral, não permite a utilização de restrições quantitativas como forma de proteger a produção nacional. Melhor dizendo, não pode haver qualquer tratamento diferenciado que visa beneficiar os produtos nacionais em detrimento dos importados; e **e)** princípio do tratamento especial e diferenciado para os países em desenvolvimento – por esse princípio, por exemplo, os países em desenvolvimento têm vantagens tarifárias.

Gabarito "B"

(Procurador da Fazenda Nacional – 2007.2 – ESAF) Assinale a opção correta a respeito de medidas de defesa comercial.

(A) Para aplicar uma medida *antidumping*, o membro da Organização Mundial do Comércio (OMC) deve obter autorização prévia do Comitê de Práticas *Antidumping* da Organização.

(B) O membro da OMC prejudicado por uma medida de salvaguarda tem o direito de negociar compensações com o membro que a impôs.

(C) A aplicação de medida *antidumping* deve ocorrer de forma não seletiva, ou seja, o membro da OMC que aplica a medida deve fazê-la incidir sobre todas as importações do produto em questão, independentemente da origem ou da procedência.

(D) No Brasil, os recursos arrecadados a título de direitos *antidumping* são revertidos a favor da indústria doméstica prejudicada com a prática do dumping correspondente.

(E) A medida de salvaguarda é o instrumento de defesa comercial cabível no caso da ocorrência de importações que tenham sido beneficiadas por subsídios indevidos por parte do país exportador.

A: incorreta, pois consoante o que determina o art. 14, ponto 4, do Acordo *Antidumping* (Dec. 93.941/1987), os Estados devem apenas relatar ao Comitê de Práticas *Antidumping* todas as medidas *antidumping* que adotarem, quer sejam preliminares ou definitivas; **B:** correta. Os Estados podem tomar medidas de salvaguarda para proteger temporariamente suas indústrias contra importações que as ameacem seriamente, hipótese em que o país prejudicado pode exigir compensações (art. 11 do Acordo sobre Salvaguardas, promulgado aqui pelo Decreto 1.488/1995); **C:** incorreta, pois a medida *antidumping* deve ser seletiva (art. 8º, 2 do Acordo *Antidumping*); **D:** incorreta, pois as receitas oriundas da cobrança dos direitos *antidumping* e dos direitos compensatórios serão destinadas ao Ministério do Desenvolvimento, Indústria e Comércio Exterior, para aplicação na área de comércio exterior, consoante as diretrizes estabelecidas pela Câmara de Comércio Exterior – CAMEX (art. 10, parágrafo único, da Lei 9.019/1995); **E:** incorreta. A medida de defesa no caso de importações beneficiadas com subsídios indevidos é a imposição de direitos compensatórios (art. 4º do Acordo de Subsídios e Direitos Compensatórios, promulgado aqui pelo Decreto 93.962/1987).

Gabarito "B"

6. SER HUMANO

6.1. NACIONALIDADE

(OAB/Exame Unificado – 2013.1) Rafael é brasileiro naturalizado e casado com Letícia, de nacionalidade italiana. Rafael foi transferido pela empresa onde trabalha para a filial na Argentina, estabelecendo-se com sua esposa em Córdoba. Em 02/03/2009, lá nasceu Valentina, filha do casal, que foi registrada na repartição consular do Brasil.

De acordo com as normas constitucionais vigentes, assinale a afirmativa correta.

(A) Valentina não pode ser considerada brasileira nata, em virtude de a nacionalidade brasileira de seu pai ter sido adquirida de modo derivado e pelo fato de sua mãe ser estrangeira.

(B) Valentina é brasileira nata, pelo simples fato de seu pai, brasileiro, se ter deslocado por motivo de trabalho, em nada influenciando o modo como Rafael adquiriu a nacionalidade.

(C) Valentina somente será brasileira nata se vier a residir no Brasil e fizer a opção pela nacionalidade brasileira após atingir a maioridade.

(D) Valentina é brasileira nata, não constituindo óbice o fato de seu pai ser brasileiro naturalizado e sua mãe, estrangeira.

A nacionalidade será originária ou primária quando provier do nascimento – logo, involuntária –, e adquirida ou secundária quando resultar de alteração de nacionalidade por meio da naturalização ou em virtude de casamento – logo, voluntária. A nacionalidade originária pode ser a do Estado de nascimento (*jus soli*) ou a de seus pais (*jus sanguinis*). No Brasil, o critério adotado para determinar quem é brasileiro nato é o *jus soli*, todavia, existem exceções que utilizam o critério *jus sanguinis* (artigo 12, I, b e c, da CF), logo, pode-se afirmar que o Brasil usa um critério misto para a fixação da nacionalidade. Segundo o inciso I do artigo 12 da CF, são brasileiros natos: **a)** os nascidos em território brasileiro, embora de pais estrangeiros, desde que estes não estejam a serviço de seu país; **b)** os nascidos no estrangeiro, de pai ou mãe brasileiros, desde que qualquer deles esteja a serviço do Brasil; e **c) os nascidos no estrangeiro, de pai ou mãe brasileiros, desvinculados do serviço público, desde que sejam registrados em repartição brasileira competente** ou venham a residir no território nacional e optem, a qualquer tempo, depois de atingida a maioridade, pela nacionalidade brasileira. Deve-se comentar que a terceira hipótese exposta acima foi disciplinada pela EC nº 54/2007, que ainda criou o art. 95 do ADCT: "Os nascidos no estrangeiro entre 7 de junho de 1994 e a data

18. TIMM, Luciano Benetti; RIBEIRO, Rafael Pellegrini; ESTRELLA, Angela T. Gobbi. **Direito do Comércio Internacional**. Rio de Janeiro: Ed. FGV, 2009. p. 124.

da promulgação desta Emenda Constitucional, filhos de pai brasileiro ou mãe brasileira, poderão ser registrados em repartição diplomática ou consular brasileira competente ou em ofício de registro, se vierem a residir na República Federativa do Brasil".

Gabarito "D"

(OAB/Exame Unificado – 2009.1) No que concerne à perda e à reaquisição da nacionalidade brasileira, assinale a opção correta.

(A) Em nenhuma hipótese, brasileiro nato perde a nacionalidade brasileira.
(B) Brasileiro naturalizado que, em virtude de atividade nociva ao Estado, tiver sua naturalização cancelada por sentença judicial só poderá readquiri-la mediante ação rescisória.
(C) Eventual pedido de reaquisição de nacionalidade feito por brasileiro naturalizado será processado no Ministério das Relações Exteriores.
(D) A reaquisição de nacionalidade brasileira é conferida por lei de iniciativa do presidente da República.

A: incorreta. O § 4º do art. 12 da CF traz duas situações em que o brasileiro perderá sua nacionalidade. **Em uma delas (inciso II), a extinção do vínculo patrial pode atingir tanto o brasileiro nato quanto o naturalizado,** bastando para isso que adquira outra nacionalidade, por naturalização voluntária. Tal possibilidade admite duas exceções, uma é no caso de a lei estrangeira reconhecer a nacionalidade originária, a outra é quando a lei estrangeira impõe a naturalização ao brasileiro residente em Estado estrangeiro, como condição para permanência em seu território ou para o exercício de direitos civis; **B:** correta. O §4º do artigo 12 traz duas situações em que o brasileiro perderá sua nacionalidade. Em uma delas (inciso I), apenas o brasileiro naturalizado poderá perder sua nacionalidade. Isto ocorrerá quando a naturalização for cancelada, por sentença judicial, pelo exercício de atividade contrária ao interesse nacional. Neste caso, só é possível readquirir a nacionalidade brasileira por meio de ação rescisória, lembrando que a ação rescisória somente é cabível quando a sentença judicial já estiver transitada em julgado; **C:** incorreta. Segue a redação do art. 36, § 1º, da Lei 818/49: "O pedido de reaquisição, dirigido a Presidente da República, será processado no Ministério da Justiça e Negócios Interiores, ao qual será encaminhado por intermédio dos respectivos Governadores, se o requerente residir nos Estados ou Territórios"; **D:** incorreta, pois a reaquisição de nacionalidade brasileira é conferida por **decreto** do presidente da República (art. 36, *caput*, da Lei 818/49).

Gabarito "B"

(OAB/Exame Unificado – 2004.ES) De acordo com a Constituição Federal, ocorrerá a perda da nacionalidade brasileira quando

(A) o brasileiro residente no exterior adquirir outra nacionalidade, por naturalização voluntária.
(B) a brasileira residente no exterior contrair matrimônio com estrangeiro.
(C) a brasileira naturalizada residente no Brasil divorciar-se do cônjuge brasileiro.
(D) o brasileiro tiver reconhecida outra nacionalidade originária por Estado estrangeiro que adota o critério do *jus sanguinis*.

O § 4º do art. 12 da CF traz duas situações em que o brasileiro perderá sua nacionalidade. **Em uma delas (inciso II), a extinção do vínculo patrial pode atingir tanto o brasileiro nato quanto o naturalizado, bastando para isso que adquira outra nacionalidade, por naturalização voluntária**. Tal possibilidade admite duas exceções, uma é no caso de a lei estrangeira reconhecer a nacionalidade originária, a outra é quando a lei estrangeira impõe a naturalização ao brasileiro residente em Estado estrangeiro, como condição para permanência em seu território ou para o exercício de direitos civis. Na outra opção (inciso I), apenas o brasileiro naturalizado poderá perder sua nacionalidade. Isto ocorrerá quando a naturalização for cancelada, por sentença judicial, pelo exercício de atividade contrária ao interesse nacional.

Gabarito "A"

(Diplomacia – 2012 – CESPE) Com relação aos direitos de nacionalidade e a suas variações, previstos na CF, assinale a opção correta.

(A) Estrangeiros são, por vezes, protegidos como os nacionais, a exemplo da vedação de extradição de estrangeiros por crime político ou de opinião.
(B) Os direitos inerentes aos brasileiros são atribuídos a todo cidadão português, ressalvada a limitação constitucional de verificação de reciprocidade.
(C) A perda da nacionalidade originária, diferentemente do que ocorre com a derivada, é medida prevista como forma extrema de cominação penal.
(D) A extradição de brasileiros portadores de nacionalidade não originária é condicionada excepcional e unicamente a comprovado envolvimento em tráfico ilícito de entorpecentes e de drogas afins.
(E) A concessão de asilo a estrangeiro é prevista como direito civil inalienável no artigo 5º da Lei Maior, que cuida de direitos e garantias fundamentais.

A: correta. A extradição não é permitida quando relacionada à prática de crimes políticos, de imprensa, religiosos e militares. A citada proibição visa tutelar tanto o nacional como o estrangeiro, pois o importante nesse caso é o tipo de crime praticado e não as condições pessoais do sujeito perpetrador. A assertiva corretamente destaca o fato de que a proteção dos estrangeiros como nacionais se dá apenas *por vezes*. Isso porque, por exemplo, o estrangeiro pode ser objeto de deportação e expulsão, ao passo que o brasileiro, nato ou naturalizado, não; **B:** incorreta, pois os direitos são atribuídos apenas aos **portugueses com residência permanente no País (art. 12, § 1º, da CF)**; **C:** incorreta. O § 4º do artigo 12 traz duas situações em que o brasileiro perderá a nacionalidade. Em uma delas (inciso II), a extinção do vínculo patrial pode atingir tanto o brasileiro nato (nacionalidade originária) quanto o naturalizado (nacionalidade derivada), bastando para isso que adquira outra nacionalidade, por naturalização voluntária. Tal possibilidade admite duas exceções: uma é no caso de a lei estrangeira reconhecer a nacionalidade originária, e a outra é quando a lei estrangeira impõe a naturalização ao brasileiro residente em país estrangeiro como condição para a permanência em seu território ou para o exercício de direitos civis. Na outra situação (inciso I), apenas o brasileiro naturalizado poderá perder a nacionalidade, o que ocorrerá quando a naturalização for cancelada, por sentença judicial, pelo exercício de atividade contrária ao interesse nacional. Nesse último caso, só é possível readquirir a nacionalidade brasileira por meio de ação rescisória, cabível somente quando a sentença judicial já estiver transitada em julgado. Percebe-se que a perda da nacionalidade originária não é prevista como forma extrema de cominação penal; **D:** incorreta. É necessário cumprir com outras condições para tomar corpo a concessão de extradição, as quais estão insculpidas no artigo 78 da Lei nº 6.815/1980: a) ter sido o crime cometido no território do Estado requerente ou serem aplicáveis ao extraditando as leis penais desse Estado; e b) existir sentença final de privação de liberdade ou estar a prisão do extraditando autorizada por juiz, tribunal ou autoridade competente do Estado requerente, salvo em caso de urgência, quando poderá ser ordenada a prisão preventiva do extraditando (artigo 82 da Lei nº 6.815/1980); **E:** incorreta, pois a concessão de asilo político está previsto no art. 4º, X, da CF. O artigo citado cuida dos princípios que devem nortear as relações internacionais da República Federativa do Brasil.

Gabarito "A"

6.2. PROTEÇÃO DIPLOMÁTICA OU ENDOSSO

(Procurador da Fazenda Nacional – 2007 – ESAF) A empresa brasileira XYZ tem investimentos de grande vulto no país ABC. De forma arbitrária, o novo Governo de ABC, ao tomar posse, apropria-se do patrimônio que XYZ detinha em ABC. Inconformada, a empresa XYZ recorre ao Governo brasileiro para que lhe conceda proteção diplomática, encampando o problema da empresa e recorrendo à Corte Internacional de Justiça em sua defesa. Indique como se denomina o ato por meio do qual o Estado brasileiro assume a reclamação da empresa XYZ, fazendo-a sua, e dispondo-se a tratar da matéria junto ao Estado autor do ilícito.

(A) Reserva
(B) Imunidade
(C) Denúncia
(D) Endosso
(E) Ratificação

A proteção diplomática é a assunção de defesa de nacional por seu Estado. A concessão de proteção diplomática é denominada endosso e exige alguns requisitos para ocorrer: **a)** a condição de nacional do indivíduo prejudicado (pessoa física ou jurídica); **b)** o esgotamento dos recursos internos (não só a existência de tais vias, como também sua acessibilidade, eficácia e imparcialidade); e **c)** a conduta escorreita do indivíduo reclamante (leia-se não ter violado o ordenamento jurídico interno ou internacional). Em outras palavras, o nacional – pessoa física ou jurídica – que for vítima de um procedimento estatal arbitrário no exterior e restar impossibilitado de fazer valer seus direitos pede ao seu país que lhe represente, isto é, pede a proteção diplomática. Deve-se dizer que tal direito do indivíduo nacional não significa obrigação de seu Estado em conceder a proteção, o qual ficará livre para aquiescer ou não. Discussões surgem quando aparece a dupla nacionalidade ou a múltipla nacionalidade. Neste caso, qualquer dos Estados patriais pode proteger o indivíduo contra terceiro Estado. Contudo, o endosso não poderá tomar corpo se a reclamação for contra um dos Estados patriais; tal impossibilidade tem por fundamento o princípio da igualdade soberana dos Estados. Outro ponto importante sobre a matéria é a possibilidade das organizações internacionais protegerem seus agentes, quando estes a seu serviço forem vítimas de ato ilícito. Tal possibilidade foi aventada no parecer consultivo da Corte Internacional de Justiça no caso Folke de Bernadotte[19]. A tal modalidade de endosso dá-se o nome de proteção funcional. Nesse sentido são as palavras de Francisco Rezek: "no parecer consultivo referente ao caso Bernadotte, a Corte da Haia revelou que não apenas os Estados podem proteger seus nacionais no plano internacional, mas também as organizações internacionais encontram-se habilitadas a semelhante exercício, quando um agente a seu serviço é vítima de ato ilícito. Não há entre o agente e a organização um vínculo de nacionalidade, mas um substitutivo deste para efeito de legitimar o endosso, qual seja o vínculo resultante da função exercida pelo indivíduo no quadro da pessoa jurídica em causa. A essa moderna variante da proteção diplomática dá-se o nome de proteção funcional[20]". A consequência jurídica do endosso é transformar o Estado em *dominus litis*, ou seja, daí para a frente o Estado vai agir em nome próprio, sendo livre para escolher os meios para materializar a proteção, como também para transigir ou desistir no curso da proteção. Por fim, sobre o tema cabe mencionar a doutrina ou "cláusula Calvo". Segundo Francisco Rezek, essa cláusula fundou-se na ideia de que não deve o Direito Internacional prestigiar teorias aparentemente justas e neutras, cujo efeito prático é no entanto acobertar privilégios em favor de um reduzido número de Estados. Ministro das Relações Exteriores da Argentina, Carlos Calvo estatuiu, em 1868, que para os estrangeiros, assim como para os nacionais, as cortes locais haveriam de ser as únicas vias de recurso contra atos da administração. Dessa forma, o endosso deveria ser recusado pelas potências estrangeiras a seus nacionais inconformados. Desde o aparecimento dessa doutrina, uma cláusula se fez com frequência incorporar aos contratos de concessão e ajustes análogos, celebrados entre governos latino-americanos e pessoas físicas ou jurídicas estrangeiras, segundo cujos termos as últimas renunciam desde logo, e para todos os efeitos, à proteção diplomática de seus países de origem em caso de litígio relacionado ao contrato. Trata-se da chamada *renúncia prévia à proteção diplomática*.

Gabarito "D"

19. Conde sueco e mediador da ONU na Palestina que, no exercício de suas funções, foi assassinado por extremistas israelenses em Jerusalém, em 1948.

20. **Direito Internacional Público**. 11. ed. São Paulo: Saraiva, 2008. p. 281.

7. RESPONSABILIDADE INTERNACIONAL

(Advogado da União/AGU – CESPE – 2012) No que se refere à responsabilidade internacional dos Estados e às fontes do direito internacional e sua relação com o direito interno brasileiro, julgue os itens a seguir.

(1) Na Convenção de Viena sobre Direito dos Tratados, o dispositivo que versa sobre a aplicação provisória de tratados foi objeto de reserva por parte do Estado brasileiro.
(2) Por decisão do STF, os costumes e tratados de direitos humanos adotados pelo Brasil antes da edição da Emenda Constitucional n.º 45/2003 adquiriram, no direito brasileiro, estatuto de normas supralegais.
(3) O texto final do projeto sobre responsabilidade internacional dos Estados, aprovado pela Comissão de Direito Internacional da ONU, prevê um sistema agravado de responsabilidade, por violação de normas peremptórias de direito internacional geral.
(4) De acordo com o projeto da Comissão de Direito Internacional da ONU sobre responsabilidade internacional dos Estados, as garantias de não repetição são consequências possíveis de um ilícito internacional.

1: correta. A Convenção de Viena sobre Direito dos Tratados entrou em vigor internacional em 27 de janeiro de 1980 e só foi promulgada no Brasil pelo Decreto n. 7.030 de 14 de dezembro de 2009. A ratificação não só demorou, mas veio com reserva aos arts. 25 e 66. O art. 25 cuida da aplicação provisória de um tratado e determina que, se for assim disposto ou acordado pelas partes, o tratado pode obter uma vigência provisória mesmo sem ter sido objeto de ratificação – o Brasil não aceita esta prática, já que, em regra, a ratificação dos tratados depende de um procedimento complexo, onde o Congresso Nacional tem que aprovar o texto do tratado, e o fará por meio de um decreto legislativo promulgado pelo Presidente do Senado e publicado no Diário Oficial da União. Assim, a regra é que os tratados celebrados pelo Presidente da República sejam apreciados pelo Congresso Nacional (art. 84, VIII, da CF). Já o art. 66 discorre sobre o processo de solução judicial, de arbitragem e de conciliação e determina a competência obrigatória da Corte Internacional de Justiça quando houver conflito ou superveniência de norma imperativa de direito internacional (*jus cogens*) – este artigo não foi aceito pelo Brasil, lembrando que o país não está vinculado ao art. 36 do Estatuto da Corte Internacional de Justiça que disciplina a "cláusula facultativa de jurisdição obrigatória"; **2:** errado, pois apenas os tratados de direitos humanos adotados antes da edição da Emenda Constitucional n.º 45/2003 adquiriram *status* de normas supralegais (*RE* 466.343-SP STF); **3:** certo, pois os arts. 40 e 41 do Projeto sobre Responsabilidade Internacional dos Estados cuidam das *violações graves de obrigações decorrentes de normas imperativas de direito internacional geral*; **4:** certo, pois em consonância com a redação do art. 30 do Projeto sobre Responsabilidade Internacional dos Estados.

Gabarito 1C, 2E, 3C, 4C

8. MECANISMOS DE SOLUÇÃO PACÍFICA DE CONTROVÉRSIAS INTERNACIONAIS

(OAB/Exame Unificado – 2015.1) O litígio que envolve Estados e organizações internacionais, podendo ser de natureza econômica, política ou meramente jurídica, é conceituado como controvérsia internacional. Acerca dos meios diplomáticos para soluções pacíficas de controvérsias internacionais, assinale a afirmativa correta.

(A) A negociação é um mecanismo que conta com o envolvimento de um terceiro, cuja função é propor uma solução pacífica para o conflito entre as partes.
(B) Os bons ofícios caracterizam-se pela oferta espontânea de um terceiro que colabora com a solução de controvérsias, podendo ser um Estado, um organismo internacional ou uma autoridade.
(C) A mediação caracteriza-se pelo envolvimento de um terceiro, que somente pode ser pessoa natural.
(D) A conciliação é muito semelhante à mediação. Entretanto, caracteriza-se pela possibilidade de atuar como mediador pessoa natural, Estado ou organismo internacional.

A: incorreta. Trata-se de método de solução de controvérsias amistosa que envolve negociação programada entre os adversários, sem a presença de terceiros. *As consultas não ocorrem de maneira* improvisada, mas por estarem previamente programadas; **B:** correta. Trata-se de método de solução de controvérsias amistosa que envolve negociação entre os adversários, facilitada pela ação instrumental de um terceiro interessado. *Instrumental porque este terceiro interessado, o prestador de bons ofícios, não propõe solução para a controvérsia, apenas a facilita mediante a aproximação das partes.* Fundamental saber que o prestador de bons ofícios pode ser um estado, uma organização internacional ou até mesmo uma pessoa, desde que reúna prestígio e reputação, e depende da aquiescência dos contendores para atuar, sob pena de caracterizar intromissão indevida nos assuntos de outros estados. Por fim, deve-se frisar que a prestação de bons ofícios se enquadra nas atribuições do Secretário-Geral da ONU. Um exemplo conhecido foi a oferta de bons ofícios do Secretário-Geral da ONU na crise dos mísseis em Cuba, em 1962; **C:** incorreta. Trata-se de método de solução de controvérsias amistosa que envolve negociação entre os adversários, facilitada pela ação decisiva de um terceiro interessado (não necessariamente pessoa natural). Decisiva porque o terceiro interessado propõe solução para a controvérsia. A escolha do mediador é geralmente feita em conjunto e por concordância dos adversários, mas não é sempre facultativa, podendo ser determinada por um tribunal ou mesmo imposta pelo Direito de determinado Estado. O mediador recolhe informações sobre a disputa e os argumentos de cada parte para ao final confeccionar uma solução, a qual não obriga as partes; **D:** incorreta. Trata-se de método de solução de controvérsias amistosa que envolve negociação entre os adversários, facilitada pela ação decisiva de um terceiro interessado. A conciliação é uma mistura de inquérito e mediação, pois engloba uma etapa de esclarecimento de fatos e outra de apresentação de solução para a controvérsia. Outra diferença com a mediação é o seu caráter mais formal. A conciliação toma corpo com a constituição da comissão de conciliadores, geralmente formada por três ou cinco pessoas, dentre as quais figuram representantes dos estados em conflito e elementos neutros. A Comissão estabelecerá as regras que orientaram o procedimento de conciliação. Percebe-se que seu exercício é coletivo, ou seja, não existe conciliador singular e as deliberações geralmente ocorrem por maioria. O relatório da comissão de conciliadores não é de todo obrigatório para as partes, mas existe certa expectativa sobre a sua aceitação. Por fim, é de suma importância apontar o Anexo Único da Convenção de Viena sobre Direito dos Tratados, isto porque este traz a figura da conciliação obrigatória. Tal previsão já aparece em inúmeros tratados internacionais.

„B" oƚiɿɒdɒӘ

(OAB/Exame Unificado – 2013.2) A respeito dos mecanismos de solução pacífica de controvérsias no sistema internacional, assinale a afirmativa correta.

(A) O Tribunal Permanente de Revisão do MERCOSUL tem como base jurídica o Protocolo de Olivos e tem como competência resolver litígios dentro do sistema regional de integração, proferir pareceres consultivos e editar medidas excepcionais e de urgência.
(B) Os Estados possuem capacidade postulatória para solicitar pareceres consultivos perante a Corte Internacional de Justiça (CIJ).
(C) A Organização Mundial do Comércio (OMC) não abre à possibilidade de participação de atores privados no contencioso, como *amici curiae*.
(D) Apenas os Estados que fazem parte da ONU e ratificaram o Estatuto da Corte Internacional de Justiça (CIJ) podem apresentar seus contenciosos à mesma.

As Convenções da Haia de 1899 e 1907 regularam a solução de controvérsias entre Estados e marcaram o início de uma fase do direito internacional marcada pela institucionalização dos mecanismos de solução pacífica de disputas internacionais. Esta fase se consolidou com a criação do Tribunal Permanente de Justiça Internacional em 1921 e se intensificou no pós Segunda Guerra Mundial. A partir de então, pode-se identificar inúmeros mecanismos de solução pacífica de controvérsias internacionais, tais como: meios diplomáticos e políticos, arbitragem, cortes judiciárias de âmbito regional e universal etc. Outra classificação é aquela que separa a solução pacífica em *amistosa* (meios diplomáticos, políticos e jurídicos) e *não amistosa* (meios coercitivos). Antes de adentrarmos ao estudo de cada modalidade de solução pacífica de disputas internacionais, é fundamental buscarmos uma definição de *controvérsia internacional*. Desde a decisão do TPJI no caso Mavromatis, pode-se afirmar que controvérsia internacional é um desacordo, entre dois sujeitos de direito, sobre uma questão de fato ou de direito. A controvérsia internacional tem origem no desacordo entre dois ou mais estados, um estado e uma organização internacional ou duas organizações internacionais. Diante deste quadro, uma definição útil de controvérsia internacional pode ser essa: desacordo, entre dois sujeitos de direito, sobre uma questão de fato ou de direito que seja regulada pelo direito internacional público. Por fim, é importante comentar a importância da solução pacífica de conflitos internacionais no sistema onusiano. A solução pacífica de controvérsias internacionais figura como um dos propósitos da ONU (art. 1º da Carta da ONU). Neste sentido importante conhecer a redação do art. 33, § 1º, da Carta da ONU: "As partes em uma controvérsia, que possa vir a constituir uma ameaça à paz e à segurança internacionais, procurarão, antes de tudo, chegar a uma solução por negociação, inquérito, mediação, conciliação, arbitragem, solução judicial, recurso a entidades ou acordos regionais, ou a qualquer outro meio pacífico à sua escolha".

A: correta. O Protocolo de Olivos[21] reorganizou o sistema de solução de controvérsias do Mercosul. Sua maior inovação foi a criação de um Tribunal Permanente de Revisão, o qual é encarregado de julgar, em grau de recurso, as decisões proferidas pelos tribunais arbitrais *ad hoc*, isto é, foi instituído o duplo grau de jurisdição para solução

21. O art. 1º do Protocolo de Olivos cuida do âmbito de aplicação do Protocolo: "As controvérsias que surjam entre os Estados-partes sobre a interpretação, a aplicação ou o não cumprimento do Tratado de Assunção, do Protocolo de Ouro Preto, dos protocolos e acordos celebrados no marco do Tratado de Assunção, das Decisões do Conselho do Mercado Comum, das Resoluções do Grupo Mercado Comum e das Diretrizes da Comissão de Comércio do Mercosul serão submetidas aos procedimentos estabelecidos no presente Protocolo".

de controvérsias no Mercosul. Lembrando que o recurso é limitado a questões de direito tratadas na controvérsia e às interpretações jurídicas desenvolvidas no laudo do Tribunal Arbitral *Ad Hoc* (art. 17, ponto 2, do Protocolo de Olivos). A título de sistematização, quando surgir alguma contenda envolvendo os países do bloco, o primeiro passo é aplicar as negociações diretas. Com o fracasso destas, passa-se ao Tribunal Arbitral *Ad Hoc*, que funciona como primeira instância. Lembramos que, antes de as partes submeterem o caso ao Tribunal Arbitral *Ad Hoc*, podem escolher (ou seja, é facultativa) a etapa intermediária, que toma corpo com o envio da contenda para o Grupo Mercado Comum, que promoverá estudos sobre a disputa e formulará recomendações não cogentes. Depois, com a provocação das partes, exerce-se o duplo grau de jurisdição mediante a análise da decisão do Tribunal Arbitral Ad Hoc pelo Tribunal Permanente de Revisão. Entretanto, pode-se passar diretamente das negociações diretas malsucedidas para o Tribunal Permanente de Revisão. Nesse último caso, o tribunal vai julgar a demanda de forma definitiva. Assim, o procedimento compreende duas etapas: a fase diplomática e a jurisdicional. A primeira poderá começar por iniciativa dos Estados ou dos particulares, já a segunda somente toma curso por iniciativa dos Estados. E o Tribunal Permanente de Revisão é composto de cinco árbitros e tem sede permanente em Assunção, no Paraguai. Cada Estado-membro envia um titular e um suplente por um período de dois anos, renovável por no máximo dois períodos consecutivos. Já o quinto árbitro é designado por um período de três anos não renovável e escolhido, por unanimidade ou por critério definido por unanimidade, numa lista de oito nomes. Esse árbitro tem que ter a nacionalidade de algum dos Estados-membros. Diante de controvérsia entre dois Estados-partes, o tribunal funcionará com três árbitros, sendo dois destes nacionais dos Estados em litígio e o terceiro, que será o presidente, designado por sorteio, organizado pelo diretor da Secretaria Administrativa, entre os outros árbitros do tribunal. Se a controvérsia envolver três ou mais Estados, o tribunal funcionará com todos os seus cinco membros. Entre suas funções, podem-se destacar: **a)** rever as decisões dos tribunais arbitrais *ad hoc* do Mercosul (os laudos emitidos *ex aequo et bono* não são suscetíveis de revisão); **b)** decidir como instância única quando as partes assim decidirem; e **c)** pronunciar-se como instância única consultiva[22]. Por fim, os laudos do Tribunal *Ad Hoc* ou os do Tribunal Permanente de Revisão, conforme o caso, deverão ser cumpridos no prazo que os respectivos tribunais estabelecerem. Se não for estabelecido um prazo, os laudos deverão ser cumpridos no prazo de 30 dias seguintes à data de sua notificação. Se um Estado-parte na controvérsia não cumprir total ou parcialmente o laudo do Tribunal Arbitral, a outra parte terá a faculdade, dentro do prazo de um ano, contado a partir do dia seguinte ao término do prazo de 30 dias ou de outro que o tribunal estabelecer, de iniciar a aplicação de medidas compensatórias temporárias, como a suspensão de concessões ou outras obrigações equivalentes, com vistas a obter o cumprimento do laudo; **B:** incorreta. O artigo 96 da Carta da ONU prevê uma função consultiva para a Corte. Assim, qualquer organização internacional intergovernamental – especialmente os órgãos das Nações Unidas - pode requerer parecer consultivo à Corte. Percebe-se que os Estados-membros não podem solicitar, diretamente, parecer consultivo à CIJ; **C:** incorreta. O sistema de solução de controvérsias da OMC tem a função de dirimir as disputas comerciais entre os Estados-membros e é basicamente dividido em cinco fases: consultas, painéis, apelação, implementação e retaliação. Cabe dizer que o sistema é fruto das normas, procedimentos e práticas elaborados desde o surgimento do GATT em 1947[23]. O sistema de solução de controvérsias tem uma grande limitação *ratione personae*, pois apenas os Estados podem iniciar uma disputa na OMC, nunca os atores privados; **D:** incorreta. A Corte só pode receber postulações de Estados, sejam ou não membros da ONU (art. 34, ponto 1, do Estatuto da CIJ).

Gabarito "A"

9. DIREITO COMUNITÁRIO

9.1. TEORIA GERAL

(FGV – 2010) A formação de blocos econômicos internacionais converteu-se numa tendência no planeta com o término da Guerra Fria, tornando-se importante instrumento de defesa e desenvolvimento no mundo globalizado. Entre as opções apresentadas, marque a alternativa que apresenta uma tentativa de associação econômica NÃO efetivada:

(A) Mercosul.

(B) Área de Livre Comércio das Américas – ALCA.

(C) União Europeia.

(D) Associação de Cooperação Econômica da Ásia e do Pacífico – APEC.

(E) Acordo de Livre Comércio Norte-Americano – Nafta.

O direito comunitário é o ordenamento jurídico, em seu sentido lato, criado por um bloco regional de integração. Bloco regional, *à* exemplo do Mercosul e da União Europeia, é a associação de países regionalmente próximos com o intuito de prover a integração entre eles em diversos sentidos. Existem inúmeras maneiras de proceder à integração regional, normalmente apontadas como um processo evolucional rumo à integralização máxima. Conforme a tipologia das etapas do processo de integração elaborada pelo economista húngaro Béla Balassa, são elas: **a)** Zona de Preferência Tarifária - dois ou mais países gozam de tarifas mais baixas do que as aplicadas a outros que não possuem acordo preferencial. É o caso da Aladi (Associação Latino-Americana de Integração); **b)** Zona de Livre-Comércio - os países do bloco reduzem drasticamente ou eliminam as tarifas alfandegárias ou não alfandegárias entre eles. É o caso do Nafta (Acordo de Livre-Comércio da América do Norte), formado pelos Estados Unidos, Canadá e México; **c)** União Aduaneira – além dos países do bloco eliminarem as tarifas alfandegárias ou não alfandegárias entre eles, estabelecem as mesmas tarifas de importação (TEC – Tarifa Externa Comum) para o comércio internacional fora do bloco. O melhor exemplo é o Mercosul, apesar de este ser considerado uma união aduaneira imperfeita; **d)** Mercado Comum – conserva as características da união aduaneira com acréscimo das outras liberdades fundamentais do mercado (livre circulação de pessoas, serviços e capitais). Percebe-se que na união aduaneira existe tão somente a livre circulação de bens. O exemplo foi a Comunidade Europeia – leia-se União Europeia antes da entrada em vigor do Tratado de Maastricht de 1993; **e)** União Econômica e Monetária – conserva todas as características anteriormente apresentadas com o acréscimo de possuir uma política macroeconômica unificada. Percebe-se que a principal diferença entre o mercado comum e a união econômica e monetária reside na política macroeconômica coordenada do primeiro e na unificada do segundo. *A título de solapar possíveis dúvidas, a adoção de moeda única não é condição para constituição da união econômica e monetária, mas sim o ponto alto de tal modalidade de integração. É o caso da União Europeia pós-Tratado de* Maastricht. De todas as associaç*ões econômicas indicadas* na questão, a única que não se efetivou foi a **ALCA** (**Área de livre comércio das Américas**), proposta pelos Eua em 1994 com o objetivo de acabar com as <u>barreiras alfandegárias</u> de 34 países americanos (exceto Cuba) e formar uma área de livre comércio. A ALCA seria o maior bloco econômico do mundo, englobando as áreas do NAFTA e também do Mercosul. O projeto encontra-se parado, jamais tendo sido efetivado. Assim, a resposta correta à questão é a "B".

Gabarito "B"

22. A Emenda Regimental nº 48 do STF disciplinou o acesso dos magistrados brasileiros, e também das partes nos processos, às opiniões consultivas do Tribunal Permanente de Revisão, que funcionam como pareceres sobre casos concretos e situações específicas em causas que envolvem direito internacional do bloco.

23. Cabe recordar que o sistema de solução de controvérsias do antigo Gatt possuía apenas uma etapa de painéis, de cujas decisões não cabia recurso.

9.2. MERCOSUL

(OAB/Exame Unificado – 2015.1) O MERCOSUL é um organismo internacional que visa à integração econômica de países que se localizam geograficamente no eixo conhecido como Cone Sul, nos termos do Tratado de Assunção (1991) e do Protocolo de Ouro Preto (1994). Sobre o sistema de solução de controvérsias do MERCOSUL, assinale a afirmativa correta.

(A) O MERCOSUL não possui um sistema próprio de solução de controvérsias, adotando, nos termos do Tratado de Assunção, o sistema estabelecido no Anexo II do Tratado de Marrakesh para a Organização Mundial do Comércio.

(B) Provisoriamente estabelecido no Protocolo de Brasília (1993), o sistema de solução de controvérsias do MERCOSUL encontra-se, atualmente, normatizado pelo Protocolo de Ouro Preto (1994), que estabeleceu a estrutura orgânica definitiva do bloco.

(C) O sistema de solução de controvérsias do MERCOSUL, atualmente normatizado nos termos do Protocolo de Olivos (2002), estabeleceu como instância final judicante o Tribunal Permanente de Revisão.

(D) O sistema de soluções de controvérsias do MERCOSUL somente foi normatizado pelo Protocolo de Las Lerias (1996), que estabeleceu os procedimentos de cooperação e assistência jurisdicional em matéria civil, comercial, trabalhista e administrativa.

O Protocolo de Olivos[24] reorganizou o sistema de solução de controvérsias do Mercosul. Sua maior inovação foi a criação de um Tribunal Permanente de Revisão, o qual é encarregado de julgar, em grau de recurso, as decisões proferidas pelos tribunais arbitrais *ad hoc*, isto é, foi instituído o duplo grau de jurisdição para solução de controvérsias no Mercosul. Lembrando que o recurso é limitado a questões de direito tratadas na controvérsia e às interpretações jurídicas desenvolvidas no laudo do Tribunal Arbitral *Ad Hoc* (art. 17, ponto 2, do Protocolo de Olivos).

A título de sistematização, quando surgir alguma contenda envolvendo os países do bloco, o primeiro passo é aplicar as negociações diretas. Com o fracasso destas, passa-se ao Tribunal Arbitral *Ad Hoc* – funciona como primeira instância. Lembrando que, antes de as partes submeterem o caso ao Tribunal Arbitral *Ad Hoc*, podem escolher (ou seja, é facultativa) a etapa intermediária, que toma corpo com o envio da contenda para o Grupo Mercado Comum, que promoverá estudos sobre a disputa e formulará recomendações não cogentes. Depois, com a provocação das partes, exerce-se o duplo grau de jurisdição mediante a análise da decisão do Tribunal Arbitral *Ad Hoc* pelo Tribunal Permanente de Revisão. Entretanto, pode-se passar diretamente das negociações diretas malsucedidas para o Tribunal Permanente de Revisão. Nesse último caso, o tribunal vai julgar a demanda de forma definitiva.

Assim, o procedimento compreende duas etapas: a fase diplomática e a jurisdicional. A primeira poderá começar por iniciativa dos Estados ou dos particulares, já a segunda somente toma curso por iniciativa dos Estados.[25]

Gabarito "C"

(OAB/Exame Unificado – 2008.1) No que diz respeito ao MERCOSUL, assinale a opção correta.

(A) Os idiomas oficiais do MERCOSUL são o espanhol e o português, com prevalência do espanhol em caso de dúvida sobre a aplicação ou interpretação dos tratados constitutivos.

(B) O MERCOSUL ainda não possui um tratado sobre defesa da concorrência, não obstante os esforços brasileiros para a criação de um instrumento sobre tal matéria.

(C) O MERCOSUL possui personalidade jurídica de direito internacional.

(D) É vedado ao MERCOSUL celebrar acordos de sede.

A: incorreta, pois o art. 17 do Tratado de Assunção assim dispõe: "Os idiomas oficiais do Mercado Comum serão o português e o espanhol e a versão oficial dos documentos de trabalho será a do idioma do país sede de cada reunião"; **B:** incorreta, pois existe o Protocolo de Defesa da Concorrência do Mercosul; **C:** correta. O Mercosul é uma união aduaneira composta por Argentina, Uruguai, Brasil, Paraguai e agora a Venezuela também. E funciona pela cooperação intergovernamental. E por ser um bloco regional possui personalidade jurídica de direito internacional. Importante lembrar que os detentores de personalidade jurídica de direito Internacional são: o estado, a organização internacional (incluindo os blocos regionais) e a pessoa humana. Por fim, o art. 34 do Protocolo de Ouro Preto prevê expressamente que o Mercosul terá personalidade jurídica de direito internacional; **D:** incorreta, pois o Mercosul pode celebrar acordos de sede (art. 36 do Protocolo de Ouro Preto).

Gabarito "C"

9.3. UNIÃO EUROPEIA

(FGV – 2010) A respeito da União Europeia, assinale a afirmativa correta.

(A) A UE não pode fazer nada a não ser que todos os seus Estados membros concordem.

(B) A UE está sob completo controle de burocratas não eleitos.

(C) A UE requer dos Estados Membros um agrupamento de regras e princípios em várias áreas estratégicas de intervenção.

(D) A UE já desenvolveu todas as características essenciais de um Estado centralizado e unitário.

24. O art. 1º, ponto 1, do Protocolo de Olivos cuida do âmbito de aplicação do Protocolo: "As controvérsias que surjam entre os Estados-Partes sobre a interpretação, a aplicação ou o não cumprimento do Tratado de Assunção, do Protocolo de Ouro Preto, dos protocolos e acordos celebrados no marco do Tratado de Assunção, das Decisões do Conselho do Mercado Comum, das Resoluções do Grupo Mercado Comum e das Diretrizes da Comissão de Comércio do Mercosul serão submetidas aos procedimentos estabelecidos no presente Protocolo".

25. O sistema de solução de controvérsias do Mercosul refere-se aos Estados-Partes (art. 1º, ponto 1, do Protocolo de Olivos). É interessante lembrar, entretanto, que é possível a formulação de reclamação por particulares em razão da sanção ou aplicação, por qualquer dos Estados-Partes, de medidas legais ou administrativas de efeito restritivo, discriminatórias ou de concorrência desleal, em violação do Tratado de Assunção, do Protocolo de Ouro Preto, dos protocolos e acordos celebrados no marco do Tratado de Assunção, das Decisões do Conselho do Mercado Comum, das Resoluções do Grupo Mercado Comum e das Diretrizes da Comissão de Comércio do Mercosul (art. 39 do Protocolo de Olivos). E os particulares afetados formalizarão as reclamações ante a Seção Nacional do Grupo Mercado Comum do Estado-Parte onde tenham sua residência habitual ou a sede de seus negócios (art. 40 do Protocolo de Olivos).

(E) A UE é apenas uma união econômica e monetária.

A União Europeia é uma união econômica e monetária. A União Europeia não é um superestado, mas sim uma entidade supranacional, ou, ainda melhor, uma entidade que funciona por cooperação supranacional. Cabe destacar que a União Europeia não é apenas uma união econômica e monetária (classificação ditada pelo estágio de integração alcançado), mas também é uma organização com forte apelo político pois trata-se de um **projeto de integração política que utiliza mecanismos econômicos como instrumento para sua evolução**. E para alcançar sua finalidade, a UE depende de uma harmonia legislativa entre os Estados membros, especialmente nas áreas estratégicas de intervenção. E caso ocorra conflito entre normas comunitárias e nacionais (mesmo estas sendo de índole constitucional), as primeiras sempre vencerão. O princípio da aplicação predominante do direito comunitário tem por consequência a impossibilidade do Estado membro opor-se, por motivos de ordem legal e constitucional, à aplicação de normas comunitárias. Tal característica tem importância fundamental para o funcionamento do sistema comunitário, pois garante a uniformidade na aplicação do direito comunitário em todos os Estados membros, garantindo, assim, a eficiência dos órgãos comunitários.

Gabarito "C"

10. TRIBUNAL PENAL INTERNACIONAL

(OAB/Exame Unificado – 2008.1) Acerca de tribunais internacionais e de sua repercussão, assinale a opção correta.

(A) O Estatuto de Roma não permite reservas nem a retirada dos Estados membros do tratado.

(B) O Estatuto de Roma, que criou o Tribunal Penal Internacional, estabelece uma diferença entre entrega e extradição, operando a primeira entre um Estado e o mencionado tribunal e a segunda, entre Estados.

(C) O Tribunal Penal Internacional prevê a possibilidade de aplicação da pena de morte, ao passo que a Constituição brasileira proíbe tal aplicação.

(D) O § 4º do art. 5º da Constituição Federal prevê a submissão do Brasil à jurisdição de tribunais penais internacionais e tribunais de direitos humanos.

A: incorreta. O Tribunal Penal Internacional (TPI) foi constituído na Conferência de Roma, em 17 de julho de 1998, onde se aprovou o Estatuto de Roma (**tratado que não admite a apresentação de reservas**), que só entrou em vigor internacional em 1º de julho de 2002, e passou a vigorar, para o Brasil, em 1º de setembro de 2002. A partir de então tem-se um tribunal permanente para julgar **indivíduos** acusados da prática de crimes de genocídio, de crimes de guerra, de crimes de agressão e de crimes contra a humanidade. Deve-se apontar que *indivíduos* diz respeito a quaisquer indivíduos, independentemente de exercerem funções governamentais ou cargos públicos (art. 27 do Estatuto de Roma), desde que, à data da alegada prática do crimo, tenham completado 18 anos de idade. E o art. 127, I, do Estatuto de Roma é expresso ao permitir a retirada: "Qualquer Estado Parte poderá, mediante notificação escrita e dirigida ao Secretário-Geral da Organização das Nações Unidas, retirar-se do presente Estatuto. A retirada produzirá efeitos um ano após a data de recepção da notificação, salvo se esta indicar uma data ulterior"; **B:** correta. A grande inovação do Estatuto foi a criação do instituto da *entrega* ou *surrender*. A entrega é a entrega de um Estado para o TPI, a pedido deste, de indivíduo que deva cumprir pena por prática de algum dos crimes tipificados no artigo 5º do Estatuto de Roma. A título comparativo, a extradição é a entrega de um Estado para outro Estado, à pedido deste, de indivíduo que em seu território deva responder a processo penal ou cumprir pena por prática de crime de certa gravidade. A grande finalidade do instituto da *entrega* é driblar o princípio da não extradição de nacionais e, logicamente, garantir o julgamento do acusado, pois o TPI não julga indivíduos à revelia. Ou seja, criou-se tal figura para permitir que o Estado entregue indivíduo que seja nacional seu ao TPI. Em outras palavras, a *entrega* nada mais é do que o cumprimento de ordem emanada do Tribunal Penal Internacional. A legitimidade de tal autoridade reside no fato do tribunal realizar os anseios de justiça de toda a comunidade internacional julgando e condenando autores de crimes tão nefastos para a humanidade. Assim, o Estado, como signatário do estatuto de Roma, deve cooperar e entregar seu nacional para ser julgado pelo TPI. A título comparativo, a *entrega* é de interesse de toda a comunidade internacional, ao passo que a *extradição* é de interesse do país requerente. O Brasil, com fundamento no artigo 5º, LI e § 4º, da CF, permite a entrega de nacional seu ao TPI, mas proíbe a extradição de nacional seu ao Estado requerente. Lembrando, com base no inciso LI supracitado, que existe uma exceção ao princípio da não extradição de nacionais no Brasil, tratando-se do caso de brasileiro naturalizado que tiver comprovado envolvimento em tráfico ilícito de entorpecentes e drogas afins. E, a título de curiosidade, cabe lembrar que os EUA não reconhecem a jurisdição do TPI; **C:** incorreta. Se a acusação for devidamente processada e aceita pela Câmara Preliminar, o TPI poderá julgar o caso. E, caso condene o indiciado culpado, a pena imposta terá que respeitar o limite máximo de 30 anos. Todavia, caso o crime seja de extrema gravidade, poderá ser aplicada a pena de prisão perpétua. Concomitantemente, poderá ser aplicada a pena de multa e de confisco, caso restar comprovado que o culpado adquiriu bens de forma ilícita (art. 77 do Estatuto de Roma). Além de sanções de natureza penal, o TPI pode determinar a reparação às vítimas de crimes e respectivos familiares, principalmente por meio da restituição, da indenização ou da reabilitação. Ainda, o Tribunal poderá, de ofício ou por requerimento, em circunstâncias excepcionais, determinar a extensão e o nível dos danos, da perda ou do prejuízo causados às vítimas ou aos titulares do direito à reparação, com a indicação dos princípios nos quais fundamentou a sua decisão (art. 75 do Estatuto de Roma); **D:** incorreta, pois a redação correta do § 4º do art. 5º da CF é a seguinte: "O Brasil se submete à jurisdição de Tribunal Penal Internacional a cuja criação tenha manifestado adesão".

Gabarito "B"

11. QUESTÕES COMBINADAS E OUTROS TEMAS DE DIREITO INTERNACIONAL PÚBLICO

(OAB/Exame Unificado – 2010.3) A Conferência de Bretton Woods (1944), realizada no ocaso da Segunda Guerra Mundial, é considerada um marco na história do Direito Internacional no século XX porque

(A) inaugurou uma nova etapa na cooperação política internacional ao extinguir a Liga das Nações e transferir a Corte Internacional de Justiça para a estrutura da então recém-criada Organização das Nações Unidas – ONU.

(B) criou o Tribunal de Nuremberg, corte *ad hoc* responsável pelo julgamento dos principais comandantes nazistas e seus colaboradores diretos pelos crimes de guerra cometidos durante a Segunda Guerra Mundial.

(C) estabeleceu as bases do sistema econômico e financeiro internacional, por meio da criação do Banco Mundial – BIRD, do Fundo Monetário Internacional – FMI e do Acordo Geral de Tarifas Aduaneiras e Comércio – GATT.

(D) criou o sistema internacional de proteção aos direitos humanos, a partir da adoção da Declaração Universal dos Direitos Humanos, do Pacto Internacional de Direitos Civis e Políticos e do Pacto Internacional de Direitos Econômicos, Sociais e Culturais.

A: Incorreta. A Liga das Nações foi uma organização internacional criada pelas potências vencedoras da Primeira Guerra Mundial, quando da confecção do Tratado de Versalhes. Tinha por objetivo assegurar a paz mundial. Mas, tendo fracassado em manter a paz no mundo, foi dissolvida por volta de 1942. Porém, em 18 de abril de 1946, o organismo passou as responsabilidades à recém-criada Organização das Nações Unidas – ONU. A ONU é uma organização internacional que tem por objetivo facilitar a cooperação em matéria de direito internacional, segurança internacional, desenvolvimento econômico, progresso social, direitos humanos e a realização da paz mundial. Por isso, diz-se que é uma organização internacional de vocação universal. Sua lei básica é a Carta das Nações Unidas, elaborada em São Francisco, de 25 de abril a 26 de junho de 1945. Esta Carta tem como anexo o Estatuto da Corte Internacional de Justiça. Conforme se depreende do conceito, os propósitos da ONU são: **a)** manter a paz e a segurança internacionais; **b)** desenvolver relações amistosas entre as nações; **c)** realizar a cooperação internacional para resolver os problemas mundiais de caráter econômico, social, cultural e humanitário, promovendo o respeito aos direitos humanos e às liberdades fundamentais; e **d)** ser um centro destinado a harmonizar a ação dos povos para a consecução desses objetivos comuns. E os princípios são: **a)** da igualdade soberana de todos seus membros; **b)** da boa fé no cumprimento dos compromissos da Carta; **c)** da solução de controvérsias por meios pacíficos; **d)** da proibição de recorrer à ameaça ou ao emprego da força contra outros Estados; **e)** da assistência às Nações Unidas; **f)** da não intervenção em assuntos essencialmente nacionais; **B:** Incorreta. O Tribunal de Nuremberg foi criado, em Londres, por meio de um acordo confeccionado pelos britânicos, franceses, americanos e soviéticos. O Tribunal de Nuremberg foi um marco para o Direito Internacional Penal, especialmente no que tange à inclusão do indivíduo no cenário internacional, responsabilizando-o diretamente por seus atos contra os direitos humanos; **C:** Correta. A Conferência de Bretton Woods estabeleceu as regras para as relações comerciais e financeiras entre os países mais industrializados do mundo. Definiu um vasto sistema de regras, instituições e procedimentos para regular a política econômica internacional, dentro do qual foram criados o Banco Mundial – BIRD –, o Fundo Monetário Internacional – FMI – e o Acordo Geral de Tarifas Aduaneiras e Comércio – GATT; **D:** Incorreta. A Declaração Universal dos Direitos Humanos foi aprovada pela Resolução n. 217 A (III) da Assembleia Geral da ONU, em 10 de dezembro de 1948, por 48 votos a zero e oito abstenções. E em **conjunto com os dois Pactos Internacionais, sobre Direitos Civis e Políticos e sobre Direitos Econômicos, Sociais e Culturais, constituem a "Carta Internacional de Direitos Humanos"**. A Declaração é fruto de um consenso sobre valores de cunho universal a serem seguidos pelos Estados. E também do reconhecimento do indivíduo como sujeito direto do direito internacional. É importante esclarecer que a Declaração é um exemplo de *soft law*, isto porque ela não prevê mecanismos constritivos para a implementação dos direitos previstos. Por outro lado, quando o documento legal prevê mecanismos constritivos para a implementação dos seus direitos, estaremos diante de um exemplo de *hard law*. Revisitando o direito a ter direitos de Hannah Arendt, segundo a Declaração, a condição de "pessoa humana" é requisito único e exclusivo para ser titular de direitos. Com isso corrobora-se o caráter universal dos direitos humanos, isto é, todo indivíduo é cidadão do mundo e, desta forma, detentor de direitos que salvaguardam sua dignidade. No seu bojo encontram-se direitos civis e políticos (arts. 3º a 21) e direitos econômicos, sociais e culturais (arts. 22 a 28). É importante apontar que a Declaração Universal dos Direitos do Homem não tem força legal (funcionaria como uma *recomendação*), mas sim material e acima de tudo inderrogável por fazer parte do *jus cogens*. Entretanto, consoante ao que estudamos, pode-se até advogar que a Declaração, por ter definido o conteúdo dos direitos humanos insculpidos na Carta das Nações Unidas, tem força legal vinculante. Isto porque os Estados membros da ONU se comprometeram a promover e proteger os direitos humanos. De qualquer modo, chega-se à afirmação de que a Declaração Universal dos Direitos Humanos gera obrigações aos Estados, isto é, tem força obrigatória (por ser legal ou por fazer parte do *jus cogens*).

Gabarito "C".

(OAB/Exame Unificado – 2010.1) Acerca da condição jurídica dos estrangeiros e dos nacionais no direito brasileiro, assinale a opção correta.

(A) A CF dispõe expressamente sobre a possibilidade de expulsão do estrangeiro que praticar atividade nociva à ordem pública e ao interesse nacional, salvo se estiverem presentes, simultaneamente, os seguintes requisitos: cônjuge brasileiro e filho brasileiro dependente da economia paterna.

(B) O Brasil, por ter ratificado integralmente o Estatuto de Roma, que criou o Tribunal Penal Internacional, tem o compromisso de entregar ao tribunal os indivíduos contra os quais tenham sido expedidos pedidos de detenção e entrega, mesmo que eles possuam, originariamente, nacionalidade brasileira.

(C) Os estrangeiros de qualquer nacionalidade residentes na República Federativa do Brasil há mais de quinze anos ininterruptos são automaticamente considerados brasileiros naturalizados, independentemente de qualquer outra condição ou exigência.

(D) É vedada a extradição de nacionais, salvo em caso de comprovado envolvimento em tráfico ilícito de entorpecentes, em terrorismo ou em crimes definidos, em lei, como hediondos.

A: incorreta. A expulsão é a saída compulsória, do território nacional, do estrangeiro que constituir perigo ou ameaça à ordem pública. Diferentemente de outras constituições brasileiras (por exemplo, a de 1946), a CF de 1988 não adota norma a respeito do tema, que é disciplinado pela Lei n.º 6.815/1980 (Estatuto do Estrangeiro). Tal lei, no art. 65, dispõe que "é passível de expulsão o estrangeiro que, de qualquer forma, atentar contra a segurança nacional, a ordem política ou social, a tranquilidade ou moralidade pública e a economia popular, ou cujo procedimento o torne nocivo à conveniência e aos interesses nacionais". O parágrafo único do mesmo artigo prevê outros casos em que a expulsão do estrangeiro pode ocorrer, e o art. 75, II, dispõe que não se procederá à expulsão "quando o estrangeiro tiver: **a)** cônjuge brasileiro do qual não esteja divorciado ou separado, de fato ou de direito, e desde que o casamento tenha sido celebrado há mais de 5 (cinco) anos; ou **b)** filho brasileiro que, comprovadamente, esteja sob sua guarda e dele dependa economicamente". Assim, basta a existência de um desses requisitos para que não se proceda à expulsão; **B:** correta. O Brasil não somente aderiu ao Estatuto de Roma, como expressamente inscreveu a aceitação da jurisdição do Tribunal Penal Internacional, por meio da Emenda Constitucional n.º 45/2004, no § 4.º do art. 5.º da Constituição. A grande inovação do Estatuto de Roma foi a criação do instituto da *entrega* ou *surrender*, tratando-se da efetiva entrega de um Estado para o TPI, à pedido deste, de indivíduo que deva cumprir pena por prática de algum dos crimes tipificados no artigo 5º do Estatuto de Roma. A título comparativo, a extradição é a entrega de um Estado para outro Estado, à pedido deste, de indivíduo que em seu território deva responder a processo penal ou cumprir pena por prática de crime de certa gravidade. A grande finalidade do instituto da *entrega* é driblar o princípio da não extradição de nacionais e, logicamente, garantir o julgamento do acusado, pois o TPI não julga indivíduos à revelia. Ou seja, criou-se tal figura para permitir que o Estado entregue indivíduo que seja nacional seu ao TPI. Em outras palavras, a *entrega* nada mais é do que o cumprimento de ordem emanada do Tribunal Penal Internacional. A legitimidade de tal autoridade reside no fato do tribunal realizar os anseios de justiça de toda a comunidade internacional julgando e condenando autores de crimes tão nefastos para a humanidade. Assim, o Estado, como signatário do estatuto de Roma, deve cooperar e entregar seu nacional para ser julgado pelo TPI. A título comparativo, a *entrega* é de interesse de toda a comunidade internacional, ao passo que a *extradição* é de interesse do país requerente. O Brasil, com fundamento no artigo 5º, LI e § 4º, da CF, permite a entrega de nacional seu ao TPI, mas proíbe a extradição de nacional seu ao Estado requerente. Lembrando, com base no inciso LI supracitado, que existe uma exceção ao princípio da não extradição de nacionais no Brasil, trata-se do caso de brasileiro naturalizado que tiver comprovado envolvimento em tráfico ilícito de entorpecentes e drogas afins. E a título de curiosidade, cabe lembrar que os EUA não reconhecem a jurisdição do TPI; **C:** incorreta. A nacionalidade é o vínculo político existente entre o estado soberano e o indivíduo. O art. 12 da CF regula a condição de brasileiro nato e naturalizado, como também as situações de perda da nacionalidade brasileira. E consoante o inciso II do artigo 12, serão brasileiros naturalizados: **a)** os que, na forma da lei, adquiram a nacionalidade brasileira, exigidas aos originários de países de língua portuguesa apenas residência por um ano ininterrupto e idoneidade moral; e **b)** os estrangeiros de qualquer nacionalidade, residentes no Brasil há mais de quinze anos ininterruptos e **sem condenação penal, desde que requeiram a nacionalidade brasileira**. A lei ordinária regulamentadora cria outra possibilidade de aquisição da nacionalidade brasileira e, para tanto, exige, no mínimo, quatro anos de residência no Brasil, idoneidade, boa saúde e domínio do idioma, lembrando que a naturalização só produzirá efeitos depois da entrega do certificado pelo juiz federal competente; **D:** incorreta. A extradição é a entrega de um Estado para outro Estado, à pedido deste, de indivíduo que em seu território deva responder a processo penal ou cumprir pena por prática de crime de certa gravidade. Um condicionante desta entrega é a confirmação de que os direitos humanos do extraditando serão respeitados. A grande finalidade da extradição é garantir, por meio da cooperação internacional, que a prática de crime não ficará sem punição. E o fundamento jurídico do pedido de extradição pode ser a existência de um tratado prevendo tal hipótese, ou, na falta deste, a declaração de reciprocidade funciona como suporte jurídico para a extradição. Deve-se ponderar que a extradição não é permitida quando relacionada à prática de crimes políticos, de imprensa, religiosos e militares. E se o indivíduo foi condenado à morte, a extradição só deve tomar curso se ficar assegurada a conversão da pena de morte em pena de prisão. Ademais, a maioria dos países não permite a extradição de nacional seu – neste sentido o artigo 5º, LI, da CF brasileira determina: "nenhum brasileiro será extraditado, **salvo o naturalizado, em caso de crime comum, praticado antes da naturalização, ou de comprovado envolvimento em tráfico ilícito de entorpecentes e drogas afins**, na forma da lei".

Gabarito "B"

(OAB/Exame Unificado – 2007.2) Acerca do direito internacional atinente a nacionalidade e a extradição, assinale a opção correta.

(A) A perda da nacionalidade brasileira somente poderá ocorrer caso haja aquisição de outra nacionalidade por naturalização voluntária.

(B) A extradição é um ato estatal que obriga o estrangeiro a sair do território nacional, ao qual não poderá mais retornar.

(C) Nacionalidade é o vínculo entre o indivíduo e a nação.

(D) Considere que, durante uma viagem de navio, um casal de argentinos, que deixara seu país rumo a um passeio pelo Caribe tenha uma criança no momento em que o navio transite no mar territorial brasileiro. Nessa situação, a criança terá nacionalidade brasileira.

A: incorreta. O §4º do art. 12 da CF traz duas situações em que o brasileiro perderá sua nacionalidade. Em uma delas (inciso II), a extinção do vínculo patrial pode atingir tanto o brasileiro nato quanto o naturalizado, bastando para isso que adquira outra nacionalidade, por naturalização voluntária. Tal possibilidade admite duas exceções, uma é no caso de a lei estrangeira reconhecer a nacionalidade originária, a outra é quando a lei estrangeira impõe a naturalização ao brasileiro residente em Estado estrangeiro, como condição para permanência em seu território ou para o exercício de direitos civis. Na outra opção (inciso I), apenas o brasileiro naturalizado poderá perder sua nacionalidade. Isto ocorrerá quando a naturalização for cancelada, por sentença judicial, pelo exercício de atividade contrária ao interesse nacional; **B:** incorreta. A extradição é a entrega de um Estado para outro Estado, à pedido deste, de indivíduo que em seu território deva responder a processo penal ou cumprir pena por prática de crime de certa gravidade. Um condicionante desta entrega é a confirmação de que os direitos humanos do extraditando serão respeitados. A grande finalidade da extradição é garantir, por meio da cooperação internacional, que a prática de crime não ficará sem punição. E o fundamento jurídico do pedido de extradição pode ser a existência de um tratado prevendo tal hipótese, ou, na falta deste, a declaração de reciprocidade funciona como suporte jurídico para a extradição. Pelo dito, percebe-se que a assertiva trata da expulsão, que é a saída compulsória, do território nacional, do estrangeiro que constituir perigo ou ameaça à ordem pública. Pode-se citar tais atos como possíveis de gerar a expulsão: **a)** conspirações; **b)** espionagem; **c)** provocação de desordens; **d)** mendicidade e vagabundagem etc. A medida deixa sequelas e pode ser considerada como punitiva; **C:** incorreta. A nacionalidade é o vínculo político existente entre o Estado soberano e o indivíduo. O art. 15 da Declaração Universal dos Direitos Humanos determina que nenhum Estado pode arbitrariamente retirar do indivíduo sua nacionalidade ou seu direito de mudar de nacionalidade. E o art. 20 da Convenção Americana sobre Direitos Humanos, celebrada em São José da Costa Rica, dispõe que toda pessoa tem direito à nacionalidade do Estado em cujo território houver nascido, se não tiver direito à outra. Pela redação destes dois diplomas fica claro que o ordenamento internacional combate a apatridia. Relembramos que *apátrida é a condição de indivíduo que não possui qualquer nacionalidade*; **D:** correta. A nacionalidade será *originária* ou *primária* quando provier do nascimento – logo, involuntária –, e *adquirida* ou *secundária* quando resultar de alteração de nacionalidade, como, por exemplo, por meio da naturalização – logo, voluntária. Segundo o inciso I do art. 12, serão brasileiros natos: **a) os nascidos em território brasileiro, embora de pais estrangeiros, desde que estes não estejam a serviço de seu país**; **b)** os nascidos no estrangeiro, de pai ou mãe brasileira, desde que qualquer deles esteja a serviço do Brasil; e **c)** os nascidos no estrangeiro, de pai ou mãe brasileira, desvinculados do serviço público, desde que sejam registrados em repartição brasileira competente ou venham a residir no território nacional e optem, a qualquer tempo, depois de atingida a maioridade, pela nacionalidade brasileira.

Gabarito "D"

12. DIREITO INTERNACIONAL PRIVADO – TEORIA GERAL E FONTES

(FGV – 2010) O fenômeno da globalização na pós modernidade tem gerado modelos normativos que surgem fora do padrão natural, de origem estatal ou mesmo de Organizações Internacionais, como a ONU, OMC e a OMS. Um desses fenômenos pode ser identificado pela aplicação aos contratos internacionais dos:

(A) Princípios do UNIDROIT.

(B) Princípios da constituição.

(C) Princípios da lei.

(D) Princípios da rigidez.

(E) Princípios da globalidade.

O Instituto Internacional para a Unificação do Direito Privado – UNIDROIT – é uma organização intergovernamental que tem por função estudar as formas de harmonizar e de coordenar o direito internacional privado entre Estados e preparar gradualmente a adoção, pelos diversos Estados, de uma legislação de direito internacional privado uniforme. Primeiramente fundado em 1926 como órgão auxiliar da Liga das Nações e depois restabelecido em 1940 por meio de um tratado multilateral que determinou seu Estatuto, funciona por meio de reuniões periódicas de seus membros e de grupos de estudos especiais. Por fim, cabe ressaltar que as regras uniformes elaboradas pelo Instituto valem como tratados.

Gabarito "A"

(Magistratura Federal/3ª Região – 2010) O artigo 1º, inciso I, da Constituição Federal elenca entre os fundamentos da República Federativa do Brasil a soberania. Por seu turno o art. 4º, incisos I e V, da CF, prevê que nas suas relações internacionais a República Federativa do Brasil, reger-se-á, entre outros, pelos princípios da independência nacional e da igualdade entre os Estados, sendo, portanto, correto afirmar que:

(A) A norma estrangeira não pode ser aplicada no Brasil, sob pena de infringência à soberania nacional;
(B) A lei estrangeira, aplicada por força de dispositivo de direito internacional privado brasileiro, se equipara a legislação federal brasileira, para efeito de admissibilidade de recurso especial, quando contrariada ou lhe for negada vigência pelo Juiz nacional;
(C) Tratando-se de norma legitimamente expedida por Estado igualmente soberano, e aplicável em território nacional por força da autoridade do legislador federal, ela se incorpora à legislação federal, não podendo ter sua eficácia afastada;
(D) A legislação brasileira será eficaz fora dos limites do território nacional, por força do princípio da extraterritorialidade, quando a relação jurídica tiver por objeto interesses de cidadão brasileiro.

A: incorreta. O Direito Internacional Privado (DIPr) é composto por princípios e regras, sendo estas positivadas ou costumeiras, que têm por primordial função resolver os conflitos de leis no espaço. Para um maior entendimento do conceito supracitado, faz-se necessário saber o que são e por que surgem os conflitos de leis no espaço. O conflito de leis no espaço nada mais é do que a situação de existência de duas ou mais leis aplicáveis ao mesmo fato ou à mesma relação jurídica, das quais ao menos uma pertence a um ordenamento jurídico estrangeiro. Em outras palavras, um fato ou uma relação jurídica que gera efeitos em dois ou mais ordenamentos jurídicos (leia-se Estados). Assim, a causa do conflito de leis no espaço é o elemento estrangeiro (também chamado de estraneidade) contido na relação jurídica, situação que se afigura cada vez mais cotidiana em função do atual cosmopolitismo humano impulsionado pela globalização econômica, cultural e política. O Direito Internacional Privado auxilia o juiz nacional na determinação do direito aplicável aos casos, à ele submetido, que contenham elementos estrangeiros. Essa situação pode ocasionar a flexibilização do princípio da territorialidade das leis na medida em que prescreve, em determinados casos, a aplicação do direito estrangeiro pelo juiz nacional; **B:** correta, aliás, assim foi decidido no RE 93.131/MG; **C:** incorreta, pois não se trata de incorporação da legislação estrangeira à legislação federal, mas apenas de aplicação, conforme determinação do Direito Internacional Privado Brasileiro; **D:** incorreta, pois a legislação brasileira será eficaz fora dos limites do território nacional quando o Direito Internacional Privado de algum país indicar a aplicação da lei brasileira em certo caso com elemento de estraneidade.

Gabarito "B"

13. REGRAS DE CONEXÃO DA LEI DE INTRODUÇÃO ÀS NORMAS DO DIREITO BRASILEIRO

13.1. ART. 7º DA LINDB

(OAB/Exame Unificado – 2015.3) Ricardo, brasileiro naturalizado, mora na cidade do Rio de Janeiro há 9 (nove) anos. Em visita a parentes italianos, conhece Giulia, residente em Roma, com quem passa a ter um relacionamento amoroso. Após 3 (três) anos de namoro a distância, ficam noivos e celebram matrimônio em território italiano. De comum acordo, o casal estabelece seu primeiro domicílio em São Paulo, onde ambos possuem oportunidades de trabalho.

À luz das regras de Direito Internacional Privado, veiculadas na Lei de Introdução às Normas do Direito Brasileiro (LINDB), não havendo pacto antenupcial, assinale a opção que indica a legislação que irá reger o regime de bens entre os cônjuges.

(A) Aplicável a Lei italiana, haja vista que nenhum dos cônjuges é brasileiro nato.
(B) Aplicável a Lei italiana, em razão do local em que foi realizado o casamento.
(C) Aplicável a Lei brasileira, em razão do domicílio do cônjuge varão.
(D) Aplicável a Lei brasileira, porque aqui constituído o primeiro domicílio do casal.

Caso o domicílio dos nubentes for diverso, aplicar-se-á, ao regime de bens, a lei do país do primeiro domicílio conjugal (regra de conexão subsidiária). Primeiro domicílio conjugal, como visto, não é necessariamente o do país em que foi realizado o casamento, pois os nubentes podem contratar matrimônio em um país e estabelecer-se em outro (§ 4º do art. 7º da LINDB).

Gabarito "D"

(OAB/Exame Unificado – 2011.2) Em janeiro de 2003, Martin e Clarisse Green, cidadãos britânicos domiciliados no Rio de Janeiro, casam-se no Consulado-Geral britânico, localizado na Praia do Flamengo. Em meados de 2010, decidem se divorciar. Na ausência de um pacto antenupcial, Clarisse requer, em petição à Vara de Família do Rio de Janeiro, metade dos bens adquiridos pelo casal desde a celebração do matrimônio, alegando que o regime legal vigente no Brasil é o da comunhão parcial de bens. Martin, no entanto, contesta a pretensão de Clarisse, argumentando que o casamento foi realizado no consulado britânico e que, portanto, deve ser aplicado o regime legal de bens vigente no Reino Unido, que lhe é mais favorável.

Com base no caso hipotético acima e nos termos da Lei de Introdução às Normas do Direito Brasileiro, assinale a alternativa correta.

(A) O regime de bens obedecerá à *lex domicilli* dos cônjuges quanto aos bens móveis e à *lex rei sitae* (ou seja, a lei do lugar onde estão) quanto aos bens imóveis, se houver.
(B) O juiz brasileiro não poderá conhecer e julgar a lide, pois o casamento não foi realizado perante a autoridade competente.
(C) Clarisse tem razão em sua demanda, pois o regime de bens é regido pela *lex domicilli* dos nubentes e, ao tempo do casamento, ambos eram domiciliados no Brasil.
(D) Martin tem razão em sua contestação, pois o regime de bens se rege pela lei do local da celebração (*lex loci celebrationis*), e o casamento foi celebrado no consulado britânico.

O art. 7º, *caput*, da Lei de Introdução às Normas do Direito Brasileiro (a antiga LICC) define que a lei do domicílio ou *lex domicilii* da pessoa é que vai determinar as regras sobre o começo e o fim da personalidade, o nome, a capacidade e os direitos de família. E o § 1º do art. 7º da Lei de Introdução às Normas do Direito Brasileiro traz a regra de conexão *lex loci celebrationis*, isto é, o casamento é regido, no que tange às suas formalidades, pela lei do local de sua celebração. Mas o § 2º do art. 7º da Lei de Introdução às Normas do Direito Brasileiro traz uma exceção à regra de conexão *lex loci celebrationis*, pois determina que os nubentes estrangeiros podem no Brasil casar com base na sua lei da nacionalidade, desde que perante autoridades diplomáticas ou consulares do país de **ambos** os nubentes. Desta forma, o § 2º do art. 7º consagra indiretamente a lei da nacionalidade dos nubentes como regra de conexão. Assim, **o casamento é regido, no que tange às suas formalidades, pela lei da nacionalidade dos nubentes, mas o regime de bens continua sendo regulado pela lei do domicílio dos nubentes**, consoante determina o art. 7º, *caput*, da Lei de Introdução às Normas do Direito Brasileiro. Por todo o dito, podemos afirmar que a assertiva "C" é a correta. Ademais, o consulado britânico faz parte do território brasileiro, pois os consulados apenas gozam de certas imunidades no território estrangeiro e nunca poderão ser consideradas como "territórios internacionais".

Gabarito "C"

13.2. ART. 9º DA LINDB

(OAB/Exame Unificado – 2016.2) Em 2013, uma empresa de consultoria brasileira assina, na cidade de Londres, Reino Unido, contrato de prestação de serviços com uma empresa local. As contratantes elegem o foro da comarca do Rio de Janeiro para dirimir eventuais dúvidas, com a exclusão de qualquer outro. Dois anos depois, as partes se desentendem quanto aos critérios técnicos previstos no contrato e não conseguem chegar a uma solução amigável. A empresa de consultoria brasileira decide, então, ajuizar uma ação no Tribunal de Justiça do Estado do Rio de Janeiro para rescindir o contrato.

Com relação ao caso narrado acima, assinale a afirmativa correta.

(A) O juiz brasileiro poderá conhecer e julgar a lide, mas deverá basear sua decisão na legislação brasileira, pois um juiz brasileiro não pode ser obrigado a aplicar leis estrangeiras.

(B) O Poder Judiciário brasileiro não é competente para conhecer e julgar a lide, pois o foro para dirimir questões em matéria contratual é necessariamente o do local em que o contrato foi assinado.

(C) O juiz brasileiro poderá conhecer e julgar a lide, mas deverá basear sua decisão na legislação do Reino Unido, pois os contratos se regem pela lei do local de sua assinatura.

(D) O juiz brasileiro poderá conhecer e julgar a lide, mas deverá se basear na legislação brasileira, pois, a litígios envolvendo brasileiros e estrangeiros, aplica-se a *lex fori*.

A única assertiva correta é a "C". Primeiro porque o art. 22, III, do Novo CPC define que compete à autoridade judiciária brasileira processar e julgar as ações em que as partes, expressa ou tacitamente, se submeterem à jurisdição nacional. E no presente caso, as contratantes elegeram o foro da comarca do Rio de Janeiro para dirimir eventuais dúvidas, com exclusão de qualquer outro, portanto a assertiva "B" está incorreta. No mais, a questão diz respeito à regra de conexão *locus regit actum*, disciplinada no art. 9º, *caput*, da Lei de Introdução às Normas do Direito Brasileiro. O art. 9º da LINDB funciona como um limitador da autonomia da vontade, na medida em que determina que as obrigações serão reguladas pela lei do país onde forem constituídas. Ora, em tal quadro as partes não podem escolher a lei aplicável ao contrato constituído. Portanto, o juiz brasileiro poderá conhecer e julgar a lide, mas deverá basear sua decisão na legislação do Reino Unido.

Gabarito "C"

(OAB/Exame Unificado – 2015.2) A sociedade empresária brasileira do ramo de comunicação, *Personalidades*, celebrou contrato internacional de prestação de serviços de informática, no Brasil, com a sociedade empresária uruguaia *Sacramento*. O contrato foi celebrado em Caracas, capital venezuelana, tendo sido estabelecido pelas partes, como foro de eleição, Montevidéu. Diante da situação exposta, à luz das regras do Direito Internacional Privado veiculadas na Lei de Introdução às Normas do Direito Brasileiro (LINDB) e no Código de Processo Civil, assinale a afirmativa correta.

(A) No tocante à regência das obrigações previstas no contrato, aplica-se a legislação uruguaia, já que Montevidéu foi eleito o foro competente para se dirimir eventual controvérsia.

(B) Para qualificar e reger as obrigações do presente contrato, aplicar-se-á a lei venezuelana.

(C) Como a execução da obrigação avençada entre as partes se dará no Brasil, aplica-se, obrigatoriamente, no tocante ao cumprimento do contrato, a legislação brasileira.

(D) A Lei de Introdução às Normas do Direito Brasileiro veda expressamente o foro de eleição, razão pela qual é nula *ipse jure* a cláusula estabelecida pelas partes nesse sentido.

A: incorreta, pois o art. 9º da LINDB estatui que é a lei do local em que as obrigações foram constituídas que vai regulá-las. Trata-se da regra de conexão *locus regit actum* sobre a qualificação e a regulação das obrigações (leia-se: seus aspectos extrínsecos). Logo, a lei aplicável é a venezuelana; **B:** correta. Reler o comentário sobre a assertiva anterior; **C:** incorreta. Existe a possibilidade de aplicação da lei brasileira nestes termos, mas não existe obrigatoriedade. A regra do art. 9º, *caput*, tem por pressuposto que o local onde a obrigação foi constituída também será a sede da relação jurídica. Isso porque o DIPr tem por prática aplicar a lei do país-sede da relação jurídica, o que permite aplicar a lei do local onde a relação jurídica está produzindo efeitos. Dito isso, pode-se afirmar que o juiz brasileiro poderá aplicar a lei nacional (*lex fori*), sem afrontar o art. 9º, quando um contrato constituído no estrangeiro for executado majoritariamente no Brasil. E um exemplo comum desse caso é a aplicação da *lex loci executionis* aos contratos de trabalho celebrados no exterior, mas com a execução das atividades laborais tomando corpo inteiramente em solo brasileiro; **D:** incorreta, pois não existe essa vedação expressa.

Gabarito "B"

(OAB/Exame Unificado – 2011.3.B) Uma sociedade brasileira, sediada no Rio de Janeiro, resolveu contratar uma sociedade americana, sediada em Nova York, para realizar um estudo que lhe permitisse expandir suas atividades no exterior, para poder vender seus produtos no mercado americano. Depois de várias negociações, o representante da sociedade americana veio ao Brasil, e o contrato de prestação de serviços foi assinado no Rio de Janeiro. Não há no contrato uma cláusula de lei aplicável, mas alguns princípios do UNIDROIT foram incorporados ao texto final. Por esse contrato, o estudo deveria ser entregue em seis meses. No entanto, apesar da intensa troca de informações, passados 10 meses, o contrato não foi cumprido. A sociedade brasileira ajuizou uma ação no Brasil, invocando a cláusula penal do contrato, que previa um desconto de 10% no preço total do serviço por cada mês de atraso. A sociedade americana, na sua contestação, alegou que a cláusula era inválida segundo o direito americano.

Conforme a Lei de Introdução às Normas do Direito Brasileiro, qual é a lei material que o juiz deverá aplicar para solucionar a causa?

(A) A lei brasileira, pois o contrato foi firmado no Brasil.
(B) A lei americana, pois o réu é domiciliado nos Estados Unidos.
(C) Os princípios do UNIDROIT, porque muitas cláusulas foram inspiradas nessa legislação.
(D) A *Lex Mercatoria*, porque o que rege o contrato internacional é a prática internacional.

O art. 9º da LINDB traz a regra de conexão *locus regit actum* no que tange à qualificação e à regulação das obrigações (leia-se seus aspectos extrínsecos). Ou seja, é a lei do local em que as obrigações foram constituídas que vai regulá-las. É importante apontar que as obrigações surgem dos contratos, dos delitos e dos quase-delitos (crimes praticados com culpa – negligência, imprudência e imperícia). Mas em função do comércio internacional, os contratos adquirem grande destaque nas discussões do Direito Internacional Privado.

Gabarito "A"

(OAB/Exame Unificado – 2010.3) Em junho de 2009, uma construtora brasileira assina, na Cidade do Cabo, África do Sul, contrato de empreitada com uma empresa local, tendo por objeto a duplicação de um trecho da rodovia que liga a Cidade do Cabo à capital do país, Pretória. As contratantes elegem o foro da comarca de São Paulo para dirimir eventuais dúvidas. Um ano depois, as partes se desentendem quanto aos critérios técnicos de medição das obras e não conseguem chegar a uma solução amigável. A construtora brasileira decide, então, ajuizar, na justiça paulista, uma ação rescisória com o objetivo de colocar termo ao contrato. Com relação ao caso hipotético acima, é correto afirmar que

(A) o juiz brasileiro poderá conhecer e julgar a lide, mas deverá se basear na legislação brasileira, pois em litígios envolvendo brasileiros e estrangeiros aplica-se a *lex fori*.
(B) o juiz brasileiro poderá conhecer e julgar a lide, mas deverá basear sua decisão na legislação brasileira, pois um juiz brasileiro não pode ser obrigado a aplicar leis estrangeiras.
(C) o juiz brasileiro poderá conhecer e julgar a lide, mas deverá basear sua decisão na legislação sul-africana, pois os contratos se regem pela lei do local de sua assinatura.
(D) o Poder Judiciário brasileiro não é competente para conhecer e julgar a lide, pois o foro para dirimir questões em matéria contratual é necessariamente o do local onde o contrato é assinado.

A: Incorreta. A *lex fori* não é aplicada em tais casos. A questão descreve situação de incidência da *locus regit actum*, ou seja, aplica-se a lei do país onde as obrigações foram constituídas (art. 9º, *caput*, da Lei de Introdução às Normas do Direito Brasileiro). É importante apontar que as obrigações surgem dos contratos, dos delitos e dos quase delitos (crimes praticados com culpa - negligência, imprudência e imperícia). Mas, em função do comércio internacional, os contratos adquirem grande destaque nas discussões do DIPr. A regra do art. 9º, *caput*, tem por pressuposto que o local onde a obrigação foi constituída também será a sede da relação jurídica. Isso porque o DIPr tem por prática aplicar a lei do país-sede da relação jurídica, o que permite aplicar a lei do local onde a relação jurídica está produzindo efeitos. Dito isso, pode-se afirmar que o juiz brasileiro poderá aplicar a lei nacional (*lex fori*), sem afrontar o art. 9º, quando um contrato constituído no estrangeiro for executado majoritariamente no Brasil. E um exemplo comum desse caso é a aplicação da *lex loci executionis* aos contratos de trabalho celebrados no exterior, mas com a execução das atividades laborais tomando corpo inteiramente em solo brasileiro. Por fim, deve-se dizer que o art. 9º da Lei de Introdução funciona como um limitador da autonomia da vontade, na medida em que determina que as obrigações serão reguladas pela lei do país onde forem constituídas. Ora, em tal quadro as partes não podem escolher a lei aplicável ao contrato constituído. Todavia, se a lei do país onde a obrigação foi constituída permitir a autonomia da vontade sobre a escolha da lei incidente ao contrato, permitida estará a escolha da lei aplicável pelas partes, sendo limitada apenas pela ordem pública do país sede da execução do contrato; **B:** Incorreta. Com a aplicação da regra de conexão é possível determinar o direito material que vai regular o caso com elemento de estraneidade. E este direito indicado pela norma indireta do DIPr pode ser tanto o nacional como o estrangeiro. Ou seja, em determinadas situações o juiz brasileiro terá que aplicar o direito estrangeiro; **C:** Correta. A assertiva reproduz corretamente o art. 9º, *caput*, da Lei de Introdução às Normas do Direito Brasileiro; **D:** Incorreta. Como dito no comentário sobre a assertiva "A", a regra do art. 9º, *caput*, tem por pressuposto que o local onde a obrigação foi constituída também será a sede da relação jurídica. Isso porque o DIPr tem por prática aplicar a lei do país sede da relação jurídica – prática que permite aplicar a lei do local onde a relação jurídica está produzindo efeitos. Dito isso, pode-se afirmar que o juiz brasileiro poderá aplicar a lei nacional (*lex fori*), sem afrontar o art. 9º, quando um contrato constituído no estrangeiro for executado majoritariamente no Brasil. Ademais, quando se tratar de contratos **entre ausentes** (leia-se contratantes residentes em países diversos) aplica-se a lei do país onde residir o proponente – art. 9º, §2º, da Lei de Introdução às Normas do Direito Brasileiro. É necessário recordar que o art. **9º**, *caput*, é aplicado aos contratos internacionais **entre presentes** e determina que é a lei do local em que as obrigações foram constituídas que vai regulá-las.

Gabarito "C"

13.3. ART. 10 DA LINDB

(OAB/Exame Unificado – 2012.3.A) José, de nacionalidade brasileira, era casado com Maria, de nacionalidade sueca, encontrando-se o casal domiciliado no Brasil. Durante a viagem de "lua de mel", na França, Maria, após o jantar, veio a falecer, em razão de uma intoxicação alimentar. Maria, quando ainda era noiva de José, havia realizado testamento em Londres, dispondo sobre os seus bens, entre eles dois imóveis situados no Rio de Janeiro.

À luz das regras de Direito Internacional Privado, assinale a afirmativa correta.

(A) Se houver discussão acerca da validade do testamento, no que diz respeito à observância das formalidades, deverá ser aplicada a legislação brasileira, pois Maria encontrava-se domiciliada no Brasil.
(B) Se houver discussão acerca da validade do testamento, no que diz respeito à observância das formalidades, deverá ser aplicada a legislação inglesa, local em que foi realizado o ato de disposição de última vontade de Maria.
(C) A autoridade judiciária brasileira não é competente para proceder ao inventário e à partilha de bens, porquanto Maria faleceu na França, e não no Brasil.
(D) Se houver discussão acerca do regime sucessório, deverá ser aplicada a legislação sueca, em razão da nacionalidade do de *cujus*.

A e **B:** a regra de conexão *lex domicilii* do defunto ou do desaparecido (art. 10 da LINDB) diz respeito aos aspectos intrínsecos do testamento, como, por exemplo, o conteúdo das disposições de última vontade, sua admissibilidade e os efeitos dela decorrentes. Por outro lado, os aspectos extrínsecos do testamento teriam como regra de conexão o *locus regit actum* (lei do local onde o negócio jurídico tenha se constituído, no presente caso, Londres). Como exemplos de aspectos extrínsecos podem-se apontar o respeito à forma legal e a obrigatoriedade do ato ser lavrado pela autoridade competente. Por todo o dito, pode-se apontar a assertiva "B" como correta; **C:** incorreta. O juiz brasileiro terá competência exclusiva para conhecer das ações relativas a imóveis situados no Brasil. Essa competência exclusiva significa que nenhuma outra jurisdição poderá conhecer de ação que envolva bem imóvel situado no Brasil. Assim, por exemplo, sentença estrangeira sobre bem imóvel situado no Brasil nunca será reconhecida no Brasil, isto é, nunca irradiará efeitos em território nacional. A regra *forum rei sitae* aparece no art. 12, § 1º, da Lei de Introdução e no art. 23, I, no NCPC. O art. 23, II, no NCPC, traz outra hipótese de competência exclusiva: ao juiz brasileiro compete proceder a inventário e partilha de bens, situados no Brasil, de titularidade de casal estrangeiro que tenha se divorciado no estrangeiro; **D:** incorreta. O art. 10 da LINDB traz como regra de conexão a lei do país de último domicílio do defunto ou do desaparecido (*lex domicilii* do defunto ou do desaparecido) no que tange à regulação da sucessão por morte ou por ausência, qualquer que sejam a natureza e a situação dos bens. A regra da nacionalidade não é adotada.

Gabarito "B"

(OAB/Exame Unificado – 2011.3.A) Arnaldo Butti, cidadão brasileiro, falece em Roma, Itália, local onde residia e tinha domicílio. Em seu testamento, firmado em sua residência poucos dias antes de sua morte, Butti, que não tinha herdeiros naturais, deixou um imóvel localizado na Avenida Atlântica, na cidade do Rio de Janeiro, para Júlia, neta de sua enfermeira, que vive no Brasil. Inconformada com a partilha, Fernanda, brasileira, sobrinha-neta do falecido, que há dois anos vivia de favor no referido imóvel, questiona no Judiciário brasileiro a validade do testamento. Alega, em síntese, que, embora obedecesse a todas as formalidades previstas na lei italiana, o ato não seguiu todas as formalidades preconizadas pela lei brasileira.

Com base na hipótese acima aventada, assinale a alternativa correta.

(A) Fernanda tem razão em seu questionamento, pois a sucessão testamentária de imóvel localizado no Brasil rege-se, inclusive quanto à forma, pela lei do local onde a coisa se situa (lex rei sitae).

(B) Fernanda tem razão em questionar a validade do testamento, pois a Lei de Introdução às Normas do Direito Brasileiro veda a partilha de bens imóveis situados no Brasil por ato testamentário firmado no exterior.

(C) Fernanda não tem razão em questionar a validade do testamento, pois o ato testamentário se rege, quanto à forma, pela lei do local onde foi celebrado (locus regit actum).

(D) O questionamento de Fernanda não será apreciado, pois a Justiça brasileira não possui competência para conhecer e julgar o mérito de ações que versem sobre atos testamentários realizados no exterior.

A regra de conexão *lex domicilii* do defunto ou do desaparecido (art. 10 da LINDB) diz respeito aos aspectos intrínsecos do testamento, como, por exemplo, o conteúdo das disposições de última vontade, sua admissibilidade e os efeitos dela decorrentes. Por outro lado, os aspectos extrínsecos do testamento teriam como regra de conexão a *locus regit actum* (lei do local onde o negócio jurídico tenha se constituído – art. 9º da LINDB). Como exemplos de aspectos extrínsecos podem-se apontar o respeito à forma legal e a verificação se o ato foi lavrado pela autoridade competente. Assim, o testamento, na questão em tela, **é perfeitamente válido.**

Gabarito "C"

13.4. QUESTÕES COMBINADAS

(OAB/Exame Unificado – 2013.1) A respeito dos elementos de conexão no Brasil, assinale a afirmativa correta.

(A) A lei da nacionalidade da pessoa determina as regras sobre o começo e o fim da personalidade.

(B) A *Lex loci executionis* é aplicável aos contratos de trabalho, os quais, ainda que tenham sido celebrados no exterior, são regidos pela norma do local da execução das atividades laborais.

(C) A norma do país em que é domiciliada a vítima aplica-se aos casos de responsabilidade por ato ilícito extracontratual.

(D) O elemento de conexão *Lex loci executionis* ou Lex loci *solutionis* é o critério aplicável, como regra geral, para qualificar e reger as obrigações.

A: incorreta. O art. 7º da LINDB assim dispõe: "A lei do país em que domiciliada a pessoa determina as regras sobre o começo e o fim da personalidade, o nome, a capacidade e os direitos de família." A regra de conexão antiga era a da nacionalidade. Assim, aplicava-se ao estatuto pessoal a lei da nacionalidade do interessado. Esse critério era muito criticado, pois não resolvia o problema dos apátridas e fazia com que um estrangeiro havia muito tempo residente aqui continuasse a ter seu estatuto pessoal determinado pelas leis de sua nacionalidade. O critério atual gira em torno do domicílio da pessoa, ou seja, a regra de conexão é a *lex domicilii*. Assim, a lei do domicílio da pessoa determina as regras sobre o começo e o fim da personalidade, o nome, a capacidade e os direitos de família. A configuração do domicílio só é regulada pela Convenção Interamericana sobre Domicílio das Pessoas Físicas no Direito Internacional Privado. Em que pese a Convenção não estar ratificada no Brasil, nada impede que o juiz brasileiro a utilize como uma fonte de *soft law*. O art. 2º da Convenção dispõe que o domicílio será determinado em tais circunstâncias e ordem: **a)** pelo lugar da residência habitual; **b)** pelo lugar do centro principal de seus negócios; **c)** na ausência dessas circunstâncias, considerar-se-á como domicílio o lugar da simples residência; **d)** em sua falta, se não houver simples residência, o lugar onde se encontrar. No art. 6º, a Convenção determina: "quando uma pessoa tiver domicílio em dois Estados-partes, será considerada domiciliada naquele em que tiver a simples residência e, se tiver em ambos, preferir-se-á o lugar onde se encontrar"; **B:** correta. O art. 9º da LINDB assim estatui: "Para qualificar e reger as obrigações, aplicar-se-á a lei do país em que se constituírem." Trata-se da regra de conexão *locus regit actum* sobre a qualificação e a regulação das obrigações (leia-se seus aspectos extrínsecos). Ou seja, é a lei do local em que as obrigações foram constituídas que vai regulá-las. É importante apontar que as obrigações surgem dos contratos, dos delitos e dos quase delitos (crimes praticados com culpa – negligência, imprudência e imperícia). Mas, em função do comércio internacional, os contratos adquirem grande destaque nas discussões do Direito Internacional Privado. A regra do art. 9º, *caput*, tem por pressuposto que o local onde a obrigação foi constituída também será a sede da relação jurídica. Isso porque o Direito Internacional Privado tem por prática aplicar a lei do país-sede da relação jurídica, o que permite aplicar a lei do local onde a relação jurídica está produzindo efeitos. Dito isso, pode-se afirmar que o juiz brasileiro poderá aplicar a lei nacional (*lex fori*), sem afrontar o art. 9º, quando um contrato constituído no estrangeiro for executado majoritariamente no Brasil (é o caso descrito na assertiva ora comentada); **C:** incorreta, pois não existe normativa nesse sentido; **D:** incorreta, pois o critério aplicado para qualificar e reger as obrigações é o da lei do país em que se constituírem (art. 9º da LINDB).

Gabarito "B"

(OAB/Exame Unificado – 2011.3.B) Tício, espanhol, era casado com Tácita, brasileira. Os cônjuges eram domiciliados no Brasil. Tício possuía uma filha adotiva espanhola, cujo nome é Mévia, e que residia com o pai. Em razão de um grave acidente na Argentina, Tício faleceu. O de cujus era proprietário de dois bens imóveis em Barcelona e um bem imóvel no Rio de Janeiro. Diante da situação exposta, à luz das regras de Direito Internacional Privado veiculadas na Lei de Introdução às Normas do Direito Brasileiro (LINDB) e do Código de Processo Civil Brasileiro (CPC), assinale a assertiva correta.

(A) Ainda que a lei espanhola não conceda direitos sucessórios à filha adotiva, poderá ela habilitar-se na ação de inventário ajuizada pelo cônjuge supérstite, no Brasil, regendo-se a sucessão pela lei brasileira, que não faz qualquer distinção entre filhos naturais e adotivos.

(B) A capacidade de suceder da filha é regulada pela legislação espanhola.

(C) A ação de inventário e partilha de todos os bens é de competência exclusiva do Poder Judiciário Brasileiro, já que o de cujus era domiciliado no Brasil.

(D) Se o de cujus houvesse deixado bens imóveis somente na Espanha, a sucessão seria regida pela lei espanhola.

A: correta. O art. 10 da LINDB traz como regra de conexão a lei do país de último domicílio do defunto ou do desaparecido (*lex domicilii* do defunto ou do desaparecido) no que tange à regulação da sucessão por morte ou por ausência, qualquer que seja a natureza e a situação dos bens. Resta clara a concepção unitarista da sucessão, tal qual adotada nos países de tradição jurídica romano-germânica. O contraponto seria a concepção pluralista da sucessão, a qual é adotada nos países de tradição jurídica *common law*. **A título explicativo, a pluralidade sucessória prega que cada bem, individualmente considerado, deve ser regulado pela lei de sua localização** (*lex rei sitae*). A regra de conexão *lex domicilii* do defunto ou do desaparecido diz respeito aos aspectos intrínsecos do testamento, como, por exemplo, o conteúdo das disposições de última vontade, sua admissibilidade e os efeitos dela decorrentes. Por outro lado, os aspectos extrínsecos do testamento teriam como regra de conexão a *locus regit actum* (lei do local onde o negócio jurídico tenha se constituído). Como exemplo de aspectos extrínsecos podem-se apontar o respeito à forma legal e se o ato foi lavrado pela autoridade competente. No presente caso tanto os aspectos intrínsecos quanto os extrínsecos serão regulados pela lei brasileira, assim a sucessão abre-se no lugar do ultimo domicílio do falecido (art. 1.785 do CC). Por fim, cabe confirmar que, de fato, a legislação brasileira não faz qualquer distinção entre filhos naturais e adotivos (art. 227, § 6º, da CF); **B:** incorreta, pois a filha tem domicílio no Brasil e a capacidade para suceder é regulada pela lei do domicílio do herdeiro ou do legatário (*lex domicilii* do herdeiro ou do legatário). Percebe-se que é a lei do último domicílio do *de cujus* que definirá quem é herdeiro ou não. Após a definição dos herdeiros, cabe verificar a capacidade para suceder de cada um e tal verificação é balizada pela lei do domicílio do herdeiro; **C:** incorreta O juiz brasileiro terá competência exclusiva para conhecer das ações relativas a imóveis situados no Brasil. Essa competência exclusiva significa que nenhuma outra jurisdição poderá conhecer de ação que envolva bem imóvel situado no Brasil. Assim, por exemplo, sentença estrangeira sobre bem imóvel situado no Brasil nunca será reconhecida no Brasil, isto é, nunca irradiará efeitos em território nacional. A regra *forum rei sitae* aparece no art. 12, § 1º, da LINDB e no art. 23, I, do NCPC. O art. art. 23, II, do NCPC. traz outra hipótese de competência exclusiva: "em matéria de sucessão hereditária, proceder à confirmação de testamento particular e ao inventário e à partilha de bens situados no Brasil, ainda que o autor da herança seja de nacionalidade estrangeira ou tenha domicílio fora do território nacional". O Novo CPC ainda disciplina uma outra hipótese configuradora de competência exclusiva do juiz brasileiro. O inciso III do artigo 23 do NCPC dispõe que compete à autoridade judiciária brasileira, com exclusão de qualquer outra, em divórcio, separação judicial ou dissolução de união estável, proceder à partilha de bens situados no Brasil, ainda que o titular seja de nacionalidade estrangeira ou tenha domicílio fora do território nacional. Por fim, o Novo CPC de maneira expressa definiu que não será homologada a decisão estrangeira na hipótese de competência exclusiva da autoridade judiciária brasileira (art. 964 do NCPC).; **D:** incorreta. Reler o comentário sobre a assertiva "A".

Gabarito "A".

(OAB/Exame Unificado – 2011.3.A) A sociedade empresária do ramo de comunicações A Notícia Brasileira, com sede no Brasil, celebrou contrato internacional de prestação de serviços de informática com a sociedade empresária Santiago Info, com sede em Santiago. O contrato foi celebrado em Buenos Aires, capital argentina, tendo sido estabelecido como foro de eleição pelas partes Santiago, se porventura houver a necessidade de resolução de litígio entre as partes.

Diante da situação exposta, à luz das regras de Direito Internacional Privado veiculadas na Lei de Introdução às Normas do Direito Brasileiro (LINDB) e no estatuto processual civil pátrio (Código de Processo Civil – CPC), assinale a alternativa correta.

(A) No tocante à regência das obrigações previstas no contrato, aplica-se a legislação chilena, já que Santiago foi eleito o foro competente para se dirimir eventual controvérsia.

(B) Nos contratos internacionais, a lei que rege a capacidade das partes pode ser diversa da que rege o contrato. É o que se verifica no caso exposto acima.

(C) Como a execução da obrigação avençada entre as partes se dará no Brasil, aplica-se, obrigatoriamente, no tocante ao cumprimento do contrato, a legislação brasileira.

(D) A Lei de Introdução às Normas do Direito Brasileiro veda expressamente o foro de eleição, razão pela qual é nula ipso jure a cláusula estabelecida pelas partes nesse sentido.

A: incorreta, pois é a lei do local em que as obrigações foram constituídas que vai regulá-las. Logo aplica-se a legislação argentina (art. 9º da LINDB). Santiago foi apenas o foro de eleição estabelecido pelas partes; **B:** correta. Como visto no comentário anterior, a lei que rege os contratos é aquela do local onde tais foram constituídos. Por sua vez, a lei que rege a capacidade das partes é a *lex domicilii* (art. 7º da LINDB). Assim, a lei do domicílio da pessoa vai determinar as regras sobre o começo e o fim da personalidade, o nome, a capacidade e os direitos de família. O caso narrado na presente questão se amolda ao afirmado na assertiva, pois a legislação argentina vai reger o contrato e a brasileira vai reger a capacidade da empresa brasileira; **C:** incorreta, pois não é obrigatória a aplicação da legislação brasileira. A regra do art. 9º, *caput*, da LINDB tem por pressuposto que o local onde a obrigação foi constituída também será a sede da relação jurídica. Isso porque o Direito Internacional Privado tem por prática aplicar a lei do país sede da relação jurídica – prática que permite aplicar a lei do local onde a relação jurídica está produzindo efeitos. Dito isso, pode-se afirmar que o juiz brasileiro poderá aplicar a lei nacional (*lex fori*), sem afrontar o art. 9º, quando um contrato constituído no estrangeiro for executado majoritariamente no Brasil; **D:** incorreta, pois a LINDB não veda expressamente o foro de eleição.

Gabarito "B".

14. APLICAÇÃO DO DIREITO ESTRANGEIRO – REENVIO OU DEVOLUÇÃO, PROVA DO DIREITO ESTRANGEIRO E PROVA DOS FATOS OCORRIDOS NO ESTRANGEIRO

(Magistratura Federal/3ª Região – 2010) Em relação ao ônus e à produção da prova no âmbito do direito internacional privado é correto afirmar, exceto:

(A) A prova dos fatos ocorridos em país estrangeiro rege-se pela lei que nele vigorar quanto ao ônus e aos meios de produzir-se, não se admitindo, porém, a produção de provas que a lei brasileira desconhece;
(B) Não se pode impor às partes o ônus de produzir a prova do teor e vigência da lei estrangeira, salvo quando por ela invocado;
(C) Não sendo a incidência do direito estrangeiro alegada pela parte, o Juiz não está autorizado a exigir a colaboração da parte, com fulcro no art. 337 do Código de Processo Civil;
(D) Entendendo o Juiz ser o caso de aplicação do direito estrangeiro, deverá intimar a parte a quem este beneficia a comprovar seu teor e vigência, sob pena de extinção do feito sem apreciação do mérito.

A: correta. A prova dos fatos ou atos ocorridos no estrangeiro deverá ser feita com base na *lex loci*. É a lei do país onde ocorreu o fato ou o ato que vai regular o procedimento probatório (*locus regit actum*). O mencionado acima transmite uma parte da regra disposta no art. 13 da Lei de Introdução às Normas do Direito Brasileiro. A outra parte que funciona como ressalva, dispõe que o juiz não poderá se valer das provas **não admitidas** pelo direito brasileiro. "Não admitidas" são palavras que aparecem destacadas no trecho anterior como forma de contrastar com o texto literal do art. 13, que se refere às provas que a lei brasileira **não conheça**. Se prevalecesse o texto literal, teríamos uma mitigação do direito da parte de defender-se por meio de todas as provas em direito admitidas. Portanto, deve ser aceito qualquer meio de prova, desde que lícito, conforme os ditames do ordenamento jurídico brasileiro e que não viole a ordem pública (art. 17 da Lei de Introdução); **B:** correta. A aplicação da lei estrangeira, quando determinada pelo DIPr brasileiro, é uma obrigação do juiz e não mera faculdade. Tanto é assim que a doutrina brasileira tem entendimento robusto no sentido de aplicação *ex officio* do direito estrangeiro pelo magistrado. A dúvida que o art. 14 cria é no tocante à prova do texto e da vigência do direito estrangeiro. E como a Lei de Introdução não disciplina a forma como deve se dar a prova do texto e da vigência do direito estrangeiro, é interessante vermos o que dispõe o art. 409 do Código Bustamante: "A parte que invoque a aplicação do direito de qualquer Estado contratante em um dos outros, ou dela divirja, poderá justificar o texto legal, sua vigência e sentido mediante certidão, devidamente legalizada, de dois advogados em exercício no país de cuja legislação se trate". O Código Bustamante ainda traz outra maneira de se proceder à verificação do texto e da vigência do direito estrangeiro. Tal está insculpida no art. 410 (pela via diplomática). E os Estados se obrigam a fornecer a informação requerida sobre o texto e a vigência de seu direito (art. 411 do Código Bustamante). Percebe-se que o juiz brasileiro terá o auxílio do Código Bustamante para bem aplicar o direito estrangeiro. E utilizará o art. 14 da Lei de Introdução e o art. 376 do NCPC para exigir da parte que o invoca a prova do seu texto e da sua vigência, no caso de não o conhecer. A título conclusivo, pode-se dizer que o juiz deve aplicar *ex officio* o direito estrangeiro, caso o conheça. Do contrário, pedirá que as partes provem o texto e a vigência deste direito; **C:** correta. Reler o comentário sobre a assertiva anterior; **D:** incorreta, devendo ser assinalada. Reler o comentário sobre a assertiva "B".

Gabarito "D"

15. COMPETÊNCIA INTERNACIONAL

(OAB/Exame Unificado – 2016.2) Lúcia, brasileira, casou-se com Mauro, argentino, há 10 anos, em elegante cerimônia realizada no Nordeste brasileiro. O casal vive atualmente em Buenos Aires com seus três filhos menores. Por diferenças inconciliáveis, Lúcia pretende se divorciar de Mauro, ajuizando, para tanto, a competente ação de divórcio, a fim de partilhar os bens do casal: um apartamento em Buenos Aires/Argentina e uma casa de praia em Trancoso/Bahia. Mauro não se opõe à ação.

Com relação à ação de divórcio, assinale a afirmativa correta.

(A) Ação de divórcio só poderá ser ajuizada no Brasil, eis que o casamento foi realizado em território brasileiro.
(B) Caso Lúcia ingresse com a ação perante a Justiça argentina, não poderá partilhar a casa de praia.
(C) Eventual sentença argentina de divórcio, para produzir efeitos no Brasil, deverá ser primeiramente homologada pelo Superior Tribunal de Justiça.
(D) Ação de divórcio, se consensual, poderá ser ajuizada tanto no Brasil quanto na Argentina, sendo ambos os países competentes para decidir acerca da guarda das criança e da partilha dos bens.

A: incorreta, pois a ação de divórcio também pode ser ajuizada na Justiça Argentina. A Justiça Brasileira possui apenas competência concorrente ou relativa sobre esse caso – regulada pelo art. 21, III, do NCPC, que dispõe acerca da competência concorrente sobre ação originada de fato ocorrido ou de ato praticado no Brasil; **B:** correta. Conforme o art. 23, III, NCPC, compete à autoridade judiciária brasileira, com exclusão de qualquer outra, "em divórcio, separação judicial ou dissolução de união estável, proceder à partilha de bens situados no Brasil, ainda que o titular seja de nacionalidade estrangeira ou tenha domicílio fora do território nacional". Assim, caso Lúcia ingresse com ação de divórcio na Argentina, *não poderá partilhar a casa de praia que está situada em Trancoso* (Bahia). Isso porque é competência exclusive ou absoluta da autoridade judiciária brasileira, em ação de divórcio, proceder à partilha de bens situados no Brasil; **C:** incorreta. Se a sentença cuidar da casa de praia ela não poderá ser homologada, visto que o Novo CPC de maneira expressa definiu que não será homologada a decisão estrangeira na hipótese de competência exclusiva da autoridade judiciária brasileira (art. 964 do NCPC). No mais, se a sentença não cuidar da casa de praia, ela não precisa ser necessariamente homologada pelo STJ, visto que o Protocolo de Las Leñas criou um procedimento mais célere e simples para que as sentenças e os laudos arbitrais prolatados em um país-membro do Mercosul irradiem seus efeitos nos outros países-membros. O procedimento regional encontra-se disciplinado nos arts. 18 a 24 do Protocolo, sendo sua grande característica o fato de as sentenças irradiarem seus efeitos nos outros Estados-membros após seguirem o procedimento adotado para o *exequatur* das cartas rogatórias. Ou seja, não é necessária a homologação da sentença prolatada por um Estado-membro do Mercosul; **D:** incorreta (reler o comentário sobre a assertiva B).

Gabarito "B"

(OAB/Exame Unificado – 2012.1) Um jato privado, pertencente a uma empresa norte-americana, se envolve em um incidente que resulta na queda de uma aeronave comercial brasileira em território brasileiro, provocando dezenas de mortes. A família de uma das vítimas brasileiras inicia uma ação no Brasil contra a empresa norte-americana, pedindo danos materiais e morais. A empresa norte-americana alega que a competência para julgar o caso é da justiça americana. Segundo o direito brasileiro, o juiz brasileiro

(A) tem competência concorrente porque o acidente ocorreu em território brasileiro.
(B) não tem competência concorrente porque o réu é empresa estrangeira que não opera no Brasil.
(C) não tem competência, absoluta ou relativa, e deverá remeter o caso, por carta rogatória, à justiça americana.
(D) tem competência concorrente porque a vítima tinha nacionalidade brasileira.

A: correta. Uma das hipóteses de competência concorrente é a regulada pelo art. 21 do NCPC, que dispõe acerca da competência concorrente sobre ação originada de fato ocorrido ou de ato praticado no Brasil. As outras hipóteses são: **ação ajuizada contra réu domiciliado no Brasil e obrigações, contratuais ou extracontratuais, que devam ser cumpridas no Brasil; B** e **C:** incorretas. Reler o comentário sobre a assertiva anterior; **D:** incorreta. Conforme dito no comentário sobre a assertiva "A", uma das hipóteses de competência concorrente é ação ajuizada contra réu domiciliado no Brasil e não de nacionalidade brasileira.

Gabarito "A"

(OAB/Exame Unificado – 2010.2) Um contrato internacional entre um exportador brasileiro de laranjas e o comprador americano, previu que em caso de litígio fosse utilizada a arbitragem, realizada pela Câmara de Comércio Internacional. O exportador brasileiro fez a remessa das laranjas, mas estas não atingiram a qualidade estabelecida no contrato. O comprador entrou com uma ação no Brasil para discutir o cumprimento do contrato. O Juiz decidiu:

(A) extinguir o feito sem julgamento de mérito, em face da cláusula arbitral.
(B) deferir o pedido, na forma requerida.
(C) indeferir o pedido porque o local do cumprimento do contrato é nos Estados Unidos.
(D) deferir o pedido, em razão da competência concorrente da justiça brasileira.

A arbitragem está regulada no Brasil pela Lei n. 9307/96, que no seu art. 3º assim dispõe: "As partes interessadas podem submeter a solução de seus litígios ao juízo arbitral mediante convenção de arbitragem, assim entendida a cláusula compromissória e o compromisso arbitral". Portanto, a convenção de arbitragem impede o conhecimento da causa pelo Judiciário, constituindo o que a doutrina denominou de *pressuposto processual negativo (*art. 485, *caput* e VII, do NCPC).

Gabarito "A"

(OAB/Exame Unificado – 2010.2) Jogador de futebol de um importante time espanhol e titular da seleção brasileira é filmado por um celular em uma casa noturna na Espanha, em avançado Estado de embriaguez. O vídeo é veiculado na internet e tem grande repercussão no Brasil. Temeroso de ser cortado da seleção brasileira, o jogador ajuíza uma ação no Brasil contra o portal de vídeos, cuja sede é na Califórnia, Estados Unidos. O juiz brasileiro

(A) não é competente, porque o réu é pessoa jurídica estrangeira.
(B) terá competência porque os danos à imagem ocorreram no Brasil.
(C) deverá remeter o caso, por carta rogatória, à justiça norte-americana.
(D) terá competência porque o autor tem nacionalidade brasileira.

Uma das hipóteses de competência concorrente ou relativa é aquela da ação ajuizada contra réu domiciliado no Brasil. O princípio informador dessa regra é o *actio sequitor forum rei*. Em outras palavras, a competência do juiz nacional é determinada pelo critério domiciliar, não importando a condição de estrangeiro do réu. Ademais, reputa-se domiciliada no Brasil a pessoa jurídica estrangeira que aqui tiver agência, filial ou sucursal (art. 21, parágrafo único, do NCPC). Como o critério eleito para definir a competência é o domiciliar, cabe ao juiz bem definir domicílio. Em tal tarefa, lançará mão dos arts. 70 e 71 do CC. A regra do art. 71 do CC é de grande utilidade nos casos com elemento estrangeiro, pois a alegação de que o réu possui outra(s) residência(s), além da estabelecida no Brasil, não elidirá a competência do juiz nacional, pois qualquer uma delas poderá ser considerada seu domicílio. Cabe também esclarecer que "é também domicílio da pessoa natural, quanto às relações concernentes à profissão, o lugar onde esta é exercida" (art. 72 do CC). O art. 75 é utilizado para determinar o domicílio das pessoas jurídicas. A regra geral é que tenham domicílio no local em que funcionarem as respectivas diretorias e administrações, salvo a eleição de domicílio especial na forma do estatuto ou atos constitutivos (art. 75, IV, do CC). Mesmo que a administração tiver sede no estrangeiro, será considerado domicílio, da pessoa jurídica, o local de seu estabelecimento no Brasil. Outra hipótese de competência concorrente é a que cuida de obrigações, contratuais ou extracontratuais, que devam ser cumpridas no Brasil. Percebe-se que essa regra prescinde do critério domiciliar. Nesse sentido, o STJ decidiu que é vedado às partes dispor (ex.: cláusula de eleição de foro) sobre a competência concorrente de juiz brasileiro por força das normas fundadas na soberania nacional, não suscetíveis à vontade dos interessados[26]. Um exemplo ordinário é o caso de um contrato internacional que estipule sua execução no Brasil. Tal situação torna o juiz brasileiro competente, mas, ao mesmo tempo, não torna incompetente, por exemplo, o juiz do país onde a obrigação foi constituída. A última hipótese é a regulada **pelo art. 21, III, do NCPC, que dispõe acerca da competência concorrente sobre ação originada de fato ocorrido ou de ato praticado no Brasil.**
No Novo Código de Processo Civil:

Gabarito "B"

16. COOPERAÇÃO JUDICIÁRIA INTERNACIONAL

(OAB/Exame Unificado – 2016.1) Para a aplicação da Convenção sobre os Aspectos Civis do Sequestro Internacional de Crianças, Lígia recorre à autoridade central brasileira, quando Arnaldo, seu marido, que tem dupla-nacionalidade, viaja para os Estados Unidos com a filha de 17 anos do casal e não retorna na data prometida. Arnaldo alega que entrará com pedido de divórcio e passará a viver com a filha menor no exterior.

Com base no caso apresentado, a autoridade central brasileira

(A) deverá acionar diretamente a autoridade central estadunidense para que tome as medidas necessárias para o retorno da filha ao Brasil.
(B) deverá ingressar na Justiça Federal brasileira, em nome de Lígia, para que a Justiça Federal mande acionar a autoridade central estadunidense para que tome as medidas necessárias para o retorno da filha ao Brasil.
(C) não deverá apreciar o pleito de Lígia, eis que a filha é maior de 16 anos.
(D) não deverá apreciar o pleito de Lígia, eis que o pai também possui direito de guarda sobre a filha, já que o divórcio ainda não foi realizado.

A Autoridade Central brasileira é a Secretaria Nacional de Direitos Humanos, da Presidência da República. Uma vez recebido o pedido relativo ao sequestro internacional de uma criança, a Autoridade Central

26. *Vide* REsp 804.306-SP/STJ, rel. min. Nancy Andrighi.

brasileira deverá encaminhá-lo diretamente à Autoridade Central do Estado onde a criança se encontre. Havendo dificuldades para o retorno amigável da criança, caberá à Advocacia-Geral da União (AGU) ajuizar ação judicial na Justiça Federal. Entretanto, a Convenção de Haia sobre os Aspectos Civis do Sequestro Internacional de Crianças não se aplica a partir do momento em que a criança completar 16 anos de idade. No caso apresentado pelo enunciado da questão, a filha do casal Lígia e Arnaldo tem 17 anos e, desta forma, a Autoridade Central brasileira não irá apreciar o pedido.

Gabarito "C"

(OAB/Exame Unificado – 2015.3) Uma carta rogatória foi encaminhada, nos termos da Convenção Interamericana sobre Cartas Rogatórias, para citação de pessoa física domiciliada em São Paulo, para responder a processo de divórcio nos Estados Unidos.

A esse respeito, assinale a opção correta.

(A) Não será necessário obter exequatur em função do tratado multilateral ratificado por ambos os países.

(B) O STJ deverá conceder o exequatur, cabendo à justiça estadual cumprir a ordem de citação.

(C) A concessão de exequatur caberá ao STJ e seu posterior cumprimento à justiça federal.

(D) A concessão de exequatur e seu posterior cumprimento caberão à autoridade central indicada na Convenção Interamericana sobre Cartas Rogatórias.

A Convenção Interamericana sobre Cartas Rogatórias foi adotada no âmbito da OEA e ratificada pelo Brasil em 1995. O *exequatur* só será concedido se forem preenchidos dois requisitos: *a)* que a carta rogatória esteja *legalizada*; e *b)* que a carta rogatória e a documentação anexa estejam devidamente traduzidas para o idioma oficial do Estado requerido (art. 5º). Todavia, o primeiro é flexibilizado pelo art. 6º da Convenção Interamericana: "Quando as cartas rogatórias forem transmitidas por via consular ou diplomática, ou por intermédio da autoridade central, será desnecessário o requisito da legalização". Por fim, é o direito interno de cada país que vai definir a competência e a tramitação das cartas rogatórias recebidas (primeira parte do art. 10). E no Brasil, a competência para conceder *exequatur* às cartas rogatórias é do STJ e seu posterior cumprimento à justiça federal.

Gabarito "C"

17. HOMOLOGAÇÃO DE SENTENÇA E LAUDO ARBITRAL ESTRANGEIROS

(OAB/Exame Unificado – 2004.ES) Carlos, de nacionalidade uruguaia e com permanência legal no Brasil, requereu ao STF a homologação da sentença prolatada por juiz da República Oriental do Uruguai, por meio da qual se declarou a dissolução da sociedade conjugal, por divórcio, havida com Maria de los Angeles Solano, também de nacionalidade uruguaia. Citada, a requerida apresentou contestação. Considerando a situação hipotética apresentada, constitui matéria que extrapola os limites impostos à contestação em processo de homologação de sentença estrangeira

(A) a autenticidade dos documentos juntados aos autos.

(B) a competência do juiz prolator da sentença homologanda.

(C) os bens comuns existentes no Brasil, omitidos na sentença estrangeira homologanda.

(D) o trânsito em julgado e o preenchimento das formalidades necessárias à execução no local em que a sentença homologanda foi prolatada.

A sentença judicial é um ato soberano, confeccionada pela autoridade judicial de um determinado Estado. Por ser um ato de soberania, a sentença, como todo ato soberano, incide apenas no território nacional e, destarte, é endereçada à população desse Estado. Todavia, como vimos, alguns fatos ou relações jurídicas interessam a mais de um país. Assim, o juiz de um desses Estados exercerá sua competência e aplicará o direito material indicado por seu DIPr, mas, como dito, a decisão só valerá no território nacional do juiz prolator, apesar do interesse de outras jurisdições. É nesse contexto que surge a figura da homologação de sentença estrangeira. Após a homologação pela autoridade competente, a sentença, já apta a produzir efeitos no país prolator, passa a produzir efeitos em outra jurisdição também[27]. No Brasil, a competência para homologar sentenças estrangeiras era do STF, mas depois da EC nº 45 essa competência passou para o STJ (art. 105, I, i, da CF). O procedimento homologatório não examina o mérito da sentença estrangeira[28]. Ao STJ cabe apenas a análise dos requisitos formais e, com um viés mais subjetivo, a análise sobre a violação ou não da ordem pública brasileira (art. 17 da LINDB). É importante sublinhar que a denegação da homologação para reconhecimento ou execução de sentença ou laudo arbitral estrangeiro por vício formal não obsta que a parte interessada renove o pedido, uma vez sanado o vício verificado. Ou seja, o rechaço da homologação não faz coisa julgada material. E do ponto de vista material, a defesa somente poderá versar sobre a autenticidade dos documentos, a inteligência da decisão e a observância dos requisitos previstos na Resolução 9/2005 do STJ[29]. Outra consideração preliminar ao nosso estudo do procedimento homologatório é aquela referente ao tipo de sentença. Todo tipo de sentença judicial (declaratória, constitutiva ou condenatória), bem como a sentença arbitral,[30] podem ser objeto de homologação pelo STJ. Em relação à sentença declaratória, é interessante notar que o parágrafo único do art. 15 da LINDB foi revogado pela Lei nº 12.036/2009. Antes as sentenças meramente declaratórias não necessitavam passar pelo procedimento homologatório para produzir efeitos em território brasileiro porque não possuíam carga executória. Por outro lado, não dependem de homologação pelo Superior Tribunal de Justiça, para serem executados, os títulos executivos extrajudiciais oriundos de país estrangeiro. O título, para ter eficácia executiva, há de satisfazer os requisitos de formação exigidos pela lei do lugar de sua celebração e indicar o Brasil como o lugar de cumprimento da obrigação (art. 515, §§ 2º e 3º, do NCPC[31]).

Gabarito "C"

(Advogado – Petrobrás – 2012 – CESGRANRIO) Uma empresa brasileira acaba de ser condenada a pagar uma indenização a outra empresa brasileira, em razão de um laudo arbitral proferido no exterior. A arbitragem foi realizada

---

27. Art. 483 do CPC: "A sentença proferida por tribunal estrangeiro não terá eficácia no Brasil senão depois de homologada pelo *Superior Tribunal de Justiça*" (atualizada por nós). A sentença estrangeira homologada pelo STJ é título executivo judicial (artigo 475-N, VI, do CPC).

28. *Vide* SEC 651-FR/STJ, rel. min. Fernando Gonçalves, julgada em 16/9/2009, e SEC 1.043-AR, rel. min. Arnaldo Esteves Lima, julgada em 28/5/2009.

29. Conforme o disposto no art. 9º da Resolução e o disposto na SEC 4.616/US-STJ.

30. Em procedimento arbitral estrangeiro, a regra aplicável para disciplinar a representação das partes e a forma de ingresso no litígio é a da lei a que elas se submeteram. Na falta de norma acordada, vale a legislação do país onde a sentença arbitral foi proferida. Isso é o que estabelecem a Lei nº 9.307/96 e a Convenção de Nova Iorque (SEC 3709 STJ).

31. A redação dada pelo Novo CPC permaneceu praticamente a mesma (antigo artigo 585, § 2º, do CPC), apenas excluiu-se o STF como responsável pelo procedimento de homologação, tornando, assim, o NCPC alinhado com a Constituição Federal. A substituição do STF pelo STJ deu-se com a edição da EC 45/2004.

segundo as regras da Câmara de Comércio Internacional (CCI), em um país signatário da Convenção de Nova York. Esse laudo arbitral

(A) dispensa homologação, porque ambas as empresas são brasileiras.
(B) dispensa homologação, porque o Brasil ratificou a Convenção de Nova York.
(C) precisa ser homologado no país-sede da arbitragem e depois pelo STJ.
(D) precisa ser homologado pelo STJ, por ser laudo arbitral estrangeiro.
(E) não precisa ser homologado, nos termos do Protocolo de Las Leñas.

A sentença judicial é um ato soberano, a qual é confeccionada pela autoridade judicial de um determinado estado. Por ser um ato de soberania, a sentença, como todo ato soberano, incide apenas dentro do território nacional, e, destarte, é endereçada à população deste estado – o dito aqui pode ser aplicado integralmente a disciplina dos laudos arbitrais. Todavia, como vimos, alguns fatos ou relações jurídicas interessam a mais de um país. Assim, o juiz de um destes estados exercerá sua competência e aplicará o direito material indicado por seu Direito Internacional Privado, mas, como dito, esta decisão só valerá no território nacional do juiz prolator, apesar do interesse de outras jurisdições. É neste contexto que surge a figura da homologação de sentença estrangeira. Após a homologação pela autoridade competente, a sentença ou laudo arbitral, já apto a produzir efeitos no país prolator, passa a produzir efeitos em outra jurisdição também[32]. No Brasil, a competência para homologar sentenças ou laudos arbitrais estrangeiros era do STF, mas depois da EC n. 45 esta competência passou para o STJ (art. 105, I, *i*, da CF).

Gabarito "D"

18. QUESTÕES COMBINADAS E OUTROS TEMAS DE DIREITO INTERNACIONAL PRIVADO

(OAB/Exame Unificado – 2014.3) Túlio, brasileiro, é casado com Alexia, de nacionalidade sueca, estando o casal domiciliado no Brasil. Durante um cruzeiro marítimo, na Grécia, ela, após a ceia, veio a falecer em razão de uma intoxicação alimentar. Alexia, quando ainda era noiva de Túlio, havia realizado um testamento em Lisboa, dispondo sobre os seus bens, entre eles, três apartamentos situados no Rio de Janeiro.

À luz das regras de Direito Internacional Privado, assinale a afirmativa correta.

(A) Se houver discussão acerca da validade do testamento, no que diz respeito à observância das formalidades, deverá ser aplicada a legislação brasileira, pois Alexia encontrava-se domiciliada no Brasil.
(B) Se houver discussão acerca da validade do testamento, no que diz respeito à observância das formalidades, deverá ser aplicada a legislação portuguesa, local em que foi realizado o ato de disposição da última vontade de Alexia.
(C) A autoridade judiciária brasileira não é competente para proceder ao inventário e à partilha de bens, porquanto Alexia faleceu na Grécia, e não no Brasil.
(D) Se houver discussão acerca do regime sucessório, deverá ser aplicada a legislação sueca, em razão da nacionalidade do de *cujus*.

A: incorreta. Os aspectos extrínsecos do testamento teriam como regra de conexão o *locus regit actum* (lei do local onde o negócio jurídico tenha se constituído). Como exemplos de aspectos extrínsecos, podem-se apontar o respeito à forma legal e se o ato foi lavrado pela autoridade competente. Portanto, a lei a ser aplicada é a portuguesa; **B:** correta. Reler o comentário sobre a assertiva anterior; **C:** incorreta. O art. 23, inc. II, do NCPC traz uma hipótese de competência exclusiva do juiz brasileiro: "Compete à autoridade judiciária brasileira, com exclusão de qualquer outra – em matéria de sucessão hereditária, proceder à confirmação de testamento particular e ao inventário e à partilha de bens situados no Brasil, ainda que o autor da herança seja de nacionalidade estrangeira ou tenha domicílio fora do território nacional": **D:** incorreta. O art. 10 da LINDB traz como regra de conexão a lei do país de último domicílio do defunto ou do desaparecido (*lex domicilii* do defunto ou do desaparecido) no que tange à regulação da sucessão por morte ou por ausência, qualquer que seja a natureza e a situação dos bens. Portanto, a lei a ser aplicada é a brasileira.

Gabarito "B"

(OAB/Exame Unificado – 2014.1) Sobre o sistema de regulação de investimentos e fluxo de capital estrangeiro no atual ordenamento jurídico da República Federativa do Brasil, assinale a afirmativa ***incorreta***.

(A) É vedada a participação de capital estrangeiro nas empresas jornalísticas e de radiodifusão sonora e de sons e imagens, uma vez que sua propriedade é privativa de brasileiros natos.
(B) É vedada a participação direta ou indireta de empresas ou capitais estrangeiros na assistência à saúde no país, salvo nos casos previstos em lei.
(C) O sistema financeiro nacional será regulado por leis complementares que disporão, inclusive, sobre a participação do capital estrangeiro nas instituições que o integram.
(D) Os investimentos de capital estrangeiro, o incentivo aos reinvestimentos e a regulação à remessa de lucros serão disciplinados em lei, tendo por base o interesse nacional.

A: incorreta, devendo ser assinalada. A redação do art. 2º da Lei 10.610/2002 é a seguinte: "A participação de estrangeiros ou de brasileiros naturalizados há menos de dez anos no capital social de empresas jornalísticas e de radiodifusão não poderá exceder a trinta por cento do capital total e do capital votante dessas empresas e somente se dará de forma indireta, por intermédio de pessoa jurídica constituída sob as leis brasileiras e que tenha sede no País"; **B:** correta (art. 199, § 3º, da CF); **C:** correta (art. 192 da CF); **D:** correta (art. 172 da CF).

Gabarito "A"

(OAB/Exame Unificado – 2013.3) A sociedade empresária Airplane Ltda., fabricante de aeronaves, sediada na China, celebrou contrato internacional de compra e venda com a sociedade empresária Voe Rápido Ltda, com sede na Argentina. O contrato foi celebrado no Japão, em razão de uma feira promocional que ali se realizava. Conforme estipulado no contrato, as aeronaves deveriam ser entregues pela Airplane Ltda., na cidade do Rio de Janeiro, no dia 1º de abril de 2011, onde a sociedade Voe Rápido Ltda. possui uma filial e realiza a atividade empresarial de transporte de passageiros.

32. Art. 483 do CPC – art. 961 do NCPC: "A sentença proferida por tribunal estrangeiro não terá eficácia no Brasil senão depois de homologada pelo *Superior Tribunal de Justiça*" (atualizada por nós). A sentença estrangeira homologada pelo STJ é título executivo judicial (art. 475-N, VI, do CPC).

Diante da situação exposta, à luz das regras de Direito Internacional Privado veiculadas na Lei de Introdução às Normas do Direito Brasileiro (LINDB) e no estatuto processual civil brasileiro (Código de Processo Civil – CPC), assinale a afirmativa ***INCORRETA***.

(A) Não sendo as aeronaves entregues no prazo avençado, o Poder Judiciário brasileiro é competente para julgar eventual demanda em que a credora postule o cumprimento do contrato.

(B) No tocante à regência das obrigações, aplica-se, no caso vertente, a legislação japonesa.

(C) O Poder Judiciário Brasileiro não é competente para julgar eventual ação por inadimplemento contratual, pois o contrato não foi constituído no Brasil.

(D) O juiz, não conhecendo a lei estrangeira, poderá exigir de quem a invoca prova do texto e da vigência.

A: correta. Uma hipótese de competência concorrente é a que cuida de obrigações, contratuais ou extracontratuais, que devam ser cumpridas no Brasil (art. 88, II, do CPC). Nesse sentido, o STJ decidiu que é vedado às partes dispor (ex.: cláusula de eleição de foro) sobre a competência concorrente de juiz brasileiro por força das normas fundadas na soberania nacional, não suscetíveis à vontade dos interessados.[33] Um exemplo ordinário é o caso de um contrato internacional que estipule sua execução no Brasil. Tal situação torna o juiz brasileiro competente, mas, ao mesmo tempo, não torna incompetente, por exemplo, o juiz do país onde a obrigação foi constituída; **B:** correta. É a lei do local em que as obrigações foram constituídas que vai regulá-las (*locus regit actum* – art. 9º, *caput*, da LINDB); **C:** incorreta, devendo ser assinalada (reler o comentário sobre a assertiva "A"); **D:** correta (art. 14 da LINDB).

No Novo Código de Processo Civil:

Uma das hipóteses de competência concorrente é aquela da ação ajuizada contra réu domiciliado no Brasil. O princípio informador dessa regra é o *actios equitor forum rei*. Em outras palavras, a competência do juiz nacional é determinada pelo critério domiciliar, não importando a condição de estrangeiro do réu. Ademais, reputa-se domiciliada no Brasil a pessoa jurídica estrangeira que aqui tiver agência, filial ou sucursal (art. 88, parágrafo único, do CPC – art. 21, parágrafo único, do NCPC). Outra hipótese de competência concorrente é a que cuida de obrigações, contratuais ou extracontratuais, que devam ser cumpridas no Brasil. Percebe-se que essa regra prescinde do critério domiciliar. Nesse sentido, o STJ decidiu que é vedado às partes dispor (ex.: cláusula de eleição de foro) sobre a competência concorrente de juiz brasileiro por força das normas fundadas na soberania nacional, não suscetíveis à vontade dos interessados.[34]

Um exemplo ordinário é o caso de um contrato internacional que estipule sua execução no Brasil. Tal situação torna o juiz brasileiro competente, mas, ao mesmo tempo, não torna incompetente, por exemplo, o juiz do país onde a obrigação foi constituída.

A terceira hipótese é a regulada pelo art. 88, III, do CPC[35], que dispõe acerca da competência concorrente sobre ação originada de fato ocorrido ou de ato praticado no Brasil.

O art. 22 do NCPC expressamente atribui como parte da competência concorrente ou relativa da autoridade judiciária brasileira julgar ações de alimentos quando (i) o credor tiver domicílio ou residência no Brasil ou (ii) o réu mantiver vínculos no Brasil, tais como posse ou propriedade de bens, recebimento de renda ou obtenção de benefícios econômicos. O juiz brasileiro ainda é relativamente competente para julgar as seguintes ações: decorrentes de relações de consumo, quando o consumidor tiver domicílio ou residência no Brasil (inciso II do art. 22); e em que as partes, expressa ou tacitamente, se submeteram à jurisdição nacional (inciso III do art. 22).

Gabarito "C"

33. Vide REsp 804.306-SP/STJ, rel. min. Nancy Andrighi.

34. *Vide* STJ, REsp 804.306/SP, 3ª T., j. 19.08.2008, rel. Min. Nancy Andrighi, *DJe* 03.09.2008.

35. O art. 88 do CPC, que traz três hipóteses de competência concorrente ou relativa da jurisdição brasileira, é repetido quase que em sua integralidade pelo art. 21 do NCPC. Apenas a última hipótese (art. 88, III, do CPC – art. 21, III, no NCPC) sofreu pequena alteração e passou a ter a seguinte redação: "o fundamento seja fato ocorrido ou ato praticado no Brasil".

4. DIREITO EMPRESARIAL

Henrique Romanini Subi e Robinson Sakiyama Barreirinhas[1]

1. TEORIA GERAL DO DIREITO EMPRESARIAL

1.1. EMPRESA, EMPRESÁRIO, CARACTERIZAÇÃO E CAPACIDADE

(OAB/Exame Unificado – 2016.2) Maria, empresária individual, teve sua interdição decretada pelo juiz a pedido de seu pai, José, em razão de causa permanente que a impede de exprimir sua vontade para os atos da vida civil.

Sabendo-se que José, servidor público federal na ativa, foi nomeado curador de Maria, assinale a afirmativa correta.

(A) É possível a concessão de autorização judicial para o prosseguimento da empresa de Maria; porém, diante do impedimento de José para exercer atividade de empresário, este nomeará, com a aprovação do juiz, um ou mais gerentes.

(B) A interdição de Maria por incapacidade traz como efeito imediato a extinção da empresa, cabendo a José, na condição de pai e curador, promover a liquidação do estabelecimento.

(C) É possível a concessão de autorização judicial para o prosseguimento da empresa de Maria antes exercida por ela enquanto capaz, devendo seu pai, José, como curador e representante, assumir o exercício da empresa.

(D) Poderá ser concedida autorização judicial para o prosseguimento da empresa de Maria, porém ficam sujeitos ao resultado da empresa os bens que Maria já possuía ao tempo da interdição, tanto os afetados quanto os estranhos ao acervo daquela.

A, B e C: O empresário acometido de incapacidade poderá continuar a empresa com autorização judicial, devendo ser representado ou assistido. Contudo, se o seu representante ou assistente for pessoa impedida de exercer empresa, deverá nomear gerente *ad referendum* do juiz que concedeu a autorização (art. 974 do CC). Correta, portanto, a alternativa "A"; D: incorreta. Os bens estranhos ao acervo da empresa não ficam sujeitos ao seu resultado (art. 974, §2º, do CC).

Gabarito "A"

(OAB/Exame Unificado – 2015.2) Paulo, casado no regime de comunhão parcial com Jacobina, é empresário enquadrado como microempreendedor individual (MEI). O varão pretende gravar com hipoteca o imóvel onde está situado seu estabelecimento, que serve exclusivamente aos fins da empresa. De acordo com o Código Civil, assinale a opção correta.

(A) Paulo pode, sem necessidade de outorga conjugal, qualquer que seja o regime de bens, gravar com hipoteca os imóveis que integram o seu estabelecimento.

(B) Paulo não pode, sem a outorga conjugal, gravar com hipoteca os imóveis que integram o seu estabelecimento, salvo no regime de separação de bens.

(C) Paulo, qualquer que seja o regime de bens, depende de outorga conjugal para gravar com hipoteca os imóveis que integram o seu estabelecimento.

(D) Paulo pode, sem necessidade de outorga conjugal, gravar com hipoteca os imóveis que integram o seu estabelecimento, salvo no regime da comunhão universal.

O empresário casado pode alienar e gravar com ônus real (como a hipoteca) o patrimônio da empresa sem a necessidade de outorga uxória ou marital qualquer que seja o regime de bens de seu casamento (art. 978 do Código Civil).

Gabarito "A"

(OAB/Exame Unificado – 2015.2) Assinale a alternativa correta em relação aos conceitos de empresa e empresário no Direito Empresarial.

(A) Empresa é a sociedade com ou sem personalidade jurídica; empresário é o sócio da empresa, pessoa natural ou jurídica com responsabilidade limitada ao valor das quotas integralizadas.

(B) Empresa é qualquer atividade econômica destinada à produção de bens; empresário é a pessoa natural que exerce profissionalmente a empresa e tenha receita bruta anual de até R$ 100.000,00 (cem mil reais).

(C) Empresa é a atividade econômica organizada para a produção e/ou a circulação de bens e de serviços; empresário é o titular da empresa, quem a exerce em caráter profissional.

(D) Empresa é a repetição profissional dos atos de comércio ou mercancia; empresário é a pessoa natural ou jurídica que pratica de modo habitual tais atos de comércio.

Empresa é a atividade econômica organizada para produção ou circulação de bens ou serviços. Empresário é quem exerce profissionalmente tal atividade (art. 966 do Código Civil).

Gabarito "C"

1. Os comentários das questões do Exame Unificado 2010.1 foram feitos pela própria organizadora da prova.
2. **Henrique Romanini Subi** comentou as questões dos Exames Unificados 2014.3, 2015.1, 2015.2, 2015.3, 2016.1 e 2016.2. **Henrique Romanini Subi e Robinson Sakiyama Barreirinhas** comentaram as demais questões.

(OAB/Exame Unificado – 2014.3) Alfredo Chaves exerce, em caráter profissional, atividade intelectual de natureza literária, com a colaboração de auxiliares. O exercício da profissão constitui elemento de empresa. Não há registro da atividade por parte de Alfredo Chaves em nenhum órgão público.

Com base nessas informações e nas disposições do Código Civil, assinale a afirmativa correta.

(A) Alfredo Chaves não é empresário, porque exerce atividade intelectual de natureza literária.
(B) Alfredo Chaves não é empresário, porque não possui registro em nenhum órgão público.
(C) Alfredo Chaves é empresário, independentemente da falta de inscrição na Junta Comercial.
(D) Alfredo Chaves é empresário, porque exerce atividade não organizada em caráter profissional.

Dispõe o parágrafo único do art. 966 do Código Civil que a atividade de natureza científica, literária ou artística não é considerada empresária, salvo se constituir elemento de empresa. Como o enunciado nos dá expressamente esse dado, é certo que Alfredo é empresário independentemente de sua inscrição na Junta Comercial. Enquanto não o fizer será considerado empresário irregular, mas ainda assim empresário, pois sua classificação decorre do exercício da atividade.

Gabarito "C"

(OAB/Exame Unificado – 2014.1) Olímpio Noronha é servidor público militar ativo e, concomitantemente, exerce pessoalmente atividade econômica organizada sem ter sua firma inscrita na Junta Comercial.

Em relação às obrigações assumidas por Olímpio Noronha, assinale a alternativa correta.

(A) São válidas tanto as obrigações assumidas no exercício da empresa quanto estranhas a essa atividade e por elas Olímpio Noronha responderá ilimitadamente.
(B) São nulas todas as obrigações assumidas, porque Olímpio Noronha não pode ser empresário concomitantemente com o serviço público militar.
(C) São válidas apenas as obrigações estranhas ao exercício da empresa, pelas quais Olímpio Noronha responderá ilimitadamente; as demais são nulas.
(D) São válidas apenas as obrigações relacionadas ao exercício da empresa e por elas Olímpio Noronha responderá limitadamente; as demais são anuláveis.

Olímpio é um empresário irregular, porque não poderia exercer sua atividade econômica diante da proibição incidente sobre os servidores públicos militares ativos (art. 22 do Decreto-lei 667/1969). Isso, porém, não afasta sua responsabilidade **ilimitada** pelas obrigações que contrair, sejam elas realizadas no exercício da empresa ou estranhas a essa atividade (art. 973 do CC).

Gabarito "A"

(OAB/Exame Unificado – 2013.2) Vanderlei de Assis pretende iniciar uma atividade empresarial na cidade de Novo Repartimento. Consulta um advogado para receber esclarecimentos sobre o registro de empresário e os efeitos dele decorrentes, informando que a receita bruta anual prevista para a futura atividade será inferior a R$ 60.000,00 (sessenta mil reais). As informações prestadas abaixo estão corretas, **à exceção de uma**. Assinale-a.

(A) Se no curso da atividade empresarial Vanderlei de Assis vier a admitir algum sócio, poderá solicitar ao Registro Público de Empresas Mercantis a transformação de seu registro de empresário para registro de sociedade empresária.
(B) Em razão de sua receita bruta anual prevista, Vanderlei poderá solicitar seu enquadramento como microempreendedor individual – MEI, devendo indicar no requerimento a firma individual com a assinatura autógrafa.
(C) A inscrição de empresário no Registro Público de Empresas Mercantis, embora obrigatória, não é constitutiva para fins de sua caracterização, mas permite usufruir das prerrogativas legais concedidas aos empresários regulares.
(D) A inscrição do empresário obedecerá ao número de ordem contínuo para todos os empresários inscritos e quaisquer modificações nela ocorrentes serão averbadas à margem, com as mesmas formalidades.

A: correta, nos termos do art. 968, § 3.º, do CC; **B:** incorreta, devendo ser assinalada. Com a edição da Resolução 16/2009 do Comitê para Gestão da Rede Nacional para Simplificação do Registro e da Legalização de Empresas e Negócios – CGSIM – a inscrição do MEI passou a ser totalmente informatizada através do Portal do Empreendedor (www.portaldoempreendedor.gov.br), sendo totalmente dispensado o uso de formulários em papel e a aposição de assinaturas autógrafas (art. 3.º, V, da mencionada Resolução); **C:** correta. A inscrição do empresário no Registro Público de Empresas Mercantis é obrigatória para que ele seja considerado um empresário **regular** e, com isso, goze de todos os direitos e prerrogativas legais. A ausência de registro, contudo, não desnatura a atividade empresária, que continua sujeita a institutos do Direito Empresarial como a falência, por exemplo; **D:** correta, nos termos do art. 968, §§ 1.º e 2.º, do CC.

Gabarito "B"

(OAB/Exame Unificado – 2012.3.B) Sobre o exercício da empresa por incapaz, assinale a afirmativa correta.

(A) O incapaz deverá estar representado ou ser devidamente assistido, ter no mínimo 10 (dez) anos de idade e ser autorizado pelo Registro Público de Empresas Mercantis.
(B) Os bens que o incapaz já possuía ao tempo da incapacidade ou interdição ficam sujeitos aos resultados da empresa, desde que estranhos ao acervo desta.
(C) O alvará de autorização e a eventual revogação deste ser o inscritos ou averbados no Registro Civil de Pessoas Naturais e publicados na imprensa oficial.
(D) Se o representante ou assistente do incapaz for um servidor público em atividade, será nomeado, com a aprovação do juiz, um ou mais gerentes.

A: incorreta. Não há idade mínima estabelecida no Código Civil e a autorização deve vir do juiz (art. 974 do CC); **B:** incorreta. Os bens estranhos à atividade empresarial que o incapaz já possuía não responderão por dívidas sociais (art. 974, § 2.º, do CC); **C:** incorreta. A autorização judicial e sua revogação deverão ser averbados no Registro Público de Empresas Mercantis, a cargo das Juntas Comerciais dos Estados (art. 974, § 3.º, do CC); **D:** correta, nos termos do art. 975 do CC, porque o servidor público é impedido de exercer a administração de empresa (art. 117, X, da Lei 8.112/1990).

Gabarito "D"

(OAB/Exame Unificado – 2011.2) Em relação à incapacidade e proibição para o exercício da empresa, assinale a alternativa correta.

(A) Por se tratar de matéria de ordem pública e considerando que a continuação da empresa interessa a toda a sociedade, quer em razão da arrecadação de impostos, quer em razão da geração de empregos, caso a pessoa proibida de exercer a atividade empresarial o faça, poderá requerer a recuperação judicial.

(B) Aquele que tenha impedimento legal para ser empresário está impedido de ser sócio ou acionista de uma sociedade empresária.

(C) Entre as pessoas impedidas de exercer a empresa está o incapaz, que não poderá exercer tal atividade.

(D) Caso a pessoa proibida de exercer a atividade de empresário praticar tal atividade, deverá responder pelas obrigações contraídas, podendo até ser declarada falida.

A: incorreta. Trata-se de alternativa "sentimental", que tenta confundir o candidato com argumentos quase emocionais. A despeito da importância econômica da empresa nos exatos termos narrados na assertiva, somente se deferirá a recuperação judicial ao empresário regular, conceito no qual, obviamente, não se enquadra a pessoa impedida de exercer empresa (art. 48 da Lei 11.101/2005); **B:** incorreta, pois o impedimento obsta apenas o exercício direto de empresa (empresário individual e empresa individual de responsabilidade limitada) e a posição de administrador de sociedade empresária. Não há qualquer óbice para que o impedido de exercer empresa seja simples acionista ou cotista de sociedade; **C:** incorreta. Incapacidade é diferente de impedimento. Aquela decorre das normas estabelecidas pelo Direito Civil para todas as pessoas naturais, enquanto esta decorre de dispositivos legais específicos para o Direito Empresarial. O impedido de exercer empresa é plenamente capaz, apenas não pode exercer determinada atividade econômica por expressa vedação legal. Além disso, a questão tem outro erro: o incapaz pode exercer empresa, desde que seja em continuação a uma que já explorava, ou antes exercida por seus pais ou pelo autor da herança (art. 974 do CC); **D:** correta, nos termos do art. 973 do CC, valendo lembrar que a exigência de regularidade da atividade empresária aplica-se apenas ao sujeito ativo do pedido de falência. Ao devedor basta que exerça atividade empresária, seja de forma regular ou irregular.

Gabarito "D"

(OAB/Exame Unificado – 2009.3) Afrânio, empresário individual, foi submetido a exame por junta médica que atestou ser ele portador de grave esquizofrenia, qualificando-o como permanentemente incapaz de gerir os próprios negócios. Por essa razão, o pai do empresário ajuizou pedido de interdição, com o pleito de ser nomeado seu curador e gerir seus negócios da vida civil. Considerando a situação hipotética apresentada, assinale a opção correta

(A) O pai de Afrânio, se curador nomeado judicialmente, poderá exercer atividade empresária em nome do filho interditado.

(B) Caso o pai de Afrânio, já como seu curador, esteja impedido, por lei, de exercer atividade empresarial, também não poderá proceder com a indicação de gerentes ao juízo para o exercício desse mister, com o que extinguirá a empresa.

(C) A interdição de empresário individual determina necessariamente a extinção da empresa, sendo inviável a sua continuidade por qualquer meio, portanto o pai de Afrânio não poderá substituí-lo nos negócios.

(D) Eventuais clientes que tenham comprado de Afrânio produtos mediante pagamento à vista, mas que ainda não tenham recebido as mercadorias, na hipótese de continuidade da atividade empresária, estarão impedidos de reclamar o prejuízo em razão da patologia do empresário individual.

A: correta, diante do que determina o art. 974 do CC; **B:** incorreta, pois se o representante ou assistente do incapaz for pessoa impedida de exercer empresa, deverá nomear gerente(s) com aprovação do juiz; **C:** incorreta, porque é possível a continuidade da empresa pelo incapaz, por meio de representante ou assistente, após autorização judicial, sendo proibido apenas o início de empresa nova; **D:** incorreta, pois os direitos adquiridos por terceiros em virtude do exercício empresarial pelo incapaz não serão prejudicados.

Gabarito "A"

(OAB/Exame Unificado – 2007.2) Considerando o atual estágio do direito comercial (ou empresarial) brasileiro, assinale a opção correta.

(A) O Código Civil de 2002, assim como o Código Comercial de 1850, adotou a teoria da empresa.

(B) O Código Civil de 2002 não revogou a antiga legislação sobre sociedades por quotas de responsabilidade limitada.

(C) O Código Civil de 2002 revogou totalmente o Código Comercial de 1850.

(D) A Constituição da República estabelece a competência privativa da União para legislar sobre direito comercial (ou empresarial).

A: incorreta. O Código Comercial de 1850 adotava a teoria dos atos de comércio; **B:** incorreta, pois, ao legislar integralmente sobre o tema, o CC operou a revogação tácita do Decreto 3.078/1919, que regia as sociedades por quotas de responsabilidade limitada, por força do brocardo *lex posteriori derrogat anteriori*; **C:** incorreta, pois foi revogada apenas a parte primeira do Código Comercial de 1850 (art. 2.045 do CC), permanecendo em vigor o restante; **D:** correta, conforme o art. 22, I, da CF.

Gabarito "D"

(OAB/Exame Unificado – 2006.1) Dispõe o art. 972 do Código Civil, que podem exercer a atividade de empresário os que estiverem em pleno gozo da capacidade civil e não forem legalmente impedidos. Assinale a opção correta, quanto à disciplina dos requisitos para o exercício da atividade empresarial.

(A) O menor, com dezesseis anos completos, somente poderá exercer atividade empresarial após a emancipação, sendo imprescindível a homologação desta por sentença.

(B) Os atos praticados por empresário falido impedido de exercer atividade empresarial terão plena validade em relação a terceiros de boa-fé.

(C) A atividade econômica de exploração de recursos minerais pode ser levada a efeito por empresas nacionais ou estrangeiras, desde que haja prévia autorização ou concessão da União.

(D) Ao servidor público federal é vedada a condição de acionista ou cotista de sociedade empresária.

A: incorreta, pois a emancipação do menor com dezesseis anos completos, seja por concessão dos pais ou pelo estabelecimento empresarial que gere ao menor economia própria, independe de homologação judicial (art. 5.º, parágrafo único, I e V, do CC); **B:** correta, conforme o art. 973 do CC; **C:** incorreta, pois tal atividade econômica somente pode ser objeto de autorização ou concessão da União para brasileiros ou empresas nacionais (art. 176, § 1.º, da CF); **D:** incorreta, pois o candidato deve atentar para o fato do art. 117, X, da Lei 8.112/1990 proibir ao servidor público federal de participar de gerência ou administração de sociedade privada, e não de figurar como acionista ou cotista.

Gabarito "B"

(FGV – 2010) Segundo o art. 966 do Código Civil, é considerado empresário:

(A) quem é sócio de sociedade empresária dotada de personalidade jurídica.
(B) quem é titular do controle de sociedade empresária dotada de personalidade jurídica.
(C) quem exerce profissionalmente atividade econômica organizada para a produção ou a circulação de bens ou serviços.
(D) quem exerce profissão intelectual de natureza científica, literária ou artística.
(E) quem assume a função de administrador em sociedade limitada ou sociedade anônima.

A, B e **E:** incorretas, pois a definição legal de empresário não se refere à condição de sócio, controlador ou administrador de sociedade, diferentemente do conceito comum. Empresário é aquele que exerce a atividade empresarial (pode ser empresário individual ou sociedade empresária); **C:** correta, pois reflete exatamente o disposto no art. 966, *caput*, do CC; **D:** incorreta, pois o profissional liberal não é considerado empresário – art. 966, parágrafo único, do CC.

Gabarito "C"

(FGV – 2008) De acordo com o Código Civil, assinale a assertiva correta.

(A) Não é considerada empresário a pessoa física ou jurídica que inicia sua atividade sem a inscrição prévia perante o Registro Público de Empresas Mercantis, a cargo da Junta Comercial.
(B) O estabelecimento empresarial é representado pelo local em que o empresário exerce sua atividade.
(C) O empresário rural, cuja atividade rural constitua sua principal profissão, deverá, sempre, requerer inscrição no Registro Público de Empresas Mercantis da respectiva sede.
(D) O Código Comercial de 1850 foi parcialmente revogado pelo Código Civil, mantendo-se vigentes os dispositivos relativos ao comércio marítimo.
(E) As obrigações contraídas por pessoa impedida legalmente de exercer atividade própria de empresário são nulas.

A: incorreta, pois a irregularidade (ausência de registro), embora implique inexistência de personalidade jurídica própria (no caso das sociedades – art. 985 do CC), não afasta a natureza empresarial. De fato, o empresário e a sociedade empresária qualificam-se por exercerem atividade econômica organizada para a produção ou a circulação de bens ou de serviços, nos termos do art. 966 do CC e art. 982 do mesmo Código. A sociedade empresária irregular (enquanto não inscritos os atos constitutivos) qualifica-se como sociedade em comum – art. 986 do CC; **B:** incorreta, pois o estabelecimento empresarial não se confunde com o local das atividades empresariais. Estabelecimento empresarial é todo complexo de bens organizado para o exercício da empresa (prédio, estoque, maquinário, marcas, patentes, nome, ponto etc. – art. 1.142 do CC), que pode ser objeto unitário de direitos e de negócios jurídicos (art. 1.143 do CC), de modo que pode ser classificado como universalidade de fato (art. 90 do CC); **C:** incorreta, pois a inscrição do empresário rural no Registro Público de Empresas Mercantis é opcional, nos termos do art. 971 do CC; **D:** correta. Realmente, foi revogada apenas a parte primeira do Código Comercial de 1850 (art. 2.045 do CC), permanecendo em vigor o restante; **E:** incorreta, pois a pessoa responderá pelas obrigações contraídas – art. 973 do CC.

Gabarito "D"

(FGV – 2007) Assinale a afirmativa correta.

(A) O empresário individual adquire personalidade jurídica com a inscrição de sua firma individual no Registro Público de Empresas Mercantis.
(B) O empresário individual, por ser pessoa física, não tem legitimidade para requerer recuperação judicial.
(C) O empresário casado pode, sem necessidade de vênia conjugal, independentemente do regime de bens, alienar bem imóvel que integre o patrimônio da empresa.
(D) A responsabilidade do empresário individual é limitada ao capital social informado na declaração de firma individual.
(E) O empresário individual pode adotar como nome empresarial firma ou razão social.

A: incorreta, pois o empresário individual é a própria pessoa física que exerce a atividade econômica descrita no art. 966 do CC. A inscrição no Registro Público marca o início da personalidade jurídica apenas nos casos das pessoas jurídicas de direito privado indicadas no art. 44 do CC (c.c. art. 45 do mesmo Código), como sociedades ou associações (não é o caso do empresário individual). De qualquer forma, o empresário não inscrito no Registro Público está em situação irregular (art. 967 do CC); **B:** incorreta, pois a falência e a recuperação judicial e extrajudicial aplicam-se ao empresário individual, assim como à sociedade empresária – art. 1.º da Lei 11.101/2005; **C:** correta, conforme o art. 978 do CC; **D:** incorreta, pois a responsabilidade do empresário individual é ilimitada (todos os seus bens respondem pelas obrigações que assumir); **E:** incorreta, já que o empresário individual deve utilizar firma constituída por seu próprio nome, completo ou abreviado, adicionando, se quiser, designação mais precisa da sua pessoa ou do gênero de atividade (por exemplo, João A. da Silva Materiais de Construção) – art. 1.156 do CC.

Gabarito "C"

(FGV – 2005) Assinale a alternativa correta segundo o Código Civil.

(A) Mesmo antes de arquivada e averbada no registro público de empresas mercantis, a sentença que decreta a separação judicial de empresário pode ser oposta a terceiros.
(B) Não é admitida, qualquer que for o regime de casamento, a contratação de sociedade entre os cônjuges.
(C) Para alienar os imóveis que integrem o patrimônio da empresa ou gravá-los de ônus real, o empresário casado, qualquer que seja o regime de bens, precisa da outorga conjugal.
(D) Na sociedade de conta em participação, o contrato social produz efeitos somente entre os sócios, e a eventual inscrição de seu instrumento em qualquer registro não confere personalidade jurídica à sociedade.
(E) A sociedade simples que instituir sucursal, filial ou agência na circunscrição de outro registro civil das pessoas jurídicas não precisa neste inscrevê-la, bastando a inscrição originária no registro de sua sede.

A: incorreta, pois, antes do arquivamento e averbação no Registro Público de Empresas Mercantis, não há como opor a sentença a terceiros – art. 980 do CC; **B:** incorreta, pois é possível a contratação entre cônjuges, desde que não tenham se casado no regime da comunhão universal de bens ou no regime da separação obrigatória – art. 977 do CC; **C:** incorreta, pois a outorga é dispensada, qualquer que seja o regime de bens – art. 978 do CC; **D:** correta, nos termos do art. 993 do CC; **E:** incorreta, já que deve haver, nessa hipótese, inscrição também no Registro Civil das Pessoas Jurídicas da localidade da sucursal, filial ou agência.

Gabarito "D"

1.2. DESCONSIDERAÇÃO DA PERSONALIDADE JURÍDICA

(OAB/Exame Unificado – 2009.2) Os sócios da Frente e Verso Tecidos Ltda. praticaram atos desvirtuados da função da pessoa jurídica, constatando-se fraude relativa à sua autonomia patrimonial. Os credores propuseram a ação judicial competente e o juízo *a quo* decretou a desconsideração da personalidade jurídica da referida sociedade. Considerando a situação hipotética apresentada e a disciplina normativa da desconsideração da personalidade jurídica, assinale a opção correta.

(A) O juízo *a quo* não tem competência para decretar a desconsideração da personalidade jurídica da Frente e Verso Tecidos Ltda., mas apenas para decidir por sua dissolução, total ou parcial, nos casos de fraude relativa à autonomia patrimonial.
(B) A decretação da desconsideração da personalidade jurídica da Frente e Verso Tecidos Ltda. acarreta sua liquidação.
(C) A decisão judicial importará na extinção da Frente e Verso Tecidos Ltda., com a posterior liquidação de seus bens materiais e imateriais.
(D) A desconsideração da personalidade jurídica importará na retirada momentânea da autonomia patrimonial da Frente e Verso Tecidos Ltda., para estender os efeitos de suas obrigações aos bens particulares de seus sócios.

A: incorreta, porque o art. 50 do CC entrega justamente ao juiz o poder de desconsiderar a personalidade jurídica da sociedade, atendidos os requisitos legais (desvio de finalidade ou confusão patrimonial). **B** e **C:** incorretas, porque a desconsideração da personalidade não gera a "dissolução" ou a "liquidação" da pessoa jurídica. A desconsideração da personalidade consiste na declaração de ineficácia da personalidade, para o fim específico de estender os efeitos de determinada obrigação aos bens particulares de seus sócios. Essa declaração não extingue a sociedade, que continua a existir e a funcionar normalmente em relação aos demais negócios jurídicos que tenha praticado ou venha a praticar; **D:** correta. Vale destacar que o Novo CPC trata do tema nos seus arts. 133 a 137.

Gabarito "D"

(FGV – 2009) Com relação à *desconsideração da personalidade jurídica*, assinale a alternativa correta.

(A) Implica a extinção da pessoa jurídica.
(B) Constitui uma construção jurisprudencial que nunca encontrou positivação na legislação nacional.
(C) Implica que obrigações da sociedade sejam estendidas aos bens particulares dos administradores e sócios e está prevista apenas no Código Civil.
(D) Implica que obrigações da sociedade sejam estendidas aos bens particulares dos administradores e sócios e está prevista, no sistema jurídico brasileiro, apenas no Código Civil e no Código de Defesa do Consumidor.
(E) Implica que obrigações da sociedade sejam estendidas aos bens particulares dos administradores e sócios e está prevista, no sistema jurídico brasileiro, no Código Civil, no Código de Defesa do Consumidor e na Lei 12.259/2011 (Lei de Defesa da Concorrência).

A: incorreta, pois a desconsideração da personalidade jurídica não extingue a sociedade, apenas estende os efeitos de certas e determinadas relações de obrigações aos bens particulares dos administradores ou sócios da pessoa jurídica – art. 50 do CC; **B:** incorreta. O Código Civil (art. 50), Código de Defesa do Consumidor (art. 28), o Código Tributário Nacional (arts. 134, III e VII, e 135, III) e a Lei Antitruste (Lei 12.529/2011 – art. 34) tratam do tema; **C:** incorreta, conforme comentário à alternativa "B"; **D:** incorreta, conforme comentário à alternativa "B"; **E:** correta, nos termos do exposto nos comentários à alternativa "B".

Gabarito "E"

(FGV – 2008) Em relação à teoria da desconsideração da personalidade jurídica, assinale a afirmativa incorreta.

(A) Está positivada no art. 50 do Código Civil, que determina que, em caso de abuso da personalidade jurídica, caracterizado pelo desvio de finalidade, ou pela confusão patrimonial, pode o juiz decidir a requerimento da parte, ou pelo Ministério Público quando lhe couber intervir no processo, que os efeitos de certas e determinadas relações de obrigações sejam estendidas aos bens particulares dos administradores ou sócios da pessoa jurídica.
(B) As sociedades integrantes de grupos societários e sociedades controladas são solidariamente responsáveis pelas obrigações decorrentes do Código Civil.
(C) As sociedades consorciadas são solidariamente responsáveis pelas obrigações decorrentes do Código Civil.
(D) As sociedades coligadas só responderão por culpa.
(E) A desconsideração da personalidade jurídica das sociedades também será efetivada quando houver falência, estado de insolvência, encerramento ou inatividade da pessoa jurídica provocados por má administração.

A: correta, conforme o art. 50 do CC; **B:** incorreta, pois a responsabilidade, no caso, é subsidiária (não solidária) e, em princípio, em relação às obrigações decorrentes do Código de Defesa do Consumidor – CDC (não do Código Civil) – art. 28, § 2.º, do CDC; **C:** correta, de acordo com o gabarito oficial, porém entendemos que a assertiva é imprecisa, pois a responsabilidade solidária das consorciadas refere-se, em princípio, às obrigações decorrentes do CDC (não do CC) – art. 28, § 3.º, do CDC; **D:** correta, nos termos do art. 28, § 4.º, do CDC; **E:** correta, nos termos do art. 28, *caput, in fine*, do CDC.

Gabarito Oficial "B" / Gabarito Nosso "B" e "C"

(FGV – 2008) A teoria da desconsideração (*disregard of legal entity* ou *a lifting the corporate veil*), positivada no Código Civil, tem por objetivo precípuo afastar momentaneamente a personalidade jurídica da sociedade para atingir o patrimônio pessoal dos sócios. A esse respeito, assinale a alternativa correta.

(A) A desconsideração da personalidade jurídica não será aplicada quando houver falência ou estado de insolvência do devedor.
(B) As sociedades integrantes dos grupos societários e as consorciadas são subsidiariamente responsáveis pelas obrigações de consumo.

(C) O juiz de ofício, a requerimento da parte interessada ou do Ministério Público, quando lhe couber intervir no processo, pode aplicar a teoria da desconsideração a fim de estender aos bens particulares dos sócios ou administradores da pessoa jurídica os efeitos de certas e determinadas relações de obrigações.

(D) As sociedades coligadas somente responderão por culpa pelas obrigações decorrentes de relações de consumo.

(E) A teoria da desconsideração pode ser aplicada em caso de abuso da personalidade jurídica, caracterizado pelo inadimplemento obrigacional, desvio de finalidade ou confusão patrimonial.

A: incorreta, pois cabe desconsideração sempre que houver abuso da personalidade jurídica (art. 50 do CC). Haverá também desconsideração em favor do consumidor, inclusive nos casos de falência e insolvência, nos termos do art. 28, *caput, in fine*, do CDC; **B:** incorreta, pois a responsabilidade das consorciadas é solidária – art. 28, § 3.º, do CDC; **C:** incorreta, já que o juiz não pode desconsiderar a personalidade de ofício, devendo haver requerimento do interessado ou do Ministério Publico – art. 50 do CC; **D:** correta, pois reflete o disposto no art. 28, § 4.º, do CDC; **E:** incorreta, pois o inadimplemento obrigacional, por si, não caracteriza o abuso da personalidade jurídica, nem, portanto, permite a desconsideração – art. 50 do CC.

Gabarito "D"

(FGV – 2007) A respeito da teoria da desconsideração da personalidade jurídica, analise as afirmativas a seguir:

I. A *disregard doctrine* começou a viger no Código de Defesa do Consumidor e estabelece a existência distinta da pessoa jurídica e seus sócios.

II. A teoria da desconsideração da personalidade jurídica não pode ser invocada pelo credor de sociedades em comum.

III. A desconsideração da personalidade jurídica pode ser aplicada de ofício pelo juiz, comprovado o desvio de finalidade praticado pelo administrador da sociedade.

IV. A teoria da desconsideração não se confunde com a teoria do ato *ultra vires*.

Assinale:

(A) se somente as afirmativas I e III estiverem corretas.

(B) se somente as afirmativas I e IV estiverem corretas.

(C) se somente as afirmativas II e III estiverem corretas.

(D) se somente as afirmativas II e IV estiverem corretas.

(E) se todas as afirmativas estiverem corretas.

I: incorreta, pois a desconsideração da personalidade jurídica (*disregard*), em sentido contrário ao descrito na assertiva, afasta a distinção patrimonial entre a pessoa jurídica e seus sócios; **II:** correta, pois a invocação da desconsideração é inócua, na hipótese. Os sócios respondem ilimitadamente na sociedade em comum, nos termos dos arts. 988 e 990 do CC; **III:** incorreta, pois a desconsideração depende de requerimento da parte ou do Ministério Público, nos termos do art. 50 do CC; **IV:** correta, já que a desconsideração cabe em caso de abuso da personalidade jurídica (art. 50 do CC), o que não se confunde com os atos do administrador (sua validade ou sua eficácia) que extrapolem os poderes concedidos pela sociedade (*ultra vires*).

Gabarito "D"

1.3. NOME EMPRESARIAL

(OAB/Exame Unificado – 2011.3.B) A respeito do nome empresarial, é correto afirmar que:

(A) o nome empresarial pode ser objeto de contrato de compra e venda.

(B) a sociedade em conta de participação, por possuir personalidade jurídica, pode adotar firma ou denominação.

(C) a sociedade anônima será designada somente por meio de denominação.

(D) a sociedade limitada será designada somente por meio de firma.

A: incorreta. O art. 1.164 do CC proíbe que o nome empresarial seja objeto autônomo de alienação; **B:** incorreta. A sociedade em conta de participação não tem personalidade jurídica e por tal razão não adota nome empresarial (art. 1.162 do CC); **C:** correta, nos termos do art. 1.160 do CC. Denominação é espécie de nome empresarial que se não equivale à assinatura da pessoa jurídica; **D:** incorreta. A limitada pode girar sob firma ou denominação (art. 1.158 do CC).

Gabarito "C"

(OAB/Exame Unificado – 2009.2) O nome comercial ou de empresa, ou, ainda, o nome empresarial, compreende, como expressão genérica, três espécies de designação: a firma de empresário (a antiga firma individual), a firma social e a denominação. Rubens Requião. **Curso de direito comercial**. 1.º vol., 27ª ed., S. Paulo: Saraiva, 2007, p. 231 (com adaptações). Considerando a doutrina relativa às espécies de nomes comerciais, assinale a opção correta.

(A) A utilização da expressão "sociedade anônima" pode indicar a firma de sociedade simples ou empresária.

(B) O registro do nome comercial na Junta Comercial de um estado garante à sociedade constituída a exclusividade da utilização internacional da denominação registrada.

(C) O direito brasileiro se filia ao sistema legislativo da veracidade ou da autenticidade. Assim, a firma individual deve ser constituída sob o patronímico do empresário individual.

(D) A omissão do termo "limitada" na denominação social não implica necessariamente a responsabilidade solidária e ilimitada dos administradores da firma.

A: incorreta, pois a sociedade anônima será sempre empresária (art. 982, parágrafo único, do CC) e girará obrigatoriamente sob denominação (art. 1.160 do CC); **B:** incorreta. A proteção ao nome empresarial decorrente do registro na Junta Comercial limita-se ao território do respectivo estado (art. 1.166 do CC); **C:** correta. O princípio da veracidade, expressamente adotado pelo art. 34 da Lei 8.934/1994, estabelece que o nome empresarial deve indicar quem realmente exerce o comércio. Dessa forma, a firma individual obrigatoriamente será baseada no nome civil do empresário individual (art. 1.156 do CC); **D:** incorreta, por força do art. 1.158, § 3.º, do CC, que estabelece exatamente o inverso do disposto na alternativa.

Gabarito "C"

(OAB/Exame Unificado – 2007.2) Com relação ao nome empresarial, assinale a opção correta.

(A) O nome empresarial não pode ser objeto de alienação.

(B) As companhias podem adotar firma ou denominação social.

(C) Em princípio, o nome empresarial, após ser registrado, goza de proteção em todo território nacional.

(D) O empresário individual opera sob denominação.

A: correta, pois se trata de cópia literal do art. 1.164 do CC; **B:** incorreta, pois a sociedade anônima gira exclusivamente sob denominação (art. 1.160 do CC); **C:** incorreta, pois a proteção ao nome empresarial decorrente do registro na Junta Comercial limita-se ao território do respectivo estado (art. 1.166 do CC); **D:** incorreta, pois o empresário individual está obrigado a adotar firma baseada em seu nome civil (art. 1.156 do CC).

Gabarito "A"

(FGV – 2010) Com relação ao nome empresarial, assinale a afirmativa incorreta.

(A) "Alves & Cia. C/A" refere-se a uma sociedade em comandita por ações que optou pela utilização de firma social, sendo Alves um sócio diretor ou gerente da sociedade.

(B) "Rocco e Irmãos Ltda. EPP" refere-se a uma sociedade limitada que optou pela utilização de firma social e que gozado regime diferenciado e favorecido dispensado às empresas de pequeno porte, sendo Rocco (e alguns de seus irmãos, se não todos) sócio dessa sociedade.

(C) "José da Silva Minerações S/A" refere-se a uma sociedade anônima que tem como objeto a atividade mineradora,sendo José da Silva uma pessoa que concorreu para o sucesso dessa empresa.

(D) "José S. da Silva" refere-se a um empresário individual.

(E) "Companhia Nacional de Armarinhos" refere-se a uma sociedade limitada que adota as normas da sociedade anônima como lei supletiva e que tem como objeto a atividade de armarinhos.

A: correta, conforme o art. 1.157 c.c. o art. 1.091 do CC; **B:** correta, conforme o art. 1.158 do CC e o art. 72 da LC 123/2006; **C:** correta, nos termos do art. 1.160 do CC; **D:** correta, conforme o art. 1.156 do CC; **E:** incorreta, devendo ser assinalada, pois o termo "Companhia" no início do nome empresarial refere-se à sociedade anônima, e não à limitada – art. 1.160 do CC.

Gabarito "E"

(FGV – 2008) Em relação ao nome empresarial, assinale a alternativa correta.

(A) A firma coletiva e a razão social são espécies de nome empresarial.

(B) A sociedade limitada pode adotar como nome empresarial firma ou denominação, integradas pela expressão final "limitada" ou sua abreviatura, não se admitindo o nome de um ou mais sócios na firma.

(C) A sociedade em conta de participação não pode ter firma ou denominação.

(D) A denominação, diferente da firma individual ou coletiva, pode ser objeto de alienação.

(E) A inscrição do empresário individual ou dos atos constitutivos ou respectivas averbações de sociedade empresária, no registro próprio, asseguram o uso exclusivo do nome em todo o território nacional.

A: incorreta, pois firma coletiva e razão social são expressões equivalentes; **B:** incorreta, já que é possível a adoção de nome de sócio, desde que seja pessoa física – art. 1.158, § 1.º, do CC; **C:** correta, pois a vedação é prevista no art. 1.162 do CC; **D:** incorreta, já que nenhum nome empresarial, seja firma ou denominação, pode ser alienado – art. 1.164 do CC; **E:** incorreta, pois o princípio da novidade refere-se apenas ao local do registro – art. 1.163 do CC.

Gabarito "C"

(FGV – 2008) Em relação ao nome empresarial, assinale a afirmativa correta.

(A) Recebe a proteção efetivada pelo Registro Público de Empresas Mercantis em todo o território nacional.

(B) A sociedade limitada se forma sempre na modalidade de denominação.

(C) É facultativo para o empresário individual e obrigatório para a sociedade empresária.

(D) A sociedade em conta de participação não pode ter firma ou denominação.

(E) A denominação das sociedades simples, por terem regime próprio, não é equiparada ao nome empresarial para efeitos de proteção da lei.

A: incorreta, pois a inscrição no registro próprio assegura o uso exclusivo do nome nos limites do respectivo Estado, em regra – art. 1.166 do CC; **B:** incorreta, pois a sociedade limitada pode adotar denominação ou firma coletiva (= razão social) – art. 1.158 do CC; **C:** incorreta, pois tanto o empresário individual quanto a sociedade empresária têm nome empresarial. No caso do empresário individual, trata-se de firma constituída por seu próprio nome, completo ou abreviado – art. 1.156 do CC; **D:** correta, conforme o art. 1.162 do CC; **E:** incorreta, pois as denominações das sociedades simples, associações e fundações são equiparadas ao nome empresarial, para efeitos da proteção da lei – art. 1.155, parágrafo único, do CC.

Gabarito "D"

1.4. INSCRIÇÃO, REGISTROS, ESCRITURAÇÃO E LIVROS

(OAB/Exame Unificado – 2016.1) Servidor da Junta Comercial verificou que o requerimento de alteração contratual de uma sociedade limitada com vinte e dois sócios e sede no município de Solidão não foi assinado pelo administrador, mas por mandatário da sociedade, com poderes específicos. O requerimento foi instruído com uma nova versão do contrato social desacompanhada da ata da deliberação que a aprovou. O referido servidor determinou que fosse sanada a pretensa irregularidade.

Com base nessas informações, assinale a afirmativa correta.

(A) O servidor não agiu corretamente porque cumpre à autoridade competente, antes de efetivar o registro, fiscalizar apenas a observância das formalidades extrínsecas ao ato, e não formalidades intrínsecas relativas aos documentos apresentados; portanto, a alteração deveria ser arquivada.

(B) O servidor agiu corretamente porque cumpre à autoridade competente, antes de efetivar o registro, fiscalizar a observância das prescrições legais concernentes ao ato ou aos documentos apresentados; havendo irregularidades, deve ser notificado o requerente para saná-las.

(C) O servidor não agiu corretamente porque as irregularidades apresentadas no enunciado são insanáveis por se referirem a requisitos substanciais e de validade do documento, bem como de representação da pessoa jurídica.

(D) O servidor agiu corretamente porque somente o administrador, como órgão da pessoa jurídica, tem legitimidade para pleitear o arquivamento da alteração contratual; havendo irregularidades, deve ser notificado o requerente para saná-las.

Nos termos do art. 1.153 do CC, cabe à autoridade competente verificar a legitimidade do signatário do requerimento. No caso em tela, tal legitimidade decorre da procuração, que, como não foi juntada, era caso mesmo de se negar o registro do ato.
Gabarito "B"

(OAB/Exame Unificado – 2015.1) Uma das obrigações da sociedade empresária é seguir um sistema de contabilidade, mecanizado ou não, com base na escrituração uniforme de seus livros, em correspondência com a documentação respectiva, e levantar anualmente o balanço patrimonial e o de resultado econômico.

A partir do exposto, assinale a afirmativa correta.

(A) A ausência de autenticação dos instrumentos de escrituração na Junta Comercial não impede que os livros da sociedade empresária sejam utilizados em juízo como prova documental a seu favor.
(B) Em razão da evolução tecnológica, passou a ser vedada a escrituração manual do Livro Diário, devendo a sociedade empresária adotar livros digitais para a escrituração de suas operações.
(C) O balanço patrimonial deverá exprimir, com fidelidade e clareza, a situação real da empresa e indicará o ativo e o passivo distintamente.
(D) Os assentos lançados nos livros da sociedade empresária, por qualquer dos contabilistas encarregados de sua escrituração, não obrigam a pessoa jurídica, se tais livros não estiverem autenticados na Junta Comercial.

A: incorreta. Os livros empresariais fazem prova contra o empresário em qualquer caso, mas para ser usado a seu favor é essencial que preencham os requisitos intrínsecos e extrínsecos, entre eles a autenticação pela Junta Comercial (art. 1.181 do Código Civil e arts. 378 e 379 do CPC/1973, que correspondem aos arts. 417 e 418 do Novo CPC); **B:** incorreta. A escrituração manual ainda é autorizada pelo art. 1.180 do Código Civil; **C:** correta, nos termos do art. 1.188 do Código Civil; **D:** incorreta, nos termos do comentário à alternativa "A".
Gabarito "C"

(FGV – 2007) O livro mercantil obrigatório para o comerciante é:

(A) Caixa
(B) Diário
(C) Razão
(D) Copiador de cartas

Além dos demais livros exigidos em lei, o CC prevê a obrigatoriedade do Diário (art. 1.180 do CC).
Gabarito "B"

(FGV – 2007) Os livros comerciais são invioláveis, salvo para:

(A) outros comerciantes em geral
(B) terceiros interessados
(C) agentes do Fisco
(D) agentes policiais

As restrições ao acesso a livros empresariais (art. 1.191 do CC, entre outros) não têm eficácia contra a administração tributária – art. 1.193 do CC e art. 195 do CTN.
Gabarito "C"

(FGV – 2007) O direito de sigilo dos livros comerciais pode ser quebrado:

(A) apenas em demanda judicial que envolva os interesses da União.
(B) apenas quando a demanda judicial envolver, pelo menos, dois empresários.
(C) quando houver requerimento de falência ou recuperação judicial.
(D) se houver requerimento administrativo assinado pelo interessado.
(E) apenas quando houver crime fiscal.

Em princípio, o juiz só poderá autorizar a exibição integral dos livros e papéis de escrituração quando necessária para resolver questões relativas à sucessão, comunhão ou sociedade, administração ou gestão à conta de outrem, ou em caso de falência (art. 1.191 do CC).
Gabarito "C"

1.5. LOCAÇÃO

(OAB/Exame Unificado – 2013.1) Heliodora Moda Feminina Ltda. é locatária de uma loja situada no *shopping center* Mateus Leme. Sobre o contrato de locação de uma unidade comercial em *shopping center*, assinale a afirmativa correta.

(A) O locador poderá recusar a renovação do contrato com fundamento na necessidade de ele próprio utilizar o imóvel.
(B) As despesas cobradas do locatário não precisam estar previstas em orçamento, desde que devidamente demonstradas.
(C) O empreendedor poderá cobrar do locatário as despesas com obras de reformas que interessem à estrutura do *shopping*.
(D) As condições livremente pactuadas no contrato respectivo prevalecerão nas relações entre os lojistas e o empreendedor.

A: incorreta. Tal hipótese está vedada pelo art. 52, § 2.º, da Lei 8.245/1991; **B:** incorreta. A previsão em orçamento é necessária, exceto em caso de urgência ou força maior (art. 54, § 2.º, da Lei 8.245/1991); **C:** incorreta. Tal despesa cabe ao locador, nos termos do art. 54, § 1.º, *a*, c.c. art. 22, parágrafo único, *a*, da Lei 8.245/1991; **D:** correta, nos termos do art. 54, *caput*, da Lei 8.245/1991.
Gabarito "D"

(OAB/Exame Unificado – 2008.3) A ação renovatória do aluguel empresarial deve ser:

(A) ajuizada no penúltimo ano do prazo do contrato em vigor.
(B) proposta no interregno de, no máximo, 6 meses, até 2 meses, no mínimo, anteriores à data da finalização do prazo do contrato em vigor.
(C) ajuizada no segundo semestre do penúltimo ano do prazo do contrato em vigor.
(D) proposta no interregno de um ano, no máximo, até 6 meses, no mínimo, anteriores à data da finalização do prazo do contrato em vigor.

Nos termos do art. 51, § 5.º, da Lei 8.245/1991, a ação renovatória de aluguel deverá ser proposta no interregno de um ano, no máximo, até seis meses, no mínimo, anteriores à data da finalização do contrato em vigor. Isto é, iniciado o último ano de vigência do contrato escrito de locação empresarial, tem o locatário prazo de seis meses para ajuizar a ação renovatória, sob pena de decadência.
Gabarito "D"

1.6. ESTABELECIMENTO

(OAB/Exame Unificado – 2016.2) P. Industrial S.A., companhia fechada, passa momentaneamente por dificuldades financeiras que se agravaram com a crise na atividade industrial do país. A assembleia geral autorizou os administradores a alienar bens do ativo permanente, dentre eles uma unidade produtiva situada no município de Mirante da Serra, avaliada em R$ 495.000.000,00 (quatrocentos e noventa e cinco milhões de reais).

Considerando-se que a unidade produtiva da companhia integra seu estabelecimento, assinale a afirmativa correta.

(A) A assembleia geral não pode autorizar a alienação da unidade produtiva. Por ser o estabelecimento uma universalidade de direito, seus elementos devem ser mantidos indivisíveis e unitariamente agregados para o exercício da empresa.

(B) A assembleia geral pode autorizar a alienação da unidade produtiva. Por ser o estabelecimento uma universalidade de fato, seus elementos podem ser objeto de negócios jurídicos próprios, translativos ou constitutivos, separadamente dos demais.

(C) A assembleia geral pode autorizar a alienação da unidade produtiva. Por ser o estabelecimento um patrimônio de afetação, cabe exclusivamente à companhia a decisão de desagregá-lo e, com isso, limitar sua responsabilidade perante os credores ao valor da unidade produtiva alienada.

(D) A assembleia geral não pode autorizar a alienação da unidade produtiva. Por ser o estabelecimento elemento de exercício da empresa, a alienação de qualquer de seus elementos (corpóreos ou incorpóreos) implica a impossibilidade de manutenção da atividade da companhia, operando-se sua dissolução de pleno direito.

O estabelecimento é uma universalidade de fato, ou seja, os bens que o compõem possuem destinação unitária o podem ser objeto de relações jurídicas próprias (art. 90 do CC). Não bastasse essa autorização geral, também o art. 1.143 do CC autoriza negócios jurídicos translativos ou constitutivos sobre os elementos do estabelecimento que sejam compatíveis com sua natureza, como é o caso proposto no enunciado. Correta, portanto, a alternativa "B".

Gabarito "B"

(OAB/Exame Unificado – 2014.1) Ananias Targino consulta sua advogada para saber as providências que deve tomar para publicizar o trespasse do estabelecimento da Empresa Individual de Responsabilidade Limitada (EIRELI) por ele constituída e enquadrada como microempresa, cuja firma é Ananias Targino EIRELI ME.

A advogada corretamente respondeu que

(A) é dispensável qualquer publicização ou arquivamento do contrato de trespasse do estabelecimento por ser a EIRELI enquadrada como microempresa.

(B) é dispensável o arquivamento do contrato de trespasse no Registro Público de Empresas Mercantis, mas ele deverá ser publicado na imprensa oficial.

(C) é dispensável o arquivamento do contrato de trespasse no Registro Público de Empresas Mercantis, mas ele deverá ser publicado na imprensa oficial e em jornal de grande circulação.

(D) é dispensável a publicação do contrato de trespasse na imprensa oficial, mas ele deverá ser arquivado no Registro Público de Empresas Mercantis.

É essencial atentar para o fato de que o enunciado trata de uma microempresa. Como geral, o contrato de trespasse deve ser registro no Registro Público de Empresas Mercantis (Junta Comercial) e publicado na imprensa oficial (art. 1.144 do CC). Essa segunda medida, porém, é dispensada para as microempresas, com vistas a reduzir os custos incidentes sobre o negócio jurídico, nos termos do art. 71 da Lei Complementar 123/2006.

Gabarito "D"

(OAB/Exame Unificado – 2013.3) No contrato de alienação do estabelecimento da sociedade empresária Chaves & Cia Ltda., com sede em Theobroma, ficou pactuado que não haveria sub-rogação do adquirente nos contratos celebrados pelo alienante, em vigor na data da transferência, relativos ao fornecimento de matéria-prima para o exercício da empresa. Um dos sócios da sociedade empresária consulta sua advogada para saber se a estipulação é válida. Consoante as disposições legais sobre o estabelecimento, assinale a afirmativa correta.

(A) A estipulação é nula, pois o contrato de alienação do estabelecimento não pode afastar a sub-rogação do adquirente nos contratos celebrados anteriormente para sua exploração.

(B) A estipulação é válida, pois o contrato de alienação do estabelecimento pode afastar a sub-rogação do adquirente nos contratos celebrados anteriormente para sua exploração.

(C) A estipulação é anulável, podendo os terceiros rescindir seus contratos com a sociedade empresária em até 90 (noventa) dias a contar da publicação da transferência.

(D) A estipulação é considerada não escrita, por desrespeitar norma de ordem pública que impõe a solidariedade entre alienante e adquirente pelas obrigações referentes ao estabelecimento.

Conforme prevê o art. 1.148, primeira parte, do CC, é lícito que o contrato de trespasse afaste a sub-rogação do adquirente nos contratos celebrados anteriormente. Cumpre ressaltar que, no silêncio do contrato, a sub-rogação ocorrerá por força do mesmo dispositivo legal.

Gabarito "B"

(OAB/Exame Unificado – 2013.1) Lavanderias Roupa Limpa Ltda. ("Roupa Limpa") alienou um de seus estabelecimentos comerciais, uma lavanderia no bairro do Jacintinho, na cidade de Maceió, para Caio da Silva, empresário individual. O contrato de trespasse foi omisso quanto à possibilidade de restabelecimento da "Roupa Limpa", bem como nada dispôs a respeito da responsabilidade de Caio da Silva por débitos anteriores à transferência do estabelecimento.

Nesse cenário, assinale a afirmativa correta.

(A) O contrato de trespasse será oponível a terceiros, independentemente de qualquer registro na Junta Comercial ou publicação.

(B) Caio da Silva não responderá por qualquer débito anterior transferência, exceto os que não estiverem devidamente escriturados.

(C) Na omissão do contrato de trespasse, Roupa Limpa poderá se restabelecer no bairro do Jacintinho e fazer concorrência a Caio da Silva.

(D) Não havendo autorização expressa, "Roupa Limpa" não poderá fazer concorrência a Caio da Silva, nos cinco anos subsequentes à transferência.

A: incorreta. Para ser oponível a terceiros, o contrato de trespasse deve ser registrado na Junta Comercial (art. 1.144 do CC); **B:** incorreta. O adquirente responderá, no silêncio do contrato, somente pelos débitos anteriores que estiverem regularmente contabilizados (art. 1.146 do CC); **C:** incorreta. A cláusula de não restabelecimento é implícita no contrato de trespasse, ou seja, no silêncio do contrato é proibido o exercício da mesma atividade pelo alienante na mesma localidade pelo prazo de cinco anos (art. 1.147 do CC); **D:** correta, nos termos do art. 1.147 do CC.

Gabarito "D"

(OAB/Exame Unificado – 2008.3) No Brasil, o estabelecimento empresarial regulado pelo Código Civil é tratado como:

(A) pessoa jurídica.
(B) patrimônio de afetação ou separado.
(C) sociedade não personificada.
(D) universalidade.

Conforme ensina o art. 90 do CC, constitui universalidade de fato a pluralidade de bens singulares que, pertinentes à mesma pessoa, tenham destinação unitária. Exemplo clássico de universalidade de fato é o estabelecimento empresarial, visto que é tratado pelo CC como um "complexo de bens organizado para exercício da empresa".

Gabarito "D"

(OAB/Exame Unificado – 2008.3) Acerca do contrato de trespasse e negócios empresariais afins, assinale a opção correta.

(A) O trespasse equipara-se à cisão parcial para todos os efeitos legais.
(B) A cessão de todas as participações de uma sociedade, assim como ocorre com o trespasse, altera a titularidade nominal sobre o respectivo estabelecimento.
(C) O trespasse equipara-se à incorporação de sociedades para todos os efeitos legais.
(D) O trespasse pode ocorrer entre empresários individuais, assim como entre sociedades empresárias, ou entre estas e aqueles.

O trespasse é o contrato de compra e venda do estabelecimento empresarial e não se confunde com as operações societárias de cisão parcial (na qual a sociedade original divide-se, criando outra nova, porém subsistindo a original com o capital que lhe restou) ou incorporação (onde duas sociedades se unem, subsistindo apenas aquela que incorporou a outra, a qual é extinta), razão pela qual as alternativas A e C estão incorretas. A alternativa B também não se sustenta, porque a cessão de participações de uma sociedade não altera a titularidade nominal sobre o estabelecimento, que pode ser objeto unitário de direitos e negócios jurídicos (art. 1.143 do CC). Ademais, é totalmente verdadeiro, conforme exposto na alternativa D, que o contrato de trespasse pode ocorrer entre empresários individuais e sociedades empresárias e reciprocamente.

Gabarito "D"

(OAB/Exame Unificado – 2007.3) Paulo e Vinícius, únicos sócios da Ômega Comércio de Roupas Ltda., decidiram ceder integralmente suas cotas sociais e, também, alienar o estabelecimento empresarial da sociedade para Roberto e Ana. Ômega Comércio de Roupas Ltda. havia celebrado contrato de franquia com conhecida empresa fabricante de roupas e artigos esportivos. Considerando a situação hipotética acima, assinale a opção correta.

(A) A eficácia da alienação do estabelecimento empresarial dependerá sempre do consentimento expresso de todos os credores.
(B) O adquirente não responderá por qualquer débito anterior à transferência do estabelecimento empresarial.
(C) O franqueador não poderá rescindir o contrato de franquia com a Ômega Comércio de Roupas Ltda. com base na transferência do estabelecimento.
(D) Os alienantes do estabelecimento empresarial da Ômega Comércio de Roupas Ltda. não poderão fazer concorrência aos adquirentes nos cinco anos subsequentes à transferência, salvo se houver autorização expressa para tanto.

A: incorreta, porque a concordância dos credores é exigida apenas quando não restarem ao alienante bens suficientes para solver seu passivo (art. 1.145 do CC); **B:** incorreta, pois o adquirente é responsável pelo pagamento de todas as dívidas regularmente contabilizadas (art. 1.146 do CC); **C:** incorreta. O contrato de franquia tem caráter pessoal e, destarte, pode ser rescindido pelo terceiro contratante, nos termos autorizados pelo art. 1.148 do CC; **D:** correta. Trata-se da cláusula de não restabelecimento (art. 1.147 do CC).

Gabarito "D"

(OAB/Exame Unificado – 2006.3) Quanto ao que prescreve o Código Civil a respeito do contrato de alienação de estabelecimento empresarial, assinale a opção correta.

(A) O contrato que tenha por objeto a alienação do estabelecimento só produzirá efeitos perante terceiros depois de averbado na Junta Comercial.
(B) O alienante do estabelecimento pode fazer concorrência ao adquirente, salvo cláusula expressa em sentido contrário.
(C) O adquirente do estabelecimento responde por todo e qualquer débito anterior ao negócio.
(D) Salvo autorização expressa de terceiros contratantes, o adquirente do estabelecimento não se sub-roga nos contratos anteriores ao negócio firmados pelo alienante.

A: correta, diante do determinado pelo art. 1.144 do CC; **B:** incorreta. A cláusula de não restabelecimento é implícita no contrato de trespasse, somente podendo o alienante fazer concorrência ao adquirente antes do prazo de cinco anos se tiver autorização contratual para tanto; **C:** incorreta, pois o adquirente responde apenas pelos débitos regularmente contabilizados (art. 1.146 do CC); **D:** incorreta. Dispõe o art. 1.148 que o adquirente se sub-roga nos contratos do alienante, salvo disposição em contrário.

Gabarito "A"

(OAB/Exame Unificado – 2006.2) Carlos andava pelos corredores de um centro comercial quando observou uma grande loja de materiais esportivos, com um letreiro luminoso, acima da porta, no qual se lia X Esportes. Aproximou-se da vitrine e viu uma chuteira dourada com uma etiqueta bordada com o nome X Chute. Ao entrar na loja, reencontrou um antigo companheiro, que se identificou como gerente da X Esportes Ltda. Ele fez uma rápida pesquisa de preços e, ao se retirar, foi informado pelo velho amigo de que, para consultar os preços da loja, ele poderia acessar o sítio www.xesportes.com.br.

No texto acima, as expressões sublinhadas referem-se, respectivamente, a:

(A) título de estabelecimento, marca, denominação social e nome de domínio.

(B) nome empresarial, marca, título de estabelecimento e nome de domínio.
(C) título de estabelecimento, patente, nome empresarial e nome de domínio.
(D) nome empresarial, marca, denominação social e endereço de e-mail.

Título de estabelecimento é elemento identificador do ponto comercial, local onde a atividade empresarial é exercida (vulgarmente conhecido como "nome fantasia"). Marca é o sinal distintivo, visualmente perceptível, que identifica o produto ou serviço (art.122 da Lei 9.279/1996). Já denominação social é espécie de nome empresarial, expressão única que identifica o empresário ou a sociedade empresária em suas relações de fundo econômico. Nome de domínio é uma combinação única de letras ou nomes perceptíveis à linguagem humana, números ou travessões e códigos que encaminham informações entre usuários do sistema de internet, a qual identifica o estabelecimento virtual da empresa. Patente é o privilégio de exploração econômica exclusiva conferido ao inventor de invenção ou modelo de utilidade. Por fim, endereço de e-mail é a combinação de letras, números e demais caracteres que, vinculados a determinado servidor, possibilita a troca de mensagens entre usuários da internet.

Gabarito "A"

(FGV – 2013) O complexo de bens organizados de forma racional para o exercício da empresa, entendida esta como a atividade economicamente organizada para a produção de bens e serviços, por empresário ou sociedade empresária, é denominado

(A) estabelecimento.
(B) patrimônio líquido.
(C) ações.
(D) sociedade em comum.
(E) balanço patrimonial.

A: correta. O conceito está previsto no art. 1.142 do CC; **B**: incorreta. Patrimônio líquido é um conceito contábil, correspondente à diferença entre o ativo e o passivo; **C**: incorreta. Ações são valores mobiliários representativos do capital social de uma sociedade anônima; **D**: incorreta. Sociedade em comum é uma espécie de sociedade não personificada, de natureza irregular diante da ausência de registro de seus atos constitutivos; **E**: incorreta. Balanço patrimonial é uma demonstração contábil que apresenta a situação econômico-financeira da empresa em uma determinada data, evidenciando os valores componentes de seu ativo, passivo e patrimônio líquido

Gabarito "A"

(FGV – 2011) XYZ Produtos Alimentícios Ltda. é uma sociedade empresária, regularmente inscrita no órgão competente desde 1999, cujo objeto constitui a exploração do ramo de alimentos. Com sólido nome no mercado, localizada em um ponto empresarial altamente valorizado no Estado do Rio de Janeiro, detentora de valiosa marca e linhas de crédito pré-aprovadas nos melhores bancos do Estado à sua disposição, os sócios decidem, por maioria absoluta, fazer a cessão do estabelecimento, aproveitando ótima proposta oferecida por um empresário que já atua no mesmo ramo.

Em relação ao estabelecimento, assinale a afirmativa correta.

(A) A sociedade empresária XYZ Produtos Alimentícios Ltda. responde de forma subsidiária por eventuais débitos existentes anteriormente à cessão apontada.
(B) Para ser considerada eficaz, a cessão é indispensável à expressa autorização dos credores existentes àquela época, ainda que a sociedade possua bens suficientes para solver o seu passivo.
(C) O contrato de cessão produz efeitos em relação a terceiros desde a sua averbação à margem da inscrição da sociedade no Registro Público de Empresas Mercantis, no caso, a cargo da Junta Comercial do Estado do Rio de Janeiro, independente de a publicação ocorrer na imprensa oficial.
(D) A sociedade empresária XYZ Produtos Alimentícios Ltda. não pode fazer concorrência ao empresário adquirente, pelo prazo de 2 (dois) anos, salvo se obtida autorização expressa.
(E) A cessão dos créditos referentes ao estabelecimento transferido produz efeitos em relação aos respectivos devedores, desde o momento da publicação da transferência, somente ficando exonerado se, de boa-fé, paga ao cedente.

A questão cobra do candidato os requisitos do trespasse, nome dado ao contrato de alienação ou cessão do estabelecimento empresarial. Mesmo após a alienação ou cessão do estabelecimento, o antigo proprietário continua solidariamente obrigado pelo prazo de 1 (um) ano, contados da data da avença, pelas dívidas vencidas (art. 1.146 do CC). A eficácia do trespasse depende da concordância dos credores existentes à época apenas se não restarem ao devedor bens suficientes para solver seu passivo (art. 1.145 do CC). A produção de efeitos perante terceiros é vinculada à averbação do contrato junto ao Registro Público de Empresas Mercantis e, cumulativamente, à publicação na Imprensa Oficial (art. 1.144 do CC). A cláusula de não restabelecimento, que proíbe o alienante ou cedente de fazer concorrência ao adquirente ou cessionário, é presumida no trespasse pelo prazo de 05 (cinco) anos, salvo disposição expressa diversa (art. 1.147 do CC). Ante todo o exposto, correta apenas a alternativa "E", que protege o devedor de boa-fé que pague sua dívida junto ao alienante ou cedente, quando deveria, em rigor, pagar ao adquirente ou cessionário.

Gabarito "E"

(FGV – 2010) A respeito do trespasse do estabelecimento empresarial, analise-as afirmativas a seguir.

I. O contrato de trespasse de estabelecimento empresarial produzirá efeitos quanto a terceiros só depois de averbado à margem da inscrição do empresário, ou da sociedade empresária, no Registro Público de Empresas Mercantis e de publicado na imprensa oficial.
II. Com relação aos créditos de natureza civil vencidos antes da celebração do contrato de trespasse, o vendedor do estabelecimento continuará por eles solidariamente obrigado, pelo prazo de um ano contado a partir da publicação do contrato de trespasse na Imprensa oficial.
III. Não se admite, mesmo por convenção expressa entre os contratantes, o imediato restabelecimento do vendedor do estabelecimento no mesmo ramo de atividades e na mesma zona geográfica.

Assinale:

(A) se somente a afirmativa I estiver correta.
(B) se somente a afirmativa II estiver correta.
(C) se somente as afirmativas I e II estiverem corretas.
(D) se somente as afirmativas I e III estiverem corretas.
(E) se somente as afirmativas II e III estiverem corretas.

I: correta, em relação à alienação do estabelecimento empresarial (= trespasse), conforme o art. 1.144 do CC; **II:** correta, conforme dispõe o art. 1.146 do CC; **III:** incorreta, pois se houver convenção expressa entre as partes, o alienante poderá, excepcionalmente, fazer concorrência ao adquirente – art. 1.147 do CC.

Gabarito "C"

(FGV – 2010) Com relação ao estabelecimento empresarial, assinale a afirmativa incorreta.

(A) É o complexo de bens organizado para o exercício da empresa, por empresário ou por sociedade empresária.
(B) Refere-se tão somente à sede física da sociedade empresária.
(C) Desponta a noção de aviamento.
(D) Inclui, também, bens incorpóreos, imateriais e intangíveis.
(E) É integrado pela propriedade intelectual.

A: correta, pois reflete exatamente a definição dada pelo art. 1.142 do CC; **B:** incorreta, devendo ser assinalada, pois o estabelecimento abrange bens corpóreos (imóveis, equipamentos, estoques etc.) e incorpóreos (ponto comercial, marcas, patentes etc.); **C:** correta, de acordo com o gabarito oficial, mas há discussão doutrinária quanto à inclusão do aviamento no conceito de estabelecimento empresarial. O termo refere-se à aptidão da empresa para dar lucro (a mais-valia decorrente da exploração do estabelecimento empresarial); **D** e **E:** corretas, conforme comentário à alternativa B.

Gabarito "B"

(FGV – 2010) Pedro Henrique tem uma sorveteria na qual vende sorvetes artesanais da sua marca *Gelados*. O imóvel no qual está localizada a empresa, os *freezers* e as máquinas necessárias para a elaboração dos sorvetes são alugados. Os móveis e o estoque de matéria prima, no entanto, são de propriedade de Pedro Henrique. Ressalta-se que a marca é bastante conhecida na cidade e o seu estabelecimento já tem uma clientela fiel. Considerando os fatos expostos, assinale a alternativa correta.

(A) Fazem parte do estabelecimento empresarial apenas os móveis e o estoque de matéria prima, pois somente estes bens são de propriedade de Pedro Henrique.
(B) Fazem parte do estabelecimento empresarial todos os bens que estão organizados para o desenvolvimento da empresa, isto é, tanto o imóvel, quando os *freezers*, as máquinas, os móveis, o estoque e a marca *Gelados*.
(C) Pedro Henrique não pode ser considerado empresário, pois não desenvolve a atividade empresarial por meio de uma sociedade empresária.
(D) Se Pedro Henrique desejar alienar o estabelecimento, o trespasse somente poderá abranger os bens de propriedade de Pedro Henrique, não podendo versar sobre os contratos relacionados com os outros bens.
(E) Se Pedro Henrique desejar alienar o estabelecimento, o preço do negócio deverá corresponder exatamente ao preço de mercado dos bens de sua propriedade, considerados isoladamente.

A: incorreta, pois o estabelecimento empresarial é composto também pelos bens imateriais, que são de Pedro Henrique, como os bens industriais (marca dos sorvetes, nome empresarial, título de estabelecimento etc.) e o ponto, além dos equipamentos utilizados para o exercício da empresa, ainda que alugados; **B:** correta. A assertiva, como visto no comentário à alternativa anterior, é verdadeira; **C:** incorreta, pois Pedro Henrique qualifica-se como empresário pela atividade que exerce, nos termos do art. 966 do CC, independentemente de compor sociedade. Trata-se de empresário individual; **D:** incorreta, pois, salvo disposição em contrário, a transferência importa a sub-rogação do adquirente nos contratos estipulados para exploração do estabelecimento, se não tiverem caráter pessoal – art. 1.148 do CC; **E:** incorreta, até porque Pedro Henrique pode, em princípio, fixar o preço que quiser (superior ou inferior ao de mercado, inclusive) e da forma que quiser para a venda do estabelecimento. Quanto ao objeto contratual, ademais, o estabelecimento pode ser objeto unitário de direitos e de negócios jurídicos, translativos ou constitutivos, que sejam compatíveis com a sua natureza – art. 1.143 do CC.

Gabarito "B"

(FGV – 2008) No que tange ao estabelecimento empresarial, é incorreto afirmar que:

(A) o alienante do estabelecimento assume responsabilidade subsidiária com o adquirente, pelo prazo de um ano a partir, quanto aos créditos vincendos, da publicação e, quanto aos outros, da data do vencimento.
(B) o alienante do estabelecimento não pode fazer concorrência ao adquirente, nos cinco anos posteriores ao trepasse, salvo autorização expressa.
(C) o adquirente do estabelecimento é responsável pelo pagamento dos débitos anteriores à transferência, desde que regularmente contabilizados.
(D) se entende por estabelecimento empresarial o conjunto de bens corpóreos e incorpóreos utilizados pelo empresário no exercício de sua empresa.
(E) o estabelecimento pode ser objeto unitário de direitos e de negócios jurídicos, translativos ou constitutivos, que sejam compatíveis com a sua natureza.

A: incorreta, devendo ser assinalada, pois o termo inicial para o prazo anual de responsabilidade do alienante segue regra diversa (a partir da publicação, no caso dos créditos vencidos, e a partir do vencimento, no caso dos vincendos) – art. 1.146 do CC; **B:** correta, conforme o art. 1.147 do CC; **C:** correta, nos termos do art. 1.146 do CC – sem prejuízo da responsabilidade solidária do alienante pelo prazo de um ano; **D:** correta, conforme o art. 1.142 do CC; **E:** correta, nos termos do art. 1.143 do CC.

Gabarito "A"

(FGV – 2006) Em que consiste o trespasse?

(A) Direito de retirada de sócio ou acionista.
(B) Cessão gratuita de cotas sociais.
(C) Cessão onerosa de cotas sociais.
(D) Alienação de estabelecimento comercial.
(E) Abdicação, pelo sócio, do direito ao recebimento de dividendos em prol de outrem.

Trespasse significa alienação do estabelecimento comercial – art. 1.143 do CC.

Gabarito "D"

2. SOCIEDADES

2.1. SOCIEDADES SIMPLES E EMPRESÁRIA E TEMAS GERAIS

(OAB/Exame Unificado – 2016.2) Na sociedade Apuí Veículos Ltda., a sócia Eva foi eleita administradora, pela unanimidade dos sócios, para um mandato de três anos. Em razão de insuperáveis divergências com os demais administradores sobre a condução dos negócios, Eva renunciou ao cargo após um ano de sua investidura.

A eficácia da renúncia de Eva se dará, em relação à sociedade, desde o momento em que

(A) a assembleia de sócios ratifica o ato de Eva; e, em relação a terceiros, após a averbação da renúncia.

(B) é designado novo administrador para substituir Eva; e, em relação a terceiros, após a averbação ou publicação da renúncia.
(C) esta toma conhecimento da comunicação escrita de Eva; e, em relação a terceiros, após a averbação e publicação da renúncia.
(D) o termo de renúncia de Eva é lavrado no livro de atas da administração; e, em relação a terceiros, após a publicação da renúncia.

A questão cobra conhecimento sobre a eficácia do ato de renúncia do administrador. A alternativa "C" é cópia literal do art. 1.063, §3º, do CC.
Gabarito "C"

(OAB/Exame Unificado – 2015.3) O contrato da sociedade do tipo simples Angélica Médicos Associados é omisso quanto à possibilidade de sucessão por morte de sócio. Inocência, uma das sócias, consulta você para saber qual a regra prevista no Código Civil para esse caso. Você respondeu corretamente que, com a morte de sócio,

(A) opera-se a dissolução da sociedade de pleno direito. Caberá a liquidação da quota do sócio falecido, cujo valor, considerado pelo montante efetivamente realizado, será apurado, com base no último balanço aprovado, salvo disposição contratual em contrário.
(B) opera-se a sucessão dos herdeiros do sócio falecido na sociedade. Os herdeiros poderão pleitear o levantamento de balanço de resultado econômico para verificação da situação patrimonial da sociedade à data do óbito, salvo disposição contratual em contrário.
(C) opera-se a resolução da sociedade em relação ao sócio falecido. Caberá a liquidação da quota do falecido, cujo valor, considerado pelo montante efetivamente realizado, será apurado, com base na situação patrimonial da sociedade à data do óbito, verificada em balanço especialmente levantado, salvo disposição contratual em contrário.
(D) opera-se a substituição do sócio falecido mediante acordo dos sócios remanescentes com os herdeiros. Os herdeiros poderão pleitear a liquidação da quota com base no valor econômico da sociedade, a ser apurado em avaliação por três peritos ou por sociedade especializada, mediante laudo fundamentado, salvo disposição contratual em contrário.

Na omissão do contrato, a sociedade simples é considerada como "sociedade de pessoas", ou seja, o laço entre os sócios se constitui na confiança e conhecimento do trabalho do outro (*affectio societatis*), o que permite que os sócios impeçam a entrada de terceiro no quadro social em caso do falecimento de um deles ou aquisição de quotas em leilão, por exemplo. Logo, no caso proposto, haverá resolução da sociedade em relação a um sócio (resolução parcial), liquidando-se suas quotas por meio de balanço especialmente levantado para este fim (arts. 1.028 e 1.031 do CC).
Gabarito "C"

(OAB/Exame Unificado – 2015.2) Perseu, em 2012, ingressa numa sociedade simples, constituída em 2008, formada por cinco pessoas naturais e com sede na cidade de Primeira Cruz. De acordo com as disposições do Código Civil sobre a sociedade simples, assinale a afirmativa correta.

(A) Perseu é responsável por todas as dívidas sociais anteriores à admissão.
(B) Perseu responde apenas pelas dívidas sociais posteriores à admissão.
(C) Perseu responde apenas pelas dívidas sociais contraídas no ano anterior à admissão.
(D) Perseu não responde pelas dívidas sociais anteriores e posteriores à admissão.

Nos termos do art. 1.025 do Código Civil, o sócio admitido em sociedade já constituída não se exime das dívidas sociais anteriores à admissão. Logo, Perseu será também responsável, junto com os demais sócios, por todas elas.
Gabarito "A"

(OAB/Exame Unificado – 2009.3) A respeito da classificação das sociedades em simples e empresárias, bem como da relação prevista em lei entre os tipos societários pertencentes a cada um desses grupos, é correto afirmar que as regras legais relativas à sociedade simples:

(A) são subsidiárias às da sociedade cooperativa, e as regras relativas à sociedade limitada são subsidiárias às demais sociedades empresárias, especialmente a sociedade anônima.
(B) são subsidiárias a todos os tipos societários.
(C) aplicar-se-ão à sociedade limitada se o respectivo contrato social não estabelecer a regência supletiva das normas sobre sociedade anônima.
(D) são subsidiárias apenas à sociedade em nome coletivo e à sociedade em comandita simples.

As regras relativas à sociedade simples aplicam-se subsidiariamente àquelas estabelecidas para a sociedade em comum (art. 986 do CC), a sociedade em conta de participação (art. 996 do CC), a sociedade em nome coletivo (art. 1.040 do CC), a sociedade limitada, se o contrato não determinar a aplicação supletiva das normas referentes às sociedades anônimas (art. 1.053, parágrafo único, do CC) e a sociedade cooperativa (art. 1.096 do CC). Logo, elas não se aplicam subsidiariamente às normas da sociedade em comandita simples, que são integradas pelos dispositivos destinados às sociedades em nome coletivo (art. 1.046 do CC), nem às sociedades institucionais (comandita por ações e sociedades anônimas), que são regidas por lei própria.
Gabarito "C"

(OAB/Exame Unificado – 2008.3) A sociedade simples difere, essencialmente, da sociedade empresária porque:

(A) aquela não exerce atividade própria de empresário sujeito a registro, ao contrário do que ocorre nesta.
(B) aquela não exerce atividade econômica nem visa ao lucro, ao contrário desta.
(C) naquela, a responsabilidade dos sócios é sempre subsidiária, enquanto nesta, é sempre limitada.
(D) aquela deve constituir-se apenas sob as normas que lhe são próprias, enquanto esta pode constituir-se utilizando-se de diversos tipos.

O conceito de sociedade simples é extraído por exclusão, definindo-se primeiro o que é sociedade empresária: são sociedades empresárias todas aquelas que exercem atividade própria de empresário sujeito a registro (art. 982 do CC). Não sendo empresária, será sociedade simples.
Gabarito "A"

(OAB/Exame Unificado – 2008.2) Acerca do exercício da empresa em sociedade, assinale a opção correta.

(A) A constituição de sociedade para a realização de apenas um negócio determinado é incompatível com a atividade empresarial, pois impede a habitualidade de seu exercício.

(B) O conceito de sociedade implica o exercício de atividade econômica, embora nem toda sociedade que realize atividade econômica seja necessariamente considerada empresarial.
(C) A qualificação de uma sociedade como empresarial só ocorre quando ela exerce atividade própria de empresário sujeito a registro.
(D) A sociedade que precipuamente exercer atividade de empresário rural só poderá adotar tipo reservado às sociedades empresárias.

A: incorreta, pois a atividade a ser exercida pela sociedade pode se restringir à realização de um negócio determinado, conforme expressa autorização do art. 981, parágrafo único, do CC; **B:** correta, visto que celebram contrato de sociedade as pessoas que reciprocamente se obrigam a contribuir para o exercício de atividade econômica (art. 981 do CC), porém há sociedades que exploram atividade econômica que são expressamente excluídas do regime jurídico empresarial (art. 966, parágrafo único, do CC); **C:** incorreta, já que a sociedade por ações será sempre considerada empresária, independentemente de seu objeto (art. 982, parágrafo único, do CC); **D:** incorreta. A sociedade voltada à atividade rural pode ser tratada como sociedade simples ou empresária, a depender da exclusiva opção dos sócios, que a manifestarão requerendo o registro da sociedade no Registro Público de Empresas Mercantis (art. 971 do CC).

Gabarito "B"

(OAB/Exame Unificado – 2008.1) Armando e Arnaldo, advogados, resolveram celebrar contrato de sociedade para realizar, por prazo indeterminado, a fabricação regular de peças para automóveis. Considerando essa situação hipotética, assinale a opção correta.

(A) O instrumento do contrato deverá ser inscrito no Registro Civil de Pessoas Jurídicas, em razão de os sócios serem advogados.
(B) Sendo ambos os sócios advogados, a sociedade será necessariamente simples.
(C) A sociedade só existirá se o instrumento do contrato for submetido a registro.
(D) O instrumento do contrato deverá ser inscrito no Registro Público de Empresas Mercantis, por ser empresarial o objeto da atividade.

A definição de uma sociedade como simples ou empresária não leva em conta circunstâncias pessoais do sócio, mas sim o objeto social, ou seja, a atividade econômica exercida. No problema, a despeito dos sócios serem advogados, eles não estão constituindo uma sociedade para exercício de atividade intelectual (advocacia), mas sim uma sociedade voltada para a produção de bens, que é atividade empresária nos termos do art. 966 do CC. Assim, o registro dos atos constitutivos da sociedade deve dar-se no Registro Público de Empresas Mercantis.

Gabarito "D"

(OAB/Exame Unificado – 2008.1) Independentemente de seu objeto social, considera-se sociedade simples a:

(A) sociedade em nome coletivo.
(B) sociedade em comandita simples.
(C) sociedade limitada.
(D) sociedade cooperativa.

A cooperativa é considerada sempre uma sociedade simples (art. 982, parágrafo único, do CC).

Gabarito "D"

(OAB/Exame Unificado – 2008.1) De acordo com a legislação em vigor, em regra, o vencimento do prazo de duração da sociedade, sem oposição de sócio e sem que entre em liquidação, prorroga-a por tempo indeterminado. Entretanto, não se sujeita a essa prorrogação automática a sociedade:

(A) cooperativa.
(B) em comandita por ações.
(C) simples.
(D) em nome coletivo.

Nos termos do art. 1.092 do CC, a prorrogação do prazo da sociedade em comandita por ações depende de consentimento dos diretores.

Gabarito "B"

(OAB/Exame Unificado – 2006.3) Quanto aos prepostos, segundo o que preceitua o Código Civil, assinale a opção incorreta.

(A) O preposto pode, mesmo sem autorização escrita, fazer-se substituir no desempenho da preposição.
(B) Considera-se gerente o preposto permanente no exercício da empresa, na sede desta, ou em sucursal, filial ou agência.
(C) O gerente, pelas obrigações resultantes do exercício da sua função, pode figurar em juízo em nome do preponente.
(D) Se o preposto, encarregado pelo preponente, recebe sem protesto, salvo nos casos em que haja prazo para reclamação, papéis, bens ou valores, essa entrega é considerada perfeita.

A: incorreta, devendo ser assinalada, vez que a alternativa descreve exatamente o contrário do disposto no art. 1.169 do CC; **B:** correta, conforme art. 1.172 do CC; **C:** correta, nos exatos termos do art. 1.176 do CC; **D:** correta. Trata-se de transcrição literal do art. 1.171 do CC.

Gabarito "A"

(FGV – 2010) Nos termos do Código Civil brasileiro, consideram-se empresárias:

(A) todas as sociedades que têm finalidade lucrativa, independente da atividade desenvolvida.
(B) as associações.
(C) as cooperativas.
(D) as sociedades por ações, independente da atividade desenvolvida.
(E) as sociedades limitadas, independente da atividade desenvolvida.

Nos termos do art. 982, parágrafo único, do CC, as sociedades por ações serão sempre consideradas empresárias, independentemente da atividade desenvolvida. Os demais tipos societários vinculam-se ao disposto no art. 966, parágrafo único, do CC, que afasta o regime jurídico empresarial das sociedades que explorem atividades intelectuais, científicas ou artísticas.

Gabarito "D"

(FGV – 2010) Em relação às sociedades empresárias, é correto afirmar que:

(A) nas sociedades simples, as cláusulas contratuais que visem excluir sócios de participarem dos lucros e das perdas da sociedade são permitidas, desde que os sócios excluídos sejam administradores da sociedade e que a exclusão tenha por fundamento sua gestão temerária.
(B) na sociedades em nome coletivo, a responsabilidade dos sócios referente às obrigações sociais é solidária e ilimitada. Entretanto, os sócios podem limitar entre si a responsabilidade de cada um, contanto que essa disposição esteja no ato constitutivo ou seja aprovada, em unanimidade, em convenção posterior.

(C) as sociedades limitadas e as sociedades em comandita por ações podem ou não ser empresárias, sendo que essa diferenciação decorre do tipo de atividade por elas empreendida.

(D) a aquisição de personalidade jurídica das sociedades ocorre com assinatura dos seus atos constitutivos pelos sócios.

(E) a fim de salvaguardar os direitos dos credores, na execução das dívidas da sociedade inexiste o benefício de ordem entre os bens da sociedade e os dos sócios.

A: incorreta, pois é nula a estipulação contratual que exclua qualquer sócio de participar dos lucros e das perdas – art. 1.008 do CC; **B:** correta, nos termos do art. 1.039, parágrafo único, do CC; **C:** incorreta. A sociedade empresária pode se constituir como sociedade em nome coletivo, em comandita simples, limitada, anônima ou em comandita por ações. A sociedade simples pode constituir-se de conformidade com um desses tipos, e, não o fazendo, subordina-se às normas que lhe são próprias – art. 983 do CC. No entanto, independentemente de seus objetos, a sociedade por ações (caso da comandita por ações, citada na assertiva) será sempre empresária e a cooperativa será sempre simples (não empresária) – art. 982, parágrafo único, do CC; **D:** incorreta, pois a sociedade adquire personalidade jurídica com a inscrição, no registro próprio e na forma da lei, dos seus atos constitutivos – art. 985 do CC; **E:** incorreta, já que a responsabilidade dos sócios em relação às dívidas da sociedade depende, principalmente, do tipo societário adotado. No caso das S.A. e das limitadas, por exemplo, os bens dos sócios não respondem pelas dívidas sociais – arts. 1.052 e 1.088 do CC.

Gabarito "B"

(FGV – 2010) A respeito de *sociedades empresárias* é correto afirmar que:

(A) adquirem personalidade jurídica com a inscrição do ato constitutivo no Registro Público de Empresas Mercantis a cargo das Juntas Comerciais.

(B) passam a existir mediante a inscrição do ato constitutivo no Registro Público de Empresas Mercantis.

(C) adquirem personalidade jurídica apenas após a sua devida inscrição no Cadastro Nacional de Pessoas Jurídicas – CNPJ.

(D) adquirem personalidade jurídica a partir da mera assinatura do contrato social.

(E) adquirem personalidade jurídica com a inscrição do ato constitutivo no Registro Civil das Pessoas Jurídicas.

Nos termos do art. 985 do CC, a sociedade adquire personalidade jurídica com a inscrição de seus atos constitutivos no registro próprio e na forma da lei. No caso das sociedades empresárias, o registro próprio é o Registro Público de Empresas Mercantis a cargo das Juntas Comerciais – art. 1.150 do CC. Nesse contexto, a assertiva A é a melhor alternativa, pois se refere à aquisição da personalidade jurídica com a inscrição dos atos constitutivos nesse registro.

Interessante notar que o art. 45 do CC indica o começo da existência legal da pessoa jurídica com a inscrição do ato constitutivo no registro próprio. A assertiva B não é, entretanto, a melhor, porque afirma que as sociedades "passam a existir", sem a ressalva do "legalmente". De fato, mesmo antes da inscrição, a sociedade pode existir, ainda que irregularmente, como sociedade em comum – art. 986 do CC.

Gabarito "A"

(FGV – 2009) *Há mais de dez anos, Jorge e Matias, ambos juridicamente plenamente capazes, constituíram sociedade limitada para desenvolver o comércio de carnes em Petrópolis. Apesar de eles terem elaborado contrato de sociedade por escrito, tal contrato nunca foi levado a registro na Junta Comercial competente.*

Considerando as informações acima, é correto afirmar que:

(A) a sociedade não tem personalidade jurídica, mas os bens e dívidas sociais constituem patrimônio especial, do qual os sócios são titulares em comum.

(B) a sociedade é inexistente.

(C) a sociedade é ineficaz, tanto para Jorge e Matias quanto para terceiros.

(D) a sociedade é nula de pleno direito.

(E) a sociedade existe, é válida e possui personalidade jurídica.

A: correta, pois a inexistência de registro dos atos constitutivos e a efetiva atividade societária implicam sociedade em comum, nos termos dos arts. 986 e 988 do CC; **B**, **D** e **E:** incorretas, pois a sociedade é existente e válida, mas não possui personalidade jurídica própria – arts. 986 e 985 do CC; **C:** incorreta, pois a sociedade é eficaz em relação aos atos praticados pelos sócios. Note que até mesmo terceiros podem provar sua existência, de qualquer modo possível, nos termos do art. 987, *in fine*, do CC.

Gabarito "A"

(FGV – 2008) Assinale a afirmativa incorreta.

(A) A personalidade jurídica das sociedades se inicia com a sua constituição e início das atividades.

(B) As sociedades em comum respondem perante terceiros pelas obrigações contraídas.

(C) As sociedades simples podem adotar qualquer tipo societário específico das sociedades empresárias.

(D) O direito brasileiro admite o pedido de recuperação judicial de pessoa natural, comprovada a condição de empresário.

(E) O capital social de uma sociedade limitada pode ser formado por quotas de valores diferentes.

A: incorreta, devendo ser assinalada, pois a personalidade jurídica das sociedades se inicia com a inscrição de seu ato constitutivo no registro próprio, na forma da lei – art. 985 do CC; **B:** correta, nos termos do art. 989 c.c. art. 987, *in fine*, do CC; **C:** correta, conforme o art. 983 do CC; **D:** correta, pois, de fato, o empresário individual sujeita-se à recuperação e à falência – art. 1.º da Lei 11.101/2005 (Lei de Falência e Recuperação de Empresas – LF); **E:** correta, nos termos do art. 1.055 do CC.

Gabarito "A"

(FGV – 2008) Assinale a afirmativa incorreta.

(A) Independentemente de seu objeto, consideram-se empresárias as sociedades anônimas, e simples as cooperativas.

(B) As sociedades simples têm natureza de sociedades de pessoas.

(C) As antigas sociedades civis, regidas pelo Código Civil de 1916, são as atuais sociedades simples.

(D) A decretação da falência de sócio é causa ensejadora da resolução da sociedade que integra.

(E) A teoria da desconsideração da personalidade jurídica foi positivada pelo novo Código Civil, conforme entendimento doutrinário e jurisprudencial majoritários.

A: correta, conforme o art. 982, parágrafo único, do CC; **B:** correta, pois as características pessoais dos sócios são preponderantes para a sociedade simples; **C:** incorreta, devendo ser assinalada, pois as sociedades civis previstas do CC/1916 (arts. 16, I, e 1.363) não se confundem com as sociedades simples do atual Código, que não podem ter objeto empresarial. As antigas sociedades civis precisaram adaptar seus contratos sociais às disposições do novo CC (art. 2.031), adotando os tipos previstos para as sociedades simples ou para as empresárias (art. 983 do CC). No entanto, essa posição não é unânime (por exemplo, Arnaldo Rizzardo, *Direito de Empresa*. 3. ed. Rio de Janeiro: Forense, 2009); **D:** correta, conforme o art. 1.030, parágrafo único, do CC; **E:** correta, pois a desconsideração é prevista no art. 50 do CC.

Gabarito "C"

(FGV – 2008) De acordo com o Código Civil, analise as seguintes afirmativas:

I. Não se considera empresário quem exerce profissão de natureza intelectual, literária, científica ou artística, ainda que realizadas com o concurso de colaboradores, salvo se o exercício da profissão constituir elemento de empresa.

II. Considera-se empresário quem exerce profissionalmente atividade econômica organizada para a produção ou a circulação de bens ou serviços.

III. O empresário casado, qualquer que seja o regime de bens, pode alienar ou gravar de ônus real os bens imóveis que integrem o patrimônio da empresa.

IV. Na sociedade em conta de participação, a atividade constitutiva do objeto social é exercida unicamente pelo sócio ostensivo.

Assinale:

(A) se somente as afirmativas I e II estiverem corretas.
(B) se somente as afirmativas II e IV estiverem corretas.
(C) se somente as afirmativas I, II e III estiverem corretas.
(D) se somente as afirmativas II, III e IV estiverem corretas;
(E) se todas as afirmativas estiverem corretas.

I: correta, conforme o art. 966, parágrafo único, do CC; **II:** correta, conforme o art. 966, *caput*, do CC; **III:** correta, conforme o art. 978 do CC; **IV:** correta, conforme o art. 991 do CC.

Gabarito "E"

(FGV – 2007) As denominadas sociedades de fato, embora exercitem atividades comerciais, sem se terem organizado segundo a lei, arquivando seus atos constitutivos no registro de comércio, não podem:

(A) ter domicílio certo
(B) usar um nome social
(C) sujeitar-se a pedido de falência
(D) ser consideradas personalidade jurídica

As sociedades em comum (ou de fato) não têm, por definição, personalidade jurídica – art. 986 do CC.

Gabarito "D"

(FGV – 2006) O *affectio societatis* refere-se:

(A) à disposição dos sócios em obterem lucro de lucro.
(B) à disposição dos sócios em criarem, em conjunto, novas sociedades mercantis.
(C) à imagem de que goza uma sociedade perante o público em geral.
(D) ao direito dos sócios de criarem novos estabelecimentos comerciais.
(E) à vontade de união e aceitação das áleas comuns.

A assertiva "E" descreve adequadamente o conceito de *affectio societatis* – art. 981 do CC.

Gabarito "E"

2.2. SOCIEDADES EM COMUM, EM CONTA DE PARTICIPAÇÃO, EM NOME COLETIVO E EM COMANDITA

(OAB/Exame Unificado – 2014.2) Mariana, Januária e Cristina decidiram constituir uma sociedade em conta de participação, sendo a primeira sócia ostensiva e as demais sócias participantes. Sobre o caso apresentado, de acordo com as disposições do Código Civil, assinale a opção correta.

(A) É vedada a participação de mais de um sócio ostensivo na sociedade em conta de participação; logo, as demais sócias não poderão ter a qualidade de sócio ostensivo.
(B) As sócias participantes Januária e Cristina poderão fiscalizar a gestão dos negócios sociais pela sócia ostensiva Mariana.
(C) A sociedade em conta de participação deverá adotar como nome empresarial firma social, da qual deverá fazer parte a sócia ostensiva.
(D) A sociedade somente poderá existir se o contrato não estiver inscrito em qualquer registro, pois é uma sociedade não personificada.

A: incorreta. Não há limite numérico para os sócios ostensivos. O parágrafo único do art. 996 do CC prevê, inclusive, a hipótese de sua pluralidade; **B**: correta, nos termos do art. 993, parágrafo único, primeira parte, do CC; **C**: incorreta. A sociedade em conta de participação não adota nome empresarial porque sua existência não se divulga (art. 1.162 do CC); vale lembrar que tal espécie societária é dispensada até mesmo do registro de seus atos constitutivos, sendo um dos tipos de sociedade não personificada; **D**: incorreta. É possível o registro dos atos constitutivos da sociedade em conta de participação, mas o ato não gerará qualquer efeito jurídico (art. 993, *caput*, do CC).

Gabarito "B"

(OAB/Exame Unificado – 2012.2) A respeito do sócio ostensivo da sociedade em conta de participação, assinale a afirmativa correta.

(A) É também chamado de sócio oculto.
(B) É o único responsável pela atividade constitutiva do objeto social.
(C) É o novo sócio admitido, mesmo que sem o consentimento dos demais, quando a sociedade necessitar de um aporte de capital.
(D) É o único sócio ostensivo da sociedade, vedada a pluralidade de sócios dessa natureza.

A: incorreta. Sócio ostensivo é aquele que atua em nome próprio e se obriga perante terceiros. Sócio oculto é a outra parte do contrato, que tem responsabilidade somente perante o sócio ostensivo. Vale salientar que sócio oculto é termo do antigo Código Comercial, sendo que o Código Civil de 2002 usa o termo "sócio participante"; **B:** correta, nos termos do art. 991 do CC; **C:** incorreta. Sócio ostensivo é aquele responsável pela atividade objeto da sociedade em conta de participação; **D:** incorreta. É possível a coexistência de vários sócios ostensivos, conforme se depreende do art. 995 do CC.

Gabarito "B"

(OAB/Exame Unificado – 2012.1) Em relação à Sociedade em Conta de Participação NÃO é correto afirmar que:

(A) é uma sociedade empresária personificada e de pessoas.

(B) a atividade constitutiva do objeto social deve ser exercida unicamente pelo sócio ostensivo.

(C) o contrato social produz efeito somente entre os sócios.

(D) as contribuições dos sócios participante e ostensivo constituem patrimônio especial.

A: incorreta, devendo ser assinalada. A sociedade em conta de participação não detém personalidade jurídica (art. 993 do CC); **B:** correta, nos termos do art. 991 do CC; **C:** correta, nos termos do art. 993 do CC; **D:** correta, nos termos do art. 994 do CC.

Gabarito "A"

(OAB/Exame Unificado – 2011.2) A respeito da sociedade em comum, é correto afirmar que:

(A) os sócios respondem individual e ilimitadamente pelas obrigações sociais.

(B) os sócios são titulares em comum das dívidas sociais.

(C) são regidas pelas disposições das sociedades simples.

(D) na relação com terceiros, os sócios podem comprovar a existência da sociedade de qualquer modo.

A sociedade em comum é aquela na qual os sócios não promoveram o registro dos atos constitutivos da sociedade, não ostentando, portanto, personalidade jurídica. Possui regime jurídico próprio (art. 986 e ss. do CC), com aplicação subsidiária das normas relativas à sociedade simples. Nela, os sócios são vistos como titulares em comum dos bens e dívidas sociais, os quais constituem um patrimônio especial (art. 988 do CC). Em suas relações com terceiros, estes podem provar a sociedade de qualquer modo, enquanto os sócios provam-na apenas por escrito (art. 987 do CC), e todos os sócios respondem solidária e ilimitadamente pelas obrigações sociais (art. 990 do CC).

Gabarito "B"

(OAB/Exame Unificado – 2009.2) Nas sociedades em nome coletivo,

(A) a administração pode competir a sócio ou a terceiro designado pelos sócios.

(B) os sócios respondem, de forma subsidiária e limitada à integralização de suas quotas, pelas obrigações sociais.

(C) os sócios podem ser pessoas físicas ou jurídicas.

(D) o falecimento de sócio implica a liquidação das quotas do falecido, caso o contrato social seja omisso a tal respeito.

A: incorreta, porque na sociedade em nome coletivo a administração somente poderá competir a sócio (art. 1.042 do CC); **B:** incorreta, diante da responsabilidade ilimitada de todos os sócios (art. 1.039 do CC); **C:** incorreta, vez que somente pessoas físicas podem ser sócias na sociedade em nome coletivo (art. 1.039 do CC); **D:** correta, diante da expressa determinação do art. 1.028, I, do CC, previsto para a sociedade simples e aplicado às sociedades em nome coletivo subsidiariamente, conforme disposto no art. 1.040 do CC.

Gabarito "D"

(OAB/Exame Unificado – 2008.1) Com base nas disposições do Código Civil relativas à sociedade em conta de participação, é correto afirmar que:

(A) somente sócios que sejam pessoas físicas podem constituí-la.

(B) apenas os sócios ostensivos podem exercer a atividade constitutiva do objeto social.

(C) o ato constitutivo da sociedade deve ser, obrigatoriamente, inscrito na Junta Comercial.

(D) todos os sócios devem responder ilimitadamente pelas obrigações sociais devidas a terceiros.

A: incorreta, pois podem tomar parte da sociedade em conta de participação tanto pessoas físicas quanto pessoas jurídicas; **B:** correta, nos termos do disposto no art. 991 do CC; **C:** incorreta, pois a sociedade em conta de participação não detém personalidade jurídica e tem natureza secreta, não sendo determinado o registro de seus atos constitutivos. Ademais, ainda que o faça, tal diligência não lhe entregará personalidade jurídica (art. 993 do CC); **D:** incorreta. Apenas o sócio ostensivo tem responsabilidade ilimitada, considerando que somente ele se obriga perante terceiros (art. 991, parágrafo único, do CC).

Gabarito "B"

(OAB/Exame Unificado – 2007.3) Considerando que três primos, Mauro Vaz, Paulo Torres e Saulo Silva, constituam uma sociedade em nome coletivo para atuar no ramo de venda de livros, denominada Vaz, Torres & Cia., assinale a opção correta, com base nas normas que regem as sociedades em nome coletivo.

(A) A responsabilidade dos sócios da Vaz, Torres & Cia. pelas obrigações sociais é limitada ao valor de suas quotas.

(B) Os credores da Vaz, Torres & Cia. têm a faculdade de executar diretamente os bens dos sócios antes de procederem à execução dos bens sociais da sociedade.

(C) Por expressa determinação legal, apenas Mauro, Paulo e Saulo podem ser administradores da Vaz, Torres & Cia., por serem seus sócios.

(D) O nome empresarial Vaz, Torres & Cia. é exemplo de denominação social, próprio das sociedades em nome coletivo.

A: incorreta, diante da responsabilidade ilimitada de todos os sócios (art. 1.039 do CC); **B:** incorreta, pois responsabilidade ilimitada dos sócios não se confunde com benefício de ordem, que permanece íntegro na sociedade em nome coletivo; **C:** correta, por interpretação conjunta dos arts. 1.042 e 1.157 do CC; **D:** incorreta, já que a sociedade em nome coletivo gira exclusivamente sob firma (art. 1.157 do CC).

Gabarito "C"

(OAB/Exame Unificado – 2007.1) Acerca da sociedade em comum, assinale a opção correta.

(A) Todos os sócios respondem solidária e ilimitadamente pelas obrigações sociais, excluído do benefício de ordem aquele que contratou pela sociedade.

(B) O regime da sociedade em comum aplica-se também às sociedades por ações em organização.

(C) A sociedade em comum é uma espécie societária personificada.

(D) Os bens e as dívidas da sociedade em comum constituem patrimônio especial, administrado e titularizado pelo sócio administrador.

A: correta. Trata-se de cópia literal do art. 990 do CC; **B:** incorreta, diante da expressa exclusão das sociedades por ações em organização pelo art. 986 do CC; **C:** incorreta, pois é espécie de sociedade não personificada; **D:** incorreta, pois o art. 988 do CC estabelece que os sócios são titulares em comum do patrimônio especial.

Gabarito "A"

(OAB/Exame Unificado – 2006.2) Quanto ao regime de responsabilidade dos sócios por dívidas da sociedade, de acordo com o Código Civil, assinale a opção incorreta.

(A) Na sociedade limitada, a responsabilidade de cada sócio é restrita ao valor das quotas, mas todos respondem solidariamente pela integralização do capital social.

(B) Na sociedade em comum, todos os sócios respondem solidária e ilimitadamente pelas obrigações sociais, excluído do benefício de ordem aquele que contratou pela sociedade.

(C) Na sociedade em nome coletivo, todos os sócios respondem solidária e ilimitadamente pelas obrigações sociais.

(D) Na sociedade em comandita simples, os sócios comanditários, pessoas físicas, são responsáveis solidária e ilimitadamente pelas obrigações sociais.

A: correta, diante do que dispõe o art. 1.052 do CC; **B:** correta, trata-se de cópia literal do art. 990 do CC; **C:** correta, nos termos do art. 1.039 do CC; **D:** incorreta, devendo ser assinalada. A descrição refere-se aos sócios comanditados (art. 1.045 do CC).

Gabarito "D".

(FGV – 2009) Assinale a alternativa cujo enunciado contenha *nome comercial* que está em conformidade com a legislação nacional.

(A) João Pedro Liberati e Francisco Souza são sócios em uma sociedade em conta de participação cujo nome empresarial é *Liberati & Souza, Comércio de Carnes Ltda.*

(B) Regina Nogueira e Patrícia Silveira são sócias em uma sociedade limitada cujo objeto social é o comércio de roupas e o nome empresarial é *Floricultura Nogueira & Silveira Ltda.*

(C) *TBLG SPA*, sociedade estrangeira italiana, funciona no Brasil com a seguinte denominação: *TBLG SPA, Sociedade Estrangeira Italiana.*

(D) João Pedro e Pedro João são sócios de uma sociedade limitada cuja denominação é *João & Pedro S.A.*

(E) Joana Treviso e Maria Veneto são acionistas da companhia cujo nome empresarial é *Malhas & Meias Bonitas S.A.*

A: incorreta, sendo o nome inválido, pois a sociedade em conta de participação não pode ter firma ou denominação – art. 1.162 do CC; **B:** incorreta, sendo o nome inadequado, pois indica atividade estranha ao objeto social, o que viola o princípio da veracidade – veja o art. 1.158, §§ 1.º e 2.º do CC; **C:** incorreta, sendo o nome inadequado, pois não indica o tipo societário (S.A., Ltda. etc.) – ver o art. 1.134 do CC; **D:** incorreta, sendo o nome inadequado, pois deve apresentar a palavra "limitada" ou sua abreviação, para indicar o tipo societário adotado, nunca a abreviação das sociedades anônimas – art. 1.158 do CC; **E:** correta, sendo o nome adequado, pois "companhia" indica sociedade anônima, cuja abreviação deve constar da denominação social – art. 1.160 do CC.

Veja a tabela seguinte, para estudo e memorização das regras relativas aos nomes empresariais:

Nome empresarial	**Uso**	**Exemplo**
Firma individual	a) empresário individual – responsabilidade ilimitada	a) João da Silva Marcenaria
Firma coletiva, razão social	b) sociedade em nome coletivo – responsabilidade ilimitada c) sociedade em comandita simples d) sociedade limitada – não há responsabilidade ilimitada, desde que conste a palavra "limitada" ou "ltda." e) comandita por ações – diretor responde subsidiária e ilimitadamente	b) João da Silva e companhia; João da Silva e Pedro de Souza; João da Silva e irmãos c) João da Silva e companhia d) João da Silva Marcenaria Ltda. e) João da Silva Marcenaria Comandita por Ações
Denominação social	f) sociedade limitada – não há responsabilidade ilimitada, desde que conste a palavra "limitada" ou "ltda." g) sociedade anônima – responsabilidade limitada ao preço das ações h) comandita por ações – diretor responde subsidiária e ilimitadamente i) sociedade cooperativa – pode ser de responsabilidade limitada ou ilimitada	f) Marcenaria Modelo Ltda. g) Marcenaria Modelo Sociedade Anônima; Companhia Marcenaria Modelo; João da Silva Marcenaria S.A. h) Marcenaria Modelo Comandita por Ações i) Cooperativa Modelo de Marceneiros

Gabarito "E".

(FGV – 2009) Quanto ao *regime de responsabilidade societária* dos tipos societários existentes no Brasil, assinale a alternativa correta.

(A) Na sociedade em conta de participação, todos os sócios respondem solidariamente pelo montante do capital.

(B) Nas sociedades por ações, a responsabilidade dos acionistas será limitada ao valor de emissão das ações subscritas, e todos respondem solidariamente pela integralização do capital social.

(C) Nas sociedades limitadas, a responsabilidade dos sócios é restrita ao valor de suas quotas, mas todos respondem solidariamente pela integralização do capital social.

(D) Nas sociedades em nome coletivo, todos os sócios têm responsabilidade limitada ao valor apartado a título de capital social.

(E) Nas sociedades simples puras, os sócios são solidariamente responsáveis pelo passivo da sociedade.

A: incorreta, pois somente o sócio ostensivo obriga-se perante terceiros – art. 991 do CC; **B:** incorreta, pois não há responsabilidade solidária pela integralização do capital (a exemplo do que ocorre com as limitadas – art. 1.052 do CC). A mora na integralização, no caso das sociedades anônimas, é solucionada na forma do art. 107 da LSA; **C:** correta, nos termos do art. 1.052 do CC; **D:** incorreta, pois a responsabilidade dos sócios é solidária e ilimitada em relação à sociedade em nome coletivo (respondem com seus bens pessoais, ilimitadamente) – art. 1.039 do CC; **E:** incorreta, pois é o contrato social que definirá se os sócios respondem, ou não, subsidiariamente pelas obrigações sociais – art. 997, VIII, do CC. Se os bens da sociedade não lhe cobrirem as dívidas, respondem os sócios pelo saldo, na proporção em que participem das perdas sociais, salvo cláusula de responsabilidade solidária – 1.023 do CC.

Gabarito "C"

(FGV – 2009) Enquanto não inscritos os atos constitutivos da sociedade em comum, seus bens sociais responderão por atos:

(A) de gestão praticados por qualquer dos sócios, salvo pacto expresso limitativo de poderes, que somente terá eficácia contra o terceiro que o conheça ou deva conhecer.

(B) de comércio praticados tão somente pelo sócio gerente, salvo disposição em contrário no contrato social, o qual nunca poderá ser eficaz perante o terceiro, mesmo que dele tenha ou possa ter conhecimento.

(C) de administração praticados pelos sócios cotistas, mesmo que exista disposição contrária no contrato social, a qual nenhuma eficácia terá contra o terceiro que dela possa ter conhecimento.

(D) de organização praticados pelos sócios participantes, salvo pacto limitativo de poderes, o qual terá eficácia contra o terceiro tão somente se este expressamente tiver declarado seu conhecimento.

(E) de gerência praticados pelo sócio ostensivo, independentemente de pacto expresso limitativo de poderes, mas que poderá ser eficaz contra o terceiro que dele tiver declarado seu conhecimento.

Nos termos dos arts. 986 e 989 do CC, enquanto não inscritos os atos constitutivos, existe sociedade em comum, cujos bens sociais respondem pelos atos de gestão praticados por qualquer dos sócios, salvo pacto expresso limitativo de poderes, que somente terá eficácia contra o terceiro que o conheça ou deva conhecer.

Gabarito "A"

(FGV – 2009) Em uma sociedade em nome coletivo, sem prejuízo da responsabilidade perante terceiro, os sócios podem limitar entre si a responsabilidade de cada um:

(A) no ato constitutivo, ou por convenção posterior aprovada pela maioria dos sócios.

(B) no ato constitutivo, ou por convenção posterior aprovada por dois terços dos sócios.

(C) no ato constitutivo, ou por unânime convenção posterior.

(D) somente se houver alteração no tipo de sociedade.

(E) somente no ato constitutivo.

Nos termos do art. 1.039, parágrafo único, do CC, sem prejuízo da responsabilidade perante terceiros, os sócios da sociedade em nome coletivo podem limitar entre si a responsabilidade de cada um, no ato constitutivo ou por unânime convenção posterior.

Gabarito "C"

(FGV – 2008) Assinale a afirmativa incorreta.

(A) As sociedades em comandita simples são constituídas por duas categorias de sócios: os comanditários, obrigados somente pelo valor de suas quotas, e os comanditados, responsáveis solidária e ilimitadamente pelas obrigações sociais.

(B) Nas sociedades em nome coletivo, os sócios somente podem ser pessoas naturais, com responsabilidade solidária e ilimitada pelas obrigações sociais.

(C) Nas sociedades limitadas, a responsabilidade dos sócios é limitada e solidária ao valor das cotas, e todos respondem pela integralização do capital social.

(D) As sociedades simples podem se constituir segundo um dos tipos regulados pelo Código Civil, inclusive adotarem a forma de sociedade anônima ou comandita por ações.

(E) Tanto as sociedades simples quanto as sociedades empresárias exercem atividade econômica.

A: correta, nos termos do art. 1.045 do CC; **B:** correta, conforme o art. 1.039 do CC; **C:** incorreta, devendo ser assinalada, pois, nas sociedades limitadas, como indica o nome, a responsabilidade de cada sócio é restrita (não solidária) ao valor de suas quotas, embora todos respondam solidariamente pela integralização do capital social – art. 1.052 do CC; **D:** correta, nos termos do art. 983 do CC; **E:** correta, pois toda sociedade tem por finalidade o exercício de atividade econômica – art. 981 do CC.

Gabarito "C"

(FGV – 2008) A respeito do nome empresarial, assinale a alternativa correta.

(A) A sociedade em comandita por ações pode adotar firma ou denominação, integradas pela expressão "comandita por ações".

(B) A sociedade em conta de participação pode adotar firma ou denominação, integradas pela expressão "em conta de participação".

(C) A razão social equivale à denominação.

(D) A sociedade anônima pode adotar o nome de seu fundador em sua razão social.

(E) São espécies de nome empresarial: firma individual, firma coletiva, razão social e denominação.

A: correta, conforme o art. 1.161 do CC; **B:** incorreta, pois a sociedade em conta de participação não pode ter nome empresarial – art. 1.162 do CC; **C:** incorreta, pois razão social significa firma coletiva; **D:** incorreta, pois sociedade anônima tem sempre denominação social, nunca firma ou razão social, ainda que adote o nome do fundador – art. 1.160 do CC; **E:** incorreta, pois há apenas duas espécies de nome empresarial (firma e denominação) – art. 1.155 do CC. Perceba, entretanto, que a firma pode ser individual (do empresário individual) ou coletiva (= razão social).

Gabarito "A"

2.3. DISSOLUÇÃO E REESTRUTURAÇÃO DAS SOCIEDADES EM GERAL

(OAB/Exame Unificado – 2010.3) Com relação à exclusão do sócio da sociedade por justa causa, assinale a alternativa correta.

(A) Se for ajuizada ação para se efetivar a expulsão do sócio, o juiz somente poderá verificar os aspectos formais que levaram à exclusão, como, por exemplo, se se respeitou o quórum necessário, não podendo examinar o mérito do ato expulsório.

(B) A justa causa é a violação ou falta de cumprimento das obrigações sociais, sendo que o sócio excluído não perde o valor patrimonial de sua participação societária.

(C) Como o sócio majoritário possui a maioria do capital social, ele não poderá ser expulso em razão da vontade dos demais sócios, ainda que haja justo motivo para tal expulsão.

(D) A deliberação para exclusão do sócio majoritário não remisso deve ocorrer por assembleia convocada especificamente para tal fim, sendo a deliberação comunicada ao sócio que se visa excluir, e este deverá, em 48 horas, deixar a sociedade, podendo após esse prazo ser feita a devida alteração contratual.

A: incorreta, pois, pelo princípio da inafastabilidade da tutela jurisdicional, o juiz poderá analisar o mérito da expulsão, verificando se houve justa causa; **B:** correta, pois a assertiva define adequadamente a justa causa; **C:** incorreta, pois os demais sócios podem excluir judicialmente o majoritário, por falta grave no cumprimento de suas obrigações, ou, ainda, por incapacidade superveniente – art. 1.030 do CC; **D:** incorreta, pois somente o sócio minoritário pode ser excluído por deliberação dos demais sócios, nos termos do art. 1.085 do CC. O sócio majoritário só pode ser excluído judicialmente, conforme comentário à alternativa anterior.

Gabarito "B"

(OAB/Exame Unificado – 2010.2) Antônio e Joana casaram-se pelo regime da comunhão parcial de bens. Após o casamento, Antônio tornou-se sócio de sociedade simples com 1.000 quotas representativas de 20% do capital da sociedade. Passados alguns anos, o casal veio a se separar judicialmente. Assinale a alternativa que indique o que Joana pode fazer em relação às quotas de seu ex-cônjuge.

(A) Solicitar judicialmente a partilha das quotas de Antônio, ingressando na sociedade com 500 quotas ou 10% do capital social.

(B) Requerer a dissolução parcial da sociedade de modo a receber o valor de metade das quotas de Antônio calculado com base em balanço especialmente levantado, tomando-se como base a data da separação.

(C) Participar da divisão de lucros até que se liquide a sociedade, ainda que não possa nela ingressar.

(D) Requerer a dissolução da sociedade e a liquidação dos bens sociais para que, apurados os haveres dos sócios, possa receber a parte que lhe pertence das quotas de seu ex-cônjuge.

A: incorreta, pois Joana não tem direito de ingressar na sociedade sem consentimento dos demais sócios – arts. 1.002 e 1.003 do CC; **B:** incorreta. É possível, em tese, a dissolução parcial da sociedade de modo a atender o direito de Joana à metade do patrimônio construído na constância do casamento – arts. 1.031 e 1.658 do CC. Há precedente do STJ nesse sentido, admitindo a legitimidade ativa processual da ex-cônjuge, apesar da literalidade do art. 1.027 do CC – ver REsp 114.708/MG. A assertiva não é correta, entretanto, porque o balanço especial a ser levantado levará em consideração a situação patrimonial da sociedade à data de sua resolução em relação à titular da quota, e não à data da separação – art. 1.031 do CC; **C:** correta, pois isso é expressamente admitido pelo art. 1.027 do CC; **D:** incorreta, pois Joana não tem o direito de exigir a dissolução total da sociedade e sua liquidação, até porque isso é desnecessário para a satisfação de seu direito – arts. 1.033 e 1.034 do CC.

Gabarito "C"

(FGV – 2014) A dissolução da pessoa jurídica, também conhecida como dissolução de procedimento, é composta de três fases: o ato de dissolução, a liquidação e a partilha.

A esse respeito, analise as afirmativas a seguir.

I. Na fase do ato de dissolução, há extinção da personalidade jurídica.

II. Na fase da liquidação, apuram-se os débitos sociais e liquida-se o patrimônio para pagamento dos credores.

III. Após o encerramento da liquidação, promover-se-á o cancelamento da inscrição da pessoa jurídica.

Assinale:

(A) se somente a afirmativa III estiver correta.

(B) se somente as afirmativas I e III estiverem corretas.

(C) se somente a afirmativa II estiver correta.

(D) se somente as afirmativas II e III estiverem corretas.

(E) se somente a afirmativa I estiver correta.

I: incorreta. A extinção da personalidade jurídica ocorre somente com a aprovação das contas do liquidante e consequente encerramento da liquidação (art. 1.109 do CC); **II:** correta, nos termos do art. 1.103, IV, do CC; **III:** corretam nos termos do art. 1.109 do CC.

Gabarito "D"

(FGV – 2009) A respeito das *operações de reestruturação societária*, assinale a afirmativa incorreta.

(A) Na operação de incorporação, uma sociedade é absorvida por outra, que lhe sucede em todos os seus direitos e obrigações.

(B) Na operação de incorporação de ações, uma sociedade incorpora todas as ações do capital social de outra sociedade transformando-a em sociedade unipessoal, denominada no direito brasileiro de subsidiária integral.

(C) Na operação de fusão, duas companhias fundem os seus patrimônios, formando uma nova sociedade que lhes sucederá em todos os direitos e obrigações.

(D) Na operação de cisão parcial, a companhia transfere parcela do seu patrimônio para outra sociedade, constituída ou já existente, dividindo-se o seu capital social.

(E) Na operação de aquisição do poder de controle acionário, uma pessoa, física ou jurídica, adquire ações representativas de 50% ou mais do capital votante de uma companhia.

A: correta, conforme o art. 1.116 do CC e o art. 227 da LSA; **B:** correta, pois é caso específico de companhia com único sócio – art. 251 da LSA; **C:** correta, nos termos do art. 1.119 e do art. 228 da LSA; **D:** correta, conforme o art. 229 da LSA; **E:** incorreta, devendo ser assinalada, pois o acionista não precisa, necessariamente, ter ações representativas de 50% ou mais do capital votante para qualificar-se como controlador. Basta (i) ser titular de direitos de sócio que lhe assegurem, de modo permanente, a maioria dos votos nas deliberações da Assembleia Geral e o poder de eleger a maioria dos administradores da companhia e (ii) usar efetivamente seu poder para dirigir as atividades sociais e orientar o funcionamento dos órgãos da companhia – art. 116 da LSA.

Gabarito "E"

(FGV – 2005) Com base no Código Civil, analise as proposições a seguir:

I. A dissolução da sociedade de prazo indeterminado se dará pela deliberação dos sócios, por maioria absoluta.

II. A retirada, exclusão ou morte do sócio não o exime, ou a seus herdeiros, da responsabilidade pelas obrigações sociais anteriores, até 2 (dois) anos após averbada a resolução da sociedade.
III. Pessoa jurídica também pode tomar parte na sociedade em nome coletivo.

Assinale:

(A) se apenas a proposição I estiver correta.
(B) se apenas a proposição II estiver correta.
(C) se apenas as proposições I e II estiverem corretas.
(D) se apenas as proposições I e III estiverem corretas.
(E) se todas as proposições estiverem corretas.

I: correta, conforme o art. 1.033, III, do CC; **II:** correta, conforme o art. 1.032 do CC; **III:** incorreta, pois somente pessoas naturais (pessoas físicas, não jurídicas) podem compor sociedade em nome coletivo – art. 1.039 do CC.

Gabarito "C"

2.4. SOCIEDADE LIMITADA

(OAB/Exame Unificado – 2016.1) Xerxes constituiu uma Empresa Individual de Responsabilidade Limitada (EIRELI) com sede na zona rural do município de Vale Real para fabricação de laticínios, cuja matéria prima será adquirida de produtores rurais da região ou de cooperativas de produtores rurais. A pessoa jurídica será administrada por sua cunhada Ceres e seu instituidor pretende adotar como nome empresarial a espécie denominação.

Com base nessas informações e na disciplina legal da EIRELI, assinale a afirmativa correta.

(A) A administração da EIRELI deverá ser exercida em caráter privativo por Xerxes, que poderá designar mandatário em ato separado.
(B) Para a constituição da EIRELI não há capital mínimo, no entanto esse deve estar previamente integralizado.
(C) A EIRELI em questão adquire personalidade jurídica com a inscrição do ato de constituição no Registro Público de Empresas Mercantis, a cargo das Juntas Comerciais.
(D) A EIRELI deverá adotar firma como espécie de nome empresarial, formada pelo patronímico do titular, acrescido do objeto da empresa e da expressão "EIRELI".

A: incorreta. Nada impede que o titular da EIRELI nomeie terceiro como administrador, diante da aplicação supletiva das normas atinentes à sociedade limitada (art. 980-A, §6º, do CC); B: incorreta. O capital mínimo para constituição da EIRELI é de 100 salários mínimos (art. 980-A. *caput*, do CC). Anote-se que tramita no STF uma ação direta de inconstitucionalidade contra esse dispositivo, mas não foi deferida a medida cautelar nem há previsão para julgamento do mérito; C: correta. Como pessoa jurídica que é (art. 44, VI, do CC), sua personalidade decorre do registro do ato constitutivo na Junta Comercial (arts. 45 e 1.150 do CC). D: incorreta. É permitida a adoção de denominação pela EIRELI (art. 980-A, §1º, do CC).

Gabarito "C"

(OAB/Exame Unificado – 2015.1) Terezinha, sócia minoritária e administradora da sociedade Z & Cia. Ltda., com participação de 23% no capital social, foi excluída da sociedade por ter se apropriado de bens sociais e alienado-os de forma fraudulenta. A exclusão extrajudicial observou todos os requisitos legais, tendo sido inclusive, aprovada em assembleia própria, com quórum superior à metade do capital social. Após a deliberação, foi alterado o contrato social com a nova composição societária e realizado o arquivamento na Junta Comercial. Efetuado o registro da alteração contratual, Z & Cia. Ltda. Deverá

(A) realizar a liquidação das quotas de Terezinha, com base no último balanço aprovado; a ex-sócia não responderá pelas obrigações sociais anteriores porque, na sociedade limitada, sua responsabilidade é restrita ao valor do capital social.
(B) ser dissolvida, cabendo aos sócios remanescentes investir o liquidante em suas funções; a ex-sócia receberá o valor de suas quotas, apurado com base em balanço especial, no curso da liquidação, após o pagamento aos credores.
(C) reduzir compulsoriamente o capital, sendo vedado aos demais sócios suprir o valor da quota de Terezinha; esta responderá subsidiariamente pelas obrigações sociais até dois anos contados da data da deliberação que a excluiu da sociedade.
(D) realizar a liquidação das quotas de Terezinha, com base em balanço especial; a ex-sócia responderá pelas obrigações sociais anteriores, até dois anos após a averbação da resolução da sociedade na Junta Comercial.

A questão trata da resolução da sociedade limitada em relação a um sócio, também conhecida como dissolução parcial. Nesses casos, dispõe o art. 1.031 do Código Civil que a liquidação das quotas do sócio excluído se dará com base na situação patrimonial da sociedade na data da dissolução parcial, verificada em balanço especialmente levantado para esse fim. No que toca à responsabilidade pelas dívidas sociais, o ex-sócio permanece a elas vinculado por até dois anos contados da averbação da resolução da sociedade no Registro Público de Empresas Mercantis (art. 1.032 do CC).

Gabarito "D"

(OAB/Exame Unificado – 2014.3) Almino José consultou seu advogado com o intuito de constituir uma Empresa Individual de Responsabilidade Limitada – EIRELI.

Com base na legislação aplicável à EIRELI, assinale a opção que apresenta a resposta correta dada pelo advogado.

(A) O administrador da EIRELI deverá ser nomeado no ato constitutivo e será apenas o sócio, seu cônjuge ou parente até o 3º grau dessas pessoas.
(B) O ato constitutivo da EIRELI deverá ser arquivado no Registro Civil de Pessoas Jurídicas, independentemente do objeto.
(C) As deliberações infringentes da lei que Almino José vier a tomar acarretarão sua responsabilidade ilimitada pelas obrigações da pessoa jurídica.
(D) Caso a receita bruta anual da EIRELI seja inferior a R$ 100.000,00 (cem mil reais), será possível enquadrá-la como microempreendedor individual (MEI).

Para resolver essa questão, devemos lembrar que se aplicam à EIRELI, subsidiariamente, as normas previstas para as sociedades limitadas (art. 980-A, § 6º, do CC). A: incorreta. O administrador da EIRELI pode ser qualquer pessoa designada no ato constitutivo ou em instrumento separado (art. 1.060 do CC); B: incorreta. A EIRELI deve ser registrada na Junta Comercial, diante de sua natureza empresarial (art. 967 do CC); C: correta, nos termos do art. 1.080 do CC); D: incorreta. O microempreendedor individual é espécie de empresário individual – pessoa física, portanto, e não jurídica – que aufere receita bruta anual não superior a R$60.000,00 (art. 18-A, §1º, da Lei Complementar nº 123/2006).

Gabarito "C"

(OAB/Exame Unificado – 2014.3) Na cláusula décima do contrato social de Populina Comércio de Brinquedos Ltda., ficou estabelecido que: "*A cessão a qualquer título da quota de qualquer dos sócios depende da oferta prévia aos demais sócios (direito de preferência) nas mesmas condições da oferta a não sócio. Caso, após o decurso de 30 (trinta) dias, não haja interessado, o cedente poderá livremente realizar a cessão da quota a não sócio*"

Tendo em vista as disposições do Código Civil acerca de cessão de quotas na sociedade limitada, assinale a afirmativa correta.

(A) A cláusula é integralmente válida, tendo em vista ser lícito aos sócios dispor no contrato sobre as regras a serem observadas na cessão de quotas.
(B) A cláusula é nula, porque não é lícito aos sócios dispor no contrato sobre a cessão de quotas, eis que ela depende sempre do consentimento dos demais sócios.
(C) A cláusula é ineficaz em relação à sociedade e a terceiros, porque o sócio pode ceder sua quota, total ou parcialmente, a outro sócio, independentemente da audiência dos demais.
(D) A cláusula é válida parcialmente, sendo nula na parte em que autoriza a cessão a não sócio, eis que ela depende sempre do consentimento de três quartos do capital social.

O art. 1.057 do Código Civil estabelece a regra para cessão das quotas "na omissão do contrato", isto é, trata-se de norma supletiva: se o contrato social nada disser sobre o direito de cessão das quotas, aplica-se a regra ali prevista (liberdade na cessão para sócios ou cessão para pessoas estranhas ao quadro societário desde que não haja oposição de sócios que representem mais de um quarto do capital social). Logo, forçoso concluir que os sócios são livres para estipular o que quiserem quanto à cessão das quotas do capital social.

Gabarito "A"

(OAB/Exame Unificado – 2012.3.B) A sociedade Farias, Macedo & Cia Ltda., com sede em Floreal, instalou Conselho Fiscal composto por cinco integrantes, nenhum deles sócio, eleitos pela assembleia dos sócios com *quorum* de maioria simples, com mandato até a próxima assembleia anual. Consultada uma advogada para opinar, ela afirmou corretamente que:

(A) o Conselho Fiscal deve ser composto apenas por sócios pessoas naturais.
(B) a instituição de Conselho Fiscal é uma prerrogativa exclusiva das companhias.
(C) o *quorum* para eleição dos membros do Conselho Fiscal é de 2/3 do capital.
(D) a eleição dos membros do Conselho Fiscal compete à assembleia anual dos sócios.

A: incorreta. Os membros do Conselho Fiscal não precisam ser necessariamente sócios (art. 1.066 do CC); **B:** incorreta. As limitadas podem, facultativamente, instituir o Conselho Fiscal (art. 1.066 do CC); **C:** incorreta. O quórum previsto em lei é de maioria simples; **D:** correta, nos termos do art. 1.066, *in fine*, do CC.

Gabarito "D"

(OAB/Exame Unificado – 2012.3.A) A sociedade limitada encontra-se regulada nos artigos 1052 a 1087 do Código Civil. Para que ela possa atingir sua finalidade, necessita de patrimônio, já que sua personalidade é diversa da personalidade dos sócios. Em relação ao capital e ao patrimônio social desse tipo societário, assinale a afirmativa **incorreta**.

(A) No momento em que a sociedade limitada é constituída e inicia a atividade que constitui o objeto social, o patrimônio é igual ao capital social.
(B) Na constituição da sociedade há possibilidade do ingresso de sócio cuja contribuição consista exclusivamente em prestação de serviços.
(C) A distribuição dolosa de lucros ilícitos acarreta a responsabilidade solidária dos administradores que a realizarem e dos sócios que os receberem.
(D) O sócio remisso é aquele que não integraliza sua quota na forma e prazo previstos, podendo, por esse fato, ser excluído da sociedade.

A: correta. O primeiro patrimônio da sociedade, que constitui o que contabilmente se chama de patrimônio líquido, é justamente o capital social estabelecido no contrato social; **B:** incorreta, devendo ser assinalada. É expressamente vedada a existência do sócio-indústria, nos termos do art. 1.055, § 2.º, do CC; **C:** correta, nos termos do art. 1.009 do CC; **D:** correta, nos termos do art. 1.058 do CC. Além dessa possibilidade, podem os sócios ainda tomar as quotas para si ou transferi-las a terceiros.

Gabarito "B"

(OAB/Exame Unificado – 2012.2) José decidiu constituir uma Empresa Individual de Responsabilidade Limitada (EIRELI) para atuar no município "X" e consultou um advogado para obter esclarecimentos sobre a administração da EIRELI.

Assinale a alternativa que apresenta a informação correta dada pelo advogado.

(A) A designação de administrador não sócio depende do voto favorável de 2/3 (dois terços) do capital social, se este não estiver integralizado.
(B) A administração atribuída pelo contrato a qualquer dos sócios da EIRELI não se estende de pleno direito aos que posteriormente adquirirem essa qualidade.
(C) O administrador da EIRELI, seja o próprio instituidor ou terceiro, responde por culpa no desempenho de suas atribuições perante terceiros prejudicados.
(D) O titular da EIRELI poderá usar a firma ou denominação, sendo vedado seu uso pelo terceiro, ainda que seja designado administrador.

A: incorreta. Aplicam-se à EIRELI, supletivamente, as normas da sociedade limitada, na qual é exigida concordância da unanimidade dos sócios para a nomeação de administrador não sócio, caso o capital não esteja totalmente integralizado (art. 1.061 do CC); **B:** incorreta. A designação genérica do poder de administração a qualquer sócio alcança todos aqueles que posteriormente ingressarem no quadro social. É preciso ter cuidado porque o art. 1.060, parágrafo único, do CC não autoriza a extensão do poder de administração quando a cláusula do contrato social o entregar a "todos os sócios". As situações são diferentes: "todos os sócios" são aqueles que assinaram o contrato original; "qualquer dos sócios" é quem detenha essa condição, originária ou incidentalmente; **C:** correta, nos termos do art. 1.016 do CC; **D:** incorreta. O nome empresarial pode ser usado por qualquer administrador regularmente designado e imbuído dos respectivos poderes (art. 1.064 do CC).

Gabarito "C"

(OAB/Exame Unificado – 2011.3.A) A respeito das sociedades limitadas, assinale a alternativa correta.

(A) A sociedade limitada, nas omissões das normas estabelecidas pelo Código Civil, será regida pela Lei 6.404/1976.

(B) A cessão de quotas de um quotista de uma sociedade limitada para outro quotista da mesma sociedade dependerá de prévia autorização estatutária.

(C) A sociedade limitada é administrada por uma ou mais pessoas designadas no contrato social ou em ato separado.

(D) Não dependerá de deliberação dos quotistas a nomeação ou a destituição dos administradores.

A: incorreta. Na omissão do contrato e das normas específicas sobre a limitada no Código Civil, aplicam-se as disposições relativas à sociedade simples. A Lei 6.404/1976 será aplicada somente se assim estiver disposto expressamente no contrato social (art. 1.053, parágrafo único, do CC); **B:** incorreta. Primeiro, já é errado falar em autorização "estatutária" na limitada, que é sociedade contratual. Além disso, nos termos do art. 1.057 do CC, a cessão de quotas é possível ainda que omisso o contrato a respeito, não precisando, sequer, da concordância dos demais sócios; **C:** correta, nos termos do art. 1.060 do CC; **D:** incorreta. Não só depende da deliberação dos sócios como são temas que exigem quórum qualificado de votação para serem aprovados (art. 1.076 do CC).

Gabarito "C"

(OAB/Exame Unificado – 2011.2) A respeito da deliberação dos sócios na Sociedade Limitada, é correto afirmar que:

(A) as deliberações tomadas de conformidade com a lei e o contrato vinculam os sócios ausentes, mas não os dissidentes.

(B) as formalidades legais de convocação são dispensadas quando todos os sócios se declararem, por escrito, cientes do local, data, hora e ordem do dia.

(C) a assembleia somente pode ser convocada pelos administradores eleitos no contrato social.

(D) a deliberação em assembleia será obrigatória se o número dos sócios for superior a cinco.

A: incorreta, pois as decisões assembleares tomadas em conformidade com a lei obrigam tanto os sócios ausentes quanto os dissidentes (art. 1.072, § 5.º, do CC); **B:** correta, nos exatos termos do art. 1.072, § 2.º, do CC; **C:** incorreta, pois, além dos administradores, a assembleia pode ser convocada por qualquer sócio, em caso de mora dos administradores de mais de 60 dias, quando a assembleia estiver prevista em lei ou no contrato; por titulares de um quinto do capital, quando não atendido pedido de convocação fundamentado; e pelo Conselho Fiscal (art. 1.073 do CC); **D:** incorreta, pois a assembleia somente é obrigatória caso o número de sócios seja superior a dez (art. 1.072, § 1.º, do CC).

Gabarito "B"

(OAB/Exame Unificado – 2011.1) Em relação à modificação do capital social das sociedades limitadas, assinale a alternativa correta.

(A) A diminuição do valor do capital social é direito da sociedade, não podendo haver objeção por parte dos credores.

(B) Há direito de preferência do sócio no caso de aumento do capital social, exercendo, primeiro, esse direito o sócio majoritário, que poderá adquirir todas as quotas ou quantas lhe interessarem. Após exercido esse direito, caso restem quotas a serem adquiridas, terá preferência sobre os demais quem tiver maior número de quotas, e assim sucessivamente.

(C) Uma das hipóteses para que haja diminuição do capital social é que a sociedade tenha tido prejuízos que não serão mais recuperados, devendo-se, nesse caso, haver diminuição proporcional do valor das quotas, tornando-se efetiva essa diminuição a partir do momento em que for feita a averbação no cartório competente da ata da assembleia que a aprovou.

(D) Para que haja aumento do capital social, não há necessidade de os sócios terem integralizado totalmente suas quotas.

A: incorreta, pois no caso de redução do capital diante de seu excesso em relação ao objeto da sociedade, poderão os credores quirografários, que detenham título líquido com data anterior à deliberação, opor-se à redução no prazo de 90 dias contados da publicação da ata da assembleia (art. 1.084, § 1.º, do CC); **B:** incorreta, pois a preferência dos sócios em participar do aumento do capital restringe-se à proporção das quotas de que sejam titulares, ou seja, não pode o sócio majoritário adquirir todas as novas quotas em detrimento dos demais (art. 1.081, § 1.º, do CC); **C:** correta, nos exatos termos do art. 1.083 do CC; **D:** incorreta, vez que o art. 1.081 do CC exige que o capital esteja totalmente integralizado para que se proceda ao aumento.

Gabarito "C"

(OAB/Exame Unificado – 2010.2) No que se refere à cessão de quotas de sociedade empresária limitada, assinale a alternativa correta.

(A) O cedente responde solidariamente com o cessionário perante a sociedade e terceiros pelas obrigações que tinha como sócio até 3 anos após averbado no registro competente a modificação do contrato social.

(B) Na omissão do contrato, o sócio pode ceder sua quota, total ou parcialmente, a quem já seja sócio, independentemente da audiência dos demais.

(C) A cessão de quotas, consubstanciada na respectiva alteração contratual, terá eficácia entre cedente e cessionário somente após a sua averbação perante o órgão competente.

(D) Na omissão do contrato, o sócio pode ceder sua quota, total ou parcialmente, para terceiro, estranho ao quadro de sócios, somente se houver a concordância da unanimidade dos demais sócios.

A: incorreta, pois o prazo da responsabilidade do cedente das quotas vai até 2 anos depois de averbada a modificação do contrato social – art. 1.003, parágrafo único, do CC, quando aplicável às limitadas por força do art. 1.053, *caput*, do CC, ou seja, a regra aplica-se desde que o contrato social não preveja a aplicação subsidiária da Lei 6.404/1976; **B:** correta. Trata-se de cópia literal do art. 1.057 do CC, que deixa claro que a sociedade limitada, em regra, é sociedade "de pessoas"; **C:** incorreta. A cessão é plenamente válida e eficaz entre cedente e cessionário desde a assinatura do instrumento. O requisito da averbação é necessário para a eficácia da cessão perante a sociedade e a terceiros – art. 1.057, parágrafo único, do CC; **D:** incorreta, pois, na omissão do contrato, a cessão de quotas para terceiro estranho ao quadro social será autorizada desde que não haja oposição de sócios que representem mais de um quarto do capital social (não é preciso unanimidade, portanto) – art. 1.057 do CC.

Gabarito "B"

(OAB/Exame Unificado – 2008.3) Com relação às regras que disciplinam a situação do sócio-quotista da sociedade limitada, assinale a opção correta.

(A) As quotas representam a necessária divisão do capital social em partes iguais, sendo as deliberações consideradas de acordo com o número de quotas de cada sócio.

(B) As quotas podem ser integralizadas pelos sócios por valores representados em dinheiro, bens ou prestação de serviços, respondendo solidariamente todos os sócios pela exata estimação dessas contribuições.

(C) As quotas são bens de livre disposição do sócio, que poderá vendê-las a outro sócio ou a terceiro, independentemente da anuência dos demais sócios.

(D) A responsabilidade dos sócios é restrita ao valor de suas quotas, mas todos respondem pela integralização do capital social.

A: incorreta, as quotas são parcelas representativas do capital social das sociedades contratuais e podem ter valores iguais ou desiguais, conforme art. 1.055 do CC; **B:** incorreta, como a questão refere-se à sociedade limitada, devemos lembrar que neste tipo societário é vedada a contribuição de sócio que consista em prestação de serviços, o chamado "sócio de indústria" (art. 1.055, § 2.º, do CC). Se estivéssemos tratando da sociedade simples, em compensação, tal figura seria plenamente aceitável; **C:** incorreta. Realmente, as quotas integram o patrimônio do sócio, porém sua disposição não é absolutamente livre. Pretendendo ceder sua quota a terceiro que não participa do quadro social, tal decisão não poderá ter oposição de sócios que representem mais de um quarto do capital social, sob pena de não se concretizar (art. 1.057 do CC); **D:** correta, pois se trata da regra matriz da sociedade limitada. A responsabilidade dos sócios é solidária pela integralização do capital social e, ao mesmo tempo, limitada a esta integralização. Uma vez totalmente integralizado o capital social, nada mais poderá ser exigido do sócio por dívidas da sociedade (art. 1.052 do CC).

Gabarito "D"

Texto para as três questões seguintes

Joaquim dos Santos e Torquato Araújo pretendem constituir uma sociedade limitada cujo objeto será atuar no mercado de varejo de roupas masculinas. Joaquim concorrerá com 80% do capital e, Torquato, com os restantes 20%. A parte de Joaquim será integralizada com a transferência de um estabelecimento que ele explora como empresário individual, no mesmo ramo de atividade da sociedade a se constituir.

(OAB/Exame Unificado – 2008.1) Caso o contrato da sociedade mencionada na situação hipotética venha a silenciar sobre o tema da alienação de quotas,

(A) Joaquim poderá opor-se a eventual alienação a terceiros da participação de Torquato.

(B) Torquato poderá opor-se a eventual alienação a terceiros da participação de Joaquim.

(C) a sociedade, por disposição expressa do Código Civil, poderá adquirir suas próprias quotas.

(D) as quotas dessa sociedade serão amplamente alienáveis a terceiros.

As alternativas A, B e D são resolvidas pela aplicação do art. 1.057 do CC: a alienação ou cessão de quotas a terceiros estranhos ao quadro social não pode receber a oposição de sócios que representem mais de um quarto do capital social (25%), logo não são amplamente alienáveis. Na hipótese dada, Joaquim possui 80% do capital e Torquato, 20%. Sendo assim, Joaquim pode opor-se a alienação de quotas a estranhos por Torquato, mas este não pode se opor à cessão ou alienação a estranhos por parte de Joaquim. Por fim, não há qualquer disposição expressa no Código Civil que determine que a sociedade poderá adquirir quotas sociais, o que torna incorreta a alternativa C.

Gabarito "A"

(OAB/Exame Unificado – 2008.1) São legalmente viáveis para denominar a sociedade empresarial a ser constituída por Joaquim e Torquato os seguintes nomes:

(A) Comércio de Roupas Santos, Araújo & Cia. Limitada; Santa Rita Comércio de Roupas Limitada.

(B) Companhia das Roupas; Comércio de Roupas Santa Rita Ltda.

(C) Araújo e Santos Limitada; Atacadista Santa Rita Limitada.

(D) Varejão das Roupas Santa Rita Limitada; Santos & Araújo Ltda.

A sociedade limitada girará sob firma ou denominação. Se firma, deve ser baseada no nome civil de um, alguns ou todos os sócios e pode mencionar o ramo de atividade; se denominação, deve mencionar o ramo de atividade e seu núcleo poderá ser elemento-fantasia. Em qualquer caso, deve obrigatoriamente ser seguida da partícula "limitada" por extenso ou abreviada (ltda.). Isso posto, vejamos. **A:** incorreta, pois o primeiro nome empresarial não é aceitável, porque os nomes civis de todos os sócios já estão mencionados no nome empresarial, de forma que a inclusão da partícula "& Cia." (reservada para os casos em que alguns sócios não são mencionados no nome empresarial) não é correta; **B:** incorreta. Novamente, a primeira hipótese está errada, pois o termo "Companhia" no início do nome empresarial é característico da sociedade anônima. Ademais, falta a partícula "limitada"; **C:** incorreta, pois o segundo nome proposto não pode ser usado porque se trata de denominação que não menciona o ramo de atividade ("atacadista" não é ramo de atividade, mas sim forma de comercialização dos produtos); **D:** correta, pois ambos os nomes estão de acordo com as disposições legais, sendo o primeiro exemplo de denominação e o segundo, de firma.

Gabarito "D"

(OAB/Exame Unificado – 2008.1) No que se refere ao capital da sociedade a ser constituída por Joaquim e Torquato, bem como a sua divisão em quotas, assinale a opção correta.

(A) O contrato social poderá admitir que Torquato realize suas quotas com prestação de serviços.

(B) Caso um dos sócios se torne remisso, ao outro caberá, apenas, cobrar em juízo o valor faltante para a integralização da participação inadimplida.

(C) O capital poderá ser dividido em duas quotas de valores desiguais.

(D) O capital da limitada não se orienta pelo princípio da intangibilidade.

A: incorreta, pois é vedada, na sociedade limitada, a contribuição de sócio que consista em prestação de serviços (art. 1.055, § 2.º, do CC); **B:** incorreta, pois o sócio remisso pode ainda ser excluído extrajudicialmente da sociedade ou ver reduzida sua quota ao montante já integralizado (art. 1.004, parágrafo único, do CC); **C:** correta, nos termos do art. 1.055 do CC; **D:** incorreta. O princípio da intangibilidade do capital social implica que este somente poderá ser reduzido nos casos expressamente consignados em lei, de natureza excepcional. Plenamente aplicável no nosso ordenamento, estando as hipóteses de redução do capital previstas no art. 1.082 do CC.

Gabarito "C"

(OAB/Exame Unificado – 2007.3) Renato e Flávio eram sócios da pessoa jurídica X Comércio de Alimentos Ltda. Flávio era casado sob o regime de comunhão universal de bens e Renato era viúvo. Em julho de 2007, Renato faleceu em virtude de acidente automobilístico, deixando como único herdeiro seu filho de quatorze anos, o qual ficou sob a tutela de seu tio João. Com base nessa situação hipotética, assinale a opção correta.

(A) O filho de Renato, representado por João, com a concordância do sócio remanescente, poderá continuar a empresa, sendo desnecessária autorização judicial se essa hipótese de sucessão estiver prevista no contrato social.

(B) Os bens particulares, estranhos ao acervo da empresa, que o filho de Renato já possuía ao tempo da sucessão não responderão por dívidas da sociedade.

(C) Se, durante a fase de liquidação, Flávio optar pela dissolução da sociedade, na alienação de bens imóveis integrantes do patrimônio da empresa, será necessária a outorga de sua esposa.

(D) Se João não puder exercer atividade de empresário, para que o filho de Renato possa continuar a empresa, deve-se nomear, com a aprovação judicial, um ou mais gerentes, ficando João isento da responsabilidade pelos atos do gerente nomeado.

A: incorreta, pois a autorização judicial para continuação da empresa por incapaz, devidamente representado ou assistido, sempre requer autorização judicial (art. 974, § 1.º, do CC); **B:** correta, pois representa a regra geral insculpida no art. 974, § 2.º, do CC. Importante frisar, apesar de não ter sido cobrado na questão, que tal situação deve constar expressamente do alvará judicial; **C:** incorreta, pois o empresário casado não depende de outorga uxória ou marital para alienar ou gravar de ônus real bens pertencentes ao patrimônio da pessoa jurídica, qualquer que seja o regime de bens (art. 978 do CC); **D:** incorreta, pois a nomeação do(s) gerente(s) não exime o representante ou assistente do incapaz da responsabilidade pelos atos praticados por aquele(s) (art. 975, § 2.º, do CC).

Gabarito "B".

(OAB/Exame Unificado – 2007.3) É correto afirmar que a instituição do conselho fiscal de uma sociedade empresária limitada é:

(A) facultativa, devendo o conselho ser composto por, no mínimo, 5 membros e respectivos suplentes, sócios, ou não, e residentes no país.

(B) obrigatória, devendo ser o conselho composto por, no mínimo, 3 membros e respectivos suplentes, não sócios e residentes no país.

(C) facultativa, devendo ser o conselho composto por, no mínimo, 3 membros e respectivos suplentes, sócios, ou não, e residentes no país.

(D) obrigatória, devendo ser o conselho composto por, no mínimo, 5 membros e respectivos suplentes, não sócios e residentes no país.

Conforme dispõe o art. 1.066 do CC, a instituição do Conselho Fiscal na sociedade limitada é facultativa, deve ser composto por, no mínimo, 03 membros e respectivos suplentes, sócios ou não, porém residentes no país.

Gabarito "C".

(OAB/Exame Unificado – 2007.2) Os irmãos João Silva e Carlos Silva constituíram sociedade limitada com Alberto Souza, sob a firma social Silva & Souza Comércio de Bebidas Limitada. Após algum tempo, Alberto resolveu alienar suas quotas a Carlos, e sair da sociedade. O contrato social é omisso sobre essa hipótese. Com relação a essa situação hipotética, assinale a opção correta.

(A) A cessão das quotas de Alberto opera efeitos perante terceiros desde o momento em que for aperfeiçoada, independentemente de averbação no respectivo órgão de registro.

(B) Caso Alberto tivesse optado por ceder suas quotas a terceiro estranho à sociedade, de acordo com o Código Civil, poderia fazê-lo, desde que não houvesse oposição de titulares de mais de um quarto do capital social.

(C) Após a alienação das quotas de Alberto, a sociedade poderá continuar suas atividades sob sua firma original.

(D) De acordo com o Código Civil, Alberto só poderá ceder suas quotas a Carlos se João não se opuser.

A: incorreta, pois a averbação é requisito necessário para eficácia da alienação das quotas perante terceiros (art. 1.057, parágrafo único, do CC); **B:** correta, nos exatos termos do art. 1.057 do CC; **C:** incorreta, pois a saída de sócio cujo nome civil figure no nome empresarial implica necessariamente na alteração deste para excluir o sócio que se retirou (art. 1.165 do CC); **D:** incorreta. A oposição de sócio à cessão de quotas só é relevante se a mencionada cessão for feita a terceiros. Na omissão do contrato, a cessão de quotas entre sócios independe da anuência dos demais (art. 1.057 do CC).

Gabarito "B".

(OAB/Exame Unificado – 2006.3) Se todas as cotas de uma sociedade limitada forem adquiridas por um único sócio, essa sociedade:

(A) dissolve-se imediatamente.

(B) extingue-se de pleno direito, pois a legislação brasileira não admite a figura da sociedade unipessoal.

(C) pode subsistir sem a pluralidade de sócios por até 180 dias.

(D) automaticamente transforma-se em firma individual.

A sociedade contratual que se vir reduzida a um único sócio incidentalmente está autorizada a subsistir nesta condição por 180 dias, ao fim dos quais deverá ser refeita a pluralidade de sócios, sob pena de extinção. É o que chamamos de "unipessoalidade temporária", aceita no ordenamento jurídico pelo art. 1.033, IV, do CC.

Gabarito "C".

(FGV – 2010) Assinale a alternativa que indique o documento societário no qual é sempre possível ter conhecimento de quem sao os sócios de uma sociedade limitada.

(A) Acordo de acionistas.

(B) Contrato social.

(C) Ata de reunião da diretoria.

(D) Ata de reunião do Conselho de Administração.

(E) Esta é uma informação sigilosa e não aparece em nenhum documento societário.

O art. 997, parágrafo único, estabelece como cláusula obrigatória do contrato social a qualificação dos sócios. Os demais documentos referem-se à sociedade anônima.

Gabarito "B".

(FGV – 2010) Bella Vista Aço Ltda. (Bella Vista) tem como sócios Pedro, titular de 99% das quotas, e Paulo, titular do 1% restante. Antônio era o único administrador da Bella Vista, nomeado no próprio contrato social. Em 13 de dezembro de 2009, Antônio renuncia ao seu cargo de administrador, mediante o envio de carta escrita aos sócios, entregue pessoalmente nesta data. Os sócios, no entanto, providenciaram a alteração do contrato social, contendo a eleição de novo administrador e a renúncia de Antônio, e o respectivo registro na Junta Comercial competente, apenas em 13 de fevereiro de 2010. Considerando os fatos expostos e nos termos do disposto no Código Civil, é correto afirmar que a renúncia de Antônio ao cargo de administrador:

(A) tem efeitos para terceiros desde o dia 13 de dezembro de 2009.
(B) tem efeitos perante a sociedade e perante terceiros desde 13 de dezembro de 2009.
(C) tem efeitos perante a sociedade, desde o dia 13 de dezembro de 2009, e perante terceiros apenas após a averbação e publicação prevista em lei.
(D) tem efeitos apenas perante os sócios desde o dia 13 de dezembro de 2009.
(E) não tem validade antes da averbação e publicação no registro competente.

Dispõe o art. 1.063, § 3.º, do CC, que a renúncia do administrador torna-se eficaz, em relação à sociedade, desde o momento em que esta toma conhecimento da comunicação escrita do renunciante e, em relação a terceiros, após a averbação da publicação.

Gabarito "C"

(FGV – 2010) Com relação às sociedades limitadas, assinale a afirmativa incorreta.

(A) Salvo estipulação em contrário, nas omissões do capítulo do Código Civil que trata das sociedades limitadas, aplicam-se as regras da sociedade simples também dispostas no Código Civil.
(B) Admite-se, na sociedade limitada, a contribuição do sócio que consista em prestação de serviços.
(C) Se autorizado pelo contrato social, a sociedade limitada pode ter administrador não sócio; inexistente esta autorização, só os sócios podem ser administradores.
(D) Se a sociedade limitada tiver no máximo 10 (dez) sócios, o contrato social pode prever que as deliberações sejam tomadas em reunião de sócios e não em assembleias.
(E) Na sociedade limitada, é facultativa a instalação do Conselho Fiscal.

A: correta, nos termos do art. 1.053 do CC, lembrando que o contrato social poderá prever a regência supletiva da sociedade limitada pelas normas da sociedade anônima – art. 1.053, parágrafo único, do CC; **B:** incorreta, devendo ser assinalada, pois não se admite a contribuição do sócio em prestação de serviço – art. 1.055, § 2.º, do CC; **C:** correta, conforme o art. 1.061 do CC. Vale salientar que, desde a edição da Lei 12.375/2010, a qual é posterior à elaboração dessa prova, a designação de administradores não sócios é sempre permitida, desde que aprovada pelo *quorum* indicado, independentemente de previsão expressa no contrato social; **D:** correta, conforme o art. 1.072, § 1.º, do CC; **E:** correta, conforme o art. 1.066 do CC.

Gabarito "B"

(FGV – 2010) Mário Souza alienou as suas quotas da Sociedade Bom Garfo Restaurantes Ltda. para Pedro Silva. O contrato social, no entanto, não foi alterado para reproduzir a modificação do quadro societário, nem houve registro do instrumento de cessão de quotas no órgão competente. Considerando os fatos expostos, é correto afirmar que:

(A) a alienação das quotas não tem validade entre Mário Souza e Pedro Silva.
(B) a alienação das quotas tem eficácia tanto entre as partes – Mário Souza e Pedro Silva – quanto perante a sociedade Bom Garfo Restaurantes Ltda..
(C) Mário Souza deve se preocupar com a modificação do contrato social que contenha a retirada do seu nome como sócio, pois ele é responsável solidariamente com Pedro Silva, perante a sociedade e terceiros, pelas obrigações de sócio, até dois anos após a averbação da modificação contratual referente à sua retirada.
(D) a condição de sócio é questão de fato e independe de qualquer formalidade para efeitos jurídicos.
(E) se não houver alteração do contrato social para formalizar a alteração do quadro societário, o negócio de alienação das quotas é inexistente, não produz qualquer efeito e tem o prazo de 12 meses para a sua anulação.

A: incorreta, pois a ausência de alteração do contrato social ou registro do instrumento contratual não afasta os efeitos da alienação entre as partes, embora não possa ser oposta contra a sociedade ou terceiros – arts. 1.057, parágrafo único, e 1.003 do CC; **B:** incorreta, pois a alienação não tem eficácia quanto à sociedade, antes da averbação do instrumento respectivo, subscrito pelos sócios anuentes (quanto à anuência, se não houver disposição no contrato social em contrário, a alienação das quotas a não sócio não pode ter oposição de titulares de mais de um quarto do capital social) – art. 1.057, parágrafo único, do CC; **C:** correta, conforme o art. 1.003, parágrafo único, do CC, aplicável às limitadas por força do art. 1.053 do mesmo Código; **D:** incorreta, pois, como visto nos comentários anteriores, as formalidades relativas à alteração contratual e aos registros têm grande relevância para os efeitos jurídicos atinentes à condição de sócio; **E:** incorreta, pois a inexistência de alteração contratual não anula a alienação das quotas, embora não possa ser oposta contra terceiros e contra a sociedade.

Gabarito "C"

(FGV – 2009) Em uma sociedade limitada, é correto afirmar que:

(A) a investidura do administrador deverá ter anuência da totalidade dos sócios, se o capital já estiver integralizado.
(B) a quota de um sócio, na omissão do contrato, pode ser transferida a terceiros, mas é preciso que haja concordância de todos os demais sócios.
(C) o conselho fiscal é obrigatório, pois é um órgão de fiscalização e controle.
(D) o capital da sociedade poderá ser reduzido, mediante a correspondente modificação do contrato, não podendo o credor quirográfico opor-se a essa redução.
(E) o pedido de concordata, a nomeação e destituição dos liquidantes e o julgamento das suas contas dependem da deliberação dos sócios.

A: incorreta, pois, no caso de nomeação de administrador que seja sócio (em ato separado, não no contrato original), são necessários votos correspondentes a mais da metade do capital social (não da totalidade dos sócios, portanto), independentemente de haver ou não integralização do capital – art. 1.076, II, c.c. art. 1.071, II, do CC. No caso de administrador que não seja sócio, desde que o contrato social permita, é necessária a aprovação de apenas dois terços dos sócios – art. 1.061 do CC; **B:** incorreta, pois, inexistindo previsão contratual, basta não haver oposição de titulares de mais de um quarto do capital social para que haja cessão da quota a terceiro – art. 1.057 do CC; **C:** incorreta, pois o Conselho Fiscal não é obrigatório nas sociedades limitadas – art. 1.066 do CC; **D:** incorreta, já que existe possibilidade de oposição de credor quirografário à redução do capital – art. 1.084, § 1.º, do CC; **E:** correta, conforme disposto no art. 1.071, VII e VIII, do CC, lembrando que, atualmente, há recuperação extrajudicial ou judicial, mas não concordata.

Gabarito "E"

(FGV – 2008) Assinale a assertiva incorreta.

(A) As sociedades limitadas podem ser simples ou empresárias, de acordo com o seu objeto social.

(B) Admite-se a contribuição em serviços pelo sócio de sociedade limitada.

(C) As sociedades limitadas podem ter quotas de valores desiguais.

(D) As sociedades limitadas podem ser administradas por sócios ou não sócios.

(E) Pratica ato *ultra vires* o administrador de sociedade limitada que viola o objeto social.

A: correta. A limitada tem natureza empresarial, caso tenha por objeto o exercício de atividade econômica organizada para a produção ou a circulação de bens ou de serviços, nos termos do art. 966 c.c. art. 982 do CC. Dito de outra forma, as sociedades empresárias e as simples podem adotar o tipo das limitadas, nos termos do art. 983 do CC; **B:** incorreta, devendo ser assinalada, pois não se admite a contribuição do sócio em serviços – art. 1.055, § 2.º, do CC; **C:** correta, conforme o art. 1.055, *caput*, do CC; **D:** correta, nos termos dos arts. 1.060 e 1.061 do CC; **E:** correta. Se a operação realizada pelo administrador for evidentemente estranha ao objeto social, não vincula a sociedade (teoria *ultra vires*) – art. 1.015, parágrafo único, III, do CC, quando aplicável às limitadas por força do art. 1.053 do mesmo Código.

Gabarito "B"

(FGV – 2008) Analise as assertivas a seguir:

I. Qualquer sócio pode exercer o direito de retirada de uma sociedade por prazo indeterminado mediante notificação aos demais sócios com antecedência de trinta dias.

II. A administração de uma sociedade limitada deve ser exercida por sócio nomeado no contrato social.

III. A responsabilidade dos sócios de uma sociedade limitada deve ser fixada no contrato social, independentemente do valor de suas quotas.

IV. Nas sociedades limitadas, o capital social pode ser dividido em quotas iguais ou desiguais e pode ser formado por bens corpóreos ou incorpóreos, bem como serviços.

Assinale:

(A) se apenas as assertivas I, II e IV estiverem erradas.

(B) se apenas as assertivas I, II e III estiverem erradas.

(C) se apenas as assertivas II, III e IV estiverem erradas.

(D) se apenas as assertivas I, III e IV estiverem erradas.

(E) se todas as assertivas estiverem erradas.

I: incorreta, pois o prazo previsto no art. 1.029 do CC é de sessenta dias (não trinta); **II:** incorreta, pois o administrador também pode ser nomeado por instrumento em separado – art. 1.012 do CC; **III:** incorreta, pois a responsabilidade do sócio é restrita ao valor de suas quotas, nos termos do art. 1.052 do CC; **IV:** incorreta, pois não se permite contribuição em prestação de serviços – art. 1.055, § 2.º, do CC.

Gabarito "E"

(FGV – 2008) Assinale a alternativa correta.

(A) Nas sociedades limitadas, as deliberações em assembleia são obrigatórias se o número de sócios for superior a dez.

(B) A administração atribuída ao sócio no contrato social de sociedade limitada presume-se conjuntiva.

(C) Os sócios de sociedade limitada respondem ilimitadamente pela integralização do capital social.

(D) Nas sociedades limitadas, o Conselho Fiscal é órgão de existência obrigatória, mas de funcionamento permanente ou não.

(E) É cláusula contratual essencial a nomeação dos administradores no contrato social.

A: correta, nos termos do art. 1.072, § 1.º, do CC; **B:** incorreta, pois, no silêncio do contrato, a administração da sociedade compete separadamente a cada um dos sócios – art. 1.013 do CC, aplicável às limitadas nos termos do art. 1.053 do mesmo Código; **C:** incorreta, pois a responsabilidade, no caso, restringe-se ao valor a ser integralizado. Assim, apesar de solidária, não é correto dizer que a responsabilidade é ilimitada – art. 1.052 do CC; **D:** incorreta, pois a instituição do Conselho Fiscal é facultativa para as limitadas – art. 1.066 do CC; **E:** incorreta, pois, no silêncio do contrato, a administração da sociedade compete separadamente a cada um dos sócios – art. 1.013 do CC.

Gabarito "A"

(FGV – 2005) Assinale a alternativa incorreta.

(A) Nas sociedades limitadas, a denominação deve designar o objeto da sociedade, sendo permitido nela figurar o nome de um ou mais sócios.

(B) Nas sociedades limitadas, a firma será composta com o nome de um ou mais sócios, desde que pessoas físicas, de modo indicativo da relação social.

(C) A sociedade em conta de participação e a sociedade limitada podem adotar firma ou denominação.

(D) A omissão da palavra "limitada" determina a responsabilidade solidária e ilimitada dos administradores que assim empregarem a firma ou a denominação da sociedade limitada.

(E) O nome de empresário deve distinguir-se de qualquer outro já inscrito no mesmo registro.

A: correta, conforme o art. 1.158, § 2.º, do CC; **B:** correta, conforme o art. 1.158, § 1.º, do CC; **C:** incorreta, devendo ser assinalada, pois a sociedade em conta de participação não pode ter nome empresarial de qualquer espécie – art. 1.162 do CC; **D:** correta, conforme o art. 1.158, § 3.º, do CC; **E:** correta, conforme o princípio da novidade – art. 1.163 do CC e art. 34 da Lei 8.934/1994.

Gabarito "C"

2.5. SOCIEDADE ANÔNIMA

(OAB/Exame Unificado – 2014.2) A Comissão de Valores Mobiliários poderá impor aos infratores de suas Resoluções, das normas da Lei n. 6.404/1976 (Lei das Sociedades por Ações) e da Lei n. 6.385/1976 (Lei do Mercado de Valores Mobiliários), dentre outras, a penalidade de inabilitação temporária, até o máximo de 20 (vinte) anos, para o exercício do cargo de administrador nas entidades relacionadas a seguir, à exceção de uma. Assinale-a.

(A) Companhia Aberta.

(B) Distribuidora de Valores Mobiliários.

(C) Sociedade em Comum.

(D) Bolsa de Valores.

Nos termos do art. 11, IV, da Lei 6.385/1976, a CVM poderá impor tal sanção para cargos nas companhias abertas, entidades do sistema de distribuição de valores (o que é sinônimo de "distribuidora de valores mobiliários") e "outras entidades que dependam de autorização ou registro na Comissão de Valores Mobiliários". Nessa parte final do dispositivo é que está a resposta à questão, mas mesmo sem o conhecer é possível acertar a pergunta. Se a CVM regula o mercado de valores mobiliários, ela só pode impor sanções a entidades que operem nesse mercado. Além das companhias abertas e das distribuidoras, obviamente a Bolsa de Valores está sob a atenção da CVM, porque é nesse espaço que se realizam negócios com os títulos mobiliários. As bolsas de valores são, por isso, registradas na CVM. Notadamente, as sociedades em comum, irregulares que são por não terem registrados seus atos constitutivos, não têm qualquer relação com a CVM e, destarte, por ela não são fiscalizadas.

Gabarito "C"

(OAB/Exame Unificado – 2013.3) Com relação às sociedades anônimas, assinale a opção correta.

(A) As ações preferenciais são sempre ações sem direito de voto e com prioridade no recebimento de dividendos fixos e cumulativos.

(B) A vantagem das ações preferenciais de companhia fechada pode consistir exclusivamente em prioridade no reembolso do capital.

(C) A primeira convocação de assembleia geral de companhia fechada deverá ser feita no prazo de 15 (quinze) dias antes de sua realização.

(D) O conselho de administração é órgão obrigatório em todas as sociedades anônimas fechadas, com capital autorizado e de economia mista.

A: incorreta. Tais características são as mais comumente encontradas nas ações preferenciais, porém não é obrigatória a supressão do direito de voto e há outras vantagens que podem ser concedidas, nos termos do art. 17, *caput* e § 1º, da LSA; **B**: correta, nos termos do art. 17, II, da LSA; **C**: incorreta. O prazo de antecedência para as companhias fechadas é de 8 dias (art. 124, § 1º, I, da LSA); **D**: incorreta. Nas sociedades anônimas fechadas o conselho de administração é facultativo (art. 138, § 2º, da LSA).

Gabarito "B"

(OAB/Exame Unificado – 2013.2) A respeito do *capital autorizado*, assinale a afirmativa correta.

(A) O estatuto pode prever os casos ou as condições em que os acionistas não terão direito de preferência para subscrição.

(B) A autorização para aumento do capital social pode ser conferida à diretoria da companhia, que pode ser competente para deliberar sobre as emissões.

(C) O estatuto pode prever a emissão de partes beneficiárias ou bônus de subscrição, dentro do limite do capital autorizado.

(D) Somente os estatutos de companhias fechadas podem conter autorização para aumento de capital social, independentemente de reforma estatutária.

A: correta. Chama-se "capital autorizado" a situação na qual o estatuto social da companhia traz previsão expressa sobre a possibilidade de aumento do capital social independentemente de alteração do próprio ato constitutivo (art. 168 da Lei 6.404/1976). Normalmente, os acionistas têm direito de preferência à subscrição do novo capital majorado com base nessa prévia autorização estatutária, porém ela mesma pode limitar ou mesmo excluir essa preempção dos sócios (art. 172 da Lei 6.404/1976); **B:** incorreta. Nos termos do art. 168, § 1.º, *b*, da Lei 6.404/1976, somente a Assembleia Geral ou o Conselho de Administração podem ser indicados pelo estatuto como órgãos competentes para deliberar sobre o aumento com base no capital autorizado; **C:** incorreta. O limite do capital autorizado aplica-se somente aos bônus de subscrição (art. 75 da Lei 6.404/1976) e às debêntures conversíveis em ações (art. 59, § 2.º, da Lei 6.404/1976); **D:** incorreta. O capital autorizado é totalmente viável nas companhias abertas (art. 172 da Lei 6.404/1976).

Gabarito "A"

(OAB/Exame Unificado – 2013.1) A respeito das diferenças existentes entre as sociedades anônimas abertas e fechadas, assinale a afirmativa correta.

(A) A companhia será aberta ou fechada conforme os valores mobiliários de sua emissão sejam admitidos ou não à negociação no mercado de bolsa ou de balcão.

(B) As companhias abertas poderão emitir partes beneficiárias, opções de compra de ações e bônus de subscrição.

(C) O estatuto social de uma companhia fechada nunca poderá impor limitações à circulação das ações ordinárias,mas poderá fazê-lo em relação às ações preferenciais.

(D) As ações ordinárias e preferenciais de uma companhia aberta poderão ser de uma ou mais classes.

A: correta, nos termos do art. 4.º da LSA; **B:** incorreta. As partes beneficiárias são títulos emitidos exclusivamente pelas companhias fechadas (art. 47, parágrafo único, da LSA); **C:** incorreta. As limitações podem ser impostas somente para as ações nominativas, independentemente de sua classe (art. 36 da LSA); **D:** incorreta. Apenas as ações preferenciais das companhias abertas poderão ser de classes diferentes (art. 15, § 1.º, da LSA).

Gabarito "A"

(OAB/Exame Unificado – 2012.3.A) Leia o trecho a seguir.

Companhia cuja totalidade das ações em que se divide o capital pertence a uma sociedade brasileira.

Essa definição refere-se à:

(A) subsidiária integral.

(B) sociedade em conta de participação.

(C) sociedade limitada.

(D) sociedade de propósito específico.

A: correta, nos termos do art. 251 da LSA; **B:** incorreta. Sociedade em conta de participação é espécie de sociedade não personificada, formada por sócio ostensivo e sócios participantes para o exercício de atividade empresarial (art. 991 do CC); **C:** incorreta. Sociedade limitada é espécie de sociedade contratual na qual os sócios obrigam-se solidária e limitadamente à integralização do capital social pelas dívidas da empresa (art. 1.052 do CC); **D:** incorreta. Sociedade de propósito específico é uma espécie de sociedade prevista na Lei 11.079/2004, que trata das parcerias público-privadas. Ela deve ser constituída pelas empresas interessadas em participar da licitação para a realização da obra ou serviço contratado pela Administração Pública (art. 9º da Lei 11.079/2004).

Gabarito "A"

(OAB/Exame Unificado – 2012.2) A Assembleia Geral de S.A. Empreendimentos Turísticos, companhia aberta sediada em "X", delegou ao Conselho de Administração a deliberação sobre a oportunidade de emissão, época e condições de vencimento de debêntures conversíveis em ações. Petrossian Participações Ltda., acionista minoritário, consultou seu advogado sobre a legalidade da deliberação.

Com relação ao fato acima, assinale a alternativa que apresenta a resposta correta à consulta.

(A) A deliberação é válida, porque a deliberação sobre a oportunidade de emissão, a época e as condições de vencimento de debêntures conversíveis em ações pode ser delegada ao Conselho de Administração.

(B) A deliberação é anulável, porque a deliberação sobre a oportunidade de emissão, a época e as condições de vencimento de debêntures conversíveis em ações é privativa da assembleia geral nas companhias abertas.

(C) A deliberação é nula, porque a emissão de debêntures conversíveis em ações depende da autorização prévia dos titulares de ações preferenciais reunidos em assembleia especial convocada para esse fim.

(D) A deliberação é ineficaz em relação aos acionistas minoritários, pois a emissão de debêntures conversíveis em ações acarretará aumento de capital com diluição injustificada de participação desses acionistas.

Conforme dispõe o art. 59, § 4.º, da Lei 6.404/1976, com a redação dada pela Lei 12.431/2011, a assembleia geral pode delegar ao Conselho de Administração o poder de deliberar, no que toca às debêntures conversíveis em ações, sobre a época e as condições de vencimento, amortização ou resgate; a época e as condições do pagamento dos juros, da participação nos lucros e do prêmio de reembolso, se houver; e o modo de subscrição ou colocação, e o tipo das debêntures.

Gabarito "A"

(OAB/Exame Unificado – 2012.1) Sobre os direitos dos acionistas, é correto afirmar que:

(A) o direito de voto é garantido a todo acionista, independente da espécie ou classe de ações de que seja titular.

(B) os acionistas deverão receber dividendos obrigatórios em todos os exercícios sociais.

(C) o acionista terá direito de se retirar da companhia caso cláusula compromissória venha a ser introduzida no estatuto social.

(D) o acionista tem o direito de fiscalizar as atividades sociais e sendo titular de mais de 5% do capital poderá requerer judicialmente a exibição dos livros da companhia, caso haja suspeita de irregularidades dos administradores.

A: incorreta. O direito de voto pode ser suprimido nas ações preferenciais (art. 17, § 1.º, da LSA); **B:** incorreta. Os dividendos obrigatórios serão distribuídos quando forem compatíveis com a situação financeira da companhia (art. 202, § 4.º, da LSA); **C:** incorreta. As matérias que autorizam o direito de retirada estão previstas no art. 136 da LSA, onde não se encontra a inclusão de cláusula compromissória; **D:** correta, nos termos dos arts. 105 e 109, III, da LSA.

Gabarito "D"

(OAB/Exame Unificado – 2011.3.B) A respeito das diferenças entre a assembleia geral ordinária e a assembleia geral extraordinária de uma sociedade anônima, é correto afirmar que:

(A) a assembleia geral extraordinária poderá ser realizada a qualquer momento, sendo que a assembleia geral ordinária deverá ser realizada nos 5 (cinco) primeiros meses seguintes ao término do exercício social.

(B) é competência privativa da assembleia geral ordinária deliberar sobre a destinação do lucro líquido do exercício e a distribuição de dividendos.

(C) a assembleia geral extraordinária não tem competência para deliberar sobre reforma do estatuto social.

(D) a assembleia geral ordinária jamais terá competência para eleger os administradores da companhia.

A: incorreta. A Assembleia Geral Ordinária (AGO) deve ser realizada no primeiro quadrimestre após o término do exercício social (art. 132 da LSA); **B:** correta, nos termos do art. 132, II, da LSA; **C:** incorreta. Os temas privativos da AGO estão previstos no art. 132, que não inclui a alteração do estatuto social. A par disso, o art. 135 autoriza expressamente a medida em Assembleia Geral Extraordinária (AGE); **D:** incorreta, por afronta direta ao art. 132, III, da LSA.

Gabarito "B"

(OAB/Exame Unificado – 2011.3.B) A respeito do direito de retirada no âmbito de uma companhia aberta, é correto afirmar que:

(A) o direito de retirada poderá ser exercido no prazo de 30 (trinta) dias contados da publicação da ata da assembleia geral, ainda que o titular das ações tenha se abstido de votar contra a deliberação ou não tenha comparecido à assembleia.

(B) qualquer acionista da companhia que dissentir da deliberação que aprovar a alteração das vantagens conferidas a uma determinada classe de ações preferenciais poderá exercer o direito de recesso.

(C) a deliberação que aprovar a fusão da companhia com outra sociedade gera, em qualquer hipótese, direito de retirada para os acionistas dissentes da deliberação.

(D) o prazo para exercício do direito de retirada é prescricional.

A: correta, nos termos do art. 137, § 2.º, da LSA; **B:** incorreta. Nesse caso, o direito assiste somente ao acionista da espécie ou classe prejudicadas pela criação das novas preferências (art. 137, I, da LSA); **C:** incorreta. Nesse caso, o direito de retirada poderá ser exercido apenas pelos acionistas e titulares de ações que tenham liquidez e dispersão no mercado, nos termos do art. 137, II, da LSA; **D:** incorreta. Trata-se de prazo decadencial (art. 137, § 4.º, da Lei 6.404/1976).

Gabarito "A"

(OAB/Exame Unificado – 2011.3.A) A respeito das debêntures, é correto afirmar que:

(A) as debêntures da mesma série terão igual valor nominal e conferirão a seus titulares os mesmos direitos.

(B) o pagamento das debêntures sempre será estipulado em moeda nacional.

(C) a debênture não constitui valor mobiliário, sendo classificada tão somente como título de crédito.

(D) a companhia é obrigada a realizar a amortização das debêntures por meio de um único pagamento a seus titulares.

A: correta, nos termos do art. 53, parágrafo único, da Lei 6.404/1976; **B:** incorreta. O art. 54 admite a fixação em moeda estrangeira quando autorizada pela legislação; **C:** incorreta. A debênture é considerada, sim, valor mobiliário, ao lado das ações, das partes beneficiárias, dos bônus de subscrição, entre outros; **D:** incorreta. O art. 55 da Lei 6.404/1976 autoriza a determinação, pela companhia, de amortizações em série.

Gabarito "A"

(OAB/Exame Unificado – 2011.2) Conforme art. 4º da Lei 6.404/76, as companhias podem ser classificadas em abertas ou fechadas, dependendo se seus valores mobiliários podem ou não ser negociados no Mercado de Valores Mobiliários. Em relação aos valores mobiliários das companhias abertas e fechadas, assinale a alternativa correta.

(A) Valores mobiliários são títulos que concedem a seu titular certos direitos em relação à companhia. São exemplos de valores mobiliários as ações, as debêntures, os bônus de subscrição e o certificado de valores mobiliários.

(B) As companhias abertas, caso queiram negociar suas ações, devem sempre fazê-lo por meio do mercado de valores mobiliários, ou seja, suas negociações serão sempre por oferta ao público em geral.

(C) Partes beneficiárias são títulos emitidos tanto pela companhia aberta quanto pela fechada que dão a seu titular direito a percentual no lucro da companhia.

(D) O Mercado de Valores Mobiliários (MVM) compreende as bolsas de valores, o mercado de balcão e o mercado de balcão organizado. Para a companhia poder negociar no MVM, deverá preencher certos requisitos e obter autorização da Comissão de Valores Mobiliários e da Junta Comercial.

A: correta. A alternativa traz corretamente o conceito e exemplos de valores mobiliários; **B:** incorreta. Não é porque a companhia é aberta que ela é obrigada a negociar suas ações, exclusivamente, no mercado de valores mobiliários. Nada obsta que sejam realizadas transações particulares de cessão de ações; **C:** incorreta, vez que as partes beneficiárias somente podem ser emitidas pelas companhias fechadas; **D:** incorreta, pois a Junta Comercial não tem competência para autorizar ou desautorizar determinada companhia a negociar no mercado de valores mobiliários. Tal incumbência pertence à Comissão de Valores Mobiliários – CVM.

Gabarito "A"

(OAB/Exame Unificado - 2010.3) As Sociedades Anônimas têm uma pesada estrutura, necessitando, assim, de vários órgãos para atingir seu desiderato, cada um com sua função específica. Um desses órgãos é a Diretoria, sendo seus diretores efetivamente os administradores da companhia. Esses diretores possuem alguns deveres para com a sociedade empresarial e para com o mercado.

Entre esses deveres encontra-se o *disclosure*, que é o dever:

(A) de fiscalizar os gastos da sociedade e se ela está cumprindo o que está disposto no estatuto social.

(B) que os administradores possuem de agir de forma diligente, respeitando o estatuto social, de forma a não causar prejuízos aos acionistas, podendo responder de forma pessoal com seu patrimônio caso violem esse dever.

(C) que os diretores possuem de convocar os acionistas para deliberar sobre determinado assunto ou vários assuntos que devem constar de uma pauta previamente escolhida.

(D) que os administradores têm para com o mercado de informar todas as operações em que a companhia estiver envolvida e que possam influir na cotação das suas ações, das debêntures e dos valores mobiliários.

Disclosure refere-se ao dever de os administradores informarem o mercado a respeito de "fato relevante ocorrido nos seus negócios, que possa influir, de modo ponderável, na decisão dos investidores do mercado de vender ou comprar valores mobiliários emitidos pela companhia" (art. 157, § 4.º, da LSA, Lei 6.404/1976). A alternativa D indica corretamente essa definição.

Gabarito "D"

(OAB/Exame Unificado - 2010.3) A Lei das Sociedades por Ações estabelece responsabilidades para os administradores, membros do Conselho Fiscal e para o acionista controlador. A violação a tais deveres pode causar responsabilidade civil, administrativa e penal.

Em relação aos deveres e responsabilidades dos administradores, conselheiros e acionistas, assinale a alternativa correta.

(A) Somente nas companhias fechadas é que todos os administradores são responsáveis pelos prejuízos que causarem pelo não cumprimento dos deveres impostos pela lei para assegurar o funcionamento normal da companhia, ainda que, de acordo com o estatuto, tais deveres não sejam de competência de todos eles.

(B) A única obrigação do acionista é a integralização de suas ações, não tendo qualquer outra responsabilidade para com a companhia.

(C) Para que os administradores sejam responsabilizados pela prática de seus atos, há necessidade de se causarem prejuízos efetivos à companhia, e apenas se seus atos forem comissivos.

(D) O acionista controlador é sempre o acionista majoritário, ou seja, aquele com maior número de ações da companhia, devendo usar seu poder de controle para fazer, a qualquer custo, com que a companhia tenha uma maior margem de lucro.

A: correta, pois, nos termos do art. 158, § 3.º, da LSA, a responsabilidade prevista no § 2.º do mesmo dispositivo (a que se refere a assertiva) fica, em regra, restrita aos administradores que, por disposição do estatuto, tenham atribuição específica de dar cumprimento àqueles deveres; **B:** incorreta, pois além do dever geral de lealdade (o acionista não pode exercer seus direitos com o intuito de prejudicar a sociedade), o acionista controlador, por exemplo, tem deveres muito específicos previstos pelos arts. 116 e seguintes da Lei 6.404/1976; **C:** incorreta, pois há responsabilidade do administrador também por omissão, ainda que por negligência ou simples conivência – art. 158 da Lei 6.404/1976; **D:** incorreta, pois acionista controlador é conceito que abrange também pessoa ou grupo de pessoas vinculadas por acordo de voto ou sob controle comum (não precisa ser o acionista individualmente majoritário). Ademais, não é necessário que tenha a maioria das ações, mas sim que (i) seja titular de direitos que assegurem, de modo permanente, a maioria dos votos nas deliberações da assembleia geral e o poder de eleger a maioria dos administradores da companhia; e (ii) use efetivamente seu poder para dirigir as atividades sociais e orientar o funcionamento dos órgãos da companhia – art. 116, *caput* e alíneas *a* e *b*, da LSA. Finalmente, é errado afirmar que o controlador deve buscar a margem de lucro a qualquer custo, pois ele tem também compromisso com a função social da empresa, com os que nela trabalham e com a comunidade – art. 116, parágrafo único, da LSA.

Gabarito "A"

(OAB/Exame Unificado – 2010.1) De acordo com o que dispõe a Lei das Sociedades por Ações, as ações, conforme a natureza dos direitos ou vantagens que confiram a seus titulares, podem ser ordinárias, preferenciais ou de fruição. As ações de fruição:

(A) constituem títulos que podem ser atribuídos aos acionistas após suas ações serem integralmente amortizadas.

(B) conferem aos titulares apenas os direitos comuns de acionista sem quaisquer privilégios ou vantagens.

(C) conferem ao titular algum privilégio ou vantagem de ordem patrimonial, sem que, entretanto, o acionista tenha direito de participação nos lucros reais.

(D) são tipicamente usadas por acionistas especuladores, ou por aqueles que não têm interesse na gestão da sociedade.

A: correta. "As ações de fruição são títulos que podem ser atribuídos aos acionistas quando suas ações são integralmente amortizadas" (Marlon Tomazette. **Direito societário**. 2.ª ed., São Paulo: Juarez de Oliveira, 2004, p. 277). Lei 6.404/1976: "Art. 44 (...) § 5.º As ações integralmente amortizadas poderão ser substituídas por ações de fruição, com as restrições fixadas pelo estatuto ou pela assembleia geral que deliberar a amortização; em qualquer caso, ocorrendo liquidação da companhia, as ações amortizadas só concorrerão ao acervo líquido depois de assegurado às ações não amortizadas valor igual ao da amortização, corrigido monetariamente"; **B:** incorreta. "As ações ordinárias são aquelas que conferem apenas os direitos comuns de acionista sem privilégios ou vantagens, assegurando inclusive o direito de voto" (Marlon Tomazette. *Op. cit.*, p. 269); **C:** incorreta. "As ações preferenciais são ações que possuem algum privilégio ou vantagem de ordem patrimonial, podendo não possuir o direito de voto. São ações tipicamente usadas pelos acionistas rendeiros e especuladores, que têm muito pouco ou nenhum interesse na gestão da companhia" (*Idem, ibidem*, p. 270); **D:** incorreta. *Vide* justificativa apresentada na alternativa C.

Gabarito "A"

(OAB/Exame Unificado – 2009.1) Com base na disciplina jurídica das sociedades anônimas, julgue os seguintes itens.

I. As sociedades por ações podem ser classificadas em abertas ou fechadas, considerando-se a participação do Estado em seu capital social.

II. A Comissão de Valores Mobiliários, entidade autárquica em regime especial vinculada ao Ministério da Fazenda, é responsável pela emissão de ações em mercado primário.

III. Ações preferenciais são aquelas que conferem ao seu titular uma vantagem na distribuição dos lucros sociais entre os acionistas e podem, exatamente por isso, ter limitado ou suprimido o direito de voto.

IV. As ações, as debêntures, os bônus de subscrição e as partes beneficiárias, entre outras, são espécies de valores mobiliários emitidos pelas companhias para a captação de recursos.

V. O valor nominal da ação é alcançado com a sua venda no ambiente de bolsa de valores.

Estão certos apenas os itens:

(A) I e V.
(B) II e III.
(C) III e IV.
(D) I, II, IV e V.

I: incorreta. A classificação das companhias em abertas e fechadas leva em conta a existência de autorização para negociar valores mobiliários no mercado de investimentos, sendo considerada "aberta" a companhia que detém a autorização da CVM e "fechada" a que não está autorizada a tanto (art. 4.º da Lei 6.404/1976); **II:** incorreta. A CVM é uma autarquia ligada ao Ministério da Fazenda, criada pela Lei 6.385/1976. Sua função primordial concentra-se na fiscalização das atividades do mercado de valores mobiliários. Ademais, é responsável pelo registro da emissão pública de valores mobiliários. A emissão de ações em mercado primário é de responsabilidade da sociedade anônima; **III:** correta. Com efeito, consideram-se ações preferenciais aquelas que garantem algum direito de cunho patrimonial ao acionista, retirando-lhe, por outro lado, algum dos poderes ínsitos à sua posição, normalmente o direito de voto (art. 17 da Lei 6.404/1976); **IV:** correta. Todos estes títulos estão previstos na Lei 6.404/1976 como valores mobiliários que podem ser emitidos pelas companhias; **V:** incorreta. Valor nominal da ação é o valor atribuído a ela no momento da constituição da companhia, ou seja, no próprio estatuto social. O conceito apresentado refere-se ao "valor de Bolsa", nos dizeres de Waldo Fazzio Jr.

Gabarito "C"

(OAB/Exame Unificado – 2008.3) As ações de uma companhia aberta não são passíveis de:

(A) penhora.
(B) hipoteca.
(C) penhor.
(D) usufruto.

Valores mobiliários, conceito no qual se incluem as ações, são considerados bens móveis. Portanto, não podem ser objeto de hipoteca (arts. 39 e 40 da Lei 6.404/1976, art. 655, VI, do CPC/1973 e art. 835, IX, do Novo CPC).

Gabarito "B"

(OAB/Exame Unificado – 2008.3) Entre os órgãos da sociedade anônima, detém o maior poder político:

(A) o conselho fiscal.
(B) a assembleia geral.
(C) a diretoria.
(D) o conselho de administração.

Podemos definir "poder político" como o poder de tomar decisões atinentes aos rumos e objetivos da companhia, independentemente da anuência de outros órgãos. Neste sentido, sem dúvidas, o órgão que detém maior poder político dentro da sociedade anônima é a assembleia geral, considerando que a ela "tem poderes para decidir sobre todos os negócios relativos ao objeto da companhia" (art. 121 da Lei 6.404/1976).

Gabarito "B"

(OAB/Exame Unificado – 2008.3) O valor mobiliário que confere ao seu titular crédito eventual perante a companhia, consistente na participação nos lucros anuais, é:

(A) a ação.
(B) o bônus de subscrição.
(C) o *commercial paper*.
(D) a parte beneficiária.

Ação é parcela representativa do capital social da companhia. Bônus de subscrição garante ao seu titular preferência na aquisição de novas ações, quando vierem a ser emitidas. *Commercial paper* é valor mobiliário representativo de empréstimos de curto prazo. O conceito refere-se às partes beneficiárias (art. 46, § 1.º, da Lei 6.404/1976), cuja emissão, vale lembrar, está vedada para as companhias abertas.

Gabarito "D"

(OAB/Exame Unificado – 2008.2) Com base na Lei 6.404/1976, que dispõe sobre as sociedades por ações, assinale a opção correta acerca das características jurídicas desse tipo de sociedade empresarial.

(A) As ações, quanto à forma, podem ser classificadas em ordinárias e preferenciais.
(B) Nessas sociedades, apenas acionistas poderão ser simultaneamente titulares de ações e debêntures.
(C) Os bônus de subscrição conferem direito de crédito contra a companhia, podendo conter garantia real ou flutuante.
(D) As partes beneficiárias compõem o capital social desse tipo de sociedade, sendo permitida a participação nos lucros anuais.

A: incorreta, pois as ações podem ser classificadas, nos termos da LSA, em ordinárias, preferenciais e de fruição (art. 15); **B:** correta, por exclusão das demais. A redação da alternativa merece severas críticas, dado que traduz uma obviedade: "acionista" é o titular de ações, portanto somente ele, é verdade, pode ter ações e debêntures simultaneamente, pois nada impede que um acionista adquira debêntures. De outra banda, a pessoa que adquire debêntures, mas não possui ações, não é acionista, portanto, e obviamente, não detém ações e debêntures simultaneamente; **C:** incorreta. O conceito refere-se às debêntures (art. 52 da Lei 6.404/1976). Bônus de subscrição garante ao seu titular preferência na aquisição de novas ações, quando vierem a ser emitidas; **D:** incorreta, pois ação é parcela representativa do capital social da companhia. Partes beneficiárias garantem crédito eventual perante a companhia, consistente na participação de lucros anuais (art. 46, § 1.º, da Lei 6.404/1976).

Gabarito "B"

(OAB/Exame Unificado – 2007.3) As sociedades anônimas:

(A) podem ser simples ou empresárias, conforme o objeto social.
(B) estão proibidas por lei de receberem nome de pessoa física em sua denominação.
(C) são sociedades de capitais, sendo irrelevantes as características pessoais de seus acionistas.
(D) devem ser constituídas por, no mínimo, sete acionistas.

A: incorreta, pois a sociedade anônima é sempre empresária, independentemente de seu objeto (art. 982, parágrafo único, do CC); **B:** incorreta. É possível, excepcionalmente, que a denominação da sociedade por ações tenha por núcleo o nome civil de fundador da empresa, ou de acionista ou qualquer outra pessoa que tenha concorrido para o êxito da companhia (art. 3.º, § 1.º, da LSA); **C:** correta. De fato, a sociedade anônima é reconhecidamente uma sociedade de capitais, sendo relevante a aglutinação de capitais e não de seus sócios como pessoas; **D:** incorreta, pois no momento da constituição da companhia, é necessária a subscrição de todo o capital social por ao menos duas pessoas (art. 80, I, da Lei 6.404/1976).

Gabarito "C"

(OAB/Exame Unificado – 2007.3) A constituição de sociedade anônima depende de subscrição de:

(A) todas as ações em que se divide o capital social fixado no estatuto.
(B) 50%, no mínimo, das ações em que se divide o capital social fixado no estatuto.
(C) 25%, no mínimo, das ações em que se divide o capital social fixado no estatuto.
(D) 10%, no mínimo, das ações em que se divide o capital social fixado no estatuto.

A primeira etapa da constituição da companhia exige a subscrição de todo o capital social por ao menos duas pessoas, conforme o art. 80, I, da Lei 6.404/1976.

Gabarito "A"

(OAB/Exame Unificado – 2007.2) Relativamente às companhias, assinale a opção que não apresenta direito essencial do acionista.

(A) Participação nos lucros da sociedade
(B) Participação no acervo da companhia em caso de liquidação
(C) Direito de voto
(D) Direito de retirada

O direito de voto não pode ser considerado um direito essencial do acionista, uma vez que ele não está contido no plexo de poderes do acionista detentor de ações preferenciais (art. 15, § 2.º, da Lei 6.404/1976).

Gabarito "C"

(OAB/Exame Unificado – 2007.1) Com relação ao capital das companhias, assinale a opção correta.

(A) Pode ser formado com contribuições em dinheiro, em serviços ou em qualquer espécie de bens suscetíveis de avaliação em dinheiro.
(B) Quando a entrada consistir em crédito, o subscritor ou o acionista responderá pela solvência do devedor.
(C) Em regra, apenas os acionistas titulares de ações ordinárias têm direito de preferência na hipótese de aumento do capital.
(D) O valor do capital social, expresso em moeda nacional ou estrangeira, é fixado pelo estatuto da companhia.

A: incorreta, porque o art. 7.º da Lei 6.404/1976 não admite a contribuição em serviços para a formação do capital social; **B:** correta, trata-se de cópia literal do art. 10, parágrafo único, da Lei 6.404/1976; **C:** incorreta, pois o direito de preferência é garantido a todos os acionistas, sendo exercido de acordo com a classe de ações que titularizam e que serão emitidas (art. 171, § 1.º e alíneas, da Lei 6.404/1976); **D:** incorreta. O capital social da companhia deverá ser expresso, obrigatoriamente, em moeda nacional (art. 5.º da Lei 6.404/1976).

Gabarito "B"

(OAB/Exame Unificado – 2006.2) Com relação às operações societárias, segundo a Lei 6.404/1976, assinale a opção correta.

(A) Na transformação da sociedade ABC Ltda. em ABC S.A., os credores poderão haver desta apenas as obrigações veiculadas no protocolo da operação, e desde que contra isso tenham se oposto oportunamente.
(B) A operação em que ABC Ltda. se une a ABC S.A. e, ao final do procedimento, subsiste a sociedade ABC S.A. é uma incorporação.
(C) A transformação de sociedades somente é possível de S.A. para Ltda. e vice-versa.
(D) A fusão de sociedades somente pode ocorrer entre pessoas jurídicas organizadas sob a mesma forma societária.

A: incorreta, pois a hipótese em comento retrata redução ou prejuízo a direito dos credores, o que não ocorrerá em hipótese alguma na transformação (art. 222, da Lei 6.404/1976); **B:** correta, nos termos do art. 227 da Lei 6.404/1976, considera-se incorporação a operação societária na qual duas sociedades se unem, subsistindo apenas uma delas, que sucederá a outra em todos os direitos e obrigações; **C:** incorreta. Não há qualquer vedação à transformação entre quaisquer tipos societários; **D:** incorreta. Da mesma forma que na alternativa anterior, não há qualquer vedação à fusão de empresas que adotem tipos societários diferentes.

Gabarito "B"

(FGV – 2010) A sociedade anônima, no que se refere à subscrição do capital social, poderá ser constituída:

(A) por subscrição particular, apenas.
(B) por subscrição pública, apenas.
(C) por subscrição mobiliária, apenas.
(D) por subscrição mobiliária ou por subscrição pública.
(E) por subscrição pública ou por subscrição particular.

A sociedade anônima pode ser constituída por subscrição pública ou particular – arts. 82 e 88 da Lei 6.404/1976 (Lei das Sociedades por Ações – LSA).

Gabarito "E"

(FGV – 2010) O Conselho de Administração nas sociedades anônimas, de acordo com a Lei 6.404/76, poderá ser:

(A) facultativo nas sociedades de economia mista e nas sociedades de capital aberto.
(B) facultativo nas sociedades de economia mista e obrigatório nas sociedades de capital aberto.
(C) obrigatório nas sociedades de economia mista e facultativo nas sociedades de capital fechado.
(D) obrigatório somente nas sociedades de economia mista.
(E) facultativo somente nas sociedades de capital autorizado.

O Conselho de Administração é obrigatório para as companhias abertas e para as de capital autorizado – art. 138, § 2.º, da Lei 6.404/1976 (Lei das Sociedades por Ações – LSA). Também é obrigatório para as sociedades de economia mista – art. 239 da mesma lei. Para as sociedades de capital fechado, é facultativo.

Gabarito "C"

(FGV – 2010) As alternativas a seguir apresentam espécies de debêntures, em função das garantias oferecidas pela sociedade emissora, à exceção de uma. Assinale-a.

(A) as com garantia real.
(B) as com garantia flutuante.
(C) as com garantia pessoal.
(D) quirografárias.
(E) subquirografárias.

As debêntures são usualmente classificadas conforme a garantia oferecida pela sociedade emissora em (i) com garantia real (garantida pelo produto da alienação de determinado bem – art. 58, *caput*, da Lei 6.404/1976), (ii) com garantia flutuante (privilégio geral sobre o ativo da companhia – art. 58, § 1.º, da Lei 6.404/1976), (iii) quirografárias (sem garantia específica) e (iv) subordinadas ou subquirografárias (preferem apenas aos acionistas no ativo remanescente, se houver, em caso de liquidação – art. 58, § 4.º, da Lei 6.404/1976). Não existe a modalidade com garantia pessoal, indicada na alternativa C.

Gabarito "C"

(FGV – 2010) A respeito da administração das sociedades limitadas e das sociedades por ações, é correto afirmar que:

(A) nas sociedades por ações é obrigatória a existência de Conselho de Administração.
(B) nas sociedades limitadas os administradores devem ser necessariamente sócios.
(C) nas sociedades limitadas os administradores não sócios deverão ser eleitos pela unanimidade dos sócios, se o capital social não estiver integralizado; e por dois terços, no mínimo, se ele estiver integralizado
(D) nas sociedades por ações sempre os membros da Diretoria são eleitos pela Assembleia Geral de Acionistas, mesmo se existir Conselho de Administração.
(E) nas sociedades limitadas a administração deve ser exercida pelo sócio majoritário.

A: incorreta, pois o Conselho de Administração não é obrigatório para todas as sociedades por ações (somente para as companhias abertas, as de capital autorizado e sociedades de economia mista – arts. 138, § 2.º, e 239 da Lei 6.404/1976; **B:** incorreta, pois o administrador da limitada pode não ser sócio – art. 1.061 do CC; **C:** correta, pois reflete o disposto no art. 1.061 do CC; **D:** incorreta, pois os membros da Diretoria são eleitos e destituídos pelo Conselho de Administração e, se não houver, pela Assembleia Geral – art. 143 da LSA; **E:** incorreta, pois qualquer sócio, independentemente de sua participação na sociedade, pode ser administrador. Como já visto, nem é preciso ser sócio para ser administrador da limitada – arts. 1.060 e 1.061 do CC.

Gabarito "C"

(FGV – 2009) A respeito da *estrutura de administração das sociedades por ações*, é correto afirmar que:

(A) é obrigatório que as sociedades por ações sempre tenham administração dual, isto é, tenham um Conselho de Administração e uma diretoria.
(B) o Conselho de Administração é obrigatório apenas em sociedade por ações de capital aberto, em sociedades de economia mista e de capital autorizado.
(C) é vedada a criação de qualquer outro órgão da sociedade ou comitê, ainda que com funções meramente consultivas, diferente dos órgãos previstos em lei, isto é, Conselho de Administração e Diretoria.
(D) os membros do Conselho de Administração podem, eventualmente, representar a companhia perante terceiros.
(E) quando a sociedade por ações possuir Conselho de Administração, os membros da Diretoria, antes de realizar qualquer negócio relevante para a companhia, devem ter o aval do órgão colegiado.

A: incorreta, pois o Conselho de Administração não é obrigatório para todas as sociedades por ações (somente para as companhias abertas, as de capital autorizado e sociedades de economia mista – arts. 138, § 2.º, e 239 da Lei 6.404/1976 (Lei das Sociedades por Ações – LSA); **B:** correta, conforme comentário à alternativa anterior; **C:** incorreta, pois inexiste essa vedação, muito embora as atribuições e poderes conferidos por lei aos órgãos de administração não possam ser outorgados a outro órgão, criado por lei ou pelo estatuto – art. 139 da Lei 6.404/1976; **D:** incorreta, já que o Conselho de Administração é órgão deliberativo, e a representação da companhia é privativa dos diretores – art. 138, § 1.º, da LSA; **E:** incorreta, exceto se os estatutos exigirem a manifestação prévia do Conselho de Administração, conforme o art. 142, VI, da LSA.

Gabarito "B"

(FGV – 2009) Considerando que: *ABC Cana de Açúcar Ltda.* (*ABC Ltda.*) é acionista controladora titular de 60% do capital votante de *ABC Comércio de Açúcar Refinado S.A.* (*ABC S.A.*), sociedade por ações de capital aberto; *ABC Ltda.* e *ABC S.A.* firmaram contrato pelo qual aquela fica obrigada a fornecer 05 toneladas de açúcar refinado por ano pelo prazo de 10 anos. Assinale a alternativa correta.

(A) Tal contrato é nulo de pleno direito, por se configurar como contrato consigo mesmo.
(B) Conforme determina a Lei 6.404/76, o Conselho de Administração é o órgão societário competente para aprovar contratos entre controlada e controladora. Por consequência, o contrato entre *ABC Ltda.* e *ABC S.A.* deverá ser aprovado pela maioria dos membros do Conselho de Administração.
(C) Conforme determina a Lei 6.404/76, a Assembleia Geral é o órgão societário competente para aprovar contratos entre controlada e controladora. Por consequência, o contrato entre *ABC Ltda.* e *ABC S.A.* deve ser aprovado pela maioria dos seus acionistas, devendo *ABC Ltda.* se abster de votar.

(D) Conforme determina a Lei 6.404/76, a Assembleia Geral é o órgão societário competente para aprovar contratos entre partes relacionadas. Por consequência, o contrato entre *ABC Ltda.* e *ABC S.A.* deve ser aprovado pela maioria dos acionistas, podendo *ABC Ltda.* participar da deliberação.

(E) Conforme determina a Lei 6.404/76, o contrato entre controlada e controladora deve ser realizado em condições estritamente comutativas e por decisão dos administradores, se o estatuto social não dispuser em contrário. Por consequência, o contrato entre *ABC Ltda.* e *ABC S.A.* pode ser firmado por decisão dos administradores.

A: incorreta, pois as pessoas da sociedade controladora e da controlada não se confundem; **B, C** e **D:** incorretas, pois não há disposição expressa na Lei 6.404/1976 nesse sentido. Interessante ressaltar, entretanto, que os estatutos sociais podem submeter determinados atos e negócios à manifestação prévia do Conselho de Administração – art. 142, VI, da LSA. Ademais, a Assembleia Geral pode deliberar e decidir sobre qualquer negócio relativo ao objeto da companhia (inclusive o contrato em questão – art. 121 da LSA), mas é uma possibilidade, não competência privativa (razão pela qual as assertivas C e D são erradas – art. 122 da LSA); **E:** correta, nos termos do art. 245 da LSA.

Gabarito "E"

(FGV – 2009) Em regra, em uma sociedade anônima, a deliberação sobre a emissão de debêntures é da competência:

(A) exclusiva da Diretoria Especial de Debêntures.
(B) originária do Conselho Fiscal.
(C) privativa da Assembleia Geral.
(D) concorrente com o Conselho Fiscal.
(E) delegada à Assembleia de Debenturistas.

A competência para deliberação sobre emissão de debêntures é, em regra, da Assembleia Geral – arts. 59 e 122, IV, da LSA.

Gabarito "C"

(FGV – 2008) Em relação às sociedades anônimas, é correto afirmar que:

(A) as companhias de capital aberto são aquelas que têm os seus valores mobiliários negociados apenas no mercado de valores.
(B) qualquer acionista tem legitimidade para ajuizar ação de responsabilidade civil para cobrança dos prejuízos causados pelo administrador de sociedade anônima, se a assembleia geral deliberar não promover a ação.
(C) a responsabilidade dos acionistas é limitada ao valor nominal das ações subscritas ou adquiridas.
(D) as companhias são classificadas em abertas e fechadas conforme as ações de sua emissão estejam ou não admitidas à negociação em Bolsa de Valores.
(E) a companhia dissolvida conserva sua personalidade jurídica até a sua extinção, com o fim de proceder à liquidação.

A: incorreta, pois as companhias de capital aberto são aquelas cujos valores mobiliários são admitidos à negociação no mercado de valores mobiliários – art. 4.º da LSA; **B:** incorreta, pois se a Assembleia Geral deliberar não promover a ação de responsabilidade contra o administrador, somente acionistas que representem pelo menos 5% do capital social poderão propô-la – art. 159, § 4.º, da Lei 6.404/1976; **C:** incorreta, já que a responsabilidade é limitada ao preço de emissão das ações subscritas ou adquiridas – art. 1.088 do CC; **D:** incorreta, pois a classificação refere-se à admissão dos valores mobiliários emitidos pela companhia (não apenas ações) à negociação no mercado de valores mobiliários (não apenas bolsas – há também o mercado de balcão) – art. 4.º da Lei LSA e art. 22 da Lei 6.385/1976; **E:** correta, conforme o art. 51 do CC.

Gabarito "E"

(FGV – 2008) As ações são consideradas títulos representativos de parcelas do capital social de uma sociedade anônima, que atribuem aos seus titulares direitos patrimoniais e pessoais. Levando em consideração o conceito de ação e suas características, é correto afirmar que:

(A) as ações de companhia aberta somente podem ser negociadas depois de integralizados trinta por cento do preço de sua emissão.
(B) o direito de voto é um direito essencial do acionista.
(C) o conceito de valor nominal da ação é o mesmo que o de preço de emissão da ação.
(D) as ações podem representar frações desiguais do capital social.
(E) é vedada a emissão de ações, sem valor nominal, por preço inferior ao seu valor nominal.

A: correta, pois essa é a disposição do art. 29 da Lei 6.404/1976; **B:** incorreta, pois o direito a voto é essencial no caso da ação ordinária, apenas – arts. 110 e 111 da Lei Lei 6.404/1976; **C** e **D:** incorretas, pois todas as ações da companhia têm o mesmo valor nominal, cuja somatória corresponde ao capital social (art. 11, § 2.º, da Lei 6.404/1976) – o preço de emissão, negociado no mercado, é igual ou superior ao valor nominal das ações (art. 13 da Lei 6.404/1976); **E:** incorreta, já que a vedação se refere às ações com valor nominal – art. 13 da Lei 6.404/1976.

Gabarito "A"

(FGV – 2008) A alienação, direta ou indireta, do controle de companhia aberta somente poderá ser contratada sob a condição, suspensiva ou resolutiva, de que o adquirente do controle se obrigue a fazer oferta pública de aquisição das ações:

(A) preferenciais, de modo a assegurar aos acionistas o pagamento de preço mínimo igual a 80% do valor pago por ação integrante do bloco de controle.
(B) ordinárias, de modo a assegurar aos acionistas o pagamento de preço mínimo igual a 80% do valor pago por ação integrante do bloco de controle.
(C) ordinárias e preferenciais sem voto ou com voto restrito, de modo a assegurar aos acionistas o pagamento de preço mínimo igual a 80% do valor pago por ação integrante do bloco de controle.
(D) preferenciais e ordinárias, de modo a assegurar aos acionistas o pagamento de preço mínimo igual a 80% do valor pago por ação integrante do bloco de controle.
(E) com direito a voto, de modo a assegurar aos acionistas o pagamento de preço mínimo igual a 80% do valor pago por ação integrante do bloco de controle.

A alienação do controle depende de compromisso, por parte do adquirente, de aquisição das demais ações com direito a voto por pelo menos 80% do preço pago pelas ações do bloco de controle (*tag along*) – art. 254-A da LSA.

Gabarito "E"

(FGV – 2008) Assinale a assertiva correta.

(A) Considera-se companhia aberta a que emite valores mobiliários negociáveis no mercado, tais como ações, debêntures, partes beneficiárias e bônus de subscrição.

(B) Os acordos de acionistas firmados por acionistas não têm força executiva.

(C) O Conselho de Administração não é órgão obrigatório nas companhias de capital autorizado.

(D) A responsabilidade dos acionistas de sociedade anônima é limitada ao valor nominal das ações subscritas ou adquiridas.

(E) As ações das sociedades anônimas devem ter o mesmo valor nominal.

A: incorreta, pois a classificação das companhias em abertas e fechadas refere-se à admissão dos valores mobiliários emitidos pela sociedade à negociação no mercado de valores mobiliários (bolsas e mercado de balcão) – art. 4.º da LSA e art. 22 da Lei 6.385/1976. Ademais, é vedado às companhias abertas emitir partes beneficiárias – art. 47, parágrafo único, da LSA; **B:** incorreta, nos termos do art. 118, § 3.º, da Lei 6.404/1976; **C:** incorreta, pois o Conselho de Administração é obrigatório para as companhias abertas, as de capital autorizado e as sociedades de economia mista – arts. 138, § 2.º, e 239 da Lei 6.404/1976; **D:** incorreta, pois a responsabilidade dos sócios é limitada ao preço de emissão (não ao valor nominal) das ações subscritas ou adquiridas – art. 1.088 do CC e art. 1.º da LSA; **E:** correta, nos termos do art. 11, § 2.º, da Lei 6.404/1976.

Gabarito "E"

(FGV – 2008) Em relação às sociedades anônimas, assinale a alternativa correta.

(A) A companhia aberta poderá emitir partes beneficiárias para negociação no mercado de valores.

(B) A incorporação de imóveis para a formação do capital social não prescinde de escritura pública.

(C) As sociedades anônimas são regidas pela Lei 6.404/76, aplicando-se-lhes, nos casos omissos, as disposições do Código Civil.

(D) É assegurado ao acionista que discordar de qualquer deliberação de Assembleia Geral o direito de retirada ou recesso.

(E) O processo do voto múltiplo pode ser requerido em eleição dos membros da diretoria.

A: incorreta, pois é vedado às companhias abertas emitir partes beneficiárias – art. 47, parágrafo único, da Lei das Sociedades por Ações – LSA (Lei 6.404/1976); **B:** incorreta, pois não se exige escritura pública, nos termos do art. 89 da LSA; **C:** correta, nos termos do art. 1.089 do CC; **D:** incorreta, pois o direito de retirada é restrito às hipóteses a que se refere o art. 137 da LSA; **E:** incorreta, pois o voto múltiplo refere-se à eleição dos conselheiros, não dos diretores – art. 141 da LSA.

Gabarito "C"

(FGV – 2008) Nos termos da Lei 6.404/76, se um signatário de acordo de acionistas, devidamente arquivado na Companhia, votar contrariamente ao acordo firmado:

(A) ele responderá objetivamente pelos prejuízos decorrentes de seu voto perante os demais signatários.

(B) seu voto não será computado pelo presidente da assembleia ou do órgão colegiado de deliberação.

(C) ele responderá subjetivamente pelos prejuízos decorrentes de seu voto perante a Companhia.

(D) haverá a suspensão da deliberação, com instauração de assembleia especial da qual participarão somente os signatários do acordo para resolver a questão.

(E) haverá a anulação da deliberação no prazo legal por acionistas representando no mínimo 5% do capital votante.

Art. 118, § 8.º, da Lei 6.404/1976 – o conteúdo do dispositivo legal é refletido na assertiva B.

Gabarito "B"

(FGV – 2007) O direito de recesso, na lei societária, é admitido quando:

(A) a cisão implicar mudança de objeto social.

(B) a atividade fim da companhia for mantida.

(C) houver qualquer caso de cisão.

(D) convier aos acionistas.

Como regra, o sócio que dissentiu tem direito de retirar-se da sociedade quando houver modificação do contrato, fusão da sociedade, incorporação de outra, ou dela por outra – art. 1.077 do CC. A Lei das Sociedades por Ações, no entanto, restringe o direito de retirada nas hipóteses de fusões, incorporações (art. 137, II, da LSA) e cisões (art. 137, III, da LSA). Um dos casos de cisão que dá ensejo ao direito de retirada é a mudança do objeto social, salvo quando o patrimônio cindido for vertido para sociedade cuja atividade preponderante coincida com a decorrente do objeto social da sociedade cindida – art. 137, III, *a*, da LSA.

Gabarito "A"

(FGV – 2007) Assinale a alternativa correta.

(A) O aval posterior ao vencimento do título de crédito não produz efeitos.

(B) Em regra, cada ação ordinária corresponde a um voto nas deliberações da assembleia geral, salvo cláusula estatutária expressa que atribua o voto plural.

(C) Nas sociedades de economia mista, o Conselho Fiscal terá funcionamento permanente.

(D) A sentença que decretar a falência de sociedade em nome coletivo não acarreta falência pessoal dos sócios, por não serem considerados empresários.

(E) O *tag along* poderá ser estendido às ações preferenciais com voto restrito.

A: incorreta, pois o aval posterior ao vencimento tem o mesmo efeito do anteriormente dado – art. 900 do CC; **B:** incorreta, já que é vedado atribuir voto plural a qualquer classe de ações – art. 110, § 2.º, da Lei 6.404/1976; **C:** correta, nos termos do art. 240 da LSA; **D:** incorreta, pois é o oposto – a decretação de falência da sociedade em nome coletivo acarreta a falência dos sócios, que têm responsabilidade ilimitada – art. 81 da Lei 11.101/2005 c.c. art. 1.039 do CC; **E:** incorreta. O *tag along* é direito dos sócios minoritários. Refere-se à prerrogativa de os acionistas não integrantes do bloco de controle da companhia aberta, aderirem à venda de ações com direito a voto (não todas as ações, excluindo-se aquelas com voto restrito) para alienação do controle acionário – art. 254-A da Lei 6.404/1976.

Gabarito "C"

(FGV – 2007) Em relação às sociedades anônimas, é correto afirmar-se que:

(A) a estrutura da organização não se altera com a cessão de ações por parte dos sócios

(B) os sócios só têm a obrigação de integralizar as importâncias relativas às ações

(C) delas não podem participar menores

(D) são consideradas pessoais

A: correta. Por se tratar de uma sociedade institucional e "de capital", a companhia não tem sua estrutura societária alterada pela cessão de ações entre diferentes titulares. Importa o valor da ação, não o seu titular; **B:** incorreta, pois a responsabilidade do sócio restringe-se ao preço de emissão das ações que subscrever ou adquirir – art. 1.088 do CC (a mora na integralização é solucionada na forma do art. 107 da Lei 6.404/1976); **C:** incorreta. Por serem sociedades "de capital", as características pessoas dos sócios são irrelevantes. Obviamente, o menor titular das ações não poderá exercer, diretamente, eventual direito a voto, mas nada obsta que seja o proprietário do capital; **D:** incorreta. Como já fartamente afirmado, as sociedades anônimas são sociedades "de capital".

Gabarito "A".

(FGV – 2005) A respeito das debêntures, é correto afirmar que:

(A) conferem ao debenturista, como regra, a condição de sócio da sociedade emissora.
(B) conferem dividendos aos debenturistas.
(C) atribuem ao seu possuidor um direito de crédito contra a sociedade emitente.
(D) não podem ser emitidas com garantia real.
(E) só são passíveis de emissão pelas sociedades por pessoas.

A: incorreta, embora possa haver conversibilidade em ações, a depender das condições constantes da escritura de emissão – art. 57 da LSA; **B:** incorreta, embora a debênture possa prever pagamento de juros, fixos ou variáveis, participação no lucro da companhia e prêmio de reembolso – art. 56 da Lei 6.404/1976; **C:** correta, pois descreve a característica básica da debênture – art. 52 da Lei 6.404/1976; **D:** incorreta, pois pode haver garantia real ou flutuante, ou a debênture pode ser quirografária ou subordinada (subquirografária) – art. 58 da Lei 6.404/1976; **E:** incorreta, pois a sociedade anônima (emitente da debênture) é classificada como sociedade de capital (não como sociedade de pessoas), em que as características pessoais dos sócios não são relevantes.

Gabarito "C".

(FGV – 2005) Assinale a alternativa correta quanto à competência privativa da assembleia geral em uma sociedade anônima.

(A) Autorizar a emissão de debêntures.
(B) Fixar as atribuições dos diretores da companhia.
(C) Escolher e destituir os auditores independentes.
(D) Analisar, ao menos trimestralmente, o balancete.
(E) Fixar a orientação geral dos negócios da companhia.

Somente a alternativa A indica competência privativa da Assembleia Geral, listada no inc. IV do art. 122 da LSA. Interessante notar que a Assembleia Geral tem poderes para decidir todos os negócios relativos ao objeto da companhia e tomar as resoluções que julgar convenientes à sua defesa e desenvolvimento, conforme o art. 121 da LSA embora a privatividade refira-se às matérias do art. 122.

Gabarito "A".

2.6. SOCIEDADE COOPERATIVA

(OAB/Exame Unificado – 2013.2) Cinco pessoas naturais residentes no município X decidiram constituir uma sociedade cooperativa e procuraram uma advogada para a elaboração do estatuto social. Com base nas disposições para esta espécie societária previstas no Código Civil, é correto afirmar que:

(A) o estatuto deverá conter cláusula indicativa do valor do capital social, que será fixo durante toda a existência da sociedade.
(B) aplicam-se às cooperativas as disposições do Código Civil referentes às sociedades anônimas, na omissão da legislação especial.
(C) os sócios responderão sempre de forma solidária, ilimitada e subsidiária pelas obrigações sociais, por ser a cooperativa uma sociedade de pessoas.
(D) se a cooperativa possuir capital social, as quotas serão intransferíveis a terceiros estranhos à sociedade, ainda que por direito hereditário.

A: incorreta. Nos termos do art. 1.094, I, do CC, é característica da sociedade cooperativa a variabilidade ou mesmo a dispensa do capital social, ou seja, não se trata de uma cláusula obrigatória do estatuto; **B:** incorreta. As cooperativas são regidas supletivamente pelas normas da sociedade simples (art. 1.096 do CC). E não poderia ser diferente, considerando que a cooperativa, independentemente de seu objeto, é sociedade simples por força de lei (art. 982, parágrafo único, do CC); **C:** incorreta. Cabe ao estatuto social estabelecer a responsabilidade dos sócios, se limitada ou ilimitada (art. 1.095 do CC); **D:** correta, nos termos do art. 1.094, IV, do CC. A cooperativa é sociedade "de pessoas" à qual não se aplica a possibilidade de autorização dos demais para a transferência do capital.

Gabarito "D".

(OAB/Exame Unificado – 2008.3) São consideradas mutualísticas:

(A) as companhias.
(B) as sociedades limitadas.
(C) as sociedades de economia mista.
(D) as sociedades cooperativas.

É considerada mutualística a sociedade nas quais o associado provê os recursos necessários para serem aplicados no objeto social da entidade, em benefício do próprio grupo ao qual pertence. No direito brasileiro, a única figura societária que se amolda ao conceito de mutualismo (em outras palavras, a ajuda mútua) é a sociedade cooperativa.

Gabarito "D".

(OAB/Exame Unificado – 2007.3) Acerca das sociedades cooperativas, assinale a opção correta.

(A) É ilícita a transferência das quotas do capital social das sociedades cooperativas a não cooperado, ainda que seja por herança.
(B) Nas sociedades cooperativas em que o cooperado possua mais de 50% do capital social, é a ele conferido o direito de mais de um voto nas deliberações da sociedade.
(C) As cooperativas constituem sociedades de pessoas que se obrigam reciprocamente para o exercício de uma atividade econômica, sempre com o objetivo de lucro.
(D) A lei determina que as sociedades cooperativas singulares sejam constituídas com o número mínimo de três pessoas físicas.

A: correta, nos exatos termos do art. 1.094, IV, do CC; **B:** incorreta. Nas cooperativas, todo associado tem direito a apenas um voto nas deliberações, independentemente de sua participação no capital social (art. 1.094, VI, do CC); **C:** incorreta, pois as cooperativas não podem ter fins lucrativos (art. 3.º da Lei 5.764/1971); **D:** incorreta. Nem a Lei 5.764/1971 nem o CC estabelecem número mínimo de associados (art. 1.094, II, do CC).

Gabarito "A".

(OAB/Exame Unificado – 2007.2) À luz do atual Código Civil, assinale a opção correta acerca das características das sociedades cooperativas.

(A) A dispensa ou a variabilidade do capital social é admitida.

(B) O valor da soma de quotas de cada sócio é ilimitado.

(C) As quotas do capital são amplamente transferíveis a terceiros estranhos à sociedade.

(D) Os sócios têm direito de voto na proporção de sua participação no capital da cooperativa.

A: correta, conforme dispõe o art. 1.094, I, do CC; **B:** incorreta, pois o valor da soma de quotas que cada sócio pode deter é limitado pelo estatuto da cooperativa (art. 1.094, III, do CC); **C:** incorreta. É vedada a cessão de quotas a terceiros estranhos à sociedade (art. 1.094, IV, do CC); **D:** incorreta. Nas cooperativas, todo associado tem direito a apenas um voto nas deliberações, independentemente de sua participação no capital social (art. 1.094, VI, do CC).

Gabarito "A"

2.7. QUESTÕES COMBINADAS DE SOCIEDADE E OUTROS TEMAS

(OAB/Exame Unificado – 2011.3.B) A respeito da definição de responsabilidade dos sócios nos diferentes tipos societários, é correto afirmar que:

(A) nas sociedades anônimas, os sócios podem ser responsabilizados no limite do capital social, não estando sua responsabilidade limitada ao preço de emissão das ações que subscreveram ou adquiriram.

(B) nas sociedades em comandita simples, os sócios comanditários são responsáveis solidária e ilimitadamente pelas obrigações sociais.

(C) nas sociedades limitadas, a responsabilidade de cada quotista é limitada ao valor de suas quotas, mas todos respondem solidariamente pela integralização do capital social.

(D) nas sociedades em comum, os sócios respondem ilimitadamente pelas obrigações da sociedade, mas não haverá solidariedade entre eles.

A: incorreta. Nas sociedades anônimas, a responsabilidade do sócio é limitada justamente ao preço de emissão das ações que subscreveu ou adquiriu (art. 1.º da Lei 6.404/1976); **B:** incorreta. São os sócios comanditados que detêm responsabilidade ilimitada pelas obrigações sociais (art. 1.045 do CC); **C:** correta, nos termos do art. 1.052 do CC; **D:** incorreta. Na sociedade em comum, os sócios são devedores solidários entre si pelas dívidas sociais, sendo ainda excluído do benefício de ordem aquele que contratou pela sociedade (art. 990 do CC).

Gabarito "C"

(OAB/Exame Unificado – 2009.1) Considerando os vários tipos de sociedades descritos no Código Civil e com base na teoria geral do direito empresarial, assinale a opção correta.

(A) A sociedade simples não possui personalidade jurídica, sendo desnecessária a inscrição de seu contrato social no Registro Civil das Pessoas Jurídicas do local de sua sede.

(B) Na sociedade em comum, todos os sócios respondem limitadamente pelas obrigações da sociedade; assim, todos os sócios podem valer-se do benefício de ordem a que os sócios da sociedade simples fazem jus.

(C) As cooperativas, independentemente do objeto social, são sempre sociedades simples.

(D) A sociedade anônima pode adotar a forma simples, desde que o seu objeto social compreenda atividades tipicamente civis.

A: incorreta. As sociedades simples possuem personalidade jurídica, adquirida com a inscrição de seu contrato social no Cartório Registro Civil de Pessoas Jurídicas (art. 998 do CC). O que lhe falta é natureza empresária; **B:** incorreta. A responsabilidade dos sócios da sociedade em comum é ilimitada, ou seja, responderão com seu patrimônio pessoal até a quitação plena das dívidas sociais. Ademais, o sócio que contratou pela sociedade (quem firmou o negócio em seu nome) não tem direito ao benefício de ordem (art. 990 do CC); **C:** correta, conforme art. 982, parágrafo único, do CC; **D:** incorreta. As sociedades anônimas são sempre empresárias, independentemente de seu objeto social (art. 982, parágrafo único, do CC).

Gabarito "C"

(OAB/Exame Unificado – 2008.1) O *commercial paper*, amplamente utilizado no mercado de valores mobiliários, instrumentaliza-se, no Brasil, por meio de:

(A) nota promissória.

(B) cédula de crédito.

(C) bônus de subscrição.

(D) letra de câmbio.

De fato, as empresas estão buscando as operações de curto prazo, também conhecidas por *commercial papers*, como uma ferramenta de captação mais atraente, instrumentalizadas por meio de notas promissórias.

Gabarito "A"

(OAB/Exame Unificado – 2006.1) Assinale a opção correta, com relação ao direito societário moderno.

(A) Na sociedade em comum, a responsabilidade de cada sócio é restrita ao valor de suas quotas.

(B) Constitui hipótese de dissolução e liquidação da sociedade empresária a unipessoalidade, caso a pluralidade de sócios não tenha sido recomposta no prazo de 180 dias.

(C) O *quorum* de deliberação para nomeação de administrador não sócio, em sociedade limitada cujo capital social ainda não esteja integralizado, será de dois terços do respectivo capital social.

(D) A formação do capital social da sociedade anônima deve se dar necessariamente com contribuição pecuniária.

A: incorreta, pois a responsabilidade dos sócios na sociedade em comum é solidária e ilimitada, ou seja, responderão com seu patrimônio pessoal até a quitação plena das obrigações sociais (art. 990 do CC); **B:** correta, nos termos do art. 1.033, IV, do CC. A unipessoalidade temporária durará no máximo 180 dias, sob pena de extinção da empresa; **C:** incorreta. O *quorum* exigido por lei para a designação de administrador não sócio sem que o capital esteja totalmente integralizado é de maioria absoluta (art. 1.076, II, do CC); **D:** incorreta. É autorizada também a integralização do capital social através da transmissão de bens (art. 7.º da Lei 6.404/1976).

Gabarito "B"

(FGV – 2011) No que tange aos tipos societários presentes no Direito brasileiro, assinale a alternativa correta.

(A) Em uma sociedade em comandita simples, o sócio comanditário não é obrigado à reposição de lucros recebidos de boa-fé e de acordo com o balanço.

(B) A sociedade em conta de participação adquire personalidade jurídica a partir do registro do seu ato constitutivo perante o órgão competente.

(C) Em uma sociedade em nome coletivo, a administração pode ser exercida por sócio ou por terceiro não sócio, desde que, nesse último caso, haja previsão expressa no contrato social.

(D) Uma sociedade anônima pode ser dissolvida por decisão judicial quando provado que não pode preencher o seu fim, em ação proposta por acionistas que representem, no mínimo, 25% (vinte e cinco por cento) do capital social.

(E) Uma sociedade limitada pode optar por adotar como nome empresarial a denominação ou a firma social. Em fazendo uso da denominação, o nome deve ser composto do objeto da sociedade, não sendo permitido nela figurar o nome de um ou mais sócios.

A: correta, nos termos do art. 1.049 do CC. Como o sócio comanditário não pratica atos de gestão, estando de boa-fé e amparado pela documentação contábil, não se pode dele exigir restituição dos lucros que recebeu nessas condições; **B:** incorreta, pois a sociedade em conta de participação tem natureza secreta, não registrando seus atos constitutivos exatamente para evitar dar-lhes publicidade. Por conta disso, é espécie de sociedade não personificada, nos termos do CC, ou seja, não adquire, em hipótese alguma, personalidade jurídica; **C:** incorreta, pois nas sociedades em nome coletivo, apenas sócios podem exercer a administração da sociedade (art. 1.042 do CC); **D:** incorreta, pois a hipótese de dissolução judicial narrada é totalmente viável, porém bastam acionistas que representem, no mínimo, 5% (cinco por cento) do capital social (art. 206, II, *b*, da Lei 6.404/1976); **E:** incorreta, pois é totalmente lícito que a denominação social de uma sociedade limitada tenha como núcleo o nome civil de um ou mais sócios pessoas físicas (art. 1.158, § 1.º, do CC).

Gabarito "A"

(FGV – 2010) A respeito do direito dos sócios ao dividendo, é correto afirmar que:

(A) é licito o contrato social excluir um ou alguns sócios da participação dos dividendos.

(B) nas sociedades por ações, é vedada a previsão estatutária que estabelece percentuais diferentes na participação dos dividendos para os acionistas.

(C) é licita a distribuição de dividendos aos sócios em exercício no qual a sociedade tenha apresentado resultados negativos, isto é, ausência de lucros.

(D) nas sociedades por ações, é obrigatória a distribuição de dividendos de, no mínimo, 25% do lucro líquido, calculados nos termos da lei acionária, podendo, no entanto, o estatuto social dispor outro percentual.

(E) tanto nas sociedades limitadas quanto nas sociedades por ações, o dividendo legal mínimo obrigatório é de 25% do lucro líquido, não podendo o contrato ou o estatuto social, respectivamente, dispor em contrário.

A: incorreta, sendo tal cláusula expressamente vedada pelo art. 1.008 do CC; **B:** incorreta, pois tal característica pode ser atribuída como benefício de ações preferenciais; **C:** incorreta, diante do que dispõe o art. 201 da Lei 6.404/1976; **D:** correta, nos exatos termos do art. 202, § 2.º, da Lei 6.404/1976; **E:** incorreta, pois dispõe o inverso da alternativa anterior.

Gabarito "D"

(FGV – 2010) A respeito da administração das sociedades limitadas e das sociedades por ações, é correto afirmar que:

(A) nas sociedades por ações é obrigatória a existência de Conselho de Administração.

(B) nas sociedades limitadas os administradores devem ser necessariamente sócios.

(C) nas sociedades limitadas os administradores não sócios deverão ser eleitos pela unanimidade dos sócios, se o capital social não estiver integralizado; e por dois terços, no mínimo, se ele estiver integralizado

(D) nas sociedades por ações sempre os membros da Diretoria são eleitos pela Assembleia Geral de Acionistas, mesmo se existir Conselho de Administração.

(E) nas sociedades limitadas a administração deve ser exercida pelo sócio majoritário.

Conselho de Administração é órgão obrigatório apenas nas companhias abertas, sendo facultativo nas fechadas, com competência para fiscalizar o trabalho e eleger os diretores (art. 142 da Lei 6.404/1976), o que faz incorretas as alternativas "A" e "D". Quanto à administração das sociedades limitadas, nada impede que tal atribuição seja designada a terceiro ou a qualquer sócio, conjuntamente com outros ou não, independentemente do valor na participação do capital social (art. 1.060 do CC). Portanto, correta a alternativa "C", nos exatos termos do art. 1.061 do CC.

Gabarito "C"

(FGV – 2009) Assinale a alternativa correta.

(A) *Bom de Roda Ltda.* tem como objeto social a prestação de serviços automotivos e comercialização de pneus. O registro do seu ato constitutivo e dos demais atos societários deve ser realizado no Registro Civil de Pessoa Jurídica.

(B) *Pereira Advogados* é uma sociedade de advogados que presta serviços jurídicos na área de direito de mercado de capitais. O registro do seu ato constitutivo e dos demais atos societários deve ser realizado no Registro Público de Empresas Mercantis.

(C) O objeto social de *Escola ABC S.A.* é o ensino elementar e a prestação de serviços educacionais. O registro do seu ato constitutivo e dos demais atos societários deve ser realizado no Registro Público de Empresas Mercantis a cargo das Juntas Comerciais.

(D) Jorge Silveira exerce atividade de comercialização de joias e materiais ornamentais. Para ser empresário individual deve inscrever-se no Registro Civil de Pessoas Físicas.

(E) *Cooperativa de Leite Vaquinha Ltda.*, com sede na cidade do Niterói, deve ter os seu ato constitutivo e os demais atos societários registrados no Registro Público de Empresas Mercantis da cidade do Rio de Janeiro.

A: incorreta, pois as sociedades empresárias devem ter seus atos constitutivos inscritos no Registro Público de Empresas Mercantis a cargo das Juntas Comerciais – art. 1.150 do CC. Bom de Roda Ltda. é sociedade empresária, por conta da atividade desenvolvida (atividade econômica organizada para a produção ou a circulação de bens ou de serviços) – art. 982 c.c. art. 966 do CC; **B:** incorreta, pois as sociedades simples, sem natureza empresária, devem ter seus atos constitutivos registrados no Registro Civil das Pessoas Jurídicas – art. 1.150 do CC. Pereira Advogados não é sociedade empresária, pois seus sócios exercem profissão intelectual (advocacia – são profissionais liberais), nos termos do art. 966, parágrafo único, do CC; **C:** correta, pois toda sociedade anônima é considerada sociedade empresária, independentemente de seu objeto – art. 982, parágrafo único, do CC – e, como tal, deve ter seus atos societários registrados no Registro Público de Empresas Mercantis a cargo das Juntas Comerciais – art. 1.150 do CC; **D:** incorreta, pois o empresário individual também deve se registrar no Registro Público de Empresas Mercantis a cargo das Juntas Comerciais – arts. 967 e 1.150 do CC; **E:** incorreta, pois os atos constitutivos devem ser registrados no Registro Público do local da sede da sociedade – art. 998 do CC.

Gabarito "C"

(FGV – 2008) Em relação às microempresas e empresas de pequeno porte, assinale a afirmativa correta.

(A) Para os efeitos da Lei Complementar 123/06, consideram-se microempresas e empresas de pequeno porte somente as sociedades empresárias e o empresário definido no art. 966 do Código Civil.

(B) As sociedades de cujo capital participe outra pessoa jurídica se incluem no regime diferenciado das microempresas e empresas de pequeno porte.

(C) As sociedades por ações não se incluem no regime diferenciado das microempresas e empresas de pequeno porte.

(D) As microempresas e empresas de pequeno porte estão excluídas da falência.

(E) O documento de propriedade ou contrato de locação do imóvel onde será instalada a sede, filial ou outro estabelecimento da microempresa e empresa de pequeno porte pode ser exigido pelos órgãos e entidades envolvidos.

A: incorreta, pois a sociedade simples também pode ser qualificada como microempresa ou empresa de pequeno porte. Isso porque o critério básico para a qualificação é a receita bruta auferida, conforme o art. 3.º da LC 123/2006; **B:** incorreta, pois isso é vedado – art. 3.º, § 4.º, I, da LC 123/2006; **C:** correta, pois há essa vedação – art. 3.º, § 4.º, X, da LC 123/2006; **D:** incorreta, nos termos do art. 1.º da Lei de Falência e Recuperação de Empresas – LF (Lei 11.101/2005); **E:** incorreta, pois esses documentos não podem ser exigidos pelos órgãos e entidades envolvidos na abertura e no fechamento de empresas, salvo para comprovação do endereço indicado – art. 10, II, da LC 123/2006.

Gabarito "C"

(FGV – 2005) Assinale a alternativa verdadeira.

(A) Segundo o Código Civil, a regra é que é possível o aumento do capital social em uma sociedade limitada, ainda que não totalmente integralizado.

(B) Estão previstas no Código Civil a sociedade em comandita por ações, a sociedade em comandita simples e a sociedade em nome coletivo.

(C) Em uma sociedade limitada, o capital social deverá, obrigatoriamente, se dividir em quotas iguais.

(D) O Código Civil aboliu, de forma expressa, o exercício do direito de preferência dos cotistas em participar do aumento de capital de uma sociedade limitada.

(E) O Código Civil admite, amplamente e sem qualquer ressalva, a sociedade entre cônjuges.

A: incorreta, pois, ressalvado o disposto em lei especial, somente após integralizadas as quotas pode haver aumento de capital – art. 1.081 do CC; **B:** correta, conforme os arts. 1.039, 1.045 e 1.090 do CC; **C:** incorreta, pois as quotas da limitada podem ser desiguais – art. 1.055 do CC; **D:** incorreta, pois o direito de preferência é previsto expressamente pelo art. 1.081, § 1.º, do CC; **E:** incorreta, pois não se admite a sociedade entre cônjuges casados no regime de comunhão universal ou no de separação obrigatória de bens – art. 977 do CC.

Gabarito "B"

(FGV – 2005) Assinale a alternativa correta segundo o Código Civil.

(A) A assembleia dos sócios deve realizar-se ao menos uma vez por ano, nos 4 (quatro) meses seguintes ao término do exercício social.

(B) Quando houver incorporação da sociedade limitada por outra, terá o sócio que dissentiu o direito de retirar-se da sociedade nos 10 (dez) dias subsequentes à reunião.

(C) Na sociedade limitada, a assembleia dos sócios instala-se com a presença, em primeira convocação, de titulares de no mínimo metade do capital social.

(D) Na sociedade cooperativa, a responsabilidade dos sócios somente pode ser limitada.

(E) Diz-se coligada a sociedade de cujo capital outra sociedade participa com até 5% (cinco por cento) do capital, sem controlá-la.

A: correta, conforme o art. 1.078 do CC; **B:** incorreta, pois o prazo para exercício do direito de retirada é de 30 (trinta) dias (não 10 (dez), como consta da assertiva) – art. 1.077 do CC; **C:** incorreta, pois a instalação da assembleia, em primeira convocação, depende da presença de titulares de no mínimo três quartos do capital social (não metade, como consta da assertiva) e, em segunda convocação, com qualquer número – art. 1.074 do CC; **D:** incorreta, pois a responsabilidade dos sócios na cooperativa pode ser limitada ou ilimitada – art. 1.095 do CC; **E:** incorreta, pois coligada ou filiada é a sociedade de cujo capital outra sociedade participa com 10% (dez por cento) ou mais (não até 5% (cinco por cento), como consta da assertiva), do capital da outra, sem controlá-la – art. 1.099 do CC.

Gabarito "A"

3. TÍTULOS DE CRÉDITO

3.1. TEORIA GERAL

(OAB/Exame Unificado – 2015.1) Uma letra de câmbio no valor de R$ 13.000,00 (treze mil reais) foi endossada por Pilar com cláusula de mandato para o Banco Poxim S/A. Não tendo havido pagamento no vencimento, a cambial foi apresentada a protesto pelo endossatário-mandatário, tendo sido lavrado e registrado o protesto pelo tabelião. Dez dias após o protesto, Rui Palmeira, aceitante da letra de câmbio, compareceu ao tabelionato e apresentou declaração de anuência firmada apenas pelo endossante da letra de câmbio, com identificação do título e firma reconhecida. Não houve apresentação do título no original ou em sua cópia. À luz das disposições da Lei n2 9.492/97 sobre o cancelamento do protesto, é correto afirmar que o tabelião

(A) não poderá realizar o cancelamento do protesto por faltar no documento apresentado a anuência do endossatário-mandatário.

(B) não poderá realizar o cancelamento do protesto, porque esse ato é privativo do juiz, diferentemente da sustação do protesto.

(C) poderá realizar o cancelamento do protesto, porque é suficiente a declaração de anuência firmada pelo endossante-mandante.

(D) poderá realizar o cancelamento do protesto, porque o pedido foi feito no prazo legal (30 dias) e pelo aceitante, obrigado principal.

Endosso-mandato é espécie de endosso impróprio, porque não transfere a propriedade do crédito. O mandatário recebe apenas poderes para cobrar a dívida em nome do mandante. Por tal razão, o art. 26, § 2º, da Lei nº 9.492/97 estabelece que, para cancelamento de protesto de título que sido apresentado com cláusula de endosso-mandato, é suficiente a anuência do endossante – afinal, é ele o titular do crédito.

Gabarito "C"

(OAB/Exame Unificado – 2014.3) Sobre a distinção entre endosso e cessão de crédito, assinale a afirmativa correta.

(A) A cessão de crédito é a forma de transmissão dos títulos à ordem, enquanto o endosso é a forma de transmissão dos títulos não à ordem.

(B) A cessão de crédito ao cessionário pode ser parcial ou total, enquanto o endosso deve ser feito pelo valor integral do título, sob pena de nulidade.

(C) A eficácia do endosso em relação aos devedores do título depende de sua notificação; na cessão de crédito, a eficácia decorre da simples assinatura do cedente no anverso do título.

(D) O direito de crédito do endossatário é dependente das relações do devedor com portadores anteriores; o direito do cessionário é literal e autônomo em relação aos portadores anteriores.

A: incorreta. Os conceitos estão invertidos (art. 910 e seguintes do Código Civil); **B:** correta, nos termos dos arts. 286 e seguintes e 912, parágrafo único, do Código Civil; **C:** incorreta. Novamente os conceitos estão invertidos (art. 290 do Código Civil); **D:** incorreta. O princípio da autonomia das relações cambiais aplica-se ao endosso e não à cessão de crédito, razão pela qual, uma vez mais, os conceitos estão invertidos (arts. 294 e 915 do Código Civil).

Gabarito "B"

(OAB/Exame Unificado – 2012.1) Com relação ao instituto do aval, é correto afirmar que:

(A) é necessário o protesto para a cobrança dos avalistas do emitente e dos endossantes de notas promissórias.

(B) o avalista, quando executado, pode exigir que o credor execute primeiro o avalizado.

(C) o aval pode ser lançado em documento separado do título de crédito.

(D) a obrigação do avalista se mantém, mesmo no caso de a obrigação que ele garantiu ser nula, exceto se essa nulidade for decorrente de vício de forma.

A: incorreta. O emitente da nota promissória é seu devedor principal, condição que se estende ao seu avalista. Portanto, contra ele o protesto é dispensável para a cobrança do título; **B:** incorreta. Não há benefício de ordem no aval; **C:** incorreta. Por força do princípio da literalidade, o aval, para ser assim considerado, deve ser lançado diretamente sobre o título; **D:** correta, nos termos do art. 899, § 2.º, do CC, em consagração ao princípio da autonomia das relações cambiais.

Gabarito "D"

(OAB/Exame Unificado – 2011.3.A) Com relação ao instituto do aceite de títulos de crédito, assinale a alternativa correta.

(A) A duplicata pode não ser aceita, sem qualquer fundamentação pelo sacado; neste caso, ele não será responsável pelo pagamento do título.

(B) Para a cobrança de uma duplicata não aceita, é necessária apenas a realização de seu protesto.

(C) O aceite de cheque é condição essencial para que o beneficiário possa executar o sacado.

(D) O aceite de uma letra de câmbio torna o sacado devedor direto do título.

A: incorreta. A duplicata é título de aceite obrigatório e este somente pode ser validamente recusado se ocorrente uma das justificativas do art. 8.º da Lei 5.474/1968; **B:** incorreta. A duplicata não aceita precisa estar acompanhada, além do protesto, de prova da entrega da mercadoria e não pode ter ocorrido qualquer das justificativas para recusa do art. 8.º (art. 15, II, da Lei 5.474/1968); **C:** incorreta. O banco sacado não participa da relação cambial do cheque, o qual, portanto, não se submete a aceite (art. 6.º da Lei 7.357/1985); **D:** correta, conforme art. 28 da Lei Uniforme de Genebra.

Gabarito "D"

(OAB/Exame Unificado – 2008.3) Assinale a opção em que é apresentada declaração cambial que transmite, de modo imediato, a propriedade do título de crédito.

(A) endosso-mandato.

(B) endosso-penhor.

(C) endosso puro e simples.

(D) mera assinatura do beneficiário ou tomador no anverso do título.

O endosso é o ato cambial destinado à transmissão do crédito nele representado para o endossatário. Para tanto, todavia, deve ser puro e simples. Endosso-mandato e endosso-penhor são espécies do gênero endosso impróprio, o qual não tem o condão de transmitir a propriedade do título de crédito. No primeiro, o título é entregue ao endossatário apenas para que este cobre o valor do crédito em nome do endossante. No segundo, o título é entregue como garantia de uma dívida. Adimplida esta, ela volta às mãos do endossante. Por fim, o endosso pode ser passado pela simples assinatura do tomador no verso do título, não no anverso.

Gabarito "C"

(OAB/Exame Unificado – 2008.2) Os títulos de crédito são tradicionalmente concebidos como documentos que apresentam requisitos formais de existência e validade, de acordo com o regulado para cada espécie. Quanto aos seus requisitos essenciais, a nota promissória:

(A) poderá ser firmada por assinatura a rogo, se o sacador não puder ou não souber assiná-la.

(B) conterá mandado puro e simples de pagar quantia determinada.

(C) poderá não indicar o nome do sacado, permitindo-se, nesse caso, saque ao portador.

(D) precisa ser denominada, com sua espécie identificada no texto do título.

A: incorreta, pois a assinatura do endossante é requisito essencial para validade da nota promissória; **B:** incorreta. A nota promissória estrutura-se como promessa de pagamento, não ordem; **C:** incorreta. A nota promissória será sempre nominal, indicando-se o nome do beneficiário, não sendo possível o saque ao portador; **D:** correta. Deve sempre constar a expressão "nota promissória" no texto do título e na mesma língua deste.

Gabarito "D"

(OAB/Exame Unificado – 2008.1) De acordo com a legislação em vigor relativa a títulos de crédito, não é passível de aceite a:

(A) duplicata.

(B) duplicata rural.

(C) letra de câmbio.

(D) nota promissória.

De fato, a nota promissória não é compatível com o aceite, pois é uma promessa de pagamento. Isso significa que o próprio emitente do título é o devedor principal, prescindindo-se sua vinculação ao pagamento pelo aceite.

Gabarito "D"

(OAB/Exame Unificado – 2007.3) Assinale a opção correta, acerca da disciplina normativa dos títulos de crédito.

(A) Os títulos de crédito causais são aqueles dissociados da relação jurídica que lhes deu origem, tais como a nota promissória.

(B) Consideram-se sucessivos os avais superpostos e prestados sem a indicação da pessoa avalizada.

(C) A duplicata mercantil é uma ordem de pagamento à vista ou a prazo, sacada por um credor contra o seu devedor, em favor de alguém.

(D) À exceção do regime de casamento da separação absoluta de bens, os cônjuges não podem, sem autorização do outro, prestar fiança ou aval.

A: incorreta. O conceito de título causal está correto, porém a nota promissória não é exemplo de título causal, como é a duplicata; **B:** incorreta. Avais em branco superpostos (um sobre o outro no título) consideram-se simultâneos (dados ao mesmo avalizado) e não sucessivos (o avalista que assinou embaixo seria avalista do primeiro que assinou), conforme Súmula 189 do STF; **C:** incorreta, pois a alternativa descreve uma letra de câmbio. A duplicata é sacada pelo credor em seu próprio favor e não de terceiro (o sacador e o tomador do título são a mesma pessoa, o credor da dívida); **D:** correta, nos exatos termos do art. 1.647, III, do CC.

Gabarito "D"

(OAB/Exame Unificado – 2006.2) De vez em quando, um amigo que mal me cumprimenta, ou um colega de trabalho que nunca me ajudou, me pede que seja seu avalista. Provavelmente, ele raciocina que perguntar não ofende, só depende da cara de pau de cada um. Por que os bancos insistem em obter um aval de um amigo do cliente? No fundo, o que os bancos querem é reduzir o risco da operação de crédito, arrolando também os bens pessoais do avalista como garantia. Mas que interesse tem o avalista em colocar seus bens em risco sem nada receber em troca? O avalista entra gratuitamente nesse contrato, como um voluntário, um altruísta, sem receber uma remuneração pelo serviço que presta ao banco. O avalista só entra com obrigações e não tem nenhum benefício, só chateação. O banco ficará obviamente feliz com o empréstimo que você viabilizou. Uma técnica que eu uso nessas ocasiões, e que aprendi com um verdadeiro amigo, é ficar indignado com os juros exorbitantes cobrados pelo banco e oferecer o mesmo empréstimo, sem cobrar juros. Seu amigo ou parente vai pular de alegria, e você coloca uma única e singela imposição: que o gerente ou o presidente do banco avalize a operação. Não é um pedido exorbitante, e nenhum gerente de banco poderá recusar, porque é exatamente o mesmo pedido que eles estão fazendo. Seria hipocrisia recusar (...). Stephen Kanitiz. Procuro um avalista. Veja, 12/5/2004, p. 23 (com adaptações).

Considerando o texto acima como referência inicial, assinale a opção correta relativamente ao aval no âmbito do Código Civil vigente.

(A) O avalista não pode, assim como sucede com o fiador de contrato de locação imobiliária urbana, invocar a proteção ao seu bem de família.

(B) Da mesma forma que o penhor, o aval constitui uma garantia real, instituída, entretanto, em título de crédito.

(C) Semelhantemente ao que ocorre na fiança, nenhum dos cônjuges, sem autorização do outro, pode prestar aval, exceto no regime da separação absoluta.

(D) O aval, no Código Civil, garante, em regra, o benefício de ordem ao avalista.

A: incorreta. Apesar de não ser pacífico, é majoritário o posicionamento de que, como a Lei 8.009/1990 não elencou o avalista como exceção à impenhorabilidade do bem de família, o direito deste permanece íntegro, em aplicação ao princípio geral de direito de que as normas limitativas de direito não admitem interpretação extensiva; **B:** incorreta. Aval é relação jurídica cambial, não integrando o rol de direitos reais (que são, é bom lembrar, *numerus clausus*); **C:** correta, conforme dispõe o art. 1.647, III, do CC; **D:** incorreta. Diferentemente do fiador, que detém o benefício de ordem, tal garantia não é conferida ao avalista, tratado pela lei como devedor solidário do avalizado.

Gabarito "C"

(FGV – 2011) Anamélia emitiu uma nota promissória em favor de Coralina no valor de R$ 6.900,00 (seis mil e novecentos reais). O vencimento da cambial se deu em 19 de setembro de 2010. Na véspera do vencimento, no entanto, a portadora endossou o referido título a Lucélio, menor impúbere, que, por sua vez, na mesma data, endossou parcialmente a nota para Ferdinando, no valor de R$ 3.700,00 (três mil e setecentos reais). Amâncio figurou na relação como avalista de Lucélio. Diante da situação apresentada sobre a nota promissória, assinale a afirmativa correta.

(A) O endosso realizado por Lucélio é considerado parcial. Segundo a LUG (Decreto 57.663/66), tal endosso é proibido, gerando a invalidade do título.

(B) A nota promissória, assim como a letra de câmbio, são títulos de crédito que podem circular ao portador.

(C) Por ser menor impúbere e não possuir o pleno gozo da capacidade civil, o endosso feito por Lucélio descaracterizou a cambial como título de crédito.

(D) O avalista é responsável da mesma maneira que a pessoa por ele afiançada. Dessa forma, como Amâncio figurou como avalista de Lucélio, avalizando uma obrigação nula, não poderá ser executado cambiariamente pelo credor, respondendo apenas em uma eventual ação de cobrança ajuizada no âmbito civil.

(E) Caso Anamélia se recuse a pagar a quantia representada no título na data do seu vencimento, o portador poderá promover ação de execução em face da emitente, desde que tenha realizado o protesto em tempo hábil e respeite a prescrição de três anos a partir do vencimento do título.

A: incorreta. O endosso parcial é realmente proibido, porém sua ocorrência não gera a invalidade do título. Por força do princípio da autonomia das relações cambiais, nulo será apenas o endosso; **B:** correta, havendo obrigação de identificar o tomador apenas no momento da apresentação para pagamento; **C:** incorreta, invocando-se, novamente, o princípio da autonomia das relações cambiais – nulo é o endosso praticado por menor impúbere, mantendo-se íntegras as demais obrigações representadas pelo título; **D:** incorreta. O avalista é devedor igual ao avalizado, porém se vincula a obrigação cambial distinta deste. Uma vez mais, aplicamos o princípio da autonomia das relações cambias, sendo o aval obrigação diversa da do endossante; **E:** incorreta apenas quanto ao prazo de prescrição. O direito de executar coobrigados prescreve em um ano, contado do protesto do título.

Gabarito "B"

(FGV – 2010) A respeito do *instituto do aval*, é correto afirmar que:

(A) é o instituto jurídico que possibilita a garantia pessoal nos contratos empresariais.

(B) o avalista que paga o valor determinado no título tem direito de regresso contra o devedor principal.

(C) o avalista pode garantir apenas parte da obrigação estabelecida no título de crédito.

(D) a responsabilidade do avalista é subsidiária em relação ao devedor principal.

(E) é dado em instrumento contratual apartado do título de crédito a que se refere.

Aval pode ser conceituado como o ato cambiário através do qual uma pessoa torna-se garantidora de outra na obrigação de pagamento, exarado no próprio título por força do princípio da literalidade, criando entre ele e o avalizado uma obrigação solidária pelo adimplemento. Insta frisar que esta questão apresenta duas alternativas corretas: "B" e "C". Verdadeira a afirmação que o avalista que paga o título tem direito de regresso contra o avalizado (art. 32 da Lei Uniforme de Genebra), como também correta a assertiva que autoriza o aval apenas parcial (art. 30 da Lei Uniforme de Genebra). A alternativa "C" foi considerada incorreta pelo gabarito oficial por força do art. 897, parágrafo único, do CC, o qual proíbe o aval parcial. Contudo, aparentemente esqueceu-se o examinador das disposições da Lei Uniforme de Genebra. Se buscava a resposta com base nas previsões exclusivamente do CC deveria ter consignado tal condição no enunciado.

Gabarito "B".

(FGV – 2010) Com relação aos atos cambiais, analise as afirmativas a seguir.

I. O aval garante o pagamento do título de crédito e não pode ser parcial.

II. O endosso possibilita o protesto do título de crédito.

III. O aceite é ato a ser praticado pelo sacado.

Assinale:

(A) se somente as afirmativas I e II estiverem corretas.
(B) se somente as afirmativas I e III estiverem corretas.
(C) se somente as afirmativas II e III estiverem corretas.
(D) se somente a afirmativa I estiver correta.
(E) se todas as afirmativas estiverem corretas.

I: correta, pois o Código Civil veda o aval parcial – art. 897, parágrafo único, do CC. Importante lembrar que a regra do Código Civil não subsiste se houver norma específica (art. 903 do CC), como é o caso da letra de câmbio, da promissória e do cheque, cuja legislação admite aval parcial (arts. 30 e 77 da Lei Uniforme de Genebra e art. 29 da Lei 7.357/1985); **II:** incorreta, já que o endosso não tem essa relação com a possibilidade de protesto, que é inerente a todos os títulos de crédito; **III:** correta, nos termos do art. 21 da Lei Uniforme de Genebra.

Gabarito "B".

(FGV – 2010) Com relação aos *títulos de créditos*, assinale a afirmativa correta.

(A) O aceite na duplicata mercantil é sempre facultativo, já que é título causal.
(B) O devedor cambial pode ter a sua obrigação garantida por mais de um avalista.
(C) No caso de avais simultâneos, o avalista que paga o cheque tem ação cambiária em relação aos demais coavalistas porque são obrigados ao mesmo grau.
(D) A letra de câmbio, com o endosso em preto, se torna um título ao portador.
(E) A nota promissória não pode ser transmitida por endosso

A: incorreta, pois o aceite não é facultativo no caso da duplicata, podendo ser recusado apenas nas hipóteses previstas no art. 8.º da Lei 5.474/1968 (Lei das Duplicatas – LD); **B:** correta, pois pode haver diversos avais no mesmo título – ver art. 897 do CC; **C:** incorreta, pois o avalista somente tem direito de regresso contra o seu avalizado e demais coobrigados anteriores – art. 899, § 1.º, do CC; **D:** incorreta, pois o endosso em preto indica expressamente a pessoa a quem o título foi transmitido (novo titular) – art. 910 do CC e art. 11 da Lei Uniforme de Genebra (promulgada pelo Decreto 57.663/1966); **E:** incorreta, pois a nota promissória, a exemplo da letra de câmbio, pode ser transmitida por endosso – art. 11 c.c. art. 77 da Lei Uniforme de Genebra.

Gabarito "B".

(FGV – 2010) Em relação aos títulos de crédito, assinale a afirmativa INCORRETA.

(A) Aquele que possui um título ao portador pode exigir o cumprimento da prestação nele indicada. Entretanto, se o título entrou em circulação contra a vontade do emitente, a prestação já não é mais devida.
(B) Caso o título de crédito seja omisso quanto à data de vencimento, considera-se que ele seja à vista.
(C) O título de crédito é um documento necessário ao exercício do direito nele contido, que somente produz efeito quando preenchidos os requisitos da lei. Assim, a transferência do título que atende a todos os requisitos da lei implica a dos direitos que lhe são inerentes.
(D) Qualquer negócio ou medida judicial que tenha por objeto o título só produz efeito perante emitente ou terceiros, uma vez feita a competente averbação no registro emitente.
(E) O título de crédito corresponde a bem móvel, estando, portanto, sujeito aos princípios que disciplinam a circulação de tais bens.

A: incorreta, devendo ser assinalada, pois o título é válido, independentemente da vontade do emitente – art. 905 do CC; **B:** correta, conforme o art. 889, § 1.º, do CC; **C:** correta, nos termos dos arts. 887 e 896 do CC; **D:** correta, conforme o art. 926 do CC; **E:** correta, conforme os arts. 904 e 910, § 2.º, do CC.

Gabarito "A".

(FGV – 2009) A respeito do *protesto*, assinale a alternativa correta.

(A) O cancelamento do protesto, por qualquer motivo, somente pode ser realizado por determinação judicial.
(B) O protesto é condição necessária para o pedido de falência do devedor empresário.
(C) O protesto pode ser requerido perante o Cartório de Protesto apenas para comprovar a falta de pagamento.
(D) O protesto é o ato formal pelo qual se prova a inadimplência de uma obrigação cambiária e pode ser requerido para demonstrar a falta de pagamento, a falta de aceite ou a não devolução do título.
(E) O protesto não tem nenhum efeito jurídico, servindo unicamente para pressionar o devedor a pagar o que deve.

A: incorreta, pois o cancelamento de protesto decorrente de pagamento é feito diretamente pelo tabelião – art. 26, *caput* e § 3.º, da Lei 9.492/1997; **B:** incorreta, pois o protesto para fim falimentar somente é exigido no caso de falência por impontualidade injustificada – art. 94, I e § 3.º, da Lei 11.101/2005; **C:** incorreta, já que o protesto não se restringe à comprovação de falta de pagamento, pois serve para provar inadimplência e o descumprimento de obrigação originada em títulos e outros documentos de dívida, como é o caso da falta de aceite ou da devolução de duplicata – art. 1.º da Lei 9.492/1997; **D:** correta, nos termos do comentário à alternativa anterior; **E:** incorreta, pois o protesto fixa formalmente a mora e é ato exigido em lei para a garantia e o exercício de determinados direitos (por exemplo, pedido de falência por impontualidade injustificada, responsabilidade de endossantes e avalistas, contagem de determinados prazos prescricionais etc.).

Gabarito "D".

(FGV – 2009) Em relação aos Títulos de Créditos, assinale a afirmativa incorreta.

(A) A nota promissória, relativamente ao endosso, segue as mesmas disposições da letra de câmbio.

(B) O protesto da duplicata pode ser fundado na falta de aceite, de devolução ou de pagamento.

(C) A letra de câmbio admite as formas de endosso denominadas endosso-mandato e endosso-caução.

(D) O aceite do sacado, na duplicata, é obrigatório, salvo nas hipóteses de avaria ou não recebimento das mercadorias, quando a culpa for do comprador.

(E) O protesto do cheque só pode ocorrer pela ausência de fundos disponíveis para pagamento.

A: correta, conforme o art. 77 da Lei Uniforme de Genebra; **B:** correta, nos termos do art. 13 da Lei 5.474/1968; **C:** correta, conforme os arts. 18 e 19 da Lei Uniforme de Genebra; **D:** incorreta, pois se a culpa é do comprador (= sacado), não pode deixar de aceitar a duplicata. Os casos de recusa estão listados no art. 8.º da Lei 5.474/1968, quais sejam, (i) avaria ou não recebimento das mercadorias, quando não expedidas ou não entregues por sua conta e risco, (ii) vícios, defeitos e diferenças na qualidade ou na quantidade das mercadorias, devidamente comprovados e (iii) divergência nos prazos ou nos preços ajustados; **E:** incorreta, a despeito de não ter sido considerada no gabarito oficial. O titular pode protestar o cheque inadimplido por qualquer motivo (por exemplo, sustação do pagamento), antes da expiração do prazo de apresentação e desde que o motivo da recusa conste no próprio corpo do título (princípio da cartularidade – arts. 47 e 48 da Lei nº 7.357/1985).

Gabarito Oficial "D" / Gabarito Nosso "D" e "E"

(FGV – 2008) Com relação aos títulos de créditos, é correto afirmar que:

(A) de acordo com as disposições do Código Civil, o endossante de título à ordem não responde pelo cumprimento da prestação constante do título, salvo se este contiver cláusula expressa em contrário.

(B) o endosso se aplica apenas para representar a transferência da titularidade do crédito.

(C) prescreve em seis meses, contados da data da apresentação do cheque ao sacado, a ação de execução assegurada ao portador da cambial.

(D) a nota promissória pode ser emitida ao portador.

(E) o aval, instituto típico do direito cambiário, é uma garantia subjetiva e acessória prestada em título de crédito, que confere ao avalista a qualidade de devedor solidário.

A: correta, pois essa é a norma geral prevista no art. 914 do CC, observado o disposto no art. 903 do mesmo Código. No entanto, as normas especiais das letras de câmbio, das promissórias, dos cheques e das duplicatas preveem a responsabilidade do endossante – art. 15 da Lei Uniforme de Genebra, art. 21 da Lei 7.357/1985 e art. 25 da Lei 5.474/1968; **B:** incorreta, pois, além de transferir o título à ordem (a transferência se completa com a tradição da cártula – art. 910, § 2.º, do CC), o endossante garante o aceite e o pagamento do título, nos termos das normas especiais das letras de câmbio, das promissórias, dos cheques e das duplicatas; **C:** incorreta, já que o prazo prescricional de 6 (seis) meses é contado a partir do término do prazo para apresentação do cheque a pagamento pelo sacado (que é de 30 (trinta) ou 60 (sessenta) dias – dependendo do local em que foi emitido – a partir da emissão) – art. 59 c.c. art. 33, ambos da Lei 7.357/1985; **D:** incorreta, pois a nota promissória deve sempre indicar a quem (ou à ordem de quem) deve ser paga – art. 75, 5, da Lei Uniforme de Genebra; **E:** incorreta, já que o aval é objetivo e autônomo. Garante o pagamento a quem quer que seja o titular da cártula e não é prejudicado por eventual nulidade das demais obrigações (exceto por vício formal da obrigação avalizada – art. 899 do CC).

Gabarito "A"

(FGV – 2008) O crédito tem dois elementos essenciais: confiança de uma pessoa em outra e certeza do cumprimento da obrigação na data aprazada. Os títulos de crédito têm como função precípua a incorporação de um direito de crédito, que facilita sua circulação. Quanto aos títulos de crédito, assinale a afirmativa incorreta.

(A) Uma letra de câmbio pode ser endossada a favor do sacado ou aceitante (endosso de retorno), que podem novamente endossar a letra.

(B) O endosso de uma nota promissória deve ser puro e simples; qualquer condição a que ele seja subordinado é considerada como nula.

(C) É cabível ação de execução em face do emitente do cheque, ainda que não apresentado ao sacado no prazo legal, desde que não consumada a prescrição da ação cambial.

(D) A inobservância de um dos requisitos elencados na Lei 5.474/68 (Lei de Duplicatas) enseja a perda de executoriedade do título, em razão de vício de forma.

(E) No cheque, o endosso-mandato não se extingue por morte ou incapacidade superveniente do endossante-mandante.

A: correta, conforme o art. 11 da Lei Uniforme de Genebra; **B:** incorreta, devendo ser assinalada, pois a condição a que seja subordinado o endosso é considerada não escrita – art. 12 c.c. art. 77 da Lei Uniforme de Genebra e art. 912 do CC; **C:** correta, nos termos do art. 59 da Lei 7.357/1985; **D:** correta, conforme o art. 2.º, § 1.º, da Lei 5.474/1968; **E:** correta, nos termos do art. 26, parágrafo único, da Lei 7.357/1985.

Gabarito "B"

(FGV – 2008) Assinale a afirmativa incorreta.

(A) O comprador poderá deixar de aceitar a duplicata por motivo de avaria ou não recebimento das mercadorias, quando não expedidas ou não entregues por sua conta e risco; vícios, defeitos e diferenças na qualidade ou na quantidade das mercadorias, devidamente comprovados; divergência nos prazos ou nos preços ajustados.

(B) A nota promissória vinculada a contrato de abertura de crédito não goza de autonomia em razão da iliquidez do título que a originou.

(C) Uma nota promissória pode ser sacada à vista, a um certo termo de vista, a um certo termo de data e pagável num dia fixado, com vencimentos diferentes e sucessivos.

(D) O avalista do título de crédito tem direito de regresso para cobrar o valor pago em face de qualquer obrigado anterior, em razão da solidariedade do direito cambiário.

(E) O contrato de abertura de crédito, ainda que acompanhado de extrato da conta corrente, não é título executivo.

A: correta, nos termos do art. 8.º da Lei 5.474/1968; **B:** correta, conforme a Súmula 258/STJ; **C:** incorreta, devendo ser assinalada, pois a promissória, a exemplo das letras de câmbio, não podem ter vencimentos diferentes ou sucessivos, sob pena de nulidade – art. 33 c.c. 77 da Lei Uniforme de Genebra; **D:** correta, pois, de fato, o avalista que paga o título tem direito de regresso contra o avalizado e qualquer coobrigado anterior – art. 899, § 1.º, do CC; **E:** correta, nos termos da Súmula 233/STJ.

Gabarito "C"

(FGV – 2008) Em relação aos títulos de crédito, assinale a afirmativa incorreta.

(A) O título de crédito emitido em branco ou incompleto pode ser completado pelo credor de boa-fé, antes da ação de execução ou protesto.
(B) O endosso parcial é considerado como não escrito.
(C) O saque de uma letra de câmbio é considerado declaração originária e necessária à constituição do crédito.
(D) O endosso parcial é considerado nulo.
(E) O endosso impróprio transfere o exercício dos direitos inerentes à cambial.

A: correta, nos termos da Súmula 387/STF e do art. 891 do CC; **B:** incorreta, devendo ser assinalada. Na verdade, o endosso parcial é nulo (art. 912, parágrafo único, do CC e art. 12 da Lei Uniforme de Genebra; **C:** correta, pois o saque corresponde à emissão do título; **D:** correta, nos termos do art. 912, parágrafo único, do CC e art. 12 da Lei Uniforme de Genebra; **E:** correta, pois "endosso impróprio" refere-se ao endosso-mandato e ao endosso-caução – arts. 18 e 19 da Lei Uniforme de Genebra.

Gabarito "B"

(FGV – 2008 – adaptada) Assinale a afirmativa incorreta.

(A) O aval posterior ao vencimento do título produz os mesmos efeitos que o prestado anteriormente.
(B) O Código Civil não admite o aval parcial.
(C) O saque de uma duplicata de compra e venda pode ser escriturado em livro próprio pelo vendedor da mercadoria.
(D) O protesto de uma nota promissória é, em regra, condição especial da ação cambial em face dos obrigados indiretos.
(E) Uma única duplicata não pode englobar várias faturas.

A: correta, conforme o art. 900 do CC; **B:** correta, já que o Código Civil não admite o aval parcial – art. 897, parágrafo único, do CC. Entretanto, é bom lembrar que essa vedação geral do Código Civil não subsiste se houver norma específica (art. 903 do CC), como é o caso da letra de câmbio, da nota promissória e do cheque, que admitem aval parcial – art. 30 da Lei Uniforme de Genebra e art. 29 da Lei 7.357/1985; **C:** incorreta, devendo ser assinalada, pois a escrituração é obrigatória (a assertiva afirma, incorretamente, que "pode ser escriturado") – art. 19 da Lei 5.474/1968; **D:** correta, pois a falta de protesto afasta a pretensão contra os codevedores e seus avalistas – art. 53 da Lei Uniforme de Genebra; **E:** correta, pois uma única duplicata não pode corresponder a mais de uma fatura – art. 2.º, § 2.º, da Lei 5.474/1968. Adaptamos essa assertiva, incluindo a palavra "não", ou haveria duas afirmações incorretas.

Gabarito "C"

(FGV – 2008) O aval pode ser entendido como o ato pelo qual determinada pessoa passa a responder por obrigação cambial nas mesmas condições que a pessoa por ele avalizada. Observa-se, portanto, certa semelhança em seu funcionamento, quando comparado com a fiança. A esse respeito, assinale a afirmativa incorreta.

(A) A validade do aval e da fiança depende de vênia conjugal.
(B) O aval possui natureza de ato unilateral de vontade.
(C) A fiança é uma garantia subjetiva enquanto que o aval é uma garantia objetiva.
(D) O aval é uma garantia autônoma, enquanto a fiança uma garantia acessória.
(E) O avalista responde solidariamente pela obrigação assumida, salvo cláusula expressa em contrário.

A: correta, pois o art. 1.647, III, do CC exige a outorga conjugal, exceto no regime de separação absoluta de bens – no entanto, entende-se que a ausência de autorização não invalida o aval, apenas impede que seja oposto ao cônjuge que não assentiu; **B:** correta (aval é garantia prestada no título de crédito – art. 897 do CC); **C:** correta, pois o aval garante o pagamento a quem quer que seja o titular da cártula (não é pessoal, como a fiança); **D:** correta, já que o aval, como toda obrigação cambiária, é garantia autônoma (art. 899, § 2.º, do CC e art. 32 da Lei Uniforme de Genebra) – a fiança é sempre acessória à obrigação principal; **E:** incorreta, devendo ser assinalada, pois o avalista sempre responde autonomamente pela obrigação garantida – art. 899 do CC.

Gabarito "E"

(FGV – 2008) Assinale a afirmativa correta.

(A) De acordo com entendimento consolidado do STJ, a nota promissória vinculada a contrato de abertura de crédito goza de autonomia em razão da liquidez do título que a originou.
(B) De acordo com entendimento sumulado, o instrumento de confissão de dívida, ainda que originário de contrato de abertura de crédito, constitui título executivo extrajudicial.
(C) De acordo com o Código Civil, o endossante responde pelo cumprimento da prestação constante do título, ressalvada cláusula expressa em contrário.
(D) No cheque cruzado o cruzamento especial pode ser convertido em geral.
(E) O art. 23 da Lei 5.474/68 autoriza a emissão de triplicata nas hipóteses de perda, extravio ou retenção indevida do título pelo sacado.

A: incorreta, pois é o oposto – essa nota promissória não goza de autonomia em razão da iliquidez do título que a originou (Súmula 258/STJ); **B:** correta, conforme a Súmula 300/STJ; **C:** incorreta, pois é o oposto – o art. 914 do CC afasta a responsabilidade do endossante pela prestação constante do título, exceto disposição expressa em contrário; **D:** incorreta, pois é o oposto – o cruzamento geral (sem indicação específica da instituição financeira) pode ser convertido em especial – art. 44, § 2.º, da Lei 7.357/1985; **E:** incorreta, pois a triplicata é tirada em caso de perda ou de extravio (não de retenção) da duplicata – art. 23 da Lei 5.474/1968.

Gabarito "B"

(FGV – 2007) Analise as proposições a seguir:

I. A transferência de uma cambial por endosso completa-se com a tradição do título.
II. O avalista de uma duplicata se equipara àquele cujo nome indicar. O aval em branco se presume dado em favor do sacado ou devedor.
III. A duplicata não aceita e protestada enseja o ajuizamento de ação cambial, bem como requerimento de falência do sacado, se empresário.

Assinale:

(A) se nenhuma proposição estiver correta.
(B) se somente a proposição I estiver correta.
(C) se somente a proposição II estiver correta.
(D) se somente a proposição III estiver correta.
(E) se todas as proposições estiverem corretas.

I: correta, nos termos do art. 910, § 2.º, do CC; **II:** incorreta, pois o aval em branco presume-se dado em favor do emitente (= sacador, não sacado) e do devedor final – art. 899 do CC; **III:** incorreta, já que é possível o protesto e a execução de duplicata não aceita, desde que cumpridos os requisitos dos arts. 13, § 1.º, e 15, II, ambos da Lei 5.474/1968. No entanto, para que seja requerida falência, não basta o protesto e a execução, sendo necessária a configuração de uma das situações previstas no art. 94 da Lei 11.101/2005 (inadimplência injustificada, execução frustrada ou atos de falência). Ademais, o protesto para fim falimentar é específico – art. 94, § 3.º, da Lei 11.101/2005.

Gabarito "B"

(FGV – 2005) Assinale a alternativa correta.

(A) Não é possível a responsabilidade solidária entre o avalista e o avalizado no cumprimento de uma obrigação cambiária.

(B) Se casado o avalista, só é possível o aval com a outorga uxória.

(C) O aval e a fiança, na realidade, são o mesmo instituto, só que aplicados a títulos diversos.

(D) O avalista é solidariamente responsável ao avalizado pelo pagamento da obrigação cambiária.

(E) O aval é o instrumento hábil para fazer circular apenas a letra de câmbio.

A: incorreta, pois a responsabilidade é, no caso, solidária; **B:** incorreta, pois, apesar do disposto no art. 1.647, III, do CC, entende-se que, em caso de ausência da autorização (outorga uxória: autorização da esposa, ou marital: do marido), o aval não é nulo, apenas não pode ser oposto contra o cônjuge que não assentiu; **C:** incorreta, pois o aval é ato cambiário de garantia, sujeito, portanto, às regras cambiárias. A fiança é contrato acessório em que o fiador garante ao credor o cumprimento da obrigação assumida pelo devedor principal, caso o afiançado não a cumpra; **D:** correta, pois a obrigação é solidária; **E:** incorreta, pois o aval é ato de garantia, não servindo para fazer circular o título (como é o caso do endosso). Ademais, cabe aval na generalidade dos títulos de crédito, não apenas na letra de câmbio.

Gabarito "D"

(FGV – 2005) No que diz respeito ao título de crédito ao portador e o que traça como regra geral o Código Civil, analise as proposições a seguir:

I. O possuidor de título ao portador tem direito à prestação nele indicada, mediante a sua simples apresentação ao devedor.

II. A prestação constante do título só não é devida se este entrou em circulação contra a vontade do emitente.

III. O proprietário que perder o título poderá obter um novo em juízo, bem como impedir que sejam pagos a outrom capital e rendimentos.

Assinale:

(A) se apenas a proposição I estiver correta.

(B) se apenas a proposição II estiver correta.

(C) se apenas as proposições I e II estiverem corretas.

(D) se apenas as proposições I e III estiverem corretas.

(E) se todas as proposições estiverem corretas.

I: correta, conforme o art. 905 do CC; **II:** incorreta, pois a prestação é devida mesmo nesse caso – art. 905, parágrafo único, do CC; **III:** correta, nos termos do art. 909 do CC.

Gabarito "D"

3.2. TÍTULOS EM ESPÉCIE

(OAB/Exame Unificado – 2016.2) Cícero sacou uma letra de câmbio em favor de Amélia, tendo designado como sacado Elísio, que acatou a ordem de pagamento. A primeira endossante realizou um endosso em preto para Dario, com proibição de novo endosso.

Diante do efeito legal da cláusula de proibição de novo endosso, assinale a afirmativa correta.

(A) Caso Dario realize um novo endosso, tal transferência terá efeito de cessão de crédito perante os coobrigados e efeito de endosso perante o aceitante.

(B) Dario não poderá realizar novo endosso no título sob pena de desoneração de responsabilidade cambial dos coobrigados.

(C) Tal qual o endosso parcial, a proibição de novo endosso é nula por restringir a responsabilidade cambiária do endossante e do sacador.

(D) Amélia, embora coobrigada, não responde pelo pagamento da letra de câmbio perante os endossatários posteriores a Dario.

A: incorreta. A transmissão do crédito representado por letra de câmbio na qual foi inserida a proibição de endosso é considerada cessão civil de crédito perante todos os envolvidos (art. 11 da Lei Uniforme de Genebra); B: incorreta. A cessão civil não desonera os coobrigados, apenas afasta torna oponível exceções pessoais que eles tenham contra o beneficiário (art. 294 do CC); C: incorreta. É válida a cláusula "não à ordem", que proíbe endossos na letra (art. 11 da Lei Uniforme de Genebra); D: correta. Como Amélia proibiu novos endossos, não está ela vinculada a esses atos e não responde por eles.

Gabarito "D"

(OAB/Exame Unificado – 2016.1) Nanci, empresária individual, contraiu empréstimo com instituição financeira, formalizado em contrato de abertura de crédito. A esse contrato foi vinculada nota promissória avalizada, emitida pela mutuária em favor da mutuante.

Em relação à obrigação firmada pelo avalista, assinale a afirmativa correta.

(A) A nota promissória vinculada ao contrato de abertura de crédito não goza de autonomia em razão da iliquidez do título que a originou.

(B) A nota promissória vinculada ao contrato de abertura de crédito goza de autonomia em razão do contrato de abertura de crédito ser título executivo extrajudicial.

(C) O avalista poderá arguir exceção de pré-executividade em razão da iliquidez do título que originou a nota promissória, mesmo que esta tenha força executiva e autonomia.

(D) A nota promissória gozará de autonomia somente com a anuência do avalista no contrato de abertura de crédito, além da sua assinatura no título.

A questão cobra do candidato conhecimento da Súmula do STJ. A alternativa "A" transcreve literalmente o Verbete nº 258.

Gabarito "A"

(OAB/Exame Unificado – 2015.3) Feijó recebeu de Moura um cheque com cruzamento especial no valor de R$ 2.300,00 (dois mil e trezentos reais).

Acerca das disposições legais que disciplinam tal espécie de cheque, assinale a afirmativa correta.

(A) O cheque com cruzamento especial pode ser pago em dinheiro no estabelecimento contra o qual foi sacado ou mediante apresentação a uma câmara de compensação.

(B) O cruzamento especial não pode ser convertido em geral e a inutilização do cruzamento ou a do nome do banco é reputada como não existente.

(C) A aposição de vários cruzamentos especiais invalida o cheque, exceto se o portador, no primeiro cruzamento, indicar o mesmo banco que o sacado.

(D) O cheque com cruzamento especial obriga o sacado a debitar a quantia indicada no título da conta do emitente e a reservá-la em benefício do portador legitimado, durante o prazo de apresentação.

A: incorreta. Cheque com cruzamento especial ou cruzamento em preto é espécie de cheque cruzado na qual se indica na cártula a qual banco deve pertencer a conta na qual será depositado – ou seja, além de obrigar o tomador a depositá-lo em conta corrente, indica em qual banco deve fazê-lo. Ele não pode ser pago em dinheiro (art. 45 da Lei nº 7.357/1985); B: correta, nos termos do art. 44, §§2º e 3º, da Lei nº 7.357/1985; C: incorreta. É possível haver dois cruzamentos especiais, desde que um deles seja para a câmara de compensação (art. 45, §2º, da Lei nº 7.357/1985); D: incorreta. A alternativa define o cheque visado (art. 7º, §1º, da Lei nº 7.357/1985).

Gabarito "B"

(OAB/Exame Unificado – 2015.2) Lauro emitiu uma nota promissória com vencimento a dia certo em favor da sociedade empresária W Corretora de Imóveis Ltda. Embora o título esteja assinado pelo emitente, nele não constam a data e o lugar de emissão. Há cláusula de juros remuneratórios, com fixação de taxa anual de 12%. Antes do vencimento, o título recebeu aval em branco prestado por Pedro, irmão de Lauro. Sendo certo que os dados omitidos na nota promissória não foram preenchidos pela sociedade empresária antes da cobrança judicial, assinale a afirmativa correta.

(A) Por se tratar de nota promissória com vencimento a dia certo, é válida a cláusula de juros remuneratórios.
(B) O avalista em branco poderá alegar vício de forma como exceção ao pagamento perante a sociedade empresária.
(C) A ausência do lugar de emissão na nota promissória acarreta sua nulidade, em razão da autonomia das obrigações cambiais.
(D) Todos os dados omitidos na nota promissória deveriam ter sido preenchidos pela sociedade empresária até o dia do vencimento. Portanto, a ação de cobrança deverá observar o procedimento da ação monitória.

A: incorreta. A estipulação de juros só é válida nas notas promissórias pagáveis à vista ou a certo termo da vista (arts. 77 e 5º da Lei Uniforme de Genebra); **B:** correta, Não tendo sido a nota promissória completada antes da cobrança, contém ela vício de forma que a desnatura como nota promissória (arts. 77 e 2º da Lei Uniforme de Genebra). Exceções relativas aò título podem ser opostas pelo avalista para evitar o pagamento; **C:** incorreta. Na ausência do local da emissão, considera-se como tal o lugar ao lado do nome do subscritor (art. 76 da Lei Uniforme de Genebra); **D:** incorreta. Não é necessário preencher o lugar de emissão, porque para ele há norma subsidiária (art. 76 da Lei Uniforme de Genebra), bem como pode o título ser completado até que seja apresentado para cobrança, desde que de boa-fé.

Gabarito "B"

(OAB/Exame Unificado – 2014.2) Na duplicata de compra e venda, entende-se por protesto por indicações do portador aquele que é lavrado pelo tabelião de protestos

(A) em caso de recusa ao aceite e devolução do título ao apresentante pelo sacado, dentro do prazo legal.
(B) quando o sacado retiver a duplicata enviada para aceite e não proceder à devolução dentro do prazo legal.
(C) na falta de pagamento do título pelo aceitante ou pelo endossante dentro do prazo legal.
(D) em caso de revogação da decisão judicial que determinou a sustação do protesto.

O protesto por indicações do portador é uma espécie de protesto por falta de aceite da duplicata, cabível quando o devedor, tendo recebido o título para aceite, não o devolve ao credor com a aposição do ato na cártula. Como a duplicata é título de crédito de aceite obrigatório (art. 8º da Lei 5.474/1968), o credor pode lavrar o protesto pela sua falta junto ao tabelião indicando-lhe as características do negócio celebrado e representado pela duplicata.

Gabarito "B"

(OAB/Exame Unificado – 2014.1) Glória vendeu um automóvel a prazo para Valente. O pagamento foi realizado em quatro notas promissórias, com vencimentos em 30, 60, 90 e 120 dias da data de emissão. Os títulos foram endossados em branco para Paulo Afonso, mas foram extraviados antes dos respectivos vencimentos.

Sobre a responsabilidade do emitente e do endossante das notas promissórias, assinale a afirmativa correta.

(A) Apenas o emitente responde pelo pagamento dos títulos porque o endossante não é coobrigado, salvo cláusula em contrário inserida na nota promissória.
(B) A responsabilidade do emitente e do endossante perante o portador subsiste ainda que os títulos tenham sido perdidos ou extraviados involuntariamente.
(C) O endossante e o emitente não respondem perante o portador pelo pagamento das notas promissórias em razão do desapossamento involuntário.
(D) O emitente e o endossante não respondem pelo pagamento dos títulos porque só é permitido ao vendedor sacar duplicata em uma compra e venda.

A: incorreta. O endossante é coobrigado pelo pagamento da nota promissória, nos termos dos arts. 15 e 77 da Lei Uniforme de Genebra; **B**: correta, nos termos do art. 909 do CC; **C**: incorreta, por ofensa ao disposto no art. 909 do CC; **D**: incorreta. A duplicata é o título de crédito a ser sacado pelo empresário em caso de uma compra e venda **mercantil** a prazo. Na hipótese do enunciado, não há indicação de que o negócio jurídico foi realizado profissionalmente no âmbito de uma atividade econômica organizada. Logo, é totalmente possível a emissão de notas promissórias para garantir o pagamento das parcelas.

Gabarito "B"

(OAB/Exame Unificado – 2013.3) Fontoura Xavier sacou letra de câmbio à ordem no valor de R$ 20.000,00 (vinte mil reais) em face de Sales Oliveira, pagável à vista na praça de Itaocara, indicando como beneficiário Rezende Costa. Com base nos dados apresentados e na legislação sobre letra de câmbio, assinale a afirmativa ***INCORRETA***.

(A) O vencimento da letra de câmbio ocorrerá na data de sua apresentação pelo beneficiário ao sacado, Sales Oliveira.
(B) Se o sacador, Fontoura Xavier, inserir a cláusula "sem despesas" será facultativo o protesto por falta de pagamento.
(C) O beneficiário e portador, Rezende Costa, pode inserir no título a cláusula "não à ordem" antes de transferi-lo a terceiro.
(D) Se o sacador, Fontoura Xavier, inserir na letra de câmbio cláusula de juros e sua taxa, essa estipulação será considerada válida.

A: correta, nos termos do art. 34 da Lei Uniforme de Genebra; **B**: correta. Em regra, o protesto por falta de pagamento é obrigatório para a cobrança dos coobrigados. Qualquer deles poderá, contudo, dispensar essa formalidade inserindo no título a cláusula "sem despesas" (art. 46 da Lei Uniforme de Genebra); **C**: incorreta, devendo ser assinalada. A liberalidade de inserção da cláusula "não à ordem" é do sacador (art. 11 da Lei Uniforme de Genebra). Além do mais, se o beneficiário pretende endossar a letra a terceiro, não faz nenhum sentido ele inserir a cláusula "não à ordem", cujo efeito é justamente proibir o endosso e fazer com que eventual transmissão dos direitos tenha efeito apenas de cessão civil de créditos; **D**: correta, nos termos do art. 5º da Lei Uniforme de Genebra.

Gabarito "C"

(OAB/Exame Unificado – 2013.2) Um cheque no valor de R$ 3.000,00 (três mil reais) foi sacado em 15 de agosto de 2012, na praça de Santana, Estado do Amapá, para pagamento no mesmo local de emissão. Dez dias após o saque, o beneficiário endossou o título para Ferreira Gomes. Este, no mesmo dia, apresentou o cheque ao sacado para pagamento, mas houve devolução ao apresentante por insuficiência de fundos, mediante declaração do sacado no verso do cheque.

Com base nas informações contidas no enunciado e nas disposições da Lei 7.357/85 (Lei do Cheque), assinale a afirmativa **incorreta.**

(A) O apresentante, diante da devolução do cheque, deverá levar o título a protesto por falta de pagamento, requisito essencial à propositura da ação executiva em face do endossante.

(B) O emitente do cheque, durante ou após o prazo de apresentação, poderá fazer sustar seu pagamento mediante aviso escrito dirigido ao sacado, fundado em relevante razão de direito.

(C) O prazo de apresentação do cheque ao sacado para pagamento é de 30 (trinta) dias, contados da data de emissão, quando o lugar de emissão for o mesmo do de pagamento.

(D) O portador, apresentado o cheque e não realizado seu pagamento, deverá promover a ação executiva em face do emitente em até 6 (seis) meses após a expiração do prazo de apresentação.

A: incorreta, devendo ser assinalada. A aposição da declaração de insuficiência de fundos pelo sacado no verso do cheque substitui o protesto por falta de pagamento, sendo suficiente para a propositura de ação cambial contra os endossantes (art. 47, II, da Lei 7.357/1985); **B**: correta, nos termos do art. 36 da Lei 7.357/1985; **C**: correta, nos termos do art. 33 da Lei 7.357/1985; **D**: correta, nos termos do art. 59 da Lei 7.357/1985. O prazo prescricional do cheque não faz diferença entre devedor principal, coobrigados, seus respectivos avalistas ou em caso de ação de regresso. Em todos os casos, o prazo é de 06 meses.

Gabarito "A"

(OAB/Exame Unificado – 2013.1) Laurentino recebeu um cheque nominal sacado na praça de "Z" no valor de R$ 20.000,00 (vinte mil reais) e pagável na praça de "A". Vinte dias após a emissão e antes da apresentação ao sacado foram furtados vários documentos da residência do tomador, dentre eles o referido cheque. Com base nestas informações, assinale a afirmativa correta.

(A) A medida judicial cabível para impedir o pagamento do cheque pelo sacado é a contraordem ou oposição, que produz efeito durante o prazo de apresentação.

(B) A medida extrajudicial cabível para impedir o pagamento do cheque pelo sacado é a sustação ou oposição, que depende da prova da existência de fundos disponíveis.

(C) A medida judicial cabível para impedir o pagamento do cheque pelo sacado é a sustação ou oposição, que produz efeito apenas após o prazo de apresentação.

(D) A medida extrajudicial cabível para impedir o pagamento do cheque pelo sacado é a sustação ou oposição, que está fundada em relevante razão de direito.

A: incorreta. A contraordem de pagamento não depende de manifestação judicial, sendo realizada diretamente junto ao banco sacado (art. 36 da Lei 7.357/1985); **B**: incorreta. A contraordem independe da comprovação da existência de fundos ou de qualquer julgamento sobre as razões do emitente (art. 36, § 2.º, da Lei 7.357/1985); **C**: incorreta. A sustação do cheque produz efeitos mesmo durante o prazo de apresentação (art. 36, *caput,* da Lei 7.357/1985); **D**: correta, nos termos do art. 36, *caput,* da Lei 7.357/1985.

Gabarito "D"

(OAB/Exame Unificado – 2012.3.B) A sociedade empresária Congelados da Vovó Ltda., com sede na cidade de Montanha, realizou o pagamento a um fornecedor por meio de cheque administrativo. Sobre esta espécie de cheque, assinale a afirmativa correta.

(A) é aquele sacado para ser creditado em conta, podendo ser emitido ao portador até o valor de R$ 100,00 (cem reais).

(B) é aquele que contém visto em seu verso, atestando a existência de fundos durante o prazo de apresentação.

(C) é aquele sacado contra o próprio banco sacador, sendo necessariamente nominal qualquer que seja seu valor.

(D) é aquele sacado em favor de órgão ou entidade da administração pública para pagamento de taxa ou emolumento.

A: incorreta. A alternativa traz o conceito de cheque para ser creditado em conta, não de cheque administrativo (art. 46 da Lei 7.357/1985); **B**: incorreta. A alternativa traz o conceito de cheque visado, não de cheque administrativo (art. 7º da Lei 7.357/1985); **C**: correta, nos termos do art. 9º, III, da Lei 7.357/1985; **D**: incorreta. A alternativa tenta confundir o candidato sobre o que seria um cheque administrativo, vinculando-o à Administração Pública. Não há qualquer previsão legal nesse sentido. A alternativa trata de um cheque comum

Gabarito "C"

(OAB/Exame Unificado – 2012.3.A) Com relação aos títulos de crédito, assinale a afirmativa correta.

(A) No endosso de letra de câmbio após o protesto por falta de pagamento, o portador tem ação cambiária contra o seu endossante.

(B) A cláusula não à ordem inserida no cheque impede sua circulação tanto por endosso quanto por cessão de crédito.

(C) O endosso de cheque poderá ser realizado pelo sacado ou por mandatário deste com poderes especiais.

(D) A duplicata pode ser apresentada para aceite do sacado pelo próprio sacador ou por instituição financeira.

A: incorreta. A alternativa trata do chamado "endosso póstumo", que tem efeito apenas de cessão civil de crédito. Portanto, após sua realização, o portador da letra não tem mais ação cambial contra os endossantes e respectivos avalistas (art. 20 da Lei Uniforme de Genebra); **B:** incorreta. A cláusula "não à ordem" aposta no cheque impede apenas sua circulação por endosso, sendo ainda possível a cessão civil (art. 11 da Lei Uniforme de Genebra); **C:** incorreta. É vedado o endosso realizado pelo sacado, porque ele não pode assumir nenhuma obrigação cambial (art. 18, § 1.º, *in fine*, da Lei 7.357/1985); **D:** correta, nos termos do art. 6.º da Lei 5.474/1968.

Gabarito "D"

(OAB/Exame Unificado – 2012.2) Com relação ao instituto do cheque, assinale a afirmativa correta.

(A) O cheque pode ser sacado contra pessoa jurídica, instituições financeiras e instituições equiparadas.

(B) O portador não pode recusar o pagamento parcial do cheque.

(C) O cheque pode consubstanciar ordem de pagamento à vista ou a prazo.

(D) A ação de execução do cheque contra o sacador prescreve em 1 (um) ano contado do prazo final para sua apresentação.

A: incorreta. Pode figurar como sacado no cheque apenas bancos ou instituição financeira equiparada (art. 3.º da Lei 7.357/1985); **B:** correta, nos termos do art. 38, parágrafo único, da Lei 7.357/1985; **C:** incorreta. Cheque é ordem de pagamento à vista, considerando-se não escrita qualquer cláusula em sentido contrário (art. 32 da Lei 7.357/1985); **D:** incorreta. O prazo prescricional do cheque, em qualquer hipótese, é de 06 meses (art. 59 da Lei 7.357/1985).

Gabarito "B"

(OAB/Exame Unificado – 2011.1) Em relação ao Direito Cambiário, é correto afirmar que:

(A) a duplicata, quando de prestação de serviços, pode ser emitida com vencimento a tempo certo da vista.

(B) o aval dado em uma nota promissória pode ser parcial, ainda que sucessivo.

(C) o protesto é necessário para garantir o direito de regresso contra o(s) endossante(s) e o(s) avalista(s) do aceitante de uma letra de câmbio.

(D) o aceite no cheque é dado pelo banco ou instituição financeira a ele equivalente, devendo ser firmado no verso do título.

A: incorreta porque a duplicata, nos termos do art. 2.º, § 1.º, III, da Lei 5.474/1968, somente pode ser sacada com vencimento à vista ou em data certa, não havendo qualquer exceção tocante à duplicada de prestação de serviços; **B:** correta. É permitido o aval parcial (aquele no qual o avalista garante o pagamento apenas de parte da dívida), mesmo que sucessivo (aval sucessivo ocorre quando alguém avaliza a garantia dada por outrem, é o "avalista do avalista"); **C:** incorreta. O protesto é necessário somente para garantir o direito de cobrança do título junto aos coobrigados (sacador, endossantes e respectivos avalistas). Não se olvide que o avalista ingressa na relação cambial com a mesma natureza do avalizado, isto é, se o aceitante é devedor principal, seu avalista também assim será considerado, sendo o protesto contra ele sempre facultativo; **D:** incorreta. O cheque não admite aceite, considerando-se não escrita qualquer declaração com este sentido (art. 6.º da Lei 7.357/1985).

Gabarito "B"

(OAB/Exame Unificado – 2010.3) Em relação aos Títulos de Crédito, é correto afirmar que, quando:

(A) insuficientes os fundos disponíveis, o portador de um cheque pode requerer a responsabilidade cambiária do banco sacado pelo seu não pagamento.

(B) presente na letra de câmbio, a cláusula "não à ordem" impede a circulação do crédito.

(C) não aceita a duplicata, o protesto do título é a providência suficiente para o ajuizamento da ação de execução contra o sacado.

(D) firmado em branco, o aval na nota promissória é entendido como dado em favor do sacador.

A: incorreta, pois, apesar de figurar como sacado, o banco não assume nenhuma responsabilidade cambiária. A emissão de cheque sem fundo não implica responsabilidade do banco sacado em nenhuma hipótese, conforme art. 47 da Lei 7.357/1985 – LC (Lei 7.357/1985); **B:** incorreta, pois a aposição da cláusula "não à ordem" impede apenas a circulação do título como cambial, mas não obsta sua a transmissão através da cessão civil de crédito, nos termos do art. 11 da Lei Uniforme de Genebra (promulgada pelo Decreto 57.663/1966); **C:** incorreta, pois a duplicada não aceita, para ser executada, deve ser acompanhada de documento hábil comprobatório da entrega e recebimento da mercadoria, conforme determinação expressa do art. 15, II, *b*, da Lei das Duplicatas – LD (Lei 5.474/1968); **D:** correta. Vale lembrar que o aval em branco sempre se presume dado ao sacador, com exceção da duplicata (afinal, nela o sacador é o próprio beneficiário do título).

Gabarito "D"

(OAB/Exame Unificado – 2010.1) Acerca da disciplina normativa do cheque, assinale a opção correta.

(A) A lei admite a emissão de cheque contra banco, instituição financeira ou cooperativa de crédito.

(B) Assim como os demais títulos de crédito, o cheque deve ser apresentado para aceite.

(C) A lei veda ao banco sacado a prestação de aval para garantir o pagamento do cheque.

(D) Admite-se, excepcionalmente, a estipulação de cláusula de juros inserida no cheque.

A: incorreta. A Lei 7.357/1985 não admite o saque de cheque contra cooperativa de crédito (art. 3.º da Lei 7.357/1985); **B:** incorreta. O cheque não admite aceite, pois o banco sacado não assume obrigação cambial de qualquer natureza. Veja-se, a propósito, o art. 6.º da Lei 7.357/1985; **C:** correta. O banco sacado está expressamente proibido de ingressar no cheque como avalista de quem quer que seja, nos termos do art. 29 da Lei 7.357/1985; **D:** incorreta. A alternativa contraria formalmente o disposto na Lei 7.357/1985: "Art. 10. Considera-se não escrita a estipulação de juros inserida no cheque."

Gabarito "C"

(OAB/Exame Unificado – 2009.1) Uma letra de câmbio foi sacada por Z contra X para um beneficiário Y e foi aceita. Posteriormente, foi endossada sucessivamente para A, B, C e D. Nessa situação hipotética,

I. Z é o sacado, X é o endossante, Y é o tomador.

II. aposto o aceite na letra, X torna-se o obrigado principal.

III. se, na data do vencimento, o aceitante se recusar a pagar a letra, o portador não precisará encaminhar o título ao protesto para garantir o seu direito de ação cambial ou de execução contra os coobrigados indiretos.

IV. se A promover o pagamento ao portador D, os endossantes B e C estarão desonerados da obrigação.

Estão certos apenas os itens:

(A) I e III.

(B) I e IV.

(C) II e III.

(D) II e IV.

I: incorreta. Z é o sacador, ou seja, aquele que faz o saque da letra de câmbio. X é o sacado, ou seja, quem deve efetuar o pagamento. E Y o beneficiário, também chamado de tomador; **II:** correta, pois quando o sacado apõe o aceite na letra de câmbio, concorda em acolher a ordem e se torna, a partir de então, o seu devedor principal (também chamado de aceitante); **III:** incorreta. Se vencido o título sem que o aceitante efetue o seu pagamento, deverá o portador, para não perder o direito de crédito contra os coobrigados da letra, quais sejam, sacador, endossantes e seus respectivos avalistas, levar o título a protesto, eis que, em relação a estes, o protesto é necessário; **IV:** correta, pois o coobrigado que paga o título de crédito, no caso, o A, tem direito de regresso apenas contra o devedor principal e contra os coobrigados anteriores, desonerando os posteriores, no caso, B e C.

Gabarito "D"

(OAB/Exame Unificado – 2007.3) Considerando-se que Paula tenha endossado a Luana um cheque de terceiro no valor de R$ 500,00, é correto afirmar que:

(A) Paula, por ter endossado o cheque, responde pela solvência do devedor principal, no valor de R$ 500,00.
(B) o endosso produz os mesmos efeitos jurídicos de uma cessão civil de créditos.
(C) o endosso transfere a Luana a posse, não a propriedade do título de crédito.
(D) o endosso de Paula será nulo de pleno direito se a obrigação consubstanciada no cheque já estiver vencida.

A: correta. Como endossante, Paula se torna coobrigada pelo pagamento e, assim, responde pela solvência do devedor principal, o sacador do cheque (art. 21 da Lei 7.357/1985); **B:** incorreta. Enquanto no endosso o endossante responde pela existência do crédito e pelo pagamento, na cessão civil o cedente responde apenas pela existência do crédito. Ademais, o aval não permite ao devedor principal opor ao endossatário eventuais exceções pessoais que tinha contra o endossante, possibilidade presente na cessão civil entre devedor e cessionário; **C:** incorreta. O endosso próprio transfere a propriedade do título de crédito ao endossatário; **D:** incorreta. Trata a hipótese do endosso póstumo, que não é nulo, apenas será considerado cessão civil de crédito e não ato cambial.

Gabarito "A"

(OAB/Exame Unificado – 2007.3) A pretensão à execução da duplicata prescreve contra o:

(A) endossante e seus avalistas, em 3 anos, contados da data do protesto.
(B) endossante e seus avalistas, em 1 ano, contado da data do protesto.
(C) sacado e respectivos avalistas, em 1 ano, contado da data do vencimento do título.
(D) sacado e respectivos avalistas, em 3 anos, contados da data do protesto.

Prescreve a duplicata em 03 anos para a cobrança do devedor principal e seus avalistas, contados do vencimento do título, e em 01 ano para a cobrança dos coobrigados (onde se inclui o endossante) e seus avalistas, contados da data do protesto (art. 18 da Lei 5.474/1968).

Gabarito "B"

(OAB/Exame Unificado – 2007.3) O Certificado de Depósito Agropecuário (CDA):

(A) só pode ser transmitido junto com o *warrant*.
(B) pode ser emitido em momento diverso do *warrant*.
(C) deve ser emitido simultaneamente ao *warrant*.
(D) não constitui título executivo extrajudicial, ainda que acompanhado do *warrant*.

O Certificado de Depósito Agropecuário é título de crédito criado pela Lei 11.076/2004 destinado a representar o contrato de depósito de produtos agrícolas, dando negociabilidade aos produtos sem a tradição ordinária (*brevi manu*), circulando por endosso. Nos termos do art. 1.º, § 3.º, da Lei 11.076/2004, deve ser emitido simultaneamente com outro título de crédito, o *Warrant* Agropecuário – WA, que confere ao seu titular direito de penhor sobre o CDA. Como representam promessas diferentes (o CDA, promessa de entrega dos bens ao portador da cártula; o WA, promessa de pagamento em dinheiro ao portador da cártula), a lei autoriza sua transmissão separada. Por fim, como todo título de crédito, é título executivo extrajudicial.

Gabarito "C"

(OAB/Exame Unificado – 2007.3) Quanto ao cheque, é correto afirmar que:

(A) é nulo o endosso parcial.
(B) é admitido endosso do sacado.
(C) o endosso deve indicar o endossatário.
(D) não é permitido ao endossante vedar novo endosso.

A: correta. Como em qualquer outro título de crédito, o endosso parcial é nulo, vez que incompatível com o princípio da cartularidade (art. 18, § 1.º, da Lei 7.357/1985); **B:** incorreta. O banco sacado não se vincula cambiariamente ao título de nenhuma maneira (art. 18, § 1º, da Lei 7.357/1985); **C:** incorreta. O cheque pode ser transmitido por endosso em branco (art. 17, § 2º, da Lei 7.357/1985); **D:** incorreta, porque basta ao endossante inserir, no momento da transmissão do título, a cláusula "não à ordem".

Gabarito "A"

(OAB/Exame Unificado – 2007.1) Marcos, empresário individual, emitiu uma duplicata contra Lucas, no valor de R$ 5.000,00, com praça de pagamento em Brasília – DF. Após isso, Marcos colocou o título em circulação, endossando-o a Mateus, que, por sua vez, também por endosso, transferiu-o a João. A par do endosso, Mateus fez vir à duplicata, em seu favor, aval de Josué, cônjuge de Maria. Acerca do protesto da duplicata mencionada na situação hipotética acima, assinale a opção incorreta.

(A) Para que João possa cobrar do Mateus, é imprescindível o protesto do título.
(B) O protesto deve ser tirado na praça de pagamento constante da duplicata, ou seja, em Brasília – DF.
(C) Caso não seja exercida a faculdade de protestar o título por falta de aceite, não se elide a possibilidade de protesto por falta de pagamento.
(D) De acordo com a legislação em vigor, a duplicata só pode ser protestada por falta de aceite ou de pagamento.

A: correta, vez que Mateus, como endossante, é coobrigado pelo pagamento do título, posição cambiária que determina a obrigatoriedade do protesto para ser cobrado judicialmente pelo pagamento; **B:** correta, sendo esta uma das razões pelas quais é indicada a praça de pagamento (art. 1º, IV, da Lei 7.357/1985); **C:** correta. Os protestos são autônomos, não sendo o protesto por falta de aceite requisito indispensável do protesto por falta de pagamento; **D:** incorreta, devendo ser assinalada, vez que também se reconhece o protesto por falta de devolução do título (art. 13 da Lei 5.474/1968).

Gabarito "D"

(OAB/Exame Unificado – 2007.1) Marcos, empresário individual, emitiu uma duplicata contra Lucas, no valor de R$ 5.000,00, com praça de pagamento em Brasília – DF. Após isso, Marcos colocou o título em circulação, endossando-o a Mateus, que, por sua vez, também por endosso, transferiu-o a João. A par do endosso, Mateus fez vir à duplicata, em seu favor, aval de Josué, cônjuge de Maria. Com relação à duplicata descrita no texto, assinale a opção correta.

(A) A denominação duplicata não precisa estar expressa no título para que este valha como tal.

(B) Para que o aval de Josué seja eficaz, não é necessária autorização de Maria.

(C) Conforme a jurisprudência do STJ, mesmo sem aceite e desprovida de prova de entrega da mercadoria ou da prestação do serviço, a duplicata pode ser executada contra o sacador-endossante e seus garantes.

(D) A validade da obrigação de Josué, como avalista, depende da existência e da validade das obrigações de Mateus, Marcos e Lucas.

A: incorreta, pois a denominação do título no corpo do texto e na mesma língua deste é requisito essencial para caracterização do título de crédito (art. 2º, § 1º, I, da Lei 5.474/1968); **B:** a alternativa foi dada por incorreta, apesar de estar incompleta. É certo que, regra geral, é necessária a outorga uxória ou marital para a eficácia do aval prestado por pessoa casada. Entretanto, tal determinação não se aplica aos cônjuges casados no regime da separação de bens (art. 1.647 do CC); **C:** correta, pois de fato, segundo entendimento do STJ, a duplicata poderá ser executada, porquanto o endosso apaga o vínculo causal da duplicata entre endossatário, endossante e avalistas, garantindo a aceitação e o pagamento do título (art. 15 da Lei Uniforme de Genebra – Decreto 57.663/1966, c.c. arts. 15, § 1.º, e 25 da Lei 5.474/1968); **D:** incorreta, por força do princípio da autonomia das relações cambiais, segundo o qual a nulidade de uma obrigação cambial não importa na nulidade das demais, ainda que posteriores.

Gabarito "C".

(OAB/Exame Unificado – 2006.3) A respeito do regime do cheque no Brasil, assinale a opção correta.

(A) O cheque pré-datado encontra-se previsto expressamente na legislação brasileira.

(B) O cheque veicula obrigação portável.

(C) O cheque contém promessa incondicional de pagamento de quantia determinada.

(D) O emitente deve ter fundos disponíveis em poder do sacado e estar autorizado a emitir cheque sobre eles, em virtude de contrato expresso ou tácito.

A: incorreta, trata-se de costume do comércio que passou a ser reconhecido pela doutrina e jurisprudência, porém nunca alçou *status* legal; **B:** incorreta. Os títulos de crédito representam obrigações quesíveis; **C:** incorreta, porquanto o cheque não é promessa, mas sim ordem de pagamento emitida contra o banco sacado; **D:** correta, nos exatos termos do art. 4.º da Lei 7.357/1985.

Gabarito "D".

(FGV – 2011) O empresário individual ou a sociedade empresária que tenha por objeto a exploração de armazéns gerais, com finalidade de guardar e conservar mercadorias emitirá, quando pedido pelo depositante, títulos denominados *warrant* e conhecimento de depósito. A esse respeito, é INCORRETO afirmar que:

(A) o conhecimento de depósito e o *warrant* são títulos que devem ser emitidos simultaneamente pelo depositário, podendo ser transmitidos unidos ou separadamente, mediante endosso.

(B) o *warrant* é título de crédito que confere direito de penhor sobre a mercadoria depositada em armazém geral.

(C) o conhecimento de depósito não pode ser penhorado ou arrestado por dívidas do portador.

(D) ao portador do conhecimento de depósito é permitido retirar a mercadoria antes do vencimento da dívida constante do *warrant*, consignando o armazém geral o principal e juros até o vencimento e pagando os impostos fiscais, armazenagens vencidas e mais despesas.

(E) ao portador do *warrant* que, em tempo útil, não promover o protesto por falta de pagamento, ou que, dentro de dez dias, contados da data do instrumento de protesto, não vender a mercadoria, conservará tão somente ação contra o primeiro endossante do *warrant* e contra os endossantes do conhecimento de depósito.

Conhecimento de depósito e *warrant* são títulos de crédito representativos de mercadorias depositadas em armazéns-gerais. Foram criados e continuam regidos pelo Decreto 1.102/1903. Os títulos devem ser emitidos necessariamente juntos, porém podem circular separadamente (art. 15). Isto porque, enquanto o conhecimento de depósito garante a faculdade de dispor da mercadoria, o *warrant* confere ao seu portador direito de penhor sobre ela (art. 18, § 2.º). A alternativa "D" traz exatamente as regras necessárias para resgate das mercadorias antes do vencimento (art. 22). Já a alternativa "E" narra com precisão as consequências da ausência de protesto por falta de pagamento ou de venda da mercadoria (art. 23, § 7.º). Incorreta, portanto, a alternativa "C", pois o conhecimento de depósito pode ser penhorado ou arrestado por dívidas de seu portador (art. 17, segunda parte).

Gabarito "C".

(FGV – 2010) A respeito da *duplicata*, considere as afirmativas a seguir:

I. O protesto da duplicata pode ser motivado pela falta de pagamento e pela falta de aceite.

II. Duplicata é um título causal e somente pode ser emitida com causa em contrato de compra e venda mercantil ou de prestação de serviços.

III. Comprovada a prestação de serviços, a duplicata não aceita, mas protestada, é título hábil para instruir pedido de falência.

Assinale:

(A) se somente a afirmativa I estiver correta.

(B) se somente a afirmativa II está correta.

(C) se somente as afirmativas I e II estiverem corretas.

(D) se somente as afirmativas II e III estiverem corretas.

(E) se todas as afirmativas estiverem corretas.

I: correta, sendo ainda possível o protesto por falta de devolução do título (art. 13 da Lei 5.474/1968); **II:** correta, sendo válido anotar que, na compra e venda, deve o pagamento ser a prazo de, no mínimo, 30 (trinta) dias (arts. 1.º e 20 da Lei 5.474/1968); **III:** correta, dada a força executiva atribuída pela combinação dos arts. 22, § 4.º, e 15 da Lei 5.474/1968).

Gabarito "E".

(FGV – 2010) A respeito da execução judicial de duplicata assinale a afirmativa incorreta.

(A) A duplicata aceita, protestada ou não, configura-se como título executivo extrajudicial.

(B) A duplicata não aceita, configura-se como título executivo extrajudicial quando estiver protestada, acompanhada de documento hábil comprobatório de entrega e recebimento da mercadoria, e o sacado não tenha, comprovadamente, recusado o aceite pelos motivos previstos na lei.

(C) A triplicata não é considerada título executivo extrajudicial.

(D) A duplicata não aceita ou não devolvida pode ser protestada mediante indicação do credor ou do apresentante do título desde que tenha sido protestada, esteja acompanhada de documento hábil comprobatório de entrega e recebimento da mercadoria e o sacado não tenha, comprovadamente, recusado o aceite pelos motivos previstos na lei.

(E) Prescreve em 3 anos a pretensão de executar a duplicata contra o sacado e respectivos avalistas.

A: correta, conforme art. 15, I, da Lei 5.474/1968; **B:** correta, conforme art. 15, II, da Lei 5.474/1968; **C:** incorreta, devendo ser assinalada. A triplicata detém a mesma força executiva da duplicata, sendo processada nos mesmos moldes (art. 15 da Lei 5.474/1968); **D:** incorreta. O protesto por falta de aceite ou por falta de devolução independe de quaisquer outros requisitos. A alternativa expõe as condições necessárias para que a duplicata tenha força executiva; **E:** correta, nos exatos termos do art. 18, I, da Lei 5.474/1968.

Gabarito "C"

(FGV – 2010) Com relação às regras relativas ao cheque, assinale a afirmativa incorreta.

(A) Caracteriza dano moral a apresentação [antecipada] de cheque pré-datado.

(B) A simples devolução indevida de cheque caracteriza dano moral.

(C) Prescreve em 6 meses, contados da expiração do prazo de apresentação, a ação de execução do cheque.

(D) Após o prazo de 6 meses decai o direito do portador de receber a quantia aposta no cheque.

(E) Prescreve em 2 anos a ação de enriquecimento contra o emitente que se locupletou, injustamente, com o não pagamento do cheque.

A: correta, nos exatos termos da Súmula 370 do STJ; **B:** correta, nos exatos termos da Súmula 388 do STJ; **C:** correta, conforme dispõe o art. 59 da Lei 7.357/1985; **D:** incorreta, devendo ser assinalada. Vale lembrar que a expiração deste prazo de 06 meses retira, apenas, a força executiva do cheque, cabendo ainda ação monitória ou ação de conhecimento; **E:** correta, conforme dispõe o art. 61 da Lei 7.357/1985. O prazo de 02 anos conta-se da consumação da prescrição.

Gabarito "D"

(FGV – 2009) Assinale a afirmativa incorreta

(A) Duplicata é título de crédito causal que encontra origem em contrato de compra e venda mercantil ou de prestação de serviços.

(B) Se o credor não realizar o protesto por falta de aceite ou por não devolução do título, ainda assim poderá realizar o protesto por falta de pagamento.

(C) Nos contratos de compra e venda mercantil, o devedor poderá deixar de aceitar a duplicata: por avaria ou não recebimento das mercadorias, quando não expedidas ou não entregues por sua conta e risco; por vícios, defeitos e diferenças na qualidade ou na quantidade das mercadorias, devidamente comprovados; e por divergência nos prazos ou nos preços ajustados.

(D) Nos contratos de prestação de serviços, o devedor poderá deixar de aceitar a duplicata: quando não houver correspondência com os serviços efetivamente contratados; por vícios ou defeitos na qualidade dos serviços prestados, devidamente comprovados; e por divergência de prazos ou nos preços ajustados.

(E) A duplicata não se configura como título executivo extrajudicial.

A: correta, conforme o art. 2.º da Lei das Duplicatas – LD (Lei 5.474/1968); **B:** correta, conforme o art. 44 da Lei Uniforme de Genebra; **C:** correta, conforme o art. 8.º da Lei 5.474/1968; **D:** correta, nos termos do art. 21 da Lei 5.474/1968; **E:** incorreta, devendo ser assinalada, pois a duplicata, espécie de título de crédito, é título executivo extrajudicial – art. 15 da Lei 5.474/1968.

Gabarito "E"

(FGV – 2005) Assinale a alternativa correta sobre *warrant*.

(A) Tem como primeiro endossante o depositante da mercadoria.

(B) Não pode ser objeto de protesto.

(C) Não pode ser transferida por endosso.

(D) Não tem qualquer vínculo jurídico com o conhecimento de depósito.

(E) Não se submete a protesto especial, visando ao requerimento de falência.

A: correta. O conhecimento de depósito e o *warrant* são expedidos pelo armazém geral em favor do depositante. O conhecimento de depósito incorpora o direito de propriedade sobre as mercadorias que estão no armazém geral e o *warrant* é título de crédito causal que, separado do conhecimento, é garantido por penhor sobre os bens armazenados, desde que cumpridas as formalidades da legislação. O depositante pode destacar o *warrant* do conhecimento de depósito e colocá-lo em circulação, por meio de endosso (pode também negociá-los conjuntamente) – art. 19 do Decreto 1.102/1903; **B:** incorreta, pois cabe protesto – art. 23 do Decreto 1.102/1903; **C:** incorreta, já que tanto o conhecimento de depósito quanto o *warrant* podem ser transferidos por endosso, unidos ou separados – art. 18 do Decreto 1.102/1903; **D:** incorreta, pois o conhecimento e o *warrant* são títulos unidos (com vínculo jurídico inegável, portanto), mas separáveis, nos termos do art. 15 do Decreto 1.102/1903; **E:** incorreta, pois o *warrant* deve ser levado a protesto para fim falimentar, na hipótese de pedido com base em impontualidade injustificada – art. 94, § 3.º, da Lei 11.101/2005.

Gabarito "A"

(FGV – 2006) Assinale a alternativa correta a respeito da duplicata.

(A) O pagamento da duplicata não pode ser assegurado por aval.

(B) Quando a mercadoria for vendida por conta do consignatário, este é obrigado, na ocasião de expedir a fatura e a duplicata, a comunicar a venda ao consignante.

(C) No pagamento da duplicata, não poderão ser deduzidos créditos em favor do devedor resultantes de diferenças de preço.

(D) A duplicata não admite prorrogação do prazo de vencimento.

(E) A duplicata não admite protesto por falta de devolução.

A: incorreta, pois se admite o aval na duplicata – art. 12 da Lei 5.474/1968; **B:** correta, conforme o art. 5.º da Lei 5.474/1968; **C:** incorreta, pois é possível a dedução – art. 10 da Lei 5.474/1968; **D:** incorreta, pois se admite a prorrogação na forma do art. 11 da Lei 5.474/1968; **E:** incorreta, pois é possível o protesto por falta de aceite de devolução ou pagamento – art. 13 da Lei 5.474/1968.

Gabarito "B"

4. FALÊNCIA, RECUPERAÇÃO DE EMPRESAS E LIQUIDAÇÃO EXTRAJUDICIAL

4.1. FALÊNCIA

(OAB/Exame Unificado – 2016.1) Eugênio de Castro é sócio e administrador designado no contrato da sociedade empresária Vale do Taquari Empreendimentos Hoteleiros Ltda. De acordo com cláusula contratual, o referido administrador faz jus à percepção de pró-labore bimestral no valor fixo de R$ 4.000,00 (quatro mil reais). Com a decretação da falência da referida sociedade, sua advogada verificou que não consta o crédito do cliente na relação de credores publicada no Diário Oficial.

Assinale a opção que indica a classificação correta na habilitação de crédito a ser apresentada ao Juízo da falência.

(A) Crédito subordinado.
(B) Crédito quirografário.
(C) Crédito subquirografário.
(D) Crédito equiparado ao trabalhista, até o limite de 150 salários mínimos.

Os créditos dos sócios e dos administradores sem vínculo de emprego são classificados como subordinados (art. 83, VIII, "b", da Lei nº 11.101/2005).

Gabarito "A"

(OAB/Exame Unificado – 2015.3) São João da Baliza Transporte Rodoviário Ltda. sacou duplicata de prestação de serviços no valor de R$ 32.000,00 (trinta e dois mil reais) para recebimento do frete decorrente do transporte de cargas entre ela e Supermercados Caracaraí Ltda. EPP. Diante do inadimplemento do pagamento do frete, a sacadora levou a duplicata a protesto, sem aceite, com vistas a instruir pedido de falência do sacado.

Com base nas informações do enunciado, assinale a afirmativa correta.

(A) Essa duplicata não aceita não é título hábil para instruir pedido de falência, ainda que protestada e comprovada a prestação dos serviços.
(B) Essa duplicata não aceita, mas protestada, é título hábil para instruir pedido de falência, comprovada a prestação dos serviços.
(C) Essa duplicata de prestação de serviços é título hábil para instruir pedido de falência, caso esteja aceita, protestada e tenha o sacador comprovado a prestação dos serviços.
(D) Essa duplicata não é título hábil para instruir pedido de falência do destinatário porque o documento apropriado para a cobrança do frete é o conhecimento de transporte.

A, B e C: A duplicata não aceita, desde que protestada e comprovada a prestação dos serviços, é título executivo extrajudicial (art. 15, II, "a" e "b", da Lei nº 5.474/1965); logo, é documento hábil a instruir pedido de falência, considerando que seu valor atingia, à época em que este Exame de Ordem foi aplicado, o valor de 40 salários mínimos (art. 94, I, da Lei nº 11.101/2005). Logo, correta a alternativa "B"; D: incorreta. O conhecimento de transporte é um título de crédito à ordem que representa o direito de retirar a mercadoria junto à transportadora, ou seja, ele trata da propriedade sobre a mercadoria transportada, não sobre o pagamento do frete.

Gabarito "B"

(OAB/Exame Unificado – 2015.2) José adquiriu dois refrigeradores a prazo numa das filiais de Comércio de Eletrodomésticos Ltda., tendo efetuado pagamento de entrada no valor de 50% do preço. Foi decretada a falência da vendedora e esta não entregou a mercadoria. Interpelado o administrador judicial, este resolveu não executar o contrato. De acordo com as informações do enunciado e as disposições da Lei nº 11.101/2005 (Lei de Falências e Recuperação de Empresas), assinale a afirmativa correta.

(A) O comprador poderá pedir ao juiz da falência a reserva do valor de seu crédito.
(B) O comprador poderá pedir a restituição em dinheiro do valor pago a título de entrada.
(C) O comprador poderá ajuizar ação em face da massa para o cumprimento compulsório do contrato.
(D) O comprador terá seu crédito relativo ao valor pago habilitado como quirografário na falência.

Como regra, a decretação da falência não resolve os contratos bilaterais do falido (art. 117 da Lei nº 11.101/2005). Contudo, há regras específicas para alguns contratos, entre eles o de compra e venda de coisa móvel: se o ajuste prever o pagamento em prestações e o devedor ainda não tiver entregue a coisa, se o administrador judicial resolver não executar o contrato, deverá o credor habilitar seu crédito na classe própria – no caso, como quirografário, dada a ausência de qualquer garantia ou privilégio (art. 119, III, da Lei de Falências).

Gabarito "D"

(OAB/Exame Unificado – 2014.3) João Lima Artigos Esportivos Ltda. celebrou contrato de locação de imóvel comercial, localizado na Galeria Madureira, para a instalação do estabelecimento comercial da sociedade. Atingida por forte crise setorial, a sociedade acumulou dívidas vultosas e não conseguiu honrá-las.

Com a decretação da falência, o contrato de locação comercial firmado pelo locatário

(A) ficará extinto de pleno direito, sendo obrigado o locatário a entregar ao locador o imóvel onde se localiza o ponto.
(B) poderá ser mantido, desde que o locador interpele o administrador judicial no prazo de até 90 (noventa) dias.
(C) será mantido, mas poderá ser denunciado, a qualquer tempo, pelo administrador judicial da massa falida.
(D) ficará extinto, salvo se o Comitê de Credores autorizar o administrador judicial da massa falida a mantê-lo.

O destino do contrato de locação empresarial em caso de falência de uma das partes é regido pelo art. 119, VII, da LF, que prevê que, na falência do locatário, o contrato continua válido, mas poderá ser denunciado a qualquer tempo pelo administrador judicial.

Gabarito "C"

(OAB/Exame Unificado – 2014.1) A assembleia geral de credores da sociedade falida "Concessionária de Veículos Pereiro Ltda." aprovou, com o voto favorável de credores que representam 3/4 (três quartos) dos créditos presentes à assembleia, a constituição de sociedade formada pelos empregados do próprio devedor.

Sobre esta modalidade de realização do ativo, assinale a afirmativa ***incorreta***.

(A) Os empregados que vierem a integrar a futura sociedade poderão utilizar créditos derivados da legislação do trabalho para a aquisição da empresa.

(B) A constituição da sociedade formada pelos empregados do devedor depende da apresentação, pela massa falida, das certidões negativas de débitos tributários.

(C) Os bens objeto de alienação estarão livres de quaisquer ônus e não haverá sucessão da sociedade formada pelos empregados nas obrigações do devedor.

(D) A constituição de sociedade dos empregados do próprio devedor pode contar com a participação, se necessária, dos atuais sócios da falida ou de terceiros.

A: correta, nos termos do art. 145, § 2º, da Lei de Falências; **B**: incorreta, devendo ser assinalada. O art. 146 da Lei de Falências dispensa a apresentação de certidões negativas para qualquer modalidade de realização do ativo da sociedade falida; **C**: correta, nos termos do art. 145, § 1º, da Lei de Falências; **D**: correta, nos termos do art. 145, *caput*, da Lei de Falências.

Gabarito "B"

(OAB/Exame Unificado – 2012.3.B) Com relação ao efeito que a decretação da falência de um empresário ou de uma sociedade empresária produz sobre os credores, assinale a afirmativa correta.

(A) Impede a exigibilidade da massa falida do pagamento dos juros vencidos após a decretação da falência, previstos em lei ou em contrato, se o ativo apurado não bastar para o pagamento dos credores subordinados.

(B) Suspende, até o término da arrecadação dos bens do devedor, o curso da prescrição de todas as ações e execuções em face do devedor, inclusive aquelas dos credores particulares do sócio de responsabilidade ilimitada.

(C) Acarreta o vencimento antecipado dos créditos do devedor e dos sócios ilimitada e solidariamente responsáveis, e converte todos os débitos em real para dólar norte-americano, pelo câmbio do dia da decisão judicial.

(D) Extingue, em relação à massa falida, o exercício do direito de retenção sobre os bens móveis ou semoventes sujeitos à arrecadação, os quais devem ser imediatamente entregues ao credor com privilégio especial.

A: correta, nos termos do art. 124 da LF; **B:** incorreta. Diz o art. 6.º da LF: "a decretação da falência (...) suspende o curso da prescrição e de todas as ações e execuções em face do devedor, inclusive aquelas dos credores particulares <u>do sócio solidário</u>"; **C:** incorreta. Os créditos em moeda estrangeira é que devem ser convertidos para real na data da decisão judicial (art. 77 da LF); **D:** incorreta. Ao contrário, a decretação da falência determina a arrecadação dos bens que estejam na posse do falido (art. 108 da LF).

Gabarito "A"

(OAB/Exame Unificado – 2012.3.A) A respeito do processo de falência, assinale a afirmativa correta.

(A) As restituições em dinheiro determinadas por sentença judicial poderão ser realizadas antes do pagamento de qualquer crédito.

(B) Ao serem classificados, os créditos com garantia real terão preferência sobre os créditos tributários, independentemente do valor do bem dado em garantia.

(C) Os créditos decorrentes das remunerações devidas ao administrador judicial e seus auxiliares serão pagos com preferência em relação aos credores concursais.

(D) Os credores remanescentes da recuperação deverão habilitar seus créditos na falência, em qualquer hipótese, quando da convolação da recuperação judicial em falência.

A: incorreta. As restituições em dinheiro não preferem à antecipação dos créditos trabalhistas de natureza salarial até o limite de cinco salários mínimos (art. 151 da LF); **B:** incorreta. A preferência dos créditos com garantia real é limitada ao valor do bem gravado (art. 83, II, da LF); **C:** correta. Trata-se de créditos extraconcursais previstos no art. 84, I, da Lei 11.101/2005, os quais são pagos antes dos créditos concursais; **D:** incorreta. Os credores que já estiverem inseridos na recuperação judicial que vier a ser convolada em falência não dependem de habilitação de crédito para serem inseridos no quadro-geral de credores (art. 80 da LF).

Gabarito "C"

(OAB/Exame Unificado – 2012.1) Dentre as alternativas abaixo, indique aquela que corresponde a um crédito que deve ser classificado como extraconcursal:

(A) Multas por infração do Código de Postura Municipal.

(B) Custas judiciais relativas às ações e execuções em que a massa tenha sido vencida.

(C) Créditos quirografários sujeitos à recuperação judicial pertencentes a fornecedores de bens ou serviços que continuaram a provê-lo normalmente após o pedido de recuperação judicial.

(D) Os saldos dos créditos não cobertos pelo produto da alienação dos bens vinculados ao seu pagamento.

Créditos extraconcursais são aqueles previstos no art. 84 da Lei 11.101/2005 e podem ser definidos, em poucas palavras, como dívidas da massa falida, não do devedor falido. Dentre as listas, as únicas obrigações que estão previstas como extraconcursais são as custas judiciais devidas pela massa em processos nos quais tenha sido vencida (art. 84, IV, da Lei 11.101/2005).

Gabarito "B"

(OAB/Exame Unificado – 2011.3.B) A respeito da classificação dos créditos na falência, é correto afirmar que:

(A) os créditos com privilégio geral têm preferência sobre os créditos tributários.

(B) os créditos quirografários têm preferência sobre os créditos com privilégio especial.

(C) os créditos com privilégio especial têm preferência sobre os créditos tributários.

(D) os créditos quirografários têm preferência sobre os créditos subordinados.

A interpretação conjunta dos arts. 83 e 84 da Lei 11.101/2005 determina a seguinte ordem de pagamento dos créditos: antecipação de créditos salariais vencidos nos três últimos meses, limitados a cinco salários mínimos por trabalhador; restituições em dinheiro; créditos extraconcursais, na ordem estabelecida no art. 84; créditos trabalhistas limitados a 150 salários-mínimos por trabalhador e créditos decorrentes de acidentes de trabalho; créditos com garantia real até o valor do bem gravado; créditos tributários, com exceção das multas; créditos com privilégio especial; créditos com privilégio geral; créditos quirografários; multas contratuais e tributárias; e créditos subordinados.

Gabarito "D"

(OAB/Exame Unificado – 2011.1) A sociedade empresária XYZ Computação Gráfica S.A. teve sua falência decretada. Na correspondente sentença, foi autorizada a continuação provisória das atividades da falida com o administrador judicial, fato esse que perdurou por um período de 10 (dez) meses. Como são juridicamente qualificados os titulares dos créditos trabalhistas relativos a serviços prestados durante esse interregno posterior à decretação da falência?

(A) Credores reivindicantes.
(B) Credores extraconcursais.
(C) Credores concursais.
(D) Credores concorrentes prioritários.

Quaisquer créditos, inclusive de natureza trabalhista, constituídos após a decretação da quebra serão considerados extraconcursais, porque seus detentores são credores da massa falida, não do falido. Especificamente quanto aos créditos trabalhistas, veja-se o art. 84, I, da Lei de Falências e Recuperação de Empresas – LF (Lei 11.101/2005).

Gabarito "B".

(OAB/Exame Unificado – 2010.3) A sociedade empresária denominada KLM Fábrica de Móveis Ltda. teve a sua falência decretada. No curso do processo, restou apurado que a sociedade, pouco antes do ajuizamento do requerimento que resultou na decretação de sua quebra, havia promovido a venda de seu estabelecimento, independentemente do pagamento de todos os credores ao tempo existentes, ou do consentimento destes, de modo expresso ou tácito, e sem que lhe restassem bens suficientes para solver o seu passivo.

Diante desse quadro, é correto afirmar que a alienação é:

(A) revogável por iniciativa do administrador judicial.
(B) ineficaz em relação à massa falida.
(C) anulável por iniciativa do administrador judicial.
(D) nula de pleno direito.

O trespasse, na hipótese de não restarem ao alienante do estabelecimento bens suficientes para solver o seu passivo, depende da concordância, expressa ou tácita, de todos os credores. A ausência desta diligência é considerada ato de falência. Além disso, dispõe expressamente o art. 129, VI, da Lei 11.101/2005, que é ineficaz em relação à massa falida, ao lado de outros atos do devedor. Vale anotar que, nesta hipótese, não se exige que o trespasse seja realizado dentro do termo legal da falência.

Gabarito "B".

(OAB/Exame Unificado – 2010.1) Suponha que Maria tenha ajuizado ação de cobrança contra a pessoa jurídica Y, a qual, no curso da referida ação de conhecimento, teve sua falência decretada pelo juízo competente. Considerando essa situação hipotética, assinale a opção correta com base na legislação de regência.

(A) A decretação da falência de Y não pode suspender o curso da ação proposta por Maria.
(B) Caso a sede de Y esteja localizada fora do país, o juízo competente para a decretação da falência será o do local de sua filial no Brasil.
(C) O juízo competente para processar a ação proposta por Maria, poderá determinar, de imediato, a reserva da importância que estimar devida na falência.
(D) Se a habilitação do crédito de Maria ocorrer após a homologação do quadro geral de credores e for recebida como retardatária, Maria perderá o direito aos rateios eventualmente realizados, mas o valor de seu crédito será acrescido de juros e atualizado monetariamente até a data de sua integral satisfação.

A: incorreta, pois a *vis atractiva* do juízo falimentar determina que sejam suspensas as ações e execuções do devedor, exceto as que demandem quantia ilíquida ou que tenham competência absoluta determinada em razão da matéria (trabalhistas e tributárias, por exemplo), a partir da decretação da quebra; **B:** correta, nos exatos termos do art. 3.º da Lei 11.101/2005. Para empresas sediadas no país, a competência é determinada pelo principal estabelecimento do devedor. Já quando se tratar de empresa com sede no estrangeiro, fixar-se-á a competência pelo local da filial aqui instalada; **C:** incorreta. A Lei de Falência autoriza a reserva do numerário determinada apenas pelo juiz competente para julgar ação que demande quantia ilíquida ou do juiz trabalhista, nos termos do art. 6.º, § 3.º, da Lei 11.101/2005; **D:** incorreta, vez que as habilitações retardatárias (aquelas apresentadas após o transcurso do prazo de 15 dias contados da publicação do edital com a primeira relação de credores) não fazem jus ao cálculo de juros e demais acessórios sobre o crédito (art. 10, § 3.º, da Lei 11.101/2005).

Gabarito "B".

(OAB/Exame Unificado – 2008.3) Com relação ao encerramento da falência, assinale a opção correta.

(A) Da sentença de encerramento da falência caberá apelação.
(B) A falência somente se encerra após a extinção de todas as obrigações do falido.
(C) Para o encerramento, o administrador judicial deverá apresentar as contas, acompanhadas dos documentos comprobatórios, nos próprios autos da falência.
(D) As contas do administrador judicial poderão ser impugnadas no prazo de 5 dias, contados da data de sua apresentação ao juízo da falência.

A: correta. O recurso cabível da sentença que encerra a falência é mesmo a apelação (art. 154, § 6.º, da Lei 11.101/2005); **B:** incorreta, diante do que dispõe o art. 156 da Lei 11.101/2005: a falência é encerrada após o relatório final do administrador judicial; **C:** incorreta. As contas do administrador judicial e os respectivos documentos serão juntados a autos apartados que, posteriormente, serão apensados aos autos da falência (art. 154, § 1.º, da Lei 11.101/2005); **D:** incorreta, pois o prazo estabelecido no art. 154, § 2.º, da Lei 11.101/2005, é de 10 (dez) dias.

Gabarito "A".

(OAB/Exame Unificado – 2008.1) Consoante a regulamentação processual da falência, prevista na Lei 11.101/2005, compete necessariamente ao juízo falimentar:

(A) a ação em que o falido figurar como autor e que seja oferecida após a decretação da falência.
(B) o pedido de restituição de bem alheio sob posse do devedor quando da decretação da falência.
(C) a reclamação trabalhista oferecida contra o falido após a decretação da falência.
(D) a execução fiscal em curso contra o devedor falido quando da decretação da falência.

Nem toda ação em que o falido figure como autor será necessariamente processada pelo juízo falimentar. Ações trabalhistas e fiscais, por terem varas especializadas para julgamento, seguirão perante os respectivos juízos (art. 76). Já o pedido de restituição é ação específica do regime jurídico falimentar, processada junto ao mesmo juízo que decretou a quebra (art. 85 da Lei 11.101/2005).

Gabarito "B".

(OAB/Exame Unificado – 2008.1) Com relação aos efeitos da declaração de falência, assinale a opção correta.

(A) Havendo falência, seja do locador, seja do locatário, resolve-se o contrato de locação.
(B) Desde a decretação da falência ou do sequestro, o devedor perde o direito de administrar seus bens ou deles dispor até a sentença que extingue suas obrigações.

(C) As conta-correntes com o devedor consideram-se encerradas no momento de decretação da falência, verificando-se o respectivo saldo.

(D) O mandato conferido pelo devedor, antes da falência, para a realização de negócios, subsiste à decretação da falência.

A: incorreta. A falência do locador não resolve o contrato de locação (art. 119, VII, da Lei 11.101/2005); **B:** incorreta, pois o art. 116 da Lei 11.101/2005 não estabelece o termo da suspensão do direito de administrar os bens como a sentença que extingue as obrigações do falido; **C:** correta. Trata-se de cópia literal do art. 121 da Lei 11.101/2005; **D:** incorreta. A falência faz cessar os efeitos do mandato conferido pelo devedor (art. 120 da Lei 11.101/2005).

Gabarito "C"

(OAB/Exame Unificado – 2007.3) Segundo a Lei 11.101/2005, a condenação por crime falimentar:

(A) impede o exercício de qualquer atividade empresarial pelo prazo de 5 anos, a contar do decreto da falência.

(B) não impossibilita o falido de gerir empresa por mandato.

(C) não impede exercício do cargo de gerência.

(D) impede o falido de exercer cargo ou função em conselho de administração.

A condenação por crime falimentar gera uma série de impedimentos ao exercício de atividades empresariais ao falido. Dentre eles, não poderá exercer atividade empresária pelo prazo de 10 (dez) anos, nem mesmo através de mandato. Não poderá, ainda, ser nomeado gerente de empresa alheia ou membro de conselho de administração (art. 181 da Lei 11.101/2005).

Gabarito "D"

(OAB/Exame Unificado – 2007.3) A decretação da falência das concessionárias de serviços públicos:

(A) Implica sua transferência para outra concessionária nomeada pelo Juízo da Falência, no prazo de 180 dias, a contar da data da prolação da sentença que decretou a falência.

(B) É vedada pela Lei 11.101/2005.

(C) Implica a administração da concessão pelo administrador judicial enquanto perdurar o processo de falência.

(D) Implica extinção da concessão.

Das alternativas expostas, a única que encontra guarida no ordenamento jurídico é a letra D, conforme disposto no art. 195 da Lei 11.101/2005.

Gabarito "D"

(OAB/Exame Unificado – 2007.3) Não tem legitimidade ativa para requerer a falência do devedor:

(A) o empresário irregular.

(B) o credor com garantia real.

(C) o herdeiro do devedor.

(D) o próprio devedor.

O empresário que não registra seus atos constitutivos, irregular portanto, não pode pedir a falência de seu devedor, legitimidade conferida a qualquer outro credor, o herdeiro do devedor ou ele próprio (art. 97 da Lei 11.101/2005).

Gabarito "A"

(OAB/Exame Unificado – 2007.2) Com respeito à ação revocatória prevista na legislação falimentar, assinale a opção incorreta.

(A) Entre os legitimados ao ajuizamento da ação revocatória, encontra-se o Ministério Público.

(B) Na sistemática da revocatória, consideram-se inexistentes os atos praticados com a intenção de prejudicar credores, desde que se prove o conluio fraudulento entre o devedor (falido) e o terceiro que com ele contratar.

(C) A ação revocatória correrá perante o juízo da falência e obedecerá ao rito ordinário previsto no Código de Processo Civil.

(D) A ação revocatória pode ser promovida contra todos os que figuraram no ato ou que por efeito dele foram garantidos ou beneficiados.

A: correta, conforme disposto no art. 132 da LF; **B:** incorreta, devendo ser assinalada. Os atos são revogáveis (anuláveis), não inexistentes. Veja-se o art. 130 da LF; **C:** correta. Trata-se de cópia literal do art. 134 da Lei 11.101/05; **D:** correta. As pessoas listadas são efetivamente legitimadas para figurar no polo passivo da ação revocatória (art. 133, I, da LF).

Gabarito "B"

(FGV – 2010) As obrigações do falido extinguem-se quando:

(A) a sentença encerra o procedimento falimentar.

(B) o juiz homologa as contas do administrador judicial.

(C) o falido paga mais de 50% dos créditos quirografários, depois de realizado todo o seu ativo.

(D) após a manifestação do Ministério Público no sentido da extinção das obrigações.

(E) dois anos após o encerramento da falência.

Conforme dispõe o art. 158 da Lei de Falência, as obrigações do falido são extintas pelo pagamento de todos os créditos ou pelo pagamento de, pelo menos, 50% dos créditos quirografários após a realização do ativo. Não atingido este índice, as obrigações serão extintas após o decurso do prazo de dez ou cinco anos contados da sentença de encerramento da falência, conforme tenha o falido sido condenado, ou não, por crime falimentar.

Gabarito "C"

(FGV – 2010) A respeito da *disciplina jurídica falimentar* no Brasil, é correto afirmar que:

(A) a Lei 11.101/2005, que disciplina a falência, aplica-se a todos aqueles que desenvolvem atividade econômica.

(B) é competente para decretar a falência necessariamente o juízo do local da sede da empresa.

(C) todos os sócios ou acionistas da sociedade falida ficam inabilitados para exercer qualquer atividade empresarial desde a decretação de falência até a sentença de extinção de suas obrigações.

(D) o falido não pode se ausentar do lugar onde se processa a falência sem motivo justo e comunicação expressa ao juiz, bem como deve constituir procurador.

(E) com a decretação de falência, o juízo universal passa a ser competente para julgar as execuções de natureza fiscal do falido.

A: incorreta. Não são todas as atividades econômicas que se sujeitam ao regime jurídico falimentar da Lei 11.101/2005. As atividades não empresárias estão fora dele, bem como outras que, apenas de serem consideradas empresárias, estão expressamente excluídas, por contarem com regime próprio de liquidação em caso de insolvência, como as instituições financeiras e seguradoras (art. 2.º da Lei 11.101/2005); **B:** incorreta, pois o foro competente para decretação da falência, deferir a recuperação judicial ou homologar a recuperação extrajudicial é o do principal estabelecimento do devedor (art. 3.º da Lei 11.101/2005), que não se confunde com a sede. Principal estabelecimento é aquele com maior volume de negócios; **C:** incorreta, vez que o impedimento para exercer empresa atinge apenas os sócios e acionistas com responsabilidade ilimitada (art. 81 da Lei 11.101/2005); **D:** correta, nos exatos termos do art. 104, III, da Lei 11.101/2005; **E:** incorreta. É certo que a decretação da falência instaura o juízo universal, competente para julgar todas as ações de interesse do falido, que ficam então suspensas a partir da decretação da quebra. Ocorre que existem exceções, ações que prosseguem nos respectivos juízos até seu final, para após serem habilitados no juízo universal. Elas estão dispostas no art. 76 da Lei 11.101/2005, dentre as quais se encontram as causas de natureza fiscal.

Gabarito "D"

(FGV – 2010) Com relação à falência, analise as afirmativas a seguir.

I. Na falência, não podem ser reclamados os créditos de obrigações a título gratuito.
II. Na falência, não é atribuição da assembleia geral de credores a constituição do Comitê de Credores.
III. O prazo para o credor apresentar ao administrador judicial a sua habilitação ou a sua divergência quanto ao crédito relacionado é de 15 (quinze) dias, contados da publicação do Edital.

Assinale:

(A) se todas as afirmativas estiverem corretas.
(B) se somente a afirmativa I estiver correta.
(C) se somente a afirmativa II estiver correta.
(D) se somente a afirmativa III estiver correta.
(E) se somente as afirmativas I e III estiverem corretas.

I: correta, conforme o art. 5.º, I, da Lei 11.101/2005; **II:** incorreta, pois é atribuição da assembleia geral de credores, tanto na falência como na recuperação judicial, a constituição do Comitê de Credores, a escolha de seus membros e sua substituição – art. 35, I, *b*, e II, *b*, da Lei 11.101/2005; **III:** correta, nos termos do art. 7.º, § 1.º, da Lei 11.101/2005.

Gabarito "E"

(FGV – 2010) Com relação ao tema *Efeitos da Decretação da Falência*, considere as afirmativas a seguir.

I. Os contratos bilaterais se resolvem *ex lege* pela decretação da falência, podendo ser cumpridos somente para a manutenção e preservação da massa falida, mediante autorização do administrador judicial.
II. O mandato conferido pelo devedor, antes da falência, para a realização de negócios, cessará seus efeitos com a decretação da falência, cabendo ao mandatário prestar contas de sua gestão.
III. A decretação da falência preserva o exercício do direito de retenção sobre os bens sujeitos à arrecadação, os quais poderão permanecer na posse dos credores até o encerramento do processo falimentar.

Assinale:

(A) se somente a afirmativa I for verdadeira.
(B) se somente a afirmativa II for verdadeira.
(C) se somente a afirmativa II e III forem verdadeira.
(D) se somente as afirmativas I e III forem corretas.
(E) se todas as afirmativas forem corretas.

I: incorreta, pois os contratos bilaterais não se resolvem pela falência – art. 117 da Lei de Falência e Recuperação de Empresas – LF (Lei 11.101/2005); **II:** correta, conforme o art. 120 da Lei 11.101/2005; **III:** incorreta, pois o direito de retenção dos bens sujeitos à arrecadação fica suspenso, devendo ser entregues ao administrador judicial – art. 116, I, da Lei 11.101/2005.

Gabarito "B"

(FGV – 2010) Nos termos da Lei 11.101/05, que regula a recuperação judicial, a extrajudicial e a falência do empresário e da sociedade empresária, no que tange ao *Pedido de Restituição*, assinale a afirmativa correta.

(A) A restituição de coisa vendida a crédito e entregue ao devedor, nos 15 (quinze) dias anteriores ao requerimento de sua falência, poderá ser pedida se ainda não alienada.
(B) A sentença que reconhecer o direito do requerente determinará a entrega da coisa no prazo de 24 (vinte e quatro) horas.
(C) A apelação com efeito suspensivo da sentença que julgar o pedido de restituição, é cabível.
(D) O autor do pedido de restituição, que pretender receber o bem ou a quantia reclamada antes do trânsito em julgado da sentença, não precisará prestar caução.
(E) O pedido de restituição não suspende a disponibilidade da coisa até o trânsito em julgado.

A: correta, conforme o art. 85, parágrafo único, da LF; **B:** incorreta, pois o prazo, para a entrega da coisa é de 48 horas – art. 88 da LF; **C:** incorreta, já que a apelação, nesse caso, não tem efeito suspensivo – art. 90 da LF; **D:** incorreta, pois é devida a caução – art. 90, parágrafo único, da LF; **E:** incorreta, pois o pedido de restituição suspende a disponibilidade da coisa até o trânsito em julgado – art. 91 da Lei 11.101/2005.

Gabarito "A"

(FGV – 2010) Constitui fundamento do pedido de falência, a hipótese de o devedor, no prazo estabelecido, deixar de cumprir:

(A) a obrigação assumida perante o Comitê de Credores.
(B) a obrigação assumida por meio de títulos de créditos, líquidos e certos.
(C) a obrigação assumida no plano de recuperação judicial.
(D) a obrigação assumida no processo de execução fiscal.
(E) a obrigação assumida no processo de execução extrajudicial.

A decretação de falência decorre da insolvência jurídica, caracterizada pela (i) impontualidade injustificada, (ii) execução frustrada ou (iii) prática de atos de falência – art. 94, I, II e III, da Lei 11.101/2005. A alternativa C indica um dos atos de falência listados no art. 94, III, da Lei 11.101/2005 (alínea *g*).

Gabarito "C"

(FGV – 2010) Assinale a alternativa que não se configura como hipótese para decretação de falência prevista na Lei 11.101/05.

(A) Existência de patrimônio líquido negativo do empresário ou sociedade empresária.
(B) Sem relevante razão de direito, o empresário ou sociedade empresária não paga, no vencimento, obrigação líquida materializada em título ou títulos executivos protestados cuja soma ultrapasse o equivalente a 40 salários mínimos.

(C) Executado por qualquer quantia líquida, o empresário ou sociedade empresária não paga, não deposita ou não nomeia bens suficientes dentro do prazo legal.

(D) O empresário ou sociedade empresária procede à liquidação precipitada de seus ativos ou lança mão de meio ruinoso ou fraudulento para realizar pagamentos, e estes atos não fazem parte de planejamento de recuperação judicial.

(E) O empresário ou sociedade empresária transfere estabelecimento a terceiros, credores ou não, sem o consentimento de todos os credores e sem ficar com bens suficientes para solver seu passivo, e isto não faz parte do plano de recuperação judicial.

A: incorreta, devendo ser assinalada, pois o patrimônio líquido, embora possa configurar, juntamente com outros dados, insolvência econômica do empresário ou da sociedade empresária, não caracteriza insolvência jurídica (impontualidade injustificada, execução frustrada ou prática de atos de falência), ou seja, não é indicado pela lei como fundamento para a decretação da falência; **B:** correta, pois essa é a impontualidade injustificada – art. 94, I, da Lei 11.101/2005; **C:** correta, pois é o caso da execução frustrada – art. 94, II, da Lei 11.101/2005; **D** e **E:** corretas, pois as assertivas indicam prática de atos de falência – art. 94, III, *a* e *c*, da Lei 11.101/2005.

Gabarito "A"

(FGV – 2010) Assinale a afirmativa que completa corretamente o fragmento a seguir. *A sentença que decreta a falência de uma empresa,*

(A) determinará obrigatoriamente o encerramento das atividades do falido e a lacração dos estabelecimentos empresarias.

(B) apresentará o quadro geral de credores.

(C) ordenará ao Registro Público de Empresas que no registro da empresa falida conste a expressão "Falido", a data da decretação da falência e a inabilitação do falido para o exercício de qualquer atividade empresarial.

(D) extinguirá a pessoa jurídica da empresa falida.

(E) deverá declarar a indisponibilidade dos bens dos sócios da sociedade limitada falida.

A e **D:** incorretas, pois a falência promove o afastamento do devedor de suas atividades, mas não o encerramento, lacração dos estabelecimentos ou extinção da pessoa jurídica – arts. 75 e 99 da Lei 11.101/2005; **B:** incorreta, pois a formação do quadro geral de credores se dará posteriormente – arts. 99, III e IV, e 14 da Lei 11.101/2005; **C:** correta, conforme o art. 99, VIII, da LF; **E:** incorreta, pois a indisponibilidade dos bens do sócio pode ser ordenada no curso do processo (não necessariamente na sentença que decreta a falência) e apenas no caso de responsabilização por danos – art. 82, § 2.°, da Lei 11.101/2005.

Gabarito "C"

(FGV – 2009) A respeito da *disciplina jurídica brasileira* das empresas em crise, é correto afirmar que:

(A) estão sujeitos à disciplina da Lei 11.101/2005 (Lei de Falências e Recuperação de Empresas) os empresários, as sociedades empresárias, as instituições financeiras privadas, as sociedades seguradoras e as cooperativas de crédito.

(B) os sócios das sociedades limitadas estão sujeitos aos efeitos jurídicos da falência produzidos em relação à sociedade empresária falida.

(C) durante o procedimento de recuperação judicial, os administradores da sociedade podem ser mantidos em seus cargos com competência para a condução dos negócios sociais.

(D) todos os credores, inclusive os de natureza tributária e trabalhista, podem participar da negociação da recuperação extrajudicial.

(E) o plano de recuperação judicial deverá ser apresentado pelo devedor e aprovado pela unanimidade dos devedores, sob pena de ser decretada a falência.

A: incorreta, pois não se submetem ao regime da Lei 11.101/2005 (i) empresa pública e sociedade de economia mista, (ii) instituição financeira pública ou privada, cooperativa de crédito, consórcio, entidade de previdência complementar, sociedade operadora de plano de assistência à saúde, sociedade seguradora, sociedade de capitalização e outras entidades legalmente equiparadas às anteriores – art. 2.°, I e II, da Lei 11.101/2005; **B:** incorreta, pois o patrimônio do sócio não responde pelos débitos da sociedade limitada falida (arts. 77 e 81 da Lei 11.101/2005), exceto em caso de apuração de responsabilidade por dano (art. 82 da Lei 11.101/2005); **C:** correta, nos termos do art. 64 da Lei 11.101/2005; **D:** incorreta, pois as normas da recuperação extrajudicial não se aplicam a titulares de créditos de natureza tributária, derivados da legislação do trabalho ou decorrentes de acidente de trabalho – art. 161, § 1.°, da Lei 11.101/2005; **E:** incorreta, pois o art. 45 da Lei 11.101/2005 não exige unanimidade dos credores para a aprovação do plano de recuperação.

Gabarito "C"

(FGV – 2009) Nos termos da Lei 11.101/2005, não se configura como *crime falimentar:*

(A) praticar, antes ou depois da sentença que decreta a falência, conceder a recuperação judicial ou homologar a recuperação extrajudicial, ato fraudulento de que resulte ou possa resultar prejuízo aos credores, com o fim de obter ou assegurar vantagem indevida para si ou para outrem.

(B) manter a atividade empresarial após a concessão da recuperação judicial ou a homologação da recuperação extrajudicial.

(C) violar, explorar ou divulgar, sem justa causa, sigilo empresarial ou dados confidenciais sobre operações ou serviços, contribuindo para a condução de devedor a estado de inviabilidade econômica ou financeira.

(D) divulgar ou propalar, por qualquer meio, informação falsa sobre devedor em recuperação judicial, com o fim de levá-lo à falência ou de obter vantagem.

(E) sonegar ou omitir informações ou prestar informações falsas no processo de falência, de recuperação judicial ou de recuperação extrajudicial, com o fim de induzir a erro o juiz, o Ministério Público, os credores, o Comitê ou o administrador judicial.

A: incorreta, pois se trata de crime previsto no art. 168 da Lei 11.101/2005; **B:** correta, pois não se trata de crime, até porque a recuperação judicial ou extrajudicial não impede a atividade empresarial do devedor; **C:** incorreta, pois se trata de crime previsto no art. 169 da Lei 11.101/2005; **D:** incorreta, pois se trata de crime previsto no art. 170 da Lei 11.101/2005; **E:** incorreta, pois se trata de crime previsto no art. 171 da Lei 11.101/2005.

Gabarito "B"

(FGV – 2009) *ABS Agroindustrial S.A.* é empresa exportadora de produtos relacionados com o plantio de cana de açúcar. Para viabilizar a próxima safra, em 01 de junho de 2009, contratou adiantamento de contrato de câmbio com o *Banco XPTO S.A.* no valor de R$ 800.000,00 (oitocentos mil reais). Em 15 de julho de 2009, foi decretada a falência da *ABS Agroindustrial S.A.* Considerando os fatos acima, assinale a alternativa correta.

(A) O *Banco XPTO* deverá habilitar o seu crédito na falência, tendo prioridade sobre todos os demais créditos.

(B) O *Banco XPTO* deverá habilitar o seu crédito na falência, tendo prioridade sobre os credores, salvo sobre os créditos de natureza trabalhista.

(C) O *Banco XPTO* deverá habilitar o seu crédito na falência, tendo prioridade sobre os credores, salvo sobre os créditos de natureza trabalhista e tributária.

(D) O *Banco XPTO* tem direito à restituição em dinheiro da quantia entregue ao devedor, decorrente do adiantamento do contrato de câmbio.

(E) O *Banco XPTO* deverá esperar a colheita da próxima safra e a sua comercialização para receber a quantia que lhe cabe.

Trata-se de caso de restituição em dinheiro da importância entregue ao devedor, em moeda corrente nacional, decorrente de adiantamento a contrato de câmbio para exportação, previsto pelo art. 86, II, da Lei 11.101/2005 e indicado adequadamente na alternativa D.

Gabarito "D"

(FGV – 2009) As condutas relacionadas nas alternativas a seguir, quando realizadas pelo devedor, podem ser consideradas como atos de falência, à exceção de uma. Assinale-a.

(A) Deixar de pagar, no vencimento, obrigação líquida materializada em título ou títulos executivos protestados.

(B) Transferir estabelecimento a terceiro, credor ou não, sem o consentimento de todos os credores e sem ficar com bens suficientes para solver seu passivo.

(C) Simular a transferência de seu principal estabelecimento com o objetivo de burlar a legislação ou a fiscalização ou para prejudicar credor.

(D) Dar ou reforçar garantia a credor por dívida contraída anteriormente sem ficar com bens livres e desembaraçados suficientes para saldar seu passivo.

(E) Deixar de cumprir, no prazo estabelecido, obrigação assumida no plano de recuperação judicial.

A: correta. Essa é a alternativa que não indica ato de falência, pois não está listado no art. 94, III, da Lei 11.101/2005. A situação pode configurar impontualidade injustificada, desde que o valor ultrapasse 40 salários mínimos – art. 94, I, da Lei 11.101/2005; **B:** incorreta. A assertiva indica ato de falência previsto no art. 94, III, *c*, da Lei 11.101/2005; **C:** incorreta. Ato de falência previsto no art. 94, III, *d*, da Lei 11.101/2005; **D:** incorreta. Ato de falência previsto no art. 94, III, *e*, da Lei 11.101/2005; **E:** incorreta. A assertiva indica ato de falência previsto no art. 94, III, *g*, da Lei 11.101/2005.

Gabarito "A"

(FGV – 2008) No pedido de falência, com base na impontualidade do empresário, é incorreto afirmar que:

(A) a decretação da falência do empresário pressupõe a demonstração da insuficiência de patrimônio do devedor para pagamento do passivo.

(B) a comprovação da impontualidade do devedor deve ser feita por protesto para fim falimentar nos termos da legislação específica.

(C) a comprovação da regularidade do devedor empresário não é requisito para a decretação da falência.

(D) a legitimidade ativa do credor empresário para requerimento de falência de seu devedor está condicionada à apresentação de certidão expedida pelo Registro Público de Empresas Mercantis que comprove a regularidade de suas atividades.

(E) a falência do devedor empresário não será decretada se o requerido provar, no prazo da contestação, a cessação de atividade empresarial há mais de dois anos do pedido de falência, comprovada por documento expedido pelo Registro Público de Empresas Mercantis.

A: incorreta, devendo ser assinalada, pois, para a decretação de falência, basta que o devedor deixe, injustificadamente, de pagar valor superior a 40 (quarenta) salários-mínimos, representado por títulos executivos protestados, ou que o devedor não pague nem garanta montante executado judicialmente – art. 94, I e II, da Lei 11.101/2005; **B:** correta, conforme o art. 94, I, e § 3.°, da Lei 11.101/2005; **C** e **D:** corretas, pois o devedor não precisa ser sociedade (ou empresário) regularmente inscrita no registro público (basta exercer atividade empresária), mas somente o credor regular pode requerer a falência do devedor – art. 97, § 1.°, da Lei 11.101/2005; **E:** correta, já que a falência por impontualidade (art. 94, I, da Lei 11.101/2005) não será decretada nessa hipótese – art. 96, VIII, da Lei 11.101/2005.

Gabarito "A"

(FGV – 2008) Assinale a alternativa correta.

(A) A decretação da falência interrompe o curso da prescrição relativo às obrigações do falido.

(B) O requerimento de falência suspende as execuções individuais em face do devedor.

(C) O juízo competente para decretação da falência é o do local em que se situa a sede do devedor, ou da filial de empresa que tenha sede fora do Brasil.

(D) O direito brasileiro não admite a falência de pessoa natural.

(E) Contra a massa falida não são exigíveis juros vencidos após a decretação da falência, salvo o dos créditos com garantia real, mas por eles responde, exclusivamente, o produto dos bens que constituem a garantia.

A e **B:** incorretas, pois a decretação de falência (não o simples requerimento) suspende o curso da prescrição e de todas as ações e execuções em face do devedor – art. 6.°, *caput*, da Lei 11.101/2005; **C:** incorreta, pois o juízo competente é do local do principal estabelecimento do devedor ou da filial de empresa que tenha sede fora do Brasil – art. 3.° da Lei 11.101/2005; **D:** incorreta, já que o empresário individual também se sujeita à falência – art. 1.° da Lei 11.101/2005; **E:** correta, conforme o art. 124, *caput* e parágrafo único, da Lei 11.101/2005 – os juros poderão ser exigidos se os bens do falido forem suficientes para pagamento dos créditos subordinados.

Gabarito "E"

(FGV – 2008) A decretação da falência de devedor empresário, com fundamento em atos de falência, gera efeitos decorrentes em relação aos bens do falido. Entre eles, é correto afirmar que:

(A) todos os bens do devedor são atingidos pela falência, salvo direitos e ações existentes na época de sua decretação e os adquiridos no curso do processo.

(B) o falido perde a disposição, a administração, bem como a propriedade de seus bens.

(C) o falido não perde a propriedade de seus bens, perde apenas o direito de disposição e administração.

(D) os bens absolutamente impenhoráveis são passíveis de arrecadação pelo administrador judicial na falência do devedor.

(E) o proprietário de bem arrecadado no processo de falência ou que se encontre em poder do falido na data da decretação da falência deverá habilitar o seu crédito na falência.

A: incorreta, pois todos os bens do devedor são arrecadados, exceto os impenhoráveis – art. 108 da Lei 11.101/2005. Em princípio, o falido não poderá adquirir novos bens, pois perde o direito de administrar seus recursos – art. 103 da Lei 11.101/2005; **B:** incorreta. O falido não perde a propriedade de seus bens, somente o direito de disposição e administração (art. 130 da Lei 11.101/2005); **C:** correta, conforme comentário à alternativa anterior; **D:** incorreta, pois os bens absolutamente impenhoráveis não serão arrecadados – art. 108, § 4.º, da Lei 11.101/2005; **E:** incorreta, já que o proprietário do bem, nessa hipótese, poderá pedir sua restituição – art. 85 da Lei 11.101/2005.

Gabarito "C"

(FGV – 2008) Analise as assertivas a seguir:

I. A Cia. de Engenheiros Associados, sociedade com atos inscritos no Registro Civil de Pessoas Jurídicas, pode ter a sua falência decretada.

II. Os sócios de uma sociedade em nome coletivo não incidem pessoalmente em falência.

III. Não se admite a decretação de falência de instituição financeira.

IV. O protesto do título é condição especial para decretação da falência com fundamento em execução frustrada.

Assinale:

(A) se somente as assertivas I, II e III estiverem corretas.

(B) se somente as assertivas III e IV estiverem corretas.

(C) se somente as assertivas I e IV estiverem corretas.

(D) se somente a assertiva IV estiver correta.

(E) se somente a assertiva I estiver correta.

I: correta. O nome empresarial, em que aparece a abreviação de companhia, indica tratar-se de sociedade anônima (art. 1.160 do CC), que será sempre considerada sociedade empresária, independentemente de seu objeto (art. 982, parágrafo único, do CC) e, portanto, sujeita à falência – art. 1.º da Lei 11.101/2005; **II:** incorreta, pois a decisão que decreta a falência da sociedade com sócios ilimitadamente responsáveis (caso da sociedade em nome coletivo – art. 1.039 do CC) também acarreta a falência destes, que ficam sujeitos aos mesmos efeitos jurídicos produzidos em relação à sociedade falida – art. 81 da Lei 11.101/2005; **III:** incorreta, pois, apesar da literalidade do art. 2.º, II, da Lei 11.101/2005, o interventor ou o liquidante pode pedir a falência, desde que autorizado pelo Banco Central, na forma da Lei 6.024/1974; **IV:** incorreta, pois o protesto do título somente é exigido no caso de pedido de falência baseado na impontualidade injustificada – art. 94, I, e § 3.º, da Lei 11.101/2005.

Gabarito "E"

(FGV – 2008) Em relação à falência, assinale a alternativa correta.

(A) O devedor pode apresentar pedido de recuperação judicial no prazo de 15 dias a contar da citação.

(B) A impontualidade do devedor empresário, na falência, somente pode ser comprovada com a certidão de protesto.

(C) Na falência, a insolvência do devedor é real, ou seja, o passivo do devedor empresário tem que superar seu ativo.

(D) As sociedades em conta de participação incidem em falência, mas podem requerer recuperação judicial.

(E) Da decisão que decreta a falência cabe apelação.

A: incorreta, pois o pedido de recuperação deve ser formulado no prazo da contestação, que é de 10 (dez) dias – arts. 95 e 98 da Lei 11.101/2005; **B:** correta, conforme o art. 94, I e § 3.º, da LF; **C:** incorreta, pois a insolvência não precisa ser real ou econômica. A lei prevê a insolvência jurídica como fundamento para a falência, caracterizada pela (i) impontualidade injustificada, (ii) execução frustrada ou (iii) prática de atos de falência – art. 94 da Lei 11.101/2005; **D:** incorreta, pois a sociedade em conta de participação não tem personalidade jurídica (art. 991 do CC), ou seja, não é sociedade empresarial e, portanto, não se sujeita à falência ou à recuperação judicial – art. 1.º da Lei 11.101/2005. O que pode haver é a falência do sócio ostensivo, o que acarretaria a dissolução da sociedade – art. 994, § 2.º, do CC; **E:** incorreta, pois da decisão que decreta a falência cabe agravo, e da sentença que julga a improcedência do pedido, cabe apelação – art. 100 da Lei 11.101/2005.

Gabarito "B"

(FGV – 2005) Segundo a legislação em vigor, não se extinguem as obrigações do falido:

(A) em qualquer hipótese, com a sentença de encerramento.

(B) com o pagamento de todos os créditos.

(C) com o pagamento, depois de realizado todo o ativo, de mais de 50% (cinquenta por cento) dos créditos quirografários, sendo facultado ao falido o depósito da quantia necessária para atingir essa porcentagem se para tanto não bastou a integral liquidação do ativo.

(D) com o decurso do prazo de 5 (cinco) anos, contado do encerramento da falência, se o falido não tiver sido condenado por prática de crime previsto na Lei de Falências.

(E) com o decurso do prazo de 10 (dez) anos, contado do encerramento da falência, se o falido tiver sido condenado por prática de crime previsto na Lei de Falências.

A: correta, pois a assertiva indica situação que não extingue, em princípio, as obrigações do falido – art. 156 da Lei 11.101/2005; **B**, **C**, **D** e **E:** incorretas, pois essas assertivas indicam situações que extinguem as obrigações do falido – art. 158, I a IV, da Lei 11.101/2005.

Gabarito "A"

(FGV – 2005) Analise as proposições a seguir a respeito da falência:

I. São exigíveis na falência todas as obrigações do devedor, inclusive as obrigações a título gratuito.

II. Requerida a sua falência, não pode mais o devedor pleitear a recuperação judicial.

III. No processo falimentar, o devedor, uma vez citado, terá quinze dias para apresentar contestação.

Assinale:

(A) se apenas a proposição I estiver correta.

(B) se apenas a proposição II estiver correta.

(C) se apenas a proposição III estiver correta.

(D) se apenas as proposições I e II estiverem corretas.

(E) se nenhuma proposição estiver correta.

I: incorreta, pois há obrigações inexigíveis na falência, como é o caso das obrigações a título gratuito – art. 5.º, I, da Lei 11.101/2005; **II:** incorreta, pois o devedor pode formular pedido de recuperação no prazo da contestação – arts. 95 e 98 da Lei 11.101/2005; **III:** incorreta, pois o prazo para contestação é de 10 dias – art. 98 da Lei 11.101/2005.

Gabarito "E"

4.2. RECUPERAÇÃO JUDICIAL E EXTRAJUDICIAL

(OAB/Exame Unificado – 2016.2) Mostardas, Tavares & Cia Ltda. EPP requereu sua recuperação judicial tendo o pedido sido despachado pelo juiz com a nomeação de Frederico Portela como administrador judicial. Em relação à remuneração do administrador judicial, será observada a seguinte regra:

(A) a remuneração não excederá 5% (cinco por cento) do valor devido aos credores submetidos à recuperação judicial.
(B) caberá ao devedor arcar com as despesas relativas à remuneração do administrador judicial e das pessoas eventualmente contratadas para auxiliá-lo.
(C) a remuneração deverá ser paga até o final do encerramento da verificação dos créditos e publicação do quadro de credores.
(D) será devida remuneração proporcional ao trabalho realizado quando o administrador judicial for destituído por descumprimento de deveres legais.

A: incorreta. O limite de 5% utiliza como parâmetro também o valor de venda dos bens, não só o total dos créditos (art. 24, §1º, da Lei nº 11.101/2005); **B:** correta, nos termos do art. 25 da Lei nº 11.101/2005; **C:** incorreta. A remuneração do administrador judicial será feita em duas partes: 60% junto com o pagamento dos credores e os outros 40% somente após o encerramento da recuperação judicial (art. 24, §2º, da Lei nº 11.101/2005); **D:** incorreta. Nesse caso, o administrador judicial não terá direito a qualquer remuneração (art. 24, §3º, da Lei nº 11.101/2005).

Gabarito "B"

(OAB/Exame Unificado – 2015.3) Calçados Machadinho Ltda. requereu sua recuperação judicial e o pedido foi devidamente processado. O devedor não alterou, no plano de recuperação, o valor ou as condições originais de pagamento do crédito de Curtume Arroio do Sal Ltda. EPP, referentes ao contrato de fornecimento de couro sintético, no valor de R$ 288.000,00 (duzentos e oitenta e oito mil reais). Com base nessas informações e nas disposições da Lei nº 11.101/2005, assinale a afirmativa correta.

(A) A credora não terá direito a voto nas assembleias de credores realizadas durante a recuperação judicial e o crédito não será considerado para fins de verificação de quórum de deliberação.
(B) O crédito será novado com a concessão da recuperação judicial, após a aprovação do plano pela assembleia de credores, como todos os demais créditos sujeitos à recuperação.
(C) A credora poderá votar nas assembleias de credores realizadas durante a recuperação, com base no valor de seu crédito, na classe dos credores microempresários e empresários de pequeno porte (Classe 4).
(D) A partir do processamento da recuperação judicial, é permitido à credora ajuizar ação de cobrança em face do devedor pela manutenção das condições originais de pagamento do crédito no plano de recuperação.

A, B e C: o credor que não tiver alterada qualquer condição de seu crédito junto ao devedor em recuperação judicial não terá direito a voto nem terá seu crédito considerado para fins de deliberação na assembleia de credores. Logo, correta a alternativa "A" (art. 45, §3º, da Lei nº 11.101/2005); D: incorreta. Todos os créditos se sujeitam à recuperação judicial, mesmo que não tenham suas condições alteradas pelo plano (art. 49 da Lei nº 11.101/2005), de sorte que o deferimento do pedido de processamento suspende as ações e execuções em face do devedor (art. 6º, §4º, da Lei nº 11.101/2005).

Gabarito "A"

(OAB/Exame Unificado – 2014.2) Passa Sete Serviços Médicos S/A apresentou a seus credores plano de recuperação extrajudicial, que obteve a aprovação de mais de quatro quintos dos créditos de todas as classes por ele abrangidas. O plano estabeleceu a produção de efeitos anteriores à homologação judicial, exclusivamente, em relação à forma de pagamento dos credores signatários que a ele aderiram, alterando o valor dos créditos com deságio de 30% (trinta por cento). A companhia consultou seu advogado, que se pronunciou corretamente sobre o caso, da seguinte forma:

(A) o plano não pode estabelecer a produção de efeitos anteriores à homologação, devendo o juiz indeferir sua homologação, permitindo, contudo, novo pedido, desde que sanada a irregularidade.
(B) o plano não pode estabelecer a produção de efeitos anteriores à homologação, devendo o juiz negar liminarmente sua homologação e decretar a falência.
(C) é lícito que o plano estabeleça a produção de efeitos anteriores à homologação, desde que exclusivamente em relação à modificação do valor ou da forma de pagamento dos credores signatários.
(D) é lícito que o plano estabeleça a produção de efeitos anteriores à homologação, desde que exclusivamente em relação à supressão da garantia ou sua substituição de bem objeto de garantia real.

Nos termos do previsto no art. 165, *caput* e § 1º, da Lei nº 11.101/2005, o plano de recuperação extrajudicial produz efeitos, em regra, somente após sua homologação judicial. Poderá, porém, prever a produção de efeitos a ela anteriores, desde que se restrinjam à modificação do valor ou da forma de pagamento dos credores signatários.

Gabarito "C"

(OAB/Exame Unificado – 2013.3) Laranja da Terra Comércio de Frutas Ltda. requereu sua recuperação judicial e o pedido foi distribuído para a 2ª Vara Cível.

A distribuição do pedido de recuperação produziu como efeito

(A) a nomeação pelo juiz do administrador judicial dentre os maiores credores da sociedade em recuperação judicial.
(B) a suspensão das ações e execuções ajuizadas anteriormente ao pedido em face do devedor por até 180 (cento e oitenta) dias.
(C) a proibição de alienação ou oneração de bens ou direitos do ativo permanente, salvo evidente utilidade reconhecida pelo juiz, ouvido o Comitê.
(D) o afastamento imediato dos administradores e sócios controladores da sociedade até a deliberação dos credores sobre o plano de recuperação.

A: incorreta. A indicação do administrador judicial ocorrerá somente após o deferimento do processamento da recuperação judicial pelo juiz (art. 52, I, da Lei de Falências); **B**: incorreta. Tal medida somente se dá *após* o deferimento do processamento da recuperação judicial pelo juiz (art. 52, III, da Lei de Falências); **C**: correta, nos termos do art. 66

da Lei de Falências; **D**: incorreta. O afastamento dos administradores e sócios controladores é medida excepcional no campo da recuperação judicial, a qual só ocorrerá nas hipóteses do art. 64 da Lei de Falências.

Gabarito "C"

(OAB/Exame Unificado – 2013.2) Uma sociedade empresária atuante no mercado imobiliário, com sede e principal estabelecimento na cidade de Pedro Afonso, obteve concessão de sua recuperação judicial. Diante da necessidade de alienação de bens do ativo permanente, não relacionados previamente no plano de recuperação, foi convocada assembleia geral de credores. A proposta de alienação foi aprovada em razão do voto decisivo da credora Tuntum Imperatriz Representações Ltda., cujo sócio majoritário tem participação de 25% no capital da sociedade recuperanda.

Com base nas disposições da Lei 11.101/2005 (Lei de Falências e Recuperação Judicial de Empresas), assinale a afirmativa correta.

(A) A decisão é nula de pleno direito, pois a pretensão de alienação de bens do ativo permanente, não relacionados no plano, enseja a convolação da recuperação judicial em falência.

(B) A autorização para a alienação de bens do ativo permanente, não relacionados no plano de recuperação judicial, é uma prerrogativa exclusiva do administrador judicial.

(C) O voto de Tuntum Imperatriz Representações Ltda. não poderia ter sido considerado para fins de verificação do *quorum* de instalação e de deliberação da assembleia geral.

(D) A decisão assemblear é anulável, pois a sociedade Tuntum Imperatriz Representações Ltda. como credora, não poderia ter participado da assembleia geral.

A e **B**: incorretas. É possível a venda de bens do ativo permanente, mesmo não relacionados no plano de recuperação, mediante autorização do juiz; **C**: correta, nos termos do art. 43 da Lei 11.101/2005, que proíbe a contagem do crédito titulado por pessoa jurídica da qual o sócio da empresa devedora participa com mais de 10% do capital social; **D**: incorreta. A participação da credora é permitida, porém ela não possui direito a voto e não deve seu crédito ser computado no *quorum* de deliberação (art. 43 da Lei 11.101/2005).

Gabarito "C"

(OAB/Exame Unificado – 2013.1) Com relação às atribuições do Comitê de Credores, quando constituído no âmbito da recuperação judicial, assinale a afirmativa correta.

(A) Fiscalizar a execução do plano de recuperação judicial.

(B) Fornecer, com presteza, todas as informações exigidas pelos credores interessados.

(C) Consolidar o quadro geral de credores e providenciar sua publicação.

(D) Apresentar ao juiz, para juntada aos autos, relatório mensal das atividades do devedor.

A única alternativa que apresenta uma atribuição do Comitê de Credores é a letra "A" (art. 27, II, *b*, da Lei 11.101/2005). Todas as demais referem-se a obrigações do administrador judicial (art. 22 da Lei 11.101/2005).

Gabarito "A"

(OAB/Exame Unificado – 2012.2) A respeito da recuperação judicial, assinale a afirmativa correta.

(A) O juiz somente poderá conceder a recuperação judicial do devedor cujo plano de recuperação tenha sido aprovado pela assembleia geral de credores.

(B) O devedor poderá desistir do pedido de recuperação judicial a qualquer tempo, desde que antes da concessão da recuperação judicial pelo juiz, bastando, para tanto, comunicar sua desistência ao juízo da recuperação.

(C) O juiz decretará falência, caso o devedor não apresente o plano de recuperação no prazo de 60 (sessenta) dias da publicação da decisão que deferir o processamento da recuperação.

(D) O plano de recuperação apresentado pelo devedor, em hipótese alguma, poderá sofrer alterações.

A: incorreta. É possível que o juiz conceda a recuperação judicial mesmo com a reprovação formal do plano pela assembleia geral, desde que este tenha recebido apoio, assim considerado a reunião dos seguintes requisitos: aprovação em duas das quatro classes; votação favorável de pelo menos 1/3 dos credores da(s) classe(s) que rejeitou(aram) o plano; e voto favorável de credores que representem mais da metade de todos os créditos presentes na assembleia, sem distinção de classes (art. 58, § 1.º, da Lei 11.101/2005); **B**: incorreta. O devedor não poderá desistir do pedido de recuperação após o deferimento de seu processamento (art. 52, § 4.º, da Lei 11.101/2005); **C**: correta, nos termos do art. 53 da Lei 11.101/2005; **D**: incorreta. A assembleia geral poderá propor alterações no plano apresentado pelo devedor, desde que haja anuência deste e as alterações prejudiquem exclusivamente credores ausentes à assembleia (art. 56, § 3.º, da Lei 11.101/2005).

Gabarito "C"

(OAB/Exame Unificado – 2011.3.A) ABC Indústria S.A. é uma companhia em crise econômico-financeira, sendo devedora de salários em atraso a seus empregados, tributos ao governo federal e créditos a diversos fornecedores decorrentes do fornecimento de matéria-prima. A ABC obteve o deferimento do processamento do seu pedido de recuperação judicial, e, na decisão, o juiz determinou a suspensão de todas as ações e execuções contra a ABC, na forma do artigo 6° da Lei 11.101/2005. Não obstante, diversas reclamações trabalhistas, ainda em fase de conhecimento em curso perante a Justiça do Trabalho, e duas execuções fiscais, em curso perante a Justiça Federal, das quais a ABC era ré, prosseguiram normalmente após o referido deferimento do processamento de sua recuperação judicial. A respeito da recuperação judicial da ABC, é correto afirmar que:

(A) o juízo da recuperação deverá oficiar aos juízos em que estão sendo processadas as reclamações trabalhistas e as execuções fiscais para determinar a suspensão imediata de tais feitos.

(B) não há qualquer irregularidade no prosseguimento das reclamações trabalhistas e execuções fiscais mencionadas no enunciado, pois tais ações não são suspensas pelo deferimento do processamento da recuperação judicial.

(C) apenas as execuções fiscais deverão ser suspensas; as reclamações trabalhistas em fase de conhecimento poderão prosseguir até a sentença que tornar líquido o crédito do trabalhador reclamante.

(D) apenas as reclamações trabalhistas em fase de conhecimento deverão ser suspensas; as execuções fiscais deverão prosseguir normalmente.

Nos termos do art. 6.º da Lei 11.101/2005, o deferimento da recuperação judicial determina a suspensão de todas as ações e execuções em face do devedor, com exceção das execuções fiscais (§ 7.º).

Gabarito "D"

(OAB/Exame Unificado – 2011.2) A respeito do Administrador Judicial, no âmbito da recuperação judicial, é correto afirmar que:

(A) o Administrador Judicial, pessoa física, pode ser formado em Engenharia.

(B) perceberá remuneração fixada pelo Comitê de Credores.

(C) será escolhido pela Assembleia Geral de Credores.

(D) somente pode ser destituído pelo Juízo da Falência na hipótese de, após intimado, não apresentar, no prazo de 5 (cinco) dias, suas contas ou os relatórios previstos na Lei 11.101/2005.

Administrador judicial é pessoa nomeada pelo juiz na sentença declaratória de falência ou no deferimento da recuperação judicial para cumprir as atribuições constantes do art. 22 da Lei 11.101/2005. Exige a lei que seja profissional idôneo, *preferencialmente* advogado economista, administrador de empresas ou contador, ou ainda pessoa jurídica especializada (art. 21 da Lei 11.101/2005). Nada obsta, portanto, que seja engenheiro. Sua remuneração é fixada pelo juiz (art. 24 da Lei 11.101/2005). O administrador judicial pode ser destituído pelo juiz sempre que sua atuação se pautar em desobediência aos preceitos legais, descumprimento de deveres, omissão, negligência ou prática de ato lesivo às atividades do devedor ou a terceiros (art. 31 da Lei 11.101/2005). A alternativa "E" traz uma dessas hipóteses, mas está errada ao dizer que "somente pode ser destituído" nesse caso.

Gabarito "A"

(OAB/Exame Unificado – 2008.2) A Lei 11.101/2005 prevê a possibilidade de o empresário renegociar seus débitos mediante os institutos da recuperação judicial e da recuperação extrajudicial. Acerca das semelhanças e diferenças entre ambos os institutos, assinale a opção correta.

(A) Diferentemente do previsto para a recuperação judicial, a recuperação extrajudicial limita-se a procedimento negocial entre o devedor e os respectivos credores, excluída a participação do Poder Judiciário em qualquer uma de suas fases.

(B) Ambos os procedimentos envolvem a negociação de todos os créditos oponíveis ao devedor, sendo a recuperação extrajudicial reservada apenas às microempresas e empresas de pequeno porte.

(C) Ambos os procedimentos exigem que o devedor apresente plano de recuperação, o qual somente vinculará os envolvidos se devidamente aprovado em assembleia geral de credores.

(D) Diferentemente do previsto para a recuperação extrajudicial, o pedido de recuperação judicial poderá acarretar a suspensão de ações e execuções contra o devedor antes que o plano de recuperação do empresário seja apresentado aos credores.

A: incorreta, pois o acordo de recuperação extrajudicial será apresentado junto ao Poder Judiciário para homologação, alcançando assim os credores que não tenham com ele concordado (arts. 162 e 163 da Lei 11.101/2005); **B:** incorreta. Em ambos os procedimentos há débitos do devedor que não podem ser incluídos (arts. 49, § 4.º e 161, § 1.º, da Lei 11.101/2005), bem como a recuperação extrajudicial está aberta a qualquer tipo de empresa que cumpra os requisitos legais; **C:** incorreta. O plano de recuperação judicial, ainda que não alcance o *quorum* determinado em lei para aprovação na assembleia geral de credores, pode vir a ser concedido pelo juiz se atendidos os requisitos do art. 58, § 1.º, da Lei 11.101/2005. Já o plano de recuperação extrajudicial não é submetido à apreciação de assembleia geral de credores, cabendo a estes apenas impugnar o pedido de homologação diretamente em juízo (art. 164 da Lei 11.101/2005); **D:** correta. Nos termos do art. 52, III, da Lei 11.101/2005, o deferimento, pelo juiz, do processamento da recuperação judicial tem o condão de suspender as ações e execuções movidas contra o devedor, sendo certo que o plano somente será apresentado aos credores posteriormente.

Gabarito "D"

(OAB/Exame Unificado – 2007.3) Os sócios da MN Serviços Ltda., pessoa jurídica que atua no ramo de prestação de serviços de limpeza e conservação, visando superar situação de crise econômico-financeira, deliberaram pela recuperação judicial da referida pessoa jurídica. Considerando a situação apresentada e as normas relativas à recuperação judicial das sociedades empresárias, assinale a opção correta.

(A) Para que a MN Serviços Ltda. possa requerer a recuperação judicial, é necessário que ela, no momento do pedido, esteja exercendo regularmente suas atividades há mais de cinco anos.

(B) Apenas os créditos vencidos do devedor, existentes na data do pedido, estarão sujeitos à recuperação judicial.

(C) A petição inicial da MN Serviços Ltda. deve ser instruída com as demonstrações contábeis relativas aos cinco últimos exercícios sociais.

(D) No ato em que for deferido o processamento da recuperação judicial da MN Serviços Ltda., deve ser nomeado administrador judicial, que pode ser pessoa física ou jurídica.

A: incorreta. Bastam dois anos de atividade regular para pleitear a recuperação judicial (art. 48 da Lei 11.101/2005); **B:** incorreta, vez que a recuperação alcança todos os débitos do devedor existentes na data do pedido, vencidos ou não (art. 49 da Lei 11.101/2005); **C:** incorreta, nos termos do art. 51, II, da Lei 11.101/2005, que se contenta com as demonstrações contábeis relativas aos últimos 3 (três) anos; **D:** correta, conforme disposto no art. 52, I, da Lei 11.101/2005, deferido o processamento da recuperação judicial, deve o juiz nomear o administrador judicial, profissional idôneo (de preferência advogado, economista, administrador de empresas ou contador) ou pessoa jurídica especializada.

Gabarito "D"

(OAB/Exame Unificado – 2007.2) A respeito da convolação da recuperação judicial em falência, assinale a opção correta.

(A) Caso o devedor não apresente o plano de recuperação no prazo legal, será intimado a fazê-lo e, somente após, caso não seja apresentado o plano, haverá a convolação em falência.

(B) Se a recuperação tiver sido deferida no curso da falência, é inadmissível a convolação.

(C) A convolação em falência poderá ocorrer por descumprimento de qualquer obrigação assumida no plano de recuperação.

(D) Na convolação, os atos de administração, endividamento, oneração ou alienação praticados durante a recuperação judicial presumem-se inválidos.

Em termos sucintos, a convolação pode ser definida como a conversão automática da recuperação judicial em falência por sentença do juiz nos casos previstos no art. 73 da Lei 11.101/2005, todos eles caracterizados pelo descumprimento de alguma obrigação do devedor durante o processamento ou a execução da recuperação judicial. Assim, cabe ao devedor apresentar o plano de recuperação no prazo legal, sem nova intimação a fazê-lo, e nada obsta a convolação de recuperação judicial deferida no curso de procedimento falimentar, verificada qualquer das hipóteses do art. 73. A Lei 11.101/2005 determina, ainda, que todos os atos de administração, endividamento, oneração ou alienação, desde que praticados conforme a lei, presumem-se válidos (art. 74). Logo, dentre as alternativas apresentadas, a única que contempla hipótese de convolação é a letra C, o descumprimento de qualquer obrigação prevista no plano de recuperação, conforme descrito no art. 73, IV, da Lei 11.101/2005.

Gabarito "C"

(OAB/Exame Unificado – 2007.1) O plano de recuperação judicial para microempresas e para empresas de pequeno porte:

(A) Prevê parcelamento das dívidas em até 72 parcelas mensais, iguais e sucessivas, corrigidas monetariamente e acrescidas de juros de 6% a.a.
(B) Abrange toda e qualquer sorte de crédito.
(C) Estabelece a necessidade de autorização do juiz, após ouvidos o administrador judicial e o comitê de credores, para o devedor aumentar despesas ou contratar empregados.
(D) Prevê o pagamento da primeira parcela das dívidas no prazo máximo de 30 dias, contados da distribuição do pedido de recuperação judicial.

As ME's e EPP's possuem um plano especial de recuperação, o qual não precisa ser aprovado pela assembleia geral de credores, sendo automaticamente deferido pelo juiz após análise dos requisitos legais. São suas características: pagamento em até 36 (trinta e seis) parcelas mensais iguais e sucessivas, acrescidas de juros equivalentes à taxa Sistema Especial de Liquidação e de Custódia - SELIC, podendo conter ainda a proposta de abatimento do valor das dívidas; (Redação dada pela Lei Complementar n. 147, de 2014); abrangerá todos os créditos existentes na data do pedido, ainda que não vencidos, excetuados os decorrentes de repasse de recursos oficiais, os fiscais e os previstos nos §§ 3º e 4º do art. 49, (Redação dada pela Lei Complementar nº 147, de 2014); necessidade de autorização do juiz, ouvido o administrador judicial e o Comitê, para aumentar despesas ou contratar empregados; e deve prever o pagamento da primeira parcela no prazo máximo de 180 (cento e oitenta) dias, contados da distribuição do pedido (art. 71 da Lei 11.101/2005).

Gabarito "C"

(OAB/Exame Unificado – 2006.3) Nos termos da nova Lei de Falências, entre as entidades a que se aplicam a recuperação judicial e a extrajudicial, incluem-se:

(A) As empresas públicas.
(B) As sociedades de economia mista.
(C) As empresas que explorem serviços aéreos.
(D) As instituições financeiras.

Empresas públicas, sociedades de economia mista e instituições financeiras estão expressamente excluídas do regime jurídico falimentar da Lei 11.101/2005, conforme dispõe seu art. 2.º.

Gabarito "C"

(OAB/Exame Unificado – 2006.2) Quanto à falência, no regime da Lei 11.101/2005, assinale a opção correta.

(A) As empresas públicas estão sujeitas aos termos da referida lei.
(B) É competente para homologar o plano de recuperação extrajudicial, deferir a recuperação judicial ou decretar a falência o juízo do local da sede do empresário ou da sociedade empresária, ou da filial de empresa que tenha sede fora do Brasil.
(C) São exigíveis do devedor, na recuperação judicial ou na falência, as obrigações a título gratuito.
(D) Não são exigíveis do devedor, na recuperação judicial ou na falência, as despesas que os credores fizerem para nelas tomar parte, salvo as custas judiciais decorrentes de litígio com o devedor.

A: incorreta. As empresas públicas estão expressamente excluídas do regime jurídico falimentar da Lei 11.101/2005 (art. 2.º); **B:** incorreta, pois a competência para julgamento de causas falimentares de empresas sediadas no Brasil é fixada pelo local do principal estabelecimento, entendido como aquele com maior volume de negócios, que não coincidirá, necessariamente, com a sede da pessoa jurídica (art. 3.º da Lei 11.101/2005); **C:** incorreta. Tais obrigações não são alcançadas nem na falência nem na recuperação judicial, conforme art. 5.º, I, da Lei 11.101/2005; **D:** correta, pois se tratam de créditos que não podem ser cobrados da massa falida juntamente com os demais previstos no art. 5.º da Lei 11.101/2005.

Gabarito "D"

(OAB/Exame Unificado – 2006.1) Assinale a opção correta acerca da disciplina da recuperação judicial, extrajudicial e da falência do empresário e da sociedade empresária.

(A) Para que seja deferido pedido de recuperação judicial formulado por sociedade cooperativa, será necessária a juntada dos documentos obrigatórios discriminados em legislação específica, além da demonstração do exercício da atividade econômica há mais de dois anos.
(B) O plano de recuperação judicial da microempresa e da empresa de pequeno porte abrange apenas créditos derivados da legislação do trabalho, créditos com garantia real e créditos tributários.
(C) O administrador judicial, auxiliar do juízo que participa da administração da empresa em recuperação judicial, deve ser necessariamente advogado, economista, administrador de empresas ou contador.
(D) A decisão que concede a recuperação judicial desafia o recurso de agravo de instrumento, que pode ser interposto por qualquer credor ou pelo Ministério Público.

A: incorreta, pois as cooperativas não se sujeitam ao regime jurídico falimentar (art. 4.º da Lei 5.764/1971); **B:** incorreta. O plano de recuperação da microempresa ou empresa de pequeno porte abrange todos os seus créditos, ainda que não vencidos, excetuados somente os decorrentes de repasse de recursos oficiais, os fiscais e aqueles previstos nos §§3º e 4º do art. 49 da LF (art. 71, I, da Lei 11.101/2005); **C:** incorreta, vez que o administrador judicial, nos termos do art. 21 da Lei 11.101/2005, poderá ser pessoa jurídica. Se for pessoa física, terão preferência os profissionais elencados, mas não se trata de requisito obrigatório para nomeação; **D:** correta, conforme disposto, literalmente, no art. 59, § 2.º, da Lei 11.101/2005. A decisão que concede a recuperação judicial tem natureza interlocutória, ensejando o recurso de agravo.

Gabarito "D"

(FGV – 2010) Com relação à recuperação judicial, analise as afirmativas a seguir.

I. O processo de recuperação judicial aplica-se a todos os tipos de sociedade dotadas de personalidade jurídica.
II. O plano de recuperação judicial deverá ser apresentado pelo devedor em Juízo no prazo de 60 (sessenta) dias da publicação da decisão que deferir o processamento da recuperação judicial.

III. Segundo a Lei 11.101, de 9 de fevereiro de 2005 que regula a recuperação judicial, a extrajudicial e a falência do empresário e da sociedade empresária, convolam-se em recuperação judicial os processos de concordata ajuizados antes do início de sua vigência.

Assinale:

(A) se todas as afirmativas estiverem corretas.
(B) se somente a afirmativa I estiver correta.
(C) se somente a afirmativa II estiver correta.
(D) se somente a afirmativa III estiver correta.
(E) se somente as afirmativas I e III estiverem corretas.

I: incorreta, pois somente sociedades empresárias sujeitam-se à falência, com exclusão daquelas indicadas no art. 2.º da Lei 11.101/2005; **II:** correta, nos termos do art. 53 da Lei 11.101/2005; **III:** incorreta, já que os processos de concordata ajuizados antes do início da atual Lei 11.101/2005 devem ser concluídos nos termos da legislação anterior – art. 192.

Gabarito "C"

(FGV – 2008) Em relação ao instituto da recuperação extrajudicial, assinale a alternativa correta.

(A) A negociação entre devedor e seus credores deve ser homologada em juízo, por meio de um plano de recuperação extrajudicial. Qualquer outra modalidade de acordo privado enseja a caracterização de ato de falência pelo devedor.
(B) O devedor não poderá requerer a homologação de plano extrajudicial se tiver obtido homologação de outro plano de recuperação extrajudicial há menos de dois anos.
(C) O pedido de recuperação extrajudicial acarreta a suspensão das ações e execuções em face do devedor.
(D) Os credores podem desistir da adesão ao plano até o despacho de processamento.
(E) O plano de recuperação extrajudicial poderá prever prazo superior a um ano para pagamento dos créditos derivados da legislação do trabalho.

A: incorreta, pois o plano de recuperação extrajudicial e a sua homologação judicial não impossibilitam outras modalidades de acordo entre o devedor e seus credores – art. 167 da Lei 11.101/2005; **B:** correta, conforme o art. 161, § 3.º, *in fine*, da Lei 11.101/2005; **C:** incorreta, pois a recuperação extrajudicial não tem esse efeito suspensivo – art. 161, § 4.º, da Lei 11.101/2005; **D:** incorreta, já que os credores não poderão desistir do plano após a distribuição do pedido de homologação, exceto se houver concordância expressa dos demais signatários – art. 161, § 5.º, da Lei 11.101/2005; **E:** incorreta, pois os créditos derivados da legislação do trabalho não são abrangidos pela recuperação extrajudicial – art. 161, § 1.º, da Lei 11.101/2005.

Gabarito "B"

(FGV – 2008) A respeito do instituto da recuperação judicial, assinale a afirmativa incorreta.

(A) A suspensão da prescrição das obrigações do devedor ocorre com o despacho de processamento da recuperação judicial, e não com a sua concessão.
(B) Após a distribuição do pedido de recuperação judicial, o devedor pode alienar ou onerar bens não relacionados no plano de recuperação judicial.
(C) O descumprimento de qualquer obrigação prevista no plano de recuperação que vencer após o prazo de dois anos após a concessão não acarretará a convolação da recuperação em falência do devedor.
(D) Os créditos oriundos de contratos de arrendamento mercantil e alienação fiduciária em garantia não se sujeitam aos efeitos da recuperação judicial, prevalecendo os direitos de propriedade sobre a coisa e as condições contratuais, observadas as legislações específicas.
(E) As execuções fiscais não se suspendem com o deferimento da recuperação judicial, ressalvada a concessão de parcelamento nos termos do Código Tributário Nacional e legislação ordinária específica.

A: correta, conforme o arts. 6.º, *caput*, e 52, III, ambos da Lei 11.101/2005; **B:** incorreta, devendo ser assinalada, já que, após a distribuição do pedido de recuperação judicial, os bens e direitos do ativo permanente somente poderão ser alienados se houver evidente utilidade reconhecida pelo juiz, depois de ouvido o Comitê, ou se estiverem previamente relacionados no plano de recuperação judicial – art. 66 da Lei 11.101/2005; **C:** correta, conforme o art. 61, § 1.º, da Lei 11.101/2005; **D:** correta, nos termos do art. 49, § 3.º, da Lei 11.101/2005; **E:** correta – arts. 6.º, § 7.º, e 68, ambos da Lei 11.101/2005.

Gabarito "B"

(FGV – 2008) Em relação ao instituto da recuperação judicial, analise as assertivas a seguir:

I. A distribuição do pedido de recuperação suspende as ações e execuções individuais em curso em face do devedor.
II. As sociedades operadoras de plano de saúde não podem se beneficiar da recuperação judicial.
III. As microempresas e empresas de pequeno porte têm que se sujeitar a plano especial de recuperação.
IV. O deferimento do processamento da recuperação judicial implica a suspensão do prazo prescricional das obrigações.

Assinale:

(A) se somente as assertivas I e III estiverem corretas.
(B) se somente as assertivas II e III estiverem corretas.
(C) se somente as assertivas I e IV estiverem corretas.
(D) se somente as assertivas III e IV estiverem corretas.
(E) se somente as assertivas II e IV estiverem corretas.

I: incorreta, pois somente o deferimento do processamento da recuperação judicial (não sua distribuição) suspende o curso dessas ações e execuções em face do devedor – art. 6.º da Lei 11.101/2005; **II:** correta, nos termos do art. 2.º, II, da Lei 11.101/2005; **III:** incorreta, pois a microempresa ou a empresa de pequeno porte pode optar pelo plano especial de recuperação (é facultativo, não obrigatório) – arts. 70, § 1.º, e 72 da Lei 11.101/2005; **IV:** correta, conforme o art. 6.º da Lei 11.101/2005.

Gabarito "E"

(FGV – 2006) Sujeitam-se à recuperação judicial e extrajudicial e à falência:

(A) o empresário e a sociedade simples.
(B) o empresário e a empresa pública.
(C) o empresário e a sociedade de economia mista.
(D) o empresário e a sociedade empresária.
(E) o empresário e o terceiro setor.

A, B e **C:** incorretas. A sociedade simples (não empresária), a empresa pública e a sociedade de economia mista não se sujeitam à sistemática da Lei 11.101/2005; **D:** correta, pois o empresário individual e a sociedade empresária sujeitam-se à Lei 11.101/2005; **E:** incorreta, pois entidades do terceiro setor (sem fins lucrativos) não exercem atividade empresarial, de modo que não se sujeitam à sistemática da Lei 11.101/2005. Arts. 1.º e 2.º da Lei 11.101/2005.

Gabarito "D"

(FGV – 2005) Assinale a alternativa correta a respeito da recuperação judicial de empresa.

(A) Somente estão sujeitos à recuperação judicial de empresa os créditos vencidos na data do pedido.
(B) Na recuperação judicial de empresa, não poderá o juiz exercer as atribuições do Comitê de Credores em qualquer hipótese ou sob qualquer pretexto.
(C) Da decisão judicial sobre a impugnação de crédito habilitado na recuperação judicial de empresa caberá apelação.
(D) A assembleia geral de credores, prevista na lei de falência e recuperação de empresa, será presidida pelo administrador judicial.
(E) A lei que disciplina a falência e a recuperação judicial de empresa se aplica à empresa pública e à sociedade de economia mista.

A: incorreta, pois todos os créditos existentes na data do pedido, ainda que não vencidos, estão sujeitos à recuperação judicial – art. 49 da Lei 11.101/2005 (Lei de Falência e Recuperação de Empresas – LF); **B:** incorreta, pois há casos em que o juiz pode exercer as atribuições do Comitê de Credores. Por exemplo, não havendo Comitê de Credores, caberá ao administrador judicial ou, na incompatibilidade deste, ao juiz exercer suas atribuições (art. 28 da Lei 11.101/2005); **C:** incorreta, pois da decisão judicial sobre a impugnação cabe agravo (não apelação) – art. 17 da Lei 11.101/2005; **D:** correta, nos termos do art. 37 da Lei 11.101/2005; **E:** incorreta, pois a empresa pública e a sociedade de economia mista não se submetem à Lei 11.101/2005, nos termos de seu art. 2.º, I.

Gabarito "D"

4.3. INTERVENÇÃO E LIQUIDAÇÃO EXTRAJUDICIAL

(OAB/Exame Unificado – 2007.3) Assinale a opção correta, no que se refere ao regime jurídico da intervenção e da liquidação extrajudicial.

(A) A intervenção produzirá imediatamente o vencimento antecipado de todas as obrigações da instituição devedora.
(B) As sociedades seguradoras e as operadoras de plano de saúde, assim como as sociedades de capitalização, estão sujeitas aos regimes de intervenção e liquidação extrajudicial.
(C) O período de intervenção extrajudicial, que nunca poderá ser superior a dois anos, pode ser prorrogado uma única vez.
(D) É vedado ao Banco Central do Brasil decretar de ofício a liquidação extrajudicial de instituição financeira privada.

Intervenção e liquidação extrajudicial são institutos aplicáveis a empresas que não se sujeitam ao regime jurídico falimentar previsto na Lei 11.101/2005. Dentre elas, encontramos as sociedades seguradoras, as operadoras de plano de saúde e as sociedades de capitalização (art. 2.º da Lei 11.101/2005, c.c. art. 1.º da Lei 6.024/1974 e art. 23 da Lei 9.656/1998). O procedimento de intervenção e liquidação extrajudicial está previsto na Lei 6.024/1974, que determina a suspensão dos prazos das obrigações vincendas e não seu vencimento antecipado (art. 6.º, *a*); que o período de intervenção não excederá a 6 (seis) meses, prorrogáveis uma vez por igual período; e que é possível a decretação *ex officio* da liquidação extrajudicial pelo BACEN (art. 15, I).

Gabarito "B"

(FGV – 2010) A decretação da liquidação extrajudicial da instituição financeira não se dará *ex officio*:

(A) em razão de ocorrências que comprometam sua situação econômica ou financeira e, especialmente quando deixar de satisfazer, com pontualidade, seus compromissos ou quando se caracterizar qualquer dos motivos que autorizem a declaração de falência.
(B) quando a administração violar gravemente as normas legais e estatutárias que disciplinam a atividade da instituição, bem como as determinações do Conselho Monetário Nacional ou do Banco Central do Brasil, no uso de suas atribuições legais.
(C) quando, cassada a autorização para funcionar, a instituição não iniciar, nos 90 (noventa) dias seguintes, sua liquidação ordinária, ou quando, iniciada esta, o Banco Central do Brasil verificar que a morosidade de sua administração pode acarretar prejuízo para os credores.
(D) quando por proposta do interventor, forem expostos circunstanciadamente os motivos justificadores da medida.
(E) quando a instituição sofrer prejuízo que sujeite a risco anormal seus credores quirografários.

Todas as alternativas indicam casos de decretação *ex officio* da liquidação extrajudicial da instituição financeira, conforme o art. 15, I, da Lei 6.024/1974, com exceção da D, que aponta caso de liquidação por proposta do interventor (não *ex officio*, portanto), na forma do inciso II do mesmo dispositivo legal.

Gabarito "D"

(FGV – 2010) O interventor de instituição financeira privada, em cumprimento ao processo de intervenção, concluirá, em sessenta dias contados de sua posse, um relatório contendo, entre outros pontos, proposta justificada da adoção das providências que lhe pareçam convenientes à instituição. O relatório deverá, em seguida, ser apresentado:

(A) ao Conselho Monetário Nacional.
(B) ao Banco Central do Brasil.
(C) ao Banco do Brasil S/A.
(D) ao Banco Nacional de Desenvolvimento Econômico e Social.
(E) à Agência Nacional de Fiscalização do Mercado Financeiro.

O relatório será apresentado ao Banco Central do Brasil, conforme disposto no art. 11 da Lei 6.024/1974.

Gabarito "B"

(FGV – 2005) Assinale a alternativa correta a respeito das instituições financeiras.

(A) A responsabilidade dos ex-administradores das instituições financeiras submetidas à liquidação será apurada, exclusivamente, no âmbito administrativo, vedando-se a utilização de ação judicial com essa finalidade.
(B) Decretada a intervenção em instituição financeira, caberá ao Banco Central do Brasil proceder a inquérito para apurar as causas que levaram a sociedade à situação ensejadora da intervenção, ficando vedado ao Banco Central do Brasil apurar a responsabilidade dos administradores da instituição financeira.

(C) A decretação da liquidação extrajudicial produzirá, de imediato, a interrupção da prescrição relativa às obrigações de responsabilidade da instituição financeira.

(D) No regime de liquidação extrajudicial, a responsabilidade solidária dos administradores de instituições financeiras pelas obrigações por elas assumidas durante sua gestão será ampla, não se circunscrevendo apenas ao montante dos prejuízos causados.

(E) Ainda quando decretada a falência da entidade, não ficará cessada a liquidação extrajudicial.

A: incorreta, pois a responsabilidade dos ex-administradores será apurada em ação própria – art. 46 da Lei 6.024/1974; **B:** incorreta, pois o Banco Central também apurará a responsabilidade dos administradores da instituição financeira e dos membros do Conselho Fiscal – art. 41 da Lei 6.024/1974; **C:** correta, conforme o art. 18, *e*, da Lei 6.024/1974; **D:** incorreta, pois a responsabilidade solidária dos administradores restringe-se ao montante dos prejuízos causados – art. 40, parágrafo único, da Lei 6.024/1974; **E:** incorreta, pois a decretação da falência faz cessar a liquidação extrajudicial – art. 19, *d*, da Lei 6.024/1974.

Gabarito "C"

4.4. QUESTÕES COMBINADAS DE FALÊNCIA E OUTROS TEMAS

(FGV – 2011) No que concerne à Lei de Recuperação e Falências – Lei 11.101/2005 –, é INCORRETO afirmar que:

(A) após o pedido de homologação do plano de recuperação extrajudicial, os credores não podem mais desistir da adesão ao plano, a menos que todos os demais credores signatários concordem expressamente.

(B) o devedor só pode desistir do pedido de recuperação judicial até o deferimento de seu processamento e desde que a desistência seja aprovada pela assembleia geral de credores.

(C) se houver objeções de credores que representem mais da metade dos créditos quirografários ao plano especial de recuperação judicial, o juiz julgará improcedente o pedido e decretará a falência do microempresário, sem que haja convocação de assembleia geral para deliberar sobre o plano. (Redação alterada pela Lei Complementar nº 147, de 2014)

(D) o credor que não tiver domicílio no Brasil somente poderá requerer a falência de uma sociedade empresária brasileira se prestar caução relativa às custas e ao pagamento da indenização prevista para o caso de o pedido ser julgado improcedente por dolo do credor.

(E) os contratos bilaterais não se resolvem pela falência, podendo ser cumpridos pelo administrador judicial, caso reduza ou evite o aumento do passivo da massa falida ou sendo necessário à manutenção e preservação de seus ativos, mediante autorização do Comitê.

A: correta, nos termos do art. 161, § 5.º, da Lei 11.101/2005; **B:** incorreta, devendo ser assinalada, pois, não deferido ainda o processamento da recuperação judicial, o devedor é livre para desistir do pedido, independentemente de concordância pela assembleia geral, a qual é exigida apenas na hipótese de já ter sido deferido o processamento (art. 52, § 4.º, da Lei 11.101/2005); **C:** correta. O juiz também julgará improcedente o pedido de recuperação judicial e decretará a falência do devedor se houver objeções, nos termos do art. 55, de credores titulares de mais da metade de qualquer uma das classes de créditos previstos no art. 83, computados na forma do art. 45, todos desta Lei. (Redação dada pela Lei Complementar nº 147, de 2014); **D:** correta. A determinação da prestação da caução para o credor que não tiver domicílio no Brasil encontra-se no art. 97, § 2.º, da Lei de Falência, que faz referência ao art. 101, o qual trata justamente da indenização devida por pedido de falência com dolo do credor; **E:** correta. Cabe ao administrador judicial decidir se cumprirá ou não os contratos bilaterais do falido, conforme o interesse da massa, ouvido o Comitê de Credores (art. 117 da Lei de Falência).

Gabarito "B"

5. CONTRATOS EMPRESARIAIS

(OAB/Exame Unificado – 2015.3) Pretendendo aderir a um sistema de franquia empresarial, o microempresário individual SF consulta sua advogada sobre as disposições legais referentes a esse contrato.

Assinale, dentre as afirmativas a seguir, a que apresenta a informação correta prestada pela advogada.

(A) O franqueador é obrigado a incluir na circular de oferta de franquia informação em relação ao território de atuação do franqueado, especificando a possibilidade de o franqueado realizar vendas ou prestar serviços fora de seu território, ou realizar exportações.

(B) Em razão do sigilo dos instrumentos de escrituração, dos balanços e das demonstrações financeiras dos empresários, o franqueador não é obrigado a incluir tais documentos nas informações da circular de oferta de franquia.

(C) Tratando-se de franqueador ou franqueado enquadrado como microempreendedor individual, microempresa ou empresa de pequeno porte, é dispensável a presença no contrato de testemunhas e terá validade independentemente de ser levado a registro perante cartório ou órgão público.

(D) Se o franqueador veicular informações falsas na circular de oferta de franquia, o franqueado não poderá arguir a anulabilidade do contrato, apenas das cláusulas pertinentes, mas poderá exigir devolução das quantias que já houver pago, a título de taxa de filiação e royalties, devidamente corrigidas.

A: correta, nos termos do art. 3º, X, "b", da Lei nº 8.955/1994; B: incorreta. O sigilo desses documentos não é oponível ao interessado na franquia, devendo ser obrigatoriamente incluído na circular (art. 3º, II, da Lei nº 8.955/1994); C: incorreta. Não há qualquer dispensa às testemunhas para as pequenas empresas, além do registro em cartório ou na Junta Comercial ser sempre dispensado (art. 6º da Lei nº 8.955/1994); D: incorreta. A existência de informações falsas invalida a circular e torna anulável o contrato (art. 7º da Lei nº 8.955/1994).

Gabarito "A"

(OAB/Exame Unificado – 2014.2) A alienação fiduciária, regulada pela Lei n. 9.514/1997, é o negócio jurídico pelo qual o devedor, ou fiduciante, com o escopo de garantia, contrata a transferência ao credor, ou fiduciário, da propriedade resolúvel de coisa imóvel. Sobre este tipo de contrato, assinale a afirmativa correta.

(A) Constitui-se a propriedade fiduciária de coisa imóvel mediante registro do contrato que lhe serve de título no Registro de Imóveis competente.
(B) Somente poderá ser contratada por pessoa jurídica que integre o Sistema de Financiamento Imobiliário – SFI.
(C) Não pode ter como objeto a propriedade superficiária do imóvel do fiduciante.
(D) O fiduciante poderá transmitir os direitos de que seja titular sobre o imóvel objeto da alienação fiduciária independentemente da anuência do fiduciário.

A: correta, conforme dispõe o art. 23 da Lei 9.514/1997; **B**: incorreta. O contrato de alienação fiduciária de coisa imóvel pode ser realizado por qualquer pessoa física ou jurídica (art. 22, § 1º, da Lei 9.514/1997); **C**: incorreta. O art. 22, § 1º, IV, da Lei 9.514/1997 autoriza a constituição de alienação fiduciária sobre a propriedade superficiária; **D**: incorreta. Apenas com anuência expressa do fiduciário é que poderá o fiduciante transmitir os direitos de que seja titular sobre o imóvel objeto da garantia (art. 29 da Lei 9.514/1997).

Gabarito "A"

(OAB/Exame Unificado – 2012.3.B) Sobre o contrato de arrendamento mercantil, assinale a afirmativa **incorreta**.

(A) No arrendamento mercantil na modalidade financeira, as despesas com a manutenção, assistência técnica e serviços correlatos à operacionalidade do bem arrendado são de responsabilidade da arrendatária.
(B) No arrendamento mercantil operacional, a manutenção, a assistência técnica e os serviços correlatos à operacionalidade do bem arrendado podem ser de responsabilidade da arrendadora ou da arrendatária.
(C) Os contratos de arrendamento mercantil devem conter, dentre outras cláusulas, a descrição dos bens que constituem o objeto do contrato, com todas as características que permitam sua perfeita identificação.
(D) A constituição e o funcionamento das pessoas jurídicas que têm como objeto principal a prática de operações de arrendamento mercantil dependem de autorização da Comissão de Valores Mobiliários (CVM).

A: correta, nos termos do art. 5º, I, da Resolução BACEN 2.039/1996; **B:** correta, considerando que não há qualquer obrigação previamente estipulada na Resolução BACEN 2.039/1996 para essa modalidade de *leasing* (art. 6º); **C:** correta, nos termos do art. 7º, I, da Resolução BACEN 2.039/1996; **D:** incorreta, devendo ser assinalada. A autorização deve ser concedida pelo BACEN (art. 3º da Resolução BACEN 2.039/1996).

Gabarito "D"

(OAB/Exame Unificado – 2012.3.A) Primavera do Leste Arrendamento Mercantil S.A. ajuizou ação de reintegração de posse de bem arrendado à sociedade empresária Vila Bela Distribuidora de Jornais e Revistas Ltda., em face do não pagamento das prestações nos vencimentos. O contrato de arrendamento mercantil prevê resolução de pleno direito em caso de qualquer inadimplemento da arrendatária.

O juiz extinguiu o processo sem resolução de mérito porque:

(A) no contrato de arrendamento mercantil, ainda que haja cláusula resolutiva expressa, é necessária a notificação prévia do arrendatário para constituí-lo em mora.
(B) nos contratos de arrendamento mercantil celebrados entre a arrendadora e as sociedades empresárias é vedada a aposição de cláusula resolutiva expressa.
(C) a ação cabível para a retomada do bem em poder do arrendatário pela arrendadora é a ação de depósito, com pedido de liminar de reintegração de posse.
(D) como no contrato de arrendamento mercantil há opção de compra pela arrendatária, a propriedade da arrendadora é resolúvel, sendo incabível ação possessória.

A: correta, nos termos da Súmula 369 do STJ; **B:** incorreta. A cláusula resolutiva expressa é permitida se livremente pactuada pelas partes; **C:** incorreta. No *leasing,* o arrendatário exerce somente a posse direta da coisa arrendada. Com a resolução do contrato, é direito do credor, proprietário do bem, reaver sua posse e o instrumento para tanto é justamente a ação possessória; **D:** incorreta. A opção de compra pela arrendatária realmente é inerente ao contrato de *leasing,* mas não torna resolúvel a propriedade da arrendadora na medida em que a arrendatária apenas exerce a posse direta do bem.

Gabarito "A"

(OAB/Exame Unificado – 2011.1) É uma cláusula acessória ao contrato de comissão, no qual o comissário assume o gravame de responder solidariamente pela insolvência das pessoas com quem contratar em nome do comitente. Essa cláusula é denominada:

(A) pacto comissório.
(B) *hedge.*
(C) *del credere.*
(D) venda com reserva de domínio.

O enunciado descreve corretamente o conceito da cláusula *del credere.* Pacto comissório era cláusula inserida no contrato de compra e venda permitindo a resolução do contrato, caso o comprador não adimplisse suas obrigações em certo prazo, a qual estava prevista no art. 1.163 do CC/1916 e não foi repetida no CC/2002. *Hedge* é termo do mercado financeiro, representando uma operação que visa a proteger outra contra o risco de grandes variações de preço. Venda com reserva de domínio, por sua vez, está prevista no art. 521 do CC e permite ao vendedor continuar sendo o proprietário da coisa vendida até que o comprador pague integralmente o respectivo preço.

Gabarito "C"

(OAB/Exame Unificado – 2011.1) Contrato oneroso, em que alguém assume, em caráter profissional e sem vínculo de dependência, a obrigação de promover, em nome de outrem, mediante retribuição, a efetivação de certos negócios, em determinado território ou zona de mercado. A definição acima corresponde a que tipo de contrato empresarial?

(A) Comissão mercantil.
(B) Agência.
(C) Corretagem.
(D) Mandato.

A alternativa dada como correta é a agência. Com efeito, é a que mais se aproxima do conceito exposto, conforme a leitura do art. 710 do CC. Entretanto, melhor seria dizer que, no contrato de agência, o agente promove "à conta de outrem" a realização de certos negócios, e não "em nome de outrem". Isto porque as expressões não são sinônimas: contratar "em nome de alguém" significa dizer que este contratante está representando um terceiro e assina o contrato em seu lugar, como ocorre no mandato; já promover negócios "à conta de outrem" indica que é o próprio terceiro que irá figurar no contrato, assumindo os riscos do negócio. O agente, que promove negócios à conta de outrem, não participa nem aparece no contrato, nem mesmo assinando em nome do agenciado.

„B„ oɟıɹɐqɐ⅁

(OAB/Exame Unificado – 2010.3) "É a operação que consiste na tomada de uma posição no mercado futuro aproximadamente igual – mas em sentido contrário – àquela que se detém ou que se pretende vir a tomar no mercado à vista. É uma forma de o investidor se proteger contra os feitos da oscilação de preço."

O conceito acima, extraído do *Vocabulário do Mercado de Capitais*, expedido pela Comissão Nacional de Bolsas de Valores em 1990, corresponde a que tipo de contrato relacionado à compra e venda empresarial?

(A) *Hedging* ou *hedge*.
(B) Preempção.
(C) Venda com reserva de domínio.
(D) Contrato estimatório.

A: correta. A assertiva descreve adequadamente o *Hedging ou Hedge;* **B:** incorreta, pois, nos termos do art. 513 do CC, a preempção ou preferência impõe ao comprador a obrigação de oferecer ao vendedor a coisa que aquele vai vender ou dar em pagamento, para que este use de seu direito de prelação na compra, tanto por tanto; **C:** incorreta, já que venda com reserva de domínio refere-se à cláusula pela qual o vendedor de coisa móvel reserva para si a propriedade, até que o preço seja integralmente pago – art. 521 do CC; **D:** incorreta, pois, pelo contrato estimatório, o consignante entrega bens móveis ao consignatário, que fica autorizado a vendê-los, pagando àquele o preço ajustado, salvo se preferir, no prazo estabelecido, restituir-lhe a coisa consignada – art. 534 do CC.

„A„ oɟıɹɐqɐ⅁

(OAB/Exame Unificado – 2008.1) Assinale a opção correta no que se refere ao arrendamento mercantil.

(A) Arrendamento mercantil, *leasing* e alienação fiduciária são expressões equivalentes.
(B) De acordo com a atual jurisprudência do Superior Tribunal de Justiça (STJ), a cobrança antecipada do valor residual garantido não descaracteriza o contrato de arrendamento mercantil.
(C) Segundo a jurisprudência do STJ, no contrato de arrendamento mercantil, é possível a correção monetária pelo dólar norte-americano, atribuindo-se integralmente ao arrendatário o ônus da desvalorização cambial ocorrida em 1999.
(D) O contrato de arrendamento mercantil caracteriza-se como uma compra e venda a prestação.

A: incorreta. De fato, arrendamento mercantil e *leasing* são equivalentes, descritos, *grosso modo*, como locação com opção de compra ao final do contrato; porém, a alienação fiduciária é instituto diverso, no qual o devedor fica com a posse direta do bem dado em garantia do pagamento da dívida, permanecendo a propriedade nas mãos da instituição financeira; **B:** correta, por representar o exato teor da Súmula 293 do STJ, que consagra a aplicação do princípio *pacta sunt servanda* ao contrato de *leasing*; **C:** incorreta, pois o STJ firmou entendimento no sentido de repartir o índice de reajuste de forma equitativa entre as partes contratantes, para manter o equilíbrio econômico-financeiro do contrato; **D:** incorreta, pois o contrato de arrendamento mercantil tem natureza complexa, sendo um misto de compra e venda com locação e alienação fiduciária.

„B„ oɟıɹɐqɐ⅁

(OAB/Exame Unificado – 2007.3) Acerca do contrato de representação comercial, regulado pela Lei 4.886/1965, é correto afirmar que:

(A) é permitida a inclusão de cláusula *del credere*.
(B) A força maior constitui motivo para rescisão do contrato por qualquer das partes.
(C) A exclusividade é presumida quando não afastada, expressamente, no contrato.
(D) Prescreve em 3 anos a ação do representante comercial para pleitear a retribuição que lhe é devida.

A: incorreta, pois a cláusula *del credere* transfere os riscos do negócio ao representante, ou seja, este deixa de receber sua remuneração caso o terceiro contratante não cumpra o acordo, respondendo ambos, solidariamente, pelos prejuízos causados ao representado. Sua inclusão é vedada nos contratos de representação comercial (art. 43 da Lei 4.886/1965); **B:** correta, conforme previsto no art. 35, *e*, da Lei 4.886/1965; **C:** incorreta, pois a regra estabelecida pelo art. 31, parágrafo único, da Lei 4.886/1965 é exatamente inversa: não se presume a exclusividade do representante comercial, que deve estar expressa para ser exigida; **D:** incorreta. O prazo prescricional é de 5 (cinco) anos (art. 44, parágrafo único, da Lei 4.886/1965).

„B„ oɟıɹɐqɐ⅁

(OAB/Exame Unificado – 2007.3) O contrato pelo qual uma pessoa assume, em caráter não eventual e sem vínculos de dependência, a obrigação de promover, à conta de outras, mediante retribuição, a realização de certos negócios, em zona determinada, é denominado contrato de:

(A) Comissão.
(B) Corretagem.
(C) Agência.
(D) Mandato.

O enunciado traz o conceito do contrato de agência (art. 710 do CC), também conhecido como representação comercial, regulamentado pela Lei 4.886/1965.

„C„ oɟıɹɐqɐ⅁

(FGV – 2010) A respeito dos contratos de arrendamento mercantil (*leasing*) é correto afirmar que:

(A) ainda que haja cláusula resolutiva expressa no instrumento contratual, é necessária a notificação prévia do arrendatário para constituí-lo em mora.
(B) a previsão de cláusula resolutiva expressa no instrumento contratual exclui a necessidade de notificação do arrendatário para constituí-lo em mora.
(C) é nula de pleno direito a cláusula resolutiva expressa.
(D) a cláusula que determina a obrigatoriedade da compra do bem pelo arrendatário ao final do prazo contratual é essencial para configurar contrato como de arrendamento mercantil.
(E) apenas pessoas jurídicas podem figurar como partes neste tipo contratual.

Veja, a respeito, a Súmula 369 do STJ: "No contrato de arrendamento mercantil (*leasing*), ainda que haja cláusula resolutiva expressa, é necessária a notificação prévia do arrendatário para constituí-lo em mora".

„A„ oɟıɹɐqɐ⅁

(FGV – 2010) A respeito do *contrato de franquia* é correto afirmar que:

(A) configura-se relação trabalhista entre franqueado e franqueador.

(B) a validade do contrato de franquia depende do seu registro no órgão competente.

(C) o contrato de franquia pode ser apenas verbal.

(D) o franqueador cede ao franqueado o direito de uso de marca ou patente, associado ao direito de distribuição, exclusiva ou semiexclusiva de produtos ou serviços.

(E) as empresas franqueadora e franqueadas constituem-se como grupo de sociedades nos termos da disciplina societária.

A: incorreta, pois não existe relação de trabalho entre franqueado e franqueador (art. 2.º da Lei 8.955/1994); **B:** incorreta. Não se exige o registro público do contrato de franquia para sua validade (art. 6.º da Lei 8.955/1994); **C:** incorreta, pois o contrato de franquia deve ser sempre escrito (art. 6.º da Lei 8.955/1994); **D:** correta, traduzindo a alternativa parte do conceito do contrato de franquia exposto no art. 2.º da Lei 8.955/1994; **E:** incorreta, não havendo qualquer determinação neste sentido na legislação. Muito ao contrário, o franqueado, no exercício do contrato de franquia, guarda total autonomia em relação à administração de sua empresa.

Gabarito "D"

(FGV – 2010) A respeito do tema *Contrato de Alienação Fiduciária*, considere as afirmativas a seguir.

I. No caso de inadimplemento ou mora nas obrigações contratuais garantidas mediante alienação fiduciária, o proprietário fiduciário ou credor deverá vender a coisa a terceiros, necessariamente, através de leilão ou hasta pública, com prévia avaliação do bem, devendo aplicar o preço da venda no pagamento de seu crédito e das despesas decorrentes e entregar ao devedor o saldo apurado, se houver.

II. A mora decorrerá do simples vencimento do prazo para pagamento e poderá ser comprovada por carta registrada expedida por intermédio de Cartório de Títulos e Documentos ou pelo protesto do título, a critério do credor.

III. O proprietário fiduciário ou credor poderá requerer contra o devedor ou terceiro a busca e apreensão do bem alienado fiduciariamente, a qual será concedida liminarmente, desde que comprovada a mora ou o inadimplemento do devedor.

Assinale:

(A) se somente a afirmativa II for verdadeira.

(B) se somente a afirmativa III for verdadeira.

(C) se somente a afirmativa I e III forem verdadeiras.

(D) se somente as afirmativas II e III forem corretas.

(E) se todas as afirmativas forem corretas.

I: incorreta, pois o proprietário fiduciário ou o credor poderão (não é obrigação, é faculdade) vender a coisa a terceiros, independentemente de leilão, hasta pública, avaliação prévia ou qualquer outra medida judicial ou extrajudicial, salvo disposição expressa em contrário prevista no contrato – art. 2.º, *caput*, do Decreto-Lei 911/1969; **II:** correta, conforme o art. 2.º, § 2.º, do Decreto-Lei 911/1969; **III:** correta, nos termos do art. 3.º do Decreto-Lei 911/1969.

Gabarito "D"

(FGV – 2009) A respeito do *contrato de arrendamento mercantil*, é correto afirmar que:

(A) a cobrança antecipada do Valor Residual Garantido (VRG) descaracteriza o contrato de arrendamento mercantil, transformando-o em compra e venda a prestação.

(B) a cobrança antecipada do Valor Residual Garantido (VRG) não descaracteriza o contrato de arrendamento mercantil.

(C) é proibido o pagamento antecipado de Valor Residual Garantido (VRG).

(D) o bem objeto do contrato de arrendamento mercantil deve necessariamente ser adquirido pelo arrendatário.

(E) o bem objeto do contrato de arrendamento mercantil deve necessariamente retornar à instituição financeira.

A: incorreta, pois essa era a redação da Súmula 263/STJ, que representa jurisprudência ultrapassada; **B:** correta, pois essa é a atual jurisprudência dominante, conforme a Súmula 293/STJ; **C:** incorreta, pois como visto, admite-se o pagamento antecipado do valor residual, sem descaracterização do contrato de arrendamento mercantil; **D:** incorreta, pois, no *leasing* operacional ou *leasing renting*, por exemplo, o bem pertence previamente à arrendadora, que o arrenda ao interessado (ao arrendatário); **E:** incorreta, pois o arrendamento mercantil permite a aquisição do bem pelo arrendatário, ao final do contrato, pelo pagamento do valor residual.

Gabarito "B"

(FGV – 2008) O contrato celebrado entre uma sociedade de arrendamento mercantil, titular de bem móvel, que se obriga a entregar o bem objeto do contrato ao arrendatário, pessoa natural ou jurídica, mediante o respectivo pagamento das prestações determinadas e com a incumbência de prestar assistência técnica permanente durante o prazo acordado, denomina-se:

(A) *lease-back*.

(B) *leasing* puro.

(C) *leasing* financeiro.

(D) *leasing* operacional.

(E) *leasing* de retorno.

O arrendamento mercantil ou *leasing* é um contrato em que o arrendatário paga prestações periódicas pelo uso de um bem por determinado período (como se fosse aluguel) e, ao final, tem a opção de adquiri-lo, mediante pagamento do valor residual, ou devolvê-lo ao arrendatário. **A** e **E**: incorretas. *Lease-back* ou *leasing* de retorno ocorre quando o proprietário do bem (arrendatário) vende-o à arrendadora, que, em seguida, arrenda o mesmo bem para o antigo proprietário (ao arrendatário); **B** e **C:** incorretas. *Leasing* financeiro ou *leasing* puro existe quando o arrendatário indica o bem que a arrendadora adquirirá de terceiro e, em seguida, arrendará ao primeiro (ao arrendatário); **D:** correta. *Leasing* operacional ou *leasing renting* ocorre quando o bem pertence previamente à arrendadora, que o arrenda ao interessado (ao arrendatário).

Gabarito "D"

(FGV – 2008) Banco Fique Feliz S/A firmou com Transportes Seguros Ltda. contrato de abertura de crédito em conta corrente, no valor de R$ 150.000,00 (cento e cinquenta mil reais), devidamente subscrito por duas testemunhas, com garantia de nota promissória devidamente avalizada. Com base nessas informações, assinale a afirmativa correta.

(A) O contrato de cheque especial tem higidez para instruir ação de execução ajuizada pelo banco, para a cobrança de sua pretensão.

(B) A nota promissória vinculada ao contrato de cheque especial não autoriza a execução em face do emitente e seu avalista, em decorrência da iliquidez do contrato que a originou.

(C) Descabe a habilitação do crédito do banco em eventual decretação de falência do devedor de contrato de cheque especial, pela falta de executoriedade do título, requisito essencial à habilitação.

(D) O instrumento de confissão de dívida originado de contrato de abertura de crédito em conta corrente não constitui título executivo extrajudicial.

(E) O instrumento de confissão de dívida originado de contrato de abertura de crédito em conta corrente somente é considerado título executivo extrajudicial se acompanhado de nota promissória vinculada ao contrato.

A: incorreta, pois o contrato de abertura de crédito, ainda que acompanhado do extrato da conta-corrente, não é título executivo – Súmula 233/STJ; **B:** correta, pois esse é o conteúdo da Súmula 258/STJ; **C:** incorreta, já que a habilitação do crédito em falência não depende da executoriedade do título – art. 7.º da Lei 11.101/2005; D e **E:** incorretas, pois o instrumento de confissão de dívida, mesmo que originário de contrato de abertura de crédito, constitui título executivo – Súmula 300/STJ.

Gabarito "B"

(FGV – 2008) Em relação ao contrato de alienação fiduciária em garantia, assinale a alternativa correta.

(A) A busca e a apreensão de bem alienado fiduciariamente não constituem processo autônomo e dependem de procedimento posterior.

(B) Se o bem alienado fiduciariamente não for encontrado ou não se achar na posse do devedor, o credor poderá requerer a conversão do pedido de busca e apreensão, em ação de depósito, em autos separados.

(C) No contrato de alienação fiduciária em garantia, a mora do devedor fiduciante decorre do simples inadimplemento da obrigação (*mora ex re*), e deve ser comprovada pelo autor da ação de busca e apreensão, por carta registrada expedida por intermédio de Cartório de Títulos e Documentos ou pelo protesto do título, a critério do credor.

(D) No caso de inadimplemento da obrigação garantida em alienação fiduciária, o proprietário fiduciário somente poderá vender a coisa a terceiros e aplicar preço da venda no pagamento do seu crédito e das despesas decorrentes da cobrança, entregando ao devedor o saldo porventura apurado, se houver, desde que autorizado judicialmente.

(E) O Código Civil regula a propriedade fiduciária de coisa móvel fungível.

A: incorreta, pois a busca e apreensão é processo autônomo e independente de qualquer procedimento posterior – art. 3.º, § 8.º, do Decreto-lei 911/1969; **B:** incorreta, já que a conversão dá-se nos mesmos autos – art. 4.º do Decreto-lei 911/1969; **C:** correta, nos termos do art. 2.º, § 2.º, do Decreto-lei 911/1969; **D:** incorreta, pois não se exige autorização judicial para a alienação, na hipótese – art. 2.º, *caput*, do Decreto-lei 911/1969; **E:** incorreta, já que o Código Civil regula a propriedade fiduciária de coisa móvel infungível (não fungível) – art. 1.361 do CC.

Gabarito "C"

(FGV – 2008) A respeito do contrato de alienação fiduciária em garantia, assinale a afirmativa incorreta.

(A) No caso de inadimplemento de obrigação garantida por alienação fiduciária em garantia, o credor fiduciário somente poderá vender a coisa a terceiros, se autorizado judicialmente, hipótese em que deve aplicar o preço da venda no pagamento de seu crédito e das despesas decorrentes da cobrança, e entregar o saldo remanescente, se houver, ao devedor fiduciante.

(B) O credor fiduciário detém a posse indireta do bem objeto do contrato.

(C) O credor fiduciário pode requerer a conversão do pedido de busca e apreensão em ação de depósito, se o bem alienado fiduciariamente não for encontrado, ou não se achar na posse do devedor.

(D) A constituição do direito real decorrente do contrato de alienação fiduciária em garantia depende do registro da avenca no órgão competente.

(E) O direito real que decorre do contrato de alienação fiduciária em garantia é a propriedade fiduciária.

A: incorreta, devendo ser assinalada, pois o proprietário fiduciário ou o credor poderá vender a coisa a terceiros, independentemente de leilão, hasta pública, avaliação prévia ou qualquer outra medida judicial ou extrajudicial, salvo disposição expressa em contrário prevista no contrato – art. 2.º, *caput*, do Decreto-lei 911/1969; **B:** correta, nos termos do art. 1.361, § 2º, do CC; **C:** correta, conforme o art. 4.º do Decreto-lei 911/1969; **D:** correta, conforme o art. 1.361, § 1.º, do CC; **E:** correta, conforme o art. 1.361 do CC.

Gabarito "A"

(FGV – 2008) Analise as assertivas a seguir:

I. O faturizado responde junto ao faturizador pelos prejuízos causados em caso de inadimplemento da obrigação contraída pelo devedor.

II. De acordo com o Código Civil, o contrato de alienação fiduciária em garantia somente pode ter por objeto coisa infungível.

III. Considera-se *leasing* financeiro o contrato pelo qual o arrendante adquire de terceiros certos bens de produção com o objetivo de entregá-lo ao arrendatário, que, no prazo contratual fixado, se obriga ao pagamento de prestações periódicas, com o direito de optar pela compra do bem, renovação do contrato ou devolução do bem.

IV. Em contrato de arrendamento mercantil, é nula a cláusula que dispõe sobre a possibilidade de indexação em moeda estrangeira.

Assinale:

(A) se apenas as assertivas I e III estiverem corretas.

(B) se apenas as assertivas II e IV estiverem corretas.

(C) se apenas as assertivas I e IV estiverem corretas.

(D) se apenas as assertivas II e III estiverem corretas.

(E) se apenas as assertivas III e IV estiverem corretas.

I: incorreta, pois, no contrato de fomento mercantil (*factoring*), o faturizador administra o crédito concedido e assume o risco de inadimplemento. Ou seja, o faturizado (normalmente comerciante que vende a prazo) não responde por prejuízos causados pelo inadimplemento. O faturizador garante o pagamento das faturas na data de seus vencimentos (na modalidade *maturity factoring*) ou adianta esses valores (na modalidade *conventional factoring*, em que há financiamento); **II:** correta, conforme o art. 1.361 do CC; **III:** correta, pois a assertiva descreve adequadamente o *leasing* financeiro ou *leasing* puro; **IV:** incorreta, pois o Banco Central determina que os contratos de arrendamento mercantil de bens cuja aquisição tenha sido efetuada com recursos provenientes de empréstimos contraídos, direta ou indiretamente, no exterior devem ser firmados com cláusula de variação cambial – art. 9.º da Resolução BACEN 2.309/1996.

Gabarito "D"

(FGV – 2007) A respeito da alienação fiduciária em garantia, assinale a afirmativa incorreta.

(A) É nula a cláusula contratual que autoriza o credor fiduciário a ficar com a coisa alienada em garantia, se a dívida não for paga no vencimento.

(B) A mora do devedor fiduciante é considerada *ex re*, ou seja, caracteriza-se pelo simples inadimplemento da obrigação pactuada no prazo avençado.

(C) Na sentença que decretar a improcedência do pedido da ação de busca e apreensão, o juiz condenará o credor fiduciário ao pagamento de multa em favor do devedor fiduciante, no valor equivalente ao originariamente financiado.

(D) O credor fiduciário poderá alienar a coisa a terceiros, independentemente de leilão, hasta pública ou avaliação do bem, na hipótese de inadimplemento da obrigação assumida pelo devedor fiduciante.

(E) De acordo com entendimento consolidado pelo STJ, a notificação destinada a comprovar a mora nas dívidas garantidas por alienação fiduciária dispensa a indicação do valor do débito.

A: correta, conforme o art. 1.365 do CC; **B:** correta, nos termos do art. 2.º, § 2.º, do Decreto-lei 911/1969; **C:** incorreta, devendo ser assinalada, pois a multa devida no caso de o bem ter sido alienado corresponde a 50% do valor originalmente financiado – art. 3.º, § 6.º, do Decreto-lei 911/1969; **D:** correta, conforme o art. 2.º, *caput*, do Decreto-lei 911/1969; **E:** correta, nos termos da Súmula 245/STJ.

Gabarito "C"

(FGV – 2006) Assinale a alternativa em que se apresente a diferença entre a fiança mercantil e a fiança civil.

(A) Naquela, o afiançado é empresário, e a obrigação decorre de causa empresarial.

(B) Naquela, o afiançado não é, necessariamente, empresário, embora decorra, sempre, de causa empresarial.

(C) Naquela, o afiançado é sempre empresário, conquanto não decorra, necessariamento, de causa empresarial.

(D) Naquela, o afiançado responde solidariamente pela obrigação principal.

(E) Naquela, tem-se presente o *affectio societatis*.

A fiança mercantil, como qualquer contrato empresarial, caracteriza-se por haver empresários em ambos os polos da obrigação. Ademais, seu objeto refere-se à atividade empresarial.

Gabarito "A"

6. PROPRIEDADE INDUSTRIAL

(OAB/Exame Unificado – 2015.1) A respeito dos legitimados, assinale a opção que indica as pessoas que podem requerer patente de invenção ou modelo de utilidade, de acordo com a Lei n2 9.279/96.

(A) O próprio autor, se maior de 18 anos, os herdeiros ou sucessores do autor, o cessionário ou o empregador ou tomador de serviços, no caso de patente desenvolvida por empregado ou prestador de serviço.

(B) O próprio autor, os herdeiros ou sucessores do autor, o cessionário ou aquele a quem a lei ou o contrato de trabalho ou de prestação de serviços determinar que pertença a titularidade da patente ou do modelo de utilidade.

(C) O próprio autor, pessoa natural ou sociedade empresária, o cessionário da patente ou aquele a quem a lei ou o contrato de trabalho ou de prestação de serviços determinar que pertença a titularidade da patente ou do modelo de utilidade.

(D) O próprio autor, os herdeiros ou sucessores do autor até 5 (cinco) anos da data do óbito, o cessionário ou o empregador ou tomador de serviços, no caso de patente desenvolvida por empregado ou prestador de serviço.

Os legitimados para o requerimento de patente estão dispostos no art. 6º, § 2º, da Lei 9.279/1996: o autor do invento ou do modelo de utilidade, seus herdeiros ou sucessores, pelo cessionário ou por aquele que a quem a lei ou o contrato de trabalho ou de prestação de serviços determinar que pertença a titularidade da invenção ou do modelo de utilidade.

Gabarito "B"

(OAB/Exame Unificado – 2014.1) Sobre o desenho industrial e seu registro no Instituto Nacional da Propriedade Industrial (INPI), assinale a afirmativa correta.

(A) É registrável como desenho industrial qualquer obra ornamental de caráter puramente artístico, ou o conjunto ornamental de linhas e cores que pode ser aplicado a um produto, proporcionando resultado visual novo e original na sua configuração externa.

(B) O registro de desenho industrial vigorará pelo prazo de 20 (vinte) anos contados da data do depósito, prorrogável por até 2 (dois) períodos sucessivos de 10 (anos) anos cada, desde que seja requerida a prorrogação durante o último ano de vigência do registro.

(C) A ação de nulidade de registro de desenho industrial será ajuizada no foro da Justiça Estadual do domicílio do titular do registro, devendo o INPI ser notificado da propositura da ação para avaliar se tem interesse ou não em intervir no feito, quando não for autor.

(D) O pedido de registro que não atender às condições estabelecidas pelo INPI, mas contiver dados suficientes relativos ao depositante, ao desenho industrial e ao autor, poderá ser recebido, desde que sejam cumpridas, em 5 (cinco) dias, as exigências do INPI.

A: incorreta. Não se considera desenho industrial, e, portanto, não é registrável, qualquer obra de caráter puramente artístico (art. 98 da Lei 9.279/1996), ainda que detenha os demais requisitos de registrabilidade; **B**: incorreta. O registro do *design* será concedido pelo prazo de 10 anos contados da data do depósito, prorrogável por três períodos de cinco anos cada (art. 108 da Lei 9.279/1996); **C**: incorreta. A competência para julgamento das ações de nulidade é da Justiça Federal (arts. 57 e 118 da Lei 9.279/1996), porque a presença do INPI, autarquia federal, é obrigatória na lide; **D**: correta, nos termos do art. 103 da Lei 9.279/1996.

Gabarito "D"

(OAB/Exame Unificado – 2013.3) Sobre a licença compulsória, assinale a afirmativa correta.

(A) É a hipótese em que o Estado outorga o direito de patente ao autor da invenção sem a sua iniciativa.

(B) É cabível sua concessão se a comercialização não satisfizer às necessidades do mercado.

(C) Pode ser concedida com exclusividade, a critério do Instituto Nacional da Propriedade Industrial.

(D) É admitido o sublicenciamento, com a concordância prévia do licenciante.

A: incorreta. Considera-se licenciamento compulsório de patente o ato administrativo que afasta a proteção patentária anteriormente concedida a um inventor em casos que denotem o abuso do direito de propriedade (ausência de comercialização ou dependência de outras patentes, por exemplo); **B**: correta, nos termos do art. 68, § 1º, II, da Lei 9.279/1996; **C**: incorreta. A licença compulsória nunca poderá ser emitida para um beneficiário exclusivo (art. 72 da Lei 9.279/1996); **D**: incorreta. É proibido o sublicenciamento, ou seja, aquele autorizado a explorar uma invenção que foi objeto de licenciamento compulsório da patente não poderá ceder a autorização a terceiro (art. 72, *in fine*, da Lei nº 9.279/1996).

Gabarito "B"

(OAB/Exame Unificado – 2012.1) Sobre as marcas, é correto afirmar que:

(A) a marca de alto renome é sinônimo de marca notoriamente conhecida.
(B) a vigência do registro da marca é de 5 (cinco) anos, sendo prorrogável por períodos iguais e sucessivos.
(C) é permitida a cessão do pedido de registro de marca, caso o cessionário atenda aos requisitos legais.
(D) a marca de produto ou serviço é aquela usada para identificar produtos ou serviços provindos de membros de uma determinada entidade.

A: incorreta. A qualificação de uma marca como alto renome decorre de sua reputação no território nacional, sendo protegida em todos os ramos de atividade. Já a marca notoriamente conhecida tem sua proteção prevista na União de Paris e presume um reconhecimento internacional da marca; **B**: incorreta. O registro da marca vigorará por 10 anos, prorrogáveis sucessivas vezes por iguais períodos (art. 133 da Lei 9.279/1996); **C**: correta, nos termos do art. 134 da Lei 9.279/1996; **D**: incorreta. Marcas de produto ou serviço são os sinais tendentes a distinguir produtos ou serviços idênticos, mas de origem diversa (art. 123, I, da Lei 9.279/1996).

Gabarito "C"

(OAB/Exame Unificado – 2011.3.A) A respeito das invenções ou modelos de utilidade, é correto afirmar que:

(A) podem incluir os programas de computador em si.
(B) podem consistir em técnicas e métodos operatórios ou cirúrgicos.
(C) bastam atender aos requisitos de novidade e atividade inventiva para serem patenteáveis.
(D) são considerados novos quando não compreendidos no estado da técnica.

A: incorreta, por contrariar o disposto no art. 10, V, da Lei 9.279/1996; **B**: incorreta, por afrontar a proibição expressa no art. 10, VIII, da Lei 9.279/1996; **C**: incorreta, porque, além desses requisitos, a patenteabilidade exige a inocorrência dos impedimentos constantes do art. 18 da Lei 9.279/1996; **D**: correta, nos exatos termos do art. 11 da Lei 9.279/1996.

Gabarito "D"

(OAB/Exame Unificado – 2009.3) De acordo com a Lei da Propriedade Industrial, poderá ser registrado como marca:

(A) símbolo ou sinal específico formado por cores e denominações que estejam dispostas ou combinadas de modo peculiar e distintivo.
(B) reprodução ou imitação de título, de moeda ou cédula de curso forçado da União, dos Estados, do DF, dos Territórios e dos Municípios.
(C) termo técnico que, usado na indústria, na ciência e na arte, tenha relação com o produto ou serviço a distinguir.
(D) sinal de caráter genérico comum, necessário ou simplesmente descritivo, quando tiver relação com o produto ou serviço a distinguir, vedada a utilização de forma distintiva.

A: correta, porque reproduz o art. 122 da Lei 9.279/1996, que descreve aquilo que pode ser registrado como marca; **B**, **C** e **D:** incorretas, porque contrariam frontalmente o art. 124 da mesma lei, respectivamente os incisos XIV, XVIII e VI, dentre todos aqueles que elencam sinais não registráveis como marca.

Gabarito "A"

(OAB/Exame Unificado – 2008.3) É patenteável como invenção ou modelo de utilidade:

(A) aquilo que for contrário à moral e aos bons costumes, desde que preencha os requisitos da patenteabilidade – novidade, atividade inventiva e aplicação industrial.
(B) aquilo que for contrário à segurança, à ordem e à saúde pública, desde que preencha os requisitos da patenteabilidade – novidade, atividade inventiva e aplicação industrial.
(C) microrganismo transgênico que atenda aos requisitos da patenteabilidade – novidade, atividade inventiva e aplicação industrial – e que não seja mera descoberta.
(D) sinal distintivo visualmente perceptível e não compreendido nas proibições legais.

As alternativas A e B trazem itens que são expressamente excluídos da proteção da patente pelo art. 18, I, da Lei 9.279/1996. Já a opção D descreve o conceito de marca, que é protegida através do registro e não da patente. Correta a alternativa C, pois a patenteabilidade dos organismos geneticamente modificados que atendam aos demais requisitos legais foi acolhida no art. 18, III, da Lei 9.279/1996.

Gabarito "C"

(OAB/Exame Unificado – 2008.2) De acordo com as leis brasileiras, considera-se criação passível de ser objeto de direito de patente:

(A) a pintura em que se retrata a imagem de um grupo de pessoas.
(B) o livro científico em que se descrevem aplicações de medicamentos.
(C) o método cirúrgico de transplante de coração em animais.
(D) um processo de fabricação de tinta.

Obras artísticas ou científicas não podem ser objeto de patente, bem como qualquer método cirúrgico (art. 10 da Lei 9.279/1996). É patenteável o processo de fabricação de tinta, sempre lembrando que, para receber a proteção legal, deve atender aos requisitos da novidade, atividade inventiva e industriabilidade.

Gabarito "D"

(OAB/Exame Unificado – 2008.1) Segundo o art. 122 da Lei 9.279/1996, são suscetíveis de registro como marca os sinais distintivos visualmente perceptíveis, não compreendidos nas proibições legais. Com base no regime jurídico das marcas, previsto nessa lei, assinale a opção correta.

(A) À marca de alto renome será concedida proteção em seu ramo de atividade, independentemente de estar registrada no Brasil.
(B) À marca coletiva, se devidamente registrada no Brasil, será concedida proteção para ser utilizada por todos os que atuarem no correspondente ramo de atividade.

(C) À marca de produto ou serviço será concedida proteção para distinguir produto ou serviço de outro, idêntico, semelhante ou afim, de origem diversa.

(D) À marca notoriamente conhecida, desde que registrada no Brasil, será concedida proteção em todos os ramos de atividade.

A: incorreta. A marca de alto renome realmente goza de proteção especial, que abrange todos os ramos de atividade, porém, para tanto, deverá estar registrada no Brasil (art. 125 da Lei 9.279/1996); **B:** incorreta, pois marca coletiva é aquela usada para identificar produtos ou serviços provindos de membros de uma determinada entidade (art. 123, III, da Lei 9.279/1996). Seu registro garante proteção nos termos definidos no regulamento de utilização da marca, que deve instruir o pedido, não se garantindo o direito ao uso por todos que atuarem no ramo de atividade (art. 147 da Lei 9.279/1996); **C:** correta. Trata-se da função do registro da marca, nos termos do art. 123, I, da Lei 9.279/1996; **D:** incorreta. A marca notoriamente conhecida, diferentemente da marca de alto renome, terá proteção especial mesmo sem estar registrada no Brasil, vez que a proteção decorre da Convenção da União de Paris para Proteção da Propriedade Industrial (art. 126 da Lei 9.279/1996).

Gabarito "C"

(OAB/Exame Unificado – 2008.1) São registráveis como marca:

(A) Letra, algarismo e data, ainda que isoladamente, quando revestidos de suficiente forma distintiva.

(B) Termos técnicos que, usados na indústria, na ciência e na arte, tenham relação com o produto ou serviço a distinguir.

(C) Bandeira pública ou oficial, nacional, estrangeira ou internacional, bem como a respectiva designação, figura ou imitação.

(D) Sinais ou expressões empregados apenas como meio de propaganda.

Todas as alternativas estão inseridas no rol do art. 124 da Lei 9.279/1996 como símbolos ou termos não registráveis como marca, com exceção da alternativa A. Isso porque a lei proíbe o registro do simples letra, algarismo ou data que não contenha qualquer elemento identificador. Se estivermos falando de letra, algarismo ou data expressado de forma tal que permita sua individualização, fruto da criatividade humana, será registrável nos termos do art. 124, II, da Lei 9.279/1996.

Gabarito "A"

(OAB/Exame Unificado – 2007.3) A Lei 9.279/1996, que trata da propriedade industrial, confere ao titular da patente o direito de obter indenização pela exploração indevida de seu objeto,

(A) inclusive em relação à exploração ocorrida entre a data da publicação do pedido e a data da concessão da patente.

(B) somente após a data da concessão da patente.

(C) a partir da data em que restar comprovada sua invenção pelo titular.

(D) inclusive contra aquele que, de boa-fé, antes da data do depósito ou de prioridade da patente, já explorava seu objeto no país.

A proteção da patente é conferida a partir de sua efetiva concessão pelo INPI, com efeitos retroativos à data do pedido (art. 44 da Lei 9.279/1996), respeitado aquele que, de boa-fé, antes da data do depósito ou de prioridade, já explorava seu objeto (art. 45 da Lei 9.279/1996).

Gabarito "A"

(OAB/Exame Unificado – 2007.2) Cristiano, designer de uma fábrica de móveis, criou uma mesa inovadora, de forma oval e que se sustenta em apenas três pés. Desejando registrar o objeto como desenho industrial, Cristiano dirigiu-se ao Instituto Nacional de Propriedade Industrial (INPI), onde fez o depósito do respectivo pedido. Com relação a essa situação hipotética, assinale a opção incorreta.

(A) Caso o desenho industrial referente à mesa de Cristiano seja contrário à moral ou aos bons costumes ou ofenda a honra ou a imagem de pessoas, esse desenho não é registrável.

(B) A propriedade do desenho industrial referente à mesa de Cristiano adquire-se pelo registro validamente concedido.

(C) Caso seja solicitado por Cristiano o registro na ocasião do referido depósito, o seu pedido poderá ser mantido em sigilo por determinado prazo legal, após o qual será processado.

(D) Caso o pedido de Cristiano seja aprovado, o registro vigorará pelo prazo improrrogável de 5 (cinco) anos.

A: correta, por ingressar o objeto na proibição do art. 100, I, da Lei 9.279/1996; **B:** correta, nos termos do art. 109 da Lei 9.279/1996; **C:** correta. A regra é a publicação do pedido de registro tão logo seja realizado o depósito. Faculta-se, não obstante, ao depositante requerer que o pedido seja mantido em sigilo por até 180 (cento e oitenta) dias, após o que será processado (art. 106, § 1.º, da Lei 9.279/1996); **D:** incorreta, devendo ser assinalada. O registro de desenho industrial é concedido pelo prazo de 10 (dez) anos, prorrogável por três períodos sucessivos de 05 (cinco) anos cada (art. 108 da Lei 9.279/1996).

Gabarito "D"

(OAB/Exame Unificado – 2006.1) Acerca da propriedade industrial, assinale a opção incorreta.

(A) São bens integrantes da propriedade industrial a invenção, o modelo de utilidade, o desenho industrial e a marca.

(B) Novas técnicas cirúrgicas não são consideradas invenções e, por isso, não poderão ser patenteadas.

(C) Os pedidos de patente e de registro de desenho industrial devem atender às condições estabelecidas pelo Instituto Nacional da Propriedade Industrial (INPI), sendo mantidos em sigilo durante 18 meses, contados da data de depósito.

(D) Deve ser extinta a patente de pessoa jurídica domiciliada no exterior que se abstiver de constituir procurador qualificado e domiciliado no Brasil, com poderes para representá-la administrativa e judicialmente, inclusive para receber citação.

A: correta. Todos são itens protegidos pelas normas de propriedade industrial, listados no art. 2.º, I, II e III, da Lei 9.279/1996; **B:** correta, diante da vedação expressa do art. 10, VIII, da Lei 9.279/1996; **C:** incorreta, devendo ser assinalada. Como regra, o pedido é publicado após o depósito e somente será mantido em sigilo pelo prazo máximo de 180 (cento e oitenta) dias se assim requerer o depositante (art. 106, § 1.º, da Lei 9.279/1996); **D:** correta, conforme disposto literalmente no art. 217 da Lei 9.279/1996, operando-se, com a extinção da patente, a liberdade de exploração de seu objeto.

Gabarito "C"

(FGV – 2011) A respeito das patentes de invenção e de modelo de utilidade, é correto afirmar que:

(A) a invenção é considerada nova quando não compreendida no estado da técnica. Para aferir a novidade, o conteúdo completo de pedido depositado no Brasil, e não publicado, será considerado estado da técnica a partir da data de depósito, mesmo não sendo publicado posteriormente.

(B) o pedido de patente de modelo de utilidade poderá se referir a mais de um modelo principal, com inclusão de pluralidade de elementos distintos, adicionais ou variantes construtivas ou configurativas, desde que mantida a unidade técnico-funcional e corporal do objeto.

(C) o pedido de patente de invenção depositado originalmente no Brasil, sem reivindicação de prioridade e não publicado, assegurará o direito de prioridade ao pedido posterior sobre a mesma matéria depositado no Brasil pelo mesmo requerente ou sucessores, dentro do prazo de 1 (um) ano.

(D) a concessão da patente ocorrerá depois de deferido o pedido e comprovado o pagamento da retribuição correspondente, que deverá ocorrer no prazo improrrogável de 30 (trinta) dias, expedindo-se a respectiva carta-patente.

(E) durante o processo de exame, o pedido de patente originário do Brasil cujo objeto interesse à defesa nacional será mantido em sigilo durante 18 (dezoito) meses contados da data de depósito ou da prioridade mais antiga, quando houver, após o que será publicado.

A: incorreta, pois a inclusão do conteúdo do pedido de patente no conceito de "estado da técnica" decorre, necessariamente, da publicação do pedido (art. 11, § 2.º, da Lei 9.279/1996); **B:** incorreta, pois o pedido de patente de modelo de utilidade deve se referir a apenas um único modelo principal (art. 23 da Lei 9.279/1996); **C:** correta. Trata-se de cópia literal do art. 17 da Lei 9.279/1996; **D:** incorreta, vez que prazo estabelecido em lei para pagamento da retribuição é de 60 (sessenta) dias (art. 38, § 1.º, da Lei 9.279/1996); **E:** incorreta. A alternativa narra a regra geral de processamento e exame dos pedidos de patente, porém esta não se aplica aos casos de pedidos cujo objeto sejam de interesse à defesa nacional, conforme art. 75 da Lei 9.279/1996.

Gabarito "C"

(FGV – 2010) A letra "M" é o sinal de uma rede de lanchonetes mundialmente conhecida. O nome dessa lanchonete, tal qual estampado em suas lojas, é um exemplo de:

(A) direito de autor.

(B) direito de "design".

(C) marca.

(D) patente.

(E) propriedade intelectual.

Marca é o designativo que identifica determinado produto ou serviço, exatamente o que se descreve no enunciado: a letra "M" estilizada vincula o nome da lanchonete aos produtos que serve aos clientes. Patente é direito de exploração econômica exclusiva de invenção. Propriedade intelectual e direito de autor são, grosso modo, expressões equivalentes e genéricas, abrangendo tanto as patentes de invenção e modelo de utilidade quanto os registros de desenho industrial e marca. Direito de "design" é expressão incorreta.

Gabarito "C"

(FGV – 2010) As afirmativas a seguir apresentam exemplos de violação de uma patente por um terceiro, à exceção de uma. Assinale-a.

(A) Se a invenção é um produto, o terceiro, sem autorização, aliena, se oferece para alienar, usa ou importa o produto.

(B) Se a invenção é um processo, o terceiro, sem autorização, usa ou oferece para uso tal processo.

(C) Se a invenção é um processo, o terceiro, sem autorização, usa ou importa qualquer produto obtido diretamente por meio desse processo.

(D) Se o terceiro, sem autorização, utiliza a invenção para pesquisa.

(E) Se a invenção é um produto, o terceiro, sem autorização, aliena ou se oferece para alienar o produto.

Nos termos do art. 42 da Lei 9.279/1996, ao titular da patente é garantido o direito de impedir que terceiro, sem o seu consentimento, produza, use, coloque à venda, venda ou importe produto patenteado ou obtido através de processo patenteado, inclusive contra terceiros que auxiliem que outros pratiquem os atos referidos. Assim, a única alternativa que não representa uma violação de patente é a alternativa "D", expressamente autorizado pelo art. 43, II, do mesmo diploma legal.

Gabarito "D"

(FGV – 2010) A empresa multinacional Sono & Sono é detentora de patente sobre medicamentos essenciais para o tratamento de doenças crônicas. Embora os custos não sejam relevantes, seu preço de venda é extremamente elevado. A empresa foi procurada por membros do Governo Federal e não manifestou qualquer interesse em reduzir seus valores. Diante de tais circunstâncias, o Brasil busca contato com a Organização Mundial de Saúde (OMS) e a Organização Mundial do Comércio (OMC) para realizar tratativas quanto ao seu projeto de redução de valores dos medicamentos essenciais para doenças crônicas, inclusive com a possibilidade de quebra de patentes. A esse respeito, é correto afirmar que:

(A) nos termos dos acordos internacionais sobre patentes não é possível o licenciamento compulsório.

(B) os esforços para a obtenção de licenças com preços razoáveis estão incluídos como um dos itens que possibilita a obtenção de quebra de patentes.

(C) as organizações internacionais referidas no enunciado (OMS e OMC) não têm nenhuma relação com a questão de medicamentos e de proteção de patentes.

(D) somente mediante negociações entre países e empresas o problema relatado poderá ser solvido.

(E) as empresas multinacionais têm direito à propriedade intelectual dos seus produtos de forma absoluta, pelo prazo conferido pelas leis internacionais.

Dentre os tratados internacionais relevantes sobre propriedade intelectual, destacamos a Convenção de Paris e o Acordo sobre Aspectos dos Direitos de Propriedade Intelectual Relacionados ao Comércio (ADPIC ou TRIPS, na sigla em inglês). Este último, celebrado no âmbito da Organização Mundial do Comércio, atesta a possibilidade de licenciamento compulsório de patentes quando, autorizada pela legislação do país signatário do acordo, não se lograr acordo com o titular após esforços razoáveis (art. 31 do Acordo TRIPS). No caso, o licenciamento compulsório está autorizado pelo art. 71 da Lei 9.279/1996, regulamentado pelo Decreto 3.201/1999.

Gabarito "B"

(FGV – 2010) Em relação aos direitos e obrigações relativos à propriedade industrial, assinale a afirmativa INCORRETA.

(A) Os direitos de propriedade industrial são considerados bens móveis.

(B) Para que uma invenção seja patenteável, é necessário que ela atenda aos requisitos de novidade, atividade inventiva e aplicação industrial.

(C) A vigência da patente de invenção perdura por 20 (vinte) anos, contados da data de depósito, ao passo que a patente de modelo de utilidade vigora por 15 (quinze) anos, igualmente contados da data de depósito.

(D) O prazo para a propositura de ação de nulidade da patente é de 2 (dois) anos após o início da vigência da patente.

(E) A extinção da patente faz com que seu objeto caia em domínio público.

A: correta, conforme o art. 5.º da Lei de Propriedade Industrial – LPI (Lei 9.279/1996); **B:** correta, pois é o que dispõe o art. 8.º da Lei 9.279/1996; **C:** correta, conforme o art. 40 da Lei 9.279/1996; **D:** incorreta, devendo ser assinalada, pois a ação de nulidade poderá ser proposta a qualquer tempo da vigência da patente, ou arguida, a qualquer tempo, como matéria de defesa – art. 56 da Lei 9.279/1996; **E:** correta, conforme o art. 78, parágrafo único, da Lei 9.279/1996.

Gabarito "D".

(FGV – 2008) A respeito das patentes, é incorreto afirmar que:

(A) as regras de jogo e programas de computador em si não são consideradas patentes.

(B) a patente de invenção vigorará pelo prazo de vinte anos e a de modelo de utilidade pelo de quinze anos, contados da data do respectivo depósito.

(C) o pedido de patente de invenção tem que se referir a uma única invenção ou a um grupo de invenções inter- relacionadas de forma a compreenderem um único conceito inventivo.

(D) a invenção pertence unicamente ao empregador quando decorrer de contrato de trabalho cuja execução ocorra no Brasil e que tenha por objeto a pesquisa ou atividade inventiva, ou resulte da natureza dos serviços para os quais o empregado foi contratado.

(E) nos casos de emergência nacional ou interesse público, declarados em ato do Poder Executivo Federal, desde que o titular da patente ou seu licenciado não atendam a essa necessidade, poderá ser concedida, mediante requerimento, licença compulsória, com prazo indeterminado e não exclusiva, para exploração da patente, sem prejuízo dos direitos do respectivo titular.

A: correta, conforme o art. 10, V e VII, da Lei 9.279/1996 – as regras de jogo e os programas de computador em si não são considerados invenções ou modelos de utilidade para fins de patente; **B:** correta, nos termos do art. 40 da Lei 9.279/1996; **C:** correta, conforme o art. 22 da Lei 9.279/1996; **D:** correta, nos termos do art. 88 da Lei 9.279/1996; **E:** incorreta, devendo ser assinalada, pois o licenciamento compulsório é sempre por prazo determinado, prorrogável – art. 71, *caput* e parágrafo único, da Lei 9.279/1996.

Gabarito "E".

(FGV – 2008) Assinale a afirmativa correta.

(A) O prazo de vigência da patente de invenção não pode ser inferior a quinze anos, a contar da data de concessão, ressalvada a hipótese de o INPI estar impedido de proceder ao exame do mérito do pedido por pendência judicial comprovada ou por motivo de força maior.

(B) A patente de invenção vigora pelo prazo de vinte anos, contados da data do depósito.

(C) A proteção dos direitos relativos à propriedade industrial é assegurada em todo o território brasileiro mediante o ato de protocolo do pedido das patentes e marcas do Instituto Nacional de Propriedade Industrial.

(D) É patenteável a invenção que atenda aos requisitos da novidade e atividade inventiva, sendo dispensável sua aplicação industrial.

(E) Os programas de computador são considerados invenções ou modelos de utilidade, podendo seu autor obter a patente no Instituto Nacional de Propriedade Industrial.

A: incorreta, pois o prazo mínimo de vigência contado a partir da concessão da patente de invenção é de 10 (dez) anos (não 15 (quinze) anos, como consta da assertiva) – art. 40, parágrafo único, da Lei 9.279/1996; **B:** correta, pois o prazo de vigência da patente de invenção contado a partir da data do depósito é de 20 (vinte) anos – art. 40, *caput*, da Lei 9.279/1996; **C:** incorreta, pois a proteção dos direitos relativos à propriedade industrial se dá, especialmente, mediante a concessão de patentes de invenção e de modelo de utilidade e concessão de registros de desenho industrial e de marca (não, simplesmente, mediante o ato de protocolo do pedido, como consta da assertiva) – art. 2.º da Lei 9.279/1996; **D:** incorreta, pois, para ser patenteável, a invenção deve atender, além dos requisitos de novidade e de atividade inventiva, o de aplicação industrial – art. 8.º da Lei 9.279/1996; **E:** incorreta, pois o programa de computador em si não é considerado invenção nem modelo de utilidade – art. 10, V, da Lei 9.279/1996.

Gabarito "B".

7. DEFESA DA ORDEM ECONÔMICA

(FGV – 2011) Em relação à execução judicial das decisões do Cade, é correto afirmar que:

(A) não constitui título executivo extrajudicial a decisão do Plenário do Cade que comina multa.

(B) a execução que tenha por objeto exclusivamente a cobrança de multas pecuniárias será feita de acordo com o disposto nos artigos 632 a 645 da Lei 5.869/73, sendo vedada a execução nos moldes da Lei 6.830/80.

(C) a execução das decisões do Cade somente será promovida na Justiça Federal da sede ou domicílio do exequente, à escolha do Cade.

(D) no cálculo do valor da multa diária pela continuidade da infração, tomar-se-á como termo inicial a data final fixada pelo Cade para a adoção voluntária das providências contidas em sua decisão, e como termo final o dia do seu efetivo cumprimento.

(E) o processo de execução das decisões do Cade não terá preferência sobre as demais espécies de ação, exceto *habeas corpus* e mandado de segurança.

A: incorreta, pois a decisão do plenário do CADE é título executivo extrajudicial por expressa determinação legal (art. 93 da Lei 12.529/2011); **B:** incorreta, pois o art. 94 da Lei 12.529/2011 determina exatamente o inverso, ou seja, que as decisões que aplicam exclusivamente multas pecuniárias sejam executadas nos moldes da Lei de Execução Fiscal (Lei 6.830/1980); **C:** incorreta, pois a competência para execução será da Justiça Federal do Distrito Federal ou da sede ou domicílio do executado (art. 97 da Lei 12.529/2011); **D:** correta, nos exatos termos do art. 100 da Lei 12.529/2011; **E:** incorreta, pois lê-se no art. 101 da Lei 12.529/2011 exatamente o inverso, ou seja, a execução das decisões do CADE tem preferência sobre todos os demais processos, exceto *habeas corpus* e mandado de segurança.

Gabarito "D"

(FGV – 2010) A Lei Antitruste brasileira foi criada para atender o mandamento constitucional da regulamentação da atividade econômica e financeira, no que se refere à repressão do abuso do poder econômico que vise à dominação dos mercados, à eliminação da concorrência e ao aumento arbitrário dos lucros. Nesse sentido, é correto afirmar que:

(A) a decisão do Plenário do Cade que comine multa ou imponha obrigação de fazer ou não fazer consubstancia-se em título executivo judicial. Durante o processo de execução, se necessário, será determinada a intervenção da empresa.

(B) atos que possam limitar ou prejudicar a concorrência, ou resultar na dominação de mercados relevantes de bens ou serviços, não podem ser autorizados pelo Cade, mesmo que tenham por objetivo melhorar a qualidade de bens e serviços.

(C) a atuação do Cade é orientada pelos ditames constitucionais da liberdade de iniciativa, livre concorrência, função social da propriedade, defesa dos consumidores e repressão ao abuso do poder econômico.

(D) as disposições da Lei Antitruste somente são aplicadas às pessoas físicas ou jurídicas de direito privado, uma vez que as pessoas jurídicas de direito público são regulamentadas por leis específicas em relação à concorrência desleal.

(E) os responsáveis pela prática de atos que infrinjam a ordem econômica são sujeitos a diversas penalidades, sendo que, no caso de reincidência, as multas cominadas serão aplicadas no seu décuplo.

A: incorreta quanto à natureza do título, que é extrajudicial (não judicial, como consta da assertiva) – art. 93 da Lei 12.529/2011; **B:** incorreta, pois o Cade pode autorizar esses atos desde que atendidas determinadas condições, dentre elas a hipótese descrita na assertiva (quando o ato tenha por objetivo melhorar a qualidade de bens ou serviços) – art. 88, § 6.º, I, *b*, da Lei 12.529/2011; **C:** correta, nos termos do art. 1.º da Lei 12.529/2011; **D:** incorreta, até porque não há leis específicas para as pessoas de direito público em relação à concorrência desleal; **E:** incorreta, pois, no caso de reincidência, as penas cominadas são aplicadas em dobro (não em seu décuplo, como consta da assertiva) – art. 37, § 1.º, da Lei 12.529/2011.

Gabarito "C"

(FGV – 2009) Não constitui *infração à ordem econômica*:

(A) limitar, falsear ou de qualquer forma prejudicar a livre concorrência ou a livre iniciativa.

(B) exercer de forma abusiva posição dominante no mercado.

(C) dominar mercado relevante de bens ou serviços.

(D) aumentar arbitrariamente os lucros.

(E) adquirir o controle dos principais concorrentes do mercado.

A, B, C e **D:** incorretas, pois essas assertivas descrevem atos que constituem infração à ordem econômica – art. 36, I, a IV, da Lei 12.529/2011; **E:** correta. A aquisição do controle, em si, não constitui infração. O ilícito ocorreria se isso pudesse produzir algum dos efeitos danosos listados no art. 36 da Lei 12.529/2011 ou configurasse alguma das condutas previstas no § 3.º do mesmo artigo.

Gabarito "E"

5. DIREITO DO CONSUMIDOR

Wander Garcia

1. CONCEITO DE CONSUMIDOR. RELAÇÃO DE CONSUMO

(OAB/Exame Unificado – 2016.2) Heitor agraciou cinco funcionários de uma de suas sociedades empresárias, situada no Rio Grande do Sul, com uma viagem para curso de treinamento profissional realizado em determinado sábado, de 9h às 15h, numa cidade do Uruguai, há cerca de 50 minutos de voo. Heitor custeou as passagens aéreas, translado e alimentação dos cinco funcionários com sua própria renda, integralmente desvinculada da atividade empresária. Ocorre que houve atraso no voo sem qualquer justificativa prestada pela companhia aérea. Às 14h, sem previsão de saída do voo, todos desistiram do embarque e perderam o curso de treinamento. Nesse contexto é correto afirmar que,

(A) por se tratar de transporte aéreo internacional, para o pedido de danos extrapatrimoniais não há incidência do Código de Defesa do Consumidor e nem do Código Civil, que regula apenas Contrato de Transporte em território nacional, prevalecendo unicamente as Normas Internacionais.

(B) ao caso, aplica-se a norma consumerista, sendo que apenas Heitor é consumidor por ter custeado a viagem com seus recursos, mas, como ele tem boas condições financeiras, por esse motivo, é consumidor não enquadrado em condição de vulnerabilidade, como tutela o Código de Defesa do Consumidor.

(C) embora se trate de transporte aéreo internacional, há incidência plena do Código de Defesa do Consumidor para o pedido de danos extrapatrimoniais, em detrimento das normas internacionais e, apesar de Heitor ter boas condições financeiras, enquadra-se na condição de vulnerabilidade, assim como os seus funcionários, para o pleito de reparação.

(D) por se tratar de relação de Contrato de Transporte previsto expressamente no Código Civil, afasta-se a incidência do Código de Defesa do Consumidor e, por ter ocorrido o dano em território brasileiro, afastam-se as normas internacionais, sendo, portanto, hipótese de responsabilidade civil pautada na comprovação de culpa da companhia aérea pelo evento danoso.

A e D: incorretas, pois a jurisprudência do STJ é pacífica no sentido que se aplica o CDC no caso; confira: "É iterativa a jurisprudência deste Superior Tribunal de Justiça no sentido de prevalência das normas do Código de Defesa do Consumidor, em detrimento das disposições insertas em Convenções Internacionais, como as Convenções de Montreal e de Varsóvia, aos casos de falha na prestação de serviços de transporte aéreo internacional, por verificar a existência da relação de consumo entre a empresa aérea e o passageiro, haja vista que a própria Constituição Federal de 1988 elevou a defesa do consumidor à esfera constitucional de nosso ordenamento. Súmula 83 do STJ. Precedentes" (AgRg no AREsp 145.329/RJ, Rel. Ministro MARCO BUZZI, QUARTA TURMA, julgado em 20/10/2015, DJe 27/10/2015); **B:** incorreta, pois, embora incidente o CDC (STJ, AgRg no AREsp 145.329/RJ), pois é equiparado a consumidor todo aquele que utiliza produto ou serviço como destinatário final, que é o caso dos cinco funcionários da empresa (art. 2º, *caput*, do CDC); ademais, é incorreto dizer que Heitor não é consumidor no caso, pois ele adquiriu o serviço em questão, enquadrando-se no art. 2º, *caput*, do CDC, e o fez na condição de vulnerável, que é uma presunção do CDC, que não fica afastada só pelo fato de ele ter boas condições financeiras, pois isso em nada interfere na sua incapacidade de impedir problemas na prestação de serviço de consumo; **C:** correta, pois, segundo o STJ (AgRg no AREsp 145.329/RJ) prevalece o CDC no caso; ademais, é equiparado a consumidor todo aquele que utiliza produto ou serviço como destinatário final, que é o caso dos cinco funcionários da empresa (art. 2º, *caput*, do CDC) e, por fim, Heitor é também consumidor no caso, pois ele adquiriu o serviço em questão, enquadrando-se no art. 2º, *caput*, do CDC, e o fez na condição de vulnerável, que é uma presunção do CDC, que não fica afastada só pelo fato de ele ter boas condições financeiras, pois isso em nada interfere na sua incapacidade de impedir problemas na prestação de serviço de consumo.

Gabarito "C"

(OAB/Exame Unificado – 2016.1) Amadeu, aposentado, aderiu ao plano de saúde coletivo ofertado pelo sindicato ao qual esteve vinculado por força de sua atividade laborativa por mais de 30 anos. Ao completar 60 anos, o valor da mensalidade sofreu aumento significativo (cerca de 400%), o que foi questionado por Amadeu, a quem os funcionários do sindicato explicaram que o aumento decorreu da mudança de faixa etária do aposentado. A respeito do tema, assinale a afirmativa correta.

(A) O aumento do preço é abusivo e a norma consumerista deve ser aplicada ao caso, mesmo em se tratando de plano de saúde coletivo e, principalmente, que envolva interessado com amparo legal no Estatuto do Idoso.

(B) O aumento do preço é legítimo, tendo em vista que o idoso faz maior uso dos serviços cobertos e o equilíbrio contratual exige que não haja onerosidade excessiva para qualquer das partes, não se aplicando o CDC à hipótese, por se tratar de contrato de plano de saúde coletivo envolvendo pessoas idosas.

(C) O aumento do valor da mensalidade é legítimo, uma vez que a majoração de preço é natural e periodicamente aplicada aos contratos de trato continuado, motivo pelo qual o CDC autoriza que o critério faixa etária sirva como parâmetro para os reajustes econômicos.

(D) O aumento do preço é abusivo, mas o microssistema consumerista não deve ser utilizado na hipótese, sob pena de incorrer em colisão de normas, uma vez que o Estatuto do Idoso estabelece a disciplina aplicável às relações jurídicas que envolvam pessoa idosa.

A: correta, pois o CDC também se aplica às relações securitárias (vide o art. 3º, § 2º, do CDC), impedindo cláusulas abusivas como essa (art. 51, XV e § 1º, III, do CDC); ademais esse tipo de aumento é expressamente proibido pelo Estatuto do Idoso (Lei 10.741/2003), que no seu art. 15, § 3º, estabelece ser "vedada a discriminação do idoso nos planos de saúde pela cobrança de valores diferenciados em razão da idade"; **B**, **C** e **D:** incorretas, pois o CDC também se aplica às relações securitárias (vide o art. 3º, § 2º, do CDC), impedindo cláusulas abusivas como essa (art. 51, XV e § 1º, III, do CDC); ademais esse tipo de aumento é expressamente proibido pelo Estatuto do Idoso (Lei 10.741/2003), que no seu art. 15, § 3º, estabelece ser "vedada a discriminação do idoso nos planos de saúde pela cobrança de valores diferenciados em razão da idade".

Gabarito "A"

(OAB/Exame Unificado – 2015.2) Saulo e Bianca são casados há quinze anos e, há dez, decidiram ingressar no ramo das festas de casamento, produzindo os chamados "*bem-casados*", deliciosos doces recheados oferecidos aos convidados ao final da festa. Saulo e Bianca não possuem registro da atividade empresarial desenvolvida, sendo essa a fonte única de renda da família. No mês passado, os noivos Carla e Jair encomendaram ao casal uma centena de "*bem-casados*" no sabor doce de leite. A encomenda foi entregue conforme contratado, no dia do casamento. Contudo, diversos convidados que ingeriram os quitutes sofreram infecção gastrointestinal, já que o produto estava estragado. A impropriedade do produto para o consumo foi comprovada por perícia técnica. Com base no caso narrado, assinale a alternativa correta.

(A) O casal Saulo e Bianca se enquadra no conceito de fornecedor do Código do Consumidor, pois fornecem produtos com habitualidade e onerosidade, sendo que apenas Carla e Jair, na qualidade de consumidores indiretos, poderão pleitear indenização.

(B) Embora a empresa do casal Saulo e Bianca não esteja devidamente registrada na Junta Comercial, pode ser considerada fornecedora à luz do Código do Consumidor, e os convidados do casamento, na qualidade de consumidores por equiparação, poderão pedir indenização diretamente àqueles.

(C) O Código de Defesa do Consumidor é aplicável ao caso, sendo certo que tanto Carla e Jair quanto seus convidados intoxicados são consumidores por equiparação e poderão pedir indenização, porém a inversão do ônus da prova só se aplica em favor de Carla e Jair, contratantes diretos.

(D) A atividade desenvolvida pelo casal Saulo e Bianca não está oficialmente registrada na Junta Comercial e, portanto, por ser ente despersonalizado, não se enquadra no conceito legal de fornecedor da lei do consumidor, aplicando-se ao caso as regras atinentes aos vícios redibitórios do Código Civil.

De acordo com o art. 3º, *caput*, do CDC os *entes despersonalizados* (que é o caso de uma sociedade que não está devidamente constituída) também são considerados fornecedores, para efeito de aplicação desse diploma. Assim, Saulo e Bianca respondem nos termos do CDC, ficando afastada a alternativas "D". Os noivos Carla e Jair são consumidor típicos (diretos), por terem *adquirido* esse produto (art. 2º, *caput*, do CDC), de modo que ficam afastadas as alternativas "a" e "c", já que a primeira assegura que os noivos são meros consumidores indiretos e a segunda os trata como meros consumidores equiparados. Quanto aos convidados da festa são consumidores também, seja porque utilizaram o produto (art. 2º, *caput*, do CDC), seja por equiparação, já que interviram na relação de consumo (art. 2º, parágrafo único, do CDC). A alternativa "B", portanto, está correta.

Gabarito "B"

(OAB/Exame Unificado – 2007.3) No que se refere ao campo de aplicação do Código de Defesa do Consumidor (CDC), assinale a opção correta.

(A) O conceito de consumidor restringe-se às pessoas físicas que adquirem produtos como destinatárias finais da comercialização de bens no mercado de consumo.

(B) O conceito de fornecedor envolve o fabricante, o construtor, o produtor, o importador e o comerciante, os quais responderão solidariamente sempre que ocorrer dano indenizável ao consumidor.

(C) O conceito de produto é definido como o conjunto de bens corpóreos, móveis ou imóveis, que sejam oferecidos pelos fornecedores para consumo pelos adquirentes.

(D) O conceito de serviço engloba qualquer atividade oferecida no mercado de consumo, mediante remuneração, salvo as decorrentes das relações de caráter trabalhista.

A: incorreta, pois consumidor é toda pessoa física *ou jurídica* que adquire ou utiliza produto ou serviço como destinatário final (art. 2º do CDC); **B**: incorreta, art. 3º c/c o art. 7º, parágrafo único, do CDC; **C**: incorreta. art. 3º, § 1º, do CDC; **D**: correta, art. 3º, § 2º, do CDC.

Gabarito "D"

(FGV – 2013) A Lei n. 8.078/1990 estabelece a denominada Política Nacional das Relações de Consumo, elencando seus princípios norteadores e instrumentos a serem utilizados pelo Poder Público para sua efetivação. No tocante ao Código de Proteção e Defesa do Consumidor (CDC) assinale a afirmativa **incorreta**.

(A) Estabelece normas de ordem pública e de interesse social, em especial os direitos básicos do consumidor como a inversão do ônus da prova que podem ser aplicados pelo Judiciário, independentemente de requerimento específico.

(B) Consumidor é definido como toda pessoa física ou jurídica que adquire ou utiliza produto ou serviço como destinatário final.

(C) Mesmo não se enquadrando no conceito legal de Consumidor, o CDC prevê a figura do Consumidor por equiparação, a fim de preservar direitos de todas as vítimas do evento danoso.

(D) O fabricante, o produtor, o construtor nacional ou estrangeiro e o importador respondem, subjetivamente, pela reparação dos danos causados aos consumidores por defeitos de seus produtos, bem como por informações insuficientes ou inadequadas sobre sua utilização e riscos.

(E) A oferta tem caráter vinculante, obrigando o fornecedor a, por exemplo, vender um produto nas condições anunciadas por meio de publicidade suficientemente precisa, veiculada por qualquer forma ou meio de comunicação.

A: assertiva correta (arts. 1º, *caput*, e 6º, VIII, do CDC); **B:** assertiva correta (art. 2º, *caput*, do CDC); **C:** assertiva correta, havendo casos de consumidor equiparado nos arts. 2º, parágrafo único, 17 e 29 do CDC; **D:** assertiva incorreta, devendo ser assinalada; isso se dá pois a responsabilidade, no caso, é objetiva (e não subjetiva), nos termos do art. 12, *caput*, do CDC; **E:** assertiva correta (art. 30 do CDC);

Gabarito "D"

(FGV – 2009) Acerca das *relações de consumo*, assinale a afirmativa incorreta.

(A) Podem estabelecer-se entre pessoas físicas.
(B) Podem incluir entes despersonalizados.
(C) Podem ser fornecidas por instituições financeiras.
(D) Podem estabelecer-se mesmo na ausência de contrato celebrado entre consumidor e fornecedor.
(E) Estabelecem-se necessariamente entre um fornecedor e consumidores determinados ou, ao menos, determináveis.

A: correta, pois tanto o consumidor (art. 2º do CDC), como o fornecedor (art. 3º do CDC) podem ser pessoas físicas; **B**: correta, pois há previsão expressa, nesse sentido, no conceito de fornecedor (art. 3º do CDC); **C**: correta, pois é pacífico hoje que as instituições financeiras estão no conceito de *fornecedor* (art. 3º, *caput*, do CDC), como prestadoras de serviço (art. 3º, § 2º, do CDC); aliás, a Súmula 297 do STJ dispõe que "O Código de Defesa do Consumidor é aplicável às instituições financeiras"; **D**: correta, pois há pessoas que, mesmo não tendo celebrado contrato de consumo, são equiparadas a consumidores, recebendo a proteção do CDC, tais como *a pessoa que utiliza um bem de consumo*, mesmo não o tendo comprado (art. 2º, *caput*, do CDC), *a vítima de um acidente de consumo* (art. 17 do CDC) e *as pessoas expostas às práticas comerciais* (art. 29 do CDC), como as expostas a uma propaganda, por exemplo; **E**: incorreta, devendo ser assinalada, pois o parágrafo único do art. 2º do CDC equipara a consumidores "a coletividade de pessoas, ainda que indetermináveis, que haja intervindo nas relações de consumo".

Gabarito "E"

(FGV – 2009) O Código de Defesa do Consumidor não se aplica às relações entre:

(A) a entidade de previdência privada e seus participantes.
(B) a instituição financeira e seus clientes.
(C) o comprador e o vendedor proprietário de um único imóvel, que lhe serve de residência.
(D) o comprador de veículo e a concessionária.
(E) a instituição de ensino e o estudante.

A: incorreta, pois a atividade de previdência privada é considerada uma atividade *securitária*, que é conceituada como prestação de serviço pelo CDC (art. 3º, § 2º); **B**: incorreta, pois é pacífico hoje que as instituições financeiras estão no conceito de *fornecedor* (art. 3º, *caput*, do CDC), como *prestadoras de serviço* (art. 3º, § 2º, do CDC); aliás, a Súmula 297 do STJ dispõe que "O Código de Defesa do Consumidor é aplicável às instituições financeiras"; **C**: correta, pois o vendedor, nesse caso, não "desenvolve atividade", ou seja, não atua profissionalmente, de modo que não se encaixa no conceito de fornecedor previsto no art. 3º do CDC; **D**: incorreta, pois o comprador é destinatário final, encaixando-se no conceito de *consumidor* (art. 2º do CDC), e o vendedor desenvolve atividade, ou seja, atua profissionalmente, encaixando-se no conceito de *fornecedor* (art. 3º do CDC); **E**: incorreta, pois a instituição de ensino oferece um serviço aplicando-se assim o que dispõe o art. 3º,§ 2º, do CDC, principalmente se este for pago.

Gabarito "C"

2. PRINCÍPIOS E DIREITOS BÁSICOS

(OAB/Exame Unificado – 2013.3) Maria e Manoel, casados, pais dos gêmeos Gabriel e Thiago que têm apenas três meses de vida, residem há seis meses no Condomínio Vila Feliz. O fornecimento do serviço de energia elétrica na cidade onde moram é prestado por uma única concessionária, a Companhia de Eletricidade Luz S.A. Há uma semana, o casal vem sofrendo com as contínuas e injustificadas interrupções na prestação do serviço pela concessionária, o que já acarretou a queima do aparelho de televisão e da geladeira, com a perda de todos os alimentos nela contidos. O casal pretende ser indenizado. Nesse caso, à luz do princípio da vulnerabilidade previsto no Código de Proteção e Defesa do Consumidor, assinale a afirmativa correta.

(A) Prevalece o entendimento jurisprudencial no sentido de que a vulnerabilidade no Código do Consumidor é sempre presumida, tanto para o consumidor pessoa física, Maria e Manoel, quanto para a pessoa jurídica, no caso, o Condomínio Vila Feliz, tendo ambos direitos básicos à indenização e à inversão judicial automática do ônus da prova.
(B) A doutrina consumerista dominante considera a vulnerabilidade um conceito jurídico indeterminado, plurissignificativo, sendo correto afirmar que, no caso em questão, está configurada a vulnerabilidade fática do casal diante da concessionária, havendo direito básico à indenização pela interrupção imotivada do serviço público essencial.
(C) É dominante o entendimento no sentido de que a vulnerabilidade nas relações de consumo é sinônimo exato de hipossuficiência econômica do consumidor. Logo, basta ao casal Maria e Manoel demonstrá-la para receber a integral proteção das normas consumeristas e o consequente direito básico à inversão automática do ônus da prova e a ampla indenização pelos danos sofridos.
(D) A vulnerabilidade nas relações de consumo se divide em apenas duas espécies: a jurídica ou científica e a técnica. Aquela representa a falta de conhecimentos jurídicos ou outros pertinentes à contabilidade e à economia, e esta, à ausência de conhecimentos específicos sobre o serviço oferecido, sendo que sua verificação é requisito legal para inversão do ônus da prova a favor do casal e do consequente direito à indenização.

A e **C**: incorretas; de fato, a vulnerabilidade do consumidor (ligada ao direito material) é presumida no CDC; já a hipossuficiência (ligada ao direito processual), que é causa da inversão do ônus da prova, não; dessa forma, é incorreto dizer que o CDC prevê inversão automática do ônus da prova, sendo necessário que o juiz verifique se é o caso, o que depende de haver ou hipossuficiência do consumidor ou verossimilhança da alegação (art. 6º, VIII, do CDC); **B**: correta, pois o consumidor é presumidamente vulnerável (art. 4º, I, do CDC) e a situação narrada no enunciado narra, ainda, um consumidor ainda mais desamparado dada as características do serviço que lhe é prestado, face à total impossibilidade de se defender do consumidor, o que provavelmente fará com que o juiz também o considere hipossuficiente e inverta o ônus da prova em seu favor; **D**: incorreta, pois onde consta da alternativa a palavra "vulnerabilidade" deveria constar "hipossuficiência", sendo que essa sim é que deve ser analisada se existe no caso concreto (já que a vulnerabilidade já é presumida), e, se existir no caso concreto, aí sim é que o juiz inverterá o ônus da prova.

Gabarito "B"

(OAB/Exame Unificado – 2012.3.A) A sociedade empresária XYZ Ltda. oferta e celebra, com vários estudantes universitários, contratos individuais de fornecimento de material didático, nos quais garante a entrega, com 25% de desconto sobre o valor indicado pela editora, dos livros didáticos escolhidos pelos contratantes (de lista de editoras de antemão definidas). Os contratos têm duração de 24 meses, e cada estudante compromete-se a pagar valor mensal, que fica como crédito, a ser abatido do valor dos livros escolhidos. Posteriormente, a capacidade de entrega da sociedade diminuiu, devido a dívidas e problemas judiciais. Em razão disso, ela pretende rever judicialmente os contratos, para obter aumento do valor mensal, ou então liberar-se do vínculo.

Acerca dessa situação, assinale a afirmativa correta.

(A) A empresa não pode se valer do Código de Defesa do Consumidor e não há base, à luz do indicado, para rever os contratos.

(B) Aplica-se o CDC, já que os estudantes são destinatários finais do serviço, mas o aumento só será concedido se provada a dificuldade financeira e que, ademais, ainda assim o contrato seja proveitoso para os compradores.

(C) Aplica-se o CDC, mas a pretendida revisão da cláusula contratual só poderá ser efetuada se provado que os problemas citados têm natureza imprevisível, característica indispensável, no sistema do consumidor, para autorizar a revisão.

(D) A revisão é cabível, assentada na teoria da imprevisão, pois existe o contrato de execução diferida, a superveniência de onerosidade excessiva da prestação, a extrema vantagem para a outra parte, e a ocorrência de acontecimento extraordinário e imprevisível.

A: correta, pois o pedido de revisão contratual requer a existência de um fato superveniente relacionado à prestação (ex: um contrato atrelado ao dólar pode ser objeto de revisão se a cotação do dólar aumentar de forma muito forte), não sendo possível que o devedor (no caso, a sociedade XYZ) alegue problema de sua responsabilidade e alheio à prestação que tem de cumprir (crise na empresa) para conseguir uma revisão contratual; vale lembrar que o direito de revisão contratual está no inciso V, do art. 6º, do CDC, que traz "direitos básicos do *consumidor*" e não "direitos básicos do *fornecedor*"; **B**: incorreta, pelas mesmas razões mencionadas no comentário à alternativa anterior; **C** e **D**: incorretas; em primeiro lugar, não é cabível a revisão, conforme se viu dos comentários às demais alternativas; ademais, a revisão contratual no caso é regida pelo CDC e este, como se sabe, traz como requisito à revisão apenas a existência de um fato novo que leve à uma excessiva onerosidade das prestações (art. 6º, V, do CDC), não sendo necessário "imprevisibilidade" (alternativa "c") ou "extrema vantagem para a outra parte, e a ocorrência de acontecimento extraordinário e imprevisível (alternativa "d").

Gabarito "A"

(OAB/Exame Unificado – 2011.3.B) O ônus da prova incumbe a quem alega a existência do fato constitutivo de seu direito e impeditivo, modificativo ou extintivo do direito daquele que demanda. O Código de Proteção e Defesa do Consumidor, entretanto, prevê a possibilidade de inversão do *onus probandi* e, a respeito de tal tema, é correto afirmar que

(A) ocorrerá em casos excepcionais em que o juiz verifique ser verossímil a alegação do consumidor ou quando for ele hipossuficiente.

(B) é regra e basta ao consumidor alegar os fatos, pois caberá ao réu produzir provas que os desconstituam, já que o autor é hipossuficiente nas relações de consumo.

(C) será deferido em casos excepcionais, exceto se a inversão em prejuízo do consumidor houver sido previamente ajustada por meio de cláusula contratual.

(D) ocorrerá em todo processo civil que tenha por objeto as relações consumeristas, não se admitindo exceções, sendo declarada abusiva qualquer cláusula que disponha de modo contrário.

A: correta, nos estritos termos do disposto no art. 6º, VIII, do CDC; **B**: incorreta, pois o CDC presume o consumidor vulnerável (conceito de direito material – art. 4º, I, do CDC) e não hipossuficiente (conceito de direito processual); assim, a inversão do ônus da prova não é automática; o juiz, para decidir pela inversão do ônus da prova, deve verificar se está presente um dos requisitos autorizadores, ou seja, se há HIPOSSUFICIÊNCIA ou VEROSSIMILHANÇA DA ALEGAÇÃO (art. 6º, VIII, do CDC); **C**: incorreta, pois é nula de pleno direito qualquer cláusula que determine a inversão do ônus da prova em prejuízo do consumidor (art. 51, VI, do CDC); **D**: incorreta, pois, como se viu, a inversão do ônus da prova não é automática, devendo o juiz determiná-la, caso preenchido o requisito legal.

Gabarito "A"

(OAB/Exame Unificado – 2011.1) Analisando o artigo 6º, V, do Código de Defesa do Consumidor, que prescreve: "São direitos básicos do consumidor: V – a modificação das cláusulas contratuais que estabeleçam prestações desproporcionais ou sua revisão em razão de fatos supervenientes que as tornem excessivamente onerosas", assinale a alternativa correta.

(A) Exige a imprevisibilidade do fato superveniente.

(B) Não traduz a relativização do princípio contratual da autonomia da vontade das partes.

(C) Almeja, em análise sistemática, precipuamente, a resolução do contrato firmado entre consumidor e fornecedor.

(D) Admite a incidência da cláusula *rebus sic stantibus*.

A: incorreta, pois o art. 6º, V, do CDC não exige que o fato superveniente que torne a obrigação excessivamente onerosa seja imprevisível, para que se tenha direito à revisão contratual; assim, diferentemente do Código Civil (art. 478), o CDC não adotou a Teoria da Imprevisão, mas sim a Teoria da Onerosidade Excessiva; **B**: incorreta, pois a possibilidade de *modificação* contratual (quanto a prestações que já nascem desproporcionais) e de *revisão* contratual (quanto a prestações que se tornem excessivamente onerosas por fatos supervenientes) faz com que o princípio da autonomia da vontade seja relativizado, já que o juiz interfere na autonomia da vontade das partes quando promove a modificação ou revisão contratual; **C**: incorreta, pois o princípio da conservação dos contratos exige que o contrato seja mantido, salvo se não houver possibilidade alguma nesse sentido; a ideia da lei é *modificar* ou *revisar* os contratos nas situações mencionadas no art. 6º, V, do CDC, e não *resolver* (extinguir) o contrato; **D**: correta, pois tal cláusula determina que as estipulações contratuais sejam mantidas enquanto as condições permanecerem inalteradas; assim, caso ocorra um fato novo, que altere as condições existentes quando da realização do contrato, é cabível a revisão contratual; no caso, basta que esse fato novo torne a prestação de uma das partes excessivamente onerosa, para que se tenha direito à revisão contratual.

Gabarito "D"

(OAB/Exame Unificado – 2011.1) No âmbito do Código de Defesa do Consumidor, em relação ao princípio da boa-fé objetiva, é correto afirmar que

(A) importa em reconhecimento de um direito a cumprir em favor do titular passivo da obrigação.

(B) não se aplica à fase pré-contratual.

(C) para a caracterização de sua violação imprescindível se faz a análise do caráter volitivo das partes.

(D) sua aplicação se restringe aos contratos de consumo.

A: assertiva considerada correta pela examinadora; no entanto, a questão deveria ser anulada, pois essa alternativa também está incorreta; primeiro porque o princípio da boa-fé se aplica a ambos os contratantes, mesmo que um deles tenha mais obrigações que o outro, pois esse princípio tem por efeito criar deveres anexos a ambos os contratantes (Enunciado JDC/CJF nº 24); assim, não é só a favor do "titular passivo da obrigação" que se deve reconhecer direitos pela aplicação do princípio; segundo porque, mesmo que assim o fosse, o certo era que constasse a expressão "titular ativo da obrigação", pois titular passivo é quem tem a obrigação, e não quem se favorece dela; terceiro porque está errado, tecnicamente, dizer que alguém tem um "direito a cumprir em favor" de outrem, sendo correto dizer que alguém tem um "dever a cumprir em favor" de outrem; enfim, a questão tem graves equívocos conceituais, que justificam a sua anulação; **B**: incorreta, pois o princípio da boa-fé se aplica a todas as fases que envolve o contrato (tratativas, celebração, execução, extinção e pós-extinção do contrato); **C**: incorreta, pois o princípio é da *boa-fé objetiva*, que é aquela extraída do contexto social; assim, pouco importa qual é o pensamento ou a intenção das partes, ficando caracterizada a violação ao princípio com a simples conduta que o juiz entender que viola os deveres de lealdade extraídos da ética social; **D**: incorreta, pois o Código Civil também estabelece o princípio da boa-fé objetiva (art. 422 do CC).

Gabarito "A".

(OAB/Exame Unificado – 2010.3) Em relação aos princípios previstos no Código de Defesa do Consumidor, assinale a alternativa correta.

(A) O CDC é uma norma tipificadora de condutas, prevendo expressamente o comportamento dos consumidores e dos fornecedores.

(B) O princípio da transparência impõe um dever comissivo e um omissivo, ou seja, não pode o fornecedor deixar de apresentar o produto tal como ele se encontra nem pode dizer mais do que ele faz; não pode, portanto, mais existir o *dolus bonus*.

(C) O princípio da vulnerabilidade, que presume ser o consumidor o elo mais fraco da relação de consumo, diz respeito apenas à vulnerabilidade técnica.

(D) A boa-fé prevista no CDC é a boa-fé subjetiva.

A: incorreta, pois o CDC tem uma técnica mista, ou seja, trabalha tanto com normas tipificadoras, como com dispositivos instituidores de conceitos legais indeterminados e cláusulas gerais; assim, o CDC traz tanto normas casuísticas (ex: a que veda a venda casada), como normas mais gerais (ex: a que proíbe cláusulas desproporcionais); **B**: correta, pois a transparência significa tanto o dever de informar as características e os riscos de um produto ou serviço, como o dever de não exagerar na descrição de um produto ou serviço; no Direito Civil tradicional, esse exagero, chamado *dolus bonus* era tolerado, diferente do que ocorre no sistema do CDC, em que a informação deve ser precisa e adequada; **C**: incorreta, pois a vulnerabilidade pode ser de ordem técnica, econômica, física etc; **D**: incorreta, pois a boa-fé é a objetiva, ou seja, é a extraída das regras do sistema e da ética extraída da sociedade, e não a subjetiva, que é aquela ética que cada um tem, ou seja, a ética particular.

Gabarito "B".

(OAB/Exame Unificado – 2009.1) Assinale a opção que não está de acordo com o Código de Defesa do Consumidor.

(A) É direito do consumidor a informação adequada e clara sobre os diferentes produtos e serviços, o que inclui a especificação correta de quantidade, características, composição, qualidade e preço e a explicitação dos riscos relacionados a produtos e serviços.

(B) O consumidor tem direito à efetiva reparação de danos patrimoniais e morais, individuais, coletivos e difusos.

(C) É direito do consumidor a facilitação da defesa de seus direitos, incluindo-se a inversão do ônus da prova, a seu favor, no processo civil, quando, a critério do juiz, for verossímil a alegação ou quando ele for hipossuficiente.

(D) O consumidor tem direito à modificação das cláusulas contratuais que estabeleçam prestações desproporcionais, mas não à revisão delas em razão de fatos supervenientes que as tornem excessivamente onerosas.

A: correta, art. 6º, III, do CDC; **B**: correta, art. 6º, VI, do CDC; **C**: correta, art. 6º, VIII, do CDC; **D**: incorreta, devendo ser assinalada, art. 6º, V, do CDC.

Gabarito "D".

(FGV – 2010) Assinale a alternativa que NÃO está de acordo com o Código de Defesa do Consumidor a respeito do direito do consumidor.

(A) É direito do consumidor a informação adequada e clara sobre os diferentes produtos e serviços, o que inclui a especificação correta de quantidade, características, composição, qualidade e preço e a explicitação dos riscos relacionados a produtos e serviços.

(B) O consumidor tem direito à efetiva reparação de danos patrimoniais e morais, individuais, coletivos e difusos.

(C) É direito do consumidor a facilitação da defesa de seus direitos, incluindo-se a inversão do ônus da prova, a seu favor, no processo civil, quando, a critério do juiz, for verossímil a alegação ou quando ele for hipossuficiente.

(D) O consumidor tem direito à modificação das cláusulas contratuais que estabeleçam prestações desproporcionais, mas não à revisão delas em razão de fatos supervenientes que as tornem excessivamente onerosas.

(E) Na cobrança de débitos, o consumidor inadimplente não será exposto a ridículo, nem será submetido a qualquer tipo de constrangimento ou ameaça. O consumidor cobrado em quantia indevida tem direito a repetição do indébito, por valor igual ao dobro do que pagou em excesso, acrescido de correção monetária e juros legais, salvo hipótese de engano justificável.

A: correta, (art. 6º, III, do CDC); **B**: correta,(art. 6º, VI, do CDC); **C**: correta, (art. 6º, VIII, do CDC); **D**: incorreta, devendo ser assinalada, pois o consumidor também tem direito à revisão de cláusulas em razão de fatos supervenientes que as tornem excessivamente onerosas (art. 6º, V, do CDC); **E**: correta, (art. 42, *caput* e parágrafo único, do CDC).

Gabarito "D".

(FGV – 2008) Nas relações consumeristas, vige a teoria da carga da prova:

(A) dinâmica.

(B) reversa.

(C) estática.

(D) ampliada.

(E) geral.

O *ônus da prova* (ou a *carga da prova*) no CDC é dinâmico, vez que o juiz pode atribuí-lo ao consumidor ou ao fornecedor, de acordo com a incidência ou não dos requisitos previstos no art. 6º, VIII, do CDC.

Gabarito "A".

(FGV – 2009) Com base no Código de Defesa do Consumidor, assinale a afirmativa incorreta.

(A) O Estado pode intervir diretamente para proteger de forma efetiva o consumidor em consonância com os princípios da dignidade da pessoa humana e da isonomia.

(B) As sociedades integrantes dos grupos societários são subsidiariamente responsáveis pelas obrigações decorrentes do Código de Defesa do Consumidor.

(C) O fornecedor está obrigado a informar sobre seus produtos e serviços oferecidos e colocados no mercado.

(D) O juiz poderá desconsiderar a personalidade jurídica da sociedade quando houver falência, estado de insolvência, encerramento ou inatividade da pessoa jurídica, provocados por má administração.

(E) A hipossuficiência do consumidor é a única condição que vincula o juiz a decidir pela inversão do ônus da prova.

A: correta (arts. 4º, II, e 5º, ambos do CDC); **B**: correta (art. 28, § 2º, do CDC); **C**: correta (arts. 6º, III, e 9º, do CDC); **D**: correta (art. 28 do CDC); **E**: incorreta, devendo ser assinalada, pois se deve verificar também a verossimilhança da alegação (art. 6º, VIII, do CDC).

Gabarito "E"

(FGV – 2008) No sistema que tutela o consumidor, é correto afirmar que:

(A) é garantido o direito de modificação ou de revisão das cláusulas contratuais.

(B) a reparação dos danos materiais e morais é limitada de acordo com leis especiais reguladoras de setores das relações de consumo.

(C) os serviços públicos são excluídos da tutela, por serem objeto de leis próprias.

(D) o ônus probatório será sempre invertido em benefício do consumidor, por sua presumida hipossuficiência.

(E) o acesso ao Judiciário é sempre gratuito aos consumidores.

A: correta (art. 6º, V, do CDC); **B**: incorreta, pois a expressão "efetiva reparação", prevista no art. 6º, VI, do CDC, não se coaduna com a afirmativa; **C**: incorreta (art. 22 do CDC); **D**: incorreta, pois há de se verificar, no caso concreto, a hipossuficiência no que diz respeito às características da contratação e de seu objeto e a verossimilhança da alegação (art. 6º, VIII, do CDC); **E**: incorreta, pois não há esse direito em favor de todos os consumidores, conforme se pode verificar dos arts. 4º a 6º do CDC.

Gabarito "A"

3. RESPONSABILIDADE DO FORNECEDOR

(OAB/Exame Unificado – 2016.1) Antônio desenvolve há mais de 40 anos atividade de comércio no ramo de hortifrúti. Seus clientes chegam cedo para adquirir verduras frescas entregues pelos produtores rurais da região. Antônio também vende no varejo, com pesagem na hora, grãos e cereais adquiridos em sacas de 30 quilos, de uma marca muito conhecida e respeitada no mercado. Determinado dia, a cliente Maria desconfiou da pesagem e fez a conferência na sua balança caseira, que apontou suposta divergência de peso. Procedeu com a imediata denúncia junto ao Órgão Oficial de Fiscalização, que confirmou que o instrumento de medição do comerciante estava com problemas de calibragem e que não estava aferido segundo padrões oficiais, gerando prejuízo aos consumidores. A cliente denunciante buscou ser ressarcida pelo vício de quantidade dos produtos. Com base na hipótese sugerida, assinale a afirmativa correta.

(A) Trata-se de responsabilidade civil solidária, podendo Maria acionar tanto o comerciante quanto os produtores.

(B) Trata-se de responsabilidade civil subsidiária, pois o comerciante só responde se os demais fornecedores não forem identificados.

(C) Trata-se de responsabilidade civil exclusiva do comerciante, na qualidade de fornecedor imediato.

(D) Trata-se de responsabilidade civil objetiva, motivo pelo qual inexistem excludentes de responsabilidade.

A e **B**: incorretas, pois, no caso do fornecimento de produto mediante pesagem ou mediação no momento da compra, responderá perante o consumidor apenas o fornecedor imediato, nos termos do art. 19, § 2º, do CDC; **C**: correta, pois, de fato, no caso do fornecimento de produto mediante pesagem ou mediação no momento da compra, responderá perante o consumidor apenas o fornecedor imediato, nos termos do art. 19, § 2º, do CDC; **D**: incorreta, pois o CDC reconhece a existência de excludentes de responsabilidade, como a culpa exclusiva da vítima ou de terceiro; no caso em tela dificilmente será reconhecida uma excludente; porém, não é possível dizer que a alternativa traz informação correta.

Gabarito "C"

(OAB/Exame Unificado – 2015.3) Dulce, cinquenta e oito anos de idade, fumante há três décadas, foi diagnosticada como portadora de enfisema pulmonar. Trata-se de uma doença pulmonar obstrutiva crônica caracterizada pela dilatação excessiva dos alvéolos pulmonares, que causa a perda da capacidade respiratória e uma consequente oxigenação insuficiente. Em razão do avançado estágio da doença, foi prescrito como essencial o tratamento de suplementação de oxigênio. Para tanto, Joana, filha de Dulce, adquiriu para sua mãe um aparelho respiratório na loja Saúde e Bem-Estar. Porém, com uma semana de uso, o produto parou de funcionar. Joana procurou imediatamente a loja para substituição do aparelho, oportunidade na qual foi informada pela gerente que deveria aguardar o prazo legal de trinta dias para conserto do produto pelo fabricante. Com base no caso narrado, em relação ao Código de Proteção e Defesa do Consumidor, assinale a afirmativa correta.

(A) Está correta a orientação da vendedora. Joana deverá aguardar o prazo legal de trinta dias para conserto e, caso não seja sanado o vício, exigir a substituição do produto, a devolução do dinheiro corrigido monetariamente ou o abatimento proporcional do preço.

(B) Joana não é consumidora destinatária final do produto, logo tem apenas direito ao conserto do produto durável no prazo de noventa dias, mas não à devolução da quantia paga.

(C) Joana não precisa aguardar o prazo legal de trinta dias para conserto, pois tem direito de exigir a substituição imediata do produto, em razão de sua essencialidade.

(D) Na impossibilidade de substituição do produto por outro da mesma espécie, Joana poderá optar por um modelo diverso, sem direito à restituição de eventual diferença de preço, e, se este for de valor maior, não será devida por Joana qualquer complementação.

A: incorreta, pois, em se tratando de produto essencial para a destinatária final dele (Dulce), a lei estabelece que não é necessário aguardar o prazo legal de 30 dias para o concerto, podendo a adquirente do produto (Joana) ou a usuária do produto (Dulce) requerer a substituição imediata do produto ou qualquer outra alternativa prevista no art. 18, § 1º, do CDC, tudo nos termos do art. 18, § 3º, do CDC; **B:** incorreta, pois tanto que adquire o produto (Joana), como quem usa o produto (Dulce) são considerados consumidores (art. 2º, *caput*, do CDC); **C:** correta, pois, em se tratando de produto essencial para a destinatária final dele (Dulce), a lei estabelece que não é necessário aguardar o prazo legal de 30 dias para o concerto, podendo a adquirente do produto (Joana) ou a usuária do produto (Dulce) requerer a substituição imediata do produto ou qualquer outra alternativa prevista no art. 18, § 1º, do CDC, tudo nos termos do art. 18, § 3º, do CDC; **D:** incorreto, pois, não sendo possível a substituição do bem, poderá haver substituição por outro de espécie, marca ou modelo diversos, mediante complementação ou restituição de eventual diferença de preço (art. 18, § 4º, do CDC).

Gabarito "C".

(OAB/Exame Unificado – 2015.1) A responsabilidade civil dos fornecedores de serviços e produtos, estabelecida pelo Código do Consumidor, reconheceu a relação jurídica qualificada pela presença de uma parte vulnerável, devendo ser observados os princípios da boa-fé, lealdade contratual, dignidade da pessoa humana e equidade. A respeito da temática, assinale a afirmativa correta.

(A) A responsabilidade civil subjetiva dos fabricantes impõe ao consumidor a comprovação da existência de nexo de causalidade que o vincule ao fornecedor, mediante comprovação da culpa, invertendo-se o ônus da prova no que tange ao resultado danoso suportado.

(B) A responsabilidade civil do fabricante é subjetiva e subsidiária quando o comerciante é identificado e encontrado para responder pelo vício ou fato do produto, cabendo ao segundo a responsabilidade civil objetiva.

(C) A responsabilidade civil objetiva do fabricante somente poderá ser imputada se houver demonstração dos elementos mínimos que comprovem o nexo de causalidade que justifique a ação proposta, ônus esse do consumidor.

(D) A inversão do ônus da prova nas relações de consumo é questão de ordem pública e de imputação imediata, cabendo ao fabricante a carga probatória frente ao consumidor, em razão da responsabilidade civil objetiva.

A: incorreta, pois a responsabilidade dos fabricantes não é subjetiva, mas sim objetiva, não sendo necessário que haja conduto culposa do fabricante (arts. 12, *caput*, e 18, *caput*, ambos do CDC); **B:** incorreta, pois a responsabilidade do fabricante é *objetiva* (e não *subjetiva*) e *direta* (e não *subsidiária*), podendo o fabricante ser acionado diretamente, independentemente de o comerciante ser identificado ou encontrado; **C:** correta, pois, de fato, a responsabilidade do fabricante é objetiva, cabendo ao autor da ação, o consumidor, a demonstração dos elementos mínimos para a configuração dessa responsabilidade, ressalvado, é claro, os casos em que cabe a inversão do ônus da prova, que, como se sabe, não é automática; **D:** incorreta, pois a inversão do ônus da prova não é automática no regime do CDC, já que depende do preenchimento de um dos seguintes requisitos pelo consumidor, a critério do juiz: verossimilhança de sua alegação ou que este seja hipossuficiente (art. 6º, VIII, do CDC).

Gabarito "C".

(OAB/Exame Unificado – 2014.3) Carmen adquiriu veículo zero quilômetro com dispositivo de segurança denominado *airbag* do motorista, apenas para o caso de colisões frontais. Cerca de dois meses após a aquisição do bem, o veículo de Carmen sofreu colisão traseira, e a motorista teve seu rosto arremessado contra o volante, causando-lhe escoriações leves. A consumidora ingressou com medida judicial em face do fabricante, buscando a reparação pelos danos materiais e morais que sofrera, alegando ser o produto defeituoso, já que o *airbag* não foi acionado quando da ocorrência da colisão. A perícia constatou colisão traseira e em velocidade inferior à necessária para o acionamento do dispositivo de segurança. Carmen invocou a inversão do ônus da prova contra o fabricante, o que foi indeferido pelo juiz.

Analise o caso à luz da Lei nº 8.078/90 e assinale a afirmativa correta.

(A) Cabe inversão do ônus da prova em favor da consumidora, por expressa determinação legal, não podendo, em qualquer hipótese, o julgador negar tal pleito.

(B) Falta legitimação, merecendo a extinção do processo sem resolução do mérito, uma vez que o responsável civil pela reparação é o comerciante, no caso, a concessionária de veículos.

(C) A responsabilidade civil do fabricante é objetiva e independe de culpa; por isso, será cabível indenização à vítima consumidora, mesmo que esta não tenha conseguido comprovar a colisão dianteira.

(D) O produto não poderá ser caracterizado como defeituoso, inexistindo obrigação do fabricante de indenizar a consumidora, já que, nos autos, há apenas provas de colisão traseira.

A: incorreta, pois, apesar de caber inversão do ônus da prova no caso, esta depende do preenchimento de um dos seguintes requisitos pelo consumidor, a critério do juiz: verossimilhança de sua alegação ou que este seja hipossuficiente (art. 6º, VIII, do CDC); **B:** incorreta, pois o consumidor alega a chamada responsabilidade por *fato do produto* (ou por *defeito do produto*), que é aquela em que se alega efetivo dano à saúde ou a segurança do consumidor; assim sendo, incide o regime do art. 12, *caput*, do CDC, que não permite como regra o acionamento do comerciante que vendeu o produto, devendo-se acionar o fabricante; esse regime difere do regime da responsabilidade pelo *vício do produto* (quando este simplesmente tem problema de qualidade ou quantidade, mas que não houve efetivo dano à saúde ou à segurança do consumidor), quando se pode acionar todos os fornecedores da cadeia, ou seja, tanto o comerciante, como o fabricante do produto (art. 18, *caput*, do CDC); **C:** incorreta; de fato, a responsabilidade do fabricante é objetiva e independe de culpa (art. 12, *caput*, do CDC); porém, essa responsabilidade depende de se ter um efetivo *defeito* no produto; segundo a lei, um produto é considerado defeituoso quando não oferece a segurança que dele legitimamente se espera (art. 12, § 1º, do CDC); e o produto em questão era uma *airbag* apenas para colisões frontais, e não para colisões traseiras, de modo que não é possível dizer que o produto não ofereceu a segurança que dele legitimamente se esperava; **D:** correta; o veículo só poderia ser considerado defeituoso se não dispusesse da segurança que legitimamente se espera dele (art. 12, § 1º, do CDC); e no caso, o produto não fora fabricado para colisões traseiras, mas sim para colisões frontais, o que afasta o pressuposto básico para a responsabilidade pelo fato do produto, que é a existência de produto defeituoso.

Gabarito "D".

(OAB/Exame Unificado – 2014.2) Um homem foi submetido à cirurgia para remoção de cálculos renais em hospital privado. A intervenção foi realizada por equipe médica não integrante dos quadros de funcionários do referido hospital, apesar de ter sido indicada por esse mesmo hospital. Durante o procedimento, houve perfuração do fígado do paciente, verificada somente três dias após a cirurgia, motivo pelo qual o homem teve que se submeter a novo procedimento cirúrgico, que lhe deixou uma grande cicatriz na região abdominal. O paciente ingressou com ação judicial em face do hospital, visando a indenização por danos morais e estéticos. Partindo dessa narrativa, assinale a opção correta.

(A) O hospital responde objetivamente pelos danos morais e estéticos decorrentes do erro médico, tendo em vista que ele indicou a equipe médica.

(B) O hospital responderá pelos danos, mas de forma alternativa, não se acumulando os danos morais e estéticos, sob pena de enriquecimento ilícito do autor.

(C) O hospital não responderá pelos danos, uma vez que se trata de responsabilidade objetiva da equipe médica, sendo o hospital parte ilegítima na ação porque apenas prestou serviço de instalações e hospedagem do paciente.

(D) O hospital não responderá pelos danos, tendo em vista que não se aplica a norma consumerista à relação entre médico e paciente, mas, sim, o Código Civil, embora a responsabilidade civil dos profissionais liberais seja objetiva.

A: correta, pois, uma vez que o médico foi indicado pelo hospital, há responsabilidade solidária do médico que cometeu o erro e do hospital; da mesma forma, se o médico também fosse daqueles indicados ou credenciados por um plano de saúde, este também responderia de forma solidária com o médico que cometesse o erro (STJ REsp 866.371/RS, j. 27/03/12); quanto ao médico, este responde subjetivamente por ser profissional liberal (art. 14, § 4º, do CDC), ao passo que o hospital responde objetivamente nos termos do art. 14, *caput*, do CDC; **B:** incorreta, pois a responsabilidade do hospital, como se viu, não é alternativa, mas solidária (arts. 7º, parágrafo único, e 25, § 1º, do CDC); **C:** incorreta, pois, conforme se viu o hospital indicou o médico e, assim, responde solidariamente (arts. 7º, parágrafo único, e 25, § 1º, do CDC); **D:** incorreta, pois o CDC se aplica sim à relação entre médico e paciente, lembrando que o médico responde subjetivamente, por ser profissional liberal (art. 14, § 4º, do CDC), ao passo que o hospital, objetivamente (art. 14, *caput*, do CDC).

Gabarito "A".

(OAB/Exame Unificado – 2013.2) O Mercado A comercializa o produto *desinfetante W*, fabricado por "W.Industrial". O proprietário do Mercado B, que adquiriu tal produto para uso na higienização das partes comuns das suas instalações, verifica que o volume contido no frasco está em desacordo com as informações do rótulo do produto. Em razão disso, o Mercado B propõe ação judicial em face do Mercado A, invocando a Lei n. 8.078/90 (CDC), arguindo vícios decorrentes de tal disparidade. O Mercado A, em defesa, apontou que se tratava de responsabilidade do fabricante e requereu a extinção do processo.

A respeito do caso sugerido, assinale a alternativa correta.

(A) O processo merece ser extinto por ilegitimidade passiva.

(B) O caso versa sobre fato do produto, logo a responsabilidade do réu é subsidiária.

(C) O processo deve ser extinto, pois o autor não se enquadra na condição de consumidor.

(D) Trata-se de vício do produto, logo o réu e o fabricante são solidariamente responsáveis.

A: incorreta; no caso temos um *vício* do produto (do tipo vício de quantidade – art. 19 do CDC) e não um *defeito* do produto (art. 12 do CDC), já que se trata de um problema interno do produto (quantidade díspar do rótulo) e não de um problema externo do produto (que é aquele problema que acontece quando se atinge a segurança do consumidor); nesse sentido, e considerando que o comerciante só está a princípio liberado de responder no caso de defeito (art. 12 do CDC – só respondem o fabricante, o produtor, o construtor e importador), mas responde quando se trata de vício (pois aqui todos os fornecedores respondem, inclusive o comerciante – art. 19 do CDC), não há que se falar em ilegitimidade passiva do comerciante ("Mercado A"), que tem o dever de responder no caso; **B**: incorreta, pois o caso trata de *vício* do produto, e não de *fato do produto* (= a *defeito* do produto ou *acidente de consumo*), hipótese em que a responsabilidade dos fornecedores é *solidária* (art. 19, *caput*, do CDC) e não *subsidiária*; **C**: incorreta, pois o produto em questão não foi adquirido para revenda ou para servir de insumo para a produção (casos em que fica afastada a aplicação do CDC, salvo se se tratar de um adquirente vulnerável), tratando-se de produto de uso interno, no caso, para higienização do local de trabalho; **D**: correta, tratando de vício de quantidade, com responsabilidade solidária expressamente mencionada na lei (art. 19, *caput*, do CDC).

Gabarito "D".

(OAB/Exame Unificado – 2013.2) Carla ajuizou ação de indenização por danos materiais, morais e estéticos em face do dentista Pedro, lastreada em prova pericial que constatou falha, durante um tratamento de canal, na prestação do serviço odontológico. O referido laudo comprovou a inadequação da terapia dentária adotada, o que resultou na necessidade de extração de três dentes da paciente, sendo que na execução da extração ocorreu fratura da mandíbula de Carla, o que gerou redução óssea e sequelas permanentes, que incluíram assimetria facial.

Com base no caso concreto, à luz do Código de Defesa do Consumidor, assinale a afirmativa correta.

(A) O dentista Pedro responderá objetivamente pelos danos causados à paciente Carla, em razão do comprovado fato do serviço, no prazo prescricional de cinco anos.

(B) Haverá responsabilidade de Pedro, independentemente de dolo ou culpa, diante da constatação do vício do serviço, no prazo decadencial de noventa dias.

(C) A obrigação de indenizar por parte de Pedro é subjetiva e fica condicionada à comprovação de dolo ou culpa.

(D) Inexiste relação de consumo no caso em questão, pois é uma relação privada, que encerra obrigação de meio pelo profissional liberal, aplicando-se o Código Civil.

A: incorreta, pois, segundo o art. 14, § 4º, do CDC, o profissional liberal (no caso em questão temos um dentista enquanto profissional liberal, não havendo menção ao fato de que se tratava de um empresa de tratamentos dentários, hipótese em que a regra não se aplicaria) responde subjetivamente (e não objetivamente), ou seja, mediante a verificação de sua culpa (= culpa em sentido estrito ou dolo); **B**: incorreta, pois, como se viu, a responsabilidade no caso é subjetiva (e não objetiva); ademais, se houvesse responsabilidade o prazo seria prescricional (relativo a pretensão indenizatória) e de 5 anos (art. 27 do CDC); **C**:

correta (art. 14, § 4º, do CDC); **D**: incorreta, pois há *fornecedor* (dentista Pedro, que é um prestador de serviço remunerado – art. 3º, *caput* e § 2º, do CDC), *consumidor* (Carla), *objeto* (prestação de serviço – art. 3º, § 2º, do CDC)) e elemento finalístico cumprido (Carla é destinatária final do serviço – art. 2º, *caput*, do CDC), de modo que há uma relação de consumo sim, e não relação regida pelo Código Civil.

Gabarito "C"

(OAB/Exame Unificado – 2013.1) Elisabeth e Marcos, desejando passar a lua de mel em Paris, adquiriram junto à Operadora de Viagens e Turismo "X" um pacote de viagem, composto de passagens aéreas de ida e volta, hospedagem por sete noites, e seguro saúde e acidentes pessoais, este último prestado pela seguradora "Y". Após chegar à cidade, Elisabeth sofreu os efeitos de uma gastrite severa e Marcos entrou em contato com a operadora de viagens a fim de que o seguro fosse acionado, sendo informado que não havia médico credenciado naquela localidade. O casal procurou um hospital, que manteve Elisabeth internada por 24 horas, e retornou ao Brasil no terceiro dia de estada em Paris, tudo às suas expensas.

Partindo da hipótese apresentada, assinale a afirmativa correta.

(A) O casal poderá acionar judicialmente a operadora de turismo, mesmo que a falha do serviço tenha sido da seguradora, em razão da responsabilidade solidária aplicável ao caso.

(B) O casal somente poderá acionar judicialmente a seguradora Y, já que a operadora de turismo responderia por falhas na organização da viagem, e não pelo seguro porque esse foi realizado por outra empresa.

(C) O casal terá que acionar judicialmente a operadora de turismo e a seguradora simultaneamente por se tratar da hipótese do litisconsórcio necessário e unitário, sob pena de insurgir em carência da ação.

(D) O casal não poderá acionar judicialmente a operadora de turismo já que havia liberdade de contratar o seguro saúde viagem com outra seguradora e, portanto, não se tratando de venda casada, não há responsabilidade solidária na hipótese.

A: correta, pois o seguro foi adquirido junto à própria Operadora de Viagens, de modo que esta responderá solidariamente com a empresa de seguro de saúde (arts 7º, parágrafo único, e 25, § 1º, do CDC); **B**: incorreta, tendo em vista a solidariedade entre ambas (arts. 7º, parágrafo único, e 25, § 1º, do CDC); **C**: incorreta, pois, na solidariedade passiva, a obrigação pode ser cobrada de qualquer um dos devedores solidários, individualmente; **D**: incorreta, pois, conforme mencionado, o seguro foi adquirido **junto à própria** Operadora de Viagens, de forma que esta responderá solidariamente com a empresa de seguro de saúde (arts. 7º, parágrafo único, e 25, § 1º, do CDC).

Gabarito "A"

(OAB/Exame Unificado – 2012.2) Determinado consumidor, ao mastigar uma fatia de pão com geleia, encontrou um elemento rígido, o que lhe causou intenso desconforto e a quebra parcial de um dos dentes. Em razão do fato, ingressou com medida judicial em face do mercado que vendeu a geleia, a fim de ser reparado. No curso do processo, a perícia constatou que o elemento encontrado era uma pequena porção de açúcar cristalizado, não oferecendo risco à saúde do autor. Diante desta narrativa, assinale a afirmativa correta.

(A) O fabricante e o fornecedor do serviço devem ser excluídos de responsabilidade, visto que o material não ofereceu qualquer risco à integridade física do consumidor, não merecendo reparação.

(B) O elemento rígido não característico do produto, ainda que não o tornasse impróprio para o consumo, violou padrões de segurança, já que houve dano comprovado pelo consumidor.

(C) A responsabilidade do fornecedor depende de apuração de culpa e, portanto, não tendo o comerciante agido de modo a causar voluntariamente o evento, não deve responder pelo resultado.

(D) O comerciante não deve ser condenado e sequer caberia qualquer medida contra o fabricante, posto que não há fato ou vício do produto, motivo pelo qual não deve ser responsabilizado pelo alegado defeito.

A: incorreta, pois, efetivamente, houve um dano à saúde do consumidor, com nexo de causalidade claro entre a conduta do fornecedor e o dano; configurou-se, assim, o chamado defeito do produto, também conhecimento como acidente de consumo (art. 12 do CDC); vale acrescentar que o produto é considerado defeituoso (requisito essencial para a configuração da responsabilidade) "quando não oferece a segurança que dele legitimamente se espera, levando-se em consideração as circunstâncias relevantes", entre as quais "o uso e os riscos que razoavelmente dele se esperam"; no caso, o elemento rígido violou o padrão de segurança esperado para um produto dessa natureza, configurando-se efetivamente o defeito do produto; dessa forma, é incorreto dizer que o fabricante deve ser excluído de responsabilidade; **B**: correta, conforme comentário feito à alternativa "a"; **C**: incorreta, pois a responsabilidade pelo fato do produto é objetiva, ou seja, independentemente de culpa ou dolo, nos termos do art. 12 do CDC; **D**: incorreta; de fato, o comerciante não responde em caso de defeito no produto (art. 12 do CDC), salvo as exceções do art. 13 do CDC; só para lembrar, o comerciante só responde em caso de vício do produto (arts. 18 a 20); já o fabricante, este sim responde tanto no caso de defeito, como no de vício; dessa forma, é incorreto dizer que não cabe qualquer medida contra o fabricante.

Gabarito "B"

(OAB/Exame Unificado – 2011.2) Ao instalar um novo aparelho de televisão no quarto de seu filho, o consumidor verifica que a tecla de volume do controle remoto não está funcionando bem. Em contato com a loja onde adquiriu o produto, é encaminhado à autorizada. O que esse consumidor pode exigir com base na lei, nesse momento, do comerciante?

(A) A imediata substituição do produto por outro novo.

(B) O conserto do produto no prazo máximo de 30 dias.

(C) Um produto idêntico emprestado enquanto durar o conserto.

(D) O dinheiro de volta.

O caso em tela revela um *vício* de qualidade no produto. Incide, assim, o disposto no § 1º do art. 18 do CDC, pelo qual o fornecedor tem o prazo máximo de 30 dias para sanar o vício. Somente em caso de não resolução do vício no prazo mencionado é que o consumidor poderá exigir, alternativamente e à sua escolha, a substituição do produto, a restituição da quantia paga ou o abatimento proporcional do preço (art. 18, § 1º, do CDC). O consumidor só poderá pular a primeira parte (pedido para sanar o vício em 30 dias) quando se tratar de produto essencial ou se a substituição das partes viciadas puder comprometer a qualidade ou características do produto. No caso, não há que se falar em produto essencial, nem de comprometimento do produto em caso de seu conserto. Dessa forma, a alternativa "B" é a única consentânea com o regime jurídico do vício de qualidade em produto.

Gabarito "B"

(OAB/Exame Unificado – 2010.3) Em sua primeira viagem com seu carro zero quilômetro, Joaquim, fechado por outro veículo, precisa dar uma freada brusca para evitar um acidente. O freio não funciona, o que leva Joaquim, transtornado, a jogar o carro para o acostamento e, em seguida, abandonar a estrada. Felizmente, nenhum dano material ou físico acontece ao carro nem ao motorista, que, muito abalado, mal consegue acessar seu celular para pedir auxílio. Com a ajuda de moradores locais, se recupera do imenso susto e entra em contato com seus familiares.

Na qualidade de advogado de Joaquim, qual seria a orientação correta a ser dada em relação às providências cabíveis?

(A) Propositura de ação de responsabilidade civil pelo vício do produto em face do fabricante e da concessionária, uma vez que a responsabilidade é solidária.
(B) Propositura de ação de responsabilidade civil pelo fato do produto em face do fabricante do veículo.
(C) Propositura de ação de responsabilidade civil pelo fato do produto em face da concessionária que vendeu o veículo a Joaquim.
(D) Não há ação a ser proposta porque não houve dano.

A questão, infelizmente, ressente-se de algumas imprecisões. Isso porque o caso revela ter havido *vício* do produto, ou seja, um problema interno do produto que o torna de menor valor ou impróprio ou inadequado ao uso a que se destina (art. 18, *caput*, do CDC). Nesses casos, o consumidor deve reclamar do fornecedor (concessionária ou fabricante) a substituição das partes viciadas e, caso isso não ocorra no prazo legal, deve ingressar com ação buscando a desfazimento do negócio, o abatimento do preço ou a substituição do produto viciado por outro (art. 18, § 1º, do CDC). Repare, dessa forma, que o consumidor deve, num primeiro momento, reclamar extrajudicialmente o conserto do veículo. Não havendo êxito, aí sim deve buscar a via jurisdicional, ingressando com a ação judicial competente. Pois bem. As alternativas da questão ignoraram por completo essa questão do *vício*, tendo a resposta considerada correta (alternativa "b") limitado a discutir o *defeito* (também chamado de *acidente de consumo* ou *fato do produto*), tratando apenas do ajuizamento da ação com vistas, ao que tudo indica, à reparação pelo dano moral causado a Joaquim. As imprecisões ocorrem por dois motivos. Primeiro porque o advogado deveria orientar o cliente a tomar medidas com vistas à solução do vício no veículo, medidas que são extrajudiciais num primeiro momento. E segundo porque é bem discutível a ocorrência de dano moral no presente caso, tratando-se o susto de algo que os tribunais dificilmente entendem como caracterizador de dano moral indenizável.

Gabarito "B"

(OAB/Exame Unificado – 2010.3) O prazo para reclamar sobre vício oculto de produto durável é de

(A) 90 (noventa) dias a contar da aquisição do produto.
(B) 90 (noventa) dias a contar da entrega do produto.
(C) 90 (noventa) dias a contar de quando ficar evidenciado o vício.
(D) 30 (trinta) dias a contar da entrega do produto.

Art. 26, II e § 3º, do CDC.

Gabarito "C"

(OAB/Exame Unificado – 2009.2) Com base no Código de Defesa do Consumidor, assinale a opção correta acerca da responsabilidade na prestação de serviços.

(A) O serviço é considerado defeituoso pela adoção de novas técnicas.
(B) O fornecedor de serviços só não será responsabilizado quando provar culpa exclusiva do consumidor ou de terceiro, ou quando provar que, tendo prestado o serviço, o defeito inexiste.
(C) O fornecedor de serviço responderá pela reparação dos danos causados aos consumidores por defeitos relativos à prestação dos serviços ou decorrentes de informações insuficientes ou inadequadas sobre sua fruição e riscos somente se comprovada a sua culpa.
(D) A responsabilidade pessoal dos profissionais liberais deve ser apurada independentemente da verificação de culpa.

A: incorreta, art. 14, § 2º, do CDC; **B**: correta, art. 14, § 3º, I e II, do CDC; **C**: incorreta, art. 14, *caput*, do CDC; **D**: incorreta, art. 14, § 4º, do CDC.

Gabarito "B"

(OAB/Exame Unificado – 2009.1) Acerca da responsabilidade no Código de Defesa do Consumidor, assinale a opção correta.

(A) É permitida a estipulação contratual de cláusula que impossibilite, exonere ou atenue a obrigação de indenizar.
(B) Caso o vício do produto ou do serviço não seja sanado no prazo legal, pode o consumidor exigir o abatimento proporcional do preço.
(C) No caso de fornecimento de produtos *in natura*, será responsável perante o consumidor o fornecedor imediato, mesmo se identificado claramente o produtor.
(D) A ignorância do fornecedor sobre os vícios de qualidade por inadequação dos produtos e serviços o exime de responsabilidade.

A: incorreta, art. 25 do CDC; **B**: correta, art. 18, § 1º, III, c/c art. 20, III, ambos do CDC; **C**: incorreta, art. 18, § 5º, do CDC; **D**: incorreta, art. 23 do CDC.

Gabarito "B"

(OAB/Exame Unificado – 2008.3) No tocante às relações de consumo, é correto afirmar que

(A) a pessoa jurídica não sofre dano moral indenizável.
(B) é isento de responsabilidade o fornecedor que não tenha conhecimento dos vícios de qualidade por inadequação de produtos e serviços de consumo.
(C) a reparação do dano moral coletivo está prevista no Código de Defesa do Consumidor.
(D) a interpretação das cláusulas contratuais deve ocorrer de forma a não favorecer nem prejudicar o consumidor.

A: incorreta, art. 6º, VI, do CDC e Súmula 227 do STJ; **B:** incorreta, art. 23 do CDC; **C:** correta, art. 6º, VI, do CDC; **D:** incorreta, art. 47 do CDC.

Gabarito "C"

(OAB/Exame Unificado – 2008.3) Ao consumidor adquirente de produto de consumo durável ou não durável que apresente vício de qualidade ou quantidade que o torne impróprio ou inadequado ao consumo a que se destina, não sendo o vício sanado no prazo de 30 dias, assegura-se

(A) a substituição imediata do produto por outro de qualquer espécie, em perfeitas condições de uso.
(B) a imediata restituição do valor pago, atualizado monetariamente, não cabendo indenização.

(C) o abatimento de até 50% do valor pago, em razão do vício apresentado e do inconveniente causado pela aquisição de produto defeituoso.
(D) convencionar com o fornecedor um prazo maior que 30 dias para que o vício seja sanado.

Art. 18, *caput* e § 2º, da Lei 8.078/1990, poderão as partes convencionar a redução ou ampliação do prazo, não podendo ser inferior a sete nem superior a cento e oitenta dias.

"Gabarito "D"

(OAB/Exame Unificado – 2006.2) Acerca da responsabilidade por vícios do produto e do serviço nas relações de consumo, assinale a opção correta.

(A) A explosão de loja que comercializa, entre outros produtos, fogos de artifício e pólvora, causando lesão corporal e morte a diversas pessoas, acarreta a responsabilidade civil do comerciante decorrente de fato do produto, se ficar demonstrada a exclusividade de sua culpa pelo evento danoso. Nesse caso, aos consumidores equiparam-se todas as pessoas que, embora não tendo participado diretamente da relação de consumo, venham a sofrer as consequências do evento danoso.
(B) A reparação por danos materiais decorrentes de vício do produto ou do serviço afasta a possibilidade de reparação por danos morais, ainda que comprovado o fato e demonstrada a ocorrência de efetivo constrangimento à esfera moral do consumidor.
(C) Quando forem fornecidos produtos potencialmente perigosos ao consumo, mesmo sem haver dano, incide cumulativamente a responsabilidade pelo fato do produto e a responsabilidade por perdas e danos, além das sanções administrativas e penais.
(D) O fornecedor pode eximir-se da responsabilidade pelos vícios do produto ou do serviço e do dever de indenizar os danos por eles causados se provar que o acidente de consumo ocorreu por caso fortuito ou força maior ou que a colocação do produto no mercado se deu por ato de um representante autônomo do fornecedor.

A: correta, art. 17 do CDC; **B**: incorreta, art. 6º, VII, do CDC; **C**: incorreta, se não há dano, não há que se falar em responsabilidade por vício ou por defeito; **D**: incorreta, art. 12 e seguintes do CDC; a colocação do produto no mercado por representante autônomo do fornecedor, por óbvio, não exclui a responsabilidade deste.

"Gabarito "A"

(FGV – 2011) A respeito do tema relações de consumo, disciplinada pela Lei 8.078/90, é correto afirmar que

(A) a ignorância do fornecedor sobre os vícios de qualidade por inadequação do produto para o consumo o exime da responsabilidade solidária para com os demais fornecedores.
(B) o serviço será considerado defeituoso quando não fornecer a segurança que o consumidor dele espere, ainda que se trate de adoção de novas técnicas.
(C) no fornecimento de serviços que tenham por objetivo a reparação de qualquer produto, considera-se implícita a obrigação do fornecedor de empregar componentes de reposição novos e originais.
(D) fornecedor é toda pessoa física ou jurídica privada, excetuando-se as públicas, que exerçam atividades como produção, montagem e construção de produtos e prestação de serviços.
(E) nas compras realizadas por telefone, assiste ao consumidor o direito de desistir do contrato no prazo de cinco dias contados do recebimento do produto.

A: incorreta, pois a responsabilidade é objetiva, pouco importando a ciência ou não do vício de qualidade do produto (art. 23 do CDC); **B**: incorreta, pois o fato de existirem produtos no mercado com novas técnicas, não torna os demais produtos defeituosos (art. 14, § 2º, do CDC); **C**: correta (art. 21 do CDC); **D**: incorreta, pois as pessoas jurídicas de direito público também podem ser fornecedoras (art. 3º, *caput*, do CDC); **E**: incorreta, pois o direito de desistir pode se dar até *sete* dias (e não cinco dias), contados da assinatura do contrato ou do ato de recebimento do produto ou serviço.

"Gabarito "C"

(FGV – 2010) O direito de reclamar por um *vício de qualidade* que torna um produto impróprio ou inadequado ao consumo caduca em:

(A) 15 dias, tratando-se de vício aparente ou de fácil constatação e de produto não durável.
(B) 30 dias, tratando-se de vício aparente ou de fácil constatação e de produto não durável.
(C) 60 dias, tratando-se de vício aparente ou de fácil constatação e de produto durável.
(D) 120 dias, tratando-se de vício aparente ou de fácil constatação e de produto durável.
(E) 180 dias, tratando-se de vício oculto.

Art. 26, I, da Lei 8.078/1990 (CDC).

"Gabarito "B"

(FGV – 2008) A exclusão de responsabilidade do fornecedor não pode ser alegada com fundamento na:

(A) inexistência de nexo causal.
(B) superveniência de caso fortuito ou força maior.
(C) culpa exclusiva do consumidor.
(D) culpa exclusiva de terceiros.
(E) inexistência de defeito na prestação de serviço.

A *inexistência de nexo causal*, a *culpa exclusiva do consumidor ou de terceiro* e a *inexistência de defeito* na prestação do serviço afastam, de fato, a responsabilidade (art. 14, § 3º, do CDC). Porém o *caso fortuito ou força maior* supervenientes não afastam a responsabilidade. Superveniente significa que o fato se deu durante o processo de prestação do serviço, e não antes, circunstância que está na esfera de atuação do fornecedor e que, segundo a doutrina, não afasta sua responsabilidade. Há quem também faça distinção entre *fortuito interno* e *fortuito externo*, para dizer que apenas o primeiro fortuito gera a responsabilidade do fornecedor.

"Gabarito "B"

(FGV – 2008) Assinale a afirmativa incorreta.

(A) As sociedades integrantes de grupos societários e as controladas são subsidiariamente responsáveis pelas obrigações previstas no CDC.
(B) As sociedades consorciadas são solidariamente responsáveis pelas obrigações previstas no CDC.
(C) A defesa dos interesses e direitos dos consumidores e das vítimas só poderá ser exercida em juízo por meio de defesa coletiva.
(D) O pedido de indenização por perdas e danos, se procedente, não prejudicará eventual multa existente.
(E) As sociedades coligadas somente responderão por culpa.

A: correta (art. 28, § 2º, do CDC); **B**: correta (art. 28, § 3º, do CDC); **C**: incorreta, devendo ser assinalada, pois a defesa também pode ser individual (art. 81 do CDC); **D**: correta (art. 84, § 2º, do CDC); **E**: correta (art. 28, § 4º, do CDC).

"Gabarito "C"

(FGV – 2008) De acordo com o Código de Defesa do Consumidor, assinale a alternativa correta.

(A) O direito de reclamar pelos vícios aparentes ou de fácil constatação caduca em noventa dias, tratando-se de fornecimento de serviço e de produtos não duráveis.

(B) Os fornecedores de produtos de consumo duráveis ou não duráveis respondem solidariamente pelos vícios de qualidade ou quantidade que os tornem impróprios ou inadequados ao consumo a que se destinam ou lhes diminuam o valor, assim como por aqueles decorrentes da disparidade, com as indicações constantes do recipiente, da embalagem, rotulagem ou mensagem publicitária, respeitadas as variações decorrentes de sua natureza.

(C) A pessoa jurídica, por não se enquadrar na condição de hipossuficiente, não pode assumir a condição de consumidora.

(D) As associações legalmente constituídas há pelo menos cinco anos e que incluam entre seus fins institucionais a defesa dos interesses e direitos protegidos pelo CDC têm legitimidade concorrente para defesa coletiva dos interesses e direitos dos consumidores e das vítimas, sendo imprescindível a autorização assemblear.

(E) As ações coletivas reguladas pelo CDC têm autoridade de coisa julgada *erga omnes*.

A: incorreta, pois o prazo é de 30 dias, em se tratando de produtos ou serviços não duráveis (art. 26, I, do CDC); **B**: correta (art. 18 do CDC); **C**: incorreta, pois o art. 2º do CDC prevê expressamente a possibilidade da pessoa jurídica ser consumidora; **D**: incorreta, pois o prazo de pré-constituição é de 1 ano e é dispensada a autorização assemblear (art. 82, IV, do CDC); **E**: incorreta, pois isso dependerá do tipo de pedido deduzido em juízo, podendo a coisa julgada ser *erga omnes* ou *ultra partes*.

Gabarito "B"

(FGV – 2007) Segundo o Código de Defesa do Consumidor (Lei 8.078, de 1990), é errado afirmar que:

(A) a inversão do ônus da prova, a favor do consumidor, se dará quando, a critério do juiz, for verossímil a alegação ou quando for ele hipossuficiente, segundo as regras ordinárias de experiência.

(B) as sociedades integrantes dos grupos societários e as sociedades controladas são solidariamente responsáveis pelas obrigações decorrentes do Código de Defesa do Consumidor.

(C) o juiz poderá desconsiderar a personalidade jurídica da sociedade, sempre que sua personalidade for, de alguma forma, obstáculo ao ressarcimento de prejuízos causados aos consumidores.

(D) as sociedades consorciadas são solidariamente responsáveis pelas obrigações decorrentes do Código de Defesa do Consumidor.

(E) é entendimento sumulado que a inscrição de inadimplente pode ser mantida nos serviços de proteção ao crédito por, no máximo, cinco anos.

A: correta (art. 6º, VIII, do CDC); **B:** incorreta, pois são *subsidiariamente* responsáveis (art. 28, § 2º, do CDC); **C:** correta (art. 28, § 5º, do CDC); **D:** correta (art. 28, § 3º, do CDC); **E:** correta, nos termos do art. 43, § 1º, do CDC e da Súmula 323 do STJ – "A inscrição de inadimplente pode ser mantida nos serviços de proteção ao crédito por, no máximo, cinco anos".

Gabarito "B"

4. PRÁTICAS COMERCIAIS

(OAB/Exame Unificado – 2016.2) Marieta firmou contrato com determinada sociedade empresária de gêneros alimentícios para o fornecimento de produtos para a festa de 15 anos de sua filha. O pagamento deveria ter sido feito por meio de boleto, mas a obrigação foi inadimplida e a sociedade empresária fornecedora de alimentos, observando todas as regras positivadas e sumulares cabíveis, procedeu com a anotação legítima e regular do nome de Marieta no cadastro negativo de crédito. Passados alguns dias, Marieta tentou adquirir um produto numa loja de departamentos mediante financiamento, mas o crédito lhe foi negado, motivo pelo qual a devedora providenciou o imediato pagamento dos valores devidos à sociedade empresária de gêneros alimentícios. Superada a condição de inadimplente, Marieta quer saber como deve proceder a fim de que seu nome seja excluído do cadastro negativo. A respeito do fato apresentado, assinale a afirmativa correta.

(A) A consumidora deve enviar notificação à sociedade empresária de gêneros alimentícios informando o pagamento integral do débito e requerer que a mesma providencie a exclusão da negativação, o que deve ser feito em até vinte e quatro horas.

(B) A consumidora deve se dirigir diretamente ao órgão de cadastro negativo, o que pode ser feito por meio de procuração constituindo advogado, e solicitar a exclusão da negativação, ônus que compete ao consumidor.

(C) Após a quitação do débito, compete à sociedade empresária de gêneros alimentícios solicitar a exclusão do nome de Marieta do cadastro negativo, no prazo de cinco dias a contar do primeiro dia útil seguinte à disponibilização do valor necessário para a quitação do débito.

(D) Marieta deverá comunicar a quitação diretamente ao órgão de cadastro negativo e, caso não seja feita a exclusão imediata, a consumidora poderá ingressar em juízo pleiteando indenização apenas, pois a hipótese comporta exclusivamente sanção civil.

A: incorreta, pois o prazo para a exclusão da negativação é de 5 dias úteis e não de 24 horas (art. 43, § 3º, do CDC); **B:** incorreta, pois o consumidor não precisa constituir advogado para tanto, já que não obrigação legal nesse sentido, bem como pode buscar a exclusão de sua negativação junto à própria empresa que solicitou a referida negativação, que terá de informar o fato ao órgão de cadastro negativo, sendo que em 5 dias úteis não poderá haver mais qualquer menção à negativação efetuada (art. 43, § 3º, do CDC); **C:** correta, nos termos do art. 43, § 3º, do CDC, já que o dispositivo também admite que seja buscada diretamente a empresa que solicitou a negativação do nome do consumidor, sendo que tanto ela como o órgão de cadastro negativo mantém dados e cadastro do consumidor nesse tipo de situação; **D:** incorreta, já que o art. 43, § 3º, do CDC também admite que seja buscada diretamente a empresa que solicitou a negativação do nome do consumidor, sendo que tanto ela como o órgão de cadastro negativo mantém dados e cadastro do consumidor nesse tipo de situação; ademais, o caso não gera apenas sanções civis, já que sanções penais também podem ser aplicadas no caso, em virtude do tipo penal previsto no art. 73 do CDC.

Gabarito "C"

(OAB/Exame Unificado – 2015.3) Hugo colidiu com seu veículo e necessitou de reparos na lataria e na pintura. Para tanto, procurou, por indicação de um amigo, os serviços da Oficina Mecânica M, oportunidade na qual lhe foi ofertado orçamento escrito, válido por 15 (quinze) dias, com o valor da mão de obra e dos materiais a serem utilizados na realização do conserto do automóvel. Hugo, na certeza da boa indicação, contratou pela primeira vez com a Oficina. Considerando as regras do Código de Proteção e Defesa do Consumidor, assinale a afirmativa correta.

(A) Segundo a lei do consumidor, o orçamento tem prazo de validade obrigatório de 10 (dez) dias, contados do seu recebimento pelo consumidor Hugo. Logo, no caso, somente durante esse período a Oficina Mecânica M estará vinculada ao valor orçado.
(B) Uma vez aprovado o orçamento pelo consumidor, os contraentes estarão vinculados, sendo correto afirmar que Hugo não responderá por quaisquer ônus ou acréscimos no valor dos materiais orçados; contudo, ele poderá vir a responder pela necessidade de contratação de terceiros não previstos no orçamento prévio.
(C) Se o serviço de pintura contratado por Hugo apresentar vícios de qualidade, é correto afirmar que ele terá tríplice opção, à sua escolha, de exigir da oficina mecânica: a reexecução do serviço sem custo adicional; a devolução de eventual quantia já paga, corrigida monetariamente, ou o abatimento do preço de forma proporcional.
(D) A lei consumerista considera prática abusiva a execução de serviços sem a prévia elaboração de orçamento, o que pode ser feito por qualquer meio, oral ou escrito, exigindo-se, para sua validade, o consentimento expresso ou tácito do consumidor.

A: incorreta, pois, apesar de a lei estipular como prazo de validade do orçamento o prazo de 10 dias, caso o fornecedor prometa um prazo de validade maior, como acontece no caso (em que o fornecedor estipulou em contrário, ao dizer que o orçamento tinha validade de 15 dias), o último prazo prevalece, nos termos do art. 40, § 1º, do CDC; **B:** incorreto, pois o consumidor não responde por quaisquer ônus ou acréscimos não previstos no orçamento prévio, inclusive quanto à necessidade de contratar terceiros não previstos no orçamento (art. 40, § 3º, do CDC); **C:** correto, nos termos do disposto no art. 20, *caput*, do CDC, **D:** incorreta, pois para que se configure a prática abusiva é necessário que a execução do serviço se dê sem prévia elaboração de orçamento e também sem prévia autorização expressa do consumidor, de modo que o primeiro erro da alternativa é dar ideia de que basta a falta de prévio orçamento para a caracterização da prática abusiva; a alternativa também acrescenta a ideia de consentimento tácito, instituto não previsto de forma geral no regramento do CDC sobre essa prática abusiva (vide texto do art. 39, VI, do CDC), havendo em tal regramento uma exceção para apenas uma das hipóteses de consentimento tácito, que as chamadas "práticas anteriores entre as partes".

Gabarito "C"

(OAB/Exame Unificado – 2014.3) Roberto, atraído pela propaganda de veículos zero quilômetro, compareceu até uma concessionária a fim de conhecer as condições de financiamento. Verificando que o valor das prestações cabia no seu orçamento mensal e que as taxas e os custos lhe pareciam justos, Roberto iniciou junto ao vendedor os procedimentos para a compra do veículo. Para sua surpresa, entretanto, a financeira negou-lhe o crédito, ao argumento de que havia negativação do nome de Roberto nos cadastros de proteção ao crédito. Indignado e buscando esclarecimentos, Roberto procurou o Banco de Dados e Cadastro que havia informado à concessionária acerca da suposta existência de negativação, sendo informado por um dos empregados que as informações que Roberto buscava somente poderiam ser dadas mediante ordem judicial.

Sobre o procedimento do empregado do Banco, assinale a afirmativa correta.

(A) O empregado do Banco de Dados e Cadastros agiu no legítimo exercício de direito ao negar a prestação das informações, já que o solicitado pelo consumidor somente deve ser dado pelo fornecedor que solicitou a negativação, cabendo a Roberto buscar uma ordem judicial mandamental, autorizando a divulgação dos dados para ele diretamente.
(B) O procedimento do empregado, ao negar as informações que constam no Banco de Dados e Cadastros sobre o consumidor, configura infração penal punível com pena de detenção ou multa, nos termos tipificados no Código de Defesa do Consumidor.
(C) A negativa no fornecimento das informações foi indevida, mas configura mera infração administrativa punível com advertência e, em caso de reincidência, pena de multa a ser aplicada ao órgão, não ao empregado que negou a prestação de informações.
(D) Cuida-se de infração administrativa e, somente se cometido em operações que envolvessem alimentos, medicamentos ou serviços essenciais, configuraria infração penal, para fins de incidência da norma consumerista em seu aspecto penal.

A: incorreta, pois, segundo o art. 43, *caput*, do CDC, o consumidor tem direito de acesso às informações existentes em cadastros, fichas, registros e dados pessoais e de consumo arquivado sobre ele, e o serviço de proteção ao crédito não é o único destinatário da norma, sendo tão destinatário como o fornecedor que mantém a relação contratual com o consumidor, conforme se verifica da menção a essas entidades nos parágrafos 4º e 5º do mesmo art. 43; **B:** correta (art. 72 do CDC); **C:** incorreta, pois o fato também é infração penal (art. 72 do CDC) e, causando dano ao consumidor, também enseja responsabilidade civil do serviço de proteção ao crédito; **D:** incorreta, pois o art. 72 do CDC prevê que o caso importa em infração penal, sem a restrição mencionada na assertiva (de que é necessário que se esteja diante de operações que envolvam alimentos, medicamentos ou serviços essenciais)

Gabarito "B"

(OAB/Exame Unificado – 2014.1) Eliane trabalha em determinada empresa para a qual uma seguradora apresentou proposta de seguro de vida e acidentes pessoais aos empregados. Eliane preencheu o formulário entregue pela seguradora e, dias depois, recebeu comunicado escrito informando, sem motivo justificado, a recusa da seguradora para a contratação por Eliane. Partindo da situação fática narrada, à luz da legislação vigente, assinale a afirmativa correta.

(A) Eliane pode exigir o cumprimento forçado da obrigação nos termos do serviço apresentado, já que a oferta obriga a seguradora e a negativa constituiu prática abusiva pela recusa infundada de prestação de serviço.

(B) Trata-se de hipótese de aplicação da legislação consumerista, mas, a despeito das garantias conferidas ao consumidor, em hipóteses como a narrada no caso, é facultado à seguradora recusar a contratação antes da assinatura do contrato.

(C) Por se tratar de contrato bilateral, a seguradora poderia ter se recusado a ser contratada por Eliane nos termos do Código Civil, norma aplicável ao caso, que assegura que a proposta não obriga o proponente.

(D) A seguradora não está obrigada a se vincular a Eliane, já que a proposta de seguro e acidentes pessoais dos empregados não configura oferta, nos termos do Código do Consumidor.

A: correta, nos termos do art. 35, I, do CDC (direito de exigir o cumprimento forçado de oferta) e do art. 39, IX, do CDC (prática abusiva quando se recusa infundadamente a prestação de serviço); **B:** incorreta, pois a oferta suficientemente precisa feita por fornecedor vincula este (art. 30 do CDC); **C:** incorreta; primeiro porque o diploma de regência no caso é o CDC, vez que Eliane é destinatária final de um serviço securitário (art. 2º, *caput*, e 3º, § 2º, do CDC); segundo porque no Código Civil a oferta também obriga, como regra, o proponente (art. 427 do CC); **D:** incorreta, pois como se presume que se trata de uma oferta suficiente precisa (com dados sobre o produto e seu preço), que é o que normalmente se dá na prática, tal oferta vincula (art. 30, caput, do CDC).

Gabarito "A"

(OAB/Exame Unificado – 2014.1) Mauro adquiriu um veículo zero quilômetro da fabricante brasileira Surreal, na concessionária Possante Ltda., revendedora de automóveis que comercializa habitualmente diversas marcas nacionais e estrangeiras. Na época em que Mauro efetuou a compra, o modelo adquirido ainda não era produzido com o opcional de freio ABS, o que só veio a ocorrer seis meses após a aquisição feita por Mauro. Tal sistema de frenagem (travagem) evita que a roda do veículo bloqueie quando o pedal do freio é pisado fortemente, impedindo com isso o descontrole e a derrapagem do veículo. Mauro, inconformado, aciona a concessionária postulando a substituição do seu veículo, pelo novo modelo com freio ABS.

Diante do caso narrado e das regras atinentes ao Direito do Consumidor, assinale a afirmativa correta.

(A) Mauro tem direito à substituição, pois o fato de o novo modelo ter sido oferecido com o opcional do freio ABS, de melhor qualidade, configura defeito do modelo anterior por ele adquirido.

(B) Se o veículo adquirido por Mauro apresentar futuro defeito no freio dentro do prazo de garantia, a concessionária Possante Ltda. é obrigada a assegurar a oferta de peças de reposição originais enquanto não cessar a fabricação do veículo.

(C) Somente quando cessada a produção no país do veículo adquirido por Mauro, a fabricante Surreal ficará exonerada do dever legal de assegurar o oferecimento de componentes e peças de reposição para o automóvel.

(D) Havendo necessidade de reposição de peças ou componentes no veículo de Mauro, a fabricante Surreal deverá, ainda que cessada a fabricação no país, efetuar o reparo com peças originais por um período razoável de tempo, fixado por lei. A reposição com peças usadas só é admitida pelo Código do Consumidor quando houver autorização do consumidor.

A: incorreta, pois, segundo o art. 12, § 2º, do CDC, um produto não pode ser considerado defeituoso se outro de melhor qualidade tiver sido colocado no mercado; **B** e **C:** incorretas, pois, os fabricantes e importadores devem assegurar a oferta de peças de reposição não só enquanto não cessar a fabricação ou importação do produto, como também por período razoável após a produção ou importação, nos termos de lei (art. 32 do CDC); **D:** correta (art. 32 c/c com art. 21, ambos do CDC).

Gabarito "D"

(OAB/Exame Unificado – 2013.3) O Banco XYZ, com objetivo de aumentar sua clientela, enviou proposta de abertura de conta corrente com cartão de crédito para diversos estudantes universitários. Ocorre que, por desatenção de um dos encarregados pela instituição financeira da entrega das propostas, o conteúdo da proposta encaminhada para a estudante Bruna, de dezoito anos, foi furtado. O cartão de crédito foi utilizado indevidamente por terceiro, sendo Bruna surpreendida com boletos e ligações de cobrança por compras que não realizou. O episódio culminou com posterior inclusão do seu nome em um cadastro negativo de restrições ao crédito. Bruna nunca solicitou o envio do cartão ou da proposta de abertura de conta, e sequer celebrou contrato com o Banco XYZ, mas tem dúvidas acerca de eventual direito à indenização.

Na qualidade de Advogado, diante do caso concreto, assinale a afirmativa correta.

(A) A conduta adotada pelo Banco XYZ é prática abusiva à luz do Código do Consumidor, mas como Bruna não é consumidora, haja vista a ausência de vínculo contratual, deverá se utilizar das regras do Código Civil para fins de eventual indenização.

(B) A pessoa exposta a uma prática abusiva, como na hipótese do envio de produto não solicitado, é equiparada a consumidor, logo Bruna pode postular indenização com base no Código do Consumidor.

(C) A prática bancária em questão é abusiva segundo o Código do Consumidor, mas o furto sofrido pelo preposto do Banco XYZ configura culpa exclusiva de terceiro, excludente da obrigação da instituição financeira de indenizar Bruna.

(D) O envio de produto sem solicitação do consumidor não é expressamente vedado pela lei consumerista, que apenas considera o produto como mera amostra grátis, afastando eventual obrigação do Banco XYZ de indenizar Bruna.

A: incorreta; a conduta do banco é prática abusiva e nesse ponto a assertiva está correta (art. 39, III, do CDC); porém, é incorreto dizer que Bruna não é consumidora por não ter assinado contrato algum, pois o CDC equipara a consumidor aquele que é exposto a práticas comerciais do fornecedor (art. 29), como é a prática abusiva de enviar cartão de crédito sem solicitação; **B:** correta (art. 29 do CDC); **C:** incorreta; a conduta do banco é prática abusiva e nesse ponto a assertiva está correta (art. 39, III, do CDC); porém, é incorreto dizer que o furto exclui a responsabilidade do banco, vez que o banco assumiu o risco de isso acontecer ao enviar por correio, lembrando que aquele que pratica um ato ilícito (o banco, ao enviar o cartão sem solicitação, praticou um ilícito, nos termos do art. 39, III, do CDC), não pode alegar a própria torpeza para se eximir de responsabilidade; **D:** incorreta, pois esse envio é sim prática abusiva (art. 39, III, do CDC), questão que é independente de se ter no caso a sanção de considerar o produto ou serviço em questão amostra grátis (art. 39, parágrafo único, do CDC).

Gabarito "B"

(OAB/Exame Unificado – 2012.3.A) Academia de ginástica veicula anúncio assinalando que os seus alunos, quando viajam ao exterior, podem se utilizar de rede mundial credenciada, presente em 60 países e 230 cidades, sem custo adicional. Um ano após continuamente fazer tal divulgação, vários alunos reclamam que, em quase todos os países, é exigida tarifa de uso da unidade conveniada. A academia responde que a referência ao "sem custo adicional" refere-se à inexistência de acréscimo cobrado por ela, e não de eventual cobrança, no exterior, de terceiro.

Acerca dessa situação, assinale a afirmativa correta.

(A) A loja veicula publicidade enganosa, que se caracteriza como a que induz o consumidor a se comportar de forma prejudicial ou perigosa a sua saúde ou segurança.
(B) A loja promove publicidade abusiva, pois anuncia informação parcialmente falsa, a respeito do preço e qualidade do serviço.
(C) Não há irregularidade, e as informações complementares podem ser facilmente buscadas na recepção ou com as atendentes, sendo **inviável** que o ordenamento exija que detalhes sejam prestados, todos, no anúncio.
(D) A loja faz publicidade enganosa, que se configura, basicamente, pela falsidade, total ou parcial, da informação veiculada.

A: incorreta, pois a publicidade que induz o consumidor a se comportar de forma prejudicial ou perigosa à sua saúde ou segurança é *abusiva* (art. 37, § 2º, do CDC) e não *enganosa* (art. 37, § 1º, do CDC); **B**: incorreta, pois a publicidade falsa é *enganosa* (art. 37, § 1º, do CDC) e não *abusiva* (art. 37, § 2º, do CDC); **C**: incorreta, pois o fornecedor é obrigado a apresentar informações *claras, precisas e ostensivas*, o que não aconteceu no caso em tela (art. 31, *caput*, do CDC); **D**: correta, pois a publicidade falsa, total ou parcialmente, é considerada *enganosa* (art. 37, § 1º, do CDC); vale ressaltar que, ao garantir que não haveria qualquer custo adicional, a academia de ginástica enganou o consumidor, apresentando informação falsa, ainda que por omissão, já que o mínimo que teria de fazer era deixar claro que haveria custo adicional nas academias dos outros países.

Gabarito "D"

(OAB/Exame Unificado – 2011.3.A) Franco adquiriu um veículo zero quilômetro em novembro de 2010. Ao sair com o automóvel da concessionária, percebeu um ruído todas as vezes em que acionava a embreagem para a troca de marcha. Retornou à loja, e os funcionários disseram que tal barulho era natural ao veículo, cujo motor era novo. Oito meses depois, ao retornar para fazer a revisão de dez mil quilômetros, o consumidor se queixou que o ruído persistia, mas foi novamente informado de que se tratava de característica do modelo. Cerca de uma semana depois, o veículo parou de funcionar e foi rebocado até a concessionária, lá permanecendo por mais de sessenta dias. Franco acionou o Poder Judiciário alegando vício oculto e pleiteando ressarcimento pelos danos materiais e indenização por danos morais. Considerando o que dispõe o Código de Proteção e Defesa do Consumidor, a respeito do narrado acima, é correto afirmar que, por se tratar de vício oculto,

(A) o prazo decadencial para reclamar se iniciou com a retirada do veículo da concessionária, devendo o processo ser extinto.
(B) o direito de reclamar judicialmente se iniciou no momento em que ficou evidenciado o defeito, e o prazo decadencial é de noventa dias.
(C) o prazo decadencial é de trinta dias contados do momento em que o veículo parou de funcionar, tornando-se imprestável para o uso.
(D) o consumidor Franco tinha o prazo de sete dias para desistir do contrato e, tendo deixado de exercê-lo, operou-se a decadência.

A: incorreta, pois, em caso de vício oculto, o prazo decadencial para reclamar tem início a partir do momento em que o vício restar evidenciado (art. 26, § 3º, do CDC), o que se deu apenas no momento em que o veículo parou de funcionar; **B**: correta, pois o prazo decadencial para reclamar tem início a partir do momento em que o vício restar evidenciado (art. 26, § 3º, do CDC) e, no caso, por ser o carro um bem durável, o prazo para reclamar é de 90 dias (art. 26, II, do CDC); **C**: incorreta, pois, sendo o carro um bem durável, o prazo para reclamar é de 90 dias (art. 26, II, do CDC); **D**: incorreta, pois o prazo de 7 dias para a desistência de contratos diz respeito aos contratos feitos fora do estabelecimento comercial (ex: por telefone ou pela internet), conforme o art. 49 do CDC.

Gabarito "B"

(OAB/Exame Unificado – 2010.2) Sobre o tratamento da publicidade no Código de Defesa do Consumidor, é correto afirmar que:

(A) a publicidade somente vincula o fornecedor se contiver informações falsas.
(B) a publicidade que não informa sobre a origem do produto é considerada enganosa, mesmo quando não essencial para o produto.
(C) o ônus da prova da veracidade da mensagem publicitária cabe ao veículo de comunicação.
(D) é abusiva a publicidade que desrespeita valores ambientais.

A: incorreta, pois toda a publicidade, suficientemente precisa, obriga o fornecedor, seja ela falsa, seja ela verdadeira, pois não há distinção, na lei, nesse sentido (art. 30 do CDC); **B**: incorreta, pois na definição de propaganda enganosa está dito que a omissão quanto à *origem* do produto deve ser capaz de *induzir o consumidor em erro* (art. 37, § 1º, do CDC); não bastasse, o CDC estabelece que a publicidade só é enganosa por omissão quando "deixar de informar sobre dado essencial do produto ou serviço" (art. 37, § 3º, do CDC); **C**: incorreta, pois tal ônus cabe a quem patrocina a propaganda, ou seja, cabe ao *anunciante* (ex: ao fabricante), e não ao *veículo de comunicação* (ex: a emissora de televisão), nos termos do art. 38 do CDC; **D**: correta, pois, segundo o art. 37, § 2º, do CDC, "é abusiva, dentre outras, a publicidade discriminatória de qualquer natureza, a que incite à violência, explore o medo ou a superstição, se aproveite da deficiência de julgamento e experiência da criança, **desrespeita valores ambientais**, ou que seja capaz de induzir o consumidor a se comportar de forma prejudicial ou perigosa a sua saúde ou segurança" (g.n.).

Gabarito "D"

(OAB/Exame Unificado – 2009.3) Assinale a opção correta a respeito dos bancos de dados e cadastros de consumidores.

(A) O consumidor deverá ser informado verbalmente toda vez que ocorrer alteração de cadastro, ficha, registro e dados pessoais e de consumo, relativos a seu nome, desde que não a tenha solicitado.

(B) Somente poderão constar nos bancos de dados as informações negativas sobre consumidores relativas aos últimos dois anos.

(C) Os serviços de proteção ao crédito e congêneres são considerados entidades que prestam serviços de caráter privado.

(D) O consumidor, sempre que encontrar inexatidão nos seus dados e cadastros, poderá exigir imediata correção.

A: incorreta, a comunicação deve ser por escrito (art. 43, § 2º, do CDC); **B**: incorreta, o direito ao esquecimento se dá após 5 anos (art. 43, § 1º, do CDC); **C**: incorreta, são consideradas entidades de caráter público (art. 43, § 4º, do CDC); **D**: correta, art. 43, § 3º, do CDC.

Gabarito "D"

(OAB/Exame Unificado – 2009.3) Acerca das práticas comerciais dispostas no Código de Defesa do Consumidor, assinale a opção correta.

(A) É lícito que o fabricante de produtos duráveis condicione o fornecimento de seus produtos à prestação de determinados serviços.

(B) O consumidor tem o direito de receber o dobro do que tenha pago em excesso, acrescido de juros e correção monetária, no caso de cobrança indevida, salvo hipótese de engano justificável.

(C) Considera-se publicidade abusiva a comunicação de caráter publicitário inteiramente falsa que induza a erro.

(D) O consumidor que receber produto em sua residência, mesmo sem solicitação, e não devolvê-lo, deve efetuar o pagamento do respectivo preço.

A: incorreta, o art. 39, I, do CDC proíbe a venda casada; **B**: correta, conforme art. 42, parágrafo único, do CDC; **C**: incorreta, a propaganda abusiva tem outro conceito (art. 37, § 2º, do CDC); e a propaganda enganosa, prevista no art. 37, § 1º, do CDC, caracteriza-se pela falsidade inteira ou parcial, bem como pela omissão capaz de induzir ao erro; **D**: incorreta, conforme dispõe o art. 39, parágrafo único, do CDC.

Gabarito "B"

(FGV – 2010) Acerca das práticas comerciais dispostas no Código de Defesa do Consumidor, assinale a alternativa correta.

(A) O consumidor tem o direito de receber o dobro do que tenha pagado em excesso, acrescido de juros e correção monetária, no caso de cobrança indevida, salvo hipótese de engano justificável.

(B) Não se trata de conduta ilícita quando o fabricante de produtos duráveis condicione o fornecimento de seus produtos à prestação de determinados serviços.

(C) Denomina-se publicidade abusiva a comunicação de caráter publicitário inteiramente falsa que induza a erro o consumidor.

(D) Deve efetuar o pagamento do respectivo preço o consumidor que receber produto em sua residência, quando, mesmo sem solicitação, não devolvê-lo.

(E) Os rótulos de produtos estrangeiros podem vir em língua estrangeira, desde que exista um site com a sua tradução à disposição do consumidor.

A: correta (art. 42, parágrafo único, do CDC); **B**: incorreta, pois a venda casada é considerada prática abusiva (art. 39, I, do CDC); **C**: incorreta, pois a situação descrita é um dos casos de publicidade enganosa (art. 37, § 1º, do CDC); **D**: incorreta, pois, nesse caso, a lei equipara a remessa do produto à amostra grátis (art. 39, parágrafo único, do CDC); **E**: incorreta, pois os rótulos devem vir em língua portuguesa (art. 31 do CDC).

Gabarito "A"

(FGV – 2008) A elevação sem justa causa do preço de produtos ou serviços constitui uma prática comercial abusiva:

(A) caso o fornecedor anuncie anteriormente oferta pública do preço com prazo não determinado.

(B) quando não houver cláusula contratual estabelecendo regra que permita ao fornecedor, direta ou indiretamente, aumentar o preço de maneira unilateral.

(C) quando o regime de preços do fornecimento estiver sujeito a controle ou a tabelamento.

(D) após a contratação ou após a aceitação da oferta tendente à contratação.

(E) em todos os casos, uma vez que a regra estabelecida no Código de Defesa do Consumidor não faz qualquer ressalva.

Art. 39, X, do CDC.

Gabarito "D"

(FGV – 2010) Com o objetivo de proteger os interesses dos consumidores, o Código de Defesa do Consumidor previu regra que determina a desconsideração da personalidade jurídica e regras de responsabilidade de empresas do mesmo grupo econômico. Assinale a alternativa que não corresponde ao disposto no CDC.

(A) Nas relações de consumo, o juiz poderá desconsiderar a personalidade jurídica da sociedade quando, em detrimento do consumidor, houver abuso de direito, excesso de poder, infração da lei, fato ou ato ilícito ou violação dos estatutos ou contrato social.

(B) Nas relações de consumo, a desconsideração também será efetivada quando houver falência, estado de insolvência, encerramento ou inatividade da pessoa jurídica provocados por má administração.

(C) Nas relações de consumo, as sociedades integrantes dos grupos societários e as sociedades controladas, são subsidiariamente responsáveis pelas obrigações perante o consumidor.

(D) Nas relações de consumo, as sociedades consorciadas são solidariamente responsáveis pelas obrigações perante o consumidor.

(E) Nas relações de consumo, a desconsideração da personalidade jurídica somente ocorrerá quando ficar comprovado abuso ou fraude à lei.

A: correta (art. 28, *caput*, do CDC); **B**: correta (art. 28, *caput*, do CDC); **C**: correta (art. 28, § 2º, do CDC); **D**: correta (art. 28, § 3º, do CDC); **E**: incorreta, devendo ser assinalada, pois há vários outros casos previstos no art. 28, *caput*, do CDC, e também há o caso previsto no § 5º, do art. 28, do CDC, pelo qual a desconsideração é sempre possível quando a personalidade jurídica for obstáculo ao ressarcimento dos danos aos consumidores.

Gabarito "E"

(Defensor Público/PR – 2012 – FCC) Sobre oferta e publicidade é correto afirmar que

(A) no caso de outorga de crédito, como nas hipóteses de financiamento ou parcelamento, é necessária apenas a discriminação do número, periodicidade e valor das prestações.

(B) o ônus da prova da veracidade e correção da informação ou comunicação publicitária cabe à agência de publicidade.

(C) é enganosa a publicidade que desrespeita valores da sociedade e que é capaz de induzir o consumidor a se comportar de forma prejudicial à sua saúde.

(D) configura infração ao direito básico do consumidor à informação apenas informar os preços em parcelas, obrigando-o ao cálculo total.

(E) da inexecução de uma oferta, apresentação ou publicidade, o consumidor não pode aceitar a entrega de outro produto ou prestação de serviço equivalente.

A: incorreta, pois é necessário informar, também, montante de juros de mora e taxa efetiva anual de juros, acréscimos legalmente previstos e soma total a pagar, com e sem financiamento, tudo em moeda nacional (art. 52 do CDC); **B**: incorreta, pois é de quem patrocina a comunicação publicitária, ou seja, é do anunciante (art. 38 do CDC); **C**: incorreta, pois, nesse caso, a propaganda é abusiva e não enganosa (art. 37, § 2º, do CDC); **D**: correta, nos termos do art. 52, V, do CDC; **E**: incorreta, pois o consumidor, em caso de inexecução de uma oferta, poderá escolher, dentre outras possibilidades, outro produto ou prestação de serviço equivalente (art. 35 do CDC).

Gabarito "D"

(Defensor Público/RO – 2012 – CESPE) Com relação à veiculação de publicidade, o CDC veda, expressamente,

(A) a propaganda promocional.

(B) a propaganda subliminar.

(C) o *merchandising*.

(D) o *puffing*.

(E) o *teaser*.

A: incorreta, pois não há no CDC vedação às propagandas promocionais de um produto ou serviço; **B**: correta; o CDC é expresso no sentido de que "a publicidade deve ser veiculada de tal forma que o consumidor, fácil e imediatamente, a identifique como tal" (art. 36, *caput*, do CDC), ou seja, deve estar muito claro do que se trata de uma propaganda; por exemplo, é proibido fazer uma propaganda em forma de reportagem jornalística; **C**: incorreta, pois o CDC não veda expressamente o *merchandising*, que, por sinal, é muito comum em novelas e outros programas de TV; **D**: incorreta, pois o *puffing* é o exagero praticado em anúncios de publicidade (ex: "melhor pizza do mundo"); porém, o art. 30 do CDC estabelece que somente a informação ou publicidade suficientemente precisas vinculam o fornecedor; assim, o exagero, desde que feito de forma jocosa, lúdica, e sem precisão, não vincula o fornecedor, não havendo vedação expressa no CDC; **E**: incorreta, pois o *teaser* é uma técnica de marketing para chamar a atenção para uma campanha publicitária, despertando a curiosidade do consumidor, não havendo vedação expressa no CDC.

Gabarito "B"

(Defensor Público/SE – 2012 – CESPE) Conforme entendimento do STJ, constitui prática abusiva contra o consumidor

(A) a cobrança de preços diferenciados para a compra de produtos mediante pagamento em dinheiro, cheque ou cartão de crédito.

(B) a estipulação de juros remuneratórios superiores a 12% ao ano, com base na taxa média do mercado bancário.

(C) a retenção, pela construtora, de parte do valor pago, a título de indenização, no caso de resilição do compromisso de compra e venda de imóvel.

(D) o impedimento de cancelamento unilateral, pelo consumidor, de desconto, em folha de pagamento, referente a empréstimo consignado.

(E) a conferência indistinta de mercadorias pelos estabelecimentos comerciais, após a venda, mesmo quando a revista dos bens adquiridos é realizada em observância aos limites da urbanidade e civilidade.

A: correta (STJ, Inform. 427, REsp 1.133.410-RS, Rel. Min. Massami Uyeda, julgado em 16/03/2010); **B**: incorreta, pois as instituições financeiras podem cobrar juros remuneratórios superiores a 12% ao ano com base na taxa média de mercado (STJ, AgRg no REsp 1.097.450, DJ 19.06.13); **C**: incorreta, pois devem ser devolvidos os valores pagos, retendo-se apenas parcelas para fazer frente ao desgaste da unidade, corretagem, etc. (STJ, AgRg no Ag 717.840, DJ 21.10.09); **D**: incorreta, pois o STJ entende que não é abusiva a impossibilidade de modificação unilateral da cláusula que impede o cancelamento (AgRg nos EDcl no REsp 1.223.838, DJ 11.05.11); **E**: incorreta, pois não constitui prática abusiva essa conduta (STJ, REsp 1.120.113, DJ 10.10.11).

Gabarito "A"

5. PROTEÇÃO CONTRATUAL

(OAB/Exame Unificado – 2015.2) Tommy adquiriu determinado veículo junto a um revendedor de automóveis usados. Para tanto, fez o pagamento de 60% do valor do bem e financiou os 40% restantes com garantia de alienação fiduciária, junto ao banco com o qual mantém vínculo de conta-corrente. A negociação transcorreu normalmente e o veículo foi entregue. Ocorre que Tommy, alguns meses depois, achou que a obrigação assumida estava lhe sendo excessivamente onerosa. Procurou então você como advogado(a) a fim de saber se ainda assim seria possível questionar o negócio jurídico realizado e pedir revisão do contrato que Tommy sequer possuía. A esse respeito, assinale a afirmativa correta.

(A) A questão versa sobre alienação fiduciária em garantia que transfere ao credor o domínio resolúvel e a posse indireta do bem alienado, não havendo aplicabilidade do Código de Defesa do Consumidor e, portanto, nem o pedido de revisão na hipótese, haja vista que a questão jurídica está submetida unicamente à leitura da norma geral civil, sem a inversão do ônus da prova.

(B) A questão comporta aplicação do CDC, mas para propor ação revisional, a parte deve ingressar com medida cautelar preparatória de exibição de documentos, sob pena de extinção da medida cognitiva revisional por falta de interesse de agir.

(C) A questão versa sobre alienação fiduciária em garantia, que transfere para o devedor a posse direta do bem, tornando-o depositário, motivo pelo qual a questão jurídica rege-se exclusivamente pelas regras impostas pelo Decreto-lei nº 911, de 1969, que estabelece normas de processo sobre alienação fiduciária.

(D) A questão comporta aplicação do CDC, e a ação revisional pode ser proposta independentemente de medida cautelar preparatória de exibição de documentos, já que o pleito de exibição do contrato poderá ser formulado incidentalmente e nos próprios autos.

A e **C**: incorretas, pois o art. 53 do CDC é expresso no sentido de que também incide sobre os contratos de alienação fiduciária; quando há possibilidade de revisão contratual o CDC também admite, nos casos em que fatos supervenientes tornem as prestações excessivamente onerosas (art. 6º, V, do CDC); **B**: incorreta, pois a lei não exige, como requisito para ação de revisão contratual, o ajuizamento prévio da cautelar mencionada; **D:** correta, pois o art. 53 do CDC é expresso no sentido de que também incide sobre os contratos de alienação fiduciária, podendo a cautelar mencionada ser objeto de pedido incidentalmente nos mesmos autos da ação principal.

Gabarito "D"

(OAB/Exame Unificado – 2014.2) O fornecimento de serviços e de produtos é atividade desenvolvida nas mais diversas modalidades, como ocorre nos serviços de crédito e financiamento, regidos pela norma especial consumerista, que atribuiu disciplina específica para a temática. A respeito do crédito ao consumidor, nos estritos termos do Código de Defesa do Consumidor, assinale a opção correta.

(A) A informação prévia ao consumidor, a respeito de taxa efetiva de juros, é obrigatória, facultando-se a discriminação dos acréscimos legais, como os tributos e taxas de expediente.

(B) A liquidação antecipada do débito financiado comporta a devolução ou a redução proporcional de encargos, mas só terá cabimento se assim optar o consumidor no momento da contratação do serviço.

(C) As informações sobre o preço e a apresentação do serviço de crédito devem ser, obrigatoriamente, apresentadas em moeda corrente nacional.

(D) A pena moratória decorrente do inadimplemento da obrigação deve respeitar teto do valor da prestação inadimplida, não se podendo exigir do consumidor que suporte cumulativamente a incidência dos juros de mora.

A: incorreta, pois a informação prévia é obrigatória não só em relação à *taxa efetiva de juros*, como também em relação aos acréscimos legais (art. 52, III, do CDC), valendo salientar que também é obrigatória a informação prévia sobre o preço do produto em moeda nacional, o número e periodicidade de prestações e também a soma total a pagar, com e sem financiamento (art. 52, I, IV e V, do CDC); **B:** incorreta, pois o CDC garante a liquidação antecipada do débito como direito do consumidor, sem exigir que este tenha optado por isso já no momento em que celebra o contrato; **C:** correta (art. 52, I, do CDC); **D:** incorreta, pois, conforme o art. 52, § 1º, do CDC, a multa máxima é de 2% da prestação (e não de 100% da prestação, que seria o equivalente ao "teto" dela, diferentemente do Código Civil, em que a multa máxima é de 100% da prestação, conforme o art. 412 do CC, lembrando que no Código Civil a multa pode ser diminuída pelo juiz de acordo o caso concreto e nos termos do seu art. 413).

Gabarito "C"

(OAB/Exame Unificado – 2012.3.B) Sobre a proteção contratual e a validade de regras contratuais no mercado de consumo, assinale a afirmativa correta.

(A) Nas relações de consumo, a indenização pode ser contratualmente limitada, mas apenas em situações previstas em negrito, no contrato.

(B) Apenas é possível ao contrato estipular a inversão do ônus da prova, em favor da fornecedora, se direitos equivalentes, em termos processuais, forem concedidos aos consumidores.

(C) É perfeitamente possível e vinculante a cláusula de arbitragem prevista em contrato de adesão.

(D) Não vale a cláusula que estipula, de antemão, representante para concluir outro contrato pelo consumidor.

A: incorreta, pois a única hipótese em que cabe limitação de indenização é na relação entre fornecedor e um consumidor pessoa jurídica (circunstância não mencionada no enunciado) e, mesmo assim, desde que em situações justificáveis (circunstância que também não foi mencionada no enunciado); **B:** incorreta, pois são nulas quaisquer cláusulas contratuais que estabeleçam inversão do ônus da prova em prejuízo do consumidor (art. 51, VI, do CDC), de maneira que a afirmação trazida na alternativa não faz sentido; **C:** incorreta, pois é nula a cláusula contratual que estabeleça a utilização compulsória de arbitragem (art. 51, VII, do CDC); **D:** correta (art. 51, VIII, do CDC).

Gabarito "D"

(OAB/Exame Unificado – 2012.2) João celebrou contrato de seguro de vida e invalidez, aderindo a plano oferecido por conhecida rede particular. O contrato de adesão, válido por cinco anos, prevê a possibilidade de cancelamento, em favor da seguradora, antes de ocorrer o sinistro, por alegação de desequilíbrio econômico-financeiro. A esse respeito, assinale a afirmativa correta.

(A) Os contratos de seguro ofertados no mercado de consumo, apesar de serem de adesão, são regidos pelo Código Civil, e a eles se aplica o Código de Defesa do Consumidor apenas subsidiariamente e em casos estritos.

(B) A cláusula prevista, que estipula a possibilidade de cancelamento unilateral do contrato em caso de desequilíbrio econômico, seria viável desde que exercida na primeira metade do contrato.

(C) O Ministério Público tem legitimidade para ajuizar demanda contra a seguradora, buscando ser declarada a nulidade da cláusula contratual celebrada com os consumidores, e que seja proibido à seguradora continuar a ofertá-la no mercado de consumo.

(D) A cláusula prevista no contrato celebrado por João não é abusiva, pois o seguro deve atentar para a equação financeira atuarial, necessária ao equilíbrio econômico da avença e à própria higidez e continuidade do contrato.

A: incorreta, pois o CDC se aplica aos serviços securitários, ou seja, aos seguros, conforme disposição expressa no art. 3º, § 2º, desse Diploma; havendo uma relação de consumo, como é o caso, aplica-se o CDC diretamente, e, quanto ao Código Civil, este se aplica subsidiariamente apenas; **B:** incorreta, pois o contrato de seguro é, por natureza, aleatório, ou seja, de risco; uma vez contratado o seguro, a seguradora tem, como regra, de cumprir suas obrigações até o final do contrato; no Código Civil (não aplicável ao caso) há até uma regra que permite que a seguradora resolva o contrato, caso o faça em até 15 dias da ciência da agravação do risco, sendo que essa resolução só será eficaz 30 (trinta) dias após a notificação do segurado, devendo ser restituída pelo segurador a diferença do prêmio (art. 769 do CC); porém, o CDC, que trata o consumidor de maneira diferenciada, tendo em vista a presunção absoluta de sua vulnerabilidade no mercado de consumo (art. 4º, I, do CDC), não traz disposição nesse sentido; aliás, em se tratando de contrato de adesão, a cláusula resolutória deve ser sempre alternativa, cabendo a escolha quanto à manutenção ou não do contrato, ao consumidor, e não ao fornecedor (art. 54, § 2º, do CDC); **C:** correta (art. 51, § 4º, do CDC); **D:** incorreta, nos termos do fundamento apresentado para a alternativa "b".

Gabarito "C"

(OAB/Exame Unificado – 2012.1) Martins celebrou negócio jurídico com a empresa Zoop Z para o fornecimento de dez volumes de determinada mercadoria para entretenimento infantil. No contrato restava estabelecido que Martins vistoriara toda mercadoria antes da aquisição e que o consumidor retiraria os produtos no depósito da empresa. Considerando tal situação fictícia, assinale a alternativa correta à luz do disposto na Lei nº. 8.078/90, de acordo com cada hipótese abaixo apresentada:

(A) A garantia legal do produto independe de termo expresso no contrato, bem como é lícito ao fornecedor estipular que se exime de responsabilidade na hipótese de vício de qualidade por inadequação do produto, desde que fundada em ignorância sobre o vício.

(B) É nula de pleno direito a cláusula contratual que exonere a contratada de qualquer obrigação de indenizar por vício do produto em razão de ter sido a mercadoria vistoriada previamente pelo consumidor.

(C) O contrato poderia prever a impossibilidade de reembolso da quantia por Martins, bem como ter transferido previamente a responsabilidade por eventual vício do produto, com exclusividade, ao fabricante.

(D) A Zoop Z tem liberdade para estabelecer compulsoriamente a utilização de arbitragem, bem como exigir o ressarcimento dos custos de cobrança da obrigação de Martins, sem que o mesmo seja conferido contra o fornecedor.

A: incorreta; de fato, a garantia legal independe de termo expresso (art. 24 do CDC); porém, NÃO é lícito ao fornecedor estipular que se exime de responsabilidade em caso de vício de qualquer natureza, sob o argumento de que desconhece o vício (art. 23 do CDC); **B**: correta (arts. 24, 25 e 51, I, do CDC); **C**: incorreta, pois, segundo o art. 51 do CDC são nulas as cláusulas que subtraiam ao consumidor a opção de reembolso da quantia paga (inciso II) e que transfiram responsabilidades a terceiros (inciso III); **D**: incorreta, pois as duas cláusulas citadas são nulas de pleno direito (art. 51, VII e XII, respectivamente, do CDC).

Gabarito "B"

(OAB/Exame Unificado – 2012.1) A telespectadora Maria, após assistir ao anúncio de certa máquina fotográfica, ligou e comprou o produto via telefone. No dia 19 de março, a câmera chegou ao seu endereço. Acerca dessa situação, assinale a alternativa correta

(A) A contar do recebimento do produto, a consumidora pode exercer o direito de arrependimento no prazo prescricional de quinze dias.

(B) Mesmo que o produto não tenha defeito, se Maria se arrepender da aquisição e desistir do contrato no dia 25 de março do mesmo ano, os valores eventualmente pagos, a qualquer título, deverão ser devolvidos, monetariamente atualizados.

(C) Se, no dia 26 de março do mesmo ano, a consumidora pretender desistir do contrato, não poderá fazê-lo, pois, além de o prazo decadencial já ter fluído, os contratos são regidos pelo brocardo *pacta sunt servanda*.

(D) Após o prazo de desistência, que é decadencial, Maria não poderá reclamar de vícios do produto ou de desconformidades entre a oferta apresentada e as características do bem adquirido, a não ser que exista garantia contratual.

A: incorreta, pois o prazo para exercer o direito de arrependimento é decadencial e de 7 dias (art. 49 do CDC); **B**: correta, pois o dia 25 de março está dentro do prazo de 7 dias para a desistência, com ressarcimento integral dos valores pagos, monetariamente atualizados (art. 49, *caput* e parágrafo único, do CDC); **C**: incorreta, pois o dia 25 de março está dentro do prazo de 7 dias em que a lei autoriza a desistência (art. 49, *caput* e parágrafo único, do CDC); **D**: incorreta, pois um direito é independente do outro; desde que o faça dentro do prazo decadencial para reclamar dos vícios, prazo esse estabelecido no art. 26 do CDC, sem prejuízo de tal prazo se somar ao prazo de garantia contratual (art. 50 do CDC), Maria tem direito de reclamar de problemas no produto.

Gabarito "B"

(OAB/Exame Unificado – 2011.3.B) Josefa celebrou contrato de prestação de serviço com a transportadora X, cujo teor do documento assinado seguia o formato "de adesão". Considerando tal instrumento de negócio jurídico nas relações de consumo, é correto afirmar que

(A) tal modalidade contratual, por ter sido deliberada de forma unilateral, é considerada prática abusiva, devendo ser imposta pena pecuniária ao fornecedor do serviço.

(B) Josefa poderá inserir cláusulas no formulário apresentado pela Transportadora X, o que desfigurará a natureza de adesão do referido contrato.

(C) o contrato de adesão é permitido nos termos da norma consumerista, mas desde que não disponha de cláusula resolutória, expressamente inadmitida.

(D) serão redigidos com caracteres ostensivos, cujo tamanho da fonte não seja inferior ao corpo doze, e as cláusulas que limitem direito do consumidor deverão ser redigidas com destaque.

A: incorreta, pois o CDC não só admite, como também regulamenta os contratos de adesão (art. 54 do CDC); **B**: incorreta, pois a simples inserção de cláusula no formulário não desfigura a natureza de adesão do contrato (art. 54, § 1º, do CDC); o contrato só deixa de ser de adesão (passando a se chamar contrato paritário) quando o consumidor consegue discutir substancialmente o teor das cláusulas contratuais; **C**: incorreta, pois se admite cláusula resolutória nos contratos de adesão, ou seja, aquela cláusula que permite a resolução do contrato caso a outra parte não cumpra com suas obrigações; porém, o CDC estabelece um direito interessante para o consumidor quando há cláusula resolutória num contrato de adesão, qual seja, o direito de o consumidor optar se aceita a resolução do contrato ou se irá purgar a mora (pagar o que estiver devendo), mantendo, assim, o contrato; é por isso que o CDC dispõe que a cláusula resolutória num contrato de adesão é uma alternativa a benefício do consumidor (art. 54, § 2º, do CDC); **D**: correta (art. 54, §§ 3º e 4º, do CDC).

Gabarito "D"

(OAB/Exame Unificado – 2011.2) Quando a contratação ocorre por site da internet, o consumidor pode desistir da compra?

(A) Não. O direito de arrependimento só existe para as compras feitas na própria loja, e não pela internet.

(B) Sim. Quando a compra é feita fora do estabelecimento comercial, o consumidor pode desistir do contrato no prazo de sete dias, mesmo sem apresentar seus motivos para a desistência.

(C) Sim. Quando a compra é feita pela internet, o consumidor pode desistir da compra em até 30 dias depois que recebe o produto.

(D) Não. Quando a compra é feita pela internet, o consumidor é obrigado a ficar com o produto, a menos que ele apresente vício. Só nessa hipótese o consumidor pode desistir.

Segundo o art. 49 do CDC, o consumidor pode desistir de contrato, independentemente de motivação, nas compras feitas fora do estabelecimento comercial (por telefone, internet etc.), desde que o faça no prazo máximo de 7 dias da assinatura do contrato ou do ato do recebimento do produto ou serviço.

Gabarito "B"

(OAB/Exame Unificado – 2010.1) Acerca da disciplina jurídica da proteção contratual do consumidor, assinale a opção correta.

(A) A lei confere ao consumidor a possibilidade de desistir do contrato, no prazo máximo de quinze dias a contar do recebimento do produto, no caso de contratação de fornecimento de produtos ocorrida fora do estabelecimento empresarial.

(B) Reputam-se nulas de pleno direito as cláusulas contratuais relativas ao fornecimento de produtos e serviços que infrinjam normas ambientais ou possibilitem a violação dessas normas.

(C) A garantia contratual exclui a garantia legal, desde que conferida mediante termo escrito que discipline, de maneira adequada, a constituição daquela garantia, bem como a forma, o prazo e o lugar para o seu exercício.

(D) A lei limita a 10% do valor da prestação as multas de mora decorrentes do inadimplemento de obrigações no seu termo, no caso de fornecimento de produtos que envolva concessão de financiamento ao consumidor.

A: incorreta. De acordo com o art. 49 do CDC, "O consumidor pode desistir do contrato, no prazo de 7 dias a contar de sua assinatura ou do ato de recebimento do produto ou serviço, sempre que a contratação de fornecimento de produtos e serviços ocorrer fora do estabelecimento comercial, especialmente por telefone ou a domicílio" (sem grifo no original); **B**: correta. De acordo com o art. 51, "São nulas de pleno direito, entre outras, as cláusulas contratuais relativas ao fornecimento de produtos e serviços que: (...) XIV – infrinjam ou possibilitem a violação de normas ambientais;" (sem grifo no original); **C**: incorreta. De acordo com o art. 50, "A garantia contratual é complementar à legal e será conferida mediante termo escrito. Parágrafo único. O termo de garantia ou equivalente deve ser padronizado e esclarecer, de maneira adequada, em que consiste a mesma garantia, bem como a forma, o prazo e o lugar em que pode ser exercitada e os ônus a cargo do consumidor, devendo ser-lhe entregue, devidamente preenchido pelo fornecedor, no ato do fornecimento, acompanhado de manual de instrução, de instalação e uso do produto em linguagem didática, com ilustrações" (sem grifo no original); **D**: incorreta. De acordo com o art. 52, "No fornecimento de produtos ou serviços que envolva outorga de crédito ou concessão de financiamento ao consumidor, o fornecedor deverá, entre outros requisitos, informá-lo prévia e adequadamente sobre: (...) § 1º As multas de mora decorrentes do inadimplemento de obrigações no seu termo não poderão ser superiores a dois por cento do valor da prestação" (sem grifo no original).

Gabarito "B"

(OAB/Exame Unificado – 2009.2) Joana adquiriu um aparelho de telefone em loja de eletrodomésticos e, juntamente com o manual de instruções, foi-lhe entregue o termo de garantia do produto, que assegurava ao consumidor um ano de garantia, a contar da efetiva entrega do produto. Cerca de um ano e um mês após a data da compra, o aparelho de telefone apresentou comprovadamente um defeito de fabricação. Em face dessa situação hipotética, assinale a opção correta acerca dos direitos do consumidor.

(A) O prazo para Joana reclamar dos vícios do produto é de apenas noventa dias, a partir da entrega efetiva do produto, independentemente de prazo de garantia.

(B) A lei garante a Joana a possibilidade de reclamar de eventuais defeitos de fabricação a qualquer tempo, desde que devidamente comprovados.

(C) Após o prazo de um ano de garantia conferida pelo fornecedor, Joana não poderá alegar a existência de qualquer defeito de fabricação.

(D) Joana poderá reclamar eventuais defeitos de fabricação até o prazo de noventa dias após o final da garantia contratual conferida pelo fornecedor.

Art. 26, II, c.c. art. 50, do CDC.

Gabarito "D"

(OAB/Exame Unificado – 2007.3) Considerando-se a relação jurídica em face da proteção contratual ordenada pelo CDC, é correto afirmar que um consumidor que tenha comprado produto mediante pagamento em 10 prestações

(A) dispõe de até 7 dias para desistir da compra realizada, desde que ela tenha sido efetuada no estabelecimento comercial do fornecedor.

(B) pode escolher, no ato da compra, se a garantia do fornecedor contra defeitos aparentes ou ocultos que ocorram no produto adquirido será ou legal ou contratual.

(C) pode liquidar antecipadamente o débito em questão, total ou parcialmente, exigindo redução proporcional dos juros cobrados.

(D) deve ser imediatamente indenizado caso o produto apresente problemas, preferencialmente mediante abatimento do valor da indenização nas prestações vincendas.

A: incorreta, art. 49 do CDC; **B**: incorreta, a garantia contratual é complementar à legal (art. 50 do CDC), dependendo de oferta por parte do fornecedor; **C**: correta, art. 52, § 2º, do CDC; **D**: incorreta, se o produto tiver vícios, incidem os comandos do art. 18 do CDC; se o produto tiver defeito, cabe pedido indenizatório (arts. 12 e 27 do CDC).

Gabarito "C"

(OAB/Exame Unificado – 2007.2) Em um contrato de consumo, não é considerada abusiva a cláusula que

(A) transfere responsabilidades a terceiros.

(B) estabelece a inversão do ônus da prova em prejuízo do consumidor.

(C) determina a utilização compulsória de arbitragem.

(D) estabelece a remessa do nome do consumidor inadimplente para bancos de dados ou cadastros de consumidores.

A: incorreta, art. 51, III, do CDC; **B**: incorreta, art. 51, VI, do CDC; **C**: incorreta, art. 51, VII, do CDC; **D**: correta, art. 43 do CDC.

Gabarito "D"

(OAB/Exame Unificado – 2006.2) Acerca do direito de proteção ao consumidor, assinale a opção correta.

(A) Na execução dos contratos de consumo, o juiz pode adotar toda e qualquer medida para que seja obtido o efeito concreto pretendido pelas partes em caso de não cumprimento da oferta ou do contrato pelo fornecedor, salvo quando expressamente constar do contrato cláusula que disponha de maneira diversa.

(B) Nos contratos regidos pelo Código de Defesa do Consumidor, as cláusulas contratuais desproporcionais, abusivas ou ilegais podem ser objeto de revisão, desde que o contrato seja de adesão e cause lesão a direitos individuais ou coletivos.

(C) Em todo contrato de consumo consta, implicitamente, a cláusula de arrependimento, segundo a qual o consumidor pode arrepender-se do negócio e, dentro do prazo de reflexão, independentemente de qualquer justificativa, rescindir unilateralmente o acordo celebrado.

(D) Segundo o princípio da vinculação da oferta, toda informação ou publicidade sobre preços e condições de produtos ou serviços, como a marca do produto e as condições de pagamento, veiculada por qualquer forma ou meio de comunicação, obriga o fornecedor que a fizer veicular ou dela se utilizar e integra o contrato que vier a ser celebrado.

A: incorreta, art. 84 do CDC; o CDC é norma de ordem pública (art. 1º), portanto as cláusulas contratuais não podem se sobrepor às suas disposições; **B**: incorreta, o direito à revisão contratual independe de o contrato ser de adesão (art. 6º, V, do CDC); **C**: incorreta, art. 49 do CDC; **D**: correta, art. 30 do CDC.

Gabarito "D"

(FGV – 2010) Adalberto adquiriu uma máquina de lavar roupa pela Internet da empresa Linha Branca S.A.. Após receber a mercadoria na sua residência, Adalberto constatou que tinha outras expectativas em relação ao produto adquirido. Considerando a disciplina jurídica das relações de consumo, assinale a alternativa que indique a providência que Adalberto pode tomar.

(A) Nenhuma, pois a legislação brasileira quanto às relações de consumo veda o direito de arrependimento.

(B) No prazo de 07 dias do recebimento da máquina de lavar roupa, Adalberto pode desistir da compra e receber o valor pago.

(C) No prazo de 07 dias do recebimento da máquina de lavar roupa, Adalberto pode desistir da compra e terá direito, obrigatoriamente, a escolher outra mercadoria da empresa Linha Branca S.A..

(D) Adalberto tem 30 dias para pensar sobre a sua compra e procurar a empresa para receber a devolução do dinheiro ou outra mercadoria.

(E) A situação deverá ser negociada entre Adalberto e a empresa Linha Branca, pois o Código do Defesa do Consumidor não traz nenhuma disciplina específica para esta situação.

O art. 49 do CDC faculta ao consumidor desistir, no prazo de 7 dias, das aquisições feitas fora do estabelecimento comercial, com devolução cabal dos valores pagos, corrigidos monetariamente.

Gabarito "B"

(FGV – 2009) Mévio, brasileiro, solteiro, advogado, residente à Rua da Matriz nº 55, Belém/PA, efetua a abertura de uma conta corrente em instituição financeira regularmente estabelecida, denominada Cifra S/A. Após longo tempo de duração do contrato, é surpreendido pelo saque de vultosa quantia de sua conta, ocorrido em final de semana prolongado, estando o mesmo em viagem de lazer no interior do Estado. Comunica o fato à instituição financeira, que após trinta dias, afirma que os saques foram realizados pelo próprio correntista, visto que eles não poderiam ocorrer sem a utilização de senha pessoal. Surpreso e angustiado, Mévio consulta advogado que, prontamente, inicia negociações com o estabelecimento financeiro aduzindo que a cláusula de não indenizar constante do contrato seria abusiva, bem como indicando que o foro contratual ali escolhido, como sendo a cidade de São Paulo, também o seria. Comunica que, do mesmo modo, a arbitragem não pode ser imposta em contrato de adesão. Quanto aos saques, solicitou cópias das gravações realizadas pelo Banco nas agências onde os saques ocorreram, não tendo sua solicitação atendida. Diante desse contexto, analise as afirmativas a seguir.

I. Nos termos do Código de Defesa do Consumidor, consideram-se cláusulas abusivas todas aquelas que impedem ou exonerem o fornecedor de sua responsabilidade decorrentes de vícios constatados em produtos ou serviços.

II. A imposição de arbitragem, estabelecida contratualmente, não pode ser considerada cláusula abusiva, tendo em vista que possibilita às partes uma solução mais ágil para o seu conflito de interesses.

III. Aplicam-se ao contrato bancário as regras do Código de Defesa do Consumidor.

IV. A cláusula de eleição de foro é adequada para os contratos de adesão, mesmo que dificulte o acesso do consumidor à Justiça.

V. A negativa do envio das gravações pela instituição financeira acarretará a presunção de que os fatos narrados pelo consumidor são verdadeiros.

Assinale:

(A) se somente a afirmativa IV estiver correta.

(B) se somente as afirmativas II e IV estiverem corretas.

(C) se somente as afirmativas III e IV estiverem corretas.

(D) se somente as afirmativas I, III e V estiverem corretas.

(E) se somente as afirmativas II, III e V estiverem corretas.

I: correta (art. 51, I, do CDC); **II**: incorreta (art. 51, VII, do CDC); **III**: correta, pois é pacífico hoje que as instituições financeiras estão no conceito de *fornecedor* (art. 3º, *caput*, do CDC), como *prestadoras de serviço* (art. 3º, § 2º, do CDC); aliás, a Súmula 297 do STJ dispõe que "O Código de Defesa do Consumidor é aplicável às instituições financeiras"; **IV**: incorreta, pois a eleição abusiva de foro coloca o consumidor em desvantagem exagerada (art. 51, IV, do CDC); **V**: A afirmação é correta no contexto da inversão do ônus da prova em favor do consumidor, que, somada ao fato da recusa do banco em apresentar as imagens, gera a presunção mencionada.

Gabarito "D"

(FGV – 2009) As cláusulas gerais do contrato de adesão, regulado pelo Código de Defesa do Consumidor – Lei n.º 8.078/90, têm as seguintes características apresentadas nas alternativas a seguir, à exceção de uma. Assinale-a.

(A) Rigidez.

(B) Concretude.

(C) Preestabelecimento.

(D) Uniformidade.

(E) Unilateralidade.

As cláusulas previstas num contrato de adesão são *rígidas*, pois não são passíveis de modificação por interferência do consumidor, são *preestabelecidas*, pois o fornecedor as prepara previamente, são *uniformes*, pois são elaboradas para se aplicar a todos os tipos de consumidores que celebram aquele contrato, são *unilaterais*, pois são construídas unilateralmente pelo fornecedor, mas não são *concretas*, pois não levam em conta as particularidades do caso concreto e as circunstâncias e características de cada consumidor, pois são feitas para todos os consumidores que celebraram aquele tipo de contrato, como já mencionado.

Gabarito "B"

(FGV – 2008) As cláusulas abusivas nas relações de consumo previstas no art. 51 do CDC:

(A) são ineficazes, mas por sua natureza especial dependem da provocação do consumidor para seu reconhecimento.
(B) são tidas por inexistentes.
(C) são nulas de pleno direito.
(D) dependem de provocação do Ministério Público, já que a declaração de sua ocorrência interessa à coletividade.
(E) dependem de provocação do consumidor para serem reconhecidas, pois são anuláveis.

Art. 51, *caput*, do CDC.

Gabarito "C"

(FGV – 2008) Arnaldo dos Santos adquiriu terno em loja famosa na praça. Após tê-lo experimentado, arrepende-se um dia após, por não ter gostado do modelo, e procura a loja para devolvê-lo, sob o fundamento de estar no prazo de reflexão previsto no Código de Defesa do Consumidor. O dono do estabelecimento nega-se a acatar a justificativa. Expostos os fatos, assinale a alternativa correta.

(A) O dono da loja está certo, pois o consumidor só pode exercer seu direito de arrependimento em sete dias a contar de sua assinatura ou do ato de recebimento do produto, se a aquisição ocorrer fora do estabelecimento, especialmente por telefone ou em domicílio.
(B) O dono da loja está correto, pois não existe direito de arrependimento, em qualquer situação, se o produto não é defeituoso ou não apresenta vício de qualidade.
(C) Arnaldo dos Santos está certo, pois o CDC prevê o prazo de sete dias a contar da aquisição do produto, em qualquer situação, para o consumidor exercer o direito de arrependimento.
(D) Arnaldo dos Santos está certo, por estar no prazo de reflexão, mas o dono da loja pode impor multa compensatória pela devolução imotivada.
(E) Arnaldo dos Santos está certo, pois o prazo de garantia do produto é de pelo menos 90 dias, por sua natureza de bem durável.

Art. 49 do CDC.

Gabarito "A"

(FGV – 2007) Nas relações consumeristas equiparadas, o inadimplemento relativo depende de:

(A) transcurso temporal.
(B) abrangência territorial.
(C) suspensão temporal.
(D) restrição territorial.
(E) interpelação temporal.

A questão em tela faz referência às "relações consumeristas equiparadas" que, como se sabe, não envolvem normalmente contratos e, consequentemente, obrigações a serem cumpridas no tempo, que, descumpridas geram o *inadimplemento* relativo, também chamado de *mora*. São relações consumeristas equiparadas, entre outras, as que dizem respeito às *vítimas de acidente de consumo* (art. 17 do CDC) e às *pessoas expostas a práticas comerciais* (art. 29 do CDC). Nesses, uma vez causado dano a um consumidor equiparado, o simples fato de não haver o pagamento da indenização logo após o dano, ou seja, a simples "interpelação temporal", já faz configurar a mora, possibilitando que as vítimas ingressem com a ação indenizatória competente, no prazo do art. 27 do CDC.

Gabarito "E"

(Promotor de Justiça/MS – 2013 – FADEMS) Considere as proposições abaixo:

I. Nos contratos de planos de saúde, é proibida a cláusula que estabelece o reajuste das prestações pecuniárias motivado pela faixa etária de pessoas muito idosas.
II. É considerada prática abusiva nas relações de consumo prevalecer-se da ignorância do consumidor idoso, tendo em vista sua condição social, para impingir-lhe uma operação de crédito consignado.
III. Na hipótese de práticas comerciais abusivas, é desnecessária comprovar a lesão a direito individual, sendo suficiente a demonstração a potencialidade ofensiva de tais práticas para que incidam no caso concreto as disposições do Código de Defesa do Consumidor.
IV. Desde que expressamente prevista no contrato, de modo claro, permitindo a fácil compreensão, não é considerada abusiva a cláusula contratual de plano de saúde que limite no tempo a internação hospitalar do segurado.

São corretas:

(A) Somente as proposições I, II e III.
(B) Somente as proposições I, III e IV.
(C) Somente as proposições II, III e IV.
(D) Somente a proposição II.
(E) Todas as proposições.

I: correta (art. 15, § 3º, da Lei 10.741/2003 – Estatuto do Idoso: "É vedada a discriminação do idoso nos planos de saúde pela cobrança de valores diferenciados em razão da idade"); **II:** correta, bastando fazer uma interpretação teleológica do art. 37, § 2º, do CDC; **III:** correta, pois são equiparadas a consumidor, recebendo a proteção do CDC, as pessoas determináveis ou não, expostas às práticas nele previstas (art. 29 do CDC); assim, considerando que até as pessoas indetermináveis estão protegidas, de fato, não é necessário que se comprove uma lesão individual (a pessoa certa) para a incidência do CDC ; **IV:** correta, pois o CDC é norma de ordem pública, não podendo ser afastado por vontade das partes, sendo que a limitação da internação é cláusula abusiva, que viola o art. 51, IV, do CDC, estando vedada pela Súmula 302 do STJ ("É abusiva a cláusula contratual de plano de saúde que limita no tempo a internação hospitalar do segurado").

Gabarito "E"

(Juiz de Direito/PE – 2013 – FCC) As cláusulas abusivas no Código de Defesa do Consumidor são

(A) nulas de pleno direito e previstas em rol meramente exemplificativo.
(B) anuláveis e previstas em rol elucidativo.
(C) nulas de pleno direito e previstas em rol taxativo.
(D) anuláveis e previstas em rol fechado.
(E) tidas por inexistentes.

A: correta; as cláusulas abusivas importam em nulidade de pleno direito, nos termos do art. 51, *caput*, do CDC, e estão em rol exemplificativo, já que o art. 51, *caput*, do CDC usa a expressão "dentre outras" e o inciso IV apresenta vários conceitos jurídicos indeterminados, de modo a abarcar situações que vão além da casuística prevista nos demais incisos do art. 51; **B:** incorreta, pois são nulas de pleno direito (art. 51, *caput*, do CDC); **C:** incorreta, pois, conforme explicação dada à alternativa correta, o rol do art. 51 é meramente exemplificativo; **D:** incorreta, pois são nulas de pleno direito e o rol é aberto ou exemplificativo (art. 51, *caput*, do CDC); **E:** incorreta, pois são nulas de pleno direito (art. 51, *caput*, do CDC).

Gabarito "A"

(Defensor Público/AM – 2013 – FCC) Em relação às cláusulas abusivas, previstas no Código de Defesa do Consumidor, é correto afirmar:

(A) A nulidade de uma cláusula contratual abusiva invalida o contrato.
(B) São nulas cláusulas que estabeleçam inversão do ônus da prova em prejuízo do consumidor e prevejam a utilização de arbitragem.
(C) Nos contratos do sistema de consórcio de produtos duráveis, é considerada abusiva a cláusula que estabelece a compensação ou a restituição das parcelas quitadas com desconto da vantagem econômica auferida com a fruição e os prejuízos que o desistente ou inadimplente causar ao grupo.
(D) Nos contratos de compra e venda de móveis ou imóveis mediante pagamento em prestações, bem como nas alienações fiduciárias em garantia, consideram-se nulas de pleno direito as cláusulas que estabeleçam a perda parcial das prestações pagas em benefício do credor que, em razão do inadimplemento, pleitear a resolução do contrato e a retomada do produto alienado.
(E) São aquelas que estabeleçam obrigações consideradas iníquas, abusivas, que coloquem o consumidor em desvantagem exagerada, ou sejam incompatíveis com a boa-fé ou a equidade.

A: incorreta, pois a nulidade de uma cláusula não invalida, como regra, o contrato inteiro; isso só acontecerá se, apesar dos esforços de integração, a ausência da cláusula impor ônus excessivo a qualquer das partes (art. 51, § 2º, do CDC); **B**: incorreta, pois o que não pode é a cláusula prever a utilização compulsória da arbitragem (art. 51, VII, do CDC), não impedindo que se preveja a utilização facultativa da arbitragem, a critério do consumidor, no momento em que surgir uma controvérsia; **C**: incorreta, pois tal cláusula é possível (art. 53, § 2º, do CDC); **D**: incorreta, pois é nula a cláusula que estabeleça "perda total" (e não "perda parcial) das parcelas (art. 53, *caput*, do CDC); **E**: correta (art. 51, IV, do CDC).

Gabarito "E"

(Defensor Público/PR – 2012 – FCC) De acordo com a nova realidade contratual prevista no Código de Defesa do Consumidor,

(A) não se exige a imprevisibilidade do fato superveniente para a revisão de cláusulas contratuais.
(B) o *pacta sunt servanda* tem preponderância sobre os outros princípios.
(C) as cláusulas contratuais devem ser interpretadas de forma extensiva.
(D) as cláusulas contratuais gerais têm controle administrativo abstrato e preventivo.
(E) a forma de redação dos instrumentos contratuais assume relevância relativa.

A: correta, pois basta que haja um fato superveniente (imprevisto ou não) que torne as prestações excessivamente onerosas (art. 6º, V, do CDC), diferentemente do Código Civil, que requer um fato extraordinário e imprevisível (art. 478); **B**: incorreta, pois o CDC é uma norma de ordem pública (art. 1º), de modo que mesmo que o consumidor assine um contrato aceitando o descumprimento de normas do CDC, esse contrato não fará lei entre as partes, ou seja, o fornecedor não poderá alegar a "pacta sunt servanda"; **C**: incorreta, pois devem ser interpretadas de maneira mais favorável ao consumidor (art. 47 do CDC); **D**: incorreta; a expressão "cláusulas contratuais gerais" deve estar no sentido de cláusulas previstas para um número indeterminado de pessoas, como são as de um plano de saúde, por exemplo; nesse sentido, o controle administrativo de uma cláusula dessa pode ser tanto preventivo (antes de alguém ter assinado um contrato desses), como repressivo, sempre por meio da sanções administrativas (art. 56 do CDC); da mesma forma, o controle judicial também pode ser preventivo ou repressivo; **E**: incorreta, pois quando um instrumento contratual for redigido de modo a dificultar a compreensão de seu sentido e alcance o contrato sequer irá obrigar o consumidor (art. 46 do CDC); o CDC, em se tratando de contrato de adesão, traz, ainda, uma série de regras a serem cumpridas na redação do contrato (art. 54, §§ 3º, 4º, do CDC).

Gabarito "A"

6. DEFESA DO CONSUMIDOR EM JUÍZO

(OAB/Exame Unificado – 2013.1) Aurora contratou com determinada empresa de telefonia fixa um pacote de serviços de valor preestabelecido que incluía ligações locais de até 100 minutos e isenção total dos valores pelo período de três meses, exceto os minutos que ultrapassassem os contratados, ligações interurbanas e para telefone móvel. Para sua surpresa, logo no primeiro mês recebeu cobrança pelo pacote de serviços no importe três vezes superior ao contratado, mesmo que tivesse utilizado apenas 32 minutos em ligações locais.

A consumidora fez diversos contatos com a fornecedora do serviço para reclamar o ocorrido, mas não obteve solução. De posse dos números dos protocolos de reclamações, ingressou com medida judicial, obtendo liminar favorável para abstenção de cobrança e de negativação do nome.

Considerando o caso acima descrito, assinale a afirmativa correta.

(A) A conversão da obrigação em perdas e danos faz-se independentemente de eventual aplicação de multa.
(B) A multa diária ao réu pode ser fixada na sentença, mas desde que o autor tenha requerido expressamente.
(C) A conversão da obrigação em perdas e danos independe de pedido do autor, em qualquer hipótese.
(D) A tutela liminar será concedida, desde que não implique em ordem de busca e apreensão, que requer medida cautelar própria e justificação prévia.

A: correta, pois a aplicação de multa pelo descumprimento da liminar (art. 84, § 4º, do CDC) é independente da conversão da obrigação em perdas danos, que pode ser pedida pelo autor da ação (art. 84, § 1º, do CDC); **B**: incorreta, pois a fixação de multa diária independe de pedido do autor (art. 84, § 4º, do CDC); **C**: incorreta, pois conversão da obrigação em perdas e danos depende de opção do autor (art. 84, § 1º, do CDC); **D**: incorreta, pois a tutela liminar pode, sim, implicar em busca e apreensão (art. 84, § 5º, do CDC)

Gabarito "A"

(OAB/Exame Unificado – 2012.3.B) Determinada associação, legalmente constituída há três anos, ingressa com medida judicial buscando a defesa coletiva dos interesses de seus associados no tocante à infração na relação de consumo pelo fornecedor T, pessoa jurídica de direito privado.

A partir do fato narrado acima, assinale a afirmativa correta.

(A) A associação somente teria legitimidade para propor a ação coletiva se houvesse sido constituída há mais de cinco anos.

(B) A associação necessita de autorização assemblear para ajuizar a demanda, mesmo que inclua entre seus fins institucionais a defesa dos interesses e direitos do consumidor.

(C) A propositura da ação coletiva não impede a que qualquer interessado ingresse com nova ação judicial apontando o mesmo réu, causa de pedir e pedido.

(D) As ações individuais apontando o mesmo réu, causa de pedir e pedido, ajuizadas depois da demanda coletiva, importarão em litispendência merecendo os processos ser extintos.

A: incorreta, pois basta que tenha sido constituída há 1 ano (art. 82, IV, do CDC); **B**: incorreta, pois a lei dispensa a autorização assemblear (art. 82, IV, do CDC); **C**: correta (art. 103, § 3º, do CDC); **D**: incorreta, pois a lei é expressa ao dizer que não há litispendência no caso (art. 104 do CDC).

Gabarito "C"

(OAB/Exame Unificado – 2010.2) Nas ações coletivas, o efeito da coisa julgada material será:

(A) tratando-se de direitos individuais homogêneos, efeito *erga omnes*, se procedente, mas só aproveita aquele que se habilitou até o trânsito em julgado.

(B) tratando-se de direitos individuais homogêneos, julgados improcedentes, o consumidor, que não tiver conhecimento da ação, não poderá intentar ação individual.

(C) tratando-se de direitos difusos, no caso de improcedência por insuficiência de provas, não faz coisa julgada material, podendo, qualquer prejudicado, intentar nova ação com os mesmos fundamentos, valendo-se de novas provas.

(D) Tratando-se de direitos coletivos, no caso de improcedência do pedido de nulidade de cláusula contratual, o efeito é *ultra partes* e impede a propositura de ação individual.

A: incorreta, pois a sentença fará coisa julgada *erga omnes* para beneficiar **todas** as vítimas e seus sucessores (art. 103, III, do CDC), independentemente de habilitação no processo até o trânsito em julgado; assim, caso uma associação ingresse com ação civil pública para fixar uma condenação genérica de uma empresa aérea, em virtude de acidente aéreo, mesmo que as vítimas ou seus familiares não participem dessa demanda coletiva, receberão os benefícios da coisa julgada desta; a questão não entra no pormenor do que deve ser feito quando há, ao mesmo tempo, uma ação coletiva (a da associação) e uma ação individual (a da vítima); mas vale a pena escrever um pouco sobre isso, pois o tema pode ser perguntado em outra prova; nesse caso, o CDC estabelece que não há litispendência, podendo as duas ações prosseguir normalmente; porém caso o consumidor, na ação individual, seja cientificado da ação coletiva, este terá o prazo de 30 dias para fazer uma escolha; ou continua com a sua ação individual, mas não recebe os benefícios da ação coletiva, caso esta seja procedente, ficando na dependência da ação individual dar certo; ou pede a suspensão da ação individual, no aguardo da decisão na ação coletiva; nesse caso, na hipótese de a ação coletiva ser procedente, ótimo, bastando que o consumidor peça a extinção da ação individual que promoveu; já se a ação coletiva não der certo, o consumidor pode dar continuidade à sua ação individual, tendo uma nova chance de ver reconhecido o seu direito (art. 104 do CDC); **B**: incorreta, pois a coisa julgada, quando o pedido é para defender interesses individuais homogêneos, somente se faz *erga omnes* na hipótese de procedência do pedido, ou seja, para beneficiar todas as vítimas e seus sucessores (art. 103, III, do CDC); assim, o consumidor, individualmente, continua podendo ingressar com ação (individual) para fazer valer seus direitos; **C**: correta, pois o art. 103, I, do CDC estabelece que a sentença, no caso da defesa de interesses difusos, fará coisa julgada *erga omnes*, "exceto se o pedido for julgado improcedente por insuficiência de provas, hipótese em que qualquer legitimado poderá intentar outra ação, com idêntico fundamento valendo-se de nova prova"; **D**: incorreta, pois quando a ação é promovida para defender interesses coletivos, o art. 103 do CDC traz três soluções, quais sejam, I em caso de *procedência* ou *improcedência*, a coisa julgada é *erga omnes*, mas limitadamente ao grupo; II) em caso de *improcedência por falta de provas*, qualquer legitimado continuará podendo ingressar com ação valendo-se de prova nova; III) e, em qualquer caso, interesses individuais continuam podendo ser exercidos em ações individuais. Para efeito de fixação da matéria, segue abaixo dois quadros, um sobre as características dos interesses difusos, coletivos e individuais homogêneos e outro com a questão da coisa julgada nesse tema.

Gabarito "C"

Interesses	Grupo	Objeto	Origem	Disposição	Exemplos
Difusos	indeterminável	indivisível	situação de fato	indisponível	interesse das pessoas na despoluição de um rio
Coletivos	determinável	indivisível	relação jurídica	disponível apenas pelo grupo	interesse dos condôminos de edifício na troca de um elevador com problema
Individ. Homog.	determinável	divisível	origem comum	disponível individualmente	interesse de vítimas de acidente rodoviário em receber indenização

	Procedência	Improcedência	Improcedência por falta de provas	Observação
Difusos	*erga omnes*	*erga omnes*	sem eficácia *erga omnes*	Interesses individuais não ficam prejudicados pela improcedência
Coletivos	*ultra partes*, limitada ao grupo categoria ou classe	*ultra partes*	sem eficácia *ultra partes*	Interesses individuais não ficam prejudicados pela improcedência
Individuais homogêneos	*erga omnes*, para beneficiar vítimas e sucessores, salvo se a vítima, ciente da ação coletiva, preferiu continuar com a ação individual	sem eficácia *erga omnes*	sem eficácia *erga omnes*	Interesses individuais não ficam prejudicados pela improcedência

(OAB/Exame Unificado – 2010.1) Assinale a opção correta a respeito da disciplina normativa da defesa, em juízo, do consumidor.

(A) É lícita às associações legalmente constituídas há mais de um ano a propositura de ação coletiva para a defesa dos direitos de seus associados, desde que haja prévia autorização em assembleia.

(B) Na hipótese de ação coletiva para a defesa de interesses individuais homogêneos, é exclusivamente competente para a execução coletiva o juízo da liquidação da sentença ou o da ação condenatória.

(C) Tratando-se de ações coletivas para a defesa de direitos individuais homogêneos, a sentença fará coisa julgada *erga omnes*, no caso de procedência ou improcedência do pedido, para beneficiar todas as vítimas.

(D) De acordo com o Código de Defesa do Consumidor, as ações coletivas para a defesa de interesses ou de direitos coletivos não induzem litispendência para as ações individuais.

A: incorreta. De acordo com o art. 81 do CDC, "A defesa dos interesses e direitos dos consumidores e das vítimas poderá ser exercida em juízo individualmente, ou a título coletivo. Parágrafo único. A defesa coletiva será exercida quando se tratar de: I – interesses ou direitos difusos, assim entendidos, para efeitos deste código, os transindividuais, de natureza indivisível, de que sejam titulares pessoas indeterminadas e ligadas por circunstâncias de fato; II – interesses ou direitos coletivos, assim entendidos, para efeitos deste código, os transindividuais, de natureza indivisível de que seja titular grupo, categoria ou classe de pessoas ligadas entre si ou com a parte contrária por uma relação jurídica base; III – interesses ou direitos individuais homogêneos, assim entendidos os decorrentes de origem comum". De acordo com o art. 82, "Para os fins do art. 81, parágrafo único, são legitimados concorrentemente: (...) IV – as associações legalmente constituídas há pelo menos um ano e que incluam entre seus fins institucionais a defesa dos interesses e direitos protegidos por este código, dispensada a autorização assembiar" (sem grifo no original); **B**: incorreta. "Das Ações Coletivas Para a Defesa de Interesses Individuais Homogêneos". De acordo com o art. 91 do CDC, "Os legitimados de que trata o art. 82 poderão propor, em nome próprio e no interesse das vítimas ou seus sucessores, ação civil coletiva de responsabilidade pelos danos individualmente sofridos, de acordo com o disposto nos artigos seguintes." De acordo com o art. 98, "A execução poderá ser coletiva, sendo promovida pelos legitimados de que trata o art. 82, abrangendo as vítimas cujas indenizações já tiveram sido fixadas em sentença de liquidação, sem prejuízo do ajuizamento de outras execuções. (...) § 2º. É competente para a execução o juízo: (...) II – da ação condenatória, quando coletiva a execução" [sem grifo no original]; **C**: incorreta. *Vide* art. 81, III, do CDC, transcrito na justificativa da opção A. Leia-se, ainda, o que dispõe o CDC, art. 103: "Nas ações coletivas de que trata este código, a sentença fará coisa julgada: (...) III – *erga omnes*, apenas no caso de procedência do pedido, para beneficiar todas as vítimas e seus sucessores, na hipótese do inciso III do parágrafo único do art. 81" (sem grifo no original); **D**: correta. *Vide* art. 81, I e III, do CDC, transcrito na justificativa da opção A. Leia-se, ainda, o que dispõe o CDC, no art. 104: "As ações coletivas, previstas nos incisos I e II e do parágrafo único do art. 81, não induzem litispendência para as ações individuais, mas os efeitos da coisa julgada *erga omnes* ou *ultra partes* a que aludem os incisos II e III do artigo anterior não beneficiarão os autores das ações individuais se não for requerida sua suspensão no prazo de trinta dias, a contar da ciência nos autos do ajuizamento da ação coletiva" (sem grifo no original).

Gabarito "D".

(FGV – 2009) A ONG Tarta Magna propôs ação civil pública em face da empresa P e P S/A, com o intuito de compeli-la a diminuir o preço da gasolina, em descompasso com os valores pagos nas transações internacionais da companhia. O pedido é julgado procedente e a ré condenada a pagar dez bilhões de reais pelos prejuízos causados aos consumidores e dez por cento de honorários advocatícios, incidentes sobre o valor da condenação. Houve recurso improvido. A decisão transitou em julgado. Em comunicação publicada em jornal de circulação nacional, a ONG autora da ação convocou todos os consumidores lesionados pela ação da ré a postular a execução do julgado. Observados tais fatos, analise as afirmativas a seguir.

I. Na ação civil pública, os valores da condenação revertem para um fundo que deverá ser utilizado, primacialmente, para compor os danos causados.

II. As execuções dos consumidores podem ser individuais no Juízo dos seus domicílios, bastando requerer certidão do inteiro teor da sentença e certificação do trânsito em julgado.

III. A coisa julgada que se forma na ação civil pública é *inter partes*.

IV. O não pagamento da dívida impõe a execução civil mediante aplicação das regras do cumprimento de sentença.

V. O consumidor que ajuizou ação individual pode requerer a sua suspensão, assim que tomar ciência da propositura da ação coletiva, e submeter-se aos efeitos da coisa julgada dela decorrente e requerer a execução baseada na coisa julgada que deflui da ação civil pública.

Assinale:

(A) se somente as afirmativas I, II e III estiverem corretas.

(B) se somente as afirmativas I, IV e V estiverem corretas.

(C) se somente as afirmativas I, III e IV estiverem corretas.

(D) se somente as afirmativas I, II e V estiverem corretas.

(E) se somente as afirmativas II, III e V estiverem corretas.

I: correta (art. 100, parágrafo único, do CDC), **II**: incorreta (art. 98, § 2º, I, do CDC); **III**: incorreta, pois os efeitos dependem do tipo de *pedido* formulado em juízo, não havendo hipótese em que a coisa julgada será somente *inter partes* (art. 103 do CDC); **IV**: correta, pois as regras do CPC aplicam-se subsidiariamente (art. 90 do CDC); **V**: correta (art. 104 do CDC).

Gabarito "B".

(FGV – 2008) Tomando em consideração a legitimidade ativa e a causa de pedir, bem como a jurisprudência do Egrégio Superior Tribunal de Justiça, a Ação Civil Pública poderá ser legitimamente ajuizada nos termos da Lei 7.347/85:

(A) pelo Procurador Geral do Município, tendo por causa de pedir matéria relativa à proteção do consumidor.

(B) pelo Ministério Público para a proteção e defesa dos bens e direitos de valor histórico, desde que não haja ação popular previamente ajuizada versando sobre a mesma causa de pedir.

(C) por uma associação constituída há mais de um ano, que tenha por finalidade institucional a defesa dos interesses dos consumidores, versando sobre matéria relativa à proteção ao meio ambiente.

(D) por uma associação constituída há exatos seis meses, que tenha por finalidade institucional a proteção ao meio ambiente, versando sobre o mesmo tema, ainda que o requisito da pré-constituição não seja dispensado pelo juiz.

(E) pela Defensoria Pública, tendo por causa de pedir questão relativa aos direitos dos consumidores, induzindo litispendência para as ações individuais anteriormente propostas.

A: correta, pois qualquer órgão público pertinente pode propor ação civil pública, e este é o caso de uma Procuradoria do Município (art. 82, III, do CDC); **B**: incorreta, pois a legitimação do Ministério Público é concorrente com a legitimação do cidadão para ingressar com ação popular, podendo ser exercida (a legitimação do MP) de modo independente; **C**: incorreta, pois é necessária a pertinência temática, o que faz com que a associação só possa ingressar com ação caso tenha como objeto social a defesa do consumidor (art. 82, IV, do CDC); **D**: incorreta, pois é necessário pré-constituição há pelo menos 1 ano ou dispensa desse requisito pelo juiz (art. 82, IV e § 1º, do CDC); **E**: incorreta, pois, no caso, a ação coletiva não induz litispendência para as ações individuais (art. 104 do CDC).

Gabarito "A"

(FGV – 2008) Assinale a afirmativa incorreta.

(A) Na ação civil pública é possível discutir, de uma só vez, interesses difusos, interesses coletivos e interesses individuais homogêneos.

(B) O mesmo interesse pode ser ao mesmo tempo difuso, coletivo e individual homogêneo.

(C) O Código de Defesa do Consumidor disciplinou o fenômeno da coisa julgada nas ações coletivas de acordo com a natureza do interesse ofendido.

(D) Nos interesses individuais homogêneos o objeto é divisível.

(E) Não será cabível ação civil pública para veicular pretensões que envolvam fundos de natureza institucional cujos beneficiários possam ser individualmente determinados.

A: correta (art. 81, parágrafo único, do CDC); **B**: incorreta, devendo ser assinalada, pois o mesmo *fato* é que pode gerar cada um dos interesses citados, e não o mesmo *interesse*; **C**: correta (art. 103 do CDC); **D**: correta, pois o objeto pode ser dividido para cada lesado, apesar de a origem do interesse ser comum (ex: indenizações – *objeto* – decorrentes de um acidente aéreo – *origem comum*); **E**: correta (art. 1º, parágrafo único, da Lei 7.347/1985).

Gabarito "B"

(FGV – 2008) Em relação às ações civis públicas, assinale a afirmativa incorreta.

(A) A ação civil pública proposta contra empresa pública federal tramita perante a justiça federal ainda que o dano tenha ocorrido em outra localidade que não for sede de justiça federal.

(B) O Ministério Público está legitimado a defender os interesses do consumidor, sejam tais interesses difusos, coletivos ou, ainda, individuais homogêneos.

(C) Em se tratando de responsabilidade objetiva, pode o fornecedor de produto denunciar a lide para discutir a culpa daquele que deve indenizá-lo em regresso.

(D) Admite-se o chamamento ao processo somente na hipótese de haver seguro por parte do fornecedor, de sorte a propiciar a condenação da seguradora solidariamente com ele.

(E) O Ministério Público tem legitimidade para propor ação de investigação de paternidade em favor de menor, mas não tem legitimidade para ajuizar ação individual em benefício do consumidor lesado.

A: correta, pois se trata de competência prevista na Constituição (art. 109, I); **B**: correta, pois o MP é um legitimado universal; a única limitação é quanto aos interesses estritamente disponíveis, em que não há interesse social, hipótese em que o Ministério Público não tem legitimidade; **C**: incorreta, devendo ser assinalada (art. 88, parte final, do CDC); **D**: correta (art. 101, II, do CDC); **E**: correta, pois, no primeiro caso, há interesse indisponível, ao passo que no segundo, não.

Gabarito "C"

(Promotor de Justiça/MS – 2013 – FADEMS) Nas ações coletivas de que trata o Código de Proteção e Defesa do Consumidor, é correto afirmar que:

(A) A sentença faz coisa julgada *intra partes*, quando a hipótese versar sobre direitos individuais difusos.

(B) Sendo o caso de interesses ou direitos difusos, na hipótese de improcedência por insuficiência de provas, não há coisa julgada material, podendo, qualquer prejudicado, intentar nova ação com os mesmos fundamentos, valendo-se de novas provas.

(C) Quando for caso de interesses ou direitos difusos, a coisa julgada ocorre *ultra partes*, mas limitada ao grupo, categoria ou classe, salvo improcedência por insuficiência de provas.

(D) É *erga omnes* a coisa julgada quando for caso de direitos individuais homogêneos e sentença for de procedência, mas somente aproveita aquele que se habilitou até o trânsito em julgado.

(E) A coisa julgada é julgada *ultra partes*, de modo excepcional, na hipótese do grupo, categoria ou classe que não haja intervindo no curso do processo, intentar ação concorrente com mesmo objeto e diversidade do pedido que trate de interesse coletivo e homogêneo.

A: incorreta, pois, envolvendo interesses difusos (art. 81, parágrafo único, I, do CDC), a coisa julgada é *erga omnes* (art. 103, I, do CDC), envolvendo direitos individuais homogêneos (art. 81, parágrafo único, III, do CDC), *erga omnes* (art. 103, III, do CDC), e envolvendo direito individual puro, *intra partes*; **B:** correta (art. 103, I, do CDC); **C:** incorreta, pois envolvendo interesses difusos (art. 81, parágrafo único, I, do CDC) a coisa julgada é *erga omnes* (art. 103, I, do CDC); o efeito mencionado na alternativa diz respeito aos casos em que há interesses coletivos (arts. 81, parágrafo único, II e 103, II, do CDC); **D:** incorreta, pois a sentença de procedência, no caso, aproveita todas as vítimas e seus sucessores (art. 103, III, do CDC), salvo se alguém promoveu uma ação individual e, intimado a se manifestar sobre ação coletiva em curso, não pedir a suspensão de sua ação (art. 104 do CDC); **E:** incorreta, pois um mero grupo, categoria ou classe não é legitimado para intentar com ação civil pública, de modo que não se vai ter os efeitos da coisa julgada típicos de uma ação civil pública, previstos no art. 103 do CDC; por outro lado, se um grupo, categoria ou classe se organizar numa entidade legitimada para uma ação civil pública (art. 82, IV, do CDC) e fizer um pedido para defender interesse individual homogêneo (art. 81, parágrafo único, III, do CDC), a coisa julgada terá efeito *erga omnes* quanto a esse pedido (art. 103, III, do CDC).

Gabarito "B"

(Juiz de Direito/PE – 2013 – FCC) Nas ações coletivas de que trata o Código de Defesa do Consumidor, a sentença fará coisa julgada:

I. *erga omnes*, exceto se o pedido for julgado improcedente por insuficiência de provas, hipótese em que qualquer legitimado poderá intentar outra ação, com idêntico fundamento, valendo-se de nova prova, na hipótese dos interesses ou direitos difusos conforme tratados no CDC.

II. *ultra partes*, mas limitadamente ao grupo, categoria ou classe, salvo improcedência por insuficiência de provas, hipótese em que qualquer legitimado poderá intentar outra ação, com idêntico fundamento, valendo-se de nova prova, quando se tratar de interesses ou direitos coletivos conforme tratados no CDC.

III. *erga omnes*, apenas no caso de procedência do pedido, para beneficiar todas as vítimas e seus sucessores, na hipótese de interesses ou direitos individuais homogêneos, assim entendidos os decorrentes de origem comum.

Está correto o que se afirma em

(A) I e II, apenas.
(B) II e III, apenas.
(C) I e III, apenas.
(D) I, apenas.
(E) I, II e III.

I: correta (art. 103, I, do CDC); **II**: correta (art. 103, II, do CDC); **III**: correta (art. 103, III, do CDC).

Gabarito "E".

7. RESPONSABILIDADE ADMINISTRATIVA

(Defensor Público/SE – 2012 – CESPE) Assinale a opção correta com relação às sanções administrativas previstas no CDC bem como aos critérios para sua aplicação.

(A) As sanções administrativas de apreensão e de inutilização de produtos podem ser aplicadas, em razão de seu caráter urgente, mediante auto de infração, dispensada a instauração de procedimento administrativo.
(B) É possível a aplicação cumulativa das sanções administrativas previstas no CDC, inclusive por medida cautelar, antecedente ou incidente ao procedimento administrativo.
(C) Considera-se reincidente, para os fins de aplicação das sanções administrativas previstas no CDC, o fornecedor que ostente registro de auto de infração lavrado anteriormente ao cometimento da nova infração, ainda que pendente ação judicial em que se discuta a imposição de penalidade.
(D) A imposição de contrapropaganda deve ser cominada ao fornecedor que incorra na prática de qualquer infração administrativa ou penal.
(E) Os critérios previstos no CDC para a aplicação da sanção administrativa de multa coincidem com os mencionados no CP.

A: incorreta, pois é necessário processo administrativo com ampla defesa (art. 58 do CDC); **B**: correta (art. 56, parágrafo único, do CDC); **C**: incorreta, pois no caso não haverá reincidência até o trânsito em julgado da sentença (art. 59, § 3º, do CDC); **D**: incorreta, pois será cominada quando o fornecedor incorrer na prática de publicidade enganosa ou abusiva, nos termos do art. 36 e seus parágrafos, sempre às expensas do infrator (art. 60, *caput*, do CDC); **E**: incorreta, pois há critério próprio para aplicação de multa, nos termos do art. 57, parágrafo único, do CDC.

Gabarito "B".

(Defensor Público/SE – 2012 – CESPE) Considerando que vários clientes de determinado estado da Federação tenham encaminhado ao PROCON estadual reclamações contra diversas companhias de seguro, em razão de infrações praticadas em relação de consumo de comercialização de título de capitalização, assinale a opção correta de acordo com as normas do CDC e o entendimento do STJ a respeito do Sistema Nacional de Defesa do Consumidor.

(A) A imposição de multa administrativa às empresas de seguro é privativa da SUSEP.
(B) O PROCON estadual possui legitimidade para aplicar multas administrativas às companhias de seguro, sem prejuízo das atribuições legais da SUSEP.
(C) O PROCON estadual poderá aplicar às companhias de seguro sanção administrativa de suspensão temporária da atividade, caso constate que a lesão coloca em risco o sistema de resseguros, ainda que não haja reincidência.
(D) Caberá ao PROCON estadual apenas investigar os fatos, devendo remeter os autos às ouvidorias das respectivas empresas.
(E) A imposição de multa administrativa às referidas companhias é privativa do BACEN.

A, **D** e **E**: incorretas, pois o STJ também admite que o PROCON aplique sanções administrativas às seguradoras privadas (RMS 24.711, DJ 19.02.09); **B**: correta, nos termos do comentário à alternativa anterior; **C**: incorreta, pois essa sanção depende de reincidência na prática de infrações de maior gravidade (art. 59, *caput*, do CDC).

Gabarito "B".

(Magistratura/BA – 2006 – CESPE) Acerca da normatização do direito do consumidor, julgue o item a seguir:

(1) A penalidade de cassação de alvará de licença só pode ser aplicada ao fornecedor de bens e serviços de consumo e se precedida de regular procedimento administrativo, garantidos, ao apenado, o contraditório e a ampla defesa.

1: Certa, nos termos do art. 59, *caput*, do CDC.

Gabarito 1C

8. RESPONSABILIDADE CRIMINAL

(Defensor Público/AC – 2012 – CESPE) A respeito das infrações penais, assinale a opção correta.

(A) O fornecedor que deixa de organizar dados fáticos, técnicos e científicos que dão base à publicidade pratica crime contra as relações de consumo.
(B) O CDC, assim como o CP e as leis extravagantes, prevê circunstâncias agravantes e atenuantes para os crimes que tipifica.
(C) As condutas tipificadas no CDC constituem crime de dano, sendo imprescindível para a caracterização do delito a comprovação do efetivo dano ao consumidor.
(D) Os crimes contra as relações de consumo estão previstos no CDC de forma exclusiva e taxativa.

(E) O tipo penal consistente em fazer afirmação falsa ou enganosa, ou omitir informação relevante sobre a natureza de produto ou serviço inadmite a forma culposa.

A: correta (art. 69 do CDC); **B**: incorreta, pois no CDC só há previsão de causas agravantes (art. 76); **C**: incorreta, pois os tipos penais previstos no CDC não requerem resultado danoso, bastando a configuração da conduta para a configuração do crime (*vide* arts. 63 a 74); **D**: incorreta, pois o art. 61 do CDC é claro ao dispor que os crimes contra as relações de consumo previstos no CDC não exclui outros previstos no Código Penal e nas leis especiais; **E**: incorreta, pois o art. 66, § 2º, do CDC admite sim a forma culposa.

Gabarito "A"

(Defensor Público/SE – 2012 – CESPE) Constitui conduta tipificada no CDC como crime contra as relações de consumo

(A) falsificar ou alterar substância ou produto alimentício destinado a consumo, tornando-o nocivo à saúde ou reduzindo-lhe o valor nutritivo.

(B) empregar, no fabrico de produto destinado a consumo, revestimento, gaseificação artificial, matéria corante, substância aromática, antisséptica, conservadora ou qualquer outra não expressamente permitida pela legislação sanitária.

(C) exigir cheque-caução, nota promissória ou qualquer garantia, bem como o preenchimento prévio de formulários administrativos, como condição para o atendimento médico-hospitalar emergencial.

(D) fazer afirmação falsa ou enganosa, ou omitir informação relevante sobre a natureza, característica, qualidade, quantidade, segurança, desempenho, durabilidade, preço ou garantia de produtos ou serviços.

(E) fabricar, sem licença da autoridade competente, substância ou engenho explosivo, gás tóxico ou asfixiante, ou material destinado à sua fabricação.

A: incorreta, pois esse crime está previsto no Código Penal (art. 272) e não no CDC; **B**: incorreta, pois esse crime está previsto no Código Penal e não no CDC (art. 274); **C**: incorreta, pois esse crime está previsto no Código Penal (art. 135-A) e não no CDC; **D**: correta (art. 66 do CDC); **E**: incorreta, pois esse crime está previsto no Código Penal (art. 253) e não no CDC.

Gabarito "D"

(Defensor Público/TO – 2013 – CESPE) Em relação aos direitos do consumidor, aos crimes contra as relações de consumo, à defesa do consumidor em juízo e à convenção coletiva de consumo, assinale a opção correta.

(A) O princípio da confiança está expressamente previsto no CDC.

(B) A inversão do ônus da prova, fundada na desigualdade fática, econômica e jurídica existente na relação de consumo, constitui mecanismo processual de correção desse desequilíbrio entre as partes em litígio.

(C) O descumprimento de acordo em uma convenção coletiva de consumo gera título executivo extrajudicial, que pode sofrer execução direta.

(D) O direito penal do consumidor busca somente reprimir condutas indesejáveis e causadoras de danos.

(E) De acordo com o CDC, é proibida a circulação de produto perigoso, por ser a periculosidade elemento ligado ao defeito, que pode gerar tanto fato quanto vício do produto.

A: incorreta, pois não há previsão expressa, apesar de decorrer do sistema, que prega a transparência, a informação e a boa-fé; **B**: correta, pois havendo hipossuficiência (técnica, econômica ou jurídica) cabe inversão do ônus da prova (art. 6º, VIII, do CDC); **C**: incorreta, pois não previsão legal nesse sentido (art. 107 do CDC); **D**: incorreta, pois os tipos penais previstos nos arts. 63 a 74 não requerem resultado danoso para se configurarem, bastando que a conduta se realize; **E**: incorreta, pois, desde que haja adequada informação a respeito, produtos perigosos podem sim ser colocados no mercado de consumo (art. 9º do CDC); um carro, por exemplo, é perigoso, mas deve ser vendido com todas as informações a respeito; o que a lei proíbe é a venda de produtos com alto grau de nocividade ou periculosidade à saúde ou segurança (art. 10, *caput*, do CDC).

Gabarito "B"

(Defensor Público/TO – 2013 – CESPE) Com relação aos direitos do consumidor, às infrações penais e à defesa do consumidor em juízo, assinale a opção correta.

(A) De acordo com o CDC, interesses coletivos, em sentido restrito, correspondem aos interesses de natureza indivisível de uma coletividade indeterminada e indeterminável de pessoas, ligadas por circunstâncias de fato.

(B) É *ex nunc* o efeito da sentença que reconhece a nulidade de cláusula abusiva.

(C) No processo penal atinente aos crimes previstos no CDC, poderão intervir como assistentes do MP apenas as associações legalmente constituídas há pelo menos um ano e que incluam entre seus fins institucionais a defesa dos interesses e direitos protegidos pelo CDC.

(D) Produtos e serviços são considerados elementos subjetivos da relação de consumo desde que tenham valor econômico.

(E) A defesa do consumidor é um direito constitucional fundamental e também um dos princípios da atividade econômica.

A: incorreta, pois a definição dada é de interesses difusos (art. 81, parágrafo único, I, do CDC); **B**: incorreta, pois as cláusulas abusivas são nulas de pleno direito, de modo que a sentença que pronuncia sua nulidade retroage, ou seja, tem efeito "ex tunc"; **C**: incorreta, pois as entidades e órgãos da Administração Pública, direta e indireta, ainda que sem personalidade jurídica, especificamente destinados à defesa dos interesses e direitos do consumidor (art. 80 c/c art. 82, III, do CDC); **D**: incorreta, pois são elementos *objetivos* da relação de consumo; **E**: correta (arts. 5º, XXXII, e 170, V, da CF).

Gabarito "E"

(Defensoria/SE – 2006 – CESPE) Julgue os itens seguintes.

(1) Um fornecedor, mesmo conhecendo a nocividade de produto que já colocou no mercado, não comunicou tal fato aos consumidores, nem às autoridades competentes. Nessa situação, a conduta do fornecedor constitui crime contra as relações de consumo, passível de pena de até dois anos de detenção.

(2) Uma empresa realizou serviço de alto grau de periculosidade, contrariando as determinações expedidas pelas autoridades competentes, o que resultou em lesões corporais a um cliente. Nessa situação, será aplicável pena apenas quanto às lesões corporais, pois esse crime absorverá o crime contra as relações de consumo.

(3) Joaquina levou seu aparelho televisor defeituoso a uma loja de reparação de produtos eletrônicos, onde foi informada de que a peça necessária à

realização do conserto não era mais fabricada, sendo necessária a utilização de peça usada, com o que concordou a consumidora. Nessa situação, a utilização de peça usada na reparação do televisor de Joaquina não constitui crime contra as relações de consumo.

1: correta, nos termos do art. 64 do CDC; **2**: incorreta, nos temos do art. 65, *caput* e parágrafo único, do CDC; **3**: correta, pois a situação não configura o crime previsto no art. 70 do CDC.

Gabarito 1C, 2E, 3C

9. SNDC E CONVENÇÃO COLETIVA

(OAB/Exame Unificado – 2015.1) As negociações mercantis adotaram uma nova ordem quando o Código de Defesa do Consumidor foi implementado no sistema jurídico nacional. A norma visa a proteger a parte mais frágil econômica e tecnicamente de práticas abusivas, conferindo-lhe a tutela do Art. 42, I, do CDC, que consagra a presunção de vulnerabilidade absoluta geral inerente a todos os consumidores. Essa nova ordem ainda conferiu especial atenção à Convenção Coletiva adotada em outros ramos do Direito, passando também a constituir forma de equacionamento de conflitos nas relações de consumo antes mesmo da judicialização das questões, ou mesmo se antecipando à instalação dos litígios. A respeito da Convenção Coletiva de Consumo, prevista no microssistema do Código de Defesa do Consumidor, assinale a afirmativa correta.

(A) A Convenção regularmente constituída torna-se obrigatória a partir da assinatura dos legitimados, dispensando-se o registro do instrumento em cartório de títulos e documentos.

(B) A Convenção não poderá regulamentar as relações de consumo no que diz respeito ao preço e às garantias de produtos e serviços, atribuições do Departamento de Proteção e Defesa do Consumidor.

(C) A Convenção regularmente constituída vincula os signatários, mas, caso o fornecedor se desligue da entidade celebrante à qual estava vinculado, eximir-se-á do cumprimento do estabelecido.

(D) A Convenção firmada por entidades civis de consumidores e associações de fornecedores somente obrigará os filiados às entidades signatárias.

A: incorreta, pois a convenção só passa a ser obrigatória a partir do registro do instrumento no cartório de títulos e documentos (art. 107, § 1º, do CDC); **B:** incorreta, pois a convenção pode sim tratar de preços e garantias de produtos o serviços (podendo também tratar da qualidade, quantidade e características desses itens), nos termos do art. 107, *caput*, do CDC; **C:** incorreta, pois, de acordo com o § 3º do art. 107 do CDC, "não se exime de cumprir a convenção o fornecedor que se desligar da entidade em data posterior ao registro do instrumento"; **D:** correta (art. 107, § 2º, do CDC).

Gabarito "D"

6. DIREITO CIVIL

Wander Garcia, Ana Paula Garcia e Gabriela R. Pinheiro[1]

1. LINDB – LEI DE INTRODUÇÃO ÀS NORMAS DO DIREITO BRASILEIRO

(OAB/Exame Unificado – 2011.1) Suponha que tenha sido publicada no *Diário Oficial da União*, do dia 26 de abril de 2011 (terça-feira), uma lei federal, com o seguinte teor:

"Lei GTI, de 25 de abril de 2011.

Define o alcance dos direitos da personalidade previstos no Código Civil. O Presidente da República Faço saber que o Congresso Nacional decreta e eu sanciono a seguinte Lei: Art. 1.º: Os direitos da personalidade previstos no Código Civil aplicáveis aos nascituros são estendidos aos embriões laboratoriais (*in vitro*), ainda não implantados no corpo humano. Art. 2.º: Esta lei entra em vigor no prazo de 45 dias. Brasília, 25 de abril 2011, 190.º da Independência da República e 123.º da República."

Ante a situação hipotética descrita e considerando as regras sobre a forma de contagem do período de vacância e a data em que a lei entrará em vigor, é correto afirmar que a contagem do prazo para entrada em vigor de lei que contenha período de vacância se dá:

(A) pela exclusão da data de publicação e do último dia do prazo, entrando em vigor no dia 11/06/2011.

(B) pela inclusão da data de publicação e exclusão do último dia do prazo, entrando em vigor no dia 09/06/2011.

(C) pela inclusão da data de publicação e do último dia do prazo, entrando em vigor no dia subsequente à sua consumação integral, passando a vigorar no dia 10/06/2011.

(D) pela exclusão da data de publicação da lei e a inclusão do último dia do prazo, entrando em vigor no dia subsequente à sua consumação integral, que na situação descrita será o dia 13/06/2011.

A alternativa "C" está correta, pois o art. 8.º, § 1.º, da Lei Complementar 95/1998 estabelece que "a contagem do prazo para entrada em vigor das leis que estabeleçam período de vacância far-se-á com a inclusão da data da publicação e do último dia do prazo, entrando em vigor no dia subsequente à sua consumação integral".

Gabarito "C"

(OAB/Exame Unificado – 2010.1) A respeito da vigência, aplicação, eficácia e interpretação da lei, assinale a opção correta.

(A) A derrogação torna sem efeito uma parte de determinada norma, não perdendo esta a sua vigência.

(B) A interpretação da norma presta-se a preencher as lacunas existentes no sistema normativo.

(C) O regime de bens obedece à lei do país em que for celebrado o casamento.

(D) Em regra, caso a lei revogadora venha a perder a vigência, restaura-se a lei revogada.

A: correta. A revogação é gênero que contém duas espécies: a ab-rogação, que é a supressão total da norma anterior, e a derrogação, que torna sem efeito uma parte da norma. A norma derrogada não perderá sua vigência, pois somente os dispositivos atingidos é que não mais terão obrigatoriedade (art. 2.º da LINDB, antiga LICC. *Vide*, também, Maria Helena Diniz. **Lei de Introdução ao Código Civil brasileiro interpretada**. 3. ed., Ed. Saraiva, 1997, p. 66); **B:** incorreta. O preenchimento das lacunas é feito pela integração das normas (art. 4.º da LICC, atual LINDB: "Quando a lei for omissa, o juiz decidirá o caso de acordo com a analogia, os costumes e os princípios gerais de direito"). Interpretar é descobrir o sentido da norma, determinar o seu conteúdo e delimitar o seu exato alcance. A integração das normas serve para colmatar, preencher, as lacunas do sistema (Cristiano Chaves de Farias e Nelson Rosenvald. **Direito civil teoria geral**. 6. ed., Rio de Janeiro, Ed. Lumen Juris, 2007, p. 54 e 58); **C:** incorreta. O regime de bens, legal ou convencional, obedece à lei do país em que tiverem os nubentes domicílio, e, se este for diverso, à do primeiro domicílio conjugal (LICC, atual LINDB, art. 7.º, § 4.º); **D:** incorreta. Salvo disposição em contrário, a lei revogada não se restaura por ter a lei revogadora perdido a vigência (LICC, atual LINDB, art. 2.º, § 3.º), ou seja, de regra, o nosso direito não admite a repristinação, que consiste justamente em ser restabelecida a lei revogada quando a revogadora venha a perder a vigência. "Pelo art. 2.º, § 3.º, que é peremptório, a lei revogadora de outra lei revogadora não terá efeito repristinatório sobre a velha norma abolida, a não ser que haja pronunciamento expresso da lei a esse respeito" (Maria Helena Diniz. *Op. cit.*, p. 82).

Gabarito "A"

(OAB/Exame Unificado – 2008.3) A Lei de Introdução ao Código Civil (LICC), lei de introdução às leis, contém princípios gerais sobre as normas sem qualquer discriminação, indicando como aplicá-las, determinando-lhes a vigência e eficácia, suas projeções nas situações conflitivas, evidenciando os respectivos elementos de conexão determinantes das normas substantivas aplicáveis no caso de haver conflito de leis no tempo e no espaço. Maria Helena Diniz. **Curso de direito civil brasileiro**. Teoria geral do direito civil. Vol. 1, 24.ª ed., São Paulo: Saraiva, 2007 (com adaptações). Considerando as ideias do texto acima e os dispositivos da LICC, assinale a opção correta.

1. **Wander Garcia** comentou as questões dos Exames Unificados 2014.3, 2015.1, 2015.2, 2015.3, 2016.1 e 2016,2. **Wander Garcia, Ana Paula Garcia e Gabriela R. Pinheiro** comentaram as demais questões.

(A) Em caso de lacunas, a LICC estabelece mecanismos de integração de normas, tais como a analogia, os costumes e os princípios gerais de direito.
(B) Na interpretação sociológica da norma, o aplicador examina cada termo do texto normativo, isolada ou sintaticamente, atendendo à pontuação, colocação de vocábulos e origem etimológica das palavras.
(C) Na aplicação da norma, observa-se a existência do critério de subsunção quando, ao aplicar a norma ao caso, o juiz não encontra norma que lhe seja aplicável.
(D) A abrogação torna sem efeito uma parte da lei.

A: correta (art. 4.º da LINDB – Lei de Introdução às Normas do Direito Brasileiro – antiga LICC); **B:** incorreta, pois a interpretação sociológica verifica a finalidade social a que a lei deve satisfazer; o conceito trazido na alternativa "B" é, na verdade, da interpretação gramatical; **C:** incorreta, pois a subsunção ocorre justamente na situação contrária, ou seja, quando o caso concreto enquadra-se a uma norma jurídica; a situação narrada na alternativa diz respeito à existência de "lacuna", e não de "subsunção"; **D:** incorreta, pois a ab-rogação torna sem efeito a lei por inteiro, e não parte da lei; a derrogação é que torna se efeito parte da lei.

Gabarito "A"

(OAB/Exame Unificado – 2008.2) A ciência da interpretação normativa tem por objetivo descobrir o sentido e o alcance das normas jurídicas. Nesse contexto, a interpretação autêntica da lei é realizada:

(A) Pela doutrina.
(B) Pela prolação de uma decisão judicial.
(C) Pelo legislador.
(D) Pela jurisprudência.

De fato, a interpretação autêntica é aquela realizada pelo próprio autor da lei, ou seja, o legislador.

Gabarito "C"

(OAB/Exame Unificado – 2008.2) Acerca do que dispõe a Lei de Introdução ao Código Civil, assinale a opção correta.

(A) O direito adquirido é aquele que foi definitivamente incorporado ao patrimônio de seu titular, seja por se ter realizado o termo preestabelecido, seja por se ter implementado a condição necessária.
(B) A lei nova que estabeleça disposições gerais ou especiais a par das já existentes revoga a lei anterior, ainda que não o declare expressamente.
(C) A analogia e a interpretação extensiva são institutos jurídicos idênticos.
(D) Em qualquer situação, é possível a utilização dos costumes *contra legem* como instrumento de integração do ordenamento jurídico.

A: correta (art. 6.º, § 2.º, da LINDB – Lei de Introdução às Normas do Direito Brasileiro – antiga LICC); **B:** incorreta (art. 2.º, § 1.º, da LINDB); **C:** incorreta, pois não se deve confundir analogia com interpretação extensiva, pois a primeira admite a lacuna da lei, enquanto a segunda admite a existência da lei que pode ser usada no caso, desde que seu entendimento seja estendido além do usual. **D:** incorreta, pois o costume somente terá aplicação quando não infringir o texto da lei.

Gabarito "A"

(OAB/Exame Unificado – 2007.3) Acerca da Lei de Introdução do Código Civil e da vigência, aplicação e interpretação das leis, assinale a opção correta.

(A) Iniciado o transcurso da *vacatio legis*, se, por qualquer motivo, ocorrer nova publicação do texto legal, o prazo de obrigatoriedade da lei contará da primeira publicação.
(B) A lei nova que estabelece disposições gerais revoga as leis especiais anteriores que dispuserem sobre a mesma matéria, pois não pode ocorrer conflito de leis, ou seja, uma mesma matéria não pode ser regida por diversas leis.
(C) Repristinação da lei é dar nova vigência a determinada lei, ou seja, uma lei que tiver sido revogada volta a viger por determinação expressa de uma nova lei.
(D) A lei tem vigência até que a outra lei a revogue, ou, então, até que a lei nova com ela seja incompatível. Nesse caso, ocorre a derrogação da lei, ou seja, a revogação integral de uma lei anterior por uma posterior.

A: incorreta (art. 1.º, § 3.º, da LINDB – Lei de Introdução às Normas do Direito Brasileiro – antiga LICC); **B:** incorreta (art. 2.º, § 2.º, da LINDB); **C:** correta (art. 2.º, § 3.º, da LINDB); **D:** incorreta, pois derrogação é a revogação parcial de texto de lei.

Gabarito "C"

(FGV – 2011) A lei brasileira começa a vigorar em todo o país no prazo nela descrito e, no seu silêncio, em quarenta e cinco dias depois de oficialmente publicada. A esse respeito, assinale as afirmativas a seguir:

I. A lei terá vigor até que outra a modifique ou revogue, não se admitindo, portanto, leis destinadas à vigência temporária.
II. A lei revogada por outra que com ela se tornou incompatível deverá ser restaurada, caso a lei revogadora perca vigência.
III. A lei brasileira entrará em vigor nos Estados estrangeiros que a admitam em três meses depois de oficialmente publicada.

Assinale:

(A) se somente a afirmativa III estiver correta.
(B) se nenhuma afirmativa estiver correta.
(C) se somente as afirmativas I e III estiverem corretas.
(D) se somente as afirmativas I e II estiverem corretas.
(E) se somente a afirmativa II estiver correta.

I: incorreta, pois a Lei de Introdução às Normas do Direito Brasileiro – LINDB prevê expressamente a possibilidade de haver lei temporária (art. 2.º, *caput*); **II:** incorreta, pois a repristinação consiste em ser restabelecida a lei revogada quando a revogadora venha a perder a vigência (art. 2.º, § 3.º, da LINDB); **III:** correta (art. 1.º, § 1.º, da LINDB).

Gabarito "A"

(FGV – 2010) O Congresso Nacional elaborou a Lei 15.000/2010 – Código de Processos Coletivos –, que foi posteriormente sancionada e promulgada pelo Presidente da República, e publicada no dia 15 de maio de 2010, sendo omissa quanto ao período de *vacatio legis*. Tendo a situação hipotética em mente, assinale a afirmativa verdadeira.

(A) Ocorrendo nova publicação em 27 de junho de 2010 em que haja modificação de quatro dos setenta e cinco artigos da lei, um novo período de *vacatio* se abre para a integralidade da lei, em decorrência do princípio da segurança jurídica.
(B) A contagem do prazo exclui o dia da publicação, mas inclui o do último dia do prazo, entrando em vigor no dia subsequente à sua consumação integral, prevalecendo a velha parêmia romana *dies a quo non computatur in termino*.

(C) A Lei de Introdução ao Código Civil adotou o princípio da vigência sincrônica quando a lei for omissa quanto ao período de *vacatio legis*. Esse princípio admite exceções, como, por exemplo, a lei orçamentária anual, que vigora a partir do 1.º dia do ano, ainda que nenhum de seus artigos faça estipulações a respeito, pouco importando a data de sua publicação oficial.

(D) O ordenamento jurídico brasileiro repugna o instituto da repristinação, inadmitindo-o ainda que a lei nova revogadora da lei anterior expressamente restaure a lei original.

(E) Nos Estados estrangeiros, a obrigatoriedade da lei brasileira, quando admitida, se inicia 6 (seis) meses depois de oficialmente publicada.

A: incorreta, pois um novo período de *vacatio* se abre apenas quanto às novas disposições; **B:** incorreta, pois o art. 8.º, § 1.º, da LC 95/1998, dispõe que "a contagem do prazo para entrada em vigor das leis que estabeleçam período de vacância far-se-á com a inclusão da data da publicação e do último dia do prazo, entrando em vigor no dia subsequente à sua consumação integral"; **C:** correta, pois a vigência é sincrônica, ou seja, ocorre em todo o País, na mesma data, no caso, 45 (quarenta e cinco) dias depois de publicada a lei (art. 1.º da LINDB – Lei de Introdução às Normas do Direito Brasileiro – antiga LICC); **D:** incorreta, pois a regra é não existir a repristinação, mas esta ocorrerá quando a nova lei expressamente determinar a restauração da lei revogada (art. 2.º, § 3.º, da LINDB); **E:** incorreta, pois nos Estados estrangeiros a obrigatoriedade da lei inicia-se 3 (três) meses após oficialmente publicada (art. 1.º, § 1.º, da LINDB).

Gabarito "C"

(FGV – 2006) A lei geral posterior que cria disposição geral:

(A) ab-roga a lei especial.

(B) depende, para entrar em vigor, que a lei especial seja revogada.

(C) altera a lei especial, mas sem revogá-la.

(D) não revoga nem modifica a lei especial em vigor.

(E) revoga a lei especial.

De acordo com os critérios utilizados para solução de conflito de leis no tempo, em especial o critério da *especialidade*, *lei geral nova* não revoga uma *lei especial anterior*, pois o critério da especialidade prevalece (art. 2.º, § 2.º, da LINDB – Lei de Introdução às Normas do Direito Brasileiro – antiga LICC).

Gabarito "D"

(FGV – 2004) Alterada uma lei, durante o prazo de *vacatio legis* da lei nova aplica-se:

(A) a lei nova.

(B) a lei antiga.

(C) a lei que o magistrado entender, segundo seu livre arbítrio, que deva ser aplicada.

(D) o Código Civil.

(E) a lei mais benéfica.

Uma lei entra em vigor apenas após o período da *vacatio legis* que, em regra, é de 45 dias (art. 1.º da LINDB – Lei de Introdução às Normas do Direito Brasileiro – antiga LICC). Até então continua em vigor a lei antiga.

Gabarito "B"

2. GERAL

2.1. PESSOAS NATURAIS

(OAB/Exame Unificado – 2016.2) Cristiano, piloto comercial, está casado com Rebeca. Em um dia de forte neblina, ele não consegue controlar o avião que pilotava e a aeronave, com 200 pessoas a bordo, desaparece dos radares da torre de controle pouco antes do tempo previsto para a sua aterrissagem. Depois de vários dias de busca, apenas 10 passageiros foram resgatados, todos em estado crítico. Findas as buscas, como Cristiano não estava no rol de sobreviventes e seu corpo não fora encontrado, Rebeca decide procurar um advogado para saber como deverá proceder a partir de agora. Com base no relato apresentado, assinale a afirmativa correta.

(A) A esposa deverá ingressar com uma demanda judicial pedindo a decretação de ausência de Cristiano, a fim de que o juiz, em um momento posterior do processo, possa declarar a sua morte presumida.

(B) A esposa não poderá requerer a declaração de morte presumida de Cristiano, uma vez que apenas o Ministério Público detém legitimidade para tal pedido.

(C) A declaração da morte presumida de Cristiano poderá ser requerida independentemente de prévia decretação de ausência, uma vez que esgotadas as buscas e averiguações por parte das autoridades competentes.

(D) A sentença que declarar a morte presumida de Cristiano não deverá fixar a data provável de seu falecimento, contando-se, como data da morte, a data da publicação da sentença no meio oficial.

A: incorreta, pois no caso pode ser pedida a declaração de morte presumida de Cristiano, sem decretação de ausência, pois é extremamente provável a sua morte face ao perigo de vida em que se encontrava, podendo a declaração em questão ser requerida depois de esgotadas as buscas e averiguações (art. 7º, I e parágrafo único, do CC); **B:** incorreta, pois a esposa é pessoa interessada e a questão tem reflexos diretos em seus direitos; **C:** correta (art. 7º, I e parágrafo único, do CC); **D:** incorreta, pois a lei prevê nesse caso que a sentença que declarar a morte presumida fixe a data provável do falecimento (art. 7º, parágrafo único, do CC).

Gabarito "C"

(OAB/Exame Unificado – 2015.1) Os tutores de José consideram que o rapaz, aos 16 anos, tem maturidade e discernimento necessários para praticar os atos da vida civil. Por isso, decidem conferir ao rapaz a sua emancipação. Consultam, para tanto, um advogado, que lhes aconselha corretamente no seguinte sentido:

(A) José poderá ser emancipado em procedimento judicial, com a oitiva do tutor sobre as condições do tutelado.

(B) José poderá ser emancipado via instrumento público, sendo desnecessária a homologação judicial.

(C) José poderá ser emancipado via instrumento público ou particular, sendo necessário procedimento judicial.

(D) José poderá ser emancipado por instrumento público, com averbação no registro de pessoas naturais.

A: correta; os pais podem emancipar filho com 16 ou mais anos por mera escritura pública, mas os tutores (e o enunciado da questão fala em tutores) depende de procedimento judicial para que se efetive a emancipação (art. 5º, parágrafo único, I, parte final, do CC); **B**, **C** e **D:** incorretas, pois, como se viu, em caso de tutela, somente por decisão judicial é que poderá ser efetivada a emancipação (art. 5º, parágrafo único, I, parte final, do CC).

Gabarito "A"

(OAB/Exame Unificado – 2014.2) Raul, cidadão brasileiro, no meio de uma semana comum, desaparece sem deixar qualquer notícia para sua ex-esposa e filhos, sem deixar cartas ou qualquer indicação sobre seu paradeiro. Raul, que sempre fora um trabalhador exemplar, acumulara em seus anos de labor um patrimônio relevante. Como Raul morava sozinho, já que seus filhos tinham suas próprias famílias e ele havia se separado de sua esposa 4 (quatro) anos antes, somente após uma semana seus parentes e amigos deram por sua falta e passaram a se preocupar com o seu desaparecimento. Sobre a situação apresentada, assinale a opção correta.

(A) Para ser decretada a ausência, é necessário que a pessoa tenha desaparecido há mais de 10 (dez) dias. Como faz apenas uma semana que Raul desapareceu, não pode ser declarada sua ausência, com a consequente nomeação de curador.

(B) Em sendo declarada a ausência, o curador a ser nomeado será a ex-esposa de Raul.

(C) A abertura da sucessão provisória somente se dará ultrapassados três anos da arrecadação dos bens de Raul.

(D) Se Raul contasse com 85 (oitenta e cinco) anos e os parentes e amigos já não soubessem dele há 8 (oito) anos, poderia ser feita de forma direta a abertura da sucessão definitiva.

A: incorreta, pois a lei não fixa prazo mínimo de desaparecimento para que se entre com o requerimento de ausência. No caso, basta que qualquer interessado ou do Ministério Público ingresse em juízo, que o juiz declarará a ausência e nomeará curador (art. 22 do CC); **B:** incorreta, pois Raul já estava separado de sua esposa há 4 anos quando desapareceu, por tal razão algum descendente é que deverá ser nomeado curador (art. 25, *caput*, e § 1º do CC); **C:** incorreta, pois a sucessão provisória se dará decorrido um ano da arrecadação dos bens do ausente. Seriam três anos se o Raul tivesse deixado representante ou procurador (art. 26 do CC); **D:** correta (art. 38 do CC).

Gabarito "D"

(OAB/Exame Unificado – 2013.3) José, brasileiro, casado no regime da separação absoluta de bens, professor universitário e plenamente capaz para os atos da vida civil, desapareceu de seu domicílio, estando em local incerto e não sabido, não havendo indícios ou notícias das razões de seu desaparecimento, não existindo, também, outorga de poderes a nenhum mandatário, nem feitura de testamento. Vera (esposa) e Cássia (filha de José e Vera, maior e capaz) pretendem a declaração de sua morte presumida, ajuizando ação pertinente, diante do juízo competente.

De acordo com as regras concernentes ao instituto jurídico da morte presumida com declaração de ausência, assinale a opção correta.

(A) Na fase de curadoria dos bens do ausente, diante da ausência de representante ou mandatário, o juiz nomeará como sua curadora legítima Cássia, pois apenas na falta de descendentes, tal curadoria caberá ao cônjuge supérstite, casado no regime da separação absoluta de bens.

(B) Na fase de sucessão provisória, mesmo que comprovada a qualidade de herdeiras de Vera e Cássia, estas, para se imitirem na posse dos bens do ausente, terão que dar garantias da restituição deles, mediante penhores ou hipotecas equivalentes aos quinhões respectivos.

(C) Na fase de sucessão definitiva, regressando José dentro dos dez anos seguintes à abertura da sucessão definitiva, terá ele direito aos bens ainda existentes, no estado em que se encontrarem, mas não aos bens que foram comprados com a venda dos bens que lhe pertenciam.

(D) Quanto ao casamento de José e Vera, o Código Civil atual reconhece efeitos pessoais e não apenas patrimoniais ao instituto da ausência, possibilitando que a sociedade conjugal seja dissolvida como decorrência da morte presumida do ausente.

A: incorreta, pois a prioridade quando se trata de curadoria é do cônjuge, sendo que em sua falta será ela exercida pelos pais ou descendentes, nesta ordem (art. 25, *caput*, e § 1º do CC); **B:** incorreta, pois a lei dispensa a caução quando se tratar de cônjuge e descendente (art. 30, § 2º do CC); **C:** incorreta, pois neste caso o ausente que regressa possui o direito de exigir os bens sub-rogados, ou o preço que os herdeiros e demais interessados houverem recebido pelos bens alienados depois daquele tempo (art. 39, *caput*, do CC); **D:** correta, pois uma das causas da dissolução do casamento é a morte, seja ela real ou presumida (art. 1.571, § 1º do CC).

Gabarito "D"

(OAB/Exame Unificado – 2013.3) Tiago, com 17 anos de idade e relativamente incapaz, sob autoridade de seus pais Mário e Fabiana, recebeu, por doação de seu tio, um imóvel localizado na rua Sete de Setembro, com dois pavimentos, contendo três lojas comerciais no primeiro piso e dois apartamentos no segundo piso. Tiago trabalha como cantor nos finais de semana, tendo uma renda mensal de R$ 3.000,00 (três mil reais).

Face aos fatos narrados e considerando as regras de Direito Civil, assinale a opção correta.

(A) Mário e Fabiana exercem sobre os bens imóveis de Tiago o direito de usufruto convencional, inerente à relação de parentesco que perdurará até a maioridade civil ou emancipação de Tiago.

(B) Mário e Fabiana poderão alienar ou onerar o bem imóvel de Tiago, desde que haja prévia autorização do Ministério Público e seja demonstrado o evidente interesse da prole.

(C) Mário e Fabiana não poderão administrar os valores auferidos por Tiago no exercício de atividade de cantor, bem como os bens com tais recursos adquiridos.

(D) Mario e Fabiana, entrando em colisão de interesses com Tiago sobre a administração dos bens, facultam ao juiz, de ofício, nomear curador especial.

A: incorreta, pois Mário e Fabiana exercem o usufruto legal sobre os bens de Tiago, e não convencional (art. 1.689, I do CC); **B:** incorreta, pois não podem os pais alienar, ou gravar de ônus real os imóveis dos filhos, nem contrair, em nome deles, obrigações que ultrapassem os limites da simples administração, salvo por necessidade ou evidente interesse da prole, mediante prévia autorização do juiz (art. 1.691 "*caput*" do CC); **C:** correta (art. 1.693, II do CC); **D:** incorreta, pois o juiz apenas pode nomear curador especial a requerimento de Tiago ou do Ministério Público (art. 1.692 do CC).

Gabarito "C"

(OAB/Exame Unificado – 2013.3) João Marcos, renomado escritor, adota, em suas publicações literárias, o pseudônimo Hilton Carrillo, pelo qual é nacionalmente conhecido. Vítor, editor da Revista "Z", empregou o pseudônimo Hilton Carrillo em vários artigos publicados nesse periódico, de sorte a expô-lo ao ridículo e ao desprezo público.

Em face dessas considerações, assinale a afirmativa correta.

(A) A legislação civil, com o intuito de evitar o anonimato, não protege o pseudônimo e, em razão disso, não há de se cogitar em ofensa a direito da personalidade, no caso em exame.

(B) A Revista "Z" pode utilizar o referido pseudônimo em uma propaganda comercial, associado a um pequeno trecho da obra do referido escritor sem expô-lo ao ridículo ou ao desprezo público, independente da sua autorização.

(C) O uso indevido do pseudônimo sujeita quem comete o abuso às sanções legais pertinentes, como interrupção de sua utilização e perdas e danos.

(D) O pseudônimo da pessoa pode ser empregado por outrem em publicações ou representações que a exponham ao desprezo público, quando não há intenção difamatória.

A: incorreta, pois o pseudônimo adotado para atividades lícitas goza da proteção que se dá ao nome (art. 19 do CC). Logo, é possível se cogitar ofensa a direito da personalidade no caso em exame; **B:** incorreta, pois a utilização do pseudônimo em uma propaganda comercial independentemente da forma como for utilizado, bem como a utilização de escritos somente podem ser usados com autorização expressa de seu titilar ou se necessárias à administração da justiça ou à manutenção da ordem pública (arts. 18 e 20 do CC); **C:** correta (arts. 19 e 12 do CC); **D:** incorreta, pois tanto o nome como o pseudônimo da pessoa não podem ser empregados por outrem em publicações ou representações que a exponham ao desprezo público, ainda quando não haja intenção difamatória (art. 19 e 17 do CC).

Gabarito "C"

(OAB/Exame Unificado – 2013.1) Gustavo completou 17 anos de idade em janeiro de 2010. Em março de 2010 colou grau em curso de ensino médio. Em julho de 2010 contraiu matrimônio com Beatriz. Em setembro de 2010, foi aprovado em concurso público e iniciou o exercício de emprego público efetivo. Por fim, em novembro de 2010, estabeleceu-se no comércio, abrindo um restaurante.

Assinale a alternativa que indica o momento em que se deu a cessação da incapacidade civil de Gustavo.

(A) No momento em que iniciou o exercício de emprego público efetivo.

(B) No momento em que colou grau em curso de ensino médio.

(C) No momento em que contraiu matrimônio.

(D) No momento em que se estabeleceu no comércio, abrindo um restaurante.

A: incorreta, pois antes de ingressar no serviço público Gustavo contraiu matrimônio e, consequentemente, teve cessada a sua incapacidade (art. 5.º, parágrafo único, II, do CC); **B:** incorreta, pois somente a colação de grau em ensino superior faz cessar a incapacidade para os menores (art. 5.º, parágrafo único, IV, do CC); **C:** correta (art. 5.º, parágrafo único, II, do CC); **D:** incorreta, pois antes de se estabelecer no comércio contraiu matrimônio e, consequentemente, teve cessada a sua incapacidade (art. 5.º, parágrafo único, II, do CC).

Gabarito "C"

(OAB/Exame Unificado – 2012.3.B) Alexandre e Berenice, casados pelo regime da separação convencional de bens, foram passar a lua de mel em Petrópolis, no Estado do Rio de Janeiro. Ao descerem a serra, Alexandre perdeu o controle do veículo vindo a cair em uma ribanceira. Com a colisão, houve a explosão do veículo e a morte de ambos não se sabendo precisar qual deles teria morrido primeiro. Ambos possuíam vasto patrimônio e faleceram sem deixar descendentes ou ascendentes. Alexandre deixou um irmão, Daniel, e Berenice deixou uma irmã, Eleonora.

A respeito da situação apresentada, assinale a afirmativa correta.

(A) Não há comoriência, visto que tal instituto somente se aplica às hipóteses de morte simultânea entre parentes.

(B) Não há comoriência, uma vez que se exige prova cabal para sua ocorrência, devendo a simultaneidade das mortes ser declarada por decisão judicial.

(C) Há comoriência, transmitindo-se a Daniel a herança de Alexandre e à Eleonora a herança de Berenice.

(D) Há comoriência, transmitindo-se a Daniel a metade dos bens deixados pelo casal, ficando igual cota-parte para Eleonora.

A: incorreta, pois quando duas pessoas morrem na mesma ocasião, não se podendo averiguar se algum dos comorientes precedeu ao outro, aplica-se a regra da comoriência prevista no art. 8.º do CC, pouco importando se se tratam ou não de parentes; **B:** incorreta, pois o art. 8.º do CC não exige decisão judicial, aplicando-se automaticamente a regra pela qual se presume os comorientes simultaneamente mortos; **C:** correta; havendo comoriência (art. 8.º do CC) um falecido não herda do outro e vice-versa, de maneira que a herança de Alexandre será transmitida diretamente para Daniel e a de Berenice, diretamente para Eleonora; **D:** incorreta, pois, não havendo outros herdeiros, os sucessores de Alexandre e Berenice receberão por inteiro a herança deixada por cada um de seus irmãos.

Gabarito "C"

(OAB/Exame Unificado – 2012.1) A proteção da pessoa é uma tendência marcante do atual direito privado, o que leva alguns autores a conceberem a existência de uma verdadeira cláusula geral de tutela da personalidade. Nesse sentido, uma das mudanças mais celebradas do novo Código Civil foi a introdução de um capítulo próprio sobre os chamados direitos da personalidade. Em relação à disciplina legal dos direitos da personalidade no Código Civil, é correto afirmar que:

(A) havendo lesão a direito da personalidade, em se tratando de morto, não é mais possível que se reclamem perdas e danos, visto que a morte põe fim à existência da pessoa natural, e os direitos personalíssimos são intransmissíveis.

(B) como regra geral, os direitos da personalidade são intransmissíveis e irrenunciáveis, mas o seu exercício poderá sofrer irrestrita limitação voluntária.

(C) é permitida a disposição gratuita do próprio corpo, no todo ou em parte, com objetivo altruístico ou científico, para depois da morte, sendo que tal ato de disposição poderá ser revogado a qualquer tempo.

(D) em razão de sua maior visibilidade social, a proteção dos direitos da personalidade das celebridades e das chamadas pessoas públicas é mais flexível, sendo permitido utilizar o seu nome para finalidade comercial, ainda que sem prévia autorização.

A: incorreta, pois, em se tratando de morto, terá legitimação para requerer a cessação da ameaça/lesão e as perdas e danos, o cônjuge sobrevivente, ou qualquer parente em linha reta, ou colateral até o quarto grau (art. 12, parágrafo único, do CC); **B:** incorreta, pois, além de intransmissíveis e irrenunciáveis, o exercício dos direitos da personalidade NÃO podem sofrer limitação voluntária, ressalvadas as exceções previstas em lei (art. 11 do CC); isso significa que, salvo as exceções legais, nem mesmo com a autorização do titular do direito da personalidade é possível limitar o exercício dos direitos da personalidade; **C:** correta (art. 14 do CC); **D:** incorreta, pois, sem autorização, não se pode usar o nome alheio em propaganda comercial (art. 18 do CC); não se deve confundir essa regra a que permite a exposição da palavra ou da imagem de alguém em caso em interesse público genuíno (regra decorrente do art. 20, *caput*, do CC), como é o caso de expor a imagem de um político acusado de corrupção.

Gabarito "C"

(OAB/Exame Unificado – 2011.3.A) Francis, brasileira, empresária, ao se deslocar do Rio de Janeiro para São Paulo em seu helicóptero particular, sofreu terrível acidente que culminou com a queda do aparelho em alto-mar. Após sucessivas e exaustivas buscas, feitas pelas autoridades e por empresas privadas contratadas pela família da vítima, infelizmente não foram encontrados os corpos de Francis e de Adilson, piloto da aeronave. Tendo sido esgotados os procedimentos de buscas e averiguações, de acordo com os artigos do Código Civil que regulam a situação supramencionada, é correto afirmar que o assento de óbito em registro público:

(A) independe de qualquer medida administrativa ou judicial, desde que seja constatada a notória probabilidade de morte de pessoa que estava em perigo de vida.
(B) depende exclusivamente de procedimento administrativo quanto à morte presumida junto ao Registro Civil das Pessoas Naturais.
(C) depende de prévia ação declaratória judicial quanto à morte presumida, sem necessidade de decretação judicial de ausência.
(D) depende de prévia declaração judicial de ausência, por se tratar de desaparecimento de uma pessoa sem dela haver notícia.

Há dois casos de morte presumida. A primeira, com declaração de ausência (art. 6.º do CC). A segunda, sem declaração de ausência (art. 7.º do CC). Nesse segundo caso, a declaração de morte presumida também depende de *sentença* (art. 7.º, parágrafo único, do CC), sendo possível se for extremamente provável a morte de quem estava em perigo de vida ou se alguém, desaparecido em campanha ou feito prisioneiro, não for encontrado até dois anos após o término da guerra. No caso em tela, as alternativas "A" e "B" estão incorretas, pois a declaração de morte presumida depende de *decisão judicial*. A alternativa "D" está incorreta, pois não é necessária prévia declaração judicial de ausência, pois esse tipo de morte presumida não requer declaração de ausência, mas apenas o reconhecimento judicial de que ocorreu uma das hipóteses do art. 7.º do CC. Por fim, a alternativa "C" está correta, pois está de acordo com o *caput* e o parágrafo único do art. 7.º do CC.

Gabarito "C"

(OAB/Exame Unificado – 2011.1) Rodolfo, brasileiro, engenheiro, solteiro, sem ascendentes ou descendentes, desapareceu de seu domicílio há 11 (onze) meses e até então não houve qualquer notícia sobre seu paradeiro. Embora tenha desaparecido, deixou Lisa, uma amiga, como mandatária para a finalidade de administrar-lhe os bens. Todavia, por motivos de ordem pessoal, Lisa não quis exercer os poderes outorgados por Rodolfo em seu favor, renunciando expressamente ao mandato. De acordo com os dispositivos que regem o instituto da ausência, assinale a alternativa correta.

(A) A renúncia ao mandato, por parte de Lisa, era possível e, neste caso, o juiz determinará ao Ministério Público que nomeie um curador encarregado de gerir os bens do ausente, observando, no que for aplicável, o disposto a respeito dos tutores e curadores.
(B) Poderá ser declarada a sucessão definitiva de Rodolfo 10 (dez) anos depois de passada em julgado a sentença que concedeu a sucessão provisória, mas, se nenhum interessado promover a sucessão definitiva, nesse prazo, os bens porventura arrecadados deverão ser doados a entidades filantrópicas localizadas no município do último domicílio de Rodolfo.
(C) O juiz não poderá declarar a ausência e nomear curador para Rodolfo, pois Lisa não poderia ter renunciado o mandato outorgado em seu favor, já que só estaria autorizada a fazê-lo em caso de justificada impossibilidade ou de constatada insuficiência de poderes.
(D) Os credores de obrigações vencidas e não pagas de Rodolfo, decorrido 1 (um) ano da arrecadação dos bens do ausente, poderão requerer que se determine a abertura de sua sucessão provisória.

A: incorreta, pois não há tal previsão nos arts. 22 a 39 do CC; **B:** incorreta, pois apenas 10 anos após a abertura da *sucessão definitiva* é que se coloca a possibilidade dos bens irem para terceiros; ademais, o destinatário desses bens, nesse caso, não seria uma entidade filantrópica, mas o Município ou Distrito Federal, ou, se os bens estivessem em território federal, a União; **C:** incorreta, pois o art. 23 admite que o mandatário (no caso, Lisa) não queira exercer o mandato; **D:** correta, vez que os credores são considerados "interessados" e estes tem o direito de requerer que se determine a abertura da sucessão provisória (art. 26 do CC).

Gabarito "D"

(OAB/Exame Unificado – 2010.1) Considere que o filho de Mário Lins de Souza e de Luna Ferreira de Melo tenha sido registrado com o nome de Paulo de Souza. Nessa situação hipotética,

(A) Paulo, se assim o desejar, poderá, no prazo de até 1 (um) ano após atingir a maioridade, introduzir em seu nome um patronímico materno, sem que precise justificar sua vontade.
(B) é obrigatória, em razão da abolição do traço patriarcal da legislação civil brasileira, a adoção do sobrenome materno, de modo que o registro de nascimento de Paulo poderá ser alterado a qualquer momento e, até mesmo, de ofício.
(C) apenas por meio do casamento será possível a Paulo alterar seu nome, o que será feito com a inclusão de sobrenome da esposa.
(D) Paulo poderá, se assim o desejar, incluir em seu nome apelido que seja notório, o que deverá ocorrer por meio de pedido devidamente instruído e dirigido ao oficial do cartório de registro civil.

A: correta (art. 56 da LRP – Lei de Registros Públicos). É o que se extrai da lição de Pablo Stolze Gagliano e Rodolfo Pamplona Filho: "Da mesma forma, nesta hipótese de alteração espontânea, devem ser mantidos os apelidos de família, o que limita também as possibilidades de modificação do nome, sendo a mais comum a incorporação de sobrenomes maternos ou de avós, (...)" (**Novo curso de direito civil**. Vol. I, 9. ed., São Paulo: Saraiva, p. 116); **B:** incorreta. Não existe dispositivo legal que determine alteração de ofício em casos como o apresentado (LRP, arts. 54 e 55). "Art. 54. O assento do nascimento deverá conter: 1.º) o dia, mês, ano e lugar do nascimento e a hora certa, sendo possível determiná-la, ou aproximada; 2.º) o sexo do registrando; 3.º) o fato de ser gêmeo, quando assim tiver acontecido; 4.º) o nome e o prenome, que forem postos à criança; 5.º) a declaração de que nasceu morta, ou morreu no ato ou logo depois do parto; 6.º) a ordem de filiação de outros irmãos do mesmo prenome que existirem ou tiverem existido; 7.º) os nomes e prenomes, a naturalidade, a profissão dos pais, o lugar e cartório onde se casaram, a idade da genitora, do registrando em anos completos, na ocasião do parto, e o domicílio ou a residência do casal. 8.º) os nomes e prenomes dos avós paternos e maternos; 9.º) os nomes e prenomes, a profissão e a residência das duas testemunhas do assento, quando se tratar de parto ocorrido sem assistência médica em residência ou fora de unidade hospitalar ou casa de saúde; 10) número de identificação da Declaração de Nascido Vivo – com controle do dígito verificador, ressalvado na hipótese de registro tardio previsto no art. 46 desta Lei. Art. 55. Quando o declarante não indicar o nome completo, o oficial lançará adiante do prenome escolhido o nome do pai, e na falta, o da mãe, se forem conhecidos e não o impedir a condição de ilegitimidade, salvo reconhecimento no ato. Parágrafo único. Os oficiais do registro civil não registrarão prenomes suscetíveis de expor ao ridículo os seus portadores. Quando os pais não se conformarem com a recusa do oficial, este submeterá por escrito o caso, independentemente da cobrança de quaisquer emolumentos, à decisão do Juiz competente."; **C:** incorreta. Além da alteração decorrente do casamento, poderá haver ainda modificação por vontade própria, em razão de coação ou ameaça e por inclusão de apelido (LRP, arts. 56 e 58). "Art. 56. O interessado, no primeiro ano após ter atingido a maioridade civil, poderá, pessoalmente ou por procurador bastante, alterar o nome, desde que não prejudique os apelidos de família, averbando-se a alteração que será publicada pela imprensa. Art. 58. O prenome será definitivo, admitindo-se, todavia, a sua substituição por apelidos públicos notórios."; **D:** incorreta. Com exceção do casamento, toda alteração de nome demandará decisão judicial (LRP, art. 57). "Art. 57. A alteração posterior de nome, somente por exceção e motivadamente, após audiência do Ministério Público, será permitida por sentença do juiz a que estiver sujeito o registro, arquivando-se o mandado e publicando-se a alteração pela imprensa, ressalvada a hipótese do art. 110 desta Lei. § 1.º Poderá, também, ser averbado, nos mesmos termos, o nome abreviado, usado como firma comercial registrada ou em qualquer atividade profissional. § 2.º A mulher solteira, desquitada ou viúva, que viva com homem solteiro, desquitado ou viúvo, excepcionalmente e havendo motivo ponderável, poderá requerer ao juiz competente que, no registro de nascimento, seja averbado o patronímico de seu companheiro, sem prejuízo dos apelidos próprios, de família, desde que haja impedimento legal para o casamento, decorrente do estado civil de qualquer das partes ou de ambas. § 3.º O juiz competente somente processará o pedido, se tiver expressa concordância do companheiro, e se da vida em comum houverem decorrido, no mínimo, 5 (cinco) anos ou existirem filhos da união. (Incluído pela Lei 6.216, de 1975) § 4.º O pedido de averbação só terá curso, quando desquitado o companheiro, se a ex-esposa houver sido condenada ou tiver renunciado ao uso dos apelidos do marido, ainda que dele receba pensão alimentícia. § 5.º O aditamento regulado nesta Lei será cancelado a requerimento de uma das partes, ouvida a outra. § 6.º Tanto o aditamento quanto o cancelamento da averbação previstos neste artigo serão processados em segredo de justiça. § 7.º Quando a alteração de nome for concedida em razão de fundada coação ou ameaça decorrente de colaboração com a apuração de crime, o juiz competente determinará que haja a averbação no registro de origem de menção da existência de sentença concessiva da alteração, sem a averbação do nome alterado, que somente poderá ser procedida mediante determinação posterior, que levará em consideração a cessação da coação ou ameaça que deu causa à alteração. § 8.º O enteado ou a enteada, havendo motivo ponderável e na forma dos §§ 2.º e 7.º deste artigo, poderá requerer ao juiz competente que, no registro de nascimento, seja averbado o nome de família de seu padrasto ou de sua madrasta, desde que haja expressa concordância destes, sem prejuízo de seus apelidos de família."

Gabarito "A"

(OAB/Exame Unificado – 2009.2) Assinale a opção correta acerca das pessoas naturais e jurídicas.

(A) Na sistemática do Código Civil, não se admite a declaração judicial de morte presumida sem decretação de ausência.

(B) A existência legal das pessoas jurídicas de direito privado começa com o início de suas atividades jurídicas.

(C) A personalidade civil da pessoa natural tem início a partir do nascimento com vida, independentemente do preenchimento de qualquer requisito psíquico.

(D) O indivíduo de 16 anos de idade, ao contrair casamento, adquire a plena capacidade civil por meio da emancipação, voltando à condição de incapaz se, um ano após o casamento, sobrevier a separação judicial.

A: incorreta, pois há dois casos de declaração de morte presumida sem necessidade de decretação de ausência – se for extremamente provável a morte de quem estava em perigo de vida e se alguém, desaparecido em campanha ou feito prisioneiro, não for encontrado até dois anos após o término da guerra (art. 7.º do CC); **B:** incorreta, pois a existência das pessoas jurídicas começa com o registro de seus atos constitutivos no Registro Público competente (art. 45 do CC); **C:** correta, pois a personalidade passa a existir com o nascimento com vida (art. 2.º do CC), não sendo necessários outros requisitos, como, por exemplo, a viabilidade de vida; **D:** incorreta. De fato, o casamento gera a emancipação (art. 5.º, parágrafo único, II, do CC); todavia, a separação não tem o condão de fazer com que a pessoa, presumidamente capaz, volte a ser considerada incapaz para a prática de atos da vida civil.

Gabarito "C"

(OAB/Exame Unificado – 2009.1) A respeito das regras do domicílio, assinale a opção incorreta.

(A) Admite-se que uma pessoa possa ter domicílio sem possuir residência determinada, ou que esta seja de difícil identificação.

(B) Caso um indivíduo possua diversas residências onde viva alternadamente, qualquer uma delas pode ser considerada o seu domicílio.

(C) A mera troca de endereço não caracteriza, por si só, mudança do domicílio.

(D) O domicílio civil é formado pelo elemento objetivo, que consiste na residência, sendo despiciendo averiguar-se o elemento subjetivo.

A: correta (art. 73 do CC); **B:** correta (art. 71 do CC); **C:** correta (art. 74 do CC); **D:** incorreta, devendo ser assinalada (art. 70 do CC); na verdade, o conceito de domicílio é formado pelos elementos objetivo (a residência) e subjetivo (o ânimo definitivo).

Gabarito "D"

(OAB/Exame Unificado – 2008.3) Pessoa é todo ente físico ou moral suscetível de direitos e obrigações, sendo, portanto, sujeito de direitos. Idem, *ibidem*.

Tendo o fragmento de texto acima como referência e considerando os dispositivos do Código Civil relativos às pessoas natural e jurídica, assinale a opção correta.

(A) A capacidade de exercício da pessoa natural corresponde à sua inaptidão para ser sujeito de direito.

(B) A capacidade de exercício ou de fato da pessoa natural pressupõe a de gozo ou de direito, mas esta pode subsistir sem aquela.

(C) A incapacidade relativa da pessoa natural não pode ser suprida.

(D) O estado político da pessoa natural indica a sua situação em relação ao matrimônio e ao parentesco consanguíneo ou por afinidade.

A: incorreta, pois a incapacidade de exercício (ou de fato) é a inaptidão para, sozinho, exercer direitos e deveres; a incapacidade de direito (ou de gozo) é que corresponde à inaptidão para ser sujeito de direito; **B:** correta, pois todas as pessoas tem capacidade de gozo ou de direito, sendo esta capacidade um dos pressupostos para que se tenha a capacidade de exercício ou de fato; portanto, todos que têm capacidade de exercício, com certeza têm capacidade de gozo; **C:** incorreta, pois a incapacidade relativa pode ser suprida pela presença de um assistente; **D:** incorreta, pois o estado político advém da posição da pessoa na sociedade política, ou seja, se estrangeira, nacional ou naturalizada.

Gabarito "B"

(OAB/Exame Unificado – 2008.1) Por meio de atributos pode-se identificar juridicamente a pessoa como determinado sujeito a quem a lei garante posições jurídicas, positivas ou negativas. São exemplos de atributos da personalidade:

(A) A capacidade e a obrigação de prestar fatos.

(B) O nome e a obrigação de dar ou restituir coisa.

(C) O estado civil e o concubinato.

(D) O domicílio e a fama.

De fato, os direitos da personalidade referem-se aos direitos subjetivos da pessoa de defender o que é próprio, inerente a sua pessoa de maneira perpétua, como o direito à vida, à liberdade, ao nome, ao corpo, à imagem e à honra.

Gabarito "D"

(OAB/Exame Unificado – 2007.3) Não é própria aos direitos da personalidade a qualidade de:

(A) Imprescritibilidade.

(B) Irrenunciabilidade.

(C) Disponibilidade.

(D) Efeitos *erga omnes*.

A: incorreta, pois a imprescritibilidade é característica dos direitos da personalidade; **B:** incorreta, pois a irrenunciabilidade é característica dos direitos da personalidade (art. 11 do CC); **C:** correta, pois a disponibilidade não é característica dos direitos da personalidade (art. 11 do CC); **D:** incorreta, pois os direitos da personalidade são absolutos, ou seja, são oponíveis "erga omnes".

Gabarito "C"

(OAB/Exame Unificado – 2007.3) A personalidade civil da pessoa natural surge e desaparece, respectivamente, com:

(A) O nascimento e a morte.

(B) A concepção e a morte.

(C) A maioridade e a morte.

(D) A concepção e a senilidade.

Arts. 2.º e 6 .º do CC.

Gabarito "A"

(OAB/Exame Unificado – 2007.1) Com relação ao direito da pessoa, assinale a opção correta.

(A) Os direitos da personalidade são intransmissíveis, irrenunciáveis, inatos ou decorrentes, perpétuos e insuscetíveis de apropriação.

(B) A capacidade de exercício é imanente a toda pessoa, o que significa dizer que toda pessoa tem capacidade de adquirir direitos e contrair obrigações.

(C) A emancipação voluntária ocorre pelo exercício de emprego público efetivo.

(D) Depois de transitada em julgado, a sentença judicial que decreta a nulidade ou anulação do casamento deve ser registrada no cartório de registro de pessoas naturais.

A: correta (art. 11 do CC); **B:** incorreta, pois a capacidade imanente a toda pessoa é a de direito (art. 1.º do CC); **C:** incorreta, pois a emancipação voluntária é aquela pela concessão dos pais mediante instrumento público (art. 5.º, parágrafo único, I, do CC); **D:** incorreta (art. 1.563 do CC).

Gabarito "A"

(OAB/Exame Unificado – 2007.1) Acerca das pessoas e do domicílio, assinale a opção incorreta.

(A) Não é cabível a desconsideração da personalidade jurídica em se tratando de firma individual.

(B) A fundação de direito privado não pode ter fins lucrativos.

(C) A República Federativa do Brasil é pessoa jurídica de direito público interno.

(D) Têm domicílio necessário o incapaz, o servidor público, o militar e o preso.

A: correta, pois no caso de firma individual não há distinção patrimonial entre a sociedade e o indivíduo; **B:** correta (art. 62, parágrafo único, do CC); **C:** incorreta, devendo ser assinalada (art. 41 do CC); **D:** correta (art. 76 do CC).

Gabarito "C"

(FGV – 2013) Com relação ao *nome civil*, assinale a afirmativa **incorreta**.

(A) O prenome é modificável em razão de fundada coação ou ameaça decorrente da colaboração com a apuração de crime, por determinação, em sentença, de juiz competente, ouvido o Ministério Público.

(B) O nome civil é considerado direito da personalidade e é matéria de ordem pública.

(C) O prenome será necessariamente composto, no caso de gêmeos, com idêntico prenome.

(D) O nome civil da pessoa natural é composto pelo prenome e pelo sobrenome, podendo ainda possuir um agnome.

(E) O sobrenome só pode ser modificado em decorrência de casamento ou divórcio.

A: correta (art. 58, parágrafo único, da Lei 6.015/1973); **B:** correta, pois o "nome civil" é tratado no CC dentro do capítulo "Dos Direitos da Personalidade" (art. 16) e como tal é considerado matéria de ordem pública; **C:** correta (art. 63, *caput*, da Lei 6.015/1973); **D:** correta (art. 16 do CC). Agnome é o sinal distintivo de quem tenha nome igual ao de algum parente; **E:** incorreta (devendo ser assinalada), pois a modifica-ção do sobrenome não se dá apenas em decorrência do casamento ou divórcio. É possível que ocorra também no caso de adoção, em que o adotado receberá o sobrenome do adotante (art. 47, § 5º da Lei 8.069/1990) e também no caso do enteado que requerer ao juiz competente que, no registro de nascimento, seja averbado o nome de família de seu padrasto ou de sua madrasta (art. 57, § 8º da Lei 6.015/73).

Gabarito "E"

(FGV – 2013) O Código Civil estabelece as regras acerca da fixação dos domicílios tanto das pessoas naturais como das jurídicas, sendo tal fixação de suma importância para diversos ramos do Direito.

Dentre as questões envolvendo o domicílio, algumas pessoas possuem o chamado domicílio necessário.

Assinale a alternativa que elenca uma situação estabelecida pelo Código Civil de domicílio necessário.

(A) A pessoa natural tem domicílio necessário no local onde fixa a sua residência com ânimo definitivo.
(B) A pessoa jurídica possui domicílio necessário no lugar onde funcionar a sua respectiva diretoria e administração.
(C) O servidor público possui domicílio necessário no lugar em que exercer, permanentemente, suas funções.
(D) O domicílio necessário do preso será fixado no lugar onde for efetivada a prisão de natureza cautelar.
(E) O domicílio necessário dos Estados e Territórios serão as respectivas capitais.

A: incorreta, pois tal hipótese trata-se do domicílio voluntário (art. 70 do CC); **B:** incorreta, pois a pessoa jurídica não possui domicílio necessá-rio (isto é, aquele fixado por força das circunstâncias), mas sim um domicílio indicado pela lei, independentemente de circunstâncias externas (art, 75, IV do CC); **C:** correta (art. 76, parágrafo único, do CC); **D:** incorreta, pois o domicilio necessário do preso é o lugar em que cumprir a sentença (art. 76, parágrafo único do CC); **E:** incorreta, pois os Estados e Territórios também não possuem domicilio necessário, mas sim um domicílio indicado pela lei, independentemente de circunstâncias externas (art. 75, II do CC).

Gabarito "C"

Felipe reside e é proprietário de uma casa em Salvador. Ele recebeu uma proposta de trabalho irrecusável e decidiu se mudar para Campo Grande-MS, onde residirá e trabalhará em Dourados, cidade próxima de Campo Grande, deixando a casa de Salvador fechada.

Após despachar todos os seus pertences para Campo Grande-MS, ele resolveu fazer o trajeto de Salvador até Campo Grande-MS de carro, pernoitando em Brasília.

Chegando a Campo Grande-MS, só teve uma semana para arrumar a casa nova, pois já começou a trabalhar em Dourados como advogado.

(FGV – 2013) Considerando o contexto fático apresentado, assinale a afirmativa correta.

(A) Felipe mudou de morada ao se transferir para o Campo Grande-MS.
(B) Felipe está domiciliado em Brasília, pois pernoitou nesta cidade.
(C) Felipe não tem domicílio profissional em Dourados, apesar de trabalhar nesta cidade.
(D) Felipe ainda está domiciliado em Salvador, pois possui um imóvel nesta cidade.
(E) Felipe alterou o seu domicílio de forma voluntária, ao se transferir para Campo Grande-MS.

A: incorreta, pois morada é o local onde a pessoa se estabelece provisoriamente. Ao transferir-se para Campo Grande, Felipe mudou de domicí-lio, isto é, local onde ele possuía residência com ânimo definitivo (art. 70 do CC); **B:** incorreta, pois Brasília foi apenas morada de Felipe, pois ele se estabeleceu ali provisoriamente; **C:** incorreta, pois Dourados é considerado domicílio profissional de Felipe, haja vista que é ali que exerce sua profissão (art. 72, *caput*, do CC); **D:** incorreta, pois Felipe transferiu sua residência com a intenção manifesta de mudar, logo o seu domicílio foi modificado de Salvador para Campo Grande (art. 74 do CC). **E:** correta, pois de maneira espontânea e voluntária Felipe expressou sua intenção que mudar de domicílio com ânimo definitivo (art. 74, "*caput*" do CC).

Gabarito "E"

(FGV – 2011) Domicílio é o lugar onde a pessoa natural estabelece a sua residência com ânimo definitivo; no caso de pessoas jurídicas, o domicílio será, por exemplo, a respectiva capital para os Estados, e o Distrito Federal, no caso da União. Considerando o tema, assinale a alternativa correta de acordo com o que dispõe o Código Civil.

(A) Os contratantes poderão, no caso de contrato escrito, estabelecer onde serão exercidos e cumpridos os direitos e obrigações nele discriminados.
(B) Considera-se domicílio do preso o lugar onde estabeleceu sua última residência.
(C) Nas obrigações concernentes às atividades profissionais da pessoa natural com domicílio certo, este será unicamente a sua residência.
(D) Para todos os atos praticados em quaisquer dos estabelecimentos da pessoa jurídica, considera-se como domicílio a sua sede, excluindo-se qualquer outro.
(E) Considera-se sem domicílio a pessoa natural que não tenha residência habitual. Caso tenha mais de uma residência, onde viva alternadamente, será considerado domicílio o endereço mais antigo.

A: correta (art. 78 do CC); **B:** incorreta, pois o domicílio do preso é o lugar em que cumprir a sentença (art. 76, parágrafo único, do CC); **C:** incorreta, pois também é domicílio, nesse caso, e no que concerne às atividades profissionais, o lugar onde a profissão é exercida (art. 72 do CC); **D:** incorreta, pois tendo a pessoa jurídica diversos estabelecimentos em lugares diferentes, cada um deles será considerado domicílio para os atos nele praticados (art 75, § 1.º); **E:** incorreta, pois a pessoa natural que não tenha residência habitual tem por domicílio o lugar onde for encontrada (art. 73 do CC); ademais, caso tenha mais de uma residência, será considerado domicílio o lugar de qualquer das residências (art. 71 do CC).

Gabarito "A"

(FGV – 2009) Caio Túlio, maior absolutamente incapaz, foi interditado judicialmente, por decisão datada de 1963. O magistrado titular do Juízo competente nomeou, como Curadora, sua genitora. Em 1985, Caio Túlio propôs ação, com pedido indenizatório, em face de Transportes Públicos Ltda., aduzindo danos causados por ato de preposto da ré que lhe causaram danos, ocorridos no ano de 1970. Regularmente citada, a ré apresenta defesa de mérito e alega a incidência de prescrição. Instruído o processo, foram comprovados os fatos narrados na peça isagógica e o pedido foi julgado procedente *in totum*, sendo a sentença datada de 1987. A sentença transitou em julgado e a indenização foi regularmente quitada. Em 1997, após tratamento médico rigoroso, com a utilização de modernos meios e medicamentos obtidos pela medicina, Caio Túlio requer o levantamento de sua interdição, o que foi deferido, por sentença datada de 2000, após o regular processamento do feito, inclusive com a oitiva do Ministério Público, que aquiesceu com o requerimento. Diante dos fatos narrados, analise as afirmativas a seguir.

I. A defesa deve ser acolhida vez que, nos termos da lei civil, a prescrição da pretensão do autor consumou-se, irremediavelmente.
II. No procedimento de curatela a nomeação de representante legal do incapaz é norteada por critério de preferência. Faltando cônjuge ou companheiro, são escolhidos os pais.
III. Segundo as regras do Código Civil, não corre a prescrição contra absolutamente incapazes.
IV. Sobrevindo melhora no estado de saúde, em virtude de tratamento médico, poderá ocorrer o levantamento da curatela.
V. Com o advento de valores decorrentes da indenização auferida, caberá à curadora prestar as devidas contas em Juízo.

Assinale:

(A) se somente as afirmativas II, III, IV e V estiverem corretas.
(B) se somente as afirmativas I, IV e V estiverem corretas.
(C) se somente as afirmativas I e V estiverem corretas.
(D) se somente a afirmativa I estiver correta.
(E) se nenhuma afirmativa estiver correta.

I: incorreta, pois a prescrição não se consumou; primeiro porque o prazo prescricional da pretensão indenizatória era de 20 (vinte) anos no Código Civil anterior; segundo porque não corre a prescrição contra absolutamente incapazes (art. 198, I, do CC); **II:** correta (art. 1.775, § 1.º, do CC); **III:** correta (art. 198, I, do CC); **IV:** correta, pois, cessando os motivos que levaram à interdição, deve-se promover o levantamento da curatela; **V:** correta (art. 1.782 c.c. art. 1.755, ambos do CC).

Gabarito "A"

(FGV – 2007) O Código Civil, no âmbito dos direitos da personalidade, no que concerne às circunstâncias de transgenitalização:

(A) permite.
(B) proíbe.
(C) estimula.
(D) impõe.
(E) vilipendia.

O Direito Brasileiro permite a transgenitalização, com base no art. 13 do CC e nos Enunciados 6 e 276 das Jornadas de Direito Civil do Conselho da Justiça Federal. Aliás, o transexual tem três importantes direitos reconhecidos pela jurisprudência do STJ: a) de fazer a cirurgia de trasgenitalização; b) de modificar o nome após a cirurgia; b) de modificar o gênero (o sexo civil) em todos os seus documentos, deles não podendo constar qualquer referência ao sexo original.

Gabarito "A"

2.2. PESSOAS JURÍDICAS

(OAB/Exame Unificado – 2014.3) Paulo foi casado, por muitos anos, no regime da comunhão parcial com Luana, até que um desentendimento deu início a um divórcio litigioso. Temendo que Luana exigisse judicialmente metade do seu vasto patrimônio, Paulo começou a comprar bens com capital próprio em nome de sociedade da qual é sócio e passou os demais também para o nome da sociedade, restando, em seu nome, apenas a casa em que morava com ela.

Acerca do assunto, marque a opção correta.

(A) A atitude de Paulo encontra respaldo na legislação, pois a lei faculta a todo cidadão defender sua propriedade, em especial de terceiros de má-fé.
(B) É permitido ao juiz afastar os efeitos da personificação da sociedade nos casos de desvio de finalidade ou confusão patrimonial, mas não o contrário, de modo que não há nada que Luana possa fazer para retomar os bens comunicáveis.
(C) Sabendo-se que a "*teoria da desconsideração da personalidade jurídica*" encontra aplicação em outros ramos do direito e da legislação, é correto afirmar que os parâmetros adotados pelo Código Civil constituem a Teoria Menor, que exige menos requisitos.
(D) No caso de confusão patrimonial, gerado pela compra de bens com patrimônio particular em nome da sociedade, é possível atingir o patrimônio da sociedade, ao que se dá o nome de "*desconsideração inversa ou invertida*", de modo a se desconsiderar o negócio jurídico, havendo esses bens como matrimoniais e comunicáveis.

A: incorreta, pois Paulo não tem o direito de fraudar a lei civil, tomando atitudes abusivas para fugir da divisão patrimonial a que tem direito sua ex-esposa; ele age de má-fé e viola a lei civil cogente que regula a divisão patrimonial entre cônjuges que terminam sua sociedade conjugal, que no caso impõe a divisão do patrimônio adquirido após o casamento (regime de comunhão parcial de bens); **B:** incorreta, pois, atualmente, é tranquilo o entendimento doutrinário e jurisprudencial acerca do cabimento da desconsideração inversa da personalidade, pois tanto a desconsideração tradicional (da personalidade da pessoa jurídica para atingir bens de seus membros), como a desconsideração inversa (da personalidade da pessoa física que é membro de uma pessoa jurídica, para atingir bens dessa pessoa jurídica) tem origem objetivo legal comum, evitar fraudes e confusões patrimoniais abusivas; **C:** incorreta, pois a teoria adotada no Código Civil é a Teoria Maior, que exige "maior" requisito para a desconsideração, no caso, não só o prejuízo para a vítima do ato que enseja a desconsideração, como também que esse ato se caracterize por um abuso da personalidade jurídica; **D:** correta, pois, como se viu, hoje é tranquilo o entendimento de que é cabível a desconsideração inversa da personalidade, sendo possível, assim, a desconsideração da personalidade da pessoa física que é membro de uma pessoa jurídica, para atingir bens dessa pessoa jurídica, em caso de abuso da personalidade, o que no caso existiu face à confusão patrimonial ocorrida (art. 50 do CC), impondo-se a desconsideração para o fim de determinar que os bens indevidamente repassados à pessoa jurídica de Paulo seja considerados bens do casal e, assim, possam ser corretamente divididos.

Gabarito "D"

(OAB/Exame Unificado – 2011.3.B) Roberto, por meio de testamento, realiza dotação especial de bens livres para a finalidade de constituir uma fundação com a finalidade de promover assistência a idosos no Município do Rio de Janeiro. Todavia, os bens destinados foram insuficientes para constituir a fundação pretendida pelo instituidor. Em razão de Roberto nada ter disposto sobre o que fazer nessa hipótese, é correto afirmar que:

(A) os bens dotados deverão ser convertidos em títulos da dívida pública até que, aumentados com os rendimentos, consigam perfazer a finalidade pretendida.
(B) os bens destinados à fundação serão, nesse caso, incorporados em outra fundação que se proponha a fim igual ou semelhante.

(C) a Defensoria Pública do estado respectivo, responsável por velar pelas fundações, destinará os bens dotados para o fundo assistencial mantido pelo Estado para defesa dos hipossuficientes.
(D) os bens serão arrecadados e passarão ao domínio do Município, se localizados na respectiva circunscrição.

Segundo o art. 69 do CC, tornando-se impossível a finalidade à que visa a fundação – o que ocorreu no caso, pois os bens destinados à constituição da fundação foram insuficientes – o seu patrimônio será incorporado em outra fundação, designada pelo juiz, que se proponha a fim igual ou semelhante. Dessa forma, apenas a alternativa "B" está correta.

Gabarito "B"

(OAB/Exame Unificado – 2008.2) O conceito de pessoa jurídica pode ser entendido como o conjunto de pessoas ou de bens arrecadados que adquire personalidade jurídica própria por uma ficção legal. Entre as teorias que procuram justificar a existência da pessoa jurídica, a adotada no Código Civil de 2002 é a teoria:
(A) Da ficção.
(B) Negativista.
(C) Da realidade objetiva ou orgânica.
(D) Da realidade técnica.

A: incorreta, pois a pessoa jurídica não pode ser considerada uma ficção, seja porque está presente nas relações sociais, seja porque o Direito a concebe e a regulamenta; **B:** incorreta, pois nosso Código Civil não "nega" a existência das pessoas jurídicas; ao contrário, nosso Código a regulamenta; **C:** incorreta, pois a pessoa jurídica não é algo que está presente na realidade material ou objetiva, no mundo fenomênico, mas algo que tem existência ideal, já que concebido pela lei; **D:** correta, pois a doutrina entende que a pessoa jurídica é algo que está previsto no âmbito da lei, do ordenamento jurídico, de modo que é uma "realidade técnica", também chamada de "realidade das instituições jurídicas".

Gabarito "D"

(OAB/Exame Unificado – 2006.2) A respeito das pessoas naturais e jurídicas, assinale a opção incorreta.
(A) Havendo dissolução da pessoa jurídica, ela subsistirá até o término do procedimento de liquidação e a averbação da dissolução no registro em que ela estiver inscrita.
(B) Em caso de desacordo entre os genitores quanto à emancipação do filho, é assegurado a qualquer um deles, mediante escritura pública devidamente registrada no cartório de registro civil, conceder a emancipação voluntária ao filho do casal.
(C) As pessoas jurídicas, validamente constituídas, respondem somente com seu patrimônio pelos atos praticados por seus administradores, desde que esses atos sejam praticados sem abuso da personalidade jurídica.
(D) Nas sociedades de pessoas, quando um sócio morre, os remanescentes podem impedir o ingresso na sociedade do sucessor ou dos sucessores do *de cujus*, por meio da resolução da sociedade, com a liquidação da quota do sócio falecido em favor de seus herdeiros.

A: correta (art. 1.109 do CC); **B:** incorreta, devendo ser assinalada (art. 5.º, I, do CC). Realmente, a emancipação por escritura pública somente é possível se feita pelos pais, em conjunto, ou por um deles, na falta do outro. No caso de discordância, somente será possível por sentença do juiz; **C:** correta (art. 50 do CC); **D:** correta (art. 1.028 do CC).

Gabarito "B"

(FGV – 2011) Pessoa jurídica de direito privado com estabelecimento na cidade de Belém, no Pará, onde se reúne a diretoria, possuindo outros estabelecimentos em Municípios de diversos Estados e em Brasília, tem por domicílio:
(A) qualquer cidade do País onde tiver realizado negócios.
(B) necessária e exclusivamente a cidade de Belém, no Pará.
(C) cada uma das capitais dos Estados em cujos Municípios possuir estabelecimentos.
(D) cada um dos estabelecimentos para os atos nele praticados.
(E) Brasília, por ser a Capital Federal.

Art. 75, § 1.º, do CC.

Gabarito "D"

(FGV – 2008) A teoria da desconsideração (*disregard of legal entity ou a lifting the corporate veil*), positivada no Código Civil, tem por objetivo precípuo afastar momentaneamente a personalidade jurídica da sociedade para atingir o patrimônio pessoal dos sócios. A esse respeito, assinale a alternativa correta.
(A) A desconsideração da personalidade jurídica não será aplicada quando houver falência ou estado de insolvência do devedor.
(B) As sociedades integrantes dos grupos societários e as consorciadas são subsidiariamente responsáveis pelas obrigações de consumo.
(C) O juiz de ofício, a requerimento da parte interessada ou do Ministério Público, quando lhe couber intervir no processo, pode aplicar a teoria da desconsideração a fim de estender aos bens particulares dos sócios ou administradores da pessoa jurídica os efeitos de certas e determinadas relações de obrigações.
(D) As sociedades coligadas somente responderão por culpa pelas obrigações decorrentes de relações de consumo.
(E) A teoria da desconsideração pode ser aplicada em caso de abuso da personalidade jurídica, caracterizado pelo inadimplemento obrigacional, desvio de finalidade ou confusão patrimonial.

A: incorreta, pois, desde que a falência ou a insolvência decorram de *desvio de finalidade* ou *confusão patrimonial*, é possível sim a desconsideração da personalidade, nos termos do art. 50 do CC; ademais, há previsão expressa da desconsideração no caso (art. 20, *caput*, do CDC); **B:** incorreta, pois as sociedades integrantes de *grupos societários* respondem *subsidiariamente* pelas obrigações (art. 28, § 2.º, do CDC), mas as *sociedades consorciadas* são *solidariamente* responsáveis (art. 28, § 3.º, do CDC); **C:** incorreta, pois o art. 50 do CC não admite que o juiz atue de ofício para desconsiderar a personalidade jurídica; **D:** correta (art. 28, § 4.º, do CDC); **E:** incorreta, pois o art. 50 do CC dispõe que o abuso da personalidade somente se caracteriza pelo *desvio de finalidade* ou pela *confusão patrimonial*, não se caracterizando com o mero *inadimplemento obrigacional*.

Gabarito "D"

(FGV – 2008) Analise as afirmativas a seguir:
I. As fundações somente podem ser constituídas para fins morais, culturais, religiosos ou de assistência.
II. Os partidos políticos são considerados pessoas jurídicas de direito privado.

III. As associações são espécie de sociedade sem fim lucrativo.

Assinale:

(A) se somente as afirmativas I e II estiverem corretas.
(B) se somente a afirmativa I estiver correta.
(C) se todas as afirmativas estiverem corretas.
(D) se somente as afirmativas II e III estiverem corretas.
(E) se somente a afirmativa III estiver correta.

I: correta (art. 62, parágrafo único, do CC); **II:** correta (art. 44, V, do CC); **III:** incorreta, pois as associações, embora tenham fins não econômicos, não são espécies de sociedade (art. 44, I e II, do CC).

Gabarito "A"

(FGV – 2008) Assinale a assertiva correta.

(A) A teoria da desconsideração da personalidade jurídica pode ser aplicada às sociedades em comum, comprovado o desvio de finalidade.
(B) A teoria da desconsideração da personalidade jurídica pode ser aplicada às sociedades em conta de participação, comprovada a confusão patrimonial.
(C) A teoria da desconsideração da personalidade jurídica não determina a extinção ou dissolução da sociedade.
(D) A teoria da desconsideração da personalidade jurídica não foi positivada no Código Civil, e sim no Código de Defesa do Consumidor.
(E) A teoria da desconsideração da personalidade jurídica é aplicada quando a sociedade não possui patrimônio, mas o sócio é considerado solvente.

A: incorreta, pois a desconsideração é desnecessária, vez que os sócios já respondem solidária e ilimitadamente pelas obrigações sociais (art. 990 do CC); **B:** incorreta, pois nesse tipo de sociedade não há personalidade jurídica, de modo que não há o que ser desconsiderado (art. 993, *caput*, do CC); **C:** correta, pois a sociedade não fica extinta ou dissolvida, mas apenas com sua personalidade afastada, momentaneamente, para o fim de atingir o patrimônio de seus sócios; **D:** incorreta, pois o instituto está previsto no art. 50 do CC; **E:** incorreta, pois não basta a demonstração de insolvência, fazendo-se necessária a comprovação de *desvio de finalidade* ou de *confusão patrimonial*.

Gabarito "C"

(FGV – 2008) A respeito das associações, não é correto afirmar que:

(A) são pessoas jurídicas de direito privado.
(B) são vinculadas a fins não econômicos.
(C) os sócios estabelecem entre si direitos e obrigações.
(D) são reguladas por estatutos.
(E) permitem a existência de associados com vantagens especiais.

A: correta (art. 44, I, do CC); **B:** correta (art. 53, *caput*, do CC); **C:** incorreta, devendo ser assinalada (art. 53, parágrafo único, do CC); **D:** correta (art. 54, *caput*, do CC); **E:** correta (art. 55 do CC).

Gabarito "C"

(FGV – 2008) A fundação pode ser criada por:

(A) testamento.
(B) escritura particular.
(C) documento levado a registro no Cartório de Títulos e Documentos.
(D) escritura pública.
(E) testamento e escritura pública.

Art. 62, *caput*, do CC.

Gabarito "E"

(FGV – 2007) A *disregard doctrine*, na modalidade inversa, pode ser reconhecida de forma:

(A) reflexa.
(B) autônoma.
(C) indireta.
(D) direta.
(E) reversa.

Um exemplo é aquela situação em que uma pessoa física, para evitar o pagamento de dívidas em seu nome ou prejudicar o cônjuge com quem está se separando, coloca seus bens em nome de uma sociedade que possuía anteriormente ao casamento. Nesse caso, a desconsideração é inversa, pois é afastada a pessoa física do devedor para atingir os bens de empresa da qual este é sócio (art. 50 do CC e Enunciado 283 da Jornada de Direito Civil do Conselho da Justiça Federal).

Gabarito "B"

(FGV – 2004) No que diz respeito às pessoas jurídicas, assinale a afirmativa correta.

(A) A teoria da desconsideração da pessoa jurídica é aplicável em caso de abuso na utilização da entidade para prejudicar terceiros ou fraudar a lei.
(B) As pessoas jurídicas não têm existência distinta das dos seus membros.
(C) Os sócios, individualmente, têm legitimidade para defender os interesses da sociedade, em nome próprio, contra terceiros.
(D) Serão representadas em juízo apenas ativamente, por quem os respectivos estatutos designarem, ou, não os designando, por seus diretores.
(E) Serão representadas em juízo apenas passivamente, por quem os respectivos estatutos designarem, ou, não os designando, por seus diretores.

A: correta (art. 50 do CC); **B:** incorreta, pois há autonomia entre a personalidade da pessoa jurídica e a personalidade das pessoas de seus sócios, sendo que essa autonomia pode, excepcionalmente, ser afastada, por meio do instituto da desconsideração da personalidade jurídica; **C:** incorreta, pois a autonomia entre as personalidades da sociedade e dos sócios faz com que estes não tenham legitimidade para agir em nome próprio, defendendo interesse alheio; **D** e **E:** incorretas, pois as pessoas jurídicas serão representadas em juízo, ativa e passivamente, por quem os respectivos estatutos designarem, ou, não os designando, por seus diretores (art. 12, VI, do antigo CPC; e art. 75, VIII, do Novo CPC).

Gabarito "A"

2.3. BENS

(OAB/Exame Unificado – 2013.1) Os vitrais do Mercado Municipal de São de Paulo, durante a reforma feita em 2004, foram retirados para limpeza e restauração da pintura. Considerando a hipótese e as regras sobre bens jurídicos, assinale a afirmativa correta.

(A) Os vitrais, enquanto separados do prédio do Mercado Municipal durante as obras, são classificados como bens móveis.
(B) Os vitrais retirados na qualidade de material de demolição, considerando que o Mercado Municipal resolva descartar-se deles, serão considerados bens móveis.
(C) Os vitrais do Mercado Municipal, considerando que foram feitos por grandes artistas europeus, são classificados como bens fungíveis.
(D) Os vitrais retirados para restauração, por sua natureza, são classificados como bens móveis.

A: incorreta, pois são considerados imóveis (art. 81, II, do CC); **B:** correta (art. 84, segunda parte, do CC); **C:** incorreta, pois fungíveis são os bens móveis que podem ser substituídos por outros da mesma espécie, qualidade e quantidade (art. 85 do CC), o que não é o caso de obras únicas, singulares feitas pelos grandes artistas europeus, que, assim, criaram bens considerados *infungíveis*; **D:** incorreta, pois são considerados bens imóveis (art. 81, II, do CC).

Gabarito "B"

(OAB/Exame Unificado – 2009.3) Assinale a opção correta com relação aos bens.

(A) São benfeitorias úteis as que têm por fim conservar a coisa ou evitar que ela se deteriore.
(B) O possuidor de má-fé tem direito a ser indenizado pelas benfeitorias necessárias, podendo exercer o direito de retenção do bem caso não seja reembolsado do valor dessas benfeitorias.
(C) Considera-se compra e venda imobiliária a alienação de safra de soja ainda não colhida.
(D) A cessão de direitos autorais por um escritor não exige a outorga do seu cônjuge, por esses direitos serem considerados móveis para os efeitos legais.

A: incorreta (art. 96, § 2.º, do CC); **B:** incorreta (art. 1.220 do CC); **C:** incorreta, pois trata-se de contrato de compra e venda de bem móvel, do tipo contrato aleatório (art. 458 e seguintes do CC); **D:** correta (art. 3.º da Lei 9.610/1998).

Gabarito "D"

(OAB/Exame Unificado – 2009.1) No que se refere aos bens, assinale a opção correta.

(A) Um bem consumível pode tornar-se inconsumível por vontade das partes, o que vinculará terceiros.
(B) A lei não pode determinar a indivisibilidade do bem, pois esta característica decorre da natureza da coisa ou da vontade das partes.
(C) Não podem ser considerados móveis aqueles bens que, uma vez deslocados, perdem a sua finalidade.
(D) A regra de que o acessório segue o principal tem inúmeros efeitos, entre eles, a presunção absoluta de que o proprietário da coisa principal também seja o dono do acessório.

A: incorreta (art. 86 do CC); **B:** incorreta (art. 88 do CC); **C:** correta (art. 82 do CC); **D:** incorreta, pois há casos em que o proprietário do bem principal não é proprietário do bem acessório; por exemplo, o proprietário de uma casa pode não ser proprietário de algumas *pertenças* desta (como geladeira, fogão etc., que podem ter sido objeto de empréstimo); aliás, a regra de que o acessório segue o principal não se aplica, como regra, às pertenças (art. 94 do Código Civil).

Gabarito "C"

(OAB/Exame Unificado – 2008.3) De acordo com o disposto no Código Civil a respeito dos bens, assinale a opção correta.

(A) Algumas espécies de bens imóveis podem ser fungíveis.
(B) Pertenças são obras feitas na coisa ou despesas que se teve com ela, com o fim de conservá-la, melhorá-la ou embelezá-la.
(C) Para os efeitos legais, considera-se bem imóvel o direito à sucessão aberta.
(D) As benfeitorias úteis são as que têm por finalidade conservar o bem ou evitar que se deteriore.

A: incorreta (art. 85 do CC); **B:** incorreta (art. 93 do CC); **C:** correta (art. 80, II, do CC); **D:** incorreta (art. 96, § 2.º, do CC).

Gabarito "C"

(OAB/Exame Unificado – 2008.2) Os bens jurídicos que, não constituindo partes integrantes, se destinam, de modo duradouro, ao uso, ao serviço ou ao aformoseamento de outro são classificados como:

(A) acessórios.
(B) pertenças.
(C) imóveis por acessão física.
(D) imóveis por acessão industrial.

Art. 93 do CC.

Gabarito "B"

(OAB/Exame Unificado – 2007.1) No que se refere às normas relativas aos bens e a suas classificações, assinale a opção incorreta.

(A) Os bens públicos dominicais são disponíveis e alienáveis.
(B) A energia elétrica e os direitos autorais são considerados bens móveis.
(C) Imóveis por acessão intelectual é tudo aquilo que o homem incorporar permanentemente ao solo, de modo que não se possa retirar sem destruição.
(D) A moeda é coisa incerta e fungível.

A: correta (art. 101 do CC); **B:** correta (art. 83, I e III, do CC e art. 3.º da Lei 9.610/1998); **C:** incorreta, devendo ser assinalada. Imóveis por acessão intelectual são aqueles que o proprietário imobiliza por sua vontade, empregando-os intencionalmente em sua exploração industrial, aformoseamento ou comodidade. **D:** correta. De fato moeda é fungível e incerta eis que pode ser substituída.

Gabarito "C"

(OAB/Exame Unificado – 2004.ES) Acerca dos bens, assinale a opção incorreta.

(A) Se, no contrato de compra e venda de um imóvel rural, nada se dispuser sobre o destino dos bens móveis que servem aos fins do imóvel, deve-se entender que esses bens não foram objeto da negociação.
(B) Os produtos de uma exploração do solo são bens acessórios e, não obstante não terem existência própria, podem ser objeto de ato negocial por vontade das partes ou por circunstâncias do próprio negócio.
(C) O direito à sucessão aberta é um bem incorpóreo considerado por lei como imóvel para que possa receber proteção jurídica.
(D) São fungíveis os bens que, por sua qualidade individual, têm valor especial e não podem ser substituídos sem que haja alteração de seu conteúdo.

A e **B:** corretas (art. 94 do CC); **C:** correta (art. 80, II, do CC); **D:** incorreta, devendo ser assinalada (art. 85 do CC).

Gabarito "D"

(FGV – 2013) A respeito dos *bens no sistema jurídico pátrio*, é correto afirmar que

(A) os bens móveis são considerados benfeitorias que, não se constituindo partes integrantes, destinam-se de modo duradouro ao uso, ao serviço ou aformoseamento de outro.
(B) o negócio jurídico principal abrange, como regra geral, as pertenças, salvo se a lei, a vontade dos declarantes ou as circunstâncias do ato dispuserem de forma diferente.
(C) a *enfiteuse* e as ações negatórias de servidão são bens móveis por destinação legal.

(D) as quotas de uma sociedade empresária e os créditos em geral são considerados bens móveis.
(E) os bens móveis e imóveis são sempre consumíveis.

A: incorreta, pois esse é o conceito de pertenças e não o de bens móveis (art. 93 do CC). Bens móveis são aqueles suscetíveis de movimento próprio, ou de remoção por força alheia, sem alteração da substância ou da destinação econômico-social (art. 82 do CC); **B:** incorreta, pois os negócios jurídicos que dizem respeito ao bem principal não abrangem as pertenças, salvo se o contrário resultar da lei, da manifestação de vontade, ou das circunstâncias do caso (art. 94 do CC); **C:** incorreta, pois os bens móveis por destinação legal são apenas aqueles previstos no art. 83 do CC; **D:** correta (art. 83, III do CC); **E:** incorreta, pois são consumíveis apenas os bens móveis cujo uso importa destruição imediata da própria substância, sendo também considerados tais os destinados à alienação (art. 86 do CC). Os bens imóveis são considerados inconsumíveis.

Gabarito "D"

(FGV – 2013) O Código Civil classifica os bens em públicos e particulares. Dentre as características dos bens públicos tem-se, como regra geral, a sua inalienabilidade. Porém, excepcionalmente, o Código Civil estabelece a possibilidade de alienação dos bens públicos.

Assinale a alternativa que indica uma situação em que a excepcional alienação de bens públicos poderá ocorrer.

(A) Podem ser alienados desde que afetados a prestação de um serviço público.
(B) Podem ser alienados desde que sejam bens denominados de uso comum do povo, enquanto conservarem a sua qualificação, na forma que a lei determinar.
(C) Podem ser alienados desde que sejam bens de uso especial, independentemente de lei autorizadora.
(D) Podem ser alienados desde que sejam bens dominicais, observadas as exigências legais.
(E) Podem ser alienados desde que sejam bens públicos sujeitos à prescrição aquisitiva.

A: incorreta, pois os bens que estiverem afetados a prestação de serviços público não podem ser alienados (art. 100 do CC); **B:** incorreta, pois enquanto conservarem essa qualificação de bem do uso comum do povo, eles são considerados inalienáveis (art. 100 do CC); **C:** incorreta, pois enquanto conservarem a qualificação de bem de uso especial também não podem ser alienados, salvo a presença de lei autorizadora (art. 100 do CC); **D:** correta, pois os bens dominicais podem ser alienados, uma vez que são bens desafetados (art. 101 do CC); **E:** incorreta, pois os bens públicos não estão sujeitos à prescrição aquisitiva (art. 102 do CC), logo não há falar-se em alienação por esta causa.

Gabarito "D"

(FGV – 2010) Caio, visitando a cidade de Macapá, admirou-se com a beleza da Praça Barão do Rio Branco e da Praça São Sebastião, locais aprazíveis onde a população local realiza atividades diárias, unindo cidadãos jovens, com outros mais experimentados pela vida. As praças abrigam atividade do Município, em prol da comunidade. Os eventos ali realizados são gratuitos, mas a presença de vendedores ambulantes somente ocorre mediante autorização do Município de Macapá, por meio do pagamento de dinheiro, depositado nos cofres públicos, cujo valor é destinado à manutenção do local.

Diante do exposto acima, analise as afirmativas a seguir:

I. as praças, como bens públicos, somente podem ser utilizadas gratuitamente;
II. a atividade dos ambulantes, como vendedores de mercadorias, não pode ser autorizada pelo Município, em praças;
III. a população utiliza as praças, em regra, sem gerar qualquer contribuição pecuniária ao poder público municipal;
IV. sendo bens de uso especial, as praças podem ser cercadas e fechadas ao uso da coletividade;
V. o Município pode regular as atividades na praça, determinando o uso gratuito ou remunerado das atividades ali realizadas.

Assinale:

(A) se somente a afirmativa I for verdadeira.
(B) se somente as afirmativas I e IV forem verdadeiras.
(C) se somente as afirmativas I e II forem verdadeiras.
(D) se somente as afirmativas II, IV e V forem verdadeiras.
(E) se somente as afirmativas III e V forem verdadeiras.

I: incorreta, pois, dependendo da utilização da praça, é possível a cobrança; por exemplo, quando se concede a alguém permissão de uso da praça para instalação de uma banca de jornal, esse uso permitido geralmente é retribuído; **II:** incorreta, podendo ser atribuído aos ambulantes autorização ou permissão de uso de bem público, de acordo com a duração da faculdade estatal concedida ao interessado; **III:** correta, pois, como regra, as pessoas podem usar os bens de uso comum do povo, como as praças, sem ter de pagar retribuição; **IV:** incorreta, pois a praça não é um bem de uso especial, mas um bem de uso comum do povo, cuja característica principal é possibilitar o uso aos particulares; **V:** correta, pois o Código Civil admite que, nos termos da lei, o uso comum dos bens públicos seja retribuído.

Gabarito "E"

(FGV – 2010) Para os efeitos legais, consideram-se *bens móveis*:

(A) as energias que tenham valor econômico.
(B) as edificações que, separadas do solo, mas conservando a sua unidade, forem removidas para outro local.
(C) os materiais provisoriamente separados de um prédio, para nele se reempregarem.
(D) o direito à sucessão aberta.
(E) as coisas artificialmente incorporadas ao solo.

A: correta (art. 83, I, do CC); **B:** incorreta, pois se trata de bem imóvel (art. 81, I, do CC); **C:** incorreta, pois se trata de bem imóvel (art. 81, II, do CC); **D:** incorreta, pois se trata de bem imóvel (art. 80, II, do CC); **E:** incorreta, pois se trata de bem imóvel (art. 79 do CC).

Gabarito "A"

(FGV – 2008) A respeito dos bens públicos, é correto afirmar que:

(A) são inalienáveis, exceto quando desafetados, autorizando a lei ordinária sua venda.
(B) são inalienáveis, exceto se lei complementar autorizar sua alienação.
(C) são sempre inalienáveis.
(D) são inalienáveis, se forem de uso especial.
(E) são inalienáveis, se forem de uso comum.

Os bens públicos são, em regra, inalienáveis. Somente poderão ser alienados os bens públicos dominicais, observadas as exigências da lei (arts. 100 e 101, do CC).

Gabarito "A"

(FGV – 2007) A transmissão de bens móveis se aperfeiçoa:

(A) pela tradição.
(B) pela compra e venda.
(C) pelo pagamento do preço.
(D) pelo acordo de vontade.

Art. 1.267 do CC.
Gabarito "A"

2.4. FATOS JURÍDICOS

2.4.1. ESPÉCIES, FORMAÇÃO, CLASSIFICAÇÃO E TEMAS GERAIS

(OAB/Exame Unificado – 2012.1) Mauro, entristecido com a fuga das cadelinhas Lila e Gopi de sua residência, às quais dedicava grande carinho e afeição, promete uma vultosa recompensa para quem eventualmente viesse a encontrá-las. Ocorre que, no mesmo dia em que coloca os avisos públicos da recompensa, ao conversar privadamente com seu vizinho João, afirma que não irá, na realidade, dar a recompensa anunciada, embora assim o tenha prometido. Por coincidência, no dia seguinte, João encontra as cadelinhas passeando tranquilamente em seu quintal e as devolve imediatamente a Mauro. Neste caso, é correto afirmar que:

(A) a manifestação de vontade no sentido da recompensa subsiste em relação a João ainda que Mauro tenha feito a reserva mental de não querer o que manifestou originariamente.
(B) a manifestação de vontade no sentido da recompensa não subsiste em relação a João, pois este tomou conhecimento da alteração da vontade original de Mauro.
(C) a manifestação de vontade no sentido da recompensa não mais terá validade em relação a qualquer pessoa, pois ela foi alterada a partir do momento em que foi feita a reserva mental por parte de Mauro.
(D) a manifestação de vontade no sentido da recompensa subsiste em relação a toda e qualquer pessoa, pois a reserva mental não tem o condão de modificar a vontade originalmente tornada pública.

Segundo o art. 110 do CC, "a manifestação de vontade subsiste ainda que o seu autor haja feito a reserva mental de não querer o que manifestou, *salvo se dela o destinatário tinha conhecimento*" (g.n.). Mauro, apesar de ter prometido recompensa a quem achasse suas cadelinhas, deixou claro para João que não cumpriria a recompensa anunciada. Ou seja, deixou claro para o destinatário de sua conversa privada sua "reserva mental de não querer o que manifestou". Assim, como quem achou as cadelinhas foi justamente o destinatário (João) da informação de que o promitente (Mauro) não cumpriria sua vontade, João NÃO terá direito à recompensa, já que a vontade de Mauro não subsistirá. Dessa forma, as alternativas "A" e "D" estão incorretas, pois a manifestação de Mauro não subsistirá. A alternativa "C" está incorreta, pois apenas em relação ao destinatário da informação sobre a reserva mental é que a vontade não subsistirá. E a alternativa "B" está correta, pois está de acordo com a conclusão que alcançamos a partir da interpretação do art. 110 do CC.
Gabarito "B"

(OAB/Exame Unificado – 2008.3) A respeito do fato jurídico, assinale a opção correta.

(A) A decadência extingue a pretensão e, por via oblíqua, o direito.
(B) Pode haver renúncia à prescrição antes da consumação do respectivo prazo, desde que não haja prejuízo a terceiros.
(C) Ato jurídico em sentido estrito é o que surge como mero pressuposto de efeito jurídico preordenado pela lei sem função e natureza de autorregulamento.
(D) O negócio jurídico, ato independente da vontade humana, produz efeitos jurídicos, criando, modificando ou extinguindo direitos.

A: incorreta, pois decadência é a extinção do direito; **B:** incorreta (art. 191 do CC); **C:** correta, pois os atos jurídicos em sentido estrito são aqueles decorrentes de uma vontade moldada perfeitamente pelos parâmetros legais, ou seja, uma manifestação volitiva submissa à lei; **D:** incorreta, pois negócio jurídico é todo ato decorrente de uma vontade autorregulada, onde uma ou mais pessoas se obrigam a efetuar determinada prestação jurídica colimando a consecução de determinado objetivo.
Gabarito "C"

(OAB/Exame Unificado – 2008.1) São negócios jurídicos unilaterais

(A) A troca ou permuta e a doação.
(B) O comodato e o mútuo.
(C) A promessa de recompensa e a gestão de negócios.
(D) A fiança e a transação.

Realmente os negócios jurídicos unilaterais são aqueles que se aperfeiçoam com uma única manifestação de vontade, como é o caso da promessa de recompensa e da gestão de negócios, regulamentados no Título VII (Atos Unilerais – arts. 854 a 875), do Livro I da Parte Especial do Código Civil (Direito das Obrigações).
Gabarito "C"

(OAB/Exame Unificado – 2007.3) São exemplos de fatos jurídicos *stricto sensu:*

(A) A declaração, o testamento, a residência.
(B) O contrato, o testamento, a aluvião.
(C) A descoberta de tesouro, a dívida de jogo, o nascimento
(D) O nascimento, a morte, a aluvião.

Realmente, a doutrina conceitua fatos jurídicos *stricto sensu* como sendo os fatos naturais sem levar em consideração a vontade, intenção ou consciência do agente.
Gabarito "D"

(OAB/Exame Unificado – 2007.1) Acerca do negócio jurídico, assinale a opção incorreta.

(A) Negócio jurídico unilateral não receptício é um ato de autonomia privada que se aperfeiçoa pela declaração do seu autor e produz seus efeitos sem a necessidade de aceitação e conhecimento por parte do seu destinatário.
(B) A validade do negócio jurídico requer capacidade do agente. Nesse sentido, tal requisito tipifica a um só tempo elementos de existência e pressupostos de validade do negócio jurídico.
(C) A reserva mental ilícita ou irregular torna nula a declaração da vontade, se desconhecida da outra parte ao tempo da consumação do negócio jurídico.
(D) Representante legal é a pessoa munida de mandato, expresso ou tácito, outorgado pelo representado.

A: correta. De fato o negócio unilateral não receptício independe da aceitação da outra parte; **B:** correta (art. 104 do CC); **C:** correta (art. 110 do CC); **D:** incorreta, devendo ser assinalada. De fato, a pessoa munida de mandato é mandatária. Representação deriva de lei ou contrato (art. 115 do CC).

Gabarito "D"

(FGV – 2008) Admite-se a revisão do negócio jurídico diferido, se a prestação de uma das partes se tornar excessivamente onerosa com extrema vantagem para outra, sendo esse um elemento:

(A) acidental.

(B) essencial.

(C) substancial.

(D) exógeno.

(E) endógeno.

Trata-se de um elemento acidental, pois a desproporção superveniente por fato novo é algo *eventual* (*acidental*), e não algo *certo* (*esperado*) durante a execução de negócio jurídico.

Gabarito "A"

(FGV – 2008) A doutrina dos atos próprios, no âmbito do Código Civil de 2002, foi acolhida como:

(A) regra.

(B) postulado.

(C) princípio.

(D) preceito.

(E) norma.

As alternativas "A", "D" e "E" se excluem, por dizerem respeito ao mesmo objeto. Princípios *são normas jurídicas de especial relevância e alta carga valorativa que, além de vincularem, servem de vetor interpretativo*. E Postulados *são normas estruturantes da aplicação de princípios e regras*. Os postulados podem ser vistos como critérios a serem utilizados para se examinar qual princípio irá incidir, como é o caso do postulado da proporcionalidade. Os princípios da razoabilidade e da proporcionalidade são considerados, portanto, postulados. Considerando que a *doutrina dos atos próprios* determina a *vedação do comportamento contraditório*, partindo do pressuposto de que as partes devem manter sua forma de agir, evitando posturas contraditórias (*venire contra factum proprium*) e atuando com coerência, tal doutrina orientará a aplicação do princípio da boa-fé objetiva no caso concreto, bem como a interpretação das regras a serem observadas por parte de cada contratante, em se tratando de um contrato, por exemplo. Vale apontar que essa questão da FGV é considerada difícil e polêmica.

Gabarito "B"

(FGV – 2006) É ato jurídico bilateral e sinalagmático:

(A) doação.

(B) promessa de recompensa.

(C) permuta.

(D) comodato.

(E) depósito gratuito.

Permuta é contrato bilateral e sinalagmático, pois gera obrigações para ambos os contratantes.

Gabarito "C"

(FGV – 2005) Assinale a alternativa correta.

(A) O Código Civil prevê a doação condicional e a doação remuneratória.

(B) O descumprimento do encargo não importa a revogação da doação onerosa se o donatário incorrer em mora.

(C) A prova de um fato jurídico por confissão não pode ser anulada sob qualquer pretexto.

(D) É vedada a transferência do contrato de seguro de dano a terceiro com a cessão do interesse segurado.

(E) O fiador não pode se sub-rogar nos direitos do credor, mesmo que pague integralmente a dívida.

A: correta (art. 540 do CC); **B:** incorreta (art. 562 do CC); **C:** incorreta (art. 214 do CC); **D:** incorreta (art. 785, *caput*, do CC); **E:** incorreta (art. 831, *caput*, do CC).

Gabarito "A"

2.4.2. CONDIÇÃO, TERMO E ENCARGO

(OAB/Exame Unificado – 2012.3.B) João prometeu doar seu imóvel em Búzios a José se o seu time de futebol do coração, o América/RJ, for campeão carioca em 2013. Assim sendo, sobre a condição imposta para a doação, assinale a afirmativa correta.

(A) Trata-se de condição puramente potestativa, sendo lícita por depender de manifestação da vontade de uma das partes.

(B) Subordinando-se a eficácia do negócio jurídico à condição suspensiva, enquanto esta não se verificar, não terá Roberto adquirido o direito nele previsto.

(C) É defeso a Roberto, titular do direito eventual, praticar atos destinados à sua conservação.

(D) Trata-se de condição meramente potestativa, sendo, pois, ilícita, uma vez que sujeita ao puro arbítrio de uma das partes.

A: incorreta, pois a condição puramente potestativa é aquele que depende exclusivamente da vontade de alguém, o que não acontece no caso, pois se o time vai ou não ganhar o campeonato é algo que não depende da vontade de João; **B:** correta; trata-se de *condição* (e não de *termo*), pois a eficácia do negócio depende de um evento futuro em incerto (o time de futebol ganhar o campeonato), nos termos do art. 121 do CC; quanto ao tipo de condição, tem-se no caso a condição *suspensiva*, pois os efeitos do negócio ficam suspensos enquanto a condição (time ganhar o campeonato) não se verificar (art. 125 do CC); **C:** incorreta, pois esse direito existe (art. 130 do CC); **D:** incorreta, pois é a condição *puramente potestativa* (e não *meramente potestativa*) que se sujeita ao puro arbítrio de uma das partes.

Gabarito "B"

(OAB/Exame Unificado – 2011.3.A) A condição, o termo e o encargo são considerados elementos acidentais, facultativos ou acessórios do negócio jurídico, e têm o condão de modificar as consequências naturais deles esperadas. A esse respeito, é correto afirmar que:

(A) se considera condição a cláusula que, derivando da vontade das partes ou de terceiros, subordina o efeito do negócio jurídico a evento futuro e incerto.

(B) se for resolutiva a condição, enquanto esta se não realizar, não vigorará o negócio jurídico, não se podendo exercer desde a conclusão deste o direito por ele estabelecido.

(C) o termo inicial suspende o exercício, mas não a aquisição do direito e, salvo disposição legal ou convencional em contrário, computam-se os prazos, incluindo o dia do começo e excluindo o do vencimento.

(D) se considera não escrito o encargo ilícito ou impossível, salvo se constituir o motivo determinante da liberalidade, caso em que se invalida o negócio jurídico.

A: incorreta, pois a condição deriva apenas da vontade das partes, e não de terceiros (art. 121 do CC); **B:** incorreta, pois, pendente a condição resolutiva, o negócio vigorará sim, ou seja, produzirá efeitos normalmente, até que a condição resolutiva aconteça (art. 127 do CC), ocasião em que o negócio se resolve, ou seja, deixa de produzir efeitos; **C:** incorreta, pois, apesar de correta a primeira frase da alternativa (art. 131 do CC), é incorreta a informação de que, na contagem dos prazos, inclui-se o dia do começo e exclui-se o dia do vencimento, já que o Código Civil dispõe justamente no sentido contrário, ou seja, computam-se os prazos, excluído o dia do começo, e incluído o do vencimento; **D:** correta (art. 137 do CC).

Gabarito "D"

(OAB/Exame Unificado – 2007.3) Não comporta condição o ato:

(A) mútuo.

(B) de compra e venda.

(C) de doação.

(D) de aceitação ou de repúdio a herança.

Art. 1.808 do CC.

Gabarito "D"

(OAB/Exame Unificado – 2007.1) No que se refere ao termo ou condição e aos defeitos do negócio jurídico, julgue os itens abaixo.

I. A condição é a cláusula que subordina o efeito do negócio jurídico, oneroso ou gratuito, a evento futuro e incerto, e tem aceitação voluntária.

II. Em face da condição resolutiva, tem-se mera expectativa de direito ou direito eventual pendente.

III. O vício resultante da coação causa a anulabilidade do negócio jurídico, mas é passível de ratificação pelas partes, ressalvado direito de terceiro.

IV. Na fraude contra credores, o ato de alienação de bens praticado pelo devedor é nulo de pleno direito e dispensa a propositura de ação própria para anulação do negócio jurídico.

Estão certos apenas os itens

(A) I e II.

(B) I e III.

(C) II e IV.

(D) III e IV.

I: correta (art. 121 do CC); **II:** incorreta (art. 127 do CC); **III:** correta (arts. 171, II, e 172 do CC); **IV:** incorreta (art. 158 do CC).

Gabarito "B"

(FGV – 2008) A afirmativa "Pagarei a coisa adquirida quando a revender" representa condição:

(A) puramente potestativa.

(B) simplesmente potestativa.

(C) eventual.

(D) resolutiva.

(E) suspensiva.

As condições *simplesmente potestativas* exigem a ocorrência de fato estranho ao mero arbítrio da parte, como é o caso da revenda do bem, que não depende somente da parte, mas de fato alheio à sua vontade, que é um terceiro adquirir o bem. Nesses casos a condição é lícita porque não fica exclusivamente ao arbítrio de uma das partes (art. 122 do CC).

Gabarito "B"

(FGV – 2007) Em relação ao ato jurídico, a condição suspensiva é causa de:

(A) nulidade

(B) ineficácia

(C) inexistência

(D) anulabilidade

Trata-se de ato ineficaz porque ele já existe, é válido, mas, enquanto não realizada a condição, o ato permanece ineficaz.

Gabarito "B"

(FGV – 2006) Assinale o nome do fato jurídico em que a eficácia de negócio jurídico é submetida, por vontade das partes, a evento futuro e incerto.

(A) Condição

(B) Condição resolutiva

(C) Condição potestativa

(D) Encargo

(E) Termo final

Arts. 121 e 127 do CC.

Gabarito "B"

2.4.3. DEFEITOS DO NEGÓCIO JURÍDICO

(OAB/Exame Unificado – 2013.1) João, credor quirografário de Marcos em R$ 150.000,00, ingressou com Ação Pauliana, com a finalidade de anular ato praticado por Marcos, que o reduziu à insolvência. João alega que Marcos transmitiu gratuitamente para seu filho, por contrato de doação, propriedade rural avaliada em R$ 200.000,00.

Considerando a hipótese acima, assinale a afirmativa correta.

(A) Caso o pedido da Ação Pauliana seja julgado procedente e seja anulado o contrato de doação, o benefício da anulação aproveitará somente a João, cabendo aos demais credores, caso existam, ingressarem com ação individual própria.

(B) O caso narrado traz hipótese de fraude de execução, que constitui defeito no negócio jurídico por vício de consentimento.

(C) Na hipótese de João receber de Marcos, já insolvente, o pagamento da dívida ainda não vencida, ficara João obrigado a repor, em proveito do acervo sobre que se tenha de efetuar o concurso de credores, aquilo que recebeu.

(D) João tem o prazo prescricional de dois anos para pleitear a anulação do negócio jurídico fraudulento, contado do dia em que tomar conhecimento da doação feita por Marcos.

A: incorreta, pois, julgada procedente a ação, o negócio é anulado (art. 171, II, do CC), retornando ao patrimônio do devedor (no caso, Marcos), permitindo que os demais credores também se beneficiem disso; **B:** incorreta, pois a fraude de execução acontece quando o credor já ingressou com ação de cobrança e, no bojo desta, o devedor vem a se desfazer de modo fraudulento de seu patrimônio; **C:** correta (art. 162 do CC); **D:** incorreta, pois é de 4 anos o prazo para pleitear-se a anulação do negócio jurídico com fraude contra credores, contados do dia em que se realizou o negócio jurídico (art. 178, II, do CC).

Gabarito "C"

(OAB/Exame Unificado – 2012.2) Em relação aos defeitos dos negócios jurídicos, assinale a afirmativa **incorreta.**

(A) A emissão de vontade livre e consciente, que corresponda efetivamente ao que almeja o agente, é requisito de validade dos negócios jurídicos.

(B) O erro acidental é o que recai sobre características secundárias do objeto, não sendo passível de levar à anulação do negócio.

(C) A simulação é causa de anulação do negócio, e só poderá ocorrer se a parte prejudicada demonstrar cabalmente ter sido prejudicada por essa prática.

(D) O objetivo da ação pauliana é anular o negócio praticado em fraude contra credores.

A: correta; de fato, é requisito de validade do negócio jurídico a emissão de vontade livre e consciente, ou seja, sem coação, erro ou dolo; **B:** correta, pois, de fato, somente o erro substancial configura o defeito previsto no art. 138 do CC, defeito esse que gera a anulabilidade do negócio jurídico; **C:** incorreta, devendo ser assinalada; a simulação é causa de nulidade, e não de anulabilidade do negócio (art. 167 do CC); **D:** correta; de fato, a ação pauliana é ação prevista para anular negócio praticado em fraude contra credores (arts. 158 a 165 do CC).

Gabarito "C"

(OAB/Exame Unificado – 2011.3.B) Considerando o instituto da lesão, é correto afirmar que:

(A) a desproporção entre as prestações deve se configurar somente no curso de contrato.

(B) os efeitos da lesão podem se manifestar no curso do contrato, desde que sejam provenientes de desproporção entre as prestações existente no momento da celebração do contrato.

(C) a desproporção entre as prestações surge em razão de fato superveniente à celebração do contrato.

(D) os efeitos da lesão decorrem de um fato imprevisto.

A e **C:** incorretas, pois a desproporção entre as prestações deve se configurar no momento da celebração do contrato; ou seja, o contrato já deve nascer manifestamente desproporcional; desproporções que ocorrem no curso do contrato dão ensejo à aplicação da regra da onerosidade excessiva (art. 478 do CC), e não do instituto da lesão (art. 157 do CC); **B:** correta, pois, apesar de a desproporção das obrigações ter de ocorrer no momento da celebração do contrato, pode ser que os efeitos da lesão só ocorram no curso do contrato; um exemplo é um contrato manifestamente desproporcional, em que a parte prejudicada tenha que entregar a sua prestação apenas alguns meses após a celebração do contrato; **D:** incorreta, pois os efeitos da lesão decorrem diretamente da celebração de um contrato já com uma manifesta desproporção entre as prestações das partes, não sendo necessário que ocorra, depois, um fato imprevisto, para a configuração do instituto.

Gabarito "B"

(OAB/Exame Unificado – 2011.1) O negócio jurídico depende da regular manifestação de vontade do agente envolvido. Nesse sentido, o art. 138 do Código Civil dispõe que "são anuláveis os negócios jurídicos quando as declarações de vontade emanarem de erro substancial que poderia ser percebido por pessoa de diligência normal, em face das circunstâncias do negócio".

Relativamente aos defeitos dos negócios jurídicos, assinale a alternativa correta.

(A) O erro não prejudica a validade do negócio jurídico quando a pessoa, a quem a manifestação de vontade se dirige, se oferecer para executá-la na conformidade da vontade real do manifestante.

(B) O falso motivo, por sua gravidade, viciará a declaração de vontade em todas as situações e, por consequência, gerará a anulação do negócio jurídico.

(C) O erro de cálculo gera a anulação do negócio jurídico, uma vez que restou viciada a declaração de vontade nele baseada.

(D) O erro é substancial quando concerne à identidade ou à qualidade essencial da pessoa a quem se refira a declaração de vontade, ainda que tenha influído nesta de modo superficial.

A: correta (art. 144 do CC); **B:** incorreta, pois o falso motivo só vicia a declaração de vontade quando expresso como razão determinante (art. 140 do CC); **C:** incorreta, pois o erro de cálculo apenas autoriza a retificação da declaração de vontade (art. 143 do CC); **D:** incorreta, pois o erro substancial, nesse caso, deve influir na vontade de modo relevante (art. 139, II, do CC), e não de modo superficial.

Gabarito "A"

(OAB/Exame Unificado – 2010.1) A respeito dos defeitos dos negócios jurídicos, assinale a opção correta.

(A) A lesão é um defeito que surge concomitantemente à realização do negócio e enseja a sua anulabilidade. Entretanto, permite-se a revisão contratual para evitar a anulação, aproveitando-se, assim, o negócio.

(B) Se, na celebração do negócio, uma das partes induzir a erro a outra, levando-a a concluir o negócio e a assumir uma obrigação desproporcional à vantagem obtida pelo outro, esse negócio será nulo porque a manifestação de vontade emana de erro essencial e escusável.

(C) O dolo acidental, a despeito do qual o negócio seria realizado, embora por outro modo, acarreta a anulação do negócio jurídico.

(D) Tratando-se de negócio jurídico a título gratuito, somente se configura fraude quando a insolvência do devedor seja notória ou haja motivo para ser conhecida, admitindo-se a anulação do negócio pelo credor.

A: correta. De acordo com o art. 157, § 2.º, do CC, "não se decretará a anulação do negócio, se for oferecido suplemento suficiente, ou se a parte favorecida concordar com a redução do proveito". Segundo César Fiúza (**Direito Civil** – curso completo. 12.ª ed., p. 242), "primeiramente, a lesão deve ocorrer no momento da celebração do contrato, devendo ser apreciada segundo as circunstâncias deste momento"; **B:** incorreta. Dispõe o art. 138 do CC que o negócio jurídico celebrado em virtude de erro substancial e escusável é anulável, e não nulo; **C:** incorreta. De acordo com o art. 146 do CC, o dolo acidental, a despeito do qual o negócio seria realizado, embora por outro modo, só obriga à satisfação de perdas e danos, logo, não enseja a invalidade do negócio; **D:** incorreta. A fraude a título oneroso só viciaria o ato, tornando-o anulável, se a insolvência do devedor-alienante fosse notória, conhecida do adquirente ou houvesse motivos para conhecê-la. Se ficar provado que a insolvência não era notória, que o adquirente agiu de boa-fé, o ato oneroso de alienação não será anulado, conforme art. 159 do CC. Já a fraude a título gratuito sempre vicia o ato e ocorre mesmo que o devedor ignore sua condição de insolvente, a teor do art 158 do CC, na fraude a título gratuito não se exige que se prove o *consilium fraudis*, ou seja, não há necessidade de se provar a participação do adquirente, a fraude ocorre ainda que o adquirente não saia do estado de insolvência e até mesmo o alienante pode ignorar seu estado de insolvência.

Gabarito "A"

(OAB/Exame Unificado – 2009.2) A respeito dos defeitos e da invalidade do negócio jurídico, assinale a opção correta.

(A) O negócio jurídico resultante do vício de coação não é passível de confirmação, por ser nulo de pleno direito.

(B) Configura-se o vício de lesão quando alguém, premido pela necessidade de salvar a si mesmo, ou a pessoa de sua família, de grave dano conhecido pela outra parte, assume obrigação onerosa.

(C) São anuláveis os negócios jurídicos por vício de erro.

(D) São nulos os negócios jurídicos por vício de dolo.

A: incorreta. Art. 171, II, do CC ("anulável"); **B:** incorreta. Não se deve confundir estado de perigo (art. 156 do CC) com lesão (art. 157 do CC); **C:** correta (arts. 138 e 171, II, do CC); **D:** incorreta (arts. 145 e 171, II, do CC).

Gabarito "C"

(OAB/Exame Unificado – 2008.3) Com relação aos defeitos dos negócios jurídicos, assinale a opção correta.

(A) Configura-se vício da vontade de estado de perigo o fato de uma pessoa emitir declaração de vontade premida pela necessidade de salvar-se, ou a seu cônjuge, descendente, ascendente, ou mesmo alguém a ela ligada por laços de extrema afetividade, assumindo obrigação excessivamente onerosa, ciente a outra parte.

(B) A desconformidade da declaração de vontade do agente com o ordenamento jurídico ou com a vontade real produz negócio jurídico inexistente.

(C) A declaração da vontade eivada por erro substancial e determinante implica a nulidade do negócio jurídico.

(D) Na simulação relativa, ou dissimulação, a declaração de vontade do agente deveria produzir um resultado, mas o agente não pretende resultado algum.

A: correta (art. 156 do CC); **B:** incorreta (art. 104 e 112 do CC); **C:** incorreta (art. 138 do CC); **D:** incorreta (art. 167, § 1.º, do CC).

Gabarito "A"

(OAB/Exame Unificado – 2007.3) No que concerne aos defeitos do negócio jurídico, assinale a opção correta.

(A) Para caracterizar a simulação, defeito sujeito à anulabilidade do negócio jurídico, exige-se que, na conduta do agente, além da intenção de violar dispositivo de lei, haja o desejo de prejudicar terceiros.

(B) Podem demandar a anulabilidade do negócio simulado o terceiro juridicamente interessado e o Ministério Público, sendo vedada aos simuladores a faculdade de alegar a simulação ou requerer em juízo a sua anulação, em litígio comum ou contra terceiros.

(C) A lesão é vício de consentimento que surge concomitantemente com o negócio e acarreta a sua anulabilidade, permitindo-se a revisão contratual para evitar a anulação, aproveitando-se, assim, o negócio.

(D) Se, na celebração do negócio, uma das partes induzir a erro a outra, levando-a a concluir a avença e assumir uma obrigação desproporcional à vantagem obtida pelo outro, esse negócio será nulo porque a manifestação de vontade emana de erro essencial e escusável.

A: incorreta. Simulação é defeito que causa a nulidade do negócio jurídico; **B:** incorreta (art. 168 do CC); **C:** correta (art. 157, §§ 1.º e 2.º, do CC); **D:** incorreta. Erro torna o negócio jurídico anulável (art. 138 do CC).

Gabarito "C"

(OAB/Exame Unificado – 2007.3) A respeito dos fatos, atos e negócios jurídicos, assinale a opção correta.

(A) Só se admite a anulação do negócio jurídico celebrado mediante coação exercida por terceiro quando o beneficiário tiver sabido ou devesse saber da coação. Nesse caso, o beneficiário responde solidariamente com o terceiro pelas perdas e danos causados à vítima.

(B) Configura-se estado de perigo quando uma pessoa, sob premente necessidade, ou por inexperiência, se obriga a prestação manifestamente desproporcional ao valor da contraprestação da outra parte.

(C) O dolo acidental é um vício social e, por afetar a manifestação da vontade do agente, provoca a anulação do negócio jurídico, ainda que a parte a quem aproveite não tenha nem deva ter conhecimento dele.

(D) No negócio jurídico, considera-se condição a cláusula que, derivada exclusivamente da vontade de uma das partes, subordina a existência ou o efeito do negócio a evento futuro, certo e predeterminado.

A: correta (art. 154 do CC); **B:** incorreta (art. 156 do CC); **C:** incorreta (art. 146 do CC); **D:** incorreta (art. 121 do CC).

Gabarito "A"

(OAB/Exame Unificado – 2006.2) A respeito dos defeitos dos negócios jurídicos, assinale a opção correta.

(A) Reputa-se em fraude contra credores a alienação efetuada pelo devedor dos direitos sobre imóvel penhorado em ação de execução, em detrimento da garantia do que este representa a satisfação do crédito alheio. Nessa situação, caracterizam-se má-fé e prejuízo, impondo-se o reconhecimento da nulidade do negócio jurídico.

(B) Os atos simulados são nulos, insuscetíveis de confirmação pelas partes ou de convalidação pelo decurso do prazo. Entretanto, apesar de nulo o negócio, subsiste o ato dissimulado se válido na substância e na forma.

(C) O negócio jurídico apresenta-se defeituoso quando ambas as partes agem reciprocamente com dolo e com errônea transmissão de vontade. Nessa situação, qualquer um dos contratantes pode requerer a anulação do negócio, desde que se responsabilize pelos danos experimentados pelo outro contratante e por aquele causado a terceiro de boa-fé.

(D) A lesão inclui-se entre os vícios de consentimento, ensejando a nulidade absoluta do negócio. Para caracterização da lesão, é necessário que, na conduta do agente, ocorra intenção de lesar terceiro e demonstração da exagerada vantagem auferida por esse na conclusão do negócio.

A: incorreta (art. 158 do CC); **B:** correta (art. 167 do CC); **C:** incorreta (art. 150 do CC); **D:** incorreta (art. 171, II, do CC).

Gabarito "B"

(OAB/Exame Unificado – 2006.1) Acerca dos fatos jurídicos, assinale a opção correta.

(A) Configura-se o estado de perigo quando uma pessoa, por inexperiência ou sob premente necessidade, obriga-se a prestação desproporcional entre as prestações recíprocas, gerando lucro exagerado ao outro contratante. Nessa situação, a pessoa pode demandar a nulidade do negócio jurídico, dispensando-se a verificação do dolo, ou má-fé, da parte adversa.

(B) É válido o ato negocial em que ambas as partes houverem reciprocamente agido com dolo. A nenhuma delas é permitido reclamar indenização, devendo cada uma suportar o prejuízo experimentado.

(C) A simulação relativa é um vício social que acarreta a nulidade do negócio jurídico, não subsistindo o ato negocial, mesmo que seja válido na substância e na forma, por representar declaração enganosa da vontade.

(D) A lesão consiste em declaração enganosa da vontade de um dos participantes do negócio jurídico e inclui-se entre os vícios de consentimento, acarretando a nulidade absoluta do negócio jurídico.

A: incorreta (art. 156 do CC); **B:** correta (art. 150 do CC); **C:** incorreta (art. 167 do CC); **D:** incorreta (art. 157 do CC).

Gabarito "B"

(OAB/Exame Unificado – 2004.ES) No tocante aos defeitos do ato e do negócio jurídico, assinale a opção correta.

(A) Para caracterização do vício da simulação, com a consequente nulidade do negócio jurídico, é necessário que, na conduta do agente, ocorra a intenção de lesar terceiro.

(B) Constatada a ocorrência de vício da simulação no negócio jurídico, admite-se a subsistência do ato dissimulado se este for válido na forma e na substância. Assim, na simulação, sobrevive o negócio jurídico dissimulado, que consistia na verdadeira intenção das partes, e aniquila-se o negócio jurídico simulado, que se apresenta no mundo real, mas veicula vontade enganosa.

(C) O negócio jurídico é anulável, se atingido por erro de direito que recaia sobre norma cogente, bem como sobre norma dispositiva, ambas sujeitas ao livre acordo das partes, mesmo se tal transação fosse considerada legal por uma das partes.

(D) O pagamento de dívida vencida efetuado pelo devedor insolvente a um de seus credores quirografários presume-se em fraude ao concurso de credores, o que obriga o beneficiado a devolver o que recebeu em proveito do acervo do devedor.

A: incorreta (art. 167 do CC); **B:** correta (art. 167 do CC); **C:** incorreta (art. 138 do CC); **D:** incorreta (art. 162 do CC).

Gabarito "B"

(FGV – 2013) Caso haja a prática do dolo num negócio jurídico e seja arguida a sua anulabilidade, é incorreto afirmar que

(A) o silêncio intencional de uma das partes a respeito de fato ou qualidade que a outra parte haja ignorado é considerado dolo, provando-se que sem ele o negócio não se teria celebrado.

(B) o dolo acidental só obriga à satisfação das perdas e danos e é acidental quando, a seu despeito, o negócio seria realizado, embora de outro modo.

(C) o dolo de terceiro gera anulabilidade do negócio jurídico, mesmo quando a parte a quem aproveite dele não tivesse ou devesse ter conhecimento.

(D) o dolo do representante legal de uma das partes só obriga o representado a responder civilmente até a importância do proveito que teve.

(E) os negócios jurídicos são anuláveis por dolo quando este for a sua causa.

A: correta (art. 147 do CC); **B:** correta (art. 146 do CC); **C:** incorreta (devendo ser assinalada), pois o dolo de terceiro gera anulabilidade do negócio jurídico, apenas se a parte a quem aproveite dele tivesse ou devesse ter conhecimento (art. 148 do CC); **D:** correta (art. 149 do CC); **E:** correta (art. 145 do CC).

Gabarito "C"

(FGV – 2013) A cláusula que, derivando exclusivamente da vontade das partes, subordina o efeito do negócio jurídico a evento futuro e incerto, é denominada

(A) simulação.

(B) termo.

(C) lesão.

(D) condição.

(E) erro ou ignorância.

Considera-se condição a cláusula que, derivando exclusivamente da vontade das partes, subordina o efeito do negócio jurídico a evento futuro e incerto (art. 121 do CC).

Gabarito "D"

Pedro, insolvente notório, sabendo que não terá condições de arcar com o pagamento de todas as suas dívidas, resolve vender todos os seus bens com o objetivo de causar prejuízos aos seus credores, impossibilitando-os de receber os respectivos créditos.

(FGV – 2013) Considerando o contexto fático apresentado, assinale o instituto jurídico que se amolda à hipótese.

(A) Lesão.

(B) Dolo.

(C) Estado de perigo.

(D) Fraude contra credores.

(E) Simulação.

A hipótese se amolda à hipótese de fraude contra credores, nos termos do art. 159 do CC.

Gabarito "D"

(FGV – 2008) Solange de Paula move ação anulatória em face do Hospital das Clínicas. Ocorre que, necessitando internar seu marido, não encontrou vaga no SUS, logrando êxito em conseguir a internação em hospital da rede privada, não integrante da rede SUS. O hospital exigiu o depósito de R$ 3,5 mil para a internação e mais R$ 360,00 para exames. Entregues os cheques, após o atendimento, Carmem ingressou em juízo para anular o negócio jurídico. Assinale o melhor fundamento para sua pretensão.

(A) onerosidade excessiva.

(B) lesão.

(C) estado de perigo.

(D) enriquecimento sem causa.

(E) *venire contra factum proprium.*

Art. 156 do CC.

Gabarito "C"

(FGV – 2008) Em relação à fraude, avalie as afirmativas a seguir, atribuindo V para verdadeiro e F para falso.

I. A fraude contra credores representa a frustração do direito potestativo do credor em receber o que lhe é devido.

II. O *animus* de prejudicar não é elemento constitutivo da fraude contra credores.

III. Para que a fraude à execução possa ser reconhecida é indispensável haver uma lide proposta.

IV. Para o reconhecimento da fraude contra credores é necessário propor a ação pauliana.

V. A fraude à execução tem como consequência a anulabilidade do ato fraudulento.

Assinale a sequência correta de cima para baixo.

(A) V – F – V – F – V
(B) F – F – V – V – F
(C) F – V – V – F – F
(D) F – V – F – V – F
(E) V – V – F – V – F

I: Falsa, pois *direito potestativo* é o direito de modificar relação jurídica de alguém (ex: direito de pedir o divórcio), o que não existe quando se tem mero crédito junto a alguma pessoa, hipótese que enseja, preenchidos os demais requisitos, a fraude contra credores; **II:** Falsa, pois a fraude contra credores requer tanto *elemento objetivo* (insolvência), como *elemento subjetivo* (conluio fraudulento), de modo que o *animus* de prejudicar, presente no conluio, é elemento constitutivo da fraude contra credores; **III:** Verdadeira, não se devendo confundir a *fraude contra credores* (instituto de Direito Civil, que gera a anulabilidade do negócio – arts. 171, II, e 158 a 165, todos do CC), com a *fraude à execução* (instituto de Direito Processual, que depende de alienações do devedor quando já pendente ação por parte do credor, gerando a ineficácia do negócio praticado pelo primeiro); **IV:** Verdadeira, pois a anulabilidade só pode ser decretada, mediante o ingresso com ação própria, por sentença (art. 177 do CC), valendo salientar que o art. 161 do CC também exige a propositura de ação; **V:** Falsa, pois, como já mencionado, a venda de bens em fraude à execução torna os negócios *ineficazes* perante o credor, e não *inválidos*.

Gabarito "B"

(FGV – 2008) Na sistemática do Novo Código Civil, se o erro é escusável, o negócio:

(A) prevalecerá.
(B) será declarado nulo.
(C) poderá ser anulado.
(D) será tido por inexistente.
(E) fica sujeito à ratificação.

Erro escusável é o mesmo que erro desculpável. Apenas esse tipo de erro autoriza a anulação do negócio. Já o erro inescusável ou imperdoável, que revela grande falta de atenção e cuidado não típicos da diligência média, não gera a anulabilidade do negócio.

Gabarito "C"

(FGV – 2006) Com a intenção deliberada de prejudicar outrem, pós-data-se o instrumento de negócio jurídico. Aponte o vício ligado a esse procedimento.

(A) dolo acidental.
(B) erro substancial.
(C) simulação.
(D) erro acidental.
(E) fraude.

Art. 167, § 1.º, III, do CC.

Gabarito "C"

2.4.4. VALIDADE E INVALIDADE DO NEGÓCIO JURÍDICO

(OAB/Exame Unificado – 2014.2) Maria Clara, então com dezoito anos, animada com a conquista da carteira de habilitação, decide retirar suas economias da poupança para adquirir um automóvel. Por saber que estava no início da sua carreira de motorista, resolveu comprar um carro usado e pesquisou nos jornais até encontrar um modelo adequado. Durante a visita de Maria Clara para verificar o estado de conservação do carro, o proprietário, ao perceber que Maria Clara não era conhecedora de automóveis, informou que o preço que constava no jornal não era o que ele estava pedindo, pois o carro havia sofrido manutenção recentemente, além de melhorias que faziam com que o preço fosse aumentado em setenta por cento. Com esse aumento, o valor do carro passou a ser maior do que um modelo novo, zero quilômetro. Contudo, após as explicações do proprietário, Maria Clara fechou o negócio. Sobre a situação apresentada no enunciado, assinale a opção correta.

(A) Maria Clara sofreu coação para fechar o negócio, diante da insistência do antigo proprietário e, por isso, pode ser proposta a anulação do negócio jurídico no prazo máximo de três anos.

(B) O negócio efetuado por Maria Clara não poderá ser anulado porque decorreu de manifestação de vontade por parte da adquirente. Dessa forma, como não se trata de relação de consumo, Maria Clara não possui essa garantia.

(C) O pai de Maria Clara, inconformado com a situação, pretende anular o negócio efetuado pela filha, porém, como já se passaram três anos, isso não será mais possível, pois já decaiu seu direito.

(D) O negócio jurídico efetuado por Maria Clara pode ser anulado; porém, se o antigo proprietário concordar com a diminuição no preço, o vício no contrato estará sanado.

A: incorreta, pois não houve coação afinal em nenhum momento foi incutido em Maria Clara fundado temor de dano iminente e considerável à ela, à sua família, ou aos seus bens (art. 151, *caput*, do CC); **B:** incorreta, pois o negócio jurídico por ser anulado por estar eivado de um vício de consentimento, haja vista que a desproporção do preço pago pelo veículo. O vício presente é a lesão (art. 157, *caput*, do CC); **C:** incorreta, pois o prazo decadencial para se requerer a anulação do negócio jurídico é de 4 anos (art. 178, II do CC); **D:** correta, pois por tratar-se da hipótese de lesão, o negócio jurídico não será anulado se for oferecido suplemento suficiente, ou se a parte favorecida concordar com a redução do proveito (art. 157, § 2º, do CC).

Gabarito "D"

(OAB/Exame Unificado – 2014.1) Lúcia, pessoa doente, idosa, com baixo grau de escolaridade, foi obrigada a celebrar contrato particular de assunção de dívida com o Banco FDC S.A., reconhecendo e confessando dívidas firmadas pelo seu marido, esse já falecido, e que não deixara bens ou patrimônio a inventariar. O gerente do banco ameaçou Lúcia de não efetuar o pagamento da pensão deixada pelo seu falecido marido, caso não fosse assinado o contrato de assunção de dívida.

Considerando a hipótese acima e as regras de Direito Civil, assinale a afirmativa correta.

(A) O contrato particular de assunção de dívida assinado por Lúcia é anulável por erro substancial, pois Lúcia manifestou sua vontade de forma distorcida da realidade, por entendimento equivocado do negócio praticado.
(B) O ato negocial celebrado entre Lúcia e o Banco FDC S.A. é anulável por vício de consentimento, em razão de conduta dolosa praticada pelo banco, que ardilosamente falseou a realidade e forjou uma situação inexistente, induzindo Lúcia à prática do ato.
(C) O instrumento particular firmado entre Lúcia e o Banco FDC S.A. pode ser anulado sob fundamento de lesão, uma vez que Lúcia assumiu obrigação excessiva sobre premente necessidade.
(D) O negócio jurídico celebrado entre Lúcia e o Banco FDC S.A. é anulável pelo vício da coação, uma vez que a ameaça praticada pelo banco foi iminente e atual, grave, séria e determinante para a celebração da avença.

A: incorreta, pois o erro é o engano cometido pelo próprio agente, sem a indução da parte contrária (art. 138 do CC). O caso em tela não retrata a hipótese de erro, pois Lucia fez tudo de maneira consciente; **B:** incorreta, pois o dolo é o erro induzido pela outra parte, de modo que se a parte tivesse conhecimento daquela causa não realizaria o negócio (art. 145 do CC). No caso, Lúcia tinha pleno conhecimento de tudo o que estava se passando; **C:** incorreta, pois no caso em tela foi incutido o temor em Lúcia para que assinasse a confissão de dívida. O instituto da lesão se dá apenas quando alguém em premente necessidade, ou por inexperiência, se obriga a prestação manifestamente desproporcional ao valor da prestação oposta (art. 157, *caput*, do CC); **D:** correta (art. 151, *caput*, do CC).

Gabarito "D"

(OAB/Exame Unificado – 2011.2) Em instrumento particular, subscrito por duas testemunhas, um menor de 16 anos, sem bens, não estabelecido com economia própria nem exercendo atividade laborativa e sendo apenas estudante do curso secundário, tomou por empréstimo a uma vizinha, sua amiga, a quantia de R$ 5.000,00 (cinco mil reais) para participar de uma campanha de doação de fundos para seu time de futebol, autorizando que a referida mutuante entregasse, em nome do mutuário, a referida importância diretamente ao clube esportivo, o que foi feito. Não foi fixado prazo para pagamento do mútuo, nem houve previsão de juros, exigindo, entretanto, a credora, a fiança de dois amigos do mutuário, solteiros, maiores e capazes. Recusando-se a pagar o empréstimo, foram procurados o pai e a mãe do mutuário, os quais se negaram a ratificar o empréstimo e se negaram a honrá-lo, sob o argumento de que não o haviam autorizado. Em face disso, assinale a alternativa correta.

(A) Não é válida, no caso, a negativa dos pais em honrar o empréstimo, que poderá ser cobrado deles, mas sem juros.
(B) Presumem-se devidos os juros pelo mutuário e por seus fiadores.
(C) Esse mútuo é uma obrigação que apenas vincula o menor e, assim, quando vencido e não restituído, poderá ser cobrado apenas do mutuário, não sendo exigível dos fiadores, perante os quais é absolutamente ineficaz.
(D) Esse mútuo não pode ser reavido nem do mutuário, nem de seus fiadores.

O caso revela que um absolutamente incapaz celebrou um contrato de mútuo sem a intervenção de seus representantes legais. Nesse caso, como é cediço, temos um ato nulo de pleno direito (art. 166, I, do CC), de modo que a obrigação não pode ser exigida do menor. Ademais, o Código Civil estabelece que ninguém pode reclamar o que, por um obrigação anulada, pagou a um incapaz, se não provar que reverteu em proveito dele a importância paga (art. 181 do CC). No caso, os recursos do empréstimo beneficiaram terceiros também, não havendo como dizer que o valor reverteu em proveito do incapaz. Porém, há mais um ponto a enfrentar. Como fica a situação dos dois fiadores do negócio, que eram solteiros, maiores e capazes? A resposta seria simples: o acessório segue o principal. Ou seja, se o negócio principal (mútuo) é nulo, o negócio acessório (fiança) também o seria. Mas em matéria de fiança essa regra nem sempre se dá quando o negócio principal é nulo (art. 824, *caput*, do CC). Mas, no caso de mútuo feito a menor, as obrigações nulas também tornam nulas as fianças respectivas (art. 824, parágrafo único, do CC).

Gabarito "D"

(OAB/Exame Unificado – 2008.3) Considerando-se os dispositivos do Código Civil relativos ao negócio jurídico e ao direito das obrigações, é correto afirmar que, se um humilde camponês, por meio de um contrato de compra e venda, adquirir algumas glebas de terra de seu vizinho, no valor de R$ 15.000,00, porém aceitar como documentação o simples recibo firmado pela parte adversa, o referido contrato de compra e venda:

(A) Será anulável.
(B) Será inexistente.
(C) será perfeitamente válido.
(D) terá existência fática, porém é nulo.

Art. 166, V, do CC.

Gabarito "D"

(OAB/Exame Unificado – 2008.2) Segundo a doutrina, são pressupostos de validade do negócio jurídico:

(A) Manifestação de vontade; agente emissor de vontade; objeto; forma.
(B) Agente emissor de vontade capaz e legitimado para o negócio; objeto lícito, possível e determinado, ou determinável; forma.
(C) Manifestação de vontade livre; agente emissor de vontade capaz e legitimado para o negócio; objeto lícito, possível e determinado, ou determinável; forma legalmente prescrita ou não defesa em lei.
(D) Manifestação de vontade de boa-fé; agente legitimado para o negócio; objeto lícito, possível e determinado, ou juridicamente determinável.

Art. 104 do CC.

Gabarito "C"

(OAB/Exame Unificado – 2008.1) Acerca dos fatos jurídicos, assinale a opção correta.

(A) Quando a lei não exigir forma expressa, o silêncio indica consentimento ou anuência quanto à manifestação de vontade na interpretação dos negócios jurídicos.
(B) Para que o dolo de terceiro acarrete anulabilidade do negócio jurídico, é exigido que as partes envolvidas no negócio conheçam, de antemão, a existência do dolo.
(C) A nulidade absoluta, por ser de ordem pública, não se convalesce pelo decurso do tempo nem pode ser suprida pelo juiz, ainda que a requerimento dos interessados, sendo insuscetível de confirmação.

(D) O negócio jurídico concluído pelo representante legal em conflito com interesses do representado é anulável, ainda que o terceiro, pessoa com a qual o representante celebra o negócio, não tenha conhecimento de tal conflito. Se restar caracterizada a má-fé desse terceiro, o negócio jurídico é eivado de nulidade absoluta.

A: incorreta (art. 111 do CC); **B:** incorreta. Não é necessário que as partes tenham conhecimento do dolo (art. 148 do CC); **C:** correta (art. 168, parágrafo único, do CC); **D:** incorreta (art. 119 do CC), pois o ato, de qualquer forma, é anulável e não nulo.

Gabarito "C"

(OAB/Exame Unificado – 2008.1) É nulo o negócio jurídico quando:

(A) viciado por erro, dolo, coação, estado de perigo ou lesão.
(B) praticado por pessoa relativamente incapaz, sem a devida assistência legal.
(C) praticado para fraudar credores.
(D) tiver por objetivo fraudar lei imperativa.

A: incorreta (art. 171, II, do CC); **B:** incorreta (art. 171, I, do CC); **C:** incorreta (art. 158 do CC); **D:** correta (art. 166, VI, do CC).

Gabarito "D"

(OAB/Exame Unificado – 2006.3) A propósito dos fatos jurídicos, assinale a opção correta.

(A) O negócio jurídico é nulo quando tiver por objetivo fraudar lei imperativa. Essa nulidade é fixada no interesse de toda a coletividade, tendo alcance geral e eficácia *erga omnes*. Com a declaração da nulidade, o negócio não produzirá qualquer efeito por ofender princípios de ordem pública e conter vícios essenciais.
(B) Configura-se o estado de perigo quando uma pessoa, sob premente necessidade, obriga-se a prestação desproporcional ao valor da prestação oposta, gerando um lucro exagerado ao outro contratante.
(C) É nulo o negócio jurídico celebrado pelo representante legal em conflito com interesses com o representado, por se tratar de vício insanável em face da incapacidade de um dos participantes do negócio, não gerando, por isso, qualquer efeito jurídico, ainda que o terceiro, com o qual o representante celebrou o negócio, não tenha conhecimento da incapacidade do outro contratante.
(D) A transação é um modo de extinção das obrigações oriundas de direitos patrimoniais contestados e tem como condição necessária a existência de ação judicial, por ser a sua finalidade terminar um litígio instaurado entre as partes. Os efeitos da transação começam a partir do trânsito em julgado da sentença homologatória.

A: correta (arts. 166, VI, e 169 do CC); **B:** incorreta (art. 156 do CC); **C:** incorreta (art. 119 do CC); **D:** incorreta (arts. 840 e 841 do CC).

Gabarito "A"

(FGV – 2013) A respeito da validade dos negócios jurídicos, analise as afirmativas a seguir.

I. A nulidade pode ser alegada por qualquer interessado, ou pelo Ministério Público, quando lhe couber intervir e pode ser pronunciada de ofício pelo Juiz.
II. A anulabilidade somente pode ser alegada pelos interessados e aproveita, sem exceções, apenas aos que a alegarem.
III. É nulo o negócio jurídico quando não revestir a forma prescrita em lei e a validade da declaração da vontade é, em regra, livre de forma especial.

Assinale:

(A) se somente as afirmativas I e III estiverem corretas.
(B) se somente as afirmativas I e II estiverem corretas.
(C) se somente a afirmativa II estiver correta.
(D) se somente a afirmativa III estiver correta.
(E) se somente a afirmativa I estiver correta.

I: correta (art. 168 do CC); **II:** incorreta, pois a anulabilidade aproveita exclusivamente aos que a alegarem, salvo o caso de solidariedade ou indivisibilidade (art. 177, *caput*, do CC); **III:** correta (art. 166, IV do CC).

Gabarito "A"

(FGV – 2014) Com relação ao *negócio jurídico*, analise as afirmativas a seguir.

I. Quando a lei proibir a prática de determinado negócio, sem cominar sanção, este deve ser considerado nulo.
II. As nulidades podem ser alegadas somente pelos interessados.
III. As nulidades devem ser pronunciadas pelo juiz, quando conhecer do negócio jurídico ou dos seus efeitos e as encontrar provadas.

(A) se somente a afirmativa III estiver correta.
(B) se somente as afirmativas I e III estiverem corretas.
(C) se somente a afirmativa II estiver correta.
(D) se somente as afirmativas II e III estiverem corretas.
(E) se somente a afirmativa I estiver correta.

I: correta (art. 166, VII do CC); **II:** incorreta, pois as nulidades podem ser alegadas por qualquer interessado, ou pelo Ministério Público, quando lhe couber intervir (art. 168, *caput*, do CC); **III:** correta (art. 168, parágrafo único, do CC).

Gabarito "B"

(FGV – 2010) Com relação à *validade dos negócios jurídicos*, analise as afirmativas a seguir.

I. Quando a lei dispõe que determinado negócio jurídico é anulável, sem estabelecer prazo para pleitear-se a anulação, este prazo será de 2 anos, a contar da data da conclusão do ato.
II. Quando a lei proíbe a prática de um negócio jurídico sem, no entanto, cominar sanção, o negócio jurídico será nulo.
III. O prazo para pleitear-se a anulação de negócio jurídico no caso de erro, dolo, coação, fraude contra credores, estado de perigo ou lesão é contado do dia em que se realizou o negócio jurídico.

Assinale:

(A) se todas as afirmativas estiverem corretas.
(B) se somente as afirmativas I e II estiverem corretas.
(C) se somente as afirmativas I e III estiverem corretas.
(D) se somente as afirmativas II e III estiverem corretas.
(E) se somente a afirmativa III estiver correta.

I: correta (art. 179 do CC); **II:** correta (art. 166, VII, do CC); **III:** incorreta, pois no caso de coação o prazo é contado do dia em que ela cessar (art. 178, I, do CC)

Gabarito "B"

(FGV – 2009) O art. 9.º, § 7.º, da Lei 9.434/1997 determina: *É vedado à gestante dispor de tecidos, órgãos ou partes de seu corpo vivo, exceto quando se tratar de doação de tecido para ser utilizado em transplante de medula óssea e o ato não oferecer risco à sua saúde ou ao feto.* A norma em questão não prevê nenhuma sanção para o caso de seu descumprimento. Diante disso, é correto afirmar que o negócio jurídico para doação de órgãos celebrado por gestante em desconformidade com o art. 9.º, § 7.º, da Lei 9.434/1997 será:

(A) anulável.
(B) nulo.
(C) válido, porém ineficaz.
(D) perfeitamente válido e eficaz.
(E) nulo, mas passível de convalidação, desde que a nulidade seja suprida por decisão judicial.

O negócio é nulo, pois o art. 166, VII, do CC estabelece que são nulos os negócios jurídicos quando a lei "proibir-lhe a prática, sem cominar sanção". No caso, a lei proíbe a prática mencionada, sem cominar sanção para o seu exercício, o que faz surgir esse caso de nulidade.

Gabarito "B"

(FGV – 2008) A escritura pública, lavrada em tabelião, que não contenha sua assinatura no livro de notas será:

(A) nula.
(B) anulável.
(C) inexistente.
(D) ineficaz.
(E) incompleta.

O defeito de forma gera a nulidade absoluta (art. 166, IV, do CC).

Gabarito "A"

(FGV – 2005) Assinale a alternativa correta.

(A) No apreciar a coação, ter-se-ão em conta o sexo, a idade, a condição, a saúde, o temperamento do paciente e todas as demais circunstâncias que possam influir na gravidade dela.
(B) O simples temor reverencial é capaz de caracterizar uma das modalidades de coação.
(C) A insolvência notória não é motivo para tornar anuláveis os contratos onerosos do devedor insolvente.
(D) É nulo o negócio jurídico simulado, não subsistindo o que se dissimulou, ainda que válido na substância e na forma.
(E) É de 5 (cinco) anos o prazo de decadência para pleitear-se a anulação do negócio jurídico.

A: correta (art. 152 do CC); **B:** incorreta (art. 153 do CC); **C:** incorreta (art. 159 do CC); **D:** incorreta (art. 167, *caput*, do CC); **E:** incorreta, o prazo é de 4 anos (art. 178 do CC).

Gabarito "A"

(FGV – 2004) Todo ato jurídico será considerado NULO de pleno direito:

I. quando for preterida alguma solenidade que a lei considere essencial para a sua validade;
II. quando praticado com vício resultante de erro, dolo e simulação;
III. quando praticado com vício resultante de coação ou fraude;
IV. quando praticado por pessoa relativamente incapaz.

Assinale:

(A) se somente a afirmativa I estiver correta.
(B) se somente a afirmativa II estiver correta.
(C) se somente a afirmativa IV estiver correta.
(D) se somente as afirmativas I e III estiverem corretas.
(E) se todas as afirmativas estiverem corretas.

I: correta (art. 166, V, do CC); **II:** incorreta, pois o ato será anulável em caso de vício resultante de erro e dolo (art. 171, II, do CC); **III:** incorreta, pois o ato será anulável em caso de vício resultante de coação ou fraude contra credores (art. 171, II, do CC); **IV:** incorreta, pois o ato será anulável em caso de incapacidade relativa do agente (art. 171, I, do CC).

Gabarito "A"

2.5. PRESCRIÇÃO E DECADÊNCIA

(OAB/Exame Unificado – 2011.2) O decurso do tempo exerce efeitos sobre as relações jurídicas. Com o propósito de suprir uma deficiência apontada pela doutrina em relação ao Código velho, o novo Código Civil, a exemplo do Código Civil italiano e português, define o que é prescrição e institui disciplina específica para a decadência. Tendo em vista os preceitos do Código Civil a respeito da matéria, assinale a alternativa correta.

(A) Quando uma ação se originar de fato que deva ser apurado no juízo criminal, não correrá a prescrição até o despacho do juiz que tenha recebido ou rejeitado a denúncia ou a queixa-crime.
(B) Se a decadência resultar de convenção entre as partes, o interessado poderá alegá-la, em qualquer grau de jurisdição, mas o juiz não poderá suprir a alegação de quem a aproveite.
(C) O novo Código Civil optou por conceituar o instituto da prescrição como a extinção da pretensão e estabelece que a prescrição, em razão da sua relevância, pode ser arguida, mesmo entre os cônjuges enquanto casados pelo regime de separação obrigatória de bens.
(D) Se um dos credores solidários constituir judicialmente o devedor em mora, tal iniciativa não aproveitará aos demais quanto à interrupção da prescrição, nem a interrupção produzida em face do principal devedor prejudica o fiador dele.

A: incorreta, pois, nesse caso, não correrá a prescrição antes da respectiva sentença criminal definitiva; **B:** correta (art. 211 do CC); **C:** incorreta, pois não corre a prescrição (e, portanto, esta não pode ser arguida) na constância da sociedade conjugal (art. 197, I, do CC); **D:** incorreta, pois a interrupção da prescrição por um dos credores solidários aproveita aos outros (art. 204, § 1.º, do CC). Ademais, "a interrupção produzida contra o principal devedor prejudica o fiador" (art. 204, § 3.º, do CC).

Gabarito "B"

(OAB/Exame Unificado – 2010.2) A respeito das diferenças e semelhanças entre prescrição e decadência, no Código Civil, é correto afirmar que:

(A) a prescrição acarreta a extinção do direito potestativo, enquanto a decadência gera a extinção do direito subjetivo.
(B) os prazos prescricionais podem ser suspensos e interrompidos, enquanto os prazos decadenciais legais não se suspendem ou interrompem, com exceção da hipótese de titular de direito absolutamente incapaz, contra o qual não corre nem prazo prescricional nem prazo decadencial.

(C) não se pode renunciar à decadência legal nem à prescrição, mesmo após consumadas.

(D) a prescrição é exceção que deve ser alegada pela parte a quem beneficia, enquanto a decadência pode ser declarada de ofício pelo juiz.

A: incorreta, pois a prescrição acarreta a extinção da *pretensão* (e não do *direito potestativo*), ao passo que a decadência, a extinção do direito *potestativo*; vale aproveitar o ensejo para lembrar que a *pretensão*, quando atua em juízo, pretende a *condenação* de alguém, de modo que os prazos prescricionais estão ligados às *ações condenatórias*; e o *direito potestativo*, por sua vez, é aquele que pretende *interferir na esfera jurídica* de alguém, como é o caso do direito de pedir a anulação de um casamento, que interfere no âmbito jurídico da outra parte; por isso, os prazos decadenciais estão ligados às *ações constitutivas*; **B:** correta, pois os prazos prescricionais podem ser suspensos (arts. 197 a 200 do Código Civil) e interrompidos (art. 202 do Código Civil), ao passo que os prazos decadenciais não podem ser suspensos ou interrompidos (art. 207 do Código Civil), salvo no caso do absolutamente incapaz, contra quem não corre nem prazo prescricional, nem prazo decadencial (art. 208 c.c. art. 198, I); **C:** incorreta, pois cabe renúncia à prescrição, desde que feita depois que esta se consumar (ex: devedor de uma reparação civil, que prescreve em 3 (três) anos, pode, após os 3 (três) anos, dizer que renuncia ao benefício da prescrição, o que autoriza que o credor continue podendo acioná-lo por mais 3 (três) anos); já a decadência legal (ou seja, a fixada em lei), não pode ser objeto de renúncia (art. 209 do Código Civil), tratando-se da única informação verdadeira na alternativa ora em análise; **D:** incorreta, pois tanto a prescrição, como a decadência devem ser pronunciadas de ofício pelo juiz (art. 219, § 5.º, do antigo CPC e art. 210 do CC; art. 487, II, do Novo CPC).

Gabarito "B"

(OAB/Exame Unificado – 2009.2) Assinale a opção correta a respeito da prescrição e da decadência.

(A) A prescrição iniciada contra o credor continua a correr contra o sucessor universal absolutamente incapaz.

(B) Não corre prescrição enquanto pendente a condição suspensiva em relação ao negócio jurídico.

(C) Pode haver renúncia à decadência prevista em lei por aquele que a aproveita.

(D) A pretensão condenatória não exercitada no prazo legal sujeita-se aos efeitos da decadência.

A: incorreta (arts. 196 e 198, I, do CC); **B:** correta (art. 199, I, do CC), **C:** incorreta (art. 209 do CC); **D:** incorreta. A alternativa descreve o instituto da prescrição (art. 189 do CC); há de se lembrar que nas pretensões condenatórias fala-se em prazos *prescricionais*, ao passo que quando se busca provimentos constitutivos está-se diante de prazos *decadenciais*.

Gabarito "B"

(OAB/Exame Unificado – 2009.1) Considerando o importante efeito do decurso de tempo tanto na aquisição quanto na extinção de direitos, assinale a opção correta.

(A) Se a decadência for convencional, o juiz não poderá suprir a alegação.

(B) Se a prescrição não estiver consumada, a renúncia à possibilidade de alegá-la deverá ser expressa.

(C) Se as partes resolverem ampliar prazo prescricional, deverão fazê-lo por escrito.

(D) O juiz só pode conhecer de ofício a prescrição, para favorecer o absolutamente incapaz.

A: correta (art. 211 do CC); **B:** incorreta (art. 191 do CC); **C:** incorreta (art. 192 do CC); **D:** incorreta. O artigo 194 do CC que assim previa foi revogado pela Lei 11.280/2006, que também introduziu o art. 219, § 5.º, do CPC. O art. 487, II, do Novo CPC permite que o juiz de ofício pronuncie a decadência e a prescrição, independentemente de esta favorecer um absolutamente incapaz.

Gabarito "A"

(OAB/Exame Unificado – 2007.3) A perda do direito potestativo e a perda da pretensão em virtude da inércia do titular no prazo determinado por lei vinculam-se, respectivamente, aos conceitos de:

(A) decadência e prescrição.

(B) prescrição e decadência.

(C) omissão e ato ilícito.

(D) ação e omissão.

De fato, a prescrição é a extinção do direito à pretensão (art. 189 do CC) e a decadência importa na perda de um direito previsto em lei.

Gabarito "A"

(OAB/Exame Unificado – 2007.3) Com referência a prescrição e decadência, assinale a opção correta.

(A) A renúncia da prescrição, expressa ou tácita, pode ser feita antes ou depois que ela se consumar, mas só produz os seus efeitos se não prejudicar diretos de terceiros.

(B) Quando o prazo prescricional se inicia com o autor da herança, aquele recomeça a correr contra o seu sucessor, pois a morte é uma das causas da suspensão da prescrição do exercício de ação que envolva direito patrimonial.

(C) Nas obrigações divisíveis e nas indivisíveis, a suspensão da prescrição em favor de um dos credores solidários deve aproveitar os outros credores.

(D) Tratando-se de prazo decadencial estabelecido em lei, por ser matéria de ordem pública, o juiz deve reconhecê-lo de ofício, independentemente de arguição da parte interessada.

A: incorreta (art. 191 do CC); **B:** incorreta (art. 196 do CC); **C:** incorreta (art. 273 do CC); **D:** correta (art. 210 do CC).

Gabarito "D"

(FGV – 2013) Lúcio ingressa com uma ação indenizatória em face de José.

Manoel, juiz incompetente para julgar a ação, ordena a citação, que é promovida no prazo e na forma da lei processual. Ocorre que o processo acabou sendo extinto sem julgamento do mérito.

Diante do contexto descrito, assinale a afirmativa correta.

(A) Não houve interrupção da prescrição, pois o processo foi extinto sem julgamento do mérito.

(B) Não houve interrupção da prescrição, pois o juiz que ordenou a citação era incompetente.

(C) Houve interrupção da prescrição e a citação tornou o juízo prevento.

(D) Somente poderia ocorrer a interrupção da prescrição por ato de ofício do juiz.

(E) Houve interrupção da prescrição e Lúcio, ao ingressar com nova ação, poderá requerer a interrupção novamente da prescrição, pois a primeira ação foi extinta sem julgamento do mérito.

A: incorreta, pois independentemente do processo ter sido julgado extinto sem resolução do mérito, a prescrição foi interrompida porque foi determinada a citação. O mérito as causa em nada influencia sobre a prescrição neste caso (art. 202, I do CC); **B:** incorreta, pois ainda que o juiz seja incompetente, a prescrição será interrompida se a citação for promovida no prazo e na forma da lei processual (art. 202, I do CC); **C:** correta, pois a prescrição foi interrompida e todas as ações que forem distribuídas referente à lide terão a *vis atractiva* para aquele juízo em decorrência da prevenção (art. 202, I do CC e art. 219, *caput*, do CPC; art. 487, II, do Novo CPC); **D:** incorreta, pois a prescrição poderia ser interrompida por qualquer das causas do art. 202 do CC; E: incorreta, pois a interrupção da prescrição apenas ocorre uma vez (art. 202, *caput*, do CC).

Gabarito "C".

(FGV –2013) Considerando as regras atinentes à prescrição e à decadência, assinale a afirmativa correta.

(A) A prescrição iniciada contra uma pessoa não continua a correr contra o seu sucessor.
(B) A decadência legal é de natureza privada, admitindo-se a sua renúncia.
(C) A renúncia da prescrição só pode ser feita de forma expressa.
(D) Havendo suspensão da prescrição em favor de um dos credores solidários, aproveitam os outros independentemente da natureza da obrigação.
(E) O juiz não pode suprir a ausência de alegação de decadência convencional.

A: incorreta, pois a prescrição iniciada contra uma pessoa continua a correr contra o seu sucessor (art. 196 do CC); **B:** incorreta, pois a decadência convencional é de natureza privada, admitindo-se a renúncia (art. 209 do CC); **C:** incorreta, pois a renúncia da prescrição pode ser expressa ou tácita (art. 191 do CC); **D:** incorreta, pois suspensa a prescrição em favor de um dos credores solidários, só aproveitam os outros se a obrigação for indivisível (art. 201 do CC); **E:** correta, pois o juiz só pode conhecer de ofício a decadência legal (art. 210 do CC).

Gabarito "E".

(FGV – 2011) A respeito da prescrição e decadência, é correto afirmar que:

(A) os prazos prescricionais podem ser alterados de comum acordo entre as partes.
(B) a prescrição que tenha sido iniciada contra alguém continuará a correr contra o seu sucessor.
(C) a decadência estabelecida em lei não poderá ser conhecida *ex officio* pelo juiz, somente por provocação das partes.
(D) a prescrição poderá ser suspensa uma única vez e se dará, entre outras hipóteses, por despacho do juiz.
(E) prescreve em dez anos a pretensão para a cobrança de dívidas líquidas constantes em instrumento público ou particular.

A: incorreta, pois os prazos prescricionais não podem ser alterados por acordo das partes (art.192 do CC); **B:** correta (art. 196 do CC); **C:** incorreta, pois o juiz deve conhecer de ofício a decadência legal (art. 210 do CC); apenas a decadência convencional é que não pode ser conhecida de ofício pelo juiz (art. 211 do CC); **D:** incorreta, pois é a *interrupção* da prescrição que pode ocorrer apenas uma vez (art. 202, *caput*, do CC); a *suspensão* da prescrição não tem essa limitação; ademais, o despacho do juiz é causa de interrupção da prescrição, e não de suspensão desta (art. 202, I, do CC); **E:** incorreta, pois o prazo prescricional é de 5 anos, no caso (art. 206, § 5.º, do CC).

Gabarito "B".

(FGV – 2010) Terêncio, brasileiro, advogado, foi contratado pela empresa Caçarola e Cuia Ltda., para prestar serviços profissionais de consultoria jurídica. O contrato foi iniciado em 2003 e teve término em 2004. Restou pendente pagamento correspondente a R$ 50.000,00 (cinquenta mil reais), sendo baldadas todas as tentativas de recebimento amigável. Tendo em vista suas inúmeras responsabilidades profissionais, com viagens constantes, Terêncio somente pode promover a ação de cobrança no ano de 2010. Citada a empresa, alegou a existência de prescrição da pretensão autoral. Diante de tais fatos e à luz da legislação civil em vigor, é correto afirmar que:

(A) a pretensão de Terêncio segue a regra geral de 10 (dez) anos como prazo prescricional.
(B) no caso em tela, há regra especial que estabelece prazo quinquenal como sendo de prescrição.
(C) sendo a relação de trato sucessivo, a prescrição é renovada mês a mês, não se podendo, no caso, falar de prescrição.
(D) caso a ré pagasse a dívida, deveria haver reembolso diante do prazo prescricional incidente.
(E) o prazo prescricional em tela seria de 3 (três) anos.

O prazo prescricional, no caso, é de 5 (cinco) anos, contado da cessação do contrato (art. 206, § 5.º, II, do CC).

Gabarito "B".

(FGV – 2010) Assinale a alternativa correta.

(A) A prescrição pode ser alegada de ofício pelo juiz, ou também pela parte a quem aproveita, em qualquer grau de jurisdição, independentemente de seu prequestionamento.
(B) A decadência pode ser legal ou convencional, sendo que ambas podem ser conhecidas de ofício pelo juiz. O mesmo ocorre com a prescrição, que também pode ser conhecida *ex officio* pelo magistrado.
(C) Em face do princípio da supremacia do interesse público, caso a prescrição ou a decadência convencional beneficiem a Fazenda Pública, o juiz pode conhecê-las de ofício.
(D) A prescrição iniciada contra uma pessoa continua a correr contra o seu sucessor, exceto se este for absolutamente incapaz, ou estiver ausente do País a serviço dos entes federativos, ou se achar a serviço das Forças Armadas em tempo de guerra.
(E) A prescrição diz respeito aos direitos potestativos que, por essência, não possuem pretensão, já que não podem ser objeto de violação. A decadência, por sua vez, refere-se aos direitos subjetivos patrimoniais, aqueles que trazem consigo a possibilidade de que o seu titular exija determinado comportamento de alguém.

A: incorreta, pois a prescrição pode ser alegada em qualquer grau de jurisdição pela parte a quem aproveita, nos exatos termos do art. 193 do CC. Isso quer dizer que se a parte não alegou em defesa, por exemplo, pode alegar a prescrição em sede de apelação. Entretanto, em razão da necessidade do chamado *prequestionamento* como requisito de admissibilidade do Recurso Especial, não poderá a parte alegar prescrição apenas quando da interposição do recurso mencionado, sob pena de não conseguir fazer subir o recurso; **B:** incorreta, pois somente a decadência legal pode ser conhecida de ofício pelo juiz (art. 210 do CC); **C:** incorreta, pois o juiz pode conhecer de ofício a prescrição (art. 219, § 5.º, do CPC; art. 487, II, do Novo CPC); **D:** correta (arts. 196 e 198, I, II e III, do CC); **E:** incorreta, pois as definições de prescrição e decadência estão invertidas.

Gabarito "D".

(FGV – 2008) O prazo para anular venda de ascendente para descendente, sem observância dos requisitos legais, é:

(A) prescricional de 1 (um) ano.
(B) decadencial de 1 (um) ano.
(C) prescricional de 2 (dois) anos.
(D) decadencial de 2 (dois) anos.
(E) prescricional de 6 (seis) meses.

Arts. 496 e 179 do CC.
Gabarito “D”

(FGV – 2008) Prestado aval por um cônjuge sem a outorga uxória correspondente, poderá o outro pleitear a anulação, depois de terminada a sociedade conjugal, no prazo de até:

(A) 6 (seis) meses.
(B) 1 (um) ano.
(C) 2 (dois) anos.
(D) 3 (três) anos.
(E) 5 (cinco) anos.

Art. 1.649 do CC.
Gabarito “C”

(FGV – 2008) Quando a lei dispuser que determinado ato é anulável, sem estabelecer prazo para pleitear-se a anulação, será esta de:

(A) 1 (um) ano.
(B) 5 (cinco) anos.
(C) 3 (três) anos.
(D) 2 (dois) anos.
(E) 4 (quatro) anos.

Art. 179 do CC.
Gabarito “D”

(FGV – 2008) A ação de indenização, relativamente aos prejuízos causados em razão da entrega de sementes, para plantação, de qualidade inferior à contratada, deve observar o prazo:

(A) prescricional de 3 (três) anos.
(B) decadencial de 3 (três) anos.
(C) decadencial de 90 (noventa) dias
(D) decadencial de 30 (trinta) dias.
(E) prescricional de 5 (cinco) anos.

De acordo com o art. 445 do CC, os prazos para ingressar com a ação redibitória (que objetiva a rescisão do contrato) ou com ação estimatória (que objetiva o abatimento do preço) são de 30 (trinta) dias, se a coisa for móvel, e de 1 (um) ano, se imóvel. Contam-se tais prazos dos seguintes eventos: a) da data da entrega efetiva, quando o adquirente não estava na posse da coisa; b) da data da alienação, quando o adquirente estava na posse da coisa. Nesse caso, o prazo fica reduzido à metade; c) do momento em que o adquirente tiver ciência do vício, quando este, além de oculto, só poderá ser conhecido mais tarde, dada a sua natureza (art. 445, § 1.º); neste último caso, a lei estipula um prazo máximo para *ciência* do vício; esse prazo é de 180 (cento e oitenta) dias para móvel e de 1 (um) ano para imóvel. Assim, se uma pessoa comprar um carro com esse tipo de vício e vier a descobri-lo 170 (cento e setenta) dias depois, cumpriu o primeiro prazo, qual seja, o prazo de 180 (cento e oitenta) dias para a tomada de ciência do problema na coisa; em seguida, começará o segundo prazo, o de *garantia* para ingressar com uma das ações acima; no caso, o prazo será de 30 (trinta) dias, por se tratar de móvel; mas se a pessoa só tem ciência do vício 190 (cento e noventa) dias após a aquisição, o *prazo para ciência* do vício terá terminado, ficando prejudicado o direito; nesse caso, nem se começa a contar o *prazo de garantia*. Sobre os vícios redibitórios, deve-se ler os arts. 441 a 446 do CC, bem como os Enunciados CJF 28 e 174.
Gabarito “D”

(FGV – 2005) À luz do Código Civil, sobre a prescrição e a decadência, é correto afirmar que:

(A) suspensa a prescrição em favor de um dos credores solidários, só aproveitam os outros se a obrigação for indivisível.
(B) prescreve em 3 (três) anos a pretensão do segurado contra o segurador, ou a deste contra aquele.
(C) prescreve em 2 (dois) anos a pretensão de ressarcimento de enriquecimento sem causa.
(D) a ação de evicção não impede o curso da prescrição.
(E) não é nula a renúncia à decadência fixada em lei.

A: correta (art. 201 do CC); **B:** incorreta, pois prescreve em 1 (um) ano (art. 206, § 1.º, II, do CC); **C:** incorreta, pois prescreve em 3 (três) anos (art. 206, § 3.º, IV, do CC); **D:** incorreta (art. 199, III, do CC); **E:** incorreta (art. 209 do CC).
Gabarito “A”

(FGV – 2004) A respeito da prescrição, assinale a alternativa correta.

(A) O juiz pode conhecer da prescrição de direitos patrimoniais mesmo sem a invocação das partes.
(B) A prescrição do principal não implica a prescrição dos acessórios.
(C) Corre o prazo da prescrição entre ascendentes e descendentes, durante o poder familiar.
(D) A interrupção da prescrição por um credor aproveita aos outros.
(E) A prescrição pode ser alegada em qualquer instância, pela parte a que aproveita.

A: incorreta, de acordo com o gabarito oficial, porém muita atenção para a mudança legislativa sobre a questão. Atualmente, após a promulgação da Lei 11.280/2006, o juiz pode reconhecer de ofício a prescrição (art. 219, § 5.º, do CPC; art. 487, II, do Novo CPC); **B:** incorreta, pois o acessório segue a regra do principal, assim, no caso de prescrição do principal, prescrito também estará o acessório; **C:** incorreta (art. 197, II, do CC); **D:** incorreta, pois só aproveitará se se tratar de credores solidários de obrigação indivisível (art. 201 do CC); **E:** correta (art. 193 do CC).
Gabarito “E”

2.6. PROVAS

(OAB/Exame Unificado – 2013.2) O legislador estabeleceu que, salvo se o negócio jurídico impuser forma especial, o fato jurídico poderá ser provado por meio de testemunhas, perícia, confissão, documento o presunção. Partindo do tema *meios de provas*, e tendo o Código Civil como aporte, assinale a afirmativa correta.

(A) Na escritura pública admite-se que, caso o comparecente não saiba escrever, outra pessoa capaz e a seu rogo poderá assiná-la.
(B) A confissão é revogável mesmo que não decorra de coação e é anulável se resultante de erro de fato.
(C) A prova exclusivamente testemunhal é admitida, sem exceção, qualquer que seja o valor do negócio jurídico.
(D) A confissão é pessoal e, portanto, não se admite seja feita por um representante, ainda que respeitados os limites em que este possa vincular o representado.

A: correta (art. 215, §. 2.º, do CC); **B:** incorreta, pois a confissão é *irrevogável*, sem prejuízo de ser anulada em caso de erro de fato ou coação (art. 214 do CC); **C:** incorreta; salvo os casos expressos, a prova exclusivamente testemunhal **só** é admitida nos negócios jurídicos cujo valor não ultrapasse o décuplo (dez vezes) do maior salário mínimo vigente no País ao tempo em que foram celebrados; vale ressaltar que, qualquer que seja o valor do negócio jurídico, a prova testemunhal é admissível como subsidiária ou complementar da prova por escrito (art. 227 do CC); **D:** incorreta, pois é cabível confissão por representante, desde que nos limites em que este pode vincular o representado (art. 213, parágrafo único, do CC).

Gabarito "A"

(OAB/Exame Unificado – 2013.2) A escritura pública, lavrada em notas de tabelião, é documento dotado de fé pública, notadamente no que tange ao fato de o ato de declaração ter sido praticado na presença do tabelião e ter sido feita sua regular anotação em assentos próprios, o que não importa na veracidade quanto ao conteúdo declarado.

A respeito desse tema, assinale a afirmativa correta.

(A) Aos cônjuges ou à entidade familiar é vedado destinar parte do seu patrimônio para instituir bem de família por escritura pública, cuja forma legal exige testamento.

(B) A escritura pública é essencial para a validade do pacto antenupcial, devendo ser declarado nulo se não atender à forma exigida por lei.

(C) A partilha amigável entre herdeiros capazes será feita por termo nos autos do inventário ou por escritura pública, não se admitindo escrito particular, ainda que homologado pelo Juiz.

(D) A doação será realizada por meio de escritura pública ou instrumento particular, não tendo validade a doação verbal, tendo em vista ser expressamente vedada pela norma.

A: incorreta, pois é possível instituir bem de família por escritura pública (art. 1.711, *caput*, do CC); **B:** correta (art. 1.653 do CC); **C:** incorreta, pois tal partilha também pode ser feita por escrito particular, homologado pelo juiz (art. 2.015 do CC); **D:** incorreta, pois a doação verbal será válida, se, versando sobre bens móveis e de pequeno valor, se lhe seguir *incontinenti* a tradição (art. 541, parágrafo único, do CC).

Gabarito "B"

(OAB/Exame Unificado – 2007.2) Acerca das provas, assinale a opção correta.

(A) A confissão é irretratável, por ser irrevogável, embora possa ser anulada.

(B) As presunções legais não serão admitidas nos fatos em que a lei não admitir depoimento de testemunha.

(C) É plenamente válida a confissão do incapaz se feita por meio de seu representante legal.

(D) Testemunha instrumentária é a pessoa natural, estranha à relação processual, que declara em juízo conhecer o fato alegado, por havê-lo presenciado ou por ouvir algo a seu respeito.

A: correta (art. 214 do CC); **B:** incorreta (art. 230 do CC); **C:** incorreta (art. 213, parágrafo único, do CC); **D:** incorreta. Testemunha instrumentária é aquela que assiste aos atos formalizados num instrumento, cuja validade depende da presença dela.

Gabarito "A"

3. OBRIGAÇÕES

3.1. INTRODUÇÃO, CLASSIFICAÇÃO E MODALIDADES DAS OBRIGAÇÕES

(OAB/Exame Unificado – 2016.2) Paulo, João e Pedro, mutuários, contraíram empréstimo com Fernando, mutuante, tornando-se, assim, devedores solidários do valor total de R$ 6.000,00 (seis mil reais). Fernando, muito amigo de Paulo, exonerou-o da solidariedade. João, por sua vez, tornou-se insolvente. No dia do vencimento da dívida, Pedro pagou integralmente o empréstimo. Considerando a hipótese narrada, assinale a afirmativa correta.

(A) Pedro não poderá regredir contra Paulo para que participe do rateio do quinhão de João, pois Fernando o exonerou da solidariedade.

(B) Apesar da exoneração da solidariedade, Pedro pode cobrar de Paulo o valor de R$ 3.000,00 (três mil reais).

(C) Ao pagar integralmente a dívida, Pedro se sub-roga nos direitos de Fernando, permitindo-se que cobre a integralidade da dívida dos demais devedores.

(D) Pedro deveria ter pago a Fernando apenas R$ 2.000,00 (dois mil reais), pois a exoneração da solidariedade em relação a Paulo importa, necessariamente, a exoneração da solidariedade em relação a todos os codevedores.

A: incorreta, pois a exoneração da solidariedade de Paulo apenas impede que Fernando cobre a dívida por inteiro somente de Paulo, não fazendo com que Paulo deixe de ser responsável pela dívida, nem fazendo com que este tenha que ressarcir o devedor que tenha pago a dívida, no que lhe couber; **B:** correta, pois a exoneração da solidariedade de Paulo apenas impede que Fernando cobre a dívida por inteiro somente de Paulo, não fazendo com que Paulo deixe de ser responsável pela dívida, nem fazendo com que este tenha que ressarcir o devedor que tenha pago a dívida, no que lhe couber, sendo que, no caso, por ter um dos devedores ter se tornado insolvente, a dívida fica rateada apenas entre Paulo e Pedro, de modo que Paulo tem que ressarcir Pedro em metade do valor da dívida, no caso em R$ 3 mil (arts. 283 e 284 do CC); **C e D:** incorretas, pois, por haver um devedor insolvente, a dívida fica rateada apenas entre Paulo e Pedro, de modo que Paulo tem que ressarcir Pedro em metade do valor da dívida, no caso em R$ 3 mil, sendo que a exoneração da solidariedade de Paulo apenas impede que Fernando cobre a dívida por inteiro somente de Paulo, não fazendo com que Paulo deixe de ser responsável pela dívida, nem fazendo com que este tenha que ressarcir o devedor que tenha pago a dívida, no que lhe couber (arts. 283 e 284 do CC).

Gabarito "B"

(OAB/Exame Unificado – 2016.1) No dia 2 de agosto de 2014, Teresa celebrou contrato de compra e venda com Carla, com quem se obrigou a entregar 50 computadores ou 50 impressoras, no dia 20 de setembro de 2015. O contrato foi silente sobre quem deveria realizar a escolha do bem a ser entregue. Sobre os fatos narrados, assinale a afirmativa correta.

(A) Trata-se de obrigação facultativa, uma vez que Carla tem a faculdade de escolher qual das prestações entregará a Teresa.

(B) Como se trata de obrigação alternativa, Teresa pode se liberar da obrigação entregando 50 computadores ou 50 impressoras, à sua escolha, uma vez que o contrato não atribuiu a escolha ao credor.

(C) Se a escolha da prestação a ser entregue cabe a Teresa, ela poderá optar por entregar a Carla 25 computadores e 25 impressoras.

(D) Se, por culpa de Teresa, não se puder cumprir nenhuma das prestações, não competindo a Carla a escolha, ficará aquela obrigada a pagar somente os lucros cessantes.

A: incorreta, pois o instituto no caso é o da "obrigação alternativa" (art. 252, *caput*, do CC); **B:** correta (art. 252, *caput*, do CC); **C:** incorreta, pois se o contrato está claro a estabelece a quantidade de 50 unidades de cada uma das coisas, esse número obviamente tem que ser respeitado pelo devedor; **D:** incorreta, pois nesse caso Teresa ficará obrigada a pagar o valor da coisa que por último se impossibilitou, mais as perdas e danos que o caso determinar (art. 254 do CC).

Gabarito "B"

(OAB/Exame Unificado – 2016.1) A peça Liberdade, do famoso escultor Lúcio, foi vendida para a Galeria da Vinci pela importância de R$ 100.000,00 (cem mil reais). Ele se comprometeu a entregar a obra dez dias após o recebimento da quantia estabelecida, que foi paga à vista. A galeria organizou, então, uma grande exposição, na qual a principal atração seria a escultura Liberdade. No dia ajustado, quando dirigia seu carro para fazer a entrega, Lúcio avançou o sinal, colidiu com outro veículo, e a obra foi completamente destruída. O anúncio pela galeria de que a peça não seria mais exposta fez com que diversas pessoas exercessem o direito de restituição dos valores pagos a título de ingresso. Sobre os fatos narrados, assinale a afirmativa correta.

(A) Lúcio deverá entregar outra obra de seu acervo à escolha da Galeria da Vinci, em substituição à escultura Liberdade.

(B) A Galeria da Vinci poderá cobrar de Lúcio o equivalente pecuniário da escultura Liberdade mais o prejuízo decorrente da devolução do valor dos ingressos relativos à exposição.

(C) Por se tratar de obrigação de fazer infungível, a Galeria da Vinci não poderá mandar executar a prestação às expensas de Lúcio, restando-lhe pleitear perdas e danos.

(D) Com o pagamento do preço, transferiu-se a propriedade da escultura para a Galeria da Vinci, razão pela qual ela deve suportar o prejuízo pela perda do bom.

A: incorreta, pois a obrigação é de entregar coisa certa, que não pode, assim, ser substituída por outra, ficando resolvida a obrigação (art. 234 do CC); **B:** correta, pois, como a coisa certa se perdeu por culpa do devedor e este ainda não havia feito a sua entrega (tradição), o devedor responderá pelo valor da coisa (R$ 100 mil), mais perdas e danos, que no caso consiste ao menos na devolução do valor dos ingressos relativos à exposição, tudo na forma do art. 234 do CC; **C:** incorreta, pois a obrigação em questão é de "dar coisa certa" (art. 233 do CC); **D:** incorreta, pois na obrigação de dar coisa certa enquanto não houver a tradição o risco pela perda da coisa é do vendedor (art. 234 do CC).

Gabarito "B"

(OAB/Exame Unificado – 2015.3) Joana e suas quatro irmãs, para comemorar as bodas de ouro de seus pais, contrataram Ricardo para organizar a festa. No contrato ficou acordado que as cinco irmãs arcariam solidariamente com todos os gastos. Ricardo, ao requerer o sinal de pagamento, previamente estipulado no contrato, não obteve sucesso, pois cada uma das irmãs informava que a outra tinha ficado responsável pelo pagamento. Ainda assim, Ricardo cumpriu sua parte do acordado. Ao final da festa, Ricardo foi até Joana para cobrar pelo serviço, sem sucesso. Sobre a situação apresentada, assinale a afirmativa correta.

(A) Se Ricardo resolver ajuizar demanda em face somente de Joana, as outras irmãs, ainda assim, permanecerão responsáveis pelo débito.

(B) Se Joana pagar o preço total do serviço sozinha, poderá cobrar das outras, ficando sem receber se uma delas se tornar insolvente.

(C) Se uma das irmãs de Joana falecer deixando dois filhos, qualquer um deles deverá arcar com o total da parte de sua mãe.

(D) Ricardo deve cobrar de cada irmã a sua quota-parte para receber o total do serviço, uma vez que se trata de obrigação divisível.

A: correta; o fato de haver obrigação solidária das irmãs permite que Ricardo cobre a totalidade da dívida apenas de uma das devedoras (no caso, Joana), mas as demais devedoras continuarão responsáveis pela dívida; a consequência prática disso é que se Ricardo somente conseguir que Joana pague uma parte da dívida, nada impede que acione as demais irmãs para cobrar o restante (art. 275, *caput*, do CC); **B:** incorreta, pois em relação à cota da irmã insolvente, esta será dividida igualmente por todas as devedoras, na forma do art. 283 do CC; **C:** incorreta, pois nesse caso nenhum dos dois herdeiros da devedora solidária falecida será obrigado a pagar senão a quota que corresponder ao seu quinhão hereditário, salvo se a obrigação for indivisível, mas esses dois herdeiros reunidos serão considerados como um devedor solidário em relação às demais irmãs devedoras (art. 276 do CC); **D:** incorreta, pois havendo solidariedade passiva o credor tem direito a exigir e receber de um ou de alguns dos devedores, parcial ou totalmente, a dívida comum (art. 275, *caput*, do CC).

Gabarito "A"

(OAB/Exame Unificado – 2015.2) Gilvan (devedor) contrai empréstimo com Haroldo (credor) para o pagamento com juros do valor do mútuo no montante de R$ 10.000,00. Para facilitar a percepção do crédito, a parte do polo ativo obrigacional ainda facultou, no instrumento contratual firmado, o pagamento do montante no termo avençado ou a entrega do único cavalo da raça manga larga marchador da fazenda, conforme escolha a ser feita pelo devedor. Ante os fatos narrados, assinale a afirmativa correta.

(A) Trata-se de obrigação alternativa.

(B) Cuida-se de obrigação de solidariedade em que ambas as prestações são infungíveis.

(C) Acaso o animal morra antes da concentração, extingue-se a obrigação.

(D) O contrato é eivado de nulidade, eis que a escolha da prestação cabe ao credor.

A: correta, pois quando o devedor poder escolher, entre opções previstas no contrato, qual obrigação deseja cumprir, no âmbito das opções contratuais, tem-se a chamada obrigação alternativa (art. 252, *caput*, do CC); **B:** incorreta, pois a questão não trata da solidariedade, pois não há referência à pluralidade de credores ou devedores solidários no enunciado; **C:** incorreta, pois nesse caso subsiste a outra obrigação que é alternativa (art. 253 do CC); **D:** incorreta, pois na obrigação alternativa, regulamentada na lei (art. 252 do CC) a escolha caberá ao devedor.

Gabarito "A"

(OAB/Exame Unificado – 2014.1) Ary celebrou contrato de compra e venda de imóvel com Laurindo e, mesmo sem a devida declaração negativa de débitos condominiais, conseguiu registrar o bem em seu nome. Ocorre que, no mês seguinte à sua mudança, Ary foi surpreendido com a cobrança de três meses de cotas condominiais em atraso. Inconformado com a situação, Ary tentou, sem sucesso, entrar em contato com o vendedor, para que este arcasse com os mencionados valores.

De acordo com as regras concernentes ao direito obrigacional, assinale a opção correta.

(A) Perante o condomínio, Laurindo deverá arcar com o pagamento das cotas em atraso, pois cabe ao vendedor solver todos os débitos que gravem o imóvel até o momento da tradição, entregando-o livre e desembargado.
(B) Perante o condomínio, Ary deverá arcar com o pagamento das cotas em atraso, pois se trata de obrigação subsidiária, já que o vendedor não foi encontrado, cabendo ação *in rem verso*, quando este for localizado.
(C) Perante o condomínio, Laurindo deverá arcar com o pagamento das cotas em atraso, pois se trata de obrigação com eficácia real, uma vez que Ary ainda não possui direito real sobre a coisa.
(D) Perante o condomínio, Ary deverá arcar com o pagamento das cotas em atraso, pois se trata de obrigação *propter rem*, entendida como aquela que está a cargo daquele que possui o direito real sobre a coisa e, comprovadamente, imitido na posse do imóvel adquirido.

A: incorreta, pois por tratar-se de obrigação *propter rem* o débito acompanha a coisa, de modo que a responsabilidade pela pagamento é de Ary, e não mais de Laurindo (art. 1.315 do CC); **B:** incorreta, pois Ary é o responsável direto pelo pagamento da dívida frente ao condomínio, ficando sujeito ao seu pagamento, não havendo que se falar em ação in rem verso contra Laurindo (art. 1.325 do CC); **C:** incorreta, pois Ary deverá arcar com o pagamento das cotas, uma vez que já possui direito real sobre a coisa, pois o bem já está registrado em seu nome (art. 1.245, *caput*, do CC); **D:** correta, pois de fato trata-se de uma obrigação *propter rem*, a qual sujeita o seu titular a arcar com todas as pendências que recaírem sobre a coisa.

Gabarito "D"

(OAB/Exame Unificado – 2010.3) Maria celebrou contrato de compra e venda do carro da marca X com Pedro, pagando um sinal de R$ 10.000,00. No dia da entrega do veículo, a garagem de Pedro foi invadida por bandidos, que furtaram o referido carro. A respeito da situação narrada, assinale a alternativa correta.

(A) Pedro poderá entregar outro veículo no lugar no automóvel furtado.
(B) Maria poderá exigir a entrega de outro carro.
(C) Haverá resolução do contrato pela falta superveniente do objeto, sendo restituído o valor já pago por Maria.
(D) Não haverá resolução do contrato, pois Pedro pode alegar caso fortuito.

O caso envolve o instituto da "obrigação de dar coisa certa", regulamentado nos arts. 233 e seguintes do CC. O fato é que a coisa (carro) se perdeu antes da tradição (entrega), sem que houvesse culpa do devedor (Pedro), de modo que incide o disposto no art. 234 do CC, pelo qual fica resolvida a obrigação, ou seja, fica resolvido o contrato. Dessa forma, Pedro deverá devolver (restituir) o valor pago por Maria, a fim de que não haja enriquecimento ilícito. Vale lembrar, também, da máxima pela qual "a coisa perece para o dono". Nesse sentido, como Pedro ainda era dono da coisa, já que a propriedade de um bem móvel só se transfere com a tradição (a entrega), ele não poderá ficar com a quantia recebida de Maria.

Gabarito "C"

(OAB/Exame Unificado – 2010.3) João deverá entregar quatro cavalos da raça X ou quatro éguas da raça X a José. O credor, no momento do adimplemento da obrigação, exige a entrega de dois cavalos da raça X e de duas éguas da raça X. Nesse caso, é correto afirmar que as prestações:

(A) facultativas são inconciliáveis, quando a escolha couber ao credor.
(B) facultativas são conciliáveis, quando a escolha couber ao credor.
(C) alternativas são inconciliáveis, havendo indivisibilidade quanto à escolha.
(D) alternativas são conciliáveis, havendo divisibilidade quanto à escolha.

O caso envolve o instituto das obrigações alternativas, regulamentado nos arts. 252 e seguintes do CC. Isso porque João (o devedor) poderia cumprir a obrigação de duas maneiras: a) entregando 4 cavalos da raça X; b) entregando 4 éguas da raça X. O enunciado deixa claro que João deve escolher entre apenas duas possibilidades. Ou cumpre do jeito "a" ou cumpre do jeito "b". José (o credor) não poderia exigir que João cumprisse parte do jeito "a" e parte do jeito "b". O art. 252, *caput*, do CC é claro ao dispor que compete ao devedor escolher qual das duas possibilidades de prestação pretende cumprir. E as duas possibilidades de prestação possíveis foram estipuladas de modo inconciliável (ou 4 cavalos ou 4 éguas), havendo indivisibilidade quanto à escolha, ou seja, não sendo possível dividir as prestações, executando parte de uma e parte de outra, como deseja o credor José.

Gabarito "C"

(OAB/Exame Unificado – 2010.2) Com relação ao regime da solidariedade passiva, é correto afirmar que:

(A) cada herdeiro pode ser demandado pela dívida toda do devedor solidário falecido.
(B) com a perda do objeto por culpa de um dos devedores solidários, a solidariedade subsiste no pagamento do equivalente pecuniário, mas pelas perdas e danos somente poderá ser demandado o culpado.
(C) se houver atraso injustificado no cumprimento da obrigação por culpa de um dos devedores solidários, a solidariedade subsiste no pagamento do valor principal, mas pelos juros da mora somente poderá ser demandado o culpado.
(D) as exceções podem ser aproveitadas por qualquer dos devedores solidários, ainda que sejam pessoais apenas a um deles.

A: incorreta, pois, neste caso, nenhum dos herdeiros "será obrigado a pagar senão a quota que corresponder ao seu quinhão hereditário, salvo se a obrigação for indivisível" (art. 276 do CC); **B:** correta, nos termos do art. 279 do CC ("impossibilitando-se a prestação por culpa de um dos devedores solidários, subsiste para todos o encargo de pagar o equivalente; mas pelas perdas e danos só responde o culpado"); **C:** incorreta, pois todos os devedores irão responder pelos juros da mora, podendo, depois, os inocentes, cobrar tais juros do devedor culpado (art. 280 do CC); **D:** incorreta, pois, segundo o art. 281 do CC, "o devedor demandado pode opor ao credor as exceções que lhe forem pessoais e as comuns a todos; não lhe aproveitando as exceções pessoais a outro codevedor"

Gabarito "B"

(OAB/Exame Unificado – 2010.1) Acerca das obrigações de dar, fazer e não fazer, assinale a opção correta.

(A) No caso de entrega de coisa incerta, se houver, antes da escolha, perda ou deterioração do bem, ainda que decorrente de caso fortuito ou força maior, a obrigação ficará resolvida para ambas as partes.

(B) Em caso de obrigação facultativa, o perecimento da coisa devida não implica a liberação do devedor do vínculo obrigacional, podendo-se dele exigir a realização da obrigação devida.

(C) É divisível a obrigação de prestação de coisa indeterminada.

(D) Tratando-se de obrigação de entrega de coisa certa, a obrigação será extinta caso a coisa se perca sem culpa do devedor, antes da tradição ou mediante condição suspensiva.

A: incorreta. *Vide* art. 246 do Código Civil. A respeito, assevera Senise que, tratando-se de entrega de coisa incerta, aplica-se "a regra *genus non perit*, ou seja, o gênero jamais perece, quando houver ilimitação de sua quantidade para que o devedor dele disponha em prol do credor (*gennus ilimitatum*). (...) antes da escolha, o devedor não poderá alegar a perda ou a deterioração do bem, mesmo sob o fundamento da ocorrência de força maior ou de caso fortuito, porque, como lembra Sílvio Rodrigues, não se pode cogitar de riscos sobre uma coisa indicada tão somente pelo gênero (*gennus non perit*), porém ainda não indicada mediante a concentração" (Roberto Senise Lisboa. **Manual de direito civil**. V. 2: direito das obrigações e responsabilidade civil. 4. ed., São Paulo: Saraiva, 2009, p. 90); **B:** incorreta. Assevera Senise que "obrigação facultativa, também denominada *obrigação com faculdade alternativa*, é aquela conferida por lei ao devedor, caso ele não tenha condições de cumprir a obrigação pactuada com o credor. (...) As principais regras da obrigação facultativa são:(...) c) o perecimento da coisa devida importa na liberação do devedor do vínculo obrigacional, não se podendo dele exigir a realização da obrigação facultativa" (*Idem, ibidem*, p. 102); **C:** incorreta. Proclama Senise que "obrigação divisível é aquela que pode ser cumprida parcialmente, pois se torna possível o fracionamento da prestação até a completa satisfação dos interesses do credor". Por outro lado, esclarece que obrigação indivisível é aquela que somente pode ser cumprida na sua integralidade, ante a impossibilidade de fracionamento da prestação. "São indivisíveis por lei, entre outras, as dívidas: (...) e) de *coisa indeterminada*, por faltar-lhe a indicação precisa pela parte interessada" (*Idem, ibidem*, p. 106); **D:** correta. *Vide* art. 234 do Código Civil. A respeito, assinala Senise que "as principais regras da obrigação de dar coisa certa são: (...) f) Se a coisa se perder, sem culpa do devedor, antes da tradição ou mediante condição suspensiva, a obrigação será extinta" (*Idem, ibidem*, p. 88).

Gabarito "D"

(OAB/Exame Unificado – 2009.3) Francisco, Paulo e José tomaram R$ 150 mil emprestados de Flávio para a aquisição de uma lancha de passeio. Ficou acertado que o pagamento do débito ocorreria em três parcelas iguais e que todos os devedores ficariam obrigados pela dívida toda. Considerando essa situação hipotética, assinale a opção correta.

(A) Flávio poderia escolher quaisquer dos devedores para cumprir a obrigação por inteiro. No entanto, qualquer deles teria o direito de pagar a sua parte na dívida, tão logo ocorresse o vencimento.

(B) Se Flávio recebesse de Francisco um terço do valor da dívida, ficaria impedido de cobrar somente de José o valor restante.

(C) Se Flávio conceder a Paulo remissão de sua parte na dívida, a obrigação estará extinta para este devedor.

(D) Caso José venha a falecer, Flávio poderá demandar de um dos herdeiros a totalidade da dívida.

A e **B**: incorretas. Flávio poderia escolher qualquer devedor para a cobrança da obrigação por inteiro, por ter sido estipulada expressamente a solidariedade (art. 265 do CC); assim, não há que se falar "em sua parte na dívida", pois a dívida de cada um é pela obrigação inteira; **C:** correta. O art. 277 do CC admite a remissão da dívida em relação a um dos devedores solidários; **D:** incorreta, pois se pode demandar apenas a quota que corresponder ao seu quinhão hereditário (art. 276 do CC).

Gabarito "C"

(OAB/Exame Unificado – 2009.2) No que se refere às modalidades de obrigações, assinale a opção correta.

(A) Nas obrigações solidárias passivas, se a prestação se perder, convertendo-se em perdas e danos, o credor perderá o direito de exigir de um só devedor o pagamento da totalidade das perdas e danos.

(B) A obrigação de dar coisa certa confere ao credor simples direito pessoal, e não real, havendo, contudo, no âmbito do direito, medidas destinadas a persuadir o devedor a cumprir a obrigação.

(C) O compromisso de compra e venda configura obrigação de dar quando o promitente vendedor se obriga a emitir declaração de vontade para a celebração do contrato definitivo, outorgando a escritura pública ao compromissário comprador, depois de pagas todas as prestações.

(D) Caracteriza obrigação de meio o ato de o advogado assumir defender os interesses dos clientes, empregando seus conhecimentos para obtenção de determinado resultado; nesse tipo de obrigação, o advogado não fará jus aos honorários advocatícios quando não vencer a causa.

A: incorreta. Nas obrigações solidárias, se a prestação for convertida em perdas e danos, subsiste a solidariedade (art. 279 do CC); **B:** correta (art. 621, parágrafo único, do CPC; arts. 499 e 806 do Novo CPC); **C:** incorreta (art. 481 do CC); **D:** incorreta. Exatamente por se tratar de obrigação de meio, é não do resultado, o advogado fará jus aos honorários advocatícios contratados independentemente do resultado da demanda.

Gabarito "B"

(OAB/Exame Unificado – 2008.2) Fátima era credora de Pedro, Fábio e Júlio, que contraíram com ela, de forma solidária e no interesse exclusivo de Pedro, dívida a ser por ele quitada no prazo máximo de 60 (sessenta) dias. Como Pedro não realizou o pagamento, Fátima ajuizou ação contra Fábio, que terminou por pagar o débito com os juros da mora. Considerando a situação hipotética apresentada e as disposições do Código Civil acerca de solidariedade, assinale a opção correta.

(A) Fábio deverá cobrar dos outros dois devedores a quantia que pagou a Fátima.

(B) Mesmo tendo efetuado o pagamento, Fábio não tem o direito de cobrar algo dos demais devedores, já que, nesse caso, cada um deles tem a obrigação pelo total da dívida.

(C) Como a dívida solidária foi contraída no interesse exclusivo de Pedro, cabe a ele responder por toda ela perante Fábio.

(D) Por não ter sido parte no processo judicial, Pedro não será obrigado a responder pelos juros da mora.

Art. 285 do CC.

Gabarito "C"

(OAB/Exame Unificado – 2008.1) Constitui obrigação de fazer materialmente infungível aquela que:

(A) recaia sobre prestação de coisa certa.

(B) não admita substituição da pessoa do devedor por outrem, em decorrência da natureza da obrigação, do contrato ou das circunstâncias da situação concreta.

(C) possa ser prestada por terceira pessoa.

(D) seja referente a coisas ainda não individualizadas, porque designadas apenas pelo gênero a que pertencem e à sua qualidade, peso ou medida.

De fato, obrigação infungível é aquela que o devedor deve cumprir pessoalmente. A infungibilidade pode decorrer da vontade das partes ou da própria natureza da obrigação.

Gabarito "B"

(OAB/Exame Unificado – 2006.3) Em conformidade com o direito das obrigações, assinale a opção incorreta.

(A) A obrigação alternativa ou facultativa tem natureza complexa porque possui prestações e objetos múltiplos, exigíveis cumulativamente, em que o devedor se libera prestando integralmente todas as prestações pactuadas, salvo em razão do perecimento de uma ou de algumas das prestações em razão de caso fortuito ou por força maior.

(B) Se a obrigação for solidária, e houver novação entre credor e um dos devedores solidários, somente sobre os bens do que contraiu a nova obrigação remanescem todas as garantias do crédito novado, ficando, por esse fato, exonerados os outros devedores.

(C) Nas obrigações de meio, o devedor satisfaz a obrigação desde que demonstre que todas as possibilidades foram utilizadas para atingir o objetivo pretendido, mas não necessário.

(D) O credor de coisa certa não pode ser obrigado a receber outra, mesmo sendo mais valiosa. O devedor só se desonera da obrigação após entregar ao credor exatamente a coisa que prometeu dar. Do contrário, a obrigação converte-se em perdas e danos.

A: incorreta, devendo ser assinalada (art. 252 do CC). Na obrigação alternativa o devedor se desobriga ao cumprir uma das prestações pactuadas, sendo-lhe conferido, em regra, o poder de escolha entre uma delas; **B:** correta (art. 365 do CC); **C:** correta. Realmente, nas obrigações de meio não se obriga pelo resultado; **D:** correta (art. 234 do CC).

Gabarito "A"

(FGV – 2014) Em relação às *obrigações de dar coisa certa*, assinale a afirmativa incorreta.

(A) Em caso de deterioração da coisa e não havendo culpa do devedor, o credor poderá resolver a obrigação, ou aceitar a coisa, abatido de seu preço o valor que perdeu.

(B) A coisa pertence ao devedor até a tradição e este poderá exigir aumento do preço em caso de melhoramentos e acrescidos.

(C) Nos casos de obrigação de restituição de coisa certa, ocorrendo a perda da coisa antes da tradição, sem culpa do devedor, sofrerá o credor a perda e a obrigação se resolverá, ressalvados os seus direitos até o dia da perda.

(D) Em caso de perda da coisa por culpa do devedor, este responderá pelo equivalente, mais perdas e danos.

(E) A obrigação de dar coisa certa não abrange os acessórios dela, salvo se o contrário resultar do título ou das circunstâncias do caso.

A: correta (art. 235 do CC); **B:** correta (art. 237 "*caput*" do CC); **C:** correta (art. 238 do CC); **D:** correta (art. 234 do CC); **E:** incorreta (devendo ser assinalada), pois a obrigação de dar coisa certa abrange os acessórios dela embora não mencionados, salvo se o contrário resultar do título ou das circunstâncias do caso (art. 233 do CC).

Gabarito "E"

(FGV – 2011) O Código Civil estabelece as modalidades de obrigações. A esse respeito, assinale a alternativa correta.

(A) Nas obrigações alternativas, caso não tenha sido estipulado de forma diferente, a escolha incumbirá ao credor.

(B) No caso de obrigação não cumprida, as perdas e danos devidos ao credor abrangem o que efetivamente perdeu, não se podendo incluir o que presumivelmente deixou de ganhar.

(C) A compensação poderá ser efetuada por dívida líquida, ainda que vincenda e de coisa infungível.

(D) O pagamento em consignação, nos casos e formas legais, não extingue a obrigação, servindo apenas para liberar o devedor dos juros de mora.

(E) Qualquer interessado, nos termos da lei, no cumprimento da obrigação poderá pagar a dívida. Igual direito cabe a terceiro não interessado, salvo manifesta oposição do devedor.

A: incorreta, pois, caso não tenha sido estipulado de forma diferente, a escolha incumbirá ao devedor, e não ao credor (art. 252 do CC); **B:** incorreta, pois abrange também o que razoavelmente se deixou de lucrar (art. 402 do CC); **C:** incorreta, pois a dívida deve ser vencida e envolver coisa fungível também (art. 369 do CC); **D:** incorreta, pois o pagamento em consignação considera-se pagamento e extingue a obrigação (art. 334 do CC); **E:** correta (art. 304, *caput* e parágrafo único, do CC).

Gabarito "E"

(FGV – 2010) Trácio é contratado por Constantino para realizar serviços de pintura na sua casa, localizada na cidade de Macapá/AP, tendo ambos formalizado contrato de prestação de serviços, definindo prazos, condições de pagamento, natureza e qualidade do material a ser utilizado na obra. O prazo contratual para término do serviço foi fixado em 6 (seis) meses, contados do dia 05 de junho de 2009. Na data final, Trácio não concluiu os serviços a que se propôs, sem apresentar justificativa para a não conclusão. Apesar disso, postula de Constantino o pagamento total do preço e indica Kreso para continuar a obra inacabada, com pagamento adicional. A esse respeito, no campo dos direitos das obrigações, analise as afirmativas a seguir:

I. O descumprimento da obrigação de fazer por culpa do devedor permite o término da obra por outrem, quando possível, às suas expensas.

II. Trácio, no caso vertente, pode abandonar a obra, receber o preço, desde que indique sucessor hábil à sua conclusão.

III. Caso houvesse urgência, poderia Constantino executar a obra, independente de autorização judicial, sendo ao final ressarcido de suas despesas.

IV. A obra poderia ser concluída por terceiro, mantida a responsabilidade de Trácio, desde que o credor concordasse.

V. Sendo o caso em tela obrigação de dar, a escolha seria do devedor.

Assinale:

(A) se somente as afirmativas II, IV e V forem verdadeiras.
(B) se somente as afirmativas I, III e V forem verdadeiras.
(C) se somente as afirmativas II e III forem verdadeiras.
(D) se somente as afirmativas I, II e V forem verdadeiras.
(E) se somente as afirmativas I, III e IV forem verdadeiras.

I: Verdadeira (art. 249, *caput*, do CC); **II:** Falsa, pois Trácio, no caso vertente, não poderia abandonar e receber o preço indicando o sucessor. Constantino poderá requerer perdas e danos em razão do inadimplemento de Trácio, além de, se possível, mandar terceiro finalizar o serviço às expensas de Trácio (arts. 247 e 249 do CC); **III:** Verdadeira (art. 249, parágrafo único, do CC); **IV:** Verdadeira (art. 249, *caput*, do CC); **V:** Falsa, pois se trata de obrigação de fazer.

Gabarito "E"

(FGV – 2008) Caracterizam o vínculo obrigacional:

(A) a juridicidade e a existência de deveres.
(B) a juridicidade e a existência de direitos.
(C) a patrimonialidade e a sujeição.
(D) a submissão e a liberalidade.
(E) a patrimonialidade e a inexistência de direitos.

De fato, o vínculo obrigacional implica em três elementos: pessoal, material e jurídico. O pessoal são os sujeitos ativo e passivo (credor e devedor), o material diz respeito à prestação (dar, fazer e não fazer) e o jurídico traduz o poder que o sujeito ativo tem de impor ao sujeito passivo uma ação. Assim, dentro desse conceito, caracterizam o vínculo obrigacional a *patrimonialidade* (prestação) e a *sujeição* (jurídica do sujeito ativo sobre o passivo).

Gabarito "C"

3.2. TRANSMISSÃO, ADIMPLEMENTOS E EXTINÇÃO DAS OBRIGAÇÕES

(OAB/Exame Unificado – 2013.3) Bruno cedeu a Fábio um crédito representado em título, no valor de R$ 20.000,00 (vinte mil reais), que possuía com Caio.

Considerando a hipótese acima e as regras sobre cessão de crédito, assinale a afirmativa correta.

(A) Caio não poderá opor a Fábio a exceção de dívida prescrita que, no momento em que veio a ter conhecimento da cessão, tinha contra Bruno, em virtude da preclusão.
(B) Caso Fábio tenha cedido o crédito recebido de Bruno a Mário e este, posteriormente, ceda o crédito a Júlio, prevalecerá a cessão de crédito que se completar com a tradição do título cedido.
(C) Bruno, ao ceder a Fábio crédito a título oneroso, não ficará responsável pela existência do crédito ao tempo em que cedeu, salvo por expressa garantia.
(D) Conforme regra geral disposta no Código Civil, Bruno será obrigado a pagar a Fábio o valor correspondente ao crédito, caso Caio torne-se insolvente.

A: incorreta, pois Caio poderá opor a Fábio a exceção de dívida prescrita que, no momento em que veio a ter conhecimento da cessão, tinha contra Bruno (art. 294 do CC). Logo, não há que se falar em preclusão; **B:** correta (art. 291 do CC); **C:** incorreta, pois pelo fato da cessão ser onerosa, Bruno, ainda que não se responsabilize ficará responsável pela existência do crédito com relação à Fábio ao tempo em que lhe cedeu (art. 295 do CC); **D:** incorreta, pois em regra o cedente não responde pela solvência do devedor. Apenas será responsável se houver estipulação em contrário (art. 296 do CC).

Gabarito "B"

(OAB/Exame Unificado – 2014.1) A transmissibilidade de obrigações pode ser realizada por meio do ato denominado cessão, por meio da qual o credor transfere seus direitos na relação obrigacional a outrem, fazendo surgir as figuras jurídicas do cedente e do cessionário.

Constituída essa nova relação obrigacional, é correto afirmar que

(A) os acessórios da obrigação principal são abrangidos na cessão de crédito, salvo disposição em contrário.
(B) o cedente responde pela solvência do devedor, não se admitindo disposição em contrário.
(C) a transmissão de um crédito que não tenha sido celebrada única e exclusivamente por instrumento público é ineficaz em relação a terceiros.
(D) o devedor não pode opor ao cessionário as exceções que tinha contra o cedente no momento em que veio a ter conhecimento da cessão.

A: correta (art. 287 do CC); **B:** incorreta, pois, em regra, o cedente não responde pela solvência do devedor. Tal ocorrerá apenas se houver disposição em sentido contrário (art. 296 do CC); **C:** incorreta, pois também é ineficaz a perante terceiros a transmissão de um crédito realizada por instrumento particular sem as devidas solenidades do art. 654, § 1º do CC (art. 288 do CC); **D:** incorreta, pois o devedor pode opor ao cessionário as exceções que lhe competirem, bem como as que, no momento em que veio a ter conhecimento da cessão, tinha contra o cedente (art. 294 do CC)

Gabarito "A"

(OAB/Exame Unificado – 2014.2) João é locatário de um imóvel residencial de propriedade de Marcela, pagando mensalmente o aluguel por meio da entrega pessoal da quantia ajustada. O locatário tomou ciência do recente falecimento de Marcela ao ler "comunicação de falecimento" publicada pelos filhos maiores e capazes de Marcela, em jornal de grande circulação. Marcela, à época do falecimento, era viúva. Aproximando-se o dia de vencimento da obrigação contratual, João pretende quitar o valor ajustado. Todavia, não sabe a quem pagar e sequer tem conhecimento sobre a existência de inventário. De acordo com os dispositivos que regem as regras de pagamento, assinale a afirmativa correta.

(A) João estará desobrigado do pagamento do aluguel desde a data do falecimento de Marcela.
(B) João deverá proceder à imputação do pagamento, em sua integralidade, a qualquer dos filhos de Marcela, visto que são seus herdeiros.
(C) João estará autorizado a consignar em pagamento o valor do aluguel aos filhos de Marcela.
(D) João deverá utilizar-se da dação em pagamento para adimplir a obrigação junto aos filhos maiores de Marcela, estando estes obrigados a aceitar.

A: incorreta, pois falecendo o locador, a obrigação se transmite aos herdeiros (art. 10 da Lei 8.245/1991). Logo, a obrigação de pagar não será extinta; **B:** incorreta, pois apenas fala-se em imputação ao pagamento na hipótese de haver dois ou mais débitos de mesma natureza com o mesmo credor e o devedor indica qual débito pretende quitar (art. 352 do CC). No caso em tela não temos duas dívidas, mas apenas uma; **C:** correta, pois uma vez que o credor é desconhecido, João pode consignar o pagamento em juízo (art. 335, III do CC); **D:** incorreta, pois a dação em pagamento é utilizada quando o devedor paga a dívida com prestação diversa da que é devida e o credor concede anuência para tanto (art. 356 do CC), de modo que essa hipótese não se aplica ao caso em tela.

Gabarito "C"

(OAB/Exame Unificado – 2012.3.B) José devia a Paulo a quantia de R$ 50 mil reais com vencimento em 05 de dezembro de 2012. Na data do pagamento, José, devido à falta de dinheiro, ofereceu um lote de sua propriedade, de igual valor da dívida, como substituição da prestação originária.

Considerando a hipótese acima, assinale a afirmativa correta.

(A) Caso Paulo aceite o lote dado por José como forma de pagamento, ocorrerá extinção da obrigação primitiva pelo adimplemento indireto na modalidade novação real.

(B) Se José oferecesse um título de crédito ao invés do lote, essa transferência importaria em pagamento com sub-rogação.

(C) Se Paulo for evicto do lote recebido em pagamento, a obrigação primitiva será restabelecida, ficando sem efeito a quitação dada, ressalvados os direitos de terceiros de boa-fé.

(D) Caso Paulo aceite o bem imóvel oferecido por José, a transferência do lote poderá ser formalizada por escritura pública ou instrumento particular.

A: incorreta, pois haverá extinção da obrigação por *dação em pagamento* (art. 356 do CC); **B:** incorreta, pois a transferência, nesse caso, importa em *cessão* e não em *sub-rogação* (art. 358 do CC); **C:** correta (art. 359 do CC); **D:** incorreta, pois negócios envolvendo direitos reais sobre imóveis com valor superior a 30 salários-mínimos devem ser feitos necessariamente por escritura pública, não cabendo escrito particular (art. 108 do CC).

Gabarito "C"

(OAB/Exame Unificado – 2012.3.A) Tiago celebrou com Ronaldo contrato de compra e venda de dez máquinas de costura importadas da China. Restou acordado que o pagamento se daria em trinta e seis prestações mensais e consecutivas com reajuste a cada doze meses conforme taxa Selic, a ser efetuado no domicílio do credor. O contrato estabeleceu, ainda, a incidência de juros moratórios, no importe de 2% (dois por cento) do valor da parcela em atraso, e cláusula penal, fixada em 10% (dez por cento) do valor do contrato, em caso de inadimplência. Após o pagamento de nove parcelas, Tiago foi surpreendido com a notificação extrajudicial enviada por Ronaldo, em que se comunicava um reajuste de 30% (trinta por cento) sobre o valor da última parcela paga sob o argumento de que ocorreu elevada desvalorização no câmbio. Tiago não concordou com o reajuste e ao tentar efetuar o pagamento da décima parcela com base no valor inicialmente ajustado teve o pagamento recusado por Ronaldo.

Considerando o caso acima e as regras previstas no Código Civil, assinale a afirmativa correta.

(A) Caso Tiago consigne o valor da décima parcela por meio de depósito judicial, poderá levantá-lo enquanto Ronaldo não informar o aceite ou não o impugnar, desde que pague todas as despesas.

(B) Na hipótese de Tiago consignar judicialmente duas máquinas de costura com a finalidade de afastar a incidência dos encargos moratórios e da cláusula penal, este depósito será apto a liberá-lo da obrigação assumida.

(C) O depósito consignatório realizado por Tiago em seu domicílio terá o poder liberatório do vínculo obrigacional, isentando-o do pagamento dos juros moratórios e da cláusula penal.

(D) Tiago poderá depositar o valor referente à décima parcela sob o fundamento de injusta recusa, porém não poderá discutir, no âmbito da ação consignatória, a abusividade ou ilegalidade das cláusulas contratuais.

A: correta (art. 338 do CC); **B:** incorreta, pois, para a consignação ter força de pagamento, deverá preencher todos os requisitos da obrigação, inclusive, o objeto do pagamento (art. 336 do CC), que, no caso, é o dinheiro e não as máquinas de costura; **C:** incorreta, pois o depósito deve se dar no lugar do pagamento e não no lugar do domicílio do devedor (art. 337 do CC); **D:** incorreta, pois, na ação consignatória, é possível, sim, fazer essa discussão, sendo, inclusive, comum a análise da abusividade ou ilegalidade de cláusulas contratuais quando há recusa do credor em receber o pagamento e o juiz precisa decidir se há ou não justa causa nessa recusa (art. 335, I, do CC).

Gabarito "A"

(OAB/Exame Unificado – 2012.2) Utilizando-se das regras afetas ao direito das obrigações, assinale a alternativa correta.

(A) Quando o pagamento de boa-fé for efetuado ao credor putativo, somente será inválido se, em seguida, ficar demonstrado que não era credor.

(B) Levando em consideração os elementos contidos na lei para o reconhecimento da onerosidade excessiva, é admissível assegurar que a regra se aplica às relações obrigacionais de execução diferida ou continuada.

(C) Possui a quitação determinados requisitos que devem ser obrigatoriamente observados, tais como o valor da dívida, o nome do pagador, o tempo e o lugar do adimplemento, além da assinatura da parte credora, exigindo-se também que a forma da quitação seja igual à forma do contrato.

(D) O terceiro, interessado ou não, poderá efetuar o pagamento da dívida em seu próprio nome, ficando sempre sub-rogado nos direitos da parte credora.

A: incorreta, pois o pagamento feito de boa-fé ao credor putativo é válido AINDA que provado depois que não era credor (art. 309 do CC); **B:** correta, nos termos expressos previstos no art. 478 do CC; **C:** incorreta, pois a quitação poderá se dar por instrumento particular, mesmo que se trate de contrato firmado por instrumento público (art. 320, *caput*, do CC); no mais, deve constar da quitação o nome do devedor, ou quem por este pagou (art. 320, *caput*, do CC), e não necessariamente o nome do pagador; **D:** incorreta, pois o terceiro não interessado, que paga a dívida em nome próprio, tem direito de reembolsar-se do que pagar, MAS não se sub-roga nos direitos do credor (art. 305, *caput*, do CC).

Gabarito "B"

(OAB/Exame Unificado – 2011.2) A dação em pagamento é:

(A) modalidade de obrigação alternativa, na qual o credor consente em receber objeto diverso ao da prestação originariamente pactuada.

(B) causa extintiva da obrigação, na qual o credor consente em receber objeto diverso ao da prestação originariamente pactuada.

(C) modalidade de obrigação facultativa, na qual o credor consente em receber objeto diverso ao da prestação originariamente pactuada.

(D) modalidade de adimplemento direto, na qual o credor consente em receber objeto diverso ao da prestação originariamente pactuada.

Art. 356 do Código Civil.

Gabarito "B"

(OAB/Exame Unificado – 2010.1) Assinale a opção correta de acordo com o Código Civil brasileiro.

(A) A sub-rogação objetiva ou real ocorre pela substituição de uma das partes, sem a extinção do vínculo obrigacional.

(B) Caso o sub-rogado não consiga receber a importância devida, ele poderá cobrá-la do credor original.

(C) Aplica-se à dação em pagamento o regime jurídico dos vícios redibitórios.

(D) Opera-se novação quando o devedor oferece nova garantia ao credor.

A: incorreta. Assevera Senise Lisboa que "A sub-rogação pode ser objetiva e subjetiva. Sub-rogação objetiva ou real é aquela que se dá pela substituição do objeto da obrigação, sem a extinção do vínculo obrigacional. (...). Sub-rogação subjetiva ou pessoal é aquela que se dá pela substituição de uma das partes, sem a extinção do vínculo obrigacional" (Roberto Senise Lisboa. **Manual de direito civil**. V. 2: direito das obrigações e responsabilidade civil. 4. ed. São Paulo: Saraiva, 2009, p. 138); **B:** incorreta. Observa Senise Lisboa que "(...) caso o sub-rogado não consiga receber a importância devida, não poderá cobrá-la do credor original" (Roberto Senise Lisboa. *Op. cit.*, p. 141); **C:** correta. Segundo Senise Lisboa, "aplica-se à dação em pagamento o regime jurídico do instituto dos vícios redibitórios (defeito oculto existente na coisa à época de sua aquisição) e o da evicção (perda da coisa em virtude de sentença judicial)" (Roberto Senise Lisboa. *Op. cit.*, p. 149); **D:** incorreta. Assinala Senise que "não há novação no oferecimento de nova garantia ao credor. A simples constituição de uma garantia ao credor constitui elemento acessório ou secundário do negócio jurídico. Como a regra impede que o principal, que é o negócio jurídico, seja modificado pela garantia, que é elemento acessório, não há como se conceber a novação" (Roberto Senise Lisboa. *Op. cit.*, p. 154).

Gabarito "C"

(OAB/Exame Unificado – 2009.3) Assinale a opção correta a respeito da transmissão e das modalidades de obrigações.

(A) A obrigação pura é qualificada por uma condição, termo ou encargo.

(B) Tratando-se de assunção de dívida, o novo devedor pode opor ao credor as exceções pessoais que competiam ao devedor primitivo.

(C) A cessão de crédito *pro soluto* transfere o crédito sem que tal transferência possa significar a extinção da obrigação em relação ao devedor.

(D) Na obrigação de resultado, o devedor será exonerado da responsabilidade se provar que a falta do resultado previsto decorreu de caso fortuito ou força maior.

A: incorreta. Obrigação pura e simples é aquela que produz efeitos normalmente, por não estarem sujeitas a condição, termo ou encargo; **B:** incorreta (art. 302 do CC); **C:** incorreta. A cessão de crédito é o negócio jurídico bilateral pelo qual o credor transfere a outrem, a título oneroso ou gratuito, os seus direitos na relação obrigacional; há três figuras: o cedente (credor que transmite o crédito), o cessionário (terceiro que recebe o crédito) e o cedido (o que continua devedor); assim, não há que se falar em extinção da obrigação em relação ao devedor, que continua obrigado, agora para com o cessionário; **D:** correta. A obrigação de resultado é aquela em que o devedor se compromete a atingir determinado fim, sob pena de responder pelo insucesso; são exemplos, a obrigação do vendedor de entregar a coisa vendida, a obrigação do transportador de levar o passageiro são e salvo ao destino e a obrigação do cirurgião plástico em cirurgias de natureza estética; essa obrigação gera uma responsabilidade objetiva; porém, o caso fortuito ou força maior exclui o nexo de causalidade, e, consequentemente, a responsabilidade (art. 393 do CC).

Gabarito "D"

(OAB/Exame Unificado – 2008.1) Acerca do direito das obrigações, assinale a opção correta.

(A) A cessão de crédito consiste em negócio jurídico por meio do qual o credor transmite o seu crédito a um terceiro, com modificação objetiva da obrigação, e para cuja validade é necessário o consentimento prévio do devedor.

(B) Nas obrigações alternativas, as partes convencionam duas ou mais prestações cumulativamente exigíveis, cujo adimplemento requer o cumprimento de apenas uma delas, ou seja, concentra-se em uma única para pagamento por meio de escolha, seja do credor seja do devedor.

(C) Se, em uma obrigação solidária passiva, um dos devedores, sem a anuência dos demais, renegociar a dívida, assumindo a majoração dos juros pactuados, a obrigação adicional é devida por todos os coobrigados em face da aplicação da teoria da representação, ou seja, da existência de mandato recíproco entre os devedores solidários.

(D) A cessão do crédito afasta a compensação, pois acarreta a modificação subjetiva da relação obrigacional, mediante a alteração do credor. Assim, o devedor que, notificado da cessão que o credor faz dos seus direitos a terceiros, nada opõe à cessão não pode alegar direito à compensação.

A: incorreta (art. 290 do CC); **B:** incorreta (art. 252 do CC); **C:** incorreta (art. 278 do CC); **D:** correta (arts. 290 e 294 do CC).

Gabarito "D"

(OAB/Exame Unificado – 2007.3) Assinale a opção correta com relação ao direito das obrigações.

(A) Havendo pluralidade de devedor, o inadimplemento da obrigação indivisível não altera os direitos do credor nem a obrigação perde esse caráter, podendo, assim, o credor demandar a obrigação por inteiro, mais perdas e danos, de qualquer dos devedores.

(B) A dação em pagamento constitui acordo entre o credor e devedor, por meio do qual o credor consente em receber objeto distinto do previsto no título constitutivo da obrigação, com o fito de extinguir a obrigação.

(C) Com a assunção de dívida, subsiste o débito originário, com os seus acessórios e garantias especiais, assumindo o terceiro a posição de devedor, independentemente da concordância do credor ou do devedor originário.

(D) O devedor de várias dívidas ainda não vencidas a um mesmo credor, diante da insuficiência de condições financeiras para o pagamento de todo o débito, poderá propor quitá-lo antecipadamente, por meio da imputação do pagamento.

A: incorreta (art. 263 do CC); **B:** correta (art. 356 do CC); **C:** incorreta (art. 299 do CC); **D:** incorreta (art. 352 do CC).

Gabarito "B"

(OAB/Exame Unificado – 2007.3) Ainda a respeito das obrigações e dos contratos, assinale a opção correta.

(A) A morte do devedor provoca o vencimento antecipado da obrigação, por ela respondendo, solidariamente, os herdeiros, salvo quando se tratar de obrigação personalíssima, pois, nesse caso, a morte do devedor é causa da extinção da relação obrigacional.

(B) Ocorrendo a evicção, se o evicto desconhece o risco, ou, se dele informado, não o assuma, não obstante a cláusula que exclui a garantia contra a evicção, ele tem direito de recobrar o preço que tenha pago pela coisa perdida.

(C) Qualquer crédito poderá ser cedido, conste ou não do título, esteja vencido ou por vencer, se a isso não se opuserem a natureza da obrigação, a convenção com o devedor ou a lei, porém o cedente não responde pela solvência do devedor.

(D) O terceiro interessado que paga dívida pela qual seja ou possa ser obrigado, pode cobrar o total da dívida, mesmo que o seu desembolso seja menor, visto que se sub-roga nos direitos e ações do credor.

A: incorreta (art. 1.425 do CC); **B:** incorreta (art. 449 do CC); **C:** correta (arts. 286 e 296 do CC); **D:** incorreta (art. 350 do CC).

Gabarito "C"

(OAB/Exame Unificado – 2006.1) A respeito do direito das obrigações, assinale a opção correta.

(A) Na hipótese de o devedor firmar contrato de renegociação de dívida prescrita, constituindo nova — com a peculiaridade de fornecer nova garantia do pagamento da dívida —, qual seja: ao título de crédito no valor integral da dívida, não ocorrerá novação, pois a obrigação assumida pelo devedor é originária de dívida prescrita.

(B) A obrigação de não fazer é aquela em que o devedor assume o compromisso de se abster de algum fato que poderia praticar livremente se não se tivesse obrigado, para atender interesse jurídico do credor ou de terceiro. Entretanto, se essa obrigação se impossibilitar, sem culpa do devedor, que não poderá abster-se do ato, em razão de força maior ou de caso fortuito, o devedor será exonerado do cumprimento desta, considerando-a resolvida.

(C) Na assunção de dívida, ocorre a substituição do sujeito passivo da relação de crédito, extinguindo-se o vínculo obrigacional, os acessórios e as garantias do débito, exceto as garantias do crédito que tiverem sido prestadas por terceiro.

(D) Se ocorrer a confusão, ou seja, a reunião, na mesma pessoa, das qualidades de credor e devedor de uma mesma relação obrigacional, extingue-se totalmente a obrigação, sendo irrelevante tratar-se de obrigação solidária ou obrigação em que ocorra a confusão de parte da dívida.

A: incorreta. No caso descrito trata-se de típica hipótese de novação; **B:** correta (art. 250 do CC); **C:** incorreta (art. 300 do CC); **D:** incorreta (art. 383 do CC).

Gabarito "B"

(OAB/Exame Unificado – 2004.ES) No que se refere às obrigações, assinale a opção correta.

(A) Ocorre a assunção de dívida quando um terceiro, estranho à relação obrigacional, assume a posição de devedor e se responsabiliza pela dívida, o que resulta em extinção da obrigação e exoneração do devedor primitivo.

(B) Na hipótese de novação, havendo devedores solidários, pela nova obrigação respondem solidariamente todos os devedores, inclusive os que não participaram da novação, e sobre os seus bens subsistem as preferências e garantias do crédito novado.

(C) A cláusula penal é um pacto acessório mediante o qual as partes contratantes estabelecem as perdas e danos a serem aplicados contra aquele que, culposamente, deixar de cumprir uma obrigação ou retardar o seu cumprimento.

(D) Se a dívida vencer enquanto houver litígio entre credores, o devedor, mesmo tendo conhecimento da ação, poderá efetuar o pagamento a qualquer dos credores. Nesse caso, independentemente da decisão da ação, o pagamento será considerado válido e o devedor exonerado da obrigação.

A: incorreta (art. 299 do CC); **B:** incorreta (art. 365 do CC); **C:** correta (arts. 408 e 409 do CC); **D:** incorreta (art. 312 do CC).

Gabarito "C"

(FGV – 2014) Em relação à *cessão de créditos*, assinale a afirmativa incorreta.

(A) A cessão do crédito tem eficácia em relação ao devedor, mesmo quando a este não notificada.

(B) O devedor fica desobrigado se, antes de ter conhecimento da cessão, pagou ao credor primitivo.

(C) A cessão pro solvendo não é a regra e só ocorre quando houver prévia estipulação contratual.

(D) Havendo cessão do crédito, abrangem-se os acessórios e as garantias da dívida, salvo disposição em contrário.

(E) O credor pode ceder o seu crédito, se a isso não se opuser a natureza da obrigação, a lei, ou a convenção com o devedor.

A: incorreta (devendo ser assinalada), pois a cessão do crédito não tem eficácia em relação ao devedor, senão quando a este notificada (art. 290 do CC); **B:** correta (art. 292 do CC); **C:** correta, pois o cedente apenas responde pela solvência do devedor ser houver expressa previsão contratual (art. 296 do CC). Logo, em rega a cessão é pro soluto; **D:** correta (art. 287 do CC); E: correta (art. 286 do CC).

Gabarito "A"

(FGV – 2010) Com relação ao *pagamento*, analise as afirmativas a seguir.

I. Terceiros não interessados podem pagar a dívida em seu próprio nome, desde que esteja vencida.

II. O credor não é obrigado a receber prestação diversa da que lhe é devida, a não ser que seja substancialmente mais valiosa.

III. O pagamento cientemente feito a credor incapaz de quitar não vale, a não ser que o devedor prove que o pagamento efetivamente reverteu em benefício do credor.

Assinale:

(A) se todas as afirmativas estiverem corretas.
(B) se somente as afirmativas I e II estiverem corretas.
(C) se somente as afirmativas II e III estiverem corretas.
(D) se somente as afirmativas I e III estiverem corretas.
(E) se somente a afirmativa III estiver correta.

I: incorreta (art. 305 do CC); **II:** incorreta (art. 313 do CC); **III:** correta (art. 310 do CC).

Gabarito "E"

(FGV – 2010) Em relação à novação, à compensação e à transação, assinale a afirmativa INCORRETA.

(A) A existência de obrigação anterior válida é requisito essencial para que a novação se opere, pois à medida que a nova obrigação extingue e substitui a anterior, é fundamental a preexistência de relação obrigacional válida.

(B) A novação subjetiva passiva por delegação aperfeiçoa-se com a indicação, do próprio devedor, com concordância do credor, de terceira pessoa que venha resgatar o seu débito. Já a novação subjetiva passiva por expromissão admite a substituição do devedor independentemente do seu consentimento.

(C) Quando notificado da cessão do crédito que o seu credor faz a terceiro, poderá o devedor a ela se opor, realizando compensação de créditos, desde que seu crédito seja exigível ao tempo da notificação. Mas, mantendo-se inerte, não poderá posteriormente compensar com o cessionário o crédito que tinha com o cedente.

(D) A transação se anula por dolo, coação, erro essencial quanto à pessoa ou coisa controversa, e também por erro de direito a respeito de questões que foram objeto de controvérsia entre as partes.

(E) O Código Civil entende por nula a transação a respeito de litígio com sentença em trânsito em julgado, se dela não tinha ciência algum dos transatores, ou quando, por título ulteriormente descoberto, se verificar que nenhum deles tinha direito sobre o objeto da transação.

A: correta, pois, de fato, a *novação* é a conversão de uma obrigação por outra para extinguir a primeira. Assim, para ser possível a conversão é requisito essencial a validade da primeira obrigação (art. 367 do CC); **B:** correta, pois a novação subjetiva passiva ocorre quando a pessoa do devedor se altera, o que pode ocorrer de duas formas: por delegação ou expromissão. Na novação subjetiva passiva por delegação o próprio devedor indica uma terceira pessoa com a concordância do credor (art. 360, II, do CC); **C:** correta (art. 294 do CC); **D:** incorreta, devendo ser assinalada (art. 849, parágrafo único, do CC); **E:** correta (art. 850 do CC).

Gabarito "D"

(FGV – 2009) A respeito da *cessão de crédito*, analise as afirmativas a seguir:

I. O devedor pode opor ao cessionário as exceções que tinha contra o cedente no momento em que veio a ter conhecimento da cessão.

II. Na cessão de crédito por título oneroso, ainda que não se responsabilize, o cedente fica responsável ao cessionário pela existência do crédito ao tempo em que lhe cedeu.

III. A cessão de crédito apenas é eficaz em relação ao devedor quando a este notificada ou quando o devedor se declarar ciente da cessão por meio de escrito público ou particular.

Assinale:

(A) se somente a afirmativa I estiver correta.
(B) se somente a afirmativa II estiver correta.
(C) se somente as afirmativas I e II estiverem corretas.
(D) se somente as afirmativas II e III estiverem corretas.
(E) se todas as afirmativas estiverem corretas.

I: correta (art. 294 do CC); **II:** correta (art. 295 do CC); **III:** correta (art. 290 do CC).

Gabarito "E"

(FGV – 2007) A novação é forma de:

(A) compra e venda
(B) compensação
(C) sub-rogação
(D) pagamento

De fato, a novação é uma das formas de pagamento previstas no Código Civil (art. 360 e seguintes do CC).

Gabarito "D"

(FGV – 2004) Pafúncio é devedor da quantia de R$ 1.000.000,00 (um milhão de reais) ao Banco da Praça S.A. Aconselhado pelo gerente do Banco, Pafúncio contraiu nova dívida no valor de R$ 1.100.000,00 (um milhão e cem mil reais) para quitar, extinguir e substituir a dívida anterior. Do ponto de vista do direito das obrigações, nesse caso ocorreu uma:

(A) transação.
(B) remissão.
(C) compensação.
(D) dação em pagamento.
(E) novação.

Art. 360, I, do CC.

Gabarito "E"

3.3. INADIMPLEMENTO DAS OBRIGAÇÕES

(OAB/Exame Unificado – 2016.1) Joaquim celebrou, por instrumento particular, contrato de mútuo com Ronaldo, pelo qual lhe emprestou R$ 50.000,00 (cinquenta mil reais), a serem pagos 30 dias depois. No dia do vencimento do empréstimo, Ronaldo não adimpliu a prestação. O tempo passou, Joaquim se manteve inerte, e a dívida prescreveu. Inconformado, Joaquim pretende ajuizar ação de enriquecimento sem causa contra Ronaldo. Sobre os fatos narrados, assinale a afirmativa correta.

(A) A ação de enriquecimento sem causa é cabível, uma vez que Ronaldo se enriqueceu indevidamente à custa de Joaquim.
(B) Como a ação de enriquecimento sem causa é subsidiária, é cabível seu ajuizamento por não haver, na hipótese, outro meio de recuperar o empréstimo concedido.
(C) Não cabe o ajuizamento da ação de enriquecimento sem causa, pois há título jurídico a justificar o enriquecimento de Ronaldo.
(D) A pretensão de ressarcimento do enriquecimento sem causa prescreve simultaneamente à pretensão relativa à cobrança do valor mutuado.

A, B e D: incorretas, pois não há enriquecimento sem causa no caso, já que há título jurídico a justificar o enriquecimento de Ronaldo; o ilícito no caso é outro, qual seja, o falta do cumprimento da obrigação contratual de pagamento; **C:** correta, pois há no caso título jurídico a justificar o enriquecimento de Ronaldo (art. 885 do CC).

Gabarito "C"

(OAB/Exame Unificado – 2015.3) Renato é proprietário de um imóvel e o coloca à venda, atraindo o interesse de Mário. Depois de algumas visitas ao imóvel e conversas sobre o seu valor, Renato e Mário, acompanhados de corretor, realizam negócio por preço certo, que deveria ser pago em três parcelas: a primeira, paga naquele ato a título de sinal e princípio de pagamento, mediante recibo que dava o negócio por concluído de forma irretratável; a segunda deveria ser paga em até trinta dias, contra a exibição das certidões negativas do vendedor; a terceira seria paga na data da lavratura da escritura definitiva, em até noventa dias a contar do fechamento do negócio. Antes do pagamento da segunda parcela, Mário celebra, com terceiros, contratos de promessa de locação do imóvel por temporada, recebendo a metade de cada aluguel antecipadamente. Renato, ao tomar conhecimento de que Mário havia celebrado as promessas de locação por temporada, percebeu que o imóvel possuía esse potencial de exploração. Em virtude disso, Renato arrependeu-se do negócio e, antes do vencimento da segunda parcela do preço, notificou o comprador e o corretor, dando o negócio por desfeito. Com base na hipótese formulada, assinale a afirmativa correta.

(A) O vendedor perde o sinal pago para o comprador, porém nada mais lhe pode ser exigido, não sendo devida a comissão do corretor, já que o negócio foi desfeito antes de aperfeiçoar-se.
(B) O vendedor perde o sinal pago para o comprador, porém nada mais lhe pode ser exigido pelo comprador. Contudo, é devida a comissão do corretor, não obstante o desfazimento do negócio antes de aperfeiçoar-se.
(C) O vendedor perde o sinal pago e o comprador pode exigir uma indenização pelos prejuízos a que a desistência deu causa, se o seu valor superar o do sinal dado, não sendo devida a comissão do corretor, já que o negócio foi desfeito antes de aperfeiçoar-se.
(D) O vendedor perde o sinal pago e o comprador pode exigir uma indenização pelos prejuízos a que a desistência deu causa, se o seu valor superar o do sinal dado, sendo devida a comissão do corretor, não obstante o desfazimento do negócio antes de aperfeiçoar-se.

A a D: somente a alternativa "D" está correta pois, como havia cláusula de irretratabilidade (ou seja, não havia o direito de arrependimento), não incide a proibição de indenização suplementar prevista no art. 420 do CC, prevalecendo a regra do art. 419 do CC, que admite que a parte inocente peça indenização suplementar; e, quanto à questão do corretor, este tem direito de ser remunerado pelo trabalho de aproximação e fechamento do negócio que fez, pouco importando seu desfazimento posterior.

Gabarito "D"

(OAB/Exame Unificado – 2015.2) Carlos Pacheco e Marco Araújo, advogados recém-formados, constituem a sociedade P e A Advogados. Para fornecer e instalar todo o equipamento de informática, a sociedade contrata José Antônio, que, apesar de não realizar essa atividade de forma habitual e profissional, comprometeu-se a adimplir sua obrigação até o dia 20/02/2015, mediante o pagamento do valor de R$ 50.000,00 (cinquenta mil reais) no ato da celebração do contrato. O contrato celebrado é de natureza paritária, não sendo formado por adesão. A cláusula oitava do referido contrato estava assim redigida: "O total inadimplemento deste contrato por qualquer das partes ensejará o pagamento, pelo infrator, do valor de R$ 50.000,00 (cinquenta mil reais)". Não havia, no contrato, qualquer outra cláusula que se referisse ao inadimplemento ou suas consequências. No dia 20/02/2015, José Antônio telefona para Carlos Pacheco e lhe comunica que não vai cumprir o avençado, pois celebrou com outro escritório de advocacia contrato por valor superior, a lhe render maiores lucros. Sobre os fatos narrados, assinale a afirmativa correta.

(A) Diante da recusa de José Antônio a cumprir o contrato, a sociedade poderá persistir na exigência do cumprimento obrigacional ou, alternativamente, satisfazer-se com a pena convencional.
(B) A sociedade pode pleitear o pagamento de indenização superior ao montante fixado na cláusula oitava, desde que prove, em juízo, que as perdas e os danos efetivamente sofridos foram superiores àquele valor.
(C) A sociedade pode exigir o cumprimento da cláusula oitava, classificada como cláusula penal moratória, juntamente com o desempenho da obrigação principal.
(D) Para exigir o pagamento do valor fixado na cláusula oitava, a sociedade deverá provar o prejuízo sofrido.

A: correta, pois essa é uma alternativa a benefício do credor (art. 410 do CC); **B:** incorreta; de acordo com o art. 416, parágrafo único, do CC não é possível se exigir indenização suplementar à cláusula pena fixada, caso não haja convenção expressa nesse sentido, sendo que o enunciado da questão deixou claro que não havia qualquer outra cláusula adicional quanto ao inadimplemento da obrigação; **C:** incorreta, pois ou se escolhe cobrar a multa pela inadimplemento absoluto ou se escolhe exigir o cumprimento da obrigação, tratando-se de alternativa a benefício do credor (art. 410 do CC); **D:** incorreta; de acordo com o art. 416 do CC, "para exigir a pena convencional, não é necessário que o credor alegue prejuízo".

Gabarito "A"

(OAB/Exame Unificado – 2015.1) Joana deu seu carro a Lúcia, em comodato, pelo prazo de 5 dias, findo o qual Lúcia não devolveu o veículo. Dois dias depois, forte tempestade danificou a lanterna e o para-choque dianteiro do carro de Joana. Inconformada com o ocorrido, Joana exigiu que Lúcia a indenizasse pelos danos causados ao veículo.

Diante do fato narrado, assinale a afirmativa correta.

(A) Lúcia incorreu em inadimplemento absoluto, pois não cumpriu sua prestação no termo ajustado, o que inutilizou a prestação para Joana.
(B) Lúcia não está em mora, pois Joana não a interpelou, judicial ou extrajudicialmente.
(C) Lúcia deve indenizar Joana pelos danos causados ao veículo, salvo se provar que os mesmos ocorreriam ainda que tivesse adimplido sua prestação no termo ajustado.
(D) Lúcia não responde pelos danos causados ao veículo, pois foram decorrentes de força maior.

A: incorreta, pois a não devolução do veículo no prazo não torna a sua entrega futura imprestável, diferentemente por exemplo se se tratasse da obrigação de entrega de um bolo de casamento, que, não entregue no prazo, tornaria imprestável a entrega depois do casamento; **B:** incorreta, pois o comodato mencionado na questão é com prazo certo e, portanto, a mora incorre de pleno direito, independentemente, portanto, de interpelação judicial ou extrajudicial; **C:** correta, nos termos do art. 399 do CC; **D:** incorreta, pois, estando em mora, essa alegação não procede, nos termos do art. 399 do CC, só havendo isenção de responsabilidade do devedor se este conseguisse provar que o dano sobreviria ainda quando a obrigação fosse oportunamente desempenhada.

Gabarito "C".

(OAB/Exame Unificado – 2014.3) Donato, psiquiatra de renome, era dono de uma extensa e variada biblioteca, com obras de sua área profissional, importadas e raras. Com sua morte, seus três filhos, Hugo, José e Luiz resolvem alienar a biblioteca à Universidade do Estado, localizada na mesma cidade em que o falecido residia. Como Hugo vivia no exterior e José em outro estado, ambos incumbiram Luiz de fazer a entrega no prazo avençado. Luiz, porém, mais preocupado com seus próprios negócios, esqueceu-se de entregar a biblioteca à Universidade, que, diante da mora, notificou José para exigir-lhe o cumprimento integral em 48 horas, sob pena de resolução do contrato em perdas e danos.

Nesse contexto, assinale a afirmativa correta.

(A) José deve entregar a biblioteca no prazo designado pela Universidade, se quiser evitar a resolução do contrato em perdas e danos.
(B) Não tendo sido ajustada solidariedade, José não está obrigado a entregar todos os livros, respondendo, apenas, pela sua cota parte.
(C) Como Luiz foi incumbido da entrega, a Universidade não poderia ter notificado José, mas deveria ter interpelado Luiz.
(D) Tratando-se de três devedores, a Universidade não poderia exigir de um só o pagamento; logo, deveria ter notificado simultaneamente os três irmãos.

A: correta; tratando-se a biblioteca de bem indivisível, cada um dos devedores será obrigado pela dívida toda (art. 259, *caput*, do CC); **B**, **C** e **D:** incorretas, pois, conforme mencionado, por força de lei, os três são obrigados pela dívida toda (art. 259, *caput*, do CC).

Gabarito "A".

(OAB/Exame Unificado – 2013.1) Luis, produtor de soja, firmou contrato de empréstimo de um trator com seu vizinho João. No contrato, Luis se comprometeu a devolver o trator 10 dias após o término da colheita. Restou ainda acordado um valor para a hipótese de atraso na entrega.

Considerando o caso acima, assinale a afirmativa correta.

(A) Caracterizada a mora na devolução do trator, Luis responderá pelos prejuízos decorrentes de caso fortuito ou de força maior, salvo se comprovar que o dano ocorreria mesmo se houvesse cumprido sua obrigação na forma ajustada.
(B) Por se tratar de hipótese de mora pendente, é indispensável a interpelação judicial ou extrajudicial para que João constitua Luis em mora.
(C) Luis, ainda que agindo dolosamente, não terá responsabilidade pela conservação do trator na hipótese de João recusar-se a receber o bem na data ajustada.
(D) Não caracteriza mora a hipótese de João se recusar a receber o trator na data avençada para não comprometer o espaço físico de seu galpão, vez que é necessária a comprovação de sua culpa e a ausência de justo motivo.

A: correta (art. 399 do CC); **B:** incorreta, pois, não havendo termo (data certa), a mora pode se constituir mediante interpelação judicial ou extrajudicial (art. 397, parágrafo único, do CC); **C:** incorreta, pois somente o devedor isento de dolo ("sem dolo") fica livre de responder quando há mora do credor em receber a coisa na data ajustada (art. 400 do CC); **D:** incorreta, pois, combinada uma data avençada, o credor deve receber a coisa, não podendo alegar problemas próprios (no caso, ausência de espaço físico) para fugir de sua responsabilidade (art. 394 do CC).

Gabarito "A".

(OAB/Exame Unificado – 2010.2) João prometeu transferir a propriedade de uma coisa certa, mas antes disso, sem culpa sua, o bem foi deteriorado. Segundo o Código Civil, ao caso de João aplica-se o seguinte regime jurídico:

(A) a obrigação fica resolvida, com a devolução de valores eventualmente pagos.
(B) a obrigação subsiste, com a entrega da coisa no estado em que se encontra.
(C) a obrigação subsiste, com a entrega da coisa no estado em que se encontra e abatimento no preço proporcional à deterioração.
(D) a obrigação poderá ser resolvida, com a devolução de valores eventualmente pagos, ou subsistir, com a entrega da coisa no estado em que se encontra e abatimento no preço proporcional à deterioração, cabendo ao credor a escolha de uma dentre as duas soluções.

De acordo com o art. 235 do Código Civil "deteriorada a coisa, não sendo o devedor culpado, poderá o credor resolver a obrigação, ou aceitar a coisa, abatido de seu preço o valor que perdeu". Assim sendo, somente a alternativa "D" está correta, pois compete ao credor da obrigação escolher entre resolvê-la, recebendo o dinheiro que tiver pago de volta, ou pedir a entrega da coisa, com abatimento proporcional de seu preço.

Gabarito "D".

(OAB/Exame Unificado – 2008.1) Ainda no que concerne ao direito das obrigações, assinale a opção correta.

(A) Caso o devedor inadimplente de obrigação decida purgar a mora oferecendo ao credor a prestação vencida, acrescida da indenização dos danos causados ao credor pela mora, não poderá o credor rejeitar a prestação, transformando a mora em inadimplemento definitivo, e pleitear a resolução do contrato.

(B) O acordo extrajudicial firmado entre credor e devedor principal, para mera prorrogação do pagamento da dívida, implica novação, desonerando, assim, os coobrigados que nela não intervieram.

(C) No caso de obrigação de restituir coisa certa, vindo esta a perecer, sem culpa do devedor, a obrigação resolve-se automaticamente, sem qualquer direito ao credor de receber indenização ou de exigir a restituição da coisa.

(D) Se houver pluralidade de sujeitos, sendo a obrigação indivisível, pode haver o cumprimento fracionado da obrigação, quando a indivisibilidade é proveniente da vontade das partes, ou seja, tratando-se de indivisibilidade legal.

A: incorreta (art. 401, I, do CC); **B:** incorreta (art. 361 do CC); **C:** correta (art. 234 do CC); **D:** incorreta (art. 257 do CC).

Gabarito "C"

(OAB/Exame Unificado – 2007.1) Com relação às normas atinentes ao negócio jurídico e às obrigações, assinale a opção incorreta.

(A) A base subjetiva do negócio jurídico compreende as representações nas quais as partes assentaram seu acordo de vontade. Desse modo, a frustração subjetiva dos contraentes pode render ensejo à não obrigatoriedade da prestação ou à anulação do negócio jurídico por erro essencial.

(B) A mora e a violação positiva da obrigação ou do contrato por parte do devedor são exemplos de inadimplemento relativo.

(C) A multa cominatória tem caráter intimidativo, de modo que o depósito ou pagamento desta não desobriga o devedor do cumprimento da prestação estabelecida na sentença da ação cominatória.

(D) Remição é a renúncia gratuita do crédito.

A: correta (art. 138 do CC); **B:** correta (art. 394 do CC); **C:** correta (art. 461, § 4.º, do CPC; art. 500 do Novo CPC); **D:** incorreta, devendo ser assinalada (art. 385 do CC). Remissão é a renúncia gratuita ao crédito. Já remição, é o pagamento.

Gabarito "D"

(FGV – 2010) Assinale a alternativa correta.

(A) A mora *ex re* deriva de inadimplemento de obrigação, positiva e líquida, para cujo pagamento se estabeleceu prazo certo. Neste caso, a constituição da mora é automática, sem necessidade de interpelação judicial ou extrajudicial do credor.

(B) O devedor em mora sempre responde pela impossibilidade da prestação, ainda que esta decorra de caso fortuito ou força maior.

(C) A mora do credor possui o condão de afastar do devedor a responsabilidade pela conservação da coisa, mesmo que este último atue dolosamente.

(D) Os juros de mora são contados desde a constituição do devedor em mora, no caso da mora *ex persona*.

(E) O credor, quando a prestação devida tornar-se inútil por mora do devedor, pode exigir deste a satisfação das perdas e danos cumulada com a prestação de obrigação alternativa.

A: correta (art. 397, *caput*, do CC); **B:** incorreta (art. 399 do CC); **C:** incorreta (art. 400 do CC); **D:** incorreta (art. 405 do CC); **E:** incorreta (art. 395, parágrafo único, do CC).

Gabarito "A"

(FGV – 2008) A multa convencional nas obrigações pecuniárias cumpre função:

(A) de reforço da necessidade de cumprir a obrigação e de pré-fixação das perdas e danos.

(B) compensatória e punitiva.

(C) punitiva e liberatória.

(D) de pré-fixação das perdas e danos e punitiva.

(E) de reforço da necessidade de cumprir a obrigação e liberatória.

A: correta, pois a multa convencional (cláusula penal) é um pacto acessório em que as partes estipulam, de antemão, pena pecuniária para a parte infringente da obrigação como consequência de sua inexecução culposa ou seu retardamento. Assim, a multa convencional exerce função ambivalente, ou seja, de reforço do vínculo obrigacional e de pré estimativa das perdas e danos (arts. 408 e seguintes do CC); **B:** incorreta, pois a cláusula penal não compensa, necessariamente, o dano causado, tratando-se de mera estimativa da extensão dos danos que serão causados com o descumprimento da obrigação; **C:** incorreta, pois a multa não libera, necessariamente, o devedor de cumprir a obrigação principal; **D:** incorreta, pois está incompleta, tendo a alternativa deixado de destacar a finalidade de "reforço da necessidade de cumprir a obrigação", finalidade que tem destaque no que diz respeito à cláusula penal; **E:** incorreta, pois, como seu viu, a cláusula penal não é liberatória.

Gabarito "A"

(FGV – 2005) Assinale a alternativa correta:

(A) A cláusula penal tem o objetivo de reforço obrigacional.

(B) A cláusula penal tem a natureza, exclusivamente, compensatória.

(C) Não há qualquer vedação legal a que o valor da cominação imposta na cláusula penal exceda o da obrigação principal.

(D) Para exigir a pena convencional, é necessário que o credor alegue prejuízo.

(E) Tendo a obrigação pluralidade de devedores e sendo indivisível, a lei civil não prevê ação regressiva aos não culpados contra quem deu causa à aplicação da pena convencional.

A: correta, pois a cláusula penal é um pacto acessório em que as partes estipulam, de antemão, pena pecuniária para a parte infringente da obrigação como consequência de sua inexecução culposa ou seu retardamento. Assim, a multa convencional exerce função ambivalente, ou seja, de reforço do vínculo obrigacional, por punir seu inadimplemento, e de pré estimativa das perdas e danos (arts. 408 e seguintes do CC); **B:** incorreta, conforme justificado no item anterior; **C:** incorreta (art. 412 do CC); **D:** incorreta (art. 416, *caput*, do CC); **E:** incorreta (art. 414, parágrafo único, do CC).

Gabarito "A"

3.4. ATOS UNILATERAIS, PREFERÊNCIAS E PRIVILÉGIOS CREDITÓRIOS

(OAB/Exame Unificado – 2013.2) Diante de chuva forte e inesperada, Márcio constatou a inundação parcial da residência de sua vizinha Bianca, fato este que o levou a contratar serviços de chaveiro, bombeamento d'água e vigilância, de modo a evitar maiores prejuízos materiais até a chegada de Bianca.

Utilizando-se do quadro fático fornecido pelo enunciado, assinale a afirmativa correta.

(A) A falta de autorização expressa de Bianca a Márcio para a prática dos atos de preservação dos bens autoriza aquela a exigir reparação civil deste.
(B) Bianca não estará obrigada a adimplir os serviços contratados por Márcio, cabendo a este a quitação dos contratados.
(C) Se Márcio se fizer substituir por terceiro até a chegada de Bianca, promoverá a cessação de sua responsabilidade transferindo-a ao terceiro substituto.
(D) Os atos de solidariedade e espontaneidade de Márcio na proteção dos bens de Bianca são capazes de gerar a responsabilidade desta em reembolsar as despesas necessárias efetivadas, acrescidas de juros legais.

A e **B**: incorretas, pois é justamente o contrário, ou seja, o gestor de negócios tem direito de ser reembolsado, com acréscimo de juros legais (arts. 869, *caput*, e 870 do CC); **C**: incorreta, pois se o gestor se fizer substituir por outrem, responderá sim pela falta do substituto (art. 867 do CC); **D**: correta (arts. 869, *caput*, e 870 do CC).

Gabarito "D"

(OAB/Exame Unificado – 2008.1) No que concerne aos atos unilaterais, às preferências e privilégios creditórios, assinale a opção correta.

(A) Aquele que estipula uma gratificação pela prestação de determinado serviço anunciado publicamente e dirigido a todos fica obrigado a cumprir a recompensa a todas as pessoas que executarem a ação recompensável da maneira por ele esperada.
(B) O pagamento indevido faz surgir, para aquele que recebeu indevidamente, a obrigação de restituir, seja espontaneamente ou por meio da ação de repetição de indébito.
(C) O gestor de negócios alheios age voluntariamente no interesse do dono do negócio e de acordo com a vontade declarada deste, que será obrigado a indenizar os prejuízos sofridos pelo gestor, além das despesas úteis e necessárias realizadas.
(D) A insolvência civil gera a declaração de insolvência e esta implica a execução dos bens do devedor não empresário por concurso universal de credores, sem qualquer preferência ou privilégio, ou seja, todos os credores devem concorrer em igualdade de condições, respeitada a proporcionalidade de seus créditos.

A: incorreta (art. 857 do CC); **B**: correta. De fato, aquele que recebeu o pagamento que não lhe era devido, com base no princípio de vedação ao enriquecimento ilícito, deverá restituir o que recebeu; **C**: incorreta (art. 861 do CC); **D**: incorreta (art. 956 do CC).

Gabarito "B"

(FGV – 2011) A respeito dos atos unilaterais descritos no Código Civil, é correto afirmar que:

(A) aquele que indevidamente recebeu, ainda que de boa-fé, determinado imóvel e o aliena por título oneroso, responderá não só pelo valor do imóvel como também por perdas e danos.
(B) contrai obrigação de cumprir o prometido aquele que, por meio de anúncios públicos, se compromete a recompensar a quem preencher certa condição.
(C) é possível exigir a repetição do que se pagou por uma dívida prescrita.
(D) não se admite a intervenção na gestão de negócio alheio daquele que não tenha sido autorizado pelo interessado.
(E) a restituição, na hipótese de enriquecimento sem causa, será devida, salvo se a causa que tenha justificado o enriquecimento deixe de existir.

A: incorreta, pois responderá apenas pela quantia recebida pelo imóvel; o alienante só responderá por perdas e danos também, caso tenha agido de má-fé; **B**: correta (art. 854 do CC); **C**: incorreta, pois se trata de obrigação natural, obrigação essa que não tem que ser cumprida, mas, caso cumprida, não enseja repetição de indébito (art. 882 do CC); **D**: incorreta (art. 861 do CC); **E**: incorreta (art. 885 do CC).

Gabarito "B"

4. CONTRATOS

4.1. TEORIA GERAL DOS CONTRATOS

(OAB/Exame Unificado – 2013.3) José celebrou com Maria um contrato de compra e venda de imóvel, no valor de R$100.000,00, quantia paga à vista, ficando ajustada entre as partes a exclusão da responsabilidade do alienante pela evicção. A respeito desse caso, vindo a adquirente a perder o bem em decorrência de decisão judicial favorável a terceiro, assinale a afirmativa correta.

(A) Tal cláusula, que exonera o alienante da responsabilidade pela evicção, é vedada pelo ordenamento jurídico brasileiro.
(B) Não obstante a cláusula de exclusão da responsabilidade pela evicção, se Maria não sabia do risco, ou, dele informada, não o assumiu, deve José restituir o valor que recebeu pelo bem imóvel.
(C) Não obstante a cláusula de exclusão da responsabilidade pela evicção, Maria, desconhecendo o risco, terá direito à dobra do valor pago, a título de indenização pelos prejuízos dela resultantes.
(D) O valor a ser restituído para Maria será aquele ajustado quando da celebração do negócio jurídico, atualizado monetariamente, sendo irrelevante se tratar de evicção total ou parcial.

A: incorreta, pois as partes podem livremente excluir a responsabilidade pela evicção (art. 448 do CC); **B**: correta (art. 449 do CC). **C**: incorreta, pois caso Maria desconheça o risco ela apenas tem o direito de receber o preço que pagou pela coisa evicta, não havendo que se falar em dobro do valor a título de indenização (art. 449 do CC); **D**: incorreta, pois o valor a ser restituído, seja a evicção total ou parcial, será o do valor da coisa, na época em que se venceu, e proporcional ao desfalque sofrido, no caso de evicção parcial (art. 450, parágrafo único do CC)

Gabarito "B"

(OAB/Exame Unificado – 2013.2) Visando ampliar sua linha de comércio, Mac Geral & Companhia adquiriu de AC Industrial S.A. mil unidades do equipamento destinado à fabricação de churros. Dentre as cláusulas contratuais firmadas pelas partes, fez-se inserir a obrigação de Mac Geral & Companhia realizar o transporte dos equipamentos, exclusivamente e ao preço de R$100,00 por equipamento, por meio de Rota Transportes Ltda., pessoa estranha ao instrumento contratual assinado. Com relação aos contratos civis, assinale a afirmativa **incorreta**.

(A) AC Industrial S.A. poderá exigir de Mac Geral & Companhia o cumprimento da obrigação firmada em favor de Rota Transportes Ltda.
(B) Ao exigir o cumprimento da obrigação, Rota Transportes Ltda. deverá efetuar o transporte ao preço previamente ajustado pelas partes contratantes.
(C) Somente Rota Transportes Ltda. poderá exigir o cumprimento da obrigação.
(D) AC Industrial S/A poderá reservar-se o direito de substituir Rota Transportes Ltda., independentemente de sua anuência ou de Mac Geral & Companhia.

A: correta, pois o enunciado deixa claro que no contrato entre Mac Geral e AC há obrigação da primeira de realizar o transporte por meio da Rota Transportes; vale lembrar, também, que aquele (no caso, a AC) que estipula em favor de terceiro (no caso, a Rota) pode exigir o cumprimento da obrigação (art. 436, *caput*, do CC); **B:** correta, pois o terceiro em favor de quem se estipulou uma obrigação (no caso, a Rota) pode exigi-la, mas fica "sujeito às condições e normas do contrato" (art. 436, parágrafo único, do CC), o que inclui a questão do preço; **C:** incorreta, devendo a alternativa ser assinalada; isso porque, como se viu, aquele (no caso, a AC) que estipula em favor de terceiro pode exigir o cumprimento da obrigação (art. 436, *caput*, do CC); **D:** correta, nos termos do art. 438, *caput*, do CC.

Gabarito "C"

(OAB/Exame Unificado – 2012.3.A) Em 12.09.12, Sílvio adquiriu de Maurício, por contrato particular de compra e venda, um automóvel, ano 2011, por R$ 34.000,00 (trinta e quatro mil reais). Vinte dias após a celebração do negócio, Sílvio tomou conhecimento que o veículo apresentava avarias na suspensão dianteira, tornando seu uso impróprio pela ausência de segurança.

Considerando que o vício apontado existia ao tempo da contratação, de acordo com a hipótese acima e as regras de direito civil, assinale a afirmativa correta.

(A) Sílvio terá o prazo de doze meses, após o conhecimento do defeito, para reclamar a Maurício o abatimento do preço pago ou desfazimento do negócio jurídico em virtude do vício oculto.
(B) Maurício deverá restituir o valor recebido e as despesas decorrentes do contrato se, no momento da venda, desconhecesse o defeito na suspensão dianteira do veículo.
(C) Caso Silvio e Maurício estabeleçam no contrato cláusula de garantia pelo prazo de 90 dias, o prazo decadencial legal para reclamação do vício oculto correrá independentemente do prazo da garantia estipulada.
(D) Caso Silvio e Maurício tenham inserido no contrato de compra e venda cláusula que exclui a responsabilidade de Maurício pelo vício oculto, persistirá a irresponsabilidade de Maurício mesmo que este tenha agido com dolo positivo.

A: incorreta; primeiro porque o prazo máximo para ter ciência do vício é de 180 dias (art. 445, § 1.º, do CC), prazo que já se findou; segundo porque, tomando conhecimento dentro do prazo de 180 dias, o adquirente, tratando-se de bem móvel tem 30 dias para reclamar (art. 445, *caput*, do CC); **B:** correta (art. 443 do CC); **C:** incorreta, pois o prazo de garantia legal (decadência legal) não corre (não se inicia) na constância do prazo de garantia voluntária (garantia contratual), nos termos do art. 446 do CC; **D:** incorreta, pois, havendo dolo positivo, caracterizado pela intenção de prejudicar, está-se diante de grave ato ilícito (arts. 186 e 443, primeira parte, do CC) e de impedimento de Maurício alegar a própria torpeza, podendo Silvio pleitear indenização por perdas e danos.

Gabarito "B"

(OAB/Exame Unificado – 2012.2) Embora sujeito às constantes mutações e às diferenças de contexto em que é aplicado, o conceito tradicional de contrato sugere que ele representa o acordo de vontades estabelecido com a finalidade de produzir efeitos jurídicos. Tomando por base a teoria geral dos contratos, assinale a afirmativa correta.

(A) A celebração de contrato atípico, fora do rol contido na legislação, não é lícita, pois as partes não dispõem da liberdade de celebrar negócios não expressamente regulamentados por lei.
(B) A atipicidade contratual é possível, mas, de outro lado, há regra específica prevendo não ser lícita a contratação que tenha por objeto a herança de pessoa viva, seja por meio de contrato típico ou não.
(C) A liberdade de contratar é limitada pela função social do contrato e os contratantes deverão guardar, assim na conclusão, como em sua execução, os princípios da probidade e da boa-fé subjetiva, princípios esses ligados ao voluntarismo e ao individualismo que informam o nosso Código Civil.
(D) Será obrigatoriamente declarado nulo o contrato de adesão que contiver cláusulas ambíguas ou contraditórias.

A: incorreta, pois é lícito às partes estipular contratos atípicos, observadas as normas gerais do Código Civil (art. 425 do CC); **B:** correta (arts. 425 e 426 do CC); **C:** incorreta, pois os princípios da função social dos contratos e da boa-fé estão ligados às diretrizes de sociabilidade do Código Civil, e não de individualidade; ademais, o princípio adequado é o princípio da boa-fé objetiva (art. 422 do CC), e não da boa-fé subjetiva; **D:** incorreta, pois, nesse caso, as cláusulas serão interpretadas de modo mais favorável ao aderente, não sendo consideradas nulas (art. 423 do CC).

Gabarito "B"

(OAB/Exame Unificado – 2010.3) Danilo celebrou contrato por instrumento particular com Sandro, por meio do qual aquele prometera que seu irmão, Reinaldo, famoso cantor popular, concederia uma entrevista exclusiva ao programa de rádio apresentado por Sandro, no domingo seguinte. Em contrapartida, caberia a Sandro efetuar o pagamento a Danilo de certa soma em dinheiro. Todavia, chegada a hora do programa, Reinaldo não compareceu à rádio. Dias depois, Danilo procurou Sandro, a fim de cobrar a quantia contratualmente prevista, ao argumento de que, embora não tenha obtido êxito, envidara todos os esforços no sentido de convencer o seu irmão a comparecer. A respeito da situação narrada, é correto afirmar que Sandro:

(A) está obrigado a efetuar o pagamento a Danilo, pois a obrigação por este assumida é de meio, sendo incabível a cobrança de perdas e danos de Reinaldo.
(B) não está obrigado a efetuar o pagamento a Danilo, pois a obrigação por este assumida é de resultado, sendo, ainda, autorizado a Sandro obter ressarcimento por perdas e danos de Danilo.
(C) está obrigado a efetuar o pagamento a Danilo, pois a obrigação por este assumida é de meio, restando a Sandro o direito de cobrar perdas e danos diretamente de Reinaldo.

(D) não está obrigado a efetuar o pagamento a Danilo, por ser o contrato nulo, tendo em vista que Reinaldo não é parte contratante.

O caso envolve o instituto da "promessa de fato de terceiro", regulamentado nos arts. 439 e 440 do CC. De acordo com a regulamentação legal, aquele que promete fato de terceiro (no caso, Danilo prometeu fato de Reinaldo) responde por perdas e danos perante o que recebeu a promessa (no caso, Sandro), nos termos do disposto no art. 439, *caput*, do CC. Dessa forma, não faz sentido que Danilo procure Sandro para qualquer tipo de pagamento, já que Danilo responde por perdas e danos no caso, o que incluiria devolver qualquer tipo de pagamento que tivesse recebido, entre outros danos suportados por Sandro.

Gabarito "B"

(OAB/Exame Unificado – 2010.2) Durante dez anos, empregados de uma fabricante de extrato de tomate distribuíram, gratuitamente, sementes de tomate entre agricultores de certa região. A cada ano, os empregados da fabricante procuravam os agricultores, na época da colheita, para adquirir a safra produzida. No ano de 2009, a fabricante distribuiu as sementes, como sempre fazia, mas não retornou para adquirir a safra. Procurada pelos agricultores, a fabricante recusou-se a efetuar a compra. O tribunal competente entendeu que havia responsabilidade pré-contratual da fabricante. A responsabilidade pré-contratual é aquela que:

(A) deriva da violação à boa-fé objetiva na fase das negociações preliminares à formação do contrato.
(B) deriva da ruptura de um pré-contrato, também chamado contrato preliminar.
(C) surgiu, como instituto jurídico, em momento histórico anterior à responsabilidade contratual.
(D) segue o destino da responsabilidade contratual, como o acessório segue o principal.

Há de se separar bem três situações: a) fase de negociações preliminares à formação do contrato; b) contrato preliminar; c) contrato definitivo. O caso narrado no enunciado revela que os envolvidos, no ano de 2009, chegaram à fase de negociações preliminares. Não houve nem contrato preliminar (pois este depende de uma combinação de fazer contrato futuro, já se acertando todos os elementos do contrato futuro, inclusive o preço), nem, muito menos, contrato definitivo. Todavia, a doutrina e a jurisprudência evoluíram no sentido de dar mais responsabilidades aos envolvidos na fase de negociações preliminares. Com base no *princípio da boa-fé*, entendendo-se que, se na fase das negociações preliminares forem criadas *fortes expectativas* em um dos negociantes, gerando inclusive despesas de sua parte, o outro negociante deverá responder segundo a chamada *responsabilidade pré-contratual*, instituto jurídico que se aplica apenas à fase de negociações preliminares, daí o nome "pré-contratual". Assim, apenas a alternativa "A" está correta, valendo transcrever trecho da obra de Maria Helena Diniz sobre o assunto: *"Todavia, é preciso deixar bem claro que, apesar de faltar obrigatoriedade aos entendimentos preliminares, pode surgir, excepcionalmente, a responsabilidade civil para os que deles participam, não no campo da culpa contratual, mas no da aquiliana. Portanto, apenas na hipótese de um dos participantes criar no outro a expectativa de que o negócio será celebrado, levando-o a despesas, a não contratar com terceiro ou a alterar planos de sua atividade imediata, e depois desistir, injustificada e arbitrariamente, causando-lhe sérios prejuízos, terá, por isso, a obrigação de ressarcir todos os danos. Na verdade, há uma responsabilidade pré--contratual, que dá certa relevância jurídica aos acordos preparatórios, fundada não só no princípio de que os interessados deverão comportar-se de boa-fé, prestando informações claras e adequadas sobre as condições do negócio (...), mas também nos arts. 186 e 927 do Código Civil, que dispõem que todo aquele que, por ação ou omissão, dolosa ou culposa, causar prejuízo a outrem fica obrigado a reparar o dano"* (**Curso de Direito Civil Brasileiro**, vol. 3, 26. ed., São Paulo: Saraiva, p. 42, 2010).

Gabarito "A"

(OAB/Exame Unificado – 2010.1) No que diz respeito à extinção dos contratos, assinale a opção correta.

(A) Na resolução por onerosidade excessiva, não é necessária a existência de vantagem da outra parte, bastando que a prestação de uma das partes se torne excessivamente onerosa.
(B) A resolução por inexecução voluntária do contrato produz efeitos *ex tunc* se o contrato for de execução continuada.
(C) Ainda que a inexecução do contrato seja involuntária, a resolução ensejará o pagamento das perdas e danos para a parte prejudicada.
(D) A eficácia da resolução unilateral de determinado contrato independe de pronunciamento judicial e produz efeitos *ex nunc*.

A: incorreta. É necessária a vantagem da outra parte. "Art. 478. Nos contratos de execução continuada ou diferida, se a prestação de uma das partes se tornar excessivamente onerosa, com extrema vantagem para a outra, em virtude de acontecimentos extraordinários e imprevisíveis, poderá o devedor pedir a resolução do contrato. Os efeitos da sentença que a decretar retroagirão à data da citação."; **B:** incorreta. Nesse caso, a resolução possui efeitos *ex nunc*. Ensina a doutrina: "Tal resolução por inexecução voluntária, que impossibilita a prestação por culpa do devedor, tanto na obrigação de dar como na de fazer ou de não fazer, produz os seguintes efeitos: 1.º extingue o contrato retroativamente, visto que opera *ex tunc*, se o contrato for de execução única, apagando todas as consequências jurídicas produzidas, restituindo-se as prestações cumpridas, e *ex nunc*, se o contrato for de duração ou execução continuada, caso em que não se restituirão as prestações já efetivadas, pois a resolução não terá efeito relativamente ao passado (...)" (Maria Helena Diniz. **Direito civil brasileiro**. vol. 3. 22. ed., São Paulo: Saraiva, 2006, p. 168); **C:** incorreta. A inexecução contratual involuntária exime das perdas e danos. Ensina a doutrina: "A total inexecução contratual pode advir, algumas vezes, de fatos alheios à vontade dos contratantes, que impossibilitam o cumprimento da obrigação que incumbe a um deles, operando-se de pleno direito, então, a resolução do contrato, sem ressarcimento das perdas e danos, por ser esta uma sanção aplicada a quem agiu culposamente, e sem intervenção judicial, exonerando-se o devedor do liame obrigacional" (*Idem, Ibidem*, p. 169); **D:** correta. A resilição unilateral do contrato está prevista no art. 473 do CC e se opera mediante denúncia notificada à outra parte, com efeitos *ex nunc*. Os efeitos se produzem independentemente de pronunciamento judicial, como ensina a doutrina: "A resilição unilateral dos contratos não requer, para a sua eficácia, pronunciamento judicial. Produz tão somente efeitos *ex nunc*, não operando retroativamente, de sorte que não haverá restituição das prestações cumpridas, uma vez que as consequências jurídicas já produzidas permanecerão inalteráveis" (*Idem, ibidem*, p. 175).

Gabarito "D"

(OAB/Exame Unificado – 2009.3) Assinale a opção correta a respeito dos vícios redibitórios e da evicção.

(A) As partes podem inserir no contrato cláusula que exclua a responsabilidade do alienante pela evicção.
(B) O adquirente, ante o vício redibitório da coisa, somente poderá reclamar o abatimento do preço.
(C) Não há responsabilidade por evicção caso a aquisição do bem tenha sido efetivada por meio de hasta pública.
(D) Se o alienante não conhecia, à época da alienação, o vício ou defeito da coisa, haverá exclusão da sua responsabilidade por vício redibitório.

A: correta (art. 448 do CC); **B:** incorreta. Pode-se reclamar o abatimento ou pedir a extinção do contrato (arts. 441 e 442 do CC); **C:** incorreta (art. 447, parte final, do CC); **D:** incorreta. O não conhecimento apenas exime o alienante de pagar indenização por perdas e danos (art. 443 do CC).

Gabarito "A"

(OAB/Exame Unificado – 2009.2) Com relação ao contrato, assinale a opção correta.

(A) A rescisão tem origem em defeito contemporâneo à formação do contrato, e a presença do vício torna o contrato anulável ou nulo.
(B) O distrato constitui espécie de resolução contratual.
(C) A resilição consiste na extinção do contrato por circunstância superveniente à sua formação, como, por exemplo, o inadimplemento absoluto.
(D) A resolução constitui a extinção do contrato por simples renúncia da parte.

A: correta. A rescisão é a extinção do contrato em razão de sua invalidação; **B:** incorreta. Distrato é espécie de resilição bilateral; **C:** incorreta. Resilição é a extinção pela vontade de uma ou de ambas as partes; **D:** incorreta. Resolução é a extinção do contrato por culpa do contratante, por impossibilidade da prestação (involuntária) ou por onerosidade excessiva.

Gabarito "A"

(OAB/Exame Unificado – 2009.1) De acordo com o que dispõe o Código Civil a respeito dos contratos, assinale a opção correta.

(A) A onerosidade excessiva, oriunda de acontecimento extraordinário e imprevisível, ainda que dificulte extremamente o adimplemento da obrigação de uma das partes em contrato de execução continuada, não enseja a revisão contratual, visto que as partes ficam vinculadas ao que foi originariamente pactuado.
(B) Considere que um indivíduo ofereça ao seu credor, com o consenso deste, um terreno em substituição à dívida no valor de R$ 30 mil, a título de dação em pagamento. Nessa situação, se o credor for evicto do terreno recebido, será restabelecida a obrigação primitiva com o devedor, ficando sem efeito a quitação dada, ressalvados os direitos de terceiros.
(C) O evicto pode demandar pela evicção, por meio de ação contra o transmitente, mesmo sabendo que a coisa adquirida era alheia ou litigiosa.
(D) A resilição bilateral não se submete à forma exigida para o contrato.

A: incorreta (arts. 478 e 479 do CC); **B:** correta (art. 359 do CC); **C:** incorreta (art. 457 do CC); **D:** incorreta (art. 472 do CC).

Gabarito "B"

(OAB/Exame Unificado – 2008.3) A respeito da disciplina dos contratos, segundo o Código Civil, assinale a opção correta.

(A) Se resolverem estipular contrato atípico, as partes deverão redigir as cláusulas contratuais de comum acordo e não estarão obrigadas a observar as normas gerais fixadas pelo Código.
(B) O alienante responde pela evicção nos contratos onerosos, mas essa garantia não subsiste caso a aquisição tenha sido realizada em hasta pública.
(C) O contrato preliminar deve conter todos os requisitos essenciais ao contrato a ser celebrado, mesmo quanto à forma.
(D) A disciplina dos vícios redibitórios é aplicável às doações onerosas, de forma que poderá ser enjeitada a coisa recebida em doação em razão de vícios ou defeitos ocultos que a tornem imprópria ao uso a que é destinada, ou lhe diminuam o valor.

A: incorreta (art. 425 do CC); **B:** incorreta (art. 447 do CC); **C:** incorreta (art. 462 do CC); **D:** correta (art. 441, parágrafo único, do CC).

Gabarito "D"

(OAB/Exame Unificado – 2008.3) José contratou com João o fornecimento diário de refeições por prazo indeterminado. No entanto, meses depois, João, mediante instrumento particular, cientificou José de que faria a interrupção da entrega das refeições a partir do trigésimo dia subsequente. Na situação hipotética apresentada, o ato jurídico praticado por João caracteriza:

(A) distrato.
(B) resilição unilateral.
(C) resolução por inexecução voluntária.
(D) direito de arrependimento.

Art. 473 do CC.

Gabarito "B"

(OAB/Exame Unificado – 2008.1) De acordo com o Código Civil de 2002, a onerosidade excessiva decorre de evento extraordinário e imprevisível, que dificulta extremamente o adimplemento do contrato. Nesse contexto, a onerosidade excessiva dá ensejo à:

(A) resolução do contrato por inexecução voluntária.
(B) resolução do contrato por inexecução involuntária.
(C) resolução do contrato por onerosidade excessiva.
(D) resilição do contrato por onerosidade excessiva.

Art. 478 do CC.

Gabarito "C"

(OAB/Exame Unificado – 2008.2) A respeito da resolução dos contratos por onerosidade excessiva, assinale a opção correta de acordo com o atual Código Civil.

(A) Para que haja aplicação do referido instituto, deve estar caracterizada a seguinte situação: prestação excessivamente onerosa para uma das partes, com extrema vantagem para a outra, em virtude de acontecimentos extraordinários e imprevisíveis.
(B) Presentes os respectivos pressupostos, não há como a outra parte evitar a resolução por onerosidade excessiva, em razão da aplicação do princípio segundo o qual os pactos devem ser cumpridos da exata forma como foram firmados.
(C) O referido instituto aplica-se a qualquer contrato; assim, o devedor pode requerer a resolução tanto de contrato de execução instantânea quanto de execução continuada.
(D) Caso a resolução do contrato seja decretada por sentença, os efeitos deverão retroagir à data do evento que acarretou a onerosidade excessiva, a fim de que seja cumprida a finalidade da norma.

A: correta, nos termos do art. 478 do CC; **B:** incorreta, pois, conforme a regulamentação prevista no art. 479 do CC, a resolução poderá ser evitada se o réu se oferecer a modificar equitativamente as condições do contrato; **C:** incorreta, pois o instituto só se aplica aos contratos de execução diferida ou de execução continuada; **D:** incorreta, pois os efeitos são sempre *ex nunc*.

Gabarito "A"

(OAB/Exame Unificado – 2008.1) A exceção do contrato não cumprido poderá ser arguida nos:

(A) contratos sinalagmáticos.
(B) contratos de mútuo.

(C) negócios jurídicos unilaterais.
(D) contratos de comodato.

Vide o art. 476 do CC. A exceção de contrato não cumprido somente pode ser arguida nos *contratos bilaterais* (também chamados de *sinalagmáticos*), de modo que somente a alternativa "A" está correta, já que os contratos de mútuo e de comodato são unilaterais, e os negócios jurídicos *unilaterais* (ex.: testamento) sequer são contratos.

Gabarito "A"

(OAB/Exame Unificado – 2007.3) A respeito dos contratos, assinale a opção correta.

(A) O contrato preliminar não tem força obrigatória, podendo qualquer das partes dá-lo por desfeito por resilição unilateral.
(B) Nos contratos onerosos com cláusula de exclusão completa da garantia contra a evicção, por força do que seja livremente convencionado entre as partes, o alienante é exonerado de qualquer responsabilidade.
(C) O contrato de abertura de crédito rotativo firmado com instituição financeira, garantido por nota promissória e acompanhado do demonstrativo do débito, traduz título representativo de dívida líquida, certa e exigível, e constitui título executivo extrajudicial.
(D) O prazo prescricional para a rescisão do contrato de compra e venda de imóvel com base em vício redibitório é contado a partir da data em que o adquirente tomou conhecimento do vício.

A: incorreta (art. 463 do CC); **B:** incorreta (art. 449 do CC); **C:** incorreta (Súmula 233 do STJ); **D:** correta (art. 445, § 1.º, do CC).

Gabarito "D"

(OAB/Exame Unificado – 2006.2) Acerca da evicção e dos vícios redibitórios, assinale a opção correta.

(A) O adquirente de bem em hasta pública não tem a garantia dos vícios redibitórios nem da evicção, pois a natureza processual da arromatação afasta a natureza negocial da compra e venda.
(B) A deterioração da coisa em poder do adquirente não afasta a responsabilidade do alienante, que responde por evicção total, com exceção do caso em que o adquirente, agindo com dolo, provocar a deterioração do bem.
(C) A evicção é a perda ou o desapossamento da coisa adquirida por causa jurídica, determinante e preexistente à alienação, reconhecida por sentença judicial e em favor do verdadeiro detentor do direito sobre o bem.
(D) Quando o comprador adquire um bem e, posteriormente, constata que a coisa adquirida padece de defeitos ocultos, se restar provado que o alienante, ao tempo da tradição da coisa, conhecia o vício redibitório no bem objeto de contrato, este deve restituir o que recebeu. Entretanto, se o alienante desconhecia o vício, não será responsabilizado pelo defeito da coisa alienada.

A: incorreta (art. 447 do CC); **B:** correta (art. 451 do CC); **C:** incorreta. Evicção é uma espécie de perda ou desapossamento (parcial ou total) que o comprador de um bem vem a sofrer, em virtude de reclamação judicial, proposta por outra pessoa que se considera a legítima dona da coisa ou do direito real anteriormente alienada; **D:** incorreta (art. 443 do CC).

Gabarito "B"

(OAB/Exame Unificado – 2004.ES) No que concerne aos contratos, assinale a opção incorreta.

(A) Havendo alienação de bem imóvel, próprio da empresa, não se faz necessária a outorga uxória ou marital. Se, contudo, essa mesma venda for realizada a um dos filhos dos donos da empresa, então, impor-se-á a dita outorga, bem como o consentimento dos demais descendentes.
(B) A resolução do contrato em razão de inadimplemento, além de extinguir o contrato, obriga o responsável a pagar perdas e danos.
(C) Se a resposta de aceitação, dada pelo destinatário da proposta, for extemporânea, não mais subsistirá a proposta e desaparecerá qualquer responsabilidade por parte do proponente, ou qualquer obrigatoriedade de sua parte em sustentar a proposta feita.
(D) A responsabilidade do alienante por vícios redibitórios deve constar expressamente do contrato, pois a lei, como regra, respeita o que ficar acordado entre os contratantes, sendo certo, no entanto, que tal responsabilidade não subsiste se o alienante ignorava o vício ou o defeito da coisa.

A: correta (art. 978 do CC); **B:** correta (art. 475 do CC); **C:** correta (art. 428 do CC); **D:** incorreta, devendo ser assinalada (art. 443 do CC).

Gabarito "D"

(FGV – 2011) Nos contratos, os indivíduos devem observar os princípios da probidade e boa-fé. A liberdade contratual será exercida nos limites da função social do contrato. Nesse contexto, assinale a alternativa correta, de acordo com o Código Civil.

(A) As partes não podem, em qualquer hipótese, reforçar, diminuir ou excluir responsabilidade pela evicção.
(B) As cláusulas resolutivas, expressas ou tácitas, operam-se de pleno direito.
(C) Nos contratos bilaterais, nenhum dos contratantes poderá exigir, antes de cumprida sua obrigação, o implemento da do outro.
(D) Admite-se que a herança de pessoa viva possa ser objeto de contrato.
(E) Nos contratos de adesão são nulas de pleno direito as cláusulas ambíguas ou contraditórias.

A: incorreta, pois as partes podem, por cláusula expressa, reforçar, diminuir ou excluir a responsabilidade pela evicção (art. 448 do CC); **B:** incorreta, pois apenas as cláusulas resolutivas expressas operam de pleno direito; as tácitas dependem de interpelação judicial (art. 474 do CC); **C:** correta, tratando-se da chamada *exceção de contrato não cumprido* (art. 476 do CC); **D:** incorreta, pois o *pacta corvina* é vedado expressamente pelo art. 426 do CC; **E:** incorreta, pois quando uma cláusula tem essa característica num contrato de adesão regido pelo Direito Civil, a consequência não é a nulidade da cláusula, mas a sua interpretação de maneira mais favorável ao aderente (art. 423 do CC).

Gabarito "C"

(FGV – 2010) Em relação aos contratos, é correto afirmar que:

(A) nos casos de onerosidade excessiva superveniente, à parte prejudicada cabe a possibilidade de resolver o contrato judicialmente, mas não de pleitear a sua revisão.
(B) há limitações legais ao princípio da liberdade de contratar em razão do princípio da moralidade. Como exemplo, temos a nulidade da compra, por

servidores públicos, em geral, de bens e direitos da pessoa jurídica a que servirem, ou que estejam sob sua administração direta ou indireta, mesmo que a alienação ocorra em hasta pública.

(C) nos contratos de consumo, o produtor responde objetivamente pelos produtos postos em circulação, mas o fornecedor de serviços responde sempre que verificada a existência da sua culpa.

(D) na evicção, em contrato paritário, as partes podem acordar, expressamente, a exclusão da responsabilidade pela evicção. A consequência desta cláusula é a assunção integral do risco da evicção pelo evicto, que abre mão do direito de receber o preço que pagou pela coisa evicta.

(E) na ambiguidade ou contradição das cláusulas de contrato de adesão, a interpretação adotada será favorável ao aderente, exceto se este apôs qualquer cláusula no contrato em questão.

A: incorreta, pois a doutrina e a jurisprudência, ao interpretarem o art. 478 do CC, levando em conta o princípio da conservação dos contratos, entendem que se deve em primeiro lugar proceder à *revisão* do contrato, e não a sua *rescisão*; **B:** correta, valendo salientar que o princípio da boa-fé objetiva reclama respeito à lealdade e à moralidade, sendo certo também que o art. 166, II, do CC estabelece que é nulo o negócio jurídico com objeto ilícito, o que abrange o objeto que viola princípios jurídicos, como o da moralidade; **C:** incorreta, pois apenas o fornecedor do tipo *profissional liberal* responde subjetivamente (art. 14, § 4.º, do CDC); **D:** incorreta, pois, mesmo com essa cláusula, o evicto continua a ter direito de receber o preço que pagou pela coisa (art. 449 do CC); o evicto somente não terá direito a valor algum se, além da exclusão da responsabilidade pela evicção, exista outra cláusula contratual ou acerto nos quais o comprador toma ciência do risco da evicção e o assume expressamente (art. 449 do CC); **E:** incorreta, pois a simples aposição de alguma cláusula num contrato de adesão, sem maiores possibilidades de negociação, não o desnatura como contrato dessa natureza, remanescendo íntegra a norma do art. 423 do CC.

Gabarito "B".

(FGV – 2009) A respeito dos *contratos*, analise as afirmativas a seguir:

I. No caso de redibição de contrato comutativo, sempre será devida reparação por perdas e danos.

II. A responsabilidade por evicção é cláusula essencial aos contratos onerosos e não pode, portanto, ser excluída pelas partes, ainda que expressamente.

III. A aceitação de proposta de contrato fora do prazo ou com modificações configura nova proposta.

Assinale:

(A) se somente a afirmativa II estiver correta.

(B) se somente a afirmativa III estiver correta.

(C) se somente as afirmativas I e II estiverem corretas.

(D) se somente as afirmativas I e III estiverem corretas.

(E) se somente as afirmativas II e III estiverem corretas.

I: incorreta, no caso de existir vício redibitório o adquirente poderá rejeitar a coisa, redibindo o contrato ou requerer o abatimento do preço, mas somente caberá cumulação da redibição com perdas e danos no caso de culpa do alienante, ou seja, caso este tenha conhecimento do defeito; **II:** incorreta (art. 448 do CC); **III:** correta (art. 431 do CC).

Gabarito "B".

(FGV – 2009) José da Silva, brasileiro, solteiro, empresário, residente à Rua dos Oitis, n. 1.525, Belém/PA, pactuou com a empresa Seguro S/A contrato de seguro de vida, tendo pago 240 prestações. Em fevereiro de 2008, verificou a perda do carnê de pagamento e comunicou o fato ao seu corretor de seguros que, prontamente, afirmou poder receber as prestações vencidas, em espécie, mediante recibo. Após o pagamento de cinco prestações, foi notificado pela companhia de seguros de que sua apólice havia sido cancelada por falta de pagamento. Surpreso e temeroso pelo fato, uma vez que fora comunicado que seria portador de doença grave e incurável, propôs ação de consignação em pagamento das quantias impagas. O autor aduziu a circunstância de que sua relação contratual sempre foi pautada pelo cumprimento das obrigações contratuais e alegou que, com base no princípio da boa-fé, o seu ato de confiança no corretor que prestaria serviços para outras empresas e também para a ré, com a venda dos seus produtos e serviços, estaria plenamente justificado. Por outro lado, agora, quando iminente a possibilidade do sinistro, com o consequente pagamento de valor previsto no contrato, não poderia ser prejudicado. A ré, regularmente citada, apresentou contestação e requereu a inclusão do corretor de seguros no polo passivo, como litisconsorte, o que restou indeferido. Não houve a conciliação. Diante desse contexto, analise as afirmativas a seguir.

I. Nos termos do Código Civil, existe uma necessidade de observância da boa-fé objetiva e da funcionalização do contrato.

II. A observância da boa-fé é aplicável na conclusão do contrato e na sua execução.

III. Aplicam-se ao contrato de seguro as regras do Código de Defesa do Consumidor.

IV. A função social do contrato tem por escopo limitar a autonomia da vontade quando esta confronte o interesse social.

V. O inadimplemento do segurado não pode ser relevado, pois implicaria no descumprimento de norma avençada contratualmente, sem eiva de vício.

Assinale:

(A) se somente as afirmativas I, II, III e IV estiverem corretas.

(B) se somente as afirmativas II, III e V estiverem corretas.

(C) se somente as afirmativas III e IV estiverem corretas.

(D) se somente as afirmativas II e IV estiverem corretas.

(E) se somente a afirmativa IV estiver correta.

I: correta, pois são dois dos chamados princípios sociais do contrato, introduzidos formalmente pelo novo Código Civil (arts. 421 e 422, do CC); **II:** correta (art. 422 do CC); **III:** correta, pois, nos contratos de seguro, pode-se identificar o fornecedor exigido pelo art. 3.º do CDC, e o consumidor. Note-se que o destinatário do prêmio pode ser o contratante com a empresa seguradora (estipulante) ou terceira pessoa, que participará como beneficiária do seguro. Nos dois casos, há um destinatário final do serviço prestado pela empresa seguradora; **IV:** correta, pois a definição da função social do contrato está correta; **V:** incorreta, pois a aplicação do princípio da boa-fé objetiva ao caso (art. 422 do CC) afasta as consequências do não pagamento da parcela no prazo.

Gabarito "A".

(FGV – 2008) Celebrado contrato de promessa de compra e venda de imóvel, e estando o devedor em dificuldades financeiras e objetivando não mais prosseguir na respectiva execução, poderá no tocante à avença postular:

(A) rescisão.

(B) resolução.

(C) resilição.
(D) revisão.
(E) revogação.

Resilição unilateral é o meio próprio de o contratante exercer um direito potestativo de não mais continuar vinculado à avença, já que ninguém é obrigado a permanecer no vínculo contratual indefinidamente.
Gabarito "C"

4.2. COMPRA E VENDA

(OAB/Exame Unificado – 2015.2) Flávia vendeu para Quitéria seu apartamento e incluiu, no contrato de compra e venda, cláusula pela qual se reservava o direito de recomprá-lo no prazo máximo de 2 (dois) anos. Antes de expirado o referido prazo, Flávia pretendeu exercer seu direito, mas Quitéria se recusou a receber o preço. Sobre o fato narrado, assinale a afirmativa correta.

(A) A cláusula pela qual Flávia se reservava o direito de recomprar o imóvel é ilícita e abusiva, uma vez que Quitéria, ao se tornar proprietária do bem, passa a ter total e irrestrito poder de disposição sobre ele.
(B) A cláusula pela qual Flávia se reservava o direito de recomprar o imóvel é válida, mas se torna ineficaz diante da justa recusa de Quitéria em receber o preço devido.
(C) A disposição incluída no contrato é uma cláusula de preferência, a impor ao comprador a obrigação de oferecer ao vendedor a coisa, mas somente quando decidir vende-la.
(D) A disposição incluída no contrato é uma cláusula de retrovenda, entendida como o ajuste por meio do qual o vendedor se reserva o direito de resolver o contrato de compra e venda mediante pagamento do preço recebido e das despesas, recuperando a coisa imóvel.

A: incorreta, pois tem-se no caso instituto previsto expressamente no Código Civil – o instituto da retrovenda (art. 505 do CC), tratando-se de cláusula lícita portanto; **B:** incorreta, pois na retrovenda o comprador da coisa fica obrigado a aceitar que o vendedor dela a receba de volta, bastando que o vendedor pague ao comprador o preço de venda da coisa mais as despesas que o comprador teve, mesmo que este não esteja de acordo com a devolução da coisa (art. 505 do CC), podendo o vendedor ir a juízo para fazer valer essa cláusula caso o comprador se recuse a cumpri-la (art. 506 do CC); **C:** incorreta, pois aqui o vendedor tem direito de reaver a coisa a qualquer, no prazo previsto na cláusula de retrovenda, mesmo que o comprador não queira vender a coisa para alguém, o que difere a cláusula retrovenda da cláusula de preferência; **D:** correta, nos termos do art. 505 do CC.
Gabarito "D"

(OAB/Exame Unificado – 2012.3.B) José, comerciante, com dificuldades para pagar dívidas junto aos fornecedores, firmou com Moacir contrato de empréstimo na quantia de R$ 200.000,00 (duzentos mil reais) a ser pago no prazo de 12 meses. Chegando a data avençada, José, sem condição de pagar o empréstimo feito, resolveu vender sua fazenda por R$ 250.000,00 (duzentos e cinquenta mil reais) a seu amigo Jonas. Como a venda da fazenda foi celebrada somente para levantar fundos para o pagamento do empréstimo, José reservou, por cláusula contratual, o direito de recobrá-la.

Considerando a hipótese acima e as regras de Direito Civil, assinale a afirmativa correta.

(A) José poderá reaver a fazenda alienada a Jonas, desde que restitua o preço recebido e reembolse as despesas contratuais e as benfeitorias necessárias.
(B) A cláusula especial prevista no contrato de compra e venda confere a José o direito de desfazer a venda, reavendo a fazenda no prazo de quatro anos, podendo este ser prorrogado por igual período.
(C) O direito de resgate contra terceiro adquirente poderá ser exercido somente por José, não admitindo a lei, a cessão nem a transmissão aos herdeiros e legatários.
(D) O pacto adjeto ao contrato de compra e venda firmado por José e Jonas, permite a José recobrar a fazenda após constituir em mora Jonas, mediante interpelação judicial.

A: correta, nos termos do instituto da retrovenda (art. 505 do CC); **B:** incorreta, pois o prazo máximo que poderá ser convencionado para o exercício desse direito é de três anos (art. 505 do CC); **C:** incorreta, pois esse direito pode ser cessível e transmissível a herdeiros e legatários (art. 507 do CC); **D:** incorreta, pois a lei não exige interpelação judicial no caso (arts. 505 a 508 do CC).
Gabarito "A"

(OAB/Exame Unificado – 2012.3.A) Marcelo firmou com Augusto contrato de compra e venda de imóvel, tendo sido instituindo no contrato o pacto de preempção.

Acerca do instituto da preempção, assinale a afirmativa correta.

(A) Trata-se de pacto adjeto ao contrato de compra e venda em que Marcelo se reserva ao direito de recobrar o imóvel vendido a Augusto no prazo máximo de 3 anos, restituindo o preço recebido e reembolsando as despesas do comprador.
(B) Trata-se de pacto adjeto ao contrato de compra e venda em que Marcelo impõe a Augusto a obrigação de oferecer a coisa quando vender, ou dar em pagamento, para que use de seu direito de prelação na compra, tanto por tanto.
(C) Trata-se de pacto adjeto ao contrato de compra e venda em que Marcelo reserva para si a propriedade do imóvel até o momento em que Augusto realize o pagamento integral do preço
(D) Trata-se de pacto adjeto ao contrato de compra e venda em que Marcelo, enquanto constituir faculdade de exercício, poderá ceder ou transferir por ato inter vivos.

A: incorreta, pois a definição dada na alternativa corresponde ao instituto da retrovenda (art. 505 do CC); **B:** correta (art. 513 do CC); **C:** incorreta, pois a definição dada na alternativa corresponde ao instituto da venda com reserva de domínio (art. 521 do CC); **D:** incorreta, pois a definição dada na alternativa não corresponde ao instituto da preempção ou direito de preferência (art. 513 do CC).
Gabarito "B"

(OAB/Exame Unificado – 2010.2) Por meio de uma promessa de compra e venda, celebrada por instrumento particular registrada no cartório de Registro de Imóveis e na qual não se pactuou arrependimento, Juvenal foi residir no imóvel objeto do contrato e, quando quitou o pagamento, deparou-se com a recusa do promitente--vendedor em outorgar-lhe a escritura definitiva do imóvel. Diante do impasse, Juvenal poderá:

(A) requerer ao juiz a adjudicação do imóvel, a despeito de a promessa de compra e venda ter sido celebrada por instrumento particular.
(B) usucapir o imóvel, já que não faria jus à adjudicação compulsória na hipótese.
(C) desistir do negócio e pedir o dinheiro de volta.
(D) exigir a substituição do imóvel prometido à venda por outro, muito embora inexistisse previsão expressa a esse respeito no contrato preliminar.

O caso narrado possibilita que Juvenal ingresse com ação de adjudicação compulsória (art. 1.418 do Código Civil). O fato de o compromisso de compra e venda ter sido celebrado por instrumento particular não é óbice à adjudicação compulsória, pois o art. 1.417 do Código Civil dispõe que, registrada a promessa de compra e venda, adquire-se o direito real à aquisição do imóvel, pouco importando se tal promessa foi celebrada por instrumento público ou particular. Por fim, é bom lembrar que, mesmo que o compromisso de compra e venda não estivesse registrado, o direito à adjudicação estaria preservado, conforme a Súmula 239 do STJ ("O direito à adjudicação compulsória não se condiciona ao registro do compromisso de compra e venda no cartório de imóveis"). O problema da falta de registro é que o comprador corre o risco da coisa ser registrada em nome de terceiro, terceiro esse que estaria de boa-fé, por não constar no registro público que a coisa estava compromissada para alguém.

Gabarito "A"

(OAB/Exame Unificado – 2009.1) A cláusula segundo a qual o vendedor de coisa imóvel pode reservar-se o direito de recobrá-la, em determinado prazo, restituindo o preço recebido e reembolsando as despesas do comprador, é denominada:

(A) venda com reserva de domínio.
(B) preempção ou preferência.
(C) venda a contento.
(D) retrovenda.

Art. 505 do CC.

Gabarito "D"

(OAB/Exame Unificado – 2008.2) Juliana, proprietária de um canil, vendeu a Luíza, à vista, com a exigência de pagamento antecipado, uma cadela da raça labrador, com dois anos de idade e com pedigree, a qual deveria ser entregue no prazo de seis meses. Durante o período que antecedeu à entrega, o animal vendido, sem que Juliana percebesse, ficou prenhe de outro labrador, também com pedigree, e deu à luz os filhotes. Considerando a situação hipotética acima e as disposições do Código Civil vigente, assinale a opção correta.

(A) Por já ter sido pago o preço, Luíza já era proprietária do labrador e, por isso, terá direito aos filhotes.
(B) Como ainda não houve a entrega do animal, Juliana será dona dos filhotes que vierem a nascer.
(C) Os filhotes serão considerados acréscimos à coisa, pelos quais Juliana poderá exigir aumento de preço.
(D) Por previsão legal, Luíza terá de entregar metade dos filhotes a Juliana, sob pena de enriquecimento sem causa.

Art. 492 do CC.

Gabarito "B"

(OAB/Exame Unificado – 2007.3) A retrovenda, a preempção e a venda com reserva de domínio constituem modalidades de:

(A) cláusulas obrigatórias.
(B) pactos adjetos.
(C) termos genéricos.
(D) penalidades contratuais.

São pactos adjetos e voluntários ao contrato de compra venda (Livro I da Parte Especial, Título VI, Capítulo I, Seção II, do CC).

Gabarito "B"

(FGV – 2008) As despesas com o pagamento são:

(A) do credor, que tem interesse em receber.
(B) do devedor, que tem a obrigação de pagar.
(C) do credor e do devedor, devendo ser repartidas por igual.
(D) do devedor, exceto se o contrário tiver sido estipulado no contrato.
(E) do credor, exceto se o contrário foi firmado no ajuste.

Art. 325 do CC.

Gabarito "D"

(FGV – 2005) A respeito da retrovenda, analise as proposições a seguir e assinale a alternativa correta.

(A) Se a duas ou mais pessoas couber o direito de retrato sobre o mesmo imóvel, e só uma o exercer, poderá o comprador intimar as outras para nele acordarem, prevalecendo o pacto em favor de quem haja efetuado o depósito, contanto que seja integral.
(B) O direito de retrato é suscetível de cessão por ato *inter vivos*.
(C) O exercício da retrovenda é intransmissível por ato *causa mortis*.
(D) O direito de resgate não se extingue mesmo diante de caso fortuito ou força maior.
(E) Todas as alternativas anteriores estão incorretas.

A: correta (art. 508 do CC); **B:** incorreta, pois o direito de retrato é cessível a herdeiros e legatários e não por ato *inter vivos* (art. 507 do CC); **C:** incorreta, pois o direito de retrato é transmissível por ato *causa mortis* (art. 507 do CC); **D:** incorreta, pois o direito de resgate extingue-se diante de caso fortuito ou força maior.

Gabarito "A"

(FGV – 2004) A "cláusula *constituti*", aposta nas escrituras definitivas de compra e venda de imóveis:

(A) é mera formalidade, consagrada pelo uso dos tabeliães.
(B) transmite o domínio, nas escrituras.
(C) é usada para transmitir e exercer posse em nome alheio.
(D) significa que o vendedor deve responder pela evicção de direito.
(E) significa que o comprador deve indenizar o vendedor em caso de evicção.

A cláusula *constituti* assegura a pessoa a continuar na posse do bem, embora a outro título (art. 1.267, parágrafo único, do CC).

Gabarito "C"

4.3. DOAÇÃO

(OAB/Exame Unificado – 2011.3.A) Marcelo, brasileiro, solteiro, advogado, sem que tenha qualquer impedimento para doar a casa de campo de sua livre propriedade, resolve fazê-lo, sem quaisquer ônus ou encargos, em benefício de Marina, sua amiga, também absolutamente capaz. Todavia, no âmbito do contrato de doação, Marcelo estipula cláusula de reversão por meio da qual o bem doado deverá se destinar ao patrimônio de Rômulo, irmão de Marcelo, caso Rômulo sobreviva à donatária. A respeito dessa situação, é correto afirmar que:

(A) diante de expressa previsão legal, não prevalece a cláusula de reversão estipulada em favor de Rômulo.

(B) no caso, em razão de o contrato de doação, por ser gratuito, comportar interpretação extensiva, a cláusula de reversão em favor de terceiro é válida.

(C) a cláusula em exame não é válida em razão da relação de parentesco entre o doador, Marcelo, e o terceiro beneficiário, Rômulo.

(D) diante de expressa previsão legal, a cláusula de reversão pode ser estipulada em favor do próprio doador ou de terceiro beneficiário por aquele designado, caso qualquer deles, nessa ordem, sobreviva ao donatário.

Segundo o art. 547 do CC, o doador pode estipular que os bens doados voltem ao seu patrimônio, se sobreviver ao donatário. Porém, o doador NÃO pode estipular que, falecendo o donatário, o bem doado vá para um terceiro, ou seja, "não prevalece a cláusula de reversão em favor de terceiro" (art. 547, parágrafo único, do CC). Assim, a alternativa "A" está correta. A alternativa "B" está incorreta, pois não cabe cláusula de reversão em favor de terceiro, e também porque o contrato de doação não comporta interpretação extensiva, mas apenas interpretação estrita (art. 114 do CC). A alternativa "C" está incorreta, pois não há impedimento de doação de bens para parentes. Esse tipo de restrição só existe quando se está diante de fraude contra credores, que não é o caso. A alternativa "D" está incorreta, pois, como se viu, não cabe cláusula de reversão em favor de terceiro (art. 547, parágrafo único, do CC)

Gabarito "A".

(OAB/Exame Unificado – 2010.3) Sônia, maior e capaz, decide doar, por instrumento particular, certa quantia em dinheiro em favor de seu sobrinho, Fernando, maior e capaz, caso ele venha a se casar com Leila. Sônia faz constar, ainda, cláusula de irrevogabilidade da doação por eventual ingratidão de seu sobrinho. Fernando, por sua vez, aceita formalmente a doação e, poucos meses depois, casa-se com Leila, conforme estipulado. No dia seguinte ao casamento, ao procurar sua tia para receber a quantia estabelecida, Fernando deflagra uma discussão com Sônia e lhe dirige grave ofensa física. A respeito da situação narrada, é correto afirmar que Fernando:

(A) deve receber a quantia em dinheiro, em razão de ter se casado com Leila e independentemente de ter dirigido grave ofensa física a Sônia.

(B) não deve receber a quantia em dinheiro, pois dirigiu grave ofensa física à sua tia Sônia.

(C) deve receber a quantia em dinheiro, em razão de o instrumento de doação prever cláusula de irrevogabilidade por eventual ingratidão.

(D) não deve receber a quantia em dinheiro, tendo em vista que a doação é nula, pois deveria ter sido realizada por escritura pública.

O caso envolve o instituto da revogação da doação por ingratidão, regulamentado no art. 555 e seguintes do CC. O problema é que, quando se faz uma doação para que se dê *determinado casamento*, está-se diante de hipótese em que a lei, expressamente, proíbe a revogação por ingratidão (art. 564, IV, do CC), de modo que a revogação da doação, no caso, não é cabível em tese, mesmo tendo Fernando dirigido grave ofensa física a Sônia.

Gabarito "A".

(OAB/Exame Unificado – 2008.3) Considerando o que dispõe o Código Civil a respeito da doação, assinale a opção correta.

(A) Pode-se renunciar antecipadamente ao direito de revogar a doação por ingratidão do donatário.

(B) No contrato de doação com encargo, o doador ficará sujeito à responsabilidade pelo vício redibitório, no que concerne à parte correspondente ao serviço prestado ou à incumbência cometida.

(C) Na doação sob cláusula resolutiva, pode o doador, se sobreviver ao donatário, estipular que o bem doado seja revertido em favor de terceiro.

(D) A doação do cônjuge adúltero ao seu cúmplice pode ser anulada pelo herdeiro colateral.

A: incorreta (art. 556 do CC); **B:** correta (art. 441, parágrafo único, do CC); **C:** incorreta (art. 547, parágrafo único, do CC); **D:** incorreta (art. 550 do CC).

Gabarito "B".

(FGV – 2010) Mefistófeles, rico empresário, desejando premiar seu amigo Tício, realiza doação, mediante escritura pública, de vários bens imóveis de sua titularidade, ato que é devidamente inscrito no ofício imobiliário. Dois anos após a doação, Tício, em acesso de fúria, empreende invasão da sede da empresa do doador e lhe desfere quatro tiros de revólver, causando-lhe ferimentos graves, com consequente internação em nosocômio, na Unidade de Terapia Intensiva, onde permaneceu, em perigo de morte, por duas semanas. O doador sobreviveu ao evento e recebeu, por meio de amigos comuns, correspondência do donatário, suplicando o seu perdão, não manifestando qualquer sentimento em relação ao pedido formulado. Passados dois anos do trágico evento, Mefistófeles vem a falecer de doença cardiovascular, sem relação de causa e efeito com o trauma violento relatado anteriormente. Após o falecimento do doador, Efigênio, seu único filho consulta advogado sobre a possibilidade de revogação da doação efetuada, estando o donatário em regime prisional fechado, diante de condenação passada em julgado. Diante de tais fatos, à luz das normas do Código Civil, analise as assertivas a seguir.

I. O direito de revogar a doação é transmissível aos herdeiros em qualquer circunstância, inclusive no caso em tela.

II. A ausência de ação revocatória pelo doador, exceto no caso de homicídio doloso, não permite o exercício de idêntico direito aos sucessores.

III. O exercício da pretensão revocatória, no caso em referência, é extinta em um ano, a contar da data do evento.

Assinale:

(A) se somente a afirmativa I for verdadeira.
(B) se somente a afirmativa II for verdadeira.
(C) se somente as afirmativas I e III forem verdadeiras.
(D) se somente as afirmativas II e III forem verdadeiras.
(E) se todas as afirmativas forem verdadeiras.

I: falsa (art. 560 do CC); **II:** verdadeira (art. 561 do CC); **III:** verdadeira (art. 559 do CC).

Gabarito "D"

(FGV – 2005) Assinale a alternativa correta quanto ao tratamento dado pelo Código Civil em matéria de doação.

(A) O doador não é obrigado a pagar juros moratórios, nem é sujeito às consequências da evicção ou do vício redibitório.
(B) É inválida a doação feita ao nascituro, que não poderá ser aceita pelo seu representante legal.
(C) Em qualquer hipótese, é inadmissível a doação verbal.
(D) O doador pode estipular que os bens doados se revertam em favor de terceiro se o doador sobreviver ao donatário.
(E) É renunciável antecipadamente o direito de revogar a doação por ingratidão do donatário.

A: correta (art. 552 do CC); **B:** incorreta (art. 542 do CC); **C:** incorreta (art. 541, parágrafo único, do CC); **D:** incorreta (art. 547, parágrafo único, do CC); **E:** incorreta (art. 556 do CC).

Gabarito "A"

4.4. DEPÓSITO, MÚTUO E COMODATO

(OAB/Exame Unificado – 2014.1) Pedro, menor impúbere, e sem o consentimento de seu representante legal, celebrou contrato de mútuo com Marcos, tendo este lhe entregue a quantia de R$ 400,00, a fim de que pudesse comprar uma bicicleta.

A respeito desse caso, assinale a afirmativa incorreta.

(A) O mútuo poderá ser reavido somente se o representante legal de Pedro ratificar o contrato.
(B) Se o contrato tivesse por fim suprir despesas com a própria manutenção, o mútuo poderia ser reavido, ainda que ausente ao ato o representante legal de Pedro.
(C) Se Pedro tiver bens obtidos com o seu trabalho, o mútuo poderá ser reavido, ainda que contraído sem o consentimento do seu representante legal.
(D) O mútuo também poderia ser reavido caso Pedro tivesse obtido o empréstimo maliciosamente.

A: incorreta (devendo ser assinalada), pois o mútuo feito a pessoa menor, sem prévia autorização daquele sob cuja guarda estiver, não pode ser reavido nem do mutuário, nem de seus fiadores (art. 588 do CC); **B:** correta (art. 589, II do CC); **C:** correta (art. 589, III do CC); **D:** correta (art. 589, V do CC).

Gabarito "A"

(OAB/Exame Unificado – 2012.1) O policial militar Marco Antônio é proprietário de uma casa de praia, localizada no balneário de Guarapari/ES. Por ocasião de seu exercício profissional na cidade de Vitória/ES, a casa de praia foi emprestada ao seu primo Fabiano, que lá reside com sua família há mais de três anos. Ocorre que, por interesse da administração pública, Marco Antônio foi removido de ofício para a cidade de Guarapari/ES. Diante de tal situação, Marco Antônio decidiu notificar extrajudicialmente o primo para que este desocupe a referida casa no prazo improrrogável de 30 dias. Considerando a situação hipotética, assinale a alternativa correta.

(A) O contrato firmado verbalmente entre Marco Antônio e Fabiano é o comodato e a fixação do prazo mínimo de 30 dias para desocupação do imóvel encontra-se expressa em lei.
(B) Conforme entendimento pacífico do STJ, a notificação extrajudicial para desocupação de imóvel dado em comodato verbal por prazo indeterminado é imprescindível para a reintegração da posse.
(C) A espécie de empréstimo firmado entre Marco Antônio e Fabiano é o mútuo, pois recai sobre bem imóvel inconsumível. Nesta modalidade de contrato, a notificação extrajudicial para a restituição do bem, por si só, coloca o mutuário em mora e obriga-o a pagar aluguel da coisa até sua efetiva devolução.
(D) Tratando-se de contrato firmado verbalmente e por prazo indeterminado, Marco Antônio pode colocar fim ao contrato a qualquer momento, sem ter que apresentar motivo, em decorrência da aplicação das regras da chamada denúncia vazia.

A: incorreta, pois, apesar de se tratar de um contrato de comodato, não há, na lei, previsão de prazo mínimo de 30 dias para desocupação de imóvel dado em comodato, quando o comodante reclama o imóvel de volta; **B:** incorreta, pois não há entendimento pacífico nesse sentido; todavia, há alguns acórdãos do STJ que entendem ser necessária essa notificação extrajudicial prévia; **C:** incorreta, pois um imóvel é um bem infungível, de maneira que o empréstimo deste é necessariamente um comodato (art. 579 do CC); **D:** correta, pois o art. 581 do CC só impõe que o comodante demonstre necessidade imprevista e urgente para a retomada do bem dado em comodato quando se tratar de comodato com prazo, seja este prazo expresso ou presumido. No caso em tela, tem-se um comodato verbal e por prazo indeterminado, permitindo, assim, a chamada denúncia vazia, nos termos do seguinte acórdão do STJ, que cita, em seu teor doutrina de Pontes de Miranda a respeito: "Agravo interno. Recurso especial. Comodato verbal sem prazo determinado. Pedido de desocupação. Notificação. Prescindibilidade da prova de urgência ou necessidade imprevista de retomada do bem. Súmula STJ/83. 1. Dado em comodato o imóvel, mediante contrato verbal sem prazo determinado, é suficiente para a sua extinção a notificação ao comodatário da pretensão de retomada do bem, sendo *prescindível* a prova de necessidade imprevista e urgente do bem. Precedentes. 2. Agravo Regimental improvido." (AgRg no REsp 1136200/PR, *DJe* 01.07.2011).

Gabarito "D"

(FGV – 2010) Leônidas, brasileiro, solteiro, efetua o empréstimo de imóvel da sua titularidade situado na rua Henrique Valgas, 205, Florianópolis/SC a Créscio, brasileiro, empresário, pelo prazo de dois anos, mediante ajuste verbal. No curso desse período, Leônidas é acometido de doença neurológica incapacitante, vindo a ser representado pelo seu curador Esculápio que, logo ao assumir o encargo, comunica o fato ao comodatário, verbalmente, e solicita a devolução do bem, tendo em vista que, apesar de ter requerido a continuação da avença, não obteve decisão favorável do Juiz titular da Vara Orfanológica local, inclusive com parecer nesse sentido, do membro do Ministério Público estadual. Diante do exposto, analise as afirmativas a seguir.

I. Os bens sujeitos a curatela somente podem ser cedidos em comodato, mediante autorização especial.
II. Por ser contrato típico, o comodato somente pode ser realizado mediante contrato escrito, lavrado em Cartório de Notas.
III. A formalização do comodato é da sua essência, decorrendo dessa circunstância, a sua concretização pelo modo escrito.

Assinale:

(A) se somente a afirmativa I for verdadeira.
(B) se somente a afirmativa II for verdadeira.
(C) se somente a afirmativa III for verdadeira.
(D) se somente as afirmativas I e II forem verdadeiras.
(E) se somente as afirmativas II e III forem verdadeiras.

I: verdadeira (art. 580 do CC); **II**: falsa, pois não existe essa exigência legal e, no Direito Civil, a regra é a liberdade das formas; aliás, o comodato é contrato não solene e pode ser realizado de forma verbal ou escrita, sendo necessário, todavia, a entrega da coisa para que o contrato tenha início; **III:** falsa, pois o comodato é contrato não solene.

Gabarito "A"

4.5. MANDATO

(OAB/Exame Unificado – 2013.1) De acordo com o Código Civil, opera-se o mandato quando alguém recebe de outrem poderes para, em nome deste, praticar atos ou administrar interesses. Daniel outorgou a Heron, por instrumento público, poderes especiais e expressos, por prazo indeterminado, para vender sua casa na Rua da Abolição, em Salvador, Bahia. Ocorre que, três dias depois de lavrada e assinada a procuração, em viagem para um congresso realizado no exterior, Daniel sofre um acidente automobilístico e vem a falecer, quando ainda fora do país. Heron, no mesmo dia da morte de Daniel, ignorando o óbito, vende a casa para Fábio, que a compra, estando ambos de boa-fé.

De acordo com a situação narrada, assinale a afirmativa correta.

(A) A compra e venda é nula, em razão de ter cessado o mandato automaticamente, com a morte do mandante.
(B) A compra e venda é válida, em relação aos contratantes.
(C) A compra e venda é inválida, em razão de ter o mandato sido celebrado por prazo indeterminado, quando deveria, no caso, ter termo certo.
(D) A compra e venda é anulável pelos herdeiros de Daniel, que podem escolher entre corroborar o negócio realiza doem nome do mandante falecido, revogá-lo, ou cobrar indenização do mandatário.

A, **C** e **D:** incorretas, por força da regra de exceção prevista no art. 689 do CC, pela qual "são válidos, a respeito dos contratantes de boa-fé, os atos com estes ajustados em nome do mandante pelo mandatário, enquanto este ignorar a morte daquele ou a extinção do mandato, por qualquer outra causa"; **B:** correta (art. 689 do CC).

Gabarito "B"

(OAB/Exame Unificado – 2008.3) A respeito do mandato, assinale a opção correta.

(A) Por ser contrato, a aceitação do mandato não poderá ser tácita.
(B) O mandato outorgado por instrumento público pode ser objeto de substabelecimento por instrumento particular.
(C) Apesar de a lei exigir forma escrita para a celebração de contrato, tal exigência não alcança o mandato, cuja outorga pode ser verbal.
(D) O poder de transigir estabelecido no mandato importará o de firmar compromisso.

A: incorreta (art. 659 do CC); **B:** correta (art. 655 do CC); **C:** incorreta (arts. 104 c.c. 656, ambos do CC); **D:** incorreta (art. 661, § 2.º, do CC).

Gabarito "B"

(FGV – 2010) Empédocles, administrador de empresas, outorga mandato a Rupestre da Silva, corretor de imóveis, com o fito de alienação de bem imóvel de propriedade do mandante. O instrumento é lavrado em Cartório de Notas, com a outorga dos poderes gerais e especiais de alienar, hipotecar, transigir e firmar compromisso. Após as diligências necessárias, o mandatário obtém de Mévio, as condições necessárias para a aquisição do referido bem, sendo designada data para a realização da escritura pública de compra e venda. Antes do ato, Rupestre é comunicado do falecimento do mandante e, incontinenti, comunica a circunstância ao comprador que, prontamente, aquiesce com o adiamento do negócio, para regularização dos sucessores. Diante desses fatos e à luz da legislação civil em vigor, analise as afirmativas a seguir.

I. Sendo a situação de urgência o negócio poderia ser ultimado, o que inocorreu no caso em tela.
II. Com os poderes especificados no mandato, poderia ocorrer o negócio em foco.
III. O mandato para alienação de bem imóvel poderia ser conferido por instrumento particular.

Assinale:

(A) se somente a afirmativa I for verdadeira.
(B) se somente as afirmativas I e II forem verdadeiras.
(C) se somente as afirmativas I e III forem verdadeiras.
(D) se somente as afirmativas II e III forem verdadeiras.
(E) se todas as afirmativas forem verdadeiras.

I: verdadeira (art. 674 do CC); **II:** verdadeira (art. 674 do CC); **III:** falsa (art. 657 do CC).

Gabarito "B"

4.6. TRANSPORTE

(OAB/Exame Unificado – 2008.3) Supondo que Cláudio viaje de ônibus, para ir do interior de um estado à capital, assinale a opção correta.

(A) Caso a viagem tenha de ser interrompida em consequência de evento imprevisível, a empresa responsável pelo transporte não é obrigada a concluir o trajeto.
(B) Se Cláudio não tiver pago a passagem e se recusar a fazê-lo quando chegar ao destino, será lícito à empresa reter objetos pessoais pertencentes a ele como garantia do pagamento.
(C) Cláudio, sob pena de ferir a boa-fé objetiva, somente poderá rescindir o contrato com a empresa de transporte, antes de iniciada a viagem, caso demonstre justo motivo.

(D) Cláudio não poderá desistir do transporte após iniciada a viagem.

A: incorreta (art. 741 do CC); **B:** correta (art. 742 do CC); **C** e **D:** incorretas (art. 740, § 1.º, do CC).

Gabarito "B".

(OAB/Exame Unificado – 2008.2) A respeito do transporte de pessoas, assinale a opção correta, de acordo com o Código Civil vigente.

(A) O transportador responde pelos danos causados às pessoas transportadas, mas só responde pelo extravio das bagagens se o passageiro tiver declarado o valor a elas correspondente.

(B) É nula a cláusula de exclusão da responsabilidade no contrato de transporte de pessoas, ao qual também não se aplica a excludente da força maior.

(C) O transportador não poderá reter bagagem ou objetos pessoais de passageiros para garantir o pagamento da passagem que não tiver sido efetuado no início do percurso.

(D) Em regra, o transporte feito por cortesia não se subordina às normas estipuladas para o contrato de transporte de pessoas.

A: incorreta (art. 734, *caput* e parágrafo único, do CC); **B:** incorreta (art. 734 do CC); **C:** incorreta (art. 742 do CC); **D:** correta, (art. 736 do CC).

Gabarito "D".

4.7. FIANÇA

(OAB/Exame Unificado – 2013.2) A Lanchonete Mirim celebrou contrato de fornecimento de bebidas com a Distribuidora Céu Azul, ficando ajustada a entrega mensal de 200 latas de refrigerante, com pagamento em 30 dias após a entrega. Para tanto, Luciana, mãe de uma das sócias da lanchonete, sem o conhecimento das sócias da sociedade e de seu marido, celebrou contrato de fiança, por prazo indeterminado, com a distribuidora, a fim de garantir o cumprimento das obrigações assumidas pela lanchonete.

Diante desse quadro, assinale a afirmativa correta.

(A) Luciana não carece da autorização do cônjuge para celebrar o contrato de fiança com a sociedade Céu Azul, qualquer que seja o regime de bens.

(B) Pode-se estipular a fiança, ainda que sem o consentimento do devedor ou mesmo contra a sua vontade, sendo sempre por escrito e não se admitindo interpretação extensiva.

(C) Em caso de dação em pagamento, se a distribuidora vier a perder, por evicção, o bem dado pela lanchonete para pagar o débito, remanesce a obrigação do fiador.

(D) Luciana não poderá se exonerar, quando lhe convier, da fiança que tiver assinado, ficando obrigada por todos os efeitos da fiança até a extinção do contrato de fornecimento de bebidas.

A: incorreta, pois a autorização do cônjuge é necessária, como regra, para a celebração de contrato de fiança (art. 1.647, III, do CC); **B:** correta (art. 820 do CC); **C:** incorreta, pois, mesmo nesse caso, fica extinta a fiança (art. 838, III, do CC); **D:** incorreta, pois, segundo o art. 835 do CC, "o fiador poderá exonerar-se da fiança que tiver assinado sem limitação de tempo, sempre que lhe convier, ficando obrigado por todos os efeitos da fiança, durante sessenta dias após a notificação do credor".

Gabarito "B".

(OAB/Exame Unificado – 2011.1) Gustavo tornou-se fiador do seu amigo Henrique, em razão de operação de empréstimo bancário que este tomou com o Banco Pechincha. No entanto, Gustavo, apreensivo, descobriu que Henrique está desempregado há algum tempo e que deixou de pagar várias parcelas do referido empréstimo. Sem o consentimento de Gustavo, Henrique e o Banco Pechincha aditaram o contrato original, tendo sido concedida moratória a Henrique. Com base no relato acima e no regime legal do contrato de fiança, assinale a alternativa correta.

(A) Se o Banco Pechincha, sem justa causa, demorar a execução iniciada contra Henrique, poderá Gustavo promover-lhe o andamento.

(B) Gustavo não poderá exonerar-se da fiança que tiver assinado sem limitação de tempo, ficando obrigado por todos os efeitos da fiança até o efetivo pagamento do débito principal.

(C) A concessão da moratória pelo Banco Pechincha a Henrique, tal como narrado, não tem o condão de desobrigar o fiador.

(D) Por ter a fiança o objetivo de garantir o débito principal, sendo acessória a este, deve ela ser de valor igual ao da obrigação principal e ser contraída nas mesmas condições de onerosidade de tal obrigação.

A: correta, de acordo com o gabarito oficial; no entanto, apesar de afirmação ser mesmo correta (art. 834 do CC), o ideal, no caso concreto, é Gustavo pedir o reconhecimento judicial de que não está mais obrigado pelo contrato de fiança, por conta da moratória, conforme claramente determina o art. 838, I, do CC; **B** e **C:** incorretas, pois o fiador ficará exonerado da obrigação se o credor, sem consentimento dele, conceder moratória ao devedor (art. 838, I, do CC); **D:** incorreta, pois a fiança pode ser de valor inferior ao da obrigação principal, bem como pode ser contraída em condições menos onerosas que esta (art. 823 do CC).

Gabarito "A".

(OAB/Exame Unificado – 2006.1) A respeito do contrato de fiança, assinale a opção correta.

(A) A fiança é uma garantia pessoal e fidejussória e pode ser dada em contrato ou em título de crédito. A responsabilidade do fiador é solidária e direta, transmitindo-se aos herdeiros.

(B) Considere-se que o cônjuge varão, durante a vigência do casamento pelo regime da comunhão universal de bens, prestou fiança em contrato de renegociação de dívida de operações de crédito, sem a devida outorga uxória. Nessa situação, a fiança é anulável, caso em que obrigará apenas os bens da meação do fiador.

(C) A fiança é uma garantia de natureza acessória e subsidiária, sendo assegurado ao fiador o benefício de ordem, segundo o qual primeiro executam-se os bens do devedor, e se não for suficiente, executam-se os bens do fiador.

(D) A fiança é formalizada por meio de contrato pelo qual uma pessoa garante satisfazer ao credor uma obrigação assumida pelo devedor, caso este não a cumpra. A fiança se concretiza independentemente da aceitação do credor em relação à pessoa do fiador.

Art. 827 do CC.

Gabarito "C".

(FGV – 2010) Semprônio realiza contrato de mútuo com Terêncio, emprestando a quantia de R$ 20.000,00 para pagamento em dez prestações, incidentes juros legais, sem correção monetária. Para garantir a avença, intercede Esculápio, na condição de fiador, pelo período do contrato, renunciando ao benefício de ordem. No curso da avença, o devedor, por motivos de doença da família, deixa de quitar algumas prestações. Após o período de dificuldades, credor e devedor ajustam a prorrogação do contrato, não informando tal situação ao fiador. Diante do exposto, analise as afirmativas a seguir.

I. O contrato de fiança somente estabelece a responsabilidade do fiador no período avençado no contrato.
II. Mediante aquiescência do credor, do devedor e do fiador, a fiança pode se prorrogada.
III. Não concordando o devedor com a fiança, credor e fiador estão proibidos de estabelecer a referida garantia no contrato.

Assinale:

(A) se somente a afirmativa I for verdadeira.
(B) se somente a afirmativa II for verdadeira.
(C) se somente as afirmativas I e II forem verdadeiras.
(D) se somente as afirmativas I e III forem verdadeiras.
(E) se todas as afirmativas forem verdadeiras.

I: verdadeira, pois a fiança não admite interpretação extensiva e se dá sempre por escrito. Assim, eventual prorrogação sem anuência do fiador a ele não obriga (art. 819 do CC); **II:** verdadeira, pois, nesse caso, em que houve anuência de todas as partes, todos, inclusive o fiador, se obrigam com a prorrogação; **III:** falsa (art. 820 do CC).

Gabarito "C"

(FGV – 2009) Mévio realiza, com a instituição financeira K o K S/A, contrato de mútuo no valor de R$ 45.000,00 (quarenta e cinco mil reais), sendo que Túlio figura como fiador, pela quantia total ajustada. O devedor possuía vasto patrimônio à época do negócio jurídico referido. Posteriormente, faltando o pagamento de dez prestações, o devedor tem sua insolvência decretada, fato que foi comunicado ao fiador e à instituição financeira. Após isso, a instituição financeira pretende cobrar a dívida do fiador. Túlio não renunciou ao benefício de ordem. Diante do narrado, analise as afirmativas a seguir.

I. O fiador poderá requerer, antes de ser cobrado, que o credor busque bens do devedor para satisfazer o seu crédito.
II. O credor pode optar por cobrar do devedor ou do fiador ou, ainda, de ambos, a dívida.
III. O benefício de ordem cede diante da declaração de insolvência do devedor afiançado.
IV. O patrimônio do fiador está protegido diante da inexistência de renúncia ao benefício de ordem.
V. O fiador, ao pagar a dívida do afiançado, sub-roga-se nos direitos do credor.

Assinale:

(A) se somente as afirmativas I e II estiverem corretas.
(B) se somente as afirmativas I, II e IV estiverem corretas.
(C) se somente as afirmativas II, III e V estiverem corretas.
(D) se somente as afirmativas I, II e III estiverem corretas.
(E) se somente as afirmativas II, III, IV e V estiverem corretas.

I: incorreta (art. 828, III, do CC); **II:** correta, pois há solidariedade passiva no caso de fiança sem benefício de ordem, por acordo das partes (art. 265 do CC); **III:** correta (art. 828, III, do CC); **IV:** incorreta, pois o patrimônio do fiador não fica protegido; ele apenas pode requerer, até a contestação da lide, que sejam primeiro executados os bens do devedor; **V:** correta (art. 831 do CC).

Gabarito "C"

(FGV – 2008) O contrato de fiança, inserido em contrato formulário, que contenha cláusula de renúncia antecipada de benefício de ordem é:

(A) irregular.
(B) ineficaz.
(C) anulável.
(D) legítimo.
(E) nulo.

Art. 424 c.c. o art. 827 do CC.

Gabarito "E"

4.8. DEMAIS CONTRATOS EM ESPÉCIE E CONTRATOS COMBINADOS

(OAB/Exame Unificado – 2015.3) João Henrique residia com sua companheira Natália em imóvel alugado a ele por Frederico pelo prazo certo de trinta meses, tendo como fiador Waldemar, pai de João Henrique. A união do casal, porém, chegou ao fim, de forma que João Henrique deixou o lar quando faltavam seis meses para o fim do prazo da locação. O locador e o fiador foram comunicados a respeito da saída de João Henrique do imóvel. Sobre o caso apresentado, assinale a afirmativa correta.

(A) Como o locatário era João Henrique, sua saída do imóvel implica a extinção do contrato de locação, podendo Frederico exigir, imediatamente, que Natália o desocupe.
(B) Como João Henrique era o locatário, sua saída permite que Natália continue residindo no imóvel apenas até o término do prazo contratual, momento em que o contrato se extingue, sem possibilidade de renovação, salvo nova convenção entre Natália e Frederico.
(C) Com a saída do locatário do imóvel, a locação prossegue automaticamente tendo Natália como locatária, porém a fiança prestada por Waldemar caduca, permitindo a Frederico exigir de Natália o oferecimento de nova garantia, sob pena de resolução do contrato.
(D) Com a saída do locatário, a locação prossegue com Natália, permitido a Waldemar exonerar-se da fiança em até trinta dias da data em que for cientificado da saída do seu filho do imóvel; ainda assim, a exoneração só produzirá efeitos cento e vinte dias depois de notificado o locador.

A a D: somente a alternativa "D" está correta, pois, de acordo com o art. 12, *caput*, da Lei 8.245/1991, "em casos de separação de fato, separação judicial, divórcio ou dissolução da união estável, a locação residencial prosseguirá automaticamente com o cônjuge ou companheiro que permanecer no imóvel", de modo que Natália poderá prosseguir com a locação; quanto ao fiador, Waldemar "poderá exonerar-se das suas responsabilidades no prazo de 30 (trinta) dias contado do recebimento da comunicação oferecida pelo sub-rogado, ficando responsável pelos efeitos da fiança durante 120 (cento e vinte) dias após a notificação ao locador" (art. 12, § 2º, da Lei 8.245/1991).

Gabarito "D"

(OAB/Exame Unificado – 2015.1) Maria entregou à sociedade empresária JL Veículos Usados um veículo Vectra, ano 2008, de sua propriedade, para ser vendido pelo valor de R$ 18.000,00. Restou acordado que o veículo ficaria exposto na loja pelo prazo máximo de 30 dias. Considerando a hipótese acima e as regras do contrato estimatório, assinale a afirmativa correta.

(A) O veículo pode ser objeto de penhora pelos credores da JL Veículos Usados, mesmo que não pago integralmente o preço.

(B) A sociedade empresária JL Veículos Usados suportará a perda ou deterioração do veículo, não se eximindo da obrigação de pagar o preço ajustado, ainda que a restituição se impossibilite sem sua culpa.

(C) Ainda que não pago integralmente o preço a Maria, o veículo consignado poderá ser objeto de penhora, caso a sociedade empresária JL Veículos Usados seja acionada judicialmente por seus credores.

(D) Maria poderá dispor do veículo enquanto perdurar o contrato estimatório, com fundamento na manutenção da reserva do domínio e da posse indireta da coisa.

A e **C**: incorretas, pois no contrato estimatório o bem é deixado com alguém em "consignação", não ficando este alguém (consignatário) proprietário do bem, o que impede que esse alguém dê o bem em garantia aos seus credores; há também proibição expressa nesse sentido no art. 536 do CC; **B**: correta, pois, de acordo com o art. 535 do CC, "o consignatário não se exonera da obrigação de pagar o preço, se a restituição da coisa, em sua integridade, se tornar impossível, ainda que por fato a ele não imputável"; **D**: incorreta, pois, de acordo com o art. 537 do CC, "o consignante não pode dispor da coisa antes de lhe ser restituída ou de lhe ser comunicada a restituição".

Gabarito "B"

(OAB/Exame Unificado – 2014.2) Marina comprometeu-se a obter para Mônica um negócio de compra e venda de um imóvel para que ela pudesse abrir seu curso de inglês. Marina encontrou uma grande sala em um prédio bem localizado e informou a Mônica que entraria em contato com o vendedor para saber detalhes do imóvel. A partir da hipótese apresentada, assinale a opção correta.

(A) Marina marca uma reunião entre o vendedor e Mônica, mas o negócio não se realiza por arrependimento das partes. Sem pagar a comissão, Mônica dispensa Marina, que reclama seu pagamento, explicando que conseguiu o negócio e que não importa se não ocorreu a compra da sala.

(B) Passado o prazo contratual para a obtenção do negócio, o próprio vendedor entra em contato com Mônica para celebrar o negócio, liberando-a, portanto, de pagar a comissão de Marina.

(C) Como a obrigação de Marina é apenas de obtenção do negócio, a responsabilidade pela segurança e pelo risco é apenas do vendedor, sendo desnecessário que Marina se preocupe com esses detalhes.

(D) A remuneração de Marina deve ser previamente ajustada entre as partes; caso contrário, Mônica pagará o valor que achar suficiente.

A: correta, pois Marina tem o direito de receber sua comissão ainda que o negócio não se efetive em virtude de arrependimento das partes (art. 725 do CC); **B**: incorreta, pois ainda que o prazo tenha se exaurido, Marina tem o direito de receber sua comissão, haja vista que o negócio apenas foi concretizado por efeito do seu trabalho (art. 727 do CC); **C**: incorreta, pois Marina possui responsabilidade de informar Mônica sobre todos os esclarecimentos acerca da segurança ou do risco do negócio, sob pena de responder por perdas e danos (art. 723, parágrafo único do CC); **D**: incorreta, pois a remuneração do corretor, se não estiver fixada em lei, nem ajustada entre as partes, será arbitrada segundo a natureza do negócio e os usos locai, e não conforme o que Mônica julgar suficiente (art. 724 do CC).

Gabarito "A"

(OAB/Exame Unificado – 2012.3.B) A sociedade ABC Engenharia Ltda. firmou contrato de seguro de veículo automotor com a Seguradora Gênesis. Considerando a hipótese em apreço, as regras atinentes ao contrato de seguro e de acordo com o Código Civil, assinale a afirmativa correta.

(A) O ordenamento jurídico estabelece que o contrato de seguro prova-se com a exibição da apólice ou do bilhete do seguro, sendo estes os únicos meios admitidos de prova.

(B) A apólice ou o bilhete de seguro de veículo automotor deverá ser, necessariamente, nominativa e mencionará os riscos assumidos, o início e o fim de sua validade, o limite da garantia e o prêmio devido.

(C) É proibido, em qualquer hipótese, à sociedade ABC Engenharia Ltda., na vigência do contrato de seguro com a Seguradora Gênesis, firmar seguro sobre o mesmo bem e contra o mesmo risco junto a outra seguradora.

(D) Sendo nominativa a apólice de seguro firmada entre a empresa ABC Engenharia e a Seguradora Gênesis, a transferência do contrato de seguro a terceiro só produzirá efeito em relação ao segurador mediante aviso escrito assinado pelos cedente e cessionário.

A: incorreta, pois, na falta desses documentos, o contrato de seguro prova-se por documento comprobatório do pagamento do respectivo prêmio (art. 758 do CC); **B**: incorreta, pois poderão ser também, além de nominativa, à ordem ou o portador (art. 760 do CC); **C**: incorreta, pois essa providência é possível, desde que se obedeça o disposto no art. 782 do CC; **D**: correta (art. 785, § 1.º, do CC).

Gabarito "D"

(OAB/Exame Unificado – 2009.3) No que se refere aos contratos, assinale a opção correta.

(A) O mandato escrito é materializado por meio da procuração, como ocorre com o mandato judicial que o advogado recebe de seu cliente.

(B) Dono de hotel, por não ser considerado depositário, não responde por roubo de bagagem dos hóspedes efetuado pelos empregados dentro do estabelecimento.

(C) Somente é lícito às partes estipular contratos tipificados no Código Civil.

(D) O tutor pode dar em comodato, sem autorização especial, as coisas confiadas à sua guarda, desde que o faça para atender às necessidades do tutelado.

A: correta (art. 653, parte final, do CC); **B**: incorreta (art. 932, IV, do CC); **C**: incorreta (art. 425 do CC); **D**: incorreta (art. 580 do CC).

Gabarito "A"

(OAB/Exame Unificado – 2009.3) Assinale a opção correta no que se refere aos contratos tipificados no Código Civil brasileiro.

(A) No contrato de doação, são revogáveis por ingratidão as doações puramente remuneratórias e as oneradas com encargo já cumprido.
(B) Tanto o contrato de empreitada quanto o de prestação de serviço geram obrigação de resultado.
(C) O contrato de compra e venda subordinado à condição de dissolução caso o objeto do contrato não seja do agrado do comprador denomina-se venda a contento, cláusula sempre presumida nos contratos de compra e venda.
(D) O contrato estimatório é aleatório e deve ter por objeto coisa móvel.

A: incorreta (art. 564, I e II, do CC); **B:** incorreta. Nem todo contrato de prestação de serviço gera obrigação de resultado; profissionais liberais como o advogado, o médico, o dentista, o fisioterapeuta, o psicológico, entre outros, têm, como regra, obrigação de meio, e não de resultado, quando prestam serviços; **C:** incorreta. A venda a contento é uma *cláusula especial* à compra e venda, não se presumindo, portanto (art. 509 e seguintes do CC, insertos na seção "das Cláusulas Especiais à Compra e Venda"); **D:** correta. O contrato estimatório nada mais é do que o conhecido "contrato de consignação"; por exemplo, há várias lojas de venda de automóveis em que o proprietário deixa o veículo em consignação, a fim de que as primeiras vendam-no e fiquem com parte do valor da venda; leia os arts. 534 a 537 do CC.

Gabarito "D"

(OAB/Exame Unificado – 2008.3) A respeito dos negócios jurídicos, assinale a opção correta.

(A) No contrato estimatório, o consignatário se liberará da obrigação de pagar o preço caso a restituição dos bens consignados, em sua integralidade, se torne impossível por fato a ele não imputável.
(B) No contrato de troca ou permuta, é permitida a permuta ou troca de um bem móvel fungível por prestação de um serviço prestado pela parte adversa ou por terceiro.
(C) No contrato de empréstimo de uso, o emprestador tem obrigação legal de pagar as despesas feitas com o uso e gozo da coisa.
(D) O mandato *ad judicia* só pode ser conferido a advogado regularmente inscrito na OAB, sob pena de nulidade do ato.

A: incorreta (art. 535 do CC); **B:** incorreta, pois a troca só é permitida entre coisas, e não entre coisa e serviço. Nesse caso, aplica-se as mesmas disposições referentes à compra e venda (arts. 481, c.c. 533 do CC); **C:** incorreta (art. 584 do CC); **D:** correta (art. 692 do CC, c.c. art. 38 do CPC; art. 105, *caput*, do Novo CPC).

Gabarito "D"

(OAB/Exame Unificado – 2008.1) João, ao celebrar um contrato de seguro, omitiu intencionalmente que era portador de moléstia grave para assegurar a celebração do negócio jurídico, que não teria sido realizado não fosse a omissão do fato. Na situação hipotética apresentada, a conduta de João caracteriza:

(A) dolo positivo.
(B) dolo negativo.
(C) lesão absoluta.
(D) lesão relativa.

Art. 766 do CC.

Gabarito "B"

(OAB/Exame Unificado – 2008.1) Assinale a opção correta com relação aos contratos.

(A) No contrato de empreitada global a preço fixo, não poderá o empreiteiro exigir alteração do valor do preço pelo serviço extraordinário executado às claras, inclusive sob a supervisão do dono da obra.
(B) Na doação com cláusula de reversão, o bem doado não volta ao patrimônio do doador se este sobreviver ao donatário, salvo quando tenha ocorrido a alienação da coisa doada.
(C) O contrato preliminar gera uma obrigação de fazer, no entanto não comporta a execução específica, resolvendo-se o seu descumprimento em perdas e danos.
(D) No contrato de transporte cumulativo, em que vários transportadores efetuam, sucessivamente, o deslocamento de coisas, cada transportador se obriga a cumprir o contrato relativamente ao respectivo percurso; se, em tal percurso, a coisa transportada for danificada, o transportador deverá responder pelo dano.

A: incorreta (art. 619, parágrafo único, do CC); **B:** incorreta (art. 547 do CC); **C:** incorreta (arts. 464 e 465 do CC); **D:** correta (art. 756 do CC).

Gabarito "D"

(OAB/Exame Unificado – 2007.3) Acerca dos contratos regidos pelo Código Civil, assinale a opção correta.

(A) O contrato de compra e venda deve conter cláusula que estipule o preço do bem ou o modo de determiná-lo. Esse preço pode ser fixado de acordo com o tabelamento oficial, estipulado por terceiro ou por qualquer um dos contratantes.
(B) O objeto do contrato de fiança é uma obrigação assumida em outro contrato do qual é acessório, servindo-lhe, ainda, de garantia. Por isso, a responsabilidade do fiador deve corresponder ao valor da dívida garantida, não podendo ser em valor superior, inferior ou com mais ônus do que aqueles estabelecidos na obrigação principal.
(C) No contrato bilateral com cláusula resolutiva expressa, no qual os contratantes assumam que as obrigações autônomas devem ser cumpridas sucessivamente, se uma das partes não cumprir espontaneamente a sua prestação, o contratante prejudicado poderá considerar o contrato resolvido, alegando a exceção do contrato não cumprido.
(D) No contrato de seguro de coisa, a indenização securitária deve ser feita em dinheiro, salvo se convencionada pelos contratantes a recomposição ou a substituição da coisa.

A: incorreta (arts. 485 a 488 do CC); **B:** incorreta (art. 823 do CC); **C:** incorreta (art. 476 do CC); **D:** correta (art. 776 do CC).

Gabarito "D"

(OAB/Exame Unificado – 2006.3) A respeito de contratos, assinale a opção correta.

(A) O contrato preliminar é o compromisso para uma futura declaração de vontade, ou seja, é preparatório para um negócio definitivo. Destina-se a dar segurança às partes que querem celebrar o contrato, por essa razão é vedada a cláusula de arrependimento, assegurando a qualquer das partes o direito potestativo de exigir o cumprimento do pactuado.

(B) No seguro de vida para o caso de morte, se ocorrer o suicídio, ainda que não premeditado, do segurado, o segurador poderá recusar o pagamento do capital segurado, alegando que por ter sido a morte voluntária, não se encontraria coberta pela apólice de acidentes pessoais.

(C) Em decorrência da regra de que o acessório segue o principal, a fiança, ainda que limitada, abrangerá toda a dívida, com sua parte principal e todos os acessórios. Assim, se o devedor tornar-se inadimplente, caberá o cumprimento da obrigação principal ao fiador.

(D) Se o contrato de compra e venda de imóvel não possuir cláusula de arrependimento, no qual foi paga uma determinada quantia como sinal, este deve ser entendido como arras confirmatórias e princípio do pagamento. Logo, o credor as conservará depois de executado o contrato, ao passo que o devedor as deduzirá da prestação quando do pagamento final.

A: incorreta (art. 463 do CC); **B:** incorreta (art. 798, parágrafo único, do CC); **C:** incorreta (art. 822 do CC); **D:** correta (art. 417 do CC).

Gabarito "D"

(OAB/Exame Unificado – 2006.1) A respeito dos contratos regidos pelo Código Civil, assinale a opção correta.

(A) Verificada a evicção da coisa adquirida por meio de contrato oneroso, com cláusula expressa de exclusão da garantia da evicção, o evicto não poderá recobrar o preço que pagou pela coisa, pois a cláusula de isenção é excludente de responsabilidade do alienante, inclusive pela devolução do preço pago pelo adquirente da coisa evicta, ainda que alegue que desconhecia o risco, ou que não o assumiu.

(B) Considere-se que foi firmado contrato de empréstimo, no qual incluiu-se cláusula constando que o não pagamento da dívida, no vencimento, autoriza o credor a tornar-se proprietário do objeto da garantia. Nessa situação, a quitação da dívida, com a transferência da propriedade do bem para o credor caracteriza-se dação em pagamento.

(C) O depósito é o contrato gratuito e temporário pelo qual uma pessoa entrega para outra coisa móvel ou imóvel para mantê-la em sua posse, podendo fazer uso dela e tirar proveito econômico da coisa depositada. O depositário assume a guarda, conservação da coisa e a obrigação de restituí-la quando reclamada pelo proprietário.

(D) Em caso de inadimplemento pelo devedor da obrigação assumida no contrato, este pode purgar a mora oferecendo ao credor as prestações vencidas, acrescidas da indenização ao credor dos prejuízos sofridos com a mora. Entretanto, ainda que o devedor se proponha a purgar a mora, poderá o credor rejeitar a prestação por não lhe ser mais útil, transformando a mora em inadimplemento.

A: incorreta (art. 448 do CC); **B:** incorreta (art. 1.365 do CC); **C:** incorreta (arts. 627 e 628 do CC); **D:** correta (arts. 395, parágrafo único, e 401, I e II, do CC).

Gabarito "D"

(FGV – 2010) É direito do segurado:

(A) pagar o prêmio convencionado no prazo estipulado.

(B) reajustar o valor do prêmio, para que este corresponda ao risco assumido.

(C) receber o prêmio durante a vigência do contrato, desde que em dia com suas obrigações.

(D) não ver aumentado o valor do prêmio, se agravados os riscos por fato alheio à sua vontade.

(E) ajuizar ação de cobrança em até três anos a contar da data do sinistro.

A: incorreta, pois esse é um *dever* do segurado, e não um *direito* deste; **B:** incorreta, pois o segurado não tem interesse algum nesse reajuste; **C:** incorreta, pois o segurado tem direito de receber a *indenização* (e não o *prêmio*, já que este é o pagamento feito ao segurador); no mais, é verdadeira a afirmação de que a indenização só será devida se o segurado estiver em dia com o pagamento do prêmio para o segurador; **D:** correta, vale lembrar que o contrato de seguro é um contrato aleatório, ou seja, em que há risco (álea); **E:** incorreta, pois a pretensão para a ação de cobrança de indenização decorrente de seguro prescreve em 1 ano, contado o prazo da ciência do fato gerador da pretensão (art. 206, § 1.º, II, "b", do CC).

Gabarito "D"

(FGV – 2007) A locação de vaga de garagem, em vila de casas, em tema de preempção, é de caráter:

(A) obrigatório.

(B) alternativo.

(C) facultativo.

(D) cumulativo.

(E) disjuntivo.

Art. 1.338 do CC.

Gabarito "A"

5. RESPONSABILIDADE CIVIL

5.1. OBRIGAÇÃO DE INDENIZAR

(OAB/Exame Unificado – 2015.1) Daniel, morador do Condomínio Raio de Luz, após consultar a convenção do condomínio e constatar a permissão de animais de estimação, realizou um sonho antigo e adquiriu um cachorro da raça Beagle. Ocorre que o animal, muito travesso, precisou dos serviços de um adestrador, pois estava destruindo móveis e sapatos do dono. Assim, Daniel contratou Cleber, adestrador renomado, para um pacote de seis meses de sessões. Findo o período do treinamento, Daniel, satisfeito com o resultado, resolve levar o cachorro para se exercitar na área de lazer do condomínio e, encontrando-a vazia, solta a coleira e a guia para que o Beagle possa correr livremente. Minutos depois, a moradora Diana, com 80 (oitenta) anos de idade, chega à área de lazer com seu neto Theo. Ao perceber a presença da octogenária, o cachorro pula em suas pernas, Diana perde o equilíbrio, cai e fratura o fêmur. Diana pretende ser indenizada pelos danos materiais e compensada pelos danos estéticos.

Com base no caso narrado, assinale a opção correta.

(A) Há responsabilidade civil valorada pelo critério subjetivo e solidária de Daniel e Cleber, aquele por culpa na vigilância do animal e este por imperícia no adestramento do Beagle, pelo fato de não evitarem que o cachorro avançasse em terceiros.

(B) Há responsabilidade civil valorada pelo critério objetivo e extracontratual de Daniel, havendo obrigação de indenizar e compensar os danos causados, haja vista a ausência de prova de alguma das causas legais excludentes do nexo causal, quais sejam, força maior ou culpa exclusiva da vítima.
(C) Não há responsabilidade civil de Daniel valorada pelo critério subjetivo, em razão da ocorrência de força maior, isto é, da chegada inesperada da moradora Diana, caracterizando a inevitabilidade do ocorrido, com rompimento do nexo de causalidade.
(D) Há responsabilidade valorada pelo critério subjetivo e contratual apenas de Daniel em relação aos danos sofridos por Diana; subjetiva, em razão da evidente culpa na custódia do animal; e contratual, por serem ambos moradores do Condomínio Raio de Luz.

A, **C** e **D**: incorretas, pois o art. 936 do CC traz responsabilidade de ordem objetiva para esse caso, e todas as alternativas citadas fazem referência a uma responsabilidade subjetiva; **B**: correta; o art. 936 do CC estabelece que "o dono, ou detentor, do animal ressarcirá o dano por este causado, se não provar culpa da vítima ou força maior". Repare que a responsabilidade do dono é quase automática, utilizando-se o critério objetivo, sendo que o dono só conseguirá se eximir da responsabilidade se provar a ruptura do nexo causal por culpa da vítima ou força maior.

Gabarito "B".

(OAB/Exame Unificado – 2014.3) Devido à indicação de luz vermelha do sinal de trânsito, Ricardo parou seu veículo pouco antes da faixa de pedestres.

Sandro, que vinha logo atrás de Ricardo, também parou, guardando razoável distância entre eles. Entretanto, Tatiana, que trafegava na mesma faixa de rolamento, mais atrás, distraiu-se ao redigir mensagem no celular enquanto conduzia seu veículo, vindo a colidir com o veículo de Sandro, o qual, em seguida, atingiu o carro de Ricardo.

Diante disso, à luz das normas que disciplinam a responsabilidade civil, assinale a afirmativa correta.

(A) Cada um arcará com seu próprio prejuízo, visto que a responsabilidade pelos danos causados deve ser repartida entre todos os envolvidos.
(B) Caberá a Tatiana indenizar os prejuízos causados ao veículo de Sandro, e este deverá indenizar os prejuízos causados ao veículo de Ricardo.
(C) Caberá a Tatiana indenizar os prejuízos causados aos veículos de Sandro e Ricardo.
(D) Tatiana e Sandro têm o dever de indenizar Ricardo, na medida de sua culpa.

A, **B** e **D**: incorretas, pois Tatiana é a única causadora e responsável por todo o ocorrido, sendo que o carro de Sandro foi mero instrumento que atingiu o carro de Ricardo, não havendo que se falar em responsabilidade de Sandro, que nada fez no caso, muito menos atuou com culpa ou dolo; **C**: correta, pois, ao dirigir redigindo mensagem de texto, Tatiana agiu com culpa em sentido em estrito, mais especificamente com negligência, impondo-se sua responsabilidade civil na forma do art. 186 do Código Civil.

Gabarito "C".

(OAB/Exame Unificado – 2014.1) Felipe, atrasado para um compromisso profissional, guia seu veículo particular de passeio acima da velocidade permitida e, falando ao celular, desatento, não observa a sinalização de trânsito para redução da velocidade em razão da proximidade da creche Arca de Noé. Pedro, divorciado, pai de Júlia e Bruno, com cinco e sete anos de idade respectivamente, alunos da creche, atravessava a faixa de pedestres para buscar os filhos, quando é atropelado pelo carro de Felipe. Pedro fica gravemente ferido e vem a falecer, em decorrência das lesões, um mês depois. Maria, mãe de Júlia e Bruno, agora privados do sustento antes pago pelo genitor falecido, ajuíza demanda reparatória em face de Felipe, que está sendo processado no âmbito criminal por homicídio culposo no trânsito.

Com base no caso em questão, assinale a opção correta.

(A) Felipe indenizará as despesas comprovadamente gastas com o mês de internação para tratamento de Pedro, alimentos indenizatórios a Júlia e Bruno tendo em conta a duração provável da vida do genitor, sem excluir outras reparações, a exemplo das despesas com sepultamento e luto da família.
(B) Felipe deverá indenizar as despesas efetuadas com a tentativa de restabelecimento da saúde de Pedro, sendo incabível a pretensão de alimentos para seus filhos, diante de ausência de previsão legal.
(C) Felipe fora absolvido por falta de provas do delito de trânsito na esfera criminal e, como a responsabilidade civil e a criminal não são independentes, essa sentença fará coisa julgada no cível, inviabilizando a pretensão reparatória proposta por Maria.
(D) Felipe, como a legislação civil prevê em caso de homicídio, deve arcar com as despesas do tratamento da vítima, seu funeral, luto da família, bem como dos alimentos aos dependentes enquanto viverem, excluindo-se quaisquer outras reparações.

A: correta (art. 948, I e II do CC); **B**: incorreta, pois a lei prevê expressamente o pagamento de alimentos aos filhos levando-se em conta a duração provável da vida da vítima (art. 948, II do CC); **C**: incorreta, pois a responsabilidade civil é independente da criminal. A via civil apenas ficará fechada se no juízo criminal ficar provada a inexistência do fato ou a negativa de autoria (art. 935 do CC), o que não é o caso em tela. Logo, Maria possui pretensão reparatória em face de Felipe; **D**: incorreta, pois a lei prevê expressamente que a indenização, além desses itens não exclui outras reparações (art. 948, *caput*, do CC).

Gabarito "A".

(OAB/Exame Unificado – 2013.3) Pedro, dezessete anos de idade, mora com seus pais no edifício Clareira do Bosque e, certa manhã, se desentendeu com seu vizinho Manoel, dezoito anos. O desentendimento ocorreu logo após Manoel, por equívoco do porteiro, ter recebido e lido o jornal pertencente aos pais do adolescente. Manoel, percebido o equívoco, promoveu a imediata devolução do periódico, momento no qual foi surpreendido com atitude inesperada de Pedro que, revoltado com o desalinho das páginas, o agrediu com um soco no rosto, provocando a quebra de três dentes. Como Manoel é modelo profissional, pretende ser indenizado pelos custos com implantes dentários, bem como pelo cancelamento de sua participação em um comercial de televisão.

Tendo em conta o regramento da responsabilidade civil por fato de outrem, assinale a afirmativa correta.

(A) Pedro responderá solidariamente com seus pais pelos danos causados a Manoel, inclusive com indenização pela perda de uma chance, decorrente do cancelamento da participação da vítima no comercial de televisão.

(B) Somente os pais de Pedro terão responsabilidade objetiva pelos danos causados pelo filho, mas detêm o direito de reaver de Pedro, posteriormente, os danos indenizáveis a Manoel.

(C) Se os pais de Pedro não dispuserem de recursos suficientes para pagar a indenização, e Pedro tiver recursos, este responderá subsidiária e equitativamente pelos danos causados a Manoel.

(D) Os pais de Pedro terão responsabilidade subjetiva pelos danos causados pelo filho a Manoel, devendo, para tanto, ser comprovada a culpa *in vigilando* dos genitores.

A: incorreta, pois neste caso não haverá responsabilidade solidária, vez que a lei o isenta (art. 934 do CC); **B:** incorreta, pois os pais, embora tenham responsabilidade objetiva, não podem reaver de Pedro o que houverem pago, pois a lei traz impedimento para tal (art. 934 do CC); **C:** correta (art. 928 do CC); **D:** incorreta, pois trata-se de caso de responsabilidade objetiva, logo os pais de Pedro responderão independentemente da demonstração de culpa (art. 932, I, do CC).

Gabarito "C"

(OAB/Exame Unificado – 2013.2) Pedro, engenheiro elétrico, mora na cidade do Rio de Janeiro e trabalha na Concessionária Iluminação S.A.. Ele é viúvo e pai de Bruno, de sete anos de idade, que estuda no colégio particular Amarelinho. Há três meses, Pedro celebrou contrato de financiamento para aquisição de um veículo importado, o que comprometeu bastante seu orçamento e, a partir de então, deixou de arcar com o pagamento das mensalidades escolares de Bruno. Por razões de trabalho, Pedro será transferido para uma cidade serrana, no interior do Estado e solicitou ao estabelecimento de ensino o histórico escolar de seu filho, a fim de transferi-lo para outra escola. Contudo, teve seu pedido negado pelo Colégio Amarelinho, sendo a negativa justificada pelo colégio como consequência da sua inadimplência com o pagamento das mensalidades escolares. Para surpresa de Pedro, na mesma semana da negativa, é informado pela diretora do Colégio Amarelinho que seu filho não mais participaria das atividades recreativas diuturnas do colégio, enquanto Pedro não quitar o débito das mensalidades vencidas e não pagas.

Com base no caso narrado, assinale a afirmativa correta.

(A) O Colégio Amarelinho atua no exercício regular do seu direito de cobrança e, portanto, não age com abuso de direito ao reter o histórico escolar de Bruno, haja vista a comprovada e imotivada inadimplência de Pedro.

(B) As condutas adotadas pelo Colégio Amarelinho configuram abuso de direito, pois são eticamente reprováveis, mas não configuram atos ilícitos indenizáveis.

(C) Tanto a retenção do histórico escolar de Bruno, quanto a negativa de participação do aluno nas atividades recreativas do colégio, configuram atos ilícitos objetivos e abusivos, independente da necessidade de provar a intenção dolosa ou culposa na conduta adotada pela diretora do Colégio Amarelinho.

(D) Para existir obrigação de indenizar do Colégio Amarelinho, com fundamento no abuso de direito, é imprescindível a presença de dolo ou culpa, requisito necessário para caracterizar o comportamento abusivo e o ilícito indenizável.

A: incorreta, pois o caso revela abuso de direito, vedado pelo art. 187 do CC; há também violação ao art. 42, *caput*, do CDC, vez que a conduta da escola nada mais é que uma forma de constrangimento com vistas à cobrança de uma dívida; **B:** incorreta, pois o abuso de direito é um ato ilícito (art. 187 do CC), que, como tal enseja indenização (art. 927 do CC); **C:** correta, pois, de fato, temos um abuso de direito, tipo de ato ilícito que, diferentemente do previsto no art. 186 do CC, não requer culpa ou dolo para se configurar (art. 187 do CC); **D:** incorreta, pois, como se viu, o abuso de direito é um tipo de ato ilícito que, diferentemente do previsto no art. 186 do CC, não requer culpa ou dolo para se configurar (art. 187 do CC).

Gabarito "C"

(OAB/Exame Unificado – 2012.3.B) Renato, menor com 17 anos, estava passeando com seu cachorro pelo parque da sua cidade, quando avistou José, com quem havia se desentendido, do outro lado do parque. Com a intenção de dar um susto em José, Renato solta a coleira do seu cachorro e o estimula a atacar José.

Diante dessa situação hipotética, assinale a afirmativa correta.

(A) Renato responderá pelos prejuízos que causar apenas se as pessoas por ele responsáveis não tiverem obrigação de fazê-lo ou não dispuserem de meios suficientes.

(B) Renato ficará isento de qualquer responsabilidade civil, mesmo que seu desafeto seja atacado por seu cachorro, em razão da sua idade.

(C) Caso Renato fosse maior de idade iria responder pelo dano causado pelo seu cachorro mesmo que tal dano fosse provocado por culpa exclusiva da vítima ou pela ocorrência de um evento de força maior.

(D) Os pais de Renato não podem ser responsabilizados civilmente pelos atos de Renato.

A: correta, pois o incapaz responde de maneira subsidiária, ou seja, apenas no caso de as pessoas por ele responsáveis não tiverem a obrigação de fazê-lo ou não dispuserem de meios suficientes (art. 928, *caput*, do CC); **B:** incorreta, pois, conforme comentário à alternativa anterior, o incapaz, no caso de as pessoas por ele responsáveis não tiverem a obrigação de fazê-lo ou não dispuserem de meios suficientes, responderá (art. 928, *caput*, do CC); **C:** incorreta, pois havendo culpa exclusiva da vítima ou força maior, o dono do animal não responde (art. 936 do CC); **D:** incorreta, pois, conforme se viu, a princípio, os responsáveis pelo incapaz (no caso, os pais) é que responderão (art. 928 do CC).

Gabarito "A"

(OAB/Exame Unificado – 2012.3.A) No dia 23 de junho de 2012, Alfredo, produtor rural, contratou a sociedade Simões Aviação Agrícola Ltda., com a finalidade de pulverizar, por via aérea, sua plantação de soja. Ocorre que a pulverização se deu de forma incorreta, ocasionando a perda integral da safra de abóbora pertencente a Nilson, vizinho lindeiro de Alfredo.

Considerando a situação hipotética e as regras de responsabilidade civil, assinale a afirmativa correta.

(A) Com base no direito brasileiro, Alfredo responderá subjetivamente pelos danos causados a Nilson e a sociedade Simões Aviação Agrícola Ltda. será responsabilizada de forma subsidiária.
(B) Alfredo e a sociedade Simões Aviação Agrícola Ltda. responderão objetiva e solidariamente pelos danos causados a Nilson.
(C) Não há lugar para a responsabilidade civil solidária entre Alfredo e a sociedade Simões Aviação Agrícola Ltda. pelos danos causados a Nilson, dada a inexistência da relação de preposição.
(D) Trata-se de responsabilidade civil objetiva, em que a sociedade Simões Aviação Agrícola Ltda. é o responsável principal pela reparação dos danos, enquanto Alfredo é responsável subsidiário.

A: incorreta, pois a atividade desenvolvida pela empresa de pulverização implica, por natureza, risco para os direitos de outrem, de modo que se tem responsabilidade objetiva, nos termos do art. 927, parágrafo único, do CC; o caso também pode ser enquadrado no art. 51 da Lei 12.305/2010; como patrocinador do serviço de pulverização, Alfredo também responderá da mesma forma, e de modo solidário (art. 942, *caput*, do CC); **B:** correta, nos termos do comentário à alternativa "A"; **C:** incorreta, pois, como tomador do serviço da empresa, Alfredo responde solidariamente (art. 942, *caput*, do CC); **D:** incorreta, pois há solidariedade entre a empresa e Alfredo (art. 942, *caput*, do CC).

Gabarito "B".

(OAB/Exame Unificado – 2012.2) João dirigia seu veículo respeitando todas as normas de trânsito, com velocidade inferior à permitida para o local, quando um bêbado atravessou a rua, sem observar as condições de tráfego. João não teve condições de frear o veículo ou desviar-se dele, atingindo-o e causando-lhe graves ferimentos. A partir do caso apresentado, assinale a afirmativa correta.

(A) Houve responsabilidade civil, devendo João ser considerado culpado por sua conduta.
(B) Faltou um dos elementos da responsabilidade civil, qual seja, a conduta humana, não ficando configurada a responsabilidade civil.
(C) Inexistiu um dos requisitos essenciais para caracterizar a responsabilidade civil: o dano indenizável e, por isso, não deve ser responsabilizado.
(D) Houve rompimento do nexo de causalidade, em razão da conduta da vítima, não restando configurada a responsabilidade civil.

A: incorreta, pois há excludente de responsabilidade consistente na culpa exclusiva da vítima; **B:** incorreta, pois, apesar de não configurada a responsabilidade civil, há sim conduta de João, consistente em dirigir seu veículo; porém, além da conduta e do dano, é necessário o nexo de causalidade, inexistente por conta da existência de culpa exclusiva da vítima; **C:** incorreta, pois há sim dano indenizável, tendo em vista os graves ferimentos; porém, conforme se viu, não basta haver conduta e dano indenizável, sendo necessário também nexo de causalidade entre a primeira e o segundo; **D:** correta, pois houve rompimento do nexo de causalidade em razão da culpa exclusiva da vítima, de modo a não configurar a responsabilidade civil.

Gabarito "D".

(OAB/Exame Unificado – 2012.1) Em relação à responsabilidade civil, assinale a alternativa correta.

(A) A responsabilidade civil objetiva indireta é aquela decorrente de ato praticado por animais.
(B) O Código Civil prevê expressamente como excludente do dever de indenizar os danos causados por animais, a culpa exclusiva da vítima e a força maior.
(C) Empresa locadora de veículos responde, civil e subsidiariamente, com o locatário, pelos danos por este causados a terceiro, no uso do carro alugado.
(D) Na ação de indenização por dano moral, a condenação em montante inferior ao postulado na inicial implica em sucumbência recíproca.

A: incorreta, pois é a responsabilidade pela reparação de dano de terceira *pessoa*, e não de um *animal*; um exemplo é a responsabilidade dos pais pelos atos de seus filhos menores; **B:** correta (art. 936, parte final, do CC); **C:** incorreta, pois a responsabilidade da locadora, no caso, não é subsidiária, mas solidária (Súmula STF 492); **D:** incorreta, pois, de acordo com a Súmula STJ 326, "na ação de indenização por dano moral, a condenação em montante inferior ao postulado na inicial NÃO implica sucumbência recíproca" (g.n.).

Gabarito "B".

(OAB/Exame Unificado – 2011.3.B) A sociedade de transporte de valores "Transporte Blindado Ltda.", na noite do dia 22/7/11, teve seu veículo atingido por tiros de fuzil disparados por um franco atirador. Em virtude da ação criminosa, o motorista do carro forte perdeu o controle da direção e atingiu frontalmente Rodrigo Cerdeira, estudante de Farmácia, que estava no abrigo do ponto de ônibus em frente à Universidade onde estuda. Devido ao atropelamento, Rodrigo permaneceu por sete dias na UTI, mas não resistiu aos ferimentos e veio a óbito. Com base no fato narrado, assinale a assertiva correta.

(A) Configura-se hipótese de responsabilidade civil objetiva da empresa proprietária do carro forte com base na teoria do risco proveito, decorrente do risco da atividade desenvolvida.
(B) Não há na hipótese em apreço a configuração da responsabilidade civil da empresa de transporte de valores, uma vez que presente a culpa exclusiva de terceiro, qual seja, do franco atirador.
(C) Não há na hipótese a configuração da responsabilidade civil da empresa proprietária do carro forte, uma vez que presente a ausência de culpa do motorista do carro forte.
(D) Configura-se hipótese de responsabilidade civil objetiva da empresa proprietária do carro forte com base na teoria do empreendimento.

A: correta; segundo o art. 927, parágrafo único, do CC, configura-se responsabilidade objetiva quando a atividade normalmente desenvolvida pelo autor do dano implicar, por sua natureza, risco para os direitos de outrem; repare que no texto legal o nexo de causalidade é mitigado pela expressão "implicar" (menos forte que a expressão "causar"); no caso em tela tem-se uma transportadora de valores, que, como é cediço, exerce atividade de risco, sendo certo que, no caso concreto, essa atividade de risco acabou por implicar em dano a terceiro, já que atraiu roubador, que, com seus tiros de fuzil, acabou por ser fator decisivo no atropelamento de Rodrigo Cerdeira, que não tinha nada a ver com a atividade de risco da empresa de transporte de valores; assim, aplica-se a teoria do risco proveito, de modo a configurar responsabilidade objetiva da empresa proprietária do carro forte; **B:** incorreta, pois, conforme se viu, aplica-se o art. 927, parágrafo único, do CC, em que há mitigação do nexo de causalidade, ocorrendo responsabilidade objetiva da pessoa que desenvolve atividade de risco mesmo quando há terceiros agindo com culpa no caso; nesse sentido, vale citar o Enunciado CJF 38, que demonstra a finalidade da norma: "A responsabilidade fundada no risco da atividade, como prevista na segunda parte do parágrafo único do art. 927 do novo Código Civil, configura-se quando a atividade normalmente desenvolvida pelo autor do dano causar a pessoa determinada um ônus maior do que aos demais membros da coletividade"; **C:** incorreta, por conta da aplicação do art. 927, parágrafo único, do CC, que não requer o elemento culpa para a configuração da responsabilidade; **D:** incorreta, pois a teoria que decorre do art. 927, parágrafo único, do CC é a teoria do risco proveito, e não a teoria do empreendimento.

Gabarito "A"

(OAB/Exame Unificado – 2011.3.A) Mirtes gosta de decorar a janela de sua sala com vasos de plantas. A síndica do prédio em que Mirtes mora já advertiu a moradora do risco de queda dos vasos e de possível dano aos transeuntes e moradores do prédio. Num dia de forte ventania, os vasos de Mirtes caíram sobre os carros estacionados na rua, causando sérios prejuízos. Nesse caso, é correto afirmar que Mirtes:

(A) poderá alegar motivo de força maior e não deverá indenizar os lesados.
(B) está isenta de responsabilidade, pois não teve a intenção de causar prejuízo.
(C) somente deverá indenizar os lesados se tiver agido dolosamente.
(D) deverá indenizar os lesados, pois é responsável pelo dano causado.

O art. 938 do CC dispõe que "aquele que habitar prédio, ou parte dele, responde pelo dano proveniente das coisas que dele caírem ou forem lançadas em lugar indevido". Repare que o dispositivo não requer o elemento culpa ou dolo para a configuração da responsabilidade. Assim, Mirtes, mesmo que demonstre que não agiu com intenção ou com culpa em sentido estrito responderá pelos danos causados. A alegação de força maior não calha, pois era possível evitar o dano, bastando que Mirtes tivesse retirado os vasos, conforme, inclusive, recomendação feita pela síndica. Danos causados por força maior são aqueles que não se consegue evitar (ex: um terremoto), o que efetivamente não foi o que aconteceu no caso em tela, em que se tinha um dano evitável. Assim, a alternativa "A" é falsa, pois não há que se falar em força maior. As alternativas "B" e "C" são falsas, pois não é necessário dolo (intenção) para a configuração da responsabilidade civil prevista no art. 938 do CC. E a alternativa "D" é verdadeira, pois essa responsabilidade está configurada nos termos do art. 938 do CC.

Gabarito "D"

(OAB/Exame Unificado – 2011.1) Jonas, maior e capaz, confiou em depósito a Silas, também maior e capaz, por instrumento particular, dois automóveis de sua propriedade para serem conservados por seis meses, estabelecendo, como remuneração, o pagamento de certa quantia em dinheiro a Silas. Findo o prazo, caberia a Silas restituir os automóveis na residência de Jonas. Na vigência do depósito, Silas decidiu, certo dia, utilizar um dos automóveis para ir ao trabalho e, quando já regressava, foi abalroado, sem culpa sua, por seu vizinho Francisco, em uma moto, amassando a porta lateral direita. Transcorrido o prazo ajustado, Silas providenciou a entrega dos dois automóveis no local estipulado. A respeito da situação narrada, é correto afirmar que Jonas:

(A) não deve pagar a Silas as despesas relativas à manutenção dos dois automóveis durante o período ajustado.
(B) deve arcar com as despesas referentes à restituição dos dois automóveis no local estipulado.
(C) poderá reter integralmente o valor da contraprestação em dinheiro devido a Silas, tendo em vista a ocorrência do acidente com um dos automóveis.
(D) deve cobrar diretamente de Francisco as despesas referentes ao conserto da porta lateral direita.

A: incorreta, pois o depositante (Jonas) é obrigado a pagar ao depositário (Silas) as despesas feitas com a coisa (art. 643 do CC); **B:** correta, pois as despesas de restituição correm por conta do depositante (Jonas); **C:** incorreta, pois não existe tal direito em favor do depositante (*vide* arts. 627 a 646); **D:** incorreta, de acordo com o gabarito oficial, porém, entendemos que está correta, pois Jonas, como proprietário do veículo danificado culposamente por Francisco, tem legitimidade para a ação indenizatória respectiva.

Gabarito "B"

(OAB/Exame Unificado – 2010.3) Ricardo, buscando evitar um atropelamento, realiza uma manobra e atinge o muro de uma casa, causando um grave prejuízo. Em relação à situação acima, é correto afirmar que Ricardo:

(A) não responderá pela reparação do dano, pois agiu em estado de necessidade.
(B) responderá pela reparação do dano, apesar de ter agido em estado de necessidade.
(C) praticou um ato ilícito e deverá reparar o dano.
(D) responderá pela reparação do dano, apesar de ter agido em legítima defesa.

Ricardo agiu em estado de necessidade, pois, diante dos dois bens jurídicos em perigo (a vida de alguém e a integridade de um muro), resolveu sacrificar a integridade do muro. Assim, incide no caso a hipótese prevista no art. 188, II, do CC, pelo qual não é ato ilícito a deterioração ou a destruição de coisa alheia, a fim de remover perigo iminente. Apesar de sua conduta não ser considerada ilícita, Ricardo deverá reparar o dano causado ao proprietário do muro. Esse é o comando previsto no art. 929 do CC.

Gabarito "B"

(OAB/Exame Unificado – 2010.1) Assinale a opção correta com relação à responsabilidade civil.

(A) O dano deve ser certo, por essa razão não é possível a indenização por dano eventual, decorrente da perda de uma chance.
(B) Tratando-se de responsabilidade subjetiva contratual, a responsabilidade do agente pode subsistir mesmo nos casos de força maior e de caso fortuito, desde que a lei não coíba a sua previsão.
(C) De acordo com o regime da responsabilidade civil traçado no Código Civil brasileiro, inexistem causas excludentes da responsabilidade civil objetiva.
(D) A extinção da punibilidade criminal sempre obsta a propositura de ação civil indenizatória.

A: incorreta. Assinala Senise Lisboa que: "O dano deve ser certo, isto é, fundado em um fato determinado. É inviável a responsabilidade civil do agente por mero dano hipotético ou eventual, pois não há como se reparar algo que pode sequer vir acontecer. Contudo, a partir do desenvolvimento dado à matéria pela jurisprudência francesa, assentou-se o entendimento de que há a possibilidade de se proceder à reparação pela chance perdida, isto é, daquilo que a vítima poderia, dentro de um critério de probabilidade, vir a obter para si, caso tivesse sido influenciada pelo agente a se conduzir de forma diversa. É a teoria da perda de uma chance, que considera que excepcionalmente torna-se possível a indenização por dano eventual" (Roberto Senise Lisboa. **Manual de direito civil**. V. 2: obrigações e responsabilidade civil. 4 ed., São Paulo: Saraiva, 2009, p. 235); **B:** correta. Assevera Senise Lisboa que: "A responsabilidade subjetiva contratual pressupõe a existência de um negócio jurídico efetivamente celebrado entre as partes. (...), Assim, na responsabilidade subjetiva contratual, podem as partes fixar a assunção da obrigação, mesmo nos casos de força maior e de caso fortuito, desde que a lei não coíba a sua previsão" (Roberto Senise Lisboa. *Op. cit.*, p. 279); **C:** incorreta. Afirma Senise Lisboa que: "As excludentes da responsabilidade objetiva não correspondem às da responsabilidade subjetiva. Nem poderia ser assim entendido, uma vez que a construção da teoria objetiva desprezou o pressuposto culpa, historicamente forjado como o elemento subjetivo do tipo civil. (...) São excludentes da responsabilidade civil objetiva: a) a culpa exclusiva da vítima; b) a culpa exclusiva de terceiros; c) a força maior; e d) o caso fortuito" (Roberto Senise Lisboa. *Op. cit.*, p. 334-5); **D:** incorreta. Assevera Senise Lisboa que: "Pouco importando se o caso é, na esfera cível, de responsabilidade subjetiva ou objetiva, cumpre observar que a sentença judicial proferida em processo criminal pode gerar efeitos, ou não, sobre o processo civil. Vigora, entre nós, o princípio da independência entre a responsabilidade civil e criminal, segundo o qual a responsabilidade civil pode ser apurada em processo próprio e distinto daquele em que se procedeu à análise da responsabilidade penal. (...). Observam-se as seguintes regras, acerca do princípio da independência de instâncias: (...) e) a extinção da punibilidade criminal não obsta a ação civil" (Roberto Senise Lisboa. *Op. cit.*, p. 339-40).

Gabarito "B"

(OAB/Exame Unificado – 2009.3) Acerca da responsabilidade civil por fato de outrem, assinale a opção correta.

(A) Em razão da inexistência de relação de preposição, empresa locadora de veículos não possui responsabilidade sobre danos que o locatário cause a terceiros no uso do carro locado.

(B) O empregador é responsável por dano causado por empregado seu, ainda que praticado com desvio de atribuição, caso o ofendido não tenha conhecimento desse desvio.

(C) O simples afastamento do filho menor da casa dos pais exime-os da responsabilidade pelos atos lesivos que ele venha a praticar.

(D) Para responsabilizar os pais por atos lesivos causados por filho menor, a vítima necessita demonstrar a culpa *in vigilando* desses pais.

A: incorreta, pois a locadora, por ser proprietária do veículo, também é responsável pelos danos causados pelo locatário (Súmula STF 492); **B:** correta, pois o art. 932, III, do CC impõe a responsabilidade do patrão por atos do empregado "no exercício do trabalho que lhe competir" ou "em razão dele", de maneira que, mesmo que o empregado haja em situação de desvio de função, desde que atue "em razão" do trabalho, o patrão responderá; enfim, o desvio de atribuição, trata-se de questão interna do empregador, que continua responsável pelos danos causados pelo empregado; **C:** incorreta, pois o afastamento dos filhos menores não pode servir como elemento descaracterizador da responsabilidade dos pais; aliás, mesmo quando os pais emancipam um filho menor, os primeiros continuam responsáveis pelos atos destes, enquanto estes não completarem 18 anos, conforme jurisprudência pacífica do STJ; **D:** incorreta, pois a responsabilidade dos pais pelos atos dos filhos é objetiva (art. 933 do CC).

Gabarito "B"

(OAB/Exame Unificado – 2009.2) De acordo com o que dispõe o Código Civil a respeito da responsabilidade civil, assinale a opção correta.

(A) Somente há responsabilidade do empregador pelos danos que seus empregados, no exercício de suas funções, causarem a terceiros, se ficar demonstrado que o empregador infringiu o dever de vigilância.

(B) O Código Civil consagra a responsabilidade civil objetiva das empresas pelos danos causados pelos produtos postos em circulação.

(C) O dono de edifício responderá pelos danos causados pela ruína do prédio, estando o lesado dispensado de provar que a ruína decorreu de falta de reparos e que a necessidade dessas reparações é manifesta.

(D) No caso de responsabilidade civil em virtude de ofensa à saúde, o ofendido não tem direito de ser indenizado das despesas dos lucros cessantes.

A: incorreta (art. 932, III, c.c. art. 933, ambos do CC); **B:** correta (art. 931 do CC); **C:** incorreta (art. 937 do CC); **D:** incorreta (art. 949 do CC).

Gabarito "B"

(OAB/Exame Unificado – 2008.3) A respeito do ato ilícito, assinale a opção correta.

(A) Ato ilícito é o que se pratica de acordo com a ordem jurídica, mas que viola direito subjetivo individual, apto a causar dano material ou moral a outrem.

(B) Todo ato lesivo é classificado como ato ilícito.

(C) Na seara da culpa extracontratual, o ofendido não precisa constituir o devedor em mora.

(D) A ilicitude do ato praticado com abuso de direito possui sempre natureza subjetiva, somente aferível a partir da comprovação da existência de culpa ou dolo.

A e **B:** incorretas (arts. 186 e 187, ambos do CC), **C:** correta (art. 398 do CC), **D:** incorreta (art. 927, parágrafo único, do CC).

Gabarito "C"

(OAB/Exame Unificado – 2008.2) Maria, menor com 14 anos de idade, filha de Henrique e Mônica, pintou flores coloridas em um carro da Polícia Rodoviária Federal que estava estacionado em frente à sua casa. O reparo do dano causado ao veículo custou R$ 5.000,00 aos cofres públicos. Considerando a situação hipotética apresentada, assinale a opção correta acerca da responsabilidade quanto ao prejuízo causado.

(A) Maria não poderá ser responsabilizada pelo prejuízo porquanto é incapaz de deveres na ordem civil.

(B) A responsabilidade civil é inafastável, por isso Maria será responsável pelo prejuízo ainda que tenha de se privar do necessário a sua sobrevivência.

(C) Os pais de Maria somente poderão ser responsabilizados pelo prejuízo caso seja provado que tiveram culpa pelo dano.

(D) Os pais de Maria responderão objetivamente pelo prejuízo se dispuserem de meios suficientes para tanto.

Arts. 932, I, c.c. 933, ambos do CC.

Gabarito "D"

(OAB/Exame Unificado – 2008.1) A respeito da responsabilidade civil, assinale a opção correta.

(A) A legítima defesa putativa é causa excludente de responsabilidade civil pelo prejuízo causado, porque o ofensor acredita encontrar-se diante de uma injusta agressão. Nesse caso, por não constituir ato ilícito, apesar de causar dano aos direitos de outrem, não acarreta o dever de indenizar.

(B) A responsabilidade civil de dono de animal pelos danos que este venha a causar a terceiros depende da comprovação de ter havido falta de vigilância ou de cuidado com o animal, sendo indiferente a culpa da vítima.

(C) O dano emergente compreende aquilo que a vítima efetivamente perdeu e o que razoavelmente deixou de ganhar com a ocorrência do fato danoso. Na reparação desse dano, procura-se fixar a sua extensão e a expectativa de lucro, objetivando-se a recomposição do patrimônio lesado.

(D) Na responsabilidade subsidiária, uma das pessoas tem o débito originário e a outra tem apenas a responsabilidade por esse débito. Por isso, existe uma preferência na ordem de excussão: primeiro, são demandados os bens do devedor; não tendo sido encontrados ou sendo eles insuficientes, inicia-se, então, a excussão de bens do responsável em caráter subsidiário, por toda a dívida.

A: incorreta (art. 188, I, do CC), somente refere como não sendo atos ilícitos a legítima defesa; **B:** incorreta (art. 936 do CC); **C:** incorreta, pois dano emergente equivale a perda efetivamente sofrida, o que deixou de ganhar equivale a lucros cessantes; **D:** correta. De fato, na obrigação subsidiária deve ser respeitada a ordem de preferência e o devedor subsidiário somente será atingido se o principal não tiver bens para garantir a dívida.

Gabarito "D"

(OAB/Exame Unificado – 2007.3) No que concerne ao ato ilícito e à responsabilidade civil, assinale a opção correta.

(A) A responsabilidade por ato de terceiro é objetiva e permite estender a obrigação de reparar o dano à pessoa diversa daquela que praticou a conduta danosa, desde que exista uma relação jurídica entre o causador do dano e o responsável pela indenização.

(B) A concorrência de culpas do agente causador do dano e da vítima por acidente de trânsito, por exemplo, no caso de colisão de veículos, acarreta a compensação dos danos, devendo cada parte suportar os prejuízos sofridos.

(C) Quando inúmeras e sucessivas causas contribuem para a produção do evento danoso, todas essas causas são consideradas como adequadas a produzir o acidente e a gerar a responsabilidade solidária para aqueles que o provocaram. Nessa situação, cabe à vítima escolher a quem imputar o dever de reparar.

(D) Os atos praticados em legítima defesa, no exercício regular de um direito ou em estado de necessidade, que provoquem danos morais ou materiais a outrem, embora sejam considerados como atos ilícitos, exoneram o causador do dano da responsabilidade pela reparação do prejuízo causado.

A: correta (art. 927, parágrafo único, do CC); **B:** incorreta (art. 945 do CC); **C:** incorreta (art. 942, parágrafo único, do CC); **D:** incorreta (art. 188, I e II, do CC).

Gabarito "A"

(OAB/Exame Unificado – 2007.2) Acerca da responsabilidade civil, assinale a opção correta.

(A) No caso de estado de necessidade decorrente de situação de perigo causada por terceiro, por se tratar de ato lícito, a pessoa lesada ou o dono da coisa danificada não pode reclamar indenização do prejuízo que sofreu.

(B) Tratando-se de vício exclusivamente de quantidade, ressalvadas as normas aplicáveis às relações de consumo, os empresários individuais e as empresas respondem objetivamente por danos causados pelos produtos postos em circulação.

(C) A responsabilidade civil decorrente do abuso do direito depende da comprovação de culpa, pois se fundamenta no critério subjetivo-finalístico.

(D) São requisitos essenciais da responsabilidade subjetiva: a prática do ato, o nexo de causalidade, o dano e o dolo ou a culpa do agente causador do dano.

A: incorreta, pois, apesar de se tratar de ato lícito, é devida indenização em favor do terceiro lesado que não seja culpado pelo perigo (art. 929 do CC); **B:** incorreta, pois o art. 931 do CC, que estabelece responsabilidade objetiva, diz respeito ao "fato do produto" (que se traduz num acidente) e não a mero "vício do produto" (problema de qualidade ou quantidade); **C:** incorreta, pois não há tal requisito no art. 187 do CC; **D:** correta (art. 186 do CC).

Gabarito "D"

(OAB/Exame Unificado – 2006.3) No que concerne à responsabilidade civil, assinale a opção correta.

(A) Para o reconhecimento da responsabilidade civil, exige-se a plena capacidade de discernimento da pessoa a quem se imputa a prática do ato danoso. Quem não pode entender o caráter ilícito de sua conduta não incorre em culpa e não pode ser responsabilizado civilmente. Portanto, pelos absolutamente incapazes respondem subsidiariamente os seus representantes legais.

(B) A responsabilidade objetiva funda-se na ideia de culpa que deve ser provada pela vítima ou na teoria do risco, isto é, orienta-se para o fato de que a criação de risco é fonte de lucro ou de comodidade para os seus criadores.

(C) Quando se compromete a conduzir um passageiro a determinado lugar sem qualquer imprevisto, o transportador assume uma obrigação de resultado e responde objetivamente pelos danos a ele causados, bem como à sua bagagem, exceto se o evento resultar de força maior.

(D) Se o credor demandar o devedor antes do vencimento da dívida ou por dívida já paga fica obrigado à repetição do indébito por valor igual ao dobro do que recebeu, mais os acréscimos legais. Nesse caso, configura-se na conduta do credor a prática de ato abusivo de direito, e ele responderá objetivamente pelos danos materiais e morais sofridos pelo devedor.

A: incorreta (arts. 928 e 932, I, do CC); **B:** incorreta. A responsabilidade objetiva é aquela que independe de conduta culposa do agente; **C:** correta (art. 734 do CC); **D:** incorreta (art. 939 do CC).

Gabarito "C"

(FGV – 2014) Em caso de responsabilidade, deverá haver o ressarcimento do prejuízo experimentado pela vítima.

A respeito da *indenização*, assinale a afirmativa correta.

(A) No caso de homicídio, a indenização consiste, apenas, na prestação de alimentos às pessoas a quem o morto os devia, levando-se em conta a duração provável da vida da vítima.

(B) Ocorrendo lesão à saúde, o ofensor indenizará o ofendido das despesas do tratamento e dos lucros cessantes até ao fim da convalescença, bem como os demais prejuízos que o ofendido prove haver sofrido.

(C) A indenização é medida pela extensão do dano e mesmo havendo excessiva desproporção entre a gravidade da culpa e o dano, o juiz não poderá reduzir, equitativamente, a indenização.

(D) Nos casos em que a vítima tiver concorrido culposamente para o evento danoso, a sua indenização será fixada tendo-se em conta apenas a extensão do dano.

(E) Caso a ofensa resulte em defeito em razão do qual o ofendido não possa exercer o seu ofício ou profissão, ou se lhe diminua a capacidade de trabalho, o prejudicado não poderá exigir que a indenização seja arbitrada e paga de uma só vez.

A: incorreta, pois ainda deverão ser indenizadas despesas com o tratamento da vítima, seu funeral e o luto da família, além de outras reparações (art. 948 "*caput*", I do CC); **B:** correta (art. 949 do CC); **C:** incorreta, pois se houver excessiva desproporção entre a gravidade da culpa e o dano, poderá o juiz reduzir, equitativamente, a indenização (art. 944, parágrafo único do CC); **D:** incorreta, pois se a vítima tiver concorrido culposamente para o evento danoso, a sua indenização será fixada tendo-se em conta a gravidade de sua culpa em confronto com a do autor do dano (art. 945 do CC); **E:** incorreta, pois o prejudicado, se preferir, poderá exigir que a indenização seja arbitrada e paga de uma só vez (art. 950, parágrafo único do CC)

Gabarito "B"

(FGV – 2010) A respeito do Código Civil Brasileiro, analise as afirmativas a seguir:

I. Adota o regime de responsabilidade subsidiária e equitativa dos incapazes.
II. Inovou, substancialmente, ao tratar da responsabilidade civil indireta.
III. Manteve a primazia da culpa como fundamento básico da responsabilidade civil.

Assinale:

(A) se somente a afirmativa I estiver correta.
(B) se somente a afirmativa II estiver correta.
(C) se somente a afirmativa III estiver correta.
(D) se somente as afirmativas I e II estiverem corretas.
(E) se somente as afirmativas I e III estiverem corretas.

I: correta, pois o incapaz só responde se os seus responsáveis não tiverem a obrigação de responder ou não dispuserem de meios suficientes (responsabilidade subsidiária), e, mesmo assim, a indenização deverá ser equitativa (responsabilidade equitativa), não tendo lugar se privar do necessário o incapaz ou as pessoas que dele dependem (art. 928, *caput* e parágrafo único, do CC); **II:** incorreta, pois a responsabilidade indireta já existia no Código Civil anterior; são casos de responsabilidade indireta a responsabilidade pelo fato de terceiros, como a responsabilidade dos pais pelos atos de seus filhos menores que estiverem em sua companhia; **III:** correta, pois a regra geral, ainda, é a responsabilidade subjetiva, fundamentada na culpa, nos termos do art. 186 do CC; porém, é bom lembrar que o atual Código Civil trouxe uma série de novas hipóteses em que a responsabilidade é objetiva, afastando-se a regra do art. 186 do CC.

Gabarito "E"

(FGV – 2011) A respeito do ato ilícito, é correto afirmar que:

(A) o Código Civil dispõe que constitui ato ilícito lesão causada à pessoa, ainda que para a remoção de perigo iminente.
(B) comete ato ilícito aquele que, mesmo por omissão voluntária, cause dano a outrem, ainda que o dano seja exclusivamente moral.
(C) não comete ato ilícito aquele que exceda manifestamente os limites impostos pelos bons costumes, desde que seja titular de um direito e o esteja exercendo.
(D) quando a destruição de coisa de outrem se der a fim de remover perigo iminente, ainda que exceda os limites do indispensável, não configurará ato ilícito.
(E) atos praticados em legítima defesa, para o Direito Civil, constituem ato ilícito, sendo exigível a reparação de eventuais danos patrimoniais decorrentes.

A: incorreta, pois, segundo o art. 188, II, do CC, não constitui ato ilícito a lesão à pessoa, a fim de remover perigo iminente, tratando-se do conhecido "estado de necessidade"; apesar de não se constituir ato ilícito esse tipo de conduta, a pessoa prejudicada, caso não tenha sido culpada pela situação de perigo, tem direito de ser indenizada pelos prejuízos sofridos (art. 929 do CC); **B:** correta (art. 186 do CC); **C:** incorreta, pois o abuso de direito é considerado ato ilícito (art. 187 do CC); **D:** incorreta, pois quando se excede os limites do indispensável para a remoção do perigo, o ato deixa de ser legítimo (lícito) e passa a ser ilícito; **E:** incorreta, pois a legítima defesa constitui ato lícito (art. 188, I, do CC), não havendo, aqui, a regra do estado de necessidade, que impõe indenização pelo dano sofrido pela vítima do ato praticado nessa condição; isso ocorre, pois a legítima defesa é autorizada em caso de injusta agressão, não sendo razoável que o agressor tenha direito à indenização a ser paga por quem age em legítima defesa.

Gabarito "B"

(FGV – 2010) Com relação à *responsabilidade civil*, analise as afirmativas a seguir.

I. A responsabilidade civil do empregador ou comitente por seus empregados, serviçais e prepostos, no exercício do trabalho que lhes competir, ou em razão dele depende de *culpa in eligendo* ou *in vigilando*, a qual é, no entanto, presumida *juris tantum*.
II. O incapaz não pode ser responsabilizado pelos prejuízos que causar, recaindo sempre o dever de indenizar apenas sobre as pessoas por ele responsáveis.
III. Mesmo tendo agido licitamente, no caso de prejuízo causado para remoção de perigo iminente, o autor do dano fica obrigado a indenizar a vítima, caso esta não seja culpada pelo perigo.

Assinale:

(A) se somente as afirmativas I e II estiverem corretas
(B) se somente as afirmativas II e III estiverem corretas.
(C) se somente as afirmativas I e III estiverem corretas.
(D) se somente a afirmativa II estiver correta
(E) se somente a afirmativa III estiver correta.

I: incorreta (art. 932, III, do CC); **II:** incorreta (art. 928, *caput*, do CC); **III:** correta (art. 929 do CC).

Gabarito "E"

(FGV – 2010) Em sede de responsabilidade civil e de acordo com o Código Civil vigente, é correto afirmar que:

(A) aquele que ressarcir o dano causado por outrem pode reaver o que houver pagado daquele por quem pagou, salvo se o causador do dano for descendente seu, capaz ou não.
(B) foi adotada a teoria do risco integral quando determina a responsabilidade civil independentemente de culpa daquele que causar danos em decorrência de atividade normalmente desenvolvida que implique, por sua natureza, risco para os direitos de outrem.
(C) o abuso de direito foi regulamentado pelo Código Civil e traduz-se em um limite ao exercício de um direito subjetivo. Entretanto, a abordagem do Código não permite que o abuso de direito dê azo à reparação civil dos danos alegadamente causados.

(D) a ação que versa sobre responsabilidade civil depende da procedência da ação criminal quanto à existência do fato e à sua autoria, na mesma medida da improcedência da ação penal por insuficiência probatória.

(E) a obrigação de indenizar e o valor dela decorrente são pautados pela justa medida do dano causado aliado ao princípio da *restitutio in integrum*.

A: incorreta (não caberá o direito a regresso no caso de o causador do dano ser descendente absoluta ou relativamente incapaz – art. 934 do CC); **B:** incorreta, pois a teoria adotada nesse caso foi subjetiva, em que há necessidade da comprovação da culpa do agente; **C:** incorreta (art. 187 do CC); **D:** incorreta (art. 935 do CC); **E:** correta (art. 944 do CC).

Gabarito "E"

(FGV – 2009) A respeito da *responsabilidade civil do empregador* ou *comitente por seus empregados, serviçais e prepostos*, é correto afirmar que:

(A) não há responsabilidade na ausência de vínculo empregatício.

(B) a responsabilidade do empregador ou comitente depende da comprovação de sua "*culpa in eligendo*" ou "*culpa in vigilando*".

(C) a responsabilidade do empregador exclui a do empregado.

(D) o empregador que ressarcir a vítima poderá reaver o que houver pago em ação contra seu empregado.

(E) não há responsabilidade quando o empregador ou comitente é pessoa física.

A: incorreta (art. 932, III, do CC); não há necessidade da existência de vínculo empregatício, mas apenas que o empregado esteja no exercício ou em razão de seu trabalho, mesmo que informal e sem vínculo; **B:** incorreta, pois a responsabilidade é objetiva (art. 933 do CC); **C:** incorreta, pois apenas se cria mais um responsável pela reparação; **D:** correta (art. 934 do CC); **E:** incorreta, pois não existe previsão legal da exclusão do empregador ou comitente pessoa física (art. 932, III, do CC).

Gabarito "D"

(FGV – 2008) A responsabilização do ato emulativo ocorre de forma:

(A) subjetiva.

(B) subjetivo-objetiva.

(C) objetiva.

(D) presumida.

(E) ficta.

Ato emulativo é aquele praticado com abuso de direito. Segundo a doutrina, esse tipo de ato ilícito importa em responsabilidade objetiva, por não haver, no art. 187 do CC, necessidade de prova de culpa ou dolo do ofensor. *Vide* Enunciado 37 do Conselho da Justiça Federal.

Gabarito "C"

(FGV – 2008) Quando a lei atribui a um sujeito de direito o dever de indenizar os danos devidos à ação culposa de outro, há:

(A) responsabilidade por simples culpa.

(B) responsabilidade complexa.

(C) responsabilidade objetiva.

(D) responsabilidade por culpa presumida.

(E) responsabilidade pelo risco.

A responsabilidade indireta ou complexa ocorre naqueles casos em que alguém responde pelo fato de outrem ou pelo fato das coisas, nos quais está presente a presunção de culpa (art. 932 do CC, por exemplo).

Gabarito "B"

(FGV – 2007) O ato emulativo enseja responsabilidade civil de cunho:

(A) culpa presumida.

(B) subjetivo.

(C) reipersecutório.

(D) real.

(E) objetivo.

Ato emulativo é aquele praticado com abuso de direito. Segundo a doutrina, esse tipo de ato ilícito importa em responsabilidade objetiva, por não haver, no art. 187 do CC, necessidade de prova de culpa ou dolo do ofensor. *Vide* Enunciado 37 do Conselho da Justiça Federal.

Gabarito "E"

5.2. DANO

(OAB/Exame Unificado – 2016.2) Maria, trabalhadora autônoma, foi atropelada por um ônibus da Viação XYZ S.A. quando atravessava movimentada rua da cidade, sofrendo traumatismo craniano. No caminho do hospital, Maria veio a falecer, deixando o marido, João, e o filho, Daniel, menor impúbere, que dela dependiam economicamente. Sobre o caso, assinale a afirmativa correta.

(A) João não poderá cobrar compensação por danos morais, em nome próprio, da Viação XYZ S.A., porque o dano direto e imediato foi causado exclusivamente a Maria.

(B) Ainda que reste comprovado que Maria atravessou a rua fora da faixa e com o sinal de pedestres fechado, tal fato em nada influenciará a responsabilidade da Viação XYZ S.A..

(C) João poderá cobrar pensão alimentícia apenas em nome de Daniel, por se tratar de pessoa incapaz.

(D) Daniel poderá cobrar pensão alimentícia da Viação XYZ S.A., ainda que não reste comprovado que Maria exercia atividade laborativa, se preenchido o critério da necessidade.

A: incorreta, pois a indenização por dano moral é devida em favor dos parentes próximos da vítima fatal de um atropelamento de responsabilidade de alguém; **B:** incorreta, pois se a culpa for exclusiva de Maria, a empresa não responderá; e se a culpa da empresa for concorrente com a culpa de Maria a empresa pagará indenização em valor reduzido (art. 945 do CC); **C:** incorreta, pois a lei é clara no sentido de que todos os dependentes da vítima de um homicídio (art. 948 do CC); **D:** correta, nos termos do art. 948 do CC.

Gabarito "D"

(OAB/Exame Unificado – 2011.2) João trafegava com seu veículo com velocidade incompatível para o local e avançou o sinal vermelho. José, que atravessava normalmente na faixa de pedestre, foi atropelado por João, sofrendo vários ferimentos. Para se recuperar, José, trabalhador autônomo, teve que ficar internado por 10 dias, sem possibilidade de trabalhar, além de ter ficado com várias cicatrizes no corpo. Em virtude do ocorrido, José ajuizou ação, pleiteando danos morais, estéticos e materiais. Com base na situação acima, assinale a alternativa correta.

(A) José terá direito apenas ao dano moral, em razão do sofrimento, e ao dano estético, em razão das cicatrizes. Quanto ao tempo em que ficou sem trabalhar, isso se traduz em lucros cessantes, que não foram pedidos, não podendo ser concedidos.

(B) José não poderá receber a indenização na forma pleiteada, já que o dano moral e o dano estético são inacumuláveis. Assim, terá direito apenas ao dano moral, em razão do sofrimento e das cicatrizes, e ao dano material, em razão do tempo que ficou sem trabalhar.

(C) José terá direito a receber a indenização na forma pleiteada: o dano moral em razão das lesões e do sofrimento por ele sentido, o dano material em virtude do tempo que ficou sem trabalhar e o dano estético em razão das cicatrizes com que ficou.

(D) José terá direito apenas ao dano moral, já que o tempo que ficou sem trabalhar é considerado lucros cessantes, os quais não foram expressamente requeridos, e não podem ser concedidos. Quanto ao dano estético, esse é inacumulável com o dano moral, já estando incluído neste.

O STJ é pacífico no sentido de que é plenamente possível cumular indenização por danos materiais, danos morais e danos estéticos. A Súmula 37 do STJ dispõe que é possível cumular indenização por dano material com indenização por dano moral. E a Súmula 387, do mesmo STJ, dispõe que é possível cumular indenização por dano moral com indenização por dano estético. No caso, houve danos materiais (impossibilidade de trabalhar), danos morais (sofrimento) e danos estéticos (cicatrizes no corpo), de maneira que a alternativa "C" é a única correta.

Gabarito "C".

(OAB/Exame Unificado – 2009.1) Em virtude de acidente de trânsito ocorrido em 10/1/2006, um indivíduo foi condenado a pena privativa de liberdade, tendo a sentença penal transitado em julgado em 15/2/2009. Nessa situação hipotética,

I. é possível a vítima cumular as indenizações por danos morais e materiais, conforme jurisprudência do STJ.

II. a vítima do acidente pode ajuizar ação reparatória civil pelos danos sofridos, visto que sua pretensão ainda não está prescrita.

III. a pretensão de reparação civil prescreve em três 3 (três) anos.

IV. o indivíduo culpado pelo acidente e a vítima podem, antes de decorrida a prescrição, pactuar que o prazo prescricional para a pretensão civil seja de 5 (cinco) anos.

Estão certos apenas os itens:

(A) I, II e III.
(B) I, II e IV.
(C) I, III e IV.
(D) II, III e IV.

I: correta (Súmula 37 do STJ); **II:** correta (art. 200 do CC); **III:** correta (art. 206, § 3.º, V, do CC); **IV:** incorreta (art. 192 do CC).

Gabarito "A".

(OAB/Exame Unificado – 2008.3) Assinale a opção correta acerca da responsabilidade civil.

(A) Em razão da natureza do dever violado, a culpa poderá ser contratual ou extracontratual.

(B) Considera-se dano moral direto a lesão a interesse tendente à satisfação ou a gozo de bem jurídico patrimonial que produza depreciação a um bem extrapatrimonial.

(C) Dano moral é a lesão de interesses exclusivamente patrimoniais de pessoas naturais ou jurídicas provocada pelo fato lesivo.

(D) Só subsiste a imputabilidade se presente o nexo causal.

A: correta, vale salientar que a culpa contratual é presumida, ao passo que a culpa decorrente do dever genérico de não causar dano a alguém deve ser provada como regra; **B:** incorreta, pois dano moral direto é o dano causado à própria vítima da agressão (por exemplo, àquele que é atropelado), ao passo que dano moral indireto é aquele causado às pessoas próximas da vítima de uma agressão, como familiares, amigos e outros; **C:** incorreta, pois dano moral consiste na lesão a interesses imateriais não patrimoniais, tais como à honra, à imagem, à autoestima etc.; **D:** incorreta, pois não se deve confundir a imputabilidade com o nexo causal, pois a primeira diz respeito aos elementos subjetivos necessários à responsabilização, ao passo que o segundo, aos elementos objetivos, sendo perfeitamente possível a imputabilidade (culpa) sem o nexo causal.

Gabarito "A".

(OAB/Exame Unificado – 2006.1) A respeito da responsabilidade civil, assinale a opção correta.

(A) A fixação judicial do valor da indenização a título de danos morais está vinculada estritamente ao valor do prejuízo efetivamente experimentado e demonstrado pela vítima. Para a adequada fixação do dano moral, há de se levar em conta o poder econômico das partes e o caráter educativo da sanção.

(B) Não se admite a cumulação de indenização por danos morais e estéticos, em parcelas quantificáveis autonomamente, decorrentes do mesmo fato, por configurar um indevido *bis in idem* (duas vezes sobre a mesma coisa), porque no dano estético está compreendido o dano moral.

(C) Contratada a realização de uma cirurgia estética embelezadora, o cirurgião assume uma obrigação de resultado, sujeitando-se à obrigação de indenizar pelo não cumprimento do resultado pretendido pela outra parte contratante, ou decorrente de eventual deformidade ou de alguma irregularidade, de modo que o insucesso importa em responsabilidade civil pelos danos materiais e morais que acarretar.

(D) Se a vítima tiver concorrido culposamente para o evento danoso, desaparece a responsabilidade do agente causador, deixando de existir a relação de causa e efeito entre o ato e o prejuízo experimentado pela vítima.

A: incorreta, pois há uma série de outros critérios que informam a fixação do valor do dano moral, tais como reflexos sociais e pessoais da ação, possibilidade de superação física ou psicológica, extensão e duração dos efeitos da ofensa, situação social dos envolvidos, grau de culpa ou dolo, dentre outros; **B:** incorreta, pois a jurisprudência tem entendido o contrário, ou seja, que é perfeitamente cumulável o dano moral com o dano estético (Súmula 387 do STJ); **C:** correta (arts. 949 a 951 do CC); **D:** incorreta, pois, nesse caso, a responsabilidade permanece, havendo reflexos apenas quanto ao valor indenizatório (art. 945 do CC).

Gabarito "C".

(OAB/Exame Unificado – 2004.ES) Acerca da responsabilidade civil, assinale a opção correta.

(A) Se houve o dano, mas a sua causa não está relacionada com a conduta do agente, não há relação de causalidade nem obrigação de indenizar.

(B) Dano emergente compreende aquilo que a vítima efetivamente perdeu e o que razoavelmente deixou de ganhar com a ocorrência do fato danoso.
(C) O ato praticado com abuso de direito, mesmo se não houver causado dano à vítima ou ao seu patrimônio, resulta em dever de indenizar em virtude da violação a um dever de conduta.
(D) O dano patrimonial atinge os bens jurídicos que integram o patrimônio da vítima. Por patrimônio deve-se entender o conjunto das relações jurídicas de uma pessoa apreciáveis em dinheiro, bem como aqueles direitos integrantes da personalidade de uma pessoa.

A: correta (art. 927 do CC); **B:** incorreta. Dano emergente equivale à perda efetivamente sofrida, o que deixou de ganhar equivale a lucros cessantes; **C:** incorreta. Requisito do dever de indenizar é o dano causado à vítima (art. 927 do CC); **D:** incorreta. Os direitos da personalidade não compõem o patrimônio.

Gabarito "A"

(FGV - 2008) A principal função da responsabilidade civil é:

(A) sancionatória.
(B) punitiva.
(C) retributiva.
(D) educativa.
(E) compensatória.

De fato, como consta do art. 927 do CC, aquele que causa dano a outrem deverá repará-lo, ou seja, compensar o dano que causou. Essa é a principal função.

Gabarito "E"

(FGV - 2007) Os juros de mora, em caso de ilícito relativo líquido, tem como termo inicial:

(A) o trânsito em julgado da decisão.
(B) a data do fato.
(C) a distribuição do feito.
(D) a data da citação.
(E) a apresentação da contestação.

Art. 405 do CC.

Gabarito "D"

(FGV - 2004) O pedido de reparação de danos por ato ilícito (Código Civil, art. 186) pode ser:

(A) indeterminado
(B) alternativo
(C) condicional
(D) ilíquido
(E) incerto

Art. 946 do CC.

Gabarito "D"

6. COISAS

6.1. POSSE

(OAB/Exame Unificado - 2015.1) Mediante o emprego de violência, Mélvio esbulhou a posse da Fazenda Vila Feliz. A vítima do esbulho, Cassandra, ajuizou ação de reintegração de posse em face de Mélvio após um ano e meio, o que impediu a concessão de medida liminar em seu favor. Passados dois anos desde a invasão, Mélvio teve que trocar o telhado da casa situada na fazenda, pois estava danificado. Passados cinco anos desde a referida obra, a ação de reintegração de posse transitou em julgado e, na ocasião, o telhado colocado por Mélvio já se encontrava severamente danificado. Diante de sua derrota, Mélvio argumentou que faria jus ao direito de retenção pelas benfeitorias erigidas, exigindo que Cassandra o reembolsasse. A respeito do pleito de Mélvio, assinale a afirmativa correta.

(A) Mélvio não faz jus ao direito de retenção por benfeitorias, pois sua posse é de má-fé e as benfeitorias, ainda que necessárias, não devem ser indenizadas, porque não mais existiam quando a ação de reintegração de posse transitou em julgado.
(B) Mélvio é possuidor de boa-fé, fazendo jus ao direito de retenção por benfeitorias e devendo ser indenizado por Cassandra com base no valor delas.
(C) Mélvio é possuidor de má-fé, não fazendo jus ao direito de retenção por benfeitorias, mas deve ser indenizado por Cassandra com base no valor delas.
(D) Mélvio é possuidor de má-fé, fazendo jus ao direito de retenção por benfeitorias e devendo ser indenizado pelo valor atual delas.

A: correta; Mélvio e possuidor de má-fé, e, assim, não tem direito à indenização por benfeitorias, salvo as necessárias, mas sem direito a retenção neste caso (art. 1.220 do CC); na hipótese narrada, tem-se benfeitoria necessária, porém, seja porque não existem mais, seja porque ainda que existissem não dão direito de retenção da coisa enquanto não paga a indenização, não há que se falar em direito de retenção no caso presente; **B:** incorreta; Melvio é possuidor de má-fé, pois sabia que não tinha direitos sobre a coisa quando a invadiu; **C** e **D:** incorretas; pois, como se viu, Melvio não terá direito direito a qualquer indenização no caso concreto.

Gabarito "A"

(OAB/Exame Unificado - 2014.3) Com a ajuda de homens armados, Francisco invade determinada fazenda e expulsa dali os funcionários de Gabriel, dono da propriedade. Uma vez na posse do imóvel, Francisco decide dar continuidade às atividades agrícolas que vinham sendo ali desenvolvidas (plantio de soja e de feijão). Três anos após a invasão, Gabriel consegue, pela via judicial, ser reintegrado na posse da fazenda.

Quanto aos frutos colhidos por Francisco durante o período em que permaneceu na posse da fazenda, assinale a afirmativa correta.

(A) Francisco deve restituir a Gabriel todos os frutos colhidos e percebidos, mas tem direito de ser ressarcido pelas despesas de produção e custeio.
(B) Francisco tem direito aos frutos percebidos durante o período em que permaneceu na fazenda.
(C) Francisco tem direito à metade dos frutos colhidos, devendo restituir a outra metade a Gabriel.
(D) Francisco deve restituir a Gabriel todos os frutos colhidos e percebidos, e não tem direito de ser ressarcido pelas despesas de produção e custeio.

A: correta; de acordo com o art. 1.216 do CC, o possuidor de má-fé (que é o que temos no caso presente, pois era alguém que sabia que não tinha direitos sobre a coisa) responde por todos os frutos colhidos e percebidos, bem como pelos que, por culpa sua, deixou de perceber, desde o momento em que se constituiu de má-fé; todavia, esse possuidor, ainda que de má-fé, tem, segundo a lei, direito às despesas da produção e custeio, de modo a não haver enriquecimento sem causa do legítimo possuidor da coisa; assim, a alternativa em questão está correta; **B** e **C:** incorretas, pois, de acordo com o art. 1.216 do CC o possuidor de má-fé não tem direito qualquer sobre os frutos percebidos e colhidos no período; **D:** incorreta, pois, de acordo com o art. 1.216 do CC, o possuidor de má-fé tem direito às despesas da produção e custeio, de modo a não haver enriquecimento sem causa do legítimo possuidor da coisa.

Gabarito "A"

(OAB/Exame Unificado – 2012.1) Acerca do instituto da posse é correto afirmar que:

(A) o Código Civil estabeleceu um rol taxativo de posses paralelas.
(B) é admissível o interdito proibitório para a proteção do direito autoral.
(C) fâmulos da posse são aqueles que exercitam atos de posse em nome próprio.
(D) a composse é uma situação que se verifica na comunhão *pro indiviso*, do qual cada possuidor conta com uma fração ideal sobre a posse.

A: incorreta; há posses paralelas quando coexistem posses indiretas (daqueles que cedem a posse – ex: proprietários) e diretas (daqueles que recebem a posse – ex: locatários); não há rol taxativo dessas possibilidades, que podem acontecer em relação a inúmeras pessoas ao mesmo tempo e também a inúmeros negócios decorrentes de direitos reais (rol taxativo – ex: usufruto, uso e habitação) e de direitos pessoais, cujo rol não é taxativo (art. 1.197 do CC); **B:** incorreta, pois, segundo a Súmula STJ 228, "é inadmissível o interdito proibitório para a proteção do direito autoral"; **C:** incorreta, pois os fâmulos da posse são aqueles que exercem atos de posse em nome alheio, como é o caso dos caseiros; tem-se, no caso, a figura do *detentor*, e não do *possuidor* (art. 1.198, *caput*, do CC); **D:** correta (art. 1.199 do CC).

Gabarito "D"

(OAB/Exame Unificado – 2010.2) Sobre o constituto possessório, assinale a alternativa correta.

(A) Trata-se de modo originário de aquisição da propriedade.
(B) Trata-se do modo originário de aquisição da posse.
(C) Representa uma tradição ficta.
(D) É imprescindível para que se opere a transferência da posse aos herdeiros na sucessão universal.

Constituto possessório caracteriza-se quando *um possuidor em nome próprio passa a ter a coisa em nome de outro, mudando o caráter de sua posse*. É o caso do dono que venda a coisa e passa a nela ficar como locatário ou comodatário. O constituto possessório é uma forma de aquisição de posse do tipo *derivada* (e não *originária*), pois a nova posse guarda vínculo com a posse anterior, de modo que não estão corretas as alternativas "A" e "B". Trata-se, na verdade, de uma *tradição ficta*, pois a coisa é entregue (tradição) para quem já estava com ela (ficta).

Gabarito "C"

(OAB/Exame Unificado – 2009.3) No que se refere aos institutos da posse e da propriedade, assinale a opção correta.

(A) Ao possuidor de má-fé serão ressarcidas somente as benfeitorias necessárias e úteis, não lhe assistindo o direito de retenção pela importância das benfeitorias necessárias.
(B) Caracteriza usucapião a posse, por 5 (cinco) anos, de coisa móvel, desde que comprovada a boa-fé do possuidor.
(C) Aquele que semeia, planta ou edifica em terreno alheio perde, em proveito do proprietário, as sementes, plantas e construções, com direito a indenização se procede de boa-fé.
(D) A posse direta, de pessoa que tem a coisa em seu poder, temporariamente, em virtude de direito pessoal, ou real, anula a indireta, de quem aquela foi havida.

A: incorreta. Esse possuidor somente tem direito de ver ressarcidas as benfeitorias necessárias (art. 1.220 do CC); **B:** incorreta (art. 1.260 do CC); **C:** correta (art. 1.255 do CC); **D:** incorreta (art. 1.197 do CC).

Gabarito "C"

(OAB/Exame Unificado – 2009.1) Quanto ao instituto da posse, a lei civil estabelece que:

(A) a posse pode ser adquirida por terceiro sem mandato, independentemente de ratificação do favorecido.
(B) o possuidor de má-fé tem direito à indenização pelas benfeitorias necessárias, assistindo-lhe o direito de retenção pela importância destas.
(C) é assegurado ao possuidor de boa-fé o direito à indenização pelas benfeitorias necessárias e úteis. Quanto às voluptuárias, estas, se não forem pagas, poderão ser levantadas, desde que não prejudiquem a coisa.
(D) obsta à manutenção ou à reintegração da posse a alegação de propriedade, ou de outro direito sobre a coisa.

A: incorreta (art. 1.205, II, do CC); **B:** incorreta (art. 1.220 do CC); **C:** correta (art. 1.219 do CC); **D:** incorreta (art. 1.210, § 2.º, do CC).

Gabarito "C"

(OAB/Exame Unificado – 2008.3) A respeito da posse, assinale a opção correta.

(A) A posse direta não anula a indireta; portanto, o possuidor direto poderá defender a sua posse, ainda que seja contra o possuidor indireto.
(B) A posse de boa-fé só perde esse caráter quando do trânsito em julgado da sentença proferida em ação possessória.
(C) Sendo possuidor todo aquele que tem de fato o exercício, pleno ou não, de algum dos poderes inerentes à propriedade, não é possível adquirir posse mediante representação.
(D) O possuidor pode intentar ação de esbulho contra quem tenha praticado tal ato, mas não pode intentá-la contra o terceiro que tenha recebido a coisa esbulhada, ainda sabendo que o era, por não ser o terceiro uma parte legítima para figurar no polo passivo da demanda.

A: correta (art. 1.197 do CC); **B:** incorreta (art. 1.202 do CC); **C:** incorreta (art. 1.205, I, do CC); **D:** incorreta (art. 1.212 do CC).

Gabarito "A"

(OAB/Exame Unificado – 2008.2) A posse exercida com *animus domini*, mansa, pacífica, ininterrupta e justa, durante o lapso de tempo necessário à aquisição da propriedade, é denominada posse:

(A) *Ad interdicta.*
(B) *Ad usucapionem.*
(C) *Pro diviso.*
(D) *Pro indiviso.*

Art. 1.238 do CC.

Gabarito "B"

(OAB/Exame Unificado – 2008.2) Em 2/7/2008, Renato teve de desocupar sua casa, que fora invadida por Glauber e Walter. Duas semanas após o fato, Renato procurou um advogado para se informar a respeito da providência jurídica que poderia ser adotada nessa situação. Com base no que dispõe o atual Código Civil, é correto afirmar que Renato, na situação hipotética apresentada,

(A) deve pleitear a manutenção da posse, em razão do tempo ocorrido desde a turbação.
(B) tem direito à reintegração da posse, por tratar-se de esbulho.
(C) tem direito de requerer medida assecuratória ante a violência iminente.
(D) pode utilizar-se do desforço imediato para defesa da sua posse.

Art. 1.210 do CC.
Gabarito "B"

(OAB/Exame Unificado – 2007.3) A respeito da posse e da proteção possessória, assinale a opção correta.

(A) A posse natural é um direito real de aquisição da propriedade de bens móveis e imóveis. Para a obtenção dessa posse, exige-se o exercício de poderes de fato sobre a coisa.
(B) Na ação de reintegração de posse, a procedência do pedido fica condicionada à efetiva comprovação da posse, do esbulho praticado pelo réu e da perda da posse. Exige-se, ainda, a demonstração da data do esbulho, para que seja definido o rito pelo qual deverá tramitar o processo.
(C) A ação possessória tem natureza dúplice, mesmo que o réu não demande, na contestação, proteção possessória nem indenização por benfeitorias erigidas na coisa. Nessas ações, admite-se a conversão de uma possessória em outra, ou, ainda, em petitória.
(D) O possuidor de má-fé tem direito à retenção da coisa alheia até ser indenizado pelas benfeitorias necessárias e melhorias implementadas, tais como plantações ou construções.

A: incorreta. O art. 1.225 do CC elenca os direitos reais; **B:** correta (art. 927 do antigo CPC; art. 561 do Novo CPC); **C:** incorreta. Na ação dúplice o réu deve, na contestação, deduzir expressamente o pedido contraposto (art. 922 do CPC; art. 556 do Novo CPC); **D:** incorreta (art. 1.219 do CC).
Gabarito "B"

(OAB/Exame Unificado – 2007.3) A respeito do direito das coisas, assinale a opção correta.

(A) A posse precária adquirida pelo *de cujus* perde esse caráter quando transmitida *causa mortis* aos seus sucessores, desde que estes estejam de boa-fé.
(B) O possuidor de má-fé tem direito de ser ressarcido apenas pelas benfeitorias necessárias, assistindo-lhe direito de retenção pelo valor atualizado ou pelo custo da benfeitoria.
(C) Aquele que, de boa-fé, edifica em terreno alheio adquire a propriedade do solo desde que o valor da construção exceda consideravelmente o valor do terreno e haja pagamento de indenização ao proprietário, cujo valor deve ser fixado judicialmente ou por acordo.
(D) A servidão de passagem somente pode ser estabelecida entre dois imóveis pertencentes ou não aos mesmos proprietários, sendo um deles, o dominante, encravado.

A: incorreta (art. 1.203 do CC); **B:** incorreta (art. 1.220 do CC); **C:** correta (art. 1.255, parágrafo único, do CC); **D:** incorreta (art. 1.389, I, do CC).
Gabarito "C"

(OAB/Exame Unificado – 2007.2) Tendo em vista o que dispõe o Código Civil a respeito de posse, julgue os itens seguintes.

I. Dá-se o constituto possessório quando o possuidor transfere a posse a outrem, mas mantém-se como detentor direto da coisa.
II. Constitui efeito da posse a autodefesa do possuidor no caso de turbação ou esbulho.
III. O possuidor de má-fé deve indenizar o reivindicante pelos prejuízos decorrentes de perda ou deterioração do bem, ainda que acidentais, salvo se provar que a perda ou deterioração ocorreria de qualquer modo, mesmo que estivesse o bem em poder do reivindicante.
IV. É admissível a oposição de embargos de terceiro fundados em alegação de posse advinda do compromisso de compra e venda de imóvel, ainda que desprovido do registro.

Assinale a opção correta.

(A) Apenas os itens I e II estão certos.
(B) Apenas os itens I e III estão certos.
(C) Apenas os itens II e IV estão certos.
(D) Todos os itens estão certos.

I: correta. O constituto possessório nada mais é do que forma de tradição ficta da posse; **II:** correta (art. 1.210 do CC); **III:** correta (art. 1.218 do CC); **IV:** correta (art. 1.046 do CPC; art. 674 do Novo CPC).
Gabarito "D"

(OAB/Exame Unificado – 2006.1) Acerca da posse e da propriedade, assinale a opção correta.

(A) Considere-se que Antônio vende a Carlos a casa em que reside e de que é proprietário, ficando convencionado que Antônio permanecerá no imóvel, como locatário. Nesse caso, trata-se de aquisição da posse mediante o constituto possessório.
(B) Ao possuidor de má-fé é assegurado o direito à indenização das benfeitorias necessárias e das úteis, bem como o direito de retenção.
(C) O convalescimento da posse adquirida de forma violenta, clandestina ou precária é permitido pela cessação da violência ou da clandestinidade e pelo decurso de ano e dia.
(D) Se um imóvel em condomínio residencial for adquirido por arrematação, o adquirente não responde, perante o condomínio, pelos encargos condominiais em atraso e incidentes sobre o imóvel arrematado, por serem dívidas anteriores à alienação.

A: correta (art. 1.267, parágrafo único, do CC); **B:** incorreta (art. 1.220 do CC); **C:** incorreta (art. 1.203 do CC); **D:** incorreta (art. 1.345 do CC).
Gabarito "A"

(FGV – 2011) Nos termos do Código Civil, possuidor é todo aquele que exerce de fato alguns poderes inerentes à propriedade. A esse respeito, assinale a alternativa correta.

(A) A posse é considerada, ainda que clandestina, desde que não seja violenta nem precária.
(B) Por ser personalíssima, a posse não pode ser transmitida pela sucessão.
(C) A posse do imóvel não admite, em qualquer hipótese, a posse das coisas móveis que nele estiverem.
(D) A posse pode ser adquirida por terceiro que represente a pessoa que a pretenda.
(E) O possuidor, ainda que de boa-fé e mesmo que não tenha dado causa, responde pela perda ou deterioração da coisa.

A: incorreta, pois a posse só é justa se não for violenta, clandestina ou precária; **B:** incorreta (arts. 1.206 e 1.207 do CC); **C:** incorreta, pois o art. 1.209 do CC dispõe em sentido contrário; **D:** correta (art. 1.205, I, do CC); **E:** incorreta, pois, não tendo dado causa ao evento, o possuidor de boa-fé não responde pela perda ou deterioração da coisa (art. 1.217 do CC).

Gabarito "D"

(FGV – 2010) Com relação aos *efeitos da posse*, analise as afirmativas a seguir.

I. O reivindicante, obrigado a indenizar as benfeitorias ao possuidor de má-fé, tem o direito de optar entre o seu valor atual e o seu custo.
II. O possuidor de má-fé sempre responde pela perda ou deterioração da coisa.
III. O possuidor de má-fé responde por todos os frutos colhidos e percebidos, bem como pelos que, por sua culpa deixou de perceber, desde o momento em que se constituiu a má-fé, mas terá direito às despesas de produção e custeio.

Assinale:

(A) se somente a afirmativa I estiver correta.
(B) se somente a afirmativa II estiver correta.
(C) se somente as afirmativas I e III estiverem corretas.
(D) se somente as afirmativas II e III estiverem corretas.
(E) se todas as afirmativas estiverem corretas.

I: correta (art. 1.222 do CC); **II:** incorreta (art. 1.218 do CC); **III:** correta (art. 1.216 do CC).

Gabarito "C"

(FGV – 2008) Opera-se a intervenção da posse de maneira:

(A) expressa.
(B) indicativa.
(C) diferida.
(D) tácita.
(E) antecipada.

A intervenção na posse ocorre quando determinado possuidor, por inércia do proprietário, consolida o domínio do bem objeto da posse. Essa consolidação do domínio se dá de forma tácita, uma vez que não há nenhum ato expresso do proprietário.

Gabarito "D"

(FGV – 2008) Ocorrendo abertura de sucessão, e impedindo um dos coerdeiros a utilização do bem pelos demais, deverá o Espólio ajuizar ação de:

(A) imissão na posse.
(B) reivindicatória.
(C) reintegração de posse.
(D) esbulho possessório.
(E) interdito proibitório.

De fato, como os demais herdeiros nunca tiveram na posse do imóvel, a ação a ser intentada é de imissão na posse.

Gabarito "A"

(FGV – 2007) O possuidor em garantia da posse pode:

(A) abandoná-la.
(B) praticar esbulho.
(C) praticar turbação.
(D) praticar desforço pessoal.

Art. 1.210, § 1.º, do CC.

Gabarito "D"

(FGV – 2007) A posse mantém o respectivo caráter enquanto não ocorre a sua:

(A) manutenção.
(B) interdição.
(C) justaposição.
(D) inversão.
(E) restituição.

Vide art. 1.203 do CC. Por exemplo, alguém que tem a posse de um dado imóvel e tal posse, apesar de indevida, é de boa-fé, terá a posse invertida, ou seja, considerada de má-fé, no momento em que as circunstâncias revelarem que a posse é indevida, o que se dá com a notificação feita pelo legítimo possuidor ou mesmo com a citação em demanda que vise à retomada da coisa (art. 1.202 do CC). A inversão do caráter da posse tem grande relevância, pois o possuidor, enquanto estiver de boa-fé, tem certos direitos, que não mais terá no período em que tiver invertida a sua posse, para uma posse de má-fé.

Gabarito "D"

6.2. PROPRIEDADE

(OAB/Exame Unificado – 2015.3) Por meio de contrato verbal, João alugou sua bicicleta a José, que se comprometeu a pagar o aluguel mensal de R$ 100,00 (cem reais), bem como a restituir a coisa alugada ao final do sexto mês de locação. Antes de esgotado o prazo do contrato de locação, João deseja celebrar contrato de compra e venda com Otávio, de modo a transmitir imediatamente a propriedade da bicicleta. Não obstante a coisa permanecer na posse direta de José, entende-se que

(A) o adquirente Otávio, caso venda a bicicleta antes de encerrado o prazo da locação, deve obrigatoriamente depositar o preço em favor do locatário José.
(B) João não pode celebrar contrato de compra e venda da bicicleta antes de encerrado o prazo da locação celebrada com José.
(C) é possível transmitir imediatamente a propriedade para Otávio, por meio da estipulação, no contrato de compra e venda, da cessão do direito à restituição da coisa em favor de Otávio.
(D) é possível transmitir imediatamente a propriedade para Otávio, por meio da estipulação, no contrato de compra e venda, do constituto possessório em favor de Otávio.

A: incorreta, pois José não é proprietário da bicicleta, mas mero locatário desta; **B:** incorreta, pois um bem não se torna inalienável só pelo fato de estar locado a terceiro; **C:** correta; em geral, a propriedade de coisa móvel só se transfere com a tradição física da coisa; porém, a lei subentende a tradição quando o transmitente (João) cede ao adquirente

(Otávio) o direito à restituição da coisa, que se encontra na posse de terceiro (José), nos termos do art. 1.267, *caput* e parágrafo único (segunda parte), do CC; **D:** incorreta, pois subentende-se a tradição no constituto possessório quando o transmitente (João) continua a possuir, o que não se coaduna com o texto da alternativa (art. 1.267, parágrafo único (primeira parte), do CC.

Gabarito "C"

(OAB/Exame Unificado – 2014.3) No regime da Alienação Fiduciária que recai sobre bens imóveis, uma vez consolidada a propriedade em seu nome no Registro de Imóveis, o fiduciário, no prazo de trinta dias, contados da data do referido registro, deverá

(A) adjudicar o bem.

(B) vender diretamente o bem para terceiros.

(C) promover leilão público para a alienação do imóvel; não havendo arremate pelo valor de sua avaliação, realizar um segundo leilão em quinze dias.

(D) promover leilão público para a alienação do imóvel; não havendo arremate, o fiduciário adjudicará o bem.

De acordo com o art. 27 da Lei 9.514/97, uma vez consolidada a propriedade em nome do fiduciário, este, no prazo de 30 dias mencionado, promoverá **leilão público** para a alienação do imóvel. Todavia, se no primeiro público leilão o maior lance oferecido for inferior ao valor do imóvel, será realizado o segundo leilão, nos 15 dias seguintes. Nesse segundo leilão será aceito o maior lance oferecido, desde que igual ou superior ao valor da dívida, das despesas, dos prêmios de seguro, dos encargos legais, inclusive tributos, e das contribuições condominiais. Assim, estão incorretas as alternativas que falam em adjudicação do imóvel pelo fiduciário e também a que prevê a venda direta do bem para terceiros, independentemente de leilão público. E está correta alternativa que assegura que haverá leilão público e, se o caso, um segundo leilão público.

Gabarito "C"

(OAB/Exame Unificado – 2014.1) Jeremias e Antônio moram cada um em uma margem do rio Tatuapé. Com o passar do tempo, as chuvas, as estiagens e a erosão do rio alteraram a área da propriedade de cada um.

Dessa forma, Jeremias começou a se questionar sobre o tamanho atual de sua propriedade (se houve aquisição/diminuição), o que deixou Antônio enfurecido, pois nada havia feito para prejudicar Jeremias. Ao mesmo tempo, Antônio também começou a notar diferenças em seu terreno na margem do rio. Ambos questionam se não deveriam receber alguma indenização do outro.

Sobre a situação apresentada, assinale a afirmativa correta.

(A) Trata-se de aquisição por aluvião, uma vez que corresponde a acréscimos trazidos pelo rio de forma sucessiva e imperceptível, não gerando indenização a ninguém.

(B) Se for formada uma ilha no meio do rio Tatuapé, pertencerá ao proprietário do terreno de onde aquela porção de terra se deslocou.

(C) Trata-se de aquisição por avulsão e cada proprietário adquirirá a terra trazida pelo rio mediante indenização do outro ou, se ninguém tiver reclamado, após o período de um ano.

(D) Se o rio Tatuapé secar, adquirirá a propriedade da terra aquele que primeiro a tornar produtiva de alguma maneira, seja como moradia ou como área de trabalho.

A: correta (art. 1.250, *caput*, do CC); **B:** incorreta, pois se a ilha se formar no meio do rio aquela porção de terra considerar-se-á acréscimos sobrevindos aos terrenos ribeirinhos fronteiros de ambas as margens, na proporção de suas testadas, até a linha que dividir o álveo em duas partes iguais (art. 1.249, I do CC); **C:** incorreta, pois o acréscimo de terra por avulsão se dá através de forças violentas da natureza (art. 1.251, *caput*, do CC), o que não é a hipótese do caso em tela. **D:** incorreta, pois se o rio secar adquirirá a propriedade da terra os proprietários ribeirinhos das duas margens (art. 1.252 do CC), independentemente de torná-la produtiva ou usá-la para moradia.

Gabarito "A"

(OAB/Exame Unificado – 2012.2) Em janeiro de 2010, Nádia, unida estavelmente com Rômulo, após dez anos de convivência e sem que houvesse entre eles contrato escrito que disciplinasse as relações entre companheiros, abandona definitivamente o lar. Nos dois anos seguintes, Rômulo, que não é proprietário de outro imóvel urbano ou rural, continuou, ininterruptamente, sem oposição de quem quer que fosse, na posse direta e exclusiva do imóvel urbano com 200 metros quadrados, cuja propriedade dividia com Nádia e que servia de moradia do casal. Em março de 2012, Rômulo – que nunca havia ajuizado ação de usucapião, de qualquer espécie, contra quem quer que fosse – ingressou com ação de usucapião, pretendendo o reconhecimento judicial para adquirir integralmente o domínio do referido imóvel. Diante dessa situação hipotética, assinale a afirmativa correta.

(A) A pretensão de aquisição do domínio integral do imóvel por Rômulo é infundada, pois o prazo assinalado pelo Código Civil é de 10 (dez) anos.

(B) A pretensão de aquisição do domínio integral do imóvel por Rômulo é infundada, pois a hipótese de abandono do lar, embora possa caracterizar a impossibilidade da comunhão de vida, não autoriza a propositura de ação de usucapião.

(C) A pretensão de aquisição do domínio integral do imóvel por Rômulo é infundada, pois tal direito só existe para as situações em que as pessoas foram casadas sob o regime da comunhão universal de bens.

(D) A pretensão de aquisição do domínio integral do imóvel por Rômulo preenche todos os requisitos previstos no Código Civil.

Segundo o art. 1.240-A do CC, introduzido pela Lei 12.424/2011, "aquele que exercer, por 2 (dois) anos ininterruptamente e sem oposição, posse direta, com exclusividade, sobre imóvel urbano de até 250m² (duzentos e cinquenta metros quadrados) cuja propriedade divida com ex-cônjuge ou ex-companheiro que abandonou o lar, utilizando-o para sua moradia ou de sua família, adquirir-lhe-á o domínio integral, desde que não seja proprietário de outro imóvel urbano ou rural". Assim, a alternativa "A" está incorreta, pois bastam dois anos. A alternativa "B" está incorreta, pois o abandono do lar é requisito para a usucapião em tela. A alternativa "C" está incorreta, pois o dispositivo citado não faz distinção de regime de casamento. E a alternativa "D" está correta, pois, de fato, Rômulo preencheu todos os requisitos da usucapião especial urbana familiar, nos termos do art. 1.240-A do CC.

Gabarito "D"

(OAB/Exame Unificado – 2011.1) Acerca da servidão de aqueduto, assinale a alternativa correta.

(A) O proprietário do prédio serviente, ainda que devidamente indenizado pela passagem da servidão do aqueduto, poderá exigir que seja subterrânea a canalização que atravessa áreas edificadas, pátios, jardins ou quintais.

(B) Se o uso das águas não se destinar à satisfação das exigências primárias, o proprietário do aqueduto não deverá ser indenizado pela retirada das águas supérfluas aos seus interesses de consumo.

(C) O aqueduto deverá ser construído de maneira que cause o menor prejuízo aos proprietários dos imóveis vizinhos, e a expensas do seu dono, mas a quem não incumbem as despesas de conservação.

(D) Não se aplicam à servidão de aqueduto as regras pertinentes à passagem de cabos e tubulações.

A: correta (art. 1.293, § 2.º, do CC); **B:** incorreta (art. 1.296 do CC); **C:** incorreta, pois o dono deve arcar sim com as despesas de conservação (art. 1.293, § 3.º, do CC); **D:** incorreta, pois tais regras se aplicam, sim, à servidão de aqueduto (art. 1.294 do CC).

Gabarito "A"

(OAB/Exame Unificado – 2010.1) Assinale a opção correta com relação ao registro, exigido na transmissão da propriedade de bens imóveis.

(A) Realizado o registro do título translativo, este produzirá efeitos *ex tunc*, o que torna o adquirente proprietário desde a formalização do título.

(B) Sendo o registro, no âmbito do direito nacional, meio necessário para a transmissão da propriedade de bem imóvel, sua realização importa presunção absoluta de propriedade.

(C) Vendido o imóvel a duas pessoas diferentes, será válido o registro ainda que realizado pelo adquirente que possua o título de data mais recente.

(D) Se uma pessoa vender imóvel seu a outra e esta, por sua vez, o vender a terceiro, será possível, provada a regularidade dos negócios, o registro desse último título translativo sem que se registre o primeiro.

A: incorreta. "Como modo de aquisição, portanto, o registro produz efeitos *ex nunc*, jamais retroagindo à aquisição da propriedade imobiliária à época da formalização do título" (Cristiano Chaves de Farias e Nelson Rosenvald. **Direito civil e direitos reais**. Rio de Janeiro: Ed. Lumen Juris, 5. ed., 2008, p. 243); **B:** incorreta. "A força probante do registro induz presunção *juris tantum* de propriedade, produzindo todos os efeitos legais, enquanto não cancelado" (Cristiano Chaves de Farias e Nelson Rosenvald. *Op. cit.*, p. 245); **C:** correta. Quem primeiro registra é considerado o proprietário, regra que decorre do chamado princípio da preferência de registro. "Assim, se o alienante vender o imóvel a pessoas diferentes, adquiri-lo-á o primeiro que registrar, ainda que o título translativo prenotado seja de data posterior, restando ao outro adquirente tão somente ação indenizatória contra o alienante, em face do inadimplemento da obrigação de dar" (Cristiano Chaves de Farias e Nelson Rosenvald. *Op. cit.*, p. 245); **D:** incorreta. "Se o imóvel não se achar registrado em nome do alienante, não pode ser registrado em nome do adquirente, pois ninguém pode transmitir o que não lhe pertence" (Cristiano Chaves de Farias e Nelson Rosenvald. *Op. cit.*, p. 249).

Gabarito "C"

(OAB/Exame Unificado – 2008.3) O direito das coisas regula o poder do homem sobre certos bens suscetíveis de valor e os modos de sua utilização econômica. Insta acentuar que o direito das coisas não pode ser compreendido exatamente como sinônimo de direitos reais. Possui configuração mais ampla, abrangendo, além dos direitos reais propriamente ditos, capítulos destinados ao estudo da posse e aos direitos de vizinhança. Cristiano Chaves de Farias e Nelson Rosenvald. **Direitos reais**. 2.ª ed. Rio de Janeiro: Lúmen Júris, 2006 (com adaptações). Considerando as ideias do texto acima e os dispositivos do Código Civil relativos ao direito das coisas, assinale a opção correta.

(A) São elementos da relação jurídica oriunda dos direitos reais subjetivos: aquele que detém a titularidade formal do direito, a comunidade e o bem sobre o qual o titular exerce ingerência socioeconômica.

(B) Ao titular do direito real é imprescindível o uso da ação pauliana ou revocatória para recuperar a coisa em poder de terceiros, inclusive na hipótese de fraude à execução.

(C) A promessa de compra e venda registrada no respectivo cartório de registro de imóveis e a propriedade fiduciária constituem exemplos de direitos pessoais.

(D) Caracterizam-se os direitos reais pela formação de relações jurídicas de crédito entre pessoas determinadas ou determináveis, estando o credor em posição de exigir do devedor comportamento caracterizado por uma prestação de dar, fazer ou não fazer.

A: correta. De fato, um direito real tem os seguintes elementos: titular, bem e sujeitos passivos, que, no caso, são todos da comunidade por ser um direito oponível *erga omnes*; **B:** incorreta. A fraude à execução, ao contrário da fraude contra credores, dispensa a necessidade de propositura de ação para ser reconhecida; **C:** incorreta. A propriedade fiduciária é exemplo de direito real, conforme prescreve o art. 1.361 do CC; **D:** incorreta. A definição acima refere-se a direitos pessoais.

Gabarito "A"

(OAB/Exame Unificado – 2007.3) A usucapião constitui modo:

(A) originário de aquisição da propriedade.

(B) derivado de aquisição da propriedade.

(C) derivado de aquisição da posse.

(D) de celebração de contrato.

Art. 1.238 do CC.

Gabarito "A"

(OAB/Exame Unificado – 2007.3) Ocupação, especificação e comictão são modos de:

(A) Cessão de direitos de posse.

(B) Aquisição da propriedade de bens imóveis.

(C) Aquisição da propriedade de bens móveis.

(D) Perda de propriedade imaterial.

Vide arts. 1.263, 1.269 e 1.272, todos do CC. Única observação comporta a presente questão. O atual Código Civil denomina *comissão* o instituto que o Código Civil de 1916 chamava de *comistão*.

Gabarito "C"

(OAB/Exame Unificado – 2006.3) Quanto à usucapião, assinale a opção correta.

(A) Caso uma pessoa exerça com ânimo de dono a posse mansa, pacífica e ininterrupta do imóvel há 11 (onze) anos, adquirirá a sua propriedade por meio da usucapião extraordinária.

(B) Usucapião é modo originário de aquisição da propriedade e ocorre quando uma pessoa mantém a posse mansa e pacífica, por determinado espaço de tempo, de um bem, gerando, assim, a chamada prescrição aquisitiva, que lhe permite buscar, por meio de uma ação judicial, a declaração de seu domínio sobre aquele bem.

(C) A usucapião especial de imóvel localizado em área urbana possui como um dos requisitos o justo título, assim considerado o documento hábil à aquisição do domínio e a boa-fé, isto é, o desconhecimento do vício que lhe impede a aquisição do bem.

(D) Na usucapião rural, o possuidor deve ser pessoa física ou jurídica que houver estabelecido no imóvel sua moradia habitual, ou nele realizado obras ou serviços de caráter produtivo, ou seja, que retire da terra a sua subsistência ou que torne a terra produtiva com atividade agrícola, extrativa ou agroindustrial.

A: incorreta. O prazo é de 15 (quinze) anos (art. 1.238 do CC); **B:** correta (art. 1.238 do CC). A usucapião, independentemente se ordinária, especial, urbana ou rural, é modo originário de aquisição da propriedade por aquele que tem a posse sem interrupção nem oposição por determinado período de tempo e depende de sentença judicial que servirá de título para o registro; **C:** incorreta. Justo título não é requisito para a usucapião especial (art. 1.240 do CC); **D:** incorreta (art. 1.239 do CC).

Gabarito "B"

(OAB/Exame Unificado – 2006.3) Quanto à posse e à propriedade, assinale a opção correta.

(A) Ao possuidor de má-fé são assegurados os interditos possessórios, bem como o direito de retenção do bem possuído até a completa indenização pelo proprietário das benfeitorias necessárias e das úteis feitas na coisa possuída.

(B) Adquire-se a propriedade de bem móvel ou imóvel pela tradição da coisa negociada pelas partes, exigindo-se para a validade dessa aquisição que a coisa seja de propriedade do vendedor ou de terceiro por ele representado.

(C) Acessão natural é o direito em razão do qual o proprietário de um bem passa a adquirir a propriedade de tudo aquilo que nele adere. Por se tratar de modo originário de aquisição, não há transmissão e, para todos os efeitos, o histórico da propriedade inicia-se com o adquirente; portanto, esse fato jurídico não é gerador do imposto de transmissão.

(D) Na aquisição derivada da propriedade por *causa mortis*, seja bem móvel ou imóvel, a título singular ou universal, ocorre a transferência da integralidade do patrimônio que pertencia à pessoa falecida, assumindo o sucessor todas as obrigações e as dívidas pessoais do *de cujus*.

A: incorreta (art. 1.220 do CC); **B:** incorreta (art. 1.268 do CC); **C:** correta. A acessão natural se dá quando a união ou a incorporação de coisa acessória à principal advém de acontecimento natural (formação de ilhas, aluvião, avulsão e o abandono de álveo) e de fato não é fato gerador de imposto de transmissão; **D:** incorreta (art. 1.792 do CC).

Gabarito "C"

(OAB/Exame Unificado – 2006.2) Acerca do direito das coisas, assinale a opção correta.

(A) Um imóvel gravado com cláusula de inalienabilidade, por força da referida cláusula, não está sujeito a usucapião, nem pode ser objeto de posse.

(B) O dono de prédio sem acesso a via pública, nascente ou porto, pode exigir que seu vizinho lhe dê passagem. Trata-se de direito de vizinhança oneroso, pois inexiste reciprocidade em prol do dono do prédio serviente, razão pela qual tem direito de ser indenizado dos prejuízos oriundos do trânsito.

(C) Se o bem que constitui o único imóvel do espólio estiver hipotecado, cada herdeiro é responsável tão somente pelo pagamento da dívida relativa ao seu quinhão, podendo resgatar a dívida da parte que lhe cabe.

(D) A servidão é um direito real de uso. Trata-se de uma limitação recíproca ao direito de propriedade, imposta por lei a determinados prédios encravados, em razão de sua proximidade e da indivisibilidade destes com os prédios dominantes.

A: incorreta. Não existe esta restrição na lei; **B:** correta (art. 1.285 do CC); **C:** incorreta (art. 1.429 do CC); **D:** incorreta (art. 1.378 do CC).

Gabarito "B"

(FGV – 2010) Tício é filho menor, com dez anos de idade, de Mévia e de Túlio. Em 2005, Mévia veio a falecer de problemas no parto do seu filho Nero, que sobreviveu, sem sequelas de saúde. No ano de 2007, Túlio é preso, pelo crime de tráfico de substâncias entorpecentes, sendo condenado a vinte e cinco anos de prisão. O Ministério Público iniciou procedimento para determinar a perda do poder familiar do cônjuge sobrevivente que veio a ser acolhido pelo Juiz. Diante de tais fatos, houve a nomeação de tutor, no caso, Valeska, tia dos menores, pessoa sem filhos, que aquiesceu com o encargo. Os menores possuem bens, inclusive imóveis. A esse respeito, analise as afirmativas a seguir:

I. na ausência de indicação de tutor pelos pais ou em testamento, cabe ao Juiz a nomeação;

II. correta a indicação de um único tutor para os irmãos órfãos;

III. a ausência de filhos é fato impeditivo para a curatela ou motivo de escusa;

IV. ao assumir a tutela, o tutor não mais deve se reportar ao Juiz quanto aos bens do menor, que administra, livremente;

V. o tutor poderá aceitar, em nome dos tutelados, heranças ou legados, sem autorização judicial.

Assinale:

(A) se somente as afirmativas II, III, IV e V forem verdadeiras.

(B) se nenhuma afirmativa for verdadeira.

(C) se somente as afirmativas I e II forem verdadeiras.

(D) se somente as afirmativas I, II e V forem verdadeiras.

(E) se somente a afirmativa III for verdadeira.

I: verdadeira, devendo o juiz obedecer ao disposto nos arts. 1.732 e 1.733 do CC; **II:** verdadeira, pois reproduz a regra do art. 1.733 do CC; **III:** falsa, pois a ausência de filhos não serve nem como escusa para não aceitar o encargo (art. 1.736 do CC), nem torna a pessoa incapaz de assumir o encargo (art. 1.735 do CC); **IV:** falsa, pois a administração dos bens do menor é feita sob a inspeção judicial (art. 1.741 do CC); **V:** falsa, pois o tutor depende da autorização do juiz para aceitá-los (art. 1.748, II, do CC).

Gabarito "C"

(FGV – 2010) Nero, residente na rua do Bispo, n. 95, é vizinho de Tício, que reside no n. 105, da mesma rua. Nero constrói uma área de lazer, com churrasqueira e sauna, com chaminé encostada à parede divisória de sua casa com a do seu vizinho Ticio. Após cerca de seis meses de uso intenso, vez que Nero convidava os seus amigos para festividades todos os finais de semana, começaram a surgir infiltrações na parede divisória, com prejuízos para o prédio vizinho, inclusive sob risco de desabamento não iminente, mas provável. Os fatos foram comprovados por engenheiro que visitou o local e forneceu a Tício laudo detalhado sobre o ocorrido. Nero foi comunicado dos fatos e quedou-se inerte na resolução do problema, continuando a realizar seus encontros etílicos, nos finais de semana. Diante do exposto acima e à luz das regras do direito de vizinhança, analise as afirmativas a seguir:

I. os atos praticados por Nero estão albergados pelas regras legais, dado o uso regular da sua propriedade.
II. segundo as regras civis não é licito encostar à parede divisória chaminé, causando infiltrações, prejudicando o vizinho.
III. cabe a demolição da chaminé prejudicial.
IV. somente cabe a composição em perdas e danos.
V. nenhuma indenização é devida e a chaminé indicada é tida como ordinária, assim não passível de demolição.

Assinale:

(A) se somente as afirmativas III, IV e V forem verdadeiras.
(B) se somente as afirmativas I e IV forem verdadeiras.
(C) se somente as afirmativas II e III forem verdadeiras.
(D) se somente as afirmativas I, II e V forem verdadeiras.
(E) se somente a afirmativa III for verdadeira.

I: falsa, pois o caso revela verdadeiro abuso de direito, além de descumprimento do disposto no art. 1.308 do CC; **II:** verdadeira (art. 1.308 do CC); **III:** verdadeira, pois o art. 1.312 do CC estabelece que a violação das normas relativas ao direito de construir obriga à demolição das construções feitas, respondendo-se, ainda, por perdas e danos; **IV:** falsa, pois, como se viu, cabem demolição e perdas e danos; **V:** falsa, pois, como se viu, é cabível sim as perdas e danos (art. 1.312 do CC).

Gabarito "C".

(FGV – 2005) Assinale a alternativa que complete corretamente a proposição a seguir: Adquire a propriedade do imóvel, não onerosamente, aquele que, contínua e incontestadamente, com justo título e boa-fé, o possuir por ___.

(A) 10 (dez) anos
(B) 15 (quinze) anos
(C) 20 (vinte) anos
(D) 10 (dez) anos entre presentes e 15 (quinze) anos entre ausentes
(E) 15 (quinze) anos entre presentes e 20 (vinte) anos entre ausentes

Art. 1.242, *caput*, do CC.

Gabarito "A".

(FGV – 2005) Segundo o Código Civil, a aquisição por acessão não pode se dar:

(A) por avulsão.
(B) pela formação de ilhas.
(C) por aluvião.
(D) por usucapião.
(E) por plantações e construções.

As formas de aquisição por acessão estão descritas taxativamente no art. 1.248 do CC, e a usucapião não é uma delas.

Gabarito "D".

6.3. DIREITO DE VIZINHANÇA

(OAB/Exame Unificado – 2010.3) Félix e Joaquim são proprietários de casas vizinhas há 5 (cinco) anos e, de comum acordo, haviam regularmente delimitado as suas propriedades pela instalação de uma singela cerca viva. Recentemente, Félix adquiriu um cachorro e, por essa razão, o seu vizinho, Joaquim, solicitou-lhe que substituísse a cerca viva por um tapume que impedisse a entrada do cachorro em sua propriedade. Surpreso, Félix negou-se a atender ao pedido do vizinho, argumentando que o seu cachorro era adestrado e inofensivo e, por isso, jamais lhe causaria qualquer dano. Com base na situação narrada, é correto afirmar que Joaquim:

(A) poderá exigir que Félix instale o tapume, a fim de evitar que o cachorro ingresse na sua propriedade, contanto que arque com metade das despesas de instalação, cabendo a Félix arcar com a outra parte das despesas.
(B) poderá exigir que Félix instale o tapume, a fim de evitar que o cachorro ingresse em sua propriedade, cabendo a Félix arcar com as despesas de instalação, deduzindo-se desse montante metade do valor, devidamente corrigido, correspondente à cerca viva inicialmente instalada por ambos os vizinhos.
(C) poderá exigir que Félix instale o tapume, a fim de evitar que o cachorro ingresse em sua propriedade, cabendo a Félix arcar integralmente com as despesas de instalação.
(D) não poderá exigir que Félix instale o tapume, uma vez que a cerca viva fora instalada de comum acordo e demarca corretamente os limites de ambas as propriedades, cumprindo, pois, com a sua função, bem como não há indícios de que o cachorro possa vir a lhe causar danos.

O caso envolve "direito de vizinhança". A situação narrada se enquadra no disposto no art. 1.297, § 3.º, do CC, pelo qual "a construção de tapumes especiais para impedir a passagem de animais de pequeno porte, ou para outro fim, pode ser exigida do quem provocou a necessidade deles, pelo proprietário, que não está obrigado a concorrer para as despesas". Ou seja, quem provocou a necessidade (Félix, dono do cachorro) deve arcar com as despesas. Já o proprietário vizinho (Joaquim), não está obrigado a concorrer com as despesas de instalação.

Gabarito "C".

6.4. CONDOMÍNIO

(OAB/Exame Unificado – 2016.2) Vítor, Paulo e Márcia são coproprietários, em regime de condomínio pro indiviso, de uma casa, sendo cada um deles titular de parte ideal representativa de um terço (1/3) da coisa comum. Todos usam esporadicamente a casa nos finais de semana. Certo dia, ao visitar a casa, Márcia descobre um vazamento no encanamento de água. Sem perder tempo, contrata, em nome próprio, uma sociedade empreiteira para a realização da substituição do cano danificado. Pelo serviço, ficou ajustado contratualmente o pagamento de R$ 900,00 (novecentos reais). Tendo em vista os fatos expostos, assinale a afirmativa correta.

(A) A empreiteira pode cobrar a remuneração ajustada contratualmente de qualquer um dos condôminos.

(B) A empreiteira pode cobrar a remuneração ajustada contratualmente apenas de Márcia, que, por sua vez, tem direito de regresso contra os demais condôminos.
(C) A empreiteira não pode cobrar a remuneração contratualmente ajustada de Márcia ou de qualquer outro condômino, uma vez que o serviço foi contratado sem a prévia aprovação da totalidade dos condôminos.
(D) A empreiteira pode cobrar a remuneração ajustada contratualmente apenas de Márcia, que deverá suportar sozinha a despesa, sem direito de regresso contra os demais condôminos, uma vez que contratou a empreiteira sem o prévio consentimento dos demais condôminos.

A a D: somente a alternativa "B" está correta, pois, de acordo com o art. 1.318 do CC, as dívidas contraídas por um dos condôminos em proveito da comunhão, e durante ela, obrigam apenas o contratante, ou seja, a empreiteira somente poderá cobrar de Marcia; mas esta terá este ação regressiva contra os demais condôminos.
Gabarito "B"

(OAB/Exame Unificado – 2011.3.B) Timóteo e Leandro, cada qual proprietário de um apartamento no Edifício Maison, procuraram a síndica do condomínio, Leonor, a fim de solicitar que fossem deduzidas de suas contribuições condominiais as despesas referentes à manutenção do parque infantil situado no edifício. Argumentaram que, por serem os únicos condôminos sem crianças na família, não utilizam o aludido parque, cuja manutenção incrementa significativamente o valor da contribuição condominial, bem como que a convenção de condomínio nada dispõe a esse respeito. Na condição de advogado consultado por Leonor, assinale a avaliação correta do caso acima.

(A) Timóteo e Leandro podem ser temporariamente dispensados do pagamento das despesas referentes à manutenção do parque infantil, retomando-se imediatamente a cobrança caso venham a ter crianças em sua família.
(B) Timóteo e Leandro podem ser dispensados do pagamento das despesas referentes à manutenção do parque infantil, desde que declarem, por meio de escritura pública, que não utilizarão o parque infantil em caráter permanente.
(C) Leonor deverá dispensar tratamento isonômico a todos os condôminos, devendo as despesas de manutenção do parque infantil ser cobradas, ao final de cada mês, apenas daqueles condôminos que tenham efetivamente utilizado a área naquele período.
(D) Todos os condôminos, inclusive Timóteo e Leandro, devem arcar com as despesas referentes à manutenção do parque infantil, tendo em vista ser seu dever contribuir para as despesas condominiais proporcionalmente à fração ideal de seu imóvel.

Segundo o art. 1.340 do CC apenas as despesas relativas às partes comuns de uso exclusivo de um condômino ou de alguns condôminos é que podem ser atribuídas a estes. No caso em tela, Timóteo e Leandro, apesar de não usarem o parque, não estão impedidos de fazê-lo, de modo que não poderão se valer da regra do dispositivo legal mencionado, sendo correta, assim, apenas a alternativa "D".
Gabarito "D"

(OAB/Exame Unificado – 2011.2) Durante assembleia realizada em condomínio edilício residencial, que conta com um apartamento por andar, Giovana, nova proprietária do apartamento situado no andar térreo, solicitou explicações sobre a cobrança condominial, por ter verificado que o valor dela cobrado era superior àquele exigido dos demais condôminos. O síndico prontamente esclareceu que a cobrança a ela dirigida é realmente superior à cobrança das demais unidades, tendo em vista que o apartamento de Giovana tem acesso exclusivo, por meio de uma porta situada em sua área de serviço, a um pequeno pátio localizado nos fundos do condomínio, conforme consta nas configurações originais do edifício devidamente registradas. Desse modo, segundo afirmado pelo síndico, podendo Giovana usar o pátio com exclusividade, apesar de constituir área comum do condomínio, caberia a ela arcar com as respectivas despesas de manutenção. Em relação à situação apresentada, assinale a alternativa correta.

(A) Poderão ser cobradas de Giovana as despesas relativas à manutenção do pátio, tendo em vista que ela dispõe de seu uso exclusivo, independentemente da frequência com que seja efetivamente exercido.
(B) Somente poderão ser cobradas de Giovana as despesas relativas à manutenção do pátio caso seja demonstrado que o uso por ela exercido impõe deterioração excessiva do local.
(C) Poderá ser cobrada de Giovana metade das despesas relativas à manutenção do pátio, devendo a outra metade ser repartida entre os demais condôminos, tendo em vista que a instalação da porta na área de serviço não foi de iniciativa da condômina, tampouco da atual administração do condomínio.
(D) Não poderão ser cobradas de Giovana as despesas relativas à manutenção do pátio, tendo em vista que este consiste em área comum do condomínio, e a porta de acesso exclusivo não fora instalada por iniciativa da referida condômina.

De acordo com o art. 1.340 do CC, as despesas relativas às partes comuns de uso exclusivo de um condômino, ou de alguns deles, incumbem a quem delas se serve. Dessa forma, como Giovana tem uso exclusivo da parte comum do prédio relativo à cobrança feita a maior, de rigor que ela seja cobrada em quantia superior àquela exigida dos demais condôminos.
Gabarito "A"

(OAB/Exame Unificado – 2008.2) Segundo a legislação civil, o adquirente do imóvel em condomínio edilício responde pelos débitos condominiais, ainda que anteriores à data de sua aquisição. Nesse contexto, a referida obrigação denomina-se:

(A) obrigação eficacial.
(B) obrigação com ônus pessoal.
(C) obrigação *propter rem* ou obrigação híbrida.
(D) obrigação natural.

A obrigação *propter rem* é aquela que persegue a coisa, independentemente de quem usufruiu do serviço.
Gabarito "C"

(OAB/Exame Unificado – 2008.2) Fernando, Cláudia, Lena e Ricardo adquiriram uma chácara para passarem os finais de semana. Lá construíram uma casa, uma piscina e um campo de futebol. Fernando, comunicado pelo caseiro da existência de uma rachadura na piscina, contratou profissional capacitado para proceder ao conserto pela quantia de R$ 2.000,00. Os outros três condôminos decidiram não pagar o gasto efetuado. Considerando a situação hipotética apresentada, assinale a opção correta acerca do pagamento da dívida contraída por Fernando.

(A) A dívida obrigará Fernando, que terá ação regressiva contra os outros três condôminos.
(B) Em razão do condomínio, a dívida se presume solidária, razão pela qual poderá ser cobrada por inteiro de qualquer condômino.
(C) O profissional contratado deverá exigir de cada um dos condôminos a parte equivalente a um quarto da dívida.
(D) O condômino só pode ser obrigado a concorrer para as despesas de conservação da coisa quando previamente anuir.

Art. 1.318 do CC.

Gabarito "A".

(OAB/Exame Unificado – 2008.1) No que diz respeito ao condomínio e aos direitos e deveres dos condôminos, assinale a opção correta.

(A) É direito dos condôminos requerer a divisão da coisa comum, porém é possível instituir-se a indivisibilidade convencional por prazo não superior a 5 (cinco) anos, suscetível de prorrogação ulterior.
(B) No condomínio edilício, o pagamento das despesas relativas às partes comuns do edifício, ainda que de uso exclusivo de um condômino ou de alguns deles, deve ser rateado entre todos os consortes.
(C) Se um dos consortes contrair dívida em proveito da comunhão, ele não responderá pessoalmente pelo compromisso assumido, devendo todos os condôminos responder pela dívida contraída em benefício de todos.
(D) No condomínio edilício, resolvendo o condômino alugar a sua unidade ou a sua garagem, ele deverá dar preferência, em condições iguais, aos demais consortes.

A: correta (art. 1.320, *caput* e § 1.º, do CC); **B:** incorreta (art. 1.340 do CC); **C:** incorreta (art. 1.318 do CC); **D:** incorreta, pois a regra é mais restritiva, já que impede a alienação ou aluguel do garagens a pessoas estranhas ao condomínio, salvo autorização expressa da convenção de condomínio (art. 1.331, § 1.º, do CC, com a redação da Lei 12.607/2012).

Gabarito "A".

(FGV – 2009) Caio, condômino do Edifício B e C, situado em Belém/PA, pretende impugnar despesas que, no seu sentir, não estariam adequadas ao padrão do imóvel que ocupa. No dia designado para a assembleia geral de condôminos, comparece regularmente ao ato. Todos os condôminos comparecem ao evento, composto o *quorum* exigido pela lei e pela convenção condominial. As despesas são aprovadas, vencido Caio, bem como também aprovada a prestação de contas do síndico. Inconformado com o ocorrido, Caio busca aconselhamento jurídico, com o fito de não pagar as despesas aprovadas em assembleia, pois com elas não concorda, desejando, dentre outras alternativas, postular prestação de contas detalhadas. Diante do narrado, analise as afirmativas a seguir.

I. O condômino, cujo voto é contrário às despesas aprovadas em assembleia geral não está compelido ao seu pagamento, já que o ato violaria direito individual.
II. Sendo a assembleia hígida, a mesma constitui o órgão adequado à aprovação de despesas condominiais, o que vincula todos os condôminos.
III. Não pode, regra geral, o condômino, individualmente, propor ação de prestação de contas em relação ao síndico ou ao condomínio.
IV. Havendo quorum legal, as decisões da assembleia geral de condôminos têm validade e eficácia, desde que não colidam com a lei ou a convenção.
V. A ausência do condômino à assembleia, quando regularmente comunicado, não impede que os efeitos dela decorrentes lhe atinjam, equiparado aos demais condôminos que compareceram ao ato.

Assinale:

(A) se somente as afirmativas II, III, IV e V estiverem corretas.
(B) se somente as afirmativas I, II e III estiverem corretas.
(C) se somente as afirmativas I e II estiverem corretas.
(D) se somente as afirmativas I e V estiverem corretas.
(E) se somente as afirmativas III e V estiverem corretas.

I: incorreta, pois as despesas aprovadas em assembleia obriga a todos os condôminos (art. 24, § 1.º, da Lei 4.591/1964); **II:** correta (art. 24, *caput*, da Lei 4.591/1964); **III:** correta, *"Despesas condominiais – Condomínio edilício* – Ação de prestação de contas *manejada por condôminos – Impossibilidade, haja vista ser a assembleia* geral *a destinatária das* contas – *Falta* de *legitimidade aos condôminos para,* individualmente, *exigi-las* ao síndico – *Recurso improvido. A aprovação das verbas relativas às despesas condominiais do* condomínio *edilício constitui atribuição da assembleia* geral. *Entretanto, as despesas efetuadas pelo* síndico *devem ser comprovadas, tendo os condôminos direito de examiná-las, sempre que alguma dúvida pairar quanto à sua regularidade* ou *lisura.* Não pode o condômino, *porém,* individualmente, *exigir* prestação de contas *pela via judicial, porque a lei considera foro adequado para tal discussão a assembleia geral." (TJSP, Apelação 885823000, Des. Rel. Luis* de *Carvalho, j. 13.08.2008, 29.ª Câmara* de *Direito Privado)*; **IV:** correta, de fato as decisões da assembleia devem estar sempre de acordo com a convenção e com a lei (art. 24, § 1.º, da Lei 4.591/1964); **V:** correta, as despesas aprovadas em assembleia a todos os condôminos obriga (art. 24, § 1.º, da Lei 4.591/1964).

Gabarito "A".

(FGV – 2005) O Código Civil, ao tratar do condomínio edilício, não estabelece que:

(A) a sua instituição só pode se dar por ato entre vivos.
(B) o ato de instituição deverá ser registrado no cartório do Registro de Imóveis.
(C) do ato de instituição deverá constar o fim a que as unidades se destinam.
(D) a convenção do condomínio edilício poderá ser feita por escritura pública ou por instrumento particular.
(E) para ser oponível contra terceiros, a convenção do condomínio edilício deverá ser registrada no cartório de Registro de Imóveis.

A: correta, pois o condomínio edilício poderá também se dar por testamento (art. 1.332, *caput*, do CC); **B:** incorreta (art. 1.332, *caput*, do CC); **C:** incorreta (art. 1.332, III, do CC); **D:** incorreta (art. 1.334, § 1.º, do CC); **E:** incorreta (art. 1.333, parágrafo único, do CC).

Gabarito "A".

(FGV – 2005) Segundo o Código Civil, é correto afirmar que:

(A) são aplicáveis à divisão do condomínio voluntário as regras de partilha de herança.
(B) para o fim de eximir-se do pagamento das despesas e dívidas, não pode o condômino renunciar à parte ideal.
(C) os condôminos podem acordar que fique indivisa a coisa comum por prazo não maior a 2 (dois) anos, suscetível de prorrogação ulterior.
(D) se a indivisão for estabelecida pelo doador ou pelo testador, não poderá exceder de 3 (três) anos.
(E) a representação comum no condomínio não se presume, ainda que um condômino administre a coisa comum sem a oposição dos outros.

A: correta (art. 1.321 do CC); **B:** incorreta (art. 1.316, *caput*, do CC); **C:** incorreta, pois o prazo será não maior que 5 (cinco) anos (art. 1.320, § 1.º, do CC); **D:** incorreta, pois o prazo será de 5 (cinco) anos (art. 1.320, § 2.º, do CC); **E:** incorreta (art. 1.324 do CC).

Gabarito "A"

6.5. DIREITOS REAIS DE FRUIÇÃO

(OAB/Exame Unificado – 2015.2) Mateus é proprietário de um terreno situado em área rural do estado de Minas Gerais. Por meio de escritura pública levada ao cartório do registro de imóveis, Mateus concede, pelo prazo de vinte anos, em favor de Francisco, direito real de superfície sobre o aludido terreno. A escritura prevê que Francisco deverá ali construir um edifício que servirá de escola para a população local. A escritura ainda prevê que, em contrapartida à concessão da superfície, Francisco deverá pagar a Mateus a quantia de R$ 30.000,00 (trinta mil reais). A escritura também prevê que, em caso de alienação do direito de superfície por Francisco, Mateus terá direito a receber quantia equivalente a 3% do valor da transação. Nesse caso, é correto afirmar que

(A) é nula a concessão de direito de superfície por prazo determinado, haja vista só se admitir, no direito brasileiro, a concessão perpétua.
(B) é nula a cláusula que prevê o pagamento de remuneração em contrapartida à concessão do direito de superfície, haja vista ser a concessão ato essencialmente gratuito.
(C) é nula a cláusula que estipula em favor de Mateus o pagamento de determinada quantia em caso de alienação do direito de superfície.
(D) é nula a cláusula que obriga Francisco a construir um edifício no terreno.

A: incorreta, pois o instituto do direito de superfície reclama, inclusive, que haja fixação de prazo determinado para a fruição (art. 1.369, *caput*, do CC); **B:** incorreta, pois a concessão de superfície pode ser gratuita ou onerosa, nos termos do art. 1.370 do CC; **C:** correta, nos termos do art. 1.372, parágrafo único, do CC; **D:** incorreta, pois o objetivo da concessão de superfície é justamente para a construção em um terreno, podendo ser também para a plantação neste (art. 1.369, *caput*, do CC).

Gabarito "C"

(OAB/Exame Unificado – 2015.2) Angélica concede a Otávia, pelo prazo de vinte anos, direito real de usufruto sobre imóvel de que é proprietária. O direito real é constituído por meio de escritura pública, que é registrada no competente Cartório do Registro de Imóveis. Cinco anos depois da constituição do usufruto, Otávia falece, deixando como única herdeira sua filha Patrícia. Sobre esse caso, assinale a afirmativa correta.

(A) Patrícia herda o direito real de usufruto sobre o imóvel.
(B) Patrícia adquire somente o direito de uso sobre o imóvel.
(C) O direito real de usufruto extingue-se com o falecimento de Otávia.
(D) Patrícia deve ingressar em juízo para obter sentença constitutiva do seu direito real de usufruto sobre o imóvel.

A, **B** e **D:** incorretas, pois o usufruto fica extinto com a morte do usufrutuário (art. 1.410, I, do CC); **C:** correta, pois, como se viu, o usufruto fica extinto com a morte do usufrutuário (art. 1.410, I, do CC).

Gabarito "C"

(OAB/Exame Unificado – 2015.1) A Companhia GAMA e o Banco RENDA celebraram entre si contrato de mútuo, por meio do qual a companhia recebeu do banco a quantia de R$ 500.000,00 (quinhentos mil reais), obrigando-se a restituí-la, acrescida dos juros convencionados, no prazo de três anos, contados da entrega do numerário. Em garantia do pagamento do débito, a Companhia GAMA constituiu, em favor do Banco RENDA, por meio de escritura pública levada ao cartório do registro de imóveis, direito real de hipoteca sobre determinado imóvel de sua propriedade. A Companhia GAMA, dois meses depois, celebrou outro contrato de mútuo com o Banco BETA, no valor de R$ 200.000,00 (duzentos mil reais), obrigando-se a restituir a quantia, acrescida dos juros convencionados, no prazo de dois anos, contados da entrega do numerário. Em garantia do pagamento do débito, a Companhia GAMA constituiu, em favor do Banco BETA, por meio de escritura pública levada ao cartório do registro de imóveis, uma segunda hipoteca sobre o mesmo imóvel gravado pela hipoteca do Banco RENDA. Chegado o dia do vencimento do mútuo celebrado com o Banco BETA, a Companhia GAMA não reembolsou a quantia devida ao banco, muito embora tivesse bens suficientes para honrar todas as suas dívidas. Nesse caso, é correto afirmar que

(A) o Banco BETA tem direito a promover imediatamente a execução judicial da hipoteca que lhe foi conferida.
(B) a hipoteca constituída pela companhia GAMA em favor do Banco BETA é nula, uma vez que o bem objeto da garantia já se encontrava gravado por outra hipoteca.
(C) a hipoteca constituída pela GAMA em favor do Banco BETA é nula, uma vez que tal hipoteca garante dívida cujo vencimento é inferior ao da dívida garantida pela primeira hipoteca, constituída em favor do Banco RENDA.
(D) o Banco BETA não poderá promover a execução judicial da hipoteca que lhe foi conferida antes de vencida a dívida contraída pela Companhia GAMA junto ao Banco RENDA.

A: incorreta, pois o credor da segunda hipoteca (Banco Beta) não pode executar o imóvel antes de vencida a dívida referente à primeira hipoteca (em favor do Banco Renda), nos termos do art. 1.477 do CC; essa regra só cede quando o devedor está em estado de insolvência, que não é o caso da questão, já que o enunciado deixa claro que o devedor tem condições para pagar as dívidas; **B** e **C:** incorretas, pois, segundo o artigo 1.476 do CC, "o dono do imóvel hipotecado pode constituir outra hipoteca sobre ele, mediante novo título, em favor do mesmo ou de outro credor"; **D:** correta, nos termos do art. 1.477 do CC.

Gabarito "D"

(OAB/Exame Unificado – 2013.3) Alexandre, pai de Bruno, celebrou contrato com Carlos, o qual lhe concedeu o direito de superfície para realizar construção de um albergue em seu terreno e explorá-lo por 10 anos, mediante o pagamento da quantia de R$100.000,00. Passados quatro anos, Alexandre veio a falecer. Diante do negócio jurídico celebrado, assinale a afirmativa incorreta.

(A) O superficiário pode realizar obra no subsolo, de modo a ampliar sua atividade.

(B) O superficiário responde pelos encargos e tributos que incidirem sobre o imóvel.

(C) O direito de superfície será transferido a Bruno, em razão da morte de Alexandre.

(D) O superficiário terá direito de preferência, caso Carlos decida vender o imóvel.

A: incorreta, devendo ser assinalada, pois o direito de superfície não autoriza obra no subsolo, salvo se for inerente ao objeto da concessão (art. 1.369, parágrafo único do CC); **B:** correta (art. 1.371 do CC); **C:** correta, pois o direito de superfície, por morte do superficiário transfere-se aos herdeiros (art. 1.372, *caput*, do CC); **D:** correta (art. 1.373 do CC)

Gabarito "A"

(OAB/Exame Unificado – 2014.2) Sara e Bernardo doaram o imóvel que lhes pertencia a Miguel, ficando o imóvel gravado com usufruto em favor dos doadores. Dessa forma, quanto aos deveres dos usufrutuários, assinale a afirmativa incorreta:

(A) Não devem pagar as deteriorações resultantes do exercício regular do usufruto.

(B) Devem arcar com as despesas ordinárias de conservação do bem no estado em que o receberam.

(C) Devem arcar com os tributos inerentes à posse da coisa usufruída.

(D) Não devem comunicar ao dono a ocorrência de lesão produzida contra a posse da coisa.

A: correta (art. 1.402 do CC); **B:** correta (art. 1.403, I do CC); **C:** correta (art. 1.403, II do CC): **D:** incorreta (devendo ser assinalada), pois o usufrutuário é obrigado a dar ciência ao dono de qualquer lesão produzida contra a posse da coisa, ou os direitos deste (art. 1.406 do CC)

Gabarito "D"

(OAB/Exame Unificado – 2011.1) Noêmia, proprietária de uma casa litorânea, regularmente constituiu usufruto sobre o aludido imóvel em favor de Luísa, mantendo, contudo, a sua propriedade. Inesperadamente, sobreveio uma severa ressaca marítima, que destruiu por completo o imóvel. Ciente do ocorrido, Noêmia decidiu reconstruir integralmente a casa às suas expensas, tendo em vista que o imóvel não se encontrava segurado. A respeito da situação narrada, assinale a alternativa correta.

(A) O usufruto será extinto, consolidando-se a propriedade em favor de Noêmia, independentemente do pagamento de indenização a Luísa, tendo em vista que Noêmia arcou com as despesas de reconstrução do imóvel.

(B) O usufruto será extinto, consolidando-se a propriedade em favor de Noêmia, desde que esta indenize Luísa em valor equivalente a um ano de aluguel do imóvel.

(C) O usufruto será mantido em favor de Luísa, independentemente do pagamento de qualquer quantia por ela, tendo em vista que Noêmia somente poderia ter reconstruído o imóvel mediante autorização expressa de Luísa, por escritura pública ou instrumento particular.

(D) O usufruto será mantido em favor de Luísa, tendo em vista que o imóvel não fora destruído por culpa sua.

A: correta, pois o usufruto fica extinto com a destruição da coisa (art. 1.410, V, do CC); tal extinção só não aconteceria se o imóvel tivesse seguro e, com o valor deste, tivesse sido reconstruído (art. 1.408 do CC); **B:** incorreta, pois, no caso, a extinção se dá sem que a lei preveja indenização em favor do usufrutuário (art. 1.410, V, do CC); **C** e **D:** incorretas, pois o usufruto será extinto, conforme visto.

Gabarito "A"

(OAB/Exame Unificado – 2008.3) De acordo com o que dispõe o Código Civil a respeito do usufruto, do uso e da habitação, assinale a opção correta.

(A) O uso é o direito real temporário de ocupação gratuita de casa alheia, para moradia do titular e de sua família.

(B) A habitação é direito real limitado, personalíssimo, temporário, indivisível, intransmissível e gratuito.

(C) O usufruto é direito real que, a título gratuito ou oneroso, autoriza uma pessoa a retirar, temporariamente, de coisa alheia todas as utilidades para atender às próprias necessidades e às de sua família.

(D) Pode-se transferir o usufruto por alienação.

A: incorreta (art. 1.412 do CC), pois essa é a definição de "habitação", e não de "uso"; **B:** correta (art. 1.414 do CC); **C:** incorreta (art. 1.394 do CC), pois essa é a definição de "uso", e não de "usufruto"; **D:** incorreta (art. 1.393 do CC), vale lembrar que só o exercício do direito de usufruto é que pode ser cedido.

Gabarito "B"

(OAB/Exame Unificado – 2008.1) O direito ao uso de coisa alheia constitui:

(A) Direito real que, a título gratuito ou oneroso, instituído por ato *inter vivos* ou *causa mortis*, permite ao usuário, temporariamente, fruir todas as utilidades de coisa móvel ou imóvel, para atender às suas necessidades e às de sua família.

(B) Direito real temporário de ocupar gratuitamente bem imóvel alheio para a moradia do titular e de sua família, não podendo estes alugá-lo nem emprestá-lo.

(C) Direito real de gozo sobre bens imóveis que, em virtude de lei ou vontade das partes, se impõe sobre prédio serviente em benefício do dominante.

(D) Direito real pelo qual o proprietário, temporariamente, de modo gratuito ou oneroso, concede a outrem o direito de construir ou plantar em seu terreno.

Art. 1.412, c.c. arts. 1.413 e 1.393, todos do CC.

Gabarito "A"

(OAB/Exame Unificado – 2004.ES) A respeito do direito das coisas, assinale a opção incorreta.

(A) A preferência das hipotecas entre os vários credores hipotecários se dará pela ordem de vencimento do título constitutivo. Assim, deve-se pagar integralmente o credor hipotecário cujo título vença primeiro e, após satisfeito este, ao segundo credor, ou ao terceiro, conforme a ordem cronológica do vencimento do título.

(B) O direito de superfície se constitui mediante escritura pública regularmente registrada no registro de imóveis. Ao superficiário é concedido, por prazo determinado e a título gratuito ou oneroso, o direito de construir ou plantar sobre o terreno, bem como de dispor do direito, transferindo-o a terceiros e, por morte do superficiário, aos seus herdeiros.

(C) Extinto o direito de superfície, o proprietário recuperará o pleno domínio sobre o terreno, bem como sobre as acessões e benfeitorias introduzidas no imóvel, via de regra, independentemente de qualquer indenização. A inversão dessa regra dependerá sempre de cláusula expressa.

(D) A aquisição do domínio pode ser originária, quando o indivíduo adquire a propriedade do bem sem que este tenha sido transmitido por alguém, ou derivada, quando há transmissibilidade do domínio por ato *causa mortis* ou *inter vivos*.

A: incorreta, devendo ser assinalada (art. 1.477 do CC); **B:** correta (arts. 1.369, 1.379 e 1.372 do CC); **C:** correta (art. 1.375 do CC); **D:** correta. De fato, a aquisição da propriedade pode ser originária ou derivada; é originária quando a propriedade é adquirida sem vínculo com o dono anterior, de modo que o proprietário sempre vai adquirir propriedade plena, sem nenhuma restrição, sem nenhum ônus (ex: acessão, usucapião e ocupação); a aquisição é derivada quando decorre do relacionamento entre pessoas (ex: contrato registrado para imóveis, contrato com tradição para móveis, sucessão hereditária) e o novo dono vai adquirir nas mesmas condições do anterior.

Gabarito "A".

(FGV – 2007) As despesas de conservação do imóvel, no caso de usufruto, são de responsabilidade do:

(A) usufrutuário e do nu proprietário
(B) nu proprietário
(C) usufrutuário
(D) doador

Art. 1.403, I, do CC.

Gabarito "C".

6.6. DIREITOS REAIS EM GARANTIA

(OAB/Exame Unificado – 2015.3) Vitor e Paula celebram entre si, por escritura particular levada a registro em cartório de títulos e documentos, contrato de mútuo por meio do qual Vitor toma emprestada de Paula a quantia de R$ 10.000,00, obrigando-se a restituir o montante no prazo de três meses. Em garantia da dívida, Vitor constitui em favor de Paula, por meio de instrumento particular, direito real de penhor sobre uma joia de que é proprietário. Vencido o prazo estabelecido para o pagamento da dívida, Vitor procura Paula e explica que não dispõe de dinheiro para quitar o débito. Propõe então que, em vez da quantia devida, Paula receba, em pagamento da dívida, a propriedade da coisa empenhada. Assinale a opção que indica a orientação correta a ser transmitida a Paula.

(A) Para ter validade, o acordo sugerido por Vitor deve ser celebrado mediante escritura pública.

(B) O acordo sugerido por Vitor não tem validade, uma vez que constitui espécie de pacto proibido pela lei.

(C) Para ter validade, o acordo sugerido deve ser homologado em juízo.

(D) O acordo sugerido por Vitor é válido, uma vez que constitui espécie de pacto cuja licitude é expressamente reconhecida pela lei.

A e C: incorretas, pois não existem tais exigências no Código Civil; **B:** incorreta, pois somente é inválida a cláusula que obriga o devedor aceitar previamente que, em caso de não pagamento da dívida, o credor fique com o bem empenhado (art. 1.428, *caput*, do CC); porém, se após o vencimento da dívida o devedor quiser espontaneamente dar a coisa empenhada em pagamento desta, a lei permite tal conduta de forma expressa (art. 1.428, parágrafo único, do CC); **D:** correta, pois, de acordo com o art. 1.428, parágrafo único, do CC, "após o vencimento, poderá o devedor dar a coisa em pagamento da dívida".

Gabarito "D".

(OAB/Exame Unificado – 2014.1) Antônio, muito necessitado de dinheiro, decide empenhar uma vaca leiteira para iniciar um negócio, acreditando que, com o sucesso do empreendimento, terá o animal de volta o quanto antes. Sobre a hipótese de penhor apresentada, assinale a afirmativa correta.

(A) Se a vaca leiteira morrer, ainda que por descuido do credor, Antônio poderá ter a dívida executada judicialmente pelo credor pignoratício.

(B) As despesas advindas da alimentação e outras necessidades da vaca leiteira, devidamente justificadas, consistem em ônus do credor pignoratício, sendo vedada a retenção do animal para obrigar Antônio a indenizá-lo.

(C) Se Antônio não quitar sua dívida com o credor pignoratício, o penhor estará automaticamente extinto e, declarada sua extinção, poder-se-á proceder à adjudicação judicial da vaca leiteira.

(D) Caso o credor pignoratício perceba que, devido a uma doença que subitamente atingiu a vaca leiteira, sua morte está próxima, o CC/2002 permite a sua venda antecipada, mediante prévia autorização judicial, situação que pode ser impedida por Antônio por meio da sua substituição.

A: incorreta, pois o credor pignoratício tem o dever de zelar pela coisa empenhada como depositário e, em caso de perda ou deterioração por descuido próprio deve ressarcir o dono da coisa ou podendo, ser compensada na dívida, até a concorrente quantia (art. 1.433, I do CC). Logo, Antônio não poderá ter a dívida executada judicialmente; **B:** incorreta, pois referidas despesas com a coisa empenhada não configuram ônus do credor pignoratício, sendo permitida a retenção dela até que seja ressarcido (art. 1.433, II do CC); **C:** incorreta, pois caso a dívida não seja quitada o penhor não estará automaticamente extinto. Neste passo, a adjudicação judicial da coisa apenas pode ocorrer se autorizada pelo credor (art. 1.436, V do CC); **D:** correta (art. 1.433, VI do CC).

Gabarito "D".

(OAB/Exame Unificado – 2012.3.A) De acordo com as regras atinentes à hipoteca, assinale a afirmativa correta.

(A) O Código Civil não admite a divisibilidade da hipoteca em casos de loteamento do imóvel hipotecado.

(B) O ordenamento jurídico admite a instituição de nova hipoteca sobre imóvel hipotecado, desde que seja dada em favor do mesmo credor.

(C) Segundo o Código Civil, o adquirente de bem hipotecado não pode remir a hipoteca para que seja extinto o gravame pendente sobre o bem sem autorização expressa de todos credores hipotecários.

(D) A hipoteca pode ser constituída para garantia de dívida futura ou condicionada, desde que determinado o valor máximo do crédito a ser garantido.

A: incorreta, pois o Código Civil admite sim essa divisibilidade (art. 1.488, *caput*, do CC); **B:** incorreta, pois a nova hipoteca pode se dar em favor do mesmo ou de outro credor (art. 1.476 do CC); **C:** incorreta, pois o adquirente do bem hipotecado pode remir a hipoteca para que seja extinto o gravame pendente sem que seja necessária autorização expressa de todos os credores hipotecários, bastando que o adquirente cite os credores hipotecários e proponha importância não inferior ao preço porque o adquiriu e não haja impugnação pelos credores, independentemente de autorização expressa destes (art. 1.481, *caput* e § 2.º, do CC); **D:** correta (art. 1.487, *caput*, do CC).

Gabarito "D"

(OAB/Exame Unificado – 2010.2) Passando por dificuldades financeiras, Alexandre instituiu uma hipoteca sobre imóvel de sua propriedade, onde reside com sua família. Posteriormente, foi procurado por Amanda, que estaria disposta a adquirir o referido imóvel por um valor bem acima do mercado. Consultando seu advogado, Alexandre ouviu dele que não poderia alienar o imóvel, já que havia uma cláusula na escritura de instituição da hipoteca que o proibia de alienar o bem hipotecado. A opinião do advogado de Alexandre:

(A) está incorreta, porque a hipoteca instituída não produz efeitos, pois, na hipótese, o direito real em garantia a ser instituído deveria ser o penhor.

(B) está incorreta, porque Alexandre está livre para alienar o imóvel, pois a cláusula que proíbe o proprietário de alienar o bem hipotecado é nula.

(C) está incorreta, uma vez que a hipoteca é nula, pois não é possível instituir hipoteca sobre bem de família do devedor hipotecário.

(D) está correta, porque em virtude da proibição contratual, Alexandre não poderia alienar o imóvel enquanto recaísse sobre ele a garantia hipotecária.

De acordo com o art. 1.475 do Código Civil "é nula a cláusula que proíbe ao proprietário alienar imóvel hipotecado". Portanto, a alternativa "B" esta correta. Vale salientar que não é correta a afirmação contida na alternativa "C", de que a hipoteca é nula, por ser o imóvel bem de família. Isso porque, segundo o art. 3.º, V, da Lei 8.009/1990, a impenhorabilidade não é oponível em processo movido "para execução de hipoteca sobre o imóvel oferecido como garantia real pelo casal ou pela entidade familiar".

Gabarito "B"

(OAB/Exame Unificado – 2008.2) Pedro, para garantir dívida de R$ 100 mil contraída com Lúcia, deu sua casa, que vale R$ 200 mil, em hipoteca. Pagos R$ 50 mil do débito, Pedro procurou Lúcia e requereu exoneração correspondente da garantia hipotecária. Considerando a situação hipotética apresentada, assinale a opção correta à luz do Código Civil.

(A) A exoneração pretendida por Pedro ocorrerá parcialmente e de pleno direito à medida que o débito for sendo quitado.

(B) A exoneração requerida não poderá ser aceita por Lúcia, visto que a hipoteca possui natureza obrigacional.

(C) A pretensão de Pedro é permitida pela lei quando o montante do débito não representar mais de 20% do valor do bem hipotecado.

(D) O pagamento de uma ou mais prestações da dívida não importa exoneração correspondente da garantia.

Art. 1.421 do CC.

Gabarito "D"

(OAB/Exame Unificado – 2008.1) Quanto aos direitos reais, assinale a opção correta.

(A) É nula a cláusula que proíbe ao proprietário alienar imóvel hipotecado; contudo, podem os contratantes validamente firmar convenção acessória que autorize o vencimento antecipado do crédito hipotecário, se o imóvel for alienado.

(B) O penhor é um contato real que, para se aperfeiçoar, depende da tradição do bem, ou seja, não dispensa a transferência efetiva da posse da coisa empenhada para o credor, ainda que se trate de penhor mercantil ou de veículos.

(C) Se for constituído o usufruto em favor de duas pessoas, o direito de usufruto da que vier a falecer acrescerá automaticamente à parte do sobrevivente.

(D) O titular de um direito real de habitação pode alugar o imóvel gravado e, com isso, obter renda para a sua subsistência ou de sua família.

A: correta (art. 1.475, *caput* e parágrafo único, do CC); **B:** incorreta (art. 1.431, parágrafo único, do CC); **C:** incorreta (art. 1.411 do CC); **D:** incorreta (art. 1.414 do CC).

Gabarito "A"

(OAB/Exame Unificado – 2008.1) A anticrese constitui:

(A) modo de aquisição da propriedade imóvel.

(B) direito real de garantia.

(C) direito do promitente comprador.

(D) direito ao uso de bem móvel de propriedade do devedor.

Art. 1.419 do CC.

Gabarito "B"

(OAB/Exame Unificado – 2006.3) Com relação aos direitos reais sobre coisas alheias, assinale a opção correta.

(A) O penhor comum ou convencional só pode ser instituído por escrito e completa-se com a entrega da coisa móvel de propriedade do devedor ou de terceiro garantidor ao credor pignoratício, com a finalidade de garantir o pagamento de um débito.

(B) O mesmo imóvel pode ser dado em garantia hipotecária a mais de uma dívida até o limite do valor venal do imóvel e exigindo-se para tanto que o credor originário e o da segunda hipoteca sejam a mesma pessoa e que haja sua concordância expressa com a divisibilidade da referida garantia.

(C) Extingue-se a hipoteca com a alienação da propriedade, transformando-se a obrigação real em obrigação pessoal do devedor originário que assumiu a dívida perante o credor hipotecário.

(D) A anticrese é um direito real de garantia com eficácia *erga omnes* em que o devedor ou um terceiro garantidor transmite a posse direta e indireta de bem móvel ao credor como garantia de uma dívida. Em hipótese de inadimplemento do débito garantido, poderá o credor promover a venda amigável do bem para o pagamento.

A: correta (art. 1.431 c.c. art. 1.432, ambos do CC); **B:** incorreta. Não existem os referidos requisitos para a existência de mais de uma hipoteca sobre o imóvel (art. 1.476 do CC); **C:** incorreta (art. 1.499 do CC); **D:** incorreta (art. 1.506 do CC).

Gabarito "A"

(FGV – 2010) Tício realizou contrato de empréstimo com Mévia, no valor de R$ 350.000,00 reais para aquisição de um imóvel avaliado em R$ 800.000,00. Com o intuito de garantir o negócio, ofertou o referido bem em hipoteca. Foram lavradas duas escrituras públicas na mesma data, uma de compra e venda, sendo adquirente Tício, outra de hipoteca, tendo ambas sido registradas no ofício imobiliário competente. O prazo para pagamento do empréstimo foi avençado em cinco anos, incidindo juros legais e correção monetária pelos critérios do índice IGP-M, da Fundação Getúlio Vargas. Ao final do prazo contratual, Tício concluiu o pagamento das parcelas devidas e postulou de Mévia o comparecimento ao cartório para efetivação da escritura declaratória de pagamento e liberação da hipoteca que gravava o imóvel. Diante do exposto, analise as afirmativas a seguir:

I. ocorreu a extinção da hipoteca, pelo pagamento das prestações do empréstimo;
II. o empréstimo pode ser declarado nulo por ausência de intervenção do pai de Tício;
III. o prazo para o empréstimo colide com o prazo máximo para o registro da hipoteca previsto no Código Civil;
IV. o contrato de empréstimo é lei entre as partes e não pode gerar hipoteca;
V. sendo o valor do bem muito superior ao empréstimo que gerou a hipoteca existe proibição legal para a sua instituição.

Assinale:

(A) se somente as afirmativas II, III, IV e V forem verdadeiras.
(B) se somente as afirmativas II, IV e V forem verdadeiras.
(C) se somente as afirmativa I, II e III forem verdadeiras.
(D) se somente as afirmativas II e IV forem verdadeiras.
(E) se somente a afirmativa I for verdadeira.

I: correta, pois fica extinta a hipoteca pela extinção da obrigação principal (art. 1.499, I, do CC); **II:** incorreta, pois não há informação no enunciado no sentido de que Tício é absolutamente incapaz; **III:** incorreta, pois a lei admite a prorrogação da hipoteca até 30 anos da data do contrato; **IV:** incorreta, pois a hipoteca é garantia real típica de dívidas originadas de mútuo; é muito comum alguém tomar um dinheiro emprestado (mútuo = empréstimo de coisa fungível) e, como garantia, hipotecar bem próprio em favor de quem faz o empréstimo; **V:** incorreta, pois não há proibição nesse sentido no Código Civil.

Gabarito "E"

(FGV – 2010) Considere as afirmativas abaixo:

I. Considera-se fiduciária a propriedade resolúvel de coisa móvel ou imóvel infungível que o devedor, com escopo de garantia, transfere ao credor.
II. A ocupação de terreno não aforado, em faixa de marinha, que, por não criar direito real, será insuscetível de registro.
III. São direitos reais a propriedade, a superfície, o direito do promitente comprador do imóvel, o penhor e a anticrese.
IV. É nula a cláusula que autoriza o credor pignoratício, anticrético ou hipotecário a ficar com o objeto da garantia, se a dívida não for paga no vencimento, sendo, contudo, tolerado que, após o vencimento, possa o devedor dar a coisa em pagamento da dívida.
V. A ocupação de bem público gera a posse tolerada e garante àqueles que exercem os atos possessórios a indenização pelas benfeitorias necessárias feitas no imóvel, assim como o consequente direito de retenção.

Estão corretas somente as afirmativas

(A) I e II.
(B) I e V.
(C) II e III.
(D) II, III e IV.
(E) II, IV e V.

I: incorreta (art. 1.361 do CC); **II:** correta, pois a área envolve mera ocupação, cujo imóvel não foi objeto de aforamento. Assim, a ocupação de imóvel não aforado, em faixa de marinha, não gera direito real, sendo insuscetível de registro, eis que sob o regime da ocupação nada existe, além de mero reconhecimento e tolerância, que não obstante à cobrança de taxa, formando-se liame jurídico precário, entre ocupante e a União, sem que esta reconheça direito de propriedade ou qualquer pretensão de domínio pleno (arts. 131 e 198 do Decreto-Lei 9.760/1946); **III:** correta (art. 1.225, I, II, VII, VIII e X, do CC); **IV:** correta (art. 1.428 do CC); **V:** incorreta, pois a ocupação indevida de bem público não gera direito à posse e, por consequência, não terá o ocupante direito à retenção.

Gabarito "D"

(FGV – 2009) A respeito da *hipoteca*, analise as afirmativas a seguir:

I. É nula a cláusula que proíbe ao proprietário alienar imóvel hipotecado.
II. O dono do imóvel hipotecado pode constituir outra hipoteca sobre ele, mediante novo título, desde que em favor de credor diverso.
III. O adquirente do imóvel hipotecado, desde que não se tenha obrigado pessoalmente a pagar as dívidas aos credores hipotecários, poderá exonerar-se da hipoteca, abandonando-lhes o imóvel.

Assinale:

(A) se somente a afirmativa I estiver correta.
(B) se somente a afirmativa II estiver correta.
(C) se somente a afirmativa III estiver correta.
(D) se somente as afirmativas I e II estiverem corretas.
(E) se somente as afirmativas I e III estiverem corretas.

I: correta (art. 1.475, *caput*, do CC); **II:** incorreta, pois o devedor poderá constituir outra hipoteca em favor do mesmo credor (art. 1.476 do CC); **III:** correta (art. 1.479 do CC).

Gabarito "E"

(FGV – 2005) Assinale a alternativa que não complete corretamente a proposição a seguir: Os contratos de penhor ou hipoteca declararão, sob pena de não terem eficácia, _____.

(A) o bem dado em garantia com as suas especificações.
(B) o valor do crédito, sua estimação, ou valor máximo.
(C) o prazo fixado para pagamento.
(D) a taxa de juros, se houver.
(E) cláusula que autoriza o credor pignoratício ou hipotecário a ficar com o objeto da garantia, se a dívida não for paga no vencimento.

A: correta (art. 1.424, IV, do CC); **B:** correta (art. 1.424, I, do CC); **C:** correta (art. 1.424, II, do CC); **D:** correta (art. 1.424, III, do CC); **E:** incorreta, devendo ser assinalada (art. 1.428, *caput*, do CC).

Gabarito "E".

(FGV – 2005) Analise as proposições a seguir:

São obrigações legais do credor pignoratício:

I. a custódia da coisa, como depositário;
II. a defesa da posse da coisa empenhada;
III. a restituição, com os respectivos frutos e acessões, uma vez paga a dívida.

Assinale:

(A) se apenas a proposição I estiver correta.
(B) se apenas a proposição II estiver correta.
(C) se apenas as proposições I e II estiverem corretas.
(D) se todas as proposições estiverem corretas.
(E) se nenhuma proposição estiver correta.

I: correta (art. 1.435, I, do CC); **II:** correta (art. 1.435, II, do CC); **III:** correta (art. 1.435, IV, do CC).

Gabarito "D".

7. FAMÍLIA

7.1. CASAMENTO

(OAB/Exame Unificado – 2016.2) Em maio de 2005, Sérgio e Lúcia casaram-se pelo regime da comunhão parcial de bens. Antes de se casar, ele já era proprietário de dois imóveis. Em 2006, Sérgio alugou seus dois imóveis e os aluguéis auferidos, mês a mês, foram depositados em conta corrente aberta por ele, um mês depois da celebração dos contratos de locação. Em 2010, Sérgio recebeu o prêmio máximo da loteria, em dinheiro, que foi imediatamente aplicado em uma conta poupança aberta por ele naquele momento. Em 2013, Lúcia e Sérgio se separaram. Lúcia procurou um advogado para saber se tinha direito à partilha do prêmio que Sérgio recebeu na loteria, bem como aos valores oriundos dos aluguéis dos imóveis adquiridos por ele antes do casamento e, mensalmente, depositados na conta corrente de Sérgio. Com base na hipótese narrada, assinale a afirmativa correta.

(A) Ela não tem direito à partilha do prêmio e aos valores depositados na conta corrente de Sérgio, oriundos dos aluguéis de seus imóveis, uma vez que se constituem como bens particulares de Sérgio.
(B) Ela tem direito à partilha dos valores depositados na conta corrente de Sérgio, oriundos dos aluguéis de seus imóveis, mas não tem direito à partilha do prêmio obtido na loteria.
(C) Ela tem direito à partilha do prêmio, mas não poderá pleitear a partilha dos valores depositados na conta corrente de Sérgio, oriundos dos aluguéis de seus imóveis.
(D) Ela tem direito à partilha do prêmio e dos valores depositados na conta corrente de Sérgio, oriundos dos aluguéis dos imóveis de Sérgio, uma vez que ambos constituem-se bens comuns do casal.

A a D: somente a alternativa "D" está correta, pois, de acordo com o art. 1.660 do CC, entram na comunhão, no regime de comunhão parcial de bens, tanto "os bens adquiridos por fato eventual" (como é o caso da loteria), como "os frutos dos bens particulares de cada cônjuge" percebidos na constância do casamento (como é o caso dos aluguéis mencionados na alternativa).

Gabarito "D".

(OAB/Exame Unificado – 2016.2) Juliana é sócia de uma sociedade empresária que produz bens que exigem alto investimento, por meio de financiamento significativo. Casada com Mário pelo regime da comunhão universal de bens, desde 1998, e sem filhos, decide o casal alterar o regime de casamento para o de separação de bens, sem prejudicar direitos de terceiros, e com a intenção de evitar a colocação do patrimônio já adquirido em risco. Sobre a situação narrada, assinale a afirmativa correta.

(A) A alteração do regime de bens mediante escritura pública, realizada pelos cônjuges e averbada no Registro Civil, é possível.
(B) A alteração do regime de bens, tendo em vista que o casamento foi realizado antes da vigência do Código Civil de 2002, não é possível.
(C) A alteração do regime de bens mediante autorização judicial, com pedido motivado de ambos os cônjuges, apurada a procedência das razões invocadas e ressalvados os direitos de terceiros, é possível.
(D) Não é possível a alteração para o regime da separação de bens, tão somente para o regime de bens legal, qual seja, o da comunhão parcial de bens.

A: incorreta, pois a alteração do regime de bens depende de autorização judicial (art. 1.639, § 2º, do CC); **B:** incorreta, pois vem se admitindo a alteração do regime de bens mesmo em relação a casamentos celebrados antes do atual CC, por se tratar de tema afeto aos efeitos do casamento, e não à validade deste; **C:** correta (art. 1.639, § 2º, do CC); **D:** incorreta, pois a lei admite a alteração do regime de bens segundo certas regras, não havendo, porém, a limitação trazida na alternativa (art. 1.639, § 2º, do CC).

Gabarito "C".

(OAB/Exame Unificado – 2015.3) Roberto e Ana casaram-se, em 2005, pelo regime da comunhão parcial de bens. Em 2008, Roberto ganhou na loteria e, com os recursos auferidos, adquiriu um imóvel no Recreio dos Bandeirantes. Em 2014, Roberto foi agraciado com uma casa em Santa Teresa, fruto da herança de sua tia. Em 2015, Roberto e Ana se separaram. Tendo em vista o regime de bens do casamento, assinale a afirmativa correta.

(A) Os imóveis situados no Recreio dos Bandeirantes e em Santa Teresa são bens comuns e, por isso, deverão ser partilhados em virtude da separação do casal.
(B) Apenas o imóvel situado no Recreio dos Bandeirantes deve ser partilhado, sendo o imóvel situado em Santa Teresa bem particular de Roberto.

(C) Apenas o imóvel situado em Santa Teresa deve ser partilhado, sendo o imóvel situado no Recreio dos Bandeirantes excluído da comunhão, por ter sido adquirido com o produto de bem advindo de fato eventual.

(D) Nenhum dos dois imóveis deverá ser partilhado, tendo em vista que ambos são bens particulares de Roberto.

A a D: somente a alternativa "B" está correta, pois, no regime de comunhão parcial de bens, não se comunicam bens adquiridos por um dos cônjuges em virtude de sucessão (no caso, não se comunica a casa em Santa Teresa), em virtude do disposto no art. 1.659, I, do CC, mas há comunicação de bens adquiridos por fato eventual, como é o caso de se ganhar na loteria (no caso, o imóvel no Recreio dos Bandeirantes comunicará), em virtude do disposto no art. 1.660, II, do CC.

Gabarito "B"

(OAB/Exame Unificado – 2013.1) Amélia e Alberto são casados pelo regime de comunhão parcial de bens. Alfredo, amigo de Alberto, pede que ele seja seu fiador na compra de um imóvel.

Diante da situação apresentada, assinale a afirmativa correta.

(A) A garantia acessória poderá ser prestada exclusivamente por Alberto.

(B) A outorga de Amélia se fará indispensável, independente do regime de bens.

(C) A fiança, se prestada por Alberto sem o consentimento de Amélia, será anulável.

(D) A anulação do aval somente poderá ser pleiteada por Amélia durante o período em que estiver casada.

A: incorreta, pois, como regra (regra que inclui os casamentos pelo regime de comunhão parcial de bens), a fiança não pode ser prestada sem a autorização do cônjuge (art. 1.647, III, do CC); **B:** incorreta, pois no regime de separação absoluta não é necessária a autorização do cônjuge (art. 1.647, *caput* e III, do CC); **C:** correta (art. 1.649, *caput*, do CC); **D:** incorreta, pois o prazo decadencial para anulação só corre depois de terminada a sociedade conjugal (art. 1.649, *caput*, do CC).

Gabarito "C"

(OAB/Exame Unificado – 2011.3.A) Rejane, solteira, com 16 anos de idade, órfã de mãe e devidamente autorizada por seu pai, casa-se com Jarbas, filho de sua tia materna, sendo ele solteiro e capaz, com 23 anos de idade. A respeito do casamento realizado, é correto afirmar que é:

(A) nulo, tendo em vista o parentesco existente entre Rejane e Jarbas.

(B) é anulável, tendo em vista que, por ser órfã de mãe, Rejane deveria obter autorização judicial a fim de suprir o consentimento materno.

(C) válido.

(D) anulável, tendo em vista o parentesco existente entre Rejane e Jarbas.

A e **D:** incorretas, pois Rejane e Jarbas são primos, ou seja, são parentes em quarto grau; e só são considerados nulos os casamentos de parentes até o terceiro grau (arts. 1.521, IV, e 1.548, II, do CC); **B:** incorreta, pois, na falta de um dos pais, o pai ou a mãe que estiverem vivos darão o seu consentimento ao casamento sozinhos; **C:** correta, pois houve autorização do representante legal de Rejane e não há outras causas de nulidade ou de anulabilidade do casamento.

Gabarito "C"

(OAB/Exame Unificado – 2010.3) Mathias, solteiro e capaz, com 65 anos de idade, e Tânia, solteira e capaz, com 60 anos de idade, conheceram-se há um ano e, agora, pretendem se casar. A respeito da situação narrada, é correto afirmar que Mathias e Tânia:

(A) deverão, necessariamente, celebrar pacto antenupcial optando expressamente pelo regime da separação de bens.

(B) poderão casar-se pelo regime da comunhão parcial de bens, desde que obtenham autorização judicial, mediante a prévia demonstração da inexistência de prejuízo para terceiros.

(C) somente poderão se casar pelo regime da separação obrigatória de bens, por força de lei e independentemente da celebração de pacto antenupcial.

(D) poderão optar livremente dentre os regimes de bens previstos em lei, devendo celebrar pacto antenupcial somente se escolherem regime diverso da comunhão parcial de bens.

Art. 1.641, II, com nova redação dada pela Lei 12.344/2010, c.c. art. 1.640, *caput* e parágrafo único, do CC.

Gabarito "D"

(OAB/Exame Unificado – 2010.3) João foi registrado ao nascer com o gênero masculino. Em 2008, aos 18 anos, fez cirurgia para correção de anomalia genética e teve seu registro retificado para o gênero feminino, conforme sentença judicial. No registro não constou textualmente a indicação de retificação, apenas foi lavrado um novo termo, passando a adotar o nome de Joana. Em julho de 2010, casou-se com Antônio, homem religioso e de família tradicional interiorana, que conheceu em janeiro de 2010, por quem teve uma paixão fulminante e correspondida. Joana omitiu sua história registral por medo de não ser aceita e perdê-lo. Em dezembro de 2010, na noite de Natal, a tia de Joana revela a Antônio a verdade sobre o registro de Joana/João. Antônio, não suportando ter sido enganado, deseja a anulação do casamento.

Conforme a análise da hipótese formulada, é correto afirmar que o casamento de Antônio e Joana:

(A) poderá ser anulado pela identidade errônea de Joana/João perante Antônio e a insuportabilidade da vida em comum.

(B) só pode ser anulado até 90 (noventa) dias da sua celebração.

(C) é nulo; portanto, não há prazo para a sua arguição.

(D) é inexistente, pois não houve a aceitação adequada, visto que Antônio foi levado ao erro de pessoa, o que tornou insuportável a vida em comum do casal.

O casamento pode ser inexistente (quando não concorrem elementos especiais para sua formação, tais como diversidade de sexo e celebração), nulo (quando se fere questão de ordem pública) e anulável (quando se ferem valores de ordem privada dos envolvidos e interessados). No caso em tela, existe diversidade de sexo (homem e mulher), pois, com a retificação de registro, João passou a ser do sexo feminino perante a lei, de modo que não se está diante de hipótese de casamento inexistente. Também não incide no caso as hipóteses de casamento nulo (art. 1.548 do CC). O fato é que estamos, em tese, diante de um casamento anulável, caracterizando-se a hipótese prevista no art. 1.557, I, do CC. Antônio não sabia de fatos relevantes sobre a *identidade* original de Joana, fatos esses que, considerados os valores de João, podem tornar insuportável a vida em comum com Joana. Caracteriza-se, então, o instituto do erro essencial sobre a pessoa, que torna o casamento anulável. Feito o comentário, vale observar que a questão pode ser considerada um tanto polêmica, pois não se deixou claro que tipo de anomalia existia, podendo ser que Joana já se tratasse de alguém cujo sexo atribuído deveria ser, desde o início, feminino.

Gabarito "A"

(OAB/Exame Unificado – 2010.1) Acerca do direito de família, assinale a opção correta.

(A) O casamento religioso com efeitos civis passa a produzir efeitos somente a partir da data em que é efetivado o seu registro perante o oficial competente.
(B) A existência de impedimentos dirimentes absolutos acarreta a ineficácia do casamento.
(C) O casamento inexistente não pode ser declarado putativo.
(D) É inválido o casamento contraído por coação a qualquer dos cônjuges.

A: incorreta. *Vide* art. 1.515 do Código Civil. A respeito, assevera Maria Helena Diniz que "registrado o casamento religioso, irradiará efeitos civis a partir da data de sua celebração e não a partir do ato registrário. Feito o registro, o estado civil passará a ser o de casados, desde a data da solenidade religiosa. O registro não é, portanto, meramente probatório, por ser ato essencial para a atribuição de efeitos civis, pois sem ele ter-se-á somente um ato religioso e uma mera união estável" (Maria Helena Diniz. **Código Civil anotado**. 10. ed., São Paulo: Saraiva, 2004, p. 1.098); **B:** incorreta. *Vide* art. 1.521 do Código Civil. A respeito, assevera Senise Lisboa que "impedimento matrimonial é o fato jurídico que obsta a validade, a eficácia ou a regularidade do casamento. O novo Código estabelece que os impedimentos proíbem o casamento. E as causas suspensivas levam à ineficácia temporária dos efeitos matrimoniais. No modelo do atual Código, os impedimentos matrimoniais são: a) impedimentos dirimentes absolutos, que acarretam a nulidade do casamento, pelo reconhecimento de sua invalidade; b) impedimentos dirimentes relativos, que acarretam a anulação do casamento, pelo reconhecimento de sua ineficácia" (Roberto Senise Lisboa. **Manual de direito civil**. vol.. 5: direito de família e sucessões. 5. ed. São Paulo: Saraiva, 2009, p. 66); **C:** correta. *Vide* art. 1.540 do Código Civil. A respeito, assevera Senise Lisboa que "a teoria da inexistência deve ser adotada como fato social desprovido de repercussão jurídica. Todavia, um fato inexistente para o direito pode ter a aparência de existência jurídica. (...) No casamento inexistente, há a falta de um dos pressupostos indispensáveis para a sua existência no mundo jurídico, a saber: a diversidade de sexo, a celebração solene ou o consentimento dos interessados. O casamento inexistente não pode ser declarado putativo para beneficiar o cônjuge que teria agido de boa-fé, enquanto o casamento nulo e o anulável podem ter esse efeito" (Roberto Senise Lisboa. *Op. cit.*, p. 75); **D:** incorreta. *Vide* art. 1.558 do Código Civil. A respeito, assinala Senise Lisboa que "casamento inválido é aquele que não gera efeitos jurídicos desde a data de sua celebração, uma vez declarada a sua nulidade. (...) Por se tratar de hipótese de nulidade absoluta, a invalidade do casamento pode ser requerida a qualquer tempo. (...) Casamento ineficaz é aquele que gera efeitos jurídicos até a data da declaração judicial de sua anulabilidade, desconstituindo-se o vínculo matrimonial. Há ineficácia do casamento: (...) e) por coação" (Roberto Senise Lisboa. *Op. cit.*, p. 76-77).

Gabarito "C"

(OAB/Exame Unificado – 2009.3) João e Maria, às vésperas do casamento, firmaram documento particular, e não por escritura pública, por meio do qual optaram pelo regime da separação de bens. Eles viveram aparentemente bem durante 10 (dez) anos, mas, no início de 2006, Maria requereu separação litigiosa fundamentada em provas irrefutáveis, que foi julgada procedente. Na situação hipotética apresentada, na fase da partilha dos bens, o juiz deve:

(A) declarar nulo o pacto particular e aplicar as regras do regime da comunhão parcial de bens.
(B) decidir pela divisão, em partes iguais, do patrimônio comum, independentemente da forma e da data de aquisição.
(C) determinar a ratificação do pacto antenupcial.
(D) aplicar as regras que tratam do regime da comunhão universal de bens.

Art. 1.640, *caput* e parágrafo único, do CC.

Gabarito "A"

(OAB/Exame Unificado – 2009.2) Em relação às regras que disciplinam o casamento, assinale a opção correta.

(A) Se os cônjuges divorciados quiserem restabelecer a união conjugal, terão de peticionar nos mesmos autos em que se processou o divórcio, informando ao juiz que pretendem restabelecer a vida conjugal.
(B) O homem com 16 anos de idade, filho de pais solteiros e que viva na companhia da mãe, não necessita de consentimento do pai para se casar.
(C) Decorrido um ano do trânsito em julgado da sentença que haja decretado a separação judicial, é automática a conversão desta em divórcio.
(D) No casamento realizado mediante procuração, a morte superveniente do mandante acarreta a inexistência do casamento se este tiver sido celebrado pelo mandatário após a morte do mandante.

A: incorreta. Somente é possível restabelecer a sociedade conjugal antes do divórcio, nos autos da separação, eis que o divórcio coloca termo ao casamento, sendo necessário, no caso, a celebração de novo casamento (art. 1.577 do CC); **B:** incorreta (art. 1.517 do CC); **C:** incorreta (art. 1.580 do CC); **D:** correta. De fato, se no momento da celebração o mandante já era falecido o casamento deve ser considerado inexistente.

Gabarito "D"

(OAB/Exame Unificado – 2008.2) A respeito dos regimes de bens entre os cônjuges, assinale a opção correta.

(A) A lei impõe ao maior de setenta anos o regime obrigatório da separação de bens.
(B) O regime de bens começa a vigorar tão logo seja escolhido perante o oficial de registro de casamentos.
(C) A administração dos bens próprios só é possível quando adotado pelos cônjuges o regime da separação de bens.
(D) É sempre necessária para a alienação de bem imóvel a autorização do outro cônjuge.

A: correta (art. 1.641, II, do CC, segundo a redação dada pela Lei 12.344/2010); a questão teve que ser adaptada por nós, que trocarmos a palavra "sessenta" (que constava da alternativa) para a palavra "setenta"; **B:** incorreta (art. 1.639, § 1.º, do CC); **C:** incorreta (art. 1.642, II, do CC); **D:** incorreta (art. 1.647, I, do CC).

Gabarito "A"

(OAB/Exame Unificado – 2008.1) Constitui impedimento matrimonial dirimente circunstância que envolva:

(A) pessoa divorciada enquanto não houver sido homologada ou decidida a partilha de bens do casal.
(B) parentesco por afinidade em linha reta, ainda que já dissolvido o casamento que originou a afinidade.

(C) viúvo ou viúva que tiver filho do cônjuge falecido, enquanto não fizer o inventário dos bens do casal e der partilha aos herdeiros.
(D) tutor ou curador e os seus descendentes, ascendentes, irmãos, cunhados e sobrinhos, com a pessoa tutelada ou curatelada, enquanto não cessar a tutela ou curatela e não estiverem saldadas as respectivas contas.

Art. 1.521 do CC.
Gabarito "B"

(OAB/Exame Unificado – 2007.3) Ainda a respeito do direito de família, assinale a opção correta.

(A) O casamento putativo é nulo, mas produzirá todos os efeitos civis perante os contraentes e terceiros até o trânsito em julgado da sentença que declarar a sua nulidade. Por se tratar de ação personalíssima, somente o cônjuge inocente poderá requerer a invalidade desse casamento.
(B) Os nubentes devem fazer opção pelo regime de bens por termo no próprio processo de habilitação do casamento. Quando forem escolher como opção um regime de bens diverso do legal, que é o da separação de bens, deverão fazê-lo por pacto antenupcial ou por escritura pública.
(C) O bem de família é inalienável e impenhorável. A sua administração compete a ambos os cônjuges e, com a morte de qualquer um deles, extingue-se automaticamente o patrimônio comum que foi destinado a garantir a segurança e a moradia do casal.
(D) Em se tratando de separação judicial fundada na culpa, o cônjuge declarado culpado terá direito aos alimentos indispensáveis à subsistência, se deles necessitar e não tiver aptidão para o trabalho nem parentes em condições de prestá-los.

A: incorreta (arts. 1.549 e 1.561 do CC); **B:** incorreta (art. 1.653 do CC); **C:** incorreta (art. 1.720, *caput* e parágrafo único, do CC); **D:** correta. De fato, o dever de alimentos decorre de lei se conjugados o dever de prestar pelo cônjuge e a necessidade do cônjuge culpado pelo rompimento do casamento.
Gabarito "D"

(OAB/Exame Unificado – 2007.3) Relativamente ao direito de família, assinale a opção correta.

(A) É nulo o casamento celebrado com a inobservância de qualquer dos impedimentos apontados na legislação que rege a matéria, em razão do interesse público e social envolvido. A declaração da nulidade acarreta a invalidade do casamento a partir da data da sentença que o invalidou.
(B) Sendo os alimentos concedidos, com fundamento na lei de alimentos, como provisórios ou como provisionais em caráter cautelar, eles são devidos desde a data em que sejam fixados até a data em que seja proferida a sentença que os reduziu.
(C) Consideram-se parentes em linha reta as pessoas que são provenientes de um só tronco e estão umas para com as outras na relação de ascendentes, descendentes, colaterais ou transversais, até o quarto grau de parentesco.
(D) O casamento se dissolve pela morte de um dos cônjuges, pela anulação, pela separação judicial ou pelo divórcio.

A: incorreta (art. 1.563 do CC); **B:** correta. Realmente, os alimentos provisórios ou provisionais fixados somente podem ser reduzidos por outra decisão judicial; **C:** incorreta (art. 1.591 do CC); **D:** incorreta (art. 1.571, § 1.º, do CC).
Gabarito "B"

(OAB/Exame Unificado – 2007.2) Assinale a opção correta quanto ao direito de família.

(A) Será nulo o casamento se, logo depois de celebrado, não for lavrado o assento no livro de registro.
(B) O divórcio litigioso direto não pode ser concedido sem prévia partilha de bens.
(C) A mulher que tenha renunciado aos alimentos na separação judicial tem direito à pensão previdenciária por morte do ex-marido, comprovada a necessidade econômica superveniente.
(D) A bigamia constitui impedimento matrimonial impediente.

A: incorreta (art. 1.548 do CC); **B:** incorreta (art. 1.581 do CC); **C:** correta. Este é o entendimento majoritário dos TRFs e STJ, sendo necessário, para tanto, prova da dependência econômica porquanto ao renunciar os alimentos na separação a esposa perde a qualidade de dependente presumida; **D:** incorreta. A bigamia é impedimento público ou absoluto.
Gabarito "C"

(OAB/Exame Unificado – 2006.1) Acerca do direito de família, assinale a opção correta.

(A) O cônjuge que desistiu dos alimentos por ocasião da separação judicial, sobrevindo modificação em sua situação econômica, deles passando a necessitar, poderá pleitear de seu ex-cônjuge os alimentos necessários, mesmo após o divórcio do casal, fundamentando o seu pedido na irrenunciabilidade aos alimentos.
(B) Considere-se que uma ação de investigação de paternidade tenha sido julgada improcedente por não ter o autor se desincumbido do ônus da prova; a sentença foi confirmada em recurso de apelação e transitou em julgado. Nessa situação, poderá o autor propor nova ação investigatória, sob a alegação de que o direito à filiação é indisponível e imprescritível.
(C) É nulo o casamento celebrado com a inobservância de qualquer dos impedimentos apontados na legislação que rege a matéria. A declaração da nulidade acarreta a invalidade do casamento a partir da data da sentença que o invalidou. No entanto, o casamento produz todos os efeitos civis perante os contraentes até o trânsito em julgado da sentença mencionada.
(D) Se o regime de bens adotado à época do casamento foi o da comunhão universal, os bens adquiridos após a separação de fato são comunicáveis, estando sujeitos à partilha. A sociedade conjugal não se extingue com a separação de fato, a qual não cria, por si, incomunicabilidade de bens ou patrimônio.

A: incorreta. A posição atual do STJ é no sentido de que os alimentos são devidos pelo ex-cônjuge somente se previstos no acordo de separação ou se por sentença declarado responsável pela separação: havendo a mulher dispensado alimentos, no acordo de separação, não pode posteriormente reclamá-los do marido; **B:** correta (Súmula 149 do STF); **C:** incorreta (art. 1.563 do CC); **D:** incorreta, pois a separação de fato torna os bens incomunicáveis.
Gabarito "B"

(FGV – 2005) Assinale a alternativa correta.

(A) A partilha amigável feita por herdeiros, ainda que capazes, depende, exclusivamente, de escritura pública.
(B) A nomeação de tutor compete tanto ao pai, quanto à mãe, separadamente.
(C) A obrigação de prestar alimentos não se transmite aos herdeiros do devedor sob qualquer pretexto ou modo.
(D) Não se permite o casamento, sem autorização dos pais, para os homens menores de 18 (dezoito) anos e para as mulheres menores de 16 (dezesseis) anos.
(E) A dissolução da sociedade conjugal não extingue o bem de família.

A: incorreta. Atualmente a partilha amigável, se todos os herdeiros forem capazes, realmente pode ser feita por escritura pública; porém, havendo testamento ou interessado incapaz, proceder-se-á ao inventário judicial (art. 982 do antigo CPC; art. 610 do Novo CPC); **B:** incorreta (art. 1.729, *caput*, do CC); **C:** incorreta (art. 1.700 do CC); **D:** incorreta (art. 1.517, *caput*, do CC); **E:** correta (art. 1.721, *caput*, do CC).

Gabarito "E"

(FGV – 2005) Assinale a alternativa correta quanto ao tratamento dado pelo Código Civil em matéria de casamento.

(A) Não subsiste o casamento celebrado por aquele que, sem possuir a competência exigida na lei, exercer publicamente as funções de juiz de casamento e, nessa qualidade, tiver registrado o ato no Registro Civil.
(B) Mesmo resultando gravidez, o casamento é anulável por motivo de idade.
(C) A anulação do casamento dos menores de 16 anos poderá ser requerida pelo próprio cônjuge menor.
(D) O prazo para ser intentada a ação de anulação do casamento é de 1 (um) ano, a contar da data da celebração, se incompetente a autoridade celebrante.
(E) Extingue-se, em 2 (dois) anos, o direito de anular o casamento dos menores de 16 (dezesseis) anos, contado o prazo da data do casamento, para seus representantes legais ou ascendentes.

A: incorreta (art. 1.554 do CC); **B:** incorreta (art. 1.551 do CC); **C:** correta (art. 1.552, I, do CC); **D:** incorreta, pois o prazo, nesse caso, é de 2 (dois) anos (art. 1.560, II, do CC); **E:** incorreta, pois o prazo é de 180 (cento e oitenta dias) (art. 1.560, § 1.º, do CC).

Gabarito "C"

7.2. UNIÃO ESTÁVEL

(OAB/Exame Unificado – 2014.3) Augusto, viúvo, pai de Gustavo e Fernanda, conheceu Rita e com ela manteve, por dez anos, um relacionamento amoroso contínuo, público, duradouro e com objetivo de constituir família. Nesse período, Augusto não se preocupou em fazer o inventário dos bens adquiridos quando casado e em realizar a partilha entre os herdeiros Gustavo e Fernanda. Em meados de setembro do corrente ano, Augusto resolveu romper o relacionamento com Rita.

Face aos fatos narrados e considerando as regras de Direito Civil, assinale a opção correta.

(A) A ausência de partilha dos bens de Augusto com seus herdeiros Gustavo e Fernanda caracteriza causa suspensiva do casamento, o que obsta o reconhecimento da união estável entre Rita e Augusto.
(B) Sendo reconhecida a união estável entre Augusto e Rita, aplicar-se-ão à relação patrimonial as regras do regime de comunhão universal de bens, salvo se houver contrato dispondo de forma diversa.
(C) Em razão do fim do relacionamento amoroso, Rita poderá pleitear alimentos em desfavor de Augusto, devendo, para tanto, comprovar o binômio necessidade-possibilidade.
(D) As dívidas contraídas por Augusto, na constância do relacionamento com Rita, em proveito da entidade familiar, serão suportadas por Rita de forma subsidiária.

A: incorreta, pois as causas suspensivas previstas no art. 1.523 do Código Civil (que incluem a mencionada na alternativa) não impedem a caracterização da união estável (art. 1.723, § 2º, do CC); ademais, de rigor mencionar que a sanção decorrente da existência dessa causa suspensiva não se aplica quando não há prejuízo, o que muitas vezes é possível provar no caso concreto; **B:** incorreta, pois, na união estável, salvo disposição escrita em contrário, aplica-se o regime da comunhão *parcial* de bens (art. 1.725 do CC); **C:** correta, pois há dever de alimentos entre companheiros numa união estável, configurado no caso concreto o binômio mencionado (art. 1.694, *caput*, do CC); **D:** incorreta, pois as dívidas serão suportadas diretamente pelos dois, na forma do art. 1.664 do CC.

Gabarito "C"

(OAB/Exame Unificado – 2011.2) Em relação à união estável, assinale a alternativa correta.

(A) O contrato de união estável é solene, rigorosamente formal e sempre público.
(B) Não há presunção legal de paternidade no caso de filho nascido na constância da união estável.
(C) Quem estiver separado apenas de fato não pode constituir união estável, sendo necessária, antes, a dissolução do anterior vínculo conjugal; nesse caso, haverá simples concubinato.
(D) Para que fique caracterizada a união estável, é necessário, entre outros requisitos, tempo de convivência mínima de cinco anos, desde que durante esse período a convivência tenha sido pública e duradoura.

A: incorreta, pois a lei só exige que o contrato seja escrito, não sendo necessário que se trate de escritura pública (art. 1.725 do CC); **B:** correta, pois a presunção prevista no art. 1.597 do CC depende da existência de "casamento"; **C:** incorreta, pois é possível que alguém ainda casado constitua uma união estável, desde que esteja separado de fato ou judicialmente da pessoa com que tenha casado (art. 1.723, § 1.º, do CC); **D:** incorreta, pois, para se constituir a união estável, basta que haja a convivência pública, contínua e duradoura e estabelecida com o objetivo de constituição de família (art. 1.723, *caput*, do CC), não havendo tempo mínimo de união para a caracterização do instituto.

Gabarito "B"

(OAB/Exame Unificado – 2010.2) Jane e Carlos constituíram uma união estável em julho de 2003 e não celebraram contrato para regular as relações patrimoniais decorrentes da aludida entidade familiar. Em março de 2005, Jane recebeu R$ 100.000,00 (cem mil reais) a título de doação de seu tio Túlio. Com os R$ 100.000,00 (cem mil reais), Jane adquiriu em maio de 2005 um imóvel na Barra da Tijuca. Em 2010, Jane e Carlos se separaram. Carlos procura um advogado, indagando se tem direito a partilhar o imóvel adquirido por Jane na Barra da Tijuca em maio de 2005. Assinale a alternativa que indique a orientação correta a ser exposta a Carlos.

(A) Por se tratar de bem adquirido a título oneroso na vigência da união estável, Carlos tem direito a partilhar o imóvel adquirido por Jane na Barra da Tijuca em maio de 2005.

(B) Carlos não tem direito a partilhar o imóvel adquirido por Jane na Barra da Tijuca em maio de 2005 porque, salvo contrato escrito entre os companheiros, aplica-se às relações patrimoniais entre os mesmos o regime da separação total de bens.

(C) Carlos não tem direito a partilhar o imóvel adquirido por Jane na Barra da Tijuca em maio de 2005 porque, em virtude da ausência de contrato escrito entre os companheiros, aplica-se às relações patrimoniais entre os mesmos o regime da comunhão parcial de bens, que exclui dos bens comuns entre os consortes aqueles doados e os sub-rogados em seu lugar.

(D) Carlos tem direito a partilhar o imóvel adquirido por Jane na Barra da Tijuca em maio de 2005 porque, muito embora o referido bem tenha sido adquirido com o produto de uma doação, não se aplica a sub-rogação de bens na união estável.

A alternativa "C" está correta, pois, de acordo com o art. 1.725 do Código Civil, não havendo contrato escrito entre os companheiros, aplica-se às relações patrimoniais entre estes o regime de comunhão parcial. Esse regime, de fato, exclui da comunhão os bens que um companheiro tiver recebido em doação (no caso, os R$ 100 mil) e os sub-rogados em seu lugar (no caso, o imóvel), nos termos do art. 1.659, I, do Código Civil.

Gabarito "C"

(OAB/Exame Unificado – 2009.1) A respeito do direito de família, assinale a opção correta.

(A) Suponha que uma criança tenha sido concebida com material genético de Maria e de um terceiro, tendo sido a inseminação artificial previamente autorizada pelo marido de Maria. Nessa situação hipotética, o Código Civil prevê expressamente que a criança é presumidamente considerada, para todos os efeitos legais, filha de Maria e de seu marido.

(B) Os cunhados, juridicamente, não podem ser classificados como parentes.

(C) Aplicam-se à união estável as regras do regime da separação de bens, salvo contrato escrito em que se estipule o contrário.

(D) Não pode ser reconhecida como união estável a relação pública, contínua, duradoura e com ânimo de constituir família, entre uma mulher solteira e um homem casado que esteja separado de fato.

A: correta (art. 1.597, V, do CC); **B:** incorreta (art. 1.595, § 1.º, do CC); **C:** incorreta (art. 1.725 do CC); **D:** incorreta (art. 1.723, § 1.º, do CC).

Gabarito "A"

(FGV – 2009) Caio, brasileiro, casado, engenheiro, residente à Rua do Acre, n. 50, Belém/PA é designado para realizar tarefas profissionais na aprazível cidade de Óbidos/PA, onde mantém conhecimento com Júlia, professora, residente àquela localidade. Após rápido relacionamento, Caio retorna para a capital do Estado, tendo notícia da gravidez de Júlia. Caio compromete-se a financiar as despesas do parto, bem como fornecer alimentos ao seu filho, de nome Túlio, voluntariamente. Em nenhum momento, houve coabitação comum, sendo certo que o genitor sempre exerceu o seu direito de visitas, participando da vida do filho, comparecendo ao colégio, quando necessário, e às festas de aniversário. Após vinte anos, Julia ingressou com ação declaratória aduzindo longa relação afetiva com Caio, afirmando que, sendo ambos solteiros, nada impediria a transformação do relacionamento existente em casamento e requerendo que fosse proferida sentença de reconhecimento da união estável do casal. O réu, regularmente citado, aduz que, na verdade, houve relacionamento fugaz, habitando a autora e o réu em cidades distantes, não sendo caracterizada a continuidade do relacionamento capaz de transformá-lo em união estável. Caio afirma que o seu relacionamento ocorria, exclusivamente, com o filho advindo, por força da responsabilidade legal e afetiva que portava, postulando a improcedência do pedido. Após a instrução probatória, os fatos articulados pelo réu foram devidamente comprovados. Diante de tal contexto, analise as afirmativas a seguir.

I. O relacionamento fugaz, mesmo com o advento de filhos não caracteriza a união estável.

II. O fato de uma das pessoas envolvidas em relacionamento afetivo portar a condição de casada inviabiliza a caracterização da união estável, nos termos da lei civil em vigor.

III. Um dos deveres que deflui da união estável é o de sustentar e educar os filhos comuns.

IV. A prestação voluntária de alimentos em valores inadequados ao sustento da criança caracteriza a falta de interesse em buscar a fixação dos valores judicialmente.

V. As relações patrimoniais decorrentes da união estável obedecem ao regime da comunhão universal de bens, salvo contrato escrito.

Assinale:

(A) se somente a afirmativa IV estiver correta.

(B) se somente as afirmativas II e V estiverem corretas.

(C) se somente as afirmativas III e IV estiverem corretas.

(D) se somente as afirmativas I, II e III estiverem corretas.

(E) se somente as afirmativas II, III e IV estiverem corretas.

I: correta, pois para caracterização da união estável a convivência deve ser duradoura (art. 1.723 do CC); **II:** correta, pois poderá haver a união estável se a pessoa estiver separada de fato (art. 1.723, § 1.º, do CC); **III:** correta (art. 1.724 do CC); **IV:** incorreta, pois não existe essa previsão legal; a parte conserva o interesse mesmo que aceite extrajudicialmente valor insuficiente ao sustento do filho; **V:** incorreta (art. 1.725 do CC).

Gabarito "D"

7.3. FILIAÇÃO E PATERNIDADE

(OAB/Exame Unificado – 2016.1) Júlio, casado com Isabela durante 23 anos, com quem teve 3 filhos, durante audiência realizada em ação de divórcio cumulada com partilha de bens proposta por Isabela, reconhece, perante o Juízo de Família, um filho havido de relacionamento extraconjugal. Posteriormente, arrependido, Júlio deseja revogar tal reconhecimento. Sobre os fatos narrados, assinale a afirmativa correta.

(A) O reconhecimento de filho só é válido se for realizado por escritura pública ou testamento.

(B) O reconhecimento de filho realizado por Júlio perante o Juízo de Família é ato irrevogável.
(C) O reconhecimento de filho em Juízo só tem validade em ação própria com essa finalidade.
(D) Júlio só poderia revogar o ato se este tivesse sido realizado por testamento.

A e C: incorreta, pois o reconhecimento de filhos havidos fora do casamento também pode se dar no registro de nascimento, por escritura particular, por testamento e por manifestação direta e expressa perante o juiz, ainda que o reconhecimento não haja sido o objeto único e principal do ato que o contém (art. 1.609 do CC); **B:** correta, pois o reconhecimento de filhos havidos fora do casamento é, de fato, irrevogável (art. 1.609, *caput*, do CC), sem contar que pode se dar também por manifestação direta e expressa perante o juiz (inclusive de Família), ainda que o reconhecimento não haja sido o objeto único e principal do ato que o contém (art. 1.609 do CC); **D:** incorreta, pois o reconhecimento de filhos havidos fora do casamento é irrevogável em qualquer hipótese (art. 1.609, *caput*, do CC), mesmo quando feito em testamento (art. 1.610 do CC).

Gabarito "B"

(OAB/Exame Unificado – 2014.3) Mateus não tinha mais parentes, nunca tivera descendentes e jamais havia vivido em união estável ou em matrimônio. Há alguns anos, ele decidiu fazer um testamento e deixar todo o seu patrimônio para seus amigos da vida toda, Marcos e Lucas. Seis meses depois da lavratura do testamento, por força de um exame de DNA, Mateus descobriu que tinha um filho, Alberto, 29 anos, que não conhecia, fruto de um relacionamento fugaz ocorrido no início de sua faculdade.

Mateus reconheceu a paternidade de Alberto no Registro Civil e passou a conviver periodicamente com o filho. No mês passado, Mateus faleceu.

Sobre sua sucessão, assinale a afirmativa correta.

(A) Todo o patrimônio de Mateus caberá a Alberto.
(B) Todo o patrimônio de Mateus caberá a Marcos e Lucas, por força do testamento.
(C) Alberto terá direito à legítima, cabendo a Marcos e Lucas a divisão da quota disponível.
(D) A herança de Mateus caberá igualmente aos três herdeiros.

A: correta, pois, de acordo com o art. 1.973 do CC, "sobrevindo descendente sucessível ao testador, que não o tinha ou não o conhecia quando testou, rompe-se o testamento em todas as suas disposições, se esse descendente sobreviver ao testador"; assim, como aparecimento de Alberto, o testamento que favorecia os dois amigos de Mateus fica rompido, ficando apenas Alberto como herdeiro; **B, C e D:** incorretas, pois, com o aparecimento do herdeiro de Mateus, desconhecido à época do testamento deste, as disposições testamentárias ficam rompidas e somente Alberto receberá a herança de Mateus.

Gabarito "A"

(OAB/Exame Unificado – 2013.1) Rogério, solteiro, maior e capaz, estando acometido por grave enfermidade, descobre que é pai biológico de Mateus, de dez anos de idade, embora não conste a filiação paterna no registro de nascimento. Diante disso, Rogério decide lavrar testamento público, em que reconhece ser pai de Mateus e deixa para este a totalidade de seus bens. Sobrevindo a morte de Rogério, Renato, maior e capaz, até então o único filho reconhecido por Rogério, é surpreendido com as disposições testamentárias e resolve consultar um advogado a respeito da questão.

A partir do fato narrado, assinale a afirmativa correta.

(A) Todas as disposições testamentárias são inválidas, tendo em vista que, em seu testamento, Rogério deixou de observar a parte legítima legalmente reconhecida a Renato, o que inquina todo o testamento público, por ser este um ato único.
(B) A disposição testamentária que reconhece a paternidade de Mateus é válida, devendo ser incluída a filiação paterna no registro de nascimento; a disposição testamentária relativa aos bens deverá ser reduzida ao limite da parte disponível, razão pela qual Mateus receberá o quinhão equivalente a 75% da herança e Renato o quinhão equivalente a 25% da herança.
(C) Todas as disposições testamentárias são inválidas, uma vez que Rogério não poderia reconhecer a paternidade de Mateus em testamento e, ainda, foi desconsiderada a parte legítima de seu filho Renato.
(D) A disposição testamentária que reconhece a paternidade de Mateus é válida, devendo ser incluída a filiação paterna no registro de nascimento; é, contudo, inválida a disposição testamentária relativa aos bens, razão pela qual caberá a cada filho herdar metade da herança de Rogério.

A, C e D: incorretas, pois a parte de reconhecimento do filho pode ser feita por testamento (art. 1.609, III, do CC) e é irrevogável, devendo ser mantida, assim como a disposição, restrita ao equivalente a 50% do patrimônio, que é a parte disponível (art. 1.846 do CC); **B:** correta; quanto ao reconhecimento de filhos por testamento público, não há problema algum (art. 1.609, III, do CC); quanto ao direcionamento da totalidade dos bens em favor do filho reconhecido (Mateus), não é possível, pois há um herdeiro necessário no caso (o outro filho – Renato), hipótese em que metade da herança (a legítima) não pode ser objeto de disposição (art. 1.846 do CC).

Gabarito "B"

(OAB/Exame Unificado – 2012.1) A respeito da perfilhação é correto dizer que:

(A) constitui ato formal, de livre vontade, irretratável, incondicional e personalíssimo.
(B) se torna perfeita exclusivamente por escritura pública ou instrumento particular.
(C) não admite o reconhecimento de filhos já falecidos, quando estes hajam deixado descendentes.
(D) em se tratando de filhos maiores, dispensa-se o consentimento destes.

A: correta; a perfilhação, que significa o reconhecimento de um filho, é ato formal, pois deve obedecer a uma das formas previstas na lei (v. art. 1.609 do CC), de livre vontade (feito pela vontade dos pais), irretratável (não cabe revogação – art. 1.610 do CC), incondicional (são ineficazes a condição e o termo apostos ao ato de reconhecimento) e personalíssimo (devendo ser feita pelo próprio pai); **B:** incorreta, pois o reconhecimento de filho também pode ser feito no próprio registro público, por testamento e por manifestação direta e expressa perante o juiz (art. 1.609, I, III e IV, do CC); **C:** incorreta, pois o reconhecimento pode preceder o nascimento do filho ou ser posterior ao seu falecimento, se ele deixar antecedentes (art. 1.609, parágrafo único, do CC); **D:** incorreta, pois o filho maior não pode ser reconhecido sem o seu consentimento (art. 1.614 do CC).

Gabarito "A"

(OAB/Exame Unificado – 2009.2) Com base no Código Civil brasileiro, assinale a opção correta acerca do reconhecimento dos filhos.

(A) O filho havido fora do casamento não pode ser reconhecido, separadamente, pelos pais.
(B) O filho maior pode ser reconhecido, independentemente de seu consentimento, visto que o reconhecimento da paternidade constitui direito subjetivo do genitor.
(C) O filho havido fora do casamento e reconhecido por um dos cônjuges não poderá residir no lar conjugal sem o consentimento do outro cônjuge.
(D) É passível de revogação o reconhecimento dos filhos havidos fora do casamento.

A: incorreta (art. 1.607 do CC); **B:** incorreta (art. 1.614 do CC); **C:** correta (art. 1.611 do CC); **D:** incorreta (art. 1.610 do CC).
Gabarito "C"

(OAB/Exame Unificado – 2006.2) Acerca do direito de família, assinale a opção correta.

(A) Com a morte presumida extinguem-se a sociedade e o vínculo conjugal, o que permite que os cônjuges se casem novamente. Entretanto, se o morto presumido aparecer, o segundo casamento é declarado nulo.
(B) Na união estável, assim como no casamento, são deveres dos companheiros a lealdade, o respeito e a assistência mútua. Tanto o dever de lealdade quanto o de respeito mútuo provocam injúrias graves quando descumpridos. Paralelamente à deslealdade está o adultério, quebrando o direito-dever de fidelidade entre os companheiros.
(C) O autor da ação investigatória de paternidade tem direito a alimentos provisórios fixados antes da sentença declaratória da filiação, e esses são devidos ainda que a decisão seja objeto de recurso.
(D) Nas ações desconstitutivas do vínculo do casamento, o curador, o ascendente ou o irmão têm legitimidade representativa para propor ou defender cônjuge sem plena capacidade, dispensando-se, assim, a prévia interdição ou o pedido de substituição do curador para que os parentes eleitos pela lei possam vir a juízo.

A: incorreta (art. 1.571, § 1.º, do CC); o segundo casamento não será nulo, pois o primeiro casamento foi dissolvido. Logo, está o cônjuge livre para contrair novo matrimônio; **B:** incorreta (arts. 1.566 e 1.724, ambos do CC); **C:** incorreta. Não cabem alimentos provisórios na ação de investigação de paternidade por falta de prova do parentesco (art. 2.º da Lei de Alimentos); **D:** correta (art. 1.576, parágrafo único, do CC).
Gabarito "D"

(FGV – 2010) Mévia e Tício contraem núpcias no dia 14 de abril de 2007. Em 21 de janeiro de 2008 nasce o filho do casal Nero da Silva. No dia 22 de janeiro do mesmo ano, Tício vem a falecer. Após três meses de luto, Mévia vem a conhecer Caio e, com ele, mantém relações sexuais. Em 23 de janeiro de 2009 nasce Kate. Caio veio a se casar com Antônia em maio de 2008, não tendo filhos dessa união. Procurado por Mévia decide reconhecer Kate, por escritura pública, devidamente averbada no registro civil. Mévia decide trilhar novos caminhos e viajar para a Índia, onde realizará o seu encontro espiritual e comunica o fato a Caio, dizendo-lhe que a guarda de Kate lhe será transferida, assim que seus preparativos de viagem forem ultimados. Caio, ansioso, comunica a situação à sua esposa Antônia que não concorda com a presença da menor Kate no lar conjugal. Diante dos fatos narrados analise as afirmativas a seguir:

I. o reconhecimento da filiação pode ser unilateral por um dos genitores e constante de escritura pública.
II. o menor reconhecido por um dos cônjuges e sendo fruto de relação extraconjugal somente poderá residir no lar conjugal se o outro aquiescer.
III. Antônia, esposa de Caio poderá impugnar o reconhecimento de paternidade da menor Kate, por via judicial.
IV. o ato de reconhecimento da maternidade ou paternidade é irrevogável.
V. os filhos nascidos de quaisquer relações não podem ser discriminados pela origem, se oriundos ou não do casamento ou mesmo adotados.

Assinale:

(A) se somente as afirmativas IV e V forem verdadeiras.
(B) se somente as afirmativas II e IV forem verdadeiras.
(C) se somente as afirmativas II e III forem verdadeiras.
(D) se somente as afirmativas I, II e V forem verdadeiras.
(E) se somente as afirmativas I, II, IV e V forem verdadeiras.

I: verdadeira, nos termos dos arts. 1.607 e 1.609, II, do CC; **II:** verdadeira (art. 1.611 do CC); **III:** falsa, pois apenas o filho menor reconhecido pode impugnar o reconhecimento (art. 1.614 do CC); **IV:** verdadeira (art. 1.610 do CC); **V:** verdadeira (art. 1.596 do CC).
Gabarito "E"

(FGV – 2004) Os filhos nascidos na constância do casamento presumem-se legítimos, podendo esta legitimidade ser elidida:

(A) pelos herdeiros, em qualquer hipótese.
(B) por qualquer interessado, se comprovado o adultério.
(C) pelo marido, privativamente.
(D) pelos ascendentes em linha direta.
(E) pelo Ministério Público, tendo em vista a relevância do interesse.

Art. 1.601, *caput*, do CC.
Gabarito "C"

7.4. ALIMENTOS

(OAB/Exame Unificado – 2015.2) Maria, solteira, após a morte de seus pais em acidente automobilístico, propõe demanda por alimentos em face de Pedro, seu parente colateral de segundo grau. Diante dos fatos narrados e considerando as normas de Direito Civil, assinale a opção correta.

(A) Como Pedro é parente colateral de Maria, não tem obrigação de prestar alimentos a esta, ainda que haja necessidade por parte dela.
(B) Pedro só será obrigado a prestar alimentos caso Maria não possua ascendentes nem descendentes, ou, se os possuir, estes não tiverem condições de prestá-los ou complementá-los.
(C) A obrigação de prestar alimentos é solidária entre ascendentes, descendentes e colaterais, em havendo necessidade do alimentando e possibilidade do alimentante.

(D) Pedro não tem obrigação de prestar alimentos, pois não é irmão de Maria.

A: incorreta; se Pedro é parente em segundo grau de Maria, é porque é irmão desta; e irmãos devem alimentos para irmãos, desde que o necessitado não tenha ascendentes ou descendentes que possam arcar com alimentos para eles (arts. 1.697 e 1.698 do CC); B: correta, nos termos dos art. 1.697 e 1.698 do CC; C: incorreta; em primeiro lugar, a obrigação em questão não é exatamente solidária, pois há uma ordem a seguir: primeiro ascendentes, depois descendentes e por último os irmãos (art. 1.697 do CC); em segundo lugar, somente os parentes colaterais que forem irmãos tem o dever de prestar alimentos para o necessitado, sendo que os demais parente colaterais não têm esse dever (art. 1.697 do CC); D: incorreta, pois se Pedro é parente em segundo grau de Maria, é porque é irmão desta (art. 1.594 do CC).

Gabarito "B"

(OAB/Exame Unificado – 2013.2) Fernanda, mãe da menor Joana, celebrou um acordo na presença do Juiz de Direito para que Arnaldo, pai de Joana, pague, mensalmente, 20% (vinte por cento) de 01 (um) salário mínimo a título de alimentos para a menor. O Juiz homologou por sentença tal acordo, apesar de a necessidade de Joana ser maior do que a verba fixada, pois não existiam condições materiais para a majoração da pensão em face das possibilidades do devedor.

Após um mês, Fernanda tomou conhecimento que Arnaldo trocou seu emprego por outro com salário maior e procurou seu advogado para saber da possibilidade de rever o valor dos alimentos fixados em sentença transitada em julgado.

Analisando o caso concreto, assinale a afirmativa correta.

(A) Não é possível rever o valor dos alimentos fixados, pois o mesmo já foi decidido em sentença com trânsito em julgado formal.

(B) Não é possível rever o valor dos alimentos fixados, pois o mesmo é fruto de acordo celebrado entre as partes e homologado por juiz de direito.

(C) É possível rever o valor dos alimentos, pois no caso concreto houve mudança do binômio "necessidade x possibilidade".

(D) É possível rever o valor dos alimentos, pois o acordo celebrado entre as partes e homologado pelo juiz de direito está abaixo do limite mínimo de 30% (trinta por cento) de 01 (um) salário-mínimo, fixado em lei, como mínimo indispensável que uma pessoa deve receber de alimentos.

A e B: incorretas, pois o art. 1.699 do CC é claro ao dispor que, havendo posterior mudança na situação financeira do alimentante, poderá o alimentando reclamar ao juiz alteração dos alimentos; C: correta; de fato, havendo alteração para mais ou para menos da necessidade (do alimentando) ou da possibilidade (do alimentante), é possível a alteração nos alimentos fixados (art. 1.699 do CC); D: incorreta, pois não há previsão legal de limite mínimo de prestação alimentícia.

Gabarito "C"

(OAB/Exame Unificado – 2012.3.A) Henrique e Natália, casados sob o regime de comunhão parcial de bens, decidiram se divorciar após 10 anos de união conjugal. Do relacionamento nasceram Gabriela e Bruno, hoje, com 8 e 6 anos, respectivamente. Enquanto esteve casada, Natália, apesar de ter curso superior completo, ser pessoa jovem e capaz para o trabalho, não exerceu atividade profissional para se dedicar integralmente aos cuidados da casa e dos filhos.

Considerando a hipótese acima e as regras atinentes à prestação de alimentos, assinale a afirmativa correta.

(A) Uma vez homologado judicialmente o valor da prestação alimentícia devida por Henrique em favor de seus filhos Gabriela e Bruno, no percentual de um salário-mínimo para cada um, ocorrendo a constituição de nova família por parte de Henrique, automaticamente será minorado o valor dos alimentos devido aos filhos do primeiro casamento.

(B) Henrique poderá opor a impenhorabilidade de sua única casa, por ser bem de família, na hipótese de ser acionado judicialmente para pagar débito alimentar atual aos seus filhos Gabriela e Bruno.

(C) Natália poderá pleitear alimentos transitórios e por prazo razoável, se demonstrar sua dificuldade em ingressar no mercado de trabalho em razão do longo período que permaneceu afastada do desempenho de suas atividades profissionais para se dedicar integralmente aos cuidados do lar.

(D) Caso Natália descubra, após dois meses de separação de fato, que espera um filho de Henrique, serão devidos alimentos gravídicos até o nascimento da criança, pois após este fato a obrigação alimentar somente será exigida em ação judicial própria.

A: incorreta, pois, de acordo com o STJ, "a circunstância de o alimentante constituir nova família, com nascimento de filhos, por si só, não importa na redução da pensão alimentícia paga à filha havida de união anterior, sobretudo se não resta verificada a mudança para pior na situação econômica daquele" (STJ, REsp 703.308); B: incorreta, pois o art. 3.º, III, da Lei 8.009/1990, dispõe que a impenhorabilidade do bem família não pode ser oposta em se tratando de ação em face de credor de pensão alimentícia; C: correta; de um lado, Natália ficou muito tempo afastada do trabalho em prol da família; de outro, ainda é jovem e capaz para o trabalho; nesse sentido, o STJ entende que "a obrigação de prestar alimentos transitórios – a tempo certo – é cabível, em regra, quando o alimentando é pessoa com idade, condições e formação profissional compatíveis com uma provável inserção no mercado de trabalho, necessitando dos alimentos apenas até que atinja sua autonomia financeira, momento em que se emancipará da tutela do alimentante – outrora provedor do lar –, que será então liberado da obrigação, a qual se extinguirá automaticamente" (STJ, REsp 1.025.769, DJ 1º.09.2010); D: incorreta, pois, uma vez fixados os alimentos gravídicos, estes ficam convertidos em pensão alimentícia em favor do menor até que uma das partes solicite a sua revisão, após o nascimento com vida (art. 6.º, parágrafo único, da Lei 11.804/2008), tudo de forma automática, ou seja, sem que seja necessário ingressar com ação judicial própria.

Gabarito "C"

(OAB/Exame Unificado – 2010.3) Em relação aos alimentos, assinale a alternativa correta.

(A) No atual Código Civil, o cônjuge eventualmente declarado culpado pela separação não sofre qualquer restrição em seu direito de pedir alimentos ao outro cônjuge.

(B) A obrigação alimentar possui como característica básica ser irrenunciável, não poder ser restituída ou compensável e ser intransmissível.

(C) Eles não servem apenas para garantir as necessidades básicas do alimentando, mas também para preservar a condição social de quem os pleiteia.

(D) A possibilidade de os filhos maiores pedirem alimentos aos pais continua a existir após se atingir a maioridade, em razão da continuação do poder familiar que esses exercem sobre os filhos necessitados.

A: incorreta, pois o art. 1.694, § 1.º, do CC estabelece que os alimentos serão apenas os indispensáveis à subsistência, quando a situação de necessidade resultar de culpa de quem os pleiteia; **B:** incorreta, pois há casos de transmissão da obrigação alimentar (art. 1.700 do CC); **C:** correta, bastando fazer a interpretação *a contrario sensu* do disposto no art. 1.694, § 1.º, do CC; **D:** incorreta, pois tal possibilidade decorre do vínculo de família, e não da continuação do poder familiar, pois tal poder cessa com a maioridade do filho.

Gabarito "C"

(OAB/Exame Unificado – 2010.1) Assinale a opção correta acerca da prestação de alimentos.

(A) Somente os filhos têm o direito de pedir alimentos.

(B) O direito a alimentos é recíproco entre pais e filhos.

(C) Após a separação judicial do casal, mesmo que o cônjuge venha a necessitar de alimentos, ele não mais poderá pleitear ao outro cônjuge a prestação alimentícia.

(D) Os créditos alimentares prescrevem em 5 (cinco) anos.

A: incorreta. Segundo o art. 1.694 do CC, "podem os parentes, os cônjuges ou companheiros pedir uns aos outros os alimentos de que necessitem para viver de modo compatível com a sua condição social, inclusive para atender às necessidades de sua educação". E também o art. 1.696 do CC dispõe que: "O direito à prestação de alimento é recíproco entre pais e filhos e extensivo a todos os ascendentes, recaindo a obrigação nos mais próximos em grau, uns em falta de outros"; **B:** correta. De acordo com o art. 1.696 do CC, "o direito à prestação de alimento é recíproco entre pais e filhos e extensivo a todos os ascendentes, recaindo a obrigação nos mais próximos em grau, uns em falta de outros"; **C:** incorreta. De acordo com o art. 1.704 do CC, se um dos ex-cônjuges, já separado judicialmente, vier a necessitar de alimentos, o outro terá o dever de prestá-los, mediante o pagamento de pensão arbitrada pelo juiz, caso não tenha sido declarado culpado na separação judicial; **D:** incorreta. De acordo com o art. 206, § 2.º, do CC, "Prescreve em 2 (dois) anos a pretensão para haver prestações alimentares, a partir da data em que se vencerem".

Gabarito "B"

(OAB/Exame Unificado – 2009.2) Assinale a opção correta acerca dos encargos alimentares.

(A) A transmissão da obrigação alimentícia não ocorre em relação aos herdeiros do devedor, visto que é obrigação personalíssima.

(B) Admite-se a prestação de alimentos com caráter complementar, desde que reste comprovado que os alimentos originalmente fixados não atendem integralmente às necessidades do credor.

(C) Alimentos são devidos entre cônjuges, companheiros e parentes, limitando-se, neste caso, aos colaterais até o terceiro grau.

(D) A fixação dos alimentos privilegia a necessidade em detrimento da possibilidade.

A: incorreta (art. 1.700 do CC); **B:** correta (art. 1.699 do CC); **C:** incorreta (arts. 1.694 do CC); **D:** incorreta (art. 1.694, § 1.º, do CC).

Gabarito "B"

(OAB/Exame Unificado – 2008.2) A respeito da disciplina dos alimentos no Código Civil vigente, assinale a opção correta.

(A) É possível que a pessoa que necessite dos alimentos não venha a pedi-los, mas a renúncia do direito a alimentos não é permitida.

(B) O cônjuge declarado culpado na ação de separação judicial não pode pedir alimentos ao outro.

(C) O crédito decorrente da obrigação alimentar é insuscetível de cessão e penhora, mas admite-se a sua compensação como forma de se evitar o enriquecimento sem causa.

(D) Por ser de caráter personalíssimo, a obrigação de prestar alimentos não pode ser transmitida aos herdeiros.

A: correta (art. 1.707 do CC); **B:** incorreta (art. 1.704, parágrafo único, do CC); **C:** incorreta (art. 1.707 do CC); **D:** incorreta (art. 1.700 do CC).

Gabarito "A"

(OAB/Exame Unificado – 2008.1) Assinale a opção correta acerca dos alimentos.

(A) Os alimentos provisionais concedidos em ação cautelar incidental são repetíveis caso sobrevenha sentença que julgue improcedente o respectivo pedido.

(B) O credor de alimentos pode pleitear alimentos complementares ao parente de outra classe se o mais próximo não estiver em condições de suportar totalmente o encargo, e, sendo várias as pessoas obrigadas a prestar alimentos, todas devem concorrer na proporção dos respectivos recursos.

(C) Havendo renúncia ou dispensa dos alimentos na ação de divórcio, poderá posteriormente qualquer um dos ex-cônjuges postular pensão alimentícia ao outro, invocando os princípios da solidariedade familiar e da capacidade financeira do outro, sob a alegação de que não tem bens suficientes, nem pode prover, com o seu trabalho, à própria mantença.

(D) A obrigação alimentar decorre da lei, que indica os parentes obrigados de forma taxativa, sendo devidos os alimentos, reciprocamente, pelos pais, filhos, ascendentes, descendentes e colaterais até o quarto grau, incluindo-se, consequentemente, tios e sobrinhos.

A: incorreta. A obrigação alimentar é irrepetível, isto é, uma vez prestados, os alimentos não devem ser devolvidos, quer sejam alimentos provisionais ou os definitivos; **B:** correta (art. 1.698 do CC); **C:** incorreta. A posição atual do STJ é no sentido de que os alimentos são devidos pelo ex-cônjuge somente se previstos no acordo de separação ou se por sentença declarado responsável pela separação: havendo a mulher dispensado alimentos, no acordo de separação, não pode posteriormente reclamá-los do marido; **D:** incorreta (art. 1.696 do CC).

Gabarito "B"

(FGV – 2011) Abelhudo, cidadão brasileiro, contrai casamento com Abelhudinha, tendo o casal três filhos. Infelizmente, o casal resolve divorciar-se, e o varão assume o dever de prestar alimentos à sua ex-esposa e aos seus filhos. Apesar de contar com boa remuneração, Abelhudo deixa de pagar várias prestações dos alimentos acordados judicialmente, vindo a sofrer processo de cobrança, tendo sua ex-mulher requerido sua prisão caso não solvesse a dívida. O varão, apesar de regularmente comunicado do processo, não pagou a dívida nem justificou o não pagamento, vindo sua prisão a ser declarada pelo magistrado presidente do processo. A respeito da prisão civil, é correto afirmar que:

(A) é admissível quando o devedor contrai dívidas com fornecedores.
(B) está restrita à dívida quando ela tem natureza de alimentos.
(C) foi extinta após a edição da Constituição Federal de 1988.
(D) é constitucionalmente prevista para homens inadimplentes de alimentos.
(E) está preservada somente para militares em tempo de guerra.

O STF só admite prisão por dívida civil no caso de dívida de alimentos. A prisão civil do depositário infiel não mais é admitida em nosso Direito, por conta do Pacto de São José da Costa Rica.

Gabarito "B".

(FGV – 2008) Francisco (68) e Adair Souza (67), pais de Roberto Souza, ingressam em juízo em face do filho, pleiteando alimentos de R$ 2 mil. Em sua resposta, o filho alega que só poderia arcar com alimentos de R$ 1 mil e requer que seja chamada à lide sua irmã, Clarice. A obrigação dos filhos de Francisco e Adair, com relação a prestar alimentos aos pais, é:

(A) conjunta.
(B) solidária.
(C) subsidiária.
(D) concomitante.
(E) subsequente.

Arts. 1.º e 12 da Lei 10.741/2003 (Estatuto do Idoso).

Gabarito "B".

7.5. PODER FAMILIAR

(OAB/Exame Unificado – 2011.3.B) A respeito do poder familiar, assinale a alternativa correta.

(A) O filho que possua dezesseis anos de idade, ainda que tenha contraído casamento válido, permanece sujeito ao poder familiar de seus pais até que complete dezoito anos de idade.
(B) Na constância do casamento entre os pais, havendo falta ou impedimento de um deles, caberá ao outro obter autorização judicial, a fim de exercer com exclusividade o poder familiar sobre os filhos comuns do casal.
(C) Exorbita os limites do exercício do poder familiar exigir que os filhos prestem quaisquer serviços aos pais, ainda que sejam considerados próprios para a idade e condição daqueles.
(D) Não é autorizado ao novo cônjuge interferir no poder familiar exercido por sua esposa sobre os filhos por ela havidos na constância do primeiro casamento, mesmo em caso de falecimento do pai das crianças.

A: incorreta, pois, com o casamento, ocorre a emancipação, sendo que o poder familiar só se exerce enquanto os filhos estão na menoridade (art. 1.630 do CC); **B:** incorreta, pois na falta ou impedimento de um dos pais, o outro, por força direta da lei, exercerá o poder familiar com exclusividade (art. 1.631, *caput*, parte final, do CC); **C:** incorreta, pois compete aos pais, quanto à pessoa dos filhos menores, exigir que lhes prestem os serviços próprios de sua idade e condição (art. 1.634, VII, do CC); **D:** correta (arts. 1.632 e 1.636 do CC).

Gabarito "D".

(FGV – 2008) Ocorre a suspensão do poder familiar, quanto ao pai ou à mãe, quando condenados por sentença irrecorrível, cuja pena exceda a:

(A) 1 (um) ano.
(B) 2 (dois) anos.
(C) 3 (três) anos.
(D) 4 (quatro) anos.
(E) 5 (cinco) anos.

Art. 1.637, parágrafo único, do CC.

Gabarito "B".

7.6. TUTELA E CURATELA

(OAB/Exame Unificado – 2015.3) Fabiana e Mauro são casados pelo regime da separação convencional de bens e possuem dois filhos: Amanda e Pedro, de 19 e 16 anos, respectivamente. Mauro é filho de José, que se encontra com 65 anos. Mauro sofreu um acidente automobilístico e, em razão da violência do acidente, está em estado de coma, impossibilitado de exercer os atos da vida civil, razão pela qual sua interdição tornou-se necessária. Diante dos fatos narrados, assinale a afirmativa correta.

(A) Fabiana, em razão do regime de bens que rege o casamento, não poderá ser nomeada curadora de Mauro.
(B) Como Mauro possui ascendente vivo e capaz, este será nomeado seu curador, na forma da lei.
(C) A filha de Mauro, por ser maior e capaz, será nomeada sua curadora, na forma da lei.
(D) Fabiana será nomeada curadora de Mauro, na forma da lei.

A a D: somente a "D" está correta, pois, de acordo com o art. 1.775, *caput*, do CC, o cônjuge ou companheiro, desde que não separado judicialmente ou de fato, é, de direito, curador do outro, quando interdito.

Gabarito "D".

(OAB/Exame Unificado – 2014.2) Marcos e Paula, casados, pais de Isabel e Marcelo, menores impúberes, faleceram em um grave acidente automobilístico. Em decorrência deste fato, Pedro, avô materno nomeado tutor dos menores, restou incumbido, nos termos do testamento, do dever de administrar o patrimônio dos netos, avaliado em dois milhões de reais. De acordo com o testamento, o tutor foi dispensado de prestar contas de sua administração. Diante dos fatos narrados e considerando as regras do Direito Civil sobre prestação de contas no exercício da tutela, assinale a opção correta.

(A) Pedro está dispensado de prestar contas do exercício da tutela, tendo em vista o disposto no testamento deixado pelos pais de Isabel e Marcelo, por ser um direito disponível.
(B) Caso Pedro falecesse no exercício da tutela, haveria dispensa de seus herdeiros prestarem contas da administração dos bens de Isabel e Marcelo.
(C) A responsabilidade de Pedro de prestar contas da administração da tutela cessará quando Isabel e Marcelo atingirem a maioridade e derem a devida quitação.

(D) Pedro tem a obrigação de prestar contas da administração da tutela de dois em dois anos e também quando deixar o exercício da tutela, ou sempre que for determinado judicialmente.

A: incorreta, pois ainda que haja disposição expressa no testamento dispensando a prestação de contas, Pedro está obrigado a prestá-las por disposição legal (art. 1.755 do CC); **B:** incorreta, pois nos casos de morte, ausência, ou interdição do tutor, as contas serão prestadas por seus herdeiros ou representantes (art. 1.759 do CC); **C:** incorreta, pois finda a tutela pela emancipação ou maioridade, a quitação do menor não produzirá efeito antes de aprovadas as contas pelo juiz, subsistindo inteira, até então, a responsabilidade do tutor (art. 1.758); **D:** correta (art. 1.757, *caput*, do CC).

Gabarito "D"

(OAB/Exame Unificado – 2012.2) Eduardo e Mônica, casados, tinham um filho menor chamado Renato. Por orientação de um advogado, Eduardo e Mônica, em 2005, fizeram os respectivos testamentos e nomearam Lúcio, irmão mais velho de Eduardo, como tutor do menor para o caso de alguma eventualidade. Pouco antes da nomeação por testamento, Lúcio fora definitivamente condenado pelo crime de dano (art. 163 do Código Penal), mas o casal manteve a nomeação, acreditando no arrependimento de Lúcio, que, desde então, mostrou conduta socialmente adequada. Em 2010, Eduardo e Mônica morreram em um acidente aéreo. Dois anos depois do acidente, pretendendo salvaguardar os interesses do menor colocado sob sua tutela, Lúcio, prevendo manifesta vantagem negocial em virtude do aumento dos preços dos imóveis, decide alienar a terceiros um dos bens imóveis do patrimônio de Renato, depositando, imediatamente, todo o dinheiro obtido na negociação em uma conta de poupança, aberta em nome do menor. Diante do caso narrado, assinale a afirmativa correta.

(A) A nomeação de Lúcio como tutor é inválida em razão de ter sido condenado criminalmente, independentemente do cumprimento da pena, mas a alienação do imóvel é lícita, pois atende ao princípio do melhor interesse do menor.
(B) A nomeação de Lúcio como tutor é válida, apesar da condenação criminal, e a alienação do imóvel é lícita, pois atende ao princípio do melhor interesse do menor.
(C) A nomeação de Lúcio como tutor é válida, apesar da condenação criminal, mas a alienação do imóvel, sem prévia avaliação e autorização judicial, é ilícita.
(D) A nomeação de Lúcio é inválida em razão de ter sido condenado criminalmente, mas a alienação do imóvel é lícita, pois somente bens móveis de alto valor necessitam de prévia avaliação e autorização judicial.

A condenação pelo crime cometido por Lúcio não é daquelas, que, por si só, impedem a sua nomeação como tutor, como são as condenações por crimes de furto, roubo, estelionato, falsidade, contra a família ou os costumes (art. 1.735, IV, do CC). Ademais, o fato de Lúcio ter passado a ter uma conduta socialmente adequada, afasta, também outras hipóteses que poderiam impedir a sua nomeação como tutor (ex: art. 1.735, V, do CC). Por outro lado, o tutor só poderia ter vendido o imóvel mediante autorização judicial (art. 1.748, IV, do CC). Assim, apenas a alternativa "C" está correta.

Gabarito "C"

(FGV – 2005) Segundo o Código Civil, é correto afirmar que:

(A) o tutor pode dispor dos bens do menor a título gratuito.
(B) para fiscalização dos atos do tutor, pode o juiz nomear um protutor.
(C) o tutor é obrigado a servir por espaço de 3 (três) anos.
(D) a sentença que declara a interdição só produz efeitos após o trânsito em julgado.
(E) a autoridade do curador limita-se ao curatelado, não se estendendo à pessoa e aos bens dos filhos do curatelado, ainda que incapazes.

A: incorreta (art. 1.749, II, do CC); **B:** correta (art. 1.742 do CC); **C:** incorreta (art. 1.764, I, do CC); **D:** incorreta (art. 1.012, p. 1º, VI, do Novo CPC, igual ao regime do antigo CPC); **E:** incorreta (art. 1.778 do CC).

Gabarito "B"

7.7. TEMAS COMBINADOS E OUTROS TEMAS DE DIREITO DE FAMÍLIA

(OAB/Exame Unificado – 2012.3.B) Em julho de 2012, em razão de desavenças irreconciliáveis, Miguel e Letícia rompem a sociedade conjugal que mantinham e divorciam-se. A guarda do único filho do casal, Pedro, é compartilhada entre os pais. Ocorre que Edith, avó paterna de Pedro, sentindo o afastamento do neto em razão dos ressentimentos surgidos após a separação, pretende propor medida judicial visando garantir seu direito de visita a Pedro.

Considerando a hipótese, assinale a afirmativa correta.

(A) Os únicos titulares do direito de visita são os pais biológicos de Pedro, podendo Edith acompanhar o desenvolvimento do neto nos momentos em que a guarda estiver sendo exercitada por seu filho Miguel.
(B) As disposições relativas à guarda, visita e prestação de alimentos aos filhos menores estendem-se somente aos pais de Pedro e, somente na falta destes, poderá haver a participação dos demais ascendentes.
(C) Edith não poderá promover a medida judicial por ausência de previsão legal neste sentido.
(D) O direito de visita estende-se a qualquer dos avós, a critério do juiz, observados os interesses da criança ou do adolescente.

A, B e **C:** incorretas, pois, segundo o art. 1.589, parágrafo único, do CC, o direito de visita se estende a qualquer dos avós, a critério do juiz, observados os interesses das crianças ou do adolescente; **D:** correta, nos termos do art. 1.589, parágrafo único, do CC.

Gabarito "D"

(OAB/Exame Unificado – 2008.1) A respeito do bem de família, assinale a opção correta.

(A) Somente a pequena propriedade rural pode ser constituída como bem de família, e, ainda, restringindo-se a impenhorabilidade tão somente à sede ou à residência da família.
(B) Para que seja reconhecida a impenhorabilidade do bem de família, é necessária a prova de que o imóvel em que reside a família do devedor seja o único imóvel de propriedade do devedor e que necessariamente seja utilizado exclusivamente como a residência da família.

(C) O bem de família, oferecido em garantia hipotecária de determinado contrato, perde o privilégio da impenhorabilidade para a execução de outras dívidas, com exceção da garantida pela hipoteca do bem imóvel.

(D) Com a instituição do bem de família convencional, o prédio se torna inalienável e impenhorável, permanecendo isento de execuções por dívidas posteriores a essa instituição, salvo as relacionadas com tributos relativos ao prédio e as despesas de condomínio.

A: incorreta (art. 1.712 do CC); **B:** incorreta (art. 1.711 do CC); **C:** incorreta. Não pode o imóvel instituído como bem de família ser dado em hipoteca, uma vez que, sendo ele considerado inalienável, impedido estará de receber tal ônus; **D:** correta (art. 1.715 do CC).

Gabarito "D"

(OAB/Exame Unificado – 2007.3) Relativamente ao direito de família, assinale a opção correta.

(A) Sobrevindo mudança na situação financeira daquele que presta alimentos ou na daquele que os recebe, é possível a revisão dos alimentos fixados em sentença com trânsito em julgado, por meio do ajuizamento de ação rescisória.

(B) Os maiores de dezoito anos de idade adquirem plena capacidade e, por presunção legal, são aptos a praticar todos os atos da vida civil; no entanto, caso se encontrem impossibilitados de cuidar de seus próprios interesses, serão representados por um tutor.

(C) É facultado ao casal judicialmente separado restabelecer a qualquer momento a sociedade conjugal, por meio de petição nos autos da separação judicial, resguardando-se eventuais direitos de terceiros.

(D) O parentesco em linha reta limita-se até o quarto grau, sendo que, para a contagem do parentesco, adota-se a linha como sendo a vinculação da pessoa ao tronco ancestral comum.

A: incorreta (art. 1.699 do CC); **B:** incorreta, pois, em sendo maiores, serão representados por um curador (art. 1.767 do CC); **C:** correta (art. 1.577, *caput* e parágrafo único, do CC); **D:** incorreta (art. 1.591 do CC).

Gabarito "C"

(OAB/Exame Unificado – 2007.1) Acerca do direito de família, assinale a opção incorreta.

(A) Nas relações de parentesco na linha reta, extingue-se a afinidade com a dissolução do casamento ou da união estável.

(B) A verba alimentícia é sempre irrepetível, ainda que o alimentante vença a demanda e a fixação da verba decorra da prática de ato ilícito.

(C) Havendo herdeiros descendentes, o cônjuge sobrevivente casado sob o regime da separação obrigatória de bens não é herdeiro necessário do cônjuge falecido.

(D) Codicilo é negócio jurídico unilateral *mortis causa*, escrito, mediante o qual o autor da herança dispõe de bens de pouco valor ou de particular valor sentimental, de forma menos solene e, portanto, mais singela que o testamento.

A: incorreta, devendo ser assinalada (art. 1.595, § 2.º, do CC); **B:** correta. De fato a doutrina e a jurisprudência entendem que os alimentos são irrepetíveis; **C:** correta (art. 1.829, I, do CC); **D:** correta (art. 1.881 do CC).

Gabarito "A"

(OAB/Exame Unificado – 2006.1) Ainda acerca do direito de família, assinale a opção correta.

(A) Na obrigação de prestar alimentos decorrente do parentesco, são chamados a prestá-los, em primeiro lugar, os parentes em linha reta, recaindo a obrigação nos mais próximos em grau, uns em falta dos outros. Porém, se estes não tiverem condições de suportar totalmente o encargo, os alimentos serão complementados pelos parentes de grau imediatamente mais próximo.

(B) O parentesco estabelecido pela afinidade, tanto no vínculo colateral, como em linha reta, desaparece com a dissolução do casamento, seja pela morte, seja pelo divórcio.

(C) Poderá um dos cônjuges adotar o filho do outro, ainda que conste no assento de nascimento do adotando o nome do pai biológico, bastando para tanto que comprove a convivência com o menor e a demonstração de que a medida visa ao interesse do adotando.

(D) A adoção de pessoa maior de dezoito anos de idade é regida pelo Código Civil e obedecerá a processo judicial. No entanto, não se faz necessária a intervenção do Ministério Público, pois o objetivo da mencionada adoção é atender interesses patrimoniais e sucessórios.

A: correta (art. 1.696 c.c. 1.698, ambos do CC); **B:** incorreta (art. 1.595, § 2.º, do CC); **C:** incorreta (art. 41, § 1.º, do ECA); **D:** incorreta. Em qualquer processo de adoção faz-se necessária a participação do Ministério Público, pois se trata de ação de estado.

Gabarito "A"

8. SUCESSÕES

8.1. SUCESSÃO EM GERAL E SUCESSÃO LEGÍTIMA

(OAB/Exame Unificado – 2015.2) Ester, viúva, tinha duas filhas muito ricas, Marina e Carina. Como as filhas não necessitam de seus bens, Ester deseja beneficiar sua irmã, Ruth, por ocasião de sua morte, destinando-lhe toda a sua herança, bens que vieram de seus pais, também pais de Ruth. Ester o(a) procura como advogado(a), indagando se é possível deixar todos os seus bens para sua irmã. Deseja fazê-lo por meio de testamento público, devidamente lavrado em Cartório de Notas, porque suas filhas estão de acordo com esse seu desejo. Assinale a opção que indica a orientação correta a ser transmitida a Ester.

(A) Em virtude de ter descendentes, Ester não pode dispor de seus bens por testamento.

(B) Ester só pode dispor de 1/3 de seu patrimônio em favor de Ruth, cabendo o restante de sua herança às suas filhas Marina e Carina, dividindo-se igualmente o patrimônio.

(C) Ester pode dispor de todo o seu patrimônio em favor de Ruth, já que as filhas estão de acordo.

(D) Ester pode dispor de 50% de seu patrimônio em favor de Ruth, cabendo os outros 50% necessariamente às suas filhas, Marina e Carina, na proporção de 25% para cada uma.

A: incorreta, pois Ester pode dispor de apenas metade de seus bens (parte disponível da herança) nas hipóteses em que há herdeiros necessários (art. 1.846 do CC), como é o caso, já que Marina e Carina, por serem filhas de Ester, são herdeiras necessárias desta; de acordo com o art. 1.845 do CC são herdeiros necessários os descendentes, os ascendentes e o cônjuge; **B** e **C:** incorretas, pois é possível dispor de até metade do patrimônio quando há herdeiros necessários (art. 1.846 do CC); **D:** correta, nos termos do art. 1.846 do CC, que só admite disposição de metade dos bens quando há herdeiros necessários, sendo que, entre as filhas de Ester, que são herdeiras necessárias (art. 1.845 do CC), caberá metade para cada uma.

Gabarito "D"

(OAB/Exame Unificado – 2015.1) Márcia era viúva e tinha três filhos: Hugo, Aurora e Fiona. Aurora, divorciada, vivia sozinha e tinha dois filhos, Rui e Júlia. Márcia faleceu e Aurora renunciou à herança da mãe. Sobre a divisão da herança de Márcia, assinale a afirmativa correta.

(A) Diante da renúncia de Aurora, a herança de Márcia deve ser dividida entre Hugo e Fiona, cabendo a cada um metade da herança.

(B) Diante da renúncia de Aurora, a herança de Márcia deve ser dividida entre Hugo, Fiona, Rui e Júlia, em partes iguais, cabendo a cada um 1/4 da herança.

(C) Diante da renúncia de Aurora, a herança de Márcia deve ser dividida entre Hugo, Fiona, Rui e Júlia, cabendo a Hugo e Fiona 1/3 da herança, e a Rui e Júlia 1/6 da herança para cada um.

(D) Aurora não pode renunciar à herança de sua mãe, uma vez que tal faculdade não é admitida quando se tem descendentes de primeiro grau.

Os herdeiros de quem renuncia a uma herança não podem representar o renunciante, na forma dos artigos 1.810 e 1.811 do CC; assim, somente os dois irmãos não renunciantes terão direito à herança, que será dividida igualmente entre eles, estando correta a alternativa "A" e incorretas as demais alternativas, lembrando que não há regra alguma no Código Civil que impeça um herdeiro que tenha herdeiros, que renuncie a herança a que tenha direito.

Gabarito "A"

(OAB/Exame Unificado – 2014.2) Segundo o Código Civil de 2002, acerca do direito de representação, instituto do Direito das Sucessões, assinale a opção correta.

(A) É possível que o filho renuncie à herança do pai e, depois, represente-o na sucessão do avô.

(B) Na linha transversal, é permitido o direito de representação em favor dos sobrinhos, quando concorrerem com sobrinhos-netos.

(C) Em não havendo filhos para exercer o direito de representação, este será exercido pelos pais do representado.

(D) O direito de representação consiste no chamamento de determinados parentes do de cujus a suceder em todos os direitos a ele transmitidos, sendo permitido tanto na sucessão legítima quanto na testamentária.

A: correta (art. 1.856 do CC); **B:** incorreta, pois na linha transversal, somente se dá o direito de representação em favor dos filhos de irmãos do falecido, quando com irmãos deste concorrerem (art. 1.853 do CC); **C:** incorreta, pois o direito de representação dá-se na linha reta descendente, mas nunca na ascendente (art. 1.852 do CC); **D:** incorreta, pois o direito de representação apenas se dá na sucessão legítima (art. 1.851 a 1.856 do CC). Na sucessão testamentária temos a figura da substituição testamentária, que é a que mais se assemelha ao direito de representação.

Gabarito "A"

(OAB/Exame Unificado – 2012.2) Com relação ao direito sucessório, assinale a afirmativa correta.

(A) O cônjuge sobrevivente, mesmo se constituir nova família, continuará a ter direito real de habitação sobre o imóvel em que residiu com seu finado cônjuge.

(B) A exclusão por indignidade pode ocorrer a partir da necessidade de que o herdeiro tenha agido sempre com dolo e por uma conduta comissiva.

(C) A deserdação é forma de afastar do processo sucessório tanto o herdeiro legítimo quanto o legatário.

(D) Os efeitos da indignidade não retroagem à data da abertura da sucessão, tendo, portanto, efeito *ex nunc*.

A: correta, pois o art. 1.831 prevê esse direito, sem estabelecer como causa de sua extinção a constituição de nova família; no Código Civil anterior, o dispositivo que tratava do assunto (art. 1.611) deixava claro que o direito real de habitação duraria enquanto o cônjuge sobrevivente permanecesse viúvo, ou seja, enquanto não constituísse nova família; **B:** incorreta, pois são excluídos por indignidade os herdeiros ou legatários que "houverem acusado caluniosamente em juízo o autor da herança", sendo que essa hipótese pode ser configurada por conduta dolosa ou culposa, já que se trata de um tipo civil que não exige dolo, diferentemente de outros tipos reclamados pelo art. 1.814 do Código Civil, que reclamam a configuração de crimes dolosos; **C:** incorreta, pois a deserdação é forma de afastar apenas herdeiros legítimos do tipo herdeiro necessário (art. 1.961 do CC); **D:** incorreta, pois os efeitos da indignidade são *ex tunc*, já que, uma vez reconhecida, o herdeiro excluído será considerado como se morto fosse ao tempo da abertura da sucessão (art. 1.816 do CC).

Gabarito "A"

(OAB/Exame Unificado – 2012.1) Edgar, solteiro, maior e capaz, faleceu deixando bens, mas sem deixar testamento e contando com dois filhos maiores, capazes e também solteiros, Lúcio e Arthur. Lúcio foi regularmente excluído da sucessão de Edgar, por tê-lo acusado caluniosamente em juízo, conforme apurado na esfera criminal. Sabendo-se que Lúcio possui um filho menor, chamado Miguel, assinale a alternativa correta.

(A) O quinhão de Lúcio será acrescido à parte da herança a ser recebida por seu irmão, Arthur, tendo em vista que Lúcio é considerado como se morto fosse antes da abertura da sucessão.

(B) O quinhão de Lúcio será herdado por Miguel, seu filho, por representação, tendo em vista que Lúcio é considerado como se morto fosse antes da abertura da sucessão.

(C) O quinhão de Lúcio será acrescido à parte da herança a ser recebida por seu irmão, Arthur, tendo em vista que a exclusão do herdeiro produz os mesmos efeitos da renúncia à herança.

(D) O quinhão de Lúcio se equipara, para todos os efeitos legais, à herança jacente, ficando sob a guarda e administração de um curador, até a sua entrega ao sucessor devidamente habilitado ou à declaração de sua vacância.

Segundo o art. 1.816 do CC, "são pessoais os efeitos da exclusão; os descendentes do herdeiro excluído sucedem, como se ele morto fosse antes da abertura da sucessão". Nesse sentido, aplica-se o direito de representação, pelo qual a lei chama o filho do falecido a suceder em todos os seus direitos (art. 1.851 do CC), direito esse que se aplica na linha reta descendente (art. 1.852 do CC). Dessa forma, apenas a alternativa "B" está correta.

Gabarito "B"

(OAB/Exame Unificado – 2011.3.B) Cristóvão, casado com Carla pelo regime da comunhão universal de bens, tinha três filhos, Ricardo, Ronaldo e Roberto. Ricardo era pai de José e Jorge. José, pai de Marcos e Mateus. Ricardo falece na data de 15/5/2003. Cristóvão, muito triste com a perda do filho, faleceu em 30/1/2004. José faleceu em 17/7/2006. Sabendo que o valor da herança é de R$ 600.000,00, como ficaria o monte?

(A) Roberto e Ronaldo receberiam cada um R$ 300.000,00, pois, como Ricardo faleceu antes de Cristóvão, seus filhos nada receberiam em relação à herança.

(B) Roberto e Ronaldo receberiam R$ 200.000,00 cada um, e o filho de Ricardo de nome Jorge receberia os outros R$ 200.000,00.

(C) Carla receberia R$ 300.000,00. Roberto e Ronaldo receberiam R$ 100.000,00 cada um. Jorge receberia R$ 50.000,00, e Marcos e Mateus receberiam cada um R$ 25.000,00.

(D) A herança seria dividida em quatro partes: Carla, Roberto e Ronaldo receberiam cada um R$ 150.000,00. Os outros R$ 150.000,00 seriam partilhados entre Jorge e os filhos de José, cabendo ao primeiro R$ 75.000,00 e a Marcos e Mateus R$ 37.500,00 para cada um.

Pelo Direito de Família, metade dos R$ 600.000,00 pertence a Carla, que receberá, assim, R$ 300.000,00. A outra metade (a herança) será divido entre os filhos, de modo que teríamos R$ 100.000,00 para Ricardo, R$ 100.000,00 para Roberto e R$ 100.000,00 para Ronaldo. Porém, como Ricardo faleceu, teríamos R$ 50.000,00 para José e R$ 50.000,00 para Jorge, por conta do direito de representação (art. 1.852 do CC). Porém, como José faleceu, temos que dividir esse valor e atribuir R$ 25.000,00 para Marcos e R$ 25.000,00 para Mateus, também como direito de representação. Assim, a resposta correta está na alternativa "C".

Gabarito "C"

(OAB/Exame Unificado – 2011.3.A) José, solteiro, possui três irmãos: Raul, Ralph e Randolph. Raul era pai de Mauro e Mário. Mário era pai de Augusto e Alberto. Faleceram, em virtude de acidente automobilístico, Raul e Mário, na data de 15/4/2005. Posteriormente, José veio a falecer em 1.º/5/2006. Sabendo-se que a herança de José é de R$ 90.000,00, como ficará a partilha de seus bens?

(A) Como José não possui descendente, a partilha deverá ser feita entre os irmãos. E, como não há direito de representação entre os filhos de irmão, Ralph e Randolph receberão cada um R$ 45.000,00.

(B) Ralph e Randolph devem receber R$ 30.000,00 cada. A parte que caberá a Raul deve ser repartida entre Mauro e Mário. Sendo Mário pré-morto, seus filhos Alberto e Augusto devem receber a quantia que lhe caberia. Assim, Mauro deve receber R$ 15.0000,00, e Alberto e Augusto devem receber R$ 7.500,00 cada um.

(C) Ralph e Randolph receberão R$ 30.000,00 cada um. O restante (R$ 30.000,00) será entregue a Mauro, por direito de representação de seu pai pré-morto.

(D) Ralph e Randolph receberão R$ 30.000,00 cada um. O restante, na falta de outro colateral vivo, será entregue ao Município, Distrito Federal ou União.

Com a morte de José, teríamos R$ 30.000,00 para Raul, R$ 30.000,00 para Ralph e R$ 30.000,00 para Randolph. Porém, como Raul faleceu, a sua parte (R$ 30.000,00) seria dividida entre seus dois filhos, Mauro e Mário. Mas como Mário faleceu no mesmo momento de Raul, não chegou a herdar deste, nem a falecer antes de Raul para configurar o direito de representação (não há pré-morte), de maneira que toda a parte de Raul será entregue a Mauro, por direito de representação de seu pai pré-morto, e nada será atribuído a Augusto e Alberto, de modo que apenas a alternativa "C" está correta.

Gabarito "C"

(OAB/Exame Unificado – 2011.2) Heitor, solteiro e pai de dois filhos também solteiros (Roberto, com trinta anos de idade, e Leonardo, com vinte e oito anos de idade), vem a falecer, sem deixar testamento. Roberto, não tendo interesse em receber a herança deixada pelo pai, a ela renuncia formalmente por meio de instrumento público. Leonardo, por sua vez, manifesta inequivocamente o seu interesse em receber a herança que lhe caiba. Sabendo-se que Margarida, mãe de Heitor, ainda é viva e que Roberto possui um filho, João, de dois anos de idade, assinale a alternativa correta.

(A) Roberto pode renunciar à herança, o que ocasionará a transferência de seu quinhão para João, seu filho.

(B) Roberto não pode renunciar à herança, pois acarretará prejuízos a seu filho, João, menor de idade.

(C) Roberto pode renunciar à herança, ocasionando a transferência de seu quinhão para Margarida, sua avó, desde que ela aceite receber a herança.

(D) Roberto pode renunciar à herança, e, com isso, o seu quinhão será acrescido à parte da herança a ser recebida por Leonardo, seu irmão.

Segundo o art. 1.810 do Código Civil, quando alguém, na sucessão legítima, renuncia à herança, a parte do renunciante acresce à dos outros herdeiros da mesma classe. Assim, como Roberto renunciou à herança, a sua parte não vai para seu filho, nem para a sua mãe, mas para o seu irmão, Leonardo, que é o herdeiro que está na mesma classe de Roberto. Dessa forma, a alternativa "D" é a correta.

Gabarito "D"

(OAB/Exame Unificado – 2010.3) Josefina e José, casados pelo regime da comunhão universal de bens, tiveram três filhos: Mário, Mauro e Moacir. Mário teve dois filhos: Paulo e Pedro. Mauro teve três filhos: Breno, Bruno e Brian. Moacir teve duas filhas: Isolda e Isabel. Em um acidente automobilístico, morreram Mário e Mauro. José, muito triste com a perda dos filhos, faleceu logo em seguida, deixando um patrimônio de R$ 900.000,00. Nesse caso hipotético, como ficaria a divisão do monte?

(A) Paulo e Pedro receberiam cada um R$ 150.000,00. Breno, Bruno e Brian receberiam, cada um, R$ 100.000,00. E, por fim, Moacir receberia R$ 300.000,00.

(B) Josefina receberia R$ 450.000,00. Paulo e Pedro receberiam cada um R$ 75.000,00. Breno, Bruno e Brian receberiam cada um R$ 50.000,00. Moacir receberia R$ 150.000,00.

(C) A herança seria dividida em três partes de R$ 300.000,00. Paulo e Pedro receberiam cada um R$ 150.000,00. Breno, Bruno e Brian receberiam, cada um, R$ 100.000,00. E, por fim, Isabel e Isolda receberiam cada uma a importância de R$ 150.000,00.

(D) Josefina receberia R$ 450.000,00. Os filhos de Mário receberiam cada um R$ 75.000,00. Os filhos de Mauro receberiam R$ 50.000,00 cada um. E, por fim, as filhas de Moacir receberiam R$ 75.000,00 cada uma.

Como José e Josefina eram casados pelo regime de comunhão universal de bens, metade do patrimônio (R$ 450 mil) pertence a Josefina, em razão das regras do direito de família, independentemente das regras de direito das sucessões. Quanto à meação de José (os outros R$ 450 mil), Josefina não terá direito algum, vez que o regime de casamento entre os dois faz com que os descendentes de José sejam herdeiros sem a participação de sua esposa (art. 1.829 do CC). José tinha três filhos. Se todos estivessem vivos, cada filho ficaria com 1/3 do seu patrimônio. No entanto, como somente Moacir é vivo, somente ele receberá o 1/3 a que cada filho tem direito. Os filhos dos outros dois irmãos não herdam por cabeça, mas por estirpe (art. 1.835 do CC), de modo que o 1/3 que pertenceria a Mário será dividido entre seus dois filhos (R$ 75 mil para cada um, Paulo e Pedro) e o 1/3 que pertenceria a Mauro será dividido entre seus três filhos (R$ 50 mil para cada um, Breno, Bruno e Brian).

Gabarito "B"

(OAB/Exame Unificado – 2009.3) Acerca das regras aplicáveis às sucessões, assinale a opção correta.

(A) Quando não se efetua o direito de acrescer, não se transmite aos herdeiros legítimos a quota vaga do nomeado.

(B) São irrevogáveis os atos de aceitação ou de renúncia da herança.

(C) O direito à sucessão aberta bem como o quinhão de que disponha o coerdeiro não pode ser objeto de cessão por escritura pública.

(D) A renúncia da herança deve constar expressa e exclusivamente de instrumento público.

A: incorreta (art. 1.944 do CC); **B:** correta (art. 1.812 do CC); **C:** incorreta (art. 1.793 do CC); **D:** incorreta (art. 1.806 do CC).

Gabarito "B"

(OAB/Exame Unificado – 2008.3) A respeito da sucessão legítima, assinale a opção incorreta.

(A) A existência de herdeiros na classe dos descendentes afasta da sucessão os ascendentes.

(B) O consorte supérstite herdará a totalidade da herança na ausência de descendentes e ascendentes.

(C) Os herdeiros colaterais são herdeiros necessários.

(D) Na união estável, não tendo o *de cujus* descendentes, mas somente ascendentes, o convivente sobrevivo concorrerá, quanto aos bens adquiridos onerosamente na vigência da convivência, a um terço do montante hereditário.

A: correta (art. 1.836 do CC); **B:** correta (art. 1.838 do CC); **C:** incorreta, devendo ser assinalada (art. 1.829 do CC); **D:** correta (arts. 1.725 e 1.837 do CC).

Gabarito "C"

(OAB/Exame Unificado – 2007.3) A sucessão da pessoa natural ocorre com:

(A) o testamento.

(B) a morte do sucedido.

(C) a abertura do inventário.

(D) a finalização do inventário.

De fato, o direito civil brasileiro adotou o princípio de *saisine* segundo o qual a sucessão tem início com a morte (art. 1.784 do CC).

Gabarito "B"

(OAB/Exame Unificado – 2007.2) Com relação a contratos e sucessão, assinale a opção incorreta.

(A) Nos contratos de locação, é válida a cláusula de renúncia à indenização das benfeitorias e ao direito de retenção.

(B) Desde a abertura da sucessão, pertence ao legatário a coisa certa, existente no acervo, salvo se o legado estiver sob condição suspensiva, não se deferindo de imediato a posse da coisa legada nem podendo o legatário nela entrar por autoridade própria.

(C) Será sempre judicial a partilha se algum herdeiro for incapaz.

(D) Configura a existência de herança vacante o falecimento de alguém sem deixar herdeiro testamentário ou legítimo notoriamente conhecido.

A: correta (art. 35 da Lei 8.245/1991); **B:** correta (art. 1.923, *caput* e § 1.º, do CC); **C:** correta (art. 982 do antigo CPC; art. 610 do Novo CPC); **D:** incorreta, devendo ser assinalada (art. 1.819 do CC).

Gabarito "D"

(OAB/Exame Unificado – 2006.2) Cláudio e Rosa eram casados pelo regime de comunhão parcial de bens e tinham um filho, menor impúbere, Pedro. O casal possuía um automóvel e o apartamento onde residia a família, e Rosa possuía um imóvel rural, adquirido na constância do casamento, por herança de seu pai. Em virtude de um acidente de trânsito ocorrido em 20/2/2006, Rosa e Pedro faleceram. A falecida deixou testamento conhecido, por meio do qual fazia a doação do imóvel rural à sua mãe, Antônia. A avó paterna de Rosa, Maria, também era viva à época do acidente. A respeito dessa situação hipotética e acerca do direito das sucessões, assinale a opção correta.

(A) Nos casos de comoriência, ou seja, de morte simultânea e em razão do mesmo acontecimento, em que não se pode verificar a ordem cronológica dos falecimentos, presume-se que os mais velhos tenham morrido antes dos mais jovens.

(B) Se o laudo pericial não puder identificar quem morreu primeiro, se Rosa ou Pedro, a herança de Rosa representada pelos bens do casal será dividida em duas partes iguais: Cláudio receberá 50% e o restante será divido em partes iguais, 25% para Antônia e 25% para Maria. Com relação ao imóvel rural, Cláudio terá direito à metade, ficando para Antônia 25% desse imóvel.

(C) Como Cláudio é herdeiro necessário, Rosa não poderia dispor de mais da metade do seu patrimônio. Assim, Antônia receberá, como doação de sua filha, a parte disponível da propriedade do imóvel rural.

(D) No caso de o laudo pericial comprovar que houve premoriência de Rosa, Cláudio receberá toda a herança, a título universal, tornando-se sucessor da totalidade do patrimônio da falecida —, abrangidos tanto o seu ativo como o seu passivo, bem como o patrimônio do casal e o bem particular da ex-esposa.

Arts. 1.829, I e II, c.c. 1.846, ambos do CC.

Gabarito "C"

(OAB/Exame Unificado – 2006.2) A respeito do direito das sucessões, assinale a opção correta.

(A) A doação de ascendente para descendente importa em adiantamento da legítima, isto é, uma antecipação de suas quotas legítimas necessárias. Desse modo, quando da abertura do inventário, o herdeiro contemplado com a doação é obrigado a trazer à colação, nos autos do inventário, os bens e dotes que recebeu.

(B) A renúncia de todos os herdeiros da mesma classe em favor do monte impede os filhos desses herdeiros de sucederem por direito próprio ou por cabeça. Serão chamados a sucederem em todos os direitos em que eles sucederiam, por direito de representação, os parentes dos renunciantes.

(C) Se o autor da herança for casado em regime de separação de bens e, não tendo descendentes, deixar cônjuge e pais sobreviventes, serão chamados à sucessão os ascendentes, que receberão a totalidade dos bens particulares do *de cujus*.

(D) É admissível que um indivíduo viúvo, maior e capaz transfira, em doação universal e ainda em vida, a totalidade de seus bens para seu único filho.

A: correta (art. 2.002 do CC); **B:** incorreta (art. 1.810 do CC); **C:** incorreta (art. 1.829, I, do CC); **D:** incorreta (art. 548 do CC).

Gabarito "A"

(OAB/Exame Unificado – 2006.1) A respeito do direito das sucessões, assinale a opção correta.

(A) Considere-se que dois netos representam o pai pré-morto na sucessão do avô, e um dos netos decide renunciar à herança. Nesse caso, a parte renunciada será acrescida à parte de todos os herdeiros.

(B) No casamento sob o regime da comunhão universal de bens, o cônjuge sobrevivente participa da herança deixada pelo outro, concorrendo com os filhos do casal, cabendo-lhe quinhão igual ao dos que sucederem por cabeça.

(C) A colação é o ato de retorno ao monte partível das liberalidades feitas pelo *de cujus*, antes de sua morte, a seus descendentes, e tem por finalidade igualar as legítimas doações destes e do cônjuge sobrevivente.

(D) Considere-se que determinada pessoa tenha falecido deixando bens a partilhar e dois filhos e três netos, todos sobreviventes. Nessa situação, todos serão chamados à sucessão; os filhos herdam por cabeça e os netos, por estirpe.

A: incorreta (art. 1.810 do CC); **B:** incorreta (art. 1.829, I, do CC); **C:** correta (art. 2.002 do CC); **D:** incorreta (art. 1.833 do CC).

Gabarito "C"

(OAB/Exame Unificado – 2004.ES) Com relação ao direito das sucessões, assinale a opção correta.

(A) Na sucessão *mortis causa* a título universal, o herdeiro recebe a totalidade ou uma fração determinada do patrimônio do *de cujus*.

(B) Nos casos de comoriência, ou seja, de morte simultânea, em razão do mesmo acontecimento, o qual não permite a verificação da ordem cronológica dos falecimentos, presume-se que os mais velhos tenham morrido antes dos mais jovens.

(C) Se um indivíduo falecer sem deixar descendentes, mas deixando bens e avós paternos e bisavó materna, os ascendentes herdarão por linha. Assim, a herança será dividida em partes iguais, ou seja, 50% para os avós paternos e 50% para a bisavó materna.

(D) Declarada judicialmente a vacância da herança, os bens que a integram incorporam-se desde logo e definitivamente aos bens do Estado.

A: correta. De fato, na sucessão a título universal transfere-se ao sucessor a totalidade do patrimônio do *de cujus*, ou uma fração dele, abrangendo tanto seu ativo como seu passivo; **B:** incorreta (art. 8.º do CC); **C:** incorreta (art. 1.836, § 1.º, do CC); **D:** incorreta (art. 1.822 do CC).

Gabarito "A"

(FGV – 2013) O denominado princípio de Saisine estabelece que no momento da abertura da sucessão, que ocorre com a morte, a herança transmite-se, desde logo, aos herdeiros legítimos e testamentários. O Código Civil pátrio estabelece, em consequência, as regras para as sucessões legítimas e testamentárias, estabelecendo para a primeira a denominada ordem da vocação hereditária.

Na hipótese de não sobreviver o cônjuge ou o companheiro, nem parente algum sucessível nos termos da lei, ou no caso de existência, tendo todos eles renunciado à herança, os bens integrantes do monte de tais sucessões abertas, segundo solução dada pelo Código Civil, serão

(A) destinados, necessariamente, para a União Federal para que seja utilizado na área de saúde.

(B) destinados aos estados para que sejam utilizados pelas Universidades Estaduais nos trabalhos de desenvolvimento de pesquisas por ela realizados.

(C) destinados aos Municípios ou ao Distrito Federal, se localizados nas respectivas circunscrições, ou à União, quando localizado em território federal.

(D) destinados aos estados e municípios, podendo ser utilizados tanto na saúde quanto na educação a critério discricionário do governador e dos prefeitos.

(E) destinados aos estados e União para que sejam utilizados somente na saúde, por se tratar de ato vinculado.

A hipótese em tela retrata o caso de herança jacente, em que os bens são considerados vagos. Decorridos cinco anos da abertura da sucessão, os bens arrecadados passarão ao domínio do Município ou do Distrito Federal, se localizados nas respectivas circunscrições, incorporando-se ao domínio da União quando situados em território federal (art. 1.822 do CC).

Gabarito "C"

(FGV – 2010) Tício, próspero empresário, com atividades no Pará, Amazonas, Maranhão e Amapá, falece, sem deixar testamento, possuindo três filhos do seu casamento com Mévia, com quem fora casado, por cinquenta anos, pelo regime da comunhão universal de bens, sem nunca ter dela se separado. O último domicílio de Tício foi a cidade de Macapá. O *de cujus* deixou bens imóveis, móveis, semoventes em vários estados da federação, além dos já referidos. O inventário foi distribuído ao Juízo da Vara competente da Comarca de Macapá, sendo designada inventariante o cônjuge supérstite. A esse respeito, analise as seguintes afirmativas:

I. na situação atual o cônjuge sobrevivente é considerado herdeiro necessário.
II. o cônjuge supérstite não concorre com seus filhos na herança quando o regime de bens for a comunhão universal.
III. havendo separação de fato, por mais de dois anos, ou separação judicial, na época do falecimento do cônjuge, impede o reconhecimento da herança ao cônjuge sobrevivente.
IV. sendo a meação reconhecida a Mévia, os seus três filhos partilharão a metade do patrimônio do *de cujus* remanescente.
V. Mévia tem direito aos bens que compõem a legítima.

Assinale:

(A) se somente as afirmativas I, II, III e IV forem verdadeiras.
(B) se somente as afirmativas I, III e V forem verdadeiras.
(C) se somente as afirmativas II e III e V forem verdadeiras.
(D) se somente as afirmativas I, II e V forem verdadeiras.
(E) se somente as afirmativas I e V forem verdadeiras.

I: verdadeira, pois o atual Código Civil considera o cônjuge herdeiro necessário, o que impede a sua exclusão da sucessão por vontade do autor da herança, quando for o caso desse cônjuge ter direitos sucessórios (art. 1.845 do CC); **II:** verdadeira, nos termos do art. 1.829, I, do CC; **III:** verdadeira (art. 1.830 do CC); **IV:** verdadeira, pois, pelo Direito de Família, Mévia tem direito à meação, ou seja, à metade do patrimônio comum com o autor da herança; a outra metade, pertencente ao autor da herança, será, de acordo com o Direito das Sucessões, partilhada pelos três filhos, sem a participação de sua mãe, nos termos do art. 1.829, I, do CC; **V:** falsa, pois, como se viu, Mévia não participará da herança deixada pelo seu marido, mas ficará apenas com a sua meação, que decorre do Direito de Família, e não do Direito das Sucessões.
Gabarito "A".

(FGV – 2009) A respeito da *sucessão legítima*, analise as afirmativas a seguir:

I. A sucessão legítima defere-se aos descendentes do *de cujus*, em concorrência com o cônjuge sobrevivente quando casado este com o falecido no regime da comunhão universal de bens.
II. Concorrendo com ascendente em primeiro grau, ao cônjuge tocará 1/3 (um terço) da herança ou a metade desta, caso haja um só ascendente, ou se maior for aquele grau.
III. Se o cônjuge for ascendente dos herdeiros com que concorrer, sua quota não poderá ser superior à quarta parte da herança.

Assinale:

(A) se somente a afirmativa I estiver correta.
(B) se somente a afirmativa II estiver correta.
(C) se somente a afirmativa III estiver correta.
(D) se somente as afirmativas I e II estiverem corretas.
(E) se somente as afirmativas II e III estiverem corretas.

I: incorreta (art. 1.829, I, do CC); **II:** correta (art. 1.837 do CC); **III:** incorreta, pois a quota parte não poderá ser inferior à quarta parte da herança (art. 1.832 do CC).
Gabarito "B".

(FGV – 2008) Quanto aos bens adquiridos onerosamente na vigência da união estável, a companheira participará da sucessão do companheiro, se concorrer com descendentes, só da herança do que couber a cada um deles, na proporção de:

(A) três quartos.
(B) um terço.
(C) dois quintos.
(D) um meio.
(E) um quarto.

Art. 1.790, II, do CC.
Gabarito "D".

8.2. SUCESSÃO TESTAMENTÁRIA

(OAB/Exame Unificado – 2016.2) Antônio deseja lavrar um testamento e deixar toda a sua herança para uma instituição de caridade que cuida de animais abandonados. O único parente de Antônio é seu irmão João, com quem almoça todos os domingos. Antônio não possui outros parentes nem cônjuge ou companheiro. Antônio procura você na condição de advogado e indaga se a vontade dele é tutelada pela lei. Diante da indagação de Antônio, assinale a afirmativa correta.

(A) Antônio pode deixar toda a herança para a instituição de caridade, uma vez que seu irmão não é seu herdeiro necessário.
(B) Antônio não pode testar em favor da instituição de caridade que cuida de animais, uma vez que a herança cabe inteiramente a parente vivo mais próximo, no caso, seu irmão.
(C) Antônio pode deixar por testamento apenas metade da herança para a instituição de caridade, uma vez que a outra metade pertence por lei a seu irmão, a quem deve alimentos.
(D) Antônio pode deixar para a instituição de caridade 3/4 de seu patrimônio, uma vez que é preciso garantir no mínimo 1/4 da herança a seu irmão bilateral.

A a D: somente a alternativa "A" está correta, correta, pois o irmão de Antônio, apesar de herdeiro deste, não é herdeiro necessário, de modo que não tem a garantia de reserva para si de metade dos bens da herança em caso de testamento em favor de terceiros (arts. 1.845 e 1.846 do CC), sendo que não há impedimento legal algum que Antônio deixe sua herança para uma instituição de caridade.
Gabarito "A".

(OAB/Exame Unificado – 2016.1) Os pais de Raimundo já haviam falecido e, como ele não tinha filhos, seu sobrinho Otávio era seu único parente vivo. Seu melhor amigo era Alfredo. Em um determinado dia, Raimundo resolveu fazer sozinho uma trilha perigosa pela Floresta dos Urucuns e, ao se perder na mata, acidentou-se gravemente. Ao perceber que podia morrer, redigiu em um papel, datado e assinado por ele, declarando a circunstância excepcional em que se encontrava e que gostaria de deixar toda a sua fortuna para Alfredo. Em razão do acidente, Raimundo veio a falecer, sendo encontrado pelas equipes de resgate quatro dias depois do óbito. Ao seu lado, estava o papel com sua última declaração escrita em vida, que foi recolhido pela equipe de resgate e entregue à Polícia. Ao saber do ocorrido, Otávio consulta seu advogado para saber se a declaração escrita por Raimundo tinha validade. Com base na hipótese narrada, assinale a afirmativa correta.

(A) O testamento deixado por Raimundo não tem validade em virtude da ausência das formalidades legais para o ato de última vontade, em especial a presença de testemunhas.

(B) O testamento deixado por Raimundo tem validade, mas suas disposições terão que ser reduzidas em 50%, pelo fato de Otávio ser herdeiro de Raimundo.

(C) O testamento deixado por Raimundo poderá ser confirmado, a critério do juiz, uma vez que a lei admite o testamento particular sem a presença de testemunhas quando o testador estiver em circunstâncias excepcionais.

(D) O testamento deixado por Raimundo não tem validade porque a lei só admite o testamento público, lavrado na presença de um tabelião.

A e D: incorretas, pois o testamento particular sem testemunhas feito em circunstâncias excepcionais pode ser confirmado, a critério do juiz (art. 1.879 do CC); **B:** incorreta, pois o sobrinho de Raimundo, apesar de herdeiro deste, não é herdeiro necessário, de modo que não tem a garantia de reserva para si de metade dos bens da herança em caso de testamento em favor de terceiros (arts. 1.845 e 1.846 do CC); **C:** correta (art. 1.879 do CC).

Gabarito "C"

(OAB/Exame Unificado – 2016.1) Júlia, casada com José sob o regime da comunhão universal de bens e mãe de dois filhos, Ana e João, fez testamento no qual destinava metade da parte disponível de seus bens à constituição de uma fundação de amparo a mulheres vítimas de violência obstétrica. Aberta a sucessão, verificou-se que os bens destinados à constituição da fundação eram insuficientes para cumprir a finalidade pretendida por Júlia, que, por sua vez, nada estipulou em seu testamento caso se apresentasse a hipótese de insuficiência de bens. Diante da situação narrada, assinale a afirmativa correta.

(A) A disposição testamentária será nula e os bens serão distribuídos integralmente entre Ana e João.

(B) O testamento será nulo e os bens serão integralmente divididos entre José, Ana e João.

(C) Os bens de Júlia serão incorporados à outra fundação que tenha propósito igual ou semelhante ao amparo de mulheres vítimas de violência obstétrica.

(D) Os bens destinados serão incorporados à outra fundação determinada pelos herdeiros necessários de Júlia, após a aprovação do Ministério Público.

A a D: somente a alternativa "C" está correta, pois, de acordo com o art. 63 do CC, "Quando insuficientes para constituir a fundação, os bens a ela destinados serão, se de outro modo não dispuser o instituidor, incorporados em outra fundação que se proponha a fim igual ou semelhante".

Gabarito "C"

(OAB/Exame Unificado – 2012.3.A) José, viúvo, é pai de Mauro e Mário, possuindo um patrimônio de R$ 300.000,00. Casou-se com Roberta, que tinha um patrimônio de R$ 200.000,00, pelo regime da comunhão universal de bens. José e Roberta tiveram dois filhos, Bruno e Breno.

Falecendo Roberta, a divisão do monte seria a seguinte:

(A) José recebe R$ 250.000,00 e Mauro, Mário, Bruno e Breno recebem cada um R$ 62.500,00.

(B) O monte, no valor total de R$ 500.000,00, deve ser dividido em cinco partes, ou seja, José, Mauro, Mário, Breno e Bruno recebem, cada um, R$ 100.000,00.

(C) José recebe R$ 250.000,00 e Bruno e Breno recebem, cada um, a importância de R$ 125.000,00.

(D) A herança deve ser dividida em três partes, cabendo a José, Bruno e Breno 1/3 do monte, ou seja, R$ 166.666,66 para cada um.

José e Roberta tem patrimônio comum de R$ 500.000,00. Com o falecimento de Roberta, pelo Direito de Família, José tem direito a pegar a sua meação nesse patrimônio comum, ficando, assim, com R$ 250.000,00 somente para si. A outra meação consiste na herança deixada por Roberta. Mauro e Mário, por serem filhos apenas de José, não tem direito algum à herança de Roberta. Seus filhos (Bruno e Breno) certamente têm direito à herança, restando saber se José terá direito a alguma parte da herança deixada por Roberta, ou seja, a alguma quantia sobre os R$ 250.000,00 correspondentes à meação de Roberta. Segundo o art. 1.829, I, do CC, os descendentes estão na primeira classe de herdeiros junto com o cônjuge sobrevivente, desde que esse cônjuge não seja casado com o falecido pelo regime de *comunhão universal*, ou pelo regime de separação obrigatória de bens ou pelo regime de comunhão parcial, não tendo o autor da herança deixado bens particulares. Como José era casado com Roberta pelo regime de *comunhão universal*, ele não entra na primeira classe, fazendo com que os R$ 250.000,00 referentes à herança de Roberto sejam divididos entre Bruno e Breno, que ficarão, cada um, com R$ 125.000,00. Assim, José recebe R$ 250.000,00 referente à sua meação (Direito de Família), e Breno e Bruno recebem R$ 125.000,00 cada, referente à herança deixada por Roberta (Direito das Sucessões).

Gabarito "C"

(OAB/Exame Unificado – 2010.2) Em 2004, Joaquim, que não tinha herdeiros necessários, lavrou um testamento contemplando como sua herdeira universal Ana. Em 2006, arrependido, Joaquim revogou o testamento de 2004, nomeando como seu herdeiro universal Sérgio. Em 2008, Sérgio faleceu, deixando uma filha Catarina. No mês de julho de 2010, faleceu Joaquim. O único parente vivo de Joaquim era seu irmão, Rubens. Assinale a alternativa que indique a quem caberá a herança de Joaquim.

(A) Rubens.

(B) Catarina.

(C) Ana.

(D) A herança será vacante.

Com a morte de Sérgio (nomeado como herdeiro) antes da morte do testador (Joaquim), o testamento fica caduco, perdendo seus efeitos. Sobre o tema, vale citar a lição de Sílvio de Salvo Venosa (Código Civil Interpretado, SP: Ed. Atlas, p. 1.780, 2010), para quem o testamento caduca quando "o bem já não mais existe (pouco importando a causa, desaparecimento, alienação, perda), ou porque não existe o sujeito (herdeiro ou legatário) para suceder (em todos os casos em que o sucessor não mais existe, não quer, ou não pode receber)". Assim, a herança caberá a Rubens, considerando que, quando da morte de Joaquim, ele era seu único parente vivo, sendo o parentesco entre eles de segundo grau (art. 1.839 do Código Civil).

Gabarito "A"

(OAB/Exame Unificado – 2009.2) Acerca do direito sucessório, assinale a opção correta.

(A) A aceitação da herança é o ato jurídico unilateral por meio do qual o herdeiro manifesta livremente sua vontade de receber a herança, por isso o ato deve sempre ser feito por declaração escrita.

(B) Os descendentes do herdeiro que renuncia à herança herdam por representação na sucessão legítima.

(C) É válida a disposição testamentária do testador casado, em favor de filho que nasça de seu relacionamento com concubina.

(D) Não é válida disposição de última vontade que institua pessoa jurídica como herdeira testamentária.

A: incorreta (art. 1.805 do CC); **B:** incorreta (art. 1.811 do CC); **C** e **D:** Não existe qualquer disposição legal que proíba tais disposições.

Gabarito "C"

(OAB/Exame Unificado – 2008.3) O testador tem ampla liberdade de testar, desde que preserve a legítima dos herdeiros necessários. Além de ser permitida a instituição de herdeiro e legatário em primeiro grau, a norma jurídica autoriza-lhe indicar substituto (sucessor de segundo grau) para recolher os bens da herança, na falta de herdeiro ou legatário nomeado, em virtude de falecimento antes da abertura da sucessão, de renúncia, ou de exclusão, ou após o herdeiro ou legatário indicado em primeiro lugar, que, nesse caso, passará os bens transmitidos pelo *de cujus*, depois de certo tempo, a um substituto. Maria Helena Diniz. **Curso de direito civil brasileiro**. Direito das sucessões. Vol. 6, 21.ª ed., São Paulo: Saraiva, 2007 (com adaptações). Considerando as ideias do texto acima e os dispositivos do Código Civil relativos ao direito das sucessões, assinale a opção correta.

(A) É permitida a substituição hereditária de mais de um grau.

(B) A substituição vulgar consiste na indicação da pessoa que deve ocupar o lugar do herdeiro, ou legatário, que não quer ou não pode aceitar a liberalidade.

(C) Substituição recíproca consiste na instituição de herdeiro ou legatário com a obrigação de, por sua morte, a certo tempo ou sob condição preestabelecida, transmitir a uma outra pessoa a herança.

(D) No usufruto testamentário, o testador poderá contemplar pessoas incertas ou ainda sem existência.

Art. 1.947 do CC.

Gabarito "B"

(OAB/Exame Unificado – 2008.1) Assinale a opção correta a respeito da deserdação.

(A) A legislação civil brasileira admite a deserdação imotivada.

(B) A deserdação dos descendentes pelos ascendentes em razão de ofensa física exige prévia decisão da justiça penal.

(C) A deserdação pode ser ordenada em testamento válido.

(D) Não há previsão legal que autorize o descendente a deserdar o ascendente.

Art. 1.964 do CC.

Gabarito "C"

(OAB/Exame Unificado – 2008.1) Assinale a opção correta a respeito do direito das sucessões.

(A) O legatário sucede o autor da herança a título universal.

(B) Considerada a ordem de vocação hereditária, os irmãos do falecido são herdeiros necessários.

(C) A pessoa jurídica detém capacidade testamentária ativa.

(D) Codicilo é ato jurídico unilateral de última vontade, escrito, pelo qual o autor da herança pode dispor sobre o seu enterro.

A: incorreta. O legatário sucede a título singular e o herdeiro, a título universal; **B:** incorreta (art. 1.845 do CC); **C:** incorreta (art. 1.860 do CC); **D:** correta (art. 1.881 do CC).

Gabarito "D"

(OAB/Exame Unificado – 2007.3) Em relação à sucessão legítima e testamentária, assinale a opção correta.

(A) A renúncia a herança é um ato irrevogável, por isso, se todos os herdeiros, de qualquer classe, renunciarem à herança, esta será, desde logo, declarada vacante.

(B) O herdeiro necessário é deserdado por seu ascendente quando o testador deixa de contemplá-lo em seu testamento.

(C) No inventário e partilha, a omissão involuntária dos bens da herança pelo inventariante configura sonegação de bens e o sujeita a apresentar os bens que omitiu, e a pagar perdas e danos aos demais herdeiros.

(D) Ocorre a sucessão por cabeça, ou substituição hereditária, quando outra pessoa é chamada a suceder em lugar do herdeiro, em virtude de pré-morte, deserdação ou indignidade.

A: correta (arts. 1.812 c.c. 1.823, ambos do CC); **B:** incorreta. O herdeiro necessário não precisa constar do testamento; **C:** incorreta (art. 1.992 do CC); **D:** incorreta. No caso de substituição hereditária ocorre a sucessão por estirpe.

Gabarito "A"

(OAB/Exame Unificado – 2007.3) Não é própria aos testamentos:

(A) a solenidade.

(B) a gratuidade.

(C) a unilateralidade.

(D) a irrevogabilidade.

Art. 1.858 do CC.

Gabarito "D"

(FGV – 2008) O testamento pode ser escrito de próprio punho. São requisitos essenciais à sua validade que seja lido e assinado por quem o escreveu, na presença de pelo menos:

(A) duas testemunhas.

(B) seis testemunhas.

(C) quatro testemunhas.

(D) cinco testemunhas.

(E) três testemunhas.

Art. 1.876, § 1.º, do CC.

Gabarito "E"

(FGV – 2006) O Código Civil veda o testamento:

(A) nuncupativo militar.
(B) marítimo.
(C) hológrafo.
(D) conjuntivo.
(E) militar.

Art. 1.863 do CC.
Gabarito "D"

(FGV – 2005) Assinale a alternativa correta.

(A) Só podem testar os maiores de 18 (dezoito) anos.
(B) O direito de impugnar a validade do testamento conta-se da data do óbito do testador.
(C) São testamentos especiais o marítimo, o aeronáutico e o militar.
(D) A disposição de testamento por incapaz se valida com a superveniência da capacidade.
(E) O Código Civil considera testamentos ordinários somente o público e o particular.

A: incorreta (art. 1.860, parágrafo único, do CC); **B:** incorreta (art. 1.859 do CC); **C:** correta (art. 1.886, I, II e III, do CC); **D:** incorreta (art. 1.861 do CC); **E:** incorreta, pois existe também o testamento cerrado (art. 1.862, II, do CC).
Gabarito "C"

(FGV – 2005) Assinale a alternativa correta.

(A) O fiduciário tem a propriedade da herança ou legado, mas restrita e resolúvel.
(B) A revogação do testamento, em regra, só pode ser total.
(C) O direito de provar a causa da deserdação se extingue no prazo de 2 (dois) anos, a contar do óbito do testador.
(D) O legado alternativo é nulo de pleno direito, pois não se pode deixar ao herdeiro a opção.
(E) É inadmissível em nosso direito o codicilo cerrado.

A: correta (art. 1.953, *caput*, do CC); **B:** incorreta, pois a revogação pode ser total ou parcial (art. 1.970, *caput*, do CC); **C:** incorreta, pois o prazo é de 4 (quatro) anos a contar da data da abertura do testamento (art. 1.965, parágrafo único, do CC); **D:** incorreta (art. 1.932 do CC); **E:** incorreta (art. 1.885 do CC).
Gabarito "A"

(FGV – 2005) Analise as proposições a seguir com base no Código Civil:

I. O direito de provar a causa da deserdação extingue-se no prazo de 3 (três) anos, a contar da data da abertura do testamento.
II. No legado alternativo, se o herdeiro ou legatário a quem couber a opção falecer antes de exercê-la, passará esse poder aos seus herdeiros.
III. A cláusula de inalienabilidade, imposta aos bens por ato de liberalidade, implica, apenas, a impenhorabilidade, permitindo, no entanto, a comunicabilidade.

Assinale:

(A) se apenas a proposição I estiver correta.
(B) se apenas a proposição II estiver correta.
(C) se apenas as proposições I e II estiverem corretas.
(D) se todas as proposições estiverem corretas.
(E) se nenhuma proposição estiver correta.

I: incorreta, o prazo é de 4 (quatro) anos a contar da data da abertura do testamento (art. 1.965, parágrafo único, do CC); **II:** correta (art. 1.933 do CC); **III:** incorreta, pois implica também na incomunicabilidade (art. 1.911, *caput*, do CC).
Gabarito "B"

7. DIREITO PROCESSUAL CIVIL – NOVO CPC – LEI 13.105/2015

Cintia Rodrigues, Denis Skorkowski, Luiz Dellore e Fernando Cavalcante[1-2]

1. PARTE GERAL E PROCESSO DE CONHECIMENTO

1.1. JURISDIÇÃO E COMPETÊNCIA

(OAB/Exame Unificado – 2013.2) Os critérios relativos de fixação de competência podem ser alterados pela ocorrência de alguns fenômenos processuais. Uma das situações que pode levar à modificação da competência, quando fixada com base em critérios relativos, é a ocorrência da chamada continência.

Assinale a alternativa que descreve, corretamente, continência.

(A) Fenômeno que ocorre entre duas ou mais ações, quando lhes for comum o objeto ou a causa de pedir.

(B) Fenômeno que ocorre entre duas ou mais ações quando há identidade quanto às partes e à causa de pedir, mas o objeto de uma, por ser mais amplo, abrange o das outras.

(C) Fenômeno que ocorre entre duas ou mais ações quando há entre elas identidade de partes, de causa de pedir e de pedido e todas tramitam em diferentes juízos simultaneamente.

(D) Fenômeno que ocorre entre duas ou mais ações quando possuem pedidos que, somados, não ultrapassam o valor de sessenta salários mínimos.

A resposta está no art. 56 do NCPC, que define a continência (dispositivo reproduzido na alternativa "B"). O exemplo típico de continência: empresas "X" e "Y" celebraram um contrato. "X" ingressa em juízo contra "Y" pleiteando a declaração de nulidade de UMA cláusula contratual; "Y" ingressa em juízo contra "X" pleiteando a nulidade de TODO o contrato. O pedido da demanda de "X" está contido na demanda proposta por "Y".

Gabarito "B"

(OAB/Exame Unificado – 2012.2) O sistema processual pátrio estabelece duas espécies de incompetência: a incompetência absoluta e a incompetência relativa.

Acerca do tema, assinale a afirmativa correta.

(A) Os critérios absolutos de fixação de competência são previstos em lei com a finalidade de promover a proteção, precipuamente, de interesses privados.

(B) Em litígios que envolvam nunciação de obra nova, é defeso ao autor optar por fazer o ajuizamento da ação no foro de domicílio do réu ou no foro de eleição.

(C) Em demanda proposta perante juízo absolutamente incompetente, pode haver prorrogação da competência do juízo, caso deixe o réu de apresentar, no momento processual oportuno, a exceção de incompetência.

(D) A incompetência relativa ocorre, por exemplo, quando o critério de fixação de competência em razão do valor da causa é desrespeitado, hipótese em que tanto as partes quanto o magistrado, de ofício, poderão suscitar a incompetência do juízo.

A: incorreta. A competência absoluta se refere a questões que interessam à coletividade. A relativa é que se refere a interesses privados; **B:** correta. Tratando-se de direito real sobre imóvel, aplica-se o art. 47, § 1º do NCPC (hipótese em que, apesar de ser competência territorial, não se admite foro de eleição); **C:** incorreta. A prorrogação só ocorre em relação à incompetência relativa (NCPC, art. 65); **D:** incorreta. Não existe, no sistema brasileiro, remessa de autos por força de valor da causa (NCPC, art. 64) – apesar de se tratar de competência relativa.

Gabarito "B"

(FGV – 2008) O liame processual que se apresenta entre uma execução de título extrajudicial e ação anulatória desse mesmo título é de:

(A) conexão.

1. **Luiz Dellore** comentou todas as questões dos exames unificados da OAB. Fernando Cavalcante comentou em coautoria com o Luiz Dellore as questões dos exames 2014.3, 2015.1 e 2015.2.
2. Considerando que algumas questões relativas ao CPC/1973 não puderam ser aproveitadas, em virtude de incompatibilidade entre os sistemas, para fins didáticos, inserimos questões bônus de outras bancas examinadoras, de modo a incrementar os estudos sobre o NCPC. **Luiz Dellore e Denis Skorkowski** comentaram as questões da Magistratura/PE – 2013 – FCC, Magistratura/PE – 2011 – FCC, Defensor Público/AM – 2013 – FCC, Procurador do Município/Teresina-PI – 2010 – FCC, Analista – TRF/1ª – 2011 – FCC, Magistratura/BA – 2012 – CESPE, Magistratura/PI – 2011 – CESPE, Defensor Público/TO – 2013 – CESPE, Cartório/DF – 2014 – CESPE, Cartório/RR – 2013 – CESPE, Cartório/SP – 2011 – VUNESP, Magistratura/MG – 2012 – VUNESP, Magistratura/SP – 2013 – VUNESP, Magistratura/SP – 2011 – VUNESP, Procurador do Estado /MG – FUMARC – 2012, Magistratura/DF – 2011, Ministério Público/SP – 2011, Ministério Público/GO – 2012 e Magistratura do Trabalho – 3ª Região – 2014. **Luiz Dellore e Cintia Rodrigues** comentaram as questões dos concursos de Analista – TRT9 – 2012 – FCC e Analista – TRT/11ª – 2012 – FCC. **Luiz Dellore** comentou as demais questões.

(B) prejudicialidade.
(C) conexão por prejudicialidade.
(D) litispendência.
(E) coisa julgada.

Se a ação anulatória for julgada procedente, a execução não terá título, portanto, não poderá prosseguir. Assim, a anulatória é prejudicial em relação à execução (NCPC, art. 313, V, *a*). Ainda, considerando que o título é o mesmo nas duas demandas, há conexão (NCPC, art. 55).

Gabarito "C"

(OAB/Exame Unificado – 2011.3.B) O juiz da 1ª Vara Cível da Comarca X declarou sua incompetência absoluta para o julgamento de uma causa e determinou a remessa dos autos para a Justiça do Trabalho. O processo foi distribuído para a 1ª Vara do Trabalho da mesma Comarca, que suscitou conflito de competência.

Qual é o órgão competente para resolver o conflito?

(A) Tribunal Superior do Trabalho.
(B) Tribunal de Justiça do Estado onde os juízos conflitantes estão localizados.
(C) Supremo Tribunal Federal.
(D) Superior Tribunal de Justiça.

Entre juízes do mesmo Tribunal, referido Tribunal é o competente para julgar o conflito. Entre juízes de Justiças distintas, a competência é do STJ (CF, art. 105, I, "d" e NCPC, art. 953, I).

Gabarito "D"

(OAB/Exame Unificado – 2008.3) No curso de um processo no qual se discute o cumprimento de obrigação firmada entre brasileiro e estrangeiro domiciliado em seu país natal, e cuja execução teria de ocorrer em território nacional, o réu noticiou, nos autos, a existência de ação intentada no exterior com o mesmo objetivo. Em face dessa situação hipotética, assinale a opção correta.

(A) Apurado que a citação tenha ocorrido primeiro na ação intentada em outro país, o juiz deverá extinguir o processo, sem julgamento do mérito.
(B) O fato de existir ação idêntica no exterior e o de uma das partes ser estrangeiro domiciliado em seu país natal implica a incompetência da autoridade brasileira para julgar a causa.
(C) A existência de ação idêntica em trâmite perante órgão judiciário estrangeiro não interfere no processamento do feito, no Brasil, podendo a autoridade judiciária local, inclusive, julgar causas que a ele sejam conexas.
(D) A existência de duas ações idênticas tramitando em países distintos impõe o deslocamento da competência relativa ao julgamento da ação que tramita no Brasil para o STJ, que decidirá acerca de sua admissibilidade.

A questão envolve competência concorrente e exclusiva entre juiz brasileiro e juiz estrangeiro. Na competência concorrente (NCPC, art. 21), tanto o juiz brasileiro como estrangeiro podem conhecer da matéria. E não há litispendência (NCPC, art. 24).

Gabarito "C"

(Magistratura/PE – 2013 – FCC) A modificação da competência em virtude de conexão sujeita-se à seguinte regra:

(A) a conexão só pode ser reconhecida a partir de pedido expresso da parte, defeso ao juiz agir de ofício para tanto.
(B) a conexão é caracterizada quando, em duas ou mais ações, forem idênticos o pedido, a causa de pedir e as partes.
(C) a competência relativa pode ser modificada em razão da conexão; é impossível, porém, modificar-se por normas de conexão a competência absoluta.
(D) é irrelevante que um dos processos já tenha sido julgado para que ocorra a reunião de processos conexos.
(E) o foro contratual de eleição, por ser personalíssimo, só obriga as partes contratantes, mas não seus herdeiros ou sucessores.

A: incorreta, porque o juiz pode reconhecer de ofício da conexão e determinar a reunião dos processos conexos (interpretação decorrente dos arts. 57 e 58 do NCPC); **B:** incorreta, pois a alternativa descreve a litispendência ou coisa julgada (ou seja, quando houver a tríplice identidade entre os elementos identificadores da ação –NCPC, art. 337, § 1º). Para a conexão basta a identidade de pedido ou de causa de pedir (art. 55 do NCPC); **C:** correta, porque a conexão somente se refere à incompetência relativa (NCPC, art. 54); **D:** incorreta, porque se num deles já houve sentença, não há sentido na reunião (Súmula n. 235/STJ: "A conexão não determina a reunião dos processos, se um deles já foi julgado" – que agora consta expressamente no art. 55, § 1º, do NCPC); **E:** incorreta, porque "o foro contratual obriga os herdeiros e sucessores das partes" (§ 2º do art. 63 do NCPC).

Gabarito "C"

(Defensor Público/AM – 2013 – FCC) A competência

(A) é inderrogável por convenção das partes, seja relativa ou absoluta.
(B) é sempre do foro do consumidor, nas ações de responsabilidade civil do fornecedor.
(C) se relativa, deve ser arguida em preliminar de contestação, de acordo com o Código de Processo Civil.
(D) é alterada pela conexão, mesmo que um dos processos já tenha sido sentenciado.
(E) quando alterada em razão da matéria, acarreta a nulidade dos atos decisórios.

A: incorreto. A competência em razão do valor e do território é relativa, daí por que pode ser afastada por convenção das partes (arts. 62 e 63, do NCPC); **B:** incorreto (art. 101, I, do CDC). Cuida-se de opção erigida em favor do consumidor, o qual poderá, se assim lhe convier, renunciar a tal faculdade e optar pelo ajuizamento da demanda no foro do domicílio do réu (art. 46, *caput*, do NCPC) ou no do local do dano (art. 93, I, do CDC). **C:** incorreto para o CPC/1973. Correto no NCPC, em que incompetência relativa e absoluta devem ser alegadas em preliminar de contestação (art. 64 do NCPC); **D:** incorreto (Súmula 235/STJ: "A conexão não determina a reunião dos processos, se um deles já foi julgado" e art. 55, § 1º, do NCPC); **E:** correto no CPC/1973. Incorreta no NCPC, pois, salvo decisão em contrário, serão conservados "os efeitos de decisão proferida pelo juízo incompetente até que outra seja proferida, se o caso, pelo juízo incompetente" (NCPC, art. 64, § 4º).

Gabarito "E" no CPC/73; "C" no NCPC

(Analista – TRT/11ª – 2012 – FCC) A incompetência em razão da matéria

(A) não pode ser declarada pelo juiz de ofício.
(B) acarreta a nulidade da prova, que deverá ser renovada perante o juízo competente.
(C) deve ser arguida pelo réu como preliminar na contestação.
(D) não pode ensejar conflito positivo de competência.
(E) só pode ser arguida através de exceção.

A: incorreta, pois se trata de incompetência absoluta e pode, portanto, de ofício (art. 64, § 1º, NCPC); **B:** incorreta. Pois os atos serão conservados salvo decisão em contrário (art. 64, § 4º, CPC); **C:** correto conforme artigo 337, II, do NCPC, a despeito de poder ser alegada a qualquer tempo e grau de jurisdição e não apenas em preliminar; **D:** incorreta. O artigo 66 do NCPC não restringe o conflito à incompetência relativa; **E:** incorreta. O CPC de 2015 prevê que a incompetência, absoluta ou relativa, será alegada como questão preliminar de contestação. Portanto, estaria correta se analisada sob o prisma do Novo CPC (art. 64).

Gabarito "C"

(Analista – TRT/11ª – 2012 – FCC) O foro contratual pode modificar a competência em razão

(A) da hierarquia e da matéria.
(B) do valor, apenas.
(C) do território, apenas.
(D) da hierarquia, apenas.
(E) do valor e do território.

O foro contratual (denominado de derrogação) apenas poderá alterar a competência relativa e, portanto, nos casos de competência do valor e território (art. 63, NCPC). Há, contudo, exceções tanto no valor como no território (como nos casos dos Juizados Especiais Federais e da Fazenda Pública, bem como o art. 47 do NCPC).

Gabarito "E"

(Analista – TRT9 – 2012 – FCC) No que se refere à competência:

(A) é ela determinada no momento em que a ação é proposta, como regra, mostrando-se irrelevantes as modificações do estado de fato ou de direito ocorridas posteriormente.
(B) cabe à autoridade judiciária estrangeira proceder a inventário e partilha de bens, mesmo que situados no Brasil, se o autor da herança for estrangeiro e houver residido fora do território nacional.
(C) a ação fundada em direito pessoal e a ação fundada em direito real sobre bens móveis serão, em regra, propostas no foro do domicílio do autor.
(D) sendo incerto ou desconhecido o domicílio do réu, será ele demandado na capital do Estado da federação em que houvera residido com endereço certo.
(E) a territorial é absoluta e levanta-se por meio de preliminar na defesa apresentada pelo réu.

A: correta, conforme artigo 43 do NCPC que regulamenta a *perpetuatio jurisdictionis*; **B:** incorreta, pois tal competência pertence à autoridade judiciária brasileira, com exclusão de qualquer outra, conforme artigo 23, II, NCPC; **C:** incorreto. Em regra no domicílio do réu conforme artigo 46, NCPC; **D:** incorreta, pois nesse caso poderá ser demandado tanto no domicílio do autor como no local em que for encontrado conforme artigo 46, § 2º, do NCPC; **E:** incorreta no CPC/1973, pois a competência territorial é, em regra, relativa, era arguida por meio de exceção (arts. 111 e 112 do CPC/1973). O CPC de 2015 prevê que a incompetência, absoluta ou relativa, será alegada como questão preliminar de contestação. Portanto, estaria correta se analisada sob o prisma do Novo CPC (art. 64) no tocante à forma de arguição (já que a competência territorial se mantém relativa).

Gabarito "A"

(Procurador do Município/Teresina-PI – 2010 – FCC) Quanto à competência:

(A) como regra, quando territorial, pode ser declinada de ofício pelo juiz, sem necessidade de provocação da parte.
(B) de modo geral, são relevantes as modificações do estado de fato ou de direito ocorridas posteriormente à propositura da demanda.
(C) é determinada no momento da propositura da demanda.
(D) a autoridade judiciária brasileira a tem concorrente para conhecer de ações relativas a imóveis situados no país.
(E) em razão do valor e da função, em primeiro grau, é regida pelas normas de organização judiciária.

A: incorreta. A incompetência territorial é relativa e depende de alegação do réu (NCPC, art. 64 e Súmula 33/STJ: A incompetência relativa não pode ser declarada de ofício); **B:** incorreta. Em regra, são irrelevantes, por força do princípio da *perpetuatio jurisdictionis* (NCPC, art. 43); **C:** correta. NCPC, art. 43; **D:** incorreta, pois a hipótese é de competência exclusiva da autoridade judiciária brasileira (NCPC, art. 23, I); **E:** incorreta. A competência funcional é regida pela legislação processual e Constituição.

Gabarito "C"

(Analista – TRE/PI – 2009 – FCC) Sobre a competência interna, considere:

I. Nas ações fundadas em direito real sobre imóveis, é competente o foro da situação da coisa, mas o autor pode optar pelo foro do domicílio ou de eleição, se o litígio recair sobre direito de vizinhança, servidão e nunciação de obra nova.
II. A nulidade da cláusula de eleição de foro, em contrato de adesão, pode ser declarada de ofício pelo juiz, que declinará de competência para o juízo de domicílio do réu.
III. O foro do domicílio do autor da herança, no Brasil, é o competente para todas as ações em que o espólio for réu, ainda que o óbito tenha ocorrido no estrangeiro.
IV. A competência em razão do território e da hierarquia é inderrogável por convenção das partes; mas estas podem modificar a competência em razão da matéria e do valor, elegendo foro onde serão propostas as ações oriundas de direitos e obrigações.

De acordo com o Código de Processo Civil, está correto o que se afirma APENAS em

(A) I, II e III.
(B) I, III e IV.
(C) I e IV.
(D) II e III.
(E) II, III e IV.

I: incorreta (art. 47 do NCPC); **II:** correta (art. 63, § 3º, do NCPC); **III:** correta (art. 48 do NCPC); **IV:** incorreta (arts. 62 e 63 do NCPC).

Gabarito "D"

(Magistratura/PI – 2011 – CESPE) Acerca de competência, assinale a opção correta.

(A) A competência para o julgamento da ação de interdição é o foro do domicílio do interditando, de forma que, se este mudar de domicílio, o processo deverá ser deslocado.
(B) A superveniente criação de vara federal no município onde tenha sido ajuizada e julgada a ação, na época da execução do julgado, não acarretará nova fixação de competência.
(C) Se, ajuizada a ação de alimentos, o filho menor do autor mudar de domicílio, haverá, por força de lei, modificação da competência de foro.
(D) Caso o réu cujo domicílio tenha servido de base para fixação da competência seja julgado parte ilegítima, impor-se-á o reconhecimento da incompetência do juízo.
(E) Intervindo a União, como assistente, em ação indenizatória em curso na justiça estadual, em fase de liquidação, a competência se deslocará para o foro federal.

A: incorreta, porque, em razão da regra da perpetuação da competência ("perpetuatio jurisdictionis"), prevista no art. 43 do NCPC, "são irrelevantes as modificações do estado de fato ou de direito ocorridas posteriormente" à propositura da ação; **B:** incorreta, porque esta é uma das exceções à regra da "perpetuatio" ("... salvo quando suprimirem órgão judiciário ou alterarem a competência absoluta" – art. 43); **C:** incorreta, considerando a "perpetuatio"; **D:** incorreta, considerando a "perpetuatio"; **E:** correta (NCPC, art. 45).

Gabarito "E".

(Analista – TRE/GO – 2008 – CESPE) Segundo o Código de Processo Civil (CPC), o conflito de competência, quando possível, pode ser instaurado por iniciativa

(A) do MP, de qualquer dos magistrados envolvidos no julgamento do processo ou das partes.
(B) do MP, apenas.
(C) do MP ou de qualquer dos magistrados envolvidos no julgamento do processo, apenas.
(D) de qualquer dos magistrados envolvidos no julgamento do processo ou das partes, apenas.

Art. 953 do NCPC.

Gabarito "A".

(Magistratura/SP – 2011 – VUNESP) A ação fundada em direito pessoal será proposta:

(A) no foro do domicílio do autor, quando o réu não tiver domicílio nem residência no Brasil.
(B) no foro do domicílio do autor, quando houver dois ou mais réus com diferentes domicílios.
(C) no foro do domicílio do autor, quando o réu tiver mais de um domicílio.
(D) no foro do domicílio do autor, quando o réu for ausente.
(E) no foro do domicílio do réu, quando ele for incapaz.

A: correta (art. 46, § 3º, NCPC); **B:** incorreta, porque nesse caso é competente o foro do domicílio de qualquer um dos réus (art. 46, § 4º); **C:** incorreta (art. 46, § 1º); **D:** incorreta (art. 49 – é competente o foro de seu último domicílio); **E:** incorreta (art. 50 – é competente o foro do domicílio do seu representante).

Gabarito "A".

1.2. PRINCÍPIOS PROCESSUAIS

(OAB/Exame Unificado – 2008.1) No que se refere às provas, adota-se, no CPC, o sistema

(A) Das ordálias.
(B) Da livre convicção (ou íntimo ou moral).
(C) Do livre convencimento motivado.
(D) Da prova legal.

NCPC, art. 371 (convencimento motivado) e CF, art. 93, IX (motivação). Ou seja, o juiz é livre para apreciar a prova (deve levar em conta o conjunto probatório como um todo), mas deve fundamentar sua decisão. Assim, não há hierarquia entre as provas. *Atenção: cabe destacar que o NCPC não faz mais menção ao termo *livre*, ao tratar do tema. Assim, se uma alternativa falar apenas em convencimento motivado e outra em livre convencimento motivado, no NCPC, deve-se optar apenas por "convencimento motivado". Mas muitos autores seguem falando em *livre convencimento motivado*.

Gabarito "C".

(OAB/Exame Unificado – 2007.2) No âmbito do processo civil, os princípios informativos são regras predominantemente técnicas, desligados de maior conotação ideológica, sendo, por esta razão, quase sempre universais. Já os denominados princípios fundamentais do processo são diretrizes nitidamente inspiradas por características políticas, trazendo carga ideológica significativa, portanto, válidos para os sistemas ideologicamente afeiçoados aos princípios fundamentais que lhes correspondam. Alvim Arruda. **Manual de direito processual civil.** v. 1, 9ª ed. São Paulo: RT, p. 23 (com adaptações). A respeito do assunto abordado no texto, assinale a opção correta.

(A) Segundo o princípio jurídico, o processo tem de submeter-se a um ordenamento jurídico preexistente, entretanto, se este se alterar quando estiver em curso o processo, os atos processuais até então realizados devem ser respeitados.
(B) Os princípios fundamentais prescindem de demonstração maior, sendo assim considerados axiomas universais.
(C) Os princípios fundamentais não podem ser antagônicos entre si.
(D) Os princípios da oralidade e da publicidade dos atos processuais constituem espécies do gênero princípios informativos.

Questão um pouco mais teórica e, no meu entender, impertinente para o exame da OAB. Porém, especialmente em momento de transição entre Códigos, vale reproduzir a questão. Em regra, a lei nova atinge o processo em curso (NCPC, art. 1.046), resguardados os atos jurídicos processuais perfeitos (CF, art. 5º, XXXVI).

Gabarito "A".

(OAB/Exame Unificado – 2006.2) A respeito dos princípios informativos de direito processual civil e das leis processuais, assinale a opção correta.

(A) O princípio do contraditório é absoluto e deve ser observado pelas partes e pelo juiz, sob pena de nulidade do processo. O juiz pode, de ofício, conhecer questões de ordem pública independentemente de provocação, mas o exame de ofício dessas questões deve ser precedido de plena participação das partes. Também pode o juiz conhecer da matéria independentemente de provocação, mas é necessário que ele a submeta à manifestação das partes antes de decidir.

(B) Quando entra em vigor, alterando alguns prazos processuais, a lei nova não atinge os processos em andamento e nenhum efeito tem sobre eles, alcançando somente os processos interpostos após a sua entrada em vigor.

(C) No processo civil, compete às partes a iniciativa da instauração da relação processual e do seu desenvolvimento. Nesse caso, as provas só podem ser produzidas pelas partes, mas o juiz é soberano para analisá-las, devendo decidir de acordo com o seu livre convencimento, sem fundamentá-lo ou fundá-lo em qualquer dos meios probatórios, sobre a realização das provas requeridas pelas partes ou qualquer outra questão prejudicial ou incidente.

(D) Resultam do princípio da eventualidade tanto a preclusão temporal como a *pro judicato*. A preclusão temporal indica a perda da faculdade processual, pelo seu não uso dentro do prazo ou pelo fato de havê-la exercido. Segundo a preclusão *pro judicato*, com a decisão de mérito de uma questão, de direito disponível ou indisponível, nenhum outro juiz decidirá novamente a questão, que não pode ser objeto de qualquer outro julgamento judicial, ainda que em grau de recurso.

A: correta, especialmente à luz do NCPC, que traz o *princípio da vedação das decisões surpresa*, que prevê a oitiva das partes mesmo que o juiz possa decidir de ofício ("NCPC, art. 10. O juiz não pode decidir, em grau algum de jurisdição, com base em fundamento a respeito do qual não se tenha dado às partes oportunidade de se manifestar, ainda que se trate de matéria sobre a qual deva decidir de ofício"); **B:** incorreta, a lei processual atinge os processos em curso (art. 1.046 do NCPC – direito intertemporal); **C:** incorreta, o juiz pode determinar a produção de provas e, apesar do (livre) convencimento motivado, deve fundamentar sua decisão (arts. 370 e 371 do NCPC); **D:** incorreta, pois a "preclusão *pro judicato*" é a preclusão para o juiz. Proferida uma decisão e havendo recurso, é certo que é possível nova decisão por parte de outro órgão jurisdicional.

Gabarito "A"

(Analista – TJ/MT – 2008 – VUNESP) A redação do artigo 2º do Código de Processo Civil vigente "Nenhum juiz prestará a tutela jurisdicional senão quando a parte ou o interessado a requerer, nos casos e formas legais", denota diretamente o princípio

(A) da legalidade.

(B) da inércia da jurisdição.

(C) do juiz natural.

(D) da ampla defesa.

(E) do acesso à justiça.

De fato, o art. 2º do CPC traz a definição prática do princípio da inércia da jurisdição. Vale observar que o enunciado da questão remete ao CPC de 1973. A redação do NCPC, também no art. 2º, é: "o processo começa por iniciativa da parte e se desenvolve por impulso oficial, salvo as exceções previstas em lei".

Gabarito "B"

(Analista – TRT/23ª – 2007 – FCC) O art. 5º, XXXVII, da Constituição Federal dispõe que "não haverá juízo ou tribunal de exceção". Esse dispositivo consagra, em relação à jurisdição, o princípio

(A) da especialização.

(B) da improrrogabilidade da jurisdição.

(C) da indeclinabilidade da jurisdição.

(D) do juiz natural.

(E) da indelegabilidade da jurisdição.

De fato, o princípio do juiz natural diz respeito à vedação de juízos ou tribunais de exceção, que são os instituídos depois do fato que eles julgarão, não admitidos no Estado Democrático de Direito consagrado pela Constituição Federal de 1988.

Gabarito "D"

1.3. PARTES, PROCURADORES, SUCUMBÊNCIA E MINISTÉRIO PÚBLICO

(OAB/Exame Unificado – 2016.2) A médica Carolina é devedora de R$ 100.000,00 (cem mil reais), débito esse originado de contrato particular de mútuo, vencido e não pago, no qual figura como credora a advogada Zélia. Diante do inadimplemento, Zélia ajuizou ação de cobrança que, após instrução probatória, culminou em sentença com resolução de mérito procedente. O juiz não se pronunciou quanto ao pagamento de honorários advocatícios de sucumbência à advogada porque esta atuou em causa própria. A omissa sentença proferida transitou em julgado recentemente.

Sobre o caso apresentado, segundo o CPC/15, assinale a afirmativa correta.

(A) O juiz agiu com acerto ao deixar de condenar Carolina ao pagamento de honorários.

(B) Os honorários advocatícios de sucumbência constituem direito do advogado sem natureza alimentar.

(C) A advogada Zélia não poderá requerer que o pagamento dos honorários seja efetuado em favor da sociedade de advogados no qual figura como sócia.

(D) O recente trânsito em julgado da omissa sentença não obsta o ajuizamento de ação autônoma para definição e cobrança dos honorários de sucumbência.

A: incorreta, pois os honorários são devidos mesmo quando o advogado atua em causa própria (NCPC, art. 85, § 17); **B:** incorreta, tendo em vista que os honorários são direito do advogado e têm natureza alimentar (NCPC, art. 85, § 14); **C:** incorreta, por expressa previsão legal em sentido inverso (NCPC, art. 85, § 15); **D:** correta, considerando que o NCPC trouxe previsão legal nesse sentido (art. 85, § 18). Vale destacar que, antes do NCPC, havia firme entendimento do STJ em sentido inverso (Súmula 453/STJ, superada com a vigência do NCPC).

Gabarito "D"

(OAB/Exame Unificado – 2014.2) A respeito da participação do Ministério Público no Processo Civil, assinale a opção correta.

(A) O Ministério Público tem a faculdade de intervir nas causas em que há interesses de incapazes.

(B) O Ministério Público, intervindo como fiscal da lei, terá vista dos autos depois das partes, sendo intimado de todos os atos do processo.

(C) O Ministério Público, quando for parte, não gozará de prazos diferenciados para interposição de recursos.

(D) O Ministério Público, intervindo como fiscal da lei, não pode requerer diligências com intuito de comprovar a verdade de fatos relevantes para a causa.

A: incorreta, não se trata de faculdade, mas de obrigação (NCPC, art. 178, II); **B:** correta, o MP, como fiscal da lei (*fiscal da ordem jurídica*, na nomenclatura do NCPC), deve sempre ser intimado, sob pena de nulidade – e sua manifestação é realizada após a das partes (NCPC, art. 179, I); **C:** incorreta, o MP terá prazo diferenciado quando parte (NCPC, art. 180); **D:** incorreta, pode o MP, como fiscal da ordem jurídica, juntar documentos, produzir provas em audiência ou requerer diligências (NCPC, art. 179, II).

Gabarito "B"

(OAB/Exame Unificado – 2009.2) Mariana ajuizou ação contra Raimundo, com o objetivo de ver declarada a titularidade que o réu afirmava possuir sobre um bem móvel. Após devidamente citado, Raimundo ofereceu contestação. Posteriormente, ele vendeu o bem a Jorge. Considerando essa situação hipotética, assinale a opção correta.

(A) Se Jorge quiser ingressar no processo como assistente de Raimundo, deverá fazê-lo, por exigência legal, antes de proferida a sentença.
(B) Raimundo poderá continuar no processo na condição de substituto processual.
(C) Proferida a sentença entre as partes originárias, esta não estenderá seus efeitos a Jorge.
(D) Jorge não poderá substituir Raimundo no processo.

A alienação de coisa litigiosa não altera a legitimidade para a causa; mas, a partir da venda, Raimundo passará a defender o direito de Jorge (substituição processual). Porém, se Mariana concordar, Jorge pode ingressar no processo, sucedendo Raimundo (NCPC, art. 109).

Gabarito "B".

(OAB/Exame Unificado – 2013.2) *"Toda pessoa que se acha no exercício dos seus direitos tem capacidade para estar em juízo"*, estabelece o Código de Processo Civil, e os incapazes serão assistidos ou representados por seus pais, tutores ou curadores.

A respeito do tema estão corretas as afirmativas a seguir, **à exceção de uma**. Assinale-a.

(A) O curador especial, nomeado em caso de executado citado com hora certa revel, tem legitimidade para opor embargos à execução.
(B) Ao curador especial não se aplica o ônus da impugnação especificada dos fatos articulados pelo autor.
(C) O juiz dará curador especial ao réu revel citado por edital, mas não àquele citado com hora certa.
(D) O juiz dará curador especial ao incapaz, ainda que tenha representante legal, quando houver colisão de interesses entre este e o representado.

A: correta, pois o curador especial, responsável pela defesa do réu revel citado de forma ficta (hora certa e edital – NCPC, art. 72, II), pode realizar todas as formas de defesa previstas no sistema; **B:** correta (NCPC, art. 341, parágrafo único); **C:** incorreta, devendo esta ser assinalada (*vide* comentário à questão "A"); **D:** correta (NCPC, art. 72, I).

Gabarito "C".

(OAB/Exame Unificado – 2013.1) A respeito da capacidade processual, assinale a afirmativa correta.

(A) Os municípios serão representados em juízo, ativa e passivamente, pelo Prefeito ou pelo procurador.
(B) O juiz, de plano, deverá extinguir o processo sem resolução do mérito, ao verificar a incapacidade processual ou a irregularidade da representação das partes.
(C) O juiz dará curador especial ao réu preso, bem como ao réu citado por hora certa, por edital ou por meio eletrônico.
(D) A citação dos cônjuges nas ações que versem sobre direitos reais imobiliários é prescindível.

A: correta (NCPC, art. 75, III); **B:** incorreta, pois deve o juiz permitir a correção da incapacidade ou irregularidade (NCPC, art. 76); **C:** incorreta, porque o juiz concederá curador ao réu citado de forma ficta, hora certa ou edital (NCPC, art. 72, II); **D:** incorreta, pois no caso de direito real imobiliário a regra é a citação do cônjuge (NCPC, art. 73, "caput", vide § 2º para exceções na possessória).

Gabarito "A".

(OAB/Exame Unificado – 2010.3) O Código de Processo Civil regulamenta como se dará a atuação das partes e dos procuradores em juízo. Além de dispor sobre a capacidade processual e dos deveres de cada um, disciplina sobre a constituição de representante processual e substituição das partes e dos procuradores. A respeito dessa temática, assinale a alternativa correta.

(A) O instituto da sucessão processual ocorrerá quando houver a morte de qualquer das partes, que será substituída pelo espólio ou por seus sucessores, suspendendo-se o processo e sendo defesa a prática de atos processuais, salvo atos urgentes a fim de evitar dano irreparável.
(B) Caso o advogado deixe de declarar na petição inicial o endereço em que receberá intimação, poderá fazê-lo até a fase de saneamento, mas as intimações somente informarão o nome do advogado quando tal dado estiver regularizado.
(C) O advogado poderá a qualquer tempo renunciar ao mandato, devendo, entretanto, assistir o mandante nos dez dias subsequentes a fim de lhe evitar prejuízo, salvo na hipótese de ter comprovado que cientificou o mandante para que nomeasse substituto.
(D) Ao advogado é admitido procurar em juízo sem instrumento de mandato a fim de praticar atos reputados urgentes. Mas, para tanto, deverá prestar caução e exibir o instrumento de mandato no prazo improrrogável de quinze dias.

A: correta, arts. 313, I, e 314 do NCPC; **B:** incorreta, pois se tais dados não estiverem presentes na petição, a consequência é a determinação de emenda da inicial e não de ausência de nome na publicação (NCPC, art. 106, I, e § 1º); **C:** incorreta, porque a renúncia depende de prévia ciência ao cliente e, mesmo assim, o advogado deve representar o mandante nos dez dias subsequentes (NCPC, art. 112, § 1º); **D:** incorreta, porque não há necessidade de se prestar caução para postular sem procuração em caso de urgência (NCPC, art. 104, § 1º) – tal obrigação violaria o acesso à justiça.

Gabarito "A".

(Magistratura/BA – 2012 – CESPE) O juiz está autorizado a, de ofício,

(A) determinar as provas necessárias à instrução do processo, em substituição às partes, desde que essas não o façam.
(B) determinar a citação de quem ele entenda que deva integrar a relação processual como réu.
(C) declarar a prescrição, salvo a que se refere a créditos da fazenda pública.
(D) reconhecer a ilegitimidade de parte quanto ao réu, não podendo, entretanto, fazê-lo com relação ao autor.
(E) corrigir erro material na sentença que submeteu ao reexame necessário por ser incabível, na hipótese, recurso de ofício.

A: incorreta, porque a atuação do juiz na de ofício instrução da causa não depende da inércia das partes (art. 370do NCPC); **B:** incorreta, porque, em razão do princípio da inércia da jurisdição, o juiz não pode, de ofício, determinar a citação de réu faltante. Cabe a ele provocar o autor a requerer a providência, sob pena de extinção do processo, sem resolução do mérito (art. 115, II, do NCPC); **C:** incorreta, porque não existe na lei tal ressalva; **D:** incorreta, porque a falta de qualquer das condições da ação, por se tratar de matéria de ordem pública, pode ser reconhecida de ofício, em relação a qualquer das partes; **E:** correta, pois cabe ao juiz corrigir erro material de ofício (art. 494, I, NCPC).

Gabarito "E"

(Defensor Público/TO – 2013 – CESPE) Com relação à representação processual, assinale a opção correta.

(A) O menor de dezesseis anos de idade órfão de pai e mãe deve ser representado em juízo por seu curador.
(B) Em juízo, o condomínio é representado pelo síndico ou pelo administrador.
(C) Os estados e os municípios são representados em juízo pelos respectivos chefes do Poder Executivo.
(D) O espólio de pessoa casada será representado em juízo pelo cônjuge supérstite e o de pessoa solteira ou viúva, por qualquer dos herdeiros legítimos, observada a ordem de vocação hereditária.
(E) Independentemente de previsão contratual, a sociedade limitada pode ser representada, em juízo, por qualquer dos seus sócios proprietários.

A: incorreto. O menor de dezesseis anos deve ser representado por seu *tutor* (art. 1.747, I, do CC); **B:** correto (art. 75, XI, do NCPC); **C:** incorreto (art. 75, I e III, do NCPC); **D:** incorreto (art. 75, VII, NCPC); **E:** incorreto (art. 75, VIII, do NCPC).

Gabarito "B"

(Cartório/SP – 2011 – VUNESP) A representação processual em juízo, ativa e passivamente, é atribuída da seguinte forma:

(A) a massa falida, pelo maior credor.
(B) o Município, pelo servidor público credenciado.
(C) a herança jacente ou vacante, por seu procurador.
(D) o espólio, pelo inventariante.

A: incorreto (art. 75, V, do NCPC); **B:** incorreto (art. 75, II,I do NCPC); **C:** incorreto (art. 75, VI, do NCPC); **D:** correto (art. 75, VII, do NCPC).

Gabarito "D"

1.4. LITISCONSÓRCIO E INTERVENÇÃO DE TERCEIROS

(OAB/Exame Unificado – 2011.2) Os irmãos Rafael e Daniela são proprietários de um imóvel na Av. São Sebastião, n. 20. Eles realizaram um contrato de locação com Joana, estudante, por prazo indeterminado. Após três anos de vigência de contrato, devido aos grandes eventos internacionais na cidade, os irmãos propuseram uma ação revisional de aluguel, tendo em vista a valorização constatada na área em que fica o imóvel. A partir da hipótese sugerida, assinale a opção correta.

(A) Trata-se de litisconsórcio ativo facultativo unitário, uma vez que há solidariedade entre os irmãos, o que faz com que um deles, sozinho, possa ajuizar a ação, tendo a decisão efeito para ambos.
(B) Trata-se de litisconsórcio passivo multitudinário, pois a ação revisional, se procedente, alterará o valor da locação para todo e qualquer candidato à locação.
(C) Trata-se de litisconsórcio ativo facultativo simples, pois no lugar de uma única ação, cada irmão pode entrar com uma ação revisional diferente para atualizar o valor do imóvel, e as duas correrão normalmente, em separado.
(D) Trata-se de litisconsórcio ativo necessário unitário, uma vez que a lei assim o exige e a decisão do juiz será a mesma para os dois irmãos.

A: correta, pois (i) os irmãos estarão no polo ativo (litisconsórcio ativo), (ii) tendo em vista que a Lei 8.245/1991, art. 2º fala em solidariedade, o examinador entendeu que seria opção cada um dos locadores ingressar em juízo – o que não é pacífico (daí o litisconsórcio facultativo – NCPC, art. 113) e (iii) a decisão terá de ser a mesma para todos, caso haja o litisconsórcio (por isso o litisconsórcio unitário – NCPC, art. 116); **B:** incorreta, pois não se trata de litisconsórcio passivo e o litisconsórcio multitudinário (NCPC, art. 113, §§ 1º e 2º) se refere ao polo ativo; **C:** incorreta, pois não é possível que as duas demandas (que têm o mesmo objeto e causa de pedir – e, por isso, conexas) tramitem em separado; **D:** incorreta, considerando o exposto em "A" (e a posição adotada pelo examinador).

Gabarito "A"

(OAB/Exame Unificado – 2013.2) A respeito do fenômeno processual do litisconsórcio, que consiste na pluralidade de sujeitos ocupando um ou ambos os polos da relação jurídica para litigar em conjunto no mesmo processo, assinale a afirmativa correta.

(A) Não constitui fundamento para a formação de litisconsórcio a ocorrência de afinidade de questões por um ponto em comum de fato ou de direito.
(B) O juiz poderá limitar o litisconsórcio necessário quanto ao número de litigantes quando este comprometer a rápida solução do litígio ou dificultar a defesa.
(C) Na sistemática dos Juizados Especiais Cíveis não se admitirá a formação de litisconsórcio como forma de prestigiar uma prestação jurisdicional mais célere e simplificada.
(D) Quando os litisconsortes tiverem diferentes procuradores, ser-lhes-ão contados em dobro os prazos para contestar, para recorrer e, de modo geral, para falar nos autos.

A: incorreta, pois essa é hipótese de formação de litisconsórcio (NCPC, art. 113, III); **B:** incorreta, porque o juiz pode limitar o litisconsórcio multitudinário, que é o litisconsórcio ativo e facultativo (NCPC, art. 113, § 1o); **C:** incorreta, considerando que o JEC admite litisconsórcio, mas não intervenção de terceiros (art. 10 da Lei 9.099/1995); **D:** correta (NCPC, art. 229).

Gabarito "D"

(OAB/Exame Unificado – 2012.2) Vinícius foi demandado em uma ação de cobrança por ter sido fiador de sua sogra, Francisca. Assinale a alternativa que indica a medida a ser adotada por Vinícius para trazer Francisca para o polo passivo desse processo.

(A) Reconvenção.
(B) Denunciação à lide.
(C) Chamamento ao processo.
(D) Nomeação à autoria.

No caso, deve-se utilizar a intervenção de terceiro cabível quando há solidariedade entre o réu e o terceiro – ou seja, o chamamento (NCPC, art. 130, I).

Gabarito "C"

(OAB/Exame Unificado – 2011.3.B) Como cediço, a intervenção de terceiros é um importante fenômeno processual capaz de permitir a pluralidade de partes em um processo.

Imagine a seguinte situação jurídica: Neves empresta R$ 500,00 para Sílvio e Sandro, sócios em uma empresa que fabrica sapatos, e a quantia deixa de ser paga a Neves na data estipulada no contrato de empréstimo, razão pela qual Neves opta por cobrar toda a quantia apenas de Sílvio, cujo patrimônio é maior.

Sandro resolve, então, requerer sua intervenção no processo por temer que Sílvio venha a sucumbir e que, ato contínuo, venha a agir regressivamente contra ele, após ter pagado toda a quantia devida a Neves, com a finalidade de obter de Sandro a sua quota-parte da dívida. Nessa situação, caracteriza-se a seguinte figura de intervenção de terceiros:

(A) assistência qualificada ou litisconsorcial.
(B) denunciação da lide.
(C) chamamento ao processo.
(D) assistência simples ou adesiva.

Se Sandro busca ajudar, a hipótese é de assistência. No caso, a relação jurídica em debate envolve Sandro e a parte contrária (o credor Neves). Nesse caso – e considerando que Sandro poderia ter sido parte desde o início – a hipótese é de assistência litisconsorcial (NCPC, art. 124).

Gabarito "A"

(OAB/Exame Unificado – 2011.2) O Ministério Público ajuizou ação rescisória a fim de desconstituir sentença transitada em julgado, ao argumento de que teria havido colusão entre ambas as partes do processo originário no intuito de fraudar a lei. Diante disso, requereu o Ministério Público, na petição inicial da ação rescisória, a citação tanto da parte autora quanto da parte ré do processo originário.

Assinale a modalidade de litisconsórcio verificada na hipótese acima.

(A) Litisconsórcio passivo necessário e unitário.
(B) Litisconsórcio ativo facultativo e simples.
(C) Litisconsórcio passivo necessário e simples.
(D) Litisconsórcio ativo necessário e unitário.

Se o MP ingressa com a medida judicial e o autor e réu da ação originária são partes da rescisória, figuram no polo passivo na AR. Assim, tem-se um litisconsórcio passivo. É necessário, pois o litisconsórcio precisa existir (não há como se desconstituir uma sentença sem que todos os litigantes originários participem – NCPC, art. 114). E é unitário, pois a decisão precisa ser a mesma para todos os litisconsortes (não há como desconstituir parte da sentença para um e não para o outro – NCPC, art. 116).

Gabarito "A"

(Magistratura/PE – 2013 – FCC) No tocante ao litisconsórcio, analise os enunciados abaixo.

I. O juiz poderá limitar o litisconsórcio necessário quanto ao número de litigantes, quando este comprometer a rápida solução do litígio ou dificultar a defesa. O pedido de limitação suspende o prazo para a resposta, que recomeça da intimação da decisão.
II. Há litisconsórcio necessário, quando, por disposição de lei ou pela natureza da relação jurídica, o juiz tiver de decidir a lide de modo uniforme para todas as partes; caso em que a eficácia da sentença dependerá da citação de todos os litisconsortes no processo.
III. Salvo disposição em contrário, os litisconsortes serão considerados como litigantes distintos em suas relações com a parte adversa. Os atos e as omissões de um não prejudicarão nem beneficiarão os outros.

Está correto o que se afirma APENAS em

(A) II e III.
(B) I e II.
(C) I e III.
(D) II.
(E) III.

I: incorreta, porque a possibilidade de limitar o chamado litisconsórcio multitudinário está restrita às hipóteses de litisconsórcio facultativo (art. 113, §§ 1º e 2º, do NCPC); **II:** correta, porque se trata de reprodução do que consta no art. 114 do NCPC; **III:** correta no CPC/1973, mas incorreta no NCPC, considerando o art. 117: "Os litisconsortes serão considerados, em suas relações com a parte adversa, como litigantes distintos, *exceto no litisconsórcio unitário*, caso em que os atos e as omissões de um *não prejudicarão os outros, mas os poderão beneficiar*".

Gabarito "A" no CPC/1973; "D" no NCPC

(FCC – 2012) Das modalidades seguintes, não se caracteriza como intervenção de terceiro:

(A) a nomeação à autoria.
(B) a oposição.
(C) o litisconsórcio.
(D) a denunciação à lide.
(E) o chamamento ao processo.

A oposição (art. 682, NCPC) era intervenção de terceiro no CPC/1973, mas passou a ser procedimento especial. A nomeação à autoria foi extinta, existindo agora um dever de indicar o réu, quando se alega ilegitimidade passiva (art. 338, NCPC). Assim, no NCPC somente a denunciação da lide (art. 125 do NCPC) e o chamamento ao processo (art. 130 do NCPC) são modalidades de intervenção de terceiros. O litisconsórcio é apenas a pluralidade de partes dentro da demanda.

Gabarito "C" no CPC/1973. No NCPC, também "A" e "B".

(Magistratura/PE – 2011 – FCC) Demandado sozinho para responder pela totalidade da dívida, poderá o devedor solidário utilizar-se do instituto

(A) da denunciação da lide.
(B) da oposição.
(C) do chamamento ao processo.
(D) da assistência litisconsorcial.
(E) da nomeação à autoria.

Nos termos do inciso III do art. 130 do NCPC, é cabível o chamamento ao processo quando o devedor solidário é demandado sozinho. * Atenção: a nomeação à autoria deixou de existir no NCPC.

Gabarito "C"

(Magistratura/SP – 2011 – VUNESP) No litisconsórcio necessário:

(A) há entre os réus comunhão de obrigações relativamente à lide.
(B) os direitos e obrigações derivam do mesmo fundamento de fato ou de direito.
(C) a lei estabelece a presença de uma ou mais pessoas no processo, sob pena de nulidade.

(D) o processo será extinto de plano, sem exame do mérito, se não estiverem presentes todos aqueles que a lei determina.

(E) o juiz deverá decidir a lide de modo uniforme para todas as partes.

A e **B:** são hipóteses de litisconsórcio facultativo (art. 113, I e II, do NCPC); **C:** correta (art. 114 do NCPC); **D:** incorreta, porque antes da extinção, o juiz deve dar oportunidade para que o autor peça a citação dos réus faltantes; **E:** incorreta, porque litisconsórcio necessário não se confunde com unitário (NCPC, arts. 114 e 116).

Gabarito "C"

(Magistratura/DF – 2011) Formulado pelo terceiro, com interesse jurídico em que a sentença seja favorável a uma das partes, pedido de assistência, o prazo para que elas o impugnem é de:

(A) 48 (quarenta e oito) horas;

(B) 5 (cinco) dias;

(C) 10 (dez) dias;

(D) 15 (quinze) dias.

De acordo com o que prevê o art. 120 do NCPC, o prazo em questão é de 15 dias. Logo, está correta a alternativa "D". Importante mencionar que à época da aplicação da prova vigorava o CPC/1973, que previa em seu art. 51 o prazo de cinco dias. De acordo com a redação atual, correta estaria a alternativa "D". Entretanto, indica-se a alternativa "B" no gabarito oficial.

Gabarito "B"no CPC/173 e "D" no NCPC

(Cartório/DF – 2014 – CESPE) Acerca de litisconsórcio, assistência e intervenção de terceiros, assinale a opção correta.

(A) Na hipótese de nomeação a autoria, ainda que o autor recuse o nomeado, o nomeante deve ser retirado do polo passivo da demanda e, em seu lugar, entrar aquele que foi nomeado.

(B) Na denunciação da lide, modalidade de intervenção de terceiro, fundada em direito de regresso, há apenas cumulação de ordem subjetiva.

(C) Nos feitos que tramitem no rito sumário, inadmite-se qualquer modalidade de intervenção de terceiros.

(D) Nos litisconsórcios facultativos, o número de litigantes e ilimitado, sem possibilidade de restrição pelo juiz.

(E) A posição do assistente simples deve ser a mesma do assistido, podendo, portanto, o assistido formular pedido de desistência da ação sem que o assistente se oponha a esse requerimento.

A: incorreta. A nomeação deixa de existir no NCPC, cabendo agora ao réu, ao alegar ilegitimidade, apontar quem é o efetivo réu (NCPC, art. 339); **B:** incorreta. A cumulação subjetiva é a pluralidade de partes (litisconsórcio), ao passo que a cumulação objetiva é a pluralidade de causas de pedir ou pedidos (como no caso de pedidos cumulados). Na denunciação, surge o litisconsórcio, e também há mais um pedido: além do pedido do autor contra o réu, há o pedido do réu-denunciante contra o denunciado; **C:** incorreta, pois o rito sumário foi suprimido no NCPC (no novo Código só há o procedimento comum – NCPC, art. 318); **D:** incorreta, considerando ser possível limitar o litisconsórcio ativo facultativo com muitos autores – o chamado litisconsórcio plúrimo ou multitudinário (NCPC, art. 113, § 1º); **E:** correta. O assistido é quem dispõe da lide, não o assistente simples. – que, portanto, não pode ir além do assistido (NCPC, art. 122).

Gabarito "E"

(Cartório/RR – 2013 – CESPE) A respeito do litisconsórcio, da assistência e da intervenção de terceiros, assinale a opção correta.

(A) Para o julgamento de ação proposta por litisconsortes ativos voluntários domiciliados em distintos estados da Federação, quando o pedido se originar de natureza comum, são competentes tanto o foro da sede da ré quanto o do domicílio de um dos autores.

(B) A recusa pelo autor da nomeação à autoria pleiteada pela ré impede a abertura de novo prazo para que a nomeante apresente contestação, dada a violação do princípio da igualdade de tratamento às partes.

(C) De acordo com entendimento do STJ, não há óbice ao chamamento ao processo dos devedores solidários da dívida comum em fase de execução do título executivo extrajudicial cujo crédito tenha sido discutido em processo de conhecimento prévio à execução.

(D) No mandado de segurança, somente se admite o litisconsórcio ativo voluntário quando postulado no momento do ajuizamento da ação, sob pena de violação do princípio do juiz natural.

(E) O assistente litisconsorcial, embora não seja considerado interveniente secundário e acessório, uma vez que a relação discutida entre o assistido e o seu adversário também lhe pertence, não terá tratamento processual idêntico ao do conferido ao assistido.

A: incorreta. O critério de fixação de competência, no caso, seria a sede da ré (NCPC, art. 46), pois não há qualquer indicativo de competência no domicílio dos autores (que é exceção, não a regra); **B:** incorreta. A nomeação deixa de existir, cabendo agora ao réu, ao alegar ilegitimidade, apontar quem é o efetivo réu (NCPC, art. 339); **C:** incorreta, pois segundo entendimento firme à luz do CPC/1973, descabe intervenção de terceiros em execução (porém, o assunto pode ressurgir no NCPC, pois as intervenções de terceiro, agora, estão na parte geral – que se aplicam a todo o Código); **D:** correta. Uma vez ajuizado o MS (ou qualquer outra medida judicial), com a identificação do juiz, não é possível a formação de litisconsórcio ativo ulterior facultativo. Seja pela violação do princípio da estabilização subjetiva da demanda, seja pela "escolha" do juiz, o que viola o princípio do juiz natural; **E:** incorreta. O assistente litisconsorcial considera-se parte (NCPC, art. 124).

Gabarito "D"

(Analista – TRT/16ª – 2014 – FCC) Petrus adquiriu, através de compromisso particular de venda e compra, um apartamento, sabendo tratar-se de coisa litigiosa, face à existência de ação judicial proposta por terceiro que se diz proprietário do imóvel. Nesse caso, Petrus

(A) poderá intervir no processo através de denunciação da lide.

(B) não poderá intervir no processo.

(C) poderá ingressar em juízo substituindo o alienante, sem o consentimento da parte contrária.

(D) poderá intervir no processo na qualidade de opoente.

(E) poderá intervir no processo, assistindo o alienante.

Nos termos dos arts. 109, § 2º, e 119 do NCPC, "a alienação da coisa ou do direito litigioso por ato entre vivos, a título particular, não altera a legitimidade das partes. O adquirente ou cessionário poderá intervir no processo como *assistente litisconsorcial do alienante* ou cedente". Correta, portanto, a alternativa "E".

Gabarito "E"

1.5. PRESSUPOSTOS PROCESSUAIS, ELEMENTOS DA AÇÃO E CONDIÇÕES DA AÇÃO

(OAB/Exame Unificado – 2010.2) A capacidade é um dos pressupostos processuais. Caso o juiz verifique que uma das partes é incapaz ou há irregularidade em sua representação, deverá suspender o processo e marcar prazo razoável para que o defeito seja sanado.

Assinale a alternativa que indique a providência correta a ser tomada pelo magistrado, na hipótese de persistência do vício.

(A) Se o vício se referir ao autor, deve o juiz aplicar-lhe multa por litigância de má-fé.
(B) Se o vício se referir ao autor, deve o juiz proferir o julgamento antecipado da lide.
(C) Se o vício se referir ao réu, deve o juiz reputá-lo revel.
(D) Se o vício se referir ao réu, deve o juiz julgar a causa em seu desfavor.

Se o vício for em relação ao autor, o processo será extinto. Se o vício for em relação ao réu, haverá revelia. Se o vício for em relação ao terceiro, ele será excluído do processo ou considerado revel, dependendo do polo em que se encontre. (NCPC, art. 76, § 1º, e incisos).

Gabarito "C"

(OAB/Exame Unificado – 2010.2) Um advogado é procurado em seu escritório por um cliente que lhe narra que a empresa da qual ele é diretor foi citada pelo poder judiciário, em decorrência de um conflito surgido em razão de contrato de compra e venda no qual inseriram cláusula compromissória cheia, estabelecendo que em caso de eventual conflito entre as partes, ele será apreciado por um tribunal arbitral. O advogado, ao peticionar no referido processo, representando os interesses do seu cliente, no sentido de exigir cumprimento da cláusula compromissória cheia, deverá:

(A) requerer a designação de audiência de conciliação, pois o juiz pode conhecer de ofício da preexistência da convenção de arbitragem.
(B) apresentar desde logo contestação, restringindo sua argumentação ao exame do mérito da causa.
(C) apresentar contestação e alegar expressamente, em preliminar, a existência de convenção de arbitragem, solicitando a extinção do feito.
(D) solicitar ao juiz o julgamento antecipado da lide.

Cláusula compromissória é aquela que prevê a solução da lide pela arbitragem (art. 4º, § 1º, da Lei 9.307/1996). Trata-se de um pressuposto processual negativo, ou seja, presente a cláusula, o Poder Judiciário não poderá julgar a lide, acarretando a extinção do processo, as questões envolvendo os pressupostos processuais são alegadas em preliminar de contestação (NCPC, arts. 485, VII e 337, X). Contudo, não cabe ao juiz conhecer de ofício da convenção de arbitragem (NCPC, art. 485, § 3º).

Gabarito "C"

(OAB/Exame Unificado – 2007.3) O interesse de agir é

(A) Faculdade da ação.
(B) Elemento da ação.
(C) Condição da ação.
(D) Pretensão.

O NCPC, em seu art. 485, VI traz as DUAS condições da ação (legitimidade de partes e interesse de agir). *Atenção, pois no CPC anterior eram 3 condições da ação (possibilidade jurídica do pedido deixou de ser prevista no NCPC). Por sua vez, os elementos da ação são as partes, causa de pedir e pedido (NCPC, art. 337, § 2º).

Gabarito "C"

(OAB/Exame Unificado – 2006.3) Acerca das condições da ação e dos pressupostos processuais, assinale a opção correta.

(A) Se restar comprovada a existência de outra causa igual, ainda que já decidida, mas sem o trânsito em julgado, o processo será extinto, em virtude da ocorrência da litispendência. Sendo essa uma das condições da ação, a pretensão do autor não será resolvida.
(B) Se o réu não alegar a falta de uma das condições da ação na primeira oportunidade que tiver para falar nos autos, muito embora ela possa ser conhecida de ofício, ele responderá pelas custas de retardamento.
(C) Os pressupostos processuais são os requisitos necessários à regularidade e à existência da relação processual, e a falta de qualquer desses requisitos acarreta a extinção do processo sem resolução do mérito, por carência de ação.
(D) O reconhecimento da ausência de pressupostos processuais conduz à declaração incidental de improcedência da ação e à condenação do autor ao pagamento dos ônus sucumbenciais.

A: incorreta, pois a litispendência não é condição da ação, mas pressuposto processual negativo (NCPC, art. 485, V), ou seja, se estiver presente, o processo será extinto sem resolução do mérito; **B:** correta (NCPC, art. 485, § 3º); **C:** incorreta, porque a extinção pela carência da ação decorre da falta de uma das condições da ação (NCPC, arts. 485, VI, e 337, XI); **D:** incorreta, pois a falta de pressuposto processual acarreta a extinção do processo sem resolução do mérito (NCPC, art. 485, IV).

Gabarito "B"

(OAB/Exame Unificado – 2006.1) A respeito das condições da ação no processo civil, assinale a opção correta.

(A) A verificação da presença das condições da ação faz-se quando do julgamento do mérito da pretensão do autor, sendo essas condições requisitos indispensáveis à obtenção de uma decisão que acolha ou rejeite o pedido do autor.
(B) A capacidade processual se confunde com a legitimação para a causa, por serem ambas pressupostos processuais que se relacionam com a capacidade para estar em juízo. Assim, o menor de 16 anos de idade possui capacidade processual para propor ação contra o suposto pai para investigar a paternidade.
(C) Existe interesse processual quando a parte tem necessidade de ir a juízo para alcançar a tutela pretendida e, ainda, quando essa tutela jurisdicional pode trazer-lhe alguma utilidade, do ponto de vista prático. Assim, ajuizando a ação errada ou utilizando-se do procedimento incorreto, o provimento jurisdicional não lhe será útil, razão pela qual a inadequação procedimental acarreta inexistência do interesse processual.
(D) Ocorre a legitimação extraordinária ou substituição processual quando, em virtude da lei, é atribuído a

um terceiro interessado a legitimidade para litigar direito alheio em nome daquele que detém a titularidade do direito em litígio.

A: incorreta, pois a ausência das condições da ação acarreta a extinção do processo sem resolução do mérito – e isso pode ser apreciado a qualquer tempo e grau de jurisdição (NCPC, art. 485, VI e § 3º); **B:** incorreta, porque a capacidade processual (pressuposto processual – NCPC, art. 70) não se confunde com a legitimidade de parte (condição da ação – NCPC, art. 485, VI); **C:** correta, pois o interesse processual, pela doutrina, é o binômio necessidade + adequação; **D:** incorreta, pois substituição processual é pleitear direito alheio em nome próprio (NCPC, art. 18).

Gabarito "C"

1.6. FORMAÇÃO, SUSPENSÃO E EXTINÇÃO DO PROCESSO

(OAB/Exame Unificado – 2009.3) Assinale a opção correta no que se refere à extinção do processo.

(A) Havendo o reconhecimento da prescrição, o processo é extinto sem julgamento de mérito.
(B) A desistência da ação bem como a renúncia do direito acarretam a extinção do processo sem julgamento de mérito.
(C) A existência de coisa julgada anterior acarreta a extinção do processo com julgamento de mérito.
(D) A extinção do processo sem julgamento de mérito acarreta a coisa julgada formal.

A: incorreta, pois a prescrição importa em decisão de resolução do mérito (erro frequente dos candidatos em exames da OAB é pensar que a prescrição é matéria processual – NCPC, art. 487, II); **B:** incorreta, porque a desistência é hipótese de extinção sem mérito (NCPC, art. 485, VIII) e a renúncia, com mérito (NCPC, art. 487, III, *c*); **C:** incorreta, pois a hipótese é de extinção sem mérito (NCPC, art. 485, V); **D:** correta, a sentença de extinção do processo sem resolução de mérito permite a repropositura a ação (NCPC, art. 486) e, assim, não é coberta pela coisa julgada material, mas apenas pela formal (ou seja, veda a discussão no *próprio processo*, mas não em outro).

Gabarito "D"

(OAB/Exame Unificado – 2009.1) Acerca de suspensão e extinção do processo, assinale a opção correta.

(A) O juiz não poderá conferir ao autor a possibilidade de emendar a petição inicial quando esta não contiver o pedido, devendo, nesse caso, extinguir o processo, sem resolução do mérito.
(B) A ausência de interesse processual acarreta a extinção do processo, sem resolução do mérito. Entretanto, caso não indefira liminarmente a inicial por falta de interesse processual, o juiz, em face da preclusão, não poderá, posteriormente, extinguir o processo.
(C) Se o autor renunciar ao direito sobre o qual se funda a ação, haverá a extinção do processo, sem resolução do mérito.
(D) Falecendo o advogado do réu, o juiz marcará o prazo de 20 dias para que seja constituído novo mandatário. Se, transcorrido esse prazo, o réu não tiver constituído novo advogado, o processo prosseguirá à sua revelia.

A: incorreta, pois o juiz deverá permitir a emenda (NCPC, art. 321); **B:** incorreta, porque a falta de condição da ação pode ser apreciada a qualquer tempo e grau de jurisdição (NCPC, art. 485, § 3º); **C:** incorreta, considerando que a renúncia é hipótese em que há mérito: a parte abre mão do *direito*, portanto isso é mérito (NCPC, art. 487, III, *c*); **D:** correta à luz do CPC73. * ATENÇÃO: no NCPC o prazo é de 15 dias e não mais 20. Assim, para a alternativa ser correta com base no NCPC, o prazo é de *15 dias* (NCPC, art. 313, § 3º).

Gabarito "D"

(OAB/Exame Unificado – 2008.3) A interrupção da prescrição operada em razão da citação válida é o efeito material dessa espécie de comunicação dos atos processuais, o qual

(A) não retroage.
(B) retroage à data do despacho que ordena a citação.
(C) retroage à data da propositura da ação.
(D) retroage à data da propositura da ação somente se o réu contestar.

O tema é regulado no art. 240, § 1º, do NCPC: A interrupção da prescrição, operada pelo despacho que ordena a citação, ainda que proferido por juízo incompetente, *retroagirá à data de propositura da ação.*

Gabarito "C"

(OAB/Exame Unificado – 2008.1) De acordo com o Código de Processo Civil (CPC), extingue-se o processo sem resolução de mérito quando

(A) O juiz reconhece a prescrição ou a decadência.
(B) As partes transigem.
(C) O autor renuncia ao direito sobre o qual se funda a ação.
(D) O juiz acolhe a alegação de perempção.

As hipóteses de decisão sem resolução do mérito estão no art. 485 do NCPC. A perempção está especificamente prevista no art. 485, V – e é definida no art. 486, § 3o). De seu turno, as hipóteses de decisão com resolução de mérito (em que a lide é decidida) estão no art. 487 do NCPC (dentre as quais se inserem a prescrição, transação e renúncia).

Gabarito "D"

(Analista – TRT/4ª – 2006 – FCC) Considera-se inepta a petição inicial, dentre outras hipóteses, quando

(A) a parte for manifestamente ilegítima.
(B) contiver pedidos incompatíveis entre si.
(C) o autor carecer de interesse processual.
(D) o tipo de procedimento escolhido não corresponder à natureza da causa.
(E) o Juiz verificar desde logo a decadência ou a prescrição.

As alternativas "A" a "D" trazem hipótese de decisão sem mérito (art 485 do NCPC), ao passo que a "E" é com resolução do mérito (art. 487, II, do NCPC). Porém, a única hipótese de inépcia é a prevista em "B " (Art. 330, § 1º, IV, do NCPC).

Gabarito "B"

(Magistratura/PE – 2013 – FCC) Quanto às nulidades processuais, analise os enunciados abaixo.

I. Não existem nulidades de pleno direito no processo civil, pois toda invalidade processual deve ser decretada pelo juiz. Todos os atos processuais, cuja existência se reconheça, são válidos e eficazes até que se decretem as suas invalidades.
II. Quando a lei prescrever determinada forma, sob pena de nulidade, a decretação desta não pode ser requerida pela parte que lhe deu causa.
III. Quando a lei prescrever determinada forma, sem cominação de nulidade, o juiz considerará válido o ato se, realizado de outro modo, lhe alcançar a finalidade.

Está correto o que se afirma em

(A) I, II e III.
(B) I e II, apenas.
(C) I e III, apenas.
(D) II e III, apenas.
(E) II, apenas.

I: correta, porque o ato processual emana do Poder Judiciário; assim, até ser anulado, permanece válido; **II:** correta, pois isso seria alegar a própria torpeza (art. 276 do NCPC); **III:** correta, pois se trata do princípio da instrumentalidade das formas, previsto no art. 277 do NCPC.

Gabarito "A"

(Magistratura/PE – 2011 – FCC) No tocante às nulidades processuais, é INCORRETO afirmar:

(A) Sob pena de preclusão, a nulidade dos atos processuais deve ser alegada na primeira oportunidade em que couber à parte manifestar-se nos autos, mesmo quando deva o juiz decretá-la de ofício.
(B) Em ação na qual haja interesse de incapaz, a não intervenção do Ministério Público acarreta a nulidade do processo.
(C) Pelo princípio da instrumentalidade das formas, realizado o ato processual de modo diverso ao previsto em lei, sem nulidade estabelecida, o juiz terá tal ato como válido se alcançar sua finalidade.
(D) Ao pronunciar a nulidade, o juiz declarará os atos atingidos, ordenando as providências necessárias para que sejam repetidos ou retificados.
(E) São nulas as citações e intimações, quando feitas sem observância das prescrições legais.

A: incorreta, porque quando se trata de nulidade que o juiz deve reconhecer de ofício, não há preclusão (art. 278, parágrafo único, NCPC); **B:** correta (arts. 279 e 178, II, do NCPC); **C:** correta (art. 277 do NCPC); **D:** correta (art. 282 do NCPC); **E:** correta (art. 280 do NCPC).

Gabarito "A"

(Cartório/ES – 2013 – CESPE) No que se refere a formação, suspensão e extinção do processo, assinale a opção correta.

(A) Não é permitida a alteração do pedido ou da causa de pedir após o saneamento do processo.
(B) Dada a independência entre as jurisdições, não se cogita a existência de prejudicialidade externa de processo penal em relação ao cível.
(C) Conforme definição legal, a sentença e o ato por meio do qual o juiz põe fim ao processo, decidindo, ou não, o mérito da causa.
(D) O indeferimento de petição inicial fundada na prescrição da pretensão ocorre por meio de sentença terminativa.
(E) Considera-se formado o processo com a citação ou o comparecimento espontâneo do réu, quando então fica estabelecida a relação jurídica.

A: correta, pois descabe a alteração do pedido ou da causa de pedir após o saneamento do processo (NCPC, art. 329, II); **B:** incorreta, pois essa é uma das situações mais frequentes de suspensão do processo civil, para aguardar a definição do processo penal (NCPC, art. 313, V, "a"); **C:** incorreta, pois, de acordo com o NCPC, a sentença é o pronunciamento por meio do qual o juiz, com base nos arts. 485 e 487, põe fim à fase cognitiva do procedimento comum, bem como extingue a execução (NCPC, art. 203, § 1º); **D:** incorreta, pois a hipótese é de sentença de mérito (NCPC, art. 487, II); **E:** incorreta. Com o NCPC, a formação do processo se dá com o protocolo da petição inicial (art. 312, que fala em "proposta a ação"); porém só há produção de efeitos para o réu após a sua citação.

Gabarito "A"

(Analista – TRE/SP – 2012 – FCC) Considere o processo em que for

I. ré: pessoa incapaz.
II. réu: o Município de São Paulo.
III. réu: partido político.
IV. réu: o Estado de São Paulo.

De acordo com o Código de Processo Civil brasileiro, NÃO se fará a citação pelo correio nas hipóteses indicadas APENAS em

(A) I e II.
(B) I e IV.
(C) III e IV.
(D) I, II e III.
(E) I, II, e IV.

I: correta (art. 247, II, do NCPC); **II:** correta (art. 247, III, do NCPC); **III:** incorreta (art. 247 do NCPC); **IV:** (art. 247, III, do NCPC).

Gabarito "E"

(Analista – TRT/12ª – 2010 – FCC) As condições da ação

(A) reconhecidas liminarmente podem ser reapreciadas pelo juiz quando da prolação da sentença.
(B) não se aplicam ao Ministério Público, quando for parte, em razão do interesse público da sua atuação.
(C) não podem ser apreciadas pelo juiz *ex officio*, devendo ser obrigatoriamente arguidas pelas partes.
(D) só se aplicam à propositura da ação pelo autor, não sendo exigíveis quando se tratar de reconvenção.
(E) não podem ser arguidas pelo Ministério Público, quando intervir no processo como *custos legis*.

As condições da ação são matérias de ordem pública e não se sujeitam à preclusão (art. 485, VI e § 3º, do NCPC). Logo, podem ser reexaminadas pelo juízo por ocasião da sentença, inclusive de ofício.

Gabarito "A"

1.7. PETIÇÃO INICIAL

(OAB/Exame Unificado – 2016.2) Distribuída a ação, Antônia (autora) é intimada para a audiência de conciliação na pessoa de seu advogado. Explicado o objetivo desse ato pelo advogado, Antônia informa que se recusa a participar da audiência porque não tem qualquer possibilidade de conciliação com Romero (réu).

Acerca da audiência de conciliação ou de mediação, com base no CPC/15, assinale a afirmativa correta.

(A) Romero deverá ser citado para apresentar defesa com, pelo menos, 15 (quinze) dias de antecedência.
(B) A audiência não será realizada, uma vez que Antônia manifestou expressamente seu desinteresse pela conciliação.
(C) Ainda que ambas as partes manifestem desinteresse na conciliação, quando a matéria não admitir autocomposição, a audiência de conciliação ocorrerá normalmente.
(D) Antônia deve ser informada que o seu não comparecimento é considerado ato atentatório à dignidade da justiça, sob pena de multa.

A audiência de conciliação ou mediação (NCPC, art. 334) é uma das inovações do novo sistema. Pelo Código, tratando-se de direitos disponíveis, em regra deve ocorrer; apenas se ambas as partes não quiserem é que a audiência não será realizada (NCPC, art. 334, § 4º), e o autor deverá informar seu interesse pela audiência na petição inicial (NCPC, art. 319, VII). Se alguma parte não comparecer à audiência de forma injustificada, isso será considerado ato atentatório à dignidade da justiça e haverá aplicação de multa (NCPC, art. 334, § 8º).

Gabarito "D".

(OAB/Exame Unificado – 2013.3) A citação é capaz de gerar efeitos processuais e materiais, consoante o que preceitua o Art. 219 do Código de Processo Civil (*ATENÇÃO: a menção a esse artigo se refere ao Código antigo; no NCPC, corresponde ao art. 240).

Sobre os efeitos da citação, assinale afirmativa correta.

(A) Realizada a citação, induz-se a litispendência. Todavia, continua sendo possível a propositura de nova ação idêntica, pois a inafastabilidade da tutela jurisdicional é corolário do Estado Democrático de Direito, devendo-se viabilizar o acesso à justiça.
(B) A citação válida, por si só, não é capaz de tornar a coisa ou o direito litigioso, ou seja, estes não passam a estar vinculados ao resultado do processo. Sendo assim, em caso de alienação do bem, será possível, a qualquer tempo, a alteração da legitimidade das partes.
(C) A citação válida não é capaz de interromper a prescrição. Sendo assim, somente poderá falar-se em interrupção se a parte assim o requerer ao juiz, devendo este, antes de decidir, possibilitar o contraditório por parte do réu.
(D) Em regra, a citação constitui o devedor em mora. Nada obstante, nos casos em que as obrigações não possuam termo certo, é possível constituir o devedor em mora por intermédio do envio de notificação judicial ou extrajudicial.

A: incorreta, pois a repropositura de ação idêntica é vedada pelo sistema (litispendência e coisa julgada – NCPC, art. 485, V). A inafastabilidade da tutela se verifica com o ajuizamento de uma demanda – e não com o julgamento de diversas causas idênticas; **B:** incorreta, porque o art. 240 do NCPC é expresso ao apontar que a citação válida torna a coisa litigiosa; além disso, a alienação do bem não altera a legitimidade – apesar de, em alguns casos, permitir a sucessão processual (NCPC, art. 109); **C:** incorreta, tendo em vista que a citação válida interrompe a prescrição (NCPC, art. 240); **D:** correta, tanto (i) por exclusão das demais questões, (ii) pela menção à mora prevista no art. 240 do NCPC e (iii) pela possibilidade de constituir o devedor em mora por meio de notificação, mesmo antes do ajuizamento de demanda (NCPC, art. 726).

Gabarito "D".

(OAB/Exame Unificado – 2011.2) Zélia e Joaquim são vizinhos há cerca de sete anos. Determinada parede foi construída por Joaquim, mas, por defeitos na execução da obra, está permitindo a infiltração da água da chuva, gerando danos à parede limítrofe construída por Zélia. Inconformada, Zélia procura você como advogado(a) a fim de ingressar com a medida judicial cabível. Analisando a hipótese e, estando Zélia de acordo com o seu parecer técnico, você afora ação judicial para o desfazimento da construção ou a reparação da obra defeituosa. Nessa hipótese, como será fixado o valor da causa?

(A) Deverá ser considerado o menor valor, por se tratar de pedido subsidiário.
(B) Por se tratar de pedidos alternativos, será considerado o de maior valor.
(C) Por se tratar de ação para cumprimento do negócio jurídico, será considerado o valor da soma do principal, da pena e dos juros vencidos.
(D) Será a soma dos valores de todos os pedidos, por se tratar da hipótese de cumulação de pedidos.

Considerando que é formulado um pedido com a partícula "ou", sem preferência entre as duas possibilidades, estamos diante de um pedido ALTERNATIVO (NCPC, art. 325). O valor da causa no pedido alternativo, por expressa previsão legal (NCPC, art. 292, VII), é o do pedido de maior valor.

Gabarito "B".

(OAB/Exame Unificado – 2009.3) Cláudia ajuizou ação contra Eleonora, requerendo a condenação desta em danos materiais, morais e pensão alimentícia em decorrência da morte de João, marido da autora, em acidente de trânsito provocado pela ré. Nessa situação hipotética, caracteriza-se a cumulação de pedidos

(A) simples.
(B) alternativa.
(C) sucessiva.
(D) subsidiária.

A cumulação de pedidos é prevista no art. 327 do NCPC. No pedido alternativo, não há preferência entre o pedido "A" ou "B" (mas apenas um deles será concedido – art. 325 do NCPC). No pedido subsidiário, prefere-se o pedido "A"; mas, se não for possível, aceita-se o pedido "B" (NCPC, art. 326). O pedido sucessivo é aquele em que há cumulação de pedidos, mas o segundo pedido somente poderá ser acolhido se o primeiro for (exemplo de investigação de paternidade cumulada com alimentos).

Gabarito "A".

(OAB/Exame Unificado – 2009.2) São modalidades de citação ficta

(A) a citação por oficial de justiça e a citação por meio eletrônico.
(B) a citação com hora certa e a citação por oficial de justiça.
(C) a citação por via postal e a citação por edital.
(D) a citação com hora certa e a citação por edital.

Citação ficta é aquela que se presume ter ocorrido (fictícia). Ou seja, é aquela na qual não houve efetivamente a entrega da citação para o réu (por isso, no caso de ausência de contestação, há necessidade de curador especial). As hipóteses são por hora certa e edital (NCPC, art. 72, II).

Gabarito "D".

(FCC – 2006) De acordo com o Código de Processo Civil, NÃO constitui requisito essencial da petição inicial a indicação:

(A) do domicílio e residência do autor e do réu.
(B) do valor da causa.
(C) dos fatos e fundamentos jurídicos do pedido.
(D) do requerimento para citação do réu.
(E) da denominação adequada da ação.

A indicação da denominação adequada da ação não é requisito essencial da petição inicial e não consta no rol do art. 319 do NCPC. Além disso, no NCPC deixa de ser requisito da inicial o requerimento de citação.

Gabarito "E" e "D", à luz do NCPC.

(Analista – TRT/4ª – 2006 – FCC) Considera-se inepta a petição inicial, dentre outras hipóteses, quando

(A) a parte for manifestamente ilegítima.
(B) contiver pedidos incompatíveis entre si.
(C) o autor carecer de interesse processual.
(D) o tipo de procedimento escolhido não corresponder à natureza da causa.
(E) o Juiz verificar desde logo a decadência ou a prescrição.

As alternativas "A" a "D" trazem hipótese de decisão sem mérito (art. 485 do NCPC), ao passo que a "E" é com resolução do mérito (art. 487, II, do NCPC). Porém, a única hipótese de inépcia é a prevista em "B " (Art. 330, § 1º, IV, do NCPC).

Gabarito "B"

1.8. RESPOSTA DO RÉU

(OAB/Exame Unificado – 2016.2) Durante uma ação de guarda a tramitar em uma vara de família, a ré, mãe da criança, descobriu que o advogado do pai (autor) é filho adotivo do irmão do promotor de justiça que atua no caso. Extremamente preocupada, informou o fato ao seu advogado.

Com base no CPC/15, como advogado da mãe, assinale a afirmativa correta.

(A) Por causa do impedimento para que o promotor de justiça exerça suas funções, o fato deverá ser informado ao juiz da causa em petição específica.
(B) O advogado da mãe deverá arguir, por meio de exceção, o impedimento do promotor de justiça.
(C) As causas de impedimento direcionadas ao magistrado, como é o caso, não se estendem aos membros do Ministério Público.
(D) Não se trata de causa de impedimento porque o advogado do pai é parente colateral de terceiro grau do promotor de justiça.

O enunciado trata de uma situação de impedimento (NCPC, art. 144, IV – parentesco até o terceiro grau). A respeito do tema, importante destacar que (i) as hipóteses de impedimento do juiz aplicam-se ao MP e outros servidores (NCPC, art. 148) e (ii) no NCPC, o impedimento não é mais alegado por exceção, mas sim no próprio processo, em "petição específica" (NCPC, art. 146).

Gabarito "A"

(OAB/Exame Unificado – 2013.1) Com relação ao início da contagem do prazo para apresentação de resposta, em ação ajuizada pelo rito comum ordinário, em face de apenas um réu, assinale a afirmativa correta.

(A) Em se tratando de citação postal, começa a correr o prazo a partir da data da juntada aos autos do aviso de recebimento.
(B) Em se tratando de citação por oficial de justiça, começa acorrer o prazo no dia seguinte ao do cumprimento da diligência.
(C) Em se tratando de citação por carta precatória, começa acorrer o prazo no dia em que a carta é devolvida ao juízo de origem.
(D) Em se tratando de citação por edital, começa a correr o prazo no dia seguinte ao da publicação do referido edital.

A: correta (NCPC, art. 231, I); **B:** incorreta, pois no caso de citação por oficial, o prazo é contado da juntada do mandado (NCPC, art. 231, II); **C:** incorreta, porque no caso de citação por precatória, o prazo é contado de sua juntada aos autos, devidamente cumprida (NCPC, art. 231, VI); **D:** incorreta, pois no caso de citação por edital, o prazo é contado findo o prazo assinalado pelo juiz (NCPC, art. 231, IV).

Gabarito "A"

(OAB/Exame Unificado – 2011.1) Júlia ingressou com ação de indenização por danos morais e materiais em face da Gráfica Bela Escrita, bem como do Ateliê Alta-Costura, sob a alegação de que o seu casamento não pôde ser realizado tendo em vista que a Gráfica escreveu o endereço errado do local da cerimônia em todos os convites confeccionados, e o Ateliê, por sua vez, não entregou o vestido de noiva no dia do casamento. Tendo sido ambos os réus regularmente citados, o Ateliê Alta-Costura apresentou contestação tempestiva, em que afirmou se isentar de responsabilidade, uma vez que o vestido de noiva já estava praticamente pronto, quando, na véspera da cerimônia, a noiva subitamente decidiu solicitar inúmeras alterações no modelo da roupa, o que inviabilizou a sua tempestiva entrega. A Gráfica Bela Escrita, por seu turno, não se manifestou nos autos. A respeito da situação descrita, é correto afirmar que a contestação apresentada pelo Ateliê Alta-Costura

(A) aproveita à Gráfica Bela Escrita, não se operando o efeito material da revelia contra este réu, desde que o Ateliê Alta-Costura, uma vez intimado, manifeste expressa concordância.
(B) não aproveita à Gráfica Bela Escrita, operando-se o efeito material da revelia contra este réu.
(C) automaticamente aproveita à Gráfica Bela Escrita, não se operando o efeito material da revelia contra este réu.
(D) reabre automaticamente o prazo para a apresentação de contestação pela Gráfica Bela Escrita, operando-se o efeito material da revelia somente se este réu, mesmo assim, permanecer inerte.

A revelia é a ausência de contestação, sendo que dois são seus efeitos: presunção de veracidade e prazos correrem independentemente de intimação do réu revel (NCPC, arts. 344 e 346). Pela lei, não há presunção de veracidade se, havendo litisconsórcio, um dos réus contestar (NCPC, art. 345, I, do NCPC). Contudo, para a doutrina e jurisprudência, apenas se a defesa for COMUM aos réus é que isso ocorre. Portanto, no caso narrado, como a defesa do ateliê não é comum à gráfica, é de se reconhecer a presunção de veracidade dos fatos.

Gabarito "B"

(OAB/Exame Unificado – 2011.1) Em uma ação fundada na responsabilidade civil por suposto erro médico praticado por Cláudio, este foi regularmente citado e, no prazo legal, ofereceu contestação. Em razão do seu falecimento, no curso da lide, foi determinada a suspensão do processo e a habilitação de seus herdeiros ou sucessores no polo passivo. Sendo certo que tal irregularidade não foi sanada no prazo fixado pelo juízo, é correto afirmar, em relação ao processo, que

(A) deve prosseguir, com a declaração da revelia, cuja consequência ficará restrita à fluência de prazos independentemente de intimação.
(B) deve ser julgado extinto, sem resolução do mérito, por falta de pressupostos de constituição e de desenvolvimento válido e regular.

(C) deve ser julgado extinto, sem resolução do mérito, por falta de uma das condições da ação.

(D) deve ter regular prosseguimento, com a declaração da revelia e a consequente presunção de veracidade dos fatos alegados na inicial.

A morte da parte faz com que haja a necessidade de sucessão no polo processual (mediante procedimento denominado habilitação incidente – NCPC, art. 687). Contudo, como no caso isso não ocorreu corretamente, tem-se um vício de representação, o qual acarreta a revelia (NCPC, art. 76, § 1º, II, do NCPC). Porém, considerando que já houve a apresentação de contestação e os fatos foram controvertidos, não há mais que se falar em presunção de veracidade dos fatos. Assim, os prazos fluirão independentemente de intimação (NCPC, art. 436). Esta questão e a anterior, no meu entender, não são próprias para um Exame de 1ª fase de OAB, por fugirem do texto legal e envolverem específicos conhecimentos doutrinários a respeito da revelia.

Gabarito "A"

(Analista – TRT/16ª – 2014 – FCC) A respeito da revelia, considere:

I. Os prazos correrão contra o revel, independentemente de intimação, a partir de cada ato decisório, ainda que tenha constituído patrono nos autos.

II. Não se reputarão verdadeiros os fatos afirmados pelo autor se a petição inicial não estiver acompanhada do instrumento público, que a lei considere indispensável à prova do ato.

III. O juiz poderá conhecer diretamente do pedido e proferir sentença, quando ocorrer a revelia.

Está correto o que se afirma APENAS em

(A) II e III.
(B) I e II.
(C) I e III.
(D) I.
(E) III.

I: incorreta, pois os prazos contra o revel que não tenha patrono nos autos fluirão da data de publicação do ato decisório no órgão oficial (art. 346 do NCPC); **II:** correta, nos termos do art. 345, III, do NCPC; **III:** correta, nos termos do art. 355, II, do NCPC.

Gabarito "A"

(Ministério Público/SP – 2011) Não constando do mandado de citação a advertência de presunção de aceitação pelo réu de veracidade dos fatos articulados pelo autor, se não contestada a ação, versando a lide sobre direitos disponíveis,

(A) o réu não está obrigado, em sua resposta, a contestar especificadamente os fatos narrados na petição inicial.

(B) desatendido pelo réu o ônus da impugnação especificada dos fatos, não ocorrerá o efeito da revelia.

(C) a falta de impugnação precisa sobre os fatos afirmados na petição inicial induz à revelia e a seus efeitos.

(D) decretada a revelia, por falta de contestação precisa dos fatos narrados na petição inicial, o Juiz julgará antecipadamente a lide, conhecendo diretamente do pedido.

(E) reconhecida a revelia, pela confissão ficta, o autor poderá alterar o pedido ou a causa de pedir sem promover nova citação do réu.

A: incorreta, porque o ônus da impugnação especificada, previsto no art. 341 do NCPC, não depende de advertência constante do ato citatório; **B:** correta, porque a falta de impugnação precisa não caracteriza a revelia, uma vez que esta é a falta de contestação; **C:** incorreta, porque o réu não pode sofrer os efeitos da revelia, se não deles previamente advertido; **D:** incorreta (reler o comentário sobre a assertiva B); **E:** incorreta, porque ainda que houvesse revelia, o autor deveria promover nova citação para alterar o pedido ou a causa de pedir (art. 329, II, do NCPC).

Gabarito "B"

(Magistratura do Trabalho – 3ª Região – 2014) NÃO se pode afirmar, no que concerne à resposta do réu, de acordo com o Código de Processo Civil, que

(A) A regra quanto ao ônus da impugnação específica não se aplica ao advogado dativo, ao curador especial e ao órgão do Ministério Público.

(B) Não se presumem verdadeiros os fatos não impugnados, quando estiverem em contradição com a defesa, considerada em seu conjunto.

(C) Se o autor desistir da ação quanto a algum réu ainda não citado, o prazo para a resposta correrá da intimação do despacho que deferir a desistência.

(D) Antes de discutir o mérito, o réu deve alegar a litispendência, a perempção e a prescrição.

(E) Não se presume verdadeiro o fato não impugnado, quando a petição inicial não estiver acompanhada do instrumento público que a lei considerar da substância do ato.

A: correta, com a ressalva de que, no novo Código (art. 341, parágrafo único) a regra é quase a mesma do art. 302, parágrafo único, CPC/1973, salvo pelo fato de que o MP deixou de ser mencionado no dispositivo legal, dando lugar à Defensoria; **B**: correta (NCPC, art. 341, III); **C**: correta (NCPC, art. 335, § 2º); **D**: incorreta, devendo esta ser assinalada. Das três defesas, somente litispendência e perempção são preliminares (NCPC, art. 485, V); a prescrição é mérito (NCPC, art. 487, II), e portanto não é alegada em preliminar; mas no mérito ou em prejudicial de mérito; **E**: correta (NCPC, art. 341, II).

Gabarito "D"

1.9. PROVAS

(OAB/Exame Unificado – 2015.2) Aloísio ajuizou ação de anulação de casamento em face de Júlia. No curso do processo, o juiz designou audiência de instrução e julgamento para colheita dos depoimentos pessoais de Aloísio e Júlia e oitiva das testemunhas. Considerando as regras sobre depoimento pessoal previstas no Código de Processo Civil, assinale a afirmativa correta

(A) O Código de Processo Civil admite que Júlia se valha da escusa do dever de depor sobre fatos torpes que lhe forem imputados por Aloísio.

(B) Aloísio e Júlia, apesar de devidamente intimados, poderão se recusar a depor, sem que seja aplicada a pena de confissão, por ser o depoimento pessoal mero meio de prova.

(C) Aloísio e Júlia deverão responder pessoalmente sobre os fatos articulados, podendo consultar notas breves, desde que objetivem completar os esclarecimentos.

(D) O Código de Processo Civil veda expressamente que o juiz, de ofício, determine o comparecimento pessoal de Aloísio e Júlia, a fim de interrogá-los sobre os fatos da causa.

A: incorreta, pois o direito de escusa de depor não se aplica a causas de anulação de casamento (NCPC, art. 388, parágrafo único, dispositivo legal que faz menção às ações de família, dentre as quais se inclui a anulação de casamento); **B:** incorreta, porque se a parte, intimada, não comparecer ao depoimento pessoal, haverá pena de confesso (NCPC, art. 385, § 1º); **C:** correta (NCPC, art. 387); **D:** incorreta, pois cabe a designação pelo juiz, de ofício, para depoimento da parte (NCPC, art. 385).

Gabarito "C"

(OAB/Exame Unificado – 2011.3.B) Nas ações em que há necessidade de produção de prova pericial, cada parte deve pagar a remuneração do assistente técnico que houver indicado. No tocante aos honorários periciais, eles devem ser pagos pela parte que houver requerido a prova, ou pelo autor, nas hipóteses em que requerido por ambas as partes ou determinado de ofício pelo juiz. Em relação a essas despesas, é correto afirmar que

(A) somente os honorários periciais devem ser objeto de ressarcimento, pelo vencido, ao final da demanda.
(B) ambas devem integrar a condenação do vencido nos ônus sucumbenciais.
(C) nenhuma dessas verbas é passível de ressarcimento.
(D) somente os honorários do assistente técnico deverão ser restituídos, ao final, pela parte vencida.

As regras mencionadas no enunciado estão no art. 95 do NCPC. A sucumbência engloba honorários e custas – incluindo todos os gastos realizados no processo (NCPC, art. 84).

Gabarito "B"

(OAB/Exame Unificado – 2010.3) A inspeção judicial está prevista no Código de Processo Civil como uma das modalidades de produção de provas no processo de conhecimento. A respeito de tal medida, assinale a alternativa correta.

(A) O auto circunstanciado que será lavrado tão logo seja concluída a inspeção judicial terá valor de prova e, por isso, a inspeção somente poderá ser realizada na fase probatória do processo cognitivo.
(B) A inspeção judicial de coisa será realizada quando não puder ser apresentada em juízo sem consideráveis despesas ou graves dificuldades, não se admitindo, portanto, a inspeção de pessoas.
(C) O juiz poderá ser assistido de um ou de mais peritos quando realizar a inspeção direta, assim como as partes podem assistir ao ato, prestar esclarecimentos e fazer observações que reputem de interesse para a causa.
(D) A inspeção judicial poderá ser realizada em qualquer fase do processo a fim de esclarecer fato que interesse à decisão da causa, mas o juiz somente poderá agir a requerimento da parte.

A inspeção judicial é o meio de prova pelo qual o juiz sai de seu gabinete e vai até o local dos fatos. É pouco frequente no cotidiano forense. **A:** incorreta, pois cabe em qualquer fase do processo (NCPC, art. 481); **B:** incorreta, porque cabe inspeção de pessoas e coisas (NCPC, art. 481); **C:** correta (NCPC, arts. 482 e 483, parágrafo único); **D:** incorreta, pois como é a regra em relação às provas, pode ser realizada de ofício (NCPC, art. 481)

Gabarito "C"

(OAB/Exame Unificado – 2010.2) Se, durante a audiência de instrução e julgamento, um advogado, exercendo seu mister de bem defender os interesses de seu cliente, entende que a testemunha arrolada pela parte contrária mantém com essa vínculo estreito de amizade e que seu depoimento pode ser tendencioso, esse advogado deverá:

(A) contraditar a testemunha, devendo a audiência, nesse caso, ser necessária e imediatamente interrompida.
(B) contraditar a testemunha, que mesmo assim poderá ser ouvida como informante do juízo, desde que o magistrado fundamente sua decisão de ouvi-la.
(C) contraditar a testemunha, hipótese em que estará o juiz obrigado a dispensá-la.
(D) contraditar a testemunha, que será ouvida após a audiência, sem a presença das partes.

A impugnação da testemunha recebe o nome o nome de contradita, que pode ser acolhida ou rejeitada pelo juiz. Mesmo quando acolhida, pode o juiz ouvir o terceiro na condição de informante, sem prestar compromisso de dizer a verdade (NCPC, art. 457, § 2º).

Gabarito "B"

1.10. SENTENÇA, COISA JULGADA E AÇÃO RESCISÓRIA

(OAB/Exame Unificado – 2016.1) Brenda, atualmente com 20 anos de idade, estudante do 2º período de direito, percebe mensalmente pensão decorrente da morte de seu pai. Sucede, contudo, que ela recebeu uma correspondência do fundo que lhe paga a pensão, notificando-a de que, no dia 20 do próximo mês, quando completará 21 anos, seu benefício será extinto. Inconformada, Brenda ajuizou ação judicial, requerendo em antecipação de tutela a continuidade dos pagamentos e, por sentença, a manutenção desse direito até, pelo menos, completar 24 anos de idade, quando deverá terminar a faculdade. Tal demanda, contudo, é rejeitada liminarmente pelo juiz da 3ª Vara, sob o argumento de que aquela matéria de direito já está pacificada de forma contrária aos interesses da Autora na jurisprudência dos Tribunais Superiores e, ainda, por ele já ter proferido, em outros casos com a mesma questão de direito, diversas sentenças de improcedência. Sobre os fatos descritos, assinale a afirmativa correta.

(A) A decisão acima mencionada, se transitada em julgado, não faz coisa julgada material, na medida em que a ausência de citação do Réu impede a formação regular do processo.
(B) No caso de eventual recurso de Brenda, o juízo que proferiu a sentença poderá, se assim entender, retratar-se.
(C) Se a matéria de mérito estivesse pacificada nos Tribunais Superiores em favor da autora, poderia o magistrado, ao receber a petição inicial, sentenciar o feito e julgar desde logo procedente o pedido.
(D) Mesmo que a demanda envolvesse necessidade de produção de prova pericial, o magistrado poderia se valer da improcedência liminar, tendo em vista a força dos precedentes dos Tribunais Superiores.

A: incorreta, pois na improcedência liminar existe sentença de mérito, portanto capaz de ser coberta pela coisa julgada (NCPC, art. 332); B: correta (NCPC, art. 332, § 3º); **C:** incorreta, pois o sistema somente permite a improcedência liminar, e não a procedência liminar – inclusive pois isso violaria os princípios do contraditório e ampla defesa; **D:** incorreta, pois somente cabe a improcedência liminar se não for o caso de instrução (NCPC, art. 332). *Atenção: no NCPC não é mais critério, para a improcedência liminar, a existência de anteriores sentenças de improcedência, mas sim firme jurisprudência (vide incisos do art. 332 do NCPC).

Gabarito "B"

(OAB/Exame Unificado – 2016.1) João, maior e capaz, correntista do Banco Grana Alta S/A, ao verificar o extrato da sua conta-corrente, constata a realização de um saque indevido no valor de R$ 2.000,00 (dois mil reais), razão pela qual ingressa com ação de indenização por dano material em face da referida instituição financeira. Contudo, antes mesmo da citação da sociedade ré, João comunica ao juízo seu desinteresse no prosseguimento do feito.

A partir do caso apresentado, assinale a afirmativa correta.

(A) A desistência da ação produz, como um dos seus efeitos, o fenômeno da coisa julgada material, obstando que o autor intente nova demanda com conteúdo idêntico perante o Poder Judiciário.

(B) Tendo em vista que a causa versa sobre direito indisponível, poderá o juiz, de ofício, dar prosseguimento ao feito, determinando a citação da instituição financeira para que apresente, no prazo de 15 dias, sua resposta.

(C) A desistência somente produzirá efeitos, extinguindo o processo, se houver o prévio consentimento do Banco Grana Alta S/A.

(D) Diante da desistência unilateral do autor da ação, operar-se-á a extinção do processo sem resolução do mérito.

A: incorreta, pois só há coisa julgada em decisão de mérito, sendo que a desistência acarreta sentença sem mérito (NCPC, arts. 485, VIII e 502); **B:** incorreta, tanto porque a causa envolve direito disponível (pedido de indenização) quanto porque, mesmo se fosse direito indisponível, existe o princípio da inércia (NCPC, art. 2º); **C:** incorreta, pois a desistência depende de concordância do réu somente após a citação (NCPC, art. 485, § 4º); **D:** correta (NCPC, art. 485, VIII).

Gabarito "D"

(OAB/Exame Unificado – 2015.3) Márcia trafegava regularmente a 40 km/h em uma rua da cidade de Salvador/BA quando seu carro foi abalroado pelo veículo de Tânia que, ao atender a uma ligação do telefone celular enquanto dirigia, perdeu a direção e invadiu a pista contrária de rolamento, causando o acidente. Acalmados os ânimos, as partes não chegaram a um acordo, pelo que Márcia ajuizou, perante a 2ª Vara Cível de Salvador/BA, uma ação de reparação de danos materiais, danos morais e lucros cessantes contra Tânia, que, após ser regularmente citada, contestou todos os pedidos autorais, alegando não ter dado causa ao acidente. Em sentença, após o tramitar processual em que foram cumpridas todas as exigências procedimentais, o magistrado julga procedentes os pedidos de danos materiais e de danos morais, rejeitando, porém, o de pedido de lucros cessantes, por entender inexistirem provas desse dano alegado, tendo tal sentença transitada em julgado em 19/10/2012.

Sobre os fatos descritos, assinale a afirmativa correta.

(A) Márcia poderá propor uma nova demanda com o objetivo de obter os lucros cessantes, desde que apresente, nesse novo processo, as provas da ocorrência desse dano.

(B) Se Tânia quiser se valer de uma ação rescisória, terá somente até o dia 19/10/2013 para fazê-lo, sob pena de decadência.

(C) Admitindo-se a hipótese de que Tânia descobrisse que o juiz é irmão de Márcia, ela poderia se valer de uma ação anulatória para fazer cessar os efeitos da sentença, haja vista a falta de imparcialidade do julgador.

(D) Eventual ação rescisória proposta por Tânia não impede a execução da decisão da sentença por parte de Márcia, ainda que Tânia demonstre que a sentença foi injusta.

A: incorreta, tendo em vista que a improcedência, mesmo por falta de provas, acarreta a formação da coisa julgada – qualquer decisão de mérito é coberta pela coisa julgada (NCPC, art. 502 – só há exceção no âmbito do processo coletivo); **B:** incorreta, pois o prazo da rescisória é de 2 nãos contados do trânsito em julgado da última decisão proferida no processo (NCPC, art. 975); **C:** incorreta, pois a hipótese de impedimento pode ser debatida via ação rescisória (NCPC, art. 966, II); **D:** correta, pois a ação rescisória, por si só, não impede o cumprimente de sentença – salvo no caso de concessão de liminar em tutela provisória (NCPC, art. 969).

Gabarito "D"

(OAB/Exame Unificado – 2015.2) Luan, servidor público do Estado de Minas Gerais, ajuizou ação contra a Fazenda Pública estadual, requerendo a devolução de verbas indevidamente descontadas em seu contracheque sob a rubrica de "*contribuição obrigatória ao plano de saúde*". Na oportunidade, demonstrou que o Tribunal de Justiça de Minas Gerais (TJMG) já havia, em anterior ação individual proposta por Thales, outro servidor público estadual, reconhecido a inconstitucionalidade da lei estadual que previa esse desconto, e requereu, assim, a restituição das verbas não prescritas descontadas a tal título. Devidamente ajuizada junto à 1ª Vara de Feitos Tributários da cidade de Belo Horizonte/MG, e após regular tramitação, o magistrado singular acolheu a tese da ré e julgou improcedente o pedido exordial, tendo tal decisão transitado em julgado em 01.04.2012.

Sobre os fatos descritos, assinale a afirmativa correta.

(A) Luan poderá se valer de ação anulatória, tendo em vista a manifesta injustiça da sentença.

(B) Se a inconstitucionalidade da lei estadual tivesse sido reconhecida, na ação proposta por Thales, pelo Supremo Tribunal Federal, Luan poderia ignorar a coisa julgada que lhe foi desfavorável.

(C) Luan poderá se valer de uma reclamação constitucional, tendo em vista o desrespeito, pela sentença, de posição jurisprudencial firmada pelo TJMG.

(D) Luan poderia se valer de uma ação rescisória, desde que, para tanto, demonstrasse que houve violação à lei, sendo-lhe vedado, nessa demanda, a rediscussão de matérias fáticas.

A: incorreta, pois o caso é de AR (NCPC, art. 966) e não anulatória (NCPC, art. 966, § 4º – não se está diante de decisão homologatória). **B:** incorreta. No NCPC, há a mitigação da coisa julgada com base em lei declarada inconstitucional pelo STF, seja controle difuso ou concentrado; porém, há necessidade de AR e, portanto, não pode Luan simplesmente "ignorar" a coisa julgada (NCPC, art. 525, §§ 12, 14 e 15); **C:** incorreta, pois a reclamação tem cabimento restrito, não podendo apenas se for jurisprudência firme de tribunal intermediário, mas sim jurisprudência qualificada de tribunal superior, como por exemplo súmula vinculante ou julgamento de repetitivo (NCPC, art. 988, *caput* e incisos); **D:** correta para a banca, pois a hipótese é de AR, como exposto na alternativa A. *Contudo, a questão deveria ter sido anulada, mas não o foi. Dúvida não há quanto à impossibilidade de se discutir fato no REsp (Súmula 7/STJ), mas nada impede que isso seja debatido na ação rescisória (NCPC, art. 966, V). Assim, correta a alternativa quanto ao cabimento da AR, mas o final da alternativa está errado (quanto a não se poder discutir fato).

Gabarito "D"

(OAB/Exame Unificado – 2013.1) Paula ajuizou ação de reconhecimento de união estável. Ainda antes da citação do réu, a autora desistiu da ação proposta. Dois meses depois do trânsito em julgado da sentença que extinguiu o processo, sem resolução do mérito nos termos do art. 267, inciso VIII, do CPC, Paula, arrependida, ingressou novamente com a ação. (*ATENÇÃO, a menção ao art. 267 se refere ao Código anterior; no NCPC, corresponde ao art. 485).

Com base na hipótese apresentada, assinale a afirmativa correta.

(A) O juiz deverá extinguir o processo sem resolução do mérito por existir coisa julgada, não podendo a autora ajuizar novamente a mesma ação.
(B) Paula pode ingressar novamente com a ação, mas a nova demanda deverá ser distribuída por dependência.
(C) Não pode a autora ingressar com a demanda novamente, pois a desistência da ação gera preclusão consumativa.
(D) Trata-se de clara hipótese de litispendência, existindo duas causas idênticas com as mesmas partes, o mesmo pedido e a mesma causa de pedir.

A: incorreta, tratando-se de sentença terminativa (sem resolução do mérito – NCPC, art. 485, VIII), não se fala em coisa julgada material que impede a repropositura (art. 486 do NCPC); **B:** correta, pois como exposto em "A", cabe a repropositura, que, no caso, deverá ser por dependência (NCPC, art. 286, II), de modo a se evitar a busca por outro juiz (princípio do juiz natural); **C:** incorreta, *vide* resposta "A"; **D:** incorreta, pois só há litispendência quando duas demandas idênticas estão em curso, ao mesmo tempo (NCPC, art. 337, §§ 1º e 2º)

Gabarito "B"

(OAB/Exame Unificado – 2012.3.A) A respeito da Ação Rescisória, assinale a afirmativa correta.

(A) Uma vez ajuizada, impede o cumprimento da sentença ou acórdão rescindendo, ressalvada a concessão, em casos imprescindíveis e sob os pressupostos previstos em lei, de medidas de natureza cautelar ou antecipatória de tutela.
(B) Em caso de procedência, rescindindo-se a sentença e proferindo, se for o caso, novo julgamento, o tribunal determinará a restituição ao demandante do depósito de 5% sobre o valor da causa a que se refere o Art. 488, II, do CPC (*ATENÇÃO: a menção se refere ao Código anterior; no NCPC, o artigo correspondente é o art. 968, II).
(C) O Ministério Público não tem legitimidade ativa, exceto e unicamente para propor a ação ao fundamento de não ter sido ouvido no processo, em que lhe era obrigatória a intervenção.
(D) É a medida aplicável a fim de rescindir a sentença homologatória e outros atos judiciais que não dependam de sentença, desde que respeitado o prazo de 2 (dois) anos para a sua propositura, contados do trânsito em julgado da decisão.

A: incorreta, porque a ação rescisória não impede o cumprimento da decisão rescindenda, salvo no caso de concessão de tutela de urgência (NCPC, art. 969); **B:** correta (NCPC, art. 974); **C:** incorreta, há previsão de legitimidade do MP também no caso de uso indevido do processo em acordo entre as partes (colusão) ou "outros casos" (NCPC, art. 967, III); **D:** incorreta, nessa hipótese, o instrumento é a ação anulatória, por se tratar de decisão homologatória (NCPC, art. 966, § 4º).

Gabarito "B"

(OAB/Exame Unificado – 2010.3) A sentença liminar, acrescida à legislação processual civil por meio da Lei 11.277/2006, assegura ao juiz a possibilidade de dispensar a citação e proferir desde logo sentença, nas hipóteses em que o juízo já tenha proferido sentença de total improcedência em casos idênticos. Considerando tal instituto jurídico, assinale a alternativa correta.

(A) Interposto o recurso de apelação contra a sentença liminar, o juiz poderá exercer juízo de retratação no prazo de cinco dias.
(B) É cabível a sentença liminar quando a matéria controvertida for de fato e de direito e guardar identidade com outros casos anteriormente julgados pelo juízo.
(C) Proferida sentença liminar, o réu somente será citado a responder à ação em caso de provimento de eventual recurso.
(D) Será facultado ao autor agravar da sentença, caso em que o réu será intimado para oferecer contrarrazões.

A: correta (NCPC, art. 332, § 3º); **B:** incorreta, pois somente cabe a improcedência liminar quando a matéria controvertida for de direito, não de fato (NCPC, art. 332); **C:** incorreta, porque o réu será citado para responder ao recurso, caso a sentença seja mantida (NCPC, art. 332, § 4º); **D:** incorreta, pois o recurso cabível de sentença é a apelação (NCPC, art. 1.009).

Gabarito "A"

(OAB/Exame Unificado – 2010.1) Paulo ajuizou ação contra Aldo. Ao receber a inicial, o juiz verificou que a matéria controvertida era unicamente de direito e que já havia sido proferida sentença de total improcedência em casos idênticos e, por isso, proferiu sentença reproduzindo o teor das anteriormente prolatadas, sem a citação de Aldo. Nessa situação hipotética, de acordo com o CPC,

(A) a sentença é nula, por não ter havido a citação de Aldo.
(B) o juiz poderá retratar-se caso Paulo apele da sentença.

(C) caberá reclamação ao tribunal competente, sob o argumento de que houve *error in procedendo*.
(D) a sentença não faz coisa julgada material.

Nos termos da questão anterior, trata-se de hipótese de sentença de improcedência liminar (NCPC, art. 332). Interposta a apelação, é possível ao juiz reconsiderar sua decisão, afastando a improcedência liminar (NCPC, art. 332, § 3º).

Gabarito "B"

(Analista – TRE/AC – 2010 – FCC) Considere as seguintes assertivas a respeito da coisa julgada:

I. Denomina-se coisa julgada material a eficácia, que torna imutável e indiscutível a sentença, não mais sujeita a recurso ordinário ou extraordinário.
II. A sentença, que julgar total ou parcialmente a lide, tem força de lei nos limites da lide e das questões decididas.
III. Faz coisa julgada a apreciação da questão prejudicial, decidida incidentemente no processo.
IV. Passada em julgado a sentença de mérito, reputar-se-ão deduzidas e repelidas todas as alegações e defesas, que a parte poderia opor assim ao acolhimento como à rejeição do pedido.

De acordo com o Código de Processo Civil brasileiro, está correto o que se afirma APENAS em

(A) I, II e III.
(B) I, II e IV.
(C) I e IV.
(D) II, III e IV.
(E) II e IV.

I: correto no CPC/1973, mas incorreto no NCPC (considerando a redação do art. 502 do NCPC); **II:** correto (art. 503, *caput*,do NCPC); **III:** incorreto, pois somente haverá coisa julgada na prejudicial se observados diversos requisitos no art. 503, §1º do NCPC; **IV:** correto (art. 508 do NCPC).

Gabarito "B" no CPC/1973; "E" no NCPC

(Ministério Público/GO – 2012) Sobre a sentença é incorreto afirmar:

(A) são requisitos essenciais da sentença: o relatório, a fundamentação e o dispositivo;
(B) sendo a fundamentação da sentença obrigação prevista no artigo 93, IX da Constituição Federal, deve o juiz ao proferir sentença responder a todos os argumentos das partes;
(C) o STF admite a motivação *per relationem* que se caracteriza pela remissão que o ato judicial expressamente faz a outras manifestações ou peças processuais existentes nos autos, mesmo que produzidas pelas partes ou pelo Ministério Público;
(D) o dispositivo da sentença é a parte em que o juiz afirma se acolhe ou rejeita o pedido do autor, sendo a única parte que logra autoridade de coisa julgada.

A: correta (art. 489 do NCPC); **B:** incorreta no CPC/1973, considerando a jurisprudência que se formou. Correta no NCPC (art. 489, § 1º); **C:** correta, considerando a jurisprudência formada no sistema anterior (STF, 1ª T., HC 86533/SP, rel. Min. Eros Grau). Incorreta no NCPC, considerando o art. 489, § 1º; **D:** correta no CPC/1973. Incorreta no NCPC, pois a coisa julgada também abrange a questão prejudicial (NCPC, art. 503, § 1º).

Gabarito "B" no NCPC/1973; "C" e "D" no NCPC

1.11. OUTROS ASSUNTOS E TEMAS COMBINADOS DO PROCESSO DE CONHECIMENTO

(OAB/Exame Unificado – 2016.2) Rafael e Paulo, maiores e capazes, devidamente representados por seus advogados, celebraram um contrato, no qual, dentre outras obrigações, havia a previsão de que, em eventual ação judicial, os prazos processuais relativamente aos atos a serem praticados por ambos seriam, em todas as hipóteses, dobrados. Por conta de desavenças surgidas um ano após a celebração da avença, Rafael ajuizou uma demanda com o objetivo de rescindir o contrato e, ainda, receber indenização por dano material. Regularmente distribuída para o juízo da 10ª Vara Cível da comarca de Porto Alegre/RS, o magistrado houve por reconhecer, de ofício, a nulidade da cláusula que previa a dobra do prazo.

Sobre os fatos, assinale a afirmativa correta.

(A) O magistrado agiu corretamente, uma vez que as regras processuais não podem ser alteradas pela vontade das partes.
(B) Se o magistrado tivesse ouvido as partes antes de reconhecer a nulidade, sua decisão estaria correta, uma vez que, embora a cláusula fosse realmente nula, o princípio do contraditório deveria ter sido observado.
(C) O magistrado agiu incorretamente, uma vez que, tratando-se de objeto disponível, realizado por partes capazes, eventual negócio processual, que ajuste o procedimento às especificidades da causa, deve ser respeitado.
(D) O juiz não poderia ter reconhecido a nulidade do negócio processual, ainda que se tratasse de contrato de adesão realizado por partes em situações manifestamente desproporcionais, uma vez que deve ser respeitada a autonomia da vontade.

O NCPC permite que as partes – sendo maiores e capazes e em temas que não envolvam direitos indisponíveis – celebrem acordo para modificar o procedimento. Trata-se do "negócio jurídico processual" (NJP), previsto no art. 190. **A:** incorreta (NCPC, art. 190); **B:** incorreta, pois o NJP é previsto no sistema, como já exposto; **C:** correta (NCPC, art. 190); **D:** incorreta, pois o juiz somente recusará a validade do NJP " nos casos de nulidade ou de inserção abusiva em contrato de adesão ou em que alguma parte se encontre em manifesta situação de vulnerabilidade" (NCPC, art. 190, parágrafo único).

Gabarito "C"

(OAB/Exame Unificado – 2016.2) Em país estrangeiro em que possui domicílio e onde estão localizados seus bens imóveis, a sociedade empresária Alfa firmou contrato particular de fornecimento de minério com a também estrangeira sociedade empresária Beta, estipulando que a obrigação contratual deveria ser adimplida no Brasil. A sociedade empresária Alfa, diante do inadimplemento contratual da sociedade empresária Beta, ajuizou, perante a 1ª Vara Cível de Montes Claros/MG, ação com o propósito de ser indenizada pelos danos materiais sofridos, prestando como caução consistente dois veículos de sua propriedade. Após a citação e a realização de audiência de conciliação, a sociedade empresária Beta contestou, apresentando pedido de reconvenção, alegando possuir direito de ser indenizada materialmente, em razão da relação jurídica contratual regularmente constituída entre as litigantes, sob a luz das legislações estrangeira e nacional.

Com base no caso apresentado, segundo as regras do CPC/15, assinale a afirmativa correta.

(A) A caução prestada pela sociedade empresária Alfa não poderá ser objeto de pedido de reforço durante o trâmite processual.

(B) A sociedade empresária Alfa deverá prestar caução suficiente ao pagamento das custas e dos honorários de advogado da parte contrária.

(C) A sociedade empresária Beta, para admissão de seu pedido reconvencional, deverá prestar caução suficiente ao pagamento das custas e dos honorários de advogado da sociedade empresária Alfa.

(D) O contrato originado em país estrangeiro, antes do ajuizamento da ação indenizatória, deverá ser objeto de homologação perante o Superior Tribunal de Justiça.

A questão é prevista no NCPC, art. 83. O autor, brasileiro ou estrangeiro, que residir fora do Brasil ou deixar de residir no país ao longo da tramitação de processo prestará caução suficiente ao pagamento das custas e dos honorários de advogado da parte contrária nas ações que propuser, se não tiver no Brasil bens imóveis que lhes assegurem o pagamento.

Gabarito "B".

(OAB/Exame Unificado – 2016.2) Davi ajuizou ação em face de Heitor, cumulando pedido de cobrança no valor de R$ 70.000,00 (setenta mil reais) e pedido indenizatório de dano material no valor de R$ 30.000,00 (trinta mil reais). Ultrapassada a fase inicial conciliatória, Heitor apresentou contestação contendo vários fundamentos –dentre eles, preliminar de impugnação ao valor da causa. O Juiz proferiu decisão saneadora, rejeitando a impugnação ao valor da causa e determinando o prosseguimento do processo.

Com base no caso apresentado, assinale a afirmativa correta.

(A) Heitor deveria ter apresentado incidente processual autônomo de impugnação ao valor da causa.

(B) Heitor poderá formular pedido recursal de modificação da decisão que rejeitou a impugnação ao valor da causa, em suas razões recursais de eventual apelação.

(C) O valor da causa deverá ser de R$ 70.000,00 (setenta mil reais), pois existem pedidos cumulativos.

(D) A impugnação ao valor da causa somente poderia ser decidida por ocasião da prolatação da sentença de mérito.

A: incorreta, pois no NCPC a discussão ao valor da causa passou a ser feita em preliminar de contestação (NCPC, art. 293); **B:** correta. Tendo em vista que, no NCPC, não cabe agravo de instrumento de decisão envolvendo valor da causa (art. 1.015), essa interlocutória será impugnada em preliminar de apelação (NCPC, art. 1.009, § 1º); **C:** incorreta, considerando que o valor da causa, em pedidos cumulados, seria de R$ 70 mil (NCPC, art. 292, VI); **D:** incorreta, pois a decisão do juiz, se acolher a impugnação, determinará a complementação das custas – o que ocorrer antes da sentença (NCPC, art. 293).

Gabarito "B".

(OAB/Exame Unificado – 2015.3) X contratou um plano de saúde com cobertura integral e sem carência junto à operadora Saúde 100%, em 19 de outubro de 2012. Seis meses depois, precisou se submeter a uma cirurgia na coluna, mas o plano se negou a cobri-la, sob alegação de que tal procedimento não estava previsto em contrato. Inconformado, X ajuizou ação visando ao cumprimento forçado da obrigação, demanda essa distribuída perante a 10ª Vara Cível da comarca do Rio de Janeiro, de titularidade do magistrado Y. Após regular tramitação, o pedido autoral foi julgado procedente, tendo em sentença sido fixado o prazo de 10 dias para a efetivação da cirurgia, sob pena de multa de R$ 1.000,00 por dia de atraso. Três meses depois do trânsito em julgado, e ainda não tendo sido cumprida a obrigação, X requereu a majoração da multa diária, pedido este indeferido pelo juiz Y, sob alegação de estar impedido de atuar por força da coisa julgada material. Sobre os fatos, assinale a afirmativa correta.

(A) O magistrado agiu corretamente, cabendo ao autor apenas cobrar a multa vencida.

(B) A multa poderia ser aumentada, ou até mesmo substituída por outra medida de apoio mais efetiva, a fim de concretizar o direito do autor.

(C) A multa somente poderia ser aumentada se o autor conseguisse modificar a sentença por meio de uma ação rescisória.

(D) A multa não poderia ser aumentada, mas o juiz poderia condenar a empresa ré a pagar danos morais ao autor.

A multa-diária ou multa periódica é uma forma de se tentar o cumprimento de uma obrigação – no NCPC, seja de fazer ou de pagar (art. 139, IV). Se a multa inicialmente fixada não é suficiente para o cumprimento da obrigação, é possível que seja majorada (NCPC, art. 537, § 1º) ou, eventualmente, substituição por outra medida (art. 536, § 1º).

Gabarito "B".

(OAB/Exame Unificado – 2015.2) Em 21.08.2012, Felipe, empresário do ramo de restaurantes, contratou, por R$ 20 mil, mediante pagamento à vista, os serviços de içamento por guindaste da empresa Júnior e Júnior Ltda., a fim de que uma grande piscina fosse levada à cobertura de seu prédio. No contrato, restou definido que todos os serviços deveriam ser executados até o dia 05.11.2012, vez que Felipe havia programado uma festa de inauguração de seu mais novo empreendimento para 10/11/2012. Em 07.11.2012, sem que os serviços fossem executados, Felipe procura seu advogado, que ajuíza uma ação judicial. Sobre os fatos narrados, assinale a afirmativa correta.

(A) O juiz poderá fixar multa periódica (astreintes) para a efetivação da obrigação de se realizar os serviços de içamento, mesmo que não tenha havido pedido específico do autor nesse sentido.

(B) Fixado o valor da multa periódica por decisão judicial irrecorrida, seu montante não poderá ser alterado por força da preclusão temporal.

(C) O montante da multa periódica não poderá ultrapassar o do valor da causa, sob pena de enriquecimento ilícito de Felipe.

(D) Fixadas as astreintes pelo juiz, fica vedada a posterior cominação de multa por litigância de má-fé no mesmo processo, por se tratarem, ambas, de sanções de natureza processual.

A: correta. Tratando-se de obrigação de fazer, cabível a fixação de multa diária (NCPC, art. 536, § 1º). No CPC/1973, a lei era expressa ao permitir a fixação da multa de ofício; no NCPC, o legislador não é expresso nesse sentido – mas fala em redução de ofício (NCPC, art. 537, § 1º), de modo que, por isonomia, é de se entender que a própria fixação pode ser de ofício; **B:** incorreta, pois cabe alteração se a multa for irrisória ou excessiva (NCPC, art. 537, § 1º); **C:** incorreta, pois não há limitação ao valor da causa ou ao pedido principal (porém, a jurisprudência formada à luz do CPC/1973 afirma não ser possível o enriquecimento sem causa se a multa for exorbitante); **D:** incorreta, pois a natureza da astreinte é distinta da má-fé.

Gabarito "A"

(OAB/Exame Unificado – 2015.1) O processo eletrônico disciplinado pela Lei 11.419/2006 vem sendo implementado em larga escala no território nacional, com o propósito de conferir maior celeridade e proporcionar economia processual. Os Tribunais vêm normatizando internamente algumas questões peculiares no que tange a essa sistemática virtual da prestação jurisdicional, conforme vão surgindo controvérsias procedimentais. Entretanto, alguns pontos são claros e precisos no texto legal.

A esse respeito, é correto afirmar que

(A) os atos processuais por meio eletrônico são considerados realizados no dia e na hora de seu envio ao sistema do Poder Judiciário, motivo pelo qual, para atender o prazo processual, as petições eletrônicas serão consideradas tempestivas se enviadas nos dias úteis, até as 20 (vinte) horas, nos termos estabelecidos no Código de Processo Civil.

(B) os documentos produzidos eletronicamente, atendidas as formalidades impostas por lei, serão considerados originais para todos os efeitos legais, e qualquer arguição de falsidade do documento original deve ser obrigatoriamente processada na forma de processo físico, sem suspensão do processo eletrônico.

(C) os autos de processos eletrônicos somente poderão ser remetidos a outro juízo se houver sistema compatível, sendo expressamente vedada a conversão do sistema eletrônico em material impresso em papel e a nova autuação, salvo se de natureza criminal ou trabalhista.

(D) os atos judiciais publicados eletronicamente substituem qualquer outro meio de publicação oficial para efeito legal, salvo os casos em que, por imposição legal, tenham que ser realizadas a intimação ou a vista pessoal, ou em casos excepcionais e urgentes que justifiquem a realização do ato processual por outro meio determinado pelo juiz, considerando-se como data da publicação eletrônica o primeiro dia útil seguinte ao da sua disponibilização, dando-se início ao prazo processual no primeiro dia útil seguinte à data da publicação.

A: incorreta, considerando que as petições podem ser enviadas até as 24h do último dia, e não até 20h (NCPC, art. 213 e Lei 11.419/2006, art. 10, § 1º); **B:** incorreta, porque a "arguição de falsidade do documento original será processada eletronicamente na forma da lei processual em vigor" (Lei 11.419/2006, art. 10, § 2º); **C:** incorreta, pois os processos eletrônicos que tiverem de ser remetidos a outro juízo que não for eletrônico deverão ser impressos em papel e autuados conforme o CPC (Lei 11.419/2006, art. 12, § 2º); **D:** correta (NCPC, art. 224, §§ 2º e 3º e Lei. 11.419/2006, art. 4º, §§ 3º e 4º).

Gabarito "D"

(OAB/Exame Unificado – 2014.3) Adamastor ingressou com ação indenizatória em face de determinada operadora de telefonia fixa, argumentando ausência de relação contratual e inscrição indevida de seu nome no cadastro de proteção ao crédito. Em contestação, a ré apresentou o contrato firmado entre as partes dezoito meses antes e comprovou a falta de pagamento das faturas dos últimos três meses. Em réplica, Adamastor alegou que fez o pedido da linha, mas que seu irmão teria feito uso do serviço, restando indevida a inscrição do seu nome no cadastro de devedores.

Nesse caso, concluída a fase probatória, considerando apenas o aspecto processual, o processo deve ser extinto

(A) sem resolução do mérito, em razão da ausência de pressupostos processuais de existência do processo, já que a parte autora não tem legitimidade para a causa.

(B) com resolução do mérito, julgando-se improcedente o pedido, haja vista a evidente demonstração de fato extintivo e modificativo do direito do autor, que decorre da ausência de responsabilidade civil nesses casos.

(C) sem resolução do mérito, por restarem ausentes as condições da ação no que tange ao interesse processual, caracterizado pelo binômio-necessidade, além da ilegitimidade da parte autora.

(D) com resolução do mérito, julgando-se improcedente o pedido, já que a parte ré apontou fato impeditivo do direito do autor por ter prestado os serviços adequadamente, comprovando a relação contratual válida existente e a inadimplência.

A: incorreta, pois a condição da ação legitimidade de partes está presente, considerando o consumidor de um lado e a empresa de telefonia do outro; **B:** incorreta, pois a alegação da defesa não é fato extintivo ou modificativo – mas sim impeditivo (NCPC, art. 350); **C:** incorreta, pois tanto há legitimidade (alternativa "A"), como necessidade da movimentação da máquina jurisdicional (já que há alegação de inscrição indevida); **D:** correta, pois a situação narrada é de fato impeditivo do direito do autor (NCPC, art. 350).

Gabarito "D"

(OAB/Exame Unificado – 2011.3.B) De acordo com o Código de Processo Civil, a respeito dos prazos processuais contados em dias, é correto afirmar que

(A) serão contados excluindo-se o dia do início e incluindo-se o dia do vencimento, não se admitindo disposição em contrário.

(B) as intimações somente obrigarão o comparecimento depois de decorridas 24 (vinte e quatro) horas, salvo quando for outro o prazo fixado por lei.

(C) em caso de litisconsórcio, com o mesmo procurador, ser-lhes-ão contados em dobro os prazos para contestar, recorrer e, de modo geral, falar nos autos.

(D) não havendo previsão legal, ou outro fixado pelo juiz, o prazo para a prática de ato processual a cargo da parte será de 10 (dez) dias.

A: incorreta. A regra legal é essa, mas admite-se disposição em contrário (NCPC, art. 224); **B:** correta à luz do Código anterior. *ATENÇAO: no NCPC, o art. art. 218, § 2º aponta que o prazo mínimo é de *48 horas*; **C:** incorreta, pois a legislação prevê prazo em dobro para litisconsortes com advogados distintos, de escritórios de advocacia distintos (NCPC, art. 229); **D:** incorreta, porque na ausência de prazo legal ou fixado pelo juiz, o ato deverá ser realizado em 5 dias (NCPC, art. 218, § 3º).

Gabarito "B"

(OAB/Exame Unificado – 2010.1) Com relação aos atos processuais, assinale a opção correta.

(A) Comparecendo o réu apenas para arguir a nulidade da citação e sendo esta decretada, será considerada feita a citação na data em que for juntado aos autos o mandado de nova citação, devidamente cumprido, com os requisitos legais.

(B) São requisitos da citação por edital, entre outros, a determinação, pelo juiz, do prazo, que variará entre vinte e quarenta dias, a partir da data da primeira publicação.

(C) Tratando-se de ações de estado, a citação será feita pelo correio, nas localidades atendidas pela entrega domiciliar de correspondência.

(D) Para a fixação do termo inicial da contagem de prazo processual, se a comunicação for feita por edital, o prazo para a prática do ato processual terá início a partir do termo final do prazo previsto no próprio edital para aperfeiçoamento da citação.

A: incorreta, pois se o réu alega a nulidade de citação, não há necessidade de uma nova citação, mas sim da devolução do prazo para defesa – que se contará a partir da intimação da decisão do juiz nesse sentido (NCPC, art. 239, § 1º); **B:** incorreta, porque o prazo será de 20 a 60 dias (NCPC, art. 257, III) – alternativa muito ruim, envolve simplesmente decorar um prazo; **C:** incorreta, pois não cabe citação por correio nas ações de estado (NCPC, art. 247); **D:** correta no Código anterior. *ATENÇÃO: no NCPC, o art. 231, IV, tem a seguinte redação: o *dia útil seguinte* ao fim da dilação assinada pelo juiz, quando a citação ou a intimação for por edital.

Gabarito "D"

(OAB/Exame Unificado – 2009.3) Assinale a opção correta acerca dos prazos processuais.

(A) Havendo litisconsortes ativos com diferentes procuradores, o prazo em dobro previsto no art. 191 do CPC aplica-se também ao réu que não se encontre em situação de litisconsórcio com diferentes procuradores.

(B) Para a prorrogação dos prazos processuais peremptórios, em qualquer hipótese, é suficiente a concordância das partes, com a correspondente aceitação do juiz.

(C) A contestação apresentada antes de vencido o prazo pode ser aditada até o último dia do prazo que lhe restar.

(D) Em ação proposta contra um réu apenas, nula a citação, poderá o autor emendar a inicial para modificar o pedido ou a causa de pedir, independentemente do consentimento do réu, desde que a emenda se opere até o momento da nova citação.

A: incorreta, só há prazo em dobro aos litisconsortes com diferentes procuradores (NCPC, art. 229), aqui não há que se falar em violação à igualdade, visto que se está tratando desigualmente os desiguais; **B:** incorreta, são prazos peremptórios exatamente os que não podem ser alterados (NCPC, art. 222); **C:** incorreta no sistema anterior, * ATENÇÃO: no NCPC, é possível cogitar de aditamento até o final do prazo, de modo que possível se falar que não mais haverá preclusão consumativa, mas somente a temporal (NCPC, 223); **D:** correta, como a citação é nula, deve-se considerar que ainda não foi realizada – hipótese em que cabe o aditamento da inicial (NCPC, art. 329).

Gabarito "D"

(OAB/Exame Unificado – 2008.1) Assinale a opção correta acerca dos atos processuais.

(A) Nas ações de estado, a citação pelo correio é inadmissível.

(B) A superveniência de férias interrompe o curso do prazo.

(C) O prazo para a contestação realizada pela defensoria pública é contado em quádruplo.

(D) O benefício do prazo em quádruplo para contestar e em dobro para recorrer é extensivo às sociedades de economia mista.

A: correta (NCPC, art. 247, I); **B:** incorreta, pois as férias suspendem o prazo (NCPC, art. 220 – que trata das férias para os advogados) **C:** incorreta, pois o prazo da Defensoria Pública é em dobro (NCPC, art. 186); **D:** incorreta, porque o NCPC não Inclui as empresas públicas ou sociedades de economia mista no benefício de prazo diferenciado (NCPC, art. 182).

Gabarito "A"

(Magistratura/BA – 2012 – CESPE) A respeito de citação, assinale a opção correta.

(A) Nula a citação, o comparecimento espontâneo do réu não supre a necessidade de repetição do ato citatório.

(B) É possível a prolação de sentença de mérito sem antes ter havido citação.

(C) A citação válida opera efeitos desde que não ordenada por juiz incompetente.

(D) Rejeitada a nulidade de citação arguida no prazo para contestação, este deve ser reaberto.

(E) Acolhida pelo juiz a nulidade de citação arguida pelo réu, este deve ser novamente citado.

A: incorreta, pois o comparecimento espontâneo supre a necessidade de citação (art. 239, § 1º, NCPC); **B:** correta, porque é possível a improcedência liminar do pedido, nas hipóteses do art. 332 do NCPC; **C:** incorreta, pois citação gera efeitos mesmo quando ordenada por juiz incompetente (art. 240 do NCPC); **D:** incorreta, uma vez que, nessa hipótese, o réu terá perdido o prazo para contestar, e será, por isso, considerado revel, sem direito à devolução do prazo; **E:** incorreta, porque o comparecimento espontâneo supre o vício da citação (vide alternativa A).

Gabarito "B"

(Procurador do Estado /MG – FUMARC – 2012) Assinale a alternativa INCORRETA em relação aos efeitos da citação válida:

(A) tornar prevento o juízo

(B) induzir litispendência

(C) fazer litigiosa a coisa

(D) suspender a prescrição

(E) constituir em mora o devedor

A: correta (NCPC, art. 240, *caput*); **B:** correta (NCPC, art. 240, *caput*); **C:** correta (NCPC, art. 240, *caput*); **D:** incorreta, devendo ser assinalada. Interrompe a prescrição (NCPC, art. 240, *caput*); **E:** correta (NCPC, art. 240, *caput*).

Gabarito "D"

(Analista – TRF/1ª – 2011 – FCC) Considere as seguintes assertivas a respeito da distribuição:

I. Distribuir-se-ão por dependência as causas de qualquer natureza quando, tendo sido extinto o processo, sem julgamento de mérito, for reiterado o pedido, ainda que em litisconsórcio com outros autores.

II. Distribuir-se-ão por dependência as causas de qualquer natureza quando, tendo sido extinto o processo, sem julgamento de mérito, for reiterado o pedido, ainda que sejam parcialmente alterados os réus da demanda.

III. O juiz, de ofício ou a requerimento do interessado, corrigirá o erro ou a falta de distribuição, compensando- a.

IV. É vedada a fiscalização da distribuição pela parte ou por seu procurador, tratando-se de ato interno exclusivo do cartório competente.

De acordo com o Código Civil brasileiro, está correto o que se afirma SOMENTE em:

(A) I e III.
(B) II e IV.
(C) I, II e III.
(D) I, II e IV.
(E) II, III e IV.

I e **II:** corretos (art. 286, II, do NCPC); **III:** correto (art. 288 do NCPC); **IV:** incorreto (art. 289 do NCPC).

Gabarito "C"

(Ministério Público/RO – 2010 – CESPE) Considerando que, na legislação processual civil, há prazos especiais para contestar, para recorrer ou para qualquer outra manifestação nos autos, assinale a opção correta.

(A) O MP, quando é parte, dispõe de prazo em quádruplo para recorrer.
(B) Para as fundações públicas, conta-se em dobro o prazo para recorrer.
(C) A defensoria pública dispõe de prazo em quádruplo para contestar.
(D) Em mandado de segurança, conta-se em dobro o prazo para o impetrado apresentar informações.
(E) A fazenda pública dispõe de prazo em dobro para contestar.

A: incorreta, porque o art. 180 do NCPC prevê prazo em dobro para recurso do MP; **B:** correta, nos termos do art. 183 do NCPC; **C:** incorreta, porque os prazos para defensoria pública, inclusive para contestar, são em dobro, nos termos do art. 186 do NCPC; **D:** incorreta, porque o prazo é simples; **E:** A alternativa era incorreta à época da aplicação da prova, uma vez que vigorava o CPC/1973 e o mencionado Código previa, no art. 188, o prazo em *quádruplo* da Fazenda Pública para contestar. Entretanto, atualmente, o art. 183 do NCPC concede à Fazenda Pública o benefício do prazo em *dobro*. Assim, nos termos do NCPC, a alternativa também estaria correta.

Gabarito "B" e "E", à luz do NCPC

2. RECURSOS

2.1. TEORIA GERAL DOS RECURSOS

(OAB/Exame Unificado – 2016.1) Renato, desejando ajuizar uma ação de obrigação de fazer em face de seu vizinho Túlio, procurou Roberto, advogado recém-formado, que usou um modelo de petição inicial encontrado na Internet. Protocolizada a petição, o juízo indeferiu a inicial e julgou extinto o processo, sem resolução de mérito, ao fundamento de que da narração dos fatos não decorria logicamente a conclusão.

Considerando que o autor interpôs o recurso cabível contra esse ato decisório, assinale a afirmativa correta.

(A) O recurso interposto nesse caso permite ao magistrado exercer o juízo de retratação, podendo reformar a decisão que indeferiu a petição inicial em quarenta e oito horas.
(B) O recurso interposto pelo autor foi o agravo de instrumento, uma vez que o ato do juízo não pôs fim ao processo, tratando-se de decisão interlocutória.
(C) É indispensável a citação do réu para integrar a relação processual e oferecer contrarrazões, em homenagem aos princípios da ampla defesa e do contraditório.
(D) Caso a sentença seja confirmada pelo Tribunal, Renato deverá ser condenado ao pagamento de honorários advocatícios sucumbenciais.

A: correto, pois a apelação no caso de indeferimento liminar da inicial é um dos casos em que há possibilidade de retratação por parte do juiz (NCPC, art. 331 – sendo que o prazo mencionado para retratação é de 5 dias); **B:** incorreto, pois o recurso cabível, nesse caso, é apelação, pois se trata de sentença (NCPC, art. 331); **C:** incorreto no CPC/1973, mas correto no NCPC, que prevê contrarrazões caso o juiz não se retrate (art. 331, § 1º); **D:** incorreta no NCPC (quando o réu não era citado para contra-arrazoar), mas correto no NCPC (art. 85).

GABARITO "A" no CPC/1973 e "A", "C" e "D" no NCPC

(OAB/Exame Unificado – 2016.1) Em determinada execução fundada em um cheque, o juiz, atendendo pedido do credor, defere a penhora de 50% do faturamento da sociedade empresária devedora. Inconformada, tendo em vista que tal decisão poderia gerar a interrupção de suas atividades, a executada interpõe agravo de instrumento, recurso esse que, apesar de regularmente admitido, é desprovido, à unanimidade, pelo competente Tribunal de Justiça. Ato contínuo, a executada interpõe recurso especial, o qual se encontra pendente de julgamento, sem previsão de análise.

Levando em conta a legislação processual e as orientações jurisprudenciais aplicáveis à espécie, assinale a opção que indica o procedimento que o advogado deve adotar para, ao menos, suspender os efeitos da referida decisão.

(A) Deverá requerer o efeito suspensivo ao Desembargador Relator do Agravo de Instrumento, demonstrando, na oportunidade, a urgência e a gravidade da situação.
(B) Deverá requerer o efeito suspensivo diretamente ao Superior Tribunal de Justiça, órgão competente para o julgamento do Recurso Especial.
(C) Deverá, em razão da impossibilidade de concessão de efeito suspensivo em sede de recurso especial, impetrar Mandado de Segurança junto ao Superior Tribunal de Justiça, requerendo, na oportunidade, a concessão de medida liminar.
(D) Deverá propor uma medida cautelar, dirigida ao Desembargador Presidente do Tribunal de Justiça de origem, tendo em vista não ter havido, ainda, juízo de admissibilidade a respeito do recurso especial.

É possível requerer a concessão de efeito suspensivo ao recurso especial. Isso é pleiteado no Tribunal de origem enquanto não for admitido o REsp, e no STJ a partir do momento da admissão (Súmulas 634 e 635 do STF). No sistema do CPC/1973, isso era requerido por meio de cautelar, que deixou de existir no NCPC. A partir de agora, isso é pleiteado por simples petição, sendo que a competência foi prevista no Código (art. 1.029, § 5º).

Gabarito "D"

(OAB/Exame Unificado - 2015.2) O Banco Financeiro S.A. ajuizou contra Marco Antônio ação de busca e apreensão de veículo, em razão do inadimplemento de contrato de financiamento garantido por cláusula de alienação fiduciária. A primeira tentativa de citação foi infrutífera, uma vez que o réu não mais residia no endereço constante da inicial. O Juízo, então, determinou a indicação de novo endereço para a realização da diligência, por decisão devidamente publicada na imprensa oficial. Considerando que o advogado do autor se manteve inerte por prazo superior a 30 dias, o processo foi julgado extinto, sem resolução do mérito, por abandono. Sabendo da impossibilidade de extinção do processo por abandono sem a prévia intimação pessoal da parte para dar regular andamento ao feito, o advogado do autor interpôs recurso de apelação. Assinale a opção que contém a correta natureza do vício apontado e o pedido adequado à pretensão recursal.

(A) Por se tratar de *error in procedendo* e a causa não estar madura para julgamento, o pedido recursal deve ser de anulação da sentença.

(B) Trata-se de erro material, que justifica o pedido de integração da sentença pelo Tribunal.

(C) Em se tratando de *error in judicando*, o pedido adequado, no caso sob exame, é de reforma da sentença.

(D) Trata-se de erro de procedimento, que justifica o pedido de julgamento do mérito da lide no estado em que se encontra.

O problema narra um erro de forma ou de processamento (*error in procedendo*). Isso porque a extinção por abandono somente pode ocorrer após a intimação do próprio autor – e não de seu advogado (NCPC, art. 485, § 1º). **A:** correta. O erro de processamento (*error in procedendo)* acarreta a anulação da causa e devolução para julgamento em 1º grau. A teoria da causa madura não se aplica se não houve citação e o processo está em condições de julgamento (NCPC, art. 1.013, § 3º); **B:** incorreta, pois não se trata de erro material (como um nome errado de parte); **C:** incorreta. O *error in judicando* (erro de julgamento) de fato acarreta o pedido de reforma – mas o problema narrado não envolve uma situação de erro de conteúdo, mas de forma; **D:** incorreta, porque o erro de forma acarreta a nulidade.

Gabarito "A"

(OAB/Exame Unificado - 2012.1) O duplo grau de jurisdição obrigatório, também conhecido como reexame necessário ou recurso de ofício, é instituto contemplado no art. 475 do CPC e visa a proteger a Fazenda Pública, constituindo uma de suas principais prerrogativas. Com relação a esse instituto, é correto afirmar que (*ATENÇÃO: a menção ao art. 475 se refere ao Código anterior; no NCPC, o artigo correspondente é o 496).

(A) se aplica o duplo grau de jurisdição obrigatório a toda decisão proferida contra Fazenda Pública.

(B) é pressuposto de admissibilidade do reexame necessário a interposição de apelação pela Fazenda.

(C) se aplica o duplo grau obrigatório à sentença que julga procedente, no todo ou em parte, embargos à execução de dívida ativa da Fazenda Pública, independentemente do valor do débito.

(D) não se aplica o duplo grau obrigatório se a sentença estiver fundada em jurisprudência do plenário do Supremo Tribunal Federal.

De início, cabe destacar que a remessa necessária (reexame necessário, no Código anterior) não é recurso, pois não há vontade da parte – assim, a terminologia "recurso de ofício" é tecnicamente inadequada. **A:** incorreta. A remessa não se verifica em toda causa – há exceções (NCPC, art. 496, *caput* e parágrafos); **B:** incorreta. A remessa se presta principalmente a suprir a ausência de recurso da Fazenda (NCPC, art. 496); mas, ainda que haja recurso, há a remessa, para incluir algum ponto eventualmente não impugnado pela Fazenda; **C:** incorreta. *Vide* exceção mencionada no item "A"; **D:** correta, É uma das exceções mencionadas (NCPC, art. 496, § 4º, I e II).

Gabarito "D"

(OAB/Exame Unificado - 2009.1) Considerando o que dispõe o CPC a respeito de recursos, assinale a opção correta.

(A) O MP tem legitimidade para recorrer somente no processo em que é parte.

(B) A desistência do recurso interposto pelo recorrente depende da concordância do recorrido.

(C) Havendo sucumbência recíproca e sendo proposta apelação por uma parte, será cabível a interposição de recurso adesivo pela outra parte.

(D) A procuração geral para o foro, conferida por instrumento público, habilita o advogado a desistir do recurso.

A: incorreta, o MP tem legitimidade para recorrer quando é parte e fiscal da ordem jurídica (NCPC, art. 996); **B:** incorreta, pois a desistência do recurso (diferentemente da desistência do processo) independe de concordância da parte contrária (NCPC, art. 998); **C:** correta, art. 997, § 2º, do NCPC; **D:** incorreta, pois para desistir há necessidade de poderes especiais (NCPC, art. 105).

Gabarito "C"

(OAB/Exame Unificado - 2008.3) A respeito dos recursos, assinale a opção correta.

(A) O recebimento do recurso de apelação pelo juiz comporta a interposição de recurso de agravo de instrumento.

(B) Tratando-se de sentença *ultra* ou *extra petita*, o autor não detém interesse em recorrer.

(C) Cabe ação direta de inconstitucionalidade contra súmula vinculante, nas mesmas hipóteses relacionadas à lei em sentido formal.

(D) Ocorre o efeito expansivo subjetivo quando o julgamento do recurso atinge outras pessoas além do recorrente e do recorrido.

A: incorreta, pois no NCPC *não há* mais admissão da apelação na origem; logo, não há como a alternativa ser correta (NCPC, art. 1.010, § 3º); **B:** incorreta, considerando o vício/risco de nulidade, há também interesse recursal do autor; **C:** incorreta, pois cabe ADI de lei, e súmula vinculante não é lei (CF, art. 102, I, "a"); **D:** resposta correta de acordo com a posição da doutrina que se manifesta quanto ao "efeito expansivo" (vale destacar que não são todos os autores que enfrentam esse efeito). No caso, a forma mais fácil para se chegar à resposta correta seria por exclusão das demais alternativas.

Gabarito "D"

(Magistratura/SP - 2013 - VUNESP) No que concerne aos recursos, é acertado dizer que

(A) nos casos de extinção do processo sem julgamento do mérito, o tribunal só poderá julgar desde logo a lide se houver concordância expressa das partes.

(B) verificada a inexistência de preparo devido, o recorrente será intimado para efetuá-lo no prazo de 5 (cinco) dias, sob pena de deserção.

(C) o recurso interposto por um litisconsorte só a ele aproveitará.

(D) ainda que se limite a confirmar a decisão recorrida, a decisão que aprecia o recurso no tribunal substitui-se à primeira no que tiver sido objeto de recurso.

A: incorreta, pois a aplicação da "teoria da causa madura" depende de requisitos do processo, não de vontade das partes (NCPC, art. 1.013, § 3º); **B:** incorreta. No CPC/1973, o não recolhimento do preparo acarretava a imediata deserção. No NCPC, o recorrente será intimado para recolher *em dobro*, sob pena de deserção, (NCPC, art. 1.007, § 4º); **C:** incorreta (NCPC, art. 1.005); **D:** correta (NCPC, art. 1.008).

Gabarito "D"

2.2. RECURSOS EM ESPÉCIE

(OAB/Exame Unificado – 2014.1) A atividade recursal do Supremo Tribunal Federal e do Superior Tribunal de Justiça encontra-se tradicionalmente associada aos recursos extraordinário e especial, respectivamente. Contudo, tal múnus também é desempenhado por meio do julgamento do denominado *recurso ordinário constitucional*.

Acerca dessa espécie recursal, assinale a afirmativa correta.

(A) Exigir-se-á a comprovação do requisito do prequestionamento para a admissão do recurso ordinário constitucional perante os Tribunais Superiores.

(B) Apenas será acolhido o recurso ordinário que versar sobre questões exclusivamente de direito, não se admitindo a rediscussão de matéria fática por meio desta via recursal.

(C) Compete ao Supremo Tribunal Federal julgar o recurso ordinário interposto contra mandado de segurança decidido em única instância pelos Tribunais Regionais Federais ou pelos Tribunais dos estados, do Distrito Federal e dos territórios, quando denegatória a decisão.

(D) Serão julgadas em recurso ordinário pelo Superior Tribunal de Justiça as causas em que forem partes, de um lado, Estado estrangeiro ou organismo internacional e, do outro, município ou pessoa residente ou domiciliada no país.

A: incorreta, pois somente se exige prequestionamento para os recursos excepcionais (Súmulas 282 do STF e 211 do STJ e CPC, art. 1,025); **B:** incorreta, porque a restrição à análise de matéria fática é exclusiva para os recursos excepcionais (Súmulas 279 do STF e 5 e 7 do STJ); **C:** incorreta, nesse caso a competência é do STJ; será do STF quando de julgado originário de Tribunal Superior (CF, arts. 102, II, *a* / 105, II, *b*); **D:** correta, tratando-se de ente estrangeiro, não há apelação para Tribunal intermediário, mas ROC para o STJ (CF, art. 105, II, *c*).

Gabarito "D"

(OAB/Exame Unificado – 2012.3.B) Os embargos de declaração no Código de Processo Civil são o remédio jurídico utilizado por qualquer das partes quando houver na sentença ou no acórdão obscuridade, contradição e/ou omissão.

A respeito de tais embargos, assinale a afirmativa correta.

(A) Os embargos serão opostos por meio de petição dirigida ao juiz ou relator com a indicação do ponto obscuro, contraditório ou omisso, no prazo de oito dias.

(B) Os embargos de declaração estão sujeitos a preparo e serão dirigidos ao órgão competente para apreciar o recurso de apelação, quando se tratar de sentença.

(C) A oposição de embargos de declaração suspende o prazo para a interposição de recurso por qualquer das partes.

(D) A interposição de qualquer recurso está condicionada ao pagamento da multa pela oposição reiterada de embargos protelatórios, multa essa que se reverterá em favor do embargado.

A: incorreta, o prazo é de 5 dias (NCPC, art. 1.023); **B:** incorreta, não há preparo nos declaratórios (NCPC, art. 1.023); **C:** incorreta, no âmbito do NCPC, os declaratórios interrompem o prazo recursal (NCPC, art. 1.026 – e, por força do art. 1.065 do NCPC, inclusive no JEC passa a haver a interrupção do prazo, por força da alteração do art. 50 da Lei 9.099/1995); **D:** correta, se houver oposição de embargos protelatórios, haverá multa; na reiteração dos embargos protelatórios, a multa passa a ser requisito de admissibilidade para a interposição de outros recursos (NCPC, art. 1.026, § 3º).

Gabarito "D"

(OAB/Exame Unificado – 2012.3.A) Como forma de prestigiar o princípio da razoável duração do processo e propiciar uma prestação jurisdicional mais célere e eficiente, um legislador promoveu uma série de alterações na sistemática recursal do Processo Civil brasileiro. Nesse sentido, destaca-se a Emenda Constitucional n. 45/2004 que introduziu em nosso ordenamento jurídico a figura da repercussão geral.

Acerca deste instituto, assinale a afirmativa correta.

(A) É um pressuposto processual de admissibilidade específico do Recurso Especial que permite que apenas sejam analisados os recursos que tratem de questões relevantes do ponto de vista econômico, político, social ou jurídico, e as que ultrapassem os interesses subjetivos da causa.

(B) Sempre que o recurso impugnar decisão contrária à súmula ou jurisprudência dominante do Supremo Tribunal Federal, haverá repercussão geral.

(C) Não se admite, quando da análise da existência de repercussão geral pelo Ministro Relator do recurso, a manifestação de terceiros interessados.

(D) A decisão que nega a existência da repercussão geral não tem o condão de atingir outros recursos que tratem de matéria idêntica, apenas gerando efeitos endoprocessuais.

A: incorreta, pois a repercussão geral, até o momento, existe somente para o recurso extraordinário (NCPC, art. 1.035); **B:** correta, NCPC, art. 1.035, § 3º, I; **C:** incorreta, porque na análise da existência de repercussão, cabe a oitiva de terceiros, chamados de "amigo da Corte" (*amicus curiae* – NCPC, arts. 138 e 1.035, § 4º); **D:** incorreta, pois a decisão da repercussão atinge casos análogos (NCPC, art. 1.036).

Gabarito "B"

(OAB/Exame Unificado – 2011.3.B) A respeito das decisões monocráticas proferidas pelo relator, assinale a alternativa correta.

(A) Caberá agravo no prazo de cinco dias ao órgão competente para o julgamento do recurso, não se admitindo juízo de retratação, devendo o relator proferir voto e apresentá-lo em mesa para julgamento.

(B) Interposto o agravo infundado contra decisão monocrática, poderá o tribunal condenar o agravante ao pagamento de multa em favor do agravado, desde que não condicione a interposição de qualquer outro recurso ao depósito do valor.

(C) Caso o agravante requeira a suspensão da decisão até o pronunciamento definitivo da turma ou câmara, ao argumento de iminente lesão grave, o relator não poderá se manifestar monocraticamente, devendo apresentar o processo em mesa.

(D) Poderá o relator dar provimento ao recurso, caso a decisão recorrida esteja em manifesto confronto com súmula ou jurisprudência dominante do Supremo Tribunal Federal ou de Tribunal Superior.

O art. 932 do NCPC permite a prolação de decisões monocráticas ou unipessoais, ou seja, aquelas em que não há decisão colegiada (acórdão), mas somente do relator.

A: incorreta. Diante do agravo (interno ou regimental), pode o relator reconsiderar (NCPC, art. 932, V, *a*, *b* e *c*); **B:** incorreta. Cabe a multa por recurso inadmissível ou infundado – cujo recolhimento é condição para a interposição de outro recurso (NCPC, art. 1.021, §§ 4º, e 5º do NCPC); **C:** incorreta. É possível ao relator conceder, liminarmente, o efeito suspensivo ou antecipação de tutela recursal (art. 1.019 do NCPC); **D:** correta. A legislação permite o julgamento monocrático não só para não conhecer, mas também para o juízo de mérito – seja o provimento ou o não provimento (NCPC, art. 932, V, *a*, *b* e *c*).

Gabarito "D".

(Procurador do Município/Florianópolis-SC – 2010 – FEPESE) De acordo como o artigo 519 do Código de Processo Civil (art. 1.007, § 6º do NCPC), provando o apelante justo impedimento, o juiz relevará a pena de deserção, fixando-lhe prazo para efetuar o preparo.

Diante dessa decisão interlocutória, que releva a pena de deserção, é **correto** afirmar:

(A) A decisão é irrecorrível.

(B) Cabe o recurso de apelação.

(C) Cabe o agravo de instrumento.

(D) É cabível o recurso ordinário.

(E) É cabível o agravo retido.

A: correta. NCPC, art. 1.007, §6º. – hipótese em que o próprio legislador aponta a decisão como irrecorrível, pois o tribunal poderá rever a decisão, falta interesse recursal. ATENÇÃO: o NCPC não mais prevê o agravo retido.

Gabarito "A".

3. PROCESSO DE EXECUÇÃO E CUMPRIMENTO DE SENTENÇA

3.1. PROCESSO DE EXECUÇÃO

(OAB/Exame Unificado – 2015.1) Daniel possui uma pequena mercearia e costuma aceitar cheques de seus clientes, como forma de pagamento. Ocorre que, no último mês, três dos cheques apresentados no prazo foram devolvidos por insuficiência de fundos. Daniel não obteve êxito na cobrança amigável, não lhe restando, portanto, outra alternativa senão recorrer ao Poder Judiciário. Com base nessa situação hipotética, assinale a afirmativa correta.

(A) Daniel pode cumular várias execuções, sendo o mesmo devedor, ainda que fundadas em títulos diferentes e diversa a forma do processo, desde que o juízo seja competente para todas.

(B) É vedado ao juiz examinar de ofício os requisitos que autorizam a cumulação de execuções.

(C) Daniel pode cumular várias execuções, fundadas em títulos diferentes, ainda que diversos os devedores, desde que para todas elas seja competente o juízo e idêntica a forma do processo.

(D) Daniel pode cumular várias execuções, sendo o mesmo devedor, ainda que fundadas em títulos diversos, desde que seja competente o juízo e haja identidade na forma do processo.

A: incorreta, pois a lei permite cumular várias execuções, sendo o mesmo devedor, ainda que fundadas em títulos diversos, desde que seja competente o juízo e haja identidade na forma do processo (ou seja, procedimento – inclusive, essa é a nomenclatura que consta do NCPC, art. 780, ao invés de "forma do processo"); **B:** incorreta, pois se um dos requisitos não estiver presente, o juiz não poderá determinar a citação (NCPC, arts. 780 e 783); **C:** incorreta, porque o art. 780 do NCPC prevê a cumulação de execução quando se está diante do mesmo executado; **D:** correta (NCPC, art. 780).

Gabarito "D".

(OAB/Exame Unificado – 2014.3) Ricardo ajuizou ação de execução por título extrajudicial em face de Fábio, objetivando o pagamento de cheque que fora devolvido por insuficiência de fundos, no valor de R$ 1.000,00. Após Fábio ser regularmente citado, Ricardo requereu ao juiz a desistência do processo.

Dessa forma, assinale a afirmativa correta.

(A) O juiz deverá homologar a desistência, independentemente da concordância do executado, caso não tenham sido apresentados embargos versando sobre questões de direito material.

(B) O juiz somente poderá homologar a desistência após a anuência do executado.

(C) O juiz não homologará a desistência, já que o credor tem a faculdade de desistir apenas de algumas medidas executivas.

(D) O juiz não homologará a desistência caso o devedor, citado, ofereça embargos que versem apenas sobre questões processuais.

A: correta, pois a execução é realizada no interesse do exequente, de modo que a permissão da desistência é ampla no processo executivo (NCPC, art. 775, parágrafo único, I e II); **B:** incorreta, considerando o exposto na alternativa anterior; **C:** incorreta, considerando o exposto na alternativa "A"; **D:** incorreta, pois (i) sempre será possível a desistência da execução e (ii) somente se os embargos tratarem de questões de mérito (não de direito processual) é que haverá necessidade de concordância do executado/embargante para extinção dos *embargos* (NCPC, art. 775, parágrafo único).

Gabarito "A".

(OAB/Exame Unificado – 2014.3) João vendeu para seu vizinho Pedro, por R$ 10.000,00 (dez mil reais), um automóvel usado, tendo as partes, para tanto, celebrado contrato de compra e venda assinado pelo devedor e por duas testemunhas. Na ocasião, ficou acordado que João entregaria o veículo a Pedro mediante o pagamento, no ato, de R$ 4.000,00 (quatro mil reais), sendo o restante da dívida pago em 3 (três) parcelas mensais de R$ 2.000,00 (dois mil reais) cada. Sucede, entretanto, que, depois de pagar R$ 4.000,00 (quatro mil reais) e receber o automóvel de João, Pedro não cumpriu sua obrigação quanto ao valor remanescente.

Tendo em vista essa situação hipotética e considerando os princípios e regras atinentes ao processo de execução, assinale a afirmativa correta.

(A) Não satisfeita a obrigação certa, líquida e exigível, consubstanciada em título executivo, a execução poderá ser instaurada por João, desde que notifique previamente Pedro.

(B) João não poderá prosseguir com a execução caso Pedro cumpra a obrigação no curso da demanda, hipótese em que caberá àquele arcar com as custas processuais e honorários.

(C) O adimplemento parcial da prestação não impede que João ajuíze a execução quanto à parcela da obrigação que não foi realizada.

(D) O inadimplemento relativo, assim como o inadimplemento absoluto, autoriza o ajuizamento da ação executiva para a entrega de coisa, desde que preenchidos os demais requisitos necessários.

A: incorreta, pois não há previsão legal de necessidade de prévia notificação extrajudicial como requisito para se executar; **B:** incorreta para a banca. Porém, essa alternativa não está de todo errada, pois a expressão "cumpra a obrigação" (na alternativa) não está clara se se refere a *todo* o pagamento da dívida (hipótese em que não seria possível a execução, por falta de interesse) ou a *alguma parcela* (caso em que seria possível prosseguir com a execução); por isso, melhor se buscar outra resposta; **C:** correta para a banca e a melhor escolha (considerando o exposto na alterativa B). O pagamento parcial não impede que se ingresse com a execução de quantia, pois há débito (NCPC, art. 829); **D:** incorreta, pois a obrigação narrada na questão é de pagar (NCPC, art. 829), não de entrega de coisa (NCPC, art. 806).

Gabarito "C"

(OAB/Exame Unificado – 2013.1) A respeito da penhora, assinale a afirmativa correta.

(A) A penhora não será realizada quando o bem estiver na posse, detenção ou guarda de terceiro.

(B) Havendo mais de uma penhora, lavrar-se-á um único auto de penhora.

(C) Se o devedor fechar as portas da casa, a fim de obstar a penhora dos bens, o oficial de justiça providenciará o arrombamento, independente de qualquer autorização judicial.

(D) O juiz autorizará a alienação antecipada dos bens penhorados quando houver manifesta vantagem.

A: incorreta, a penhora de bem do executado será realizada mesmo se o referido bem estiver com terceiros (NCPC, art. 845); **B:** incorreta, para cada penhora, será lavrado um auto (interpretação decorrente do art. 838 do NCPC); **C:** incorreta, para arrombamento pelo oficial de justiça, deve existir autorização do juiz (NCPC, art. 846); **D:** correta, art. 852, II, do NCPC.

Gabarito "D"

(OAB/Exame Unificado – 2012.1) A respeito do processo de execução, assinale a alternativa correta.

(A) A sentença arbitral, a letra de câmbio, a nota promissória e a duplicata são títulos executivos extrajudiciais.

(B) O exequente poderá, no ato da distribuição, obter certidão comprobatória do ajuizamento da execução, para fins de averbação no registro de imóveis, de veículos ou outros bens sujeitos a penhora ou arresto.

(C) O executado que, intimado, não indica ao juiz a localização de seus bens, não pratica ato atentatório à dignidade da justiça.

(D) A ausência de liquidez não impede a instauração do processo de execução.

A: incorreta. Sentença arbitral é título executivo judicial (NCPC, art. 515, VII); **B:** correta. Art. 828 do NCPC; **C:** incorreta, pois essa é uma das situações que se configura como de ato atentatório à dignidade da justiça (NCPC, art. 774, V); **D:** incorreta, pois a execução se funda em título de obrigação *líquida*, certa e exigível (NCPC, art. 783).

Gabarito "B"

(OAB/Exame Unificado – 2011.2) Considerando a ação de execução de título extrajudicial, é correto afirmar que

(A) cabe ao devedor provar que o credor não adimpliu a contraprestação, quando a satisfação da obrigação do executado estiver condicionada à realização daquela.

(B) deverá ser extinta se o título não corresponder a obrigação certa, líquida e exigível.

(C) caberá ao devedor indicar a espécie de execução que prefere, quando de mais de um modo puder ser efetuada.

(D) caso a petição inicial se ache desacompanhada do título executivo, deverá ser indeferida de plano, não se admitindo prazo para correção, dada a natureza sumária das ações executivas.

A: incorreta, a existência de contraprestação pelo credor é tratada no art. 787, *caput*, e parágrafo único, do NCPC; **B:** correta, art. 783 do NCPC; **C:** incorreta, pois quando se estiver diante de obrigações alternativas, é possível que a escolha da forma de execução seja do exequente ou do executado, conforme o previsto no título (NCPC, art. 800); **D:** incorreta, pois há expressa previsão determinando a emenda da inicial, mesmo no processo de execução (NCPC, art. 801).

Gabarito "B"

(OAB/Exame Unificado – 2009.2) Assinale a opção correta a respeito do processo de execução.

(A) Caracteriza-se a fraude de execução somente quando o devedor aliena bens durante o processo de execução.

(B) Caso o exequente proponha execução fundada em título extrajudicial sem que a petição inicial venha acompanhada dos documentos indispensáveis à sua propositura, o juiz deverá, de plano, indeferir o pedido, pois, no processo de execução, é incabível emenda à inicial.

(C) A legislação processual civil estabelece regime especial para a execução contra a fazenda pública, podendo o objeto ser o pagamento de quantia certa, o cumprimento de obrigação de fazer e não fazer ou a entrega de coisa.

(D) Constitui título executivo extrajudicial a certidão de dívida ativa da fazenda pública da União, dos estados, do DF, dos territórios e dos municípios correspondente a créditos devidamente inscritos na forma da lei.

A: incorreta, sendo essa uma questão que usualmente os candidatos erram. A fraude à execução pode ocorrer a partir da citação no processo de *conhecimento* (NCPC, art. 792, IV); **B:** incorreta, pois cabe a emenda (NCPC, art. 801); **C:** incorreta, porque a execução por quantia contra a fazenda pública é feita mediante precatório (NCPC, art. 910, § 1º); **D:** correta, art. 784, IX, do NCPC.

Gabarito "D"

(Magistratura/MG – 2012 – VUNESP) Na execução contra devedor solvente, é correto afirmar que absolutamente

(A) impenhoráveis são os recursos públicos recebidos por instituições privadas de livre aplicação.
(B) impenhoráveis são os vestuários, bem como os pertences de uso pessoal do executado, ainda que de elevado valor.
(C) impenhorável é, até o limite de 40 (quarenta) salários mínimos, a quantia depositada em caderneta de poupança.
(D) impenhorável é a propriedade rural, desde que arrendada pela família.

A: incorreta, porque a lei fala na impenhorabilidade dos recursos públicos recebidos por instituição privada para aplicação compulsória em educação, saúde ou assistência social (NCPC, art. 833, IX); **B:** incorreta, uma vez que a lei ressalva da impenhorabilidade os bens dessa natureza de elevado valor (NCPC, art. 833, III); **C:** correta (NCPC, art. 833, X); **D:** incorreta, porque a propriedade rural será impenhorável, desde que seja pequena e trabalhada pela família (NCPC, art. 833, VIII).

Gabarito "C"

(FCC – 2010) De acordo com o Código de Processo Civil, NÃO se considera absolutamente impenhorável

(A) a quantia depositada em caderneta de poupança, até o limite de sessenta salários mínimos.
(B) os bens inalienáveis e os declarados, por ato voluntário, não sujeitos à execução.
(C) o seguro de vida.
(D) os recursos públicos recebidos por instituições privadas para aplicação compulsória em educação, saúde ou assistência social.
(E) os recursos públicos do fundo partidário recebidos, nos termos da lei, por partido político.

A: incorreto, devendo esta ser assinalada, pois o limite é de 40 (quarenta) salários mínimos (art. 833, X, do NCPC); **B:** correto (art. 833, I, do NCPC); **C:** correto (art. 833, VI, do NCPC); **D:** correto (art. 833, IX, do NCPC); **E:** correto (art. 833, XI, do NCPC).

Gabarito "A"

3.2. EMBARGOS À EXECUÇÃO

(OAB/Exame Unificado – 2015.2) Mário foi citado em processo de execução, em virtude do descumprimento de obrigação consubstanciada em nota promissória por ele emitida. Alegando excesso de execução, por ter efetuado o pagamento parcial da dívida, Mário opôs embargos à execução. Sobre esses embargos, assinale a afirmativa correta.

(A) Constituem-se em ação autônoma, razão pela qual serão autuados e distribuídos livremente, em homenagem ao princípio do juiz natural.
(B) São cabíveis tanto nas execuções autônomas quanto no cumprimento de sentença.
(C) Em regra, suspendem a execução.
(D) Seu oferecimento independe de efetivação da penhora, depósito ou caução.

A: incorreta. Os embargos são ação autônoma, mas distribuídos por dependência à execução, pois ligados a ela (NCPC, art. 914, § 1º); **B:** incorreta, pois no cumprimento de sentença a defesa é pela impugnação (NCPC, art. 525); **C:** incorreta, pois somente excepcionalmente há concessão de efeito suspensivo aos embargos (NCPC, art. 919, *caput* e § 1º); **D:** correta (NCPC, art. 914).

Gabarito "D"

(Analista – TRT/16ª – 2014 – FCC) Numa execução por quantia certa contra devedor solvente, os embargos do executado

(A) só poderão ser rejeitados liminarmente quando intempestivos.
(B) só poderão ser opostos pelo executado se tiver ocorrido penhora, depósito ou caução.
(C) deverão, em regra, ser processados com efeito suspensivo salvo entendimento judicial contrário, em decisão fundamentada.
(D) serão oferecidos no prazo de 15 dias, contados da data da juntada aos autos do mandado de citação.
(E) serão processados nos autos da execução, devendo o exequente ser ouvido no prazo de 10 dias.

A: Incorreta. Nos termos do art. 918 do NCPC "o juiz rejeitará liminarmente os embargos: I – quando intempestivos; II – nos casos de indeferimento da petição inicial e de improcedência liminar do pedido; III – manifestamente protelatórios". **B:** Incorreta, pois o executado, **independentemente de penhora, depósito ou caução**, poderá se opor à execução por meio de embargos (art. 914 do NCPC); **C:** Incorreta, pois os embargos à execução não terão efeito suspensivo (art. 919 do NCPC); **D:** Correta, nos termos do art. 915 do NCPC; **E:** Incorreta, pois o exequente será ouvido em 15 dias, nos termos do art. 920, I, do NCPC.

Gabarito "D"

3.3. CUMPRIMENTO DE SENTENÇA E IMPUGNAÇÃO

(OAB/Exame Unificado – 2015.3) Dominique, cidadão francês, foi parte em procedimento arbitral que teve como sede uma câmara localizada em Paris, na França, tendo este também sido o local onde a sentença foi proferida. Ele obteve êxito em sua pretensão, que foi julgada conforme a legislação francesa, e, agora, deseja receber da parte sucumbente os valores a que faz jus. A parte devedora é brasileira e possui patrimônio no Brasil, sendo a condenação de natureza cível. Ele procura você para, como advogado(a), orientá-lo.

Assinale a opção que indica o procedimento que Dominique deve adotar.

(A) Iniciar procedimento de cumprimento de sentença perante uma das varas cíveis da comarca onde está localizada a devedora, uma vez que a sentença arbitral, conforme legislação processual brasileira, é título executivo judicial.
(B) Ajuizar ação de execução perante uma das varas cíveis da comarca onde está localizada a devedora, uma vez que a sentença arbitral, conforme legislação processual brasileira, é título executivo extrajudicial.
(C) Dar início aos trâmites para recebimento dos valores perante os tribunais de Paris, na França, uma vez que esse foi o local onde foi conduzido o procedimento de arbitragem.
(D) Obter, preliminarmente, a homologação da sentença arbitral perante o Superior Tribunal de Justiça, uma vez que, pelas características narradas na questão, trata-se de sentença arbitral estrangeira.

A sentença arbitral é título executivo judicial (NCPC, art. 515, VII), de modo que a forma executiva é o cumprimento de sentença. Porém, como foi proferida no exterior, inicialmente é necessário que haja a homologação dessa decisão, perante o STJ (NCPC, art. 960).

Gabarito "D"

(OAB/Exame Unificado – 2015.3) Henrique fora condenado pelo juízo da 10ª Vara Cível da Comarca da Capital do Rio de Janeiro ao pagamento de indenização por danos morais causados a Marlon, no valor de R$ 100.000,00, tendo tal decisão transitada em julgado. Na fase de cumprimento de sentença, não houve o pagamento voluntário da quantia, nem foram encontrados bens no foro da causa, razão pela qual procedeu-se à avaliação e penhora de imóvel de veraneio de Henrique, situado no Guarujá/SP, mediante carta precatória. O Oficial de Justiça, mesmo certificando em seu laudo não possuir o conhecimento especializado necessário para o ato, avaliou o imóvel em R$ 150.000,00.

Nesse caso, a impugnação ao cumprimento de sentença que verse unicamente o vício de avaliação

(A) poderá ser oferecida no juízo deprecante ou deprecado, sendo o juízo deprecante o competente para julgá-la.
(B) poderá ser oferecida no juízo deprecante ou deprecado, sendo o juízo deprecado o competente para julgá-la.
(C) deverá ser oferecida no juízo deprecado, sendo o juízo deprecante o competente para julgá-la.
(D) deverá ser oferecida no juízo deprecante, sendo o juízo deprecado o competente para julgá-la.

A legislação regula a competência para os embargos na execução por carta precatória (NCPC, art. 914, § 2º Na execução por carta, os embargos serão oferecidos no juízo deprecante ou no juízo deprecado, mas a competência para julgá-los é do juízo deprecante, salvo se versarem unicamente sobre vícios ou defeitos da penhora, da avaliação ou da alienação dos bens efetuadas no juízo deprecado). Como não há previsão para o tema no cumprimento de sentença, aplica-se esse artigo de forma subsidiária (art. 771). A falta de conhecimento para avaliar seria um vício relativo à penhora.

Gabarito "B".

(OAB/Exame Unificado – 2014.3) Raul ajuizou ação de indenização por danos materiais, pelo rito ordinário, em face de Sérgio, pretendendo ressarcir-se dos prejuízos suportados com o conserto de seu táxi, decorrentes de uma colisão no trânsito causada por imprudência do réu. O pedido foi julgado procedente, mas a determinação do valor exato da condenação dependia de apuração do *quantum debeatur*, relativo às consequências do ato ilícito.

Diante da atual sistemática do Código de Processo Civil, é correto afirmar que a liquidação de sentença, na hipótese,

(A) é considerada simples incidente processual, devendo o juiz, de ofício, iniciá-la, determinando a citação do réu.
(B) constitui-se em processo autônomo, iniciado mediante requerimento da parte interessada, do qual será citado o réu.
(C) constitui-se em fase do processo de conhecimento, iniciada mediante requerimento da parte interessada, do qual será intimada a parte contrária na pessoa de seu advogado.
(D) constitui-se em procedimento autônomo, devendo o juiz, de ofício, iniciá-lo, mediante intimação das partes.

A: incorreta, pois não cabe ao juiz dar início de ofício à liquidação (NCPC, art. 509, *caput* e § 2º); **B:** incorreta, porque a liquidação, apesar de ser requerida pelo exequente, não é um processo autônomo, mas um incidente, em que o executado será intimado (NCPC, art. 509, § 2º e 513, § 2º); **C:** correta, sendo processo de conhecimento (transição entre conhecimento e cumprimento de sentença) e, como exposto antes, é incidente e acarreta a intimação (NCPC, art. 509, § 2º e 513, § 2º); **D:** incorreta, considerando ser incidente e não ser possível seu início de ofício (NCPC, art. 509, *caput* e § 2º).

Gabarito "C".

(OAB/Exame Unificado – 2013.3) O sistema de execução de decisões modernamente utilizado está muito atrelado à ideia de sincretismo processual. Por essa sistemática, em regra, tornou-se a execução um prolongamento do processo de conhecimento. Passou-se a ter um processo misto que não é mais nem puramente cognitivo nem puramente executivo. O novo sistema permitiu que a obtenção da tutela jurisdicional plena fosse mais rapidamente alcançada. Entretanto, em hipóteses específicas, ainda tem cabimento o processo de execução autônomo. Assinale a alternativa que contém título executivo judicial a ensejar a execução sincrética.

(A) A certidão de dívida ativa da Fazenda Pública da União, dos Estados, do Distrito Federal, dos Territórios e dos Municípios, correspondente aos créditos inscritos na forma da lei.
(B) O instrumento de transação referendado pelo Ministério Público, pela Defensoria Pública ou pelos advogados dos transatores.
(C) A sentença proferida no processo civil que reconheça a existência de obrigação de fazer, não fazer, entregar coisa ou pagar quantia.
(D) O crédito, documentalmente comprovado, decorrente de aluguel de imóvel, bem como de encargos acessórios, tais como taxas e despesas de condomínio.

A: incorreta, pois a CDA é título executivo extrajudicial (NCPC, art. 784, IX), que dá origem a uma execução fiscal (processo autônomo, não sendo caso de sincretismo processual); **B:** incorreta, pois esses documentos são títulos executivos extrajudiciais (NCPC, art. 784), que dão origem a uma execução autônoma; **C:** correta, pois a sentença proferida no processo de conhecimento é título executivo judicial (NCPC, art. 515, I), em que há o cumprimento de sentença (sincretismo processual); **D.** incorreta, pois esse crédito é título executivo extrajudicial (NCPC, art. 784, VIII), que dá origem a uma execução autônoma.

Gabarito "C".

(OAB/Exame Unificado – 2012.3.A) A execução tem por finalidade precípua a adoção de medidas necessárias à satisfação da obrigação prevista em um título executivo judicial ou extrajudicial. Em um primeiro momento, vigia no ordenamento pátrio o princípio da autonomia, segundo o qual as atividades executivas e de conhecimento deveriam ser desenvolvidas necessariamente por meio de ações distintas. Contudo, tal sistemática foi alvo de uma série de reformas que buscaram prestigiar um desenvolvimento sincrético do processo, bem como a própria efetivação do título executivo.

Com base na legislação vigente, assinale a afirmativa correta:

(A) A sentença arbitral, de acordo com o CPC, possui natureza de título executivo extrajudicial e poderá ser liquidada ou executada, conforme o caso, perante o juízo cível competente, hipótese na qual o mandado inicial incluirá a ordem de citação do devedor.

(B) O executado, nas obrigações de pagar quantia certa ou já fixada em liquidação, poderá oferecer impugnação para rediscutir qualquer causa impeditiva, modificativa ou extintiva da obrigação, desde que superveniente à sentença.

(C) O CPC prevê que o juiz pode atribuir efeito suspensivo aos embargos quando ficar demonstrado que o prosseguimento da execução manifestamente pode causar ao executado grave dano de difícil ou incerta reparação o que não ocorre na impugnação, tendo em vista que nesta modalidade de defesa está prevista, expressamente, a impossibilidade de concessão de efeitos suspensivos em quaisquer hipóteses.

(D) A concessão de efeito suspensivo nos embargos do executado obsta o prosseguimento da execução principal, impedindo, inclusive, a efetivação dos atos de penhora e avaliação dos bens.

A: incorreta, porque a sentença arbitral, por opção legislativa (para limitar a matéria de defesa do executado) é título executivo *judicial* (NCPC, art. 515, VII); **B:** correta, porque a defesa no cumprimento é a impugnação, sendo possível apenas alegar matérias previstas na lei (NCPC, art. 525, § 1º, VII); **C:** incorreta, pois tanto nos embargos quanto na impugnação o efeito suspensivo depende de concessão do juiz, desde que presentes os requisitos (NCPC, art. 525, § 6º); **D:** incorreta, pois mesmo que concedido o efeito suspensivo aos embargos, ocorrerá a penhora e avaliação (NCPC, art. 919, § 5º)

Gabarito "B"

(OAB/Exame Unificado – 2012.2) Nos autos de ação indenizatória movida por Henrique em face de Paulo, ambos prósperos empresários, transitou em julgado sentença de procedência do pleito autoral, condenando o réu ao pagamento de indenização, no montante equivalente a 500 salários mínimos, na data da prolação da sentença, acrescidos de juros legais e correção monetária.

Assinale a alternativa que apresenta a providência a ser imediatamente adotada pelo advogado de Henrique.

(A) Instauração da fase de liquidação de sentença por arbitramento, a fim de apurar o valor da condenação em moeda corrente.

(B) Instauração da fase de cumprimento de sentença, com a apresentação da memória de cálculo contemplando o valor da condenação em moeda corrente.

(C) Instauração da fase de liquidação de sentença por cálculos do contador, a fim de que o magistrado remeta os autos ao contador judicial, para que seja apurado o valor da condenação em moeda corrente.

(D) Ajuizamento de ação rescisória, a fim de que o tribunal apure o valor da condenação em moeda corrente.

Trata-se de sentença com valor passível de liquidação por simples cálculo aritmético. Assim, já deverá ter início o cumprimento de sentença (NCPC, art. 509, § 2º).

Gabarito "B"

(Magistratura/PE – 2011 – FCC) No tocante à liquidação, é correto afirmar que

(A) de sua decisão caberá apelação.

(B) quando esta se der por artigos, haverá necessidade de alegar e provar fato novo para determinar o valor da condenação.

(C) é sempre necessária, quando haja condenação em pecúnia.

(D) é defensável que nela se discuta novamente a lide ou que se modifique a sentença que a julgou.

(E) seu requerimento pressupõe a formação anterior e necessária de coisa julgada.

A: incorreta, porque cabe agravo de instrumento da decisão que julga a liquidação (art. 1.015, parágrafo único, do NCPC); **B:** correta (art. 509 do NCPC); **C:** incorreta, porque será incabível quando o valor da condenação já constar da sentença; **D:** incorreta (art. 509, § 4º, NCPC); **E:** incorreta, porque pode ser iniciada na pendência de recurso (art. 512 do NCPC).

Gabarito "B"

4. TUTELA PROVISÓRIA

(OAB/Exame Unificado – 2016.1) Juliana ajuizou ação declaratória de inexistência de débito cumulada com indenização por danos morais, com pedido de antecipação dos efeitos da tutela para retirada de seu nome dos órgãos de proteção ao crédito, em face de BG Financeira S/A, com quem mantém contrato de empréstimo bancário. A autora instruiu a inicial com os comprovantes de pagamento das prestações que atestam a pontualidade no cumprimento das parcelas do empréstimo.

Considerando a hipótese narrada e as regras sobre a antecipação de tutela prevista no Código de Processo Civil, assinale a afirmativa correta.

(A) O juiz somente poderá conceder a antecipação dos efeitos da tutela após a BG Financeira S/A apresentar sua contestação.

(B) Tendo sido demonstrados o *fumus boni iuris* e o *periculum in mora*, deverá o juiz deferir a antecipação dos efeitos da tutela, *in limine*, para a retirada do nome de Juliana dos órgãos de restrição ao crédito.

(C) A concessão dos efeitos da tutela antecipada, uma vez deferida, somente perderá sua eficácia com o trânsito em julgado da sentença.

(D) O CPC veda expressamente a concessão dos efeitos da tutela antecipada no bojo da sentença que extingue o processo com resolução de mérito.

A: incorreta, pois o sistema permite a concessão de liminar em tutela de urgência sem a oitiva da parte contrária (NCPC, art. 300, § 2º); **B:** correta, sendo que no NCPC a terminologia é "probabilidade do direito e o perigo de dano ou o risco ao resultado útil do processo" (NCPC, art. 300); **C:** incorreta, tendo em vista a possibilidade de a tutela de urgência ser revogada pelo juiz a qualquer momento (NCPC, art. 296); **D:** incorreta, pois não existe vedação nesse sentido – e trata-se de postura admitida pela jurisprudência.

Gabarito "B"

(OAB/Exame Unificado – 2009.2) Uma limitação expressa à possibilidade de o autor de uma ação requerer a antecipação dos efeitos da tutela jurisdicional é que esta não importe em provimento irreversível, fazendo a doutrina e a jurisprudência, a respeito desse limite, referência ao fenômeno da irreversibilidade recíproca. Acerca desse tema, assinale a opção correta.

(A) A irreversibilidade recíproca deverá ser objeto de análise caso a caso, momento em que o juiz deve-se ater à proporcionalidade para determinar a solução possível.

(B) Em regra, é possível o deferimento da antecipação dos efeitos da tutela antes mesmo da oitiva do réu, no entanto a detecção da chamada irreversibilidade recíproca torna obrigatória a oitiva.

(C) Haverá irreversibilidade recíproca apenas nas situações em que for possível admitir-se reconvenção ou pedido contraposto, momento em que o réu também poderá pedir antecipação dos efeitos da tutela.

(D) Ocorrendo irreversibilidade recíproca, sempre prevalecerá a situação fática que já estiver constituída e cuja alteração dependa de provimento definitivo precedido de ampla dilação probatória.

A lei afirma que se houver risco de irreversibilidade, não deverá ser concedida a tutela provisória de urgência antecipada (NCPC, art. 300, § 3º). Contudo, há casos em que, se a tutela antecipada NÃO for concedida, perecerá o objeto pleiteado. Daí o que alguns autores chamam de irreversibilidade recíproca. Nesses casos, deverá ser feita uma ponderação para conceder ou não a tutela (proporcionalidade – NCPC, art. 8o). Se houver risco de falecimento da parte, por exemplo, é preferível a concessão à irreversibilidade do provimento.

Gabarito "A"

(OAB/Exame Unificado – 2007.3) A ação cautelar tem a finalidade própria de

(A) Interromper a decadência.

(B) Satisfazer direito material.

(C) Satisfazer direito já declarado.

(D) Garantir a viabilidade da propositura e o desenvolvimento da ação principal.

A finalidade da tutela de urgência antecipatória é, desde logo, a satisfação do direito (NCPC, art. 294). De seu turno, a finalidade da tutela de urgência cautelar é evitar o perecimento do direito (NCPC, art. 297) – que será debatido na sequência, nos mesmos autos (NCPC, art. 305 e ss.).

Gabarito "D"

(Magistratura/PB – 2011 – CESPE) Após a aquisição de determinado imóvel, o comprador ajuizou contra o vendedor ação de imissão na posse. Realizada a citação, mas ainda antes de a resposta ser apresentada, o comprador soube que a situação financeira do vendedor sofrera rápida e severa deterioração, o que tornava improvável que este pudesse reparar qualquer dano causado ao imóvel no curso da ação.

Considerando essa situação hipotética, assinale a opção correta.

(A) Deverá o autor aguardar a apresentação da réplica à contestação para pedir a antecipação da tutela jurisdicional.

(B) Por ser certa a incapacidade do réu de arcar com as consequências negativas da manutenção de sua posse sobre o bem, justifica-se o julgamento antecipado da lide.

(C) Não será possível a antecipação da tutela jurisdicional, porque, diante da possibilidade de imissão na posse, ocorre a irreversibilidade jurídica da medida.

(D) Dada a situação econômica do réu, o autor poderá requerer a antecipação da tutela jurisdicional mediante petição fundada no receio de dano de difícil reparação.

(E) Não será possível pedido de antecipação da tutela jurisdicional, por ser de rito especial a ação de imissão na posse.

A: incorreta, porque diante da situação de risco de dano irreparável ou difícil reparação, o autor pode requerer a antecipação dos efeitos da tutela jurisdicional a qualquer tempo, independentemente de apresentação de réplica; **B:** incorreta, porque o julgamento antecipado da lide só é admitido nos casos do art. 355 do NCPC, sendo que nenhum deles está caracterizado na hipótese em questão; **C:** incorreta, porque a medida não é irreversível; **D:** correta, pois a alternativa traz motivo para o autor requerer a antecipação de tutela jurisdicional; **E:** incorreta, porque a ação de imissão na posse não se sujeita a rito especial, o que, ademais, seria irrelevante para a concessão da tutela antecipada.

Gabarito "D"

(Procurador do Estado/PE – CESPE – 2009) Quanto ao instituto da tutela antecipada, assinale a opção correta.

(A) O provimento que a concede ou a nega possui feição de sentença, sujeitando-se ao recurso de apelação.

(B) A função precípua do referido instituto é assegurar o resultado prático do processo.

(C) Esse instituto destina-se a assegurar a viabilidade da realização do direito afirmado pelo autor.

(D) Caso o juiz conceda tutela antecipada, seja *initio litis*, seja ao prolatar sentença de mérito, eventual recurso interposto contra sentença definitiva não suspende os seus efeitos em relação à antecipação da tutela.

(E) Esse tipo de tutela pode ser concedido de ofício.

A: incorreta. A TA, em regra, é concedida em momento distintoda sentença e, portanto, é uma decisão interlocutória, razão pela qual cabível agravo de instrumento (NCPC, art. 1.015, I); **B:** incorreta. O processo cautelar busca RESGUARDAR o direito (evitar o perecimento enquanto se debate), ao passo que a TA busca já SATISFAZER o direito (já a efetivação dos efeitos da futura decisão positiva); **C:** incorreta, conforme exposto acima; **D:** correta. NCPC, art. 1.012, § 1º, V; **E:** incorreta, considerando o exposto no art. 294 do NCPC, aplicando-se o princípio dispositivo (contudo, vale destacar que, apesar da clareza da lei, parte da jurisprudência admite a concessão de ofício, como por exemplo em questões previdenciárias).

Gabarito "D"

5. PROCEDIMENTOS ESPECIAIS

5.1. POSSESSÓRIAS

(OAB/Exame Unificado – 2013.1) A proteção possessória pode se desenvolver por meio de diversos tipos de ações. No que se refere às espécies de ações possessórias e suas características, assinale a afirmativa correta.

(A) Em virtude do princípio da adstrição, a propositura de uma ação possessória em vez de outra impede que o juiz conheça do pedido e outorgue a proteção correspondente àquela cujos requisitos estejam provados.

(B) É defeso ao autor cumular o pedido possessório com condenação em perdas e danos, devendo optar por um ou outro provimento, sob pena de enriquecimento sem causa.

(C) As ações possessórias não possuem natureza dúplice. Sendo assim, caso o réu queira fazer pedido contra o autor, não poderá se valer da contestação, devendo apresentar reconvenção.

(D) Apenas o possuidor figura-se como parte legítima para a propositura das ações possessórias, tanto na hipótese de posse direta quanto na hipótese de posse indireta.

A: incorreta. No caso das possessórias, tratando-se de situação fática que altera com facilidade, aplica-se a fungibilidade entre as 3 medidas (NCPC, art. 554); **B:** incorreta, pois cabe a cumulação de pedidos na possessória (NCPC, art. 555); **C:** incorreta, considerando (i) que a possessória é típico exemplo de ação dúplice – causa em que o réu, na própria contestação, pode formular pedido em seu valor (NCPC, art. 556) e (ii) vale lembrar que, no NCPC, não existe mais a reconvenção autônoma, que sempre será feita na própria contestação (NCPC, art. 343); **D:** correta. Se a lei prevê que a posse é requisito para o uso das ações possessórias (NCPC, art. 560), descabem essas medias por quem for, por exemplo, proprietário e não possuidor;

Gabarito "D"

(OAB/Exame Unificado – 2011.2) Numa ação de reintegração de posse em que o esbulho ocorreu há menos de 1 ano e 1 dia, ao examinar o pedido de liminar constante da petição inicial, o juiz

(A) deve sempre designar audiência prévia ou de justificação, citando o réu, para, então, avaliar o pedido liminar.
(B) deve deferir de plano, sem ouvir o réu, se a petição inicial estiver devidamente instruída e sendo a ação entre particulares.
(C) pode deferir a liminar de plano, sem ouvir o réu, desde que haja parecer favorável do Ministério Público.
(D) deve sempre realizar a inspeção judicial no local, sendo tal diligência requisito para a concessão da liminar.

A questão trata da liminar na possessória. Nos termos da legislação (art. 562 do NCPC), se estiverem presentes os requisitos (prova da posse e tempo da moléstia à posse), a liminar deve ser deferida. Por sua vez, se o juiz entender que não estão presentes, pela prova documental, os requisitos, deverá designar audiência de justificação. Em regra, não haverá a participação do MP na possessória (exceção: litígios que envolvam grande número de pessoas – NCPC, art. 554, § 1º).

Gabarito "B"

(OAB/Exame Unificado – 2011.1) A respeito das ações possessórias, assinale a alternativa correta.

(A) O possuidor tem direito a ser mantido na posse em caso de esbulho e reintegrado no de turbação.
(B) É vedada a cumulação de pedidos com o pedido possessório.
(C) Quando for ordenada a justificação prévia, o prazo para contestar contar-se-á da intimação do despacho que deferir ou não a medida liminar.
(D) A propositura da ação de reintegração de posse, quando cabível manutenção de posse, torna impossível o acolhimento do pedido, impondo a extinção sem resolução do mérito.

A: incorreta, no tocante às possessórias, utiliza-se a reintegração para o esbulho (perda da posse); manutenção para o caso de turbação (perturbação da posse) e interdito proibitório para o caso de ameaça (NCPC, arts. 560 e 567); **B:** incorreta, cabe cumular o pedido possessório com perdas e danos e indenização dos frutos (NCPC, art. 555); **C:** correta, art. 564, parágrafo único, do NCPC; **D:** incorreta, pois há fungibilidade entre as possessórias (NCPC, art. 554).

Gabarito "C"

(OAB/Exame Unificado – 2007.3) Não é própria das ações possessórias a característica de

(A) Caráter dúplice.
(B) Infungibilidade.
(C) Fungibilidade.
(D) Jurisdição contenciosa.

Conforme já exposto em respostas anteriores, existe a fungibilidade entre as possessórias (NCPC, art. 554) e trata-se de uma ação dúplice (NCPC, art. 556). No mais, nas possessórias há lide, portanto, trata-se de jurisdição contenciosa. De qualquer forma, como uma alternativa fala em fungibilidade e outra em infungibilidade (que se excluem), é certo que a resposta teria de ser uma delas.

Gabarito "B"

5.2. MONITÓRIA

(OAB/Exame Unificado – 2009.3) Daniela adquiriu, na Loja Z, um televisor e efetuou o pagamento por meio de cheque. Como o cheque foi devolvido pelo banco, a referida loja tentou obter o pagamento por tratativas extrajudiciais e o cheque terminou prescrevendo. A loja Z, então, não tendo logrado êxito em receber a dívida, ajuizou ação monitória em face de Daniela. Considerando a situação hipotética apresentada, assinale a opção correta.

(A) Se Daniela pretender opor-se por meio de embargos, deverá segurar o juízo.
(B) Os embargos porventura opostos por Daniela seguirão o procedimento da monitória.
(C) A Loja Z deverá deixar explícita a causa da dívida, sob pena de indeferimento da inicial.
(D) Sendo apta a petição inicial, o juiz deferirá a expedição do mandado de pagamento sem ouvir Daniela.

A: incorreta, pois os embargos monitórios – a defesa na monitória – são como uma contestação e independem de garantia do juízo (NCPC, art. 702); **B:** incorreta, porque uma vez opostos os embargos, a monitória passa a seguir o procedimento comum (NCPC, art. 702, § 1º); **C:** incorreta. Considerando que a monitória depende de documento escrito sem força de título, não há necessidade de se explicitar a causa da dívida; **D:** correta, art. 701 do NCPC (No NCPC, a redação é "sendo evidente o direito do autor").

Gabarito "D"

(OAB/Exame Unificado – 2008.1) Constitui requisito exigido para a propositura da ação monitória

(A) Prova documental que seja título executivo extrajudicial.
(B) Prova testemunhal que ateste a veracidade do fato.
(C) Prova escrita pré-constituída sem eficácia de título executivo.
(D) Prova documental que demonstre a existência de crédito de natureza infungível.

A monitória é fundada em prova escrita sem eficácia de título executivo (NCPC, art. 700). Porém, inova o NCPC ao afirmar que a "prova escrita pode consistir em prova oral documentada, produzida antecipadamente" (NCPC, art. 700, § 1º).

Gabarito "C"

5.3. PROCEDIMENTOS RELATIVOS AO DIREITO DE FAMÍLIA

(OAB/Exame Unificado – 2009.2) Um homem e uma mulher casaram-se, em 1990, sob o regime da comunhão parcial de bens e não tiveram filhos. Após 18 anos de convivência matrimonial, o casal, que adquiriu bens móveis e imóveis durante esse período, separou-se. Considerando essa situação hipotética, assinale a opção correta acerca do procedimento da separação.

(A) Se o casal optar pela separação litigiosa, nada impede que esta seja feita extrajudicialmente por meio de escritura pública.

(B) Se optarem pela separação extrajudicial, os cônjuges terão de, imediatamente, cumprir a exigência de partilha somente dos bens imóveis comuns do casal, não se admitindo que ela seja feita posteriormente.

(C) A separação consensual do casal pode ser realizada extrajudicialmente por escritura pública.

(D) Optando pela separação extrajudicial, os cônjuges não poderão fazer-se representar por um único advogado, em razão da natureza dos direitos em discussão.

Não havendo litígio (ou seja, sendo consensual) nem filhos menores, é possível a separação via cartório, que pode ser realizada por um único advogado (NCPC, art. 733). Vale lembrar que a EC 66/2010 acabou com a necessidade de separação prévia ao divórcio – que pode ser realizado extrajudicialmente. Apesar disso, o NCPC segue falando em separação.

Gabarito "C"

(OAB/Exame Unificado – 2008.3) Um casal ajuizou ação requerendo a separação judicial na forma consensual. Realizada audiência de ratificação do pedido, as partes se desentenderam apenas quanto à forma ajustada para a partilha dos bens comuns. Com relação à situação hipotética apresentada, assinale a opção correta.

(A) Diante do desentendimento quanto à partilha de bens, a única solução adequada ao caso é a extinção do feito por perda superveniente do interesse de agir, abrindo-se às partes a possibilidade de ajuizar ação de separação litigiosa.

(B) Havendo dissenso quanto à partilha, é permitido que esta seja feita à parte, sem prejuízo da separação consensual.

(C) Se as partes não alcançarem consenso quanto à forma diversa de partilhar os bens, o juiz deverá homologar exatamente aquilo que foi disposto na inicial da ação, cabendo a quem se julgar prejudicado o recurso devido.

(D) A inexistência de acordo quanto à partilha determina a suspensão do feito, a fim de que as partes apresentem, nos autos, os fundamentos de suas pretensões e o feito possa ser cindido em dois, sendo um relativo à parte do acordo de separação, e o outro, à lide estabelecida quanto à partilha de bens.

A questão é expressamente regulada no art. 731, parágrafo único do NCPC: "Se os cônjuges não acordarem sobre a partilha dos bens, far-se-á esta depois de homologado o divórcio (...)".

Gabarito "B"

(OAB/Exame Unificado – 2007.3) Os procedimentos de interdição e de separação consensual são exemplos de

(A) Jurisdição voluntária.

(B) Jurisdição contenciosa.

(C) Ação ordinária.

(D) Ação sumária.

Não há lide. Reitera-se o exposto na questão anterior, em relação à possibilidade de divórcio sem separação. *ATENÇÃO: no NCPC, não mais existe o rito sumário – e, portanto, não há mais sentido em se falar em rito ordinário (logo, somente há a divisão entre procedimento comum e especial).

Gabarito "A"

(OAB/Exame Unificado – 2006.3) Quanto à ação de alimentos, assinale a opção correta.

(A) O Ministério Público tem legitimidade para, atuando como substituto processual, ajuizar ação de investigação de paternidade cumulada com alimentos apenas em favor de menor que não possuir representante legal ou no caso de interesses conflitantes entre ambos.

(B) Caso seja julgada procedente uma ação de alimentos na qual o genitor do menor alega como defesa a impossibilidade de suportar o encargo alimentar, a sentença deverá condenar o pai e os avós, solidariamente, ao pagamento da verba alimentar na parte correspondente à contribuição paterna para criação e educação do filho incapaz.

(C) Em ação de exoneração de alimentos, caso o juiz se convença das alegações do autor, deve, ao proferir a sentença, julgar procedente seu pedido para determinar a exoneração ou a redução do encargo alimentar e fixar o termo inicial a partir da citação. No caso de redução dos alimentos, o juiz deve condenar cada um dos litigantes a suportar a metade dos ônus processuais, em face da sucumbência recíproca.

(D) Em uma ação de execução de alimentos fixados em percentual sobre a remuneração do executado, o fato de o devedor não perceber rendimentos mensais fixos, ou mesmo de encontrar-se desempregado, não retira a liquidez do título executivo nem autoriza a extinção da ação.

A: incorreta, pois o MP, no caso, atuará como fiscal da ordem jurídica (NCPC, art. 178), mas não como parte; **B:** incorreta, porque a jurisprudência entende que a obrigação dos avós é subsidiária; **C:** incorreta, pois se o pedido é apenas de exoneração, não cabe a redução, por força do princípio da adstrição do juiz ao pedido (NCPC, art. 141); **D:** correta, pois haverá necessidade de uma nova ação judicial para afastar o que foi fixado na sentença anterior.

Gabarito "D"

(OAB/Exame Unificado – 2006.1) A respeito dos alimentos e da ação de alimentos, assinale a opção correta.

(A) A execução de alimentos pelo rito da coerção pessoal tem como pressuposto a atualidade do débito referente às três últimas parcelas anteriores ao ajuizamento do processo executivo e as que se vencerem no curso do processo.

(B) A sentença que fixa os alimentos não faz coisa julgada material, podendo os alimentos serem revistos a qualquer tempo. Assim, o devedor de alimentos pode provocar a revisão ou exoneração destes, mediante petição dirigida ao juiz, nos próprios autos em que foi fixada a obrigação, dando-se vista à parte contrária para manifestar-se.

(C) Considere-se que foi ajuizada execução de alimentos, fixados em percentual sobre o salário mensal do alimentante. O executado apresentou como justificativa para o inadimplemento a rescisão de seu contrato de trabalho, alegando que, atualmente, desenvolvia pequenos e eventuais serviços, razão pela qual não tinha condições financeiras para cumprir a obrigação anteriormente assumida com a criação e a educação dos filhos menores. Nessa situação, o juiz deverá extinguir o processo de execução, pois a rescisão do contrato de trabalho do devedor de alimentos retira a liquidez do título executivo judicial, uma vez que a referida rescisão do contrato de trabalho enseja a inexistência de base de cálculo para apurar a quantia devida.

(D) Considere-se que tenha sido ajuizada ação de investigação de paternidade cumulada com pedido de alimentos. Nessa situação, o juiz deverá fixar liminarmente os alimentos provisórios que serão devidos até o trânsito em julgado da sentença declaratória da paternidade, ainda que a decisão seja objeto de recurso.

A: correta. Isso está previsto na Súmula 309 do STJ e foi positivado no art. 528 do NCPC; **B:** incorreta, pois de fato é possível a revisão, mas mediante uma nova relação processual; **C:** incorreta, pois somente mediante nova sentença proferida em processo judicial (revisional) é que nova quantia será fixada – mas na justificativa de inadimplemento de alimentos o juiz poderá levar o desemprego em conta, no tocante à prisão; **D:** incorreta, porque os alimentos provisórios são concedidos na ação de alimentos que tramita pelo procedimento especial (art. 4º da Lei 5.478/1968). Para o uso de tal ação, há necessidade de prova do parentesco (art. 2º da Lei 5.478/1968). Na investigação de paternidade, o procedimento é o comum – e, desde que presentes os requisitos, seria possível a concessão de tutela de urgência (NCPC, art. 300).

Gabarito "A"

5.4. JUIZADOS ESPECIAIS

(OAB/Exame Unificado – 2010.2) A Lei n. 9.099/1995 disciplina os chamados Juizados Especiais Cíveis no âmbito Estadual. Nela é possível encontrar diversas regras especiais, que diferenciam o procedimento dos Juizados do procedimento comum do CPC.

Segundo a Lei n. 9.099/1995, assinale a alternativa que indique uma dessas regras específicas.

(A) Não é cabível nenhuma forma de intervenção de terceiros nem de assistência.

(B) É vedado o litisconsórcio.

(C) Nas ações propostas por microempresas, admite-se a reconvenção.

(D) Se o pedido formulado for genérico, admite-se, excepcionalmente, sentença ilíquida.

A: correta, art. 10 da Lei 9.099/1995; **B:** incorreta, a lei admite o litisconsórcio (art. 10 da Lei 9.099/1995); **C:** incorreta, não há reconvenção, mas admite-se o pedido contraposto (art. 31 da Lei 9.099/1995) – lembrando que, no NCPC, a reconvenção deixa de ser uma peça autônoma e passa a ser apresentada na própria contestação (NCPC, art. 343); **D:** incorreta, no JEC não se admite sentença ilíquida (art. 38, parágrafo único, da Lei 9.099/1995).

Gabarito "A"

5.5. MANDADO DE SEGURANÇA

(OAB/Exame Unificado – 2014.2) O Mandado de Segurança é a ferramenta jurídica hábil para proteger direito líquido e certo, não amparado por *habeas corpus* ou *habeas data*, quando, ilegalmente ou com abuso de poder, autoridade coatora praticar ato que viole ou cause justo receio de violação daquele direito. Com relação ao Mandado de Segurança, assinale a opção correta.

(A) Poderá ser impetrado somente por pessoa física, não sendo cabível para tutelar direito de pessoa jurídica de direito privado.

(B) Indeferida a petição inicial pelo juiz de primeiro grau, o impetrante poderá interpor recurso de apelação.

(C) Admite-se o ingresso de litisconsorte ativo até que se esgote o prazo para a autoridade coatora prestar informações.

(D) Não se admite, em qualquer hipótese, a impetração de Mandado de Segurança por telegrama, radiograma, fax ou qualquer outro meio eletrônico.

A: incorreta, pois há expressa previsão legal permitindo o uso de MS por PJ (Lei 12.016/2009, art. 1º – e é muito comum, por exemplo, em questões tributárias); **B:** correta, tanto pelo NCPC (art. 1.009) quanto pela legislação específica (Lei 12.016/2009, art. 10, § 1º); **C:** incorreta, pois não se admite o ingresso de litisconsorte após o despacho da inicial (Lei 12.016/2009, art. 10, § 2º); **D:** incorreta, considerando isso ser possível em caso de urgência (Lei 12.016/2009, art. 4º).

Gabarito "B"

(OAB/Exame Unificado – 2012.3.A) Impetrado um mandado de segurança, já sob a égide da Lei n. 12.016/2009, assinale a afirmativa correta.

(A) A sentença não fixará honorários advocatícios, por serem eles incabíveis no Mandado de Segurança.

(B) A decisão do juiz que conceder ou denegar a Medida Liminar é irrecorrível, cabendo apenas o pedido de reconsideração.

(C) O juiz converterá o Mandado de Segurança no procedimento que entender cabível, quando não for o caso de Mandado de Segurança, ou lhe faltar um dos requisitos legais ou quando decorrido o prazo para impetração, em homenagem ao princípio da celeridade processual.

(D) A suspensão das medidas liminares concedidas em face do Poder Público sendo determinada, o pedido original não poderá ser aditado para abranger as medidas liminares supervenientes, cabendo, apenas, novo pedido de suspensão das liminares.

A: correta, Conforme entendimento jurisprudencial (Súmula 105 do STJ: "Na ação de mandado de segurança não se admite condenação em honorários advocatícios"), confirmado na legislação (art. 25 da Lei 12.016/2009), descabem honorários no MS; **B:** incorreta, a decisão é agravável (art. 7º, § 1º, da Lei 12.016/2009); **C:** incorreta, nesses casos, a hipótese é de extinção (art. 23 da Lei 12.016/2009 c/c art. 485 do NCPC); **D:** incorreta, quanto à "suspensão de segurança", há expressa previsão legal em sentido inverso (art. 15, § 5º, da Lei 12.016/2009).

Gabarito "A"

5.6. OUTROS PROCEDIMENTOS ESPECIAIS

(OAB/Exame Unificado – 2015.3) Edgar pleiteou a remoção da inventariante Joana, nomeada nos autos do processo de inventário dos bens deixados por morte de sua genitora Maria, argumentando que a inventariante não prestou as primeiras declarações no prazo legal e não está defendendo os interesses do espólio.

Acerca do incidente de remoção de inventariante e as regras previstas no Código de Processo Civil, assinale a afirmativa correta.

(A) O incidente de remoção de inventariante, proposto por Edgar, deverá tramitar nos próprios autos da ação de inventário.

(B) O juiz, ao receber o requerimento de remoção de inventariante, deverá, conforme previsão expressa do CPC, afastar Joana de suas funções imediatamente e, em seguida, determinar a sua intimação para defender-se e produzir provas.

(C) Acolhido o pedido de remoção da inventariante Joana, o magistrado deverá nomear, prioritariamente, Edgar, em razão de ser o autor do requerimento.

(D) Removida a inventariante Joana, esta deverá entregar imediatamente ao substituto os bens do espólio de Maria e, se deixar de fazê-lo, será compelida mediante mandado de busca e apreensão ou imissão de posse, conforme se tratar de bem móvel ou imóvel.

As hipóteses de remoção do inventariante estão no art. 622 do NCPC. E o que deve acontecer quando da remoção está previsto no art. 625. O inventariante removido entregará imediatamente ao substituto os bens do espólio e, caso deixe de fazê-lo, será compelido mediante mandado de busca e apreensão ou de imissão na posse, conforme se tratar de bem móvel ou imóvel, sem prejuízo da multa a ser fixada pelo juiz em montante não superior a três por cento do valor dos bens inventariados.

Gabarito "D"

(OAB/Exame Unificado – 2015.1) Márcio faleceu, deixando bens imóveis e móveis a inventariar, assim como filho capaz e Antonieta, viúva, então casada pelo regime de comunhão parcial de bens. Além dos bens, Márcio deixou dívidas tributárias e débito vencido e exigível em favor de Carlos.

Analisando os aspectos processuais do inventário, assinale a afirmativa correta.

(A) Carlos possui legitimidade para requerer a habilitação de seu crédito junto ao juízo do inventário a qualquer tempo no processo de inventário.

(B) É dado a Carlos requerer o recebimento de seu crédito por meio da adjudicação dos bens já reservados, mediante concordância dos herdeiros.

(C) O Ministério Público e a Fazenda Pública não possuem legitimidade concorrente para requerer a abertura do inventário judicial por ocasião do falecimento de Márcio.

(D) O credor de Antonieta não goza de legitimidade concorrente para requerer a abertura do inventário judicial.

A: incorreta. De fato cabe ao credor requerer a habilitação de seu crédito – porém, antes da partilha (NCPC, art. 642); **B:** correta: "Se o credor requerer que, em vez de dinheiro, lhe sejam adjudicados, para o seu pagamento, os bens já reservados, o juiz deferir-lhe-á o pedido, concordando todas as partes" (NCPC, art. 642, § 4º); **C:** incorreta, pois o MP somente tem legitimidade se houver herdeiro incapaz (NCPC, art. 616, VII); porém, como a Fazenda é credora, haveria sua legitimidade (NCPC, art. 616, VIII); **D:** incorreta, porque o credor do herdeiro também é legitimado para requerer o inventário (NCPC, art. 616, VI).

Gabarito "B"

(OAB/Exame Unificado – 2011.3.B) A respeito do procedimento especial de consignação em pagamento, é correto afirmar que

(A) poderá o devedor ou terceiro optar pelo depósito da quantia devida, em estabelecimento bancário, oficial onde houver, situado no lugar do pagamento, em conta com correção monetária, cientificando-se o credor por carta com aviso de recepção, assinado o prazo de 10 (dez) dias para a manifestação de recusa.

(B) quando a consignação se fundar em dúvida sobre quem deva legitimamente receber, não comparecendo nenhum pretendente, o juiz julgará procedente o pedido, declarará extinta a obrigação e condenará o réu nas custas e honorários advocatícios.

(C) alegada insuficiência do depósito, o réu não poderá levantar a quantia ou a coisa depositada, até que seja proferida sentença.

(D) na hipótese de sentença que concluir pela insuficiência do depósito, ainda que seja determinado o montante devido, não poderá o credor promover a execução nos mesmos autos, devendo ajuizar nova demanda.

A: correta, art. 539, § 1º, do NCPC; **B:** incorreta, art. 548 e incisos do NCPC; **C:** incorreta, art. 545, § 1º, do NCPC; **D:** incorreta, art. 545, § 2º, do NCPC

Gabarito "A"

(OAB/Exame Unificado – 2008.3) Acerca dos procedimentos especiais, assinale a opção correta.

(A) Não é admissível a oposição de embargos de terceiro fundados em alegação de posse advinda do compromisso de compra e venda de imóvel.

(B) É imprescritível a ação de petição de herança.

(C) Não é admissível ação monitória fundada em cheque prescrito.

(D) A usucapião pode ser arguida em defesa.

A: incorreta, pois cabem embargos de terceiros para proteger a propriedade ou a posse (art. 674, § 1º, do NCPC); **B:** incorreta, porque a petição de herança é demanda patrimonial e, portanto, prescritível (o que é imprescritível é a investigação de paternidade); **C:** incorreta, pois essa é umas das principais hipóteses de cabimento da monitória (Súmula 299 do STJ: "É admissível a ação monitória fundada em cheque prescrito"); **D:** correta, admite-se, na defesa, a alegação de usucapião (art. 336 do NCPC e jurisprudência).

Gabarito "D"

(OAB/Exame Unificado – 2007.3) No processo de inventário, o espólio é representado

(A) Pelo curador.

(B) Pelo testamenteiro.

(C) Pelo inventariante.

(D) Por todos os herdeiros.

O espólio é representado pelo inventariante (NCPC, art. 75, VII).

Gabarito "C"

6. TEMAS COMBINADOS ENTRE PROCESSO DE CONHECIMENTO, PROCESSO DE EXECUÇÃO, TUTELAS DE URGÊNCIA E PROCEDIMENTOS ESPECIAIS

(OAB/Exame Unificado – 2011.1) No âmbito do Direito Processual Civil, os legitimados ativos que proponham ação e interponham recursos poderão desistir deles, desde que respeitados os seguintes termos:

(A) o recorrente poderá desistir do recurso interposto a qualquer tempo, desde que não se trate de litisconsórcio e que a parte contrária, uma vez intimada, manifeste expressamente sua anuência.

(B) a desistência da ação, que produz efeitos somente depois de homologada por sentença, implica extinção do processo com resolução do mérito. Caso tenha transcorrido o prazo para resposta do réu, o pedido de desistência estará sujeito ao seu consentimento.

(C) na intervenção de terceiros, a assistência obsta a que a parte principal desista da ação, que somente poderá ocorrer com a anuência expressa do assistente. Nesse caso, a desistência independe de homologação por sentença.

(D) o credor poderá desistir de toda execução ou apenas de algumas medidas executivas, desde que suporte as custas e honorários advocatícios decorrentes da extinção dos embargos que versarem somente sobre questões processuais e, nos demais casos, quando houver anuência do embargante.

Em relação à desistência do processo de conhecimento, após o término do prazo de defesa, há necessidade de concordância do réu (NCPC, art. 485, § 4º). No tocante à desistência do recurso, não há necessidade de concordância do recorrido (NCPC, art. 998). Quanto à execução, o credor em regra pode desistir sem restrições – porém, se houver embargos que discutam o mérito, há necessidade de concordância do embargante (NCPC, art. 775, parágrafo único, I).

Gabarito "D".

(OAB/Exame Unificado – 2007.2) Tendo em vista o que dispõe o Código de Processo Civil em relação à capacidade das partes, despesas processuais e depositário de bens penhorados, julgue os itens seguintes.

I. A capacidade das partes e a regularidade de sua representação judicial são pressupostos de validade da relação processual. Assim, verificada a irregularidade da representação processual do réu e não sanada no prazo designado, o juiz decretará a revelia.

II. Ressalvadas as despesas processuais decorrentes das diligências requeridas pelo réu, todas as demais despesas serão adiantadas pelo autor, inclusive aquelas relativas a atos cuja realização for determinada de ofício pelo juiz ou a requerimento do Ministério Público.

III. Nos incidentes processuais, cabe a condenação do vencido ao pagamento dos honorários advocatícios.

IV. O encargo de depositário de bens penhorados pode ser expressamente recusado.

Assinale a opção correta.

(A) Apenas os itens II e III estão certos.

(B) Apenas os itens I, II e IV estão certos.

(C) Apenas os itens I, III e IV estão certos.

(D) Todos os itens estão certos.

I: correta, arts. 76, II, do NCPC; **II**: correta, art. 88 do NCPC; **III**: incorreta, pois os honorários não são devidos em incidentes processuais; **IV**: correta, Súmula 319 do STJ: "O encargo de depositário de bens penhorados pode ser expressamente recusado".

Gabarito "B".

(OAB/Exame Unificado – 2007.1) Acerca das normas processuais que regem o cumprimento da sentença judicial, a intervenção de terceiros e os recursos cíveis, assinale a opção correta.

(A) As sentenças constitutivas adquirem exequibilidade provisória na pendência de julgamento de recurso especial.

(B) A revelia do nomeado à autoria desqualifica a legitimidade deste para a interposição do recurso de apelação.

(C) A renúncia ao direito de recorrer alcança o recurso já interposto.

(D) Na hipótese do recurso de apelação interposto contra a decisão que indefere a petição inicial da ação de conhecimento, pode o próprio juiz se retratar e reformar a sua decisão.

A: incorreta, a execução provisória envolve pagamento de quantia, o que decorre de uma sentença condenatória (NCPC, art. 520); **B**: incorreta, o revel poderá ingressar nos autos a qualquer tempo – mas recebe o processo no estado em que se encontra (NCPC, art. 346, parágrafo único); **C**: incorreta, a renúncia ao direito de recorrer ocorre antes da interposição do recurso; uma vez interposto o recurso, fala-se em desistência (NCPC, arts. 998 e 999); **D**: correta, pois na sentença de indeferimento liminar da inicial, se houver apelação, o juiz pode reconsiderar (NCPC, art. 331).

Gabarito "D".

(FGV – 2005) Analise as proposições a seguir:

I. Na liquidação por arbitramento e na por artigos, a ciência do réu se fará pela citação na pessoa de seu advogado, constituído nos autos.

II. A ciência do autor reconvindo para contestar a reconvenção será dada pela intimação feita na pessoa do seu procurador.

III. Uma vez julgada a liquidação da sentença, o credor, ao promover a execução, dará ciência ao devedor por meio de citação pessoal.

Assinale:

(A) se apenas a proposição I estiver correta.

(B) se apenas a proposição II estiver correta.

(C) se apenas as proposições I e II estiverem corretas.

(D) se todas as proposições estiverem corretas.

(E) se nenhuma proposição estiver correta.

I e **III**: incorretas, intimação e não citação (art. 511 do NCPC); **II**: correta, art. 343, § 1º, do NCPC.

Gabarito "B".

8. DIREITO ADMINISTRATIVO

Wander Garcia

1. PRINCÍPIOS ADMINISTRATIVOS

(OAB/Exame Unificado – 2015.2) O Estado X publicou edital de concurso público de provas e títulos para o cargo de analista administrativo. O edital prevê a realização de uma primeira fase, com questões objetivas, e de uma segunda fase com questões discursivas, e que os 100 (cem) candidatos mais bem classificados na primeira fase avançariam para a realização da segunda fase. No entanto, após a divulgação dos resultados da primeira fase, é publicado um edital complementar estabelecendo que os 200 (duzentos) candidatos mais bem classificados avançariam à segunda fase e prevendo uma nova forma de composição da pontuação global. Nesse caso,

(A) a alteração não é válida, por ofensa ao princípio da impessoalidade, advindo da adoção de novos critérios de pontuação e da ampliação do número de candidatos na segunda fase.

(B) a alteração é válida, pois a aprovação de mais candidatos na primeira fase não gera prejuízo aos candidatos e ainda permite que mais interessados realizem a prova de segunda fase.

(C) a alteração não é válida, porque o edital de um concurso público não pode conter cláusulas ambíguas.

(D) a alteração é válida, pois foi observada a exigência de provimento dos cargos mediante concurso público de provas e títulos.

A: correta; de fato, viola-se o princípio da impessoalidade no caso, devendo ser anulado o edital complementar; assim, evita-se que a medida tenha sido tomada, por exemplo, para beneficiar amigos de autoridade, que tenham ficado entre a posição número 100 e a posição número 200, garantindo-se a impessoalidade necessária na Administração e também o princípio da moralidade (art. 37, *caput*, da CF); **B** e **D:** incorretas, pois há violação aos princípios da impessoalidade e da moralidade, como se viu; aliás, o caso é tão absurdo que viola também o princípio da igualdade, já que algumas pessoas podem ter desistido de participar do certame por saberem que somente os cem primeiros seriam chamados para a segunda fase, ao passo que se soubessem que seria chamado o dobro de pessoas quem sabe teriam participado do concurso público; **C:** incorreta, pois a invalidade decorre da violação aos princípios da impessoalidade, da moralidade e da igualdade, e não da suposto ambiguidade, vez que nenhuma das cláusulas é ambíguas (duvidosas ou que geram margem a mais de uma interpretação), já que são cláusulas claras e cristalinas (100 ou 200 pessoas).

Gabarito "A"

(OAB/Exame Unificado – 2012.3.A) De acordo com o art. 2º, inciso XIII, da Lei n. 9.784/1998, a Administração deve buscar a interpretação da norma que melhor garanta o atendimento do fim público a que se dirige, vedada a aplicação retroativa da nova interpretação.

Assinale a alternativa que indica o princípio consagrado por esse dispositivo, em sua parte final.

(A) Legalidade.

(B) Eficiência.

(C) Moralidade.

(D) Segurança das relações jurídicas.

A vedação da aplicação retroativa de nova interpretação diz respeito ao princípio de segurança das relações jurídicas, até porque não haveria segurança jurídica aos administrados se a Administração interpretasse a lei de um modo "X" para um determinado caso concreto, tomando uma determinada decisão na sequência e, um tempo depois, mudasse a interpretação e consequentemente reapreciasse questão já decidida, aplicando a nova forma de interpretar uma dada norma e prejudicando um particular.

Gabarito "D"

(OAB/Exame Unificado – 2008.3) Acerca dos princípios de direito administrativo, assinale a opção incorreta.

(A) Tanto a administração direta quanto a indireta se submetem aos princípios constitucionais da administração pública.

(B) O rol dos princípios administrativos, estabelecido originariamente na CF, foi ampliado para contemplar a inserção do princípio da eficiência.

(C) O princípio da legalidade, por seu conteúdo generalizante, atinge, da mesma forma e na mesma extensão, os particulares e a administração pública.

(D) Embora vigente o princípio da publicidade para os atos administrativos, o sigilo é aplicável em casos em que este seja imprescindível à segurança da sociedade e do Estado.

A: correta, pois esse é o texto do *caput* do art. 37 da CF; **B:** correta, pois o princípio veio com a EC 19/1998; **C:** incorreta (devendo ser assinalada), pois a legalidade para Administração só permite que ela aja quando a lei permitir ou autorizar, ao passo que a legalidade para o particular permite que ele atue à vontade, salvo quando a lei proibir; **D:** correta, pois a publicidade tem exceções, como a narrada na alternativa.

Gabarito "C"

(OAB/Exame Unificado – 2008.2) Assinale a opção correta com relação aos princípios que regem a administração pública.

(A) Não ofende o princípio da moralidade administrativa a nomeação de servidora pública do Poder Executivo para cargo em comissão em tribunal de justiça no qual o vice-presidente seja parente da nomeada.

(B) A administração pública pode, sob a invocação do princípio da isonomia, estender benefício ilegalmente concedido a um grupo de servidores a outro grupo que esteja em situação idêntica.

(C) Ato administrativo não pode restringir, em razão da idade do candidato, inscrição em concurso para cargo público.

(D) O Poder Judiciário pode dispensar a realização de exame psicotécnico em concurso para investidura em cargo público, por ofensa ao princípio da razoabilidade, ainda quando tal exigência esteja prevista em lei.

A: incorreta. Fere a Súmula Vinculante nº 13 do STF: "A nomeação de cônjuge, companheiro ou parente em linha reta, colateral ou por afinidade, até o terceiro grau, inclusive, da autoridade nomeante ou de servidor da mesma pessoa jurídica investido em cargo de direção, chefia ou assessoramento, para o exercício de cargo em comissão ou de confiança ou, ainda, de função gratificada na administração pública direta e indireta em qualquer dos Poderes da União, dos Estados, do Distrito Federal e dos Municípios, compreendido o ajuste mediante designações recíprocas, viola a Constituição Federal"; **B:** incorreta. Benefício **ilegal** não pode ser estendido; **C:** correta. Somente a **lei** pode trazer limite de idade em concurso (art. 37, I, da CF); **D:** incorreta. A **lei** pode exigir exame psicotécnico (art. 37, I, da CF, e Súmula 686 do STF).

Gabarito "C"

(OAB/Exame Unificado – 2007.3) O diretor-geral de determinado órgão público federal exarou despacho concessivo de aposentadoria a um servidor em cuja contagem do tempo de serviço fora utilizada certidão de tempo de contribuição do INSS, falsificada pelo próprio beneficiário. Descoberta a fraude alguns meses mais tarde, a referida autoridade tornou sem efeito o ato de aposentadoria. Na situação hipotética considerada, o princípio administrativo aplicável ao ato que tornou sem efeito o ato de aposentadoria praticado é o da

(A) Autotutela.
(B) Indisponibilidade dos bens públicos.
(C) Segurança jurídica.
(D) Razoabilidade das decisões administrativas.

A Administração Pública é titular do poder de anular seus próprios atos, quando eivados de vícios de legalidade. Trata-se do poder de autotutela da Administração Pública (Art. 53 da Lei 9.784/1999 e Súmula 473 do STF).

Gabarito "A"

(OAB/Exame Unificado – 2007.3) A Lei Complementar n.º 1.025, de 7 de dezembro de 2007, do Estado de São Paulo, ao criar a Agência Reguladora de Saneamento e Energia do Estado de São Paulo (ARSESP), dispôs que essa agência, no desempenho de suas atividades, deveria obedecer, entre outras, às diretrizes de "adequação entre meios e fins, vedada a imposição de obrigações, restrições e sanções em medida superior àquelas estritamente necessárias ao atendimento do interesse público" (art. 2.º, III) e de "indicação dos pressupostos de fato e de direito que determinem as suas decisões" (art. 2.º, V). Tais diretrizes dizem respeito aos seguintes princípios:

(A) Eficiência e devido processo legal.
(B) Razoabilidade e objetividade.
(C) Proporcionalidade e motivação.
(D) Legalidade e formalidade.

Vide, também, o art. 2º, parágrafo único, VI e VII, da Lei 9.784/1999. As diretrizes apontadas no enunciado da questão condizem com os princípios da proporcionalidade e da motivação. Pelo primeiro, exige-se a mensuração dos meios (ou medidas) para o cumprimento de um dado objetivo, devendo o Administrador decidir-se pela medida que seja tão eficaz para alcançar a finalidade com a menor restrição possível à esfera dos destinatários da mesma. Já a motivação exige do Administrador a justificação de seu atuar, o qual deve apontar a ocorrência de fatos que, por configurar hipótese de uma dada norma jurídica, lhe permitiria agir.

Gabarito "C"

(OAB/Exame Unificado – 2007.3) Assinale a opção correta acerca dos princípios da administração pública.

(A) O princípio da eficiência não constava expressamente do texto original da CF, tendo sido inserido posteriormente, por meio de emenda constitucional.
(B) O princípio da motivação determina que os motivos do ato praticado devam ser determinados pelo mesmo órgão que tenha tomado a decisão.
(C) Embora seja consagrado pela jurisprudência e pela doutrina, o princípio da impessoalidade não foi consagrado expressamente na CF.
(D) Em virtude do princípio da legalidade, a administração pública somente pode impor obrigações em virtude de lei; direitos, por sua vez, podem ser concedidos por atos administrativos.

A: correta. Foi inserido pela EC 19/1998; **B:** incorreta. O órgão decisor pode acolher motivos indicados por outro órgão (motivação *aliunde*); **C:** incorreta (art. 37, *caput*, da CF/1988); **D:** incorreta. A atuação administrativa sempre depende de lei.

Gabarito "A"

(OAB/Exame Unificado – 2006.3) Considerando os princípios da administração pública, assinale a opção correta.

(A) O ato imoral não pode ser anulado por meio de ação popular, já que esta pressupõe lesividade econômica, não se estendendo ao dano moral.
(B) Com base no princípio da segurança jurídica, o ordenamento jurídico em vigor veda, no âmbito da União, a aplicação retroativa de nova interpretação jurídica dada pela administração ao mesmo dispositivo legal.
(C) Com base no princípio da supremacia do interesse público sobre o privado, é lícito ao Estado desapropriar qualquer bem particular, sem que haja prévia e justa indenização.
(D) O princípio da razoável duração do processo, inserido na Constituição por emenda, não se estende, pelo menos expressamente, aos processos administrativos.

A: incorreta. O art. 5º, LXXIII, da CF/1988, admite ação popular quando haja simples lesão à moralidade administrativa; **B:** correta (art. 2º, parágrafo único, XIII, da Lei 9.784/1999); **C:** incorreta (art. 5º, XXIV, da CF/1988); **D:** incorreto (art. 5º, LXXVIII, da CF/1988).

Gabarito "B"

(FGV – 2014) Acerca do princípio de confiança legitima (Proteção da Confiança) no Direito Administrativo, analise as afirmativas a seguir.

I. É o princípio que exige do administrador um agir conforme a lei, mesmo que isso implique em prejuízo da Administração.
II. É o princípio que deriva da ideia de segurança jurídica e boa-fé objetiva do administrado.
III. É o princípio segundo o qual a Administração Pública não pode mudar de conduta se isso prejudica o administrado, uma vez que é vedado um comportamento contraditório.

Assinale:

(A) se somente as afirmativas II e III estiverem corretas.
(B) se somente as afirmativas I e II estiverem corretas.
(C) se somente a afirmativa III estiver correta.
(D) se somente a afirmativa II estiver correta.
(E) se somente a afirmativa I estiver correta.

I: incorreta, pois o princípio que determinar o agir conforme a lei é o princípio da legalidade; **II:** correta, pois o princípio em questão é o aspecto subjetivo do princípio da segurança jurídica e é protegido também por incidência do princípio da boa-fé objetiva; **III:** incorreta, pois a violação do princípio em questão pode, em alguns casos, ensejar indenização ao prejudicado, quando o ato administrativo que o prejudica não puder ser mantido na ordem jurídica.

Gabarito "D"

(FGV – 2013) *"Princípios administrativos são os postulados fundamentais que inspiram todo o modo de agir da administração pública. Representam cânones pré-normativos, norteando a conduta do Estado quando no exercício de atividades administrativas."*

(**Carvalho Filho, J. S.**, 2012).

Tendo em conta a existência de princípios expressos e também dos chamados princípios implícitos ou reconhecidos, assinale a alternativa que apresenta somente princípios implícitos ou reconhecidos.

(A) Razoabilidade, publicidade e autotutela.
(B) Continuidade do serviço público, supremacia do interesse público e segurança jurídica.
(C) Eficiência, indisponibilidade do interesse público e segurança jurídica.
(D) Moralidade, proporcionalidade e indisponibilidade do interesse público.
(E) Publicidade, autotutela e proporcionalidade.

A: incorreta, pois o princípio da publicidade está expresso no art. 37, *caput*, da CF e no art. 19 da Constituição do Estado do Maranhão; **B:** correta, pois nenhum dos princípios mencionados está expresso na CF, tratando-se de princípios implícitos na CF e reconhecidos pelo art. 2º, *caput*, da Lei 9.784/1999; **C:** incorreta, pois o princípio da eficiência está expresso no art. 37, *caput*, da CF; **D:** incorreta, pois o princípio da moralidade está expresso no art. 37, *caput*, da CF; **E:** incorreta, pois o princípio da publicidade está expresso no art. 37, *caput*, da CF.

Gabarito "B"

(FGV – 2013) A *doutrina administrativista* aponta a existência de uma diferença entre a função de governo e a função administrativa. Diante dessa diferenciação, analise as afirmativas a seguir.

I. As funções de governo estão mais próximas ao objeto do direito constitucional, enquanto a função administrativa é objeto do direito administrativo.
II. A função de governo tem como um de seus objetivos estabelecer diretrizes políticas, enquanto a função administrativa se volta para a tarefa de executar essas diretrizes.
III. A expressão administração pública, quando tomada em sentido amplo, engloba as funções administrativas e as funções de governo.

Assinale:

(A) se todas as afirmativas estiverem corretas.
(B) se somente as afirmativas II e III estiverem corretos.
(C) se somente as afirmativas I e II estiverem corretos.
(D) se somente a afirmativa II estiver correta.
(E) se somente a afirmativa III estiver correta.

I e **II:** corretas, valendo como exemplo de função de governo a iniciativa de um projeto de lei do Chefe do Executivo (regulada pela Constituição) e de função administrativa o cumprimento concreto de uma lei de trânsito, como se dá com a aplicação de uma multa, por exemplo. Nos dois casos temos agentes que atuam no interior da Administração Pública, sendo que, nos exemplos, o Chefe do Executivo pratica uma função de governo e o agente de trânsito, uma função administrativa. **III:** correta, conforme exposto nas assertivas anteriores.

Gabarito "A"

(FGV – 2011) De acordo com a Constituição Federal de 1988, a Administração Pública obedecerá aos seguintes princípios:

(A) legalidade, impessoalidade, moralidade, publicidade e eficiência.
(B) legalidade, impessoalidade, moralidade, probidade e externalidade.
(C) legitimidade, impessoalidade, moralidade, probidade e externalidade.
(D) razoabilidade, proporcionalidade, improbidade e personalismo.
(E) discricionariedade, ponderação, isenção e separação de poderes.

São princípios da administração pública expressamente elencados na Constituição Federal de 1988: legalidade, impessoalidade, moralidade, publicidade e eficiência (art. 37, *caput*, da CF/1988).

Gabarito "A"

(FGV – 2011) Mévio de Miranda, advogado, ao solicitar os autos do processo judicial que se encontrava em Vara de Justiça do Estado, envolvendo cliente seu, para fins de tirar fotocópias, teve o seu pleito condicionado à apresentação e retenção de sua carteira profissional enquanto estivesse na posse dos autos "como garantia", conforme foi informado pelo funcionário que realizava o atendimento ao público. À luz da legislação pertinente, é correto afirmar que a conduta do servidor público

(A) não implica qualquer ilícito, tendo em vista a tutela do interesse público e os princípios da eficiência e moralidade administrativa.
(B) é ilícita, já que é desnecessário exigir a apresentação de documento de identificação do advogado, que deve ter assegurada a ampla liberdade do exercício profissional.
(C) deve ser analisada com base no que dispõe o Regimento Interno do Tribunal de Justiça local, visto tratar-se de assunto de natureza eminentemente interna.
(D) a exigência contraria o disposto na legislação específica, pois, ainda que o documento de identidade seja indispensável para o atendimento à demanda do advogado, a lei prescreve que, para o caso em tela, os dados do interessado devem ser colhidos e anotados no ato, sendo devolvido o documento imediatamente ao profissional.
(E) é lícita, visto que, para a realização do ato pretendido, a apresentação de documento de identificação é imprescindível, gozando a administração do prazo de até 5 (cinco) dias para a obtenção dos dados de seu interesse, devolvendo o documento.

A conduta fere os princípios da legalidade e da moralidade, já que é terminantemente proibida pela Lei 5.553/1968.

Gabarito "D"

(FGV – 2011) A assessoria jurídica de determinado órgão público estadual, ao apreciar pedidos formulados por administrados com base no hipotético Decreto Estadual 1.234, vinha adotando, desde 2007, interpretação que fundamentava o deferimento das pretensões apresentadas. Em 2010, revendo sua posição, a assessoria jurídica passou a interpretar a referida norma administrativa de forma diversa, o que conduziria ao indeferimento daqueles pedidos. Nessa situação, o princípio aplicável aos processos administrativos que veda a aplicação retroativa de nova interpretação denomina-se

(A) motivação.
(B) segurança jurídica.
(C) impessoalidade.
(D) legalidade.
(E) moralidade.

De fato, o princípio da segurança jurídica é que fundamenta a impossibilidade de aplicação retroativa de uma nova interpretação. Nesse sentido, há norma expressa no art. 2º, parágrafo único, XIII, da Lei 9.784/1999.

Gabarito "B"

(FGV – 2011) Em processos administrativos, a exigência de adequação entre meios e fins, vedando-se a imposição de obrigações, restrições e sanções em medida superior àquelas estritamente necessárias ao atendimento do interesse público, é decorrência da aplicação do princípio do(a)

(A) contraditório.
(B) eficiência.
(C) proporcionalidade.
(D) motivação.
(E) segurança jurídica.

Trata-se da definição do princípio da proporcionalidade, conforme o texto do art. 2º, parágrafo único, VI, da Lei 9.784/1999.

Gabarito "C"

(FGV – 2010) *"É o princípio que se traduz na ideia de que a Administração tem que tratar a todos os administrados sem discriminações, benefícios ou detrimentos. Nem favoritismos nem perseguições são toleráveis. Simpatias ou animosidades pessoais, políticas ou ideológicas não podem interferir na atuação administrativa e muito menos interesses sectários, de facções ou grupos de qualquer espécie."* O trecho anterior descreve o princípio da Administração Pública denominado:

(A) Da impessoalidade.
(B) Da motivação.
(C) Da proporcionalidade.
(D) Da supremacia do interesse público.
(E) Da boa administração.

O trecho trata justamente do princípio da impessoalidade, princípio esse que tem três aspectos: a) respeito à igualdade, aspecto trazido no enunciado da questão; b) imputação dos atos dos agentes públicos diretamente à Administração; c) respeito ao princípio da finalidade.

Gabarito "A"

(FGV – 2010) Levando em consideração a doutrina da administração pública no Brasil e a Constituição Federal de 1988, o princípio da administração pública que impõe a prática de atos voltados para o interesse público é:

(A) o princípio da moralidade.
(B) o princípio da finalidade.
(C) o princípio da impessoabilidade.
(D) o princípio da continuidade.
(E) o princípio da publicidade.

De fato, o princípio da finalidade assevera que a Administração deve atender sempre à finalidade dos atos administrativos, que, em última análise, é a busca do "interesse público". É bom lembrar que o princípio da finalidade está contido no princípio da impessoalidade. Porém, quando, numa questão, duas respostas forem verdadeiras, deve-se buscar a resposta mais específica, que, no caso, é dizer que incide o princípio da finalidade.

Gabarito "B"

(FGV – 2010) A respeito dos princípios básicos da Administração Pública, considera-se que

(A) o princípio da eficiência é o único critério limitador da discricionariedade administrativa.
(B) o princípio da legalidade não autoriza o gestor público a, no exercício de suas atribuições, praticar todos os atos que não estejam proibidos em lei.
(C) o princípio da eficiência faculta a Administração Pública que realize policiamento dos atos administrativos que pratica.
(D) o princípio da eficiência não pode ser exigido enquanto não for editada a lei federal que deve estabelecer os seus contornos.
(E) a possibilidade de revogar os atos administrativos por razões de conveniência e oportunidade é manifestação do princípio da legalidade.

A: incorreta, pois todos os princípios limitam a discricionariedade administrativa; a discricionariedade significa margem de liberdade ditada pela lei e essa margem fica mais adensada pelo conteúdo valorativo dos princípios; os deveres de impessoalidade, moralidade, razoabilidade, motivação, entre outros, efetivamente reduzem essa margem de liberdade; **B:** correta, pois quem pode praticar todos os atos não proibidos pela lei é o particular, e não o gestor público; então, está correto dizer que o gestor público não está autorizado a praticar todos os atos que não estejam proibidos em lei, e sim agir apenas e tão somente dentro do que é permitido pelas normas legais (legalidade administrativa); **C:** incorreta, pois o princípio que determina a verificação da correção dos atos praticados é o princípio da legalidade, pelo qual se deve sempre averiguar se os atos praticados estão nos limites do que a lei autoriza e estão efetivamente cumprindo a lei; verificando-se que um ato administrativo é ilegal, a Administração deve anulá-lo, invocando o princípio da legalidade e o princípio da autotutela; o princípio da eficiência impõe que a Administração atenda satisfatoriamente o interesse dos administrados e que os agentes públicos façam o melhor como profissionais; **D:** incorreta, pois a doutrina e a jurisprudência entendem que o princípio da eficiência, que foi introduzido pela EC 19/1998, tem aplicação imediata, valendo salientar que a Constituição não determina que o princípio seja regulamentado por lei, para que possa ser aplicado; apesar de a expressão "eficiência" ser vaga, fluída, ela não impede que um prejudicado invoque o princípio para pleitear uma melhoria no atendimento de algum serviço público, por exemplo; **E:** incorreta, pois essa possibilidade decorre do princípio da autotutela.

Gabarito "B"

(FGV – 2008) A Constituição da República Federativa do Brasil, ao dispor sobre a Administração Pública, estabeleceu o respeito a determinados princípios. Assinale a alternativa que apresenta todos os princípios mencionados no art. 37 da Constituição.

(A) Legalidade, impessoalidade, moralidade e publicidade.
(B) Moralidade, disponibilidade da ação penal pública e legalidade.
(C) Impessoalidade, eficiência, legalidade, publicidade e moralidade.
(D) Liberdade, igualdade e fraternidade.
(E) Legalidade, impessoalidade, moralidade, publicidade, eficiência, alternatividade e irretroatividade.

São princípios da administração pública expressamente elencados na Constituição Federal de 1988: legalidade, impessoalidade, moralidade, publicidade e eficiência (Art. 37, *caput*, da CF/1988).

Gabarito "C"

(FGV – 2008) Observe o caso a seguir que exemplifica a atuação de um gestor público na solução de um problema. *O gestor público realizou determinado procedimento na busca da solução de uma necessidade da população moradora em uma área carente. Ao realizá-lo, buscou otimizar os recursos, evitando perdas e desperdícios, mas sem prejuízo do alcance do objetivo pretendido. Sua iniciativa atendeu ao público-alvo, resolvendo o problema de modo satisfatório.* Sob a ótica da Administração, a atuação desse gestor está baseada nos conceitos de:

(A) legalidade, legitimidade e economicidade.

(B) moralidade, eficiência e prudência.

(C) oportunidade, utilidade e interesse público.

(D) eficácia, eficiência e efetividade.

(E) legalidade, moralidade e interesse público.

A "otimização de recursos" e a preocupação em alcançar o "objetivo pretendido" revela que o agente público atuou buscando atender ao princípio da eficiência, a fim de garantir a efetividade da atuação da Administração, que deverá ser eficaz, atingindo os seus resultados.

Gabarito "D"

(FGV – 2008) Analise o fragmento a seguir: "*O princípio da legalidade denota essa relação: só é legitima a atividade do administrador público se estiver condizente com o disposto na lei.*" Com base nos modelos de administração, é correto afirmar que o fragmento acima apresenta uma característica intrínseca do modelo:

(A) administrativista.

(B) gerencial.

(C) burocrático.

(D) comportamental.

(E) estruturalista.

A preocupação com os meios, e não com o atingimento dos fins (dos resultados), é característica da administração burocrática, em contraposição à administração gerencial.

Gabarito "C"

(FGV – 2008) Não é princípio da Administração Pública:

(A) hierarquia.

(B) especialidade.

(C) motivação.

(D) autotutela.

(E) universalidade.

O princípio da universalidade, de fato, não é mencionado na lei, na doutrina ou na jurisprudência como princípio da Administração Pública. Os princípios administrativos mais conhecidos são os seguintes – expressos na Constituição: legalidade, impessoalidade, moralidade, publicidade e eficiência; outros expressos ou implícitos na Constituição ou na lei (p. ex: Lei 9.784/1999): supremacia do interesse público, indisponibilidade do interesse público, continuidade do serviço público, razoabilidade, motivação, segurança jurídica, isonomia, contraditório e ampla defesa, autotutela, finalidade, especialidade, hierarquia, controle ou tutela, controle jurisdicional etc.

Gabarito "E"

(FGV – 2008) A assertiva "que os atos e provimentos administrativos são imputáveis não ao funcionário que os pratica, mas ao órgão ou entidade administrativa em nome do qual age o funcionário" encontra respaldo, essencialmente:

(A) no princípio da eficiência.

(B) no principio da moralidade.

(C) no princípio da impessoalidade.

(D) no princípio da unidade da Administração Pública.

(E) no princípio da razoabilidade.

De fato, essa é uma das facetas do princípio da impessoalidade. A Constituição Federal, ao impor o princípio da impessoalidade (art. 37, *caput*), impõe três condutas: a) respeito à igualdade entre as pessoas (ou seja, a administração não pode nem favorecer, nem perseguir pessoas); b) proibição da autopromoção dos agentes públicos e imputação dos atos por eles praticados diretamente ao órgão ou entidade (disso resulta, por exemplo, que os agentes públicos não podem fazer autopromoção usando dinheiro e recursos públicos); c) respeito à finalidade dos atos administrativos (ou seja, o agente público deve ser impessoal ao praticar os atos administrativos, buscando a finalidade prevista na lei, e não a finalidade que o agente entende que é a melhor a ser alcançada).

Gabarito "C"

(FGV – 2008) Assinale a afirmativa incorreta.

(A) O princípio da supremacia do interesse público prevalece, como regra, sobre direitos individuais, e isso porque leva em consideração os interesses da coletividade;

(B) O tratamento isonômico por parte de administradores públicos, a que fazem jus os indivíduos, decorre basicamente dos princípios da impessoalidade e da moralidade.

(C) O princípio da razoabilidade visa a impedir que administradores públicos se conduzam com abuso de poder, sobretudo nas atividades discricionárias.

(D) Constitui fundamento do princípio da eficiência o sentimento de probidade que deve nortear a conduta dos administradores públicos.

(E) Malgrado o princípio da indisponibilidade da coisa pública, bens públicos, ainda que imóveis, são alienáveis, desde que observadas certas condições legais.

A: correta, pois o princípio da supremacia estabelece que o interesse público prevalece sobre o interesse privado; por exemplo, entre o interesse público em adquirir um imóvel de um particular e o interesse privado deste em não alienar a coisa, prevalece o primeiro, podendo o Poder Público adquirir compulsoriamente o imóvel, mediante a desapropriação; **B:** correta, pois ser impessoal é tratar as pessoas com igualdade, e agir conforme a moralidade é não praticar condutas que beneficiem indevidamente quem quer que seja; **C:** correta, pois o princípio da razoabilidade determina a compatibilização entre *meios* e *fins*, evitando-se tanto a *negligência*, como o *excesso*, e agindo-se conforme o padrão normal, sem abusos; vale salientar que o princípio da razoabilidade somente incide sobre atos discricionários, pois somente nestes há possibilidade de haver mais de uma possibilidade de ação, por parte do agente público, devendo este buscar a conduta mais razoável; **D:** incorreta (devendo ser assinalada), pois o sentimento de probidade é fundamento do princípio da moralidade; **E:** correta, pois, preenchido os requisitos legais (motivação, desafetação, autorização legislativa, avaliação e licitação), os bens públicos podem ser alienados.

Gabarito "D"

(FGV – 2007) O art. 39, § 3º, da Constituição da República autoriza a lei a estabelecer requisitos diferenciados de admissão a cargo público, quando a natureza do cargo o exigir. A pertinência desses requisitos, em relação a determinado cargo a ser provido, é aferida mediante a aplicação do princípio da:

(A) razoabilidade.
(B) publicidade.
(C) igualdade.
(D) eficiência.

De fato, a razoabilidade dirá que tipo de requisito é pertinente para o provimento de dado cargo. De qualquer forma, somente a lei (atendendo ao princípio da razoabilidade, como dito) é que poderá trazer esse tipo de requisito (art. 37, I, da CF). Exemplos de requisitos que podem ser exigidos são os seguintes: a) nível superior, quando for necessário; b) altura mínima, quando for necessário; c) idade mínima, quando for necessário, como na magistratura; d) sexo feminino ou masculino, por exemplo, quanto a agente penitenciário de prisão masculina ou feminina, entre outros.

Gabarito "A"

(FGV – 2006) Indique o princípio imediatamente relacionado ao ato administrativo praticado visando à finalidade legal.

(A) Eficiência.
(B) Impessoalidade.
(C) Legalidade estrita.
(D) Moralidade.
(E) Publicidade.

O princípio da impessoalidade impõe respeito à igualdade, à neutralidade do agente e à finalidade. Quanto a esta, a ideia é que a lei seja aplicada com o objetivo de atender à sua finalidade da lei, sem subjetivismos, sem pessoalidades.

Gabarito "B"

(FGV – 2005) Analise as proposições a seguir:

I. Os princípios da eficiência, continuidade, igualdade e modicidade orientam a prestação de serviços públicos e são aplicáveis também às concessionárias e permissionárias.
II. Segundo o princípio da legalidade, a Administração Pública direta e indireta pode fazer tudo o que a lei permite e tudo que a lei não proíbe.
III. A Constituição Federal reservou aos Estados-membros a prestação, direta ou sob regime de concessão ou permissão, dos serviços públicos de interesse local.
IV. O não pagamento da taxa ou tarifa pelo usuário do serviço público não essencial pode ensejar a suspensão do seu fornecimento.

Assinale:

(A) se somente as proposições I e II forem verdadeiras.
(B) se somente as proposições I e III forem verdadeiras.
(C) se somente as proposições I e IV forem verdadeiras.
(D) se somente as proposições I, II e IV forem verdadeiras.
(E) se somente as proposições II, III e IV forem verdadeiras.

I: verdadeira, pois o art. 6º, § 1º, da Lei 8.987/1995 estabelece que os concessionários e permissionários de serviço público devem prestar serviço adequado, que "é o que satisfaz as condições de regularidade, continuidade, eficiência, segurança, atualidade, generalidade, cortesia na sua prestação e modicidade das tarifas"; a expressão generalidade está no sentido de igualdade, impondo que o serviço seja colocado à disposição de todos, sem distinções, sem desrespeito à igualdade; **II:** falsa, pois, segundo o princípio, a Administração até pode fazer "tudo o que a lei permite", mas não pode fazer "tudo que a lei não proíbe"; somente o particular pode fazer "tudo o que a lei não proíbe"; o princípio da legalidade para a Administração está previsto no art. 37, *caput*, da CF, ao passo que o da legalidade para o particular encontra-se no art. 5º, II, da CF; **III:** falsa, pois compete aos municípios tal competência (art. 30, V, da CF); a única exceção se dá quanto aos serviços locais de gás canalizado (art. 25, § 2º, da CF); **IV:** verdadeira (art. 6º, § 3º, II, da Lei 8.987/1995).

Gabarito "C"

(FGV – 2005) Em decorrência do princípio da supremacia do interesse público, é vedado afirmar que:

(A) não é permitido à Administração Pública constituir terceiros em obrigações mediante atos unilaterais, devendo haver, nesses casos, a propositura da ação própria.
(B) o princípio em cotejo traz consigo a exigibilidade do ato, traduzida na previsão legal de a Administração impor sanções ou providências indiretas que induzam o administrado a acatá-lo.
(C) enseja à Administração a chamada autoexecutoriedade do ato administrativo.
(D) possibilita à Administração Pública revogar os próprios atos inconvenientes ou inoportunos.
(E) o princípio em apreço não se encontra expresso na Constituição Federal, mas apenas a sua alusão.

A: correta. É vedado fazer tal afirmação, pois a Administração tem sim esse poder; aliás, um dos atributos do ato administrativo é justamente a imperatividade, pela qual a Administração pode constituir terceiros em obrigações, independentemente de sua concordância; **B:** incorreta. Não é vedado fazer tal afirmação, pois os atributos do ato administrativo, que incluem a exigibilidade, corretamente definida na alternativa, de fato decorrem do princípio da supremacia do interesse público sobre o privado; **C:** incorreta. Não é vedado fazer tal afirmação, pois os atributos do ato administrativo, que incluem a autoexecutoriedade, de fato decorrem do princípio da supremacia do interesse público sobre o privado; **D:** incorreta. Não é vedado fazer tal afirmação, pois o princípio da autotutela, que possibilita a Administração revogar seus atos, quando inconvenientes, de fato decorre do princípio da supremacia do interesse público sobre o privado; **E:** incorreta. Não é vedado fazer tal afirmação, pois o princípio da supremacia do interesse público não se encontra expresso na Constituição, mas decorre das ideias de Estado Democrático e de República, além de estar previsto no *caput* do art. 2º da Lei 9.784/1999.

Gabarito "A"

(FGV – 2005) Com relação aos princípios constitucionais da Administração Pública, é correto afirmar que:

(A) o princípio da legalidade comporta exceção, no caso de ato discricionário.
(B) são aplicáveis aos três níveis de governo da Federação.
(C) o desvio de finalidade implica ofensa ao princípio da publicidade.
(D) são aplicáveis apenas ao Poder Executivo da União.
(E) o desvio de finalidade não implica ofensa ao princípio da publicidade.

A: incorreta, pois a discricionariedade decorre da lei e encontra seus limites na lei; não se deve confundir discricionariedade (margem de liberdade ditada pela lei), com arbitrariedade (liberdade total); **B:** correta, pois o art. 37, *caput*, deixa claro isso; **C:** incorreta, pois o desvio de finalidade constitui ofensa ao princípio da impessoalidade, que, como se viu, determina três condutas (respeito à igualdade, vedação da autopromoção e respeito à finalidade); **D:** incorreta, pois o art. 37, *caput*, deixa claro que se aplica à administração pública dos três poderes; **E:** incorreta, pois é possível que, no caso concreto, desvie-se da finalidade em matéria afeta ao princípio da publicidade.

Gabarito "B"

(FGV – 2004) No Direito Administrativo, o Princípio da Legalidade consiste em afirmar que:

(A) é possível fazer tudo aquilo que a lei não proíbe.
(B) presume-se legítimo todo ato administrativo, enquanto não for revogado ou declarado nulo.
(C) a disciplina depende da lei.
(D) só é permitido fazer aquilo que a lei autoriza ou permite.
(E) é necessário indicar nos atos administrativos a sua fundamentação.

A: incorreta, pois essa definição é do princípio da legalidade para o particular (art. 5º, II, da CF); **B:** incorreta, pois um ato revogado não deixa de se presumir legítimo; apenas o ato anulado deixa de ser considerado legítimo; **C:** incorreta, pois a definição dada não tem relação alguma com o conceito do princípio da legalidade; **D:** correta, pois a definição trazida na alternativa consiste exatamente no conceito do princípio da legalidade para a Administração (art. 37, *caput*, da CF); **E:** incorreta, pois tal necessidade decorre do princípio da motivação, e não do da legalidade.

Gabarito "D"

2. PODERES ADMINISTRATIVOS

Para resolver as questões deste item, vale citar as definições de cada poder administrativo apresentadas por Hely Lopes Meirelles, definições estas muito utilizadas em concursos públicos. Confira:

a) poder vinculado – "é aquele que o Direito Positivo – a lei – confere à Administração Pública para a prática de ato de sua competência, determinando os elementos e requisitos necessários à sua formalização"; **b) poder discricionário** – "é o que o Direito concede à Administração, de modo explícito, para a prática de atos administrativos com liberdade na escolha de sua conveniência, oportunidade e conteúdo"; **c) poder hierárquico** – "é o de que dispõe o Executivo para distribuir e escalonar as funções de seus órgãos, ordenar e rever a atuação de seus agentes, estabelecendo a relação de subordinação entre os servidores do seu quadro de pessoal"; **d) poder disciplinar** – "é a faculdade de punir internamente as infrações funcionais dos servidores e demais pessoas sujeitas à disciplina dos órgãos e serviços da Administração"; **e) poder regulamentar** – "é a faculdade de que dispõem os Chefes de Executivo (Presidente da República, Governadores e Prefeitos) de explicar a lei para sua correta execução, ou de expedir decretos autônomos sobre matéria de sua competência ainda não disciplinada por lei"; **f) poder de polícia** – "é a faculdade de que dispõe a Administração Pública para condicionar e restringir o uso e gozo de bens, atividades e direitos individuais, em benefício da coletividade ou do próprio Estado". (**Direito Administrativo Brasileiro**, 26. ed., São Paulo: Malheiros, p. 109 a 123)

(OAB/Exame Unificado – 2015.1) Determinado município resolve aumentar a eficiência na aplicação das multas de trânsito. Após procedimento licitatório, contrata a sociedade empresária Cobra Tudo para instalar câmeras do tipo *"radar"*, que fotografam infrações de trânsito, bem como disponibilizar agentes de trânsito para orientar os cidadãos e aplicar multas. A mesma sociedade empresária ainda ficará encarregada de criar um Conselho de Apreciação das multas, com o objetivo de analisar todas as infrações e julgar os recursos administrativos. Sobre o caso apresentado, assinale a afirmativa correta.

(A) É possível a contratação de equipamentos eletrônicos de fiscalização, mas o poder decisório não pode ser transferido à empresa.
(B) Não é cabível a terceirização de qualquer dessas atividades, por se tratar de atividade-fim da Administração.
(C) A contratação é, a princípio, legal, mas somente permanecerá válida se o município comprovar que a terceirização aumentou a eficiência da atividade.
(D) Não é possível delegar a instalação e gestão de câmeras do tipo *"radar"* à empresa contratada, mas é possível delegar a criação e gestão do Conselho de Apreciação de multas.

A: correta; no caso em tela tem-se a expressão do chamado "poder de polícia" ou "polícia administrativa"; esse poder só pode ser exercido por autoridade pública (autoridade estatal) e não por particulares; estes só podem contribuir com atividades materiais (instalação e operação de radares, por exemplo), mas não com atividades volitivas (aplicação de multas), já que estas só podem ser subscritas por autoridade pública; **B:** incorreta, pois cabe a terceirização das atividades meramente materiais, como são as atividades de instalação e operação dos radares; somente a parte do Conselho de Multas e da aplicação da multa em si é que não pode ser passada ao particular no caso narrado pela questão; **C:** incorreta, pois não é possível passar as atividade de conselho de multas e aplicação de multas aos particulares, por ser atividade própria de autoridade pública; **D:** incorreta, pois é justamente o contrário, ou seja, atividades de instalação e gestão podem ser passadas para o particular (são atividades meramente materiais) e as demais não, por serem privativas de autoridade pública.

Gabarito "A"

(OAB/Exame Unificado – 2014.2) A Secretaria de Defesa do Meio Ambiente do Estado X lavrou auto de infração, cominando multa no valor de R$ 15.000,00 (quinze mil reais) à empresa Explora, em razão da instalação de uma saída de esgoto clandestina em uma lagoa naquele Estado. A empresa não impugnou o auto de infração lavrado e não pagou a multa aplicada. Considerando o exposto, assinale a afirmativa correta.

(A) A aplicação de penalidade representa exercício do poder disciplinar e autoriza a apreensão de bens para a quitação da dívida, em razão da executoriedade do ato.
(B) A aplicação de penalidade representa exercício do poder de polícia e autoriza a apreensão de bens para a quitação da dívida, em razão da executoriedade do ato.
(C) A aplicação de penalidade representa exercício do poder disciplinar, mas não autoriza a apreensão de bens para a quitação da dívida.

(D) A aplicação de penalidade representa exercício do poder de polícia, mas não autoriza a apreensão de bens para a quitação da dívida.

A e **C**: incorretas, pois a aplicação de penalidades representa o exercício do *poder de polícia*, e não do *poder disciplinar*, valendo lembrar que o poder de polícia se dirige à coletividade em geral, condicionando as pessoas ao cumprimento da lei, ao passo que o poder disciplinar se dirige às pessoas que têm específico vínculo com o estado (e não à coletividade em geral), como são os agentes públicos, sujeitos a processos disciplinares nos quais o poder disciplinar atuará; **B**: incorreta, pois a Súmula STF n. 323 dispõe que "é inadmissível a apreensão de mercadorias como meio coercitivo para pagamento de tributos", interpretação que se estende à coerção para pagamento de multas; **D**: correta, pois, como se viu no comentário as alternativas anteriores, trata-se de poder de polícia e é vedada a apreensão de bens como meio coercitivo para cobrança de multas.

Gabarito "D"

(OAB/Exame Unificado – 2014.1) José da Silva é o chefe do Departamento de Pessoal de uma Secretaria de Estado. Recentemente, José da Silva avocou a análise de determinada matéria, constante de processo administrativo inicialmente distribuído a João de Souza, seu subordinado, ao perceber que a questão era por demais complexa e não vinha sendo tratada com prioridade por aquele servidor. Ao assim agir, José da Silva fez uso

(A) do poder hierárquico.
(B) do poder disciplinar.
(C) do poder discricionário.
(D) da teoria dos motivos determinantes.

Segundo o art. 15 da Lei 9.784/1999, "Será permitida, em caráter excepcional e por motivos relevantes devidamente justificados, a avocação temporária de competência atribuída a órgão **hierarquicamente** inferior" (g.n.). Dessa forma, tem-se uma expressão do poder hierárquico.

Gabarito "A"

(OAB/Exame Unificado – 2013.2) Atendendo a uma série de denúncias feitas por particulares, a Delegacia de Defesa do Consumidor (DECON) deflagra uma operação, visando a apurar as condições dos alimentos fornecidos em restaurantes da região central da capital. Logo na primeira inspeção, os fiscais constataram que o estoque de um restaurante tinha produtos com a validade vencida. Na inspeção das instalações da cozinha, apuraram que o espaço não tinha condições sanitárias mínimas para o manejo de alimentos e o preparo de refeições. Os produtos vencidos foram apreendidos e o estabelecimento foi interditado, sem qualquer decisão prévia do Poder Judiciário.

Assinale a alternativa que indica o atributo do poder de polícia que justifica as medidas tomadas pela DECON.

(A) Coercibilidade.
(B) Inexigibilidade.
(C) Autoexecutoriedade.
(D) Discricionariedade.

Trata-se de questão imprecisa. As alternativas que tratam da "inexigibilidade" e da "discricionariedade" podem ser descartadas com tranquilidade, pois não guardam relação com o enunciado. Este está a perguntar qual atributo se tem quando o Poder Público toma medidas de ordem material (no caso, apreensão de bens) sem prévia decisão do Judiciário. Em nossa opinião, tanto a alternativa que trata da *coercibilidade*, como a que trata da *autoexecutoriedade* poderiam ser assinaladas, pois estão presentes no enunciado. A coercibilidade diz respeito ao poder de a Administração usar a força para que sua decisão seja obedecida, o que é típico em apreensões e interdições. Há quem chame a coercibilidade de executoriedade e até de autoexecutoriedade. Já a expressão autoexecutoridade também é utilizada para indicar aquele atributo que permite a Administração atuar em alguns casos mesmo sem prévia decisão do Judiciário. Como o enunciado da questão acabou focando nesse ponto (atuação da Administração "sem qualquer decisão prévia do Poder Judiciário") a questão talvez pudesse ser acertada por exclusão. De qualquer forma, acreditamos que essa questão está bastante imprecisa e merecia anulação.

Gabarito "C"

(OAB/Exame Unificado – 2013.1) Oscar é titular da propriedade de um terreno adjacente a uma creche particular. Aproveitando a expansão econômica da localidade, decidiu construir em seu terreno um grande galpão. Oscar iniciou as obras, sem solicitar à prefeitura do município "X" a necessária licença para construir, usando material de baixa qualidade. Ainda durante a construção, a diretora da creche notou que a estrutura não apresentava solidez e corria o risco de desabar sobre as crianças. Ao tomar conhecimento do fato, a prefeitura do município "X" inspecionou o imóvel e constatou a gravidade da situação.

Após a devida notificação de Oscar, a estrutura foi demolida.

Assinale a afirmativa que indica o instituto do direito administrativo que autoriza a atitude do município "X".

(A) Tombamento.
(B) Poder de polícia.
(C) Ocupação temporária.
(D) Desapropriação.

A: incorreta, pois o tombamento é declaração de que um bem tem especial valor de natureza histórica ou cultural para fins de proteção, o que não é o caso do bem narrado no enunciado, consistente em construção de um imóvel qualquer, sem licença e com material de baixa qualidade; **B**: correta, pois a medida tomada se deu no âmbito do poder de polícia, ou seja, no poder de condicionar a liberdade e a propriedade aos interesses coletivos, no caso, ao interesse coletivo de que uma construção sem licença e com risco de ruína não prossiga; **C**: incorreta, pois a ocupação temporária consiste no direito de uso do Poder Público sobre um bem particular não edificado, de forma transitória, remunerada ou gratuita, com o objetivo de executar obras, serviços ou atividades públicas (art. 36 do Dec.-lei 3.365/1941), o que não é o caso narrado no enunciado; **D**: incorreta, pois na desapropriação o particular perde a propriedade para o Poder Público, o que não é o caso narrado no enunciado.

Gabarito "B"

(OAB/Exame Unificado – 2010.2) A doutrina costuma afirmar que certas prerrogativas postas à Administração encerram verdadeiros poderes, que são irrenunciáveis e devem ser exercidos sempre que o interesse público clamar. Por tal razão são chamados poder-dever. A esse respeito é correto afirmar que:

(A) o poder regulamentar é amplo, e permite, sem controvérsias, a edição de regulamentos autônomos e executórios.
(B) o poder disciplinar importa à administração o dever de apurar infrações e aplicar penalidades, mesmo não havendo legislação prévia.
(C) o poder de polícia se coloca discricionário, conferindo ao administrador ilimitada margem de opções quanto à sanção a ser, eventualmente, aplicada.

(D) o poder hierárquico é inerente à ideia de verticalização administrativa, e revela as possibilidades de controlar atividades, delegar competência, avocar competências delegáveis e invalidar atos, dentre outros.

A: incorreta, pois o poder regulamentar consiste no poder de *explicar* a lei, com vistas à sua fiel execução; assim, como regra, tal poder não permite a edição de decretos autônomos de lei (*decretos autônomos*), mas tão somente a edição de decretos de execução de lei (*decretos executórios*); apenas em situações excepcionais (art. 84, VI, da CF) é que é cabível decreto autônomo de lei; assim, está incorreto dizer que o poder regulamentar é *amplo* e admite, *sem controvérsias*, a edição de regulamentos *autônomos*; **B:** incorreta, pois esse poder implica no dever de apurar infrações e aplicar penalidades apenas no âmbito das relações internas da Administração (ex: demissão de um agente público), não sendo tão amplo como a alternativa faz parecer, devendo-se lembrar de que a aplicação externa de penalidades (ex: uma multa de trânsito) caracteriza outro poder, o poder de polícia; não bastasse, a alternativa também incorre em erro ao dizer que esse poder pode ser exercido mesmo não havendo legislação prévia, pois, de acordo com o princípio da legalidade, a Administração só pode agir se houver lei prévia autorizando ou determinando a sua atuação; **C:** incorreta, pois o poder de polícia pode ser tanto vinculado como discricionário, a depender de a lei conferir ou não margem de liberdade para o agente público; não bastasse, quando há discricionariedade, esta não confere ilimitada margem de opção para o agente, pois discricionariedade não é arbitrariedade, mas *margem* de liberdade; **D:** correta, pois o poder hierárquico, de fato, é vertical (ou seja, exerce-se de um órgão superior para um órgão subordinado) e possibilita o controle das atividades do subordinado, bem como a delegação de competências, a avocação e a invalidação de atos.

Gabarito "D"

(OAB/Exame Unificado – 2008.2) No que se refere aos poderes dos administradores públicos, assinale a opção correta.

(A) O poder disciplinar caracteriza-se pela discricionariedade, podendo a administração escolher entre punir e não punir a falta praticada pelo servidor.

(B) Uma autarquia ou uma empresa pública estadual está ligada a um Estado-membro por uma relação de subordinação decorrente da hierarquia.

(C) No exercício do poder regulamentar, a administração não pode criar direitos, obrigações, proibições, medidas punitivas, devendo limitar-se a estabelecer normas sobre a forma como a lei vai ser cumprida.

(D) O poder de polícia somente pode ser exercido de maneira discricionária.

A: incorreta. Os poderes públicos não são disponíveis, devendo ser exercidos pelo administrador público; **B:** incorreta. A relação entre um ente da administração indireta e o ente político que o criou é do **controle**, e não de hierarquia; **C:** correta. O poder regulamentar, de fato, é sublegal, ou seja, não pode inovar na ordem jurídica; **D:** incorreta. O poder de polícia pode ser discricionário ou vinculado, de acordo com a lei que estabelecer a competência para o exercício de dado poder de polícia.

Gabarito "C"

(OAB/Exame Unificado – 2008.1) Com relação aos poderes administrativos, assinale a opção correta.

(A) O poder de polícia não pode ser delegado a pessoas de direito privado, ainda que sejam integrantes da administração pública, pois elas não são dotadas do poder de império necessário ao desempenho da atividade de polícia administrativa.

(B) O poder disciplinar é exercido de modo vinculado, pois, diante de infrações funcionais praticadas por servidor, a administração não possui discricionariedade no ato de escolha da penalidade que deve ser aplicada, devendo ater-se aos rígidos comandos estabelecidos em lei.

(C) Mesmo cabendo ao Poder Executivo o controle dos recursos públicos, inexiste hierarquia entre os membros que compõem os Poderes Judiciário e Legislativo no exercício de suas funções jurisdicionais e legislativas, visto que o fazem sem relação de subordinação ou comando.

(D) No exercício do poder regulamentar, o chefe do Poder Executivo só pode disciplinar e alterar, mediante decreto, as leis que tenham sido originariamente propostas por ele.

A: correta. De fato, o poder de polícia é privativo de autoridade **pública**; **B:** incorreta. A lei pode estabelecer competência discricionária ou vinculada para o exercício do poder disciplinar; **C:** correta. Trata-se do princípio da independência e da harmonia entre os poderes (art. 2º da CF); **D:** incorreta. O poder regulamentar existe sempre que a lei tiver de ser regulamentada (art. 84, IV, da CF). Em razão de existirem duas alternativas corretas para a questão, a banca examinadora decidiu pela anulação da questão.

Gabarito "A" e "C"

(OAB/Exame Unificado – 2007.3) Não constitui característica do poder de polícia a

(A) Autoexecutoriedade.

(B) Coercibilidade.

(C) Facticidade.

(D) Discricionariedade.

A facticidade não constitui atributo ou característica dos atos e poderes administrativos.

Gabarito "C"

(OAB/Exame Unificado – 2006.3) Assinale a opção correta quanto aos poderes e deveres dos administradores públicos.

(A) O poder de delegação e o de avocação decorrem do poder hierárquico.

(B) A possibilidade de o chefe do Poder Executivo emitir decretos regulamentares com vistas a regular uma lei penal deriva do poder de polícia.

(C) O poder discricionário não comporta nenhuma possibilidade de controle por parte do Poder Judiciário.

(D) O poder regulamentar é exercido apenas por meio de decreto.

A: correta. Vale a pena ler os arts. 11 a 17 da Lei 9.784/1999; **B:** incorreta. Deriva do **poder regulamentar**; **C:** incorreta. O Judiciário controla os aspectos de legalidade, razoabilidade e moralidade dos atos discricionários; **D:** incorreta. Excepcionalmente, atos normativos regulamentares podem vir ao mundo jurídico por meio de resoluções e instruções normativas, por exemplo.

Gabarito "A"

(OAB/Exame Unificado – 2010.2) O poder de polícia, conferindo a possibilidade de o Estado limitar o exercício da liberdade ou das faculdades de proprietário, em prol do interesse público

(A) gera a possibilidade de cobrança, como contrapartida, de preço público.

(B) se instrumentaliza sempre por meio de alvará de autorização.

(C) afasta a razoabilidade, para atingir os seus objetivos maiores, em prol da predominância do interesse público.
(D) deve ser exercido nos limites da lei, gerando a possibilidade de cobrança de taxa.

A: incorreta, pois, segundo o art. 145, II, da CF, o exercício do poder de polícia dá ensejo à cobrança de *taxa*, e não de *preço público*; **B:** incorreta, pois o poder de polícia pode resultar em alvará de autorização ou em alvará de licença; no primeiro caso, quando a Administração atua com discricionariedade (ex: alvará de porte de arma); no segundo, quando a Administração atua com vinculação (ex: alvará de construção de uma casa); **C:** incorreta, pois a razoabilidade é princípio da Administração Pública (art. 2º, *caput*, da Lei 9.784/1999), e, como tal, não pode ser afastada; **D:** correta, pois o poder de polícia deve atuar nos limites da lei, em virtude do princípio da legalidade, e, conforme já escrito, dá ensejo à cobrança de taxa (art. 145, II, da CF).

Gabarito "D".

(FGV – 2014) Dentre as prerrogativas da Administração Pública encontram-se os poderes administrativos. Assinale a alternativa que indica um exemplo de exercício do poder disciplinar.

(A) Aplicação de multa a uma empresa concessionária de serviço público decorrente do contrato.
(B) Aplicação de multa a um motorista que avança o sinal.
(C) Aplicação de multa, em inspeção da ANVISA, a uma farmácia.
(D) Proibição de funcionamento de estabelecimento de *shows* devido a não satisfação de condições de segurança.
(E) Aplicação de multa por violação da legislação ambiental por particular sem vínculo com a administração.

A: correta; trata-se de poder disciplinar, pois diz respeito a uma sanção aplicada junto a uma pessoa que detém um específico vínculo jurídico com a Administração, no caso, um contrato de concessão de serviço público; **B, C, D** e **E** : incorretas, pois aqui se tem poder de polícia, pois diz respeito a uma sanção aplicada a pessoas em geral, que não têm vínculos específicos com a Administração.

Gabarito "A".

(FGV – 2014) Pedro, fiscal sanitário, verificando que as condições sanitárias exigidas pela legislação não vinham sendo cumpridas, autuou a Empresa X, aplicando-lhe uma multa. Não tendo sido apresentada defesa, nem paga a multa nos prazos legalmente estabelecidos, Pedro retornou ao estabelecimento e, sem realizar nova vistoria, até que a penalidade fosse adimplida, lacrou-o. Considerando a situação acima, analise as afirmativas a seguir.

I. O poder de polícia é, em regra, autoexecutório, porém a aplicação da multa não o é, somente podendo ser cobrada por meio judicial próprio.
II. A empresa X nada mais pode fazer administrativamente, só podendo pagar a multa para poder reabrir o seu estabelecimento, vez que não exerceu o direito de defesa oportunamente.
III. A multa somente poderia ser mantida, caso Pedro realizasse nova vistoria.

Assinale:

(A) se somente a afirmativa I estiver correta.
(B) se somente a afirmativa II estiver correta.
(C) se somente as afirmativas I e II estiverem corretas.
(D) se somente as afirmativas I e III estiverem corretas.
(E) se todas as afirmativas estiverem corretas.

I: correta, devendo a multa ser cobrada em juízo por meio de execução fiscal; **II:** incorreta, pois a empresa pode, ainda, buscar defender seus direitos em juízo, pois nenhuma lesão ou ameaça de lesão a direito pode ser subtraída da apreciação do Judiciário (art. 5º, XXXV, da CF); **III:** incorreta, pois há presunção de legitimidade nos atos praticados pelo agente público Pedro, não sendo necessário nova vistoria, ressalvados os casos previstos em lei.

Gabarito "A".

(FGV – 2013) Dentre os poderes inerentes à Administração Pública encontra-se o poder regulamentar. Com relação a esse poder, analise as afirmativas a seguir.

I. O poder regulamentar sofre controle por parte do poder legislativo.
II. O poder regulamentar sofre controle judicial.
III. A Constituição Federal veda completamente a figura do Decreto Autônomo.

Assinale:

(A) se apenas afirmativa I estiver correta.
(B) se apenas a afirmativa II estiver correta.
(C) se apenas a afirmativa III estiver correta.
(D) se apenas as afirmativas II e III estiverem corretas.
(E) se apenas as afirmativas I e II estiverem corretas.

I: correta, cabendo ao legislativo sustar os atos normativos do Poder Executivo que exorbitem do poder regulamentar (art. 49, V, da CF); **II:** correta, cabendo controle de constitucionalidade concentrado e judicial sobre tais atos; **III:** incorreta, pois há exceções no art. 84, VI, da CF.

Gabarito "E".

(FGV – 2013) Decreto expedido pelo Chefe do Poder Executivo, regulamentando e estabelecendo limites à emissão de ruídos por casas noturnas, consubstancia manifestação de

(A) Poder Disciplinar.
(B) Poder de Polícia.
(C) Autotutela.
(D) Ato Administrativo Complexo.
(E) Poder Hierárquico.

A: incorreta, pois o poder disciplinar incide sobre pessoas com vínculo específico com Estado (ex: servidores públicos punidos por faltas disciplinares), o que não é o caso narrado no enunciado, que traz uma atuação estatal sobre casas noturnas em geral; **B:** correta, pois o poder de polícia traduz-se em criação de regras (e respectiva fiscalização) que incide sobre pessoas indeterminadas, como é o caso trazido no enunciado, que faz referência a casas noturnas em geral; **C:** incorreta, pois a autotutela significa a possibilidade de a Administração anular seus atos ilegais e revogar seus atos inconvenientes, o que nada tem a ver com o caso trazido no enunciado; **D:** incorreta, pois ato administrativo complexo é aquele expedido por dois ou mais órgãos, o que não tem qualquer relação com o enunciado da questão; **E:** incorreta, pois o poder hierárquico é aquele exercido pelo superior sobre o órgão ou agente subordinado, que também não guarda relação algum com o enunciado da questão.

Gabarito "B".

(FGV – 2013) Sobre o *Poder de Polícia*, avalie as afirmativas a seguir.

I. São características do poder de polícia a autoexecutoriedade e a coercibilidade.
II. O poder de polícia somente pode ser exercido por pessoa jurídica integrante da Administração Pública.
III. A Polícia Administrativa incide sobre pessoas, enquanto a Polícia Judiciária sobre atividades.

Assinale:

(A) se somente a afirmativa I estiver correta.
(B) se somente a afirmativa II estiver correta.
(C) se somente a afirmativa III estiver correta.
(D) se somente as afirmativas I e II estiverem corretas.
(E) se todas as afirmativas estiverem corretas.

I: correta, pois esses são dois atributos típicos do poder de polícia, que possibilitam que o Estado, sem ter que buscar o Judiciário, possa atuar concretamente para impedir a violação da lei, como ocorre no caso da polícia de trânsito, que pode inclusive fazer a retenção do veículo nos casos mencionados na lei; **II:** incorreta, pois o poder de polícia somente pode ser exercido por autoridade pública de pessoa jurídica de direito público, não podendo ser exercido por pessoas jurídicas da Administração Pública que não sejam de direito público; **III:** incorreta, pois é o oposto, ou seja, a polícia judiciária incide sobre pessoas, ao passo que a polícia administrativa incide sobre atividades.

Gabarito "A"

(FGV – 2013) A Administração Pública, para a realização do interesse público, possui uma série de prerrogativas, sendo dotada de um *rol* de poderes. Dentre esses poderes encontra-se o Poder de Polícia.

Com relação ao Poder de Polícia, analise as afirmativas a seguir.

I. O poder de polícia é exercido, de forma geral, sobre a sociedade, independentemente da existência de um título jurídico específico vinculando a administração e o administrado.
II. O poder de polícia possui, entre suas características, a autoexecutoriedade e a discricionariedade.
III. O poder de polícia poderá impor obrigações positivas ou negativas.

Assinale:

(A) se todas as afirmativas estiverem corretas.
(B) se somente as afirmativas II e III estiverem corretas.
(C) se somente as afirmativas I e III estiverem corretas.
(D) se somente as afirmativas I e II estiverem corretas.
(E) se somente a afirmativa II estiver correta.

I: correta, pois o poder de polícia recai sobre pessoas indeterminadas, que têm ou não vínculo jurídico específico com a administração; por exemplo, qualquer pessoa que dirija um carro está sujeito ao poder de polícia de trânsito; **II:** correta, pois a doutrina de fato aponta esses dois atributos como típicos do poder de polícia; porém, é bom apontar que, quanto ao atributo da discricionariedade, este nem sempre ocorre; vai depender do texto da lei que cria a limitação administrativa; se a lei é bem clara e objetiva sobre o que está proibido e sobre qual conduta o agente público deve tomar, como ocorre com boa parte das normas do Código de Trânsito, está-se diante de competência vinculada e não competência discricionária; já se a lei traz conceito vago sobre a hipótese que enseja uma atuação, bem como possibilita que seja aplicada mais de uma sanção para o agente infrator, aí sim teremos uma competência discricionária; **III:** correta, servindo de exemplo de obrigação negativa o dever de não violar as normas de trânsito e de obrigação positiva o dever daquele proprietário de terreno vazio de promover a sua limpeza, bem como de fazer a respectiva calçada.

Gabarito "A"

(FGV – 2013) O prefeito recém-eleito do Município "X", visando tornar a administração municipal mais eficiente, resolve elaborar uma nova forma de atuação da Administração Pública e, para tanto, precisa reorganizá-la. Considerando a situação acima, assinale a afirmativa correta.

(A) O prefeito pode criar qualquer órgão público sem necessitar de lei para tanto, desde que não implique em aumento de despesa.
(B) O prefeito não pode criar ou extinguir órgão público, somente podendo reestruturar a administração pública desde que não crie despesa.
(C) O prefeito pode criar órgão público somente por lei, a qual será de sua iniciativa ou do secretário municipal ao qual o órgão estiver vinculado.
(D) O prefeito pode extinguir qualquer órgão público sem necessitar de lei para tanto, já que isso, necessariamente, não implicará em aumento de despesa.
(E) O prefeito pode criar ou extinguir órgão público desde que não crie nova despesa, somente necessitando de lei caso deseje criar ente da administração pública indireta.

A, D e **E**: incorretas, pois a CF não autoriza a criação ou a extinção de órgão público sem lei, sendo a exceção que se tem na CF é para a extinção de cargos vagos sem lei (art. 84, VI, "b", da CF); **B:** correta (art. 84, VI, "a", da CF); **C:** incorreta, pois não existe lei de iniciativa de secretário municipal; a iniciativa de leis municipais pode ser do Chefe do Executivo, dos vereadores e popular, na forma da Lei Orgânica.

Gabarito "B"

ADMINISTRATIVO. RECURSO ESPECIAL. MANDADO DE SEGURANÇA. AUTORIZAÇÃO PARA FUNCIONAMENTO DE RÁDIO COMUNITÁRIA. INÉRCIA DA ADMINISTRAÇÃO PÚBLICA. ABUSO DO PODER DISCRICIONÁRIO. RECURSO ESPECIAL NÃO PROVIDO.

1. É entendimento pacífico nesta Corte que a autorização do Poder Executivo é indispensável para o regular funcionamento de emissora de radiodifusão, consoante o disposto nas Leis 4.117/62 e 9.612/98 e no Decreto 2.615/98. 2. Entretanto, em obediência aos princípios da eficiência e razoabilidade, merece confirmação o acórdão que julga procedente pedido para que a Anatel se abstenha de impedir o funcionamento provisório dos serviços de radiodifusão, até que seja decidido o pleito administrativo da recorrida que, tendo cumprido as formalidades legais exigidas, espera há mais de 2 (dois) anos e meio, sem que tenha obtido uma simples resposta da Administração. 3. Recurso especial não provido. REsp 1062390 / RS. Relator Ministro BENEDITO GONÇALVES (1142) Órgão Julgador T1 – PRIMEIRA TURMA. Data do Julgamento 18/11/2008. Data da Publicação/Fonte. DJe 26/11/2008.

(FGV – 2010) Do texto acima descrito, é correto concluir que

(A) a discricionariedade é uma garantia que tem o agente público para atuar à margem da lei na escolha dos critérios de conveniência e oportunidade.
(B) a discricionariedade é uma atuação legítima e em nenhuma hipótese pode ser passível de controle pelo Poder Judiciário.
(C) o controle do poder discricionário no caso se deu com visível violação ao princípio da separação dos Poderes.
(D) o poder discricionário da Administração Pública não inviabiliza o controle do Poder Judiciário, principalmente quando existe expressa violação ao princípio da razoabilidade.
(E) o controle de legalidade, exercido, no caso concreto, pelo Poder Judiciário, viola o princípio da autonomia administrativa porque examinou o mérito do ato administrativo.

A: incorreta, pois a discricionariedade é a margem de liberdade ditada pela lei, e não a atuação à margem da lei; **B:** incorreta, pois os atos discricionários podem ser controlados pelo Judiciário quanto aos aspectos de legalidade, razoabilidade e moralidade; não se deve esquecer que todo ato discricionário é parcialmente regrado, ou seja, tem um mínimo de amarras legais; Hely Lopes Meirelles entende que o ato discricionário é vinculado pelo menos nos aspectos de competência, forma e finalidade; **C** e **D:** A alternativa "C" está incorreta e a "D" correta, pois, como se viu, margem de liberdade não é arbitrariedade, podendo o Judiciário controlar os aspectos de legalidade, razoabilidade e moralidade; no caso, como o caso narrado envolve conduta não razoável por parte da Administração, o Judiciário fez um controle correto (da razoabilidade), não havendo violação à separação dos poderes; **E:** incorreta, pois o Judiciário não analisou o mérito, mas se ateve à falta de razoabilidade da conduta da Administração.

Gabarito "D".

(FGV – 2008) A inspeção de segurança veicular consubstancia, precipuamente, o exercício de poder:

(A) vinculado.
(B) discricionário.
(C) hierárquico.
(D) subalterno.
(E) regulamentar.

A inspeção veicular envolve dois poderes, o poder de polícia, vez que importa na fiscalização da propriedade particular – carro – a fim de ajustar o seu uso aos interesses da coletividade, e o poder vinculado, vez que a inspeção deve seguir critérios claros e objetivos, não havendo margem de liberdade para o administrador exercer essa fiscalização.

Gabarito "A".

(FGV – 2008) O Município do Rio de Janeiro exigiu a demolição de prédio particular ameaçado de ruir. Tal ato:

(A) encontra fundamento no poder de polícia dos Entes Federados.
(B) encontra fundamento no poder discricionário dos Entes Federados.
(C) é abusivo por violar o direito de propriedade.
(D) é emulativo, por atentar ao domínio privado.
(E) configura autoexecutoriedade indireta defesa em lei.

A: correta, pois a exigência de demolição é fruto do poder de polícia das construções e habitações; **B:** incorreta, pois há critérios objetivos previstos na lei quanto aos casos em que se pode exigir a demolição de um prédio particular; **C:** incorreta, pois não há abuso algum, tratando-se de medida de interesse da coletividade; **D:** incorreta, pois ato emulativo é o mesmo que ato que abusa dos direitos; no caso, não há abuso algum do Município, pois a ameaça de ruína é motivo suficiente para a exigência de demolição; **E:** incorreta, pois o caso traduz-se em exemplo de imperatividade (imposição de obrigações), que não se confunde com autoexecutoridade (uso da força para fazer valer a vontade administrativa).

Gabarito "A".

(FGV – 2008) A avocação é própria do Poder:

(A) Disciplinar.
(B) Discricionário.
(C) Regulamentar.
(D) Hierárquico.
(E) Delegatório.

A avocação, prevista no art. 15 da Lei 9.784/1999, consiste na tomada temporária da competência atribuída a órgão *hierarquicamente* inferior. Ou seja, o órgão superior toma para si, temporariamente, a competência atribuída a órgão *hierarquicamente* inferior a ele. Assim, trata-se de instituto próprio do *poder hierárquico*.

Gabarito "D".

(FGV – 2008) No que concerne à Administração Pública, não é correto afirmar que:

(A) a finalidade do poder regulamentar é a de complementar as leis para o fim de possibilitar a sua execução.
(B) o poder discricionário propicia a prática de atos administrativos insuscetíveis de controle pelo Poder Judiciário.
(C) o poder de polícia retrata prerrogativa estatal que restringe e condiciona a liberdade e a propriedade.
(D) o Chefe do Poder Executivo expede decretos e regulamentos para exercer o poder de regulamentação das leis.
(E) nas atividades discricionárias o administrador público não está inteiramente livre para decidir sobre qual a melhor opção a ser feita em relação aos objetivos da Administração.

A: correta, pois o poder regulamentar é justamente o poder de *regulamentar*, de *explicar* a lei, de *expedir comandos complementares* a estas com vistas à sua fiel execução; **B:** incorreta (devendo ser assinalada), pois os atos discricionários são, sim, suscetíveis de controle pelo Judiciário, desde que quanto aos *aspectos de legalidade, razoabilidade e moralidade*; o Judiciário só não pode atingir o *mérito* do ato administrativo, ou seja, aquela parte do ato em que há margem de liberdade; **C:** correta, pois traz adequada definição do poder de polícia (*vide* texto no início deste item); **D:** correta, não podendo, portanto, regular matérias que ainda não foram objeto de lei; **E:** correta, pois a competência discricionária é sempre *parcialmente vinculada*, ou seja, tal competência não confere *total liberdade* para o agente público, mas apenas *margem de liberdade* para este; há aspectos do ato discricionário, como a *competência*, a *forma* e a *finalidade*, que são sempre vinculados, segundo Hely Lopes Meirelles.

Gabarito "B".

(FGV – 2004) O Prefeito de determinado Município no interior do Estado de Santa Catarina edita normas gerais e abstratas para viabilizar o fiel cumprimento da lei. Este ato está baseado em seu poder:

(A) regulamentar.
(B) legislativo.
(C) vinculado.
(D) determinante.
(E) sancionador.

Trata-se de expressão do poder regulamentar, pois importa justamente na regulamentação da lei com vistas à sua fiel execução.

Gabarito "A".

3. ATO ADMINISTRATIVO

3.1. CONCEITOS, REQUISITOS E ATRIBUTOS

Para resolver as questões sobre os requisitos e atributos do ato administrativo, vale a pena trazer alguns elementos doutrinários. Confira:

Requisitos do ato administrativo (são requisitos para que o ato seja **válido**)

- **Competência**: *é a atribuição legal de cargos, órgãos e entidades*. São vícios de competência os seguintes: a1) usurpação de função: alguém se faz passar por agente público sem o ser, ocasião em que o ato será inexistente; a2) excesso de poder: alguém que é agente público acaba por exceder os limites de sua competência (ex.: fiscal do sossego que multa um bar que visita por falta de higiene); o excesso de poder torna nulo ato, salvo em caso de incompetência relativa, em que o ato é considerado anulável; a3) função de fato: exercida por agente que está irregularmente investido em cargo público, apesar de a situação ter aparência de legalidade; nesse caso, os praticados serão considerados válidos, se houver boa-fé.
- **Objeto**: *é o conteúdo do ato, aquilo que o ato dispõe, decide, enuncia, opina ou modifica na ordem jurídica*. O objeto deve ser lícito, possível e determinável, sob pena de nulidade. Ex.: o objeto de um alvará para construir é a *licença*.
- **Forma**: *são as formalidades necessárias para a seriedade do ato*. A seriedade do ato impõe a) respeito à forma propriamente dita; b) motivação.
- **Motivo**: *fundamento de fato e de direito que autoriza a expedição do ato*. Ex.: o motivo da interdição de estabelecimento consiste no fato de este não ter licença (motivo de fato) e de a lei proibir o funcionamento sem licença (motivo de direito). Pela *Teoria dos Motivos Determinantes, o motivo invocado para a prática do ato condiciona sua validade*. Provando-se que o motivo é inexistente, falso ou mal qualificado, o ato será considerado nulo.
- **Finalidade**: *é o bem jurídico objetivado pelo ato*. Ex.: proteger a paz pública, a salubridade, a ordem pública. Cada ato administrativo tem uma finalidade. **Desvio de poder (ou de finalidade)**: *ocorre quando um agente exerce uma competência que possuía, mas para alcançar finalidade diversa daquela para a qual foi criada*. Não confunda o *excesso de poder* (vício de sujeito) com o *desvio de poder* (vício de finalidade), espécies do *gênero abuso de autoridade*.

Atributos do ato administrativo (são as qualidades, as prerrogativas dos atos)

- **Presunção de legitimidade** *é a qualidade do ato pela qual este se presume verdadeiro e legal até prova em contrário*; ex.: uma multa aplicada pelo Fisco presume-se verdadeira quanto aos fatos narrados para a sua aplicação e se presume legal quanto ao *direito aplicado*, a pessoa tida como infratora e o valor aplicado.
- **Imperatividade** *é a qualidade do ato pela qual este pode se impor a terceiros, independentemente de sua concordância*; ex.: uma notificação da fiscalização municipal para que alguém limpe um terreno ainda não objeto de construção, que esteja cheio de mato.
- **Exigibilidade** *é a qualidade do ato pela qual, imposta a obrigação, esta pode ser exigida mediante coação indireta*; ex.: no exemplo anterior, não sendo atendida a notificação, cabe a aplicação de uma multa pela fiscalização, sendo a multa uma forma de *coação indireta*.
- **Autoexecutoriedade** *é a qualidade pela qual, imposta e exigida a obrigação, esta pode ser implementada mediante coação direta, ou seja, mediante o uso da coação material, da força*; ex.: no exemplo anterior, já tendo sido aplicada a multa, mais uma vez sem êxito, pode a fiscalização municipal ingressar à força no terreno particular, fazer a limpeza e mandar a conta, o que se traduz numa *coação direta*. A autoexecutoriedade não é a regra. Ela existe quando a lei expressamente autorizar ou quando não houver tempo hábil para requerer a apreciação jurisdicional.

Obs. 1: a expressão autoexecutoriedade também é usada no sentido da qualidade do ato que enseja sua imediata e direta execução pela própria Administração, independentemente de ordem judicial.

Obs. 2: repare que esses atributos não existem normalmente no direito privado; um particular não pode, unilateralmente, valer-se desses atributos; há exceções, em que o particular tem algum desses poderes; mas essas exceções, por serem exceções, confirmam a regra de que os atos administrativos se diferenciam dos atos privados pela ausência nestes, como regra, dos atributos acima mencionados.

(OAB/Exame Unificado – 2016.1) A associação de moradores do Município F solicitou ao Poder Público municipal autorização para o fechamento da "rua de trás", por uma noite, para a realização de uma festa junina aberta ao público. O Município, entretanto, negou o pedido, ao fundamento de que aquela rua seria utilizada para sediar o encontro anual dos produtores de abóbora, a ser realizado no mesmo dia. Considerando que tal fundamentação não está correta, pois, antes da negativa do pedido da associação de moradores, o encontro dos produtores de abóbora havia sido transferido para o mês seguinte, conforme publicado na imprensa oficial, assinale a afirmativa correta.

(A) Mesmo diante do erro na fundamentação, o ato é válido, pois a autorização pleiteada é ato discricionário da Administração.
(B) Independentemente do erro na fundamentação, o ato é inválido, pois a autorização pleiteada é ato vinculado, não podendo a Administração indeferi-lo.
(C) Diante do erro na fundamentação, o ato é inválido, uma vez que, pela teoria dos motivos determinantes, a validade do ato está ligada aos motivos indicados como seu fundamento.
(D) A despeito do erro na fundamentação, o ato é válido, pois a autorização pleiteada é ato vinculado, não tendo a associação de moradores demonstrado o preenchimento dos requisitos.

A e D: incorretas, pois os atos discricionários devem obedecer ao requisitos de validade do ato administrativo, dentre eles o *motivo*, que estabelece, por meio da Teoria dos Motivos Determinantes, que a validade de um ato está condicionada à existência e adequação dos motivos alegados para a prática do ato; no caso em tela, demonstrado que o motivo invocado para a prática do ato era falso, o ato praticado será considerado inválido; B: incorreta; apesar do ato ser inválido, a alternativa está incorreta, pois a autorização de uso de bem público é *ato discricionário* e não *ato vinculado*; C: correta, pois os atos discricionários devem obedecer ao requisitos de validade do ato administrativo, dentre eles o *motivo*, que estabelece, por meio da Teoria dos Motivos Determinantes, que a validade de um ato está condicionada à existência e adequação dos motivos alegados para a prática do ato; no caso em tela, demonstrado que o motivo invocado para a prática do ato era falso, o ato praticado será considerado inválido.

Gabarito "C"

(OAB/Exame Unificado – 2016.1) Fulano, servidor público federal lotado em órgão da administração pública federal no Estado de São Paulo, contesta ordens do seu chefe imediato, alegando que são proibidas pela legislação. A chefia, indignada com o que entende ser um ato de insubordinação, remove Fulano, contra a sua vontade, para órgão da administração pública federal no Distrito Federal, para exercer as mesmas funções, sendo certo que havia insuficiência de servidores em São Paulo, mas não no Distrito Federal. Considerando as normas de Direito Administrativo, assinale a afirmativa correta.

(A) A remoção de Fulano para o Distrito Federal é válida, porque configura ato arbitrário da Administração.
(B) Não é cabível a remoção do servidor com finalidades punitivas, por se ter, em tal hipótese, desvio de finalidade.
(C) A remoção pode ser feita, uma vez que Fulano não pautou sua conduta com base nos princípios e regras aplicáveis aos servidores públicos.
(D) O ato de insubordinação deveria ter sido constatado por meio de regular processo administrativo, ao fim do qual poderia ser aplicada a penalidade de remoção.

A: incorreta; todo ato administrativo depende de prévia autorização legal (*vinculada* ou *discricionária*) para que possa ser praticado; dessa forma, qualquer ato praticado sem autorização legal (*arbitrário*) é inválido; **B**: correta; o instituto da *remoção*, aplicado no caso em tela, tem por finalidade atender pedido de agente público de mudar seu local de trabalho ou real necessidade administrativa de que um servidor mude seu local de trabalho, não tendo em hipótese alguma finalidade punitiva; assim, caso um servidor público seja removido com intuito punitivo essa remoção estará inquinada de vício de desvio de finalidade ou desvio de poder; **C** e **D**: incorretas, pois a remoção não pode ser utilizada com a finalidade de punir agente público por não pautar sua conduta nos princípios e regras aplicáveis aos servidores, sob pena de se configurar desvio de finalidade ou desvio de poder, sendo inócuo haver processo administrativo com ampla defesa, já que mesmo com esse processo a remoção não é ato cabível para punir agente público por ato de insubordinação ou por má conduta profissional.

Gabarito "B"

(OAB/Exame Unificado – 2013.3) O Estado X concedeu a Fulano autorização para a prática de determinada atividade. Posteriormente, é editada lei vedando a realização daquela atividade. Diante do exposto, e considerando as formas de extinção dos atos administrativos, assinale a afirmativa correta.

(A) Deve ser declarada a nulidade do ato em questão.
(B) Deve ser declarada a caducidade do ato em questão.
(C) O ato em questão deve ser cassado.
(D) O ato em questão deve ser revogado.

A: incorreta, pois a anulação (ou declaração de nulidade) recai sobre ato que já nasceu ilegal, que não é o caso da questão; **B:** correta, pois os casos de ilegalidade superveniente à edição do ato dizem respeito ao instituto da caducidade ou decaimento (ex: o particular tem permissão para circular com transporte coletivo por van e uma lei posterior elimina esse tipo de transporte coletivo; nesse caso, tem-se caducidade); **C:** incorreta, pois a cassação recai sobre atos administrativos válidos na origem e que continuam válidos, mas que determinam, para que continuem beneficiando particulares, que o particular cumpra certos requisitos para dele continuar gozando; nesses casos, quando o particular descumpre esses requisitos, o ato administrativo respectivo deve ser cassado (ex: imagine que o particular tenha direito a uma permissão de serviço público mediante o pagamento de retribuições e outras obrigações e que venha a não mais pagar a retribuição e a não mais cumprir as obrigações; nesse caso terá o ato administrativo de permissão que o beneficia devidamente cassado pela Administração); **D:** incorreta, pois a revogação recai sobre ato que se tornou, por fato novo, inconveniente ou inoportuno no caso concreto, mas ainda permitido pela lei, o que não se dá no caso narrado no enunciado da questão.

Gabarito "B"

(OAB/Exame Unificado – 2012.3.B) Autarquia competente para a fiscalização de estabelecimentos comerciais que vendam gêneros alimentícios verifica que o maior supermercado do município estava com o funcionamento irregular, bem como vendia produtos com o prazo de validade vencido. Além de todas as outras sanções cabíveis na espécie, a Autarquia aplicou multa ao estabelecimento. Com o objetivo de assegurar que a multa fosse paga, a Autarquia apreendeu produtos (dentro do prazo de validade) cujo valor somasse exatamente o valor da multa, e que tivessem proveito para a autarquia, como água mineral, café e açúcar.

Com base na situação descrita, assinale a afirmativa correta.

(A) A apreensão de bens com o objetivo de quitação de multa regularmente aplicada pela fiscalização é manifestação da autoexecutoriedade do poder de polícia, sendo legitimamente exercida pela Autarquia.
(B) Não é cabível a apreensão de bens, neste caso, pois ela somente seria viável se a Administração tivesse feito pesquisa e constatado que os preços correspondem à média de mercado.
(C) A Administração goza da prerrogativa da autoexecutoriedade, mas a cobrança das multas aplicadas não pode se dar de maneira forçada, *manu militari*, devendo ser feita por meio de processo judicial, caso não ocorra o pagamento administrativamente.
(D) A apreensão de bens para quitação de multa pode se dar sobre produtos cuja validade está vencida ou, como no caso, sobre produtos bons para consumo, e não pode ser questionada por se inserir no mérito do ato administrativo.

A, B e **D:** incorretas, pois, segundo a Súmula STF n. 323, "é inadmissível a apreensão de mercadorias como meio coercitivo para pagamento de tributos"; **C:** correta, pois, apesar da Administração poder executar as leis sem ter de buscar o Judiciário, a cobrança de multas de maneira forçada só pode se dar no âmbito de um processo judicial.

Gabarito "C"

(OAB/Exame Unificado – 2008.2) Não configura, segundo a doutrina dominante, elemento ou requisito do ato administrativo

(A) a forma.
(B) o objeto.
(C) a finalidade.
(D) a discricionariedade.

Os requisitos dos atos administrativos são: competência, objeto, forma, motivo e finalidade.

Gabarito "D"

(OAB/Exame Unificado – 2008.1) Com relação aos diversos aspectos que regem os atos administrativos, assinale a opção correta.

(A) Segundo a teoria dos motivos determinantes do ato administrativo, o motivo do ato deve sempre guardar compatibilidade com a situação de fato que gerou a manifestação de vontade, pois, se o interessado comprovar que inexiste a realidade fática mencionada no ato como determinante da vontade, estará ele irremediavelmente inquinado de vício de legalidade.
(B) Motivo e motivação do ato administrativo são conceitos equivalentes no direito administrativo.
(C) Nos atos administrativos discricionários, todos os requisitos são vinculados.
(D) A presunção de legitimidade dos atos administrativos é uma presunção *jure et de jure*, ou seja, uma presunção absoluta.

A: correta. De fato, pela teoria dos motivos determinantes, a inexistência do fato invocado como motivo do ato torna este inválido; **B:** incorreta. Motivo é o *fato* que autoriza a prática do ato; já motivação é a *demonstração* de que o ato é legal; a inexistência do fato utilizado para praticar o ato é um problema no requisito "motivo"; a inexistência de demonstração da legalidade (de uma motivação) é um problema no requisito "forma"; **C:** incorreta. Nos atos discricionários há sempre duas partes: a vinculada (ou de legalidade) e a de mérito (consistente na margem de liberdade do administrador público); **D:** incorreta. Trata-se de uma presunção relativa (*juris tantum*).

Gabarito "A"

(OAB/Exame Unificado – 2007.3) Considerando que há evidentes elementos de identidade entre ato jurídico e ato administrativo, e que este é espécie do gênero ato jurídico, assinale a opção correta.

(A) Existem atos praticados pelos administradores públicos que não se enquadram como atos administrativos típicos, como é o caso dos contratos disciplinados pelo direito privado.
(B) Atos administrativos, atos da administração e atos de gestão administrativa são expressões sinônimas.
(C) O exercício de cargo público em caráter efetivo é *conditio sine quae non* para prática do ato administrativo.
(D) Mesmo nos casos em que o administrador público contrata com o particular em igualdade de condições, está caracterizado o ato administrativo, pois a administração pública está sendo representada por seu agente.

A: correta. Não são atos administrativos típicos os atos praticados pela administração com regência da lei privada (ex.: contrato de locação), os atos políticos (ex.: um veto a uma lei) e os fatos materiais (ex.: a pavimentação de uma rua); **B:** incorreta. Como se viu na resposta à letra "a", nem todos os atos da administração são atos administrativos; **C:** incorreta. Exercentes de cargo em comissão podem expedir atos administrativos, nos termos da lei que rege a competência daquele cargo; **D:** incorreta. Nos poucos casos em que a administração está em pé de igualdade com o particular (ex.: contrato em que a administração é locatária), não se fala em ato administrativo, mas em ato jurídico regido pelo direito privado.

Gabarito "A"

(OAB/Exame Unificado – 2007.3) O conselho diretor de uma autarquia federal baixou resolução disciplinando que todas as compras de material permanente acima de cinquenta mil reais só poderiam ser feitas pela própria sede. Ainda assim, um dos superintendentes estaduais abriu licitação para compra de microcomputadores no valor de trezentos mil reais. A licitação acabou sendo feita sem incidentes, e o citado superintendente homologou o resultado e adjudicou o objeto da licitação à empresa vencedora. Nessa situação, o superintendente

(A) agiu com excesso de poder.
(B) agiu com desvio de poder.
(C) cometeu mera irregularidade administrativa, haja vista a necessidade da compra e o atendimento aos requisitos de validez expressos na Lei de Licitações.
(D) cometeu o crime de prevaricação, que consiste em praticar ato de ofício (a licitação) contra expressa ordem de superior hierárquico (a resolução do conselho diretor).

O problema é de excesso de poder, pois houve descumprimento ao requisito "competência" do ato administrativo; o desvio de poder é um descumprimento ao requisito "finalidade" do ato administrativo.

Gabarito "A"

(OAB/Exame Unificado – 2007.3) É a qualidade pela qual os atos administrativos se impõem a terceiros, independentemente de sua concordância. Decorre do que Renato Alessi chama de "poder extroverso", que permite ao Poder Público editar provimentos que vão além da esfera jurídica do sujeito emitente, ou seja, que interferem na esfera jurídica de outras pessoas, constituindo-as unilateralmente em obrigações. Celso Antônio Bandeira de Mello. *Curso de Direito Administrativo*. 13. ed. São Paulo: Malheiros, 2000, p. 373 (com adaptações). O texto acima descreve o seguinte atributo do ato administrativo:

(A) Exigibilidade.
(B) Executoriedade.
(C) Presunção de legitimidade.
(D) Imperatividade.

De fato, o texto trata da imperatividade, a exigibilidade é um *plus* em relação à imperatividade, pois permite uma coação indireta para que o particular cumpra o determinado; e a autoexecutoriedade é um *plus* ainda maior, pois permite a coação direta (o uso da força) para obrigar o particular a cumprir o determinado.

Gabarito "D"

(OAB/Exame Unificado – 2007.2) Acerca dos atos administrativos, assinale a opção correta.

(A) Se o motivo que determina e justifica a prática do ato é inexistente ou é inválido, inválidos serão apenas os efeitos do ato e não o próprio ato em si.
(B) Os elementos do ato administrativo que se referem ao mérito são o objeto e a finalidade.

(C) Os atos administrativos são praticados apenas pela administração pública.
(D) Os atos de caráter normativo, de decisão de recurso administrativo e os de matérias de competência exclusiva, nos termos da Lei n.º 9.784/1999, não são passíveis de delegação.

A: incorreta. Pela teoria dos motivos determinantes, um problema no motivo torna o ato inválido; **B:** incorreta. Um ato discricionário contém partes vinculadas e partes de mérito; a competência é sempre vinculada; já os outros elementos podem ser trazidos pela lei com margem de liberdade (mérito) para o administrador; **C:** incorreta. Os atos administrativos podem ser praticados pelas administrações públicas dos três poderes (Executivo, Legislativo e Judiciário); **D:** correta. (Art. 13 da Lei 9.784/1999).

Gabarito "D"

(OAB/Exame Unificado – 2006.1) Os atos administrativos possuem atributos que os diferenciam dos atos privados. Assinale a opção que não configura atributo exclusivo do ato administrativo.

(A) Presunção de legitimidade.
(B) Imperatividade.
(C) Autoexecutoriedade.
(D) Legalidade.

Atributos são "prerrogativas", "qualidades", "notas peculiares" dos atos administrativos. São atributos típicos desses atos a presunção de legitimidade, a imperatividade, a exigibilidade, a autoexecutoriedade e a tipicidade. A coercibilidade também é trazida por parte da doutrina como atributo do ato administrativo.

Gabarito "D"

(FGV – 2014) Com relação ao ato administrativo, analise as afirmativas a seguir.

I. Ato administrativo e ato da administração pública são sinônimos.
II. O ato administrativo, necessariamente, é disciplinado pelo regime jurídico de direito público.
III. O ato administrativo poderá ser típico ou atípico.

Assinale:

(A) se somente a afirmativa I estiver correta.
(B) se somente a afirmativa III estiver correta.
(C) se somente a afirmativa II estiver correta.
(D) se somente as afirmativas I e II estiverem corretas.
(E) se todas as afirmativas estiverem corretas.

I: incorreta, pois os atos da administração são o gênero, que tem por espécies os atos administrativos (que tem prerrogativas públicas) e os demais atos, que não tem tais prerrogativas, como é o caso de um ato material da Administração ou de um ato regido pelo direito privado; **II:** correta, pois, em se tratando de ato administrativo (aquele em que a Administração atua com prerrogativas públicas com a finalidade de executar direta e concretamente lei), necessariamente se está diante de um regime de direito público, consagrador dessas prerrogativas e finalidades; **III:** incorreta, pois, em sendo mesmo um *ato administrativo*, aplica-se o regime de direito público; o que pode ser típico ou atípico é o *ato da administração*, pois este pode ser do tipo ato administrativo (típico) ou regido pelo direito privado (atípico).

Gabarito "C"

(FGV – 2011) Assinale a alternativa que contempla os elementos do ato administrativo.

(A) habilitação, motivação, finalidade pública, legalidade e conteúdo
(B) competência, tutela, motivo, forma e vinculação
(C) forma, finalidade, vinculação e decisão
(D) competência, finalidade, forma, motivo e objeto
(E) habilitação, forma, tutela, motivo e decisão

Os elementos ou requisitos do ato administrativo são: competência, objeto, forma, motivo e finalidade. Dessa forma, a alternativa "d" é a única correta.

Gabarito "D"

(FGV – 2010) Constituem-se como elementos ou requisitos do ato administrativo, EXCETO:

(A) Forma.
(B) Objeto.
(C) Discricionariedade.
(D) Motivo.
(E) Finalidade.

Os elementos ou requisitos do ato administrativo são: competência, objetivo, forma, motivo e finalidade. A discricionariedade não é, portanto, elemento ou requisito do ato administrativo.

Gabarito "C"

(FGV – 2010) Em um ato administrativo, o poder atribuído ao agente da administração para o desempenho de suas funções diz respeito ao requisito:

(A) da finalidade.
(B) da forma.
(C) do motivo.
(D) da competência.
(E) do objeto.

O poder atribuído ao agente público nada mais é do que a sua competência, daí porque está correta a alternativa "d".

Gabarito "D"

(FGV – 2010) Tem-se como um dos atributos dos atos administrativos a imperatividade. Assinale a alternativa a seguir que corresponde à conceituação doutrinária de tal atributo:

(A) É a qualidade que reveste tais atos de se presumirem verdadeiros e conformes ao Direito, até prova em contrário.
(B) É a qualidade pela qual os atos administrativos se impõem a terceiros, independentemente de sua concordância.
(C) É a qualidade em virtude da qual o Estado, no exercício da função administrativa, pode exigir de terceiros o cumprimento, a observância, das obrigações que impôs.
(D) É a qualidade pela qual o Poder Público pode compelir materialmente o administrado, sem precisão de buscar previamente as vias judiciais, ao cumprimento da obrigação que impôs e exigiu.
(E) É a qualidade que indica o pressuposto de fato que autoriza ou exige a prática do ato.

A: incorreta, pois o atributo descrito é o da *presunção de legitimidade*; **B:** correta, pois traz a exata definição do atributo da *imperatividade*, também chamado de poder extroverso; **C:** incorreta, pois o atributo descrito é o da *exigibilidade*; **D:** incorreta, pois o atributo descrito é o da *autoexecutoriedade*; **E:** incorreta, pois o texto descrito refere-se à motivação, que sequer é um atributo do ato administrativo, mas é um dos requisitos do elemento do ato administrativo "forma".

Gabarito "B"

(FGV – 2010) O *atributo* pelo qual atos administrativos se impõem a terceiros, ainda que de forma contrária a sua concordância, é denominado:

(A) competência.
(B) veracidade.
(C) vinculação.
(D) imperatividade.
(E) autoexecutoriedade.

Confira o resumo feito no início deste item, que traz o conceito da imperatividade e dos demais atributos do ato administrativo.

Gabarito "D"

(FGV – 2010) Quanto à finalidade, é caracterizado como vício do ato administrativo:

(A) a função de fato.
(B) a inexistência de motivos.
(C) o desvio de poder.
(D) o excesso de poder.
(E) o objeto impossível.

A: incorreta, pois a função de fato é um vício no requisito competência; **B:** incorreta, pois a inexistência de motivos é um vício no requisito motivo; **C:** correta, pois o desvio de poder (ou desvio de finalidade) é um vício no requisito finalidade; **D:** incorreta, pois a excesso de poder é um vício no requisito competência; **E:** incorreta, pois o objeto impossível é um vício no requisito objeto (ou conteúdo do ato).

Gabarito "C"

(FGV – 2010) De acordo com a disciplina dos atos administrativos, assinale a alternativa correta.

(A) Será inválido o ato de remoção praticado como meio de punição ao servidor, ainda que haja necessidade de pessoal no local para onde ele foi removido.
(B) O mérito é aspecto do ato administrativo que, particularmente, diz respeito à sua forma legal, sempre prevista em lei, e à sua motivação fática, que deverá ser analisada concretamente.
(C) Há vício nos elementos finalidade e forma quando a matéria, de fato ou de direito, em que se fundamenta o ato administrativo é materialmente inexistente ou juridicamente inadequada ao resultado obtido.
(D) Tratando-se de vício relativo ao sujeito, quando o agente público extrapola os limites de sua competência, ocorre o desvio de poder, que é espécie do gênero abuso de poder.
(E) Os atos administrativos podem ser discricionários ou vinculados. Quando discricionários, têm como limite as razões de conveniência e oportunidade que são reveladas na motivação do ato.

A: correta, pois há desvio de finalidade; a finalidade do ato administrativo do remoção não é punir o servidor (para punir há outros atos, como advertência, multa, suspensão, demissão etc.), de modo que a sua utilização com finalidade diversa da estabelecida na lei configura o desvio mencionado, que torna inválido o ato; **B:** incorreta, pois o mérito, que consiste na margem de liberdade do agente público, não existe normalmente nos requisitos competência, forma e finalidade; o mérito normalmente diz respeito aos requisitos motivo ou objeto; **C:** incorreta, pois, nesse caso, o vício é no requisito motivo; **D:** incorreta, pois quando se extrapola a competência tem-se excesso de poder (vício na competência) e não desvio de poder (vício na finalidade); no mais, o abuso de poder, de fato, é gênero que tem duas espécies o excesso de poder e o desvio de poder; **E:** incorreta. Os atos discricionários têm como limite o que dispuser a lei (incluindo o dever de razoabilidade e o respeito à moralidade), e não as justificativas do administrador público.

Gabarito "A"

(FGV – 2010) Em relação ao conceito de *ato administrativo*, analise as alternativas a seguir:

I. Ato administrativo é uma manifestação unilateral de vontade da administração pública.
II. Ato administrativo é um ajuste entre a administração pública e um particular para consecução de objetivos de interesse público.
III. Ato administrativo é uma realização material da administração pública em cumprimento de alguma decisão administrativa.

Assinale:

(A) se somente a afirmativa I estiver correta.
(B) se somente a afirmativa II estiver correta.
(C) se somente a afirmativa III estiver correta.
(D) se somente as afirmativas I e II estiverem corretas.
(E) se as afirmativas II e III estiverem corretas.

I: correta, pois o ato administrativo não se confunde com contrato administrativo ou com outros contratos, convênios e instrumentos bilaterais que a administração celebra; **II:** incorreta, pois a definição dada é de convênio, em que há interesses comuns dos partícipes; aliás, já que se tocou nesse assunto, não se deve confundir o convênio com o contrato, pois neste há partes (e não partícipes, como no convênio) e interesses contrapostos, recíprocos, sinalagmáticos (e não interesses comuns, como no convênio); **III:** incorreta, pois o ato administrativo é uma declaração de vontade (uma prescrição de conduta, uma determinação), e não a realização material da determinação; esta tem o nome de fato administrativo ou ato material.

Gabarito "A"

(FGV – 2010) Os atos administrativos possuem presunção de legitimidade. Essa presunção decorre do princípio da:

(A) impessoabilidade.
(B) moralidade.
(C) publicidade.
(D) legalidade.
(E) eficiência.

De fato, um dos atributos do ato administrativo é justamente a presunção de legitimidade, que consiste na presunção de que os atos administrativos são verdadeiros e legais, até prova em contrário. Essa presunção existe justamente porque a Administração é obrigada a respeitar o princípio da legalidade. Como essa obrigação é fundamental na Administração Pública, presume-se que os atos que esta pratica são legítimos. Aliás, é bom apontar que, sem essa presunção, a Administração teria que entrar com processo judicial de conhecimento para fazer valer cada determinação sua, o que seria inviável.

Gabarito "D"

(FGV – 2008) A respeito das características do ato administrativo, assinale a afirmativa correta.

(A) A característica de imperatividade do ato administrativo afasta totalmente a possibilidade de atuação consensual da Administração Pública.
(B) A avocação, pelo superior, da competência para realizar um ato administrativo, apresenta-se excepcional.
(C) O Poder Judiciário pode rever o mérito do ato discricionário do Poder Executivo.
(D) O ato discricionário não pode ser revogado.
(E) A competência é em regra derrogável.

A: incorreta, pois a imperatividade significa que a Administração pode impor ao particular obrigações independentemente de sua concordância, mas nada impede que a Administração, se for o caso, proponha um acordo com o particular, ou que o particular esteja de acordo, consinta imediatamente com o determinado pela Administração; **B:** correta, nos termos do art. 15 da Lei 9.784/1999 (obs.: essa lei deve ser lida por inteiro, pois aparece muito nas provas); **C:** incorreta, pois o Judiciário pode até rever um ato discricionário (quanto aos aspectos de legalidade, moralidade e razoabilidade), mas não pode rever o mérito, ou seja, a margem de liberdade que sobrar ao Poder Executivo; **D:** incorreta, pois é justamente o contrário, ou seja, somente o ato discricionário pode ser revogado; o ato vinculado é que não pode ser revogado, pois ato vinculado é aquele em que só há uma opção, hoje, amanhã e sempre; **E:** incorreta, pois a competência é irrenunciável, não podendo ser revogada, nem renunciada (art. 11 da Lei 9.784/1999).

Gabarito "B".

(FGV – 2008) Quando o servidor público atua fora dos limites de sua competência, mas visando ao interesse público, pratica:

(A) excesso de poder, que caracteriza abuso de poder.
(B) excesso de poder, mas que, no caso, não caracteriza abuso de poder.
(C) desvio de poder, que caracteriza abuso de poder.
(D) desvio de poder, mas que, no caso, não caracteriza abuso de poder.
(E) ato válido.

A atuação que extrapola a competência tem o nome de excesso de poder, diferentemente da atuação que extrapola a finalidade, que tem o nome de desvio de finalidade ou desvio de poder. Ambas as situações revelam o gênero, que é o abuso de poder.

Gabarito "A".

(FGV – 2008) A usurpação de função e a desapropriação de um bem imóvel da União por um município são, respectivamente, vícios do ato administrativo relativos à(ao):

(A) competência e objeto.
(B) sujeito e competência.
(C) incapacidade e forma.
(D) incompetência e motivo.
(E) objeto e finalidade.

A usurpação de função consiste em alguém fingir ser agente público. Trata-se de vício de competência. Já a desapropriação de um imóvel da União, por ser vedada pela lei, torna o objetivo impossível juridicamente, revelando vício no objeto.

Gabarito "A".

(FGV – 2007) A presunção de legitimidade e de veracidade, com que nascem os atos administrativos, é de natureza:

(A) absoluta e não admite prova que a desconstitua.
(B) relativa e admite prova em contrário que a desconstitua.
(C) excepcional, somente sendo afastável por lei específica.
(D) mista, dependendo a sua desconstituição do tipo de prova que a Administração produza.

A presunção é de natureza relativa (*juris tantum*) e, portanto, admite prova em contrário.

Gabarito "B".

(FGV – 2006) Motivo do ato administrativo:

(A) está sempre expresso na lei.
(B) é a situação de direito ou de fato que determina ou autoriza a realização do ato administrativo.
(C) apresenta o mesmo conteúdo jurídico de motivação.
(D) não apresenta qualquer ligação com o conceito de moralidade administrativa.
(E) deve ser apresentado para a dispensa de servidor exonerável *ad nutum*.

A: incorreta, pois há casos em que a lei não estabelece precisamente o motivo que admite a prática de um ato, hipótese em que se tem um ato discricionário; **B:** correta, pois traz adequada definição de ato administrativo; **C:** incorreta, pois o motivo é o próprio fundamento que autoriza a prática do ato, ao passo que a motivação é a demonstração da pertinência de um ato administrativo, ligado ao requisito forma; **D:** incorreta, pois não se pode alegar motivo que fere a moralidade administrativa para a prática de um ato administrativo; **E:** incorreta, pois a exoneração *ad nutum* é aquele que se dá nos casos de cargo em comissão, em que a nomeação e a exoneração são livres nesse caso, ou seja, independem de apresentação de motivo.

Gabarito "B".

(FGV – 2006) O abuso de poder admite as formas:

(A) comissiva, omissiva, dolosa e culposa.
(B) comissiva, dolosa e culposa.
(C) comissiva e dolosa.
(D) omissiva e culposa.
(E) omissiva e dolosa.

O abuso de poder é o gênero, que tem duas espécies: excesso de poder (problema na competência) e desvio de poder (problema na finalidade). Não há limitação a que o abuso de poder decorra de atos comissivos, omissivos, dolosos e culposos. O abuso pode se dar em qualquer uma dessas condutas.

Gabarito "A".

(FGV – 2006) Assinale a alternativa incorreta a respeito do ato administrativo.

(A) O ato administrativo é perfeito quando esgotadas as fases necessárias à sua produção.
(B) O ato administrativo é válido quando foi expedido em absoluta conformidade com as exigências do sistema normativo.
(C) O ato administrativo é eficaz quando está disponível para a produção de seus efeitos; ou seja, quando o desencadear de seus efeitos típicos não se encontra dependente de qualquer evento posterior, como uma condição suspensiva, termo inicial ou ato controlador a cargo de outra autoridade.
(D) O ato administrativo está definido no art. 98 do Código Civil como sendo todo ato lícito que tenha por fim imediato adquirir, resguardar, transferir, modificar ou extinguir direitos.
(E) Pode-se definir o ato administrativo como a declaração do Estado ou de quem o represente, que produz efeitos jurídicos imediatos, com observância da lei, sob regime jurídico de direito público e sujeita a controle pelo Poder Judiciário.

A: correta, pois a *perfeição* diz respeito ao plano da *existência* do ato; *ato perfeito* é aquele que completou o ciclo necessário à sua formação, à sua existência; uma vez que o ato é *perfeito*, passa-se à analise quanto a sua *validade* e a sua *eficácia*; **B:** correta, pois *validade* diz respeito ao plano da *legalidade*, do respeito à ordem jurídica; **C:** correta, pois a *eficácia* diz respeito à aptidão para o ato produzir efeitos, tendo total relação com os institutos da *condição* e do *termo*; **D:** incorreta (devendo ser assinalada), pois o *ato administrativo* não está definido no Código Civil, e o conceito dado é de *ato jurídico*; ademais, o art. 98 do CC traz a definição de *bens públicos*; **E:** correta, pois traz uma das definições de ato administrativo mais comuns na doutrina administrativista.

Gabarito "D".

(FGV – 2006) São atributos do ato administrativo:

(A) presunção absoluta de legitimidade, imperatividade e autoexecutoriedade.

(B) presunção relativa de legitimidade; imperatividade, esta presente em todos os atos administrativos, inclusive enunciativos; e autoexecutoriedade.

(C) presunção relativa de legitimidade; imperatividade; e autoexecutoriedade, esta consistente na possibilidade de certos atos administrativos poderem ser executados pela própria Administração, independente de ordem judicial.

(D) presunção absoluta de legitimidade e imperatividade, visto que, modernamente, a execução do ato administrativo depende de ordem judicial, ante o princípio democrático do amplo acesso à Justiça.

(E) presunção relativa de legitimidade e imperatividade, visto que, modernamente, a execução do ato administrativo depende de ordem judicial, ante o princípio democrático do amplo acesso à Justiça.

A: incorreta, pois a presunção de legitimidade é relativa (admite prova em contrário), e não absoluta (não admite prova em contrário); **B:** incorreta, pois a imperatividade, *que consiste na qualidade do ato pela qual este se impõe a terceiros, independentemente de sua concordância*, só existe nos atos administrativos em que há imposições, determinações estatais, o que não ocorre, por exemplo, nos atos enunciativos, como uma *certidão*, que apenas enuncia uma situação prévia; **C:** correta, pois os três institutos citados são, realmente atributos do ato administrativo, e a definição de autoexecutoriedade está correta; **D** e **E:** incorretas, pois a imperatividade dos atos administrativos independe de ordem judicial, inclusive porque os atos administrativos têm presunção de legitimidade; além disso, no caso da alternativa "d", há de se lembrar de que a presunção de legitimidade é relativa, e não absoluta.

Gabarito "C"

3.2. CLASSIFICAÇÃO E ESPÉCIES DE ATO ADMINISTRATIVO

Antes de verificarmos as questões deste item, vale trazer um resumo das principais espécies de atos administrativos.

Espécies de atos administrativos segundo Hely Lopes Meirelles:

- **Atos normativos** *são aqueles que contêm comando geral da Administração Pública, com o objetivo de executar a lei.* Exs.: regulamentos (da alçada do chefe do Executivo), instruções normativas (da alçada dos Ministros de Estado), regimentos, resoluções etc.
- **Atos ordinatórios** *são aqueles que disciplinam o funcionamento da Administração e a conduta funcional de seus agentes.* Ex.: instruções (são escritas e gerais, destinadas a determinado serviço público), circulares (escritas e de caráter uniforme, direcionadas a determinados servidores), avisos, portarias (expedidas por chefes de órgãos – trazem determinações gerais ou especiais aos subordinados, designam alguns servidores, instauram sindicâncias e processos administrativos etc.), ordens de serviço (determinações especiais ao responsável pelo ato), ofícios (destinados às comunicações escritas entre autoridades) e despacho (contém decisões administrativas).
- **Atos negociais** *são declarações de vontade coincidentes com a pretensão do particular.* Ex.: licença, autorização e protocolo administrativo.
- **Atos enunciativos** *são aqueles que apenas atestam, enunciam situações existentes.* Não há prescrição de conduta por parte da Administração. Ex.: certidões, atestados, apostilas e pareceres.
- **Atos punitivos** *são as sanções aplicadas pela Administração aos servidores públicos e aos particulares.* Ex.: advertência, suspensão e demissão; multa de trânsito.

Confira mais classificações dos atos administrativos:

- **Quanto à liberdade de atuação do agente**

Ato vinculado *é aquele em que a lei tipifica objetiva e claramente a situação em que o agente deve agir e o único comportamento que poderá tomar.* Tanto a situação em que o agente deve agir, como o comportamento que vai tomar são únicos e estão clara e objetivamente definidos na lei, de forma a inexistir qualquer margem de liberdade ou apreciação subjetiva por parte do agente público. Exs.: licença para construir e concessão de aposentadoria.

Ato discricionário *é aquele em que a lei confere margem de liberdade para avaliação da situação em que o agente deve agir ou para escolha do melhor comportamento a ser tomado.*

Seja na situação em que o agente deve agir, seja no comportamento que vai tomar, o agente público terá uma margem de liberdade na escolha do que mais atende ao interesse público. Neste ponto fala-se em mérito administrativo, ou seja, na valoração dos motivos e escolha do comportamento a ser tomado pelo agente. Vale dizer, o agente público fará apreciação subjetiva, agindo segundo o que entender mais conveniente e oportuno ao interesse público. Reconhece-se a discricionariedade, por exemplo, quando a regra que traz a competência do agente traz conceitos fluídos, como *bem comum, moralidade, ordem pública* etc. Ou ainda quando a lei não traz um motivo que enseja a prática do ato, como, por exemplo, a que permite nomeação para cargo em comissão, de livre provimento e exoneração. Também se está diante de ato discricionário quando há mais de uma opção para o agente quanto ao momento de atuar, à forma do ato (ex.: verbal, gestual ou escrita), sua finalidade ou conteúdo (ex: advertência, multa ou apreensão).

A discricionariedade sofre alguns temperamentos. Em primeiro lugar é bom lembrar que todo ato discricionário é parcialmente regrado ou vinculado. A competência, por exemplo, é sempre vinculada (Hely Lopes Meirelles entende que *competência*, *forma* e *finalidade* são sempre vinculadas, conforme vimos). Ademais, só há discricionariedade nas situações marginais, nas zonas cinzentas. Assim, se algo for patente, como quando, por exemplo, uma dada conduta fira veementemente a moralidade pública (ex: pessoas fazendo sexo no meio de uma rua), o agente, em que pese estar diante de um conceito fluído, deverá agir reconhecendo a existência de uma situação de imoralidade. Deve-se deixar claro, portanto, que a situação concreta diminui o espectro da discricionariedade (a margem de liberdade) conferida ao agente.

Assim, o Judiciário até pode apreciar um ato discricionário, mas apenas quanto aos aspectos de legalidade, razoabilidade e moralidade, não sendo possível a revisão dos critérios adotados pelo administrador (mérito administrativo), se tirados de dentro da margem de liberdade a ele conferida pelo sistema normativo.

– **Quanto às prerrogativas da administração**

Atos de império são os *praticados no gozo de prerrogativas de autoridade*. Ex.: interdição de um estabelecimento.

Atos de gestão são os *praticados sem uso de prerrogativas públicas, em igualdade com o particular, na administração de bens e serviços*. Ex.: contrato de compra e venda ou de locação de um bem imóvel.

Atos de expediente *são os destinados a dar andamentos aos processos e papéis que tramitam pelas repartições, preparando-os para decisão de mérito a ser proferida pela autoridade*. Ex: remessa dos autos à autoridade para julgá-lo.

A distinção entre ato de gestão e de império está em desuso, pois era feita para excluir a responsabilidade do Estado pela prática de atos de império, de soberania. Melhor é distingui-los em atos regidos pelo direito público e pelo direito privado.

– **Quanto aos destinatários**

Atos individuais *são os dirigidos a destinatários certos, criando-lhes situação jurídica particular*. Ex: decreto de desapropriação, nomeação, exoneração, licença, autorização, tombamento.

Atos gerais *são os dirigidos a todas as pessoas que se encontram na mesma situação, tendo finalidade normativa*.

São diferenças entre um e outro as seguintes:

- só ato individual pode ser impugnado individualmente; atos normativos, só por ADIN ou após providência concreta.
- ato normativo prevalece sobre o ato individual
- ato normativo é revogável em qualquer situação; ato individual deve respeitar direito adquirido.
- ato normativo não pode ser impugnado administrativamente, mas só após providência concreta; ato individual pode ser impugnado desde que praticado.

– **Quanto à formação da vontade**

Atos simples: *decorrem de um órgão, seja ele singular ou colegiado*. Ex.: nomeação feita pelo Prefeito; deliberação de um conselho ou de uma comissão.

Atos complexos: *decorrem de dois ou mais órgãos, em que as vontades se fundem para formar um único ato*. Ex.: decreto do Presidente, com referendo de Ministros.

Atos compostos: *decorrem de dois ou mais órgãos, em que vontade de um é instrumental à vontade de outro, que edita o ato principal*. Aqui existem dois atos pelo menos: um principal e um acessório.

Exs: nomeação do Procurador Geral da República, que depende de prévia aprovação pelo Senado; e atos que dependem de aprovação ou homologação. Não se deve confundir *atos compostos* com *atos de um procedimento*, vez que este é composto de vários atos acessórios, com vistas à produção de um ato principal, a decisão.

– **Quanto aos efeitos**

Ato constitutivo *é aquele em que a Administração cria, modifica ou extingue direito ou situação jurídica do administrado*. Ex: permissão, penalidade, revogação e autorização.

Ato declaratório *é aquele em que a Administração reconhece um direito que já existia*. Ex: admissão, licença, homologação, isenção e anulação.

Ato enunciativo *é aquele em que a Administração apenas atesta dada situação de fato ou de direito*. Não produz efeitos jurídicos diretos. São juízos de conhecimento ou de opinião. Ex: certidões, atestados, informações e pareceres.

– **Quanto à situação de terceiros**

Atos internos são *aqueles que produzem efeitos apenas no interior da Administração*. Ex.: pareceres, informações.

Atos externos *são aqueles que produzem efeitos sobre terceiros*. Nesse caso, dependerão de publicidade para terem eficácia. Ex.: admissão, licença.

– **Quanto à estrutura.**

Atos concretos *são aqueles que dispõem para uma única situação, para um caso concreto*. Ex.: exoneração de um agente público.

Atos abstratos *são aqueles que dispõem para reiteradas e infinitas situações, de forma abstrata*. Ex.: regulamento.

Confira **outros atos administrativos, em espécie**:

– **Quanto ao conteúdo:** a) **autorização**: *ato unilateral, discricionário e precário pelo qual se faculta ao particular, em proveito deste, o uso privativo de bem público ou o desempenho de uma atividade, os quais, sem esse consentimento, seriam legalmente proibidos*. Exs.: autorização de uso de praça para festa beneficente; autorização para porte de arma; b) **licença**: *ato administrativo unilateral e vinculado pelo qual a Administração faculta àquele que preencha requisitos legais o exercício de uma atividade*. Ex.: licença para construir; c) **admissão**: *ato unilateral e vinculado pelo qual se reconhece ao particular que preencha requisitos legais o direito de receber serviço público*. Ex.: aluno de escola; paciente em hospital; programa de assistência social; d) **permissão**: *ato administrativo unilateral, discricionário e precário, pelo qual a Administração faculta ao particular a execução de serviço público ou a utilização privativa de bem público, mediante licitação*. Exs.: permissão para perueiro; permissão para uma banca de jornal. Vale lembrar que, por ser precária, pode ser revogada a qualquer momento, sem direito à indenização; e) **concessão**: *ato bilateral e não precário, pelo qual a Administração* *faculta ao particular a execução de serviço público ou a utilização privativa de bem público, mediante licitação*. Ex.: concessão para empresa de ônibus efetuar transporte remunerado de passageiros. Quanto aos bens públicos, há também a *concessão de direito real de uso*, oponível até ao poder concedente, e a *cessão de uso*, em que se transfere o uso para entes ou órgãos públicos; f) **aprovação**: *ato de controle discricionário*. Vê-se a conveniência do ato controlado. Ex.: aprovação pelo Senado de indicação para Ministro do STF; g) **homologação**: *ato de controle vinculado*. Ex.: homologação de licitação ou de concurso público; h) **parecer**: *ato pelo qual órgãos consultivos da Administração emitem opinião técnica sobre assunto de sua competência*. Podem ser das seguintes espécies: *facultativo* (parecer solicitado se a autoridade quiser); *obrigatório* (autoridade é obrigada a solicitar o parecer, mas não a acatá-lo) e *vinculante* (a autoridade é obrigada a solicitar o parecer e a acatar o seu conteúdo; ex.: parecer médico). Quando um parecer tem o poder de *decidir* um caso, ou seja, quando o parecer é, na verdade, uma decisão, a autoridade que emite esse parecer responde por eventual ilegalidade do ato (ex.: parecer jurídico sobre edital de licitação e minutas de contratos, convênios e ajustes – art. 38, parágrafo único, da Lei 8.666/1993).

- **Quanto à forma:** a) **decreto**: *é a forma de que se revestem os atos individuais ou gerais, emanados do Chefe do Poder Executivo*. Exs.: nomeação e exoneração (atos individuais); regulamentos (atos gerais que têm por objeto proporcionar a fiel execução da lei – art. 84, IV, da CF); b) **resolução e portaria**: *são as formas de que se revestem os atos, gerais ou individuais, emanados de autoridades que não sejam o Chefe do Executivo*; c) **alvará**: *forma pela qual a Administração confere licença ou autorização para a prática de ato ou exercício de atividade sujeita ao poderes de polícia do Estado*. Exs.: alvará de construção (instrumento da licença); alvará de porte de arma (instrumento da autorização).

(OAB/Exame Unificado – 2012.3.B) Determinada área de proteção ambiental, situada em encosta de morro, vinha sendo ocupada, há muitos anos, sem qualquer ato de autorização pelo Poder Público, por alguns particulares, que lá construíram suas residências. José, que desde jovem sofre de problemas respiratórios, agravados pela poluição dos grandes centros urbanos, postula, junto à Administração, licença para construir sua casa nessa área protegida, cercada de verde, na esperança de uma melhor qualidade de vida. A licença não é concedida.

Sobre o caso concreto, assinale a afirmativa correta.

(A) A administração não pode ter comportamentos contraditórios, devendo conceder a licença a José, em nome da segurança jurídica e da confiança legítima, uma vez que há anos tolera ocupação na mesma área por outros particulares.

(B) Ainda que não caiba falar em proibição de comportamento contraditório, o caso apresenta uma ponderação de valores, devendo ser priorizada a proteção a condições dignas de vida em detrimento da proteção ambiental.

(C) O indeferimento por parte do Poder Público foi correto, considerando que a mera tolerância de condutas ilegais por parte da Administração não assegura que outro particular, invocando a isonomia, cometa as mesmas ilegalidades.

(D) Os particulares que já tiverem construído suas casas na encosta protegida possuem direito subjetivo à obtenção de licença para a legalização de suas construções, já que a inação da Administração gerou legítima expectativa de habitação na localidade.

A, B e D: incorretas; o fato de a Administração estar se omitindo em relação à fiscalização de outros particulares não justifica que essa própria Administração, diante de um pedido ilegal feito por outro particular, haja de forma contrária à lei; o princípio da legalidade não convive com esse tipo de situação; o correto é a Administração indeferir o pedido do interessado e tomar medidas em relação aos outros particulares, cabendo representação ao Ministério Público caso a Administração continue se omitindo; vale mencionar que há ilegalidades, como a mencionada no enunciado da questão, que são permanentes, renovando-se a cada dia, não havendo que se falar em segurança jurídica, mormente em situação grave como é a de lesão a bens ambientais, cuja pretensão de reparação ambiental vem, inclusive, sendo considerada imprescritível pela jurisprudência; **C:** correta, pois, conforme mencionado no comentário às demais alternativas, a omissão da Administração na fiscalização de outros particulares não justifica que aquela, diante de um pedido ilegal feito por outro particular, haja de forma contrária à lei, vez que o princípio da legalidade não convive com esse tipo de situação.

Gabarito "C"

(OAB/Exame Unificado – 2011.3.A) A autorização de uso de bem público por particular caracteriza-se como ato administrativo

(A) discricionário e bilateral, ensejando indenização ao particular no caso de revogação pela administração.

(B) unilateral, discricionário e precário, para atender interesse predominantemente particular.

(C) bilateral e vinculado, efetivado mediante a celebração de um contrato com a administração pública, de forma a atender interesse eminentemente público.

(D) discricionário e unilateral, empregado para atender a interesse predominantemente público, formalizado após a realização de licitação.

A: incorreta, pois a autorização é ato *unilateral*, e não *bilateral*; além disso, a autorização é ato *precário*, que, assim, não enseja indenização em caso de revogação pela administração; **B:** correta, pois traz elementos adequados do conceito de autorização, que pode ser definida como o *ato unilateral, discricionário e precário, para atender interesse predominante particular, que faculta a este o uso de bem público*; **C:** incorreta, pois a autorização é ato *unilateral* (e não bilateral) e *discricionário* (e não vinculado); ademais, por não se ato bilateral, não é um contrato; **D:** incorreta, pois a autorização, diferentemente da permissão e da concessão, visa atender a interesse predominantemente *privado* e *não* requer licitação.

Gabarito "B"

(OAB/Exame Unificado – 2011.3.B) A decisão tomada por uma das Câmaras do Conselho de Contribuintes de determinada Administração Estadual é considerada ato

(A) composto, pois resulta da manifestação de mais de um agente público.

(B) complexo, pois depende da manifestação de aprovação, com o relator, de outros agentes.

(C) qualificado, pois importa na constituição da vontade da Administração quanto a matéria específica.
(D) simples, pois resulta da manifestação de vontade de um órgão dotado de personalidade administrativa.

O Conselho de Contribuintes, apesar de ser um órgão colegiado (composto por mais de um agente público), é um órgão só. Portanto, por envolver um órgão só, não é ato *composto*, nem ato *complexo*. Trata-se de um ato *simples*.

Gabarito "D"

(OAB/Exame Unificado – 2009.3) A autorização de uso de bem público por particular caracteriza-se como ato administrativo

(A) unilateral, discricionário e precário, para atender interesse predominantemente particular.
(B) vinculado e bilateral, ensejando indenização ao particular no caso de revogação pela administração.
(C) bilateral, efetivado mediante a celebração de contrato com a administração, de forma a atender interesse eminentemente público.
(D) discricionário e precário, empregado para atender interesse predominantemente público, formalizado após a realização de licitação.

A autorização de uso de bem público, tem, de fato, a definição dada na alternativa "a". A permissão de uso de bem público, por sua vez, também é um ato unilateral, discricionário e precário, porém depende de licitação e é feita no interesse da coletividade também. E a concessão de uso de bem público é ato bilateral (é um contrato), de modo que não é precário, e também depende de licitação.

Gabarito "A"

(OAB/Exame Unificado – 2009.3) De acordo com a classificação dos atos administrativos, constitui ato de gestão

(A) o decreto de regulamentação.
(B) o embargo de obra.
(C) a apreensão de bens.
(D) o negócio contratual.

Atos de gestão são os praticados sem uso de prerrogativas públicas, em igualdade com o particular, na administração de bens e serviços. O único ato que se encaixa nessas características é o mencionado na alternativa "d". Nos demais casos, temos atos de império, em que a administração age no gozo de prerrogativas de autoridade.

Gabarito "D"

(OAB/Exame Unificado – 2009.1) Um ministro de Estado, após o recebimento de parecer opinativo da consultoria jurídica do Ministério que chefia, baixou portaria demitindo determinado servidor público federal. Considerando essa situação hipotética e o conceito de ato administrativo, assinale a opção correta.

(A) O ato opinativo, como o parecer da referida consultoria jurídica, por não produzir efeitos jurídicos imediatos, não é considerado ato administrativo propriamente dito. Dessa forma, será ato administrativo o ato decisório que o acolha ou rejeite, mas não o parecer, que é considerado ato da administração.
(B) O ato de demissão é ilegal por ter sido proferido por autoridade incompetente, haja vista que a delegação de poderes, nessa hipótese, é vedada.
(C) O motivo, na hipótese, é o parecer da consultoria jurídica do Ministério.
(D) O ato de demissão do servidor não é passível de anulação pelo Poder Judiciário, visto que a valoração acerca da existência, ou não, da infração é tema que compete exclusivamente ao Poder Executivo.

O enunciado deixa claro que se trata de um mero parecer opinativo. Assim, não tem caráter decisório, de prescrição de conduta, não se tratando, portanto, de ato administrativo. Caso se tratasse de parecer vinculante, aí, sim, estaríamos diante de ato administrativo, dado o caráter decisório deste.

Gabarito "A"

(OAB/Exame Unificado – 2007.3) Uma indústria farmacêutica pleiteou perante o Instituto Nacional de Propriedade Industrial (INPI) a obtenção de patente de um produto farmacêutico. Após deferimento do pedido de concessão da patente, o procedimento foi encaminhado à Agência Nacional de Vigilância Sanitária (ANVISA) para análise de eventuais riscos à saúde decorrentes da circulação do produto. Com a anuência da ANVISA, ocorreu a exequibilidade da patente. Nessa situação, o ato de concessão da patente é tipicamente um ato administrativo

(A) complexo, uma vez que foi necessária a integração de duas autoridades para sua emissão.
(B) composto, visto que, embora tenha sido expedido pelo INPI, foi condicionado à anuência da ANVISA.
(C) informal, pendente de termo ou condição.
(D) discricionário na emissão, mas vinculado às razões da ANVISA.

Ato composto é aquele em que dois ou mais órgãos praticam dois ou mais atos, sendo que o segundo normalmente é indispensável à exequibilidade do primeiro, justamente a situação que ocorreu no caso em tela.

Gabarito "B"

(OAB/Exame Unificado – 2007.3) Ato ou contrato formal pelo qual a administração pública confere a um particular (pessoa física ou jurídica), normalmente sem prévia licitação, a prerrogativa de exercer certas atividades materiais ou técnicas, em caráter instrumental ou de colaboração com o Poder Público, a título oneroso, remuneradas, na maioria das vezes, diretamente pelos interessados, configura, tipicamente,

(A) autorização não precária.
(B) parceria público-privada.
(C) credenciamento.
(D) licença remunerada.

Um exemplo de credenciamento é o ato que ocorre com as empresas de autoescola, que recebem credenciamento do Poder Público para a prática de certas atividades em colaboração com este (aulas, exames etc.), sem licitação e com cobrança dos interessados.

Gabarito "C"

(OAB/Exame Unificado – 2006.2) A administração pública realiza sua função executiva por meio de atos jurídicos que recebem a denominação especial de atos administrativos. Os atos administrativos que emanam do Poder Legislativo (leis) e do Poder Judiciário (decisões judiciais) podem ser diferenciados por sua natureza, conteúdo e forma. Quando se conceitua ato administrativo como sendo aquele pelo qual o Poder Público controla outro ato da própria administração ou do administrado, aferindo sua legitimidade formal para dar-lhe exequibilidade, faz-se referência ao conceito de

(A) homologação.
(B) visto.
(C) dispensa.
(D) renúncia.

De fato, o visto é um ato que verifica apenas a legitimidade formal de um ato, para dar-lhe exequibilidade; um exemplo é o visto dado por um chefe numa manifestação de seu subordinado.

Gabarito "B".

(FGV – 2010) Os atos administrativos, quanto à intervenção da vontade administrativa, podem ser classificados como atos:

(A) simples.
(B) perfeitos.
(C) consumados.
(D) constitutivos.
(E) gerais.

Quanto à formação da vontade ou à vontade administrativa, os atos podem ser simples, complexos e compostos, daí porque apenas a alternativa "a" traz uma das espécies dessa classificação.

Gabarito "A".

(FGV – 2010) Assinale a alternativa que corresponda a uma característica das resoluções.

(A) As resoluções podem contrariar regimentos.
(B) As resoluções são expedidas somente pelos Chefes do Poder Executivo.
(C) As resoluções podem ser emanadas de órgãos colegiados.
(D) As resoluções individuais não são admitidas, sem exceção.
(E) As resoluções podem produzir efeitos internos ou externos.

As resoluções são as formas de que se revestem os atos, gerais ou individuais, emanados de autoridades que não sejam o Chefe do Executivo. Assim, são exemplos de resoluções atos expedidos por Secretários Estaduais. Tais atos podem ser tanto de efeito interno, como de efeito externo, atingindo terceiros.

Gabarito "E".

(FGV – 2010) Os atos administrativos podem ser objeto de diversas formas de classificação segundo a doutrina, conforme o critério em função do qual sejam agrupados. Assinale a seguir a alternativa que corresponde às espécies em que podem ser classificados os atos, no que concerne ao grau de liberdade da Administração em sua prática:

(A) Constitutivos ou declaratórios.
(B) Ampliativos ou restritivos.
(C) Negociais ou puros.
(D) Concretos ou abstratos.
(E) Discricionários ou vinculados.

A e **B:** incorretas, pois as espécies mencionadas nas duas alternativas se referem à classificação dos atos administrativos quanto aos seus efeitos; **C:** incorreta, pois as espécies mencionadas se referem à classificação dos atos administrativos quanto à existência ou não de declarações de vontade coincidentes da Administração e do particular; **D:** incorreta, pois as espécies mencionadas se referem à classificação dos atos administrativos quanto à estrutura do ato; **E:** correta, pois as espécies mencionadas se contrapõem justamente pela existência ou não de margem de liberdade por parte da Administração.

Gabarito "E".

(FGV – 2010) No que concerne à classificação dos atos administrativos, marque V para as afirmativas verdadeiras e F para as falsas:

I. Pode-se citar como exemplo de ato concreto a exoneração de um funcionário, uma vez que se dispõe para um único e específico caso, esgotando-se nesta única aplicação.
II. Os atos de administração ativa são aqueles que visam a impedir a produção ou a eficácia de atos de administração mediante exame prévio ou posterior da conveniência ou legalidade deles.
III. São atos declaratórios os que afirmam a preexistência de uma situação de fato ou de direito.
IV. Atos em que a vontade administrativa é, de direito, preordenada à obtenção de um resultado jurídico, sendo ela que cria imediatamente os efeitos jurídicos, embora dentro dos quadros legais, são considerados atos administrativos puros.

A sequência está correta em:

(A) V, V, V, V
(B) V, F, F, V
(C) F, V, F, V
(D) F, V, V, F
(E) V, F, V, F

I: verdadeira, pois ato concreto é justamente aquele que dispõe para uma única situação, para um caso concreto, sendo certo que a exoneração de um funcionário refere-se apenas a este funcionário, e não a outras pessoas; **II:** falsa, pois os atos de *administração ativa* são aqueles que criam situação jurídica nova (ex: nomeação de um agente público); no caso, temos atos de *administração controladora* (ex: homologação de uma licitação); há também os atos de *administração consultiva* (ex: parecer), de *administração verificadora* (ex: exame médico) e de *administração contenciosa* (ex: decisões em processos disciplinares); **III:** verdadeira, pois ato declaratório é aquele em que a Administração reconhece situação de fato ou de direito pré-existente; **IV:** falsa, pois atos administrativos puros são apenas aqueles que reconhecem uma dada situação já existente (atos enunciativos), diferente da descrição da afirmativa, que fala em ato que cria efeitos jurídicos (atos constitutivos).

Gabarito "E".

(FGV – 2010) Em relação aos atos administrativos assinale a afirmativa incorreta.

(A) Atos administrativos gerais têm finalidade normativa.
(B) Atos administrativos individuais abrangem somente um indivíduo.
(C) Atos administrativos de império expressam o poder de coerção do Estado.
(D) Atos administrativos de gestão são os que a Administração pratica sem usar sua supremacia sobre os destinatários.
(E) Atos regrados são aqueles para os quais a lei estabelece os requisitos e condições de sua realização.

A única alternativa que traz afirmação incorreta é "b", pois atos individuais são aqueles que atingem pessoas determinadas, o que não significa que atinge uma só pessoa. Por exemplo, a demissão de dois servidores processados administrativamente por infração disciplinar é ato individual, mesmo envolvendo dois indivíduos.

Gabarito "B".

(FGV – 2010) A licença é um ato administrativo da espécie:

(A) normativa.
(B) negocial.
(C) ordinatória.
(D) enunciativa.
(E) punitiva.

A: incorreta, pois a licença é um ato concreto, e não abstrato; **B:** correta, pois o ato negocial é a declaração de vontade estatal coincidente com pretensão do particular; no caso, o particular pede a licença e a Administração a concede, preenchidos os requisitos legais, daí porque temos ato negocial; um exemplo de licença é a *licença para construir*,

C: incorreta, pois atos ordinatórios são aqueles que disciplinam o funcionamento da Administração e a conduta funcional de seus agentes, situação que não guarda relação com a licença; **D:** incorreta, pois atos enunciativos são aqueles que apenas atestam situações já existentes; no caso, a licença é ato constitutivo de direitos, e não enunciativo de direitos; **E:** incorreta, pois a licença não é um ato de punição, como claramente se verifica do exemplo dado, em que o próprio particular pede autorização para construir.

Gabarito "B"

(FGV – 2009) Uma autorização para exploração de jazida, quanto aos efeitos, é exemplo de ato administrativo:

(A) negocial.
(B) constitutivo.
(C) externo.
(D) concreto.
(E) declaratório.

Ato constitutivo é aquele em que a Administração cria, modifica ou extingue direito ou situação jurídica do administrado. São exemplos a permissão, a penalidade, a revogação e a autorização, inclusive a de exploração de jazida.

Gabarito "B"

(FGV – 2008) O silêncio da Administração em atender a requerimento formulado constitui um ato:

(A) constitutivo.
(B) desconstitutivo.
(C) ordinatório.
(D) declaratório.
(E) enunciativo.

O silêncio não deixa de ser uma declaração de vontade, ainda que tácita. Por isso, é um ato declaratório. O que não se pode dizer é que o silêncio constitui, desconstitui ou enuncia algo, muito menos que se trata de ato ordinatório, que é aquele que disciplina o funcionamento da Administração e a conduta funcional de seus agentes.

Gabarito "D"

(FGV – 2008) O alvará para licença de construção de imóvel consubstancia um ato:

(A) normativo.
(B) ordinatório.
(C) enunciativo.
(D) negocial.
(E) punitivo.

A licença para construir é um ato negocial, pois importa justamente em declaração de vontade coincidente com a pretensão do particular. O fato de o particular pedir para construir e a Administração concordar revela que houve declarações de vontade coincidentes entre esta e aquele, traduzindo-se num verdadeiro ato negocial.

Gabarito "D"

(FGV – 2008) Entre os atos administrativos a seguir, aquele que se caracteriza como ato constitutivo é:

(A) a isenção.
(B) a aplicação de penalidade.
(C) o parecer.
(D) a anulação.
(E) o atestado.

Ato constitutivo é aquele em que a Administração cria, modifica ou extingue direito ou situação jurídica do administrado. São exemplos a permissão, a penalidade, a revogação e a autorização.

Gabarito "B"

(FGV – 2008) Os pareceres jurídicos emitidos sobre editais de licitação possuem caráter:

(A) opinativo.
(B) discricionário.
(C) vinculativo.
(D) facultativo.
(E) orientador.

Quando um parecer tem poder de decidir um caso, ou seja, quando o parecer, na verdade, é uma decisão administrativa, a autoridade que emite esse parecer responde por eventual ilegalidade do ato, não se enquadrando o ato na categoria dos pareceres meramente opinativos, facultativos e orientadores, mas sim nas categorias dos pareceres vinculantes ou das decisões administrativas. Segundo o STF, o parecer jurídico sobre editais de licitação e minutas de contratos, convênios e ajustes, previsto no art. 38 da Lei 8.666/1993, é um parecer vinculante (uma decisão), pois a lei dispõe que tais instrumentos devem ser aprovados pelo setor jurídico, e não que haverá mera opinião desse setor.

Gabarito "C"

3.3. DISCRICIONARIEDADE E VINCULAÇÃO

(OAB/Exame Unificado – 2010.2) No âmbito do Poder discricionário da Administração Pública, não se admite que o agente público administrativo exerça o Poder discricionário

(A) quando estiver diante de conceitos legais e jurídicos parcialmente indeterminados, que se tornam determinados à luz do caso concreto e à luz das circunstâncias de fato.
(B) quando estiver diante de conceitos legais e jurídicos técnico científicos, sendo, neste caso, limitado às escolhas técnicas, por óbvio possíveis.
(C) quando estiver diante de conceitos valorativos estabelecidos pela lei, que dependem de concretização pelas escolhas do agente, considerados o momento histórico e social.
(D) em situações em que a redação da Lei se encontra insatisfatória ou ultrapassada.

A: A examinadora considerou incorreta esta alternativa, entendendo que, mesmo nesse caso, poder-se-ia falar em discricionariedade, por haver conceito legal parcialmente indeterminado; todavia, em nossa opinião, essa alternativa está correta, pois a discricionariedade "é a margem de liberdade que *remanescer* ao agente público depois de verificados os aspectos de legalidade e os *contornos do caso concreto*"; na situação narrada, o colorido do caso concreto retirou totalmente a margem de liberdade do agente público, de modo que não haverá discricionariedade no caso; por exemplo, um Prefeito tem margem de liberdade para decidir se vai ou não investir no combate à dengue, pois há outras prioridades de saúde pública igualmente relevantes; todavia, caso haja uma epidemia de grandes proporções na cidade, essa circunstância *fática* retira a discricionariedade do Prefeito em investir ou não no combate à dengue, determinando que o Chefe do Executivo haja nesse sentido; Celso Antônio Bandeira de Mello assevera que "haverá casos em que pessoas sensatas, equilibradas, normais, serão todas concordes em que só um dado ato – e não outro – atenderia à finalidade da lei invocada; ou, então, assentirão apenas em que, de todo modo, determinado ato, com certeza objetiva, não a atenderia. Segue-se que, em hipóteses deste jaez, se a Administração agir de maneira diversa, evidentemente terá descumprido a finalidade legal. Por isso não lhe aproveitará invocar a norma atributiva da discrição, pois, consoante se disse, a discrição na regra de Direito é condição necessária, mas não suficiente para configurá-la quando da prática do ato. A discricionariedade do ato só existe in concreto, ou seja, perante o quadro da realidade fática com suas feições polifacéticas, pois foi em função disto que a lei se compôs de maneira a obrigá-la" (*Curso de Direito*

Administrativo, 24. ed., p. 424); **B:** incorreta, pois os conceitos técnicos enunciados na lei podem ter conteúdo vago e fluído, podendo o agente público estar diante de discricionariedade; **C:** incorreta, pois *conceitos valorativos*, por definição, são vagos e fluídos (ex: conceito de moralidade administrativa), ensejando, então, discricionariedade; **D:** A examinadora considerou correta esta alternativa, entendendo que, mesmo que a lei esteja ultrapassada, o agente público deve aplicá-la; no entanto, entendemos que a alternativa está incorreta, pois, nessas situações, o agente público deverá fazer a interpretação da lei visando aplicá-la segundo as exigências do bem comum (art. 5º da Lei de Introdução às normas do Direito Brasileiro – LINDB), conceito esse (de "bem comum") vago e que gera discricionariedade; além disso, caso o agente público esteja diante de lacunas *axiológica* ou *ontológica* (lacunas típicas das situações de norma injusta e norma ultrapassada), este deverá integrar a lei, nos termos do art. 4º da LINDB, sendo certo que, nos dois casos, o agente atuará com discricionariedade, pois a utilização da analogia, dos costumes e dos princípios gerais do direito envolve apreciação de elementos de ordem subjetiva, não se tratando de competência matemática, vinculada.

Gabarito "D"

(OAB/Exame Unificado – 2007.3) Encontra-se sedimentado o entendimento de que ao Poder Judiciário é defeso apreciar o mérito dos atos administrativos, limitando sua atuação quanto à aferição dos aspectos relativos à sua legalidade. A esse respeito, assinale a opção correta.

(A) A garantia constitucional de que ninguém será obrigado a deixar de fazer algo senão em virtude de lei assegura ao administrador público ilimitada discricionariedade na escolha dos critérios de conveniência e oportunidade nos casos de anomia.

(B) Embora discricionariedade e arbitrariedade sejam espécies do mesmo gênero e, portanto, legítimas, apenas a segunda é passível de controle de legalidade em sentido estrito.

(C) O abuso de poder e a arbitrariedade têm como traço de distinção o fato de que aquele se sujeita ao controle judicial e esta, somente à revisão administrativa.

(D) Não há discricionariedade *contra legem*.

A: incorreta. O administrador público só pode fazer o que a lei determinar ou permitir; a garantia de que trata a primeira parte da afirmativa vale para os particulares (art. 5º, II, da CF), e não para o agente público (art. 37, *caput*, da CF); **B:** incorreta. A arbitrariedade não é legítima num Estado de Direito (art. 1º, *caput*, da CF); **C:** incorreta. Tanto o abuso de poder como a arbitrariedade estão sujeitos ao controle jurisdicional; **D:** correta. De fato, a discricionariedade é sempre dentro da lei, é sempre uma margem de liberdade ditada pela lei, e não contra a lei.

Gabarito "D"

(OAB/Exame Unificado – 2007.1) Acerca dos atos administrativos, assinale a opção correta.

(A) A demolição de uma casa pela administração é considerada ato administrativo discricionário, segundo doutrina dominante.

(B) Um parecer opinativo acerca de determinado assunto emitido pela consultoria jurídica de órgão da administração pública não é considerado, por parte da melhor doutrina, ato administrativo, mas sim ato da administração.

(C) O lançamento tributário de determinado tributo pela administração tributária é ato administrativo vinculado, mas não é dotado de presunção de legitimidade e veracidade, já que o fiscal deve demonstrar, na ação executiva fiscal, a veracidade e a legitimidade de seu ato, sob pena de nulidade.

(D) Considere que um servidor público municipal, ocupante do cargo efetivo de motorista, tenha colidido a viatura oficial em um poste, e que, responsabilizado pelo acidente, tenha sido comunicado dos danos causados e do valor a ser pago. Nessa situação, diante da força autoexecutória dos atos administrativos, o Município não precisa ingressar com ação de reparação de danos.

A: incorreta. A demolição nem sequer é ato administrativo; trata-se de fato administrativo; **B:** correta. De fato, para que um ato seja ato administrativo é necessário que contenha um comando, uma prescrição de conduta, o que não ocorre num ato meramente opinativo; **C:** incorreta. Todo ato administrativo é dotado de presunção de legitimidade e veracidade; e mais, execução fiscal não é ação de conhecimento; **D:** incorreta. O Município deve ingressar com ação de regresso para esse fim, pois não tem competência para condenar civilmente um servidor.

Gabarito "B"

(OAB/Exame Unificado – 2006.1) Julgue os seguintes itens, referentes a atos administrativos.

I. Ato vinculado ou regrado é aquele para cuja realização a lei estabelece requisitos e condições.

II. Ato discricionário pode ser praticado pela administração com liberdade de escolha de seu conteúdo, de seu destinatário, de sua conveniência, de sua oportunidade e do modo de sua realização.

III. Ato nulo é aquele que a administração, e somente ela, pode invalidar, por motivo de conveniência, oportunidade ou justiça.

IV. Ato revogável é o que nasce afetado de vício insanável por ausência ou defeito substancial em seus elementos constitutivos ou em seu procedimento formativo.

Estão certos apenas os itens

(A) I e II.

(B) I e III.

(C) II e IV.

(D) III e IV.

I: correta. De fato, os atos regrados ou vinculados são aqueles que a lei estabelece objetivamente as condições de seu exercício; **II:** correta. De fato, os atos discricionários são aqueles que conferem margem de liberdade à administração; **III:** incorreta. Os atos nulos podem ser invalidados pela administração ou pelo Judiciário, e o critério para a anulação é a ilegalidade e não a inconveniência; **IV:** incorreta. Ato revogável é aquele que nasce conforme a lei (sem vícios), mas que, por um fato novo, fica inconveniente.

Gabarito "A"

(OAB/Exame Unificado – 2004.ES) Atos administrativos discricionários

(A) podem ser anulados por motivo de conveniência e oportunidade.

(B) são sujeitos a controle judicial.

(C) não podem ser revogados de ofício.

(D) não se submetem ao princípio da motivação.

A: incorreta. Atos discricionários são revogados (e não anulados) por motivo de conveniência e oportunidade; **B:** correta. De fato, os atos discricionários são sujeitos a controle judicial, mas somente quanto aos aspectos de legalidade, moralidade e razoabilidade; **C:** incorreta. Os atos discricionários podem ser revogados de ofício; **D:** incorreta. Todos os atos administrativos devem ser motivados, principalmente os discricionários, pois nestes o administrador tem de explicar bem as razões que utilizou para a sua prática.

Gabarito "B"

(FGV – 2008) Assinale a alternativa correta.

(A) Em virtude de aspectos subjetivos da discricionariedade, é vedado ao Poder Judiciário apreciar a legalidade ou não dos atos discricionários.

(B) A discricionariedade implica o poder do administrador público de optar por determinada conduta, após valoração da conveniência e oportunidade administrativas.

(C) A atividade discricionária é suscetível de revogação, quando assim o entenda a Administração, mas há impedimento a que sobre ela se aplique a anulação.

(D) Ainda que haja certo grau de subjetividade na prática de atos discricionários, o motivo, a competência e o objeto são sempre elementos vinculados.

(E) Somente no Poder Executivo pode o administrador atuar com discricionariedade administrativa, e assim mesmo no exercício da função típica de gestão dos interesses públicos.

A: incorreta, pois o Judiciário pode, sim, apreciar a legalidade dos atos discricionários; **B:** correta, pois a discricionariedade, de fato, confere margem de liberdade para o administrador definir a conduta que melhor atende ao interesse público; **C:** incorreta, pois os atos discricionários podem ser tanto revogados (quando se tornarem inconvenientes), como anulados (quando forem ilegais); **D:** incorreta, pois a doutrina entende que a *competência*, a *forma* e a *finalidade* são sempre elementos vinculados; **E:** incorreta, pois também há Administração Pública no âmbito dos Poderes Legislativo e Judiciário, de modo que nestes Poderes também são expedidos atos administrativos vinculados e discricionários.

Gabarito "B"

(FGV – 2006) Qual dos elementos a seguir se afigura irrelevante para a eficácia de ato administrativo vinculado?

(A) Motivo.

(B) Competência.

(C) Objeto.

(D) Mérito.

(E) Forma.

Ato vinculado é aquele em que a administração não tem margem de liberdade, ou seja, é aquele em que a Administração tem apenas uma opção de atuação. Assim, nos atos vinculados está tudo regrado, ou seja, não há margem para o mérito (para a margem de liberdade). Assim, a expressão mérito está deslocada, pois os atos vinculados não têm mérito, não tem margem de liberdade.

Gabarito "D"

3.4. EXTINÇÃO DO ATO ADMINISTRATIVO

Segue resumo acerca das formas de extinção dos atos administrativos

- **Cumprimento de seus efeitos:** como exemplo, temos a autorização da Prefeitura para que seja feita uma festa na praça de uma cidade. Este ato administrativo se extingue no momento em que a festa termina, uma vez que seus efeitos foram cumpridos.
- **Desaparecimento do sujeito ou do objeto sobre o qual recai o ato:** morte de um servidor público, por exemplo.
- **Contraposição:** *extinção de um ato administrativo pela prática de outro antagônico em relação ao primeiro*. Ex.: com o ato de exoneração do servidor público, o ato de nomeação fica automaticamente extinto.
- **Renúncia:** extinção do ato por vontade do beneficiário deste.
- **Cassação:** *extinção de um ato que beneficia um particular por este não ter cumprido os deveres para dele continuar gozando*. Não se confunde com a revogação – que é a extinção do ato por não ser mais conveniente ao interesse público. Também difere da anulação – que é a extinção do ato por ser nulo. Como exemplo desse tipo de extinção tem-se a permissão para banca de jornal se instalar numa praça, cassada porque seu dono não paga o preço público devido; ou a autorização de porte de arma de fogo, cassada porque o beneficiário é detido ou abordado em estado de embriaguez ou sob efeito de entorpecentes (art. 10, § 2º, do Estatuto do Desarmamento – Lei 10.826/2003).
- **Caducidade.** *Extinção de um ato porque a lei não mais o permite*. Trata-se de extinção por invalidade ou ilegalidade *superveniente*. Exs.: autorização para condutor de perua praticar sua atividade que se torna caduca por conta de lei posterior não mais permitir tal transporte na cidade; autorizações de porte de arma que caducaram 90 dias após a publicação do Estatuto do Desarmamento, conforme reza seu art. 29.
- **Revogação.** *Extinção de um ato administrativo legal ou de seus efeitos por outro ato administrativo, efetuada somente pela Administração, dada a existência de fato novo que o torne inconveniente ou inoportuno, respeitando-se os efeitos precedentes* (efeito "ex nunc"). Ex.: permissão para a mesma banca de jornal se instalar numa praça, revogada por estar atrapalhando o trânsito de pedestres, dado o aumento populacional, não havendo mais conveniência na sua manutenção.

  O **sujeito ativo da revogação** é a *Administração Pública*, por meio da autoridade administrativa competente para o ato, podendo ser seu superior hierárquico. O Poder Judiciário nunca poderá revogar um ato administrativo, já que se limita a apreciar aspectos de legalidade (o que gera a anulação), e não de conveniência, salvo se tratar de um ato administrativo da Administração Pública dele, como na hipótese em que um provimento do próprio Tribunal é revogado.

  Quanto ao tema **objeto da revogação,** tem-se que este recai sobre o ato administrativo ou relação jurídica deste decorrente, salientando-se que o ato administrativo deve ser válido, pois, caso seja inválido, estaremos diante de hipótese que enseja anulação. Importante ressaltar que não é possível *revogar* um ato administrativo já extinto, dada a falta de utilidade em tal proceder, diferente do que se dá com a *anulação* de um ato extinto, que, por envolver a retroação de seus efeitos (a invalidação tem efeitos "ex tunc"), é útil e, portanto, possível.

  O **fundamento da revogação** é a *mesma regra de competência que habilitou o administrador à prática do ato que está sendo revogado*, devendo-se lembrar que só há que se falar em revogação nas hipóteses de ato discricionário.

  Já o **motivo da revogação** é a *inconveniência ou inoportunidade* da manutenção do ato ou da relação jurídica gerada por este. Isto é, o administrador público faz apreciação ulterior e conclui pela necessidade da revogação do ato para atender ao interesse público.

Quanto aos **efeitos da revogação**, esta suprime o ato ou seus efeitos, mas respeita os efeitos que já transcorreram. Trata-se, portanto, de eficácia "ex nunc".

Há **limites ao poder de revogar.** São atos irrevogáveis os seguintes atos: os que a lei assim declarar; os atos já exauridos, ou seja, que cumpriram seus efeitos; os atos vinculados, já que não se fala em conveniência ou oportunidade neste tipo de ato, em que o agente só tem uma opção; os meros ou puros atos administrativos (exs.: certidão, voto dentro de uma comissão de servidores); os atos de controle; os atos complexos (praticados por mais de um órgão em conjunto); e atos que geram direitos adquiridos. Os atos gerais ou regulamentares são, por sua natureza, revogáveis a qualquer tempo e em quaisquer circunstâncias, respeitando-se os efeitos produzidos.

– **Anulação (invalidação):** *extinção do ato administrativo ou de seus efeitos por outro ato administrativo ou por decisão judicial, por motivo de ilegalidade, com efeito retroativo* ("ex tunc"). Ex.: anulação da permissão para instalação de banca de jornal em bem público por ter sido conferida sem licitação.

O **sujeito ativo da invalidação** pode ser tanto o *administrador público* como o *juiz*. A Administração Pública poderá invalidar de ofício ou a requerimento do interessado. O Poder Judiciário, por sua vez, só poderá invalidar por provocação ou no bojo de uma lide. A possibilidade de o Poder Judiciário anular atos administrativos decorre do fato de estarmos num Estado de Direito (art. 1º, CF), em que a lei deve ser obedecida por todos, e também por conta do princípio da inafastabilidade da jurisdição ("a lei não poderá excluir da apreciação do Poder Judiciário lesão ou ameaça de lesão a direito" – art. 5º, XXXV) e da previsão constitucional do mandado de segurança, do "habeas data" e da ação popular.

O **objeto da invalidação** é o ato administrativo inválido ou os efeitos de tal ato (relação jurídica).

Seu **fundamento** é o dever de obediência ao princípio da legalidade. Não se pode conviver com a ilegalidade. Portanto, o ato nulo deve ser invalidado.

O **motivo da invalidação** é a *ilegalidade* do ato e da eventual relação jurídica por ele gerada. Hely Lopes Meirelles diz que o *motivo da anulação* é a *ilegalidade ou ilegitimidade* do ato, diferente do *motivo da revogação*, que é a inconveniência ou inoportunidade.

Quanto ao **prazo** para se efetivar a invalidação, o art. 54 da Lei 9.784/1999 dispõe *"O direito da Administração de anular os atos administrativos de que decorram efeitos favoráveis para os destinatários decai em 5 (cinco) anos, contados da data em que foram praticados, salvo comprovada má-fé"*. Perceba-se que tal disposição só vale para atos administrativos em geral de que decorram efeitos favoráveis ao agente (ex.: permissão, licença) e que tal decadência só aproveita ao particular se este estiver de boa-fé. A regra do art. 54 contém ainda os seguintes parágrafos: § 1º: *"No caso de efeitos patrimoniais contínuos, o prazo de decadência contar-se-á da percepção do primeiro pagamento"*; § 2º: *"Considera-se exercício do direito de anular qualquer medida de autoridade administrativa que importe impugnação à validade do ato"*.

No que concerne aos **efeitos da invalidação,** como o ato nulo já nasce com a sanção de nulidade, a declaração se dá retroativamente, ou seja, com efeito "ex tunc". Invalidam-se as consequências passadas, presentes e futuras do ato. Do ato ilegal não nascem direitos. A anulação importa no desfazimento do vínculo e no retorno das partes ao estado anterior. Tal regra é atenuada em face dos terceiros de boa-fé. Assim, a anulação de uma nomeação de um agente público surte efeitos em relação a este (que é parte da relação jurídica anulada), mas não em relação aos terceiros que sofreram consequências dos atos por este praticados, desde que tais atos respeitem a lei quanto aos demais aspectos.

(OAB/Exame Unificado – 2015.2) Manoel da Silva é comerciante, proprietário de uma padaria e confeitaria de grande movimento na cidade ABCD. A fim de oferecer ao público um serviço diferenciado, Manoel formulou pedido administrativo de autorização de uso de bem público (calçada), para a colocação de mesas e cadeiras. Com a autorização concedida pelo Município, Manoel comprou mobiliário de alto padrão para colocá-lo na calçada, em frente ao seu estabelecimento. Uma semana depois, entretanto, a Prefeitura revogou a autorização, sem apresentar fundamentação. A respeito do ato da prefeitura, que revogou a autorização, assinale a afirmativa correta.

(A) Por se tratar de ato administrativo discricionário, a autorização e sua revogação não podem ser investigadas na via judicial.

(B) A despeito de se tratar de ato administrativo discricionário, é admissível o controle judicial do ato.

(C) A autorização de uso de bem público é ato vinculado, de modo que, uma vez preenchidos os pressupostos, não poderia ser negado ao particular o direito ao seu uso, por meio da revogação do ato.

(D) A autorização de uso de bem público é ato discricionário, mas, uma vez deferido o uso ao particular, passa-se a estar diante de ato vinculado, que não admite revogação.

A: incorreta, pois os atos discricionários podem sim ser objeto de controle jurisdicional, que se dá quanto aos aspectos de legalidade, razoabilidade e moralidade do ato administrativo; **B:** correta, pois, como mencionado, os atos discricionários podem ser objeto de controle do Judiciário quanto aos seus aspectos de legalidade, razoabilidade e moralidade; **C** e **D:** incorretas, pois a autorização de uso de bem público é ato *discricionário* (portanto, não vinculado) e *precário* (portanto, passível de revogação a qualquer tempo).

Gabarito "B".

(OAB/Exame Unificado – 2011.2) A revogação representa uma das formas de extinção de um ato administrativo. Quanto a esse instituto, é correto afirmar que

(A) pode se dar em relação aos atos vinculados ou discricionários, produzindo ora efeito *ex tunc*, ora efeito *ex nunc*.
(B) pode se dar tanto em relação a atos viciados de ilegalidade ou não, desde que praticados dentro de uma competência discricionária.
(C) produz efeitos retroativos, retirando o ato do mundo, de forma a nunca ter existido.
(D) apenas pode se dar em relação aos atos válidos, praticados dentro de uma competência discricionária, produzindo efeitos *ex nunc*.

A: incorreta, pois a revogação só incide sobre atos discricionários, não atingindo atos vinculados; ademais, a revogação tem sempre efeito *ex nunc*, e não *ex tunc*; **B:** incorreta, pois quando um ato é viciado de ilegalidade, deve-se anular, e não revogar o ato; ou seja, a anulação é prejudicial em relação à revogação; se couber a primeira, não se fala na segunda; **C:** incorreta, pois a revogação tem efeito *ex nunc*, ou seja, não retroativo, ao contrário da anulação, que tem efeito *ex tunc*, ou seja, retroativo; **D:** correta, pois a revogação incide sobre atos válidos (= a não ilegais) e discricionários, e tem efeito *ex nunc*.

Gabarito "D"

(OAB/Exame Unificado – 2011.1) Em âmbito federal, o direito de a Administração Pública anular atos administrativos eivados de vício de ilegalidade, dos quais decorram efeitos favoráveis para destinatários de boa-fé

(A) decai em 5 (cinco) anos, contados da data em que praticado o ato.
(B) não se submete a prazo prescricional.
(C) prescreve em 10 (dez) anos, contados da data em que praticado o ato.
(D) não se submete a prazo decadencial.

De fato, o art. 54, *caput*, da Lei 9.784/1999 dispõe que o prazo decadencial para anular atos que beneficiam alguém de boa-fé é de 5 anos, contados da data em que praticado o ato. Apesar se a alternativa "a" ser a "mais correta", a afirmativa está incompleta, pois, no caso de atos com efeitos patrimoniais contínuos, o prazo decadencial contar-se-á da percepção do primeiro pagamento (art. 54, § 1º, da Lei 9.784/1999).

Gabarito "A"

(OAB/Exame Unificado – 2010.3) O prefeito de um determinado município resolve, por decreto municipal, alterar unilateralmente as vias de transporte de ônibus municipais, modificando o que estava previsto nos contratos de concessão pública de transportes municipais válidos por vinte anos. O objetivo do prefeito foi favorecer duas empresas concessionárias específicas, com que mantém ligações políticas e familiares, ao lhes conceder os trajetos e linhas mais rentáveis. As demais três empresas concessionárias que também exploram os serviços de transporte de ônibus no município por meio de contratos de concessão sentem-se prejudicadas. Na qualidade de advogado dessas últimas três empresas, qual deve ser a providência tomada?

(A) Ingressar com ação judicial, com pedido para que os benefícios concedidos às duas primeiras empresas também sejam extensivos às três empresas clientes.
(B) Ingressar com ação judicial, com pedido de indenização em face do Município pelos prejuízos de ordem financeira causados.
(C) Nenhuma medida merece ser tomada na hipótese, tendo em vista que um dos poderes conferidos à Administração Pública nos contratos de concessão é a modificação unilateral das suas cláusulas.
(D) Ingressar com ação judicial, com pedido de liminar para que o Poder Judiciário exerça o controle do ato administrativo expedido pelo prefeito e decrete a sua nulidade ou suspensão imediata, já que eivado de vício e nulidade, por configurar ato fraudulento e atentatório aos princípios que regem a Administração Pública.

Numa concessão de serviço público há dois elementos marcantes, quais sejam: a) cláusulas regulamentares, consistentes no regulamento do serviço (ex: linhas dos ônibus, horário de prestação de serviço etc.); b) cláusulas contratuais, consistentes nos valores que serão recebidos pelas empresas concessionárias de serviço público. A Administração Pública não pode alterar o equilíbrio das cláusulas contratuais. Porém, pode alterar as cláusulas regulamentares, pois estas devem ser alteradas de acordo com as exigências do interesse público. O problema é que o enunciado da questão revela que as alterações feitas tiveram motivação diversa das exigências do interesse público. As alterações foram feitas com o intuito de favorecer empresas concessionárias específicas. Assim sendo, violaram, no mínimo, os princípios da legalidade, da moralidade e da impessoalidade, tratando-se de alterações nulas. Diante de atos ilegais, é cabível, tão somente, o pedido judicial de anulação de tais atos, pedido esse que deve ser acompanhado de requerimento de liminar, para a suspensão imediata dos efeitos do ato impugnado.

Gabarito "D"

(OAB/Exame Unificado – 2010.1) Assinale a opção correta no que se refere à revogação dos atos administrativos.

(A) A revogação do ato administrativo produz efeitos *ex tunc*.
(B) Atos vinculados não podem ser objeto de revogação.
(C) A revogação pode atingir certidões e atestados.
(D) Atos que gerarem direitos adquiridos poderão ser revogados.

A: incorreta. A revogação do ato administrativo produz efeitos *ex nunc*. Doutrina: Maria Sylvia Zanella Di Pietro. **Direito administrativo**. 22. ed., p. 249; **B:** correta. Os atos vinculados não podem ser objeto de revogação porque não possuem margem de discricionariedade, ou seja, não há aspectos relativos à oportunidade e conveniência. Doutrina: *Idem, ibidem*; **C:** incorreta. A revogação não pode atingir tais atos (certidões, atestados etc.), já que os efeitos deles decorrentes são oriundos de lei e dizem respeito a situações fáticas imodificáveis pela vontade da Administração Pública. Doutrina: *Idem, ibidem*, p. 250; **D:** incorreta. Tais atos não podem ser revogados (o juízo de conveniência e oportunidade da administração não pode atingir os direitos adquiridos). Doutrina: *Idem, ibidem*.

Gabarito "B"

(OAB/Exame Unificado – 2009.3) Acerca das modalidades de extinção dos atos administrativos, assinale a opção correta.

(A) A revogação configura modalidade de extinção cuja retirada ocorre por motivos de conveniência, oportunidade e ilegalidade.
(B) A renúncia é modalidade de extinção por meio da qual são extintos os efeitos do ato por motivos de interesse público.
(C) A cassação configura modalidade de extinção em que a retirada decorre de razões de oportunidade e de conveniência.

(D) A caducidade configura modalidade de extinção em que ocorre a retirada por ter sobrevindo norma jurídica que tornou inadmissível situação antes permitida pelo direito e outorgada pelo ato precedente.

A: incorreta. A revogação se dá por motivo de conveniência e oportunidade, e não por motivo de ilegalidade; esta é motivo para a *anulação* do ato administrativo, e não para a *revogação* deste; **B:** incorreta. A renúncia é a extinção do ato administrativo feita a pedido do beneficiário do ato; **C:** incorreta. A cassação é a extinção do ato administrativo pelo descumprimento, pelo particular, dos requisitos para continuar se beneficiando do ato; **D:** correta. O conceito de caducidade está correto; outro conceito possível é aquele pelo qual a caducidade é a extinção de um ato administrativo pela ilegalidade superveniente que atinge este.

Gabarito "D"

(OAB/Exame Unificado – 2008.3) Maria, servidora pública aposentada há 15 anos, teve suspenso o pagamento de seus proventos por decisão da administração pública, que não a notificou previamente para se defender. A servidora, por meio de seu advogado, requereu, administrativamente, o pagamento de seus proventos, tendo em vista a ilegalidade da suspensão, ante a evidente ausência de contraditório e ampla defesa. A administração pública negou o pedido e manteve a suspensão do pagamento da aposentadoria de Maria, que, então, ajuizou uma ação com pedido liminar perante o Poder Judiciário, pleiteando a anulação do ato administrativo e o restabelecimento do seu direito. No Poder Judiciário, a liminar requerida pela servidora foi negada, e o processo judicial teve seguimento normal. Antes que o processo judicial chegasse a seu término, e antes mesmo de proferida a sentença final, a administração anulou o ato administrativo que suspendera o pagamento dos proventos a Maria, restabelecendo-o.

Com base nessa situação hipotética, assinale a opção correta.

(A) O ato de anulação praticado pela administração pública foi inadequado, pois cabível seria a revogação do ato de suspensão dos proventos de Maria.
(B) A possibilidade de apreciação judicial do ato denota a perda do poder de autotutela da administração pública.
(C) A conduta da administração pública não afronta o princípio da separação dos poderes, pois, mesmo diante da não concessão da liminar – o que trazia à administração pública uma situação processual favorável –, é possível a ela rever seus próprios atos quando eivados de vícios, ainda que estejam sendo discutidos judicialmente.
(D) Ainda que houvesse decisão, transitada em julgado, declarando a legalidade do ato de suspensão do pagamento dos proventos de Maria, poderia a administração pública, de acordo com o princípio da independência das instâncias, anular ou revogar o ato administrativo que suspendera o pagamento da aposentadoria da servidora.

A: incorreta. A falta de contraditório e ampla defesa, por si só, tornava o ato ilegal; diante de atos *ilegais*, deve-se proceder à anulação, e não à revogação, pois esta é própria dos atos *inconvenientes*; **B:** incorreta. O poder de autotutela é o poder de a própria Administração anular e revogar os seus atos, *independentemente* de apreciação judicial; **C** e **D:** De fato, pelo princípio da autotutela, a Administração pode rever os seus atos a qualquer tempo, a não ser que já haja coisa julgada sobre o assunto.

Gabarito "C"

(OAB/Exame Unificado – 2008.2) Assinale a opção incorreta no que se refere à revogação de atos administrativos.

(A) Os atos discricionários são, via de regra, suscetíveis de revogação.
(B) Os atos que exauriram seus efeitos podem ser revogados, desde que motivadamente.
(C) Ao Poder Judiciário é vedado revogar atos administrativos emanados do Poder Executivo.
(D) Os atos que geram direitos adquiridos não podem ser revogados.

A: correta. Só atos discricionários podem ser revogados, pois os atos vinculados são aqueles em que somente há uma opção para o agente público; **B:** incorreta (devendo ser assinalada). Quando um ato exaure (cumpre) seus efeitos, ele fica extinto, de modo que não mais é passível de revogação; **C:** correta. O Poder Judiciário só pode anular atos do Executivo, e não revogar, pois a revogação importa em análise de conveniência e oportunidade administrativas; **D:** correta. Atos que geram direitos adquiridos não podem ser revogados (art. 5º, XXXVI, da CF).

Gabarito "B"

(OAB/Exame Unificado – 2008.2) Acerca da competência revogatória da administração pública, assinale a opção correta.

(A) Na ausência de dispositivo legal que regule a matéria, no exercício das funções administrativas, a competência para revogar um ato administrativo é sempre da autoridade que o tenha praticado.
(B) Ao Poder Judiciário não se reconhece competência para revogar atos administrativos.
(C) O exercício da competência revogatória é decorrência do princípio da publicidade dos atos administrativos.
(D) A competência revogatória pode ser exercida mesmo após a consumação e o exaurimento dos efeitos do ato administrativo praticado.

A: incorreta. Um ato pode ser revogado pela autoridade que o tenha praticado ou pela autoridade superior na hierarquia; **B:** correta. O Judiciário só pode revogar seus próprios atos, e não atos dos outros poderes; **C:** incorreta. A revogação é expressão do princípio do interesse público, e não da publicidade; **D:** incorreta. Um ato só pode ser revogado enquanto ainda existir; se o ato já foi extinto por consumação ou exaurimento, não há possibilidade de ser revogado.

Gabarito "B"

(OAB/Exame Unificado – 2007.2) Em relação aos atos administrativos, assinale a opção correta.

(A) Os atos de gestão são os que a administração pratica no exercício do seu poder supremo sobre os particulares.
(B) A presunção de legitimidade é atributo apenas dos atos administrativos vinculados.
(C) Revogação consiste na supressão de ato legítimo e eficaz realizada pela administração, por considerá-lo inconveniente ao interesse público.
(D) A anulação de um ato administrativo, em regra, implica o dever da administração de indenizar o administrado pelos prejuízos decorrentes da invalidação do ato.

A: incorreta. Os atos de gestão, em contraposição aos atos de império, não são exercidos com supremacia em relação ao particular; **B:** incorreta. A presunção de legitimidade é atributo de todos os atos administrativos; **C:** correta. De fato, a revogação incide sobre atos legais e legítimos, porém inconvenientes pela existência de um fato novo; **D:** incorreta. De atos ilegais não nascem, como regra, direitos; portanto, a anulação não gera, como regra, o dever de indenizar; todavia, em matéria de contratos administrativos o contratante de boa-fé tem direito de ser indenizado pelas prestações que já tiver cumprido (art. 59, parágrafo único, da Lei 8.666/1993).

Gabarito "C"

(OAB/Exame Unificado – 2007.1) Em relação ao controle da administração pública, assinale a opção correta.

(A) Um ato administrativo que viole a lei deve ser revogado pela própria administração, independentemente de provocação.
(B) A anulação do ato administrativo importa em análise dos critérios de conveniência e oportunidade.
(C) Um ato nulo pode, eventualmente, deixar de ser anulado em atenção ao princípio da segurança jurídica.
(D) A administração tem o prazo prescricional de 5 (cinco) anos para anular os seus próprios atos, quando eivados de ilegalidade.

A: incorreta. Ato que viola a lei (ato ilegal) deve ser anulado, e não revogado; a revogação incide sobre atos inconvenientes, e não sobre atos ilegais; **B:** incorreta. Como se viu, a anulação incide sobre atos ilegais, e não sobre atos inconvenientes; **C:** correta. De fato, há casos (excepcionais) em que o ato nulo não é anulado; por exemplo, existe o instituto da conversão, próprio dos atos nulos; **D:** incorreta. O prazo de 5 (cinco) anos é de decadência, e não de prescrição; além disso, esse prazo é para os casos em que do ato decorram efeitos favoráveis aos administrados, e não vale para os casos em que o beneficiário está de má-fé (art. 54 da Lei 9.784/1999).

Gabarito "C"

(OAB/Exame Unificado – 2006.3) Acerca do controle dos atos administrativos, assinale a opção correta.

(A) O Poder Judiciário pode revogar ato administrativo.
(B) O Poder Judiciário pode anular ato administrativo, com base nos critérios de conveniência e oportunidade.
(C) O Poder Executivo pode anular ato administrativo ilegal a qualquer tempo.
(D) A anulação de ato administrativo ilegal pela própria administração terá efeitos *ex tunc*.

A: incorreta. O Judiciário só pode revogar os seus próprios atos administrativos; **B:** incorreta. O Judiciário pode anular atos administrativos de todos os poderes, mas a anulação é feita com base na apreciação da existência de legalidade ou de ilegalidade, e não com base em conveniência e oportunidade; **C:** incorreta. Há prazo decadencial para a anulação de atos administrativos (art. 54 da Lei 9.784/1999); **D:** correta. De fato, a anulação tem efeito *ex tunc* (retroage).

Gabarito "D"

(OAB/Exame Unificado – 2006.2) Quando um ato administrativo legal e perfeito torna-se inconveniente ao interesse público, a administração pública poderá suprimi-lo por meio de

(A) anulação.
(B) refazimento.
(C) renúncia.
(D) revogação.

De fato, atos inconvenientes são revogados.

Gabarito "D"

(FGV – 2013) A respeito dos *atos administrativos* no ordenamento brasileiro, assinale a afirmativa **incorreta**.

(A) O Poder Judiciário pode exercer controle sobre os atos administrativos praticados pelos demais Poderes.
(B) O pronunciamento de invalidade de um ato administrativo pela própria Administração, em geral, opera efeitos *ex tunc*.
(C) A anulação de um ato administrativo pelo Poder Judiciário, em geral, tem eficácia retroativa, com a desconstituição dos efeitos havidos daquele ato.
(D) A validade do ato administrativo, ainda que discricionário, está condicionada à veracidade dos motivos indicados como seu fundamento, quando se aplica a teoria dos motivos determinantes.
(E) O Poder Judiciário deve invalidar os atos administrativos nulos e pode revogar os atos administrativos inconvenientes ou inoportunos, praticados pelos demais Poderes.

A: assertiva correta, em função dos princípios da inafastabilidade da apreciação jurisdicional (art. 5º, XXXV, da CF); **B** e **C:** assertivas corretas, pois a anulação tem efeitos retroativos ("ex tunc"), diferentemente da revogação, que não tem efeitos retroativos e sim efeitos ex nunc; **D:** assertiva correta, pois, de acordo com a Teoria dos Motivos Determinados, a veracidade e a adequação dos motivos invocados para a prática de um ato condiciona a validade deste, que será considerado nulo caso os motivos invocados estejam viciados; **E:** assertiva incorreta, devendo ser assinalada; o Judiciário não pode *revogar* atos administrativos dos demais Poderes. Além disso, o Poder Judiciário não poderá anular os atos administrativos inconvenientes ou inoportunos.A invalidação se baseará unicamente sobre a legalidade dos atos.

Gabarito "E"

(FGV – 2011) Entre os vícios que tornam nulo o ato administrativo está

(A) a incompetência, caracterizada quando o ato não se incluir nas atribuições legais do agente que o praticou.
(B) o desvio de finalidade, que é a omissão de formalidade indispensável à existência do ato.
(C) a ilegalidade do objeto, em que a matéria de direito em que se fundamenta o ato é inexistente.
(D) o vício de forma, que ocorre quando o resultado do ato importa em violação de lei.
(E) a inexistência dos motivos, quando o agente pratica o ato visando a objetivo diverso do previsto nas regras de competência.

A: correta (art. 2º, parágrafo único, *a*, da Lei 4.717/1965); **B:** incorreta, pois tal omissão caracteriza vício de forma (art. 2º, parágrafo único, *b*, da Lei 4.717/1965); **C:** incorreta, pois tal inexistência caracteriza vício no motivo (art. 2º, parágrafo único, *d*, da Lei 4.717/1965); **D:** incorreta, pois a violação de lei importa em vício do objeto (art. 2º, parágrafo único, *c*, da Lei 4.717/1965); **E:** incorreta, pois tal intenção caracteriza vício de finalidade (art. 2º, parágrafo único, *e*, da Lei 4.717/1965).

Gabarito "A"

(FGV – 2011) Em relação à anulação e à revogação dos atos administrativos, é correto afirmar que

(A) só podem ser efetuadas por via judicial; entretanto, a revogação pode ser feita administrativamente.
(B) admitem apenas a via administrativa para a anulação e a via judicial para a revogação.

(C) ocorrem, em ambas as hipóteses, nos casos de inconveniência e inadequação do ato administrativo.
(D) se identifica a anulação quando o ato administrativo apresenta vício que o torne ilegal, já a revogação ocorre por razões de conveniência e oportunidade.
(E) são atos privativos da administração pública, sendo vedada a apreciação judicial.

A e **B**: incorretas, pois, pelo princípio da autotutela, tanto a anulação, como a revogação podem ser efetuadas por via administrativa, ou seja, sem a necessidade de serem levadas a juízo; **C**: incorreta, pois a revogação ocorre no caso de inconveniência, ao passo que a anulação ocorre por ilegalidade; **D**: correta, nos termos do comentário às alternativas "a" e "b"; **E**: incorreta, pois o Judiciário, caso provocado, pode controlar os atos de anulação e de revogação dos atos administrativos, pois nenhuma lesão ou ameaça de lesão a direito pode ser subtraída da apreciação do Judiciário.

Gabarito "D"

(FGV – 2011) Acarreta a nulidade do ato administrativo
(A) sua manifesta discricionariedade.
(B) a ausência de deliberação colegiada.
(C) a inexistência de prazo de validade.
(D) a desconformidade de seu objeto com a lei.
(E) sua emissão por particular e não pelo Estado.

A: incorreta, pois a lei estabelece discricionariedade (margem de liberdade) em alguns atos administrativos; **B**: incorreta, pois nem todo ato depende de deliberação colegiada; **C**: incorreta, pois nem todo ato administrativo é expedido para valer apenas por determinado prazo; **D**: correta, pois a ilegalidade é causa de nulidade do ato administrativo; **E**: incorreta, pois, nesse caso, está-se diante de ato administrativo inexistente, e não inválido (nulo).

Gabarito "D"

(FGV – 2011) O desfazimento de atos administrativos pela própria Administração Pública por razões de conveniência e oportunidade denomina-se
(A) revogação.
(B) anulação.
(C) homologação.
(D) convalidação.
(E) cassação.

A: correta, pois o motivo da revogação é justamente a existência de fato novo que torne inconveniente ou inoportuna a manutenção de algum ato administrativo; **B**: incorreta, pois o motivo da anulação é a ilegalidade do ato; **C**: incorreta, pois a homologação não importa o desfazimento do ato; trata-se do controle da regularidade formal do ato administrativo; **D**: incorreta, pois a convalidação é uma forma de sanear um ato administrativo anulável; **E**: incorreta, pois a cassação é a extinção do ato administrativo por descumprimento, pelo particular, dos requisitos para continuar se beneficiando do ato.

Gabarito "A"

(FGV – 2010) São insuscetíveis de revogação, exceto:
(A) o ato vinculado.
(B) o ato que gerou direito adquirido.
(C) o ato de autorização para uso de bem público.
(D) o edital de licitação em razão de vício de legalidade.
(E) o ato de adjudicação do objeto da licitação após execução contratual.

São irrevogáveis os atos vinculados ("a"), os atos que geram direito adquirido ("b"), os atos ilegais ("d" – pois atos ilegais devem ser anulados, e não revogados) e os atos já exauridos ("e"). O ato de autorização de uso de bem público é ato discricionário (não vinculado) e precário (não gera direito adquirido), de modo que é ato suscetível de revogação.

Gabarito "C"

(FGV – 2010) A respeito da *validade* dos atos administrativos, assinale a alternativa correta.
(A) A Administração Pública do Estado do Rio de Janeiro pode convalidar atos inválidos, desde que sanáveis e que não acarretem lesão ao interesse público e nem prejuízo a terceiros.
(B) O Supremo Tribunal Federal sumulou o entendimento de que atos eivados de vício devem ser obrigatoriamente anulados pela Administração Pública, desde que deles não se originem direitos.
(C) A cassação é forma de extinção por meio da edição de ato administrativo com base em critérios de oportunidade e conveniência da Administração Pública.
(D) O processo administrativo é pressuposto necessário à invalidação dos atos administrativos.
(E) Os atos administrativos gozam de presunção de legitimidade, que determina a inversão do ônus da prova em juízo.

A: correta (art. 55 da Lei 9.784/1999); **B**: incorreta, pois a Súmula 473 do STF tem outro teor; de acordo com essa súmula, atos ilegais não geram direito, devendo ser anulados; **C**: incorreta, pois a extinção dos atos por critérios de oportunidade e conveniência tem o nome de *revogação*, e não de *cassação*; esta é a extinção do ato pelo fato de o particular não estar cumprindo com os requisitos para continuar se beneficiando deste; **D**: incorreta, pois não há essa exigência na Lei de Processo Administrativo Federal (art. 53 da Lei 9.784/1999); **E**: incorreta, pois, apesar de os atos administrativos terem presunção de legitimidade, em juízo, o ônus da prova é do autor da demanda, de maneira que, se o Poder Público for autor da ação, mesmo assim terá ônus da prova, a não ser que se trate de execução fiscal.

Gabarito "A"

(FGV – 2010) Com relação à revogação do ato administrativo, assinale a afirmativa INCORRETA.
(A) A revogação é de competência privativa da Administração Pública.
(B) A revogação fundamenta-se no reexame do ato com objetivo de aferir a oportunidade ou a conveniência de sua manutenção no ordenamento jurídico.
(C) A revogação é um ato administrativo unilateral desconstitutivo que tem como objetivo suprimir total ou parcialmente os efeitos de ato legítimo anterior.
(D) A revogação se dá sempre *ex officio*, porque é ato praticado pela Administração Pública, em qualquer caso, sem a participação do Poder Judiciário.
(E) A revogação pode ser efetivada pelo Poder Judiciário por meio de sentença declaratória de nulidade, desconstituindo o ato e seus efeitos.

A: A FGV considerou essa afirmativa incorreta, por isso deveria ser a marcada pelo candidato; na verdade, em se tratando de revogação de ato administrativo, conforme deixa claro o enunciado, somente a Administração Pública (de qualquer um dos Poderes, ou seja, a Administração Pública do Executivo, do Legislativo e do Judiciário) tem competência para tanto; por isso, entendemos que a afirmativa é correta, e não incorreta; a afirmativa só estaria incorreta se estivesse vazada assim – "A revogação é da competência privativa da Administração Pública do Poder Executivo" –, pois a Administração Pública do Judiciário e a Administração Pública do Legislativo também podem revogar seus próprios atos; por exemplo, o setor de compra do Judiciário e do Legislativo (Administração Pública desses Poderes) pode muito bem revogar uma licitação. O que não pode é o juiz (na função jurisdicional) e o legislador (na função legislativa) promoverem a revogação do ato administrativo, pois isso importaria na análise de critérios de conveniência e oportunidade administrativas; **B**: correta, pois a revogação somente se dá quanto a atos inconvenientes ou inoportunos; já a anulação se dá quanto a atos ilegais; **C:** correta, pois a revogação é um ato que desconstitui o ato anterior (o ato revogado); além disso, a revogação só incide sobre atos legais e legítimos (mas inconvenientes); se o ato é ilegítimo ou ilegal, o caso é de anulação; **D:** correta, pois a revogação é ato da alçada da Administração Pública, que atua de ofício e sem necessidade de participação do Judiciário; **E:** A FGV considerou essa afirmativa correta, mas entendemos que é incorreta; na verdade, ou se tem revogação, ou se tem anulação; quando há inconveniência, promove-se a revogação; quando há ilegalidade ou nulidade, promove-se a anulação. Essa questão, quanto às alternativas "a" e "e", é atípica na FGV e não bate com questões semelhantes já aplicadas por essa examinadora.

Gabarito "A"

(FGV – 2010) Nas alternativas a seguir, as afirmações são verdadeiras e a segunda é decorrente da primeira, À EXCEÇÃO DE UMA. Assinale-a.

(A) A anulação pode se dar por medida da Administração Pública, no exercício de seu poder de vigilância.

(B) A anulação pode se dar pelo Poder Judiciário, mediante provocação do interessado.

(C) A anulação tem como fundamento a ilegitimidade do ato administrativo, quando o ato apresenta vícios que configuram sua desconformidade explícita com o ordenamento jurídico ou desvio de poder.

(D) A anulação é ato privativo da Administração Pública, observadas as regras de competência e as relações de hierarquia e subordinação.

(E) A anulação é ato declaratório do vício de legalidade ou até mesmo de inexistência do ato administrativo anteriormente editado, apontando esse defeito, sempre preexistente à anulação.

A alternativa "d" é única em que há problema, pois é incorreto dizer que a anulação é ato privativo da Administração, já que o Judiciário também pode anular atos administrativos. Trata-se de uma questão difícil, pois o candidato fica mais preocupado em verificar a relação entre uma frase e outra e se esquece de verificar se cada uma das frases, isoladamente, são verdadeiras.

Gabarito "D"

(FGV – 2010) Nas alternativas a seguir, as afirmativas são corretas e a segunda vincula-se à primeira, À EXCEÇÃO DE UMA. Assinale-a.

(A) A administração pode revogar seus próprios atos, por motivo de conveniência ou oportunidade. / Na revogação, deve-se sempre respeitar os direitos adquiridos.

(B) A revogação decorre de critério de oportunidade e conveniência. / Mas há atos que não podem ser revogados, como os atos que já exauriram os seus efeitos.

(C) O ato administrativo que contenha vício insanável de legalidade deve ser anulado e não revogado. / A anulação desse ato administrativo deve ter efeitos retroativos.

(D) O ato administrativo não pode ser anulado com base em critério de oportunidade e conveniência. / A anulação do ato administrativo deve ser feita com base em critério de legalidade.

(E) A administração pode anular seus próprios atos quando eivados de vícios que os tornem ilegais. / Na anulação, deve-se sempre respeitar os direitos adquiridos.

A alternativa "e" é única em que há problema, pois é incorreto dizer que a anulação deve respeitar os direitos adquiridos, pois direitos não podem nascer das ilegalidades, quanto mais direitos adquiridos. Apenas a revogação deve respeitar direitos adquiridos. Trata-se também de uma questão difícil, pois o candidato fica mais preocupado em verificar a relação entre uma frase e outra e se esquece de verificar se as frases, isoladamente, são verdadeiras.

Gabarito "E"

(FGV – 2010) São insuscetíveis de revogação, exceto:

(A) o ato vinculado.

(B) o ato que gerou direito adquirido.

(C) o ato de autorização para uso de bem público.

(D) o edital de licitação em razão de vício de legalidade.

(E) o ato de adjudicação do objeto da licitação após execução contratual.

A: incorreta. Atos vinculados são irrevogáveis, pois são atos em que só há uma opção para a Administração Pública, não havendo margem de liberdade que possibilite tomar posição segundo um critério "X" e depois, por um fato novo que torne a opção "X" inconveniente, revogá-la, tomando uma posição "Y"; por exemplo, uma multa aplicada por excesso de velocidade é ato vinculado, portanto não pode ser revogada por se tornar uma multa inconveniente; já um ato que trata do horário de funcionamento de uma repartição pública pode ser modificado, por envolver ato discricionário; **B:** incorreta. Nem a própria lei pode passar por cima de um direito adquirido, quanto mais um ato administrativo, que não pode, então, revogar um direito adquirido; **C:** correta. A autorização de uso de bem público é ato unilateral, discricionário e precário; assim, não sendo um ato vinculado, a autorização é suscetível de revogação, diferente das demais opções previstas nas outras alternativas da questão; **D:** incorreta. Quando um ato tem vício de ilegalidade, este ato deve ser anulado, e não revogado; só se pode revogar atos legais e legítimos, mas que se tornaram inconvenientes por algum fato novo; **E:** incorreta. Com a execução contratual, o ato de adjudicação fica exaurido, fica extinto, não havendo que se falar em revogação, que é uma forma de extinção dos atos administrativos. Em suma, pode-se dizer que são irrevogáveis os seguintes atos: a) vinculados, b) que geram direito adquirido, c) ilegais/ilegítimos e d) já exauridos.

Gabarito "C"

(FGV – 2009) Com base na Lei 9.784/1999, analise as afirmativas a seguir.

I. O direito da Administração de anular os atos administrativos de que decorram efeitos favoráveis para os destinatários decai em cinco anos, contados da data em que foram praticados, salvo comprovada má-fé.

II. O prazo de decadência, na hipótese de efeitos patrimoniais contínuos, será contado a partir da percepção do primeiro pagamento.

III. A convalidação é da competência privativa da própria Administração, logo, é incabível que o órgão jurisdicional pratique a convalidação de atos administrativos, a menos que se trate de seus próprios atos administrativos.

IV. Na revogação, a Administração Pública atua com discricionariedade, exercendo o poder de autotutela quanto a motivos de mérito, avaliando a conveniência e a oportunidade de suprimir o ato administrativo.

Assinale:

(A) se somente as afirmativas I e IV estiverem corretas.

(B) se somente as afirmativas III e IV estiverem corretas.

(C) se somente as afirmativas I, II e III estiverem corretas.

(D) se somente as afirmativas II, III e IV estiverem corretas.

(E) se todas as afirmativas estiverem corretas.

I: correta (art. 54, *caput*, da Lei 9.784/1999); **II:** correta (art. 54, § 1º, da Lei 9.784/1999); **III:** correta (art. 55 da Lei 9.784/1999); **IV:** correta, pois a revogação incide sobre atos discricionários, e, assim sendo, importa na análise de questões de mérito, ou seja, em critérios de conveniência e oportunidade.

Gabarito "E"

(FGV – 2008) Assinale a afirmativa correta.

(A) Competência, finalidade e motivo dos atos administrativos constituem elementos sempre vinculados.
(B) Diversamente do que ocorre no direito privado, o silêncio administrativo só pode retratar manifestação negativa de vontade do administrador.
(C) Atos administrativos podem ser revogados mediante atuação discricionária do administrador público, por meio da valoração de conveniência e oportunidade.
(D) O Poder Judiciário não tem competência para apreciar o motivo e o objeto dos atos discricionários, elementos privativos do administrador público.
(E) Não é possível que ato inválido seja exequível de imediato, mas o ato válido pode ser inexequível em determinadas condições.

A: incorreta, pois para Hely Lopes Meirelles são elementos ou requisitos sempre vinculados a competência, a forma e a finalidade. O objeto e o motivo podem ser discricionários; já para Celso Antônio Bandeira de Mello apenas a competência é sempre vinculada; **B:** incorreta, pois o silêncio administrativo também pode importar, em determinadas circunstâncias, manifestação (tácita) de vontade; **C:** correta, pois a revogação envolve, realmente, atuação discricionária; **D:** incorreta, pois, apesar de a margem de liberdade estar, normalmente, no motivo e no objeto, a lei nem sempre trará motivos e objetos discricionários; **E:** incorreta, pois o ato inválido, até a demonstração da ilegalidade, presume-se legítimo e, portanto, é exequível.

Gabarito "C"

(FGV – 2008) Em relação aos atos administrativos, considera-se errôneo afirmar que:

(A) o requisito da competência administrativa, por seu caráter vinculado, é insuscetível de convalidação.
(B) a revogação rende ensejo a que o administrador proceda à valoração da conveniência e da oportunidade da retirada do ato.
(C) atos contaminados de vício de legalidade podem não ser anulados, em nome do princípio da segurança jurídica.
(D) podem ostentar caráter normativo, a despeito de estarem em posição subjacente à lei.
(E) licenças, a despeito de serem atos normalmente vinculados, podem ser revogadas em situações específicas.

A: errada (devendo ser assinalada pelo candidato), pois, apesar da competência ter caráter vinculado, nada impede que haja convalidação a seu respeito; por exemplo, caso um agente pratique um ato com incompetência territorial (que é relativa), nada impede que haja convalidação desse ato por quem tenha competência no caso; **B:** correta, pois a revogação se dá justamente a partir da valoração desses elementos; **C:** correta, valendo lembrar, por exemplo, que, após 5 (cinco) anos da prática do ato, este não mais pode ser anulado pela Administração, mesmo sendo um ato ilegal (art. 54 da Lei 9.784/1999); **D:** correta, pois os atos administrativos também podem ter caráter geral, como se pode ver da classificação dos atos administrativos, que abrange os atos normativos; **E:** a FGV considerou correta esta afirmativa; de nossa parte, como foi feita a ressalva de que isso só ocorre em casos específicos, a afirmativa pode até ser considerada correta mesmo; todavia, por ser a licença um ato vinculado, não se poderia falar em sua revogação, mas apenas em sua anulação (em caso de ilegalidade) ou em sua cassação (caso o particular descumpra algum requisito para continuar se beneficiando dela); caso o interesse público não conviva mais com aquela licença, o certo é desapropriar a licença (pagando indenização), não sendo muito preciso falar-se em revogação da licença, apesar de o efeito ser o mesmo.

Gabarito "A"

(FGV – 2008) No que tange ao ato administrativo, analise as afirmativas a seguir:

I. A Teoria Monista admite que atos administrativos eivados de vícios sanáveis sejam convalidados pela Administração Pública, com base em seu poder de autotutela.
II. Os atos administrativos válidos se extinguem pela revogação, que tem efeitos *ex tunc*.
III. Com a caducidade do ato administrativo, decorrente da declaração de sua nulidade pelo Poder Judiciário, há a perda dos efeitos deste *ex tunc*.

Assinale:

(A) se todas as afirmativas estiverem corretas.
(B) se somente as afirmativas I e II estiverem corretas.
(C) se somente as afirmativas I e III estiverem corretas.
(D) se somente as afirmativas II e III estiverem corretas.
(E) se nenhuma afirmativa estiver correta.

I: incorreta, pois, pela Teoria Monista, ou o ato é nulo ou o ato é válido; não há uma terceira situação, a dos atos com vícios sanáveis (atos anuláveis), que ensejam convalidação; já para a Teoria Dualista há distinção entre os atos nulo e anulável, sendo que este admite convalidação, no caso, dos atos anuláveis; **II:** incorreta, pois a revogação tem efeitos *ex nunc*, ou seja, não retroage; **III:** incorreta, pois a declaração de nulidade do ato também é chamada de anulação, e não de caducidade; esta consiste na extinção do ato pelo fato de a lei não mais admiti-lo; a caducidade opera independentemente de pronunciamento judicial.

Gabarito "E"

(FGV – 2008) O Município X autoriza um particular a estacionar veículos particulares em terreno público municipal. Passados 2 (dois) meses, um fiscal da prefeitura verifica que tal atividade está gerando danos ao meio ambiente. A Administração Pública Municipal deverá:

(A) anular seu ato de ofício.
(B) suspender a autorização concedida, após a oitiva do particular interessado.
(C) ajuizar ação de nulidade de autorização.
(D) ajuizar ação possessória para reaver o bem.
(E) revogar o ato de ofício.

Pelo princípio da autotutela, o Município X não precisa levar o caso ao Judiciário, de modo que estão excluídas as alternativas "c" e "d". Também não é o caso de anular a autorização, pois não há indicação no enunciado de que o ato administrativo foi expedido com ilegalidade, de modo que não é o caso de marcar a alternativa "a". Suspender a autorização (alternativa "b") também não resolve o problema. Assim, o caso é de revogar a autorização, já que esta, com esse fato novo, ficou inconveniente. Se os danos ao meio ambiente tivessem sido decorrência do descumprimento de obrigações estipuladas no próprio termo de autorização, o caso seria de cassação.

Gabarito "E"

(FGV – 2006) A respeito da revogação de um ato administrativo, assinale a alternativa correta.

(A) É a supressão de um ato administrativo legítimo e eficaz, realizada por particular.
(B) Pressupõe um vício de legalidade.

(C) É sinônimo de anulação.
(D) Funda-se no poder discricionário do administrador.
(E) Apresenta, como regra, eficácia retroativa, impondo a revisão dos efeitos já produzidos.

A: incorreta, a revogação só pode ser feita pela *Administração*; **B:** incorreta, pois a revogação incide sobre ato *legal*, mas *inconveniente*; **C:** incorreta, pois a revogação se dá sobre ato *inconveniente* e a anulação, sobre ato *ilegal*; **D:** correta, pois a revogação somente incide sobre atos discricionários, importando na análise da conveniência e oportunidade de manter ou não o ato praticado; **E:** incorreta, pois revogação tem efeitos *ex nunc*, ou seja, não retroage.

Gabarito "D"

(FGV – 2004) Quanto à possibilidade de revogação ou anulação de atos, é correto afirmar que a Autoridade Pública pode:

(A) revogar seus próprios atos, mas não pode anulá-los, uma vez que a anulação é de competência exclusiva do Poder Judiciário.
(B) revogar e anular seus próprios atos, desde que devidamente autorizada pelo Poder Judiciário.
(C) a qualquer tempo, anular ou revogar seus próprios atos.
(D) anular seus próprios atos, desde que devidamente autorizada pelo Poder Legislativo.
(E) revogar seus próprios atos, desde que devidamente autorizada pelo chefe do Poder Executivo.

A: incorreta, pois o princípio da autotela permite que a Administração não só revogue, como também anule seus atos (art. 53 da Lei 9.784/1999); **B** e **D:** incorretas, pois a autotutela permite que a Administração revogue ou anule seus atos independentemente de apreciação ou autorização judicial ou legislativa (art. 53 da Lei 9.784/1999); **C:** correta, nos termos do dispositivo citado; **E:** incorreta. Não é necessário autorização do Chefe do Executivo para que um órgão da Administração anule ou revogue um ato administrativo.

Gabarito "C"

4. ORGANIZAÇÃO DA ADMINISTRAÇÃO PÚBLICA

4.1. CONCEITOS BÁSICOS EM MATÉRIA DE ORGANIZAÇÃO ADMINISTRATIVA

Segue um resumo sobre a parte introdutória do tema Organização da Administração Pública:

O objetivo deste tópico é efetuar uma série de distinções, de grande valia para o estudo sistematizado do tema. A primeira delas tratará da relação entre pessoa jurídica e órgãos estatais.

Pessoas jurídicas estatais *são entidades integrantes da estrutura do Estado e dotadas de personalidade jurídica*, ou seja, de aptidão genérica para contrair direitos e obrigações.

Órgãos públicos *são centros de competência integrantes das pessoas estatais instituídos para o desempenho das funções públicas por meio de agentes públicos*. São, portanto, parte do corpo (pessoa jurídica). Cada órgão é investido de determinada competência, dividida entre seus cargos. Apesar de não terem personalidade jurídica, têm prerrogativas funcionais, o que admite até que interponham mandado de segurança, quando violadas. Tal capacidade processual, todavia, só têm os órgãos independentes e os autônomos. Todo ato de um órgão é imputado diretamente à pessoa jurídica da qual é integrante, assim como todo ato de agente público é imputado diretamente ao órgão à qual pertence (trata-se da chamada "teoria do órgão", que se contrapõe à teoria da representação ou do mandato, conforme se verá no capítulo seguinte). Deve-se ressaltar, todavia, que a representação legal da entidade é atribuição de determinados agentes, como o Chefe do Poder Executivo e os Procuradores. Confiram-se algumas classificações dos órgãos públicos, segundo o magistério de Hely Lopes Meirelles:

Quanto à **posição**, podem ser órgãos *independentes* (originários da Constituição e representativos dos Poderes do Estado: Legislativo, Executivo e Judiciário – aqui estão todas as corporações legislativas, chefias de executivo e tribunais, e juízos singulares); *autônomos* (estão na cúpula da Administração, logo abaixo dos órgãos independentes, tendo autonomia administrativa, financeira e técnica, segundo as diretrizes dos órgãos a eles superiores – cá estão os Ministérios, as Secretarias Estaduais e Municipais, a AGU etc.), *superiores* (detêm poder de direção quanto aos assuntos de sua competência, mas sem autonomia administrativa e financeira – ex.: gabinetes, procuradorias judiciais, departamentos, divisões etc.) e *subalternos* (são os que se acham na base da hierarquia entre órgãos, tendo reduzido poder decisório, com atribuições de mera execução – ex.: portarias, seções de expediente):

Quanto à **estrutura**, podem ser *simples* ou *unitários* (constituídos por um só centro de competência) e *compostos* (reúnem outros órgãos menores com atividades-fim idênticas ou atividades auxiliares – ex: Ministério da Saúde).

Quanto à **atuação funcional**, podem ser *singulares* ou *unipessoais* (atuam por um único agente – ex: Presidência da República) e *colegiados* ou *pluripessoais* (atuam por manifestação conjunta da vontade de seus membros – ex: corporações legislativas, tribunais e comissões).

Outra distinção relevante para o estudo da estrutura da Administração Pública é a que se faz entre desconcentração e descentralização. Confira-se.

Desconcentração *é a distribuição interna de atividades administrativas, de competências*. Ocorre de órgão para órgão da entidade Ex.: competência no âmbito da Prefeitura, que poderia estar totalmente concentrada no órgão Prefeito Municipal, mas que é distribuída internamente aos Secretários de Saúde, Educação etc.

Descentralização *é a distribuição externa de atividades administrativas, que passam a ser exercidas por pessoa ou pessoas distintas do Estado*. Dá-se de pessoa jurídica para pessoa jurídica como técnica de especialização. Ex.: criação de autarquia para titularizar e executar um dado serviço público, antes de titularidade do ente político que a criou.

Na descentralização **por serviço** a lei atribui ou autoriza que outra pessoa detenha a *titularidade* e a execução do serviço. Depende de lei. Fala-se também em *outorga* do serviço.

Na descentralização **por colaboração** o contrato ou ato unilateral atribui a outra pessoa a *execução* do serviço. Aqui o particular pode colaborar, recebendo a execução do serviço, e não a titularidade. Fala-se também em *delegação* do serviço e o caráter é transitório.

É importante também saber a seguinte distinção.

Administração direta *compreende os órgãos integrados no âmbito direto das pessoas políticas (União, Estados, Distrito Federal e Municípios).*

Administração indireta *compreende as pessoas jurídicas criadas pelo Estado para titularizar e exercer atividades públicas (autarquias e fundações públicas) e para agir na atividade econômica quando necessário (empresas públicas e sociedades de economia Mista).*

Outra classificação relevante para o estudo do tema em questão é a que segue.

As **pessoas jurídicas de direito público** *são os entes políticos e as pessoas jurídicas criadas por estes para exercerem típica atividade administrativa, o que impõe tenham, de um lado, prerrogativas de direito público, e, de outro, restrições de direito público, próprias de quem gere coisa pública*[1]. Além dos entes políticos (União, Estados, Distrito Federal e Municípios), são pessoas jurídicas de direito público as *autarquias*, *fundações públicas*, *agências reguladoras* e *associações públicas* (consórcios públicos de direito público).

As **pessoas jurídicas de direito privado estatais** *são aquelas criadas pelos entes políticos para exercer atividade econômica, devendo ter os mesmos direitos e restrições das demais pessoas jurídicas privadas, em que pese terem algumas restrições adicionais, pelo fato de terem sido criadas pelo Estado*. São pessoas jurídicas de direito privado estatais as *empresas públicas*, as *sociedades de economia mista*, as *fundações privadas criadas pelo Estado* e os *consórcios públicos de direito privado*.

Também é necessário conhecer a seguinte distinção.

Hierarquia *consiste no poder que um órgão superior tem sobre outro inferior, que lhe confere, dentre outras prerrogativas, uma ampla possibilidade de fiscalização dos atos do órgão subordinado.*

Controle (tutela ou supervisão ministerial) *consiste no poder de fiscalização que a pessoa jurídica política tem sobre a pessoa jurídica que criou, que lhe confere tão somente a possibilidade de submeter a segunda ao cumprimento de seus objetivos globais, nos termos do que dispuser a lei*. Ex: a União não pode anular um ato administrativo de concessão de aposentadoria por parte do INSS (autarquia por ela criada), por não haver hierarquia; mas pode impedir que o INSS passe a comercializar títulos de capitalização, por exemplo, por haver nítido desvio dos objetivos globais para os quais fora criada a autarquia. Aqui não se fala em subordinação, mas em vinculação administrativa.

1 *Vide* art. 41 do Código Civil. O parágrafo único deste artigo faz referência às *pessoas de direito público com estrutura de direito privado*, que serão regidas, no que couber, pelas normas do CC. A referência é quanto às fundações públicas, aplicando-se as normas do CC apenas quando não contrariarem os preceitos de direito público.

Por fim, há entidades que, apesar de **não fazerem** parte da Administração Pública Direta e Indireta, colaboram com a Administração Pública e são estudadas no Direito Administrativo. Tais entidades são denominadas *entes de cooperação* ou *entidades paraestatais*. São entidades que não têm fins lucrativos e que colaboram com o Estado em atividades não exclusivas deste. São exemplos de paraestatais as seguintes: a) *entidades do Sistema S* (SESI, SENAI, SENAC etc. – ligadas a categorias profissionais, cobram contribuições parafiscais para o custeio de suas atividades); b) *organizações sociais* (celebram *contrato de gestão* com a Administração); c) *organizações da sociedade civil de interesse público* – OSCIPs (celebram *termo de parceria* com a Administração).

(OAB/Exame Unificado – 2016.1) O Estado X e os Municípios A, B e C subscreveram protocolo de intenções para a constituição de um consórcio com personalidade jurídica de direito privado para atuação na coleta, descarte e reciclagem de lixo produzido no limite territorial daqueles municípios. Com base no caso apresentado, assinale a afirmativa correta.

(A) Por se tratar de consórcio a ser constituído entre entes de hierarquias diversas, a saber, Estado e Municípios, é obrigatória a participação da União.

(B) O consórcio de direito privado a ser constituído pelo Estado e pelos Municípios não está alcançado pela exigência de prévia licitação para os contratos que vier a celebrar.

(C) O consórcio entre o Estado e os Municípios será constituído por contrato e adquirirá personalidade jurídica mediante o atendimento dos requisitos da legislação civil.

(D) Por se tratar de consórcio para atuação em área de relevante interesse coletivo, não se admite que seja constituído com personalidade de direito privado.

A: incorreta, pois a União somente participará de consórcios públicos em que também façam parte todos os Estados em cujos territórios estejam situados os Municípios consorciados (art. 1º, § 2º, da Lei 11.107/2005), sendo que no caso não se tem uma obrigação de participação da União, mas apenas uma regra que dispõe que, caso a União queira participar de um consórcio público de Municípios, os Estados respectivos deverão estar presentes; **B**: incorreta, pois a licitação é dever inato às entidades da administração pública direta e indireta (art. 6º, § 2º, da Lei 11.107/2005), havendo dispensa de licitação apenas quando os próprios entes consorciados quiserem contratar o consórcio por eles criados (art. 2º, § 1º, III, da Lei 11.107/2005); **C**: correta (art. 6º, II, da Lei 11.107/2005); **D**: incorreta, pois, em se tratando de consórcio cujo objeto é a realização de objetivos de interesse comum entre os entes federativos consorciados, o que naturalmente pode acontecer em caso de relevante interesse coletivo, é cabível a criação de consórcio público de direito privado (art. 1º, caput, da Lei 11.107/2005); todavia, caso esse relevante interesse público só possa ser atingido mediante a criação de um consórcio para titularizar típica atividade administrativa, nesse caso não poderá ser criado um consórcio público de direito privado, mas somente um consórcio público de direito público.

Gabarito "C"

(OAB/Exame Unificado – 2014.3) No Estado X, foi constituída autarquia para a gestão do regime próprio de previdência dos servidores estaduais. A lei de constituição da entidade prevê a possibilidade de apresentação de recurso em face das decisões da autarquia, a ser dirigido à Secretaria de Administração do Estado (órgão a qual a autarquia está vinculada).

Sobre a situação descrita, assinale a opção correta.

(A) Não é possível a criação de autarquia para a gestão da previdência dos servidores, uma vez que se trata de atividade típica da Administração Pública.

(B) Não cabe recurso hierárquico impróprio em face das decisões da autarquia, uma vez que ela goza de autonomia técnica, administrativa e financeira.

(C) A previsão de recurso dirigido à Secretaria de Administração do Estado (órgão ao qual a autarquia está vinculada) configura exemplo de recurso hierárquico próprio.

(D) São válidas tanto a constituição da autarquia para a gestão do regime previdenciário quanto a previsão de cabimento do recurso ao órgão ao qual a autarquia está vinculada.

A: incorreta, pois as autarquias são pessoas jurídicas de direito público criadas justamente para fazer atividades típicas da Administração; **B:** incorreta, pois em a lei prevendo essa possibilidade (de recurso, que é chamado de recurso hierárquico impróprio pois é apreciado por pessoa jurídica diversa da pessoa jurídica que pratica os atos, não havendo *hierarquia* entre elas, mas *controle* ou *tutela*), o recurso em questão é legítimo; vale lembrar que a lei que cria uma pessoa jurídica por um dado ente político tem o poder de definir os limites do *controle* ou *tutela* desse ente político em relação à pessoa jurídica que ele cria, podendo inclusive criar a figura desse recurso hierárquico impróprio; **C:** incorreta, pois o recurso hierárquico próprio é aquele julgado por *órgão* superior *hierarquicamente* ao órgão que decidiu, *internamente* à mesma pessoa jurídica; no caso em tela, tem-se um recurso que é julgado por uma *pessoa jurídica* (e não um órgão) que *controla* (e não tem hierarquia) outra pessoa jurídica, *externamente* então à pessoa jurídica que pratica o ato objeto de recurso; **D:** correta, pois, conforme mencionado, prevendo a lei tal possibilidade de recurso a ser julgado pela pessoa política que criou a pessoa jurídica que toma a decisão, o recurso em questão é legítimo, salientando outrossim que a lei que cria uma pessoa jurídica define os limites do *controle* ou *tutela* do ente criador, podendo assim criar a figura desse recurso hierárquico impróprio.

Gabarito "D".

(OAB/Exame Unificado – 2014.1) A União celebrou protocolo de intenções com o Estado A e os Municípios X, Y e Z do Estado B, todos em regiões de fronteira, para a constituição de um consórcio público na área de segurança pública. Considerando a disciplina legislativa acerca dos consórcios públicos, assinale a afirmativa correta.

(A) O consórcio público pode adquirir personalidade jurídica de direito público, constituindo-se em uma associação pública.

(B) O consórcio público representa uma comunhão de esforços, não adquirindo personalidade jurídica própria.

(C) A União não pode constituir consórcio do qual façam parte Municípios não integrantes de Estado não conveniado.

(D) O consórcio público adquire personalidade jurídica com a celebração do protocolo de intenções.

A: correta (art. 6º, I, da Lei 11.107/2005); **B:** incorreta, pois o consórcio público é uma pessoa jurídica, de maneira que tem personalidade jurídica (art. 6º, *caput*, da Lei 11.107/2005); **C:** incorreta, pois a União pode sim participar de consórcios públicos em que também façam parte todos os Estados cujos territórios estejam situados os Municípios consorciados (art. 1º,§ 2º, da Lei 11.107/2005); aliás, a União só pode fazer parte de um consórcio público com municípios caso o Estado respectivo também faça parte do consórcio; **D:** incorreta, pois a personalidade é adquirida, no caso de consórcio público de direito público, com a vigência das leis que ratificam o protocolo de intenções, e, no caso de consórcio público de direito privado, mediante o atendimento dos requisitos da legislação civil (art. 6º, I e II, da Lei 11.107/2005).

Gabarito "A".

(OAB/Exame Unificado – 2012.2) Quanto às pessoas jurídicas que compõem a Administração Indireta, assinale a afirmativa correta.

(A) As autarquias são pessoas jurídicas de direito público, criadas por lei.

(B) As autarquias são pessoas jurídicas de direito privado, autorizadas por lei.

(C) As empresas públicas são pessoas jurídicas de direito público, criadas por lei.

(D) As empresas públicas são pessoas jurídicas de direito privado, criadas para o exercício de atividades típicas do Estado.

A: correta, pois as autarquias são pessoas jurídicas de direito público – já que são criadas para executar atividades típicas do Estado (art. 5º, I, do Dec.-lei 200/1967) –, cuja criação é feita *diretamente* pela lei (art. 37, XIX, da CF); **B:** incorreta, pois as autarquias são pessoas jurídicas de direito *público* e sua criação é feita *diretamente* pela lei (art. 37, XIX, da CF); **C:** incorreta, pois as empresas públicas são pessoas jurídicas de direito privado (art. 5º, II, do Dec.-lei 200/1967), e sua criação é *autorizada* por lei (art. 37, XIX, da CF); **D:** incorreta, pois as autarquias é que são criadas para o exercício de atividades típicas do Estado (art. 5º, I, do Dec.-lei 200/1967); as empresas públicas são criadas para explorar atividade econômica ou para meramente executar serviços públicos.

Gabarito "A".

(OAB/Exame Unificado – 2011.3.A) Quatro municípios celebram um consórcio público para desenvolverem um projeto comum para o tratamento industrial de lixo coletado em suas respectivas áreas, criando uma pessoa jurídica para gerenciar as atividades do consórcio. À luz da legislação aplicável, assinale a alternativa correta.

(A) Como se trata de atividade tipicamente estatal, essa pessoa jurídica administrativa deverá ser obrigatoriamente uma autarquia, criada por lei oriunda do maior município celebrante do pacto.

(B) O ordenamento jurídico brasileiro admite, no caso, tanto a criação de uma pessoa jurídica de direito público (a chamada associação pública) quanto de direito privado.

(C) O ordenamento jurídico brasileiro não admite a criação de uma entidade desse tipo, pois as pessoas jurídicas integrantes da Administração Indireta são apenas as indicadas no art. 5º do Decreto-Lei 200/67.

(D) A pessoa jurídica oriunda de um consórcio público não poderá ser, em hipótese alguma, uma pessoa jurídica de direito privado, pois isso não é admitido pela legislação aplicável.

A: incorreta, pois a associação de vários entes políticos para a criação de uma pessoa jurídica para a gestão associada de atividades típicas de Estado impõe a criação da pessoa jurídica denominada consórcio público de direito público ou associação pública, e não de uma autarquia tradicional (art. 241 da CF e art. 1º, da Lei 11.107/2005); **B:** correta, pois a gestão associada de serviços públicos pode se dar tanto na criação de uma pessoa jurídica para uma atividade típica de estado (ex.: entidade que fará a regulação e a fiscalização do serviço público), como na criação de uma pessoa jurídica para uma atividade que o particular poderia prestar (ex.: entidade que fará a mera execução do serviço público); no primeiro caso temos um consórcio público de direito público (associação pública), ao passo que no segundo caso, um consórcio público de direito privado, conforme previsão no art. 1º, § 1º, da Lei 11.107/2005; **C:** incorreta, pois há uma lei inteira tratando da criação de pessoas jurídicas para a gestão associada de serviços públicos (Lei 11.107/2005 – Lei de Consórcios Públicos); **D:** incorreta, nos termos do art. 1º, § 1º, da Lei 11.107/2005).

Gabarito "B"

(OAB/Exame Unificado – 2011.2) A estruturação da Administração traz a presença, necessária, de centros de competências denominados Órgãos Públicos ou, simplesmente, Órgãos. Quanto a estes, é correto afirmar que

(A) possuem personalidade jurídica própria, respondendo diretamente por seus atos.

(B) não possuem cargos, apenas funções, e estas são criadas por atos normativos do ocupante do respectivo órgão.

(C) não possuem cargos nem funções.

(D) suas atuações são imputadas às pessoas jurídicas a que pertencem.

A: incorreta, pois órgãos públicos não têm personalidade jurídica, já que são centros de competência interno às pessoas jurídicas; estas sim têm personalidade jurídica; **B** e **C:** incorretas, pois, no interior dos órgãos, há cargos e funções públicas, sendo que estas devem ser criadas por lei, em virtude do princípio da legalidade; **D:** correta, pois, de acordo com a Teoria do Órgão, os atos praticados por um órgão ou um agente público são imputados diretamente à pessoa jurídica à qual estes pertencem; assim, quando um Ministério (órgão) celebra um convênio, na verdade é a União (pessoa jurídica) que está celebrando o convênio, já que os atos de seus órgãos são imputados diretamente à pessoa jurídica correspondente.

Gabarito "D"

(OAB/Exame Unificado – 2011.1) A Lei 11.107, de 6 de abril de 2005, dispõe sobre normas gerais para a União, os Estados, o Distrito Federal e os Municípios contratarem consórcios públicos para a realização de objetivos de interesse comum. A respeito do regime jurídico aplicável a tais consórcios públicos, assinale a alternativa correta.

(A) A União somente participará de consórcios públicos em que também façam parte todos os Estados em cujos territórios estejam situados os Municípios consorciados.

(B) É vedada a celebração de contrato de consórcio público para a prestação de serviços cujo período seja inferior a 5 (cinco) anos.

(C) É vedada a celebração de contrato de consórcio público cujo valor seja inferior a R$ 20.000.000,00 (vinte milhões) de reais.

(D) Os consórcios públicos na área de saúde, em razão do regime de gestão associada, são dispensados de obedecer aos princípios que regulam o Sistema Único de Saúde.

As alternativas "B" e "C" são totalmente impertinentes ao instituto dos consórcios públicos. Elas guardam relação com outro instituto, a parceria público-privada (Lei 11.079/2004), e foram inseridas para confundir o examinando. A alternativa "A" está correta, pois traz a exata redação do art. 1º, § 2º, da Lei 11.107/2005. E a alternativa "D" está incorreta, pois o art. 1º, § 3º, da Lei 11.107/2005 estabelece justamente o contrário, ou seja, "os consórcios públicos, na área de saúde, deverão obedecer aos princípios, diretrizes e normas que regulam o Sistema Único de Saúde – SUS".

Gabarito "A"

(OAB/Exame Unificado – 2010.3) É correto afirmar que a desconcentração administrativa ocorre quando um ente político

(A) autoriza a criação, por lei e por prazo indeterminado, de uma nova pessoa jurídica de direito privado para auxiliar a administração pública.

(B) contrata, mediante concessão de serviço público, por prazo determinado, uma pessoa jurídica de direito público ou privado para desempenhar uma atividade típica da administração pública.

(C) cria, por lei específica, uma nova pessoa jurídica de direito público para auxiliar a administração pública direta.

(D) cria, mediante lei, órgãos internos em sua própria estrutura para organizar a gestão administrativa.

A desconcentração é a distribuição *interna* de competências no âmbito de uma pessoa jurídica, ou seja, é a distribuição de competência de um *órgão* para um *órgão*. Já a descentralização é a distribuição *externa* de competência, ou seja, é a distribuição de competência de uma *pessoa jurídica* para outra *pessoa jurídica*. Assim sendo, as alternativas "A", "B" e "C" estão incorretas, pois a distribuição de competências ou atribuições para uma *pessoa jurídica* revela descentralização, e não desconcentração, ao passo que a alternativa "D", está correta, pois a criação de um *órgão* revela desconcentração, valendo lembrar que os órgãos devem ser criados por lei, em virtude do princípio da legalidade.

Gabarito "D"

(OAB/Exame Unificado – 2010.1) Em cada uma das opções abaixo, é apresentada uma situação hipotética, seguida de uma assertiva a ser julgada com relação à organização da administração pública. Assinale a opção em que a assertiva está correta.

(A) Hélio pretende ingressar com ação ordinária de repetição de indébito, visando à devolução do imposto de renda que fora pago, conforme alega, indevidamente. Nessa situação, a ação deverá ser proposta em face da Receita Federal do Brasil.

(B) A União qualificou uma instituição privada como organização social. Nessa situação, essa instituição passará a integrar a administração indireta da União.

(C) Jorge ingressou com reclamação trabalhista contra sociedade de economia mista federal exploradora de atividade econômica, em regime de ampla concorrência. Nessa situação, conforme o regime constitucional, os bens dessa empresa não podem ser penhorados, já que ela integra a administração indireta da União.

(D) Mediante previsão do contrato de consórcio público, foi firmado contrato de programa entre a União e entidade que integra a administração indireta de um estado consorciado. Nessa situação, esse contrato de programa será automaticamente extinto caso o contratado deixe de integrar a administração indireta do estado consorciado.

A: incorreta. Essa ação deve ser proposta contra a União, pois é ela que tem personalidade jurídica própria. As ações da Secretaria da Receita Federal são imputadas à União, não podendo o órgão ser acionado em sede de ação de rito ordinário; **B:** incorreta. As organizações sociais não passam a integrar a administração indireta. Elas são apenas qualificadas pelo Poder Público, sem que isso as torne entidades integrantes do Estado; **C:** incorreta. Conforme inciso II do § 1.º do art. 173 da CF, o regime jurídico das empresas estatais exploradoras de atividade econômica será o mesmo daquele previsto para as entidades de direito privado. "Art. 173. Ressalvados os casos previstos nesta Constituição, a exploração direta de atividade econômica pelo Estado só será permitida quando necessária aos imperativos da segurança nacional ou a relevante. § 1.º A lei estabelecerá o estatuto jurídico da empresa pública, da sociedade de economia mista e de suas subsidiárias que explorem atividade econômica de produção ou comercialização de bens ou de prestação de serviços, dispondo sobre: (Redação dada pela Emenda Constitucional n.º 19, de 1998) I – sua função social e formas de fiscalização pelo Estado e pela sociedade; (Incluído pela Emenda Constitucional n.º 19, de 1998) II – a sujeição ao regime jurídico próprio das empresas privadas, inclusive quanto aos direitos e obrigações civis, comerciais, trabalhistas e tributários;" (Incluído pela Emenda Constitucional n.º 19, de 1998)"; **D:** correta. É o que prevê o § 6.º do art. 13 da Lei 11.107/2005: "Art. 13. Deverão ser constituídas e reguladas por contrato de programa, como condição de sua validade, as obrigações que um ente da Federação constituir para com outro ente da Federação ou para com consórcio público no âmbito de gestão associada em que haja a prestação de serviços públicos ou a transferência total ou parcial de encargos, serviços, pessoal ou de bens necessários à continuidade dos serviços transferidos. (...) § 4.º "O contrato de programa continuará vigente mesmo quando extinto o consórcio público ou o convênio de cooperação que autorizou a gestão associada de serviços públicos. § 5.º Mediante previsão do contrato de consórcio público, ou de convênio de cooperação, o contrato de programa poderá ser celebrado por entidades de direito público ou privado que integrem a administração indireta de qualquer dos entes da Federação consorciados ou conveniados. § 6.º O contrato celebrado na forma prevista no § 5.º deste artigo será automaticamente extinto no caso de o contratado não mais integrar a administração indireta do ente da Federação que autorizou a gestão associada de serviços públicos por meio de consórcio público ou de convênio de cooperação."

Gabarito "D".

(OAB/Exame Unificado – 2009.2) No que concerne à administração pública, assinale a opção correta.

(A) A Caixa Econômica Federal é pessoa jurídica de direito público interno.
(B) O Banco do Brasil S.A., na qualidade de sociedade de economia mista controlada pela União, goza de privilégios fiscais não extensivos ao setor privado.
(C) As empresas públicas, cujos funcionários são regidos pelo regime dos servidores públicos da União, são criadas por meio de decreto do Presidente da República.
(D) Os órgãos públicos não são dotados de personalidade jurídica própria.

A: incorreta. Na Administração Indireta há dois tipos de pessoas jurídicas, as pessoas jurídicas de direito público (que realizam atividade típica da Administração; por exemplo, realizam fiscalização, como é o caso do IBAMA) e as pessoas jurídicas de direito privado estatais (que exploram atividade econômica ou meramente prestam serviços público; por exemplo, a Caixa Econômica Federal – CEF); assim, a CEF é uma pessoa jurídica de direito *privado* estatal; **B:** incorreta. O Banco do Brasil – BB é uma pessoa jurídica de direito privado estatal, já que explora atividade econômica; dessa forma, o BB não tem imunidade de impostos, pois seu regime deve ser o de direito privado, que reclama que esse banco concorra com os outros num regime de igualdade, ou seja, sem vantagens adicionais (art. 173, § 1º, II, da CF); **C:** incorreta. As empresas públicas, por serem pessoas de direito privado estatais, têm seus agentes regidos pela CLT (art. 173, § 1º, II, da CF), e não pelo regime dos servidores da União (regime estatutário); ademais, tais entidades, para serem criadas, dependem de autorização de *lei* específica (art. 37, XIX, da CF), que precede ao arquivamento de seus atos constitutivos no registro público competente; **D:** correta. De fato, os órgãos públicos não têm personalidade jurídica própria; os órgãos públicos são componentes das pessoas jurídicas; estas sim têm personalidade jurídica; assim, no âmbito da União, esta tem personalidade jurídica, ao passo que os Ministérios (por exemplo), que são órgãos, não têm personalidade.

Gabarito "D".

(OAB/Exame Unificado – 2008.2) "(...) compartimento na estrutura estatal a que são cometidas funções determinadas, sendo integrado por agentes que, quando as executam, manifestam a própria vontade do Estado". José dos Santos Carvalho Filho. **Manual de direito administrativo**. 19. ed. Rio de Janeiro: Lumen Juris, 2008, p. 13.

O trecho acima se refere ao conceito de

(A) função pública.
(B) órgão público.
(C) pessoa de direito público.
(D) agente público.

Pela ordem crescente temos agentes públicos, órgãos públicos e pessoas de direito público; a questão trata de um conceito "integrado por **agentes**" e com "funções", conceito esse que só pode ser de órgãos públicos, pois estes são integrados por agentes.

Gabarito "B".

(OAB/Exame Unificado – 2008.2) Assinale a opção correta a respeito da organização da administração pública federal.

(A) Todas as entidades que compõem a administração pública indireta dispõem de personalidade jurídica de direito público, vinculando-se ao ministério em cuja área de competência estiver enquadrada sua principal atividade.
(B) As autarquias destinam-se à execução de atividades típicas da administração pública que requeiram, para seu melhor funcionamento, gestão administrativa e financeira descentralizada.
(C) As sociedades de economia mista têm patrimônio próprio e capital exclusivo da União, destinando-se à exploração de atividade econômica que o governo seja levado a exercer por força de contingência ou conveniência administrativa.
(D) Os órgãos que compõem a estrutura da Presidência da República, apesar de serem dotados de personalidade jurídica, estão submetidos à supervisão direta do ministro chefe da Casa Civil.

A: incorreta. A Administração Indireta é composta de pessoas de direito público (como autarquias e agências reguladoras) e também de pessoas de direito privado (como empresas públicas e sociedades de economia mista); **B:** correta. De fato, as autarquias desempenham atividades típicas da administração pública; por isso são pessoas jurídicas de direito público; **C:** incorreta. Essas sociedades têm necessariamente capital público e *privado*, e não são criadas livremente, mas apenas quando houver interesse de segurança nacional ou relevante interesse público; **D:** incorreta. Órgãos não têm personalidade jurídica.

Gabarito "B".

(OAB/Exame Unificado – 2008.1) No que diz respeito à administração indireta, assinale a opção incorreta.

(A) As entidades da administração indireta, incluindo-se as regidas por normas de direito privado, têm legitimação ativa para propor ação civil pública.
(B) As pessoas jurídicas de direito privado prestadoras de serviços públicos atuam com autonomia de vontade, sujeitando-se apenas a normas de direito privado.
(C) Todas as entidades da administração indireta federal, sejam elas de direito público ou de direito privado, estão sujeitas ao controle externo realizado pelo Poder Legislativo, com o auxílio do Tribunal de Contas da União.

(D) As pessoas jurídicas de direito privado prestadoras de serviços públicos sujeitam-se à responsabilidade civil objetiva.

A: correta. De fato, as entidades da administração indireta têm legitimidade para a ação civil pública (art. 5º, IV, da Lei 7.347/1985); **B:** incorreta, devendo ser assinalada. As concessionárias de serviço público devem obedecer às normas de direito público referentes à prestação dos serviços concedidos; **C:** correta. De fato, a administração indireta inteira está sujeita ao controle externo pelo Legislativo, com o auxílio do Tribunal de Contas (art. 70, *caput*, da CF); **D:** correta. De fato, a responsabilidade das concessionárias de serviço público é objetiva (art. 37, § 6º, da CF).

Gabarito "B"

(OAB/Exame Unificado – 2007.2) Acerca dos órgãos públicos, assinale a opção correta.

(A) É correto, do ponto de vista da natureza jurídica do órgão, afirmar que "João propôs uma ação de rito ordinário contra a receita federal".

(B) Alguns órgãos públicos têm capacidade processual, já que são titulares de direitos subjetivos próprios a serem defendidos.

(C) A teoria que melhor explica a relação existente entre o servidor público e a pessoa jurídica do Estado é a teoria da representação, cuja característica principal consiste no princípio da imputação volitiva. Assim, a vontade do órgão público é imputada à pessoa jurídica a cuja estrutura pertence, já que aquele estaria agindo em seu nome.

(D) A organização da administração pública direta, no que se refere à estruturação dos órgãos e competência, é matéria reservada à lei.

A: incorreta. Órgão público não tem personalidade jurídica, portanto, a ação deve ser promovida contra a União Federal; **B:** correta. De fato, alguns órgãos públicos têm capacidade processual ou capacidade judiciária; por exemplo, a Mesa da Câmara dos Deputados pode entrar com mandado de segurança para defender direitos próprios; **C:** incorreta. A teoria em tela, na verdade, é a Teoria do Órgão, em que os atos dos agentes públicos são imputados diretamente à pessoa jurídica; **D:** incorreta. A CF, no art. 84, VI, *a*, permite a organização da administração pública por meio de *decreto*.

Gabarito "B"

(OAB/Exame Unificado – 2007.1) Em relação à organização da administração pública, assinale a opção correta.

(A) Os dirigentes das empresas estatais que não são empregados dessas empresas não são considerados celetistas.

(B) A Receita Federal tem a natureza jurídica autárquica.

(C) Com o fim do regime jurídico único, os funcionários públicos das empresas estatais, quando prestadoras de serviço público, podem, atualmente, ser estatutários.

(D) As autarquias, fundações e empresas estatais, de acordo com o princípio da legalidade, devem ser criadas por meio de lei.

A: correta. De fato, os dirigentes não são empregados comuns; **B:** incorreta. A Receita Federal é órgão do Ministério da Fazenda, e não autarquia (pessoa jurídica); **C:** incorreta. Os funcionários das empresas estatais prestadoras de serviço público devem ter regime celetista; **D:** incorreta. As autarquias são *criadas pela lei*, mas as fundações e as empresas estatais são *autorizadas pela lei* (art. 37, XIX, da CF).

Gabarito "A"

(OAB/Exame Unificado – 2006.3) Acerca da organização administrativa, assinale a opção correta.

(A) A distribuição de competências entre órgãos de uma mesma pessoa jurídica de direito público denomina-se descentralização.

(B) Denomina-se, doutrinariamente, autarquia a pessoa jurídica de direito público, criada por lei, com capacidade de autoadministração para o desempenho de serviço público descentralizado, mediante controle administrativo exercido nos limites da lei.

(C) As organizações sociais integram a administração indireta.

(D) Os consórcios públicos, com personalidade jurídica de direito público, não integram a administração indireta dos entes federados consorciados.

A: incorreta. A distribuição interna de competência denomina-se *desconcentração*; **B:** correta. De fato, esse é conceito de autarquia (*vide*, p. ex., o art. 5º, I, do Decreto-Lei 200/1967); **C:** incorreta. As organizações sociais são entidades paraestatais (seguem paralelas à administração, mas não fazem parte dela); **D:** incorreta. Os consórcios públicos de direito público ("associações públicas") são partes integrantes da administração indireta dos entes políticos consorciados (art. 6º, § 1º, da Lei 11.107/2005).

Gabarito "B"

(OAB/Exame Unificado – 2006.2) A norma jurídica necessária à criação de uma autarquia ou à autorização da instituição de uma empresa pública foi definida pela Constituição Federal como

(A) lei, no caso de criação de autarquia, e decreto, no caso de instituição de empresa pública.

(B) lei específica, tanto para a criação de autarquia, como para a instituição de empresa pública.

(C) decreto, quando se tratar de criação de autarquia, e lei, para a instituição de empresa pública.

(D) decreto específico, tanto para a criação de autarquia, quanto para a instituição de empresa pública.

De fato, a Constituição Federal estabelece que tanto a *criação* de uma *autarquia*, quanto a *autorização* para a criação de *empresa pública* dependem de *lei específica* (Art. 37, XIX, da CF).

Gabarito "B"

(OAB/Exame Unificado – 2004.ES) Considerando que a Fundação Espírito Santo (FES) é uma fundação que integra a administração do estado do Espírito Santo (ES), assinale a opção correta.

(A) A FES deve ser vinculada a um órgão da administração direta do ES.

(B) A FES pode ser extinta mediante decreto do governador do ES.

(C) Aos servidores da FES é aplicável a lei federal que estabelece os direitos e deveres dos servidores públicos civis.

(D) A FES é imune ao pagamento de impostos e taxas municipais, mas não ao pagamento de impostos e taxas federais.

A: correta. As entidades da administração indireta estão sempre vinculadas a um algum órgão da administração direta, para exercício do controle ou tutela; **B:** incorreta. A extinção só pode ser feita por lei; **C:** incorreta. Os servidores são regidos pelo estatuto local dos funcionários públicos ou pela CLT, dependendo da finalidade da fundação; **D:** incorreta. A imunidade de imposto, quando existir, é recíproca, atingindo todos os entes federativos (art. 150, VI, a, da CF).

Gabarito "A"

(FGV – 2013) A respeito da relação existente entre os entes federativos e as entidades da administração indireta, analise as afirmativas a seguir.

I. Entre a União e uma autarquia a ela vinculada não há relação hierárquica, mas controle ou vinculação.

II. A criação de uma autarquia por parte de um ente federativo para exercer atribuições, anteriormente desempenhadas por um órgão desse ente federativo, constitui-se em uma desconcentração.

III. A extinção de uma autarquia e a transferência das atribuições exercidas por essa pessoa jurídica ao ente federativo ao qual era vinculada, constitui-se em uma concentração.

Assinale:

(A) se somente a afirmativa I estiver correta.
(B) se somente a afirmativa II estiver correta.
(C) se somente a afirmativa III estiver correta.
(D) se somente as afirmativas I e II estiverem corretas.
(E) se somente as afirmativas II e III estiverem corretas.

I: correta, lembrando que o *controle* ou *vinculação* tem também o nome de *supervisão ministerial*; **II:** incorreta, pois o caso é de *descentralização* (transferência de atribuições para uma *pessoa jurídica*) e não de *desconcentração* (transferência de atribuições de um *órgão* para outro *órgão*); **III:** incorreta, pois aí se tem centralização, que é oposto da criação da autarquia, que consiste em descentralização.

Gabarito "A"

(FGV – 2013) Com relação à classificação dos órgãos segundo a esfera de atuação, assinale a afirmativa correta.

(A) A Secretaria municipal de Educação é órgão central.
(B) A Superintendência de Polícia Federal que tenha atribuição sobre todo um Estado membro é órgão central.
(C) A Secretaria estadual de Educação é órgão local.
(D) A Secretaria da Receita Federal, com atribuição sobre todo um município, é órgão central.
(E) O Ministério das Cidades é órgão local.

A: incorreta, pois é órgão local; **B** e **D**: incorretas, pois, na medida em que se fala de um órgão com atribuição só sobre um Estado ou um Município, tem-se órgão local; **C:** correta, pois a atuação dessa Secretaria se limita ao Estado dela, de modo que é local; **E:** incorreta, pois é órgão central, por atuar sobre todo o País.

Gabarito "C"

(FGV – 2011) É considerado requisito para a qualificação de autarquia ou fundação como agência executiva

(A) ter celebrado contrato de prestação de serviços por, no mínimo, 1 (um) ano com o respectivo Ministério Supervisor.
(B) ter celebrado contrato de permissão e/ou concessão com o respectivo Ministério Supervisor.
(C) ter plano estratégico de reestruturação e de desenvolvimento institucional concluído há, no mínimo, 6 (seis) meses.
(D) ter celebrado contrato de gestão com o respectivo Ministério Superior.
(E) ter plano estratégico de reestruturação e de desenvolvimento institucional concluído há, no mínimo, 1 (um) ano.

Art. 51, II, da Lei 9.649/1998.

Gabarito "D"

(FGV – 2010) Com relação à *organização administrativa*, analise as afirmativas a seguir.

I. A criação de subsidiárias das empresas estatais depende de lei específica, sendo, porém, dispensável para a participação delas em empresas privadas.

II. O contrato de gestão pode ser utilizado por empresas estatais dependentes de recursos públicos para ampliação de sua autonomia gerencial, orçamentária e financeira.

III. Os bens das empresas estatais afetados à prestação de serviço essencial, imprescindíveis à continuidade da prestação do serviço público, não são penhoráveis.

Assinale:

(A) se somente a afirmativa I estiver correta.
(B) se somente a afirmativa II estiver correta.
(C) se somente as afirmativas II e III estiverem corretas.
(D) se somente as afirmativas I e III estiverem corretas.
(E) se todas as afirmativas estiverem corretas.

I: incorreta (art. 37, XX, da CF); **II:** correta (art. 37, § 8º, da CF); **III:** correta, pois o princípio da continuidade do serviço público impede que os bens afetados aos serviços públicos sejam penhorados.

Gabarito "C"

(FGV – 2010) Em relação às entidades da Administração Pública Indireta, é correto afirmar que:

(A) as sociedades de economia mista são pessoas jurídicas de direito privado, criadas por autorização legal e se apresentam, dentre outras, sob a forma de sociedade anônima.
(B) os bens que integram o patrimônio de todas as empresas públicas têm a qualificação de bens públicos.
(C) as fundações públicas não se destinam às atividades relativas a assistência social e atividades culturais.
(D) os empregados de empresas públicas e sociedades de economia mista podem acumular seus empregos com cargos ou funções públicas da Administração Direta.
(E) as autarquias podem celebrar contratos de natureza privada, que serão regulados pelo direito privado.

A: incorreta, pois as sociedades de economia mista só podem assumir a forma de sociedade anônima (art.5º, III, do Dec.-lei 200/67; **B:** incorreta, pois bens públicos são os bens das pessoas jurídicas de direito público, e as empresas públicas são pessoas jurídicas de direito privado; **C:** incorreta, pois as fundações públicas podem ter essas finalidades; **D:** incorreta, pois a impossibilidade, como regra, de acumulação remunerada de cargos também é imposta aos empregados de empresas estatais (art. 37, XVII, da CF); **E:** correta, pois mesmo os entes políticos podem celebrar, excepcionalmente, contratos de natureza privada, como são os contratos de mútuo, de seguro e de locação em que o Poder Público é locatário.

Gabarito "E"

(FGV – 2010) A transferência da execução de serviço público comum à pessoa jurídica de direito privado já existente, mediante contrato administrativo, conservando o Poder Público a titularidade do serviço, é caso de:

(A) desconcentração administrativa por outorga.
(B) desconcentração funcional por colaboração.
(C) descentralização administrativa por delegação legal.
(D) descentralização administrativa por colaboração.
(E) concentração funcional por delegação negocial.

Quando há transferência de encargos de pessoa jurídica para pessoa jurídica, tem-se o fenômeno da descentralização, e não da desconcentração, que ocorre de órgão para órgão. A descentralização pode ser por serviço (quando há transferência da titularidade do serviço, o que deve ser feito por lei) ou por colaboração (quando há transferência apenas da execução do serviço, o que pode ser feito por contrato). Portanto, no caso em tela temos descentralização por colaboração.

Gabarito "D"

(FGV – 2010) É uma característica do *serviço público desconcentrado*:

(A) transferir a execução de serviços dos órgãos periféricos para os centrais.
(B) transferir a execução de serviço entre entidades.
(C) ser uma técnica de especialização.
(D) executar de forma descentralizada o serviço.
(E) ser uma técnica de aceleração.

A: incorreta. A desconcentração se dá de órgãos centrais para periféricos (por exemplo, da Presidência da República para um Ministério); **B:** incorreta. A desconcentração se dá de órgão para órgão, e não de entidades (pessoas jurídicas) para entidades; **C** e **E:** A desconcentração, como ocorre no âmbito de uma mesma pessoa jurídica, não deixa essa pessoa jurídica mais especializada, e sim permite que haja mais aceleração na execução do serviço, porque coloca mais pessoas para exercê-lo, não concentrando tudo nas mãos de um órgão central; **D:** incorreta. Não se deve confundir a desconcentração (trazida no enunciado) com a descentralização (trazida na alternativa).

Gabarito "E"

(FGV – 2009) A respeito dos *convênios de cooperação* e *consórcios públicos* previstos no art. 241 da Constituição Federal e regulamentados pela Lei nº 11.107/2005, assinale a alternativa correta.

(A) Pode ser delegada, por meio de convênio de cooperação que autoriza a gestão associada de serviços públicos entre entes federativos, a criação de novos impostos para viabilizar a prestação do serviço.
(B) O contrato de programa, cuja celebração pode ser autorizada no convênio de cooperação, não é espécie de contrato administrativo.
(C) Apenas um deles é instrumento apto para transferir e organizar a gestão associada de serviços públicos.
(D) Consórcios públicos podem contratar parcerias público-privadas, mas não concessões comuns.
(E) Pode haver a transferência total ou parcial de encargos, serviços, pessoal e bens essenciais à continuidade dos serviços públicos transferidos.

A: incorreta, pois a formação de convênios de cooperação e consórcios públicos entre entes políticos (União, Estados, DF e Municípios) só pode ter por objeto a gestão associada de serviços públicos, não sendo possível que os entes políticos deleguem competência tributária por meio de tais instrumentos; a Lei 11.107/2005 somente admite que os consórcios cobrem tarifas e preços públicos para remunerar os serviços que prestam e o uso de seus bens (art. 2º, § 2º); **B:** incorreta, pois, uma vez firmado um convênio de cooperação (mero convênio) ou um consórcio público (uma pessoa jurídica) entre entes políticos, a Lei 11.107/2005 permite que o próprio consórcio público ou qualquer um dos entes políticos consorciados celebre contrato de programa com um dos entes políticos consorciados ou com entidade da administração deste ente; tal contrato terá por objeto a execução de serviço público ou a prestação de serviço para o consórcio ou para um dos entes consorciados (art. 13 da Lei 11.107/2005) e, assim sendo, a natureza do ajuste é de contrato administrativo, e não de convênio ou de contrato regido pelo direito privado; **C:** incorreta, pois o art. 241 da CF admite os dois instrumentos para essa finalidade; **D:** incorreta, pois os consórcios públicos podem firmar acordos de qualquer natureza (art. 2º, § 1º, I, da Lei 11.107/2005); **E:** correta (art. 241 da CF e art. 13 da Lei 11.107/2005).

Gabarito "E"

(FGV – 2009) No que tange aos Consórcios Públicos, assinale a afirmativa incorreta.

(A) Podem instituir servidão administrativa, mas não podem deflagrar o processo expropriatório.
(B) Têm aptidão jurídica para firmar convênios, contratos ou acordos de qualquer natureza.
(C) Podem ser contratados pela administração direta e indireta dos entes da federação consorciados, dispensada a licitação.
(D) Têm competência para outorgar concessão, permissão ou autorização de obras ou serviços públicos.
(E) Podem realizar licitação para a celebração de contratos administrativos por órgãos ou entidades dos entes consorciados.

A: incorreta (devendo ser assinalada), nos termos do art. 2º, § 1º, II, da Lei 11.107/2005; **B:** correta (art. 2º, § 1º, I, da Lei 11.107/2005); **C:** correta (art. 2º, § 1º, III, da Lei 11.107/2005); **D:** correta (art. 2º, § 3º, da Lei 11.107/2005); **E:** correta (art. 112, § 1º, da Lei 8.666/1993).

Gabarito "A"

(FGV – 2008) Pode-se afirmar que o contrato de gestão é:

(A) uma concessão de serviços públicos ao setor privado.
(B) um instrumento de controle de desempenho firmado entre órgãos da Administração Pública.
(C) uma ferramenta moderna para desenho de processos organizacionais internos.
(D) um processo de licitação para contratação de serviços junto ao setor privado.
(E) a instauração de um plano de cargos e salários em uma organização da Administração Pública.

A: incorreta, pois, por meio de um contrato de gestão, não é possível fazer concessões de serviço público; estas só podem ser transmitidas por contrato de concessão comum, concessão patrocinada (PPP) e contrato de programa (no âmbito de convênio de cooperação ou consórcio público); **B:** correta, pois o contrato de gestão, previsto no art. 37, § 8º, da CF tem justamente essa finalidade; o Direito Administrativo também trabalha com a nomenclatura contrato de gestão para designar a parceria entre a Administração Pública e as organizações sociais; **C** a **E:** incorretas, pois o contrato de gestão tem "por objeto a fixação de metas de desempenho para o órgão ou entidade" (art. 37, § 8º, da CF).

Gabarito "B"

(FGV – 2008) A gestão associada de serviços públicos estabelecida entre Municípios configura um:

(A) protocolo.
(B) convênio.
(C) acordo de programa.
(D) consórcio.
(E) contrato de programa.

Art. 241 da CF e Lei 11.107/2005.

Gabarito "D"

(FGV – 2008) O negócio jurídico pactuado entre os entes federados, visando à realização de objetivos de interesse comum desses e promovendo a gestão associada de serviços públicos denomina-se:

(A) concessão de serviço público precedida por obra pública.

(B) concessão especial de serviço público na modalidade patrocinada.
(C) concessão especial de serviço público na modalidade administrativa.
(D) consórcio público.
(E) consórcio especial de serviço público na modalidade administrativa.

Vide arts. 1º e 4º, XI, da Lei 11.10720/05.
Gabarito "D"

(FGV – 2008) Não é ente da Administração Indireta:

(A) sociedade de economia mista.
(B) empresa pública.
(C) agência reguladora.
(D) secretaria de Estado.
(E) fundação pública.

A secretaria de Estado é um mero órgão público, e não um ente, uma pessoa jurídica.
Gabarito "D"

(FGV – 2008) O consórcio público perceberá dos entes consorciados recursos mediante contrato de:

(A) participação.
(B) rateio.
(C) distribuição.
(D) administração.
(E) gestão.

Denomina-se "contrato de rateio" o acordo em que os entes consorciados se comprometem a fornecer recursos para o consórcio público (art. 8º da Lei 11.107/2005).
Gabarito "B"

(FGV – 2008) Não é uma característica comum às entidades da Administração Indireta:

(A) criação e extinção por lei.
(B) controle interno pelo Poder Executivo.
(C) desempenho de atividade de natureza econômica.
(D) contratação de obras e serviços mediante licitação pública.
(E) exigência de prévio concurso público para ingresso de pessoal efetivo.

De fato, nem todas as entidades da Administração Indireta desempenham atividades de natureza econômica. As pessoas jurídicas de direito público da administração indireta (autarquias, fundações públicas, agências reguladoras e consórcios públicos de direito público ou associações públicas) não desempenham esse tipo de atividade. Já as pessoas jurídicas de direito privado estatais, com exceção do consórcio público de direito privado e da fundação privada criada pelo Estado, podem explorar atividade econômica.
Gabarito "C"

(FGV – 2008) Considerando a estrutura básica da Administração Pública, assinale a alternativa que apresente corretamente um exemplo da chamada *Administração Direta*.

(A) Empresa Pública.
(B) Secretaria de Estado de Administração.
(C) Sociedade de Economia Mista.
(D) Autarquia.
(E) Fundação Pública

A Administração Direta consiste no conjunto de *órgãos* que compõe os entes políticos. Administração Indireta, por sua vez, consiste no conjunto de *pessoas jurídicas* criadas pelos entes políticos. No caso, somente a Secretaria de Estado é um *órgão*. As demais alternativas trazem exemplos de *pessoas jurídicas* (integrantes da Administração Indireta, portanto).
Gabarito "B"

(FGV – 2008) Em relação aos órgãos públicos, é correto afirmar que:

(A) são repartições internas das pessoas de direito público, às quais a ordem jurídica atribui personalidade jurídica.
(B) não têm capacidade de ser parte em processos judiciais em virtude da ausência de personalidade jurídica.
(C) de natureza colegiada só produzem externamente a sua vontade com os votos da totalidade de seus membros.
(D) só podem conter, em seus respectivos quadros, servidores estatutários, dotados ou não de estabilidade.
(E) são compartimentos internos das pessoas de direito público destituídos de personalidade jurídica, mas dotados de competência específica.

A: incorreta, pois órgãos não têm personalidade jurídica; **B:** incorreta, pois, para defender suas prerrogativas institucionais, a lei defere, excepcionalmente, personalidade judiciária a certos órgãos; **C:** incorreta, pois tal matéria pode ser disposta de outra maneira no regimento do órgão, assegurando, por exemplo, que a maioria de votos possa ser suficiente; **D:** incorreta, pois nos órgãos pode haver também servidores celetistas; **E:** correta. Trata-se da definição correta de órgãos.
Gabarito "E"

(FGV – 2008) Assinale a afirmativa incorreta.

(A) Empresas públicas são entidades dotadas de personalidade jurídica de direito privado.
(B) As agências reguladoras foram criadas sob a forma de autarquias de regime especial.
(C) Os Ministérios são órgãos públicos e, portanto, destituídos de personalidade jurídica.
(D) Municípios não podem instituir sociedades de economia mista.
(E) Os processos que envolvam sociedades de economia mista federais são processados e julgados, em regra, na Justiça Estadual.

A: correta, pois são pessoas de direito privado estatais; **B:** correta, pois realmente são autarquias especiais; **C:** correta, pois os Ministérios, por serem órgãos públicos, não têm personalidade jurídica; **D:** incorreta (devendo ser assinalada), pois todos os entes políticos podem criar pessoas para a sua administração indireta; **E:** correta, pois o art. 109, I, da CF estabelece que **somente** as *empresas públicas,* e não as *sociedades de economia mista*, ambas federais, tem seu foro na Justiça Federal.
Gabarito "D"

(FGV – 2008) Assinale a alternativa correta.

(A) Empresas públicas podem ter personalidade jurídica de direito público quando prestam serviços públicos.
(B) Sociedades de economia mista podem ter a sua instituição autorizada por decreto do Chefe do Executivo.
(C) Fundações governamentais não podem assumir a forma de entidade autárquica.
(D) Agências reguladoras são autarquias de regime especial e têm personalidade jurídica de direito público.
(E) Os serviços sociais autônomos integram a administração indireta como entidades especiais.

A: incorreta, pois as empresas públicas têm, sempre, personalidade de direito privado; **B:** incorreta, pois só podem ser criadas após autorização de lei específica (art. 37, XIX, da CF/88); **C:** incorreta, pois as fundações de direto público tem natureza jurídica de autarquia; **D:** correta, pois as agências reguladoras, por fazerem atividade típica de Estado (regulação, fiscalização, fomento público), tem personalidade jurídica de direito público, apesar de ter um regime especial, com algumas diferenças em relação às autarquias tradicionais, como a existência de mandato fixo para os seus dirigentes; **E:** incorreta, pois tais não fazem parte da Administração Direta ou Indireta, tratando-se de entidades paraestatais.

Gabarito "D"

(FGV – 2006) Analise as afirmativas a seguir:

A entidade da Administração Indireta deverá estar habilitada a:

I. prestar contas da sua gestão, pela forma e nos prazos estipulados em cada caso;
II. prestar a qualquer momento, por intermédio do Ministro de Estado, as informações solicitadas pelo Congresso Nacional;
III. evidenciar os resultados positivos ou negativos de seus trabalhos, ratificando suas causas e justificando as medidas postas em prática.

Assinale:

(A) se nenhuma afirmativa estiver correta.
(B) se apenas as afirmativas I e II estiverem corretas.
(C) se apenas as afirmativas I e III estiverem corretas.
(D) se apenas as afirmativas II e III estiverem corretas.
(E) se todas as afirmativas estiverem corretas.

As três afirmativas estão corretas, nos termos do art. 28 do Dec.-lei 200/1967.

Gabarito "E"

(FGV – 2006) Não fazem parte da Administração Pública Indireta:

(A) sociedades de economia mista.
(B) estatais.
(C) empresas públicas.
(D) serviços sociais autônomos.

Os serviços sociais autônomos (ex: SENAC, SESI, SENAI, dentre outros) não fazem parte da Administração Direta, nem da Administração Indireta. Essas entidades não pertencem ao Estado. São pessoas de direito privado não estatais, sem fins lucrativos, que colaboram com Estado em atividades não exclusivas destes. São chamados de *entes de cooperação* ou de *entidades paraestatais.*

Gabarito "D"

4.2. ADMINISTRAÇÃO INDIRETA – PESSOAS JURÍDICAS DE DIREITO PÚBLICO

(OAB/Exame Unificado – 2015.3) O Estado XYZ pretende criar uma nova universidade estadual sob a forma de fundação pública. Considerando que é intenção do Estado atribuir personalidade jurídica de direito público a tal fundação, assinale a afirmativa correta.

(A) Tal fundação há de ser criada com o registro de seus atos constitutivos, após a edição de lei ordinária autorizando sua instituição.
(B) Tal fundação há de ser criada por lei ordinária específica.
(C) Não é possível a criação de uma fundação pública com personalidade jurídica de direito público.
(D) Tal fundação há de ser criada por lei complementar específica.

A: incorreta, pois entidades com personalidade jurídica de direito público são criadas diretamente pela lei, sem necessidade do registro de seus atos constitutivos no Registro Público competente; **B**: correta, pois entidades com personalidade jurídica de direito público são criadas diretamente pela lei, sem necessidade do registro de seus atos constitutivos no Registro Público competente; essa lei deve ser ordinária e tem que ser específica (art. 37, XIX, da CF), ou seja, deve tratar apenas desse assunto (criação da entidade), não podendo tratar de outras questões; **C**: incorreta, pois as fundações públicas estatais podem ser tanto de direito público (quando for criada para praticar uma atividade estatal típica), como de direito privado (quando for criada para outra finalidade que não o exercício de uma atividade estatal típica); **D**: incorreta, pois o art. 37, XIX, da CF, especificamente no que tange à criação desse tipo de entidade (que tem natureza autárquica, já que se trata de uma fundação de direito público) impõe que a norma criadora em si se trate de uma lei ordinária específica.

Gabarito "B"

(OAB/Exame Unificado – 2015.2) O Governador do Estado Y criticou, por meio da imprensa, o Diretor-Presidente da Agência Reguladora de Serviços Delegados de Transportes do Estado, autarquia estadual criada pela Lei nº 1.234, alegando que aquela entidade, ao aplicar multas às empresas concessionárias por supostas falhas na prestação do serviço, "*não estimula o empresário a investir no Estado*". Ainda, por essa razão, o Governador ameaçou, também pela imprensa, substituir o Diretor-Presidente da agência antes de expirado o prazo do mandato daquele dirigente. Considerando o exposto, assinale a afirmativa correta.

(A) A adoção do mandato fixo para os dirigentes de agências reguladoras contribui para a necessária autonomia da entidade, impedindo a livre exoneração pelo chefe do Poder Executivo.
(B) A agência reguladora, como órgão da Administração Direta, submete-se ao poder disciplinar do chefe do Poder Executivo estadual.
(C) A agência reguladora possui personalidade jurídica própria, mas está sujeita, obrigatoriamente, ao poder hierárquico do chefe do Poder Executivo.
(D) Ainda que os dirigentes da agência reguladora exerçam mandato fixo, pode o chefe do Poder Executivo exonerá-los, por razões políticas não ligadas ao interesse público, caso discorde das decisões tomadas pela entidade.

A: correta; de fato, uma das diferenças entre uma agência reguladora (autarquia especial) e uma autarquia tradicional é justamente o fato de que o dirigentes da primeira têm mandato fixo e não podem, assim, ser desligados por mera vontade do Chefe Executivo, o que certamente confere maior autonomia à entidade para tomar as decisões sem influência política; **B** e **C:** incorretas, pois uma agência reguladora não é um "órgão", mas sim uma "pessoa jurídica"; ademais, e assim sendo, não está sujeita a poder "hierárquico", mas sim ao "controle" ou "tutela", que um tipo de poder mais restrito em relação ao poder que tem um superior hierárquico; **D:** incorreta, pois, conforme mencionado, numa agência reguladora os dirigentes têm mandato fixo e não podem ser desligados por mera vontade do Chefe Executivo, o que evita assim que decisões sejam tomadas por critérios estritamente políticos.

Gabarito "A"

(OAB/Exame Unificado – 2010.2) No Direito Público brasileiro, o grau de autonomia das Agências Reguladoras é definido por uma independência

(A) administrativa total e absoluta, uma vez que a Constituição da República de 1988 não lhes exige qualquer liame, submissão ou controle administrativo dos órgãos de cúpula do Poder Executivo.
(B) administrativa mitigada, uma vez que a própria lei que cria cada uma das Agências Reguladoras define e regulamenta as relações de submissão e controle, fundado no poder de supervisão dos Ministérios a que cada uma se encontra vinculada, em razão da matéria, e na superintendência atribuída ao chefe do Poder Executivo, como chefe superior da Administração Pública.
(C) legislativa total e absoluta, visto que gozam de poder normativo regulamentar, não se sujeitando assim às leis emanadas pelos respectivos Poderes legislativos de cada ente da federação brasileira.
(D) política decisória, pois não estão obrigadas a seguir as decisões de políticas públicas adotadas pelos Poderes do Estado (executivo e legislativo).

A: incorreta, pois, apesar das agências terem maior autonomia que as autarquias tradicionais (por conta do mandato fixo de seus dirigentes e do poder normativo que elas detêm), não é possível falar em *independência administrativa total*, pois os dirigentes das agências reguladoras são nomeados pelo Chefe do Executivo (com aprovação pelo Senado Federal – art. 5º da Lei 9.986/2000), ensejando certa submissão, e, apesar de os dirigentes terem mandato fixo, estão sujeitos à processo administrativo disciplinar (art. 9º da Lei 9.986/2000), caso cometam alguma falta disciplinar, processo este que pode resultar no seu desligamento, o que também demonstra certa submissão; **B:** correta, pois a independência administrativa das agências reguladoras é mitigada; como se viu, quem escolhe seus dirigentes não é a própria agência; e os seus dirigentes, apesar de terem mandado fixo, podem ser desligados pelo ente político que tiver criado a agência, caso cometam infração disciplinar, o que também demonstra que a independência administrativa das agências é *mitigada*; **C:** incorreta, pois as agências sequer têm competência legislativa, quanto mais independência legislativa total e absoluta; o poder normativo exercido por essas exigências deve ser exercido *nos limites* da lei, e não passando por cima desta; **D:** incorreta, pois as agências reguladoras devem atuar em consonância com as políticas públicas adotadas pelos Poderes Executivo e Legislativo; *vide*, por exemplo, a Lei da Aneel, pela qual esta agência "tem por finalidade regular e fiscalizar a produção, transmissão, distribuição e comercialização de energia elétrica, *em conformidade com as políticas e diretrizes do governo federal*" (art. 2º da Lei 9.427/1996).

Gabarito "B".

(OAB/Exame Unificado – 2009.2) As agências reguladoras, na qualidade de autarquias,

(A) estão sujeitas à tutela ou controle administrativo exercido pelo ministério a que se achem vinculadas, nos limites estabelecidos em lei.
(B) podem ter suas decisões alteradas ou revistas por autoridades da administração a que se subordinem.
(C) não dispõem de função normativa.
(D) podem ser criadas por decreto.

A: correta (art.19 do Dec.-lei 200/1967); **B:** incorreta. Não há *subordinação* das agências reguladoras em relação a autoridades da Administração Direta; o que há é o *controle* ou *supervisão ministerial*, que é exercido nos limites da lei (art. 26 do Dec.-lei 200/1967), e não de forma ampla e quase irrestrita, como ocorre quando há *hierarquia*; esta ocorre de órgão para órgão (ou de agente para agente) e permite que o órgão superior altere ou revise as decisões do órgão inferior, ao passo que o *controle* ocorre de pessoa jurídica para pessoa jurídica e não prevê essa possibilidade, como regra; **C:** incorreta. As agências reguladoras têm ampla função normativa (por exemplo, *vide* o art. 3º, incisos IV, X, XII e XIV, da Lei 9.472/9197); **D:** incorreta. As agências reguladoras, por terem natureza jurídica de autarquia, devem ser criadas mediante lei específica (art. 37, XIX, da CF).

Gabarito "A".

(OAB/Exame Unificado – 2009.2) Assinale a opção correta acerca das fundações.

(A) Fundação pública é pessoa jurídica instituída por lei para o desempenho de atividade de natureza econômica, de interesse coletivo, mantida com recursos públicos.
(B) A fundação pública decorre da conjugação de esforços entre diversos sujeitos de direito, o que lhe confere a natureza associativa.
(C) Tanto as fundações públicas quanto as autarquias desempenham atividades de interesse coletivo que exigem a atuação de uma entidade estatal, por intermédio da aplicação de prerrogativas próprias do direito público.
(D) É possível o recebimento, pelas fundações privadas, de incentivos e subsídios oriundos dos cofres públicos, circunstância que implicará a incidência de instrumentos de controle de sua atividade.

A: incorreta. A fundação pública é instituída para o desempenho de atividade típica da Administração, e não para o desempenho de atividade econômica; **B:** incorreta. A fundação pública tem como elemento marcante o *patrimônio* (é um *patrimônio personalizado*), e não as *pessoas*; **C:** incorreta. Tais entidades não praticam simples atividades de *interesse coletivo*, mas sim *atividades públicas*, *atividades típicas* da Administração; um hospital privado sem fins lucrativos pratica atividade de *interesse coletivo*; já uma autarquia ou fundação que fiscaliza o meio ambiente pratica *atividade típica da Administração*; **D:** correta. Uma vez que tais entidades recebam recursos públicos, estarão sujeitas à prestação de contas junto à Administração e à fiscalização do Tribunal de Contas (art. 70, parágrafo único, da CF).

Gabarito "D".

(OAB/Exame Unificado – 2009.1) Julgue os itens subsequentes, relativos à organização e estruturação da administração pública.

I. Uma lei que reestruture a carreira de determinada categoria de servidores públicos, pode também dispor acerca da criação de uma autarquia.
II. O controle das entidades que compõem a administração indireta da União é feito pela sistemática da supervisão ministerial.
III. As autarquias podem ter personalidade jurídica de direito privado.
IV. As autarquias têm prerrogativas típicas das pessoas jurídicas de direito público, entre as quais se inclui a de serem seus débitos apurados judicialmente e executados pelo sistema de precatórios.

Estão certos apenas os itens

(A) I e II.
(B) I e III.
(C) II e IV.
(D) III e IV.

I: incorreta, pois a autarquia tem que ser criada por lei específica (art. 37, XIX, da CF); **II:** correta. No caso, temos os institutos do *controle, tutela ou supervisão ministerial*; **III:** incorreta, pois as autarquias são pessoas jurídicas de direito público (art. 41, IV, do CC); **IV:** correta (art. 100 da CF).

Gabarito "C".

(FGV – 2014) Assinale a alternativa que indica pessoa jurídica que **não** possui personalidade jurídica de direito público.

(A) Empresa pública.
(B) Corporação pública.
(C) Autarquia Fundacional.
(D) Consórcio público.
(E) Agência reguladora.

A: correta, pois a empresa pública, assim com a sociedade de economia mista, tem regime de direito privado; **B**, **C**, **D** e **E** : incorretas, pois todas essas pessoas têm personalidade de direito público, sendo que o consórcio público pode ser de direito privado também, mas como há uma alternativa (que trata da empresa pública) com uma entidade que só pode ser de direito privado, esta deve ser assinalada.

Gabarito "A"

(FGV – 2011) A respeito das entidades da Administração Pública Indireta, é correto afirmar que

(A) as áreas de atuação das fundações de direito público são determinadas via lei ordinária.
(B) as empresas públicas são pessoas jurídicas de direito público criadas com o registro de seus atos constitutivos.
(C) somente por lei específica poderá ser criada autarquia e autorizada a instituição de empresa pública, sociedade de economia mista e fundação.
(D) as autarquias possuem natureza jurídica de direito privado, sendo criadas diretamente por lei, sem necessidade de registro.
(E) com a entrada em vigor da lei instituidora de sociedade de economia mista, dá-se o termo inicial de sua pessoa jurídica.

A: incorreta, pois tal determinação deve se dar por lei complementar (art. 37, XIX, da CF); **B:** incorreta, pois são pessoas de direito privado estatais; **C:** correta (art. 37, XIX, da CF); **D:** incorreta, pois as autarquias são pessoas jurídicas de direito público; **E:** incorreta, pois a lei autoriza a criação dessas sociedades, devendo, em seguida, proceder-se ao arquivamento de seus atos constitutivos no Registro Público competente.

Gabarito "C"

(FGV – 2010) Com relação às *agências reguladoras*, analise as afirmativas a seguir.

I. As agências reguladoras integram o aparelho burocrático do Estado como autarquias sob regime especial.
II. É juridicamente viável a cobrança de taxa – a taxa de fiscalização – pelas agências reguladoras para destinação específica.
III. O Banco Central não pode ser considerado agência reguladora por carecer de independência decisória, já que suas decisões condicionam-se aos atos normativos emanados pelo Conselho Monetário Nacional.

Assinale:

(A) se somente a afirmativa I estiver correta.
(B) se somente a afirmativa II estiver correta.
(C) se somente as afirmativas I e II estiverem corretas.
(D) se somente as afirmativas I e III estiverem corretas.
(E) se todas as afirmativas estiverem corretas.

I: correta, pois as agências reguladoras são autarquias especiais, o que significa que têm o mesmo regime jurídico das autarquias tradicionais, com algumas especificidades, como a nomeação de seus dirigentes mediante aprovação do Senado, a existência de mandato fixo para os dirigentes e a submissão dos dirigentes a uma "quarentena", findo seu mandato; **II:** correta, pois o exercício do poder de polícia (da fiscalização) dá ensejo à cobrança de taxa; **III:** correta, pois os dirigentes do Banco Central não têm mandato fixo.

Gabarito "E"

(FGV – 2010) As pessoas jurídicas de direito público de natureza meramente administrativa, criadas por lei específica, para a realização de atividades descentralizadas da entidade que as criou, são denominadas:

(A) fundações.
(B) autarquias.
(C) entidades estatais.
(D) entidades paraestatais.
(E) organizações empresariais.

Trata-se do conceito de autarquias.

Gabarito "B"

(FGV – 2008) Assinale a alternativa correta.

(A) As Autarquias podem ser organizadas sob a forma de sociedade civil ou comercial, mas sua natureza deve ser determinada na lei.
(B) Não cabe Mandado de Segurança contra ato praticado em licitação promovida por Sociedade de Economia Mista ou Empresa Pública, devido à sua natureza.
(C) A Administração Indireta é o próprio Estado executando algumas de suas funções de forma descentralizada; por isso, as entidades que a compõem não possuem personalidade jurídica própria.
(D) As Empresas Públicas e as Fundações Públicas poderão gozar de privilégios fiscais não extensivos ao setor privado.
(E) Somente por lei específica pode ser criada Autarquia e autorizada a instituição de Empresa Pública, de Sociedade de Economia Mista e de Fundação.

A: incorreta, pois as autarquias não se enquadram no conceito de sociedade, vez que as sociedades são criadas para uma atividade econômica e as autarquias, para uma atividade típica da administração; **B:** incorreta (Súmula 333 do STJ); **C:** incorreta, pois a Administração Direta da União, dos Estados, do DF e dos Municípios compreende uma série de órgãos públicos; já a Administração Indireta, é composta de pessoas jurídicas (autarquias, fundações, agências, consórcios públicos e empresas estatais); **D:** incorreta, pois as empresas públicas não podem gozar de privilégios fiscais não extensivos ao setor privado (art. 173, § 1º, II, da CF); há uma exceção apenas, que é o caso dos Correios, que, por terem monopólio da atividade que pratica, tem imunidade reconhecida pelo STF (AI 690.242, DJ 17.04.09); **E:** correta (art. 37, XIX, da CF).

Gabarito "E"

(FGV – 2006) Segundo o Decreto-lei 200, de 25 de fevereiro de 1967, considera-se autarquia:

(A) o serviço autônomo, criado por lei, com personalidade jurídica e receita próprias, para executar atividades típicas da Administração Pública, que requeiram, para seu melhor funcionamento, gestão administrativa e financeira centralizada.
(B) a entidade dotada de personalidade jurídica de direito privado, com patrimônio próprio e capital exclusivo da União ou de suas entidades de Administração Indireta, criada por lei para desempenhar atividades de natureza empresarial que o Governo seja levado a exercer, por motivos de conveniência ou contingência administrativa, podendo tal entidade revestir-se de qualquer das formas admitidas em direito.

(C) o serviço autônomo, criado por lei, com personalidade jurídica, patrimônio e receita próprios, para executar atividades típicas da Administração Pública, que requeiram, para seu melhor funcionamento, gestão administrativa e financeira descentralizada.

(D) a entidade dotada de personalidade jurídica de direito público, com patrimônio e capital exclusivos da União ou de suas entidades de Administração Indireta, criada por lei para desempenhar atividades de natureza pública que o Governo seja levado a exercer, por motivos de conveniência ou contingência administrativa, podendo tal entidade revestir-se de qualquer das formas admitidas em direito.

(E) a entidade dotada de personalidade jurídica de direito privado, criada por lei para o exercício de atividades de natureza mercantil, sob a forma de sociedade anônima, cujas ações com direito a voto pertençam, em sua maioria, à União ou à entidade da Administração Indireta.

A alternativa "c" traz a exata definição de autarquia prevista no art. 5º, I, do Dec.-lei 200/1967.

Gabarito "C"

4.3. ADMINISTRAÇÃO INDIRETA – PESSOAS JURÍDICAS DE DIREITO PRIVADO ESTATAIS

(OAB/Exame Unificado – 2015.2) Após autorização em lei, o Estado X constituiu empresa pública para atuação no setor bancário e creditício. Por não possuir, ainda, quadro de pessoal, foi iniciado concurso público com vistas à seleção de 150 empregados, entre economistas, administradores e advogados. A respeito da situação descrita, assinale a afirmativa correta.

(A) Não é possível a constituição de empresa pública para exploração direta de atividade econômica pelo Estado.

(B) A lei que autorizou a instituição da empresa pública é, obrigatoriamente, uma lei complementar, por exigência do texto constitucional.

(C) Após a Constituição de 1988, cabe às empresas públicas a prestação de serviços públicos e às sociedades de economia mista cabe a exploração de atividade econômica.

(D) A empresa pública que explora atividade econômica sujeita-se ao regime trabalhista próprio das empresas privadas, o que não afasta a exigência de concurso público.

A: incorreta, pois é possível sim a constituição de empresa pública para exploração direta de atividade econômica pelo Estado, lembrando, todavia, que essa constituição requer que haja motivo de relevante interesse coletivo ou de segurança nacional (art. 173, *caput*, da CF); **B:** incorreta, pois o art. 37, XIX, da CF não exige lei complementar para a instituição dessas empresas, bastando que se trate de uma lei (ordinária) específica; **C:** incorreta, pois tanto uma (empresa pública) como outra (sociedade de economia mista) podem tanto explorar atividade econômica como prestar serviços públicos; **D:** correta; de fato, as empresas públicas tem um regime de direito privado, ou seja, seguem as normas típicas do direito privado, como em matéria tributária, por exemplo; todavia, por serem entidades criadas pelo estado, obedecem a certos condicionamentos públicos, o que lhes obriga a promoverem licitação e concursos públicos no seu dia a dia.

Gabarito "D"

(OAB/Exame Unificado – 2013.3) O Estado ABCD, com vistas à interiorização e ao incremento das atividades econômicas, constituiu empresa pública para implantar distritos industriais, elaborar planos de ocupação e auxiliar empresas interessadas na aquisição dessas áreas.

Considerando que esse objeto significa a exploração de atividade econômica pelo Estado, assinale a afirmativa correta.

(A) Não é possível a exploração de atividade econômica por pessoa jurídica integrante da Administração direta ou indireta.

(B) As pessoas jurídicas integrantes da Administração indireta não podem explorar atividade econômica.

(C) Dentre as figuras da Administração Pública indireta, apenas a autarquia pode desempenhar atividade econômica, na qualidade de agência reguladora.

(D) A constituição de empresa pública para exercer atividade econômica é permitida quando necessária ao atendimento de relevante interesse coletivo.

A: incorreta, pois é admitido que o estado explore diretamente atividade econômica, ainda que somente em caso de relevante interesse coletivo ou imperativo de segurança nacional (art. 173, *caput*, da CF); **B:** incorreta, pois são justamente algumas das pessoas da Administração Indireta (as empresas públicas e as sociedades de economia mista) que poderão explorar atividade econômica (art. 173, § 1º, da CF); **C:** incorreta, pois apenas as empresas públicas e as sociedades de economia mista é que podem explorar atividade econômica (art. 173, § 1º, da CF), sendo que as autarquias, por serem pessoas de direito público, são criadas para executar atividades típicas de Estado, e não para explorar atividades econômicas; **D:** correta (art. 173, *caput*, da CF).

Gabarito "D"

(OAB/Exame Unificado – 2012.3.A) Atento à crescente especulação imobiliária, e ciente do sucesso econômico obtido pelas construtoras do País com a construção de imóveis destinados ao público de alta renda, o Estado "X" decide ingressar nesse lucrativo mercado. Assim, edita uma lei autorizando a criação de uma empresa pública e, no mesmo ano, promove a inscrição dos seus atos constitutivos no registro das pessoas jurídicas.

Assinale a alternativa que apresenta a alegação que as construtoras privadas, incomodadas pela concorrência de uma empresa pública, poderiam apresentar.

(A) A nulidade da constituição daquela pessoa jurídica, uma vez que as pessoas jurídicas estatais só podem ser criadas por lei específica.

(B) O objeto social daquela empresa só poderia ser atribuído a uma sociedade de economia mista e não a uma empresa pública.

(C) Os pressupostos de segurança nacional ou de relevante interesse coletivo na exploração daquela atividade econômica não estão presentes.

(D) A criação da empresa pública não poderia ter ocorrido no mesmo ano em que foi editada a lei autorizativa.

A: incorreta, pois, caso fosse possível constituir uma empresa pública na hipótese, esta deveria ser constituída exatamente na forma mencionada na assertiva, ou seja, mediante autorização legislativa (art. 37, XIX, da CF), com posterior inscrição dos atos constitutivos no registro público competente (por exemplo, na Junta Comercial); **B:** incorreta, pois esse objeto social, em tese, poderia ser atribuído a uma empresa estatal ou a uma sociedade de economia mista, pois qualquer uma delas pode explorar uma atividade econômica; escrevemos "em tese", pois, no caso concreto, não se tem imperativo de segurança nacional, nem relevante interesse coletivo (art. 173, *caput*, da CF), únicas situações em que o Estado pode explorar diretamente atividade econômica; **C:** correta (art. 173, *caput*, da CF); **D:** incorreta, pois não existe essa limitação na lei.

Gabarito "C"

(OAB/Exame Unificado – 2012.2) O Presidente da República, considerando necessária a realização de diversas obras de infraestrutura, decide pela criação de uma nova Sociedade de Economia Federal e envia projeto de lei para o Congresso Nacional. Após a sua regular tramitação, o Congresso aprova a criação da Companhia "X". Considerando a situação apresentada, assinale a afirmativa correta.

(A) A Companhia "X" poderá editar os decretos de utilidade pública das áreas que necessitam ser desapropriadas para consecução do objeto que justificou sua criação.

(B) A Companhia "X" está sujeita à licitação e à contratação de obras, serviços, compras e alienações, observados os princípios da administração.

(C) A Companhia "X" será necessariamente uma sociedade de propósito específico (SPE) e a maioria do capital social deverá sempre pertencer à União.

(D) A Companhia "X" possui foro privilegiado e eventuais demandas judiciais correrão perante a Justiça Federal.

A: incorreta; a desapropriação tem duas fases, a declaratória e a executória; na fase declaratória o Poder Público manifesta sua intenção de adquirir determinado bem; normalmente, essa declaração se dá por meio de um decreto expropriatório; na fase executória, posterior à fase declaratória, busca-se um acordo com o proprietário do bem, ou, na impossibilidade, ingressa-se com ação de desapropriação; a primeira fase só pode ser iniciada por entes políticos e outros entes público autorizados pela lei, como é o caso da agência reguladora ANEEL; já a segunda fase pode ser feita por pessoas de direito público e por concessionárias de serviço público autorizadas por lei ou por contrato; diante do exposto, fica claro que a sociedade de economia mista "Companhia X" não tem competência para a declaração de utilidade pública do bem, de modo que a alternativa é incorreta; **B:** correta; segundo o art. 173, § 1º, III, da CF, as empresas estatais exploradoras de atividade econômica estão sujeitas à licitação e contratação de obras, serviços, compras e alienações, observados os princípios da Administração Pública; **C:** incorreta, pois o Dec.-lei 200/1967, que regulamenta a questão, não exige que se trate de uma sociedade de propósito específico (SPE); esse tipo de sociedade é utilizada quando se cria uma empresa para fazer um empreendimento só (como no caso das parcerias público-privadas); no caso em tela, o enunciado deixa claro que se trata uma empresa criada para DIVERSAS obras de infraestrutura, e não para um empreendimento só; **D:** incorreta, pois, segundo o art. 109, I, da CF, apenas as ações judiciais de interesse da União, de suas entidades autárquicas e de suas empresas públicas têm como foro a Justiça Federal; porém, as ações judiciais de interesse das sociedades de economia mista federais não têm esse mesmo foro, sendo a Justiça Estadual a competente para as ações de interesse dessas últimas empresas.

Gabarito "B"

(OAB/Exame Unificado – 2012.1) Em relação às entidades que compõem a administração indireta, assinale a alternativa correta.

(A) Para a criação de autarquias, é necessária a edição de uma lei autorizativa e posterior registro de seus atos constitutivos no respectivo registro como condição de sua existência.

(B) Para criação de uma empresa pública, é necessária a edição de uma lei específica sem a exigência de registro de seus atos constitutivos no respectivo registro por se tratar de uma pessoa jurídica de direito público.

(C) Para criação de uma sociedade de economia mista, é necessária a edição de uma lei autorizativa e registro de seus atos constitutivos no respectivo registro por se tratar de uma pessoa jurídica de direito privado.

(D) Por serem pessoas jurídicas, todas necessitam ter seus respectivos atos constitutivos registrados no respectivo registro como condição de sua existência.

A: incorreta, pois a autarquia é criada diretamente por lei específica, não sendo necessário o arquivamento de outros atos constitutivos no registro público competente para que uma autarquia passe a existir (*vide* o texto do art. 37, XIX, da CF); **B:** incorreta, pois é necessária a edição de uma lei específica AUTORIZANDO a criação da empresa pública, com posterior registro dos atos constitutivos no respectivo registro público, para que a pessoa jurídica passe a existir (art. 37, XIX, da CF); há de se lembrar, também, que empresa pública não é pessoa jurídica de direito público, mas pessoa jurídica de direito privado prestadora de serviço público; **C:** correta (art. 37, XIX, da CF); **D:** incorreta, pois a autarquia é criada diretamente pela lei, não sendo necessário o registro de seus atos constitutivos em algum registro público como condição de sua existência.

Gabarito "C"

(OAB/Exame Unificado – 2007.3) Recente decisão do Supremo Tribunal Federal, levando em consideração a peculiar situação jurídica de uma estatal (regida pelo direito privado), afirmou a impossibilidade de se penhorarem seus bens e determinou que sua execução só poderia ocorrer pelo regime do precatório (art. 100 da Constituição Federal). Tal decisão ocorreu em referência

(A) ao Banco do Brasil, uma sociedade de economia mista cujos bens são bens públicos dominiais.

(B) à Empresa Brasileira de Correios e Telégrafos (ECT), por se tratar de empresa pública que executa serviço público.

(C) à Companhia de Gás de São Paulo (COMGAS), porque, como empresa privada e concessionária de serviço público, todos seus bens são reversíveis.

(D) ao INSS, uma autarquia federal cujos bens são todos bens públicos de uso especial.

De fato, a decisão beneficiou os Correios, e foi tomada porque essa pessoa jurídica, apesar de ser uma empresa pública (pessoa jurídica de direito privado estatal), tem monopólio do serviço que presta, o que permite que tenha uma condição diferenciada de outras empresas, pois ela não concorre no mercado.

Gabarito "B"

(OAB/Exame Unificado – 2007.3) Assinale a opção incorreta no que diz respeito à administração indireta.

(A) Antes mesmo de ser consagrada na CF, a exigência de criação de autarquias por lei já estava disposta no Decreto-Lei n.º 200/1967.

(B) As empresas públicas e as sociedades de economia mista devem ser estruturadas sob a forma de sociedades anônimas.

(C) A acumulação remunerada de cargos públicos estende-se a funções e empregos públicos e abrange empresas públicas e sociedade de economia mista.

(D) A criação de subsidiárias de sociedades de economia mista depende de autorização legislativa.

A: correta. Art. Art. 5º, I, do Decreto-Lei 200/1967; **B:** incorreta, devendo ser assinalada. As empresas públicas admitem qualquer tipo societário, ao passo que as sociedades de economia mista só podem ser estruturadas sob a forma de sociedades anônimas; **C:** correta. Art. 37, XVII, da CF; **D:** correta. Art. 37, XX, da CF.

Gabarito "B"

(FGV – 2013) A administração indireta é composta por várias pessoas jurídicas, dentre essas pessoas jurídicas encontram-se as *empresas públicas*. A respeito das empresas públicas, assinale a afirmativa correta.

(A) Poderão assumir qualquer forma em direito admitida com exceção da forma de sociedade anônima pois necessariamente o capital da empresa pública deve ser totalmente público.
(B) Estão subordinadas hierarquicamente ao ente criador.
(C) Poderão ser pluripessoais.
(D) Desenvolverão atividades econômicas sem realizar licitações ou concursos públicos.
(E) Estão sujeitas ao regime jurídico de direito público por serem pessoas jurídicas de direito público.

A: incorreta, pois as empresas públicas podem ter qualquer forma societária, inclusive a de sociedade anônima (art. 5º, II, do Dec.-lei 200/1967); **B:** incorreta, pois não há relação de *subordinação*, já que esta só se dá entre órgãos, mas sim de *controle* ou *tutela*, que se dá entre pessoas jurídicas, no caso entre o ente político que criar a empresa pública e esta; **C:** correta, pois as empresas públicas federais, desde que a União tenha o controle, pode ter a participação de outras pessoas jurídicas de direito público interno bem como de entidades da Administração Indireta da União, Estados, DF e Municípios (art. 5º do Dec.-lei 900/1969); **D:** incorreta, pois tais entidades devem sim realizar licitações (art. 1º,parágrafo único, da Lei 8.666/1993) e concursos públicos (art. 37, II, da CF – repare que a investidura em emprego público, próprio das empresas estatais, também requer concurso público); **E:** incorreta, pois o regime das empresas públicas é de direito privado (art. 5º, II, do Dec.-lei 200/1967).

Gabarito "C"

(FGV – 2013) As entidades da administração pública podem ser criadas e subordinadas ao regime jurídico de direito público ou ao regime jurídico de direito privado. No entanto mesmo quando sujeitas ao regime jurídico de direito privado se subordinam a certas regras impostas a toda a administração. Tendo em vista essas peculiaridades, assinale a afirmativa correta.

(A) As entidades da administração pública que se constituem como empresas públicas são criadas diretamente por meio de lei.
(B) Apenas as autarquias sujeitas ao regime jurídico de direito público necessitam de lei autorizando sua criação.
(C) As autarquias, entidades de direito público, são criadas por lei, enquanto as empresas públicas e as sociedades de economia mista têm sua criação autorizada em lei.
(D) A lei não cria diretamente nenhuma entidade, apenas autoriza a sua criação.
(E) As empresas públicas e as sociedades de economia mista, pessoas jurídicas de direito privado integrantes da Administração Pública, podem ser criadas independentemente de autorização em lei.

A: incorreta, pois são "autorizadas" pela lei e não "criadas" pela lei (art. 37, XIX, da CF); **B:** incorreta, pois todas as autarquias têm regime de direito público e sua criação se dá pela própria lei e não mediante autorização da lei (art. 37, XIX, da CF); **C:** correta (art. 37, XIX, da CF); **D:** incorreta, pois, no caso, das autarquias, a própria lei é que as cria (art. 37, XIX, da CF); **E:** incorreta, pois é necessária a autorização de lei (art. 37, XIX, da CF).

Gabarito "C"

A União, desejando realizar a exploração de uma atividade econômica, resolve criar uma sociedade de economia mista.

(FGV – 2013) Com relação às *sociedades de economia mista*, assinale a afirmativa correta.

(A) A sociedade de economia mista deve ser criada por lei.
(B) A União deve possuir ao menos metade de seu capital social.
(C) A sociedade de economia mista deve seguir todas as regras trabalhistas da iniciativa privada.
(D) O cargo de presidente de sociedade de economia mista é privativo de brasileiro nato.
(E) A sociedade de economia mista não precisa realizar licitação em hipótese alguma.

A: incorreta, pois tais empresas são *autorizadas* pela lei e não *criadas* por esta (art. 37, XIX, da CF); **B:** incorreta, sendo necessário apenas que a União tenha o controle acionário, o que se dá, por exemplo, com a maioria das ações com direito a voto; **C:** correta, pois o regime jurídico de tais empresas deve ser o de direito privado (art. 173, § 1º, II, da CF); **D:** incorreta, pois não há previsão na CF nesse sentido (art. 12,§ 3º); **E:** incorreta, pois tais empresas devem, como regra, fazer licitação (art. 1º, parágrafo único, da Lei 8.666/93).

Gabarito "C"

(FGV – 2011) Em relação ao regime jurídico das empresas públicas federais, é correto afirmar que

(A) são pessoas jurídicas de direito público, integram a administração descentralizada federal e gozam de todas as prerrogativas processuais aplicáveis à fazenda pública.
(B) são pessoas jurídicas de direito público, integram a administração direta federal e, quando prestadoras de serviços públicos, seus bens são impenhoráveis.
(C) são pessoas jurídicas de direito privado, integram a administração indireta federal e se submetem ao controle do Tribunal de Contas da União.
(D) são pessoas jurídicas de direito privado, integram administração central federal e somente podem ser criadas por lei, adotando a forma de sociedade anônima.
(E) são pessoas jurídicas de direito privado, integram a administração hierárquica federal e, quando exploradoras de atividade econômica, estão dispensadas da observância de procedimento licitatório.

A: incorreta, pois as empresas públicas são pessoas jurídicas de direito privado, e não de direito público; ademais, elas não têm as prerrogativas processuais aplicáveis à fazenda pública; **B:** incorreta, pois, como se viu, as empresas públicas são pessoas jurídicas de direito privado; ademais, elas integram a administração indireta, e não direta; não bastasse, o simples fato de uma empresa pública ser concessionária de serviço público não torna todos os seus bens impenhoráveis, mas apenas os bens que estiverem afetados ao serviço público; **C:** correta, pois retrata características das empresas públicas federais; **D:** incorreta, pois integram a administração indireta, e não direta (central); ademais, tais pessoas não são criadas por lei, mas *autorizadas* por lei (art. 37, XIX, da CF); **E:** incorreta, pois uma empresa pública não está sujeita à *hierarquia*, mas ao *controle* (tutela ou supervisão ministerial); ademais, mesmo quando uma empresa pública explora atividade econômica, ela é obrigada a fazer licitação; essas empresas só não ficam obrigadas a licitar quando esse procedimento inviabilizar sua atuação no mercado, situação que envolve os contratos vinculados à sua atividade-fim; porém, quanto às atividades-meio, essas empresas são obrigadas a licitar; um exemplo é a contratação de uma empresa de vigilância ou de limpeza; nesses dois casos, a licitação envolve atividade-meio da empresa e é obrigatória.

Gabarito "C"

(FGV – 2011) A respeito do regime jurídico aplicável às entidades da Administração Pública, considere as seguintes afirmativas:

I. As empresas públicas são pessoas jurídicas de direito privado e integram a Administração Pública Indireta do ente federativo respectivo.

II. Os consórcios públicos são pessoas jurídicas de direito privado e integram a administração indireta de todos os entes da Federação consorciados.

III. As sociedades de economia mista submetem-se ao limite máximo de remuneração previsto no artigo 37, inciso XI, da Constituição da República (subsídio mensal, em espécie, dos Ministros do Supremo Tribunal Federal) caso recebam recursos da União, dos Estados, do Distrito Federal ou dos Municípios para pagamento de despesas de pessoal ou de custeio em geral.

Assinale

(A) se apenas a afirmativa I estiver correta.
(B) se apenas a afirmativa II estiver correta.
(C) se apenas a afirmativa III estiver correta.
(D) se apenas as afirmativas I e III estiverem corretas.
(E) se apenas as afirmativas II e III estiverem corretas.

I: correta, pois tais empresas são pessoas jurídicas de direito privado estatais e fazem parte da Administração Indireta; **II:** incorreta, pois os consórcios públicos podem ser tanto de direito privado (consórcios públicos de direito privado), como de direito público (consórcios públicos de direito público ou associações públicas), nos termos do art. 1º, § 1º, da Lei 11.107/2005, **III:** correta, nos termos do art. 37, § 9º, da CF

Gabarito "D"

(FGV – 2010) Com relação às entidades da Administração Pública Indireta, é correto afirmar que:

(A) as autarquias quanto ao nível federativo podem ser federais, estaduais, distritais e municipais e quanto ao objeto podem classificar-se, entre outras, em culturais, corporativas e previdenciárias.
(B) as fundações públicas podem desempenhar atividades relativas à assistência médica e hospitalar e não estão submetidas à Lei Federal 8666/93.
(C) as empresas públicas e as sociedades de economia mista podem revestir-se de qualquer das formas admitidas em direito, de acordo com o Decreto-Lei 200/67.
(D) as empresas públicas e as sociedades de economia mista têm personalidade jurídica de direito privado, desempenham atividades de caráter econômico e seus empregados concursados podem acumular seus empregos com cargos ou funções públicas, desde que haja compatibilidade de horário.
(E) as empresas públicas e as sociedades de economia mista que explorem atividade econômica estão sujeitas ao regime próprio das empresas privadas, no entanto, os litígios entre os empregados e as entidades decorrentes das relações de trabalho, não se submetem à Justiça do Trabalho.

A: correta, pois traz informações adequadas sobre as autarquias; **B:** incorreta, pois as fundações públicas estão submetidas sim à Lei 8.666/1993 (art. 1º, parágrafo único); **C:** incorreta, pois as sociedades de economia mista só admitem a forma societária sociedade anônima; **D:** incorreta, pois, como regra, é vedada a acumulação de cargos também quanto a empregados dessas pessoas jurídicas (art. 37, XVII, da CF); **E:** incorreta, pois os litígios entre empregados e entidades se submetem sim à Justiça do Trabalho.

Gabarito "A"

(FGV – 2010) No direito brasileiro, existem duas diferenças fundamentais entre as sociedades de economia mista e as empresas públicas. Assinale a alternativa que explicita essas diferenças.

(A) Composição do capital e forma jurídica.
(B) Personalidade jurídica e forma de extinção.
(C) Forma jurídica e controle estatal.
(D) Forma de criação e personalidade jurídica.
(E) Controle estatal e composição do capital.

Quanto à composição do capital, as empresas públicas têm apenas capital público, ao passo que as sociedades de economia mista têm, necessariamente, capitais público e privado. E quanto à forma jurídica, as empresas públicas podem ser constituídas por qualquer forma societária, ao passo que as sociedades de economia mista somente podem ser constituídas pela modalidade S/A (sociedade anônima). Essas são duas diferenças entre esses dois tipos de empresas estatais. Outra diferença é que as empresas públicas federais têm foro na Justiça Federal, ao passo que as sociedades de economia mista federais, na Justiça Estadual. No mais, a personalidade jurídica das duas (de direito privado) é igual e o controle estatal é característica inerente a essas empresas.

Gabarito "A"

(FGV – 2010) Em relação às entidades da Administração Pública Indireta, é correto afirmar que:

(A) as sociedades de economia mista são pessoas jurídicas de direito privado, criadas por autorização legal e se apresentam, dentre outras, sob a forma de sociedade anônima.
(B) os bens que integram o patrimônio de todas as empresas públicas têm a qualificação de bens públicos.
(C) as fundações públicas não se destinam às atividades relativas a assistência social e atividades culturais.
(D) os empregados de empresas públicas e sociedades de economia mista podem acumular seus empregos com cargos ou funções públicas da Administração Direta.
(E) as autarquias podem celebrar contratos de natureza privada, que serão regulados pelo direito privado.

A: incorreta, pois as sociedades de economia mista realmente são pessoas de direito privado e são criadas mediante autorização legal (lei específica autoriza sua criação – art. 37, XIX, da CF), porém tais entidades só podem se apresentar sob a forma de sociedade anônima; **B:** incorreta, pois, segundo o Código Civil, bens públicos são os pertencentes às pessoas jurídicas de direito público; no caso, as empresas públicas são pessoas de direito privado estatais, portanto, seus bens são considerados bens privados, o que os torna alienáveis, passíveis de usucapião e penhoráveis, ressalvados os bens que estiverem afetados ao serviço público e os bens dos Correios, que não são penhoráveis segundo STF, por se tratar de atividade em que há monopólio da União e não há concorrência com outras empresas privadas; **C:** incorreta, pois as fundações públicas podem, sim, destinar-se às atividades mencionadas; o que não é possível é que uma fundação se destine a atividades que visem ao lucro, pois somente as empresas estatais podem ter essa finalidade; **D:** incorreta, pois tal acumulação é proibida no âmbito da administração pública como um todo, incluindo as empresas estatais, suas subsidiárias e as empresas controladas pelo Poder Público (art. 37, XVII, da CF), ressalvadas as exceções constitucionais (art. 37, XVI, da CF); **E:** correta, pois mesmo os entes políticos (União, Estados, DF e Municípios) podem celebrar contratos regidos pelo direito privado, tais como o de mútuo, seguro e locação.

Gabarito "E".

4.4. TERCEIRO SETOR

(OAB/Exame Unificado – 2014.2) Numerosos professores, em recente reunião da categoria, queixaram-se da falta de interesse dos alunos pela cultura nacional. O Sindicato dos Professores de Colégios Particulares do Município X apresentou, então, um plano para ampliar o acesso à cultura dos alunos com idade entre 10 e 18 anos, obter a qualificação de "Organização da Sociedade Civil de Interesse Público" (OSCIP) e celebrar um termo de parceria com a União, a fim de unir esforços no sentido de promover a cultura nacional. Considerando a proposta apresentada e a disciplina existente sobre o tema, assinale a afirmativa correta.

(A) O sindicato não pode se qualificar como Organização da Sociedade Civil de Interesse Público, uma vez que tal qualificação, de origem doutrinária, não tem amparo legal.

(B) O sindicato não pode se qualificar como OSCIP, em virtude de vedação expressa da lei federal sobre o tema.

(C) O sindicato pode se qualificar como OSCIP, uma vez que é uma entidade sem fins lucrativos e o objetivo pretendido é a promoção da cultura nacional.

(D) O sindicato pode se qualificar como OSCIP, mas deve celebrar um contrato de gestão e não um termo de parceria com o poder público.

A: incorreta, pois as OSCIPs são regulamentadas pela Lei 9.790/1999; **B:** correta (art. 2º, II, da Lei 9.790/1999); **C** e **D:** incorretas, pois há previsão expressa na lei proibindo que um sindicato se qualifique como OSCIP (art. 2º, II, da Lei 9.790/1999).

Gabarito "B".

(OAB/Exame Unificado – 2013.2) Determinada entidade de formação profissional, integrante dos chamados Serviços Sociais Autônomos (também conhecidos como "Sistema S"), foi, recentemente, questionada sobre a realização de uma compra sem prévia licitação. Assinale a alternativa que indica a razão do questionamento.

(A) Tais entidades, vinculadas aos chamados serviços sociais autônomos, integram a Administração Pública.

(B) Tais entidades, apesar de não integrarem a Administração Pública, são dotadas de personalidade jurídica de direito público.

(C) Tais entidades desempenham, por concessão, serviço público de interesse coletivo.

(D) Tais entidades são custeadas, em parte, com contribuições compulsórias cobradas sobre a folha de salários.

A: incorreta, pois tais entidades não integram a Administração Direta e Indireta; são entidades não estatais, que, por colaborarem com o Estado, recebem o nome de paraestatais; **B:** incorreta, pois são pessoas jurídicas de direito *privado* não estatais; **C:** incorreta, pois tais entidades não recebem concessões de serviço público, atuando em atividades de *utilidade pública* que não requerem concessão estatal para tanto, como na área de lazer, educação, dentre outras; **D:** correta; o fato de tais entidades serem custeadas, em parte, com contribuições compulsórias (contribuições parafiscais), ou seja, com tributos (que são próprios do Estado), faz com que haja uma reclamo no sentido de que esse dinheiro seja gasto com respeito aos princípios da Administração Pública, já que, em última análise, trata-se de dinheiro público; porém, apesar de tais entidades estarem obrigadas a usarem o direito respeitando a isonomia, a moralidade e a economicidade (o que reclama que se faça, por exemplo, pesquisas de preço), não há lei determinando que elas promovam licitação pública, na forma prevista para a Administração (Lei 8.666/1993); de qualquer maneira, a única alternativa da questão que pode levar a um questionamento sobre o dever de as entidades do Sistema "S" terem de fazerem licitação é a "d", ainda que saibamos que a jurisprudência não impõe licitação a essas entidades.

Gabarito "D".

(OAB/Exame Unificado – 2011.1) A qualificação como Organizações da Sociedade Civil de Interesse Público (OSCIPs) de pessoas jurídicas de direito privado, sem fins lucrativos, cujos objetivos sociais e normas estatutárias atendam aos requisitos previstos na respectiva lei é ato

(A) complexo, uma vez que somente se aperfeiçoa com a instituição do Termo de Parceria.

(B) composto, subordinando-se à homologação da Chefia do Poder Executivo.

(C) discricionário, uma vez que depende de avaliação administrativa quanto à sua conveniência e oportunidade.

(D) vinculado ao cumprimento dos requisitos estabelecidos em lei.

A alternativa "d" está correta, pois traz o texto do art. 1º, § 2º, da Lei 9.790/1999 ("a outorga da qualificação prevista neste artigo é ato vinculado ao cumprimento dos requisitos instituídos por esta Lei").

Gabarito "D".

(OAB/Exame Unificado – 2007.1) Acerca das entidades paraestatais e do terceiro setor, assinale a opção correta.

(A) As entidades do denominado sistema S (SESI, SESC, SENAI, SENAC) não se submetem à regra da licitação nem a controle pelo TCU.

(B) As entidades paraestatais estão incluídas no denominado terceiro setor.

(C) As organizações sociais são pessoas jurídicas de direito privado, sem fins lucrativos, instituídas por iniciativa de particulares, para desempenhar atividade típica de Estado.

(D) As organizações da sociedade civil de interesse público celebram contrato de gestão, ao passo que as organizações sociais celebram termo de parceria.

A: incorreta. Essas entidades são fiscalizadas pelo TCU (art. 70, parágrafo único, da CF); **B:** correta. De fato, as entidades paraestatais são aquelas que colaboram com a Administração, estando incluídas no terceiro setor; **C:** incorreta. Essas organizações não exercem atividades típicas do Estado (ex.: não exercem poder de polícia); **D:** incorreta. As OSCIPS celebram termo de parceria (art. 9º e seguintes da Lei 9.790/1999), ao passo que as organizações sociais celebram contrato de gestão (art. 5º e seguintes da Lei 9.637/1998).

Gabarito "B".

(FGV – 2013) Acerca das entidades paraestatais, com base no Direito Administrativo brasileiro, analise as afirmativas a seguir.

I. A expressão abrange todos os entes da Administração Indireta, além das pessoas jurídicas de direito privado autorizadas a realizar atividades de interesse coletivo ou público.

II. Os serviços sociais autônomos, por arrecadarem contribuições parafiscais, estão sujeitos à jurisdição da Justiça Federal.

III. O Termo de Parceria é o instrumento passível de ser firmado entre o Poder Público e as entidades qualificadas como Organizações da Sociedade Civil de Interesse Público destinado à formação de vínculo de cooperação entre as partes.

Assinale:

(A) se somente a afirmativa II estiver correta.
(B) se somente a afirmativa III estiver correta.
(C) se as afirmativas I e II estiverem corretas.
(D) se as afirmativas I e III estiverem corretas.
(E) se as afirmativas II e III estiverem corretas.

I: incorreta, pois a expressão abrange pessoas que não fazem parte da Administração Direta e Indireta, mas que, em que pese pessoas não estatais, atuam em atividades de interesse público, não exclusivas do Estado; **II:** incorreta, pois os serviços sociais autônomos são entidades privadas paraestatais, não estando no rol das entidades que atraem a competência da Justiça Federal (art. 109, I, da CF); **III:** correta (art. 9º da Lei 9.790/1999).

Gabarito "B"

4.5. CONSELHOS DE FISCALIZAÇÃO PROFISSIONAL

(OAB/Exame Unificado – 2008.1) Assinale a opção correta a respeito dos conselhos de fiscalização profissional.

(A) Os serviços de fiscalização de profissões regulamentadas não constituem atividade típica de Estado.
(B) Os conselhos de fiscalização de profissões regulamentadas têm natureza jurídica de associações.
(C) As relações que abrangem esses conselhos e as pessoas físicas ou jurídicas podem ser equiparadas à relação de trabalho.
(D) A fiscalização desses conselhos sobre as pessoas físicas ou jurídicas é uma expressão do poder de polícia.

A: incorreta. A fiscalização é, sim, uma atividade típica do Estado; **B:** incorreta. Tais conselhos não estão regidos simplesmente pelas regras atinentes às associações, pois exercem função fiscalizatória, que, como se viu, é uma função pública; **C:** incorreta. Nem todas as pessoas que trabalham nesses conselhos são consideradas empregadas; alguns exercem mandato, por exemplo; **D:** correta. De fato, a fiscalização que esses conselhos exercem é expressão do poder de polícia.

Gabarito "D"

5. SERVIDORES PÚBLICOS

5.1. ESPÉCIES DE AGENTES PÚBLICOS

(OAB/Exame Unificado – 2010.3) São considerados agentes públicos todas as pessoas físicas incumbidas, sob remuneração ou não, definitiva ou transitoriamente, do exercício de função ou atividade pública. Assim, é correto afirmar que os notários e registradores são

(A) delegatários de serviços públicos aprovados em concurso público.
(B) agentes públicos ocupantes de cargo efetivo e se aposentam aos 70 (setenta) anos de idade.
(C) agentes públicos vitalícios, ocupantes de cargo efetivo, e não se aposentam compulsoriamente.
(D) os notários e registradores são delegatários de serviços públicos, investidos em cargos efetivos após aprovação em concurso.

A: correta, nos termos do art. 3º e 14, I, da Lei 8.935/1994 e do art. 236, *caput* e § 3º, da CF; **B:** incorreta, pois, como os serviços notariais e de registro são exercidos em caráter privado, não são aplicadas as regras relativas aos servidores públicos em sentido estrito, tais como teto remuneratório e aposentadoria compulsória; tal entendimento é pacífico, hoje, no STF; **C** e **D:** incorretas, pois não são ocupantes de cargos efetivos, mas delegatários de serviço público.

Gabarito "A"

(OAB/Exame Unificado – 2007.1) A respeito dos agentes públicos, assinale a opção correta.

(A) Os particulares em colaboração com o Poder Público são considerados servidores públicos.
(B) Considere que um cidadão ocupe cargo efetivo de professor em determinado município e tenha sido aprovado em concurso público de técnico judiciário, cargo acessível aos que detenham nível médio de escolaridade, em qualquer área do conhecimento. Nessa situação, os dois cargos referidos são acumuláveis.
(C) A demissão de servidor público tem natureza punitiva, enquanto a exoneração não tem esse caráter.
(D) Ao servidor público que tomou posse após a Emenda Constitucional n.º 41/2003 serão exigidos para aposentadoria por invalidez os seguintes requisitos: 10 (dez) anos de tempo de serviço público, 5 (cinco) anos no cargo efetivo em que se dará a aposentadoria, idade mínima de 60 (sessenta) anos para os homens e 55 (cinquenta e cinco) para as mulheres e tempo de contribuição de 35 (trinta e cinco) anos para o homem e de 30 (trinta) anos para as mulheres.

A: incorreta. São considerados *agentes públicos*, e não *servidores públicos*; **B:** incorreta (art. 37, XVI e XVII, da CF); **C:** correta. De fato, essas duas expressões têm esse sentido; **D:** incorreta. A aposentadoria por invalidez não traz esses requisitos (art. 40, § 1º, I, da CF).

Gabarito "C"

(FGV – 2010) São servidores públicos, exceto.

(A) os servidores trabalhistas ocupantes de emprego público.
(B) os servidores estatutários ocupantes de cargo público.
(C) os servidores das empresas concessionárias de serviços públicos.
(D) os servidores sujeitos ao estatuto especial da pessoa federativa correspondente.
(E) os servidores temporários contratados para atenderem à necessidade temporária de excepcional interesse público.

Os agentes das empresas concessionárias de serviço público não são servidores públicos, mas empregados dessas empresas.

Gabarito "C"

(FGV – 2010) São considerados servidores públicos:

(A) os chefes do Executivo e os militares.
(B) os servidores estatutários e os agentes políticos.
(C) os servidores temporários e os empregados públicos.
(D) os agentes putativos e os particulares em colaboração com o Poder Público.
(E) os militares e os empregados de uma empresa permissionária de serviço público.

Para resolver a presente questão, é necessário lembrar que há três grandes grupos de agentes públicos, que são os seguintes: a) agentes políticos, que são os que têm cargo estrutural no âmbito da organização política do País (exs.: chefes do Executivo, secretários estaduais e municipais, vereadores, deputados, senadores, juízes, entre outros); b) agentes administrativos ou servidores públicos, que são os que possuem cargo, emprego ou função na Administração Direta e Indireta, compreendendo os empregados públicos e servidores estatutários e temporários (exs.: professor, médico, fiscal, técnico, analista, delegado, procurador etc.); c) particulares em colaboração com o Poder Público, que são aqueles que, sem perder a condição de particulares são chamados a contribuir com o Estado (exs.: agentes honoríficos, como os mesários das eleições e os jurados do Tribunal do Júri; agentes credenciados, como um advogado contratado para defender um Município numa ação judicial específica; agentes delegados, como o registrador e o tabelião, nos Cartórios). Os servidores públicos são os que estão no grupo dos agentes administrativos, acima referido. Assim sendo, a alternativa "a" está incorreta, pois o "Chefe do Executivo" é agente político. A alternativa "B" está incorreta, pois os "agentes políticos" fazem parte de outro grupo, não se confundindo com os servidores públicos ou agentes administrativos. A alternativa "c" está correta, pois os "servidores temporários" e os "empregados públicos" são servidores públicos ou agentes administrativos. A alternativa "d" está incorreta, pois os agentes putativos não são agentes públicos de verdade. Essa expressão é reservada para aquelas situações em que alguém pensa estar diante de um agente público, que na verdade não o é. Ademais, os "particulares em colaboração com o Poder Público" não se confundem com os servidores públicos ou agentes administrativos. Por fim, a alternativa "e" está incorreta, pois uma "empresa permissionária de serviço público" se encaixa na espécie "particulares em colaboração com o Poder Público", e não na espécie servidores públicos ou agentes administrativos, sendo que seus funcionários sequer são considerados agentes públicos. É bom anotar que alguns autores, como Maria Sylvia Zanella Di Pietro, colocam os militares numa espécie à parte. Assim, haveria quatro grandes grupos de agentes públicos para esses doutrinadores: a) agentes políticos; b) servidores públicos; c) militares; d) particulares em colaboração com a Administração.

Gabarito "C"

(FGV – 2009) As pessoas físicas que prestam serviços ao Estado e às entidades da Administração Indireta, com vínculo empregatício e mediante remuneração paga pelos cofres públicos são consideradas:

(A) militares.
(B) agentes políticos.
(C) servidores públicos.
(D) concessionários públicos.
(E) permissionários públicos.

A: incorreta, pois o vínculo dos militares é estatutário; **B:** incorreta, pois o vínculo dos agentes públicos é transitório, não profissional e retribuído por subsídio, e não por remuneração; **C:** correta, pois a expressão servidor público, em sentido amplo, abrange os que têm vínculo empregatício com a Administração; **D** e **E:** concessionários e permissionários não tem vínculo empregatício com a Administração, nem recebem remuneração dos cofres públicos, mas pagamento de retribuição pelos usuários do serviço público.

Gabarito "C"

(FGV – 2009) Assinale a alternativa que indique o binômio que representa servidores públicos.

(A) Servidores temporários / Servidores estatutários.
(B) Servidores estatutários / Militares.
(C) Agentes políticos / Particulares em colaboração com o Poder Público.
(D) Militares / Agentes políticos.
(E) Particulares em colaboração com o Poder Público / Empregados públicos.

Conforme já visto na primeira questão deste item, dentro da expressão servidores públicos, não estão contidos os agentes políticos e os particulares em colaboração com o Poder Público. Assim, as alternativas "c", "d" e "e" estão excluídas. No mais, como o enunciado pediu a indicação de um binômio, expressão que indica situações diferentes, a alternativa "a" é adequada, pois o regime jurídico dos servidores temporários é diferente do regime jurídico dos servidores estatutários. Já quanto aos militares, apesar de terem estatuto próprio, são servidores estatutários também. De qualquer maneira, a alternativa "b" também pode ser excluída porque, para alguns autores, como Maria Sylvia Zanella Di Pietro, os militares devem ser considerados numa espécie à parte dos servidores públicos. Assim, para essa doutrina, há quatro grandes grupos de agentes públicos: a) agentes políticos; b) servidores públicos; c) militares; d) particulares em colaboração com a Administração.

Gabarito "A"

(FGV – 2008) O jurado, no Tribunal do Júri, exerce:

(A) cargo efetivo.
(B) função paradministrativa.
(C) cargo comissionado.
(D) cargo gratificado.
(E) função pública.

O jurado é considerado particular em colaboração com o Poder Público. Ele não detém cargo ou emprego público, mas função pública.

Gabarito "E"

5.2. ESPÉCIES DE VÍNCULOS (CARGO, EMPREGO EM FUNÇÃO)

(OAB/Exame Unificado – 2008.1) Com base na Lei n.º 8.112/1990, que dispõe sobre o regime jurídico dos servidores públicos civis da União, das autarquias e das fundações públicas federais, assinale a opção correta.

(A) Servidor é a pessoa legalmente investida em função pública.
(B) Cargo público é o conjunto de atribuições e responsabilidades previstas na estrutura organizacional que deve ser cometido a um servidor.
(C) Os cargos públicos são criados por lei, com denominação própria e vencimento pago pelos cofres públicos, para provimento em caráter efetivo ou em comissão, como regra, mas é possível que ato infralegal, como um decreto, crie cargos públicos.
(D) É permitida, em regra, a prestação de serviços gratuitos por parte do servidor público.

A: incorreta (art. 2º da Lei 8.112/1990); **B:** correta (art. 3º da Lei 8.112/1990); **C:** incorreta (art. 3º, parágrafo único, da Lei 8.112/1990); **D:** incorreta (art. 4º da Lei 8.112/1990).

Gabarito "B"

(FGV – 2011) A respeito do regime constitucional da função pública, é correto afirmar que

(A) as funções de confiança e os cargos em comissão se destinam apenas às atribuições de direção, chefia e assessoramento.

(B) os servidores públicos devem ser remunerados exclusivamente por subsídio fixado em parcela única, vedado o acréscimo de qualquer outra espécie remuneratória.

(C) o direito de greve é assegurado ao servidor público civil, devendo ser exercido nos termos e nos limites definidos em lei complementar.

(D) a vinculação de espécies remuneratórias no serviço público é vedada, mas admite-se a equiparação salarial entre carreiras públicas.

(E) a acumulação de cargos e de empregos públicos é admitida quando houver compatibilidade de horários.

A: correta (art. 37, V, da CF); **B:** incorreta, pois o subsídio é modalidade remuneração devida aos membros de poder, detentores de mandado eletivo, ministros de estado, secretários estaduais e municípios, membros do Ministério Público, policiais, procuradores do estado, defensores públicos, procuradores da fazenda nacional, integrantes da Advocacia Geral da União e ministros dos Tribunais de Contas, podendo a legislação local também determinar a adoção do subsídio para remunerar outros agentes públicos, desde que os servidores sejam organizados em carreira (art. 39, § 8º, da CF); dessa forma, nem todos servidores são remunerados exclusivamente por subsídio; **C:** incorreta, pois o direito de greve do servidor é garantido nos termos de *lei específica* (art. 37, VII, da CF), e não nos termos de *lei complementar*; aproveitando o ensejo, vale lembrar que o STF entende, atualmente, que o direito de greve do servidor pode ser exercido mesmo não tendo sido editada ainda a lei específica mencionada no art. 37, VII, da CF; enquanto essa lei não for editada, será aplicada a lei de greve do setor privado (Lei 7.783/1989); **D:** incorreta, pois o art. 37, XIII, da CF veda a vinculação e a equiparação de quaisquer espécies remuneratórias para efeito de remuneração de pessoal no serviço público; **E:** incorreta, pois a regra é a impossibilidade de acumulação de cargos e de empregos, ainda que haja compatibilidade de horários; a Constituição até estabelece alguns casos em que é possível a acumulação (art. 37, XVI, da CF), mas são casos excepcionais, e não a regra geral.

Gabarito "A"

(FGV – 2008) Os cargos em comissão, a serem preenchidos por servidores de carreira nos casos, condições e percentuais mínimos previstos em lei, destinam-se às atribuições de:

(A) direção, apenas.

(B) natureza política e de interesse público.

(C) natureza técnica, chefia e direção, apenas.

(D) direção, chefia e assessoramento, apenas.

(E) qualquer natureza administrativa.

Os cargos em comissão destinam-se apenas às atribuições de *direção, chefia* e *assessoramento* (art. 37, V, da CF).

Gabarito "D"

(FGV – 2008) A respeito do regime constitucional de acesso a cargos, empregos e funções públicas, assinale a alternativa correta.

(A) O acesso aos cargos, empregos e funções públicas é privativo de brasileiros natos e naturalizados.

(B) Lei complementar estabelecerá quais são os cargos públicos cujo acesso dependerá de aprovação prévia em concurso de provas ou de provas e títulos.

(C) O aprovado em concurso público será convocado para assumir o cargo com prioridade sobre novos concursados, durante o prazo de validade do concurso previsto no edital de convocação.

(D) Fica assegurada a reserva de 25% de cargos e empregos públicos para portadores de deficiência.

(E) A Administração poderá fazer concursos internos de progressão funcional de seus servidores, desde que para provimento de cargos que integrem a estrutura do próprio órgão.

A: incorreta, pois estrangeiros, na forma da lei, também podem ter acesso aos cargos, empregos e funções (art. 37, I, da CF); **B:** incorreta, pois é justamente o contrário, ou seja, a regra é no sentido de que o acesso ao cargo depende de prévia aprovação em concurso, salvo os casos em que a lei dispuser que se trata de cargo em comissão, que independe de concurso público (art. 37, II, da CF); **C:** correta (art. 37, IV, da CF); **D:** incorreta, pois o art. 5º, § 2º, da Lei 8.112/1990 estabelece que serão reservadas às pessoas portadoras de deficiência até 20% das vagas oferecidas no concurso; repare que o número é "20%" e que há a palavra "até"; **E:** incorreta, pois isso só seria possível para provimento de cargos que "integrem a **carreira** na qual o servidor foi inicialmente investido" (Súmula 685 do STF: "é inconstitucional toda modalidade de provimento que propicie ao servidor investir-se, sem prévia aprovação em concurso público destinado ao seu provimento, em cargo que não integra a carreira na qual anteriormente investido"); assim, se o concurso é na própria carreira de delegado, procurador ou auditor fiscal, por exemplo, tudo bem; já se o concurso interno é destinado servidores que pretendem sair de um cargo de uma carreira, para passar para cargo de outra carreira (por exemplo, da carreira de investigador para a carreira de delegado), a providência é inconstitucional.

Gabarito "C"

(FGV – 2006) Depende de concurso público de provas ou de provas e títulos, a investidura em:

(A) cargo público de provimento em comissão.

(B) função pública ou emprego público.

(C) cargo público ou emprego público.

(D) cargo público ou função pública.

(E) função comissionada e cargo público.

A investidura em cargo público (ressalvada as nomeações para cargo em comissão) ou emprego público depende de aprovação em concurso público (art. 37, II, da CF).

Gabarito "C"

(FGV – 2006) Nos termos da Constituição, o regime jurídico estatutário não é extensivo:

(A) às fundações de direito público.

(B) às autarquias.

(C) às empresas públicas.

(D) aos Estados e Municípios.

(E) ao Distrito Federal.

As empresas públicas, por serem pessoas jurídicas de direito privado, devem utilizar o regime celetista para seu pessoal.

Gabarito "C"

5.3. PROVIMENTO

(OAB/Exame Unificado – 2014.2) Manolo, servidor público federal, obteve a concessão de aposentadoria por invalidez após ter sido atestado, por junta médica oficial, o surgimento de doença que o impossibilitava de desenvolver atividades laborativas. Passados dois anos, entretanto, Manolo voltou a ter boas condições de saúde, podendo voltar a trabalhar, o que foi comprovado por junta médica oficial. Nesse caso, o retorno do servidor às atividades laborativas na Administração, no mesmo cargo anteriormente ocupado, configura exemplo de

(A) reintegração.

(B) reversão.

(C) aproveitamento.
(D) readaptação.

O retorno do aposentado por invalidez por não mais persistirem os motivos da aposentadoria configura o instituto da reversão (art. 25, I, da Lei 8.112/1990).

Gabarito "B"

(OAB/Exame Unificado – 2013.3) Cláudio, servidor público federal estável, foi demitido por suposta prática de ato de insubordinação grave em serviço. Diante da inexistência de regular processo administrativo disciplinar, Cláudio conseguiu judicialmente a anulação da demissão e a reinvestidura no cargo anteriormente ocupado. Ocorre que tal cargo já estava ocupado por João, que também é servidor público estável. Considerando o caso concreto, assinale a afirmativa correta.

(A) Sendo Cláudio reinvestido, o ato configura reintegração. Caso João ocupasse outro cargo originariamente, seria reconduzido a ele, com direito à indenização.
(B) Sendo Cláudio reinvestido, o ato configura reversão. Caso João ocupasse outro cargo originariamente, seria reconduzido a ele, com direito à indenização.
(C) Cláudio obteve em juízo sua reintegração. João será reconduzido ao cargo de origem, sem indenização, ou será aproveitado em outro cargo ou posto em disponibilidade.
(D) Cláudio obteve em juízo sua reversão. João será reconduzido ao cargo de origem, sem indenização, ou será aproveitado em outro cargo ou posto em disponibilidade.

Essa questão é regulada no próprio texto constitucional, que assim dispõe: "Invalidada por sentença judicial a demissão do servidor estável, será ele reintegrado, e o eventual ocupante da vaga, se estável, reconduzido ao cargo de origem, sem direito a indenização, aproveitado em outro cargo ou posto em disponibilidade com remuneração proporcional ao tempo de serviço" (art. 41, § 2º, da CF). Assim, João, por ser estável, será reconduzido ao cargo de origem, sem direito a indenização, ou será aproveitado em outro cargo ou, ainda, posto em disponibilidade.

Gabarito "C"

(OAB/Exame Unificado – 2011.3.A) Luiz Fernando, servidor público estável pertencente aos quadros de uma fundação pública federal, inconformado com a pena de demissão que lhe foi aplicada, ajuizou ação judicial visando à invalidação da decisão administrativa que determinou a perda do seu cargo público. A decisão judicial acolheu a pretensão de Luiz Fernando e invalidou a penalidade disciplinar de demissão. Diante da situação hipotética narrada, Luiz Fernando deverá ser

(A) reintegrado ao cargo anteriormente ocupado, ou no resultante de sua transformação, com ressarcimento de todas as vantagens.
(B) aproveitado no cargo anteriormente ocupado ou em outro cargo de vencimentos e responsabilidades compatíveis com o anterior, sem ressarcimento das vantagens pecuniárias.
(C) readaptado em cargo de atribuições e responsabilidades compatíveis, com ressarcimento de todas as vantagens.
(D) reconduzido ao cargo anteriormente ocupado ou em outro de vencimentos e responsabilidades compatíveis com o anterior, com ressarcimento de todas as vantagens pecuniárias.

A: correta, tratando-se do instituto da reintegração, previsto no art. 28 da Lei 8.112/1990; **B:** incorreta, pois o aproveitamento se dá em relação àquele que estava em disponibilidade (art. 30 da Lei 8.112/1990), e não em relação àquele que fora demitido ilegalmente; **C:** incorreta, pois a readaptação se dá em relação àquele que passa a sofrer limitação física ou mental incompatível com o cargo que vem ocupando (art. 24 da Lei 8.112/1990), e não em relação àquele que fora demitido ilegalmente; **D:** incorreta, pois a recondução se dá em relação àquele servidor estável que fora inabilitado em estágio probatório relativo a outro cargo ou que tenha sido desalojado de seu cargo por reintegração do anterior ocupante (art. 29 da Lei 8.112/1990), e não em relação àquele que fora demitido ilegalmente.

Gabarito "A"

(OAB/Exame Unificado – 2009.2) Maria ocupava cargo efetivo na administração pública federal e, após quinze anos de serviço público, aposentou-se por invalidez. Dois anos após a aposentadoria, submeteu-se a junta médica oficial, a qual declarou insubsistentes os motivos da aposentadoria, o que ocasionou o retorno de Maria ao serviço público. Na situação hipotética apresentada, o instituto aplicado ao caso de Maria foi a

(A) readaptação.
(B) reintegração.
(C) recondução.
(D) reversão.

Art. 25, I, da Lei 8.112/1990. Os demais institutos estão previstos nos arts. 24, 28 e 29 da referida lei, respectivamente.

Gabarito "D"

(FGV – 2011) A forma de provimento dos cargos públicos que consiste na investidura do servidor em cargo de atribuições e responsabilidades compatíveis com a limitação que tenha sofrido em sua capacidade física ou mental verificada em inspeção médica denomina-se

(A) readaptação.
(B) reintegração.
(C) reversão.
(D) recondução.
(E) aproveitamento.

A: correta, nos termos do art. 24 da Lei 8.112/1990; **B:** incorreta, pois a reintegração é a reinvestidura do servidor estável no cargo anteriormente ocupado, ou no cargo resultante de sua transformação, quando invalidada a sua demissão por decisão administrativa ou judicial, com ressarcimento de todas as vantagens (art. 28 da Lei 8.112/1990); **C:** incorreta, pois a reversão é o retorno à atividade do servidor aposentado, por não mais persistir estado de invalidez ou no interesse da Administração, nos casos especificados no art. 25, II, da Lei 8.112/1990; **D:** incorreta, pois a recondução é o retorno do servidor estável ao cargo anteriormente ocupado por inabilitação em estágio probatório relativo a outro cargo, ou reintegração do anterior ocupante (art. 29 da Lei 8.112/1990); **E:** incorreta, pois o aproveitamento é a designação do que estava em disponibilidade para voltar a titularizar um cargo público (art. 30 da Lei 8.112/1990).

Gabarito "A"

(FGV – 2010) Segundo a Lei n. 8.112 de 11 de dezembro de 1990, o retorno à atividade de servidor aposentado por invalidez, quando junta médica oficial declarar insubsistentes os motivos da aposentadoria, ou no interesse da administração, é conhecido como:

(A) reversão.
(B) redistribuição.
(C) aproveitamento.
(D) recondução.
(E) readaptação.

Trata-se de caso de reversão, nos termos do art. 25, I, da Lei 8.112/1990.

Gabarito "A"

(FGV - 2011) O retorno de servidor à atividade, quando invalidada sua demissão, corresponde à

(A) reversão.
(B) readaptação.
(C) reintegração.
(D) recondução.
(E) recapacitação.

O enunciado da questão descreve a reintegração (art. 28 da Lei 8.112/1990).

Gabarito "C"

(FGV - 2010) O retorno à atividade de servidor aposentado e o retorno de servidor estável a um cargo anteriormente ocupado por ele correspondem, respectivamente:

(A) à reversão e à readaptação.
(B) à reversão e à reintegração.
(C) à reversão e à recondução.
(D) à readaptação e à reintegração.
(E) à readaptação e à recondução.

Trata-se respectivamente de reversão e de recondução, nos termos do arts. 25 e 29 da Lei 8.112/1990.

Gabarito "C"

(FGV - 2010) São formas de provimento por reingresso do servidor público:

(A) reintegração e aproveitamento.
(B) recondução e redistribuição.
(C) readaptação e reintegração.
(D) readaptação e reversão.
(E) redistribuição e reversão.

A expressão reingresso dá a ideia de que o servidor detinha determinado cargo público, saiu desse cargo, e voltou (reingressou) para o mesmo cargo ou cargo semelhante. As duas únicas hipóteses previstas na questão em que há esse retorno são a reintegração, em que o servidor é desligado irregularmente do cargo e consegue voltar (art. 28 da Lei 8.112/1990), e o aproveitamento, em que o servidor estável colocado em disponibilidade, pela extinção de seu cargo (por exemplo), é aproveitado em cargo semelhante (art. 30 da Lei 8.112/1990).

Gabarito "A"

(FGV - 2010) De acordo com a Lei 8.112/1990, são formas de provimento de cargo público, exceto:

(A) nomeação.
(B) promoção.
(C) remoção.
(D) recondução.
(E) readaptação.

As formas de provimento são as seguintes: nomeação, promoção, readaptação, reversão, aproveitamento, reintegração e recondução (art. 8º da Lei 8.112/1990). Provimento é sinônimo de designação de alguém para um cargo. Já na remoção não se tem a designação de alguém para um novo cargo, mas o deslocamento do servidor, a pedido ou de ofício, no âmbito do mesmo quadro, com ou sem mudança de sede (art. 36 da Lei 8.112/1990).

Gabarito "C"

(FGV - 2010) São formas de provimento por reingresso do servidor público:

(A) reintegração e aproveitamento.
(B) recondução e redistribuição.
(C) readaptação e reintegração.
(D) readaptação e reversão.
(E) redistribuição e reversão.

Reingresso é aquela situação em que o servidor volta ao serviço, circunstância que acontece na reintegração (retorno do ilegalmente desligado da Administração) e no aproveitamento (retorno do que estava em disponibilidade). Quanto às alternativas "b" e "e", redistribuição sequer é uma forma de provimento. Quanto às alternativas "c" e "d", na readaptação não se fala em retorno do agente, mais em designação do agente para cargo mais compatível com limitação superveniente.

Gabarito "A"

(FGV - 2010) De acordo com a Lei n. 8.112 de 11 de dezembro de 1990, assinale a opção incorreta:

(A) a posse do servidor ocorrerá no prazo de 30 dias contados da publicação do ato de provimento.
(B) o prazo para o servidor empossado em cargo público entrar em exercício é de 30 dias, contados da data da posse.
(C) o servidor estável só perderá o cargo em virtude de sentença judicial transitada em julgado ou de processo administrativo disciplinar no qual lhe seja assegurada ampla defesa.
(D) exoneração, aposentadoria e falecimento são formas de vacância de cargo público.

A: correta (art. 13, § 1º, da Lei 8.112/1990); **B:** incorreta, devendo ser assinalada; o prazo para entrar em exercício (começar a trabalhar) é de 15 dias após a posse (art. 15, § 1º, da Lei 8.112/1990); **C:** correta (art. 22 da Lei 8.112/1990); **D:** correta (art. 33, I, VII e IX, da Lei 8.112/1990).

Gabarito "B"

(FGV - 2006) Não é requisito básico para investidura em cargo público federal:

(A) nacionalidade brasileira.
(B) quitação com as obrigações militares e eleitorais.
(C) idade mínima de dezoito anos.
(D) gozo dos direitos políticos.
(E) ausência de antecedentes penais.

A ausência de antecedentes criminais não está prevista no art. 5º da Lei 8.112/1990, como requisito básico para investidura em cargo público federal.

Gabarito "E"

(FGV - 2005) O ato por meio do qual se preenche um cargo público, com a designação de seu titular, denomina-se:

(A) lotação.
(B) preenchimento.
(C) transferência.
(D) provimento.
(E) promoção.

Trata-se de provimento, previsto no 8º da Lei 8.112/1990.

Gabarito "D"

(FGV - 2004) O servidor público civil estável, cuja demissão é invalidada por sentença judicial, tem garantido seu retorno ao cargo anteriormente exercido, mediante:

(A) reversão.
(B) readmissão.
(C) recondução.
(D) reintegração.
(E) renomeação.

Trata-se de reintegração, prevista no art. 28 da Lei 8.112/1990.

Gabarito "D"

5.4. VACÂNCIA

(OAB/Exame Unificado – 2013.1) As alternativas a seguir apresentam condições que geram *vacância de cargo público*, **à exceção de uma**. Assinale-a.

(A) Falecimento.
(B) Promoção.
(C) Aposentadoria.
(D) Licença para trato de interesse particular.

O falecimento, a promoção e a aposentadoria geram vacância de cargo público, nos termos do art. 33, III, VII e IX, da Lei 8.112/1990, diferentemente da licença para trato de interesse particular, que não está prevista como hipótese de vacância e nem poderia, pois o servidor estará ausente de suas funções apenas temporariamente (art. 91 da Lei 8.112/1990).

Gabarito "D"

(OAB/Exame Unificado – 2008.3) Assinale a opção correta acerca da exoneração de servidores públicos segundo a Lei n.º 8.112/1990.

(A) A vacância do cargo público é decorrência exclusiva da exoneração.
(B) A exoneração de cargo efetivo dar-se-á a pedido do servidor, ou de ofício, e, no último caso, ela ocorrerá quando não forem satisfeitas as condições do estágio probatório ou quando, tendo tomado posse, o servidor não entrar em exercício no prazo estabelecido.
(C) A exoneração de cargo em comissão e a dispensa de função de confiança não fica ao alvedrio da autoridade que investiu o agente da função ou do cargo em comissão.
(D) Quando requerida a exoneração pelo próprio servidor, a autoridade superior competente pode deixar de realizar o ato, caso o pequeno número de servidores no setor ocupado pelo requerente possa comprometer a continuidade do serviço público.

A: incorreta (Art. 33 da Lei 8.112/1990); **B:** correta (Art. 34 da Lei 8.112/1990); **C:** incorreta (Art. 35, I, da Lei 8.112/1990); **D:** incorreta (Art. 35, II, da Lei 8.112/1990).

Gabarito "B"

(FGV – 2010) A vacância do cargo público decorre das seguintes hipóteses, à exceção de:

(A) exoneração.
(B) falecimento.
(C) demissão.
(D) posse em outro cargo acumulável.
(E) aposentadoria compulsória.

São hipóteses de vacância as seguintes: exoneração, demissão, promoção, readaptação, aposentadoria, posse em outro cargo inacumulável e falecimento. Portanto, a alternativa "d", que trocou "inacumulável" por "acumulável", não traz hipótese de vacância, devendo ser marcada.

Gabarito "D"

5.5. ACESSIBILIDADE E CONCURSO PÚBLICO

(OAB/Exame Unificado – 2014.3) Em determinado estado da Federação, o Estatuto dos Servidores Públicos, lei ordinária estadual, prevê a realização de concurso interno para a promoção de servidores de nível médio aos cargos de nível superior, desde que preencham todos os requisitos para investidura no cargo, inclusive a obtenção do bacharelado.

A partir da situação descrita e tomando como base os requisitos constitucionais para acesso aos cargos públicos, assinale a afirmativa correta.

(A) A previsão é inválida, pois só poderia ter sido veiculada por lei complementar.
(B) A previsão é válida, pois a disciplina dos servidores públicos compete à legislação de cada ente da Federação.
(C) A previsão é inválida, por ofensa à Constituição da República.
(D) A previsão é válida, desde que encontre previsão na Constituição do estado.

A Constituição Federal exige, para o provimento em de qualquer cargo público efetivo, concurso público acessível a todos aos brasileiros que preencherem os requisitos legais e aos estrangeiros, na forma da lei; assim, qualquer um que preencha os requisitos legais (detalhe: os requisitos precisam sempre estar em lei) pode participar do concurso público, não sendo possível restringir a participação a apenas servidores internos que tenham interesse no novo cargo; nesse sentido há inclusive a Súmula Vinculante STF n. 43, que assim dispõe: "É inconstitucional toda modalidade de provimento que propicie ao servidor investir-se, sem prévia aprovação em concurso público destinado ao seu provimento, em cargo que não integra a carreira na qual anteriormente investido"; lei complementar ou legislação local admitindo essa possibilidade não podem ferir a Constituição Federal e a Súmula mencionada. A alternativa correta é a "C".

Gabarito "C"

(OAB/Exame Unificado – 2011.2) O art. 37, II, da Constituição da República Federativa do Brasil de 1988, condiciona a investidura em cargo ou emprego público à prévia aprovação em concurso público de provas ou de provas e títulos, ressalvadas as nomeações para os cargos em comissão. Em relação a concurso público, segundo a atual jurisprudência dos tribunais superiores, é correto afirmar que

(A) o prazo de validade dos concursos públicos poderá ser de até dois anos prorrogáveis uma única vez por qualquer prazo não superior a dois anos, iniciando-se a partir de sua homologação.
(B) os candidatos aprovados em concurso público de provas ou de provas e títulos devem comprovar a habilitação exigida no edital no momento de sua nomeação.
(C) os candidatos aprovados em concurso público de provas ou de provas e títulos e classificados dentro do limite de vagas oferecidas no edital possuem direito subjetivo a nomeação dentro do prazo de validade do concurso.
(D) os candidatos aprovados em concurso público de provas ou de provas e títulos e classificados entre o número de vagas oferecidas no edital possuem expectativa de direito à nomeação.

A: incorreta, pois a prorrogação do prazo de validade do concurso deve se dar pelo mesmo período de validade deste, e não por qualquer período (art. 37, III, da CF); assim, se o edital prevê que o concurso terá validade de 6 meses, sua prorrogação poderá acontecer apenas 1 vez, por igual período, ou seja, por mais 6 meses; **B:** incorreta, pois a habilitação exigida no edital pode ser exigida na posse e não na data da inscrição para o concurso ou da nomeação (Súmula 266 do STJ). **C:** correta, pois o STF e o STJ vêm entendo que o aprovado em concurso público tem direito à nomeação (e não mera expectativa de direito), no limite das vagas previstas no edital (exs.: STF, RExtr. 227.480, DJ 21.08.2009; STJ, RMS 21.323, DJ 21.06.2010). **D:** incorreta, pois, como se viu, o aprovado tem direito à nomeação entre o número de vagas oferecidas no edital, e não mera expectativa de direito.

Gabarito "C"

(OAB/Exame Unificado – 2008.2) Acerca dos atos administrativos relacionados a concursos públicos, assinale a opção correta.

(A) O candidato aprovado em concurso público não tem direito garantido à nomeação, ainda que dentro do prazo de validade do certame, quando o cargo for preenchido sem observância da classificação.

(B) A nomeação de candidato aprovado em concurso público não implica direito à posse no cargo a ser preenchido.

(C) É legítimo o veto não motivado à participação de candidato em concurso público, tal como o respaldado em prévia investigação da vida pregressa do candidato.

(D) É inconstitucional o provimento que propicie ao servidor investir-se, sem prévia aprovação em concurso público, em cargo que não integre a carreira na qual fora anteriormente investido.

A: incorreta (art. 37, IV, da CF e Súmula 15 do STF: "Dentro do prazo de validade do concurso, o candidato aprovado tem direito à nomeação, quando o cargo for preenchido sem observância da classificação"); **B:** incorreta (Súmula 16 do STF: "Funcionário nomeado por concurso tem direito à posse"); **C:** incorreta (Súmula 684 do STF: "É inconstitucional o veto não motivado à participação de candidato a concurso público"); **D:** correta (Súmula 685 do STF: "É inconstitucional toda modalidade de provimento que propicie ao servidor investir-se, sem prévia aprovação em concurso público destinado ao seu provimento, em cargo que não integra a carreira na qual anteriormente investido").

Gabarito "D"

(OAB/Exame Unificado – 2008.1) Acerca do regime legal dos concursos públicos, assinale a opção correta.

(A) Os concursos públicos serão de provas ou de provas e títulos, podendo ser realizados em duas etapas, conforme dispuserem a lei e o regulamento do respectivo plano de carreira, condicionada a inscrição do candidato ao pagamento do valor fixado no edital e impossibilitada a hipótese de isenção dessa taxa.

(B) O concurso público terá validade de até 2 (dois) anos, podendo ser prorrogado uma única vez, por igual período.

(C) O prazo de validade do concurso e as condições de sua realização serão fixados em edital, que será publicado no Diário Oficial da União ou em jornal diário de grande circulação.

(D) Ainda que existam, em uma instituição pública, candidatos aprovados em concurso anterior com prazo de validade não expirado, é permitida a abertura de novo concurso público, nessa mesma instituição, para o mesmo cargo, em prejuízo do candidato aprovado no concurso anterior.

A: incorreta. *Vide* art. 37, II, da CF ("na forma prevista em lei"); **B** e **C:** art. 37, III, da CF; **D:** incorreta. No prazo de validade do concurso, o aprovado tem prioridade na nomeação em relação a *novos concursados* (art. 37, IV, da CF).

Gabarito "B"

(OAB/Exame Unificado – 2006.3) Assinale a opção correta com relação aos agentes públicos.

(A) A regra do concurso público é exigida para toda forma de provimento originário em cargos públicos.

(B) O limite de idade para inscrição em concurso público legitima-se quando possa ser justificado pela natureza das atribuições do cargo.

(C) A acumulação ilegal de cargos não ocorre na hipótese de um servidor público federal ocupar dois cargos efetivos de professor com 40 horas semanais de trabalho cada um.

(D) Os servidores públicos federais detentores exclusivamente de cargo em comissão integram o regime próprio de previdência social.

A: incorreta. A regra não existe para provimento de cargo em comissão (art. 37, II, da CF); **B:** correta (Súmula 683 do STF: "O limite de idade para a inscrição em concurso público só se legitima em face do art. 7º, XXX, da Constituição, quando possa ser justificado pela natureza das atribuições do cargo a ser preenchido"); **C:** incorreta. Não se considera haver compatibilidade de horários quando os dois cargos são de 40 horas semanais cada um; **D:** incorreta (art. 40, § 13, da CF).

Gabarito "B"

(OAB/Exame Unificado – 2006.2) O prazo de validade estabelecido na Constituição Federal para os concursos públicos é de até

(A) Três anos, prorrogável uma vez, por igual período.

(B) Dois anos, improrrogável.

(C) Três anos, improrrogável.

(D) Dois anos, prorrogável uma vez, por igual período.

A validade de concursos públicos, conforme previsão constitucional, é de até dois anos, prazo prorrogável por igual período (art. 37, III, da CF).

Gabarito "D"

(OAB/Exame Unificado – 2010.2) Determinada Administração Pública realiza concurso para preenchimento de cargos de detetive, categoria I. Ao final do certame, procede à nomeação e posse de 400 (quatrocentos) aprovados. Os 20 (vinte) primeiros classificados são desviados de suas funções e passam a exercer as atividades de delegado. Com o transcurso de 4 (quatro) anos, estes 20 (vinte) agentes postulam a efetivação no cargo. A partir do fragmento acima, assinale a alternativa correta.

(A) Os referidos agentes têm razão, pois investidos irregularmente, estão exercendo as suas atividades há mais de 4 (quatro) anos, a consolidar a situação.

(B) É inconstitucional toda modalidade de provimento que propicie ao servidor investir-se, sem prévia aprovação em concurso público destinado ao seu provimento, em cargo que não integra a carreira na qual anteriormente foi investido.

(C) Não têm ainda o direito, pois dependem do transcurso do prazo de 15 (quinze) anos para que possam ser tidos como delegados, por usucapião.

(D) É inconstitucional esta modalidade de provimento do cargo, pois afronta o princípio do concurso público, porém não podem ter alterado os ganhos vencimentais, sedimentado pelos anos, pelo princípio da irredutibilidade.

De acordo com a Súmula 685 do STF, "é inconstitucional toda modalidade de provimento que propicie ao servidor investir-se, sem prévia aprovação em concurso público destinado ao seu provimento, em cargo que não integra a carreira na qual anteriormente investido". Assim, a alternativa "b", que reproduz o texto da súmula, é a alternativa correta.

Gabarito "B"

(FGV – 2010) Concurso público para provimento de cargos de médico de determinado Hospital realiza concurso de provas e títulos pelo regime da Lei 8.112/1990. Entre os requisitos do edital, havia previsão de que todos os candidatos deveriam submeter-se a prova prática com conteúdo específico de medicina legal. Contudo, os integrantes da banca disponibilizaram a um dos candidatos a metodologia que deveria ser utilizada na prova prática, em flagrante prejuízo aos demais candidatos. A esse respeito, assinale a alternativa correta.

(A) A banca examinadora violou o princípio da vinculação ao edital, uma vez que deveria se ater exclusivamente aos dispositivos legais previstos no edital do concurso.
(B) A banca examinadora detém do poder discricionário no caso em tela.
(C) Se houvesse o consentimento dos candidatos, poderia o ato da banca examinadora ser convalidado.
(D) As regras do concurso público podem ser alteradas livremente pela banca examinadora.
(E) O silêncio dos candidatos, caso tivessem conhecimento, poderia legitimar o ato da banca examinadora.

A: correta, pois a postura da banca está em desacordo com o edital, que previa a submissão dos candidatos a uma prova prática, que, como se sabe, deixa de ser uma verdadeira prova quando o conteúdo do que se espera do candidato é revelado; assim, revela-se violação ao princípio da vinculação ao edital; é bom ressaltar que há também no caso violação ao princípio da isonomia, vez que alguns candidatos passaram a ter informações que outros não detinham; **B:** incorreta, pois não se encontra na esfera de disponibilidade da banca violar os princípios da vinculação ao edital e da igualdade; **C:** incorreta, pois o ato praticado viola princípios administrativos e, portanto, é ato nulo, não passível de convalidação; **D:** incorreta, pois a banca só pode alterar regras de concurso público enquanto o concurso ainda não se iniciou, sob pena de violação aos princípios citados; ademais, há regras, como as relativas aos requisitos de ingresso no serviço público, que sequer podem ser modificadas ou criadas pela banca, caso não haja lei as fundamentando; **E:** incorreta, pois o ato é nulo e não pode ser convalidado.

Gabarito "A"

(FGV – 2005) Assinale a alternativa correta.

(A) O prazo de validade do concurso público será de até 2 (dois) anos, prorrogável uma vez por igual período.
(B) O provimento dos cargos em comissão depende de concurso público de prova e títulos.
(C) O prazo de validade do concurso público será de 2 (dois) anos, prorrogável uma vez pelo período de um ano.
(D) O provimento dos cargos efetivos e dos comissionados depende de concurso público de provas e títulos, na forma da lei.
(E) O prazo de validade do concurso público será sempre o que estiver estipulado no edital, prorrogável uma vez por igual período.

A: correta (art. 37, III, da CF); **B:** incorreta (art. 37, II, da CF); **C:** incorreta (art. 37, III, da CF); **D:** incorreta, pois somente para o cargo efetivo exige-se concurso público (art. 37, II, da CF); **E:** incorreta (art. 37, III, da CF).

Gabarito "A"

5.6. GREVE E SINDICALIZAÇÃO

(OAB/Exame Unificado – 2008.2) A respeito dos agentes públicos, julgue os itens a seguir.

I. Na prática de atos de improbidade administrativa, mesmo os que exercem, sem remuneração, mandato, cargo, emprego ou função pública são considerados agentes públicos.
II. As pessoas que, na esfera federal, são contratadas por tempo determinado para atender a necessidade temporária de excepcional interesse público são regidas pela Lei n.º 8.112/1990.
III. Os integrantes da Advocacia-Geral da União, os procuradores dos Estados e do DF e os defensores públicos são, nos termos da CF, remunerados por subsídios.
IV. O dispositivo constitucional que proíbe a sindicalização e a greve dos militares federais estende-se aos militares dos Estados e do DF.

Estão certos apenas os itens

(A) I e II.
(B) II e III.
(C) III e IV.
(D) I, III e IV.

I: correta (art. 2º da Lei 8.429/1992); **II:** incorreta. Os contratados temporariamente não são regidos pelo estatuto dos funcionários públicos, mas pela Lei 8.745/1993, na esfera federal; **III:** correta (art. 135 c/c art. 39, § 4º, ambos da CF); **IV:** correta (art. 142, § 3º, IV, c/c art. 42, § 1º, ambos da CF).

Gabarito "D"

5.7. ACUMULAÇÃO REMUNERADA

(OAB/Exame Unificado – 2012.3.B) Orlando, advogado de uma empresa pública federal há quase 10 anos, resolve prestar concurso público para Fiscal de ISS de um município. Caso seja aprovado, Orlando deverá adotar o seguinte procedimento:

(A) Poderá cumular o emprego com o cargo na administração municipal e tal cumulação não estará sujeita ao limite remuneratório constitucional.
(B) Poderá cumular o emprego com o cargo na administração municipal, mas tal cumulação estará sujeita ao limite remuneratório constitucional.
(C) Não poderá cumular o emprego e o cargo, uma vez que tal cumulação somente seria permitida caso houvesse compatibilidade de horários.
(D) Não poderá cumular o emprego e o cargo, mesmo em se tratando de um ente federal e de um município.

A: incorreta, pois o caso não está em qualquer das hipóteses que ensejam acumulação remunerada de cargos, empregos e funções (art. 37, XVI, da CF); ademais, ainda que houvesse essa possibilidade, é obrigatória a observância do teto remuneratório previsto no art. 37, XI, da CF, conforme o *caput* do inciso XVI do art. 37 da CF; **B:** incorreta, pois a acumulação em tela não está contemplada no art. 37, XVI, da CF; **C:** incorreta, pois a acumulação em tela não está contemplada nas hipóteses previstas no art. 37, XVI, da CF, independentemente de haver ou não compatibilidade de horários; **D:** correta, pois a acumulação em tela não está contemplada nas hipóteses previstas no art. 37, XVI, da CF.

Gabarito "D"

(OAB/Exame Unificado – 2008.1) No que se refere à acumulação remunerada de cargos públicos, assinale a opção correta.

(A) As exceções à regra da vedação de acumulação de cargos públicos, previstas na Constituição Federal, são taxativas.
(B) É permitida a acumulação de, no máximo, três cargos públicos de profissionais de saúde.
(C) É permitida a acumulação de dois cargos públicos de professor, quando houver compatibilidade de horários e desde que ambos os cargos públicos sejam de professor do ensino fundamental.
(D) A regra da vedação de acumulação de cargos públicos se estende a empregos e funções e abrange as sociedades de economia mista, mas não as sociedades controladas indiretamente pelo Poder Público.

A: correta, nos termos do art. 37, XVI, da CF; **B:** incorreta, pois se admite no máximo dois cargos públicos de profissionais de saúde (art. 37, XVI, "c", da CF); **C:** incorreta, pois a acumulação é possível para qualquer cargo do magistério (art. 37, XVI, "a", da CF); **D:** incorreta, pois a vedação abrange também as sociedades controladas indiretamente pelo Poder Público (art. 37, XVII, da CF).
Gabarito "A"

(OAB/Exame Unificado – 2007.3) No que concerne a cargos públicos, assinale a opção correta.
(A) Somente é possível a acumulação de cargos públicos se um deles não for remunerado, como nos serviços voluntários.
(B) É possível a acumulação remunerada de dois cargos de enfermeiro.
(C) É possível a acumulação remunerada de dois cargos de engenheiro.
(D) A acumulação remunerada só será possível se um dos cargos for emprego público e o outro, função pública.

A: incorreta, pois os serviços voluntários não são cargos públicos; **B:** correta (art. 37, XVI, "c", da CF); **C:** incorreta, pois não há essa exceção no art. 37, XVI, da CF; **D:** incorreta, pois, conforme se verifica do art. 37, XVI e XVII, da CF, tanto um como outro vínculo acumulável pode ser cargo, emprego ou função.
Gabarito "B"

(OAB/Exame Unificado – 2006.2) A Constituição Federal de 1988, como regra geral, não permite a acumulação de cargos públicos. Como exceção, a Constituição admite acumulações, desde que haja compatibilidade de horários. Com relação a esse assunto, assinale a opção que apresenta um caso para o qual há permissão constitucional de acumulação de cargos públicos, desde que haja compatibilidade de horários.
(A) Um cargo de médico e um de advogado.
(B) Dois cargos de advogado, com quatro horas em repartições públicas diferentes.
(C) Dois cargos ou empregos privativos de profissionais de saúde, com profissões regulamentadas.
(D) Dois cargos de professor e um de advogado.

A, B e **D:** incorretas, pois não há essas exceções no art. 37, XVI, da CF; **C:** correta (art. 37, XVI, "c", da CF).
Gabarito "C"

5.8. ESTÁGIO PROBATÓRIO E ESTABILIDADE

(OAB/Exame Unificado – 2009.3) Na administração pública, há servidores estáveis, nomeados por concurso público e aprovados em estágio probatório, e os que adquiriram a estabilidade excepcional. Acerca dessas duas modalidades de estabilidade, assinale a opção correta.
(A) A estabilidade excepcional não foi concedida aos ocupantes de cargos, funções e empregos de confiança ou em comissão, além de não ter sido concedida, ainda, aos ocupantes de cargos declarados, por lei, de livre exoneração.
(B) De acordo com a CF, o servidor celetista tem direito à estabilidade nos mesmos moldes do servidor nomeado para cargo de provimento efetivo.
(C) A CF reconheceu tanto a estabilidade quanto a efetividade aos servidores que, apesar de não nomeados por concurso público, estavam em exercício, na data da promulgação da CF, há, pelo menos, cinco anos continuados.
(D) Os servidores, nas duas modalidades de estabilidade, possuem a garantia de permanência no serviço público, de modo que somente podem perder seus cargos, empregos e funções por sentença judicial transitada em julgado.

A: correta. De fato, tais cargos e funções são incompatíveis com a estabilidade, pois a exoneração é livre (art. 37, II, da CF); **B:** incorreta. A estabilidade só existe para servidores que detêm cargo efetivo (art. 41 da CF); **C:** incorreta (art. 19 do ADCT); **D:** incorreta. Servidores estáveis podem perder o seu cargo não só por sentença transitada em julgado, como também por processo disciplinar (pela prática de infração disciplinar), processo administrativo com ampla defesa (em avaliação periódica de desempenho), hipóteses previstas no art. 41, § 1º, da CF, e também para atender a limites de despesa com pessoal (art. 169, § 4º, da CF).
Gabarito "A"

(OAB/Exame Unificado – 2008.1) Relativamente à estabilidade no serviço público, assinale a opção correta.
(A) O servidor público estável pode perder o cargo mediante processo administrativo.
(B) O servidor público adquire estabilidade com 2 (dois) anos de efetivo serviço.
(C) São estáveis os servidores públicos que se encontravam, na data da promulgação da Constituição de 1988, em exercício, no serviço público, por 4 (quatro) anos continuados.
(D) O servidor público estável está sujeito à perda do cargo em virtude de sentença judicial publicada em jornal oficial.

A: correta (art. 41, § 1º, II, da CF); **B:** incorreta, pois são necessários 3 anos de efetivo exercício e aprovação em avaliação especial de desempenho (art. 41, *caput*, da CF); **C:** incorreta, nos termos do 19 do ADCT, que exige 5 anos; **D:** incorreta, pois é necessária sentença judicial transitada em julgado (art. 41, § 1º, I, da CF).
Gabarito "A"

(FGV – 2011) A possibilidade de se colocar em disponibilidade o cargo de servidor público deve observar:
I. o trânsito em julgado na via judicial, respeitada a ampla defesa e o contraditório;
II. a conveniência e a oportunidade de manter ou extinguir os cargos, independentemente da anuência ou não dos servidores públicos ocupantes daqueles que serão extintos;
III. a defesa prévia do servidor que ocupa o cargo, sendo imprescindível a garantia ao devido processo legal;

IV. a finalidade de afastar da função pública o servidor que responder a processo judicial;

V. os princípios da moralidade, eficiência, impessoalidade e supremacia do interesse público.

Analise os itens acima e assinale

(A) se apenas o item III estiver correto.
(B) se apenas os itens I e III estiverem corretos.
(C) se apenas os itens II e IV estiverem corretos.
(D) se apenas os itens IV e V estiverem corretos.
(E) se apenas os itens II e V estiverem corretos.

I: incorreta; o servidor estável deve ser colocado em disponibilidade em três hipóteses, quais sejam, quando seu cargo é extinto, quando seu cargo é declarado desnecessário e quando decisão judicial tiver determinado a reintegração de outro servidor cuja vaga o primeiro passou a ocupar; nesse último caso temos o servidor "A" que foi demitido e deu oportunidade para o servidor "B", sendo que "A", por decisão judicial, consegue sua reintegração, o que faz com que "B", se estável, possa ser colocado em disponibilidade (art. 41, § 2º, da CF); não é necessário que a decisão judicial que determina a reintegração transite em julgado para que toda essa operação aconteça, bastando que ela já possa produzir efeitos segundo a lei processual civil; **II:** correta, pois cabe à Administração extinguir ou não cargos públicos, tendo o servidor estável direito à disponibilidade nesse caso (art. 41, § 3º, da CF); **III:** incorreta, pois o servidor não tem como se opor administrativamente à extinção do cargo e consequente colocação dele na disponibilidade; **IV:** incorreta, pois a disponibilidade tem por finalidade atender às três hipóteses mencionadas no comentário ao item I; **V:** correta, pois tais princípios estão de acordo com a disponibilidade, que respeita a estabilidade do servidor, de um lado, e a economia nos cofres públicos, de outro, já que o servidor fica sem trabalhar, mas recebe apenas proporcionalmente ao seu tempo de serviço.

Gabarito "E"

(FGV – 2010) Com relação ao modelo de avaliação de desempenho do governo federal, expresso no Decreto 7.133/2010, analise as afirmativas a seguir:

I. A avaliação de desempenho individual será feita com base em critérios e fatores que reflitam as competências do servidor, aferidas no desempenho individual das tarefas e atividades a ele atribuídas.

II. Na avaliação de desempenho individual, além do cumprimento das metas de desempenho individual, deverão ser avaliados dois fatores mínimos: trabalho em equipe e comprometimento com o trabalho.

III. Os servidores não ocupantes de cargos em comissão ou função de confiança serão avaliados na dimensão individual, a partir dos conceitos atribuídos pelo próprio avaliado, na proporção de cinquenta por cento, e dos conceitos atribuídos pela chefia imediata, também na proporção de cinquenta por cento.

Assinale:

(A) se somente a afirmativa I estiver correta.
(B) se somente a afirmativa II estiver correta.
(C) se somente a afirmativa III estiver correta.
(D) se somente as afirmativas I e II estiverem corretas.
(E) se todas as afirmativas estiverem corretas.

I: correta (art. 4º do Decreto 7.133/2010); **II:** incorreta, pois os fatores mínimos, além das metas de desempenho individual e os fatores citados (trabalho em equipe e comprometimento com o trabalho), incluem conhecimento de métodos e técnicas e cumprimento das normas de procedimento e de conduta no desempenho das atribuições do cargo (art. 4º, § 1º, do Decreto 7.133/2010); **III:** incorreta, pois, nesse caso, a avaliação será a partir dos conceitos atribuídos pelo próprio avaliado, na proporção de quinze por cento; dos conceitos atribuídos pela chefia imediata, na proporção de sessenta por cento; e da média dos conceitos atribuídos pelos demais integrantes da equipe de trabalho, na proporção de vinte e cinco por cento.

Gabarito "A"

(FGV – 2008) Relativamente à estabilidade do servidor público, prevista no art. 41 da Constituição da República Federativa do Brasil, assinale a alternativa incorreta.

(A) São estáveis após três anos de efetivo exercício os servidores nomeados para cargo de provimento efetivo em virtude de concurso público.
(B) O servidor público estável só perderá o cargo em virtude de sentença judicial transitada em julgado, mediante processo administrativo em que lhe seja assegurada ampla defesa, ou mediante procedimento de avaliação periódica de desempenho, na forma de lei complementar, assegurada ampla defesa.
(C) Invalidada por sentença judicial a demissão do servidor estável, será ele reintegrado, e o eventual ocupante da vaga, se estável, reconduzido ao cargo de origem, sem direito a indenização, aproveitado em outro cargo ou posto em disponibilidade com remuneração proporcional ao tempo de serviço.
(D) É facultativa a avaliação especial de desempenho por comissão instituída para essa finalidade como condição para a aquisição da estabilidade.
(E) Extinto o cargo ou declarada a sua desnecessidade, o servidor estável ficará em disponibilidade, com remuneração proporcional ao tempo de serviço, até seu adequado aproveitamento em outro cargo.

A: correta (art. 41, *caput*, da CF); **B:** correta (art. 41, § 1º, da CF); **C:** correta (art. 41, § 2º, da CF); **D:** incorreta, devendo ser assinalada; a avaliação especial de desempenho é obrigatória, e não facultativa; de qualquer forma, é bom ressaltar que, caso a avaliação acabe não sendo realizada por culpa da Administração, e o servidor já tenha mais de três anos de efetivo exercício, a estabilidade estará constituída, sem prejuízo de se apurar eventual falta funcional dos responsáveis pela não realização da avaliação de desempenho; **E:** correta (art. 41, § 3º, da CF).

Gabarito "D"

(FGV – 2008) Assinale a assertiva correta.

(A) O servidor público estável só perderá o cargo: a) em virtude de sentença judicial transitada em julgado; b) mediante processo administrativo em que lhe seja assegurada ampla defesa; c) mediante procedimento de avaliação periódica de desempenho, na forma da lei complementar, assegurada a ampla defesa.
(B) Extinto o cargo ou declarada a sua desnecessidade, o servidor público estável ficará em disponibilidade, com remuneração proporcional ao tempo de serviço, até o seu adequado aproveitamento em outro cargo, num prazo máximo de 5 (cinco) anos.
(C) A aprovação e a classificação em concurso público conferem ao candidato, em regra, apenas a expectativa de direito à nomeação. No entanto, se o candidato aprovado for nomeado, tem direito subjetivo à posse e à complementação do processo de investidura; se a participação e aprovação do candidato em alguma etapa do concurso público decorreram de

concessão de medida liminar em ação judicial, não há para o interessado direito subjetivo à nomeação.

(D) É vedada a acumulação remunerada de cargos públicos, exceto quando houver compatibilidade de horários, nos casos especificados pela Constituição Federal. Tal proibição estende-se a empregos e funções e abrange autarquias e fundações públicas, excluindo-se dessa vedação as empresas públicas e as sociedades de economia mista.

(E) Para a aquisição da estabilidade, o servidor público nomeado para cargo de provimento efetivo, em virtude de concurso público, deve cumprir o requisito temporal, 3 (três) anos, e ter seu desempenho aprovado por comissão de avaliação. Cumprido o lapso temporal, a ausência da avaliação pela Administração Pública, no entanto, afasta a presunção de estabilidade no cargo.

A: incorreta, pois, além desses casos, previstos no art. 41, § 1º, da CF, é possível que o servidor estável também perca o cargo para atender a limites de despesa com pessoal (art. 169, § 4º, da CF); **B:** incorreta, pois não existe essa limitação temporal de 5 (cinco) anos (art. 41, § 3º, da CF); **C:** correta, pois, ao tempo da questão, ainda não tinha sido consagrado o entendimento de que o aprovado em concurso público, no limite das vagas previstas no edital, tem direito à nomeação; assim, se o edital prevê 30 vagas e 50 pessoas são aprovadas, os 30 primeiros colocados têm direito de ser nomeados, e não mera expectativa de direito; as demais afirmativas da alternativa continuam corretas, ou seja, o nomeado (o já nomeado!) tem direito à posse, e quem consegue liminar para prestar concurso não tem direito à nomeação definitiva só por esse motivo, mas mero direito de participar do concurso enquanto a matéria está sendo discutida no Judiciário; **D:** incorreta, nos termos do art. 37, XVI e XVII, da CF; **E:** incorreta. Segundo o STJ, a ausência de avaliação confirma (e não afasta) a estabilidade no cargo, pois o servidor não pode ficar à mercê da Administração que não promove a avaliação de desempenho, portanto, passados os 3 (três) anos de efetivo exercício, o servidor, mesmo não tendo se submetido à avaliação especial de desempenho prevista no art. 41, § 4º, da CF, terá adquirido a estabilidade (RMS 24.602/MG, DJ 01.12.2008).

Gabarito "C"

(FGV – 2008) O servidor nomeado para cargo de provimento efetivo terá que cumprir estágio probatório de:

(A) 1 (um) ano.
(B) 4 (quatro) anos.
(C) 3 (três) anos.
(D) 2 (dois) anos.
(E) 5 (cinco) anos.

O STF e o STJ entendem, atualmente, que, com a EC 19/1998, que aumentou para 3 (três) anos o tempo de exercício para a aquisição da estabilidade, o estágio probatório também passa a ser de 3 (três) anos, ainda que o estatuto local tenha redação dispondo que o prazo é de 2 (dois) anos ou 24 meses. Nesse sentido, confira o RMS 23.689/RS, DJ 07/06/2010, do STF.

Gabarito "C"

5.9. RESPONSABILIDADES E DEVERES DO SERVIDOR

(OAB/Exame Unificado – 2013.1) Um servidor público foi acusado de corrupção passiva e peculato. Respondeu a processo criminal e foi absolvido por ausência de provas. Diante dessa situação, assinale a afirmativa correta.

(A) A Administração Pública, no caso, permanece livre para punir o funcionário, desde que verifique haver desvios na conduta funcional do servidor.

(B) A decisão de absolvição do servidor sempre vincula a Administração Pública, que não poderá punir o seu funcionário.

(C) A auto tutela administrativa permite desconsiderar decisões judiciais contrárias à lei ou às provas dos autos, sendo possível a aplicação de sanções administrativas com cópias extraídas do processo criminal.

(D) As decisões da justiça, que punem o servidor por qualquer crime, vinculam o Poder Público, embora as decisões de absolvição nunca impeçam o poder punitivo da Administração.

A: correta, pois a absolvição criminal por falta de provas não importa em qualquer efeito em relação à esfera administrativa, diferentemente das absolvições criminais por negativa de autoria ou inexistência material do fato, que se comunicam àquela esfera (art. 126 da Lei 8.112/1990); **B:** incorreta, pois absolvições por falta de prova não afastam a punição administrativa (art. 126 da Lei 8.112/1990); **C:** incorreta, pois os processos administrativos devem observar o devido processo legal, incluindo o contraditório, ampla defesa e as demais normas previstas na lei (art. 5º, LIV e LV, da CF); **D:** incorreta, pois as absolvições criminais por negativa de autoria ou inexistência material do fato se comunicam àquela esfera (art. 126 da Lei 8.112/1990).

Gabarito "A"

(OAB/Exame Unificado – 2010.3) Determinado servidor público foi acusado de ter recebido vantagens indevidas valendo-se de seu cargo público, sendo denunciado à justiça criminal e instaurado, no âmbito administrativo, processo administrativo disciplinar por ter infringindo seu estatuto funcional pela mesma conduta. Ocorre que o servidor foi absolvido pelo Poder Judiciário em razão de ter ficado provada a inexistência do ato ilícito que lhe fora atribuído. Nessa situação, é correto afirmar que

(A) em nenhuma hipótese a decisão penal surtirá efeito na esfera administrativa, mesmo que a conduta praticada pelo servidor seja prevista como ilícito penal e ilícito administrativo.

(B) a punição na instância administrativa nunca poderá ser anulada, caso tenha sido aplicada.

(C) haverá repercussão no âmbito do processo administrativo disciplinar, não podendo a administração pública punir o servidor pelo fato decidido na esfera penal.

(D) a decisão absolutória não influirá na decisão administrativa do processo administrativo disciplinar, por serem independentes.

As esferas cível, administrativa e penal são independentes (art. 125 da Lei 8.112/1990). Porém, a responsabilidade administrativa do servidor será afastada no caso de absolvição criminal que *negue a existência do fato* ou *sua autoria*. Repare que a lei admite que a esfera penal vincula a esfera administrativa apenas em dois casos de absolvição, quais sejam, inexistência do fato (o juiz absolve dizendo que o fato não ocorreu) ou negativa de autoria (o juiz absolve dizendo que o fato ocorreu, mas o réu não foi o seu autor). Já quando o juiz simplesmente absolve por falta de provas, tal absolvição criminal não repercutirá em nada na esfera administrativa. Nesse sentido, a alternativa "c" está correta, pois o enunciado asseverou que o juiz criminal absolveu o servidor por inexistência do "ato", aplicando-se, assim, o disposto no art. 126 da Lei 8.112/1990.

Gabarito "C"

(OAB/Exame Unificado – 2008.2) No que concerne às responsabilidades do servidor público, assinale a opção incorreta.

(A) Tais responsabilidades podem ser do tipo civil, penal e administrativo.
(B) As sanções civis, penais e administrativas poderão cumular-se.
(C) A responsabilidade civil do servidor público é objetiva.
(D) A responsabilidade administrativa do servidor público será afastada em caso de absolvição criminal que negue a existência do fato ou de sua autoria.

A: correta (art. 121 da Lei 8.112/1990); **B:** correta (art. 125 da Lei 8.112/1990); **C:** incorreta, devendo ser assinalada (art. 37, § 6º, da CF e art. 122 da Lei 8.112/1990); **D:** correta (art. 126 da Lei 8.112/1990).

Gabarito "C"

(OAB/Exame Unificado – 2007.3) De acordo com o art. 121 da Lei n.º 8.112/1990, o "servidor responde civil, penal e administrativamente pelo exercício irregular de suas atribuições". Considerando esse comando legal, assinale a opção correta.

(A) Pode haver responsabilidade civil sem que haja a penal, mas sempre haverá a obrigação administrativa.
(B) Sempre que houver a responsabilidade penal, haverá também a responsabilidade civil e a administrativa.
(C) A administração não pode aplicar pena de demissão ao servidor em processo disciplinar se este houver sido absolvido em processo criminal.
(D) O Estatuto do Servidor Público Federal prevê que as sanções penais, cíveis e administrativas podem ser cumuladas.

A e **B:** incorretas. Os ilícitos e as responsabilidades civil, penal e administrativa são independentes entre si (art. 125 da Lei 8.112/1990); **C:** incorreta. A absolvição na esfera criminal só repercute na esfera administrativa se for por inexistência material do fato ou negativa de autoria (art. 126 da Lei 8.112/1990); **D:** correta (art. 125 da Lei 8.112/1990).

Gabarito "D"

(FGV – 2014) No que tange à *responsabilidade* dos servidores públicos, assinale a afirmativa correta.

(A) A sanção administrativa sempre prescreve em 5 anos.
(B) A sentença penal sempre vincula as demais esferas.
(C) A condenação na esfera civil e administrativa é possível, mesmo havendo absolvição penal.
(D) A falta administrativa constituindo crime, apenas é possível a aplicação da penalidade administrativa no caso de imposição da sanção penal.
(E) A sentença penal nunca vincula as demais esferas.

A: incorreta, pois há casos em que prescreve no prazo de prescrição previsto para o ilícito na esfera penal (art. 142, § 2º, da Lei 8.112/1990); **B:** incorreta, pois somente vincula em caso de absolvição por negativa de autoria ou inexistência material do fato (art. 126 da Lei 8.112/1990); **C:** correta, por conta da independência entre as instâncias civil, penal e administrativa (art. 125 da Lei 8.112/1990), valendo lembrar que apenas a absolvição penal por negativa de autoria ou inexistência material se comunicam para as esferas administrativa e civil (art. 126 da Lei 8.112/1990); **D:** incorreta, por conta da independência entre as instâncias civil, penal e administrativa (art. 125 da Lei 8.112/1990); **E:** incorreta, pois a sentença penal vincula as demais esferas em caso de absolvição por negativa de autoria ou inexistência material do fato (art. 126 da Lei 8.112/1990).

Gabarito "C"

(FGV – 2013) Sobre a Lei n. 8.112/1990, que se alinha com a constante busca pela moralização do serviço público, assinale a afirmativa correta.

(A) A responsabilidade civil-administrativa resulta de ato comissivo praticado no desempenho do cargo ou função, mas não de ato omissivo.
(B) O servidor não poderá ser responsabilizado civil, penal ou administrativamente por dar ciência à autoridade superior de informação concernente à prática de crimes ou improbidade de que tenha conhecimento.
(C) A responsabilidade civil decorre de ato comissivo doloso que resulte em prejuízo ao erário ou a terceiros, estando isento de responsabilidade o servidor que atuar de forma meramente culposa.
(D) O servidor pode ausentar-se do serviço durante o expediente, sem prévia autorização do chefe imediato, bem como retirar, sem prévia anuência da autoridade competente, qualquer documento ou objeto da repartição.
(E) O servidor terá direito a licença remunerada durante o período que mediar entre a sua escolha em convenção partidária, como candidato a cargo eletivo, e a véspera do registro de sua candidatura perante a Justiça Eleitoral.

A: incorreta, pois atos omissivos também podem gerar responsabilidade (art. 122, *caput*, da Lei 8.112/1990); **B:** correta (art. 126-A da Lei 8.112/1990); **C:** incorreta, pois a responsabilidade civil do Estado se dá sobre atos comissivos ou omissivos, dolosos ou culposos (art. 122, *caput*, da Lei 8.112/1990), não estando isento o servidor (de responder regressivamente junto ao Estado) quando atuar por conduta dolosa ou culposa (art. 37, § 6º, da CF); **D:** incorreta, pois essa ausência durante o expediente é proibida sem autorização da chefia imediata (art. 117, I, da Lei 8.112/1990), assim como a retirada de documento ou objeto da repartição sem prévia anuência da autoridade competente (art. 117, II, da Lei 8.112/1990); **E:** incorreta, pois essa específica licença é sem remuneração (art. 86, *caput*, da Lei 8.112/1990), diferentemente da licença durante o período de campanha eleitoral, que, em verdade, vai do registro da candidatura até o décimo dia seguinte ao da eleição, somente por 3 meses (art. 86, §. 2º, da Lei 8.112/1990).

Gabarito "B"

(FGV – 2013) João é servidor público estatutário e está sendo processado criminalmente por lesão corporal praticada contra José, enquanto encontrava-se em serviço. Em razão de tal fato também está respondendo a processo administrativo disciplinar. Diante dessa situação, assinale a afirmativa correta.

(A) Mesmo que seja condenado na seara penal, João poderá provar, na esfera administrativa, a inexistência do fato que fundamentou a condenação, em decorrência da independência entre essas esferas.
(B) Sendo absolvido por inexistência de provas, não poderá ser condenado pelo mesmo fato na esfera administrativa.
(C) Mesmo absolvido na esfera penal, é possível que seja condenado na esfera administrativa.

(D) Sendo absolvido ou condenado na esfera penal, o processo administrativo seguirá sempre a mesma sorte, pois não há independência entre as instâncias penal e administrativa.

(E) O processo administrativo não poderia ser instaurado antes que o do trânsito em julgado da ação penal.

A: incorreta, pois condenação transitada em julgado na esfera penal torna o fato reconhecido como praticado pela esfera pena incontroverso na esfera administrativa; **B:** incorreta, pois a absolvição por ausência de provas na esfera penal não interfere em coisa alguma na esfera administrativa; **C:** correta, pois em caso de absolvição criminal por falta de provas, é possível condenação na esfera administrativa, pois, conforme mencionado, a absolvição por ausência de provas na esfera penal não interfere em coisa alguma na esfera administrativa; **D:** incorreta, pois a sentença criminal interfere na esfera administrativa, quanto ao fato nela reconhecido, quando é condenatória ou quando é absolutória por negativa de autoria ou inexistência material do fato; **E:** incorreta, pois a independência inicial das instâncias não geram essa relação de prejudicialidade à instauração do processo administrativo.

Gabarito "C"

(FGV – 2009) O servidor público sempre que estiver diante de duas opções, terá o dever, de acordo com o Código de Ética, de escolher a melhor e a mais vantajosa para:

(A) a ordem legal.

(B) o patrimônio público.

(C) o cidadão em atendimento.

(D) a repartição pública.

(E) o bem comum.

De fato, havendo discricionariedade, o servidor deverá escolher a opção que melhor atenda ao bem comum.

Gabarito "E"

(FGV – 2009) Caso a autoridade ou servidor que atue no processo administrativo, tenha amizade íntima ou inimizade notória com algum dos interessados ou com os respectivos cônjuges, companheiros, parentes e afins até o terceiro grau, poderá ser arguido:

(A) o seu impedimento.

(B) a sua suspeição.

(C) a corrupção.

(D) a sua improbidade administrativa.

(E) a nulidade absoluta do processo.

O caso é de suspeição, nos termos do art. 20 da Lei 9.784/1999.

Gabarito "B"

(FGV – 2009) O Código de Ética Profissional do Servidor Público Civil do Poder Executivo Federal dispõe sobre regras que visam à realização de um valor moral e ético relativo à profissão de servidor público, por isso está relacionado a um(a):

(A) filologia.

(B) filosofia.

(C) deontologia.

(D) idealismo.

(E) gnosiologia.

Deontologia é a ciência que estuda direitos e deveres dos profissionais, bem como os fundamentos éticos e legais de sua atuação. Assim, a alternativa "c" está adequada ao enunciado da questão.

Gabarito "C"

(FGV – 2006) Segundo o Código de Ética Profissional do Servidor Civil Público do Poder Executivo Federal, analise as alternativas a seguir:

I. É vedado ao servidor o uso do cargo ou função, facilidades, amizades, tempo, posição e influências, para obter qualquer favorecimento, para si ou para outrem.

II. É dever fundamental do servidor zelar, no exercício do direito de greve, pelas exigências específicas da defesa da vida e da segurança coletiva.

III. A pena aplicável ao servidor público pela Comissão de Ética é a de censura, e sua fundamentação constará do respectivo parecer, assinado por todos os seus integrantes, com ciência do faltoso.

Assinale:

(A) se nenhuma afirmativa estiver correta.

(B) se apenas as afirmativas I e II estiverem corretas.

(C) se apenas as afirmativas I e III estiverem corretas.

(D) se apenas as afirmativas II e III estiverem corretas.

(E) se todas as afirmativas estiverem corretas.

I: correta (art. XV, *a*, do Código de Conduta do Servidor Público Civil do Poder Executivo Federal); **II:** correta (art. XIV, *j*, do Código de Conduta do Servidor Público Civil do Poder Executivo Federal); **III:** correta (art. XXII do Código de Conduta do Servidor Público Civil do Poder Executivo Federal).

Gabarito "E"

5.10. DIREITOS, VANTAGENS E SISTEMA REMUNERATÓRIO

(OAB/Exame Unificado – 2016.2) Paulo é servidor concursado da Câmara de Vereadores do município Beta há mais de quinze anos. Durante esse tempo, Paulo concluiu cursos de aperfeiçoamento profissional, graduou-se no curso de economia, exerceu cargos em comissão e foi promovido por merecimento. Todos esses fatores contribuíram para majorar sua remuneração. Considerando a disciplina constitucional a respeito dos servidores públicos, assinale a afirmativa correta.

(A) O teto remuneratório aplicável a Paulo, servidor público municipal, corresponde ao subsídio do prefeito do município Beta.

(B) O teto remuneratório aplicável a Paulo, servidor público municipal, corresponde ao subsídio pago aos vereadores de Beta.

(C) Os acréscimos de caráter remuneratório, pagos a Paulo, como a gratificação por tempo de serviço e a gratificação adicional de qualificação profissional, não se submetem ao teto remuneratório.

(D) O teto remuneratório aplicável a Paulo não está sujeito a qualquer limitação, tendo em vista a necessidade de edição de lei complementar para a instituição do teto previsto na CRFB/88.

A: correta (art. 37, XI, da CF); **B**: incorreta, pois o teto é subsídio do prefeito do município Beta (art. 37, XI, da CF); **C**: incorreta, pois todas as vantagens pessoais e de qualquer natureza devem ser computadas para efeito de incidência do teto (art. 37, XI, da CF); **D**: incorreta, pois a CF não exige lei complementar para a aplicação imediata do teto remuneratório (art. 37, XI, da CF).

Gabarito "A"

(OAB/Exame Unificado – 2013.2) Um empregado público de uma sociedade de economia mista ajuizou uma ação para garantir o recebimento de valores acima do teto remuneratório constitucional, que tem como limite máximo os subsídios pagos aos Ministros do STF.

Nesse caso, é correto afirmar que

(A) o empregado tem direito a receber acima do teto, pois somente a administração pública direta está sujeita à referida limitação.

(B) o empregado não tem direito a receber acima do teto, pois toda a administração direta e indireta está sujeita à referida limitação.

(C) o empregado tem direito a receber acima do teto, pois somente a administração pública direta e as autarquias estão sujeitas à referida limitação.

(D) o empregado pode receber acima do teto, caso a sociedade de economia mista não receba recursos de nenhum ente federativo para despesas de pessoal ou de custeio em geral.

A remuneração de todo em qualquer ocupante de cargo, função e emprego público na Administração Direta e Indireta (o que inclui as sociedades de economia mista) deve respeitar o teto constitucional (art. 37, XI, da CF). Porém, em se tratando de empresa estatal (empresa pública ou sociedade de economia mista) que não receba recursos de entes federativos para despesas de pessoal ou de custeio em geral (ex.: Banco do Brasil, Petrobras), a própria Constituição abre exceção e permite que seus empregados ganhem acima do teto constitucional (art. 37, § 9º).

Gabarito "D"

(OAB/Exame Unificado – 2008.3) Com referência ao regime de remuneração de agentes públicos por meio de subsídios, assinale a opção correta.

(A) O subsídio dos deputados estaduais é fixado por lei de iniciativa da respectiva assembleia legislativa e, em razão da autonomia federativa, o seu valor pode chegar a superar aqueles fixados para os deputados federais.

(B) A remuneração e o subsídio dos ocupantes de cargos, funções e empregos públicos da administração direta, autárquica e fundacional, dos membros de qualquer dos poderes da União, dos Estados, do DF e dos Municípios, dos detentores de mandato eletivo e dos demais agentes políticos e os proventos, pensões ou outra espécie remuneratória percebidos cumulativamente ou não, incluídas as vantagens pessoais ou de qualquer outra natureza, não podem exceder o subsídio mensal, em espécie, do Presidente da República.

(C) A remuneração dos servidores públicos e os subsídios somente podem ser fixados ou alterados por lei específica, observada a iniciativa privativa estabelecida para cada caso, assegurada, ainda, revisão geral anual, sempre na mesma data, mas com a possibilidade de aplicação diferenciada de índices.

(D) O subsídio dos vereadores é fixado pelas respectivas câmaras municipais em cada legislatura para a subsequente, e a característica peculiar do sistema federativo brasileiro, segundo a qual o Município constitui ente participante da federação, possibilita que a CF fixe limites a serem obedecidos quanto aos valores máximos que podem ser fixados pelas câmaras municipais.

A: incorreta (art. 27, § 2º, da CF); **B:** incorreta (art. 37, XI, da CF); **C:** incorreta (art. 37, X, da CF); **D:** correta (art. 29, VI, da CF).

Gabarito "D"

(OAB/Exame Unificado – 2008.3) Assinale a opção correta em relação ao que a CF dispõe a respeito da organização da administração e dos direitos dos servidores públicos e dos empregados públicos.

(A) É constitucional lei estadual, de iniciativa parlamentar, concessiva de anistia a faltas cometidas por servidores da assembleia legislativa, com o estabelecimento de condições para readmissão.

(B) É inconstitucional a lei federal, de iniciativa do Presidente da República, que conceda a remuneração de 50% do salário normal aos empregados das empresas públicas e das sociedades de economia mista, a título de remuneração por férias.

(C) A CF permite que decreto presidencial cuide da extinção de órgão público, pois, nesse caso, não haverá aumento de despesa.

(D) Somados o valor da indenização por transporte e o do subsídio de um delegado de polícia civil estadual, o total não poderá ultrapassar o teto de limite remuneratório de sua unidade da Federação.

A: correta, conforme art. 27, § 3º, da CF c/c os arts. 51, IV, e 52, XIII, também da CF (princípio da simetria); **B:** incorreta. Não há impedimento nesse sentido; **C:** incorreta (Art. 84, VI, *a*, da CF); **D:** incorreta. A indenização não entra nos valores a serem observados para a preservação do teto remuneratório, pois não se confunde com remuneração e subsídio (art. 37, XI, da CF).

Gabarito "A"

(OAB/Exame Unificado – 2008.2) A Lei n.º 8.112/1990 determina que, salvo por imposição legal, ou mandado judicial, nenhum desconto pode incidir sobre a remuneração ou o provento de servidor público, podendo, contudo, mediante autorização do servidor, haver consignação em folha de pagamento a favor de terceiros. Corresponde a desconto realizado por imposição legal

(A) a contribuição para o custeio de associação de servidores públicos.

(B) a contribuição para plano de saúde patrocinado por entidade aberta de previdência social.

(C) a contribuição para a previdência social.

(D) a amortização de empréstimo ou financiamento concedido ao servidor público federal por entidade fechada ou aberta de previdência privada.

A contribuição para a previdência social incidente sobre a remuneração ou provento do servidor, enquanto tributo, é criada por lei e, portanto, configura um desconto que incidirá por imposição legal (art. 45 da Lei 8.112/1990).

Gabarito "C"

(OAB/Exame Unificado – 2007.3) Sobre o regime jurídico único dos servidores públicos civis da União, julgue os itens a seguir.

I. A licença por motivo de afastamento do cônjuge é concedida por prazo indeterminado e sem remuneração.

II. A investidura em cargo público ocorre com a nomeação.

III. É proibido ao servidor público recusar-se a atualizar seus dados cadastrais quando isso lhe for solicitado.

IV. Sem qualquer prejuízo, pode o servidor ausentar-se do serviço por 3 (três) dias, para alistar-se como eleitor.

Estão certos apenas os itens

(A) I e II.
(B) I e III.
(C) II e IV.
(D) III e IV.

I: correta (art. 84, § 1º, da Lei 8.112/1990); **II:** incorreta (art. 7º da Lei 8.112/1990 – *posse*); **III:** correta (art. 117, XIX, da Lei 8.112/1990); **VI:** incorreta (art. 97, II, da Lei 8.112/1990 – *dois dias*).

Gabarito "B"

(OAB/Exame Unificado – 2006.2) A Constituição Federal assegura a toda servidora pública o direito à licença gestante, sem prejuízo do cargo e da remuneração, com duração de

(A) 90 dias.
(B) 120 dias.
(C) 150 dias.
(D) 180 dias.

Entre os direitos trabalhistas atribuídos aos servidores ocupantes de cargo público, encontra-se a licença à gestante, com duração de 120 dias (art. 39, § 3º, c/c art. 7º, XVIII, ambos da CF).

Gabarito "B"

(OAB/Exame Unificado – 2006.2) A Constituição Federal garantiu ao servidor público remuneração por serviço extraordinário superior a do serviço normal, estabelecendo, como acréscimo entre o valor da hora normal e o da extraordinária, um percentual mínimo de

(A) 25%.
(B) 30%.
(C) 50%.
(D) 100%.

Entre os direitos trabalhistas atribuídos aos servidores ocupantes de cargo público, encontra-se o direito ao adicional de hora extra, cuja remuneração será superior em, no mínimo, 50% à paga pelo serviço na jornada normal (Art. 39, § 3º, c/c art. 7º, XVI, ambos da CF).

Gabarito "C"

(FGV – 2013) Com relação à disciplina constitucional acerca dos servidores públicos, analise as afirmativas a seguir.

I. O detentor de mandato eletivo e o membro do Poder serão remunerados exclusivamente por subsídio, fixado em parcela única, vedada a percepção de gratificação, adicional, abono, ou outra espécie remuneratória.
II. A investidura em cargo ou emprego público exige prévia aprovação em concurso público, mas a exigência não alcança as empresas estatais não dependentes.
III. O servidor vitalício somente perderá o cargo por sentença judicial transitada em julgado.

Assinale:

(A) se somente a afirmativa I estiver correta.
(B) se somente as afirmativas I e II estiverem corretas.
(C) se somente a afirmativa III estiver correta.
(D) se somente as afirmativas I e III estiverem corretas.
(E) se todas as afirmativas estiverem corretas.

I: correta (art. 39, § 4º, da CF); **II:** incorreta, pois a investidura em qualquer emprego de pessoa da Administração Pública Direta e Indireta (sendo este o caso de uma empresa estatal, seja ela dependente ou não) depende de concurso público (art. 37, *caput* e inciso II, da CF), servindo de exemplo o Banco do Brasil, que é empresa estatal não dependente e que é obrigado a fazer concurso público para admitir seu pessoal; **III:** correta (art. 95, I, da CF).

Gabarito "D"

(FGV – 2013) Segundo a Lei n. 8.112/1990, é correto afirmar que

(A) o Dia do Servidor Público será comemorado a dois de agosto.
(B) o servidor, por motivo de crença religiosa ou de convicção filosófica ou política, poderá ser privado de qualquer dos seus direitos, ser discriminado em sua vida funcional e eximir-se do cumprimento de seus deveres.
(C) os servidores que trabalhem com habitualidade em locais insalubres ou em contato permanente com substâncias tóxicas, radioativas ou com risco de vida, não fazem jus a um adicional sobre o vencimento do cargo efetivo.
(D) o servidor responde civil, penal e administrativamente pelo exercício irregular de suas atribuições.
(E) ao servidor é defeso requerer aos Poderes Públicos, ainda que em defesa de direitos ou interesses legítimos.

A: incorreta, pois é comemorado no dia 28 de outubro (art. 236 da Lei 8.112/1990); **B:** incorreta, pois o servidor não pode ser privado de direitos, nem discriminado, e também não poder se eximir do cumprimento de seus deveres (art. 239 da Lei 8.112/1990); **C:** incorreta, pois fazem jus ao adicional (art. 68 da Lei 8.112/1990); **D:** correta (art. 121 da Lei 8.112/1990); **E:** incorreta, pois esse direito é assegurado ao servidor (art. 104 da Lei 8.112/1990).

Gabarito "D"

(FGV – 2013) Z, agente penitenciário no Estado do Maranhão, e candidatou-se a prefeito de um município do interior do Estado, tendo sido eleito com expressiva votação. Z exerce cargo público efetivo há mais de 10 anos e agora irá assumir o mandato eletivo. Diante dessa situação, assinale a afirmativa correta.

(A) Z, afastando-se do cargo efetivo, contará o tempo de exercício no cargo eletivo para todos os efeitos legais, sem qualquer exceção.
(B) Z deverá pedir exoneração do cargo efetivo para assumir o cargo eletivo.
(C) Z ao assumir o cargo eletivo deverá necessariamente receber a remuneração desse cargo, não podendo optar pela remuneração do cargo efetivo.
(D) Z, necessariamente, irá se afastar do cargo efetivo e deverá optar pela remuneração do cargo efetivo ou pela do cargo eletivo, sendo impossível a acumulação das remunerações.
(E) Z poderá, havendo compatibilidade de horários, acumular os cargos e as remunerações.

A: incorreta, pois é caso de afastamento, mas o tempo de serviço no cargo eletivo será contado para todos os efeitos legais, salvo para fins de promoção por merecimento (art. 38, IV, da CF); **B:** incorreta, pois o caso é de afastamento do cargo (art. 38, II, da CF); **C:** incorreta, pois o Prefeito pode optar pela remuneração que deseja receber, se a do cargo efetivo que detinha ou se do mandato eletivo (art. 38, II, da CF); **D:** correta (art. 38, II, da CF); **E:** incorreta, pois o Prefeito deverá necessariamente se afastar do cargo de detinha (art. 38, II, da CF), diferentemente do que for eleito vereador, que poderá acumular as funções de houver compatibilidade de horários (art. 38, III, da CF).

Gabarito "D"

(FGV – 2011) A respeito da remuneração na Administração Pública, analise as afirmativas a seguir:

I. Isonomia de vencimentos é a igualdade de vencimentos para cargos de atribuições iguais ou assemelhados de poderes diferentes.
II. Paridade de vencimentos é a igualdade de vencimentos para cargos de atribuições iguais ou assemelhados de um mesmo poder.
III. Vinculação é o atrelamento de uma majoração a outra.

Assinale

(A) se somente a afirmativa I estiver correta.
(B) se somente a afirmativa II estiver correta.
(C) se somente a afirmativa III estiver correta.
(D) se nenhuma afirmativa estiver correta.
(E) se todas as afirmativas estiverem corretas.

I: incorreta, pois a igualdade deve ser para cargos do mesmo poder (art. 41, § 4º, da Lei 8.112/1990); **II:** incorreta, pois a paridade diz respeito também à igualdade para cargos de poderes diferentes (art. 39, § 1º, da CF); **III:** correta, pois vinculação é relação de comparação, vinculando-se um cargo inferior, com outro superior, para efeito de retribuição; quando se aumenta um, aumenta-se o outro.

Gabarito "C"

(FGV – 2011) Marilda da Silva, servidora pública federal com estabilidade, requereu licença para acompanhar seu enteado, Antônio, em um tratamento para leucemia que envolve transplante de medula óssea. Com base nessa situação específica e na Lei 8.112/1990, é correto afirmar que

(A) a Administração Pública pode conceder licença remunerada a Marilda por até 90 (noventa) dias, consecutivos ou não, a cada período de 12 (doze) meses.
(B) Marilda não tem direito à licença pois não se trata de seu filho, mas de seu enteado.
(C) Marilda pode se licenciar sem remuneração por um período de até 120 (cento e vinte) dias, consecutivos ou não, a cada período de 12 (doze) meses.
(D) a licença por motivo de doença em pessoa da família inclui, além do enteado, o padrasto e a madrasta do servidor.
(E) o período de 12 meses a que alude a lei coincide com o ano civil.

Tratando-se de doença de enteado, é permitido conceder licença ao servidor (art. 83 da Lei 8.112/1990).

Gabarito "D"

(FGV – 2011) O Presidente de uma autarquia estadual formulou consulta a seu órgão de assessoria jurídica questionando qual o instrumento jurídico necessário para a concessão de aumento de remuneração aos servidores da entidade. A esse respeito, é correto responder que a concessão de aumento de remuneração aos servidores de uma autarquia estadual depende de

(A) lei específica, de iniciativa da Chefia do Poder Executivo.
(B) lei complementar, de iniciativa do presidente da autarquia.
(C) decreto da Chefia do Poder Executivo.
(D) decreto legislativo.
(E) lei ordinária, de iniciativa da Presidência da autarquia.

A alternativa "a" está de acordo com o disposto no art. 37, X, c/c art. 61, § 1º, II, *a*, ambos da CF. Ou seja, é necessário lei específica, cujo projeto é de iniciativa da Chefia do Poder Executivo.

Gabarito "A"

(FGV – 2010) Com relação ao desenvolvimento de pessoal da administração pública federal direta, autárquica e fundacional, analise as afirmativas a seguir.

I. Após cada quinquênio de efetivo exercício, o servidor poderá solicitar ao dirigente máximo do órgão ou da entidade onde se encontrar em exercício licença remunerada, por até três meses, para participar de ação de capacitação.
II. A concessão da licença remunerada, por até três meses, para participar de ação de capacitação fica condicionada ao planejamento interno da unidade organizacional, à oportunidade do afastamento e à relevância do curso para a instituição.
III. A licença para capacitação poderá ser utilizada integralmente para a elaboração de dissertação de mestrado ou tese de doutorado, cujo objeto seja compatível com o plano anual de capacitação da instituição.

Assinale:

(A) se somente a afirmativa I estiver correta.
(B) se somente a afirmativa II estiver correta.
(C) se somente a afirmativa III estiver correta.
(D) se somente as afirmativas I e II estiverem corretas.
(E) se todas as afirmativas estiverem corretas.

I: correta (art. 87 da Lei 8.112/1990); **II** e **III:** corretas (art. 10, §§ 1º e 4º, do Decreto 5.707/2006).

Gabarito "E"

(FGV – 2008) A Constituição Federal assegura aos servidores públicos os seguintes direitos, *à exceção de um*. Assinale-o.

(A) direito à livre associação sindical.
(B) direito de greve, que será exercido nos termos e limites definidos em lei específica.
(C) a acumulação remunerada de quaisquer cargos públicos, desde que haja compatibilidade de horários.
(D) revisão geral anual da remuneração.
(E) irredutibilidade de subsídio e de vencimentos.

A: correta (art. 37, VI, da CF); **B:** correta (art. 37, VII, da CF); **C:** incorreta, devendo ser assinalada (art. 37, XVI, da CF); **D:** correta (art. 37, X, da CF); **E:** correta (art. 37, XV, da CF).

Gabarito "C"

(FGV – 2006) O servidor público federal poderá se ausentar do serviço pelos períodos relacionados nas alternativas a seguir, à exceção de uma. Assinale-a.

(A) por um dia, para doação de sangue.
(B) por dois dias, para se alistar como eleitor.
(C) por oito dias consecutivos, em razão de casamento.
(D) por oito dias consecutivos, em razão de falecimento de cônjuge ou companheiro.
(E) por cinco dias consecutivos, em razão de falecimento de avós.

A: correta (art. 97, I, da Lei 8.112/1990); **B:** correta (art. 97, II, da Lei 8.112/1990); **C:** correta (art. 97, III, *a*, da Lei 8.112/1990); **D:** correta (art. 97, III, *b*, da Lei 8.112/1990); **E:** incorreta, devendo ser assinalada; pois não há previsão de licença em caso de falecimento de avós (art. 97 da Lei 8.112/1990).

Gabarito "E"

(FGV - 2008) A redução de subsídios instituídos pelo Poder Público tem sua eficácia temporal:

(A) mediata.
(B) diferida.
(C) antecipada.
(D) ampliada.
(E) imediata.

O princípio da irredutibilidade da remuneração em geral está consagrado na Constituição. Ele se aplica ao salário (art. 7º, VI), aos benefícios previdenciários (art. 194, parágrafo único, IV), aos subsídios dos magistrados (art. 95, III) aos subsídios dos membros do Ministério Público (art. 128, § 5º, I, *c*) e aos vencimentos e subsídios em geral dos servidores públicos (art. 37, XV, da CF). No entanto, há um caso em que os vencimentos e os subsídios são reduzidos, que é o caso em que estes superam o teto remuneratório do serviço público, estabelecido no art. 37, XI, da CF. A EC 19/1998, ao modificar a redação do art. 37, XV, preserva a irredutibilidade, mas faz a ressalva apontada. Nesses casos, em que se admite a redução de subsídios, tal medida tem eficácia temporal imediata, o que faz com que o subsídio seja imediatamente reduzido.

Gabarito "E"

(FGV - 2008) Para efeito de teto remuneratório dos servidores públicos, o Estado-membro pode fixar como limite único o subsídio mensal dos desembargadores do respectivo Tribunal de Justiça, limitado ao subsídio mensal dos Ministros do Supremo Tribunal Federal, no percentual de:

(A) 90,25%.
(B) 91,25%.
(C) 90,75%.
(D) 91,00%.
(E) 90,50%.

Vide o art. 37, § 12, da CF, acrescido pela EC 47/2005.

Gabarito "A"

(FGV - 2008) Constituem indenizações as parcelas relativas a:

(A) diárias, ajuda de custo e transporte.
(B) transporte, ajuda de custo e atividade insalubre.
(C) serviço extraordinário, diárias e função de direção.
(D) ajuda de custo, diárias e adicional noturno.
(E) transporte, periculosidade e insalubridade.

Existem três tipos de **vantagens** aos servidores: *indenizações, gratificações* e *adicionais* (art. 49 da Lei 8.112/1990). As indenizações, por sua própria natureza, não se incorporam aos vencimentos ou proventos para qualquer efeito e são as seguintes (art. 51 da Lei 8.112/1990): ajuda de custo, diárias, transporte e auxílio-moradia. Assim, somente a alternativa "a" está correta.

Gabarito "A"

(FGV - 2008) Em relação ao servidor estatutário federal, assinale a afirmativa correta.

(A) Incorpora ao vencimento, após 5 (cinco) anos, as parcelas relativas às indenizações.
(B) Não se considera punido quando lhe é aplicada a medida de destituição de cargo em comissão.
(C) Não tem direito à interrupção da licença para tratar de interesses particulares.
(D) Tem direito à recondução quando é invalidada a sua demissão por decisão administrativa ou judicial.
(E) É sujeito a demissão se pratica ato de improbidade administrativa.

A: incorreta, pois as indenizações, por sua própria natureza, não se incorporam aos vencimentos ou proventos para qualquer efeito (art. 49, § 1º, da Lei 8.112/1990); **B:** incorreta, pois tal medida é uma das penalidades disciplinares previstas na Lei 8.112/1990 (art. 127, V); **C:** incorreta, pois tal licença é uma das licenças previstas no art. 81 da Lei 8.112/1990, estando regulamentada no art. 91 da Lei 8.112/1990; **D:** incorreta, pois a situação narrada diz respeito à reintegração (art. 28 da Lei 8.112/1990); a recondução está prevista no art. 29 da Lei 8.112/1990; **E:** correta (art. 132, IV, da Lei 8.112/1990).

Gabarito "E"

(FGV - 2006) Com base na Lei 8.112/1990, não é correto afirmar que:

(A) a gratificação natalina será considerada para cálculo de vantagem pecuniária.
(B) as gratificações e os adicionais incorporam-se ao vencimento ou provento, nos casos e condições indicados em lei.
(C) constituem indenizações ao servidor ajuda de custo, diárias e transporte.
(D) as indenizações não se incorporam ao vencimento ou provento para qualquer efeito.

A: incorreta, devendo ser assinalada (art. 66 da Lei 8.112/1990); **B:** correta (art. 49, § 2º, da Lei 8.112/1990); **C:** correta (art. 51 da Lei 8.112/1990); **D:** correta (art. 49, § 1º, da Lei 8.11219/90).

Gabarito "A"

(FGV - 2006) Com base no regime jurídico dos servidores civis da União, a respeito das vantagens e indenizações, analise as afirmativas a seguir:

I. Além do vencimento, poderá ser paga ao servidor a vantagem das gratificações.
II. As indenizações podem ser incorporadas ao vencimento ou provento.
III. Ajuda de custo, diárias e transporte constituem indenizações ao servidor.

Assinale:

(A) se nenhuma afirmativa estiver correta.
(B) se apenas as afirmativas I e II estiverem corretas.
(C) se apenas as afirmativas I e III estiverem corretas.
(D) se apenas as afirmativas II e III estiverem corretas.
(E) se todas as afirmativas estiverem corretas.

I: correta, pois, além do vencimento, poderá ser pago ao servidor as vantagens das indenizações, das *gratificações* e dos adicionais (art. 49 da Lei 8.112/1990); **II:** incorreta (art. 49, § 1º, da Lei 8.112/1990); **III:** correta (art. 51 da Lei 8.112/1990).

Gabarito "C"

(FGV - 2006) Ao servidor público federal, não se concederá licença:

(A) por motivo de afastamento do cônjuge, ou companheiro, ou dos pais.
(B) por motivo de doença em pessoa da família.
(C) para atividade política.
(D) para tratar de interesses particulares.
(E) para o serviço militar.

A hipótese descrita na alternativa "a" é única que não está no rol de licenças do art. 81 da Lei 8.112/1990. A licença que mais se aproxima da estabelecida na alternativa incorreta é a licença por motivo de afastamento do cônjuge ou companheiro (art. 81, II), mas não há previsão de licença por afastamento dos *pais*.

Gabarito "A"

(FGV – 2006) Nos termos da Lei 8.112/1990, a remoção de servidor no interesse da Administração:

(A) depende da anuência do servidor.
(B) independe da anuência do servidor, uma vez que ele não tem direito à inamovibilidade.
(C) também tem natureza de sanção, podendo ser aplicada ao servidor após o devido processo disciplinar.
(D) não se sujeita ao controle judicial, por se tratar de ato administrativo discricionário.
(E) não gera direito ao recebimento de ajuda de custo.

A: incorreta, pois há, também, caso de remoção de ofício, no interesse da Administração (art. 36, parágrafo único, I, da Lei 8.112/1990); **B:** correta, nos termos do comentário à alternativa "a"; **C:** incorreta, pois não se trata de pena disciplinar prevista no art. 127 da Lei 8.112/1990; **D:** incorreta, pois todos os atos administrativos estão sujeitos ao controle jurisdicional, quanto aos seus aspectos de legalidade; **E:** incorreta (art. 36 c/c art. 53 da Lei 8.112/1990).

Gabarito "B"

5.11. SISTEMA PREVIDENCIÁRIO

(OAB/Exame Unificado – 2011.3.A) Joana D´Arc, beneficiária de pensão por morte deixada por ex-fiscal de rendas, falecido em 05.01.1999, ajuizou ação ordinária em face da União, alegando que determinado aumento remuneratório genérico concedido aos fiscais de renda em atividade não lhe teria sido repassado. Assim, isso teria violado a regra constitucional da paridade remuneratória entre ativos, inativos e pensionistas. Acerca de tal alegação, é correto afirmar que é manifestamente

(A) procedente, pois, embora a regra da paridade remuneratória entre ativos, inativos e pensionistas tenha sido revogada pela EC 41/2003, a pensão por morte rege-se pela lei vigente à época do óbito, quando ainda vigia tal regra.
(B) improcedente, pois, nos termos do verbete 339 da Súmula de Jurisprudência do STF, não cabe ao Poder Judiciário, que não tem função legislativa, aumentar vencimentos de servidores públicos sob fundamento de isonomia.
(C) improcedente, pois a regra da paridade remuneratória entre ativos, inativos e pensionistas foi revogada pela EC 41/2003, sendo absolutamente irrelevante o fato de o ex-servidor ter falecido antes da edição da referida emenda.
(D) procedente, pois a CRFB garante o reajustamento da pensão por morte dos benefícios para preservar-lhes, em caráter permanente, o valor real, conforme critérios estabelecidos em lei.

Antes da EC 41/2003, havia regra constitucional dispondo que "os proventos de aposentadoria e as pensões serão revistos na mesma proporção e na mesma data, sempre que se modificar a remuneração dos servidores em atividade, sendo também estendidos aos aposentados e aos pensionistas quaisquer benefícios ou vantagens posteriormente concedidos aos servidores em atividade (...)". Essa regra foi revogada pela EC 41/2003, de modo que a regra da paridade remuneratória entre ativos, inativos e pensionistas não existe mais. Porém, titulares de benefícios concedidos antes da revogação dessa regra não se submetem ao fim da paridade. Assim, Joana D'Arc tem direito à continuidade da paridade, já que seu benefício se iniciou em 1999, bem antes da emenda constitucional referida (de 2003). Dessa forma, apenas a alternativa "a" está correta.

Gabarito "A"

(OAB/Exame Unificado – 2007.3) Assinale a opção incorreta no que diz respeito ao regime de aposentadoria dos servidores públicos.

(A) O servidor aposentado em razão de haver contraído doença incurável, entre as relacionadas pelo Conselho Federal de Medicina, tem direito a proventos integrais.
(B) Para que possa ocorrer a aposentadoria voluntária, é necessário, entre outros requisitos, que o servidor tenha, pelo menos, 10 (dez) anos de efetivo exercício no serviço público, quando preenchidos todos os requisitos para apresentação em data posterior à vigência da Emenda Constitucional n.º 20/1998.
(C) O professor que houver ministrado aulas apenas para o ensino superior não terá direito a um abrandamento nas exigências para a aposentadoria voluntária.
(D) Ao serem concedidos, os proventos de aposentadoria, sob nenhuma hipótese, poderão ser maiores do que a remuneração recebida pelo servidor no cargo efetivo em que se aposentou.

A: incorreta, devendo ser assinalada (art. 40, § 1º, I, da CF); **B:** correta (art. 40, § 1º, III, da CF); **C:** correta (art. 40, § 5º, da CF); **D:** correta (art. 40, § 2º, da CF).

Gabarito "A"

(FGV – 2006) Quanto ao dependente, os benefícios do Plano de Seguridade Social do servidor público federal não compreendem:

(A) assistência à saúde.
(B) assistência jurídica.
(C) auxílio-funeral.
(D) auxílio-reclusão.
(E) pensão vitalícia e temporária.

Quanto ao dependente, os benefícios do Plano de Seguridade Social do servidor público federal estão previstos no art. 185, II, da Lei 8.112/1990, não se atribuindo o direito à assistência jurídica.

Gabarito "B"

(FGV – 2008) No que se refere ao regime previdenciário dos servidores públicos, é correto afirmar que:

(A) nos casos de invalidez permanente de servidor titular de cargo efetivo, seus proventos serão proporcionais ao tempo de contribuição, exceto se decorrentes de acidente em serviço, moléstia profissional ou doença grave, contagiosa ou incurável, na forma da lei.
(B) a lei aplicável à concessão de pensão é aquela vigente na data da designação do dependente pelo segurado servidor.
(C) excepcionalmente, a lei poderá estabelecer forma de contagem de tempo de contribuição fictício.
(D) a mulher que renunciou aos alimentos na separação judicial não tem direito à pensão previdenciária por morte do ex-marido, mesmo que comprovada a necessidade econômica superveniente.

(E) em regra, os proventos de aposentadoria e as pensões, por ocasião de sua concessão, poderão exceder a remuneração do respectivo servidor, no cargo efetivo ou em comissão em que se deu a aposentadoria ou que serviu de base para a concessão de pensão.

A: correta (art. 40, § 1º, I, da CF); vale lembrar que, com a EC 70/2012, o servidor que tiver ingressado no serviço público até a data da publicação dessa emenda (30.03.2012) tem direito à aposentadoria por invalidez com base na remuneração do cargo efetivo, aplicando-se a aposentadoria proporcional apenas ao servidor que tiver ingressado no serviço público após essa data; **B:** incorreta, pois aplica-se a lei vigente ao tempo do fato que enseja a concessão da pensão, observadas as regras transitórias existentes, em caso de modificação na legislação; **C:** incorreta, pois a contagem de tempo fictício é vedada (art. 40, § 10, da CF); **D:** incorreta, pois a necessidade superveniente e a natureza diversa dos benefícios previdenciários justificam a concessão da pensão; **E:** incorreta (art. 40, § 2º, da CF).

Gabarito "A"

5.12. INFRAÇÃO DISCIPLINAR E PROCESSO ADMINISTRATIVO

(OAB/Exame Unificado – 2016.2) Carlos Mário, chefe do Departamento de Contratos de uma autarquia federal descobre, por diversos relatos, que Geraldo, um dos servidores a ele subordinado, deixara de comparecer a uma reunião para acompanhar a tarde de autógrafos de um famoso artista de televisão. Em outra ocasião, Geraldo já se ausentara do serviço, durante o expediente, sem prévia autorização do seu chefe, razão pela qual lhe fora aplicada advertência. Irritado, Carlos Mário determina a instauração de um processo administrativo disciplinar, aplicando a Geraldo a penalidade de suspensão, por 15 (quinze) dias, sem a sua oitiva, em atenção ao princípio da verdade sabida. Considerando o exposto, assinale a afirmativa correta.

(A) A penalidade aplicada é nula, em razão de violação às garantias constitucionais da ampla defesa e do contraditório, razão pela qual o princípio da verdade sabida não guarda compatibilidade com a ordem constitucional vigente.

(B) A penalidade aplicada é nula, pois a ausência do serviço sem autorização do chefe é hipótese de aplicação da penalidade de advertência e jamais poderia dar ensejo à aplicação da penalidade de suspensão.

(C) A penalidade aplicada é correta, pois a ausência do servidor no horário de expediente é causa de aplicação da penalidade de suspensão, e o fato era de ciência de vários outros servidores.

(D) A penalidade aplicada contém vício sanável, devendo ser ratificada pelo Diretor-Presidente da autarquia, autoridade competente para tanto.

A: correta, pois, de fato, como uma pena disciplinar é aplica em processo administrativo, não se pode atuar sem respeito ao contraditório e à ampla defesa, que ficam fulminados quando se aplica uma sanção diretamente, sem observância do devido processo legal; **B**, **C** e **D**: incorretas, pois a nulidade decorre do desrespeito aos princípios do contraditório e da ampla defesa, vício absolutamente insanável por violar expressamente a CF.

Gabarito "A"

(OAB/Exame Unificado – 2015.3) Marcos Paulo é servidor público federal há mais de 5 (cinco) anos e, durante todo esse tempo, nunca sofreu qualquer sanção administrativa, apesar de serem frequentes suas faltas e seus atrasos ao serviço. No último mês, entretanto, as constantes ausências chamaram a atenção de seu chefe, que, ao buscar a ficha de frequência do servidor, descobriu que Marcos Paulo faltara mais de 90 (noventa) dias no último ano. A respeito do caso apresentado, assinale a afirmativa correta.

(A) Marcos Paulo, servidor público estável, só pode ser demitido após decisão judicial transitada em julgado.

(B) Marcos Paulo, servidor público estável, pode ser demitido pela sua inassiduidade após decisão em processo administrativo em que lhe seja assegurada ampla defesa.

(C) Marcos Paulo, servidor público estável que nunca sofrera qualquer punição na esfera administrativa, não pode ser demitido em razão de sua inassiduidade.

(D) Marcos Paulo, servidor público estável, não pode ser demitido em razão de sua inassiduidade, pois esta somente autoriza a aplicação das sanções de advertência e suspensão.

A: incorreta, pois servidores estáveis podem ser demitidos tanto por sentença transitada em julgado quanto por processo administrativo em que se lhes seja assegurada a ampla defesa (art. 41, § 1º, I e II, da CF); **B**: correta, nos termos do art. 41, § 1º, II, da CF c/c com os arts. 139 e 132, III, ambos da Lei 8.112/1990; **C**: incorreta, pois a inassiduidade é causa de demissão (art. 139 c/c art. 132, III, ambos da Lei 8.112/1990) e servidores estáveis podem ser demitidos mediante processo administrativo com ampla defesa (art. 41, § 1º, II, da CF); **D**: incorreta, pois a inassiduidade é causa de demissão (art. 132, III, da Lei 8.112/1990).

Gabarito "B"

(OAB/Exame Unificado – 2015.2) Fernando, servidor público de uma autarquia federal há nove anos, foi acusado de participar de um esquema para favorecer determinada empresa em uma dispensa de licitação, razão pela qual foi instaurado processo administrativo disciplinar, que resultou na aplicação da penalidade de demissão. Sobre a situação apresentada, considerando que Fernando é ocupante de cargo efetivo, por investidura após prévia aprovação em concurso, assinale a afirmativa correta.

(A) Fernando não pode ser demitido do serviço público federal, uma vez que é servidor público estável.

(B) Fernando somente pode ser demitido mediante sentença judicial transitada em julgado, uma vez que a vitaliciedade é garantida aos servidores públicos.

(C) É possível a aplicação de penalidade de demissão a Fernando, servidor estável, mediante processo administrativo em que lhe seja assegurada ampla defesa.

(D) A aplicação de penalidade de demissão ao servidor público que pratica ato de improbidade independe de processo administrativo ou de sentença judicial.

A: incorreta, pois é garantia de permanência no cargo que tem exceções, permitindo o desligamento do servidor por decisão judicial transitada em julgado, por processo administrativo com ampla defesa (que é o processo necessário para demitir alguém por infração disciplinar) ou em caso de avaliação insuficiente de desempenho (art. 41, § 1º, da CF); **B:** incorreta, pois a vitaliciedade, que dá a garantia de perda do cargo apenas por meio de sentença transitada em julgado só existe em relação a magistrados e membros do Ministério Público e Tribunal de Contas; quanto ao servidor ocupante de cargo efetivo, a garantia é só de estabilidade, que admite desligamento do cargo também em função de processo administrativo com ampla defesa e avaliação insatisfatória de desempeno; **C:** correta (art. 41, § 1º, II, da CF); **D:** incorreta, pois a aplicação da penalidade de demissão (por infração disciplinar) requer processo administrativo com ampla defesa e da penalidade de perda do cargo (por condenação criminal ou por condenação por improbidade administrativa) impõe sentença judicial transitada em julgado.

Gabarito "C"

(OAB/Exame Unificado – 2015.1) Carlos, servidor público federal, utilizou dois servidores do departamento que chefia para o pagamento de contas em agência bancária e para outras atividades particulares. Por essa razão, foi aberto processo administrativo disciplinar, que culminou na aplicação de penalidade de suspensão de 5 (cinco) dias.

Sobre o caso apresentado, assinale a afirmativa correta.

(A) Carlos procedeu de forma desidiosa e, por essa razão, a penalidade aplicável seria a de advertência, não a de suspensão.

(B) A infração praticada por Carlos dá ensejo à penalidade de demissão, razão pela qual se torna insubsistente a penalidade aplicada.

(C) Caso haja conveniência para o serviço, a penalidade de suspensão poderá ser convertida em multa, ficando o servidor obrigado a permanecer em serviço.

(D) A penalidade aplicada a Carlos terá seu registro cancelado após 3 (três) anos de efetivo exercício, caso ele não cometa, nesse período, nova infração disciplinar.

A: incorreta, pois cabe demissão nos termos do art. 117, XVI, c/c 132, XIII, ambos da Lei 8.112/1990; **B:** correta; o art. 117, XVI, da Lei 8.112/1990 estabelece que ao servidor é proibido "utilizar **pessoal** ou recursos materiais da repartição em serviços ou atividades particulares" (g.n.); em seguida, o art. 132, XIII, da mesma lei dispõe que a penalidade de *demissão* será aplicada quando houver transgressão aos incisos IX a XVI do art. 117; assim, o caso em tela enseja a aplicação da penalidade de *demissão* e não de *suspensão*, lembrando que a penalidade de suspensão é aplicável nos casos de reincidência de faltas punidas com advertência, nos casos de violação de outras proibições que não tipifiquem infração sujeita a penalidade de demissão e nos casos em que o servidor injustificadamente recusar-se a ser submetido a inspeção médica (art. 130 da Lei 8.112/1990). **C:** incorreta; primeiro por que o caso é de demissão, e não de suspensão (art. 117, XVI c/c 132, XIII, ambos da Lei 8.112/1990); **D:** incorreta, pois o instituto do cancelamento está previsto para as penalidades de advertência e de suspensão (art. 131 da Lei 8.112/1990), e não para o caso de demissão, que é a penalidade aplicável no caso concreto.

Gabarito "B"

(OAB/Exame Unificado – 2010.1) Com relação ao regime disciplinar dos servidores públicos federais, previsto na Lei n.º 8.112/1990, assinale a opção correta.

(A) Em caso de processo administrativo disciplinar contra servidor público, a lei autoriza, como medida cautelar, que a autoridade instauradora do processo determine o seu afastamento do cargo, pelo prazo de até 60 (sessenta) dias, sem prejuízo da remuneração, para evitar que esse servidor possa influir na apuração do fato a ele imputado.

(B) Servidor aposentado não pode ser punido em razão de infração administrativa praticada na ativa e cuja penalidade prevista seja a de demissão.

(C) A penalidade de demissão não impede, em nenhuma hipótese, que o servidor venha a ocupar outro cargo público.

(D) As penalidades de suspensão aplicadas aos servidores públicos não poderão ter seus registros cancelados.

A: correta. Leia-se o que dispõe a Lei 8.112/1990: "Art. 147. Como medida cautelar e a fim de que o servidor não venha a influir na apuração da irregularidade, a autoridade instauradora do processo disciplinar poderá determinar o seu afastamento do exercício do cargo, pelo prazo de até 60 (sessenta) dias, sem prejuízo da remuneração. Parágrafo único. O afastamento poderá ser prorrogado por igual prazo, findo o qual cessarão os seus efeitos, ainda que não concluído o processo."; **B:** incorreta. Leia-se o que dispõe a Lei 8.112/1990: "Art. 134. Será cassada a aposentadoria ou a disponibilidade do inativo que houver praticado, na atividade, falta punível com a demissão."; **C:** incorreta. Leia-se o que dispõe a Lei 8.112/1990: "Art. 137. A demissão ou a destituição de cargo em comissão, por infringência do art. 117, incisos IX e XI, incompatibiliza o ex-servidor para nova investidura em cargo público federal, pelo prazo de 5 (cinco) anos. Parágrafo único. Não poderá retornar ao serviço público federal o servidor que for demitido ou destituído do cargo em comissão por infringência do art. 132, incisos I, IV, VIII, X e XI. Art. 132. A demissão será aplicada nos seguintes casos: I – crime contra a administração pública; IV – improbidade administrativa; VIII – aplicação irregular de dinheiros públicos; X – lesão aos cofres públicos e dilapidação do patrimônio nacional; XI – corrupção;"; **D:** incorreta. Leia-se o que dispõe a Lei 8.112/1990: "Art. 131. As penalidades de advertência e de suspensão terão seus registros cancelados, após o decurso de 3 (três) e 5 (cinco) anos de efetivo exercício, respectivamente, se o servidor não houver, nesse período, praticado nova infração disciplinar. Parágrafo único. O cancelamento da penalidade não surtirá efeitos retroativos."

Gabarito "A"

(OAB/Exame Unificado – 2009.1) Com base no regime jurídico dos servidores públicos federais, assinale a opção correta.

(A) Remoção caracteriza-se como o deslocamento de cargo de provimento efetivo, ocupado ou vago no âmbito do quadro geral de pessoal, para outro órgão ou entidade do mesmo poder.

(B) A anulação do ato de demissão de servidor público detentor de cargo efetivo ou em comissão implica a sua reintegração ao cargo.

(C) O servidor público que tenha sido absolvido na esfera criminal, por falta de provas da existência de crime, deve ser, obrigatoriamente, absolvido da infração administrativa.

(D) O servidor público detentor de cargo efetivo que seja demitido por lesão aos cofres públicos e dilapidação do patrimônio não pode mais retornar ao serviço público.

A: incorreta (art. 36 da Lei 8.112/1990); **B:** incorreta. Leia o texto do art. 28 da Lei 8.112/1990 e repare a referência ao servidor estável, que pressupõe *cargo efetivo*, e não *cargo em comissão;* **C:** incorreta (art. 126 Lei 8.112/1990); **D:** correta (art. 132, X, c/c 137, parágrafo único, da Lei 8.112/1990).

Gabarito "D"

(OAB/Exame Unificado – 2008.3) João, servidor público com cargo efetivo no Ministério X, foi denunciado pela prática de peculato. A denúncia foi recebida, foi instaurado processo administrativo disciplinar e designada comissão para apuração do fato. O advogado de João requereu a suspensão do processo administrativo enquanto não transitasse em julgado o processo criminal, pedido que foi indeferido pela comissão. Ao final do processo criminal, João foi absolvido definitivamente, por insuficiência de provas. No processo administrativo disciplinar, foi aplicada pena de demissão a João. Considerando essa situação hipotética, assinale a opção correta.

(A) João poderá apresentar petição nos autos do processo administrativo, acompanhada de cópia do julgamento havido na esfera criminal, mas não terá direito à alteração da pena de demissão que lhe foi imposta.

(B) A comissão disciplinar deveria ter determinado, como medida mais prudente, a suspensão do processo administrativo, o que evitaria decisões conflitantes, como as da situação apresentada.

(C) A decisão adequada seria a suspensão do processo penal, com a suspensão do prazo prescricional, até que terminasse o processo administrativo.

(D) A pena de demissão deveria ter sido aplicada pelo Presidente da República, visto que este não pode delegar o ato a ministro de Estado.

A: correta. A absolvição criminal por falta de provas não se comunica à esfera administrativa (art. 126 da Lei 8.112/1990); **B** e **C:** incorretas. As instâncias administrativa e penal são independentes, a princípio; **D:** incorreta. De fato a competência é do Presidente da República (art. 141, I, da Lei 8.112/1990); porém, trata-se de competência que pode ser delegada (STJ, MS 7.985/DF).

Gabarito "A"

(OAB/Exame Unificado – 2008.2) João, servidor público federal, trabalhou desidiosamente, durante 4 (quatro) dias, em determinado procedimento administrativo. Paulo, seu chefe imediato, observando tal situação, aplicou a João uma advertência e determinou que ela fosse registrada nos assentamentos funcionais de João. Em face da situação hipotética apresentada e das regras que regem a aplicação de punição disciplinar aos servidores públicos federais, segundo a Lei n.º 8.112/1990, assinale a opção correta.

(A) A aplicação de advertência a João, sem a instauração de sindicância, em que o servidor teria assegurada ampla defesa, configura nulidade absoluta.

(B) A advertência não pode ser registrada em assentamentos funcionais, por se caracterizar como ato oral.

(C) O registro nos assentamentos funcionais de João corresponde a um ato de indiciação.

(D) Como a infração cometida por João sujeita-o à penalidade de advertência, a ação disciplinar contra o servidor estaria prescrita em 120 (cento e vinte) dias.

A: correta (arts. 143 e 145, II, da Lei 8.112/1990); **B** e **C:** incorretas (art. 131 da Lei 8.112/1990); **D:** incorreta (art. 142, III, da Lei 8.112/1990).

Gabarito "A"

(OAB/Exame Unificado – 2007.3) O diretor geral de determinado órgão público federal exarou despacho concessivo de aposentadoria a um servidor em cuja contagem do tempo de serviço fora utilizada certidão de tempo de contribuição do INSS, falsificada pelo próprio beneficiário. Descoberta a fraude alguns meses mais tarde, a referida autoridade tornou sem efeito o ato de aposentadoria. Considerando a situação hipotética apresentada, assinale a opção incorreta.

(A) O diretor geral tem o dever de instaurar imediatamente um processo administrativo disciplinar contra o servidor, conforme previsto na Lei n.º 8.112/1990.

(B) Nesse caso, não cabe sindicância preliminar ou investigatória, pois já estão delimitadas a autoria e a materialidade do fato.

(C) Caso o diretor deixe de aplicar pena disciplinar ao seu subordinado, ele estará apenas cometendo uma irregularidade administrativa; já o servidor deverá ser processado criminalmente pela prática, entre outros, do crime de falsificação de documento público.

(D) Os proventos de aposentadoria pagos irregularmente ao servidor denunciado que não possam ser reavidos administrativamente pelo órgão público poderão ser objeto de repetição perante a Justiça Federal.

Pelo princípio da obrigatoriedade, a autoridade é obrigada a promover a apuração e a responsabilização, no caso (art. 143 da Lei 8.112/1990).

Gabarito "C"

(FGV – 2011) A respeito do regime jurídico disciplinar dos servidores públicos federais, analise as afirmativas a seguir:

I. Em processos administrativos disciplinares, a falta de defesa técnica por advogado não ofende a Constituição da República.

II. A aplicação das penalidades de advertência e suspensão, embora cabíveis em casos de infrações de natureza leve, depende de instauração de processo administrativo disciplinar, sob pena de nulidade.

III. A penalidade disciplinar aplicável ao servidor inativo que houver praticado, em atividade, falta punível com demissão é a cassação de aposentadoria ou de disponibilidade.

Assinale

(A) se apenas a afirmativa I estiver correta.

(B) se apenas a afirmativa II estiver correta.

(C) se apenas a afirmativa III estiver correta.

(D) se apenas as afirmativas I e II estiverem corretas.

(E) se apenas as afirmativas I e III estiverem corretas.

I: correta, nos termos da Súmula Vinculante nº 5 do STF; **II:** incorreta, pois o art. 145 da Lei 8.112/1990 admite a aplicação de advertência e de suspensão de até 30 dias, no bojo de mera *sindicância*, respeitado, sempre, o contraditório e a ampla defesa; **III:** correta, pois, se o servidor já está na inatividade, não há que se falar em demissão, mas sim em cassação de aposentadoria ou de disponibilidade, nos termos do art. 127, IV, da Lei 8.112/1990.

Gabarito "E"

(FGV – 2011) A respeito do regime de responsabilidade dos servidores públicos em âmbito federal, é correto afirmar que

(A) o servidor público responde penal e administrativamente pelo exercício irregular de suas atribuições, ao passo que a responsabilidade civil é exclusiva da Administração Pública.

(B) embora as instâncias penal e administrativa sejam independentes, a decisão penal absolutória por insuficiência de provas vincula a instância administrativa.

(C) as sanções administrativas não podem cumular-se com as sanções civis decorrentes de uma mesma infração funcional, sob pena de *bis in idem*.

(D) a ação disciplinar prescreve em 2 (dois) anos, seja qual for a natureza da infração administrativa cometida pelo servidor.

(E) a responsabilidade do servidor será afastada no caso de absolvição criminal que negue a existência do fato ou sua autoria.

A: incorreta, pois o servidor pode ser responsabilizado civilmente, caso tenha agido com culpa ou dolo, em ação regressiva promovida pela Administração que tiver sido acionada pela vítima do ato praticado pelo agente público (art. 122, § 2º, da Lei 8.112/1990); **B:** incorreta, pois apenas as decisões penais absolutórias fundamentadas na inexistência material do fato e na negativa da autoria têm o condão de vincular a instância administrativa (art. 126 da Lei 8.112/1990); **C:** incorreta, pois as sanções civis, penais e administrativas poderão cumular-se, sendo independentes entre si (art. 125 da Lei 8.112/1990); **D:** incorreta, pois a ação disciplinar pode prescrever em 5 anos (para as sanções de demissão, cassação de aposentadoria ou disponibilidade, ou destituição de cargo em comissão), 2 anos (quanto à suspensão), em 180 dias (quanto à advertência) e no prazo previsto na lei penal, quando a infração disciplinar também for capitulada como crime (art. 142 da Lei 8.112/1990); **E:** correta (art. 126 da Lei 8.112/1990).

Gabarito "E"

(FGV – 2011) O servidor público federal é sujeito à disciplina legal diferenciada dos trabalhadores da iniciativa privada. O regime disciplinar do servidor público federal determina que

(A) a advertência será aplicada por escrito no caso de o servidor aceitar comissão, emprego ou pensão de Estado estrangeiro.

(B) a demissão será aplicada nos casos de falta injustificada por mais de 30 (trinta) dias interpolados, acumulação ilegal de cargos, empregos ou funções públicas, corrupção e improbidade administrativa, entre outros.

(C) a demissão ou a destituição de cargo em comissão em virtude de corrupção implica a indisponibilidade dos bens e o ressarcimento ao erário.

(D) a punição para o servidor que injustificadamente se recusar a ser submetido à inspeção médica determinada por autoridade competente é a suspensão por 30 (trinta) dias, que pode ser convertida em multa.

(E) a responsabilidade administrativa do servidor não será afastada no caso de absolvição criminal.

A: incorreta, pois esse é caso para demissão (art. 117, XIII, c/c art. 132, XIII, ambos da Lei 8.112/1990); **B:** incorreta, pois, apesar da inassiduidade habitual dar ensejo à demissão (art. 132, III, da Lei 8.112/1990), o instituto só se configura, no caso de faltas interpoladas, se estas se derem por 60 (sessenta) dias durante o período de 12 meses (art. 139 da Lei 8.112/1990); **C:** correta (art. 136 da Lei 8.112/1990); **D:** incorreta, pois essa não é hipótese de suspensão (art. 130 da Lei 8.112/1990); **E:** incorreta, pois se a absolvição criminal se der por inexistência do fato ou por negativa de autoria, tal decisão se comunicará à esfera administrativa.

Gabarito "C"

(FGV – 2010) Caio, auditor fiscal estadual, é surpreendido com a instauração de processo administrativo disciplinar, contendo fatos que a Comissão entendeu qualificar sanções administrativas. O acusado foi cientificado pessoalmente e defendeu-se, sem a presença de advogado, dos fatos narrados, produzindo todas as provas necessárias ao deslinde da questão analisada, sendo a conclusão da Comissão de Inquérito, pela aplicação da pena de suspensão pelo prazo de trinta dias. Caio consulta alguns amigos e estes lhe informam de que haveria necessidade da presença de advogado na defesa dos seus interesses, mesmo em se tratando de processo administrativo. Diante de tais informações, procurou advogado para verificar da possibilidade de revisão do ato punitivo, que reputou injusto. A esse respeito, analise as afirmativas a seguir:

I. os princípios constitucionais da ampla defesa e do contraditório exigem defesa técnica, mesmo no processo administrativo disciplinar;

II. o princípio da ampla defesa no processo administrativo disciplinar permite que o próprio acusado apresente sua defesa;

III. exige-se a comunicação pessoal dos fatos ao acusado, permitindo-lhe o exercício do direito de defesa, no processo administrativo disciplinar;

IV. a lei pode dispensar a presença de advogado em determinados processos, inclusive administrativos, o que não macula o princípio do devido processo legal;

V. observado que o acusado defendeu-se e produziu provas, não há mácula no processo administrativo disciplinar.

Assinale:

(A) se somente as afirmativas II, III, IV e V forem verdadeiras.

(B) se somente as afirmativas II e IV forem verdadeiras.

(C) se somente as afirmativas I, II e IV forem verdadeiras

(D) se somente as afirmativas I e V forem verdadeiras.

(E) se somente a afirmativa III for verdadeira.

A presença de advogado não é indispensável no processo disciplinar (Súmula Vinculante nº 5 do STF). O importante é que o acusado se defenda e tenha acesso à produção de provas. Assim, todas as afirmativas são verdadeiras, salvo a trazida no item I.

Gabarito "A"

(FGV – 2009) De acordo com a Lei Federal nº 8.112/1990, nas penalidades disciplinares incluem-se:

I. Demissão;

II. Advertência;

III. Cassação de disponibilidade;

IV. Supensão.

Assinale:

(A) se somente I e II estiverem corretas.

(B) se somente I e III estiverem corretas.

(C) se somente I, II e III estiverem corretas.

(D) se somente II, III e IV estiverem corretas.

(E) se todas estiverem corretas.

Todas estão corretas, nos termos do art. 127 da Lei 8.112/1990, que também inclui como pena disciplinar a cassação de aposentadoria e a destituição de cargo em comissão e função comissionada.

Gabarito "E"

(FGV – 2009) Considere os direitos dos administrados apresentados a seguir, assegurados pela Lei Federal n.º 9.784/1999.

I. Ter ciência da tramitação de qualquer processo administrativo, ter vista dos autos, obter cópias de documentos neles contidos e conhecer as decisões proferidas;

II. Formular alegações e apresentar documentos antes da decisão, os quais serão objeto de consideração pelo órgão competente;

III. Fazer-se representar por advogado, inclusive sendo-lhe assegurada assistência jurídica gratuita, no caso de necessidade.

Assinale se:

(A) se somente o direito I estiver correto.

(B) se somente o direito II estiver correto.

(C) se somente os direitos I e II estiverem corretos.

(D) se somente os direitos II e III estiverem corretos.

(E) se todas os direitos estiverem corretos.

I: incorreta, pois somente os administrados que forem "interessados" têm direito de ter vista do processo e de obter cópias de documentos (arts. 3º, II, e 46 da Lei 9.784/1999); **II:** correta (art. 3º, III, da Lei 9.784/1999); **III:** incorreta, pois não há previsão genérica de assistência jurídica gratuita.

Gabarito "B"

(FGV – 2008) No que tange ao processo administrativo disciplinar, analise as assertivas a seguir:

I. O processo administrativo disciplinar é composto de fases. Sindicância é a fase do processo administrativo preliminar que determina se o funcionário público sofrerá sanção ou não pelo cometimento de falta funcional.

II. A falta de defesa técnica por advogado no processo administrativo disciplinar não ofende a Constituição.

III. No processo administrativo disciplinar, as provas são produzidas durante a fase denominada de *inquérito administrativo*; tal fase compreende instrução, defesa e relatório.

Assinale:

(A) se todas as assertivas estiverem corretas.

(B) se somente as assertivas I e II estiverem corretas.

(C) se somente as assertivas I e III estiverem corretas.

(D) se somente as assertivas II e III estiverem corretas.

(E) se nenhuma assertiva estiver correta.

I: incorreta, pois a sindicância consiste numa apuração preliminar com vistas a verificar se o processo administrativo disciplinar deve ser instaurado ou não, ou se é o caso de arquivar a investigação; somente sanções de advertência ou suspensão por 30 dias podem ser aplicadas a partir de uma sindicância (art. 145 da Lei 8.112/1990); **II:** correta, nos termos da Súmula Vinculante nº 5 do STF ("A falta de defesa técnica por advogado no processo administrativo disciplinar não ofende a Constituição"); **III:** correta, pois o processo disciplinar se divide nas seguintes fases – instauração (com a publicação do ato que constituir a comissão), inquérito administrativo (que compreende instrução, defesa e relatório) e julgamento, conforme o art. 151 da Lei 8.112/1990.

Gabarito "D"

(FGV – 2008) Assinale a opção que apresenta com exatidão as penalidades disciplinares previstas na lei 8.112/1990 a que está sujeito o servidor:

(A) advertência; suspensão; demissão; cassação de aposentadoria ou disponibilidade; destituição de cargo em comissão; destituição de função comissionada; prisão domiciliar.

(B) advertência; suspensão; demissão; cassação de aposentadoria ou disponibilidade; destituição de cargo em comissão; destituição de função comissionada.

(C) advertência; suspensão; demissão; destituição de cargo em comissão; destituição de função comissionada.

(D) advertência; admoestação verbal pública perante os funcionários da repartição; suspensão; demissão; cassação de aposentadoria ou disponibilidade; destituição de cargo em comissão; destituição de função comissionada.

(E) advertência; suspensão; demissão; cassação de aposentadoria ou disponibilidade; destituição de cargo em comissão; destituição de função comissionada; diminuição dos vencimentos básicos.

Art. 127 da Lei 8.112/1990.

Gabarito "B"

(FGV – 2008) Não será aplicada a pena de demissão do servidor público, de acordo com as previsões da lei 8.112/1990, na seguinte hipótese:

(A) crime contra a administração pública.

(B) abandono de cargo.

(C) inassiduidade habitual.

(D) insubordinação grave em serviço.

(E) não atingimento das metas estabelecidas pelo superior hierárquico.

A única hipótese, das apresentadas nas alternativas, que não se encontra no rol dos fatos que ensejam demissão, é a apresentada na alternativa "e", nos termos do disposto no art. 132 da Lei 8.112/1990.

Gabarito "E"

(FGV – 2007) No caso de servidor público, que, irritado com as dificuldades de entendimento de um cidadão que se considera usuário do serviço, o expulsa da repartição, conduzindo-o, contra a vontade, pelo braço, em direção à rua, é correto afirmar-se que:

(A) atua na prática do cometimento de crime de violência arbitrária, com reflexos civis.

(B) atua em circunstâncias previstas e admitidas.

(C) pode pedir indenização ao recalcitrante.

(D) é isento de pena.

Além de crime, o fato caracteriza, certamente, infração disciplinar (art. 132, VII, da Lei 8.112/1990), sujeita a sanções de ordem disciplinar.

Gabarito "A"

(FGV – 2007) O servidor que se apropria de qualquer utilidade recebida por erro de outrem comete:

(A) faltas civil e administrativa, além de crime de peculato.

(B) infração administrativa.

(C) contravenção.

(D) ilícito civil.

Trata-se de crime de peculato (sujeito a pena criminal), falta civil (sujeito a pedido de ressarcimento na esfera judicial) e falta administrativa (sujeito a punição disciplinar junto à Administração). A questão não entra nesse detalhe, mas o caso também importa em improbidade administrativa, nos termos do art. 9º da Lei 8.429/1992, com as sanções previstas no art. 12 da referida lei.

Gabarito "A"

(FGV – 2006) De acordo com a Lei 8.112/1990, é incorreto afirmar que:

(A) a posse em cargo público dependerá de prévia inspeção médica oficial.
(B) a posse poderá se dar mediante procuração específica.
(C) o servidor estável não aprovado no estágio probatório não poderá ser reconduzido ao cargo anteriormente ocupado.
(D) a exoneração de cargo efetivo se dará a pedido do servidor, ou de ofício.

A: correta (art. 14 da Lei 8.112/1990); **B:** correta (art. 13, § 3º, da Lei 8.112/1990); **C:** incorreta, devendo ser assinalada, pois poderá, sim, ser reconduzido (art. 29, I, da Lei 8.112/1990); **D:** correta (art. 34 da Lei 8.112/1990).

Gabarito "C"

6. IMPROBIDADE ADMINISTRATIVA

(OAB/Exame Unificado – 2016.2) O diretor-presidente de uma construtora foi procurado pelo gerente de licitações de uma empresa pública federal, que propôs a contratação direta de sua empresa, com dispensa de licitação, mediante o pagamento de uma "contribuição" de 2% (dois por cento) do valor do contrato, a ser depositado em uma conta no exterior. Contudo, após consumado o acerto, foi ele descoberto e publicado em revista de grande circulação. A respeito do caso descrito, assinale a afirmativa correta.

(A) Somente o gerente de licitações da empresa pública, agente público, está sujeito a eventual ação de improbidade administrativa.
(B) Nem o diretor-presidente da construtora e nem o gerente de licitações da empresa pública, que não são agentes públicos, estão sujeitos a eventual ação de improbidade administrativa.
(C) O diretor-presidente da construtora, beneficiário do esquema, está sujeito a eventual ação de improbidade, mas o gerente da empresa pública, por não ser servidor público, não está sujeito a tal ação.
(D) O diretor-presidente da construtora e o gerente de licitações da empresa pública estão sujeitos a eventual ação de improbidade administrativa.

A, **B** e **C**: incorretas, pois responderá na ação de improbidade tanto o agente público (no caso, o gerente da empresa pública), como toda e qualquer pessoa que, mesmo não sendo agente público, induza ou concorra para a prática do ato de improbidade ou dele se beneficie sob qualquer forma direta ou indireta (art. 3º da Lei 8.429/1992); assim, no caso em tela, o representante da empresa contratada sem licitação (no caso, o diretor-presidente da construtora) e a própria empresa contratada sem licitação poderão ser réus nessa ação de improbidade; D: correta, pois o gerente de licitações é agente público e o diretor-presidente é particular que concorreu para a prática do ato, incidindo assim o disposto no art. 3º da Lei 8.429/1992.

Gabarito "D"

(OAB/Exame Unificado – 2015.3) O Ministério Público do Estado W ajuizou ação de improbidade administrativa contra um ex-governador, com fundamento no art. 9º da Lei nº 8.429/1992 (ato de improbidade administrativa que importe enriquecimento ilícito), mesmo passados quase 3 (três) anos do término do mandato e 6 (seis) anos desde a suposta prática do ato de improbidade que lhe é atribuída. Nesse caso,

(A) o ex-governador está sujeito, dentre outras sanções, à perda dos bens ou valores acrescidos ilicitamente ao patrimônio, ao ressarcimento integral do dano e à suspensão dos direitos políticos pelo período de oito a dez anos.
(B) a ação de improbidade está fadada ao insucesso, tendo em vista que não podem ser réus de tal demanda aqueles que já não ocupam mandato eletivo e nem cargo, emprego ou função na Administração.
(C) a ação de improbidade está fadada ao insucesso, tendo em vista que já transcorreram mais de 3 (três) anos desde o término do exercício do mandado eletivo.
(D) é imprescritível a ação de improbidade destinada à aplicação das sanções previstas na Lei nº 8.429/1992, e, por essa razão, o ex-governador pode sofrer as cominações legais, mesmo após o término do seu mandato.

A: correta; em primeiro lugar, não há prescrição no caso, pois, em caso de ato de improbidade praticado por detentor de mandato, esse prazo é de 5 anos contados do término do mandato, sendo que ainda não transcorreu no caso em tela (art. 23, I, da Lei 8.429/1992); quanto às sanções aplicáveis, a alternativa traz informação correta, na forma do disposto no art. 12, I, da Lei 8.429/1992; **B**: incorreta, pois tais pessoas podem e devem ser réus (arts. 1º a 3º da Lei 8.429/1992), sendo que o prazo prescricional para apenar quem praticou ato de improbidade enquanto agente público, mas que não mais está no serviço público está disposto no art. 23 da Lei 8.429/1992; **C**: incorreta, pois, em caso de ato de improbidade praticado por detentor de mandato, esse prazo é de 5 anos contados do término do mandato, sendo que ainda não transcorreu no caso em tela (art. 23, I, da Lei 8.429/1992); **D**: incorreta, pois só não há prescrição no caso para o ressarcimento ao erário (art. 37, § 5º, da CF), sendo que para a aplicação das demais sanções pela prática de ato de improbidade a prescrição é regulada no art. 23 da Lei 8.429/1992.

Gabarito "A"

(OAB/Exame Unificado – 2014.2) Caio, chefe de gabinete do prefeito do município X, ocupante exclusivamente de cargo em comissão, conhecendo os planos concretos da prefeitura para levar asfaltamento, saneamento e outras intervenções urbanísticas a um bairro mais distante, revela a alguns construtores tal fato, levando-os a adquirir numerosos terrenos naquela localidade antes que ocorresse sua valorização imobiliária. Caio recusa, expressamente, todos os presentes enviados pelos construtores. Sobre a situação hipotética descrita acima, assinale a opção correta.

(A) O ato de improbidade pode estar configurado com a mera comunicação, antes da divulgação oficial, da medida a ser adotada pela prefeitura, que valorizará determinados imóveis, ainda que não tenha havido qualquer vantagem para Caio.
(B) A configuração da improbidade administrativa depende, sempre, da existência de enriquecimento ilícito por parte de Caio ou de lesão ao erário, requisitos ausentes no caso concreto.
(C) Caio, caso venha a ser condenado criminalmente pela prática das condutas acima descritas, não poderá responder por improbidade administrativa, sob pena de haver *bis in idem*.

(D) Caio não responde por ato de improbidade, por não ser servidor de carreira; responde, todavia, por crime de responsabilidade, na qualidade de agente político, ocupante de cargo em comissão.

A: correta, nos termos do art. 11, III, da Lei 8.429/1992, pelo qual constitui improbidade administrativa que atenta contra princípios da Administração "revelar fato ou circunstância de que tem ciência em razão das atribuições e que deva permanecer em segredo"; **B:** incorreta, pois há uma modalidade de improbidade administrativa que se configura independentemente de enriquecimento ilícito ou prejuízo ao erário, que é a improbidade que atenta contra princípios da Administração (art. 11 da Lei 8.429/1992); **C:** incorreta, pois as sanções pela prática de improbidade são independentes das sanções penais pela prática de crime pelo mesmo fato (art. 12, *caput*, da Lei 8.429/1992); **D:** incorreta, pois o ocupante de cargo de chefe de gabinete não é considerado agente político (como é o detentor de mandato de prefeito ou de vereador, por exemplo); além disso, mesmo que fosse um agente político, somente os agentes políticos que respondem por crime de responsabilidade (excetuado o Prefeito) é que estão livres de sofrerem ação de improbidade administrativa, o que não é o caso do detentor de cargo em comissão de chefe de gabinete; por fim, o conceito de agente público da Lei de Improbidade é amplo e abrange quem ocupa cargo transitoriamente na Administração (art. 2º da Lei 8.429/1992).

Gabarito "A"

(OAB/Exame Unificado – 2014.1) Após conclusão de licitação do tipo menor preço, conduzida por uma autarquia federal para a contratação de serviços de limpeza predial, sagrou-se vencedora a sociedade "LYMPA", que ofereceu a melhor proposta. O dirigente da autarquia, entretanto, deixou de adjudicar o objeto à sociedade vencedora e contratou com outra sociedade, pertencente ao seu genro, para realizar o serviço por um preço mais baixo do que o oferecido pela sociedade vencedora. O Ministério Público ajuizou ação de improbidade contra o dirigente da autarquia. A partir do caso apresentado, assinale a afirmativa correta.

(A) A improbidade administrativa não está configurada, uma vez que não restou configurado enriquecimento do agente público.

(B) O resultado da ação de improbidade dependerá da apuração financeira de eventual prejuízo aos cofres do ente público.

(C) A propositura da ação de improbidade é admissível, ainda que não haja prejuízo ao erário e nem enriquecimento do agente público.

(D) A ação de improbidade somente é aceita em relação aos atos expressamente tipificados na Lei nº 8.429/1992, o que não atinge a contratação direta sem licitação.

A e B: incorretas, pois há uma modalidade de improbidade administrativa que se configura independentemente de enriquecimento ilícito ou prejuízo ao erário, que é a improbidade que atenta contra princípios da Administração (art. 11 da Lei 8.429/1992); **C:** correta, nos termos do mencionado no comentário às alternativas "A" e "B", sendo que, no caso, há violação aos princípios da honestidade, imparcialidade e legalidade, nos termos do art. 11, *caput*, da Lei 8.429/1992; **D:** incorreta, pois a casuística prevista nos incisos dos arts. 9º a 11 da Lei 8.429/1992 não está em rol exaustivo, mas sim em rol exemplificativo, de maneira que, havendo enriquecimento ilícito, prejuízo ao erário ou violação a princípios que se enquadrem nos conceitos mais amplos do *caput* dos artigos mencionados, e desde que haja dolo no caso dos arts. 9º e 11, e culpa no caso do art. 10, ter-se-á ato de improbidade, mesmo que não se verifique incidência de qualquer dos tipos elencados nos incisos desses dispositivos.

Gabarito "C"

(OAB/Exame Unificado – 2011.2) No que tange à chamada ação de improbidade administrativa, assinale a definição correta segundo a doutrina do Direito Administrativo.

(A) Trata-se de ação meramente administrativa, uma vez que a Lei 8.429/1992 prevê apenas sanções de caráter administrativo.

(B) Não se trata de uma ação judicial e sim de uma ação administrativa, com a previsão legal (Lei 8.429/1992) de sanções penais e administrativas.

(C) Trata-se de ação de natureza civil e penal, uma vez que a Lei 8.429/1992 prevê sanções de ambas as naturezas.

(D) Trata-se de ação civil, muito embora as sanções previstas pela Lei 8.429/1992 ultrapassem o âmbito da simples ação de ressarcimento e importem em penalidades de natureza penal e administrativa.

A e B: incorretas, pois ação de improbidade administrativa é uma ação judicial, promovida pelo Ministério Público ou pela pessoa jurídica lesada pelo ato ímprobo (art. 17, *caput*, da Lei 8.429/1992); tal ação prevê sanções não só de natureza *administrativa* (perda do cargo e proibição de contratar com o Poder Público), como também de natureza *civil* (ressarcimento do erário, perda de bens ou valores e multa civil) e *política* (suspensão dos direitos políticos). **C:** incorreta, pois é pacífico que se trata de ação de natureza civil ou de natureza não penal; assim, a ação de improbidade administrativa não é promovida em Vara Criminal, mas em Vara Cível ou Vara da Fazenda Pública; **D:** correta, pois, como se viu, a ação de improbidade é de natureza civil, apesar de as sanções previstas na Lei 8.429/1992 não se limitarem ao ressarcimento do dano, havendo, também, outras sanções, de natureza administrativa, política e, para alguns, até de natureza penal. A Examinadora revelou que entende ser de natureza penal sanções como suspensão dos direitos políticos, multa e perda do cargo, já que tais sanções aparecem na lei penal. Ora, parece-nos que tais sanções têm natureza política ou administrativa, sendo a sanção penal por excelência a pena de prisão, que não está prevista na Lei 8.429/1992. De qualquer forma, a alternativa "d" é "menos errada" das alternativas previstas na questão, daí porque deveria ter sido assinalada.

Gabarito "D"

(OAB/Exame Unificado – 2009.2) O MP tomou conhecimento de que um servidor, Vicente, ocupante do cargo de ordenador de despesas de determinado Município, facilitava a aquisição de bens por preço superior ao de mercado. Com referência a essa situação hipotética e à improbidade administrativa, assinale a opção correta.

(A) Não estará prescrita a pretensão do MP caso seja ajuizada ação com o exclusivo propósito de ressarcir os prejuízos causados ao erário quinze anos após a saída do referido servidor do cargo de ordenador de despesas.

(B) Vicente não poderá ser condenado em eventual ação de improbidade proposta pelo MP caso o tribunal de contas competente aprove as contas do município.

(C) O prazo prescricional das ações destinadas a levar a efeito as sanções previstas na Lei de Improbidade Administrativa é contado, na situação hipotética em questão, a partir da data em que Vicente praticou o ato.

(D) Caso o ato praticado por Vicente não esteja tipificado de forma expressa na Lei de Improbidade Administrativa, não poderá o juiz condená-lo pela prática de ato de improbidade.

A: correta. De fato, o STF tem entendimento de que, em caso de ato ilícito praticado contra a Administração (o que inclui o ato de improbidade administrativa), é imprescritível a pretensão visando ao ressarcimento do erário, nos termos do art. 37, § 5º, da CF (STF, MS 26.210, DJ 10.10.2008); **B:** incorreta (art. 21, II, da Lei 8.429/1992); **C:** incorreta. O prazo de prescrição é contado do *término do exercício* do mandato, cargo em comissão ou de função de confiança (art. 23, I, da Lei 8.429/1992); no caso dos demais vínculos, o prazo é contado na forma do estabelecido em lei local para as penas puníveis com demissão a bem do serviço público; por exemplo, no caso de servidor federal, o prazo é de 5 (cinco) anos, contados da data do *conhecimento* do fato (art. 142, I e § 1º, da Lei 8.112/1990), e não da data da *prática* do ato; o problema é que a questão não esclareceu em que Município Vicente trabalha e qual é a redação da lei lá prevista; assim, a questão poderia ser anulada, mas não o foi; **D:** incorreta; a examinadora considerou incorreta, pois a Lei de Improbidade traz, nos incisos dos arts. 9o, 10 e 11 rol exemplificativo de casos que constituem ato de improbidade.

Gabarito "A".

(OAB/Exame Unificado – 2009.1) Assinale a opção correta conforme a Lei de Improbidade (Lei n.º 8.429/1992).

(A) É cabível a indisponibilidade dos bens do indiciado quando o ato de improbidade causar lesão ao patrimônio público ou ensejar enriquecimento ilícito.

(B) Se houver fundados indícios de responsabilidade, será cabível o arresto dos bens do agente ou terceiro que tenha enriquecido ilicitamente ou causado dano ao patrimônio público.

(C) Proposta a ação de improbidade, é permitido o acordo, a transação ou a conciliação.

(D) O sucessor daquele que causar lesão ao patrimônio público ou enriquecer ilicitamente está sujeito às cominações da lei além do limite do valor da herança.

A: correta (art. 7º da Lei 8.429/1992); **B:** incorreta. O art. 16 da Lei 8.429/1992 faz referência ao *sequestro*, e não ao *arresto*; **C:** incorreta (Art. 17, § 1º, da Lei 8.429/1992); **D:** incorreta (art. 8º da Lei 8.429/1992).

Gabarito "A".

(OAB/Exame Unificado – 2008.3) No que diz respeito à improbidade administrativa, julgue os itens a seguir.

I. De acordo com a lei, a ação de improbidade não pode ser cumulada com pedido de danos morais.

II. O juiz deve, antes de determinar a citação da ação de improbidade, proceder à notificação prévia do acusado.

III. O prazo prescricional de ato de improbidade de governador começa a fluir da data em que tenha sido praticado o ato.

IV. A Lei de Improbidade Administrativa não prevê a gradação das penas que prescreve, não sendo admitida, em consequência, a aplicação da proporcionalidade da pena.

V. Na avaliação da improbidade por dano ao erário, o juiz deve analisar o elemento subjetivo da conduta do agente.

Estão certos apenas os itens

(A) I e III.

(B) I e V.

(C) II e IV.

(D) II e V.

I: incorreta, pois não há impedimento nesse sentido na Lei 8.429/1992; **II:** correta, nos termos do art. 17, § 7º, da Lei 8.429/1992; **III:** incorreta, pois o prazo é contado do término do exercício do mandato (art. 23, I, da Lei 8.429/1992); **IV:** incorreta, pois o art. 12, parágrafo único, da Lei 8.429/1992 é claro no sentido contrário; **V:** correta, pois a responsabilidade é subjetiva (depende de culpa ou dolo) e não objetiva (art. 10, *caput*, da Lei 8.429/1992); nas outras modalidades (enriquecimento ilícito do agente e violação a princípios) a responsabilidade é subjetiva também, mas depende de dolo para sua configuração (arts. 9º e 11 da Lei 8.429/1992).

Gabarito "D".

(OAB/Exame Unificado – 2008.3) O presidente da câmara de vereadores de um Município realizou a contratação de pessoal para cargos de função tipicamente administrativa da câmara, sem a realização prévia de concurso público. O promotor de justiça da cidade, ao ter ciência do fato, ajuizou ação de improbidade administrativa em face do vereador presidente da câmara, perante o juiz de direito titular da comarca. O vereador alegou que a constituição estadual lhe confere foro privilegiado junto ao tribunal de justiça do estado, quando processado por atos que importem em crime de responsabilidade, e requereu a remessa dos autos ao tribunal. Considerando a situação hipotética apresentada, assinale a opção correta.

(A) A contratação sem concurso público configura ato de improbidade administrativa na modalidade lesão aos princípios administrativos, ainda que praticada com culpa.

(B) Caso o serviço público venha a ser devidamente prestado pelas pessoas contratadas, restará desconfigurada a improbidade administrativa.

(C) No caso em exame, não há direito a foro privilegiado, pois a matéria relativa à improbidade administrativa não é criminal.

(D) Como pena, não seria cabível o ressarcimento ao erário, caso demonstrada a inexistência de dano a este, tampouco a multa civil, visto que esta ostenta caráter indenizatório.

A: correta. Essa modalidade depende de dolo, segundo o STJ (REsp 751.634/MG, DJ 02.08.2007); portanto, não concordamos com o gabarito; **B:** incorreta. O ato de improbidade existe mesmo que os serviços sejam prestados a contento, pois as nomeações feitas são flagrantemente inconstitucionais; **C:** incorreta. De fato, não há foro privilegiado, pois o STF declarou inconstitucional a alteração no art. 84 do CPP (que estabeleceu foro privilegiado em ação por improbidade), já que esta ação tem natureza civil, e não criminal; portanto, não concordamos com o gabarito; **D:** incorreta. O art. 12 da Lei 8.429/1992 permite, sim, a aplicação dessas cominações.

Gabarito "A".

(OAB/Exame Unificado – 2008.2) Não configura sanção constitucionalmente prevista para os atos de improbidade administrativa

(A) a suspensão por mais de 30 (trinta) dias, sem percepção de vencimentos.

(B) a suspensão dos direitos políticos.

(C) a ressarcimento ao erário.

(D) a perda da função pública.

No rol de sanções previstas nos incisos do art. 12 da Lei 8.429/1992, não consta a suspensão por mais de 30 dias sem percepção de vencimentos.

Gabarito "A".

(OAB/Exame Unificado – 2008.1) Assinale a opção correta no que se refere à lei que dispõe sobre as sanções aplicáveis aos agentes públicos nos casos de enriquecimento ilícito no exercício de mandato, cargo, emprego ou função na administração pública direta, indireta ou fundacional.

(A) Os atos de improbidade administrativa somente serão punidos quando praticados por agentes públicos que sejam também servidores públicos.
(B) São três as espécies genéricas de improbidade administrativa: os atos de improbidade administrativa que importam enriquecimento ilícito, os que causam lesão ao erário e os que atentam contra os princípios da administração pública.
(C) Reputam-se como agentes públicos para fins de sanção decorrente da prática de improbidade administrativa apenas os que exercem mandato, cargo, emprego ou função administrativa permanente e mediante remuneração.
(D) Caso o ato de improbidade configure também sanção penal ou disciplinar, não serão impostas ao ímprobo as sanções previstas na Lei de Improbidade Administrativa, para que não ocorra *bis in idem*, ou seja, dupla punição pelo mesmo fato.

A: incorreta (art. 2º da Lei 8.429/1992); **B:** correta (arts. 9º, 10 e 11 da Lei 8.429/1992); **C:** incorreta (art. 2º da Lei 8.429/1992); **D:** incorreta (art. 12, *caput*, da Lei 8.429/1992).

Gabarito "B"

(OAB/Exame Unificado – 2007.1) Acerca da improbidade administrativa, assinale a opção correta.

(A) O Ministério Público deve provar, logo na inicial, o ato qualificado como de improbidade administrativa, não bastando que se afirme que o fará ao longo da instrução processual.
(B) Prevalece o entendimento de que a ação judicial cabível para apurar e punir os atos de improbidade de natureza civil deve ser titularizada, com exclusividade, pelo Ministério Público.
(C) A competência judicial para apurar ato de improbidade de governador de estado é do STJ.
(D) Considere que um ex-servidor público tenha praticado ato de improbidade administrativa, mas somente 3 (três) anos depois desse ato tenha sido afastado do exclusivo cargo em comissão que ocupava. Nessa situação, o prazo prescricional de 5 (cinco) anos para que seja proposta a pertinente ação de improbidade tem início com o término do exercício do referido cargo e não, da prática do ato.

A: incorreta. A ação por improbidade admite dilação probatória, já que corre pelo rito ordinário (art. 17 da Lei 8.429/1992); **B:** incorreta. A pessoa jurídica interessada também é legitimada ativa (art. 17 da Lei 8.429/1992); **C:** incorreta. Não há competência por prerrogativa de função em ação de improbidade (o STF considerou inconstitucional a extensão dessa vantagem para as ações por improbidade); **D:** correta (art. 23, I, da Lei 8.429/1992).

Gabarito "D"

(FGV – 2014) João, prefeito do município Y, realiza contrato com Marcos, que não possui qualquer cargo ou função pública. O MP, entendendo que João foi negligente e que tal contrato importou em enriquecimento ilícito de João e Marcos, por terem recebido vantagem patrimonial indevida, propõe uma Ação de Improbidade Administrativa. Considerando a situação narrada e o disposto na Lei n. 8.429/1992, assinale a afirmativa correta.

(A) A conduta poderá ser punida se o Ministério Público comprovar que houve dano ao erário.
(B) João deve ser réu na ação, mas Marcos não, vez que não é agente público.
(C) A referida conduta não poder ser punida, vez que somente a conduta dolosa pode importar em improbidade administrativa.
(D) A referida conduta deve ser punida, uma vez que qualquer conduta culposa, que importe em enriquecimento ilícito, pode ser punida por improbidade administrativa.
(E) O Ministério Público deverá comprovar o dano ao erário, sem o qual a Ação de improbidade não tem como prosperar.

A: correta; no caso, não havendo enriquecimento ilícito do próprio agente público (no caso, João), nem havendo conduta dolosa (indispensável para configurar a modalidade em questão), a configurar a modalidade do art. 9º da Lei 8.429/1992, demonstrado o prejuízo ao erário, ter-se-á configurada a modalidade do art. 10 da Lei 8.429/1992, que se efetiva não só por condutas dolosas, mas também por condutas culposas; **B:** incorreta, pois a Lei 8.429/1992 também se aplica aos beneficiários do ato de improbidade (art. 3º); **C:** incorreta, pois a modalidade prevista no art. 10 da Lei 8.429/1992 se configura mediante conduta dolosa ou culposa; **D:** incorreta, pois somente por conduta dolosa é que se configura a modalidade do art. 9º (e do art. 11 também) da Lei 8.429/1992; **E:** incorreta, pois nas modalidades dos arts. 9º e 11 da Lei 8.429/1992 não é necessário prejuízo ao erário, sem contar que o art. 21, I, da Lei 8.429/1992 dispõe que a aplicação desta lei independe da efetiva ocorrência de dano ao patrimônio público.

Gabarito "A"

(FGV – 2013) Em outubro de 2013, o Ministério Público do Estado X ajuizou Ação de Improbidade em face de Fulano de Tal, ocupante exclusivamente de cargo em comissão, que exerceu o cargo de Diretor de Administração e Finanças da Secretaria de Estado de Cultura entre janeiro de 2002 e dezembro de 2006, e que, desde então, não exerce qualquer função pública. É imputada ao réu a operação de um sofisticado sistema de desvio de verbas daquele órgão, conduta enquadrada como ato de improbidade que causou prejuízo ao Erário, estimado em mais de R$ 500.000,00 (quinhentos mil reais). Diante do caso descrito, assinale a afirmativa correta.

(A) O agente submete-se a crime de responsabilidade, por ser ocupante exclusivamente de cargo em comissão, não podendo figurar como réu em ação de improbidade.
(B) A caracterização do ato de improbidade imputado ao agente público independe da configuração do dolo, mas a ação proposta já se encontra prescrita, ressalvada a perspectiva de ressarcimento do erário.
(C) A caracterização de qualquer ato de improbidade independe de culpa ou dolo, mas o ato descrito no enunciado não dispensa a efetiva demonstração do prejuízo ao erário.
(D) A ação de improbidade por ato causador de prejuízo ao erário é imprescritível por força de mandamento constitucional expresso, apenas prescrevendo a ação de ressarcimento.

(E) Uma ação de improbidade não pode ser direcionada contra ele, devendo ser manejada apenas ação de ressarcimento, por já se ter encerrado o vínculo do agente com a Administração.

A: incorreta, pois servidores com cargo em comissão, apesar do vínculo transitório, detém cargo e estão sujeitos à aplicação da lei de improbidade (art. 2º da Lei 8.429/1992); **B:** correta, pois a modalidade de prejuízo ao erário configura-se com culpa ou dolo (art. 10, *caput*, da Lei 8.429/1992) e, de fato, houve prescrição no caso, pois desde a saída do agente público (em 2006) até a data da prova (2013), houve o transcurso do prazo de 5 anos (art. 23, I, da Lei 8.429/1992); **C:** incorreta, pois não há responsabilidade objetiva em matéria de improbidade administrativa, sendo necessário dolo nas modalidades dos arts. 9º e 11, e culpa ou dolo na modalidade do art. 10, todos da Lei 8.429/1992; **D:** incorreta, pois o que é imprescritível é a ação de ressarcimento (art. 37, § 5º, da CF), sendo que a pretensão para aplicação das demais sanções de improbidade prescrevem nos termos do art. 23 da Lei 8.429/1992; **E:** incorreta, pois a ação de improbidade está prescrita não pela saída do agente público do cargo, mas sim pelo transcurso de 5 anos dessa saída (art. 23, I, da Lei 8.429/1992).

Gabarito "B"

(FGV – 2013) A Lei 8.492/1992 dispõe sobre os atos de improbidade administrativa praticados por agentes públicos. A referida lei classifica os atos de improbidade em atos que importam enriquecimento ilícito, atos que causam prejuízo ao erário e atos que atentam contra os princípios da Administração Pública. Com relação a essa classificação legal, analise as afirmativas a seguir.

I. Frustrar a ilicitude de concurso público é ato de improbidade que causa prejuízo ao erário.
II. Deixar de prestar contas quando esteja obrigado a fazê-lo, é ato de improbidade administrativa que importa em enriquecimento ilícito.
III. Negar publicidade de atos oficiais é ato que atenta contra os princípios da Administração Pública.

Assinale:

(A) se somente a afirmativa I estiver correta.
(B) se somente a afirmativa II estiver correta.
(C) se somente a afirmativa III estiver correta.
(D) se somente as afirmativas I e II estiverem corretas.
(E) se somente as afirmativas I e III estiverem corretas.

I: incorreta, pois frustrar a "licitude" de concurso público é ato de improbidade que atenta contra princípios da Administração (art. 11, V, da Lei 8.429/1992); **II:** incorreta, pois deixar de prestar contas quando esteja obrigado a fazer é ato de improbidade que atenta contra princípios da Administração (art. 11, VI, da Lei 8.429/1992); **III:** correta (art. 11, IV, da Lei 8.429/1992).

Gabarito "C"

(FGV – 2013) A Lei n. 8.429/1992 dispõe sobre as regras aplicáveis aos atos de improbidade administrativa. Com relação ao conteúdo dessa lei, assinale a afirmativa correta.

(A) A lei que dispõe sobre os atos de improbidade administrativa apenas é aplicável aos servidores públicos estatutários.
(B) A lei que dispõe sobre os atos de improbidade administrativa apenas é aplicável aos servidores estatutários e aos empregados públicos.
(C) A lei que dispõe sobre os atos de improbidade administrativa é aplicável somente aos servidores públicos estatutários, aos empregados públicos e aos detentores de mandato eletivo.
(D) A lei que dispõe sobre os atos de improbidade administrativa é aplicável a pessoa que não possua vínculo com a administração mas concorre para o ato de improbidade ou dele se beneficia.
(E) A lei que dispõe sobre os atos de improbidade administrativa não é aplicável ao ocupante de cargo em comissão.

A alternativa "D" é a correta, pois a Lei de Improbidade, além de se aplicar aos servidores estatutários (com cargos efetivos ou em comissão) também se aplica aos detentores de mandato, de emprego público e de funções públicas nas pessoas jurídicas que podem ser sujeitos passivos do ato de improbidade, e ainda aos que forem coatores, partícipes ou beneficiários do ato (arts. 2º e 3º da Lei 8.429/1992).

Gabarito "D"

(FGV – 2011) No que diz respeito à improbidade administrativa, analise as afirmativas a seguir:

I. Dar-se-á o integral ressarcimento do dano somente nos casos de lesão ao patrimônio público decorrentes de ação dolosa.
II. Ocorrendo lesão ao patrimônio público por ação ou omissão, dolosa ou culposa, do agente ou de terceiro, dar-se-á o integral ressarcimento do dano.
III. A aquisição, permuta ou locação de bem ou serviço por preço superior ao de mercado é conduta que viola o princípio da moralidade, mas que não se enquadra como ato de improbidade de acordo com a lei.
IV. As omissões que são consideradas contrárias ao princípio da moralidade administrativa não constituem atos de improbidade, que só podem ser comissivos.
V. O sucessor daquele que causar lesão ao patrimônio público ou se enriquecer ilicitamente está sujeito às cominações da lei até o limite do valor da herança.

Assinale

(A) se apenas as afirmativas I e III estiverem corretas.
(B) se apenas as afirmativas I e V estiverem corretas.
(C) se apenas as afirmativas II e III estiverem corretas.
(D) se apenas as afirmativas II e IV estiverem corretas.
(E) se apenas as afirmativas II e V estiverem corretas.

I: incorreta, pois o integral ressarcimento do dano se dá tanto em casos de conduta dolosa, como em casos de conduta culposa (art. 5º da Lei 8.429/1992; v. tb. art. 10, *caput*, c/c art. 12, II, da Lei 8.429/1992); **II:** correta (art. 5º da Lei 8.429/1992); **III:** incorreta, pois tal conduta se enquadra na modalidade de improbidade "prejuízo ao erário" (art. 10, V, da Lei 8.429/1992); **IV:** incorreta, pois a modalidade do art. 11 ("violação a princípios da administração") admite tanto conduta comissiva, como conduta omissiva; **V:** correta (art. 8º da Lei 8.429/1992).

Gabarito "E"

(FGV – 2010) De acordo com a Lei 8.429/1992 – Lei de Improbidade Administrativa, é correto afirmar que:

(A) o sucessor daquele que causar lesão ao patrimônio está sujeito às cominações da lei, salvo se o valor da herança for menor do que o dano ao erário público.
(B) para que o agente público seja enquadrado como sujeito ativo da improbidade administrativa é necessário ser servidor público, com vínculo empregatício estatutário ou contratual.
(C) a indisponibilidade dos bens do indiciado é uma medida de natureza cautelar, cabível quando o ato de improbidade causar lesão ao patrimônio público ou ensejar enriquecimento ilícito.

(D) o prazo prescricional para as ações que visam aplicar sanções ao agente público que exerce cargo em comissão é de até três anos após o término do exercício do cargo.

(E) quando o ato de improbidade ensejar enriquecimento ilícito, caberá à autoridade administrativa responsável pelo inquérito representar ao Ministério Público, para a disponibilidade dos bens do indiciado.

A: incorreta, pois o sucessor está sujeito às cominações dessa lei até o limite do valor da herança; assim, não é porque a herança é menor que o sucessor não fica sujeito às cominações da lei; fica sujeito sim, mas apenas quanto aos limites da herança recebida; **B:** incorreta, pois qualquer agente público está sujeito à incidência da lei (art. 2º da Lei 8.429/1992); **C:** correta (art. 7º da Lei 8.429/1992); **D:** incorreta, pois o prazo é de cinco anos (art. 23 da Lei 8.429/1992); **E:** incorreta, pois a representação é para a "indisponibilidade" de bens, e não para a "disponibilidade" de bens.

Gabarito "C"

(FGV – 2010) Com relação ao tema da *improbidade administrativa*, analise as afirmativas a seguir.

I. O Ministério Público deve obrigatoriamente figurar como parte na ação de improbidade administrativa, pois se trata de hipótese de litisconsórcio necessário.

II. Conforme a jurisprudência prevalecente do STF, os agentes políticos não se submetem ao regime da lei de improbidade administrativa (Lei n.º 8.429/1992), sendo-lhes aplicável o regime de responsabilização jurídico administrativa especial.

III. Segundo a jurisprudência prevalecente do STJ, as penas cominadas no art. 12 da Lei 8.429/1992 devem ser aplicadas cumulativamente ao responsável pelo ato de improbidade administrativa.

Assinale:

(A) se somente a afirmativa I estiver correta.
(B) se somente a afirmativa II estiver correta.
(C) se somente as afirmativas I e II estiverem corretas.
(D) se somente as afirmativas I e III estiverem corretas.
(E) se todas as afirmativas estiverem corretas.

I: incorreta, pois, caso o Ministério Público não seja o autor da ação, sua participação será como fiscal da lei, e não como litisconsorte necessário (art. 17, § 4º, da Lei 8.429/1992); **II:** correta (RE 579799, DJ 18.12.2008); **III:** incorreta, pois o STJ entende que a aplicação cumulativa de todas as sanções por ato de improbidade só pode ser feita quando estritamente necessário, devendo-se levar em conta o princípio da proporcionalidade.

Gabarito "B"

(FGV – 2010) Tem legitimidade para representar a autoridade administrativa competente para que seja instaurada investigação destinada a apurar a prática de ato de improbidade:

(A) somente o Ministério Público.
(B) somente o controle externo ou corregedoria do órgão.
(C) somente o controle interno do órgão, em caráter sigiloso.
(D) somente o Ministério Público, Tribunal ou Conselho de Contas.
(E) qualquer pessoa que deseje ver apurada a prática de ato de improbidade.

De fato, qualquer pessoa que esteja interessada na apuração de suposto fato que configure improbidade administrativa poderá representar à autoridade administrativa para que seja instaurada investigação para esclarecê-lo (art. 14 da Lei 8.429/1992).

Gabarito "E"

(FGV – 2009) Com relação ao tema da *improbidade administrativa*, analise as afirmativas a seguir.

I. De acordo com a atual jurisprudência do STF, a lei de improbidade administrativa não se aplica aos agentes políticos, os quais estão submetidos a um regime especial de responsabilidade com prerrogativa de foro.

II. Para garantir o ressarcimento do erário público, o réu da ação de improbidade administrativa pode ter decretada judicialmente a indisponibilidade de seus bens.

III. O Ministério Público ou pessoa jurídica interessada pode celebrar transação judicial com o réu da ação de improbidade administrativa desde que o ato ímprobo não cause prejuízo ao erário.

IV. Conforme o atual posicionamento jurisprudencial do STJ, além de incidir em um dos tipos previstos na Lei nº 8.429/1992, é necessária a presença do elemento má-fé para caracterização do ato de improbidade administrativa.

Assinale:

(A) se somente as afirmativas II, III e IV estiverem corretas.
(B) se somente as afirmativas I, II e IV estiverem corretas.
(C) se somente as afirmativas I, II e III estiverem corretas.
(D) se somente as afirmativas I e IV estiverem corretas.
(E) se somente as afirmativas I e II estiverem corretas.

I: correta, pois, de fato, o STF entende que os agentes políticos que já respondem por crime de responsabilidade não podem responder por improbidade administrativa, sob pena de haver *bis in idem* (por ex., *vide* o seguinte precedente – "Desembargador. Agente político. Ação de improbidade administrativa. O Supremo Tribunal Federal fixou entendimento nos termos do qual a Constituição do Brasil não admite concorrência entre dois regimes de responsabilidade político-administrativa para os agentes políticos. Precedentes." (RE 579.799 AgR, DJ 18.12.2008); é importante dizer que o STF não vem aplicando esse entendimento aos prefeitos, apesar destes responderem por crime de responsabilidade; **II:** correta (art. 7º da Lei 8.429/1992); **III:** incorreta (art. 17, § 1º, da Lei 8.429/1992); **IV:** incorreta, pois a modalidade prevista no art. 10 da Lei 8.429/1992 pode ser configurada mediante conduta culposa ou dolosa; assim, segundo a jurisprudência do STJ, a modalidade do art. 9º (enriquecimento ilícito do agente) exige dolo, a do art. 10 (prejuízo ao erário) configura-se mediante culpa ou dolo e a modalidade do art. 11 (violação a princípios) exige dolo.

Gabarito "E"

(FGV – 2008) Assinale a afirmativa incorreta.

(A) É vedada ao servidor a utilização de bens da Administração Pública para fins particulares.
(B) Somente se caracteriza ato de improbidade administrativa quando ocorre dano patrimonial ao erário.
(C) Constitui ato de improbidade administrativa facilitar a aquisição de bem ou serviço por preço superior ao de mercado.
(D) Permitir a realização de despesas não autorizadas em lei ou regulamento constitui exemplo de ato de improbidade administrativa.

(E) A lei prevê ser improbidade administrativa o ato de facilitar ou concorrer para que terceiro se enriqueça ilicitamente.

A: correta (art. 9º, IV, da Lei 8.429/1992); **B:** incorreta (devendo ser assinalada), vez que além da modalidade prejuízo ao erário (art. 10), há mais duas modalidades de improbidade, a de enriquecimento ilícito do agente (art. 9º) e a de violação de princípios (art. 11); **C:** correta (art. 10, V, da Lei 8.429/1992); **D:** correta (art. 10, IX, da Lei 8.429/1992); **E:** correta (art. 10, XII, da Lei 8.429/1992).

Gabarito "B"

(FGV – 2008) Analise as seguintes afirmativas:

I. No caso de improbidade administrativa em que haja enriquecimento ilícito ou lesão ao patrimônio público, o sucessor do autor da conduta está sujeito às sanções previstas na Lei 8.429/1992 até o limite do valor da herança.

II. Na ação de improbidade administrativa devem figurar como réus, em litisconsórcio passivo, o servidor responsável pelo ato, o terceiro que concorreu para o resultado e a pessoa jurídica a que pertence o servidor.

III. A revelação a terceiros de fato sigiloso de que o servidor tenha ciência em virtude de suas atribuições somente pode enquadrar-se como ato de improbidade que atenta contra os princípios da Administração Pública.

Assinale:

(A) se apenas a afirmativa I estiver correta.
(B) se apenas a afirmativa III estiver correta.
(C) se apenas as afirmativas I e II estiverem corretas.
(D) se apenas as afirmativas II e III estiverem corretas.
(E) se todas as afirmativas estiverem corretas.

I: correta (art. 8º da Lei 8.42919/92); **II:** incorreta, pois o servidor e o terceiro que tenham concorrido para o ato devem, de fato, figurar como litisconsortes passivos (arts. 1º a 3º da Lei 8.429/1992), mas a pessoa jurídica interessada, caso não seja a autora da ação, será citada para dizer qual será sua posição na ação, ou seja, se aderirá ao polo ativo, se aderirá ao polo passivo ou se abster-se-á de participar da demanda (art. 17, § 3º, da Lei 8.429/1992); **III:** incorreta, pois se o servidor tiver feito isso com prejuízo ao erário, configurar-se-á a modalidade do art. 10 da Lei 8.429/1992, e, se houver enriquecimento ilícito desse servidor, configurar-se-á a modalidade do art. 9º da Lei 8.429/1992.

Gabarito "A"

(FGV – 2008) A sanção patrimonial, na hipótese de atos de improbidade administrativa praticados em detrimento de entidade cujo erário público haja concorrido para a criação do respectivo patrimônio, pressupõe uma participação anual de:

(A) mais de cinquenta por cento.
(B) menos de cinquenta por cento.
(C) mais de quarenta por cento.
(D) menos de quarenta por cento.
(E) mais de vinte por cento.

Art. 1º, parágrafo único, parte final, da Lei 8.429/1992.

Gabarito "B"

(FGV – 2008) Proposta ação de improbidade administrativa, após autuada, o Juiz ordenará a notificação do requerido, para oferecer manifestação por escrito, no prazo de:

(A) 20 (vinte) dias.
(B) 10 (dez) dias.
(C) 15 (quinze) dias.
(D) 5 (cinco) dias.
(E) 30 (trinta) dias.

O requerido terá 15 dias para oferecer manifestação por escrito, podendo instruí-la com documentos e justificações (art. 17, § 7º, da Lei 8.429/1992).

Gabarito "C"

(FGV – 2008) Assinale a afirmativa incorreta.

(A) É crime de responsabilidade contra o livre exercício dos direitos políticos, individuais e sociais utilizar o poder federal para impedir a livre execução da lei eleitoral.
(B) Constitui ato de improbidade administrativa receber vantagem econômica de qualquer natureza, direta ou indiretamente, para omitir ato de ofício, providência ou declaração a que esteja obrigado.
(C) É crime de responsabilidade contra a probidade na administração infringir as normas legais no provimento dos cargos públicos.
(D) Constitui ato de improbidade administrativa que atenta contra os princípios da administração pública revelar fato ou circunstância de que tem ciência em razão das atribuições e que deva permanecer em segredo.
(E) Independentemente das sanções penais, civis e administrativas, previstas na legislação específica, o responsável pelo ato de improbidade está sujeito à pena de perda da função pública e impedimento de seu exercício para sempre.

A: correta (art. 7º, item 4, da Lei 1.079/1950); **B:** correta (art. 9º, X, da Lei 8.429/1992); **C:** correta (art. 9º, item 5, da Lei 1.079/1950); **D:** correta (art. 11, III, da Lei 8.429/1992); **E:** incorreta, devendo ser assinalada, pois o art. 12 da Lei 8.429/1992 traz outras sanções além da perda da função pública, mas não traz o impedimento de seu exercício para sempre.

Gabarito "E"

(FGV – 2008) Assinale a alternativa correta.

(A) As entidades da administração indireta não podem qualificar-se como sujeitos passivos dos atos de improbidade em razão de não serem pessoas políticas.
(B) Para que se configure a improbidade administrativa, basta que o agente aceite emprego em pessoa jurídica que tenha interesse suscetível de ser atingido ou amparado por ação ou omissão decorrente das atribuições do agente, durante a atividade.
(C) O terceiro responde por improbidade administrativa quando manifesta apoio psicológico ao agente público para prática de improbidade, mesmo que não se locuplete materialmente do resultado da conduta.
(D) O recebimento de vantagem econômica de qualquer natureza pelo agente público enquadra-se como ato de improbidade que importa enriquecimento ilícito e prejuízo ao erário.
(E) A sanção de suspensão dos direitos políticos é mais gravosa nos casos de atos de improbidade que causem prejuízo ao erário do que nas hipóteses em que os mesmos atos importem enriquecimento ilícito.

A: incorreta (art. 1º da Lei 8.429/1992); **B:** correta (art. 9º, VIII, da Lei 8.429/1992); **C:** incorreta, pois não é suficiente o apoio psicológico, sendo necessário *indução* ou *concorrência* para o ato (art. 3º da Lei 8.429/1992); **D:** incorreta, pois há de ser vantagem econômica *indevida*; ademais, se só há vantagem econômica indevida, somente se configura a modalidade do art. 9º da Lei 8.429/1992, não se configurando a modalidade do art. 10 da referida lei, que requer prejuízo ao erário; **E:** incorreta, pois a modalidade do art. 9º (enriquecimento ilícito) é mais grave que a do art. 10 (prejuízo ao erário), o que pode ser verificado pela leitura das sanções previstas no art. 12, I e II, da Lei 8.429/1992.

Gabarito "B"

(FGV – 2008) Analise as afirmativas abaixo, relativas à Lei de improbidade Administrativa (Lei 8.429/1992) e assinale a alternativa incorreta.

(A) As disposições da Lei nº. 8.429/1992 são aplicáveis, no que couber, àquele que, mesmo não sendo agente público, induza ou concorra para a prática do ato de improbidade ou dele se beneficie sob qualquer forma direta ou indireta.

(B) Reputa-se agente público, para os efeitos da Lei nº. 8.429/1992, todo aquele que exerce, ainda que transitoriamente ou sem remuneração, por eleição, nomeação, designação, contratação ou qualquer outra forma de investidura ou vínculo, mandato, cargo, emprego ou função nas entidades mencionadas no artigo 1º. da referida lei.

(C) Ocorrendo lesão ao patrimônio público por ação ou omissão, dolosa ou culposa, do agente ou de terceiro, dar-se-á o integral ressarcimento do dano.

(D) Os agentes públicos de qualquer nível ou hierarquia são obrigados a velar pela estrita observância dos princípios de legalidade, impessoalidade, moralidade e publicidade no trato dos assuntos que lhe são afetos, excetuada, no caso dos agentes públicos do primeiro escalão, a observância do princípio da legalidade.

(E) Estão sujeitos às regularidades da Lei nº 8.429/1992 os atos de improbridade praticados contra o patrimônio de entidade que receba subvenção de órgão público.

A: correta (art. 3º da Lei 8.429/1992); **B:** correta (art. 2º da Lei 8.429/1992); **C:** correta (art. 5º da Lei 8.429/1992); **D:** incorreta, devendo ser assinalada, (art. 4º da Lei 8.429/1992); **E:** correta (art. 1º, parágrafo único, da Lei 8.429/1992).

Gabarito "D"

(FGV – 2008) Analise as afirmativas abaixo, relativas à Lei de improbidade administrativa (Lei 8.429/1992) e assinale a alternativa incorreta.

(A) A Lei nº. 8.429/1992 não prevê penas de prisão para atos de improbidade administrativa.

(B) A aplicação das sanções previstas nessa lei depende da efetiva ocorrência de dano ao patrimônio público ou da rejeição das contas pelo órgão de controle interno ou pelo Tribunal ou Conselho de Contas.

(C) Constitui ato de improbidade administrativa que importa enriquecimento ilícito adquirir, para si ou para outrem, no exercício de mandato, cargo, emprego ou função pública, bens de qualquer natureza cujo valor seja desproporcional à evolução do patrimônio ou à renda do agente público.

(D) Constitui ato de improbidade administrativa que atenta contra os princípios da administração pública qualquer ação ou omissão que viole os deveres de honestidade, imparcialidade, legalidade, lealdade às instituições e notadamente revelar fato ou circunstância de que tem ciência em razão das atribuições e que deva permanecer em segredo.

(E) Constitui ato de improbidade administrativa que causa prejuízo ao erário liberar verba pública sem a estrita observância das normas pertinentes.

A: correta, pois a ação de improbidade tem caráter civil, já que as penas previstas no art. 12 da Lei 8.429/1992 têm essa natureza; **B:** incorreta, devendo ser assinalada, (art. 21 da Lei 8.429/1992); **C:** correta (art. 9º, VII, da Lei 8.429/1992); **D:** correta (art. 11, III, da Lei 8.429/1992); **E:** correta (art. 10, XI, da Lei 8.429/1992).

Gabarito "B"

(FGV – 2007) Analise as afirmativas a seguir:

I. A conduta do administrador público em desrespeito ao princípio da moralidade administrativa enquadra-se nos denominados "atos de improbidade". Tal conduta poderá ser sancionada com a suspensão dos direitos políticos, a perda da função pública, a indisponibilidade dos bens e o ressarcimento ao erário, na forma e gradação prevista em lei, sem prejuízo da ação penal cabível.

II. O princípio da democracia participativa é instrumento para a efetividade dos princípios da eficiência e da probidade administrativa.

III. Além dos agentes públicos, terceiros podem ser sujeitos ativos de improbidade administrativa. O terceiro, quando beneficiário direto ou indireto do ato de improbidade, só pode ser responsabilizado por ação dolosa, ou seja, quando tiver ciência da origem ilícita da vantagem.

Assinale:

(A) se nenhuma afirmativa estiver correta.

(B) se somente as afirmativas I e II estiverem corretas.

(C) se somente as afirmativas I e III estiverem corretas.

(D) se somente as afirmativas II e III estiverem corretas.

(E) se todas as afirmativas estiverem corretas.

I: correta (art. 7º, 11 e 12, III, da Lei 8.429/1992); **II:** correta, pois o envolvimento popular contribui para desenvolvimento desses dois princípios; **III:** correta (art. 3º da Lei 8.429/1992).

Gabarito "E"

7. INTERVENÇÃO NA PROPRIEDADE E NO DOMÍNIO ECONÔMICO

7.1. DESAPROPRIAÇÃO

(OAB/Exame Unificado – 2015.2) O Município W, durante a construção de avenida importante, ligando a região residencial ao centro comercial da cidade, verifica a necessidade de ampliação da área a ser construída, mediante a incorporação de terrenos contíguos à área já desapropriada, a fim de permitir o prosseguimento das obras. Assim, expede novo decreto de desapropriação, declarando a utilidade pública dos imóveis indicados, adjacentes ao plano da pista. Diante deste caso, assinale a opção correta.

(A) É válida a desapropriação, pelo Município W, de imóveis a serem demolidos para a construção da obra pública, mas não a dos terrenos contíguos à obra.
(B) Não é válida a desapropriação, durante a realização da obra, pelo Município W, de novos imóveis, qualquer que seja a finalidade.
(C) É válida, no curso da obra, a desapropriação, pelo Município W, de novos imóveis em área contígua necessária ao desenvolvimento da obra.
(D) Em relação às áreas contíguas à obra, a única forma de intervenção estatal da qual pode se valer o Município W é a ocupação temporária.

No caso em tela incide o instituto da **desapropriação por zona**, que consiste na desapropriação de área maior do que a necessária à realização de obra ou serviço, para abranger zona contígua a ela, tendo em vista reservá-la para futuras necessidades de ampliação da intervenção estatal no local (que é o caso do enunciado da questão) ou para revendê-la, se extraordinária valorização for decorrência da desapropriação a ser efetuada. A declaração de utilidade pública deve compreender essas áreas adicionais (art. 4º do Decreto-lei 3.365/1941). Assim, são válidas as desapropriações tanto das áreas que serão utilizadas neste momento, como das áreas que serão utilizadas no futuro.

Gabarito "C"

(OAB/Exame Unificado – 2014.1) Acerca da *desapropriação*, assinale a afirmativa correta.

(A) Na desapropriação por interesse social, o expropriante tem o prazo de cinco anos, contados da edição do decreto, para iniciar as providências de aproveitamento do bem expropriado.
(B) Na desapropriação por interesse social, em regra, não se exige o requisito da indenização prévia, justa e em dinheiro.
(C) O município pode desapropriar um imóvel por interesse social, mediante indenização prévia, justa e em dinheiro.
(D) A desapropriação para fins de reforma agrária da propriedade que não esteja cumprindo a sua função social não será indenizada.

A: incorreta, pois o prazo, no caso, é de 2 anos (art. 3º da Lei 4.132/1961); **B:** incorreta, pois esse requisito somente não há de ser cumprido na desapropriação-sanção para reforma agrária ou descumprimento da função social da propriedade urbana, casos em que o pagamento será feito por meio de títulos públicos, e no caso de expropriação do bem por conta de uso de imóvel para plantação de psicotrópicos ou com exploração de trabalho escravo (art. 243 da CF, com nova redação dada pela EC 81/2014); **C:** correta, não havendo impedimento legal nesse sentido; no entanto, no caso de desapropriação--sanção por interesse social em imóvel rural, a competência é apenas da União (art. 184, *caput*, da CF); **D:** incorreta, pois haverá indenização por meio de títulos da dívida agrária em relação à terra nua e por meio de dinheiro em relação às benfeitorias úteis e necessárias (art. 184, caput e § 1º, da CF).

Gabarito "C"

(OAB/Exame Unificado – 2013.3) O Município de Barra Alta realizou a desapropriação de grande parcela do imóvel de Manoel Silva e deixou uma parcela inaproveitável para o proprietário. No caso descrito, o proprietário obterá êxito se pleitear

(A) a reintegração de posse de todo o imóvel em função da má-fé do Município.
(B) o direito de extensão da desapropriação em relação à área inaproveitável.
(C) a anulação da desapropriação em relação à parcela do imóvel suficiente para tornar a área restante economicamente aproveitável.
(D) a anulação integral da desapropriação, pois a mesma foi ilegal.

Incide no caso o **direito de extensão**, que consiste na faculdade do expropriado de exigir que na desapropriação se inclua a parte restante do bem que se tornou inútil ou de difícil utilização. Deve ser exercido quando da realização do acordo administrativo ou no bojo da ação de desapropriação, sob pena de se considerar que houve renúncia. Assim, não há que se falar em pedido, por parte do proprietário do bem, de reintegração de posse ou anulação da desapropriação, mas em pedido para exercício do direito de extensão em relação à área inaproveitável.

Gabarito "B"

(OAB/Exame Unificado – 2012.3.B) Acerca do Instituto da Desapropriação, assinale a afirmativa correta.

(A) A desapropriação do espaço aéreo ou do subsolo só se tornará necessária, quando de sua utilização resultar prejuízo patrimonial do proprietário do solo.
(B) Em casos de urgência, é possível a imissão provisória do expropriante na posse dos bens, não sendo exigível o seu registro junto ao registro de imóveis competente, muito menos o depósito de valores.
(C) Os concessionários de serviços públicos e os estabelecimentos de caráter público ou que exerçam funções delegadas de poder público poderão promover desapropriações, por decreto do Presidente da República.
(D) Os bens expropriados, incorporados à Fazenda Pública, podem ser objeto de reivindicação, desde que fundada em nulidade do processo de desapropriação.

A: correta (art. 2, § 1º, do Dec.-lei 3.365/1941); **B:** incorreta, pois a imissão provisória na posse será, sim, registrada no registro de imóveis competente (art. 15, § 4º, do Dec.-lei 3.365/1941) e depende, sim, de depósito de quantia arbitrada pelo juiz logo no começo do processo (art. 15, *caput*, do Dec.-lei 3.365/1941); **C:** incorreta, pois só poderão promover desapropriações mediante autorização expressa em lei ou contrato (art. 3º do Dec.-lei 3.365/1941), não sendo suficiente, assim, um Decreto do Presidente da República; **D:** incorreta, pois o art. 35 do Dec.-lei 3.365/1941 é expresso ao dispor que os bens expropriados, uma vez incorporados à Fazenda Pública, não podem ser objeto de reivindicação.

Gabarito "A"

(OAB/Exame Unificado – 2012.3.A) A desapropriação é um procedimento administrativo que possui duas fases: a primeira, denominada declaratória e a segunda, denominada executória.

Quanto à *fase declaratória*, assinale a afirmativa correta.

(A) Acarreta a aquisição da propriedade pela Administração, gerando o dever de justa indenização ao expropriado.
(B) Importa no início do prazo para a ocorrência da caducidade do ato declaratório e gera, para a Administração, o direito de penetrar no bem objeto da desapropriação.
(C) Implica a geração de efeitos, com o titular mantendo o direito de propriedade plena, não tendo a Administração direitos ou deveres.
(D) Gera o direito à imissão provisória na posse e o impedimento à desistência da desapropriação.

A: incorreta, pois, nessa fase, a Administração apenas afirma a *intenção* de adquirir o bem, expedindo o chamado Decreto Expropriatório, em que identifica o bem que deseja desapropriar e informa qual será a destinação deste; a Administração somente adquirirá a propriedade do bem caso conclua a segunda fase do procedimento (fase executória), celebrando acordo com o particular ou ingressando com ação de desapropriação e efetuando o pagamento integral do valor fixado em juízo; **B:** correta (arts. 7º e 10, do Dec.-lei 3.365/1941); **C:** incorreta, pois a Administração passa a ter, por exemplo, o direito de penetrar no imóvel (art. 7º do Dec.-lei 3.365/1941; **D:** incorreta, pois nessa primeira fase, como se viu, há apenas a declaração de vontade da intenção de desapropriar o bem; aliás, mesmo que se inicie a segunda fase, ingressando com ação de desapropriação, a imissão provisória na posse não é automática, dependendo de declaração de urgência pela Administração e de depósito de valor fixado pelo juízo por onde correr a ação (art. 15, *caput* e § 1º, do Dec.-lei 3.365/1941); quanto à desistência da desapropriação, pode ser feita mesmo que a Administração já tenha se imitido na posse do bem, mas nunca após a Administração já ter feito o pagamento integral da indenização fixada definitivamente em juízo.

Gabarito "B"

(OAB/Exame Unificado – 2012.2) A União, após regular licitação, realiza concessão de determinado serviço público a uma sociedade privada. Entretanto, para a efetiva prestação do serviço, é necessário realizar algumas desapropriações. A respeito desse caso concreto, assinale a afirmativa correta.

(A) A sociedade concessionária poderá promover desapropriações mediante autorização expressa, constante de lei ou contrato.

(B) As desapropriações necessárias somente poderão ser realizadas pela União, já que a concessionária é pessoa jurídica de direito privado.

(C) O ingresso de autoridades administrativas nos bens desapropriados, declarada a utilidade pública, somente será lícito após a obtenção de autorização judicial.

(D) Os bens pertencentes ao(s) Município(s) inserido(s) na área de prestação do serviço não poderão ser desapropriados, mesmo que haja autorização legislativa.

A: correta (art. 3º do Dec.-lei 3.365/1941); **B:** incorreta, nos termos do já citado art. 3º do Dec.-lei 3.365/1941; **C:** incorreta, pois um dos efeitos da declaração de utilidade pública é justamente a autorização legal para as autoridades administrativas penetrarem nos prédios compreendidos na declaração, podendo recorrer, em caso de oposição, ao auxílio de força policial (art. 7º do Dec.-lei 3.365/41); **D:** incorreta, pois bens municipais podem ser desapropriados pelos Estados e pela União, desde que haja autorização do legislativo do ente expropriante (art. 2º, § 2º, do Dec.-lei 3.365/1941).

Gabarito "A"

(OAB/Exame Unificado – 2012.1) A empresa pública federal X, que atua no setor de pesquisas petroquímicas, necessita ampliar sua estrutura, para a construção de dois galpões industriais. Para tanto, decide incorporar terrenos contíguos a sua atual unidade de processamento, mediante regular processo de desapropriação. A própria empresa pública declara aqueles terrenos como de utilidade pública e inicia as tratativas com os proprietários dos terrenos – que, entretanto, não aceitam o preço oferecido por aquela entidade. Nesse caso,

(A) se o expropriante alegar urgência e depositar a quantia arbitrada de conformidade com a lei, terá direito a imitir-se provisoriamente na posse dos terrenos.

(B) a desapropriação não poderá consumar-se, tendo em vista que não houve concordância dos titulares dos terrenos.

(C) a desapropriação demandará a propositura de uma ação judicial e, por não haver concordância dos proprietários, a contestação poderá versar sobre qualquer matéria.

(D) os proprietários poderão opor-se à desapropriação, ao fundamento de que a empresa pública não é competente para declarar um bem como de utilidade pública.

A desapropriação tem duas fases, a declaratória e a executória. Na fase declaratória, o Poder Público manifesta sua intenção de adquirir determinado bem. Normalmente, essa declaração se dá por meio de um decreto expropriatório. Em seguida, na fase executória, posterior à fase declaratória, busca-se um acordo com o proprietário do bem, ou, na impossibilidade, ingressa-se com ação de desapropriação. A primeira fase só pode ser iniciada por entes políticos e outros entes público autorizados pela lei, como é o caso da agência reguladora ANEEL. Já a segunda fase pode ser feita por pessoas de direito público e por concessionárias de serviço público, autorizadas por lei ou por contrato. Diante do exposto fica claro que a empresa pública X não tem competência para a declaração de utilidade pública do bem (primeira fase), de modo que apenas a alternativa "d" está correta.

Gabarito "D"

(OAB/Exame Unificado – 2010.2) Nas hipóteses de desapropriação, em regra geral, os requisitos constitucionais a serem observados pela Administração Pública são os seguintes:

(A) comprovação da necessidade ou utilidade pública ou de interesse social; pagamento de indenização prévia ao ato de imissão na posse pelo Poder Público, e que seja justa e em dinheiro; e observância de ato administrativo, sem contraditório por parte do proprietário.

(B) comprovação da necessidade ou utilidade pública ou de interesse social; pagamento de indenização prévia ao ato de imissão na posse pelo Poder Público, e que seja justa e em dinheiro; e observância de procedimento administrativo, com respeito ao contraditório e ampla defesa por parte do proprietário.

(C) comprovação da necessidade ou utilidade pública ou de interesse social; pagamento de indenização prévia ao ato de imissão na posse pelo Poder Público, e que seja justa e em títulos da dívida pública ou quaisquer outros títulos públicos, negociáveis no mercado financeiro; e observância de procedimento administrativo, com respeito ao contraditório e ampla defesa por parte do proprietário.

(D) comprovação da necessidade ou utilidade pública ou de interesse social; pagamento de indenização, posteriormente ao ato de imissão na posse pelo Poder Público, e que seja justa e em dinheiro; e observância de procedimento administrativo, com respeito ao contraditório e ampla defesa por parte do proprietário.

A alternativa "b" está correta, pois, **como regra**, a Constituição exige o seguinte para a desapropriação: I) comprovação de *necessidade ou utilidade pública* ou de *interesse social* (art. 5º, XXIV, da CF); II) pagamento de *indenização prévia* ao ato de imissão na posse pelo Poder Público (art. 5º, XXIV, da CF); III) indenização *justa* e em *dinheiro* (art. 5º, XXIV, da CF); IV) observância de *procedimento administrativo* com respeito ao *contraditório e ampla defesa* por parte do proprietário; repare que o início do art. 5º, XXIV, da CF exige "procedimento" e o art. 5º, LV, da CF exige que todo procedimento administrativo respeite o contraditório e a ampla defesa.

Gabarito "B"

(OAB/Exame Unificado – 2009.1) Acerca da intervenção do Estado na propriedade privada, assinale a opção correta.

(A) A limitação administrativa consiste na instituição de ônus real de uso pelo Poder Público sobre a propriedade privada.
(B) A desapropriação, que consiste na transferência de propriedade de terceiro ao Poder Público, tem por objeto bens móveis ou imóveis, corpóreos ou incorpóreos, públicos ou privados.
(C) A desapropriação por interesse social, para fins de reforma agrária, é de competência da União e dos Estados, devendo ser realizada sobre imóvel rural que não esteja cumprindo a sua função social, mediante prévia indenização em títulos da dívida agrária.
(D) Ocorre a desapropriação indireta quando a entidade da administração direta decreta a desapropriação, sendo o processo expropriatório desenvolvido por pessoa jurídica integrante da administração descentralizada.

A: incorreta. Limitação administrativa é imposição *geral e gratuita* (ex: lei de zoneamento de uma cidade), ao passo que a servidão é especial (grava pessoas determinadas) e normalmente *onerosa* (impõe indenização); assim, a servidão, sim, é um *ônus real*, que recai sobre bem determinado; **B:** correta (art. 2º do Dec.-lei 3.365/1941); **C:** incorreta. A desapropriação-sanção (com pagamento de títulos), para fins de reforma agrária, é da competência exclusiva da União (art. 184, *caput*, da CF); **D:** incorreta. Ocorre a desapropriação indireta quando a administração se apossa de um imóvel particular, dando destinação pública a este, sem observância das formalidades legais; essa situação permite que o proprietário da coisa ingresse com ação indenizatória por desapropriação indireta.

Gabarito "B"

(OAB/Exame Unificado – 2008.3) Assinale a opção correta acerca de desapropriação.

(A) A desapropriação indireta, forma legítima de intervenção na propriedade, é realizada por entidade da administração indireta.
(B) Os bens públicos não podem ser desapropriados.
(C) Em caso de desapropriação por interesse social para fim de reforma agrária, deve haver indenização, necessariamente em dinheiro, das benfeitorias úteis e das necessárias.
(D) A desapropriação de imóveis urbanos pode ser feita mediante prévia e justa indenização, permitindo-se à administração, caso haja autorização legislativa do Senado Federal, pagá-la com títulos da dívida pública.

A: incorreta. A desapropriação indireta tem esse nome porque é feita sem a observância dos trâmites previstos em lei, e não porque só pode ser feita pela administração indireta; **B:** incorreta (art. 2º, § 2º, do Dec.-Lei 3.365/1941); **C:** correta (art. 184, § 1º, da CF); **D:** incorreta. A desapropriação de imóveis urbanos só será paga com títulos da dívida pública caso haja descumprimento da função social da propriedade (art. 182, § 4º, III, da CF).

Gabarito "C"

(OAB/Exame Unificado – 2008.2) A modalidade de intervenção estatal que gera a transferência da propriedade de seu dono para o Estado é

(A) a desapropriação.
(B) a servidão administrativa.
(C) a requisição.
(D) o tombamento.

De fato, é a desapropriação. A servidão é apenas um direito real que permite o uso da coisa. A requisição de bens ou serviços é feita para atender a situação transitória, em caso de iminente perigo público. E o tombamento restringe a utilização da coisa, sem passá-la para o domínio do Poder Público.

Gabarito "A"

(OAB/Exame Unificado – 2008.1) Acerca da desapropriação e dos juros moratórios e compensatórios incidentes sobre ela, assinale a opção correta.

(A) É irrelevante o fato de o imóvel ser ou não produtivo para a fixação dos juros compensatórios na desapropriação, pois estes são devidos em razão da perda antecipada da posse, que implica a diminuição da garantia da prévia indenização estipulada na Constituição Federal.
(B) Em ação expropriatória, os juros compensatórios devem ser fixados à luz do princípio da retroatividade, ou seja, deve ser aplicado o índice vigente ao tempo da sentença que julga a desapropriação.
(C) Os juros moratórios, seja na desapropriação direta, seja na indireta, contam-se desde a imissão na posse.
(D) Na atualidade, a taxa de juros compensatórios aplicável às desapropriações é de 6% ao ano.

A: correta. De fato, os juros compensatórios têm por finalidade compensar o proprietário pela perda antecipada da posse da coisa sem o recebimento integral dos valores que lhe cabem; **B:** incorreta. Os juros compensatórios, de acordo com a Súmula 618 do STF, são sempre de 12% ao ano; **C:** incorreta. Os juros moratórios são contados a partir do momento em que o Poder Público está em mora no pagamento da indenização; como o pagamento, de regra, é feito por precatório, esse atraso só passa a existir "a partir de 1º de janeiro do exercício seguinte àquele em que o pagamento deveria ser feito, nos termos do art. 100 da Constituição" (art. 15-B do Dec.-lei 3.365/1941); o mesmo dispositivo estabelece que esses juros serão de 6% ao ano; esse dispositivo não foi alterado pelo STF; **D:** incorreta. Os juros compensatórios são de 12% ao ano, como se viu.

Gabarito "A"

(OAB/Exame Unificado – 2007.3) Considere-se que, para a construção de uma estrada, um Estado-membro tenha editado decreto declarando de utilidade pública um imóvel privado, situado no traçado da pretendida estrada. Nessa situação, havendo urgência na desapropriação do bem, poderá o ente público imitir-se imediatamente na posse do imóvel, ainda que o proprietário não concorde com o valor da indenização que lhe foi oferecido?

(A) Não, porque o interesse público não pode se sobressair ao direito de propriedade, constitucionalmente assegurado.
(B) Não, a não ser que seja editado novo decreto, de necessidade pública, declarando a urgência e estabelecendo o valor venal do imóvel para pagamento do Imposto Predial Territorial Urbano (IPTU) como o valor da indenização.

(C) Sim, pelo poder de autoexecutoriedade que tem o poder expropriante, combinado com a comprovação da urgência.

(D) Sim, desde que obtenha uma liminar em juízo, depositando um valor que se entenda justo para a devida indenização.

O expropriante, para obter a tutela jurisdicional de imissão provisória na posse do(s) bem(ns), deverá alegar urgência e depositar quantidade que considere devida para a justa indenização (art. 15 do Dec.-Lei 3.365/1941).

Gabarito "D"

(OAB/Exame Unificado – 2007.3) No que se refere ao instituto da desapropriação, assinale a opção incorreta.

(A) A União, os Estados, o Distrito Federal e os Municípios possuem competência concorrente para legislar sobre desapropriação.

(B) Ao Poder Judiciário é vedado, no próprio processo de desapropriação, discutir sobre eventual desvio de finalidade do administrador ou sobre a existência dos motivos que o administrador tenha considerado como de utilidade pública.

(C) A União pode desapropriar bens dos Estados, do Distrito Federal e dos Municípios, mas os bens da União não são expropriáveis.

(D) O Estado-membro tem competência para desapropriar bens de uma autarquia ou de uma empresa pública municipal.

A: incorreta, devendo ser assinalada. Art. 22, II, da CF (competência privativa da União); **B:** correta. Na desapropriação só se discute vício formal e preço; outras questões devem ser discutidas em ação própria (art. 20 do Dec.-lei 3.365/1941); **C** e **D:** corretas (art. 2º, § 2º, do Dec.-lei 3.365/1941).

Gabarito "A"

(OAB/Exame Unificado – 2007.2) Acerca da desapropriação, assinale a opção correta.

(A) Desapropriação indireta é o fato administrativo por meio do qual o Estado se apropria de bem particular, sem a observância dos requisitos da declaração e da indenização prévia.

(B) Na desapropriação por interesse social para fins de reforma agrária, serão indenizadas por título da dívida pública não apenas a terra nua, mas também as benfeitorias úteis e necessárias, sendo que as voluptuosas não serão indenizadas.

(C) Os bens públicos não podem ser desapropriados.

(D) Na desapropriação por zona, devem ser incluídos os imóveis contíguos ao imóvel desapropriado, necessários ao desenvolvimento da obra a que se destina.

A: correta. Trata-se do chamado apossamento administrativo (art. 15-A, § 3º, do Dec.-lei 3.365/1941); **B:** incorreta. As benfeitorias úteis e necessárias serão indenizadas em dinheiro (art. 184, § 1º, da CF); **C:** incorreta (art. 2º, § 2º, do Dec.-lei 3.365/1941); **D:** incorreta. A desapropriação por zona pode ter duas finalidades: reservar área para o futuro ou abranger área que terá extraordinária valorização com a obra, para revenda futura (art. 4º do Dec.-lei 3.365/1941).

Gabarito "A"

(OAB/Exame Unificado – 2006.1) Desapropriação ou expropriação é a transferência obrigatória da propriedade particular para o Poder Público, devidamente motivada. Assinale a opção que não apresenta motivação constitucional para desapropriação.

(A) Clamor social.

(B) Necessidade pública.

(C) Utilidade pública.

(D) Interesse social.

Art. 5º, XXIV, da CF.

Gabarito "A"

(FGV – 2011) O Prefeito do Município de Florestal está interessado em construir um hospital público e, devido à sua localização conveniente, pretende fazê-lo em um terreno desocupado de propriedade do Estado em que localizado o Município. Entretanto, em razão de divergências políticas, o Governador do Estado se recusa a ceder o imóvel para a Prefeitura. Considerando a situação hipotética narrada, indaga-se: é juridicamente possível ao Município desapropriar o imóvel de propriedade do Estado?

(A) Sim, pois o terreno público em questão encontra-se desafetado e, por isso, é passível de desapropriação.

(B) Sim, desde que mediante autorização legislativa e prévia indenização em dinheiro.

(C) Sim, pois deve prevalecer, nesse caso, o interesse público municipal a justificar transferência compulsória do bem para a construção do hospital.

(D) Não, pois os bens públicos são imprescritíveis e, portanto, não são passíveis de desapropriação.

(E) Não, pois a desapropriação de bens públicos submete-se a restrições, não sendo possível ao Município desapropriar bens de propriedade dos Estados ou da União.

Segundo o art. 2º, § 2º, do Dec.-lei 3.365/1941 (Lei Geral de Desapropriação), a União pode desapropriar bens dos Estados, dos Municípios e dos particulares; os Estados podem desapropriar bens dos Municípios e dos particulares; e os Municípios só podem desapropriar os bens dos particulares. Assim, as alternativas "a" a "c" estão incorretas, pois não cabe desapropriação no caso. A alternativa "d" está incorreta, pois bens públicos podem ser desapropriados sim, mas apenas pela União e pelos Estados, nas condições do dispositivo citado. E a alternativa "e" está correta, pois deixa claro que o Município não pode desapropriar bens dos Estados e da União.

Gabarito "E"

(FGV – 2011) A respeito das modalidades de intervenção do Estado na propriedade, analise as afirmativas a seguir:

I. O prazo de caducidade do decreto expropriatório nas desapropriações por utilidade pública é de cinco anos, contados da data de sua expedição.

II. A ocupação temporária de terrenos vizinhos não edificados, vizinhos às obras públicas e necessários à sua realização, depende de decreto de declaração de necessidade e prévia indenização.

III. A desapropriação de bens pela União Federal efetiva-se após processo administrativo, sempre mediante justa indenização em títulos da dívida pública de emissão previamente aprovada pelo Senado Federal.

Assinale

(A) se apenas a afirmativa I estiver correta.

(B) se apenas a afirmativa II estiver correta.

(C) se apenas a afirmativa III estiver correta.

(D) se apenas as afirmativas I e II estiverem corretas.

(E) se apenas as afirmativas I e III estiverem corretas.

I: correta (art. 10 do Dec.-lei 3.365/1941), valendo salientar que, em caso de desapropriação por *interesse social*, o prazo é de 2 anos (art. 3º da Lei 4.132/62); **II**: incorreta, pois, na ocupação provisória, a indenização é feita ao final, em ação própria, não sendo feita previamente (art. 36 do Dec.-lei 3.365/1941); **III**: incorreta, pois a desapropriação depende da concordância do particular (desapropriação extrajudicial) ou de processo judicial, não sendo suficiente mero processo administrativo; ademais, a regra é que o pagamento seja feito em dinheiro, e não títulos; o pagamento só será feito em títulos quando o fundamento da desapropriação for o descumprimento da função social da propriedade.

Gabarito "A"

(FGV – 2009) Em relação à Intervenção do Estado na Propriedade Privada, é correto afirmar que:

(A) a indenização, na desapropriação para reforma agrária, incluídas as benfeitorias úteis e necessárias, é realizada em títulos da dívida agrária.

(B) o objeto da requisição administrativa pode abranger bens móveis e imóveis, fazendo jus o proprietário à prévia indenização.

(C) a desapropriação por descumprimento da função social da propriedade rural é da competência exclusiva da União e não pode incidir sobre a pequena e média propriedade rural, assim definida em lei, desde que seu proprietário não possua outra, conforme previsto na Constituição Federal/88.

(D) a ocupação provisória tem caráter de transitoriedade, sendo assegurado ao proprietário indenização somente na hipótese da ocupação do imóvel ocorrer em situações de perigo.

(E) o proprietário de um bem tombado não pode aliená-lo a terceiro e somente pode pintar ou restaurar o bem com autorização especial do Poder Público.

A: incorreta, pois as benfeitorias úteis e necessárias, no caso, são indenizadas em dinheiro, ao passo que a terra nua, por títulos da dívida agrária (art. 184, *caput* e § 1º, da CF); **B**: incorreta, pois a indenização é posterior ao uso temporário do bem ou serviço; **C**: correta, pois de fato compete à União desapropriar quando o fundamento é o descumprimento da função social da propriedade (art. 184, *caput*, da CF), e as propriedades citadas na alternativa, de fato, não podem ser desapropriadas para fins de reforma agrária (art. 185, I, da CF); **D**: incorreta, pois a ocupação provisória é instituto que permite a Administração, quando estiver fazendo uma obra, ocupar temporariamente terreno particular não edificado (não tendo relação alguma com situações de perigo), mediante indenização, por ação própria (art. 36 do Dec.-lei 3.365/1941); **E**: incorreta, pois o proprietário de um bem tombado pode, sim, aliená-lo, sendo que a única restrição ao poder de alienar é a que determina que o bem seja oferecido antes para o Poder Público, que tem direito de preferência na sua aquisição (art. 22 do Dec.-lei 25/1937).

Gabarito "C"

(FGV – 2008) Na desapropriação-sanção, realizada pelo Município, de área localizada no plano diretor, presentes os requisitos específicos, deverá esse Ente Federativo realizar o adequado aproveitamento do imóvel no prazo máximo de:

(A) 1 (um) ano.

(B) 4 (quatro) anos.

(C) 3 (três) anos.

(D) 2 (dois) anos.

(E) 5 (cinco) anos.

Art. 8º, § 4º, do Estatuto da Cidade (Lei 10.257/2001).

Gabarito "E"

(FGV – 2008) Por meio do Decreto 00000, de 25 de março de 2008, a Prefeitura do Rio de Janeiro cria a área de proteção do ambiente cultural (APAC) do Bairro Y. Nesse diploma alguns imóveis estão gravados sob a denominação *preservação*; outros, *tombamento*. O proprietário de um bem "tombado" pelo decreto municipal soube do gravame por meio de um fiscal, que embargou as obras de mudança na fachada que estava realizando no imóvel. Indignado, o proprietário do bem tombado pretende propor ação em face do Poder Público Municipal, requerendo a declaração de nulidade do dito decreto em relação ao seu imóvel. No entanto, deverá ficar atento ao prazo prescricional de tal ação, que é de:

(A) 1 (um) ano.

(B) 20 (vinte) anos.

(C) 5 (cinco) anos.

(D) 15 (quinze) anos.

(E) 2 (dois) anos

O caso em tela envolve verdadeira perda da propriedade, dada a extensão do gravame imposto pelo Poder Público. Nesse tipo de situação, cabe ao particular ingressar com ação indenizatória por desapropriação indireta, sendo que o prazo prescricional, por envolver direito real (perda da propriedade) é o prazo da usucapião extraordinária de bem imóvel, ou seja, é de 15 (quinze) anos, nos termos do art. 1.238 do Código Civil.

Gabarito "D"

(FGV – 2008) Assinale a alternativa correta.

(A) Segundo jurisprudência dos Tribunais Superiores, a imissão provisória do Poder Público no bem, em procedimento expropriatório, na desapropriação por utilidade pública, é inconstitucional à luz da Constituição Federal de 1988.

(B) As desapropriações de imóveis urbanos serão feitas com prévia e justa indenização. No entanto, caso o imóvel não esteja cumprindo sua função social, poderá o Poder Público Municipal, após a aplicação de outras medidas previstas na Constituição Federal, desapropriar o imóvel com pagamento mediante títulos da dívida pública de emissão prévia, aprovada pelo Senado Federal, com prazo de resgate de até 10 anos, em parcelas anuais, iguais e sucessivas, assegurados o valor real da indenização e os juros legais.

(C) O decreto que declarar o imóvel como de interesse social, para os fins de reforma agrária, autoriza desde já ao Município propor a ação de desapropriação.

(D) Segundo comando constitucional, nos casos de "desapropriação confisco", as terras desapropriadas devem integrar, de forma permanente, o patrimônio do ente federativo expropriante, que deverá utilizá-las para o cultivo de produtos alimentícios e medicamentosos.

(E) A declaração expropriatória, nas desapropriações por utilidade pública, é o marco para a indenização das benfeitorias necessárias. Essas serão indenizadas se realizadas até a data da publicação da declaração.

A: incorreta, pois, como há previsão de depósito prévio para a imissão provisória, os tribunais entendem constitucional o instituto; **B**: correta (art. 182, § 4º, III, da CF); **C**: incorreta (art. 2º, § 1º, da Lei 8.629/1993 e art. 184, *caput*, da CF); **D**: incorreta (art. 243 da CF); **E**: incorreta (art. 26, § 1º, do Dec.-lei 3.365/1941).

Gabarito "B"

(FGV – 2008) No que se refere à intervenção do Poder Público na propriedade privada, é correto afirmar que:

(A) após a Constituição Federal de 1988, a "Constituição cidadã", e a dimensão dada por ela ao princípio da função social da propriedade, não há necessidade de o Poder Público notificar o proprietário do bem objeto de estudos para sua preservação por motivos de valor artístico, estético, histórico, turístico e paisagístico, pois tal ato é discricionário do Poder Público, e o interesse público prevalece sobre o particular.

(B) baseado em sua competência constitucional, um Município pode desapropriar, para fins de reforma agrária, área rural situada em seus limites territoriais que não esteja cumprindo sua função social.

(C) com base no princípio federativo e no princípio da preponderância dos interesses, é possível o Município desapropriar e limitar administrativamente bem do Estado, se provado o interesse local.

(D) é vedado ao Poder Público Municipal realizar desapropriação de imóvel urbano que não esteja cumprindo sua função social, com pagamento mediante títulos da dívida pública, sob pena de violação do inciso XXIV do artigo 5º da Constituição Federal.

(E) a lei estabelece o procedimento para a desapropriação por necessidade ou utilidade pública, ou por interesse social, prevendo a justa e prévia indenização em dinheiro ao proprietário do bem desapropriado.

A: incorreta, pois os princípios do contraditório e da ampla defesa reclamam essa notificação; não bastasse, a própria Lei de Tombamento (Dec.-lei 25/1937) impõe essa notificação (art. 9º, item 1); **B:** incorreta, pois a desapropriação sancionatória em área rural compete à União (art. 184 da CF); **C:** incorreta, pois os Municípios só podem desapropriar bens particulares (art. 2º, § 2º, do Dec.-lei 3.365/1941); **D:** incorreta (art. 182, § 4º, III, da CF); **E:** correta, pois essa previsão está no art. 5º, XXIV, da CF, e as leis existem (Dec.-lei 3.365/1941 e Lei 4.132/1962).

Gabarito "E".

(FGV – 2007) Sobre intervenção do Poder Público na Propriedade, é correto afirmar que:

(A) tombamento é a forma de intervenção na propriedade pela qual o Poder Público procura proteger o patrimônio cultural, com a finalidade de proteger a memória nacional. Pela grande relevância desse instituto, e com base no princípio da supremacia do interesse público, não há a necessidade de informar ao proprietário do bem, por meio de notificação, sobre a existência do procedimento de tombamento, principalmente porque o bem continuará na propriedade do particular.

(B) é possível a desapropriação de bens públicos na direção vertical das entidades federativas. No entanto, com base no princípio federativo e no princípio da preponderância dos interesses, é possível o Município desapropriar bem do Estado, se provado o interesse local.

(C) Os institutos do tombamento e da limitação administrativa são instrumentos diversos de intervenção do Estado na propriedade. Quanto aos destinatários dos institutos, pode-se afirmar que o tombamento é ato de limitação individual, e isso porque depende da análise de cada bem a ser tombado, e as limitações urbanísticas administrativas são atos gerais e impessoais, e, por conseguinte, incidem sobre coletividades indeterminadas.

(D) Conforme jurisprudência dos Tribunais Superiores, Estado e Município podem desapropriar bens de empresa pública federal, sem a necessidade de autorização do Presidente da República, pois se trata de entidade de Administração Indireta.

(E) Desapropriação por zona é aquela em que se desapropria toda uma região; por exemplo, um bairro, para que seja a área destinada a assentamento de pessoas carentes.

A: incorreta (art. 9º, 1, do Dec.-lei 25/1937); **B:** incorreta (art. 2º, § 2º, do Dec.-lei 3.365/1941); **C:** A afirmativa está correta; um exemplo de tombamento é o ato que declara de valor histórico uma casa, para efeito de protegê-la; um exemplo de limitação administrativa é o código de obras de um Município, que estipula os limites que devem ser obedecidos por quem quiser construir; repare que, no primeiro caso, há limitação individual, atingindo apenas aquela casa e seu proprietário; já no segundo caso, tem-se um ato geral e impessoal, atingindo coletividades indeterminadas; **D:** incorreta (art. 2º, § 3º, do Dec.-lei 3.365/1941); **E:** incorreta (art. 4º do Dec.-lei 3.365/1941).

Gabarito "C".

(FGV – 2005) Assinale a alternativa que defina corretamente desapropriação indireta.

(A) É um ato legal da Administração.

(B) É uma mera declaração de vontade da Administração.

(C) É a desapropriação praticada pelo particular.

(D) É a desapropriação precedida de indenização em valor incompatível com o do bem expropriado.

(E) É um ato ilícito da Administração.

A: incorreta, pois o apossamento administrativo de bens privados fere a lei e a Constituição, que determinam um procedimento próprio para a aquisição compulsória de bens pelo Poder Público; o fato de o Poder Público ficar dono do imóvel mesmo assim, cabendo ao particular ingressar com ação indenizatória, não torna legal essa prática, pois tal fato apenas tem em mira preservar a continuidade dos serviços públicos instalados no local invadido; **B:** incorreta, pois importa também em atitudes materiais na coisa, ou seja, em uso da coisa, em ocupação; **C:** incorreta, pois é o Poder Público que se apropria de imóvel particular; **D:** incorreta, pois, como se viu, é um apossamento feito pelo Poder Público, sem respeitar os procedimentos legais e sem pagar qualquer indenização ao particular, que deve ingressar com ação indenizatória por desapropriação indireta; **E:** correta, pois, de fato, é um ato ilícito, apesar de a Administração ter direito de ficar no imóvel, para preservar a continuidade dos serviços públicos instalados no local.

Gabarito "E".

(FGV – 2005) Assinale a alternativa que complete corretamente a proposição a seguir: A tredestinação ocorre quando a Administração _____.

(A) dá um destino múltiplo ao bem desapropriado

(B) altera o ato expropriatório

(C) não dá ao bem a finalidade para que foi desapropriado

(D) realiza desapropriação por zonas

(E) não obtém autorização para imissão provisória na posse

De fato, a tredestinação ocorre quando a Administração desapropria um imóvel para um fim "X" e acaba usando o imóvel para um fim "Y". Quando o imóvel vem a ser utilizado em outra finalidade, mas que seja de interesse público (ex.: era para construir um hospital, mas acaba sendo construída uma escola), ocorre a tredestinação lícita, nada podendo fazer o antigo proprietário da coisa. Já quando o imóvel vem a ser utilizado em outra finalidade, mas que não seja de interesse público (ex.: era para construir um hospital, mas o imóvel acaba sendo cedido para a instalação de um comércio), ocorre a tredestinação ilícita, podendo o antigo proprietário da coisa exercer o direito de retrocessão, ou seja, de ter a coisa de volta, devolvendo o valor da indenização recebida.

Gabarito "C"

(FGV – 2005) São requisitos constitucionais para a desapropriação, mediante justa e prévia indenização em dinheiro:

(A) carência social e utilidade pública.
(B) necessidade pública e interesse político.
(C) utilidade pública e necessidade pública.
(D) necessidade administrativa e interesse público.
(E) necessidade administrativa e interesse social.

De acordo com a Constituição Federal, a desapropriação poderá ocorrer por necessidade ou utilidade pública, ou por interesse social (Art. 5º, XXIV, da CF).

Gabarito "C"

7.2. SERVIDÃO ADMINISTRATIVA

(OAB/Exame Unificado – 2013.1) A fim de permitir o escoamento da produção até uma refinaria, uma empresa pública federal, que explora a prospecção de petróleo em um campo terrestre, inicia a construção de um oleoduto. O único caminho possível para essa construção atravessa a propriedade rural de Josenildo que, em razão do oleoduto, teve que diminuir o espaço de plantio de mamão e, com isso, viu sua renda mensal cair pela metade.

Assinale a afirmativa que indica a instrução correta que um advogado deve passar a Josenildo.

(A) Não há óbice à constituição da servidão administrativa no caso, mas cabe indenização pelos danos decorrentes dessa forma de intervenção na propriedade.
(B) A servidão administrativa é ilegal e Josenildo pode desconstituí-la, pois o instituto só tem aplicação em relação aos bens públicos.
(C) A servidão administrativa é ilegal, pois o nosso ordenamento veda a intervenção do Estado sobre propriedades produtivas.
(D) Não há óbice à constituição da servidão administrativa e não há de se falar em qualquer indenização.

A: correta, pois a servidão é o ônus real de uso imposto pela Administração a um bem particular, com objetivo de assegurar a realização de obras e serviços públicos, assegurada indenização ao particular, salvo se não houver prejuízo; no caso em tela tem-se justamente uma situação em que se quer utilizar parte da propriedade de alguém, causando prejuízo econômico (pela redução do plantio de mamão), caracterizando-se, assim, o instituto da servidão administrativa; **B:** incorreta, pois a servidão recai, normalmente, em bem privado, cabendo também em bem público, desde que respeitada a hierarquia de interesses prevista no art. 2º, § 2º, do Dec.-lei 3.365/1941; **C:** incorreta, pois não há tal vedação na ordem jurídica; desde que a Administração pague a devida indenização, se houver dano, e atue conforme a lei, não há qualquer vedação à intervenção do Estado sobre propriedades produtivas; **D:** incorreta, pois, havendo prejuízo econômico (e no caso há, pela redução do plantio de mamão), cabe indenização.

Gabarito "A"

(OAB/Exame Unificado – 2010.3) Com relação à intervenção do Estado na propriedade, assinale a alternativa correta.

(A) A limitação administrativa é uma forma de intervenção restritiva do Estado na propriedade que consubstancia obrigações de caráter específico e individualizados a proprietários determinados, sem afetar o caráter absoluto do direito de propriedade.
(B) A requisição administrativa é uma forma de intervenção supressiva do Estado na propriedade que somente recai em bens imóveis, sendo o Estado obrigado a indenizar eventuais prejuízos, se houver dano.
(C) O tombamento é uma forma de intervenção do Estado na propriedade privada que possui como característica a conservação dos aspectos históricos, artísticos, paisagísticos e culturais dos bens imóveis, excepcionando-se os bens móveis.
(D) A servidão administrativa é uma forma de intervenção restritiva do Estado na propriedade que afeta as faculdades de uso e gozo sobre o bem objeto da intervenção, em razão de um interesse público.

A: incorreta, pois a limitação administrativa é uma imposição de caráter *geral* e gratuito, que delimita o direito das pessoas; tratando-se de imposição de caráter geral, a limitação administrativa atinge pessoas *indeterminadas*, e não proprietários determinados; **B:** incorreta, pois a requisição administrativa consiste na utilização *temporária*, pela Administração, de bens ou serviços particulares, em caso de iminente perigo público, mediante indenização posterior, em caso de dano (ex.: requisição das instalações de um clube esportivo para abrigar pessoas afetadas por uma grande enchente); assim, é incorreto dizer que a requisição é forma *supressiva* da propriedade, pois, nela, a Administração faz o *uso temporário* da propriedade ou dos serviços de alguém; também é incorreto dizer que recai apenas sobre bens *imóveis*, pois também pode recair sobre bens móveis e sobre serviços; **C:** incorreta, pois o tombamento pode atingir bens imóveis e *móveis*, e não só bens imóveis; aliás, o tombamento pode até atingir bens imateriais; por exemplo, já houve tombamento da "capoeira", do "samba carioca", do "frevo" e até do "pão de queijo"; **D:** correta, pois a servidão administrativa (ônus real imposto pela Administração em bens particulares, em favor de serviços públicos ou obras públicas) é forma de intervenção *restritiva* da propriedade (diferente da desapropriação, que é forma *supressiva* da propriedade), que não retira a propriedade de seu dono, mas tão somente afeta as faculdades de uso e gozo sobre o bem objeto da intervenção (ex.: servidão de aqueduto, pela qual os donos de terrenos particulares são obrigados a suportar a passagem de aqueduto, por exemplo, nos fundos de seu imóvel).

Gabarito "D"

(OAB/Exame Unificado – 2009.3) A respeito do instituto da servidão administrativa, assinale a opção correta.

(A) Cabe direito a indenização em qualquer das hipóteses de servidão administrativa.
(B) A servidão administrativa dispensa, em sua instituição, autorização legal.
(C) As servidões administrativas podem decorrer diretamente da lei, de acordo ou de sentença judicial.
(D) Somente mediante lei pode ser extinta uma servidão administrativa.

A: incorreta. Normalmente, a servidão gera direito à indenização; porém, quando uma servidão não causar dano algum, não haverá direito à indenização; tal ocorre, por exemplo, quando o Poder Público instala placas com nome de ruas nas paredes de imóveis particulares; **B** e **C:** Como todo ato administrativo, a servidão só pode ser praticada pela Administração porque a lei autoriza; todavia, não é necessário lei específica para a instituição de cada servidão, podendo tal se dar por acordo ou por sentença judicial também (arts. 10 e 40 da Lei de Desapropriação – Dec.-lei 3.365/1941); **D:** incorreta. Tal afirmativa somente é válida em se tratando de servidão instituída por lei não temporária.

Gabarito "C"

(OAB/Exame Unificado – 2009.2) Acerca da intervenção do Estado na propriedade, assinale a opção correta.

(A) A ocupação temporária não pode incidir sobre bens imóveis.

(B) A servidão administrativa é um direito pessoal.

(C) No tombamento, modalidade de intervenção restritiva da propriedade, não há mudança de propriedade.

(D) O direito de preempção municipal, por meio do qual se assegura ao Município preferência para aquisição do imóvel urbano objeto de alienação onerosa entre particulares, não é exemplo de limitação administrativa.

A: incorreta. A ocupação temporária ocorre justamente em imóveis ("terrenos não edificados"), nos termos do art. 36 do Dec.-lei 3.365/1941; **B:** incorreta. A *servidão*, como se sabe, é um direito real (deve ser registrada no Registro de Imóveis, inclusive), e, no caso da *servidão administrativa*, é instituída da forma como se institui a desapropriação (art. 40 do Dec.-lei 3.365/1941), procedendo-se, então, o registro no Cartório de Imóveis (art. 29 do Dec.-lei 3.365/1941), caracterizando o direito real; **C:** correta. De fato, o tombamento não importa em transmissão da propriedade do bem tombado para o Poder Público; aliás, a regra de que o dono da coisa tombada pode vender a coisa a terceiro, desde que dando direito de preferência para o Poder Público, confirma essa assertiva (art. 22 do Dec.-lei 25/1937); **D:** incorreta. Trata-se de limitação administrativa, por se tratar de uma imposição geral, ou seja, que atinge a todos que desejam vender seus imóveis nas condições estabelecidas nos arts. 25 e seguintes do Estatuto da Cidade (Lei 10.257/2001).

Gabarito "C"

7.3. REQUISIÇÃO ADMINISTRATIVA

(OAB/Exame Unificado – 2009.3) Assinale a opção correta com relação às modalidades de restrição do Estado sobre a propriedade.

(A) A servidão administrativa afeta a exclusividade do direito de propriedade, visto que transfere a outrem faculdades de uso e gozo.

(B) A requisição de imóveis é restrição imposta ao proprietário que não utiliza adequadamente a sua propriedade.

(C) As limitações administrativas consubstanciam obrigações de caráter específico a proprietários determinados, sem afetar o caráter absoluto do direito de propriedade, que confere ao titular o poder de usar, gozar e dispor da coisa do modo como melhor lhe convier.

(D) O tombamento, que configura instituição de direito real de natureza pública, impõe ao proprietário a obrigação de suportar ônus parcial sobre o imóvel e não afeta o caráter absoluto do direito de propriedade.

A: correta. De fato, a servidão incide sobre o direito de propriedade, fazendo com que determinadas faculdades de uso e gozo de um bem sejam transferidas em favor da coletividade; por exemplo, pode-se instituir uma servidão no imóvel particular, para o fim de instalar uma torre de energia elétrica em parte do bem; **B:** incorreta. A requisição é restrição que se dá em caso de iminente perigo público; por exemplo, utiliza-se a requisição quando pessoas estão desabrigadas por conta de uma enchente, determinando o Poder Público o uso temporário de propriedades privadas, mediante indenização ulterior; **C:** incorreta. A limitação administrativa consiste numa imposição **geral** e **gratuita**, que delimita o direito das pessoas; um exemplo é a lei que estabelece as regras para as construções de imóveis; assim, as obrigações não atingem pessoas determinadas, mas sim pessoas indeterminadas; **D:** incorreta. O tombamento acompanha o imóvel, de modo que a primeira afirmativa não pode ser contestada; porém, nem sempre as obrigações decorrentes do tombamento (*vide* o Dec.-lei 25/1937) atingem de modo parcial um imóvel e não afetam o caráter absoluto do direito de propriedade; há casos em que o proprietário deve ser, inclusive, indenizado pelos prejuízos causados.

Gabarito "A"

(OAB/Exame Unificado – 2008.1) No que concerne à intervenção do Estado sobre a propriedade privada, é correto afirmar que

(A) a servidão administrativa afeta o caráter absoluto do direito de propriedade, implicando limitação perpétua do mesmo em benefício do interesse coletivo.

(B) as limitações administrativas constituem medidas previstas em lei com fundamento no poder de polícia do Estado, gerando para os proprietários obrigações positivas ou negativas, com o fim de condicionar o exercício do direito de propriedade ao bem-estar social.

(C) a requisição de bens móveis e fungíveis impõe obrigações de caráter geral a proprietários indeterminados, em benefício do interesse geral, não afetando o caráter perpétuo e irrevogável do direito de propriedade.

(D) o tombamento implica a instituição de direito real de natureza pública, impondo ao proprietário a obrigação de suportar um ônus parcial sobre o imóvel de sua propriedade, em benefício de serviços de interesse coletivo.

A: incorreta. A servidão é um ônus real que permite à administração usar um bem para a prestação de um serviço público ou para uma obra pública; normalmente, a servidão atinge apenas parte de um imóvel (ex.: servidão para a instalação de uma antena de celular num pedaço de uma propriedade); dessa forma, a servidão não afeta o caráter absoluto do direito de propriedade; **B:** correta. De fato, a limitação administrativa vem prevista em lei, impondo obrigações negativas ou positivas às pessoas; por se tratar de uma imposição geral (atinge a todos que estão em dada situação), a limitação administrativa não gera o direito de indenizar; um exemplo de limitação administrativa é a lei de trânsito, que condiciona nossa liberdade e nossa propriedade para resguardar o bem-estar social; **C:** incorreta. A requisição de bens ou serviços atinge um bem *determinado* (por ex.: um ginásio esportivo de um clube privado), para apaziguar uma situação de iminente perigo público (por ex.: pessoas desabrigadas por conta de uma grande enchente); **D:** incorreta. O tombamento não é instituído em benefício de um *serviço público*, mas com o objetivo de proteger um bem de valor histórico ou cultural.

Gabarito "B"

(FGV – 2010) Com relação à *requisição administrativa*, analise as afirmativas a seguir.

I. Terá sempre caráter de definitividade.

II. Será aplicada somente em situação de guerra ou de movimentos de origem política.

III. Será a indenização sempre *a posteriori*, caso seja devida.

IV. Incidirá apenas sobre bens imóveis.

Assinale:

(A) se somente a afirmativa I estiver correta.
(B) se somente a afirmativa III estiver correta.
(C) se somente as afirmativas II e IV estiverem corretas.
(D) se somente as afirmativas I, II e III estiverem corretas.
(E) se todas as afirmativas estiverem corretas.

A requisição administrativa consiste na compulsória e autoexecutória utilização, pela Administração, de bens ou serviços particulares, em caso de iminente perigo público, com indenização superveniente ao prejudicado, se houver dano. Exemplo de requisição é o uso compulsório de um clube particular para abrigar pessoas que ficaram sem casa por conta de um grande temporal numa dada localidade. Assim, a afirmativa I está incorreta, pois a requisição tem caráter transitório, e não definitivo, como ocorre com a desapropriação. A afirmativa II está incorreta, pois a requisição incide também em outros casos de iminente perigo público, como o exemplo do temporal, dado acima. A afirmativa III está correta, pois a indenização se dá posteriormente, como se viu, e não como na desapropriação, em que a indenização é prévia. A afirmativa IV está incorreta, pois, como se viu a requisição se dá sobre bens (móveis ou imóveis) ou serviços.

Gabarito "B"

7.4. TOMBAMENTO

(OAB/Exame Unificado – 2012.1) O Município Y promove o tombamento de um antigo bonde, já desativado, pertencente a um colecionador particular. Nesse caso,

(A) o proprietário pode insurgir-se contra o ato do tombamento, uma vez que se trata de um bem móvel.
(B) o proprietário fica impedido de alienar o bem, mas pode propor ação visando a compelir o Município a desapropriar o bem, mediante remuneração.
(C) o proprietário poderá alienar livremente o bem tombado, desde que o adquirente se comprometa a conservá-lo, de conformidade com o ato de tombamento.
(D) o proprietário do bem, mesmo diante do tombamento promovido pelo Município, poderá gravá-lo com o penhor.

A: incorreta, pois o tombamento pode recair tanto sobre bem imóvel, como sobre bem móvel (art. 1º, *caput*, do Dec.-lei 25/1937); **B:** incorreta, pois o tombamento não tem como efeito proibir o proprietário de alienar o bem; a única restrição que o proprietário tem é garantir o direito de preferência do Poder Público na aquisição de bens tombados (art. 22, *caput*, do Dec-lei 25/1937); vale ressaltar, todavia, que quando um bem tombado é público, aí sim esse bem é inalienável (art. 11 do Dec.-lei 25/1937); **C:** incorreta, pois a alienação é possível, mas não é livre, já que deve respeitar o direito de preferência do Poder Público; **D:** correta (art. 22, § 3º, do Dec.-lei 25/1937).

Gabarito "D"

(OAB/Exame Unificado – 2010.2) Acerca do tombamento, como uma das formas de o Estado intervir na propriedade privada, os proprietários passam a ter obrigações negativas que estão relacionadas nas alternativas a seguir, à exceção de uma. Assinale-a.

(A) Os proprietários são obrigados a colocar os seus imóveis tombados à disposição da Administração Pública para que possam ser utilizados como repartições públicas, quando da necessidade imperiosa de utilização, a fim de suprir a prestação de serviços pelo Estado de forma eficiente.
(B) Os proprietários são obrigados a suportar a fiscalização dos órgãos administrativos competentes.
(C) Os proprietários não podem destruir, demolir ou mutilar o bem imóvel e somente poderão restaurá-lo, repará-lo ou pintá-lo após a obtenção de autorização especial do órgão administrativo competente.
(D) Os proprietários não podem alienar os bens, ressalvada a possibilidade de transferência para uma entidade pública.

A: incorreta (devendo ser marcada pelo examinando), pois não existe no Dec.-lei 25/1937 (Lei Geral de Tombamento) a obrigação trazida na afirmativa; **B:** correta, pois, tombado um bem, a Administração Pública fiscalizará constantemente se o proprietário vem cumprindo os deveres oriundos do tombamento, como o dever de conservar a coisa e de não alterá-la sem autorização especial; trata-se da vigilância permanente a que se refere o art. 20 do Dec.-lei 25/1937; **C:** correta, nos termos do disposto no art. 17 do Dec.-lei 25/1937; **D:** considerada correta pela examinadora, que considerou a assertiva uma obrigação negativa do proprietário do bem tombado, prevista em lei; todavia, trata-se de assertiva *incorreta*, pois não existe essa obrigação negativa no Dec.-lei 25/1937; esta lei não impede que o proprietário aliene um bem tombado, mas apenas determina que este, caso queira alienar a coisa, dê ao Poder Público o direito de preferência na aquisição (art. 22 do Dec.-lei 25/1937); caso o Poder Público não exerça esse direito de preferência, o particular poderá, tranquilamente, alienar o bem a terceiro.

Gabarito "A"

(OAB/Exame Unificado – 2008.3) Carlos, morador de Ouro Preto – MG, é proprietário de casarão cujo valor histórico foi reconhecido pelo Poder Público. Após regular procedimento, o bem foi tombado pela União, e Carlos, contrariado com o tombamento, decidiu mudar-se da cidade e alienar o imóvel. Na situação hipotética apresentada, Carlos

(A) pode alienar o bem, desde que o ofereça, pelo mesmo preço, à União, bem como ao Estado de Minas Gerais e ao Município de Ouro Preto, a fim de que possam exercer o direito de preferência da compra do bem.
(B) não pode alienar o bem, visto que, a partir do tombamento, o casarão tornou-se bem inalienável.
(C) pode alienar o bem livremente, sem qualquer comunicação prévia ao Poder Público.
(D) somente pode alienar o bem para a União, instituidora do tombamento.

A União, os Estados e os Municípios terão, nesta ordem, direito de preferência na aquisição do bem tombado, caso o mesmo seja alienado onerosamente por pessoas naturais ou pessoas jurídicas de direito privado (art. 22 do Dec.-Lei 25/1937).

Gabarito "A"

(OAB/Exame Unificado – 2008.1) Assinale a opção correta a respeito do instituto do tombamento.

(A) O tombamento é um ato administrativo compulsório.
(B) O tombamento é ato administrativo que se destina à proteção de bens imóveis, sendo inadequado para a proteção de bens móveis.
(C) O tombamento impede a transmissão da propriedade do bem sobre o qual recaia.
(D) Caso o tombamento importe em esvaziamento econômico do bem tombado, cria-se a obrigação de indenizar por parte do Estado.

A: incorreta. O tombamento pode ser um ato compulsório (tombamento de ofício) ou voluntário (por solicitação ou anuência do interessado), conforme os arts. 6º a 9º do Dec.-lei 25/1937; **B:** incorreta. O tombamento incide sobre bens imóveis e móveis (art. 1º do Dec.-lei 25/1937); **C:** incorreta. Não é efeito do tombamento a proibição de alienação da coisa, mas o Poder Público tem direito de preferência na sua aquisição, caso o proprietário queira vendê-la (art. 22 do Dec.-lei 25/1937); **D:** correta. Os tribunais superiores reconhecem o direito de indenização ao proprietário de um bem tombado quando haja esvaziamento econômico do bem.

Gabarito "D"

(FGV – 2014) A União realizou o tombamento de uma casa por considerá-la patrimônio histórico-cultural. Considerando a referida situação, assinale a afirmativa correta.

(A) O tombamento poderá ser anulado por decisão judicial que entenda que o bem não é digno de ser tombado.

(B) O proprietário tem a obrigação de conservar o bem, devendo obter autorização até para pintá-lo.

(C) O tombamento retira do comércio o referido bem.

(D) O tombamento somente será considerado realizado após a publicação da decisão judicial que fixar a devida indenização.

(E) A competência para legislar sobre tombamento é privativa da União.

A: incorreta, pois não cabe ao Judiciário invadir o mérito administrativo da decisão técnica pelo tombamento, cabendo anulação apenas em caso de violação dos procedimentos e requisitos estabelecidos na lei; **B:** correta (art. 17, *caput*, do Dec.-lei 25/1937); **C:** incorreta, pois tal consequência só se dá quanto aos bens públicos que vêm a ser tombados (art. 11, *caput*, do Dec.-lei 25/1937), não ocorrendo quanto aos bens privados tombados, que continuam podendo ser alienados; **D:** incorreta, pois o tombamento independe de decisão judicial, decorrendo de decisão administrativa inscrita em um dos Livros do Tombo (art. 1º, § 1º, do Dec.-lei 25/1937); **E:** incorreta, pois não há essa previsão no art. 22 da CF, que trata das competências privativas da União para legislar.

Gabarito "B"

7.5. LIMITAÇÃO ADMINISTRATIVA

(OAB/Exame Unificado – 2006.3) Acerca da intervenção do Estado no domínio econômico, assinale a opção correta.

(A) O tombamento não é o meio adequado para a defesa do patrimônio histórico ou artístico nacional.

(B) A servidão administrativa tem natureza jurídica de direito pessoal e não é necessário ser objeto de registro público.

(C) As limitações administrativas, em regra, não são indenizáveis, já que são determinações de caráter geral.

(D) Na desapropriação por interesse social para fins de reforma agrária, a terra nua e as benfeitorias úteis e necessárias serão indenizadas por meio de títulos da dívida agrária.

A: incorreta. O tombamento é instrumento constitucional de proteção do patrimônio histórico e cultural (art. 216, § 1º, da CF); **B:** incorreta. A servidão administrativa, por se tratar de um ônus real, deve ser registrada; **C:** correta. De fato, por se tratar de uma imposição geral (feita a todos que estão em dada situação), a limitação administrativa não gera direito de indenização aos prejudicados; **D:** incorreta. As benfeitorias úteis e necessárias serão indenizadas em dinheiro (art. 184, § 1º, da CF).

Gabarito "C"

(OAB/Exame Unificado – 2007.2) Acerca da intervenção do Estado na propriedade, assinale a opção correta.

(A) O tombamento só pode recair sobre bens imóveis.

(B) A vedação de desmatamento de parte da área de floresta em cada propriedade rural é exemplo de limitação administrativa.

(C) A servidão administrativa não precisa ser registrada no registro de imóveis.

(D) O ato administrativo que formaliza a requisição não é autoexecutório, dependendo de prévia apreciação judicial ou administrativa, assegurando-se ampla defesa e contraditório.

A: incorreta. O tombamento incide sobre bens imóveis e móveis (art. 1º do Dec.-Lei 25/1937); **B:** correta. Toda propriedade rural deve obedecer à chamada "reserva legal", pela qual ao menos 20% da propriedade não pode ser desmatada; por se tratar de uma imposição geral (e não individual), temos no caso uma limitação administrativa; **C:** incorreta. A servidão administrativa, por se tratar de um ônus real, deve ser registrada; **D:** incorreta. O art. 5º, XXV, da CF não impõe prévios contraditórios e apreciação judicial para a execução da requisição de bens ou serviços, o que é coerente com a situação de iminente perigo público em que é cabível.

Gabarito "B"

7.6. INFRAÇÃO À ORDEM ECONÔMICA

(OAB/Exame Unificado – 2014.2) Cinco empresas que, somadas, dominam 90% (noventa por cento) da produção metalúrgica nacional acordam, secretamente, a redução da oferta de bens por elas produzidos, a fim de elevar o preço dos seus produtos. A partir da hipótese apresentada, assinale a opção correta.

(A) A garantia da livre concorrência no texto constitucional impede a intervenção do Estado nessa hipótese.

(B) A atuação das empresas configura infração da ordem econômica, sujeitando-as à intervenção do Estado.

(C) A situação de domínio do mercado resulta de processo natural fundado na maior eficiência em relação aos demais competidores, não caracterizando, portanto, qualquer infração.

(D) A intervenção do Estado na ordem econômica somente será permitida quando necessária aos imperativos da segurança nacional ou a relevante interesse coletivo.

A e **C:** incorretas, pois a Constituição Federal estabelece que o Estado atuará como agente normativo, regulador e fiscalizador da ordem econômica (art. 174, *caput*, da CF); **B:** correta, pois a chamada "Lei de Defesa da Concorrência" (Lei 12.529/2011) permite a intervenção do Estado para a repressão às infrações contra a ordem econômica, como é o caso da conduta narrada no enunciado da questão (art. 36, § 3º I, "b", e VIII, da Lei 12.529/2011); **D:** incorreta, pois essa regra diz respeito apenas aos casos em que o Estado pode explorar diretamente atividade econômica, por meio da criação de uma empresa estatal (art. 173, *caput*, da CF).

Gabarito "B"

8. BENS PÚBLICOS

8.1. CONCEITO E CLASSIFICAÇÃO DOS BENS PÚBLICOS

(OAB/Exame Unificado – 2015.1) O prédio que abrigava a Biblioteca Pública do Município de Molhadinho foi parcialmente destruído em um incêndio, que arruinou quase metade do acervo e prejudicou gravemente a estrutura do prédio. Os livros restantes já foram transferidos para uma nova sede. O Prefeito de Molhadinho pretende alienar o prédio antigo, ainda cheio de entulho e escombros.

Sobre o caso descrito, assinale a afirmativa correta.

(A) Não é possível, no ordenamento jurídico atual, a alienação de bens públicos.
(B) O antigo prédio da biblioteca, bem público de uso especial, somente pode ser alienado após ato formal de desafetação.
(C) É possível a alienação do antigo prédio da biblioteca, por se tratar de bem público dominical.
(D) Por se tratar de um prédio com livre acesso do público em geral, trata-se de bem público de uso comum, insuscetível de alienação.

A: incorreta, pois os bens públicos podem ser alienados, preenchidos os requisitos legais (arts. 100 e 101 do Código Civil, combinados com o art. 17 da Lei 8.666/1993); **B:** incorreta, pois o prédio da biblioteca, enquanto estava funcionando normalmente estava afetado (destinado) e, portanto, era um bem de uso comum do povo; no momento em que os livros são transferidos para outra sede, a desafetação (retirada da destinação) do prédio antigo se dá automaticamente e o prédio da sede nova passar a ter a afetação que tinha o prédio antigo, passando a ser um bem de uso especial; a desafetação, salvo quando a afetação tiver se dado por meio de lei, não precisa de lei para acontecer, podendo ocorrer por decreto, por ato administrativo designando outro local para a sede ou outros tipos de atos legítimos e até mesmo pode se dar por fato da natureza, como quando um bem deixa de existir por algum evento natural; **C:** correta, pois o prédio da antiga biblioteca, com a desafetação, passa a ser um bem dominical e, portanto, alienável (art. 101 do Código Civil); **D:** incorreta, pois, segundo o Código Civil, os bens públicos destinados a serviço ou estabelecimento público são bens de uso comum do povo (art. 99, II, do Código Civil), que é justamente o caso de uma biblioteca.

Gabarito "C"

(OAB/Exame Unificado – 2011.2) De acordo com o critério da titularidade, consideram-se públicos os bens do domínio nacional pertencentes

(A) às entidades da Administração Pública Direta, às autarquias e às empresas públicas.
(B) às entidades da Administração Pública Direta e Indireta.
(C) às pessoas jurídicas de direito público interno.
(D) às pessoas jurídicas de direito público interno e às pessoas jurídicas de direito privado prestadoras de serviços públicos.

Os bens públicos são aqueles pertencentes às pessoas jurídicas de direito público interno, nos termos do art. 98 do CC. Assim, a alternativa "a" está incorreta, pois as empresas públicas não são pessoas jurídicas de direito público, mas pessoas jurídicas de direito privado. A alternativa "b" está incorreta, pois, na Administração Indireta, há tanto pessoas jurídicas de direito público, como pessoas jurídicas de direito privado, sendo que estas não têm bens públicos. A alternativa "c" está correta, pois retrata o disposto no art. 98 do CC. A alternativa "d" está incorreta, pois os bens das pessoas jurídicas de direito privado concessionárias de serviço público são, como regra, bens privados. Apenas os bens que estiverem afetados ao serviço público poderão ser considerados públicos.

Gabarito "C"

(OAB/Exame Unificado – 2009.2) Com relação aos bens de uso comum do povo e aos bens de uso especial, assinale a opção correta.

(A) O não uso dos bens de uso comum do povo implica desafetação.
(B) Os bens de uso especial são penhoráveis.
(C) Enquanto mantiverem a afetação, nem os bens de uso comum nem os de uso especial podem ser objeto de compra e venda ou doação.
(D) Apenas os bens de uso comum do povo têm como característica a imprescritibilidade.

A: incorreta. A desafetação se dá por *lei*, por *decreto* ou por *fato administrativo*, e não pelo decurso do tempo; **B:** incorreta. Todos os bens públicos são impenhoráveis; a execução contra a Fazenda Pública é feita mediante a expedição de precatório (art. 100 da CF); **C:** correta. De fato, isso decorre do art. 100 do Código Civil, pelo qual tais bens são inalienáveis enquanto tiverem essa destinação, ou seja, enquanto tiverem afetação; **D:** incorreta. Todos os bens públicos são imprescritíveis, ou seja, não podem ser objeto de usucapião (art. 102 do CC).

Gabarito "C"

(OAB/Exame Unificado – 2009.1) Assinale a opção correta acerca dos bens públicos.

(A) Consideram-se privados os bens pertencentes às pessoas jurídicas de direito público aos quais a lei tenha dado estrutura de direito privado.
(B) Considera-se bem público de uso comum o bem público imóvel onde funcione repartição pública.
(C) Depende de prévia aprovação do Congresso Nacional a alienação ou cessão de terras públicas, de qualquer tamanho, incluindo-se as destinadas à reforma agrária.
(D) Pode ser autorizada por meio de permissão de uso a utilização, a título precário, de bens públicos imóveis federais para a realização de eventos de curta duração, de natureza recreativa, esportiva, cultural, religiosa ou educacional.

A: incorreta. Consideram-se *públicos* (e não *privados*) do tipo *dominicais* (art. 99, parágrafo único, do Código Civil); **B:** incorreta (art. 99, II, do Código Civil); **C:** incorreta (art. 49, XVII, da CF); **D:** correta (art. 22 da Lei 9.636/1998).

Gabarito "D"

(OAB/Exame Unificado – 2006.3) Quanto aos bens públicos, assinale a opção correta.

(A) Um veículo oficial inservível, estacionado no pátio de uma repartição, continua afetado ao serviço público.
(B) As terras devolutas são bens de uso especial, pois são indispensáveis à defesa das fronteiras, das fortificações e construções militares.
(C) As ilhas costeiras podem ser da União, dos Estados, dos Municípios ou mesmo de particulares.
(D) Todos os imóveis localizados na faixa de fronteira de 150 km de largura, conforme o texto constitucional, são bens da União.

A: incorreta. Esse veículo, no caso, será mero patrimônio da administração pública; portanto, será mero bem dominical (art. 99, III, do Código Civil); **B:** incorreta. As terras devolutas são bens dominicais; **C:** correta (arts. 20, IV, e 26, II, ambos da CF); **D:** incorreta. A faixa de fronteira (de 150 km de largura) não é necessariamente bem da União; é apenas "considerada fundamental para a defesa do território nacional, e sua ocupação e utilização serão reguladas em lei" (art. 20, § 2º, da CF).

Gabarito "C"

(OAB/Exame Unificado – 2006.1) Assinale a opção em que todos os bens sejam considerados de uso comum do povo.

(A) Ruas, praças e veículo policial.
(B) Mares, estradas e praças.
(C) Rios, mares e prédios da sede da prefeitura.
(D) Prédios da sede da prefeitura, ruas e veículo policial.

A: incorreta. Veículo policial é bem de uso especial, pois é destinado a serviço público (art. 99, II, do CC); **B:** correta. Todos são bem de uso comum do povo, segundo o art. 99, I, do CC; **C:** incorreta. Prédio da prefeitura é bem de uso especial, pois é destinado a estabelecimento público (art. 99, II, do CC); **D:** incorreta. Prédios da prefeitura e veículo policial são bens de uso especial.

Gabarito "B"

(FGV – 2014) No que concerne aos bens integrantes do patrimônio do Estado, analise as afirmativas a seguir.

I. Os bens dominicais são integrantes do domínio privado do Estado e disponíveis.
II. Os bens de uso especial são bens do domínio público do Estado e indisponíveis.
III. Todos os bens do Estado e os do patrimônio público são indisponíveis.

Assinale:

(A) se somente a afirmativa I estiver correta.
(B) se somente a afirmativa II estiver correta.
(C) se somente a afirmativa III estiver correta.
(D) se somente as afirmativas I e II estiverem corretas.
(E) se somente as afirmativas I e III estiverem corretas.

I: correta, pois são bens sobre os quais os Estado só detém a propriedade, não havendo destinação (afetação) alguma; por conta disso, a lei considera tais bens alienáveis (disponíveis); **II:** correta, pois os bens de uso especial são afetados (tem destinação pública), daí porque são bens do domínio público do Estado e indisponíveis; **III:** incorreta, pois os bens estatais dominicais são disponíveis (alienáveis).

Gabarito "D"

(FGV – 2011) A respeito do regime jurídico patrimonial da Administração Pública, assinale a alternativa correta.

(A) De acordo com o critério da titularidade, são públicos os bens do domínio nacional pertencentes às pessoas jurídicas que integram a Administração Pública Direta e Indireta.
(B) Os bens pertencentes às empresas públicas e às sociedades de economia mista, embora titularizados por pessoas jurídicas de direito privado, submetem-se integralmente ao regime público.
(C) Embora os bens pertencentes às empresas públicas e às sociedades de economia mista não sejam considerados públicos, seu regime jurídico é híbrido e sua penhorabilidade condiciona-se à observância do princípio da continuidade do serviço público.
(D) Os bens públicos de uso comum do povo podem ser utilizados por todos em igualdade de condições, sendo vedada a cobrança de retribuição para sua utilização, ainda que destinada a compensar as despesas com sua manutenção.
(E) De acordo com s sua destinação, os bens públicos classificam-se em bens de uso comum do povo, bens de uso especial, bens de uso oficial e bens de uso dominical.

A: incorreta, pois são bens públicos apenas os bens pertencentes às pessoas jurídicas de direito público interno (art. 98 do Código Civil), e não os bens pertencentes a todas as entidades da Administração Pública Indireta; por exemplo, os bens pertencentes a uma autarquia (pessoa jurídica de direito público) é bem público, ao passo que os bens pertencentes a uma sociedade de economia mista são bens privados; **B:** incorreta, pois, como se viu, somente os bens das pessoas jurídicas de direito público são bens públicos; os bens das pessoas jurídicas de direito privado estatais (empresas públicas e sociedades de economia mista) são bens privados; **C:** correta, pois apesar dos bens dessas pessoas jurídicas serem privados, aqueles bens que estiverem afetados a um serviço público não poderão ser penhorados, para que fique preservado o princípio da continuidade do serviço público; por exemplo, não é possível que se penhore uma estação de tratamento de água construída por uma sociedade de economia mista concessionária de serviço público; **D:** incorreta, pois, segundo o art. 103 do Código Civil, o uso comum dos bens públicos pode ser gratuito ou retribuído, conforme for estabelecido legalmente pela entidade a cuja administração pertencerem; por exemplo, temos a cobrança de pedágio pelo uso de rodovias, **E:** incorreta, pois, de acordo com essa classificação temos apenas os bens de uso comum do povo, os bens de uso especial e os bens dominicais (art. 99 do CC); não existe a categoria "bens de uso oficial".

Gabarito "C"

(FGV – 2011) Maria foi buscar seu filho na Escola Estadual Pereira Flores, passando pela Avenida das Rosas. No caminho, passou pelo prédio do Tribunal Regional Eleitoral e pela Praça das Árvores Frondosas, que fica em frente a um terreno desocupado de propriedade do Estado do Pará. De acordo com o Código Civil, a escola, a avenida, o prédio do TRE, a praça e o terreno são bens públicos, respectivamente classificados como

(A) especial, especial, especial, de uso comum do povo, dominical.
(B) de uso comum do povo, especial, dominical, de uso comum do povo, dominical.
(C) dominical, de uso comum do povo, de uso comum do povo, especial, de uso comum do povo.
(D) de uso comum do povo, de uso comum do povo, especial, de uso comum do povo, dominical.
(E) especial, de uso comum do povo, especial, de uso comum do povo, dominical.

A escola e o prédio do TRE são bens de uso especial, pois são edifícios estatais destinados à prestação de um serviço público (art. 99, II, do CC). A avenida e a praça são bens de uso comum do povo, pois destinados ao uso indistinto das pessoas (art. 99, I, do CC). E o terreno, por ser mero bem patrimonial do Poder Público, não havendo destinação (afetação) alguma, é bem dominical.

Gabarito "E"

(FGV – 2009) Assinale a alternativa que indique, respectivamente, os bens públicos de uso comum do povo e de uso especial.

(A) Rios navegáveis e veículos oficiais.
(B) Aeroportos e praças.
(C) Museus e bibliotecas.
(D) Terras devolutas e veículos.
(E) Mercados e praças.

A: correta, pois rios navegáveis são bens de uso comum do povo (art. 99, I, do Código Civil) e veículos oficiais, como são destinados a serviços públicos, são bens de uso especial (art. 99, II, do CC); **B:** incorreta, pois aeroportos são bens de uso especial e praças são bens de uso comum do povo, de maneira que ordem está invertida; **C:** incorreta, pois museus e bibliotecas são bens de uso especial; **D:** incorreta, pois terras devolutas são bens dominicais, pois não têm destinação alguma e são mero patrimônio estatal (art. 99, III, do CC), e os veículos (desde que oficiais) são bens de uso especial; **E:** incorreta, pois mercados são bens de uso especial e praças são bens de uso comum do povo, de maneira que aqui também a ordem está invertida.

Gabarito "A"

(FGV – 2009) A respeito do tema *Bens Públicos*, analise as assertivas a seguir:

I. Os bens de uso especial, para serem alienados pelos métodos de direito privado, têm de ser previamente desafetados.

II. Nos requisitos para alienação dos bens imóveis, de acordo com a Lei Federal n.º 8.666/1993, incluem-se a prévia avaliação, demonstração de interesse público

III. Os bens imóveis da Administração Pública, cuja aquisição haja derivado de procedimentos judiciais, poderão ser alienados por ato da autoridade competente, com adoção, obrigatoriamente, da modalidade de licitação denominada concorrência.

Assinale:

(A) se somente a assertiva I estiver correta.
(B) se somente a assertiva II estiver correta.
(C) se somente a assertiva III estiver correta.
(D) se somente as assertivas I e II estiverem corretas.
(E) se todas as assertivas estiverem corretas.

I: correta, pois, enquanto afetados, os bens de uso especial são inalienáveis (art. 100 do Código Civil); **II:** correta (art. 17, *caput*, da Lei 8.666/1993); **III:** incorreta, pois a lei admite a utilização de leilão nesse caso (art. 19, III, da Lei 8.666/1993).

Gabarito "D"

(FGV – 2007) Assinale a afirmativa incorreta.

(A) Os institutos de autorização de uso de bem público e o de permissão de uso de bem público são muito semelhantes. A diferença entre eles é que, no primeiro, predomina o interesse privado, enquanto, no segundo, prepondera o interesse público.
(B) Domínio eminente é o poder político que permite ao Estado submeter à sua vontade todos os bens situados em seu território.
(C) Segundo jurisprudência dos tribunais superiores, os bens de sociedade de economia mista são considerados bens públicos.
(D) Considerando-se a destinação, os bens públicos classificam-se em bens de uso comum do povo, bens de uso especial e bens dominiais.
(E) A concessão de bem público é contrato administrativo, ao passo que a autorização de uso de bem público e a permissão de uso de bem público são atos administrativos federais.

A alternativa "c" está incorreta, pois os bens da sociedade de economia mista são privados, já que esta é uma pessoa jurídica de direito privado (art. 98 do Código Civil).

Gabarito "C"

(FGV – 2006) A respeito dos bens públicos, analise os itens que complementam a afirmação a seguir:

Os bens públicos se especificam em:

I. de uso comum do povo, como os mares, rios, estradas, ruas e praças;

II. de uso especial, como os edifícios ou terrenos aplicados a serviço ou estabelecimento federal, estadual ou municipal;

III. dominicais, ou seja, os que constituem o patrimônio da União, dos Estados-membros, ou dos Municípios, como objeto de direito pessoal, ou real, de cada uma dessas entidades.

Assinale:

(A) se nenhum item estiver correto.
(B) se somente os itens I e II estiverem corretos.
(C) se somente os itens I e III estiverem corretos.
(D) se somente os itens II e III estiverem corretos.
(E) se todos os itens estiverem corretos.

I: correto (art. 99, I, do CC); **II:** correto (art. 99, II, do CC); **III:** correto (art. 99, III, do CC).

Gabarito "E"

(FGV – 2005) Assinale a alternativa correta.

(A) O tombamento é ato do Poder Público de intervenção na propriedade de caráter transitório.
(B) Os bens públicos móveis e imóveis não podem ser desapropriados.
(C) A validade da declaração expropriatória é de 10 (dez) anos para os casos de necessidade ou utilidade pública.
(D) É admitida a mudança de categoria de um bem público de uso comum do povo para a de dominical por lei, por simples ato administrativo ou fato jurídico.
(E) Os bens públicos são prestigiados pela cláusula de alienabilidade, mas não podem ser penhorados.

A: incorreta, pois o tombamento é de caráter duradouro; **B:** incorreta, pois os bens públicos pertencentes aos municípios podem ser desapropriados pela União e pelos Estados, e os bens públicos pertencentes aos Estados podem ser desapropriados pela União (art. 2º, § 2º, do Dec.-lei 3.365/1941); **C:** incorreta, pois a validade da declaração, nesses dois casos, é de 5 (cinco) anos (art. 10 do Dec.-lei 3.365/1941), e nos casos de interesse social, é de 2 (dois) anos (art. 3º da Lei 4.132/1962); **D:** correta, pois o art. 100 do Código Civil admite que a lei determine a qualificação dos bens públicos, sendo certo que a doutrina admite também a mudança de categoria dos bens públicos por ato administrativo ou fato jurídico, desde que a afetação do bem não tenha se dado por lei; **E:** incorreta, pois a inalienabilidade (art. 100 do Código Civil) abrange a impenhorabilidade.

Gabarito "D"

8.2. REGIME JURÍDICOS DOS BENS PÚBLICOS (CARACTERÍSTICAS DOS BENS PÚBLICOS)

(OAB/Exame Unificado – 2012.3.B) O Presidente de uma empresa pública estadual, ao assumir a gestão da entidade e realizar uma auditoria no seu patrimônio imobiliário, decide alienar um imóvel que se localiza em região extremamente valorizada. Além da demonstração do interesse público que a justifique, a alienação do referido imóvel depende de

(A) avaliação prévia e autorização legislativa.
(B) autorização do Poder Executivo e registro no Tribunal de Contas do Estado.
(C) avaliação prévia e licitação na modalidade concorrência.
(D) autorização legislativa e licitação na modalidade leilão.

A e **D:** incorretas, pois a autorização legislativa só é obrigatória para a alienação de imóveis dos "órgãos da administração direta, entidades autárquicas e fundacionais" (art. 17, I, da Lei 8.666/1993), o que não é o caso de uma empresa pública estadual; **B:** incorreta, pois não há essa exigência no art. 17, *caput* e I, da Lei 8.666/1993); **C:** correta (art. 17, I, da Lei 8.666/1993).

Gabarito "C"

(OAB/Exame Unificado – 2012.1) Sobre os bens públicos é correto afirmar que

(A) os bens de uso especial são passíveis de usucapião.
(B) os bens de uso comum são passíveis de usucapião.
(C) os bens de empresas públicas que desenvolvem atividades econômicas que não estejam afetados a prestação de serviços públicos são passíveis de usucapião.
(D) nenhum bem que pertença à pessoa jurídica integrante da administração pública indireta é passível de usucapião.

A e **B:** incorretas, pois nenhum bem público é passível de usucapião (arts. 183, § 3º, e 191, parágrafo único, da CF; art. 102 do Código Civil); **C:** correta, pois os bens das pessoas jurídicas de direito privado estatais, desde que não afetados a um serviço público, são bens públicos (art. 98 do Código Civil); **D:** incorreta, pois os bens de qualquer pessoa jurídica de direito público são bens públicos (art. 98 do Código Civil), e, na administração indireta, há também pessoas jurídicas de direito público, como as autarquias e as agências reguladoras.

Gabarito "C"

(OAB/Exame Unificado – 2010.1) Com relação aos bens públicos, assinale a opção correta.

(A) Por terem caráter tipicamente patrimonial, os bens de uso comum do povo podem ser alienados.
(B) Os bens dominicais são indisponíveis.
(C) A lei que institui normas para licitações e contratos da administração pública (Lei n.º 8.666/1993) define regras para a alienação dos bens públicos móveis e imóveis.
(D) Ocorre a desafetação quando um bem público passa a ter uma destinação pública especial de interesse direto ou indireto da administração.

A: incorreta. Segundo Carvalho Filho (**Manual de direito administrativo**. 13 ed., 2005, p. 853), "são indisponíveis os bens de uso comum do povo, porquanto se revestem de característica não patrimonial"; **B:** incorreta. Os bens dominicais podem ser alienados; **C:** correta. O art. 17 da Lei 8.666/1993 trata das alienações; **D:** incorreta. Essa é a definição de afetação (Carvalho Filho. *Op. cit.*, p. 854).

Gabarito "C"

(FGV – 2013) Os bens públicos caracterizam-se por possuir um regime jurídico próprio que faz com que esses bens, em regra, não sejam suscetíveis a atos de alienação, penhora ou usucapião. As alternativas a seguir apresentam bens que se enquadram nesse regime jurídico de direito público, **à exceção de uma**. Assinale-a.

(A) Uma barca pertencente a uma concessionária de serviço público que esteja afetada à prestação do serviço de transporte público coletivo de passageiros.
(B) Um carro pertencente a um Estado membro que é utilizado para transportar servidores públicos em serviço.
(C) Um prédio pertencente a uma Autarquia e que não esteja sendo utilizado.
(D) Um terreno, sem utilização alguma, pertencente à União.
(E) Um prédio utilizado como sede de uma empresa pública que desenvolve atividade econômica em regime de concorrência.

A, **B**, **C** e **D** : incorretas, pois todos os bens citados são pertencentes a pessoas jurídicas de direito público e, assim, são bens públicos (art. 98 do Código Civil); **E:** correta, pois aí não se tem um bem público, pois este é o bem pertencente às pessoas jurídicas de direito público (art. 98 do Código Civil) ou o bem afetado à prestação de um serviço público, e os bens citados são de uma pessoa jurídica de direito privado estatal que sequer exerce um serviço público.

Gabarito "E"

(FGV – 2013) Sobre o procedimento licitatório necessário à *alienação de bens imóveis* da Administração Pública Direta, analise as afirmativas a seguir.

I. A alienação deverá ser sempre precedida de licitação na modalidade de concorrência.
II. Os bens imóveis somente poderão ser alienados quando inservíveis para a Administração Pública.
III. A alienação independe de autorização legislativa.

Assinale:

(A) se somente a afirmativa I estiver incorreta.
(B) se somente a afirmativa II estiver incorreta.
(C) se somente a afirmativa III estiver incorreta.
(D) se somente as afirmativas I e II estiverem incorretas.
(E) se todas as afirmativas estiverem incorretas.

I: incorreta, pois nas alienações de imóveis provenientes de processos judiciais ou de dação em pagamento é possível usar a modalidade leilão (art. 19, III, da Lei 8.666/1993); **II:** incorreta, pois os bens imóveis, uma vez desafetados (são os dominicais, que já são desafetados) e cumpridos os requisitos do art. 17, I, da Lei 8.666/1993, podem ser alienados independentemente de terem se tornado inservíveis, **III.** incorreta, pois é necessário autorização legislativa para a alienação de bens imóveis (art. 17, I, da Lei 8.666/1993).

Gabarito "E"

(FGV – 2011) O Presidente de uma empresa pública estadual, após auditoria realizada no patrimônio imobiliário da entidade, decide alienar um imóvel, localizado em área inconveniente para as atividades da empresa. Nessa situação, a alienação do imóvel, subordinada à existência de interesse público devidamente justificado, depende de

(A) avaliação prévia e autorização do Tribunal de Contas do Estado.
(B) avaliação prévia e licitação na modalidade concorrência, ressalvadas as hipóteses de licitação dispensada.
(C) autorização legislativa e licitação na modalidade concorrência, ressalvadas as hipóteses de licitação dispensada.
(D) autorização legislativa e do Tribunal de Contas do Estado.
(E) autorização legislativa, avaliação prévia e licitação na modalidade concorrência.

Art. 17, *caput* e inciso I, da Lei 8.666/1993.

Gabarito "B"

(FGV – 2008) Analise as seguintes afirmativas:

I. Se o bem público está sendo utilizado por entidade privada para a execução de serviço público, por delegação, não pode qualificar-se como bem de uso especial.

II. É inconstitucional a lei orgânica que permita a doação de bens dominicais do Município, ainda que fixadas condições para tal fim.

III. Os bens móveis, pertencentes a pessoas jurídicas de direito público, também estão alcançados pela prerrogativa da imprescritibilidade.

Assinale:

(A) se todas as afirmativas estiverem corretas.
(B) se apenas as afirmativas II e III estiverem corretas.
(C) se apenas as afirmativas I e II estiverem corretas.
(D) se apenas a afirmativa I estiver correta.
(E) se apenas a afirmativa III estiver correta.

I: incorreta, pois, segundo o art. 99, II, do CC, bens destinados a serviço público, seja ele delegado ou não, são bens de uso especial; **II:** incorreta, pois os bens dominicais, segundo o Código Civil, são alienáveis, desde que observadas as condições legais (art. 101 do CC); **III:** correta, pois o art. 102 do Código Civil não faz distinção entre bens móveis e imóveis, ao se referir à imprescritibilidade, ou seja, à não sujeição ao instituto da usucapião.

Gabarito "E"

(FGV – 2008) Os bens inaproveitáveis isoladamente remanescentes de obras públicas podem ser especificamente alienados ao particular mediante:

(A) dação em pagamento.
(B) permuta.
(C) investidura.
(D) concessão de domínio.
(E) legitimação de posse.

Art. 17, § 3º, I, da Lei 8.666/1993.

Gabarito "C"

(FGV – 2008) Assinale a alternativa correta.

(A) Os bens públicos que não cumprem sua função social não são atingidos pela imprescritibilidade.
(B) Os bens públicos não podem ser penhorados; no entanto, não há vedação no que tange a serem onerados como garantia real.
(C) O contrato de compra e venda de imóvel, realizado entre o Estado, exercendo o *ius gestionis*, e um particular, obedece ao regime jurídico público, sob pena de violação do princípio da moralidade administrativa.
(D) O direito à concessão de uso especial de bem público para fins de moradia só será reconhecido uma vez ao mesmo possuidor.
(E) A autorização de uso de bem público por um determinado particular, atendendo primordialmente o interesse deste, fere o princípio da impessoalidade.

A: incorreta, pois a imprescritibilidade tem raiz constitucional e não tem exceções (arts. 183, § 3º, e 191, parágrafo único, da CF); **B:** incorreta, pois, como são inalienáveis (art. 100 do Código Civil), não podem ser objeto de oneração (hipoteca, p. ex.), pois esta não teria utilidade; **C:** incorreta, pois o regime jurídico aplicado no caso é o de direito privado; **D:** correta (art. 1º, § 2º, da Medida Provisória 2.220/2001); **E:** incorreta, pois a doutrina aponta que a autorização de uso de bem público é feita em proveito primordial do particular, como, por ex., a autorização para uso de uma rua para a realização de uma festa junina de uma escola local; tal situação, desde que temporária e razoável, não fere o princípio da impessoalidade.

Gabarito "D"

(FGV – 2004) A incorporação, a imóvel particular lindeiro, de área pública de proporções reduzidas, remanescente de desapropriação efetivada para alargamento de uma rua, com dispensa de licitação, denomina-se especificamente:

(A) alienação.
(B) remembramento.
(C) investidura.
(D) alinhamento.
(E) desmembramento.

Art. 17, § 3º, I, da Lei 8.666/1993.

Gabarito "C"

(FGV – 2002) A incorporação a imóvel particular lindeiro, com dispensa de licitação, de área pública de proporções reduzidas, remanescente de desapropriação efetivada para alargamento de uma rua, denomina-se especificamente:

(A) alienação.
(B) remembramento.
(C) investidura.
(D) alinhamento.
(E) desmembramento.

Art. 17, § 3º, I, da Lei 8.666/1993.

Gabarito "C"

8.3. BENS PÚBLICOS EM ESPÉCIE

(OAB/Exame Unificado – 2008.3) Acerca dos bens públicos, assinale a opção correta.

(A) Segundo a CF, as terras devolutas ou arrecadadas pelos estados por ações discriminatórias, necessárias à proteção dos ecossistemas naturais, são bens indisponíveis.
(B) Os bens públicos dominiais estão fora do comércio jurídico do direito privado.
(C) Segundo a orientação da doutrina, os bens públicos podem sofrer desafetação tácita pelo não uso.
(D) Os potenciais de energia hidráulica são bens públicos pertencentes aos estados onde se encontrem.

A: correta (art. 225, § 5º, da CF); **B:** incorreta (art. 101 do CC); **C:** incorreta. A desafetação depende de ato inequívoco da administração pública e, muitas vezes, só pode ser feita por meio de lei; **D:** incorreta (art. 20, VIII, da CF).

Gabarito "A"

(OAB/Exame Unificado – 2008.3) Em determinado hospital público pertencente à União, foram construídos, na área interna do terreno em que está situado e que também pertence à União, diversos imóveis de 150 m² de área, para moradia temporária de médicos residentes. Os referidos imóveis são benfeitorias do hospital, sendo parte integrante deste, que é um bem afetado a finalidade pública. No entanto, o custo de manutenção desses imóveis ficou, ao longo do tempo, muito alto, e o diretor do hospital resolveu vendê-los. Considerando a situação hipotética apresentada, assinale a opção correta.

(A) Os imóveis construídos na área interna do hospital, que é afetado a uma finalidade pública, como benfeitorias e partes integrantes que dele são, amoldam-se à definição de bens de uso especial.
(B) Os imóveis cuja venda se discute estão submetidos ao instituto da afetação e, portanto, podem ser vendidos, sobretudo por haver justificação no seu alto custo de manutenção.
(C) Não só o hospital e os imóveis que foram construídos em sua área como também os bens de uso especial, de forma geral, concentram-se no domínio da União.
(D) Os médicos residentes que permanecerem residindo nos imóveis mencionados por 5 (cinco) anos, ininterruptamente e sem oposição, adquirirão o domínio desses bens, podendo pleitear a usucapião.

A: correta. De fato, por serem benfeitorias e seguirem a sorte do bem principal, as residências, assim como o hospital em si, são bens de uso especial; **B:** incorreta. Bens de uso especial são bens afetados, e, portanto, não podem ser alienados sem a desafetação e o cumprimento dos demais requisitos estabelecidos no art. 17 da Lei 8.666/1993; **C:** incorreta. Os bens de uso especial podem pertencer à União, aos Estados, ao DF e aos Municípios; **D:** incorreta. Não existe usucapião em bem público (art. 102 do CC e arts. 183, § 3º, e 191, parágrafo único, ambos da CF).

Gabarito "A"

(OAB/Exame Unificado – 2008.2) Acerca das espécies de bens públicos, assinale a opção correta.

(A) Os terrenos de marinha acrescidos pertencem ao primeiro ente federado que os descobrir.
(B) São bens da União os recursos naturais da plataforma continental, sendo esta medida a partir da costa até o limite de 12 milhas marítimas.
(C) As terras devolutas são bens exclusivos da União.
(D) As correntes de água que banhem mais de um Estado são bens da União.

A: incorreta. Os terrenos de marinha são da União (art. 20, VII, da CF); **B:** incorreta (art. 11 da Lei 8.617/1993); **C:** incorreta. As terras devolutas podem ser da União (art. 20, II, da CF) ou dos Estados membros (art. 26, IV, da CF); **D:** correta (art. 20, III, da CF).

Gabarito "D"

(OAB/Exame Unificado – 2007.2) Acerca dos bens públicos, assinale a opção correta.

(A) Nos casos de programas e projetos habitacionais de interesse social, desenvolvidos por órgãos ou entidades da administração pública com atuação específica nessa área, a concessão de direito real de uso de imóveis públicos poderá ser contratada coletivamente.
(B) Os bens das empresas públicas e das sociedades de economia mista que prestam serviço público submetem-se ao regime próprio das empresas privadas.
(C) Todas as terras devolutas são bens da União.
(D) As cavidades naturais subterrâneas, como as grutas, são bens dos Municípios nas quais se encontram, cabendo a esses explorá-los economicamente sem prejuízo da ação fiscalizadora da União, dos Estados e do DF.

A: correta. Art. 17, I, *f*, da Lei 8.666/1993 (com as alterações da Lei 11.481/2007); **B:** incorreta. São bens públicos tanto os pertencentes às pessoas de direito público (art. 98 do Código Civil), como os afetados a um serviço público (doutrina), de modo que estes se submetem a um regime jurídico de direito público, e não ao regime das empresas privadas; **C:** incorreta. As terras devolutas também podem ser dos Estados-membros (art. 26, IV, da CF); **D:** incorreta. As cavidades naturais subterrâneas são bens da União (art. 20, X, da CF).

Gabarito "A"

(OAB/Exame Unificado – 2006.1) Terras devolutas são as

(A) ocupadas pelos índios.
(B) banhadas pelas águas do mar ou dos rios navegáveis.
(C) pertencentes ao domínio público de qualquer das entidades estatais, que não se acham utilizadas pelo Poder Público nem destinadas a fins administrativos específicos.
(D) faixas de terras particulares, marginais dos rios, lagos e canais públicos, na largura de quinze metros, oneradas com a servidão de trânsito.

De fato, a letra "C" traz a definição de terras devolutas.

Gabarito "C"

(OAB/Exame Unificado – 2004.ES) Acerca dos bens públicos, assinale a opção correta.

(A) Afirmar que um bem público foi desafetado significa asseverar que ele deixou de ser um bem de uso especial e passou a integrar o conjunto dos bens de uso comum do povo.
(B) Os potenciais de energia eólica são bens da União, pois são considerados bens públicos federais todos aqueles que a Constituição da República não atribui expressamente aos Estados federados.
(C) Constituem parte do patrimônio público estadual os rios, as terras devolutas e os terrenos de marinha.
(D) É vedado ao Estado do Espírito Santo desapropriar bens dominicais da União.

A: incorreta. A desafetação faz com que o bem passe a ser dominical; **B:** incorreta. Não há previsão constitucional nesse sentido; **C:** incorreta. Os terrenos de marinha pertencem à União (art. 20, VII, da CF); **D:** correta. Estados não podem desapropriar bens da União (art. 2º, § 2º, do Dec.-lei 3.365/1941).

Gabarito "D"

9. RESPONSABILIDADE DO ESTADO

(OAB/Exame Unificado – 2016.2) A fim de pegar um atalho em seu caminho para o trabalho, Maria atravessa uma área em obras, que está interditada pela empresa contratada pelo Município para a reforma de um viaduto. Entretanto, por desatenção de um dos funcionários que trabalhava no local naquele momento, um bloco de concreto se desprendeu da estrutura principal e atingiu o pé de Maria. Nesse caso,

(A) a empresa contratada e o Município respondem solidariamente, com base na teoria do risco integral.
(B) a ação de Maria, ao burlar a interdição da área, exclui o nexo de causalidade entre a obra e o dano, afastando a responsabilidade da empresa e do Município.
(C) a empresa contratada e o Município respondem de forma atenuada pelos danos causados, tendo em vista a culpa concorrente da vítima.
(D) a empresa contratada responde de forma objetiva, mas a responsabilidade do Município demanda comprovação de culpa na ausência de fiscalização da obra.

A: incorreta, pois a responsabilidade objetiva na esfera administrativa não adota a teoria do risco integral, que não admite excludentes e atenuantes de responsabilidade civil; essa responsabilidade adota a teoria do risco administrativo, que admite certas excludentes e atenuantes; **B**: incorreta, pois no caso há culpa concorrente de Maria e da empresa contratada pelo Município, e não culpa exclusiva de Maria; **C**: correta, pois como no caso houve culpa concorrente de Maria, de um lado, e da empresa contratada pelo Município, de outro, a responsabilidade da empresa e do Município se dará de forma atenuada, com valor indenizatório menor do que seria se o dano fosse causado exclusivamente por conduta da empresa contratada; **D**: incorreta, pois o Município, por se beneficiar da obra, já que se trata de uma obra pública, responde civilmente também, como base na teoria do risco administrativo.

Gabarito "C"

(OAB/Exame Unificado – 2016.1) Um paciente de um hospital psiquiátrico estadual conseguiu fugir da instituição em que estava internado, ao aproveitar um momento em que os servidores de plantão largaram seus postos para acompanhar um jogo de futebol na televisão. Na fuga, ao pular de um viaduto próximo ao hospital, sofreu uma queda e, em razão dos ferimentos, veio a falecer. Nesse caso,

(A) o Estado não responde pela morte do paciente, uma vez que não configurado o nexo de causalidade entre a ação ou omissão estatal e o dano.
(B) o Estado responde de forma subjetiva, uma vez que não configurado o nexo de causalidade entre a ação ou omissão estatal e o dano.
(C) o Estado não responde pela morte do paciente, mas, caso comprovada a negligência dos servidores, estes respondem de forma subjetiva.
(D) o Estado responde pela morte do paciente, garantido o direito de regresso contra os servidores no caso de dolo ou culpa.

A, **B** e **C**: incorreta; nesse caso tem-se hipótese de atividade estatal de risco, já que cuidar de pacientes em hospital psiquiátrico e atividade de risco, assim como o é a atividade de aprisionar pessoas em cadeias e de armazenar explosivos num prédio das Forças Armadas, dentre outros exemplos; nesses casos, em virtude do disposto no art. 927, parágrafo único, do Código Civil, a responsabilidade estatal será objetiva, não sendo necessário demonstrar um nexo causal material ou uma conduta comissiva estatal para a responsabilidade do Poder Público; **D**: correta, pois o caso trata da responsabilidade estatal por exercer atividade de risco, em que se tem responsabilidade objetiva na forma do art. 927, parágrafo único, do CC, sem prejuízo do direito de regresso contra os servidores em caso de conduta dolosa ou culposa destes.

Gabarito "D"

(OAB/Exame Unificado – 2012.2) Sílvio, servidor público, durante uma diligência com carro oficial do Estado X para o qual trabalha, se envolve em acidente de trânsito, por sua culpa, atingindo o carro de João. Considerando a situação acima e a **evolução do entendimento sobre o tema**, assinale a afirmativa correta.

(A) João deverá demandar Sílvio ou o Estado X, à sua escolha, porém, caso opte por demandar Sílvio, terá que comprovar a sua culpa, ao passo que o Estado responde independentemente dela.
(B) João poderá demandar Sílvio ou o Estado X, à sua escolha, porém, caso opte por demandar Sílvio, presumir-se-á sua culpa, ao passo que o Estado responde independentemente dela.
(C) João poderá demandar apenas o Estado X, já que Sílvio estava em serviço quando da colisão e, por isso, a responsabilidade objetiva é do Estado, que terá direito de regresso contra Sílvio, em caso de culpa.
(D) João terá que demandar Sílvio e o Estado X, já que este último só responde caso comprovada a culpa de Sílvio, que, no entanto, será presumida por ser ele servidor do Estado (responsabilidade objetiva).

A, **B** e **D**: incorretas, pois a jurisprudência atual do STF é no sentido de que não se pode acionar diretamente o agente público (RE 327.904, rel. Min. Carlos Brito, j. em 15.08.2006 – Informativo 436); a vítima deve acionar única e exclusivamente o Estado X e este, provando a culpa ou o dolo do agente público, poderá atuar regressivamente contra este; **C**: correta, conforme entendimento jurisprudencial trazido no comentário às demais alternativas da questão; o STF entende que a norma prevista no art. 37, § 6º, da CF, que trata da responsabilidade objetiva do Estado, com direito de regresso em face do agente público que agir com culpa ou dolo, é norma que protege o agente público de ações promovidas diretamente pelo particular; assim, este deve acionar apenas o Estado, podendo o segundo, quando for o caso, atuar regressivamente em face do agente público causador do dano.

Gabarito "C"

(OAB/Exame Unificado – 2011.3.B) Tício, servidor público pertencente aos quadros de uma autarquia federal, está respondendo a processo administrativo disciplinar por fato que também foi objeto de apuração em processo criminal, já concluído com sentença absolutória de negativa de autoria transitada em julgado. Considerando a situação hipotética narrada, o processo administrativo disciplinar

(A) deverá prosseguir regularmente, uma vez que as instâncias penal e administrativa são independentes.
(B) deverá prosseguir regularmente, uma vez que a sentença absolutória proferida na instância penal apenas vincularia a instância administrativa em caso de negativa da existência do fato.
(C) ficará prejudicado, uma vez que a responsabilidade administrativa somente pode configurar efeito secundário da responsabilidade penal.
(D) ficará prejudicado, uma vez que a responsabilidade administrativa é afastada no caso de absolvição criminal que negue a autoria do fato.

As sanções civis, penais e administrativas poderão cumular-se, sendo independentes entre si (art. 125 da Lei 8.112/1990). Porém, a responsabilidade administrativa do servidor será afastada no caso de absolvição criminal que negue a existência do fato ou sua autoria (art. 126 da Lei 8.112/1990). Assim, como Tício foi absolvido na esfera criminal por "negativa de autoria", essa decisão produzirá efeitos na esfera administrativa, prejudicando o processo administrativo disciplinar, nos termos da alternativa "d".

Gabarito "D"

(OAB/Exame Unificado – 2011.3.A) Ambulância do Corpo de Bombeiros envolveu-se em acidente de trânsito com automóvel dirigido por particular, que trafegava na mão contrária de direção. No acidente, o motorista do automóvel sofreu grave lesão, comprometendo a mobilidade de um dos membros superiores. Nesse caso, é correto afirmar que

(A) existe responsabilidade objetiva do Estado em decorrência da prática de ato ilícito, pois há nexo causal entre o dano sofrido pelo particular e a conduta do agente público.
(B) não haverá o dever de indenizar se ficar configurada a culpa exclusiva da vítima, que dirigia na contramão, excluindo a responsabilidade do Estado.

(C) não se cogita de responsabilidade objetiva do Estado porque não houve a chamada culpa ou falha do serviço. E, de todo modo, a indenização do particular, se cabível, ficaria restrita aos danos materiais, pois o Estado não responde por danos morais.

(D) está plenamente caracterizada a responsabilidade civil do Estado, que se fundamenta na teoria do risco integral.

O caso em tela revela "culpa exclusiva" do particular. Esse tipo de situação afasta a responsabilidade objetiva do estado, já que se trata de uma excludente de responsabilidade estatal. Assim, ficam afastadas as alternativas "a" e "d". A alternativa "c" também está incorreta, pois, em matéria de responsabilidade objetiva do estado (condutas comissivas), não se verifica a "culpa ou a falha do serviço". Ademais, o Estado responde não só por danos materiais, respondendo também por danos morais e estéticos. Quanto à alternativa "b", é a única correta, por reconhecer a excludente da responsabilidade estatal.

Gabarito "B"

(OAB/Exame Unificado – 2011.2) Tendo o agente público atuado nesta qualidade e dado causa a dano a terceiro, por dolo ou culpa, vindo a administração a ser condenada, terá esta o direito de regresso. A respeito da ação regressiva, é correto afirmar que

(A) em regra deve ser exercida, sob pena de afronta ao princípio da indisponibilidade.

(B) o prazo prescricional será o mesmo constante da esfera penal para o tipo criminal correspondente.

(C) a prescrição será decenal, com base na regra geral da legislação civil.

(D) o prazo prescricional tem início a contar do fato que gerou a ação indenizatória contra a Administração.

A: correta, pois, se o agente público atuou com culpa ou dolo, e a Administração foi condenada a ressarcir o particular, é imperativo que esta acione aquele em ação regressiva, sob pena de violação ao princípio da indisponibilidade do interesse público. Vale salientar que, para ser mais precisa, a alternativa nem deveria ter se iniciado com a expressão "em regra", já que a Administração é obrigada ingressar com ação de regresso no caso. **B** e **C:** incorretas, pois o prazo prescricional é o previsto para a Administração acionar particulares para ressarcimento, no caso, de 3 anos (art. 206, § 3º, V, do CC), **D.** incorreta, pois o prazo prescricional se inicia do momento em que a Administração tiver desembolsado a indenização em favor da vítima, ou seja, o termo *a quo* é a data "do concreto e efetivo pagamento, pelo Estado, do valor a que foi condenado" (STJ, REsp. 328.391/DF).

Gabarito "A"

(OAB/Exame Unificado – 2011.1) Antônio, vítima em acidente automobilístico, foi atendido em hospital da rede pública do Município de Mar Azul e, por imperícia do médico que o assistiu, teve amputado um terço de sua perna direita. Nessa situação hipotética, respondem pelo dano causado a Antônio

(A) o Município de Mar Azul e o médico, solidária e objetivamente.

(B) o Município de Mar Azul, objetivamente, e o médico, regressivamente, em caso de dolo ou culpa.

(C) o Município de Mar Azul, objetivamente, e o médico, solidária e subjetivamente.

(D) o Município de Mar Azul, objetivamente, e o médico, subsidiariamente.

Como é de conhecimento geral, a responsabilidade estatal é objetiva, de modo que o Município responde objetivamente. Já a responsabilidade do agente público depende de culpa ou dolo de sua parte, devendo o Estado ingressar com ação de regresso contra o agente público que assim agir (art. 37, § 6º, da CF).

Gabarito "B"

(OAB/Exame Unificado – 2010.3) Um policial militar, de nome Norberto, no dia de folga, quando estava na frente da sua casa, de bermuda e sem camisa, discute com um transeunte e acaba desferindo tiros de uma arma antiga, que seu avô lhe dera. Com base no relatado acima, é correto afirmar que o Estado

(A) será responsabilizado, com base na teoria do risco integral.

(B) será responsabilizado, pois Norberto é agente público pertencente a seus quadros.

(C) não será responsabilizado, pois Norberto, apesar de ser agente público, não atuou nessa qualidade; sua conduta não pode, pois, ser imputada ao Ente Público.

(D) somente será responsabilizado de forma subsidiária, ou seja, caso Norberto não tenha condições financeiras.

De acordo com o art. 37, § 6º, da CF, as pessoas jurídicas de direito público só respondem por atos de seus agentes públicos quando estes causam dano a alguém enquanto atuam na qualidade de agente público. Um exemplo é o caso de um policial em serviço, que, ao perseguir um suspeito, mesmo sem necessidade, resolver atirar para matá-lo. Nossos tribunais, em alguns casos, também entendem que poderá haver responsabilidade estatal quando um policial, mesmo em horário de folga, usa arma da corporação para cometer um ato ilícito. No entanto, caso um policial, em horário de folga, tratando de questão não afeta ao seu serviço e utilizando arma que não é da corporação, acaba vindo a matar alguém, não se vem reconhecendo a responsabilidade do Estado, sob o argumento de que o agente público não estava atuando na qualidade de agente público quando empreendeu o ato lesivo. Dessa forma, somente a alternativa "C" está correta.

Gabarito "C"

(OAB/Exame Unificado – 2010.1) Manoel estava no interior de um ônibus da concessionária de serviço público municipal, empresa não integrante da administração pública, quando o veículo derrapou em uma curva e capotou. Em razão desse acidente, Manoel sofreu dano material e moral. Nessa situação hipotética, a responsabilidade será

(A) objetiva e da concessionária, com prazo de prescrição de 5 (cinco) anos, conforme previsto em lei especial.

(B) subjetiva e da concessionária, com prazo de prescrição de 5 (cinco) anos, conforme previsto no Código Civil.

(C) objetiva e do Município, com prazo prescricional de 3 (três) anos, conforme previsto em lei especial.

(D) subjetiva e do Município, com prazo prescricional de 3 (três) anos, conforme previsto no Código Civil.

A: correta. A responsabilidade será objetiva e da concessionária, conforme prevê o § 6.º do art. 37 da CF: "As pessoas jurídicas de direito público e as de direito privado prestadoras de serviços públicos responderão pelos danos que seus agentes, nessa qualidade, causarem a terceiros, assegurado o direito de regresso contra o responsável nos casos de dolo ou culpa." Na hipótese, prevê o Código Civil o prazo de 3 (três) anos de prescrição: "Art. 206. Prescreve: (...) § 3.º Em 3 (três) anos: V – a pretensão de reparação civil"; prevê, por outro lado, a Lei 9.494/1997: "Art. 1.º- C. Prescreverá em 5 (cinco) anos o direito de obter indenização dos danos causados por agentes de pessoas jurídicas de direito público e de pessoas jurídicas de direito privado prestadoras de serviços públicos. (Incluído pela Medida Provisória n.º 2.180-35, de 2001)"; **B:** incorreta. *Vide* justificativa à opção A; **C:** incorreta. *Vide* justificativa à opção A; **D:** incorreta. *Vide* justificativa à opção A.

Gabarito "A"

(OAB/Exame Unificado – 2008.3) No que concerne à responsabilização extracontratual da administração pública, assinale a opção correta.

(A) A verdade sabida, em atenção ao princípio da eficiência, é admitida no direito brasileiro para apuração de falta que, tendo sido cometida por servidor público, cause dano a terceiro.
(B) O homicídio cometido, fora da penitenciária, por presidiário que esteja em fuga não implica responsabilização do Estado, pois este não pode ser considerado segurador universal.
(C) As concessionárias de serviço público, quando em exercício deste, respondem objetivamente à responsabilização civil pelos atos comissivos que praticarem.
(D) Inexiste dever de indenizar quando o ato administrativo é praticado em estrita observância ao princípio da legalidade.

A: incorreta. A verdade sabida, que é aquela testemunhada ou conhecida inequivocamente pelo superior hierárquico, que, assim, poderia aplicar diretamente sanções leves, não pode ser utilizada para responsabilizar o agente público, pois este deve ter direito a contraditório e ampla defesa; **B:** incorreta. Se o crime for cometido na fuga, não é possível aplicar os precedentes do STF que entendem que não há nexo de causalidade entre a conduta estatal e o dano; p. ex., confira-se precedente em que a responsabilidade foi afastada, mas a fuga já tinha ocorrido há 21 meses do dano praticado: "Ação de Reparação de Danos. Assalto cometido por fugitivo de prisão estadual. Responsabilidade objetiva do Estado. Recurso extraordinário do Estado provido. Inexistência de nexo de causalidade entre o assalto e a omissão da autoridade pública que teria possibilitado a fuga de presidiário, o qual, mais tarde, veio a integrar a quadrilha que praticou o delito, cerca de vinte e um meses após a evasão" (STF, AR 1.376/PR, DJ 22.09.2006); **C:** correta (art. 37, § 6º, da CF); **D:** incorreta. Quando a administração causa um dano especial e anormal a alguém, ainda que calcada numa lei, é dever dela indenizar o prejudicado; p. ex., a desapropriação está de acordo com o princípio da legalidade, mas reclama indenização em favor do expropriado.

Gabarito "C"

(OAB/Exame Unificado – 2008.2) Josué, condenado por latrocínio e estelionato, cumprindo pena em regime aberto, fugiu diversas vezes do estabelecimento prisional. Embora sempre localizado e novamente detido pelas autoridades policiais, ele não foi submetido à regressão de regime prisional. Durante a oitava fuga, Josué praticou estupro contra criança de 12 anos de idade. Tendo por base essa situação hipotética, assinale a opção correta acerca da responsabilidade do Estado.

(A) Configura-se, no caso, a responsabilidade subjetiva do Estado em face do fato de Josué não ter sido submetido à regressão de regime prisional e ter cometido o crime em ocasião em que deveria estar preso.
(B) Nesse caso, é impossível a configuração do nexo causal, pois não houve uma conduta positiva, ou seja, um agir, por parte da administração pública.
(C) Na situação apresentada, sequer cabe discutir a responsabilização do Estado, pois o ato danoso praticado foi realizado por um particular, Josué, e, não, por um agente público.
(D) À situação apresentada é aplicável a teoria do risco integral.

No caso de omissão do Estado, a responsabilidade é subjetiva, devendo-se verificar a existência de falta do serviço (serviço estatal defeituoso); na situação narrada houve, no mínimo, atitude culposa do Estado, a ensejar a sua responsabilização; trata-se de um caso real: STF, 2ª T., RE 409.203/RS, rel. p/ Acórdão: Min. JOAQUIM BARBOSA, DJ 20.04.2007. Aproveitando o ensejo, é importante informar que o STF tem decisão no sentido de que a responsabilidade estatal por *atos omissivos* ***específicos*** é objetiva. É caso de omissão específica do Estado a agressão física a aluno por colega, em escola estadual, hipótese em que a responsabilidade estatal será objetiva, com base na teoria do risco administrativo (STF, ARE 697.326 AgR/RS, DJ 26/04/13).

Gabarito "A"

(OAB/Exame Unificado – 2007.3) Recente decisão do STF entendeu que a garantia constitucional de responsabilidade objetiva de pessoa privada que preste serviço público volta-se apenas ao usuário desse serviço público. De acordo com esse entendimento, não corresponderiam a caso de responsabilidade objetiva danos causados a proprietário

(A) de restaurante, em decorrência de suspensão por 24 horas do fornecimento de energia elétrica.
(B) de veículo que, em decorrência de buracos em uma estrada privatizada, tenha sofrido acidente com perda parcial do veículo.
(C) de veículo abalroado por ônibus de empresa de transporte coletivo.
(D) de hotel, por suspensão, sem motivo, do serviço de distribuição de gás canalizado.

Na situação narrada na letra "C" o proprietário e os passageiros do veículo abalroado não são usuários do serviço público, mas vítimas do evento. **Essa questão está prejudicada, pois, atualmente, o STF entende que a garantia da responsabilidade objetiva das concessionárias de serviços públicos existe tanto em favor do usuário do serviço, como em favor do não usuário do serviço**.

Gabarito "C"

(OAB/Exame Unificado – 2007.3) Assinale a opção correta no que se refere à responsabilidade civil do Estado.

(A) Quando o juiz pratica ato jurisdicional com o intuito deliberado de causar prejuízo à parte ou a terceiro, o prejudicado tem como alternativa propor a ação indenizatória contra o próprio juiz responsável e, não, contra o Estado.
(B) A teoria da responsabilidade objetiva aplica-se, de forma genérica, aos danos que o Estado causa, tanto por ação quanto por omissão, a particulares.
(C) Assim como as pessoas jurídicas de direito público, as pessoas jurídicas de direito privado prestadoras de serviços públicos e as que se dedicam à exploração de atividade econômica estão sujeitas à responsabilidade civil objetiva.
(D) Não se pode responsabilizar o Estado por danos sofridos pelos indivíduos quando aqueles decorrem de fato de terceiro ou de ação da própria vítima.

A: incorreta. O STF entende que não se pode acionar diretamente o agente público (RE 327.904, rel. Min. Carlos Brito, j. em 15.08.2006 – Informativo 436); **B:** incorreta. A responsabilidade do Estado por omissão é subjetiva, segundo o STF e o STJ; vale ressaltar que o STF tem decisão no sentido de que a responsabilidade estatal por *atos omissivos **específicos*** é objetiva; um exemplo de caso de omissão específica do Estado é a agressão física a aluno por colega, em escola estadual, hipótese em que a responsabilidade estatal será objetiva, com base na Teoria do Risco Administrativo (STF, ARE 697.326 AgR/RS, DJ 26/04/13); não se pode confundir uma *conduta omissiva genérica* (ex: o Estado não conseguir evitar todos os furtos de carros), com uma *conduta omissiva específica* (ex: o Estado ter o dever de vigilância sobre alguém e não evitar o dano); no primeiro caso, o Estado responde *subjetivamente*, só cabendo indenização se ficar provado que o serviço foi defeituoso (ex: um policial presencia um furto e nada faz); no segundo caso, o Estado responde *objetivamente*, não sendo necessário perquirir sobre se o serviço estatal foi ou não defeituoso; **C:** incorreta. A responsabilidade objetiva prevista no art. 37, § 6º, da CF só é aplicável às pessoas jurídicas de direito privado quando estas forem concessionárias de serviço público; **D:** correta. De fato, a responsabilidade do Estado é calcada na teoria do risco administrativo, que admite excludentes de responsabilidade, e não na teoria do risco integral, que não admite excludentes.

Gabarito "D"

(OAB/Exame Unificado – 2007.1) Quanto à responsabilidade extracontratual do Estado, assinale a opção correta.

(A) Prevalece o entendimento de que, nos casos de omissão, a responsabilidade extracontratual do Estado é subjetiva, sendo necessário, por isso, perquirir acerca da culpa e do dolo.

(B) A vítima de dano causado por ato comissivo deve ingressar com ação de indenização por responsabilidade objetiva contra o servidor público que praticou o ato.

(C) Não há responsabilidade civil do Estado por dano causado pelo rompimento de uma adutora ou de um cabo elétrico, mantidos pelo Estado em péssimas condições, já que essa situação se insere no conceito de caso fortuito.

(D) Proposta a ação de indenização por danos materiais e morais contra o Estado, sob o fundamento de sua responsabilidade objetiva, é imperioso que este, conforme entendimento prevalecente, denuncie à lide o respectivo servidor alegadamente causador do dano.

A: correta. De fato, prevalece esse entendimento no STF e no STJ; vale ressaltar que o STF tem decisão no sentido de que a responsabilidade estatal por *atos omissivos **específicos*** é objetiva; um exemplo de caso de omissão específica do Estado é a agressão física a aluno por colega, em escola estadual, hipótese em que a responsabilidade estatal será objetiva, com base na Teoria do Risco Administrativo (STF, ARE 697.326 AgR/RS, DJ 26/04/13); não se pode confundir uma *conduta omissiva genérica* (ex: o Estado não conseguir evitar todos os furtos de carros), com uma *conduta omissiva específica* (ex: o Estado ter o dever de vigilância sobre alguém e não evitar o dano); no primeiro caso, o Estado responde *subjetivamente*, só cabendo indenização se ficar provado que o serviço foi defeituoso (ex: um policial presencia um furto e nada faz); no segundo caso, o Estado responde *objetivamente*, não sendo necessário perquirir sobre se o serviço estatal foi ou não defeituoso; **B:** incorreta. O STF não admite que se acione diretamente o agente público que praticou o ato (RE 327.904, rel. Min. Carlos Brito, j. em 15.08.2006 – Informativo 436); a vítima deve acionar apenas o Estado e este, se for o caso, ingressará com ação regressiva contra o agente público; **C:** incorreta. O caso é de uma omissão culposa do Estado, situação que admite sua responsabilização; **D:** incorreta. A denunciação da lide não é obrigatória para o Estado exercer ação regressiva contra o servidor, por se tratar de um direito constitucional do Estado (art. 37, § 6º, da CF).

Gabarito "A"

(OAB/Exame Unificado – 2006.3) Considerando a responsabilidade civil do Estado e o controle judicial, assinale a opção correta.

(A) Conforme entendimento do STF, a responsabilidade do Estado por atos omissivos e comissivos de seus agentes será sempre objetiva.

(B) A responsabilidade objetiva das concessionárias do serviço público, segundo o STF, alcança os não usuários do serviço público.

(C) A ação de responsabilidade objetiva, com fundamento na Constituição da República, não pode ser proposta contra o servidor causador do dano, conforme entendimento do STF.

(D) Na ação de responsabilidade objetiva do Estado, conforme entendimento predominante no STJ, será obrigatória a denunciação à lide do servidor causador do dano.

A: incorreta. O STF e o STJ entendem que a responsabilidade do Estado é objetiva por atos comissivos e subjetiva por condutas omissivas; vale ressaltar que o STF tem decisão no sentido de que a responsabilidade estatal por *atos omissivos **específicos*** é objetiva; um exemplo de caso de omissão específica do Estado é a agressão física a aluno por colega, em escola estadual, hipótese em que a responsabilidade estatal será objetiva, com base na Teoria do Risco Administrativo (STF, ARE 697.326 AgR/RS, DJ 26/04/13); não se pode confundir uma *conduta omissiva genérica* (ex: o Estado não conseguir evitar todos os furtos de carros), com uma *conduta omissiva específica* (ex: o Estado ter o dever de vigilância sobre alguém e não evitar o dano); no primeiro caso, o Estado responde *subjetivamente*, só cabendo indenização se ficar provado que o serviço foi defeituoso (ex: um policial presencia um furto e nada faz); no segundo caso, o Estado responde *objetivamente*, não sendo necessário perquirir sobre se o serviço estatal foi ou não defeituoso; **B:** incorreta. Na época da elaboração da questão, a responsabilidade objetiva das concessionárias prevista no art. 37, § 6º, da CF só alcançava os usuários do serviço concedido, segundo o STF; **essa questão está prejudicada, pois, atualmente, o STF entende que a garantia da responsabilidade objetiva das concessionárias de serviços públicos existe tanto em favor do usuário do serviço, como em favor do não usuário do serviço**; **C:** correta. De fato, ação de responsabilidade objetiva não pode ser proposta contra o servidor; primeiro porque ele só responde subjetivamente (art. 37, § 6º, da CF); segundo porque a ação de responsabilidade não pode ser promovida diretamente contra ele (RE 327.904, rel. Min. Carlos Brito, j. em 15.08.2006 – Informativo 436); **D:** incorreta. A denunciação da lide não é obrigatória.

Gabarito "C"

(OAB/Exame Unificado – 2004.ES) Suponha que Humberto ingresse com ação de reparação de danos contra o município de Vitória – ES, postulando indenização relativa a danos causados por ato que um agente desse Município praticou no exercício regular de suas funções. Nessa ação judicial, em virtude de ser objetiva a responsabilidade civil das pessoas jurídicas de direito público por danos que seus agentes, nessa qualidade, causem a terceiros,

(A) para que o pedido de Humberto seja julgado procedente, é desnecessária a comprovação de que o referido agente municipal atuou com dolo ou culpa.

(B) a avaliação da culpa do agente causador do dano tem de basear-se apenas em fatos objetivamente comprovados.

(C) Humberto pode postular somente a reparação de danos materiais, pois os parâmetros de fixação de danos morais dependem demasiadamente da subjetividade do juiz.

(D) a condenação do Município a reparar o dano não lhe confere direito de regresso contra o agente causador do prejuízo, exceto se restar demonstrado que este agiu dolosamente.

A responsabilidade do Estado é objetiva; portanto, não se discute culpa ou dolo. Se o agente público tiver agido culposa ou dolosamente, o Estado poderá ingressar com ação regressiva contra ele.

Gabarito "A"

(FGV – 2014) No que concerne à *Responsabilidade civil do Estado*, analise as afirmativas a seguir.

I. A teoria do risco administrativo se aplica para responsabilizar o Estado por atos legislativos e judiciais próprios.

II. No caso de falta do serviço aplica-se pacificamente a teoria do risco administrativo na responsabilidade civil do Estado

III. O risco administrativo é pacificamente aceito na disciplina dos atos comissivos do Estado que causam danos.

Assinale:

(A) se somente a afirmativa I estiver correta.
(B) se somente a afirmativa III estiver correta.
(C) se somente as afirmativas I e II estiverem corretas.
(D) se somente as afirmativas I e III estiverem corretas.
(E) se todas as afirmativas estiverem corretas.

I: incorreta, pois, em regra, tais atos não ensejam indenização, que somente será exigível em casos específicos, como de lei inconstitucional e erro judiciário; **II:** incorreta, pois a ausência de serviço (omissão) enseja responsabilidade subjetiva como regra; **III:** correta, pois é pacífico que nas condutas comissivas do Estado a responsabilidade é objetiva (art. 37, § 6º, da CF).

Gabarito "B"

(FGV – 2014) O Juiz diretor do Fórum da Comarca X determinou a demolição de uma casa, pensando ser de propriedade do Estado, para que, em seguida, fosse expandido o referido Fórum. Diante do ocorrido, o proprietário da casa resolve ingressar com ação de responsabilidade civil em face do Estado Y. Considerando a referida hipótese, assinale a afirmativa correta.

(A) O proprietário, neste caso, terá que comprovar a culpa, vez que o caso é de responsabilidade civil por ato judicial.
(B) O proprietário, neste caso, terá que comprovar a culpa ou o dolo, vez que o caso é de responsabilidade civil por ato judicial.
(C) O proprietário, neste caso, terá que comprovar o dolo, vez que o caso é de responsabilidade civil por ato judicial.
(D) O proprietário, neste caso, terá que comprovar a culpa ou o dolo, vez que o caso é de responsabilidade civil por ato omissivo, já que o Juiz desconhecia que o bem não pertencia ao Estado.
(E) O proprietário, neste caso, não terá que comprovar a culpa, nem o dolo, vez que o caso é de responsabilidade civil por ato comissivo.

A a **D:** incorretas, pois aqui se tem ato administrativo do juiz (e não ato judicial), de modo que o Estado responde objetivamente; **E:** correta, pois aqui se tem ato *administrativo* (comissivo) do juiz (e não ato *judicial*), de modo que o Estado responde objetivamente, sem necessidade de comprovação de culpa ou dolo do juiz.

Gabarito "E"

(FGV – 2013) Devido à descoberta da pavimentação original em ladrilhos e pedras do século XIX, e com vistas ao incremento do turismo, o Município ABC decide restaurar o seu centro histórico. Para isso, inicia obras de restauro de fachadas e de recuperação do piso original, com a retirada das camadas recentes de asfalto. Com a interdição de algumas ruas para a realização das obras, um posto de gasolina localizado em uma das vias fechadas ao trânsito perderá todo o seu faturamento pelo período de dois meses. Tendo em vista o caso descrito, e considerando a disciplina do ordenamento brasileiro acerca do tema da responsabilidade civil do Estado, é correto afirmar que

(A) o ato praticado é lícito, mas, ainda assim, o Município responde de forma objetiva pelos danos causados.
(B) o Município não responde de forma objetiva pelos atos lícitos, mas apenas pelos ilícitos, o que não resta caracterizado no caso em tela.
(C) por ter causado dano a terceiros, resta configurada a prática de ilícito administrativo, e, portanto, a responsabilidade objetiva do Município.
(D) no caso em tela, resta configurada a responsabilidade do município por omissão, que é subjetiva.
(E) o Município não responde pela prática de atos lícitos.

A: correta, pois a responsabilidade objetiva estatal faz com que o Estado responda mesmo quando atue sem culpa ou dolo (ou seja, de forma lícita), sendo necessário apenas que haja conduta estatal comissiva, dano anormal e especial, e nexo de causalidade; quanto ao dano, no caso tem-se dano *anormal*, pois o prejuízo de 2 meses vai além do que se pode suportar (por exemplo, se a rua fechasse por um dia somente, dá pra se dizer que é normal, faz parte e não haveria porque se pedir indenização, mas por 2 meses é bem diferente) e *especial* (pois atinge o posto de gasolina de maneira específica, não fazendo o mesmo com os demais postos da cidade); **B**, **C** e **E:** incorretas, pois a responsabilidade objetiva estatal faz com que o Estado responda mesmo quando atue sem culpa ou dolo (ou seja, de forma lícita); **D:** incorreta, pois a interdição da rua é ato comissivo (e não omissivo).

Gabarito "A"

João, policial militar do Estado "X", ao presenciar uma tentativa de assalto, realiza disparos de arma de fogo que impedem a ocorrência do crime e atingem um automóvel estacionado no local.

(FGV – 2013) Considerando a situação acima descrita, assinale a afirmativa correta.

(A) O Estado "X" não responde pelo dano causado ao automóvel, vez que tal foi necessário para impedir a prática de um crime.
(B) O Estado "X" responde pelo dano causado e poderá, em ação regressiva, apurar a responsabilidade de João, caso comprove que agiu com culpa em sentido amplo.
(C) O Estado "X" responde pelo dano causado juntamente com João, tendo em vista que é manifesta a falha na prestação do serviço.
(D) João, apesar de no exercício de seu múnus público, responde pelo ato, vez que o dono do automóvel não tinha qualquer relação com o crime.
(E) O dano ao automóvel, por decorrer de fortuito externo, não gera a responsabilização nem do Estado "X", nem de seu policial, João.

A: incorreta, pois a responsabilidade do Estado é objetiva (independentemente de culpa ou dolo), de modo que mesmo que o policial tenha feito o melhor (sem culpa alguma) o dono do veículo atingido tem direito de ser indenizado pelo Estado; **B:** correta, pois a responsabilidade do Estado é objetiva (independentemente de culpa ou dolo do agente), de modo que mesmo que o policial tenha feito o melhor (sem culpa alguma) o dono do veículo atingido tem direito de ser indenizado pelo Estado; caso o policial tenha agido com culpa o dolo, o Estado poderá atuar regressivamente em face dele, nos termos do art. 37, § 6º, da CF; **C** e **D**: incorretas, pois, segundo a jurisprudência do STF, a vítima só pode acionar o Estado, não podendo acionar o agente público, mesmo que esse tenha agido com culpa ou dolo; vale lembrar, todavia, que o Estado, uma vez acionado pela vítima, pode acionar regressivamente o agente público que tiver agido com culpa ou dolo (art. 37, § 6º, da CF); **E:** incorreta, pois a bala perdida não decorre do acaso (como um raio, por exemplo), mas sim decorre de ato comissivo de agente estatal, que enseja responsabilidade objetiva do Estado.

Gabarito "B"

(FGV – 2013) Em matéria de responsabilidade civil do Estado existem várias teorias que buscam estabelecer os requisitos para se verificar a configuração dessa responsabilidade estatal. Em relação à *teoria do risco administrativo*, assinale a afirmativa correta.

(A) Havendo dolo ou culpa do agente público somente esse deverá ser responsabilizado e não o Estado.
(B) Não admite as excludentes de responsabilidade do Estado.
(C) A responsabilização do Estado dependerá em alguns casos da comprovação de dolo ou culpa do agente.
(D) Somente há a admissão da excludente de responsabilidade baseada em caso fortuito ou de força maior.
(E) Não é necessária em nenhuma hipótese a comprovação da culpa ou do dolo do agente para a responsabilização do Estado.

A: incorreta, pois, mesmo havendo dolo ou culpa do agente público, a vítima do dano é obrigada a acionar somente o Estado, pelo risco administrativo que este assume, sendo que o Estado atuará regressivamente em face do agente público no caso; **B:** incorreta, pois não adotamos a Teoria do Risco Integral, que não admite excludentes de responsabilidade do Estado, mas a Teoria do Risco Administrativo, que estabelece a responsabilidade objetiva do Estado, mas com excludentes de responsabilidade; **C:** incorreta, pois, de acordo com a Teoria do Risco Administrativo, a responsabilidade estatal é objetiva, não dependente de culpa ou dolo do agente público, e mesmo nos casos em que a responsabilidade do Estado é subjetiva (em caso de conduta omissiva estatal), não é necessário comprovar culpa ou dolo de um agente público, mas sim a existência de um serviço defeituoso; **D:** incorreta, pois também são excludentes a culpa exclusiva da vítima ou de terceiro; **E:** correta, pois, de acordo com a Teoria do Risco Administrativo, a responsabilidade estatal é objetiva, não dependente de culpa ou dolo do agente público, e mesmo nos casos em que a responsabilidade do Estado é subjetiva (em caso de conduta omissiva estatal), não é necessário comprovar culpa ou dolo de um agente público, mas sim a existência de um serviço defeituoso.

Gabarito "E"

(FGV – 2011) No que diz respeito à responsabilidade civil da Administração Pública, é correto afirmar que

(A) a indenização em virtude de atos lesivos dos agentes públicos compreende somente os danos materiais.
(B) os atos lesivos praticados por agente público no exercício de sua função geram responsabilidade da Administração Pública sem, contudo, autorizar o direito de regresso desta contra o responsável pelo dano nos casos de dolo ou culpa.
(C) caso um servidor do TRE-PA, no exercício de sua função, agrida verbalmente um advogado, configurando dano moral, está implicada a responsabilidade subsidiária do Tribunal.
(D) o Estado e as pessoas jurídicas de direito privado prestadoras de serviços públicos respondem pelos danos causados a terceiros por seus agentes, no exercício de suas funções.
(E) a responsabilidade objetiva do Estado dispensa a existência de dano causado a terceiro por seus agentes, no exercício de sua função, por força da adoção da teoria do risco integral pela Constituição de 1988.

A: incorreta, pois há de se reparar tanto os danos materiais, como eventuais danos morais e estéticos causados às vítimas da conduta estatal; **B:** incorreta, pois o direito de regresso está previsto expressamente no art. 37, § 6º, da CF; **C:** incorreta, pois a responsabilidade do Estado é direta, imediata, devendo a vítima ingressar com ação diretamente contra a União; em seguida, esta deverá atuar regressivamente contra o agente público; **D:** correta, nos termos da redação presente no art. 37, § 6º, da CF; **E:** incorreta; primeiro porque qualquer reparação civil depende da existência de dano; e segundo porque, em matéria de responsabilidade do Estado, adotou-se a teoria do risco administrativo, e não a teoria do risco integral.

Gabarito "D"

(FGV – 2011) A responsabilidade civil da administração pública acarreta a

(A) corresponsabilidade imediata do agente público, sempre vinculada à existência de culpa pelos danos que causar a terceiros no exercício de suas funções.
(B) responsabilidade integral e da pessoa jurídica de direito público, salvo se a vítima não conseguir provar a culpa do agente público.
(C) responsabilidade subsidiária do ente estatal, bem como das pessoas jurídicas de direito privado prestadoras de serviços públicos.
(D) responsabilidade subjetiva dos prestadores de serviços públicos, desde que estes sejam remunerados.
(E) responsabilidade objetiva das pessoas jurídicas de direito público e as de direito privado prestadoras de serviços públicos pelos danos que seus agentes, nessa qualidade, causarem a terceiros.

A: incorreta, pois a vítima só pode ingressar com ação contra o Estado, não podendo acionar diretamente o agente público, segundo o STF; ademais, para a vítima acionar o Estado, não é necessário que o agente tenha agido com culpa ou dolo, pois o Estado responde independentemente de culpa ou dolo; esses elementos subjetivos só são pertinentes para verificar se o Estado, uma vez acionado, poderá ou não ingressar com ação regressiva contra o agente público causador do dano; **B:** incorreta, pois não se adotou a teoria do risco integral, mas sim a teoria do risco administrativo, de maneira que há excludentes da responsabilidade estatal, tais como culpa exclusiva da vítima, culpa exclusiva de terceiro, força maior e caso fortuito; **C:** incorreta, pois a responsabilidade estatal e das pessoas de direito privado prestadoras de serviço público é direta e imediata; **D:** incorreta, pois tal responsabilidade é objetiva (art. 37, § 6º, da CF); **E:** correta, conforme o texto do art. 37, § 6º, da CF.

Gabarito "E"

(FGV – 2011) Antônia ajuizou ação de rito ordinário em face de empresa concessionária de serviço de transporte coletivo urbano visando à reparação dos danos por ela suportados ao ser atropelada em acidente de trânsito causado pelo motorista da empresa. Considerando a situação hipotética narrada, a responsabilidade civil da empresa concessionária de serviço público será

(A) subjetiva e, por tratar-se de pessoa jurídica de direito privado prestadora de serviço público, haverá presunção de culpa do agente causador do dano.
(B) subjetiva, pois a vítima do dano é terceiro não usuário do serviço público, afastando, assim, a incidência da responsabilidade objetiva fundada na teoria do risco administrativo.
(C) objetiva, uma vez que o dano foi causado por agente de pessoa jurídica de direito privado prestadora de serviço público, sendo indiferente ser a vítima usuária ou não usuária do serviço público.
(D) subsidiária em relação à responsabilidade objetiva do Poder Concedente, a quem compete o dever de fiscalização na execução do serviço público concedido.
(E) solidária em relação à responsabilidade objetiva do Poder Concedente e subjetiva do próprio agente causador do dano.

Nos termos do art. 37, § 6º, da CF, as pessoas jurídicas de direito privado concessionárias de serviço público respondem *objetivamente* pelos danos que seus agentes causarem a terceiros. O STF entende, atualmente, que esse terceiro pode ser tanto um usuário do serviço, como um não usuário do serviço (RE 591.874/MS, rel. Min. Ricardo Lewandowski, j. 26.08.2009).

Gabarito "C"

(FGV – 2010) Um indivíduo ajuizou com ação de responsabilidade civil contra uma empresa pública que se dedica à prestação de serviço público visando ao ressarcimento de danos que lhe foram causados em virtude da má prestação do serviço. O autor alega que essa empresa, apesar de se constituir em pessoa jurídica de direito privado, é entidade integrante da administração pública e prestadora de serviço público, razão pela qual sua responsabilidade é objetiva, devendo a reparação ocorrer independentemente da prova da culpa ou dolo. Na situação apresentada pelo enunciado, analise as afirmativas a seguir:

I. A responsabilidade será sempre objetiva, não importando se o responsável pela lesão for uma empresa pública prestadora de serviço público ou exploradora de atividade econômica.
II. A responsabilidade civil objetiva somente se aplica às pessoas jurídicas de direito público que compõem a Administração Pública Direita e não às empresas públicas constituídas pelo regime de direito privado, ainda que sejam prestadoras de serviços públicos.
III. A responsabilidade civil objetiva depende da aferição de culpa do agente público que deu ensejo ao prejuízo causado pela pessoa jurídica de direito privado prestadora de serviço público.
IV. A responsabilidade civil objetiva do Estado se aplica tanto às pessoas jurídicas de direito público quanto às pessoas jurídicas de direito privado prestadoras de serviços públicos.
V. As pessoas jurídicas de direito privado prestadoras de serviço público responderão pelos danos que seus agentes, nessa qualidade, causarem a terceiros, assegurado o direito de regresso contra o responsável nos casos de dolo ou culpa.

Somente está correto o que se afirma em

(A) II, III, IV e V.
(B) II.
(C) I e III.
(D) IV e V.
(E) I, II, III e V.

I: incorreta, pois, segundo o art. 37, § 6º, da CF, as pessoas jurídicas de direito privado só respondem objetivamente quando forem prestadoras de serviço público (ex: Correios), o mesmo não acontecendo quando forem exploradoras de atividade econômica (ex: Banco Brasil), a não ser que alguma lei infraconstitucional estabeleça responsabilidade objetiva no caso concreto; **II:** incorreta, pois, como se viu, as empresas públicas prestadoras de serviço público respondem objetivamente (art. 37, § 6º, da CF); **III:** incorreta, pois, se a responsabilidade é objetiva, é porque não se analisam elementos subjetivos, como a culpa e o dolo; **IV:** correta, nos termos do art. 37, § 6º, da CF; **V:** correta, nos termos do art. 37, § 6º, da CF.

Gabarito "D"

(FGV – 2010) Com relação à responsabilidade civil, penal e administrativa decorrente do exercício do cargo, emprego ou função pública, analise as afirmativas a seguir:

I. O funcionário público, condenado na esfera criminal, poderá ser absolvido na esfera civil e administrativa, prevalecendo a regra da independência entre as instâncias.
II. A absolvição judicial do servidor público repercute na esfera administrativa se negar a existência do fato ou excluí-lo da condição de autor do fato.
III. A Administração Pública pode demitir funcionário público por corrupção passiva antes de transitado em julgado da sentença penal condenatória.
IV. A absolvição do servidor público, em ação penal transitada em julgado, por não provada a autoria, implica a impossibilidade de aplicação de pena disciplinar administrativa, porém permite a ação regressiva civil para ressarcimento de dano ao erário.

Assinale:

(A) se somente a afirmativa I estiver correta.
(B) se somente as afirmativas I e II estiverem corretas.
(C) se somente as afirmativas II e IV estiverem corretas.
(D) se somente as afirmativas II e III estiverem corretas.
(E) se todas as afirmativas estiverem corretas.

I e **II:** incorreta a I e correta a II, pois, apesar de haver independência entre as instâncias cível, administrativa e criminal, esta instância (a criminal) prevalece em relação às outras quando há condenação e quando há absolvição motivada pela negativa de autoria ou pela inexistência material do fato; **III:** correta, pois as instâncias são independentes, não impedindo que o processo disciplinar administrativo seja julgado antes de resolvida a questão na esfera penal; **IV:** incorreta, pois, como já visto, a absolvição criminal motivada na negativa de autoria comunica-se às esferas cível e administrativa.

Gabarito "D"

(FGV – 2008) Assinale a afirmativa correta.

(A) O Estado responde objetivamente por dano causado a particular relativamente a ato ilícito praticado por Fiscal de Renda.
(B) O Fiscal de Renda responde objetivamente pela autuação indevida de particular.
(C) Em caso de dano causado a particular por erro de autuação, o Fiscal de Renda será sumariamente demitido, independentemente de processo administrativo.

(D) Em caso de negligência no exercício das funções, o Fiscal de Renda está sujeito à pena de demissão.

A: correta, nos termos do art. 37, § 6º, da CF; **B:** incorreta, pois, nos termos do art. 37, § 6º, da CF, o agente público só responde em caso de culpa ou dolo da sua parte, de modo que sua responsabilidade é subjetiva; **C:** incorreta, pois a demissão administrativa de um agente público depende de processo administrativo disciplinar com respeito à ampla defesa (art. 41, § 1º, II, da CF); **D:** incorreta, pois, na esfera federal, a simples negligência costuma configurar uma das hipóteses previstas nos primeiros incisos do art. 117 da Lei 8.112/1990, gerando advertência por escrito (art. 129 da Lei 8.112/1990).

Gabarito "A".

(FGV – 2008) Analise as assertivas a seguir:

I. O Poder Público Municipal foi condenado em ação de responsabilidade civil pelos danos causados por seu servidor a terceiros. Caberá ação regressiva em face do servidor, ação esta cujo prazo prescricional é de 3 (três) anos e em que se verificará se a conduta do servidor foi culposa *lato sensu*.

II. A Prefeitura do Rio de Janeiro tem o dever de realizar, rotineiramente, as podas das árvores existentes nas ruas da cidade. Após um temporal de verão, inúmeros galhos caíram sobre veículos estacionados na rua X, localizada no município. No caso, o Poder Público Municipal é responsável pelos danos causados.

III. Professores servidores públicos municipais, reivindicando maiores salários, entraram em greve pelo tempo de 15 (quinze) dias. Tal conduta gerou uma série de danos aos estudantes da rede municipal de ensino e seus familiares. É direito líquido e certo dos munícipes receberem indenização pelos danos gerados pela paralisação dos servidores municipais.

Assinale:

(A) se todas as assertivas estiverem corretas.
(B) se somente as assertivas I e II estiverem corretas.
(C) se somente as assertivas I e III estiverem corretas.
(D) se somente as assertivas II e III estiverem corretas.
(E) se nenhuma assertiva estiver correta.

I: correta, pois o servidor responde regressiva e subjetivamente (art. 37, § 6º, da CF), e o prazo prescricional é o de 3 (três) anos, previsto no Código Civil (art. 206, § 3º, V); **II:** correta, pois, apesar de a responsabilidade por atos omissivos ser subjetiva, devendo-se averiguar a existência ou não de culpa administrativa ou falta do serviço (serviço não funcionou, funcionou mal ou funcionou tarde), o caso revela grave omissão do Poder Público, ensejando a responsabilidade municipal; **III:** incorreta, pois o caso revela omissão do Estado e esta, para ensejar responsabilidade, depende de prova de culpa administrativa, o que não parece ocorrer numa greve como a narrada, que é direito do servidor e acabou em tempo relativamente curto.

Gabarito "B".

(FGV – 2008) O Poder Público é condenado em ação de responsabilidade civil pelos danos causados por seu servidor a terceiro. É correto afirmar que:

(A) cabe ação regressiva do Estado em face do servidor, cujo prazo prescricional é de 3 (três) anos, e nesta se verificará se a conduta do servidor foi culposa (*lato sensu*).
(B) cabe ação de regresso do Estado em face do servidor, e seu prazo prescricional é de 20 (vinte) anos.
(C) cabe ação regressiva do Estado em face do servidor, e nela não se perquirirá sobre culpa do servidor, uma vez que se aplica a teoria da Responsabilidade Objetiva quando a ação envolve o Poder Público.
(D) basta o procedimento administrativo disciplinar com a aplicação da ampla defesa e do contraditório, não cabendo o ajuizamento de ação regressiva.
(E) o Estado teria que ter denunciado à lide o servidor, não podendo posteriormente acioná-lo.

A: correta, nos termos do art. 37, § 6º, da CF e do art. 206, § 3º, V, do Código Civil; **B:** incorreta (art. 206, § 3º, V, do Código Civil); **C:** incorreta (art. 37, § 6º, da CF); **D:** incorreta (art. 37, § 6º, da CF); **E:** incorreta, pois a denunciação da lide não é obrigatória para o Estado exercer ação regressiva contra o servidor, por se tratar de um direito constitucional do Estado (art. 37, § 6º, da CF). Confira o posicionamento do STJ sobre a questão: "A jurisprudência deste Tribunal Superior se encontra assentada no entendimento de que 'nas ações de indenização fundadas na responsabilidade civil objetiva do Estado (CF/88, art. 37, § 6º), não é obrigatória a denunciação da lide do agente público supostamente responsável pelo ato lesivo'" (REsp 521434/TO, Rel. Min. Denise Arruda, DJ de 08.06.2006).

Gabarito "A".

(FGV – 2008) A responsabilidade objetiva do Estado por dano causado a terceiros está fundamentada na:

(A) teoria do risco administrativo.
(B) teoria civilista da culpa administrativa.
(C) responsabilidade subjetiva do Estado.
(D) ideia de soberania do Estado.
(E) distinção entre atos de império e atos de gestão.

A: correta, pois essa foi a teoria adotada no Direito Brasileiro (art. 37, § 6º, da CF); de acordo com a teoria, o Estado responde *objetivamente* pelos danos causados, mas há hipóteses de *excludentes* de responsabilidade estatal; **B:** incorreta, pois essa teoria não é mais adotada no Brasil e propugna que a responsabilidade do Estado somente se configura quando danos são causados por agentes públicos que agiram culposa ou dolosamente, ou seja, essa responsabilidade envolve aspectos *subjetivos*; **C:** incorreta, pois a responsabilidade do Estado é *objetiva* (como o próprio enunciado da questão lembra), e não *subjetiva*; **D:** incorreta, pois a ideia de soberania do Estado costumava ser utilizada no passado não para garantir a responsabilidade deste, mas para excluir a sua responsabilidade; **E:** incorreta, pois tal distinção também era utilizada no passado para justificar a não responsabilidade do Estado; dizia-se que, quando o Estado age com o uso de prerrogativas públicas (uso que é normal no dia a dia, e que diz respeito aos *atos de império*), não há responsabilidade de sua parte.

Gabarito "A".

(FGV – 2008) Em relação ao Estado, é correto afirmar que:

(A) o Estado só é civilmente responsável se a conduta decorrer de culpa ou dolo de seu agente.
(B) para que o Estado tenha o dever de indenizar o lesado, é preciso que o agente causador do dano seja servidor estatutário.
(C) o direito à indenização do Estado é assegurado ao lesado ainda que este tenha contribuído inteiramente para o resultado danoso.
(D) a regra geral adotada no direito brasileiro é a da responsabilidade subjetiva dos entes estatais.
(E) o Estado pode exercer seu direito de regresso somente quando seu agente se tiver conduzido com culpa ou dolo.

A: incorreta, pois a responsabilidade do Estado é objetiva (art. 37, § 6º, da CF); **B:** incorreta, pois o Estado responde pelos danos causados por qualquer agente seu, não havendo distinção de agentes no art. 37, § 6º, da CF; **C:** incorreta, pois a culpa exclusiva da vítima é excludente de responsabilidade do Estado, já que adotamos a Teoria do Risco Administrativo, e não a Teoria do Risco Integral (em que não há excludentes de responsabilidade); **D:** incorreta, pois a regra geral é que a responsabilidade do Estado é *objetiva*; apenas em casos de danos propiciados por *omissão* estatal é que a responsabilidade é *subjetiva*, devendo a vítima demonstrar a chamada *falta do serviço* ou *culpa administrativa*; vale ressaltar que o STF tem decisão no sentido de que a responsabilidade estatal por *atos omissivos **específicos*** é objetiva; um exemplo de caso de omissão específica do Estado é a agressão física a aluno por colega, em escola estadual, hipótese em que a responsabilidade estatal será objetiva, com base na Teoria do Risco Administrativo (STF, ARE 697.326 AgR/RS, DJ 26/04/13); não se pode confundir uma *conduta omissiva genérica* (ex: o Estado não conseguir evitar todos os furtos de carros), com uma *conduta omissiva específica* (ex: o Estado ter o dever de vigilância sobre alguém e não evitar o dano); no primeiro caso, o Estado responde *subjetivamente*, só cabendo indenização se ficar provado que o serviço foi defeituoso (ex: um policial presencia um furto e nada faz); no segundo caso, o Estado responde *objetivamente*, não sendo necessário perquirir sobre se o serviço estatal foi ou não defeituoso; **E:** correta, nos termos do art. 37, § 6º, da CF.

Gabarito "E"

(FGV – 2007) É correto afirmar-se que a responsabilidade civil da pessoa jurídica de direito público:

(A) exonera-a do dever indenizatório do dano se ficar provada a culpa de seu agente
(B) impõe-lhe o dever de reparar o dano somente se houver prova da culpa de seu agente
(C) não a obriga a reparar o dano sem prova do nexo de causalidade, nas circunstâncias do caso concreto
(D) acarreta-lhe o dever de reparar o dano em consequência dos riscos a que estão expostos todos os cidadãos

A: incorreta, pois o Estado responde pelos atos de seus agentes; em seguida o Estado poderá denunciar da lide ou ingressar com ação de regresso em face do seu agente; **B:** incorreta, pois a responsabilidade do Estado é objetiva (art. 37, § 6º, da CF); **C:** correta, pois a responsabilidade do Estado depende de três elementos, quais sejam, conduta estatal, dano e nexo de causalidade, e, não havendo esta, a responsabilidade fica excluída; há de se anotar que, no Brasil, adotamos a Teoria do Risco Administrativo, que admite excludentes de responsabilidade estatal, diferentemente da Teoria do Risco Integral, que não admite excludentes de responsabilidade estatal; **D:** incorreta, pois a responsabilidade objetiva do Estado tem como fundamento o risco administrativo, o risco das condutas administrativas, e não todos os riscos a que o particular está submetido.

Gabarito "C"

(FGV – 2007) Analise as afirmativas a seguir:

I. Apesar de a Constituição Federal ditar que "o Estado indenizará o condenado por erro judiciário, assim como o que ficar preso além do tempo fixado na sentença", a regra é a irresponsabilização do Estado por atos de jurisdição.
II. A Constituição Federal de 1988 adotou a Teoria da Responsabilidade Objetiva do Estado, teoria que se fundamenta no risco administrativo e que isenta o lesado de provar a culpa do agente estatal, bastando que este aponte o nexo causal entre o fato administrativo e o dano.
III. A Teoria da Responsabilidade Objetiva do Estado não prevê excludentes, por isso só se aplica às condutas ilícitas do Estado.

Assinale:

(A) se nenhuma afirmativa estiver correta.
(B) se somente as afirmativas I e II estiverem corretas.
(C) se somente as afirmativas I e III estiverem corretas.
(D) se somente as afirmativas II e III estiverem corretas.
(E) se todas as afirmativas estiverem corretas.

I: correta; só haverá responsabilidade por ato jurisdicional se houver dolo ou fraude do juiz (art. 143, I, do Novo CPC), erro judiciário e prisão além do tempo fixado na sentença (art. 5º, LXXV, da CF); **II:** correta, nos termos do art. 37, § 6º, da CF; **III:** incorreta, pois a responsabilidade do Estado é calcada na Teoria do Risco Administrativo, que admite excludentes de responsabilidade, e não na Teoria do Risco Integral, que não admite excludentes.

Gabarito "B"

(FGV – 2005) Assinale a alternativa correta a respeito das pessoas jurídicas de direito público.

(A) São civilmente responsáveis por atos dos seus representantes que, nessa qualidade, causarem danos a terceiros, procedendo de modo contrário ao direito ou faltando a dever prescrito por lei.
(B) São civilmente responsáveis por atos dos seus representantes que, nessa qualidade, causarem danos a terceiros, faltando a dever prescrito por lei.
(C) Responderão exclusivamente pelos danos que seus agentes, nessa qualidade, procedendo de modo contrário ao direito, causarem a terceiros.
(D) Assim como as pessoas jurídicas de direito privado prestadoras de serviços públicos, responderão pelos danos que seus agentes, nessa qualidade, faltando a dever prescrito por lei, causarem a terceiros.
(E) Assim como as pessoas jurídicas de direito privado prestadoras de serviços públicos, responderão pelos danos que seus agentes, nessa qualidade, causarem a terceiros.

A a **D:** A responsabilidade do Estado é objetiva, bastando que seus representantes causem danos a terceiros, pouco importando se isso foi contrário ao direito ou com falta a dever prescrito em lei etc.; **E:** correta, nos termos do art. 37, § 6º, da CF.

Gabarito "E"

(FGV – 2004) A responsabilidade civil das concessionárias de serviços públicos é fundada:

(A) na imperícia e é subjetiva.
(B) no risco integral e é subjetiva.
(C) no dolo e é subjetiva.
(D) na culpa e é objetiva.
(E) no risco administrativo e é objetiva.

A responsabilidade dessas pessoas está prevista no art. 37, § 6º, da CF, de modo que é objetiva. No Brasil, adotamos a Teoria do Risco Administrativo, que admite excludentes de responsabilidade estatal, diferentemente da Teoria do Risco Integral, que não admite excludentes de responsabilidade estatal.

Gabarito "E"

(FGV – 2002) As concessionárias de serviços públicos têm a responsabilidade civil:

(A) subjetiva e fundada na imperícia.
(B) subjetiva e fundada no risco integral.
(C) subjetiva e fundada no dolo.
(D) objetiva e fundada na culpa.
(E) objetiva e fundada no risco administrativo.

A responsabilidade dessas pessoas está prevista no art. 37, § 6º, da CF, de modo que é objetiva. No Brasil, adotamos a Teoria do Risco Administrativo, que admite excludentes de responsabilidade estatal, diferentemente da Teoria do Risco Integral, que não admite excludentes de responsabilidade estatal.

Gabarito "E"

10. LICITAÇÕES E CONTRATOS

10.1. LICITAÇÃO

10.1.1. PRINCÍPIOS, OBJETIVOS E SUJEITOS À LICITAÇÃO

(OAB/Exame Unificado – 2011.3.B) A licitação tem como um de seus princípios específicos o do julgamento objetivo, que significa

(A) a vedação de cláusulas ou condições que comprometam a ideia de proposta mais vantajosa à Administração.
(B) a vedação ao sigilo das propostas, de forma a permitir a todos, antes do início da licitação, o conhecimento objetivo das ofertas dos licitantes.
(C) ser vedada a utilização, no julgamento das propostas, de elemento, critério ou fator sigiloso, secreto, subjetivo ou reservado.
(D) ser impositivo o julgamento célere e oral das propostas, a acarretar a imediata contratação do licitante vencedor.

A: incorreta, pois essa vedação decorre do princípio da indisponibilidade do interesse público, sendo certo que um dos objetivos da licitação é justamente "a seleção da proposta mais vantajosa para a administração" (art. 3º da Lei 8.666/1993); **B:** incorreta, pois essa questão tem a ver com o princípio da publicidade, que, nesse ponto específico, sofre exceção, para o fim de impor o sigilo do conteúdo das propostas, até a respectiva abertura (art. 3º, § 3º, da Lei 8.666/1993); **C:** correta (art. 44 da Lei 8.666/1993); **D:** incorreta, pois essa questão tem a ver com o princípio da eficiência, e não com o princípio do julgamento objetivo; de qualquer forma, é bom ressaltar que a imposição de julgamento célere e oral das propostas não está prevista na Lei 8.666/1993.

Gabarito "C"

(OAB/Exame Unificado – 2007.3) A respeito dos princípios que regem a licitação, assinale a opção incorreta.

(A) O princípio da publicidade impõe a necessidade de a administração realizar audiência pública, com antecedência mínima de 15 (quinze) dias úteis da data prevista para a publicação do edital, antes da realização de qualquer processo licitatório.
(B) O princípio da vinculação ao instrumento convocatório não impede que o edital, se contiver falha, possa ser corrigido, desde que a divulgação ocorra pela mesma forma que se deu o texto original e o prazo para apresentação das propostas seja reaberto.
(C) Em razão do princípio da igualdade, ou isonomia, é vedado que se estabeleça tratamento diferenciado de natureza comercial, legal, trabalhista ou previdenciária entre empresas brasileiras e estrangeiras.
(D) Pelo princípio do julgamento objetivo, se o edital de licitação prevê o critério de melhor técnica, não se pode selecionar simplesmente o de menor preço.

A: incorreta (devendo ser assinalada). A audiência pública só é obrigatória nos casos expressamente previstos na lei (art. 39 da Lei 8.666/1993); **B:** correta (art. 21, § 4º, da Lei 8.666/1993); **C:** correta (art. 3º, § 1º, II, da Lei 8.666/1993); **D:** correta (art. 46 da Lei 8.666/1993).

Gabarito "A"

(FGV – 2013) Com relação à disciplina legal das licitações, é correto afirmar que

(A) não se admite, no julgamento da licitação, qualquer preferência a empresas brasileiras.
(B) a contratação de serviços de publicidade deve ser precedida de licitação.
(C) a alienação de bens da Administração Pública será sempre precedida de avaliação e licitação.
(D) as obras, serviços, compras e alienações realizados pelos órgãos dos Poderes Legislativo e Judiciário não são atingidos pela exigência de licitação.
(E) a modalidade de licitação entre interessados previamente cadastrados, convidados em número mínimo de 3 (três) pela unidade administrativa, é denominada convite.

A: incorreta, pois há preferência na lei para bens e serviços produzidos no País, em primeiro lugar, e, em segundo, produzidos ou prestados por empresas brasileiras (art. 3º, § 2º, III, da Lei 8.666/1993); **B:** correta (art. 25, II, da Lei 8.666/1993); **C:** incorreta, pois há casos em que a licitação é dispensada (art. 17, I, da Lei 8.666/1993); **D:** incorreta, pois a licitação é obrigatória no âmbito da Administração Pública dos três Poderes (art. 1º, *caput*, da Lei 8.666/1993); **E:** incorreta, pois o convite admite não só cadastrados, como não cadastrados também (art. 22, § 3º, da Lei 8.666/1993).

Gabarito "B"

(FGV – 2011) A Comissão de Licitação de um órgão público estadual, em procedimento licitatório de Tomada de Preços, decidiu por inabilitar determinada licitante que havia descumprido norma editalícia pertinente à comprovação de sua habilitação jurídica para execução do objeto contratual. A decisão da Comissão de Licitação pauta-se no princípio setorial das licitações conhecido por

(A) julgamento objetivo das propostas.
(B) padronização.
(C) vinculação ao instrumento convocatório.
(D) lealdade processual.
(E) instrumentalidade das formas.

O instrumento convocatório (edital ou carta-convite) vincula a Administração e os licitantes. Assim, caso um licitante descumpra uma norma prevista no edital, a Administração, em obediência ao princípio da vinculação ao instrumento convocatório, é obrigada a aplicar a devida sanção ao particular. No caso, como se descumpriu um requisito de habilitação, deve a Administração promover a inabilitação do licitante.

Gabarito "C"

(FGV – 2010) As alternativas a seguir apresentam instituições contempladas, de acordo com as normas gerais sobre licitações e contratos administrativos pertinentes a obras, serviços, inclusive de publicidade, compras, alienações e locações no âmbito dos Poderes da União, dos Estados, do Distrito Federal e dos Municípios, à exceção de uma. Assinale-a.

(A) Fundos especiais e as autarquias.
(B) Fundações públicas e as empresas públicas.
(C) Instituições privadas de ensino superior.
(D) Sociedades de economia mista.
(E) Entidades controladas direta ou indiretamente pela União, Estados, Distrito Federal e Municípios.

O art. 1º, parágrafo único, da Lei 8.666/1993, submete as entidades e fundo mencionados nas alternativas "a", "b", "d" e "e" à realização de licitação, não o fazendo quanto às instituições privadas de ensino superior, até porque não faria sentido que uma instituição totalmente privada tivesse que fazer licitação para as contratações.

Gabarito "C"

(FGV – 2010) Segundo o art. 3º da Lei n. 8.666/1993, a licitação destina-se a garantir a observância do princípio constitucional da isonomia e a selecionar a proposta mais vantajosa para a Administração Pública, que será processada e julgada em estrita conformidade com os princípios básicos da legalidade, da impessoalidade, da moralidade, da igualdade, da publicidade, da probidade administrativa, da vinculação ao instrumento convocatório, do julgamento objetivo e dos que lhes são correlatos. O § 2º estabelece que, em igualdade de condições, como critério de desempate, será assegurada preferência, sucessivamente, aos bens e serviços:

I. produzidos no País;
II. produzidos ou prestados por empresas brasileiras;
III. produzidos ou prestados por empresas brasileiras que invistam em pesquisa e no desenvolvimento de tecnologia no País.

Assinale:

(A) se somente III estiver correto.
(B) se somente I e II estiverem corretos.
(C) se somente I e III estiverem corretos.
(D) se somente II e III estiverem corretos.
(E) se I, II e III estiverem corretos.

I: correto (art. 3º, § 2º, I, da Lei 8.666/1993); **II:** correto (art. 3º, § 2º, II, da Lei 8.666/1993); **III:** incorreto, pois a preferência, nesse caso, é dada aos bens e serviços produzidos ou prestados por empresas não só brasileiras, mas estrangeiras também, desde que invistam em pesquisa e no desenvolvimento de tecnologia no País.

Gabarito "B"

(FGV – 2010) Com relação às *licitações*, assinale a alternativa correta.

(A) Como lei geral, a Lei 8.666/1993 aplica-se integralmente a todas as contratações públicas, sem admitir qualquer forma de derrogação.
(B) Segundo a jurisprudência do Supremo Tribunal Federal, é constitucional o regulamento de licitações simplificado, aprovado mediante decreto fundamentado em autorização legal específica, para disciplinar os procedimentos licitatórios de empresas estatais em regime de livre concorrência.
(C) Admite-se a inversão de fases nos procedimentos licitatórios regidos pela Lei n.º 8.666/93.
(D) São modalidades de licitação, exclusivamente: concorrência, tomada de preços, convite, concurso e leilão.
(E) Configura hipótese de dispensa de licitação compras de valor máximo correspondente a 10% (dez por cento) do valor máximo estimado para adoção da modalidade concorrência (R$ 650.000,00).

A: incorreta, pois há contratações públicas reguladas por outras leis, como as concessões de serviço público e as parcerias público-privadas; **B:** correta, nos termos da seguinte decisão do STF – "Ação Cautelar. Efeito suspensivo a recurso extraordinário admitido no Superior Tribunal de Justiça. Plausibilidade jurídica do pedido. Licitações realizadas pela Petrobrás com base no Regulamento do Procedimento Licitatório Simplificado (Decreto nº 2.745/1998 e Lei nº 9.478/1997). Perigo de dano irreparável. A suspensão das licitações pode inviabilizar a própria atividade da Petrobrás e comprometer o processo de exploração e distribuição de petróleo em todo o país, com reflexos imediatos para a indústria, comércio e, enfim, para toda a população. Medida cautelar deferida para conceder efeito suspensivo ao recurso extraordinário" (AC 1193 MC-QO, DJ 30-06-2006); insta consignar, ainda, que o TCU tomou decisões no sentido de impedir o uso, pela Petrobrás, do regulamento mencionado; porém a empresa ingressou com mandado de segurança junto ao STF (MS 29.123) e conseguiu medida liminar em que o Min. Gilmar Mendes suspendeu os efeitos das decisões proferidas pelo Tribunal de Contas da União (STF, j. em 02.09.2010); **C:** incorreta, pois não há essa previsão na Lei 8.666/1993, apesar de existir tal possibilidade no pregão e nas licitações para a concessão de serviços públicos e para a celebração de parceiras público-privadas; **D:** incorreta, pois o pregão também é uma modalidade de licitação; **E:** incorreta, pois a dispensa, no caso, dirige-se às licitações para compras de até 10% do limite para adoção da modalidade convite (art. 24, I, da Lei 8.666/1993).

Gabarito "B"

(FGV – 2008) Das afirmativas a seguir, uma está errada. Assinale-a.

(A) Pode ser dispensada a licitação para a contratação de serviços que se destinem a atender aos contingentes militares das Forças Singulares brasileiras voltadas a operações de paz no exterior.
(B) O novo convite que tenha objeto idêntico ao do convite anterior só exige a participação de outro interessado, havendo mais de 3 (três) interessados na praça, no caso de existirem cadastrados não convidados nas últimas licitações.
(C) Todas as hipóteses de inexigibilidade de licitação, sem exceção, devem ser devidamente justificadas e comunicadas à autoridade superior competente dentro de 3 (três) dias, para ratificação e publicação na imprensa oficial no prazo de 5 (cinco) dias.
(D) Uma vez habilitados os participantes numa tomada de preços, poderá ocorrer a desclassificação de um ou alguns deles quando as propostas estejam dissonantes do ato convocatório da licitação, ou quando nelas constarem preços com valor global acima do limite estabelecido ou com valores manifestamente inexequíveis.
(E) Por força do princípio da unicidade do julgamento, a Comissão de Licitação, na respectiva sessão, deve conceder aos candidatos inabilitados, logo após a abertura das propostas dos habilitados, a oportunidade de recorrer contra a inabilitação e apresentar suas razões de recurso.

A: correta (art. 24, XXIX, da Lei 8.666/1993); **B:** correta (art. 22, § 6º, da Lei 8.666/1993); **C:** correta (art. 26 da Lei 8.666/1993); **D:** correta (art. 48 da Lei 8.666/1993); **E:** incorreta, devendo ser assinalada, pois a previsão de recurso na Sessão é típica do pregão, e não das modalidades previstas na Lei 8.666/1993.

Gabarito "E"

(FGV – 2008) Assinale a afirmativa incorreta.

(A) A alienação de bens imóveis da Administração deve ser precedida de avaliação prévia e licitação, sendo esta, contudo, dispensada, entre outros, nos casos de permuta e doação.
(B) As alterações unilaterais qualitativas do contrato administrativo, impostas pela Administração, devem prevalecer sobre as alterações quantitativas.

(C) Se o Estado pretende alugar imóvel para instalar órgão público, deve realizar licitação, ressalvadas apenas situações específicas, como, por exemplo, a relativa a sua localização.

(D) Não há vedação para que o administrador público realize concorrência em lugar de tomada de preços, ainda que o valor previsto para o contrato se situe na faixa relativa a esta última modalidade.

(E) É direito do cidadão a possibilidade de impugnar edital de licitação em razão de alguma contrariedade com a lei, mas o recurso deve ser interposto antes da data da abertura dos envelopes de habilitação.

A: correta (art. 17 da Lei 8.666/1993); **B:** incorreta, devendo ser assinalada, pois tais alterações são prejudiciais à própria contratação, envolvendo situações imprevistas e que impõe, para a preservação do interesse público, modificação no projeto, nos termos do art. 65, I, *a*, da Lei 8.666/1993; **C:** correta, pois existe a exceção mencionada (art. 24, X, da Lei 8.666/1993); **D:** correta, pois a modalidade concorrência é a mais ampla e pode ser utilizada nos casos de modalidades específicas de licitações de menor vulto; **E:** correta (art. 41, § 1º, da Lei 8.666/1993).

Gabarito "B"

(FGV – 2008) Assinale a alternativa correta.

(A) A Lei 8.666/1993 prevê casos de dispensa de licitação. Os Estados-membros podem ampliar o rol traçado na lei, pois possuem a capacidade de autoadministração.

(B) O princípio da oralidade é o princípio diferencial do pregão em relação às modalidades clássicas de licitação.

(C) Na inexigibilidade de licitação, esta é materialmente possível, mas, em regra, inconveniente.

(D) Tomada de preço é a modalidade de licitação adequada a contratações de grande vulto; apresenta maior rigor formal em seu procedimento, se comparada às outras modalidades licitatórias.

(E) Os bens imóveis da Administração Pública cuja aquisição haja derivado de procedimentos judiciais ou de dação em pagamento poderão ser alienados por licitação, sob as modalidades de convite ou leilão.

A: incorreta. Compete à União expedir normas gerais em matéria de licitação (art. 22, XXVII, da CF); **B:** correta. *Vide*, por ex., o art. 4º, VIII e XVIII, da Lei 10.520/2002; **C:** incorreta. Ao contrário, a licitação é inviável (materialmente impossível), nesse caso (art. 25, *caput*, da Lei 8.666/1993); **D:** incorreta. Essa é definição da modalidade "concorrência"; **E:** incorreta. Devem ser utilizadas as modalidades concorrência ou leilão (art. 19 da Lei 8.666/1993).

Gabarito "B"

(FGV – 2008) De acordo com a Lei 8.666/1993, as compras, sempre que possível, deverão observar as disposições enunciadas nas alternativas a seguir, à exceção de uma. Assinale-a.

(A) Atender ao princípio da padronização, que imponha compatibilidade de especificações técnicas e de desempenho

(B) Ser processadas por sistema de registro de tomada de preços

(C) Submeter-se às condições de aquisição e pagamento semelhantes às do setor privado

(D) Ser subdivididas em tantas parcelas quantas necessárias para aproveitar as peculiaridades do mercado, visando à economicidade

(E) Balizar-se pelos preços praticados no âmbito dos órgãos e entidades da Administração Pública

---

A: correta (art. 15, I, da Lei 8.666/1993); **B:** incorreta, devendo ser assinalada, pois o nome do sistema é *registro de preços*, e não *tomada de preços*, que é uma modalidade de licitação (art. 15, II, da Lei 8.666/1993); **C:** correta (art. 15, III, da Lei 8.666/1993); **D:** correta (art. 15, IV, da Lei 8.666/1993); **E:** correta (art. 15, V, da Lei 8.666/1993).

Gabarito "B"

10.1.2. CONTRATAÇÃO DIRETA

(OAB/Exame Unificado – 2015.3) Após celebrar contrato de gestão com uma organização social, a União pretende celebrar, com a mesma organização, contrato de prestação de serviços para a realização de atividades contempladas no contrato de gestão. Com base na hipótese apresentada, assinale a afirmativa correta.

(A) É obrigatória a realização de licitação para a celebração do contrato de prestação de serviços.

(B) É dispensável a realização de licitação para a celebração do contrato de prestação de serviços.

(C) É inexigível a realização de licitação para a celebração do contrato de prestação de serviços.

(D) Não é possível celebrar contrato de prestação de serviços com entidade qualificada como organização social.

A, **C** e **D**: incorretas, pois a lei estabelece caso de *dispensa* de licitação no caso (art. 24, XXIV, da Lei 8.666/93); **B**: correta (art. 24, XXIV, da Lei 8.666/1993).

Gabarito "B"

(OAB/Exame Unificado – 2014.3) A Agência Reguladora de Serviços Públicos Estaduais, autarquia do Estado ABC, identificou um imóvel, no centro da cidade XYZ (capital do Estado) capaz de receber as instalações de sua nova sede. O proprietário do imóvel, quando procurado, demonstrou interesse na sua alienação pelo preço de avaliação da Administração Pública.

Considerando a disciplina legislativa a respeito do tema, assinale a opção correta.

(A) É possível a compra de bem imóvel pela Administração, dispensada a licitação no caso de as necessidades de instalação e localização condicionarem a sua escolha.

(B) Não é possível a celebração de contrato de compra e venda, pois a única forma de aquisição de bem imóvel pelo Estado é a desapropriação.

(C) É possível a compra de bem imóvel pela Administração, mas tal aquisição deve ser, obrigatoriamente, precedida de licitação, na modalidade de concorrência.

(D) É possível a compra de bem imóvel pela Administração, mas tal aquisição deve ser, obrigatoriamente, precedida de licitação, na modalidade de leilão.

A: correta, nos termos do art. 24, X, da Lei 8.666/1993, pelo qual é dispensável a licitação "para a compra ou locação de imóvel destinado ao atendimento das finalidades precípuas da administração, cujas necessidades de instalação e localização condicionem a sua escolha, desde que o preço seja compatível com o valor de mercado, segundo avaliação prévia"; **B:** incorreta, pois a Administração também pode adquirir bens imóveis por outros meios, tais como a compra e venda (que é o caso mencionado e previsto no art. 24, X, da Lei 8.666/1993), a permuta e até a aquisição por adjudicação do bem em processo judicial em que o Poder Público é credor do executado; **C** e **D**: incorretas, pois o caso em tela é de compra com dispensa de licitação (art. 24, X, da Lei 8.666/1993).

Gabarito "A"

(OAB/Exame Unificado – 2014.3) Diante das chuvas torrenciais que destruíram o telhado do prédio de uma Secretaria de Estado, o administrador entende presentes as condições para a dispensa de licitação com fundamento no Art. 24, IV, da Lei nº 8.666/1993 (contratação direta quando caracterizada urgência de atendimento de situação que possa ocasionar prejuízo ou comprometer a segurança de pessoas, obras, serviços, equipamentos e outros bens, públicos ou particulares).

Submete, então, à Assessoria Jurídica a indagação sobre a possibilidade de contratação de empresa de construção civil de renome nacional para a reconstrução da estrutura afetada do edifício.

Sobre as hipóteses de contratação direta, assinale a afirmativa correta.

(A) As hipóteses de dispensa e inexigibilidade de licitação não exigem justificativa de preço, porque são casos em que a própria legislação entende inconveniente ou inviável a competição pelas melhores condições de contratação.

(B) A dispensa de licitação, assim como a de inexigibilidade, não prescinde de justificativa de preço, uma vez que a autorização legal para não licitar não significa possibilidade de contratação por preços superiores aos praticados no mercado.

(C) Apenas as hipóteses de dispensa de licitação (e não as situações de inexigibilidade) exigem justificativa de preço até porque a inexigibilidade significa que somente uma pessoa pode ser contratada, o que afasta possibilidade de discussão quanto ao preço.

(D) A dispensa de licitação não exige justificativa de preço, pois a própria lei prevê, taxativamente, que não se faça licitação nas hipóteses elencadas; na inexigibilidade, a justificativa de preço é inafastável, diante do caráter exemplificativo do Art. 25 da Lei.

A, **C** e **D**: incorretas, pois, apesar de a lei não exigir licitação nessas hipóteses (arts. 24 e 25 da Lei 8.666/1993), a mesma lei impõe que no processo administrativo que será aberto para a contratação direta (sem licitação), tanto por dispensa como inexigibilidade, é necessário apresentar documentação com a "justificativa do preço" que se pagará na contratação respectiva (art. 26, III, da Lei 8.666/93); **B**: correta (art. 26, III, da Lei 8.666/93). Alternativa correta é a "B".

Gabarito "B"

(OAB/Exame Unificado – 2013.1) Nenhuma proposta foi apresentada na licitação promovida por uma autarquia federal para a aquisição de softwares de processamento de dados. Com relação a esse caso, assinale a afirmativa correta.

(A) Um novo procedimento licitatório deve ser realizado no prazo de até 180 dias do término do procedimento anterior.

(B) A hipótese é de licitação dispensada, ainda que ela possa ser repetida sem prejuízo para a Administração.

(C) A hipótese é de inexigibilidade de licitação, desde que a contratação se faça no prazo de até 180 dias do término do procedimento anterior.

(D) A contratação direta é admitida, se a licitação não puder ser repetida sem prejuízo para a Administração.

A e **C**: incorretas, pois não há, na Lei 8.666/1993, quaisquer disposições nos sentidos mencionados; **B**: incorreta, pois o caso é de dispensa de licitação, que depende de esta não poder ser repetida sem prejuízo para a Administração (art. 24, V, da Lei 8.666/1993), além de serem mantidas todas as condições preestabelecidas; **D**: correta (art. 24, V, da Lei 8.666/1993).

Gabarito "D"

(OAB/Exame Unificado – 2009.3) Assinale a opção correta quanto às hipóteses legais de dispensa de licitação.

(A) Configura hipótese de dispensa de licitação a aquisição, pela União, Estados, DF e Municípios, de determinados produtos, com a finalidade de normalizar o abastecimento.

(B) Constitui hipótese de dispensa de licitação a contratação de profissional de qualquer setor artístico, desde que consagrado pela crítica especializada ou pela opinião pública.

(C) É possível a contratação direta nas hipóteses de licitação deserta e de licitação fracassada.

(D) Admite-se dispensa de licitação na contratação de remanescente de obra, serviço ou fornecimento, em decorrência de rescisão contratual, uma vez atendida a ordem de classificação da licitação anterior e aceitas as mesmas condições oferecidas pelo licitante vencedor.

A: incorreta. Tal dispensa só existe em favor da União (art. 24, VI, da Lei 8.666/1993); **B**: incorreta. Essa é uma hipótese de inexigibilidade (art. 25, III, da Lei 8.666/1993), e não de dispensa de licitação; **C**: incorreta. A contratação direta só é admitida na hipótese de *licitação deserta*, em que não apareceram interessados (art. 24, V, da Lei 8.666/1993), mas não na hipótese de *licitação fracassada*, em que apareceram interessados, mas todos foram inabilitados ou desclassificados (art. 48, § 3º, da Lei 8.666/1993); **D**: correta (art. 24, XI, da Lei 8.666/1993).

Gabarito "D"

(OAB/Exame Unificado – 2009.1) No que se refere a licitação e contratos, assinale a opção correta.

(A) Em regra, a venda de bens públicos imóveis passíveis de alienação ocorre por meio das modalidades de concorrência ou leilão.

(B) É dispensável a licitação quando não acudirem interessados à licitação anterior, e a licitação, justificadamente, não puder ser repetida sem prejuízo para a administração, mantidas, nesse caso, todas as condições preestabelecidas.

(C) Não está impedida de participar de licitações a empresa que se utilize do trabalho do menor de dezesseis anos de idade, mesmo fora da condição de aprendiz.

(D) A microempresa ou empresa de pequeno porte que deixe de comprovar, na fase de habilitação, a sua regularidade fiscal será excluída de imediato do certame.

A: incorreta. A regra é a utilização de concorrência (arts. 17, I, e 23, § 3º, da Lei 8.666/1993); por exceção, cabe leilão (art. 19, III, da Lei 8.666/1993); **B**: correta (Art. 24, V, da Lei 8.666/1993); **C**: incorreta. (Art. 27, V, da Lei 8.666/1993 – veja também Lei 9.854/1999); **D**:

incorreta (arts. 42 e 43 da Lei Complementar 123/2006. Importante recordar a alteração do prazo previsto no § 2º do art. 43, pela Lei Complementar 147/2014, de dois dias para cinco para a regularização fiscal da documentação, pagamento ou parcelamento do débito e emissão de eventuais certidões negativas ou positivas com efeito de certidão negativa), bem como a disposição do art. 28, § 1º, da Lei 13.303/2016.

Gabarito "B"

(OAB/Exame Unificado – 2008.1) De acordo com a Lei n.º 8.666/1993, que regulamenta o art. 37, inciso XXI, da Constituição Federal e institui normas para licitações e contratos da administração pública, é inexigível a licitação

(A) nos casos de guerra ou grave perturbação da ordem.

(B) quando não acudirem interessados à licitação anterior e, justificadamente, não puder ser repetida a licitação sem prejuízo para a administração, mantidas, neste caso, todas as condições preestabelecidas.

(C) em caso de inviabilidade de competição para aquisição de materiais que só possam ser fornecidos por empresa ou representante comercial exclusivo.

(D) quando a União tiver de intervir no domínio econômico para regular preços ou normalizar o abastecimento.

Art. 25, I, da Lei 8.666/1993. As demais são hipóteses de dispensa de licitação (art. 24 da mesma lei).

Gabarito "C"

(OAB/Exame Unificado – 2007.1) Quanto às licitações, assinale a opção correta.

(A) De acordo com o princípio da adjudicação compulsória, o licitante contratado deve obedecer não apenas aos termos do contrato, mas também às determinações da administração.

(B) Nos termos da Constituição Federal, as empresas estatais (sociedades de economia mista e empresas públicas), quando prestadoras de serviço público, podem elaborar ato normativo sobre licitação, observados os princípios da administração pública.

(C) A contratação de empresa de publicidade pode ser feita sem licitação, diante da natureza singular do serviço.

(D) É dispensável a licitação na hipótese de celebração de contrato de programa entre entes da Federação ou com entidades da administração indireta, para a prestação de serviços públicos de forma associada nos termos do autorizado em contrato de consórcio público ou em convênio de cooperação.

A: incorreta. O princípio confere ao adjudicatário (ganhador do certame) o direito de não ser preterido na contratação; **B:** incorreta. A CF, em seu art. 173, § 1º, III, prescreve que a *lei* estabelecerá o estatuto das empresas estatais *exploradoras de atividade econômica*, inclusive quanto a licitações e contratos; **C:** incorreta. O art. 25, II, da Lei 8.666/1993 veda expressamente a contratação direta nesse caso; **D:** correta (art. 24, XXVI, da Lei 8.666/1993).

Gabarito "D"

(OAB/Exame Unificado – 2006.3) No que se refere às licitações, assinale a opção correta.

(A) Na modalidade pregão, os autores das cinco melhores propostas têm a possibilidade imediata de fazerem novos lances verbais e sucessivos, de forma a possibilitar a obtenção da proposta mais vantajosa.

(B) Adjudicação é o ato pelo qual a administração, por intermédio da autoridade competente, atribui ao vencedor do certame a atividade (obra, serviço ou compra) que constitui o objeto da futura contratação.

(C) A inexigibilidade de licitação ocorre nas hipóteses expressamente previstas em lei.

(D) Ocorre dispensa de licitação na hipótese de contratação de serviços telefônicos prestados pelas concessionárias de serviço público.

A: incorreta (art. 4º, VIII e IX, da Lei 10.520/2002); **B:** correta, pois traz a exata definição de adjudicação; **C:** incorreta. A inexigibilidade ocorre quando a licitação for inviável, não sendo taxativo o rol previsto no art. 25 da Lei 8.666/1993; **D:** incorreta. O art. 24 da Lei 8.666/1993 não estabelece essa hipótese de dispensa.

Gabarito "B"

Lei n.º 8.666, de 21 de junho de 1993, conhecida como Lei de Licitações e Contratos Administrativos, estabelece normas gerais sobre licitações e contratos administrativos pertinentes a obras, serviços, inclusive de publicidade, compras, alienações e locações no âmbito dos Poderes da União, dos Estados, do Distrito Federal e dos Municípios. Estão subordinados ao regime dessa Lei, além dos órgãos da administração direta, os fundos especiais, as autarquias, as fundações públicas, as empresas públicas, as sociedades de economia mista e demais entidades controladas direta ou indiretamente pela União, Estados, Distrito Federal e Municípios.

(OAB/Exame Unificado – 2006.1) Na hipótese de um órgão da administração pública resolver contratar um artista popular de grande sucesso para as festas de final de ano, essa contratação deve ser precedida de

(A) licitação, em qualquer uma de suas modalidades.

(B) ato de inexigibilidade de licitação, por inviabilidade de competição.

(C) ato de dispensa de licitação, por inviabilidade de competição.

(D) pregão eletrônico.

A contratação de artista consagrado pela opinião pública (como na hipótese apresentada pelo enunciado) constitui hipótese de inexigibilidade de licitação (art. 25, III, da Lei 8.666/1993).

Gabarito "B"

(FGV – 2013) A obrigatoriedade da realização de licitação para as contratações da administração pública é uma imposição constitucional. No entanto a constituição prevê também a possibilidade de essa obrigatoriedade ser excepcionada por lei. A Lei n. 8.666/1993 prevê algumas hipóteses em que as contratações poderão ser feitas sem licitação. Com relação a essas hipóteses, assinale a afirmativa correta.

(A) A contratação de profissional do setor artístico poderá ser feita sem licitação por ser essa inexigível na hipótese.

(B) A contratação em casos de guerra poderá ser feita sem licitação por ser essa inexigível na hipótese.

(C) A contratação de serviços técnicos de natureza singular com profissionais ou empresas de notória especialização poderá ser feita sem licitação por ser essa dispensável na hipótese.

(D) A contratação nos casos de calamidade pública poderá ser feita sem licitação por ser essa inexigível na hipótese.

(E) A aquisição de materiais, equipamentos, ou gêneros que só possam ser fornecidos por produtor, empresa ou representante comercial exclusivo poderá ser feita sem licitação por ser essa dispensável na hipótese.

A: correta (art. 25, III, da Lei 8.666/1993); **B:** incorreta, pois esse caso é de dispensa de licitação e não de inexigibilidade (art. 24, III, da Lei 8.666/93); **C:** incorreta, pois esse caso é de inexigibilidade de licitação (art. 25, II, da Lei 8.666/1993); **D:** incorreta, pois esse caso é de dispensa de licitação e não de inexigibilidade (art. 24, IV, da Lei 8.666/93); **E:** incorreta, pois esse caso é de inexigibilidade de licitação (art. 25, I, da Lei 8.666/1993).

Gabarito "A"

(FGV – 2013) No ordenamento jurídico brasileiro, a licitação é a regra em relação às contratações realizadas pela Administração Pública. Não obstante, há a previsão de ressalvas em relação à licitação. Sobre essas exceções, assinale a afirmativa correta.

(A) A aquisição de materiais que só possam ser fornecidos por produtor exclusivo poderá ser feita por dispensa.
(B) No caso de grave perturbação da ordem, a licitação é inexigível.
(C) Nos casos de grave perturbação da ordem, a licitação é dispensável.
(D) Nos casos de contratação de profissional de setor artístico, a licitação é dispensada.
(E) Para serviços de publicidade, a licitação é inexigível.

A: incorreta, pois esse caso é de inexigibilidade (art. 25, I, da Lei 8.666/1993); **B:** incorreta, pios esse caso é de dispensa de licitação (art. 24, III, da Lei 8.666/1993); **C:** correta (art. 24, III, da Lei 8.666/1993); **D:** incorreta, pois esse caso é de inexigibilidade de licitação (art. 25, III, da Lei 8.666/1993); **E:** incorreta, pois não há inexigibilidade para esse caso (art. 25, II, da Lei 8.666/1993).

Gabarito "C"

(FGV – 2013) Sobre a dispensa e a *inexigibilidade* de licitações, assinale a afirmativa correta.

(A) A licitação deserta ocorre quando nenhum interessado acudir ao certame e ele não puder ser repetido sem prejuízo para a Administração.
(B) A licitação é dispensável quando não há viabilidade de competição entre os interessados, devendo-se realizar a contratação direta.
(C) As hipóteses de inexigibilidade de licitação estão previstas de forma taxativa na Lei de Licitações, não se admitindo a sua interpretação extensiva.
(D) A licitação para contratação direta pode ser dispensada pelo Poder Público quando houver profissionais com notória especialização, desde que por preço de mercado.
(E) A licitação diz-se frustrada quando, mesmo tendo acudido interessados, a mesma não se realiza por motivos de caso fortuito ou força maior.

A: correta (art. 24, V, da Lei 8.666/1993); **B:** incorreta, pois nesse caso temos hipótese de *inexigibilidade* (e não de licitação dispensável), nos termos do art. 25, *caput*, da Lei 8.666/1993; **C:** incorreta, pois o rol é exemplificativo, de modo que também será hipótese de inexigibilidade, além das três previstas nos incisos do art. 25 da Lei 8.666/1993, os demais casos que se derem no mundo fenomênico em que haja inviabilidade de competição (art. 25, *caput*, da Lei 8.666/1993); **D:** incorreta, pois não há hipótese de *dispensa* no caso (veja que não há qualquer previsão nesse sentido no art. 24 da Lei 8.666/1993); aliás, também não cabe *inexigibilidade* pelo simples fato de que existe um profissional de notória especialização no mercado, pois a hipótese prevista no art. 25, II, da Lei 8.666/1993 também depende de que a Administração esteja buscando um serviço singular, que é aquele serviço que não é corriqueiro ou rotineiro, mas serviço absolutamente diferenciado e que não se encontra facilmente no mercado; **E:** incorreta, pois a licitação é considerada frustrada quando apareceram interessados, mas todos eles ou foram desclassificados ou foram inabilitados.

Gabarito "A"

(FGV – 2011) A licitação é dispensável nos seguintes casos:

I. em casos de guerra ou grave perturbação da ordem;
II. quando não acudirem interessados à licitação anterior e esta, justificadamente, não puder ser repetida sem prejuízo para a Administração;
III. para aquisição de materiais que só possam ser fornecidos por produtor exclusivo, devendo a comprovação de exclusividade ser feita por meio de atestado;
IV. quando a União tiver que intervir no domínio econômico para regular preços ou normalizar o abastecimento.

Analisando-se os itens acima, estão corretos somente

(A) II e III.
(B) I, II e IV.
(C) II, III e IV.
(D) I e IV.
(E) I, III e IV.

I: correta (art. 24, III, da Lei 8.666/1993); **II:** correta (art. 24, V, da Lei 8.666/1993); **III:** incorreta, pois esse caso não é de dispensa, mas de inexigibilidade de licitação (art. 25, I, da Lei 8.666/1993); **IV:** correta (art. 24, VI, da Lei 8.666/1993).

Gabarito "B"

(FGV – 2011) Analise as afirmativas a seguir:

I. Por força do princípio da moralidade administrativa, a licitação deve ser sigilosa, exceto quanto ao conteúdo das propostas.
II. Convite é modalidade de licitação utilizada nas hipóteses de dispensa ou inexigibilidade, de acordo com a discricionariedade administrativa.
III. É dispensável a licitação nos casos de guerra, grave perturbação da ordem ou quando houver inviabilidade de competição.
IV. A licitação será dispensável quando a União tiver que intervir no domínio econômico para regular preços ou normalizar o abastecimento.
V. A licitação tem por objetivo assegurar a observância do princípio constitucional da isonomia e selecionar a proposta mais vantajosa para a Administração Pública.

Assinale

(A) se apenas as afirmativas I e II estiverem corretas.
(B) se apenas as afirmativas I e V estiverem corretas.
(C) se apenas as afirmativas II e III estiverem corretas.
(D) se apenas as afirmativas III e IV estiverem corretas.
(E) se apenas as afirmativas IV e V estiverem corretas.

I: incorreta, pois é justamente o contrário, ou seja, a licitação deve ser pública, exceto quanto ao conteúdo das propostas (art. 3º, § 3º, da Lei 8.666/1993); **II:** incorreta, pois em caso de dispensa ou inexigibilidade não se faz licitação; o convite é modalidade de licitação destinada à aquisição de bens e serviços de pequeno valor (art. 23, I, *a*, e II, *a*, da Lei 8.666/1993); **III:** incorreta, pois quando houver "Inviabilidade de competição", está-se diante de inexigibilidade de licitação, e não de dispensa de licitação; **IV:** correta (art. 24, VI, da Lei 8.666/1993); **V:** correta, valendo salientar que, com a Lei 12.349/2010, a licitação passa a ter uma terceira finalidade, consistente na promoção do desenvolvimento nacional sustentável.

Gabarito "E"

(FGV – 2011) Há inexigibilidade de licitação quando

(A) a contratação tiver por objeto bens e serviços comuns.
(B) não acudirem interessados à licitação anterior e não houver tempo hábil para a abertura de novo procedimento.
(C) a lei dispensar o administrador de realizar o procedimento licitatório, embora a competição seja juridicamente viável.
(D) as propostas apresentadas consignarem preços manifestamente superiores aos praticados no mercado nacional.
(E) for inviável a competição.

A: incorreta, pois nesse caso a licitação é obrigatória, sendo cabível a modalidade de licitação pregão (art. 1º da Lei 10.520/2002); **B:** incorreta, pois esse caso enseja dispensa de licitação (art. 24, V, da Lei 8.666/1993), e não exigibilidade de licitação (art. 25 da Lei 8.666/1993); **C:** incorreta, pois a inexigibilidade se dá justamente quando a competição for inviável (art. 25, *caput*, da Lei 8.666/1993); **D:** incorreta, pois, nesse caso, cumprindo-se os demais requisitos legais, temos um caso de dispensa de licitação (art. 24, VII, da Lei 8.666/1993), e não de inexigibilidade; **E:** correta, nos termos do art. 25, *caput*, da Lei 8.666/1993.

Gabarito "E"

(FGV – 2010) A licitação, de acordo com a Lei Federal 8.666/1993, é inexigível na seguinte hipótese:

(A) aquisição de materiais e equipamentos que só possam ser fornecidos por produtor, empresa ou representante comercial exclusivo.
(B) alienação, por meio de permuta, de bens imóveis da Administração Pública.
(C) celebração de contrato de concessão de direito real de uso.
(D) celebração de contratos de prestação de serviços com as organizações sociais, qualificadas no âmbito das respectivas esferas de governo, para atividades contempladas no contrato de gestão.
(E) aquisição de bens, nos termos de acordo internacional específico aprovado pelo Congresso Nacional, quando as condições ofertadas forem manifestamente vantajosas para o Poder Público.

A: correta, pois se trata de hipótese de inexigibilidade de licitação (art. 25, I, da Lei 8.666/1993); **B:** incorreta, pois se trata de hipótese de licitação dispensada (art. 17, I, *c*, da Lei 8.666/1993), e não de inexigibilidade; **C:** incorreta, pois a hipótese reclama realização de licitação, pela modalidade concorrência (art. 23, § 3º, da Lei 8.666/1993), sendo que, excepcionalmente, o caso é de licitação dispensada (art. 17, I, "f", "h" ou "i", da Lei 8.666/1993), e não de inexigibilidade; **D:** incorreta, pois se trata de hipótese de dispensa de licitação (art. 24, XXIV, da Lei 8.666/1993); **E:** incorreta, pois se trata de hipótese de dispensa de licitação (art. 24, XVI, da Lei 8.666/1993). Por fim, vale a pena lembrar que as hipóteses de licitação dispensada estão no art. 17 da Lei 8.666/1993, as hipóteses de dispensa de licitação estão no art. 24 da Lei 8.666/1993, em rol taxativo, e as hipóteses de inexigibilidade de licitação estão no art. 25 da Lei 8.666/1993, em rol exemplificativo.

Gabarito "A"

(FGV – 2010) É dispensável a licitação:

(A) nos casos de emergência ou de calamidade pública para parcelas de obras e serviços que possam ser concluídas no prazo máximo de 180 (cento e oitenta) dias consecutivos e ininterruptos, contados da ocorrência da emergência ou calamidade, podendo ser prorrogado uma única vez.
(B) para o fornecimento de bens e serviços, produzidos ou prestados no País, que envolvam, cumulativamente, alta complexidade tecnológica e defesa nacional, mediante parecer de comissão especialmente designada pela autoridade máxima do órgão.
(C) para locação ou permissão de uso de bens imóveis de uso comercial de âmbito local com área de até 350 m^2 (trezentos e cinquenta metros quadrados) e inseridos no âmbito de programas de regularização fundiária de interesse social desenvolvidos por órgãos ou entidades da administração pública.
(D) para a contratação de serviços técnicos relativos a treinamento e aperfeiçoamento de pessoal, com profissionais ou empresas de notória especialização.
(E) para contratação de obra complementar, desde que atendida a ordem de classificação da licitação anterior e aceitas as mesmas condições oferecidas pelo licitante vencedor, inclusive quanto ao preço, devidamente corrigido.

A: incorreta, pois não cabe a prorrogação mencionada (art. 24, IV, da Lei 8.666/1993); **B:** correta (art. 24, XXVIII, da Lei 8.666/1993); **C:** incorreta, pois o imóvel deve ter até 250 m^2 (art. 17, I, "h", da Lei 8.666/1993); **D:** incorreta, pois o caso reclama licitação ou, excepcionalmente, inexigibilidade de licitação (art. 25, III, da Lei 8.666/1993), e não dispensa de licitação; **E:** incorreta, pois a dispensa não é para obra complementar, mas sim para remanescente de obra, que não pode ser concluída em virtude de rescisão contratual.

Gabarito "B"

(FGV – 2008) No que tange à licitação, assinale a alternativa correta.

(A) O Município do Rio de Janeiro é competente para legislar sobre normas específicas de licitação, podendo, de acordo com a sua discricionariedade, dispensar o procedimento licitatório, em casos específicos, desde que eles estejam expressamente previstos, taxativamente, na norma municipal.
(B) Na inexigibilidade de licitação, sequer é viável a realização do certame. Na dispensa da licitação, ela poderia ser realizada, mas a critério do administrador, pois não é exigida.
(C) Os limites e valor de cada modalidade de licitação, previstos no Estatuto dos Contratos e Licitações, podem ser adequados aos interesses do Município, que, com base em sua competência constitucional, pode normatizar em sentido diverso do estabelecido na lei nacional.
(D) A licitação é dispensada quando há a realização de contrato de programa entre consórcio público e entidade de administração direta ou indireta, visando à prestação de serviço público de forma associada, na forma prevista no instrumento do consórcio público ou em convênio de cooperação.
(E) Na modalidade *concurso*, os princípios da impessoalidade e do julgamento objetivo ficam

mitigados, pois prevalece a análise subjetiva dos trabalhos intelectuais apresentados. Por tal motivo, essa modalidade de licitação foi declarada inconstitucional pela Corte Maior.

A: incorreta, pois compete à União legislar sobre normas gerais de licitação (art. 22, XXVII, da CF), como é o caso das normas que tratam de dispensa de licitação; **B:** correta, pois essa é a diferença entre a dispensa (art. 24 da Lei 8.666/1993), que tem rol taxativo, e a inexigibilidade (art. 25 da Lei 8.666/1993), que tem rol exemplificativo; **C:** incorreta, pois esse assunto é típico de norma geral, de competência da União; **D:** incorreta, pois, apesar do texto da alternativa ser praticamente idêntico ao da hipótese prevista na lei (art. 24, XXVI, da Lei 8.666/1993), não existe entidade da administração direta e indireta, mas sim entidades da administração indireta somente; dentro da administração direta existem órgãos, e não entidades; **E:** incorreta, pois o STF não entendeu inconstitucional a modalidade prevista no art. 22, § 4º, da Lei 8.666/1993.

Gabarito "B".

(FGV – 2008) Considerando as afirmativas abaixo, assinale a opção correta:

I. É inexigível a licitação quando houver inviabilidade de competição, em especial para contratação de profissional de qualquer setor artístico, desde que consagrado pela crítica especializada ou pela opinião pública.

II. A determinação das modalidades de licitação para obras e serviços de engenharia deve respeitar os seguintes parâmetros gerais: convite – até R$ 150.000,00 (cento e cinquenta mil reais); tomada de preços – até R$ 1.500.000,00 (um milhão e quinhentos mil reais); concorrência: acima de R$ 1.500.000,00 (um milhão e quinhentos mil reais).

III. É dispensável a licitação nos casos de guerra ou grave perturbação da ordem, entre outros casos.

(A) Nenhuma alternativa está correta
(B) Todas as alternativas estão corretas
(C) Estão corretas apenas as alternativas I e II
(D) Estão corretas apenas as alternativas II e III
(E) Estão corretas apenas as alternativas I e III

I: correta (art. 25, *caput* e inciso III, da Lei 8.666/1993); **II:** correta (art. 23, I, da Lei 8.666/1993); **III:** correta (art. 24, III, da Lei 8.666/1993).

Gabarito "B".

(FGV – 2007) A contratação direta de uma compra pela Administração é possível quando em presença de:

(A) situação incomum que configure prioridade da gestão
(B) oferta comprovadamente vantajosa para os cofres públicos
(C) hipótese definida por ato normativo da autoridade administrativa competente
(D) hipótese expressamente prevista em lei como de dispensa ou de inexigibilidade de licitação

O art. 37, XXI, da CF exige lei para a contratação direta.

Gabarito "D".

(FGV – 2007) Analise as afirmativas a seguir:

I. Licitação é procedimento administrativo seletivo regido pelos princípios básicos da Administração Pública e pelos princípios da vinculação ao instrumento licitatório e do julgamento objetivo-subjetivo.

II. O princípio da obrigatoriedade da licitação deve ser observado pela Administração Pública direta e indireta, incluindo as fundações públicas e as sociedades de economia mista, de todos os entes federativos.

III. Há dispensa do procedimento licitatório quando, apesar da possibilidade de sua realização, for inconveniente para a Administração Pública realizá-lo. Há inexigibilidade de licitação quando houver inviabilidade de competição.

Assinale:

(A) se nenhuma afirmativa estiver correta.
(B) se somente as afirmativas I e II estiverem corretas.
(C) se somente as afirmativas I e III estiverem corretas.
(D) se somente as afirmativas II e III estiverem corretas.
(E) se todas as afirmativas estiverem corretas.

I: incorreta (art. 3º, *caput*, da Lei 8.666/1993); **II:** correta (art. 1º, parágrafo único, da Lei 8.666/1993); **III:** correta (arts. 24 e 25 da Lei 8.666/1993).

Gabarito "D".

(FGV – 2006) Assinale a alternativa em que se verifica uma exceção ao dever de licitar:

(A) pregão.
(B) adjudicação do contrato.
(C) dispensa de licitação.
(D) certame.
(E) preço global.

A: incorreta, pois o pregão é, inclusive, uma modalidade de licitação (Lei 10.520/02); **B:** incorreta, pois a adjudicação do contrato (o nome correto é adjudicação do objeto licitado) é fase da própria licitação (art. 43, VI, da Lei 8.666/93); **C:** correta, pois nesse caso não há o dever de licitar (art. 24 da Lei 8.666/93); **D:** incorreta, pois "certame" é sinônimo de "licitação"; **E:** incorreta, pois o "preço global" é aquele em que se contrata uma obra ou serviço por preço certo e total (art. 6º, VIII, "a", da Lei 8.666/93), não autorizando contratação sem licitação.

Gabarito "C".

10.1.3. MODALIDADES DE LICITAÇÃO

(OAB/Exame Unificado – 2013.3) A Administração Pública estadual pretende realizar uma licitação em modalidade não prevista na legislação federal. Nesse caso, é correto afirmar que

(A) a intenção é viável, pois o Estado tem ampla competência para legislar sobre licitações.
(B) a intenção somente é viável caso seja realizada a combinação de modalidades de licitação já previstas na Lei n. 8.666/93.
(C) a intenção não é viável por expressa vedação da Lei n. 8.666/1993.
(D) a intenção é viável por expressa autorização da Lei n. 8.666/1993.

A: incorreta, pois essa questão é norma geral de licitação, que é de competência da União (art. 22, XXVII, da CF); **B:** incorreta, pois o art. 22, § 8º, da Lei 8.666/1993 proíbe a criação de outras modalidades de licitação ou a combinação das modalidades previstas na lei; **C:** correta (art. 22, § 8º, da Lei 8.666/1993); **D:** incorreta, pois, como se viu, há proibição expressa nesse sentido, no art. 22, § 8º, da Lei 8.666/1993.

Gabarito "C".

(OAB/Exame Unificado – 2013.2) Em um pregão presencial promovido pela União, foram abertas as propostas de preço, constatando-se que o licitante "M" ofereceu preço de R$ 10.000,00; "N", o preço de R$ 10.001,00; "O" ofertou R$ 10.150,00; "P", o preço de R$ 10.500,00; "Q" apresentou proposta de R$ 10.999,99 e "R", por fim, ofereceu R$ 12.000,00.

Diante da hipótese sugerida, assinale a afirmativa correta.

(A) Devem ser classificados para a fase de lances verbais os licitantes "M", "N", "O", "P" e "Q", uma vez que ofereceram a proposta mais baixa e as propostas com preço até dez por cento superiores àquela.

(B) Para a fase de lances verbais, somente devem ser classificados os licitantes "M", "N", "O" e "P", uma vez que ofereceram a proposta mais baixa e as três outras melhores propostas.

(C) Todos os licitantes devem ser classificados para a próxima fase, uma vez que restringir a participação de algum deles significaria ofensa ao caráter competitivo da licitação.

(D) A Administração deve realizar média de todos os preços ofertados e poderão participar da fase seguinte os licitantes com propostas inferiores a esta média e aqueles que aceitarem reduzir seu preço para este limite.

A: correta; o art. 4º, VIII, da Lei 10.520/2002 estabelece que o autor da oferta de valor mais baixo (no caso, "M"), mais os autores de ofertas com preços até 10% superiores à oferta mais baixa (no caso, "N", "O", "P" e "Q") poderão fazer novos lances verbais e sucessivos, até a proclamação do vencedor; **B:** incorreta, nos termos do comentário à alternativa "a"; vale lembrar que essa questão de chamar ao menos 3 propostas para a fase de lances verbais só se coloca quando não houver ao menos 3 ofertas distintas nas condições mencionadas no art. 4º, VIII, da Lei 10.520/2002; um exemplo seria a situação em que "M" oferece proposta de R$ 10 mil e todas as demais oferecem proposta superior a R$ 11 mil, hipótese em que, para termos ao menos três propostas diferentes na fase de lances verbais, seriam convocadas para essa fase as empresas detentoras das duas melhores ofertas após o primeiro colocado (art. 4º, IX, da Lei 10.520/2002); **C** e **D:** incorretas, nos termos dos comentários as alternativas anteriores e nos termos do art. 4º, VIII, da Lei 10.520/2002.

Gabarito "A"

(OAB/Exame Unificado – 2012.3.B) O Estado Y resolve realizar licitação, com fundamento na Lei Federal n. 8.666/1993, para a contratação de obra de engenharia para a construção de um hospital. Consultada a procuradoria, ela indica que a modalidade que deverá ser adotada é a de tomada de preços.

Com base no caso acima, assinale a afirmativa correta.

(A) Se a modalidade deve ser tomada de preços, pode-se presumir que a obra foi orçada em até um milhão e quinhentos mil reais, porém nada obsta que se opte por utilizar as modalidades concorrência ou convite, pois ambas são modalidades mais amplas de licitação que a tomada de preços.

(B) É possível desmembrar a referida obra em duas ou mais e realizar as licitações na modalidade de convite, mesmo que, com isso, viesse a perder a economia de escala decorrente da sua realização integrada.

(C) Na tomada de preços qualquer interessado que, na fase inicial de habilitação preliminar, comprovar possuir os requisitos mínimos de qualificação exigidos no edital para execução de seu objeto, poderá dela participar.

(D) Na modalidade tomada de preços, o Estado somente receberá propostas dos licitantes que estejam devidamente cadastrados, permitindo-se, porém, o cadastramento até o terceiro dia anterior à data do recebimento das propostas, observada a necessária qualificação.

A: incorreta, pois a concorrência é modalidade de licitação mais abrangente que a tomada de preços, já que se aplica a contratações de obras e serviços de engenharia de valor superior a R$ 1.500.000,00 (art. 23, I, *c*, da Lei 8.666/1993), ao passo que o convite para essas contratações tem por limite R$ 150.000,00 (art. 23, I, *a*, da Lei 8.666/1993); assim, uma interpretação teleológica da norma já permitiria dizer que quando couber convite, a Administração poderá utilizar tomada de preços e, em qualquer caso, a concorrência; porém, para que não houvesse dúvida disso o art. 23, § 4º, da Lei 8.666/1993 é expresso nesse sentido; **B:** incorreta, pois isso seria fraude à lei (com o objetivo de fazer licitação mais simples para casos mais relevantes), havendo vedação expressa na lei (art. 23, § 5º, da Lei 8.666/1993); **C:** incorreta, pois na tomada de preços o interessado deve estar previamente cadastrado antes do que corresponderia à fase de habilitação preliminar (art. 22, § 2º, da Lei 8.666/1993); **D:** correta (art. 22, § 2º, da Lei 8.666/1993).

Gabarito "D"

(OAB/Exame Unificado – 2010.1) Mauro, chefe do setor de compras de um órgão do Instituto Nacional do Seguro Social, recebeu pedido de abertura de procedimento licitatório para a aquisição de grande quantidade dos seguintes itens: impressoras, cartuchos para impressoras, monitores LCD e licença para uso de sistema operacional a ser utilizado nos computadores da autarquia. A solicitação estava de acordo com todas as normas aplicáveis, incluindo-se a justificativa do quantitativo e da necessidade dos referidos itens. Antes de promover a abertura de qualquer procedimento de compra, Mauro procedeu a análise técnico-econômica e concluiu que a compra dos cartuchos para impressoras, se realizada separadamente da dos demais itens, implicaria uma ampliação da concorrência, sem perda da economia de escala. Constatou, também, que era a terceira vez no ano que a administração encaminhava pedido para a compra de cartuchos para impressora. Por fim, verificou que a estimativa do valor total que seria gasto na contratação era de R$ 700.000,00. De acordo com os dados apresentados nessa situação hipotética, Mauro deve promover a abertura de

(A) concorrência, pois o valor a ser gasto é substancioso e os produtos e serviços de informática não podem ser caracterizados como serviços comuns.

(B) pregão, sendo preferencial a sua utilização na forma presencial.

(C) convite para a elaboração de ata de registro de preços para a aquisição de cartuchos de impressoras e de concorrência para a compra dos demais itens solicitados.

(D) dois pregões eletrônicos, um para a elaboração de ata de registro de preços para a aquisição de cartuchos de impressoras e outro para a compra dos demais itens solicitados.

A: incorreta. O pregão independe do valor, e bens e serviços de informática podem ser caracterizados como comuns e devem ser adquiridos por meio de pregão (ressalvadas as aquisições em que a técnica é realmente importante e que os produtos não possam ser definidos por especificações usuais de mercado). Nesse sentido, o TCU: "Assunto: INFORMÁTICA. DOU de 04.05.2009, S. 1, p. 120. Ementa: alerta ao DNIT no sentido de que as contratações para aquisição de bens e serviços de informática não precisam ser realizadas, necessariamente, sob a forma de licitação do tipo 'técnica e preço', podendo também ocorrer sob a forma de pregão, conforme já tratado pelo TCU em diversos julgados precedentes, a exemplo dos Acórdãos de n.º 237/2009-P, 144/2008-P, 2.658/2007-P, 1.782/2007-P, 1.114/2006-P, 2.138/2005-P, 2.094/2004-P, 1.182/2004-P, 740/2004-P (com redação alterada pelo Acórdão n.º 1.299/2006- P) e 313/2004-P (item 1.6.2, TC-019.930/2008-9, Acórdão n.º 819/2009-Plenário); **B:** incorreta. No âmbito da União deve-se adotar a forma eletrônica. A forma presencial só é adotada se comprovada a inviabilidade de se fazer eletronicamente (Dec. 5.450/2005, art. 4.º); **C:** incorreta. O SRP não admite o convite como modalidade para registrar os preços da Ata (Dec. n.º 7.892/2013, art. 7.º); **D:** correta. A análise técnica e econômica para o fracionamento da contratação foi feita, conforme determina o art. 23, § 1.º, da Lei 8666/1993; foi observado o art. 15, II e IV, da mesma lei, e atendeu-se ao que dispõem os arts. 3.º, I, e 7.º, do Decreto n.º 7.892/2013, sendo aplicável o sistema de registro de preços para necessidades frequentes e adotada a licitação para registro de preço por meio de pregão se o item for comum.

Gabarito "D"

(OAB/Exame Unificado – 2009.2) Acerca de pregão, assinale a opção correta.

(A) Caso o licitante vencedor seja inabilitado, o pregoeiro deverá declarar a licitação fracassada e realizar novo procedimento.
(B) Examinada a proposta classificada em primeiro lugar, quanto ao objeto e ao valor, caberá ao pregoeiro decidir motivadamente a respeito da sua aceitabilidade.
(C) A aplicação do pregão eletrônico é restrita ao âmbito federal.
(D) A licitação por meio do pregão é considerada deserta quando nenhum dos interessados é selecionado em decorrência de inabilitação ou desclassificação.

A: incorreta (art. 4º, XVI, da Lei 10.520/2002); **B:** correta (art. 4º, XI, da Lei 10.520/2002); **C:** incorreta. *Vide* os parágrafos do art. 2º da Lei 10.520/2002; **D:** incorreta. Não se deve confundir licitação *deserta* (que é aquela em que não apareceram interessados para participar do certame), com licitação *fracassada* (que é aquela em que todos os licitantes que apareceram foram inabilitados ou desclassificados).

Gabarito "B"

(OAB/Exame Unificado – 2008.1) As modalidades de licitação previstas na Lei n.º 8.666/1993 não incluem

(A) leilão.
(B) tomada de preços.
(C) pregão.
(D) concurso.

O pregão está previsto em lei própria (Lei 10.520/2002); a Lei 8.666/93 só prevê as modalidades concorrência, tomada de preços, convite, concurso e leilão (art. 22).

Gabarito "C"

(OAB/Exame Unificado – 2008.1) Com base nas modalidades de licitação previstas na Lei n.º 8.666/1993, julgue os itens abaixo.

I. Leilão é a modalidade de licitação realizada entre quaisquer interessados para a venda de bens móveis inservíveis para a administração ou de produtos legalmente apreendidos ou penhorados. Não é cabível, entretanto, para bens semoventes e bens imóveis.
II. Concorrência é a modalidade de licitação que permite a participação de interessados que, na fase inicial de habilitação preliminar, comprovem possuir os requisitos mínimos de qualificação exigidos no edital para a execução de seu objeto.
III. Convite é a modalidade de licitação entre, no mínimo, 3 (três) interessados do ramo, escolhidos e convidados pela unidade administrativa, e da qual podem participar também aqueles que, mesmo não estando cadastrados, manifestem seu interesse com antecedência de até 48 horas da apresentação das propostas.
IV. Tomada de preços é a modalidade de licitação realizada entre interessados devidamente cadastrados ou que preencham os requisitos para cadastramento até o terceiro dia anterior à data do recebimento das propostas, observada a necessária qualificação.

Estão certos apenas os itens

(A) I e II.
(B) I e III.
(C) II e IV.
(D) III e IV.

Art. 22, §§ 5º, 1º, 3º e 2º, da Lei 8.666/1993, respectivamente.

Gabarito "C"

(OAB/Exame Unificado – 2007.3) São modalidades de licitação

(A) A concorrência, a tomada de preço, o convite, o concurso e o leilão.
(B) Apenas a concorrência, a tomada de preço e o convite.
(C) Apenas a concorrência e a tomada de preços.
(D) Apenas a concorrência.

A Lei 8.666/1993 prevê as seguintes modalidades de licitação: concorrência, tomada de preços, convite, concurso e leilão (art. 22 da Lei 8.666/1993).

Gabarito "A"

Lei n.º 8.666, de 21 de junho de 1993, conhecida como Lei de Licitações e Contratos Administrativos, estabelece normas gerais sobre licitações e contratos administrativos pertinentes a obras, serviços, inclusive de publicidade, compras, alienações e locações no âmbito dos Poderes da União, dos Estados, do Distrito Federal e dos Municípios. Estão subordinados ao regime dessa Lei, além dos órgãos da administração direta, os fundos especiais, as autarquias, as fundações públicas, as empresas públicas, as sociedades de economia mista e demais entidades controladas direta ou indiretamente pela União, Estados, Distrito Federal e Municípios.

(OAB/Exame Unificado – 2006.1) Assinale a opção que não corresponde a modalidade de licitação definida pela Lei n.º 8.666/93.

(A) Concorrência
(B) Leilão
(C) Pesquisa de preço
(D) Convite

A Lei 8.666/1993 prevê as seguintes modalidades de licitação: concorrência, tomada de preços, convite, concurso e leilão (art. 22 da Lei 8.666/93).

Gabarito "C"

(FGV – 2014) O Estado X, pretendendo adquirir computadores para equipar uma determinada secretaria, resolve realizar licitação na modalidade pregão. Considerando a referida hipótese, assinale a afirmativa correta.

(A) O pregão terá que ser adotado pela Administração Pública sempre que adquirir bens e serviços comuns.
(B) O órgão que receberá as propostas é a Comissão de Licitação.
(C) O prazo para apresentação das propostas no pregão será de no máximo oito dias, em vista da celeridade.
(D) O julgamento da habilitação somente ocorrerá após o julgamento das propostas.
(E) O interessado, para participar da licitação, deverá comprar o edital de licitação.

A: incorreta, pois a Administração "poderá" (e não "deverá") usar o pregão no caso (art. 1º, *caput*, da Lei 10.520/2002); **B:** incorreta, pois no pregão não há "comissão de licitação", mas sim "pregoeiro" e sua "equipe de apoio" (art. 3º, IV, da Lei 10.520/2002); **C:** incorreta, pois o prazo *mínimo* (e não *máximo*) é que é de 8 dias, lembrando que são dias *úteis* (e não *corridos*), nos termos do art. 4º, V, da Lei 10.520/2002; **D:** correta (art. 4º, XII, da Lei 10.520/2002); **E:** incorreta, pois é vedada a exigência de aquisição do edital pelos licitantes, como condição para participação do certame (art. 5º, II, da Lei 10.520/2002).

Gabarito "D"

(FGV – 2013) O *pregão*, modalidade de licitação criada pela Lei n. 10.520/2002, foi festejado por imprimir maior celeridade e maior economicidade nas licitações e contratações públicas. Acerca do *pregão*, analise as afirmativas a seguir.

I. A inversão de fases, julgando a proposta de preços antes da habilitação, e a existência de uma fase de lances verbais como forma de fomentar a competitividade, foram inovações trazidas pelo Pregão.
II. O pregão é adequado para a aquisição de bens e serviços comuns, sendo considerados como tais aqueles cujos padrões de desempenho e qualidade possam ser objetivamente definidos pelo edital, por meio de especificações usuais no mercado.
III. O pregão foi instituído pela Medida Provisória n. 2.026/2000, a qual somente permitia que a União o realizasse, o que, após a sua conversão, foi corrigido e estendido para os demais entes (Estados e Municípios).

Assinale:

(A) se somente a afirmativa I estiver correta.
(B) se somente a afirmativa II estiver correta.
(C) se somente a afirmativa III estiver correta.
(D) se somente as afirmativas I e III estiverem corretas.
(E) se todas as afirmativas estiverem corretas.

I: correta (art. 4º, XII, da Lei 10.520/2002); **II:** correta (art. 1º, *caput* e parágrafo único, da Lei 10.520/2002); **III:** correta (art. 1º, caput, da MP 2.182-18/2001, posteriormente convertida na Lei 10.520/2002).

Gabarito "E"

(FGV – 2013) Acerca das *modalidades de licitação* previstas na Lei n. 8.666/1993, assinale a afirmativa correta.

(A) A *concorrência* é a modalidade mais estrita, somente podendo ser utilizada nas grandes compras e obras da Administração Pública.
(B) O *convite* é a modalidade que, no caso de compras, somente pode ser utilizada para valores iguais ou inferiores a R$ 80.000,00.
(C) O *leilão* somente pode ser utilizado para a venda de bens móveis da Administração Pública pois, no caso de imóveis, se procede a praça.
(D) O *concurso* é a modalidade de licitação que visa à contratação de pessoal para o exercício de cargos, empregos ou funções públicas.
(E) A *tomada de preços* é a modalidade de licitação que somente pode ser utilizada para serviços e compras padronizadas.

A: incorreta, pois a concorrência também é utilizada nas concessões de direito real de uso, nas licitações internacionais e nos casos em que couber convite ou tomada de preços, de modo que se trata de uma modalidade que, no limite, pode ser aplicada em uma enorme gama de casos, se a Administração tiver interesse em usar a concorrência quando puder usar convite ou tomada de preços (art. 23, §§ 3º e 4º, da Lei 8.666/1993); **B:** correta (art. 23, II, "a", da Lei 8.666/1993); **C:** incorreta, pois também cabe leilão no caso de alienação de imóveis, quando se trata de imóveis adquiridos em procedimentos judiciais ou por dação em pagamento (art. 19, III, da Lei 8.666/1993); **D:** incorreta, pois o concurso é a modalidade de licitação destinada à escolha de trabalho técnico, científico ou artístico, mediante a instituição de prêmios ou remuneração aos vencedores (art. 22, § 4º, da Lei 8.666/93); **E:** incorreta, pois a tomada de preços é utilizada para qualquer tipo de compra, serviço ou obra, mas limitado ao valor de até R$ 1.500.000,00, em caso de obras ou serviços de engenharia, ou até R$ 650.000,00, para as demais compras e serviços (art. 23, I, "b" e II, "b", da Lei 8.666/1993).

Gabarito "B"

(FGV – 2011) A modalidade licitatória que se instaura entre quaisquer interessados para a escolha de trabalho técnico, científico ou artístico, mediante a instituição de prêmios ou remuneração aos vencedores, denomina-se

(A) pregão.
(B) concorrência.
(C) concurso.
(D) consulta.
(E) convite.

A: incorreta, pois o pregão é destinado para a aquisição de bens ou serviços comuns (art. 1º, *caput*, da Lei 10.520/2002); **B:** incorreta, pois a concorrência é destinada à contratação de obras, serviços de engenharia, compras e serviços de grande vulto, compra ou alienação de bens imóveis, concessões de direito real de uso e licitações internacionais (art. 22, § 1º, da Lei 8.666/1993); **C:** correta (art. 22, § 4º, da Lei 8.666/1993); **D:** incorreta; a consulta, que sequer é relacionada na Lei 8.666/1993 como modalidade geral de licitação (art. 22, *caput*, da Lei 8.666/1993), é modalidade licitatória exclusiva da Agência Nacional de Telecomunicações – ANATEL; o art. 54 da Lei 9.472/1997 estabelece que essa agência pode utilizar o procedimento da consulta, mediante procedimentos próprios determinados por atos normativos expedidos pela agência, desde que não seja para a contratação de obras e serviços de engenharia; **E:** incorreta, pois o convite destina-se à contratação de obras, serviços de engenharia, compras e serviços de médio vulto.

Gabarito "C"

(FGV – 2011) A modalidade de licitação entre quaisquer interessados que, na fase inicial de habilitação preliminar, comprovem possuir os requisitos mínimos de qualificação exigidos no edital para execução de seu objeto, é denominada

(A) concorrência.
(B) convite.
(C) tomada de preços.
(D) concurso.
(E) pregão.

Art. 22, § 1º, da Lei 8.666/1993.

Gabarito "A"

(FGV – 2010) De acordo com a Lei Federal 8.666/1993, a modalidade de licitação que comporta menor formalismo, porque se destina a contratações de menor vulto, é denominada:

(A) pregão.
(B) convite.
(C) concurso.
(D) concorrência.
(E) tomada de preços.

Art. 22, § 3º, da Lei 8.666/93.

Gabarito "B"

(FGV – 2010) A licitação entre interessados, cadastrados ou não, do ramo pertinente ao seu objeto e aquela entre interessados devidamente cadastrados, observando-se a qualificação necessária, dizem respeito, respectivamente, as modalidades de licitação:

(A) convite e leilão.
(B) convite e tomada de preços.
(C) concorrência e convite.
(D) concorrência e leilão.
(E) concorrência e tomada de preços.

Art. 22, §§ 3º e 2º, respectivamente, da Lei 8.666/1993.

Gabarito "B"

(FGV – 2010) Com relação ao tema Licitação Pública, analise as afirmativas a seguir:

I. O leilão pode ser feito por leiloeiro oficial ou servidor designado pela Administração, devendo ser considerada vencedora a proposta de arrematação de valor, necessariamente, superior ao de avaliação.
II. A concorrência é obrigatória nas licitações internacionais, admitindo-se, independentemente do valor estimado da futura contratação, a tomada de preços quando o órgão ou entidade dispuser de cadastro internacional de fornecedores e o convite, quando não houver fornecedor do bem ou serviço no país.
III. A licitação é dispensável para contratação de catadores de materiais recicláveis, de baixa renda, reconhecidos pelo Poder Público, desde que usem equipamentos compatíveis com as normas técnicas, ambientais e de saúde pública.
IV. Caso um edital de Concorrência Pública apresente alguma irregularidade, é assegurado a qualquer cidadão impugná-lo em face da Administração, devendo o pedido ser protocolado até 5 (cinco) dias úteis antes da data fixada para a abertura dos envelopes de habilitação.

Assinale:

(A) se somente a afirmativa II estiver correta.
(B) se somente a afirmativa IV estiver correta.
(C) se somente as afirmativas III e IV estiverem corretas.
(D) se somente as afirmativas I, II e III estiverem corretas.
(E) se todas as afirmativas estiverem corretas.

I: incorreta, pois o lance pode ser igual ou superior ao da avaliação (art. 22, § 5º, da Lei 8.666/1993); **II:** incorreta, pois, para a utilização da tomada de preços, deve-se respeitar o limite de valor para essa modalidade de licitação (art. 23, § 3º, da Lei 8.666/1993); **III:** incorreta, pois a dispensa de licitação é para a contratação de cooperativas ou associações formadas pelos catadores, e não para a contratação dos catadores enquanto pessoas físicas (art. 24, XXVII, da Lei 8.666/1993); **IV:** correta (art. 41, § 1º, da Lei 8.666/1993).

Gabarito "B"

(FGV – 2010) Com base na Lei Federal 8.666/1993, considere as seguintes afirmativas:

I. Se, após a publicação do aviso de um edital de licitação na modalidade concorrência, a Administração resolve suprimir a exigência de um determinado documento, a publicação deverá ser renovada para ciência dos interessados, devendo ser mantida a data da realização do certame.
II. As situações de inexigibilidade de licitação indicadas nos incisos do art. 25 da Lei de Licitações são exaustivas, não podendo ser ampliadas, já que constituem uma exceção à regra geral de licitação prévia para contratações da Administração Pública.
III. A ausência de interessados em participar de uma Tomada de Preços justifica, por si só, a contratação por dispensa de licitação, modificadas as condições previamente estabelecidas no edital.
IV. Os documentos necessários à habilitação poderão ser apresentados pelos licitantes por qualquer processo de cópia autenticada por cartório competente ou por servidor da Administração, ou publicação em órgão da imprensa oficial.

Assinale:

(A) se somente a afirmativa I estiver correta.
(B) se somente a afirmativa II estiver correta.
(C) se somente a afirmativa III estiver correta.
(D) se somente a afirmativa IV estiver correta.
(E) se somente as afirmativas I e IV estiverem corretas.

I: incorreta, pois, como a modificação altera medidas a serem tomadas pelos interessados, é necessário reabrir o prazo inicialmente estabelecido para a realização do certame (art. 21, § 2º, da Lei 8.666/1993); **II:** incorreta, pois o rol estabelecido nos incisos do art. 25 é exemplificativo, de modo que sempre que a competição for inviável, estar-se-á diante de hipótese de inexigibilidade; **III:** incorreta, pois é necessário que a licitação, justificadamente, não possa ser repetida sem prejuízo à Administração (art. 24, V, da Lei 8.666/1993); **IV:** correta (art. 32, *caput*, da Lei 8.666/1993).

Gabarito "D"

(FGV – 2009) Com o objetivo de executar uma obra, no valor estimado de R$ 2.500.000,00, um gestor público da Administração Direta deve licitar mediante:

(A) carta convite.
(B) tomada de preços.
(C) apuração.
(D) pregão.
(E) concorrência.

Qualquer obra com valor acima de R$ 1.500.000,00 deve ser licitada pela modalidade concorrência (arts. 22, I, e 23, I, *c*, da Lei 8.666/1993).

Gabarito "E"

(FGV – 2009) Com relação ao *pregão*, fundamentado na Lei nº 10.520/2002, assinale a alternativa correta.

(A) É modalidade de licitação pública cujas principais características procedimentais são a existência de fase recursal única e a realização de habilitação ao final.
(B) Somente pode ser usado nas compras para entrega imediata, assim entendidas aquelas com prazo de entrega até 30 (trinta) dias da data prevista para apresentação da proposta.

(C) Não permite que a Administração Pública desclassifique propostas sob o argumento da inexequibilidade.
(D) Admite que o edital exija garantia de proposta.
(E) Revogou o sistema de registro de preços.

A: correta, pois o pregão, modalidade de licitação destinada à aquisição de bens e serviços comuns, seja de que valor forem, tem por características marcantes a concentração dos atos na sessão de pregão, a possibilidade de se fazer lances verbais após a classificação provisória, a fase recursal única (com possibilidade de recurso apenas na sessão de pregão), a inversão de fases (com realização de habilitação ao final, após a fase de julgamento das propostas comerciais), entre outras características, de modo que a afirmativa está correta (faz-se necessário ler o texto da Lei 10.520/2002, pois o pregão vem aparecendo bastante em exames, pois é a modalidade mais usada hoje na Administração); **B:** incorreta, pois pode-se usar o pregão para qualquer aquisição de bens ou serviços comuns, pouco importando o prazo de entrega (art. 1º da Lei 10.520/2002); **C:** incorreta, pois a proposta comercial deve passar por uma fase de aceitabilidade (art. 4º, XI, da Lei 10.520/2002), o que envolve também análise sobre sua exequibilidade, valendo salientar que a Lei 8.666/1993, que trata do assunto, aplica-se subsidiariamente à modalidade pregão, nos termos do art. 9º da Lei 10.520/2002; **D:** incorreta, pois a Lei de Pregão não admite que se exija, para mera participação do interessado na licitação, garantia da proposta (art. 5º, I, da Lei 10.520/2002); no entanto, no momento em que há um licitante vencedor e está para ser celebrado o contrato, dependendo do tipo de contrato, pode-se exigir garantia do contrato; **E:** incorreta, pois a Lei 10.520/2002 pode, inclusive, ser utilizada para formar um sistema de registro de preços (art. 11 da Lei 10.520/2002).
Gabarito "A"

(FGV – 2009) Se um órgão do Estado deseja celebrar contrato, mediante licitação, objetivando a execução de um serviço de engenharia, poderá adotar a modalidade tomada de preços até o valor de R$ 1.500.000,00 (um milhão e quinhentos mil reais), de acordo com o art. 23, I, "b", da Lei Federal 8.666/1993. Um consórcio público com três entes poderá adotar a mesma modalidade de licitação para contratar serviço de engenharia até o limite de:

(A) R$ 750.000,00.
(B) R$ 1.000.000,00.
(C) R$ 1.500.000,00.
(D) R$ 3.000.000,00.
(E) R$ 4.500.000,00.

Art. 23, § 8º, da Lei 8.666/1993
Gabarito "D"

(FGV – 2009) Após a devida publicação do aviso de uma Concorrência Pública, do tipo melhor técnica, contendo o resumo do edital, o certame licitatório poderá ser realizado pela Administração Pública, de acordo com a Lei Federal 8.666/1993, em:

(A) 10 (dez) dias.
(B) 10 (dez) dias úteis.
(C) 15 (quinze) dias úteis.
(D) 30 (trinta) dias.
(E) 60 (sessenta) dias.

O prazo, na espécie, é de, no mínimo, 45 (quarenta e cinco) dias, de modo que apenas a alternativa "e" está correta (art. 21, § 2º, I, "b", da Lei 8.666/1993).
Gabarito "E"

(FGV – 2008) Após a devida publicação de um aviso de licitação na modalidade concurso, contendo o resumo do edital, a Administração Pública poderá, de acordo com a Lei Federal nº 8.666/1993, realizar o certame em:

(A) 5 (cinco) dias úteis.
(B) 15 (quinze) dias.
(C) 15 (quinze) dias úteis.
(D) 30 (trinta) dias.
(E) 50 (cinquenta) dias úteis.

O prazo, na espécie, é de, *no mínimo*, 45 (quarenta e cinco) dias, de modo que apenas a alternativa "e" está correta (art. 21, § 2º, I, *a*, da Lei 8.666/1993).
Gabarito "E"

(FGV – 2008) Relativamente às modalidades de licitação previstas na Lei 8.666/93, assinale a alternativa incorreta.

(A) São modalidades de licitação previstas no art. 22, da Lei de Licitações (Lei 8.666/1993) a concorrência, a tomada de preços, o convite, o concurso e o leilão.
(B) Concorrência é a modalidade de licitação entre quaisquer interessados que, na fase inicial de habilitação preliminar, comprovem possuir os requisitos mínimos de qualificação exigidos no edital para execução de seu objeto.
(C) Tomada de preços é a modalidade de licitação entre interessados devidamente cadastrados ou que atenderem a todas as condições exigidas para cadastramento até o terceiro dia anterior à data do recebimento das propostas, observada a necessária qualificação.
(D) Leilão é a modalidade de licitação entre quaisquer interessados para a venda de bens móveis inservíveis para a administração ou de produtos legalmente apreendidos ou penhorados, ou para a alienação de bens imóveis prevista no art. 19, a quem oferecer o maior lance, igual ou superior ao valor da avaliação.
(E) É permitida a criação de outras modalidades de licitação ou a combinação das modalidades referidas no art. 22 da Lei de Licitações (Lei 8.666/1993).

Art. 22, incisos I, II, III, IV e V, e §§ 1º, 2º, 5º e 8º, da Lei 8.666/1993.
Gabarito "E"

(FGV – 2006) Assinale a modalidade de licitação cabível para se adjudicar uma concessão de direito de uso de bens públicos.

(A) Convite.
(B) Tomada de preços.
(C) Concurso.
(D) Leilão.
(E) Concorrência.

Art. 23, § 3º, da Lei 8.666/1993. O enunciado deveria dizer "direito real de uso".
Gabarito "E"

10.1.4. FASES DA LICITAÇÃO

(OAB/Exame Unificado – 2008.2) Para a contratação do serviço de demolição parcial e reparação de um prédio de uma autarquia situada na cidade de São Paulo, foi aberto processo de licitação pública. Por motivo de interesse público, a licitação deveria ocorrer no Distrito Federal (DF), onde fica o ministério ao qual a entidade está vinculada, mas restou claro, no edital do certame, que os licitantes deveriam ter sua sede instalada no Estado de São Paulo, local onde seriam realizadas as obras. O aviso da licitação, com o resumo do edital, foi publicado, no DF, em jornal diário de grande circulação. Considerando a situação hipotética apresentada e tendo por base a lei que regula licitações e contratos, assinale a opção correta.

(A) A autarquia, por estar sediada em São Paulo, não poderia realizar a licitação no DF.
(B) Está correta a exigência editalícia de que os licitantes tenham domicílio no Estado de São Paulo.
(C) A publicidade dada à licitação não poderia ser realizada mediante resumo do edital, nem em jornal diário de grande circulação nem no Diário Oficial, pois é obrigatória a publicação do edital em sua integralidade.
(D) Ainda que a licitação seja realizada no DF, é obrigatória a publicação de aviso acerca do processo licitatório também em São Paulo, local em que o serviço a ser contratado será prestado.

A lei admite a publicação de aviso contendo o resumo do edital, mas determina, para o caso, que tal aviso seja publicado no Diário Oficial da União (que circula também em São Paulo), e não apenas em jornal de grande circulação do DF (art. 21, I, da Lei 8.666/1993).

Gabarito "D"

(FGV – 2005) De acordo com a Lei 8.666/1993 (Licitação e Contratos), o registro ou inscrição do interessado em participar de processo licitatório, na entidade profissional competente, está relacionado à:

(A) habilitação jurídica.
(B) qualificação técnica.
(C) qualificação econômica.
(D) qualificação financeira.
(E) regularidade fiscal.

Art. 30, I, da Lei 8.666/1993.

Gabarito "B"

10.1.5. TIPOS DE LICITAÇÃO

(OAB/Exame Unificado – 2004.ES) Admita, por hipótese, que o Estado do Espírito Santo pretende realizar licitação com o objetivo de selecionar uma pessoa jurídica para fazer o estudo de impacto ambiental (EIA) de uma ferrovia que o Estado pretende construir entre Vitória – ES e Itapemirim – ES. Nessa situação,

(A) seria lícito realizar a referida licitação na modalidade pregão do tipo "técnica e preço".
(B) seria vedado realizar a referida licitação na modalidade tomada de preços, independentemente do valor estimado da contratação.
(C) seria lícito realizar licitação do tipo "melhor técnica".
(D) a realização do referido EIA é facultativa porque, dada a presunção de legitimidade dos atos administrativos, os entes federativos são dispensados da obrigação de realizar esse tipo de estudo, mesmo em caso de obras potencialmente causadoras de significativa degradação do meio ambiente.

A: incorreta. A modalidade pregão só admite o tipo menor preço (art. 4º, X, da Lei 10.520/2002); **B:** incorreta. Não há vedação expressa da utilização da tomada de preço no caso (art. 22 da Lei 8.666/1993); **C:** correta. Por se tratar de serviço de natureza predominantemente intelectual, é cabível o tipo "menor técnica" (art. 46 da Lei 8.666/1993); **D:** incorreta. Os entes federativos também estão sujeitos ao EIA nos casos em que ele é necessário.

Gabarito "C"

(FGV – 2011) De acordo com a Lei 8.666/1993, são tipos de licitação

(A) concorrência, tomada de preços e convite.
(B) menor preço, melhor técnica e maior lance ou oferta.
(C) empreitada por preço global, empreitada por preço unitário e empreitada integral.
(D) dispensável, inexigível e dispensada.
(E) melhor qualificação técnica, melhor qualificação jurídica e melhor qualificação econômico-financeira.

A: incorreta, pois essas são *modalidades* de licitação, e não *tipos* de licitação; **B:** correta (art. 45, § 1º, da Lei 8.666/1993); **C:** incorreta, pois essas são espécies de *empreitada* quando a Administração contrata a execução indireta de obras ou serviço (art. 6º, VIII, da Lei 8.666/1993), não se confundido com os *tipos* de licitação; **D:** incorreta, pois essas são hipóteses de *contratação direta*, ou seja, de contratação sem licitação (arts. 24, 25 e 17 da Lei 8.666/1993, respectivamente), não se confundido com os *tipos* de licitação; **E:** incorreta, pois as qualificações citadas são os *requisitos de habilitação* para a licitação, não se confundido com os *tipos* de licitação.

Gabarito "B"

(FGV – 2010) Após a devida publicação do aviso contendo o resumo do edital de uma licitação na modalidade concorrência, do tipo técnica e preço, o administrador público estadual poderá realizar o certame, de acordo com a Lei Federal 8.666/1993, no prazo de:

(A) 8 (oito) dias úteis.
(B) 10 (dez) dias.
(C) 15 (quinze) dias.
(D) 30 (trinta) dias.
(E) 60 (sessenta) dias.

O prazo, na espécie, é de, no mínimo, 45 (quarenta e cinco) dias, de modo que apenas a alternativa "e" está correta (art. 21, § 2º, I, *b*, da Lei 8.666/1993).

Gabarito "E"

10.1.6. SANÇÕES ADMINISTRATIVAS

(OAB/Exame Unificado – 2008.3) Assinale a opção correta acerca da declaração de inidoneidade, que pode ser aplicada pela administração pública ao contratado, na forma prevista na Lei de Licitações e Contratos.

(A) A declaração de inidoneidade não pode ser aplicada em caso de inexecução parcial do contrato.
(B) A aplicação da declaração de inidoneidade exclui a aplicação de multa e vice-versa.
(C) A declaração de inidoneidade é de competência exclusiva do Ministro de Estado, do Governador do Estado ou do DF, ou do Prefeito Municipal, caso se trate de contrato celebrado respectivamente pela União, pelo Estado ou pelo DF, ou pelo Município.
(D) A declaração de inidoneidade pode ser aplicada às empresas ou aos profissionais que, em razão dos contratos firmados com a administração pública, tenham sofrido condenação definitiva por praticarem, por meios dolosos, fraude fiscal no recolhimento de tributo, atos ilícitos visando a frustrar os objetivos da licitação ou por demonstrarem não possuir idoneidade para contratar com a administração em virtude de atos ilícitos praticados.

A: incorreta (art. 87, *caput* e inc. IV, da Lei 8.666/1993); **B:** incorreta (art. 87, § 2º, da Lei 8.666/1993); **C:** incorreta (art. 87, § 3º, da Lei 8.666/1993); **D:** correta (art. 88 da Lei 8.666/1993).

Gabarito "D"

(OAB/Exame Unificado – 2008.1) A declaração da inidoneidade para licitar ou contratar com a administração pública federal é da competência do

(A) Ministro de Estado.
(B) Presidente da República.
(C) Órgão gestor do cadastro informativo de créditos (CADIN).
(D) Presidente de comissão de licitação.

Art. 87, § 3º, da Lei 8.666/1993.

Gabarito "A"

(FGV – 2008) Havendo atraso ou inexecução total, ou parcial, do contrato administrativo, a Administração pode impor suspensão temporária de participar em licitação com ela por prazo não superior a:

(A) 30 meses.
(B) 12 meses.
(C) 18 meses.
(D) 24 meses.
(E) 6 meses.

Art. 87, III, da Lei 8.666/1993.

Gabarito "D"

(FGV – 2008) A declaração de idoneidade para licitar pode perdurar até ser promovida a respectiva reabilitação, após decorrido o prazo da sanção aplicada, sendo requerível após:

(A) 1 (um) ano.
(B) 2 (dois) anos.
(C) 4 (quatro) anos.
(D) 5 (cinco) anos.
(E) 3 (três) anos.

Art. 87, IV e § 3º, da Lei 8.666/1993.

Gabarito "B"

10.1.7. ANULAÇÃO E REVOGAÇÃO DA LICITAÇÃO

(OAB/Exame Unificado – 2014.1) A União licitou, mediante concorrência, uma obra de engenharia para construir um hospital público. Depois de realizadas todas as etapas previstas na Lei n. 8.666/93, sagrou-se vencedora a Companhia X. No entanto, antes de se outorgar o contrato para a Companhia X, a Administração Pública resolveu revogar a licitação. Acerca do tema, assinale a afirmativa correta.

(A) A Administração Pública pode revogar a licitação, por qualquer motivo, principalmente por ilegalidade, não havendo direito subjetivo da Companhia X ao contrato.
(B) A revogação depende da constatação de ilegalidade no curso do procedimento e, nesse caso, não pode ser decretada em prejuízo da Companhia X, que já se sagrou vencedora.
(C) A revogação, fundada na conveniência e na oportunidade da Administração Pública, deverá sempre ser motivada e baseada em fato superveniente ao início da licitação.
(D) Quando a Administração lança um edital e a ele se vincula, somente será possível a anulação do certame em caso de ilegalidade, sendo-lhe vedado, pois, revogar a licitação.

A e **B**: incorretas, pois o único motivo que autoriza a revogação de uma licitação é a superveniência de um fato novo que torne inconveniente ou inoportuna a contratação que derivará da licitação; a ilegalidade de um certame dá ensejo à anulação e não à revogação; **C**: correta, nos termos do art. 49, *caput*, da Lei 8.666/1993; **D**: incorreta, pois o art. 49, *caput*, da Lei 8.666/1993 admite expressamente a revogação da licitação.

Gabarito "C"

(OAB/Exame Unificado – 2010.3) Sendo o contrato administrativo nulo, é correto afirmar que

(A) seu reconhecimento não exonera a Administração do dever de indenizar o contratado de boa-fé, por tudo o que este houver executado e por outros prejuízos comprovados.
(B) a declaração de nulidade não opera retroativamente, obrigando o contratado a indenizar a Administração pelos danos por esta sofridos.
(C) a declaração não opera retroativamente, respeitando o direito adquirido ao término do contrato, caso tenha o contratado iniciado sua execução.
(D) que essa nulidade só produzirá efeitos se o contrato for de valor superior a 100 (cem) salários-mínimos, caso o contratado tenha iniciado a sua execução.

A: correta, pois reproduz o texto do art. 59, parágrafo único, da Lei 8.666/1993; **B** e **C**: incorretas, pois a declaração de nulidade opera retroativamente sim (art. 59, *caput*, da Lei 8.666/1993); ademais, quem tem que indenizar alguém é a Administração (pelos serviços que foram prestados e outros prejuízos comprovados), e não o contratado de boa-fé; **D**: incorreta, pois o art. 59 da Lei 8.666/1993, que regulamenta a questão, não faz essa distinção.

Gabarito "A"

(OAB/Exame Unificado – 2010.3) A revogação da licitação pressupõe

(A) mero juízo de conveniência e oportunidade da Administração, podendo se dar a qualquer tempo.
(B) razões de interesse público decorrentes de fato superveniente, devidamente comprovado, pertinente e suficiente para justificar essa conduta.
(C) mero juízo de conveniência e oportunidade da Administração, podendo ocorrer até antes da assinatura do contrato.
(D) prévia, integral e justa indenização, podendo, por isso, se dar por qualquer motivo e a qualquer tempo.

A e **C**: incorretas, pois a revogação de um ato só pode ocorrer se, após a expedição deste, ocorrer um *fato novo* que justifique, diante de *razões de interesse público*, a sua retirada do mundo jurídico; assim, não basta "mero juízo de conveniência"; ademais, não é possível revogar um ato a qualquer tempo, pois, caso o ato já tenha sido extinto por outro motivo (ex.: por cumprimento dos seus efeitos), não há mais que se falar em retirada do ato do mundo jurídico; **B**: correta, nos termos do comentário anterior; **D**: incorreta, pois a Administração, apesar de ter de respeitar os requisitos previstos no art. 49 da Lei 8.666/1993, não tem o dever de providenciar prévia, integral e justa indenização.

Gabarito "B"

O Estado "X" resolve realizar licitação para construção de um prédio destinado à instalação de uma de suas Secretarias de Estado. No curso do procedimento vaga um prédio público capaz de instalar, com conforto, o referido órgão.

(FGV – 2013) Acerca da *invalidação e revogação de licitação*, assinale a afirmativa correta.

(A) A licitação deve ser anulada pela Administração Pública porque ela dispõe de elementos que a fazem concluir que não mais precisa do objeto licitado.

(B) A licitação só pode ser revogada por motivo de conveniência e oportunidade, devidamente constatados, desde que decorrentes de fato superveniente.

(C) A licitação só pode ser revogada por motivo de conveniência e oportunidade, devidamente constatados, desde que autorizados em lei.

(D) A licitação só pode ser revogada pelos motivos prévia e devidamente descritos no Edital do certame, não havendo, neste caso, discricionariedade da Administração Pública.

(E) A licitação pode ser revogada, sempre que for constatada a conveniência e a oportunidade, devidamente justificada pelo Administrador.

A: incorreta, pois só se anula algo que nasce ilegal, o que não é o caso, pois a licitação não nasceu com ilegalidade alguma; **B:** correta, pois no caso tem-se uma licitação que não é *ilegal* (não podendo ser *anulada*), mas que se tornou, por fato superveniente, *inconveniente* (e pode ser *revogada*); **C** e **D:** incorretas, pois a Lei 8.666/1993 já prevê uma cláusula geral de revogação (não sendo necessário que haja outras previsões legais específicas dos casos em que cabe revogação), sendo necessário apenas um fato superveniente que gere a inconveniência ("razões de interesse público") na manutenção do certame (art. 49, *caput*, da Lei 8.666/1993); **E:** incorreta, pois não basta a constatação de um inconveniência ou inoportunidade, sendo necessário que se demonstre que um fato novo (fato superveniente) gerou isso (art. 49, *caput*, da Lei 8.666/1993).

Gabarito "B".

(FGV – 2010) Nos casos de anulação de uma licitação na modalidade Convite e de inabilitação do licitante em uma Concorrência Pública, cabem recursos, no prazo de:

(A) 5 (cinco) dias em ambos.

(B) 5 (cinco) dias úteis em ambos.

(C) 5 (cinco) dias úteis e 5 (cinco) dias, respectivamente.

(D) 2 (dois) dias úteis e 5 (cinco) dias úteis, respectivamente.

(E) 3 (três) dias úteis e 5 (cinco) dias úteis, respectivamente.

A regra é o recurso ter o prazo de 5 dias úteis (art. 109, I, da Lei 8.666/1993). Porém, no convite, o prazo para o recurso é de 2 dias úteis (art. 109, § 6º, da Lei 8.666/1993).

Gabarito "D".

10.1.8. RECURSOS ADMINISTRATIVOS NA LICITAÇÃO

(FGV – 2010) No que tange aos Recursos Administrativos cabíveis dos atos decorrentes da licitação, é correto afirmar que:

(A) os recursos contra a habilitação ou inabilitação de licitantes poderão ter efeito suspensivo em razão da faculdade discricionária da Administração.

(B) o prazo para interposição de recurso no caso de revogação da licitação efetuada na modalidade convite será de 2 (dois) dias úteis.

(C) os licitantes habilitados somente poderão exercitar a faculdade recursal se forem desclassificados nas fases de julgamento das propostas técnicas e das propostas de preço, nas licitações do tipo "melhor técnica" e "técnica e preço".

(D) o prazo para interposição de recurso terá início a partir da intimação do ato ou lavratura da ata, ainda que os autos do processo não estejam com vista franqueada ao interessado.

(E) a intimação dos interessados quanto ao ato de julgamento das propostas deve ser, em qualquer hipótese, cumprida mediante publicação na imprensa oficial, a fim de que não se restrinja o direito de recurso.

A: incorreta, pois o efeito suspensivo é automático no caso (art. 109, I, *a* e *b*, da Lei 8.666/1993); **B:** correta (art. 109, § 6º, da Lei 8.666/1993); **C:** incorreta, pois não há essa limitação recursal; cabe recurso contra qualquer decisão de "julgamento das propostas" (art. 109, I, *b*, da Lei 8.666/1993); **D:** incorreta, pois nenhum prazo se inicia ou corre sem que os autos estejam com vista franqueada ao interessado (art. 109, § 5º, da Lei 8.666/1993); **E:** incorreta, pois no caso de inabilitação e de julgamento das propostas, casos os prepostos dos licitantes estejam presentes no ato em que foi adotada a decisão, a comunicação poderá ser feita de modo direto aos interessados e lavrada em ata (art. 109, § 1º, da Lei 8.666/1993).

Gabarito "B".

10.2. CONTRATO ADMINISTRATIVO

10.2.1. CLÁUSULAS EXORBITANTES E TEMAS GERAIS

(OAB/Exame Unificado – 2010.2) Uma das características dos contratos administrativos é a "instabilidade" quanto ao seu objeto que decorre.

(A) do poder conferido à Administração Pública de alterar, unilateralmente, algumas cláusulas do contrato, no curso de sua execução, na forma do artigo 58, inciso I da Lei n. 8.666/93, a fim de adequar o objeto do contrato às finalidades de interesse público, respeitados os direitos do contratado.

(B) da possibilidade do contratado (particular) alterar, unilateralmente, a qualquer tempo, algumas cláusulas do contrato, no curso de sua execução, de forma a atender aos seus próprios interesses em face das prerrogativas da Administração Pública.

(C) do poder conferido à Administração Pública de alterar, unilateralmente, algumas cláusulas do contrato, no curso de sua execução, na forma do art. 58, inciso I da Lei n. 8.666/1993, a fim de adequar o objeto do contrato aos interesses do contratado (particular) em face das prerrogativas da Administração Pública.

(D) de não haver qualquer possibilidade de alteração do objeto do contrato administrativo, quer pela Administração Pública, quer pelo contratado (particular), tendo em vista o princípio da vinculação ao edital licitatório, do qual o contrato e seu objeto fazem parte integrante; e o princípio da juridicidade, do qual aquele primeiro decorre.

A alternativa "a" está correta, pois os arts. 58, I, e 65, I, da Lei 8.666/1993 autorizam que a Administração, unilateralmente, "para melhor adequação às finalidades de interesse público", modifique o contrato, "respeitados os direitos do contratado". Assim, caso a

Administração contrate a compra de 1.000 carteiras escolares e, logo em seguida à assinatura do contrato, verifique que será necessária a entrega de mais 200 carteiras, o contratado, de um lado, terá o dever de aceitar essa alteração contratual, para atender ao interesse público, e, de outro lado, terá direito ao reequilíbrio econômico-financeiro, recebendo quantia adicional referentes às carteiras a mais que terá de entregar. Assim, ficam descartadas as seguintes alternativas: "B", pois não é o *contratado* que tem o direito de alterar unilateralmente o contrato, e sim a *contratante* (a Administração); "C", pois o poder da Administração não tem por finalidade atender ao interesse do *particular*, mas atender ao *interesse público;* e "D", pois, como se viu dos dispositivos citados, a própria Lei 8.666/93 traz uma exceção ao princípio da vinculação ao edital, permitindo a alteração contratual referida na alternativa "a".

Gabarito "A"

(OAB/Exame Unificado – 2009.3) Em decorrência das chamadas cláusulas exorbitantes, a administração pública

(A) tem o poder de reter a garantia exigida do contratado, após a execução integral e adequada do objeto do contrato.
(B) pode aplicar ao contratado sanções de natureza administrativa, na hipótese de inexecução total ou parcial do contrato.
(C) pode rescindir unilateralmente o contrato por motivos de interesse público, não sendo devida indenização ao contratado.
(D) tem a faculdade de promover a alteração unilateral do contrato para modificar sua natureza, no tocante ao seu objeto, razão pela qual pode transformar contrato de compra e venda em contrato de permuta.

As cláusulas exorbitantes são aquelas que decorrem do art. 58 da Lei 8.666/1993; as condutas descritas nas alternativas "a", "c" e "d" não são compatíveis com as disposições citadas. No caso da alternativa "c", a rescisão mencionada é possível, mas depende de indenização ao particular, por não haver culpa deste. No caso da alternativa "d", não é possível a modificação contratual que altere o objeto do contrato, sob pena de fraude à licitação.

Gabarito "B"

(OAB/Exame Unificado – 2008.3) Referentemente aos contratos administrativos, assinale a opção correta.

(A) A presença da administração pública na relação contratual é suficiente para se qualificarem avenças no contrato administrativo.
(B) O princípio da continuidade do serviço público impede que o contratado suspenda, sob a alegação de falta de pagamento, o serviço que presta à administração pública.
(C) As cláusulas exorbitantes possibilitam à administração pública alterar unilateralmente o contrato administrativo, exceto no que se refere à manutenção do equilíbrio econômico-financeiro.
(D) A modificação da finalidade da empresa contratada pela administração para prestação de serviços implica automática rescisão do contrato administrativo.

A: incorreta. Há contratos dos quais faz parte a administração pública, mas que não são contratos administrativos, como, por exemplo, o contrato de locação em que a administração pública é locatária; **B:** incorreta. Tal impedimento só ocorre nos primeiros 90 (noventa) dias de atraso no pagamento (art. 78, XV, da Lei 8.666/1993); **C:** correta (art. 58, I e § 1º, da Lei 8.666/1993); **D:** incorreta (art. 78, XI, da Lei 8.666/1993).

Gabarito "C"

(FGV – 2014) As alternativas a seguir apresentam exemplos de contratos administrativos, à exceção de uma. Assinale-a.

(A) Fornecimento.
(B) Prestação de serviços.
(C) Concessão.
(D) Obra pública.
(E) Convênios.

A, B, C e **D:** incorretas, pois todos os exemplos são de contratos administrativos (art. 2º, *caput*, da Lei 8.666/1993); **E:** correta, pois os contratos administrativos não se confundem com os convênios, pois, no primeiro, há obrigações recíprocas (um quer uma coisa ou serviço e o outro quer uma remuneração em dinheiro), ao passo que no segundo há interesses comuns (os convenentes querem desenvolver um projeto comum, dividindo tarefas), estabelecendo-se uma parceria para unir esforços no cumprimento desse interesse comum.

Gabarito "E"

(FGV – 2013) As alternativas a seguir apresentam cláusulas exorbitantes dos contratos administrativos, à exceção de uma. Assinale-a.

(A) Rescisão unilateral do contrato.
(B) Fiscalização unilateral da obra.
(C) Alteração unilateral do preço.
(D) Aplicação de sanções administrativas.
(E) Inoponibilidade relativa da exceção do contrato não cumprido.

A, B e **D:** incorretas, pois tais cláusulas estão previstas nos incisos II, III e IV, respectivamente, do art. 58 da Lei 8.666/1993; **C:** correta, pois essa cláusula exorbitante não existe na Lei 8.666/1993, não podendo a Administração alterar unilateralmente os preços, mas apenas podendo alterar outras obrigações contratuais (nos limites do art. 65 da Lei 8.666/1993), mas sempre respeitando o equilíbrio nos preços (art. 65, § 6º, da Lei 8.666/1993); **E:** incorreta, pois essa cláusula exorbitante decorre da interpretação *a contrario sensu* dos incisos XIV e XV do art. 78 da Lei 8.666/1993, que não admitem que o particular oponha a exceção de contrato não cumprido para deixar de cumprir com suas obrigações em caso de suspensão do contrato por até 120 dias ou de atraso nos pagamentos da Administração por até 90 dias.

Gabarito "C"

(FGV – 2011) É hipótese de celebração de contrato administrativo a

(A) concessão de uso de bem público.
(B) autorização de uso de bem público.
(C) expedição de alvará.
(D) realização de espetáculo em local público.
(E) emissão de certidões.

A: correta, pois a concessão é considerado um ato bilateral, um contrato; **B:** incorreta, pois a autorização é um ato unilateral, portanto, não contratual; **C:** incorreta, pois o alvará é um ato unilateral, portanto, não contratual; **D:** incorreta, pois o espetáculo sequer é um *ato administrativo*, quanto mais um *contrato administrativo*; se se tratar de um espetáculo do Poder Público será considerado um *fato administrativo*; **E:** incorreta, pois a certidão é um ato unilateral, portanto, não contratual.

Gabarito "A"

(FGV – 2011) O regime jurídico dos contratos administrativos previsto na Lei 8.666/1993 confere à Administração Pública prerrogativas conhecidas como cláusulas exorbitantes. Dentre tais cláusulas, inclui-se a prerrogativa de a Administração

(A) prorrogar, unilateralmente e por igual período, o contrato administrativo em que demonstrada a vantajosidade, sob pena de caracterização de inexecução imotivada do ajuste.

(B) alterar unilateralmente as cláusulas econômico financeiras e monetárias do ajuste.

(C) exigir prestação de garantia nas contratações de obras, serviços e compras, em valor não excedente a 20% (vinte por cento) do valor do contrato.

(D) rescindir unilateralmente o contrato nos casos de inexecução total ou parcial do ajuste, assegurado o contraditório e a ampla defesa.

(E) intervir, por prazo determinado, na prestação do serviço, com o fim de assegurar o adequado cumprimento das normas contratuais.

A: incorreta, pois esta prerrogativa não está prevista no art. 58 da Lei 8.666/1993, nem em qualquer outro dispositivo legal da Lei de Licitações e Contratos; **B:** incorreta, pois há proibição nesse sentido (art. 58, § 1º, da Lei 8.666/1993); tal alteração só poderá ser feita se houver concordância do contratado; vale lembrar que a Administração tem o poder de modificar unilateralmente as *cláusulas regulamentes* dos contratos, mas não tem esse mesmo poder em relação às *cláusulas econômico-financeiras*; **C:** incorreta, pois o limite dessa garantia é de 5% do valor do contrato, salvo para obras, serviços e fornecimentos de grande vulto envolvendo alta complexidade técnica e riscos financeiros consideráveis, demonstrados através de parecer tecnicamente aprovado pela autoridade competente, em que o limite de garantia poderá ser elevado para até 10% do valor do contrato (art. 56, §§ 2º e 3º da Lei 8.666/1993); **D:** correta (art. 58, II, da Lei 8.666/1993); **E:** incorreta, pois não existe essa possibilidade em matéria de mero contrato administrativo, sendo possível apenas a ocupação provisória de bens e serviços no caso previsto no art. 58, V, da Lei 8.666/1993; já em matéria de contrato de concessão de serviço público, a intervenção é possível (arts. 32 a 34 da Lei 8.987/1995).

Gabarito "D"

(FGV – 2010) À luz das disposições acerca da Administração Pública, pode-se afirmar que o contrato administrativo tem como característica:

I. a presença de cláusulas exorbitantes;

II. a imutabilidade;

III. a incompatibilidade total com a natureza do contrato de adesão.

Assinale se apenas estiver(em) correto(s) o(s) item(ns)

(A) I.

(B) II.

(C) III.

(D) I e II.

(E) II e III.

I: correta (art. 58 da Lei 8.666/1993); **II:** incorreta, pois os contratos administrativos podem ser alterados unilateralmente pela Administração e também por acordo entre as partes, sempre nos limites da Lei 8.666/1993; **III:** incorreta, pois é a Administração que estabelece as cláusulas contratuais, daí a sua compatibilidade com o contrato de adesão.

Gabarito "A"

(FGV – 2011) A respeito do regime jurídico dos contratos administrativo, assinale a alternativa correta.

(A) O contratado é responsável pelos danos causados diretamente à Administração ou a terceiros, decorrentes de sua culpa ou dolo na execução do contrato, não excluindo ou reduzindo essa responsabilidade a fiscalização ou o acompanhamento pelo órgão interessado.

(B) A duração dos contratos administrativos fica adstrita à vigência dos respectivos créditos orçamentários, admitida a prorrogação dos contratos de prestação de serviços contínuos e de compras, por iguais e sucessivos períodos, limitados a sessenta meses, desde que demonstrada a vantajosidade da prorrogação.

(C) São consideradas cláusulas exorbitantes aquelas que, em contratos administrativos, rompem o seu equilíbrio econômico-financeiro, sendo, por essa razão, nulas de pleno direito, ensejando ao contratado o direito à rescisão contratual.

(D) Em caráter excepcional, devidamente justificado e mediante autorização da autoridade superior, o contrato administrativo pode ser celebrado com prazo de vigência indeterminado.

(E) Constatada a inexecução total ou parcial do contrato, a Administração Pública poderá, garantida a prévia defesa, aplicar ao contratado as sanções de advertência, multa, suspensão temporária de participação em licitação por até cinco anos e declaração de inidoneidade para licitar ou contratar com a Administração Pública Federal, Estadual e Municipal.

A: correta (art. 70 da Lei 8.666/1993); **B:** incorreta, pois a prorrogação mencionada só é possível em relação à prestação de serviços contínuos, não sendo cabível em relação a compras (art. 57, II, da Lei 8.666/1993); **C:** incorreta, pois as cláusulas exorbitantes não incidem sobre as questões econômico-financeiras, mas sobre questões regulamentares do contrato administrativo, sendo tais cláusulas admitidas pela lei (art. 58 da Lei 8.666/1993); **D:** incorreta, pois o art. 57, § 3º, da Lei 8.666/1993 veda o contrato com prazo de vigência indeterminado; **E:** incorreta, pois a suspensão temporária de participação em licitação é por até 2 anos (art. 87 da Lei 8.666/1993).

Gabarito "A"

(FGV – 2010) Infere-se do regime jurídico dos contratos administrativos que

(A) não se aplicam disposições de direito privado aos contratos administrativos, sendo vedadas, especialmente, as cláusulas exorbitantes, pois estas ferem o equilíbrio contratual.

(B) os contratos administrativos possuem cláusulas exorbitantes que atribuem à Administração a prerrogativa de modificar unilateral e ilimitadamente o contrato administrativo.

(C) nos termos do regime jurídico que lhes é próprio, os contratos administrativos só podem adotar a forma escrita, sendo vedados os contratos verbais, em virtude da segurança jurídica.

(D) verificando-se vício na formalização do contrato, a administração só poderá promover sua anulação após a devida ação judicial, cuja decisão tenha transitado em julgado.

(E) poderá a administração aplicar sanções administrativas aos contratados, independentemente de ação judicial, desde que assegure o contraditório e a ampla defesa.

A: incorreta, pois as cláusulas exorbitantes são a regra em matéria de contrato administrativo (art. 58 da Lei 8.666/1993) e, supletivamente, é possível aplicar regras de direito privado aos contratos administrativos (art. 54 da Lei 8.666/1993); **B:** incorreta, pois as modificações unilaterais podem ser feitas, mas encontram limites na lei (art. 65, I, da Lei 8.666/1993); **C:** incorreta, pois há exceção que permite contrato verbal (art. 60, parágrafo único, da Lei 8.666/1993); **D:** incorreta, pois a administração tem a autotutela dos seus atos, podendo anulá-los sem que tenha que fazê-lo junto ao Judiciário; **E:** correta (art. 58, IV, da Lei 8.666/1993).

Gabarito "E"

(FGV – 2006) A respeito dos contratos, analise as afirmativas a seguir:

I. Os contratos, comuns ou administrativos, devem ser interpretados de acordo com suas cláusulas.

II. Os contratos públicos, entre os quais se destacam os celebrados com a Administração Pública, dadas as prerrogativas desta, que impõe as condições e cláusulas, unilateralmente, caracterizam-se como verdadeiros contratos de adesão.

III. Os contratos com a Administração Pública devem ter em vista o interesse público, sem menosprezo, entretanto, dos direitos da contratada, sob pena de ferir os princípios constitucionais a que a Administração está vinculada, especialmente os da legalidade, moralidade, eficiência, impessoalidade e da isonomia.

Assinale:

(A) se nenhuma afirmativa estiver correta.
(B) se somente as afirmativas I e II estiverem corretas.
(C) se somente as afirmativas I e III estiverem corretas.
(D) se somente as afirmativas II e III estiverem corretas.
(E) se todas as afirmativas estiverem corretas.

I: correta (art. 54, *caput*, da Lei 8.666/1993); **II:** correta, pois a Administração fixa unilateralmente as cláusulas dos contratos administrativos; **III:** correta, pois, apesar da supremacia do interesse público sobre o privado, os direitos do contratado devem ser respeitados, principalmente no que tange à manutenção do equilíbrio econômico-financeiro do contrato.

Gabarito "E"

(FGV – 2005) A respeito dos contratos administrativos, é correto afirmar que:

(A) são em tudo equiparados aos contratos de direito privado.
(B) não são utilizados no direito positivo brasileiro vigente.
(C) são contratos de direito público, submetidos a regime jurídico de direito público, exorbitante e derrogatório do direito comum.
(D) são usados apenas nos contratos de aquisição de bens imóveis.
(E) são usados apenas nas locações entre os órgãos autônomos e os particulares.

A: incorreta, pois os contratos administrativos têm cláusulas exorbitantes (art. 58 da Lei 8.666/1993); **B:** incorreta, pois tais contratos são, inclusive, regulamentados na Lei 8.666/1993; **C:** correta, pois são contratos com regime jurídico de direito público, o que pode se exemplificar pelas cláusulas exorbitantes (art. 58 da Lei 8.666/1993); **D:** incorreta, pois tais contratos se destinam a obras, serviços, móveis, imóveis, locações, entre outros (art. 1º da Lei 8.666/1993); **E:** incorreta, pois nas locações em que o Poder Público é locatário, os contratos são regidos pelo Direito Privado, e não pela Lei 8.666/1993.

Gabarito "C"

10.2.2. EQUILÍBRIO ECONÔMICO-FINANCEIRO

(FGV – 2008) A respeito dos contratos administrativos, de acordo com a Lei 8.666/1993, considere as seguintes afirmativas:

I. É vedado o contrato com prazo de vigência indeterminado.

II. A alteração do projeto, pela Administração, autoriza a revisão do contrato para manutenção de seu equilíbrio econômico-financeiro, mas não autoriza a prorrogação dos prazos de execução, conclusão e entrega.

III. A prorrogação de contrato administrativo, nas hipóteses admitidas pela lei, exige prévia e expressa autorização da autoridade competente para celebrar o contrato.

Assinale:

(A) se apenas a afirmativa I estiver correta.
(B) se apenas a afirmativa II estiver correta.
(C) se apenas as afirmativas I e II estiverem corretas.
(D) se apenas as afirmativas I e III estiverem corretas.
(E) se todas as afirmativas estiverem corretas.

I: correta (art. 57, § 3º, da Lei 8.666/1993); **II** e **III:** v. art. 57, §§ 1º e 2º, da Lei 8.666/1993.

Gabarito "D"

(FGV – 2008) Em concessão de serviço público precedido por obra, pactuada entre um Município e uma sociedade privada, há o inadimplemento do contrato por parte da concessionária, devido à desvalorização da moeda. É correto afirmar que:

(A) não haverá revisão nem rescisão do contrato; aplica-se, no caso, o princípio *pacta sunt servanda*, porque a coletividade não pode ser prejudicada.
(B) se aplica, no caso, o princípio da cláusula *rebus sic stantibus*, e há, obrigatoriamente, a rescisão do contrato sem indenização ao particular.
(C) se aplica, no caso, a Teoria da Imprevisão, em que a álea econômica é elemento característico e cujo fundamento é o princípio da cláusula *rebus sic stantibus*.
(D) se aplica, no caso, a teoria do Fato do Príncipe, cujo pressuposto é a álea econômica e cujo princípio basilar é o *pacta sunt servanda*.
(E) não haverá revisão nem rescisão do contrato quer se aplique a Teoria da Imprevisão, quer se aplique a Teoria do Fato do Príncipe.

Art. 65, II, *d*, da Lei 8.666/1993.

Gabarito "C"

10.2.3. FORMALIZAÇÃO E CLÁUSULAS NECESSÁRIAS

(OAB/Exame Unificado – 2015.3) O Município C está elaborando edital de licitação para a contratação de serviço de limpeza predial. A respeito do prazo de duração desse contrato, assinale a afirmativa correta.

(A) O prazo de duração do contrato está adstrito à vigência do respectivo crédito orçamentário, sem possibilidade de prorrogação.

(B) O contrato de prestação de serviços pode ser celebrado pelo prazo de até 48 meses.

(C) O contrato pode ser celebrado por prazo indeterminado, mantendo-se vigente enquanto não houver melhor preço do que o da proposta vencedora da licitação.

(D) O contrato poderá ter a sua duração prorrogada por iguais e sucessivos períodos com vistas à obtenção de preços e condições mais vantajosas para a administração, limitada a sessenta meses.

A, **B** e **C**: incorretas, pois no caso de contrato para a prestação de serviços contínuos, estes terão a sua duração prorrogada por iguais e sucessivos períodos, com vistas à obtenção de preços e condições mais vantajosas para a administração, limitada a 60 meses (art. 57, II, da Lei 8.666/93); **D**: correta (art. 57, II, da Lei 8.666/1993).

Gabarito "D"

(OAB/Exame Unificado – 2011.3.B) Quanto às garantias dos contratos administrativos, é correto afirmar que

(A) a escolha do tipo de garantia se fará, sempre, com base na indisponibilidade do interesse público, pela Administração.

(B) para serem exigidas do contratado, devem ser previstas no instrumento convocatório.

(C) é admissível todo e qualquer tipo de garantia admitida pelo direito privado, à escolha da Administração.

(D) é admissível todo e qualquer tipo de garantia admitida em direito, sendo irrelevante a previsão no instrumento convocatório.

A: incorreta, pois a escolha da garantia, quando esta for exigida, compete ao contratado, e não à Administração; o contratado poderá escolher a garantia dentro das opções previstas no art. 56, § 1º, da Lei 8.666/1993; **B**: correta, pois a garantia só pode ser exigida se prevista no instrumento convocatório (art. 56, *caput*, da Lei 8.666/1993); **C**: incorreta, pois o particular deve escolher a garantia dentro das opções previstas no art. 56, § 1º, da Lei 8.666/1993); **D**: incorreta, pois a exigência de garantia deve estar no instrumento convocatório e não se admite qualquer garantia, mas apenas as previstas no art. 56, § 1º, da Lei 8.666/1993.

Gabarito "B"

(OAB/Exame Unificado – 2008.1) A respeito da disciplina legal relativa aos contratos administrativos, julgue os itens a seguir.

I. A ilegalidade no procedimento da licitação vicia também o próprio contrato, já que aquele procedimento é condição de validade deste, de modo que, ainda que a referida ilegalidade seja apurada depois de celebrado o contrato, este terá de ser anulado.

II. A faculdade que a administração possui de exigir garantia nos contratos de obras, serviços e compras admite que tal exigência seja feita somente com o licitante vencedor e no momento da assinatura do respectivo contrato, não na fase licitatória.

III. A subcontratação, total ou parcial, do objeto do contrato, a associação do contratado com outrem, bem como a cessão ou transferência, total ou parcial, somente são possíveis se expressamente previstas no edital e no contrato.

IV. Entre as normas referentes ao aspecto formal, inclui-se a que exige a publicação, no Diário Oficial, da íntegra do contrato, no prazo máximo de 30 (trinta) dias a contar da data da assinatura, como condição para que o contrato adquira eficácia.

Estão certos apenas os itens

(A) I e II.

(B) I e III.

(C) II e IV.

(D) III e IV.

I: correta. De fato, a ilegalidade na licitação contamina a validade da contratação; **II**: incorreta. Admite-se exigência de garantia na fase licitatória (art. 31, III, da Lei 8.666/1993); **III**: correta. De fato, trata-se de previsão expressa do art. 78, VI, da Lei 8.666/1993; **IV**: incorreta. O prazo é diverso (art. 61, parágrafo único, da Lei 8.666/1993).

Gabarito "B"

(OAB/Exame Unificado – 2006.2) Acerca de contratos administrativos, assinale a opção que apresenta somente cláusulas necessárias ao contrato administrativo, na forma da Lei n.º 8.666/1993 — Lei de Licitações e Contratos Administrativos.

(A) Objeto, preço, condições de pagamento e confidencialidade

(B) Preço, condições de pagamento, confidencialidade e penalidades

(C) Objeto, preço, condições de pagamento e penalidades

(D) Preço, penalidades, condições de pagamento, confidencialidade e objeto

Art. 55, I, III e VII, da Lei 8.666/1993.

Gabarito "C"

(OAB/Exame Unificado – 2006.1) Acerca das cláusulas necessárias do contrato administrativo, julgue os itens que se seguem.

I. O contrato deve ter objeto definido.

II. O preço e as condições de pagamento podem ser omitidos no contrato.

III. Os direitos e as responsabilidades das partes, as penalidades cabíveis e os valores das multas são cláusulas necessárias do contrato.

IV. O contrato não precisa prever casos de rescisão.

Estão certos apenas os itens

(A) I e III.

(B) I e IV.

(C) II e III.

(D) II e IV.

Art. 55, I, III, VII e VIII (respectivamente), da Lei 8.666/1993.

Gabarito "A"

(FGV – 2011) Quanto aos contratos administrativos, é correto afirmar que

(A) a celebração de contrato verbal é vedada pela lei, sendo nula e não produzindo efeitos.
(B) a rescisão contratual se dá privativamente pela via administrativa.
(C) é vedado o contrato com prazo de duração indeterminado.
(D) a declaração de nulidade do contrato não opera retroativamente para desconstituir os efeitos jurídicos já produzidos.
(E) a nulidade exonera a administração do dever de indenizar o contratante pelo que este houver executado.

A: incorreta, pois existe um caso excepcional, em que se admite a celebração de contrato verbal (art. 60, parágrafo único, da Lei 8.666/1993); **B:** incorreta, pois, quando é o particular que deseja o fim do contrato, faz-se necessário que ele ingresse com ação judicial para tanto; **C:** correta (art. 57, § 3º, da Lei 8.666/1993); **D:** incorreta, pois opera retroativamente sim (art. 59 da Lei 8.666/1993); **E:** incorreta, pois o contratante de boa-fé tem direito de ser indenizado pelos serviços prestados e demais prejuízos comprovados (art. 59, parágrafo único, da Lei 8.666/1993).

Gabarito "C"

(FGV – 2006) Os depósitos para garantia, quando exigida, das obrigações decorrentes de participação em licitação e de execução de contrato celebrado com órgãos da Administração Federal Centralizada e autarquias serão:

(A) preferencialmente efetuados no Banco do Brasil.
(B) obrigatoriamente efetuados no Banco do Brasil.
(C) preferencialmente efetuados na Caixa Econômica Federal.
(D) obrigatoriamente efetuados na Caixa Econômica Federal.
(E) obrigatoriamente efetuados em agências do Distrito Federal.

De acordo com o art. 82 do Decreto 93.872/1986, "os depósitos para garantia, quando exigida, das obrigações decorrentes de participação em licitação e de execução de contrato celebrado com órgãos da Administração Federal centralizada e autarquias, serão obrigatoriamente efetuados na Caixa Econômica Federal, à ordem da autoridade administrativa competente".

Gabarito "D"

10.2.4. ALTERAÇÕES CONTRATUAIS

(OAB/Exame Unificado – 2013.2) Determinada construtora sagra-se vencedora numa licitação para a reforma do hall de acesso de uma autarquia estadual. O contrato foi assinado no dia 30 de abril, com duração até 30 de outubro daquele mesmo ano.

Iniciada a execução do contrato, a Administração constata a necessidade de alteração no projeto original, a fim de incluir uma rampa de acesso para deficientes físicos.

Com base na hipótese sugerida, assinale a afirmativa correta.

(A) A alteração do projeto, pela Administração, autoriza a recomposição do equilíbrio econômico-financeiro, mas não a prorrogação do prazo de entrega da obra.
(B) A alteração do projeto, pela Administração, autoriza a recomposição do equilíbrio econômico-financeiro e também a prorrogação do prazo de entrega da obra.
(C) Os concorrentes que perderam a licitação podem questionar a validade da alteração, exigindo a realização de novo procedimento licitatório para a totalidade da obra.
(D) Os concorrentes que perderam a licitação podem questionar a validade da alteração, exigindo a realização de novo procedimento licitatório para a construção da rampa de acesso para deficientes físicos.

A Administração Pública pode alterar qualitativa e quantitativamente os contratos administrativos, nos termos do art. 65, I, da Lei 8.666/1993, respeitando as disposições legais a respeito. A medida tomada (inclusão de rampa de acesso para deficientes) pode se enquadrar, de acordo com as características do contrato no caso concreto, tanto na alínea *a* como na alínea *b* do inciso I do art. 65 da Lei 8.666/1993. Assim, ficam afastadas as alternativas "c" e "d". Outro ponto é que, havendo alteração unilateral do contrato que aumente os encargos do contratado (o que aconteceu no caso narrado no enunciado), a Administração deverá restabelecer, por aditamento, o equilíbrio econômico-financeiro inicial (art. 65, § 6º, da Lei 8.666/1993). Por fim, de rigor lembrar que a lei admite prorrogação do prazo de entrega quando há alteração do projeto ou especificações, pela Administração (art. 57, § 1º, I, da Lei 8.666/93), o que afasta a alternativa "a" e impõe seja assinalada a alternativa "b".

Gabarito "B"

(OAB/Exame Unificado – 2010.1) Acerca do contrato administrativo, assinale a opção correta.

(A) Mediante acordo entre as partes, pode a supressão de um objeto contratado ser superior a 25% do valor atualizado do contrato.
(B) O contratado fica obrigado a aceitar, nas mesmas condições contratuais, os acréscimos que se fizerem nas obras, serviços, compras ou reforma de edifício, até o limite de 25% do valor inicial atualizado do contrato.
(C) Em atenção ao princípio da supremacia do interesse público, a majoração dos encargos do contratado advinda de alteração unilateral do contrato não implica o restabelecimento do equilíbrio econômico-financeiro inicial.
(D) A responsabilidade do contratado pela reparação ou correção dos vícios encontrados no objeto contratado somente ocorrerá se houver previsão expressa nesse sentido no contrato firmado entre a administração pública e o fornecedor.

A: correta. A assertiva corresponde à redação do art. 65, § 2.º, II, da Lei 8.666/1993: "Art. 65. (...) § 2.º Nenhum acréscimo ou supressão poderá exceder os limites estabelecidos no parágrafo anterior, salvo: I – (*Vetado*) II – as supressões resultantes de acordo celebrado entre os contratantes"; **B:** incorreta. Para reforma de edifício, o limite é de até 50% (Lei 8.666/1993, art. 65, § 1.º):"Art. 65. (...) § 1.º O contratado fica obrigado a aceitar, nas mesmas condições contratuais, os acréscimos ou supressões que se fizerem nas obras, serviços ou compras, até 25% (vinte e cinco por cento) do valor inicial atualizado do contrato e, no caso particular de reforma de edifício ou de equipamento, até o limite de 50% (cinquenta por cento) para os seus acréscimos"; **C:** incorreta. A assertiva contraria o comando expresso do art. 65, § 6.º, da Lei 8.666/1993: "Art. 65. (...) (...) § 6.º Em havendo alteração unilateral do contrato que aumente os encargos do contratado, a Administração deverá restabelecer, por aditamento, o equilíbrio econômico-financeiro inicial"; **D:** incorreta. Tal responsabilidade está prevista no art. 69 da Lei 8.666/1993: "Art. 69. O contratado é obrigado a reparar, corrigir, remover, reconstruir ou substituir, às suas expensas, no total ou em parte, o objeto do contrato em que se verificarem vícios, defeitos ou incorreções resultantes da execução ou de materiais empregados."

Gabarito "A"

(OAB/Exame Unificado – 2008.3) O governo de um Estado contratou determinada empresa para a construção da sede de uma das suas secretarias. A obra tinha prazo definido para o início, porém a empresa não pôde começar o serviço dentro do prazo estipulado em contrato porque a administração pública não entregou, em tempo hábil, o local da obra, tampouco expediu as ordens de serviço necessárias, o que impediu que a empresa iniciasse a obra no prazo previsto, descumprindo, portanto, cláusula contratual. Considerando a situação hipotética apresentada, é correto afirmar que, apesar do descumprimento do prazo, a empresa contratada está isenta de sanções administrativas, de acordo com a hipótese de

(A) fato do príncipe.
(B) fato da administração.
(C) álea econômica.
(D) álea ordinária ou empresarial.

Trata-se de *fato da administração*, pois o atraso resultou de conduta da administração que se dirige *especificamente* sobre o contrato administrativo, retardando ou impedindo a sua execução.

Gabarito "B"

(OAB/Exame Unificado – 2007.3) Empresa pública de transporte coletivo firmou contrato com rede de distribuição de combustíveis para que, pelo prazo de 24 meses, fornecesse gás natural veicular para sua frota de ônibus, pagando, por metro cúbico de gás, o valor médio cobrado pelo mercado segundo levantamento feito pela ANP. No nono mês de vigência do contrato, o principal fornecedor de gás ao Brasil teve de suspender o fornecimento do produto devido a graves problemas político-sociais internos. A contratada se vê impossibilitada de cumprir a avença nos termos pactuados. Considerando a situação hipotética acima, assinale a opção correta.

(A) Aplica-se ao caso a teoria da imprevisão.
(B) A empresa fornecedora de combustíveis terá de ressarcir a empresa pública pelos prejuízos causados pela paralisação de sua frota por força da cláusula *rebus sic stantibus*.
(C) A contratada não deverá arcar com qualquer ônus pelo inadimplemento do contrato por se tratar de fato do príncipe.
(D) A empresa pública poderá buscar reparação financeira junto à Corte Interamericana de Direito OEA.

Arts. 65, II, *d*, e 57, § 1º, II, ambos da Lei 8.666/1993.

Gabarito "A"

(OAB/Exame Unificado – 2007.1) A respeito dos contratos administrativos, assinale a opção correta.

(A) Os contratos administrativos diferenciam-se dos demais contratos privados no que se refere às chamadas cláusulas exorbitantes, como a cláusula que autoriza à administração impor penalidades administrativas.
(B) Como os contratos administrativos também se submetem ao princípio da formalidade, eles devem ser obrigatoriamente escritos.
(C) A administração pode alterar, de forma unilateral, os contratos que celebrar. No entanto, no que se refere à alteração quantitativa, a lei estabelece, como limite para os acréscimos e supressões nas obras, serviços ou compras, o percentual de 50% em relação ao valor original do contrato.
(D) A administração pode rescindir o contrato, de forma unilateral, na ocorrência de caso fortuito ou força maior, não ficando obrigada ao pagamento de qualquer indenização.

A: correta (art. 58 da Lei 8.666/1993); **B:** incorreta. Há exceção em que pode ser verbal (art. 60, parágrafo único, da Lei 8.666/1993); **C:** incorreta (art. 65, § 1º, da Lei 8.666/1993); **D:** incorreta (art. 65, II, *d*, da Lei 8.666/1993).

Gabarito "A"

(OAB/Exame Unificado – 2006.2) A Lei 8.666/1993 assevera que o contratado é obrigado a aceitar, nas mesmas condições contratuais, acréscimos e supressões que se fizerem necessários nas obras, serviços ou compras, bem como na reforma de edifício ou de equipamento. Acerca desse assunto, assinale a opção que apresenta, respectivamente, o percentual de acréscimo ou supressão que o contratado é obrigado a aceitar nos contratos de obras, serviços e compras, e o percentual para reforma de edifício ou de equipamentos.

(A) 25% e 50%
(B) 25% e 75%
(C) 50% e 25%
(D) 50% e 75%

Art. 65, § 1º, da Lei 8.666/1993.

Gabarito "A"

(OAB/Exame Unificado – 2006.1) Na execução dos contratos administrativos, a teoria da imprevisão ocupa-se de eventos extraordinários, imprevistos e imprevisíveis, onerosos, retardadores ou impeditivos à conclusão do objeto pactuado. Quando isso ocorre, a parte atingida fica liberada dos encargos originários e o contrato há de ser revisto ou rescindido. No caso dos contratos administrativos, quando há determinação estatal, positiva ou negativa, geral, imprevista e imprevisível, que onera substancialmente a execução do contrato administrativo, é correto afirmar que houve

(A) força maior.
(B) caso fortuito.
(C) fato da administração.
(D) fato do príncipe.

O fato do príncipe é um fato *geral* que onera o contrato, ao contrário do fato da administração, que é um fato que se dirige *especificamente* ao contrato, onerando-o.

Gabarito "D"

(FGV – 2013) A União celebrou contrato de obra pública com a empresa X, vencedora de concorrência, para a construção de uma rodovia de 140 (cento e quarenta) km de extensão. O contrato foi celebrado pelo prazo de 24 (vinte e quatro) meses. No decorrer da obra, entretanto, a Administração verificou a necessidade de alteração no projeto contratado, com o acréscimo de serviços e a prorrogação do prazo contratual por mais 12 meses. Diante do exposto, é correto afirmar que

(A) não é possível a alteração do objeto contratado, embora a prorrogação do prazo, em tese, seja possível.
(B) é possível o acréscimo, na obra, até o limite de 25 % (vinte e cinco por cento) do valor inicial atualizado do contrato, mas, por se tratar de contrato com prazo superior a 12 (doze) meses, é impossível a sua prorrogação.
(C) é possível o acréscimo, na obra, até o limite de 25 % (vinte e cinco por cento) do valor inicial atualizado do contrato, bem como a prorrogação do contrato.
(D) a alteração unilateral do contrato é permitida, mas não por razão de alteração no projeto contratado.
(E) desde que haja expressa concordância do contratado, é possível o acréscimo na obra, qualquer que seja o valor, bem como a prorrogação do contrato.

A: incorreta, pois a alteração contratual é prevista em lei (art. 65 da Lei 8.666/1993); **B:** incorreta, pois a prorrogação é admitida nos casos previstos na lei, sendo que o caso previsto no enunciado admite a prorrogação nos termos do art. 57, § 1º, IV, da Lei 8.666/1993; **C:** correta (arts. 57, § 1º, IV, e 65, § 1º, ambos da Lei 8.666/1993); **D:** incorreta, pois um dos casos que enseja a alteração unilateral do contrato é justamente em razão de alteração no projeto contratado para melhor adequação aos seus objetivos (art. 65, I, "a", da Lei 8.666/1993); **E:** incorreta, pois o contrato é obrigado a aceitar os acréscimos previstos no art. 65, § 1º, da Lei 8.666/1993.
Gabarito "C".

(FGV – 2010) Os contratos regidos pela Lei 8.666/1993 podem ser alterados unilateralmente pela administração pública no caso de:

(A) modificação do projeto ou de suas especificações.
(B) conveniência na substituição da garantia de execução do contrato.
(C) necessidade de modificação do regime de execução da obra ou serviço.
(D) não cumprimento de cláusulas contratuais, especificações, projetos ou prazos.
(E) ocorrência de caso fortuito ou de força maior, regularmente comprovada, impeditiva da execução do contrato.

A: correta (art. 65, I, da Lei 8.666/1993); **B**, **C** e **E:** incorretas, pois, nesses casos, a alteração tem que se dar por acordo entre as partes (art. 65, II, *a*, *b* e *d*, da Lei 8.666/1993), e não unilateralmente pela Administração; **D:** incorreta, pois esse caso enseja rescisão do contrato, e não alteração deste.
Gabarito "A".

(FGV – 2010) Com relação à *contratação pública* regida pela Lei n.º 8.666/93, analise as afirmativas a seguir.

I. É conferida à Administração contratante a ampla prerrogativa de alteração unilateral das cláusulas contratuais.
II. Nos casos de subcontratação administrativa, é indispensável a participação da empresa subcontratada do procedimento licitatório para celebração do contrato administrativo.
III. Desde que não haja alteração do objeto pactuado, o contratado deve aceitar acréscimos e supressões em obras, serviços ou compras de até 25% (vinte e cinco por cento) do valor inicial pactuado.

Assinale:

(A) se somente a afirmativa I estiver correta.
(B) se somente a afirmativa II estiver correta.
(C) se somente a afirmativa III estiver correta.
(D) se somente as afirmativas I e II estiverem corretas.
(E) se somente as afirmativas II e III estiverem corretas.

I: incorreta, pois a alteração unilateral de cláusulas contratuais tem limites qualitativos e quantitativos (art. 65, I e § 1º, da Lei 8.666/1993); **II:** incorreta, pois não há essa exigência no art. 72 da Lei 8.666/1993; **III:** correta (art. 65, § 1º, da Lei 8.666/1993).
Gabarito "C".

(FGV – 2008) Quando o Poder Público não providencia as desapropriações necessárias para a execução de serviço público contratado com o particular, dando ensejo a este do desprovimento do contrato, resta configurado:

(A) fato da administração.
(B) fato do príncipe.
(C) caso fortuito.
(D) força maior.
(E) lesão grave.

Trata-se de fato que se dirige especificamente sobre o contrato administrativo, retardando ou impedindo sua execução, configurando fato da administração. Já o *fato do príncipe* se dá com os fatos gerais do Poder Público que acabam afetando contratos administrativos.
Gabarito "A".

(FGV – 2008) Os contratos regidos pela Lei de Licitações poderão ser alterados, com as devidas justificativas, ficando o contratado obrigado a aceitar os acréscimos que se fizerem na reforma de edifício até o limite de:

(A) 10%.
(B) 40%.
(C) 30%.
(D) 20%.
(E) 50%.

No caso de reforma, o limite de acréscimo é, realmente, de 50% (art. 65, § 1º, da Lei 8.666/1993).
Gabarito "E".

(FGV – 2008) Em relação aos contratos administrativos é correto afirmar que:

(A) podem sofrer alteração unilateral de natureza quantitativa ou qualitativa.
(B) não podem ser celebrados por empresas públicas e sociedades de economia mista.
(C) só podem ser rescindidos se houver inadimplemento de obrigações por parte do contratado.
(D) são formalizados por instrumento escrito, salvo quando se tratar de compra de bens móveis.
(E) nulos não conferem ao particular o direito à indenização pelo que já tiver executado anteriormente à declaração de nulidade.

A: correta (art. 65, I, "a" e "b", da Lei 8.666/93); **B:** incorreta, pois tais entidades estão sujeitas ao regime da Lei de Licitações e Contratos Administrativos (art. 1º, parágrafo único, da Lei 8.666/93); **C:** incorreta, pois há outros muitos motivos para a rescisão (art. 78 da Lei 8.666/93);

D: incorreta, pois a exceção ao instrumento escrito se dá apenas para compra de pronto pagamento e de pequeno valor (5% do limite para o convite), nos termos do art. 60, parágrafo único, da Lei 8.666/93, não bastando, assim, que se trate de aquisição de bens móveis; **E**: incorreta, pois de acordo com o art. 59, parágrafo único, da Lei 8.666/93, " A nulidade não exonera a Administração do dever de indenizar o contratado pelo que este houver executado até a data em que ela for declarada e por outros prejuízos regularmente comprovados, contanto que não lhe seja imputável, promovendo-se a responsabilidade de quem lhe deu causa".

Gabarito "A"

10.2.5. EXTINÇÃO DO CONTRATO

(OAB/Exame Unificado – 2007.2) Os motivos para rescisão determinada por ato unilateral e escrito da administração não incluem

(A) Razão de interesse público, de alta relevância e amplo conhecimento, justificada e determinada pela máxima autoridade da esfera administrativa a que está subordinado o contratante e exarada no processo administrativo a que se refere o contrato.
(B) A supressão, por parte da administração, de obras, serviços ou compras, acarretando modificação do valor inicial do contrato além do limite previsto em lei.
(C) A lentidão do cumprimento de uma obra, em que a administração comprove a impossibilidade da conclusão da obra, do serviço ou do fornecimento, nos prazos estipulados.
(D) O atraso injustificado no início de obra, serviço ou fornecimento.

Art. 78, XII, III e IV (respectivamente), da Lei 8.666/1993.

Gabarito "B"

(OAB/Exame Unificado – 2006.1) Rescisão é o desfazimento do contrato durante sua execução por inadimplência de uma das partes, pela superveniência de eventos que impeçam ou tornem inconveniente o prosseguimento do ajuste ou pela ocorrência de fatos que acarretem seu rompimento de pleno direito. A Lei n.º 8.666/1993 define as formas de rescisão dos contratos. Assinale a opção que não representa forma de rescisão de contrato administrativo.

(A) Ato unilateral da administração.
(B) Término do prazo do contrato.
(C) Amigável, por acordo entre as partes.
(D) Decisão judicial.

O término do prazo é causa de extinção, e não de rescisão do contrato administrativo. *Vide* os casos de rescisão no art. 79 da Lei 8.666/1993.

Gabarito "B"

(FGV – 2010) Nos termos do Estatuto das Licitações, assinale a alternativa que apresente um motivo para *rescisão do contrato administrativo.*

(A) A supressão, por parte da Administração, de serviços no percentual de 20% (vinte por cento) do valor atualizado do contrato.
(B) Qualquer paralisação da obra, do serviço ou do fornecimento.
(C) A suspensão de sua execução, por ordem escrita da Administração, por 100 (cem) dias.
(D) O atraso superior a 30 (trinta) dias dos pagamentos devidos pela Administração decorrentes de obras, serviços ou fornecimento.
(E) A não liberação, por parte da Administração, de área para execução de obra, no prazo contratual.

A: incorreta (art. 78, XIII, da Lei 8.666/1993); **B**: incorreta (art. 78, V, da Lei 8.666/1993); **C**: incorreta (art. 78, XIV, da Lei 8.666/1993); **D**: incorreta (art. 78, XV, da Lei 8.666/1993); **E**: correta (art. 78, XVI, da Lei 8.666/1993).

Gabarito "E"

(FGV – 2010) A Administração Pública, diante de uma rescisão de contrato administrativo, por culpa do contratado, retém os créditos decorrentes do contrato até os limites dos prejuízos causados. Nessa situação, a retenção dos créditos é de natureza:

(A) satisfativa.
(B) coercitiva.
(C) acautelatória.
(D) restituitória.
(E) judicial.

Trata-se de medida acautelatória, para o fim de garantir que os prejuízos causados serão ressarcidos.

Gabarito "C"

11. SERVIÇO PÚBLICO, CONCESSÃO E PPP

11.1. SERVIÇO PÚBLICO

(OAB/Exame Unificado – 2016.2) Determinada empresa apresenta impugnação ao edital de concessão do serviço público metroviário em determinado Estado, sob a alegação de que a estipulação do retorno ao poder concedente de todos os bens reversíveis já amortizados, quando do advento do termo final do contrato, ensejaria enriquecimento sem causa do Estado. Assinale a opção que indica o princípio que justifica tal previsão editalícia.

(A) Desconcentração.
(B) Imperatividade.
(C) Continuidade dos Serviços Públicos.
(D) Subsidiariedade.

A: incorreta, pois a desconcentração significa outra coisa, no caso, distribuição interna de poderes num ente público; **B**: incorreta, pois a imperatividade significa outra coisa, sendo um dos atributos do ato administrativo, pelo qual o Poder Público pode impor obrigações a terceiros independentemente de sua concordância; **C**: correta, pois é justamente para garantir a continuidade do serviço público é que se admite que o edital de uma concessão de serviço público preveja que ao fim de uma concessão de serviço para uma empresa os bens adquiridos por esta para aplicar no serviço público continuem no serviço público, não podendo ser levados embora pelo concessionário que investiu neles; **D**: incorreta, pois a subsidiariedade é um instituto que não se aplica no caso em tela sendo relacionado a outros temas, como as responsabilidade civil subsidiária do poder público em caso de danos causados a terceiros por conta da atuação de um representante do poder público.

Gabarito "C"

(OAB/Exame Unificado – 2012.3.A) Acerca dos serviços considerados como serviços públicos *uti singuli*, assinale a afirmativa correta.

(A) Serviços em que não é possível identificar os usuários e, da mesma forma, não é possível a identificação da parcela do serviço utilizada por cada beneficiário.

(B) Serviços singulares e essenciais prestados pela Administração Pública direta e indireta.
(C) Serviços em que é possível a identificação do usuário e da parcela do serviço utilizada por cada beneficiário.
(D) Serviços que somente são prestados pela Administração Pública direta do Estado.

A: incorreta, pois essa definição é de serviços *uti universi*; serviços *uti singuli* são aqueles em que é possível identificar o usuário e a parcela do serviço utilizada por cada beneficiário; **B:** incorreta, pois serviços *uti singuli* são aqueles em que é possível identificar o usuário e a parcela do serviço utilizada por cada beneficiário, seja o serviço essencial ou não; **C:** correta, pois traz a exata definição de serviços *uti singuli*; um exemplo são os serviços de telefonia e energia elétrica; **D:** incorreta, pois tais serviços (*uti singuli*) podem ser prestados também pela Administração Pública indireta e até por particulares concessionários de serviço público, como é o caso do serviço de telefonia.

Gabarito "C"

(OAB/Exame Unificado – 2011.3.B) São princípios próprios ou específicos dos serviços públicos, previstos na Lei 8.987/1995,
(A) moralidade, publicidade e legalidade.
(B) especificidade, publicidade e moralidade.
(C) continuidade, atualidade e cortesia.
(D) atratividade, mutualismo e comutatividade.

Os princípio próprios dos serviços públicos, previstos no art. 6º, § 1º, da Lei 8.987/1995, são os seguintes: regularidade, continuidade, eficiência, segurança, atualidade, generalidade, cortesia e modicidade das tarifas. Assim, apenas a alternativa "c" está correta.

Gabarito "C"

(OAB/Exame Unificado – 2007.3) A campanha de prevenção à dengue desenvolvida em todo o território nacional pelo Ministério da Saúde, inclusive com a utilização dos populares fumacês, pode ser classificada como serviço público
(A) social autônomo.
(B) *uti singuli*.
(C) social vinculado.
(D) *uti universi*.

Trata-se de serviço *uti universi*, pois é um serviço geral, com usuários indeterminados, ao contrário do serviço *uti singuli*, que se dirige a usuários determinados, como o de telefonia, água e energia elétrica.

Gabarito "D"

(OAB/Exame Unificado – 2006.3) Acerca dos contratos administrativos e dos serviços públicos, assinale a opção correta.
(A) Os contratos administrativos não se diferenciam dos chamados contratos privados que são firmados pela administração.
(B) Os contratos administrativos de concessão de serviços públicos podem ser objeto de solução de controvérsias por meio do instituto da arbitragem.
(C) A concessão administrativa, no âmbito das parcerias público-privadas, não exige a formação de sociedade de propósito específico, antes da celebração do contrato.
(D) Conforme entendimento prevalecente no âmbito do STJ, os serviços de energia elétrica são considerados essenciais e, portanto, insuscetíveis de suspensão do seu fornecimento por motivo de inadimplência no pagamento da respectiva conta.

A: incorreta. Os contratos administrativos se diferenciam dos contratos privados pela existência de cláusulas exorbitantes (art. 58 da Lei 8.666/1993); **B:** correta. De fato, o art. 23-A da Lei 8.987/1995 traz essa possibilidade; **C:** incorreta (art. 11 da Lei 9.079/2004); **D:** incorreta. O STJ admite, sim, o corte no fornecimento pelo não pagamento da tarifa, salvo quanto a serviços essenciais (creches, por ex.) e a débitos antigos.

Gabarito "B"

(FGV – 2010) Com relação aos *princípios inerentes* aos serviços públicos, analise as afirmativas a seguir.

I. O princípio da continuidade impede que haja suspensão do serviço público, ainda que motivada por razões técnicas.
II. As concessionárias de serviço público devem observar o princípio da eficiência, mantendo adequado o serviço executado.
III. A remuneração dos serviços públicos não pode abranger parâmetros diferenciados de cobrança em razão do princípio da modicidade.

Assinale:
(A) se somente a afirmativa I estiver correta.
(B) se somente a afirmativa II estiver correta.
(C) se somente as afirmativas I e II estiverem corretas.
(D) se somente as afirmativas II e III estiverem corretas.
(E) se todas as afirmativas estiverem corretas.

I: incorreta (art. 6º, § 3º, I, da Lei 8.987/1995); **II:** correta (art. 6º, § 1º, da Lei 8.987/1995); **III:** incorreta (art. 13 da Lei 8.987/1995).

Gabarito "B"

(FGV – 2010) Na prestação de serviço público, é característica do serviço outorgado:
(A) a transferência do serviço por prazo certo.
(B) a transferência do serviço via lei.
(C) a execução transpassada a terceiro.
(D) a possibilidade de ser anulado por ato administrativo.
(E) a presunção de transitoriedade.

O serviço pode ser outorgado ou delegado. No primeiro caso transfere-se, sem prazo certo, a própria titularidade do serviço, o que deve ser feito por meio de *lei*. No segundo, transfere-se apenas a possibilidade de terceiro executar o serviço, o que pode ser feito por meio de *contrato*. Assim, a alternativa "b" é a correta.

Gabarito "B"

(FGV – 2008) Os serviços municipais de calçamento se traduzem como:
(A) individuais.
(B) gerais.
(C) administrativos.
(D) industriais.
(E) próprios.

São serviços gerais, pois não é possível individualizá-los, separando o que beneficia cada pessoa, como é o caso do serviço de coleta domiciliar de lixo.

Gabarito "B"

(FGV – 2005) Assinale a alternativa verdadeira.
(A) Serviços indelegáveis são aqueles que podem ser prestados pelo Estado e, eventualmente, por particulares colaboradores.
(B) Serviços coletivos (*uti universi*) são aqueles prestados a destinatários individualizados, sendo mensurável a utilização por cada um dos indivíduos.
(C) A prévia aprovação em concurso público é, como regra, condição de ingresso no serviço público.

(D) A Administração pode, excepcionalmente, convocar candidato para o provimento de cargo sem a estrita observância da precedência na ordem de classificação.

(E) A exoneração é a dispensa do servidor e possui caráter punitivo.

A: falsa, pois, se são indelegáveis, é porque só o Estado pode prestar; **B:** falsa, pois a definição dada é de serviços individuais ou *uti singuli*; **C:** verdadeira (art. 37, II, da CF); **D:** falsa (art. 37, III, da CF); **E:** falsa, pois a exoneração é a dispensa sem caráter punitivo, ao passo que a demissão é a dispensa com caráter punitivo.

Gabarito "C"

(FGV – 2004) As características da "efetividade ou potencialidade" do serviço público ensejam a criação e cobrança de:

(A) taxa

(B) imposto

(C) tarifa

(D) contribuição de melhoria

(E) empréstimo compulsório

Art. 145, II, da CF.

Gabarito "A"

11.2. CONCESSÃO DE SERVIÇO PÚBLICO

(OAB/Exame Unificado – 2015.3) Após dezenas de reclamações dos usuários do serviço de transporte metroviário, o Estado Y determinou a abertura de processo administrativo para verificar a prestação inadequada e ineficiente do serviço por parte da empresa concessionária. Caso se demonstre a inadimplência, como deverá proceder o poder público concedente?

(A) Declarar, por decreto, a caducidade da concessão.

(B) Declarar, por decreto, a encampação do serviço.

(C) Declarar, por decreto, após lei autorizativa, a revogação da concessão.

(D) Declarar, por lei, a anulação do contrato de concessão.

A: correta (art. 38, § 1º, I, da Lei 8.987/1995); **B**: incorreta, pois a encampação é a extinção da concessão do serviço público por motivo de *interesse público* e não por *ineficiência/inadequação* do concessionário (art. 37 da Lei 8.987/1995); **C** e **D**: incorretas, pois a ineficiência ou inadequação do usuário é causa de *caducidade* e não de *revogação* ou mesmo de *anulação* da concessão (art. 38, § 1º, I, da Lei 8.987/1995).

Gabarito "A"

(OAB/Exame Unificado – 2015.1) O Estado X, após regular processo licitatório, celebrou contrato de concessão de serviço público de transporte intermunicipal de passageiros, por ônibus regular, com a sociedade empresária "F", vencedora do certame, com prazo de 10 (dez) anos. Entretanto, apenas 5 (cinco) anos depois da assinatura do contrato, o Estado publicou edital de licitação para a concessão de serviço de transporte de passageiros, por ônibus do tipo executivo, para o mesmo trecho. Diante do exposto, assinale a afirmativa correta.

(A) A sociedade empresária "F" pode impedir a realização da nova licitação, uma vez que a lei atribui caráter de exclusividade à outorga da concessão de serviços públicos.

(B) A outorga de concessão ou permissão não terá caráter de exclusividade, salvo no caso de inviabilidade técnica ou econômica devidamente justificada.

(C) A lei atribui caráter de exclusividade à concessão de serviços públicos, mas a violação ao comando legal somente confere à sociedade empresária "F" direito à indenização por perdas e danos.

(D) A lei veda a atribuição do caráter de exclusividade à outorga de concessão, o que afasta qualquer pretensão por parte da concessionária, salvo o direito à rescisão unilateral do contrato pela concessionária, mediante notificação extrajudicial.

A e **C**: incorretas, pois o caso em questão traz dois tipos de serviços diferentes (de transporte intermunicipal comum e de transporte por ônibus do tipo executivo), devendo cada empresa concessionária atuar em seu ramo de serviço; ademais, segundo o art. 16 da Lei 8.987/1995, a outorga de concessão ou permissão não terá caráter de exclusividade, salvo o caso de inviabilidade técnica ou econômica justificada, o que não acontece no caso em tela; **B:** correta (art. 16 da Lei 8.987/1995); **D:** incorreta, pois, como se viu, a lei dispõe que não haverá exclusividade e no caso em tela cada concessionária atuará num tipo de serviço diferente, não havendo qualquer justificativa para a rescisão unilateral mencionada.

Gabarito "B"

(OAB/Exame Unificado – 2015.1) Após fortes chuvas, devido ao enorme volume de água, parte de uma rodovia federal sofreu rachaduras e cedeu, tornando necessária a interdição da pista e o desvio do fluxo de tráfego até a conclusão das obras de reparo. A exploração da rodovia havia sido concedida, mediante licitação, à sociedade empresária "*Traffega*", e esta não foi capaz de lidar com a situação, razão pela qual foi decretada a intervenção na concessão.

Sobre a hipótese apresentada, assinale a afirmativa correta.

(A) A intervenção somente pode ser decretada após a conclusão de processo administrativo em que seja assegurada a ampla defesa.

(B) A administração do serviço será devolvida à concessionária, cessada a intervenção, se não for extinta a concessão.

(C) A intervenção decorre da supremacia do interesse público sobre o privado e dispensa a instauração de processo administrativo.

(D) A intervenção é causa obrigatória de extinção da concessão e assunção do serviço pelo poder concedente.

A: incorreta, pois a intervenção na concessão, que será determinada por decreto do poder concedente, dar-se-á imediatamente, diferindo-se a ampla defesa para o momento seguinte, ocasião em que se terá 30 dias para instaurar um processo administrativo para comprovar as causas determinantes da medida e apurar responsabilidades, devolvendo-se o serviço ao concessionário e pagando-se indenização a ele, caso comprovado que ela não observou os ditames legais (art. 33, *caput* e § 1º, da Lei 8.987/1995); **B:** correta (art. 34 da Lei 8.987/1995); **C:** incorreta, pois é necessário instaurar processo administrativo para comprovar as causas determinantes da medida e apurar responsabilidades, assegurado o direito de ampla defesa, sendo que, "se ficar comprovado que a intervenção não observou os pressupostos legais e regulamentares será declarada sua nulidade, devendo o serviço ser imediatamente devolvido à concessionária, sem prejuízo de seu direito à indenização", valendo informar que o procedimento administrativo em questão "deverá ser concluído no prazo de até cento e oitenta dias, sob pena de considerar-se inválida a intervenção" (art. 33 da Lei 8.987/1995); **D:** incorreta, pois a intervenção não está prevista na lei como motivo suficiente para a extinção da concessão (art. 35 da Lei 8.987/1996), lembrando-se que, "cessada a intervenção, se não for extinta a concessão, a administração do serviço será devolvida à concessionária, precedida de prestação de contas pelo interventor, que responderá pelos atos praticados durante a sua gestão" (art. 34 da Lei 8.987/1995).

Gabarito "B"

(OAB/Exame Unificado – 2014.2) Caso o Estado delegue a reforma, manutenção e operação de uma rodovia estadual à iniciativa privada, com a previsão de que a amortização dos investimentos e a remuneração do particular decorram apenas da tarifa cobrada dos usuários do serviço, estaremos diante de uma

(A) concessão de obra pública.
(B) concessão administrativa.
(C) concessão patrocinada.
(D) concessão de serviço público precedida da execução de obra pública.

A, B e **C:** incorretas, pois o instituto correto é a *concessão de serviço público precedida da execução de obra pública* (art. 2º, III, da Lei 8.987/1995); também não se trata de concessão patrocinada, pois nesta, além das tarifas cobradas do usuário, há contraprestação pecuniária do parceiro público (art. 2º, § 1º, da Lei 11.079/2004); **D:** correta (art. 2º, III, da Lei 8.987/1995).

Gabarito "D"

(OAB/Exame Unificado – 2014.1) O Estado X publicou edital de concorrência para a concessão de uma linha de transporte aquaviário interligando os municípios A e B, situados em seu território, por meio do Rio Azulão. Sobre o tema da concessão de serviços públicos, e considerando os dados acima narrados, assinale a afirmativa correta.

(A) A outorga de concessão de serviço público, em regra, se dá em caráter de exclusividade.
(B) O edital de licitação pode prever a utilização de receitas alternativas, provenientes da exploração de placas publicitárias, com vistas a favorecer a modicidade das tarifas.
(C) Não se admite a inserção, no contrato, de cláusula que preveja a arbitragem para a resolução de conflitos.
(D) Na licitação para a concessão de serviços públicos, não se admite a inversão da ordem das fases de habilitação e julgamento.

A: incorreta, pois, de acordo com o art. 16 da Lei 8.987/1995, a outorga de concessão ou permissão não terá caráter de exclusividade, exceto no caso de inviabilidade técnica ou econômica justificada no ato a que se refere o art. 5º da lei; **B:** correta (art. 18, VI. c/c com art. 11, *caput*, ambos da Lei 8.987/1995); **C:** incorreta, pois "o contrato de concessão poderá prever o emprego de mecanismos privados para resolução de disputas decorrentes ou relacionadas ao contrato, inclusive a arbitragem, a ser realizada no Brasil e em língua portuguesa, nos termos da Lei n. 9.307, de 23 de setembro de 1996" (art. 23-A da Lei 8.987/1995); **D:** incorreta, pois o art. 18-A da Lei 8.987/1995 admite que o edital preveja a inversão de fases mencionada.

Gabarito "B"

(OAB/Exame Unificado – 2012.2) Uma concessionária de serviço público, em virtude de sua completa inadequação na prestação do serviço, não consegue executar o contrato. Nesse caso, segundo a Lei n. 8.987/1995, poderá ser declarada, a critério do poder concedente, a extinção do contrato por

(A) caducidade.
(B) encampação.
(C) anulação.
(D) revogação.

A: correta, pois a extinção da concessão por motivo de culpa do concessionário tem o nome de caducidade; as hipóteses de caducidade estão previstas no art. 38, § 1º, da Lei 8.987/1995, sendo que o inciso I trata da configuração da caducidade por "inadequação da prestação do serviço"; **B:** incorreta, pois a encampação (ou resgate) é a extinção da concessão por motivo de interesse público (art. 37 da Lei 8.987/1995), e não por culpa do concessionário; **C:** incorreta, pois a anulação é a extinção da concessão por motivo de ilegalidade, e não por culpa do concessionário; **D:** incorreta, pois a revogação é a extinção de ATOS administrativos (e não de CONCESSÕES de serviço público) por motivo de interesse público.

Gabarito "A"

(OAB/Exame Unificado – 2011.1) Ao tomar conhecimento de que o serviço público de transporte aquaviário concedido estava sendo prestado de forma inadequada, causando gravíssimos transtornos aos usuários, o ente público, na qualidade de poder concedente, instaurou regular processo administrativo de verificação da inadimplência da concessionária, assegurando-lhe o contraditório e a ampla defesa. Ao final do processo administrativo, restou efetivamente comprovada a inadimplência, e o poder concedente deseja extinguir a concessão por inexecução contratual. Qual é a modalidade de extinção da concessão a ser observada no caso narrado?

(A) Anulação.
(B) Caducidade.
(C) Rescisão.
(D) Encampação.

O instituto que se aplica ao caso concreto é o da *caducidade*, que é a extinção da concessão por inadimplência do concessionário (art. 38 da Lei 8.987/1995), justamente o que fez a concessionária no caso concreto. A anulação não se aplica, pois é a extinção da concessão por *ilegalidade*. A rescisão é terminologia empregada, na concessão de serviço público, para a extinção desta por culpa do poder concedente, a pedido da concessionária. E a encampação também não se aplica ao caso narrado, pois é a extinção da concessão por motivo de interesse público. Porém, é bom que fique claro que a questão está mal formulada. Isso porque o enunciado narra conduta do poder concedente insuficiente para decretar a caducidade. Segundo a Lei 8.987/95, o poder concedente, quando tomar conhecimento de que o serviço público está sendo prestado de forma inadequada, deve, em primeiro lugar (antes de instaurar processo administrativo de inadimplência!), comunicar à concessionária detalhadamente os descumprimentos contratuais, dando-lhe prazo para corrigir as falhas e transgressões apontadas e para o enquadramento, nos termos contratuais (art. 38, § 3º, da Lei 8.987/1995). Assim, a situação narrada no enunciado não permitia, ainda, a o decreto de caducidade.

Gabarito "B"

(OAB/Exame Unificado – 2010.2) Uma determinada empresa concessionária transfere o seu controle acionário para uma outra empresa privada, sem notificar, previamente, o Poder concedente, parte no contrato de concessão. Assinale a alternativa que indique a medida que o Poder concedente poderá tomar, se não restarem atendidas as mesmas exigências técnicas, de idoneidade financeira e regularidade jurídica por esta nova empresa.

(A) Poderá o Poder concedente declarar a caducidade da concessão, tendo em vista o caráter *intuitu personae* do contrato de concessão.

(B) Poderá retomar o serviço, por motivo de interesse público, através da encampação, autorizada por lei específica, após prévio pagamento da indenização.

(C) Poderá o Poder concedente anular o contrato de concessão, através de decisão administrativa, uma vez que a transferência acionária da empresa concessionária sem a notificação prévia ao Poder concedente gera irregularidade, insusceptível de convalidação.

(D) Nada poderá fazer o Poder concedente, uma vez que a empresa concessionária, apesar da alteração societária, não desnatura o caráter *intuitu personae* do contrato de concessão.

A: correta, pois, segundo o art. 27 da Lei 8.987/1995, "a transferência de concessão ou do controle societário da concessionária sem prévia anuência do poder concedente implicará a **caducidade** da concessão"; de fato, a extinção da concessão por *inexecução de obrigações* por parte do concessionário tem o nome de *caducidade*, conforme se verifica do art. 38 da Lei 8.987/1995, e, no caso narrado na alternativa, há inexecução de obrigação ("solicitar prévia anuência do poder concedente"), de modo que a extinção da concessão no caso só poderia ter o nome de caducidade, daí o porquê da redação do art. 27 citado; **B:** incorreta, pois a encampação, que é a extinção da concessão por motivo de interesse público (art. 37 da Lei 8.987/1995), só se aplica quando não for o caso de extinção da concessão por outro motivo; assim, se há ilegalidade na concessão, deve-se anulá-la; se há inexecução de obrigações pelo concessionário, deve-se extinguir a concessão por caducidade; e se a concessão estiver livre de ilegalidades e o concessionário estiver cumprindo seus deveres, mas não mais existir interesse público na manutenção da concessão, esta deve ser extinta pela encampação; no caso, como havia descumprimento de obrigações pela concessionária, de rigor a extinção da concessão pela caducidade, como se viu; **C:** incorreta, pois a anulação de uma concessão só deve ser promovida quando esta já tiver sido iniciada com ilegalidade (por ex., sem licitação prévia), o que não ocorre no caso; **D:** incorreta, pois o art. 27 da Lei 8.987/1995 deixa claro que mesmo a simples transferência do controle acionário da concessionária sem a anuência do poder concedente implicará a caducidade da concessão.

Gabarito "A".

(OAB/Exame Unificado – 2009.3) Assinale a opção correta de acordo com a Lei n.º 8.987/1995, que dispõe sobre o regime de concessão e permissão da prestação de serviços públicos.

(A) A permissão de serviço público ocorre mediante título precário e sem licitação.

(B) As concessões e permissões estão sujeitas à fiscalização pelo poder concedente responsável pela delegação, independentemente da cooperação dos usuários.

(C) Considera-se concessão de serviço público a delegação de sua prestação, feita pelo poder concedente, mediante licitação, na modalidade de concorrência, à pessoa jurídica ou consórcio de empresas que demonstre capacidade para seu desempenho, por sua conta e risco e por prazo determinado.

(D) A concessão de serviço público que não for precedida da execução de obra pública poderá ser formalizada mediante acordo verbal.

A: incorreta. A permissão depende de licitação (art. 2º, IV, da Lei 8.987/1995); **B:** incorreta (art. 3º da Lei 8.987/1995); **C:** correta (art. 2º, II, da Lei 8.987/1995); **D:** incorreta (art. 4º da Lei 8.987/1995).

Gabarito "C".

(OAB/Exame Unificado – 2009.2) Considere que, após o devido processo licitatório, a administração pública tenha delegado a execução de um serviço público a um particular para que este executasse o serviço em seu próprio nome, por sua conta e risco, pelo prazo de 5 (cinco) anos. Em troca, conforme previsão contratual, o particular receberia, a título de remuneração, a tarifa paga pelos usuários do serviço. Nesse caso, a administração pública firmou contrato de

(A) autorização de serviço público.

(B) empreitada de serviço público.

(C) concessão de serviço público.

(D) permissão de serviço público.

O fato de a Administração Pública ter feito essa delegação por prazo determinado faz com que a situação caracterize um *contrato* (*concessão*), e não mero ato *unilateral* e *precário* (típicos da *autorização* e da *permissão*; só a título de informação, o que diferencia a *permissão* da *autorização* é o fato de a permissão exigir *licitação*, apesar de o vínculo subsequente ser precário, ou seja, permitir seu desfazimento a qualquer tempo, independentemente de indenização). O fato é que o próprio enunciado da questão caracteriza como *contratual* a relação. Assim, incide o disposto no art. 2º, II e III, da Lei 8.987/1995, caracterizando a *concessão*. Não se trata de empreitada, pois, no caso, há delegação de serviço público, com tarifas pagas pelos usuários, e não mero acerto para a realização de uma obra.

Gabarito "C".

(OAB/Exame Unificado – 2009.1) Conforme dispõe a lei geral de concessões, a encampação consiste

(A) no retorno dos bens públicos aplicados na execução do objeto do contrato de concessão ao poder concedente.

(B) na declaração de extinção do contrato de concessão em face da inexecução total ou parcial do contrato, desde que respeitados o devido processo legal, o contraditório e a ampla defesa.

(C) na retomada do serviço pelo poder concedente durante o prazo da concessão, por motivo de interesse público, mediante lei autorizativa específica e após prévio pagamento da indenização.

(D) no fim do contrato de concessão, por iniciativa do concessionário, quando houver descumprimento das condições do contrato pelo poder concedente.

Art. 37 da Lei 8.987/1995.

Gabarito "C".

(OAB/Exame Unificado – 2008.3) Um município não paga, há mais de 6 meses, as contas decorrentes do fornecimento de energia elétrica. A concessionária do serviço, após dois avisos de que o fornecimento de energia seria interrompido, suspendeu a prestação do serviço ao Município, impossibilitando a fruição da energia elétrica em todos os prédios públicos e, ainda, nos espaços públicos, como ruas e praças. O Município recorreu ao Poder Judiciário, requerendo que fosse determinado à concessionária o restabelecimento da prestação do serviço. Com relação à situação hipotética apresentada, assinale a opção correta.

(A) É ilegal a suspensão do fornecimento de energia elétrica para espaços públicos como ruas e praças, pois a suspensão atinge os cidadãos de forma geral, os quais pagam os seus impostos e não podem ser responsabilizados pela inadimplência do Município.

(B) A concessionária não pode suspender o fornecimento de energia elétrica nas unidades e serviços públicos nos quais não se admite paralisação, como, por exemplo, hospitais e postos de saúde, haja vista a impossibilidade de descontinuidade da prestação desses serviços.

(C) A taxa ou preço público que deveria ser paga pelo Município à concessionária é suficiente para demonstrar o caráter obrigatório e essencial do serviço.

(D) No que diz respeito ao fornecimento da energia elétrica, a relação entre o Município e a concessionária caracteriza-se como relação de consumo.

A: incorreta. O STJ admite o corte de energia pela inadimplência do Município (Suspensão de Liminar e de Sentença 1.124/PE, rel. Min. Cesar Afsor Rocha, DJe 14.10.2009); **B:** correta. De fato, o STJ entende que o corte não é possível quanto aos serviços essenciais, como os serviços na área de saúde (*vide*, p. ex., o REsp 705.983/RS, DJ 18.11.2008); **C:** incorreta. A contraprestação devida não se trata de *taxa*, mas de *tarifa*; **D:** incorreta. A relação de consumo, no caso, não foi reconhecida pelo STJ (REsp 913.711, DJ 16.09.2008). *(Obs.: apesar de estar correta, a questão foi anulada pela OAB).*

Gabarito "B".

(OAB/Exame Unificado – 2008.3) Acerca do regime de concessão e permissão da prestação de serviços públicos, previsto no art. 175 da CF e regulado pela Lei n.º 8.987/1995, assinale a opção correta.

(A) A subconcessão dos serviços pela concessionária contratada pelo poder concedente é de livre pactuação.

(B) A transferência do controle societário da concessionária sem prévia anuência do poder concedente não atinge o contrato de concessão.

(C) Os contratos relativos à concessão de serviço público precedido da execução de obra pública deverão, adicionalmente aos demais requisitos previstos para os outros tipos de concessão, estipular os cronogramas físico-financeiros de execução das obras vinculadas à concessão.

(D) O contrato de concessão, por constituir contrato administrativo, não pode submeter-se ao emprego de mecanismos privados para resolução de disputas, como, por exemplo, a arbitragem.

A: incorreta (art. 26 da Lei 8.987/1995); **B:** incorreta (art. 27 da Lei 8.987/1995); **C:** correta (art. 23, parágrafo único, I, da Lei 8.987/1995); **D:** incorreta (art. 23-A da Lei 8.987/1995).

Gabarito "C".

(OAB/Exame Unificado – 2008.1) De acordo com a lei que dispõe sobre o regime de concessão e permissão da prestação de serviços públicos, assinale a opção incorreta.

(A) Considera-se poder concedente a autarquia, fundação, empresa pública ou sociedade de economia mista em cuja competência se encontre o serviço público precedido, necessariamente, da execução de obra pública, objeto de concessão ou permissão.

(B) Considera-se concessão de serviço público precedida da execução de obra pública a construção, total ou parcial, conservação, reforma, ampliação ou melhoramento de quaisquer obras de interesse público, delegada pelo poder concedente, mediante licitação, na modalidade de concorrência, à pessoa jurídica ou consórcio de empresas que demonstre capacidade para a sua realização, por sua conta e risco, de forma que o investimento da concessionária seja remunerado e amortizado mediante a exploração do serviço ou da obra por prazo determinado.

(C) Considera-se concessão de serviço público a delegação de sua prestação, feita pelo poder concedente, mediante licitação, na modalidade de concorrência, à pessoa jurídica ou consórcio de empresas que demonstre capacidade para seu desempenho, por sua conta e risco e por prazo determinado.

(D) Considera-se permissão de serviço público a delegação, a título precário, mediante licitação, da prestação de serviços públicos, feita pelo poder concedente à pessoa física ou jurídica que demonstre capacidade para seu desempenho, por sua conta e risco.

A: incorreta, devendo ser assinalada. Só uma pessoa de direito público pode ser poder concedente; **B:** correta (art. 2º, III, da Lei 8.987/1995); **C:** correta (art. 2º, II, da Lei 8.987/1995); **D:** correta (art. 2º, IV, da Lei 8.987/1995).

Gabarito "A".

(OAB/Exame Unificado – 2007.3) Suponha-se que, em um contrato de concessão de manutenção de rodovia, o poder concedente tenha aumentado o prazo contratual, sob o fundamento de que teria havido alterações nos deveres contratuais da concessionária, o que teria causado desbalanceamento do equilíbrio econômico-financeiro do contrato. Nessa situação, o procedimento do poder concedente

(A) é irregular, visto que o contrato de concessão está sempre vinculado ao que foi determinado no edital da licitação prévia.

(B) é regular, visto que o aumento do prazo, além de repor o equilíbrio de contrato, pode evitar que se fira, com o aumento de tarifa, o princípio da modicidade da tarifa.

(C) só pode ser considerado regular no caso de a alteração dos deveres contratuais ser decorrente de força maior ou caso fortuito.

(D) pode ser considerado regular, desde que o aumento do prazo contratual não ultrapasse o percentual de 25% em relação ao prazo estabelecido originariamente.

Art. 9º, § 4º (equilíbrio), c/c art. 11 (modicidade) c/c art. 23, XII (prorrogação da concessão), da Lei 8.987/1995.

Gabarito "B".

(OAB/Exame Unificado – 2007.2) Acerca das definições contidas na Lei de Concessões Públicas (Lei n.º 8.987/1995), assinale a opção correta.

(A) A criação, alteração ou extinção de quaisquer tributos ou encargos legais, após a apresentação da proposta, mesmo quando não comprovado seu impacto, implica a revisão da tarifa, para mais ou para menos, conforme o caso.

(B) Não será desclassificada, *ab initio*, a proposta que, para sua viabilização, necessite de vantagens ou subsídios que não estejam previamente autorizados em lei e à disposição de todos os concorrentes.

(C) A concessão de serviço público é a delegação de sua prestação, feita pelo poder concedente, mediante qualquer modalidade de licitação, à pessoa jurídica ou consórcio de empresas que demonstre capacidade para seu desempenho, por sua conta e risco e por prazo determinado.

(D) O serviço público é adequado quando satisfizer as condições de regularidade, continuidade, eficiência, segurança, atualidade, generalidade, cortesia na sua prestação e modicidade das tarifas.

A: incorreta (art. 9º, § 3º, da Lei 8.987/1995); **B:** incorreta (art. 17 da Lei 8.987/1995); **C:** incorreta (art. 2º, II, da Lei 8.987/1995 – concorrência); **D:** correta (art. 6º, § 1º, da Lei 8.987/1995).

Gabarito "D"

(FGV – 2014) A prestação de serviços públicos no Brasil poderá ser feita de forma direta ou indireta. Uma das formas de delegação da prestação de serviços público é o contrato de concessão. Esse contrato poderá ser extinto por meio de várias formas previstas na Lei n. 8.987/1995. Com relação a essas formas de extinção, assinale a afirmativa correta.

(A) O contrato de concessão não pode ser extinto por iniciativa da concessionária em nenhuma hipótese.

(B) Uma vez decretada a intervenção a concessão será necessariamente extinta.

(C) Somente por ordem judicial a encampação poderá ser decretada.

(D) Todas as formas de extinção da concessão são autoexecutáveis.

(E) A inexecução total ou parcial do serviço por parte da concessionária pode levar a caducidade da concessão.

A: incorreta, pois pode ser extinto por iniciativa da concessionária no caso de descumprimento das normas contratuais pelo poder concedente, mediante ação judicial especialmente intentada para esse fim (art. 39, *caput*, da Lei 8.987/95); **B:** incorreta, pois o art. 34 da Lei 8.987/1995 dispõe que "cessada a intervenção, se não for extinta a concessão, a administração do serviço será devolvida à concessionária, precedida de prestação de contas pelo interventor, que responderá pelos atos praticados durante a sua gestão"; **C:** incorreta, pois a encampação se dá por decisão administrativa do poder concedente, submetida a apreciação do Legislativo, não sendo necessária a intervenção judicial (art. 37 da Lei 8.987/1995); **D:** incorreta, pois a encampação requer autorização legislativa e a extinção por pedido do concessionário requer decisão judicial (arts. 37 e 39 da Lei 8.987/95); **E:** correta (art. 38, *caput*, da Lei 8.987/95).

Gabarito "E"

(FGV – 2013) Em relação à *extinção da concessão de um serviço público*, analise as afirmativas a seguir.

I. A reversão no advento do termo contratual far-se-á com a indenização das parcelas dos investimentos vinculados a bens reversíveis, ainda não amortizados ou depreciados, que tenham sido realizados com o objetivo de garantir a continuidade e a atualidade do serviço concedido.

II. A retomada do serviço pelo poder concedente durante o prazo da concessão, por motivo de interesse público, denomina-se caducidade.

III. A inexecução total ou parcial do contrato acarretará, a critério do poder concedente, a rescisão do contrato de concessão ou a aplicação das sanções contratuais.

Assinale:

(A) se somente a afirmativa I estiver correta.

(B) se somente as afirmativas I e II estiverem corretas.

(C) se somente as afirmativas II e III estiverem corretas.

(D) se somente a afirmativa III estiver correta.

(E) se todas as afirmativas estiverem corretas.

I: correta (art. 36 da Lei 8.987/1995); **II:** incorreta, pois o nome dessa retomada é encampação (art. 37 da Lei 8.987/1995); **III:** incorreta, pois a lei (art. 38, *caput*, da Lei 8.987/1995) não usa a expressão "rescisão do contrato de concessão", mas sim "a declaração de caducidade da concessão", reservando a primeira expressão ("rescisão") para o pedido de extinção da concessão feito pelo particular, por culpa da Administração (art. 39 da Lei 8.987/1995).

Gabarito "A"

(FGV – 2011) A retomada do serviço público pelo poder concedente durante o prazo da concessão, por motivo de interesse público, denomina-se encampação e depende de

(A) instauração de processo administrativo de verificação de inadimplência, assegurado o direito de ampla defesa ao concessionário, e lei autorizativa específica, precedida de audiência pública.

(B) autorização prévia da Agência Reguladora de Serviços Públicos Concedidos e indenização das parcelas dos investimentos vinculados a bens reversíveis, ainda não amortizados ou depreciados, que tenham sido realizados com o objetivo de garantir a continuidade e atualidade do serviço concedido.

(C) lei autorizativa específica e prévio pagamento de indenização das parcelas dos investimentos vinculados a bens reversíveis, ainda não amortizados ou depreciados, que tenham sido realizados com o objetivo de garantir a continuidade e atualidade do serviço concedido.

(D) instauração de processo administrativo de verificação da execução contratual e autorização prévia da Agência Reguladora de Serviços Públicos Concedidos.

(E) prévio decreto de intervenção, editado pelo poder concedente, contendo a designação do interventor, o prazo da intervenção e os limites da medida.

A: incorreta, pois essa assertiva diz respeito à extinção da concessão pela *caducidade* (art. 38 da Lei 8.987/1997); **B:** incorreta, pois é necessária a prévia autorização do Legislativo (autorização legislativa), e não mera autorização de agência reguladora (art. 37 da Lei 8.987/1995);

C: correta, nos termos do art. 37 da Lei 8.987/1995; **D:** incorreta, pois o art. 37 da Lei 8.987/1995 dispõe que a encampação depende de lei autorizativa específica e de prévio pagamento de indenização; **E:** incorreta, pois, como se viu, são necessários autorização legislativa e prévia indenização, não se falando em decreto de intervenção pelo poder concedente.

Gabarito "C"

(FGV – 2011) A delegação de prestação de serviço público mediante concorrência e o ato de delegação precária de serviço público correspondem, respectivamente, a

(A) desconcentração e permissão.
(B) permissão e desconcentração.
(C) permissão e concessão.
(D) concessão e permissão.
(E) concessão e autorização.

A concessão é uma delegação de serviço público feita mediante licitação na modalidade *concorrência* (art. 2º, II, da Lei 8.987/1995), ao passo que a permissão é uma delegação de serviço público precária (art. 2º, IV, da Lei 8.987/1995).

Gabarito "D"

(FGV – 2010) A respeito da *concessão de serviço público*, analise as afirmativas a seguir.

I. As cláusulas contratuais relativas aos direitos e deveres dos usuários para utilização do serviço são consideradas essenciais.
II. A Lei 8.987/1995 possibilita a revisão das tarifas, a fim de manter o equilíbrio econômico-financeiro do contrato.
III. As concessões podem ser outorgadas por prazo determinado ou indeterminado, desde que seja garantido o ressarcimento do capital investido.
IV. A retomada do serviço pelo poder concedente durante o prazo de concessão, por motivos de interesse público, denomina-se encampação.

Assinale:

(A) se somente a afirmativa I estiver correta.
(B) se somente as afirmativas II e III estiverem corretas.
(C) se somente as afirmativas incisos II e IV estiverem corretas.
(D) se somente as afirmativas I, II e IV estiverem corretas.
(E) se todas as afirmativas estiverem corretas.

I: correta (art. 23, VI, da Lei 8.987/1995); **II:** correta (art. 9º, § 2º, da Lei 8.987/1995); **III:** incorreta (art. 2º, II, da Lei 8.987/1995); **IV:** correta (art. 37 da Lei 8.987/1995).

Gabarito "D"

(FGV – 2010) Com relação aos contratos de concessão de serviços públicos, analise as afirmativas a seguir:

I. Em havendo alteração unilateral do contrato que afete o seu inicial equilíbrio econômico-financeiro, o poder concedente deverá restabelecê-lo, concomitantemente à alteração.
II. A tarifa não será subordinada à legislação específica anterior e, somente nos casos expressamente previstos em lei, sua cobrança poderá ser condicionada à existência de serviço público alternativo e gratuito para o usuário.
III. A criação, alteração ou extinção de quaisquer tributos ou encargos legais, inclusive os impostos sobre a renda, após a data da assinatura do contrato, implicará a revisão da tarifa, para mais ou para menos, conforme o caso.
IV. O poder concedente não poderá prever, em favor da concessionária, no edital de licitação, a possibilidade de outras fontes provenientes de receitas alternativas, complementares, acessórias ou de projetos associados, a fim de favorecer a modicidade das tarifas para os usuários.

Assinale:

(A) se somente as afirmativas I e IV estiverem corretas.
(B) se somente as afirmativas I e II estiverem corretas.
(C) se somente as afirmativas II e IV estiverem corretas.
(D) se somente as afirmativas II e III estiverem corretas.
(E) se somente as afirmativas III e IV estiverem corretas.

I: correta (art. 9º, § 4º, da Lei 8.987/1995); **II:** correta (art. 9º, § 1º, da Lei 8.987/1995); **III:** incorreta (art. 9º, § 3º, da Lei 8.987/1995); **IV:** incorreta (art. 11 da Lei 8.987/1995).

Gabarito "B"

(FGV – 2010) Levando em consideração a descentralização administrativa, analise as afirmativas a seguir:

I. Concessão é a delegação da prestação de serviço público.
II. Permissão é um ato administrativo, com delegação precária do serviço público.
III. Autorização é um ato administrativo outorgado a uma empresa para realização de suas atividades.

Assinale:

(A) se somente a alternativa I estiver correta.
(B) se somente a alternativa II estiver correta.
(C) se somente a alternativa III estiver correta.
(D) se somente as alternativas I e II estiverem corretas.
(E) se somente as alternativas II e III estiverem corretas.

I: correta (art. 2º, II, da Lei 8.987/1995); **II:** correta (art. 2º, IV, da Lei 8.987/1995); **III:** incorreta, pois a autorização é o ato mais precário possível, e é dada em favor do particular, normalmente pessoa física, em proveito desta, para a prestação de uma atividade que sem tal autorização não seria possível praticá-la.

Gabarito "D"

(FGV – 2008) A respeito da natureza jurídica dos institutos, é correto afirmar que a concessão de serviço público, a concessão de serviço precedido da execução de obra pública e a permissão de serviço público são:

(A) contrato administrativo, procedimento administrativo complexo e ato administrativo, respectivamente.
(B) procedimento administrativo, contrato administrativo e ato administrativo, respectivamente.
(C) todas contratos administrativos.
(D) todas atos administrativos discricionários.
(E) todas atos administrativos vinculados.

Tais institutos têm natureza de contrato administrativo, o que faz com que devam ser respeitados, cabendo indenização ao contratado, caso o contrato seja extinto antes do seu fim. De qualquer forma, para boa parte da doutrina, a permissão de serviço público, quando é dada sem prazo, é precária e, portanto, não tem natureza contratual.

Gabarito "C"

(FGV – 2008) Em relação a concessões é correto afirmar que:

(A) no caso de inexecução total ou parcial do contrato de concessão de serviço público pelo concedente, poderá o concessionário obter judicialmente a decretação da caducidade da concessão.

(B) as parcerias público-privadas configuram-se como contratos de concessão e, além da impossibilidade de serem celebradas por período inferior a 5 (cinco) anos, é também ilegítimo que a execução de obra pública seja seu objeto único.

(C) as diferenças básicas entre a concessão de serviços públicos e a permissão de serviços públicos situam-se na natureza jurídica do ajuste e na prerrogativa de rescisão unilateral do contrato.

(D) a parceria público-privada sob a modalidade de concessão administrativa enseja o pagamento de tarifas por terceiros, ainda que a usuária direta ou indireta da execução da obra seja a Administração Pública.

(E) o serviço de abastecimento de água tratada à população, quando executado sob regime de concessão, é, em regra, insuscetível de suspensão no caso de falta de pagamento da tarifa pelo usuário, tendo em vista sua natureza de serviço essencial.

A: incorreta, pois a caducidade se dá quando há inexecução do contrato por parte do concessionário (art. 38 da Lei 8.987/1995); o caso em tela tem o nome de rescisão judicial, pois somente o concessionário precisa ir a Juízo para buscar a rescisão de uma concessão (art. 39 da Lei 8.987/1995); **B:** correta (art. 2º, §§ 1º e 2º, c/c art. 2º, § 4º, II, c/c art. 2º, § 4º, III, todos da Lei 11.079/2004); **C:** incorreta, pois a FGV costuma entender que tanto a concessão, como a permissão de serviço público têm natureza contratual, de modo que a permissão não é precária, mesmo em face do disposto no art. 2º, IV, da Lei 8.987/1995; **D:** incorreta, pois na concessão administrativa não há pagamento de tarifas por usuários (art. 2º, § 2º, da Lei 11.079/2004), diferentemente da concessão patrocinada, em que há, necessariamente, tarifa paga pelo usuário, mais patrocínio público (art. 2º, § 1º, da Lei 11.079/2004); **E:** incorreta (art. 6º, § 3º, II, da Lei 8.987/1995).

Gabarito "B"

(FGV – 2008) A rescisão unilateral de concessão de serviço público por razão de inadimplemento contratual é denominada:

(A) reversão.

(B) avocação.

(C) encampação.

(D) intervenção.

(E) caducidade.

Art. 38 da Lei 8.987/1995.

Gabarito "E"

(FGV – 2005) Analise as proposições a seguir:

I. Tanto a concessão quanto a permissão almejam a prestação de um serviço público.

II. A Lei 8.987/95 atribuiu à permissão de serviço público a natureza de contrato de adesão.

III. Uma diferença entre concessão e permissão é que a primeira depende de licitação prévia enquanto a segunda dispensa esse procedimento.

IV. A anulação do contrato de permissão só pode ser decretada pela via judicial.

Assinale:

(A) se somente as proposições I e II forem verdadeiras.

(B) se somente as proposições I e III forem verdadeiras.

(C) se somente as proposições II e III forem verdadeiras.

(D) se somente as proposições III e IV forem verdadeiras.

(E) se somente as proposições I, II e III forem verdadeiras.

I: correta (art. 2º, II e IV, da Lei 8.987/1995); **II:** correta, mas é importante dizer que o tema é ainda polêmico, vez que, na definição de permissão, diz-se que ela é precária (art. 2º, IV, da Lei 8.987/1995), o que não combina com a ideia de contrato, mas o nome do instrumento que confere à permissão é contrato de adesão (art. 40 da Lei 8.987/1995); **III:** incorreta, pois as duas dependem de licitação, sendo que a concessão depende de concorrência e a permissão de qualquer modalidade (art. 2º, II e IV, da Lei 8.987/1995); outras diferenças são que a concessão é contratual e a permissão é precária; e a concessão só pode ser conferida a pessoa jurídica, ao passo que a permissão pode ser conferida a pessoa jurídica ou a pessoa física; **IV:** incorreta, pois, pelo princípio da autotutela, a Administração pode anular suas concessões, independentemente de apreciação judicial.

Gabarito "A"

(FGV – 2004) O Município pode transferir, para empresa particular, a execução de um serviço público, mediante:

(A) revogação, ratificada por autorização legislativa.

(B) nomeação, precedida de concurso.

(C) concessão de serviço, antecedida de licitação.

(D) desapropriação indireta, sucedida de declaração de utilidade pública.

(E) doação, precedida de delegação legislativa.

Trata-se da concessão de serviço público (art. 2º, II, da Lei 8.987/1995).

Gabarito "C"

11.3. PARCERIA PÚBLICO-PRIVADA (PPP)

(OAB/Exame Unificado – 2016.1) A União divulgou edital de licitação para a contratação de parceria público-privada, para a reforma e gestão de um presídio federal, na modalidade concessão administrativa. A esse respeito, assinale a afirmativa correta.

(A) A concessão administrativa envolve, adicionalmente à tarifa cobrada dos usuários, contraprestação pecuniária do parceiro público ao parceiro privado.

(B) A contratação de parceria público-privada somente pode ser realizada para contratos com valor igual ou superior a R$ 20.000.000,00 (vinte milhões de reais).

(C) Considerando se tratar de concessão administrativa, o prazo máximo de vigência do contrato é de 20 anos.

(D) Não é possível a contratação de parceria público-privada que envolva a execução de obra pública.

A: incorreta, pois na *concessão administrativa* só há contraprestação pecuniária do poder público ao parceiro privado, sendo que, quando, além dessa contraprestação, houver cobrança de tarifa dos usuários, tem-se a chamada *concessão patrocinada* (art. 2º, § 1º, da Lei 11.079/2004); **B:** correta (art. 2º, § 4º, I, da Lei 11.079/2004); **C:** incorreta, pois a lei não estabelece prazo máximo de vigência do contrato, mas apenas prazo mínimo, que é de 5 anos (art. 2º, § 4º, II, da Lei 11.079/2004); **D:** incorreta, pois é possível sim esse tipo de contratação via parceria público-privada, desde que, além da contratação de obra pública, o contrato envolva outros objetos, como por exemplo a gestão futura, pela concessionária, do imóvel objeto da obra pública (art. 2º, § 3º, III, da Lei 11.079/2004).

Gabarito "B"

(OAB/Exame Unificado – 2012.3.A) Um estado da Federação, em processo de recuperação econômica, pretende restaurar o seu antigo Parque de Esportes, uma enorme área que concentra estádio de futebol, ginásio de esportes coletivos e parque aquático. Não dispondo de recursos para custear a totalidade da obra e nem tendo expertise para promover uma boa gestão do espaço, o Estado pretende firmar um contrato de parceria público-privada, nos moldes da Lei 11.079/2004.

Sobre o instituto da Parceria Público-Privada, assinale a afirmativa correta.

(A) As parcerias público-privadas têm natureza de convênio, e não de contrato, uma vez que o ente público e o ente particular conjugam esforços na realização de uma atividade de interesse público.

(B) As parcerias público-privadas preveem que o ente público executará uma parcela do serviço ou obra, nunca inferior a 50%, e o particular o restante do serviço ou obra.

(C) As parcerias público-privadas não podem ter por objeto, exclusivamente, a execução de obra pública de restauração do Parque de Esportes.

(D) As parcerias público-privadas remuneram o ente particular integralmente com o valor das tarifas cobradas dos usuários do serviço, sendo vedado ao ente público o custeio direto das atividades desenvolvidas pelo particular.

A: incorreta, pois a natureza é de contrato; num convênio os interesses são comuns, não havendo obrigações recíprocas, podendo qualquer dos partícipes denunciar o ajuste a qualquer tempo; no contrato, as obrigações são recíprocas e o vínculo firme, não podendo qualquer das partes se evadir do contrato e de suas obrigações antes de cumprir com seus deveres ou sem que haja fundamento contratual ou legal para tanto; **B:** incorreta; a divisão de tarefas é outra; o parceiro privado entra com obrigações de fazer (construir, administrar etc.) e o parceiro público entra com dinheiro (art. 2º, § 3º, da Lei 11.079/2004), ainda que este seja desembolsado só ao final ou quando o empreendimento estiver em operação; **C:** correta (art. 2º, § 4º, III, da Lei 11.079/2004); **D:** incorreta, pois é justamente o contrário, ou seja, quando houver cobrança de tarifas só se tem parceria público-privada quando houver, adicionalmente à tarifa cobrada dos usuários, contraprestação pecuniária do parceiro público ao parceiro privado (art. 2º, § 3º, da Lei 11.079/2004).

Gabarito "C"

(OAB/Exame Unificado – 2011.3.B) Em determinado contrato de concessão de serviços públicos patrocinada, foi acordado entre as partes que o poder concedente assumiria os riscos decorrentes de fato do príncipe e o concessionário aqueles que decorressem de caso fortuito ou força maior. De acordo com a legislação acerca da matéria, é possível afirmar que tal estipulação contratual é

(A) nula, pois o contrato não pode atribuir ao concessionário a responsabilidade por fatos imprevisíveis, cujos efeitos não era possível evitar ou prever. Assim, não havendo culpa, não é possível a atribuição, por contrato, de tal responsabilidade.

(B) nula, pois em toda e qualquer concessão de serviço público, todos os riscos inerentes ao negócio são de responsabilidade do concessionário. Assim, a atribuição de responsabilidade ao concedente pelos riscos decorrentes de fato do príncipe viola a legislação acerca da matéria.

(C) válida, pois a lei de parcerias público-privadas atribui ao contrato autonomia para definir a repartição de riscos entre as partes, inclusive os referentes a caso fortuito, força maior, fato do príncipe e álea econômica extraordinária.

(D) válida, pois inerente ao princípio da autonomia contratual, que apenas veicula hipótese de repartição objetiva de riscos entre o Poder Público e o concessionário e que se encontra previsto na legislação pátria desde o advento da Lei 8.666/93.

Uma das diretrizes da parceria público-privada é justamente a "repartição objetiva dos riscos entre as partes" (art. 4º, VI, da Lei 11.079/2004). As cláusulas contratuais dessa parceria, devem, assim, prever "a repartição de riscos entre as partes, inclusive os referentes a caso fortuito, fato do príncipe e álea econômica extraordinária" (art. 5º, III, da Lei 11.079/2004). Tal novidade, que veio com a edição da Lei de PPP, não estava prevista na Lei 8.666/1993. Assim, a estipulação mencionada no enunciado é válida, afastando-se as alternativas "a" e "b". A alternativa "d" está incorreta, pois essa repartição de riscos não estava prevista na Lei 8.666/93. E a alternativa "c" está correta por descrever adequadamente a validade dessa estipulação contratual.

Gabarito "C"

(OAB/Exame Unificado – 2011.1) O contrato de prestação de serviços de que a Administração Pública seja a usuária direta ou indireta, ainda que envolva a execução de obra ou fornecimento e instalação de bens, denomina-se concessão

(A) patrocinada.

(B) de uso de bem público.

(C) administrativa.

(D) comum.

De acordo com o art. 2º, § 2º, da Lei 11.079/2004, é concessão administrativa "o contrato de prestação de serviços de que a Administração Pública seja usuária direta ou indireta, ainda que envolva a execução de obra ou o fornecimento e instalação de bens". A alternativa "c" é, portanto, a "mais correta". No entanto, para que tal contrato seja mesmo uma parceria público-privada do tipo concessão administrativa, fazia-se necessário que o conceito deixasse claro que tal prestação de serviço não tenha valor inferior a R$ 20 milhões, não tenha período inferior a 5 anos e não tenha como objeto único o fornecimento de mão de obra, o fornecimento e instalação de equipamentos ou a execução de obra pública (art. 2º, § 4º, da Lei 11.079/2004)

Gabarito "C"

(FGV – 2011) A respeito do regime jurídico aplicável às parcerias público-privadas, analise as afirmativas a seguir:

I. Parceria público-privada, na modalidade concessão patrocinada, é o contrato de prestação de serviços de que a Administração Pública seja usuária direta ou indireta, ainda que envolva execução de obra ou fornecimento e instalação de bens.

II. A repartição objetiva de riscos entre as partes é uma diretriz a ser observada na contratação de parceria público-privada.

III. A celebração do contrato de parceria público-privada deve ser precedida da constituição de uma sociedade de propósito específico, incumbida de implantar e gerir o objeto da parceria.

Assinale

(A) se apenas a afirmativa I estiver correta.
(B) se apenas a afirmativa II estiver correta.
(C) se apenas as afirmativas I e II estiverem corretas.
(D) se apenas as afirmativas I e III estiverem corretas.
(E) se apenas as afirmativas II e III estiverem corretas.

I: incorreta, pois a definição dada foi de *concessão administrativa*, e não de *concessão patrocinada* (art. 2º, §§ 1º e 2º, da Lei 11.079/2004); **II:** correta (art. 4º, VI, da Lei 11.079/2004); **III:** correta (art. 9º, *caput*, da Lei 11.079/2004).

Gabarito "E".

(FGV – 2010) Com relação às *parcerias público-privadas*, disciplinadas pela Lei 11.079/2004, analise as afirmativas a seguir.

I. Caso haja expressa previsão no edital de licitação de parceria público-privada, as propostas econômicas podem ser apresentadas de forma escrita com lances posteriores em viva voz.

II. Não se admite a contratação de seguro-garantia de seguradoras não controladas pelo Poder Público como forma de garantia das obrigações contraídas pelo parceiro público.

III. É obrigatória a constituição de sociedade de propósito específico previamente à celebração do contrato de parceria público-privada, na modalidade administrativa ou patrocinada, podendo esta assumir forma de companhia aberta e negociar ações no mercado de valores mobiliários.

Assinale:

(A) se somente a afirmativa I estiver correta.
(B) se somente a afirmativa II estiver correta.
(C) se somente a afirmativa III estiver correta.
(D) se somente as afirmativas I e III estiverem corretas.
(E) se somente as afirmativas II e III estiverem corretas.

I: correta (art. 12, III, *b*, da Lei 11.079/04); **II:** incorreta, pois é justamente o contrário, ou seja, deve-se tratar de seguro-garantia com companhias seguradoras que não sejam controladas pelo Poder Público (art. 8º, III, da Lei 11.079/2004); **III:** correta (art. 9º, § 2º, da Lei 11.079/2004).

Gabarito "D".

(FGV – 2009) A respeito da *parceria público-privada*, analise as afirmativas a seguir.

I. O contrato de parceria público-privada, na modalidade patrocinada ou administrativa, pode ser celebrado por qualquer valor, desde que não seja superior a 35 (trinta e cinco) anos.

II. A contraprestação da Administração Pública nos instrumentos de parceria público-privada poderá, entre outros meios, ser feita mediante a cessão de créditos não tributários e pela outorga de direitos sobre bens públicos dominicais.

III. Na Lei federal de parceria público-privada (Lei nº 11.079/2004) houve a previsão de um fundo garantidor das parcerias público-privadas, o qual tem natureza privada.

Assinale:

(A) se somente a afirmativa I estiver correta.
(B) se somente a afirmativa II estiver correta.
(C) se somente a afirmativa III estiver correta.
(D) se somente as afirmativas II e III estiverem corretas.
(E) se todas as alternativas estiverem corretas.

I: incorreta, pois não há limite máximo para a celebração de parceria público-privada; há apenas limite mínimo, que é de R$ 20 milhões (art. 2º, § 4º, da Lei 11.079/2004); **II:** correta (art. 6º, II e IV, da Lei 11.079/2004); **III:** correta (art. 16, § 1º, da Lei 11.079/2004).

Gabarito "D".

(FGV – 2009) No que tange à licitação de parcerias público-privadas, assinale a afirmativa incorreta.

(A) Obrigatoriedade de submissão da minuta de edital e de contrato à consulta pública, independentemente do valor estimado da parceria.
(B) O julgamento das propostas deverá adotar um dos critérios previstos na Lei Geral de Concessões de Serviços Públicos.
(C) O edital poderá prever a apresentação de propostas escritas, seguidas de lances em viva voz, viabilizando maior competição entre aqueles que já estejam participando da disputa.
(D) O edital poderá prever a possibilidade de saneamento de falhas, de complementação de insuficiências ou correções de caráter formal no curso do procedimento.
(E) Adoção da modalidade de concorrência, com possibilidade, se prevista no edital, de inversão da ordem das fases de habilitação e julgamento.

A: correta (art. 10, VI, da Lei 11.079/2004); **B:** incorreta (devendo ser assinalada), pois, além dos critérios da Lei Geral de Concessões, podem ser utilizados os critérios previstos nas alíneas "a" e "b" do inciso II do art. 12 da Lei 11.079/2004; **C:** correta (art. 12, III, *b*, da Lei 11.079/2004); **D:** correta (art. 12, IV, da Lei 11.079/2004); **E:** correta (art. 10, *caput*, c/c art. 13, ambos da Lei 11.079/2004).

Gabarito "B".

(FGV – 2008) A respeito dos contratos de parceria público-privada, considere as seguintes afirmativas:

I. No que tange à contraprestação devida pelo parceiro público ao parceiro privado, os novos valores, decorrentes da aplicação de cláusula contratual de atualização monetária baseada em índices e fórmulas matemáticas, dependerão de prévia homologação pela Administração Pública, como condição de eficácia dos novos valores.

II. Na vistoria dos bens reversíveis, o parceiro público não poderá alegar a existência de irregularidades como razão para reter pagamentos devidos ao parceiro privado.

III. Concessão patrocinada é o contrato de prestação de serviços de que a Administração Pública seja a usuária direta ou indireta, ainda que envolva execução de obra ou fornecimento e instalação de bens.

Assinale:

(A) se nenhuma afirmativa estiver correta.
(B) se somente a afirmativa III estiver correta.
(C) se somente as afirmativas I e II estiverem corretas.
(D) se somente as afirmativas I e III estiverem corretas.
(E) se todas as afirmativas estiverem corretas.

I: incorreta (art. 5º, § 1º, da Lei 11.079/2004); **II:** incorreta (art. 5º, X, da Lei 11.079/2004); **III:** incorreta, pois confundiu-se a concessão administrativa (art. 2º, § 2º, da Lei 11.079/2004), com a concessão patrocinada (art. 2º, § 1º, da Lei 11.079/2004).

Gabarito "A"

(FGV – 2008) Assinale a alternativa que não reproduz diretrizes norteadoras da parceria público-privada, prevista na lei 11.079/2004.

(A) Eficiência no cumprimento das missões de Estado e no emprego dos recursos da sociedade.
(B) Respeito aos interesses e direitos dos destinatários dos serviços e dos entes privados incumbidos da sua execução.
(C) Delegabilidade das funções de regulação jurisdicional e do exercício do poder de polícia.
(D) Responsabilidade fiscal na celebração e execução das parcerias e transparência dos procedimentos e das decisões.
(E) Repartição objetiva de riscos entre as partes, sustentabilidade financeira e vantagens socioeconômicas dos projetos de parceria.

A: correta (art. 4º, I, da Lei 11.079/2004); **B:** correta (art. 4º, II, da Lei 11.079/2004); **C:** incorreta, pois no caso há indelegabilidade dessas atividades, que são exclusivas do Estado (art. 4º, III, da Lei 11.079/2004); **D:** correta (art. 4º, IV e V, da Lei 11.079/2004); **E:** correta (art. 4º, VI e VII, da Lei 11.079/2004).

Gabarito "C"

12. CONTROLE DA ADMINISTRAÇÃO

(OAB/Exame Unificado – 2016.2) Um servidor público federal em São Paulo viajou a serviço para Brasília, para uma inspeção, e cobriu todas as despesas com recursos próprios. Passados exatos 3 anos e 10 meses, o servidor formulou pedido na esfera administrativa de reembolso de despesas e pagamento das diárias de viagem. A decisão final no processo administrativo somente foi proferida 1 (um) ano e 6 (seis) meses após a formalização do pedido, negando o pleito. Diante desse fato, ele pretende ingressar com demanda para cobrar o referido valor. Considerando o exposto, assinale a afirmativa correta.

(A) O prazo prescricional é de 3 (três) anos, que já se tinha consumado quando o servidor formulou o pedido na esfera administrativa.
(B) O prazo prescricional é de 5 (cinco) anos e este foi suspenso pelo pedido administrativo. Com a decisão negativa, volta a correr a prescrição contra o servidor.
(C) O prazo prescricional é de 10 (dez) anos e, a despeito de não haver previsão de suspensão ou interrupção do prazo, este ainda não se consumou em desfavor do servidor.
(D) O prazo prescricional é de 5 (cinco) anos e, portanto, este já transcorreu integralmente, visto que o pedido formulado na esfera administrativa não suspende e nem interrompe a prescrição.

A e **C:** incorretas, pois as dívidas passivas da Fazenda Pública prescrevem em 5 anos, nos termos do art. 1º do Decreto 20.910/1932; **B:** correta, pois as dívidas passivas da Fazenda Pública prescrevem em 5 anos (art. 1º do Decreto 20.910/1932) e porque enquanto a Administração analisa o pedido formulado pelo interessado, o prazo prescricional mencionado fica suspenso (art. 4º, *caput*, do Decreto 20.910/1932); **D:** incorreta, pois enquanto a Administração analisa o pedido formulado pelo interessado, o prazo prescricional mencionado fica suspenso (art. 4º, *caput*, do Decreto 20.910/1932).

Gabarito "B"

(OAB/Exame Unificado – 2016.1) A pretexto de regulamentar a Lei nº 8.987/1995, que dispõe sobre a concessão e a permissão de serviços públicos, o Presidente da República editou o Decreto XYZ, que estabelece diversas hipóteses de gratuidade para os serviços de transporte de passageiros. A respeito da possibilidade de controle do Decreto XYZ, expedido pelo chefe do Poder Executivo, assinale a afirmativa correta.

(A) Como ato de natureza essencialmente política, o Decreto XYZ não está sujeito a qualquer forma de controle.
(B) Como ato discricionário, o Decreto XYZ não está sujeito a qualquer forma de controle.
(C) Como ato normativo infralegal, o Decreto XYZ está sujeito apenas ao controle pelo Poder Judiciário.
(D) Como ato normativo infralegal, o Decreto XYZ sujeita-se ao controle judicial e ao controle legislativo.

A e **B**: incorretas, pois os decretos precisam obedecer estritamente aos limites traçados pela lei, de modo que, caso haja violação a esses limites, de rigor que existam instrumentos legais que possibilitem o controle desses decretos ilegais; **C**: incorreta, pois também existe o controle legislativo desse tipo de ato, que ocorre quando o decreto ultrapassa os limites fixados pela lei, ocasião em que o Legislativo pode, por si só, sustar a execução do decreto que exorbitar o poder regulamentar (art. 49, V, da CF); **D:** correta, pois os decretos precisam obedecer estritamente aos limites traçados pela lei, de modo que, caso haja violação a esses limites, de rigor que existam instrumentos legais que possibilitem o controle desses decretos ilegais; no caso existe o controle judicial (art. 5º, XXXV, da CF) e o controle do legislativo (art. 49, V, da CF).

Gabarito "D"

(OAB/Exame Unificado – 2015.1) O Estado X está ampliando a sua rede de esgotamento sanitário. Para tanto, celebrou contrato de obra com a empresa "Enge-X-Sane", no valor de R$ 50.000.000,00 (cinquenta milhões de reais). A fim de permitir a conclusão das obras, com a extensão da rede de esgotamento a quatro comunidades carentes, o Estado celebrou termo aditivo com a referida empresa, no valor de R$ 10.000.000,00 (dez milhões de reais), custeados com recursos transferidos pela União, mediante convênio, elevando, assim, o valor total do contrato para R$ 60.000.000,00 (sessenta milhões de reais).

Considerando que foram formuladas denúncias de sobrepreço ao Tribunal de Contas da União, assinale a afirmativa correta.

(A) O Tribunal de Contas da União não tem competência para apurar eventual irregularidade, uma vez que se trata de obra pública estadual, devendo o interessado formular denúncia ao Tribunal de Contas do Estado.
(B) O Tribunal de Contas da União não tem competência para apurar eventual irregularidade, mas pode, de ofício, remeter os elementos da denúncia para o Tribunal de Contas do Estado.

(C) O Tribunal de Contas da União é competente para fiscalizar a obra e pode determinar, diante de irregularidades, a imediata sustação da execução do contrato impugnado.

(D) O Tribunal de Contas da União é competente para fiscalizar a obra e pode indicar prazo para que o órgão ou a entidade adote as providências necessárias ao exato cumprimento da lei, se verificada ilegalidade.

A: incorreta, pois havendo recurso federal o TCU tem competência (art. 71, VI, da CF); **B:** incorreta, pois essa competência existe nos termos do art. 71, IX, da CF; **C:** incorreta, pois a sustação de *contratos* administrativos (não de meros *atos* administrativos) só pode ser feita pelo Legislativo (art. 71, § 1º, da CF); **D:** correta, pois Segundo o parágrafo único do art. 70 da CF, "Prestará contas qualquer pessoa física ou jurídica, pública ou privada, que utilize, arrecade, guarde, gerencie ou administre dinheiros, bens e valores públicos ou pelos quais a União responda, ou que, em nome desta, assuma obrigações de natureza pecuniária". Ademais, o art. 71, VI, da CF dispõe que compete ao Tribunal de Contas da União, "fiscalizar a aplicação de quaisquer recursos repassados pela União mediante convênio, acordo, ajuste ou outros instrumentos congêneres, a Estado, ao Distrito Federal ou a Município". Não bastasse o art. 71, IX, da CF faculta ao Tribunal de Contas da União "assinar prazo para que o órgão ou entidade adote as providências necessárias ao exato cumprimento da lei, se verificada ilegalidade". Assim, não só cabe ao TCU fiscalizar o contrato (pois há recursos federais envolvidos), como também cabe determinar providências ao exato cumprimento da lei em caso de ilegalidade.

Gabarito "D".

(OAB/Exame Unificado – 2014.3) A ONG "Festivus", uma associação de caráter assistencial, qualificada como Organização da Sociedade Civil de Interesse Público (OSCIP), celebrou Termo de Parceria com a União e dela recebeu R$ 150.000,00 (cento e cinquenta mil reais) para execução de atividades de interesse público. Uma revista de circulação nacional, entretanto, divulgou denúncias de desvio de recursos e de utilização da associação como forma de fraude.

Com base na hipótese apresentada, considerando a disciplina constitucional e legal, assinale a afirmativa correta.

(A) O Tribunal de Contas da União não tem competência para apurar eventual irregularidade, uma vez que se trata de pessoa jurídica de direito privado, não integrante da Administração Pública.

(B) O Tribunal de Contas da União tem competência para apurar eventual irregularidade praticada pela OSCIP, por se tratar de pessoa jurídica integrante da administração indireta federal.

(C) O Tribunal de Contas da União tem competência para apurar eventual irregularidade praticada pela OSCIP, por se tratar de recursos públicos federais.

(D) O controle exercido sobre a utilização dos recursos repassados à OSCIP é realizado apenas pela própria Administração e pelo Ministério Público Federal.

Segundo o parágrafo único do art. 70 da CF, "Prestará contas qualquer pessoa física ou jurídica, pública ou privada, que utilize, arrecade, guarde, gerencie ou administre dinheiros, bens e valores públicos ou pelos quais a União responda, ou que, em nome desta, assuma obrigações de natureza pecuniária". Ademais, o art. 71, II, da CF dispõe que compete ao Tribunal de Contas da União, julgar as contas dos responsáveis por dinheiros, bens e valores advindos da Administração Pública. Nesse sentido, como a OSCIP recebeu dinheiro público para aplicá-lo em atividade de interesse público, esse dinheiro permanece público até a sua aplicação e, havendo desvio ou fraude no seu uso, caberá ao Tribunal de Contas apurar as irregularidades respectivas. A alternativa correta é a "C".

Gabarito "C".

(OAB/Exame Unificado – 2012.3.A) As contas do Prefeito do Município X não foram aprovadas pelo Tribunal de Contas do Estado. Dentre outras irregularidades, apurou-se o superfaturamento em obras públicas.

Sobre o controle exercido pelas Cortes de Contas, assinale a afirmativa correta.

(A) O parecer desfavorável emitido pelo Tribunal de Contas do Estado pode ser superado por decisão de dois terços dos membros da Câmara Municipal.

(B) A atuação do Tribunal de Contas configura exemplo de controle interno dos atos da Administração Pública.

(C) A atuação do Tribunal de Contas do estado somente será possível até que haja a criação de um Tribunal de Contas do Município, por lei complementar de iniciativa do Prefeito.

(D) As contas do Prefeito estarão sujeitas à atuação do Tribunal de Contas somente se houver previsão na Lei Orgânica do Município.

A: correta (art. 31, § 2º, da CF); **B:** incorreta, pois se trata de controle externo (art. 71, *caput*, da CF); controle interno é aquele feito no interior e sob responsabilidade do próprio Poder controlado (art. 74 da CF); **C:** incorreta, pois a CF estabelece que o controle externo dos Municípios será exercido com o auxílio dos Tribunais de Contas dos Estados, ressalvando apenas os Tribunais de Contas Municipais que já existiam quando de sua entrada em vigor (art. 31, § 1º, da CF), no caso, o de São Paulo e o do Rio de Janeiro, sendo vedada a criação de novos Tribunais, Conselhos ou Órgãos de Contas Municipais (art. 31, § 4º, da CF); **D:** incorreta, pois tais contas do Prefeito devem ser prestadas anualmente por este ao Tribunal de Contas competente (art. 31, § 2º, da CF).

Gabarito "A".

(OAB/Exame Unificado – 2012.2) Com a finalidade de minimizar as consequências dos problemas de trânsito na cidade "X", o Prefeito estabeleceu, por meio de decreto de natureza genérica e abstrata, restrições à circulação de veículos na região central, proibindo a circulação de veículos e as operações de carga e descarga no período compreendido entre 6h e 22h, de segunda a sexta-feira, em dias úteis, na área de abrangência especificada. Face a esse fato, a Associação Empresarial do ramo de transporte de mercadorias procura um advogado para orientá-la na proteção de seus interesses. Com base na hipótese apresentada, assinale a alternativa que indica a linha de atuação mais apropriada proposta pelo advogado.

(A) Impetração de mandado de segurança contra o Decreto, ao argumento de que faltaria ao Município competência normativa para estabelecer a referida restrição.

(B) Ajuizamento de ação de conhecimento com pedido de antecipação dos efeitos da tutela jurisdicional com a finalidade de suspender os efeitos do Decreto, ao argumento de vício de razoabilidade/proporcionalidade.

(C) Impetração de mandado de segurança contra o Decreto, ao argumento de vício de razoabilidade/proporcionalidade.

(D) Ajuizamento de ação de conhecimento com pedido de antecipação dos efeitos da tutela jurisdicional com a finalidade de suspender os efeitos do Decreto, ao argumento de que faltaria ao Município competência normativa para estabelecer a referida restrição.

A e **D:** incorretas, pois, tratando-se de assunto de interesse local, o Município tem competência para estabelecer a referida restrição (art. 30, I, da CF); **B:** correta; quanto ao mérito, a restrição, de fato, é desproporcional, ferindo os princípios citados, pois não é razoável restringir a circulação de veículos por período tão extenso dos dias úteis; quanto ao pedido formulado, está correto, pois, não se tratando de ação de controle de constitucionalidade, não se poderia a ação de conhecimento comum atacar diretamente o decreto, para afastá-lo da ordem jurídica, mas é perfeitamente possível pedir a suspensão dos EFEITOS do decreto para os associados da Associação Comercial; vale salientar que esse tipo de pedido (que não ataca o Decreto em si, mas os seus efeitos) caberia tanto em ação pelo rito ordinário (trazida na alternativa), como em mandado de segurança; assim, a alternativa "b" está correta, devendo ser assinalada; **C:** incorreta, pois não cabe mandado de segurança contra um decreto de natureza genérica e abstrata; nesse caso incide a restrição prevista em súmula do STF, pela qual não cabe mandado de segurança contra lei em tese (Súmula STF nº 266).

Gabarito "B".

(OAB/Exame Unificado – 2011.3.A) Durante competição esportiva (campeonato estadual de futebol), o clube "A" foi punido com a perda de um ponto em virtude de episódios de preconceito por parte de sua torcida. Com essa decisão de primeira instância da justiça desportiva, o clube "B" foi declarado campeão naquele ano. O clube "A" apresentou recurso contra a decisão de primeira instância. Antes mesmo do julgamento desse recurso, distribuiu ação ordinária perante a Justiça Estadual com o objetivo de reaver o ponto que lhe fora retirado pela Justiça arbitral. Diante de tal situação, é correto afirmar que

(A) como o direito brasileiro adotou o sistema de jurisdição una, tendo o Poder Judiciário o monopólio da apreciação, com força de coisa julgada, de lesão ou ameaça a direito, é cabível a apreciação judicial dessa matéria a qualquer tempo.

(B) as decisões da Justiça Desportiva são inquestionáveis na via judicial, uma vez que vige, no direito brasileiro, sistema pelo qual o Poder Judiciário somente pode decidir matérias para as quais não exista tribunal administrativo específico.

(C) como regra, o ordenamento vigente adota o Princípio da Inafastabilidade da Jurisdição (art. 5º, XXXV, da CRFB); todavia, as decisões da Justiça Desportiva consubstanciam exceção a essa regra, já que são insindicáveis na via judicial.

(D) o Poder Judiciário pode rever decisões proferidas pela Justiça Desportiva; ainda assim, exige-se, anteriormente ao ajuizamento da ação cabível, o esgotamento da instância administrativa, por se tratar de exceção prevista na Constituição.

A Constituição Federal estabelece a autonomia das entidades desportivas (art. 217, *caput*). Decorrente disso, o § 1º do art. 217 da CF estabelece que o "Poder Judiciário só admitirá ações relativas à disciplina e às competições desportivas após esgotarem-se as instâncias da justiça desportiva, regulada em lei". Assim, a alternativa "a" está incorreta, pois não se pode buscar o Judiciário a qualquer tempo, sendo necessário que se esgote as instâncias da justiça desportiva antes. As alternativas "b" e "c" estão incorretas, pois, esgotadas as instâncias da justiça desportiva, é possível sim buscar o Judiciário. A alternativa "d" está correta, nos termos do já citado § 1º do art. 217 da CF.

Gabarito "D".

(OAB/Exame Unificado – 2008.1) Acerca do controle da administração pública, assinale a opção correta.

(A) No exercício de suas funções constitucionais, cabe ao Tribunal de Contas da União julgar as contas dos administradores e demais responsáveis por dinheiros, bens e valores públicos da administração direta e indireta, bem como as contas daqueles que provocarem a perda, o extravio ou outra irregularidade que cause prejuízo ao erário público.

(B) O controle judicial da atividade administrativa do Estado é sempre exercido *a posteriori*, ou seja, depois que os atos administrativos são produzidos e ingressam no mundo jurídico.

(C) Cabe à assembleia legislativa de cada estado da Federação exercer o controle financeiro do governo estadual e das prefeituras, com o auxílio do tribunal de contas do Estado respectivo.

(D) A prerrogativa atribuída ao Poder Legislativo de fiscalizar a receita, a despesa e a gestão dos recursos públicos abrange somente os atos do Poder Executivo, estando excluídos dessa apreciação os atos do Poder Judiciário.

A: correta (art. 71, II, da CF); **B:** incorreta. O controle pode ser prévio, concomitante ou *a posteriori* à edição do ato administrativo (art. 5º, XXXV, CF – "lesão ou ameaça a direito"); **C:** incorreta A fiscalização financeira das Prefeituras é feita pelo *Poder Legislativo Municipal* (pelas Câmaras dos Vereadores), com o auxílio dos Tribunais de Contas Estaduais ou dos Municípios, quando houver (art. 31 da CF); **D:** incorreta (art. 70, parágrafo único, da CF).

Gabarito "A".

(OAB/Exame Unificado – 2007.3) Em um processo instaurado pelo tribunal de contas para analisar um contrato de execução de obras firmado por determinada prefeitura, no qual foram denunciadas irregularidades no pagamento de medições, a empreiteira contratada, por petição, apresentou defesa e solicitou a realização de perícia contábil nas faturas emitidas em decorrência do contrato, com o objetivo de justificar a correção dos pagamentos que lhe foram feitos. O tribunal de contas não recebeu a defesa e negou o solicitado pela concessionária. Considerando essa situação hipotética, assinale a opção correta.

(A) Tendo os processos no tribunal de contas natureza jurisdicional e, não, administrativa, a concessionária deveria ter sido considerada como litigante e, portanto, com direito ao contraditório e à ampla defesa.

(B) A decisão do tribunal de contas está de acordo com a lei, porque se trata de um processo administrativo no âmbito desse tribunal, de controle externo apenas das pessoas públicas e dos agentes públicos, não sendo a empreiteira parte nesse processo.

(C) Se no Regimento Interno do Tribunal de Contas não houver disposição que ampare a pretensão da concessionária, considera-se correto o posicionamento desse tribunal.

(D) O tribunal de contas não deveria ter tomado essa decisão, visto que o direito à prova é uma concretização da garantia constitucional do devido processo legal, aplicável a todos os processos administrativos.

Art. 5º, LIV e LV, da CF.

Gabarito "D"

(OAB/Exame Unificado – 2007.2) O presidente do STF delegou ao secretário de recursos humanos desse tribunal a atribuição de dispor sobre a promoção na carreira de analista judiciário dos servidores dessa Corte. Um servidor se sentiu preterido nos critérios de direito utilizados na promoção e, em razão disso, contratou advogado para promover as medidas judiciais cabíveis. Acerca dessa situação hipotética, assinale a opção correta.

(A) O advogado deverá impetrar mandado de segurança contra o presidente do STF e o secretário de recursos humanos, pois há litisconsórcio necessário entre o delegante e o delegatário.

(B) O advogado deverá impetrar mandado de segurança contra ato do secretário de recursos humanos perante a Justiça Federal no DF.

(C) O advogado poderá impetrar mandado de segurança contra o presidente do STF perante o próprio STF, porque a delegação não exclui a responsabilização pela prática do ato.

(D) O advogado poderá impetrar mandado de segurança contra ato do secretário de recursos humanos perante o próprio STF.

Quanto à autoridade coatora, a Súmula 510 do STF estabelece que "praticado o ato por autoridade, no exercício de competência delegada, contra ela cabe o mandado de segurança ou a medida judicial". Quanto à competência, não há foro especial para o secretário de recursos humanos, de modo que a ação deve ser aforada na Justiça Federal do DF.

Gabarito "B"

(OAB/Exame Unificado – 2007.1) No que concerne ao TCU, assinale a opção correta.

(A) O TCU é órgão integrante da estrutura administrativa do Poder Legislativo, com competência, entre outras, para aprovar as contas do Presidente da República.

(B) O TCU não detém competência para fiscalizar a aplicação de recursos públicos feita pelas empresas estatais exploradoras de atividade econômica.

(C) As decisões do TCU de que resulte imputação de débito ou multa terão eficácia de título executivo.

(D) O Poder Judiciário não pode anular as decisões do TCU, sob pena de violação do princípio da separação dos poderes.

A: incorreta. O TCU não é integrante da estrutura do Legislativo, mas órgão auxiliar desse Poder (arts. 71, *caput*, e 73, *caput*, ambos da CF); **B:** incorreta (art. 70, *caput*, da CF); **C:** correta (art. 71, § 3º, da CF); **D:** incorreta (art. 5º, XXXV, da CF).

Gabarito "C"

(FGV – 2014) A Administração Pública possui uma série de mecanismos de controle. No que tange a essa temática, assinale a afirmativa correta.

(A) O Poder Executivo é o único que exerce controle interno.

(B) O Poder Judiciário poderá exercer controle interno sobre os demais poderes.

(C) O Poder Legislativo exerce controle interno e externo.

(D) O controle judicial poderá ser sempre exercido de ofício.

(E) Com exceção do poder executivo, os demais poderes não poderão exercer controle interno fazendo uso da autotutela.

A: incorreta, pois o controle interno ocorre na Administração Pública não só do Poder Executivo, como também dos Poderes Legislativo e Judiciário; **B:** incorreta, pois o Judiciário exerce o controle externo sobre os demais poderes e o controle interno quanto à sua própria Administração; **C:** correta, pois exerce o controle interno de sua própria Administração e o controle externo da Administração do Poder Executivo; **D:** incorreta, pois, por conta do princípio da inércia jurisdicional, o controle judicial depende de provocação; **E:** incorreta, pois os demais poderes podem exercer o controle interno fazendo uso da autotutela; por exemplo, um órgão do Legislativo que tiver celebrado um contrato administrativo com uma empresa de limpeza da casa legislativa pode anular esse contrato (controle interno) sem ter que buscar o Judiciário, valendo-se da autotutela.

Gabarito "C"

(FGV – 2011) O Tribunal de Contas do Estado XYZ (TCE), ao realizar auditoria em determinada entidade pública submetida ao seu controle, constatou irregulares nas medições realizadas durante a execução de um contrato de obra pública. Após observar o devido processo legal, o TCE identificou o gestor responsável pelas medições e quantificou o dano causado ao erário. Nessa situação hipotética, o TCE tem competência para

(A) instaurar processo administrativo disciplinar contra o servidor e, após o devido processo legal, aplicar-lhe a sanção disciplinar cabível.

(B) sustar a execução do contrato e aplicar multa sancionatória ao contratado e ao gestor responsável.

(C) aplicar multa ao gestor responsável e imputar-lhe o débito decorrente do dano causado ao erário, em decisão dotada de eficácia de título executivo extrajudicial.

(D) ajuizar ação de improbidade administrativa visando à condenação do gestor público ao ressarcimento do dano causado ao erário e à perda da função pública.

(E) solicitar à Assembleia Legislativa a sustação do contrato, fixando-lhe o prazo de trinta dias para sua efetivação.

A: incorreta, pois a questão disciplinar é vista pela própria Administração à qual o servidor estiver vinculado; **B:** incorreta, pois a Constituição só permite ao Tribunal de Contas a sustação de *atos*, e não de contratos, cabendo apenas ao Poder Legislativo a sustação de *contratos* (art. 71, X e § 1º, da CF); **C:** correta (art. 71, VIII, da CF); **D:** incorreta, pois somente a pessoa jurídica lesada e o Ministério Público têm legitimidade ativa para a ação de improbidade administrativa; **E:** incorreta, pois o Legislativo poderá, por si só, sustar o contrato, determinando que o Poder Executivo tome as medidas cabíveis de imediato, e não em 30 dias.

Gabarito "C"

(FGV – 2011) O Tribunal de Contas do Estado do Rio de Janeiro, ao apreciar a legalidade, legitimidade e economicidade de contrato administrativo celebrado por determinado município fluminense, identifica uma série de irregularidades, incluindo a ocorrência de dano ao erário devidamente quantificado. Sabendo que o responsável pelas irregularidades e pelo dano ao erário já se encontra identificado, o Tribunal de Contas do Estado deverá

(A) comunicar o fato imediatamente ao Ministério Público do Estado, a fim de que seja ajuizada a competente ação de ressarcimento, uma vez que a Corte de Contas não tem competência para imputar o débito ao gestor responsável.
(B) sustar imediatamente a execução do contrato administrativo, comunicando a decisão à Câmara de Vereadores, que terá o prazo de cento e vinte dias para referendar o ato de sustação.
(C) instaurar uma Tomada de Contas e, após a abertura de prazo para exercício da ampla defesa, poderá julgar irregulares as contas do gestor responsável, imputando-lhe o débito apurado, em decisão dotada de força executiva.
(D) determinar a instauração de uma Tomada de Contas Especial, a ser realizada no âmbito do órgão de controle interno do município, ao qual competirá, após contraditório e ampla defesa, julgar as respectivas contas e aplicar ao responsável as sanções previstas em lei, entre as quais multa proporcional ao dano ao erário.
(E) imputar o débito ao gestor responsável, em decisão dotada de eficácia de título executivo extrajudicial, cabendo ao próprio Tribunal de Contas do Estado promover a respectiva execução forçada.

A: incorreta, pois o Tribunal de Contas tem competência para *imputar débito* ao gestor responsável (art. 71, § 3º, da CF); **B:** incorreta, pois o Tribunal de Contas não tem competência para sustar um contrato administrativo, ao contrário do Poder Legislativo (art. 71, § 1º, da CF); **C:** correta (art. 71, § 3º, da CF); **D:** incorreta, pois o próprio tribunal de contas tem essa competência (art. 71, § 3º, da CF); **E:** incorreta, pois o Tribunal de Contas imputa o débito, mas a execução fiscal correspondente é feita pela procuradoria do Município correspondente.

Gabarito "C"

(FGV – 2011) A Ação Civil Pública tem assento constitucional em norma diversa da que prestigia as demais ações, como o Mandado de Segurança e o *Habeas Corpus*, inseridos no capítulo destinado aos direitos e garantias individuais e coletivos. Em relação às características que podem ser vinculadas à Ação Civil Pública, assinale a alternativa correta.

(A) A propositura é exclusiva do Ministério Público dos Estados, do Distrito Federal e dos Municípios.
(B) Sendo um direito da coletividade, qualquer cidadão pode ser autor nessa espécie de ação civil.
(C) O Ministério Público em geral e outras pessoas especificadas em lei podem propor a ação.
(D) Havendo inquérito civil, ele será presidido por membro do Poder Judiciário, especialmente designado.
(E) Podem ser objeto de pedido na Ação Civil Pública questões tributárias, desde que com base constitucional.

A: incorreta, pois também pode ser promovida pelo Ministério Público Federal e do Trabalho, pelas pessoas jurídicas da administração direta e indireta, pela defensoria pública e por associações constituídas há pelo menos um ano e com pertinência temática (art. 5º da Lei 7.347/1985); **B:** incorreta, pois o cidadão não está no rol dos legitimados ativos para a ação civil pública (art. 5º da Lei 7.347/1985); o cidadão é legitimado ativo para a ação popular; **C:** correta (art. 5º da Lei 7.347/1985); **D:** incorreta, pois o inquérito civil é instaurado e presidido pelo Ministério Público; **E:** incorreta, pois o art. 1º, parágrafo único, da Lei 7.347/1985 estabelece que "não será cabível ação civil pública para veicular pretensões que envolvam **tributos**, contribuições previdenciárias, o Fundo de Garantia do Tempo de Serviço – FGTS ou outros fundos de natureza institucional cujos beneficiários podem ser individualmente determinados" (g.n.).

Gabarito "C"

(FGV – 2011) A respeito dos sistemas de controle da administração pública, analise as afirmativas a seguir:

I. Os responsáveis pelo controle interno, ao tomarem conhecimento de qualquer ilegalidade ou irregularidade, dela darão ciência ao Tribunal de Contas competente, sob pena de responsabilidade solidária.
II. A aplicação das sanções decorrentes da prática de ato de improbidade administrativa independe da aprovação ou rejeição das contas pelo órgão de controle interno ou pelo Tribunal de Contas competente.
III. De acordo com a lei de processo administrativo do Estado do Rio de Janeiro, a revogação de atos administrativos por motivo de conveniência e oportunidade deve respeitar direitos adquiridos; entretanto, como se trata de desfazimento do ato por razões de mérito, não se oferece ao beneficiário a oportunidade de manifestar-se previamente à revogação.

Assinale

(A) se apenas as afirmativas I e II estiverem corretas.
(B) se apenas a afirmativa I estiver correta.
(C) se apenas a afirmativa II estiver correta.
(D) se apenas a afirmativa III estiver correta.
(E) se apenas as afirmativas II e III estiverem corretas.

I: correta, nos termos do art. 74, § 1º, da CF; **II:** correta (art. 21, II, da Lei 8.429/1992); **III:** incorreta, pois é direito básico do particular ver respeitado o contraditório e a ampla defesa, quando um ato da Administração Pública tiver o condão de afetar sua esfera jurídica.

Gabarito "A"

(FGV – 2010) Com relação ao controle da administração pública, analise as alternativas a seguir:

I. Controle concomitante é aquele que acompanha a realização de um ato para verificar a regularidade de sua formação.
II. Controle corretivo é aquele que se efetiva após a conclusão do ato.
III. Controle de legalidade é aquele teleológico, de verificação de enquadramento de instituição no programa geral de Governo.

Assinale:

(A) se somente a afirmativa I estiver correta.
(B) se somente a afirmativa II estiver correta.
(C) se somente a afirmativa III estiver correta.
(D) se somente as afirmativas I e II estiverem corretas.
(E) se somente as afirmativas I e III estiverem corretas.

As duas primeiras afirmativas trazem correta definição dos institutos indicados. No entanto, a terceira afirmativa está incorreta, pois o *controle finalístico* é que é teleológico.

Gabarito "D"

(FGV – 2010) O poder de sustação do Congresso Nacional em relação aos atos normativos do Poder Executivo que exorbitem do poder regulamentar é uma função do controle:

(A) administrativo.
(B) político.
(C) de legalidade.
(D) externo.
(E) normativo.

Trata-se de um controle de natureza política, decorrente da ideia de freios e contra pesos entre os Poderes.
Gabarito "B".

(FGV – 2010) Compete ao Senado Federal autorizar operações externas de natureza financeira, de interesse das pessoas federativas. Essa competência diz respeito:

(A) ao controle judicial.
(B) ao controle hierárquico.
(C) ao controle legislativo, de natureza política.
(D) ao controle legislativo, de natureza financeira.
(E) ao controle administrativo.

Trata-se do controle externo, do tipo legislativo, de natureza política (art. 52, V, da CF).
Gabarito "C".

(FGV – 2010) São hipóteses que representam o exercício do controle político do Poder Legislativo sobre a Administração Pública, exceto:

(A) a competência para apuração de irregularidades pelas Comissões Parlamentares de Inquérito.
(B) a competência para o controle de legitimidade das despesas, que, a despeito da sua legalidade, não atendam a ordem de prioridade estabelecida no plano plurianual.
(C) a competência do Congresso para apreciar os atos de concessão e renovação de concessão de emissoras de rádio e televisão.
(D) a competência do Congresso Nacional para sustar os atos normativos do Poder Executivo que exorbitem do poder regulamentar ou dos limites de delegação legislativa.
(E) a competência do Senado Federal para processar e julgar o Presidente e o Vice-Presidente da República nos crimes de responsabilidade.

A: correta, pois a CPI pode apurar irregularidades na Administração Pública (art. 58, § 3º, da CF); **B:** incorreta, devendo ser assinalada, pois não existe esse controle de prioridade do plano plurianual; **C:** correta (art. 49, XII, da CF); **D:** correta (art. 49, V, da CF); **E:** correta (art. 52, I, da CF).
Gabarito "B".

(FGV – 2010) No conceito de controle da administração pública, a comprovação da eficiência ou da oportunidade de um ato diz respeito:

(A) ao controle hierárquico.
(B) ao controle finalístico.
(C) ao controle externo popular.
(D) ao controle de mérito.
(E) ao controle preventivo.

A questão da conveniência e da oportunidade diz respeito ao mérito administrativo e este não pode ser controlado pelo Judiciário, que deve se ater aos aspectos de legalidade, moralidade e razoabilidade.
Gabarito "D".

(FGV – 2009) Com relação ao tema *Controle da Administração Pública*, a representação e as apurações de irregularidades pelas Comissões Parlamentares de Inquérito estão relacionadas, respectivamente, aos controles:

(A) hierárquico e judicial.
(B) judicial e legislativo.
(C) administrativo e judicial.
(D) legislativo e administrativo.
(E) administrativo e legislativo.

A representação (denúncia de irregularidade junto à Administração) dá início a controle administrativo interno da Administração, ao passo que a CPI importa em controle legislativo externo da Administração.
Gabarito "E".

(FGV – 2009) É competência privativa do Senado Federal aprovar, previamente, por voto secreto, após arguição pública a escolha:

(A) de Ministro de Estado.
(B) do Presidente do Banco Central.
(C) do Advogado-Geral da União.
(D) de Presidente do Tribunal Regional Federal.
(E) do Procurador-Geral da Fazenda Nacional.

Compete privativamente ao Senado aprovar previamente, por voto secreto, após arguição pública, a escolha de presidente e diretores do Banco Central.
Gabarito "B".

(FGV – 2008) Inacolhida a pretensão autoral, em uma ação civil pública, o autor será condenado nas custas judiciais, salvo comprovada:

(A) não sucumbência.
(B) boa-fé.
(C) má-fé.
(D) idoneidade.
(E) transparência.

Art. 18 da Lei 7.347/1985.
Gabarito "C".

(FGV – 2008) A respeito do tema controle da Administração Pública, analise as afirmativas a seguir.

I. O controle legislativo abrange os atos do Poder Executivo e alguns do Poder Judiciário.
II. O controle político relaciona-se com os aspectos da legalidade, não apreciando as decisões administrativas sob o aspecto da discricionariedade.
III. O controle financeiro compreende, entre outros, o controle de resultados de cumprimento dos programas de trabalho e de metas.
IV. A fiscalização inclui o sistema de controle externo exercido por cada um dos Poderes em relação aos outros.

Assinale:

(A) se somente a afirmativa II estiver correta.
(B) se somente as afirmativas I e III estiverem corretas.
(C) se somente a afirmativa I, II e IV estiverem corretas.
(D) se somente a afirmativa I, III e IV estiverem corretas.
(E) se todas as afirmativas estiverem corretas.

I: correta, pois o controle externo abrange os atos administrativos de todas as administrações públicas, inclusive a administração pública do Poder Judiciário (v., p. ex., a extensão do disposto nos incisos II, III e IV do art. 71 da CF); **II:** incorreta, pois o controle político é justamente aquele que não se cinge aos aspectos de pura legalidade, incidindo sobre questões de mérito, ou seja, questões discricionárias; **III:** correta, pois, atualmente, o controle não se limita somente a aspectos burocráticos, como é o controle contábil, mas também a aspectos de eficiência, ligada aos resultados, no contexto da Administração Pública Gerencial; **IV:** incorreta, pois o Poder Executivo, por exemplo, não faz controle externo do Poder Legislativo.

Gabarito "B".

(FGV – 2008) No que tange ao controle dos atos administrativos, analise as assertivas a seguir:

I. A apreciação das contas e dos contratos municipais pelo Tribunal de Contas do Município, que as aprovou, não inibe a atuação do Poder Judiciário para o exame de sua legalidade e constitucionalidade, uma vez que as Cortes de Contas não exercem jurisdição.

II. O controle da Administração Pública, considerado um princípio fundamental desta, é indispensável à execução das atividades administrativas do Estado e deve ser exercido em todos os níveis e em todos os órgãos.

III. Nos processos perante o Tribunal de Contas asseguram-se o contraditório e a ampla defesa quando da decisão puder resultar anulação ou revogação de ato administrativo que beneficie o interessado, excetuada a apreciação da legalidade do ato de concessão inicial de aposentadoria, reforma e pensão.

Assinale:

(A) se somente as assertivas I e II estiverem corretas.
(B) se todas as assertivas estiverem corretas.
(C) se somente as assertivas I e III estiverem corretas.
(D) se somente as assertivas II e III estiverem corretas.
(E) se nenhuma assertiva estiver correta.

I: correta, pois nenhuma lesão ou ameaça de lesão a direito pode ser subtraída da apreciação do Poder Judiciário (art. 5º, XXXV, da CF); **II:** correta, pois os controles externos e interno são comandos constitucionais (arts. 71 e 74 da CF); **III:** correta (Súmula Vinculante nº 3 do STF, que tem exatamente a redação da afirmativa analisada)

Gabarito "B".

(FGV – 2007) A respeito do controle dos atos administrativos pelas Cortes de Contas, é correto afirmar-se que:

(A) alcança a legalidade, a legitimidade e a economicidade do ato.
(B) limita-se à verificação da conformação à lei dos elementos estruturais do ato.
(C) abrange, além da legalidade, o exame das causas que impulsionaram o administrador a agir.
(D) revê, apenas, os aspectos relacionados com a competência, a forma, o objeto, o motivo e a finalidade do ato.

Art. 70 da CF.

Gabarito "A".

(FGV – 2007) Assinale a afirmativa incorreta.

(A) A apreciação das contas e dos contratos administrativos estaduais pelo Tribunal de Contas do Estado, que as aprovou, não inibe a atuação do Poder Judiciário para exame de sua legalidade e constitucionalidade, pois as cortes de contas estaduais não exercem jurisdição.
(B) O controle da Administração Pública, considerado um princípio fundamental da Administração Pública, é indispensável à execução das atividades administrativas do Estado e deve ser exercido em todos os níveis e em todos os órgãos.
(C) O controle de legalidade dos atos da Administração Pública pode ser interno, processado pelos órgãos da mesma Administração, ou externo, exercido por órgãos de poder diverso.
(D) O controle do mérito administrativo é privativo da Administração Pública. Ao Poder Judiciário somente é possível o controle de legalidade.
(E) Os recursos administrativos são meios formais de controle administrativo. A limitação do depósito prévio (de trinta por cento do valor da dívida) para levar o processo administrativo para o Conselho de Contribuintes não se apresenta como uma obstrução ao direito de defesa, uma vez que está previsto em lei, e, dessa forma, calcado no princípio do devido processo legal, que se aplica aos processos administrativos.

A: correta, pois nenhuma lesão ou ameaça de lesão a direito pode ser subtraída da apreciação do Poder Judiciário (art. 5º, XXXV, da CF); **B:** correta, pois o controle interno é comando constitucional (art. 74 da CF); **C:** correta (arts. 71 e 74 da CF); **D:** correta, pois o Judiciário só pode controlar os aspectos de legalidade do ato, incluindo a moralidade e a razoabilidade, não podendo controlar o mérito do ato administrativo, que consiste na margem de liberdade que remanescer ao agente público; **E:** incorreta, devendo ser assinalada, pois não está de acordo com a Súmula Vinculante 21 do STF.

Gabarito "E".

(FGV – 2005) Ato lesivo ao erário público poderá ser impugnado por qualquer cidadão mediante:

(A) mandado de segurança.
(B) ação popular.
(C) mandado de injunção.
(D) mandado de segurança coletivo.
(E) ação civil pública.

Art. 5º, LXXIII, da CF.

Gabarito "B".

13. PROCESSO ADMINISTRATIVO

(OAB/Exame Unificado – 2013.3) João é parte em processo administrativo federal regulado pela Lei n. 9.784/1999, no qual foi proferida decisão que rejeitou sua pretensão. João pretende recorrer dessa decisão. Acerca do caso apresentado, e observando o disposto na lei citada, assinale a afirmativa correta.

(A) O recurso de João deverá ser dirigido diretamente à autoridade hierarquicamente superior à autoridade que proferiu a decisão.
(B) O prazo para interposição de recurso administrativo, salvo disposição legal específica, é de trinta dias, contado a partir da ciência ou da divulgação oficial da decisão recorrida.
(C) A interposição de recurso administrativo depende do oferecimento de caução, salvo expressa dispensa legal.

(D) O não conhecimento do recurso não impedirá a Administração de rever de ofício o ato ilegal, desde que não ocorrida a preclusão administrativa.

A: incorreta, pois o recurso deverá ser dirigido à autoridade que proferiu a decisão, a qual, se não reconsiderar no prazo de 5 dias, o encaminhará à autoridade superior (art. 56, § 1º, da Lei 9.784/1999); **B:** incorreta, pois o prazo para recorrer, salvo disposição específica, é de 10 dias (e não de 30 dias), contado a partir da ciência ou divulgação oficial da decisão recorrida (art. 59, *caput*, da Lei 9.784/1999); **C:** incorreta, pois, salvo exigência legal, a interposição de recurso administrativo não depende de caução (art. 56, § 2º, da Lei 9.784/1999); **D:** correta (art. 63, § 2º, da Lei 9.784/1999).

Gabarito "D"

(OAB/Exame Unificado – 2010.2) Em determinado procedimento administrativo disciplinar, a Administração federal impôs, ao servidor, a pena de advertência, tendo em vista a comprovação de ato de improbidade. Inconformado, o servidor recorre, vindo a Administração, após lhe conferir o direito de manifestação, a lhe impor a pena de demissão, nos termos da Lei 8.112/1990 e da Lei 9.784/1998.

Com base no fragmento acima, é correto afirmar que a Administração Federal

(A) agiu em desrespeito aos princípios da eficiência e da instrumentalidade, autorizativos da reforma em prejuízo do recorrente, desde que não imponha pena grave.

(B) agiu em respeito aos princípios da legalidade e autotutela, autorizativos da reforma em prejuízo do recorrente.

(C) não observou o princípio da dignidade da pessoa humana, trazendo equivocada reforma em prejuízo do recorrente.

(D) não observou o princípio do devido processo legal, trazendo equivocada reforma em prejuízo do recorrente.

A Lei 8.112/1990 é silente quanto à possibilidade de *reformatio in pejus* (reforma em prejuízo do recorrente), de modo que se aplica a Lei 9.784/1999 (Lei de Processo Administrativo Federal), que tem aplicação subsidiária aos processos administrativos específicos, como é o caso do processo administrativo da Lei 8.112/1990 (art. 69 da Lei 9.784/1999). O art. 64 da Lei 9.784/1999 admite que, em sede de recurso, o órgão competente para conhecê-lo possa "confirmar, modificar, anular ou revogar, total ou parcialmente, a decisão recorrida, se a matéria for de sua competência". Ou seja, a lei admite que o órgão recursal *modifique* a decisão recorrida, mesmo fora dos limites do recurso. Isso se dá em função dos princípios da *legalidade* e da *autotutela*. Todavia, quando ocorre *reforma em prejuízo do recorrente*, tal reforma *depende* do cumprimento da *formalidade* prevista no parágrafo único do art. 64, qual seja, o recorrente "deverá ser cientificado para que formule suas alegações antes da decisão". Assim, considerando que o enunciado da questão deixa claro que foi conferido ao recorrente o direito de manifestação, está correta a alternativa "b", que afirmou ter a Administração agido com respeito aos princípios da legalidade e da autotutela, autorizativos da reforma em prejuízo do recorrente. Por fim, vale salientar que está correta a decisão que alterou a pena para *demissão*, pois, cometido ato de improbidade, a Lei 8.112/1990, estabelece a demissão como sanção cabível (art. 132, IV).

Gabarito "B"

(OAB/Exame Unificado – 2010.1) Com relação ao processo administrativo federal, assinale a opção correta.

(A) Não se admite a legitimidade de associação para a defesa de direitos ou interesses difusos.

(B) Não pode uma autoridade hierárquica superior delegar a uma autoridade inferior o poder de decidir, em primeira instância, os processos administrativos de sua competência não exclusiva.

(C) Não se admite a intimação fictícia.

(D) Ao processo em apreço não se aplica o princípio que veda a *reformatio in pejus*.

A: incorreta. Assim dispõe o art. 9.º da Lei 9.784/1999: "São legitimados como interessados no processo administrativo: (...) IV – as pessoas ou as associações legalmente constituídas quanto a direitos ou interesses difusos"; **B:** incorreta. Assim dispõe o art. 13 da Lei 9.784/1999: "Não podem ser objeto de delegação: I – a edição de atos de caráter normativo; II – a decisão de recursos administrativos; III – as matérias de competência exclusiva do órgão ou autoridade"; **C:** incorreta. Assim dispõe o art. 26 da Lei 9.784/1999: "O órgão competente perante o qual tramita o processo administrativo determinará a intimação do interessado para ciência de decisão ou a efetivação de diligências. (...) § 4.º No caso de interessados indeterminados, desconhecidos ou com domicílio indefinido, a intimação deve ser efetuada por meio de publicação oficial"; **D:** correta. Assim dispõe o art. 6.º, § 2.º, da Lei 9.784/1999: "O não conhecimento do recurso não impede a administração de rever de ofício o ato ilegal, desde que não ocorrida preclusão administrativa".

Gabarito "D"

(OAB/Exame Unificado – 2009.3) O Ministério do Turismo instaurou processo administrativo para apurar responsabilidade e promover a reparação dos danos causados em acidente de trânsito envolvendo veículo do Ministério, conduzido, na ocasião, por Alfredo, motorista lotado no referido órgão público. O veículo particular era conduzido por Bruno. Ambos foram regularmente intimados a comparecer ao Ministério e prestar esclarecimentos a respeito do acidente. Em face dessa situação hipotética, assinale a opção correta de acordo com as normas que regulam o processo administrativo no âmbito da administração pública federal.

(A) Caso Bruno compareça ao processo administrativo, reconheça que o acidente foi causado por total e exclusiva imprudência sua e recolha o valor referente aos prejuízos causados no veículo do Ministério, o órgão competente para julgamento do processo em referência poderá declarar extinto o processo.

(B) O órgão responsável pela instrução do processo administrativo não pode, em nenhuma hipótese, indeferir pedido de produção de provas ou recusar documentos ou pareceres apresentados por Alfredo durante a fase de instrução.

(C) Caso Alfredo não compareça, na data designada, para prestar esclarecimentos, a autoridade responsável pela decisão do processo administrativo deverá aplicar os efeitos da revelia e concluir que Alfredo reconhece como verdadeiros os fatos que Bruno tenha relatado.

(D) Caso Alfredo não compareça, na data designada, para prestar esclarecimentos, não lhe será garantido direito de ampla defesa no prosseguimento do processo.

A: correta (arts. 51 e 52 da Lei 9.784/1999); **B:** incorreta (art. 38, § 2º, da Lei 9.784/1999); **C** e **D:** v. art. 27 da Lei 9.784/1999.

Gabarito "A"

(OAB/Exame Unificado – 2009.2) Com referência ao processo administrativo e a temas a ele relacionados, assinale a opção correta.

(A) As atividades que buscam a verificação e a comprovação de fatos e dados no processo administrativo podem ser impulsionadas de ofício pela administração, independentemente de requerimento do interessado.

(B) Caso a matéria discutida no processo administrativo se apresente bastante controversa e inquietante, a autoridade responsável poderá deixar de decidir e submeter o tema à apreciação do Poder Judiciário.

(C) Um agente administrativo que tenha competência para decidir determinado recurso administrativo pode delegar tal competência a subordinado seu.

(D) O servidor que atue como perito em um processo administrativo pode exercer outras funções no mesmo processo, exceto a de julgar.

A: correta (arts. 2º, parágrafo único, XII, e 29, ambos da Lei 9.784/1999); **B:** incorreta (art. 48 da Lei 9.784/1999); **C:** incorreta (art. 13, II, da Lei 9.784/1999); **D:** incorreta (art. 18, II, da Lei 9.784/1999).

Gabarito "A"

(OAB/Exame Unificado – 2009.1) Assinale a opção correta no que se refere à Lei n.º 9.784/1999, que regula o processo administrativo no âmbito da administração pública federal.

(A) Considera-se entidade administrativa a unidade de atuação integrante da estrutura da administração direta.

(B) São capazes, para fins de processo administrativo, os maiores de 16 (dezesseis anos), ressalvada previsão especial em ato normativo próprio.

(C) O desatendimento da intimação para ciência de decisão importa o reconhecimento da verdade dos fatos pelo administrado.

(D) Um órgão administrativo e seu titular poderão, se não houver impedimento legal, delegar parte da sua competência a outros órgãos ou titulares, ainda que estes não lhe sejam hierarquicamente subordinados, quando for conveniente, em razão de circunstâncias de índole técnica, social, econômica, jurídica ou territorial.

A: incorreta. Entidade é a unidade que tem personalidade jurídica, podendo ser da administração direta (ex: União) ou indireta (ex.: uma autarquia), conforme art. 1º, § 2º, II, da Lei 9.784/1999; **B:** incorreta (art. 10 da Lei 9.784/1999); **C:** incorreta (art. 27 da Lei 9.784/1999); **D:** correta (art. 12 da Lei 9.784/1999).

Gabarito "D"

(OAB/Exame Unificado – 2009.1) O INSS, em processo administrativo, concluiu, com base em entendimento antigo e recorrente na autarquia, que a servidora pública Kátia deveria ressarcir determinada quantia aos cofres públicos. A referida servidora recorreu e, quando ainda pendente o julgamento do recurso administrativo, o INSS tomou ciência de decisão do STF proferida em sede de reclamação, na qual se consagrava o entendimento de que o servidor, em casos análogos ao de Kátia, não tem o dever de ressarcir a quantia. Nessa decisão, o STF entendeu ter sido violado enunciado de súmula vinculante. Com referência a essa situação hipotética e com enfoque nos reflexos da súmula vinculante no processo administrativo, assinale a opção correta.

(A) O INSS deve seguir o entendimento firmado na súmula vinculante e adequar suas futuras decisões ao enunciado da súmula.

(B) Ao julgar o processo administrativo, a autoridade pode proferir decisão sem abordar a questão relativa à súmula caso entenda que esta não seja aplicável à espécie.

(C) A autoridade responsável pelo julgamento do processo administrativo não se sujeita à responsabilização pessoal caso não ajuste a decisão administrativa reiteradamente aplicada ao comando da súmula.

(D) Os enunciados de súmula vinculante só vinculam o Poder Judiciário, com exceção do STF, e a administração direta, não abarcando as autarquias.

Art. 64-B da Lei 9.784/1999.

Gabarito "A"

(OAB/Exame Unificado – 2008.2) No que se refere à norma estabelecida na Lei nº 9.784/1999, que versa sobre o processo administrativo no âmbito da administração pública federal, assinale a opção incorreta.

(A) O processo administrativo pode iniciar-se de ofício ou a pedido de interessado.

(B) Os atos administrativos que importem anulação, revogação, suspensão ou convalidação devem ser obrigatoriamente motivados.

(C) O servidor ou autoridade que esteja litigando, na esfera judicial, com o interessado em um processo administrativo que envolva as mesmas partes está impedido de atuar nesse processo.

(D) As matérias de competência exclusiva de órgão ou autoridade só podem ser objeto de delegação se houver expressa autorização da autoridade delegante.

A: correta (art. 5º da Lei 9.784/1999); **B:** correta (art. 50, VIII, da Lei 9.784/1999); **C:** correta (art. 18, III, da Lei 9.784/1999); **D:** incorreta, devendo ser assinalada, (art. 13, III, da Lei 9.784/1999).

Gabarito "D"

(OAB/Exame Unificado – 2008.2) Assinale a opção correta com relação às normas que regulam o processo administrativo no âmbito da administração pública federal.

(A) As normas que regulam o processo administrativo no âmbito da administração pública federal aplicam-se apenas à administração pública direta.

(B) As normas que regulam o processo administrativo no âmbito da administração pública federal são aplicáveis apenas ao Poder Executivo.

(C) O administrado tem o direito de ter ciência da tramitação dos processos administrativos em que tenha a condição de interessado bem como de ter vista dos autos, obter cópias de documentos neles contidos e conhecer as decisões proferidas.

(D) O processo administrativo tem seu início sempre por iniciativa da própria administração pública.

A: incorreta (art. 1º da Lei 9.784/1999 – administração federal direta e indireta); **B:** incorreta (art. 1º, § 1º, da Lei 9.784/1999 – todos os poderes); **C:** correta (art. 3º, II, da Lei 9.784/1999); **D:** incorreta (art. 5º da Lei 9.784/1999).

Gabarito "C"

(FGV – 2013) Os agentes da Administração Pública podem, no desempenho de suas atribuições, delegar de parte de suas atribuições a outros agentes públicos. No que concerne à delegação, segundo a Lei n. 9.784/1999, é correto afirmar que

(A) a delegação é possível ainda que o órgão que recebe a atribuição não seja hierarquicamente subordinado ao órgão que efetiva a delegação.
(B) a edição de atos normativos pode ser objeto de delegação.
(C) a decisão de recursos administrativos pode ser objeto de delegação,
(D) as matérias de competência exclusiva podem ser delegadas.
(E) os órgãos colegiados não podem delegar competências ao seu presidente.

A: correta (art. 12, *caput*, da Lei 9.784/1999); **B:** incorreta (art. 13, I, da Lei 9.784/1999); **C:** incorreta (art. 13, II, da Lei 9.784/1999); **D:** incorreta (art. 13, III, da Lei 9.784/1999); **E:** incorreta, pois é possível tal delegação (art. 12, parágrafo único, da Lei 9.784/1999).

Gabarito "A"

(FGV – 2011) O chefe de determinado órgão público integrante da estrutura do Poder Executivo Federal, visando a conferir maior celeridade na tramitação de processos administrativos, decide delegar a competência para decidir recursos administrativos a seu chefe de gabinete. Considerando a situação hipotética acima narrada, é correto afirmar que tal conduta se revela juridicamente

(A) incorreta, em decorrência da regra geral de indelegabilidade de competências administrativas.
(B) incorreta, uma vez que é legalmente vedada a delegação da competência para decidir recursos administrativos.
(C) correta, uma vez que o chefe do órgão público exerce a direção superior da Administração Pública Federal.
(D) correta, desde que o ato de delegação seja publicado em meio oficial.
(E) correta, desde que exista previsão legal e que o ato seja acompanhado de aceitação expressa do agente delegatário.

A delegação de competência não é possível no caso, pois não pode ser objeto de delegação a decisão de recursos administrativos (art. 13, II, da Lei 9.784/1999).

Gabarito "B"

(FGV – 2009) A respeito da *aplicação de sanções administrativas* pela Administração Pública, assinale a alternativa correta.

(A) O processo administrativo sancionador é sigiloso.
(B) Não são admissíveis no processo administrativo sancionador as provas ilícitas e as provas colhidas em processo penal.
(C) O contrato administrativo deve necessariamente estabelecer as penalidades cabíveis pelo descumprimento de obrigação contratual.
(D) A instauração de processo administrativo sancionador depende de prévia denúncia.
(E) De acordo com o atributo da autoexecutoriedade, a Administração Pública pode executar as multas por ela aplicadas.

A: incorreta, em virtude do princípio da publicidade; **B:** incorreta, pois as provas colhidas no processo penal, respeitado o contraditório e a ampla defesa, são admissíveis no processo disciplinar; **C:** correta, pois se trata cláusula essencial do contrato administrativo; **D:** incorreta, pois o fato pode ter sido conhecido pela própria Administração; **E:** incorreta, pois a Administração não tem autoexecutoriedade quanto à execução de multas, devendo ingressar com execução fiscal em junto ao Poder Judiciário.

Gabarito "C"

(FGV – 2008) Analise as afirmativas abaixo:

I. No processo administrativo disciplinar, a autoridade competente para proferir a decisão está vinculada aos elementos de fato contidos no relatório oferecido pela Comissão de Inquérito.
II. O controle contábil, financeiro, orçamentário, operacional e patrimonial exercido pelo Poder Legislativo sobre a Administração não se cinge aos aspectos de legalidade, mas, ao contrário, estende-se aos critérios de legitimidade e economicidade.
III. Os recursos administrativos, como regra, possuem efeito suspensivo, de modo que sua interposição paralisa os efeitos dos atos administrativos impugnados.

Assinale:

(A) se apenas a afirmativa I estiver correta.
(B) se apenas a afirmativa II estiver correta.
(C) se apenas as afirmativas II e III estiverem corretas.
(D) se apenas as afirmativas I e II estiverem corretas.
(E) se todas as afirmativas estiverem corretas.

I: incorreta, pois o parecer da Comissão de Inquérito não é vinculante; **II:** correta (art. 70 da CF); **III:** incorreta (art. 61 da Lei 9.784/1999).

Gabarito "B"

(FGV – 2008) Em relação ao processo administrativo genérico, regulado pela Lei 9.784/1999, é certo afirmar que:

(A) a Administração não pode cobrar por despesas processuais, sendo, inclusive, inconstitucional a lei que acaso permitisse tal cobrança.
(B) as normas dos processos administrativos específicos, no que toca à densidade de incidência normativa, aplicam-se subsidiariamente no processo genérico, quando forem de ordem pública.
(C) o órgão competente para decidir o recurso administrativo pode agravar a situação do recorrente, mas, antes da decisão, deve cientificá-lo do fato e permitir que ofereça as alegações de seu interesse.
(D) a decadência do direito da Administração de anular seus próprios atos administrativos ocorre irrestritamente em 5 (cinco) anos quando deles se originam efeitos patrimoniais contínuos.
(E) o administrador público deve motivar minuciosamente seus atos, indicando os fatos e fundamentos jurídicos, quando, dentre outros casos, se tratar de decisão de recursos administrativos e de intimação por meio de publicação oficial.

A: incorreta (art. 2º, parágrafo único, XI, parte final, da Lei 9.784/1999); **B:** incorreta, pois é justamente o contrário que acontece, ou seja, as normas de processo geral se aplicam subsidiariamente aos processos específicos (art. 69 da Lei 9.784/1999); **C:** correta (art. 64, parágrafo único, da Lei 9.784/1999); **D:** incorreta (art. 54 da Lei 9.784/99); **E:** incorreta, pois a decisão de intimação por meio de publicação oficial não é discrímen válido para verificar os casos de motivação expressos na lei (art. 50 da Lei 9.784/1999).

Gabarito "C"

(FGV – 2008) As afirmativas a seguir apresentam os direitos que o administrado tem perante a Administração, segundo a Lei 9.784/99, à exceção de uma. Assinale-a.

(A) Ser tratado com respeito pelas autoridades e servidores, que deverão facilitar o exercício de seus direitos e o cumprimento de suas obrigações.

(B) Ter ciência da tramitação dos processos administrativos em que tenha a condição de interessado, ter vista dos autos, obter cópias de documentos neles contidos e conhecer as decisões proferidas.

(C) Formular alegações e apresentar documentos antes da decisão, os quais serão objeto de consideração pelo órgão competente.

(D) Fazer-se assistir, facultativamente, por advogado, salvo quando obrigatória a representação, por força de lei.

(E) Expor fatos segundo seus interesses, sem compromisso com a verdade.

A: correta (art. 3º, I, da Lei 9.784/1999); **B:** correta (art. 3º, II, da Lei 9.784/1999); **C:** correta (art. 3º, III, da Lei 9.784/1999); **D:** correta (art. 3º, IV, da Lei 9.784/1999); **E:** incorreta, devendo ser assinalada, pois é *dever* do administrado expor os fatos conforme a verdade (art. 4º, I, da Lei 9.784/1999).

Gabarito "E"

(FGV – 2008) Relativamente aos impedimentos e suspeições do funcionário público, tais como previstos na Lei 9.784/99, assinale a afirmativa incorreta:

(A) É possível arguir a suspeição de autoridade ou servidor que tenha amizade íntima ou inimizade notória com algum dos interessados, mas o não acolhimento da arguição de suspeição é irrecorrível.

(B) É impedido de atuar em processo administrativo o servidor ou autoridade que esteja litigando judicial ou administrativamente com o interessado.

(C) A autoridade ou servidor que incorrer em impedimento deve comunicar o fato à autoridade competente, abstendo-se de atuar.

(D) É impedido de atuar em processo administrativo o servidor ou autoridade que tenha interesse direto ou indireto na matéria.

(E) A omissão do dever de comunicar o impedimento constitui falta grave, para efeitos disciplinares.

A: incorreta, devendo ser assinalada, pois cabe recurso (arts. 20 e 21 da Lei 9.784/1999); **B:** correta (art. 18, III, da Lei 9.784/1999); **C:** correta (art. 19, *caput*, da Lei 9.784/1999); **D:** correta (art. 18, I, da Lei 9.784/1999); **E:** correta (art. 19, parágrafo único, da Lei 9.784/1999).

Gabarito "A"

(FGV – 2007) Analise as afirmativas a seguir:

I. É obrigatória a presença de advogado em todas as fases do processo administrativo disciplinar.

II. As agências reguladoras, autarquias sob regime especial, possuem poder normativo técnico e maior autonomia de seus dirigentes em relação ao Poder Executivo, quando comparadas às autarquias clássicas.

III. Nos processos perante o Tribunal de Contas, asseguram-se o contraditório e a ampla defesa quando da decisão puder resultar anulação ou revogação de ato administrativo que beneficie o interessado, excetuada a apreciação da legalidade do ato de concessão inicial de aposentadoria, reforma e pensão.

Assinale:

(A) se nenhuma afirmativa estiver correta.

(B) se somente as afirmativas I e II estiverem corretas.

(C) se somente as afirmativas I e III estiverem corretas.

(D) se somente as afirmativas II e III estiverem corretas.

(E) se todas as afirmativas estiverem corretas.

I: A questão era correta à época da prova; porém, com a edição da Súmula Vinculante 5, a afirmativa passa a ser falsa (teor da súmula: "A falta de defesa técnica por advogado no processo administrativo disciplinar não ofende a Constituição"); **II:** correta, pois o poder normativo dessas agências é inconteste e a maior autonomia decorre de os dirigentes terem mandato fixo; **III:** correta (Súmula Vinculante 3 do STF, que tem exatamente a redação da afirmativa analisada).

Gabarito "E"

9. DIREITO TRIBUTÁRIO

Robinson Sakiyama Barreirinhas[1]

1. COMPETÊNCIA TRIBUTÁRIA

(OAB/Exame Unificado – 2016.2) Determinado ente da Federação instituiu um tributo incidente sobre a folha de salários e demais rendimentos do trabalho pagos ou creditados, a qualquer título, à pessoa física que preste serviço a empregador privado, ainda que sem vínculo empregatício, com o objetivo de financiar a seguridade social. Em sintonia com a CRFB/88, assinale a opção que indica o ente da federação competente para a instituição do tributo descrito e o nome do tributo em questão.

(A) Estados-membros e o Distrito Federal. Contribuição previdenciária.
(B) União. Contribuição social.
(C) União. Imposto sobre a renda.
(D) Todos os entes da Federação. Contribuições sociais.

A: incorreta, pois os Estados-membros não têm competenciacompetência para instituição de contribuição previdenciária relativa ao trabalho privado, mas apenas para a contribuição cobrada de seus servidores – art. 149, § 1º, da CF; **B**: correta, pois somente a União tem competência para instituição de contribuição previdenciária relativa ao trabalho privado, nos termos do art. 149, *caput,* da CF; **C**: incorreta, pois não se trata de simples tributação sobre a renda, já que qualificada pela finalidade de financiar a seguridade social (previdência dos trabalhadores), o que a define como contribuição previdenciária – art. 149 da CF; **D**: incorreta, pois a competência é privativa da União, conforme comentários anteriores.

Gabarito "B"

(OAB/Exame Unificado – 2016.1) A pessoa jurídica Verdes Campos Ltda. realiza transporte de cargas entre os estados "X" e "Y" por meio de sua frota de 30 caminhões. Sobre a referida prestação de serviço de transporte, assinale a opção correta.

(A) Incide o ISS, de competência dos Municípios.
(B) Não incide qualquer imposto.
(C) Incide o ICMS, de competência dos Estados.
(D) Incide o IPVA, de competência dos Estados.

A: incorreta, pois a competência para tributar o transporte interestadual é privativa dos Estados e do Distrito Federal, nos termos do art. 155, II, da CF, excluída expressamente da competência municipal, nos termos do art. 156, III, da CF; **B**: incorreta, conforme comentário anterior; **C**: correta, conforme comentário inicial; **D**: incorreta, pois o IPVA incide sobre a propriedade de veículos automotores, não sobre o serviço prestado com eles.

Gabarito "C"

(OAB/Exame Unificado – 2016.1) O Estado X, visando aumentar a sua arrecadação, instituiu novo imposto, não previsto na Constituição Federal.

Sobre a hipótese, assinale a afirmativa correta.

(A) O Estado X pode instituir imposto, mediante lei complementar, desde que previsto na Constituição Estadual.
(B) Para exercer a competência residual do Estado X, é necessária lei de iniciativa do Governador do Estado.
(C) O Estado X não pode instituir o imposto novo, tendo em vista que a competência residual para a instituição de novos impostos é somente da União.
(D) É vedada à União, aos Estados, ao Distrito Federal e aos Municípios, a instituição de impostos não previstos na Constituição Federal.

A: incorreta, pois a compêetência para instituir outros impostos, além daqueles expressamente previstos na Constituição Federal, é privativa da União (competência residual), nos termos do art. 154, I, da CF; **B**: incorreta, conforme comentário à alternativa anterior; **C**: correta, conforme comentários anteriores; **D**: incorreta, pois há a competência residual da União, conforme comentários anteriores.

Gabarito "C"

OAB/Exame Unificado – 2015.3) A União instituiu determinado tributo federal e conferiu a uma autarquia as tarefas de fiscalizá-lo e arrecadá-lo.

Tendo em vista a situação narrada, assinale a opção correta.

(A) A capacidade tributária ativa (realizar atos de fiscalização e arrecadação) é delegável.
(B) Trata-se de caso de delegação da competência tributária da União.
(C) Não é possível que a União revogue, a qualquer tempo e por ato unilateral, a atribuição que conferiu a tal autarquia.
(D) Em eventual discussão judicial proposta por um contribuinte do tributo, a autarquia não terá prazo em dobro para recorrer.

A: correta, pois, de fato, diferentemente da competência tributaria (capacidade para legislar sobre os tributos – instituí-los, modificá-los, extingui-los), a capacidade tributária ativa (capacidade de ocupar o polo ativo da relação tributária – cobrar os tributos) é delegável – art. 7º do CTN; **B**: incorreta, pois a competência tributária refere-se à capacidade de legislar sobre os tributos, não cobrá-los, e é indelegável; **C**: incorreta, pois essa delegação é revogável a qualquer momento, por ato unilateral da União – art. 7º, § 2º, do CTN; **D**: incorreta, pois a delegação engloba as garantias e os privilégios processuais que a União teria ao cobrar o tributo – art. 7º, § 1º, do CTN.

Gabarito "A"

1. Os comentários das questões do Exame Unificado 2010.1 foram feitos pela própria organizadora da prova.

(OAB/Exame Unificado – 2014.3) O Art. 146, III, *a*, da Constituição Federal estabelece que lei complementar deve trazer a definição dos fatos geradores, da base de cálculo e dos contribuintes dos impostos previstos na Constituição.

Caso não exista lei complementar prevendo tais definições relativamente aos impostos estaduais, os estados

(A) não podem instituir e cobrar seus impostos, sob pena de violação do Art. 146 da Constituição.
(B) podem instituir e cobrar seus impostos, desde que celebrem convênio para estabelecer normas gerais.
(C) podem instituir e cobrar seus impostos, pois possuem competência legislativa plena até que a lei complementar venha a ser editada.
(D) podem instituir e cobrar seus impostos, desde que seja publicada Medida Provisória autorizando.

A: incorreta, pois inércia do Congresso Nacional não prejudica o Estado-membro, que exerce a competência legislativa plena, nos termos do art. 24, § 3º, da CF; **B:** incorreta, pois não é necessário convênio, bastando lei do próprio Estado; **C:** correta, conforme o art. 24, § 3º, da CF; **D:** incorreta, pois basta lei do próprio Estado, independentemente de prévia MP federal autorizativa.

Gabarito "C"

(OAB/Exame Unificado – 2014.1) Determinado Estado, localizado na Região Norte do país, instituiu, mediante lei específica, a contribuição para o custeio do serviço de iluminação pública. Nessa linha, com base na competência tributária prevista nas normas constitucionais em vigor, tal contribuição instituída pelo respectivo estado membro da Federação é

(A) constitucional, sendo possível sua cobrança com base nas regras constitucionais em vigor.
(B) inconstitucional, por ser o referido tributo de competência tributária da União Federal.
(C) inconstitucional, por ser o referido tributo de competência do Distrito Federal e dos Municípios.
(D) inconstitucional, visto que somente lei complementar poderá instituir o referido tributo.

Somente os Municípios e o Distrito Federal têm competência para instituir contribuição para custeio do serviço de iluminação pública (competência privativa dos Municípios e do DF), nos termos do art. 149-A da CF. Assim, a instituição do tributo por Estado é claramente inconstitucional, razão pela qual a alternativa "C" é a correta. **A:** incorreta, conforme comentário inicial; **B:** incorreta, pois a competência não é da União, tampouco; **C:** correta, conforme comentário inicial; **D:** incorreta, pois a inconstitucionalidade por incompetência do Estado não é sanada pelo instrumento legislativo escolhido (ou seja, o Estado não pode instituir o tributo, seja por lei ordinária, seja por lei complementar ou qualquer outro instrumento normativo).

Gabarito "C"

(OAB/Exame Unificado – 2013.1) A União criou um novo imposto não previsto na CRFB mediante lei complementar sobre a propriedade de veículos de duas rodas não motorizados, que adota fato gerador e base de cálculo diferente dos demais discriminados na Constituição.

Nessa situação, a União terá feito uso de competência

(A) comum.
(B) residual.
(C) cumulativa.
(D) extraordinária.

A União, e somente ela, detém a competência residual para instituir outros impostos além daqueles previstos expressamente pela Constituição Federal, desde que atendidos os requisitos do art. 154, I, da CF (instituição por lei complementar, não cumulatividade, e fato gerador e base de cálculo distintos daqueles próprios dos impostos previstos no texto constitucional). Por essa razão, a alternativa "B" é a correta.

Gabarito "B"

(OAB/Exame Unificado – 2011.3.A) A competência tributária não se confunde com a capacidade tributária ativa. Aquela se traduz na aptidão para instituir tributos, enquanto esta é o exercício da competência, ou seja, a aptidão para cobrar tributos. Nesse sentido, é correto afirmar que

(A) compete à União, aos Estados, ao Distrito Federal e aos Municípios instituir impostos, taxas, contribuições de melhoria, assim como as contribuições para o custeio do serviço de iluminação pública.
(B) em virtude do princípio federativo, que, entre outras consequências, delimita entre os entes políticos o poder de tributar, ao Distrito Federal compete apenas instituir espécies tributárias próprias dos Estados-membros da federação.
(C) a União pode instituir, via lei ordinária, impostos além dos previstos na Constituição, mediante dois requisitos: que eles sejam não cumulativos e que não tenham fato gerador próprio dos impostos já previstos constitucionalmente.
(D) em Território Federal, os impostos estaduais são de competência da União. Caso o Território não seja dividido em Municípios, cumulativamente, os impostos municipais também são de competência da União.

A: incorreta, pois a contribuição para custeio do serviço de iluminação pública é da competência exclusiva dos Municípios e do Distrito Federal – art. 149-A da CF; **B:** incorreta, pois o Distrito Federal cumula as competências estaduais e municipais arts. 147, *in fine*, e 155, da CF, até porque não há municípios no Distrito Federal (art. 32, *caput*, da CF); **C:** incorreta, pois o exercício da competência residual da União depende de lei complementar – art. 154, I, da CF; **D:** correta, conforme o art. 147 da CF.

Gabarito "D"

(OAB/Exame Unificado – 2009.2) Compete aos Estados e ao DF instituir imposto sobre

(A) a transmissão *causa mortis* e doação, de quaisquer bens ou direitos.
(B) operações de crédito, câmbio e seguro, ou relativas a títulos ou valores mobiliários.
(C) a propriedade predial e territorial urbana.
(D) a transmissão *inter vivos*, a qualquer título, por ato oneroso, de bens imóveis.

A: correta, pois os Estados e o Distrito Federal têm competência para instituir três impostos (art. 155 da CF): o ITCMD (inc. I), o ICMS (inc. II) e o IPVA (inc. III); **B:** incorreta, pois o IOF é imposto da União (art. 153, V, da CF); **C:** incorreta, pois o IPTU é da competência dos Municípios e do DF (art. 156, I, e art. 147, *in fine*, da CF); **D:** incorreta, pois o ITBI é municipal (art. 156, II, da CF) – não confundir com o ITCMD estadual (art. 155 da CF).

Gabarito "A"

Veja a tabela seguinte, em que indicamos as competências relativas aos impostos, para estudo e memorização:

Competência em relação aos impostos		
União	**Estados e DF**	**Municípios e DF**
- imposto de importação – II - imposto de exportação – IE - imposto de renda – IR - IPI - IOF - ITR - Imposto sobre grandes fortunas - Impostos extraordinários - Impostos da competência residual	- ITCMD - ICMS - IPVA	- IPTU - ITBI - ISS

(OAB/Exame Unificado – 2009.2) Assinale a opção correta acerca da competência tributária.

(A) O ente político poderá transferir a terceiros as atribuições de arrecadação e fiscalização de tributos.

(B) Os Estados, na forma das respectivas leis, têm competência para instituir contribuição para o custeio do serviço de iluminação pública.

(C) É lícita a delegação da competência tributária de uma pessoa jurídica de direito público interno a outra.

(D) A União, os Estados e o DF têm competência para instituir impostos não previstos expressamente na CF, desde que sejam não cumulativos e não tenham fato gerador ou base de cálculo próprios dos já discriminados no texto constitucional.

A: correta, pois, embora a *competência tributária* (competência para legislar acerca do tributo) seja indelegável, é possível delegar a *sujeição ativa* (a lei pode indicar outro ente para ocupar o polo ativo da obrigação tributária) – art. 7º do CTN; **B:** incorreta, pois a competência para essa contribuição é dos Municípios e do Distrito Federal – art. 149-A da CF; **C:** incorreta, pois a competência tributária é indelegável – art. 7º, *caput*, do CTN; **D:** incorreta, pois somente a União detém a chamada *competência residual* – art. 154, I, da CF.

Gabarito "A"

(OAB/Exame Unificado – 2009.1) É de competência exclusiva da União instituir

(A) contribuições sociais, de intervenção no domínio econômico e de interesse das categorias profissionais ou econômicas.

(B) contribuição de melhoria, decorrente de obras públicas.

(C) contribuição para o custeio do regime previdenciário próprio dos servidores estaduais.

(D) contribuição de melhoria, no caso de investimento público de caráter urgente e de relevante interesse nacional.

A: correta, pois reflete exatamente o disposto no art. 149, *caput*, da CF. Importante ressaltar, entretanto, que os Estados, o Distrito Federal e os Municípios devem instituir e cobrar a contribuição de seus servidores, para custeio dos respectivos regimes previdenciários próprios – art. 149, § 1º, da CF; **B:** incorreta, pois a competência em relação às contribuições de melhoria (cujo fato gerador é a valorização imobiliária decorrente de obra pública) é de todos os entes políticos (não é de competência exclusiva da União, como consta da assertiva). Trata-se da chamada *competência comum* – art. 145, *caput* e III, da CF; **C:** incorreta, pois todos os entes políticos devem instituir essa contribuição em relação aos seus próprios servidores. Ademais, a assertiva refere-se aos servidores *estaduais*, de modo que, nesse caso, a competência é do respectivo Estado – art. 149, § 1º, da CF; **D:** incorreta, por duas razões. Em primeiro lugar, a competência em relação à contribuição de melhoria é *comum* (de todos os entes) – art. 145, *caput* e III, da CF. Em segundo lugar, o investimento público a que se refere a assertiva dá ensejo ao empréstimo compulsório (art. 148, II, da CF) e não à contribuição de melhoria que tem como fato gerador a valorização imobiliária decorrente de obra pública (art. 145, *caput* e III, da CF).

Gabarito "A"

(OAB/Exame Unificado – 2008.3) O imposto sobre grandes fortunas poderá ser instituído pelo exercício da competência

(A) residual da União.

(B) extraordinária dos Estados.

(C) privativa da União.

(D) privativa da União e dos Estados.

O imposto sobre grandes fortunas é da competência privativa da União, nos termos do art. 153, VII, da CF, razão pela qual a alternativa "C" é a correta.

Gabarito "C"

(OAB/Exame Unificado – 2008.3) Para que um Município crie um tributo, é necessário, além da competência para fazê-lo, o atendimento às normas limitadoras, que lhe são impostas

(A) pela CF, pela Constituição do respectivo Estado, pelas normas gerais tributárias e pela Lei Orgânica do próprio Município.

(B) pela CF e pela Constituição Estadual, apenas.

(C) pela CF e pela Lei Orgânica do próprio Município, somente.

(D) pela CF, apenas.

Nos termos do art. 6º, *caput*, do CTN, a atribuição constitucional de competência tributária compreende a competência legislativa plena, ressalvadas as limitações contidas na Constituição Federal, nas Constituições dos Estados e nas Leis Orgânicas do Distrito Federal e dos Municípios, e observado o disposto no próprio CTN. Por essa razão, a alternativa "A" é a correta.

Gabarito "A"

(OAB/Exame Unificado – 2008.2) Supondo que a União tenha criado dois territórios federais em determinada área da região amazônica: o primeiro localizado em área não dividida em Municípios e o segundo, em área onde há três Municípios, assinale a opção correta relativamente à competência para a arrecadação dos tributos nos dois territórios.

(A) No primeiro território, a arrecadação dos tributos estaduais caberia ao governo do próprio território, e a dos tributos municipais, à União.

(B) No primeiro território, tanto a arrecadação dos tributos estaduais quanto a dos municipais caberiam à União.

(C) No segundo território, a arrecadação dos tributos estaduais caberia ao governo do próprio território, e a dos tributos municipais, à União.

(D) No segundo território, tanto a arrecadação dos tributos estaduais quanto a dos municipais caberiam à União.

Os Territórios Federais não têm competência tributária. Os tributos estaduais serão sempre instituídos e cobrados pela União. Os tributos municipais serão instituídos e cobrados pelos Municípios, se houver. Se não houver Municípios, os tributos municipais também serão instituídos e cobrados pela União – art. 147 da CF. **A** e **C:** incorretas, pois o Território não tem competência tributária; **B:** correta, conforme comentários iniciais; **D:** incorreta, pois os Municípios detêm competência tributária, ainda que localizados em Território Federal.

Gabarito "B"

(OAB/Exame Unificado – 2008.2) Na hipótese de o Brasil decretar estado de guerra, a CF oferece algumas formas de incrementar a receita federal, entre as quais não se inclui a criação de

(A) impostos extraordinários por meio de medidas provisórias.

(B) impostos extraordinários por meio de lei ordinária.

(C) empréstimos compulsórios por meio de lei complementar.

(D) empréstimos compulsórios por meio de medidas provisórias.

A guerra externa ou a sua iminência permite a instituição pela União de empréstimo compulsório (art. 148, I, da CF) e de imposto extraordinário (art. 154, II, da CF). **A** e **B:** corretas, pois o imposto extraordinário pode ser instituído por simples lei ordinária, que pode ser substituída por medida provisória – arts. 154, II, e 62, § 2º, da CF; **C:** correta, conforme o art. 148, I, da CF; **D:** incorreta, devendo esta alternativa ser assinalada, pois o empréstimo compulsório deve ser instituído por lei complementar federal, que não pode ser substituída por medida provisória – arts. 62, § 1º, III, e 148, I, da CF.

Gabarito "D"

(OAB/Exame Unificado – 2008.2) Suponha que, na iminência de guerra externa, a União institua um imposto extraordinário cujo fato gerador seja a propriedade predial e territorial urbana. Considerando essa hipótese e as normas relativas à competência tributária, assinale a opção correta.

(A) É lícito que o imposto extraordinário seja instituído por lei ordinária.

(B) A instituição desse imposto caracterizaria bitributação.

(C) A cobrança do imposto extraordinário deve obediência ao princípio da anterioridade.

(D) A iminência de guerra externa somente dá ensejo à instituição de empréstimo compulsório.

A: correta, nos termos do art. 154, II, da CF; **B:** imprecisa, pois o imposto extraordinário é caso excepcional de bitributação ou *bis in idem* admitidos pela Constituição Federal (o legislador pode repetir fato gerador e base de cálculo de outro imposto já existente), mas há autores que, pelo fato de ser admitido pela Constituição, afirmam não ser efetivamente *bis in idem* ou bitributação (termos que reservam para situações não admitidas pelo sistema jurídico). Talvez por essa discussão doutrinária, a questão tenha sido anulada; **C:** incorreta, pois se trata de exceção ao princípio da anterioridade anual e nonagesimal – art. 150, § 1º, da CF; **D:** incorreta, pois, além do empréstimo compulsório, a guerra externa ou a sua iminência também dá ensejo à instituição do imposto extraordinário – art. 154, II, da CF.

Gabarito "A"

(OAB/Exame Unificado – 2008.1) Dado que a Constituição Federal atribuiu competência para os Estados legislarem sobre o IPVA, essa prerrogativa envolve o pleno poder de legislar sobre esse tributo. Todavia, essa competência, consoante o Código Tributário Nacional (CTN), está, em tese, submetida às limitações

(A) do próprio CTN, dos tratados internacionais e da respectiva constituição estadual.

(B) dos tratados internacionais, da Constituição Federal e da respectiva constituição estadual.

(C) do próprio CTN, da Constituição Federal e da respectiva constituição estadual.

(D) do próprio CTN, da Constituição Federal e dos tratados internacionais.

Nos termos do art. 6º, *caput*, do CTN, a atribuição constitucional de competência tributária compreende a competência legislativa plena, ressalvadas as limitações contidas na Constituição Federal, nas Constituições dos Estados e nas Leis Orgânicas do Distrito Federal e dos Municípios, e observado o disposto no próprio CTN. **A**, **B** e **D:** incorretas, pois os tratados internacionais equiparam-se, em regra, a leis ordinárias federais, que não podem restringir a competência tributária, fixada constitucionalmente. Ademais, aos tratados e às convenções internacionais que tratam de matéria tributária aplica-se o art. 98 do CTN. Observe que os tratados sobre direitos humanos são outra exceção importante; **C:** correta, conforme comentário inicial.

Gabarito "C"

(OAB/Exame Unificado – 2007.3) Do conceito de competência residual deduz-se que

(A) os Estados não podem criar taxas que tenham base de cálculo idêntica a dos impostos.

(B) os Estados só podem criar impostos que não tenham fato gerador ou base de cálculo idênticos aos dos impostos previstos na Constituição.

(C) a União não pode criar empréstimos compulsórios que tenham base de cálculo idêntica a dos impostos previstos na Constituição.

(D) a União não pode criar impostos cumulativos.

A e **C:** incorretas, pois, além de ser apenas da União, a competência residual refere-se a impostos, não a taxas ou a empréstimos compulsórios – art. 154, I, da CF; **B:** incorreta, pois a competência residual é exclusiva da União; **D:** correta, pois a competência residual admite a instituição de impostos não cumulativos, apenas, nos termos do inc. I do art. 154, da CF.

Gabarito "D"

(OAB/Exame Unificado – 2007.1) A União instituiu certo tributo federal e atribuiu a uma autarquia a função de arrecadar e fiscalizar o mencionado tributo. Tendo como referência inicial a situação acima apresentada, assinale a opção correta acerca da competência tributária.

(A) Em havendo discussão judicial acerca do tributo instituído, a autarquia não será beneficiada pelas garantias e privilégios processuais atribuídos à União.

(B) A atribuição das funções de arrecadar e fiscalizar o tributo instituído pela União poderia ter sido conferida à pessoa jurídica de direito privado.

(C) É lícito que a União revogue, a qualquer tempo e por ato unilateral, as atribuições conferidas à autarquia.

(D) A situação apresentada constitui hipótese de delegação da competência tributária da União.

A: incorreta, pois a atribuição legal da sujeição ativa a outro ente compreende as garantias e os privilégios processuais atinentes ao ente competente – art. 7º, § 1º, do CTN; **B:** incorreta, à luz do disposto no art. 7º, *caput, in fine*, do CTN, que prevê a delegação da sujeição ativa apenas a entes de direito público. Importante salientar, entretanto, que parcela importante da doutrina admite a ocupação do polo ativo da obrigação tributária por pessoa de direito privado (exemplos: tabelião, SENAI etc.); **C:** correta, pois a delegação legal da sujeição ativa pode ser revogada a qualquer tempo, por meio de outra lei – art. 7º, § 2º, do CTN; **D:** incorreta, pois a competência tributária (para legislar acerca do tributo) é indelegável. O que se delega é a sujeição ativa (ocupação do polo ativo da obrigação tributária) – art. 7º, *caput*, do CTN.

Gabarito "C"

(OAB/Exame Unificado – 2006.3) Segundo a Constituição Federal, o DF não tem competência para

(A) tributar o transporte intermunicipal de pessoas.
(B) tributar os serviços de qualquer natureza.
(C) criar contribuições previdenciárias a serem cobradas dos empregados do setor privado.
(D) criar contribuição destinada à iluminação pública.

A, B e **D:** corretas. O Distrito Federal detém as competências fixadas pela Constituição em favor dos Estados e dos Municípios, o que inclui a tributação sobre transportes interestaduais e intermunicipais (ICMS), sobre serviços de qualquer natureza (ISS) e relativa ao custeio do serviço de iluminação pública – arts. 147, *in fine*, 155, *caput* e II, 156, III, e 149-A da CF, respectivamente; **C:** incorreta, devendo ser assinalada. O art. 149, § 1º, da CF só permite a cobrança de contribuições previdenciárias dos *servidores* do Distrito Federal, de modo que essa assertiva deve ser indicada pelo candidato, pois não se trata de competência do Distrito Federal. Os empregados do setor privado são segurados pelo regime geral da previdência social, mantido pela União.

Gabarito "C"

(OAB/Exame Unificado – 2006.2) A Constituição Federal atribuiu a certa entidade política a competência para instituir o imposto sobre a propriedade de veículos automotores (IPVA). Acerca da competência tributária, assinale a opção correta.

(A) Os Municípios são as entidades políticas competentes para instituir IPVA.
(B) O ente político detentor da competência tributária poderá delegá-la a outra pessoa jurídica de direito público, ou seja, poderá transferir as funções de arrecadar ou fiscalizar o IPVA.
(C) A Constituição Federal apenas outorga aos entes tributantes o mister de instituir tributos, mas o exercício da competência tributária é uma faculdade.
(D) Competência tributária comum é o poder atribuído aos entes federativos para instituir os impostos enumerados na Constituição Federal.

A: incorreta, pois o IPVA é da competência exclusiva dos Estados e do Distrito Federal – art. 155, III, da CF; **B:** incorreta, pois o ente político só pode delegar a capacidade tributária ativa (sujeição ativa, que é a ocupação do polo ativo da obrigação tributária), e não a competência tributária (que é a competência para legislar acerca do tributo); **C:** correta, pois, de fato, a Constituição Federal confere poder (faculdade), e não dever; por outro lado, há casos em que existe verdadeiro dever de instituir o tributo (ex.: art. 149-A da CF); além disso, a Lei de Responsabilidade Fiscal determina que os tributos sejam instituídos e arrecadados (art. 11, *caput*, da LC 101/2000); **D:** incorreta, pois, para a doutrina clássica, a competência *comum* refere-se às taxas e às contribuições de melhoria (que podem ser instituídas e cobradas por todos os entes políticos). A competência em relação aos impostos é *privativa*.

Gabarito "C"

(OAB/Exame Unificado – 2006.1) Assinale a opção correta acerca de matéria atinente à competência tributária.

(A) Na iminência ou no caso de guerra externa, a União é competente para, mediante lei complementar, instituir impostos extraordinários.
(B) A competência tributária privativa é o poder que têm a União, os Estados, o Distrito Federal e os Municípios para instituírem taxas e contribuições de melhoria, no âmbito de suas respectivas atribuições.
(C) A Lei de Responsabilidade Fiscal, Lei Complementar nº 101/2000, estabelece como requisito da responsabilidade na gestão fiscal a instituição, a previsão e a efetiva arrecadação de todos os tributos da competência do ente político.
(D) A União poderá instituir novas fontes de arrecadação destinadas a garantir a manutenção ou expansão da seguridade social e, de acordo com entendimento jurisprudencial já sedimentado, novas contribuições sociais não poderão ter fato gerador ou base de cálculo próprio dos impostos já discriminados na Constituição da República.

A: incorreta, pois o art. 154, II, da CF não exige lei complementar para instituição do imposto extraordinário (basta lei ordinária ou medida provisória); se a opção for pela instituição de empréstimo compulsório, o tributo deve ser criado por lei complementar (art. 148, I, da CF); **B:** incorreta. Trata-se de competência *comum* em relação às taxas e às contribuições de melhoria (que podem ser instituídas e cobradas por todos os entes políticos), ou *concorrente*, pois cada um pode instituir esses tributos no âmbito de suas atribuições. A competência *privativa* é, para a doutrina clássica, aquela relativa aos impostos; **C:** correta, conforme o art. 11, *caput*, da LC 101/2000; **D:** incorreta, no que se refere ao entendimento jurisprudencial. Pelo contrário, admite-se que as contribuições sociais repitam base de cálculo e fato gerador de impostos federais já existentes (por exemplo, a CSLL, muito semelhante ao IR) – art. 195, § 4º, da CF.

Gabarito "C"

(FGV – 2013) O Prefeito do município de Presal, preocupado com as finanças municipais, busca aconselhamentos com seus partidários para reforçar o caixa local diante das múltiplas demandas dos munícipes, não suportando o tesouro as despesas extraordinárias que tais pleitos acarretariam ao já combalido orçamento anual.

Após diversas sugestões, resolve apresentar projeto de lei, remetendo-o à Câmara municipal para a criação de empréstimo compulsório.

Nos termos das normas constitucionais que regem a repartição de competências tributárias, assinale a afirmativa correta.

(A) O referido tributo é daqueles que podem ser instituídos pela União, Estados e municípios.
(B) No regime de competência tributárias é típico tributo estadual.
(C) É da competência da União a instituição de empréstimos compulsórios.
(D) Autorizado por lei complementar pode o município instituir o tributo.
(E) O tributo é residual e de competência dos territórios.

Somente a União tem competência para a instituição de empréstimo compulsório (competência privativa da União), nos termos do art. 148 da CF. Assim, a instituição desse tributo por Município é inviável, por ser inconstitucional, razão pela qual a alternativa "C" é a correta. **A** e **B**: incorretas, conforme comentário inicial; **C**: correta, conforme comentário inicial; **D**: incorreta, pois a competência é privativa da União, sem qualquer possibilidade de exercício de competência por outro ente político, nem mesmos residualmente (aliás, eventual Território, caso seja criado, não teria competência tributária alguma, ou seja, não teria competência para instituir tributos — no caso dos Territórios a competência é exercida pela União e por Municípios, caso existentes — art. 147 da CF).

Gabarito "C"

(FGV – 2011) Com base na competência prevista na Constituição para instituir impostos, é correto afirmar que

(A) o IR, o IPI e o IPTU competem à União.
(B) o ISS, o IPTU e o ITR competem aos Municípios.
(C) o ICMS, o IPVA e o Imposto sobre Transmissão *Causa Mortis* e Doação competem aos Estados e ao Distrito Federal.
(D) o Imposto de Importação, o IOF e o Imposto sobre Transmissão *Causa Mortis* e Doação competem à União.
(E) o ISS, o IPTU e o IGF competem aos Estados.

A: incorreta, pois, o IPTU é da competência dos Municípios e do Distrito Federal – art. 156, I, da CF; **B**: incorreta, pois o ITR é da competência federal – art. 153, VI, da CF; **C**: correta, pois os Estados e Distrito Federal têm competência tributária relativa a esses três impostos (ICMS, IPVA e ITCMD) – art. 155, II, III e I, da CF, respectivamente (lembrando que o Distrito Federal acumula a competência Estadual e Municipal, abrangendo, portanto, também IPTU, ITBI e ISS – arts. 147, *in fine*, e 156 da CF); **D**: incorreta, pois o ITCMD é da competência dos Estados e do Distrito Federal – art. 155, I, da CF; **E**: incorreta, pois o ISS e o IPTU são da competência dos Municípios e do Distrito Federal (art. 156, III e I, da CF, respectivamente), enquanto o imposto sobre grandes fortunas é da competência federal – art. 153, VII, da CF.

Gabarito "C"

(FGV – 2010) Com relação ao tema "Sistema Tributário Nacional", analise as afirmativas a seguir.

I. Compete à União instituir impostos, dentre outras hipóteses, sobre renda e proventos de qualquer natureza, grandes fortunas (nos termos de lei complementar) e propriedade territorial rural.
II. Compete aos Estados e ao Distrito Federal instituir impostos, dentre outras hipóteses, sobre transmissão *causa mortis* e doação de quaisquer bens ou direitos, sendo suas alíquotas máximas fixadas pelo Senado Federal.
III. Compete aos Municípios instituir impostos, dentre outras hipóteses, sobre propriedade predial e territorial urbana, transmissão *inter vivos*, a qualquer título, por ato oneroso, de bens imóveis, por natureza ou acessão física.

Assinale:

(A) se somente a afirmativa I estiver correta.
(B) se somente a afirmativa II estiver correta.
(C) se somente a afirmativa III estiver correta.
(D) se somente as afirmativas I e III estiverem corretas.
(E) se todas as afirmativas estiverem corretas.

I: correta, pois os três impostos citados são da competência federal – art. 153, III, VII e VI, da CF, respectivamente; **II**: correta, nos termos do art. 155, I e § 1º, IV, da CF; **III**: correta, pois o IPTU e o ITBI são da competência dos Municípios – art. 156, I e II, da CF, respectivamente.

Gabarito "E"

(FGV – 2010) Não é considerado como imposto de competência da União, aquele incidente sobre:

(A) exportação, para o exterior, de produtos nacionais ou nacionalizados.
(B) renda e doações de qualquer natureza.
(C) operações de crédito, câmbio e seguro, ou relativas a títulos ou valores mobiliários.
(D) grandes fortunas, nos termos de lei complementar.
(E) importação de produtos estrangeiros.

A, C, D e **E**: essas assertivas indicam impostos da competência federal, previstos no art. 153 da CF (IE – inc. II; IOF – inc. V; IGF – inc. VII; e II – inc. I); **B**: essa é a assertiva a ser indicada, pois não compete à União tributar doações (a competência é dos Estados e do Distrito Federal, nos termo do art. 155, I, da CF).

Gabarito "B"

(FGV – 2010) Com relação à competência suplementar do Estado, é correto afirmar que

(A) abrange exclusivamente questões orçamentárias e tributárias.
(B) é sempre residual à atividade legislativa do município.
(C) se for promulgada lei federal, a lei estadual perderá eficácia.
(D) a competência suplementar será sempre plena, no que for específica.
(E) o Estado deverá observar as normas gerais editadas pela União.

A: incorreta, pois a competência suplementar dos Estados e do Distrito Federal refere-se às hipóteses em que há omissão da União em relação às normas gerais relativas às matérias listadas no art. 24 da CF, conforme o § 2º do referido art. 24, ou seja, abrangem outras além das questões orçamentárias e tributárias; **B**: incorreta, pois a competência dos Estados e do Distrito Federal é suplementar em relação à *União*; **C**: incorreta, pois a superveniência de lei federal *sobre normas gerais* (não é qualquer lei federal) suspende a eficácia da lei estadual, *no que lhe for contrário* (no que não for incompatível, permanece eficaz) – art. 24, § 4º, da CF; **D**: incorreta, pois a competência será plena *apenas* quando inexistir lei federal sobre normas gerais e **somente** para atender às peculiaridades do Estado – art. 24, § 3º, da CF; **E**: correta, nos termos do art. 24, §§ 1º a 4º, da CF.

Gabarito "E"

(FGV – 2009) A Constituição Federal de 1988 atribui competência tributária aos entes da Federação. Com relação à União, é correto afirmar que:

(A) encontra-se autorizada a tributar a renda de obrigações da dívida pública dos Estados, Distrito Federal e Municípios.
(B) tem competência para instituir isenções de tributos cuja competência foi constitucionalmente assegurada aos Estados, Distrito Federal e Municípios.
(C) pode estabelecer tributo não uniforme no território nacional.
(D) pode estabelecer, por meio de lei complementar, outros tributos além dos expressamente mencionados na Constituição Federal, desde que não sejam cumulativos e não tenham fato gerador ou base de cálculo próprios dos discriminados constitucionalmente.
(E) não tem competência, em Território Federal, sobre impostos estaduais.

A: correta, pois a União pode tributar essas rendas, lembrando que isso deve ser feito isonomicamente, ou seja, da mesma forma que tributa as rendas decorrentes de suas próprias obrigações, conforme o art. 151,

II, da CF; **B:** incorreta, pois as isenções heterônomas são vedadas, nos termos do art. 151, III, da CF; **C:** incorreta. Tal situação não é possível, pois violaria o princípio da uniformidade territorial, de acordo com o art. 151, I, da CF; **D:** incorreta, já que a competência residual da União refere-se apenas a outros **impostos**, e não a qualquer espécie de tributo – art. 154, I, da CF: **E:** incorreta, pois a competência relativa a impostos estaduais, em caso de criação de Território Federal, é da União. Caso o Território não seja dividido em Municípios, os tributos municipais também ficarão na competência da União, nos termos do que dispõe o art. 147, primeira parte, da CF.

Gabarito "A"

(FGV – 2009) Em relação à *competência tributária*, assinale a afirmativa incorreta.

(A) Corresponde à aptidão de que são dotados os entes políticos para editarem leis instituidoras de tributos.
(B) É indelegável, salvo a atribuição das funções de arrecadar ou fiscalizar tributos.
(C) De acordo com os ditames da Lei de Responsabilidade Fiscal, constituem requisitos essenciais da responsabilidade na gestão fiscal a instituição, previsão e efetiva arrecadação de todos os tributos da competência constitucional do ente da Federação.
(D) Seu não exercício no tempo, pelo prazo de 5 (cinco) anos contados da promulgação da Constituição, implica sua transferência para outro ente federativo, nos termos de Resolução a ser editada pelo Senado Federal.
(E) A outorga de competências tributárias aos entes federativos afigura-se como pedra angular da forma federativa de Estado, caracterizado por entes políticos dotados de autonomia financeira.

A: correta, pois a competência tributária abrange a aptidão para instituir determinados tributos por meio de lei (e também para majorá-los, reduzi-los, extingui-los, perdoar débitos relacionados a eles etc.) – art. 6º do CTN; **B:** correta, nos termos do art. 7º, *caput*, do CTN; **C:** correta, conforme o *caput* do art. 11 da Lei de Responsabilidade Fiscal – LC 101/2000; **D:** incorreta, devendo esta alternativa ser assinalada, já que a competência tributária é imprescritível, de modo que seu não exercício não implica extinção, transferência ou alteração; **E:** correta, já que a autonomia financeira dos entes federados depende da prerrogativa de legislar sobre tributos próprios (competência tributária) e arrecadá-los, sem o que a forma federativa do Estado ficaria ameaçada.

Gabarito "D"

(FGV – 2007) Dentro do contexto da competência tributária, é correto afirmar-se que:

(A) a pessoa jurídica dotada de competência legislativa tem competência tributária
(B) a competência tributária é um poder que se origina da capacidade tributária
(C) a fonte da competência e capacidade tributária é a lei complementar
(D) a capacidade tributária é uma extensão da competência tributária

A: correta, pois a competência tributária compreende a competência legislativa plena para regular o tributo – art. 6º, do CTN; **B** e **C:** incorretas, já que a competência tributária é fixada pela Constituição Federal; **D:** incorreta, pois a expressão "capacidade tributária" é utilizada pelo CTN para se referir ao sujeito passivo, ou seja, quem deve recolher o tributo – art. 126 do CTN.

Gabarito "A"

2. PRINCÍPIOS TRIBUTÁRIOS

(OAB/Exame Unificado – 2014.2) Visando a proteger a indústria de tecnologia da informação, o governo federal baixou medida, mediante decreto, em que majora de 15% para 20% a alíquota do Imposto sobre a Importação de Produtos Estrangeiros para monitores de vídeo procedentes do exterior, limites esses que foram previstos em lei. A respeito da modificação de alíquota do Imposto de Importação, assinale a afirmativa correta.

(A) Deve observar a reserva de lei complementar.
(B) Deve ser promovida por lei ordinária.
(C) Deve observar o princípio da irretroatividade.
(D) Deve observar o princípio da anterioridade.

A: incorreta, pois a alíquota do II pode ser modificada por simples lei ordinária ou, ainda, majorada e reduzida por norma infralegal, dentro dos limites e condições fixados em lei, nos termos do art. 153, § 1º, da CF; **B:** incorreta, pois é possível a alteração da alíquota por norma infralegal, conforme comentário à alternativa "A"; **C:** correta, pois esse princípio é absoluto em relação às alíquotas dos tributos, ou seja, não há exceção ao princípio da irretroatividade em relação às alíquotas (nem mesmo para o caso de sua redução, devendo ser aplicada sempre a alíquota vigente à época do fato gerador, exceto no caso de remissão, que é outra coisa e abrange apenas os débitos ainda não pagos) – art. 150, III, *a*, da CF; **D:** incorreta, pois a alteração de alíquotas do II é exceção ao princípio da anterioridade anual e nonagesimal – art. 150, § 1º, da CF.

Gabarito "C"

(OAB/Exame Unificado – 2013.3) A respeito dos Princípios Tributários Expressos e Implícitos, à luz da Constituição da República de 1988, assinale a opção **incorreta**.

(A) É vedado à União instituir isenções de tributos de competência dos Estados, do Distrito Federal e dos Municípios.
(B) O princípio da irretroatividade veda a cobrança de tributos em relação a fatos geradores ocorridos antes do início da vigência da lei que os houver instituído ou aumentado.
(C) É vedado aos Estados, ao Distrito Federal e aos Municípios estabelecer diferença tributária entre bens e serviços, de qualquer natureza, em razão de sua procedência ou destino.
(D) Pelo princípio da anterioridade, para que os tributos possam ser cobrados a cada exercício, é necessária a prévia autorização na lei orçamentária.

A: correta, sendo vedação expressa pelo art. 151, III, da CF que garante a privatividade da competência tributária, **B:** correta, descrevendo o princípio da irretroatividade – art. 150, III, *a*, da CF; **C:** correta, sendo o princípio descrito no art. 152 da CF; **D:** incorreta, devendo ser assinalada. Inexistindo no sistema tributário atual o que antigamente autores denominavam princípio da anualidade. Ou seja, a inexistência de previsão orçamentária não invalidada a cobrança de tributos, pelo contrário, essa exigência tributária é indisponível e inafastável.

Gabarito "D"

(OAB/Exame Unificado – 2012.3.B) Determinado Município, mediante edição do Decreto n. "X", publicado em 12/11/2011, estabeleceu isenção do IPTU outorgada pessoalmente aos contribuintes com comprovada deficiência física, cujos requisitos para gozo do benefício fiscal estariam previstos no respectivo Decreto Municipal.

Com base no caso apresentado, assinale a afirmativa correta.

(A) O decreto conforma-se com a ordem jurídica tributária em vigor.
(B) O decreto é inconstitucional, visto ferir o princípio da isonomia.
(C) O decreto é inconstitucional, eis que somente a lei poderia criar esta isenção.
(D) O decreto é ilegal, pois a isenção não foi atribuída por lei complementar.

Qualquer benefício fiscal, como é o caso da isenção, somente pode ser concedido por lei específica, no caso, lei ordinária municipal, nos termos do art. 150, § 6º, da CF, de modo que o decreto é claramente inconstitucional, por ofensa ao princípio da legalidade. **A:** incorreta, conforme comentários iniciais; **B:** incorreta, pois houve violação ao princípio da legalidade, e não da isonomia (em tese, os deficientes podem ser beneficiados por isenção, já que se encontram em situação de vulnerabilidade, desfavorável em relação à maioria dos contribuintes); **C:** correta, conforme comentários iniciais; **D:** incorreta, pois se trata de inconstitucionalidade, e não ilegalidade. Ademais, bastaria, no caso, lei ordinária municipal específica para a concessão do benefício fiscal.

Gabarito "C"

(OAB/Exame Unificado – 2012.1) A Lei X, promulgada em 20 de outubro de 2008, determinou a majoração do ISS. Já a Lei Y, promulgada em 16 de novembro de 2009, reduziu o ICMS de serviços de telecomunicação. Por fim, o Decreto Z, de 8 de dezembro de 2007, elevou o IOF para compras no exterior. Diante dessas hipóteses, é correto afirmar que

(A) o ISS poderá ser cobrado somente quando decorridos 90 dias da publicação da Lei X, ao passo que os novos valores do ICMS e do IOF poderão ser cobrados a partir da publicação dos diplomas legais que os implementaram.
(B) todos os impostos mencionados no enunciado somente poderão ser cobrados no exercício financeiro seguinte à publicação do diploma legal que os alterou por força do princípio da anterioridade.
(C) na hipótese do enunciado, tanto o ISS como o ICMS estão sujeitos ao princípio da anterioridade nonagesimal, considerada garantia individual do contribuinte cuja violação causa o vício da inconstitucionalidade.
(D) o IOF, imposto de cunho nitidamente extrafiscal, em relação ao princípio da anterioridade, está sujeito apenas à anterioridade nonagesimal, o que significa que bastam 90 dias da publicação do decreto que alterou sua alíquota para que possa ser cobrado.

A majoração do ISS submete-se à anterioridade anual e à anterioridade nonagesimal, nos termos do art. 150, III, *b* e *c*, da CF. Ou seja, o montante correspondente somente poderá ser cobrado após o lapso temporal maior: após 90 dias contados da publicação (nonagesimal) ou a partir de 1º de janeiro do ano seguinte ao da publicação (anual), o que for posterior. No caso, como a lei do ISS foi publicada em outubro de 2008, o valor da majoração somente poderá ser exigido após 90 dias da publicação (meados de janeiro de 2009), já que essa data é posterior a 01/01/2009, data em que inicia o exercício financeiro seguinte à majoração. Em relação ao ICMS, não há que falar em anterioridade, já que se trata de redução do tributo (a anterioridade refere-se apenas à instituição ou majoração do tributo, ou seja, é garantia em favor do contribuinte, não contra ele). Assim, a redução do ICMS favorece, imediatamente, os sujeitos passivos. Finalmente, o IOF é exceção à anterioridade anual e à anterioridade nonagesimal, nos termos dos arts. 150, § 1º, e 153, V, da CF, de modo que a majoração correspondente vale imediatamente. Por essas razões, a alternativa "A" é a correta.

Gabarito "A"

Veja a seguinte tabela, com as exceções aos princípios da anterioridade comum e da nonagesimal, para estudo e memorização:

Exceções à anterioridade comum (art. 150, III, *b*, da CF)	**Exceções à anterioridade nonagesimal (art. 150, III, *c*, da CF)**
- empréstimo compulsório para atender a despesas extraordinárias decorrentes de calamidade pública ou de guerra externa ou sua iminência (art. 148, II, *in fine*, da CF, em sentido contrário); - imposto de importação (art. 150, § 1º, da CF); - imposto de exportação (art. 150, § 1º, da CF); - **IPI** (art. 150, § 1º, da CF); - IOF (art. 150, § 1º, da CF); - impostos extraordinários na iminência ou no caso de guerra externa (art. 150, § 1º, da CF); - restabelecimento das alíquotas do ICMS sobre combustíveis e lubrificantes (art. 155, § 4º, IV, *c*, da CF); - restabelecimento da alíquota da CIDE sobre combustíveis (art. 177, § 4º, I, *b*, da CF); - contribuições sociais (art. 195, § 6º, da CF).	- empréstimo compulsório para atender a despesas extraordinárias decorrentes de calamidade pública ou de guerra externa ou sua iminência (art. 148, II, *in fine*, da CF, em sentido contrário – entendimento doutrinário); - imposto de importação (art. 150, § 1º, da CF); - imposto de exportação (art. 150, § 1º, da CF); - **IR** (art. 150, § 1º, da CF); - IOF (art. 150, § 1º, da CF); - impostos extraordinários na iminência ou no caso de guerra externa (art. 150, § 1º, da CF); - fixação da base de cálculo do IPVA (art. 150, § 1º, da CF); - fixação da base de cálculo do IPTU (art. 150, § 1º, da CF);

(OAB/Exame Unificado – 2010.3) Visando fomentar a indústria brasileira, uma nova lei, publicada em 18/02/2010, majorou a alíquota do Imposto sobre Produtos Industrializados (IPI), bem como majorou a alíquota do Imposto sobre Exportação (IE).

A partir de que data a nova alíquota poderá ser exigida para o IPI e para o IE?

(A) 90 (noventa) dias após o exercício financeiro seguinte para o IPI e no exercício financeiro seguinte para o IE.
(B) Imediatamente para ambos.
(C) 90 (noventa) dias após a publicação da lei para o IPI e imediatamente para o IE.
(D) No exercício financeiro seguinte para ambos.

Em geral, todos os tributos submetem-se ao princípio da anterioridade anual (art. 150, III, *b*, da CF) e ao da anterioridade nonagesimal (art. 150, III, *c*, da CF). O IPI é exceção apenas à anterioridade anual, de modo que a instituição ou majoração desse imposto terá efeito apenas após 90 (noventa) dias contados da publicação da norma respectiva. O IE é exceção a ambas as anterioridades, de modo que sua instituição ou majoração tem efeito imediato.

Gabarito "C"

(OAB/Exame Unificado – 2010.2) Considere a seguinte situação hipotética: lei federal fixou alíquotas aplicáveis ao ITR e estabeleceu que a alíquota relativa aos imóveis rurais situados no Rio de Janeiro seria de 5% e a relativa aos demais Estados do Sudeste de 7%.

Tal enunciado normativo viola o princípio constitucional

(A) da uniformidade geográfica da tributação.
(B) da legalidade tributária.

(C) da liberdade de tráfego.
(D) da não diferenciação tributária entre a procedência e o destino do produto.

A situação viola o princípio da uniformidade territorial, segundo o qual a União não pode instituir tributo que não seja uniforme em todo o território nacional ou que implique distinção ou preferência em relação a Estado, ao Distrito Federal ou a Município, em detrimento de outro – art. 151, I, da CF. Não se trata da hipótese excepcionalmente admitida pelo mesmo dispositivo constitucional, de diferenciação relativa a incentivos fiscais destinados a promover o equilíbrio do desenvolvimento socioeconômico entre as diferentes regiões do País – art. 151, I, *in fine*, da CF.

Gabarito "A"

(OAB/Exame Unificado – 2010.2) Caso determinado município venha a atualizar o valor monetário da base de cálculo do IPTU, tal hipótese

(A) deve vir regulada por lei.
(B) deve vir regulada por lei complementar.
(C) enquadra-se como majoração de tributo.
(D) poderá ser disciplinada mediante decreto.

A simples atualização monetária da base de cálculo não é considerada majoração real do tributo, de modo que pode ser veiculada por norma infralegal, nos termos do art. 97, § 2º, do CTN, desde que não ultrapasse os índices inflacionários – Súmula 160/STJ ("É defeso, ao município, atualizar o IPTU, mediante decreto, em percentual superior ao índice oficial de correção monetaria").

Gabarito "D"

Veja a seguinte tabela, para memorização e estudo do princípio da legalidade e de suas exceções em matéria tributária:

Dependem de lei – art. 97 do CTN	Não dependem de lei
- a instituição de tributos, ou a sua extinção; - a majoração de tributos, ou sua redução (exceção: alteração das alíquotas do II, IE, IPI, IOF e da CIDE sobre combustíveis). Equipara-se à majoração do tributo a modificação da sua base de cálculo, que importe em torná-lo mais oneroso. **Não constitui majoração de tributo a atualização do valor monetário da respectiva base de cálculo (art. 97, § 2º, do CTN)**; - a definição do fato gerador da obrigação tributária principal, ressalvado o disposto no inciso I do § 3º do artigo 52, e do seu sujeito passivo; - a fixação de alíquota do tributo e da sua base de cálculo, ressalvado o disposto nos artigos 21, 26, 39, 57 e 65; - a cominação de penalidades para as ações ou omissões contrárias a seus dispositivos, ou para outras infrações nela definidas; - as hipóteses de exclusão, suspensão e extinção de créditos tributários, ou de dispensa ou redução de penalidades.	- fixação da data para pagamento do tributo; - regulamentação das obrigações acessórias (forma de declaração, escrituração, recolhimento etc.). Há controvérsia quanto à própria fixação de obrigações acessórias, pois o art. 113, § 2º, do CTN faz referência à **legislação** tributária (expressão que inclui não apenas as leis, mas também os decretos, portarias etc.); - alteração das alíquotas do II, IE, IPI, IOF e da CIDE sobre combustíveis.

(OAB/Exame Unificado – 2010.1) Consoante o princípio tributário da reserva legal, é vedado à União, aos Estados, ao DF e aos Municípios exigir ou aumentar tributo sem lei que o estabeleça. Todavia, admite-se, constitucionalmente, que

(A) a União e os Estados criem ou aumentem tributo por meio de decreto.
(B) a União aumente determinados tributos por meio de decreto.
(C) a União crie ou aumente tributo por meio de decreto.
(D) os Estados aumentem tributo por meio de decreto.

A: incorreta, pois as únicas exceções ao princípio da legalidade estrita são relativas a tributos federais (admite-se a alteração de alíquotas por norma infralegal – II, IE, IPI, IOF e CIDE sobre combustíveis); **B:** correta, conforme comentário à alternativa "A"; **C:** incorreta, pois a instituição (criação) do tributo deverá ser sempre feita por meio de lei. O que se admite é a alteração das alíquotas de determinados tributos federais por norma infralegal; **D:** incorreta, conforme comentário à alternativa "A".

Gabarito "B"

(OAB/Exame Unificado – 2009.3) Assinale a opção correta no que se refere à legalidade tributária.

(A) É vedada a majoração de alíquotas de imposto de renda por medida provisória.
(B) O IPI deve ser instituído, obrigatoriamente, por lei complementar.
(C) O governador pode conceder, por meio de decreto, isenção válida de IPVA.
(D) É possível alterar, nos limites estabelecidos em lei, as alíquotas do IOF por decreto.

A: incorreta, pois a medida provisória substitui a lei ordinária também em matéria tributária, nos termos do art. 62, § 2º, da CF; **B:** incorreta, pois o IPI, a exemplo da generalidade dos tributos, exige simples lei ordinária para ser instituído ou alterado. A exigência de lei complementar é exceção (para impostos da competência residual, empréstimos compulsórios e outras contribuições sociais além das previstas expressamente na CF); **C:** incorreta, pois as únicas exceções ao princípio da legalidade estrita são relativas a tributos federais (admite-se a alteração de alíquotas por norma infralegal – II, IE, IPI, IOF e CIDE sobre combustíveis). Ademais, benefícios fiscais em relação a qualquer tributo (inclusive federais) somente podem ser fixados por lei específica, no caso por lei ordinária estadual, nos termos do art. 150, § 6º, da CF; **D:** correta, pois se trata de exceção à legalidade estrita – art. 153, § 1º, da CF.

Gabarito "D"

(OAB/Exame Unificado – 2009.2) De acordo com os princípios da anterioridade e da noventena, previstos na CF, a cobrança de imposto

(A) sobre a renda e proventos de qualquer natureza deve obedecer ao princípio da noventena, mas não ao da anterioridade.
(B) sobre produtos industrializados deve obedecer ao princípio da anterioridade, mas não ao da noventena.
(C) sobre a importação de produtos estrangeiros deve obedecer ao princípio da anterioridade.
(D) sobre a exportação, para o exterior, de produtos nacionais ou nacionalizados não se sujeita ao princípio da anterioridade nem ao da noventena.

A: incorreta, pois o IR (art. 153, III, da CF) é exceção apenas à anterioridade nonagesimal (ou noventena), e não à anterioridade anual

– art. 150, § 1º, da CF; **B:** incorreta, pois o IPI (art. 153, IV, da CF) é exceção à anterioridade anual, mas não à anterioridade nonagesimal (é o oposto do IR); **C:** incorreta, pois os II, IE, IPI e IOF são exceções ao princípio da anterioridade anual; **D:** correta, pois os II, IE e IOF são exceções à anterioridade anual e à anterioridade nonagesimal.

Gabarito "D"

(OAB/Exame Unificado – 2009.1) A vedação constitucional à cobrança de tributos antes de decorridos noventa dias da data em que haja sido publicada a lei que os instituiu não se aplica

(A) ao imposto sobre propriedade territorial rural.

(B) ao imposto sobre produtos industrializados.

(C) à fixação da base de cálculo do imposto sobre propriedade de veículos automotores.

(D) à fixação da base de cálculo do imposto sobre serviços de qualquer natureza.

A: incorreta, pois o ITR (art. 153, VI, da CF) não é exceção à anterioridade anual ou à anterioridade nonagesimal – art. 150, § 1º, da CF; **B:** incorreta, pois o IPI (art. 153, IV, da CF) não é exceção à anterioridade nonagesimal – art. 150, § 1º, da CF; **C:** correta, pois a fixação de base de cálculo do IPVA (art. 155, III, da CF) e do IPTU (art. 156, I, da CF) são exceções à anterioridade nonagesimal – art. 150, § 1º, *in fine*, da CF; **D:** incorreta, pois, conforme comentário à alternativa anterior, somente a base do IPVA e do IPTU podem ser alteradas sem observância da anterioridade nonagesimal.

Gabarito "C"

(OAB/Exame Unificado – 2008.3) Considerando que Júnior, Júlio e Augusto tenham diferentes ocupações profissionais, exerçam diferentes funções e percebam remunerações de diferentes denominações jurídicas, assinale a opção correta à luz do princípio constitucional tributário da isonomia.

(A) Os três devem ser tributados com a mesma carga de imposto de renda.

(B) As normas somente permitem diferenciar a carga tributária de imposto de renda em benefício de um dos três indivíduos citados em razão da ocupação profissional.

(C) Caso um dos indivíduos citados ocupe função pública especial, o benefício quanto à carga do imposto de renda poderá ser-lhe concedido.

(D) As normas somente permitem diferenciar a carga tributária de imposto de renda em prejuízo de um dos indivíduos citados, em razão da denominação jurídica de sua remuneração.

O princípio da isonomia tributária proíbe qualquer distinção em razão de ocupação profissional ou função exercida pelos contribuintes, independentemente da denominação jurídica dos rendimentos, títulos ou direitos (art. 150, II, da CF), razão pela qual não deve haver tratamento tributário diferenciado para Júnior, Júlio e Augusto, por conta das características indicadas pelo examinador. **A:** correta, desde que os três apresentem a mesma capacidade tributária, sendo irrelevantes as características indicadas na pergunta; **B**, **C** e **D:** incorretas, conforme comentários iniciais.

Gabarito "A"

(OAB/Exame Unificado – 2008.2) O princípio da progressividade tributária não se aplica ao imposto

(A) sobre a renda e proventos de qualquer natureza.

(B) predial e territorial urbano.

(C) sobre a transmissão onerosa de bens imóveis.

(D) territorial rural.

A: incorreta, pois o IR (art. 153, III, da CF) deve necessariamente ser progressivo – art. 153, § 2º, I, da CF; **B:** incorreta, pois o IPTU (art. 156, I, da CF) pode ser progressivo no tempo e em relação ao valor do imóvel – arts. 156, § 1º, I e 182, § 4º, II, da CF; **C:** correta, pois o ITBI (art. 156, II, da CF) não pode ser progressivo, conforme a Súmula 656/STF ("É inconstitucional a lei que estabelece alíquotas progressivas para o imposto de transmissão *inter vivos* de bens imóveis – ITBI com base no valor venal do imóvel"); **D:** Incorreta, pois o ITR (art. 153, VI, da CF) deve ser progressivo – art. 153, § 4º, I, da CF.

Gabarito "C"

(OAB/Exame Unificado – 2008.2) Acerca do princípio tributário da anterioridade, assinale a opção correta.

(A) Lei que tenha sido publicada no dia 20 de setembro de 2007, dispondo sobre aumento da alíquota do imposto sobre produtos industrializados, somente se aplica aos fatos geradores ocorridos a partir de 1.º de janeiro de 2008.

(B) O STF decidiu que a anterioridade tributária constitui garantia ao contribuinte e somente pode ser excepcionada, alterada substancialmente ou suprimida por emenda à CF.

(C) Pelo princípio da anterioridade tributária, determinado imposto somente pode ser cobrado no exercício financeiro seguinte ao da publicação da lei que o instituiu e após autorização orçamentária do Poder Legislativo.

(D) Lei ordinária que altere o prazo para o recolhimento de determinado imposto sobre o patrimônio que, nos anos anteriores, era recolhido no mês de junho não deve obediência ao princípio da anterioridade tributária.

A: incorreta, pois o IPI (art. 153, IV da CF) não se submete ao princípio da anterioridade anual, mas apenas à anterioridade nonagesimal – art. 150, § 1º, da CF; **B:** incorreta, pois o STF entendeu que o princípio da anterioridade é garantia fundamental do contribuinte, de modo que não pode ser reduzida ou suprimida por emenda constitucional (cláusula pétrea – art. 60, § 4º, IV, da CF): "A Emenda Constitucional n. 3, de 17/03/1993, que, no art. 2.º, autorizou a União a instituir o IPMF, incidiu em vício de inconstitucionalidade, ao dispor, no § 2.º desse dispositivo, que, quanto a tal tributo, não se aplica 'o art. 150, III, *b* e VI', da Constituição, porque, desse modo, violou os seguintes princípios e normas imutáveis (somente eles, não outros): 1. O princípio da anterioridade, que é garantia individual do contribuinte (art. 5º, § 2.º, art. 60, § 4.º, inciso IV e art. 150, III, *b*, da Constituição) (...)" (STF, ADI 939/DF, Tribunal Pleno, j. 15/12/1993, rel. Min. Sydney Sanches, *DJ* 18/03/1994); **C:** incorreta, pois a autorização orçamentária só é necessária para a realização de despesas, e não para a arrecadação de tributos. Não subsiste o chamado princípio da anualidade em matéria tributária; **D:** correta, pois a alteração do prazo para pagamento de tributo não está sujeita ao princípio da anterioridade (anual ou nonagesimal) – Súmula 669/STF ("Norma legal que altera o prazo de recolhimento da obrigação tributária não se sujeita ao princípio da anterioridade").

Gabarito "D"

(OAB/Exame Unificado – 2008.1) Consoante o princípio da igualdade tributária, é vedado conferir tratamento desigual a contribuintes que se encontrem em situação equivalente. No texto constitucional, são enumerados critérios em razão dos quais é proibida a distinção de tratamento tributário. Entre esses critérios não estão incluídos

(A) direitos decorrentes de diferentes ocupações profissionais.

(B) direitos decorrentes da ocupação de diferentes funções públicas.

(C) rendimentos decorrentes de diferentes ocupações profissionais.
(D) rendimentos decorrentes de diferentes nacionalidades.

O princípio da isonomia tributária proíbe qualquer distinção em razão de ocupação profissional ou função exercida pelos contribuintes, independentemente da denominação jurídica dos rendimentos, títulos ou direitos – art. 150, II, da CF. Perceba que apenas a alternativa "D" indica critério não incluído na disposição constitucional.

Gabarito "D"

(OAB/Exame Unificado – 2008.1) Não constitui matéria tributária exclusiva de lei a

(A) definição do fato gerador da obrigação tributária principal.
(B) cominação de penalidades para as ações ou omissões contrárias a dispositivos de lei.
(C) atualização do valor monetário da base de cálculo do tributo.
(D) hipótese de exclusão tributária.

Dentre as alternativas, somente a alternativa "C" indica matéria que pode ser veiculada por norma infralegal, nos termos do art. 97, § 2º, do CTN.

Gabarito "C"

(OAB/Exame Unificado – 2008.1) Assinale a opção correta quanto às limitações constitucionais ao poder de tributar.

(A) A lei que modifica o prazo para recolhimento da contribuição social deve obediência ao princípio da anterioridade tributária.
(B) A lei tributária meramente interpretativa não é retroativa.
(C) O princípio tributário da vedação ao confisco é aplicável apenas aos impostos e às taxas.
(D) O imposto sobre grandes fortunas deve ser instituído por lei complementar.

A: incorreta, pois, a modificação do prazo para recolhimento nao se submete à anterioridade tributária – Súmula 669/STF ("Norma legal que altera o prazo de recolhimento da obrigação tributária não se sujeita ao princípio da anterioridade"); **B:** incorreta, pois a lei tributária expressamente interpretativa aplica-se ao fato pretérito – art. 106, I, do CTN; **C:** incorreta, pois o princípio do não confisco aplica-se à generalidade dos tributos (impostos, taxas, contribuições etc. – art. 150, IV, da CF) e às penalidades pecuniárias; **D:** essa é a melhor alternativa, por exclusão das demais. Há divergência doutrinária, inexistindo jurisprudência, já que o tributo jamais foi instituído. Existe entendimento no sentido de que a definição do que seja grande fortuna deve ser feita por lei complementar, mas a instituição pode ser realizada por simples lei ordinária – art. 153, VII, da CF.

Gabarito "D"

(OAB/Exame Unificado – 2007.3) Entre as seguinte vedações, não tem exceção expressa no texto constitucional

(A) a instituição de tributo sem lei que o estabeleça.
(B) a majoração de tributo sem lei que o estabeleça.
(C) a cobrança de tributo novo no mesmo exercício financeiro em que haja sido publicada a lei que o criou.
(D) a cobrança de tributo novo em menos de 90 (noventa) dias a partir da publicação da lei que o criou.

A: correta, pois não há exceção à exigência de lei para instituição (criação) de tributo. O que existem são exceções em relação à modificação de determinadas alíquotas de tributos federais (II, IE, IPI, IOF e CIDE sobre combustíveis); **B:** incorreta, pois existem exceções, conforme comentário à alternativa anterior; **C** e **D:** incorretas, pois há exceções à anterioridade anual e à anterioridade nonagesimal (veja a tabela apresentada antes).

Gabarito "A"

(OAB/Exame Unificado – 2007.3) Constitui exceção ao princípio da anterioridade

(A) a instituição de contribuição para o custeio do serviço de iluminação pública.
(B) a instituição de empréstimos compulsórios no caso de investimento público de caráter urgente e de relevante interesse nacional.
(C) a instituição de contribuição de intervenção no domínio econômico.
(D) a instituição ou majoração do imposto sobre a exportação, para o exterior, de produtos nacionais ou nacionalizados.

A: incorreta, pois não há exceção em relação à contribuição para custeio do serviço de iluminação pública; **B:** incorreta, pois somente o empréstimo compulsório instituído no caso de despesa extraordinária é exceção ao princípio da anterioridade; **C:** incorreta, pois as CIDEs (contribuições de intervenção no domínio econômico) não são exceções ao princípio da anterioridade; **D:** correta, pois os impostos aduaneiros (II – imposto de importação, e IE – imposto de exportação) são exceções ao princípio da anterioridade anual e da anterioridade nonagesimal. Veja a tabela anteriormente apresentada, para memorização.

Gabarito "D"

(OAB/Exame Unificado – 2007.3) Os princípios constitucionais que informam a cobrança do IPI são

(A) a não cumulatividade e a seletividade.
(B) a não cumulatividade e a progressividade.
(C) a seletividade e a generalidade.
(D) a progressividade e a generalidade.

A: correta, pois o IPI é não cumulativo e deve ter alíquotas seletivas conforme a essencialidade do produto – art. 153, IV e § 3º, I e II, da CF; **B:** incorreta, pois a Constituição Federal não prevê expressamente a progressividade em relação ao IPI; **C** e **D:** incorretas, pois a Constituição Federal prevê a generalidade em relação ao IR, não ao IPI.

Gabarito "A"

(OAB/Exame Unificado – 2007.3) Considera-se constitucional projeto de lei que

(A) tribute a renda dos servidores dos Estados em níveis superiores aos que fixa para os servidores federais.
(B) institui isenção de ICMS nas regiões mais pobres do Brasil.
(C) institua alíquotas de IPI inferiores para produtores instalados nas regiões mais pobres do Brasil.
(D) tribute a renda das obrigações da dívida pública dos Estados em níveis superiores aos que fixa para as obrigações da União.

A: incorreta, pois isso violaria o princípio da isonomia tributária, que veda qualquer distinção em razão de ocupação profissional ou função exercida pelos contribuintes, independentemente da denominação jurídica dos rendimentos, títulos ou direitos – art. 150, II, da CF; **B:** incorreta, pois a lei federal não pode estabelecer isenção de tributo estadual (vedação de isenções heterônomas – art. 151, III, da CF); **C:** correta, pois é possível a concessão de incentivos fiscais destinados a promover o equilíbrio do desenvolvimento socioeconômico entre as diferentes regiões do País, sem que isso ofenda a isonomia ou a uniformidade territorial – art. 151, I, da CF; **D:** incorreta, pois esse tratamento não isonômico é vedado expressamente pelo art. 151, II, da CF.

Gabarito "C"

(OAB/Exame Unificado – 2007.1) O poder de tributar não é absoluto, pois a Constituição Federal impõe às entidades detentoras de capacidade tributária algumas limitações. Acerca das limitações à competência tributária, assinale a opção correta.

(A) A norma constitucional impõe que os impostos sejam criados por lei complementar.

(B) É lícito ao presidente da República reduzir a alíquota do imposto sobre produtos industrializados por decreto presidencial.

(C) As anuidades devidas aos conselhos de fiscalização profissional são fixadas e majoradas por resoluções dos respectivos conselhos.

(D) Pelo princípio da anualidade tributária, é vedado à União, aos Estados, ao DF e aos Municípios cobrar tributos no mesmo exercício financeiro em que a lei que os instituiu ou majorou tenha sido publicada.

A: incorreta, pois a lei complementar estabelece, apenas, as normas gerais relativas aos tributos (art. 146 da CF); estes, como regra, podem ser criados por lei ordinária; **B:** correta, pois a alteração de alíquotas do IPI (art. 153, IV, da CF), nas condições e nos limites legais, é exceção ao princípio da legalidade estrita – art. 153, § 1º, da CF; **C:** incorreta. Esses valores cobrados pelos conselhos profissionais são contribuições de interesse de categorias profissionais (espécie de tributo – art. 149, *caput*, da CF), e, portanto, submetem-se ao princípio da legalidade (devem ser instituídas e modificadas por lei federal). A jurisprudência admite que a contribuição para a OAB não tem, excepcionalmente, natureza tributária, dadas as determinadas peculiaridades dessa instituição; **D:** incorreta, pois a assertiva "D" refere-se ao princípio da *anterioridade*.

Gabarito "B"

(OAB/Exame Unificado – 2006.3) Um dos princípios de maior abrangência e relevância para o direito tributário é o da legalidade, cujas disposições vão além da mera obrigação de estabelecer tributo por meio de lei. Todavia, nem tudo no direito tributário está submisso a tal princípio. Nesse contexto, é correto afirmar que independe de lei

(A) o estabelecimento de norma interpretativa da lei.

(B) a fixação de alíquota do tributo e da sua base de cálculo, ressalvadas determinadas hipóteses.

(C) a cominação de penalidades para as ações ou omissões contrárias a seus dispositivos, ou para outras infrações nela definidas.

(D) as hipóteses de exclusão, suspensão e extinção de créditos tributários, ou de dispensa ou redução de penalidades.

Não se exige lei para estabelecer a interpretação de lei (alternativa "A"), seja a interpretação no caso concreto, seja a interpretação com caráter normativo (por exemplo: veiculada por instrução normativa ou por parecer normativo). Nos demais casos, exige-se lei, nos termos do art. 97 do CTN.

Gabarito "A"

(OAB/Exame Unificado – 2006.1) Acerca das limitações ao poder de tributar, assinale a opção incorreta.

(A) As matérias atinentes às obrigações tributárias acessórias, como a emissão de notas fiscais, não estão sujeitas à reserva legal, podendo ser tratadas por atos infralegais.

(B) O imposto sobre produtos industrializados somente poderá ser cobrado após o transcurso de 90 (noventa) dias da data da publicação da lei que houver majorado sua alíquota.

(C) Em decorrência do princípio da capacidade contributiva, a lei não poderá estabelecer alíquotas progressivas para o imposto de transmissão *inter vivos* de bens imóveis (ITBI) com base no valor venal do imóvel.

(D) Empresas públicas prestadoras de serviços públicos de prestação obrigatória pelo Estado não gozam de imunidade tributária recíproca, devendo pagar impostos sobre seus patrimônios, rendas e serviços, mesmo que estes estejam vinculados às suas finalidades essenciais.

A: correta, à luz do CTN, que não se refere à *lei*, mas sim à *legislação* (o que inclui normas infralegais), ao tratar das obrigações acessórias, embora haja grande debate doutrinário – arts. 113, § 2º, e 115 do CTN; **B:** correta, pois o IPI (art. 153, IV, da CF) não é exceção à anterioridade nonagesimal (apenas à anterioridade anual), de acordo com o art. 150, § 1º, da CF; **C:** correta, pois essa previsão só existe em relação ao IPTU (art. 156, § 1º, II, da CF), não existindo quanto ao ITBI (art. 156, § 2º, da CF) – Súmula 656/STF ("É inconstitucional a lei que estabelece alíquotas progressivas para o imposto de transmissão *inter vivos* de bens imóveis – ITBI com base no valor venal do imóvel"); **D:** incorreta, devendo ser assinalada, pois, segundo o STF os Correios e a Infraero (empresas públicas) gozam da imunidade recíproca, embora a Constituição Federal se refira expressamente apenas a autarquias e fundações públicas.

Gabarito "D"

(OAB/Exame Unificado – 2006.ES) A respeito da legalidade tributária, assinale a opção correta.

(A) Medida provisória não pode regular matéria tributária.

(B) Somente lei complementar pode tratar de instituição ou majoração de tributos.

(C) As alíquotas dos impostos de importação, de exportação e sobre produtos industrializados podem ser fixadas por ato normativo do Poder Executivo Federal.

(D) As bases de cálculo do imposto municipal sobre a propriedade urbana e do imposto estadual sobre a propriedade de veículos automotores podem ser fixadas por decreto.

A: incorreta, pois a medida provisória pode substituir lei ordinária também em matéria tributária – art. 62, § 2º, da CF; **B:** incorreta. A função da lei complementar é fixar normas gerais em matéria tributária, e não criar ou majorar tributos (art. 146 da CF), matéria veiculada, em regra, por simples lei ordinária do ente tributante; **C:** correta, conforme o art. 153, § 1º, da CF; **D:** incorreta, pois não há exceção à legalidade estrita em relação a tributos estaduais e municipais. Ademais, a base de cálculo dos impostos previstos na Constituição Federal é sempre determinada por lei complementar federal (art. 146, III, *a*, da CF). Note que a fixação das bases de cálculo do IPVA e do IPTU é exceção à anterioridade nonagesimal, e não à legalidade estrita.

Gabarito "C"

(OAB/Exame Unificado – 2006.ES) Considere que o governo tenha publicado medida provisória em 11/11/2003, que trata da majoração da tabela de alíquotas do imposto de renda. Acerca dos efeitos dessa medida, assinale a opção correta.

(A) A nova tabela produziu efeitos 90 (noventa) dias após sua publicação, alcançando os rendimentos auferidos após essa data limite.

(B) A nova tabela produziu efeitos a partir de 11/11/2003.

(C) A nova tabela alcançou os rendimentos auferidos a partir de 11/11/2003.

(D) A nova tabela produziu efeitos a partir de 1/1/2004, após a conversão da medida provisória em lei, com a publicação da lei no Diário Oficial até o dia 31/12/2003.

A: incorreta, pois o IR (art. 153, III, da CF) é exceção à anterioridade nonagesimal; **B:** incorreta, pois o IR não é exceção ao princípio da anterioridade anual; **C:** incorreta. Há entendimento de que, observado o disposto no art. 62, § 2º, da CF, a majoração do IR aplica-se a todos os rendimentos auferidos no ano-base (2003). Por outro entendimento, a majoração aplica-se apenas a partir do início do exercício seguinte (01/01/2004). Por qualquer das linhas interpretativas, a assertiva é incorreta; **D:** essa é a melhor alternativa, nos termos do art. 62, § 2º, da CF, segundo o qual a medida provisória que implique instituição ou majoração de impostos, exceto os previstos nos arts. 153, I, II, IV, V, e 154, II, só produzirá efeitos no exercício financeiro seguinte, se houver sido convertida em lei até o último dia daquele exercício financeiro em que foi editada.

Gabarito "D"

(OAB/Exame Unificado – 2006.ES) Acerca da limitação ao poder de tributar introduzida pela Emenda Constitucional n.º 42/2003 – denominada anterioridade nonagesimal ou princípio da não surpresa –, assinale a opção incorreta.

(A) Como regra geral, tributos, tais como impostos, taxas, contribuições de melhoria, contribuições de intervenção no domínio econômico e contribuições sociais, poderão provocar efeitos financeiros no mesmo exercício em que for publicada sua lei de instituição ou majoração, se decorrido o prazo de noventa dias.

(B) Os empréstimos compulsórios, quando instituídos para atender às despesas decorrentes de investimento público de caráter urgente e relevante, devem observar o prazo de 90 (noventa) dias, em atenção ao princípio da não surpresa.

(C) A alteração de base de cálculo dos impostos sobre a propriedade urbana e sobre a propriedade de veículos automotores não está sujeita à observação do prazo de 90 (noventa) dias.

(D) Não se submetem à regra de anterioridade nonagesimal os impostos de importação, de exportação e de renda.

A: incorreta, devendo ser assinalada, pois o princípio da anterioridade nonagesimal não exclui o princípio da anterioridade anual, segundo o qual a instituição ou majoração dos tributos só produzirá efeitos no exercício financeiro seguinte ao da publicação da respectiva lei (art. 150, III, *b*, da CF); **B:** correta, conforme o art. 150, III, *c*, e seu § 1º, da CF (repare que o empréstimo compulsório para atender a despesas extraordinárias – art. 148, I, da CF – não se submete à anterioridade); **C:** correta, pois a fixação das bases de cálculo do IPVA e do IPTU é exceção à anterioridade nonagesimal; **D:** correta, pois são exceções à anterioridade nonagesimal – arts. 150, § 1º, e 153, I, II e III, da CF.

Gabarito "A"

(OAB/Exame Unificado – 2006.ES) Considere que o Poder Executivo Municipal tenha editado decreto que majore a alíquota do imposto sobre serviços de qualquer natureza (ISS) incidente sobre a prestação de serviços de profissionais liberais de nível superior. Nesse caso, a decisão violou o princípio da

(A) anualidade.

(B) anterioridade.

(C) irretroatividade.

(D) legalidade.

A majoração de alíquota exige lei, de modo que houve, no caso, ofensa ao princípio da *legalidade*. Lembre-se que as únicas exceções referem-se à alteração de alíquotas de tributos federais (II, IE, IPI, IOF e CIDE sobre combustíveis) – art. 150, I, da CF e art. 97 do CTN.

Gabarito "D"

(FGV – 2013) Em determinado Município da Federação foi promulgada lei em que o IPTU sofreria atualização de acordo com um Catálogo Geral de Logradouros por Bairro. Tal lei estabeleceria limites mínimos e máximos para a atualização do imposto, que seriam aplicados para fixar a valorização dos imóveis urbanos.

A lei foi publicada no ano de 2010 e o Catálogo Geral de Logradouros por Bairro foi elaborado pela Administração Fiscal Municipal, na forma de Anexo do texto legal, tendo sido publicado em 2011. João, que teve seu IPTU de 2011 majorado com base neste Catálogo Geral, se insurge em face do lançamento realizado pela Fazenda Municipal.

Nesse caso,

(A) João deve pagar o imposto com a majoração ocorrida, já que o Catálogo Geral é um mero anexo, que fora previsto na lei.

(B) a exigência fiscal é indevida, já que embora possível a atualização da planta de valores do IPTU, esta fica sujeita ao principio da anterioridade.

(C) a exigência fiscal é devida, visto que foi veiculada por lei publicada no exercício anterior ao que foi exigida.

(D) o anexo constituído pelo Catálogo Geral de Logradouros por bairro tem natureza de regulamentar, pelo que, não extrapolado o texto da lei, tem vigência imediata.

(E) a exigência fiscal do IPTU atualizado pelo Catálogo Geral de Logradouros por Bairro ofende os princípios da legalidade e de anterioridade.

O legislador permitiu que o Executivo, por ato infralegal, realizasse modificações na base de cálculo do IPTU, para casos concretos, o que é inconstitucional, conforme a jurisprudência. De fato, a fixação da base de cálculo do IPTU em concreto, ou seja, o valor venal do imóvel pelo Poder Público, deve ser realizada por lei, admitindo-se apenas a atualização monetária por norma infralegal – Súmula 160/STJ. **A:** incorreta, pois o Catálogo Geral, apesar de ser denominado anexo da lei, não foi aprovado pelo legislativo, ou seja, não tem natureza da lei, sendo simples regulamentação por norma infralegal; **B:** incorreta, pois a inconstitucionalidade decorre também da violação ao princípio da legalidade, sendo relevante lembrar que a atualização da planta de valores não se sujeita à anterioridade nonagesimal – art. 150, § 1º, *in fine*, da CF; **C:** incorreta, pois a majoração efetiva foi veiculada pelo Catálogo, em 2011, mesmo ano da cobrança, o que viola o princípio da anterioridade anual. É importante lembrar que a atualização da planta de valores, apesar de não se sujeitar à anterioridade nonagesimal, deve observar a anterioridade anual – art. 150, III, *b*, e § 1º, *in fine*, da CF; **D:** incorreta, conforme comentário à alternativa "A", já que a inconstitucionalidade decorre da violação do princípio da legalidade, sendo confirmada essa violação pela natureza regulamentar do Catálogo.

Gabarito "E"

(FGV – 2014) O Estado "**M**" deseja majorar as suas receitas ordinárias e extraordinárias. Com esse intuito reorganiza os serviços de fiscalização, remete à Assembleia Legislativa projetos para cassar benefícios fiscais determinados por administrações anteriores e realiza convênios com outros organismos da federação. Além disso, resolver majorar tributos da sua competência por decreto do Governador do Estado. De acordo com as normas constitucionais federais em vigor, esse último ato afronta o seguinte princípio:

(A) da Igualdade.
(B) da Legalidade.
(C) da Personalidade.
(D) da Fiscalidade.
(E) da Anualidade.

Qualquer modificação dos aspectos quantitativos dos tributos (base de cálculo e alíquota) deve ser veiculada por lei (princípio da legalidade), com exceção para a modificação de determinadas alíquotas de tributos federais, na forma e dentro dos limites legais (II, IE, IPI, IOF e CIDE sobre combustíveis – arts. 153, § 1º, e 177, § 4º, I, *b*, da CF). Veja também o art. 155, § 4º, IV, da CF. Por essa razão, a majoração de tributo por decreto do Executivo viola claramente o princípio da legalidade, de modo que a alternativa "B" deve ser indicada.

Gabarito "B"

(FGV – 2014) A Constituição Federal possui diversas regras vinculadas à limitação do poder de tributar estatal. Recentemente, estradas foram bloqueadas por protestos de caminhoneiros e moradores contra a excessiva instituição de pedágios em estradas federais e estaduais, bem como o alto custo estabelecido, encarecendo a atividade laboral daqueles que dependem desse meio de transporte.

O pedágio constitui uma *exceção* ao princípio constitucional da

(A) liberdade de empreendimento.
(B) universalidade dos impostos.
(C) destinação pública dos tributos.
(D) uniformidade na instituição de tributos.
(E) ilimitabilidade do tráfego de bens.

O art. 150, V, da CF, dispõe expressamente ser vedado aos entes políticos estabelecer limitações ao tráfego de pessoas ou bens, por meio de tributos interestaduais ou intermunicipais, ressalvada a cobrança de pedágio pela utilização de vias conservadas pelo Poder Público. **A:** incorreta, até porque não se fala em empreendimento na questão; **B:** incorreta, pois não há relação com a universalidade de impostos (pedágio é considerado, por alguns, taxa, por outros, tributo específico, e por muitos nem é considerado tributo – mas ninguém defende tratar-se de imposto); **C:** incorreta, pois não se discute a destinação dos recursos arrecadados. Interessante ressaltar, entretanto, que, sendo o pedágio arrecadado como remuneração de concessionária, há pacificação jurisprudencial no sentido de ser tarifa, sem natureza tributária; **D:** incorreta, não há relação com o princípio citado; **E:** correta, conforme comentário inicial.

Gabarito "E"

(FGV – 2014) Em governos centralizados ou de molde unitário, a instituição de tributos e benefícios fiscais são sempre concedidos pelo Governo central. Na Federação podem existir vários modelos.

No Brasil, nos termos da Constituição Federal atual, a União pode conceder isenções de tributos federais, não mais podendo interferir na esfera dos demais entes federativos. Também não pode incidir a tributação federal sobre o patrimônio das

(A) empresas de comunicação.
(B) sociedades de economia mista.
(C) entidades de previdência complementar.
(D) sociedades uniprofissionais.
(E) fundações vinculadas a partidos políticos.

A: incorreta, pois é possível cobrança de IR, taxas federais, contribuições em geral etc. das empresas de comunicação; **B** e **C:** incorretas, pois inexiste vedação nesse sentido. A imunidade recíproca não abrange, em princípio, entidades de direito privado da administração indireta – art. 150, § 2º, da CF. A rigor, o texto constitucional refere-se apenas a autarquias e fundações públicas (não a empresas públicas e sociedades de economia mista), mas o STF reconhece a imunidade em favor dos Correios e da Infraero (empresas públicas), cujos serviços são de prestação obrigatória e exclusiva pelo Estado; **D:** incorreta, pois não há esse tipo de restrição em relação às chamadas SUPs; **E:** correta, pois há imunidade nesse caso, conforme o art. 150, VI, *c*, da CF.

Gabarito "E"

(FGV – 2011) Assinale a alternativa correta, considerando que a segunda assertiva se vincula e é decorrência lógico-jurídica da primeira.

(A) O CTN equipara à majoração de tributo a modificação de sua base de cálculo que importe em torná-lo mais oneroso, sendo matéria reservada à lei; / entretanto, a atualização do valor monetário da respectiva base de cálculo não configura majoração de tributo e, portanto, não é matéria reservada à lei.
(B) De acordo com o princípio da vedação de isenções heterônomas, os Estados e Municípios não podem determinar isenções nos tributos de competência dos demais entes federados; / contudo, somente a União poderá instituir isenções de tributos de competência de Estados e Municípios, como prevê a Constituição.
(C) Pelo princípio da anterioridade tributária, que destaca o valor da segurança jurídica, os tributos criados ou majorados só poderão ser cobrados no exercício financeiro posterior ao da lei que os instituiu ou majorou; / assim sendo, esse princípio deve ser aplicado a todas as espécies tributárias.
(D) Pelo princípio da noventena, que está vinculado ao valor da segurança jurídica, a lei que cria ou aumenta tributos só pode produzir efeitos noventa dias após a sua publicação; / dessa forma, todos os tributos estão sujeitos a essa regra, exceto as contribuições sociais.
(E) De acordo com Princípio da Liberdade de Tráfego, é vedado à União, Estados e Municípios estabelecer tributos pelo fato de pessoa ou bem estar indo ou voltando de um ponto a outro; / por isso, o pedágio não pode ter natureza jurídica de tributo.

A: correta, pois reflete o disposto no art. 97, §§ 1º e 2º, do CTN – ver Súmula 160/STJ ("É defeso, ao município, atualizar o IPTU, mediante decreto, em percentual superior ao índice oficial de correção monetária"); **B:** incorreta, pois a competência tributária é privativa, de modo que é vedada a concessão de qualquer isenção heterônoma, até mesmo pela União, havendo previsão constitucional expressa nesse sentido – art. 151, III, da CF; **C:** imprecisa, pois, embora a anterioridade seja aplicável à generalidade dos tributos, há exceções, especificamente em relação às contribuições sociais, por exemplo – art. 150, § 1º, e 195, § 6º, *in fine*, da CF; **D:** incorreta, pois as contribuições sociais submetem-se à anterioridade nonagesimal, ou noventena – art. 195, § 6º, da CF; **E:** incorreta, pois o art. 150, V, da CF prevê expressamente a possibilidade de cobrança de pedágio.

Gabarito "A"

(FGV – 2011) Entre o imposto extraordinário de guerra, o imposto sobre grandes fortunas e os empréstimos compulsórios, é característica comum a observância ao princípio da

(A) não vinculação.
(B) reserva de lei complementar.
(C) noventena.
(D) retroatividade.
(E) ubiquidade.

A: incorreta, pois embora os impostos não possam ter suas receitas vinculadas à despesa específica, em regra (art. 167, IV, da CF), com o empréstimo compulsório é o oposto, pois os valores auferidos pelo Fisco têm aplicação vinculada à despesa que fundamentou sua instituição – art. 148, parágrafo único, da CF; **B:** incorreta, pois o imposto extraordinário pode ser instituído por simples lei ordinária – art. 154, II, da CF; **C:** incorreta, já que o imposto extraordinário (art. 154, II, da CF) e o empréstimo compulsório instituído para atender a despesa extraordinária (art. 148, I, da CF) não se submetem à anterioridade nonagesimal – art. 150, § 1º, da CF; **D:** incorreta, pois todos os tributos submetem-se ao princípio da irretroatividade, e não da retroatividade – art. 150, III, *a*, da CF e art. 105 do CTN; **E:** incorreta, pois ubiquidade significa estar em todos os locais ao mesmo tempo, o que não tem sentido em relação a tributos. Obs.: Não há alternativa correta, razão pela qual a questão foi anulada.

ANULADA

(FGV – 2011) Acerca do princípio da anterioridade tributária, assinale a alternativa correta.

(A) A contribuição social sobre o lucro e a contribuição social sobre a folha de salários estão sujeitas ao princípio da anterioridade mitigada ou nonagesimal.
(B) A majoração do imposto incidente sobre a importação de produtos estrangeiros e do imposto territorial rural não estão sujeitos ao princípio da anterioridade.
(C) A cobrança de qualquer tributo só poderá ser realizada um ano após a sua criação, em decorrência da previsão constitucional do princípio da anterioridade.
(D) A cobrança de qualquer tributo só poderá ser realizada um ano após a publicação da lei que o criou, em decorrência da previsão constitucional do princípio da anterioridade.
(E) Imposto extraordinário, no caso de guerra externa, não observa o princípio da anterioridade, mas deve respeitar a anterioridade nonagesimal.

A: correta, pois todas as contribuições sociais sujeitam-se à anterioridade nonagesimal (e não à anterioridade anual), conforme o art. 195, § 6º, da CF; **B:** incorreta, pois embora o II (art. 153, I, da CF) não se sujeite ao princípio da anterioridade (art. 150, § 1º, da CF), o ITR (art. 153, VI, da CF) não é exceção a ele; **C** e **D:** incorretas, pois a anterioridade anual não se refere ao prazo de um ano contado da criação do tributo ou da publicação da lei correspondente, mas sim ao adiamento do início da eficácia da norma para o primeiro dia do exercício financeiro seguinte àquele em que o tributo foi instituído ou majorado – art. 150, III, *b*, da CF; **E:** incorreta, pois o imposto extraordinário (art. 154, II, da CF) é exceção tanto à anterioridade anual como à nonagesimal – art. 150, § 1º, da CF.

Gabarito "A"

(FGV – 2011) Considere os impostos abaixo:

I. Imposto sobre a Renda da Pessoa Jurídica;
II. Imposto sobre Produtos Industrializados;
III. Imposto sobre Operações de Crédito, Câmbio e Seguros;
IV. Imposto sobre a Transmissão *Causa Mortis* e Doação de quaisquer Bens ou Direitos;
V. Imposto sobre a Prestação de Serviços de Comunicação.

Dentre eles, quais podem ter a alíquota modificada pelo Presidente da República, desde que atendidas as condições e os limites estabelecidos em lei?

(A) I e II.
(B) III e V.
(C) II e III.
(D) III e IV.
(E) I e IV.

Os impostos que podem ter as alíquotas alteradas pelo Presidente da República, observadas as condições e os limites estabelecidos em lei, são o imposto de importação (II – art. 153, I, da CF), o imposto de exportação (IE – art. 153, II, da CF), o IPI (art. 153, IV, da CF) e o IOF (art. 153, V, da CF), nos termos do art. 153, § 1º, da CF. As assertivas II e III são, portanto, as únicas a serem indicadas.

Gabarito "C"

(FGV – 2011) A respeito dos princípios constitucionais tributários, é correto afirmar que

(A) nos termos do art. 150, V, da CRFB, a vedação à limitação do tráfego de pessoas e mercadorias por meio de tributos é aplicada, exclusivamente, à União, aos Estados e aos Municípios.
(B) a contribuição social sobre o lucro e a contribuição social sobre a folha de salários estão sujeitas ao princípio da anterioridade mitigada ou nonagesimal.
(C) a majoração do imposto incidente sobre a importação de produtos estrangeiros e do imposto territorial rural não estão sujeitos ao princípio da anterioridade.
(D) o princípio da anterioridade, previsto no art. 150, III, b, da CRFB, determina que os tributos criados ou majorados só poderão ser cobrados no exercício financeiro posterior ao da lei que os instituiu ou majorou. Esse princípio aplica-se a todos os tributos, inclusive às contribuições sociais.
(E) a fim de alcançar o objetivo fundamental de redução das desigualdades sociais e regionais (art. 3º, III, da CRFB), é permitido aos Estados, ao Distrito Federal e aos Municípios, estabelecer diferença tributária entre bens e serviços em razão de sua procedência ou destino.

A: incorreta, pois todos os princípios elencados no art. 150 da CF aplicam-se não apenas à União, aos Estados e aos Municípios, mas também ao Distrito Federal, conforme consta no *caput* do referido dispositivo; **B:** correta, pois todas as contribuições sociais sujeitam-se à anterioridade nonagesimal (e não à anterioridade anual), conforme o art. 195, § 6º, da CF; **C:** incorreta, pois embora o II (art. 153, I, da CF) não se sujeite ao princípio da anterioridade (art. 150, § 1º, da CF), o ITR (art. 153, VI, da CF) não é exceção a ele; **D:** incorreta, pois as contribuições sociais não se sujeitam à anterioridade anual, mas apenas à anterioridade nonagesimal – art. 195, § 6º, da CF; **E:** incorreta, pois Estados e Municípios não podem estabelecer diferenças tributárias entre bens e serviços, em razão de sua procedência ou destino – art. 152 da CF. Ademais, o princípio da uniformidade territorial e a exceção relativa à promoção do equilíbrio no desenvolvimento socioeconômico entre as diferentes regiões do país são expressamente previstos na Constituição Federal em relação à União, apenas – art. 151, I, da CF.

Gabarito "B"

(FGV – 2011) Assinale a alternativa em que a correspondência entre os enunciados referentes às limitações ao poder de tributar por parte dos entes federativos e os princípios constitucionais tributários está corretamente formulada.

(A) É vedado cobrar tributo no mesmo exercício financeiro no qual foi publicada a lei que o instituiu ou o aumentou: princípio da anterioridade.
(B) É vedada a instituição de tributo sobre o patrimônio, renda ou serviços, uns dos outros: princípio da segurança jurídica.
(C) É vedada a instituição de impostos sobre patrimônio, renda ou serviços dos partidos políticos: princípio da legalidade.
(D) É vedado instituir imposto sobre livros, jornais, periódicos e o papel destinado à sua impressão: princípio da equidade.
(E) É vedado instituir imposto sobre livros, jornais, periódicos e o papel para a sua impressão: princípio da irrenunciabilidade.

A: correta, pois indica, mesmo, o princípio da anterioridade anual – art. 150, III, *b*, da CF; **B:** incorreta, pois a alternativa descreve a imunidade recíproca – art. 150, VI, *a*, da CF; **C:** incorreta, pois se trata da imunidade em favor dos partidos políticos – art. 150, VI, *c*, da CF; **D** e **E:** incorretas, já que as assertivas descrevem a imunidade relativa a livros, jornais, periódicos e papel destinado à sua impressão – art. 150, VI, *d*, da CF.

Gabarito "A"

(FGV – 2011) A respeito dos princípios constitucionais tributários, assinale a alternativa correta, considerando que a segunda assertiva é decorrência lógico-jurídica da primeira.

(A) O princípio da capacidade contributiva tem por finalidade atingir a justiça fiscal, / e essa finalidade só é alcançada pela progressividade obrigatória das espécies de tributos.
(B) O princípio da capacidade contributiva determina que os impostos tenham, sempre, caráter pessoal; / assim sendo, os impostos devem ser graduados segundo a capacidade econômica do contribuinte.
(C) O princípio da vedação do tributo confiscatório impede a utilização de imposto com tal efeito; / dessa forma, o imposto só será confiscatório se ultrapassar 33% da renda.
(D) O princípio da vedação do tributo confiscatório impede a utilização de imposto com efeito de confisco, / mas não há percentual que estabeleça previamente os limites do tributo confiscatório.
(E) O princípio da legalidade veda aos entes da Federação que se exija ou aumente tributo sem lei que o estabeleça; / desse modo, a atualização do valor monetário da base de cálculo do tributo tem de ser sempre prevista em lei.

A: incorreta, pois a Constituição Federal refere-se expressamente à progressividade apenas em relação aos impostos e, ainda assim, "sempre que possível" – art. 145, § 1º, da CF. Importante salientar, entretanto, que há disposições expressas impondo a progressividade no caso do IR e do ITR (art. 153, § 2º, I, e § 4º, I, da CF) e possibilitando a progressividade no caso do IPTU (art. 156, § 1º, I, da CF); **B:** imprecisa, pois a Constituição Federal prevê o caráter pessoal para os impostos, "sempre que possível" – art. 145, § 1º, da CF; **C:** incorreta, pois não há patamar ou critério exato para delimitar o tributo confiscatório, o que deve ser analisado caso a caso – art. 150, IV, da CF; **D:** correta, conforme comentário à alternativa anterior; **E:** incorreta, pois a simples atualização monetária da base de cálculo do tributo não corresponde à sua majoração, podendo, portanto, ser veiculada por norma infralegal – art. 97, § 2º, do CTN e Súmula 160/STJ ("É defeso, ao município, atualizar o IPTU, mediante decreto, em percentual superior ao índice oficial de correção monetária").

Gabarito "D"

(FGV – 2011) Considere a seguinte situação hipotética: lei federal fixou alíquotas aplicáveis ao IPI e estabeleceu que a alíquota relativa aos carros de luxo produzidos no Estado de Sergipe é de 12%, e a dos produzidos nos demais Estados da região Nordeste é de 18%. Tal enunciado normativo viola o princípio constitucional

(A) da uniformidade geográfica da tributação.
(B) da capacidade contributiva.
(C) da liberdade de tráfego.
(D) da não diferenciação tributária entre a procedência e o destino do produto.
(E) do não confisco.

A situação descrita ofende o princípio da uniformidade territorial (ou princípio da uniformidade geográfica da tributação, como indicado na alternativa "A"), conforme dispõe o art. 151, I, da CF.

Gabarito "A"

(FGV – 2010) Analise as afirmativas a seguir.

I. A anterioridade nonagesimal foi estendida à União, aos Estados, ao Distrito Federal e aos Municípios a fim de vedar-lhes a cobrança de tributos antes de decorridos noventa dias da data em que tenha sido publicada a lei que os instituiu ou aumentou, comportando, dentre suas exceções, o imposto sobre a renda.
II. À União, aos Estados, ao Distrito Federal e aos Municípios é vedada ainda a instituição de impostos sobre o patrimônio, renda ou serviços dos partidos políticos, inclusive suas fundações, das entidades sindicais dos empregadores, das instituições de educação e de assistência social, sem fins lucrativos, atendidos os requisitos da lei.
III. A vedação à instituição de tributos com efeito de confisco não atinge as multas moratórias ou punitivas, que podem ser fixadas em qualquer patamar conforme admitido pela jurisprudência.

Assinale:

(A) se somente a afirmativa I estiver correta.
(B) se somente as afirmativas I e II estiverem corretas.
(C) se somente as afirmativas I e III estiverem corretas.
(D) se somente as afirmativas II e III estiverem corretas.
(E) se todas as afirmativas estiverem corretas.

I: correta, conforme o art. 150, III, *c*, e § 1º, da CF; **II:** incorreta, pois somente as entidades sindicais dos trabalhadores (e não as dos empregadores) são abrangidas pela imunidade prevista no art. 150, VI, *c*, da CF; **III:** incorreta, pois o STF entende que a vedação de confisco aplica-se também às penalidades pecuniárias, embora admita multas em patamares elevados.

Gabarito "A"

(FGV – 2010) Analise as afirmativas a seguir.

I. É vedado à União instituir isenções de tributos de competência dos Estados, do Distrito Federal ou dos Municípios.

II. A jurisprudência admite a possibilidade de tratados internacionais, de competência privativa do Presidente da República e referendo do Congresso Nacional, versarem sobre tributos estaduais ou municipais, inclusive, isentando-os;

III. A União não pode instituir tributo que não seja uniforme em todo território nacional, ou que implique distinção em relação a Estado, Distrito Federal ou Município, admitindo-se, contudo, a concessão de incentivos fiscais visando a promover o desenvolvimento econômico entre as regiões do País.

Assinale:

(A) se somente a afirmativa I estiver correta.
(B) se somente as afirmativas I e II estiverem corretas.
(C) se somente as afirmativas I e III estiverem corretas.
(D) se somente as afirmativas II e III estiverem corretas.
(E) se todas as afirmativas estiverem corretas.

I: correta, pois a isenção heterônoma é expressamente vedada no art. 151, III, da CF; **II:** imprecisa, pois embora haja precedentes nesse sentido, a jurisprudência não é pacífica. Tranquila é a possibilidade de tratado internacional estender ao bem importado o mesmo tratamento dado ao similar nacional pela legislação interna; ou seja, se há isenção de ICMS para pescado nacional, o tratado do GATT, por exemplo, pode estender o benefício para o similar importado – Súmulas 20 ("A mercadoria importada de país signatário do GATT e isenta do ICM, quando contemplado com esse favor o similar nacional") e 71, ambas do STJ ("O bacalhau importado de país signatário do GATT é isento do ICM"); **III:** correta, pois descreve o princípio da uniformidade territorial, com exceção, previsto no art. 151, I, da CF.

Gabarito "E"

(FGV – 2010) Sobre a limitação à liberdade de tráfego de pessoas e mercadorias prevista no artigo 150, inciso V da Constituição Federal, assinale a afirmativa incorreta.

(A) Não se admite limitação ao tráfego de pessoas ou mercadorias mediante a instituição de tributos interestaduais ou intermunicipais.
(B) Não se trata de regra de imunidade.
(C) Impede o agravamento do ônus tributário meramente em virtude de se tratar de uma operação interestadual ou intermunicipal.
(D) Não impede a cobrança de pedágio nas vias conservadas pelo Poder Público.
(E) Trata-se de regra de imunidade aplicável às operações estaduais ou intermunicipais, de tal forma que estas não poderão sofrer a incidência de qualquer tributo.

A: correta, pois é o que dispõe o art. 150, V, da CF; **B:** correta, conforme a doutrina, que costuma classificar como princípio (as imunidades são aquelas listadas no inciso VI desse dispositivo constitucional); **C:** correta, pois esse é o mecanismo pelo qual se impede a limitação ao tráfego de pessoas e bens; **D:** correta, pois há essa exceção expressa no dispositivo constitucional – art. 150, V, da CF; **E:** incorreta, devendo ser assinalada, conforme comentário à alternativa "B".

Gabarito "E"

(FGV – 2010) As alternativas a seguir apresentam *princípios tributários* consagrados no texto constitucional, à exceção de uma. Assinale-a.

(A) Princípio do não confisco.
(B) Princípio da liberdade de tráfego.
(C) Princípio da anualidade.
(D) Princípio da anterioridade.
(E) Princípio da capacidade contributiva.

A: correta. O não confisco é princípio previsto no art. 150, IV, da CF; **B:** correta. A liberdade de tráfego de pessoas e bens é princípio consagrado pelo art. 150, V, da CF; **C:** essa é a alternativa a ser indicada, pois a anualidade, pela qual a instituição ou a majoração de tributo dependeria de prévia previsão orçamentária, não existe no sistema tributário atual; **D:** correta. As anterioridades anual e nonagesimal são previstas no art. 150, III, *b* e *c*, da CF; **E:** correta. A capacidade contributiva é princípio que permeia toda a exigência tributária, sendo positivado em relação aos impostos no art. 145, § 1º, da CF.

Gabarito "C"

(FGV – 2010) Lei catarinense, publicada em 01.12.2008, alterou, de 3% para 4%, a alíquota do IPVA relativo à propriedade de veículo usado, movido à gasolina. Assinale a alternativa que indique a data que tal aumento pôde ser cobrado.

(A) 02.03.2009.
(B) 01.01.2009.
(C) 01.01.2010.
(D) 02.12.2009.
(E) 31.12.2008.

A majoração de tributos submete-se, em regra, aos princípios da anterioridade comum e da anterioridade nonagesimal, cumulativamente. Pela anterioridade comum, prevista no art. 150, III, *b*, da CF, a majoração do tributo (ou o tributo criado) somente pode ser exigida no exercício financeiro seguinte àquele em que foi publicada a respectiva lei. Pela anterioridade nonagesimal, a exigência somente é possível após 90 (noventa) dias da data de publicação da lei. Vale a data posterior. Assim, uma lei publicada em dezembro de 2008 seria eficaz já em 1º de janeiro de 2009, pela anterioridade comum. Entretanto, como a majoração de alíquota do IPVA submete-se cumulativamente à anterioridade nonagesimal, essa majoração somente é exigível noventa dias após 01.12.2008 (= data da publicação da lei), ou seja, no início de março de 2009 (pois essa data é posterior a 01.01.2009). Finalmente, para responder corretamente a questão, o candidato deve lembrar que as leis estaduais costumam fixar o fato gerador do IPVA em 1º de janeiro de cada exercício (esse é o momento em que o tributo incide, a cada ano), a exemplo de outros tributos sobre a propriedade, como o IPTU (dependendo das legislações municipais) e o ITR. Perceba, portanto, que quando a majoração da alíquota de 3% para 4% passou a valer, em março de 2009, o fato gerador do IPVA daquele ano já havia ocorrido, em 1º de janeiro do mesmo exercício! Ou seja, somente no ano de 2010 é que esse aumento poderia ser cobrado, mais precisamente em 1º de janeiro daquele exercício, quando ocorreu o primeiro fato gerador posterior à majoração. É importante atentar que a questão se refere à **alíquota** do IPVA. Isso porque a majoração da base de cálculo não se submete à anterioridade nonagesimal, conforme o art. 150, § 1º, *in fine*, da CF. Se o examinador tivesse dito que houve aumento da base de cálculo do IPVA (e não da alíquota) em dezembro de 2008, essa majoração seria exigível já em 1º de janeiro de 2009.

Gabarito "C"

(FGV – 2010) (I) A tributação pode ser usada com fim fiscal e extrafiscal, (II) sendo que nesta segunda hipótese o princípio da capacidade contributiva não tem aplicação, (III) uma vez que reflete a capacidade econômica dos contribuintes.

Considerando as três informações acima e sendo V = verdadeiro e F = falso, assinale a alternativa que apresente corretamente seu julgamento, na ordem em que aparecem.

(A) V – F – F
(B) V – F – V
(C) V – V – F

(D) V – V – V
(E) F – F – F

I: verdadeira, pois a tributação tem função de gerar recursos financeiros para o Poder Público (função fiscal) e também de intervenção no mercado (extrafiscal); **II** e **III**: o princípio da capacidade contributiva reflete a necessidade de que a tributação onere mais pesadamente quem tem maior capacidade econômica, e mais levemente aquele cuja capacidade seja menor, na medida dessa desigualdade. Esse princípio primordial da tributação aplica-se a todos os tributos, inclusive no que se refere à sua função extrafiscal, ainda que o art. 145, § 1º, da CF refira-se apenas aos impostos.

Gabarito "B"

(FGV – 2010) Quando o tributo onera determinada atividade, empresa, ou grupo empresarial, interferindo no regime de competição estará

(A) atingindo o princípio da neutralidade.
(B) confrontando o princípio do não confisco.
(C) atendendo ao princípio da isonomia.
(D) violentando o princípio federativo.
(E) observando o princípio da capacidade contributiva.

A: correta, pois a teoria liberal clássica previa que a tributação não deveria interferir nas decisões racionais das pessoas e empresas, pois isso reduziria a eficiência do sistema econômico. Esse *princípio da neutralidade* seria atingido quando há interferência no regime de competição, conforme dispõe a assertiva. Atualmente, o art. 146-A da CF prevê expressamente que a lei complementar poderá estabelecer critérios especiais de tributação, com o objetivo de prevenir desequilíbrios da concorrência, sem prejuízo da competência de a União, por lei, estabelecer normas de igual objetivo; **B**, **C**, **D** e **E**: incorretas, pois, embora esses princípios orientem o sistema tributário nacional, não se relacionam com a situação descrita na questão.

Gabarito "A"

(FGV – 2009) Com relação ao tema *Limitações ao Poder de Tributar*, analise as seguintes sentenças:

I. Como modo de combater a guerra fiscal, a Constituição Federal outorgou ao legislador complementar competência para regular a forma como, mediante deliberação dos Estados e do Distrito Federal, isenções, incentivos e benefícios fiscais serão concedidos e revogados. Em atendimento a esse objetivo, a LC 24/75 determina que a concessão de benefícios, ou a sua revogação total ou parcial, dependerá sempre de decisão unânime dos Estados federados.
II. É vedado à União instituir tributo que não seja uniforme em todo o território nacional ou que implique distinção ou preferência em relação a Estado, ao Distrito Federal ou a Município, em detrimento de outro, sendo inadmitida, portanto, a concessão de incentivos fiscais ainda que destinados a promover o equilíbrio do desenvolvimento socioeconômico entre as diferentes regiões do país.
III. Em caso de outorga de isenção tributária a uma classe de contribuintes, a fim de promover o desenvolvimento socioeconômico de uma dada região, é possível àqueles excluídos pela lei socorrerem-se do Poder Judiciário para, com base no princípio da isonomia, obterem idêntico tratamento fiscal.

Assinale:

(A) se todas as sentenças estiverem corretas.
(B) se somente as sentenças I e II estiverem corretas.
(C) se somente as sentenças I e III estiverem corretas.
(D) se somente as sentenças II e III estiverem corretas.
(E) se nenhuma sentença estiver correta.

I: incorreta, pois, embora a concessão de benefícios dependa de decisão unânime dos Estados representados, a revogação total ou parcial depende da aprovação de, pelo menos, 4/5 (quatro quintos) dos representantes presentes – art. 2º, § 2º, da LC 24/1975; **II** e **III**: incorretas, já que o princípio da uniformidade territorial, citado na assertiva II, comporta a exceção relativa à concessão de incentivos fiscais destinados a promover o equilíbrio do desenvolvimento socioeconômico entre as diferentes regiões do País – art. 151, I, da CF. Por essa razão, as pessoas que se sentirem excluídas pela lei que atenda a esse requisito (assertiva III) não terão sucesso em eventual pleito ao Poder Judiciário.

Gabarito "E"

(FGV – 2009) São princípios constitucionais tributários, que estão literalmente expressos na Constituição:

(A) o da personalização do imposto e o da tipicidade.
(B) o da capacidade contributiva e o do imposto proibitivo.
(C) o da vedação das isenções heterônomas e da transparência fiscal.
(D) o da solidariedade fiscal e o da legalidade tributária.
(E) o da uniformidade tributária e o da justiça tributária.

A: correta, já que a personalização está prevista no art. 145, § 1º, da CF e a tipicidade (legalidade, a rigor), no art. 150, I, da CF; **B**: incorreta. A capacidade contributiva, especificamente para os impostos, está no art. 145, § 1º, da CF, mas não a vedação a imposto proibitivo (há a vedação ao tributo confiscatório, entretanto, no art. 150, IV, da CF); **C**: incorreta. Há expressamente a previsão da isenção que não pode ser concedida por outro ente que não aquele competente em relação ao tributo (= vedação das isenções heterônomas), nos termos do art. 151, III, da CF, mas não há referência expressa à transparência fiscal (embora haja previsão de que os consumidores sejam esclarecidos acerca dos impostos que incidam sobre mercadorias e serviços – art. 150, § 5º, da CF); **D**: incorreta. A legalidade tributária é prevista expressamente pelo art. 150, I, da CF, mas não há referência expressa à solidariedade fiscal (apenas ao respeito à capacidade contributiva, no art. 145, § 1º, da CF); **E**: incorreta. A uniformidade tributária é prevista expressamente no art. 151, I, da CF, mas não há expressa referência à justiça tributária, embora seja essencial ao sistema tributário.

Gabarito "A"

(FGV – 2009) O Estado Moderno é caracterizado pelas *finanças funcionais,* ou seja, pela atividade financeira do Estado orientada no sentido de influir sobre a conjuntura econômica. Prova desse fato é:

(A) o *mix* tributário diversificado dos Estados.
(B) a criação de multas elevadas no âmbito fiscal.
(C) a extrafiscalidade marcante de alguns tributos.
(D) o tabelamento de preços, em situações de crise.
(E) a despersonalização dos impostos.

No âmbito tributário, a utilização dos tributos em sua função **extrafiscal** é a forma típica de intervenção na conjuntura econômica.

Gabarito "C"

(FGV – 2008) Assinale a afirmativa correta.

(A) As garantias do crédito tributário não estão sujeitas ao princípio da reserva legal.
(B) O princípio da anterioridade é uma regra de vigência, que impede que a lei seja aplicada antes do próximo exercício fiscal.
(C) Matéria tributária não está sujeita à iniciativa legislativa privativa.

(D) O princípio do não confisco deve considerar a incidência específica de cada tributo.

(E) A vedação às isenções heterônomas impede a concessão de isenções em tratados internacionais.

A: incorreta, pois as garantias do crédito tributário são fixadas por lei (reserva legal), nos termos do art. 183 do CTN; **B:** incorreta, pois se entende que o princípio da anterioridade refere-se à eficácia de determinadas normas tributárias (que instituem ou aumentem tributo – não à sua vigência), o que impede sua cobrança no mesmo exercício financeiro em que publicada a respectiva lei – art. 150, III, *b*, da CF; **C:** correta, pois o Poder Executivo também pode apresentar projetos de lei tributária. Não se trata de matéria da exclusiva competência do Poder Legislativo; **D:** incorreta, pois o princípio do não confisco é amplo, afastando a possibilidade de redução excessiva do patrimônio privado por meio da tributação – art. 150, IV, da CF; **E:** a assertiva é capciosa. Os tratados são firmados pela União que, nem mesmo por esse instrumento, pode conceder isenções relativas a tributos estaduais ou municipais. Entretanto, são comuns tratados internacionais (GATT e no âmbito da OMC) que garantem ao bem estrangeiro os mesmos benefícios fiscais concedidos pelas legislações locais (estaduais e municipais) aos bens nacionais, o que, para muitos, seria isenção heterônoma. Embora esta assertiva não seja tecnicamente precisa, a assertiva "C" é evidentemente correta, de modo que é a melhor alternativa.

Gabarito "C"

(FGV – 2008) Caso o Estado, em 30 de junho de 2008, publique lei majorando a alíquota do ICMS na prestação de serviços de comunicação, de 25% para 30%, o referido aumento passará a produzir efeitos em:

(A) 1º de janeiro de 2009.

(B) 1º de setembro de 2008.

(C) 1º de abril de 2009.

(D) 1º de outubro de 2008.

(E) 1º de julho de 2008.

A majoração do ICMS submete-se ao princípio da anterioridade comum (1º dia do exercício financeiro seguinte) e da anterioridade nonagesimal (90 dias), cumulativamente – art. 150, III, *b* e *c*, da CF. No caso, 1º de janeiro de 2009 é posterior à data correspondente a 90 (noventa) dias após a publicação da lei, de modo que somente nesse momento (01.01.2009) a majoração produzirá efeito.

Gabarito "A"

(FGV – 2008) É vedada a cobrança no mesmo exercício financeiro, e antes de noventa dias da data da publicação da lei que os institui ou aumenta, dos seguintes tributos:

(A) ITD e ISS.

(B) Imposto de Renda e ICMS.

(C) IPI e ICMS.

(D) Imposto de Renda e ISS.

(E) IPI e Contribuição para o Custeio de Iluminação Pública.

As exceções aos princípios da anterioridade anual e da anterioridade nonagesimal estão previstas no art. 150, § 1º, da CF, além do art. 155, § 4º, IV, *c*, da CF e do art. 177, § 4º, I, *b*, da CF. Veja a tabela que apresentamos anteriormente, relativa às exceções a esses princípios, para seu estudo e memorização, pois a matéria é reiteradamente exigida no exame da OAB e em concursos públicos.

Gabarito "A"

(FGV – 2008) Caso a União, em 1º de julho de 2008, publique lei aumentando a alíquota da Cofins, de 3% para 3,5%, de pessoas jurídicas não sujeitas ao regime da não cumulatividade, a primeira data em que o referido aumento poderá produzir efeitos, considerando as alternativas a seguir, será:

(A) 1º de janeiro de 2009.

(B) 1º de abril de 2009.

(C) 1º de novembro de 2008.

(D) 2 de julho de 2008.

(E) 29 de setembro de 2008.

As contribuições sociais (Cofins, PIS, CSLL, contribuição patronal ao INSS etc.) submetem-se apenas à anterioridade nonagesimal (90 dias), e não à anterioridade comum (1º dia do exercício financeiro seguinte) – art. 195, § 6º, da CF. Mais uma vez, veja a tabela anteriormente apresentada.

Gabarito "E"

(FGV – 2007) Não constitui limitação ao poder de tributar o princípio da:

(A) liberdade de tráfego

(B) irretroatividade

(C) anterioridade

(D) anualidade

A: correta – art. 150, V, da CF; **B:** correta – art. 150, III, *a*, da CF; **C:** correta – art. 150, III, *b* e *c*, da CF; **D:** incorreta, devendo ser assinalada. Princípio que não subsiste no sistema constitucional atual (exigia-se previsão orçamentária para a cobrança do tributo).

Gabarito "D"

(FGV – 2007) Dentro do contexto da legalidade tributária, é incorreta a afirmação de que só a lei, em sentido material e formal, pode:

(A) estabelecer hipóteses de suspensão do crédito tributário constituído, ou redução de penalidades

(B) autorizar a modificação do valor nominal da base de cálculo pela atualização monetária

(C) estabelecer a cominação de penalidades por infrações das regras tributárias

(D) prever hipóteses de suspensão e extinção do crédito tributário

Das alternativas, somente a alternativa "B" indica matéria que não exige lei, em sentido material e formal (pode ser veiculada por norma infralegal) – art. 97, § 2º, do CTN. Veja a tabela anteriormente apresentada, com as matérias que dependem e que não dependem de lei, para seu estudo e memorização.

Gabarito "B"

(FGV – 2007) De acordo com a Constituição de 1988 e suas atualizações, analise as afirmativas abaixo e assinale a incorreta.

(A) O Poder Executivo pode, atendidas as condições e limites estabelecidos em lei, alterar por decreto as alíquotas do imposto de importação, de exportação, imposto sobre produtos industrializados (IPI) e imposto sobre operações de crédito, câmbio e seguro relativas a títulos ou valores mobiliários (IOF).

(B) A União poderá, como instrumento de atuação nas respectivas áreas, instituir contribuições sociais, de intervenção no domínio econômico e de interesse das categorias profissionais ou econômicas.

(C) Os impostos de importação e de exportação são exceções ao princípio constitucional da anterioridade tributária em razão de sua finalidade extrafiscal e podem ter suas alíquotas majoradas e cobradas de imediato.

(D) O IPTU e o IPVA podem ter sua alíquota e base de cálculo majoradas e cobradas de imediato, por força da Emenda Constitucional 42/03, que os excepcionou do princípio da anterioridade tributária, sendo irrelevante o exercício financeiro e a noventena.

(E) A atualização do valor monetário da base de cálculo do tributo não constitui majoração, conforme o disposto no CTN.

A: correta, nos termos do art. 153, § 1º, da CF; **B:** correta, conforme dispõe o art. 149 da CF; **C:** correta, nos termos do art. 150, § 1º, da CF; **D:** incorreta, devendo ser assinalada, pois a EC 42/2003 excluiu a fixação **apenas** das bases de cálculo do IPTU e do IPVA (e não de suas alíquotas) somente no que se refere à anterioridade nonagesimal (noventena), mas não à anterioridade comum – art. 150, § 1º, da CF; **E:** correta, conforme o art. 97, § 2º, do CTN.

Gabarito "D"

3. IMUNIDADES

(OAB/Exame Unificado – 2016.2) Fulano de Tal prometeu adquirir de uma autarquia federal um imóvel residencial urbano. O sinal e parte substancial do preço são pagos no momento da lavratura da escritura pública de promessa de compra e venda, que é prontamente registrada no Registro Geral de Imóveis (RGI) competente. O saldo do preço será pago em várias parcelas.

Após o registro da promessa de compra e venda

(A) passa a incidir o IPTU, a ser pago pela autarquia.

(B) continua a não incidir o IPTU, por força da imunidade da autarquia (cujo nome continua vinculado ao imóvel no RGI, ainda que agora a autarquia figure como promitente vendedora).

(C) passa a incidir o IPTU, a ser pago solidariamente pela autarquia e por Fulano de Tal.

(D) passa a incidir o IPTU, a ser pago por Fulano de Tal, uma vez que registrada no RGI a promessa de compra e venda do imóvel.

A: incorreta, pois o adquirente passa a ser contribuinte do imposto, até porque a autarquia é imune, nos termos do art. 150, VI, *a*, e § 2º, da CF; **B**: incorreta, pois a imunidade da autarquia não aproveita ao promitente comprador, por disposição expressas do art. 150, § 3º, *in fine*, da CF, considerando também que Fulano, nesse caso, é possuidor com *animus domini* (ânimo de proprietário), contribuinte portanto do IPTU, nos termos do art. 34, *in fine*, do CTN; **C**: incorreta, pois a autarquia não é sujeito passivo do IPTU por conta da promessa de venda, sendo Fulano o único contribuinte, conforme comentários anteriores; **D**: correta, conforme comentários anteriores.

Gabarito "D"

(OAB/Exame Unificado – 2012.3.A) O procurador do município Gama decide contestar judicialmente a cobrança do ICMS discriminada na fatura da conta de luz do imóvel onde funciona a sede da prefeitura, alegando a condição de ente político para livrar-se da exação.

A demanda da municipalidade deverá ser

(A) acolhida, em razão da imunidade recíproca, que impede que os entes da federação instituam impostos sobre bens e serviços uns dos outros.

(B) rejeitada, pois na situação apresentada o município se apresenta na condição de contribuinte de direito do ICMS.

(C) acolhida, pois a empresa concessionária prestadora do serviço de fornecimento de energia não tem competência para cobrar ICMS.

(D) rejeitada, pois o município não goza de imunidade com relação a imposto que incide apenas indiretamente sobre seus bens e serviços.

A: incorreta, pois a jurisprudência dominante é pela inexistência de imunidade em favor do consumidor da energia, simples contribuinte de fato. O contribuinte de direito é a concessionária de energia, que não se beneficia da imunidade recíproca – ver AI 805.295 AgR/MG-STF; **B:** incorreta, pois o Município não compõe a relação jurídico-tributária no polo passivo, ou seja, não é contribuinte de direito do ICMS incidente sobre a energia elétrica; **C:** incorreta, pois quem cobra o ICMS é o Estado (art. 155, II, da CF), e não a concessionária; **D:** correta, conforme comentários anteriores.

Gabarito "D"

(OAB/Exame Unificado – 2013.1) Uma autarquia federal, proprietária de veículos automotores adquiridos recentemente, foi surpreendida com a cobrança de IPVA pelo Estado responsável pelos respectivos licenciamentos, não obstante vincular a utilização desses veículos às suas finalidades essenciais.

Com base na hipótese sugerida, assinale a afirmativa correta.

(A) A cobrança é constitucional, por se tratar de fato gerador do IPVA.

(B) A cobrança é constitucional, por se aplicar o princípio da capacidade contributiva.

(C) A cobrança é inconstitucional, por se tratar de isenção fiscal.

(D) A cobrança é inconstitucional, por tratar de hipótese de imunidade tributária.

A autarquia é abrangida pela imunidade recíproca, nos termos do art. 150, § 2º, da CF, de modo que a alternativa "D" é a correta.

Gabarito "D"

(OAB/Exame Unificado – 2010.3) A imunidade recíproca impede que

(A) o Estado cobre tarifa de água consumida em imóvel da União.

(B) o Estado cobre contribuição de melhoria em relação a bem do Município valorizado em decorrência de obra pública.

(C) o Município cobre a taxa de licenciamento de obra da União.

(D) a União cobre Imposto de Renda sobre os juros das aplicações financeiras dos Estados e dos Municípios.

A: incorreta, pois tarifa de água, cobrada por concessionária, não tem natureza tributária e, portanto, não é afastada pela imunidade recíproca; **B** e **C:** incorretas, pois a imunidade recíproca refere-se apenas a impostos, nos termos do inc. VI do art. 150 da CF, e não a contribuições de melhorias ou a taxas; **D:** correta, já que o IR não incide sobre as rendas dos Estados, do Distrito Federal e dos Municípios (ou de suas autarquias e fundações públicas – art. 150, § 2º, da CF), por conta da imunidade recíproca – art. 150, VI, *a*, da CF.

Gabarito "D"

(OAB/Exame Unificado – 2010.2) A Cia. de Limpeza do Município de Trás os Montes, empresa pública municipal, vendeu um imóvel de sua titularidade situado na rua Dois, da quadra 23, localizado no nº 06. Neste caso, o novo proprietário

(A) não paga o imposto de transmissão de bens imóveis, em função de ser bem público.

(B) fica isento do imposto predial e territorial urbano, ante a imunidade do patrimônio público.

(C) paga o IPTU, mas não paga o ITBI, uma vez que, nesta última hipótese, quem transmite a propriedade do bem é empresa pública.

(D) fica obrigado a pagar todos os tributos que recaiam sobre o bem.

A: incorreta, pois eventual natureza pública do imóvel não afasta a obrigação de o adquirente (contribuinte do ITBI) recolher o imposto sobre a transmissão; **B:** incorreta. A rigor, empresas públicas não são, em princípio, imunes, embora o STF reconheça a imunidade recíproca em favor de determinadas entidades de direito privado (caso dos Correios e da Infraero). Em regra, portanto, a imunidade abrange apenas os entes políticos, suas autarquias e fundações públicas – art. 150, VI, *a*, e § 2º, da CF. De qualquer forma, eventual imunidade não aproveita ao particular, sendo incabível falar em isenção decorrente de "imunidade do patrimônio público" – art. 150, § 3º, *in fine*, da CF. As isenções somente podem ser concedidas expressamente por lei específica – art. 150, § 6º, da CF; **C** e **D:** caso a legislação municipal indique o adquirente do imóvel como contribuinte do ITBI incidente sobre a venda (essa é a regra nos Municípios), o novo proprietário deverá recolher o imposto sobre transmissão e passará a responder pelo IPTU. Por essa razão, a assertiva C é incorreta e a D correta.

Gabarito "D"

(OAB/Exame Unificado – 2009.2) A Igreja Céu Azul, que goza de imunidade quanto ao pagamento de certos tributos, é proprietária de vários imóveis, um deles alugado a terceiros, e outro, onde são celebrados os cultos, que possui uma casa pastoral, um cemitério e um amplo estacionamento. Considerando a situação hipotética apresentada e as normas atinentes à imunidade tributária, assinale a opção correta.

(A) Apenas a União está autorizada a instituir impostos sobre o patrimônio, renda e serviços da Igreja Céu Azul.

(B) A imunidade não abrange a casa pastoral, o cemitério e o estacionamento da Igreja Céu Azul, pois a norma constitucional se refere apenas aos templos de cultos religiosos.

(C) O imóvel alugado a terceiros goza de imunidade quanto ao pagamento do imposto sobre a propriedade predial e territorial urbana, desde que o valor dos aluguéis seja aplicado nas atividades essenciais da Igreja Céu Azul.

(D) A imunidade tributária conferida à referida igreja dispensa-a do recolhimento de impostos, taxas, contribuições de melhoria, bem como do cumprimento de obrigações tributárias acessórias.

A: incorreta, pois a imunidade dos templos afasta impostos federais, estaduais, distritais e municipais – art. 150, VI, *b*, da CF; **B:** incorreta, pois a imunidade abrange todas as áreas necessárias, direta ou indiretamente, para a realização dos cultos e das atividades religiosas; **C:** correta, conforme jurisprudência pacífica do STF – Súmula 724/STF ("Ainda quando alugado a terceiros, permanece imune ao IPTU o imóvel pertencente a qualquer das entidades referidas pelo art. 150, VI, *c*, da Constituição, desde que o valor dos aluguéis seja aplicado nas atividades essenciais de tais entidades"); **D:** incorreta, pois a imunidade dos templos, a exemplo das outras previstas no art. 150, VI, da CF, refere-se apenas a impostos, e não a taxas ou contribuições de melhoria, nem afasta o dever de cumprir as obrigações acessórias (manter documentação fiscal, prestar declarações ao Fisco etc.).

Gabarito "C"

(OAB/Exame Unificado – 2009.1) O princípio constitucional da imunidade recíproca

(A) não se aplica aos Municípios, abrangendo apenas a União, os Estados e o DF.

(B) aplica-se aos entes políticos que exerçam atividade econômica em concorrência com o particular.

(C) não se aplica aos impostos diretos, abrangendo apenas os indiretos.

(D) é extensivo às autarquias e às fundações instituídas e mantidas pelo Poder Público, no que se refere ao patrimônio, à renda e aos serviços, vinculados a suas finalidades essenciais ou às delas decorrentes.

A: incorreta, pois a imunidade recíproca refere-se a todos os entes políticos (União, Estados, Distrito Federal e Municípios), além de suas autarquias e fundações públicas – art. 150, VI, *a*, e § 2º, da CF; **B:** incorreta, pois a imunidade recíproca não abrange o patrimônio, a renda e os serviços relacionados à exploração de atividades econômicas regidas pelas normas aplicáveis a empreendimentos privados – art. 150, § 3º, da CF; **C:** incorreta, pois a imunidade recíproca abrange qualquer imposto que possa atingir o patrimônio, a renda ou os serviços da entidade imune, seja direto (IR, IPTU, IPVA) ou indireto (IPI, ICMS, ISS, nos casos em que a entidade é o contribuinte de direito); **D:** correta, conforme o art. 150, § 2º, da CF.

Gabarito "D"

(OAB/Exame Unificado – 2009.1) Entidade beneficente de assistência social sem fins lucrativos pode gozar, desde que atenda aos requisitos legais, de imunidade de

(A) contribuições para a seguridade social, a despeito de ter de pagar impostos sobre patrimônio, renda e serviços.

(B) impostos sobre o patrimônio, renda e serviços, mas não de contribuições para a seguridade social.

(C) impostos sobre o patrimônio, renda e serviços e de contribuições para a seguridade social.

(D) quaisquer impostos, mas não de contribuições para a seguridade social.

As entidades de assistência social sem fins lucrativos podem gozar da imunidade relativa aos impostos (art. 150, VI, *c*, da CF) e às contribuições sociais (art. 195, § 7º, da CF), desde que atendam aos requisitos legais, de modo que a alternativa "C" é a correta.

Gabarito "C"

(OAB/Exame Unificado – 2008.1) A norma constitucional que veda aos entes federativos a instituição de impostos sobre templos de qualquer culto representa

(A) Anistia tributária.

(B) Remissão tributária.

(C) Imunidade tributária.

(D) Isenção tributária.

O examinador refere-se à *imunidade tributária*, por se tratar de norma prevista na Constituição Federal que afasta a competência tributária dos entes políticos de tributar determinadas situações ou pessoas, no caso em foco, os templos de qualquer culto – art. 150, VI, *b*, da CF.

Gabarito "C"

(OAB/Exame Unificado – 2007.2) De acordo com o CTN, para que uma instituição de educação sem fins lucrativos goze da imunidade tributária relativa ao pagamento de impostos sobre seu patrimônio, renda ou serviços, ela deve

(A) abster-se de distribuir mais do que 5% de seu patrimônio ou de suas rendas.

(B) nomear apenas diretores brasileiros.

(C) aplicar ao menos 50% de seus recursos na manutenção dos seus objetivos institucionais.

(D) manter escrituração de suas receitas e despesas em livros revestidos de formalidades que assegurem a exatidão das informações.

Nos termos do art. 14 do CTN, para gozar da imunidade, as entidades referidas na alínea *c* do inc. IV do art. º do CTN, quais sejam, os partidos políticos, inclusive suas fundações, as entidades sindicais dos trabalhadores, as instituições de educação e de assistência social, sem fins lucrativos: (inc. I) não podem distribuir qualquer parcela de seu patrimônio ou de suas rendas, a qualquer título; (inc. II) devem aplicar integralmente, no País, os seus recursos na manutenção dos seus objetivos institucionais; e (inc. III) devem manter escrituração de suas receitas e despesas em livros revestidos de formalidades capazes de assegurar sua exatidão. Nesse sentido, somente a alternativa "D" indica requisito válido.

Gabarito "D"

(FGV – 2011) A respeito da imunidade tributária, é correto afirmar que

(A) os templos de qualquer culto não poderão ser tributados em relação ao IPTU e às taxas de contribuição de melhoria.
(B) a imunidade recíproca entre os entes federados é absoluta, ou seja, abarca todas as espécies de tributos.
(C) as imunidades seguem as regras de competência previstas na Constituição, mas são criadas por meio de lei.
(D) as entidades sindicais dos trabalhadores e as patronais gozam de imunidade tributária.
(E) a imunidade recíproca entre os entes federados não se aplica em relação à Contribuição Social sobre o Lucro Líquido.

A: incorreta, pois a imunidade dos templos (alínea *b*), assim como as demais previstas no art. 150, VI, da CF, refere-se exclusivamente a impostos (não a contribuições de melhoria, taxas, contribuições especiais etc.); **B:** incorreta, pois, como alegado no comentário anterior, as imunidades do art. 150, VI, da CF referem-se exclusivamente a impostos, e não às demais espécies tributárias (taxas, contribuições de melhoria etc.); **C:** incorreta, pois as imunidades são regras constitucionais que delimitam negativamente a competência tributária dos entes políticos (não são normas legais); **D:** incorreta, pois somente as entidades sindicais dos trabalhadores (não as dos empregadores, ou patronais) são abrangidas pela imunidade prevista no art. 150, VI, *c*, da CF; **E:** correta, pois a imunidade recíproca (alínea *a*), assim como as demais previstas no art. 150, VI, da CF, refere-se exclusivamente a impostos (e não às contribuições sociais e a outras espécies tributárias).

Gabarito "E"

(FGV – 2008) Em determinado município houve a cobrança de IPTU sobre área que a Sociedade da Igreja de São Jorge utiliza como cemitério. Essa cobrança:

(A) é legal, pois a norma imunizante inscrita no artigo 150, VI, "b" refere-se tão somente aos templos de qualquer natureza.
(B) é constitucional, pois a imunidade do artigo 150, VI, "b" só compreende os templos e a casa do celebrantes.
(C) é inconstitucional, por ferir o disposto no artigo 150, VI, "b", que protege a liberdade de expressão religiosa.
(D) é válida, se ficar provado que há recursos arrecadados com a exploração do cemitério.
(E) é ineficaz, em face da isenção de que os templos gozam, bem como todas as atividades relacionadas à liberdade religiosa.

A cobrança é inconstitucional (alternativa "C"), pois todos os imóveis vinculados, direta ou indiretamente, às atividades essenciais das igrejas estão abrangidos pela imunidade do art. 150, VI, *b*, da CF, de modo a garantir o direito constitucional à liberdade de culto.

Gabarito "C"

(FGV – 2008) Assinale a assertiva correta.

(A) Segundo a jurisprudência do Supremo Tribunal Federal, a imunidade do papel destinado à impressão de livros, jornais e periódicos é restrita ao papel, não sendo por isso extensiva aos filmes e papéis fotográficos necessários à publicação de jornais e periódicos.
(B) Segundo entendimento do STF, os imóveis alugados das instituições religiosas, por exteriorizarem capacidade econômica, perdem a imunidade, ainda que a renda seja revertida para a atividade-fim.
(C) A União pode instituir, desde que por lei complementar, isenções de tributos da competência dos Estados, do Distrito Federal ou dos Municípios, desde que com a finalidade de estimular as relações internacionais e a integração dos países do Mercosul.
(D) A isenção, quando não concedida em caráter geral, é efetivada, em cada caso, por despacho da autoridade administrativa, em requerimento com o qual o interessado faça prova do preenchimento das condições e do cumprimento dos requisitos previstos em lei ou contrato para concessão.
(E) Segundo o CTN, a isenção, ainda que concedida por prazo certo e em função de determinadas condições, pode ser revogada ou modificada por lei, a qualquer tempo, já que se trata de um benefício fiscal.

A: incorreta, pois o STF entende que a imunidade do art. 150, VI, *d*, da CF abrange esses materiais listados na assertiva – Súmula 657/STF ("A imunidade prevista no art. 150, VI, *d*, da Constituição Federal abrange os filmes e papéis fotográficos necessários à publicação de jornais e periódicos"); **B:** incorreta, pois o STF entende que qualquer imóvel da entidade imune alugado a terceiros está abrangido pelo benefício, desde que a renda auferida (aluguéis recebidos) seja revertida para suas atividades essenciais – Súmula 724/STF ("Ainda quando alugado a terceiros, permanece imune ao IPTU o imóvel pertencente a qualquer das entidades referidas pelo art. 150, VI, *c*, da Constituição, desde que o valor dos aluguéis seja aplicado nas atividades essenciais de tais entidades"). A súmula refere-se à alínea *c*, mas o entendimento aplica-se às demais entidades imunes; **C:** incorreta, pois não subsiste, no sistema tributário atual, as chamadas isenções heterônomas – art. 151, III, da CF; **D:** correta, pois reflete o disposto no art. 179 do CTN; **E:** incorreta, pois a isenção não pode, nessa específica hipótese de concedida por prazo certo e em função de determinadas condições, ser revogada ou limitada em relação àqueles que atendiam aos requisitos para o benefício – art. 178 do CTN.

Gabarito "D"

(FGV – 2008) De acordo com o art. 150 da CRFB/88, é vedado à União, aos Estados, ao Distrito Federal e aos Municípios instituir:

(A) tributos sobre patrimônio, renda ou serviços, uns dos outros; templos de qualquer culto; patrimônio, renda ou serviços dos partidos políticos, inclusive suas fundações, das entidades sindicais dos trabalhadores, das instituições de educação e de assistência social, sem fins lucrativos, atendidos os requisitos da lei; livros, jornais, periódicos e o papel destinado a sua impressão.
(B) impostos sobre patrimônio, renda ou serviços, uns dos outros; templos de qualquer culto; patrimônio, renda ou serviços dos partidos políticos, inclusive suas fundações, das entidades sindicais dos trabalhadores, das instituições de educação e de

assistência social, sem fins lucrativos, atendidos os requisitos da lei; livros, jornais, periódicos e o papel destinado a sua impressão.

(C) impostos ou contribuições sobre patrimônio, renda ou serviços, uns dos outros; templos de qualquer culto; patrimônio, renda ou serviços dos partidos políticos, inclusive suas fundações, das entidades sindicais dos trabalhadores, das instituições de educação e de assistência social, sem fins lucrativos, atendidos os requisitos da lei; livros, jornais, periódicos e o papel destinado a sua impressão.

(D) tributos e impostos sobre patrimônio, renda ou serviços, uns dos outros; templos de qualquer culto; patrimônio, renda ou serviços dos partidos políticos, inclusive suas fundações, das entidades sindicais dos trabalhadores, das instituições de educação e de assistência social, sem fins lucrativos, atendidos os requisitos da lei; livros, jornais, periódicos e o papel destinado a sua impressão.

(E) contribuições e tributos sobre patrimônio, renda ou serviços, uns dos outros; templos de qualquer culto; patrimônio, renda ou serviços dos partidos políticos, inclusive suas fundações, das entidades sindicais dos trabalhadores, das instituições de educação e de assistência social, sem fins lucrativos, atendidos os requisitos da lei; livros, jornais, periódicos e o papel destinado a sua impressão.

As imunidades previstas no art. 150, VI, da CF abrangem apenas os impostos, e não outros tributos, como taxas e contribuições. Perceba que somente a alternativa "B" indica, apenas, impostos, de modo que é esta a correta.

Gabarito "B".

(FGV – 2007) A imunidade tributária, como norma de não incidência, implica a proibição de instituir:

(A) contribuição de melhoria
(B) contribuição social
(C) imposto
(D) taxa

É forte o entendimento no sentido de que as imunidades, em geral, referem-se aos impostos (é o caso daquelas previstas no art. 150, VI, da CF), embora seja inquestionável a existência de imunidades específicas relacionadas a outras espécies tributárias (*v.g.*, art. 195, II e § 7º, da CF, relativas a contribuições sociais).

Gabarito "C".

(FGV – 2007) Com base na Constituição da República Federativa de 1988 e suas atualizações e na jurisprudência do STF, julgue as afirmativas a seguir:

I. As imunidades recíprocas vedam a União, os Estados, o Distrito Federal e os Municípios de instituírem impostos sobre patrimônio, renda e serviços uns dos outros, e são extensivas aos Correios e à Infraero.

II. Os partidos políticos, entidade sindicais dos trabalhadores, instituições de ensino e entidades assistenciais sem fins lucrativos são imunes ao pagamento de IPTU de imóveis de sua titularidade, ainda que locados a terceiros, desde que o valor dos aluguéis seja aplicado nas respectivas atividades essenciais.

III. A imunidade dos livros, jornais, periódicos e do papel destinado a sua impressão abrange os filmes e papéis fotográficos necessários à publicação de jornais e periódicos.

Assinale:

(A) se nenhuma afirmativa estiver correta.
(B) se somente as afirmativas I e II estiverem corretas.
(C) se somente as afirmativas I e III estiverem corretas.
(D) se somente as afirmativas II e III estiverem corretas.
(E) se todas as afirmativas estiverem corretas.

I: correta, pois o STF entende que a imunidade recíproca aproveita aos Correios e à Infraero, empresas públicas cujos serviços específicos são de prestação obrigatória e exclusiva pelo Estado; **II:** correta, conforme a Súmula 724/STF ("Ainda quando alugado a terceiros, permanece imune ao IPTU o imóvel pertencente a qualquer das entidades referidas pelo art. 150, VI, *c*, da Constituição, desde que o valor dos aluguéis seja aplicado nas atividades essenciais de tais entidades"); **III:** correta, conforme a Súmula 657/STF ("A imunidade prevista no art. 150, VI, *d*, da Constituição Federal abrange os filmes e papéis fotográficos necessários à publicação de jornais e periódicos").

Gabarito "E".

4. DEFINIÇÃO DE TRIBUTO E ESPÉCIES TRIBUTÁRIAS

(OAB/Exame Unificado – 2015.2) Em 17/07/2014, o Tribunal de Justiça do Estado X da Federação instituiu, por meio de Provimento da Corregedoria Geral da Justiça, as custas judiciais e os emolumentos cartorários vigentes a partir da data da publicação. Sobre a hipótese, assinale a afirmativa correta.

(A) As custas judiciais e os emolumentos cartorários têm natureza jurídica de preço público e, portanto, não estão sujeitos às limitações constitucionais ao poder de tributar.

(B) As custas judiciais e os emolumentos cartorários têm natureza jurídica de taxa de serviço. Sendo assim, o provimento da Corregedoria Geral viola os princípios da legalidade, da anterioridade de exercício e nonagesimal.

(C) As custas judiciais e os emolumentos cartorários têm natureza jurídica de contribuição social. Sendo assim, o provimento da Corregedoria Geral viola os princípios da legalidade, da anterioridade de exercício e nonagesimal.

(D) As custas judiciais e os emolumentos cartorários têm natureza jurídica de taxa de poder de polícia. Sendo assim, o provimento da Corregedoria Geral viola os princípios da legalidade e da anterioridade de exercício.

A: incorreta, pois as custas judiciais têm por fato gerador serviço público específico e divisível essencial, prestado pelo Estado (serviços da Justiça, judiciais), ínsito à soberania, de modo que têm natureza de taxa, espécie de tributo, não de preço público (que não tem natureza tributária); **B:** correta, pois, sendo tributo, sujeitam-se a esses princípios; **C:** incorreta, pois têm natureza de taxa, conforme comentários anteriores; **D:** incorreta, pois trata-se de taxa pela prestação de serviço, conforme comentários anteriores.

Gabarito "B".

(OAB/Exame Unificado – 2014.1) Segundo o entendimento do STF, a taxa cobrada exclusivamente em razão dos serviços públicos de coleta, remoção e tratamento ou destinação de lixo ou resíduos provenientes de imóveis, é

(A) constitucional, por não violar o conceito constitucional de taxa.

(B) inconstitucional, por violar o conceito constitucional de taxa.
(C) constitucional, por não violar o conceito constitucional de taxa, mas ilegal por violar a definição de taxa contida no Código Tributário Nacional.
(D) inconstitucional, por violar o conceito constitucional de taxa, além de ilegal, por violar a definição de taxa contida no Código Tributário Nacional.

O entendimento do STF pela constitucionalidade dessa taxa foi consolidado pela Súmula Vinculante 19 daquela Corte: A taxa cobrada exclusivamente em razão dos serviços públicos de coleta, remoção e tratamento ou destinação de lixo ou resíduos provenientes de imóveis, não viola o artigo 145, II, da Constituição Federal. Por essa razão, a alternativa "A" é a correta. A "C" é incorreta, pois não há violação a qualquer norma do CTN, até porque o STF exauriu essa análise.

Gabarito "A"

(OAB/Exame Unificado – 2011.3.B) Com base no Sistema Tributário Nacional, assinale a alternativa correta.

(A) A contribuição de melhoria é um tributo de competência exclusiva dos Estados federados.
(B) As taxas podem ser instituídas pela União, Estados e Distrito Federal e Municípios.
(C) O ICMS tem destinação orçamentária específica.
(D) Os impostos têm por finalidade precípua a intervenção do Estado na atividade econômica.

A: incorreta, pois a contribuição de melhoria é tributo da competência de todos os entes políticos (União, Estados, Distrito Federal e Municípios) em relação às obras que realizem, na forma do art. 145, III, da CF, razão pela qual muitos autores referem-se à "competência comum"; **B:** correta, pois, assim como a contribuição de melhoria, a taxa insere-se na competência tributária de todos os entes políticos, em relação aos serviços prestados e ao exercício do poder de polícia por cada um deles (é considerado também tributo da "competência comum"), nos termos do art. 145, II, da CF; **C:** incorreta, pois, em regra, os impostos não podem ter suas receitas vinculadas a despesas específicas, conforme vedação expressa do art. 167, IV, da CF (note que há exceções no próprio dispositivo constitucional); **D:** incorreta, pois a finalidade essencial dos impostos é garantir recursos para funcionamento do Estado (função fiscal), embora possam ter características de intervenção na economia e na sociedade (função extrafiscal). O tributo cuja função essencial (= precípua) é a intervenção do Estado na atividade econômica é a CIDE (contribuição de intervenção no domínio econômico), prevista no art. 149, *caput*, da CF.

Gabarito "B"

(OAB/Exame Unificado – 2011.3.B) As taxas são os tributos que têm por hipótese de incidência uma atuação estatal.

Assinale a alternativa que corretamente delimite tal atuação, nos termos da Constituição da República Federativa do Brasil e da legislação tributária.

(A) Os serviços públicos universais (*uti universi*) podem ser custeados por meio de taxas, já que alcançam a coletividade considerada como um todo, o mesmo não podendo se dizer a respeito dos atos de polícia.
(B) Tanto os serviços públicos *uti universi* como os *uti singuli*, também chamados singulares, na medida em que são mensuráveis e divisíveis, podem ser custeados por meio de taxas, juntamente com os atos de polícia.
(C) Somente os serviços públicos específicos, por serem de utilização individual e mensurável, podem ser custeados mediante taxas de serviço, ocorrendo o mesmo com os atos de polícia, que devem ser específicos e divisíveis para serem custeados mediante taxas de polícia.
(D) A atuação estatal suscetível de ser custeada mediante taxa é aquela que se refere indiretamente ao contribuinte, tal como uma obra pública que causa valorização imobiliária, aumentando o valor de mercado dos imóveis localizados em suas imediações.

A: incorreta, pois somente os serviços divisíveis e específicos (*uti singuli*) permitem a cobrança de taxa. Os serviços inespecíficos e prestados indistintamente à coletividade (*uti universi*) não permitem a cobrança de taxa; **B:** incorreta, conforme comentário anterior; **C:** correta, nos termos do art. 145, II, da CF e do art. 77 do CTN (embora esses dispositivos não se refiram expressamente à divisibilidade e à especificidade em relação ao exercício do poder de polícia); **D:** incorreta, pois a assertiva refere-se à contribuição de melhoria, e não à taxa – art. 145, III, da CF e art. 81 do CTN. A atividade estatal atinente à taxa refere-se imediatamente (não mediatamente) ao contribuinte, ou seja, é serviço prestado ou fiscalização realizada diretamente em relação ao contribuinte.

Gabarito "C"

(OAB/Exame Unificado – 2009.3) Caso a União pretenda fazer investimento público de caráter urgente e de relevante interesse nacional,

(A) não poderá ser instituído tributo, visto que se trata de despesa de investimento.
(B) poderá ser instituído empréstimo compulsório, por meio de lei complementar federal, para ser cobrado no mesmo exercício em que seja publicada a lei que o institua.
(C) poderá ser instituído imposto extraordinário para vincular a sua arrecadação à despesa no referido investimento.
(D) poderá ser instituído empréstimo compulsório por meio de lei complementar, observado o princípio da anterioridade.

A: incorreta, pois investimento público de caráter urgente e de relevante interesse nacional é hipótese que permite a instituição de empréstimo compulsório (= espécie de tributo), por lei complementar federal (é da competência exclusiva da União), nos termos do art. 148, II, da CF; **B:** incorreta, pois o empréstimo compulsório instituído em caso de investimento público submete-se ao princípio da anterioridade anual (art.150, II, *b*, da CF). É bom lembrar que a outra hipótese de empréstimo compulsório (para fazer frente à despesa extraordinária, decorrente de calamidade pública, de guerra ou na sua iminência, prevista no art. 148, I, da CF) não se submete à anterioridade, conforme dispõe o art. 150, § 1º, da CF; **C:** incorreta, pois o imposto extraordinário somente pode ser instituído em caso de guerra externa ou sua iminência (situação, aliás, que permite também a instituição de empréstimo compulsório – art. 148, I, da CF), nos termos do art. 154, II, da CF; **D:** correta, conforme o art. 148, II, da CF.

Gabarito "D"

(OAB/Exame Unificado – 2008.3) A taxa de inspeção sanitária cobrada de estabelecimentos que possuem instalações sanitárias, como restaurantes e bares, destinada à realização de fiscalização pelo Poder Público, tem como fato gerador

(A) a necessidade de utilização do serviço pelo contribuinte.
(B) a cobrança do tributo pela intervenção no domínio econômico realizada pelo Estado.
(C) a utilização efetiva, por parte da população, do serviço específico e divisível.

(D) a atividade da administração pública que regula a prática de ato concernente à higiene, no exercício de atividade econômica dependente de concessão ou autorização do Poder Público.

Trata-se de taxa instituída para fazer frente ao poder de polícia exercido pela Administração Pública (art. 145, II, primeira parte, da CF), cujo fato gerador é a efetiva atividade fiscalizatória. **A** e **C**: incorretas, pois essa taxa não tem relação com serviço público prestado ao contribuinte (não é taxa de serviço, mas sim pelo exercício do poder de polícia); **B**: incorreta, pois não se trata de CIDE (= contribuição de intervenção no domínio econômico – art. 149, *caput*, da CF), mas de taxa pelo exercício do poder de polícia; **D**: correta, conforme comentário inicial.

Gabarito "D"

(OAB/Exame Unificado – 2008.3) Suponha que determinado ente da Federação pretenda instituir contribuição de melhoria para fazer face ao custo da construção de uma linha de metrô que beneficiará certa região metropolitana com valorização imobiliária. Considerando essa situação hipotética e a disciplina da espécie tributária mencionada, assinale a opção correta.

(A) O referido ente da Federação somente pode ser um Município ou o DF.

(B) O valor da contribuição de melhoria deverá corresponder ao custo total da obra dividido pelo número de imóveis beneficiados.

(C) O orçamento do custo da obra deverá ser previamente publicado, e o prazo para a sua impugnação administrativa pelos interessados não poderá ser inferior a 30 dias.

(D) O valor da contribuição de melhoria deverá englobar, necessariamente, o valor total da obra pública a ser custeada pela exação.

A: incorreta, pois todos os entes políticos podem cobrar contribuição de melhoria em relação às obras que realizem (competência *comum*) – art. 145, *caput*, e inc. III, da CF; **B** e **D**: incorretas, pois a contribuição relativa a cada imóvel será determinada pelo rateio da parcela do custo da obra a ser financiada pela arrecadação do tributo, pelos imóveis situados na zona beneficiada em função dos respectivos fatores individuais de valorização. Ademais, a parcela cobrada de cada contribuinte não pode ultrapassar a valorização do respectivo imóvel – arts. 81 e 82, § 1º, do CTN; **C**: correta, conforme o art. 82, I e II, do CTN.

Gabarito "C"

(OAB/Exame Unificado – 2008.2) Suponha que uma unidade federativa tenha instituído uma taxa pela utilização do serviço público. Para que essa taxa atenda aos requisitos constitucionais mínimos, é indispensável que a utilização desse serviço seja

(A) efetiva e potencial.

(B) específica e divisível.

(C) específica ou divisível.

(D) efetiva ou potencial.

A utilização do serviço deve ser efetiva ou potencial, nos termos do art. 145, II, da CF (repare que a questão diz respeito à *utilização* do serviço e não às *características* do serviço público, que deve ser específico e divisível). **A**: incorreta, pois a utilização pode ser efetiva ou potencial; **B** e **C**: incorretas, pois essas são as características do serviço público prestado, que deve ser específico **e** divisível; **D**: correta, conforme comentário inicial.

Gabarito "D"

(OAB/Exame Unificado – 2008.2) Se o governo criar um tributo sobre a utilização dos serviços públicos de defesa nacional destinado a cobrir os custos de manutenção das forças armadas, nesse caso, a natureza jurídica de tal exação

(A) será de imposto, porque servirá ao serviço público não divisível.

(B) será de taxa, porque se destinará ao exercício do poder de polícia.

(C) não será de contribuição de melhoria, porque não haverá obra envolvida.

(D) não será de contribuição social, porque estará vinculada.

A e **B**: incorretas. O serviço de segurança, de fato, não é divisível; assim, não caberia a cobrança de taxa (que requer serviço público divisível) e de imposto (que não é o tributo adequado para retribuir serviços prestados pelo Estado); **C**: correta, pois os requisitos para a cobrança dessa contribuição (obra pública + valorização imobiliária – arts. 145, II, da CF e 81 do CTN) não estão presentes; **D**: incorreta, pois as contribuições sociais são tributos vinculados, ainda que indiretamente, a uma atividade estatal – arts. 149 e 195 da CF.

Gabarito "C"

(OAB/Exame Unificado – 2008.1) De acordo com a Constituição Federal, as contribuições sociais e de intervenção no domínio econômico podem

(A) ter alíquotas *ad valorem*, com base na unidade de medida adotada.

(B) ter alíquotas específicas, com base no faturamento, na receita bruta ou no valor da operação.

(C) incidir sobre as receitas de exportação.

(D) incidir sobre as receitas de importação.

A: incorreta, pois, embora as contribuições sociais possam ter alíquota *ad valorem* (percentual, o que é a regra), sua base de cálculo será, nesse caso, o faturamento, a receita bruta ou o valor da operação e, no caso de importação, o valor aduaneiro – art. 149, § 2º, III, *a*, da CF; **B**: incorreta, pois no caso de alíquota específica, a base de cálculo da contribuição será a unidade de medida adotada – art. 149, § 2º, III, *b*, da CF; **C**: incorreta, pois as contribuições sociais e as CIDEs não incidem sobre as receitas de exportação – art. 149, § 2º, I, da CF; **D**: correta, já que essas contribuições incidirão sobre a importação de produtos estrangeiros ou serviços, de modo que podem onerar a receita correspondente – art. 149, § 2º, II, da CF.

Gabarito "D"

(OAB/Exame Unificado – 2008.1) Considere que a União institua uma lei visando definir o valor de serviços administrativos de órgão do Ministério da Agricultura, Pecuária e Abastecimento quanto às fiscalizações de estabelecimentos que acondicionam carnes bovinas destinadas à exportação. Nessa hipótese, o valor a ser pago pelos contribuintes constitui

(A) taxa, por decorrer de regime jurídico tributário.

(B) tarifa, pelo caráter compulsório da cobrança.

(C) imposto, por decorrer da lei.

(D) contribuição, por corresponder a arrecadação de valores para atividade específica.

A assertiva refere-se ao exercício de poder de polícia (fiscalização), que dá ensejo à cobrança de taxa, nos termos do que dispõe o art. 145, II, da CF.

Gabarito "A"

(OAB/Exame Unificado – 2008.1) Acerca do empréstimo compulsório, assinale a opção correta.

(A) Em casos de relevância e urgência, é lícito à União instituir empréstimos compulsórios mediante medida provisória.
(B) A importância arrecadada com a cobrança do empréstimo compulsório tem aplicação vinculada à despesa que ensejou sua instituição.
(C) Constitui hipótese de instituição de imposto extraordinário a ocorrência de calamidade pública.
(D) São fatos geradores do empréstimo compulsório a calamidade pública, a guerra externa ou o investimento público de caráter urgente e de relevante interesse nacional.

A: incorreta, pois o empréstimo compulsório deve ser instituído por lei complementar federal, que não pode ser substituída por medida provisória – arts. 62, § 1º, III, e 148 da CF; **B:** correta, pois a vinculação da aplicação dos recursos provenientes de empréstimo compulsório à despesa que fundamentou sua instituição é prevista expressamente pelo art. 148, parágrafo único, da CF; **C:** incorreta, pois as únicas hipóteses de instituição do imposto extraordinário são a guerra externa ou a sua iminência – art. 154, II, da CF. A calamidade pública pode dar ensejo ao empréstimo compulsório, para atender a despesas extraordinárias, nos termos do art. 148, I, da CF; **D:** incorreta, pois a Constituição Federal não indica os fatos geradores do empréstimo compulsório, mas apenas as situações que permitem sua instituição – art. 148 da CF.

Gabarito "B"

(OAB/Exame Unificado – 2007.3) As contribuições de intervenção no domínio econômico podem ser cobradas sobre bases de cálculo

(A) fixadas em regulamento, provenientes de valores obtidos no mercado interno, inclusive sobre a importação e exportação de produtos ou serviços estrangeiros.
(B) fixadas em lei, provenientes de valores obtidos no mercado interno, inclusive sobre a importação e exportação de produtos ou serviços estrangeiros.
(C) fixadas em lei, provenientes de valores obtidos no mercado interno, inclusive sobre a importação de produtos ou serviços estrangeiros, não incidindo sobre as receitas de exportação.
(D) fixadas em regulamento, provenientes de valores obtidos no mercado interno, inclusive sobre a importação e exportação de produtos ou serviços estrangeiros, e com alíquotas estabelecidas por ato do Poder Executivo.

As CIDEs, assim como as contribuições sociais, poderão ter como base de cálculo: (i) o faturamento, a receita bruta ou o valor da operação e, no caso de importação, o valor aduaneiro (no caso de alíquota *ad valorem* – art. 149, § 2º, III, *a*, da CF) ou a unidade de medida adotada (no caso de alíquota específica – art. 149, § 2º, III, *b*, da CF). Essas contribuições não incidem sobre receitas de exportação, mas incidem sobre a importação de produtos estrangeiros ou serviços – art. 149, § 2º, I e II, da CF. **A** e **D:** incorretas, pois as bases de cálculo das contribuições devem ser fixadas por lei, não por simples regulamento. Ademais, não incidem sobre receitas de exportação; **B:** incorreta, pois as contribuições sociais e as CIDEs não incidem sobre receitas de exportação; **C:** correta, conforme comentário inicial.

Gabarito "C"

(OAB/Exame Unificado – 2007.3) As contribuições sociais cobradas do empregador, da empresa e da entidade a ela equiparada, na forma do artigo 195, I, da Constituição Federal, que trata da folha de salários, receita ou faturamento e lucro,

(A) devem ter alíquotas ou bases de cálculo idênticas, independentemente da atividade econômica ou utilização intensiva de mão de obra.
(B) podem ter alíquotas ou bases de cálculo diferenciadas em razão da atividade econômica ou utilização intensiva de mão de obra.
(C) devem ter, apenas, alíquotas idênticas em função do princípio da igualdade.
(D) podem ter alíquotas diferenciadas em função da diversidade da base de financiamento.

Nos termos do art. 195, § 9º, da CF, as contribuições sociais do empregador, da empresa e da entidade a ela equiparada poderão ter alíquotas ou bases de cálculo *diferenciadas*, em razão da atividade econômica, da utilização intensiva de mão de obra, do porte da empresa ou da condição estrutural do mercado de trabalho. **A:** incorreta, pois as bases podem ser diferenciadas; **B:** correta, conforme comentário inicial; **C:** incorreta, pois as alíquotas também podem ser diferenciadas; **D:** incorreta, pois a diversidade da base de financiamento não é critério para diferenciação das alíquotas, mas sim a atividade econômica, a utilização intensiva de mão de obra, o porte da empresa ou a condição estrutural do mercado de trabalho.

Gabarito "B"

(OAB/Exame Unificado – 2007.3) Gilson reside em uma localidade paranaense que é servida com iluminação pública cobrada dos contribuintes. Nessa situação, a espécie tributária que Gilson paga pela iluminação pública é

(A) Taxa paga ao Estado.
(B) Contribuição especial paga ao Município.
(C) Contribuição especial paga ao Estado.
(D) Taxa paga ao município.

O serviço de iluminação pública pode ser custeado pela contribuição prevista no art. 149-A da CF, de competência dos Municípios e do Distrito Federal. **A** e **D:** incorretas, pois se trata de contribuição, e não taxa; **B:** correta, conforme comentário inicial; **C:** incorreta, pois a contribuição para custeio do serviço de iluminação pública é instituído e cobrado pelos Municípios e pelo Distrito Federal.

Gabarito "B"

(OAB/Exame Unificado – 2007.3) Constitui hipótese juridicamente correta de instituição de um tributo com o mesmo fato gerador da CPMF a criação de um(a)

(A) imposto, desde que 20% do produto de sua arrecadação sejam distribuídos aos Estados da Federação.
(B) taxa, desde que aprovado por meio de lei complementar.
(C) imposto, desde que aprovado por meio de lei complementar.
(D) contribuição especial, desde que uma lei complementar a torne não cumulativa.

A e **C:** incorretas, pois o imposto da competência residual da União não poderia ser cumulativo (a CPMF é claramente cumulativa) – art. 154, I, da CF; **B:** incorreta. Não é possível a cobrança de taxa sobre movimentações financeiras, já que essa espécie tributária somente pode ser cobrada em caso de prestação de serviço público específico e divisível ou de exercício do poder de polícia – art. 145, II, da CF; **D:** essa é a melhor alternativa, por exclusão das demais, caso seja possível tornar a cobrança não cumulativa – art. 195, § 4º, da CF.

Gabarito "D"

(OAB/Exame Unificado – 2006.3) Além dos impostos, a Constituição Federal permite à União cobrar as chamadas contribuições sociais. Entretanto, não é permitido à União cobrar contribuição

(A) sobre o lucro das empresas.
(B) destinada à iluminação pública.
(C) sobre o faturamento das empresas.
(D) sobre a receita de concursos de prognósticos.

A: incorreta, pois a contribuição social incide sobre o lucro – art. 195, I, *c*, da CF; **B:** correta, pois a contribuição para custeio do serviço de iluminação pública é da competência dos Municípios e do Distrito Federal, não da União, conforme dispõe o art. 149-A da CF. Ademais, não é contribuição social (ou seja, não custeia a seguridade social), como determina o art. 195 da CF; **C:** incorreta, pois a contribuição social incide sobre a receita ou o faturamento – art. 195, I, *b*, da CF; **D:** incorreta, pois incide contribuição social sobre a receita de concursos de prognósticos (loterias) – art. 195, III, da CF.

Gabarito "B".

(OAB/Exame Unificado – 2006.3) Na história da legislação tributária brasileira, frequentemente ocorreu de entes da Federação criarem verdadeiros impostos, dando-lhes, entretanto, o nome de taxa. Isso ocorria para se evitar que fosse declarada inconstitucional a lei instituidora, por falta de competência tributária. Considerando essa afirmação, assinale a opção correta, relativamente à natureza jurídica do tributo.

(A) Não procede a preocupação do ente federado, pois um tributo será considerado taxa desde que seja criado com esta denominação.
(B) Para a definição da natureza jurídica, é relevante levar-se em consideração a destinação do produto da arrecadação.
(C) Todas as características formais do tributo estabelecidas na lei de criação devem ser consideradas na definição da espécie tributária.
(D) O fato gerador é critério de exame da natureza jurídica específica do tributo.

A: incorreta, pois a denominação dada ao tributo é irrelevante. A natureza jurídica específica é dada pelo fato gerador e pela base de cálculo da exação, de acordo com o art. 4º, *caput* e I, do CTN; **B:** incorreta, pois a destinação do produto da arrecadação tampouco é relevante para a definição da natureza jurídica do tributo –art. 4º, II, do CTN; **C:** incorreta, pois as características formais não são relevantes – art. 4º, I, *in fine*, do CTN; **D:** correta, conforme comentário à alternativa "A".

Gabarito "D".

(OAB/Exame Unificado – 2006.ES) Os recursos provenientes de impostos não podem ser vinculados a órgão, fundo ou despesa, como determina o princípio constitucional da não afetação ou não vinculação. Entretanto, são exceções e podem receber garantia legal de vinculação em orçamento de parte da arrecadação de impostos as despesas

(A) de pagamento de servidores públicos.
(B) com ensino.
(C) com saúde e segurança.
(D) de pagamento de prestações de empréstimos e financiamentos.

Conforme o princípio da não afetação ou da não vinculação (art. 167, IV, da CF), é vedada a vinculação de receita de impostos a órgão, fundo ou despesa, ressalvadas a repartição do produto da arrecadação dos impostos a que se referem os arts. 158 e 159 da CF, a destinação de recursos para as ações e serviços públicos de saúde, para manutenção e desenvolvimento do ensino e para realização de atividades da administração tributária, como determinado, respectivamente, pelos arts. 198, § 2º, 212 e 37, XXII, da CF, e a prestação de garantias às operações de crédito por antecipação de receita, previstas no art. 165, § 8º, da CF, bem como o disposto no § 4º do art. 167 da CF. **A:** incorreta, pois não há exceção que possibilite a vinculação da receita de impostos ao pagamento de servidores; **B:** correta, pois há exceção a não afetação em relação a despesas com ensino, conforme comentários iniciais; **C:** incorreta, pois há previsão de vinculação para a saúde, mas não para a segurança; **D:** incorreta, pois se permite a vinculação, apenas, para fins de garantia a determinadas operações de crédito (antecipação de receitas) e em relação a obrigações dos Estados, do Distrito Federal e dos Municípios com a União.

Gabarito "B".

(FGV – 2011) De acordo com os princípios gerais do sistema tributário nacional, analise as afirmativas a seguir:

I. Sempre que possível os impostos terão caráter impessoal e serão graduados segundo a capacidade econômica do contribuinte.
II. Cabe à lei complementar regular as limitações constitucionais ao poder de tributar.
III. As contribuições de melhoria não poderão ter base de cálculo própria de impostos.
IV. Os Estados, o Distrito Federal e os Municípios instituirão contribuição, cobrada de seus servidores, para o custeio, em benefício destes, do regime previdenciário.

Das afirmativas acima, são corretas, somente

(A) I e II.
(B) I, II e III.
(C) I e IV.
(D) II, III e IV.
(E) II e IV.

I: incorreta, pois "sempre que possível, os impostos terão caráter pessoal", conforme dispõe o art. 145, § 1º, da CF; **II:** correta, nos termos do art. 146, II, da CF; **III:** correta, pois a base de cálculo da contribuição de melhoria deve refletir o fato gerador correspondente, ou seja, a valorização imobiliária decorrente da obra pública (art. 81 do CTN), de modo que não poderá ser própria de imposto (cujo fato gerador quantifica, necessariamente, uma situação desvinculada de qualquer atividade estatal específica voltada ao contribuinte – art. 16 do CTN) – ver o art. 145, § 2º, da CF, referente às taxas; **IV:** correta, pois a competência (impositiva) é prevista no art. 149, § 1º, da CF.

Gabarito "D".

(FGV – 2011) Lei Estadual instituiu pedágio a ser cobrado por empresa privada, concessionária, para os usuários de determinada rodovia que passa pelo território de diferentes municípios, sem, no entanto, estabelecer via alternativa, gratuita, de trânsito. Considerando a hipótese acima, assinale a alternativa correta.

(A) O Pedágio, no caso, tem natureza de tarifa e, como tal, apresenta obrigatoriamente a característica da compulsoriedade.
(B) A cobrança do pedágio por pessoa jurídica de direito privado é compatível com o princípio da indelegabilidade da competência tributária.
(C) O pedágio, na situação retratada, tem natureza de taxa, não podendo ser cobrado pela empresa concessionária, conforme aduz o princípio da irrenunciabilidade.

(D) O oferecimento de via alternativa gratuita é condição necessária para a cobrança de pedágio.

(E) É vedado o estabelecimento de limitações ao tráfego de pessoas ou bens, por meio de pedágio, por imposição constitucional.

A assertiva refere-se à situação ainda debatida na doutrina e na jurisprudência. Muitos argumentam que, se não houver via alternativa, o pedágio passa a ser compulsório (independe da vontade do usuário da rodovia, que não tem opção), o que lhe dá natureza de tributo – art. 3º do CTN. Ocorre que o STF e o STJ já se manifestaram a respeito do serviço público de fornecimento de água e coleta de esgoto, afirmando que, caso seja prestado por concessionária de serviço público, o valor cobrado terá natureza de tarifa, ainda que a utilização seja compulsória – ver AgRg no REsp 1.236.750/SP – STJ. **A:** incorreta, pois a compulsoriedade não é característica determinante da tarifa, pelo contrário; **B:** correta, pois a competência tributária não se refere à cobrança do tributo, mas sim à produção normativa (instituição, modificação e extinção do tributo por meio de lei), que jamais é delegada (a concessionária não legisla, apenas cobra o pedágio); **C:** incorreta, pois, como dito inicialmente, a concessionária é remunerada por meio de tarifa, conforme determina expressamente o art. 175, III, da CF; **D:** incorreta, pois, embora discutível e reconhecida por parte da doutrina (veja comentário inicial), não nos parece correta à luz da jurisprudência atual; **E:** incorreta, pois a Constituição Federal prevê expressamente a possibilidade de cobrança de pedágio pelo uso de vias públicas – art. 150, V, da CF. Obs.: O gabarito oficial indicava a alternativa "C" como correta. Discordamos, pois, ainda que possa haver debate quanto à natureza do pedágio, a alternativa "B" é inquestionavelmente correta – competência tributária não tem relação com a possibilidade de sujeição ativa delegada – art. 7º do CTN.

Gabarito "B".

(FGV – 2011) Qual é o fato gerador que permite a cobrança da contribuição de melhoria?

(A) Realização de obra pública que gere melhoras nas condições de vida da população.

(B) Prestação de serviço público que atraia investimentos econômicos na região.

(C) Disponibilização do serviço público de caráter voluptuário.

(D) Efetivo exercício do poder de polícia.

(E) Valorização de imóvel decorrente de obra pública.

O fato gerador da contribuição de melhoria é a valorização imobiliária decorrente de obra pública, conforme descrito na alternativa "E", nos termos do que dispõem o art. 145, III, da CF e o art. 81 do CTN.

Gabarito "E".

(FGV – 2011) Quanto às taxas, é correto afirmar que

(A) é possível que elas sejam calculadas em função do capital das empresas.

(B) somente podem ser cobradas para fazer face à utilização efetiva de serviço público prestado ao contribuinte.

(C) a cobrança de taxas se subordina à prestação de serviço público específico e indivisível posto à disposição do contribuinte.

(D) a taxa não pode ter fato gerador idêntico ao que corresponda a imposto, mas nada impede que tenha a mesma base de cálculo.

(E) são compulsórias e têm sua cobrança condicionada à prévia autorização orçamentária em relação à lei que as instituiu.

A: incorreta, pois a base de cálculo da taxa deve necessariamente quantificar seu fato gerador (custo do serviço público prestado ou da fiscalização), o que não ocorre no caso de adoção do capital das empresas para essa finalidade, o que, ademais, é vedado expressamente pelo art. 77, parágrafo único, *in fine*, do CTN; **B:** incorreta, pois cabe taxa de serviço também pela utilização potencial do serviço público, conforme previsto no art. 79, I, *b*, do CTN. Ademais, outra hipótese de taxa refere-se ao exercício de poder de polícia – art. 145, II, da CF; **C:** incorreta, pois, nos termos do art. 145, II, da CF e do art. 79, II e III, do CTN, somente o serviço público específico e divisível permite a cobrança de taxa. Ademais, quando o serviço não é de utilização compulsória, não basta que ele seja posto à disposição do contribuinte, sendo necessária a efetiva utilização para que possa haver cobrança – art. 79, I, *a*, do CTN. Finalmente, como já dito, há também a possibilidade de taxa pelo exercício do poder de polícia; **D:** incorreta, pois a taxa não pode ter base de cálculo idêntica à de imposto – art. 145, § 2º, da CF, art. 77, parágrafo único, do CTN e Súmula Vinculante 29/STF ("É constitucional a adoção, no cálculo do valor de taxa, de um ou mais elementos da base de cálculo própria de determinado imposto, desde que não haja integral identidade entre uma base e outra"); **E:** correta, conforme gabarito oficial, porém, não subsiste no sistema tributário brasileiro o princípio da anualidade (= previsão orçamentária prévia, como requisito para a validade da exação tributária). Não confundir como princípio da anterioridade anual, plenamente válido – art. 150, III, *b*, da CF. **Obs.:** o gabarito oficial indicou a alternativa "E" como correta, mas a questão deveria ter sido anulada, pois não há assertiva correta.

Gabarito "E".

(FGV – 2011) A respeito das espécies de tributos, é correto afirmar que

(A) a União, os Estados e o Distrito Federal, e os Municípios poderão instituir, exclusivamente, os seguintes tributos: impostos, taxas e contribuições de melhoria.

(B) de acordo com o Código Tributário Nacional, considera-se imposto o tributo vinculado a qualquer atividade estatal específica.

(C) a taxa é um tributo não vinculado a uma atuação estatal específica e tem, como possível fato gerador, o exercício regular do poder de polícia.

(D) a instituição de contribuições sociais, de intervenção no domínio econômico e de interesse das categorias profissionais ou econômicas, é de competência exclusiva da União.

(E) a contribuição de melhoria é o tributo cobrado em função da realização de obras e prestação de serviços.

A: incorreta, pois a listagem não esgota as espécies tributárias. Todos os entes políticos devem instituir contribuição dos servidores para custeio do regime previdenciário próprio – art. 149, § 1º, da CF. Ademais, Municípios e Distrito Federal têm competência para instituir a contribuição para custeio do serviço de iluminação pública – art. 149-A da CF. Finalmente, a União pode instituir os empréstimos compulsórios e as demais contribuições especiais (sociais, CIDEs e de interesse de categorias profissionais ou econômicas) – arts. 148 e 149 da CF, bem como impostos extraordinários, em caso de guerra externa ou na sua iminência – art. 154, II, da CF; **B:** incorreta, pois é o oposto. O imposto é o tributo cujo fato gerador é desvinculado de qualquer atividade estatal específica, relativa ao contribuinte – art. 16 do CTN; **C:** incorreta, pois a taxa é tributo vinculado, uma vez que seu fato gerador é, necessariamente, relacionado a uma atividade estatal específica relativa ao contribuinte (serviço ou fiscalização) – art. 145, II, da CF e art. 77 do CTN; **D:** correta, nos termos do art. 149, *caput*, da CF; **E:** incorreta, pois a contribuição de melhoria refere-se, exclusivamente, a obras públicas, e não a serviços (a rigor, refere-se à valorização imobiliária decorrente da obra pública) – art. 145, III, da CF e art. 81 do CTN.

Gabarito "D".

(FGV – 2010) Relativamente ao Sistema Tributário Nacional, assinale a alternativa correta.

(A) Somente a União, os Estados e o Distrito Federal poderão instituir impostos, taxas e contribuições de melhoria.
(B) Em casos de calamidade pública, de guerra externa ou sua iminência, investimento público de caráter urgente e de relevante interesse nacional é permitido à União instituir empréstimos compulsórios, desde que mediante lei ordinária, vedada a edição de medida provisória.
(C) A Constituição autoriza que lei complementar institua um regime único de arrecadação dos impostos e contribuições da União, dos Estados, do Distrito Federal e dos Municípios, observadas determinadas disposições constitucionais, tais como o fato de que esse regime será opcional para o contribuinte.
(D) As contribuições sociais e de intervenção no domínio econômico instituídas pela União não incidirão sobre as receitas decorrentes de exportação ou importação.
(E) As taxas poderão ter base de cálculo própria de impostos.

A: incorreta, pois os Municípios também têm competência tributária – arts. 145, *caput*, 149-A e 156 da CF; **B:** incorreta, pois o empréstimo compulsório deve, necessariamente, ser instituído mediante lei complementar federal – art. 148, *caput*, da CF; **C:** correta, referindo-se ao Simples Nacional – art. 146, parágrafo único, da CF; **D:** incorreta, pois a imunidade relativa às contribuições sociais e de intervenção no domínio econômico, prevista no art. 149, § 2º, I, da CF, refere-se exclusivamente às receitas decorrentes de exportação (não de importação, às quais incidem as referidas contribuições – art. 149, §,2º, II, da CF); **E:** incorreta, pois isso é vedado expressamente pelo art. 145, § 2º, da CF. É importante ressaltar, entretanto, que o STF faz uma leitura do dispositivo constitucional mais flexível, conforme o art. 77, parágrafo único, do CTN, que determina que a base de cálculo da taxa não pode ser idêntica à do imposto – Súmula Vinculante 29/STF ("É constitucional a adoção, no cálculo do valor de taxa, de um ou mais elementos da base de cálculo própria de determinado imposto, desde que não haja integral identidade entre uma base e outra").

Gabarito "C"

(FGV – 2010) Com relação aos *empréstimos compulsórios*, assinale a afirmativa incorreta.

(A) Os empréstimos compulsórios deverão ser instituídos por meio de lei complementar.
(B) A instituição do empréstimo compulsório se justifica quando, para atender a calamidade pública, são necessárias despesas extraordinárias.
(C) A iminência de guerra externa é fundamento suficiente para a instituição de empréstimo compulsório.
(D) Todos os entes da Federação têm competência para a instituição do empréstimo compulsório, desde que haja urgência de investimento público.
(E) O empréstimo compulsório poderá ser instituído sob o fundamento de relevante interesse nacional.

A: correta, conforme o art. 148 da CF; **B**, **C** e **E:** corretas, pois são hipóteses que permitem a instituição de empréstimo compulsório – art. 148, I e II, da CF; **D:** incorreta, devendo ser assinalada, pois somente a União tem competência para instituir empréstimos compulsórios – art. 148, *caput*, da CF.

Gabarito "D"

(FGV – 2010) A possibilidade de instituir uma taxa está diretamente vinculada

(A) à competência exclusiva dos Estados.
(B) à contraprestação específica desse tributo.
(C) ao campo de atuação da entidade federativa.
(D) à divisão de poder entre as entidades da federação.
(E) à conveniência e oportunidade da Administração Fiscal.

As taxas, relativas à utilização de serviços públicos e ao exercício do poder de polícia, podem ser instituídas pela União, pelos Estados, pelo Distrito Federal e pelos Municípios, razão pela qual muitos doutrinadores referem-se à competência comum. A definição de quais taxas podem ser instituídas por cada ente político refere-se à competência material ou substantiva de cada um deles, ou, como consta da assertiva "C", ao campo de atuação da entidade federativa. Assim, a taxa relativa a determinado serviço público é da competência do ente a que compete a prestação desse serviço público (por exemplo, se o Município X tem competência material para coletar lixo em seu território, somente ele pode instituir taxa de lixo em relação ao serviço prestado a seus cidadãos). De modo semelhante, taxa relativa a determinado exercício do poder de polícia compete ao ente detentor desse poder de polícia, ou que tenha a competência material para exercer esse poder de polícia.

Gabarito "C"

(FGV – 2010) Em determinado Estado da Federação foi editada lei que dispõe em seu artigo Y que X% do valor dos emolumentos relativos aos atos praticados pelos cartórios de notas serão destinados à Caixa de Assistência dos Advogados do Estado e XX% à Associação dos Magistrados do Estado. Essa lei é

(A) plenamente válida e eficaz, cabendo ao Poder Legislativo Estadual estabelecer o valor dos emolumentos que têm natureza de taxa.
(B) inconstitucional, visto que os emolumentos são espécie de contribuição especial, não podendo ser direcionados para custear entidades privadas.
(C) constitucional, uma vez que os emolumentos são preços públicos, fixados em lei, para custear atividade concedida a particular.
(D) parcialmente válida e eficaz, uma vez que os emolumentos não podem ser destinados a duas entidades de natureza distinta.
(E) inconstitucional no que se refere à destinação dos emolumentos, que têm natureza de taxa, e não podem ser destinados a entidades privadas.

Os emolumentos são valores cobrados pela prestação de serviço público em que há compulsoriedade (os cidadãos são compelidos a valer-se de tais serviços, independentemente de suas vontades), razão pela qual são considerados tributos. No que se refere à espécie tributária, o emolumento cobrado pelos cartórios é taxa, pois o fato gerador é o serviço público prestado. Por se tratar de tributo (receita pública), o Poder Judiciário considera que, além de remunerar os serviços notariais e de registro (art. 236, § 2º, da CF), não podem ter sua renda destinada a entidades privadas (ver, por exemplo, a ADIn 3.660/MS – STF: "Custas judiciais. Destinação a entidades privadas. Inconstitucionalidade. O Supremo Tribunal Federal já manifestou, por diversas vezes, o entendimento de que é vedada a destinação dos valores recolhidos a título de custas e emolumentos a pessoas jurídicas de direito privado. Precedentes").

Gabarito "E"

(FGV – 2009) A taxa e o preço público se caracterizam por:

(A) o preço público ser receita derivada do Estado e a taxa ser receita originária.

(B) a cobrança da taxa obedecer ao princípio da proporcionalidade do uso e a do preço público não.
(C) o preço público poder ser cobrado pela utilização potencial do serviço, enquanto a taxa não pode.
(D) a taxa ter como sujeito ativo pessoa jurídica de direito público e o preço público poder ser exigido por pessoa jurídica de direito privado.
(E) o regime jurídico da taxa ser *sui generis*, já o dos preços públicos ser, sobretudo, contratual.

A: incorreta. Receita derivada é aquela decorrente do poder estatal, exigida compulsoriamente dos cidadãos, por meio de lei (tributos, penalidades pecuniárias). Receita originária é aquela auferida pela exploração do patrimônio estatal (aluguéis, vendas de ativos, prestação de serviços em regime privado etc.). Assim, a taxa (= espécie de tributo) é receita derivada, enquanto o preço público (remuneração pela prestação do serviço em regime privado) é receita originária; **B**: incorreta. Tanto a taxa como o preço público remuneram determinada atividade, de modo que deve haver proporcionalidade entre essa atividade e aquilo que é cobrado por ela; **C**: incorreta. Somente a taxa tem o aspecto da compulsoriedade (típico dos tributos), podendo ser exigida mesmo quando o cidadão não utiliza efetivamente o serviço; **D**: correta, pois, de fato, o art. 119 do CTN prevê que o sujeito ativo do tributo (não se esqueça que a taxa é espécie de tributo) será sempre pessoa jurídica de direito público (há controvérsia doutrinária), restrição que não se aplica ao preço público (que não tem natureza tributária); **E**: incorreta. O regime jurídico da taxa é de direito público, relativo a todos os tributos, de modo que não pode ser considerado *sui generis*.

Gabarito "D"

(FGV – 2008) É tributo contraprestacional:

(A) a CSLL.
(B) o IRPJ.
(C) a COFINS.
(D) a contribuição para o CREA.
(E) a taxa judiciária.

A CSLL e o IRPJ incidem sobre o lucro das empresas. A COFINS incide sobre o faturamento. A contribuição ao CREA é recolhida pelos profissionais sujeitos à fiscalização do órgão de classe. Perceba que não se trata de contraprestação por qualquer serviço ou atividade estatal voltada direta e especificamente ao contribuinte. A taxa judiciária, por outro lado, tem por fato gerador os serviços jurisdicionais prestados pelo Estado ao contribuinte, ou seja, é contraprestação em relação a esses serviços.

Gabarito "E"

(FGV – 2008) O art. 5º do Código Tributário Nacional determina que os tributos se dividem em:

(A) impostos, taxas e contribuições de melhoria.
(B) impostos, taxas, contribuições sociais e contribuições de melhoria.
(C) impostos, taxas, contribuições sociais, contribuições de melhoria e empréstimos compulsórios.
(D) impostos, taxas, contribuições sociais e empréstimos compulsórios.
(E) impostos, contribuições sociais, contribuições de melhoria e empréstimos compulsórios.

O dispositivo legal mencionado na questão, a exemplo do art. 145 da CF, consagra a teoria tripartida: as espécies tributárias são: impostos, taxas e contribuições de melhoria.

Gabarito "A"

(FGV – 2007) Tributo de valor fixo prescinde:

(A) da exata identificação do fato gerador
(B) da base de cálculo e da alíquota
(C) da definição de contribuinte
(D) de lei instituidora

O tributo de valor fixo (taxa anual de R$ 50,00, por exemplo) não demanda cálculo, logo não há base ou alíquota. Não prescinde, entretanto, da lei instituidora (princípio da legalidade), da identificação do fato gerador e da definição (pela lei) do contribuinte.

Gabarito "B"

(FGV – 2007) A compulsoriedade, como elemento conceitual do tributo, decorre da:

(A) natureza legal da obrigação tributária
(B) obrigatoriedade do pagamento do tributo
(C) vontade do sujeito passivo da obrigação tributária
(D) contratualidade que caracteriza a relação tributária

A compulsoriedade caracteriza aquilo que independe da vontade. As pessoas somente são obrigadas a fazer algo contra a vontade por força de lei.

Gabarito "A"

(FGV – 2007) Dos tributos abaixo alinhados, considera-se vinculado:

(A) imposto sobre serviços de qualquer natureza
(B) imposto sobre operações financeiras
(C) taxa de coleta de lixo domiciliar
(D) imposto sobre a renda

A, **B** e **D**: Incorretas, nos termos do art. 16 do CTN – os impostos são tributos não vinculados a qualquer atividade estatal específica voltada ao contribuinte. **C**: Correta, pois a taxa é tributo vinculado a determinado serviço ou ao exercício de poder de polícia voltado ao contribuinte.

Gabarito "C"

5. LEGISLAÇÃO TRIBUTÁRIA – FONTES

(OAB/Exame Unificado – 2016.2) O Estado Alfa institui, por meio de lei complementar, uma taxa pela prestação de serviço público específico e divisível. Posteriormente a alíquota e a base de cálculo da taxa vêm a ser modificadas por meio de lei ordinária, que as mantém em patamares compatíveis com a natureza do tributo e do serviço público prestado.

A lei ordinária em questão é

(A) integralmente inválida, pois lei ordinária não pode alterar lei complementar.
(B) parcialmente válida – apenas no que concerne à alteração da base de cálculo, pois a modificação da alíquota só seria possível por meio de lei complementar.
(C) parcialmente válida – apenas no que concerne à alteração da alíquota, pois a modificação da base de cálculo só seria possível por meio de lei complementar.
(D) integralmente válida, pois a matéria por ela disciplinada não é constitucionalmente reservada à lei complementar.

A: incorreta, pois as alíquotas e bases de cálculo dos tributos em geral podem ser alteradas por simples lei ordinária do ente competente. A lei que instituiu essa taxa estadual, apesar de formalmente lei complementar, é materialmente lei ordinária (já que trata de matéria que exige simples lei ordinária), de modo que pode ser alterada por lei ordinária posterior, como relatado no problema; **B** e **C**: incorretas, conforme comentário anterior; **D**: correta, conforme comentário à primeira alternativa.

Gabarito "D"

(OAB/Exame Unificado – 2014.1) José recebeu auto de infração pelo inadimplemento de determinado tributo instituído por lei ordinária. José contesta a exigência fiscal sob o argumento, correto, de que o tributo em questão deveria ter sido instituído por lei complementar. A partir da hipótese apresentada, assinale a opção que indica o tributo exigido no referido auto de infração.

(A) Contribuição de Interesse de Categoria Profissional.
(B) Contribuição de Melhoria.
(C) Contribuição de Intervenção no Domínio Econômico.
(D) Empréstimo Compulsório.

Pela descrição da banca, como se afirma que o entendimento de José está correto, deveremos buscar entre as alternativas aquela que indica tributo cuja instituição exige lei complementar. Só pode ser tributo da competência federal (somente a União detém competência tributária que exige lei complementar, todos os outros entes podem instituir quaisquer de seus tributos por simples lei ordinária), o que já exclui a alternativa "B", pois a contribuição de melhoria é da competência comum de todos os entes. **A:** incorreta, pois as contribuições do art. 149 da CF não exigem lei complementar para sua instituição, com exceção de outras contribuições sociais não especificadas pelo próprio texto constitucional – art. 195, § 4º, da CF; **B:** incorreta, pois as contribuições de melhoria podem ser instituídas por simples lei ordinária do ente competente, que realiza a obra de que decorre a valorização imobiliária – art. 145, III, da CF; **C:** incorreta, pois as CIDE podem ser instituídas por lei ordinária – art. 149 da CF; **D:** correta, pois os empréstimos compulsórios somente podem ser instituídos por lei complementar federal – art. 148 da CF.

Gabarito "D"

(OAB/Exame Unificado – 2013.1) Suponha que determinada Medida Provisória editada pela Presidenta da República, em 29/09/2012, estabeleça, entre outras providências, o aumento para as diversas faixas de alíquotas previstas na legislação aplicável ao imposto de renda das pessoas físicas.

Nesse caso, com base no sistema tributário nacional, tal Medida Provisória

(A) não violaria o princípio da legalidade e produzirá efeitos a partir da data de sua publicação.
(B) violaria o princípio da legalidade, por ser incompatível como processo legislativo previsto na Constituição Federal/88.
(C) não violaria o princípio da legalidade e produzirá efeitos a partir de 90 (noventa) dias contados a partir da data de sua publicação.
(D) não violaria o princípio da legalidade e só produzirá efeitos a partir do primeiro dia do exercício financeiro subsequente à data de sua conversão em lei.

A medida provisória é veículo adequado para alteração da legislação tributária, em substituição a leis ordinárias, com as ressalvas do art. 62, § 2º, da CF, ou seja, no caso da majoração do IR (art. 153, III, da CF), somente produzirá efeitos no exercício seguinte, desde que seja convertida em lei até o último dia daquele em que foi editada. Por essa razão, a alternativa "D" é a correta.

Gabarito "D"

(OAB/Exame Unificado – 2010.3) Conforme a Constituição Federal, o veículo legislativo adequado para dispor sobre conflitos de competência entre os entes políticos em matéria tributária é a

(A) medida provisória.
(B) lei ordinária.
(C) lei ordinária.
(D) lei complementar.

Nos termos do art. 146 da CF, cabe à *lei complementar:* dispor sobre conflitos de competência, em matéria tributária, entre a União, os Estados, o Distrito Federal e os Municípios (inc. I); regular as limitações constitucionais ao poder de tributar (inc. II); e estabelecer normas gerais em matéria de legislação tributária (inc. III).

Gabarito "D"

(OAB/Exame Unificado – 2010.2) Em Direito Tributário, cumpre à lei ordinária:

(A) estabelecer a cominação ou dispensa de penalidades para as ações ou omissões contrárias a seus dispositivos.
(B) estabelecer a forma e as condições como isenções, incentivos e benefícios fiscais serão concedidos em matéria de ISS.
(C) estabelecer normas gerais em matéria tributária, especialmente sobre adequado tratamento tributário ao ato cooperativo praticado pelas sociedades cooperativas.
(D) estabelecer normas gerais em matéria tributária, especialmente sobre a definição de tratamento diferenciado e favorecido para as microempresas e empresas de pequeno porte.

A: correta, pois a cominação ou a dispensa de penalidades devem ser veiculadas por lei ordinária do ente competente para exigir o tributo – art. 97, V e VI, do CTN; **B:** incorreta, pois cabe à lei complementar federal regular a forma e as condições como isenções, incentivos e benefícios fiscais relativos ao ISS serão concedidos e revogados – art. 156, § 3º, III, da CF. Note que art. 88, *caput* e II, do ADCT dispõe que, enquanto lei complementar não disciplinar a questão, o imposto não será objeto de concessão de isenções, incentivos e benefícios fiscais; **C** e **D:** assertivas incorretas, já que as normas gerais em matéria tributária, especialmente aquelas listadas no art. 146, III, da CF, são veiculadas por lei complementar federal.

Gabarito "A"

(OAB/Exame Unificado – 2010.1) Suponha que um decreto trate integralmente sobre relações jurídicas pertinentes aos tributos e que uma lei disponha parcialmente sobre tributos. Nessa situação, de acordo com o CTN,

(A) nem o decreto nem a lei se inserem no conceito de legislação tributária.
(B) o decreto insere-se no conceito de legislação tributária; a lei, não.
(C) tanto o decreto quanto a lei se inserem no conceito de legislação tributária.
(D) a lei se insere no conceito de legislação tributária; o decreto, não.

O art. 96 do CTN define que a expressão 'legislação tributária' compreende as leis, os tratados e as convenções internacionais, os decretos e as normas complementares que versem, no todo ou em parte, sobre tributos e relações jurídicas a eles pertinentes. **A**, **B** e **D:** incorretas, pois decreto e lei são abrangidos pela *legislação tributária*; **C:** correta, conforme comentário inicial.

Gabarito "C"

(OAB/Exame Unificado – 2010.1) Caso ocorra a fusão de duas grandes indústrias alimentícias brasileiras que, juntas, detenham mais de 60% do mercado nacional de certo item de alimentação, de acordo com o que dispõe a CF, para prevenir os desequilíbrios da concorrência causados pela citada fusão,

(A) a União, os Estados, o DF e os Municípios poderão estabelecer critérios especiais de tributação, além de outras normas com os mesmos objetivos.

(B) somente a União poderá estabelecer critérios especiais de tributação, podendo os Estados, o DF e os Municípios estabelecer outras normas com os mesmos objetivos.
(C) a União, os Estados, o DF e os Municípios poderão estabelecer critérios especiais de tributação, todavia apenas a União detém competência para estabelecer outras normas com os mesmos objetivos.
(D) somente a União poderá estabelecer critérios especiais de tributação, além de outras normas com os mesmos objetivos.

Somente a União pode (= competência privativa ou exclusiva), por meio de lei complementar, estabelecer critérios especiais de tributação, com o objetivo de prevenir desequilíbrios da concorrência, sem prejuízo de sua competência para estabelecer, por lei ordinária, normas de igual objetivo – art. 146-A da CF. **A**, **B** e **C**: incorretas, pois a competência é privativa da União; **D**: correta, conforme comentário inicial.

Gabarito "D"

(OAB/Exame Unificado – 2008.3) Segundo o Código Tributário Nacional (CTN), são normas complementares das leis, dos tratados e das convenções internacionais e dos decretos

(A) os atos normativos expedidos pelas autoridades administrativas.
(B) todas as decisões dos órgãos coletivos de jurisdição administrativa.
(C) as práticas acidentalmente observadas pelas autoridades administrativas.
(D) os ajustes firmados entre os entes tributantes e pessoas jurídicas de direito privado.

Nos termos do art. 96 do CTN, as *normas complementares* compõem a *legislação tributária*. Conforme o art. 100 do CTN, são normas complementares das leis, dos tratados e das convenções internacionais e dos decretos: os atos normativos expedidos pelas autoridades administrativas (inc. I); as decisões dos órgãos singulares ou coletivos de jurisdição administrativa, a que a lei atribua eficácia normativa (inc. II); as práticas reiteradamente observadas pelas autoridades administrativas (inc. III); e os convênios que entre si celebrem a União, os Estados, o Distrito Federal e os Municípios (inc. IV). **A**: correta, conforme comentário inicial; **B**: incorreta, pois somente as decisões administrativas a que a lei atribua eficácia normativa são consideradas normas complementares. Ademais, também as decisões singulares podem ter essa qualificação; **C**: incorreta, pois somente as práticas reiteradas da administração tributária são consideradas normas complementares; **D**: incorreta, pois eventuais ajustes entre o Fisco e as pessoas de direito privado, ainda que previstos na legislação, não são consideradas normas complementares.

Gabarito "A"

(OAB/Exame Unificado – 2008.3) A instituição, pela União, de benefício fiscal relativamente ao imposto de renda poderá ser feita

(A) somente em lei que trate do imposto de renda.
(B) somente em lei que estabeleça benefícios fiscais.
(C) tanto em lei que trate de benefícios fiscais quanto em lei que trate do imposto de renda.
(D) em qualquer lei que disponha a respeito de matéria tributária.

O benefício fiscal somente pode ser dado por lei que trate exclusivamente disso ou do tributo correspondente – art. 150, § 6º, da CF. **A**: incorreta, pois é possível benefício fiscal dado por lei que trate exclusivamente do benefício; **B**: incorreta, pois o benefício de IR também pode ser dado por lei que trate apenas desse imposto; **C**: correta, conforme comentário inicial; **D**: incorreta, conforme comentário inicial.

Gabarito "C"

(OAB/Exame Unificado – 2008.1) Não constitui matéria de direito tributário reservada pela Constituição Federal (CF) à lei complementar a

(A) definição das espécies tributárias.
(B) definição dos contribuintes e das alíquotas dos impostos discriminados pela CF.
(C) definição de tributos.
(D) definição dos fatos geradores e da base de cálculo dos impostos discriminados pela CF.

A, **C** e **D**: incorretas. A definição das espécies tributárias, de tributos e dos fatos geradores e base de cálculos dos impostos previstos na Constituição Federal é dada por lei complementar federal – art. 146, III, *a*, da CF; **B**: correta. Essa é a alternativa a ser indicada pelo candidato, pois, embora os contribuintes, os fatos geradores e as bases de cálculo dos impostos previstos na Constituição Federal devam ser definidos por lei complementar federal, as alíquotas podem ser definidas por lei ordinária do respectivo ente tributante (não precisam ser definidas por lei complementar) – art. 146, III, *a*, da CF.

Gabarito "B"

(OAB/Exame Unificado – 2007.3) De acordo com o CTN, constituem normas complementares a que estão sujeitos os contribuintes

(A) as práticas reiteradamente observadas pelas autoridades administrativas.
(B) os convênios que entre si celebrem a União, os Estados, o Distrito Federal e os Municípios e suas autarquias.
(C) os atos normativos expedidos pelas autoridades legislativas.
(D) as decisões dos órgãos singulares do Poder Judiciário a que a lei atribua eficácia normativa.

Nos termos do art. 96 do CTN, as *normas complementares* compõem a *legislação tributária*. Conforme o art. 100 do CTN, são normas complementares das leis, dos tratados e das convenções internacionais e dos decretos: os atos normativos expedidos pelas autoridades administrativas (inc. I); as decisões dos órgãos singulares ou coletivos de jurisdição administrativa, a que a lei atribua eficácia normativa (inc. II); as práticas reiteradamente observadas pelas autoridades administrativas (inc. III); e os convênios que entre si celebrem a União, os Estados, o Distrito Federal e os Municípios (inc. IV). **A**: correta, conforme comentário inicial; **B**: incorreta, pois o CTN não faz referência a convênios firmados por autarquias; **C**: incorreta, pois, embora os atos normativos do Poder Legislativo (leis, decretos, resoluções) possam compor a *legislação tributária*, não se trata de normas complementares; **D**: incorreta, pois as decisões do Poder Judiciário não se qualificam como normas complementares (somente as decisões administrativas, a que a lei atribua eficácia normativa).

Gabarito "A"

(OAB/Exame Unificado – 2007.1) Assinale a opção correta acerca da legislação tributária.

(A) Os empréstimos compulsórios somente serão instituídos mediante lei complementar.
(B) A discriminação dos serviços a serem tributados pelo imposto sobre serviços de qualquer natureza (ISS) será veiculada por lei ordinária.
(C) Apenas emendas constitucionais estabelecerão as alíquotas do ICMS aplicáveis às operações de exportação.
(D) É lícito que a matéria atinente à fixação das alíquotas mínimas para o IPVA seja disciplinada por decreto.

A: correta, conforme o art. 148 da CF; **B:** incorreta, pois a lei complementar federal indicará os serviços sujeitos ao ISS municipal – art. 156, III, da CF e LC 116/2003; **C:** incorreta, pois as exportações são imunes ao ICMS. Ademais, antes da EC 42/2003, que fixou a imunidade ampla, cabia ao Senado Federal fixar as alíquotas do ICMS (art. 155, II, da CF) sobre exportações, por resolução – art. 155, § 2º, IV, e X, *a*, da CF; **D:** incorreta, pois as alíquotas mínimas do IPVA (art. 155, III, da CF) devem ser fixadas pelo Senado Federal – art. 155, § 6º, I, da CF.

Gabarito "A".

(OAB/Exame Unificado – 2006.3) Conforme a Constituição Federal, alguns tributos podem ter suas alíquotas modificadas por ato do Poder Executivo. Esses tributos incluem o

(A) Imposto sobre a propriedade de veículos automotores (IPVA).
(B) Imposto sobre a prestação de serviços de qualquer natureza (ISSQN).
(C) Imposto sobre importações.
(D) Imposto sobre serviços de transporte intermunicipal.

A, B e **D:** incorretas, pois nenhum tributo estadual ou municipal pode ter as alíquotas alteradas por norma infralegal; **C:** correta, pois o II (art. 153, I, da CF), o IE (art. 153, II, da CF), o IPI (art. 153, IV, da CF) e o IOF (art. 153, V, da CF), além da Cide sobre combustíveis (art. 149 da CF), podem ter suas alíquotas alteradas por norma infralegal, atendidos os limites e as condições fixadas em lei – art. 153, § 1º, da CF.

Gabarito "C".

(OAB/Exame Unificado – 2006.3) A base normativa do direito tributário compreende não apenas as leis, mas também, entre outras, as normas complementares. Não se classificam como normas complementares

(A) os atos normativos expedidos pelas autoridades administrativas.
(B) os decretos.
(C) as decisões dos órgãos singulares de jurisdição administrativa, a que a lei atribua eficácia normativa.
(D) os convênios que entre si celebrem a União, os Estados, o DF e os Municípios.

Conforme o art. 100 do CTN, são normas complementares das leis, dos tratados e das convenções internacionais e dos decretos: os atos normativos expedidos pelas autoridades administrativas (inc. I); as decisões dos órgãos singulares ou coletivos de jurisdição administrativa, a que a lei atribua eficácia normativa (inc. II); as práticas reiteradamente observadas pelas autoridades administrativas (inc. III); e os convênios que entre si celebrem a União, os Estados, o Distrito Federal e os Municípios (inc. IV). **A, C** e **D:** incorretas, pois as indicadas nas alternativas são normas complementares, conforme comentário inicial; **B:** correta. Essa é a alternativa a ser indicada pelo candidato, pois os decretos compõem a *legislação tributária*, mas não são *normas complementares*.

Gabarito "B".

(FGV – 2013) Lei de determinado Estado da Federação estabelece base de cálculo reduzida para o ICMS dos produtos que compõem a cesta básica. A lei foi regulamentada por ato normativo do executivo que subordinou a aplicação da base legalmente reduzida ao cumprimento, pelo contribuinte, das obrigações acessórias.

A Sociedade Delta Ltda. procedeu à saída de mercadoria da cesta básica de seu estabelecimento desacompanhada de nota fiscal. Neste caso,

(A) não incide a redução do imposto, visto que não cumprida obrigação acessória.
(B) incide a redução prevista na lei estadual, já que a fixação da base de cálculo está sujeita a reserva legal.
(C) incide a redução prevista na lei estadual, mas fica suspensa até que seja regularizada a saída da mercadoria.
(D) não incide a redução do imposto, já que o Executivo tem a faculdade de limitar os beneficiados pela redução da base de cálculo.
(E) a redução da base de cálculo constitui renúncia fiscal cuja fruição pode ser condicionada pela Administração Fiscal ao cumprimento das obrigações acessórias.

A resposta mais singela é no sentido de que a isenção é dada pela lei (reserva legal), não podendo ser subordinada a exigências regulamentares (infralegais). Daí porque o gabarito oficial indica a alternativa "B", que realmente é a melhor. Entretanto, análise mais aprofundada na vida real exigiria exame da operação efetivamente realizada. Sem cumprimento das obrigações acessórias pode-se inviabilizar, na prática, a fiscalização e o conhecimento do que efetivamente ocorreu pela administração tributária. É por isso que, mesmo o reconhecimento de imunidades, que são evidentemente concedidas pela Constituição, admite-se seja "subordinado à observância" de requisitos legais (art. 14 do CTN). Não é que o legislador esteja diminuindo ou condicionando o benefício constitucional (no caso da imunidade), mas apenas reconhecendo que a fiscalização precisa das obrigações acessórias para aferir a realidade dos fatos, se o contribuinte preenche os requisitos para fruição do benefício. No caso descrito nesta questão, não é a exigência da nota fiscal que cria ou modifica a isenção (isso é inviável, realmente), mas sem a documentação contábil, como a fiscalização vai verificar o que foi efetivamente vendido?

Gabarito "B".

(FGV – 2011) Suponha que, em setembro de 2010, o Presidente da República tenha editado medida provisória majorando a alíquota de determinado imposto. Nesse caso, é correto afirmar que a medida provisória é

(A) constitucional, mas só produzirá efeito em 2011 se tiver sido convertida em lei em 2010.
(B) inconstitucional, pois medida provisória não pode dispor sobre matéria reservada a lei complementar.
(C) constitucional e produz efeito imediatamente após a sua edição.
(D) inconstitucional, pois medida provisória não pode dispor sobre direito tributário.
(E) inconstitucional, pois medida provisória pode instituir tributo, mas não pode alterar alíquota.

A: correta, pois essa é a regra prevista no art. 62, § 2º, da CF (veja as exceções previstas no dispositivo); **B:** incorreta, pois a majoração de alíquotas de impostos federais não exige, em regra, lei complementar; **C:** incorreta, conforme comentário à alternativa "A"; **D** e **E:** incorretas, pois cabe Medida Provisória para veicular norma tributária, inclusive em relação às alíquotas, nos termos do art. 62, § 2º, da CF.

Gabarito "A".

(FGV – 2010) Dentre as funções que competem à Lei Complementar, assinale a alternativa correta.

(A) Evitar o desequilíbrio nas condições de concorrência por meio de critérios especiais de tributação.
(B) Fixar uma alíquota única (2%) de Imposto sobre Serviços de Qualquer Natureza, a ser aplicada em âmbito nacional, para combater a guerra fiscal.
(C) Dar maior amplitude à competência tributária constitucionalmente conferida aos entes da federação.

(D) Introduzir os tratados internacionais em matéria tributária no ordenamento jurídico brasileiro.

(E) Regulamentar o parágrafo único do artigo 116 do Código Tributário Nacional, que estabeleceu a chamada "cláusula geral antielisiva".

A: correta, pois cabe à lei complementar federal veicular normas dessa natureza, conforme o art. 146-A da CF; **B:** incorreta, pois as alíquotas mínima e máxima (não única), de ISS, atualmente em 2% e 5%, devem ser fixadas por lei complementar federal – art. 156, § 3º, I, da CF; **C:** incorreta, pois a competência tributária é norma exclusivamente constitucional, que não pode ser ampliada ou reduzida por lei; **D:** incorreta, pois os tratados internacionais são introduzidos o sistema interno pela promulgação por decreto presidencial, após o referendo do Congresso Nacional; **E:** incorreta, pois o art. 116, parágrafo único, do CTN exige, expressamente, simples lei ordinária para a regulamentação.

Gabarito "A"

(FGV – 2010) Com relação aos tratados internacionais que versam especificamente sobre tributos que recaem sobre o capital e a renda não é correto afirmar que:

(A) o Código Tributário Nacional determina (artigo 98) que a lei interna deverá observar os tratados anteriormente firmados.

(B) os tratados internacionais podem submeter o contribuinte a uma obrigação tributária que não esteja prevista na lei interna brasileira, bastando para isso que o tratado internacional seja ratificado pelo Congresso Nacional.

(C) aplicam-se aos residentes dos países signatários não importando a sua nacionalidade.

(D) tem por objetivo principal o combate à bitributação da renda.

(E) o artigo 98 do Código Tributário Nacional, revoga a lei interna, ainda que, de fato, restrinja-se a limitar a sua eficácia.

A: correta, pois é o que dispõe o art. 98 do CTN; **B:** incorreta, devendo esta assertiva ser assinalada, pois, somente o referendo do Congresso Nacional não é suficiente para a eficácia do tratado no sistema jurídico interno, sendo necessária a promulgação por decreto presidencial. Ademais, os tratados internacionais regularmente inseridos no sistema nacional têm força de lei ordinária federal, de modo que podem, em tese, instituir tributos da competência da União. Perceba, portanto, que não é possível criar qualquer espécie de tributo sobre o capital que se queira (por exemplo, o IPTU municipal e o IPVA estadual incidem sobre a propriedade, ou seja, sobre o capital das pessoas, e não podem ser instituídos por tratado internacional). O tratado é celebrado pelo Presidente da República (art. 84, VIII, da CF), muitas vezes por meio do plenipotenciário. Posteriormente, submete-se ao referendo do Congresso Nacional (art. 49, I, da CF), que pode aprová-lo por meio de decreto legislativo. A seguir, o Presidente ratifica o tratado, manifestando, aos demais países, o consentimento. Finalmente, o Presidente promulga o tratado por decreto, cuja publicação insere-o no sistema jurídico nacional. Assim, a rigor, não é correto afirmar que o Congresso ratifica o tratado (ele o referenda). Ademais, como visto, não basta essa concordância do Legislativo, pois é preciso a ratificação presidencial, a promulgação e a publicação do decreto correspondente, para que o tratado passe a vigorar no sistema nacional; **C:** correta, pois essa costuma ser a disposição nos tratados internacionais que visam a evitar a bitributação. Os tratados internacionais tributários levam em consideração determinados fatores para indicar os contribuintes que se sujeitarão às suas normas, em especial, seu local de residência ou domicílio e a localização da fonte da renda ou do bem tributado. É correto dizer, portanto, que a nacionalidade das pessoas é, em regra, irrelevante para a aplicação da norma; **D:** correta, pois essa é a finalidade da maior parte dos tratados internacionais relacionados à matéria tributária; **E:** assertiva confusa. Parece ter havido erro na redação. A intenção do examinador parece ter sido dizer que o art. 98 do CTN, apesar de dispor que o tratado internacional revoga a lei interna, na verdade indica que o tratado restringe-se a limitar a eficácia da norma interna, o que é, em princípio, correto.

Gabarito "B"

Veja a seguinte tabela, que indica a produção do tratado e sua introdução no sistema jurídico interno brasileiro (em princípio, não há "acordos executivos", sem referendo pelo Congresso Nacional, em matéria tributária):

1º O Presidente da República celebra o tratado, muitas vezes por meio de plenipotenciário – art. 84, VIII, da CF
2º O Congresso Nacional referenda o tratado, aprovando-o por decreto legislativo – art. 49, I, da CF
3º O Presidente ratifica o tratado, manifestando o consentimento aos demais países
4º O Presidente promulga o tratado, por decreto presidencial, cuja publicação insere-o no sistema jurídico interno

(FGV – 2010) Alice Maria pretende ver reconhecido seu alegado direito à isenção do IPI, por ser portadora de deficiência auditiva (surdez bilateral). Fundamenta seu alegado direito na Lei 8.989/95 e alterações posteriores, que dispõe: *As pessoas portadoras de deficiência física, visual, mental severa ou profunda, ou autistas, ainda que menores de 18 (dezoito) anos, poderão adquirir, diretamente ou por intermédio de seu representante legal, com isenção do IPI, automóvel de passageiros...* A pretensão de Alice

(A) é juridicamente impossível, por falta de expressa previsão nas hipóteses descritas na lei.

(B) é juridicamente impossível, pois a lei trata de forma distinta o deficiente visual e auditivo.

(C) deve ser acolhida, com base no princípio constitucional da dignidade da pessoa humana.

(D) deve ser acolhida, por se aplicar interpretação ampliativa de direito no caso de deficientes.

(E) não deve ser acolhida, em consequência do disposto no artigo 111 do Código Tribunal Nacional.

Em princípio, os benefícios fiscais devem ser interpretados estritamente. A rigor, o art. 111, II, do CTN determina que as normas que outorgam isenção devem ser interpretadas literalmente, o que impediria que um benefício concedido a deficientes visuais, mentais e autistas seja estendido a deficiente auditivo, por mais justificável que pareça. Isso porque é o legislador, como representante da coletividade, que avalia e, eventualmente, concede tais benefícios por meio de lei, conforme o art. 150, § 6º, da CF, e não o fiscal que analisa o pedido ou o juiz que aprecia a demanda. No caso específico da Lei 8.989/1995, há diversas ações, inclusive coletivas e civis públicas, que tentam estender o benefício aos deficientes auditivos, mas não há, ainda, jurisprudência pacífica a respeito (há, inclusive, projetos de lei nesse sentido). A questão é interessante para que o candidato reconheça a linha adotada pelo examinador da FGV: amplamente favorável ao contribuinte deficiente, com base no princípio da dignidade da pessoa humana.

Gabarito "C"

(FGV – 2010) Lei de determinado Estado da Federação estabelece base de cálculo reduzida para produtos que compõem a cesta básica. A lei foi regulamentada por ato normativo do Executivo que subordinou a aplicação da base legalmente reduzida ao cumprimento, pelo contribuinte, das obrigações acessórias. A regulamentação da lei

(A) é ilegal.

(B) é inconstitucional.
(C) é eficaz.
(D) é inválida.
(E) é ineficaz.

O benefício fiscal é concedido por lei (norma emitida pelo Poder Legislativo), não podendo sua aplicação ser restringida ou impedida pelo Poder Executivo, de modo que a regulamentação descrita é ilegal.

Gabarito "A"

(FGV – 2010) As alternativas a seguir apresentam *atribuições da lei complementar tributária*, à exceção de uma. Assinale-a.

(A) Instituir outras fontes destinadas a garantir a manutenção ou expansão da seguridade social.
(B) Dispor sobre o adequado tratamento tributário ao ato cooperativo praticado pelas sociedades cooperativas.
(C) Instituir o imposto sobre grandes fortunas.
(D) Dispor sobre os requisitos para o gozo da imunidade tributária relativa a impostos sobre patrimônio, renda ou serviços das instituições de educação e assistência social, sem fins lucrativos.
(E) Atribuir ao sujeito passivo de obrigação tributária a condição de responsável pelo pagamento de imposto ou contribuição,cujo fato gerador deva ocorrer posteriormente.

A: correta, pois depende de lei complementar, nos termos do art. 195, § 4º, da CF; **B:** correta, pois será veiculado por meio de lei complementar federal, conforme o art. 146, III, *c*, da CF; **C:** correta, pois a instituição do imposto sobre grandes fortunas depende de lei complementar federal, nos termos do art. 153, VII, da CF; **D:** correta, pois a regulação das limitações constitucionais ao poder de tributar (inclusive imunidades, como a descrita na assertiva) é feita por lei complementar federal – art. 146, II, da CF; **E:** incorreta, devendo ser assinalada, pois a substituição tributária "para frente" pode ser fixada por lei ordinária – art. 150, § 7º, da CF.

Gabarito "E"

(FGV – 2010) Assinale a alternativa correta.

(A) Somente a lei pode estabelecer a cominação de penalidades para as ações ou omissões contrárias a seus dispositivos, ou para outras infrações nela definidas, bem como as hipóteses de exclusão, suspensão e extinção de créditos tributários, sendo que a dispensa ou redução de penalidades pode ser feita por ato do Chefe do Executivo.
(B) Equipara-se à majoração do tributo a modificação da sua base de cálculo, que importe em torná-lo mais oneroso, caracterizando-se igualmente como aumento de tributo, para os fins do disposto no art. 97, inciso II, CTN, a atualização do valor monetário da respectiva base de cálculo.
(C) Nos termos do artigo 96 do Código Tributário Nacional, a expressão "legislação tributária" compreende as leis, os tratados e as convenções internacionais, os decretos e as normas complementares que versem, no todo ou em parte, sobre tributos e relações jurídicas a eles pertinentes.
(D) Nos termos do artigo 98 do Código Tributário Nacional, os tratados e as convenções internacionais revogam ou modificam a legislação tributária interna, mas não precisam ser observados pela que lhes sobrevenha.
(E) São normas complementares das leis, dos tratados e das convenções internacionais e dos decretos os atos normativos expedidos pelas autoridades administrativas, as decisões dos órgãos singulares ou coletivos de jurisdição administrativa, a que a lei atribua eficácia normativa e os convênios que entre si celebrem a União e os Estados, excluídos o Distrito Federal e os Municípios.

A: incorreta. O princípio da legalidade abrange toda a tributação, inclusive a fixação de penalidades e eventuais dispensas ou reduções. Assim, a assertiva é incorreta no que se refere à possibilidade de criação de normas pelo Chefe do Poder Executivo; **B:** incorreta, pois a simples atualização monetária, desde que dentro do limite dos índices oficiais de inflação, não significa aumento real do tributo, de modo que pode ser veiculada por norma infralegal – art. 97, § 2º, do CTN; **C:** correta, pois é isso que dispõe o art. 96 do CTN; **D:** incorreta, pois os tratados internacionais devem ser observados pela legislação interna superveniente, nos termos do art. 98 do CTN, o que torna a assertiva incorreta; **E:** incorreta, pois os convênios firmados pelo Distrito Federal e pelos Municípios não são excluídos do conceito de normas complementares – art. 100, IV, do CTN.

Gabarito "C"

(FGV – 2009) A respeito dos denominados *acordos de bitributação* (Tratados Internacionais Bilaterais em Matéria de Imposto sobre a Renda) firmados pelo Brasil, assinale a afirmativa correta.

(A) Submetem-se à lei interna brasileira sempre que com ela (lei interna) conflitarem.
(B) Sobrepõem-se à lei interna, limitando a sua eficácia nas hipóteses previstas em seus dispositivos (dos acordos de bitributação).
(C) Podem limitar as alíquotas da Contribuição de Intervenção no Domínio Econômico (CIDE) nos casos de pagamentos de *royalties* ao exterior.
(D) Ampliam a soberania tributária do Brasil sobre fatos econômicos que, na sua ausência, não seriam tributados.
(E) Sobrepõem-se ao direito interno, inclusive em relação aos dispositivos constitucionais, pois contêm normas supranacionais.

A, B e **E:** o art. 98 do CTN dispõe que os tratados internacionais em matéria tributária revogam ou modificam a legislação tributária interna, e serão observados pela que lhes sobrevenha. Isso indica preponderância do tratado sobre as leis internas, mas jamais sobre a Constituição Federal, que é o regramento maior do país. Por essas razões, as assertivas A e E são incorretas e a B correta; **C:** incorreta, pois a CIDE sobre remessas ao exterior é contribuição que não se confunde com o Imposto de Renda; **D:** é incorreta, pois os tratados internacionais não criam novas hipóteses de incidência tributária, o que poderia ser entendido como "ampliação da soberania do Brasil sobre fatos econômicos...". Apenas estabelecem normas que afastam a cobrança do IR em determinadas situações, em que houve pagamento de tributo análogo a Fisco estrangeiro.

Gabarito "B"

(FGV – 2008) Conforme definição do Código Tributário Nacional, são denominadas normas complementares:

I. as decisões dos órgãos singulares ou coletivos de jurisdição administrativa, a que a lei atribua eficácia normativa;
II. as práticas reiteradamente observadas pelas autoridades administrativas;
III. decretos editados pelos entes federados.

Analise os itens acima e assinale:

(A) se nenhum item estiver correto.
(B) se somente os itens I e III estiverem corretos.
(C) se somente os itens II e III estiverem corretos.
(D) se somente os itens I e II estiverem corretos.
(E) se todos os itens estiverem corretos.

I: correto, conforme o art. 100, II, do CTN; **II:** correto, conforme o art. 100, III, do CTN; **III:** art. 96 do CTN – o decreto não é considerado norma complementar pelo Código, mas compreende a expressão "legislação tributária", o que torna o item incorreto.

Gabarito "D"

6. VIGÊNCIA, APLICAÇÃO, INTERPRETAÇÃO E INTEGRAÇÃO

(OAB/Exame Unificado – 2015.3) Antônio, prestador de serviço de manutenção e reparo de instrumentos musicais, sujeito à incidência do Imposto Sobre Serviços (ISS), deixou de recolher o tributo incidente sobre fato gerador consumado em janeiro de 2013 (quando a alíquota do ISS era de 5% sobre o total auferido pelos serviços prestados e a multa pelo inadimplemento do tributo era de 25% sobre o ISS devido e não recolhido). Em 30 de agosto de 2013, o Município credor aprovou lei que:

(a) reduziu para 2% a alíquota do ISS sobre a atividade de manutenção e reparo de instrumentos musicais; e (b) reduziu a multa pelo inadimplemento do imposto incidente nessa mesma atividade, que passou a ser de 10% sobre o ISS devido e não recolhido. Em fevereiro de 2014, o Município X promoveu o lançamento do imposto, exigindo do contribuinte o montante de R$ 25.000,00 – sendo R$ 20.000,00 de imposto (5% sobre R$ 400.000,00, valor dos serviços prestados) e R$ 5.000,00 a título de multa pela falta de pagamento (25% do imposto devido).

Sobre a hipótese apresentada, assinale a afirmativa correta.

(A) O lançamento está correto em relação ao imposto e à multa.
(B) O lançamento está incorreto tanto em relação ao imposto (que deveria observar a nova alíquota de 2%) quanto em relação à multa (que deveria ser de 10% sobre o ISS devido e não recolhido).
(C) O lançamento está correto em relação à multa, mas incorreto em relação ao imposto (que deveria observar a nova alíquota de 2%).
(D) O lançamento está correto em relação ao imposto, mas incorreto em relação à multa (que deveria ser de 10% sobre o ISS devido e não recolhido).

A retroatividade da norma tributária mais benéfica ao contribuinte (*lex mitior*) refere-se apenas à penalidade pecuniária (multa) – art. 106, II, *c*, do CTN. Assim, a alíquota do imposto (principal) é sempre aquela prevista na lei vigente à época do fato gerador, que é de 5% nessa situação relatada. Já o percentual da multa é o mais benéfico ao infrator, no caso, a de 10%. Por essa razão, a alternativa "D" é a correta.

Gabarito "D"

(OAB/Exame Unificado – 2011.2) No exercício de 1995, um contribuinte deixou de recolher determinado tributo. Na ocasião, a lei impunha a multa moratória de 30% do valor do débito. Em 1997, houve alteração legislativa, que reduziu a multa moratória para 20%. O contribuinte recebeu, em 1998, notificação para pagamento do débito, acrescido da multa moratória de 30%.

A exigência está

(A) correta, pois o princípio da irretroatividade veda a aplicação retroagente da lei tributária.
(B) errada, pois a aplicação retroativa da lei é regra geral no direito tributário.
(C) correta, pois aplica-se a lei vigente à época de ocorrência do fato gerador.
(D) errada, pois aplica-se retroativamente a lei que defina penalidade menos severa ao contribuinte.

A redução da penalidade pecuniária é aplicada retroativamente em favor do infrator (*lex mitior*), considerando não se tratar de ato definitivamente julgado – art. 106, II, do CTN. Assim, o contribuinte deverá recolher tributo acrescido da multa menor, fixada em 20%. Por essa razão, a alternativa "D" é a correta.

Gabarito "D"

(OAB/Exame Unificado – 2011.2) Determinada Lei Municipal, publicada em 17/01/2011, fixou o aumento das multas e alíquotas relativo aos fatos jurídicos tributáveis e ilícitos pertinentes ao ISS daquele ente federativo. Considerando que determinado contribuinte tenha sido autuado pela autoridade administrativa local em 23/12/2010, em razão da falta de pagamento do ISS dos meses de abril de 2010 a novembro de 2010, assinale a alternativa correta a respeito de como se procederia a aplicação da legislação tributária para a situação em tela.

(A) Seriam mantidas as alíquotas nos valores previstos na data do fato gerador e as multas seriam aplicadas nos valores previstos de acordo com a nova lei.
(B) Seriam aplicadas as alíquotas e multas nos valores previstos de acordo com a nova lei.
(C) Seriam aplicadas as alíquotas previstas na lei nova e as multas seriam aplicadas nos valores previstos na data do fato gerador.
(D) Seriam mantidas as alíquotas e multas nos valores previstos na data do fato gerador.

Aplicam-se a multa e a alíquota do tributo fixadas pela lei vigente à época do fato gerador, nos termos do art. 144 do CTN. A *lex mitior* (art. 106, II, do CTN) refere-se à retroatividade apenas quando a norma posterior, relativa à penalidade, for mais benéfica ao infrator. No caso, a lei nova aumentou o tributo e a multa, não havendo falar em aplicação ao fato pretérito. Por essa razão, a alternativa "D" é a correta.

Gabarito "D"

(OAB/Exame Unificado – 2010.2) De acordo com o Código Tributário Nacional, aplica-se retroativamente a lei tributária na hipótese de:

(A) analogia, quando esta favorecer o contribuinte.
(B) extinção do tributo, ainda não definitivamente constituído.
(C) graduação quanto à natureza de tributo aplicável, desde que não seja hipótese de crime.
(D) ato não definitivamente julgado, quando a lei nova lhe comine penalidade menos severa que a prevista na lei vigente ao tempo de sua prática.

Veja a seguinte tabela, com as hipóteses excepcionais de aplicação retroativa da legislação tributária, e perceba que a alternativa "D" se refere à retroatividade da *lex mitior*, prevista no art. 106, II, do CTN

Aplicação da lei tributária a ato ou a fato pretérito
– lei expressamente interpretativa – art. 106, I, do CTN
– redução ou extinção de sanção (*lex mitior*) – art. 106, II, do CTN
– normas relativas à fiscalização ou ao aumento de garantias e privilégios do crédito tributário, exceto para atribuir responsabilidade tributária a terceiros – art. 144, § 1º, do CTN

Gabarito "D"

(OAB/Exame Unificado – 2010.2) O emprego da analogia, em matéria tributária, resultará na

(A) majoração de tributo.
(B) instituição de tributo.
(C) exclusão do crédito tributário.
(D) impossibilidade de exigência de tributo não previsto em lei.

A e **B**: incorretas, pois o emprego da analogia não poderá resultar na exigência de tributo não previsto em lei, nem, portanto, em majoração daquele já existente – art. 108, § 1º, do CTN; **C**: incorreta, pois a exclusão do crédito tributário só ocorre em casos de *isenção* ou *anistia*, nos termos do art. 175 do CTN. Ademais, a isenção e a anistia, a exemplo de qualquer outro benefício fiscal, devem ser concedidas expressamente por lei específica, o que afasta a possibilidade de exclusão do crédito por analogia – art. 150, § 6º, da CF; **D**: essa é a melhor alternativa, conforme o art. 108, § 1º, do CTN.

Gabarito "D"

(OAB/Exame Unificado – 2009.3) Com relação à aplicação retroativa de lei nova que diminua a penalidade por infrações à legislação tributária e os juros de mora em 2% do valor estabelecido na lei anterior, assinale a opção correta.

(A) O Código Tributário Nacional veda a retroatividade de lei em todas as hipóteses.
(B) A retroatividade de lei nova a fato pretérito somente ocorre quando a lei for expressamente interpretativa e incluir a aplicação de penalidade.
(C) Caso o ato não esteja definitivamente julgado, a lei nova retroagirá a fato pretérito para beneficiar o contribuinte infrator em relação à diminuição da penalidade, mas não em relação aos juros de mora.
(D) Caso o ato esteja definitivamente julgado, tanto a penalidade quanto os juros de mora serão aplicados nos valores previstos na nova lei, ou seja, a lei retroagirá para beneficiar o contribuinte.

A: incorreta, pois há diversas hipóteses de retroatividade da norma tributária, incluindo o caso daquela que reduz penalidade; **B**: incorreta, pois a retroatividade da norma expressamente interpretativa afasta a penalidade em relação aos dispositivos interpretados – art. 106, I, *in fine*, do CTN; **C**: correta, pois a retroatividade da norma mais benéfica ao acusado (*lex mitior*) restringe-se às infrações e às penalidades, nos termos do art. 106, II, do CTN, o que não abrange os juros de mora; **D**: incorreta, pois a *lex mitior* não é aplicada no caso de ato definitivamente julgado (não há, nessa hipótese, retroatividade da norma mais benéfica ao acusado) – art. 106, II, do CTN.

Gabarito "C"

(OAB/Exame Unificado – 2009.1) Constitui hipótese de lei tributária irretroativa

(A) lei instrumental que regule formalidades aplicáveis ao lançamento.
(B) lei expressamente interpretativa.
(C) lei que deixe de definir certo ato como infração, desde que se trate de ato não definitivamente julgado.
(D) lei que majore as alíquotas do imposto sobre serviços.

A regra é a irretroatividade da lei tributária. As exceções estão concentradas nos arts. 106 e 144 do CTN. **A**: incorreta, pois a norma instrumental relativa ao lançamento é aplicada imediatamente à atuação da administração tributária, ainda que relacionada a fato gerador pretérito (não há ampliação ou modificação da incidência tributária e da cobrança da exação, mas apenas alteração quanto à forma como o Fisco lançará o tributo, não havendo falar em irretroatividade); **B**: incorreta, pois a lei expressamente interpretativa retroage, nos termos do art. 106, I, do CTN; **C**: incorreta, pois é também caso de retroatividade, expressamente previsto no art. 106, II, *a*, do CTN; **D**: correta, pois as normas atinentes à incidência tributária e à quantificação da obrigação (base de cálculo e alíquota) jamais retroagem, ou seja, aplica-se sempre a norma vigente à época do fato gerador (lembre-se que a retroatividade da *lex mitior* refere-se, apenas, às penalidades pecuniárias, e nunca ao tributo).

Gabarito "D"

(OAB/Exame Unificado – 2008.2) Por disposição expressa do Código Tributário Nacional (CTN), deve ser interpretada literalmente a legislação tributária que disponha sobre

(A) compensação de tributos.
(B) outorga de isenção.
(C) consignação em pagamento.
(D) prescrição e decadência.

Nos termos do art. 111 do CTN, interpreta-se literalmente a legislação tributária que disponha sobre: suspensão ou exclusão do crédito tributário (inc. I); outorga de isenção (inc. II); e dispensa do cumprimento de obrigações tributárias acessórias (inc. III). Por essa razão, a alternativa "B" é a correta.

Gabarito "B"

(OAB/Exame Unificado – 2008.1) Ricardo, proprietário de um imóvel avaliado, em 2007, em R$ 100.000,00, não pagou o IPTU de 2007 e, neste ano de 2008, pretende vender o imóvel para um interessado com quem firmou, em 2007, um contrato de promessa de compra e venda. Em janeiro de 2008, entrou em vigor uma lei que alterou, de 3% para 4%, a alíquota do ITBI e o imóvel passou a ser avaliado em R$ 120.000,00. Considerando a situação hipotética descrita, assinale a opção que representa, respectivamente, o valor da base de cálculo do IPTU de 2007 e a alíquota do ITBI que deverão ser pagos.

(A) R$ 100.000,00 3%
(B) R$ 120.000,00 3%
(C) R$ 100.000,00 4%
(D) R$ 120.000,00 4%

As normas atinentes à incidência tributária e à quantificação da obrigação (base de cálculo e alíquota) jamais retroagem, ou seja, aplica-se, sempre, a norma vigente à época do fato gerador (lembre-se que a retroatividade da *lex mitior* refere-se, apenas, às penalidades pecuniárias, e nunca ao tributo). Ademais, o lançamento tributário refletirá sempre a realidade à época do fato gerador. Por essa razão, em relação ao IPTU/2007, a base de cálculo é o valor do imóvel naquele ano (R$ 100.000,00), sendo irrelevante a valorização posterior. No caso do ITBI, o fato gerador é a efetiva transmissão da propriedade (e não a promessa de compra e venda, embora seja esse o entendimento do Fisco), de modo que se aplica a alíquota atual (4%).

Gabarito "C"

(OAB/Exame Unificado – 2008.1) Em cada uma das opções abaixo, é apresentada uma situação hipotética, seguida de uma assertiva a ser julgada com base nas normas gerais de direito tributário. Assinale a opção em que a assertiva está correta.

(A) Determinado Município da Federação, por intermédio do Poder Executivo, expediu ato para a atualização do valor monetário da base de cálculo do ISS. Nessa situação, com base na legislação aplicável, é possível concluir que a referida atualização deveria ter sido feita por lei em sentido estrito, sendo, portanto, inválida, na forma como foi procedida, a referida atualização monetária.

(B) Em maio de 2008, a Secretaria da Receita Federal do Brasil expediu instrução normativa dispondo sobre normas gerais de arrecadação de contribuições sociais de sua competência. Nessa situação, inexistindo disposição em contrário, a referida instrução normativa deve entrar em vigor 30 dias após a sua publicação.

(C) Em 15 de dezembro de 2007, foi publicada lei estadual fixando a base de cálculo do imposto sobre a propriedade de veículos automotores (IPVA). Nessa situação, a referida lei, em respeito ao princípio da anterioridade tributária, passou a incidir eficazmente sobre fatos geradores ocorridos a partir de 1.º de janeiro de 2008.

(D) A pessoa jurídica Alfa foi autuada pela autoridade competente, em virtude de não ter satisfeito determinadas obrigações acessórias na importação de bens de capital. Irresignada, Alfa apresentou defesa escrita, pugnando pela revogação do auto de infração. Antes do julgamento pelo órgão competente, foi publicada lei que tornou desnecessária a referida obrigação acessória, nos procedimentos de importação de bens de capital. Nessa situação, confirmada a existência do fundamento legal da obrigação acessória, independentemente de sua posterior revogação, o auto de infração deve ser considerado válido, não sendo aplicável ao caso a lei posterior.

A: a assertiva é incorreta por duas razões. Em primeiro lugar, a base de cálculo do ISS é o preço do serviço (art. 7º, *caput*, da LC 116/2003), fixado pelo mercado, sendo difícil imaginar como o Município poderia atualizá-lo monetariamente (isso ocorre com o IPTU, por exemplo, que é lançado de ofício com base no banco de dados da Prefeitura). Em segundo lugar, caso seja possível a atualização monetária, ela pode ser feita por norma infralegal, desde que respeitado o índice de inflação no período (não se trata de aumento real, que exigiria lei) – art. 97, § 2º, do CTN e Súmula 160/STJ ("É defeso, ao município, atualizar o IPTU, mediante decreto, em percentual superior ao índice oficial de correção monetária"); **B:** incorreta, pois, nos termos do art. 103, I, do CTN, os atos normativos expedidos pelas autoridades administrativas entram em vigor, salvo disposição em contrário, na data da sua publicação; **C:** correta, pois a fixação da base de cálculo do IPVA submete-se apenas à anterioridade anual, e não à anterioridade nonagesimal – art. 150, III, *b*, da CF; **D:** incorreta, pois a norma que afasta a ilicitude do ato retroage em favor do acusado, considerando que não há julgamento definitivo (*lex mitior*) – art. 106, II, do CTN.

Gabarito "C"

(OAB/Exame Unificado – 2007.3) Osvaldo, que foi notificado pelo Fisco para o pagamento de um imposto de R$ 10.000,00 e multa de 20%, impugnou o lançamento e, no curso do processo, declarou-se devedor dos R$ 10.000,00 e requereu a exclusão da multa, por denúncia espontânea. Ainda no curso do processo, advieram duas leis: uma que alterou a alíquota da multa para o correspondente a 10%, e outra, posterior, que alterou a alíquota para 15%. Nessa situação, o percentual de multa que Osvaldo terá de pagar é igual a

(A) 0%.
(B) 10%.
(C) 15%.
(D) 20%.

Não há denúncia espontânea, pois os atos do contribuinte ocorreram após o início da fiscalização – art. 138, parágrafo único, do CTN. Isso significa que Osvaldo não ficou dispensado da multa. No que se refere à alíquota da penalidade, há retroatividade da norma mais benéfica, que a fixou em 10% antes do julgamento definitivo (*lex mitior*). Perceba que a norma posterior, que aumentou a multa para 15% não retroage, pois não é benéfica ao acusado – art. 106, II, *c*, do CTN.

Gabarito "B"

(OAB/Exame Unificado – 2007.3) Como forma de resolver lacunas no direito tributário, a autoridade aplicadora da lei deve fazer uso de quatro instrumentos jurídicos, em uma ordem especificada em lei. Em relação a essa ordem, assinale a opção correta.

(A) A equidade deve vir antes da analogia.
(B) Os princípios gerais de direito tributário devem vir antes da analogia.
(C) A analogia deve vir antes dos princípios gerais de direito público.
(D) A equidade deve vir antes dos princípios gerais de direito tributário.

Nos termos do art. 108 do CTN, a ordem indicada é: (1) analogia (inc. I); (2) princípios gerais de direito tributário (inc. II); (3) princípios gerais de direito público (inc. III); e, (4) equidade (inc. IV).

Gabarito "C"

Veja a seguinte tabela, para memorização das regras de integração e sua ordem de aplicação, conforme previsto no art. 108 do CTN:

Regras de integração – casos de ausência de disposição expressa
1º – analogia (não pode implicar exigência de tributo ao arrepio da lei)
2º – princípios gerais de direito tributário
3º – princípios gerais de direito público
4º – equidade (não pode implicar dispensa de pagamento do tributo devido)

(OAB/Exame Unificado – 2007.2) Interpretar a norma jurídica consiste em identificar o seu sentido e alcance. Chama-se hermenêutica a ciência da interpretação. A interpretação (ou exegese) é necessária para que se possa aplicar a lei às situações concretas que nela se subsumam (Luciano Amaro. Direito tributário brasileiro. 11ª ed. São Paulo: Saraiva, 2005, p. 205). A partir do texto acima, é correto afirmar que se interpreta literalmente a legislação que disponha sobre

(A) dispensa do cumprimento de obrigações tributárias principais.

(B) exclusão do crédito tributário.
(C) extinção do crédito tributário.
(D) prescrição e decadência.

Nos termos do art. 111 do CTN, interpreta-se literalmente a legislação tributária que disponha sobre: suspensão ou exclusão do crédito tributário (inc. I); outorga de isenção (inc. II); e dispensa do cumprimento de obrigações tributárias acessórias (inc. Iii). Por essa razão, a alternativa "B" é a correta.

Gabarito "B"

(OAB/Exame Unificado – 2007.1) A Lei n.º X, publicada no dia 30 de setembro de 2005, majorou o imposto sobre produtos industrializados (IPI), sendo omissa quanto à sua entrada em vigor. Com relação à situação hipotética apresentada e a vigência das leis tributárias, assinale a opção correta.

(A) A referida majoração somente poderá ser cobrada em face dos fatos geradores ocorridos a partir de 1.º/1/2006, devido ao princípio da anualidade.
(B) De acordo com o princípio da anterioridade nonagesimal, a referida majoração somente poderá ser cobrada em face dos fatos geradores ocorridos após 90 (noventa) dias da sua publicação.
(C) Poderá ser cobrada a referida majoração somente em face dos fatos geradores ocorridos após 45 (quarenta e cinco) dias da publicação da Lei n.º X, devido a regra contida na Lei de Introdução ao Código Civil, já que aquela lei foi omissa quanto a sua entrada em vigor.
(D) Os valores provenientes dessa majoração podem ser cobrados em face dos fatos geradores ocorridos a partir de sua publicação, já que o IPI não se submete ao princípio da anterioridade.

A: incorreta, por duas razões. Em primeiro lugar, não subsiste o princípio da *anualidade* (exigência de previsão orçamentária para a exigência de tributo), mas apenas o princípio da *anterioridade anual (a cobrança pode ser feita apenas a partir do primeiro dia do exercício seguinte ao da publicação). Em segundo lugar, o IPI é exceção ao princípio da anterioridade anual, submetendo-se apenas à anterioridade nonagesimal (a majoração pode ser cobrada após 90 (noventa) dias da publicação)*; **B:** correta, lembrando que o IPI submete-se à anterioridade nonagesimal – art. 150, III, *c*, da CF; **C:** incorreta, pois a majoração somente será exigível após 90 (noventa) dias da publicação, conforme a anterioridade nonagesimal – art. 150, III, *c*, da CF; **D:** incorreta, conforme comentários anteriores.

Gabarito "B"

(OAB/Exame Unificado – 2006.1) Acerca da legislação tributária, assinale a opção correta.

(A) As decisões provenientes dos Conselhos de Contribuintes do Ministério da Fazenda a que a lei atribuir eficácia normativa entrarão em vigor 30 (trinta) dias após a data de sua publicação.
(B) Deverá obediência ao princípio da anterioridade tributária a revogação de isenção não onerosa concedida para promover o desenvolvimento de precária região brasileira.
(C) Estão sob reserva de lei complementar as matérias atinentes à concessão de isenções, à disposição sobre parcelamento do crédito tributário e à autorização de dações em pagamento.
(D) A disciplina da integração da legislação tributária determina que o emprego do princípio da equidade não pode resultar na dispensa do pagamento de penalidade pecuniária.

A: correta, conforme o art. 103, II, do CTN; **B:** existe grande controvérsia a respeito. Há entendimento jurisprudencial no sentido de que a revogação de isenções não equivale à majoração ou à instituição de tributo, de modo que não se sujeita à anterioridade (ver Súmula 615/STF). Isso (afastamento da anterioridade) não se aplicaria aos tributos incidentes sobre patrimônio e renda, nos termos do art. 104, III, do CTN; **C:** incorreta, pois essas matérias podem ser veiculadas por simples lei ordinária de cada ente tributante. Não se trata de normas gerais de direito tributário, que exigiriam lei complementar federal –art. 146 da CF; **D:** incorreta, pois o dispositivo legal em questão (art. 108, § 2º, do CTN) afirma que a equidade não pode implicar dispensa do pagamento de *tributo* devido.

Gabarito "A"

(OAB/Exame Unificado – 2006.ES) Assinale a opção incorreta.

(A) A lei tributária que outorga benefício tributário de isenção pode ser interpretada extensivamente.
(B) O emprego da analogia não pode resultar na exigência de tributo não previsto em lei.
(C) A lei tributária expressamente interpretativa pode retroagir para instituir cobrança sobre fato gerador passado.
(D) O emprego da analogia não pode resultar na criação de hipótese de incidência.

A: incorreta, pois a lei que outorga isenção deve ser interpretada literalmente (estritamente, e não extensivamente) – art. 111, *caput* e II, do CTN; **B:** correta, conforme o art. 108, § 1º, do CTN; **C:** incorreta também, pois a retroatividade da lei expressamente interpretativa não pode implicar *instituição* de tributo novo. A norma efetivamente interpretativa, por definição, não inova na tributação, apenas esclarece o alcance de normas pré-existentes. Se a suposta norma interpretativa institui a cobrança de tributo sobre fato passado, ela não é interpretativa – art. 106, I, do CTN; **D:** correta, conforme o art. 108, § 1º, do CTN. **Observação:** parece-nos que há duas assertivas incorretas nesta questão ("A" e "C").

Gabarito "A"

(FGV – 2011) Ômega S.A., pretende ver reconhecido judicialmente o direito à isenção quanto à CSLL, já que lhe é garantido o benefício com relação ao IRPJ, pois preenche os requisitos para a fruição da dispensa legal do pagamento desse imposto. A empresa fundamenta sua pretensão no fato de que ambas as modalidades tributárias partilham de natureza jurídica semelhante e apresentam o mesmo fato gerador. Qual seria a técnica de interpretação a utilizar para decidir o pedido de Ômega?

(A) Analógica.
(B) Teleológica.
(C) Histórica.
(D) Literal.
(E) Teratológica.

Os benefícios fiscais, caso da isenção, devem ser interpretados literalmente, conforme dispõe expressamente o *caput* do art. 111 do CTN, de modo que a alternativa "D" é a correta.

Gabarito "D"

(FGV – 2011) A respeito da interpretação da legislação tributária, analise as afirmativas a seguir:

I. São interpretadas literalmente a suspensão ou a exclusão do crédito tributário.
II. É interpretada literalmente a dispensa do cumprimento de obrigações tributárias acessórias.

III. É interpretada de maneira mais favorável ao contribuinte a legislação tributária que determine a outorga de isenção.

IV. É interpretada de maneira mais favorável ao Fisco, no caso de legislação tributária que define infrações, no caso de dúvida quanto à graduação da penalidade aplicável.

Assinale

(A) se apenas a afirmativa I estiver correta.
(B) se apenas as afirmativas I e II estiverem corretas.
(C) se apenas as afirmativas II e III estiverem corretas.
(D) se apenas afirmativas III e IV estiverem corretas.
(E) se apenas a afirmativa IV estiver correta.

I e **II**: assertivas corretas, nos termos do art. 111, I e III, do CTN, respectivamente; **III**: incorreta, pois a interpretação da isenção é sempre literal (estrita), conforme o art. 111, II, do CTN; IV: incorreta, pois em caso de dúvida, a norma que define infração é interpretada de maneira mais benéfica ao acusado – art. 112 do CTN.

Gabarito "B"

(FGV – 2011) Não pode(m) ser usado(a)(s) como técnica de interpretação e integração da legislação tributária

(A) a equidade.
(B) os princípios gerais de direito tributário.
(C) os costumes.
(D) os princípios gerais de direito público.
(E) a analogia.

O art. 108 do CTN indica como técnicas de interpretação e integração, apenas, a analogia (inc. I), os princípios gerais de direito tributário (inc. II), os princípios gerais de direito público (inc. III) e a equidade (inc. IV). Os costumes não são elencados, de modo que a alternativa "C" deve ser indicada pelo examinando. Interessante notar, entretanto, que as práticas reiteradas observadas pelas autoridades administrativas são consideradas normas complementares tributárias, nos termos dos arts. 96 e 100, III, do CTN.

Gabarito "C"

(FGV – 2010) Com relação à interpretação e integração da legislação tributária, analise as afirmativas a seguir.

I. O emprego da equidade poderá resultar na dispensa do pagamento de tributo devido.

II. A lei tributária, expressa ou implicitamente expressa pela Constituição Federal, pode alterar a definição, o conteúdo e o alcance de institutos, conceitos e formas de direito privado utilizados para definir ou limitar competências tributárias.

III. Interpreta-se literalmente a legislação tributária que disponha sobre suspensão, extinção ou exclusão do crédito tributário.

Assinale:

(A) se nenhuma afirmativa estiver correta.
(B) se somente a afirmativa I estiver correta.
(C) se somente a afirmativa II estiver correta.
(D) se somente a afirmativa III estiver correta.
(E) se somente as afirmativas I e II estiverem corretas.

I: incorreta, pois é o oposto. O emprego da equidade jamais poderá resultar em dispensa do pagamento do tributo devido – art. 108, § 2º, do CTN; **II**: incorreta, já que a lei tributária não pode alterar a definição, o conteúdo e o alcance de institutos, conceitos e formas de direito privado, utilizados, expressa ou implicitamente, pela Constituição Federal, pelas Constituições dos Estados, ou pelas Leis Orgânicas do Distrito Federal ou dos Municípios, para definir ou limitar competências tributárias – art. 110 do CTN; **III**: imprecisa, pois o art. 111 do CTN prevê a interpretação literal no caso de legislação tributária que disponha sobre: suspensão ou exclusão do crédito tributário (inc. I); outorga de isenção (inc. II); e dispensa do cumprimento de obrigações tributárias acessórias (inc. III). Perceba que o dispositivo legal não se refere à extinção do crédito tributário,daí a imprecisão, embora a questão tenha sido considerada incorreta pela banca.

Gabarito "A"

(FGV – 2009) De acordo com o Código Tributário Nacional a lei aplica-se a ato ou fato pretérito. A esse respeito analise as afirmativas que apresentam as situações em que a lei se aplica.

I. Em qualquer caso, quando seja expressamente interpretativa, excluída a aplicação de penalidade à infração dos dispositivos interpretados.

II. Quando reduza a alíquota de tributo cujo fato gerador já foi praticado, desde que a defesa ofertada pelo contribuinte, administrativa ou judicial, ainda não tenha sido definitivamente julgada.

III. Tratando-se de ato não definitivamente julgado, quando deixe de tratá-lo como contrário a qualquer exigência de ação ou omissão, desde que não tenha sido fraudulento e não tenha implicado falta de pagamento de tributo.

Assinale:

(A) se somente a afirmativa I estiver correta.
(B) se somente a afirmativa II estiver correta.
(C) se somente as afirmativas I e III estiverem corretas.
(D) se somente as afirmativas II e III estiverem corretas.
(E) se todas as afirmativas estiverem corretas.

I: correta, pois é isso que dispõe o art. 106, I, do CTN; **II**: incorreta, pois a legislação relativa ao tributo é aquela vigente à época do fato gerador – art. 144, *caput*, do CTN. É importante lembrar que somente retroage a norma que reduz ou afasta a penalidade (*lex mitior*), e não o tributo – art. 106, II, do CTN; **III**: correta, já que esse é o conteúdo do art. 106, II, *b*, do CTN.

Gabarito "C"

Veja a tabela **"Aplicação da lei tributária a ato ou a fato pretérito" (pgs. anteriores)** para memorizar os casos em que a lei tributária é aplicada a ato ou fato pretérito.

(FGV – 2008) Havendo antinomia entre norma de tratado internacional e norma de lei interna, mais recente, a questão se resolve:

(A) pela prevalência da lei interna, com indenização aos prejudicados.
(B) pela revogação da lei interna, sem indenização aos prejudicados.
(C) pela revogação do tratado, com indenização aos eventuais prejudicados.
(D) pelo critério da especificidade da matéria, adotando-se a norma mais completa para solução do caso.
(E) pela prevalência do tratado, com indenização eventual aos prejudicados.

O STF tem o entendimento de que o tratado internacional em regra ingressa no sistema jurídico brasileiro com força de lei ordinária federal (há precedentes importantes em matéria trabalhista, mas é certo que há exceção em matéria de direitos humanos). Nesse sentido, a lei interna posterior prevalece sobre o tratado. Não é correto falar em revogação, pois o acordo continua a produzir efeitos na esfera do direito internacional. É razoável afirmar que se o legislador causa dano a alguém, é possível pleitear indenização, nos termos da legislação civil. Perceba que o examinador não afirma que o tratado se refere à matéria tributária, em relação a qual há forte debate doutrinário sobre o alcance do art. 98 do CTN. Por essas razões, a assertiva "E" é a correta.

Gabarito "E".

(FGV – 2008) Assinale a afirmativa correta.

(A) A lei tributária que define infrações ou lhe comina penalidades interpreta-se da maneira mais favorável ao acusado, em caso de dúvida quanto à capitulação legal do fato, bem como quanto à natureza ou às circunstâncias materiais do fato, ou à natureza ou extensão dos seus efeitos.

(B) Na ausência de disposição expressa, a autoridade competente para aplicar a legislação tributária utilizará sucessivamente, na ordem indicada: a analogia; os princípios gerais de direito tributário; os princípios gerais de direito e a equidade.

(C) A lei tributária não pode alterar a definição, o conteúdo e o alcance de institutos, conceitos e formas de direito privado, utilizados, expressa ou implicitamente, pela Constituição Federal, pelas Constituições dos Estados, pelas Leis Orgânicas do Distrito Federal ou dos Municípios ou pelas leis complementares, para definir ou limitar competências tributárias.

(D) Interpreta-se literalmente a legislação tributária que disponha sobre: suspensão, extinção ou exclusão do crédito tributário; outorga de isenção e dispensa do cumprimento de obrigações tributárias acessórias.

(E) A definição legal do fato gerador é interpretada considerando-se a validade jurídica dos atos efetivamente praticados pelos contribuintes, responsáveis, ou terceiros, bem como da natureza do seu objeto ou dos seus efeitos.

A: correta, pois corresponde ao art. 112 do CTN; **B:** depois dos princípios gerais de direito tributário, utilizam-se os princípios gerais de direito **público**. A assertiva não faz referência ao "público", razão pela qual é considerada errada à luz do art. 108, III, do CTN; **C:** ao dispor sobre a matéria, o art. 110 do CTN faz referência, apenas, à Constituição Federal, às Constituições Estaduais e às Leis Orgânicas municipais e distrital, mas não à lei complementar, o que torna a assertiva incorreta; **D:** o art. 111 do CTN não faz referência à **extinção** do crédito tributário, ao determinar a interpretação literal da legislação tributária, razão pela qual a assertiva é considerada incorreta; **E:** a interpretação relativa ao fato gerador é feita **abstraindo-se** (i) da validade jurídica dos atos efetivamente praticados pelos contribuintes, responsáveis, ou terceiros, bem como da natureza do seu objeto ou dos seus efeitos, e (ii) dos efeitos dos fatos efetivamente ocorridos – art. 118 do CTN. A assertiva diz que se deve considerar isso, o que é incorreto

Gabarito "A".

(FGV – 2008) Em 1º de agosto de 2003, determinado contribuinte recolheu o ICMS aplicando alíquota menor que a correta. À época do fato gerador, a alíquota do ICMS correta era de 25%, e a multa prevista para esse tipo de infração era de 80% do valor do imposto não recolhido. Em 31 de dezembro de 2003, o Estado editou uma lei reduzindo a referida alíquota para 20% e majorando a multa para 90%. Em 31 de dezembro de 2004, o Estado editou nova lei reduzindo o valor da multa para 70% e fixando a alíquota em 27%, sendo esta a lei vigente no dia da autuação. A alíquota e a multa que o fiscal aplicaria para constituir o crédito tributário em razão da infração cometida por esse contribuinte seriam, respectivamente, de:

(A) 20% e 90%.

(B) 20% e 80%.

(C) 25% e 80%.

(D) 25% e 70%.

(E) 27% e 70%.

A alíquota do imposto será sempre aquela vigente à época do fato gerador – art. 144, do CTN. A alíquota atual da multa retroage para beneficiar o infrator (*lex mitior*) – art. 106, II, *c*, do CTN.

Gabarito "D".

(FGV – 2008) Segundo o Código Tributário Nacional, impõe-se interpretação literal de norma tributária que disponha sobre:

(A) moratória.

(B) compensação.

(C) transação.

(D) prescrição.

(E) remissão.

Art. 111, I c/c art. 151, I, ambos do CTN – das alternativas, somente a moratória é modalidade de suspensão do crédito tributário (as demais são causas extintivas do crédito tributário), ou seja, somente a ela se aplica a regra da interpretação literal. Isso porque o art. 111, I, do CTN não faz referência expressa à extinção do crédito tributário, ao se referir à interpretação literal, mas apenas à suspensão e à exclusão.

Gabarito "A".

(FGV – 2007) Com base no CTN, em relação à legislação tributária, assinale a afirmativa incorreta.

(A) O emprego da analogia não poderá resultar na exigência de tributo não previsto em lei.

(B) O emprego da equidade não poderá resultar na dispensa de pagamento de tributo devido.

(C) A lei tributária se aplica a ato ou fato pretérito, quando o ato não definitivamente julgado cominar penalidade menos severa que a prevista na lei ao tempo da sua prática ou reduzir o valor do tributo devido.

(D) Dentre as normas complementares das leis, dos tratados e convenções internacionais e dos decretos, encontram-se as práticas reiteradas observadas pelas autoridades administrativas.

(E) A lei tributária que define infrações ou lhe comina penalidades, em caso de dúvida quanto à natureza da penalidade aplicável ou a sua graduação, deve ser interpretada de maneira mais favorável ao acusado.

A: correta, nos termos do art. 108, § 1º, do CTN; **B:** correta, conforme o art. 108, § 2º, do CTN; **C:** incorreta, devendo ser assinalada, conforme os arts. 106, II, *c*, e 144, ambos do CTN – somente a norma relativa à penalidade pode ser aplicada retroativamente, e nunca aquela relativa ao tributo; **D:** correta, conforme o art. 100, III, do CTN; **E:** correta, nos termos do art. 112, IV, do CTN.

Gabarito "C".

7. FATO GERADOR E OBRIGAÇÃO TRIBUTÁRIA

(OAB/Exame Unificado – 2013.3) Em procedimento de fiscalização, a Secretaria da Receita Federal do Brasil identificou lucro não declarado por três sociedades empresárias, que o obtiveram em conluio, fruto do tráfico de entorpecentes.

Sobre a hipótese sugerida, assinale a afirmativa correta.

(A) O imposto sobre a renda é devido face ao princípio da interpretação objetiva do fato gerador, também conhecido como o princípio do pecunia *non olet*.

(B) Não caberá tributação e, sim, confisco da respectiva renda.
(C) Não caberá tributo, uma vez que tributo não é sanção de ato ilícito.
(D) Caberá aplicação de multa fiscal pela não declaração de lucro, ficando afastada a incidência do tributo, sem prejuízo da punição na esfera penal.

A: correta, sendo esse um exemplo clássico do *non olet*; **B**, **C** e **D:** incorretas, conforme comentário à alternativa "A". Interessa à tributação o lucro, o acréscimo patrimonial que efetivamente ocorreu (= fato gerador do IR). Discutir como esse acréscimo ocorreu foge à análise do fato gerador tributário, em princípio.

Gabarito "A"

(OAB/Exame Unificado – 2011.2) A obrigação tributária principal tem por objeto

(A) o pagamento de tributo ou penalidade pecuniária.
(B) a inscrição da pessoa jurídica junto ao Cadastro Nacional de Pessoa Jurídica – CNPJ.
(C) a prestação de informações tributárias perante a autoridade fiscal competente.
(D) a escrituração de livros contábeis.

Nos termos do art. 113, § 1º, do CTN, a obrigação principal tem por objeto o pagamento de tributo ou de penalidade pecuniária (alternativa "A"), ou seja, sua prestação é sempre pecuniária. As demais alternativas ("B", "C" e "D") descrevem prestações não pecuniárias (inscrição, informação, escrituração) que são, portanto, objeto de obrigações acessórias.

Gabarito "A"

(OAB/Exame Unificado – 2010.1) Um fiscal federal, em processo de auditoria, verificou que uma empresa estava em dívida para com o Fisco em relação ao imposto de renda. Ao autuar a empresa para pagamento do imposto, o fiscal impôs-lhe, ainda, uma multa por atraso no pagamento e outra, por não ter entregue a declaração anual de rendimentos da pessoa jurídica. Nessa situação hipotética,

(A) todas as obrigações são consideradas principais.
(B) a obrigação de pagar o imposto de renda é considerada principal; a de pagar as multas, não.
(C) a obrigação de pagar o imposto de renda e a de pagar a multa de mora são consideradas principais; a de pagar a multa por atraso na entrega da declaração, não.
(D) a obrigação de pagar o imposto de renda e a de pagar a multa por atraso na entrega da declaração são consideradas principais; a de pagar a multa de mora, não.

A: correta, pois toda obrigação de natureza tributária que tenha por objeto a entrega de dinheiro ao Fisco (tributo ou multa) é considerada obrigação tributária *principal*, nos termos do art. 113, § 1º, do CTN, que determina que "a obrigação principal (...) tem por objeto o pagamento de *tributo ou penalidade pecuniária* e extingue-se juntamente com o crédito dela decorrente"; **B**, **C** e **D:** incorretas, pois o pagamento de multa de qualquer espécie (= penalidade pecuniária) é, também, objeto da obrigação tributária *principal*.

Gabarito "A"

(OAB/Exame Unificado – 2007.3) Considere-se que a empresa Paraná Petróleo tenha sido considerada, em conformidade com o que dispõe a lei, sujeito passivo de obrigações tributárias acessórias. Nesse caso, a empresa

(A) deve, pela legislação tributária, pagar uma multa.
(B) é, pela legislação tributária, obrigada a prestações acessórias.
(C) deve ter deixado de pagar um imposto e deve pagá-lo com juros.
(D) deve pagar certo tributo com atualização monetária.

É importante ter claro que, nos termos do art. 113 do CTN: (i) entregar dinheiro ao Fisco, seja tributo ou multa, é objeto de obrigação tributária *principal*; e (ii) fazer ou deixar de fazer qualquer coisa (que não seja entregar dinheiro) em favor da fiscalização tributária é objeto de obrigação tributária *acessória*. Dito de outra forma, toda prestação *pecuniária* em favor do Fisco é objeto da obrigação *principal*, enquanto as prestações *não pecuniárias* em favor do Fisco são objeto da obrigação *acessória*. **A:** incorreta, pois multa é objeto de obrigação tributária *principal*; **B:** correta, pois quem é sujeito passivo de obrigação assessória deve cumprir, evidentemente, a prestação acessória (prestação = objeto da relação obrigacional) – art. 122 do CTN; **C:** incorreta, pois a penalidade pecuniária decorrente do inadimplemento (= não pagamento) é objeto de obrigação tributária principal; **D:** incorreta, pois o tributo, assim como a penalidade pecuniária e os acréscimos (correção monetária e juros), são objeto da obrigação tributária principal.

Gabarito "B"

(OAB/Exame Unificado – 2007.2) A Nuporanga Indústria e Comércio de Alimentos Ltda. atua no ramo de venda de produtos alimentícios e, pela natureza de sua atividade, deve cumprir várias obrigações tributárias, tais como prestar declarações ao Fisco, emitir nota fiscal, recolher o imposto sobre operações relativas à circulação de mercadorias (ICMS) e, eventualmente, pagar penalidades pecuniárias. Considerando a situação hipotética acima e as normas atinentes à obrigação tributária, assinale a opção correta.

(A) A obrigação de empresas, como a Nuporanga, de pagar eventuais penalidades pecuniárias constitui obrigação tributária principal.
(B) A obrigação tributária acessória é dependente da obrigação tributária principal.
(C) Segundo o CTN, as obrigações tributárias, principal e acessória, decorrem da lei em sentido estrito.
(D) A obrigação da Nuporanga de recolher o ICMS constitui obrigação tributária acessória.

A: correta, pois a multa (= penalidade pecuniária) é objeto da obrigação principal; **B:** incorreta, pois, apesar do nome, a obrigação acessória nem sempre acompanha a principal. Mesmo entidades imunes ou isentas, por exemplo, que não têm dever de pagar tributo (= obrigação principal), devem cumprir obrigações acessórias (manter escrituração fiscal, prestar informações ao Fisco etc.); **C:** incorreta, pois o CTN, ao tratar das obrigações acessórias, refere-se à legislação tributária (= leis, decretos, normas complementares), e não, especificamente, à lei – arts. 113, § 2º, e 115 do CTN; **D:** incorreta, pois a entrega de dinheiro ao Fisco (tributo ou multa) é sempre objeto da obrigação tributária *principal*.

Gabarito "A"

(FGV – 2011) Para a determinação do momento de ocorrência do fato gerador, no caso de negócio jurídico sujeito a condição resolutiva, este se considera perfeito e acabado

(A) desde o momento do implemento da condição.
(B) desde o momento da prática do ato ou da celebração do negócio.
(C) a partir do primeiro dia do exercício seguinte ao implemento da condição, por obediência ao princípio da anterioridade.

(D) nos negócios entabulados a prazo, na última parcela paga.

(E) em nenhum momento, pois, em direito tributário, não se pode falar em condição resolutória.

Nos termos do art. 117, II, do CTN, no caso de condição resolutiva (ou resolutória) os atos ou negócios jurídicos condicionais reputam-se perfeitos e acabados desde o momento da prática do ato ou da celebração do negócio. Assim, a alternativa "B" é a correta.

Gabarito "B"

(FGV – 2011) O objeto da obrigação tributária se traduz em uma prestação, de cunho patrimonial ou não, devida pelo contribuinte ou responsável. Em relação à obrigação tributária, é correto dizer que

(A) a obrigação tributária de conteúdo patrimonial é chamada de obrigação principal, ao passo que a acessória se caracteriza pela prestação de conteúdo não patrimonial, consubstanciada em obrigações de fazer e não fazer. Entretanto, a não observância da obrigação acessória tem o condão de convertê-la em principal relativamente à penalidade pecuniária.

(B) a obrigação tributária principal, representada por uma obrigação de dar, surge no momento do lançamento do tributo que, por sua vez, constitui o crédito tributário. Esta obrigação decorre de legislação tributária específica e extingue-se juntamente com o crédito dela decorrente.

(C) a obrigação tributária, seja ela principal ou acessória, é sempre uma obrigação de cunho patrimonial quando se refere a uma obrigação de fazer ou não fazer.

(D) de modo análogo à obrigação civil, a obrigação tributária acessória decorre da obrigação principal. Nesse diapasão, também pode se dizer que, extinta a obrigação principal, extinta está a obrigação acessória, mas a extinção da obrigação acessória não implica, necessariamente, a extinção da obrigação principal.

(E) a obrigação acessória, caracterizada por obrigações de fazer e não fazer tais como emitir notas fiscais, manter a escrituraçao dos livros em dia, entregar as declarações de acordo com as instruções do Fisco, não impedir o livre acesso da fiscalização à empresa, etc., decorre de legislação tributária específica, no interesse exclusivo de arrecadação dos tributos.

A: correta, pois distingue adequadamente a obrigação principal e a obrigação acessória, conforme o art. 113 do CTN, incluindo o disposto em seu § 3º; **B:** incorreta, pois a obrigação tributária principal, cujo objeto é pecuniário (= prestação de dar dinheiro ao Fisco) surge com o fato gerador, e não com o lançamento – art. 113, § 1º, do CTN. Ademais, a obrigação principal decorre de lei em sentido estrito (e não da legislação, em sentido amplo); **C:** incorreta, pois a obrigação acessória não tem por objeto uma prestação pecuniária, de cunho patrimonial – art. 113, § 2º, do CTN; **D:** incorreta, pois, apesar do nome, a obrigação tributária acessória não decorre, nem depende da obrigação principal. É possível sua existência (da obrigação acessória) mesmo quando inexiste obrigação principal (caso de obrigações acessórias impostas a entidades imunes, como escriturar livros ou prestar informações ao Fisco, por exemplo); **E:** a assertiva é imprecisa por conta de sua parte final. O art. 113, § 2º, do CTN, define a obrigação acessória imposta no interesse da arrecadação ou da fiscalização dos tributos (não no interesse exclusivo da arrecadação, como consta da assertiva).

Gabarito "A"

(FGV – 2010) Assinale a alternativa correta acerca da obrigação tributária.

(A) A suspensão da exigibilidade do crédito tributário não impede a execução fiscal.

(B) Apesar da solidariedade das pessoas que tenham interesse comum na situação que constituiu o fato gerador da obrigação tributária, não há possibilidade de benefício de ordem, certo que o pagamento efetuado por um dos obrigados não exime a responsabilidade dos demais.

(C) O contribuinte de direito pode reclamar a restituição do tributo indireto pago indevidamente, desde que, por sua natureza, comporte a transferência do respectivo encargo financeiro.

(D) O sujeito passivo da obrigação principal é a pessoa obrigada ao pagamento de tributo ou penalidade pecuniária.

(E) A exigência de depósito prévio de parcela do tributo questionado como condição para interposição de recurso administrativo, no âmbito do contencioso fiscal, implica ofensa ao princípio constitucional da ampla defesa.

A: incorreta, pois se o crédito é inexigível, não há como executá-lo; **B:** incorreta, pois o pagamento realizado por um dos obrigados solidários aproveita aos demais – art. 125, I, do CTN; **C:** incorreta, pois, para que o contribuinte de direito pleiteie a restituição de tributo indireto, deve comprovar que assumiu o encargo financeiro da exação, ou que esteja expressamente autorizado, por quem assumiu, a pedir a devolução – art. 166 do CTN (Obs.: contribuinte de direito é aquele previsto na lei, quem recolhe o tributo; contribuinte de fato é, em regra, o consumidor final); **D:** correta, pois é a definição de sujeito passivo da obrigação principal dada pelo art. 121 do CTN; **E:** incorreta, mas está correta, conforme o entendimento atual do STF e do STJ, nos termos da Súmula Vinculante 21/STF ("É inconstitucional a exigência de depósito ou arrolamento prévios de dinheiro ou bens para admissibilidade de recurso administrativo") e Súmula 373/STJ ("É ilegítima a exigência de depósito prévio para admissibilidade de recurso administrativo"). **Obs.:** apesar de o gabarito oficial indicar apenas a alternativa "D", parece-nos que a "E" também é correta, ainda que se possa discutir o princípio constitucional aplicável ao entendimento atual do STF e do STJ e, talvez, questionar a inclusão do tema na matéria "obrigação tributária" a que faz referência o examinador.

Gabarito "D"

(FGV – 2008) Assinale a afirmativa incorreta.

(A) Fato gerador da obrigação principal é a situação definida em lei como necessária e suficiente à sua ocorrência.

(B) Fato gerador da obrigação acessória é qualquer situação que, na forma da legislação aplicável, impõe a prática ou a abstenção de ato que não configure obrigação principal.

(C) Salvo disposição de lei em contrário, considera-se ocorrido o fato gerador e existentes os seus efeitos, tratando-se de situação de fato, desde o momento em que se verifiquem as circunstâncias materiais necessárias a que produza os efeitos que normalmente lhe são próprios.

(D) Salvo disposição de lei em contrário, considera-se ocorrido o fato gerador e existentes os seus efeitos, tratando-se de situação jurídica, desde o momento em que esteja definitivamente constituída, nos termos de direito aplicável.

(E) A definição legal do fato gerador é interpretada considerando-se a validade jurídica dos atos efetivamente praticados pelos contribuintes, responsáveis, ou terceiros, bem como da natureza do seu objeto ou dos seus efeitos.

A: correta, nos termos do art. 114 do CTN; **B:** correta, conforme o art. 115 do CTN; **C:** correta, conforme o art. 116, I, do CTN; **D:** correta, conforme o art. 116, II, do CTN; **E:** incorreta, devendo ser assinalada, pois a definição legal do fato gerador é interpretada *abstraindo-se* (não se considerando) a validade jurídica dos atos efetivamente praticados pelos contribuintes, responsáveis, ou terceiros, bem como a natureza do seu objeto ou dos seus efeitos – art. 118, I, do CTN.

Gabarito "E"

(FGV – 2007) É correto afirmar-se que a obrigação tributária acessória:

(A) só acarreta consequências de índole restritiva fiscal
(B) pode resultar em obrigação tributária principal
(C) consubstancia crédito tributário secundário
(D) não se sujeita ao lançamento

A obrigação acessória tem por objeto dever relacionado à tributação, mas que não é entregar dinheiro ao Fisco (não é pagamento de tributo ou multa). No entanto, o descumprimento dessa obrigação acessória gera penalidade pecuniária (que é objeto de obrigação principal) – art. 113, § 3º, do CTN.

Gabarito "B"

(FGV – 2007) A obrigação tributária principal revela:

(A) descumprimento do dever de pagar imposto devido
(B) relação jurídica entre o contribuinte e o Estado
(C) causa para imposição de penalidade fiscal
(D) inadimplemento absoluto

A obrigação tributária é uma relação entre o sujeito passivo (contribuinte ou responsável) e o sujeito ativo (Estado), cujo objeto (prestação) corresponde ao dever de recolher tributo, penalidade e cumprir deveres acessórios.

Gabarito "B"

8. LANÇAMENTO E CRÉDITO TRIBUTÁRIO

(OAB/Exame Unificado – 2012.3.A) Concessionária de veículos se insurge contra aumento da alíquota do IPI sobre automóveis nacionais e, antes mesmo da ocorrência do lançamento do tributo em questão, ajuíza ação declaratória e efetua o depósito judicial do montante do valor tributado que considera devido. Após cinco anos e oito meses, ocorre o trânsito em julgado da decisão judicial proferida em favor da Fazenda Pública, a qual entende como devido o IPI integral.

Considerando que a Fazenda Pública não adotou qualquer providência quanto ao lançamento do imposto devido durante o trâmite da ação judicial, tem-se que

(A) o IPI é devido e coincide com o valor depositado.
(B) o IPI é devido no valor cobrado pela Fazenda Pública.
(C) o IPI não é devido, uma vez que ocorreu a prescrição.
(D) o IPI não é devido, em razão da decadência.

O depósito judicial equivale ao lançamento – ver EREsp 686.479/RJ-STJ. Assim, o valor depositado pelo contribuinte, no caso, será convertido em renda da Fazenda Pública. A discussão restringe-se à diferença, e não lançada pelo Fisco. Ocorre que não é possível saber se houve decadência dessa diferença, já que o prazo do art. 173, I, do CTN é contado a partir do primeiro dia do exercício financeiro seguinte àquele em que o lançamento poderia ter sido realizado pelo Fisco. Ou seja, se o fato gerador ocorreu no início do ano, a decadência teria ocorrido quase 6 anos depois. Por essa razão, a questão foi anulada.

ANULADA

(OAB/Exame Unificado – 2009.1) Não está prevista, no Código Tributário Nacional, no que se refere a lançamento efetuado de ofício, a comprovação de

(A) ação ou omissão do sujeito passivo que dê lugar à aplicação de penalidade pecuniária.
(B) falta funcional que dê lugar à aplicação de penalidade pecuniária.
(C) ocorrência, no lançamento anterior, de fraude funcional da autoridade que o efetuou.
(D) ocorrência, no lançamento anterior, de omissão de formalidade especial da autoridade que o efetuou.

A, **C** e **D:** corretas, pois essas situações dão ensejo ao lançamento de ofício, conforme o art. 149, VI e IX do CTN; **B:** incorreta, devendo ser indicada pelo candidato, pois a falta funcional da autoridade que efetuou o lançamento anterior sempre permite a revisão do lançamento, independentemente de existir previsão de penalidade pecuniária. Veja o disposto no art. 149, IX, do CTN: "O lançamento é efetuado e revisto de ofício pela autoridade administrativa nos seguintes casos: (...) quando se comprove que, no lançamento anterior, ocorreu fraude ou falta funcional da autoridade que o efetuou, ou omissão, pela mesma autoridade, de ato ou formalidade especial".

Gabarito "B"

(OAB/Exame Unificado – 2008.3) Supondo que seja lavrado o auto de infração e constituído o crédito tributário em decorrência da autuação, pelo Fisco, de contribuinte que deixou de emitir nota fiscal e recolher o ICMS, assinale a opção correta.

(A) A modalidade de lançamento adequada a essa situação é a mista, dada a necessidade de informação constante dos documentos da referida empresa.
(B) Nessa situação, em que se constata conduta ilícita do não recolhimento pelo contribuinte, deve ser realizado o lançamento de ofício.
(C) O Fisco deve realizar o lançamento por homologação, pois, em se tratando de ICMS, cabe ao contribuinte apurar o valor de tributo devido.
(D) O lançamento efetuado pelo Fisco não poderia ter sido feito por meio de auto de infração.

Quando o Fisco autua o contribuinte, impondo penalidade pecuniária, há *lançamento de ofício*, nos termos do art. 149, VI, do CTN.

Gabarito "B"

(OAB/Exame Unificado – 2008.3) Em cada uma das opções a seguir, é apresentada uma situação hipotética acerca da constituição do crédito tributário, seguida de uma assertiva a ser julgada. Assinale a opção que apresenta a assertiva correta.

(A) Determinada pessoa jurídica adquiriu bens de capital advindos do exterior, pagando-os em moeda estrangeira. Nessa situação, quando for realizar o lançamento do tributo, a referida pessoa jurídica deverá converter o valor pago pelos bens em moeda nacional ao câmbio do dia do lançamento.
(B) Após emitida a declaração anual do imposto de renda, José constatou a existência de erro que importou no pagamento em valor superior ao tributo

efetivamente devido. Nessa situação, José poderá proceder à retificação da declaração inicialmente feita, reduzindo o valor do tributo devido, desde que comprove a existência do erro em que se funde e desde que proceda à retificação antes de notificado o lançamento.

(C) A autoridade fiscal lançadora, analisando declaração feita por contribuinte, relativa à importação de bens de consumo, constatou que os preços atribuídos aos bens importados eram bastante inferiores aos praticados pelo mercado. Nessa situação, a autoridade competente não poderá homologar as declarações feitas pelo contribuinte, devendo, necessariamente, encaminhar os fatos ao órgão competente para apuração do valor do tributo devido e cobrá-lo por intermédio de execução fiscal.

(D) Paulo, ao elaborar sua declaração anual do imposto de renda, apurou a existência de imposto adicional a pagar, efetuando seu regular pagamento à vista. Nessa situação, o referido pagamento suspende o crédito tributário, até posterior homologação do lançamento pela autoridade administrativa competente.

A: incorreta, pois a conversão se dá pelo câmbio da data em que ocorreu o fato gerador, não o lançamento – art. 143 do CTN; **B:** correta, pois José pode retificar a declaração e, no caso, pedir a restituição daquilo que pagou a maior. O examinador usa a terminologia do art. 147, § 1º, do CTN, mas é importante salientar que esse dispositivo legal refere-se ao lançamento por declaração (não é o caso do IR, que é lançado por homologação), embora possa ser aplicado por analogia. De qualquer forma, não haverá notificação de lançamento, pois o IR é lançado por homologação. Não haverá, tampouco, autuação ou lançamento de ofício, já que o contribuinte pagou a mais, e não a menos; **C:** incorreta, pois, nesse caso, a própria autoridade competente deverá arbitrar o valor da importação e lançar o tributo devido, nos termos do art. 148 do CTN; **D:** incorreta, pois o recolhimento do tributo, na sistemática do lançamento por homologação, *extingue* o crédito tributário, sob condição resolutória da posterior homologação – art. 150, § 1º, do CTN.

Gabarito "B"

(OAB/Exame Unificado – 2008.1) Ômega Indústria e Comércio Ltda. foi autuada por irregularidades apuradas no lançamento do imposto sobre circulação de mercadoria e prestação de serviços de transporte interestadual, intermunicipal e de comunicação (ICMS), em virtude da adoção, na nota fiscal, de preços diferentes aos ajustados. Tendo como referência a situação hipotética descrita acima, assinale a opção correta.

(A) Em face da irregularidade apurada, a autoridade administrativa competente pode efetivar o lançamento do tributo de ofício, com base na legislação vigente na data da autuação.

(B) A autoridade lançadora deverá arbitrar, mediante processo regular, o preço ou valor das mercadorias, desde que os documentos fiscais expedidos pelo sujeito passivo não mereçam fé.

(C) Se, no curso do procedimento administrativo fiscal, for publicada lei estadual que outorgue ao crédito maiores garantias, para o efeito de atribuir responsabilidade tributária a terceiros pelo pagamento do tributo em comento, essa nova norma deverá ser aplicada ao lançamento de ofício da autoridade administrativa competente.

(D) Não deve ser aplicada ao lançamento legislação posterior à ocorrência do fato gerador da obrigação que tenha instituído novos critérios de fiscalização.

A: incorreta, pois se aplica a legislação vigente à época do fato gerador – art. 144, *caput*, do CTN; **B:** correta, nos termos do art. 18 da LC 87/1996 e do art. 148 do CTN; **C:** incorreta, pois se houver atribuição de responsabilidade tributária a terceiros, a nova lei não retroage – art. 144, § 1º, *in fine*, do CTN; **D:** incorreta, pois essa nova legislação, que não implica instituição ou majoração de tributo ou imposição de responsabilidade tributária, aplica-se ao lançamento – art. 144, § 1º, do CTN.

Gabarito "B"

(OAB/Exame Unificado – 2007.3) Wilson foi ao DETRAN, no dia 17/12/2007, para proceder à transferência da propriedade de seu veículo a Airton. Lá, foi informado de que a transferência dependia da quitação do IPVA daquele ano, e que ele deveria ir à Secretaria da Fazenda para providenciar o pagamento. Na Secretaria da Fazenda, relatou o fato e, após assinar o requerimento da segunda via do documento de arrecadação do imposto sobre a propriedade de veículos automotores (IPVA), recebeu a notificação para pagamento do respectivo imposto. A situação hipotética acima configura caso de lançamento tributário

(A) por declaração.

(B) por homologação.

(C) de ofício.

(D) por requerimento.

Trata-se de lançamento de ofício, pois, apesar da iniciativa do contribuinte, o Fisco apurou o valor do tributo (base de cálculo e alíquota), identificou o sujeito passivo e notificou-o para que pagasse o tributo. Ou seja, todo o procedimento de formalização ou constituição do crédito tributário foi realizado exclusivamente pela administração tributária (não houve declarações ou antecipação do recolhimento pelo contribuinte) – arts. 142 e 149 do CTN.

Gabarito "C"

(OAB/Exame Unificado – 2007.3) Assinale a opção em que está correta a correlação entre um tributo e sua espécie de lançamento principal.

(A) ITR — lançamento por homologação

(B) IPVA — lançamento por declaração

(C) ICMS — lançamento por homologação

(D) COFINS — lançamento de ofício

Praticamente todos os tributos empresariais (devidos pelos empresários e pelas sociedades empresárias relativos às suas atividades empresariais) são lançados por homologação (o contribuinte calcula o valor e recolhe o tributo, antes de qualquer atuação do Fisco). É o caso do IR, IPI, do ICMS, do ISS, da contribuição ao PIS, da Cofins, da CSLL etc. Normalmente, os tributos sobre a propriedade (IPTU e IPVA) são lançados de ofício. O ITR é caso peculiar em que há debate, pois o Regulamento do ITR prevê o lançamento por homologação (art. 8º do Decreto 4.382/2002), mas muitos autores defendem tratar-se de lançamento por declaração (porque há diversas declarações previamente feitas pelo contribuinte). O examinador, como se vê, entendeu que o ITR é lançado por declaração (ou então a alternativa "A" também seria considerada correta – o gabarito é discutível). De qualquer forma, considerando a discussão em torno do ITR, a alternativa "C" é a melhor, pois é indiscutível que o ICMS é lançado por homologação. É bom lembrar, finalmente, que todos os tributos podem ser lançados de ofício, quando o lançamento por declaração ou por homologação não é realizado por erro, dolo, falta funcional etc. – art. 149 do CTN.

Gabarito "C"

(OAB/Exame Unificado – 2007.2) Segundo o que dispõe o CTN, compete privativamente à autoridade administrativa constituir o crédito tributário pelo lançamento. A partir dessa informação, assinale a opção correta no que se refere a lançamento e suas modalidades.

(A) A legislação aplicável ao lançamento será a vigente na data em que o mesmo for efetivado.
(B) No lançamento por declaração, o sujeito passivo deve verificar a ocorrência do fato gerador, calcular o montante do tributo devido e efetuar o pagamento, cabendo ao sujeito ativo apenas conferir a apuração e o pagamento já realizados.
(C) O imposto sobre a propriedade de veículos automotores (IPVA) e a taxa de limpeza pública são tributos normalmente submetidos ao lançamento de ofício.
(D) A contribuição para o financiamento da seguridade social (COFINS) constitui tributo sujeito ao lançamento por declaração.

A: incorreta, pois se aplica a legislação vigente à época do fato gerador – art. 144, *caput*, do CTN; **B:** incorreta, pois a assertiva descreve o lançamento por homologação – art. 150 do CTN; **C:** correta, pois normalmente os Municípios calculam esses tributos, identificam o sujeito passivo e notificam para que pague (= lançamento de ofício). Interessante lembrar que a taxa de limpeza pública é inconstitucional, quando se refere à limpeza de calçadas, ruas, praças etc., pois o serviço não é específico e divisível (limpeza urbana é serviço *uti universi*, diferente da coleta de lixo, que é *uti singuli* e permite a cobrança de taxa); **D:** incorreta. A Cofins, assim como a generalidade dos tributos empresariais, está sujeita ao lançamento por homologação (LC 70/1991).

Gabarito "C"

(OAB/Exame Unificado – 2007.1) No que concerne ao lançamento do crédito tributário, assinale a opção correta.

(A) A data da ocorrência do fato gerador vai definir a legislação tributária que regerá a constituição do crédito tributário. Todavia, aplica-se ao lançamento a legislação posterior a esta data que tenha outorgado ao crédito maiores privilégios, para o efeito de atribuir responsabilidade tributária a terceiros.
(B) Não existindo disposição legal em contrário, nos casos em que o valor tributário esteja expresso em moeda estrangeira, deverá ser feita a sua conversão em moeda nacional ao câmbio do dia em que se proceder ao lançamento tributário.
(C) Qualquer modificação nos critérios jurídicos adotados pela autoridade administrativa no exercício do lançamento, introduzida em consequência de decisão judicial, somente pode ser efetivada, em relação a um mesmo sujeito passivo, quanto a fato gerador ocorrido posteriormente à sua introdução.
(D) É de 5 (cinco) anos o prazo prescricional para cobrança de crédito tributário, contados da data do fato gerador da obrigação tributária.

A: incorreta, pois se houver atribuição de responsabilidade tributária a terceiros, a nova lei não retroage – art. 144, § 1º, *in fine*, do CTN; **B:** incorreta, pois a conversão se dá pelo câmbio da data em que ocorreu o fato gerador da obrigação, e não a data do lançamento – art. 143 do CTN; **C:** correta, pois o chamado *erro de direito* não permite a revisão do lançamento – art. 146 do CTN; **D:** incorreta, pois o prazo prescricional quinquenal é contado a partir da data da *constituição definitiva* do crédito tributário (art. 174 do CTN).

Gabarito "C"

(OAB/Exame Unificado – 2006.3) Na composição do lançamento tributário, são observados alguns fatores necessários ao cálculo do valor dos tributos. Esses fatores não incluem o(a)

(A) vencimento.
(B) base de cálculo.
(C) alíquota.
(D) identificação do contribuinte.

O art. 142 do CTN, ao definir o lançamento tributário, refere-se à verificação da ocorrência do fato gerador da obrigação correspondente, determinação da matéria tributável, cálculo do montante do tributo devido, identificação do sujeito passivo e, sendo caso, aplicação da penalidade cabível. Perceba que o vencimento não é elemento essencial, nesse contexto, razão pela qual a alternativa "A" deve ser indicada. De fato, não haverá nulidade se o vencimento não for apontado pela autoridade lançadora, pois bastará o devedor consultar a legislação aplicável (isso demonstra que o vencimento não é elemento essencial do lançamento). Em caso de omissão da legislação, o vencimento ocorrerá 30 (trinta) dias após a notificação do lançamento do crédito tributário – art. 160 do CTN.

Gabarito "A"

(OAB/Exame Unificado – 2006.1) Assinale a opção incorreta, acerca de crédito e lançamento tributários.

(A) O imposto sobre a renda e proventos de qualquer natureza é tributo sujeito ao lançamento por homologação, procedimento em que o contribuinte antecipa o pagamento do tributo, e a autoridade tributária, posteriormente, o homologa.
(B) No caso de tributo definitivamente constituído em janeiro de 2006, a pretensão da Fazenda Pública à execução do respectivo crédito tributário prescreverá em janeiro de 2011.
(C) Considere que, em fevereiro, determinado contribuinte prestou serviços sujeitos à incidência do imposto sobre serviços (ISS), à alíquota de 1%. Em março, foi publicada lei que majorou a alíquota do imposto para 2%. Nesse caso, sendo o lançamento efetivado em abril, a alíquota utilizada para cálculo do tributo deverá ser de 1%.
(D) Sendo o sujeito passivo da obrigação tributária regularmente notificado quanto ao lançamento, este somente poderá ser alterado por força de decisão judicial, assegurando-se ao contribuinte o contraditório e a ampla defesa.

A: correta. Apesar da famosa declaração do imposto de renda, o tributo é lançado por homologação, não por declaração; **B:** correta, pois o prazo prescricional quinquenal para a cobrança se inicia a partir da constituição definitiva do crédito – art. 174 do CTN; **C:** correta, pois a alíquota do tributo aplicável será sempre aquela vigente à época do fato gerador – art. 144 do CTN; **D:** incorreta, devendo ser assinalada, pois o lançamento regularmente notificado ao sujeito passivo pode ser alterado em virtude de, nos termos do art. 145 do CTN: impugnação do sujeito passivo (inc. I), recurso de ofício (inc. II) e iniciativa de ofício da autoridade administrativa, nos casos previstos no artigo 149 do CTN (inc. III).

Gabarito "D"

(OAB/Exame Unificado – 2006.ES) Assinale a opção incorreta a respeito de lançamento tributário.

(A) Denomina-se lançamento o procedimento administrativo que verifica a ocorrência do fato gerador da obrigação correspondente, determina a matéria tributável, calcula o montante do tributo devido, identifica o sujeito passivo e, se for o caso, propõe aplicação da sanção cabível.

(B) O lançamento de um tributo é atividade administrativa vinculada.

(C) O lançamento por declaração caracteriza-se pela maior participação do contribuinte, que efetua a determinação da obrigação tributária e o pagamento antecipado do tributo, sem prévio exame da autoridade tributante.

(D) Ocorre lançamento por declaração mesmo quando as informações acerca da matéria de fato tiverem de ser prestadas por terceiro legalmente obrigado.

A: correta, pois reflete a definição de *lançamento*, conforme o art. 142, *caput*, do CTN; **B:** correta, conforme o art. 142, parágrafo único, do CTN; **C:** incorreta, devendo ser assinalada, pois ela descreve o lançamento por homologação, e não o lançamento por declaração – arts. 147 e 150 do CTN; **D:** correta, nos termos do art. 147 do CTN.

Gabarito "C"

(OAB/Exame Unificado – 2006.ES) O lançamento regularmente notificado ao sujeito passivo pode ser alterado em condições previstas no Código Tributário Nacional, as quais não incluem o(a)

(A) impugnação do sujeito passivo.

(B) ato de ofício da autoridade administrativa, embasado em comprovação de dolo, fraude ou simulação do contribuinte ou de terceiro em seu favor.

(C) ato de ofício da autoridade administrativa, embasado em comprovação de fraude ou falta funcional da autoridade que efetuou o lançamento.

(D) retificação da declaração por iniciativa do próprio contribuinte, com vistas a reduzir ou excluir tributo.

O lançamento regularmente notificado ao sujeito passivo somente pode ser alterado em virtude de, nos termos do que determina o art. 145 do CTN: impugnação do sujeito passivo (inc. I), recurso de ofício (inc. II) e iniciativa de ofício da autoridade administrativa, nos casos previstos no artigo 149 do CTN (inc. III). **A**, **B** e **C:** essas são hipóteses que permitem a revisão do lançamento, conforme comentário inicial; **D:** essa é a alternativa a ser indicada, pois, após a notificação, não é possível a retificação de declaração por iniciativa do próprio declarante, quando implique redução ou exclusão do tributo – art. 147, § 1º, do CTN.

Gabarito "D"

(FGV – 2010) Em relação à revisão do lançamento regularmente notificado ao contribuinte, não é correto afirmar que:

(A) é possível quando se comprove falsidade, erro ou omissão quanto a qualquer elemento definido na legislação tributária como sendo de declaração obrigatória.

(B) é possível nas hipóteses de erro de fato e desde que iniciada enquanto não extinto o direito da Fazenda Pública promover o lançamento.

(C) pode se dar em razão de impugnação do sujeito passivo.

(D) pode ser feita a qualquer tempo, sempre que caracterizado erro de direito.

(E) é cabível quando se comprove que o sujeito passivo, ou terceiro em benefício daquele, agiu com dolo, fraude ou simulação.

A, **B** e **E:** corretas, nos termos do art. 149, IV, VIII e parágrafo único, e VII do CTN, respectivamente; **C:** correta, conforme o art. 145, I, do CTN; **D:** incorreta, devendo ser assinalada, pois o erro de direito não admite, em regra, a revisão do lançamento notificado ao contribuinte – art. 146 do CTN e Súmula 227/TFR. Ademais, a revisão do lançamento somente pode ser efetuada dentro do prazo decadencial – art. 149, parágrafo único, do CTN.

Gabarito "D"

(FGV – 2010) Com relação ao *crédito tributário*, assinale a afirmativa incorreta.

(A) Deve ser inscrito na Dívida Ativa do Estado, se não pago no prazo legal.

(B) Tem sua exigibilidade suspensa no caso de o contribuinte efetuar o depósito do seu montante integral.

(C) Prefere a qualquer outro crédito, à exceção dos de origem trabalhista e de outros em processo de falência.

(D) Extingue-se no prazo de 5 (cinco) anos contados da data da ocorrência do fato gerador.

(E) Não se extingue com a morte do contribuinte devedor.

A: correta, nos termos do art. 201 do CTN; **B:** correta, conforme o art. 151, II, do CTN; **C:** correta, nos termos do art. 186 do CTN; **D:** incorreta, devendo ser assinalada, pois o crédito tributário extingue-se em 5 (cinco) anos após sua constituição definitiva (= lançamento), nos termos do art. 174 do CTN; **E:** correta, pois em caso de morte há responsabilidade por sucessão dos herdeiros e legatários – art. 131, II, do CTN.

Gabarito "D"

(FGV – 2010) Correlacione a coluna da direita com o que pede na coluna da esquerda.

1. Modalidade de lançamento tributário.

2. Ação judicial da Fazenda Pública face ao contribuinte.

3. Norma complementar das leis e dos decretos.

4. Modalidade de extinção da punibilidade por infração tributária.

( ) execução fiscal

( ) denúncia espontânea

( ) por homologação

( ) resolução editada pelo Secretário da Fazenda

Assinale a alternativa que apresenta a ordem correta, de cima para baixo, da correlação das colunas:

(A) 2, 4, 1 e 3.

(B) 2, 4, 3 e 1.

(C) 1, 2, 4 e 3.

(D) 4, 2, 1 e 3.

(E) 2, 1, 4 e 3.

O gabarito fica assim:

1. Modalidade de lançamento tributário – por homologação (há também os lançamentos por declaração e de ofício – arts. 148, 149 e 150 do CTN).

2. Ação judicial da Fazenda Pública face ao contribuinte – execução fiscal (Lei 6.830/1980).

3. Norma complementar das leis e dos decretos – resolução editada pelo Secretário da Fazenda (as normas complementares estão listadas no art. 100 do CTN).

4. Modalidade de extinção da punibilidade por infração tributária – denúncia espontânea (art. 138 do CTN).

Gabarito "A"

(FGV – 2010) Em relação à revisão do lançamento regularmente notificado ao contribuinte, não é correto afirmar que:

(A) é possível quando se comprove falsidade, erro ou omissão quanto a qualquer elemento definido na legislação tributária como sendo de declaração obrigatória.

(B) é possível nas hipóteses de erro de fato e desde que iniciada enquanto não extinto o direito da Fazenda Pública promover o lançamento.

(C) pode se dar em razão de impugnação do sujeito passivo.

(D) pode ser feita a qualquer tempo, sempre que caracterizado erro de direito.

(E) é cabível quando se comprove que o sujeito passivo, ou terceiro em benefício daquele, agiu com dolo, fraude ou simulação.

A: correta, nos termos do art. 149, IV, do CTN; **B:** correta, pois o erro de **fato** permite a revisão, desde que dentro do prazo decadencial, nos termos do art. 149, VIII e parágrafo único, do CTN; **C:** correta, de acordo com o que dispõe o art. 145, I, do CTN; **D:** incorreta, devendo ser assinalada, pois o erro de **direito** não permite a revisão do lançamento já notificado – art. 146 do CTN. Ademais, qualquer revisão do lançamento deve respeitar o prazo decadencial, nos termos do art. 149, parágrafo único, do CTN; **E:** correta, conforme o art. 149, VII, do CTN.

Gabarito "D"

(FGV – 2010) Assinale a alternativa correta.

(A) O conceito de lançamento tributário sobressai do artigo 142, CTN, segundo o qual compete à autoridade administrativa constituir o crédito tributário pelo lançamento, entendido o procedimento administrativo tendente a verificar a ocorrência do fato gerador da obrigação correspondente, determinar a matéria tributável e calcular o montante do tributo devido, sendo que a aplicação da penalidade cabível deve sempre ser feita em separado, através de auto de infração.

(B) Suspendem a exigibilidade do crédito tributário, conforme artigo 151, CTN, exclusivamente a moratória, as reclamações e os recursos, nos termos das leis reguladoras do processo tributário administrativo, a concessão de medida liminar em mandado de segurança e a concessão de medida liminar ou de tutela antecipada, em outras espécies de ação judicial.

(C) No que se refere ao pagamento, é correto afirmar que o crédito não integralmente pago no vencimento é acrescido de juros de mora, seja qual for o motivo determinante da falta, sem prejuízo da imposição das penalidades cabíveis e da aplicação de quaisquer medidas de garantia previstas nesta Lei ou em lei tributária, sendo que, se a lei não dispuser de modo diverso, os juros de mora serão calculados à taxa de três por cento ao mês.

(D) O crédito tributário regularmente constituído, segundo o artigo 141, CTN, somente se modifica ou extingue, ou tem sua exigibilidade suspensa ou excluída, nos casos previstos no próprio Código, fora dos quais não podem ser dispensadas, sob pena de responsabilidade funcional na forma da lei, a sua efetivação ou as respectivas garantias.

(E) A concessão da moratória em caráter individual não gera direito adquirido e será revogada de ofício, sempre que se apure que o beneficiado não satisfazia ou deixou de satisfazer as condições ou não cumprira ou deixou de cumprir os requisitos para a concessão do favor, cobrando-se o crédito acrescido de juros de mora com imposição da penalidade cabível, em qualquer caso.

A: incorreta, pois a aplicação de penalidade pode ser realizada no mesmo ato, o que é bastante comum. O CTN, em seu art. 142, refere-se a "propor a aplicação da penalidade cabível", mas, atualmente, o próprio fiscal que lavra a autuação (= lançamento de ofício decorrente de fiscalização) constitui o crédito em relação ao tributo e, também, à penalidade pecuniária; **B:** incorreta, pois faltaram o depósito do montante integral e o parcelamento – art. 151, II e VI, do CTN, respectivamente; **C:** incorreta, pois a taxa de juros prevista no CTN, para o caso de omissão da legislação específica, é de 1% ao mês – art. 161, § 1º, do CTN; **D:** correta, pois reflete o disposto no art. 141 do CTN; **E:** incorreta, pois a cobrança da penalidade somente ocorre nos casos de dolo ou simulação do beneficiado, ou de terceiro em benefício daquele (a assertiva afirma que há cobrança da penalidade em qualquer caso) – art. 155, I, do CTN.

Gabarito "D"

(FGV – 2010) Assinale a alternativa correta.

(A) Conforme o artigo 165, CTN, o sujeito passivo tem direito, independentemente de prévio protesto, à restituição total ou parcial do tributo, seja qual for a modalidade do seu pagamento, somente em caso de cobrança ou pagamento espontâneo de tributo indevido ou maior que o devido em face da legislação tributária aplicável, ou da natureza ou circunstâncias materiais do fato gerador efetivamente ocorrido.

(B) O lançamento direto, ou de ofício, é realizado pela autoridade administrativa quando a lei assim o determine, e, dentre outras situações, quando a pessoa legalmente obrigada, embora tenha prestado declaração solicitada, deixe de atender, no prazo e na forma da legislação tributária, a pedido de esclarecimento formulado pela autoridade administrativa, recuse-se a prestá-lo ou não o preste satisfatoriamente, a juízo daquela autoridade.

(C) O artigo 172, CTN, prevê que a lei pode autorizar a autoridade administrativa a conceder, por despacho fundamentado, remissão total ou parcial do crédito tributário, unicamente em função da situação econômica do sujeito passivo, ao erro ou ignorância escusáveis do sujeito passivo, quanto a matéria de fato ou devido à diminuta importância do crédito tributário.

(D) A restituição de tributos que comportem, por sua natureza, transferência do respectivo encargo financeiro somente será feita a quem prove haver assumido o referido encargo, ou, no caso de tê-lo transferido a terceiro, estar por este expressamente autorizado a recebê-la, devendo a aludida autorização ser concedida unicamente mediante expresso procedimento judicial.

(E) Nos termos do artigo 169, CTN, prescreve em 5 (cinco) anos a ação anulatória da decisão administrativa que denegar a restituição, sendo que o prazo de prescrição é interrompido pelo início da ação judicial, recomeçando o seu curso, por metade, a partir da data da intimação validamente feita ao representante judicial da Fazenda Pública interessada.

A: incorreta, pois além dessa hipótese de cobrança ou pagamento espontâneo, prevista no inc. I, o art. 165 do CTN prevê também a possibilidade de repetição nos casos de: erro na identificação do sujeito passivo, na determinação da alíquota aplicável, no cálculo do montante do débito ou na elaboração ou conferência de qualquer documento relativo ao pagamento (inc. II) e reforma, anulação, revogação ou rescisão de decisão condenatória (inc. III); **B:** correta, nos termos do art. 149, III, do CTN; **C:** incorreta, pois, além dessas hipóteses, previstas nos incs. I, II e III, respectivamente, o art. 172 do CTN prevê também a possibilidade de remissão atendendo: a considerações de equidade, em relação com as características pessoais ou materiais do caso (inc. IV), e a condições peculiares a determinada região do território da entidade tributante (inc. V); **D:** incorreta, pois a autorização a que se refere o art. 166 do CTN pode ser dada diretamente por aquele que assumiu o ônus econômico do tributo ("contribuinte de fato"), sendo desnecessária a providência judicial citada; **E:** cuidado, pois essa é uma hipótese em que o prazo prescricional é diferente, de apenas 2 (dois) anos, e não 5 (cinco) como consta da assertiva, nos termos do art. 169, *caput*, do CTN. Portanto, incorreta esta assertiva.

Gabarito "B"

(FGV – 2010) Assinale a alternativa incorreta.

(A) Nos termos do art. 144, § 1º, CTN, aplica-se ao lançamento a legislação que, posteriormente à ocorrência do fato gerador da obrigação, tenha instituído novos critérios de apuração ou processos de fiscalização, ampliado os poderes de investigação das autoridades administrativas, ou outorgado ao crédito maiores garantias ou privilégios, exceto, neste último caso, para o efeito de atribuir responsabilidade tributária a terceiros.

(B) O lançamento por homologação, que ocorre quanto aos tributos cuja legislação atribua ao sujeito passivo o dever de antecipar o pagamento sem prévio exame da autoridade administrativa, opera-se pelo ato em que a referida autoridade, tomando conhecimento da atividade assim exercida pelo obrigado, expressamente a homologa.

(C) O lançamento regularmente notificado ao sujeito passivo só pode ser alterado em virtude de impugnação do sujeito passivo, em razão de procedimento administrativo ou judicial de terceiro diretamente vinculado ao fato gerador da obrigação ou através da iniciativa de ofício da autoridade administrativa, nos casos previstos no artigo 149, CTN.

(D) Salvo disposição de lei em contrário, a moratória somente abrange os créditos definitivamente constituídos à data da lei ou do despacho que a conceder, ou cujo lançamento já tenha sido iniciado àquela data por ato regularmente notificado ao sujeito passivo.

(E) A importância de crédito tributário pode ser consignada judicialmente pelo sujeito passivo, nos casos de recusa de recebimento, ou subordinação deste ao pagamento de outro tributo ou de penalidade, ou ao cumprimento de obrigação acessória, de subordinação do recebimento ao cumprimento de exigências administrativas sem fundamento legal e de exigência, por mais de uma pessoa jurídica de direito público, de tributo idêntico sobre um mesmo fato gerador.

A: correta, pois reflete o disposto no art. 144, § 1º, do CTN; **B:** correta, conforme o art. 150, *caput*, do CTN; **C:** incorreta, devendo ser assinalada, pois o art. 145 do CTN prevê a possibilidade de alteração do lançamento regularmente notificado somente nos casos de: impugnação do sujeito passivo (inc. I), recurso de ofício (inc. II), e iniciativa de ofício da autoridade administrativa, nos casos previstos no artigo 149 do CTN (inc. III). Perceba que o dispositivo não faz referência a procedimento administrativo ou judicial de terceiro diretamente vinculado ao fato gerador da obrigação; **D:** correta, nos termos do art. 154 do CTN; **E:** correta, pois essas são as hipóteses que dão ensejo à consignação em pagamento no âmbito tributário, conforme o art. 164 do CTN.

Gabarito "C"

(FGV – 2008) Nos termos do Código Tributário Nacional, o lançamento é efetuado e revisto de ofício pela autoridade administrativa nos seguintes casos:

I. quando a pessoa legalmente obrigada, embora tenha prestado declaração, deixe de atender, no prazo e na forma da legislação tributária, a pedido de esclarecimento formulado pela autoridade administrativa, recuse- se a prestá-lo ou não o preste satisfatoriamente, a juízo daquela autoridade;

II. quando se comprove falsidade, erro ou omissão quanto a qualquer elemento definido na legislação tributária como sendo de declaração obrigatória;

III. quando se comprove que o sujeito passivo, ou terceiro em benefício daquele, agiu com dolo, fraude ou simulação.

Analise os itens acima e assinale:

(A) se nenhum item estiver correto.

(B) se somente os itens I e III estiverem corretos.

(C) se somente os itens II e III estiverem corretos.

(D) se somente os itens I e II estiverem corretos.

(E) se todos os itens estiverem corretos.

I: correta, conforme o art. 149, III, do CTN; **II:** correta, de acordo com o que dispõe o art. 149, IV, do CTN; **III:** correta, nos termos do art. 149, VII, do CTN.

Gabarito "E"

(FGV – 2008) Assinale a afirmação incorreta.

(A) Compete privativamente à autoridade administrativa constituir o crédito tributário pelo lançamento.

(B) O lançamento reporta-se à data da ocorrência do fato gerador da obrigação e rege-se pela lei então vigente, ainda que posteriormente modificada ou revogada.

(C) O lançamento regularmente notificado ao sujeito passivo só pode ser alterado em virtude de impugnação ou recurso administrativo.

(D) A modificação introduzida nos critérios jurídicos adotados pela autoridade administrativa no exercício do lançamento somente pode ser efetivada, em relação a um mesmo sujeito passivo, quanto a fato gerador ocorrido posteriormente à sua introdução.

(E) A atividade administrativa de lançamento é vinculada e obrigatória, sob pena de responsabilidade funcional.

A: correta, pois essa é disposição do art. 142, primeira parte, do CTN; **B:** correta, conforme o art. 144, *caput*, do CTN; **C:** incorreta, devendo ser assinalada, pois também é possível a modificação de ofício, nos termos do art. 145, III c/c art. 149, ambos do CTN; **D:** correta, nos termos do art. 146 do CTN; **E:** correta, conforme o art. 142, parágrafo único, do CTN.

Gabarito "C"

(FGV – 2007) O lançamento pode ocorrer por:

(A) homologação e por sujeição impositiva

(B) indicação, de ofício e por homologação

(C) declaração, por homologação e de ofício

(D) iniciativa da autoridade, por atuação do sujeito passivo e por sujeição

Arts. 147 (declaração ou misto), 149 (ofício ou direto) e 150 (homologação ou autolançamento), todos do CTN. Essas são as três modalidades de lançamento tributário.

Gabarito "C"

9. SUJEIÇÃO PASSIVA, RESPONSABILIDADE, CAPACIDADE E DOMICÍLIO

(OAB/Exame Unificado – 2015.2) A União ajuizou execução fiscal em face da pessoa jurídica XYZ Ltda., devedora de tributos federais. No curso da execução fiscal, a falência da pessoa jurídica foi decretada. Após requerimento da União, deferido pelo Juízo, Francisco, sócio da pessoa jurídica XYZ Ltda., é incluído no polo passivo da execução fiscal, em razão da decretação de falência. Sobre a hipótese, é possível afirmar que

(A) a decretação de falência autoriza o redirecionamento da execução fiscal para Francisco, por ser considerada hipótese de infração à lei, que enseja responsabilidade tributária.

(B) o fato de Francisco ser sócio da XYZ Ltda. acarreta, por si só, responsabilidade pessoal pelos créditos correspondentes a obrigações tributárias da pessoa jurídica.

(C) Francisco não poderia ser incluído no polo passivo, ainda que fosse administrador da XYZ Ltda. e tivesse encerrado ilegalmente as atividades da pessoa jurídica.

(D) Francisco não poderia, unicamente em razão da decretação de falência de XYZ Ltda., ser incluído no polo passivo da execução fiscal.

A: incorreta, pois a falência em si não implica ato ilegal do sócio, o que precisaria ser comprovado para aplicação do disposto no art. 135 do CTN; **B:** incorreta, conforme comentário anterior; **C:** incorreta, pois o encerramento ilegal das atividades da empresa implica violação da lei e responsabilidade do sócio, nos termos do art. 135 do CTN e da Súmula 435/STJ; **D:** correta, conforme comentários anteriores.

Gabarito "D"

(OAB/Exame Unificado – 2013.3) Pedro adquire imóvel de João, que o alugava anteriormente a uma sociedade empresária. Sobre esse imóvel estavam pendentes de pagamento os seguintes tributos: o IPTU, a Contribuição de Melhoria, a Taxa de Coleta Domiciliar de Lixo e a Taxa de Inspeção Sanitária devida pelo exercício do poder de polícia, em função da atividade ali desenvolvida.

Com relação à responsabilidade tributária, assinale a afirmativa correta.

(A) Pedro só se torna responsável tributário do IPTU, da Taxa de Coleta Domiciliar de Lixo e da Contribuição de Melhoria, permanecendo João como sujeito passivo da Taxa de Inspeção Sanitária.

(B) Pedro só se torna responsável tributário do IPTU e da Taxa de Coleta Domiciliar de Lixo, permanecendo João como sujeito passivo da Taxa de Inspeção Sanitária e da Contribuição de Melhoria.

(C) Pedro é o responsável tributário de todos os tributos, devido à sucessão imobiliária.

(D) João continua sendo o sujeito passivo de todos os tributos, muito embora o imóvel tenha sido adquirido por Pedro.

Nos termos do art. 130 do CTN, os créditos tributários relativos a impostos cujo fato gerador seja a propriedade, o domínio útil ou a posse de bens imóveis, e bem assim os relativos a taxas pela prestação de serviços referentes a tais bens, ou a contribuições de melhoria, subrogam-se na pessoa dos respectivos adquirentes. No caso, o IPTU é imposto relativo ao domínio do imóvel, a taxa se refere a serviço relacionado ao imóvel e a contribuição de melhoria a valorização imobiliária atinente ao mesmo bem, de modo que são os tributos cuja responsabilidade recai sobre o adquirente Pedro. A taxa de fiscalização não se refere ao imóvel, mas sim à atividade realizada pelo inquilino, não sendo abrangida pelo art. 130 do CTN. Por essas razões, a alternativa "A" é a correta.

Gabarito "A"

(OAB/Exame Unificado – 2013.1) Três irmãos são donos de um imóvel, em proporções iguais. Em relação ao IPTU, cada irmão

(A) só pode ser cobrado pelo Fisco na razão de 33,33% do imposto.

(B) é devedor solidário em relação ao todo do imposto.

(C) é devedor na razão de 33,3% do imposto e responsável subsidiário pelo restante.

(D) não pode ser cobrado judicialmente pela parte de outro irmão que tenha recursos para pagá-la.

Os coproprietários de um imóvel têm interesse comum na propriedade, que é a situação que configura o fato gerador do IPTU, de modo que são solidariamente responsáveis pelo recolhimento, ou seja, o Fisco pode cobrar de qualquer um deles a totalidade do tributo – art. 124, I, do CTN. Por essa razão, a alternativa "B" é a correta.

Gabarito "B"

(OAB/Exame Unificado – 2012.1) Determinada pessoa física adquire de outra um estabelecimento comercial e segue na exploração de suas atividades, cessando ao vendedor toda a atividade empresarial. Nesse caso, em relação aos tributos devidos pelo estabelecimento comercial até a data da aquisição do referido negócio jurídico, o novo adquirente responde

(A) pela metade dos tributos.

(B) subsidiariamente pela integralidade dos tributos.

(C) integralmente por todos os tributos.

(D) solidariamente, com o antigo proprietário, por todos os tributos.

O adquirente de estabelecimento empresarial que segue na exploração da atividade torna-se responsável pelos créditos tributários inadimplidos deixados pelo alienante, na forma do art. 133, *caput*, do CTN. Essa responsabilidade do adquirente é: (i) integral, caso o alienante cesse a exploração de qualquer atividade empresarial, ou (ii) subsidiária, caso o alienante prossiga a exploração de qualquer atividade empresarial (ainda que em outro ramo) ou retorne à exploração de atividade empresarial dentro de 6 meses contados da alienação – art. 133, I e II, do CTN. No caso, como o vendedor do estabelecimento abandonou a atividade empresarial, o adquirente responde integralmente pelos débitos deixados, razão pela qual a alternativa "C" é a correta. Note que, embora do dispositivo legal refira-se a "tributos", a jurisprudência é pacífica no sentido de que a responsabilidade do art. 133 do CTN refere-se a todo o crédito tributário (tributo e penalidade pecuniária).

Gabarito "C"

(OAB/Exame Unificado – 2011.1) 55 A Empresa ABC Ltda. foi incorporada pela Empresa XYZ Ltda., em 15/06/2011, sendo que os sócios da empresa incorporada se aposentaram 7 (sete) dias após a data da realização do negócio jurídico. Em 30/06/2011, a Fiscalização da Secretaria da Receita Federal apurou crédito tributário, anterior à data da incorporação, resultante do não recolhimento de IRPJ, CSLL, entre outros tributos devidos da responsabilidade da Empresa ABC Ltda. Pelo exposto, o crédito tributário deverá ser cobrado

(A) da Empresa ABC Ltda.

(B) solidariamente da Empresa ABC Ltda. e da Empresa XYZ Ltda.
(C) dos sócios da Empresa ABC Ltda.
(D) da Empresa XYZ Ltda.

A e **B**: incorretas, pois a incorporada (ABC Ltda.) deixa de existir com a incorporação, de modo que o Fisco não cobrará dela o crédito tributário – art. 1.118 do CC; **C**: incorreta, pois a simples inadimplência não implica responsabilidade dos sócios – Súmula 430/STJ ("O inadimplemento da obrigação tributária pela sociedade não gera, por si só, a responsabilidade solidária do sócio-gerente"); **D**: correta, pois a incorporadora (XYZ Ltda.) responde pelos créditos tributários deixados pela incorporada (ABC Ltda.) – art. 132, *caput* c/c o art. 129 do CTN.

Gabarito "D"

(OAB/Exame Unificado – 2010.3) Determinada pessoa, havendo arrematado imóvel em leilão judicial ocorrido em processo de execução fiscal para a cobrança de Imposto Predial Urbano, vem a sofrer a exigência pelo saldo devedor da execução não coberto pelo preço da arrematação.

Essa exigência é

(A) legal, pois o valor pago pelo arrematante não foi suficiente para a cobertura da execução.
(B) legal, pois a arrematação não pode causar prejuízo ao Fisco.
(C) legal, pois o arrematante é sucessor do executado em relação ao imóvel, e em sua pessoa fiscal ficam sub-rogados os créditos dos tributos incidentes sobre o mesmo imóvel.
(D) ilegal, pois o crédito do exequente se sub-roga sobre o preço da arrematação, exonerando o arrematante quanto ao saldo devedor.

A arrematação de bem imóvel em hasta pública é espécie de aquisição originária, em que não há vínculo do arrematante (novo proprietário) com as dívidas tributárias anteriores relativas ao bem. Nos termos do art. 130, parágrafo único, do CTN, a sub-rogação ocorre sobre o respectivo preço, conforme consta da alternativa "D", que é a correta.

Gabarito "D"

(OAB/Exame Unificado – 2010.3) Na denúncia espontânea, o sujeito passivo tem direito à exclusão

(A) apenas dos juros.
(B) da multa e da correção monetária.
(C) apenas da multa.
(D) da multa e dos juros.

A responsabilidade é excluída pela denúncia espontânea da infração, acompanhada, se for o caso, do pagamento do tributo devido e dos juros de mora, ou do depósito da importância arbitrada pela autoridade administrativa, quando o montante do tributo dependa de apuração – art. 138 do CTN. Assim, o infrator fica exonerado apenas da multa (seja ela moratória ou punitiva), mas não dos juros e da correção monetária.

Gabarito "C"

(OAB/Exame Unificado – 2010.2) Mauro Ricardo decidiu não pagar o imposto de renda do último ano, pois sua esposa Ana, servidora pública, sofreu acidente de carro e foi declarada absolutamente incapaz, em virtude de traumatismo craniano gravíssimo.

Ocorre que a Receita Federal efetuou o lançamento e notificou Mauro, nos termos da lei, acerca do crédito tributário em aberto. Quando Mauro recebeu a notificação, ele se dirigiu à Receita e confessou a infração, prontificando-se a pagar, de imediato, o tributo devido, sem multa ou juros de mora.

A partir do exposto acima, assinale a afirmativa correta.

(A) A confissão de Mauro tem o condão de excluir a sua responsabilidade, sem a imposição de qualquer penalidade. Entretanto, ele deve pagar o tributo devido acrescido dos juros de mora.
(B) Mauro somente se apresentou à Receita após a notificação, o que exclui qualquer benefício oriundo da denúncia espontânea, devendo ele recolher o tributo devido, a penalidade imposta e os juros de mora.
(C) A incapacidade civil de Ana tem reflexo direto na sua capacidade tributária, o que significa dizer que, após a sentença judicial de interdição, Ana perdeu, igualmente, a sua capacidade tributária, estando livre de quaisquer obrigações perante o Fisco.
(D) Caso Mauro tivesse procedido com mera culpa, ou seja, se a sonegação tivesse ocorrido por mero esquecimento, ele poderia pagar somente o tributo e os juros de mora, excluindo o pagamento de multa.

A: incorreta, pois não há denúncia espontânea, já que a confissão ocorreu após o início do procedimento administrativo de lançamento e cobrança do tributo – art. 138, parágrafo único, do CTN. Haveria exclusão da responsabilidade pelas penalidades somente no caso de efetiva denúncia espontânea, ou seja, quando o pagamento é realizado antes de qualquer procedimento do Fisco em relação à infração. Por essa razão, Mauro Ricardo deve pagar o tributo acrescido de multas e juros; **B**: correta, conforme o comentário à alternativa "A"; **C**: incorreta, pois a capacidade tributária independe da capacidade civil – art. 126, I, do CTN; **D**: incorreta, pois, salvo disposição de lei em contrário, a responsabilidade por infrações da legislação tributária independe da intenção do agente ou do responsável e da efetividade, natureza e extensão dos efeitos do ato – art. 136 do CTN.

Gabarito "B"

(OAB/Exame Unificado – 2010.2) Pizza Aqui Ltda., empresa do ramo dos restaurantes, adquiriu o estabelecimento empresarial Pizza Já Ltda., continuando a exploração deste estabelecimento, porém sob razão social diferente – Pizza Aqui Ltda. Neste caso, é correto afirmar que:

(A) a Pizza Aqui responde solidariamente pelos tributos devidos pela Pizza Já, até a data do ato de aquisição do estabelecimento empresarial, se a Pizza Já cessar a exploração da atividade.
(B) caso a Pizza Já prossiga na exploração da mesma atividade dentro de 6 (seis) meses contados da data de alienação, a Pizza Aqui responde subsidiariamente pelos tributos devidos pela Pizza Já Ltda. até a data do ato de aquisição do estabelecimento.
(C) caso a Pizza Já mude de ramo de comércio dentro de 6 (seis) meses contados da data de alienação, então a Pizza Aqui será integralmente responsável pelos tributos devidos pela Pizza Já até a data do ato de aquisição desta.
(D) caso o negócio jurídico não fosse a aquisição, mas a incorporação da Pizza Já pela Pizza Aqui, esta última estaria isenta de qualquer responsabilidade referente aos tributos devidos pela Pizza Já até a data da incorporação.

A: assertiva imprecisa, pois se o alienante (Pizza Já Ltda.) cessar a exploração de atividade empresarial, o adquirente do estabelecimento (Pizza Aqui Ltda.) responde **integralmente** pelos débitos tributários anteriores – art. 133, I, do CTN. Perceba que o CTN utiliza o termo "integralmente" e não "solidariamente". Embora o efeito prático da distinção terminológica seja questionável (o fato de Pizza Já Ltda. ter cessado as atividades não significa que ela foi extinta e deixou de responder pelos débitos tributários), a "B" é a melhor alternativa, como veremos a seguir; **B:** correta, pois reflete precisamente o disposto no art. 133, II, do CTN; **C:** incorreta, pois a responsabilidade subsidiária (não integral) do adquirente do estabelecimento (Pizza Aqui Ltda.) ocorre quando o alienante (Pizza Já Ltda.) prossegue na atividade empresarial, ainda que em outro ramo de comércio, indústria ou profissão, no prazo de 6 meses contados da alienação – art. 133, II, do CTN; **D:** incorreta, pois, em caso de incorporação, a sociedade resultante (Pizza Aqui Ltda.) responde por todos os débitos tributários da incorporada (Pizza Já Ltda.) – art. 132 do CTN.

Gabarito "B"

(OAB/Exame Unificado – 2009.3) Determinado contribuinte, notificado pelo Fisco local a comprovar, por meio de documentos e notas fiscais relativos a um período, a regularidade fiscal das operações por ele praticadas, resolveu procurar o Fisco, declarar que estava em débito e realizar o pagamento dos tributos objeto de fiscalização com juros de mora. Na situação hipotética apresentada, o referido contribuinte

(A) faz jus ao benefício da espontaneidade, mas poderá ser cobrado em relação ao descumprimento da legislação tributária.

(B) não faz jus ao benefício da espontaneidade, por isso poderá ser autuado e ter de pagar pelas penalidades cabíveis.

(C) não poderá ser autuado pelo Fisco posteriormente, visto que já realizou o pagamento de tributos devidos e dos juros de mora.

(D) tem direito ao benefício da espontaneidade, portanto, não será responsabilizado pelas penalidades cabíveis.

A partir da notificação do Fisco, não há mais espontaneidade em relação ao tributo respectivo (tributo a que se refere a notificação). Nesse caso, o contribuinte deverá recolher todo o valor devido, incluindo as penalidades pecuniárias (multas moratórias e compensatórias), além dos juros e correção monetária – art. 138, parágrafo único, do CTN. **A** e **D:** incorretas, pois não faz jus ao benefício; **B:** correta, conforme comentários iniciais; **C:** incorreta, pois, inexistindo espontaneidade, o Fisco poderá lançar e cobrar a multa que não foi recolhida pelo contribuinte.

Gabarito "B"

(OAB/Exame Unificado – 2009.2) Em 2007, João adquiriu de Antônio a propriedade de um imóvel urbano e está sendo cobrado pelo não pagamento da taxa de coleta residencial de resíduos sólidos relativa ao ano de 2006, referente ao imóvel. Nessa situação hipotética, João

(A) somente será responsável pelo pagamento da taxa se, no título de transmissão da propriedade, não constar prova de seu pagamento.

(B) será responsável pelo pagamento da taxa em qualquer hipótese, pois o crédito tributário sub-roga-se automaticamente na pessoa do adquirente do imóvel.

(C) não poderá ser responsabilizado pelo pagamento da taxa, visto que a aquisição do imóvel ocorreu em momento posterior ao seu fato gerador.

(D) somente será responsável pelo pagamento da taxa se essa obrigação constar do título de transmissão da propriedade.

Em princípio, os tributos relacionados ao imóvel (IPTU, ITR, ITBI, taxas de serviços referentes ao bem) podem ser cobrados do adquirente, que é responsável nos termos do art. 130 do CTN, exceto se constar, no título translativo (escritura), prova do pagamento (registro da certidão negativa de débitos). **A:** correta, admitindo-se que a coleta de lixo possa ser considerada serviço referente ao imóvel; **B:** incorreta, pois existe a possibilidade de o adquirente do imóvel se exonerar da responsabilidade, desde que tome a cautela de conseguir certidão negativa de débitos e fazer constar da escritura; **C** e **D:** incorretas, pois o adquirente responde pelos débitos tributários relacionados com o bem, conforme comentário inicial.

Gabarito "A"

(OAB/Exame Unificado – 2009.1) Duas pessoas físicas, maiores e capazes, celebram contrato de locação de imóvel residencial no qual é estipulado que a responsabilidade pelo pagamento do imposto sobre a renda incidente sobre o aluguel será do locatário, que o descontará do valor pago pela locação. Considerando essa situação hipotética, assinale a opção correta.

(A) O contrato é absolutamente ineficaz e inválido, por transferir a outra pessoa, que não a legalmente responsável, a obrigação pelo pagamento de imposto.

(B) O contrato é válido, e a responsabilidade tributária, no caso, passa a ser solidária, podendo a Fazenda Pública exigir o imposto de qualquer das partes contratantes.

(C) O contrato é válido e produz efeitos entre as partes, mas é ineficaz perante a Fazenda Pública, pois as convenções particulares, salvo disposições de lei em contrário, não podem definir a responsabilidade pelo pagamento de tributo de modo diverso do previsto na lei tributária.

(D) O contrato é válido e eficaz até mesmo perante a Fazenda Pública, pois o imposto de renda admite a retenção na fonte, havendo transferência da responsabilidade tributária para quem efetua o pagamento.

A: incorreta, pois o contrato é válido e produz efeito entre as partes, embora não possa ser oposto ao Fisco para modificar a sujeição passiva tributária – art. 123 do CTN; **B** e **D:** incorretas, pois o sujeito passivo é definido exclusivamente pela lei, sendo irrelevante, nesse sentido, o acordo entre particulares – art. 121 do CTN; **C:** correta, nos termos do art. 123 do CTN.

Gabarito "C"

(OAB/Exame Unificado – 2009.1) AB Alimentos Ltda. adquiriu, em 5/1/2009, o estabelecimento empresarial da CD Laticínios Ltda. e continuou a exploração da respectiva atividade, sob outra razão social. Nessa situação hipotética, a responsabilidade pelo pagamento de tributos relativos ao estabelecimento empresarial, devidos até 5/1/2009, é

(A) integralmente de AB Alimentos Ltda., em qualquer hipótese.

(B) integralmente de AB Alimentos Ltda., se CD Laticínios Ltda. continuar a exploração da respectiva atividade econômica.

(C) solidária, entre AB Alimentos Ltda. e CD Laticínios Ltda., em qualquer hipótese.

(D) subsidiária, de AB Alimentos Ltda. com CD Laticínios Ltda., se a alienante prosseguir na exploração da atividade econômica ou iniciar nova atividade dentro de 6 (seis) meses, a contar da data da alienação.

Se alguém adquire o estabelecimento empresarial e continua a exploração da atividade econômica, passa a responder pelos débitos tributários relacionados a ela, deixados pelo alienante. Essa responsabilidade será: integral, caso o alienante abandone a atividade empresarial (inc. I), ou apenas subsidiária, caso o alienante continue em alguma atividade empresarial (ainda que em outro ramo), ou inicie outra atividade empresarial dentro de 6 (seis) meses contados da alienação (inc. II) – art. 133, do CTN. **A:** incorreta, pois a responsabilidade pode ser apenas subsidiária; **B:** incorreta, pois, nesse caso, a responsabilidade do adquirente é subsidiária; **C:** incorreta, pois a responsabilidade do adquirente pode ser integral ou solidária; **D:** correta, conforme comentário inicial.

Gabarito "D"

(OAB/Exame Unificado – 2008.3) Considere que um estabelecimento empresarial seja alienado e que o adquirente continue a exploração da mesma atividade, mas sob outra razão social, e o alienante volte a ter atividade empresarial somente após 6 (seis) meses, contados da data da alienação. Nessa situação hipotética,

(A) a responsabilidade pelos tributos devidos até a data da alienação é exclusiva do alienante.

(B) o alienante terá responsabilidade integral pelo pagamento dos tributos devidos, caso, dentro dos 6 (seis) meses, contados da data de alienação, inicie outra atividade empresarial.

(C) a responsabilidade do adquirente pelo pagamento dos tributos devidos é subsidiária, visto que a dívida foi contraída antes da alienação.

(D) o adquirente terá responsabilidade integral pelo pagamento dos tributos devidos até a data da alienação.

Se alguém adquire o estabelecimento empresarial e continua a exploração da atividade econômica, passa a responder pelos débitos tributários relacionados a ela, deixados pelo alienante. Essa responsabilidade será: integral, caso o alienante abandone a atividade empresarial (inc. I), ou apenas subsidiária, caso o alienante continue em alguma atividade empresarial (ainda que em outro ramo), ou inicie outra atividade empresarial dentro de 6 (seis) meses contados da alienação (inc. II) – art. 133, do CTN. No caso, se o alienante retornou à atividade empresarial somente após 6 (seis) meses da alienação, a responsabilidade do adquirente é integral, razão pela qual a alternativa "D" é a correta.

Gabarito "D"

(OAB/Exame Unificado – 2008.3) Suponha que as pessoas jurídicas Alfa e Beta tenham adquirido, em conjunto, imóvel comercial localizado em determinado município da Federação e o tenham alugado para Antônio. Considerando essa situação hipotética e a legislação tributária aplicável, assinale a opção correta.

(A) Relativamente ao IPTU incidente sobre o referido imóvel, a responsabilidade pelo seu pagamento será do locatário, se houver expressa determinação contratual, cabendo à Fazenda Pública, no caso do eventual execução fiscal, ajuizá-la contra Antônio.

(B) Se Alfa ajuizar ação de restituição de IPTU incidente sobre o referido imóvel, pago indevidamente, a interrupção do prazo prescricional não favorecerá Beta.

(C) Se Alfa não estiver regularmente constituída, a responsabilidade pelo pagamento de tributos incidentes sobre o aludido imóvel recairá exclusivamente sobre Beta.

(D) Os créditos tributários relativos ao IPTU existentes no ato da aquisição do imóvel referido sub-rogam-se nas pessoas de Alfa e Beta, salvo quando conste do título prova de sua quitação.

A: incorreta, pois o sujeito passivo do IPTU é o proprietário do imóvel (Alfa e Beta), conforme fixado pela lei, sendo que o acordo entre particulares não altera a sujeição passiva – art. 123 do CTN; **B:** incorreta, pois Alfa e Beta, por terem interesse comum no domínio do imóvel (fato gerador do IPTU) são solidariamente responsáveis pelo tributo, de modo que a interrupção da prescrição em favor de um aproveita ao outro – arts. 124, I, e 125, III, do CTN; **C:** incorreta, pois a regularidade da sociedade é irrelevante para a capacidade tributária – art. 124, I, c/c art. 126, III, do CTN; **D:** correta, pois a responsabilidade dos adquirentes do imóvel é prevista no art. 130 do CTN.

Gabarito "D"

(OAB/Exame Unificado – 2008.2) João adquiriu de Pedro uma das lojas de tecidos que este possuía e que funcionava no mesmo endereço havia vinte anos. João continuou, então, aquela atividade comercial, mas criou, para tanto, nova empresa, com novo registro empresarial. Certo dia, recebeu do Fisco Estadual uma notificação para pagamento de ICMS relativo a vendas ocorridas na loja que comprara, sendo elas realizadas em data anterior à da operação de compra da loja. Considerando-se a situação hipotética apresentada, é correto afirmar que João

(A) Não responderá pela dívida tributária anterior porque não foi constituída por ele, mas por Pedro.

(B) Não responderá pela dívida tributária anterior porque a ele só pertence a nova pessoa jurídica.

(C) Responderá integralmente pela dívida tributária anterior porque, com a compra da loja, adquiriu a totalidade dos direitos e deveres relativos àquele estabelecimento.

(D) Responderá pela dívida tributária anterior subsidiariamente com Pedro, desde que este continue a explorar a venda de tecidos em suas outras lojas.

Se alguém adquire o estabelecimento empresarial e continua a exploração da atividade econômica, passa a responder pelos débitos tributários relacionados a ela, deixados pelo alienante. Essa responsabilidade será: integral, caso o alienante abandone a atividade empresarial (inc. I), ou apenas subsidiária, caso o alienante continue em alguma atividade empresarial (ainda que em outro ramo), ou inicie outra atividade empresarial dentro de 6 (seis) meses contados da alienação (inc. II) – art. 133, do CTN. **A:** incorreta, pois o adquirente do estabelecimento responde pelos débitos deixados pelo alienante; **B:** incorreta. O adquirente responde pelos débitos, sendo irrelevante que a exploração da atividade empresarial seja feita por outra pessoa jurídica, com denominação e personalidade jurídica distintas; **C:** incorreta, pois a responsabilidade do adquirente pode ser subsidiária, nos termos do art. 133, II, do CTN; **D:** correta, conforme comentário inicial.

Gabarito "D"

(OAB/Exame Unificado – 2008.2) O indivíduo a quem a lei atribua dever de pagar determinado tributo é considerado, segundo o CTN,

(A) contribuinte, porque, independentemente de ter relação pessoal e direta com a situação que constitua o fato gerador, sua obrigação decorre da lei.

(B) sujeito passivo, independentemente de ter ou não relação pessoal e direta com a situação que constitua o fato gerador.

(C) sujeito ativo, independentemente de ter ou não relação pessoal e direta com a situação que constitua o fato gerador.

(D) responsável, em razão de ter relação pessoal e direta com a situação que constitua o fato gerador.

Quem deve pagar o tributo é o *sujeito passivo*, que pode ser (i) *contribuinte* (tem relação pessoal e direta com o fato gerador) ou (ii) *responsável* (não tem relação pessoal e direta com o fato gerador, mas a lei indica para ocupar o polo passivo da obrigação tributária) – Art. 121 do CTN. **A:** incorreta, pois a assertiva descreve o responsável tributário; **B:** correta, pois o sujeito passivo pode ou não ter relação pessoal e direta com o fato gerador (no primeiro caso é contribuinte, no segundo caso é responsável); **C:** incorreta, pois quem paga o tributo é o sujeito passivo. Sujeito ativo é quem cobra; **D:** incorreta, pois a assertiva descreve o contribuinte.

Gabarito "B"

(OAB/Exame Unificado – 2008.2) Com base no que dispõe o CTN, um indivíduo de um mês de idade

(A) já tem total capacidade tributária.

(B) tem capacidade tributária restrita até completar dezesseis anos de idade.

(C) tem capacidade tributária restrita até completar dezoito anos de idade.

(D) não tem qualquer capacidade tributária, porque é menor.

A capacidade tributária independe da capacidade civil, de modo que o bebê de 1 mês pode ocupar o polo passivo da obrigação tributária – art. 126, I, do CTN. A idade, portanto, é irrelevante, razão pela qual as assertivas "B", "C" e "D" são incorretas, enquanto a "A" é correta.

Gabarito "A"

(OAB/Exame Unificado – 2008.1) Considere que Pedro e Tiago sejam, por lei, considerados sujeitos passivos solidários em relação a determinada dívida tributária. Nessa situação,

(A) se a lei conceder remissão pessoal a Tiago, o saldo da dívida passa todo para Pedro.

(B) se a lei conceder a interrupção da prescrição em prejuízo de Tiago, não será afetada a prescrição para Pedro.

(C) se Pedro pagar a metade da dívida, somente Tiago permanecerá devedor.

(D) se Pedro foi quem deu razão à dívida, o Fisco deve primeiramente cobrar dele e, somente após esgotados os esforços, deve cobrar de Tiago.

A: correta, pois os benefícios fiscais concedidos em caráter pessoal a um dos devedores solidários não aproveitam aos demais – art. 125, II, do CTN; **B:** incorreta, pois a interrupção da prescrição em favor de um dos devedores solidários aproveita aos outros – art. 125, III, do CTN; **C:** incorreta, pois o pagamento realizado por um dos devedores solidários aproveita aos demais – art. 125, I, do CTN; **D:** incorreta, pois não há benefício de ordem na solidariedade tributária – art. 124, parágrafo único, do CTN.

Gabarito "A"

(OAB/Exame Unificado – 2008.1) Em cada uma das opções abaixo, é apresentada uma situação hipotética, seguida de uma assertiva a ser julgada com relação ao sujeito passivo tributário e à responsabilidade tributária. Assinale a opção em que a assertiva está correta.

(A) Pedro estava sendo executado por dívida tributária, em virtude do não recolhimento de imposto de renda, quando veio a falecer. Nessa situação, o espólio do *de cujus* responderá pelos respectivos débitos, não havendo qualquer responsabilidade dos sucessores no que se refere ao patrimônio pessoal deles.

(B) Roberto foi nomeado curador de seu pai, que, acometido de acidente vascular cerebral, passou a ser absolutamente incapaz de exercer os atos da vida civil. Nessa situação, se, no exercício da curatela, Roberto intervier em algum ato que configure fato gerador de tributo devido pelo curatelado, Roberto será responsável subsidiário ao cumprimento da referida obrigação principal.

(C) Luciano é motorista de caminhão e não possui residência fixa. Sendo autônomo, ele presta serviços a diversas empresas: uma situada na região Sul, outra na região Norte e outra na região Centro-Oeste do país. Nessa situação, não tendo Luciano domicílio eleito, deve ser considerado seu domicílio tributário o lugar onde Luciano for encontrado.

(D) Patrícia celebrou, por escritura pública, contrato de compra e venda de imóvel pertencente a Joaquim. No ato da lavratura do instrumento, Joaquim apresentou certidão negativa de débitos tributários relativos ao imóvel objeto do contrato, tendo sido esse fato consignado na própria escritura pública. Entretanto, posteriormente, a Fazenda Municipal constatou a existência de débitos, anteriores à alienação do bem a Patrícia, de imposto predial e territorial urbano (IPTU) relativo ao respectivo imóvel. Nessa situação, Patrícia é responsável tributária pelo pagamento do referido crédito tributário.

A: correta, nos termos do art. 131 do CTN. Antes da partilha, o juiz verificará o recolhimento de todos os tributos pelo espólio. Caso haja partilha e o débito deixado pelo falecido seja descoberto posteriormente, os sucessores responderão apenas até as forças da herança ou do legado; **B:** imprecisa, pois o art. 134, II, do CTN refere-se à solidariedade do responsável, no caso de impossibilidade de o Fisco exigir o tributo do próprio contribuinte; **C:** incorreta, pois, no caso de residência incerta ou desconhecida, considera-se domicílio tributário o centro habitual das atividades do sujeito passivo. Quando isso tampouco for identificável (parece ser o caso de Luciano), considerar-se-á domicílio o lugar da situação dos bens ou da ocorrência dos atos ou fatos que deram origem à obrigação – art. 127, I, e § 1º, do CTN; **D:** incorreta, pois se a inexistência de débito tributário comprovada pela certidão negativa foi consignada na escritura, afasta-se a responsabilidade tributária do adquirente do imóvel – art. 130, *caput, in fine*, do CTN.

Gabarito "A"

(OAB/Exame Unificado – 2007.3) Da análise das disposições do Código Tributário Nacional, que trata da responsabilidade tributária pessoal de terceiros, constata-se que a responsabilidade tributária de terceiros emerge

(A) de sua capacidade contributiva.

(B) da prática comprovada de atos ilícitos.

(C) do fato de serem dirigentes de pessoas jurídicas.

(D) de acréscimo de riqueza decorrente do ato ilícito cometido, necessariamente.

A responsabilidade pessoal de terceiros é prevista pelo art. 135, *caput*, do CTN, e decorre de ilícitos cometidos pelo sujeito. Essa responsabilidade surge como uma sanção por esses ilícitos (por exemplo, administrador da empresa que frauda documentos para realizar operações tributáveis responde pessoalmente pelo crédito tributário). **A:** incorreta, pois a responsabilidade de terceiros independe de sua capacidade contributiva; **B:** correta, conforme comentário inicial; **C:** incorreta, pois o simples fato de ser dirigente não implica responsabilidade. É preciso que haja infração da lei, dos contratos ou dos estatutos sociais; **D:** incorreta, pois a responsabilidade do art. 135 do CTN independe de vantagem econômica em favor do sujeito.

Gabarito "B"

(OAB/Exame Unificado – 2007.3) De acordo com o que dispõe o Código Tributário Nacional, a responsabilidade dos sucessores deve ser

(A) excluída na alienação de ativos, na recuperação judicial e na falência.
(B) aplicada somente na recuperação judicial.
(C) aplicada na recuperação judicial e na falência.
(D) excluída, na alienação de ativos, somente no que se refere à recuperação judicial.

A: correta, pois quem adquire fundo de comércio no bojo de processo de recuperação judicial ou de falência não responde pelos débitos tributários deixados pelo alienante, nos termos e com as exceções previstas no art. 133, §§ 1º e 2º, do CTN; **B**, **C** e **D:** incorretas, pois a responsabilidade do adquirente é afastada nos casos de recuperação judicial e falência.

Gabarito "A"

(OAB/Exame Unificado – 2007.3) Walter, prestador de serviços, deixou de declarar receita e de pagar ISSQN por vários meses. Quando recebeu como pagamento uma boa quantia em dinheiro, resolveu informar ao Fisco sobre sua receita como prestador de serviços, com vistas à apuração e quitação de sua dívida. Nessa situação, a lei denomina o procedimento de Walter

(A) denúncia espontânea.
(B) confissão prévia.
(C) pagamento prévio.
(D) pagamento espontâneo.

Considerando que Walter informou e efetivamente pagou o tributo devido, corrigido monetariamente e acrescido de juros, antes do início de qualquer atividade fiscalizatória relacionada à exação, houve *denúncia espontânea*, afastando-se a cobrança de multas – art. 138, *caput* e parágrafo único, do CTN.

Gabarito "A"

(OAB/Exame Unificado – 2007.1) Carlos, administrador do supermercado Boas Compras, deixou de recolher vários tributos da referida pessoa jurídica, que passa por severas privações financeiras. Tendo como referência inicial a situação hipotética acima, assinale a opção correta acerca da obrigação tributária.

(A) A capacidade tributária passiva do referido supermercado Boas Compras não depende de sua regular constituição.
(B) Carlos e o supermercado Boas Compras são solidariamente responsáveis pelo pagamento dos tributos devidos.
(C) O dever de recolher os tributos devidos pelo supermercado Boas Compras constitui uma obrigação tributária acessória.
(D) Carlos, na condição de administrador do supermercado Boas Compras, é pessoalmente responsável pelos créditos correspondentes a obrigações tributárias decorrentes de quaisquer de seus atos.

A: correta, nos termos do art. 126, III, do CTN; **B** e **D:** incorretas, pois o simples inadimplemento não implica responsabilidade do administrador. Para que Carlos fosse incluído no polo passivo da obrigação tributária (como responsável tributário) seria preciso que ele tivesse agido com excesso de poderes ou infração de lei, contrato social ou estatutos – art. 135 do CTN e Súmula 430/STJ ("O inadimplemento da obrigação tributária pela sociedade não gera, por si só, a responsabilidade solidária do sócio-gerente"); **C:** incorreta, pois o dever de recolher dinheiro ao Fisco (seja tributo ou multa) é sempre objeto de obrigação tributária *principal* – art. 113, § 1º, do CTN.

Gabarito "A"

(OAB/Exame Unificado – 2006.2) Com o fito de atuar no ramo de fabricação de móveis residenciais, dois amigos constituíram a sociedade JC Móveis Ltda., contrataram seis empregados, adquiriram um imóvel e alguns equipamentos para fomentar a atividade empresarial. A respeito dessa situação e à luz das normas relativas às obrigações tributárias, assinale a opção correta.

(A) O domicílio tributário de JC Móveis Ltda. será determinado pela autoridade tributária com aptidão para fiscalizar e cobrar os tributos de sua respectiva competência.
(B) A pessoa jurídica JC Móveis Ltda. é responsável pelo recolhimento na fonte do imposto de renda devido por seus empregados e, nesse caso, sujeito passivo direto da obrigação tributária.
(C) O descumprimento de obrigações tributárias, como a abstenção de escrituração dos livros fiscais de JC Móveis Ltda., converte-se em obrigação principal relativamente a eventual penalidade pecuniária.
(D) Caso a autoridade tributária constate que a JC Móveis Ltda. não foi regularmente constituída, deverá ser decretada a perda de sua capacidade tributária passiva, sem prejuízo de aplicação de multa.

A: incorreta, pois o domicílio tributário é, em regra, escolhido pelos contribuintes. O CTN traz apenas regras subsidiárias, para o caso de não haver eleição, ou se o domicílio escolhido dificultar ou impossibilitar a fiscalização ou cobrança – art. 127 do CTN; **B:** incorreta, pois o empregador que retém o IR na fonte é responsável tributário (= sujeito passivo indireto). Os empregados é que seriam contribuintes (= sujeitos passivos diretos) – art. 45, parágrafo único, do CTN; **C:** correta. Quando o sujeito passivo deixa de cumprir obrigação acessória, incide penalidade pecuniária (= multa em dinheiro), que é objeto da obrigação principal – art. 113, § 3º, do CTN; **D:** incorreta, pois a regularidade da sociedade é irrelevante para a capacidade tributária – art. 126, III, do CTN.

Gabarito "C"

(OAB/Exame Unificado – 2006.2) João, José e Jonas são sócios da Marmoraria do Sul Ltda. José, que esteve à frente da administração da sociedade por 5 anos, entre janeiro de 2000 e maio de 2005, praticou atos em desconformidade com o contrato social. Em junho de 2005, Jonas foi nomeado administrador. Como a Marmoraria do Sul Ltda. se encontrava em débito para com a Fazenda Pública Estadual, quanto a tributos relativos ao exercício de 2004, foi promovida execução fiscal contra a pessoa jurídica e seus sócios. Considerando essa situação hipotética como referência inicial e acerca das normas que regem a responsabilidade tributária da sociedade e de seus sócios, assinale a opção incorreta.

(A) A responsabilidade de sócio pelas dívidas tributárias da sociedade é hipótese de substituição tributária.
(B) Na execução fiscal, a eventual penhora dos bens de sócio não poderá atingir a meação de sua respectiva mulher.
(C) João e Jonas não poderão permanecer no polo passivo da execução fiscal.

(D) O inadimplemento das obrigações tributárias da pessoa jurídica devedora é bastante para caracterizar a responsabilidade pessoal e solidária do sócio-gerente.

A: assertiva discutível. A responsabilidade pode ser classificada como sendo (i) por *transferência*, quando a obrigação surge em face do contribuinte, mas, posteriormente, é *transferida* para o responsável, por conta de algum ato ou fato superveniente, ou (ii) por *substituição*, quando a obrigação surge imediatamente em face do responsável. Afirmar que a responsabilidade do sócio, prevista no art. 135 do CTN, é por *substituição* significa aceitar que a obrigação surgiu, com o fato gerador, imediatamente em relação ao responsável, inexistindo relação jurídica originária que inclua a sociedade (= contribuinte), o que é questionável. Ademais, modernamente, o termo *substituição* tem sido utilizado primordialmente para se referir à responsabilidade dentro da cadeia de produção e consumo, em relação a tributos plurifásicos (IPI, ICMS etc.), em que alguém recolhe o tributo devido pelos fornecedores (substituição tributária *para trás*) ou pelos adquirentes (substituição tributária *para frente*). Por essa aproximação, o sócio jamais poderia ser considerado responsável por substituição. De qualquer forma, a alternativa "D" é a melhor, pois claramente incorreta; **B:** correta, pois a esposa não é, em princípio, responsável tributária; **C:** correta, pois João e Jonas não eram administradores da empresa à época do fato gerador e da inadimplência original (2004), não sendo, portanto, responsáveis tributários – art. 135 do CTN; **D:** incorreta, devendo ser assinalada, pois o simples inadimplemento não implica responsabilidade do sócio-gerente, conforme a Súmula 430/STJ ("O inadimplemento da obrigação tributária pela sociedade não gera, por si só, a responsabilidade solidária do sócio-gerente").

Gabarito "D"

(OAB/Exame Unificado – 2006.1) Assinale a opção incorreta, no que diz respeito à obrigação tributária.

(A) Suponha que João e Bento sejam coproprietários de determinada propriedade rural, sendo o primeiro dono de 10% do valor do imóvel e o segundo, proprietário do restante. Assim, a União não poderá cobrar de João mais do que a décima parte do valor devido em decorrência da incidência do ITR.

(B) Havendo solidariedade tributária, a concessão de isenção objetiva exonera todos os devedores.

(C) Hipótese de incidência tributária não se confunde com fato gerador da obrigação tributária. A primeira corresponde à previsão legal e abstrata da situação que implica a incidência da norma tributária, já o segundo é a concretização da hipótese de incidência no mundo dos fatos e dá origem à obrigação tributária.

(D) Considere que André e Leonor são sócios de determinada sociedade em conta de participação. Nesse caso, os tributos devidos em razão do regular exercício da sociedade deverão ser cobrados de André e Leonor, pessoalmente, uma vez que a sociedade em conta de participação não possui capacidade tributária passiva.

A: incorreta, devendo ser assinalada, pois, na solidariedade tributária, cada um dos devedores responde pela integralidade do débito (o Fisco pode cobrar tudo de qualquer um deles, independentemente da respectiva participação no patrimônio) – arts. 124 e 125 do CTN; **B:** correta, pois somente o benefício fiscal concedido em caráter *pessoal* é que não aproveita aos outros devedores – art. 125, II, do CTN; **C:** correta, pois distingue adequadamente a hipótese de incidência (fato gerador *em abstrato*) do fato gerador da obrigação tributária (fato gerador *em concreto*); **D:** discutível, pois a regularidade ou a existência de personalidade jurídica são irrelevantes para a capacidade tributária, bastando que se identifique uma unidade econômica ou profissional. Na prática, entretanto, o Fisco tende a cobrar o débito do sócio ostensivo, que é quem age em nome da sociedade e é conhecido pela administração tributária – art. 126, III, do CTN.

Gabarito "A"

(OAB/Exame Unificado – 2006.1) Acerca da responsabilidade tributária, assinale a opção correta.

(A) Ocorre a substituição tributária regressiva na hipótese de recolhimento do imposto antes da ocorrência do fato gerador, como no caso em que as indústrias automobilísticas recolhem o ICMS no momento da saída dos automóveis de seus estabelecimentos.

(B) A pessoa que tenha adquirido bem imóvel em hasta pública, tendo sido a aquisição levada a efeito no curso de processo de execução fiscal, não será responsável pelo pagamento de eventuais ônus tributários incidentes sobre o bem arrematado, mesmo que o preço pago seja insuficiente para cobrir o débito tributário.

(C) O contribuinte que deixar de emitir nota fiscal somente poderá ser responsabilizado pela infração tributária mediante a demonstração de dolo ou culpa.

(D) A dissolução de sociedade limitada em débito com o Fisco acarreta a responsabilização pessoal do sócio-gerente, mesmo quando observados os procedimentos legais e contratuais aplicáveis à hipótese.

A: incorreta, pois o caso é de substituição tributária *progressiva ou para frente*, vez que ainda não houve a ocorrência do fato gerador a que se refere a substituição – art. 150, § 7º, da CF; **B:** correta, pois a arrematação de bem imóvel em hasta pública é espécie de aquisição originária, em que não há vínculo do arrematante (novo proprietário) com as dívidas tributárias anteriores relativas ao bem. Nos termos do art. 130, parágrafo único, do CTN, a **sub-rogação** ocorre sobre o respectivo preço. A venda do bem ocorre, justamente, para pagamento dos tributos devidos, não podendo o comprador (arrematante) ser responsabilizado por eles; **C:** incorreta, pois, salvo disposição de lei em contrário, a responsabilidade por infrações da legislação tributária independe da intenção do agente ou do responsável e da efetividade, natureza e extensão dos efeitos do ato – art. 136 do CTN; **D:** incorreta, pois somente a dissolução *irregular* da sociedade implica ilegalidade e, portanto, na responsabilidade dos sócios-gerentes – art. 135, *caput*, do CTN e Súmula 435/STJ ("Presume-se dissolvida irregularmente a empresa que deixar de funcionar no seu domicílio fiscal, sem comunicação aos órgãos competentes, legitimando o redirecionamento da execução fiscal para o sócio-gerente").

Gabarito "B"

(FGV – 2011) Flávia, Telma e Beatriz constituíram a sociedade Trio Maravilha Ltda. para operar no ramo de prestação de serviços de beleza, mas se abstiveram de inscrever o contrato social no registro competente. Mesmo assim, começaram a vender seus produtos na praça, sem o recolhimento do ISS. Diante dessa situação fática, é possível afirmar que

(A) em matéria tributária, assim como em matéria cível, a solidariedade passiva pode ocorrer em virtude de lei ou de acordo de vontades.

(B) caso o Fisco exigisse o pagamento integral da dívida somente de Beatriz, a sócia com menor patrimônio, esta poderia invocar o benefício de ordem para redirecionar a cobrança para Flávia, detentora da maioria das quotas da sociedade.

(C) caso Telma fosse beneficiada com isenção pessoal concedida pelo Fisco, esta seria extensível às demais sócias, por força da solidariedade tributária legal.
(D) se Flávia fosse citada em execução fiscal, a interrupção da prescrição atingiria todas as sócias da empresa.
(E) o eventual pagamento total do tributo devido por Telma não aproveitaria nem a Flávia nem a Beatriz, caso o contrato social assim determinasse.

A: incorreta, pois, diferentemente do que ocorre no âmbito privado, a solidariedade tributária jamais decorre de acordo de vontades – arts. 123 e 124, II, do CTN; **B:** incorreta, pois a solidariedade tributária não comporta benefício de ordem – art. 124, parágrafo único, do CTN; **C:** incorreta, pois a isenção ou a remissão concedida pessoalmente a um dos obrigados não aproveita aos demais, cuja solidariedade subsiste em relação ao saldo – art. 125, II, do CTN; **D:** correta, pois a interrupção da prescrição em favor ou contra um dos obrigados favorece ou prejudica os demais – art. 125, III, do CTN; **E:** incorreta, pois o pagamento realizado por um dos obrigados solidários aproveita aos demais, sendo irrelevante eventual disposição contratual em contrário, que não pode ser oposta contra o Fisco – arts. 125, I, e 123 do CTN.

Gabarito "D"

(FGV – 2010) O parágrafo 7º do artigo 150 da Constituição Federal, ao prever que "*a lei poderá atribuir a sujeito passivo de obrigação tributária a condição de responsável pelo pagamento de imposto ou contribuição, cujo fato gerador deva ocorrer posteriormente, assegurada a imediata e preferencial restituição da quantia paga, caso não se realize o fato gerador presumido*", acabou instituindo o que a doutrina denomina "*substituição tributária para frente*". Em relação a esse instituto, examine as afirmativas a seguir.

I. Denomina-se substituto tributário aquele sujeito em nome de quem é feito o recolhimento antecipado e que deverá promover a operação futura.
II. Em que pese o fato de a substituição tributária para frente viabilizar a tributação antes mesmo da ocorrência do fato gerador, razão pela qual sofreu severas críticas doutrinárias, o Supremo Tribunal Federal declarou a constitucionalidade dessa sistemática de instituição e cobrança de tributos.
III. De acordo com a jurisprudência pacífica do STF, caso o evento futuro não ocorra, ou ocorra com base de cálculo menor do que aquela sobre a qual foi feita a antecipação do recolhimento, é necessária a imediata e preferencial restituição do excesso recolhido.

Assinale:
(A) se somente as afirmativas I e II forem verdadeiras.
(B) se todas as afirmativas forem verdadeiras.
(C) se somente as afirmativas I e III forem verdadeiras.
(D) se somente a afirmativa III for verdadeira.
(E) se somente a afirmativa II for verdadeira.

I: incorreta, pois a assertiva descreve o substituído. Substituto, na substituição tributária "para frente" ou prospectiva, é quem efetivamente recolhe o tributo relativo à operação a ser realizada por outro; **II:** correta, pois o STF ratificou a validade do instituto mesmo antes da inclusão do § 7º ao art. 150 da CF; **III:** incorreta, pois o STF entendeu que a restituição é devida apenas caso o fato gerador futuro não ocorra, mas não na hipótese de ocorrer por preço menor do que o previsto – ver ADIn 1.851-4/AL.

Gabarito "E"

(FGV – 2010) Assinale a alternativa correta.
(A) A capacidade tributária passiva depende da capacidade civil das pessoas naturais.
(B) Na falta de eleição, pelo contribuinte ou responsável, de domicílio tributário, na forma da legislação aplicável, considera-se como tal o local em que tenha ocorrido o fato gerador do tributo.
(C) O sujeito passivo da obrigação principal diz-se responsável quando tenha relação pessoal e direta com a situação que constitua o respectivo fato gerador.
(D) Havendo solidariedade tributária, e salvo disposição de lei em contrário, a isenção do crédito exonera a todos os obrigados, salvo se outorgada pessoalmente a um deles, subsistindo, nesse caso, a solidariedade quanto aos demais pelo saldo do tributo.
(E) O Código Tributário Nacional veda expressamente a possibilidade de que as convenções particulares relativas à responsabilidade pelo pagamento de tributos possam ser opostas à Fazenda Pública para modificar a definição legal do sujeito passivo das obrigações tributárias.

A: incorreta, pois a capacidade tributária passiva independe da capacidade civil – art. 126, I, do CTN; **B:** incorreta, já que a adoção do local do fato gerador, como critério para identificação do domicílio, ocorre apenas se não forem aplicáveis as regras dos incisos I a III do art. 127 do CTN; **C:** incorreta, pois a assertiva descreve o contribuinte, não o responsável tributário – art. 121, parágrafo único, I, do CTN; **D:** correta, pois reflete o disposto no art. 125, II, do CTN; **E:** imprecisa, já que o art. 123 do CTN ressalva a possibilidade de disposição de lei em contrário (não chega a ser errada, mas a "D" é a melhor alternativa).

Gabarito "D"

(FGV – 2010) Analise as afirmativas a seguir:

I. Nos termos expressos do artigo 138 do Código Tributário Nacional, a responsabilidade por infrações é excluída pela denúncia espontânea da infração acompanhada do pagamento do tributo devido e dos juros de mora. Por esse motivo, a autoridade administrativa que proceder ou presidir a quaisquer diligências de fiscalização lavrará os termos necessários para que se documente o início do procedimento, sempre que possível, em um dos livros fiscais exibidos ou, quando necessário, em separado, quando entregará, à pessoa sujeita à fiscalização, cópia autenticada do documento.
II. Inexiste, no ordenamento jurídico brasileiro, hipóteses de recuperação da espontaneidade, consubstanciada na possibilidade de reaquisição do direito de pagamento do tributo sem as penalidades cabíveis, caso transcorrido um determinado prazo entre o início do procedimento de fiscalização e um dado ato expresso, por parte do Fisco, que caracterize o prosseguimento dos trabalhos.
III. Estão sujeitos à fiscalização tributária ou previdenciária quaisquer livros comerciais, limitado o exame aos pontos objeto da investigação.

Assinale:
(A) se todas as afirmativas estiverem corretas.
(B) se somente a afirmativa II estiver correta.
(C) se somente as afirmativas I e II estiverem corretas.
(D) se somente as afirmativas II e III estiverem corretas.
(E) se somente as afirmativas I e III estiverem corretas.

I: correta, muito embora a lavratura do termo de início da fiscalização não sirva exclusivamente para fixar os limites temporais da denúncia espontânea – arts. 138 e 196 do CTN; **II:** incorreta, pois existe a hipótese excepcional de haver arbitramento, pelo Fisco, do valor a ser depositado, nos termos do art. 138, *caput, in fine*, do CTN; **III:** correta, conforme o art. 195 do CTN e Súmula 439/STF ("Estão sujeitos à fiscalização tributária ou previdenciária quaisquer livros comerciais, limitado o exame aos pontos objeto da investigação").

Gabarito "E"

(FGV – 2010) Assinale a afirmativa incorreta.

(A) A solidariedade tributária instaura-se entre os sujeitos que tenham interesse comum na situação que constitua o fato gerador da obrigação principal e, nesta hipótese, não comporta benefício de ordem.

(B) A capacidade tributária passiva independe de achar-se a pessoa natural sujeita a medidas que importem privação ou limitação do exercício de atividades civis, comerciais ou profissionais, ou da administração direta de seus bens ou negócios.

(C) A denúncia espontânea, formulada antes da notificação do lançamento ao sujeito passivo, exclui a responsabilidade por infrações à legislação tributária, desde que acompanhada do pagamento do tributo devido e dos juros de mora ou do depósito da importância arbitrada pela autoridade administrativa.

(D) O sujeito passivo é denominado contribuinte quando tem relação pessoal e direta com a situação que constitua o respectivo fato gerador.

(E) O sujeito passivo da obrigação acessória é a pessoa obrigada à prática ou abstenção de ato que não configure obrigação principal.

A: correta, pois se refere à chamada solidariedade natural – art. 124, I, do CTN. Importante lembrar que há também a solidariedade legal (fixada por lei específica), que tampouco admite benefício de ordem – art. 124, II e parágrafo único, do CTN; **B:** correta, pois reflete o disposto no art. 126, II, do CTN; **C:** incorreta, devendo ser assinalada, já que a denúncia espontânea existe, apenas, antes do início de qualquer procedimento administrativo ou medida de fiscalização relacionado com a infração (e não antes do lançamento, como consta da assertiva) – art. 138, parágrafo único, do CTN; **D:** correta, pois é a definição de contribuinte, nos termos do art. 121, parágrafo único, I, do CTN; **E:** assertiva correta, nos termos do art. 122 c/c art. 113, § 2º, ambos do CTN.

Gabarito "C"

(FGV – 2010) Assinale a alternativa correta.

(A) De acordo com o artigo 121, parágrafo único, CTN, o sujeito passivo da obrigação principal diz-se contribuinte, quando tenha relação pessoal e direta com a situação que constitua o respectivo fato gerador e responsável, quando, sem revestir a condição de contribuinte, sua obrigação decorra de disposição de lei, decreto ou instrução normativa da autoridade fazendária.

(B) Quanto à solidariedade, podemos afirmar que o direito tributário brasileiro consagra a regra segundo a qual são solidariamente obrigadas as pessoas que tenham interesse comum na situação que constitua o fato gerador da obrigação principal e as pessoas expressamente designadas por lei, sendo que a solidariedade comporta, de acordo com o CTN, em determinadas situações, benefício de ordem.

(C) Nos termos do art. 125, CTN, e salvo disposição de lei em contrário, os efeitos da solidariedade consistem em que o pagamento efetuado por um dos obrigados aproveita aos demais, a isenção ou remissão de crédito, exonera todos os obrigados, sem exceções, e a interrupção da prescrição, em favor ou contra um dos obrigados, favorece ou prejudica aos demais.

(D) Da leitura do art. 120, CTN, podemos afirmar que, salvo disposição de lei em contrário, a pessoa jurídica de direito público, que se constituir pela fusão de duas outras, sub-roga-se nos direitos da mais populosa das duas, até que o Poder Legislativo estadual aprove um corpo normativo novo para nova pessoa jurídica.

(E) No que concerne à definição legal do fato gerador, podemos afirmar que o CTN consagra o princípio "pecunia non olet", no sentido de que a mesma é interpretada abstraindo-se da validade jurídica dos atos efetivamente praticados pelos contribuintes, responsáveis, ou terceiros, bem como da natureza do seu objeto ou dos seus efeitos e dos efeitos dos fatos efetivamente ocorridos.

A: o sujeito passivo tributário pode ser contribuinte ou responsável. Em qualquer hipótese, trata-se de matéria reservada à lei – arts. 97, III, *in fine*, e 121, parágrafo único, do CTN. A assertiva é incorreta, pois afirma que a responsabilidade pode decorrer de decreto ou instrução normativa; **B:** a solidariedade tributária não admite benefício de ordem, razão pela qual a assertiva é incorreta – art. 124, parágrafo único, do CTN; **C:** incorreta, pois a exoneração dos obrigados em caso de isenção ou remissão comporta exceção, no caso de ser outorgada pessoalmente a um deles, conforme disposto no art. 125, II, do CTN; **D:** não é isso, até porque o art. 120 do CTN não trata de fusão, mas sim de desmembramento territorial. O dispositivo consigna que, salvo disposição de lei em contrário, a pessoa jurídica de direito público, que se constituir pelo desmembramento territorial de outra, sub-roga-se nos direitos desta, cuja legislação tributária aplicará até que entre em vigor a sua própria; **E:** correta, em conformidade com o disposto no art. 118 do CTN.

Gabarito "E"

(FGV – 2010) Assinale a alternativa correta.

(A) No que se refere ao domicílio tributário, podemos afirmar, conforme dispõe o Código Tributário Nacional, que considera-se como tal, em qualquer situação, quanto às pessoas jurídicas de direito privado ou às firmas individuais, o lugar da sua sede, ou, em relação aos atos ou fatos que derem origem à obrigação, o de cada estabelecimento.

(B) A autoridade administrativa pode recusar o domicílio eleito, quando impossibilite ou dificulte a arrecadação ou a fiscalização do tributo, aplicando-se então a regra segundo a qual o sujeito passivo deverá indicar novo domicílio diverso do primeiro que fora antes indicado.

(C) A capacidade tributária passiva independe de achar-se a pessoa natural sujeita a medidas que importem privação ou limitação do exercício de atividades civis, comerciais ou profissionais, ou da administração direta de seus bens ou negócios, bem como de estar a pessoa jurídica regularmente constituída, bastando que configure uma unidade econômica ou profissional.

(D) O domicílio tributário será sempre, para todos os efeitos, a residência habitual do contribuinte pessoa física, ou, sendo esta incerta ou desconhecida, o centro habitual de sua atividade e quanto às pessoas jurídicas de direito público, qualquer de suas repartições no território da entidade tributante.

(E) O CTN consagra a regra segundo a qual, salvo disposição de lei em contrário, os atos ou negócios jurídicos condicionais reputam-se perfeitos e acabados, sendo resolutória a condição, desde o momento de seu implemento e, sendo suspensiva a condição, desde o momento da prática do ato ou da celebração do negócio.

A e **D:** incorretas, pois, em regra, o domicílio tributário é eleito pelo sujeito passivo. Somente em caso de omissão ou recusa do domicílio eleito aplicam-se as regras do art. 127 do CTN; **B:** Em caso de recusa do domicílio eleito, não há nova chance para o sujeito passivo eleger outro. O Fisco, nos termos do art. 127, § 2º, c/c § 1º do CTN, considerará como domicílio tributário o lugar da situação dos bens ou da ocorrência dos atos ou fatos que deram origem à obrigação; **C:** correta, refletindo o disposto no art. 126 do CTN; **E:** as regras estão invertidas. Em caso de condição resolutiva (ou resolutória), considera-se ocorrido o fato gerador desde o momento da prática do ato ou da celebração do negócio. No caso de condição suspensiva, considera-se ocorrido o fato gerador desde o momento do implemento da condição – art. 117 do CTN.

Gabarito "C"

(FGV – 2010) Analise as afirmativas a seguir:

I. Nos termos expressos do artigo 138 do Código Tributário Nacional, a responsabilidade por infrações é excluída pela denúncia espontânea da infração acompanhada do pagamento do tributo devido e dos juros de mora. Por esse motivo, a autoridade administrativa que proceder ou presidir a quaisquer diligências de fiscalização lavrará os termos necessários para que se documente o início do procedimento, sempre que possível, em um dos livros fiscais exibidos ou, quando necessário, em separado, quando entregará, à pessoa sujeita à fiscalização, cópia autenticada do documento.

II. Inexiste, no ordenamento jurídico brasileiro, hipóteses de recuperação da espontaneidade, consubstanciada na possibilidade de reaquisição do direito de pagamento do tributo sem as penalidades cabíveis, caso transcorrido um determinado prazo entre o início do procedimento de fiscalização e um dado ato expresso, por parte do Fisco, que caracterize o prosseguimento dos trabalhos.

III. Estão sujeitos à fiscalização tributária ou previdenciária quaisquer livros comerciais, limitado o exame aos pontos objeto da investigação.

Assinale:

(A) se todas as afirmativas estiverem corretas.
(B) se somente a afirmativa II estiver correta.
(C) se somente as afirmativas I e II estiverem corretas.
(D) se somente as afirmativas II e III estiverem corretas.
(E) se somente as afirmativas I e III estiverem corretas.

I: correta, pois reflete o disposto no art. 138 do CTN acerca da denúncia espontânea; **II:** embora essa recuperação da espontaneidade não esteja prevista no CTN, nada impede que a legislação específica do ente tributante normatize a situação, o que torna a assertiva incorreta; **III:** correta, nos termos do art. 195 do CTN.

Gabarito "E"

(FGV – 2010) Assinale a alternativa correta.

(A) No que concerne à responsabilidade de sucessores, é correto afirmar que o disposto no CTN aplica-se por igual aos créditos tributários definitivamente constituídos ou em curso de constituição à data dos atos nela referidos, e aos constituídos posteriormente aos mesmos atos, mesmo que relativos a obrigações tributárias surgidas posteriormente àquela data.

(B) Os créditos tributários relativos a impostos cujo fato gerador seja a propriedade, o domínio útil ou a posse de bens imóveis, e bem assim os relativos a taxas pela prestação de serviços referentes a tais bens, ou a contribuições de melhoria, sub-rogam-se na pessoa dos respectivos adquirentes, desde que conste do título a prova de sua quitação.

(C) São pessoalmente responsáveis o adquirente pelos tributos relativos aos bens adquiridos, salvo o remitente, que não é responsável pelos tributos relativos aos bens remidos, bem como o sucessor a qualquer título e o cônjuge meeiro, pelos tributos devidos pelo *de cujus* até a data da partilha ou adjudicação, limitada esta responsabilidade ao montante do quinhão ou da meação.

(D) A lei pode atribuir de modo expresso a responsabilidade pelo crédito tributário a terceira pessoa, vinculada ao fato gerador da respectiva obrigação, excluindo a responsabilidade do contribuinte ou atribuindo-a a este em caráter supletivo do cumprimento total ou parcial da referida obrigação, sem prejuízo do que dispuser o CTN.

(E) A pessoa jurídica de direito privado que resultar de fusão ou transformação de outra ou em outra é responsável pelos tributos devidos até a data do ato pelas pessoas jurídicas de direito privado fusionadas, transformadas, salvo o caso de incorporação, situação em que não se aplica a regra do artigo 132, CTN.

A: incorreta, pois, no caso de constituição do crédito (lançamento) posterior aos atos definidos no CTN como ensejadores da responsabilidade por sucessão, ela (a responsabilidade) refere-se apenas às obrigações surgidas até a data desses atos (e nunca em relação às obrigações posteriores a essa data, como consta da assertiva) – art. 129 do CTN; **B:** incorreta, pois se constar do título translativo a prova da quitação desses tributos, não há responsabilidade do adquirente – art. 130, *caput, in fine*, do CTN; **C:** incorreta, pois o remitente também poderá ser responsável tributário, nos termos do art. 131, I, do CTN; **D.** correta, refletindo o disposto no art. 128 do CTN; **E:** a incorporação também dá ensejo à responsabilidade do art. 132 do CTN, razão pela qual esta assertiva é incorreta.

Gabarito "D"

(FGV – 2010) Assinale a alternativa correta.

(A) Conforme o art. 135, CTN, são pessoalmente responsáveis pelos créditos correspondentes a obrigações tributárias resultantes de atos praticados com excesso de poderes ou infração de lei, contrato social ou estatutos, as pessoas referidas no artigo 134, os mandatários, prepostos e empregados e os diretores, gerentes ou representantes de pessoas jurídicas de direito privado.

(B) A pessoa jurídica de direito privado que adquirir de outra, por qualquer título, fundo de comércio ou estabelecimento comercial, industrial ou profissional, e continuar a respectiva exploração, responde pelos tributos, relativos ao fundo ou estabelecimento adquirido, devidos até a data do ato, integralmente ou subsidiariamente, se o alienante cessar a exploração do comércio, indústria ou atividade.

(C) Em caso de extinção de pessoas jurídicas de direito privado, quando a exploração da respectiva atividade seja continuada por qualquer sócio remanescente, ou seu espólio, os mesmos serão responsáveis pelos tributos devidos até a data da extinção se a exploração persistir unicamente sob a mesma razão social.

(D) Se for difícil exigir o cumprimento da obrigação principal pelo contribuinte, os pais, tutores e curadores respondem solidariamente com seus filhos menores, tutelados ou curatelados, nos atos em que intervierem ou pelas omissões de que forem responsáveis, exceto os administradores de bens de terceiros, em relação aos tributos devidos por estes.

(E) Da leitura do artigo 136, CTN, é correto afirmar que, salvo disposição de lei em contrário, a responsabilidade por infrações da legislação tributária depende sempre da intenção do agente ou do responsável e da efetividade, natureza e extensão dos efeitos do ato.

A: a assertiva descreve corretamente o disposto no art. 135 do CTN; **B:** incorreta, pois caso o alienante cesse a exploração do comércio, indústria ou atividade, a responsabilidade do adquirente é integral (e não subsidiária) – art. 133, I, do CTN; **C:** incorreta, pois o fato de a exploração persistir unicamente sob a mesma razão social é irrelevante para configurar a responsabilidade do art. 132, parágrafo único, do CTN; **D:** há dois erros na assertiva. A responsabilidade do art. 134 do CTN ocorre apenas quando for impossível a exigência do cumprimento da obrigação principal pelo contribuinte (e não simplesmente quando for difícil). Ademais, os administradores de bens de terceiros também se sujeitam a essa norma – art. 134, III, do CTN; **E:** é o oposto, pois salvo disposição de lei em contrário, a responsabilidade por infrações da legislação tributária **independe** da intenção do agente ou do responsável e da efetividade, natureza e extensão dos efeitos do ato, nos termos do art. 136 do CTN.

Gabarito "A"

(FGV – 2009) Com relação à *substituição tributária*, analise as afirmativas a seguir:

I. Na substituição tributária para frente, resta obedecido o princípio da não cumulatividade.

II. A base de cálculo do ICMS devido por substituição tributária é, caso exista, o preço final ao consumidor sugerido pelo fabricante ou importador.

III. O regime de substituição tributária não se aplica à transferência para outro estabelecimento, inclusive varejista, do sujeito passivo por substituição.

Assinale:

(A) se somente a afirmativa I estiver correta.
(B) se somente as afirmativas I e II estiverem corretas.
(C) se somente as afirmativas I e III estiverem corretas.
(D) se somente as afirmativas II e III estiverem corretas.
(E) se todas as afirmativas estiverem corretas.

I: correta, pois, no caso de substituição tributária para frente, o princípio da não cumulatividade é, de certa forma, respeitado, na medida em que o valor antecipadamente recolhido pelo substituto leva em consideração o valor a ser agregado na operação subsequente, nos termos do art. 8º, II, *c*, da LC 87/1996; **II:** correta, já que o preço final sugerido pelo fabricante ou importador pode ser adotado pela lei como base de cálculo do ICMS na substituição tributária – art. 8º, § 3º, da LC 87/1996; **III:** incorreta, pois, para fins de ICMS, inclusive no caso da substituição tributária, cada estabelecimento é considerado autonomamente, ainda que pertencente ao mesmo contribuinte – art. 11, § 3º, II, da LC 87/1996.

Gabarito "B"

(FGV – 2009) Com relação ao *instituto da substituição tributária*, aplicado ao ICMS, analise as seguintes afirmativas:

I. Trata-se de um mecanismo legal pelo qual a responsabilidade pelo pagamento do imposto pode ser atribuída a sujeito passivo outro que não o contribuinte, destinatário constitucional do tributo.

II. A chamada "substituição tributária para frente" tem relação direta com o instituto da responsabilidade por sucessão prevista no artigo 129 do Código Tributário Nacional.

III. Trata-se de uma decorrência lógica do perfil plurifásico do ICMS.

Assinale:

(A) se somente a afirmativa I estiver correta.
(B) se somente a afirmativa II estiver correta.
(C) se somente a afirmativa III estiver correta.
(D) se somente as afirmativas I e II estiverem corretas.
(E) se somente as afirmativas II e III estiverem corretas.

I: correta, pois essa é uma definição adequada da substituição tributária, nos termos do art. 150, § 7º, da CF e do art. 6º da LC 87/1996; **II:** incorreta, já que, na substituição tributária "para frente", a obrigação de o responsável (substituto) recolher o tributo surge imediatamente, no momento em que promove a saída da mercadoria ou do serviço (= responsabilidade por substituição). No caso do art. 129 do CTN, surge primeiro a obrigação tributária em relação ao contribuinte e, posteriormente, ela é transferida para o responsável tributário (= responsabilidade por transferência). Perceba-se, portanto, que não há relação direta entre essas modalidades de responsabilidade, razão pela qual a assertiva é errada; **III:** incorreta, pois a substituição tributária é uma sistemática que visa a tornar mais eficiente a arrecadação tributária, mas não é decorrência lógica do perfil plurifásico do ICMS.

Gabarito "A"

(FGV – 2009) A respeito da aquisição, a qualquer título, de fundo de comércio, estabelecimento comercial, industrial ou profissional, para fins de responsabilidade tributária, é correto afirmar que:

(A) implicará sempre, para o adquirente, responsabilidade integral.

(B) não haverá responsabilidade do adquirente na hipótese de se tratar de alienação judicial de filial ou unidade produtiva isolada em processo de recuperação judicial.

(C) a extensão da responsabilidade do adquirente não se altera em função do fato de o alienante (do estabelecimento) cessar a exploração de comércio, indústria ou atividade.

(D) nos casos de aquisição de mero estabelecimento, não há que se falar em responsabilidade por sucessão, o que apenas ocorre nos casos de aquisição da própria pessoa jurídica titular do estabelecimento.

(E) o contrato firmado com o alienante, pelo qual este assume a responsabilidade pelos débitos gerados durante sua gestão, poderá ser oposto, pelo adquirente, ao Fisco.

A: incorreta, pois não é verdade, pois pode inexistir responsabilidade (caso em que o adquirente não continua a exploração empresarial anterior daquele estabelecimento) ou ela pode ser simplesmente subsidiária (caso o alienante continue a atividade empresarial, ou a retome em 6 meses) – art. 133, *caput*, I e II, do CTN; **B:** verdadeira, pois reflete o disposto no art. 133, § 1º, II, do CTN; **C:** como já dito, a depender das ações do alienante (continuar ou não na atividade empresarial) a responsabilidade do adquirente poderá ser integral ou subsidiária, nos termos do art. 133, I e II do CTN, de modo que esta assertiva é incorreta; **D:** incorreta, pois o art. 133 do CTN trata exatamente da aquisição do estabelecimento, e não das cotas sociais ou ações; **E:** incorreta, pois a sujeição passiva (condição de contribuinte ou responsável tributário) é fixada exclusivamente pela lei, sendo inócua perante o Fisco qualquer disposição contratual nesse sentido – art. 123 do CTN.

Gabarito "B"

(FGV – 2009) Com relação ao tema *Obrigação Tributária*, considerando a existência da obrigação principal e das obrigações ditas acessórias, analise as afirmativas a seguir:

I. As obrigações acessórias extinguem-se inexoravelmente por força do pagamento do tributo, não havendo que se falar, assim, em penalidade por seu descumprimento.

II. As obrigações acessórias convertem-se em obrigação principal no caso de sua inobservância no que diz respeito à penalidade pecuniária.

III. As obrigações acessórias correspondem às obrigações de fazer e **não fazer**.

Assinale:

(A) se somente a afirmativa II estiver correta.
(B) se somente a afirmativa III estiver correta.
(C) se somente as afirmativas I e II estiverem corretas.
(D) se somente as afirmativas I e III estiverem corretas.
(E) se somente as afirmativas II e III estiverem corretas.

I: incorreta, pois a obrigação acessória não é extinta com o cumprimento da obrigação principal (pagamento do tributo ou da penalidade pecuniária). Ademais, o descumprimento da obrigação acessória faz surgir penalidade pecuniária, que é objeto de obrigação tributária principal – art. 113, § 3º, do CTN; **II:** correta, pois reflete o disposto no art. 113, § 3º, do CTN; **III:** correta, pois o objeto da obrigação acessória é prestação **não pecuniária** positiva ou negativa (a prestação pecuniária é objeto da obrigação principal) – art. 113, § 2º, do CTN.

Gabarito "E"

(FGV – 2009) A responsabilidade solidária em matéria tributária entre empresas pertencentes ao mesmo conglomerado se caracteriza, precipuamente:

(A) pelo comando empresarial exercido pela mesma diretoria.
(B) pela realização conjunta da situação que caracterize o fato gerador.
(C) pela existência de operações de caráter econômico que vinculem as empresas.
(D) pela efetiva participação nos lucros obtidos pelo conglomerado, por ambas as empresas.
(E) pela existência entre elas de contrato de rateio de despesas.

No direito tributário há duas espécies de solidariedade: a natural e a legal. A solidariedade natural ocorre em relação às pessoas que tenham interesse comum na situação que constitua o fato gerador da obrigação principal – art. 124, I, do CTN. A solidariedade legal refere-se às pessoas expressamente designadas pela lei – art. 124, II, do CTN. No caso de empresas pertencentes ao mesmo conglomerado, inexistindo responsabilidade legal, prevista na normatização específica de cada tributo, pode haver a solidariedade natural decorrente do fato gerador em comum, razão pela qual a "B" é a melhor alternativa.

Gabarito "B"

(FGV – 2008) De acordo com o Código Tributário Nacional, a pessoa jurídica de direito privado que adquirir de outra, por qualquer título, fundo de comércio ou estabelecimento comercial, industrial ou profissional, e continuar a respectiva exploração, sob a mesma ou outra razão social ou sob firma ou nome individual, responderá pelos tributos, relativos ao fundo ou estabelecimento adquirido, devidos até a data do ato, de forma:

(A) integral se o alienante cessar a exploração do comércio, indústria ou atividade.
(B) integral, se este prosseguir na exploração ou iniciar, dentro de 6 (seis) meses a contar da data da alienação, nova atividade no mesmo ou em outro ramo de comércio, indústria ou profissão.
(C) subsidiária com o alienante, se este prosseguir na exploração ou iniciar, após 6 (seis) meses a contar da data da alienação, nova atividade no mesmo ou em outro ramo de comércio, indústria ou profissão.
(D) subsidiária com o alienante, independentemente se este prosseguir ou na exploração ou iniciar, dentro de 6 (seis) meses a contar da data da alienação, nova atividade no mesmo ou em outro ramo de comércio, indústria ou profissão.
(E) exclusiva do alienante, não havendo responsabilidade do adquirente, já que as dívidas tributárias são daquele.

A responsabilidade do adquirente é integral, exceto se o alienante prosseguir (ou reiniciar) a exploração de qualquer atividade profissional, industrial ou comercial nos 6 (seis) meses seguintes à alienação – art. 133, I e II, do CTN. Ademais, não há responsabilidade em casos de falência e recuperação judicial, nos termos do § 1º e com as exclusões do § 2º, ambos do mesmo dispositivo (art. 133 do CTN).

Gabarito "A"

(FGV – 2008) De acordo com o art. 150, § 7º, da CRFB/88, a atribuição a sujeito passivo de obrigação tributária da condição de responsável pelo pagamento de imposto ou contribuição cujo fato gerador deva ocorrer posteriormente depende de:

(A) convênio entre os Estados e o Distrito Federal.
(B) decreto do Chefe do Poder Executivo, desde que autorizado em lei específica.
(C) convênio entre os Estados e o Distrito Federal e lei específica.
(D) decreto do Chefe do Poder Executivo.
(E) lei.

A substituição tributária "para frente" deve ser instituída por lei, assim como toda norma relativa à sujeição passiva – art. 97, III, *in fine*, do CTN.

Gabarito "E"

(FGV – 2007) Sobre a denúncia espontânea de infração à legislação tributária, é correto afirmar-se que:

(A) é causa de remição do crédito tributário

(B) afasta a penalidade pecuniária, desde que pago o tributo devido e o juro da mora
(C) exclui a responsabilidade pessoal do agente, mesmo que não haja o pagamento do tributo devido
(D) autoriza o parcelamento excepcional do crédito tributário constituído, sem a inclusão do juro da mora

Art. 138 do CTN – o pagamento do tributo (corrigido monetariamente) acrescido dos juros de mora afasta a cobrança das penalidades (multas).

Gabarito "B"

(FGV – 2007) Em sede de responsabilidade de terceiros, pode-se identificar como pressupostos o não cumprimento da obrigação pelo contribuinte e ter o terceiro:

(A) participado do ato que resultou no fato gerador do tributo ou que em relação ao fato tenha se omitido
(B) concorrido, juntamente com o contribuinte, para a ocorrência da fraude fiscal
(C) intervindo no ato propiciador da obrigação tributária, com dolo evidenciado
(D) deixado de intervir no ato, causa do fato gerador da obrigação tributária

A responsabilidade de terceiros, prevista no art. 134 do CTN, pressupõe atos ou omissões imputáveis ao responsabilizado. Não há referência ao dolo, como elemento essencial para a responsabilidade, ou à atuação do contribuinte.

Gabarito "A"

(FGV – 2007) A respeito da responsabilidade por infrações à legislação tributária, pode-se dizer que:

(A) exige a evidência de dolo
(B) depende da prova da culpa
(C) caracteriza-se pela culpa consciente
(D) é objetiva, salvo disposição de lei em contrário

O art. 136 do CTN dispõe que, salvo disposição de lei em contrário, a responsabilidade por infrações da legislação tributária independe da intenção do agente ou do responsável e da efetividade, natureza e extensão dos efeitos do ato. Para muitos autores, trata-se de responsabilidade objetiva (outros falam em presunção de culpa ou inexigibilidade de dolo).

Gabarito "D"

(FGV – 2007) Em matéria de domicílio tributário, a regra é a da eleição. Quanto à possibilidade de exceção, pode-se dizer que:

(A) há em qualquer caso, por representar a recusa do domicílio eleito ato discricionário da autoridade fazendária, de acordo com a legislação aplicável
(B) sim, há, na hipótese de o domicílio eleito tornar dificultosa ou inviabilizar a arrecadação ou fiscalização tributária
(C) não há, porque a liberdade de escolha encontra-se inserida no contexto da garantia constitucional à livre locomoção
(D) sim, há, só em se tratando de eleição feita por pessoa jurídica

A recusa do domicílio eleito é expressamente prevista no art. 127, § 2º, do CTN e indicada adequadamente na assertiva "B".

Gabarito "B"

(FGV – 2007) Dar-se-á a sujeição tributária do sujeito passivo indireto pela:

(A) vinculação da pessoa cuja capacidade contributiva, o fato tributável é indicador
(B) relação pessoal com a situação que constitua o fato gerador da obrigação
(C) transferência da sujeição
(D) solidariedade

Sujeito passivo indireto corresponde ao responsável tributário (art. 121, parágrafo único, II, do CTN) – a doutrina indica que essa sujeição se dá por transferência (a obrigação surge em face do contribuinte e é posteriormente transferida ao responsável; por exemplo: aquisição de imóvel – art. 130 do CTN) ou por substituição (a obrigação surge imediatamente em face do responsável; por exemplo: retenção do imposto de renda na fonte). Sujeito passivo direto é o contribuinte (art. 121, parágrafo único, I, do CTN).

Gabarito "C"

(FGV – 2007) Assinale a afirmativa incorreta.

(A) No Direito Tributário são solidariamente obrigadas as pessoas que tenham interesse comum na situação que constitua o fato gerador da obrigação principal e as pessoas expressamente designadas por lei, e não comporta o benefício de ordem.
(B) A responsabilidade tributária por substituição "para frente", também denominada pela doutrina de substituição "progressiva", tem amparo no Código Tributário Nacional e permite que a lei impute responsabilidade tributária a terceiros vinculados ao fato gerador da respectiva obrigação.
(C) Salvo disposição legal em contrário, a responsabilidade por infração da legislação tributária independe da intenção do agente ou do responsável, da efetividade, natureza e extensão dos efeitos do ato.
(D) A definição legal do fato gerador é interpretada abstraindo-se da validade jurídica dos atos efetivamente praticados pelos contribuintes, responsáveis, ou terceiros, bem como a natureza do seu objeto ou seus efeitos. É o chamado princípio do *non olet*, consagrado pelo CTN.
(E) A competência tributária residual é aquela concedida pela Constituição Federal à União e permite a instituição, mediante lei complementar, do chamado "imposto residual da União", desde que não cumulativo e não tenha fato gerador ou base de cálculo próprios dos impostos discriminados na própria Constituição.

A: correta – solidariedade natural e legal, conforme art. 124 do CTN; **B:** incorreta, devendo ser assinalada, pois a substituição tributária "para frente" é prevista no art. 150, § 7º, da CF e na legislação específica de determinados tributos (v.g. LC 87/1996, do ICMS), mas não no CTN; **C:** correta, conforme o art. 136 do CTN; **D:** correta, nos termos do art. 118, I, do CTN; **E:** correta, conforme o art. 154, I, da CF.

Gabarito "B"

10. SUSPENSÃO, EXTINÇÃO E EXCLUSÃO DO CRÉDITO

(OAB/Exame Unificado – 2016.2) Após verificar que realizou o pagamento indevido de Imposto sobre Circulação de Mercadorias e Serviços — ICMS, determinado contribuinte requer administrativamente a restituição do valor recolhido. O órgão administrativo competente denega o pedido de restituição.

Qual o prazo, bem como o marco inicial, para o contribuinte ajuizar ação anulatória da decisão administrativa que denega a restituição?

(A) 2 (dois) anos contados da notificação do contribuinte da decisão administrativa.
(B) 5 (cinco) anos contados da notificação do contribuinte da decisão administrativa.
(C) 5 (cinco) anos contados do primeiro dia do exercício seguinte ao fato gerador.
(D) 1 (um) ano contado da data do julgamento.

Embora o prazo geral para restituição do tributo pago indevidamente seja de 5 (cinco) anos, nos termos do art. 168 do CTN, no caso de requerimento administrativo denegado, o prazo passa a ser de apenas 2 (anos), nos termos do art. 169 do CTN. Por essa razão, a alternativa "A" é a correta.

Gabarito "A"

(OAB/Exame Unificado – 2015.3) Prefeito de um determinado município resolveu conceder isenção de IPTU, por 10 (dez) anos, a proprietários de imóveis que sejam portadores de deficiência e que realizem investimento nas condições de acessibilidade de suas propriedades. Com base na situação apresentada, assinale a afirmativa correta.

(A) É possível que o município institua a isenção por meio de decreto.
(B) Tal isenção constitui caso de suspensão da exigibilidade daqueles créditos tributários.
(C) Somente por meio de lei específica municipal pode ser concedida isenção de IPTU.
(D) A isenção concedida em função de determinadas condições, como é o caso, pode ser revogada a qualquer tempo.

A: incorreta, pois a instituição, modificação e extinção dos tributos somente pode ser feita por lei (com poucas exceções relativas a modificação de alíquotas de determinados tributos) – art. 150, I, da CF e art. 97 do CTN; **B**: incorreta, pois isenção é modalidade de exclusão do crédito tributário, não suspensão, nos termos do art. 175, I, do CTN; **C**: correta, conforme comentário à primeira alternativa, art. 150, § 6º, da CF e art. 97, VI, do CTN; **D**: incorreta, pois a isenção condicionada, ou seja, aquela concedida por prazo certo e em função de determinadas condições, não pode ser revogada ou modificada a qualquer tempo em prejuízo aos beneficiados – art. 178 do CTN.

Gabarito "C"

(OAB/Exame Unificado – 2015.2) A pessoa jurídica X foi contemplada com isenção do Imposto sobre a Propriedade Predial e Territorial Urbana (IPTU) do imóvel utilizado para suas atividades comerciais. A referida isenção foi concedida pelo prazo de 5 (cinco) anos e sob a condição de que o imóvel seja utilizado para a produção de artesanato regional. Com base no caso apresentado, sobre a referida isenção assinale a opção correta.

(A) Poderá ser suprimida por lei, a qualquer tempo, ainda que o contribuinte atenda à condição de utilizar o imóvel para a produção de artesanato regional.
(B) Não poderá ser suprimida no prazo de 5 (cinco) anos, caso o contribuinte cumpra a condição de utilizar o imóvel para a produção de artesanato regional.
(C) Não poderá ser suprimida no prazo de 5 (cinco) anos, ainda que o contribuinte utilize o imóvel para a realização de atividades comerciais diversas da produção de artesanato regional.
(D) Poderá ser suprimida por decreto, a qualquer tempo, ainda que o contribuinte cumpra a condição de utilizar o imóvel para a produção de artesanato regional.

A: incorreta, pois a isenção concedida por prazo certo e em função de determinadas condições não pode ser revogada ou modificada por lei em prejuízo do contribuinte que preencha tais condições no prazo assinalado, conforme o art. 178 do CTN; **B**: correta, conforme comentário anterior; **C**: incorreta, pois a vedação à supressão do benefício depende do cumprimento das condições pelo contribuinte; **D**: incorreta, conforme comentários anteriores.

Gabarito "B"

(OAB/Exame Unificado – 2015.1) A União concedeu isenção, pelo prazo de cinco anos, da Contribuição para o Financiamento da Seguridade Social (COFINS) para as indústrias de veículos automotores terrestres que cumprissem determinadas condições. Sobre a isenção tributária, é possível afirmar que

(A) as indústrias de aviação podem requerer a fruição do benefício, pois a norma que concede isenção deve ser interpretada extensivamente.
(B) a União poderá, a qualquer tempo, revogar ou modificar a isenção concedida.
(C) a isenção da COFINS pode ser concedida mediante decreto, desde que a norma seja específica.
(D) as indústrias de veículos automotores terrestres não estão dispensadas do cumprimento das obrigações acessórias, pois elas são independentes da existência da obrigação principal.

A: incorreta, pois as normas que fixam benefícios ficais, incluindo as isenções, devem ser interpretadas estritamente, ou, na terminologia do art. 111, II, do CTN, literalmente, jamais extensivamente; **B**: incorreta, pois a isenção concedida por prazo certo e em função de determinadas condições não pode ser revogada ou modificada por lei em prejuízo do contribuinte que preencha tais condições no prazo assinalado, conforme o art. 178 do CTN; **C**: incorreta, pois qualquer benefício fiscal depende de lei específica para ser criado, nos termos do art. 150, § 6º, da CF; **D**: correta, pois a obrigação acessória independe da existência de obrigação principal, conforme o art. 175, parágrafo único, do CTN.

Gabarito "D"

(OAB/Exame Unificado – 2015.1) Determinado contribuinte verificou a existência de débitos vencidos de Imposto sobre a Propriedade Predial e Territorial Urbana (IPTU) e da taxa de coleta de lixo com o Município M. Os dois tributos são relativos ao ano-calendário de 2012 e se referem ao imóvel onde reside. O contribuinte pagou ao Município M montante insuficiente para a quitação de ambos os tributos.

Diante de tais débitos, a autoridade administrativa municipal que recebeu o pagamento

(A) determinará, primeiramente, a imputação do pagamento à taxa e, posteriormente, ao imposto.
(B) determinará o pagamento na ordem decrescente dos prazos prescricionais.
(C) determinará o pagamento na ordem crescente dos montantes.
(D) determinará, primeiramente, a imputação do pagamento ao imposto e, posteriormente, à taxa.

A imputação do valor em pagamento de tributos segue a ordem do art. 163 do CTN, a saber: (i) em primeiro lugar, aos débitos por obrigação própria, e em segundo lugar aos decorrentes de responsabilidade tributária, (ii) primeiramente, às contribuições de melhoria, depois às taxas e por fim aos impostos, (iii) na ordem crescente dos prazos de prescrição; e (iv) na ordem decrescente dos montantes. No caso, a taxa deve ser quitada antes do imposto, de modo que alternativa "A" é a correta.

Gabarito "A"

(OAB/Exame Unificado – 2014.3) O Fisco do estado "X" lavrou auto de infração contra a pessoa jurídica "Y" para cobrar ICMS sobre a remessa de mercadorias entre a matriz e a filial dessa empresa, ambas localizadas no referido estado. A empresa "Y" impetrou, então, mandado de segurança objetivando ver reconhecido seu direito líquido e certo ao não recolhimento do ICMS naquela operação. Pleiteou também medida liminar.

Assinale a opção que pode, validamente, ser objeto do pedido de liminar formulado pela pessoa jurídica Y.

(A) Extinção do crédito tributário.
(B) Exclusão de crédito tributário.
(C) Constituição do crédito tributário.
(D) Suspensão da exigibilidade do crédito tributário.

A liminar concedida suspende a exigibilidade do crédito tributário, nos termos do art. 151, IV, do CTN, de modo que a alternativa "D" é a correta.

Gabarito "D"

(OAB/Exame Unificado – 2014.3) Um empresário consulta um escritório de advocacia sobre a possibilidade de a sociedade da qual é administrador participar de uma licitação, sendo certo que, para tal, terá que apresentar uma certidão demonstrando a inexistência de débitos fiscais com o governo federal. Ele informa que a sociedade foi autuada pelo não recolhimento do Imposto sobre a Renda e Proventos de Qualquer Natureza (IR), e a defesa administrativa, apresentada no prazo, ainda não foi apreciada pelo órgão competente.

Considerando apenas os dados apresentados, é correto afirmar que a sociedade

(A) não poderá participar da licitação, pela existência de crédito tributário vencido e não pago.
(B) poderá participar da licitação, pois o crédito tributário está com a exigibilidade suspensa.
(C) poderá participar da licitação somente após a defesa administrativa ser analisada.
(D) somente poderá participar da licitação se depositar o valor do crédito tributário.

A: incorreta, pois a impugnação administrativa suspende o crédito tributário, nos termos do art. 151, III, do CTN, permitindo a emissão de certidão positiva com efeito de negativa, nos termos do art. 206 do CTN e, portanto, participação na licitação; **B:** correta, conforme comentário anterior; **C:** incorreta, pois a impugnação administrativa por si suspende a exigibilidade do crédito, conforme comentários anteriores; **D:** incorreta, pois a impugnação administrativa suspende a exigibilidade do crédito independentemente de garantia ou depósito, conforme Súmula Vinculante 21/STF, semelhante à Súmula 373/STJ.

Gabarito "B"

(OAB/Exame Unificado – 2014.2) Lei municipal que dispõe sobre o Imposto sobre a Propriedade Predial e Territorial Urbana – IPTU – estabelece a solidariedade entre os proprietários de um mesmo imóvel. Os efeitos da solidariedade estão listados nas opções a seguir, à exceção de uma. Assinale-a.

(A) A interrupção da decadência, em favor ou contra um dos obrigados, favorece ou prejudica os demais.
(B) A interrupção da prescrição, em favor ou contra um dos obrigados, favorece ou prejudica aos demais.
(C) O pagamento efetuado por um dos obrigados aproveita os demais.
(D) A isenção ou remissão de crédito exonera todos os obrigados, salvo se outorgada pessoalmente a um deles, subsistindo, nesse caso, a solidariedade quanto aos demais pelo saldo.

Nos termos do art. 125 do CTN, salvo disposição legal em contrário, são os seguintes os efeitos da solidariedade: (i) o pagamento efetuado por um dos obrigados aproveita aos demais; (ii) a isenção ou remissão de crédito exonera todos os obrigados, salvo se outorgada pessoalmente a um deles, subsistindo, nesse caso, a solidariedade quanto aos demais pelo saldo; e (iii) a interrupção da prescrição, em favor ou contra um dos obrigados, favorece ou prejudica aos demais.

A: incorreta, pois somente a interrupção da prescrição tem esse efeito; **B, C** e **D:** corretas, conforme comentário inicial.

Gabarito "A"

(OAB/Exame Unificado – 2012.3.B) Com relação à anistia, segundo o Código Tributário Nacional, assinale a afirmativa correta.

(A) Abrange as infrações cometidas anteriormente e posteriormente à vigência da lei que a institui, desde que o contribuinte comprove os requisitos para sua obtenção.
(B) Pode ser concedida sob condição do pagamento de tributo no prazo fixado pela lei que a conceder, ou cuja fixação seja atribuída pela mesma lei à autoridade administrativa.
(C) Só pode ser concedida limitadamente à determinada região do território da entidade tributante, em função de condições a ela peculiares.
(D) Abrange os atos praticados com dolo, fraude ou simulação pelo contribuinte, desde que este venha a confessá-los.

A: incorreta, pois a anistia abrange exclusivamente as infrações cometidas anteriormente à vigência da lei que a concede – art. 180, *caput*, do CTN; **B:** correta, pois essa possibilidade é expressamente prevista no art. 181, II, *d*, do CTN; **C:** incorreta, pois há outras hipóteses em que a anistia pode ser concedida limitadamente (inclusive no caso descrito na alternativa anterior) – art. 181, II, do CTN; **D:** incorreta, pois a anistia não se aplica aos atos praticados com dolo, fraude ou simulação pelo sujeito passivo ou por terceiro em benefício daquele – art. 180, I, do CTN.

Gabarito "B"

(OAB/Exame Unificado – 2012.3.B) Um contribuinte, ao impetrar mandado de segurança contra ato praticado por determinada autoridade coatora, obteve medida liminar deferida pelo competente Juízo no sentido de autorizá-lo a se abster do pagamento de determinado tributo, com base em suposta inconstitucionalidade da lei instituidora da respectiva exação combatida.

Nesse caso, de acordo com as regras contidas no Código Tributário Nacional, a hipótese é de

(A) suspensão do crédito tributário.
(B) extinção do crédito tributário.
(C) exclusão do crédito tributário.
(D) preferência do crédito tributário.

A liminar concedida em mandado de segurança é modalidade de suspensão do crédito tributário, nos termos do art. 151, IV, do CTN, de modo que a alternativa "A" é a correta.

Gabarito "A"

(OAB/Exame Unificado – 2012.3.B) Determinada lei prevê que certo grupo de eletrodomésticos não ficará sujeito à tributação do IPI, durante o exercício financeiro seguinte. O benefício fiscal em questão configura

(A) imunidade.
(B) remissão.
(C) isenção.
(D) anistia.

A: incorreta, pois a imunidade decorre de norma constitucional (não legal) que afasta a competência tributária; **B:** incorreta, pois remissão é perdão do crédito relativo a fatos passados – art. 172 do CTN; **C:** correta. A lei que afasta o imposto em relação à determinada situação (ou exclui o crédito correspondente, nos termos do CTN) institui uma isenção – art. 176 do CTN; **D:** incorreta, pois a anistia refere-se ao perdão relativo a ilícitos e penalidades pecuniárias – art. 180 do CTN.

Gabarito "C"

(OAB/Exame Unificado – 2012.1) A expiração do prazo legal para lançamento de um tributo, sem que a autoridade administrativa fiscal competente o tenha constituído, caracteriza hipótese de

(A) remissão.
(B) prescrição.
(C) decadência.
(D) transação.

A extinção do direito de o Fisco constituir o crédito tributário é a decadência – art. 173 do CTN. A perda do direito de cobrar é a prescrição que, no direito tributário, extingue também o próprio crédito (a prescrição, como a decadência, é modalidade de extinção do crédito tributário) – art. 174 do CTN. **A:** incorreta, pois remissão é o perdão do crédito tributário, de modo a extingui-lo – art. 156, IV, do CTN; **B:** incorreta, pois a prescrição refere-se à perda do direito de cobrar o tributo – art. 174 do CTN; **C:** correta, conforme comentário inicial – art. 173 do CTN; **D:** incorreta, pois a transação é modalidade de extinção do crédito tributário por meio de concessões mútuas e solução de litígio, na forma da lei autorizativa – arts. 156, III, e 171 do CTN.

Gabarito "C"

(OAB/Exame Unificado – 2011.3.A) Determinado contribuinte, devedor de tributo, obtém o seu parcelamento e vem efetuando o pagamento conforme deferido. Apesar disso, sofre processo de execução fiscal para a cobrança do referido tributo. Nos embargos de devedor, o contribuinte poderá alegar

(A) a carência da execução fiscal, em face da novação da dívida, que teria perdido a sua natureza tributária pelo seu parcelamento.
(B) a improcedência da execução fiscal, por iliquidez do título exequendo, pelo fato de que parte da dívida já foi paga.
(C) o reconhecimento do direito apenas parcial à execução fiscal, por parte do Fisco, em face da existência de saldo devedor do parcelamento.
(D) a carência da execução fiscal em face da suspensão da exigibilidade do crédito tributário.

A: incorreta, pois o parcelamento não altera a natureza do crédito tributário. Inexiste novação, pois a obrigação e o crédito são os mesmos, apenas que este último (o crédito) tem a exigibilidade suspensa – art. 151, VI, do CTN; **B:** incorreta, pois a inviabilidade da execução decorre da suspensão do crédito tributário (sua inexigibilidade em relação à integralidade do montante devido), e não do pagamento parcial; **C:** incorreta, pois não há exigibilidade do crédito, nem, portanto, condição para a execução; **D:** correta, pois a suspensão da exigibilidade do crédito tributário, decorrente do parcelamento, impede o ajuizamento da ação de execução fiscal.

Gabarito "D"

(OAB/Exame Unificado – 2011.3.A) A empresa ABC ingressou com medida judicial destinada a questionar a incidência da contribuição social sobre o lucro. Em sede de exame liminar, o juiz concedeu a medida liminar para que a empresa não recolhesse a contribuição. Durante a vigência da medida judicial, a Receita Federal iniciou procedimento de fiscalização visando à cobrança da contribuição social sobre o lucro não recolhida naquele período.

Com base no relatado acima, assinale a alternativa correta.

(A) A Receita Federal não pode lavrar auto de infração, em virtude da liminar concedida na medida judicial em questão.
(B) A Receita Federal pode lavrar auto de infração, mas somente com a exigibilidade suspensa para prevenir a decadência.
(C) A empresa ABC, diante da abertura do procedimento de fiscalização, pode solicitar ao juiz nova medida liminar, a fim de que determine o encerramento de tal procedimento.
(D) A Receita Federal pode lavrar auto de infração, já que a medida liminar possui caráter provisório.

A suspensão da exigibilidade do crédito tributário antes mesmo de sua constituição, caso da liminar descrita, não impede o lançamento tributário, até porque poderia ocorrer a decadência (cujo prazo não se interrompe ou se suspende nessa hipótese). Entretanto, o crédito nasce com a exigibilidade suspensa, sendo inviável sua cobrança, embora, pelo princípio da *actio nata*, o prazo prescricional para a execução fique também suspenso. **A** e **C:** incorretas, conforme comentário inicial; **B:** correta, conforme comentário inicial; **D:** incorreta, pois a possibilidade de lançamento não tem relação com a natureza da liminar, conforme comentário inicial.

Gabarito "B"

(OAB/Exame Unificado – 2011.3.B) A empresa Merposa S.A. cumpre regularmente as suas obrigações fiscais, especialmente aquelas de natureza acessória. Assim, apresentou no prazo exigido pela legislação, em 30 de junho de 2003, a Declaração de Contribuições e Tributos Federais informando o montante devido e recolhido a título de imposto de renda nos três primeiros meses de 2003. Em 30 de janeiro de 2010, recebeu um auto de infração exigindo um valor a maior do que havia declarado e recolhido.

A esse respeito, é correto afirmar que o auto de infração é

(A) válido, já que, de acordo com o artigo 173, I, do CTN, o Fisco Federal dispõe de cinco anos a contar do exercício seguinte para efetuar o lançamento.
(B) improcedente, pois já se operou a decadência, em virtude do disposto no artigo 150, § 4º, do CTN.
(C) válido, pois, se a declaração apresentada não refletia o montante efetivamente devido, trata-se de caso de dolo ou má-fé, razão pela qual não se aplica a disposição do artigo 150, § 4º, do CTN.
(D) improcedente, pois, após a apresentação da Declaração de Contribuições e Tributos Federais, o Fisco somente poderia exigir o tributo declarado e não pago, uma vez que o tributo estava sujeito à modalidade de autolançamento.

No caso dos tributos lançados por homologação, como o imposto de renda, o Fisco tem 5 anos contados do fato gerador para rever o recolhimento feito pelo contribuinte, desde que tenha sido realizado (o recolhimento) sem dolo, fraude ou simulação – art. 150, § 4º, do CTN. Assim, o Fisco teria até o primeiro trimestre de 2008 para rever o lançamento, de modo que autuação em janeiro de 2010 é irregular. A rigor, mesmo que não houvesse qualquer recolhimento, ou ele tivesse sido realizado com dolo, fraude ou simulação, o prazo decadencial para Fisco rever o lançamento, contado na forma do art. 173, I, do CTN, teria expirado antes da data de autuação.

Gabarito "B"

(OAB/Exame Unificado – 2010.3) Segundo o Código Tributário Nacional, remissão é

(A) uma modalidade de extinção dos créditos tributários e consiste na liberação da dívida por parte do credor, respaldada em lei autorizativa.
(B) uma modalidade de extinção dos créditos tributários em razão da compensação de créditos entre o sujeito ativo e o sujeito passivo, respaldada em lei autorizativa.
(C) a perda do direito de constituir o crédito tributário pelo decurso do prazo.
(D) uma modalidade de exclusão dos créditos tributários com a liberação das penalidades aplicadas ao sujeito passivo, respaldada em lei autorizativa.

A: correta, pois descreve adequadamente a remissão (= perdão do crédito tributário) – art. 156, IV, do CTN; **B:** incorreta, pois a compensação é outra modalidade de extinção do crédito, que não se confunde com a remissão – art. 156, II, do CTN; **C:** incorreta, pois se refere à decadência; **D:** incorreta, pois há somente duas modalidades de exclusão do crédito tributário, quais sejam, a isenção e a anistia – art. 175, I e II, do CTN.

Gabarito "A".

Veja a seguinte tabela para estudar e memorizar as causas de suspensão, extinção e exclusão do crédito tributário:

Suspensão (art. 151 do CTN)	Extinção (art. 156 do CTN)	Exclusão (art. 175 do CTN)
– a moratória	pagamento	– a isenção
– o depósito do seu montante integral	– a compensação	– a anistia
– as reclamações e os recursos, nos termos das leis reguladoras do processo tributário administrativo	– a transação	
– a concessão de medida liminar em mandado de segurança	– a remissão	
– a concessão de medida liminar ou de tutela antecipada, em outras espécies de ação judicial	– a prescrição e a decadência	
– o parcelamento	– a conversão de depósito em renda	
	– o pagamento antecipado e a homologação do lançamento nos termos do disposto no art. 150 e seus §§ 1º e 4º do CTN	
	– a consignação em pagamento, nos termos do disposto no § 2º do art. 164 do CTN	
	– a decisão administrativa irreformável, assim entendida a definitiva na órbita administrativa, que não mais possa ser objeto de ação anulatória	
	– a decisão judicial passada em julgado	
	– a dação em pagamento em bens imóveis, na forma e condições estabelecidas em lei	

(OAB/Exame Unificado – 2010.1) Certo contribuinte foi notificado, em 31 de outubro de determinado ano, para pagamento de um tributo, sem que a lei ou a notificação tenha determinado o vencimento daquela obrigação. Nessa situação hipotética, o vencimento ocorrerá

(A) em 30 de novembro do mesmo ano, independentemente do vencimento dos outros impostos cobrados pelo mesmo ente da Federação.
(B) na data do vencimento dos outros impostos cobrados pelo mesmo ente da Federação, por aplicação da analogia.
(C) em qualquer data, desde que anterior a 31 de dezembro daquele mesmo ano.
(D) em qualquer data, desde que não ultrapasse o dia 31 de outubro do ano seguinte.

A: correta, pois, salvo disposição em contrário da legislação, o vencimento do crédito tributário ocorre 30 (trinta) dias após a notificação do lançamento – art. 160, *caput*, do CTN; **B**, **C** e **D:** incorretas, conforme comentário anterior.

Gabarito "A".

(OAB/Exame Unificado – 2010.1) Vera e Mara são contribuintes obrigados, solidariamente, por lei, a pagar, mensalmente, certo tributo. Em determinado mês, foi publicada lei que isentou do imposto, pessoalmente, as pessoas que sofriam de certa enfermidade, da qual Vera é portadora. Nessa situação hipotética,

(A) a isenção concedida a Vera exonera integralmente Mara de sua obrigação.
(B) a isenção concedida a Vera não exonera Mara, restando a esta a obrigação pelo saldo remanescente.
(C) a isenção dada a Vera não exonera Mara, restando a esta a obrigação integral.
(D) a referida lei é inconstitucional, dada a impossibilidade de concessão de isenção pessoal em caso de solidariedade de obrigados.

A: incorreta, pois os benefícios fiscais concedidos em caráter pessoal a um dos devedores solidários não aproveitam aos demais – art. 125, II, do CTN; **B:** correta, pois, nos termos do art. 125, II, do CTN, a isenção ou a remissão de crédito exonera todos os obrigados, salvo se outorgada pessoalmente a um deles, subsistindo, nesse caso, a solidariedade quanto aos demais pelo saldo. No caso, como a isenção foi concedida pessoalmente, Mara deve arcar com o saldo; **C:** incorreta, pois Mara responde apenas pelo saldo, descontada a parcela isenta em favor de Vera; **D:** incorreta, pois se admite a concessão de isenção pessoal.

Gabarito "B"

(OAB/Exame Unificado – 2009.3) No que se refere à prescrição e à decadência no direito tributário, assinale a opção correta.

(A) A prescrição nunca se interrompe, sendo computada continuamente, desde seu termo inicial.

(B) Para os tributos sujeitos a lançamento por declaração e de ofício, o direito da Fazenda Pública de constituir seu crédito tributário extingue-se em cinco anos, contados do primeiro dia do exercício seguinte àquele em que o lançamento poderia ter sido efetuado.

(C) A citação válida do devedor em ação de execução fiscal interrompe a decadência tributária.

(D) A Fazenda Pública dispõe do prazo de 5 (cinco) anos, contados do fato gerador, para cobrar crédito tributário.

A: incorreta, pois o art. 174, parágrafo único, do CTN traz hipóteses de interrupção da prescrição; **B:** correta, pois essa é a regra para contagem do prazo prescricional, conforme o art. 173, I, do CTN; **C:** incorreta, pois, atualmente, o simples despacho do juiz que ordena a citação em execução fiscal interrompe o prazo prescricional – art. 174, parágrafo único, I, do CTN e art. 8º, § 2º, da Lei 6.830/1980; **D:** incorreta, pois o prazo prescricional quinquenal para a cobrança do crédito começa com sua constituição definitiva (notificação do lançamento ou da decisão final administrativa), e não com o fato gerador – art. 174 do CTN.

Gabarito "B"

(OAB/Exame Unificado – 2009.3) Assinale a opção correta no que se refere à exclusão de crédito tributário.

(A) A anistia dispensa o cumprimento das obrigações acessórias dependentes da obrigação principal.

(B) A isenção concedida por prazo certo e em função de determinadas condições poderá ser revogada ou modificada por lei.

(C) A anistia não pode ser concedida em caráter geral.

(D) A lei tributária que concede isenção deve ser interpretada restritivamente.

A: incorreta, até porque, em regra, os benefícios fiscais relativos ao crédito tributário não afastam as obrigações acessórias – art. 175, parágrafo único, do CTN; **B:** incorreta, pois a isenção concedida por prazo certo e em função de determinadas condições não pode ser revogada ou modificada em prejuízo daqueles que atenderam aos requisitos e têm direito ao benefício – art. 178 do CTN; **C:** incorreta, pois a anistia pode ser concedida em caráter geral ou limitadamente – art. 181, I e II, do CTN; **D:** correta. O art. 111, II, do CTN utiliza o termo *literalmente* e a doutrina refere-se a *restritamente*.

Gabarito "D"

(OAB/Exame Unificado – 2009.2) Segundo o Código Tributário Nacional, o parcelamento do crédito tributário

(A) não aproveita aos casos de dolo, fraude ou simulação do sujeito passivo ou do terceiro em benefício daquele.

(B) não deve ser concedido a devedor em recuperação judicial.

(C) deve ser concedido na forma e na condição estabelecidas em lei complementar da União.

(D) não exclui, em nenhuma hipótese, a incidência de juros e multas.

A: correta – art. 154, parágrafo único, c/c art. 155-A, § 2º, do CTN; **B:** incorreta, pois lei específica deverá dispor sobre as condições de parcelamento dos créditos tributários do devedor em recuperação judicial. Até que isso aconteça, aplicam-se as leis gerais de parcelamento do ente da Federação ao devedor em recuperação judicial, não podendo, neste caso, ser o prazo de parcelamento inferior ao concedido pela lei federal específica – art. 155-A, §§ 3º e 4º, do CTN; **C:** incorreta, pois a forma e as condições para o parcelamento são fixadas por lei específica de cada ente tributante, observando-se as normas gerais fixadas na lei complementar federal (CTN) – art. 155-A, *caput*, do CTN; **D:** incorreta, pois, embora, em regra, a incidência de juros e multas não seja excluída do parcelamento, é possível disposição legal em contrário – art. 155-A, § 1º, do CTN.

Gabarito "A"

(OAB/Exame Unificado – 2009.1) Dalton pagou, com cheque, uma multa tributária correspondente a 150% do valor de um imposto devido e o valor total de uma taxa. Com relação a essa situação hipotética, é correto afirmar que

(A) o pagamento da multa de 150% do imposto extingue a obrigação tributária principal relativa a esse imposto.

(B) o pagamento do valor total da taxa não importa em presunção de pagamento referente a outros tributos.

(C) o pagamento do valor total da taxa importa em presunção de pagamento de outros créditos referentes a essa taxa.

(D) as obrigações tributárias somente serão consideradas extintas após o débito na conta de Dalton.

A: incorreta, pois o pagamento da multa (penalidade pecuniária) não implica extinção do crédito relativo ao imposto (tributo) – art. 158 do CTN; **B:** correta, nos termos do art. 158, II, do CTN; **C:** incorreta, pois o pagamento de um crédito não importa em presunção de pagamento de outros créditos referentes ao mesmo ou a outros tributos – art. 158, II, do CTN; **D:** imprecisa, pois o crédito é considerado extinto com o resgate do cheque pelo sacado (instituição financeira) – art. 162, § 2º, do CTN.

Gabarito "B"

(OAB/Exame Unificado – 2008.3) Promove a extinção do crédito tributário relativo a imposto devido por contribuinte

(A) o depósito do montante integral da dívida, se efetuado em ação promovida pelo contribuinte.

(B) o advento de lei que crie isenção relativa ao referido imposto.

(C) o advento de lei que estabeleça anistia relativa ao referido imposto.

(D) a conversão, caso sobrevenha, do depósito em renda pública.

A: incorreta, nos termos do art. 151, II, do CTN (*suspensão do crédito*); **B** e **C:** incorretas, nos termos do art. 175, I e II, do CTN (*exclusão do crédito*); **D:** correta, nos termos do art. 156, VI, do CTN (*extinção do crédito*).

Gabarito "D"

(OAB/Exame Unificado – 2008.3) Supondo que tenha sido deferido, pela Secretaria de Fazenda de um Estado da Federação, a contribuinte devedor de tributo já vencido pedido de pagamento em parcelas do referido imposto, assinale a opção correta.

(A) O benefício concedido pela administração denomina-se moratória.

(B) O instituto tributário a ser utilizado pelo contribuinte para quitar a dívida caracteriza-se como remissão.

(C) O deferimento do pedido do contribuinte causa a extinção do crédito tributário.
(D) O deferimento do pleito causa a exclusão do crédito tributário.

A: correta, pois o parcelamento em questão é espécie de moratória, que suspende a exigibilidade do crédito tributário – art. 153, III, *b*, do CTN; **B:** incorreta, pois a remissão é o perdão do crédito tributário, que não se confunde com a moratória ou com parcelamento; **C** e **D:** incorretas, pois o parcelamento apenas suspende a exigibilidade do crédito tributário – art. 151, VI, do CTN.
Gabarito "A"

(OAB/Exame Unificado – 2008.3) A fixação, por lei complementar, de limite máximo para o estabelecimento de valor de remissão e anistia é constitucionalmente prevista para a contribuição
(A) específica de financiamento da seguridade social sobre o faturamento das empresas.
(B) social sobre o lucro líquido.
(C) destinada ao Programa de Integração Social.
(D) patronal sobre a folha de pagamento.

O art. 195, § 11, da CF prevê a fixação de limite, por lei complementar federal, para a remissão de contribuições sociais incidentes (i) sobre a folha de salários (= contribuição patronal) e outros pagamentos pela prestação de serviços e (ii) sobre o trabalhador e equiparados – art. 195, I, *a*, e II, da CF. **A:** incorreta, pois o limite pode ser estabelecido para contribuições *sociais*. Ademais, não se prevê limitação em relação à tributação sobre o faturamento; **B:** incorreta, pois a limitação não se refere ao lucro; **C:** incorreta, pois a contribuição para o PIS incide sobre o faturamento, inexistindo previsão de limites em relação a essa incidência; **D:** correta, conforme o art. 195, I, *a*, e § 11, da CF.
Gabarito "D"

(OAB/Exame Unificado – 2008.3) O parcelamento do pagamento de dívida tributária contraída por pessoa jurídica
(A) não exclui, por si só, a aplicação de juros e multa.
(B) exige a edição de decreto que o possibilite.
(C) não pode ser concedido de forma geral.
(D) prescinde de despacho de autoridade administrativa.

A: correta, pois, em regra, a incidência de juros e multas não é excluída do parcelamento – art. 155-A, § 1º, do CTN; **B:** incorreta, pois o parcelamento, a exemplo de todos os benefícios fiscais, deve ser concedido por lei específica do ente tributante – art. 155-A, *caput*, do CTN e art. 150, § 6º, da CF; **C:** incorreta, pois o parcelamento pode ser concedido em caráter geral ou individual – art. 155-A, § 2º, c/c art. 152, I, do CTN; **D:** incorreta, pois o parcelamento em caráter individual é concedido por despacho da autoridade administrativa – art. 155-A, § 2º, c/c art. 152, II, do CTN.
Gabarito "A"

(OAB/Exame Unificado – 2008.3) Se determinado Município conceder isenção a todas as indústrias localizadas nos limites de seu território, essa isenção tributária
(A) constituirá hipótese de suspensão da exigibilidade de quaisquer créditos tributários relativos às indústrias.
(B) dispensará as indústrias do cumprimento das obrigações acessórias, como a emissão de notas fiscais.
(C) caracterizar-se-á como dispensa constitucional de tributo.
(D) não será extensiva às taxas, salvo disposição de lei em sentido contrário.

A: incorreta, pois a isenção é modalidade de *exclusão* do crédito tributário – art. 175, *caput* e inc. I, do CTN; **B:** incorreta, pois, em regra, os benefícios fiscais relativos ao crédito tributário não afastam as obrigações acessórias – 175, parágrafo único, do CTN; **C:** incorreta, pois a isenção é norma legal (veiculada por lei do ente tributante), e não constitucional (a imunidade é norma constitucional que afasta a competência tributária, não se confundindo com a isenção); **D:** correta, conforme o art. 177, I, do CTN.
Gabarito "D"

(OAB/Exame Unificado – 2008.2) Ocorrido determinado fato gerador, Augusto deveria pagar o respectivo tributo. Entretanto, uma lei editada posteriormente ao fato deu por extinta, sem pagamento, metade da dívida das pessoas que se enquadravam na situação de Augusto. Passaram-se 6 (seis) anos, e o Fisco nem mesmo constituiu o crédito tributário contra Augusto, relativamente à outra metade do crédito. Nessa hipótese, configura-se a situação de extinção da dívida por
(A) transação e remissão.
(B) transação e prescrição.
(C) remissão e decadência.
(D) prescrição e compensação.

O perdão legal concedido em relação ao crédito tributário (penalidade e multas) denomina-se *remissão*. O decurso do prazo de 5 (cinco) anos sem a constituição do crédito implica *decadência* do direito de o Fisco lançar – arts. 172 e 173 do CTN.
Gabarito "C"

(OAB/Exame Unificado – 2008.2) No que diz respeito à compensação do crédito tributário, assinale a opção correta.
(A) O CTN somente admite a compensação de créditos tributários com créditos líquidos, certos e vencidos do sujeito passivo contra a Fazenda Pública.
(B) Em conformidade com entendimento jurisprudencial já pacificado, ao Poder Judiciário é admitido deferir a compensação de créditos tributários em antecipação de tutela de mérito.
(C) O direito do contribuinte à compensação de créditos tributários não é autoaplicável, dependendo de lei.
(D) É lícita a compensação mediante o aproveitamento de tributo, objeto de contestação judicial pelo sujeito passivo, antes do trânsito em julgado da respectiva decisão judicial.

A: incorreta, pois se admite também a compensação com créditos *vincendos* (ainda não vencidos) do sujeito passivo contra a Fazenda Pública – art. 170, *caput*, *in fine*, do CTN; **B:** incorreta, pois a compensação de créditos tributários não pode ser deferida em ação cautelar ou por medida liminar cautelar ou antecipatória – Súmula 212/STJ ("A compensação de créditos tributários não pode ser deferida em ação cautelar ou por medida liminar cautelar ou antecipatória") e art. 170-A do CTN; **C:** correta, pois, diferentemente do que ocorre no âmbito privado, a compensação tributária depende de lei específica produzida pelo respectivo ente tributante – art. 170 do CTN; **D:** incorreta, pois é vedada a compensação mediante o aproveitamento de tributo, objeto de contestação judicial pelo sujeito passivo, antes do trânsito em julgado da respectiva decisão judicial – art. 170-A do CTN.
Gabarito "C"

(OAB/Exame Unificado – 2008.1) Considere que Gilson possua os seguintes débitos vencidos para com a Fazenda Pública Municipal: imposto sobre serviços de qualquer natureza (ISS), no valor de R$ 800,00; contribuição de melhoria, no valor de R$ 2.350,00; taxa de polícia, no valor de R$ 550,00. No caso de imputação do pagamento, a autoridade administrativa competente deverá extinguir os créditos tributários na seguinte ordem:
(A) ISS, contribuição de melhoria e taxa de polícia.

(B) ISS, taxa de polícia e contribuição de melhoria.
(C) Taxa de polícia, ISS e contribuição de melhoria.
(D) Contribuição de melhoria, taxa de polícia e ISS.

A imputação no pagamento de créditos tributários se dá na seguinte ordem: em primeiro lugar, aos débitos por obrigação própria, e em segundo lugar aos decorrentes de responsabilidade tributária (inc. I), primeiramente, às contribuições de melhoria, depois às taxas e por fim aos impostos (inc. II), na ordem crescente dos prazos de prescrição (inc. III) e na ordem decrescente dos montantes (inc. IV) – art. 163 do CTN. No caso, a ordem de imputação será (1º) contribuição de melhoria, (2º) taxa de polícia e (3º) ISS, de modo que a alternativa correta é a "D".

Gabarito "D"

(OAB/Exame Unificado – 2008.1) As hipóteses previstas no CTN para suspensão da exigibilidade do crédito tributário, não incluem

(A) a medida liminar em ação judicial.
(B) o parcelamento.
(C) o pagamento parcial do tributo.
(D) o depósito do seu montante integral.

Veja a tabela anteriormente apresentada, para memorização das modalidades de suspensão, extinção e exclusão do crédito tributário. Das alternativas, apenas a "C" indica algo que não suspende a exigibilidade do crédito – Art. 151 do CTN.

Gabarito "C"

(OAB/Exame Unificado – 2008.1) Assinale a opção correta quanto às modalidades de suspensão e extinção do crédito tributário.

(A) O vencimento do crédito tributário, quando a legislação tributária não fixar o tempo do pagamento, deve ser estipulado em 10 (dez) dias após a notificação do lançamento.
(B) Considere a seguinte situação hipotética. Onofre é profissional autônomo e possui débitos de ISS relativo a sua atividade profissional e de IPTU, na condição de responsável por sucessão. Ambos os débitos estão vencidos e são de titularidade do mesmo sujeito ativo. Nessa situação, havendo pagamento parcial dos tributos, a autoridade competente para receber o pagamento deve determinar, em primeiro lugar, a imputação do débito de ISS e, depois, a do IPTU.
(C) A moratória, em caráter geral, pode ser concedida pela União somente quanto aos tributos de sua competência.
(D) A concessão de moratória em caráter individual gera direito adquirido.

A: incorreta, pois, inexistindo disposição na legislação tributária, o vencimento ocorre após 30 (trinta) dias contados da notificação do lançamento – art. 160 do CTN, **B:** correta, pois a imputação se dá primeiramente em relação ao débito por obrigação própria (contribuinte) e somente depois aos decorrentes de responsabilidade tributária – art. 163, I, do CTN; **C:** incorreta, pois há hipótese excepcionalíssima de moratória concedida pela União em relação a tributos de outros entes tributantes, quando simultaneamente concedida quanto aos tributos de competência federal e às obrigações de direito privado – art. 152, I, *b*, do CTN; **D:** incorreta, pois a moratória concedida em caráter individual (a exemplo da remissão, da isenção e da anistia) não gera direito adquirido e será revogada de ofício, sempre que se apure que o beneficiado não satisfazia ou deixou de satisfazer as condições ou não cumpria ou deixou de cumprir os requisitos para a concessão do favor – art. 155 do CTN.

Gabarito "B"

(OAB/Exame Unificado – 2007.3) O taxista João recebeu do Fisco Estadual uma correspondência na qual lhe foi informado que, mesmo tendo ocorrido o fato gerador do IPVA, ele não precisaria pagar o tributo, uma vez que fora aprovada uma lei, pela respectiva assembleia legislativa, que excluía o crédito tributário dos taxistas, relativamente ao IPVA. Nessa situação hipotética, pode-se dizer que a citada lei estabeleceu uma

(A) remissão.
(B) transação.
(C) isenção.
(D) anistia.

A questão é discutível. O relato dá a entender que o fato gerador já ocorreu. Nesse caso, poderia haver lei concessiva de *remissão*, ou seja, perdão do crédito tributário (se já foi constituído pelo lançamento). Entretanto, o examinador toma o cuidado de afirmar que o crédito foi *excluído*. A modalidade de exclusão do crédito tributário que afasta sua cobrança é a *isenção*. **A:** essa não é a melhor alternativa, pois a remissão não é modalidade de exclusão do crédito tributário – art. 156, IV, do CTN; **B:** incorreta, pois a transação extingue o crédito mediante concessões mútuas do Fisco e do sujeito passivo – art. 156, III, do CTN; **C:** essa é a melhor alternativa, pois, com a isenção, ocorre o fato gerador e surge a obrigação tributária, mas o crédito é excluído, ou seja, há dispensa de pagamento (conforme a linha doutrinária adotada pelo CTN) – art. 175, I, do CTN; **D:** incorreta, pois anistia implica perdão apenas da penalidade pecuniária, e não do tributo – art. 175, II, do CTN.

Gabarito "C"

(OAB/Exame Unificado – 2007.3) Suponha-se que determinada sociedade limitada, estando em débito com a Fazenda Pública Estadual em razão do não recolhimento do imposto sobre operações referentes à circulação de mercadorias relativo aos 2 (dois) últimos anos, promova o parcelamento do valor devido. Nessa situação, o parcelamento

(A) extingue o crédito tributário.
(B) suspende a exigibilidade do crédito tributário.
(C) concede remissão ao crédito tributário.
(D) exclui o crédito tributário.

O parcelamento é modalidade de *suspensão* da exigibilidade do crédito tributário – art. 151, VI, do CTN.

Gabarito "B"

(OAB/Exame Unificado – 2007.3) Considere-se que a União conceda anistia tributária abrangendo infrações cometidas por pessoas jurídicas domiciliadas em certa região brasileira, em razão de condições que lhes são peculiares. Nessa situação hipotética e de acordo com as normas atinentes ao crédito tributário, assinale a opção correta.

(A) A anistia abrange as infrações administrativas e as contravenções penais cometidas pelas pessoas jurídicas beneficiadas.
(B) Não se aplica a anistia às infrações cometidas anteriormente à vigência da lei.
(C) Não se aplica a anistia a atos praticados com simulação pelas pessoas jurídicas beneficiadas.
(D) A lei concessiva da anistia abrange, também, as infrações cometidas com dolo ou culpa pelas pessoas jurídicas beneficiadas.

A: incorreta, pois a anistia não se aplica aos atos qualificados em lei como crimes ou contravenções – art. 180, I, do CTN; **B:** incorreta, pois a anistia refere-se, exclusivamente, a infrações anteriores à sua concessão – art. 180, *caput*, do CTN; **C:** correta, pois a anistia não se aplica aos atos praticados com dolo, fraude ou simulação pelo sujeito passivo ou por terceiro em benefício daquele – art. 180, I, *in fine*, do CTN; **D:** incorreta, conforme comentário à alternativa anterior – art. 180, I, *in fine*, do CTN.

Gabarito "C"

(OAB/Exame Unificado – 2007.1) A União, por intermédio de lei federal, concedeu moratória em caráter geral, relativamente a um tributo, circunscrevendo seus efeitos a determinada região do território nacional, estabelecendo ainda critérios e condições para que o referido favor seja estendido individualmente, por despacho da autoridade administrativa, aos que não possuam domicílio na aludida região. Com base na legislação tributária aplicável e tendo a situação hipotética acima como referência, assinale a opção correta.

(A) Não havendo disposição legal em contrário, presume-se que a concessão da moratória abrange todos os créditos tributários, constituídos ou não, à data da edição da referida lei federal.

(B) A concessão de moratória em caráter individual não gera direito adquirido.

(C) A concessão da moratória não interrompe o prazo prescricional do direito à cobrança do crédito tributário, mesmo que, posteriormente, o despacho concessivo do favor seja anulado em virtude de ter sido constatada a existência de dolo ou simulação do benefício.

(D) A moratória não pode ser concedida em favor de determinada classe ou categoria de sujeitos passivos.

A: incorreta, pois, salvo disposição de lei em contrário, a moratória somente abrange os créditos definitivamente constituídos à data da lei ou do despacho que a conceder, ou cujo lançamento já tenha sido iniciado àquela data por ato regularmente notificado ao sujeito passivo – art. 154 do CTN; **B:** correta, pois a moratória concedida em caráter individual (a exemplo da remissão, da isenção e da anistia) não gera direito adquirido e será revogada de ofício, sempre que se apure que o beneficiado não satisfazia ou deixou de satisfazer as condições ou não cumprira ou deixou de cumprir os requisitos para a concessão do favor – art. 155, *caput*, do CTN; **C:** incorreta, pois nos casos em que a concessão da moratória é revogada por dolo ou simulação, o tempo decorrido entre a concessão da moratória e sua revogação não se computa para efeito da prescrição do direito à cobrança do crédito – art. 155, I e parágrafo único, do CTN; **D:** incorreta, pois isso é admitido – art. 152, parágrafo único, *in fine*, do CTN.

Gabarito "B"

(OAB/Exame Unificado – 2007.1) O sujeito passivo de determinada relação jurídica tributária formulou consulta, dentro do prazo legal para pagamento do crédito, a respeito da possibilidade de compensação do aludido crédito com créditos líquidos e certos vincendos de sua titularidade contra a Fazenda Pública. O mesmo sujeito passivo também possui créditos tributários vencidos relativos ao imposto de renda dos exercícios de 2004 e 2005, nos valores, respectivamente, de R$ 2.000,00 e R$ 4.000,00. Para estes créditos, o sujeito passivo emitiu cheque no valor de R$ 3.000,00, pagando-o diretamente na repartição fiscal. Considerando essa situação e com base na legislação tributária vigente, assinale a opção correta.

(A) Na pendência da consulta formulada, não haverá a incidência de juros moratórios, mesmo que o crédito não seja pago até a data do vencimento.

(B) Mesmo sendo líquidos e certos, não são compensáveis créditos vincendos contra a Fazenda Pública.

(C) O pagamento de tributos não pode ser efetuado por meio de cheques.

(D) A autoridade administrativa que receber o pagamento relativo a créditos tributários vencidos deverá imputar os R$ 3.000,00 para pagamento do imposto de renda do exercício de 2005.

A: correta, considerando que a consulta foi formulada antes do vencimento – art. 161, § 2º, do CTN; **B:** incorreta, pois se admite a compensação do crédito tributário com crédito *vincendo* (a vencer) do sujeito passivo contra a Fazenda Pública – art. 170 do CTN; **C:** incorreta, pois se admite o pagamento com cheque, que se considera realizado com o resgate do título pelo banco sacado – art. 162, I, e § 2º, do CTN; **D:** incorreta, pois a imputação se dá, primeiramente, em relação ao crédito mais antigo (ordem crescente dos prazos de prescrição) – art. 163, III, do CTN.

Gabarito "A"

(OAB/Exame Unificado – 2006.3) As formas de extinção do crédito tributário, conforme o Código Tributário Nacional (CTN), não incluem a

(A) compensação.

(B) remissão.

(C) prescrição.

(D) isenção.

Estude a tabela anteriormente apresentada, para memorização das modalidades de suspensão, extinção e exclusão do crédito tributário. Dentre as alternativas, apenas a isenção não é modalidade de *extinção*, mas de *exclusão* (lembre-se, há somente duas modalidades de *exclusão* do crédito tributário: isenção e anistia) – arts. 156 e 175, I, do CTN.

Gabarito "D"

(OAB/Exame Unificado – 2006.3) De acordo com o CTN, o crédito tributário não pode ser suspenso por

(A) Conversão de depósito em renda.

(B) Moratória.

(C) Reclamações e recursos, nos termos das leis reguladoras do processo tributário administrativo.

(D) Concessão de medida liminar em mandado de segurança.

Estude a tabela anteriormente apresentada, para memorização das modalidades de suspensão, extinção e exclusão do crédito tributário. Dentre as alternativas, apenas a conversão do depósito em renda não é modalidade de *suspensão* (é modalidade de *extinção* do crédito) – arts. 151 e 156, VI, do CTN.

Gabarito "A"

(OAB/Exame Unificado – 2006.2) Por motivo de ordem pública, decorrente de enchente que assolou certa região sulista, o ente municipal competente concedeu moratória à empresa Alves Indústria de Estofados Ltda., consideradas as condições pessoais e peculiares do sujeito passivo. Em face dessa situação hipotética, assinale a opção incorreta com relação às normas que disciplinam a moratória.

(A) Concedida individualmente, a moratória produz efeitos de forma automática.

(B) A Alves Indústria de Estofados Ltda. não poderá invocar direito adquirido, podendo o benefício fiscal ser revogado de ofício.

(C) A moratória concedida pelo ente municipal somente abrangerá tributos definitivamente constituídos à data do despacho que a outorgar.

(D) A lei municipal concessiva da moratória deverá ser interpretada literalmente.

A: incorreta, devendo ser assinalada, pois a moratória individual depende de despacho da autoridade administrativa, para ser efetivada caso a caso – art. 152, II, do CTN; **B:** correta, conforme o art. 155, *caput*, do CTN; **C:** correta, nos termos do art. 154, *caput*, do CTN; **D:** correta, em conformidade com o arts. 111, I, e 151, I, do CTN.

Gabarito "A"

(OAB/Exame Unificado – 2006.2) Segundo a legislação tributária, a União pode conceder isenção tributária a empreendimentos industriais ou agrícolas que se instalem em unidades da federação consideradas subdesenvolvidas, visando ao crescimento setorial e ao combate ao desemprego. Com relação a essa situação, assinale a opção incorreta acerca das normas relativas à legislação tributária.

(A) A isenção outorgada pela União não poderá abranger tributos de competência dos Estados, do Distrito Federal ou dos Municípios.

(B) As pessoas jurídicas beneficiadas com a isenção devem cumprir as obrigações tributárias acessórias e se submeter à fiscalização da entidade tributante.

(C) Salvo disposição em sentido contrário, a lei tributária começará a vigorar no território nacional no prazo de 45 (quarenta e cinco) dias após a sua publicação.

(D) A isenção somente poderá ser concedida por lei complementar.

A: correta, pois não se admitem as chamadas isenções *heterônomas* – art. 151, III, da CF; **B:** correta, pois os benefícios fiscais relativos aos tributos não afastam, em regra, as obrigações acessórias – art. 175, parágrafo único, do CTN; **C:** correta, conforme o art. 1º da LINDB, observando-se o art. 104 do CTN e o art. 150, III, *b* e *c*, da CF; **D:** incorreta, devendo ser assinalada, pois a isenção, a exemplo da generalidade dos benefícios fiscais, é concedida por lei ordinária específica de cada entre tributante – arts. 146 e 150, § 6º, da CF.

Gabarito "D"

(OAB/Exame Unificado – 2006.2) Uma autoridade fazendária de certa unidade da federação dirigiu-se ao estabelecimento empresarial da pessoa jurídica Solar Higienização Ltda. para efetuar fiscalização do recolhimento de IPTU relativo ao exercício de 2000. Como os dirigentes da referida pessoa jurídica não procederam ao pagamento do tributo devido, foi lavrado auto de infração em fevereiro de 2006. Com base nessa situação hipotética e acerca da disciplina normativa do lançamento e do crédito tributário, assinale a opção correta.

(A) O lançamento tributário opera efeitos *ex nunc*, possuindo natureza constitutiva e declaratória.

(B) O auto de infração foi lavrado após o advento da decadência.

(C) O IPTU é imposto objeto de lançamento por homologação.

(D) O ato de constituição do crédito tributário é ato discricionário.

A: discutível, pois há, de certa forma, contradição em se afirmar a natureza constitutiva e, ao mesmo tempo, declaratória do lançamento (embora seja razoável afirmar que o lançamento declara a ocorrência do fato e constitui o crédito). De qualquer forma, a disciplina normativa do lançamento define que há *constituição* do crédito, e não *declaração*; **B:** correta, pois, de acordo com o art. 173, I, do CTN, o prazo para o lançamento do IPTU se extinguiu em janeiro de 2006, tendo operado a decadência. Isso porque o IPTU de 2000 deveria ser lançado em 2000 e o prazo de 5 (cinco) anos começa a contar do primeiro dia do exercício financeiro seguinte àquele em que o lançamento poderia ter sido efetuado (ou seja, 1º de janeiro de 2001); **C:** incorreta, pois o IPTU é normalmente lançado de ofício pelas Prefeituras; **D:** incorreta, pois o lançamento é ato (ou procedimento administrativo) vinculado, sob pena de responsabilidade funcional – art. 142, parágrafo único, do CTN.

Gabarito "B"

(OAB/Exame Unificado – 2006.1) A respeito de suspensão, extinção e exclusão do crédito tributário, assinale a opção correta.

(A) Será extinto o crédito tributário de contribuinte que promover o depósito integral do montante exigido pela Fazenda Pública, tanto administrativa quanto judicialmente.

(B) A isenção e a anistia, causas suspensivas do crédito tributário, pressupõem a existência de lançamento do respectivo tributo.

(C) Se determinado contribuinte, pretendendo compensar créditos tributários, impetrar mandado de segurança, com pedido de provimento jurisdicional liminar, o juízo competente poderá declarar o direito à compensação tributária, mas, ao deferir a medida liminar, estará impedido de conceder a efetiva compensação dos créditos.

(D) Constituem hipóteses de extinção do crédito tributário as decisões administrativas irreformáveis, favoráveis ou contrárias ao contribuinte, proferidas em sede de processo administrativo fiscal.

A: incorreta, pois o depósito do montante integral é modalidade de *suspensão* do crédito, e não de extinção – art. 151, II, do CTN; **B:** incorreta, pois a isenção e a anistia são as duas modalidades de *exclusão* do crédito tributário, não de suspensão – art. 175 do CTN; **C:** correta, pois a compensação não pode ser deferida em decisão liminar (Súmula 212/STJ: "A compensação de créditos tributários não pode ser deferida em ação cautelar ou por medida liminar cautelar ou antecipatória"); **D:** incorreta, pois somente as decisões favoráveis ao contribuinte podem extinguir o crédito tributário. Se a decisão for favorável ao Fisco, o valor será cobrado, evidentemente – art. 156, IX, do CTN.

Gabarito "C"

(FGV – 2011) O CTN expressamente estabelece, no que diz respeito à extinção do crédito tributário, que

(A) é vedada a compensação mediante o aproveitamento de tributo que seja objeto de contestação judicial pelo sujeito passivo, antes do trânsito em julgado da respectiva decisão judicial.

(B) a lei permite à autoridade administrativa conceder remissão total ou parcial do crédito tributário em virtude de erro ou ignorância escusáveis do sujeito passivo quanto à matéria de direito, em exceção ao art. 3º da LICC, que dispõe que ninguém se escusa de cumprir a lei, alegando que não a conhece.

(C) no caso de consignação do pagamento pelo sujeito passivo, caso seja julgada procedente, o montante consignado é convertido em renda, ao passo que, na improcedência, o crédito tributário é cobrado acrescido de juros de mora, sem aplicação de qualquer penalidade.

(D) caso haja dois ou mais débitos simultâneos do mesmo sujeito passivo para com o mesmo sujeito ativo, a imputação do pagamento compete, em primeiro lugar, ao contribuinte ou responsável pelo pagamento. Somente na hipótese de abstenção deste, a autoridade administrativa fará a imputação.

(E) a isenção, uma das modalidades de extinção do crédito tributário, é sempre decorrente de lei que especifique as condições e requisitos exigidos para a sua concessão, os tributos a que se aplica e, sendo o caso, o prazo de sua duração.

A: correta, pois isso é expressamente previsto no art. 170-A do CTN; **B:** incorreta, pois o erro ou a ignorância escusáveis que permitem a remissão referem-se a matéria de fato, e não a matéria de direito (erro de fato, e não erro de direito) – art. 172, II, do CTN; **C:** incorreta, pois no caso de improcedência da consignatória, o valor do tributo é cobrado acrescido de juros e penalidades pecuniárias eventualmente devidas – art. 164, § 2º, *in fine*, do CTN; **D:** incorreta, pois a imputação será determinada pela autoridade administrativa imediatamente, e não apenas em caso de omissão do sujeito passivo – art. 163 do CTN; **E:** incorreta, pois a isenção é modalidade de exclusão do crédito tributário, e não de extinção – art. 175, I, do CTN.

Gabarito "A"

(FGV – 2011) Em relação à prescrição e decadência no âmbito tributário, é correto afirmar que

(A) o despacho do juiz que ordenar a citação do réu em ação de execução fiscal não tem o condão de suspender ou interromper o prazo prescricional, uma vez que, em relação aos prazos, estes serão sempre mais benéficos ao contribuinte.

(B) a decadência se refere ao prazo de 2 (dois) anos de que a administração pública dispõe para o lançamento do crédito tributário, a partir da ocorrência do fato gerador da obrigação principal.

(C) a decadência é fenômeno que atinge a obrigação tributária, não permitindo a sua constituição, ao passo que a prescrição alcança o crédito tributável tornando-o inexequível.

(D) o direito de pleitear a restituição de tributos obedece ao prazo prescricional de 2 (dois) anos a contar da data do pagamento espontâneo do tributo pago indevidamente ou a maior.

(E) a ação para a cobrança do crédito tributário prescreve em 3 (três) anos, contados da data de sua constituição definitiva.

A: incorreta, pois o despacho do juiz que ordena a citação do réu na execução fiscal é causa de interrupção do prazo prescricional – art. 174, parágrafo único, I, do CTN; **B:** incorreta, pois o prazo decadência para o lançamento é de 5 anos, contados na forma do art. 173 do CTN; **C:** a assertiva é adequada, por exclusão das demais. Importante notar, entretanto, que o CTN indica tanto a prescrição quanto a decadência como modalidades de extinção do crédito tributário – art. 156, V, do CTN; **D:** incorreta, pois o prazo prescricional para a repetição de indébito é de 5 anos, em regra, nos termos do art. 168 do CTN, com a exceção do art. 169 do CTN (prazo de 2 anos, no caso de decisão administrativa que denegue a devolução); **E:** incorreta, pois o prazo prescricional para a cobrança do crédito é de 5 anos, contados da constituição definitiva, conforme o art. 174 do CTN.

Gabarito "C"

(FGV – 2011) A respeito das causas de suspensão do crédito tributário, analise as afirmativas a seguir:

I. A moratória é um favor fiscal que o ente tributante cede ao contribuinte, sempre mediante lei.

II. O depósito prévio é requisito de admissibilidade para a ação judicial que pretenda discutir a exigibilidade do crédito tributário.

III. É cabível o requerimento de medida de natureza cautelar na via judicial para obtenção da suspensão do crédito tributário.

IV. Na ocorrência de causa de suspensão da exigibilidade do crédito tributário, o contribuinte terá direito à certidão negativa de débito tributário.

Assinale

(A) se apenas a afirmativa II estiver correta.

(B) se apenas as afirmativas I e III estiverem corretas.

(C) se apenas a afirmativa IV estiver correta.

(D) se apenas as afirmativas I e III estiverem corretas.

(E) se apenas as afirmativas II e IV estiverem corretas.

I: adequada, pois a moratória é um benefício fiscal concedido (não cedido) por lei do ente tributante; **II:** incorreta, pois não se pode condicionar o acesso ao Judiciário ao depósito prévio, conforme dispõe a Súmula Vinculante 28/STF ("É inconstitucional a exigência de depósito prévio como requisito de admissibilidade de ação judicial na qual se pretenda discutir a exigibilidade de crédito tributário"); **III:** assertiva correta, pois a liminar em medida cautelar suspende a exigibilidade do crédito tributário – art. 151, V, do CTN; **IV:** incorreta, pois cabe, no caso, a emissão de certidão positiva com efeitos de negativa (e não certidão negativa) – art. 206 do CTN. Obs.: as alternativas "B" e "D" nos parecem corretas (são idênticas), embora a questão tenha sido anulada.

ANULADA

(FGV – 2010) De acordo com o CTN, não se afigura como causa de extinção do crédito tributário:

(A) a decadência.

(B) a prescrição.

(C) a anistia.

(D) a remissão.

(E) a decisão administrativa irreformável, assim entendida a definitiva na órbita administrativa, que não mais possa ser objeto de ação anulatória.

A, B, D e **E:** incorretas, pois essas alternativas indicam modalidades de extinção do crédito tributário, conforme o art. 156 do CTN; **C:** correta. Essa é a única alternativa que não indica modalidade de extinção do crédito. A anistia, assim como a isenção, é modalidade de exclusão do crédito tributário – art. 175 do CTN.

Gabarito "C"

(FGV – 2010) O Código Tributário Nacional consagra uma estrutura dualista ao distinguir a Obrigação Tributária (OT) do Crédito Tributário (CT) de tal forma que, enquanto a OT surge pela ocorrência do "fato gerador", o CT dependeria do procedimento de lançamento para sua perfeita constituição. Com base na estrutura dualista, o Código Tributário Nacional estabelece no artigo 156 diversas hipóteses de extinção do "Crédito Tributário", dispositivo que mereceu severas críticas por parte da doutrina, dentre as quais o fato de que, por vezes, a Obrigação Tributária é extinta antes mesmo da constituição do crédito, tal como ocorre no caso de:

(A) decadência.

(B) prescrição.

(C) impossibilidade do cumprimento da obrigação.

(D) compensação.

(E) dação em pagamento com bens imóveis.

A: pois, de fato, a decadência extingue o crédito (segundo a dicção do CTN) antes mesmo de sua constituição, já que atinge exatamente o direito de o Fisco lançar (a decadência afasta o direito de constituir o crédito); **B**, **D** e **E:** essas alternativas indicam modalidades de extinção do crédito tributário incidentes após a constituição do crédito – art. 156, V, II e XI, do CTN, respectivamente; **C:** incorreta, pois a impossibilidade de cumprimento da obrigação tributária não é modalidade de extinção do crédito – art. 156 do CTN.

Gabarito "A"

(FGV – 2010) Iniciada a execução, não encontrados os bens do devedor, se o processo permanece paralisado, por mais de 5 (cinco) anos, pela inércia do Fisco, terá ocorrido

(A) prescrição.
(B) prescrição intercorrente.
(C) decadência.
(D) preclusão.
(E) remissão.

A: incorreta, pois a prescrição ocorre antes da execução fiscal, extinguindo o crédito e afastando o direito do Fisco exigir o tributo – art. 174 do CTN; **B:** correta, pois a questão descreve exatamente a prescrição intercorrente, que ocorre durante o processo de execução por inércia do Fisco – art. 40, § 4º, da Lei 6.830/1980 e Súmula 314/STJ ("Em execução fiscal, não localizados bens penhoráveis, suspende-se o processo por um ano, findo o qual se inicia o prazo da prescrição quinquenal intercorrente"); **C:** incorreta, pois a decadência ocorre antes do lançamento, impedindo a constituição do crédito pelo Fisco (antes da execução, portanto) – art. 173 do CTN; **D:** incorreta, pois preclusão é instituto processual, que não se confunde com os prazos para a pretensão tributária; **E:** incorreta, pois remissão é perdão do crédito tributário, modalidade de extinção – art. 156, IV, do CTN.

Gabarito "B"

(FGV – 2009) Com relação às *formas de extinção do crédito tributário*, analise as seguintes afirmativas:

I. A dação em pagamento, consoante o artigo 156 do Código Tributário Nacional, pode ocorrer tanto em relação aos bens móveis como aos bens imóveis.
II. A impossibilidade do pagamento, no sistema brasileiro, é forma legalmente (Código Tributário Nacional) prevista de extinção do crédito tributário.
III. O crédito tributário será extinto por decisão administrativa favorável ao contribuinte contra a qual não possa mais ser oposto recurso ou ação anulatória.

Assinale

(A) se somente a afirmativa I estiver correta.
(B) se somente a afirmativa III estiver correta.
(C) se somente as afirmativas I e II estiverem corretas.
(D) se somente as afirmativas I e III estiverem corretas.
(E) se somente as afirmativas II e III estiverem corretas.

I: incorreta, pois o CTN admite apenas a dação em pagamento de bens **imóveis** (e não móveis, como consta da assertiva), nos termos da lei – art. 156, XI, do CTN; **II:** incorreta, pois não existe essa modalidade de extinção do crédito, prevista no art. 156 do CTN; **III:** correta, nos termos do art. 156, IX, do CTN.

Gabarito "B"

(FGV – 2009) De acordo com a redação do Código Tributário Nacional (artigo 156), analise as afirmativas a seguir:

I. Novação: extingue a obrigação tributária mediante a criação de uma outra que substituirá a primeira.
II. Confusão: desde que, na mesma pessoa, se confundam as qualidades de credor e devedor.
III. Anistia: dispensa o pagamento das multas provenientes da desobediência à legislação tributária.

Não podem ser mencionada(s), expressamente, como modalidade(s) de extinção do crédito tributário:

(A) as afirmativas I, II e III.
(B) somente as afirmativas II e III.
(C) somente as afirmativas I e III.
(D) somente as afirmativas I e II.
(E) somente a afirmativa II.

I e **II:** corretas, pois a novação e a confusão não são relacionadas como modalidades de extinção do crédito tributário, nos termos do art. 156 do CTN; **III:** correta, pois a anistia é modalidade de exclusão do crédito tributário, e não de extinção – art. 175, II, do CTN.

Gabarito "A"

(FGV – 2008) Nos termos do Código Tributário Nacional, é modalidade de suspensão de exigibilidade do crédito tributário a:

(A) transação.
(B) prescrição.
(C) moratória.
(D) anistia.
(E) remissão.

Dentre as alternativas, somente a moratória é modalidade de suspensão do crédito (art. 151, I, do CTN). Transação, prescrição e remissão são causas extintivas – art. 156, III, V e IV. do CTN, respectivamente. Anistia refere-se à exclusão do crédito tributário – art. 175, II, do CTN.

Gabarito "C"

(FGV – 2008) Nos casos de tributos que não estão sujeitos a lançamento por homologação, o direito de a Fazenda Pública constituir o crédito tributário extingue-se após:

(A) 5 (cinco) anos, contados do primeiro dia do exercício seguinte àquele em que o lançamento poderia ter sido efetuado.
(B) 10 (dez) anos, contados do primeiro dia do exercício seguinte àquele em que o lançamento poderia ter sido efetuado.
(C) 5 (cinco) anos, contados da data de ocorrência do fato gerador.
(D) 10 (dez) anos, contados da data de ocorrência do fato gerador.
(E) 1 (um) ano, contado da data de ocorrência do fato gerador.

A alternativa "A" reflete corretamente a regra geral do art. 173, I, do CTN.

Gabarito "A"

(FGV – 2008) Nos termos do Código Tributário Nacional, é causa de exclusão do crédito tributário:

(A) o pagamento.
(B) o parcelamento.
(C) a isenção.
(D) a não incidência.
(E) a moratória.

O art. 175 do CTN prevê, apenas, a isenção (inc. I) e a anistia (inc. II) como modalidades de exclusão do crédito tributário.

Gabarito "C"

(FGV – 2008) Tendo como base o Código Tributário Nacional, analise as afirmativas a seguir:

I. Salvo disposição de lei em contrário, a isenção não é extensiva aos tributos instituídos posteriormente à sua concessão.

II. A isenção, quando não concedida em caráter geral, é efetivada, em cada caso, por despacho da autoridade administrativa, em requerimento com o qual o interessado faça prova do preenchimento das condições e do cumprimento dos requisitos previstos em lei ou contrato para concessão.

III. A anistia é uma forma de exclusão do crédito tributário e não se aplica, salvo disposição em contrário, às infrações resultantes de conluio entre duas ou mais pessoas naturais ou jurídicas.

Assinale:

(A) se nenhuma afirmativa for verdadeira.
(B) se somente as afirmativas I e II forem verdadeiras.
(C) se somente as afirmativas I e III forem verdadeiras.
(D) se somente as afirmativas II e III forem verdadeiras.
(E) se todas as afirmativas forem verdadeiras.

I: correta, conforme o art. 177, II, do CTN; **II:** correta, conforme o art. 179, *caput*, do CTN; **III:** correta, nos termos do art. 180, II, do CTN.

Gabarito "E".

(FGV – 2007) O prazo para cobrança do crédito tributário prescreve em 5 (cinco) anos e tem início:

(A) da constituição definitiva do crédito
(B) do fato gerador da obrigação tributária
(C) da inscrição do crédito como dívida ativa
(D) do começo do procedimento administrativo do lançamento

O prazo prescricional para a cobrança tem início após a constituição definitiva do crédito tributário (a rigor, inicia-se com o vencimento do prazo para o pagamento do tributo lançado – princípio da *actio nata*), nos termos do art. 174, *caput*, do CTN. Lembre-se que constituição do crédito se dá com o lançamento tributário, nos termos do art. 142 do CTN.

Gabarito "A".

(FGV – 2007) Não constitui fundamento para a remissão:

(A) consideração de equidade
(B) crédito tributário de pequeno valor
(C) hipossuficiência do sujeito passivo
(D) elevado nível da arrecadação no semestre anterior à sua concessão

Art. 172 do CTN. Das alternativas, apenas o elevado nível de arrecadação constante na alternativa "D" não é previsto como fundamento para a remissão. As demais alternativas estão elencadas no art. 172, IV, III e I, do CTN, respectivamente.

Gabarito "D".

(FGV – 2007) Em sede de Direito Tributário e no que pertine à imputação em pagamento, é correto afirmar-se que:

(A) é possível a escolha pelo devedor, desde que ofereça garantia bastante para a satisfação dos débitos remanescentes
(B) pode-se imputar em pagamento, tratando-se de bens imóveis por natureza
(C) é um direito do devedor, quando existir mais de um débito exigível
(D) não é faculdade do devedor escolher qual dos débitos quer pagar

A imputação ao pagamento é determinada pelo Fisco, observando o disposto no art. 163 do CTN.

Gabarito "D".

(FGV – 2007) A suspensão da exigibilidade do crédito tributário com o depósito integral acarreta:

(A) a continuidade do procedimento, até a notificação de cobrança amigável, mas impede a judicial, se realizado no transcurso do lançamento
(B) o impedimento à inscrição como dívida ativa, se realizado posteriormente à constituição definitiva do crédito
(C) o final do lançamento, mas impede a constituição do crédito tributário, se antecipadamente ultimado
(D) a paralisação do procedimento administrativo do lançamento, se previamente realizado

A suspensão da exigibilidade, se ocorrida antes do lançamento, não impede a constituição do crédito pelo Fisco, embora haja jurisprudência pela sua desnecessidade (o depósito integral em juízo, relativo a tributo lançado por homologação, já constitui o crédito). No entanto, fica vedada a cobrança (mesmo administrativa) e a inscrição em dívida ativa, que pressupõe liquidez e certeza.

Gabarito "B".

(FGV – 2007) Sobre o parcelamento do crédito tributário, é correto afirmar-se que:

(A) é ato obstativo da constituição definitiva do crédito tributário
(B) determina a extinção diferida do crédito exigível
(C) suspende a exigibilidade do crédito tributário
(D) é causa de desconsideração do lançamento

A: incorreta, pois o parcelamento pressupõe a constituição do crédito tributário; **B** e **C:** o parcelamento é causa suspensiva (e não extintiva) da exigibilidade, razão pela qual a assertiva "B" é incorreta e a "C" é correta – art. 151, VI, do CTN; **D:** incorreta, pois o lançamento não é desconsiderado.

Gabarito "C".

(FGV – 2007) Dentro do contexto da isenção, como instituto de Direito Tributário, é incorreto afirmar-se que:

(A) decorre de previsão de norma constitucional
(B) não é extensiva às taxas, salvo disposição expressa em lei
(C) a lei isencional pode estabelecer os limites e condições à sua concessão
(D) constitui reserva legal do ente estatal com competência para instituir o tributo

A: incorreta, devendo ser assinalada, pois a isenção decorre de lei específica do ente competente – art. 150, § 6º, da CF; **B:** correta, conforme o art. 177, I, do CTN; **C:** correta, conforme o art. 176 do CTN; **D:** correta, pois somente o ente que detém competência para instituir o tributo pode conceder a isenção correspondente.

Gabarito "A".

(FGV – 2007) A alternativa correta a respeito da isenção autonômica é:

(A) não pode ser concedida, porque vedada pela Constituição Federal
(B) só pode ser concedida em razão de aspectos pessoais do sujeito
(C) pode ser concedida por lei do titular da competência tributária
(D) sofre as mesmas restrições da isenção heterônoma

Isenção **autonômica** é aquela admitida pelo sistema tributário nacional, ou seja, concedida pelo ente competente em relação ao respectivo tributo (por essa razão, a alternativa "A" é incorreta). Por exemplo, o Município pode conceder, por lei própria, isenção em relação ao IPTU incidente sobre imóveis localizados em seu território – seria isenção autonômica, admitida no sistema tributário. A isenção é opção do ente tributante (pode ser concedida). Mas, quando o legislador decide conceder a isenção, deve fazê-lo por lei própria (razão pela qual a assertiva "C" é correta), observado o disposto no art. 150, § 6º, da CF. A alternativa "B" é incorreta, porque a isenção pode ser concedida em razão de aspectos pessoais do sujeito (por exemplo, isenção de IR para portadores de doença crônica), mas também em razão de aspetos objetivos (relacionados aos bens – por exemplo, isenção de IPI para máquinas de lavar roupa). Isenção **heterônoma** seria concedida por ente diverso, o que é vedado. Por exemplo, a União não pode conceder isenção de IPTU, que é tributo municipal – seria isenção heterônoma, inviável nos termos do art. 151, III, da CF. Perceba, portanto, que a assertiva "D" é incorreta.

Gabarito "C"

11. REPARTIÇÃO DE RECEITAS TRIBUTÁRIAS E FINANÇAS

(OAB/Exame Unificado – 2010.1) Acerca da disciplina constitucional da repartição das receitas tributárias, assinale a opção correta.

(A) Ao DF cabe metade da arrecadação do imposto que a União instituir no exercício de sua competência residual ou extraordinária.

(B) Cabe aos Municípios, em qualquer hipótese, a integralidade do imposto sobre a propriedade territorial rural.

(C) Aos Municípios pertence a integralidade do produto da arrecadação do imposto de renda incidente na fonte sobre os rendimentos pagos, a qualquer título, por eles.

(D) A União deve repassar aos Estados 25% do produto da arrecadação do IPI.

A: incorreta. De acordo com o art. 157 da CF, "Pertencem aos Estados e ao Distrito Federal: (...) II – vinte por cento do produto da arrecadação do imposto que a União instituir no exercício da competência que lhe é atribuída pelo art. 154, I"; **B:** incorreta. Conforme dispõe o art. 158 da CF, "Pertencem aos Municípios: (...) II – cinquenta por cento do produto da arrecadação do imposto da União sobre a propriedade territorial rural, relativamente aos imóveis neles situados, cabendo a totalidade na hipótese da opção a que se refere o art. 153, § 4º, III"; **C:** correta. De acordo com o art. 158 da CF, "Pertencem aos Municípios: I – o produto da arrecadação do imposto da União sobre renda e proventos de qualquer natureza, incidente na fonte, sobre rendimentos pagos, a qualquer título, por eles, suas autarquias e pelas fundações que instituírem e mantiverem"; **D:** incorreta. De acordo com o disposto no art. 159 da CF, "A União entregará: I – do produto da arrecadação dos impostos sobre renda e proventos de qualquer natureza e sobre produtos industrializados quarenta e oito por cento na seguinte forma: (...) II – do produto da arrecadação do imposto sobre produtos industrializados, dez por cento aos Estados e ao Distrito Federal, proporcionalmente ao valor das respectivas exportações de produtos industrializados".

Gabarito "C"

(OAB/Exame Unificado – 2008.2) As normas que regem a repartição das receitas tributárias determinam que pertencem aos Municípios 50% do produto da arrecadação do imposto

(A) de renda retido na fonte, sobre rendimentos pagos, a qualquer título, por eles ou por suas autarquias.

(B) sobre a propriedade territorial rural, relativamente aos imóveis neles situados.

(C) sobre a propriedade predial e territorial urbana, relativamente aos imóveis neles situados.

(D) sobre operações relativas à circulação de mercadorias e sobre prestações de serviços de transporte interestadual e intermunicipal e de comunicação.

A: incorreta, pois os Municípios ficam com a integralidade do IR retido na fonte – art. 158, I, da CF; **B:** correta, lembrando que o Município pode ficar com a integralidade do ITR (não apenas 50%) caso opte por fiscalizar e cobrar o tributo – art. 158, II, da CF; **C:** incorreta, pois o IPTU é da competência municipal e sua receita fica integralmente com o respectivo município (não há transferência); **D:** incorreta, pois apenas 25% da receita do ICMS é distribuída para os Municípios – art. 158, IV, da CF.

Gabarito "B"

(OAB/Exame Unificado – 2007.3) Os Municípios recebem parte do produto de alguns dos tributos arrecadados pela União e pelo Estado da Federação ao qual pertencem, entre os quais se inclui o(a)

(A) imposto sobre a propriedade de veículos automotores.

(B) contribuição social sobre o lucro.

(C) imposto sobre a importação.

(D) imposto sobre a transmissão *causa mortis* ou doações de quaisquer bens e direitos.

A: correta, pois 50% da receita do IPVA é transferida para o Município em que o veículo está licenciado – art. 158, III, da CF; **B**, **C** e **D:** incorretas, pois não há repartição das receitas desses tributos.

Gabarito "A"

(OAB/Exame Unificado – 2007.1) Para custear serviços públicos de sua competência, o município de Vila Bela dispõe de 2 milhões de reais, provenientes da distribuição de receitas tributárias do imposto de renda (IR), do imposto sobre a propriedade territorial rural (ITR), do imposto sobre a propriedade de veículos automotores (IPVA) e do imposto sobre operações relativas à circulação de mercadorias e sobre prestação de serviços de transporte interestadual e intermunicipal e de comunicação (ICMS). Considerando a situação hipotética acima, assinale a opção correta acerca da matéria atinente à distribuição das receitas tributárias.

(A) Pertencem ao município de Vila Bela 50% do IR incidente na fonte sobre rendimentos pagos a qualquer título por essa entidade administrativa.

(B) Caberão ao município de Vila Bela 50% do ITR quanto aos imóveis situados em seu território.

(C) Ao município do Vila Bela são cabíveis 30% do IPVA relativo aos veículos licenciados em seu território.

(D) São devidos ao município de Vila Bela 20% do ICMS arrecadado pelo respectivo Estado.

A: incorreta, pois os Estados, o Distrito Federal e os Municípios ficam com a integralidade do IR que retêm na fonte, sobre rendimentos pagos, a qualquer título, por eles, suas autarquias e pelas fundações que instituírem e mantiverem – arts. 157, I, e 158, I, da CF; **B:** correta, lembrando que o Município pode ficar com a integralidade do ITR (não apenas 50%) caso opte por fiscalizar e cobrar o tributo – art. 158, II, da CF; **C:** incorreta, pois o Município fica com 50% do IPVA relativo aos veículos licenciados em seu território – art. 158, III, da CF; **D:** incorreta, pois 25% da receita do ICMS é distribuída para os Municípios – art. 158, IV, da CF.

Gabarito "B"

(OAB/Exame Unificado – 2006.1) Com relação às normas de repartição das receitas tributárias, assinale a opção incorreta.

(A) No sistema tributário brasileiro, a repartição das receitas tributárias abrange os impostos e a contribuição de intervenção no domínio econômico relativa às atividades de importação ou comercialização de petróleo e seus derivados, gás natural e seus derivados e álcool combustível (CIDE combustíveis).

(B) Ao Distrito Federal pertence a metade do produto do imposto de renda incidente na fonte sobre os rendimentos pagos, a qualquer título, por ele, por suas fundações públicas e autarquias.

(C) Se determinado Município optar por fiscalizar e cobrar o imposto sobre a propriedade territorial rural (ITR), de competência da União, este não poderá implicar redução do imposto ou qualquer outra forma de renúncia fiscal, e a integralidade do produto de sua arrecadação caberá ao Município.

(D) A Constituição Federal determina que metade dos recursos do fundo para os programas de financiamento ao setor produtivo das regiões Norte, Nordeste e Centro-Oeste que forem destinados à região Nordeste será assegurada ao semiárido nordestino.

A: correta, pois, além de impostos federais e estaduais, a CIDE sobre combustíveis também tem parcela de sua receita transferida – art. 159, III, da CF; **B:** incorreta, devendo ser assinalada, pois os Estados, o Distrito Federal e os Municípios ficam com a integralidade do IR que retêm na fonte, sobre rendimentos pagos, a qualquer título, por eles, suas autarquias e pelas fundações que instituírem e mantiverem – arts. 157, I, e 158, I, da CF; **C:** correta, conforme os arts. 153, § 4º, III, e 158, II, da CF; **D:** correta, conforme determinação do art. 159, I, *c*, *in fine*, da CF.

Gabarito "B"

(FGV – 2011) A CRFB traça as linhas gerais para a repartição das receitas tributárias nos arts. 157 a 161. É correto afirmar que a Constituição determina que

(A) o produto da arrecadação do ITR seja dividido entre Estados e Municípios, relativamente aos imóveis neles situados, exceto se o Município fiscalizar e cobrar o referido imposto.

(B) a União entrega 50% (cinquenta por cento) do produto da arrecadação do IPI aos Estados e ao Distrito Federal, proporcionalmente ao valor das respectivas exportações de produtos industrializados.

(C) seja vedada a retenção à entrega dos recursos atribuídos a partir das receitas tributárias aos Estados, Municípios e ao Distrito Federal, exceto adicionais e acréscimos relativos a impostos.

(D) caiba à lei ordinária disciplinar os aspectos relativos à repartição de receitas tributárias.

(E) pertençam aos Municípios 25% (vinte e cinco por cento) do produto da arrecadação do ICMS do Estado sobre a circulação de mercadorias e sobre prestações de serviços de transporte interestadual e intermunicipal e de comunicação.

A: incorreta, pois o ITR é tributo federal (art. 153, VI, da CF), sendo que a União fica com 50% da receita auferida e a outra metade pertence ao Município (ou Distrito Federal) em que o imóvel está localizado (não há partilha com o Estado). Entretanto, se o Município optar por fiscalizar e cobrar o tributo, na forma da lei, ficará com 100% da arrecadação – art. 158, II, da CF; **B:** incorreta, pois a parcela da arrecadação do IPI entregue aos Estados e ao Distrito Federal proporcionalmente ao valor das exportações é de apenas 10% – art. 159, II, da CF; **C:** incorreta, pois a vedação abrange também os adicionais e acréscimos relativos aos impostos – art. 160, *caput*, da CF; **D:** incorreta, pois a disciplina deve ser veiculada por lei complementar federal – art. 161 da CF; **E:** correta, no termos do art. 158, IV, da CF.

Gabarito "E"

(FGV – 2011) Considere que, por força de variações climáticas ocorridas em diversas regiões do Brasil, haja um desabastecimento do mercado interno em relação ao fornecimento de produtos da cesta básica, tais como feijão, arroz e açúcar. À vista disso, caso o Poder Executivo, mediante decreto, venha a estipular alíquota zero para o Imposto de Importação – II, Imposto sobre Produtos Industrializados – IPI e Imposto sobre Operações Financeiras – IOF a incidir sobre tais produtos no ato da importação, tal renúncia de receita, à luz da LC 101/2000,

(A) deverá estar acompanhada da estimativa do impacto orçamentário-financeiro no exercício em que deva iniciar e nos dois exercícios seguintes.

(B) deverá estar acompanhada de estimativa do impacto orçamentário-financeiro no exercício em que deva iniciar e no exercício seguinte.

(C) deverá estar acompanhada de estimativa do impacto orçamentário-financeiro no exercício em que deva iniciar e nos três exercícios seguintes.

(D) não deverá estar acompanhada de medidas de compensação, porém deverá estar acompanhada de estimativa do impacto orçamentário-financeiro no exercício em que deva iniciar e nos dois exercícios seguintes.

(E) não deverá estar acompanhada da estimativa do impacto orçamentário-financeiro no exercício em que deva iniciar e nos dois exercícios seguintes, nem observará qualquer outra medida de compensação de tributos ou exigências previstas na referida lei.

As alterações das alíquotas do II, IE, IPI e IOF por ato infralegal (art. 153, § 1º, da CF) não implicam necessidade de estimativa do impacto orçamentário-financeiro, de medidas de compensação ou de outras previstas no art. 14 da Lei de Responsabilidade Fiscal (LC 101/2000). A alternativa "E" é a melhor, por exclusão das demais, mas não é exata, pois nada impede que o aumento das alíquotas seja acompanhado da estimativa de impacto ou de medidas de compensação, por opção do Executivo (a assertiva afirma que "não deverá ser acompanhada (...), nem observará", o que é inexato).

Gabarito "E"

(FGV – 2010) Com relação ao tema "Finanças Públicas", analise as afirmativas a seguir.

I. O Banco Central poderá comprar e vender títulos de emissão do Tesouro Nacional, com o objetivo de regular a oferta de moeda ou a taxa de juros, bem como conceder, direta ou indiretamente, empréstimos ao Tesouro Nacional.

II. A Constituição determina que lei complementar disporá sobre as operações de câmbio realizadas por órgãos e entidades da União, dos Estados, do Distrito Federal e dos Municípios bem como sobre a compatibilização das funções das instituições oficiais de crédito da União, resguardadas as características e condições operacionais plenas das voltadas ao desenvolvimento regional.

III. As disponibilidades de caixa da União serão depositadas no Banco Central; as dos Estados, do Distrito Federal, dos Municípios e dos órgãos ou entidades do Poder Público e das empresas por ele controladas, em instituições financeiras oficiais, ressalvados os casos previstos em lei.

Assinale:

(A) se somente as afirmativas II e III estiverem corretas.
(B) se somente as afirmativas I e III estiverem corretas.
(C) se somente as afirmativas I e II estiverem corretas.
(D) se somente a afirmativa I estiver correta.
(E) se todas as afirmativas estiverem corretas.

I: incorreta, pois o Banco Central não pode conceder empréstimos ao Tesouro Nacional – art. 164, § 1º, da CF; **II:** correta, nos termos do art. 163, VI e VII, da CF, respectivamente; **III:** correta, conforme o art. 164, § 3º, da CF.

Gabarito "A"

(FGV – 2010) Assinale a alternativa correta.

(A) O Fundo de Participação dos Estados e do Distrito Federal será distribuído à razão de 10%, proporcionalmente à superfície de cada entidade participante e 90% proporcionalmente ao coeficiente individual de participação, resultante do produto do fator representativo da população pelo fator representativo do inverso da renda per capita, de cada entidade participante.
(B) Pertence aos Estados o produto da arrecadação do imposto da União sobre renda e proventos de qualquer natureza, incidente na fonte, sobre rendimentos pagos, a qualquer título, por eles e suas autarquias, exceto as fundações públicas que instituírem e mantiverem.
(C) Pertencem aos Municípios 80% cento do produto da arrecadação do imposto da União sobre a propriedade territorial rural, relativamente aos imóveis neles situados, cabendo a totalidade na hipótese da opção a que se refere o art. 153, § 4º, III, CF.
(D) No que concerne à repartição de receitas tributárias, é correto afirmar que, conforme o CTN, a lei federal pode cometer aos Estados, ao Distrito Federal ou aos Municípios o encargo de arrecadar os impostos de competência da União cujo produto lhes seja distribuído no todo ou em parte.
(E) No que se refere ao ICMS, podemos afirmar que as parcelas de receitas pertencentes aos Municípios serão creditadas na razão de pelo menos um quarto na proporção do valor adicionado nas operações relativas à circulação de mercadorias e nas prestações de serviços, realizadas em seus territórios, e até três quartos, de acordo com o que dispuser lei estadual.

A: incorreta, pois, nos termos do art. 88 do CTN, vigente à época deste exame, os recursos do Fundo de Participação dos Estados e do Distrito Federal seriam distribuídos à razão de 5% (e não 10%) proporcionalmente à superfície de cada entidade participante e de 95% (e não 90%) proporcionalmente ao coeficiente individual de participação, resultante do produto do fator representativo da população pelo fator representativo do inverso da renda *per capita*, de cada entidade participante. Atualmente a matéria é regulada pela LC 62/1989, com a redação dada pela LC 143/2013; **B:** incorreta, pois o IR retido na fonte relativo às fundações públicas também pertence ao ente correspondente – art. 157, I, da CF; **C:** incorreta, pois o percentual de ITR pertencente ao município é de 50% (e não 80%), exceto no caso da opção pela fiscalização e cobrança, em que, de fato, 100% da receita fica com o município – art. 158, II, da CF; **D:** correta, pois reflete o disposto no art. 84 do CTN, embora, no sistema constitucional atual, muitos entendam que não possa haver imposição por parte da União, mas sim convênio entre os entes públicos; **E:** incorreta, pois a proporção está invertida. São três quartos, no mínimo, em razão do valor adicionado e até um quarto em conformidade com a lei estadual – art. 158, parágrafo único, da CF.

Gabarito "D"

(FGV – 2010) Assinale a alternativa correta.

(A) A União deve entregar, do produto da arrecadação do imposto sobre produtos industrializados, dez por cento aos Estados e ao Distrito Federal, proporcionalmente ao valor das respectivas exportações de produtos industrializados.
(B) Quanto à repartição de receitas tributárias, é correto afirmar que o Tribunal de Contas da União efetuará o cálculo das quotas referentes aos fundos de participação a que alude o artigo 159, CF, exceto no que se refere ao Fundo Especial, previsto no artigo 159, I, c, CF.
(C) Conforme o art. 162, CF, a União, os Estados, o Distrito Federal e os Municípios divulgarão semestralmente os montantes de cada um dos tributos arrecadados, os recursos recebidos, os valores de origem tributária entregues e a entregar e a expressão numérica dos critérios de rateio.
(D) Pertencem aos Estados e ao Distrito Federal vinte e cinco por cento do produto da arrecadação do imposto que a União instituir no exercício de sua competência residual (a ela atribuída pelo art. 154, I, CF).
(E) Pertencem aos Municípios vinte e cinco por cento do produto da arrecadação do imposto do Estado sobre operações relativas à circulação de mercadorias e sobre prestações de serviços de transporte e de comunicação, cabendo a totalidade na hipótese da opção a que se refere o art. 153, § 4º, III, CF.

A: correta, pois reflete o disposto no art. 159, II, da CF; **B:** incorreta, pois o Tribunal de Contas da União deve realizar o cálculo relativo a todos os fundos previstos no art. 159, I, da CF, inclusive aquele da alínea *c* – art. 161, parágrafo único, c/c inciso II, da CF; **C:** incorreta, pois a divulgação é mensal, não semestral. Nos termos do art. 162 da CF, o prazo é até o último dia do mês subsequente ao da arrecadação; **D:** Incorreta, pois a parcela pertencente aos Estados e ao Distrito Federal, relativo a eventual imposto da competência residual, é de 20% (e não 25%) – art. 157, II, da CF; **E:** incorreta, pois a Constituição Federal não prevê hipótese de o município ficar com 100% da arrecadação do ICMS (isso só ocorre em relação ao ITR federal).

Gabarito "A"

(FGV – 2008) Com base na Constituição Federal, assinale a afirmativa incorreta.

(A) O princípio da exclusividade orçamentária determina que a lei orçamentária anual não conterá dispositivo estranho à previsão da receita e à fixação da despesa, não se incluindo nessa proibição a autorização para a abertura de créditos suplementares e a contratação de operações de crédito, ainda que por antecipação de receita nos termos da lei.
(B) O princípio da clareza ou transparência orçamentária prevê que o projeto de lei orçamentária será

acompanhado de demonstrativo regionalizado do efeito, sobre as receitas e despesas, decorrente de isenções, anistias, remissões, subsídios e benefícios de natureza financeira, tributária e creditícia.

(C) A lei que instituir o plano plurianual estabelecerá, de forma regionalizada, as diretrizes, objetivos e metas da administração pública federal para as despesas de capital e outras delas decorrentes e para as relativas aos programas de duração continuada.

(D) A lei de diretrizes orçamentárias compreenderá as metas e prioridades da administração pública federal, incluindo as despesas de capital para o exercício financeiro subsequente, orientará a elaboração da lei orçamentária anual, disporá sobre as alterações na legislação tributária e estabelecerá a política de aplicação das agências financeiras oficiais de fomento.

(E) É vedada a abertura de crédito especial ou extraordinário sem prévia autorização legislativa e sem a indicação dos recursos correspondentes.

A: correta, conforme os exatos termos do art. 165, § 8º, da CF; **B:** correta, nos termos do art. 165, § 6º, da CF; **C:** correta, conforme disposto no art. 165, § 1º, da CF; **D:** correta, nos termos do art. 165, § 2º, da CF; **E:** incorreta, devendo ser assinalada, pois o crédito extraordinário (aberto em caso de despesas imprevisíveis e urgentes) prescinde (e não é necessária) de autorização legislativa (art. 62, § 1º, I, *d*, *in fine*, c/c art. 167, § 3º, ambos da CF e art. 44 da Lei 4.320/1964).

Gabarito "E".

(FGV – 2007) Com base na Atividade Financeira do Estado, assinale a alternativa correta.

(A) É vedada, como regra, a vinculação da receita proveniente de impostos a órgão, fundo ou despesa, salvo hipóteses autorizadas pela Constituição Federal de 1988, como, por exemplo, para realização de atividades da administração tributária.

(B) A LC 101/2000, chamada de "Lei de Responsabilidade Fiscal", permite a concessão ou ampliação de incentivos fiscais de natureza tributária da qual decorra renúncia de receita. A lei exige, contudo, a observância de alguns requisitos; dentre eles, a apresentação de estimativa de impacto orçamentário-financeiro no exercício em que deva iniciar sua vigência, e, no exercício seguinte, em observância ao disposto na lei de diretrizes orçamentárias e princípio da anterioridade tributária.

(C) O princípio da anualidade orçamentária, com a vigência da Constituição de 1988, foi substituído pelo princípio da anterioridade tributária e sofreu alteração pela Emenda Constitucional 42 de 2003.

(D) Os créditos extraordinários, especiais e suplementares são considerados créditos adicionais. O crédito especial é admitido para atender despesas imprevisíveis e urgentes, como as decorrentes de guerra, comoção interna ou calamidade pública e pode ser aberto por medida provisória, segundo a Constituição Federal.

(E) O Orçamento da União é pautado, especialmente, no plano plurianual, na lei de diretrizes orçamentárias e na lei orçamentária anual. Pela relevância da matéria, sua iniciativa é de competência reservada ao Poder Executivo e ao Congresso Nacional.

A: a assertiva é correta, nos termos do art. 167, IV, da CF; **B:** incorreta, pois a renúncia de receita decorrente de benefício fiscal deve estar acompanhada de estimativa do impacto orçamentário-financeiro no exercício em que deva iniciar sua vigência e nos dois seguintes (não apenas no seguinte, como consta da alternativa) – ademais, não tem relação com o princípio da anterioridade tributária (que se refere à instituição ou à majoração de tributos); **C:** incorreta, já que o princípio da anterioridade já existia nos sistemas constitucionais anteriores (não substituiu o princípio da anualidade, até porque este não foi previsto na Constituição atual); **D:** incorreta, pois o crédito adicional extraordinário (e não o especial) refere-se a despesas urgentes e imprevisíveis e pode ser aberto por Medida Provisória – art. 62, § 1º, I, *d*, *in fine*, c/c art. 167, § 3º, ambos da CF; **E:** incorreta, pois a iniciativa dessas leis é privativa do Poder Executivo – art. 165, *caput*, da CF.

Gabarito "A".

12. IMPOSTOS E CONTRIBUIÇÕES EM ESPÉCIE

(OAB/Exame Unificado – 2015.3) A Presidência da República, por meio do Decreto 123, de 1º de janeiro de 2015, aprovou novas alíquotas para o Imposto sobre Produtos Industrializados (IPI), dentro das balizas fiadas na lei tributária, a saber:

Cigarro – alíquota de 100% Vestuário – alíquota de 10%
Macarrão – alíquota zero

Sobre a hipótese, é possível afirmar que

(A) o referido decreto é inconstitucional, uma vez que viola o princípio da legalidade.

(B) o referido decreto é inconstitucional, uma vez que viola o princípio do não confisco.

(C) as alíquotas são diferenciadas em razão da progressividade do IPI.

(D) as alíquotas são diferenciadas em razão do princípio da seletividade do IPI.

A: incorreta, pois, considerando que as condições e os limites estabelecidos em lei foram observados, a alteração das alíquotas do IPI por decreto é válida, conforme o art. 153, § 1º, da CF; **B:** incorreta, pois o IPI deve mesmo ter alíquotas seletivas conforme a essencialidade do produto, ou seja, produtos não essenciais (caso do cigarro) devem ter alíquotas maiores, e produtos essenciais (caso dos alimentos) devem ter alíquotas menores – art. 153, § 3º, I, da CF; **C:** incorreta, pois as alíquotas do IPI não são progressivas (ou seja, não variam conforme o valor da base de cálculo), mas sim seletivas, conforme comentário anterior; **D:** correta, conforme comentário à alternativa "B".

Gabarito "D".

(OAB/Exame Unificado – 2014.2) Empresa X, constituída em 1980, entrou com ação na Justiça Federal impugnando a cobrança da Contribuição Sobre o Lucro – CSLL, alegando que, apesar de prevista no Art. 195, I, *c*, da Constituição Federal, trata-se de um tributo que tem o lucro como fato gerador. Dessa forma, haveria um *bis in idem* em relação ao Imposto Sobre a Renda das Pessoas Jurídicas (Art. 153, III da CRFB), o que é vedado pelo próprio texto constitucional. A partir do caso narrado e considerando a jurisprudência dominante do Supremo Tribunal Federal, assinale a afirmativa correta.

(A) A empresa tem razão porque os dois tributos têm o lucro como fato gerador, o que é vedado pela Constituição Federal.

(B) A empresa, por ter sido constituída anteriormente à Constituição Federal de 1988, tem direito adquirido a não pagar a CSLL.

(C) A empresa não tem razão, porque ambos os tributos estão previstos na CRFB.

(D) A empresa tem razão, pela clara violação à vedação ao confisco prevista no Art. 150, IV, da CRFB.

É pacífico e conhecido o entendimento do STF no sentido de inexistir *bis in idem* em relação a imposto e contribuição social previstos expressamente na Constituição Federal – ver RE 559.937/RS. Por essa razão, a alternativa "C" é a correta.

Gabarito "C"

(OAB/Exame Unificado – 2013.3) Em relação ao imposto sobre a propriedade de veículos automotores – IPVA –, assinale a única opção **incompatível** com o previsto na Constituição Federal.

(A) Poderão ser estabelecidas alíquotas diferenciadas do IPVA em função da procedência do veículo, se nacional ou estrangeira.

(B) O IPVA é um imposto de competência dos Estados e do Distrito Federal.

(C) Poderão ser estabelecidas alíquotas diferenciadas do IPVA em função do tipo e da utilização do veículo.

(D) Pertence aos municípios parte do produto da arrecadação do IPVA relativamente aos veículos automotores licenciados em seus territórios.

A: incorreta, devendo ser a alternativa indicada, pois não há essa distinção entre veículos nacionais e importados na CF, sendo ela rechaçada pelo STF – ver art. 155, § 6º, da CF e RE 367.785 AgR/RJ-STF; **B:** correta, nos termos do art. 155, III, da CF; **C:** correta, conforme art. 155, § 6º, II, da CF; **D:** correta, nos termos do art. 158, III, da CF.

Gabarito "A"

(OAB/Exame Unificado – 2012.3.A) Acerca do Imposto sobre Produtos Industrializados, de competência da União, assinale a afirmativa que contempla duas de suas características.

(A) É imposto ordinário e caracterizado pela seletividade.

(B) É imposto real e caracterizado por ser direto.

(C) É imposto monofásico e qualificado como indireto.

(D) É imposto interno e lançado por declaração.

A: correta. O IPI pode ser descrito como imposto ordinário, em oposição aos impostos extraordinário e da competência residual (art. 154 da CF). Isso porque o IPI é previsto expressamente no art. 153, IV, da CF. Ademais, suas alíquotas devem ser seletivas, conforme a essencialidade do produto – art. 153, § 3º, I, da CF; **B:** incorreta, pois o IPI não é imposto real (não recai sobre a propriedade ou posse de bens), nem direto (por sua natureza jurídica, o ônus econômico é repassado ao adquirente do produto – ver art. 166 do CTN, acerca dos tributos indiretos); **C:** incorreta, pois o IPI é plurifásico, ou seja, incide sobre diversas operações relacionadas ao mesmo produto, ao longo da cadeia produtiva e comercial, sendo, ademais, não cumulativo – art. 153, § 3º, II, da CF; **D:** incorreta, pois, embora seja discutível essa classificação de imposto interno, é certo que o IPI é lançado por homologação, em princípio, não por declaração.

Gabarito "A"

(OAB/Exame Unificado – 2012.2) A respeito dos impostos, assinale a afirmativa correta.

(A) O Imposto de Transmissão *Causa Mortis* e Doação (ITCMD) de quaisquer bens e direitos terá suas alíquotas máximas fixadas pelos Estados competentes para a sua instituição.

(B) As alíquotas máximas e mínimas do Imposto sobre Serviços de Qualquer Natureza (ISS) deverão ser fixados por lei complementar nacional.

(C) O Imposto sobre Operações relativas à Circulação de Mercadorias e Prestação de Serviços de Transporte Interestadual e Intermunicipal e de Comunicação (ICMS) incidirá sobre as operações que destinem mercadorias e serviços ao exterior.

(D) A União Federal deverá instituir, mediante lei complementar, na iminência ou no caso de guerra externa, impostos extraordinários, compreendidos ou não em sua competência tributária, os quais serão suprimidos, gradativamente, cessadas as causas de sua criação.

A: incorreta, pois as alíquotas máximas do ITCMD são fixadas pelo Senado Federal (atualmente, 8%) – art. 155, § 1º, IV, da CF; **B:** correta, conforme o art. 156, § 3º, I, da CF. A lei complementar em questão tem, de fato, natureza nacional, aplicando-se a todos os Municípios brasileiros, além do Distrito Federal. Atualmente, a alíquota máxima é de 5%, conforme o art. 8º, II, da LC 116/2003. Como a lei complementar não previu alíquota mínima, continua valendo a de 2% fixada pelo art. 88, I, do ADCT, com a exceção dos serviços de construção civil, prevista no mesmo dispositivo constitucional; **C:** incorreta, pois as exportações são imunes em relação ao ICMS, a exemplo do que o ocorre quanto ao IPI – arts. 155, § 2º, X, *a*, e art. 153, § 3º, III, da CF; **D:** incorreta, por duas razões. Em primeiro lugar, a competência tributária é facultativa, de modo que a União poderá instituir o imposto extraordinário, sendo incorreta a utilização do termo "deverá". Em segundo lugar, o exercício dessa competência se dá por simples lei ordinária federal, sendo desnecessária lei complementar – art. 154, II, da CF e art. 76 do CTN.

Gabarito "B"

(OAB/Exame Unificado – 2012.2) Mário inscreveu-se no programa de incentivo à aposentadoria mediante indenização, promovido pela empresa em que trabalha. A respeito do caso proposto, assinale a afirmativa correta.

(A) Mário pagará imposto de renda, já que o valor recebido tem natureza salarial.

(B) Mário não pagará imposto de renda, já que se trata de verba especial.

(C) Mario não pagará imposto de renda, já que o valor recebido tem caráter indenizatório.

(D) Mário pagará imposto de renda, em homenagem ao princípio da isonomia.

O valor recebido por Mário não é retribuição por trabalho (não é renda do trabalho), nem decorre da exploração do patrimônio do contribuinte (não é renda de capital), sendo inaplicável, portanto, o art. 43, I, do CTN. Ademais, STJ pacificou o entendimento de que não há efetivo aumento patrimonial, no caso das verbas indenizatórias em questão, sendo tampouco inaplicável o art. 43, II, do CTN. Isso porque não haveria "riqueza nova", mas apenas simples compensação pela perda de um direito (ao trabalho, no caso). Por essa razão, não há imposto de renda, conforme a Súmula 215/STJ: "A indenização recebida pela adesão a programa de incentivo à demissão voluntária não está sujeita à incidência do imposto de renda."

Gabarito "C"

(OAB/Exame Unificado – 2012.2) O imposto cuja alíquota é invariável e se aplica sobre base de cálculo variável, é classificado como

(A) progressivo.

(B) proporcional.

(C) indireto.

(D) pessoal.

A: incorreta, pois progressividade refere-se a alíquotas diferenciadas, maiores conforme maior for a base de cálculo, por exemplo (caso de progressividade conforme a base de cálculo) – art. 145, § 1º, da CF; **B:** correta. Sempre que há alíquota em percentual invariável, por exemplo, ocorre proporcionalidade em relação ao montante em reais da base de cálculo variável (imagine IPTU com alíquota única de 1%, calculado sobre o valor venal que varia de imóvel para imóvel); **C:** incorreta, pois a definição de tributo indireto refere-se ao repasse do ônus econômico correspondente ao adquirente do bem ou do serviço tributado (caso do ICMS e do IPI, por exemplo) – art. 166 do CTN; **D:** incorreta, pois a pessoalidade refere-se à adoção de características pessoais dos contribuintes como critério para a tributação – art. 145, § 1º, da CF.

Gabarito "B"

(OAB/Exame Unificado – 2011.2) A respeito do ICMS, é correto afirmar que

(A) sendo de competência tributária do Estado-membro, somente a legislação estadual pode excluir da incidência do imposto, nas exportações para o exterior, serviços e produtos determinados.
(B) é não cumulativo, significando que, em qualquer hipótese, deverá ser assegurado o crédito para compensação com o montante devido nas operações ou prestações seguintes.
(C) tem as suas alíquotas estabelecidas pelo Senado Federal, aplicáveis às operações e prestações internas, interestaduais e de exportação.
(D) incide sobre prestação de serviços de transporte interestadual e intermunicipal e de comunicação, assim como sobre o valor total da operação, quando as mercadorias forem fornecidas com serviços não compreendidos na competência impositiva municipal.

A: incorreta, pois as exportações são imunes em relação ao ICMS, nos termos do art. 155, § 2º, X, *a*, da CF. Não cabe à legislação estadual, portanto, isentar a operação (ela já é imune); **B:** incorreta, pois não é "em qualquer hipótese" que "deverá ser assegurado o crédito para a compensação". Nos casos de isenção ou não incidência, por exemplo, inexiste direito a creditamento, nos termos do art. 155, § 2º, II, da CF; **C:** incorreta, pois o Senado Federal não estabelece todas as alíquotas do ICMS, mas apenas aquelas relativas às operações interestaduais e, facultativamente, as alíquotas mínimas e máximas para as operações internas, nos termos e condições previstos no art. 155, § 2º, IV e V, da CF (as exportações são imunes, de modo que não cabe mais a fixação de alíquotas pelo Senado, nesse caso); **D:** correta, pois reflete exatamente o disposto no art. 155, II, e § 2º, IX, *b*, da CF.

Gabarito "D"

(OAB/Exame Unificado – 2011.1)56 O Imposto sobre Operações Relativas à Circulação de Mercadorias e sobre a Prestação de Serviços de Transporte Interestadual e Intermunicipal e de Comunicação tem seus princípios delineados na Constituição, que é complementada pela LC 87/1996, com as alterações posteriores. A respeito desse imposto é correto afirmar que

(A) ele incide sobre operações que destinem a outros Estados petróleo, inclusive lubrificantes, combustíveis líquidos e gasosos dele derivados, e energia elétrica, assim como nas prestações de serviço de radiodifusão sonora e de sons e imagens de recepção livre e gratuita.
(B) é autorizada a sua cobrança sobre bens importados do exterior por pessoa física que tenha intuito de comercializá-los, mas é vedada a sua incidência quando esses bens, importados do exterior, são destinados ao consumo próprio da pessoa natural.
(C) suas alíquotas aplicáveis às operações e prestações interestaduais e de exportação são estabelecidas por meio de resolução do Senado Federal, por iniciativa do seu Presidente ou de um terço dos Senadores da casa, com aprovação dada pela maioria absoluta de seus membros.
(D) ele tem função precipuamente fiscal, podendo ser seletivo em função da essencialidade, incide sobre o valor agregado, em obediência ao princípio da não cumulatividade, mas não incide sobre o ouro, quando definido em lei como ativo financeiro.

A: incorreta, pois há imunidade sobre essas operações – art. 155, § 2º, X, *b* e *d*, da CF; **B:** incorreta, pois o ICMS incide sobre as importações, ainda quando realizadas por quem não seja contribuinte habitual do imposto, qualquer que seja a finalidade da mercadoria (mesmo que o bem seja destinado a consumo do próprio importador, portanto) – art. 155, § 2º, *a*, da CF; **C:** incorreta, pois a iniciativa dessa Resolução do Senado é de iniciativa do Presidente da República (e não do Senado, como consta da assertiva) ou de um terço dos Senadores – art. 155, § 2º, IV, da CF. É importante salientar que, atualmente, todas as exportações são imunes ao ICMS, de modo que o Senado não mais deverá fixar alíquotas relativas a essas operações – art. 155, § 2º, X, *a*, da CF. Também é importante lembrar que, a partir da EC 87/2015, todas as operações interestaduais, inclusive para consumidores finais não contribuintes do ICMS, sujeitam-se à alíquota interestadual, menor que a interna, nos termos do art. 155, § 2º, VII, e do art. 99 do ADCT; **D:** correta. A função do ICMS é primordialmente fiscal (= arrecadatória), muito embora possa ter alíquotas seletivas segundo a essencialidade da mercadoria ou do serviço – art. 155, § 2º, III, da CF. Ademais, a não cumulatividade implica cobrança do imposto descrita por muitos como sendo sobre o valor agregado (embora, a rigor, o cálculo seja meramente contábil). Finalmente, a imunidade relativa ao ouro ativo financeiro ou instrumento cambial é prevista no art. 155, § 2º, X, *c*, da CF.

Gabarito "D"

(OAB/Exame Unificado – 2010.3) Nos autos de uma ação de divórcio, os ex-cônjuges, casados em regime de comunhão total de bens, dividiram o patrimônio total existente da seguinte maneira: o imóvel situado no Município X, no valor de R$ 50.000,00, pertencerá ao ex-marido, enquanto o imóvel situado no Município Y, no valor de R$ 30.000,00, pertencerá à ex-esposa.

Assinale a alternativa correta quanto à tributação incidente nessa partilha.

(A) O tributo a ser recolhido será o ITCMD, de competência do Estado, e incidirá sobre a base de cálculo no valor de R$ 10.000,00.
(B) Não há tributo a ser recolhido, pois, como o regime de casamento era o da comunhão total de bens, não há transferência de bens, mas simples repartição do patrimônio comum de cada ex-cônjuge.
(C) O tributo a ser recolhido será o ITBI, sobre ambos os imóveis, cada qual para o Município de localização do bem.
(D) O tributo a ser recolhido será o ITBI, de competência do Município, e incidirá sobre a base de cálculo no valor de R$ 10.000,00.

Perceba que cada um dos cônjuges teria direito a R$ 40 mil reais, considerando que o patrimônio total a ser dividido é de R$ 80 mil. No caso, o ex-marido ficou com R$ 10 mil além de sua meação, enquanto a ex-mulher ficou com o mesmo valor a menor. Considerando que não há outro patrimônio a ser partilhado e não consta que tenha havido compensação financeira por essa diferença em favor do ex-marido, é razoável interpretar que a ex-mulher fez uma doação de R$ 10 mil ao ex-cônjuge. Os Estados exigem o ITCMD sobre o excesso da meação, de modo que o imposto estadual incide sobre R$ 10 mil (por exemplo, art. 2º, § 5º, da Lei do Estado de SP 10.705/2000). Por essa razão, a alternativa "A" é a melhor. Os Municípios costumam aceitar o cálculo global do patrimônio imobiliário, não considerando cada imóvel individualmente, para cobrança do ITBI (por exemplo, art. 116, VI, do Decreto do Município de SP 51.357/2010). No caso, porém, não haveria incidência sobre a diferença de R$ 10 mil por ausência de onerosidade (não houve compensação com outro bem ou pagamento pelo ex-marido). Interessante ressaltar que há jurisprudência recente do STJ, em hipótese análoga (desfazimento de condomínio) em que cada imóvel foi considerado isoladamente (não se considerou globalmente o patrimônio imobiliário total), para fins de ITBI (REsp 722.752/RJ). Por esse último entendimento, haveria incidência de ITBI sobre metade da cada imóvel. A alternativa "C", entretanto, não é exata, mesmo por essa linha interpretativa, pois pode dá a entender que o imposto incidiria sobre o valor total dos imóveis, o que é errado.

Gabarito "A"

(OAB/Exame Unificado – 2010.3) Uma construtora com sede no Município do Rio de Janeiro constrói um edifício sob regime de empreitada na cidade de Nova Iguaçu, onde não possui estabelecimento. A competência para a imposição do Imposto Municipal Sobre Serviços (ISS) caberá à municipalidade

(A) de Nova Iguaçu, porque é o local onde foi construído o edifício.

(B) do Rio de Janeiro, porque a construtora não tem estabelecimento em Nova Iguaçu e, em razão do princípio da territorialidade, não pode ser exigido o tributo sobre contribuintes estabelecidos fora do território de cada Ente Federado.

(C) do Rio de Janeiro, porque a construtora não tem estabelecimento em Nova Iguaçu e, em razão do princípio da territorialidade, não pode ser exigido o tributo sobre contribuintes estabelecidos fora do território de cada Ente Federado.

(D) do Rio do Janeiro, porque a construtora não tem estabelecimento em Nova Iguaçu e, em razão do princípio da territorialidade, não pode ser exigido o tributo sobre contribuintes estabelecidos fora do território de cada Ente Federado.

Considera-se ocorrido o fato gerador do ISS e devido o imposto, em regra, no local do estabelecimento prestador – art. 3º, *caput*, da LC 116/2003. A construção civil, inclusive quando realizada por empreitada, é, entretanto, uma das muitas exceções a essa regra, sendo devido o imposto no local da obra – art. 3º, III, da LC 116/2003. Por essa razão, a alternativa "A" é a correta.

Gabarito "A"

(OAB/Exame Unificado – 2010.2) Semprônio dos Santos é proprietário de um sítio de recreio, local destinado ao lazer, na área de expansão urbana, na região serrana de Paraíso do Alto. A área é dotada de rede de abastecimento de água, rede de iluminação pública e esgotamento mantidas pelo município, embora não existam próximos quer escola, quer hospitais públicos. Neste caso Semprônio deve pagar o seguinte imposto:

(A) o IPTU, por ser área de expansão urbana, dotada de melhoramentos.

(B) o ITR, por ser sítio de recreio, não inserido em área urbana.

(C) o IPTU, por ser sítio, explorado para fins empresariais.

(D) o ITR, por não haver escola ou hospital próximos a menos de 3km do imóvel.

Incide IPTU municipal em relação aos imóveis urbanos e ITR federal em relação aos imóveis rurais. A distinção é feita, primordialmente, pelo critério espacial, ou seja, a depender de o imóvel estar localizado na área urbana ou rural, independentemente da destinação dada, nos termos do art. 32 do CTN. Nesse sentido, considera-se área urbana aquela definida na lei municipal, desde que haja pelo menos 2 melhoramentos indicados no § 1º do dispositivo legal, quais sejam:

– meio-fio ou calçamento, com canalização de águas pluviais;

– abastecimento de água;

– sistema de esgotos sanitários;

– rede de iluminação pública, com ou sem posteamento para distribuição domiciliar;

– escola primária ou posto de saúde a uma distância máxima de 3 quilômetros do imóvel considerado.

Ademais, a lei municipal pode também considerar área urbana as áreas urbanizáveis, ou de expansão urbana, constantes de loteamentos aprovados pelos órgãos competentes, destinados à habitação, à indústria ou ao comércio, mesmo que localizados fora das zonas urbanas definidas pelo critério dos melhoramentos – art. 32, § 2º, do CTN. Finalmente, há uma exceção ao critério espacial, pela qual o imóvel é considerado rural, mesmo quando localizado na área urbana do Município, desde que destinado à exploração extrativista vegetal, agrícola, pecuária ou agroindustrial – Decreto-Lei 57/1966. No caso, o imóvel de Semprônio dos Santos está localizado na área de expansão urbana e conta com três melhoramentos entre os listados no art. 32, § 1º, do CTN, de modo que é considerado **urbano** e, portanto, sujeito exclusivamente ao IPTU municipal.

Gabarito "A"

(OAB/Exame Unificado – 2010.1) Caso determinada empresa se dedique exclusivamente à produção de manufaturados destinados à exportação, a ela se imputa a obrigação de pagar

(A) a contribuição social sobre o faturamento, destinada à seguridade social (COFINS).

(B) a contribuição social destinada ao Programa de Integração Social (PIS).

(C) o IPI.

(D) o imposto sobre a renda e proventos de qualquer natureza.

A e **B:** incorretas, pois as receitas decorrentes de exportação são imunes às contribuições sociais – art. 149, § 2º, I, da CF. O faturamento (base de cálculo para PIS/Cofins) é uma espécie de receita, relativa à operação da empresa (receita operacional); **C:** incorreta, pois o IPI não incide sobre a exportação de produtos (imunidade), consoante o art. 153, § 3º, III, da CF; **D:** correta, pois não há imunidade dos exportadores em relação ao imposto de renda.

Gabarito "D"

(OAB/Exame Unificado – 2010.1) Contribuição cobrada de servidor público estadual e destinada ao custeio de seu plano de aposentadoria público deve ser recolhida

(A) à União, independentemente de qualquer situação e do ente com o qual o servidor mantenha o vínculo empregatício.

(B) ao Estado, se o servidor for mero detentor de cargo efetivo estadual e se o Estado não tiver regime previdenciário próprio.

(C) à União, se o servidor for mero detentor de cargo em comissão estadual (declarado em lei de livre nomeação e exoneração), independentemente de o Estado ter, ou não, regime previdenciário próprio.

(D) ao Estado, se o servidor for mero detentor de cargo temporário estadual, no caso de o Estado possuir regime previdenciário próprio.

A: incorreta, pois o servidor estadual recolhe contribuição previdenciária para o Estado a que se vincula (e não para a União), para custeio do regime previdenciário próprio, nos termos do art. 149, § 1º, da CF. Ademais, o servidor detentor de cargo temporário e o ocupante de emprego público (celetista) contribuem obrigatoriamente para o regime geral da previdência social, consoante o art. 40, § 13, da CF; **B:** incorreta, pois todos os Estados devem implantar o regime previdenciário próprio para seus servidores efetivos, cobrando obrigatoriamente a contribuição previdenciária para o custeio – arts. 40, *caput*, e 149, § 1º, da CF; **C:** correta, pois o servidor ocupante exclusivamente de cargo em comissão estadual (quem não tem cargo efetivo) não é abrangido pelo regime previdenciário próprio e contribui, obrigatoriamente, para o regime geral da previdência social (a contribuição é paga para a União), consoante o art. 40, § 13, da CF; **D:** incorreta, pois o servidor ocupante exclusivamente de cargo temporário contribui obrigatoriamente para o regime geral da previdência social, mantido pela União, consoante o art. 40, § 13, da CF.

Gabarito "C"

(OAB/Exame Unificado – 2009.3) Considere que João e Marcos tenham deliberado pela constituição de sociedade limitada, com atuação no segmento de transporte de cargas e passageiros na América do Sul. Nessa situação, dada a atividade social eleita, a sociedade será obrigada a recolher

(A) ISSQN no caso de transporte de passageiros entre dois Municípios de um mesmo Estado da Federação.
(B) imposto de importação no caso de transporte de passageiros iniciado em um país estrangeiro e encerrado no Brasil.
(C) ICMS no caso de transporte de passageiros realizado entre dois Municípios que se situem em diferentes Estados da Federação.
(D) IPI no caso de transporte de carga realizado estritamente nos limites territoriais de determinado município.

A: incorreta, pois incide o ICMS estadual sobre transportes intermunicipais e interestaduais – art. 155, II, da CF. Se o veículo não sair do Município (transporte intramunicipal), o serviço é onerado exclusivamente pelo ISS municipal; **B:** incorreta, pois o imposto de importação incide, apenas, sobre a entrada de produtos estrangeiros, não sobre a importação de serviços – art. 153, I, da CF; **C:** correta, conforme comentário à alternativa "A"; **D:** incorreta, pois o IPI incide sobre produtos industrializados, não sobre serviços – art. 153, IV, da CF.

Gabarito "C"

(OAB/Exame Unificado – 2009.3) A contribuição para o custeio do serviço de iluminação pública pode

(A) ser cobrada no mesmo exercício financeiro em que seja publicada a lei que a instituir.
(B) ser cobrada na fatura de consumo de energia elétrica.
(C) ser instituída pelos Estados e pelo DF.
(D) ter alíquotas máximas e mínimas fixadas pelo Senado Federal.

A: incorreta, pois a contribuição para custeio do serviço de iluminação pública sujeita-se aos princípios da anterioridade anual e da anterioridade nonagesimal – art. 149-A, parágrafo único, da CF; **B:** correta, conforme previsão do art. 149-A, parágrafo único, da CF; **C:** incorreta, pois a competência para essa contribuição é, apenas, dos Municípios e do Distrito Federal, e não dos Estados – art. 149-A, *caput*, da CF; **D:** incorreta, pois o Senado Federal não tem competência para fixar alíquotas mínimas ou máximas dessa contribuição.

Gabarito "B"

(OAB/Exame Unificado – 2009.3) Caso o proprietário de um automóvel licenciado em Brasília – DF e de um apartamento no Rio de Janeiro – RJ faleça em São Paulo – SP e o respectivo inventário seja processado em Brasília, o imposto sobre transmissão *causa mortis* competirá ao

(A) DF, relativamente ao bem imóvel.
(B) Estado de São Paulo, relativamente ao bem imóvel e ao automóvel.
(C) Estado do Rio de Janeiro, relativamente ao bem imóvel.
(D) Estado de São Paulo, relativamente ao automóvel.

A e **B:** incorretas, pois o ITCMD relativo ao imóvel será devido ao Estado (ou ao Distrito Federal) em que o bem está localizado (no caso, ao Estado do Rio de Janeiro) – art. 155, § 1º, I, da CF; **C:** correta, conforme comentários anteriores; **D:** incorreta, pois o ITCMD relativo aos bens móveis é devido ao Estado (ou ao Distrito Federal) onde se processa o inventário (no caso, ao Distrito Federal) – art. 155, § 1º, II, da CF.

Gabarito "C"

(OAB/Exame Unificado – 2009.2) Assinale a opção correta a respeito do ITCMD.

(A) O ITCMD é estabelecido com base na alíquota vigente ao tempo da abertura da sucessão.
(B) Compete ao Senado Federal fixar as alíquotas mínimas e máximas do ITCMD.
(C) Incidirá ITCMD sobre os honorários do advogado contratado pelo inventariante.
(D) A cobrança de ITCMD relativamente aos bens móveis e imóveis competirá ao Estado onde se processar o inventário.

A: correta, conforme a Súmula 112/STF ("O imposto de transmissão 'causa mortis' é devido pela alíquota vigente ao tempo da abertura da sucessão"); **B:** incorreta, pois o Senado Federal fixará, apenas, as alíquotas máximas do ITCMD, e não as mínimas – art. 155, § 1º, IV, da CF; **C:** incorreta, pois se a contratação do advogado pelo inventariante foi homologada pelo juiz, não incide o ITCMD sobre os honorários correspondentes – Súmula 115/STF ("Sobre os honorários do advogado contratado pelo inventariante, com a homologação do juiz, não incide o imposto de transmissão 'causa mortis'"); **D:** incorreta, pois relativamente aos bens imóveis o ITCMD competirá ao Estado (ou ao Distrito Federal) onde se localizar o bem – art. 155, § 1º, I, da CF.

Gabarito "A"

(OAB/Exame Unificado – 2009.2) Acerca do ICMS, assinale a opção correta.

(A) O ICMS não poderá ser seletivo em função da essencialidade das mercadorias.
(B) Não caberá cobrança de ICMS quando houver mercadoria importada do exterior.
(C) O ICMS incide sobre os serviços de comunicação.
(D) O ICMS, de competência de Estado da Federação, incidirá sobre a prestação de serviço de transporte, ainda que o ônibus coletivo urbano não circule além do limite de um de seus Municípios.

A: incorreta, pois o ICMS poderá ser seletivo conforme a essencialidade da mercadoria ou do serviço – art. 155, § 2º, III, da CF; **B:** incorreta, pois o ICMS incide sobre a entrada de mercadoria do exterior – art. 155, § 2º, IX, *a*, da CF; **C:** correta, conforme o art. 155, II, da CF; **D:** incorreta, pois o ICMS incide, apenas, sobre transportes intermunicipais e interestaduais – art. 155, II, da CF. Se o ônibus não sair do Município (transporte intramunicipal), o serviço é onerado, exclusivamente, pelo ISS municipal.

Gabarito "C"

(OAB/Exame Unificado – 2009.1) A criação, pelo Estado, de nova contribuição de intervenção sobre o domínio econômico, incidente sobre a produção de veículos, implica a instituição de alíquota

(A) *ad valorem*, com base no faturamento, na receita bruta ou no valor da operação; ou específica, com base na unidade de medida adotada.
(B) *ad valorem*, com base na unidade de medida adotada; ou específica, com base no faturamento, na receita bruta ou no valor da operação.
(C) *ad valorem*, obrigatoriamente.
(D) específica, exclusivamente.

Importante salientar, inicialmente, que as CIDEs são da competência exclusiva da União – art. 149 da CF. Assim, quando o examinador se refere a Estado, deve-se se entender que o termo está sendo utilizado em seu sentido mais amplo (não ao Estado Unidade da Federação). As CIDEs, assim como as contribuições sociais, poderão ter como base de cálculo: (i) o faturamento, a receita bruta ou o valor da operação e, no caso de importação, o valor aduaneiro (no caso de alíquota *ad valorem*) ou (ii) a unidade de medida adotada (no caso de alíquota específica) – art. 149, § 2º, III, da CF. **A:** correta, conforme comentário inicial; **B:** incorreta, pois as bases de cálculo estão invertidas em relação às alíquotas *ad valorem* e específica, conforme comentário inicial; **C** e **D:** incorretas, pois a CIDE pode ter alíquotas *ad valorem* ou específicas.

Gabarito "A"

(OAB/Exame Unificado – 2008.3) De acordo com o CTN, a base de cálculo do imposto sobre operações de crédito, câmbio e seguro e sobre operações relativas a títulos e valores mobiliários (IOF) é,

(A) na emissão, exclusivamente o valor nominal.
(B na transmissão, somente o valor da cotação em bolsa.
(C) na repactuação, apenas o valor da diferença objeto do negócio.
(D) no pagamento ou resgate, o respectivo preço.

A base de cálculo do IOF é: quanto às operações de crédito, o montante da obrigação, compreendendo o principal e os juros (inc. I); quanto às operações de câmbio, o respectivo montante em moeda nacional, recebido, entregue ou posto à disposição (inc. II); quanto às operações de seguro, o montante do prêmio (inc. III); quanto às operações relativas a títulos e valores mobiliários (inc. IV): (alínea *a*) na emissão, o valor nominal mais o ágio, se houver; (alínea *b*) na transmissão, o preço ou o valor nominal, ou o valor da cotação em Bolsa, como determinar a lei; e (alínea *c*) no pagamento ou resgate, o preço – art. 64 do CTN. **A:** incorreta, pois, na emissão do título ou valor mobiliário, a base de cálculo será o valor nominal acrescido do ágio, se houver; **B:** incorreta, pois na transmissão do título ou do valor mobiliário, a base de cálculo será o preço, o valor nominal ou o valor da cotação em Bolsa; **C:** incorreta, pois não há previsão, no CTN, para base de cálculo específica no caso de repactuação; **D:** correta, conforme comentário inicial.

Gabarito "D"

(OAB/Exame Unificado – 2008.2) A CF determina que o imposto de renda será informado pelos critérios da generalidade, da universalidade e da progressividade, na forma da lei. É correto afirmar que o critério da generalidade

(A) constitui técnica de incidência de alíquotas por meio da qual se procura variá-las em uma razão proporcional à base de cálculo.
(B) determina que a totalidade da renda do sujeito passivo deve sujeitar-se à tributação, independentemente da denominação jurídica dos rendimentos.
(C) tem por finalidade implementar a isonomia na tributação da renda, onerando mais gravosamente os contribuintes que tenham maior capacidade contributiva.
(D) impõe a sujeição de todos os indivíduos à tributação do imposto de renda, independentemente de quaisquer características do contribuinte.

A generalidade refere-se à sujeição de todos (incide sobre todos) ao imposto, conforme a alternativa "D", a ser indicada pelo candidato. A universalidade indica que todas as rendas e proventos são abrangidas pelo IR (incide sobre tudo), conforme a alternativa "B". A progressividade implica alíquotas maiores conforme maiores forem as bases de cálculo, nos termos das alternativas "A" e "C".

Gabarito "D"

(OAB/Exame Unificado – 2008.2) Com relação à CIDE incidente sobre petróleo e derivados, caso um cidadão brasileiro decida importar derivados de petróleo, ele, consoante disposição constitucional,

(A) deverá ser, por meio de lei, isento do pagamento do tributo sobre a importação, pois a CIDE se restringe às pessoas jurídicas.
(B) deverá pagar a CIDE em dobro, visto que estará isento do pagamento de outros tributos.
(C) poderá optar pelo enquadramento como pessoa física ou jurídica, consoante a lei.
(D) poderá ser equiparado a pessoa jurídica, na forma da lei.

A: incorreta, pois a pessoa natural destinatária das operações de importação poderá ser equiparada a pessoa jurídica, na forma da lei, para fins de recolhimento das contribuições – art. 149, § 3º, da CF; **B:** incorreta, pois não existe essa previsão constitucional ou legal, **C:** incorreta, conforme comentário à alternativa "A"; **D:** correta, conforme comentário à alternativa "A".

Gabarito "D"

(OAB/Exame Unificado – 2008.2) Assinale a opção correta acerca do imposto sobre serviços de qualquer natureza (ISS).

(A) O ISS, como fator de regulação da economia no setor de prestação de serviços, tem função eminentemente extrafiscal.
(B) Os serviços públicos específicos e divisíveis prestados ao contribuinte não se sujeitam à incidência do ISS.
(C) São contribuintes do ISS os prestadores de serviços de transporte municipal e intermunicipal.
(D) Lei complementar federal fixa a alíquota máxima do ISS em 35% sobre o valor do serviço prestado.

A: incorreta, pois o ISS tem função predominantemente arrecadatória, ou seja, *fiscal*; **B:** correta, pois a prestação de serviço público permite a instituição e a cobrança de *taxa* (art. 145, II, da CF), jamais de *imposto*, cujo fato gerador não pode estar vinculado à atividade estatal específica voltada ao contribuinte (art. 16 do CTN); **C:** incorreta, pois incide o ICMS estadual sobre transportes intermunicipais e interestaduais – art. 155, II, da CF. O ISS incide, apenas, no caso de transportes dentro dos limites do Município (transporte intramunicipal ou municipal); **D:** incorreta, pois a alíquota máxima do ISS é de 5% – art. 8º, II, da LC 116/2003).

Gabarito "B"

(OAB/Exame Unificado – 2008.2) Assinale a opção correta acerca do imposto sobre operações relativas à circulação de mercadorias e sobre prestações de serviços de transporte interestadual e intermunicipal e de comunicação (ICMS).

(A) Lei complementar federal determina que o ICMS constitui imposto obrigatoriamente seletivo em razão da essencialidade das mercadorias e dos serviços.
(B) A isenção do ICMS em determinada operação jamais acarretará a anulação do crédito relativo às operações anteriores.
(C) Incide o ICMS sobre as operações relativas à circulação de mercadorias, inclusive no fornecimento de alimentação e bebidas em bares, restaurantes e estabelecimentos similares.
(D) O ICMS não incide sobre operações que destinem mercadorias para o exterior, mas constitui fato gerador do imposto os serviços prestados a destinatários no exterior.

A: incorreta, pois o imposto *poderá* ser seletivo (é possibilidade, e não imposição – art. 155, § 2º, III, da CF), diferente do IPI, que *deverá* ser seletivo (art. 153, § 3º, I, da CF); **B:** incorreta, pois a isenção ou a não incidência, salvo disposição em contrário da legislação, implicará anulação dos créditos relativos às operações anteriores – art. 155, § 2º, II, *b*, da CF; **C:** correta – art. 155, II, da CF e art. 2º, I, da LC 87/1996; **D:** incorreta, pois o ICMS não incide sobre serviços prestados a destinatários no exterior – art. 155, § 2º, X, *a*, da CF. O imposto estadual incide, apenas, no caso de serviço prestado no exterior (ou com prestação iniciada no exterior) para destinatário domiciliado ou estabelecido no Brasil – art. 155, § 2º, IX, *a*, da CF e art. 2º, § 1º, II, da LC 87/1996.

Gabarito "C"

(OAB/Exame Unificado – 2008.1) Consoante o CTN, a base de cálculo do imposto de renda da pessoa jurídica corresponde ao montante da renda e dos proventos tributáveis. Nesse caso, não está prevista no CTN a base de cálculo na forma de lucro

(A) real.
(B) arbitrado.
(C) líquido.
(D) presumido.

O art. 44 do CTN prevê a cobrança do IR sobre o montante *real*, *presumido* ou *arbitrado* da renda ou dos proventos tributáveis. Não há previsão expressa de lucro líquido, razão pela qual a alternativa "C" deve ser indicada.

Gabarito "C"

(OAB/Exame Unificado – 2008.1) Carlos, proprietário de uma loja de máquinas fotográficas, está decidido a deixar de vender o produto e passar a oferecer serviços de assistência técnica a equipamentos fotográficos. Nessa situação, caso Carlos, de fato, passe a oferecer somente esse novo serviço, ele deixará de pagar

(A) ICMS e passará a pagar ISS.
(B) IPI e passará a pagar ICMS.
(C) IPI e passará a pagar ISS.
(D) Imposto de renda sobre o lucro real e passará a pagar o imposto sobre o lucro presumido.

Sobre a venda de máquinas fotográficas (= mercadorias) incide o ICMS estadual. Sobre a prestação de serviços de assistência técnica incide o ISS municipal. Por essa razão, a alternativa "A" é a correta – arts. 155, II, e 156, III, ambos da CF.

Gabarito "A"

(OAB/Exame Unificado – 2008.1) Assinale a opção correta quanto ao imposto sobre operações de crédito, câmbio e seguro, ou relativas a títulos ou valores mobiliários (IOF).

(A) O IOF tem função predominantemente extrafiscal.
(B) Constitui uma das hipóteses de incidência do IOF a posse de um título mobiliário.
(C) As alíquotas do IOF somente podem ser modificadas por lei em sentido estrito.
(D) O lançamento do IOF deve ser sempre executado de ofício pela autoridade administrativa.

A: correta, pois o IOF serve como instrumento de intervenção da União no mercado financeiro. Por essa razão, o Executivo pode alterar suas alíquotas por norma infralegal e as majorações não se submetem aos princípios da anterioridade anual ou da anterioridade nonagesimal – art. 65, *in fine*, do CTN; **B:** incorreta, pois o IOF incide sobre a emissão, transmissão ou resgate dos títulos, e não sobre a simples posse (é tributo sobre movimentação financeira, e não sobre propriedade ou posse) – art. 63, IV, do CTN; **C:** incorreta, pois elas podem ser alteradas por norma infralegal, assim como as alíquotas do II, do IE, do IPI e da CIDE sobre combustíveis – arts. 153, V e § 1º, e 177, § 4º, I, *b*, da CF; **D:** incorreta, pois o IOF é lançado por homologação.

Gabarito "A"

(OAB/Exame Unificado – 2007.3) O imposto sobre produtos industrializados, de competência da União, não incide sobre

(A) a importação de produtos industrializados.
(B) a arrematação de produtos industrializados apreendidos e levados a leilão.
(C) o retorno de mercadoria industrializada anteriormente exportada, independentemente do motivo do retorno.
(D) a exportação de produtos industrializados.

A, B e **C:** incorretas, pois o IPI incide nesses casos – art. 46 do CTN; **D:** alternativa correta, pois a exportação de produtos é imune ao IPI, nos termos do que dispõe o art. 153, § 3º, III, da CF.

Gabarito "D"

(OAB/Exame Unificado – 2007.3) Assinale a opção correta no que se refere aos impostos de competência dos Municípios.

(A) Um Município que institui lei estabelecendo alíquotas progressivas para o imposto sobre a propriedade predial e territorial urbana (IPTU) em razão do valor do imóvel e, também, alíquotas diversas de acordo com o uso do imóvel, contraria dispositivo constitucional que, tendo como parâmetro o uso do bem imóvel, veda o estabelecimento de alíquotas diversas para o IPTU.
(B) Considere-se um ato de compra e venda de bem imóvel localizado no DF, sendo o comprador domiciliado em Goiânia – GO e o vendedor, em Imperatriz – MA. Nesse caso, será devido ao DF o imposto sobre transmissão *inter vivos*, a qualquer título, por ato oneroso, de bem imóvel.
(C) Compete à lei ordinária fixar as alíquotas mínimas do imposto sobre serviços de qualquer natureza (ISS), e à lei complementar, fixar as alíquotas máximas.

(D) Considere-se que certo Município edite lei excluindo o ISS sobre exportações de serviços para países da América Latina. Nesse caso, a lei municipal contraria o texto constitucional, pois apenas a Constituição Federal pode dispor acerca da exclusão da incidência do ISS sobre a exportação de serviços.

A: incorreta, pois a CF admite alíquotas progressivas do IPTU, conforme o valor do imóvel, e diferenciadas segundo o uso e localização – art. 156, § 1º, da CF; **B:** correta, pois o ITBI é sempre devido ao local onde o imóvel está localizado – art. 156, § 2º, II, da CF; **C:** incorreta, pois as alíquotas mínimas e máximas do ISS devem ser fixadas por lei complementar – art. 156, § 3º, I, da CF; **D:** discutível. a rigor, essa norma municipal seria inócua, pois a lei complementar federal já afasta a cobrança do ISS sobre exportação de serviço – o art. 156, § 3º, II, da CF e art. 2º, I, da Lei Complementar 87/1996.

Gabarito "B"

(OAB/Exame Unificado – 2007.3) O ICMS, tributo pertencente aos Estados e Distrito Federal, não incide sobre

(A) a alienação de mercadorias entre contribuintes de Estados diferentes.
(B) importação de bens por particulares ou sociedades desvinculadas ao comércio.
(C) prestações de serviço de comunicação nas modalidades de radiodifusão sonora e de sons e imagens de recepção livre e gratuita.
(D) a prestação de serviços de transporte entre contribuintes e não contribuintes de Estados diferentes.

A e **D:** incorretas, pois o ICMS incide sobre operações interestaduais, inclusive quando a mercadoria ou o serviço é destinado a outro contribuinte do imposto estadual – art. 155, § 2º, IV, da CF; **B:** incorreta, pois o ICMS incide sobre importações, ainda quando realizadas por quem não é contribuinte habitual do imposto – art. 155, § 2º, IX, *a*, da CF; **C:** correta, pois esses serviços são imunes, nos termos do art. 155, § 2º, X, *d*, da CF.

Gabarito "C"

(OAB/Exame Unificado – 2007.3) Considere-se que Mauro deseje montar uma editora e, em seu projeto de negócio, esteja inserido o planejamento tributário da empresa. Nessa situação, Mauro terá de pagar

(A) IPI sobre os livros publicados.
(B) Imposto de renda sobre o lucro da empresa.
(C) ICMS sobre o papel destinado à publicação de periódicos.
(D) IPI sobre os jornais a serem produzidos.

A, **C** e **D:** há imunidade em relação aos impostos que incidem diretamente sobre a produção e circulação dos livros e periódicos, além do papel utilizado na impressão – art. 150, VI, *d*, da CF. Isso afasta a incidência do IPI e do ICMS sobre as publicações; **B:** correta, pois a imunidade dos livros, jornais e periódicos não abrange os impostos que incidem sobre a renda e o patrimônio do contribuinte, de modo que Mauro deverá pagar IR sobre o lucro da empresa, além de IPTU sobre o imóvel próprio eventualmente utilizado e de contribuições incidentes sobre receitas e salários, por exemplo.

Gabarito "B"

(OAB/Exame Unificado – 2007.2) Para que determinada área seja considerada urbana, para fins de instituição e cobrança do IPTU, o Código Tributário Nacional (CTN) determina que o poder público promova e mantenha ali certos melhoramentos, entre os quais figura o

(A) transporte público coletivo.
(B) abastecimento de água.
(C) serviço de coleta de lixo.
(D) serviço de correios e telégrafos.

Considera-se área urbana, para fins de incidência do IPTU, aquela definida na lei municipal, desde que haja pelo menos 2 melhoramentos indicados no art. 32, § 1º do CTN, quais sejam:

- meio-fio ou calçamento, com canalização de águas pluviais;
- abastecimento de água;
- sistema de esgotos sanitários;
- rede de iluminação pública, com ou sem posteamento para distribuição domiciliar;
- escola primária ou posto de saúde a uma distância máxima de 3 quilômetros do imóvel considerado.

Por essa razão, a alternativa "B" é a correta.

Lembre-se que a lei municipal pode também considerar área urbana as áreas urbanizáveis, ou de expansão urbana, constantes de loteamentos aprovados pelos órgãos competentes, destinados à habitação, à indústria ou ao comércio, mesmo que localizados fora das zonas urbanas definidas pelo critério dos melhoramentos – art. 32, § 2º, do CTN. Finalmente, há uma exceção ao critério espacial, pela qual o imóvel é considerado rural, mesmo quando localizado na área urbana do Município, desde que destinado à exploração extrativista vegetal, agrícola, pecuária ou agroindustrial – Decreto-Lei 57/1966.

Gabarito "B"

(OAB/Exame Unificado – 2007.2) Suponha que a Bite Serviços de Informática Ltda. preste serviços no Brasil e no exterior e, como tal, seja contribuinte do ISS. A propósito dessa situação hipotética e considerando a disciplina normativa do ISS, assinale a opção correta.

(A) A Bite Serviços de Informática Ltda. está desobrigada de recolher o ISS quanto aos serviços iniciados no exterior do país.
(B) São contribuintes do ISS a Bite Serviços de Informática Ltda. bem como seus diretores e sócios-gerentes.
(C) O ISS não incide sobre a exportação dos serviços da Bite Serviços de Informática Ltda. para países estrangeiros.
(D) Os empregados da Bite Serviços de Informática Ltda. devem recolher o ISS.

A: incorreta, pois o ISS incide, também, sobre o serviço proveniente do exterior ou cuja prestação se tenha iniciado no exterior – art. 1º, § 1º, da LC 116/2003; **D:** incorreta, pois contribuinte é sempre o prestador do serviço (art. 5º da LC 116/2003), no caso, a sociedade, que não se confunde com as pessoas dos sócios. É interessante lembrar que os sócios-gerentes podem ser responsáveis tributários (não contribuintes), nos casos previstos nos arts. 134 e 135 do CTN; **C:** correta, pois o ISS não incide sobre exportação de serviços – art. 156, § 3º, II, da CF e art. 2º, I, da LC 116/2003; **D:** incorreta, pois os empregados não respondem pelo débito tributário da empresa, exceto se tivessem agido com excesso de poderes ou infração de lei, contrato social ou estatutos, conforme previsto no art. 135, II, do CTN.

Gabarito "C"

(OAB/Exame Unificado – 2007.1) João auferiu renda superior a R$ 100.000,00 no ano-calendário de 2005, mas não apresentou declaração ao Fisco federal em virtude de essa renda ter sido proveniente da prática de tráfico ilícito de substâncias entorpecentes. Em regular atividade fiscal, João foi compelido a pagar multa pecuniária pelo atraso na entrega de sua declaração de renda. Considerando a situação hipotética apresentada acima e as normas do sistema tributário nacional, assinale a opção correta.

(A) Constitui tributo a multa imposta a João pelo atraso na entrega de sua declaração de renda.

(B) João não está obrigado a pagar o imposto de renda em razão de os valores por ele auferidos terem sido provenientes de atividade ilícita.

(C) O imposto de renda poderá ser instituído por lei complementar, lei ordinária, medida provisória ou decreto.

(D) O imposto de renda deve ser informado pelos critérios da universalidade, da progressividade e da generalidade.

A: incorreta, pois a multa não é tributo, pois tributo não constitui sanção por ato ilícito – art. 3º do CTN; **B:** incorreta, pois a ilicitude das atividades é irrelevante para a incidência tributária. O que interessa à tributação é que o contribuinte auferiu renda, o que, em si, é ato lícito (princípio do *non olet*) – art. 43, § 1º, do CTN; **C:** incorreta, pois nenhum tributo pode ser instituído por decreto (é preciso lei). No caso, basta lei ordinária federal para instituir o IR, que pode ser substituída por medida provisória. É possível, em tese, a instituição por lei complementar (embora seja desnecessária), que será materialmente ordinária (poderá ser alterada por lei ordinária posterior); **D:** correta, conforme o art. 153, § 2º, I, da CF.

Gabarito "D"

(OAB/Exame Unificado – 2007.1) Um navio cargueiro, em trânsito para a Argentina, atracou em porto brasileiro com três lotes de automóveis com as características a seguir.

lote 1 – automóveis fabricados nos Estados Unidos da América para serem vendidos no Brasil;

lote 2 – automóveis fabricados no Brasil, reimportados para a realização de reparos em razão de defeitos técnicos;

lote 3 – automóveis em trânsito, para serem vendidos na Argentina.

Com relação ao imposto de importação, assinale a opção correta, tendo como referência inicial a situação hipotética acima apresentada.

(A) Incide imposto de importação apenas sobre os automóveis dos lotes 1 e 2.

(B) Incide imposto de importação apenas sobre os automóveis do lote 3.

(C) O imposto de importação é de caráter marcadamente fiscal.

(D) A alteração das alíquotas do imposto de importação não se sujeita aos princípios constitucionais tributários da legalidade e da anterioridade.

A: incorreta, pois não incide II sobre a devolução por motivo de defeito técnico, para reparo ou para substituição de mercadoria nacional ou nacionalizada anteriormente exportada – art. 70, II, do Regulamento Aduaneiro – RA (Decreto 6.759/2009); **B:** incorreta, pois não incide II sobre mercadoria em trânsito aduaneiro de passagem – art. 71, VII, do RA; **C:** incorreta, pois o II não tem função predominantemente arrecadatória (*fiscal*). Os impostos aduaneiros (II e IE) são importantes instrumentos da política cambial e do comércio exterior, tendo predominante função *extrafiscal* (de intervenção no mercado) – art. 21 do CTN. Por essas razões (para que haja agilidade na intervenção no mercado), as alíquotas do II podem ser alteradas por norma infralegal (pelo Poder Executivo, sem lei), assim, como as alíquotas do IE, do IPI, do IOF e da CIDE sobre combustíveis – arts. 153, § 1º, e 177, § 4º, I, *b*, da CF. Também por essa razão, eventuais majorações do II não se submetem aos princípios da anterioridade anual ou da anterioridade nonagesimal; **D:** correta, conforme o art. 153, I e § 1º, da CF.

Gabarito "D"

(OAB/Exame Unificado – 2006.2) Considere que um grande empresário tenha recebido em seu domicílio tributário cobrança quanto ao IPVA de sua aeronave e de seu automóvel, este último comprado de um amigo que se encontrava em crise financeira por R$ 50.000,00, mas cujo valor de mercado é de R$ 70.000,00. Nesse caso, acerca do IPVA, assinale a opção incorreta.

(A) Quando da repartição da receita tributária decorrente do IPVA, 20% pertencerá ao município onde estiver licenciado o respectivo veículo automotor.

(B) O fato gerador do IPVA é a propriedade, não o uso de veículo automotor.

(C) A base de cálculo do IPVA quanto ao automóvel do empresário será o valor venal deste, ou seja, R$ 70.000,00.

(D) A jurisprudência do STF é no sentido de que não deverá incidir IPVA sobre a propriedade ou posse de aeronaves.

A: incorreta, devendo ser assinalada, pois o Município fica com 50% do IPVA relativo aos veículos licenciados em seu território – art. 158, III, da CF; **B:** correta, nos termos do art. 155, III, da CF; **C:** correta, pois a base de cálculo do IPVA, na forma das legislações estaduais (não há, ainda, norma nacional) é o valor venal do bem (valor de mercado), e não, necessariamente, o preço de aquisição do veículo; **D:** correta, pois o STF entende que o IPVA incide apenas sobre veículos terrestres, não sobre aeronaves e embarcações.

Gabarito "A"

(OAB/Exame Unificado – 2006.1) Assinale a opção correta sobre o ICMS e o imposto de renda.

(A) Os profissionais liberais sem vínculo empregatício, que percebam rendimentos de outras pessoas físicas e não se enquadrem nas hipóteses de isenção do imposto de renda, devem efetuar o recolhimento desse referido imposto apenas anualmente.

(B) Caracteriza hipótese de incidência do imposto de renda a percepção de indenização por danos morais.

(C) Nos restaurantes, o fornecimento simultâneo de mercadorias e serviços exclui o ICMS, incidindo apenas o ISS.

(D) O ICMS não incidirá sobre o deslocamento de mercadorias, feito por pessoa jurídica, de sua matriz para sua filial.

A: incorreta, pois o recolhimento deve ser mensal (carnê-leão); a declaração é que é anual (arts. 4º e 7º da Lei 9.250/1995, respectivamente – art. 2º da Lei 7.713/1988); **B:** há discussão jurisprudencial, ainda. Existe entendimento no sentido de que a indenização por dano moral importa em acréscimo no patrimônio do indenizado, o que implica incidência do IR. Entretanto, a jurisprudência vem se pacificando pela não incidência do imposto, nessa hipótese, o que torna a assertiva incorreta; **C:** incorreta, pois incide exclusivamente o ICMS, na hipótese – art. 2º, I, da LC 87/1996; **D:** correta, nos termos da Súmula 166/STJ, pois "não constitui fato gerador do ICMS o simples deslocamento de mercadoria de um para outro estabelecimento do mesmo contribuinte".

Gabarito "D"

(FGV – 2011) Quanto ao aspecto da não cumulatividade, característico do IPI e do ICMS, de acordo com a Constituição Federal, é correto afirmar que

(A) permite a compensação do imposto devido a cada operação efetiva na cadeia de produção, com o montante cobrado nas operações anteriores na mesma cadeia.

(B) favorece a incidência "em cascata" sobre todas as operações tributadas em cada etapa da circulação de bens produzidos e destinados à indústria nacional.
(C) permite que a carga tributária incidente seja maior ou menor de acordo com a essencialidade dos produtos.
(D) se confunde com a vedação da tributação com efeitos confiscatórios.
(E) se revela uma exceção ao princípio da imunidade recíproca, já que atinge os produtos comercializados por empresas públicas imunes.

A: correta, pois descreve a característica essencial da não cumulatividade – arts. 153, § 3º, II, e 155, § 2º, I, ambos da CF; **B:** incorreta, pois "incidência em cascata" indica cumulatividade, o que não ocorre, no caso; **C:** incorreta, pois, embora a seletividade conforme a essencialidade do produto seja princípio que orienta o IPI e o ICMS (o IPI deve ser seletivo e o ICMS pode ser seletivo), não se confunde com a não cumulatividade – arts. 153, § 3º, I, e 155, § 2º, III, ambos da CF; **D:** incorreta, pois a não cumulatividade não tem relação direta com a vedação de confisco; **E:** incorreta, pois o STF tem afastado a incidência no caso de operações realizadas por entidades imunes – ver RE 186.175 ED-EDv/SP.

Gabarito "A"

(FGV – 2011) Um pequeno empresário retorna de viagem ao Paraguai pretendendo abastecer sua loja do ramo de jogos eletrônicos com grande quantidade de produtos produzidos no exterior a exceder, em muito, o conceito de bagagem, sem declaração ao posto fiscal competente, indicando nítida destinação comercial, de modo a livrar-se da carga tributária incidente sobre a importação dos artigos eletrônicos. Ao ingressar em território nacional, o comerciante teve a mercadoria confiscada em função da irregularidade na importação, incidindo a pena de perdimento, conforme previsto em lei, tendo ainda a autoridade fiscal cobrado todos os tributos referentes à operação intentada pelo comerciante. Considerando os princípios de interpretação da legislação tributária, avalie os comentários abaixo a respeito da conduta do Fisco e assinale a alternativa correta.

(A) Em função da proibição à bitributação, não deveria ter sido cobrado qualquer tributo, já que o empresário já foi punido com a perda da mercadoria.
(B) A pena de perdimento das mercadorias é inconstitucional, por violar o princípio da livre iniciativa, fundamento da República Federativa do Brasil.
(C) De acordo com o *non olet*, o fato de ser irregular a importação em nada abala a aplicação da norma tributária, exceto quanto ao Imposto de Importação, por concernir elemento essencial da norma de tributação.
(D) Em função do princípio da probidade administrativa, não poderia ter sido cobrado nenhum tributo em virtude da ilicitude praticada pelo empresário.
(E) A autoridade fiscal agiu de forma correta, no exercício do seu poder de polícia, preponderando, na situação, os princípios da inafastabilidade da jurisdição e supremacia do interesse público.

A: incorreta, pois pena de perda de mercadoria não é tributo (o tributo não decorre de fato ilícito, não se confunde com penalidade), de modo que não há falar em bitributação; **B:** incorreta, pois a jurisprudência reconhece a validade da pena de perdimento, considerando que, como diz o nome, tem natureza de penalidade, não de tributação; **C:** essa alternativa reflete o atual entendimento do Superior Tribunal de Justiça, conforme decidido no REsp 984.607/PR. Na oportunidade, o STJ reconheceu que, em regra, a ilicitude do ato ou do negócio jurídico não afasta a tributação (princípio do *non olet*), de modo que é devida a cobrança de IPI, PIS e Cofins, mesmo no caso da pena de perdimento. Entretanto, não há ocorrência do fato gerador do imposto de importação ("importar mercadoria" é elemento essencial do tipo tributário, e isso não ocorreu), de modo que a cobrança dessa exação seria indevida; **D:** discutível. Embora haja entendimento doutrinário nesse sentido, entendemos que o princípio da probidade administrativa não impede a cobrança do tributo (pelo contrário, a não cobrança de tributo devido é que poderia ser considerada improbidade); **E:** incorreta, à luz da jurisprudência atual do STJ, conforme comentário à alternativa "C". **Obs.:** embora o gabarito oficial indique a alternativa "D" como correta, parece-nos que a "C" é melhor.

Gabarito "D"

(FGV – 2011) Assinale, dentre os impostos abaixo, aquele que não obedece ao princípio da progressividade.

(A) IPTU
(B) ITBI
(C) Imposto de Renda
(D) IPVA
(E) ITR

A: correta, pois o IPTU pode ter alíquotas progressivas conforme o valor do imóvel, nos termos do art. 156, § 1º, I, da CF; **B:** incorreta, devendo ser assinalada, pois o STF já sumulou o entendimento contrário à possibilidade de progressividade do ITBI – Súmula 656/STF ("É inconstitucional a lei que estabelece alíquotas progressivas para o imposto de transmissão 'inter vivos' de bens imóveis – ITBI com base no valor venal do imóvel"); **C:** correta, pois o IR deve ter alíquotas progressivas – art. 153, § 2º, I, da CF; **D:** discutível. Embora não haja entendimento jurisprudencial pacificado contra a progressividade do IPVA, especificamente, o STF tem se manifestado nesse sentido (contra a progressividade) em relação a outros tributos incidentes sobre a propriedade ou sobre a transmissão de propriedade (chamados de tributos "reais" por alguns autores – por exemplo, ITBI e IPTU antes da EC 29/2000); **E:** correta, pois o ITR deve ter alíquotas progressivas de modo a desestimular a manutenção de propriedades improdutivas – art. 153, § 4º, I, da CF.

Gabarito "B"

(FGV – 2011) Em 14/02/2011, um estabelecimento comercial, mediante veiculação de propagandas televisivas, noticiou grande queima de estoque de mercadorias. No dia 15/2/2011, realizou a venda de um grande lote de mercadorias para pagamento em duas parcelas datadas, respectivamente, para os dias 15/3/2011 e 15/4/2011. Após o recebimento da primeira parcela, em 15/3/2011, as mercadorias foram remetidas ao comprador, em 16/3/2011, sendo certo que já houve o pagamento da última prestação. Pelo exposto, o fato gerador do ICMS ocorrerá em

(A) 14/2/2011.
(B) 15/3/2011.
(C) 15/2/2011.
(D) 16/3/2011.
(E) 15/4/2011.

O fato gerador do ICMS incidente sobre a circulação de mercadorias ocorre no momento da saída do estabelecimento do contribuinte, nos termos do art. 12, I, da LC 87/1996, ou seja, em 16/3/2011, de modo que a alternativa "D" é a correta.

Gabarito "D"

(FGV – 2011) Em matéria de ICMS, NÃO se condiciona à celebração de convênios pelas unidades da Federação a

(A) concessão de crédito presumido.
(B) redução de base de cálculo.
(C) devolução de imposto a contribuinte.
(D) redução, mediante incentivos fiscais, de forma direta ou indireta do ônus do ICMS.
(E) imunidade tributária.

A, B, C e **D:** a concessão de benefícios fiscais, como os indicados nessas alternativas, exige convênio interestadual, nos termos do art. 155, § 2º, XII, *g*, da CF; **E:** incorreta, devendo ser assinalada, pois imunidade tributária é norma constitucional a ser regulada, se necessário, por lei complementar federal – art. 146, II, da CF.

Gabarito "E"

(FGV – 2011) Constitui(em) fato gerador do ICMS

(A) as operações com livros, jornais, periódicos e o papel destinado à sua impressão.
(B) a entrada de bem importado do exterior por pessoa física.
(C) as operações de qualquer natureza de que decorra a transferência de bens móveis salvados de sinistro para companhias seguradoras.
(D) as operações interestaduais relativas a energia elétrica e petróleo, inclusive lubrificantes e combustíveis líquidos e gasosos dele derivados, quando destinados à industrialização ou à comercialização.
(E) as operações de qualquer natureza de que decorra a transferência de propriedade de estabelecimento industrial, comercial ou outra espécie.

A: incorreta, pois essas operações são imunes – art. 150, VI, *d*, da CF; **B:** correta, pois a entrada de mercadoria importada é fato gerador do ICMS, mesmo quando promovida por pessoa física, qualquer que seja a finalidade – art. 155, § 2º, IX, *a*, da CF; **C:** incorreta, pois não incide ICMS na hipótese, conforme o art. 3º, IX, da LC 87/1996. Ademais, a atual jurisprudência do STJ afasta a incidência de ICMS também sobre a venda, pelo segurador, de bens salvados de sinistros, razão pela qual cancelou a Súmula 152/STJ ("Na venda pelo segurador, de bens salvados de sinistros, incide o ICMS" – Súmula cancelada no julgamento do REsp 73.552/RJ, na sessão de julgamento de 13/6/2007); **D:** incorreta, pois não incide ICMS nessas operações interestaduais, nos termos do art. 155, § 2º, X, *b*, da CF e art. 2º, § 1º, III, da LC 87/1996; **E:** incorreta, pois não incide ICMS nesse caso – art. 3º, VI, da LC 87/1996.

Gabarito "B"

(FGV – 2011) Existem ressalvas previstas na Lei Complementar 116/2003 com relação a imposto incidente, conjuntamente com o ISS, em algumas operações. Essas ressalvas dizem respeito ao

(A) IOF.
(B) IPI.
(C) ITR.
(D) IPVA.
(E) ICMS.

A LC 116/2003 regula o ISS e afasta expressamente a incidência do ICMS sobre serviços que envolvam o fornecimento de mercadoria, com exceções – art. 1º, § 2º, da LC 116/2003. Por essa razão, a alternativa "E" é a correta.

Gabarito "E"

(FGV – 2011) Para efeito de cobrança do ICMS e definição do estabelecimento responsável considera-se:

I. local da operação o do estabelecimento onde se encontra a mercadoria ou o bem, no momento da ocorrência do fato gerador;
II. local da prestação, tratando-se de prestação de serviço de transporte, onde se encontre o transportador, quando em situação irregular pela falta de documentação fiscal ou quando acompanhada de documentação inidônea.
III. local da operação ou do desembarque do produto, na hipótese de captura de peixes, crustáceos e moluscos.

Analise os itens acima e assinale

(A) se todos os itens estiverem corretos.
(B) se apenas os itens I e II estiverem corretos.
(C) se apenas os itens II e III estiverem corretos.
(D) se apenas os itens I e III estiverem corretos.
(E) se nenhum item estiver correto.

O art. 11 da LC 87/1996 define o local da operação ou da prestação, para fins de cobrança do imposto e definição do estabelecimento responsável. **I:** correta, conforme o art. 11, I, *a*, da LC 87/1996; **II:** correta, conforme o art. 11, II, *b*, da LC 87/1996; **III:** correta, conforme o art. 11, I, *i*, da LC 87/1996.

Gabarito "A"

(FGV – 2010) Com relação ao ICMS, analise as afirmativas a seguir.

I. Para a legislação do ICMS "estabelecimento" corresponde ao local, privado ou público, edificado ou não, próprio ou de terceiro, onde pessoas físicas ou jurídicas exerçam suas atividades em caráter temporário ou permanente.
II. Para a legislação vigente cada estabelecimento do mesmo titular é considerado autônomo.
III. Caso não seja possível determinar o local do estabelecimento, considera-se como tal, o local em que tenha sido efetuada a operação ou prestação.

Assinale:

(A) se somente as afirmativas II e III estiverem corretas.
(B) se somente as afirmativas I e III estiverem corretas.
(C) se somente as afirmativas I e II estiverem corretas.
(D) se somente a afirmativa I estiver correta.
(E) se todas as afirmativas estiverem corretas.

I: correta, pois é a definição de estabelecimento, conforme o art. 11, § 3º, da LC 87/1996; **II:** correta, nos termos do art. 11, § 3º, II, da LC 87/1996. O Poder Judiciário, entretanto, vem rejeitando a tributação sobre a circulação de mercadorias entre estabelecimentos do mesmo contribuinte – Súmula 166/STJ ("Não constitui fato gerador do ICMS o simples deslocamento de mercadoria de um para outro estabelecimento do mesmo contribuinte"); **III:** correta, nos termos do art. 11, § 3º, I, da LC 87/1996.

Gabarito "E"

(FGV – 2010) Com relação ao financiamento da Seguridade Social, assinale a alternativa correta.

(A) Conforme os ditames constitucionais a seguridade social será financiada, dentre outras fontes, pelas contribuições sociais incidentes sobre a receita de concursos de prognósticos.

(B) As contribuições previdenciárias somente poderão ser exigidas após decorridos 90 (noventa) dias da data da regulamentação da lei que as houver instituído ou modificado.

(C) Com a edição da Emenda Constitucional nº. 42/03, a Constituição passou a prestigiar a possibilidade de instituição da sistemática da não cumulatividade para algumas contribuições previdenciárias, mediante definição em lei e de acordo com a intensidade de mão de obra empregada em cada setor de atividade.

(D) A seguridade social será financiada, dentre outras fontes, pelas contribuições sociais do empregador, da empresa e da entidade a ela equiparada, incidentes sobre a folha de salários e demais rendimentos do trabalho pagos ou creditados, a qualquer título, à pessoa física que lhe preste serviço, desde que mediante vínculo empregatício.

(E) De acordo com a redação do texto constitucional são isentas de contribuição para a seguridade social as entidades beneficentes de assistência social, desde que atendidos os requisitos definidos em regulamento.

A: correta, pois a receita com loterias é fonte de financiamento da seguridade social – art. 195, III, da CF; **B:** incorreta, pois o prazo da anterioridade nonagesimal é contado da publicação da lei que institua ou modifique a contribuição, e não da sua regulamentação – art. 195, § 6º, da CF; **C:** incorreta, pois, a rigor, a intensidade da mão de obra empregada é critério para a diferenciação de alíquotas ou bases de cálculo das contribuições devidas pelos empregadores e equiparados (art. 195, § 9º, da CF), e não para a não cumulatividade (art. 195, § 12, da CF); **D:** incorreta, pois a chamada contribuição patronal não se restringe aos casos em que há vínculo empregatício – art. 195, I, *a, in fine*, da CF; **E:** incorreta, pois os requisitos para a isenção (na verdade, imunidade) prevista no art. 195, § 7º, da CF devem ser estabelecidos por lei, e não por simples regulamento.

Gabarito "A"

(FGV – 2010) Com relação aos tributos de competência dos Estados é correto afirmar que:

(A) o ICMS deverá ser seletivo em função da essencialidade das mercadorias e dos serviços.

(B) o ITCMD terá a competência para sua instituição regulada por lei complementar, caso o doador tenha domicílio ou residência no exterior.

(C) o ICMS será não cumulativo, compensando-se o que for devido em cada operação relativa à circulação de mercadorias ou prestação de serviços com o montante cobrado nas anteriores pelo mesmo ou outro Estado ou pelo Distrito Federal, sendo que, em casos de isenção ou não incidência, salvo determinação em contrário da legislação, não ocorrerá a anulação do crédito relativo às operações anteriores.

(D) em razão de expressa disposição constitucional e atendimento ao princípio da capacidade contributiva, o IPVA não poderá ter alíquotas diferenciadas em função do tipo e utilização dos veículos.

(E) o ITCMD terá suas alíquotas máximas fixadas por resolução do Confaz.

A: incorreta, pois o ICMS **poderá** ser seletivo (é possibilidade, e não imposição constitucional, diferentemente do que ocorre com o IPI) – art. 155, § 2º, III, da CF; **B:** correta, conforme o art. 155, § 1º, III, *a*, da CF; **C:** incorreta em sua parte final, pois, salvo disposição em contrário, a isenção ou a não incidência **não implicará** crédito para compensação com o montante devido nas operações ou prestações seguintes e eventual crédito anterior deverá ser estornado (em caso de isenção parcial, a anulação do crédito será proporcional) – art. 155, § 2º, II, da CF; **D:** incorreta, pois o art. 155, § 6º, II, da CF prevê expressamente a possibilidade de o IPVA ter alíquotas diferenciadas em função do tipo e da utilização do veículo; **E:** incorreta, pois as alíquotas máximas do ITCMD serão fixadas pelo Senado Federal – art. 155, § 1º, IV, da CF.

Gabarito "B"

(FGV – 2010) Em relação às normas constitucionais relativas às *contribuições previdenciárias*, examine as afirmativas a seguir.

I. A seguridade social será financiada, dentre outras, por contribuições a cargo do empregador, da empresa e da entidade a ela equiparada na forma da lei, incidentes sobre a folha de salários e demais rendimentos do trabalho pagos ou creditados, a qualquer título, à pessoa física que lhe preste serviço, desde que com vínculo empregatício.

II. As contribuições do empregador, da empresa e da entidade a ela equiparada poderão ter alíquotas ou bases de cálculo diferenciadas, em razão da atividade econômica, da utilização intensiva de mão de obra, do porte da empresa ou da condição estrutural do mercado de trabalho.

III. A lei definirá os setores de atividade econômica para os quais as contribuições incidentes sobre a receita ou faturamento serão não cumulativas.

Assinale:

(A) se todas as afirmativas estiverem corretas.

(B) se somente afirmativa II estiver correta.

(C) se somente as afirmativas I e II estiverem corretas.

(D) se somente as afirmativas II e III estiverem corretas.

(E) se somente as afirmativas I e III estiverem corretas.

I: incorreta, pois a inexistência de vínculo empregatício não afasta a cobrança da contribuição social prevista no art. 195, I, *a, in fine*, da CF; **II:** correta, conforme dispõe o art. 195, § 9º, da CF; **III:** correta, nos termos do art. 195, § 12, da CF.

Gabarito "D"

(FGV – 2010) Com relação à Contribuição de Intervenção no Domínio Econômico (CIDE), assinale a afirmativa incorreta.

(A) Não poderá incidir sobre receitas de exportação.

(B) Não poderá incidir sobre a importação de produtos estrangeiros.

(C) Poderá incidir sobre a importação de serviços.

(D) Poderá ter alíquota *ad valorem* tendo por base o faturamento, a receita bruta ou o valor da operação.

(E) Poderá ter alíquota específica tendo por base a unidade de medida adotada.

A: correta, conforme o art. 149, § 2º, I, da CF; **B:** essa é a assertiva incorreta, devendo ser assinalada, pois as CIDEs incidirão sobre a importação de produtos estrangeiros ou serviços – art. 149, § 2º, II, da CF; **C:** correta, conforme comentário à alternativa anterior; **D** e **E:** assertivas corretas, pois são admitidas as duas espécies de alíquotas, conforme o art. 149, § 2º, III, da CF.

Gabarito "B"

(FGV – 2010) Com relação às *isenções e benefícios fiscais* relativos ao ICMS, assinale a alternativa correta.

(A) Exigem a edição de convênio entre os Estados e o Distrito Federal, apenas por meio de autorização impositiva.

(B) Podem ser concedidos ou revogados, unilateralmente, por lei ordinária do Estado.

(C) Exigem autorização dos Estados e do Distrito Federal, apenas para sua concessão.

(D) Podem ser concedidos por meio de convênio autorizativo, mas apenas para revogação.

(E) Exigem a edição de convênio entre os Estados e o Distrito Federal, para sua concessão e revogação.

Nos termos do art. 155, § 2º, XII, *g* da CF (norma constantemente exigida no exame da OAB e em concursos públicos!), isenções, incentivos e benefícios fiscais relativos ao ICMS serão concedidos e revogados mediante deliberação dos Estados e do Distrito Federal (Confaz – Conselho Nacional de Política Fazendária), conforme regulado por lei complementar (LC 24/1975).

Gabarito "E".

(FGV – 2010) Os conceitos de disponibilidade jurídica e de disponibilidade econômica de renda representam, respectivamente, para fins de tributação pelo imposto de renda

(A) a obtenção de qualquer direito de crédito e a faculdade de usar, gozar e dispor de dinheiro ou de bens nele conversíveis, que ingressam no patrimônio do sujeito, por ato ou fato gerador.

(B) a utilização de direitos de crédito e a faculdade de dispor de pecúnia ou bens conversíveis em pecúnia, que ingressam no patrimônio do sujeito passivo do fato gerador respectivo.

(C) a obtenção de direitos de crédito não sujeitos à condição suspensiva e a possibilidade de usar, gozar ou dispor de dinheiro ou de coisas nele conversíveis, entradas para o patrimônio do adquirente por ato ou fato gerador.

(D) a percepção de rendimentos em moeda ou equivalente e a aquisição do uso, gozo ou disposição sobre dinheiro ou seu equivalente, que ingressam para o patrimônio do contribuinte em virtude do fato imponível.

(E) a disponibilidade presumida de direitos de crédito, não sujeitos à condição suspensiva e a possibilidade de adquirir a posse de dinheiro ou seu equivalente, que ingressam no patrimônio do adquirente, por ato ou fato gerador do tributo respectivo.

A assertiva "C" traz o conceito comumente aceito de disponibilidade jurídica e econômica, que representa o fato gerador do IR nos termos do art. 43 do CTN.

Gabarito "C".

(FGV – 2010) Considerando o ISS e as assertivas a seguir, assinale a sequência correta para V = verdadeiro e F = falso.

( ) O critério de territorialidade do imposto é misto, ora sendo considerado o local do tomador do serviço, ora do prestador.

( ) O critério material do imposto adota uma tributação em bases universais, com a incidência sobre serviços prestados no estrangeiro.

( ) Prevalece o entendimento, quanto ao critério pessoal, da permanência no ordenamento do artigo 9º do Decreto-lei 406/68.

( ) A hipótese de substituição tributária do artigo 6º da LC 116/2003 só cabe se houver relação com os elementos que norteiam a tributação do contribuinte.

(A) V – F – F – V

(B) F – F – V – F

(C) F – V – V – F

(D) F – V – F – V

(E) V – F – V – F

1ª: a assertiva é falsa, pois o ISS é sempre devido no local da prestação do serviço. O que existe é uma presunção no sentido de que o serviço considera-se prestado no local do estabelecimento prestador ou, na falta de estabelecimento, no local do domicílio do prestador, exceto nas hipóteses listadas nos incisos do art. 3º da LC 116/2003. Ademais, jurisprudência do STJ, relativa à legislação anterior à LC 116/2003, pacificou-se no sentido de que o ISS é sempre devido no local da efetiva prestação do serviço, ainda que o prestador esteja estabelecido em outra localidade; 2ª: falsa, pois o ISS não incide na exportação de serviços – art. 2º, I, da LC 116/2003; 3ª: assertiva verdadeira, pois, de fato, o STJ entende que a tributação fixa prevista no art. 9º do Decreto-Lei 406/1968, para profissionais liberais e sociedades uniprofissionais, não foi revogada pela LC 116/2003; 4ª: a assertiva é capciosa, pois não fica claro o que haveria de ter relação com os elementos que norteiam a tributação do contribuinte. O dispositivo legal dispõe que as leis locais poderão atribuir de modo expresso a responsabilidade pelo crédito tributário a terceira pessoa, vinculada ao fato gerador da respectiva obrigação. De qualquer forma, a alternativa "B" é a única possível, considerando as assertivas anteriores.

Gabarito "B".

(FGV – 2010) Assinale a alternativa correta.

(A) O ITCMD relativamente a bens imóveis e respectivos direitos, compete ao Estado da situação do bem, ou ao Distrito Federal e relativamente a bens móveis, títulos e créditos, compete ao Estado de domicílio do inventariante, ou onde tiver domicílio o doador, ou ao Distrito Federal.

(B) A União poderá instituir, mediante lei complementar, impostos não previstos no artigo 153, CF, desde que sejam não cumulativos e não tenham fato gerador ou base de cálculo próprios dos discriminados na Constituição Federal, ressalvados os impostos de competência dos Estados.

(C) O ITR será fiscalizado e cobrado pelos Municípios que assim optarem, na forma da lei, desde que não implique redução do imposto ou qualquer outra forma de renúncia fiscal, cabendo-lhes 80% da receita do imposto na hipótese de realizarem a opção mencionada.

(D) O ITCMD terá competência para sua instituição regulada por lei complementar se o doador tiver domicílio ou residência no exterior, se o de *cujus* possuía bens, era residente ou domiciliado ou teve o seu inventário processado no exterior e terá suas alíquotas mínimas e máximas fixadas pelo Senado Federal.

(E) O ouro, quando definido em lei como ativo financeiro ou instrumento cambial, sujeita-se exclusivamente à incidência do IOF, devido na operação de origem; a alíquota mínima será de um por cento, assegurada a transferência do montante da arrecadação à razão de 30% para o Estado, o Distrito Federal ou o Território, conforme a origem, e de 70% para o Município de origem.

A: incorreta, pois, no caso de bem móvel, títulos e créditos deixados pelo falecido, o ITCMD é devido onde se processar o inventário ou arrolamento (e não no domicílio do inventariante) – art. 155, § 1º, II, da CF; **B:** incorreta, já que a competência residual da União permite que ela crie outros impostos, desde que não tenham base de cálculo ou fato gerador próprios de imposto já discriminado na Constituição, sem qualquer exceção – art. 154, I, da CF. A assertiva está errada, portanto, quando ressalva os imposto estaduais; **C:** incorreta, pois, na hipótese de opção do Município pela fiscalização e cobrança do ITR, o ente local ficará com 100% da receita arrecadada – art. 158, II, *in fine*, da CF; **D:** incorreta, pois o Senado Federal tem competência para fixar apenas as alíquotas máximas do ITCMD, e não as mínimas – art. 155, § 1º, IV, da CF; **E:** correta, conforme o art. 153, § 5º, da CF.

Gabarito "E".

(FGV – 2010) Assinale a alternativa correta.

(A) É facultado ao Senado Federal estabelecer alíquotas mínimas nas operações internas do ICMS, mediante resolução de iniciativa de um terço e aprovada pela maioria absoluta de seus membros e fixar alíquotas máximas nas mesmas operações para resolver conflito específico que envolva interesse de Estados, mediante resolução de iniciativa da maioria absoluta e aprovada igualmente pela maioria absoluta de seus membros.

(B) Salvo deliberação em contrário dos Estados e do Distrito Federal, nos termos do disposto no artigo 155, § 2º, XII, "g", CF, as alíquotas internas, nas operações relativas à circulação de mercadorias e nas prestações de serviços, não poderão ser inferiores às previstas para as operações interestaduais, nem superiores às alíquotas de exportação.

(C) No que concerne ao ICMS, é correto afirmar que, conforme a CF, resolução do Senado Federal, de iniciativa do Presidente da República ou de um terço dos Senadores, aprovada pela maioria absoluta de seus membros, estabelecerá as alíquotas aplicáveis às operações e prestações, interestaduais e de exportação.

(D) O ICMS não incidirá, conforme a CF, sobre operações que destinem a outros Estados petróleo, inclusive lubrificantes, combustíveis líquidos e gasosos dele derivados, e energia elétrica, sobre o ouro, nas hipóteses definidas no art. 153, § 5º, CF, e nas prestações de serviço de comunicação nas modalidades de radiodifusão sonora e de sons e imagens de recepção gratuita ou paga.

(E) Cabe à lei complementar definir os contribuintes do ICMS, dispor sobre substituição tributária e disciplinar o regime de compensação do imposto; quanto à previsão de casos de manutenção de crédito, relativamente à remessa para outro Estado e exportação para o exterior, de serviços e de mercadorias, pode ser fixada por lei ordinária.

A: incorreta, pois a faculdade de o Senado Federal fixar alíquotas máximas nas operações internas é exercida mediante resolução de iniciativa da maioria absoluta e aprovada por **dois terços** de seus membros (a aprovação exige maioria qualificada, portanto, e não apenas maioria absoluta) – art. 155, § 2º, V, *b*, da CF; **B:** incorreta, já que a restrição em relação às alíquotas internas (que não podem, em regra, ser inferiores às alíquotas interestaduais) não tem relação com supostas alíquotas de exportação, até porque, atualmente, o ICMS não incide sobre essas operações – art. 155, § 2º, VI, da CF; **C:** correta, pois, de fato, é isso que o art. 155, § 2º, IV, da CF dispõe. É interessante notar, entretanto, que atualmente o ICMS não incide sobre exportações – art. 155, § 2º, X, *a*, da CF. Também é importante lembrar que, a partir da EC 87/2015, todas as operações interestaduais, inclusive para consumidores finais não contribuintes do ICMS, sujeitam-se à alíquota interestadual, menor que a interna, nos termos do art. 155, § 2º, VII, e do art. 99 do ADCT; **D:** incorreta, pois a imunidade prevista no art. 155, § 2º, X, *d*, da CF inclui, apenas, os serviços de radiodifusão sonora e de sons e imagens de recepção **livre e gratuita**. A assertiva é errada, já que se refere também aos serviços pagos; **E:** incorreta porque as hipóteses de manutenção de crédito, relativamente à remessa para outro Estado e exportação para o exterior, de serviços e de mercadorias também são previstas por lei complementar (não por simples lei ordinária).

Gabarito "C".

(FGV – 2009) *A sociedade empresarial 'X' remeteu mercadorias para a sociedade empresarial 'Y' a título de consignação mercantil, rezando o respectivo contrato que a venda deveria efetivar-se no prazo ZZZ por R$ WWW.* A esse respeito e à luz da legislação tributária vigente, assinale a afirmativa correta.

(A) Não há incidência do ICMS em tal remessa, pois a consignação mercantil não constitui operação relativa à circulação de mercadoria.

(B) A consignante 'X' obriga-se a fazer incidir o ICMS, destacando o respectivo valor na nota fiscal que emite quando da saída das mercadorias com destino ao estabelecimento da consignatária 'Y'.

(C) Sejam as mercadorias remetidas veículos usados, ou sejam produtos sujeitos ao regime de substituição tributária, a consignante 'X' deverá observar as disposições próprias a esse regime de tributação.

(D) No caso de a consignatária 'Y' vender as mercadorias por preço maior do que o estabelecido no contrato de consignação mercantil, deverá emitir nota fiscal apenas para registrar o efetivo valor do negócio realizado, sem débito de ICMS, impondo-se à consignante 'X' emitir nota fiscal complementar, face ao reajustamento do preço contratado por ocasião da remessa, sem destaque do ICMS.

(E) Mesmo em se tratando de consignação mercantil e tendo em vista que o transporte das mercadorias foi realizado por empresa transportadora contratada pela consignatária 'Y', sediando-se 'Y' no mesmo município da consignante 'X', houve prestação de serviço de transporte sujeita ao ICMS.

Perceba que o ICMS não incide simplesmente sobre a *venda* de mercadorias. A Constituição e a legislação federais adotaram o conceito econômico de *circulação* de mercadoria, exatamente para que a roupagem jurídica dada à operação (venda, consignação etc.) fosse pouco relevante para a incidência tributária. Assim, se houve saída da mercadoria de "X" para "Y" dentro da cadeia comercial (seja por venda, consignação ou outra operação empresarial que implique circulação econômica do bem), incide o ICMS – art. 2º, I, da LC 87/1996. **A:** errada, pois há incidência do ICMS; **B:** como visto, essa é a alternativa correta; **C:** incorreta, pois a referência a veículos usados, relacionando-os ao regime de substituição tributária, é incompreensível; **D:** errada, pois "Y" é a contribuinte em relação ao ICMS incidente sobre suas vendas, respondendo pelo recolhimento total do tributo (desde que não haja substituição tributária ou outro regime específico); **E:** incorreta, pois o transporte realizado dentro do município (transporte intramunicipal) por terceiro (transportadora contratada pela consignatária) sujeita-se apenas ao ISS municipal, não ao ICMS estadual.

Gabarito "B".

(FGV – 2009) Segundo a Lei Complementar nº 87/1996, não se inclui no campo de incidência do ICMS:

(A) a entrada, no território do Estado destinatário, de petróleo, inclusive lubrificantes e combustíveis líquidos e gasosos dele derivados, e de energia elétrica, quando não destinados à comercialização ou à industrialização, decorrentes de operações interestaduais.

(B) a utilização, por contribuinte, de serviço cuja prestação se tenha iniciado em outro Estado e não esteja vinculada à operação ou prestação subsequente.

(C) a entrada, no estabelecimento do contribuinte, de mercadoria proveniente de outra unidade da Federação, destinada a consumo ou a ativo fixo.

(D) a saída de mercadoria, de estabelecimento de contribuinte, com destino a outro estabelecimento do mesmo titular.

(E) o fornecimento de mercadorias com prestação de serviços não compreendidos na competência tributária dos Municípios.

A: incorreta, pois **incide** o ICMS quando esses produtos **não** são destinados à comercialização ou à industrialização, situação descrita na assertiva – art. 2º, § 1º, III, da LC 87/1996; **B:** incorreta, pois os serviços de transporte intermunicipal ou interestadual, de comunicação e aqueles excluídos da competência municipal, desde que prestados com fornecimento de mercadoria, submetem-se ao ICMS, inclusive na situação descrita na assertiva – art. 12, XIII, da LC 87/1996; **C:** correta. De fato, nessa situação não incide ICMS especificamente no momento da *entrada* no estabelecimento do adquirente, mas sim na *saída* do estabelecimento daquele que promoveu a circulação da mercadoria (vendedor localizado em outro Estado, por exemplo) – art. 12, I, da LC 87/1996; **D:** incorreta, já que o art. 12, I, da LC 87/1996 prevê expressamente a incidência do ICMS nas saídas destinadas a estabelecimento do mesmo contribuinte, embora a questão seja amplamente discutida na doutrina e na jurisprudência (perceba que o examinador deixou claro que a pergunta era em relação à LC 87/1996 – ver Súmula 166/STJ: "Não constitui fato gerador do ICMS o simples deslocamento de mercadoria de um para outro estabelecimento do mesmo contribuinte"); **E:** incorreta, pois, como já dito, submete-se exclusivamente ao ICMS a prestação de serviços excluídos da competência municipal (ou seja, aqueles não listados na LC 116/2003), desde que prestados com fornecimento de mercadoria – art. 2º, IV, da LC 87/1996.

Gabarito "C"

Veja a seguinte tabela, para estudo e memorização dos casos de fornecimento de mercadoria com prestação de serviços e as incidências do ICMS e do ISS:

Fornecimento de mercadoria com prestação de serviço Art. 1º, § 2º, da LC 116/2003 e art. 2º, IV e V, da LC 87/1996		
Situação	**Incidência**	**Exemplos**
Serviço constante da lista da LC 116/2003, sem ressalva em relação à mercadoria	ISS sobre o preço total	Súmula 156/STJ. "A prestação do serviço de composição gráfica, personalizada e sob encomenda, ainda que envolva fornecimento de mercadorias, está sujeita, apenas, ao ISS". Súmula 274/STJ. "O ISS incide sobre o valor dos serviços de assistência médica, incluindo-se neles as refeições, os medicamentos e as diárias hospitalares".
Serviço constante da lista da LC 116/2003, com ressalva em relação à mercadoria	ISS sobre o preço do serviço e ICMS sobre o valor da mercadoria	Item 14.03 – Recondicionamento de motores (exceto peças e partes empregadas, que ficam sujeitas ao ICMS).
Serviço não constante da lista da LC 116/2003	ICMS sobre o valor total da operação	Súmula 163/STJ. "O fornecimento de mercadorias com a simultânea prestação de serviços em bares, restaurantes e estabelecimentos similares constitui fato gerador do ICMS a incidir sobre o valor total da operação".

(FGV – 2009) Não integram a *base de cálculo do ICMS* os valores correspondentes:

(A) ao montante do próprio imposto (ICMS) e também do IPI relativo a produto destinado à industrialização ou à comercialização, em operação que configure fato gerador de ambos os impostos.

(B) a seguro, juro e qualquer importância paga, recebida ou debitada.

(C) aos descontos concedidos sob condição.

(D) ao frete, quando o transporte for efetuado pelo próprio remetente, ou por sua conta e ordem, e seja cobrado em separado.

(E) aos encargos financeiros acrescidos ao preço a vista, na venda a crédito e na realizada por sistema de cartão de crédito próprio, efetuadas por estabelecimentos varejistas a consumidor final, sem interveniência de instituição financeira.

A: incorreta, pois o montante correspondente ao ICMS, peculiarmente, inclui-se em sua própria base de cálculo (cálculo "por dentro" do imposto) – art. 13, § 1º, I, da LC 87/1996; **B**, **C** e **D:** incorretas, pois esses valores incluem-se na base de cálculo do ICMS, conforme o art. 13, § 1º, II, *a* e *b*, da LC 87/1996; **E:** correta, pois, de fato, quando o financiamento é promovido diretamente pelo próprio vendedor da mercadoria, o ICMS incide inclusive sobre os encargos financeiros, conforme a jurisprudência pacífica do STJ.

Gabarito "E"

(FGV – 2009) A *Contribuição de Intervenção no Domínio Econômico* (*CIDE*), nos termos concebidos pela Lei nº 10.168/2000, deveria incidir sobre os contratos que implicassem transferência de tecnologia, por ocasião de pagamento, crédito, entrega, remessa ou emprego de valores ao residente no exterior. Posteriormente, a Lei nº 10.332/2001 ampliou a hipótese de incidência da CIDE para abranger também os casos envolvendo o pagamento, crédito, entrega, remessa ou emprego de *royalties* a qualquer título (mesmo sem transferência de tecnologia) a residente no exterior. A esse respeito, é correto afirmar que:

(A) o valor recolhido no Brasil a título de CIDE poderá ser utilizado como crédito pelo beneficiário dos *royalties* (residente no exterior) para fins de compensação com o Imposto de Renda devido sobre o valor recebido.

(B) o contribuinte da CIDE coincide com o contribuinte do Imposto de Renda Retido na Fonte sobre pagamento, remessa, crédito, entrega ou emprego de *royalties*.

(C) a incidência da CIDE sobre valores pagos, creditados, entregues, empregados ou remetidos ao exterior a título de *royalties* gera direito a crédito para o contribuinte desse tributo no Brasil no caso de contratos de exploração de patentes e uso de marcas.

(D) no caso de pagamento, crédito, entrega, remessa ou emprego de *royalties* a residente no exterior, deverá ser pago o Imposto de Renda Retido na Fonte à alíquota de 25%, bem como a CIDE à alíquota de 10%, independentemente do país de residência do beneficiário.

(E) o valor integral das receitas arrecadadas por meio da CIDE poderá ser destinado como melhor aprouver ao Chefe do Executivo Federal.

A: os valores da CIDE recolhida não podem ser abatidos do montante devido a título de IR, razão pela qual a assertiva é incorreta, muito embora haja redução da alíquota do IR retido na fonte – art. 2º-A da Lei 10.168/2000; **B:** contribuinte do IR, no caso, é a pessoa que está no exterior (o beneficiário dos *royalties*) – art. 682, I, do RIR (Decreto 3.000/1999), muito embora haja retenção pelo responsável tributário (quem está no Brasil). Já no caso da CIDE, contribuinte é o próprio residente no Brasil, que paga os *royalties* – art. 2º da Lei 10.168/2000. Ou seja, os contribuintes são distintos, de modo que a assertiva é incorreta; **C:** correta, nos termos do art. 4º, § 1º, II, da Medida Provisória 2.159-70/2001; **D:** a alíquota do imposto de renda retido na fonte é de 15% (art. 2º-A da Lei 10.168/2000), de modo que a assertiva é incorreta, embora a alíquota da CIDE seja, de fato, 10% (art. 2º, § 4º, da mesma Lei); **E:** incorreta, pois o art. 4º da Lei 10.168/2000 determina expressamente que os recursos da contribuição serão destinados ao Fundo Nacional de Desenvolvimento Científico e Tecnológico – FNDCT.

Gabarito "C".

(FGV – 2009) O Imposto de Renda, conforme previsão constitucional (artigo 153, § 2º), deverá ser norteado pelos critérios da generalidade, universalidade e progressividade. Com fundamento nos aludidos critérios, analise as seguintes afirmativas:

I. A tributação, pelo Imposto de Renda, da pessoa física e jurídica residente no Brasil poderá recair sobre fatos econômicos concretizados no exterior.

II. Os não residentes (pessoas físicas ou jurídicas) no Brasil são tributados pelo Imposto de Renda em bases universais (renda global).

III. A tributação de fatos econômicos originados em outro país somente será juridicamente viável se houver acordo de bitributação (Tratado Internacional Bilateral em Matéria de Imposto de Renda), pois seria ilegal a incidência de um tributo brasileiro sobre fato ocorrido em território estrangeiro, sob pena de violação de soberania deste país.

Assinale:

(A) se somente a afirmativa I estiver correta.

(B) se somente a afirmativa II estiver correta.

(C) se somente a afirmativa III estiver correta.

(D) se somente as afirmativas I e III estiverem corretas.

(E) se somente as afirmativas II e III estiverem corretas.

I: correta, pois essa tributação é possível, conforme o princípio da universalidade; **II:** incorreta, já que é difícil o Brasil tributar alguém residente no exterior em relação à renda decorrente de trabalho realizado em outro país, por exemplo. Perceba que é necessário algum vínculo com o Brasil, para que o Fisco local possa exercer sua pretensão, o que impede a cobrança em bases universais. Em regra, tributa-se o residente no exterior, apenas, quando ele auferir renda proveniente de fonte localizada no Brasil (por exemplo, recebe aluguel por imóvel localizado aqui, ou *royalties* em relação a uma licença cedida a empresa brasileira); **III:** incorreta, pois a tributação brasileira não depende de tratado internacional, decorrendo da soberania de nosso país. O que há são tratados para evitar a bitributação com o intuito de atender à justiça fiscal em relação aos cidadãos brasileiros e promover a cooperação internacional. No caso, se houver vínculo jurídico com o Brasil (por exemplo, quem aufere renda é residente em nosso país), é possível cobrar IR sobre renda proveniente de fonte localizada no exterior, independentemente de qualquer acordo internacional.

Gabarito "A".

(FGV – 2009) Em relação aos *tributos de competência estadual*, é correto afirmar que:

(A) os Estados possuem competência para instituição do imposto sobre transmissão *causa mortis* e doação, de quaisquer bens ou direitos, cujas alíquotas máximas serão fixadas por lei complementar.

(B) em relação à tributação dos programas de computador, ou *software*, o Supremo Tribunal Federal já decidiu que, nas operações relativas ao "licenciamento ou cessão de direito de uso", não cabe aos Estados a instituição do ICMS, posto não estar caracterizada uma circulação de mercadoria; por outro lado, em se tratando dos chamados "*software* de prateleira", produzidos em série e comercializados no varejo, vigora entendimento positivo quanto à possibilidade de tributação por meio do aludido tributo uma vez materializado o *corpus mechanicum* da criação intelectual do programa, caracterizando, assim, o conceito de mercadoria.

(C) o ICMS será não cumulativo, compensando-se o que for devido em cada operação relativa à circulação de mercadorias ou prestação de serviços com o montante cobrado nas anteriores pelo mesmo ou outro Estado ou pelo Distrito Federal; em atendimento à não cumulatividade a isenção ou não incidência, implicarão direito a crédito para compensação com o montante devido nas operações ou prestações seguintes, salvo determinação em contrário da legislação.

(D) o imposto incidente sobre a propriedade de veículos automotores não poderá ter alíquotas diferenciadas em função do tipo e da utilização.

(E) de acordo com o texto constitucional vigente, o ICMS incidirá sobre a entrada de bem ou mercadoria importados do exterior por pessoa física ou jurídica, ainda que não seja contribuinte habitual do imposto, qualquer que seja a sua finalidade, cabendo o imposto ao Estado onde ocorrer o desembaraço aduaneiro, independentemente da localização do destinatário do bem ou mercadoria.

A: incorreta, pois as alíquotas máximas do ITCMD são fixadas por resolução do Senado Federal, não por lei complementar – art. 155, § 1º, IV, da CF; **B:** correta. A assertiva reflete adequadamente a jurisprudência; **C:** errada, pois a isenção e a não incidência **não implicam** creditamento para as operações seguintes, além de acarretar anulação dos créditos relativos às operações anteriores, salvo disposição legal em contrário – art. 155, § 2º, II, da CF; **D:** incorreta, pois é possível essa diferenciação – art. 155, § 6º, II, da CF; **E:** incorreta, pois o ICMS sobre importações é devido ao Estado (ou ao Distrito Federal) onde localizado o destinatário do bem ou do serviço, independentemente do local do desembaraço – art. 155, § 2º, IX, *a*, da CF.

Gabarito "B".

(FGV – 2008) Assinale a alternativa correta.

(A) Segundo a Constituição, o empréstimo compulsório tem os seguintes fatos geradores: guerra externa, ou sua iminência, calamidade pública que exija auxílio federal impossível de atender com os recursos orçamentários disponíveis e a conjuntura que exija a absorção temporária de poder aquisitivo.

(B) Segundo a legislação em vigor sobre o imposto referente à transmissão *causa mortis*, a alíquota do referido tributo poderá ser progressiva.

(C) Segundo a Lei Complementar 116/2003, o contribuinte do ISS é o tomador do serviço.

(D) Segundo a jurisprudência do Supremo Tribunal Federal, a progressividade do IPTU em razão do descumprimento da função social da propriedade urbana é inconstitucional.

(E) O ICMS e o IPI são tributos, segundo a Constituição de 88, obrigatoriamente seletivos, já que devem observar a essencialidade do bem.

A: incorreta. O empréstimo compulsório somente pode ser exigido somente em duas hipóteses: para atender a despesas extraordinárias, decorrentes de calamidade pública, de guerra externa ou sua iminência (inc. I); e no caso de investimento público de caráter urgente e de relevante interesse nacional, observado o disposto no art. 150, III, *b*, da CF (inc. II) – art. 148 da CF. A hipótese de absorção temporária de poder aquisitivo, prevista no art. 15, III, do CTN, não foi recepcionada pela atual Constituição. Ademais, essas situações permitem a instituição do empréstimo compulsório, mas não são o fato gerador tributário, que será definido pela lei complementar (ou seja, é a lei complementar que definirá quais fatos farão surgir, para cada contribuinte individualizado, o dever de recolher o tributo); **B:** essa assertiva é a melhor, por exclusão das demais. A Constituição Federal não prevê expressamente a progressividade do ITCMD e há entendimento doutrinário contrário a isso. A rigor, a Súmula 656/STF ("É inconstitucional a lei que estabelece alíquotas progressivas para o imposto de transmissão 'inter vivos' de bens imóveis – ITBI com base no valor venal do imóvel") veda a progressividade em relação ao ITBI municipal ("primo" do ITCMD estadual). Entretanto, a legislação tributária dos Estados costuma prever isenções e alíquotas diferenciadas em relação à base de cálculo do tributo (especialmente quanto às heranças e aos legados, evitando usar o termo "progressividade"), razão pela qual a assertiva (que faz expressa referência à legislação em vigor) é correta; **C:** incorreta, pois o contribuinte do ISS é o prestador do serviço (art. 5º da LC 116/2003), embora o tomador possa ser designado responsável tributário para retenção do tributo na fonte; **D:** incorreta, até porque a constitucionalidade da progressividade do IPTU em razão do descumprimento da função social da propriedade urbana (art. 182, § 4º, II, da CF) jamais foi seriamente questionada. O que o STF entendeu inconstitucional foi a progressividade do IPTU em relação ao valor do imóvel, no período anterior à Emenda Constitucional 29/2000 – Súmula 668/STF ("É inconstitucional a lei municipal que tenha estabelecido, antes da Emenda Constitucional 29/2000, alíquotas progressivas para o IPTU, salvo se destinada a assegurar o cumprimento da função social da propriedade urbana"); **E:** incorreta. O IPI é obrigatoriamente seletivo, mas o ICMS **pode** ser seletivo, em função da essencialidade das mercadorias e dos serviços (obrigatório para o IPI, mas opcional para o ICMS), de modo que a assertiva é incorreta – arts. 153, § 3º, I, e 155, § 2º, III, ambos da CF.

Gabarito "B".

(FGV – 2008) Com base na Constituição Federal de 1988, assinale a afirmativa incorreta.

(A) O ITR será progressivo e terá suas alíquotas fixadas de forma a desestimular a manutenção de propriedades improdutivas.

(B) A União poderá instituir na iminência ou no caso de guerra externa impostos extraordinários, compreendidos ou não em sua competência tributária, os quais serão suprimidos, gradativamente, cessadas as causas de sua criação.

(C) Em relação ao ICMS é facultado ao Senado Federal estabelecer alíquotas mínimas nas operações internas, mediante resolução de iniciativa de um terço e aprovada pela maioria absoluta de seus membros.

(D) Não incide ITBI sobre a transmissão de bens ou direitos incorporados ao patrimônio de pessoa jurídica em realização de capital, nem sobre a transmissão de bens ou direitos decorrente de fusão, incorporação, cisão ou extinção de pessoa jurídica, salvo se, nesses casos, a atividade preponderante do adquirente for a compra e venda desses bens ou direitos, locação de bens imóveis ou arrendamento mercantil.

(E) O IPI poderá ser seletivo, em função da essencialidade do produto, e será não cumulativo, compensando-se o que for devido em cada operação com o montante cobrado nas anteriores.

A: correta, conforme o art. 153, § 4º, I, da CF; **B:** correta, nos termos do art. 154, II, da CF; **C:** correta, de acordo com o disposto no art. 155, § 2º, V, *a*, da CF; **D:** correta, conforme o art. 156, § 2º, I, da CF; **E:** incorreta, devendo ser assinalada, pois o IPI **deve** ser seletivo (não é opção, como no caso do ICMS) – art. 153, § 3º, I, da CF.

Gabarito "E".

(FGV – 2008) De acordo com o art. 155, § 2º, inciso XII, c, da CRFB/88, é correto afirmar que o regime de compensação do ICMS deve ser disciplinado:

(A) em lei dos Estados e pelo Distrito Federal, tendo em vista a autonomia desses entes federados.

(B) pelo Confaz.

(C) em lei complementar.

(D) no Regulamento do ICMS dos Estados e do Distrito Federal.

(E) em convênio e lei estadual ou distrital.

O dispositivo constitucional exige veiculação por lei complementar federal.

Gabarito "C".

(FGV – 2008) Especificamente em relação ao ICMS, uma das alternativas a seguir apresenta matéria(s) que não precisa(m) ser veiculada(s) por Lei Complementar. Assinale-a.

(A) Definição de contribuintes

(B) Determinação de alíquotas

(C) Previsão de casos de manutenção de crédito, relativamente à remessa para outro Estado e exportação para o exterior, de serviços e de mercadorias

(D) Regulação da forma pela qual, mediante deliberação dos Estados e do Distrito Federal, isenções, incentivos e benefícios fiscais serão concedidos e revogados
(E) Disciplina do regime de compensação do imposto

Art. 155, § 2º, XII, da CF – somente as alíquotas do ICMS, dentre as alternativas, prescindem de lei complementar.

Gabarito "B"

(FGV – 2008) De acordo com o Ato das Disposições Constitucionais Transitórias da CRFB/1988, a alíquota mínima do ISS é de:

(A) 5%.
(B) 2%.
(C) 3%.
(D) 0,5%.
(E) 1%.

A alíquota mínima do ISS é de 2% (art. 88, I, do ADCT) e a máxima, 5% (art. 8º, II, da LC 116/2003).

Gabarito "B"

(FGV – 2007) O imposto sobre a propriedade predial e territorial urbana incide:

(A) sobre os imóveis por natureza e sobre os bens imóveis considerados por lei
(B) sobre os imóveis por natureza e sobre os imóveis por acessão física
(C) apenas sobre os imóveis por acessão física
(D) apenas sobre o bem imóvel por natureza

Art. 32 do CTN – o IPTU incide sobre o terreno (imóvel por natureza) e as construções (acessão física).

Gabarito "B"

(FGV – 2007) Considera-se propriedade territorial urbana, para efeito do imposto de competência dos Municípios, o seguinte tipo de propriedade:

(A) aquele definido pela Constituição Federal
(B) de módulo inferior a dois alqueires, e que esteja situado nos limites do município, não edificado, que não sirva à atividade agropecuária
(C) territorial situado na zona urbana, com abastecimento de água e sistema de esgoto sanitário mantido pelo Poder Público
(D) independentemente de outros fatores

Os parágrafos do art. 32 do CTN preveem as regras para reconhecimento da zona urbana, para fins do IPTU – art. 32, § 1º, II e III, do CTN.

Gabarito "C"

13. GARANTIAS E PRIVILÉGIOS DO CRÉDITO

(OAB/Exame Unificado – 2016.1) A falência da sociedade XYZ Ltda. foi decretada em 5/6/2014. Nessa data, a pessoa jurídica já possuía dois imóveis hipotecados para garantia de dívidas diversas. A União tem créditos tributários a receber da sociedade, inscritos em dívida ativa em abril de 2013.

Baseado nos fatos narrados, assinale a afirmativa correta.

(A) A União tem direito de preferência sobre todo e qualquer credor, porque o crédito tributário foi inscrito em dívida ativa antes da decretação da falência.
(B) A União tem direito de preferência sobre os credores com garantia real, pois o crédito tributário prefere a qualquer outro, seja qual for sua natureza ou o tempo de sua constituição.
(C) A União tem de respeitar a preferência dos credores hipotecários, no limite do valor dos bens gravados.
(D) A União tem de respeitar a preferência dos credores hipotecários, no limite do valor das dívidas garantidas pelas hipotecas.

A: incorreta, pois, na falência, o crédito tributário não prefere aos créditos extraconcursais ou às importâncias passíveis de restituição, nos termos da lei falimentar, nem aos créditos com garantia real (caso da hipoteca), no limite do valor do bem gravado – art. 186, parágrafo único, I, do CTN; **B**: incorreta, conforme comentário anterior; **C**: essa é a melhor alternativa, por exclusão das demais, e por ser correta caso a hipoteca seja anterior à inscrição em dívida ativa (informação não dada na questão) – art. 186, parágrafo único, I, *in fine,* do CTN. Se a hipoteca foi gravada após a inscrição do crédito tributário (ou seja, após abril de 2013), haveria presunção de fraude contra o fisco, nos termos do art. 185 do CTN, prevalencendoprevalecendo, em princípio, o crédito tributário; **D**: incorreta, pois a preferência do crédito hipotecário é limitada ao valor do bem gravado (valor do imóvel, no caso) – art. 186, parágrafo único, I, *in fine,* do CTN.

Gabarito "C"

(OAB/Exame Unificado – 2015.1) Uma obrigação tributária referente ao Imposto sobre Circulação de Mercadorias e Serviços (ICMS) teve seu fato gerador ocorrido em 12 de junho de 2012. O débito foi objeto de lançamento em 21 de janeiro de 2014. A inscrição em dívida ativa ocorreu em 02 de junho de 2014. A execução fiscal foi ajuizada em 21 de outubro de 2014 e, em 02 de março de 2015, o juiz proferiu despacho citatório nos autos da execução fiscal.

Considerando que o contribuinte devedor alienou todos os seus bens sem reservar montante suficiente para o pagamento do tributo devido, assinale a opção que indica o marco temporal, segundo o CTN, caracterizador da fraude à execução fiscal, em termos de data de alienação.

(A) 21 de janeiro de 2014
(B) 02 de junho de 2014
(C) 02 de março de 2015
(D) 21 de outubro de 2014

O marco temporal a partir do qual presume-se fraude à execução, nos termos do art. 185 do CTN, é a inscrição em dívida ativa, de modo que a alternativa "B" é a correta.

Gabarito "B"

(OAB/Exame Unificado – 2014.2) Presume-se fraudulenta a alienação ou oneração de bens ou rendas por sujeito passivo em débito para com a Fazenda Pública

(A) por crédito tributário ainda não inscrito em dívida ativa, desde que não tenham sido reservados pelo devedor bens ou rendas suficientes ao total pagamento da dívida.
(B) por crédito tributário regularmente inscrito em dívida ativa, desde que não tenham sido reservados pelo devedor bens ou rendas suficientes ao total pagamento da dívida inscrita.
(C) por crédito tributário regularmente inscrito em dívida ativa, mesmo que tenham sido reservados pelo devedor bens ou rendas suficientes ao total pagamento da dívida inscrita.

(D) por crédito tributário ainda não inscrito em dívida ativa, objeto de impugnação administrativa oferecida pelo contribuinte.

Nos termos do art. 185 do CTN, na redação atual (dada pela LC 118/2005), presume-se fraudulenta a alienação ou a oneração de bens ou rendas, ou seu começo, por sujeito passivo em débito para com a Fazenda Pública, por crédito tributário regularmente inscrito como dívida ativa. A alternativa "B", portanto, é a correta, que reflete a disposição legal.

Gabarito "B"

(OAB/Exame Unificado – 2012.3.A) De acordo com as regras contidas no Código Tributário Nacional, considera-se fraude à execução fiscal

(A) a alienação dos direitos reais do patrimônio do devedor, efetivada a qualquer tempo, para terceiro de má-fé.

(B) a alienação do patrimônio do devedor, feita após ciência inequívoca da regular inscrição de crédito da Fazenda contra si constituído.

(C) a aquisição, de má-fé, por terceiro, de parte do patrimônio devedor, refletindo tal situação presunção absoluta de fraude.

(D) a alienação de qualquer parcela do patrimônio do devedor, mesmo que feita a terceiro de boa-fé, após notificação do lançamento fiscal.

A: incorreta, pois a fraude à Fazenda Pública, prevista no art. 185 do CTN, somente ocorre após a inscrição do débito em dívida ativa. Ademais, é preciso que o devedor não tenha reservado bens suficientes para o total pagamento da dívida; **B:** incorreta, pois somente há fraude se o devedor não tiver reservado bens suficientes para o total pagamento da dívida; **C** e **D:** incorretas, conforme comentários anteriores. Obs.: não há alternativa correta, razão pela qual a questão foi anulada.

ANULADA

(OAB/Exame Unificado – 2011.3.A) Fulano de Araújo, proprietário de um único imóvel em que reside com sua esposa, no Município do Rio de Janeiro, é réu em ação de execução fiscal promovida pela Fazenda Pública Municipal por falta de pagamento do IPTU. Tendo em vista as disposições gerais contidas no Código Tributário Nacional acerca do crédito tributário, assinale a alternativa correta.

(A) O imóvel residencial próprio do casal é impenhorável, não devendo responder por qualquer tipo de dívida.

(B) Os bens e rendas do sujeito passivo respondem pelo pagamento de todo crédito de natureza tributária, sem comportar exceções.

(C) Bens gravados por ônus real ou por cláusulas de inalienabilidade não podem ser alcançados para saldar dívidas tributárias.

(D) A impenhorabilidade do bem de família não é oponível em face da cobrança do Imposto Predial Territorial Urbano.

A: incorreta, pois a impenhorabilidade do bem de família comporta exceções, conforme o art. 3º, IV, da Lei 8.009/1990; **B:** incorreta, pois há a exceção dos bens e das rendas que a lei declare absolutamente impenhoráveis, além de privilégios especiais, também previstos em lei, sobre determinados bens – art. 184 do CTN; **C:** incorreta, pois o ônus real ou a cláusula de inalienabilidade ou impenhorabilidade é inoponível contra o Fisco, nos termos do art. 184 do CTN. Note que há regra específica para o caso de falência – art. 186, parágrafo único, I, do CTN; **D:** correta. Embora os bens absolutamente impenhoráveis por força de lei não respondam pelo crédito tributário (art. 184, *in fine*, do CTN), o único imóvel residencial (= bem de família) pode ser penhorado para garantir o pagamento de tributos relacionados ao próprio bem, como o IPTU – art. 3º, IV, da Lei 8.009/1990.

Gabarito "D"

(OAB/Exame Unificado – 2010.2) Delta Ltda. teve sua falência decretada em 11/01/2010. Delta possuía um imóvel hipotecado ao Banco Junior S/A, em garantia de dívida no valor de R$ 1.000.000,00 O imóvel está avaliado em R$ 1.200.000,00. A Fazenda Pública Estadual tem créditos a receber de Delta Ltda. relacionados ao ICMS não pago de vendas ocorridas em 03/01/2008. Com base no exposto acima, assinale a afirmativa correta.

(A) A Fazenda tem direito de preferência sobre o credor com garantia real, em virtude de seus privilégios.

(B) A Fazenda não pode executar o bem, em função de ter havido a quebra da empresa, prevalecendo o crédito com garantia real.

(C) A Fazenda tem direito de preferência uma vez que a dívida tributária é anterior à hipoteca.

(D) A Fazenda respeitará a preferência do credor hipotecário, nos limites do valor do crédito garantido pela hipoteca.

A: incorreta, pois, em caso de falência, o crédito tributário não prefere aos créditos com garantia real, no limite do valor do bem gravado – art. 186, parágrafo único, I, do CTN; **B:** incorreta, pois a quebra da empresa, por si, não impede a execução fiscal. Isso porque a cobrança do crédito tributário não se sujeita à habilitação em falência – art. 187 do CTN; **C** e **D:** a rigor, se o crédito tributário tivesse sido inscrito em dívida ativa antes da hipoteca, poderia ficar configurada a fraude contra o Fisco, em relação à oneração do bem (hipoteca), nos termos do art. 185 do CTN. Há entendimento de que, para que o negócio (a hipoteca) fosse ineficaz contra a Fazenda Pública, seria preciso prévia anotação na matrícula do imóvel ou outra prova de má-fé por parte do banco – ver a Súmula 375/STJ ("O reconhecimento da fraude à execução depende do registro da penhora do bem alienado ou da prova de má-fé do terceiro adquirente"), relativa a caso análogo (entendimento, aliás, superado no julgamento do REsp 1.148.296/SP – recurso repetitivo –, segundo o qual essa súmula não se aplica às execuções fiscais). Entretanto, nada disso foi informado pelo examinador (existência de prévia inscrição em dívida ativa ou eventual anotação na matrícula), de modo que o candidato deve presumir a boa-fé do banco e, portanto, a plena validade da hipoteca. Nesse cenário, o crédito com garantia real prefere ao tributário, no limite do valor do bem gravado – art. 186, parágrafo único, I, do CTN. Por essa razão, a alternativa "C" é incorreta e a "D" correta.

Gabarito "D"

(OAB/Exame Unificado – 2010.1) Assinale a opção correta acerca das garantias e privilégios do crédito tributário.

(A) De acordo com o CTN, as garantias atribuídas ao crédito tributário alteram a sua natureza bem como a da obrigação tributária correspondente.

(B) A cobrança judicial do crédito tributário, embora não se subordine a concurso de credores, está sujeita à habilitação em falência, recuperação judicial, inventário ou arrolamento.

(C) Denominam-se concursais os créditos tributários decorrentes de fatos geradores acontecidos durante processo falimentar, bem como após a extinção deste.

(D) No processo falimentar, o crédito tributário não prefere às importâncias passíveis de restituição, nos termos da lei falimentar, nem aos créditos com garantia real, no limite do valor do bem gravado.

A: incorreta, pois a natureza das garantias atribuídas ao crédito tributário não altera sua natureza, nem a da obrigação tributária correspondente – art. 183, parágrafo único, do CTN; **B:** incorreta, pois a cobrança judicial do crédito tributário não é sujeita a concurso de credores ou habilitação em falência, recuperação judicial, concordata, inventário ou arrolamento – art. 187 do CTN; **C:** incorreta, pois os créditos tributários decorrentes de fatos geradores ocorridos no curso do processo de falência são extraconcursais (não entram no concurso de credores com os créditos anteriores à quebra) – art. 188, *caput*, do CTN; **D:** correta, conforme o art. 186, parágrafo único, I, do CTN.

Gabarito "D"

Veja a seguinte tabela com a ordem de classificação dos créditos na falência (art. 83 da Lei de Falências e Recuperações – LF – Lei 11.101/2005):

Ordem de classificação dos créditos na falência (art. 83 da LF)
1º – os créditos derivados da legislação do trabalho, limitados a 150 (cento e cinquenta) salários-mínimos por credor, os decorrentes de acidentes de trabalho. Também os créditos equiparados a trabalhistas, como os relativos ao FGTS (art. 2º, § 3º, da Lei 8.844/1994) e os devidos ao representante comercial (art. 44, *caput*, da Lei 4.886/1965).
2º – créditos com garantia real até o limite do valor do bem gravado (será considerado como valor do bem objeto de garantia real a importância efetivamente arrecadada com sua venda, ou, no caso de alienação em bloco, o valor de avaliação do bem individualmente considerado).
3º – créditos tributários, independentemente da sua natureza e tempo de constituição, excetuadas as multas tributárias.
4º – com privilégio especial (= os previstos no art. 964 da Lei 10.406/2002; os assim definidos em outras leis civis e comerciais, salvo disposição contrária da LF; e aqueles a cujos titulares a lei confira o direito de retenção sobre a coisa dada em garantia).
5º – créditos com privilégio geral (= os previstos no art. 965 da Lei 10.406/2002; os previstos no parágrafo único do art. 67 da LF; e os assim definidos em outras leis civis e comerciais, salvo disposição contrária da LF).
6º – créditos quirografários (= aqueles não previstos nos demais incisos do art. 83 da LF; os saldos dos créditos não cobertos pelo produto da alienação dos bens vinculados ao seu pagamento; e os saldos dos créditos derivados da legislação do trabalho que excederem o limite estabelecido no inciso I do *caput* do art. 83 da LF). Ademais, os créditos trabalhistas cedidos a terceiros serão considerados quirografários.
7º – as multas contratuais e as penas pecuniárias por infração das leis penais ou administrativas, inclusive as multas tributárias.
8º – créditos subordinados (= os assim previstos em lei ou em contrato; e os créditos dos sócios e dos administradores sem vínculo empregatício).

Lembre-se que os **créditos extraconcursais** (– basicamente os surgidos no curso do processo falimentar, que não entram no concurso de credores) são pagos com precedência sobre todos esses anteriormente mencionados, na ordem prevista no art. 84 da LF: **(i)** remunerações devidas ao administrador judicial e seus auxiliares, e créditos derivados da legislação do trabalho ou decorrentes de acidentes de trabalho relativos a serviços prestados após a decretação da falência; **(ii)** quantias fornecidas à massa pelos credores; **(iii)** despesas com arrecadação, administração, realização do ativo e distribuição do seu produto, bem como custas do processo de falência; **(iv)** custas judiciais relativas às ações e execuções em que a massa falida tenha sido vencida; e **(v)** obrigações resultantes de atos jurídicos válidos praticados durante a recuperação judicial, nos termos do art. 67 da LF, ou após a decretação da falência, e tributos relativos a fatos geradores ocorridos após a decretação da falência, respeitada a ordem estabelecida no art. 83 da LF.

(OAB/Exame Unificado – 2009.2) A alienação ou oneração de bens ou rendas por sujeito passivo em débito tributário inserido na dívida ativa para com a Fazenda Pública presume-se fraudulenta

(A) independentemente de dispor o devedor de outros bens ou rendas suficientes ao total pagamento da dívida.

(B) ainda que o ato seja anterior à inscrição do débito na dívida ativa.

(C) se não tiverem sido reservados, pelo devedor, bens ou rendas suficientes ao total pagamento da dívida.

(D) somente se o ato ocorrer quando já em execução a dívida ativa regularmente inscrita.

A: incorreta, pois, se o devedor dispor de outros bens ou rendas suficientes ao total pagamento da dívida, não há presunção de fraude – art. 185, parágrafo único, do CTN; **B:** incorreta, pois a presunção de fraude ocorre nas alienações e onerações posteriores à inscrição do crédito em dívida ativa – art. 185 *caput*, do CTN; **C:** correta, conforme o art. 185 do CTN; **D:** incorreta, pois basta a inscrição do crédito em dívida ativa, sendo desnecessário o início da execução, para a presunção de fraude.

Gabarito "C"

(OAB/Exame Unificado – 2008.3) Acerca das disposições do CTN quanto às garantias e privilégios do crédito tributário, assinale a opção correta.

(A) A natureza das garantias atribuídas ao crédito tributário não altera a natureza da obrigação tributária correspondente.

(B) Todos os bens e rendas do devedor respondem pelas dívidas tributárias, com exceção dos imóveis residenciais gravados por hipoteca.

(C) Nas execuções comuns, os créditos tributários sempre preferem a quaisquer outros, seja qual for a natureza ou o tempo de constituição.

(D) No processo falimentar, a multa tributária não goza de quaisquer preferências processuais.

A: correta, conforme o art. 183, parágrafo único, do CTN; **B:** incorreta, pois a hipoteca não é oponível contra a Fazenda Pública, sendo que o imóvel gravado por ônus real também responde pelo pagamento do crédito tributário – art. 184 do CTN (há regra excepcional na falência – art. 186, parágrafo único, I, do CTN); **C:** incorreta, pois o crédito tributário não prefere aos créditos decorrentes da legislação do trabalho ou do acidente de trabalho – art. 186 do CTN; **D:** incorreta, pois a multa tributária prefere aos créditos subordinados – art. 186, parágrafo único, III, do CTN.

Gabarito "A"

(OAB/Exame Unificado – 2008.2) Assinale a opção correta a respeito das garantias e privilégios do crédito tributário.

(A) O rol das garantias do crédito tributário, previsto no CTN, é meramente exemplificativo.

(B) Todos os bens do sujeito passivo respondem pelo crédito tributário, mesmo os hipotecados ou penhorados, salvo se o ônus real for anterior à constituição do respectivo crédito.

(C) Reputam-se extraconcursais os créditos tributários passíveis de concurso de preferências entre as pessoas jurídicas de direito público.

(D) Em quaisquer hipóteses, o crédito tributário tem preferência em relação ao crédito com garantia real.

A: correta, pois as garantias listadas no CTN não excluem outras que sejam expressamente previstas em lei, em função da natureza ou das características do tributo a que se refiram – art. 183 do CTN; **B:** incorreta, pois o ônus real, ainda que anterior à constituição do crédito tributário, não é oponível contra a Fazenda Pública – art. 184 CTN (há regra excepcional na falência – art. 186, parágrafo único, I, do CTN); **C:** incorreta, pois não é o concurso de preferência entre entes públicos que qualifica os créditos como extraconcursais – art. 187, parágrafo único, do CTN; **D:** incorreta, pois na falência o crédito tributário não prefere aos créditos com garantia real, no limite do valor do bem gravado – art. 186, parágrafo único, I, do CTN.

Gabarito "A"

(FGV – 2008) Em relação às preferências do crédito tributário previstas no CTN, assinale a afirmativa incorreta.

(A) São extraconcursais os créditos tributários decorrentes de fatos geradores ocorridos no curso do processo de falência.
(B) Na falência, o crédito tributário prefere a qualquer outro, seja qual for a natureza ou o tempo da constituição deste, ressalvados os créditos decorrentes de acidente de trabalho ou da legislação do trabalho, independentemente do seu valor.
(C) A cobrança judicial do crédito tributário não está sujeita a concurso de credores ou habilitação em falência, recuperação judicial, inventário ou arrolamento.
(D) São pagos preferencialmente a quaisquer créditos habilitados em inventário ou arrolamento, ou a outros encargos do monte, os créditos tributários vencidos ou vincendos a cargo do *de cujus* ou de seu espólio, exigíveis no decurso do processo de inventário ou arrolamento.
(E) São pagos preferencialmente a quaisquer outros os créditos tributários vencidos ou vincendos, a cargo de pessoas jurídicas de direito privado em liquidação judicial ou voluntária, exigíveis no decurso da liquidação.

A: correta, pois esses créditos não entram no concurso de credores – art. 188 do CTN; **B:** incorreta, devendo ser assinalada, pois, na falência, o crédito tributário não prefere aos créditos extraconcursais ou às importâncias passíveis de restituição, nos termos da lei falimentar, e trabalhistas de até 150 (cento e cinquenta) salários-mínimos e decorrentes de acidente do trabalho, nem aos créditos com garantia real, no limite do valor do bem gravado – art. 186, parágrafo único, I, do CTN; **C:** correta, conforme o art. 187 do CTN; **D:** correta, nos termos do art. 189 do CTN; **E:** correta, conforme o art. 190 do CTN.

Gabarito "B"

(OAB/Exame Unificado – 2007.3) A alienação do patrimônio por parte do devedor com débitos perante a Fazenda Pública não pode ser anulada. À luz do Código Tributário Nacional, a afirmativa acima

(A) Não é verdadeira, pois a Fazenda Pública pode pleitear a anulação da alienação do patrimônio efetuada a partir da inscrição do débito em dívida ativa, desde que o devedor não tenha outros bens que possam satisfazer o pagamento total do débito.
(B) Não é verdadeira, pois a Fazenda Pública pode pleitear a anulação da alienação do patrimônio efetuada desde a ocorrência do fato gerador que ensejou o débito.
(C) É verdadeira, pois a Fazenda Pública não pode pleitear a anulação da alienação do patrimônio efetuada pelo devedor, em razão da ausência de previsão no Código Tributário Nacional.
(D) É verdadeira, pois a Fazenda Pública não pode pleitear a anulação da alienação do patrimônio efetuada pelo devedor, haja vista que a dívida ativa regularmente inscrita não traz a presunção de sua certeza e liquidez.

Art. 185 do CTN.

Gabarito "A"

(FGV – 2007) No concurso de preferência entre a União, Estados, Distrito Federal e Municípios, é correto afirmar-se que:

(A) adota-se o princípio da *par conditio creditorum*, em todos os níveis
(B) os Municípios credores recebem *pro rata*, e em primeiro lugar
(C) prevalece o rateio entre os entes da Federação
(D) a União prefere aos demais

As regras a que se refere a questão estão no art. 187, parágrafo único, do CTN.

Gabarito "D"

(FGV – 2007) Em se tratando de imóvel gravado com cláusula de impenhorabilidade, decorrente de disposição testamentária, é certa a afirmação de que:

(A) responde pela satisfação do crédito tributário, não sendo o gravame oponível à Fazenda na execução do seu crédito
(B) pode ser penhorado, desde que o crédito tributário preexista à morte do testador
(C) não pode ser objeto de penhora em execução fiscal do crédito tributário
(D) pode ser penhorado na falta de outros bens do devedor

A cláusula de impenhorabilidade não prejudica a pretensão fiscal – art. 184 do CTN.

Gabarito "A"

14. ADMINISTRAÇÃO TRIBUTÁRIA, FISCALIZAÇÃO E PROCESSO ADMINISTRATIVO FISCAL

(OAB/Exame Unificado – 2011.3.B) Em cumprimento de diligência na sede da gráfica Impressões Beta, empresa beneficiária de imunidade quanto aos impostos incidentes sobre sua atividade de impressão de periódicos, fiscais da Fazenda Estadual apreenderam notas e livros fiscais, sem terem apresentado mandado judicial com a previsão da medida.

Com base no cenário acima, assinale a alternativa correta no que tange à conduta dos agentes do Fisco.

(A) A ação não apresenta qualquer ilegalidade, conformando ato regular de fiscalização, representando um poder-dever da Administração.
(B) A ação é ilegal, pois a legislação que rege a fiscalização tributária não se aplica àqueles que gozam de imunidade tributária.
(C) A ação é ilegal, pois, para o cumprimento da diligência, era imprescindível a apresentação de mandado judicial.

(D) A ação não apresenta qualquer ilegalidade, já que a função de fiscalização é ilimitada, tendo em vista a supremacia do interesse público.

Nos termos do art. 194, parágrafo único, do CTN, a legislação tributária aplica-se às pessoas naturais ou jurídicas, contribuintes ou não, inclusive às que gozem de imunidade tributária ou de isenção de caráter pessoal. Isso significa que mesmo a gráfica que goza de imunidade sujeita-se à fiscalização, até para que o Fisco possa verificar se a empresa efetivamente preenche os requisitos para usufruir do benefício. Ademais, a entrada da fiscalização no estabelecimento e a apreensão dos livros e documentos fiscais relacionados com o tributo fiscalizado não dependem de autorização judicial e podem, inclusive, ser efetivados com apoio policial, nos termos do art. 200 do CTN. É importante salientar, entretanto, que o STF veda a entrada da fiscalização, sem autorização judicial, em recintos fechados ao público, como determinados escritórios de contabilidade, sem autorização do profissional, equiparando-os ao domicílio protegido constitucionalmente – ver HC 82.788/RJ. **A:** correta, conforme comentários iniciais; **B** e **C:** incorretas, conforme comentários iniciais; **D:** incorreta, pois não há poder estatal ilimitado, muito menos em relação à fiscalização tributária, cujos atos são vinculados, ou seja, devem se ater estritamente aos ditames da lei, observando-se os direitos e as garantias dos contribuintes.

Gabarito "A"

(OAB/Exame Unificado – 2008.3) O CTN veda a divulgação, por parte da Fazenda Pública ou de seus servidores, de informação obtida em razão do ofício público sobre a situação econômica ou financeira do sujeito passivo ou de terceiros e sobre a natureza e o Estado de seus negócios ou atividades. Constitui exceção ao dever de sigilo fiscal a

(A) permuta de informações entre a União e Estados estrangeiros no interesse da arrecadação e da fiscalização de tributos previstos em tratados, acordos ou convênios.

(B) permuta de informações entre quaisquer entidades do Poder Executivo federal, na forma estabelecida por lei ou convênio.

(C) requisição de autoridade administrativa ou judiciária, exclusivamente sobre litígios de natureza criminal.

(D) solicitação de autoridade administrativa no interesse da administração pública federal, em qualquer hipótese.

A: assertiva correta, conforme o art. 199, parágrafo único, do CTN; **B** e **D:** incorretas, pois as informações podem ser prestadas às autoridades da administração apenas se comprovada a instauração regular de processo administrativo, no órgão ou na entidade respectiva, com o objetivo de investigar o sujeito passivo a que se refere a informação, por prática de infração administrativa. Ou seja, não é possível a permuta de informações entre *quaisquer* entidades do Poder Executivo federal ou *em qualquer hipótese*. Ademais, o intercâmbio de informações nesse caso está regulamentado no próprio CTN, e não em mera lei ordinária ou convênio (art. 198, § 2º, do CTN); **C:** incorreta, pois a autoridade judiciária pode solicitar ao Fisco informações sigilosas no interesse da justiça, não apenas no âmbito criminal – art. 198, § 1º, I, do CTN.

Gabarito "A"

(OAB/Exame Unificado – 2008.2) De acordo com a legislação tributária que dispõe a respeito do processo administrativo fiscal, o procedimento fiscal tem início

(A) com a apreensão de mercadorias, documentos ou livros.

(B) apenas com a lavratura do auto de infração.

(C) 30 (trinta) dias após o despacho aduaneiro de mercadoria importada.

(D) no momento em que decidir o fiscal de tributos, a seu livre arbítrio.

Nos termos do art. 7º Decreto 70.235/1972 (que regula o processo administrativo fiscal federal), o procedimento fiscal tem início com: o primeiro ato de ofício, escrito, praticado por servidor competente, cientificado o sujeito passivo da obrigação tributária ou seu preposto (inc. I), a apreensão de mercadorias, documentos ou livros (inc. II); ou o começo de despacho aduaneiro de mercadoria importada (inc. III). **A:** correta, conforme o art. 7º, II, do Decreto 70.235/1972; **B:** incorreta, pois a lavratura do auto de infração costuma ocorrer somente ao término do procedimento de fiscalização; **C:** incorreta, pois o início do despacho aduaneiro implica começo do procedimento fiscal; **D:** incorreta, pois não há arbitrariedade ou discricionariedade do fiscal, conforme comentários iniciais.

Gabarito "A"

(OAB/Exame Unificado – 2007.3) A concomitância da tramitação de defesa administrativa e medida judicial em nome do contribuinte interessado enseja

(A) o indeferimento da medida judicial, em razão do processamento da defesa junto à instância administrativa.

(B) o sobrestamento da medida judicial até resolução da questão perante a instância administrativa.

(C) a extinção da defesa administrativa, sem apreciação de mérito, se a matéria discutida em ambas as instâncias for absolutamente idêntica.

(D) A aplicação da multa por litigância de má-fé ao interessado, por utilizar-se de duas vias de defesa – administrativa e judicial – para discussão da mesma matéria.

A e **B:** incorretas, pois a ação judicial prejudica o procedimento administrativo, e não o contrário, segundo o princípio da inafastabilidade da jurisdição – art. 5º, XXXV, da CF e art. 38, parágrafo único, da Lei 6.830/1980; **C:** correta, pois a demanda judicial proposta pelo contribuinte implica renúncia à instância administrativa, em relação à matéria discutida – art. 38, parágrafo único, da Lei 6.830/1980; **D:** incorreta, pois o ingresso no Poder Judiciário implica simples renúncia à esfera administrativa, sendo direito do contribuinte, conforme o princípio da inafastabilidade da jurisdição – art. 38, parágrafo único, da Lei 6.830/1980

Gabarito "C"

(OAB/Exame Unificado – 2006.1) Com relação à administração tributária, assinale a opção incorreta.

(A) Somente mediante ordem judicial fundamentada, os tabeliães devem prestar todas as informações às autoridades tributárias de que disponham concernentes a bens, negócios ou atividades de terceiros.

(B) Não constitui violação ao princípio do sigilo fiscal a divulgação de informações, pelos agentes fazendários, relativas às representações criminais para fins penais.

(C) Recursos provenientes da cobrança de preço público constituem, entre outros, a dívida ativa não tributária.

(D) A dívida ativa tributária regularmente inscrita goza de presunção relativa de certeza e liquidez.

A: incorreta, devendo ser assinalada, pois os tabeliães são obrigados a prestar à autoridade administrativa todas as informações de que disponham com relação aos bens, negócios ou atividades de terceiros, mediante intimação escrita – art. 197, I, do CTN; **B:** correta, conforme o art. 198, § 3º, I, do CTN; **C:** correta, pois a dívida ativa é composta não apenas por aquelas de natureza tributária, mas também pelas de natureza não tributária, como é o caso dos preços públicos – art. 2º da Lei 6.830/1980 e art. 39, § 2º, da Lei 4.320/1964; **D:** correta, nos termos do art. 204, *caput*, do CTN.

Gabarito "A".

(FGV – 2011) Carlos, proprietário de apartamento em zona urbana de grande município, furtou-se ao pagamento do IPTU nos anos de 2008 e 2009. A Secretaria Municipal de Fazenda efetuou o lançamento e notificou-o do crédito em aberto em 2010. Nessa situação fictícia, é correto afirmar que

(A) caso o apartamento de Carlos seja registrado como bem de família, a impenhorabilidade é oponível nos casos de execução fiscal. Assim, o Fisco deve dirigir a execução a qualquer outro bem do patrimônio disponível de Carlos.
(B) no momento da notificação oficial até a sentença final em sede de execução fiscal, Carlos pode alienar o apartamento em questão, uma vez que a fraude contra a Fazenda somente se configura se a alienação ocorrer após o trânsito em julgado da sentença de execução.
(C) na hipótese de Carlos vender o seu apartamento antes do lançamento, o adquirente de boa-fé jamais responderia perante o Fisco pelas eventuais dívidas do apartamento antes da sua aquisição.
(D) caso Carlos possuísse dívidas de natureza civil, ainda que constituídas antes da notificação do crédito em aberto em virtude do não pagamento do IPTU, o crédito tributário, mesmo assim, teria preferência sobre aquelas.
(E) a notificação seria inócua, uma vez que haveria ocorrido a prescrição.

A: incorreta, pois a impenhorabilidade dos bens de família não afasta a cobrança de impostos, predial ou territorial, taxas e contribuições devidas em função do imóvel familiar – art. 3º, IV, da Lei 8.009/1990 e art. 184 do CTN; **B:** incorreta, pois se presume fraudulenta a alienação de bens a partir da inscrição do débito em dívida ativa, desde que o devedor não reserve bens suficientes para o pagamento – art. 185 do CTN; **C:** incorreta, pois a responsabilidade do adquirente refere-se aos tributos lançados ou não – arts. 129 e 130 do CTN. A responsabilidade do adquirente em relação aos fatos geradores anteriores à transação somente seria afastada se constasse do título translativo a prova da quitação dos tributos – art. 130, *caput, in fine*, do CTN; **D:** correta, pois o crédito tributário prefere a quaisquer outros, exceto os decorrentes da legislação do trabalho ou do acidente de trabalho – art. 186 do CTN. Importante notar que há regras específicas para o caso de falência – art. 186, parágrafo único, do CTN; **E:** incorreta, pois a prescrição ocorre somente após 5 anos contados da constituição definitiva do crédito (notificação do lançamento) – art. 174, *caput*, do CTN.

Gabarito "D".

(FGV – 2010) Com relação à dívida ativa tributária, é INCORRETO afirmar que

(A) o controle da legalidade da inscrição em dívida ativa é a derradeira oportunidade que a Administração tem de rever os requisitos dos atos praticados no processo administrativo de cobrança, ocasião em que ainda pode modificá-los.
(B) somente se admite a inscrição de débito em dívida ativa após o decurso do prazo fixado para pagamento, pela lei ou por decisão final proferida em processo administrativo.
(C) provém de crédito de igual natureza.
(D) as informações relativas a inscrições na dívida ativa da Fazenda Pública podem ser divulgadas, sem que isso configure violação ao sigilo fiscal.
(E) uma vez inscrito o débito em dívida ativa, tem-se que o título representativo desta goza de presunção de liquidez e certeza.

A: incorreta, devendo ser assinalada, pois a Administração tem o poder-dever de revisar o lançamento, nas hipóteses do art. 149 do CTN, até o término do prazo decadencial, conforme dispõe o parágrafo único desse dispositivo legal; **B:** correta, conforme o art. 201 do CTN; **C:** correta, pois a dívida ativa tributária refere-se a créditos de natureza tributária – art. 201 do CTN. Importante notar que existe a dívida ativa não tributária, relativa, como diz o nome, a créditos de natureza não tributária – art. 2º da Lei 6.830/1980; **D:** correta, já que não há sigilo fiscal em relação à inscrição em dívida ativa – art. 198, § 3º, II, do CTN; **E:** correta, nos termos do art. 204 do CTN.

Gabarito "A".

(FGV – 2010) A respeito das nulidades no processo administrativo fiscal, de acordo com o Decreto n. 70.235/1972, assinale a afirmativa incorreta.

(A) São nulos os atos e termos lavrados por pessoa incompetente.
(B) A nulidade de qualquer ato prejudica todos os posteriores que dele diretamente dependam ou não.
(C) São nulos os despachos e decisões proferidos por autoridade incompetente ou com preterição do direito de defesa.
(D) A nulidade será declarada pela autoridade competente para praticar o ato ou julgar a sua legitimidade.
(E) Quando puder decidir do mérito a favor do sujeito passivo a quem aproveitaria a declaração de nulidade, a autoridade julgadora não a pronunciará nem mandará repetir o ato ou suprir-lhe a falta.

A: correta, conforme o art. 59, I, do Decreto 70.235/1972; **B:** incorreta, devendo ser assinalada, pois a nulidade de qualquer ato só prejudica os posteriores que dele diretamente dependam ou sejam consequência – art. 59, § 1º, do Decreto 70.235/1972; **C:** correta, conforme o art. 59, II, do Decreto 70.235/1972; **D:** correta, nos exatos termos do art. 61 do Decreto 70.235/1972; **E:** correta, conforme o princípio do *pas de nullité sans grief* (= não há nulidade se não há prejuízo), previsto no art. 59, § 3º, do Decreto 70.235/1972.

Gabarito "B".

(FGV – 2010) Analise as afirmativas a seguir:

I. A consulta fiscal tem como fundamento de validade o direito de petição insculpido no artigo 5º, inciso XXXIV, da Constituição Federal, razão pela qual é correta a afirmação de que qualquer pessoa, física ou jurídica, goza de legitimidade para sua formulação perante os órgãos da administração fazendária, independente de sua sujeição aos termos de uma dada norma tributária.
II. Em atendimento ao princípio do formalismo moderado a petição de consulta poderá ser apresentada por escrito ou oralmente, para posterior redução a termo, no domicílio tributário do consulente, ao órgão da entidade incumbida de administrar o tributo sobre que versa.
III. Do momento do protocolo da consulta até sua decisão final o Fisco possui a faculdade de instaurar procedimento de fiscalização e promover o lançamento de ofício necessário a prevenir a decadência relativa à espécie tributária consultada.

Assinale:

(A) se somente a afirmativa I estiver correta.
(B) se somente as afirmativas I e III estão corretas.
(C) se nenhuma afirmativa estiver correta.
(D) se somente a afirmativa III estiver correta.
(E) se somente a afirmativa II estiver correta.

I: incorreta, pois a consulta se sujeita a procedimento regulamentar, sem que isso ofenda o direito à petição, conforme os arts. 46 e seguintes do Decreto 70.235/1972 (Decreto este relativo ao processo administrativo fiscal federal); **II:** incorreta, pois, apesar de o procedimento administrativo fiscal observar, em boa medida, o princípio da informalidade (ou princípio da formalidade mitigada), a consulta deverá ser formulada sempre por escrito – art. 47 do Decreto 70.235/1972; **III:** incorreta em relação à fiscalização, pois, em regra, nenhum procedimento fiscal será instaurado contra o sujeito passivo relativamente à espécie consultada, a partir da apresentação da consulta até o trigésimo dia subsequente à data da ciência: de decisão de primeira instância da qual não haja sido interposto recurso (inc. I) ou de decisão de segunda instância (inc. II) – art. 48 do Decreto 70.235/1972 (ver exceção no art. 49 do mesmo Decreto).

Gabarito "C"

(FGV – 2010) Em relação à dívida ativa, assinale a afirmativa incorreta.

(A) Presume-se fraudulenta a alienação ou oneração de bens ou rendas, ou seu começo, por sujeito passivo em débito para com a Fazenda Pública, por crédito tributário regularmente inscrito como dívida ativa, exceção feita à hipótese de terem sido reservados, pelo devedor, bens ou rendas suficientes ao total pagamento do débito.
(B) A ação para cobrança do crédito tributário prescreve em cinco anos, contados de sua constituição definitiva, assim entendido como a data de sua inscrição em dívida ativa.
(C) Não é vedada a divulgação, por parte da Fazenda Pública ou de seus servidores, de informações relativas a inscrições em dívida ativa da Fazenda Pública.
(D) O termo de inscrição em dívida ativa, autenticado pela autoridade competente, indicará obrigatoriamente a origem e natureza do crédito, mencionada especificamente a disposição da lei em que seja fundado.
(E) A dívida regularmente inscrita goza da presunção de certeza e liquidez e tem o efeito de prova pré-constituída.

A: correta, pois reflete o disposto no art. 185 do CTN; **B:** incorreta, devendo ser assinalada, pois a inscrição em dívida ativa não indica o momento da constituição definitiva do crédito tributário. A constituição definitiva se dá com a notificação do lançamento ou, caso haja recurso do sujeito passivo contra o lançamento, no momento da decisão administrativa definitiva – ver a Súmula Vinculante 24/STF ("Não se tipifica crime material contra a ordem tributária, previsto no art. 1º, incisos I a IV, da Lei 8.137/90, antes do lançamento definitivo do tributo") que, apesar de tratar de crimes tributários, adota o entendimento de que a constituição definitiva do crédito se dá ano final do processo administrativo em que se discute o lançamento; **C:** correta, pois não há sigilo fiscal em relação à inscrição em dívida ativa – art. 198, § 3º, II, do CTN; **D:** correta, em conformidade com o art. 202, III, do CTN; **E:** correta, pois a presunção *iuris tantum* (relativa) consta do art. 204 do CTN, podendo ser afastada por prova inequívoca a cargo do sujeito passivo ou de terceiro interessado (parágrafo único do dispositivo legal).

Gabarito "B"

(FGV – 2010) A jurisprudência administrativa federal vem, reiteradamente, decidindo que:

I. É inválida a ciência da notificação por via postal realizada no domicílio fiscal eleito pelo contribuinte, confirmada com a assinatura do recebedor da correspondência, ainda que este não seja o representante legal do destinatário.
II. É nula, por vício formal, a notificação de lançamento que não contenha a identificação da autoridade que a expediu.
III. A ausência da indicação da data e da hora de lavratura do auto de infração não invalida o lançamento de ofício quando suprida pela data da ciência.

Com base nas afirmativas acima, é correto afirmar que:

(A) todas as afirmativas estão corretas.
(B) somente as afirmativas I e II estão corretas.
(C) somente a afirmativa II está correta.
(D) somente as afirmativas II e III estão corretas.
(E) somente a afirmativa I está correta.

I: incorreta, pois a ciência pelo recebedor da correspondência no domicílio fiscal é válida, ainda que não seja o representante legal do destinatário; **II:** correta, pois a identificação da autoridade lançadora é essencial para que o sujeito passivo possa aferir sua competência para o ato – art. 142 do CTN e art. 10, VI, do Decreto 70.235/1972; **III:** correta, pois a data da ciência aposta dentro do prazo decadencial demonstra a validade do lançamento – art. 173 do CTN.

Gabarito "D"

(FGV – 2010) Não se configura como princípio aplicável ao procedimento de fiscalização tributária:

(A) a inquisitoriedade.
(B) o formalismo moderado.
(C) o devido processo legal.
(D) a celeridade.
(E) o dever de colaboração.

Importante notar que o procedimento de fiscalização tributária refere-se à investigação dos sujeitos passivos pela autoridade fiscal, para, eventualmente, lançar o crédito (autuar). Não se confunde com o processo administrativo fiscal, iniciado, em regra, pela impugnação do lançamento pelo sujeito passivo, em que se observam os princípios do contraditório e da ampla defesa – art. 5º, LV, da CF. **A:** correta. Na fase fiscalizatória (preparatória do lançamento), aplica-se a inquisitoriedade, ou seja, a autoridade fiscal deve investigar os contribuintes, garantindo-se a ampla defesa, posteriormente, no momento do processo administrativo fiscal (caso o lançamento realizado ao fim do procedimento de fiscalização venha a ser impugnado administrativamente); **B:** correta, pois tanto o procedimento fiscalizatório como o processo administrativo fiscal observam, em boa medida, o princípio da informalidade (ou princípio da formalidade mitigada ou reduzida) – ver art. 2º do Decreto 70.235/1972; **C:** incorreta, devendo ser assinalada, pois o devido processo legal é observado na fase do processo administrativo fiscal (quando há recurso administrativo do sujeito passivo contra o lançamento efetuado – art. 5º, LV, da CF), mas não na fase do procedimento fiscalizatório (quando o Fisco ainda está investigado o sujeito passivo, para fins de eventual lançamento); **D:** correta, pois a fiscalização deve observar o princípio da celeridade – ver o art. 196, *caput, in fine*, do CTN; **E:** correta, pois todos que detém informações relevantes para a administração tributária devem colaborar com a atividade fiscalizatória – arts. 194, parágrafo único, e 197 do CTN.

Gabarito "C"

(FGV – 2010) A respeito da preclusão, considerando a legislação federal aplicável ao Processo Administrativo Tributário, assinale a alternativa correta.

(A) A preclusão é incompatível com o princípio da verdade material perseguido pelo processo administrativo tributário e, portanto, a ele inaplicável, conforme já pacificamente reconhecido pelo Judiciário.
(B) A aplicação do instituto da preclusão no processo administrativo tributário, conforme expressa disposição legal, é admitida.
(C) Preclusão implica a perda do direito de o contribuinte promover qualquer tipo de medida judicial, no caso de a decisão em última instância, no processo administrativo, lhe ser desfavorável.
(D) A preclusão não tem relação alguma com a produção de provas no curso do processo administrativo.
(E) A preclusão é um instituto aplicável exclusivamente ao processo judicial.

A e **E:** incorretas, pois, apesar de crítica doutrinária, o processo administrativo tributário também observa a preclusão, para garantir a sua efetiva e a célere evolução em direção à decisão final; **B:** correta, nos termos do art. 16, § 4º, do Decreto 70.235/1972 (com força de lei – dispositivo incluído pela Lei 9.532/1997); **C:** incorreta, pois a decisão administrativa contrária ao particular não afasta o acesso ao Poder Judiciário – art. 5º, XXXV, da CF; **D:** incorreta, pois, apesar de haver discussão doutrinária, a legislação impõe o ônus da preclusão para fins de dilação probatória no processo administrativo fiscal – art. 16, § 4º, do Decreto 70.235/1972.

Gabarito "B"

(FGV – 2010) As alternativas a seguir apresentam diversos princípios que norteiam o processo administrativo tributário, à exceção de uma. Assinale-a.

(A) Princípio da verdade formal.
(B) Princípio da verdade material.
(C) Princípio da vinculação da atividade administrativa.
(D) Princípio da ampla defesa.
(E) Princípio do contraditório.

A: incorreta, devendo ser assinalada, pois o processo administrativo fiscal observa o princípio da verdade material, buscando-se esclarecer os fatos realmente ocorridos; **B:** correta, conforme comentário à alternativa anterior; **C:** correta, pois os atos das autoridades administrativas são vinculados, ou seja, não há margem para juízo de conveniência e oportunidade no processo administrativo fiscal (não há discricionariedade); **D** e **E:** corretas, pois o processo administrativo, assim como o judicial, deve observar a ampla defesa e o contraditório, nos termos do art. 5º, LV, da CF.

Gabarito "A"

(FGV – 2010) Analise as afirmativas a seguir:

I. Em se tratando de processo administrativo tributário, o princípio da ampla defesa garante ao contribuinte a apreciação de toda e qualquer matéria relativa aos aspectos constitucionais.
II. Vige no processo administrativo tributário o princípio da inquisitoriedade, posto que dotado de viés meramente investigatório das práticas adotadas pelos contribuintes.
III. Reza o princípio do formalismo moderado que os atos do processo administrativo não dependem de forma determinada senão quando a lei expressamente o exigir.

Assinale:

(A) se somente a afirmativa I estiver correta.
(B) se somente as afirmativas I e II estiverem corretas.
(C) se somente as afirmativas I e III estiverem corretas.
(D) se somente a afirmativa II estiver correta.
(E) se somente a afirmativa III estiver correta.

I: incorreta, pois há forte entendimento de que os fundamentos constitucionais dos pleitos dos contribuintes não são amplamente apreciados no processo administrativo. Por exemplo, o órgão julgador federal não pode afastar a aplicação de lei por considerá-la inconstitucional – art. 26-A do Decreto 70.235/1972; **II:** incorreta, pois a inquisitoriedade aplica-se, somente, à fase fiscalizatória (= procedimento de fiscalização tributária – preparatória do lançamento), e não ao processo administrativo fiscal (iniciado, em regra, pela impugnação do sujeito passivo contra a notificação do lançamento ou auto de infração), em que se garante o contraditório e a ampla defesa – art. 5º, LV, da CF; **III:** correta. O processo administrativo fiscal observa, em boa medida, o princípio da informalidade, sendo que não há a rigidez do processo judicial, por exemplo. Outros princípios, muito citados, que regem o processo administrativo são legalidade, impessoalidade, contraditório, ampla defesa, verdade material, livre convencimento do julgador (desde que fundamentado) e oficialidade (ou impulso oficial).

Gabarito "E"

(FGV – 2010) De acordo com o Decreto nº 70.235/1972, o Auto de Infração lavrado pelo agente da Administração não conterá, obrigatoriamente:

(A) a assinatura do autuante e a indicação de seu cargo ou função e o número de matrícula.
(B) a determinação da exigência e a intimação para cumpri-la ou impugná-la no prazo de quinze dias.
(C) a qualificação do autuado, além do local, data e hora da lavratura.
(D) a disposição legal infringida e a penalidade aplicável.
(E) a descrição do fato.

A, C, D e **E:** essas alternativas indicam requisitos essenciais para a lavratura do auto de infração, conforme o art. 10, VI, I, IV e III, respectivamente, do Decreto 70.235/1972; **B:** alternativa a ser indicada, pois essa determinação não é elencada como essencial para a lavratura do auto – art. 10 do Decreto 70.235/1972.

Gabarito "B"

(FGV – 2010) De acordo com o Decreto nº 70.235/1972 a impugnação ao lançamento formulada pelo sujeito passivo:

(A) poderá ser apresentada oralmente e posteriormente reduzida a termo, em obediência ao princípio da celeridade.
(B) deverá apresentar as provas documentais das quais o contribuinte dispuser no momento, restando-lhe assegurado o direito de acostar quaisquer outros documentos, em quaisquer das fases processuais, em atendimento ao princípio da ampla defesa e verdade material.
(C) deverá manifestar, caso existente, interesse quanto à realização de provas, restando-lhe assegurado, quando da fase de preparação e instrução, apontar pormenorizadamente as diligências, ou perícias que pretenda sejam efetuadas, expondo-lhe os motivos que as justifiquem.
(D) deverá mencionar a autoridade julgadora a quem é dirigida bem como a qualificação do impugnante.
(E) deverá promover impugnação, ainda que genérica, da matéria controvertida em homenagem aos princípios da eventualidade e do formalismo moderado.

A: incorreta, pois a impugnação deverá ser formalizada por escrito – art. 15 do Decreto 70.235/1972; **B:** incorreta, pois os documentos devem ser juntados à impugnação inicialmente, sob pena de preclusão – arts. 15 e 16, § 4º, do Decreto 70.235/1972 (ver as exceções no último dispositivo indicado); **C:** incorreta, pois a impugnação deve indicar as diligências ou perícias que o impugnante pretenda sejam efetuadas, expostos os motivos que as justifiquem, com a formulação dos quesitos referentes aos exames desejados, assim como, no caso de perícia, o nome, o endereço e a qualificação profissional do seu perito – art. 16, IV, e § 1º, do Decreto 70.235/1972; **D:** correta, pois esses são elementos essenciais a serem indicados na impugnação – art. 16, I e II, do Decreto 70.235/1972; **E:** incorreta, pois será considerada como não impugnada a matéria que não tenha sido expressamente contestada pelo impugnante – art. 17 do Decreto 70.235/1972.

Gabarito "D"

(FGV – 2010) Com relação à jurisprudência administrativa federal, analise as afirmativas a seguir:

I. É válido o lançamento formalizado por Auditor-Fiscal da Receita Federal do Brasil de jurisdição diversa da do domicílio tributário do sujeito passivo.

II. O CARF – Conselho Administrativo de Recursos Fiscais, é competente para se pronunciar sobre controvérsias referentes ao Processo Administrativo de Representação Fiscal para Fins Penais.

III. No processo administrativo fiscal não se aplica a prescrição intercorrente.

Assinale:

(A) se todas as afirmativas forem verdadeiras.
(B) se somente a afirmativa I for verdadeira.
(C) se somente a afirmativa III for verdadeira.
(D) se somente a afirmativa II for verdadeira.
(E) se somente as afirmativas I e III forem verdadeiras.

I: correta, considerando que o auto seja lavrado por Auditor-Fiscal da Receita Federal (isso ocorre com frequência em caso de grandes operações em determinadas regiões do país, com deslocamento de servidores de outras localidades pelo território nacional – art. 9º, § 2º, do Decreto 70.235/1972); **II:** incorreta, pois não há essa competência – art. 25, II, do Decreto 70.235/1972; **III:** correta, pois não há disposição legal nesse sentido. O processo administrativo fiscal suspende a exigibilidade do crédito tributário (art. 151, III, do CTN) e, portanto, o prazo prescricional para sua cobrança (princípio da *actio nata*). Note que a prescrição intercorrente foi construção jurisprudencial (no processo judicial), posteriormente acolhida pela legislação referente à execução fiscal – art. 40, § 4º, da Lei 6.830/1980.

Gabarito "E"

(FGV – 2010) Com relação ao Processo Administrativo Tributário, analise as afirmativas a seguir.

I. Caso o contribuinte tenha ingressado com ação judicial contestando a cobrança de determinado tributo e, posteriormente, seja autuado pelas autoridades fiscais por este mesmo tributo, deverá necessariamente optar entre dar seguimento ao processo administrativo ou à ação judicial.

II. É garantido expressamente na Constituição Federal o direito de a Fazenda Pública recorrer ao Judiciário para rediscutir matéria fática e jurídica, na hipótese de ser a decisão administrativa em última instância favorável ao contribuinte.

III. O contribuinte que se opuser à lavratura do auto de infração poderá, ao invés de impugná-lo administrativamente, ingressar com ação anulatória de débito fiscal, o que, contudo, implicará renúncia de discussão na via administrativa da matéria objeto da ação judicial.

Assinale:

(A) se todas as afirmativas estiverem corretas.
(B) se apenas a afirmativa I estiver correta.
(C) se apenas a afirmativa II estiver correta.
(D) se apenas a afirmativa III estiver correta.
(E) se somente as afirmativas I e III estiverem corretas.

I: incorreta, pois a propositura de ação judicial implica renúncia ao poder de recorrer na esfera administrativa e desistência do recurso acaso interposto – art. 38, parágrafo único, da Lei 6.830/1980; **II:** incorreta, pois o entendimento dominante é de que a decisão definitiva na esfera administrativa favorável ao contribuinte não pode ser impugnada judicialmente pelo Fisco (parte-se da premissa de que se a administração julgou a demanda administrativa em favor do contribuinte, seria paradoxal desafiar sua própria decisão no Poder Judiciário); **III:** correta, conforme o art. 38, parágrafo único, da Lei 6.830/1980.

Gabarito "D"

(FGV – 2010) Com relação ao duplo grau de cognição assegurado ao Processo Administrativo Tributário não é correto afirmar que:

(A) garante a revisão, mediante recurso, dos julgamentos administrativos.
(B) fundamenta-se no artigo 5º, inciso LV da Constituição Federal de 1988, que garante o contraditório e a ampla defesa, com os recursos inerentes, tanto no processo judicial como no administrativo.
(C) assegura a revisão da decisão administrativa pelo Poder Judiciário.
(D) impede que União, Estados, Distrito Federal e Municípios estabeleçam "instância única" para julgamento das lides administrativas.
(E) é assegurado indistintamente a todos os contribuintes.

A: correta, pois descreve a principal característica do duplo grau de cognição; **B:** correta, conforme o dispositivo constitucional mencionado; **C:** incorreta, devendo ser assinalada, pois o duplo grau refere-se à mesma esfera de julgamento (revisão na própria esfera administrativa). A revisão pelo Poder Judiciário relaciona-se ao princípio da inafastabilidade da jurisdição – art. 5º, XXXV, da CF; **D:** correta, conforme comentários às alternativas "A" e "B"; **E:** correta, pois a norma processual deve ser impessoal.

Gabarito "C"

(FGV – 2010) Assinale a afirmativa incorreta.

(A) a autoridade fiscal não poderá exercer atos de fiscalização em relação aos tabeliães, escrivães e demais serventuários, que dispõe de foro próprio para atos fiscalizatórios.
(B) o sujeito tem o dever de colaborar com a administração na sua tarefa de fiscalização.
(C) a autoridade administrativa tem o dever de investigar.
(D) acordos, contratos e convenções firmados entre particulares não poderão ser opostos ao Fisco para eximir-se do cumprimento da obrigação tributária.
(E) os bancos, casas bancárias, caixas econômicas e demais instituições financeiras poderão ser obrigadas, mediante intimação escrita, a prestar a autoridade administrativa as informações de que disponham em relação a bens, negócios ou atividades de terceiros, ressalvados, contudo, os fatos sobre os quais o informante esteja legalmente obrigado a preservar o segredo em razão de cargo, ofício, função, atividade ou profissão, consoante o disposto no próprio Código Tributário Nacional.

A: incorreta, devendo ser assinalada, pois todos que tenham relação com a tributação, ou com os fatos relacionados à incidência tributária, se submetem, igualmente, à autoridade fiscalizadora, observadas as garantias constitucionais e o sigilo inerente a determinadas atividades – arts. 194 e 195 do CTN; **B:** correta, conforme o dever de colaboração, segundo o qual todos que têm informações relevantes para a fiscalização devem prestá-las quando solicitadas – arts. 194, parágrafo único, e 197 do CTN; **C:** correta, pois a atividade fiscalizatória é vinculada, inexistindo margem para juízo de conveniência e oportunidade (não há discricionariedade), vale dizer, o Fisco não pode deixar de fiscalizar – art. 3º, *in fine*, do CTN; **D:** correta, pois os elementos da obrigação tributária são fixados exclusivamente por lei, inalterável por acordos particulares de vontade – art. 123 do CTN; **E:** correta, conforme dispõe o art. 197, II, e parágrafo único, do CTN.

Gabarito "A"

(FGV – 2010) Assinale a afirmativa incorreta.

(A) É vedada a divulgação, por parte da Fazenda Pública ou de seus servidores, de informação obtida em razão de ofício sobre a situação econômica ou financeira do sujeito passivo.
(B) É vedada a divulgação de informações relativas a representações fiscais para fins penais.
(C) Não é vedada a divulgação de informações relativas a inscrições na Dívida Ativa.
(D) Não é vedada a divulgação de informações relativas a parcelamento ou moratória.
(E) Admite-se o intercâmbio de informação sigilosa no âmbito da Administração Pública, desde que realizado mediante processo regularmente instaurado, garantindo-se o sigilo da informação.

A: correta, pois descreve o cerne do sigilo fiscal – art. 198 do CTN; **B:** incorreta, devendo ser assinalada, pois tais informações não são abrangidas pelo sigilo fiscal – art. 198, § 3º, I, do CTN; **C** e **D:** corretas, pois essas informações não são atingidas pelo sigilo fiscal – art. 198, § 3º, II e III, do CTN, respectivamente; **E:** correta, pois o intercâmbio é permitido, nesses termos, conforme o art. 198, § 1º, II, e § 2º, do CTN.

Gabarito "B"

(FGV – 2010) Com relação ao Processo Administrativo Tributário, analise as afirmativas a seguir.

I. Caso o contribuinte tenha ingressado com ação judicial contestando a cobrança de determinado tributo e, posteriormente, seja autuado pelas autoridades fiscais por este mesmo tributo, deverá necessariamente optar entre dar seguimento ao processo administrativo ou à ação judicial.
II. É garantido expressamente na Constituição Federal o direito de a Fazenda Pública recorrer ao Judiciário para rediscutir matéria fática e jurídica, na hipótese de ser a decisão administrativa em última instância favorável ao contribuinte.
III. O contribuinte que se opuser à lavratura do auto de infração poderá, ao invés de impugná-lo administrativamente, ingressar com ação anulatória de débito fiscal, o que, contudo, implicará renúncia de discussão na via administrativa da matéria objeto da ação judicial.

Assinale:

(A) se todas as afirmativas estiverem corretas.
(B) se apenas a afirmativa I estiver correta.
(C) se apenas a afirmativa II estiver correta.
(D) se apenas a afirmativa III estiver correta.
(E) se somente as afirmativas I e III estiverem corretas.

I: incorreta, pois o ingresso na esfera judicial implica renúncia do sujeito passivo ao debate na esfera administrativa – art. 38, parágrafo único, da Lei 6.830/1980; **II:** incorreta, pois, embora haja debate doutrinário e jurisprudencial a respeito dessa possibilidade, é certo que não há garantia **expressa** na Constituição em favor da Fazenda Pública; **III:** correta, pois, como já dito, o acesso ao Poder Judiciário implica renúncia do sujeito passivo ao recurso administrativo – art. 38, parágrafo único, da Lei 6.830/1980.

Gabarito "D"

(FGV – 2010) Com relação ao duplo grau de cognição assegurado ao Processo Administrativo Tributário não é correto afirmar que:

(A) garante a revisão, mediante recurso, dos julgamentos administrativos.
(B) fundamenta-se no artigo 5º, inciso LV da Constituição Federal de 1988, que garante o contraditório e a ampla defesa, com os recursos inerentes, tanto no processo judicial como no administrativo.
(C) assegura a revisão da decisão administrativa pelo Poder Judiciário.
(D) impede que União, Estados, Distrito Federal e Municípios estabeleçam "instância única"para julgamento das lides administrativas.
(E) é assegurado indistintamente a todos os contribuintes.

Todas as alternativas referem-se corretamente ao duplo grau de cognição no processo administrativo tributário, com exceção da "C". Isso porque o duplo grau refere-se a duas instâncias na própria administração (e não de recurso ao Judiciário). De qualquer forma, o acesso ao Poder Judiciário (inafastabilidade da tutela jurisdicional) é garantido ao contribuinte nos termos do art. 5º, XXXV, da CF.

Gabarito "C"

(FGV – 2009) A respeito da *função de fiscalização* exercida pelo fiscal de rendas, assinale a alternativa correta.

(A) Na qualidade de autoridade administrativa, ao fiscal de rendas é facultado adentrar a casa de sujeito passivo de obrigação tributária para apreender livros fiscais e comerciais.
(B) Aplica-se a Súmula Vinculante nº 14 do STF, que garante ao defensor amplo acesso aos elementos de prova documentados em procedimento investigatório realizado por órgão de competência de polícia judiciária, nas atividades de fiscalização do fiscal de rendas.
(C) O ajuizamento de ação penal sobre determinado fato, objeto de fiscalização pelo fiscal de rendas, determina a imediata cessação da atividade fiscalizatória pela autoridade administrativa.
(D) O fiscal de rendas pode realizar interceptação telefônica, desde que haja a devida motivação no processo fiscalizatório.
(E) A omissão injustificada do fiscal de rendas em fiscalizar caracteriza abuso de poder.

A: incorreta, pois a casa das pessoas é inviolável – art. 5º, XI, da CF. O STF entende, inclusive, que se os livros fiscais estiverem guardados em parte do escritório ou estabelecimento empresarial inacessível ao público em geral, o agente da administração tributária não pode alcançá-los sem ordem judicial; **B:** incorreta, pois embora o contraditório deva ser observado no processo administrativo tributário, a garantia da Súmula Vinculante 14/STF ("É direito do defensor, no interesse do representado, ter acesso amplo aos elementos de prova que, já documentados em procedimento investigatório realizado por órgão com competência de polícia judiciária, digam respeito ao exercício do direito de defesa") não se aplica à atividade de fiscalização em sentido estrito; **C:** incorreta. Na verdade, o STF entende que, caso a tipificação do crime dependa da configuração da evasão fiscal (crime tributário material), é a ação penal que fica inviabilizada, antes da conclusão do processo administrativo; **D:** incorreta, pois a interceptação telefônica só é admitida em investigação criminal ou instrução processual penal, com ordem judicial – art. 5º, XII, da CF; **E:** correta, pois, em tese, o descumprimento do dever inafastável de fiscalizar pode configurar abuso de poder (ou até crime).

Gabarito "E".

(FGV – 2009) Em relação à *fiscalização tributária*, analise as afirmativas a seguir:

I. Determina o Código Tributário Nacional que a autoridade administrativa que presidir quaisquer diligências de fiscalização deverá, preferencialmente, lavrar termo autônomo de início do respectivo procedimento, cuja cópia será entregue ao sujeito fiscalizado; caso haja recusa de recebimento do aludido termo pelo contribuinte, o início da ação fiscal há de ser certificado em um dos livros fiscais a serem exibidos na forma da legislação.

II. Somente antes do início de qualquer procedimento de fiscalização é possível ao contribuinte se socorrer do benefício da denúncia espontânea, afastando-se a responsabilidade por infrações à legislação tributária, desde que haja o pagamento integral do tributo devido acrescido dos juros de mora.

III. O artigo 195 do CTN reza que "para os efeitos da legislação tributária, não têm aplicação quaisquer disposições legais excludentes ou limitativas do direito de examinar mercadorias, livros, arquivos, documentos, papéis e efeitos comerciais ou fiscais, dos comerciantes industriais ou produtores, ou da obrigação destes de exibi-los". Com base nesse dispositivo, o Supremo Tribunal Federal editou súmula de modo a consolidar o entendimento de que se sujeitam à fiscalização tributária ou previdenciária quaisquer livros comerciais, ilimitadamente, independentemente dos pontos objeto da investigação.

Assinale:

(A) se somente a afirmativa I estiver correta.
(B) se somente a afirmativa II estiver correta.
(C) se somente a afirmativa III estiver correta.
(D) se somente as afirmativas I e III estiverem corretas.
(E) se todas as afirmativas estiverem corretas.

I: incorreta, pois a lavratura do termo de início da fiscalização é obrigatória (não há falar em "preferencialmente", como consta da assertiva) – art. 196 do CTN; **II:** correta, pois descreve adequadamente a denúncia espontânea – art. 138 do CTN; **III:** incorreta, pois, nos termos da Súmula do 439/STF, "estão sujeitos à fiscalização tributária ou previdenciária quaisquer livros comerciais, *limitado o exame aos pontos objeto da investigação"*.

Gabarito "B".

(FGV – 2009) A Lei Complementar nº 104/2001 inseriu o parágrafo único ao artigo 116 do Código Tributário Nacional, tendo por objetivo restringir a prática do planejamento tributário, ainda que este fosse conduzido mediante o uso de estruturas e procedimentos perfeitamente lícitos – a chamada elisão tributária. A redação do referido dispositivo gerou grande polêmica ao condicionar a desconsideração dos atos e negócios jurídicos praticados pelo contribuinte à hipótese de "dissimulação", pois, para parte expressiva da doutrina jurídica, dissimulação é forma de simulação relativa, figura que se relaciona com a chamada evasão tributária (ilícita) e não com a elisão. Na tentativa de regulamentar a aplicação da cláusula antielisiva (pretensamente contida no parágrafo único do artigo 116 do CTN), foi editada a Medida Provisória nº 66, que acabou, nesta parte, não sendo convertida em lei (Lei 10.637). A esse respeito, é correto afirmar que:

(A) a autoridade administrativa jamais poderá desconsiderar atos praticados pelo contribuinte no contexto do chamado "planejamento tributário", sejam eles lícitos ou ilícitos, justamente por não ter sido formalmente regulamentado o parágrafo único do artigo 116 do Código Tributário Nacional.
(B) a autoridade administrativa está plenamente autorizada a aplicar o parágrafo único do artigo 116 do Código Tributário Nacional, ainda que tal dispositivo não tenha sido regulamentado por lei ordinária.
(C) a Medida Provisória nº 66 previa procedimento especial para que a autoridade administrativa pudesse desconsiderar os atos praticados pelo contribuinte, como, por exemplo, dar a oportunidade ao contribuinte para se manifestar, antes de lavrado o auto de infração, sobre as razões do procedimento por ele adotado, situação que em nada mudou com a não conversão da Medida Provisória nº 66 em lei, já que o Decreto 70.235/1972 prevê tal situação expressamente.
(D) em decorrência da não conversão da Medida Provisória nº 66 em lei e, consequentemente, da não regulamentação do parágrafo primeiro do artigo 116 do Código Tributário Nacional, a autoridade administrativa somente poderá desconsiderar atos e negócios jurídicos praticados pelo contribuinte, para então requalificá-los, quando houver algum tipo de desvio, como, por exemplo, simulação, abuso de direito e abuso de forma.
(E) no Brasil, nunca houve a necessidade de uma cláusula geral antielisiva, pois sempre se entendeu, tanto no âmbito doutrinário como no jurisprudencial, que a substância econômica do negócio deveria prevalecer sobre a forma.

A: incorreta, pois se há ilicitude, é evidente que a prática deve ser coibida. Por exemplo, se efetivamente há dissimulação do fato gerador (= tenta-se ocultar sua ocorrência), o Fisco deverá realizar a autuação e cobrança do tributo correspondente; **B:** incorreta, pois o art. 116, parágrafo único, do CTN prevê expressamente a regulamentação por lei ordinária, o que torna questionável a aplicação imediata do dispositivo legal; **C:** incorreta, pois a lavratura do auto de infração não pressupõe oportunidade de explicação por parte do fiscalizado. O contraditório será observado no procedimento administrativo subsequente; **D:** correta, pois a desconsideração, nessas hipóteses, decorre dos princípios gerais do direito e das disposições do Código Civil relativos à existência e à validade dos atos jurídicos. Por exemplo, se o Fisco afere que o contribuinte dissimulou (procurou ocultar) a ocorrência do fato gerador, a incidência deverá ser reconhecida, pois, nos termos do art. 167 do Código Civil é nulo o negócio jurídico simulado, mas subsistirá o que se dissimulou, se válido for na substância e na forma; **E:** incorreta, pois há forte entendimento doutrinário contrário à tributação baseada no substrato econômico dos fatos e negócios jurídicos (interpretação econômica).

Gabarito "D"

(FGV – 2009) Quanto à Elisão Fiscal é correto afirmar que:

(A) constitui procedimento lícito de economia de tributos, geralmente realizado antes da ocorrência do fato gerador.

(B) constitui procedimento dúbio que pode ser desqualificado e requalificado pela autoridade administrativa.

(C) constitui uma sucessão de atos ou negócios jurídicos realizados para dissimular a ocorrência do fato gerador.

(D) constitui prática atentatória ao princípio da solidariedade social e, portanto, inconstitucional.

(E) constitui mecanismo de economia fiscal, só possível quando a lei expressamente o permitir.

A: correta, pois a assertiva descreve exatamente a elisão fiscal (= planejamento fiscal), que não se confunde com evasão fiscal, que é ilícita; **B:** incorreta, pois se os atos e negócios são licitamente praticados, sem vícios que os maculem, devem ter sua validade reconhecida pelo Fisco; **C:** incorreta, pois dissimulação indica ocultação, intenção de esconder a ocorrência do fato gerador, o que deve ser desconsiderado pelo Fisco – art. 167 do Código Civil; **D:** incorreta, pois, como dito, a elisão fiscal é válida; **E:** incorreta. O planejamento tributário é construído a partir da legislação tributária existente, buscando-se os caminhos empresariais lícitos que onerem menos o contribuinte, de modo que não há necessidade de expressa permissão legal.

Gabarito "A"

(FGV – 2009) Agentes do Fisco Estadual apreenderam notas e livros fiscais, durante determinada atividade fiscalizadora na empresa Beta, sem estarem munidos de mandado judicial para tal fim. Esse procedimento é considerado:

(A) ilegal, pois qualquer apreensão de bem de empresa só pode ser feita através de mandado judicial.

(B) abusivo, por representar excesso do exercício do poder de fiscalização.

(C) inconstitucional, pois desta forma estariam quebrando o sigilo de dados da empresa.

(D) legal, sendo os documentos de exibição obrigatória pelo contribuinte.

(E) legal, se houver circunstância que o faça necessário, mas deve ser seguido do pedido ao Juiz que o convalide.

O Fisco tem o poder de apreender a documentação fiscal relativa à fiscalização em curso, independentemente de autorização judicial (art. 195 do CTN), podendo, conforme o caso, solicitar auxílio policial – art. 200 do CTN. É importante ressaltar, entretanto, que o STF tem entendimento no sentido de que a inviolabilidade da casa (art. 5º, XI, da CF) abrange as áreas não abertas ao público nos escritórios e estabelecimentos empresariais, de modo que, caso os livros e documentos lá se encontrem, será necessária autorização judicial.

Gabarito "D"

(FGV – 2008) Não são obrigados a prestar à autoridade administrativa todas as informações de que disponham com relação aos bens, negócios ou atividades de terceiros:

(A) os tabeliães, escrivães e demais serventuários de ofício.

(B) os bancos públicos.

(C) as empresas de administração de bens.

(D) entidades ou pessoas que a lei designe, em razão de seu cargo, ofício, função, ministério, atividade ou profissão, quando o informante esteja legalmente obrigado a observar segredo em razão de cargo, ofício, função, ministério, atividade ou profissão.

(E) os bancos privados.

Com exceção da assertiva "D", todas as demais indicam pessoas que devem fornecer informações ao Fisco, na forma do art. 197 do CTN.

Gabarito "D"

(FGV – 2007) Sobre o termo de início da fiscalização, é correto afirmar-se que:

(A) sua lavratura depende da abrangência da fiscalização

(B) a sua exigência depende da legislação do ente tributante

(C) é um mero requisito formal, e sua falta não gera qualquer irregularidade

(D) estabelece o início do prazo de decadência para a realização do lançamento

O início da fiscalização deve sempre ser documentado, nos termos o art. 196 do CTN. O art. 173, parágrafo único, do CTN dispõe que o início da fiscalização fixa termo inicial para o prazo decadencial – entende-se que essa norma aplica-se apenas para antecipar a contagem, em relação à regra geral do art. 173, I, do CTN.

Gabarito "D"

15. DÍVIDA ATIVA, INSCRIÇÃO, CERTIDÕES

(OAB/Exame Unificado – 2015.2) Após ser intimada da lavratura de um auto de infração visando à cobrança da Contribuição para o Financiamento da Seguridade Social (COFINS) dos últimos cinco anos, a pessoa jurídica XYZ Participações Ltda. verificou que o tributo não era devido e ofereceu impugnação ao auto de infração. Como irá participar de uma licitação, a pessoa jurídica em questão irá precisar de certidão de regularidade fiscal – no caso, Certidão Positiva de Débito com Efeito de Negativa (CPD-EN). Na hipótese, considerando que o contribuinte não possui outros débitos, assinale a afirmativa correta.

(A) A impugnação ao auto de infração exclui o crédito tributário, sendo possível a emissão da CPD-EN.

(B) A impugnação ao auto de infração, sem o pagamento do crédito, impede a emissão da CPD-EN.

(C) A pessoa jurídica XYZ Participações Ltda. somente terá direito à CPD-EN caso realize o depósito do montante integral.

(D) A impugnação ao auto de infração suspende a exigibilidade do crédito, sendo possível a emissão da CPD-EN.

A: incorreta, pois a impugnação suspende a exigibilidade do crédito, não o exclui, conforme art. 151, III, do CTN; **B:** incorreta, pois a suspensão decorre da impugnação administrativa, independentemente de garantia, depósito ou, muito menos, pagamento (se houvesse pagamento, haveria extinção) – Súmula Vinculante 21/STF, semelhante à Súmula 373/STJ; **C:** incorreta, conforme comentário à alternativa anterior; **D:** correta, conforme comentários anteriores.

Gabarito "D"

(OAB/Exame Unificado – 2006.2) Considere que, em razão de inadimplemento de obrigação tributária, relativa ao recolhimento do ICMS, tenham sido promovidas a inscrição em dívida ativa e o posterior aforamento de execução fiscal contra LM Livraria Ltda. A propósito dessas considerações e observadas as normas atinentes à administração tributária, assinale a opção correta.

(A) A lei determina que seja promovida a notificação do sujeito passivo acerca da inscrição do crédito tributário em dívida ativa.
(B) A certidão de dívida ativa regularmente lavrada contra LM Livraria Ltda. constitui título executivo extrajudicial e goza de presunção *iuris et de iure* de liquidez e certeza.
(C) Não constitui vício da certidão de dívida ativa a ausência de menção expressa quanto ao valor dos juros de mora e demais encargos, desde que conste a maneira de calculá-los.
(D) O pagamento de parte do débito tributário de LM Livraria Ltda. consubstanciado em certidão de dívida ativa afeta a liquidez da referida certidão.

A: incorreta, pois não existe, dentre as normas gerais de direito tributário, determinação legal nesse sentido – arts. 201 a 204 do CTN; **B:** incorreta, pois a presunção de certeza e liquidez é relativa, podendo ser ilidida por prova inequívoca, a cargo do sujeito passivo ou do terceiro a que aproveite – art. 204, parágrafo único, do CTN; **C:** correta, nos termos do art. 202, II, do CTN; **D:** incorreta, pois o pagamento parcial não afasta a presunção de liquidez e certeza, que subsiste pelo saldo – art. 204, parágrafo único, do CTN.

Gabarito "C"

(FGV – 2009) A lei poderá exigir que a prova da quitação de determinado tributo, quando exigível, seja feita por certidão negativa, expedida à vista de requerimento do interessado, que contenha todas as informações necessárias à identificação de sua pessoa, domicílio fiscal e ramo de negócio ou atividade, e que indique o período a que se refere o pedido. O contribuinte pode, ainda, obter a chamada certidão positiva com efeito de negativa, nas seguintes situações, à exceção de uma. Assinale-a.

(A) Ajuizar ação anulatória acompanhada do depósito do montante integral do crédito tributário.
(B) Ser considerado devedor de créditos ainda não vencidos.
(C) Ser credor da Fazenda Pública.
(D) Ter contra si ajuizada execução fiscal na qual tenha sido efetivada penhora.
(E) Celebrar parcelamento da dívida.

Todas as assertivas indicam casos em que pode ser emitida certidão positiva com efeito de negativa, conforme o art. 206 do CTN, exceto a hipótese de ser credor da Fazenda Pública. De fato, isso não significa que a exigibilidade do crédito está suspensa ou que a pretensão do Fisco está garantida, lembrando que não existe compensação automática de crédito público (caso do crédito tributário) com o privado. A compensação no âmbito tributário depende de lei autorizativa específica.

Gabarito "C"

(FGV – 2007) É certo afirmar-se que o crédito tributário como dívida ativa:

(A) gera a presunção de certeza e liquidez do crédito tributário
(B) estabelece termo para a fluência do juro de mora
(C) constitui em definitivo o crédito tributário
(D) torna imutável o lançamento

A assertiva "A" é a correta, pois reflete o disposto no art. 204, *caput*, do CTN.

Gabarito "A"

(FGV – 2007) Com relação à Administração Tributária e às Garantias e Privilégios do crédito tributário, assinale a afirmativa incorreta.

(A) A certidão em que constar a existência de crédito não vencido, no curso de cobrança executiva em que tenha sido efetivada a penhora, ou cuja exigibilidade tenha sido suspensa, será considerada "positiva, com efeito, de negativa".
(B) A dívida regularmente inscrita goza de presunção de certeza e liquidez e tem o efeito de prova pré-constituída. Assim, com base na alteração introduzida no CTN pela Lei Complementar 118/2005, presume-se fraudulenta a alienação ou oneração de bens ou rendas, ou seu começo, por sujeito passivo em débito para com a Fazenda Pública, por crédito tributário regularmente inscrito como dívida ativa.
(C) A penhora *on-line*, no Direito Tributário, encontra amparo no CTN e permite a decretação judicial da indisponibilidade dos bens e direitos do devedor, com a comunicação da decisão, preferencialmente por meio eletrônico, aos órgãos e entidades que promovem os registros de transferência de bens, a fim de que, no âmbito de suas atribuições, façam cumprir a ordem judicial.
(D) Segundo o CTN, os créditos tributários decorrentes de fatos geradores ocorridos no curso do processo de falência são considerados extraconcursais.
(E) A enumeração das garantias do crédito tributário pelo CTN é taxativa, pois não permite que outras garantias sejam previstas em lei.

A: correta, conforme o art. 206 do CTN; **B:** correta, nos termos dos arts. 204 e 185 do CTN; **C:** correta, conforme o art. 185-A do CTN; **D:** correta, pois esses créditos não entram no concurso de credores – art. 188 do CTN; **E:** incorreta, devendo ser assinalada, pois a enumeração do CTN não é taxativa, sendo que as leis podem fixar outras garantias – art. 183 do CTN.

Gabarito "E"

10. AÇÕES TRIBUTÁRIAS

(OAB/Exame Unificado – 2016.1) João foi citado, em execução fiscal, para pagamento do Imposto sobre a Propriedade Predial e Territorial Urbana ("IPTU") relativo ao imóvel em que reside e do qual é proprietário. Ocorre que o contribuinte pretende impugnar tal cobrança por meio de embargos à execução.

Tendo em vista a disciplina da Lei nº 6.830/80, tais embargos poderão ser apresentados no prazo de 30 dias, contados a partir

(A) da juntada aos autos do mandado de penhora devidamente cumprido.

(B) da sua citação.
(C) da data da intimação da penhora.
(D) da propositura da execução fiscal.

O prazo de 30 (trinta) dias para embargar a execução é contado a partir (i) do depósito, (ii) da juntada da prova da fiança bancária ou do seguro garantia ou (iii) da intimação da penhora. Por essa razão, a alternativa "C" é a correta.

Gabarito "C"

(OAB/Exame Unificado – 2015.1) Em 2007, a pessoa jurídica Y recebeu notificação para pagamento de débitos de Imposto sobre a Propriedade Predial e Territorial Urbana (IPTU). Em 2014, diante da constatação de que a contribuinte não havia apresentado qualquer impugnação e nem realizado o pagamento, o Município X ajuizou execução fiscal para a cobrança destes créditos. Considerando os fatos narrados e as disposições da Lei n2 6.830/80, o juiz, ao analisar a inicial da execução fiscal proposta pelo Fisco,

(A) poderá, de ofício, reconhecer e decretar a prescrição somente depois de ouvida a Fazenda Pública.
(B) poderá, de ofício, reconhecer e decretar a prescrição somente depois de ouvida a Fazenda Pública e a contribuinte.
(C) poderá decretar a prescrição de ofício, independentemente da prévia oitiva da Fazenda Pública.
(D) só poderá decretar a prescrição se esta vier a ser suscitada pela contribuinte.

A: incorreta, pois a prescrição do art. 174 do CTN pode ser decretada de ofício, sem prévia oitiva do exequente, nos termos do art. 219, § 5º, do CPC [Corresponde ao art. 487, II, do CPC/2015] – ver AgRg no AREsp 621.931/RJ; B: incorreta, pois desnecessária a oitiva, conforme comentário anterior; C: correta, conforme comentários anteriores; D: incorreta, pois pode ser decretada de ofício pelo juiz, conforme comentários anteriores.

Gabarito "C"

(OAB/Exame Unificado – 2014.1) A pessoa jurídica XYZ Participações S.A., ao verificar que havia recolhido a maior o Imposto sobre a Renda de Pessoas Jurídicas – IRPJ – dos últimos dois anos, peticionou administrativamente, requerendo a repetição do indébito. No entanto, a Receita Federal do Brasil negou o pedido administrativo.

Sobre a hipótese, assinale a afirmativa correta.

(A) O prazo para o contribuinte ajuizar ação anulatória é de 2 (dois) anos, a contar da data da decisão administrativa que indeferiu o pedido de repetição.
(B) O direito de pleitear a restituição extingue-se com o decurso do prazo de 10 (dez) anos, contados do pagamento espontâneo de tributo a maior.
(C) Para que o contribuinte assegure seu direito à restituição do indébito tributário, é necessário o prévio protesto.
(D) O contribuinte somente poderá receber o indébito reconhecido por ação ordinária por meio de precatório, não sendo possível o recebimento via compensação tributária.

A: correta, nos termos do art. 169 do CTN; **B:** incorreta, pois o prazo geral é de 5 anos, conforme o art. 168, I, do CTN; **C:** incorreta, pois a pleito de restituição independe de prévio protesto – art. 165, *caput*, do CTN; **D:** incorreta, pois é possível a compensação, desde que haja previsão legal, sendo inclusive viável a declaração desse direito em mandado de segurança – ver art. 170 do CTN e Súmula 213/STJ.

Gabarito "A"

(OAB/Exame Unificado – 2012.2) O Sr. Afrânio dos Santos, administrador da empresa "X", que atua no ramo industrial, percebeu ter efetuado pagamento do IPI maior que o efetivamente devido, ao longo de certo período.

Com base no cenário acima, para fins de aconselhar o administrador acerca da possibilidade de obtenção da restituição do montante recolhido a maior, assinale a afirmativa correta.

(A) Não é possível a restituição, pois o pagamento foi espontâneo, incidindo a máxima "quem paga mal paga duas vezes".
(B) Não é possível a restituição, pois, embora pago indevidamente, não cabe restituição de tributo indireto.
(C) Cabe apenas pedido administrativo de restituição, em razão do pagamento indevido.
(D) Cabe pedido judicial de repetição de indébito, desde que a empresa comprove ter assumido o referido encargo, sem tê-lo transferido a terceiro.

A: incorreta, pois o tributo indevidamente recolhido deve ser restituído pelo Fisco independentemente de prova de erro ou de prévio protesto, mesmo se o pagamento tenha sido feito espontaneamente – art. 165, I, do CTN; **B:** incorreta, pois o tributo indireto pode ser restituído, desde que o contribuinte comprove que assumiu o encargo econômico ou, alternativamente, que tenha recebido de quem assumiu esse ônus autorização para pedir a devolução – art. 166 do CTN; **C:** incorreta, pois o pedido de restituição pode ser realizado judicialmente, com base no princípio da inafastabilidade da tutela jurisdicional – art. 5º, XXXV, da CF; **D:** correta, conforme comentário à alternativa "C".

Gabarito "D"

(OAB/Exame Unificado – 2011.1) 53 A redação da Súmula Vinculante 28 ("É inconstitucional a exigência de depósito prévio como requisito de admissibilidade de ação judicial na qual se pretenda discutir a exigibilidade do crédito tributário") tem por escopo impedir a adoção de que princípio jurídico?

(A) Contraditório e ampla defesa.
(B) *Venire Contra Factum Proprium.*
(C) *Solve et Repete.*
(D) Exceção de contrato não cumprido.

O STF claramente fixou a Súmula Vinculante 28 porque o depósito prévio prejudica o acesso ao Poder Judiciário, violando o princípio da inafastabilidade da tutela jurisdicional ou do irrestrito acesso ao Judiciário (art. 5º, XXXV, da CF). Assim, a rigor, a Súmula não serve para "impedir a adoção" de princípio jurídico, mas sim para garantir a aplicação de um – ver PSV 37/DF (processo no STF que deu origem à Súmula). **A:** incorreta, pois a inexigibilidade do depósito não afasta o contraditório e a ampla defesa, pois garante o acesso ao Poder Judiciário; **B:** incorreta, pois a inexigibilidade do depósito não tem relação com a (im)possibilidade de agir de maneira contraditória; **C:** imprecisa. Ainda que se admita que o *pagar para depois pedir restituição* seja princípio (discordamos disso) e que ele seja aplicável aos depósitos judiciais, nada impede que o interessado realize o depósito judicial (embora não seja pressuposto para a ação), para suspender a exigibilidade do crédito tributário, por exemplo; **D:** incorreta, pois a inexigibilidade não tem relação com a prerrogativa de não se cumprir determinada prestação por inadimplência do outro contratante.

Gabarito "C"

(OAB/Exame Unificado – 2011.1) José dos Anjos ajuíza ação anulatória de débito fiscal após realizar depósito do montante integral do crédito que busca a anulação. Nesse sentido, é correto afirmar que

(A) caso o contribuinte saia vencido, caberá à Fazenda promover execução fiscal para fins de receber o crédito que lhe é devido.
(B) o depósito prévio do montante integral é requisito de admissibilidade da ação ajuizada por José dos Anjos.
(C) o depósito prévio do montante integral produz os efeitos de impedir a propositura da execução fiscal, bem como evita a fluência dos juros e a imposição de multa.
(D) o depósito do montante objeto de discussão judicial poderá ser levantado caso José dos Santos tenha seu pedido julgado procedente perante o juízo de primeiro grau.

A: incorreta, pois, no caso de o contribuinte sair vencido, a Fazenda Pública não precisa executar, já que o depósito é convertido em renda pública; **B:** incorreta, pois é pacífico o entendimento de que o depósito judicial não é pressuposto para a admissibilidade de ações (Súmula Vinculante 28/STF: "É inconstitucional a exigência de depósito prévio como requisito de admissibilidade de ação judicial na qual se pretenda discutir a exigibilidade de crédito tributário"); **C:** imprecisa. De fato, o depositante não responderá pelos juros no período em que o dinheiro ficou à disposição do juízo, razão pela qual a alternativa foi considerada correta pelo examinador. Ou seja, se o contribuinte perder a demanda, não precisará pagar mais nada a título de juros. Ocorre que o depósito será remunerado (incidirá juros) pela instituição financeira depositária (o depósito será levantado ou convertido em renda acrescido de juros) ou pelo próprio Tesouro Nacional (em caso de tributos federais – se o contribuinte vencer a demanda levantará o valor acrescido da SELIC); **D:** incorreta, pois o depósito somente poderá ser levantado pelo contribuinte se ele vencer a demanda em última instância, com decisão de mérito em seu favor, conforme a jurisprudência pacífica (ver EREsp 227.835/SP – STJ).

Gabarito "C"

(OAB/Exame Unificado – 2009.2) Assinale a opção correta com referência à cobrança judicial da dívida ativa da Fazenda Pública.

(A) A execução fiscal pode ser promovida contra o devedor, mas não contra o fiador.
(B) Em situação excepcional, a penhora poderá recair sobre estabelecimento empresarial.
(C) A dívida ativa da Fazenda Pública não abrange os juros de mora.
(D) A indicação, pelo executado, de bem imóvel à penhora prescinde de consentimento expresso do respectivo cônjuge.

A: incorreta, pois a execução fiscal poderá ser promovida contra: o devedor (inc. I), o fiador (inc. II), o espólio (inc. III), a massa (inc. IV), o responsável, nos termos da lei, por dívidas, tributárias ou não, de pessoas físicas ou pessoas jurídicas de direito privado (inc. V), e os sucessores a qualquer título (inc. VI) – art. 4º, II, da Lei 6.830/1980; **B:** correta, pois isso é expressamente admitido pelo art. 11, § 1º, da Lei 6.830/1980; **C:** incorreta, pois a dívida ativa abrange atualização monetária, juros e multa de mora e demais encargos previstos em lei ou contrato – art. 2º, § 2º, da Lei 6.830/1980; **D:** incorreta, pois é preciso o consentimento expresso do cônjuge – art. 9º, § 1º, da Lei 6.830/1980.

Gabarito "B"

(OAB/Exame Unificado – 2008.3) Assinale a opção correta acerca do processo de execução fiscal, previsto na Lei n.º 6.830/1980.

(A) A dívida ativa da União será apurada e inscrita no conselho de contribuintes do Ministério da Fazenda.
(B) É lícito o ajuizamento de execução fiscal contra o fiador e os sucessores do devedor a qualquer título.
(C) Depende de requerimento expresso constante da petição inicial a produção de provas pela Fazenda Pública.
(D) O despacho do juiz que deferir a petição inicial importa, necessariamente, em ordem para arresto, se não for paga a dívida nem garantida a execução.

A: incorreta, pois a dívida será apurada e inscrita pela Procuradoria da Fazenda Nacional – art. 2º, § 4º, da Lei 6.830/1980; **B:** correta, conforme dispõe o art. 4º, II e VI, da Lei 6.830/1980, respectivamente; **C:** incorreta, pois a produção de provas pela Fazenda Pública independe de requerimento na petição inicial – art. 6º, § 3º, da Lei 6.830/1980; **D:** incorreta, pois o não pagamento da dívida ou a não apresentação de garantia implica simples penhora. O arresto ocorre, apenas, se o executado não tiver domicílio ou dele se ocultar – art. 7º, II e III, da Lei 6.830/1980.

Gabarito "B"

(OAB/Exame Unificado – 2007.3) Em relação à prescrição intercorrente ocorrida no curso da execução fiscal, assinale a opção correta.

(A) Esse tipo de prescrição não pode ser decretado de ofício.
(B) Tal prescrição não pode ser decretada de ofício, por serem indisponíveis os interesses patrimoniais da Fazenda Pública.
(C) Essa prescrição pode ser decretada de ofício, desde que estejam caracterizados a omissão e o desinteresse da Fazenda Pública no processamento da execução fiscal.
(D) É possível o reconhecimento, de ofício, da prescrição intercorrente, desde que a Fazenda Pública seja previamente ouvida sobre a matéria.

Caso o devedor não seja localizado ou não sejam encontrados bens para penhora, o juiz suspenderá o processo de execução por até um ano, período em que não corre a prescrição, sendo aberta vista à Fazenda Pública (art. 40, § 1º, da Lei 6.830/1980). Após o prazo de suspensão, o juiz ordenará o arquivamento dos autos (art. 40, § 2º, da Lei 6.830/1980), iniciando-se a contagem do prazo quinquenal da prescrição intercorrente, conforme a Súmula 314/STJ ("Em execução fiscal, não localizados bens penhoráveis, suspende-se o processo por um ano, findo o qual se inicia o prazo da prescrição quinquenal intercorrente"). Passados os 5 (cinco) anos, sem que sejam encontrados o devedor ou bens penhoráveis, o juiz, depois de ouvida a Fazenda Pública, poderá, de ofício, reconhecer a prescrição intercorrente, e decretá-la imediatamente, conforme o art. 40, § 4º, da Lei 6.830/1980. Interessante lembrar que a prescrição relativa ao período anterior à propositura da execução (art. 174 do CTN) pode ser decretada de ofício independentemente de oitiva da Fazenda Pública – art. 219, § 5º, do CPC [Corresponde ao art. 487, II, do CPC/2015] e Súmula 409/STJ ("Em execução fiscal, a prescrição ocorrida antes da propositura da ação pode ser decretada de ofício (art. 219, § 5º, do CPC) [Corresponde ao art. 487, II, do CPC/2015]"). **A** e **B:** incorretas, pois, embora a Fazenda Pública deva ser ouvida previamente, o juiz poderá decretar de ofício a prescrição intercorrente, observado o procedimento descrito no comentário inicial; **C:** incorreta, pois a decretação de ofício decorre da não localização do devedor ou de bens para a penhora, conforme comentário inicial; **D:** correta, conforme comentários anteriores.

Gabarito "D"

(OAB/Exame Unificado – 2007.2) A Fazenda Pública Municipal ajuizou execução fiscal contra a MN Consultoria e Serviços Ltda., pelo não recolhimento, na forma e prazos devidos, do imposto sobre serviços de qualquer natureza (ISS). A executada foi citada para pagar a dívida com juros e multa de mora e encargos indicados na certidão de dívida ativa ou para garantir a execução. Tendo como referência inicial a situação hipotética acima, assinale a opção correta acerca das normas atinentes à execução fiscal.

(A) A MN Consultoria e Serviços Ltda. não poderá apresentar reconvenção nos autos da execução fiscal proposta em seu desfavor.
(B) A lei veda que a petição inicial e a certidão de dívida ativa constituam um único documento.
(C) A certidão de dívida ativa poderá ser emendada até decisão proferida em recurso especial.
(D) O despacho do juiz que deferir a petição inicial determinará o arresto dos bens da MN Consultoria e Serviços Ltda., caso a dívida não seja paga, nem garantida a execução, por depósito ou fiança.

A: correta, pois na execução fiscal não se admite reconvenção, nem compensação, e as exceções, salvo as de suspeição, incompetência e impedimentos, devem ser arguidas como matéria preliminar e são processadas e julgadas com os embargos – art. 16, § 3º, da Lei 6.830/1980; **B:** incorreta, pois a petição inicial e a certidão de dívida ativa (CDA) poderão constituir um único documento, preparado, inclusive, por processo eletrônico – art. 6º, § 2º, da Lei 6.830/1980; **C:** incorreta, pois a emenda ou substituição da certidão de dívida ativa (CDA) pode ocorrer apenas até a decisão de primeira instância, assegurada ao executado a devolução do prazo para embargos – art. 2º, § 8º, Lei 6.830/1980; **D:** incorreta, pois o não pagamento da dívida ou a não apresentação de garantia implica simples penhora. O arresto ocorre apenas se o executado não tiver domicílio ou dele se ocultar – art. 7º, II e III, da Lei 6.830/1980.

Gabarito "A"

(FGV – 2013) A Associação de Meninos e Meninas da Luz ingressa com ação de repetição de indébito em face do Estado Alpha para reaver o ICMS pago à concessionária de serviço de fornecimento de água e esgoto, pela obtenção da água tratada.

Dessa forma, com relação à ação proposta

(A) não há legitimidade por parte da Associação, já que a relação jurídica mantida por esta é com a concessionária, sendo de natureza puramente comercial.
(B) tratando-se de serviço público prestado mediante concessão, está correta a legitimidade da usuária para pleitear a repetição do indébito.
(C) a Associação não é parte legítima por ser contribuinte de fato, mas não contribuinte de direito.
(D) o Estado não deve figurar no polo passivo, já que a legitimidade *ad causam* é da concessionária do serviço público.
(E) como se trata de concessão de serviço público, a legitimidade irá depender do tipo de contrato formado entre o poder concedente e a entidade que explora o serviço.

Depois de muita discussão jurisprudencial, o STJ pacificou o entendimento de que, em caso de concessão de serviço público, o consumidor, mesmo sendo mero contribuinte de fato, tem legitimidade ativa processual para pleitear repetição de indébito de ICMS incidente sobre a operação – REsp 1.299.303/SC – repetitivo. Por essa razão, a alternativa "B" é a correta.

Gabarito "B"

(FGV – 2010) Na hipótese de o sujeito passivo recolher tributo a maior ou indevidamente, não é correto afirmar que:

(A) poderá ingressar com medida judicial para obter a restituição do tributo pago a maior ou indevidamente.
(B) terá a prerrogativa de apresentar requerimento administrativo solicitando a restituição dos valores (recolhidos a maior ou indevidamente), tanto em espécie como por meio de compensação, caso seja permitida por lei.
(C) o Código Tributário Nacional estabelece que o prazo para pleitear a restituição do indébito tributário é de 5 (cinco) anos, contados da extinção do crédito tributário, nos casos de pagamento a maior ou indevido.
(D) a regra geral definida pelo Código Tributário Nacional fixa o prazo de 2 (dois) anos para prescrição da ação anulatória da decisão administrativa que denegar a restituição.
(E) embora criticável, é condição necessária, consoante o Código Tributário Nacional, à restituição do tributo pago indevidamente ou a maior, o protesto prévio, sob pena de ser denegado o pedido do contribuinte.

A: correta, pois trata da ação de repetição de indébito tributário – art. 165 do CTN; **B:** correta, conforme o arts. 165 e 170 do CTN; **C:** correta, pois esse é o prazo prescricional para a repetição, nos termos do art. 168 do CTN, existindo o prazo de 2 (dois) anos na hipótese do art. 169 do CTN (quando há decisão administrativa denegando a restituição); **D:** correta, conforme o art. 169 do CTN; **E:** incorreta, devendo ser assinalada, pois a restituição de indébito tributário não pressupõe o prévio protesto, nem a comprovação de que o recolhimento ocorreu por erro – art. 165 do CTN.

Gabarito "E"

(FGV – 2010) A respeito da prescrição intercorrente, analise as afirmativas a seguir:

I. o artigo 5º, inciso LXXVIII da Constituição Federal garante a todos, tanto no âmbito judicial como administrativo, a "razoável" duração do processo e os meios que garantam a celeridade de sua tramitação, dispositivo que, indubitavelmente, consagra a aplicabilidade do instituto da prescrição intercorrente ao processo administrativo tributário.

II. entende-se atualmente, com base em manifestações do Supremo Tribunal Federal, não ser aplicável a prescrição intercorrente ao processo administrativo tributário, pois, segundo o entendimento do referido tribunal, entre a lavratura do auto de infração e a decisão administrativa não correria o prazo prescricional.

III. a prescrição intercorrente no processo judicial é geralmente admitida como uma decorrência dos princípios da segurança jurídica, estabilidade social e da prescritibilidade dos direitos patrimoniais.

Assinale:

(A) se somente a afirmativa I estiver correta.
(B) se somente as afirmativas I e III estiverem corretas.
(C) se somente as afirmativas II e III estiverem corretas.
(D) se somente a afirmativa III estiver correta.
(E) se somente a afirmativa II estiver correta.

I: incorreta, pois não se reconhece a prescrição intercorrente no processo administrativo fiscal, cujo trâmite suspende a exigibilidade do crédito tributário (art. 151, III, do CTN) e, portanto, o prazo prescricional para sua cobrança. Note que a prescrição intercorrente foi uma construção jurisprudencial (no processo judicial), posteriormente acolhida pela legislação referente à execução fiscal – art. 40, § 4º, da Lei 6.830/1980; **II:** correta. A rigor, o STF adotou o entendimento de que a constituição definitiva do crédito tributário ocorre apenas no término do processo administrativo em que se impugna o lançamento – ver Súmula Vinculante 24/STF ("Não se tipifica crime material contra a ordem tributária, previsto no art. 1º, incisos I a IV, da Lei 8.137/90, antes do lançamento definitivo do tributo"), que trata de matéria criminal; **III:** correta, pois a prescrição intercorrente no processo judicial é plenamente aceita – art. 40, § 4º, da Lei 6.830/1980 e Súmula 314/STJ ("Em execução fiscal, não localizados bens penhoráveis, suspende-se o processo por um ano, findo o qual se inicia o prazo da prescrição quinquenal intercorrente").

Gabarito "C"

(FGV – 2010) De acordo com as normas veiculadas pela Lei de Execuções Fiscais (Lei nº 6.830/80), assinale a afirmativa incorreta.

(A) O juiz deferirá ao executado, em qualquer fase do processo, a substituição da penhora por depósito em dinheiro ou fiança bancária.
(B) De acordo com os termos da Lei de Execuções Fiscais os embargos serão oferecidos no prazo de 30 dias contados, do depósito, da juntada da prova da fiança bancária ou ainda da intimação da penhora.
(C) São admissíveis embargos do executado antes de garantida a execução.
(D) A cobrança judicial da Dívida Ativa da Fazenda Pública não é sujeita a concurso de credores ou habilitação em falência, concordata, liquidação, inventário ou arrolamento
(E) Qualquer intimação ao representante judicial da Fazenda Pública será feita pessoalmente.

A: correta, conforme o art. 15, I, da Lei 6.830/1980; **B:** correta, nos termos do art. 16, I a III, da Lei 6.830/1980; **C:** incorreta, devendo ser assinalada, pois a garantia do juízo é requisito essencial para os embargos à execução – art. 16, § 1º, da Lei 6.830/1980; **D:** correta, pois descreve o disposto nos art. 187, *caput*, do CTN e 29 da Lei 6.830/1980; **E:** correta, nos termos do art. 25 da Lei 6.830/1980.

Gabarito "C"

(FGV – 2010) Autarquia Federal ingressa com executivo fiscal (Lei 6.830/80) em face da Municipalidade Delta, por serviços prestados no montante de R$ 80 mil, comprovados pela respectiva Nota Fiscal. Essa pretensão

(A) é juridicamente impossível, o que deve ser referido em exceção de pré-executividade pela Fazenda Municipal.
(B) é inadequada, não demonstrado o interesse processual, visto que o pagamento da dívida pública se dá por precatório.
(C) é impossível, pois a via processual demandada pela autarquia federal é incorreta, já que a Municipalidade não pode figurar no polo passivo de execução fiscal.
(D) é impossível, pois a via processual é inadequada para a hipótese, só sendo possível se o título executivo fosse uma sentença.
(E) é possível, devendo a Municipalidade se defender por meio de embargos, sem necessidade de garantir o Juízo.

É possível a inscrição em dívida ativa de créditos não tributários, inclusive por autarquias, e sua execução na forma da Lei 6.830/1980, conforme dispõe seus arts. 1º e 2º, § 1º. A única alternativa que admite essa possibilidade é a "E", razão pela qual é a correta. Ademais, a defesa da municipalidade se dá por embargos à execução fiscal, sem necessidade de garantia do juízo, pois se submete ao regime dos precatórios – art. 730 do CPC [Corresponde ao art. 910 do CPC/2015], à luz do art. 100 da CF.

Gabarito "E"

(FGV – 2009) A Empresa Delta Ltda. sofreu penhora em parte de seus bens (maquinário) em função de execução fiscal. A dívida é de R$ 1 milhão. Os bens penhorados, à época em que adquiridos (há 2 anos), custaram R$ 1.250 mil. A Delta quer participar de uma licitação e necessita de certidão positiva com efeitos de negativa. A esse respeito é correto afirmar que:

(A) será impossível emitir a certidão, já que, com a passagem do tempo, provavelmente o débito não está garantido.
(B) a certidão deve ser emitida, visto que a eventual insuficiência da penhora não lhe retira os efeitos próprios, dentre os quais o de suspender a exigibilidade do débito.
(C) é possível negar a emissão da certidão, pois a penhora não incorreu sobre depósito em dinheiro.
(D) efetivada a penhora, está suspensa a exigibilidade do crédito, entretanto deve a constrição garantir a execução.
(E) a certidão deve ser emitida, condicionada à penhora de bens suficientes, cabendo a prova da suficiência ao interessado.

Houve precedentes judiciais no sentido de que a penhora insuficiente daria ensejo à certidão positiva com efeito de negativa, cabendo ao Fisco exigir seu reforço no bojo da execução fiscal. Por essa razão, o examinador indicou a alternativa "B" como correta. Entretanto, esse entendimento está *ultrapassado pela jurisprudência do STJ*. Hoje se reconhece que o art. 206 do CTN, além de atender as necessidades dos contribuintes em débito, busca proteger o interesse público, de modo que a garantia da execução deve ser efetiva e suficiente para que a certidão positiva com efeito de negativa possa ser emitida. Veja, por exemplo, o REsp 408.677/RS. Com base nessa jurisprudência atual do STJ, a alternativa "A" é a correta.

Gabarito "B"

(FGV – 2009) A proposição de Ação Anulatória, estando em curso Execução Fiscal, é:

(A) impossível, uma vez que o contribuinte deverá opor Embargos.
(B) inócua, pois o contribuinte não se furtará aos ônus da Execução.
(C) possível, mas a suspensão da exigibilidade do débito só se fará mediante prova do depósito integral do seu valor.
(D) possível, suspendendo inclusive a ação penal tributária em face do executado.
(E) possível, mas depende do depósito integral e em dinheiro do valor executado.

A alternativa "C" reflete o entendimento atual do STJ. Cabe ação anulatória mesmo após o início da execução fiscal, por conta do princípio da inafastabilidade da tutela jurisdicional, havendo conexão entre elas. O depósito integral em juízo não é pressuposto para a ação anulatória (apesar do que dispõe o art. 38 da Lei 6.830/1980), razão pela qual a alternativa "E" é incorreta. De qualquer forma, a suspensão da exigibilidade do crédito depende da garantia do juízo (depósito integral do débito). A alternativa "D" é incorreta, pois a anulatória não suspende eventual ação penal.

Gabarito "C"

(FGV – 2007) Acerca da configuração da mora, em Direito Tributário, é certo dizer-se que:

(A) independe, desde que seja obrigação tributária sujeita ao lançamento por homologação

(B) depende do que for disciplinado na legislação tributária

(C) independe de notificação e/ou interpelação

(D) depende de notificação e/ou interpelação

O simples vencimento da obrigação configura a mora do sujeito passivo (*dies interpellat pro homine* – art. 161 do CTN), ou seja, independentemente de notificação ou interpelação formal.

Gabarito "C".

(FGV – 2009) Quanto à repetição do indébito tributário, no caso de tributos lançados por homologação, analise as afirmativas a seguir.

I. O prazo de prescrição deve ser sempre contado a partir da data do pagamento.

II. O prazo de prescrição deve ser contado a partir da data do pagamento, somente a partir da promulgação da LC 118/2005.

III. O prazo de prescrição deve ser contado considerando 5 (cinco) anos para a homologação (tácita ou expressa) e 5 (cinco) para o exercício do direito de ação.

IV. O prazo de prescrição deve ser contado a partir da data do pagamento, apenas quando este ocorreu após a vigência da LC 118/2005.

V. O prazo de prescrição quando o pagamento ocorreu antes da vigência da LC 118/2005, deve observar a legislação anterior, mas observar o limite de 5 (cinco) anos a contar da lei nova.

Assinale:

(A) se somente as afirmativas I e III estiverem corretas.

(B) se somente as afirmativas I e IV estiverem corretas.

(C) se somente as afirmativas IV e V estiverem corretas.

(D) se somente as afirmativas II e V estiverem corretas.

(E) se somente as afirmativas II e III estiverem corretas.

A jurisprudência do STJ era pacífica no sentido de que o prazo prescricional para a restituição de tributos sujeitos ao lançamento por homologação era de 5 (cinco) anos contados da homologação que, se tácita, ocorria após 5 (cinco) anos a partir do fato gerador (tese dos "cinco mais cinco"). Atualmente, o STJ interpreta as disposições da LC 118/2005 no sentido de que o prazo para repetição é de apenas 5 (cinco) anos contados do pagamento indevido. Entretanto, essa nova regra vale apenas para os recolhimentos realizados após o início de vigência da LC 118/2005. Para os recolhimentos anteriores, continua aplicável a tese do "cinco mais cinco", limitado o prazo de repetição a 5 (cinco) anos contados do início da vigência da LC 118/2005. **I:** incorreta, pois, para os recolhimentos anteriores à LC 118/2005, vale a tese do "cinco mais cinco"; **II:** incorreta, pois a nova contagem vale para os pagamentos realizados a partir do início de vigência da LC 118/2005 (e não de sua promulgação); **III:** incorreta, pois a contagem do "cinco mais cinco" aplica-se apenas aos pagamentos anteriores à LC 118/2005; **IV** e **V:** corretas, como anteriormente explicado.

Gabarito "C".

(FGV – 2007) Em relação ao processo tributário, assinale a afirmativa incorreta.

(A) Segundo a doutrina majoritária, o contribuinte pode opor objeção de pré-executividade quando a execução fiscal violar preceitos de ordem pública, como, por exemplo, o pagamento do crédito realizado antes da execução.

(B) A importância do crédito tributário pode ser consignada judicialmente pelo sujeito passivo, como na hipótese de exigência por mais de uma pessoa jurídica de direito público, de tributo idêntico sobre o mesmo fato gerador.

(C) Julgado procedente o pedido formulado na ação de consignação, o pagamento se reputa efetuado e a importância consignada é convertida em renda. Se improcedente a consignação no todo ou em parte, o crédito pode ser cobrado com o acréscimo de juros de mora, sem prejuízo das penalidades cabíveis.

(D) Segundo a doutrina majoritária, o depósito preparatório do valor do débito, monetariamente corrigido e acrescido dos juros e multa de mora e demais encargos, não é pressuposto de admissibilidade da ação anulatória de débito fiscal; contudo, se efetuado o depósito do montante integral nesse caso, estará suspensa a exigibilidade do crédito por parte da Fazenda.

(E) Prescreve em 5 (cinco) anos a ação anulatória da decisão administrativa que denegar a restituição de tributos pagos indevidamente.

A: correta – cabe exceção de pré-executividade para matérias que podem ser conhecidas de ofício pelo juiz e que prescindem de dilação probatória; **B:** correta, conforme dispõe o art. 164, III, do CTN; **C:** correta, nos exatos termos do art. 164, § 2º, do CTN; **D:** correta, apesar do disposto no art. 38 da Lei 6.830/1980 – Súmula 247/TFR; **E:** incorreta, devendo ser assinalada, pois o prazo é de apenas 2 (dois) anos – art. 169 do CTN.

Gabarito "E".

(FGV – 2007) O prazo para exercer o direito à restituição é de:

(A) 2 (dois) anos, a contar do efetivo ingresso dos valores

(B) 4 (quatro) anos, a contar da data do pagamento voluntário

(C) 5 (cinco) anos, a contar da data da extinção do crédito tributário

(D) 5 (cinco) anos, a contar da constituição definitiva do crédito tributário indevido

Art. 168 do CTN. Com a LC 118/2005 ficou ultrapassada a chamada tese do "cinco mais cinco" (exceto para pagamentos indevidos anteriormente realizados), segundo a qual, para restituição de tributos lançados por homologação, o prazo prescricional seria de 5 (cinco) anos contados da homologação que, se tácita, ocorre 5 (cinco) anos após o fato gerador.

Gabarito "C".

17. SIMPLES NACIONAL – MICROEMPRESAS E EMPRESAS DE PEQUENO PORTE

(OAB/Exame Unificado – 2014.3) Em dezembro de 2006, foi publicada a Lei Complementar nº 123, que instituiu o Estatuto Nacional da Microempresa e da Empresa de Pequeno Porte, e criou novo regime de tributação simplificada, abrangendo, além dos impostos e contribuições federais, o Imposto sobre Operações Relativas à Circulação de Mercadorias e sobre Prestações de Serviços de Transporte Interestadual e Intermunicipal e de Comunicação (ICMS), bem como o Imposto sobre Serviços de Qualquer Natureza (ISS).

Sobre a hipótese, assinale a afirmativa correta.

(A) A referida lei é inconstitucional, pois é vedada à União instituir benefício fiscal de tributo de competência dos Estados, do Distrito Federal e dos Municípios.

(B) O regime de tributação simplificada é obrigatório a todos os contribuintes que cumpram os requisitos previstos na referida lei complementar.

(C) A referida lei é inconstitucional, no que se refere ao ICMS, pois institui benefício fiscal do imposto sem a competente autorização por meio de convênio do Conselho Nacional de Política Fazendária – CONFAZ.

(D) Segundo a Constituição Federal, a fiscalização do cumprimento das obrigações principais e acessórias do regime único de arrecadação poderá ser compartilhada pelos entes da Federação.

A: incorreta, pois a alegação de inconstitucionalidade não foi acatada pelo Judiciário, considerando a previsão do art. 146, parágrafo único, da CF, que prevê a instituição do regime único de tributação por lei complementar federal; **B:** incorreta, pois o regime é opcional para os contribuintes – art. 146, parágrafo único, I, da CF; **C:** incorreta, conforme comentário à primeira alternativa; **D:** correta, nos termos do art. 146, parágrafo único, IV, da CF.

Gabarito "D"

(OAB/Exame Unificado – 2007.2) A Sol Agência de Viagem e Turismo Ltda. dedica-se exclusivamente a sua atividade-fim. Um de seus sócios diretores, que é domiciliado no México, decidiu que os impostos e contribuições da referida pessoa jurídica deveriam ser recolhidos pelo regime do Simples Nacional, por considerar que a agência se enquadra nos requisitos legais de uma microempresa. Considerando a situação hipotética apresentada, assinale a opção correta de acordo com o Estatuto Nacional da Microempresa e da Empresa de Pequeno Porte.

(A) O Simples Nacional implica o recolhimento trimestral de vários tributos, mediante documento único de arrecadação.

(B) Inclui-se, entre as contribuições recolhidas pelo sistema do Simples Nacional, a contribuição para o Fundo de Garantia do Tempo de Serviço (FGTS).

(C) A Sol Agência de Viagem e Turismo Ltda. não pode recolher seus impostos e contribuições na forma do Simples Nacional por ter sócio domiciliado no exterior.

(D) Um dos requisitos para que uma pessoa jurídica possa se enquadrar na definição legal de microempresa é que a mesma aufira, em cada ano-calendário, receita bruta igual ou inferior a R$ 240.000,00.

A: incorreta, pois o recolhimento, na sistemática do Simples Nacional, é mensal, não trimestral – art. 13 da LC 123/2006; **B:** incorreta, pois a contribuição ao FGTS não é abrangida pelo Simples Nacional – art. 13, § 1º, VIII, da LC 123/2006. O recolhimento unificado inclui IRPJ, IPI, CLSS, Cofins, PIS/Pasep, contribuição patronal previdenciária (CPP), ICMS e ISS – art. 13, I a VIII, da LC 123/2006; **C:** discutível. Parece-nos que a assertiva é correta, conforme a vedação do art. 17, II, da LC 123/2006. A exceção prevista no art. 17, § 1º, c/c art. 18, § 5º-B, III, da LC 123/2006 (que inclui agências de turismo no Simples Nacional) afasta apenas as vedações quanto às atividades exercidas pelas empresas, e não aquelas relativas ao perfil societário (ou seja, empresa que tenha sócio domiciliado no exterior jamais poderá ingressar na sistemática, qualquer que seja sua atividade); **D:** assertiva correta à época do exame, mas note que atualmente o limite é de R$ 360 mil – art. 3º, I, da LC 123/2006.

Gabarito "D"

(FGV – 2013) A Empresa Doce Sabor, que tem duas atividades distintas, é produtora de queijos artesanais e vinhos finos de mesa.

Com receita bruta anual total de R$ 3.000.000,00 (três milhões de reais), pretende ingressar no sistema **simples nacional**, como empresa de pequeno porte. Neste caso, a empresa

(A) não pode ingressar no sistema, visto que o fabricante de bebidas alcoólicas está proibido por lei de aderir ao simples nacional.

(B) pode ingressar no sistema, já que o relevante é a receita bruta total que envolve todas as atividades empresariais.

(C) pode ingressar no sistema, desde que a empresa declare não estar exercendo a atividade de fabricação de bebidas alcoólicas.

(D) não pode ingressar no sistema, já que a lei não permite que empresas que tenham atividades múltiplas possam aderir ao simples nacional.

(E) só poderá ingressar no sistema simples nacional se comprovar que a maior parte de sua receita vem da fabricação e venda de queijos finos.

A: correta, nos termos do art. 17, X, *b*, 1, da LC 123/2006; **B**, **C** e **E:** incorretas, pois as vedações do art. 17 da LC 123/2006 impedem o recolhimento de impostos e contribuições na sistemática do Simples Nacional; **D:** incorreta, pois a vedação de ingresso decorre da atividade produção de bebida alcoólica, conforme comentário à alternativa "A", e não da multiplicidade de atividades.

Gabarito "A"

(FGV – 2011) A empresa Delta Ltda., que comercializa pisos de borracha de alto impacto, está enquadrada no sistema SIMPLES NACIONAL. Delta está sujeita à substituição tributária, sendo substituída. Nesse caso, com relação à sua receita e o recolhimento dos tributos, deve a Delta pagar o valor dos tributos devidos pela tabela do SIMPLES,

(A) de acordo com o enquadramento de sua atividade, com relação à receita nos últimos 12 meses do período de apuração.

(B) para todas as exações, exceto para o ICMS, que será pago fora do sistema unificado.

(C) destacando as receitas sujeitas à substituição tributária, para que o cálculo efetivado desconsidere o que tiver sido sujeito à substituição do ICMS.

(D) destacando as receitas sujeitas à substituição tributária, que devem ser retiradas de toda a base de cálculo do sistema simplificado.

(E) considerando destacadamente as receitas tributadas pelo ICMS no regime de substituição tributária, que serão objeto de cálculo por alíquota própria.

A: imprecisa, pois a determinação da alíquota, indicada nas tabelas anexas da LC 123/2006, será feita a partir da receita bruta acumulada nos 12 meses anteriores ao do período de apuração – art. 18, § 1º, da LC 123/2006; **B:** incorreta, pois o ICMS está incluído no regime único de arrecadação – art. 13, VII, da LC 123/2006; **C:** correta, pois as operações sujeitas à substituição tributária implicam exclusão da cobrança do ICMS do regime único de arrecadação – art. 13, § 1º, XIII, *a*, da LC 123/2006; **D:** incorreta, pois a substituição tributária afasta, apenas, a cobrança do ICMS no regime único de arrecadação, mas não dos demais tributos incidentes sobre a operação ou sobre a receita decorrente da operação; **E:** incorreta, conforme comentário à alternativa "C".

Gabarito "C".

(FGV – 2011) O Município de Ver o Sol está oferecendo benefício fiscal para as empresas prestadoras de serviço que nele venham a estar sediadas. O benefício consiste em redução da alíquota do IPTU, durante 10 anos, para 0,5%. A empresa Alpha Ltda. tem interesse em utilizar o benefício, mudando sua sede para Ver o Sol. Entretanto, está inscrita no sistema SIMPLES NACIONAL de tributação. Nesse caso, a empresa

(A) poderá se utilizar do benefício, visto que o IPTU não é abrangido pelo SIMPLES NACIONAL, não havendo, portanto, qualquer impedimento.

(B) fica impedida de se utilizar da redução de alíquota do IPTU, pois a inscrição no SIMPLES NACIONAL obsta a utilização de qualquer benefício fiscal.

(C) poderá se utilizar do benefício fiscal relativo ao IPTU, mesmo inscrita no SIMPLES NACIONAL, se acrescer o pagamento do tributo à sua base de cálculo, neutralizando-o.

(D) fica proibida de usar o benefício fiscal relacionado ao IPTU, visto que o SIMPLES NACIONAL é regime fiscal abrangente de toda a tributação da pessoa jurídica.

(E) poderá se utilizar do benefício fiscal relativo ao IPTU, já que este, como qualquer tributo de competência municipal, não está abrangido pelo SIMPLES NACIONAL.

O IPTU não é abrangido pelo regime único de arrecadação do Simples Nacional – art. 13, § 1º, XV, da LC 123/2006. Assim, o benefício fiscal relativo ao imposto municipal não tem reflexo na tributação pelo Simples Nacional. **A:** correta, conforme comentário inicial; **B** e **D:** incorretas, pois a cobrança ou o benefício relativo ao IPTU não tem relação com o ingresso ou a permanência no Simples Nacional; **C:** incorreta, pois o IPTU não é recolhido no regime único de arrecadação, conforme os comentários acima; **E:** incorreta, pois o ISS (tributo municipal) está incluído no Simples Nacional – art. 13, VIII, da LC 123/2006.

Gabarito "A".

(FGV – 2011) Com relação ao SISTEMA SIMPLES NACIONAL, analise as afirmativas a seguir:

I. Para fins de determinação da alíquota a ser utilizada, deve ser verificada a receita bruta do exercício fiscal.

II. Os limites da receita bruta para enquadramento da empresa como micro ou EPP são invariáveis para toda a Federação.

III. Quando iniciar as suas atividades no ano da opção, a empresa utilizará a receita do próprio mês de apuração multiplicada por doze.

IV. A receita bruta proporcionalizada é um critério para conhecer a receita real incorrida pela empresa.

V. Para empresas com receita bruta de até R$ 120.000,00, os estados e municípios podem fixar valor fixo de ICMS e ISS, respectivamente.

Assinale

(A) se todas as afirmativas estiverem corretas.

(B) se apenas as afirmativas I, IV e V estiverem corretas.

(C) se apenas as afirmativas III e V estiverem corretas.

(D) se apenas as afirmativas III e IV estiverem corretas.

(E) se apenas as afirmativas II e IV estiverem corretas.

I: incorreta, pois a determinação da alíquota, indicada nas tabelas anexas da LC 123/2006 será feita a partir da receita bruta acumulada nos 12 meses anteriores ao do período de apuração – art. 18, § 1º, da LC 123/2006; **II:** incorreta, pois se admite a adoção de faixas menores de receita bruta por Estados, conforme o art. 19 da LC 123/2006; **III:** imprecisa. Na verdade, para fins de enquadramento como ME ou EPP da empresa que inicia suas operações no ano da opção, o limite previsto no art. 3º da LC 123/2006 será proporcional ao número de meses em que ela exerceu a atividade – art. 3º, § 2º, da LC 123/2006. Assim, a multiplicação por 12 somente ocorrerá se houver apenas 1 mês de atividade (ou seja, se a opção se der no primeiro mês de atividade). O mesmo raciocínio vale para a identificação da alíquota aplicável – art. 18, § 2º, da LC 123/2006; **IV:** incorreta, pois o cálculo proporcional serve, apenas, para chegar-se a uma média das receitas mensais no período, conforme comentário à alternativa anterior; **V:** era correta, mas, atenção, esse valor de R$ 120.000,00 foi alterado pela LC 147/2014, que alterou a redação do art. 18, § 18, da LC 123/2006.

Gabarito "C".

(FGV – 2010) A Constituição Federal de 1988, no seu artigo 179 (Título VII – Da Ordem Econômica e Financeira) impõe, de forma expressa, que o legislador infraconstitucional conceda tratamento jurídico diferenciado às "micro e pequenas empresas". A respeito do preceito constitucional citado é correto afirmar que:

(A) a obrigação de dispensar tratamento jurídico diferenciado às "micro e pequenas empresas" recai exclusivamente sobre a União e, consequentemente, envolve apenas os tributos sob sua competência.

(B) o tratamento jurídico diferenciado exigido pelo texto constitucional se manifestará principalmente por meio da simplificação de obrigações administrativas, tributárias, previdenciárias e creditícias, podendo ocorrer até mesmo efetiva eliminação de algumas destas obrigações.

(C) o artigo 179 confere imunidade tributária às "micro e pequenas empresas".

(D) o Regime Especial Unificado de Arrecadação de Tributos e Contribuições devidos pelas Microempresas e Empresas de Pequeno Porte, conhecido como Simples Nacional, não tem qualquer relação com o artigo 179 da Constituição Federal.

(E) o artigo 179 estabelece um tratamento discriminatório ao impor tratamento mais benéfico às "micro e pequenas empresas", violação já reconhecida pelo próprio Supremo Tribunal Federal.

A: incorreta, pois a norma constitucional impõe-se a todos os entes federados (art. 179 da CF), de modo que, por exemplo, o Simples Nacional abrange tributos da União, dos Estados, do Distrito Federal e dos Municípios; **B:** correta, conforme dispõe o art. 179 da CF; **C:** incorreta, pois não se afasta a competência tributária em relação a elas; **D:** incorreta, pois o Simples Nacional representa claro tratamento jurídico diferenciado às micro e pequenas empresas; **E:** incorreta, pois o incentivo à micro e às pequenas empresas trata diferentemente os diferentes, em atenção ao interesse coletivo no fomento de atividades essenciais para a economia brasileira, de modo que não há tratamento discriminatório ou ofensa ao princípio da isonomia.

Gabarito "B".

(FGV – 2010) Assinale a alternativa correta.

(A) Poderão recolher os impostos e contribuições na forma do Simples Nacional, cumpridas as exigências legais, a microempresa ou a empresa de pequeno porte que preste serviço de transporte intermunicipal e interestadual de passageiros ou que exerça atividade de importação ou fabricação de automóveis e motocicletas.

(B) Consideram-se isentos do imposto de renda, na fonte e na declaração de ajuste do beneficiário, os valores efetivamente pagos ou distribuídos ao titular ou sócio da microempresa ou empresa de pequeno porte optante pelo Simples Nacional, salvo os que corresponderem a pró-labore, aluguéis ou serviços prestados.

(C) O Microempreendedor Individual (MEI) poderá optar pelo recolhimento dos impostos e contribuições abrangidos pelo Simples Nacional em valores mensais, fixos ou variáveis, independentemente da receita bruta por ele auferida no mês, na forma prevista na Lei Complementar 123/2006.

(D) Para os efeitos do regime do Simples Nacional, considera-se MEI o empresário individual a que se refere o art. 966 do Código Civil, que tenha auferido receita bruta, no ano-calendário anterior, de até R$ 48.000,00 (optante pelo Simples Nacional e que não esteja impedido de optar pela sistemática prevista no artigo 18-A da Lei Complementar 123/2006.

(E) Observado o disposto no art. 18-A, e seus parágrafos, da Lei Complementar 123/2006, poderá se enquadrar como MEI o empresário individual que possua até cinco empregados que recebam exclusivamente 1 (um) salário-mínimo ou o piso salarial da categoria profissional, cada um.

A: incorreta, pois as empresas que exerçam essas atividades não podem recolher os tributos na sistemática unificada do Simples Nacional – art. 17, VI e VIII, da LC 123/2006, respectivamente. Verifique o texto do art. 17, VI, alterado pela LC 147/2014, que permitiu o recolhimento pelo Simples Nacional no caso de transporte na modalidade fluvial ou quando possuir características de transporte urbano ou metropolitano ou realizar-se sob fretamento contínuo em área metropolitana para o transporte de estudantes ou trabalhadores; **B:** correta, pois a isenção é prevista no art. 14, *caput*, da LC 123/2006; **C:** o art. 18-A da LC 123/2006 prevê a opção do MEI pelo recolhimento apenas por valores fixos mensais (não, expressamente, pelos valores variáveis), razão pela qual a assertiva foi considerada incorreta pelo examinador. Mas, a rigor, se o recolhimento por valores fixos é uma opção, o MEI pode, se quiser, recolher os tributos pela sistemática normal do Simples Nacional, ou seja, pela aplicação de alíquotas sobre sua receita bruta mensal (o que implica valores mensais variáveis). De qualquer forma, a "B" é a melhor alternativa, pois claramente correta; **D:** incorreta, pois o limite para enquadramento como MEI é de R$ 60 mil (não R$ 48 mil) – art. 18-A, § 1º, da LC 123/2006; **E:** incorreta, pois o empresário individual que queira se enquadrar como MEI pode ter apenas um único empregado que receba exclusivamente um salário-mínimo ou o piso da categoria – art. 18-C, *caput*, da LC 123/2006. Perceba, ademais, que para optar pelo recolhimento de valores fixos mensais, o MEI não pode ter empregado algum – art. 18-A, § 4º, IV, da LC 123/2006.

Gabarito "B".

(FGV – 2007) Em relação à legislação que instituiu o Supersimples e a Super-Receita, assinale a alternativa correta.

(A) A pessoa jurídica, independentemente de seu objeto, desde que enquadrada na condição de microempresa e de empresa de pequeno porte, na forma da lei, estará automaticamente submetida aos benefícios do Estatuto Nacional da Microempresa e da Empresa de Pequeno Porte – Simples Nacional.

(B) O Simples Nacional implica o recolhimento mensal, mediante documento único de arrecadação, de vários tributos, entre eles o IPI e IOF.

(C) A lei que instituiu o Supersimples, em atenção à relevância do ICMS e ISS no conjunto de impostos devidos pelas microempresas, e disposição do art. 179 da Constituição da República, determinou a inclusão desses impostos no âmbito do Simples após expressa autorização dos Estados e dos Municípios respectivamente.

(D) Os créditos tributários oriundos da aplicação da Lei Complementar 123/2006, que instituiu o Simples Nacional, serão apurados, inscritos em Dívida Ativa da União e cobrados judicialmente pela Procuradoria-Geral da Fazenda Nacional (PGFN), que pode delegar aos Estados e Municípios, mediante convênio, a inscrição em dívida estadual e municipal e a cobrança judicial de tributos estaduais e municipais a que se refere essa lei.

(E) A Lei 11.457/07 instituiu a Secretaria da Receita Federal do Brasil, conhecida como Super-Receita, e unificou a Secretaria da Receita Federal e a Secretaria da Receita Previdenciária, extinguindo o INSS e transferindo para a Advocacia-Geral da União a representação judicial e extrajudicial do novo órgão, inclusive no que tange à matéria tributária.

A: incorreta, pois a LC 123/2006 traz uma série de requisitos e restrições para o enquadramento; **B:** incorreta, já que o IOF não está incluído na sistemática; **C:** incorreta, pois não há opção dos Estados e dos Municípios ou subordinação à sua vontade; **D:** correta, conforme o art. 41, §§ 2º e 3º, da LC 123/2006; **E:** incorreta, pois não houve extinção do INSS.

Gabarito "D".

(FGV – 2009) Analise as afirmativas a seguir:

I. O valor do ICMS devido mensalmente pelas microempresas e empresas de pequeno porte, optantes pelo Simples Nacional, é calculado mediante a aplicação de alíquotas reduzidas definidas em lei estadual.

II. Considera-se microempresa, para fins de enquadramento no Simples Nacional, o empresário, a pessoa jurídica, ou a ela equiparada, que aufira, em cada ano-calendário, receita bruta igual ou inferior a R$ 240.000,00.

III. A microempresa e a empresa de pequeno porte, incluídas no Simples Nacional, ficam desobrigadas de pagar o ICMS incidente na entrada de mercadoria ou bem que importe do exterior.

Assinale:

(A) se apenas a afirmativa I estiver correta.
(B) se apenas a afirmativa II estiver correta.
(C) se apenas a afirmativa III estiver correta.
(D) se apenas as afirmativas I e II estiverem corretas.
(E) se apenas as afirmativas II e III estiverem corretas.

I: incorreta, pois as alíquotas do Simples Nacional abrangem todos os impostos e as contribuições incluídas na sistemática e são fixadas pela LC 123/2006; **II:** correta à época do exame, mas note que o limite atual é de R$ 360 mil, nos termos do art. 3º, I, da LC 123/2006; **III:** incorreta, pois o recolhimento unificado do Simples Nacional não abrange ICMS sobre importações, que deve ser recolhido pelo contribuinte na sistemática normal – art. 13, § 1º, XIII, *d*, da LC 123/2006.

Gabarito "B".

18. DIREITO FINANCEIRO

(FGV – 2013) Sobre os *princípios orçamentários*, analise as afirmativas a seguir.

I. O princípio da universalidade é completado pela regra do orçamento bruto, pela qual estão vedadas quaisquer deduções para a elaboração da lei orçamentária.

II. O princípio da exclusividade faz parte do quadro normativo orçamentário, já que neste é possível a abertura de créditos suplementares e contratação de operações de crédito, ainda que por antecipação da receita.

III. O princípio da periodicidade ou anualidade estabelece que o orçamento público deve ser elaborado por um período de tempo, determinação criada com o objetivo de detalhar as ações de cada unidade federativa.

IV. O princípio do equilíbrio orçamentário entre receitas e despesas públicas ganhou força em decorrência da Lei de Responsabilidade Fiscal que estabelece, como premissa básica, o equilíbrio das contas públicas.

Assinale:

(A) se somente as afirmativas I e IV estiverem corretas.
(B) se somente as afirmativas II e IV estiverem corretas.
(C) se somente as afirmativas I e III estiverem corretas.
(D) se somente as afirmativas III e IV estiverem corretas.
(E) se somente as afirmativas II e III estiverem corretas.

I: correta. O princípio do orçamento bruto está relacionado ao princípio da universalidade e determina a indicação de receitas e despesas sem qualquer dedução (ou seja, pelos valores brutos, jamais líquidos). Por exemplo, um salário de R$ 1 mil reais corresponde a uma despesa exatamente desse valor, ainda que o IR retido na fonte seja receita do ente público (o valor do imposto não é abatido do montante da despesa com salário). Esse princípio se aplica a todas à todas as receitas e despesas, sejam aquelas previstas originariamente na LOA, sejam aquelas atinentes a créditos adicionais; **II:** incorreta. Segundo o princípio da exclusividade, a LOA não conterá dispositivo estranho à previsão da receita e à fixação da despesa, admitindo-se a autorização para abertura de créditos suplementares e para contratação de operações de crédito – art. 165, § 8º, da CF; **III:** incorreta. O art. 165, § 5º, da CF dispõe que a Lei Orçamentária Anual – LOA (princípio da anualidade) – compreenderá os orçamentos fiscal, de investimento e da seguridade social, incluindo todas as receitas e despesas (princípio da universalidade – arts. 3º e 4º da Lei 4.320/1964), em um único documento (princípio da unidade). Cada esfera de governo (União, Estados, DF e Municípios) terá uma única LOA (também indicado como princípio da unidade); **IV:** correta. Deve haver equilíbrio entre a previsão de receitas e a autorização de despesas, o que deve também ser observado na execução orçamentária. Isso não impede a realização de superávits – ver art. 48, b, da Lei 4.320/1964 e art. 31, § 1º, II, da LRF.

Gabarito "A"

(FGV – 2013) Com relação aos limites impostos para a despesa com pessoal na Lei de Responsabilidade Fiscal, assinale a afirmativa correta.

(A) Os serviços terceirizados não devem ser inseridos no limite de despesa com pessoal, mas sim contabilizados como serviços de terceiros e encargos.
(B) O limite estabelecido para despesa de pessoal abrange os valores desembolsados de caráter remuneratório e indenizatório.
(C) Os serviços terceirizados devem ser inseridos no limite de despesa com pessoal nas hipóteses em que a mão de obra contratada substitua servidor ou empregado público.
(D) As despesas salariais de caráter continuado devem ser inseridas no limite de despesa com pessoal, apenas.
(E) A despesa e os encargos decorrentes da terceirização dos serviços, em qualquer hipótese, devem ser inseridos nos limites legais arbitrados para pessoal.

A: incorreta, pois os valores dos contratos de terceirização de mão de obra que se referem à substituição de servidores e empregados públicos serão contabilizados como "Outras Despesas de Pessoal" – art. 18, § 1º, da LRF; **B:** incorreta, pois incluem-se, em princípio, apenas as verbas remuneratórias, excluindo-se, por exemplo, as indenizações pagas por demissão de servidores e empregados – arts. 18, *caput*, e 19, § 1º, I, da LRF; **C:** correta, conforme comentário à alternativa "A"; **D:** assertiva confusa, não ficando claro o que significa o termo "apenas" ao final. De qualquer forma, a alternativa "C" é claramente correta, devendo ser indicada; **E:** incorreta, pois inserem-se no limite para pessoal apenas os contratos que se referem à substituição de servidores e empregados públicos, conforme comentário à alternativa "A".

Gabarito "C"

(FGV –2013) Com referência à *receita pública*, assinale a alternativa em que as duas afirmativas estão corretas e a segunda completa o sentido da primeira.

(A) As operações de crédito realizadas pelo governo constituem receitas correntes. / Essas operações serão vinculadas ao financiamento de bens de capital.
(B) As receitas públicas classificam-se, segundo um critério econômico, em de capital e corrente. / A receita com os impostos é de capital, convertendo-se em moeda nos cofres públicos.
(C) As tarifas são receitas derivadas, não tributárias, devidas ao Estado prestador de serviço público. / Essas receitas correspondem a ingressos comerciais de caráter obrigatório.
(D) As transferências destinadas a cobrir despesas de custeio de entidades elegíveis são classificadas como subvenções. / As que se destinam às instituições de caráter cultural, sem fins lucrativos, são sociais.
(E) As dotações para execução de obra são classificadas como despesas de custeio. / Os imóveis adquiridos para a execução de obras também recebem o mesmo enquadramento.

A: incorreta, pois as operações de crédito implicam receitas de capital – art. 11, § 2º, e § 4º, da Lei 4.320/1964; **B:** incorreta, pois as receitas tributárias são as principais receitas correntes – art. 11, § 1º, da Lei 4.320/1964; **C:** incorreta, pois as tarifas não tem caráter compulsório (nesse sentido, parece incorreto falar em caráter obrigatório, embora o termo seja impreciso), correspondendo a receita corrente; **D:** correta, conforme arts. 12, § 3º, e 16 da Lei 4.320/1964; **E:** incorreta, pois se trata de despesa de capital, classificada com investimento – art. 12, § 4º, da Lei 4.320/1964.

Gabarito "D"

(FGV –2014) Estados da federação possuem problemas crônicos com o pagamento das suas dívidas fundadas. Vários emitem títulos da dívida que devem ser autorizados pelo Senado Federal. Outro problema consiste no pagamento dos precatórios judiciais originados de sentenças que condenam a Fazenda Pública em valores pecuniários.

No concernente à tributação da renda dos títulos da dívida pública dos Estados, a Constituição Federal

(A) admite, desde que autorizada pelo Senado Federal.
(B) permite, desde que autorizada pela Câmara dos Deputados.
(C) possibilita, desde que autorizada em limites não superiores aos federais.
(D) proíbe, estabelecendo uma espécie de imunidade tributária.
(E) proíbe, estabelecendo uma espécie de isenção tributária.

A Constituição não veda de modo absoluto a tributação pela União da renda das obrigações da dívida pública dos demais entes federados, apenas impede que essa tributação se dê em níveis superiores ao que fixar para suas próprias obrigações – art. 151, II, da CF. Por essa razão, a alternativa "C" é a correta.

Gabarito "C"

(FGV – 2013) A Lei Complementar n. 101/00, conhecida como Lei de Responsabilidade Fiscal, traz uma série de diretrizes para a produção de leis orçamentárias.

Com relação à Lei de Diretrizes Orçamentárias (LDO), analise as afirmativas a seguir.

I. O projeto da lei de diretrizes orçamentárias conterá o anexo de metas fiscais que deverá conter a avaliação da situação financeira e atuarial.
II. A Lei de Diretrizes Orçamentárias conterá o anexo de riscos ficais onde serão avaliados os passivos contingentes e outros riscos capazes de afetar as contas públicas.
III. A Lei de Diretrizes Orçamentárias conterá a vedação a transferências de recursos a entidades públicas e privadas.

Assinale:

(A) se somente a afirmativa I estiver correta.
(B) se somente a afirmativa II estiver correta.
(C) se somente a afirmativa III estiver correta.
(D) se somente as afirmativas I e II estiverem corretas.
(E) se todas as afirmativas estiverem corretas.

I: correta, nos termos do art. 4º, § 2º, IV, da LRF; **II:** correta, nos termos do art. art. 4º, § 3º, da LRF; **III:** incorreta, pois a LDO conterá condições e exigências para essas transferências, não vedação a elas – art. 4º, I, *f*, da LRF.

Gabarito "D"

(FGV – 2014) No que tange a *lei de responsabilidade fiscal*, assinale a afirmativa correta.

(A) Não há disposição sobre o controle de despesas com pessoal em relação a Estados e Municípios em razão do princípio federativo.
(B) Dívida pública consolidada ou fundada é a dívida pública representada por títulos emitidos pela União.
(C) É permitida, em regra, a realização de operação de crédito entre um ente da Federação e outro.
(D) É possível a realização de transferências voluntárias entre entes federativos.
(E) É vedada a operação de crédito por antecipação de receita.

A: incorreta, pois a LRF traz disposições nesse sentido (ver art. 19), com base no disposto no art. 169 da CF; **B:** incorreta, pois dívida consolidada ou fundada é o montante total, apurado sem duplicidade, das obrigações financeiras do ente da Federação, assumidas em virtude de leis, contratos, convênios ou tratados e da realização de operações de crédito, para amortização em prazo superior a doze meses – art. 29, I, da LRF, ver também o art. 98 da Lei 4.320/1964. A assertiva se refere à dívida mobiliária da União – art. 29, II, da LRF; **C:** incorreta, pois as operações de crédito entre entes federados são, em regra, vedadas, com a exceção do art. 35, § 1º, da LRF; **D:** correta – art. 25 da LRF; **E:** incorreta, sendo possível a chamada operação de crédito por antecipação de receita orçamentária – ARO – art. 38 da LRF.

Gabarito "D"

(FGV – 2014) A Lei n. 4.320/64 dispõe sobre normas gerais relativas às finanças públicas. Tendo em vista a referida disciplina normativa, analise as afirmativas a seguir.

I. O exercício financeiro coincidirá com o ano civil.
II. Pertencem ao exercício financeiro as receitas nele arrecadadas.
III. Pertencem ao exercício financeiro as despesas nele legalmente empenhadas.

Assinale:

(A) se somente a afirmativa I estiver correta.
(B) se somente a afirmativa III estiver correta.
(C) se somente as afirmativas I e II estiverem corretas.
(D) se somente as afirmativas I e III estiverem corretas.
(E) se todas as afirmativas estiverem corretas.

I: correta, nos termos do art. 34 da Lei 4.320/1964; **II:** correta, referindo-se ao regime de caixa para as receitas – art. 35, I, da Lei 4.320/1964; **III:** correta, referindo-se ao regime de competência para as despesas – art. 35, II, da Lei 4.320/1964.

Gabarito "E"

(FGV – 2013) A Lei de Responsabilidade Fiscal estabelece as diretrizes para a produção da Lei Orçamentária Anual.

Com relação a essas diretrizes, analise as afirmativas a seguir.

I. A Lei Orçamentária Anual conterá reserva de contingência.
II. A Lei Orçamentária veda a consignação de créditos com finalidade imprecisa ou com dotação ilimitada.
III. A lei orçamentária poderá consignar dotação para investimento com duração superior a um exercício financeiro ainda que não esteja previsto no plano plurianual ou em lei que autorize a sua inclusão.

Assinale:

(A) se as afirmativas I e II estiverem corretas.
(B) se as afirmativas I e III estiverem corretas.
(C) se as afirmativas II e III estiverem corretas.
(D) se somente a afirmativa III estiver correta.
(E) se somente a afirmativa II estiver correta.

I: correta, nos termos do art. 5º, III, da LRF; **II:** correta, nos termos do art. 167, VII, da CF, art. 5º, § 4º e art. 5º da Lei 4.320/1964; **III:** incorreta, pois a LOA pode (e deve, em relação à parcela do investimento que será executada no próprio exercício) consignar dotação para investimento com duração superior a um exercício financeiro, mas desde que incluído (o investimento) no PPA ou que haja lei autorizando sua inclusão – art. 167, § 1º, da CF e art. 5º, § 5º da LRF.

Gabarito "A"

(FGV – 2008) De acordo com o Decreto 93.872/1986, a dívida flutuante não compreende:

(A) os restos a pagar, excluídos os serviços da dívida.
(B) os serviços da dívida a pagar.
(C) os depósitos, inclusive operações de crédito.
(D) operações de crédito por antecipação de receita orçamentária.
(E) o papel-moeda ou moeda fiduciária.

O art. 115, § 1º, do Decreto 93.872/1986 dispõe que a dívida flutuante compreende os compromissos exigíveis, cujo pagamento independe de autorização orçamentária, assim entendidos: (a) os restos a pagar, excluídos os serviços da dívida; (b) os serviços da dívida; (c) os depósitos, inclusive consignações em folha; (d) as operações de crédito por antecipação de receita; e (e) o papel-moeda ou moeda fiduciária. Por essas razões, a alternativa "C" deve ser indicada, já que faz referência ampla à "operações de crédito". Interessante anotar que, nos termos do art. 92 da Lei 4.320/1964, a dívida flutuante compreende: (i) os restos a pagar, excluídos os serviços da dívida; (ii) os serviços da dívida a pagar; (iii) os depósitos; e (iv) os débitos de tesouraria.

Gabarito "C".

10. DIREITO DO TRABALHO

Hermes Cramacon

1. FONTES E PRINCÍPIOS DO DIREITO DO TRABALHO

(OAB/Exame Unificado – 2004.ES) Considerando as fontes do direito do trabalho, assinale a opção incorreta.

(A) Sob a perspectiva econômica, a Revolução Industrial ocorrida no século XVIII – e suas consequências na estruturação e disseminação do sistema capitalista – constituiu a fonte material básica do direito do trabalho.

(B) Sob a ótica sociológica, o processo de agregação de trabalhadores em empresas, cidades e regiões do mundo ocidental, favorecendo o surgimento de uma consciência social coletiva de índole reivindicatória, como resultado da expansão do sistema econômico, pode ser apontado como fonte material do direito do trabalho.

(C) Filosoficamente, correntes de pensamento tais como o trabalhismo, o socialismo cristão e o fascismo corporativista, entre outras, fundamentaram o direito do trabalho e por isso são consideradas fontes formais desse ramo da ciência jurídica.

(D) Sob o ponto de vista político, a ação articulada dos trabalhadores, buscando a melhoria de sua condição social com a participação dos sindicatos, tem operado como elemento indutor da positivação de normas legais trabalhistas, razão pela qual deve ser considerada fonte material do direito do trabalho.

A: correta, pois sob a perspectiva econômica, as fontes materiais estão relacionadas à existência e evolução do sistema capitalista; **B:** correta, pois sob o ponto de vista sociológico, as fontes materiais correspondem aos diferentes processos de reunião de trabalhadores assalariados nas empresas, cidades e regiões do mundo ocidental contemporâneo, em outras palavras, são fatores sociais de repercussão no Direito do Trabalho. Como exemplo, podemos citar a criação de cidades industriais-operárias; **C:** incorreta, devendo ser assinalada, pois sob o ponto de vista filosófico as ideias e correntes de pensamento que influíram na construção e mudança do Direito do Trabalho, constituem verdadeiras fontes materiais do Direito do Trabalho e não como uma fonte formal; **D:** correta, pois sob a perspectiva política, fontes materiais se relacionam com os movimentos sociais organizados pelos trabalhadores, com caráter reivindicatório.

Gabarito "C"

(OAB/Exame Unificado – 2004.ES) Quanto aos princípios informativos do direito do trabalho, assinale a opção incorreta.

(A) Como expressão do princípio da proteção, as normas jurídicas trabalhistas encerram núcleo mínimo de direitos que devem ser imperativamente observados pelos sujeitos da relação de emprego.

(B) Por aplicação do princípio da indisponibilidade ou da irrenunciabilidade de direitos trabalhistas, será nulo qualquer ato unilateral ou bilateral de despojamento patrimonial realizado pelo trabalhador, independentemente do momento em que venha a ser praticado: antes, durante ou após o encerramento da relação de emprego.

(C) O princípio da inalterabilidade lesiva do contrato de trabalho impede que o empregador promova a redução dos salários de seus empregados sem o concurso do sindicato profissional correspondente, ainda que em caso de força maior ou de prejuízos devidamente comprovados.

(D) O princípio da primazia da realidade consagra a noção civilista de que se deve, no exame das declarações de vontade, atentar mais para a efetiva intenção das partes, quando benéfica ao trabalhador, em detrimento de ajustes formais ou expressos em contrário.

A: correta, pois representa uma das faces do princípio da proteção, na medida em que, o conteúdo das normas jurídicas trabalhistas trazem a garantia mínima de proteção aos trabalhadores, que devem ser respeitadas, dado seu caráter cogente, podendo, no entanto, em alguns casos, serem flexibilizadas; **B:** incorreta, devendo ser assinalada, pois o princípio da irrenunciabilidade não é absoluto, tendo em vista que é permitido ao trabalhador a renúncia de direitos, como por exemplo, o trabalhador que renuncia o próprio período de estabilidade. Ademais, após a extinção do contrato de trabalho, a renúncia é permitida com maior amplitude. **C:** correta, pois em conformidade com o art. 7º, VI, da CF a redução do salário é condicionada ao acordo ou convenção coletiva; **D:** correta, pois descreve, acertadamente, o princípio em questão.

Gabarito "B"

(FGV – 2010) Assinale a alternativa que indique o princípio do Direito do Trabalho que prevê a proteção dos salários contra descontos não previstos em lei.

(A) Princípio da unidade salarial.

(B) Princípio da primazia da realidade.

(C) Princípio da materialidade salarial.

(D) Princípio da legalidade.

(E) Princípio da Intangibilidade.

A: incorreta, pois o princípio da unidade salarial se relaciona com o pagamento de um único salário aos trabalhadores. No Brasil temos a garantia de salário mínimo; **B:** incorreta, pois o princípio da primazia da realidade diz respeito à prevalência da realidade sobre a forma. O Direito do Trabalho se preocupa com a realidade dos fatos. Utiliza-se no Direito do trabalho a expressão "contrato realidade"; **C:** incorreta, pois diz respeito à parte que deve ser paga em dinheiro, art. 82, parágrafo único, da CLT. **D:** incorreta, pois o princípio da legalidade ensina que ninguém é obrigado a fazer ou deixar de fazer alguma coisa, senão em virtude de lei, art. 5º, II, da CF; **E:** correta, pois, o princípio da intangibilidade salarial assegura a irredutibilidade salarial e garante ao trabalhador receber a contraprestação a que faz jus de forma estável, impedindo o empregador de efetuar qualquer desconto não previsto em lei. Referido princípio está previsto no art. 462 da CLT.

Gabarito "E"

(FGV – 2010) No Direito do Trabalho, o *acordo coletivo* é classificado como uma fonte:

(A) jurisprudencial.
(B) material heterônoma.
(C) material autônoma.
(D) costumeira.
(E) formal.

O acordo coletivo está disposto no art. 611, § 1º, da CLT e segundo Gustavo Filipe Barbosa Garcia (**Curso de Direito do Trabalho**. 4. ed. São Paulo: Gen), "é o instrumento normativo negociado firmado entre o sindicato da categoria profissional e uma ou mais empresas solucionando conflito coletivo envolvendo os empregados de uma ou mais empresas e seus empregadores" e se trata de fonte formal autônoma do Direito do Trabalho, assim como a convenção coletiva.

Gabarito "E"

2. CONTRATO DE TRABALHO

(OAB/Exame Unificado – 2014.3) Luiz Henrique é professor de Direito Constitucional e, durante o período letivo, precisará se afastar por dois meses para submeter-se a uma delicada cirurgia de emergência. Em razão disso, a faculdade contratou um professor substituto por esse período, valendo-se de uma empresa de contrato temporário.

Diante da situação apresentada, considerando a jurisprudência consolidada do TST, assinale a afirmativa correta.

(A) Caso se admitisse a validade dessa contratação, o professor contratado a título temporário não teria assegurado direito ao mesmo valor da hora-aula do professor afastado.
(B) A contratação é válida, pois, por exceção, o contrato temporário pode ser usado para substituição de pessoal relacionado à atividade-fim.
(C) A contratação somente seria válida se o professor afastado concordasse com ela, de forma expressa, sob pena de ser maléfica a alteração contratual.
(D) Inválida a contratação, pois a faculdade não poderia terceirizar sua atividade-fim, como é o caso da educação.

A: opção incorreta, pois o professor contratado não possui vínculo empregatício com a faculdade, mas sim com a empresa de trabalho temporário que é a responsável por sua remuneração; trata-se de empregador diverso e, portanto, não há obrigatoriedade do mesmo salário. **B:** opção correta, pois nos termos da súmula 331, item I, do TST considera-se lícita a terceirização por empresa interposta em se tratando de contrato temporário, ainda que em atividade-fim. **C:** opção incorreta, pois não há necessidade de concordância do professor afastado para contratação de temporário. **D:** opção incorreta, pois a contratação é válida, tendo em vista que por se tratar de contratação de trabalho temporário, poderá ser feita na atividade-fim da empresa.

Gabarito "B"

(OAB/Exame Unificado – 2014.2) Em 2012, Maria Júlia foi contratada como estagiária de direito em uma empresa pública federal, que explora atividade bancária. Sua tarefa consistia em permanecer parte do tempo em um caixa para receber o pagamento de contas de água, luz e telefone e, na outra parte, no auxílio de pessoas com dificuldade no uso dos caixas eletrônicos. Com base na hipótese, assinale a opção correta.

(A) Trata-se de estágio desvirtuado que, assim, gerará como consequência o reconhecimento do vínculo empregatício com a empresa, com anotação da CTPS e pagamento de todos os direitos devidos.
(B) Diante da situação, o Juiz do Trabalho poderá determinar que o administrador responsável pelo desvirtuamento do estágio pague diretamente uma indenização a Maria Júlia, haja vista o princípio constitucional da moralidade.
(C) Não há desvirtuamento de estágio porque, tratando-se a concedente de uma instituição bancária, a atividade de recebimento de contas e auxílio a clientes está inserida na atividade do estagiário.
(D) Não é possível o reconhecimento do vínculo empregatício, haja vista a natureza jurídica daquele que concedeu o estágio, que exige a prévia aprovação em concurso público.

A: incorreta. Importante lembrar que nos termos do art. 1º da Lei 11.788/2008 o contrato de estágio é ato educativo escolar supervisionado, desenvolvido no ambiente de trabalho, que visa à preparação para o trabalho produtivo de educandos que estejam frequentando o ensino regular em instituições de educação superior, de educação profissional, de ensino médio, da educação especial e dos anos finais do ensino fundamental, na modalidade profissional da educação de jovens e adultos. Se desenvolvido fora dessas hipóteses será considerado nulo em razão do seu desvirtuamento. No caso em tela, ainda que haja o desvirtuamento do estágio, não será possível o reconhecimento de vínculo com o ente público, pois encontra impedimento no art. 37, II e § 2º, da CF. **B:** incorreta, pois tendo em vista a ausência de concurso público não haverá pagamento de indenização. **C:** incorreta, pois a atividade exercida por Maria Julia visa não é condizente com o aprendizado de competências próprias da atividade bancária. **D:** correta, pois reflete o entendimento disposto na OJ 366 da SDI 1 do TST.

Gabarito "D"

(OAB/Exame Unificado – 2014.2) O novo prefeito de Tribobó do Oeste decidiu contratar quatro coveiros para o cemitério público da cidade, o que fez diretamente pelo regime celetista, sem a realização de concurso público. Após um ano de trabalho, os coveiros foram dispensados e ajuizaram reclamação trabalhista, postulando férias vencidas mais 1/3, aviso-prévio, 13º salário e depósitos do FGTS, já que sempre receberam os salários em dia. Assinale a opção que contempla a(s) verba(s) de direito a que os coveiros efetivamente fazem jus.

(A) Todas as verbas indicadas, pois decorrem do contrato de trabalho celetista.
(B) Aviso-prévio, 13º salário e FGTS, por terem efetivo cunho rescisório.
(C) Apenas os depósitos de FGTS.
(D) Apenas os depósitos de FGTS e férias vencidas mais 1/3, por ter o FGTS natureza salarial e as férias serem direito adquirido pelo ano trabalhado.

Trata-se de contrato de trabalho nulo, tendo em vista que a prefeitura de Tribobó do Oeste somente poderia contratar o funcionário por meio de concurso público, nos termos do art. 37, II e § 2º da CF, o que não ocorreu no caso em debate. Nesse sentido, o TST firmou entendimento sumulado consubstanciado na súmula 363 em que ensina que "A contratação de servidor público, após a CF/1988, sem prévia aprovação em concurso público, encontra óbice no respectivo art. 37, II e § 2º, somente lhe conferindo direito ao pagamento da contraprestação pactuada, em relação ao número de horas trabalhadas, respeitado o valor da hora do salário mínimo, e dos valores referentes aos depósitos do FGTS".

Gabarito "C"

(OAB/Exame Unificado – 2013.3) Uma grande empreiteira vence a licitação para construção de uma hidrelétrica, mas, tendo dificuldade em arregimentar trabalhadores em razão da distância até o canteiro de obras, resolve contratar estrangeiros em situação irregular no país, inclusive porque eles concordaram em não ter a carteira profissional assinada e receber valor inferior ao piso da categoria.

A contratação, na hipótese apresentada, contempla um caso de

(A) trabalho proibido.
(B) trabalho ilícito.
(C) trabalho escravo.
(D) trabalho válido.

A: correta, pois trabalho proibido é aquele cujo objeto do contrato de trabalho é lícito, por motivos vários, a lei impede que seja exercido por determinadas pessoas ou em determinadas circunstâncias. O trabalho do estrangeiro em situação irregular é proibido, nos termos do art. 359 da CLT. **B:** incorreta, pois trabalho ilícito é aquele não permitido porque seu objeto consiste na prestação de atividades criminosas e/ou contravencionais. **C:** incorreta, pois trabalho escravo como ser entendido como o trabalho forçado. **D:** incorreta, pois a CLT não admite a contratação do estrangeiro em situação irregular no País.

Gabarito "A"

(OAB/Exame Unificado – 2013.3) Eugênio é policial militar ativo e cumpre escala de 24x72 horas no seu batalhão. Nos dias em que não está de plantão, trabalha em um supermercado como segurança, recebendo ordens do gerente e um valor fixo mensal, jamais se fazendo substituir na prestação do labor. Nesse caso, de acordo com a jurisprudência consolidada do TST, assinale a afirmativa correta.

(A) Por ser servidor público militar, Eugênio não poderá ter o vínculo empregatício reconhecido, mesmo que presentes os requisitos da CLT, pois trata-se de norma de ordem pública.
(B) Caso tenha o vínculo empregatício reconhecido em juízo, isso impede que a Administração Pública aplique qualquer punição a Eugênio, pois ele realizou um trabalho lícito.
(C) Trata-se de trabalho ilícito que, portanto, não gera vínculo empregatício e credencia a administração a aplicar imediata punição ao servidor.
(D) Eugênio poderá ser reconhecido como empregado, desde que presentes os requisitos legais, ainda que sofra a punição disciplinar prevista no Estatuto do Policial Militar.

A: incorreta, pois uma vez presentes os requisitos da relação de emprego, deve ser reconhecido o referido vínculo. Nesse sentido ensina a súmula 386 do TST. **B:** incorreta, pois Eugênio poderá sofrer penalidade disciplinar prevista no Estatuto do Policial Militar. Veja súmula 386 do TST. **C:** incorreta, pois não é hipótese de trabalho ilícito, entendido como aquele não permitido porque seu objeto consiste na prestação de atividades criminosas e/ou contravencionais. **D:** correta, pois reflete o entendimento disposto na súmula 386 do TST.

Gabarito "D"

(OAB/Exame Unificado – 2012.3.A) Buscando profissionais experientes para manusear equipamentos de alta tecnologia e custo extremamente elevado, uma empresa anuncia a existência de vagas para candidatos que possuam dois anos de experiência prévia em determinada atividade.

A partir da hipótese apresentada, assinale a afirmativa correta.

(A) A manifestação é inválida porque o máximo de experiência que pode ser exigida é de seis meses.
(B) A manifestação é inválida, pois o empregador não tem o direito de exigir experiência pretérita do candidato a emprego.
(C) A manifestação é inválida porque o máximo de experiência que pode ser exigida é de um ano.
(D) A manifestação é valida, em razão do valor do equipamento, visando à proteção do patrimônio do empregador.

A: correta, pois reflete a disposição contida no art. 442-A da CLT. **B:** incorreta, pois poderá o empregador exigir no máximo 6 meses de experiência na atividade, nos termos do art. 442-A da CLT. **C:** incorreta, pois o máximo exigível é 6 meses de experiência na atividade. **D:** incorreta, pois a manifestação é inválida. Veja comentários anteriores.

Gabarito "A"

(OAB/Exame Unificado – 2012.1) É correto afirmar que a CLT prevê, expressamente,

(A) a advertência verbal, a censura escrita e a suspensão como medidas disciplinares que o empregador pode adotar em relação ao descumprimento das obrigações contratuais do empregado.
(B) somente a suspensão do contrato e a dispensa, por justa causa, como medidas disciplinares que o empregador pode adotar em relação ao descumprimento das obrigações contratuais do empregado.
(C) a advertência, verbal ou escrita, a suspensão e a dispensa, por justa causa, como medidas disciplinares que o empregador pode adotar em relação ao descumprimento das obrigações contratuais do empregado.
(D) a censura escrita, a suspensão e a dispensa, por justa causa, como medidas disciplinares que o empregador pode adotar em relação ao descumprimento das obrigações contratuais do empregado.

A alternativa **B** está correta, pois embora o empregador, em função do seu poder disciplinar, possa aplicar aos empregados advertência, seja ela verbal ou escrita; suspensão e despedida por justa causa, a CLT não prevê EXPRESSAMENTE a advertência como medida disciplinar, elencando somente hipóteses de suspensão e despedida por justa causa, nos termos dos arts. 482 (despedida por justa causa) e 474 ambos da CLT (suspensão).

Gabarito "B"

(OAB/Exame Unificado – 2011.3.B) Com relação ao contrato de emprego, assinale a alternativa correta.

(A) Quando da contratação por prazo determinado, somente é possível nova contratação entre as mesmas partes num prazo nunca inferior a três meses.
(B) São as formas autorizadas por lei para a celebração de qualquer contrato de trabalho por prazo determinado: transitoriedade do serviço do empregado, transitoriedade da atividade do empregador e quantidade extraordinária de serviço que justifique essa modalidade de contratação.
(C) Em nenhuma hipótese o contrato por prazo determinado poderá suceder, dentro de seis meses, a outro contrato por prazo determinado.
(D) O contrato de emprego por prazo indeterminado é aquele em que as partes, ao celebrá-lo, não estipulam a sua duração nem prefixam o seu termo

extintivo, podendo versar sobre qualquer obrigação de prestar qualquer tipo de serviço, manual ou intelectual.

A: incorreta, pois nos termos do art. 452 da CLT a nova contratação não poderá ser feita dentro do período de 6 (seis) meses. **B:** incorreta, pois a CLT também prevê (em seu art. 443, § 2º, alínea c) o contrato de experiência como modalidade de contrato por prazo determinado. Ademais, o contrato com prazo determinado é admitido nas hipóteses previstas na Lei 6.019/1974; Lei 9.601/1998, art. 14-A da Lei 5.889/1973. **C:** incorreta, pois nos termos do art. 452, parte final, da CLT tendo o primeiro contrato expirado pela execução de serviços especializados ou da realização de certos acontecimentos, como por exemplo, o empregado contratado para trabalhar durante o Natal ou carnaval, hipóteses em que cessado o acontecimento, será válido um novo contrato com prazo determinado mesmo antes de 6 (seis) meses da expiração do primeiro contrato. **D:** correta, pois reflete com exatidão o que vem a ser o contrato de emprego, que nada mais é que o contrato de trabalho. *"Art. 442 da CLT – Contrato individual de trabalho é o acordo tácito ou expresso, correspondente à relação de emprego."*

Gabarito "D"

(OAB/Exame Unificado – 2011.2) Uma empresa põe anúncio em jornal oferecendo emprego para a função de vendedor, exigindo que o candidato tenha experiência anterior de 11 meses nessa função. Diante disso, assinale a alternativa correta.

(A) A exigência é ilegal, pois o máximo que o futuro empregador poderia exigir seriam 6 meses de experiência.
(B) A exigência é ilegal, pois o máximo que o futuro empregador poderia exigir seriam 3 meses de experiência.
(C) A exigência é legal, pois a experiência até 1 ano pode ser exigida do candidato a qualquer emprego, estando inserida no poder diretivo do futuro empregador.
(D) A exigência não traduz discriminação no emprego, de modo que poderia ser exigido qualquer período de experiência anterior.

O art. 442-A, inserido na CLT com o advento da Lei 11.644/2008, impôs ao empregador um limite temporal para contratação de empregados, que não poderá exigir, no ato da contratação, mais de 6 (seis) meses de prática do candidato para a atividade, ou seja, não poderá o empregador exigir dos pretensos empregados, período de experiência superior a 6 (seis) meses para aquela determinada função.

Gabarito "A"

(OAB/Exame Unificado – 2011.1) Com relação ao contrato de aprendizagem, assinale a alternativa correta.

(A) A duração do trabalho do aprendiz não pode exceder de 4 (quatro) horas diárias, sendo vedada a prorrogação e a compensação de jornada.
(B) Salvo condição mais favorável, ao menor aprendiz deve ser assegurado o salário mínimo hora.
(C) É um contrato especial de trabalho que pode ser ajustado de forma expressa ou tácita.
(D) É um contrato por prazo determinado cuja duração jamais poderá ser superior a 2 (dois) anos.

A: incorreta, pois nos termos do art. 432 da CLT, a duração do trabalho do aprendiz não excederá 6 (seis) horas diárias, sendo vedada a prorrogação e a compensação de jornada; **B:** correta, pois reflete o disposto no art. 428, § 2º, da CLT; **C:** incorreta, pois nos termos do art. 428, *caput*, da CLT, o contrato de aprendizagem deve ser ajustado apenas de forma escrita, não se admitindo de forma tácita; **D:** incorreta, pois o contrato de aprendizagem não poderá ser estipulado por prazo superior a 2 (dois) anos, exceto quando se tratar de aprendiz portador de deficiência, nos termos do art. 428, § 3º, da CLT.

Gabarito "B"

(OAB/Exame Unificado – 2010.2) No contexto da teoria das nulidades do contrato de trabalho, assinale a alternativa correta.

(A) Configurado o trabalho ilícito, é devido ao empregado somente o pagamento da contraprestação salarial pactuada.
(B) O trabalho noturno, perigoso e insalubre do menor de 18 (dezoito) anos de idade são modalidades de trabalho proibido ou irregular.
(C) O trabalho do menor de 16 (dezesseis) anos de idade, que não seja aprendiz, é modalidade de trabalho ilícito, não gerando qualquer efeito.
(D) A falta de anotação da Carteira de Trabalho e Previdência Social do empregado invalida o contrato de trabalho.

A: incorreta, pois o trabalho ilícito não merece qualquer proteção; **B:** correta, mas é importante traçarmos a diferença entre o trabalho ilícito e o trabalho proibido, sendo que o primeiro não merece guarida no direito. Exemplificando: se um empregado é contratado para vender tóxico ou coisa parecida, o trabalho é ilícito, não merecendo nenhuma proteção jurídica. Por outro lado, se um empregado menor é contratado, tendo menos de 12 anos, estamos no terreno do trabalho proibido, que, nem por isso, deixa de gerar direito e obrigações, que é o caso da assertiva; **C:** incorreta, pois como explicado no item anterior, trata-se de trabalho proibido; **D:** incorreta, pois a falta de anotação em carteira é infração cometida pelo empregador e não pode gerar qualquer prejuízo ao empregado, sendo válido, portanto, o contrato de trabalho.

Gabarito "B"

(OAB/Exame Unificado – 2010.1) Os requisitos necessários à caracterização do vínculo de emprego abrangem

(A) onerosidade, exclusividade, subordinação jurídica e alteridade.
(B) eventualidade, pessoalidade, onerosidade e subordinação jurídica.
(C) subordinação, não eventualidade, onerosidade e pessoalidade.
(D) dependência econômica, continuidade, subordinação e alteridade.

A: incorreta, pois a exclusividade não é pressuposto para a configuração do vínculo de emprego (CLT, art. 3º); **B:** incorreta, pois a eventualidade não é pressuposto para a configuração do vínculo de emprego, nos termos do art. 3º da CLT, mas sim a não eventualidade; **C:** correta, pois reflete o disposto no art. 3º da CLT; **D:** incorreta, pois a dependência econômica não é pressuposto do vínculo de emprego, nos termos do art. 3º da CLT.

Gabarito "C"

(OAB/Exame Unificado – 2009.1) Assinale a opção correta de acordo com o contrato individual de trabalho regido pela CLT.

(A) O referido contrato somente poderá ser acordado de forma expressa.
(B) É exigida forma especial para a validade e eficácia do contrato em apreço, motivo pelo qual não é permitida a forma verbal.
(C) Um contrato de trabalho por prazo determinado de 2 (dois) anos poderá ser prorrogado uma única vez, por igual período.

(D) No contrato mencionado, o contrato de experiência poderá ser prorrogado uma única vez, porém não poderá exceder o prazo de 90 (noventa) dias.

A: incorreta, pois o contrato de trabalho pode ser verbal ou tácito, art. 443 da CLT; **B:** incorreta, pois não se exige forma especial para o contrato de trabalho, admitindo-se a forma verbal, em conformidade com o art. 443 da CLT; **C:** incorreta, pois embora admita uma única prorrogação, o contrato de trabalho com prazo determinado não poderá ultrapassar o período de 2 (dois) anos, em conformidade com os arts. 445 e 451 da CLT; **D:** correta, pois reflete o disposto no art. 445, parágrafo único, da CLT.

Gabarito "D"

(OAB/Exame Unificado – 2008.1) Não é cabível contrato de trabalho por prazo determinado em

(A) contrato de empreitada.
(B) contrato de experiência.
(C) Serviço cuja natureza ou transitoriedade justifique a predeterminação do prazo.
(D) atividades empresariais de caráter transitório.

A: correta, pois o contrato de empreitada não é um contrato de trabalho propriamente dito, mas sim um contrato de natureza civil que vem esculpido nos arts. 610 a 626 do Código Civil. **B:** incorreta, pois o contrato de experiência é um contrato a termo, conforme estipula o art. 443, § 2º, "c", da CLT; **C:** incorreta, pois se trata de uma das situações que a CLT permite a contratação por prazo determinado, nos termos do art. 443, § 2º, "a", da CLT; **D:** incorreta, pois se trata de uma das situações que a CLT permite a contratação por prazo determinado, nos termos do art. 443, § 2º, "b", da CLT

Gabarito "A"

(OAB/Exame Unificado – 2007.3) A empresa Ouro Branco Ltda. pactuou um contrato de experiência com Alfredo, pelo prazo de 90 (noventa) dias. Após 50 (cinquenta) dias de trabalho, a empresa resolveu rescindir o contrato de experiência e demitir, imotivadamente, Alfredo. Nessa situação, a empresa Ouro Branco

(A) poderia rescindir o contrato de experiência antes do prazo de 90 (noventa) dias, sem efetuar o pagamento do aviso-prévio.
(B) pactuou com Alfredo contrato de experiência irregular, visto que o prazo máximo para este tipo de contrato é de 30 (trinta) dias.
(C) Não poderia rescindir o contrato de experiência antes de findos os 90 (noventa) dias, salvo se existisse motivo de justa causa.
(D) Poderia rescindir contrato de experiência antes do prazo de 90 (noventa) dias, desde que pagasse a Alfredo o aviso-prévio.

A: incorreta, pois nos termos do art. 479 da CLT, em caso de rescisão antecipada do contrato a termo, deverá a Empresa Ouro Branco pagar uma indenização correspondente à metade da remuneração que Alfredo teria direito até o final do contrato. **B:** incorreta, pois nos termos do art. 445, parágrafo único, da CLT o prazo máximo é de 90 (noventa) dias; **C:** incorreta, pois o contrato poderá ser extinto, desde que haja o pagamento de indenização, art. 479 da CLT; **D:** correta, pois nos contratos de experiência também há o direito ao aviso-prévio, nos termos da Súmula 163 do TST.

Gabarito "D"

(OAB/Exame Unificado – 2007.3) Com referência à Carteira de Trabalho e Previdência Social, assinale a opção correta.

(A) Tal documento é desnecessário para os trabalhadores em domicílio, mesmo que a relação jurídica implique vínculo de emprego.
(B) Tal documento é desnecessário para o trabalhador rural, mesmo que a relação jurídica implique vínculo de emprego.
(C) Esse documento é desnecessário para os trabalhadores domésticos, mesmo que a relação jurídica implique vínculo de emprego.
(D) Nas localidades onde tal documento não seja emitido, o empregado que não o possua poderá ser admitido até o limite de 30 (trinta) dias, ficando a empresa, em tal período, obrigada a permitir o comparecimento do trabalhador ao posto de emissão mais próximo.

A: incorreta, pois a CTPS é obrigatória para o exercício e qualquer emprego, inclusive, em seu domicílio, nos termos do art. 13 da CLT; **B:** incorreta, pois o art. 13 da CLT ensina que ainda na atividade rural a CTPS é obrigatória; **C:** incorreta, pois a CTPS é obrigatória para qualquer exercício de emprego. Ademais, o art. 9º da LC 150/2015, determina que a apresentação da CTPS é obrigatória. **D:** correta, pois reflete o disposto no art. 13, § 3º, da CLT.

Gabarito "D"

(OAB/Exame Unificado – 2007.3) O contrato de trabalho por prazo determinado, em nenhuma hipótese, poderá ser estipulado por prazo superior a

(A) 120 (cento e vinte) dias.
(B) 180 (cento e oitenta) dias.
(C) 2 (dois) anos.
(D) 3 (três) anos.

Conforme preceitua o art. 445 da CLT "o contrato de trabalho por prazo determinado não poderá ser estipulado por mais de 2 (dois) anos..."

Gabarito "C"

(OAB/Exame Unificado – 2007.3) O Banco Cifrão S.A. exige, como condição de contratação de seus empregados, que todas as pessoas que se candidatem a uma vaga de emprego na instituição apresentem certidão de antecedentes criminais. A justificativa da diretoria é a de que o trabalho em uma instituição cuja primordial função é a administração de recursos financeiros torna fundamental o conhecimento dos antecedentes criminais de seus empregados. Nessa situação, a exigência feita pela instituição financeira

(A) é uma mera formalidade, que não prejudica o sistema de seleção de candidatos.
(B) é um ato criminoso, já que fere o direito à livre concorrência dos candidatos.
(C) fere o direito à dignidade da pessoa humana e serve de base a discriminação
(D) é um direito da empresa contratante na seleção dos melhores candidatos.

A Lei 9.029/1995 em seu art. 1º ensina ser proibida a adoção de qualquer prática discriminatória e limitativa para efeito de acesso à relação de trabalho, ou de sua manutenção, por motivo de sexo, origem, raça, cor, estado civil, situação familiar, deficiência, reabilitação profissional, idade, entre outros, ressalvadas, nesse caso, as hipóteses de proteção à criança e ao adolescente previstas no inciso XXXIII do art. 7º da Constituição Federal. Assim, prevalece a ideia de que a solicitação de antecedentes criminais é indevida, pois o empregador estaria, nesse caso, vilipendiando a honra e a dignidade do trabalhador. *Vide* arts. 1º, III e 5º, X, da CF. Veja decisão na íntegra: PROCESSO N. TST – RR 0088400-17.2009.5.09.0513.

Gabarito "C"

(OAB/Exame Unificado – 2007.3) Antônio foi contratado para exercer, em órgão da prefeitura do Município X, cargo de confiança de livre nomeação e exoneração. Ao ser contratado, teve sua CTPS anotada. No momento de sua demissão, Antônio constatou que nenhum depósito havia sido efetuado no FGTS. Com relação à situação apresentada, assinale a opção correta.

(A) O detentor de cargo de confiança não tem direito ao recebimento de qualquer outro tipo de verba, exceto o salário.

(B) Apesar da anotação feita na CTPS de Antônio, o exercício de cargo de confiança no serviço público não está sujeito ao regime celetista e o detentor do cargo não faz jus ao FGTS.

(C) Antônio jamais poderia ter sido contratado sob o regime da CLT, visto que exercia cargo de confiança em órgão municipal.

(D) A contratação de Antônio foi regular e legal, e o município deveria ter efetuado os depósitos no FGTS, já que a CTPS de Antônio foi assinada.

O detentor de cargo em comissão é regido pelo estatuto dos funcionários públicos local, e não pela CLT. *Vide*, a título de exemplo, o art. 3º, parágrafo único, da Lei 8.112/1990 (Estatuto dos Servidores da União).

Gabarito "B".

(OAB/Exame Unificado – 2007.2) A respeito de contrato de trabalho, assinale a opção correta.

(A) A mudança na propriedade ou na estrutura jurídica da empresa deverá, necessariamente, alterar os contratos de trabalho de seus empregados.

(B) A justiça do trabalho não reconhece, em nenhuma hipótese, o contrato de trabalho verbal.

(C) O contrato de experiência não poderá exceder o prazo de 90 (noventa) dias.

(D) O contrato de trabalho por prazo determinado poderá ser estipulado por prazo superior a 2 (dois) anos, desde que exista interesse das partes.

A: incorreta, pois nos termos dos arts. 10 e 448 da CLT, qualquer mudança na propriedade ou estrutura da empresa não afetará os contratos de trabalho; **B:** incorreta, pois nos termos do art. 443 da CLT admite-se o contrato de trabalho verbal; **C:** correta, pois reflete o disposto nos arts. 443, § 2º, "c", e 445, parágrafo único, da CLT; **D:** incorreta, pois nos termos do art. 445 da CLT o contrato com prazo determinado não poderá ultrapassar 2 (dois) anos.

Gabarito "C".

(OAB/Exame Unificado – 2007.1) João, médico residente, ingressou com ação na justiça do trabalho pleiteando o reconhecimento da relação de emprego com um hospital público municipal. Diante dessa situação hipotética, assinale a opção correta.

(A) Assiste razão a João, uma vez que o período de residência médica deve ser considerado relação de emprego, já que presentes os elementos caracterizadores do vínculo, ou seja, pagamento de salário, subordinação e permanência.

(B) A residência médica é uma modalidade de ensino de pós-graduação, regida sob os ditames do Decreto n. 80.281/1977, caracterizada por treinamento em serviço, em regime de dedicação exclusiva. Logo, não pode ser caracterizada como relação de emprego.

(C) Caberá ao juiz, ao analisar a demanda, definir se houve ou não uma relação de emprego.

(D) Durante o período de residência médica, não existe nenhum vínculo entre o médico e o hospital, já que apenas assiste aulas no hospital, mas não exerce atividade laborativa.

A: incorreta, pois a residência médica é regulada pela Lei 6.932/1981 e Decreto 80.281/1977 e não é considerada como relação de emprego, mas sim uma forma de aperfeiçoamento profissional em medicina, nos termos do art. 1º da referida lei; **B:** correta, pois em conformidade com o art. 1º da Lei 6.932/1981; **C:** incorreta, pois há lei específica aplicada ao caso concreto; **D:** incorreta, pois embora desenvolva função laborativa, não há relação de emprego.

Gabarito "B".

(OAB/Exame Unificado – 2007.2) Amarildo, policial militar, trabalhava para a empresa Boliche e Cia. como agente de segurança, nos horários em que não estava a serviço da corporação militar. Na referida empresa, Amarildo cumpria expressamente as ordens emanadas da direção, recebia um salário mensal, e trabalhava de forma contínua e ininterrupta, todas as vezes que não estava escalado na corporação. Considerando a situação apresentada, assinale a opção correta.

(A) Existe vínculo empregatício entre a empresa Boliche e Cia. e Amarildo, porém esse vínculo jamais poderá ser reconhecido, em razão da situação de militar de Amarildo.

(B) É legítimo o reconhecimento da relação de trabalho entre Amarildo e a empresa Boliche e Cia., independentemente do eventual cabimento de penalidade disciplinar prevista no estatuto do policial militar.

(C) Não existe vínculo empregatício entre Amarildo e a empresa Boliche e Cia., já que o trabalho prestado por Amarildo para essa empresa constitui trabalho eventual autônomo.

(D) A justiça do trabalho não pode reconhecer nenhuma espécie de vínculo empregatício entre Amarildo e a empresa Boliche e Cia., já que Amarildo é policial militar.

A: incorreta, pois em que pese a situação de militar de Amarildo, poderá haver o reconhecimento de vínculo empregatício; **B:** correta, pois reflete o entendimento disposto na Súmula 386 do TST; **C:** incorreta, pois como se vê no enunciado da questão, o trabalho exercido era contínuo e ininterrupto, o que caracteriza a relação de emprego (art. 3º CLT); **D:** incorreta, pois de acordo com a Súmula 386 do TST, deverá ser reconhecido o vínculo de emprego, independente da infração disciplinar de Amarildo.

Gabarito "B".

(OAB/Exame Unificado – 2006.3) Não estão previstas na carteira de trabalho e previdência social anotações relacionadas a

(A) interrupções e suspensões no contrato de trabalho.

(B) acidentes do trabalho.

(C) alterações no estado civil e referentes a dependentes.

(D) atos desabonadores à conduta do empregado.

A: incorreta, pois devem ser feitas as anotações, nos termos do art. 29 da CLT. Veja, também, o art. 133, § 1º, da CLT; **B:** incorreta, pois nos termos do art. 30 da CLT os acidentes do trabalho devem ser anotados na CTPS do trabalhador; **C:** incorreta, pois alterações no estado civil e alterações referentes aos dependentes devem ser feitas na CTPS, nos termos do art. 32 da CLT. **D:** correta, pois reflete o disposto no art. 29, § 4º, da CLT.

Gabarito "D".

(FGV – 2013) O contrato de trabalho, em relação à vigência, pode vigorar por prazo determinado ou indeterminado. Uma das espécies de contrato a termo é o temporário, regido pela Lei n. 6.019/1974.

Quanto a essa modalidade contratual, assinale a afirmativa correta.

(A) Pode ser usada na contratação de trabalhadores urbanos e rurais, na forma da Lei.

(B) Pode ser usada para contratação de empregados vinculados à atividade-fim do tomador.

(C) Pode ser realizada pelo prazo de três meses, sendo possível a prorrogação por igual prazo, bastando acordo escrito entre as partes.

(D) Caso haja decretação de falência ou de recuperação judicial da empresa prestadora, o tomador dos serviços responde solidariamente pelos créditos trabalhistas.

(E) É permitido às empresas de prestação de serviço temporário a contratação de estrangeiros com visto provisório de permanência no País.

A: incorreta, pois nos termos do art. 4º da Lei 6.019/1974 considera-se empresa de trabalho temporário somente aquela de âmbito urbano. **B:** correta, pois a contratação do temporário é uma das espécies de terceirização lícitas, quais sejam: serviço de vigilância e limpeza, o próprio trabalho temporário e atividade-meio. A contratação do temporário é permitida somente para atender à necessidade transitória de substituição de seu pessoal regular e permanente ou à acréscimo extraordinário de serviços, nos termos do art. 2º da Lei 6.019/1974. Portanto, podem se confundir com a atividade-fim do empregador. **C:** incorreta, pois para ser possível a prorrogação é necessária a autorização do Ministério do Trabalho e Emprego, nos termos do art. 10 da Lei 6.019/1974. **D:** incorreta, pois haverá responsabilidade somente nos casos de falência, mas não para recuperação judicial, nos termos do art. 16 da Lei 6.019/1974. E: incorreta, pois nos termos do art. 17 da Lei 6.019/1974 é defeso, ou seja, proibido às empresas de prestação de serviço temporário a contratação de estrangeiros com visto provisório de permanência no País.

Gabarito "B"

(FGV – 2010) Analise as afirmativas a seguir.

I. São características do trabalho avulso a intermedlação do sindicato do trabalhador na colocação da mão de obra, a curta duração do serviço prestado a um beneficiado e a remuneração paga basicamente em forma de rateio procedido pelo sindicato; pela CRFB/1988, art. 7º, XXXIV, foi igualado ao trabalhador com vínculo empregatício.

II. Trabalhador Temporário é o contratado por uma empresa de trabalho temporário para trabalhar durante alguns dias ou algumas semanas em outra empresa, substituindo um empregado ou ajudando numa fase de maior atividade, no máximo até 180 dias.

III. A Emenda Constitucional 45 alterou a competência da Justiça do Trabalho, que passa a julgar as questões relativas às relações de trabalho e não só as de emprego.

Assinale

(A) se apenas as afirmativas I e II estiverem corretas.

(B) se apenas as afirmativas II e III estiverem corretas.

(C) se todas as afirmativas estiverem corretas.

(D) se nenhuma afirmativa estiver correta.

(E) se apenas as afirmativas I e III estiverem corretas.

I: correta, pois reflete as características do trabalho avulso, regulado pela Lei 12.815/2013 e igualando os direitos do trabalhador com vínculo e o trabalhador avulso, art. 7º, XXXIV, da CF. veja, também, o art. 12, VI, da Lei 8.212/1991; **II:** incorreta, pois nos termos do arts. 2º e 10 da Lei 6.019/1974 é aquele prestado por pessoa física para atender à necessidade transitória de substituição de pessoal regular e permanente ou ao acréscimo extraordinário de serviços da empresa, cujo prazo não poderá exceder 3 (três) meses, salvo autorização no MTE; **III:** correta, pois a EC 45/2004 alterou a competência material da Justiça do Trabalho, disposta no art. 114 da CF, que passou a ser competente para apreciação das ações oriundas da relação de trabalho, com exceção dos servidores públicos estatutários ou de caráter jurídico administrativo. *Vide* ADI 3395-6.

Gabarito "E"

(FGV – 2008) Em relação ao contrato de trabalho instituído pela *Lei de Estímulo aos Novos Empregos – Lei 9.601/1998*, considere as seguintes assertivas:

I. As estabilidades da gestante, do dirigente sindical e do acidentado são garantidas durante o curso do contrato de trabalho.

II. A prorrogação por mais de uma vez é permitida, desde que respeitado o prazo máximo de 2 (dois) anos previsto no *caput* do art. 445 da CLT.

III. A empresa terá alguns incentivos, entre eles, uma redução na ordem de 2% (dois por cento) na contribuição para o FGTS ao mês, tendo em vista a intenção social da lei.

IV. Ao término da duração do contrato será indevida a indenização sobre os depósitos do FGTS e aviso-prévio.

V. O valor da indenização de rescisão antecipada devida pela parte que der causa imotivada a ela, será previsto na norma coletiva.

Assinale:

(A) se apenas as assertivas I, II e V estiverem corretas.

(B) se apenas as assertivas I, II e IV estiverem corretas.

(C) se apenas as assertivas II, III e IV estiverem corretas.

(D) se apenas as assertivas I, II, IV e V estiverem corretas.

(E) se todas as assertivas estiverem corretas.

I: correta, pois reflete o disposto no art. 1º, § 4º, da Lei 9.601/1998; **II:** correta, pois o contrato poderá ser prorrogado inúmeras vezes, desde que seja respeitado o prazo máximo de 2 (dois) anos previsto no art. 445 da CLT, nos termos do art. 1º, § 2º da Lei 9.601/1998; **III:** incorreta, pois a redução é <u>para</u> 2% e não <u>de</u> 2% na alíquota da contribuição para o FGTS, nos termos do art. 2º, II, da Lei 9.601/1998; **IV** e **V:** Opções corretas, pois correspondem ao disposto no art. 1º, § 1º, I, da Lei 9.601/1998.

Gabarito "D"

3. SUJEITOS DA RELAÇÃO DE TRABALHO – MODALIDADES ESPECIAIS DE TRABALHADORES

(OAB/Exame Unificado – 2015.3) Nelson foi contratado como vigilante, diretamente pelo Banco Moeda Firme, empresa que assinou a sua carteira profissional. Ele atua em diversas agências bancárias e recebe adicional de periculosidade em seu contracheque.

Sobre a categoria profissional de Nelson adicional de periculosidade, assinale a acordo com a jurisprudência do TST. e opção em relação correta ao de

(A) Nelson não é bancário.
(B) O recebimento do adicional de periculosidade é uma liberalidade do empregador.
(C) Nelson integra a categoria dos bancários, já que seu empregador explora essa atividade.
(D) A situação é irregular, pois o serviço de vigilante precisa ser terceirizado.

A: opção correta, pois nos termos da súmula 257 do TST o vigilante, contratado diretamente por banco ou por intermédio de empresas especializadas, não é bancário. **B:** opção incorreta, pois o pagamento do adicional de periculosidade é um dever do empregador, tendo em vista o que dispõe o art. 193, II, CLT. **C:** opção incorreta, pois não pertence à categoria dos bancários, na medida em que é considerado vigilante, profissão regulamentada pela Lei 7.102/1983. Ademais, o vigilante é subordinado à empresa de vigilância e não ao banco. **D:** opção incorreta, pois a situação não é irregular. Se admite a terceirização para serviços de vigilância, art. 10, § 2º, da Lei 7.102/1983 e súmujlasúmula 331, III, TST, bem como a contratação direta pelo banco..

Gabarito "A"

(OAB/Exame Unificado – 2014.3) Marlene trabalhou em uma residência como cozinheira de 5 de maio de 2013 a 6 de julho de 2014. Assinale a opção que contempla o direito inerente à categoria profissional de Marlene, no período indicado, podendo ser exigido seu cumprimento de imediato pelo empregador.

(A) Adicional noturno.
(B) Horas extras.
(C) FGTS obrigatório.
(D) Seguro-desemprego obrigatório.

A: opção incorreta, pois com a publicação da EC 72/2013 direitos como o adicional noturno necessitavam de regulamentação, que foi feita em 02.06.2015 pela Lei Complementar 150/2015, não podendo ser exigido no período apontado na questão. **B:** opção correta, pois a jornada de trabalho de 8 horas/dia e 44 horas/semana, bem como o adicional pelo trabalho extraordinário já eram direitos com aplicação imediata de acordo com a EC 72/2013, direitos que não necessitam de regulamentação. **C:** opção incorreta, pois o FGTS não era um direito de aplicação imediata pela EC 72/2013, necessitando de regulamentação. De acordo com a LC 150/2015 essa regulamentação será feita pelo Conselho Curador do FGTS que editou a Resolução do Conselho Curador do FGTS 780/2015, a Circular Caixa 694/2015 e da Portaria Interministerial 822/2015. **D:** opção incorreta, pois o seguro-desemprego não foi um direito de aplicação imediata pela EC 72/2013, ele foi regulamentado somente pela LC 150/2015 em seu art. 26.

Gabarito "B"

(OAB/Exame Unificado – 2014.1) A empresa *Infohoje* Ltda. firmou contrato com Paulo, pelo qual ele prestaria consultoria e suporte de serviços técnicos de informática a clientes da empresa. Para tanto, Paulo receberia 20% do valor de cada atendimento, sendo certo que trabalharia em sua própria residência, realizando os contatos e trabalhos por via remota ou telefônica. Paulo deveria estar conectado durante o horário comercial de segunda a sexta-feira, sendo exigida sua assinatura digital pessoal e intransferível para cada trabalho, bem como exclusividade na área de informática.

Sobre o caso sugerido, assinale a afirmativa correta.

(A) Paulo é prestador de serviços autônomo, não tendo vínculo de emprego, pois ausente a subordinação, já que inexistente fiscalização efetiva física.
(B) Paulo é prestador de serviços autônomo, não tendo vínculo de emprego, pois ausente o pagamento de salário fixo.
(C) Paulo é prestador de serviços autônomo, não tendo vínculo de emprego, pois ausente o requisito da pessoalidade, já que impossível saber se era Paulo quem efetivamente estaria trabalhando.
(D) Paulo é empregado da empresa, pois presentes todos os requisitos caracterizadores da relação de emprego.

A: incorreta, pois na relação de Paulo com a empresa *Infohoje* estava presente o requisito da subordinação, na medida em que tinha o dever de estar conectado durante o horário comercial de segunda a sexta-feira e, ainda, era exigida sua assinatura digital pessoal e intransferível para cada trabalho. **B:** incorreta, pois a falta de salário fixo não é motivo suficiente para a não caracterização da relação de emprego, tendo em vista que o requisito "onerosidade" da relação de emprego indica que os serviços prestados têm como objetivo o recebimento de salário, ou seja, não é gratuito. **C:** incorreta, pois Paulo é considerado empregado, tendo em vista que o requisito da "pessoalidade" está presente haja vista a exigência de assinatura digital e intransferível. **D:** correta, pois todos os requisitos da relação de emprego previstos nos arts. 2º e 3º, da CLT, tais como: subordinação, onerosidade, pessoalidade, pessoa física, habitualidade estão presentes.

Gabarito "D"

(OAB/Exame Unificado – 2013.2) Marco Aurélio é advogado empregado em um escritório de advocacia, com CTPS assinada, tendo acertado na contratação a dedicação exclusiva. Num determinado mês, Marco cumpriu jornada de 2ª a 6ª feira das 12:00 às 21:00 h com intervalo de uma hora para refeição.

Com base no caso apresentado, assinale a afirmativa correta.

(A) Não haverá pagamento de adicional noturno porque a jornada não ultrapassou as 22:00 h
(B) Marco tem direito ao adicional noturno de 25% sobre a jornada compreendida entre 20:00 e 21:00 h
(C) Marco tem direito a horas extra, sendo assim reputadas as que ultrapassam a 4ª hora diária, com acréscimo de 50%.
(D) Marco tem direito ao adicional noturno de 20% sobre a jornada compreendida entre 20:00 e 21:00 h

A: incorreta, pois houve o trabalho noturno, que para os advogados é aquele desempenhado no período das vinte horas de um dia até as cinco horas do dia seguinte, nos termos do art. 20, § 3º, da Lei 8.906/1994. **B:** correta, pois nos termos do§ 3º do art. 20 da Lei 8.906/1994 às horas trabalhadas no período das vinte horas de um dia até as cinco horas do dia seguinte são remuneradas como noturnas, acrescidas do adicional de 25%. **C:** incorreta, pois Marco não terá direito a horas extra, na medida em que está em regime de dedicação exclusiva, o que o exclui da jornada especial disposta no art. 20, *caput*, da Lei 8.906/1994. **D:** incorreta, pois o adicional noturno será de 25%.

Gabarito "B"

(OAB/Exame Unificado – 2013.1) Adriana submete-se a um ato educativo supervisionado, desenvolvido no ambiente de trabalho, que visa à preparação para o trabalho produtivo daqueles que estejam frequentando o ensino regular em instituições de educação superior, educação profissional, ensino médio, da educação especial e dos anos finais do ensino fundamental.

Logo, pode-se dizer que Adriana é uma

(A) estagiária.
(B) aprendiz.
(C) cooperativada.
(D) empregada.

A: correta, pois o enunciado define o contrato de estágio, nos termos do art. 1º da Lei 11.788/2008. **B:** incorreta, pois o aprendiz é um empregado. Nos termos do art. 428 da CLT contrato de aprendizagem é o contrato de trabalho especial, ajustado por escrito e por prazo determinado, em que o empregador se compromete a assegurar ao maior de 14 (quatorze) e menor de 24 (vinte e quatro) anos inscrito em programa de aprendizagem formação técnico-profissional metódica, compatível com o seu desenvolvimento físico, moral e psicológico, e o aprendiz, a executar com zelo e diligência as tarefas necessárias a essa formação. **C:** incorreta, pois nos termos do art. 3º da Lei 5.764/1971 celebram contrato de sociedade cooperativa as pessoas que reciprocamente se obrigam a contribuir com bens ou serviços para o exercício de uma atividade econômica, de proveito comum, sem objetivo de lucro. **D:** incorreta, pois a relação de emprego (arts. 2º e 3º da CLT) não implica em ato educativo supervisionado.

Gabarito "A"

(OAB/Exame Unificado – 2011.3.B) A idade mínima para que alguém seja contratado como empregada doméstica, aprendiz e no trabalho em subsolo é de, respectivamente,

(A) 16 anos, 14 anos e 25 anos.
(B) 21 anos, 16 anos e 18 anos.
(C) 14 anos, 16 anos e 30 anos.
(D) 18 anos, 14 anos e 21 anos.

A alternativa **D** está correta, pois para o empregado doméstico a idade mínima é de 18 (dezoito) anos. Isso porque nos termos do Decreto n. 6.481/2008, que traz a Lista das Piores Formas de Trabalho Infantil (Lista TIP) o serviço doméstico é tido como prejudicial ao menor de 18 (dezoito) anos. Nesse mesmo sentido, determina o art. 1º, parágrafo único, da LC 150/2015. O aprendiz, nos termos do art. 7º, XXXIII, da CF e art. 428 da CLT o trabalho do aprendiz é autorizado a partir dos 14 (quatorze) anos de idade. Com relação ao trabalho em subsolo, o art. 301 da CLT determinada como idade mínima 21 (vinte e um) anos e como idade máxima 50 (cinquenta) anos.

Gabarito "D"

(OAB/Exame Unificado – 2010.2) Joana foi contratada para trabalhar de segunda a sábado na residência do Sr. Demétrius, de 70 anos, como sua acompanhante, recebendo salário mensal. Ao exato término do terceiro mês de prestação de serviços, o Sr. Demétrius descobre que a Sra. Joana esta grávida, rescindindo a prestação de serviços. Joana, inconformada, ajuíza ação trabalhista para que lhe seja reconhecida a condição de empregada doméstica e garantido o seu emprego mediante reconhecimento da estabilidade provisória pela gestação. Levando-se em consideração a situação de Joana, assinale a alternativa correta.

(A) A função de acompanhante é incompatível com o reconhecimento de vínculo de emprego doméstico.
(B) Joana faz jus ao reconhecimento de vínculo de emprego como empregada doméstica.
(C) Joana não fará jus à estabilidade gestacional, pois este não é um direito garantido à categoria dos empregados domésticos.
(D) Joana não fará jus à estabilidade gestacional, pois o contrato de três meses é automaticamente considerado de experiência para o Direito do Trabalho e pode ser rescindido ao atingir o seu termo final.

A: incorreta, pois a função de acompanhante é compatível com o reconhecimento de vínculo de empregado doméstico, nos termos do art. 1º da LC 150/2015; **B:** correta, pois Joana preenche todos os requisitos caracterizadores da relação de empregado doméstico, nos termos do art. 1º da LC 150/2015; **C:** incorreta, pois o art. 25, parágrafo único, da LC 150/2015 ensina que a confirmação do estado de gravidez durante o curso do contrato de trabalho, ainda que durante o prazo do aviso-prévio trabalhado ou indenizado, garante à empregada gestante a estabilidade provisória prevista na alínea "b" do inciso II do art. 10 do Ato das Disposições Constitucionais Transitórias; **D:** incorreta, pois o contrato em debate não será considerado como contrato de experiência, pois não foi celebrado com esse fim.

Gabarito "B"

(OAB/Exame Unificado – 2008.3) Assinale a opção correta no que se refere ao trabalhador avulso.

(A) Será enquadrado como trabalhador avulso aquele que prestar serviço sem vínculo de emprego, a diversas pessoas, em atividade de natureza urbana ou rural com a intermediação obrigatória do gestor de mão de obra ou do sindicato da categoria, como, por exemplo, o amarrador de embarcação.
(B) Exige-se a intermediação do sindicato na colocação do trabalhador avulso na prestação do serviço, razão pela qual deve esse trabalhador ser sindicalizado.
(C) O trabalhador avulso não é amparado pelos direitos previstos na legislação trabalhista, só tendo direito ao preço acordado no contrato e à multa pelo inadimplemento do pacto, quando for o caso.
(D) O trabalho avulso caracteriza-se pela pessoalidade na prestação do serviço, pois a relação é *intuitu personae*.

A: correta, pois reflete o disposto no art. 9º, VI, do Decreto 3.048/1999 e art. 12, VI, da Lei 8.212/1991; **B:** incorreta, pois embora deva haver a intermediação do sindicato na colocação do trabalhador na prestação de serviços, não é necessário que ele seja sindicalizado, pois não pode haver discriminação entre o empregado sindicalizado e o não sindicalizado, na medida em que, nos termos do art. 8º, V, da CF, ninguém será obrigado a filiar-se ou manter-se filiado a sindicato. Veja, também, o art. 5º, II, da Lei 12.023/2009; **C:** incorreta, pois a CF em seu art. 7º, XXXIV prevê a igualdade de direitos entre o trabalhador com vínculo permanente e o trabalhador avulso; **D:** incorreta, pois não há pessoalidade na prestação de serviços, na medida em que será o OGMO o responsável pela distribuição dos trabalhadores.

Gabarito "A"

(OAB/Exame Unificado – 2008.2) Ciro trabalha como taxista para uma empresa que explora o serviço de táxi de um município, sendo o automóvel utilizado em serviço por Ciro de propriedade da mencionada empresa. Em face da situação hipotética apresentada, de acordo com a legislação trabalhista, Ciro é considerado

(A) trabalhador avulso.
(B) trabalhador autônomo.
(C) empregado.
(D) empresário.

A: incorreta, na medida em que não se enquadra como trabalhador avulso, considerado como aquele que presta, a diversas empresas, sem vínculo empregatício, serviços de natureza urbana ou rural. **B:** incorreta, pois, por se tratar de uma empresa que explora serviços de taxi, não poderá haver a contratação de empregados como "autônomos"; **C:** correta, pois no caso em tela, a empresa de taxi contratou Ciro como taxista que, para o desempenho de suas atividades, se utilizava de veículo de propriedade da empresa. Veja o art. 3º da CLT; **D:** incorreta, pois, nos termos do art. 966 do CC considera-se empresário quem exerce profissionalmente atividade econômica organizada para a produção ou circulação de bens ou serviços. Para melhor estudo sobre o tema abordado na questão, veja a decisão: TRT 2ª REGIÃO – RO 01788.2000.062.02.00-5.

Gabarito "C"

(OAB/Exame Unificado – 2007.3) Francisco, contratado pela empresa Alfa Ltda., na função de vendedor, trabalha, na referida empresa, no período matutino, das 8 às 12 horas. No período vespertino, das 14 às 18 horas, Francisco trabalha, também na função de vendedor, na empresa Beta Ltda., que pertence ao mesmo grupo econômico da empresa Alfa Ltda. Acerca dessa situação hipotética, assinale a opção correta.

(A) Francisco deve denunciar sua situação à Delegacia Regional do Trabalho, visto que a situação caracteriza exploração indevida de seu trabalho.

(B) A prestação de serviços a duas empresas do mesmo grupo econômico, durante a mesma jornada de trabalho, não configura a coexistência de mais de um contrato de trabalho.

(C) A situação caracteriza dois vínculos empregatícios, visto que Francisco desenvolve suas funções em duas empresas distintas.

(D) Francisco possui apenas um vínculo empregatício – com a empresa Alfa Ltda. –, mas a empresa Beta Ltda. deve pagar-lhe um adicional, já que se beneficia de seu trabalho.

A: incorreta, pois a situação narrada não caracteriza exploração indevida do trabalho, pois está trabalhando na mesma função e não está sendo submetido a nenhum tipo de tratamento desrespeitoso; **B:** correta, pois reflete o entendimento solidificado na Súmula 129 do TST, em que: "A prestação de serviços a mais de uma empresa do mesmo grupo econômico, durante a mesma jornada de trabalho, não caracteriza a coexistência de mais de um contrato de trabalho, salvo ajuste em contrário."; **C:** incorreta, pois as empresas pertencem ao mesmo grupo econômico e, portanto, o mesmo empregador; **D:** incorreta, pois embora realmente exista uma única relação empregatícia, não há pagamento de nenhum adicional.

Gabarito "B"

(OAB/Exame Unificado – 2007.3) Assinale a opção correta quanto à dispensa arbitrária ou sem justa causa de empregada doméstica gestante.

(A) É vedada a dispensa arbitrária ou sem justa causa da empregada doméstica gestante desde a confirmação da gravidez até 5 (cinco) meses após o parto.

(B) É vedada a dispensa arbitrária ou sem justa causa da empregada doméstica gestante desde a confirmação da gravidez até 90 (noventa) dias após o parto.

(C) É vedada a dispensa arbitrária ou sem justa causa da empregada doméstica gestante desde a confirmação da gravidez até 120 (cento e vinte) dias após o parto.

(D) Inexiste, no ordenamento jurídico brasileiro, qualquer vedação para a dispensa arbitrária ou sem justa causa da empregada doméstica gestante.

"A" opção correta, tendo em vista que nos termos do art. 25, parágrafo único, da LC 150/2015 a confirmação do estado de gravidez durante o curso do contrato de trabalho, ainda que durante o prazo do aviso-prévio trabalhado ou indenizado, garante à empregada gestante a estabilidade provisória prevista na alínea "b" do inciso II do art. 10 do Ato das Disposições Constitucionais Transitórias.

Gabarito "A"

(OAB/Exame Unificado – 2004.ES) A respeito dos sujeitos da relação de emprego, assinale a opção correta.

(A) O advogado contratado para a execução de pareceres jurídicos em caráter pessoal, oneroso e habitual, que labore 4 horas diárias, deve ser considerado empregado.

(B) Deve ser considerado empregado o trabalhador associado à cooperativa de mão de obra que preste serviços pessoais e onerosos, na condição de médico, em caráter ocasional, a determinado hospital.

(C) Qualifica-se como empregado o trabalhador contratado para executar a ampliação da residência de um servidor público, mediante preço certo e prazo previamente ajustados, sem ingerência do proprietário da obra na forma de sua execução.

(D) O trabalhador voluntário que presta serviços com ânimo e causa benevolente deve ser considerado empregado, se perceber valores habituais da instituição privada acolhedora.

A: correta, pois, em conformidade com o enunciado, temos os requisitos caracterizadores da relação de emprego. *Vide* art. 3º da CLT e arts. 18 a 21 da Lei 8.906/1994; **B:** incorreta, pois o caráter ocasional descaracteriza a relação de trabalho; **C:** incorreta, pois a falta de subordinação descaracteriza a relação de trabalho. Nota-se que, justamente pela ausência de subordinação é que não se pode falar em contrato de obra certa, modalidade de contrato com prazo determinado regulado pela Lei 2.959/1956. E, ainda, no contrato de obra certa, exige-se que o empregador, construtor, exerça a atividade em caráter permanente; **D:** incorreta, pois na relação de trabalho voluntário não há o requisito onerosidade necessário á configuração da relação de emprego.

Gabarito "A"

(FGV – 2008) As alternativas a seguir apresentam alguns direitos dos trabalhadores urbanos e rurais, previstos na Constituição de 1988, à exceção de uma. Assinale-a.

(A) Estabilidade.

(B) Licença paternidade.

(C) Irredutibilidade de salário, salvo o disposto em convenção ou acordo coletivo.

(D) Participação nos lucros.

(E) Assistência gratuita aos filhos e dependentes desde o nascimento até 5 (cinco) anos de idade em creches e pré-escolas.

A: correta, pois a "estabilidade" que se refere o enunciado é a "estabilidade definitiva" prevista no art. 41 da CF. Os trabalhadores urbanos e rurais são detentores de garantias de emprego, também chamadas de "estabilidades provisórias"; **B:** incorreta, pois a licença-paternidade vem esculpida no art. 7º, XIX, da CF; **C:** incorreta, pois a irredutibilidade salarial está prevista no art. 7º, VI, da CF; **D:** incorreta, pois a participação nos lucros está disposta no art. 7º, XI, da CF; **E:** incorreta, pois a assistência aos filhos está disposta no art. 7º, XXV, da CF.

Gabarito "A"

4. REMUNERAÇÃO E SALÁRIO

(OAB/Exame Unificado – 2016.2) Flávio trabalhou na sociedade empresária Sul Minas Ltda., e recebia R$ 1.500,00 mensais. Além disso, desfrutava de plano de saúde custeado integralmente pela empregadora, no valor de R$ 500,00. Em sede de ação trabalhista, Flávio pede a integração do valor à sua remuneração.

Com base na hipótese apresentada, na qualidade de advogado da sociedade empresária, assinale a afirmativa correta.

(A) A contestação deverá aduzir apenas que o plano de saúde não tem caráter de contraprestação, sendo concedido como ferramenta de trabalho, por isso não integra a remuneração.

(B) A contestação deverá sustentar a inexistência de caráter remuneratório do benefício, o que está expressamente previsto em lei.

(C) A contestação deverá alegar que as verbas rescisórias foram pagas observando o reflexo do valor do plano de saúde.

(D) A contestação deverá alegar apenas que a possibilidade de o empregado continuar com o plano de saúde após a ruptura do contrato retira do mesmo o caráter remuneratório.

"B" é a opção correta. Isso porque, é expresso no art. 458, § 2º, IV, da CLT que a assistência médica, hospitalar prestada diretamente ou mediante seguro-saúde, não possui natureza salarial.

Gabarito "B".

(OAB/Exame Unificado – 2015.3) Plácido, empregado de um restaurante, sem qualquer motivo, passou a agredir verbalmente seu superior, até que, violentamente, quebrou uma mesa e uma cadeira que estavam próximas. Contornada a situação, Plácido foi dispensado e a empresa descontou no seu TRCT os valores do prejuízo com os móveis, que correspondiam a 60% do salário do trabalhador.

Sobre o episódio apresentado, assinale a opção correta.

(A) A empresa pode descontar o valor mesmo sem previsão contratual para tanto, pois a atitude de Plácido, ao praticar o dano, foi dolosa.

(B) O desconto na remuneração do empregado relativo ao dano causado é vedado em qualquer hipótese.

(C) A empresa só poderia descontar o valor do dano causado por Plácido se houvesse previsão contratual nesse sentido.

(D) Não estando a parcela relacionada a um desconto tipificado em lei, não pode haver o desconto nas verbas devidas a Plácido.

A: opção correta, pois nos termos do art. 462, § 1º, da CLT em caso de conduta dolosa por parte do empregado o empregador poderá efetuar o desconto no salário do empregado. **B:** opção incorreta, pois contraria a disposição contida no § 1º do art. 462 da CLT que permite o desconto ao salário do empregado no caso de dano culposo, desde que haja o consentimetoconsentimento do empregado e, independente de seu consentimento, no caso de dolo. **C:** opção incorreta, pois no caso de dolo do empregado, não há necessidade de previsão contratual, art. 462, § 1º, da CLT. **D:** opção incorreta, pois o desconto em debate está tipificado no art. 462, § 1º, da CLT.

Gabarito "A".

(OAB/Exame Unificado – 2015.1) João trabalha na área de vendas em uma empresa de cigarros. Recebe do empregador, em razão do seu cargo, moradia e pagamento da conta de luz do apartamento, além de ter veículo cedido com combustível. Tal se dá em razão da necessidade do trabalho, dado que João trabalha em local distante de grande centro, sendo responsável pela distribuição e venda dos produtos na região. Além disso, João recebe uma quota mensal de 10 pacotes de cigarro por mês, independentemente de sua remuneração, não sendo necessário prestar contas do que faz com os cigarros.

A partir do caso narrado, assinale a afirmativa correta.

(A) Os valores relativos à habitação, à energia elétrica e ao veículo integram a remuneração de João, por serem salário-utilidade, mas não o cigarro, por ser nocivo à saúde.

(B) Os valores de habitação e veículo integram a remuneração de João. A energia elétrica e o combustível, não, pois já incorporados, respectivamente, na habitação e no veículo. O valor do cigarro não é integrado, face à nocividade à saúde.

(C) Nenhum dos valores da utilidade integram a remuneração de João.

(D) Tratando-se de salário *in natura*, todos os valores integram a remuneração de João, pois são dados com a ideia de contraprestação aos serviços.

A: opção incorreta, pois habitação, energia elétrica, o veículo e o cigarro não integram a remuneração do empregado, nos termos da súmula 369, I e II, do TST. Veja também o art. 458, § 2º, da CLT. **B:** opção incorreta, pois a habitação e o veículo, assim como as demais utilidades apontadas na assertiva, não integram a remuneração do empregado, súmula 367, I e II, do TST. **C:** opção correta, pois reflete o entendimento cristalizado na Súmula 367 I e II, do TST. **D:** opção incorreta, pois as utilidades apontadas na assertiva não correspondem ao salário *in natura*, nos termos do art. 458, § 2º, da CLT e súmula 367 do TST.

Gabarito "C".

(OAB/Exame Unificado – 2015.1) Hugo, José e Luiz são colegas de trabalho na mesma empresa. Hugo trabalha diretamente com o transporte de material inflamável, de modo permanente, nas dependências da empresa. José faz a rendição de Hugo durante o intervalo para alimentação e, no restante do tempo, exerce a função de teleoperador. Luiz também exerce a função de teleoperador. Acontece que, no intervalo para a alimentação, Luiz pega carona com José no transporte de inflamáveis, cujo trajeto dura cerca de dois minutos.

Diante dessa situação, assinale a afirmativa correta.

(A) Como Hugo, José e Luiz têm contato com inflamáveis, os três têm direito ao adicional de periculosidade.

(B) Apenas Hugo, que lida diretamente com os inflamáveis em toda a jornada, tem direito ao adicional de periculosidade.

(C) Hugo faz jus ao adicional de periculosidade integral, José, ao proporcional ao tempo de exposição ao inflamável; e Luiz não tem direito ao adicional, sendo certo que a empresa não exerce qualquer atividade na área de eletricidade.

(D) Hugo e José têm direito ao adicional de periculosidade. Luiz não faz jus ao direito respectivo.

A: opção incorreta, pois Luiz não faz jus ao adicional de periculosidade, tendo em vista que, por pegar carona, seu contato é extremamente reduzido, ainda que habitual, Súmula 364 TST. **B:** opção incorreta, pois não apenas Hugo terá direito ao adicional, mas também José na medida em que ao render seu colega de trabalho exerce contato intermitente sujeitando-se à condição de risco, súmula 364 do TST. **C:** opção incorreta, pois Não há previsão de pagamento proporcional ao tempo de exposição, Súmula 364 TST. **D:** opção correta, pois nos termos da súmula 364 do TST Hugo terá direito ao adicional de periculosidade, na medida em que é exposto permanentemente à condições de riscos; José também terá direito ao adicional, tendo em vista que de forma intermitente, sujeita-se a condições de risco. No entanto, Luiz não fará jus ao adicional, visto que o contato, ainda que habitual, dá-se por tempo extremamente reduzido.

Gabarito "D".

(OAB/Exame Unificado – 2014.3) Samuel trabalha numa loja de departamentos. Ele foi contratado como vendedor e, após três anos, promovido a gerente, quando, então, teve aumento de 50%, cujo valor era pago sob a rubrica "*gratificação de função*" Nessa condição, trabalhou por oito anos, findos os quais o empregador, para dar oportunidade a outra pessoa, resolveu reverter Samuel ao cargo de origem (vendedor).

Diante do caso apresentado, assinale a afirmativa correta.

(A) A atitude do empregador é legítima e ele pode suprimir a gratificação de função, já que o valor não foi percebido por mais de dez anos.

(B) O empregador não pode rebaixar Samuel, devendo mantê-lo como gerente, mas pode reduzir a gratificação de função.

(C) O empregador pode revertê-lo ao cargo de origem, mas a gratificação deve ser mantida, pois recebida há mais de cinco anos.

(D) A atitude do empregador é ilícita, pois está rebaixando o empregado, em atitude contrária às normas trabalhistas.

A: opção correta, pois reflete o entendimento disposto na súmula 372, I, do TST. **B:** opção incorreta, pois pelo poder diretivo atribuído ao empregador é possível o retorno do empregado ao cargo efetivo. **C:** opção incorreta, pois embora possa reverter o empregado ao cargo de origem, a gratificação poderá ser retirada, na medida em que não atingiu o período de 10 anos exigido pelo entendimento do TST na Súmula 372, I. **D:** opção incorreta, pois a atitude do empregador não é ilícita, tendo em vista estar acobertada pelo poder de direção do empregador.

Gabarito "A"

(OAB/Exame Unificado – 2014.2) Dentre as opções listadas a seguir, assinale aquela que indica o empregado que já tem os dias de repouso remunerados em seu salário, sem que haja o acréscimo da remuneração do seu repouso semanal.

(A) Germano, que é empregado horista.

(B) Gabriela, que é empregada diarista.

(C) Robson, que é empregado mensalista.

(D) Diego, que é empregado comissionista puro.

A: incorreta, pois para os empregados que trabalham por hora a remuneração do repouso semanal corresponderá à sua jornada norma de trabalho, computadas as horas extraordinárias habitualmente prestadas, art. 7º, *b*, da Lei 605/1949. **B:** incorreta, pois para o empregado diarista a remuneração do repouso semanal corresponderá à de um dia de serviço, computadas as horas extraordinárias habitualmente prestadas, art. 7º, *a*, da Lei 605/1949. **C:** correta, pois reflete o disposto no art. 7º, § 2º, da CLT. **D:** incorreta, pois, como a lei não tratou da situação do empregado comissionista puro aplica-se, analogicamente, a regra dos empregados em domicílio, ou seja, a remuneração do repouso semanal corresponderá ao equivalente ao quociente da divisão por 6 (seis) da importância total da sua produção na semana, art. 7º, *d*, da Lei 605/1949.

Gabarito "C"

(OAB/Exame Unificado – 2014.1) Os garçons e empregados do restaurante *Come Bem Ltda*. recebem as gorjetas dadas pelos clientes, de forma espontânea, uma vez que não há a cobrança obrigatória na nota de serviço.

Diante da hipótese apresentada, assinale a afirmativa correta.

(A) As gorjetas integram a remuneração, mas não servem de base de cálculo para o pagamento do aviso-prévio, adicional noturno, horas-extras e repouso semanal remunerado.

(B) As gorjetas não integram a remuneração, uma vez que são espontâneas, pois não há o controle das quantias concedidas.

(C) As gorjetas são integradas, para todos os efeitos, na remuneração do empregado, repercutindo, assim, no pagamento de todos os direitos trabalhistas.

(D) As gorjetas integram a remuneração apenas para efeitos de aviso-prévio trabalhado, adicional noturno, horas-extras e repouso semanal remunerado, pois as demais parcelas não estão relacionadas com o dia a dia de trabalho efetivo; não havendo trabalho, não há gorjeta.

A: correta, pois reflete o disposto na súmula 354 do TST. **B:** incorreta, pois em conformidade com o entendimento disposto na Súmula 354 do TST as gorjetas espontâneas ou cobradas pelo empregador integrarão a remuneração do empregado. **C:** incorreta, pois de acordo com o entendimento disposto na Súmula 354 do TST as gorjetas não servem de base de cálculo para o pagamento do aviso-prévio, adicional noturno, horas-extras e repouso semanal remunerado. **D:** incorreta, pois as gorjetas TST as gorjetas não servem de base de cálculo apenas para o pagamento do aviso-prévio, adicional noturno, horas-extras e repouso semanal remunerado, integrando, portanto, para as demais verbas como: férias, 13º salário, existindo, ainda, incidência do FGTS. Não há incidência para fins de aviso-prévio, que é calculado sobre o salário do mês da rescisão e não sobre a remuneração; DSRs, pois se o pagamento é mensal, já abrange os valores; adicional noturno que é calculado sobre a hora diurna; adicional de insalubridade, que é calculado sobre o salário mínimo; adicional de periculosidade, calculado sobre o salário contratual do empregado.

Gabarito "A"

(OAB/Exame Unificado – 2013.3) Calçados Mundial S.A. contratou duas empresas distintas para a prestação de serviços de limpeza e conservação nas suas instalações. Maria é empregada de uma das terceirizadas, exerce a função de auxiliar de limpeza e ganha salário de R$ 1.150,00. Celso é empregado da outra terceirizada, exerce a mesma função que Maria, trabalha no mesmo local, e ganha R$ 1.020,00 mensais.

A partir do caso apresentado, assinale a afirmativa correta.

(A) Celso poderá requerer o mesmo salário que Maria, pois na hipótese pode-se falar em empregador único.

(B) Impossível a equiparação salarial, mas se outro direito for violado, a empresa tomadora dos serviços terá responsabilidade solidária.

(C) Viável a equiparação desde que Maria e Celso trabalhem no mínimo dois anos nas instalações do tomador dos serviços.

(D) Não será possível a equiparação salarial entre Maria e Celso porque os respectivos empregadores são diferentes.

A: incorreta, pois não se trata de empregador único, tendo em vista que Celso e Maria não são considerados empregados da empresa Calçados Mundial S/A, mas cada um da respectiva empresa de trabalho especializada de serviços de limpeza e conservação. Embora prestem serviços para Calçados Mundial S/A não são considerados empregados dessa empresa. **B:** incorreta, pois embora seja impossível o pedido de equiparação salarial, tendo em vista se tratar de uma terceirização permitida, súmula 331, IV, do TST, a responsabilidade nesse caso será subsidiária. **C:** incorreta, pois o pedido de equiparação salarial não é viável, tendo em vista não preencher os requisitos para a pertinência do pedido de equiparação. São requistos para a equiparação salarial: trabalho de igual valor; mesmo empregador; identidade de funções, mesma localidade e inexistência de quadro de carreira. **D**: correta, pois Celso e Maria não são considerados empregados da empresa Calçados Mundial S/A, mas cada um da respectiva empresa de trabalho especializada de serviços de limpeza e conservação.

Gabarito "D"

(OAB/Exame Unificado – 2013.2) Paulo, motorista de ônibus, mantém contrato de trabalho com a empresa Transporte Seguro S/A, no qual há estipulação escrita de que o motorista envolvido em acidente de trânsito será descontado pelas avarias e prejuízos causados. Em um dia comum, Paulo ultrapassou o sinal vermelho e colidiu com veículo que vinha do outro lado do cruzamento. Não houve vítimas, mas os veículos ficaram impedidos de trafegar em razão das avarias e o coletivo foi multado por avanço de sinal. A empresa entendeu por bem descontar do salário de Paulo o conserto do ônibus, bem como as despesas com o conserto do veículo de passeio.

Diante disso, assinale a afirmativa correta.

(A) A empresa agiu de forma incorreta, pois não poderia descontar nada de Paulo, dado o princípio da intangibilidade salarial.

(B) A empresa agiu de forma incorreta, pois só poderia descontar um dos danos, pois todos os descontos acarretaram bis in idem.

(C) A empresa agiu corretamente, pois Paulo agiu com culpa e havia previsão contratual para tanto.

(D) A empresa agiu de forma incorreta, pois não houve dolo por parte do empregado e é dela o risco do negócio. Logo, o desconto é descabido.

A: incorreta, pois o desconto é permitido, em conformidade com o art. 462, § 1º, da CLT. **B**: incorreta, pois a empresa agiu corretamente. O desconto de todos os danos não caracteriza bis in idem, tendo em vista que o art. 462 da CLT determina o desconto dos danos causados pelo obreiro. **C**: correta, pois, nos termos do art. 462, § 1º, da CLT o dano culposo, ou seja, aquele causado pelo empregado por imperícia, negligência ou imprudência somente poderá ser descontado de seu salário desde que a possibilidade tenha sido acordada. No entanto, em se tratado de dano doloso, o desconto será permitido ainda que sem previsão contratual. **D**: incorreta, pois embora não tenha dolo do empregado, o desconto é permitido.

Gabarito "C"

(OAB/Exame Unificado – 2012.1) Carlos Manoel Pereira Nunes foi chamado pelo seu chefe Renato de Almeida para substituí-lo durante as suas férias. Satisfeito, Carlos aceitou o convite e, para sua surpresa, recebeu, ao final do mês de substituição, o salário no valor equivalente ao do seu chefe, no importe de R$ 20.000,00. Pouco tempo depois, Renato teve que se ausentar do país por dois meses, a fim de representar a empresa numa feira de negócios. Nessa oportunidade, convidou Carlos mais uma vez para substituí-lo, o que foi prontamente aceito. Findo os dois meses, Carlos retornou à sua função habitual, mas o seu chefe Renato não mais retornou. No dia seguinte, o presidente da empresa chamou Carlos ao seu escritório e o convidou para assumir definitivamente a função de chefe, uma vez que Renato havia pedido demissão. Carlos imediatamente aceitou a oferta e já naquele instante iniciou sua nova atividade. Entretanto, ao final do mês, Carlos se viu surpreendido com o salário de R$ 10.000,00, metade do que era pago ao chefe anterior. Inconformado, foi ao presidente reclamar, mas não foi atendido. Sentindo-se lesado no seu direito, Carlos decidiu ajuizar ação trabalhista, postulando equiparação salarial com o chefe anterior, a fim de que passasse a receber salário igual ao que Renato percebia. Com base na situação acima descrita, é correto afirmar que Carlos

(A) faz jus à equiparação salarial com Renato, uma vez que passou a exercer as mesmas tarefas e na mesma função de chefia que o seu antecessor.

(B) faz jus à equiparação salarial, uma vez que, quando substituiu Renato nas suas férias e durante sua viagem a trabalho, recebeu salário igual ao seu, devendo a mesma regra ser observada na hipótese de substituição definitiva.

(C) não faz jus à equiparação salarial com Renato, uma vez que a substituição definitiva não gera direito a salário igual ao do antecessor, além de ser impossível a equiparação salarial que não se relacione a situação pretérita.

(D) não faz jus à equiparação, uma vez que substituiu Renato apenas eventualmente, não se caracterizando a substituição definitiva geradora do direito ao igual salário para igual tarefa.

A: incorreta, pois o empregado não faz jus à equiparação. Isso porque, nos termos da Súmula 159, item II, do TST vago o cargo em definitivo, o empregado que passa a ocupá-lo não tem direito ao salário do antecessor, na medida em que não existe previsão legal. **B**: incorreta, pois o empregado não faz jus ao pedido de equiparação salarial, isso porque em conformidade com a Súmula 159, item I, do TST somente enquanto durar a substituição não eventual o empregado substituto fará jus ao salário igual ao do substituído, não existindo previsão legal para pagamento de salários em caso de substituição definitiva. **C**: correta, pois de acordo com o entendimento disposto na Súmula 159, item I, do TST somente enquanto perdurar a substituição que não seja eventual deverá ser recebido o mesmo salário. A súmula se refere a substituições para eventos com certa duração, por certo período, como ocorre nas férias, mas não para a substituição definitiva. **D**: incorreta, pois a substituição não foi eventual, entendida como sendo aquela casual, de curta duração, como por exemplo, por uma manhã ou um dia.

Gabarito "C"

(OAB/Exame Unificado – 2012.1) Um frentista de posto de gasolina sofreu desconto no seu salário referente à devolução de cheque sem provisão de fundos, em razão de não ter observado recomendação prevista em acordo coletivo de trabalho no tocante à verificação da situação cadastral do cliente no ato da venda do combustível. Diante dessa situação hipotética, e considerando que a norma coletiva autoriza o desconto salarial no caso de negligência do empregado, assinale a alternativa correta.

(A) O empregador não podia ter efetuado o desconto no salário do empregado, em razão do princípio da intangibilidade salarial, sendo inválida a norma coletiva autorizadora.

(B) O desconto foi lícito, em face da não observância das recomendações previstas em norma coletiva.

(C) O desconto somente pode ser considerado lícito se comprovado o dolo do empregado.

(D) O desconto é ilícito, pois o empregador não pode transferir ao empregado os riscos da atividade econômica, sendo inválida a norma coletiva que o autoriza.

A: incorreta, pois a assertiva demonstra conduta culposa na modalidade negligência do empregado e, ainda, previsão em acordo coletivo, o que, nos termos do art. 462, *caput* e § 1º, da CLT, autoriza o desconto no salário do obreiro. **B:** correta, pois reflete o entendimento disposto na OJ 251 da SDI-1 do TST. Ademais, o art. 462 da CLT permite o desconto em debate. **C:** incorreta, pois em se tratando de conduta culposa do empregado, o desconto no salário será considerado lícito desde que haja o consentimento do empregado, nos termos do art. 462, § 1º, da CLT. **D:** incorreta, pois o desconto é considerado lícito nos termos do art. 462 da CLT.

Gabarito "B".

(OAB/Exame Unificado – 2011.3.A) No direito brasileiro, a redução do salário é

(A) impossível.

(B) possível, em caso de acordo entre empregado e empregador, desde que tenha por finalidade evitar a dispensa do empregado sem justa causa.

(C) possível mediante autorização da Superintendência Regional do Trabalho e Emprego.

(D) possível mediante convenção ou acordo coletivo de trabalho.

A: incorreta, pois o art. 7º, VI, da CF permite a redução salarial; **B:** incorreta, embora seja possível a redução salarial, nos termos do art. 7º, VI, da CF, não é permitida a redução por acordo individual de trabalho entre empregado e empregador; **C:** incorreta, pois embora seja possível a redução salarial, ela não depende de autorização da Superintendência Regional do Trabalho e Emprego, nos termos do art. 7º, VI, da CF; **D:** correta, pois reflete o disposto no art. 7º, VI, da CF que traz o princípio da irredutibilidade salarial. Em regra, o salário é irredutível. No entanto, mediante negociação coletiva, ou seja, acordo ou convenção coletiva de trabalho, é permitida a redução salarial. É o que dispõe o art. 7º, VI, da CF. Essa ideia é reforçada pelo art. 468 da CLT que proíbe, sob pena de nulidade, qualquer alteração que cause prejuízo ao trabalhador.

Gabarito "D".

(OAB/Exame Unificado – 2011.2) Para equiparação salarial, é necessário que

(A) os empregados comparados tenham a mesma função, pois todo trabalho deve ser igualmente remunerado de acordo com o princípio da isonomia consagrado constitucionalmente.

(B) haja identidade de funções, trabalho com a mesma produtividade e perfeição técnica, para o mesmo empregador, na mesma região metropolitana, com contemporaneidade na prestação de serviços na mesma função e a qualquer tempo, e quadro de carreira homologado pelo Ministério do Trabalho e Emprego.

(C) haja identidade de funções, trabalho de igual valor para o mesmo empregador, na mesma região metropolitana, sendo a prestação de serviços entre o empregado e o modelo contemporânea na mesma função, mas com diferença não superior a 2 anos, inexistindo quadro de carreira organizado.

(D) haja identidade de funções, trabalho de igual valor para o mesmo empregador, na mesma localidade, com contemporaneidade na prestação dos serviços na mesma função e a qualquer tempo, inexistindo quadro de carreira organizado.

A: incorreta, pois a identidade de funções não é o único requisito para a equiparação salarial. *Vide* art. 461 CLT; **B:** incorreta, pois trabalho de igual valor necessita que a diferença no tempo de serviço na mesma função não seja superior a 2 anos (Súmula 6, II, TST e art. 461, § 1º, da CLT). Ademais, é desnecessário que, ao tempo da reclamação trabalhista, ambos estejam trabalhando na mesma empresa, desde que o pedido se relacione com situação pretérita, a teor do item IV da Súmula 6 do TST; **C:** correta, pois reflete o disposto no art. 461 da CLT e Súmula 6 do TST; **D:** incorreta, pois o conceito de mesma localidade é entendido como a mesma região metropolitana e, ainda, deve haver diferença no tempo de serviço na mesma função não seja superior a 2 anos (Súmula 6, II, TST e art. 461, § 1º, da CLT).

Gabarito "C".

(OAB/Exame Unificado – 2010.3) Em se tratando de salário e remuneração, é correto afirmar que

(A) a parcela de participação nos lucros ou resultados, habitualmente paga, não integra a remuneração do empregado.

(B) as gorjetas integram a base de cálculo do aviso-prévio, das horas extraordinárias, do adicional noturno e do repouso semanal remunerado.

(C) o salário-maternidade tem natureza salarial.

(D) o plano de saúde fornecido pelo empregador ao empregado, em razão de seu caráter contraprestativo, consiste em salário *in natura*.

A: correta, pois está em conformidade com o art. 3º da Lei 10.101/2000; **B:** incorreta, pois em conformidade com o entendimento solidificado na Súmula 354 do TST, as gorjetas integram a remuneração do empregado, não servindo de base de cálculo para as parcelas de aviso-prévio, adicional noturno, horas extras e repouso semanal remunerado; **C:** incorreta, pois a natureza jurídica do salário-maternidade é de benefício previdenciário, na medida em que é a Previdência Social que efetua o seu pagamento, nos termos do art. 71 da Lei 8.213/1991; **D:** incorreta, pois nos termos do art. 458, § 2º, IV, da CLT, a assistência médica não constitui salário *in natura*.

Gabarito "A".

(OAB/Exame Unificado – 2010.2) Marcos foi contratado para o cargo de escriturário de um banco privado. Iniciada sua atividade, Marcos percebeu que o gerente lhe estava repassando tarefas alheias à sua função. A rigor, conforme constava do quadro de carreira da empresa devidamente registrado no Ministério do Trabalho e Emprego, as atribuições que lhe estavam sendo exigidas deveriam ser destinadas ao cargo de tesoureiro, cujo nível e cuja remuneração eram bem superiores. Esta situação perdurou por dois anos, ao fim dos quais Marcos decidiu ajuizar uma ação trabalhista em face do seu empregador. Nela, postulou uma obrigação de fazer – o seu reenquadramento para a função de tesoureiro – e o pagamento das diferenças salariais do período. Diante desta situação jurídica, é correto afirmar que:

(A) o pedido está inepto, uma vez que este é um caso típico de equiparação salarial e não houve indicação de paradigma.

(B) o pedido deve ser julgado improcedente, uma vez que a determinação das atividades, para as quais o empregado está obrigado, encontra-se dentro do *jus variandi* do empregador.

(C) o pedido deve ser julgado procedente, se for demonstrado, pelo empregado, que as suas atividades correspondiam, de fato, àquelas previstas abstratamente na norma interna da empresa para o cargo de tesoureiro.

(D) o pedido deve ser julgado procedente em parte, uma vez que só a partir da decisão judicial que determine o reenquadramento é que o empregado fará jus ao aumento salarial.

A: incorreta, pois não se trata de equiparação salarial, mas de pedido de reenquadramento de função. Na equiparação o reclamante está na função correta, mas seu salário é inferior ao de outro funcionário na mesma função, conforme requisitos legais. Já no desvio de função, o reclamante pretende seu reenquadramento em outra função, eis que de fato exerce as atribuições de outra função; **B:** incorreta, pois o *jus variandi* do empregador não contempla a possibilidade de exigir do empregado atribuições estranhas à sua função, podendo ensejar, inclusive, em rescisão indireta do contrato de trabalho, nos termos do art. 483, *a*, da CLT; **C:** correta, pois se o empregado demonstrar que suas atividades correspondiam a outra função, o pedido será julgado procedente. Nesse sentido: "Desvio funcional. Diferenças salariais devidas. Comprovado nos autos que o empregado desempenhava função diversa daquela para a qual fora contratado, faz jus às diferenças salariais pleiteadas, nos termos do art.460 da CLT e atendendo às regras insculpidas nos incisos XXX e XXXII, do art. 7º da CF. (TRT/SP – 00453200730302003 – RO; **D:** incorreta, pois o reclamante fará jus às diferenças salariais desde a data em que restou comprovado desvio de função, respeitando-se o prazo prescricional, conforme consta da Súmula 275, I, do TST: "Prescrição. Desvio de função e reenquadramento. I – Na ação que objetive corrigir desvio funcional, a prescrição só alcança as diferenças salariais vencidas no período de 5 (cinco) anos que precedeu o ajuizamento. II – Em se tratando de pedido de reenquadramento, a prescrição é total, contada da data do enquadramento do empregado".

Gabarito "C"

(OAB/Exame Unificado – 2009.2) Pedro exercia, na empresa Atlântico, havia cinco anos, cargo de confiança pelo qual recebia gratificação. Em razão de não ter atendido às metas determinadas pela nova direção da empresa, perdeu o cargo e retornou à função que ocupava originariamente. Com relação a essa situação hipotética, assinale a opção correta.

(A) Em razão do princípio da estabilidade financeira, a empresa não poderá retirar a gratificação de Pedro.

(B) Em razão do princípio da irredutibilidade salarial e por Pedro ter prestado serviços por 5 (cinco) anos no referido cargo de confiança, a empresa não poderá retirar-lhe a gratificação.

(C) Pedro não perderá a gratificação pelo cargo de confiança, visto que, após 3 (três) anos, ela é incorporada ao patrimônio jurídico do trabalhador.

(D) A empresa poderá retirar a gratificação que Pedro recebia pelo cargo ocupado.

A: incorreta, pois nos termos do art. 468, parágrafo único, da CLT, não é considerada alteração unilateral a determinação do empregador para que reverta o empregado ao cargo efetivo, anteriormente ocupado; **B:** incorreta, pois somente a gratificação recebida por 10 (dez) ou mais anos, não poderá ser retirada, em conformidade com a Súmula 372 do TST, **C.** incorreta, *vide* comentários da alternativa *b*; **D:** correta, pois como Pedro recebeu a gratificação por 5 (cinco) anos apenas, e nos termos da Súmula 372 do TST e art. 468, parágrafo único, da CLT a empresa poderá retirar a gratificação recebida por Pedro, não considerando alteração unilateral.

Gabarito "D"

(OAB/Exame Unificado – 2009.2) Com relação aos conceitos de salário e remuneração, assinale a opção correta.

(A) A ajuda de custo paga ao empregado possui natureza salarial.

(B) A legislação brasileira autoriza o pagamento de salário complessivo, que é aquele em que todas as quantias a que faz jus o empregado são englobadas em um valor unitário, indiviso, sem discriminação das verbas pagas.

(C) As gorjetas pagas pelos clientes aos empregados de um restaurante integram o salário desses empregados.

(D) A participação dos empregados nos lucros ou resultados da empresa não possui caráter salarial.

A: incorreta, pois nos termos do art. 457, § 2º, da CLT as ajudas de custo não se incluem no salário; **B:** incorreta, pois em conformidade com a Súmula 91 do TST o salário complessivo, entendido como uma cláusula contratual que fixa determinada importância ou percentagem para atender englobadamente vários direitos legais ou contratuais do trabalhador, é considerado nulo; **C:** incorreta, pois as gorjetas não integram o salário, mas sim a remuneração do empregado, nos termos do art. 457, *caput*, da CLT e Súmula 354 do TST); **D:** correta, pois em conformidade com o art. 3º da Lei 10.101/2000 (*vide* o cancelamento da Súmula 251 do TST).

Gabarito "D"

(OAB/Exame Unificado – 2009.2) No que se refere ao adicional de periculosidade e ao adicional de insalubridade, assinale a opção correta.

(A) A eliminação da insalubridade do trabalho em uma empresa, mediante a utilização de aparelhos protetores aprovados pelo Ministério do Trabalho e Emprego, não é suficiente para o cancelamento do pagamento do respectivo adicional.

(B) As horas em que o empregado permanecer em sobreaviso também geram a integração do adicional de periculosidade para o cálculo da jornada extraordinária.

(C) Frentistas que operam bombas de gasolina não fazem jus ao adicional de periculosidade, visto que não têm contato direto com o combustível.

(D) O caráter intermitente do trabalho executado em condições insalubres não afasta o direito de recebimento do respectivo adicional.

A: incorreta, pois em conformidade com a Súmula 80 do TST, a eliminação da insalubridade mediante fornecimento de aparelhos protetores aprovados pelo órgão competente do Poder Executivo exclui a percepção do respectivo adicional; **B:** incorreta, pois como durante o período de sobreaviso o empregado não se encontra em condições de risco, não haverá o pagamento do respectivo adicional, nos termos da Súmula 132, II, do TST; **C:** incorreta, pois nos termos da Súmula 39 do TST, os frentistas possuem direito ao adicional de periculosidade; **D:** correta, pois reflete o entendimento consubstanciado na Súmula 47 do TST.

Gabarito "D"

(OAB/Exame Unificado – 2009.2) A respeito do salário utilidade ou *in natura*, assinale a opção correta.

(A) O fornecimento de cigarro por indústria tabagista ao empregado que nela trabalhe é considerado salário *in natura*.

(B) A energia fornecida por empresa de energia elétrica ao empregado que nela trabalhe possui natureza salarial em qualquer situação.

(C) A habitação fornecida ao empregado, quando indispensável à realização do trabalho, não tem natureza salarial.

(D) O fornecimento, pela empresa, de veículo ao empregado, quando indispensável à realização do trabalho, será considerado salário *in natura*, o que deixará de ocorrer quando o veículo for também utilizado para atividades particulares do empregado.

A: incorreta, pois não é permitido o pagamento de salário com bebidas alcoólicas ou drogas nocivas, nos termos do art. 458, parte final, da CLT. Ademais, a Súmula 367, II, do TST não considera o cigarro como salário utilidade; **B:** incorreta, pois a energia elétrica não será considerada como salário se fornecidos, quando indispensáveis para a realização do trabalho; **C:** correta, pois reflete o disposto no art. 458, § 2º, I, da CLT e Súmula 367, I, do TST; **D:** incorreta, pois se indispensável para a realização dos serviços, o veículo, ainda que utilizado para atividades particulares, não será considerado salário utilidade.

Gabarito "C".

(OAB/Exame Unificado – 2009.1) Com relação ao décimo terceiro salário, assinale a opção correta.

(A) O empregador deverá proceder ao adiantamento da primeira parcela do décimo terceiro salário no mês de novembro de cada ano e ao da segunda parcela, em dezembro.

(B) Todos os empregados deverão receber o pagamento da primeira parcela do décimo terceiro salário no mesmo mês de cada ano, em face do princípio da igualdade.

(C) Na dispensa com justa causa, cabe o pagamento do décimo terceiro salário proporcional ao empregado.

(D) O pagamento da primeira parcela do décimo terceiro salário deverá ser feito entre fevereiro e novembro de cada ano, e o valor corresponderá à metade do salário percebido no mês anterior, não estando o empregador obrigado a pagar o adiantamento, no mesmo mês, a todos os seus empregados.

A: incorreta, pois nos termos do art. 2º da Lei 4.749/1965 o adiantamento deverá ser feito entre os meses de fevereiro e novembro de cada ano; **B:** incorreta, pois o empregador não está obrigado a pagar o adiantamento, no mesmo mês, a todos os empregados, nos termos do art. 2º, § 1º, da Lei 4.749/1965; **C:** incorreta, pois em conformidade com o art. 3º da Lei 4.090/1965, o pagamento somente será devido em se tratando de dispensa sem justa causa; **D:** correta, pois reflete o disposto no art. 2º, *caput* e § 1º, da Lei 4.749/1965.

Gabarito "D".

(OAB/Exame Unificado – 2009.1) Acerca da remuneração do trabalhador estipulada pela CLT e jurisprudência do TST, assinale a opção correta.

(A) Não se incluem nos salários as ajudas de custo, assim como as diárias para viagem que não excedam cinquenta por cento do salário percebido pelo empregado.

(B) Não integram o salário as comissões, percentagens, gratificações ajustadas, diárias para viagens e abonos pagos pelo empregador.

(C) Não integram a remuneração do trabalhador as gorjetas incluídas nas notas de serviços e as oferecidas espontaneamente pelos clientes.

(D) O vale-refeição, fornecido por força do contrato de trabalho, não tem caráter salarial nem integra a remuneração do empregado para qualquer efeito legal.

A: correta, pois reflete o disposto no art. 457, § 2º, da CLT; **B:** incorreta, nos termos do art. 457, § 1º, da CLT as comissões percentagens, gratificações ajustadas, diárias para viagens e abonos pagos pelo empregador, integram o salário; **C:** incorreta, pois nos termos do art. 457, *caput*, da CLT as gorjetas integram a remuneração do empregado; **D:** incorreta, pois nos termos da Súmula 241 do TST, o vale-refeição fornecido por força do contrato de trabalho tem natureza salarial.

Gabarito "A".

(OAB/Exame Unificado – 2008.3) Em 23.09.1993, Joana foi contratada para prestar serviços como secretária. A partir de 07.10.1995, passou a desempenhar a função de confiança de gerente administrativa, recebendo uma gratificação correspondente a 30% do salário de secretária. Em 18.09.2006, Joana foi dispensada, sem justo motivo, da função de gerente, retornando às atividades de secretária e deixando de perceber o percentual inerente à gratificação de função. Considerando a situação hipotética apresentada, assinale a opção correta.

(A) A empregada pode retornar ao cargo efetivo, sem o direito de receber o valor a título de gratificação de função, pois não mais se justifica tal pagamento.

(B) A empregada pode retornar ao cargo efetivo, devendo o empregador pagar-lhe, por pelo menos um ano, o valor correspondente a 50% do valor da gratificação de função.

(C) Dado o tempo de exercício na função de confiança, a empregada somente pode ser dispensada do exercício dessa função por justo motivo.

(D) O empregador pode dispensar a empregada do exercício da função de confiança sem justo motivo, mas está obrigado a manter o pagamento do valor inerente à gratificação.

A: incorreta, pois embora possa ser revertida ao cargo anteriormente ocupado, não poderá ser suprida a gratificação, pois recebida por mais de 10 (dez) anos, em conformidade com a Súmula 372, I, do TST; **B:** incorreta, pois não corrobora com o entendimento consubstanciado na Súmula 372, I, do TST; **C:** incorreta, pois a empregada não adquire estabilidade após 10 (dez) anos de prestação de serviços para o mesmo empregador. Hoje, salvo os casos de direito adquirido, não há a possibilidade de aquisição da estabilidade decenal; **D:** correta, pois reflete o disposto na Súmula 372, I, do TST.

Gabarito "D".

(OAB/Exame Unificado – 2008.3) Quanto à remuneração a ser paga no período de férias, assinale a opção correta de acordo com o previsto na Consolidação das Leis do Trabalho (CLT).

(A) O empregado não receberá salário, pois nesse período houve o afastamento do exercício de sua atividade laboral.

(B) No salário pago por tarefa, para fins de apuração do valor do salário, toma-se a média da produção no período aquisitivo, aplicando-se o valor da tarefa do mês imediatamente anterior à concessão das férias.

(C) Para o salário pago por porcentagem, apura-se a média do que foi percebido nos doze meses que precederem à concessão das férias, sendo esta a remuneração do período de descanso.

(D) No salário pago por hora cujas jornadas sejam variáveis, a remuneração das férias será a média dos últimos seis meses, pagando-se a esse título o valor do salário vigente na data da sua apuração.

A: incorreta, pois durante as férias é devida a remuneração ao empregado, art. 142 da CLT; **B:** incorreta, pois será aplicado o valor da remuneração da tarefa na data da concessão das férias, nos termos do art. 142, § 2º, da CLT e não no valor da tarefa do mês imediatamente anterior, como consignado na assertiva; **C:** correta, pois reflete o disposto no art. 142, § 3º, da CLT; **D:** incorreta, pois nos termos do art. 142, § 1º, da CLT não será pago o valor do salário vigente na data da sua apuração, mas sim o valor do salário na data da concessão das férias.

Gabarito "C".

(OAB/Exame Unificado – 2008.3) Assinale a opção correta acerca da equiparação salarial de acordo com o previsto no art. 461 da CLT.

(A) No trabalho de igual natureza, observa-se a denominação do cargo ocupado, independentemente da função exercida pelo empregado.

(B) É imprescindível que, quando proposta a reclamação em que se busque a equiparação salarial, o reclamante e o paradigma permaneçam como empregados do estabelecimento, ainda que o pedido diga respeito a situação pretérita.

(C) Cabe ao empregador provar a ocorrência de fato impeditivo, modificativo ou extintivo do pedido de equiparação salarial.

(D) Para fins de equiparação, o empregado e o paradigma podem desempenhar suas atividades em municípios ou estados diversos.

A: incorreta, pois em conformidade com o entendimento disposto no item III da Súmula 6 do TST, a equiparação somente será possível se empregado e paradigma exercerem a mesma função, não importando se possuem ou não a mesma denominação; **B:** incorreta, pois nos termos da Súmula 6, IV, do TST desde que o pedido diga respeito a situação pretérita, é desnecessário que, ao tempo da reclamação sobre equiparação salarial, reclamante e paradigma estejam a serviço do estabelecimento; **C:** correta, pois reflete o disposto na Súmula 6, VIII, do TST; **D:** incorreta, pois o conceito de "mesma localidade" de que trata o art. 461 da CLT refere-se, em princípio, ao mesmo município, ou a municípios distintos que, comprovadamente, pertençam à mesma região metropolitana.

Gabarito "C"

(OAB/Exame Unificado – 2008.2) A configuração de equiparação salarial por identidade entre dois empregados não ocorre na hipótese de

(A) empregado e paradigma trabalharem para empregadores distintos.

(B) empregado e paradigma trabalharem na mesma localidade.

(C) inexistência de quadro de carreira na empresa.

(D) a diferença de tempo de serviço entre os empregados não ser superior a 2 (dois) anos.

A: correta, pois nos termos do art. 461 da CLT, um dos requisitos necessários para a equiparação salarial é o trabalhado prestado para o <u>mesmo</u> empregador; **B:** incorreta, pois "mesma localidade" é um dos requisitos caracterizadores da equiparação salarial disposta no art. 461 da CLT. O conceito de "mesma localidade" pode ser extraído na Súmula 6, X, TST; **C:** incorreta, pois inexistindo quadro de carreira e desde que presente os demais requisitos, ocorrerá a equiparação salarial (Súmula 6, I, do TST); **D:** incorreta, pois a diferença não superior a 2 (dois) anos de tempo de serviço dá ensejo ao pedido de equiparação salarial, nos termos do art. 461, § 1º, da CLT.

Gabarito "A"

(OAB/Exame Unificado – 2008.2) Desde que haja autorização prévia e por escrito do empregado, é lícito ao empregador efetuar desconto ou reter parte do salário no que se refere

(A) às horas em que este falta ao serviço para comparecimento necessário, como parte, à justiça do trabalho.

(B) aos valores relativos a planos de assistência odontológica e médico-hospitalar.

(C) à contribuição sindical obrigatória.

(D) aos salários correspondentes ao prazo do aviso-prévio quando o empregado pede demissão e não paga ao empregador o respectivo aviso.

A: incorreta, pois pelo tempo que se fizer necessário, quando tiver que comparecer a juízo, não poderá haver o desconto no salário do obreiro, nos termos do art. 473, VIII, da CLT; **B:** correta, pois reflete o disposto na Súmula 342 do TST; **C:** incorreta, pois a contribuição sindical não necessita de autorização prévia e por escrito do empregado, pois, nesse caso, o desconto é realizado independente de autorização, nos termos do art. 582 da CLT; **D:** incorreta, pois caso o empregado não cumpra o período de aviso-prévio, será descontado o respectivo valor independente de autorização prévia e por escrito do empregado, nos termos do art. 487, § 2º, da CLT.

Gabarito "B"

(OAB/Exame Unificado – 2008.2) Conforme a legislação trabalhista, a redução salarial é

(A) vedada em qualquer hipótese.

(B) permitida, desde que prevista em convenção coletiva, apenas.

(C) permitida, desde que autorizada pelo empregado por escrito.

(D) vedada, salvo quando determinada em convenção ou acordo coletivo de trabalho.

A: incorreta, pois é permitida por acordo ou convenção coletiva, nos termos do art. 7º, VI, da CF; **B:** incorreta, pois é permitida, também, por acordo coletivo de trabalho; **C:** incorreta, pois não é permitido por acordo individual escrito; **D:** correta, pois reflete o disposto no art. 7º, VI, da CF.

Gabarito "D"

(OAB/Exame Unificado – 2008.1) Quanto ao salário *in natura*, assinale a opção correta.

(A) Devem ser considerados como salário pago os equipamentos fornecidos aos empregados e utilizados no local de trabalho.

(B) O transporte de ida e volta para o trabalho bem como o vale-transporte têm natureza salarial.

(C) Compreendem-se no salário as prestações *in natura* que a empresa, por força do contrato ou do costume, fornecer habitualmente ao empregado.

(D) É permitido o pagamento do salário por meio de alimentação, habitação, vestuário e bebidas alcoólicas.

A: incorreta, pois nos termos do art. 458, § 2º, I, da CLT os equipamentos fornecidos para o desempenho do labor não são considerados como salário utilidade; **B:** incorreta, pois nos termos do art. 2º, *a*, da Lei 7.418/1985 não possui natureza salarial; **C:** correta, pois reflete o disposto no art. 458, *caput*, da CLT; **D:** incorreta, pois de acordo com a parte final do art. 458 da CLT, não é permitido o pagamento do salário com bebidas alcoólicas.

Gabarito "C"

(OAB/Exame Unificado – 2007.3) Joel, advogado do Banco Cifrão S.A., ingressou com uma reclamação trabalhista alegando que, por exercer a advocacia no banco, é detentor de função de confiança e, consequentemente, possui direito a gratificação. Considerando essa situação hipotética, assinale a opção correta.

(A) Por exercer a advocacia em um banco, Joel tem direito à gratificação de um terço do seu salário, já que ocupa função de confiança.

(B) A função de advogado, em banco, é equiparada à de gerente, em razão da importância da sua função, e, por esse motivo, Joel deve receber gratificação.

(C) O advogado não deve receber gratificação, pois, como advogado, não pode exercer cargo de confiança no banco.

(D) O advogado não tem direito à gratificação pleiteada, pois o fato de exercer a advocacia não é suficiente para qualificar a função como de confiança.

A: incorreta, pois nos termos da Súmula 102, V, do TST, o advogado, pelo simples exercício da advocacia, não exerce função de confiança, não fazendo jus ao recebimento da gratificação; **B:** incorreta, pois a função de advogado não é equiparada á atividade do gerente; **C:** incorreta, pois nada impede que o advogado exerça o cargo de confiança, recebendo a gratificação em debate; **D:** correta, pois reflete o disposto na Súmula 102, V, do TST.

Gabarito "D"

(OAB/Exame Unificado – 2007.3) A partir do mês de agosto de 2007, a empresa Pedra Branca Ltda., onde trabalha Alberto, deixou de pagar os salários dos empregados, alegando sérias dificuldades financeiras, mas sempre sustentando que viabilizaria novos contratos para resolver a crise. Durante 4 (quatro) meses seguidos, Alberto trabalhou sem receber os salários. Considerando a situação hipotética acima, assinale a opção correta.

(A) Alberto pode pleitear na justiça do trabalho a rescisão indireta do seu contrato de trabalho, por descumprimento das cláusulas contratuais por parte do empregador.

(B) Alberto pode deixar de trabalhar, por iniciativa própria, até que a empresa regularize o pagamento dos salários.

(C) Dificuldade financeira grave é motivo justificante para a empresa atrasar temporariamente o salário dos empregados.

(D) Não existe qualquer tipo de irregularidade praticada pela empresa, que pode atrasar, por até 6 meses, o pagamento de salários, sem que essa atitude justifique rescisão do contrato por parte do empregado.

A: correta, pois de acordo com a maior parte da jurisprudência, o não pagamento superior a 3 (três) meses dá ao empregado o direito de pleitear na Justiça do Trabalho a rescisão do contrato de trabalho por força do art. 483, *d*, da CLT; **B:** incorreta, pois caso Alberto não compareça ao trabalho, poderá ficar caracterizado o abandono de emprego; **C:** incorreta, pois pelo princípio da alteridade, esculpido no art. 2º da CLT, não pode o empregador passar ao empregado os riscos da atividade. **D:** incorreta, pois o atraso no pagamento superior a 3 (três) meses, poderá ensejar a justa causa do empregador, com fulcro no art. 483, *d*, da CLT.

Gabarito "A"

(OAB/Exame Unificado – 2007.3) João trabalhava para a empresa Papel Branco Ltda. Uma vez a cada 20 dias, ele exercia suas funções no laboratório da empresa, local classificado como insalubre, onde acompanhava a produção e fiscalizava as atividades laboratoriais. Quando não estava no laboratório, João exercia suas funções no escritório da empresa. Considerando essa situação hipotética, assinale a opção correta, no que se refere ao adicional de insalubridade.

(A) O trabalho intermitente em locais insalubres não afasta o direito ao recebimento do adicional de insalubridade.

(B) É devido o pagamento de adicional de insalubridade a qualquer empregado que tenha adentrado em local insalubre, ainda que a permanência no local tenha sido por poucas horas.

(C) Não é cabível o pagamento do adicional de insalubridade a João, pois o trabalho exercido por ele em local insalubre era eventual.

(D) Não é cabível o pagamento do adicional de insalubridade a João, visto que tal adicional somente é devido quando o trabalho é exercido em local insalubre, diariamente, de forma ininterrupta.

A: correta, pois reflete o disposto na Súmula 47 do TST; **B:** incorreta, pois o contato eventual não gera direito ao adicional de insalubridade; **C:** incorreta, pois o trabalho exercido por João não era eventual, mas sim intermitente, ou seja, descontínuo, interrompido; **D:** incorreta, pois como mostra a Súmula 47 do TST, o trabalho executado de forma intermitente gera direito ao adicional de insalubridade previsto no art. 192 da CLT.

Gabarito "A"

(OAB/Exame Unificado – 2007.3) Alberto, empregado da empresa Prata Ltda., faltou ao serviço, no dia 20 de janeiro de 2008, no período vespertino, para comparecer à 1ª Vara do Trabalho de sua cidade, visto que era reclamante em um processo trabalhista que movia contra a empresa Bronze Ltda., sua antiga empregadora. José, seu superior hierárquico na empresa Prata, determinou o desconto, em seu salário, referente a essa falta ao serviço. Considerando a situação hipotética acima, assinale a opção correta.

(A) As horas correspondentes à falta do empregado ao trabalho para comparecimento necessário à justiça do trabalho como parte não justificam o desconto no salário.

(B) O desconto das horas referentes à falta do empregado para comparecimento à justiça do trabalho como parte deve ficar a critério do empregador, que pode optar por efetuá-lo, ou não.

(C) A falta ao trabalho, ainda que para acompanhar audiência na justiça do trabalho, justifica o desconto respectivo no salário.

(D) A falta ao trabalho para acompanhar audiência judicial somente justifica o desconto no salário do trabalhador mediante autorização específica do juiz do trabalho para tal ato.

A: correta, pois o tempo que se fizer necessário para o comparecimento em juízo, não somente na Justiça do Trabalho, não poderá ser descontado do salário do obreiro, nos termos do art. 473, VIII, da CLT; **B:** incorreta, pois na hipótese apresentada, o art. 473, VIII, da CLT determina que o empregado pode deixar de comparecer ao trabalho, sem prejuízo do recebimento do seu salário, ou seja, é vedado ao empregador o desconto; **C:** incorreta, *vide* comentários das alternativas *a* e *b*; **D:** incorreta, pois o desconto é vedado, *vide* comentários das alternativas *a* e *b*. Na prática, deverá a parte interessada solicitar um atestado de comparecimento à Justiça do Trabalho (de acordo com o exemplo) a fim de justificar sua ausência.

Gabarito "A"

(OAB/Exame Unificado – 2007.3) Marcelo foi contratado pela empresa Vale Tudo Ltda. para exercer a função de vendedor. Como a atividade exercida por ele, na empresa, exige visita ao cliente para a efetivação das vendas, a empresa lhe forneceu um automóvel, que fica à sua disposição, inclusive nos finais de semana. Nessa situação, o automóvel fornecido pela empresa

(A) Não possui natureza salarial, já que é considerado indispensável para a realização do trabalho, ainda que também seja utilizado para atividades particulares.

(B) Não configura natureza salarial visto que bens móveis jamais podem configurar salário.

(C) Possui natureza salarial, independentemente do fim a que ele se destina.

(D) Possui natureza salarial, visto que fica à disposição de Marcelo também nos finais de semana.

A: correta, pois reflete o disposto na Súmula 367, I, do TST; **B:** incorreta, pois caso os bens móveis forem fornecidos pelo trabalho, serão considerados salário *in natura*; **C:** incorreta, pois sendo a utilidade fornecida pelo trabalho ela será considerada salário utilidade. No entanto, sendo a prestação *in natura* concedida para o trabalho, ela não será considerada como salarial; **D:** incorreta, pois contraria o entendimento consubstanciado na Súmula 367, I, do TST.

Gabarito "A"

(OAB/Exame Unificado – 2007.2) Márcio ingressou com reclamação trabalhista contra a empresa Asa Branca, pleiteando o recebimento do adicional de insalubridade durante todo o período do pacto laboral, sob o argumento de que trabalhava em local insalubre. A empresa argumentou que não era devido o adicional de insalubridade, já que Márcio não trabalhava em caráter permanente em local insalubre, e, sendo assim, expunha-se a situação insalubre apenas de forma intermitente. Diante da situação hipotética acima apresentada, assinale a opção correta.

(A) Márcio tem o direito de receber o adicional de insalubridade, já que esse é um direito de todo trabalhador que exerça qualquer tipo de atividade, ainda que por tempo ínfimo, em local insalubre.

(B) A simples alegação da intermitência do trabalho em local insalubre não afasta, por si só, o direito do empregado de receber o adicional.

(C) O adicional de insalubridade deve ser pago aos empregados que trabalham em caráter permanente em ambientes ou locais insalubres. Sendo assim, Márcio não adquiriu o direito de recebê-lo.

(D) A intermitência do trabalho em local insalubre afasta o direito do empregado de receber o adicional, pois não há exposição contínua à insalubridade. Logo, é correta a tese sustentada pela empresa.

A: incorreta, pois de acordo com o entendimento consolidado pelo TST, por meio da Súmula 47, o trabalho executado por tempo ínfimo, não enseja o pagamento do adicional, mas o intermitente pode dar ensejo; **B:** correta, pois reflete o disposto na Súmula 47 do TST, no sentido que a intermitência do trabalho executado em condições insalubres, por si só, não afasta o direito à percepção do adicional de insalubridade; **C:** incorreta, pois o trabalho executado em condições insalubres, em caráter intermitente, pode dar ensejo ao recebimento do respectivo adicional; **D:** incorreta, pois contraria a disposição contida na Súmula 47 do TST.

Gabarito "B"

(OAB/Exame Unificado – 2007.2) José – tabagista que consome um maço de cigarros por dia – é empregado de uma indústria de cigarros. Recebe por mês um salário de R$ 1.000,00 e uma quantidade de cigarros equivalente a um maço por dia de trabalho. Acerca da situação hipotética acima apresentada, assinale a opção correta.

(A) Os cigarros fornecidos pela empresa a José integram o seu salário, já que a atitude da empresa atenua o seu gasto mensal, uma vez que José teria de comprar diariamente um maço de cigarros para suprir a sua necessidade de fumar.

(B) Os cigarros fornecidos pela empresa a José não podem ser considerados como salário *in natura*.

(C) Os cigarros fornecidos pela empresa a José constituem salário, já que são uma prestação habitual fornecida pela empresa.

(D) Salário corresponde apenas ao valor em dinheiro pago pela empresa aos seus empregados, portanto, os cigarros fornecidos pela empresa a José não podem constituir salário.

A: incorreta, pois nos termos do art. 458, *caput*, da CLT não é permitido o pagamento do salário com drogas nocivas ou bebidas alcoólicas. O TST é expresso na Súmula 367, item II, ao não considerar o cigarro como salário utilidade; **B:** correta, pois está em conformidade com o entendimento consolidado na Súmula 367, II, do TST; **C:** incorreta, *vide* comentários das alternativas *a* e *b*; **D:** incorreta, pois nos termos do art. 458 da CLT, outras prestações *in natura* podem ser consideradas como salário.

Gabarito "B"

(OAB/Exame Unificado – 2006.3) De acordo com a CLT, considera-se como salário

(A) o seguro de vida e de acidentes pessoais.

(B) a alimentação *in natura* habitualmente fornecida ao empregado.

(C) a previdência privada.

(D) a assistência médica.

A: incorreta, nos termos do art. 458, § 2º, V, da CLT; **B:** correta, nos termos do art. 458, *caput*, da CLT; **C:** incorreta, nos termos do art. 458, § 2º, VI, da CLT; **D:** incorreta, nos termos do art. 458, § 2º, IV, da CLT.

Gabarito "B"

(OAB/Exame Unificado – 2006.3) As gorjetas, cobradas pelo empregador na nota de serviço, ou oferecidas espontaneamente pelos clientes, integram a remuneração do empregado. Ao integrar a remuneração, as gorjetas servem como base de cálculo para

(A) aviso-prévio.

(B) horas extras.

(C) adicional noturno.

(D) décimo terceiro salário.

A: incorreta, pois não servirá de base de cálculo para aviso-prévio, nos termos da Súmula 354 TST; **B:** incorreta, pois não servirá de base de cálculo para horas extras, nos termos da Súmula 354 TST; **C:** incorreta, pois não servirá de base para cálculo de aviso-prévio, nos termos da Súmula 354 TST; **D:** correta, pois o décimo terceiro salário corresponde a 1 (um) mês da remuneração do empregado, nos termos do art. 1º, § 1º, da Lei 4.090/1962. Veja, Súmula 354 do TST.

Gabarito "D"

(OAB/Exame Unificado – 2006.2) Marcos trabalha para Jonas, exercendo a função de auxiliar de cargas e descargas em câmara frigorífica, pela qual recebe adicional de insalubridade. Jonas fornece a Marcos todos os equipamentos de proteção individual necessários para o desempenho de sua função. Marcos, que reside a 10 km do local de trabalho, eventualmente, quando se atrasa e perde a condução fornecida pela empregadora, utiliza transporte público coletivo para chegar ao trabalho. Certa vez, após longo e exaustivo dia de trabalho, quando Marcos retornava para a sua residência, o ônibus em que estava capotou e ele sofreu fratura do braço esquerdo, tendo de ausentar-se do trabalho por 12 dias. Com base na situação hipotética descrita acima, assinale a opção incorreta.

(A) Os 12 dias de ausência de Marcos não devem ser considerados para o cálculo de suas férias.

(B) O adicional de insalubridade percebido por Marcos integra sua remuneração para todos os efeitos legais.

(C) O pagamento do adicional de insalubridade não é obrigatório, em virtude do fornecimento, pelo empregador, de equipamentos de proteção individual.

(D) O tempo gasto por Marcos em condução fornecida por sua empregadora, no deslocamento entre sua residência e seu local de trabalho, não é considerado tempo de serviço.

A: correta, pois a ausência por motivo de acidente do trabalho, não será considerada falta para fins de apuração do período de férias, em conformidade com o art. 131, III, da CLT. Somente o recebimento por mais de 6 (seis) meses é que exclui o direito às férias (art. 133, IV, da CLT); **B:** correta, pois reflete o disposto na Súmula 139 do TST; **C:** incorreta, devendo ser assinalada, pois em conformidade com o entendimento consubstanciado na Súmula 289 do TST, o pagamento será devido; **D:** correta, pois reflete o disposto no art. 58, § 2º, 1ª parte, da CLT.

Gabarito "C"

(OAB/Exame Unificado – 2006.2) Renato trabalhava para a pessoa jurídica Beta, na função de garçom, com regime 18 horas semanais de trabalho. Pelo desempenho de suas funções, recebia, mensalmente, além das gorjetas, gratificação de produtividade equivalente ao acréscimo de 10% sobre o valor total das gorjetas rateadas. Essa gratificação foi posteriormente suprimida pelo pagamento de um valor fixo bastante inferior à média anual da antiga gratificação. Considerando a situação hipotética acima, assinale a opção incorreta.

(A) A gratificação de produtividade ajustada não repercute no valor do repouso semanal remunerado.

(B) As gorjetas pagas pelo empregador integram a remuneração de Renato e não servem de base para o cálculo do aviso-prévio.

(C) A prescrição para pleitear o pagamento da gratificação indevidamente suprimida é total.

(D) É cabível que Beta celebre, por escrito, acordo individual com Renato para a prestação de serviços em sobrejornada.

A: correta, pois reflete o disposto na Súmula 225 do TST; **B:** correta, pois reflete o entendimento disposto na Súmula 354 do TST; **C:** correta, pois tratando de supressão de direito previsto em cláusula contratual, a prescrição é total, nos termos da Súmula 294 do TST; **D:** incorreta, devendo ser assinalada, pois como Renato labora em regime de tempo parcial (art. 58-A da CLT) é vedado a celebração de acordo de prorrogação, nos termos do art. 59, § 4º, da CLT.

Gabarito "D"

(OAB/Exame Unificado – 2006.1) João trabalha para a pessoa jurídica Alfa, recebendo salário fixo, acrescido de comissões e, ainda, vale-refeição e auxílio-moradia. Após alguns meses, João passou a receber um salário fixo, destinado a cobrir a remuneração anteriormente recebida, englobando também o valor correspondente às horas extras trabalhadas. Todavia, João percebeu que esse novo salário não cobria efetivamente todas as parcelas pagas anteriormente. Henrique também trabalha para Alfa, e ganha o dobro da remuneração de João. Durante as férias e em todas as ausências de Henrique, João sempre o substitui, sem receber nenhum acréscimo em sua remuneração. Considerando a situação hipotética acima, assinale a opção incorreta.

(A) A alteração da forma de pagamento do salário de João é válida, nos termos da CLT.

(B) Durante as substituições aludidas na situação hipotética descrita acima, João tem direito à remuneração de Henrique.

(C) O vale-refeição fornecido pelo empregador de João tem natureza salarial.

(D) O auxílio-moradia pago pelo empregador de João tem natureza salarial, integrando-se ao salário de João no valor real de sua utilidade.

A: incorreta, devendo ser assinalada, pois a forma de pagamento utilizada pela pessoa jurídica Alfa, chamada de "salário complessivo" não é permitida, nos termos da Súmula 91 do TST; **B:** correta, pois reflete o disposto na Súmula 159 do TST; **C:** correta, pois reflete o disposto na Súmula 241 do TST; **D:** correta, pois em conformidade com o art. 458 da CLT.

Gabarito "A"

(OAB/Exame Unificado – 2004.ES) No que se refere às regras que informam a remuneração e o salário, assinale a opção incorreta.

(A) As gorjetas recebidas dos clientes pelo garçom de um restaurante integram a sua remuneração.

(B) Os pagamentos devidos ao trabalhador devem ser feitos mensalmente, salvo disposição em contrário, prevista no contrato firmado com seu empregador.

(C) As diárias para viagens que não excedam 50% do salário do empregado não possuem natureza salarial.

(D) Em caso de dano causado dolosamente pelo empregado, será lícito o desconto salarial correspondente, independentemente de previsão no contrato.

A: correta, pois reflete a disposição do art. 457 da CLT e Súmula 354 do TST; **B:** incorreta, devendo ser assinalada, pois o art. 459 da CLT não excepciona a regra do tempo do pagamento do salário, que deve ser feito mensalmente. O citado dispositivo legal faz exceção somente com relação às comissões, percentagens e gratificações; **C:** correta, pois em conformidade com o art. 457, § 2º, da CLT. Veja, também, a Súmula 101 do TST; **D:** correta, pois reflete a disposição contida no art. 462, § 1º, da CLT.

Gabarito "B"

(FGV – 2010) A respeito de salário e remuneração, analise as afirmativas a seguir:

I. Remuneração é todo provento legal e habitualmente auferido pelo empregado em virtude do contrato de trabalho, seja pago pelo empregador, seja pago por terceiro.

II. Salário é contraprestação direta devida pelo empregador ao empregado em virtude do serviço prestado em face do contrato de trabalho, podendo ser ele fixo ou variável.

III. O salário fixo deve ser pago simplesmente em dinheiro ou de forma composta, em dinheiro e utilidades, de acordo com o art. 458 da CLT.

Assinale

(A) se apenas as afirmativas I e II estiverem corretas.

(B) se apenas as afirmativas II e III estiverem corretas.

(C) se todas as afirmativas estiverem corretas.

(D) se nenhuma afirmativa estiver correta.

(E) se apenas as afirmativas I e III estiverem corretas.

I: correta, pois reflete a disposição do art. 457 CLT; **II**: correta, pois reflete o disposto no art. 76 da CLT; **III**: correta, pois reflete o disposto no art. 458 CLT.

Gabarito "C"

(FGV – 2010) O atraso no pagamento dos salários dará direito ao empregado:

(A) de exigir recibo expresso do não pagamento dos valores.
(B) de receber multa de 30% sobre os valores devidos.
(C) de cobrar o salário em dobro após 3 (três) meses de mora.
(D) de reduzir a carga horária de trabalho.
(E) de aplicar justa causa ao empregador.

O atraso no pagamento do salário (mora salarial) implica na chamada rescisão indireta e está prevista no art. 483, "d", da CLT. Veja também a Súmula 13 do TST.

Gabarito "E"

(FGV – 2010) O valor do piso salarial determinado em norma coletiva é denominado de:

(A) salário diferido.
(B) salário garantido.
(C) salário-base.
(D) salário relativo.
(E) salário absoluto.

De fato, o piso salarial fixado em norma coletiva é denominado pela doutrina de salário relativo, eis que relativo àquela categoria da norma coletiva.

Gabarito "D"

(FGV – 2004) O trabalho em condições de periculosidade assegura ao empregado um adicional de:

(A) 10% sobre o salário mínimo.
(B) 20% sobre o salário mínimo.
(C) 40% sobre o salário mínimo.
(D) 20% sobre o salário sem os acréscimos resultantes de gratificações, prêmios ou participações nos lucros da empresa.
(E) 30% sobre o salário sem os acréscimos resultantes de gratificações, prêmios ou participações nos lucros da empresa.

O trabalho exercido em condições de periculosidade assegura ao empregado um adicional de 30% sobre seu salário sem os acréscimos resultantes de gratificações, prêmios ou participações nos lucros da empresa, nos termos ao art. 193, § 1º, da CLT.

Gabarito "E"

5. JORNADA DE TRABALHO – DURAÇÃO DO TRABALHO

(OAB/Exame Unificado – 2016.1) Maria trabalha como soldadora em uma empresa há 7 anos. Sua jornada contratual deveria ser de segunda a sexta-feira, das 9 às 18h, com intervalo de uma hora para refeição e, aos sábados, das 8 às 12h. Nos últimos 3 anos, no entanto, o empregador vem exigindo de Maria a realização de uma hora extra diária, pois realizou um grande negócio de exportação e precisa cumprir rigorosamente os prazos fixados. Findo o contrato de exportação, o empregador determinou que Maria retornasse à sua jornada contratual original.

Nesse caso, considerando o entendimento consolidado do TST, assinale a afirmativa correta.

(A) As horas extras se incorporaram ao salário de Maria e dela não podem ser retiradas, sendo vedada a alteração maléfica.
(B) O empregador deverá pagar a Maria uma indenização de 1 mês de horas extras por cada ano de horas extras trabalhadas e, assim, suprimir o pagamento da sobrejornada.
(C) O empregador deverá conceder uma indenização à empregada pelo prejuízo financeiro, que deverá ser arbitrada de comum acordo entre as partes e homologada no sindicato.
(D) Maria terá de continuar a trabalhar em regime de horas extras, pois não se admite a novação objetiva na relação de emprego.

"B" é a alternativa correta. Isso porque, nos termos da súmula 291 do TST a supressão total ou parcial, pelo empregador, de serviço suplementar prestado com habitualidade, durante pelo menos 1 (um) ano, assegura ao empregado o direito à indenização correspondente ao valor de 1 (um) mês das horas suprimidas, total ou parcialmente, para cada ano ou fração igual ou superior a seis meses de prestação de serviço acima da jornada normal. O cálculo observará a média das horas suplementares nos últimos 12 (doze) meses anteriores à mudança, multiplicada pelo valor da hora extra do dia da supressão.

Gabarito "B"

(OAB/Exame Unificado – 2016.1) Pedro é empregado rural na Fazenda Granja Nova. Sua jornada é de segunda a sexta-feira, das 21 às 5h, com intervalo de uma hora para refeição.

Considerando o caso retratado, assinale a afirmativa correta.

(A) A hora noturna de Pedro será computada como tendo 60 minutos.
(B) A hora noturna rural é reduzida, sendo de 52 minutos e 30 segundos.
(C) A hora noturna de Pedro será acrescida de 20%.
(D) Não há previsão de redução de hora noturna nem de adicional noturno para o rural.

A: opção correta, pois no âmbito rural não se aplica a regra da hora fictamente reduzida prevista no art. 73, § 3º, CLT. Isso porque o trabalho noturno no âmbito rural contempla adicional de 25%, ou seja, superior ao adicional de 20% atribuído aos trabalhadores urbanos regidos pela CLT. O adicional noturno de 25% conferido aos rurícolas, em percentual superior, visa compensar a inexistência de direito à hora noturna disposta no art. 73, § 1º, da CLT. **B**: opção incorreta, pois como vimos no comentário anterior ao rural não se aplica a hora fictamente reduzida prevista no art. 73, § 1º, da CLT. **C**: opção incorreta, pois o trabalho noturno no âmbito rural assegura a percepção de adicional de 25%, nos termos do art. 7º, parágrafo único, da Lei 5.889/1973. **D**: opção incorreta, pois embora não haja previsão de redução de hora noturna para o rural, há previsão de adicional noturno no art. 7º, parágrafo único, da Lei 5.889/1973.

Gabarito "A"

(OAB/Exame Unificado – 2015.1) As sociedades empresárias ALFA e BETA, que atuam no ramo hoteleiro, foram fiscalizadas pela autoridade competente e multadas porque concediam intervalo de 30 minutos para refeição aos empregados que tinham carga horária de trabalho superior a 6 horas diárias. Ambas recorreram administrativamente da multa aplicada, sendo que a sociedade empresária ALFA alegou e comprovou que a redução da pausa alimentar havia sido acertada em acordo individual feito diretamente com todos os empregados, e a sociedade empresária BETA alegou e comprovou que a redução havia sido autorizada pela Superintendência Regional do Trabalho.

De acordo com a Constituição, a CLT e o entendimento sumulado pelo TST, assinale a afirmativa correta.

(A) As duas sociedades empresárias estão erradas, pois o intervalo mínimo a ser respeitado seria de uma hora para refeição e descanso.
(B) A sociedade empresária BETA não deveria ser multada, pois a autoridade administrativa autorizou no seu caso a redução do intervalo.
(C) As duas sociedades empresárias estão corretas, pois a diminuição da pausa alimentar tem justificativa jurídica e deve ser respeitada.
(D) A sociedade empresária ALFA não deveria ser multada, pois a Constituição Federal reconhece os acordos individuais em razão da autonomia privada.

B é a opção correta, isso porque nos termos do art. 71, § 3º, da CLT o limite mínimo de uma hora para repouso ou refeição poderá ser reduzido por ato do Ministro do Trabalho, Indústria e Comércio, ou seja, a Superintendência Regional do Trabalho, que autorizará se verificar que o estabelecimento atende integralmente às exigências concernentes à organização dos refeitórios, e quando os respectivos empregados não estiverem sob regime de trabalho prorrogado a horas suplementares. Como consta no enunciado que a empresa BETA obteve essa autorização não poderia ser multada. No entanto, à empresa ALFA a multa deverá ser aplicada, tendo em vista que nos termos da súmula 437, II, do TST é inválida cláusula de acordo ou convenção coletiva de trabalho contemplando a supressão ou redução do intervalo intrajornada porque este constitui medida de higiene, saúde e segurança do trabalho, garantido por norma de ordem pública.

Gabarito "B"

(OAB/Exame Unificado – 2015.1) Paulo é operador de máquinas de uma montadora de automóveis. Seu horário de trabalho é das 7:00 às 16:00, dispondo de uma hora de intervalo. O aparelho para registro do ponto eletrônico fica situado ao lado da máquina operada por Paulo e os controles são marcados no início e no fim da efetiva jornada de trabalho. Paulo diariamente chega ao trabalho às 6:15, horário em que sai da condução que o deixa na porta da empresa. Porém, tem que caminhar por cerca de trinta minutos até o local de início efetivo do trabalho. Insatisfeito, Paulo decidiu mover uma reclamação trabalhista em face de seu empregador.

Considerando o caso acima, assinale a afirmativa correta.

(A) Paulo não tem direito às horas extras, pois não havia excesso de jornada.
(B) Tendo havido extrapolação de 5 (cinco) minutos no tempo de deslocamento entre o portão e o local de trabalho, Paulo faz jus a 10 (dez) minutos extras no início e no fim da jornada.
(C) Paulo tem direito às horas extras (minutos) no início e no fim da jornada, dada a distância entre o portão da empresa e o local de trabalho, que supera 10 (dez) minutos de deslocamento.
(D) Paulo tem direito às horas extras registradas em seu cartão de ponto.

A: opção incorreta, pois a questão aponta que o percurso entre a portaria até o local de trabalho de Paulo leva cerca de 30 minutos para ir e, consequentemente, cerca de 30 minutos para voltar. Assim, por ter que caminhar por cerca de 1 hora Paulo terá direito à percepção de 1 (uma) hora extras, 30 minutos no início e 30 minutos no final, veja súmulas 366 e 429 TST. **B:** opção incorreta, pois uma vez extrapolado o limite de 10 minutos diários o empregador deverá remunerar todo o período extrapolado, súmula 366 TST. **C:** opção correta, pois reflete o entendimento disposto na súmula 366 do TST. **D:** opção incorreta, pois como o ponto eletrônico está situadas ao lado da máquina operada por Paulo, não estará registrado o período gasto entre a portaria e o local de trabalho e, portanto, Paulo não terá direito somente as horas registradas no cartão de ponto, mas sim por todo o tempo gasto entre a portaria e o local de trabalho.

Gabarito "C"

(OAB/Exame Unificado – 2014.2) Jerônimo trabalha na Metalúrgica Pereira como soldador, com a seguinte jornada: de 2ª a 6ª-feira, das 9h às 18h, com quatro intervalos diários de quinze minutos, destinados à alimentação (das 9h45min às 10h, das 11h45min às 12h, das 14h45min às 15h e das 16h30min às 16h45min). Na hipótese em questão, de acordo com o entendimento sumulado do TST,

(A) o intervalo intrajornada mínimo de uma hora foi respeitado, daí porque não há horas extras a pagar.
(B) o empregado terá direito ao pagamento de uma hora extra diária pela concessão inadequada da pausa alimentar.
(C) a possibilidade de fracionamento do intervalo intrajornada em 4 períodos depende de autorização do Ministério do Trabalho e Emprego.
(D) se o fracionamento ou a supressão do intervalo estivessem previstos em convenção coletiva, a empresa estaria dispensada de pagar a hora extra.

A: incorreta, pois o intervalo para refeição e descanso não foi respeitado, tendo em vista que nos termos do art. 71, *caput*, da CLT ele deve ser de no mínimo 1 hora. Para a atividade exercida por Jerônimo o fracionamento poderia haver o fracionamento desde que não fosse inferior a 1 hora. Vale lembra que nos termos do § 5º do art. 71 da CLT os intervalos expressos no *caput* e no § 1º poderão ser fracionados quando compreendidos entre o término da primeira hora trabalhada e o início da última hora trabalhada, desde que previsto em convenção ou acordo coletivo de trabalho, ante a natureza do serviço e em virtude das condições especiais do trabalho a que são submetidos estritamente os motoristas, cobradores, fiscalização de campo e afins nos serviços de operação de veículos rodoviários, empregados no setor de transporte coletivo de passageiros, mantida a mesma remuneração e concedidos intervalos para descanso menores e fracionados ao final de cada viagem, não descontados da jornada. **B:** correta, pois como o intervalo não foi concedido nos exatos termos do art. 71 *caput*, da CLT, deverá o empregador pagar o respectivo período acrescido de 50%, em conformidade com o art. 71, § 4º, da CLT. **C:** incorreta, pois o fracionamento do intervalo é permitido, em regra, para os motoristas, cobradores, fiscalização de campo e afins nos serviços de operação de veículos rodoviários, empregados no setor de transporte coletivo de passageiros por acordo ou convenção coletiva, nos termos do art. 71, § 5º, da CLT. **D:** incorreta, pois não tem validade cláusula de acordo ou convenção coletiva que contemple a supressão do intervalo. O mesmo raciocínio deve ser feito para o fracionamento inferior a 1 hora de intervalo.

Gabarito "B"

(OAB/Exame Unificado – 2014.2) Jefferson é balconista numa loja e, por determinação do empregador e necessidade do serviço, precisou trabalhar 8 horas em um domingo. Agora Jefferson fará, na mesma semana, a compensação dessas horas. Sobre essa situação, assinale a opção correta.

(A) Uma vez que as horas foram prestadas no dia de domingo, a compensação deverá ser feita em dobro, ou seja, em 16 horas.

(B) Por imposição legal, as horas devidas devem ser compensadas e pagas ao trabalhador, com acréscimo de 100%, em função do seu sacrifício.

(C) A compensação deve ser feita pela hora simples (8 horas), pois não deve ser confundida com o pagamento, que, no caso, receberia acréscimo de 100%.

(D) Se a empresa estivesse em dificuldade financeira e não quisesse realizar a compensação, poderia criar um banco de horas extras diretamente com o empregado, e lançar nelas as horas extraordinárias.

A: incorreta, pois não existe em nosso ordenamento jurídico norma determinando a compensação do período em dobro. Há apenas ordem para pagamento em dobro da remuneração para o trabalho realizado aos domingos, art. 6º, § 3º, Decreto 27.048/1949. **B:** incorreta, pois uma vez celebrado acordo de compensação de horas, nos termos do art. 59, § 2º, da CLT o acréscimo de salário, o seja, o pagamento como horas extraordinárias será dispensado. **C:** correta, pois tendo em vista que a compensação foi feita dentro dos ditames legais, ou seja, foi feita dentro do espaço de uma semana, não haverá o pagamento de horas suplementares. **D:** incorreta, pois nos termos da súmula 85, item V, do TST o sistema banco de horas somente poderá ser criado por negociação coletiva.

Gabarito "C"

(OAB/Exame Unificado – 2013.3) Paulo foi contratado pela empresa XPTO Ltda. para trabalhar como vigilante com jornada de trabalho pelo sistema de escala 12 x 36 (doze horas de trabalho por trinta e seis de descanso), estipulada em norma coletiva. Há um ano trabalhando, dois feriados nacionais recaíram em dias de sua escala.

Diante do exposto, assinale a afirmativa correta.

(A) Paulo tem direito a receber em dobro os dias de feriado trabalhados.

(B) Paulo não deverá receber os dias de feriado trabalhados, pois os mesmos foram compensados no sistema de escala.

(C) Paulo deverá receber os dias trabalhados de forma simples, não se considerando trabalho extraordinário normal em decorrência do sistema de escala.

(D) Paulo não deverá receber os dias de feriado, pois são equivalentes ao descanso semanal remunerado.

A alternativa "**A**" é a correta, pois nos termos do art. 9º da Lei 605/1949 os dias trabalhados dos feriados devem ser remunerados em dobro. Nesse sentido, em se ratando de escala de revezamento o TST editou a súmula 444 que assim dispõe: *É valida, em caráter excepcional, a jornada de doze horas de trabalho por trinta e seis de descanso, prevista em lei ou ajustada exclusivamente mediante acordo coletivo de trabalho ou convenção coletiva de trabalho,* **assegurada a remuneração em dobro dos feriados trabalhados**. *O empregado não tem direito ao pagamento de adicional referente ao labor prestado na décima primeira e décima segunda horas.*

Gabarito "A"

(OAB/Exame Unificado – 2012.3.B) Para os empregados que trabalham no interior das câmaras frigoríficas de baixa temperatura, assim definidas em Lei, será assegurado o seguinte intervalo especial:

(A) 10 minutos de repouso a cada 90 minutos de trabalho contínuo, não computado esse intervalo como de trabalho efetivo.

(B) 10 minutos de repouso a cada 50 minutos de trabalho contínuo, computado esse intervalo como de trabalho efetivo.

(C) 20 minutos de repouso depois de uma 1h40min de trabalho contínuo, computado esse intervalo como de trabalho efetivo.

(D) 15 minutos de intervalo antes de iniciar trabalho em sobrejornada, computado esse intervalo como de trabalho efetivo.

A correta é a "**C**", pois nos termos do art. 253 da CLT os empregados que trabalham no interior das câmaras frigoríficas e para os que movimentam mercadorias do ambiente quente ou normal para o frio e vice-versa, depois de 1 (uma) hora e 40 (quarenta) minutos de trabalho contínuo, será assegurado um período de 20 (vinte) minutos de repouso, computado esse intervalo como de trabalho efetivo.

Gabarito "C"

(OAB/Exame Unificado – 2012.3.B) Acerca do trabalho noturno, assinale a afirmativa **incorreta**.

(A) O adicional noturno constitui base de cálculo das horas extras prestadas dentro do módulo noturno.

(B) O adicional de periculosidade, pago pela exposição do trabalhador em período integral a condições perigosas, não é considerado base de cálculo do adicional noturno.

(C) A remuneração do trabalho noturno implica pagamento de adicional legal de, no mínimo, 20% sobre o valor da hora do trabalho diurno.

(D) No caso de a jornada trabalhada na integralidade do período noturno ultrapassar o horário assim considerado pela lei, é devida a remuneração do adicional pelas horas que ultrapassarem o módulo noturno.

A: correta, pois reflete o entendimento disposto na OJ 97 da SDI-1 do TST. **B:** incorreta, devendo ser assinalada, pois nos termos da OJ 259 da SDI-1 do TST O adicional de periculosidade deve compor a base de cálculo do adicional noturno. **C:** correta, pois reflete o disposto no art. 73 da CLT. **D:** correta, pois reflete o entendimento disposto na Súmula 60, II, do TST.

Gabarito "B"

(OAB/Exame Unificado – 2012.3.B) Sobre o controle da jornada de trabalho do empregado, assinale afirmativa **incorreta**.

(A) O acréscimo de salário poderá ser dispensado se, por força de acordo ou convenção coletiva de trabalho, o excesso de horas em um dia for compensado pela correspondente diminuição em outro dia, de maneira que não exceda, no período máximo de um ano, à soma das jornadas semanais de trabalho previstas, nem seja ultrapassado o limite máximo de dez horas diárias.

(B) As variações de horário no registro de ponto, não excedentes de dez minutos, não serão descontadas nem computadas como jornada extraordinária, observado o limite de quinze minutos diários.

(C) Os empregados sob o regime de tempo parcial não podem prestar horas extras.

(D) O acordo escrito entre empregado e empregador permite que não sejam pagas as horas extraordinárias prestadas no curso da semana feitas para compensar a ausência de labor aos sábados.

A: correta, pois reflete o disposto no art. 59, § 2º, da CLT. **B:** incorreta, devendo ser assinalada, pois nos termos do art. 58, § 1º, da CLT, não serão descontadas nem computadas como jornada extraordinária as variações de horário no registro de ponto não excedentes de cinco minutos, observado o limite máximo de dez minutos diários. **C:** correta, pois reflete o disposto o art. 59, § 4º, da CLT. **D:** correta, pois a Súmula 85, item I do TST entende que a compensação de jornada pode ser ajustada por acordo individual escrito. A compensação semanal é benéfica ao trabalhador que, nesse caso, cumprirá a jornada semanal de 44 horas, descansando nos finais de semana.

Gabarito "B"

(OAB/Exame Unificado – 2012.3.A) Maria foi contratada pela empresa Bolos S.A. para exercer a função de copeira, cumprindo jornada de trabalho de segunda à sexta-feira das 13:00 h às 17:00 h, sem intervalo alimentar.

Decorridos dois anos do início do pacto contratual, foi a empregada dispensada, recebendo as parcelas da ruptura. Contudo, inconformada porque jamais lhe foi permitido usufruir de intervalo para descanso e alimentação, Maria ajuíza reclamação trabalhista postulando o pagamento do período correspondente ao intervalo alimentar não concedido.

Diante da hipótese relatada, assinale a afirmativa correta.

(A) A ex-empregada faz jus ao pagamento de uma hora extraordinária diária, haja vista a supressão do intervalo *intrajornada*, na forma do art. 71, § 4º, da CLT.

(B) A ex-empregada faz jus ao pagamento de apenas 15 minutos diários a título de horas extraordinárias, haja vista a supressão do intervalo intrajornada, na forma do art. 71, § 4º, da CLT.

(C) A ex-empregada não faz jus ao pagamento de horas extraordinárias, porquanto diante da carga horária cumprida, não lhe era assegurada a fruição de intervalo intrajornada.

(D) A ex-empregada faz jus ao pagamento de indenização correspondente ao valor de uma hora extraordinária diária, haja vista a supressão do intervalo intrajornada.

A: incorreta, pois não houve a supressão do intervalo intrajornada; **B:** incorreta, veja comentários das alternativas "a" e "c". **C:** correta, pois nos termos do art. 71, *caput* e seu § 1º é devido intervalo intrajornada de, no mínimo, 1 hora e mediante negociação coletiva, não poderá exceder 2 horas, para os trabalhadores cuja duração de trabalhado exceda 6 horas e 15 minutos de intervalo quando a jornada de trabalho ultrapassar 4 horas. Assim, para os trabalhadores que tenham jornada de trabalho abaixo de 4 horas, não será devido intervalo intrajornada. **D:** incorreta, pois por não fazer jus ao intervalo intrajornada, nenhum valor lhe será devido.

Gabarito "C"

(OAB/Exame Unificado – 2011.3.B) Assinale a alternativa que contém categorias ou profissões que, de acordo com a lei, possuem intervalo interjornada diferenciado.

(A) Professores, médicos e rodoviários.

(B) Ferroviários, jornalistas e operadores cinematográficos.

(C) Advogados, mineiros de subsolo e securitários.

(D) Bancários, comerciários e domésticos.

A alternativa **B** está correta, pois nos termos do art. 245 da CLT para os ferroviários o intervalo interjornada, ou seja, entre uma jornada de trabalho e outra, é de 14 (quatorze) horas. Em conformidade com o art. 308 da CLT os jornalistas possuem intervalo interjornada de 10 (dez) horas. Já os operadores cinematográficos, nos termos do art. 235, § 2º, da CLT possuem um intervalo interjornada de 12 (doze) horas.

Gabarito "B"

(OAB/Exame Unificado – 2011.3.A) Com relação às normas de duração do trabalho, assinale a alternativa correta.

(A) A concessão de intervalos para repouso e alimentação durante a jornada de seis horas descaracteriza o regime de turno ininterrupto de revezamento.

(B) Considera-se de "prontidão" o empregado que permanecer em sua própria casa, aguardando a qualquer momento o chamado para o serviço, com escala de, no máximo, vinte e quatro horas, sendo contadas as respectivas horas à razão de 1/3 (um terço) do salário normal.

(C) A compensação de jornada de trabalho pode ser ajustada por acordo individual escrito, acordo coletivo ou convenção coletiva.

(D) A mera insuficiência de transporte público regular enseja o pagamento de horas *in itinere*.

A: incorreta, pois nos termos da Súmula 360 do TST a concessão de intervalos para repouso e alimentação durante a jornada de seis horas NÃO descaracteriza o regime de turno ininterrupto de revezamento. **B:** incorreta, pois nos termos do art. 244, § 3º, da CLT considera-se de "prontidão" o empregado que ficar nas dependências da estrada, aguardando ordens. A escala de prontidão será, no máximo, de doze horas. As horas de prontidão serão, para todos os efeitos, contadas à razão de 2/3 (dois terços) do salário-hora normal **C:** correta, pois reflete o entendimento cristalizado na Súmula 85, item I, do TST. **D:** incorreta, pois nos termos da Súmula 90, item III, do TST a mera insuficiência de transporte público não enseja o pagamento de horas "in itinere".

Gabarito "C"

(OAB/Exame Unificado – 2011.3.A) Determinada empresa encontra-se instalada em local de difícil acesso, não servida por transporte público regular. Em razão disso, fornece condução para o deslocamento dos seus empregados, da residência ao trabalho e vice-versa, mas cobra deles 50% do valor do custo do transporte. Na hipótese, é correto afirmar que

(A) o tempo de deslocamento será considerado hora *in itinere*.

(B) o tempo de deslocamento não será considerado hora *in itinere* porque é custeado pelo empregado, ainda que parcialmente.

(C) o empregado tem direito ao recebimento do vale-transporte.

(D) metade do tempo de deslocamento será considerada hora *in itinere* porque é a proporção da gratuidade do transporte oferecido.

A: correta, pois reflete o disposto no art. 58, § 2º, da CLT e Súmula 90, item I, do TST. **B:** incorreta, pois de acordo com o entendimento cristalizado na Súmula 320 do TST o fato de o empregador cobrar, parcialmente ou não, importância pelo transporte fornecido, para local de difícil acesso ou não servido por transporte regular, não afasta o direito à percepção das horas *in itinere*. **C:** incorreta, pois nos termos do art. 1º da Lei 7.418/1985 o vale-transporte foi instituído para utilização efetiva em despesas de deslocamento residência-trabalho e vice-versa, através do sistema de transporte coletivo público. **D:** incorreta, pois o fato de cobrar parcialmente não afasta o direito. Veja Súmula 320 do TST.

Gabarito "A"

(OAB/Exame Unificado – 2011.2) João da Silva, empregado da empresa Alfa Ltda., exerce suas atribuições funcionais em dois turnos de trabalho alternados de oito horas cada, que compreendem o horário diurno e o noturno. Considerando que a atividade de seu empregador não se desenvolve de forma ininterrupta e que não existe norma coletiva disciplinando a jornada de trabalho, assinale a alternativa correta.

(A) João não tem direito ao pagamento de horas extras, mas tem direito à redução da hora noturna.

(B) João tem direito ao pagamento de horas extras, mas não tem direito à redução da hora noturna.

(C) João tem direito ao pagamento de horas extras e à redução da hora noturna.

(D) João não tem direito ao pagamento de horas extras e à redução da hora noturna.

A: incorreta, pois por exercer a função em turnos de revezamento fará jus ao pagamento de horas extras, na medida em que sua jornada era exercida acima do limite de 6 (seis) horas disposto no art. 7º, XIV, da CF e possui também a redução da hora noturna, OJ 395 SDI-1 do TST; **B:** incorreta, pois contraria a disposição contida na OJ 395 da SDI-1 do TST; **C:** correta, pois, por exercer a função em turnos de revezamento, tem direito ao pagamento de horas extras, na medida em que sua jornada era exercida acima do limite de 6 (seis) horas permitido pelo art. 7º, XIV, da CF. Ademais, o TST, por meio do entendimento consubstanciado na OJ 395 da SDI-1, afirma que não há incompatibilidade entre as disposições contidas nos arts. 73, § 1º, da CLT e 7º, XIV, da CF. Assim, o trabalho em regime de turnos ininterruptos de revezamento não retira o direito à hora noturna reduzida; **D:** incorreta, *vide* comentários anteriores.

Gabarito "C"

(OAB/Exame Unificado – 2010.2) A respeito do regime de compensação de jornada do banco de horas, assinale a alternativa correta.

(A) Pode ser instituído mediante acordo, verbal ou por escrito, entre empresa e empregado, facultando-se a participação dos sindicatos representantes das categorias.

(B) Não admite compensação de jornada que ultrapassar o limite máximo de 10 (dez) horas diárias.

(C) Pode ser compensado após a rescisão do contrato de trabalho, se houver crédito em favor do trabalhador, respeitado o limite de validade do acordo.

(D) O excesso de jornada a ser compensado não pode exceder, no prazo legal máximo de 1 (um) semestre, a soma das jornadas semanais previstas para o período.

A: incorreta, pois o regime de compensação de jornada pode ser ajustada mediante acordo individual escrito, acordo ou convenção coletiva do trabalho, conforme consta da Súmula 85, I, do TST. Note que, o item V da súmula ensina que o regime compensatório na modalidade "banco de horas", somente pode ser instituído por negociação coletiva; **B:** correta, pois a assertiva reflete o disposto no art. 59, § 2º, da CLT; **C:** incorreta, pois na hipótese de rescisão do contrato de trabalho, o trabalhador fará jus ao pagamento das horas extras não compensadas, conforme dispõe o art. 59, § 3º, da CLT; **D:** incorreta, pois o excesso de horas não poderá exceder, no período máximo de 1 (um) ano, à soma das jornadas semanais de trabalho previstas, segundo consta do art. 59, § 2º, da CLT.

Gabarito "B"

(OAB/Exame Unificado – 2010.1) Fábio, empregado da empresa Transportar Ltda., firmou, com seu empregador, acordo escrito em que ficou estabelecido que o excesso de horas trabalhadas em um dia seria compensado pela correspondente diminuição em outro dia, sem acréscimo salarial. Considerando essa situação hipotética, assinale a opção correta.

(A) Independentemente de a compensação de jornada relativa à categoria profissional de Fábio ser expressamente proibida em norma coletiva, o acordo de compensação realizado entre as partes será válido, conforme entendimento jurisprudencial consolidado do Tribunal Superior do Trabalho.

(B) Fábio pode trabalhar 11 (onze) horas diárias durante uma semana a título de compensação na semana seguinte.

(C) Caso Fábio preste horas extras habituais, o acordo de compensação de jornada restará descaracterizado.

(D) Não havendo a compensação dentro do período de 1 (um) ano, Fábio terá direito ao pagamento das horas trabalhadas em excesso acrescidas do adicional de 50%.

A: incorreta, pois nos termos da Súmula 85, II, do TST o acordo individual para compensação de horas não será válido se houver norma coletiva em sentido contrário; **B:** incorreta, pois de acordo com o art. 59, § 2º, da CLT a jornada máxima é de 10 (dez) horas diárias; **C:** correta, pois reflete o entendimento consubstanciado na Súmula 85, IV, do TST, "A prestação de horas extras habituais descaracteriza o acordo de compensação de jornada. Nesta hipótese, as horas que ultrapassarem a jornada semanal normal deverão ser pagas como horas extraordinárias e, quanto àquelas destinadas à compensação, deverá ser pago a mais apenas o adicional por trabalho extraordinário"; **D:** incorreta, pois nos termos da Súmula 85, III, do TST não haverá repetição do pagamento das horas excedentes à jornada normal diária, sendo devido apenas o respectivo adicional.

Gabarito "C"

(OAB/Exame Unificado – 2009.3) Assinale a opção correta no que se refere ao acordo intrajornada.

(A) O intervalo mínimo intrajornada pode ser transigido em acordo escrito ou contrato coletivo.

(B) Mediante acordo escrito ou contrato coletivo, a duração do intervalo intrajornada pode ser superior a 2 (duas) horas.

(C) A ausência de intervalo intrajornada acarreta apenas multa administrativa imposta pela fiscalização do trabalho.

(D) O intervalo de descanso será computado na duração do trabalho.

A: incorreta, pois o intervalo mínimo não pode ser transigido, nos termos do art. 71 da CLT; **B:** correta, pois reflete o disposto na parte final do art. 71 da CLT; **C:** incorreta, pois não havendo a concessão de intervalo, nos termos do art. 71, § 4º, da CLT o empregador ficará obrigado a remunerar o respectivo período com um acréscimo mínimo de 50%; **D:** incorreta, pois nos termos art. 71, § 2º, da CLT o período de intervalo não é computado na jornada de trabalho.

Gabarito "B"

(OAB/Exame Unificado – 2008.3) Assinale a opção correta com relação ao direito do trabalhador ao descanso remunerado.

(A) O empregado que prestar serviço em domingo ou feriado terá sempre o direito de receber, em dobro, o pagamento do labor referente a tais dias.

(B) O empregador está obrigado a discriminar, no contracheque do empregado, o valor do pagamento inerente ao repouso semanal.

(C) É devido o pagamento do repouso semanal remunerado a empregado que se ausentar do trabalho, por até 7 (sete) dias consecutivos, em virtude de casamento.

(D) Para fins de percepção do salário-enfermidade e da remuneração do repouso semanal, na justificativa da ausência do empregado motivada por doença, deve-se observar a ordem preferencial dos atestados médicos estabelecida em lei.

A: incorreta, pois somente será remunerado em dobro caso o trabalho não seja compensado em outro dia, em conformidade com o entendimento consubstanciado na Súmula 146 do TST; **B:** incorreta, pois não existe essa obrigação; **C:** incorreta, pois nos termos do art. 473, II, da CLT o período é de 3 (três) dias consecutivos; **D:** correta, pois reflete o disposto na Súmula 15 do TST.

Gabarito "D"

(OAB/Exame Unificado – 2008.3) Um empregado contratado em 25.05.2006 trabalhou, durante a primeira semana do mês de outubro de 2008, cumprindo jornada das 8(oito) horas às 17(dezessete) horas, com 30 (trinta) minutos de intervalo. Em 20.10.2008, o empregado cumpriu jornada das 16 (dezesseis) horas às 23 (vinte e três) horas, com 1 (uma) hora de intervalo, e, em 21.10.2008, reiniciou o labor às 8 (oito) horas, laborando até as 17(dezessete) horas, tendo gozado de intervalo de 1 (uma) hora. Considerando essa situação hipotética, assinale a opção correta.

(A) Quanto à primeira semana do mês de outubro de 2008, foi regular a jornada de trabalho cumprida.

(B) Quanto ao labor em 20.10.2008 e em 21.10.2008, ao empregado é devido o pagamento de horas extras em decorrência de não ter sido observado o intervalo determinado por lei.

(C) Ao empregado não é devido o pagamento de nenhuma hora extra quanto ao labor em 20.11.2008 e em 21.10.2008.

(D) Ao empregado é devido o pagamento de somente 1 (uma) hora extra, considerando-se o labor entre 20.10.2008 e 21.10.2008.

A: incorreta, pois o empregado possui intervalo intrajornada de, no mínimo, 1 (uma) hora, em conformidade com o art. 71 da CLT; **B:** correta, pois não foi observado o intervalo interjornada de 11 (onze) horas previsto no art. 66 da CLT. Veja, também a OJ 355 da SDI-1 do TST; **C:** incorreta, pois deveria ser observado o intervalo interjornada de 11 (onze) horas, previsto no art. 66 da CLT; **D:** incorreta, pois o empregado terá direito ao recebimento de 2 (duas) horas extras (art. 66 da CLT).

Gabarito "B"

(OAB/Exame Unificado – 2008.2) De acordo com o que dispõe a Consolidação das Leis do Trabalho, o intervalo mínimo para descanso entre uma jornada de trabalho e outra deve ser de

(A) 10 (dez) horas.

(B) 11 (onze) horas.

(C) 12 (doze) horas.

(D) 13 (treze) horas.

De acordo com o art. 66 da CLT o período de descanso entre uma jornada e outra, também chamado de "intervalo intrajornada" é de 11 (onze) horas.

Gabarito "B"

(OAB/Exame Unificado – 2008.1) Acerca da jornada de trabalho, assinale a opção correta.

(A) Se o empregador fornecer transporte ao empregado, no início ou no fim da jornada de trabalho, o tempo do percurso deve ser contado como hora *in itinere*, se o local de trabalho for de difícil acesso ou se não for servido por transporte público regular.

(B) O adicional de horas extras deve ser, no máximo, 50% superior à hora normal.

(C) O repouso semanal de 24 (vinte e quatro) horas consecutivas deverá ser obrigatoriamente aos domingos.

(D) Os intervalos de descanso intrajornada devem ser, em qualquer caso, de 2 (duas) horas.

A: correta, pois reflete o disposto no art. 58, § 2º, da CLT; **B:** incorreta, pois o adicional é de "no mínimo" 50%, nos termos do art. 7º, XVI, da CF; **C:** incorreta, pois o descanso será "preferencialmente" aos domingos, nos termos do art. 7º, XV, da CF; **D:** incorreta, pois o intervalo varia de acordo com a jornada de trabalho, na medida em que para jornadas de trabalho inferior a 4 horas/dia, não há intervalo intrajornada; jornadas de 4 até 6 horas/dia, intervalo de 15 (quinze) minutos (art. 71, § 1º, da CLT); jornadas de trabalho superior a 6 horas/dia, intervalo de 1 (uma) hora, art. 71, *caput*, da CLT.

Gabarito "A"

(OAB/Exame Unificado – 2008.1) João, motorista da Empresa de Ônibus Expresso Ltda., trabalhava na linha que ligava dois municípios, em um mesmo estado, distantes 400 km um do outro. Findo o contrato de trabalho sem justa causa, João ingressou com reclamação trabalhista contra a empresa, pleiteando o pagamento de horas extras. A empresa juntou aos autos os relatórios diários emitidos pelo tacógrafo do ônibus, afirmando que tais relatórios comprovavam que João não laborava em jornada extraordinária. Considerando a situação hipotética apresentada, assinale a opção correta.

(A) O tacógrafo não comprova jornada de trabalho em nenhuma hipótese, pois serve, apenas, para controlar a velocidade do ônibus.

(B) O tacógrafo não serve como prova, pois não existe dispositivo na CLT que assim o classifique.

(C) O tacógrafo, sem a existência de outros elementos, não serve para controlar a jornada de trabalho do empregado que exerce jornada externa.

(D) O tacógrafo, por si só, é um elemento capaz de demonstrar a jornada de trabalho, já que é o espelho do tempo de duração da viagem, comprovando, assim, a jornada de trabalho.

A: incorreta, pois juntamente com outras provas, poderá servir de base para comprovação de jornada de trabalho; **B:** incorreta, pois embora a CLT não seja expressa quanto essa prova especificamente, o TST a admite, juntamente com outros elementos, nos termos da OJ 332 da SDI-1 do TST. Ademais, o art. 5º, LV, assegura a ampla defesa como direito constitucional assegurado a todos; **C:** correta, pois traduz o entendimento consolidado pelo TST por meio da Orientação Jurisprudencial da SBDI-1 n. 332; **D:** incorreta, pois contraria o entendimento consubstanciado na OJ 332 da SDI-1 do TST, pois sozinho o tacógrafo não é capaz de demonstrar a jornada de trabalho.

Gabarito "C"

(OAB/Exame Unificado – 2007.2) Hugo, bancário, moveu reclamação trabalhista contra o Banco Santo André S.A., formulando pedido de pagamento de jornada extraordinária que ele alega ter trabalhado e não recebido. Uma vez que as horas extras eram habituais, Hugo formulou pedido de integração das horas extras habituais ao salário. Também em decorrência da habitualidade das horas extras, Hugo pediu a integração das horas extras para efeito de cálculo dos repousos semanais remunerados, argumentando que, no caso de bancário, os repousos semanais incluem os sábados e os domingos. A propósito da situação hipotética acima apresentada, assinale a opção correta.

(A) Uma vez que os bancos não funcionam nos dias de sábado e domingo, tais dias podem ser considerados como repouso semanal remunerado. Sendo assim, é devida a repercussão dos valores pagos a título de horas extras na remuneração dos sábados e domingos.

(B) O pedido formulado por Hugo poderá ser procedente se existir, em convenção coletiva, previsão da integração das horas extras ao salário.

(C) As horas extras trabalhadas devem ser pagas a Hugo, mas não há que se falar em integração ao salário, já que não existe previsão legal para tal pedido.

(D) O sábado do bancário é considerado dia útil, e não como repouso semanal remunerado. Logo, não há que se falar em repercussão do pagamento de horas extras habituais em sua remuneração.

Conforme preceitua a Súmula 113 do TST: "O sábado do bancário é dia útil não trabalhado, não dia de repouso remunerado. Não cabe a repercussão do pagamento de horas extras habituais em sua remuneração".

Gabarito "D".

(OAB/Exame Unificado – 2006.3) Carlos exercia as funções de administrador na fazenda Esperança. Cabia a ele, entre outras atribuições, contratar e demitir empregados, estabelecer as tarefas e as metas que deveriam ser cumpridas, zelar pelas instalações da fazenda. Carlos executava suas tarefas em regime de dedicação exclusiva e, nos períodos de colheitas, cumpria regime de trabalho de até 10 (dez) horas por dia. No entanto, não havia nenhum superior que lhe fiscalizasse a jornada de trabalho. Considerando essa situação hipotética, julgue os itens subsequentes.

I. É devido o pagamento de horas extras a Carlos, visto que ele chegava a trabalhar em jornada de até 10 (dez) horas.

II. Carlos não se beneficiará da contagem de horas extras, visto que ele mantinha o poder de decisão e não havia superior que lhe fiscalizasse o horário de trabalho.

III. Carlos, por ser empregado rural, não receberá horas extras, pois não há previsão legal de pagamento de horas extras a esse tipo de empregado.

IV. Se Carlos não tivesse poder de mando, registrasse sua jornada de trabalho em cartão de ponto e se tal jornada fosse aferida pelo proprietário da fazenda, ele faria jus ao recebimento de horas extras.

Estão certos apenas os itens

(A) I e II.

(B) I e III.

(C) II e IV.

(D) III e IV.

I: incorreta, pois Carlos é considerado gerente e por esse motivo, não está sujeito ao controle de jornada de trabalho, nos termos do art. 62, II, da CLT; **II:** correta, pois em conformidade com o art. 62, II, da CLT; **III:** incorreta, pois a CF em seu art. 7º, que traz o rol de direitos assegurados aos trabalhadores, ensina no seu *caput*, que esses direitos são assegurados aos trabalhadores urbanos e rurais; **IV:** correta, pois nessa hipótese Carlos seria considerado um trabalhador rural comum e, consequentemente, seriam aplicadas as regras de duração do trabalho.

Gabarito "C".

(OAB/Exame Unificado – 2006.2) Em 18.01.2006, José celebrou contrato de experiência com a pessoa jurídica Alfa, pelo prazo de 90 (noventa) dias. Após 40 (quarenta) dias de serviços prestados, ele teve seu contrato de experiência rescindido, com base em cláusula assecuratória do direito recíproco de rescisão, expressamente ajustada. Em 30.05.2006, José celebrou novo contrato de experiência com Alfa, de 45 (quarenta e cinco) dias, prorrogável por igual período. Decorridos 20 (vinte) dias da constituição desse novo contrato, a Alfa cessou suas atividades e alienou seu único estabelecimento empresarial para a pessoa jurídica Beta, que manteve o quadro de pessoal anterior e firmou com cada um dos empregados, inclusive com José, acordo escrito de compensação de jornada de trabalho, contrariando norma coletiva do sindicato representativo da categoria dos novos empregados de Beta.

Considerando a situação hipotética descrita acima, assinale a opção incorreta.

(A) Na forma como foi rescindido o primeiro contrato de experiência, a empresa Alfa deveria ter pré-avisado José do término do contrato. Por isso, José tem direito à indenização correspondente ao período do aviso-prévio não concedido.

(B) O acordo individual escrito de compensação de jornada de trabalho sobrepõe-se à norma coletiva antagônica, sendo, portanto, plenamente válido e eficaz.

(C) O segundo contrato celebrado entre José e Alfa é considerado contrato por prazo indeterminado.

(D) Houve sucessão empresarial entre Alfa e Beta, o que assegura aos empregados os direitos adquiridos quando ainda trabalhavam para a pessoa jurídica sucedida.

A: correta, pois ao convencionarem cláusula assecuratória do direito recíproco de rescisão, aplica-se ao contrato por prazo determinado as regras pertinentes aos contratos com prazo indeterminado, nos termos do art. 481 da CLT; **B:** incorreta, devendo ser assinalada, pois nos termos da Súmula 85, II, do TST o acordo individual para compensação de horas é válido somente se não houver norma coletiva em sentido contrário; **C:** correta, pois em conformidade com o art. 451 da CLT; **D:** correta, em conformidade com os arts. 10 e 448 da CLT.

Gabarito "B".

(OAB/Exame Unificado – 2006.1) Felipe trabalhava para a pessoa jurídica Beta, com jornada diária de 8 (oito) horas. No deslocamento de sua residência para o estabelecimento empresarial de Beta, por ser itinerário não servido de transporte público coletivo, Felipe utilizava condução fornecida pelo empregador. Durante 2 (dois) dias no mês, Felipe tinha jornada de 10 (dez) horas diárias. No dia 15.01.2006, Felipe foi demitido, sem justa causa, tendo cumprido seu aviso-prévio com redução de horário. Com base nessa situação hipotética, assinale a opção correta.

(A) O regime de compensação de jornada somente poderá ser implementado por Beta se houver acordo ou convenção coletiva prevendo a possibilidade desse ajuste.

(B) Beta poderá substituir o período a ser reduzido na jornada de trabalho de Felipe, durante o aviso-prévio, pelo pagamento das horas correspondentes.

(C) O adicional de horas extraordinárias devido, na situação hipotética descrita, não integra o salário de Felipe.

(D) O tempo despendido por Felipe no deslocamento entre sua residência e o estabelecimento empresarial de Beta, na condução fornecida pelo empregador, será considerado como extraordinário sempre que extrapolar a jornada diária estabelecida contratualmente.

A: incorreta, pois também poderá ser celebrado por acordo individual, em conformidade com a Súmula 85, I, do TST; **B:** incorreta, pois em conformidade com a Súmula 230 do TST é ilegal substituir o período que se reduz da jornada de trabalho, no aviso-prévio, pelo pagamento das horas correspondentes; **C:** incorreta, pois irá integrar o salário de Felipe; **D:** correta, pois reflete a disposição contida no art. 58, § 2º, da CLT.

Gabarito "D"

(OAB/Exame Unificado – 2006.1) José trabalha como garçom em um restaurante, desde 20.07.1994, com jornada de 6 (seis) horas, recebendo salário fixo, acrescido das gorjetas. Sua jornada inicia-se às 18 (dezoito) horas, de terça-feira a domingo. O estabelecimento empresarial do empregador de José fecha às terças e quintas-feiras à meia-noite, e de sexta-feira a domingo, às 2 (duas) horas da manhã. Considerando que a hora do trabalho noturno corresponde a 52 minutos e 30 segundos, assinale a opção correta.

(A) O adicional noturno, por ser parcela indenizatória, não integra o salário de José.

(B) José presta, de terça-feira a domingo, serviço em horário extraordinário, fazendo jus, também, ao respectivo adicional.

(C) Se José for transferido para o período diurno, continuará tendo direito ao adicional noturno.

(D) As gorjetas recebidas por José deverão ser utilizadas como base de cálculo para as parcelas do adicional noturno.

A: incorreta, pois o adicional noturno, pago com habitualidade, integra o salário do empregado para todos os efeitos, nos termos da Súmula 60, I, do TST; **B:** correta, pois nos termos do art. 73, § 1º, da CLT, a hora do trabalho noturno é fictamente reduzida para 52 minutos e 30 segundos. Assim, José presta horas extras todos os dias de trabalho; **C:** incorreta, pois a transferência para o período diurno de trabalho implica a perda do direito ao adicional noturno; **D:** incorreta, pois as gorjetas recebidas por José não serão utilizadas como base de cálculo para as parcelas do adicional noturno, nos termos da Súmula 354 do TST.

Gabarito "B"

(OAB/Exame Unificado – 2004.ES) Considerando as regras legais relativas à jornada de trabalho, assinale a opção incorreta.

(A) As horas prestadas a partir da oitava hora diária por bancário ocupante de cargo de chefia e que perceba gratificação igual ou superior a um terço do salário são extras.

(B) Verificado o labor por 9 (nove) horas diárias em 4 (quatro) dias da semana e 8 (oito) horas no quinto dia subsequente, com duas folgas semanais, pelo empregado de uma padaria, não serão devidas horas extras, caso exista acordo escrito prevendo o sistema horário praticado.

(C) Nas atividades insalubres, o trabalho extraordinário pode ser prestado sem restrições, observando-se apenas o limite de 2 (duas) horas diárias.

(D) O empregado que exerce atividade externa incompatível com a fixação de horário de trabalho, desde que tal condição esteja anotada na carteira profissional e no registro de empregados, não faz jus a horas extras.

A: correta, pois nos termos da Súmula 102, IV, do TST o bancário sujeito à regra do art. 224, § 2º, da CLT cumpre jornada de trabalho de 8 (oito) horas, sendo extraordinárias as trabalhadas além da oitava; **B:** correta, pois houve a pactuação de compensação por acordo individual, nos termos do art. 59, § 2º, da CLT e Súmula 85, I, do TST; **C:** incorreta, devendo ser assinalada, pois de acordo com o art. 60 da CLT e súmula 85, VI, TST , as prorrogações necessitam de licença prévia do Ministério do Trabalho..; **D:** correta, em conformidade com o art. 62, I, da CLT.

Gabarito "C"

(FGV – 2010) Em relação à jornada de trabalho, assinale a afirmativa INCORRETA.

(A) Os empregados que exercem atividades externas incompatíveis com qualquer modalidade de controle do empregador e que tenham essa situação anotada na Carteira de Trabalho e Previdência Social não estão sujeitos à limitação da jornada de trabalho.

(B) A norma constitucional que fixa a duração normal de trabalho em 8 (oito) horas diárias e 44 (quarenta e quatro) semanais tem natureza imperativa e por isso veda que novas leis ou convenções coletivas venham a estabelecer jornadas diárias diferenciadas, ainda que a profissão ou a função exercida se caracterize por singularidade e especialidade.

(C) O tempo de deslocamento, também conhecido como *in itinere*, corresponde ao lapso temporal despendido pelo empregado até o trabalho e vice-versa, sendo considerado como parte integrante da jornada laboral quando o local de trabalho é de difícil acesso, não servido por transporte público, e o empregador forneça condução.

(D) Quando a jornada de trabalho é fixada em 6 (seis) horas contínuas, o intervalo será de 15 minutos. Quando for fixada em 7 (sete) horas, o intervalo corresponderá a, no mínimo, 1 (uma) e, no máximo, 2 (duas) horas.

(E) A não concessão de intervalos ou redução dos intervalos estabelecidos em lei implica pagamento equivalente à remuneração do período do intervalo, acrescido de, no mínimo, 50%.

A: correta, pois nos termos do art. 62, I, da CLT o trabalhador que laborar em atividade externa incompatível com a fixação de horário, não está abrangido pela duração do trabalho; **B:** incorreta, devendo ser assinalada, pois o próprio art. 7º, XIII, da CF excepciona a regra mediante acordo ou convenção coletiva de trabalho; **C:** correta, pois reflete o disposto no art. 58, § 2º, da CLT; **D:** correta, reflete o disposto no art. 71, *caput* e § 1º, da CLT; **E:** correta, pois nos termos do art. 71,

§ 4º, da CLT a não concessão de intervalos ou redução dos intervalos estabelecidos em lei implica pagamento equivalente à remuneração do período do intervalo, acrescido de, no mínimo, 50%.

Gabarito "B"

(FGV – 2004) A duração máxima da jornada de trabalho dos operadores de serviços de telefonia é de:

(A) 8 (oito) horas diárias ou 44 (quarenta e quatro) horas semanais.

(B) 6 (seis) horas continuas de trabalho por dia ou 36 (trinta e seis) horas semanais.

(C) 4 (quatro) horas por dia ou 24 (vinte e quatro) horas semanais.

(D) 7 (sete) horas por dia ou 42 (quarenta e duas) horas semanais.

(E) 5 (cinco0 horas por dia ou 30 (trinta) horas semanais.

De acordo com o art. 227, *caput*, da CLT nas empresas que explorem o serviços de telefonia, a jornada de trabalho dos operadores terão a duração máxima de 6 (seis) horas por dia ou 36 (trinta e seis) horas semanais.

Gabarito "B"

6. ALTERAÇÃO, SUSPENSÃO E INTERRUPÇÃO DO CONTRATO DE TRABALHO – FÉRIAS

(OAB/Exame Unificado – 2016.2) Lúcia trabalha na sede de uma estatal brasileira que fica em Brasília. Seu contrato vigora há 12 anos e, em razão de sua capacidade e experiência, Lúcia foi designada para trabalhar na nova filial do empregador que está sendo instalada na cidade do México, o que foi imediatamente aceito.

Em relação à situação retratada e ao FGTS, à luz do entendimento consolidado do TST, assinale a afirmativa correta.

(A) Lúcia terá direito ao depósito do FGTS enquanto estiver trabalhando no México, que deverá continuar sendo depositado na sua conta vinculada no Brasil.

(B) Usando-se a teoria atomista, chega-se à conclusão que Lúcia terá direito à metade do FGTS, que será depositado na sua conta vinculada.

(C) Uma vez que na legislação do México não há previsão de FGTS, Lúcia não terá esse direito assegurado.

(D) Para que Lúcia tenha direito ao FGTS, deverá assinar documento próprio para tal fim, devidamente traduzido.

A: opção correta, pois nos termos da Lei 7.064/1982 que dispõe sobre a situação de trabalhadores contratados ou transferidos para prestar serviços no exterior ensina em seu art. 3º, parágrafo único que a empresa responsável pelo contrato de trabalho do empregado transferido assegurar-lhe-á, independentemente da observância da legislação do local da execução dos serviços, as disposições do FGTS previsto na Lei 8.036/1990. Ressalta-se que embora o parágrafo único do art. 3º em comento remeta a aplicação da legislação do local da execução do contrato, o TST cancelou a súmula 207, passando admitir a aplicação da lei mais benéfica. **B:** opção incorreta, pois a teoria atomista ou teoria da acumulação, em que as diversas disposições contidas em diferentes instrumentos normativos (leis do MéxicoMéxico e Brasil) devem ser comparadas individualmente, escolhendo, sempre, as mais favoráveis, aplicando, assim, diferentes disposições de diversas normas, como se fosse formada uma terceira norma, apenas com as disposições benéficas. Essa teoria não é aplicável no Direito do Trabalho pátrio, que aplica, nos termos do art. 3º, II, da Lei 7.064/1982, a teoria do conglobamento mitigado, que busca a norma mais benéfica através da comparação das diversas regras sobre cada instituto ou matéria, aplicando aquela em que o instituto for mais benéfico ao empregado. **C:** opção incorreta, pois se não há lei regulando o FGTS no México, deverá ser aplicada a Lei do FGTS (Lei 8.036/1990). **D:** opção incorreta, pois o FGTS é um direito de todo trabalhador, nos termos do art. 7º, III, CF, não havendo necessidade de assinatura de documento algum.

Gabarito "A"

(OAB/Exame Unificado – 2016.2) Após ter sofrido um acidente do trabalho reconhecido pela empresa, que emitiu a competente CAT, um empregado afastou-se do serviço e passou a receber auxílio-doença acidentário.

Sobre a situação descrita, em relação ao período no qual o empregado recebeu benefício previdenciário, assinale a afirmativa correta.

(A) A situação retrata caso de suspensão contratual e a empresa ficará desobrigada de depositar o FGTS na conta vinculada do trabalhador.

(B) Ocorrerá interrupção contratual e a empresa continua com a obrigação de depositar o FGTS para o empregado junto à CEF.

(C) Ter-se-á suspensão contratual e a empresa continuará obrigada a depositar o FGTS na conta vinculada do trabalhador.

(D) Haverá interrupção contratual e a empresa estará dispensada de depositar o FGTS na conta vinculada do trabalhador.

"C" é a opção correta. Note que o enunciado da questão aponta no sentido de que o empregado foi afastado e passou a receber o auxílio-doença acidentário, benefício previdenciário pago ao segurado que se afastar por mais de 15 dias de seu trabalho em razão de acidente do trabalho, art. 59 da Lei 8.213/1991. Em outras palavras, a partir do 16º dia de afastamento o empregado passa a receber citado benefício (art. 60 da Lei 8.213/1991) e consequentemente, deixa de receber o salário pela empresa. Esse período é considerado como tempo de trabalho, sendo devido o FGTS, art. 15, § 5º, da Lei 8.036/1990. Assim, entende a corrente majoritária ser hipótese de suspensão do contrato, pois a principal obrigação da empresa está suspensa.

Gabarito "C"

(OAB/Exame Unificado – 2016.2) Joana é empregada da sociedade empresária XYZ Ltda., que possui diversas filiais em sua cidade. Como trabalha na filial a 100 m de sua residência, não optou pelo vale-transporte. Dois anos depois, por ato unilateral do empregador, foi transferida para uma filial localizada a 30 km de sua residência. Para chegar ao local de trabalho necessita utilizar duas linhas de ônibus que têm custos distintos.

Com base no caso apresentado, assinale a afirmativa correta.

(A) Como Joana não optou por receber o vale-transporte, deverá custear suas despesas de transporte ou utilizar meio alternativo.

(B) A empresa deverá custear apenas uma tarifa modal de transporte, de acordo com a lei do vale-transporte.

(C) Como o local de residência de Joana é o problema, porque não é servido por transporte público regular, a empresa está obrigada a pagar apenas a tarifa modal.

(D) Se Joana é transferida por determinação do empregador para local mais distante, tem direito de receber o acréscimo que terá na despesa com transporte.

"D" é a opção correta. Nos termos do art. 469 da CLT a transferência é lícita, pois não ocasionou na mudança de domicílio do empregado. Contudo, estabelece a súmula 29 do TST que o empregado transferido, por ato unilateral do empregador, para local mais distante de sua residência, tem direito a suplemento salarial correspondente ao acréscimo da despesa de transporte.

Gabarito "D"

(OAB/Exame Unificado – 2016.1) Jonilson trabalhava na sociedade empresária XYZ Ltda. e atuava como analista financeiro. Mostrando bom desempenho, o empregador o promoveu ao cargo de confiança de gerente financeiro e, dali em diante, passou a lhe pagar, além do salário, uma gratificação de função de 50% do salário. Oito anos após, a empresa resolveu retornar Jonilson ao cargo de origem e suprimiu a gratificação de função.

Diante da situação apresentada, nos termos da CLT, assinale a afirmativa correta.

(A) Uma alteração desse vulto necessitaria de ordem judicial, a ser declarada em ação revisional.

(B) A reversão é válida, pois não há estabilidade em cargos de gerência.

(C) Pode haver a reversão, mas a gratificação de função não pode ser suprimida.

(D) A alteração contratual é nula, tratando-se na verdade de rebaixamento.

A: opção incorreta, pois a alteração do contrato de trabalho está disposta no art. 468 da CLT, não havendo necessidade de autorização judicial, mas sim consentimento mútuo e ausência de prejuízo direto e indireto ao empregado. **B:** opção correta, pois nos termos do art. 468, parágrafo único, da CLT a reversão é válida. Veja também a súmula 372, I, TST. **C:** opção incorreta. A gratificação não poderia ser suprimida somente se o empregado tivesse laborado 10 anos ou mais na função de confiança, em razão do princípio da estabilidade financeira, nos termos do entendimento disposto na súmula 372, I, TST. **D:** opção incorreta, pois nos termos do art. 468 da CLT a alteração é válida.

Gabarito "B"

(OAB/Exame Unificado – 2015.3) Jorge, Luiz e Pedro trabalham na mesma empresa. Na época designada para o gozo das férias, eles foram informados pelo empregador que Jorge não teria direito às férias porque havia faltado, injustificadamente, 34 dias ao longo do período aquisitivo; que Luiz teria que fracionar as férias em três períodos de 10 dias e que Pedro deveria converter 2/3 das férias em abono pecuniário, podendo gozar de apenas 1/3 destas, em razão da necessidade de serviço do setor de ambos.

Diante disso, assinale a afirmativa correta.

(A) A informação do empregador foi correta nos três casos.

(B) Apenas no caso de Jorge o empregador está correto.

(C) O empregador agiu corretamente nos casos de Jorge e de Luiz, mas não no de Pedro.

(D) O empregador está errado nas três hipóteses.

"B" é a opção correta. No caso de Jorge a informaãoinformação está correta, pois conforme interpretação do art. 130 da CLT o empregado que tiver mais de 32 faltas injustificadas durante o período aquisitivo, não terá direito às férias. Contudo, a informação passada para Luiz está errada, na medida em que o art. 134, § 1º, da CLT informa que somente em casos excepcionais serão as férias concedidas em 2 (dois) períodos (e não três), um dos quais não poderá ser inferior a 10 (dez) dias corridos. Também está errada a nformaçãoinformação dada para Pedro, pois nos termos do art. 143 da CLT é facultado ao empregado converter apenas 1/3 (um terço) do período de férias a que tiver direito em abono pecuniário.

Gabarito "B"

(OAB/Exame Unificado – 2015.3) Reinaldo trabalha em uma empresa cujo regulamento interno prevê que o empregador pagará a conta de telefone celular do empregado, até o limite de R$ 150,00 mensais. Posteriormente, havendo crise no setor em que a empresa atua, o regulamento interno foi expressamente alterado para constar que, dali em diante, a empresa arcará com a conta dos celulares dos empregados até o limite de R$ 50,00 mensais.

De acordo com o entendimento consolidado do TST, assinale a afirmativa correta.

(A) O regulamento interno é ato unilateral de vontade do empregador, que poderá modificá-lo a qualquer momento, daí por que não há direito adquirido e a nova condição alcança Reinaldo.

(B) A alteração somente é válida para aqueles que foram admitidos anteriormente à mudança e não prevalece para os que forem contratados após a mudança.

(C) A alteração é válida, mas só alcança aqueles admitidos posteriormente à mudança, não podendo então alcançar a situação de Reinaldo.

(D) A alteração feita pela empresa é ilegal, pois, uma vez concedida a benesse, ela não pode ser retirada em momento algum e para nenhum empregado, atual ou futuro.

A: opção incorreta, pois o regulamento interno da empresa é considerado uma fonte formal autônoma do direito, uma vez existente, as normas ali contidas aderem ao contrato de trabalho, criando direito adquirido. Ademais, nos termos do art. 468 da CLT as alterações no contrato de trabalho somnetesomente poderão ser feitas por mútuo consentimento desde que não represente prejuízo direto o indireto ao empregado. **B:** opção incorreta, pois de acordo contraria a disposição contida na súmula 51, I, TST. **C:** opção correta, pois nos termos da súmula 51, I, do TST as cláusulas regulamentares, que revoguem ou alterem vantagens deferidas anteriormente, só atingirão os trabalhadores admitidos após a revogação ou alteração do regulamento. Portanto, não poderá alcançar Reinaldo, sendo aplicada somente para os empregados admitidos após a mudança. **D:** opção incorreta, pois o benefício poderá ser retirado, mas respeitando o direito adquirido dos empregados admitidos anterormenteanteriormente à mudança, alcançando apenas os empregados admitidos após a alteração, súmula 51, I, TST.

Gabarito "C"

(OAB/Exame Unificado – 2015.2) Maria trabalha para a sociedade empresária Alfa S.A. como chefe de departamento. Então, é informada pelo empregador que será transferida de forma definitiva para uma nova unidade da empresa, localizada em outro estado da Federação. Para tanto, Maria, obrigatoriamente, terá de alterar o seu domicílio. Diante da situação retratada e do entendimento consolidado do TST, assinale a afirmativa correta.

(A) Maria receberá adicional de, no mínimo, 25%, mas tal valor, por ter natureza indenizatória, não será integrado ao salário para fim algum.

(B) A empregada não fará jus ao adicional de transferência porque a transferência é definitiva, o que afasta o direito.

(C) A obreira terá direito ao adicional de transferência, mas não à ajuda de custo, haja vista o caráter permanente da alteração.

(D) Maria receberá adicional de transferência de 25% do seu salário enquanto permanecer na outra localidade.

A: opção incorreta, pois somente a transferência provisória enseja pagamento de adicional de transferência, nos termos do art. 469, § 3º, da CLT e OJ 119 SDI 1 do TST. Veja. **B:** opção correta, pois reflete o entendimento disposto no art. 469, § 3º, da CLT que ensina ser devido o adicional de transferência de 25% somente enquanto durar a transferência, que nos leva a saber que se trata de uma transferência provisória. Nesse mesmo sentido ensina a OJ 119 da SDI 1 do TST. **C:** opção incorreta, pois por se tratar de transferência definitiva a obreira não fará jus ao adicional de transferência de 25% que somente será devido na transferência provisória. Por outro lado, que seja na transferência provisória, seja na definitiva, o empregador deverá pagar um acréscimo ao salário do obreiro visando custear as despesas dessa transferência, na medida em que representam gastos por parte do obreiro, veja súmula 29 do TST. **D:** opção incorreta, pois embora a assertiva transcreva o § 3º do art. 469 da CLT que cuida da transferência provisória do empregado, o enunciado da questão trata de transferência definitiva, o que afasta o direito à percepção do adicional.

Gabarito "B"

(OAB/Exame Unificado – 2013.1) O empregado afastado por incapacidade laborativa, recebendo auxílio-doença previdenciário por trinta dias, tem garantido legalmente o direito

(A) à estabilidade provisória por, no mínimo, doze meses após a cessação do auxílio-doença acidentário.

(B) de exigir de seu empregador os depósitos do Fundo de Garantia do Tempo de Serviço correspondentes ao período em que ficou afastado.

(C) de exigir de seu empregador o pagamento de complementação do benefício previdenciário para manter o valor do salário que recebia antes do afastamento previdenciário.

(D) de gozar férias de trinta dias após período de 12 (doze)meses de vigência do contrato de trabalho.

A: incorreta, pois nos termos do art. 118 da Lei 8.213/1991 o empregado terá direito à estabilidade provisória após a cessação do auxílio-doença acidentário, independentemente da percepção do auxílio-acidente. Auxílio-doença acidentário é um benefício devido em razão de afastamento do trabalho por motivo de acidente do trabalho, do qual resultou incapacidade temporária para o trabalhador. Já o auxílio-acidente é um benefício, concedido ao segurado que, após a alta do auxílio-doença acidentário, constatar que é portador de lesões decorrentes de acidente de qualquer natureza. Veja art. 59 da Lei 8.213/1991; **B:** incorreta, pois, por ser considerada suspensão do contrato de trabalho, não são devidos os depósitos fundiários do FGTS. Somente nos casos de interrupção do contrato de trabalho, ou seja, acidente de trabalho ou doença até o 15º dia, tendo em vista que o pagamento dos primeiros 15 (quinze) dias de ausência é de responsabilidade do empregador, em conformidade com o art. 60, § 3º, da Lei 8.213/1991. **C:** incorreta, pois para que possa exigir do empregador a complementação é necessária previsão em contrato de trabalho ou em negociação coletiva. **D:** correta, pois nos termos do art. 133, IV, da CLT somente perderia o direito às férias se tivesse percebido do INSS prestações de acidente de trabalho ou de auxílio-doença por mais de 6 (seis) meses, embora descontínuos.

Gabarito "D"

(OAB/Exame Unificado – 2012.3.B) No curso do período aquisitivo, o empregado não adquire o direito à fruição de férias se

(A) permanecer em fruição de licença remunerada por mais de 30 (trinta) dias.

(B) tiver percebido da Previdência Social prestações de acidente de trabalho ou de auxílio-doença por 3 (três) meses, mesmo que descontínuos.

(C) tiver 30 (trinta) faltas.

(D) optar por converter suas férias em abono pecuniário.

A: correta, pois reflete o disposto no art. 133, II, da CLT; **B:** incorreta, pois nos termos do art. 133, IV, da CLT o período é de 6 (seis) meses; **C:** incorreta, pois nos termos do art. 130, IV, da CLT se o empregado tiver 30 faltas no período aquisitivo terá direito a 12 dias corridos de férias; **D:** incorreta, pois poderá ser convertido somente 1/3 do período de férias, nos termos do art. 143 da CLT.

Gabarito "A"

(OAB/Exame Unificado – 2012.3.A) Após sofrer um acidente automobilístico de gravíssimas proporções enquanto viajava a lazer, o empregado Pedro foi aposentado por invalidez pelo INSS. Assinale a alternativa que indica o efeito desse fato no seu contrato de trabalho.

(A) O contrato de Pedro será interrompido.

(B) O contrato de Pedro será suspenso.

(C) O contrato de Pedro será extinto.

(D) O contrato de Pedro continuará em vigor e ele terá todos os direitos trabalhistas assegurados.

A correta é a letra "B", pois a aposentadoria por invalidez é uma hipótese de suspensão do contrato de trabalho, nos termos do art. 475 da CLT. Na suspensão do contrato de trabalho, as obrigações contratuais são suspensas para ambos os contratantes.

Gabarito "B"

(OAB/Exame Unificado – 2012.2) Um determinado empregador paga os salários dos seus empregados no primeiro dia útil do mês seguinte ao vencido. Encontrando-se em situação financeira delicada, pretende passar a honrar esta obrigação no 5º dia útil do mês subsequente ao vencido, como normalmente fazem os seus concorrentes. A partir da hipótese apresentada, assinale a afirmativa correta.

(A) A alteração contratual, por ser lesiva à classe trabalhadora, é inválida diante do princípio da proteção.

(B) A alteração é válida, pois a nova data pretendida encontra-se no limite legal.

(C) A alteração somente pode ser realizada se houver previsão em acordo coletivo.

(D) A alteração de data somente prevalecerá para os admitidos posteriormente à mudança pretendida.

A: incorreta, pois de acordo com o posicionamento adotado pelo TST na OJ 159 da SDI-1 não se considerada ilícita a alteração da data para pagamento dos salários se este ocorrer até o 5º dia útil do mês subsequente, prazo estipulado no art. 459, § 1º, da CLT; **B:** correta, pois reflete o entendimento disposto na OJ 159 da SDI-1 do TST; **C:** incorreta, pois a mudança da data para pagamento de salários, feita dentro do prazo determinado pelo art. 459, § 1º, da CLT, de acordo com o entendimento do TST, está protegida pelo *jus variandi* do empregador, não se considerando alteração ilícita. **D:** incorreta, pois por ser considerada válida, a alteração prevalecerá para todos os empregados da empresa.

Gabarito "B"

(OAB/Exame Unificado – 2011.3.B) A respeito das alterações no contrato de trabalho, assinale a alternativa correta.

(A) Nos contratos individuais de trabalho, só é lícita a alteração com a interveniência do sindicato da categoria dos empregados, nos termos da CRFB, que autoriza a flexibilização, desde que por acordo ou convenção coletiva.

(B) Desde que por mútuo consentimento, as alterações dos contratos serão lícitas, pois se prestigia a livre manifestação de vontade das partes.

(C) Nos contratos individuais de trabalho, a alteração só será lícita se de comum acordo entre as partes e desde que não resultem qualquer tipo de prejuízo ao empregado.

(D) A alteração do turno diurno de trabalho para o noturno será lícita, mediante a concordância do empregado, pois é mais benéfica a ele, já que a hora noturna é menor que a diurna e há pagamento de adicional de 20%.

A: incorreta, pois não é exigida a presença de sindicatos para alterações no contrato de trabalho. Veja art. 468 da CLT; **B:** incorreta, pois além do mútuo consentimento a alteração não pode ocasionar prejuízos, diretos ou indiretos ao empregado; **C:** correta, pois reflete o disposto no art. 468 da CLT; **D:** incorreta, pois a mudança do horário diurno para o noturno está dentro do poder de direção do empregador, que deverá observar o disposto no art. 468 da CLT, ou seja, concordância do empregado e ausência de prejuízo direito ou indireto. O trabalho noturno não pode ser considerado mais benéfico do que o trabalho diurno em razão do adicional estipulado por lei. Nos casos de transferência do horário noturno para o diurno, a jurisprudência do TST entende que esta mudança é mais benéfica ao trabalhador, ainda que perca o adicional noturno. Nesse sentido Súmula 265 do TST.

Gabarito "C".

(OAB/Exame Unificado – 2010.3) Relativamente à alteração do contrato de trabalho, é correto afirmar que

(A) o empregador pode, sem a anuência do empregado exercente de cargo de confiança, transferi-lo, com mudança de domicílio, para localidade diversa da que resultar do contrato, independentemente de real necessidade do serviço.

(B) é considerada alteração unilateral vedada em lei a determinação ao empregador para que o empregado com mais de 10 (dez) anos na função reverta ao cargo efetivo.

(C) o adicional de 25% é devido nas transferências provisórias e definitivas.

(D) o empregador pode, sem a anuência do empregado cujo contrato tenha como condição, implícita ou explícita, transferi-lo, com mudança de domicílio, para localidade diversa da que resultar do contrato, no caso de real necessidade do serviço.

A: incorreta, pois embora possa ser transferido sem a anuência do empregado, deverá haver a real necessidade, em conformidade com o art. 469, § 1º, da CLT; **B:** incorreta, pois a reversão do trabalhador ao cargo efetivo não é considerada vedada. No entanto, não poderá ser retirada a gratificação, em razão do princípio da estabilidade financeira (Súmula 372, I, do TST); **C:** incorreta, pois somente em caso de transferência provisória é devido o adicional de 25%. Veja, também, a OJ 113 SDI-1 do TST e art. 469, § 3º; **D:** correta, pois reflete o disposto no art. 469, § 1º, da CLT.

Gabarito "D".

(OAB/Exame Unificado – 2010.2) Paulo, empregado de uma empresa siderúrgica, sofreu acidente do trabalho, entrando em gozo de auxílio-doença acidentário, a partir do décimo sexto dia de seu afastamento. Durante este período de percepção do benefício previdenciário, ele foi dispensado sem justa causa por seu empregador. Diante do exposto, assinale a alternativa correta.

(A) Paulo tem direito a ser reintegrado, com fundamento na garantia provisória de emprego assegurada ao empregado acidentado.

(B) Paulo tem direito a ser readmitido, com fundamento na garantia provisória de emprego assegurada ao empregado acidentado.

(C) Paulo tem direito a ser readmitido, em razão da interrupção do contrato de trabalho que se operou a partir do décimo sexto dia de afastamento.

(D) Paulo tem direito a ser reintegrado, em razão da suspensão do contrato de trabalho que se operou a partir do décimo sexto dia de afastamento.

A: incorreta, pois a estabilidade do empregado acidentado, prevista no art. 118 da Lei 8.213/1991, refere-se ao período de doze meses após a cessação do auxílio-doença acidentário, e não durante o seu afastamento; **B:** incorreta, pois a estabilidade do empregado acidentado, prevista no art. 118 da Lei 8.213/1991, refere-se ao período de doze meses após a cessação do auxílio-doença acidentário, e não durante o seu afastamento. Ressalte-se que essa forma de estabilidade foi considerada constitucional pelo TST, conforme consta da Súmula 378: "Estabilidade provisória. Acidente do trabalho. Art. 118 da Lei 8.213/1991. Constitucionalidade. Pressupostos I – É constitucional o art. 118 da Lei 8.213/1991 que assegura o direito à estabilidade provisória por período de 12 (doze) meses após a cessação do auxílio-doença ao empregado acidentado"; **C:** incorreta, pois a posição majoritária da doutrina e jurisprudência considera que a partir do 16º dia de afastamento em razão de auxílio-doença acidentário será o caso de suspensão do contrato de trabalho, eis que o salário não é pago pelo empregador; **D:** correta, pois a corrente majoritária enquadra o afastamento do trabalhador em razão de auxílio-doença acidentário a partir do 16º dia como causa de suspensão do contrato de trabalho, embora com algumas regras especiais a fim de atenuar os efeitos drásticos da figura suspensiva (o empregador continua depositando o FGTS e se o afastamento for inferior a 6 (seis) meses será computado para fins do período aquisitivo de férias). Além disso, importante consignar que será o caso de reintegração do trabalhador, pois a suspensão inviabiliza a extinção do contrato por ato do empregador (art. 471 da CLT), sendo considerada ineficaz a dispensa naquele momento.

Gabarito "D".

(OAB/Exame Unificado – 2010.2) Com relação ao regime de férias, é correto afirmar que:

(A) as férias devem ser pagas ao empregado com adicional de 1/3 até 30 (trinta) dias antes do início do seu gozo.

(B) salvo para as gestantes e os menores de 18 anos, as férias podem ser gozadas em dois períodos.

(C) o empregado que pede demissão antes de completado seu primeiro período aquisitivo faz jus a férias proporcionais.

(D) as férias podem ser convertidas integralmente em abono pecuniário, por opção do empregado.

A: incorreta, pois o terço constitucional deverá ser pago juntamente com o pagamento da remuneração das férias, ou seja, até 2 (dois) dias antes do início do período, em conformidade com o art. 145 da CLT; **B:** incorreta, pois as férias poderão, excepcionalmente, ser concedidas em dois períodos, com exceção dos trabalhadores menores de 18 anos e dos maiores de 50 anos, para os quais as férias serão sempre concedidas de uma só vez, conforme previsão do art. 134, § 2º, da CLT; **C:** correta, pois a assertiva reflete o teor da Súmula 261 do TST: "Férias proporcionais. Pedido de demissão. Contrato vigente há menos de um ano. O empregado que se demite antes de complementar 12 (doze) meses de serviço tem direito a férias proporcionais"; **D:** incorreta, pois as férias não podem ser convertidas integralmente em pecúnia, mas apenas 1/3, conforme dispõe o art. 143, *caput*, da CLT.

Gabarito "C"

(OAB/Exame Unificado – 2010.1) Com relação ao contrato de trabalho, assinale a opção correta.

(A) Constitui motivo para alteração do contrato de trabalho pelo empregador o afastamento do empregado em virtude das exigências do serviço militar.
(B) O empregado poderá deixar de comparecer ao serviço sem prejuízo do salário nos dias em que estiver comprovadamente realizando prova de exame vestibular para ingresso em estabelecimento de ensino superior.
(C) A suspensão do empregado por mais de 15 (quinze) dias consecutivos importa na rescisão injusta do contrato de trabalho.
(D) Constitui justa causa para rescisão do contrato de trabalho pelo empregador a condenação criminal do empregado proferida pelo juiz de primeiro grau.

A: incorreta, pois conforme o art. 472, *caput*, da CLT, o afastamento do empregado em virtude das exigências do serviço militar, ou de outro encargo público, não constituirá motivo para a alteração ou rescisão do contrato de trabalho por parte do empregador; **B:** correta. É o que reza, expressamente, o art. 473, inciso VII, da CLT: "O empregado poderá deixar de comparecer ao serviço sem prejuízo do salário nos dias em que estiver comprovadamente realizando prova de exame vestibular para ingresso em estabelecimento de ensino superior"; **C:** incorreta. De acordo com o art. 474 da CLT, a suspensão do empregado por mais de 30 (trinta) dias consecutivos importa na rescisão injusta do contrato de trabalho; **D:** incorreta, pois nos termos do art. 482, alínea "d", da CLT, somente a condenação criminal do empregado, passada em julgado, caso ainda não tenha havido suspensão da execução da pena, é justa causa para rescisão do contrato de trabalho.

Gabarito "B"

(OAB/Exame Unificado – 2009.3) Assinale a opção correta acerca da hipótese de alteração do contrato mediante transferência do empregado, consoante o que dispõe a CLT.

(A) Via de regra, ao empregador é vedado transferir o empregado, sem a anuência deste, para localidade diversa da que resultar do contrato, não se considerando transferência a que não acarretar necessariamente a mudança do seu domicílio.
(B) As despesas resultantes da transferência, segundo regra geral, serão rateadas entre o empregado e o empregador.
(C) É vedada a transferência do empregado na hipótese de extinção do estabelecimento em que ele trabalhar.
(D) Na hipótese de necessidade do serviço, o empregador poderá transferir o empregado para localidade diversa da que resultar do contrato, não sendo obrigado a pagar qualquer acréscimo salarial por isso.

A: correta, pois reflete o disposto no art. 469, *caput*, da CLT; **B:** incorreta, pois as despesas correrão por conta do empregador, nos termos do art. 470 da CLT. Veja, também, a Súmula 29 do TST; **C:** incorreta, pois nos termos do art. 469, § 2º, da CLT a transferência no caso de extinção do estabelecimento é lícita; **D:** incorreta, pois embora possa transferir o empregado, deverá pagar um adicional de, no mínimo, 25% dos salários que o empregado percebia naquela localidade, em conformidade com o art. 469, § 3º, da CLT. Veja, também, a OJ 113 da SDI-1 do TST.

Gabarito "A"

(OAB/Exame Unificado – 2009.3) No que se refere às férias anuais dos trabalhadores, regulamentadas pela CLT, assinale a opção correta.

(A) Em nenhuma hipótese, o período de férias do trabalhador poderá ser fracionado.
(B) A definição do período de férias atende ao que melhor convenha aos interesses do empregado.
(C) O período das férias será computado, para todos os efeitos, como tempo de serviço.
(D) É possível descontar do período de férias as faltas do empregado ao serviço, desde que no limite máximo de dez faltas.

A: incorreta, pois nos termos do art. 134, § 1º, da CLT as férias poderão, excepcionalmente, ser concedidas em dois períodos, com exceção dos trabalhadores menores de 18 anos e dos maiores de 50 anos, para os quais as férias serão sempre concedidas de uma só vez, conforme previsão do art. 134, § 2º, da CLT; **B:** incorreta, pois as férias serão concedidas na época que melhor atender os interesses do empregador, nos termos do art. 136, *caput*, da CLT; **C:** correta, pois reflete o disposto no art. 130, § 2º, da CLT; **D:** incorreta, pois é vedado o desconto de faltas do período das férias do obreiro, nos termos do art. 130, § 1º, da CLT.

Gabarito "C"

(OAB/Exame Unificado – 2008.3) Assinale a opção correta acerca da suspensão do contrato de trabalho para que o empregado participe de curso ou programa de qualificação profissional.

(A) A suspensão do contrato para tal fim poderá ocorrer por um período mínimo de 1 (um) e de, no máximo, 6 seis) meses.
(B) O empregado, mesmo não prestando serviços, continua a receber salário por ser tal suspensão considerada benefício que visa ao aprimoramento do profissional em favor do empregador.
(C) Se o empregado for dispensado durante a suspensão do contrato ou nos 3 (três) meses subsequentes ao seu retorno ao trabalho, terá direito ao percebimento de multa convencional cujo valor será, no mínimo, igual ao montante da última remuneração mensal anterior à suspensão.
(D) Não se exige previsão em acordo ou convenção coletiva para a realização de curso de qualificação profissional.

A: incorreta, pois a suspensão do contrato de trabalho poderá ser pelo período de 2 (dois) a 5 (cinco) meses, nos termos do art. 476-A, *caput*, da CLT; **B:** incorreta, pois a cargo do empregador, poderá receber ajuda compensatória, sem natureza salarial, nos termos do art. 476-A, § 3º, da CLT; **C:** correta, pois reflete o disposto no art. 476-A, § 5º, da CLT; **D:** incorreta, pois nos termos do art. 476-A da CLT exige-se que se faça por acordo ou convenção coletiva. Veja, também, o art. 476-A, § 1º, da CLT.

Gabarito "C"

(OAB/Exame Unificado – 2008.2) A denominada aposentadoria por invalidez é, em relação ao contrato de trabalho, causa de

(A) interrupção.
(B) prorrogação.
(C) rescisão.
(D) suspensão.

Nos termos do art. 475 da CLT o empregado que for aposentado por invalidez terá suspenso o seu contrato de trabalho durante o prazo fixado para a efetivação do benefício previdenciário. Veja também a Súmula 160 do TST.

Gabarito "D"

(OAB/Exame Unificado – 2008.2) Juarez, empregado da empresa Luz e Arte Ltda., sofreu uma queda em sua residência, durante o gozo de descanso semanal remunerado. Em decorrência do acidente, fraturou o tornozelo e precisou ficar afastado do trabalho por 28 (vinte e oito) dias. Nessa situação hipotética, os primeiros 15 (quinze) dias de afastamento de Juarez são considerados

(A) interrupção do contrato de trabalho, devendo ser remunerados pelo empregador.

(B) suspensão do contrato de trabalho, devendo ser remunerados pelo empregador.

(C) suspensão do contrato de trabalho, devendo ser remunerados pela previdência social.

(D) interrupção do contrato de trabalho, devendo ser remunerados pela previdência social.

Nos primeiros 15 dias do afastamento por invalidez ou por doença, caberá à empresa pagar o salário do empregado, nos termos dos arts. 43, § 2º, e 60, § 3º, ambos da Lei 8.213/1991.

Gabarito "A"

(OAB/Exame Unificado – 2008.2) Pedro foi eleito para exercer o cargo de diretor da sociedade anônima da qual já era empregado havia 12 (doze) anos. Segundo o estatuto da sociedade anônima, o mandato de diretor era de 2 (dois) anos. Segundo orientação do TST, nessa situação hipotética, durante o período em que Pedro estiver exercendo o cargo de diretor, seu contrato de trabalho ficará

(A) interrompido.

(B) suspenso.

(C) prorrogado.

(D) rescindido.

De acordo com o entendimento cristalizado na Súmula 269 do TST, o empregado eleito para ocupar cargo de diretor tem o respectivo contrato de trabalho suspenso, não se computando o tempo de serviço desse período, salvo se permanecer a subordinação jurídica inerente à relação de emprego.

Gabarito "B"

(OAB/Exame Unificado – 2007.2) Renato foi contratado pela empresa Casa Azul em outubro de 2005 para exercer suas funções no município A. O contrato de trabalho de Renato previa, expressamente, a possibilidade de transferência em decorrência da necessidade do serviço. No mês de janeiro de 2007, a empresa transferiu Renato para o município B, sob o argumento da necessidade do serviço, porém sem a comprovação da citada necessidade do serviço. Considerando a situação hipotética apresentada, assinale a opção correta.

(A) Apesar de existir previsão de transferência no contrato de trabalho de Renato, a empresa deve comprovar a necessidade do serviço, pois, se não o fizer, a transferência presume-se abusiva.

(B) A transferência não pode se concretizar, já que a legislação atual veda qualquer tipo de transferência de empregados, sendo garantida a inamovibilidade.

(C) A transferência de Renato seguiu os parâmetros previstos na CLT, não existindo nenhuma irregularidade.

(D) Renato sabia desde o início do pacto laboral que poderia ser transferido a qualquer tempo, já que o seu contrato previa tal possibilidade em caso de necessidade do serviço. Logo, a transferência ocorreu de forma correta.

A: correta, pois ainda que haja expressa possibilidade de transferência, nos termos do art. 469, § 1º, da CLT, ela será considerada abusiva, caso não decorra da real necessidade do serviço. Nessa linha, o TST solidificou entendimento presumindo abusiva a transferência de que trata o § 1º do art. 469 da CLT, sem comprovação da necessidade do serviço. (Súmula 43 do TST); **B:** incorreta, pois como visto nos comentários da alternativa *a*, poderá haver a transferência; **C:** incorreta, pois não existindo a real necessidade de serviços, é considerada abusiva; **D:** incorreta, pois a transferência ocorreu sem a comprovação da citada necessidade do serviço.

Gabarito "A"

(FGV – 2010) No Direito do Trabalho, o período de sustação das cláusulas do contrato de trabalho, sem que haja pagamento total ou parcial dos salários, é chamado de:

(A) suspensão.

(B) interrupção.

(C) paralisação.

(D) descontinuidade.

(E) inatividade.

A suspensão e a interrupção do contrato de trabalho são formas de suspender os serviços prestados pelo empregado. Nos dois casos o contrato fica paralisado temporariamente. Na interrupção o salário é devido e o tempo que ficou o contrato paralisado é computado como tempo de serviço do empregado. Já no caso da suspensão o salário não é devido e o tempo não é computado.

Gabarito "A"

(FGV – 2008) A respeito do tema Suspensão e Interrupção do Contrato de Trabalho, assinale a afirmativa correta.

(A) A participação de empregado em movimento grevista implica suspensão do contrato de trabalho, ficando o empregador, portanto, autorizado a não efetuar o pagamento dos salários nos dias de paralisação, observada a Lei 7.783/1989.

(B) Durante a suspensão do contrato o empregador não pode despedir os empregados que aderiram ao movimento grevista, podendo, no entanto, contratar, em qualquer caso, trabalhadores substitutos.

(C) O afastamento da mulher vítima de violência por até 6 (seis) meses é caso de interrupção do contrato de trabalho, estando garantido o pagamento dos salários do período.

(D) Quando dirigente sindical tiver que se ausentar por motivo de viagem internacional representando o sindicato, o tempo de ausência caracteriza-se como licença não remunerada, hipótese de suspensão do contrato.

(E) A partir do 15º dia do acidente de trabalho, o contrato é suspenso, mas o empregador continua obrigado ao depósito do FGTS e o tempo de serviço é computado para todos os efeitos.

A: correta, pois nos termos do art. 2º da Lei 7.783/1989, o período de greve é considerado suspensão do contrato de trabalho; **B:** incorreta, pois durante o movimento grevista é vedado ao empregador contratar trabalhadores substitutos, nos termos do art. 7º, parágrafo único, da Lei 7.783/1989; **C:** incorreta, pois o afastamento da mulher nessa situação é caso de suspensão do contrato de trabalho, eis que a norma não prevê o pagamento de salário durante o período de afastamento (art. 9º, § 2º, II, da Lei 11.340/2006); **D:** incorreta, trata-se de hipótese de interrupção do contrato de trabalho, pois há previsão de pagamento do salário, nos termos do art. 473, IX, da CLT; **E:** incorreta, pois somente a partir do 16º dia do acidente de trabalho o contrato é suspenso. Até o 15º dia trata-se de hipótese de interrupção do contrato de trabalho, eis que o empregador ainda é responsável pelo pagamento do salário do empregado afastado, em conformidade com o art. 4º, parágrafo único, da CLT. Veja, também, o art. 15, § 5º, da Lei 8.036/1990; Súmula 46 do TST; e arts. 59, *caput*, e 60, § 3º, da Lei 8.213/1991).

Gabarito "A"

(FGV – 2006) João Alberto Damázzio, empregado de uma grande empresa, sendo vitimado por um acidente de trabalho, se aposentou provisoriamente, por invalidez, em 10 de setembro de 2005. Por esse fato, o empregador de João Alberto devia ter considerado, na ocasião, seu contrato de trabalho:

(A) extinto, devido à aposentadoria.
(B) interrompido.
(C) rescindido.
(D) suspenso.
(E) anulado.

De acordo com o art. 475 da CLT, o empregado aposentado por invalidez tem seu contrato de trabalho suspenso eis que essa modalidade de aposentadoria não é considerada definitiva. Veja, também, o art. 42, *caput*, da Lei 8.213/1991.

Gabarito "D"

(FGV – 2006) Com base na legislação vigente, é admissível a alteração do contrato de trabalho somente na seguinte hipótese:

(A) feita de comum acordo entre o empregado e o empregador.
(B) feita de comum acordo entre as partes e que não seja prejudicial ao empregado.
(C) com autorização do sindicato da categoria.
(D) autorizada pela Justiça do Trabalho e mediante homologação do ajuste acordado.
(E) primeiramente é feita a rescisão do contrato anterior e, após, elabora-se o novo contrato.

A: incorreta, pois nos termos do art. 468, *caput*, da CLT exige-se além do mútuo consentimento, a ausência de prejuízos ao empregado; **B:** correta, pois para que a alteração do contrato de trabalho seja válida, necessária a concomitância de dois requisitos, mútuo consentimento e ausência de prejuízo ao empregado, nos termos do art. 468, *caput*, da CLT, sob pena de nulidade da alteração; **C:** incorreta, pois não se exige a autorização do sindicato. *Vide* comentários das alternativas *a* e *b*; **D:** incorreta, pois contraria a disposição contida no art. 468, *caput*, da CLT; **E:** incorreta, pois não há necessidade de rescisão contratual.

Gabarito "B"

7. TÉRMINO DO CONTRATO DE TRABALHO

(OAB/Exame Unificado – 2016.2) Ramiro e João trabalharam para a sociedade empresária Braço Forte Ltda. Ramiro foi dispensado e cumpriu o aviso- prévio trabalhando. João pediu demissão e a sociedade empresária o dispensou do cumprimento do aviso- prévio.

Sobre o prazo de pagamento das verbas rescisórias, a partir do caso descrito, assinale a afirmativa correta.

(A) No caso de Ramiro, as verbas deverão ser pagas no primeiro dia útil seguinte ao término do contrato; e, no caso de João, até dez dias após a dispensa do cumprimento do aviso prévioaviso-prévio.
(B) No caso de Ramiro, as verbas deverão ser pagas até dez dias após o término do contrato; e, no caso de João, até dez dias após a projeção do aviso prévioaviso-prévio.
(C) No caso de Ramiro, as verbas deverão ser pagas no primeiro dia útil seguinte ao término do contrato; e, no caso de João, até dez dias após a projeção do aviso prévioaviso-prévio, mesmo dispensado de seu cumprimento.
(D) Em ambos os casos, as verbas rescisórias deverão ser pagas no primeiro dia útil seguinte ao término dos respectivos contratos.

"A" é a alternativa correta. Isso porque, Ramiro trabalhou durante o período de aviso- prévio, hipótese em que as verbas rescisórias deverão ser pagas no primeiro dia útil imediato ao término do contrato, nos termos do art. 477, § 6º, *a*, da CLT. Já no caso de João, por ter sido dispensado do cumprimento do aviso- prévio, as verbas deverão ser pagas até o décimo dia, contado da data de notificação da demissão, nos termos do art. 477, § 6º, *b*, da CLT.

Gabarito "A"

(OAB/Exame Unificado – 2015.2) Verônica foi contratada, a título de experiência, por 30 dias. Após 22 dias de vigência do contrato, o empregador resolveu romper antecipadamente o contrato, que não possuía cláusula assecuratória do direito recíproco de rescisão. Sobre o caso, de acordo com a Lei de Regência, assinale a opção correta.

(A) O contrato é irregular, pois o contrato de experiência deve ser feito por 90 dias.
(B) Verônica terá direito à remuneração, e por metade, a que teria direito até o termo do contrato.
(C) Verônica, como houve ruptura antecipada, terá direito ao aviso-prévio e à sua integração ao contrato de trabalho.
(D) O contrato se transformou em contrato por prazo indeterminado, porque ultrapassou metade da sua vigência.

A: opção incorreta, pois nos termos do art. 445, parágrafo único, da CLT pode ser ajustado em até 90 dias, ou seja, período máximo de 90 dias. **B:** opção correta, pois nos termos do art. 479 da CLT nos contratos que tenham termo estipulado, o empregador que, sem justa causa, despedir o empregado será obrigado a pagar-lhe, a título de indenização a metade da remuneração a que esse empregado teria direito até o término do contrato. **C:** opção incorreta, pois nos contratos com prazo determinado não há obrigação de concessão de aviso-prévio, salvo se o contrato conter a cláusula assecuratória do direito recíproco de rescisão tipificada o art. 481 da CLT, hipótese em que o contrato será extinto sob as regras de um contrato com prazo indeterminado. **D:** opção incorreta, pois o contrato de experiência somente se transforma em contrato indeterminado caso sua duração máxima de 90 dias seja ultrapassada ou prorrogada mais de uma única vez, nos termos dos arts. 445 e 451 da CLT.

Gabarito "B"

(OAB/Exame Unificado – 2015.2) Josué e Marcos são funcionários da sociedade empresária Empreendimento Seguro Ltda., especializada em consultoria em segurança do trabalho e prevenção de acidentes. No ambiente de trabalho de ambos, também ficam outros 10 funcionários, havendo placas de proibição de fumar, o que era frisado na contratação de cada empregado. O superior hierárquico de todos esses funcionários dividiu as atribuições de cada um, cabendo a Marcos a elaboração da estatística de acidentes ocorridos nos últimos dois anos, tarefa a ser executada em quatro dias. Ao final do prazo, ao entrar na sala, o chefe viu Josué fumando um cigarro. Em seguida, ao questionar Marcos sobre a tarefa, teve como resposta que ele não a tinha executado porque não gostava de fazer estatísticas. Diante do caso, assinale a afirmativa correta.

(A) Josué e Marcos são passíveis de ser dispensados por justa causa, respectivamente por atos de indisciplina e insubordinação.
(B) Ambos praticaram ato de indisciplina.
(C) Ambos praticaram ato de insubordinação.
(D) A conduta de ambos não encontra tipificação legal passível de dispensa por justa causa.

A é a opção correta, pois Josué ao descumprir a ordem de observância obrigatória por parte de todos os funcionários que diz respeito à proibição de fumar no ambiente de trabalho, praticou ato de indisciplina, tipificada o art. 482, *h*, da CLT. Já Marcos praticou ato de insubordinação tipificada, também no art. 482, h, da CLT que consiste no descumprimento de ordem direta passada por seu superior hierárquico.

Gabarito "A"

(OAB/Exame Unificado – 2015.1) Patrícia recebeu a comunicação de sua dispensa em 05.05.2013, e na carta constava que o aviso-prévio seria trabalhado. Após 15 (quinze) dias do curso do aviso-prévio, Patrícia adoeceu gravemente, entrando em gozo de benefício previdenciário de auxílio-doença por 60 (sessenta) dias. Entretanto, ao que seria o prazo final do aviso-prévio, Patrícia foi dispensada e a empresa consignou as verbas rescisórias, não pagando o reajuste da data-base da categoria, ocorrida no curso do aviso-prévio.

Sobre o caso apresentado, assinale a afirmativa correta.

(A) Os efeitos da dispensa, no caso de concessão de auxílio-doença no curso do aviso-prévio, só se concretizam depois de expirado o benefício previdenciário. Portanto, a empresa só poderia dispensar Patrícia depois disso devendo pagar a diferença salarial decorrente do reajuste da data-base, com reflexos nas verbas rescisórias.
(B) A empresa errou apenas com relação a não pagar as diferenças salariais do reajuste da data-base, pois ocorreu no curso do contrato de emprego, dada a projeção do aviso-prévio. No mais, não há efeitos, já que o auxílio-doença não tem o condão de prorrogar o contrato de trabalho já terminado.
(C) A empresa está correta, já que a manifestação de vontade da dispensa se deu antes do auxílio-doença e antes da data-base da categoria, logo configurado ato jurídico perfeito.
(D) A dispensa fica prorrogada, mas não há alteração pecuniária, pois a comunicação da dispensa já havia ocorrido e a projeção do aviso-prévio é mera ficção jurídica.

A: opção correta, pois reflete o entendimento disposto na súmula 371 do TST. **B:** opção incorreta, pois nos termos da súmula 371 do TST haverá reflexos nas demais verbas rescisórias. **C:** opção incorreta, pois a posição da empresa não está correta, tendo em vista que de acordo com a parte final da súmula 371 do TST no caso de concessão de auxílio-doença no curso do aviso-prévio só se concretizam os efeitos da dispensa depois de expirado o benefício previdenciário. **D:** opção incorreta, pois de acordo com a súmula 371 do TST a projeção do contrato de trabalho para o futuro, pela concessão do aviso-prévio indenizado, tem efeitos limitados às vantagens econômicas obtidas no período de pré-aviso, ou seja, salários, reflexos e verbas rescisórias.

Gabarito "A"

(OAB/Exame Unificado – 2014.2) Joana trabalha numa empresa que se dedica a dar assessoria àqueles que desejam emagrecer. Em razão de problemas familiares, Joana foi acometida por um distúrbio alimentar e engordou 30 quilos. Em razão disso, a empresa afirmou que agora ela não mais apresentava o perfil desejado para o atendimento aos clientes, já que deveria ser o primeiro exemplo para eles, de modo que a dispensou sem justa causa. De acordo com a situação retratada e diante do comando legal, assinale a opção correta:

(A) O empregador tem o direito potestativo de dispensar a empregada sem justa causa, contanto que pague a indenização prevista em Lei.
(B) A situação retrata dispensa discriminatória, ensejando, então, obrigatoriamente, a reintegração da obreira.
(C) A situação retrata dispensa discriminatória, podendo a empregada optar entre o retorno ou a indenização em dobro do período de afastamento.
(D) A situação retrata dispensa discriminatória, ensejando, então, obrigatoriamente, a indenização do período de estabilidade.

A: incorreta, pois embora o empregador possa dispensar sem justa causa seus empregados, percebe-se que no caso em debate a dispensa não foi sem justa causa, mas sim em razão do aumento de peso de sua empregada. Nesse caso a dispensa se mostra discriminatória, podendo a empregada optar entre a indenização compensatória e a reintegração ao empregado, nos termos do art. 4º da Lei 9.029/1995. **B:** incorreta, pois nos termos do art. 4º, I e II, da Lei 9.029/1995 a empregada poderá optar pela reintegração ou indenização. **C:** correta, pois reflete o disposto no art. 4º, incisos I e II, da Lei 9.029/1995 que ensinam que a empregada poderá optar pela reintegração com ressarcimento integral de todo o período de afastamento, mediante pagamento das remunerações devidas, corrigidas monetariamente, acrescidas dos juros legais ou a percepção, em dobro, da remuneração do período de afastamento, corrigida monetariamente e acrescida dos juros legais. **D:** incorreta, veja comentários anteriores.

Gabarito "C"

(OAB/Exame Unificado – 2014.1) *ABC Manutenção e Limpeza manteve contrato de fornecimento de mão de obra de limpeza com Aeroportos Brasileiros*, empresa pública federal. Por ocasião da ruptura do contrato entre as empresas, Paulo, funcionário da *ABC Manutenção e Limpeza*, e que prestava serviços para *Aeroportos Brasileiros*, foi dispensado sem receber as verbas rescisórias. Ajuizou ação trabalhista em face de ambas as empresas, sendo a empregadora revel. A tomadora dos serviços apresentou defesa com robusta documentação, demonstrando a efetiva fiscalização do cumprimento do contrato e de aspectos legais, sendo certo que o contrato foi cancelado justamente em razão desta fiscalização.

Diante deste caso, assinale a afirmativa correta.

(A) A empresa pública federal responde solidariamente por força da terceirização.

(B) A empresa pública federal responde subsidiariamente por força da terceirização, haja vista o inadimplemento das obrigações trabalhistas por parte do empregador.

(C) A empresa pública federal é parte ilegítima para figurar no polo passivo da demanda porque não tem vínculo de emprego com Paulo.

(D) A empresa pública federal não responde pelo inadimplemento das verbas trabalhistas porque sua responsabilidade não decorre do simples inadimplemento contratual, tendo ficado provado, no caso, que houve efetiva fiscalização por parte da tomadora dos serviços.

A: incorreta, pois somente nas terceirizações ilícitas há responsabilidade solidária. Nos casos de terceirização lícita a responsabilidade será subsidiária, súmula 331, item IV, do TST. **B:** incorreta, pois em se tratando de administração pública indireta, no caso apresentado uma empresa pública, a responsabilidade será subsidiária, caso evidenciada a sua conduta culposa no cumprimento das obrigações da Lei 8.666/1993 (Lei de Licitações), especialmente na fiscalização do cumprimento das obrigações contratuais e legais da prestadora de serviço como empregadora. A aludida responsabilidade não decorre de mero inadimplemento das obrigações trabalhistas assumidas pela empresa regularmente contratada. **C:** incorreta, pois embora não exista vínculo de emprego com o ente da administração pública, ela é parte legítima para figurar na relação processual, tendo em vista ter se beneficiado nos serviços prestados por Paulo. **D:** correta, pois reflete o entendimento disposto na súmula 331, item V, do TST.

Gabarito "D"

(OAB/Exame Unificado – 2014.1) Helena foi admitida em 12 de fevereiro de 2005 pela empresa Marca Refrigeração Ltda. e dispensada sem justa causa em 07 de julho de 2011. Com o advento da regulamentação do aviso-prévio proporcional ao tempo de serviço (Lei n. 12.506, de 13 de outubro de 2011), ela pretende o pagamento dessa nova vantagem atribuída à classe trabalhadora.

A respeito desse caso, assinale a afirmativa correta.

(A) Helena receberá aviso-prévio proporcional na razão de 45 dias.

(B) Helena não receberá aviso-prévio proporcional.

(C) Helena receberá aviso-prévio proporcional na razão de 42 dias.

(D) Helena receberá aviso-prévio proporcional em razão da ultratividade da norma mais benéfica e pelo princípio da proteção.

A alternativa "**B**" é a correta. Nos termos da súmula 441 do TST o direito ao aviso-prévio proporcional ao tempo de serviço somente é assegurado nas rescisões de contrato de trabalho ocorridas a partir da publicação da Lei 12.506, em 13 de outubro de 2011. Para as demissões ocorridas antes da publicação da Lei 12.506/2011, sob o manto do ato jurídico perfeito, devem ser aplicadas as regras do aviso-prévio de 30 dias.

Gabarito "B"

(OAB/Exame Unificado – 2013.2) Rodrigo foi admitido pela empresa Dona Confecções, a título de experiência, por 45 dias. No 35º dia após a admissão, Rodrigo foi vítima de um acidente do trabalho de média proporção, que o obrigou ao afastamento por 18 dias. De acordo com o entendimento do TST:

(A) Rodrigo não poderá ser dispensado pois, em razão do acidente do trabalho, possui garantia no emprego, mesmo no caso de contrato a termo.

(B) O contrato poderá ser rompido porque foi realizado por prazo determinado, de forma que nenhum fator, por mais relevante que seja, poderá elastecê-lo.

(C) Rodrigo poderá ser desligado porque a natureza jurídica da ruptura não será resilição unilateral, mas caducidade contratual, que é outra modalidade de rompimento.

(D) Rodrigo não pode ter o contrato rompido no termo final, pois em razão do acidente do trabalho sofrido, terá garantia no emprego até 5 meses após o retorno, conforme Lei previdenciária.

A: correta, pois nos termos da Súmula 378, III, do TST o empregado submetido a contrato de trabalho por tempo determinado goza da garantia provisória de emprego decorrente de acidente de trabalho prevista no art. 118 da Lei n. 8.213/1991; **B:** incorreta, pois o contrato não poderá ser rompido em razão da garantia de emprego assegurada ao empregado; **C:** incorreta, pois embora tenha ocorrido o término do prazo estipulado, Rodrigo não poderá ser desligado pois possui garantia de emprego, nos termos da Súmula 378, III, do TST; **D:** incorreta, pois embora, de fato, Rodrigo não possa ter seu contrato rompido, terá garantia de emprego por 12 meses nos termos do art. 118 da Lei 8.213/1991 e Súmula 378, III, do TST.

Gabarito "A"

(OAB/Exame Unificado – 2013.1) Em determinada reclamação trabalhista o juiz, à luz das provas produzidas, considera que a natureza jurídica da extinção contratual foi culpa recíproca (de ambas as partes).

Para a hipótese, as alternativas a seguir apresentam direitos deferidos ao trabalhador, *à exceção de uma*. Assinale-a.

(A) Metade do aviso-prévio.

(B) Metade do 13º salário proporcional.

(C) Seguro desemprego.

(D) Indenização de 20% sobre o FGTS.

A: incorreta, pois nos termos do art. 484 da CLT havendo culpa recíproca no ato que determinou a rescisão do contrato de trabalho, a indenização que seria devida ao trabalhador em caso de culpa exclusiva do empregador, será reduzida pela metade, como o aviso-prévio. Nesse sentido veja a Súmula 14 do TST; **B:** incorreta, pois nos termos do art. 484 da CLT e Súmula 14 do TST o 13º salário proporcional será devido pela metade; **C:** correta, pois não é devido seguro-desemprego ocorrendo culpa recíproca. Nos termos do art. 2º, I, da Lei 7.998/1990 o seguro-desemprego é devido somente ao trabalhador desempregado em virtude de dispensa sem justa causa, inclusive a indireta, e ao trabalhador comprovadamente resgatado de regime de trabalho forçado ou da condição análoga à de escravo; **D:** incorreta, pois nesse tipo de extinção, algumas parcelas são pagas na integralidade e outras pela metade, ou seja, 50%. Assim, ocorrendo culpa recíproca as verbas rescisórias ficariam da seguinte maneira: saldo de salário (integral), aviso-prévio (50%), 13º salário integral, 13º salário proporcional (50%), férias simples ou vencidas + adicional de 1/3(integral), férias proporcionais + adicional de 1/3 (50%), depósitos de FGTS de 8% sobre o salário (integral), multa de 40% sobre os depósitos do FGTS será pela metade, ou seja, 20%, liberação das guias para levantamento do FGTS (art. 18, § 2º, da Lei 8.036/1990).

Gabarito "C"

(OAB/Exame Unificado – 2012.3.A) Assinale a alternativa em que há, incontroversamente, responsabilidade solidária no âmbito trabalhista.

(A) No contrato de empreitada, em relação ao dono da obra, quanto aos créditos dos empregados do empreiteiro.

(B) No contrato de terceirização lícita, em relação ao tomador dos serviços, quanto aos créditos dos empregados da prestadora dos serviços.
(C) Das partes vencidas nos dissídios coletivos, pelo valor das custas.
(D) No contrato temporário, em relação ao tomador ou cliente, caso a empresa de trabalho temporário tenha a recuperação judicial deferida.

A: incorreta, pois nos termos da OJ 191 da SDI-1 do TST a responsabilidade será solidária ou subsidiária; **B:** incorreta, pois nos termos da Súmula 331, item IV, do TST a responsabilidade será subsidiária. Somente quando se tratar de terceirização ilícita é que a responsabilidade será solidária; **C:** correta, pois reflete o disposto no art. 789, § 4º, da CLT; **D:** incorreta, pois nos termos do art. 16 da Lei 6.019/1974 somente haverá responsabilidade solidária em caso de falência da empresa de trabalho temporário.
Gabarito "C"

(OAB/Exame Unificado – 2012.3.A) Partindo-se da premissa legal de que o pedido de demissão ou recibo de quitação de rescisão do contrato de trabalho, firmado por empregado com mais de um ano de serviço, somente será válido quando realizado perante a autoridade competente, assinale a afirmativa correta.

(A) A assistência na rescisão contratual firmada por empregado com mais de (1) um ano de serviço somente poderá ser realizada pelo sindicato representativo da categoria do empregado.
(B) Não havendo na localidade sindicato representativo da categoria, a assistência será prestada pela Justiça do Trabalho.
(C) Não havendo na localidade sindicato representativo da categoria ou autoridade do Ministério do Trabalho, a assistência será prestada por representante do Ministério Público ou, onde houver, defensor público e, na falta ou impedimento destes, pelo Juiz de Paz.
(D) A assistência na rescisão contratual firmada por empregado com mais de (1) um ano de serviço somente poderá ser realizada pelo sindicato representativo da categoria do empregado ou, na ausência deste, pela Justiça do Trabalho.

A: incorreta, pois nos termos do art. 477, § 1º, da CLT poderá ser feito por sindicato da classe OU perante a autoridade do Ministério do Trabalho; **B:** incorreta, pois nos termos do art. 477, § 3º, da CLT não havendo na localidade sindicato da classe, assistência será prestada pelo Represente do Ministério Público ou, onde houver, pelo Defensor Público e, na falta ou impedimento deste, pelo Juiz de Paz; **C:** correta, pois reflete o disposto no art. 477, § 3º, da CLT; **D:** incorreta, pois na ausência do sindicato a assistência será prestada pelo Ministério do Trabalho.
Gabarito "C"

(OAB/Exame Unificado – 2012.2) João, após completar 21 anos e dois meses de vínculo jurídico de emprego com a empresa EGEST ENGENHARIA, foi injustificadamente dispensado em 11.11.2011. No mesmo dia, seu colega de trabalho José, que contava com 25 anos completos de vínculo de emprego na mesma empresa, também foi surpreendido com a dispensa sem justo motivo, sendo certo que o ex-empregador nada pagou a título de parcelas resilitórias a ambos. Um mês após a rescisão contratual, João e José ajuízam reclamação trabalhista, postulando, dentre outras rubricas, o pagamento de aviso-prévio.

À luz da Lei n. 12.506/2011, introduzida no ordenamento jurídico em 11.10.2011, que regula o pagamento do aviso-prévio proporcional ao tempo se serviço, assinale a afirmativa correta.

(A) João é credor do pagamento de aviso-prévio na razão de 93 dias, enquanto que José fará jus ao pagamento de aviso-prévio de 105 dias.
(B) Tanto João quanto José farão jus ao pagamento de aviso-prévio na razão de 90 dias.
(C) Uma vez que ambos foram admitidos em data anterior à publicação da Lei n. 12.506/2011, ambos farão jus tão somente ao pagamento de aviso-prévio de 30 dias.
(D) João é credor do pagamento de aviso-prévio na razão de 63 dias, enquanto José fará jus ao pagamento de aviso-prévio de 75 dias, uma vez que o aviso-prévio é calculado proporcionalmente ao tempo de serviço.

A: incorreta, pois nos termos do art. 1º, parágrafo único, da Lei 12.506/2011 o aviso-prévio terá um período máximo de 90 (noventa dias); **B:** correta, pois como ambos trabalharam mais que 20 (vinte) anos, ambos terão aviso-prévio de 90 (noventa) dias. Importante lembrar que a Nota Técnica 184/2012 do Ministério do Trabalho e Emprego publicou uma tabela progressiva do período de aviso-prévio; **C:** incorreta, pois tendo ocorrida a demissão após o início da vigência da Lei 12.506/2011 deverá ser aplicada as regras dispostas na lei em debate. Nesse sentido veja a Nota Técnica 184/2012 do Ministério do Trabalho e emprego; **D:** incorreta. Veja comentários anteriores.
Gabarito "B"

(OAB/Exame Unificado – 2012.1) O trabalhador José foi dispensado, sem justa causa, em 01.06.2011, quando percebia o salário mensal de R$ 800,00 (oitocentos reais). Quando da homologação de sua rescisão, o sindicato de sua categoria profissional determinou à empresa o refazimento do termo de quitação, sob o fundamento de que o empregador compensou a maior, no pagamento que pretendia efetuar, a quantia de R$ 1.200,00 (hum mil e duzentos reais), correspondente a um empréstimo concedido pela empresa ao trabalhador no mês anterior. Diante do exposto, assinale a alternativa correta.

(A) O sindicato agiu corretamente. A compensação não pode ser feita no valor fixado, devendo se limitar ao valor de R$ 800,00 (oitocentos reais), o que importa na necessidade de refazimento do termo de quitação, para o ajuste.
(B) O sindicato agiu corretamente. A compensação não pode ser feita no valor fixado, devendo se limitar ao equivalente a 50% (cinquenta por cento) de um mês de remuneração do empregado, devendo o termo ser refeito para o ajuste.
(C) O sindicato agiu incorretamente. A compensação pode ser feita no valor fixado.
(D) O sindicato agiu incorretamente. A compensação pode ser feita em qualquer valor, inexistindo limite legalmente fixado.

A: correta, pois nos termos do art. 477, § 5º, da CLT admite-se a compensação extrajudicial limitada a no máximo 1 (um) mês da remuneração do empregado; **B:** incorreta, pois embora o sindicato tenha agido corretamente, o art. 477, § 5º da CLT ensina que pode ser compensado até 1 (um) mês da remuneração do empregado; **C:** incorreta, pois o sindicato agiu corretamente. A compensação não poderia ser feita por valor superior a 1 (um) mês de remuneração do empregado, nos termos do art. 477, § 5º, da CLT. **D:** incorreta, pois o art. 477, § 5º, da CLT estabelece como limite para compensação extrajudicial o valor referente a 1 (um) mês da remuneração do empregado.
Gabarito "A"

(OAB/Exame Unificado – 2012.1) Em razão de forte enchente que trouxe sérios prejuízos à localidade, houve o encerramento das atividades da empresa Boa Vida Ltda., que teve seu estabelecimento totalmente destruído pela força das águas. Diante dessa situação hipotética, com relação aos contratos de trabalho de seus empregados, assinale a alternativa correta.

(A) O encerramento da atividade empresarial implicará a resilição unilateral por vontade do empregador dos contratos de trabalho de seus empregados.
(B) Os empregados têm direito à indenização compensatória de 20% (vinte por cento) sobre os depósitos do FGTS.
(C) Os empregados não podem movimentar a conta vinculada do FGTS.
(D) O empregado detentor de estabilidade provisória por ter sido eleito representante dos empregados na Comissão Interna de Prevenção de Acidentes – CIPA tem direito ao pagamento dos salários do período compreendido entre a data da ruptura do contrato de trabalho e o final do período da garantia de emprego.

A: incorreta, pois o encerramento não se deu por culpa do empregador, mas sim por força maior art. (501 da CLT); **B:** correta, pois reflete o disposto no art. 18, § 2º, da Lei 8.036/1990. Ademais, o art. 502, II, da CLT ensina que a indenização será devida pela metade; **C:** incorreta, pois nos termos do art. 20, I, da Lei 8.036/1990 a conta de FGTS poderá ser movimentada em caso de força maior; **D:** incorreta, pois a indenização será de acordo com o art. 502, I, da CLT, ou seja, saldo de salário, férias vencidas e proporcionais com 1/3 (Súmula 171 do TST), 13º salários vencido e proporcional, indenização de 20% do FGTS, saque dos depósitos de FGTS, guias para o seguro-desemprego.

Gabarito "B"

(OAB/Exame Unificado – 2011.3.A) A empresa X pagou em 10.06.2011 as parcelas do rompimento do contrato do empregado Tício, após dação de aviso-prévio, datado de 30.05.2011, de cujo cumprimento o trabalhador foi dispensado. À época da dispensa, o trabalhador, que tinha 11 (onze) anos de tempo de serviço, recebia salário de R$ 700,00 mensais, com forma de pagamento semanal. Com base no exposto, é correto afirmar que o empregado

(A) não faz jus a uma indenização no valor do salário, porque o empregador teria até o dia seguinte ao prazo de 30 (trinta) dias do aviso-prévio do qual foi dispensado para fazer o pagamento das verbas resilitórias.
(B) faz jus a uma indenização no valor do salário, por ter superado o prazo de 10 (dez) dias previsto em lei para o pagamento.
(C) faz jus a uma indenização no valor do salário, por ter superado o prazo de 8 (oito) dias para o pagamento de quem recebe por semana.
(D) faz jus a aviso-prévio em dobro, porque contava com mais de 10 (dez) anos de tempo de serviço à época da dispensa e a uma indenização no valor do salário, porque superado o prazo para o pagamento das parcelas decorrentes do rompimento do contrato.

A: incorreta, pois nos termos do art. 477, § 6º, alínea *b*, da CLT ocorrendo a dispensa do empregador ao cumprimento do aviso-prévio, as verbas rescisórias deverão ser pagas até o décimo dia contado da notificação do aviso-prévio; **B:** correta, pois nos termos do art. 477, § 8º, da CLT não obedecido o prazo estipulado no § 6º do mesmo art. 477, será devida ao empregado uma multa equivalente ao seu salário; **C:** incorreta, pois embora faça jus à multa, o prazo não é de 8 (oito) dias, mas sim 10 (dez) dias, nos termos do art. 477, § 6º, *b*, da CLT; **D:** incorreta, pois não há previsão legal de aviso-prévio em dobro em razão do tempo de serviço.

Gabarito "B"

(OAB/Exame Unificado – 2011.3.A) Após 23 anos de trabalho numa empresa, Renato é dispensado sem justa causa, no dia 31 de janeiro de 2012. Na hipótese, ele fará jus ao aviso-prévio de

(A) 90 dias.
(B) 30 dias.
(C) 96 dias.
(D) 99 dias.

A alternativa A é a correta. A CF/1988 estabelece no art. 7º, XXI como direito dos trabalhadores urbanos e rurais, aviso-prévio proporcional ao tempo de serviço, sendo no mínimo de 30 (trinta) dias. Regulando referido direito a Lei 12.506 de 11 de outubro de 2011 que entrou em vigor no dia 13 de outubro de 2011, regula o aviso-prévio proporcional ao tempo de serviço. De acordo com a nova lei, o aviso-prévio será concedido na proporção de 30 (trinta) dias aos empregados que contém até 1 (um) ano de serviço na mesma empresa. Sobre esse período serão acrescidos 3 (três) dias por ano de serviço prestado na mesma empresa, até o máximo de 60 (sessenta) dias, perfazendo um total de até 90 (noventa) dias.
De acordo com a Nota Técnica 184/2012 do MTE do dia 07 de maio de 2012, os empregados com até 1 (um) ano de serviço na empresa terão aviso-prévio de 30 (trinta) dias. Para cada ano posterior completo serão acrescidos 3 (três) dias ao período. Assim, um empregado com 11 meses de serviço na mesma empresa terá um aviso-prévio de 30 (trinta) dias; um empregado com 1 (um) ano e 1 (um) mês terá 33 (trinta e três) dias; 2 (dois) anos equivalerá a 36 (trinta e seis) dias, até que com 20 (vinte) anos de trabalho na empresa fará jus ao aviso-prévio de 90 (noventa) dias.

Gabarito "A"

(OAB/Exame Unificado – 2011.2) A respeito do pagamento das verbas rescisórias, assinale a alternativa correta.

(A) As verbas rescisórias devidas após decurso normal de prazo de contrato a termo deverão ser pagas até o décimo dia contado do término, em face da inexistência do aviso-prévio.
(B) O empregador que descumpre o prazo de pagamento das verbas rescisórias deverá pagá-las posteriormente acrescidas de 50% de multa, nos termos do artigo 467 da Consolidação das Leis do Trabalho.
(C) No caso de pedido de demissão em contrato por prazo indeterminado, o prazo para pagamento das verbas rescisórias é de 10 dias contados da data da notificação da demissão, quando dispensado o empregado do cumprimento do aviso-prévio pelo empregador.
(D) O pagamento das verbas rescisórias ocorrerá no primeiro dia útil imediato ao término do contrato de trabalho quando o empregador indenizar o aviso-prévio.

A: incorreta, pois devem ser pagas dentro do prazo estipulado no contrato a temo; **B:** incorreta, pois a multa de 50 % prevista no art. 467 da CLT refere-se às verbas rescisórias incontroversas; **C:** correta, pois reflete o disposto no art. 477, § 6º, *b*, da CLT; **D:** incorreta, pois sendo indenizado o aviso-prévio, o pagamento deverá ser feito até o 10º dia útil, nos termos do art. 477, § 6º, *b*, da CLT. O pagamento deveria ocorrer até o próximo dia útil no caso de aviso-prévio trabalhado, nos termos do art. 477, § 6º, *a*, da CLT.

Gabarito "C"

(OAB/Exame Unificado – 2011.1) João da Silva ajuizou reclamação trabalhista em face da empresa Alfa Empreendimentos Ltda., alegando ter sido dispensado sem justa causa. Postulou a condenação da reclamada no pagamento de aviso-prévio, décimo terceiro salário, férias proporcionais acrescidas do terço constitucional e indenização compensatória de 40% (quarenta por cento) sobre os depósitos do FGTS, bem como na obrigação de fornecimento das guias para levantamento dos depósitos do FGTS e obtenção do benefício do seguro-desemprego. Na peça de defesa, a empresa afirma que o reclamante foi dispensado motivadamente, por desídia no desempenho de suas funções (artigo 482, alínea "e", da CLT), e que, por essa razão, não efetuou o pagamento das verbas postuladas e não forneceu as guias para a movimentação dos depósitos do FGTS e percepção do seguro-desemprego.

Considerando que, após a instrução processual, o juiz se convenceu da configuração de culpa recíproca, assinale a alternativa correta.

(A) O reclamante não poderá movimentar a conta vinculada do FGTS.
(B) O reclamante não tem direito ao pagamento de indenização compensatória sobre os depósitos do FGTS.
(C) A culpa recíproca é modalidade de resilição unilateral do contrato de trabalho.
(D) O reclamante tem direito a 50% do valor do aviso-prévio, do décimo terceiro salário e das férias proporcionais.

A: incorreta, pois havendo culpa recíproca o reclamante poderá movimentar sua conta de FGTS, nos termos do art. 20, I, da Lei 8.036/1990; **B:** incorreta, pois nos termos do art. 18, § 2º, da Lei 8.036/1990, havendo culpa recíproca, o reclamante tem direito ao pagamento de indenização compensatória sobre os depósitos do FGTS corresponderá a 20%; **C:** incorreta, pois a culpa recíproca é hipótese de resolução do contrato de trabalho que ocorre sempre que uma ou ambas as partes praticarem uma falta. A resilição do contrato de trabalho ocorre sempre que uma ou ambas as partes resolvem, sem justo motivo, romper o pacto laboral; **D:** correta, pois o art. 484 da CLT determina que, havendo culpa recíproca no ato que determinou a rescisão do contrato de trabalho, o juiz reduzirá a indenização à que seria devida em caso de culpa exclusiva do empregador, pela metade. Importante frisar que o saldo de salário deverá ser pago integralmente, nos termos da Súmula 14 do TST.

Gabarito "D"

(OAB/Exame Unificado – 2011.1) Paulo, empregado da empresa Alegria Ltda., trabalha para a empresa Boa Sorte Ltda., em decorrência de contrato de prestação de serviços celebrado entre as respectivas empresas. As atribuições por ele exercidas inserem-se na atividade-meio da tomadora, a qual efetua o controle de sua jornada de trabalho e dirige a prestação pessoal dos serviços, emitindo ordens diretas ao trabalhador no desempenho de suas tarefas. Diante dessa situação hipotética, assinale a alternativa correta.

(A) A terceirização é lícita, não acarretando a responsabilidade subsidiária da empresa tomadora pelas obrigações trabalhistas inadimplidas pela empresa prestadora.
(B) A terceirização é ilícita, acarretando a nulidade do vínculo de emprego com a empresa prestadora e o reconhecimento do vínculo de emprego diretamente com a empresa tomadora.
(C) A terceirização é ilícita, acarretando a responsabilidade subsidiária da empresa tomadora pelas obrigações trabalhistas inadimplidas pela empresa prestadora.
(D) A terceirização é lícita, acarretando a responsabilidade subsidiária da empresa tomadora pelas obrigações trabalhistas inadimplidas pela empresa prestadora.

A: incorreta, pois a terceirização apresentada no caso é considerada ilícita, na medida em que existe pessoalidade e subordinação, nos termos da Súmula 331, III, do TST; **B:** correta, pois embora realizada em atividade-meio da empresa, estava presente na relação apresentada à existência de pessoalidade e a subordinação, reconhecendo, desta forma, a relação de emprego entre Paulo e a empresa tomadora de serviços Boa Sorte Ltda., nos termos da Súmula 331, I e III, do TST; **C:** incorreta, pois na terceirização considerada ilícita a responsabilidade será solidária, com fundamento no art. 942 do CC, tendo em vista que a contratação por meio de empresa interposta é ilegal e não produz qualquer efeito, nos moldes do art. 9º da CLT. **D:** incorreta, pois a terceirização é considerada ilícita e não lícita, sendo, portanto, responsabilidade solidária e não subsidiária como induz a opção.

Gabarito "B"

(OAB/Exame Unificado – 2010.3) Paulo possuía uma casa de campo, situada em região rural da cidade de Muzambinho – MG, onde costumava passar todos os finais de semana e as férias com a sua família. Contratou Francisco para cuidar de algumas cabeças de gado destinadas à venda de carne e de leite ao mercado local. Francisco trabalhava com pessoalidade e subordinação, de segunda a sábado, das 11h às 21h, recebendo um salário mínimo mensal. Dispensado sem justa causa, ajuizou reclamação trabalhista em face de Paulo, postulando o pagamento de horas extraordinárias, de adicional noturno e dos respectivos reflexos nas verbas decorrentes da execução e da ruptura do contrato de trabalho. Aduziu, ainda, que não era observada pelo empregador a redução da hora noturna.

Diante dessa situação hipotética e considerando que as verbas postuladas não foram efetivamente pagas pelo empregador, assinale a alternativa correta.

(A) Francisco tem direito ao pagamento de horas extraordinárias, mas não lhe assiste o direito ao pagamento de adicional noturno, já que não houve prestação de serviços entre as 22h de um dia e as 5h do dia seguinte.
(B) Francisco tem direito ao pagamento de horas extraordinárias e de adicional noturno, não lhe assistindo o direito à redução da hora noturna.
(C) A redução da hora noturna deveria ter sido observada pelo empregador.
(D) Francisco não tem direito ao pagamento de horas extraordinárias e de adicional noturno, por se tratar de empregado doméstico.

A: incorreta, pois de acordo com o art. 7º da Lei 5.889/1973 na atividade pecuária, considera-se noturno o trabalho executado entre as vinte horas de um dia e às quatro horas do dia seguinte; **B:** correta, pois Francisco tem direito ao recebimento de horas extras diárias e semanais, pois as jornadas diárias e semanais foram extrapoladas. Faz jus, ainda, ao adicional noturno de 25%, nos termos do art. 7º, parágrafo único, da

Lei 5.889/1973, na medida em que o horário noturno do trabalhador rural na pecuária compreende aquele executado entre as 20 horas de um dia até às 04 horas do dia seguinte, nos termos do art. 7º, *caput*, da Lei 5.889/1973, e não lhe assiste o direito à redução da hora noturna porque não se aplica a redução ficta ao trabalhador rural; **C:** incorreta, pois, conforme indicado na parte final dos comentários à alternativa "B", por ser trabalhador rural não se aplica a regra da hora fictamente reduzida; **D:** incorreta, pois pelo fato de existir atividade econômica na casa de campo, de acordo com o art. 1º da LC 150/2015, Francisco não será considerado empregado doméstico.

Gabarito "B"

(OAB/Exame Unificado – 2010.3) Uma Fundação Municipal de Direito Público decidiu implementar uma reestruturação administrativa, a fim de produzir melhores resultados, com proveito para a sociedade como um todo, prestigiando a sua função social e o princípio da eficiência. Para tanto, desenvolveu um Plano de Incentivo à Demissão Voluntária (PIDV), por meio do qual o empregado que aderisse receberia as verbas resilitórias, acrescidas de um bônus de 80% sobre o seu valor. Ao ler atentamente os termos do PIDV, o empregado Josué de Souza constatou a existência de uma cláusula em que se previa a expressa e geral quitação das obrigações oriundas do contrato de trabalho, nada mais havendo a reclamar depois de efetuado o ajuste. Após refletir cuidadosamente sobre a questão, Josué resolveu aderir ao PIDV. Ocorre que, tão logo recebeu as verbas resilitórias e o bônus de 80%, Josué ajuizou uma ação trabalhista em face da Fundação, pleiteando o pagamento de horas extraordinárias e os reflexos delas decorrentes, sob o argumento de que essas parcelas não foram englobadas expressamente pelo PIDV. Em defesa, o antigo empregador reconheceu a existência de trabalho extraordinário, mas afirmou que as querelas oriundas do contrato de emprego já haviam sido definitivamente solucionadas pelo PIDV.

Diante dessa situação concreta, é correto afirmar que o pedido de pagamento de horas extraordinárias e reflexos deve ser julgado

(A) procedente, uma vez que Josué de Souza possui prazo de cinco anos após o término do contrato para pleitear tudo o que entender cabível.
(B) procedente, uma vez que o PIDV efetua a quitação exclusivamente das parcelas e valores dele constantes.
(C) improcedente, haja vista a cláusula de quitação geral prevista no PIDV.
(D) improcedente, haja vista a natureza jurídica de renúncia do PIDV.

A: incorreta, pois Josué possui prazo de 2 (dois) anos após a extinção do contrato de trabalho para ajuizar a reclamação trabalhista, nos termos do art. 7º, XXIX, da CF e art. 11, I, da CLT; **B:** correta, pois em conformidade com a Orientação Jurisprudencial 270 da SDI-1 do TST a transação extrajudicial que importa rescisão do contrato de trabalho ante a adesão do empregado a plano de demissão voluntária implica quitação exclusivamente das parcelas e valores constantes do recibo; **C:** incorreta, pois a cláusula de quitação geral prevista no PIDV é considerada nula; **D:** incorreta, pois a ação será julgada procedente, tendo em vista que a quitação refere-se aos direitos consignados no recibo.

Gabarito "B"

(OAB/Exame Unificado – 2010.3) O empregado Vicente de Morais foi dispensado sem justa causa. Sete dias depois, requereu a liberação do cumprimento do aviso-prévio, pois já havia obtido um novo emprego. O antigo empregador concordou com o seu pedido, exigindo apenas que ele fosse feito por escrito, junto com a cópia da sua CTPS registrada pelo novo empregador, o que foi realizado por Vicente. Diante dessa situação, o antigo empregador deverá

(A) integrar o aviso-prévio ao pagamento de todas as verbas rescisórias por ele devidas, uma vez que o aviso-prévio é irrenunciável.
(B) deduzir o aviso-prévio do pagamento de parte das verbas rescisórias devidas, uma vez que o empregado renunciou livremente a esse direito, mas o aviso-prévio continuará incidindo sobre as parcelas de natureza salarial.
(C) pagar as verbas rescisórias, excluindo o valor equivalente ao dos dias remanescentes do aviso-prévio.
(D) deduzir o aviso-prévio do pagamento de parte das verbas rescisórias devidas, uma vez que o empregado renunciou livremente a esse direito, mas o aviso-prévio continuará incidindo sobre as parcelas de natureza indenizatória.

A: incorreta, pois o período de aviso-prévio não será integrado ao pagamento das verbas rescisórias, tendo em vista que foi o próprio empregado quem solicitou, art. 487, § 2º, da CLT; **B:** incorreta, pois o aviso-prévio não será devido, art. 487, § 2º, da CLT; **C:** correta, pois reflete o disposto no art. 487, § 2º, da CLT; **D:** incorreta, *vide* comentários anteriores.

Gabarito "C"

(OAB/Exame Unificado – 2010.3) João da Silva decidiu ampliar o seu consultório médico e, para isso, contratou o serviço do empreiteiro Vivaldo Fortuna. Ambos ajustaram o valor de R$ 5.000,00, cujo pagamento seria feito da seguinte maneira: metade de imediato e a outra metade quando do encerramento do serviço. Logo no início dos trabalhos, Vivaldo contratou os serventes Reginaldo Nonato e Simplício de Deus, prometendo-lhes o pagamento de um salário mínimo mensal. Ocorre que, passados três meses, Reginaldo e Simplício nada receberam. Tentaram entrar em contato com Vivaldo, mas este tinha desaparecido. Por conta disso, abandonaram a obra e ajuizaram uma ação trabalhista em face de João da Silva, pleiteando os três meses de salários atrasados, além das verbas resilitórias decorrentes da rescisão indireta provocada por Vivaldo. Diante desse caso concreto, é correto afirmar que João da Silva

(A) não deve ser condenado a pagar os salários atrasados e as verbas resilitórias decorrentes da rescisão indireta, uma vez que é o dono da obra e não desenvolve atividade de construção ou incorporação.
(B) deve ser condenado a pagar apenas os salários atrasados, mas não as verbas resilitórias, uma vez que não foi ele quem deu causa à rescisão indireta.
(C) não deve ser condenado a pagar os salários atrasados e as verbas resilitórias decorrentes da rescisão indireta, uma vez que a obra não foi devidamente encerrada.

(D) deve ser condenado a pagar os salários atrasados e as verbas resilitórias decorrentes da rescisão indireta, uma vez que é o sucessor trabalhista de Vivaldo Fortuna.

João da Silva firmou contrato de empreitada com o Sr. Vivaldo Fortuna, que por sua vez firmou contrato de subempreitada com os serventes Reginaldo Nonato e Simplício de Deus. O contrato entre João e Vivaldo – contrato de empreitada – será regido pelos arts. 610 a 626 do CC. No entanto, entre o Sr. Vivaldo e os serventes Reginaldo e Simplício, existe um contrato de trabalho, com típica relação de emprego, regida pela CLT. Assim, o TST firmou entendimento na OJ 191 da SDI-1, apontando que a responsabilidade pelo pagamento das obrigações trabalhistas não pode recair sobre o dono da obra. Não pode o dono da obra ser responsabilizado pelas obrigações trabalhistas do empreiteiro e subempreiteiro.

Gabarito "A"

(OAB/Exame Unificado – 2010.2) O empregado João foi contratado para trabalhar como caixa de um supermercado. No ato de admissão, foi-lhe entregue o regulamento da empresa, onde constava a obrigatoriedade do uso do uniforme para o exercício do trabalho. Entretanto, cerca de cinco meses após a contratação, João compareceu para trabalhar sem o uniforme e, por isso, foi advertido. Um mês depois, o fato se repetiu e João foi suspenso por 3 dias. Passados mais 2 meses, João compareceu novamente sem uniforme, tendo sido suspenso por 30 dias. Ao retornar da suspensão foi encaminhado ao departamento de pessoal, onde tomou ciência da sua dispensa por justa causa (indisciplina – art. 482, h, da CLT). Diante deste caso concreto

(A) está correta a aplicação da justa causa, uma vez que João descumpriu reiteradamente as ordens genéricas do empregador contidas no regulamento geral.

(B) está incorreta a aplicação da justa causa, uma vez que João cometeu ato de insubordinação e não de indisciplina.

(C) está incorreta a aplicação da justa causa, uma vez que João cometeu mau procedimento.

(D) está incorreta a aplicação da justa causa, uma vez que o empregador praticou bis in idem, ao punir João duas vezes pelo mesmo fato.

Segundo leciona Gustavo Filipe Barbosa Garcia: "O *non bis in idem* significa que a mesma falta disciplinar, praticada pelo empregado, não pode ser objeto de mais de uma punição pelo empregador. Ainda que a falta autorizasse a dispensa por justa causa, se o empregador preferiu punir o empregado com uma mera advertência ou suspensão, não será válida a dispensa por justa causa pelo mesmo fato já punido, não sendo aceito que o empregador se arrependa da pena mais branda que decidiu aplicar. O empregador não pode aplicar certa penalidade mais branda ao empregado e, sem seguida, arrependendo-se, punir a mesma falta com a dispensa por justa causa, pois isso configuraria bis in idem, o qual é vedado" (**Curso de Direito do Trabalho**, 4. ed. São Paulo: Gen. p. 623-624). Assim, ainda que João tenha praticado ato de indisciplina, passível de pena de demissão por justa causa (art. 482, *h*, da CLT), como o empregador já tinha aplicado a pena de suspensão, não poderia ter aplicado, ao mesmo fato, a pena de demissão por justa causa.

Gabarito "D"

(OAB/Exame Unificado – 2010.1) Considerando o disposto na CLT a respeito do aviso-prévio, assinale a opção correta.

(A) O valor das horas extraordinárias habituais integra o aviso-prévio indenizado.

(B) Na despedida indireta, é incabível o aviso-prévio.

(C) O aviso-prévio é exigido somente do empregado, pois o empregador pode rescindir o contrato livremente, arguindo a subordinação existente na relação de emprego.

(D) O período de aviso-prévio não integra o tempo de serviço para os devidos efeitos legais.

A: correta, pois reflete o disposto no art. 487, § 5.º, da CLT: "O valor das horas extraordinárias habituais integra o aviso-prévio indenizado."; **B:** incorreta, pois nos termos do art. 487, § 4.º, da CLT, é devido o aviso-prévio na despedida indireta; **C:** incorreta, pois nos termos dos §§ 1º e 2º do art. 487 da CLT o aviso-prévio é devido pela parte que quer colocar fim no contrato, ou seja, é devido por ambas as partes, seja empregador, seja empregado; **D:** incorreta, pois a assertiva contraria o disposto no art. 487, § 1.º, da CLT. Veja, também, a OJ 82 da SDI 1 do TST.

Gabarito "A"

(OAB/Exame Unificado – 2009.3) Na hipótese de a justiça do trabalho declarar nulo contrato de trabalho celebrado entre a administração pública e servidor público que não tenha sido previamente aprovado em concurso público, o empregado

(A) fará jus ao pagamento da contraprestação pactuada em relação ao número de horas trabalhadas, respeitado o valor da hora do salário mínimo, e dos valores referentes ao depósito do FGTS.

(B) terá direito somente ao salário devido.

(C) não terá direito a nenhuma verba, dado que o contrato foi declarado nulo.

(D) terá direito a férias proporcionais ou integrais, saldo de salário e 13.º salário.

A: correta, pois reflete o entendimento disposto na Súmula 363 do TST; **B:** incorreta, pois nos termos da Súmula 363 do TST serão devidos, também, os depósitos de FGTS; **C:** incorreta, pois contraria a disposição contida na Súmula 363 do TST; **D:** incorreta, pois em conformidade com a Súmula 363 do TST serão devidos apenas o pagamento da contraprestação pactuada em relação ao número de horas trabalhadas, respeitado o valor da hora do salário mínimo, e dos valores referentes ao depósito do FGTS.

Gabarito "A"

(OAB/Exame Unificado – 2009.3) Acerca de rescisão de contrato de trabalho, assinale a opção correta.

(A) Para os casos de rescisão do contrato de trabalho de empregado com mais de 1 (um) ano de serviço, a lei exige a assistência do sindicato ou da autoridade do Ministério do Trabalho e Emprego para a validade do recibo de quitação, formalidade não exigida para o pedido de demissão.

(B) É eficaz a quitação genérica outorgada pelo empregado na rescisão contratual.

(C) Na hipótese de cumprimento do aviso-prévio, o pagamento das parcelas constantes do instrumento de rescisão ou recibo de quitação deverá ser efetuado até o primeiro dia útil imediato ao término do contrato.

(D) Qualquer compensação no pagamento da rescisão contratual não poderá exceder o valor equivalente a 3 (três) meses de remuneração do empregado.

A: incorreta, pois nos termos do art. 477, § 1º, da CLT as formalidades também serão exigidas para o pedido de demissão; **B:** incorreta, pois nos termos do art. 477, § 2º, da CLT não é eficaz a quitação genérica. Veja, também, a Súmula 330 do TST; **C:** correta, pois reflete o disposto no art. 477, § 6º, *a*, da CLT; **D:** incorreta, pois nos termos do art. 477, § 5º, da CLT a compensação não poderá exceder a um mês da remuneração do empregado.

Gabarito "C"

(OAB/Exame Unificado – 2009.2) Com base no entendimento do TST acerca da rescisão do contrato de trabalho, assinale a opção correta.

(A) Nas rescisões antecipadas dos contratos de experiência que contenham cláusula assecuratória do direito recíproco de rescisão antes de seu término, não cabe aviso-prévio.

(B) A indenização de empregado que trabalha por comissão deve ser calculada com base na média das comissões recebidas nos últimos 12 (doze) meses de serviço.

(C) O empregado que rescinde antecipadamente o contrato por prazo determinado não está obrigado a indenizar o empregador.

(D) A pessoa jurídica de direito público que não observa o prazo para pagamento das verbas rescisórias não se submete à multa prevista no art. 477 da CLT.

A: incorreta, pois nos termos do art. 481 da CLT será devido o aviso-prévio. Esse é o entendimento cristalizado na Súmula 163 do TST; **B:** correta, pois reflete o disposto no art. 478, § 4º, da CLT; **C:** incorreta, pois nos termos do art. 480 da CLT o empregado deverá indenizar o empregador dos prejuízos que desse fato resultarem; **D:** incorreta, pois por meio da orientação jurisprudencial 238 da SDI-1 o TST entende que a multa pelo atraso no pagamento das verbas rescisórias é aplicável à pessoa jurídica de direito público.

Gabarito "B"

(OAB/Exame Unificado – 2009.1) Assinale a opção correta acerca do aviso-prévio na CLT e em conformidade com o entendimento do TST.

(A) A falta de aviso-prévio por parte do empregador dá ao empregado o direito aos salários correspondentes ao prazo do aviso, mas nem sempre garante a integração desse período no seu tempo de serviço.

(B) É indevido o aviso-prévio na despedida indireta.

(C) É incabível o aviso-prévio nas rescisões antecipadas dos contratos de experiência, mesmo ante a existência de clausula assecuratória do direito recíproco de rescisão antes de expirado o termo ajustado.

(D) O valor das horas extraordinárias habituais integra o aviso prévio indenizado.

A: incorreta, pois o período de aviso-prévio deve ser integrado ao tempo de serviço do empregado, nos termos do art. 487, § 1º, da CLT; **B:** incorreta, pois será devido o aviso-prévio na rescisão indireta, em conformidade com o art. 487, § 4º, da CLT; **C:** incorreta, pois se convencionada a cláusula assecuratória do direito recíproco de rescisão, aplica-se aos contratos por prazo determinado, as regras pertinentes aos contratos com prazo indeterminado, nos termos do art. 481 da CLT; **D:** correta, pois reflete o disposto no art. 487, § 5º, da CLT.

Gabarito "D"

(OAB/Exame Unificado – 2008.3) Jurema foi contratada por Alice, em 10.05.2007, para prestar serviço como doméstica. Em 10.11.2008, ela foi dispensada sem justa causa e não lhe foi exigido o cumprimento do aviso-prévio. No dia 20.11.2008, Alice pagou a Jurema as verbas rescisórias. Com relação a essa situação hipotética, assinale a opção correta acerca do pagamento das verbas rescisórias.

(A) A empregadora, Alice, está sujeita ao pagamento da multa equivalente a 50% do salário de Jurema, dado o atraso no pagamento das verbas rescisórias.

(B) A empregadora, Alice, não está sujeita ao pagamento de multa pelo atraso no pagamento de verbas rescisórias.

(C) A empregadora, Alice, está sujeita ao pagamento da multa equivalente a um salário mínimo, em decorrência do atraso no pagamento das verbas rescisórias.

(D) A empregadora, Alice, está sujeita ao pagamento da multa equivalente a 20% do salário de Jurema, em decorrência do atraso no pagamento das verbas rescisórias.

A: incorreta, pois a multa é no valor equivalente a 1 (um) mês do salário do empregado, nos termos do art. 477, § 8º, da CLT; **B:** correta, pois em se tratando de hipótese de dispensa do cumprimento do aviso-prévio, a empregadora Alice efetuou o pagamento das verbas rescisórias em conformidade com o prazo estabelecido no art. 477, § 6º, *b*, da CLT; **C:** incorreta, pois não houve atraso no pagamento das verbas rescisórias, tendo em vista a observância do prazo estipulado no art. 477, § 6º, *b*, da CLT; **D:** incorreta, pois como não houve atraso no pagamento das verbas rescisórias, não haverá pagamento de multa. Vale lembrar que, quando existe atraso no pagamento das verbas rescisórias, nos termos do art. 477, § 8º, da CLT a multa será calculado no valor equivalente a 1 (um) mês do salário do empregado.

Gabarito "B"

(OAB/Exame Unificado – 2008.3) Segundo a CLT, não representa hipótese de rescisão indireta

(A) a falta grave praticada pelo empregador contra o empregado, mesmo quando inexistente o requisito da imediatidade e da causalidade.

(B) a ofensa que o empregador dirija ao empregado, inclusive quando se tratar de hipótese de legítima defesa.

(C) o fato de empregador exigir serviços estranhos àquele para o qual o empregado foi contratado.

(D) o rigor excessivo no tratamento dispensado pelo superior hierárquico ao empregado.

A: incorreta, pois são requisitos para a rescisão indireta a imediatidade e o nexo causal; **B:** correta, pois em se tratando de legítima defesa, nos termos do art. 483, *f*, da CLT, não haverá falta grave do empregador; **C:** incorreta, pois nos termos do art. 483, *a*, da CLT trata-se de hipótese de rescisão indireta; **D:** incorreta, pois nos termos do art. 483, *b*, da CLT representa hipótese de rescisão indireta.

Gabarito "B"

(OAB/Exame Unificado – 2008.3) No que se refere à culpa recíproca como causa de extinção do contrato de trabalho por tempo indeterminado, prevista no art. 484 da CLT, assinale a opção correta.

(A) O empregado não terá direito ao percebimento do aviso-prévio, das férias proporcionais e da gratificação natalina referente ao ano em que ocorrer a rescisão do pacto laboral.

(B) Caracterizada a culpa recíproca, possibilita-se o pagamento ao empregado, pelo empregador, de metade do aviso-prévio, do 13.º salário e das férias proporcionais.

(C) Tal instituto decorre de duas ações capazes de provocar, cada uma delas de per si, a dissolução do contrato de trabalho, sendo uma praticada pelo empregador e outra do empregado, sendo ambos os atos, ao menos, de natureza leve.

(D) A conduta do empregado que retruca a ofensa a ele dirigida pelo empregador não precisa ser grave nem guardar relação direta com a conduta ofensiva anterior.

A: incorreta, pois contraria a disposição contida no art. 484 da CLT e Súmula 14 TST; **B:** correta, pois nos termos do art. 484 da CLT havendo como causa de extinção do contrato de trabalho a culpa recíproca, o pagamento da indenização que receberia em caso de culpa exclusiva do empregador, será reduzida pela metade. O TST solidificou esse entendimento através da Súmula 14 que assim dispõe: "Reconhecida a culpa recíproca na rescisão do contrato de trabalho (art. 484 da CLT), o empregado tem direito a 50% (cinquenta por cento) do valor do aviso-prévio, do décimo terceiro salário e das férias"; **C:** incorreta, pois somente as faltas graves do empregado e empregador, elencadas respectivamente nos arts. 482 e 483 da CLT, podem provocar a dissolução do contrato de trabalho; **D:** incorreta, pois necessita ser grave. *Vide* comentários da alternativa "C."

Gabarito "B"

(OAB/Exame Unificado – 2008.2) Antônio, contratado como vigilante noturno de uma instituição financeira, abandonou, em duas oportunidades distintas, sem justificativa, seu posto de trabalho, por cerca de 30 (trinta) minutos, para resolver questões particulares, fato comprovado por testemunhas. Na situação hipotética apresentada, a atitude de Antônio, para fins de despedida por justa causa, de acordo com a Consolidação das Leis do Trabalho, é considerada(o)

(A) ato de improbidade.
(B) ato de indisciplina ou de insubordinação.
(C) desídia no desempenho de suas funções.
(D) abandono de emprego.

A: incorreta, pois ato de improbidade é aquele ímprobo, maldoso, desonesto, que cause prejuízo ou até risco à integridade do patrimônio do empregador, como por exemplo: roubo dentro da empresa (art. 482, *a*, da CLT); **B:** incorreta, pois a indisciplina consiste no descumprimento de ordens gerais de serviço, enquanto a insubordinação consiste no descumprimento de ordens pessoais de serviço (art. 482, *h*, da CLT); **C:** correta, pois a desídia elencada no art. 482, *e*, da CLT representa a hipótese em que o empregado deixa de prestar o serviço com zelo, interesse ou empenho, passando a laborar com negligência; **D:** incorreta, pois o abandono de emprego (art. 483, *i*, da CLT) configura-se por faltas reiteradas ao serviço, sem justo motivo e sem a autorização do empregador. Veja, também, a Súmula 32 do TST.

Gabarito "C"

(OAB/Exame Unificado – 2008.2) A direção da empresa Vale Verde Ltda. divulgou, por meio de circular interna, a proibição de fumar nos ambientes fechados da empresa, tendo sido estabelecidos locais específicos para a prática do tabagismo. Jorge, empregado da empresa Vale Verde Ltda., fumante há mais de 20 anos, descumpriu tal norma, e, por diversas vezes, foi flagrado fumando nos ambientes fechados da empresa, tendo sido, nessas ocasiões, advertido pelo empregador. Considerando a situação hipotética acima e com base na legislação trabalhista, assinale a opção correta.

(A) A atitude de Jorge não se caracteriza como desobediência à determinação do empregador dado o grau de dependência em relação ao cigarro, já que ele é fumante há mais de 20 (vinte) anos.
(B) Como a atitude de Jorge não gera prejuízo para a empresa, mas apenas desconforto para seus colegas de trabalho, ele não pode ser punido por fumar em ambientes fechados da empresa.
(C) O ato de fumar nos ambientes fechados da empresa constitui motivo de despedida por justa causa por ato de indisciplina, uma vez que Jorge descumpriu uma ordem geral do empregador.
(D) A atitude de Jorge, que se caracteriza como incontinência de conduta ou mau procedimento, constitui motivo de dispensa por justa causa.

A: incorreta, pois representa ato de indisciplina, nos termos do art. 482, *h*, da CLT; **B:** incorreta, pois independente de prejuízos, Jorge descumpriu norma de caráter geral; **C:** correta, pois de fato indisciplina consiste no descumprimento de ordens gerais de serviço, art. 482, *h*, da CLT; **D:** incorreta, pois incontinência de conduta é o comportamento desregrado ligado à vida sexual do obreiro e mau procedimento comportamento incorreto ligado aos demais atos que não podem ser enquadrados em nenhuma das demais hipóteses do art. 482 da CLT.

Gabarito "C"

(OAB/Exame Unificado – 2008.2) Aníbal foi eleito membro do conselho fiscal do sindicato representativo de sua categoria profissional em 20 de maio de 2008. No dia 20 de agosto de 2008, Aníbal foi demitido sem justa causa da empresa onde trabalhava. Segundo orientação do TST, nessa situação hipotética, a demissão de Aníbal

(A) foi regular, pois membro de conselho fiscal de sindicato não tem direito à estabilidade provisória porquanto não representa ou atua na defesa de direitos da categoria respectiva, agindo somente na fiscalização da gestão financeira do sindicato.
(B) foi irregular, pois Aníbal gozava de estabilidade provisória desde sua eleição ao cargo de conselheiro fiscal do sindicato.
(C) somente seria regular se houvesse a extinção da empresa.
(D) foi arbitrária, pois não houve nenhuma justificativa prévia ou inquérito capaz de provar justa causa para a demissão.

A: correta, pois reflete o entendimento consolidado na Orientação Jurisprudencial da SBDI-1 n. 365 do TST; **B:** incorreta, pois o membro do conselho fiscal tem sua competência limitada à fiscalização da gestão financeira do sindicato, nos termos do art. 522, § 2º, da CLT e por esse motivo Aníbal não goza de estabilidade; **C:** incorreta, pois foi regular, de acordo com o exposto nas demais alternativas; **D:** incorreta, tendo em vista que Aníbal não possuía estabilidade e consequentemente não haveria motivo para inquérito judicial.

Gabarito "A"

(OAB/Exame Unificado – 2008.2) Assinale a opção correta com relação à rescisão do contrato de trabalho.

(A) No caso de morte do empregador constituído em empresa individual, é facultado ao empregado rescindir o contrato de trabalho.
(B) A rescisão que ocorra até 30 (trinta) dias antes da data-base da categoria profissional não autoriza o pagamento das verbas rescisórias com o salário já corrigido.
(C) As verbas rescisórias incontroversas, devidas pelas pessoas jurídicas de direito público, deverão ser pagas na data da primeira audiência designada pelo juiz, sob pena de o empregador pagá-las com multa de 50% sobre o valor original.
(D) É válido, no contrato de trabalho que supere um ano de vigência, o pedido de demissão que, feito pelo empregado, não seja realizado no Ministério do Trabalho e Emprego nem tenha assistência de sindicato.

A: correta, pois reflete o disposto no art. 483, § 2º, da CLT; **B:** incorreta, pois nos termos da Súmula 314 do TST o pagamento das verbas rescisórias será feito com o salário já corrigido; **C:** incorreta, pois de acordo com o art. 467, parágrafo único, da CLT as pessoas jurídicas de direito público não se sujeitam à multa por incontroversa; **D:** incorreta, pois "só será válido quando feito com a assistência do respectivo Sindicato ou perante a autoridade do Ministério do Trabalho e Previdência Social" (art. 477, § 1º, da CLT).

Gabarito "A".

(OAB/Exame Unificado – 2007.3) Joaquim foi aposentado por invalidez no dia 3 de agosto de 2001 e, no dia 30 de outubro de 2007, o INSS cancelou a aposentadoria por considerar que, tendo cessado o motivo da invalidez, Joaquim estaria, a partir daquela data, apto novamente a exercer normalmente suas funções. Considerando a situação hipotética acima, assinale a opção correta.

(A) Joaquim teria o direito de retornar ao emprego.
(B) O INSS não poderia ter cancelado a aposentadoria por invalidez após o transcurso de 5 (cinco) anos.
(C) O cancelamento da aposentadoria por invalidez não garantiria o retorno de Joaquim ao emprego.
(D) A aposentadoria por invalidez é definitiva, portanto não poderia ser cancelada em nenhuma situação.

A: correta, pois nos termos do art. 475, § 1º, da CLT cancelada a aposentadoria por invalidez, o trabalhador terá direito de retornar ao emprego. Nesse sentido veja a Súmula 160 do TST; **B:** incorreta, pois o cancelamento poderá ocorrer após 5 (cinco) anos, art. 47, II, da Lei 8.213/1991; **C:** incorreta, pois nos termos do art. 475, § 1º, da CLT cancelada a aposentadoria por invalidez, o trabalhador terá direito de retornar ao emprego, mesmo após cinco anos; **D:** incorreta, pois a aposentadoria por invalidez será cancelada assim que o trabalhador recuperar sua capacidade laborativa.

Gabarito "A".

(OAB/Exame Unificado – 2007.3) Jurandir, empregado da Empresa Alfa Ltda., em um domingo, quando gozava seu descanso semanal remunerado, discutiu com Pedro em um bar, agredindo-o fisicamente. No processo criminal movido por Pedro, por lesões corporais leves, Jurandir se beneficiou da suspensão condicional do processo, mediante o pagamento de cestas básicas a uma instituição de caridade, além da restrição de não poder se ausentar da cidade enquanto perdurasse o período de suspensão. Ao tomar conhecimento do processo criminal, André, proprietário da Empresa Alfa, demitiu Jurandir por justa causa. Com relação à situação hipotética acima, assinale a opção correta.

(A) A suspensão condicional do processo, por ser uma espécie de condenação criminal, é motivo suficiente para a demissão por justa causa aplicada a Jurandir.
(B) O processo criminal não é motivo para demissão por justa causa, salvo nos casos de condenação imposta que torne impossível a continuidade do trabalho.
(C) A conduta praticada por Jurandir é ofensiva à boa fama da empresa, o que ensejaria uma demanda por danos morais, mas não justificaria demissão por justa causa.
(D) A demissão por justa causa foi bem aplicada, haja vista o mau procedimento de Jurandir.

A: incorreta, pois nos termos do art. 482, *d*, da CLT somente a condenação criminal do empregado transitada em julgado, caso não tenha havido suspensão da execução da pena, ou seja, o *Sursis* que é um instituto do Direito Penal que permite que o condenado não se sujeite à execução de pena privativa de liberdade de pequena duração. Permite que, mesmo condenada, uma pessoa não fique presa; **B:** correta, pois reflete o entendimento do art. 482, *d*, da CLT. *Vide* comentários alternativa *a*; **C:** incorreta, pois o ato ocorreu durante seu descanso semanal e não em horário de trabalho; **D:** incorreta, pois a conduta não pode ser tipificada como "mau procedimento", na medida em que não existe relação do fato e o trabalho de Jurandir.

Gabarito "B".

(OAB/Exame Unificado – 2007.2) A empresa Rio Corrente Ltda. funcionava em um único estabelecimento e empregava 15 funcionários. No mês de setembro, uma forte chuva de granizo destruiu por completo o estabelecimento onde funcionava a empresa, de forma que os prejuízos econômicos sofridos tornaram inviável a sua continuidade. Nos quadros da empresa, não havia nenhum empregado que gozasse de estabilidade. Nessa situação hipotética, a empresa deve rescindir os contratos de trabalho de seus empregados

(A) Com fundamento no motivo de força maior, e pagar indenização equivalente à metade da que seria devida em caso de rescisão sem justa causa.
(B) Com justa causa, mas pagar as verbas devidas como se a rescisão tivesse ocorrido sem justa causa.
(C) Sem justa causa, e pagar todas as verbas devidas previstas nos casos de rescisão sem justa causa.
(D) Com justa causa, com fundamento no motivo de força maior.

A: correta, pois reflete o disposto no art. 502, II, da CLT; **B:** incorreta, pois o empregado não praticou nenhuma conduta tipificada no art. 482 da CLT; **C:** incorreta, pois a extinção do contrato não ocorreu por vontade das partes; **D:** incorreta, pois força maior não é motivo de rescisão por justa causa.

Gabarito "A".

(OAB/Exame Unificado – 2007.2) João, funcionário da empresa Alfa, foi aposentado por invalidez em setembro de 2005. Diante da aposentadoria de João, a empresa Alfa contratou Francisco para substituí-lo, deixando clara para Francisco a situação interina de seu emprego, já que, se João fosse declarado apto a retornar ao trabalho, seria reintegrado em sua função. João recuperou sua capacidade de trabalho em outubro de 2006, tendo sua aposentadoria cancelada. Nessa situação, em relação a Francisco, a empresa Alfa

(A) deverá manter necessariamente o contrato de trabalho de Francisco, remanejando-o para outra função, já que João reassumirá sua função originária.
(B) poderá rescindir o contrato de trabalho de Francisco, sem indenização, uma vez que o cientificou previamente da situação de interinidade do seu contrato de trabalho.
(C) deve rescindir o contrato do trabalho, efetuando o pagamento da indenização devida pelo rompimento do contrato de trabalho.
(D) poderá rescindir o contrato de trabalho com justa causa, uma vez que João assumirá novamente o cargo.

O art. 475, § 2º, da CLT determina que se o empregador houver admitido substituto para o aposentado por invalidez, poderá rescindir o contrato de trabalho sem indenização, desde que tenha havido ciência inequívoca da interinidade ao ser celebrado o contrato. Note que no caso apresentado, a empresa deixou bem clara a situação provisória.

Gabarito "B".

(OAB/Exame Unificado – 2007.2) Tito, empregado da empresa Pégasus Ltda., fumava no interior do escritório da empresa, desrespeitando ordem geral emanada da direção que proibia os empregados de fumarem nesse espaço. Diante dessa situação hipotética, assinale a opção correta.

(A) A empresa jamais poderia emitir norma de proibição de fumar no interior do escritório, pois estaria utilizando do seu poder econômico para tolher a liberdade individual dos seus empregados.

(B) A atitude praticada por Tito constitui motivo para a despedida por justa causa, consistente na desídia, ou seja, a falta culposa, já que agia com negligência em relação à proibição emanada da direção da empresa.

(C) A atitude praticada por Tito constitui motivo para a despedida por justa causa, consistente em ato de indisciplina, já que descumpria ordens gerais do empregador dirigidas impessoalmente ao quadro de empregados.

(D) Apesar de descumprir a ordem da direção de não fumar no interior do escritório, não cabe a aplicação da justa causa a Tito, já que a atitude praticada por ele constitui um estado de necessidade inerente ao vício de fumar, e não um ato de indisciplina.

A: incorreta, pois está compreendido dentro do poder diretivo do empregador; **B:** incorreta, pois desídia consiste no comportamento do empregado que deixa de prestar o serviço com zelo, interesse, empenho, passando a laborar com negligência (art. 482, *e*, da CLT); **C:** correta, pois a indisciplina consiste no descumprimento de ordens gerais de serviço (art. 482, *h*, da CLT); **D:** incorreta, pois a conduta de não atender as regras impostas a todos os empregados, constitui falta grave por indisciplina.

Gabarito "C"

(OAB/Exame Unificado – 2007.1) Joaquim, empregado da empresa Delta, aderiu a greve organizada pelo sindicato de sua categoria. A empresa demitiu Joaquim por justa causa, considerando que o fato de ter aderido à greve poderia ser considerado falta grave. Considerando a situação hipotética acima e a Súmula 316 do STF, assinale a opção correta.

(A) A simples adesão à greve não pode ser considerada falta grave.

(B) A adesão à greve justifica um motivo de suspensão do empregado, mas não motivo imediato para a aplicação da justa causa.

(C) A atitude de aderir à greve e de não comparecer ao trabalho é incompatível com o abandono de emprego.

(D) Joaquim praticou ato de insubordinação ao aderir à greve, mas a justificativa para demissão deveria ser a incontinência de conduta ou o mau procedimento.

A: correta, pois reflete o entendimento da Suprema Corte por meio da Súmula 316 do STF que assim dispõe: "A simples adesão a greve não constitui falta grave"; **B:** incorreta, pois não é motivo para suspensão do empregado; **C:** incorreta, pois não reflete a disposição da Súmula 316 STF; **D:** incorreta, pois a greve é um direito constitucional previsto no art. 9º da CF e art. 1º da Lei 7.783/1989.

Gabarito "A"

(OAB/Exame Unificado – 2007.1) Manoel é empregado de uma empresa individual. Em decorrência da morte do empregador da mencionada empresa, Manoel ingressou com uma reclamação trabalhista objetivando a rescisão do seu contrato de trabalho por justa causa do empregado, fundamentando-se no art. 483 da CLT. Com referência à situação hipotética acima apresentada, assinale a opção correta.

(A) A morte do empregador é motivo de rescisão indireta do contrato de trabalho por justa causa do empregado.

(B) A morte do empregador empresa individual é um dos casos de demissão sem justa causa para fins de verbas rescisórias.

(C) A morte do empregador empresa individual constitui hipótese de motivo justificado, mas não de justa causa.

(D) Não existe necessidade de Manoel ingressar com ação judicial para a rescisão contratual, pois, ocorrendo a morte do empregador, o contrato de trabalho estará automaticamente rescindido.

A: incorreta, pois a morte do empregador não está tipificada no art. 483 da CLT que traz o rol das faltas graves do empregador; **B:** incorreta, pois a morte do empregador não constitui motivo para demissão sem justa causa; **C:** correta, pois, nos termos do art. 483, § 2º, da CLT poderá o empregado rescindir o contrato e trabalho Veja também o art. 485 da CLT; **D:** incorreta, pois não há necessidade de ação judicial, bastando informar sua vontade.

Gabarito "C"

(OAB/Exame Unificado – 2007.1) No que diz respeito ao instituto do aviso-prévio, julgue os itens a seguir.

I. O aviso-prévio trabalhado ou indenizado computa-se, para todos os efeitos, como integração ao tempo de serviço.

II. O caráter indenizatório que se dá ao pagamento do aviso-prévio não trabalhado lhe retira o caráter alimentar.

III. A cessação da atividade da empresa, com pagamento da indenização, exclui o direito do empregado ao aviso-prévio.

Assinale a opção correta.

(A) Apenas o item I está certo.

(B) Apenas o item II está certo.

(C) Apenas os itens I e III estão certos.

(D) Todos os itens estão certos.

I: correta, pois reflete o disposto no art. 487, § 1º, da CLT; **II:** incorreta, pois mesmo não tendo natureza salarial, mas sim indenizatória, o crédito decorrente do aviso-prévio mantém sua natureza alimentar; **III:** incorreta, pois nos termos da Súmula 44 do TST o pagamento da indenização não excluirá o direito ao aviso-prévio.

Gabarito "A"

(OAB/Exame Unificado – 2006.3) A respeito das hipóteses de justa causa do empregado, previstas na Consolidação das Leis do Trabalho (CLT), julgue os itens seguintes.

I. O pagamento, em audiência, dos salários atrasados elide a mora capaz de determinar a rescisão do contrato de trabalho.

II. O fato de o empregador enfrentar dificuldades provenientes de política governamental não autoriza nem descaracteriza a mora salarial.

III. Podem ser considerados como atos lesivos da honra e boa fama, capazes de justificar a justa causa do empregado, a calúnia, a difamação, a injúria e o dano moral.

IV. Tanto a rescisão para atender obrigações legais quanto a morte do empregador que constitui empresa individual são consideradas hipóteses de justa causa do empregado para a rescisão do contrato de trabalho.

Estão certos apenas os itens

(A) I e II.

(B) I e IV.

(C) II e III.

(D) III e IV.

I: incorreta, pois nos termos da Súmula 13 do TST o pagamento, em audiência, dos salários atrasados não elide a mora capaz de determinar a rescisão do contrato de trabalho; **II:** correta, pois o empregador assume os riscos da atividade econômica – princípio da alteridade – art. 2º da CLT; **III:** correta, nos termos do art. 482, *j* e *k*, da CLT; IV: incorreta, a morte do empregador não constitui hipótese de justa causa, art. 483, § 2º, da CLT.

Gabarito "C"

(OAB/Exame Unificado – 2006.1) Luiz, empregado de determinada pessoa jurídica, recebeu aviso-prévio indenizado, sob alegação de justa causa, em 10.04.2005. Não se conformando com a situação, Luiz ajuizou reclamação trabalhista em desfavor de sua antiga empregadora, alegando demissão sem justa causa, e pleiteando o recebimento das verbas rescisórias pertinentes. O empregador, ao apresentar sua contestação, alegou a existência de justa causa ou, alternativamente, culpa recíproca na rescisão do contrato de trabalho. O reajuste da categoria profissional a que pertence Luiz foi estabelecido em acordo coletivo para o dia 7 de maio de cada ano. Com base na situação hipotética acima, assinale a opção incorreta.

(A) Se for declarada judicialmente a existência de culpa recíproca, Luiz terá direito a apenas 50% do valor do aviso-prévio indenizado.

(B) Se, no curso do período do aviso-prévio, Luiz cometer ato que se consubstancie em falta grave, ele não terá direito ao recebimento de qualquer verba de natureza indenizatória.

(C) Se o contrato de Luiz fosse por prazo determinado, na rescisão contratual sem justa causa, Luiz teria direito a receber, a título de indenização, valor correspondente à metade do que teria direito até o término do contrato.

(D) No cálculo das verbas rescisórias, não será considerado o percentual do reajuste coletivo da categoria a que pertencia Luiz.

A: correta, pois havendo culpa recíproca, a indenização será reduzida pela metade, nos termos do art. 484 da CLT e Súmula 14 do TST; **B:** correta, pois reflete o disposto no art. 491 da CLT e Súmula 73 do TST; **C:** correta, pois de acordo com o art. 479 da CLT; **D:** incorreta, devendo ser assinalada, pois contraria o entendimento disposto na Súmula 314 do TST.

Gabarito "D"

(FGV – 2004) O empregado que, durante o prazo do aviso-prévio, cometer qualquer das faltas consideradas pela lei como justas para rescisão:

(A) perde o direito ao restante do respectivo prazo.

(B) tem direito ao recebimento integral do mês do aviso-prévio.

(C) tem direito ao recebimento em dobro do mês do aviso-prévio.

(D) não faz jus ao pagamento de qualquer valor do aviso-prévio.

(E) não poderá ser punido, em razão de já estar cumprindo o aviso-prévio.

Nos termos do art. 491 da CLT o empregado que, durante o prazo do aviso-prévio, cometer qualquer das faltas graves tipificadas no art. 482 da CLT, salvo o abandono de emprego, perderá o direito ao restante do prazo do respectivo aviso-prévio. Nesse sentido o TST solidificou entendimento por meio da Súmula 73.

Gabarito "A"

8. ESTABILIDADE

(OAB/Exame Unificado – 2016.1) Os empregados da sociedade empresária ABC Ltda. criaram uma sociedade cooperativa de crédito que busca dar acesso a empréstimos com juros bastante reduzidos para os próprios empregados da empresa ABC. Renata, que trabalha na empresa em questão, foi eleita diretora suplente dessa sociedade cooperativa de crédito e, dois meses depois, foi dispensada sem justa causa.

Com base na hipótese apresentada, de acordo com o entendimento consolidado do TST, assinale a afirmativa correta.

(A) Renata é estável por ter sido eleita, razão pela qual deverá ser reintegrada.

(B) Não se cogitará de reintegração, seja do titular ou do suplente, porque esse caso não é previsto na lei como gerador de estabilidade.

(C) A condição legal para que Renata seja estável é que contraia ao menos um empréstimo junto à cooperativa.

(D) Renata não terá garantia no emprego por ser suplente, e a estabilidade alcança apenas o titular.

A: opção incorreta, pois por ser suplente não possui estabilidade no emprego, em conformidade com a OJ 253 da SDI 1 do TST. **B:** opção incorreta, pois a Lei 5.67764/1971 prevê estabilidade para o diretor e não para o suplente. **C:** opção incorreta, pois não há previsão legal. **D:** opção correta, pois nos termos do art. 55 da Lei 5.67764/1971 os empregados de empresas que sejam eleitos diretores de sociedades cooperativas por eles mesmos criadas gozarão das garantias asseguradas aos dirigentes sindicais. A lei trata apenas dos "diretores de sociedades cooperativas" e não de seus suplentes.

Gabarito "D"

(OAB/Exame Unificado – 2015.2) Jonas é empregado da sociedade empresária Ômega. Entendendo seu empregador por romper seu contrato de trabalho, optou por promover sua imediata demissão, com pagamento do aviso-prévio na forma indenizada. Transcorridos 10 dias de pagamento das verbas rescisórias, Jonas se candidatou a dirigente do sindicato da sua categoria e foi eleito presidente na mesma data. Sobre a hipótese apresentada, de acordo com o entendimento consolidado do TST, assinale a afirmativa correta.

(A) Jonas poderá ser desligado ao término do aviso-prévio, pois não possui garantia no emprego.

(B) Jonas tem garantia no emprego por determinação legal, porque, pelo fato superveniente, o aviso-prévio perde seu efeito.

(C) Jonas passou a ser portador de garantia no emprego, não podendo ter o contrato rompido.

(D) Jonas somente poderá ser dispensado se houver concordância do sindicato de classe obreiro.

"A" é a assertiva correta, tendo em vista que reflete o entendimento disposto na súmula 369, III, do TST, que entende que o registro da candidatura do empregado a cargo de dirigente sindical durante o período de aviso-prévio, ainda que indenizado, não lhe assegura a estabilidade no emprego.

Gabarito "A"

(OAB/Exame Unificado – 2014.3) Paulo, empregado de uma empresa siderúrgica, é portador do vírus HIV. Tomando conhecimento dessa notícia, o empregador o dispensou imotivadamente e pagou todas as verbas rescisórias. No momento da dispensa, o chefe de Paulo afirmou que a dispensa somente ocorreu em razão de sua doença, apesar de ser um excelente profissional. Paulo, inconformado, ajuizou ação trabalhista para resguardar o seu direito.

No caso, se o pedido for julgado procedente, Paulo tem direito a

(A) ser reintegrado.
(B) ser readmitido.
(C) receber apenas os salários do período de afastamento.
(D) receber apenas indenização por dano moral.

A: opção correta, pois reflete o entendimento disposto na súmula 443 do TST. **B:** Opção incorreta, pois não é caso de readmissão, ou seja, novo contrato de trabalho, mas sim reintegração ao contrato de trabalho que já estava em vigência, veja Súmula 443 TST. **C:** opção incorreta, pois não receberá somente os salários do período de afastamento, como também será reintegrado. **D:** opção incorreta, pois embora possa pleitear indenização por danos morais, receberia os salários do período de afastamento e seria reintegrado ao emprego.

Gabarito "A"

(OAB/Exame Unificado – 2014.3) Rogéria, balconista na empresa Bolsas e Acessórios Divinos Ltda., candidatou-se em uma chapa para a direção do sindicato dos comerciários do seu Município, sendo eleita posteriormente. Contudo, o sindicato não comunicou o registro da candidatura, eleição e posse da empregada ao empregador. Durante o mandato de Rogéria, o empregador a dispensou sem justa causa e com cumprimento do aviso-prévio. Rogéria, então, enviou um *e-mail* para o empregador, dando-lhe ciência dos fatos, mediante prova documental. Apesar das provas, a empresa não aceitou suas razões e ratificou o desejo de romper o contrato de trabalho.

Sobre o caso narrado, de acordo com a jurisprudência do TST, assinale a afirmativa correta.

(A) Rogéria tem garantia no emprego, já que a comunicação, apesar de fora do prazo legal, foi feita na vigência do contrato.
(B) O sindicato não observou o prazo legal para comunicação, motivo pelo qual a dispensa não pode ser considerada ilícita nem discriminatória, prevalecendo a ruptura.
(C) A jurisprudência é omissa, razão pela qual faculta-se ao empregador aceitar ou não a comunicação.
(D) É irrelevante que a comunicação da eleição tenha sido feita, já que a responsabilidade do empregador é objetiva.

A: opção correta, pois nos termos da súmula 369, I, TST é assegurada a estabilidade provisória ao empregado dirigente sindical, ainda que a comunicação do registro da candidatura ou da eleição e da posse seja realizada fora do prazo previsto de 24 horas previsto no art. 543, § 5º, da CLT, desde que a ciência ao empregador, por qualquer meio, ocorra na vigência do contrato de trabalho. **B:** opção incorreta, pois embora não tenha havido a observância do prazo de 24 horas descrito no texto legal, tendo havido comunicação a dispensa será considerada ilícita. **C:** opção incorreta, pois o TST se pronunciou sobre o tema, como vimos na súmula 369, I. **D:** opção incorreta, pois a comunicação não é irrelevante, ela deve acontecer por qualquer meio, na vigência do contrato de trabalho.

Gabarito "A"

(OAB/Exame Unificado – 2013.3) Para que a garantia no emprego em razão da candidatura do empregado a dirigente sindical se consolide, a CLT dispõe no Art. 543, § 5º que: "*Para os fins deste artigo, a entidade sindical comunicará por escrito à empresa, dentro de 24 (vinte e quatro) horas, o dia e a hora do registro da candidatura do seu empregado e, em igual prazo, sua eleição e posse, fornecendo, outrossim, a este comprovante no mesmo sentido*".

Gislene registrou sua candidatura a dirigente sindical, na condição de Vice-presidente na chapa, mas o sindicato não comunicou tal fato ao seu empregador que, ignorando a situação, concedeu aviso-prévio à empregada 10 dias depois.

Nessa hipótese, de acordo com o entendimento do TST, assinale a afirmativa correta.

(A) O empregador, a seu critério, aceitará ou não a justificativa tardia da empregada que se candidatou a dirigente sindical e mantém seu contrato de trabalho.
(B) O empregador fica obrigado a respeitar a garantia no emprego, mesmo que seja informado deste fato após a ruptura da interlocução social, devendo readmiti-la.
(C) O empregador tem de respeitar a garantia, ainda que seja comunicado posteriormente da candidatura da empregada, desde que isso ocorra enquanto o pacto laboral estiver em vigor.
(D) A empresa não precisa respeitar a garantia no emprego porque o prazo legal não foi observado, de modo que isso não a vincula. Ademais, ignorando a garantia da empregada, a empresa não teria agido de má-fé.

A: incorreta, pois caso o sindicato faça a comunicação durante a vigência do contrato de trabalho o empregador deverá reconsiderar a ordem de aviso-prévio, tendo em vista a garantia de emprego de Gislene, em conformidade com o entendimento disposto na súmula 369, I, do TST. **B:** incorreta, pois o empregador fica obrigado a respeitar a garantia no emprego, somente se for informado do registro da candidatura da empregada a cargo de dirigente sindical durante a vigência do contrato de trabalho e não após como induz a assertiva. **C:** correta, pois reflete o entendimento disposto na súmula 369, I, do TST. **D:** incorreta, pois o TST firmou entendimento no sentido de que é assegurada a estabilidade provisória ao empregado dirigente sindical, ainda que a comunicação do registro da candidatura ou da eleição e da posse seja realizada fora do prazo previsto no art. 543, § 5º, da CLT, desde que a ciência ao empregador, por qualquer meio, ocorra na vigência do contrato de trabalho.

Gabarito "C"

(OAB/Exame Unificado – 2013.1) Fernanda é contratada pela empresa Master, a título temporário, com base na Lei n. 6.019/1974, pelo prazo certo de 3 meses. Quando do término deste período e ciente de que o empregador não pretende renovar o contrato, ela informa que se encontra grávida de 6 semanas.

A respeito do caso proposto, de acordo com o entendimento do TST, assinale a afirmativa correta.

(A) Fernanda pode ter o contrato extinto porque o pacto foi feito a termo, de modo que no seu implemento a ruptura se impõe.
(B) Fernanda não poderá ser dispensada, pois, em razão da gravidez, possui garantia no emprego, mesmo sendo o contrato a termo.
(C) Fernanda poderá ser desligada porque a natureza jurídica da ruptura não será resilição unilateral, mas caducidade do contrato.
(D) Fernanda não pode ter o contrato rompido, pois em razão da gravidez tem garantia no emprego durante 12 meses.

A: incorreta, pois por estar grávida Fernanda não poderá ter o contrato extinto, ainda que tenha sido contratada por prazo certo; **B:** correta, pois reflete o entendimento disposto na Súmula 244, item III, do TST a empregada gestante tem direito à estabilidade provisória prevista no art. 10, inciso II, alínea "b", do Ato das Disposições Constitucionais Transitórias, mesmo na hipótese de admissão mediante contrato por tempo determinado; **C:** incorreta, veja comentários das alternativas "A" e "D"; **D:** incorreta, pois embora Fernanda não possa ter o contrato extinto, a garantia de emprego será de 5 meses, nos termos do art. 10, II, alínea "b", do ADCT.

Gabarito "B".

(OAB/Exame Unificado – 2012.3.B) As alternativas a seguir apresentam casos para os quais a Lei prevê garantia de emprego, **à exceção de uma.** Assinale-a.

(A) Dirigente de associação profissional.
B) Membro representante dos empregados junto ao Conselho Nacional de Previdência Social.
(C) Representantes dos empregados em comissão de conciliação prévia de âmbito empresarial.
(D) Representante dos empregados no Conselho Curador do FGTS.

A: correta, pois não há previsão legal de garantia de emprego para o dirigente de associação profissional; **B:** incorreta, pois a garantia de emprego do membro representante dos empregados junto ao Conselho Nacional de Previdência Social está disposta no art. 3º, § 7º, da Lei 8.213/1991; **C:** incorreta, pois a garantia de emprego dos representantes dos empregados em comissão de conciliação prévia de âmbito empresarial está disposta no art. 625-B, § 1º, da CLT; **D:** incorreta, pois a garantia de empregos dos representantes dos empregados no Conselho Curador do FGTS está disposta no art. 3º, § 9º, da Lei 8.036/1990.

Gabarito "A".

(OAB/Exame Unificado – 2010.1) Paula firmou contrato de trabalho, por prazo indeterminado, com uma empresa, onde trabalhou pelo período de 3 (três) anos. Em 10.10.2008, foi sumariamente demitida, sem justa causa e sem receber qualquer valor rescisório ou indenizatório, embora estivesse com 2 (dois) meses de gestação. Em face dessa situação hipotética, assinale a opção correta.

(A) Caso Paula não tenha informado ao empregador, na data da demissão, o seu estado gestacional, ela não fará jus a qualquer indenização decorrente da estabilidade garantida à gestante.
(B) Se ajuizar reclamatória trabalhista até o último dia do prazo prescricional, Paula terá garantido o direito de reintegração ao emprego.
(C) Caso ajuíze reclamatória trabalhista no último dia do prazo prescricional, Paula terá direito tão somente aos salários e demais direitos correspondentes ao período de estabilidade garantido à gestante.
(D) Se for ajuizada reclamatória após o período da estabilidade garantido à gestante, Paula não terá direito a qualquer efeito jurídico referente à estabilidade.

A: incorreta, pois o desconhecimento, pelo empregador, do estado de gravidez da empregada não afasta o direito ao pagamento da indenização decorrente da estabilidade a que faz jus a mulher gestante, nos termos da Súmula 244, I, do TST; **B:** incorreta, pois terá direito à reintegração somente no período da estabilidade, de acordo com a Súmula 244, II, do TST; **C:** correta, pois a garantia de emprego à gestante só autoriza a reintegração se esta ocorrer durante o período de estabilidade. Do contrário, a garantia restringe-se aos salários e demais direitos correspondentes ao período de estabilidade, este é o entendimento cristalizado na Súmula 244, II, do TST; **D:** incorreta, *vide* comentários das alternativas anteriores.

Gabarito "C".

(OAB/Exame Unificado – 2008.2) O empregado eleito para cargo de direção da Comissão Interna de Prevenção de Acidentes (CIPA)

(A) Tem estabilidade no emprego garantida desde o registro da candidatura até 1 (um) ano após o final de seu mandato.
(B) Tem estabilidade no emprego garantida desde a eleição até 1 (um) ano após o final de seu mandato.
(C) Tem estabilidade no emprego garantida desde o início de sua atuação no cargo até o final de seu mandato.
(D) Não conta com estabilidade no emprego, podendo ser despedido, a qualquer tempo, sem justa causa.

Nos termos do art. 10, II, *a*, do ADCT é vedada a dispensa arbitrária ou sem justa causa do empregado eleito para cargo de direção de Comissões Internas de Prevenção de Acidentes, desde o registro da sua candidatura até um ano após o final de seu mandato. O art. 165 da CLT ensina que os titulares da representação dos empregados nas CIPAs não poderão sofrer despedida arbitrária, entendendo-se como tal a que não se fundar em motivo técnico, econômico ou financeiro. Veja, também, a Súmula 339, I, do TST que estende a garantia de emprego aos suplentes.

Gabarito "A".

(OAB/Exame Unificado – 2007.3) A contagem do prazo da estabilidade de empregada gestante tem como marco inicial a data

(A) do parto.
(B) da comunicação ao empregador da confirmação da gravidez.
(C) da concepção do feto.
(D) da confirmação da gravidez.

O direito decorre da gravidez, e não da comunicação da gravidez (art. 10, II, *b*, do ADCT).

Gabarito "D".

(OAB/Exame Unificado – 2007.3) José, que prestou concurso público para concorrer a uma vaga em uma empresa pública estadual, foi aprovado, tendo iniciado suas atividades em 20 de outubro de 2003. Em 20 de outubro de 2007, José foi demitido sem justa causa. Considerando a situação hipotética acima, assinale a opção correta.

(A) A José não é garantida a estabilidade prevista na Constituição Federal, sendo possível a sua demissão sem justa causa.

(B) Como se trata de empresa pública, José deveria ter sido contratado segundo as regras da Lei n. 8.112/1990, e não poderia ter sido demitido sem justa causa.
(C) José não poderia ter sido demitido sem justa causa, visto que já adquirira a estabilidade prevista na Constituição Federal, por ter, à época da demissão, mais de 3(três) anos de efetivo exercício.
(D) A demissão, sem justa causa, de José somente seria possível em caso de extinção da empresa.

A alternativa **A** está correta, pois o art. 41 da CF (com a redação determinada pela EC 19/1998) só concede o direito à estabilidade aos titulares de *cargo efetivo*, e não aos titulares de *emprego público* (vínculo próprio das empresas estatais). Nessa linha, por serem os empregados públicos regidos pela CLT, são detentores apenas da garantia de emprego estabelecida pela CLT. O TST, por meio da Súmula 390, II entende que ao empregado de empresa pública ou de sociedade de economia mista, ainda que admitido mediante aprovação em concurso público, não é detentor da estabilidade prevista no art. 41 da CF.
Gabarito "A"

(OAB/Exame Unificado – 2006.2) Antônio, empregado de determinada pessoa jurídica, foi acometido de doença laboral, em 27 de agosto de 2005, o que provocou seu afastamento. Decorridos 15 (quinze) dias de afastamento, ele foi encaminhado à perícia médica do INSS, que o declarou inapto para o serviço. A partir dessa data, Antônio passou a receber auxílio-doença acidentário, pago pelo INSS. Em 27 de março de 2006, o instituto cessou o pagamento do auxílio, em virtude de ter sido constatada a recuperação da capacidade laborativa de Antônio, em exame médico realizado pela previdência social. Em 4 de maio de 2006, Antônio ainda não havia retornado ao emprego, nem apresentado qualquer justificativa para esse fato. Com base na situação hipotética apresentada, assinale a opção correta.
(A) O não retorno de Antônio ao serviço até 4 de maio não configura abandono de emprego.
(B) Se Antônio tivesse sido pré-avisado e, durante esse período, fosse concedido a ele auxílio-doença, a caracterização de abandono de emprego, após a cessação do benefício, retiraria de Antônio o direito ao recebimento das verbas rescisórias de natureza indenizatória.
(C) Antônio não teria direito à estabilidade provisória se, em virtude da doença laboral, ficasse afastado de seus serviços por menos de 15 (quinze) dias.
(D) Se Antônio tivesse sido pré-avisado e, no curso do aviso-prévio, fosse concedido a ele auxílio-doença, a concretização dos efeitos da dispensa somente ocorreria após expirar-se a estabilidade provisória.

A: incorreta, pois presume-se o abandono de emprego após 30 (trinta) dias da cessação do benefício previdenciário o empregado não retornar nem justificar o motivo de não o fazer, em conformidade com a Súmula 32 do TST; **B:** incorreta, pois não se configura abandono de emprego. *Vide* comentários da alternativa A; **C:** correta, pois são pressupostos para a concessão da estabilidade o afastamento superior a 15 dias e a consequente percepção do auxílio-doença acidentário. Veja arts. 59 e 118 da Lei 8.213/1991. Nesse mesmo sentido a Súmula 378, II, do TST; **D:** incorreta, pois nos termos da Súmula 371, parte final, do TST no caso de concessão de auxílio-doença no curso do aviso-prévio, todavia, só se concretizam os efeitos da dispensa depois de expirado o benefício previdenciário e não da estabilidade provisória. Veja julgamento de Recurso de Revista no TST RR-71000-56.2008.5.04.0030 de acordo com a nova tese que vem sendo adotada pelo TST.
Gabarito "C"

(OAB/Exame Unificado – 2006.1) Antônio, que trabalha para a pessoa jurídica Ômega, empresa do ramo de hotelaria, exerce a função de chefe do departamento de recursos humanos. Antônio, filiado ao sindicato de sua categoria profissional, registrou sua candidatura, no dia 11.11.2005, para concorrer às eleições ao cargo de dirigente sindical, com mandato a ser exercido no biênio de 2006/2007. Com base nessa situação hipotética, assinale a opção incorreta.
(A) Para que se consubstancie o direito à estabilidade provisória, a entidade sindical deverá comunicar, por escrito, à pessoa jurídica Ômega, o dia e a hora do registro de candidatura de Antônio.
(B) Se Antônio fosse graduado em jornalismo e, estando filiado ao sindicato dos jornalistas, registrasse sua candidatura ao cargo de dirigente sindical dessa entidade, ele não teria direito a estabilidade provisória, relativamente à categoria profissional dos jornalistas, por exercer atividade diferenciada em Ômega.
(C) Se Ômega extinguir totalmente suas atividades, o direito de Antônio à estabilidade provisória também perecerá.
(D) A estabilidade provisória estaria assegurada a Antônio, mesmo que ele estivesse cumprindo aviso-prévio na data do registro de sua candidatura.

A: correta, pois está em conformidade com o art. 543, § 5º, da CLT. Veja Súmula 369, I, do TST; **B:** correta, pois está em conformidade com o entendimento disposto na Súmula 369, III, TST; **C:** correta, pois representa o entendimento disposto na Súmula 369, IV, do TST; **D:** incorreta, devendo ser assinalada, pois representa entendimento contrário ao disposto na Súmula 369, V, do TST.
Gabarito "D"

(FGV – 2013) Caso o empregado possua estabilidade (ou garantia no emprego) não poderá ser dispensado sem justa causa. Analise os casos listados a seguir e assinale o que possui garantia no emprego.
(A) O empregado de empresa que foi eleito diretor de sociedade cooperativa criada pelos trabalhadores.
(B) O empregado de uma empresa que foi nomeado delegado sindical.
(C) O empregado que retorna após afastamento pelo INSS no qual recebeu benefício de auxílio doença previdenciário (B-31).
(D) O empregado que integra, na condição de presidente, a CIPA de uma empresa.
(E) O empregado que foi eleito dirigente de associação profissional.

A: correta, pois a Lei 5.764/1971, que trata da política nacional de cooperativismo, estabeleceu no seu art. 55 que os empregados de empresas que sejam eleitos diretores de sociedades cooperativas por eles mesmos criadas gozarão das garantias asseguradas aos dirigentes sindicais, prevista no art. 8º, VIII, da CF e art. 543, § 3º, da CLT. **B:** incorreta, pois nos termos da OJ 369 da SDI 1 do TST o delegado sindical não é beneficiário da estabilidade provisória prevista no art. 8º, VIII, da CF/1988, a qual é dirigida, exclusivamente, àqueles que exerçam ou ocupem cargos de direção nos sindicatos, submetidos a processo eletivo. **C:** incorreta, pois para fazer jus a garantia de emprego, o obreiro deverá ter recebido o auxílio-doença acidentário (B-91), nos termos do art. 118 da Lei 8.213/1991. Veja também a Súmula 378, II, do TST. **D:** incorreta, pois o Presidente da CIPA é designado pelo próprio empregador, sendo que somente o empregado eleito goza da referida estabilidade. **E:** incorreta, pois não há em nosso ordenamento jurídico garantia de emprego ao dirigente de associação profissional não goza de estabilidade.
Gabarito "A"

(FGV – 2004) Se, durante o contrato de trabalho, a empregada engravidar, ela:

(A) terá estabilidade por apenas 6 (seis) meses.
(B) terá estabilidade por apenas 4 (quatro) meses.
(C) não terá estabilidade.
(D) só poderá ser dispensada por justa causa.
(E) só poderá ser dispensada após o término da gravidez.

A: incorreta, pois nos termos do art. 10, II, *b*, do Ato das Disposições Constitucionais Transitórias, a garantia de emprego é pelo prazo de 5 meses após o parto; **B:** incorreta, pois, nos termos do art. 10, II, b, do Ato das Disposições Constitucionais Transitórias, a garantia de emprego é pelo prazo de 5 meses após o parto; **C:** incorreta, pois a empregada terá estabilidade. Veja comentários anteriores; **D:** correta, pois, por ser detentora de garantia de emprego, só poderá ser dispensada por justa causa, nos termos do art. 10, II, b, do Ato das Disposições Constitucionais Transitórias; **E:** incorreta, pois somente poderá ser dispensada após o período de estabilidade que é de 5 meses após o parto.

Gabarito "D"

9. NORMAS DE PROTEÇÃO DO TRABALHO – TRABALHO DO MENOR – TRABALHO DA MULHER

(OAB/Exame Unificado – 2015.3) Jefferson, empregado da sociedade empresária Editora Século XIX, resolve adotar, sozinho, uma criança de 5 anos de idade. Diante da hipótese, de acordo com a legislação em vigor, assinale a afirmativa correta.

(A) Jefferson não terá direito à licença-maternidade, por falta de dispositivo legal.
(B) Jefferson receberá salário-maternidade, mas não terá direito à licença-maternidade, porque a regra aplica-se apenas às mulheres.
(C) Jefferson terá direito à licença-maternidade, pois esto direito aplica-se à pessoa que adotar, independentemente do gênero.
(D) Jefferson terá direito à licença-maternidade de 60 dias.

A: incorreta, pois há previsão legal para o caso em estudo no art. 392-C da CLT. **B:** incorreta, pois Jefferson terá direito à licença-maternidade, tendo em vista que o art. 392-C da CLT determina a aplicação da licença-maternidade ao "empregado" que obtiver a guarda judicial ou adotar. **C:** correta, pois o art. 392-C da CLT confere o direito a licença-maternidade a qualquer empregado que adotar ou obtiver guarda judicial. Assim, a licença-maternidade será devida independente do sexo da pessoa, tendo em vista que no art. 392-A da CLT a licença-maternidade é assegurada a empregada e no art. 392-C da CLT ao empregado. **D:** incorreta, pois o período de licença-maternidade é de 120 dias, independente da idade da criança, arts. 392 e 392-A da CLT.

Gabarito "C"

(OAB/Exame Unificado – 2014.1) Maria, empregada de uma panificadora, adotou uma criança em idade de alfabetização. Quando da adoção, obteve a informação de que faria jus à licença-maternidade, daí decorrente. Em conversa com seu empregador, Maria foi informada que não desfrutava do mencionado benefício. Na dúvida a empregada requereu a licença-maternidade junto ao INSS.

Diante do caso apresentado, assinale a afirmativa correta.

(A) A duração da licença-maternidade de Maria tem variação de acordo com a idade da criança adotada.
(B) Maria não tem direito à licença-maternidade, pois se trata de adoção e a legislação não prevê essa hipótese.
(C) Maria tem direito à licença-maternidade de 120 dias, sem prejuízo do emprego e do salário, independentemente da idade da criança adotada.
(D) Maria tem direito a duas semanas de licença-maternidade correspondentes ao período de adaptação necessário na adoção.

A alternativa "**C**" é a correta, pois de acordo com o art. 392-A da CLT com a redação dada pela Lei 12.873/2013, independentemente da idade da criança adotada a mãe terá licença maternidade de 120 dias. Vale lembrar que os parágrafos do art. 392-A da CLT que previam prazos diferenciados de licença-maternidade de acordo com a idade do adotando foram revogados pela Lei 12.010/2009.

Gabarito "C"

(OAB/Exame Unificado – 2012.1) Determinado empregado, durante quatro anos consecutivos, percebeu pagamento de adicional de insalubridade, já que desenvolvia seu mister exposto a agentes nocivos à saúde. A empregadora, após sofrer fiscalização do Ministério do Trabalho, houve por bem fornecer a todos os seus empregados equipamento de proteção individual (EPI) aprovado pelo órgão competente do Poder Executivo, eliminando, definitivamente, os riscos à higidez física dos trabalhadores. Diante do relatado, assinale a opção INCORRETA:

(A) Enquanto percebido, o adicional de insalubridade integra a remuneração para todos os efeitos legais.
(B) Tendo o empregado recebido adicional de insalubridade com habitualidade, a rubrica não pode ser suprimida, ainda que o empregador promova a eliminação dos riscos à integridade física do empregado.
(C) O trabalhador somente faz jus ao pagamento do adicional de insalubridade enquanto permanecer exposto a agentes de risco à sua saúde, independentemente do tempo em que percebeu o aludido adicional.
(D) A eliminação ou neutralização da insalubridade ocorrerá com a adoção de medidas que conservem o ambiente de trabalho dentro dos limites de tolerância ou com a utilização de equipamentos de proteção individual ao trabalhador, que diminuam a intensidade do agente agressivo a limites de tolerância.

A: correta, pois reflete o entendimento disposto na Súmula 139 do TST; **B:** incorreta, devendo ser assinalada, pois caso o empregador forneça equipamentos de proteção que elimine a insalubridade, ficará excluída a percepção do referido adicional, nos termos da Súmula 80 do TST; **C:** correta, pois o adicional somente é recebido enquanto perdurar a situação de insalubridade. É o que a doutrina chama de "salário-condição", ou seja, o empregado recebe o adicional enquanto trabalhar na condição insalubre; **D:** correta, pois reflete o disposto no art. 191, I e II, da CLT.

Gabarito "B"

(OAB/Exame Unificado – 2011.3.B) Consideram-se acidentes do trabalho

(A) os acidentes típicos, a doença profissional, a doença do trabalho e as hipóteses definidas em lei a ele equiparadas.

(B) a doença degenerativa, a inerente a grupo etário e a doença endêmica.

(C) para fins de responsabilidade civil do empregador, somente os acidentes típicos e a doença profissional.

(D) apenas os acidentes típicos, a doença ocupacional e os acidentes *in itinere*.

A: correta, pois reflete o disposto nos arts. 19, 20 e 21 da Lei 8.213/1991; **B:** incorreta, pois nos termos do art. 20, § 1º, da Lei 8.213/1991 não são consideradas como doença do trabalho; **C:** incorreta, pois os equiparados também. Veja art. 21 da Lei 8.213/1991. **D:** incorreta. Veja comentários anteriores.

Gabarito "A"

(OAB/Exame Unificado – 2010.1) Com relação às normas de proteção ao trabalho da mulher, inseridas na CLT, assinale a opção correta.

(A) O trabalho noturno terá salário superior ao diurno, com percentual de acréscimo de, no mínimo, 25%.

(B) Em caso de prorrogação do horário normal de trabalho, é obrigatória a concessão de descanso de, no mínimo, 15 (quinze) minutos antes do início do horário extraordinário do trabalho.

(C) Na admissão ao emprego, é facultado ao empregador exigir atestado ou exame para a comprovação de gravidez.

(D) Entre duas jornadas de trabalho, deve haver um intervalo de, no mínimo, 12 (doze) horas consecutivas destinadas ao repouso.

A: incorreta. Em conformidade com o art. 381, § 1.º, da CLT, "para os fins deste artigo, os salários serão acrescidos duma percentagem adicional de vinte por cento (20%) no mínimo"; **B:** correta. De acordo com o art. 384 da CLT: "Em caso de prorrogação do horário normal, será obrigatório um descanso de 15 (quinze) minutos no mínimo, antes do início do horário extraordinário do trabalho." O referido dispositivo está inserido na Seção I do Capítulo III, denominado "Da proteção do trabalho da mulher"; **C:** incorreta. De acordo com o art. 373-A, inciso IV, da CLT, "é vedado: IV – exigir atestado ou exame, de qualquer natureza, para comprovação de esterilidade ou gravidez, na admissão ou permanência no emprego"; **D:** incorreta. De acordo com o art. 382 da CLT, "entre duas jornadas de trabalho, haverá um intervalo de 11 (onze) horas consecutivas, no mínimo, destinado ao repouso".

Gabarito "B"

(OAB/Exame Unificado – 2009.3) Assinale a opção correta em relação à Comissão Interna de Prevenção de Acidentes (CIPA).

(A) Para que o empregado possa integrar a CIPA, é necessário que ele seja sindicalizado.

(B) O mandato do membro da CIPA é de 2 (dois) anos, sendo admitida uma reeleição.

(C) Tanto os representantes do empregador quanto os dos empregados serão eleitos por escrutínio secreto.

(D) A estabilidade no emprego é garantida ao eleito para o cargo de direção da CIPA, desde o registro de sua candidatura até 1 (um) ano após o final do mandato.

A: incorreta, pois nos termos do art. 164, § 2º, da CLT não há necessidade de sindicalização; **B:** incorreta, pois o mandato é de 1 (um) ano, nos termos do art. 164, § 3º, da CLT; **C:** incorreta, pois os representantes dos empregadores (titulares e suplentes) serão designados por eles, ao passo que os representantes dos empregados serão eleitos, *vide* art. 164, §§ 1º e 2º, da CLT; **D:** correta, pois reflete o disposto no art. 10, II, *a*, do ADCT.

Gabarito "D"

(OAB/Exame Unificado – 2009.1) A respeito da proteção conferida ao menor trabalhador, assinale a opção correta.

(A) Não corre nenhum prazo prescricional contra os menores de 18 (dezoito) anos de idade.

(B) É vedado ao menor empregado firmar recibos legais pelo pagamento dos salários sem que esteja assistido pelos seus representantes.

(C) É lícita a quitação advinda da rescisão contratual firmada por empregado menor sem a assistência do seu representante legal.

(D) Excepcionalmente, é permitido o trabalho noturno de menores de 18 (dezoito) anos de idade, mas, em nenhuma hipótese, é admitido o trabalho de menores de 16 (dezesseis) anos de idade.

A: correta, pois reflete o disposto no art. 440 da CLT; **B:** incorreta, pois nos termos do art. 439, 1ª parte, da CLT é lícito ao menor firmar recibo de pagamento; **C:** incorreta, pois embora possa firmar recibo de pagamento, não poderá firmar quitação advinda de rescisão contratual, nos termos do art. 439, 2ª parte, da CLT; **D:** incorreta, pois ao menor é proibido o trabalho noturno, nos termos do art. 404 da CLT.

Gabarito "A"

(OAB/Exame Unificado – 2008.3) No que concerne ao trabalho da mulher, assinale a opção correta.

(A) A empregada gestante tem direito à licença-maternidade de 120 (cento e vinte) dias, sem prejuízo do emprego e do salário, devendo, mediante atestado médico, notificar o seu empregador da data do início do afastamento do emprego, que poderá ocorrer entre o 28.º dia antes do parto e ocorrência deste.

(B) As empresas que tenham em seus quadros mais de 100 empregados são obrigadas a contratar, no mínimo, 20 (vinte) mulheres, em obediência à CF e à legislação ordinária.

(C) Os estabelecimentos em que trabalharem pelo menos 25 (vinte e cinco) mulheres com mais de 16 (dezesseis) anos de idade são obrigados a dispor de local apropriado onde seja permitido às empregadas, no período da amamentação, deixar, sob vigilância e assistência, os seus filhos.

(D) Ao empregador é vedado empregar mulher em serviço que demande o emprego de força muscular superior a 25 quilos para o trabalho contínuo, exceto quanto à remoção de material feita por impulsão ou tração de vagonetes sobre trilhos, de carros de mão ou quaisquer aparelhos mecânicos.

A: correta, corresponde ao disposto no art. 392, *caput* e § 1º, da CLT; **B:** incorreta, não há essa previsão na CF e em lei ordinária; **C:** incorreta, esse número é de, pelo menos, 30 (trinta) mulheres (art. 389, § 1º, da CLT); **D:** incorreta. São 20 (vinte) quilos para o trabalho contínuo ou 25 (vinte e cinco) para o trabalho ocasional (art. 390, *caput* e parágrafo único, da CLT).

Gabarito "A"

(OAB/Exame Unificado – 2008.2) Se uma empresa de médio porte publicar, em jornal de grande circulação, anúncio oferecendo vagas para o cargo de secretário executivo e a contratação de pessoas do sexo feminino estiver condicionada à apresentação de documento médico que ateste que a pretendente à vaga não esteja em estado gestacional, nesse caso, a condição imposta no ato de contratação deverá ser considerada

(A) procedente, visto que as funções do cargo oferecido não são compatíveis com estado gestacional.
(B) procedente, dado que o poder de mando do empresário possibilita tal exigência para a contratação de pessoas do sexo feminino.
(C) improcedente, visto que representa um elemento limitador do acesso feminino ao mercado de trabalho.
(D) improcedente, sendo possível tornar-se regular mediante a concordância expressa do respectivo sindicato da categoria profissional.

Visando corrigir as distorções que afetam o acesso da mulher ao mercado de trabalho, é vedado ao empregador exigir atestado ou exame de gravidez, na admissão ou permanência no emprego, nos termos do art. 373-A, IV, da CLT, razão pela qual a condição imposta deverá ser considerada improcedente.

Gabarito "C"

(OAB/Exame Unificado – 2008.2) Com relação ao trabalho da mulher, a lei permite ao empregador

(A) recusar emprego em razão de situação familiar da mulher trabalhadora.
(B) exigir atestado de gravidez, para fins de admissão ou permanência no emprego.
(C) considerar o sexo como variável determinante para fins de ascensão profissional.
(D) publicar anúncio de emprego em que haja referência a determinado sexo para o desempenho de atividade que sabidamente assim o exija.

A: incorreta, pois nos termos do art. art. 373-A, I, da CLT tal prática é vedada ao empregador; **B:** incorreta, pois é vedado ao empregador exigir atestado de gravidez para fins de admissão ou permanência no emprego, art. 373-A, IV, da CLT; **C:** incorreta, pois é vedado ao empregador considerar o sexo como variável determinante para fins de ascensão profissional, art. 373-A, III, da CLT; **D:** correta, pois o art. 373-A, I, da CLT permite que se a natureza da atividade a ser exercida, pública e notoriamente, assim o exigir, poderá haver referência ao sexo, idade, cor ou situação familiar.

Gabarito "D"

(OAB/Exame Unificado – 2007.3) Para os trabalhadores maiores de 18 (dezoito) anos, considerando-se contrato de trabalho que perdurar por mais de 3 (três) anos, a prescrição do direito de reclamar a concessão das férias ou o pagamento da respectiva remuneração é

(A) contada do término do prazo do período concessivo, ou, se for o caso, da cessação do contrato de trabalho.
(B) contada do término do prazo do período aquisitivo.
(C) contada a partir da data em que o trabalhador completar 19 (dezenove) anos.
(D) inexistente, visto que tal direito é imprescritível.

Nos termos do art. 149 da CLT a prescrição do direito de reclamar a concessão das férias ou o pagamento da respectiva remuneração será contada do término do prazo do período concessivo ou, se for o caso, da cessação do contrato de trabalho.

Gabarito "A"

(OAB/Exame Unificado – 2007.3) Assinale a opção correta quanto à composição da Comissão Interna de Prevenção de Acidentes (CIPA).

(A) O presidente da CIPA será, sempre, o empregado que obtiver maior número de votos, e o vice-presidente, o segundo candidato mais votado.
(B) O empregador designará, anualmente, entre os seus representantes, o presidente da CIPA, e os empregados elegerão, entre eles, o vice-presidente da comissão.
(C) O presidente da CIPA será, sempre, o empregado que obtiver maior número de votos, e o vice-presidente, eleito por votação indireta entre os membros da comissão.
(D) Tanto o presidente quanto o vice-presidente serão livremente designados pelo empregador, sendo os demais cargos preenchidos por votação indireta entre os membros eleitos da CIPA.

A CIPA será composta de representantes da empresa e dos empregados, de acordo com os critérios que vierem a ser adotados em regulamentação do Ministério do Trabalho e Emprego (veja a NR 5 do MTE). Assim, determina o art. 164, § 5º, da CLT que o Presidente da CIPA será designado anualmente pelo empregador e o Vice-Presidente será eleito pelos empregados.

Gabarito "B"

(OAB/Exame Unificado – 2007.3) Assinale a opção correta, no que diz respeito à garantia de emprego dos membros eleitos da CIPA.

(A) A garantia de emprego somente se aplica aos membros suplentes da CIPA se estes forem efetivados como titulares.
(B) Não há que se falar em garantia de emprego a membros da CIPA.
(C) Essa garantia somente é aplicada aos membros titulares da CIPA.
(D) A garantia de emprego é aplicada a todos os membros da CIPA, incluindo-se os suplentes.

A: incorreta, pois de acordo com o entendimento consubstanciado na Súmula 339, I, do TST o suplente é detentor da estabilidade independente de sua efetivação; **B:** incorreta, pois o membro da CIPA possui garantia de emprego, nos termos do art. 10, II, a, do ADCT e art. 165 CLT; **C:** incorreta, pois de acordo com o entendimento consubstanciado na Súmula 339, I, do TST o suplente também é detentor da estabilidade assegurada ao membro titular da CIPA; **D:** correta, pois reflete o disposto no art. 10, II, *a*, do ADCT e art. 165 da CLT e, ainda, na Súmula 339, I, do TST.

Gabarito "D"

(OAB/Exame Unificado – 2007.3) O contrato de aprendizagem deve ser celebrado com indivíduo

(A) maior de 14 (quatorze) anos e menor de 24 (vinte e quatro) anos, exceto com relação aos portadores de deficiência, caso em que a idade máxima não se aplica.
(B) maior de 12 (doze) anos e menor de 16 (dezesseis) anos.
(C) maior de 12 (doze) anos e menor de 18 (dezoito) anos.
(D) maior de 15 (quinze) anos de idade, sem limite máximo de idade, desde que comprovado que o trabalhador esteja recebendo treinamento em ofício ou profissão.

A: correta, pois reflete o disposto no art. 428, *caput* e § 5º, da CLT; **B**, **C** e **D:** Opções incorretas, na medida em que o art. 402 da CLT considera menor para o trabalhado as pessoas com idade entre 14 (quatorze) e 18 (dezoito) anos. Nessa linha, o art. 7º, XXXIII, da CF é explícito ao proibir o trabalho para menores de 16 (dezesseis) anos, salvo na condição de aprendiz, a partir dos 14 (quatorze) anos. Desta forma, é proibido qualquer trabalho para ao menor de 16 (dezesseis) anos, salvo na condição de aprendiz, a partir dos 14 (quatorze) anos.

Gabarito "A"

(OAB/Exame Unificado – 2006.3) Com relação ao trabalho do menor, julgue os seguintes itens.

I. É proibido qualquer trabalho a menor de 16 (dezesseis) anos de idade, salvo na condição de aprendiz, a partir dos 14 (quatorze) anos.
II. Ao menor de 18 (dezoito) anos é vedado trabalho noturno.
III. Ao menor não será permitido o trabalho insalubre ou em locais e serviços perigosos.
IV. Não se considera prejudicial, em regra, à moralidade do menor o trabalho em empresas circenses, em funções de acrobata, saltimbanco, ginasta e outras semelhantes.

A quantidade de itens certos é igual a

(A) 1.
(B) 2.
(C) 3.
(D) 4.

I: correta, pois reflete o disposto no art. 7º, XXXIII, da CF; **II:** correta, pois reflete o disposto no art. 7º, XXXIII, da CF e art. 404 da CLT; **III:** correta, pois reflete o disposto no art. 7º, XXXIII, da CF e art. 405, I, da CLT; **IV:** incorreta, pois é considerada prejudicial à moralidade do menor, conforme disposição contida no art. 405, II e § 3º, *b*, da CLT.

Gabarito "C"

10. DIREITO COLETIVO DO TRABALHO

(OAB/Exame Unificado – 2015.3) Em normas coletivas firmadas pela empresa Montagens Industriais Ltda., há previsão de multa por descumprimento de cláusulas normativas que foram efetivamente descumpridas pela empresa.

Diante disso, assinale a afirmativa correta.

(A) O empregado terá de ajuizar tantas ações quantas forem as lesões, postulando, em cada uma delas, a multa pelo descumprimento de obrigações previstas nas respectivas cláusulas.
(B) Tratando-se de multa prevista em instrumento normativo em decorrência de descumprimento de cláusula que reproduz texto de lei, a multa é incabível.
(C) Tendo em vista a reprodução de textos de lei em cláusulas de instrumentos normativos diversos, ficará a critério do juiz definir se pode haver esse acúmulo.
(D) O descumprimento de qualquer cláusula constante de instrumentos normativos diversos não submete o empregado a ajuizar várias ações, pleiteando, em cada uma, o pagamento de multa referente ao descumprimento de obrigações previstas nas respectivas cláusulas.

A: opção incorreta, pois contraria o disposto na súmula 384, I, TST, que assim dispõe: "O descumprimento de qualquer cláusula constante de instrumentos normativos diversos não submete o empregado a ajuizar várias ações, pleiteando em cada uma o pagamento da multa referente ao descumprimento de obrigações previstas nas cláusulas respectivas ." **B:** opção incorreta, pois é aplicável multa prevista em instrumento normativo (sentença normativa, convenção ou acordo coletivo) em caso de descumprimento de obrigação prevista em lei, mesmo que a norma coletiva seja mera repetição de texto, súmula 384, II, TST. **C:** opção incoeretaincorreta, pois a multa será devida nos mokldesmoldes da súmula 384, II, TST. **D:** opção correta, pois reflete o entendimento disposto na súmula 384, I, TST.

Gabarito "D"

(OAB/Exame Unificado – 2014.3) Os empregados da empresa Calçados Ribeiro Ltda. decidem entrar em greve para reivindicar aumento de salário. A greve foi deliberada e votada em assembleia convocada apenas para tal, tendo o empregador sido comunicado com 48 horas de antecedência acerca do movimento paredista.

Durante a greve, de acordo com a Lei,

(A) os contratos de trabalho ficarão interrompidos.
(B) não há uma diretriz própria, na medida em que a Lei é omissa a respeito, cabendo ao Judiciário decidir.
(C) o empregador pode contratar imediatamente substitutos para o lugar dos grevistas.
(D) os contratos de trabalho ficarão suspensos.

A: opção incorreta, pois nos termos do art. 7º da Lei 7.783/1989 durante o movimento grevista, os contratos ficarão suspensos. **B:** opção incorreta, pois o art. 7º da Lei 7.783/1989 regulamenta a hipótese, não havendo omissão legislativa. Contudo, importante destacar que negociação coletiva poderá prever que a situação será de interrupção do contrato, hipótese em que haverá pagamento dos salários do período de greve. **C:** opção incorreta, pois nos termos do parágrafo único do art. 7º da Lei 7.783/1989 durante a greve é proibida a contratação de trabalhadores substitutos, exceto na hipótese de os grevistas não manterem equipes para assegurar os serviços cuja paralisação possa resultar prejuízo irreparável, pela deterioração irreversível de bens, máquinas e equipamentos, bem como a manutenção daqueles essenciais à retomada das atividades da empresa quando da cessação do movimento e em casos de abuso de direito de greve **D:** opção correta, pois reflete o disposto no art. 7º da Lei 7.783/1989.

Gabarito "D"

(OAB/Exame Unificado – 2014.2) Jerônimo trabalha na Metalúrgica Pereira como soldador, com a seguinte jornada: de segunda a sexta-feira, das 9h às 18h, com quatro intervalos diários de quinze minutos, destinados à alimentação (das 9h45min às 10h, das 11h45min às 12h, das 14h45min às 15h e das 16h30min às 16h45min). Na hipótese em questão, de acordo com o entendimento sumulado do TST,

(A) o intervalo intrajornada mínimo de uma hora foi respeitado, daí porque não há horas extras a pagar.
(B) o empregado terá direito ao pagamento de uma hora extra diária pela concessão inadequada da pausa alimentar.
(C) a possibilidade de fracionamento do intervalo intrajornada em 4 períodos depende de autorização do Ministério do Trabalho e Emprego.
(D) se o fracionamento ou a supressão do intervalo estivessem previstos em convenção coletiva, a empresa estaria dispensada de pagar a hora extra.

A: incorreta, pois o intervalo para refeição e descanso não foi respeitado, tendo em vista que nos termos do art. 71, *caput*, da CLT ele deve ser de no mínimo 1 hora. Vale lembrar que nos termos do § 5º do art. 71 da CLT, ante a natureza do serviço e em virtude das condições especiais do trabalho a que são submetidos, os motoristas, cobradores, fiscalização de campo e afins nos serviços de operação de veículos rodoviários, empregados no setor de transporte coletivo de passageiros, os intervalos expressos no *caput* e no § 1º poderão ser fracionados quando compreendidos entre o término da primeira hora trabalhada e o início da última hora trabalhada, desde que previsto em convenção ou acordo coletivo de trabalho, , mantida a remuneração e concedidos intervalos para descanso menores não descontados da jornada, ao final de cada viagem. **B:** correta, pois, em regra, não se admite o fracionamento do intervalo, que deve ser de no mínimo 1 hora. Assim, por não ter sido concedido nos exatos termos do art. 71 da CLT, deverá o empregador pagar o respectivo período como hora extraordinária, acrescida de 50%, em conformidade com o art. 71, § 4º, da CLT. **C:** incorreta, pois o fracionamento do intervalo é permitido, em regra, para os motoristas, cobradores, fiscalização de campo e afins nos serviços de operação de veículos rodoviários, empregados no setor de transporte coletivo de passageiros por acordo ou convenção coletiva, nos termos do art. 71, § 5º, da CLT. **D:** incorreta, pois não tem validade cláusula de acordo ou convenção coletiva que contemple a supressão do intervalo. O mesmo raciocínio deve ser feito para o fracionamento inferior a 1 hora de intervalo. Veja súmula 437, II, TST.

Gabarito "B"

(OAB/Exame Unificado – 2013.1) Uma empresa contrata plano de saúde para os seus empregados, sem custo para os mesmos, com direito de internação em quarto particular. Posteriormente, estando em dificuldade financeira, resolve alterar as condições do plano para uso de enfermaria coletiva, em substituição ao quarto particular. Após a alteração, um empregado é contratado, passa mal e exige da empresa sua internação em quarto particular.

Diante dessa situação, assinale a afirmativa correta.

(A) O empregado está correto, pois não pode haver alteração contratual que traga malefício ao trabalhador, como foi o caso.

(B) O empregado está errado, pois sua contratação já ocorreu na vigência das novas condições, retirando o direito ao quarto particular.

(C) O empregado está correto, pois as vantagens atribuídas à classe trabalhadora não podem retroceder, sob pena de perda da conquista social.

(D) O empregado teria direito ao quarto particular se comprovasse que a doença teve origem antes de ser contratado e antes da alteração das condições do plano de saúde.

A: incorreta, pois embora não possa haver alteração que prejudique o trabalhador, observa-se na questão que o empregado foi contratado após a alteração do regulamento, ou seja, foi contratado na vigência das novas condições e, portanto, a antiga vantagem não lhe atinge. Nesse sentido, veja a Súmula 51, item I, do TST; **B:** correta, pois por ter sido contratado sob a vigência da nova condição de trabalho, as vantagens concedidas antes da contratação não lhe serão devidas se retiradas ou alteradas. As alterações no regulamento da empresa valem apenas para os empregados que forem admitidos após a revogação ou alteração do regulamento. Veja Súmula 51, item I, do TST; **C:** incorreta, pois o trabalhador está errado. Ademais, pode haver a revogação ou alteração de vantagens deferidas, sendo proibido somente que tais cláusulas disponham contra a lei ou normas coletivas; **D:** incorreta, pois o empregado não tem da vantagem deferida antes de sua contratação. Veja comentários anteriores.

Gabarito "B"

(OAB/Exame Unificado – 2010.2) Com relação ao Direito Coletivo do Trabalho, assinale a alternativa correta.

(A) Acordo coletivo do trabalho é o acordo de caráter normativo pelo qual dois ou mais sindicatos representativos de categorias econômicas e profissionais estipulam condições de trabalho aplicáveis, no âmbito das respectivas representações, às relações individuais de trabalho.

(B) Na greve em serviços ou atividades essenciais, ficam as entidades sindicais ou os trabalhadores, conforme o caso, obrigados a comunicar a decisão aos empregadores e aos usuários com antecedência mínima de 72 (setenta e duas) horas da paralisação.

(C) As centrais sindicais, por força de lei, podem celebrar acordos e convenções coletivos de trabalho.

(D) O recolhimento da contribuição sindical obrigatória ("imposto sindical") somente é exigido dos empregados sindicalizados, em face do princípio da liberdade sindical.

A: incorreta, pois a definição da assertiva é de convenção coletiva de trabalho, conforme consta do art. 611, *caput*, da CLT; **B:** correta, pois a assertiva reflete o disposto no art. 13 da Lei 7.783/1989 (Lei de Greve); **C:** incorreta, pois as centrais sindicais, embora tenham sido reconhecidas formalmente, não têm poderes para realizar negociações coletivas, conforme dispõe o art. 1º da Lei 11.648/2008; **D:** incorreta, pois a contribuição sindical possui natureza tributária e é recolhida de maneira compulsória de todos aqueles que participarem de uma determinada categoria econômica ou profissional, conforme dispõe o art. 579 da CLT. O STF inclusive já se manifestou e entendeu que a Constituição Federal de 1988 recepcionou o instituto da contribuição sindical compulsória de todos os integrantes da categoria, independentemente de sua filiação ao sindicato (ADIn 1076, Min. Sepúlveda Pertence, 15.06.1994).

Gabarito "B"

(OAB/Exame Unificado – 2009.1) No que concerne às convenções coletivas de trabalho, assinale a opção correta.

(A) Acordo coletivo é o negócio jurídico pelo qual dois ou mais sindicatos representativos de categorias econômicas e profissionais estipulam condições de trabalho aplicáveis, no âmbito das respectivas representações, às relações individuais do trabalho.

(B) Para ter validade, a convenção coletiva de trabalho deve ser, obrigatoriamente, homologada pela autoridade competente.

(C) Não é lícito estipular duração de validade superior a 2 (dois) anos para a convenção coletiva de trabalho.

(D) É facultada a celebração verbal de acordo coletivo de trabalho, desde que presentes, ao menos, duas testemunhas.

A: incorreta, o conceito trazido é de convenção coletiva (art. 611 da CLT); **B:** incorreta, pois não há necessidade de homologação, mas apenas o depósito da convenção coletiva no Ministério do Trabalho (art. 614 da CLT); **C:** correta art. 614, § 3º, da CLT; **D:** incorreta, *vide* parágrafo único do art. 613 da CLT: "As Convenções e os Acordos serão celebrados por escrito, sem emendas nem rasuras, em tantas vias quantos forem os Sindicatos convenentes ou as empresas acordantes, além de uma destinada a registro".

Gabarito "C"

(OAB/Exame Unificado – 2009.1) Assinale a opção correta a respeito dos dissídios coletivos do trabalho.

(A) Da sentença normativa proferida pelo tribunal regional do trabalho cabe recurso de revista para o TST.

(B) O Ministério Público do Trabalho possui legitimidade para propor dissídios coletivos em qualquer situação.

(C) A competência originária para o julgamento dos dissídios coletivos é do juiz do trabalho de 1.º grau.

(D) A sentença normativa não se submete a processo de execução, mas, sim, a ação de cumprimento.

A: incorreta, pois é cabível recurso ordinário, art. 895, II, da CLT; **B:** incorreta, pois nos termos do art. 114, § 3º, da CF poderá ajuizar dissídio coletivo em caso de greve em atividade essencial, com possibilidade de lesão ao interesse público; **C:** incorreta, pois a competência será dos Tribunais Regionais, nos termos do art. 678 da CLT ou a competência será do Tribunal Superior do Trabalho, caso a base territorial do sindicato exceda a jurisdição dos Tribunais Regionais do Trabalho, ou seja, caso abranger mais de um Estado, em conformidade com o art. 702, I, alínea "b", da CLT; **D:** correta, pois reflete o disposto no art. 872 da CLT.

Gabarito "D"

(OAB/Exame Unificado – 2008.3) Segundo a CLT, as federações

(A) São entidades sindicais de grau superior que atuam em âmbito nacional.

(B) São entidades sindicais compostas de, ao menos, cinco sindicatos que representem a maioria absoluta de um grupo de atividades ou profissões idênticas, sejam elas similares ou conexas.

(C) Têm como órgãos internos a diretoria e o conselho de representantes, apenas.

(D) Têm o seu presidente escolhido entre os seus membros, sendo ele eleito pelo conselho de representantes.

A: incorreta, pois atuam em âmbito estadual, *vide* art. 534, § 2º, da CLT; **B:** correta, pois as federações são entidades de grau superior organizadas nos Estados, formadas por número não inferior a cinco sindicatos, representando a maioria absoluta de um grupo de atividades ou profissões idênticas, similares ou conexas, em conformidade com o art. 534 da CLT; **C:** incorreta, pois são órgãos internos do sindicato: diretoria, conselho de representantes e conselho fiscal; **D:** incorreta, pois nos termos do art. 538, § 3º, da CLT o Presidente da federação será escolhido, pela diretoria, dentre os seus membros. Note que os membros do "conselho fiscal" serão eleitos pelo conselho de representantes, em conformidade com o art. 538, § 1º, da CLT.

Gabarito "B"

(OAB/Exame Unificado – 2008.3) Acerca de negociação coletiva de trabalho, assinale a opção correta.

(A) Convenção coletiva de trabalho é o acordo de caráter normativo no qual o sindicato de empregados estipula condições de trabalho aplicáveis no âmbito de uma ou mais empresas.

(B) Tanto o acordo coletivo de trabalho quanto a convenção coletiva de trabalho têm prazo de vigência de, no máximo, 2 (dois) anos.

(C) Acordo coletivo de trabalho é o acordo de caráter normativo em que dois ou mais sindicatos representativos de categorias econômicas e profissionais estipulam condições de trabalho aplicáveis, no âmbito das respectivas representações, às relações individuais de trabalho.

(D) A participação dos sindicatos nas negociações coletivas de trabalho não é obrigatória.

A: incorreta, pois nos termos do art. 611, *caput*, da CLT, convenção coletiva é o acordo de caráter normativo, entre um ou mais sindicatos de empregados e de empregadores, que irão definir as condições de trabalho que serão observadas em relação a todos os trabalhadores dessas empresas; **B:** correta, pois reflete o disposto no art. 614, § 3º, da CLT; **C:** incorreta, pois nos termos do art. 611, § 1º, da CLT é o pacto entre uma ou mais empresas com o sindicato da categoria profissional, em que são estabelecidas condições de trabalho, aplicáveis às empresas envolvidas; **D:** incorreta, pois contraria a disposição contida no art. 8º, VI, da CF e art. 613, I, da CLT.

Gabarito "B"

(OAB/Exame Unificado – 2008.3) Suponha que os integrantes da categoria de empregados nas empresas de distribuição de energia elétrica, por meio de interferência da entidade sindical que os representa, pretendam entrar em greve, em vista de não ter sido possível a negociação acerca do reajuste salarial a ser concedido à categoria. Considerando essa situação hipotética, assinale a opção correta.

(A) Não é assegurado a esses empregados o direito de greve.

(B) A atividade executada pelos integrantes dessa categoria profissional não se caracteriza como essencial.

(C) Frustrada a negociação, é facultada a cessação coletiva do trabalho, sendo afastada a possibilidade de recursos via arbitral.

(D) Caso a categoria decida pela greve, a entidade sindical deverá comunicar a decisão aos empregadores e aos usuários com antecedência mínima de 72 (setenta e duas) horas da paralisação.

A: incorreta, pois o direito à greve é garantido a todos os trabalhadores, nos termos do art. 9º CF e arts. 1º e 11 da Lei 7.783/1989; **B:** incorreta, pois nos termos do art. 10, I, da Lei 7.783/1989 o serviço de energia elétrica é considerada atividade essencial; **C:** incorreta, pois nos termos do art. 3º da Lei 7.783/1989, frustrada a negociação coletiva ou verificada a impossibilidade de recursos via arbitral, é facultada a cessação coletiva do trabalho; **D:** correta, pois está em conformidade com o disposto no art. 13 da Lei 7.783/1989.

Gabarito "D"

(OAB/Exame Unificado – 2006.2) O sindicato dos trabalhadores da indústria automobilística ajuizou representação para instauração de instância, em dissídio coletivo, pleiteando a interpretação de norma jurídica que estabelece condições para o direito à promoção por antiguidade no âmbito do quadro de pessoal de cada empregadora. Na representação inicial, constam como motivo do dissídio o fato de diversas empregadoras estarem considerando apenas o tempo de serviço prestado na empresa e não o tempo trabalhado na indústria automobilística. O sindicato trabalhista reivindicou, como base para conciliação, a aceitação da interpretação de que seja considerado, para efeito de promoção por antiguidade, o tempo total de serviço prestado na indústria automobilística e não aquele especificamente prestado em cada empresa. Nenhuma das partes compareceu à primeira audiência. Acerca dessa situação hipotética, assinale a opção correta.

(A) O dissídio coletivo instaurado é de natureza econômica.

(B) As bases de conciliação da representação configuram o requisito essencial da petição inicial.

(C) O processo deve ser arquivado, sem resolução do mérito, devido ao fato de as partes não terem comparecido à audiência inicial.

(D) A sentença que decidir o conflito, declarando a interpretação da norma coletiva aduzida, entrará em vigor na data de sua publicação.

A: incorreta, pois o dissídio coletivo de natureza econômica é aquele em que se discute fixação de melhores condições de trabalho. No caso apresentado, o conflito coletivo é de natureza jurídica, ou seja, aquele que tem por finalidade tornar possível a aplicação de norma já existente por meio da interpretação; **B:** correta, pois reflete o disposto no art. 858, *b*, da CLT; **C:** incorreta, pois, nos termos do art. 864 da CLT, não comparecendo as partes, o presidente do Tribunal submeterá o processo a julgamento, depois de realizadas as diligências que entender necessárias e ouvido o Ministério Público; **D:** incorreta, pois também poderá entrar em vigor "a partir do dia imediato ao termo final de vigência do acordo, convenção ou sentença normativa" caso o dissídio seja ajuizado nos 60 dias anteriores ao termo final (*vide* art. 867, parágrafo único, e alíneas).

Gabarito "B"

(FGV – 2010) Assinale a alternativa que preenche adequadamente as lacunas do texto a seguir:

"As __________ e as __________ são entidades sindicais de grau superior legalmente reconhecidas pela CLT."

(A) centrais sindicais e delegacias do trabalho
(B) sindicatos nacionais e federações
(C) confederações e associações nacionais
(D) sindicatos nacionais e centrais sindicais regionais
(E) federações e confederações

A: incorreta, pois embora a Lei 11.648/2008, tenha reconhecido, formalmente, as centrais sindicais, elas não fazem parte do sistema sindical brasileiro, assim como as delegacias do trabalho que são órgão do Ministério do Trabalho e Emprego; **B:** incorreta, pois os sindicatos não são entidades de grau superior, como se vê pela leitura do art. 533 da CLT; **C:** incorreta, pois as associações não compõem o sistema sindical brasileiro; **D:** incorreta, *vide* comentários às alternativas "A" e "C"; **E:** correta, pois reflete o disposto no art. 533 da CLT. Federações são entidades de grau superior organizadas nos Estados, formadas por número não inferior a cinco sindicatos, representando a maioria absoluta de um grupo de atividades ou profissões idênticas, similares ou conexas, em conformidade com o art. 534 da CLT. As confederações são entidades sindicais de grau superior de âmbito nacional, formadas, nos termos do art. 535 da CLT, de no mínimo três federações, tendo sua sede em Brasília.

Gabarito "E"

(FGV – 2010) Analise as assertivas abaixo:

As convenções coletivas de trabalho são instrumentos coletivos pactuados entre entidades sindicais representativas de categorias profissionais e de categorias econômicas.

PORQUE

A Constituição estabeleceu a obrigatoriedade de participação dos sindicatos nas negociações coletivas.

Assinale a alternativa correta.

(A) As duas afirmações são falsas.
(B) As duas afirmações são verdadeiras, e a segunda justifica a primeira.
(C) As duas afirmações são verdadeiras, e a segunda não justifica a primeira.
(D) A primeira afirmação é verdadeira, e a segunda é falsa.
(E) A primeira afirmação é falsa, e a segunda é verdadeira.

A primeira proposição é verdadeira e traz o conceito correto de convenção coletiva que é verdadeira fonte formal de direito do trabalho (art. 611, *caput*, da CLT). A segunda proposição também é verdadeira, pois nos termos do art.art. 8º, VI, da CF e art. 613, I, da CLT a participação do sindicato é obrigatória. No entanto, a obrigatoriedade de participação dos sindicatos nas negociações coletivas não corresponde ao conceito de convenção coletiva, razão pela qual a segunda afirmativa não justifica a primeira.

Gabarito "C"

11. TEMAS COMBINADOS

(OAB/Exame Unificado – 2016.2) João pretende se aposentar e, para tal fim, dirigiu-se ao órgão previdenciário. Lá ficou sabendo que o seu tempo de contribuição ainda não era suficiente para a aposentadoria, necessitando computar, ainda, 18 meses de contribuição. Ocorre que João, 25 anos antes, trabalhou por dois anos como empregado para uma empresa, mas não teve a CTPS assinada. De acordo com a CLT, sobre uma eventual reclamação trabalhista, na qual João viesse a postular a declaração de vínculo empregatício para conquistar a aposentadoria, assinale a afirmativa correta.

(A) Se a empresa arguir a prescrição a seu favor, ela será conhecida pelo juiz, já que ultrapassado o prazo de 2 anos para ajuizamento da ação.
(B) Não há o instituto da prescrição na seara trabalhista porque prevalece o princípio da proteção ao empregado.
(C) O prazo, na hipótese, seria de 5 anos e já foi ultrapassado, de modo que a pretensão estaria fulminada pela prescrição total.
(D) Não haverá prescrição, pois a demanda tem por objeto anotações para fins de prova junto à Previdência Social.

"D" é a opção correta, pois nos termos do art. 11, § 1º, da CLT o prazo prescricional de cinco anos, até o limite de dois anos após a extinção do contrato (prescrições bienal e quinquenal) não se aplica às ações que tenham por objeto anotações para fins de prova junto à Previdência Social.

Gabarito "D"

(OAB/Exame Unificado – 2016.2) Um determinado empregado é vigilante e, por meio do seu empregador, sempre prestou serviços terceirizados a uma instituição bancária privada. Após ser dispensado, o ex-empregado ajuizou ação contra o seu antigo empregador e a instituição bancária, reclamando horas extras, diferença por acúmulo de funções e indenização por dano moral. Sobre a situação apresentada, assinale a afirmativa correta.

(A) Caso haja sucesso na demanda, a instituição bancária não poderá ser condenada em qualquer nível porque não foi o empregador.
(B) A instituição bancária poderá ser condenada de forma solidária pelos créditos porventura deferidos porque terceirizou atividade-fim.
(C) O banco poderia ser condenado de forma mista, ou seja, pagaria todos os direitos devidos exceto dano moral.
(D) A instituição bancária será condenada de forma subsidiária por todos os créditos porventura deferidos.

A: opção incorreta, pois havendo sucesso na demanda a instituição bancária será responsável subsidiária pelos débitos trabalhistas. Vide súmula 331, IV, TST. **B:** opção incorreta, pois por se tratar de uma terceirização lícita a responsabilidade não será solidária, mas sim subsidiária. **C:** opção incorreta, pois nos termos da súmula 331, VI, do TST a responsabilidade subsidiária do tomador de serviços abrange todas as verbas decorrentes da condenação referentes ao período da prestação laboral . **D:** opção correta, pois reflete o entendimento disposto os itens IV e VI da súmula 331 do TST.

Gabarito "D"

(OAB/Exame Unificado – 2016.1) Jorge é um teletrabalhador e cumpre jornada preestabelecida pelo empregador, que o monitora por meio de meios telemáticos. A empresa montou um *home office* na residência do empregado, fornecendo móveis (mesa e cadeira ergonômica), computador e impressora. Em determinado dia de trabalho, quando conferia relatórios, a cadeira em que

Jorge estava sentado quebrou e ele, devido à queda violenta, machucou-se.

Na hipótese, de acordo com a Lei,

(A) ocorreu acidente do trabalho, sendo irrelevante se o trabalho é prestado na residência do empregado.
(B) não se pode cogitar de acidente do trabalho no teletrabalho, pois o empregado está em seu domicílio e não sob as vistas do empregador.
(C) o evento jamais poderá ser considerado acidente do trabalho, uma vez que a situação não foi testemunhada por ninguém.
(D) todo acidente domiciliar é acidente do trabalho, segundo a legislação previdenciária.

"A" é a alternativa correta. Isso porque nos termos do art. 19 da Lei 8.213/1991 acidente do trabalho é o que ocorre pelo exercício do trabalho a serviço de empresa ou de empregador doméstico ou pelo exercício do trabalho, provocando lesão corporal ou perturbação funcional que cause a morte ou a perda ou redução, permanente ou temporária, da capacidade para o trabalho. Tendo em vista que a CLT em seu art. 6º ensina que não se distingue entre o trabalho realizado no estabelecimento do empregador, o executado no domicílio do empregado e o realizado a distância, desde que estejam caracterizados os pressupostos da relação de emprego a hipótese narrada no enunciado será considerada acidente de trabalho.

Gabarito "A"

(OAB/Exame Unificado – 2016.1) Maria trabalha para a sociedade empresária Beta e recentemente foi aposentada por invalidez. Diante desse fato, a empresa cancelou o plano de saúde de Maria.

Em relação à hipótese retratada e de acordo com a lei e o entendimento sumulado do TST, assinale a afirmativa correta.

(A) A sociedade empresária agiu corretamente, pois a aposentadoria por invalidez rompeu o contrato de trabalho.
(B) A sociedade empresária poderia, diante da situação retratada e a seu exclusivo critério, manter ou não o plano de saúde.
(C) A sociedade empresária terá obrigação de manter o plano por 12 meses, quando terminaria a estabilidade da obreira.
(D) A sociedade empresária se equivocou, porque o contrato está suspenso, devendo ser mantido o plano de saúde.

A: opção incorreta, pois a aposentadoria por invalidez é causa de suspensão do contrato de trabalho, art. 475 da CLT. **B:** opção incorreta, pois diante do entendimento disposto na súmula 440 do TST a empresa está obrigada a manter as suas obrigações acessórias, como é o caso do pagamento do plano de saúde do empregado. **C:** opção incorreta, pois a empresa deverá pagar o plano de saúde durante o período que for necessário. **D:** opção correta, pois nos termos do art. 475 da CLT o contrato de trabalho está suspenso, permanecendo a obrigação do empregador em pagar o plano de saúde. Nesse mesmo sentido ensina a súmula 440 do TST: "Assegura-se o direito à manutenção de plano de saúde ou de assistência médica oferecido pela empresa ao empregado, não obstante suspenso o contrato de trabalho em virtude de auxílio-doença acidentário ou de aposentadoria por invalidez."

Gabarito "D"

(OAB/Exame Unificado – 2015.2) Lúcio é enfermeiro num hospital e, após cumprir seu expediente normal de 8 horas de serviço, tratando dos pacientes enfermos, recebe solicitação para prosseguir no trabalho, realizando hora extra. Lúcio se nega, afirmando que a prorrogação não foi autorizada pelo órgão competente do Ministério do Trabalho e do Emprego. Diante desse impasse e de acordo com a CLT, marque a afirmativa correta.

(A) Lúcio está errado, pois seu dever é de colaboração para com o empregador. A resistência injustificada à sobrejornada dá margem à ruptura por justa causa, por ato de insubordinação.
(B) Lúcio está correto, pois é pacífico e sumulado o entendimento de que nenhum empregado é obrigado a realizar horas extras.
(C) Lúcio está errado, pois a legislação em vigor não exige que eventual realização de hora extra seja antecedida de qualquer autorização de órgão governamental.
(D) Lúcio está correto, pois, tratando-se de atividade insalubre, a prorrogação de jornada precisa ser previamente autorizada pela autoridade competente.

A: opção incorreta, pois a resistência de Lúcia encontra amparo legal, não dando ensejo à justa causa do empregado por ato de insubordinação prevista no art. 482, *h*, da CLT. **B:** opção incorreta, pois embora Lúcio esteja correto, não há entendimento sumulado determinando que nenhum empregado é obrigado ou não à prestar horas extras. A prestação de horas suplementares depende de acordo escrito entre empregado e empregador ou mediante acordo ou convenção coletiva de trabalho, art. 59 da CLT. Por se tratar de prorrogação de jornada de trabalho em atividade insalubre é necessária inspeção prévia e permissão da autoridade competente, na forma do art. 60 da CLT, súmula 85, VI, TST. **C:** opção incorreta, pois viola diretamente o disposto no art. 60 da CLT. Ademais, nos termos da súmula 85, VI, do TST para a validade do aordoacordo de compensação é necessária inspeção prévia e permissão da autoridade competente, na forma do art. 60 da CLT. **D:** opção correta, pois nos termos do art. 60 da CLT, é necessária a licença prévia das autoridades competentes em matéria de higiene do trabalho para que qualquer tipo prorrogação na jornada de trabalho nas atividades insalubres.No mesmo sentido, súmula 85, VI, TST.

Gabarito "D"

(OAB/Exame Unificado – 2015.2) Henrique é técnico de segurança do trabalho da sociedade empresária ALFA e irá aproveitar 20 dias de férias, pois decidiu converter 10 dias de férias em dinheiro. No seu lugar, assumindo de forma plena as tarefas, ficará Vítor, seu melhor assistente e subordinado. Nesse caso, durante o período de férias e de acordo com o entendimento do TST,

(A) Vítor não receberá o mesmo salário, porque a substituição é eventual, por apenas 20 dias.
(B) Vítor terá direito ao mesmo salário de Henrique, pois a substituição não é eventual.
(C) Vítor terá direito ao seu salário e ao de Henrique, porque há acúmulo de funções.
(D) a situação retratada é ilegal, tratando-se de desvio de função, vedado pelo ordenamento jurídico

A: opção incorreta, pois no caso em tela não se trata de uma substituição eventual, entendida como aquela feita por um período curtíssimo de tempo. Em se tratando de substituição no período de férias, o TST entende ser substituição provisória, ainda que somente por 20 dias, termos da súmula 159, I, do TST. **B:** opção correta, pois reflete o entendimento disposto na Súmula 159, I, do TST. **C:** opção incorreta, pois não há acumulo de funções, sendo que Vitor fará jus somente A percepção do mesmo salário de Henrique. **D:** opção incorreta, pois se encaixa dentro do poder de direção do empregador, sendo que o art. 450 da CLT e a súmula 159 do TST disciplinam a situação apontada na questão.

Gabarito "B"

(OAB/Exame Unificado – 2015.1) Determinado empregado foi contratado para criar e desenvolver programas de software, criando novas soluções para as demandas dos clientes do seu empregador. Em sua atividade normal, esse empregado inventou um programa original, muito útil e prático, para que os empresários controlassem à distância seus estoques, o que possibilitou um aumento nas vendas.

Diante da situação retratada, assinale a afirmativa correta.

(A) O empregado terá direito, conforme a Lei, a uma participação sobre o lucro obtido nessas vendas.

(B) A Lei é omissa a esse respeito, de modo que, caso não haja consenso entre as partes, será necessário o ajuizamento de ação trabalhista para resolver o impasse.

(C) Todo o lucro obtido pelo invento será do empregado.

(D) O empregado terá direito apenas ao seu salário normal, exceto se o seu contrato de trabalho tiver previsão de participação no lucro do seu invento.

A: opção incorreta, pois nesse tipo de contrato de trabalho a lei não prevê participação do empregado nos lucros obtidos na venda da invenção o empregado fará jus somente ao salário pactuado, que somente será devida se houver previsão contratual, art. 88 e § 1º da Lei 9.279/1996. **B:** opção incorreta, pois a hipótese é regulada pela Lei 9.279/1996 que dispõe sobre a propriedade industrial, especificamente nos arts. 88 a 93 da citada lei. **C:** opção incorreta, pois nesse tipo de contrato, a retribuição pelo trabalho limita-se ao salário ajustado, nos termos do art. 88, § 1º, da Lei 9.279/1996. **D:** opção correta, pois de acordo com o art. 88 da Lei 9.279/1996 a invenção e o modelo de utilidade pertencem exclusivamente ao empregador quando decorrerem de contrato de trabalho que tenha por objeto a pesquisa ou a atividade inventiva ou que resulte da natureza dos serviços para os quais foi o empregado contratado, não prevendo a lei participação nos lucros. Assim, salvo disposição contratual em outro sentido, a retribuição pelo trabalho limita-se ao salário ajustado, nos termos do § 1º do art. 88 da Lei 9.279/1996.

Gabarito "D"

(OAB/Exame Unificado – 2013.3) Godofredo ajuizou reclamação trabalhista, dizendo-se vítima de discriminação, já que a empresa para a qual trabalhava o dispensou no mês em que ele completou 60 anos de idade, o que acontecia rigorosamente com todos os empregados que alcançavam esta idade. Alega que essa é uma odiosa e inconstitucional política não escrita da empresa.

Caso comprovada a alegação de Godofredo sobre a dispensa discriminatória e à luz da Lei 9.029/1995, é correto afirmar que

(A) como portador de garantia no emprego, Godofredo deve requerer sua reintegração, único direito que lhe é assegurado.

(B) o empregado pode optar entre o retorno e a percepção em dobro do período de afastamento.

(C) uma vez que Godofredo não tem estabilidade, somente poderá pleitear indenização.

(D) a dispensa em razão da idade não pode ser considerada discriminatória nem ilegal, já que é uma circunstância que atinge a todos.

A: incorreta, pois nos termos do art. 4º da Lei 9.029/1995 Godofredo poderá optar entre a reintegração com ressarcimento integral de todo o período de afastamento, mediante pagamento das remunerações devidas, corrigidas monetariamente, acrescidas dos juros legais ou a percepção, em dobro, da remuneração do período de afastamento, corrigida monetariamente e acrescida dos juros legais. **B:** correta, pois reflete o disposto no art. 4º da Lei 9.029/1995. **C:** incorreta, pois independente de ser detentor de estabilidade no emprego Godofredo possui direito a reintegração ou indenização, previstos no art. 4º da Lei 9.029/1995. **D:** incorreta, pois a CF assegura igualdade de direitos a todos, em seu art. 5º, *caput*, sendo que nos termos do art. 3º, IV, a CF dispõe constituir objetivo fundamental da República Federativa do Brasil promover o bem de todos, sem preconceitos de origem, raça, sexo, cor, idade e quaisquer outras formas de discriminação.

Gabarito "B"

(OAB/Exame Unificado – 2013.1) Os direitos constitucionais relacionados a seguir já foram regulamentados por Lei, à exceção de um. Assinale-o.

(A) Aviso-prévio proporcional ao tempo de serviço.

(B) Participação nos lucros ou resultados.

(C) Adicional por atividade penosa.

(D) Licença-paternidade.

A: incorreta, pois o aviso-prévio proporcional é regulado pela Lei 12.506/2011; **B:** incorreta, pois a participação nos lucros ou resultados está regulada pela Lei 10.101/2000; **C:** correta, pois o adicional por atividade penosa, art. 7º, XXIII, da CF ainda não foi regulamentado; **D:** incorreta, pois embora não exista lei específica, o art. 10, § 1º, do ADCT dispõe que até que a lei venha a disciplinar o disposto no art. 7º, XIX, da Constituição, o prazo da licença-paternidade a que se refere o inciso é de cinco dias a licença-paternidade.

Gabarito "C"

(OAB/Exame Unificado – 2012.3.A) De acordo com o entendimento consolidado da jurisprudência, a mudança de regime jurídico do empregado celetista para estatutário

(A) não gera alteração no contrato de trabalho, que permanece intacto.

(B) gera a suspensão do contrato de trabalho pelo período de três anos, prazo necessário para que o servidor público adquira estabilidade.

(C) gera extinção do contrato de trabalho, iniciando-se o prazo prescricional da alteração.

(D) não gera alteração no contrato de trabalho, mesmo porque o empregado não é obrigado a aceitar a alteração de regime jurídico.

A: incorreta, o contrato não permanecerá intacto, tendo em vista ser considerado extinto. Veja Súmula 382 do TST; **B:** incorreta. Veja comentários das alternativas "A" e "C"; **C:** correta, pois reflete o entendimento disposto na Súmula 382 do TST. No âmbito federal, veja a Lei 8.112/1990; **D:** incorreta, pois o contrato de trabalho será considerado extinto. Importante lembrar que o art. 243 da Lei 8.112/1990 ensina: "Ficam submetidos ao regime jurídico instituído por esta Lei, na qualidade de servidores públicos, os servidores dos Poderes da União, dos ex-Territórios, das autarquias, inclusive as em regime especial, e das fundações públicas, regidos pela Lei n. 1.711, de 28 de outubro de 1952 – Estatuto dos Funcionários Públicos Civis da União, ou pela Consolidação das Leis do Trabalho, aprovada pelo Decreto-Lei n. 5.452, de 1º de maio de 1943, exceto os contratados por prazo determinado, cujos contratos não poderão ser prorrogados após o vencimento do prazo de prorrogação".

Gabarito "C"

(OAB/Exame Unificado – 2012.2) Um cientista é contratado como empregado para trabalhar no setor de pesquisa de uma empresa, visando desenvolver atividade inventiva. Após três anos, com uso de equipamentos e insumos da empresa, o trabalhador inventa um novo maquinário, cuja patente é requerida e, em breve, introduzida no processo de produção, com previsão de alto lucro. Na hipótese, caso nada tenha sido disposto a respeito, assinale a afirmativa correta.

(A) A invenção pertence exclusivamente ao empregado, mas os lucros deverão ser divididos.

(B) A invenção pertence exclusivamente ao empregador, dada a atividade para a qual foi contratado o empregado.

(C) A invenção pertence ao empregado e ao empregador, que dividirão os lucros.

(D) A invenção pertence ao empregador, mas é dado ao empregado pedir indenização por dano material, a ser arbitrado pela justiça.

A: incorreta, pois o art. 454 da CLT determina que na vigência do contrato de trabalho, as invenções do empregado, quando decorrentes de sua contribuição pessoal e da instalação ou equipamento fornecidos pelo empregador, serão de propriedade comum, em partes iguais, *salvo se o contrato de trabalho tiver por objeto, implícita ou explicitamente, pesquisa científica*, hipótese em que pertencerá exclusivamente ao empregador; **B:** correta, pois tendo o contrato finalidade inventiva a invenção pertencerá ao empregador, nos termos do art. 88 da Lei 9.279/1996; **C:** incorreta, pois tendo o contrato atividade inventiva, nos termos do art. 88, § 1º, da Lei 9.279/1996, salvo expressa disposição contratual em contrário, a retribuição pelo trabalho a que se refere este artigo limita-se ao salário ajustado; **D:** incorreta, pois não há direito à indenização por dano material, dado o objeto do contrato. Em se tratando de administração pública, veja art. 93 e seu parágrafo único da Lei 9.279/1996.

Gabarito "B"

(OAB/Exame Unificado – 2011.3.B) Marcos Paiva ficou afastado do seu trabalho, em gozo de benefício previdenciário, em razão de enfermidade não relacionada ao exercício de suas atribuições funcionais, pelo prazo de 7 (sete) meses. Diante dessa situação hipotética, é correto afirmar que

(A) Marcos tem direito ao recolhimento dos depósitos do FGTS durante esse período de afastamento do trabalho.

(B) esse tempo de afastamento previdenciário deve ser considerado no cômputo do período aquisitivo das férias.

(C) durante esse afastamento previdenciário o contrato de trabalho esteve interrompido.

(D) Marcos deve retornar ao trabalho no prazo de 30 (trinta) dias, contados a partir da cessação do benefício previdenciário, sob pena de se presumir o abandono de emprego caso não justifique o motivo do não retorno.

A: incorreta, pois o depósito de FGTS é obrigatório apenas em se tratando de doença ocupacional, nos termos do art. 15, § 5º, da Lei 8.036/1990 e art. 28, III, do Decreto n. 99.684/1990. O auxílio doença, decorrente de doença comum, ou seja, não relacionada com o exercício de suas atribuições funcionais, é o caso de suspensão do contrato de trabalho, não sendo devido, portanto, o depósito do FGTS após os primeiro 15 dias de afastamento; **B:** incorreta, pois nos termos do art. 133, IV, da CLT o empregado perderá o direito a férias quando receber do INSS prestações de auxílio doença por mais de 6 (seis) meses; **C:** incorreta, pois a partir do 16º dia de afastamento se constata a suspensão do contrato de trabalho, na medida em que o empregado não recebe seu salário; **D:** correta, pois reflete o entendimento disposto na Súmula 32 do TST.

Gabarito "D"

(OAB/Exame Unificado – 2011.1) Assinale a alternativa correta em relação ao Fundo de Garantia do Tempo de Serviço – FGTS.

(A) A prescrição da pretensão relativa às parcelas remuneratórias não alcança o respectivo recolhimento da contribuição para o FGTS, posto ser trintenária a prescrição para a cobrança deste último.

(B) Na hipótese de falecimento do empregado, o saldo de sua conta vinculada do FGTS deve ser pago ao representante legal do espólio, a fim de que proceda à partilha entre todos os sucessores do trabalhador falecido.

(C) Durante a prestação do serviço militar obrigatório pelo empregado, ainda que se trate de período de suspensão do contrato de trabalho, é devido o depósito em sua conta vinculada do FGTS.

(D) Não é devido o pagamento de indenização compensatória sobre os depósitos do FGTS quando o contrato de trabalho se extingue por força maior reconhecida pela Justiça do Trabalho.

A: incorreta, pois em conformidade com a Súmula 206 do TST, a prescrição da pretensão relativa às parcelas remuneratórias alcança o respectivo recolhimento da contribuição para o FGTS. No tocante à prescrição trintenária, vide Súmula 362 do TST: "I – Para os casos em que a ciência da lesão ocorreu a partir de 13.11.2014, é quinquenal a prescrição do direito de reclamar contra o não recolhimento de contribuição para o FGTS, observado o prazo de dois anos após o término do contrato; II – Para os casos em que o prazo prescricional já estava em curso em 13.11.2014, aplica-se o prazo prescricional que se consumar primeiro: trinta anos, contados do termo inicial, ou cinco anos, a partir de 13.11.2014 (STFARE-709212/DF); **B:** incorreta, pois nos termos do art. 20, IV, da Lei 8.036/1990, havendo o falecimento do trabalhador, o saldo de sua conta do FGTS deverá ser pago aos seus dependentes, para esse fim habilitados perante a Previdência Social. Não existindo dependentes habilitados para esse fim, farão jus ao recebimento do saldo da conta vinculada os seus sucessores previstos na lei civil, indicados em alvará judicial, expedido a requerimento do interessado, independente de inventário ou arrolamento; **C:** correta, pois reflete o disposto no art. 15, § 5º, da Lei 8.036/1990; **D:** incorreta, pois o art. 18, 2º, da Lei 8.036/1990, ensina que havendo extinção do contrato por força maior, a indenização corresponderá a 20%, ou seja, a metade a que o empregado teria direito em caso de despedida imotivada.

Gabarito "C"

(OAB/Exame Unificado – 2009.2) Assinale a opção correta acerca do FGTS.

(A) A conta vinculada do trabalhador no FGTS não poderá ser movimentada em caso de despedida indireta.

(B) É devido o recolhimento do FGTS sobre os valores pagos a título de aviso-prévio, quer tenha o empregado, durante esse período, trabalhado ou não.

(C) Os valores referentes ao FGTS podem ser pagos diretamente ao empregado.

(D) Os trabalhadores autônomos são beneficiários do FGTS.

A: incorreta, pois nos termos do art. 20, I, da Lei 8.036/1990 em caso de despedida indireta poderá o empregado movimentar a conta do FGTS; **B:** correta, pois reflete o entendimento da Súmula 305 do TST; **C:** incorreta, pois contraria o disposto no art. 15 da Lei 8.036/1990; **D:** incorreta, nos termos do art. 15, § 2º, da Lei 8.036/1990, o trabalhador autônomo, assim como o trabalhador eventual, o servidor público e o militar não são beneficiários do regime do FGTS.

Gabarito "B"

(OAB/Exame Unificado – 2008.1) Com relação ao entendimento jurisprudencial dominante sobre a aposentadoria espontânea do empregado, assinale a opção correta.

(A) A aposentadoria espontânea extingue o contrato de trabalho, desobrigando para sempre o empregador do pagamento da multa de 40% sobre os depósitos do FGTS do período anterior à aposentadoria.
(B) A aposentadoria voluntária extingue o contrato de trabalho, ainda que o empregado continue a trabalhar na empresa após a concessão do benefício previdenciário.
(C) A aposentadoria espontânea extingue o contrato de trabalho, salvo se o empregado voltar a trabalhar em outra empresa.
(D) A concessão da aposentadoria voluntária ao trabalhador não extingue, instantânea e automaticamente, o vínculo de emprego, não ficando o empregador desonerado de indenizar o empregado, arbitrariamente despedido, da multa de 40% sobre depósitos de FGTS anteriores à aposentadoria.

De fato, a Orientação Jurisprudencial da SBDI-1 n. 177, que previa a extinção da aposentadoria voluntária, foi cancelada e o TST passou a entender que a aposentadoria voluntária não extingue o contrato de trabalho.

Gabarito "D"

(OAB/Exame Unificado – 2007.3) Manuel, contratado pela empresa Sol Ltda. no dia 2 de fevereiro de 2007, foi demitido dessa empresa, sem justa causa, no dia 30 de dezembro de 2007. Considerando a situação hipotética acima, assinale a opção correta, no que diz respeito ao direito de Manuel receber férias.

(A) A demissão de Manuel, sem justa causa, antes de haver completado 12 (doze) meses de efetivo exercício na empresa, gera o direito de recebimento de férias integrais, independentemente do tempo trabalhado na empresa.
(B) Manuel deveria receber o valor referente às férias proporcionais ao período em que esteve empregado, mas sem o acréscimo de 1/3 garantido constitucionalmente, pois ainda não tinha completado 12 (doze) meses de efetivo exercício na empresa.
(C) A extinção do contrato de trabalho sem justa causa assegura a Manuel o direito de receber as férias proporcionais, ainda que não tenha completado o período aquisitivo de 12 (doze) meses.
(D) Manuel somente poderia receber qualquer verba a título de férias se tivesse completado o período aquisitivo de 12 (doze) meses.

A: incorreta, pois terá direito às férias proporcionais, tendo em vista não ter completado o período aquisitivo. Veja o art. 147 CLT. Nesse mesmo sentido, por meio da Súmula 171, o TST entende que a extinção do contrato de trabalho sujeita o empregador ao pagamento da remuneração das férias proporcionais, ainda que incompleto o período aquisitivo de 12 (doze) meses, salvo na hipótese de dispensa do empregado por justa causa; **B:** incorreta, pois o art. 7º, XVII, da CF garante o pagamento das férias, seja ela proporcional ou integral, acrescidas de 1/3; **C:** correta, pois reflete o disposto no art. 147 da CLT; **D:** incorreta, pois as férias proporcionais são devidas, salvo na hipótese de dispensa do empregado por justa causa, em conformidade com a Súmula 171 do TST.

Gabarito "C"

(OAB/Exame Unificado – 2007.3) Em um período de eleições municipais, a diretoria da empresa Boi no Pasto Ltda. determinou que todos os seus funcionários votassem em determinado candidato a prefeito, filho do presidente da empresa. Além da determinação de voto, os funcionários deveriam usar os brindes de campanha, como adesivos e camisetas. Nessa situação, o ato da diretoria

(A) é considerado perfeito e regular, já que possui o caráter transitório, ou seja, dura apenas momentaneamente, enquanto perdurar a campanha eleitoral.
(B) deve ser considerado ato criminoso, já que atenta contra a organização do trabalho.
(C) faz parte do poder de mando do empregador, não caracterizando nenhuma irregularidade.
(D) caracteriza dano moral aos empregados, que, além de terem recebido determinação que nada condiz com o andamento dos trabalhos, ainda teriam de utilizar o material de campanha do candidato.

A determinação imposta pela empresa, no caso apresentado, extrapola o poder diretivo que possui, poder esse que não é absoluto. Isto porque o empregado está protegido pelos direitos fundamentais, não apenas os de conteúdo laboral, como também os gerais que alcançam todo e qualquer cidadão, sendo garantido o direito à intimidade, à imagem, liberdade de crença e expressão, constituindo, portanto, os direitos fundamentais, o limite ao exercício do poder diretivo pelo empregador, que tem, portanto, obrigação de respeitar os direitos do trabalhador. Essa violação, de fato, configura dano moral.

Gabarito "D"

(OAB/Exame Unificado – 2006.2) Pedro era empregado da pessoa jurídica Delta desde fevereiro de 1995, quando esta editou o regulamento n. 1, que previa complementação de aposentadoria aos empregados que tivessem mais de 10 (dez) anos de serviços prestados à empresa e que se aposentassem na vigência do contrato de trabalho. O referido regulamento foi revogado pelo regulamento n. 2, em julho de 2004, que não manteve a aludida complementação. Pedro aposentou-se em abril de 2005. Com base no ordenamento jurídico vigente e acerca dessa situação hipotética, assinale a opção correta.

(A) Se o regulamento n. 2 tivesse mantido a complementação da aposentadoria, prevista no regulamento anterior, alterando apenas seus critérios de concessão e reduzindo o valor do benefício, essas alterações não seriam aplicáveis à situação jurídica de Pedro.
(B) A revogação do regulamento somente será aplicável à situação jurídica de Pedro se ele expressamente consentir na adoção da nova norma regulamentar.
(C) A revogação do regulamento n. 1 é plenamente válida e suprimiu o direito de Pedro à aposentadoria.
(D) Se Pedro, ao aposentar-se, não receber a complementação de aposentadoria, poderá requerer a exigibilidade de seu alegado direito a qualquer tempo, observada a prescrição parcial, relativamente às parcelas anteriores ao quinquênio.

Nos termos da Súmula 288, I, do TST a complementação dos proventos de aposentadoria, instituída, regulamentada e paga diretamente pelo empregador, sem vínculo com as entidades de previdência privada fechada, é regida pelas normas em vigor na data de admissão do empregado, ressalvadas as alterações que forem mais benéficas (art. 468 da CLT).

Gabarito "A"

(OAB/Exame Unificado – 2006.1) Pedro trabalhava nos Estados Unidos da América (EUA) para a instituição financeira X. Por determinação de seu empregador, ele foi transferido para trabalhar em uma agência da instituição X, localizada no Brasil. Pedro, no Brasil, prestava serviços para duas pessoas jurídicas, Banco X S.A. e X Leasing e Arrendamento Mercantil S.A., durante a mesma jornada de trabalho, sendo ambas subordinadas à instituição financeira X. Entretanto, Pedro mantinha contrato de trabalho apenas com a instituição financeira X. Após alguns meses trabalhando no Brasil, Pedro teve suprimido adicional pecuniário, que incidia sobre seu salário, não recebendo qualquer outra vantagem para compensar essa perda. Com base nessa situação hipotética, assinale a opção correta.

(A) De acordo com a Consolidação das Leis Trabalhistas (CLT), na situação hipotética acima, há a coexistência de três contratos de trabalho.

(B) Em virtude de Pedro ter sido contratado originariamente nos EUA, seu contrato de trabalho é regido pelas leis daquele país.

(C) Em uma demanda trabalhista proposta por Pedro, em desfavor de seu empregador, serão solidariamente responsáveis a instituição financeira X, o Banco X S.A. e X Leasing e Arrendamento Mercantil S.A.

(D) Considerando-se que a alteração contratual suprimiu uma prestação periódica (adicional pecuniário sobre o salário), a prescrição é parcial, enquanto vigorar o contrato de trabalho, e atingirá apenas as parcelas anteriores a 5 (cinco) anos.

A: incorreta, pois a prestação de serviços a mais de uma empresa do mesmo grupo econômico, *durante a mesma jornada de trabalho*, não caracteriza a coexistência de mais de um contrato de trabalho, salvo ajuste em contrário. *Vide*, também, a Súmula 129 do TST; **B:** incorreta, pois ao ser transferido para o Brasil, serão aplicados os dispositivos da lei brasileira; **C:** correta, pois reflete o entendimento contido no art. 2º, § 2º, da CLT. **D:** incorreta, pois por ser parcela não assegurada por preceito de lei, a prescrição é total. Veja a Súmula 294 TST e OJ 175 da SDI-1 do TST.

Gabarito "C"

(OAB/Exame Unificado – 2004.ES) Acerca das regras de prescrição e decadência no direito do trabalho, assinale a opção incorreta.

(A) Para os trabalhadores urbanos, o prazo para o ajuizamento da ação é de 2 (dois) anos a contar da extinção do contrato de trabalho, sob pena de prescrição da pretensão correlata.

(B) Embora não esteja previsto em lei, o prazo fixado pelo empregador para que seus empregados adiram a plano de desligamento incentivado é de natureza decadencial.

(C) Durante a vigência do contrato de trabalho, o trabalhador rural dispõe de 5 (cinco) anos para ajuizar reclamação trabalhista, sob pena de prescrição da pretensão correlata.

(D) Para dispensar dirigente sindical que cometa falta grave, dispõe o empregador do prazo prescricional de 30 (trinta) dias, a contar da suspensão aplicada.

A: correta, art. 7º, XXIX, da CF e art. 11, I, da CLT; **B:** correta, por se tratar de pedido de natureza constitutiva (negativa), o prazo é decadencial; **C:** correta, art. 7º, XXIX, da CF, art. 11, I, da CLT e Súmula 308 do TST; **D:** incorreta, devendo ser assinalada, pois a exigência para dispensa do dirigente sindical é o inquérito judicial para apuração de falta grave (art. 853 e ss. da CLT), cujo prazo é DECADENCIAL de 30 (trinta) dias.

Gabarito "D"

(FGV – 2013) Os empregados Pedro, José e Ivo trabalham na empresa alfa e estão com seus contratos de trabalho suspensos pelos seguintes motivos: Pedro está afastado por ter sofrido acidente de trabalho típico; José encontra-se no exterior realizando curso de doutorado e Ivo está prestando serviço militar junto à Marinha do Brasil.

Em relação ao FGTS desses empregados, assinale a afirmativa correta.

(A) O empregador não é obrigado a depositar o FGTS de nenhum dos empregados citados.

(B) O depósito do FGTS somente é obrigatório em relação a José.

(C) A empresa é obrigada a depositar o FGTS de todos os empregados.

(D) O acidente de trabalho permite que Pedro saque o FGTS

(E) A empresa continuará tendo que depositar o FGTS mensal de Pedro e Ivo.

A alternativa "E" é a correta. Isso porque, nos termos do art. 15, § 5º, da Lei 8.036/1990 o depósito para o FGTS é obrigatório nos casos de afastamento para prestação do serviço militar obrigatório e licença por acidente do trabalho. Não há previsão legal para depósito para o empregado que estiver afastado fazendo curso no exterior. Isso porque, essa hipótese é considerada, em regra, como licença não remunerada, não havendo, portanto, a obrigatoriedade do depósito fundiário.

Gabarito "E"

(FGV – 2010) Analise as afirmativas a seguir:

I. É permitido o trabalho em feriados nas atividades do comércio em geral, desde que autorizado em convenção coletiva de trabalho e observada à legislação municipal, nos termos do art. 30, inciso I, da Constituição.

II. É assegurada a participação dos trabalhadores e empregadores nos colegiados dos órgãos públicos em que seus interesses profissionais ou previdenciários sejam objeto de discussão e deliberação.

III. É vedada a dispensa do empregado sindicalizado a partir do registro da candidatura a cargo de direção ou representação sindical e, se eleito, ainda que suplente, até o final do mandato, salvo se cometer falta grave nos termos da lei.

IV. O afastamento superior a 15 (quinze) dias e a percepção do auxílio-doença acidentário são pressupostos para a concessão de estabilidade provisória prevista na Lei 8.213, salvo se constatada, após a despedida, doença profissional que guarde relação de causalidade com a execução do contrato de emprego.

Assinale

(A) se apenas as afirmativas I, II e IV estiverem corretas.

(B) se apenas as afirmativas I, II e III estiverem corretas.

(C) se apenas as afirmativas I e II estiverem corretas.

(D) se todas as afirmativas estiverem corretas.

(E) se apenas as afirmativas III e IV estiverem corretas.

I: correta, pois reflete o disposto no art. 6º-A da Lei 10.101/2000, acrescentado pela Lei 11.603/2007; **II:** correta, pois reflete o disposto no art. 10 da CF; **III:** incorreta, pois a vedação se estende até 1 (um) ano após o final do mandato, nos termos do art. 8º, VIII, da CF e art. 543, § 3º, da CLT; IV: correta, pois reflete o entendimento consubstanciado na Súmula 378, II, do TST.

Gabarito "A"

11. DIREITO PROCESSUAL DO TRABALHO

Hermes Cramacon

1. PRINCÍPIOS PROCESSUAIS

(OAB/Exame Unificado – 2012.3.A) Um dos princípios norteadores do Processo do Trabalho é o da celeridade, dada a natureza salarial do crédito trabalhista.

Entretanto, por força de Lei, algumas causas especiais possuem preferência na tramitação. Das situações listadas a seguir, assinale aquela que terá preferência em todas as fases processuais.

(A) a que será executada contra a União, Estados ou Municípios;
(B) a que será executada perante o juízo da falência;
(C) a que será executada em face de empregador doméstico;
(D) a que será executada em face de empresa pública.

A: incorreta, pois a administração pública não possui preferência na tramitação do processo. Os privilégios da administração pública direta, autárquica e fundacional, estão elencados no art. 1º do Decreto-Lei 779/1969. **B:** correta, pois reflete o disposto no art. 768 da CLT. **C:** incorreta, pois o empregador doméstico não possui privilégio com relação à tramitação do processo. **D:** incorreta, pois por concorrer com a atividade privada as empresas públicas não possuem privilégio na tramitação. Veja art. 173, § 1º, da CF.

Gabarito "B"

2. COMPETÊNCIA DA JUSTIÇA DO TRABALHO

(OAB/Exame Unificado – 2016.1) Hudson ajuizou ação na Justiça do Trabalho na qual postula exclusivamente diferenças na complementação de sua aposentadoria. Hudson explica que, durante 35 anos, foi empregado de uma empresa estatal e contribuiu para o ente de previdência privada fechada, da qual a ex-empregadora é instituidora e patrocinadora. Ocorre que, ao longo do tempo, os empregados da ativa tiveram reajustes salariais que não foram observados na complementação da aposentadoria de Hudson, gerando diferenças, que agora o autor cobra tanto da ex-empregadora quanto do ente de previdência privada.

Considerando o caso e de acordo com a CLT, assinale a afirmativa correta.

(A) O processo deverá ser remetido pelo Juiz do Trabalho para a justiça estadual.
(B) A reclamação trabalhista deverá ser extinta sem resolução do mérito por falta de competência.
(C) A ação trabalhista deverá ter curso normal, com citação e designação de audiência para produção de provas.
(D) O destino do feito dependerá dos termos da contestação, pois pode haver prorrogação de competência.

"A" é a alternativa correta. Isso porque o STF decidiu no julgamento do recurso extraordinário 586453 que compete à Justiça Comum a análise de processos em que se discute contrato de complementação privada de aposentadoria, tendo em vista não existir vínculo de emprego, o que afasta a competência da Justiça do Trabalho.

Gabarito "A"

(OAB/Exame Unificado – 2014.1) Pedro, estivador, logo trabalhador avulso, está insatisfeito com os repasses que lhe são feitos pelos trabalhos no Porto de Tubarão. Pretende ajuizar ação em face do operador portuário e do Órgão Gestor de Mão de Obra – OGMO. Como advogado de Pedro, indique a Justiça competente para o processamento e julgamento da demanda a ser proposta.

(A) Justiça Comum Federal, dado que o avulso não tem vínculo de emprego com os réus e a matéria portuária é de âmbito nacional.
(B) Justiça do Trabalho.
(C) Justiça Comum Estadual, pela ausência de relação empregatícia, sendo o avulso uma espécie de trabalhador autônomo.
(D) Poderá optar pela Justiça Comum Estadual ou Justiça do Trabalho, caso pretenda o reconhecimento de vínculo de emprego.

A ação deverá ser proposta na Justiça do Trabalho, a teor do art. 114, I, da CF que determina que todas as ações decorrentes da relação de trabalho serão de sua competência e não apenas as causas decorrentes da relação de emprego. O trabalhador avulso possui uma típica relação de trabalho, sendo sua ação de competência da Justiça do Trabalho.

Gabarito "B"

(OAB/Exame Unificado – 2012.2) Se for instalado conflito de competência positivo entre dois juízes do Trabalho do Estado de Pernambuco, qual será o órgão competente para julgá-lo?

(A) O TST.
(B) O STJ.
(C) O TRT de Pernambuco.
(D) O STF.

A alternativa **C** está correta, pois nos termos do art. 114, V, da CF os conflitos de competência entre órgãos com jurisdição trabalhista serão de competência da Justiça do trabalho, sendo assim, nos termos do art. 808, "a", da CLT o conflito em debate será apreciado pelo TRT de Pernambuco.

Gabarito "C"

(OAB/Exame Unificado – 2011.3.B) Se um empregado é contratado em determinado lugar para prestar serviço em outra localidade, a eventual reclamação trabalhista

(A) deve ser ajuizada apenas no lugar da prestação dos serviços;
(B) poderá ser ajuizada no local da contratação ou da prestação dos serviços;
(C) deve ser ajuizada no lugar da contratação, somente;
(D) poderá ser ajuizada no local da prestação do serviço ou do domicílio do autor.

A alternativa **B** está correta, pois o art. 651, § 3º da CLT assegura ao empregado apresentar reclamação trabalhista no foro da celebração do contrato ou no local da prestação dos serviços, em se tratando de empregador que promova suas atividades fora do local do contrato de trabalho como, por exemplo, empresas de atividades teatrais.

Gabarito "B".

(OAB/Exame Unificado – 2011.2) Com relação à competência material da Justiça do Trabalho, é correto afirmar que

(A) a Justiça do Trabalho é competente para julgar ação ajuizada por sindicato de categoria profissional em face de determinada empresa para que esta seja condenada a repassar-lhe as contribuições assistenciais descontadas dos salários dos empregados sindicalizados;

(B) não compete à Justiça do Trabalho, mas à Justiça Federal, o julgamento de ação anulatória de auto de infração lavrado por auditor fiscal do trabalho;

(C) de acordo com o entendimento do Superior Tribunal de Justiça, é da competência da Justiça do Trabalho processar e julgar a ação de cobrança ajuizada por profissional liberal contra cliente;

(D) é da competência da Justiça do Trabalho o julgamento das ações ajuizadas em face da Previdência Social que versem sobre litígios ou medidas cautelares relativos a acidentes do trabalho.

A: correta, pois reflete o disposto no art. 114, III, da CF; **B:** incorreta, pois a ação é de competência da Justiça do Trabalho, nos termos do art. 114, VII, da CF e não da Justiça Federal, que tem sua competência definida no art. 109 da CF; **C:** incorreta, pois compete à Justiça estadual processar e julgar a ação de cobrança ajuizada por profissional liberal contra cliente, conforme Súmula 363 do STJ; **D:** incorreta, pois a ação deverá ser proposta na Justiça comum estadual, nos termos do art. 109, I, CF.

Gabarito "A".

(OAB/Exame Unificado – 2010.1) Na hipótese de um empregado desejar mover ação de reparação de perdas e danos causados pelo cálculo incorreto do benefício previdenciário por omissão ou equívoco do empregador, o processamento e o julgamento da demanda competirão

(A) à Justiça do Trabalho;

(B) à justiça federal;

(C) à justiça comum estadual;

(D) ao Ministério da Previdência Social.

A: correta, pois as ações de reparação de danos movidas contra o EMPREGADOR, a competência será da Justiça do Trabalho, por serem ações decorrentes da relação de trabalho, art. 114, VI, da CF; **B:** incorreta, pois a regra de competência da justiça federal vem disposta no art. 109 da CF; **C:** incorreta, pois apenas é de competência da justiça comum as ações movidas em face do INSS, art. 109, I, CF; **D:** incorreta, pois a competência é da Justiça do Trabalho.

Gabarito "A".

(OAB/Exame Unificado – 2009.3) Um sindicato representante de empregados celetistas procedeu aos atos iniciais para realização do processo de eleição da diretoria, tendo sido escolhida, em assembleia, a comissão eleitoral, designada a data para a realização das eleições e definido o período de registro das chapas concorrentes. Após o registro e concedidos os prazos para a regularização de documentações, três chapas se apresentaram para concorrer ao pleito, contudo, a comissão eleitoral deferiu o registro de apenas duas delas. Nessa situação hipotética, caso exista o interesse de representantes da chapa cujo registro foi indeferido pela comissão eleitoral em ingressar com ação judicial para a obtenção do direito de participação no pleito eleitoral, eles devem ingressar com a competente ação na justiça

(A) comum federal;

(B) eleitoral;

(C) comum estadual;

(D) do trabalho.

A: incorreta, pois a regra de competência da justiça federal vem disposta no art. 109 da CF; **B:** incorreta, pois a estrutura da justiça eleitoral é disposta no art. 121 da CF e a principal lei que rege o direito eleitoral é o Código Eleitoral, Lei 9.504/1997; **C:** incorreta, pois a justiça comum não é competente para apreciação de causas sobre representação sindical; **D:** correta, pois nos termos do art. 114, III, da CF a Justiça do Trabalho é competente para ações sobre representação sindical.

Gabarito "D".

(OAB/Exame Unificado – 2008.3) Considere que, em determinado município, uma reclamação trabalhista tramite perante vara cível, dada a inexistência, na localidade, de vara do trabalho e dada a falta de jurisdição das existentes no estado. Nessa situação, caso venha a ser instalada uma vara trabalhista nessa localidade, a ação deve

(A) continuar sendo processada e julgada junto à justiça comum em razão do princípio da *perpetuatio jurisdictionis*, independentemente da fase em que esteja;

(B) ser remetida à vara do trabalho, seja qual for a fase em que esteja, para que lá continue sendo processada e julgada, sendo esse novo juízo o competente, inclusive, para executar as sentenças já proferidas pela justiça estadual;

(C) ser remetida à vara do trabalho apenas se ainda não tiver sido prolatada a sentença, cabendo à justiça comum executar a sentença proferida;

(D) continuar no âmbito da competência da justiça comum, caso ainda não tenha sido prolatada a sentença, cabendo à vara do trabalho a execução da decisão.

A: incorreta, pois nos termos do art. 43 do CPC/2015, a regra da *perpetuatio jurisdictionis* não pode ser aplicada em se tratando de regra de competência material e funcional; **B:** correta, pois caso seja instalada vara trabalhista na localidade, a reclamação deve ser remetida à Justiça do Trabalho. Veja art. 43 CPC/2015; **C:** incorreta, pois independente da fase processual, em se tratando de regra de competência material, os autos devem ser remetidos à Justiça do Trabalho; **D:** incorreta, pois independente do momento processual em se tratando de regra de competência material, os autos devem ser remetidos à Justiça do Trabalho, nos termos do art. 43 do CPC/2015 os autos serão remetidos à Justiça do Trabalho.

Gabarito "B".

(OAB/Exame Unificado – 2008.2) José foi demitido sem justa causa pela empresa Solo Brilhante, tendo recebido suas verbas rescisórias. Contudo, a referida empresa não forneceu a José as guias referentes ao seguro-desemprego, tendo esse demonstrado interesse em mover ação para obter a indenização correspondente a não liberação das guias do seguro-desemprego. Considerando a situação hipotética apresentada, assinale a opção correta de acordo com entendimento do TST.

(A) José deve ajuizar seu pedido perante a justiça federal.
(B) José deve ajuizar a ação perante a justiça comum estadual.
(C) José deve ajuizar sua inicial perante a Justiça do Trabalho.
(D) Não é cabível nenhum tipo de ação com o objetivo de pedido de indenização, nesse caso.

A: incorreta, pois a regra de competência da justiça federal vem disposta no art. 109 da CF; **B:** incorreta, pois apenas a ação proposta em face do INSS e que versam sobre benefício previdenciário é que são de competência da justiça comum, art. 109, I, da CF; **C:** correta, pois nos termos do art. 114, VI, da CF e Súmula 389, item I, do TST, a ação é de competência da Justiça do Trabalho; **D:** incorreta, pois é admitida a ação de reparação de danos de competência da Justiça do Trabalho.

Gabarito "C".

(OAB/Exame Unificado – 2008.2) Quanto à competência, é correto afirmar que a Justiça do Trabalho é competente para julgar

(A) as ações de indenização por dano moral ou patrimonial, decorrentes ou não de relação de trabalho;
(B) os crimes contra a organização do trabalho e, nos casos determinados por lei, contra o sistema financeiro e a ordem econômico-financeira;
(C) as causas em que forem parte a instituição de previdência social e segurado;
(D) as ações oriundas da relação de trabalho, abrangidos os entes de direito público externo e da administração pública direta e indireta.

A: incorreta, pois apenas o dano, moral ou patrimonial, decorrente da relação de trabalho é de competência da Justiça do Trabalho; **B:** incorreta, pois as hipóteses trazidas na questão são de competência da justiça federal, nos termos do art. 109, VI, da CF; **C:** incorreta, pois sendo parte na ação a previdência social, que constitui uma autarquia federal, a ação é de competência da justiça federal, exceto ações de acidente do trabalho que serão de competência da justiça estadual comum, nos termos do art. 109, I, CF; **D:** correta, pois assim dispõe o art. 114, I, CF. **Atenção:** Foi apreciada pelo STF a ADI 3395-6 que afastou toda e qualquer interpretação que inclua na competência da Justiça do Trabalho a apreciação de causas que sejam instauradas entre o Poder Público e seus servidores, a ele vinculados por típica relação de ordem estatutária ou de caráter jurídico-administrativo. Apenas os empregados celetistas – empregados públicos – poderão intentar a ação na Justiça do Trabalho.

Gabarito "D".

(OAB/Exame Unificado – 2008.1) Não dizem respeito à competência da Justiça do Trabalho as ações

(A) que tratem de representação sindical entre sindicatos;
(B) de natureza penal;
(C) que envolvam direito de greve;
(D) decorrentes da relação do trabalho.

A: correta, pois o art. 114, III, da CF prevê essa regra de competência; **B:** incorreta, devendo ser assinalada, pois a Justiça do Trabalho não possui competência penal; **C:** correta, pois o art. 114, II, da CF prevê essa regra de competência; **D:** correta, pois o art. 114, I, da CF prevê essa regra de competência.

Gabarito "B".

(OAB/Exame Unificado – 2008.1) Segundo posicionamento atual da jurisprudência, as ações decorrentes de acidente do trabalho propostas por empregado contra empregador devem ser da competência da

(A) Justiça comum estadual, se ajuizadas após a Emenda Co nstitucional n. 45/2004.
(B) Justiça federal.
(C) Justiça do Trabalho.
(D) Justiça do Trabalho, desde que participe do feito também a instituição previdenciária.

A: incorreta, pois apenas seria de competência da justiça comum, caso a ação fosse proposta contra o INSS, nos termos do art. 109, I, da CF; **B:** incorreta, pois em se tratando de ação decorrente de acidente do trabalho a competência não será da justiça federal, nos termos do art. 109, *caput* e § 1º, da CF; **C:** correta, pois o art. 114, VI, da CF, assim dispõe; **D:** incorreta, pois embora a competência seja da Justiça do Trabalho, não pode a instituição previdenciária figurar no polo passivo da ação na Justiça do Trabalho.

Gabarito "C".

(OAB/Exame Unificado – 2007.3) Um conflito de competência existente entre um juiz do trabalho e um juiz federal deve ser julgado

(A) pelo Tribunal Superior do Trabalho; (TST).
(B) por um Tribunal Regional Federal;
(C) pelo STJ;
(D) pelo STF.

A: incorreta, pois serão resolvidos pelo TST os conflitos de competência entre TRTs, entre Varas do Trabalho e Juízes de Direito investidos na jurisdição trabalhista, sujeitos à jurisdição de TRTs diferentes; **B:** incorreta, pois o TRF julga os conflitos de competência entre varas federais, vinculados ao Tribunal, nos termos do art. 108, I, "e", da CF; **C:** correta, o conflito entre um juiz do trabalho e um juiz federal, será resolvido pelo STJ, nos termos do art. 105, I, "d", da CF; **D:** incorreta, pois serão resolvidos pelo STF os conflitos suscitados entre o TST e outros órgãos do ramo do judiciário, nos termos do art. 102, I, "o", da CF.

Gabarito "C".

(OAB/Exame Unificado – 2007.3) Suponha-se que um empregado tenha sido demitido sem justa causa da empresa para que trabalhava e que esta não lhe tenha fornecido as guias do seguro desemprego. Nessa situação, caso o empregado tenha interesse em mover algum tipo de ação contra a empresa para obter indenização pelo não fornecimento das guias do seguro-desemprego, ele deve ingressar com ação

(A) em vara cível da justiça comum estadual;
(B) na Justiça do Trabalho;
(C) na justiça federal;
(D) em juizado especial cível da justiça comum estadual.

A: incorreta, pois a justiça estadual não é competente para processar e julgar esse tipo de demanda; **B:** correta, pois o art. 114, VI, CF prevê a competência da Justiça do Trabalho para ações de reparação de danos patrimoniais ou morais, decorrentes da relação de trabalho. Ademais, a Súmula 389, item I, do TST, também prevê tal competência; **C:** incorreta, pois a regra de competência da justiça federal vem disposta no art. 109 da CF; **D:** incorreta, pois a competência do juizado especial cível da justiça comum vem esculpida no art. 3º da lei 9.099/1995.

Gabarito "B".

(OAB/Exame Unificado – 2007.3) Assinale a opção correta, considerando que, em determinado processo, tenha sido sugerido haver conflito de competência funcional entre o TRT e uma vara do trabalho a ele vinculada.

(A) Não se configura conflito de competência entre TRT e vara do trabalho a ele vinculada.
(B) O TRT deverá julgar o conflito.
(C) O TST deverá julgar o conflito.
(D) O STF deverá julgar o conflito.

A: correta, pois nos termos da Súmula 420 do TST, não se configura conflito de competência entre Tribunal Regional do Trabalho e Vara do Trabalho a ele vinculada; **B:** incorreta, pois o TRT julgará os conflitos suscitados entre varas do trabalho da mesma região, ou entre varas do trabalho e juiz de direito investido na jurisdição trabalhista na mesma região, nos termos do art. 808 da CLT; **C:** incorreta, pois o TST julgará os conflitos suscitados entre TRTs, entre Varas do Trabalho e Juízes de Direito investidos na jurisdição trabalhista, sujeitos à jurisdição de TRTs diferentes; **D:** incorreta, pois o STF apreciará os conflitos suscitados entre o TST e órgãos de outro ramo do judiciário, nos termos do art. 102, I, "o", da CF.

Gabarito "A"

(OAB/Exame Unificado – 2007.3) Alfredo, empregado da Empresa Mala Direta S.A., ao perceber que a empresa não havia providenciado o seu cadastro no PIS, procurou a diretoria da empresa para sanar a omissão, obtendo como resposta que a empresa não tomaria qualquer providência a esse respeito. Nessa situação, caso Alfredo venha a demandar contra a empresa, objetivando o cadastramento no PIS, ele deve mover a ação perante

(A) a justiça federal;
(B) a justiça comum estadual;
(C) o STJ;
(D) a Justiça do Trabalho.

A: incorreta, pois a competência da justiça federal vem disciplinada no art. 109 da CF; **B:** incorreta, pois a justiça estadual não é competente para apreciar essa espécie de demanda; **C:** incorreta, pois a competência do STJ vem esculpida no art. 105 da CF; **D:** correta, pois nos termos da Súmula 300 do TST, as ações relativas ao cadastramento no Programa de Integração Social (PIS) são de competência da Justiça do Trabalho.

Gabarito "D"

(OAB/Exame Unificado – 2007.3) A empresa Ômega Ltda., empregadora de Márcio, não efetuou o cadastramento do referido empregado no Programa de Integração Social (PIS). Ao constatar o problema, Márcio formulou solicitação escrita para a diretoria da empresa, com o objetivo de solucionar a omissão. Porém, nenhuma providência foi tomada. Nessa situação hipotética, caso Márcio queira mover ação judicial para solucionar a pendência, deve propor a ação

(A) na justiça comum estadual;
(B) no juizado especial federal;
(C) na justiça federal;
(D) na Justiça do Trabalho.

A: incorreta, pois a justiça estadual não é competente para apreciar essa espécie de demanda; **B:** incorreta, pois a competência do juizado especial federal vem disposta no art. 3º da Lei 10.259/2001; **C:** incorreta, pois a competência da justiça federal vem disciplinada no art. 109 da CF; **D:** correta, pois nos termos da Súmula 300 do TST, as ações relativas ao cadastramento no Programa de Integração Social (PIS) são de competência da Justiça do Trabalho.

Gabarito "D"

(OAB/Exame Unificado – 2007.1) Antônio foi contratado, mediante concurso público e sob o regime da Consolidação das Leis do Trabalho (CLT), para trabalhar em uma empresa pública estadual. Nessa situação, considerando a existência de litígio a respeito de verbas rescisórias a serem pagas a Antônio, será competente para julgar a demanda a

(A) Justiça comum.
(B) Justiça federal.
(C) Justiça do Trabalho.
(D) Justiça eleitoral.

A: incorreta, pois a justiça comum estadual – Vara da Fazenda Pública – apenas apreciará a demanda proposta por servidor público submetido ao regime estatutário ou regime jurídico-administrativo, seja municipal ou estadual. Veja julgamento da ADI 3395-6; **B:** incorreta, pois a justiça comum federal apenas apreciará a demanda proposta por servidor público submetido ao regime estatutário ou regime jurídico-administrativo federal; **C:** correta, pois em conformidade com o art. 114, I, da CF, com a interpretação conforme dada pelo STF no julgamento da ADI 3395-6, a competência da Justiça do Trabalho ficará restrita aos servidores regidos pelo regime celetista, excluindo, portanto, da competência da Justiça do Trabalho as ações propostas por servidores submetidos ao regime de ordem estatutária ou jurídico-administrativo, que são de competência da justiça comum federal ou estadual, a depender do ente a que for vinculado; **D:** incorreta, sobre justiça eleitoral veja: arts. 118 a 121 da CF, Código Eleitoral – Lei 4.737/1965, Lei 9.096/1995, Lei 9.504/1997, Lei 12.034/2009.

Gabarito "C"

(OAB/Exame Unificado – 2007.1) Nas localidades não abrangidas por jurisdição de vara do trabalho, as demandas trabalhistas serão julgadas pelo juiz de direito. Recurso interposto contra decisão de juiz de direito em matéria trabalhista deve ser julgado pelo

(A) Tribunal de Justiça do Estado.
(B) Tribunal Regional Federal da região a que estiver submetida a jurisdição do estado.
(C) STJ.
(D) respectivo tribunal regional do trabalho.

A: incorreta, pois o Tribunal de Justiça Estadual não é competente para apreciação do recurso. Veja art. 125, § 1º, da CF; **B:** incorreta, pois a competência dos Tribunais Regionais Federais está disposta no art. 108 da CF; **C:** incorreta, pois a competência do STJ vem disposta no art. 105 da CF; **D:** correta, pois nos termos do art. 112 da CF nas localidades onde não há vara do trabalho as ações devem ser propostas na justiça comum. Todavia, em caso de recurso deverá este ser julgado pelo Tribunal Regional do Trabalho competente.

Gabarito "D"

(OAB/Exame Unificado – 2006.3) Julgue os itens seguintes, relativos à competência da Justiça do Trabalho.

I. É competência da Justiça do Trabalho processar e julgar as ações de indenização por dano moral ou patrimonial decorrentes da relação de trabalho.
II. É competência da Justiça do Trabalho processar e julgar as ações que envolvam exercício do direito de greve.
III. Os mandados de segurança, habeas corpus e habeas data serão processados e julgados na Justiça do Trabalho quando o ato questionado envolver matéria sujeita a sua jurisdição.
IV. Compete à Justiça do Trabalho processar e julgar as execuções, de ofício, das contribuições sociais previstas na Constituição Federal decorrentes das sentenças que proferir.

A quantidade de itens certos é igual a

(A) 4.
(B) 3.
(C) 2.
(D) 1.

I: correta, pois o art. 114, VI, da CF assim determina; **II:** correta, pois o art. 114, II, da CF assim determina; **III:** correta, pois o art. 114, IV, da CF assim determina; IV: correta, art. 114, VIII, da CF.

Gabarito "A"

(OAB/Exame Unificado – 2006.3) Nas comarcas não abrangidas pela jurisdição da Justiça do Trabalho, atribui-se ao juiz de direito a competência para julgar as demandas trabalhistas. Em caso de recurso de sentença proferida por um juiz de direito em matéria trabalhista, deverá julgar esse recurso o tribunal

(A) de justiça do estado.
(B) Regional do trabalho do estado.
(C) Regional federal.
(D) de justiça.

A: incorreta, pois o Tribunal de Justiça estadual não é competente para apreciação do recurso. Veja art. 125, § 1º, da CF e Art. 112 da CF; **B:** correta, pois nos termos do art. 112 da CF nas localidades onde não há vara do trabalho as ações devem ser propostas na justiça comum. Todavia, em caso de recurso deverá este ser julgado pelo Tribunal Regional do Trabalho competente; **C:** incorreta, pois a competência dos Tribunais Regionais Federais está disposta no art. 108 da CF; **D:** incorreta, *vide* comentário alternativa A.

Gabarito "B"

(OAB/Exame Unificado – 2006.3) João é empregado da empresa Carta Branca Ltda., reside na cidade Beta e trabalha na cidade Ômega. Essa empresa tem sede na cidade Alfa e outra filial na cidade Delta. Nessa situação, se for mover reclamação trabalhista contra a empresa Carta Branca, João deve protocolizar sua inicial apenas na cidade

(A) Beta.
(B) Ômega.
(C) Alfa.
(D) Delta.

A: incorreta, pois Beta é o foro do domicílio do autor, regra que apenas poderá ser utilizada na hipótese do art. 651, § 1º, parte final, da CLT; **B:** correta, pois nos termos do art. 651 da CLT a reclamação trabalhista deverá ser proposta no foro da última localidade da prestação de serviços; **C:** incorreta, pois Alfa seria o foro do domicílio do réu, regra que apenas poderá ser utilizada na hipótese do art. 651, § 1º, da CLT; **D:** incorreta, pois Delta, foro da filial, apenas será utilizada na hipótese do art. 651, § 1º, da CLT.

Gabarito "B"

3. ATOS, TERMOS E PRAZOS PROCESSUAIS

(OAB/Exame Unificado – 2015.3) Em ação trabalhista, a parte ré recebeu a notificação da sentença em um sábado. Assinale a opção que, de acordo com a CLT, indica o dia a partir do qual se iniciará a contagem do prazo recursal

(A) O início do prazo será na segunda-feira e a contagem do prazo deverá ser iniciada na terça-feira, se forem dias úteis.
(B) O início do prazo será na segunda-feira e a contagem do prazo também deverá ser iniciada na própria segunda-feira, se dia útil.
(C) O início do prazo será no sábado, mas a contagem do prazo será iniciada na terça-feira, se dia útil.
(D) O início do prazo será no sábado, mas a contagem do prazo será iniciada na segunda-feira, se dia útil.

"A" é a opção correta. Isso porque recebida a notificação no sábado o TST entende, por meio da súmula 262 que é considerada como se tivesse sido feita na segunda-feira, razão pela qual o início do prazo se dá nesse dia e o início da contagem no próximo dia útil, ou seja, na terça-feira. Ressalta-se que nos termos do art. 775da CLT os prazos processuais contam-se com exclusão do dia do começo e inclusão do dia do vencimento, e são contínuos e irreleváveis, podendo, entretanto, ser prorrogados pelo tempo estritamente necessário pelo juiz ou tribunal, ou em virtude de força maior, devidamente comprovada.

Gabarito "A"

(OAB/Exame Unificado – 2014.2) Determinada audiência, designada para as 10h, só teve início às 12h, ocasião em que o preposto e o advogado da empresa já tinham se ausentado. A pauta de audiências fora pontualmente iniciada pelo juiz; porém, a complexidade de processos e depoimentos gerou atrasos substanciais. A partir da situação sugerida, assinale a opção correta.

(A) Não haverá a revelia, pois o atraso do juiz está limitado a 15 minutos, podendo a parte se retirar.
(B) Diante do atraso, o juiz deverá adiar a audiência, já que a parte ré está ausente, mas se fez presente no horário inicial.
(C) O juiz deverá aguardar a parte ausente por 15 minutos, pelo princípio da reciprocidade.
(D) A audiência deverá ser realizada normalmente, cabendo a aplicação da revelia e confissão à parte ré.

A: incorreta, pois o atraso limitado a 15 minutos disposto no parágrafo único do art. 815 da CLT deve ser aplicado para as hipóteses que o juiz não comparece. No problema proposto podemos notar que o magistrado está presente, mas realizando outra audiência, de um processo complexo. **B:** incorreta, pois não estando a reclamada presente na audiência deverá o juiz aplicar os efeitos da revelia. **C:** incorreta, pois nos termos da OJ 245 da SDI 1 do TST inexiste previsão legal tolerando atraso no horário de comparecimento da parte na audiência. **D:** correta, pois as partes não podem se retirar alegando atrasos substanciais. Uma vez presente o magistrado para a realização da audiência, não poderão as partes se ausentar ou retirar.

Gabarito "D"

(OAB/Exame Unificado – 2014.1) Paulo ajuizou ação em face de sua ex-empregadora, a empresa Peças ABC Ltda. Na audiência, o Juiz propôs a conciliação, que foi aceita pelas partes, nada tendo sido discutido sobre custas.

Sobre o caso, assinale a opção que indica a hipótese correta para a fixação das custas.

(A) O valor das custas ficará sempre a cargo da empresa, razão pela qual não haverá dispensa das mesmas, pois não há gratuidade de justiça para pessoa jurídica.
(B) O valor das custas, não tendo sido convencionado pelas partes, caberá em partes iguais ao autor e à ré, podendo o autor ser dispensado de sua parte pelo Juiz.
(C) O valor das custas ficará a cargo do autor, pois este está recebendo o valor acordado.
(D) Tendo em vista o acordo, não há que se falar em custas.

A: incorreta, pois havendo acordo as custas serão rateadas, ou seja, divididas em partes iguais, como se observa pela redação do art. 789, § 3º, da CLT, sendo que ficará isento do seu pagamento o beneficiário da justiça gratuita (Lei 1.060/1950). A pessoa jurídica também faz jus ao benefício da justiça gratuita sempre que comprovar a impossibilidade de arcar com os encargos processuais, súmula 481 do STJ. **B:** correta, pois havendo acordo as custas serão divididas entre as partes, a teor do art. 789, § 3º, da CLT, podendo o magistrado dispensar o autor do pagamento nos moldes do art. 790, § 3º, da CLT. **C:** incorreta, pois como vimos havendo acordo as custas serão divididas entre as partes. As demais hipóteses de cálculos das custas estão tratadas nos incisos do art. 789 da CLT. **D:** incorreta, veja comentários anteriores.

Gabarito "B"

(OAB/Exame Unificado – 2012.2) Em relação ao valor das custas no processo do trabalho, assinale a afirmativa correta.

(A) Quando houver acordo, incidirão à base de 10% sobre o valor respectivo.

(B) Quando o pedido for julgado improcedente, sempre haverá a isenção de pagamento.

(C) Quando for procedente o pedido formulado em ação declaratória, incidirão à base de 2% sobre o valor da causa.

(D) Quando o valor for indeterminado, incidirão à base de 20% sobre o que o juiz fixar.

A: incorreta, pois nos termos do art. 789, *caput* e inciso I, da CLT ocorrendo acordo as custas incidirão à base de 2% sobre o valor do acordo. **B:** incorreta, pois sendo os pedidos julgados totalmente improcedentes o valor das custas será de 2% calculados sobre o valor da causa. Somente haverá isenção caso o reclamante tenha obtido os benefícios da justiça gratuita. Veja art. 14 e seguintes da Lei 5.584/1970. **C:** correta, pois reflete o disposto no art. 789, *caput* e inciso III, da CLT. **D:** incorreta, pois embora as custas sejam fixadas pelo valor que o juiz arbitrar, art. 789, IV, da CLT estas serão calculadas à base de 2%.

Gabarito "C"

(OAB/Exame Unificado – 2011.2) A respeito das nulidades no processo do trabalho, é correto afirmar que

(A) é desnecessária a provocação da parte para a declaração de nulidade;

(B) as partes poderão alegar nulidade enquanto estiver aberta a instrução, mesmo que já tenham tido oportunidade de manifestação nos autos;

(C) só serão considerados nulos os atos que alegadamente causarem manifesto prejuízo às partes litigantes;

(D) declarada a nulidade, por qualquer fundamento, todos os atos processuais posteriores serão nulos.

A: incorreta, pois nos termos do art. 795 da CLT as nulidades não serão declaradas senão mediante provocação das partes, que deverão argui-las à primeira vez em que tiverem de falar em audiência ou nos autos; **B:** incorreta, pois contraria o disposto no art. 795 da CLT; **C:** correta, pois reflete o disposto no art. 794 da CLT; **D:** incorreta, pois nos termos do art. 795, § 1º, CLT declarada a incompetência de foro, leia-se, incompetência material, somente os atos decisórios serão declarados nulos. Ademais, o art. 797 da CLT determina que o Juiz ou Tribunal que pronunciar a nulidade declarará os atos a que ela se estende.

Gabarito "C"

(OAB/Exame Unificado – 2010.2) Com relação às despesas processuais na Justiça do Trabalho, assinale a afirmativa correta.

(A) As entidades fiscalizadoras do exercício profissional, em face de sua natureza autárquica, são isentas do pagamento de custas.

(B) As custas devem ser pagas pelo vencido, após o trânsito em julgado da decisão. No caso de recurso, estas devem ser pagas e comprovado o recolhimento dentro do prazo recursal.

(C) O benefício da gratuidade de justiça não pode ser concedido de ofício pelo juiz, devendo ser necessariamente requerido pela parte interessada.

(D) A responsabilidade pelo pagamento dos honorários periciais é da parte sucumbente na pretensão objeto da perícia, ainda que beneficiária da gratuidade de justiça.

A: incorreta, pois as entidades fiscalizadoras do exercício profissional não são isentas do pagamento de custas, conforme disposto no art. 790-A, parágrafo único, da CLT; **B:** correta, pois a assertiva reflete o disposto no art. 789, § 1º, da CLT; **C:** incorreta, pois no processo do trabalho o benefício da justiça gratuita pode ser concedido de ofício pelo juiz, nos termos do art. 790, § 3º, da CLT; **D:** incorreta, pois a responsabilidade pelo pagamento dos honorários periciais, no caso de beneficiário da justiça gratuita, será da União, conforme entendimento consolidado na súmula 457 do TST.

Gabarito "B"

(OAB/Exame Unificado – 2010.1) Assinale a correta no que diz respeito às decisões na Justiça do Trabalho.

(A) A sentença deverá conter o nome das partes, o resumo do pedido e da defesa, a apreciação das provas, os fundamentos da decisão e a respectiva conclusão.

(B) Não há necessidade de menção das custas que devam ser pagas pela parte vencida na sentença, pois o seu valor será apurado na fase de liquidação.

(C) Erros evidentes de datilografia ou de cálculo existentes na sentença somente poderão ser corrigidos a requerimento da parte e antes de iniciada a execução.

(D) A União não será intimada das decisões homologatórias de acordos que contenham parcela indenizatória, cabendo sempre a execução de ofício.

A: correta, pois assim estabelece o art. 832, *caput*, da CLT; **B:** incorreta, pois o art. 832, § 2.º, da CLT afirma que a decisão mencionará sempre as custas que devam ser pagas pela parte vencida; **C:** incorreta, pois o art. 833 da CLT permite que o juiz, de ofício, proceda à correção de erros evidentes, antes de iniciada a execução; **D:** incorreta, pois nos termos do art. 832, § 4º, da CLT a União deverá ser intimada das decisões homologatórias de acordos que contenham parcela indenizatória, na forma do art. 20 da Lei n. 11.033/2004, ou seja, pessoalmente mediante a entrega dos autos com vista, sendo facultada interposição de recurso relativo aos tributos que lhe forem devidos.

Gabarito "A"

(OAB/Exame Unificado – 2010.1) Com relação aos atos, termos e prazos processuais na justiça trabalhista, assinale a opção correta.

(A) Os atos processuais devem ser públicos, salvo quando o interesse social determinar o contrário, e terão de realizar-se nos dias úteis, no horário de expediente forense habitual.

(B) No processo trabalhista, os prazos são contados com a inclusão do dia em que se iniciam e do dia em que vencem.

(C) Os documentos juntados aos autos podem ser desentranhados sempre que a parte assim o requerer.

(D) Presume-se recebida, 48 horas após a sua postagem, a notificação para a prática de ato processual, sendo possível a produção de prova em contrário.

A: incorreta, pois o horário de prática dos atos processuais, em regra, é das 6 h às 20 h, conforme estabelece o art. 770 da CLT; **B:** incorreta, pois o art. 775 da CLT estabelece que seja excluído da contagem dos prazos o dia do começo e incluído o dia do vencimento, ao contrário do afirmado na assertiva; **C:** incorreta, pois o art. 780 da CLT estabelece que os documentos somente possam ser desentranhados dos autos depois de encerrado o processo; **D:** correta, pois de acordo com a Súmula 16 do TST presume-se recebida a notificação 48 (quarenta e oito) horas depois de sua postagem. Trata-se de presunção relativa – *iuris tantum* – que admite prova em contrário. Assim, o não recebimento ou a entrega da notificação após o decurso desse prazo constitui ônus de prova do destinatário.

Gabarito "D"

(OAB/Exame Unificado – 2009.2) Além dos beneficiários da justiça gratuita, são isentas do pagamento de custas no processo do trabalho

(A) as autarquias;

(B) as entidades sindicais;

(C) as empresas públicas;

(D) as sociedades de economia mista.

A: correta, pois o art. 790-A da CLT e, ainda, o 4º, I, da lei 9.289/1996 ensinam que as autarquias, bem como, a União, os Estados, os Municípios, os Territórios Federais, o Distrito Federal e as respectivas fundações que não explorem atividade econômica, são isentos do pagamento de custas; **B:** incorreta, pois as entidades sindicais não são isentas do pagamento de custas. Como toda pessoa jurídica, a entidade sindical somente tem direito à isenção das custas processuais se demonstrar, de forma inequívoca, estado de dificuldade financeira, que não pode responder pelo pagamento; **C:** incorreta, pois com fundamento no art. 173, §§ 1º e 2º, da CF, as empresas públicas não gozam do privilégio da isenção de custas; **D:** incorreta, pois o privilégio da isenção de custas não alcança as sociedades de economia mista, nos termos da Súmula 170 do TST.

Gabarito "A"

(OAB/Exame Unificado – 2008.2) Em um processo trabalhista que objetivava o pagamento de adicional de insalubridade, o juiz determinou que a parte recolhesse previamente os honorários do perito, para, após, ser realizada a perícia. Em face da situação hipotética apresentada, assinale a opção correta, segundo entendimento do TST.

(A) A determinação do juiz está em perfeita harmonia com o disposto no Código de Processo Civil e deve ser aplicada ao processo do trabalho.

(B) É ilegal a exigência de depósito prévio para custeio de honorários periciais, uma vez que tal exigência é incompatível com o processo do trabalho.

(C) Não é cabível o pagamento de honorários periciais em processos trabalhistas.

(D) Despesas com honorários periciais no processo do trabalho devem ser custeadas pelo próprio tribunal e, não, pelas partes.

A: incorreta, pois a regra disposta no art. art. 95, §§ 1º e 2º, do CPC/2015 é incompatível com as normas do processo do trabalho, não podendo ser aplicado por força do art. 769 da CLT; **B:** correta, pois a jurisprudência do TST solidificou entendimento na orientação jurisprudencial 98 da SDI 2 no sentido de ser ilegal a exigência de depósito prévio para custeio dos honorários periciais, dada a incompatibilidade com o processo do trabalho. Caso haja a exigência por parte do magistrado poderá a parte deverá impetrar mandado de segurança junto ao Tribunal Regional do Trabalho; **C:** incorreta, pois o art. 790-B da CLT estabelece a responsabilidade pelo pagamento dos honorários periciais; **D:** incorreta, pois nos termos do art. 790-B da CLT, os honorários periciais são custeados pela parte sucumbente na pretensão objeto da perícia, salvo se beneficiária de justiça gratuita.

Gabarito "B"

(OAB/Exame Unificado – 2008.1) Não se inclui entre os exemplos de pessoa isenta do pagamento de custas na Justiça do Trabalho, enumerados no art. 790-A da CLT, a

(A) Autarquia estadual.

(B) Fundação pública estadual que não explore atividade econômica.

(C) União.

(D) Empresa pública.

A: incorreta, pois a autarquia estadual consta no rol de isenções do art. 790-A, I, da CLT; **B:** incorreta, pois a fundação pública estatal que não explore atividade econômica consta no rol de isenções do art. 790-A, I, da CLT; **C:** incorreta, pois a União consta no rol de isenções do art. 790-A, I, da CLT; **D:** correta, pois as empresas públicas, com fundamento no art. 173, §§ 1º e 2º, da CF, não gozam do privilégio da isenção de custas.

Gabarito "D"

(OAB/Exame Unificado – 2007.3) Na forma da legislação processual trabalhista, os laudos periciais dos assistentes técnicos indicados pelas partes devem ser juntados aos autos

(A) no prazo comum de 10 (dez) dias, após as partes serem intimadas da apresentação do laudo do perito do juízo;

(B) no prazo comum de 30 (trinta) dias, após as partes serem intimadas da apresentação do laudo do perito do juízo;

(C) no prazo comum de 20 (vinte) dias, após as partes serem intimadas da apresentação do laudo do perito do juízo;

(D) no mesmo prazo assinalado para o perito do juízo, sob pena de serem desentranhados dos autos.

A alternativa **D** está correta, pois nos termos do art. 3º, parágrafo único, da Lei 5.584/1970 é permitido a cada parte a indicação de um assistente, cujo laudo terá que ser apresentado no mesmo prazo assinado para o perito, sob pena de ser desentranhado dos autos.

Gabarito "D"

(OAB/Exame Unificado – 2007.2) Na Justiça do Trabalho, os beneficiários da justiça gratuita são isentos do pagamento de custas. Entre os isentos do pagamento de custas, incluem-se as

(A) Sociedades de economia mista.

(B) Empresas privadas.

(C) Empresas públicas.

(D) Fundações públicas estaduais que não explorem atividade econômica.

A: incorreta, pois o privilégio da isenção de custas não alcança as sociedades de economia mista, nos termos da Súmula 170 do TST; **B:** incorreta, pois as empresas privadas apenas estarão isentas do pagamento de custas caso sejam beneficiárias da justiça gratuita; **C:** incorreta, pois com fundamento no art. 173, §§ 1º e 2º, da CF, as empresas públicas não gozam do privilégio da isenção de custas; **D:** correta, pois o art. 790-A da CLT dispõe que as fundações públicas federais, estaduais ou municipais que não explorem atividade econômica, são isentas do pagamento de custas.

Gabarito "D"

(OAB/Exame Unificado – 2007.1) Cláudio, embora tenha menos de 18 anos de idade, exerce atividade como empregado. Para isso, ele está autorizado a assinar os recibos de salários e é plenamente responsável pelas violações contratuais. Em face dessa situação hipotética, assinale a opção correta no que diz respeito a eventual depoimento pessoal de Cláudio em audiência no juízo trabalhista.

(A) Uma vez que Cláudio é o próprio prestador dos serviços, está autorizado a assinar os recibos de salários e é plenamente responsável pelas violações contratuais, então pode ser considerado como se maior de idade fosse em depoimentos judiciais.
(B) Quanto aos efeitos jurídicos de seu depoimento, Cláudio não pode ser equiparado ao maior de idade, exigindo-se a presença de um assistente.
(C) Caberá ao juiz analisar a necessidade ou não da presença de um assistente no depoimento de Cláudio na Justiça do Trabalho.
(D) A presença de assistente é cabível somente nos casos de contratos de aprendizes.

A: incorreta, pois Cláudio não pode ser considerado maior de idade. Seu depoimento é condicionado à existência de um assistente; **B:** correta, pois nos termos do art. 793 da CLT, o depoimento do menor, desde que tenha, no mínimo 16 anos de idade está condicionado a assistência de seu pai, mãe, tutor, curador ou outro responsável legal e, na falta destes, pela Procuradoria da Justiça do Trabalho, pelo sindicato, pelo Ministério Público estadual ou curador nomeado em juízo; **C:** incorreta, pois o art. 793 da CLT determina a existência de um assistente; **D:** incorreta, pois a assistência é necessária para os menores de 18 e maiores de 16 anos.
Gabarito "B"

(OAB/Exame Unificado – 2007.1) Quanto à citação ou notificação postal na Justiça do Trabalho, assinale a correta.

(A) A citação ou notificação postal presume-se realizada quando tenha sido entregue, na empresa, a empregado da reclamada, a zelador de prédio comercial ou tenha sido depositada em caixa postal da empresa, incumbindo à parte provar o não recebimento.
(B) A citação ou notificação postal apenas poderá ser considerada válida quando for recebida pessoalmente pelo proprietário da reclamada, preposto legalmente constituído, ou pela própria pessoa do reclamado, em caso de pessoa física.
(C) A citação na Justiça do Trabalho apenas poderá ser realizada por oficial de justiça.
(D) Não se admite, em nenhuma hipótese, citação ou notificação por via postal, já que agências de correios não são órgãos vinculados à Justiça do Trabalho.

A: correta, pois de acordo com a Súmula 16 do TST presume-se recebida a notificação 48 (quarenta e oito) horas depois de sua postagem. Trata-se de presunção relativa – *iuris tantum* – que admite prova em contrário. Assim, o não recebimento ou a entrega da notificação após o decurso desse prazo constitui ônus de prova do destinatário; **B:** incorreta, pois no processo do trabalho a notificação é feita por registro postal, não estando sujeita ao princípio da pessoalidade, nos termos do art. 841, § 1º, da CLT; **C:** incorreta, pois, em regra, a notificação é feita por registro postal – "correspondência", nos termos do art. 841, § 1º, da CLT; **D:** incorreta, pois, em regra, a notificação é feita por registro postal, nos termos do art. 841, § 1º, da CLT.
Gabarito "A"

(FGV – 2004) O NÃO comparecimento do reclamante à audiência importa:

(A) o arquivamento da Reclamação Trabalhista;
(B) a revelia do reclamando;
(C) a procedência do pedido;
(D) a improcedência do pedido;
(E) a extinção do processo com julgamento do mérito.

A: correta, pois o art. 844 da CLT determina que o não comparecimento do reclamante à audiência importa no arquivamento da reclamação; **B:** incorreta, pois a revelia é aplicada pela ausência do reclamado à audiência; **C:** incorreta, pois como vimos a ausência do reclamante à audiência implica no arquivamento da ação e nunca na procedência do pedido; **D:** incorreta, pois com a ausência do reclamante à audiência, o magistrado não apreciará o mérito do pedido, ou seja, não decidirá se o pedido procede ou não procede. Deverá determinar o arquivamento da reclamação com a extinção do processo sem resolução do mérito, art. 485 do CPC/2015. **E:** incorreta, pois como vimos o magistrado não apreciará o mérito do pedido, determinando o arquivamento da reclamação, extinguindo o processo sem resolução de mérito, nos termos do art. 485 do CPC/2015.
Gabarito "A"

4. PARTES E PROCURADORES

(OAB/Exame Unificado– 2012.3.A) Na Justiça do Trabalho, segundo o entendimento sumulado pelo TST, é correto afirmar-se que o *jus postulandi*

(A) não se aplica à ação rescisória, à ação cautelar, ao mandado de segurança e aos recursos de competência do TST;
(B) não tem mais aplicação na Justiça do Trabalho desde o advento da emenda constitucional 45;
(C) aplica-se em todas as causas cujo valor seja inferior a 20 salários mínimos, porque, a partir deste patamar, o advogado é indispensável;
(D) aplica-se irrestritamente na seara trabalhista, em todas as esferas, instâncias e ações, sendo uma de suas características marcantes.

A: correta, pois reflete o entendimento consubstanciado na Súmula 425 do TST. **B:** incorreta, pois o *jus postulandi* vem disposto no art. 791 da CLT, com limitação disposta na Súmula 425 do TST. **C:** incorreta, pois na Justiça do Trabalho o *jus postulandi* não é determinado pelo valor da causa. Suas regras estão dispostas no art. 791 da CLT e Súmula 425 do TST. **D:** incorreta, pois não se aplica à ação rescisória, à ação cautelar, ao mandado de segurança e aos recursos de competência do TST, nos termos da Súmula 425 do TST.
Gabarito "A"

(OAB/Exame Unificado – 2012.2) A respeito do preposto no Processo do Trabalho, de acordo com a legislação, assinale a afirmativa correta.

(A) Não precisa ter conhecimento dos fatos, uma vez que tal característica é própria das testemunhas.
(B) Não precisa ter conhecimento dos fatos, já que atua como representante do empregador.
(C) Deve ter conhecimento dos fatos.
(D) Deve ter conhecimento da interpretação do empregador quanto aos fatos ocorridos.

A: incorreta, pois nos termos do art. 843, § 1º, da CLT o preposto deve ter conhecimento dos fatos. Essa característica não é exclusiva das testemunhas. **B:** incorreta, pois embora esteja representando o empregador, o preposto deve ter conhecimentos dos fatos, art. 843, § 1º, da CLT. **C:** correta, pois reflete o disposto no art. 843, § 1º, da CLT. **D:** incorreta, pois deve ter conhecimentos dos fatos que ocorreram e não somente da interpretação do empregador. Veja comentários anteriores.
Gabarito "C"

(OAB/Exame Unificado – 2011.3.A) Quanto à nomeação de advogado na Justiça do Trabalho, com poderes para o foro em geral, é correto afirmar que

(A) na Justiça do Trabalho, a nomeação de advogado com poderes para o foro em geral poderá ser efetivada mediante simples registro na ata de audiência, a requerimento verbal do advogado interessado e com a anuência da parte representada;

(B) as partes que desejarem a assistência de advogado sempre deverão outorgar poderes para o foro em geral por intermédio de instrumento de mandato, com firma devidamente reconhecida;

(C) na Justiça do Trabalho, o advogado pode atuar sem que lhe sejam exigidos poderes outorgados pela parte, haja vista o princípio do *jus postulandi*;

(D) somente o trabalhador poderá reclamar na Justiça do Trabalho sem a necessidade de nomeação de advogado, uma vez que o princípio do *jus postulandi* somente se aplica à parte hipossuficiente.

A: correta, pois reflete o disposto no art. 791, § 3º, da CLT. **B:** incorreta, pois de acordo com o art. 791, § 3º, da CLT poderá ser efetivada na própria audiência. **C:** incorreta, pois para os advogados atuarem em nome da parte é necessário instrumento de mandato, art. 791, §§ 1º e 3º, CLT e art. 104, *caput* e § 1º, do CPC/2015. O *jus postulandi* é a capacidade que a própria parte possui para acompanhar as reclamações na Justiça do Trabalho, nos termos do art. 791 da CLT. Vale dizer que os limites do *jus postulandi* se encontram na Súmula 425 do TST. **D:** incorreta, pois de acordo com o art. 791 da CLT os empregados e os empregadores poderão reclamar na Justiça do Trabalho sem a necessidade de nomeação de advogado.

Gabarito "A"

(OAB/Exame Unificado – 2009.2) Assinale a opção correta acerca do mandato.

(A) Configura-se a irregularidade de representação caso o substabelecimento seja anterior à outorga passada ao substabelecente.

(B) São inválidos os atos praticados pelo substabelecido se não houver, no mandato, poderes expressos para substabelecer.

(C) Considera-se inválido instrumento de mandato com prazo determinado e com cláusula que estabeleça a prevalência dos poderes para atuar até o final da demanda.

(D) Caso haja previsão, no mandato, de termo para sua juntada, o instrumento de mandato terá validade independentemente da data em que for juntado aos autos.

A: correta, pois a Súmula 395, item IV, do TST determina que configura-se a irregularidade de representação se o substabelecimento é anterior à outorga passada ao substabelecente; **B:** incorreta, pois a Súmula 395, item III, do TST considera válidos os atos praticados pelo substabelecido, ainda que não haja, no mandato, poderes expressos para substabelecer; **C:** incorreta, pois a Súmula 396, item I, do TST, considera válido o instrumento de mandato com prazo determinado que haja cláusula estabelecendo a prevalência dos poderes para atuar até o final da demanda. **D:** incorreta, pois a Súmula 395, item II, do TST ensina que havendo prazo estipulado, o mandato deve ser juntado no aludido prazo.

Gabarito "A"

(OAB/Exame Unificado – 2008.3) No que diz respeito à representação processual na Justiça do Trabalho, assinale a opção correta.

(A) Em regra, é possível, nas reclamações trabalhistas, o empregador ser representado por preposto, mesmo que este não seja empregado do reclamado.

(B) O empregador de microempresa ou empresa de pequeno porte pode ser representado por terceiros, ainda que estes não façam parte do quadro societário ou do quadro de empregados dessas empresas.

(C) O advogado pode, no mesmo processo em que esteja na condição de patrono do empregador, ser também seu preposto.

(D) Se, por doença, o empregado não puder comparecer pessoalmente em juízo, poderá ser representado por outro empregado, cabendo a este transigir, confessar e desistir da ação se assim o desejar.

A: incorreta, pois nos termos da Súmula 377 do TST, em regra, o preposto deve ser empregado do reclamado; **B:** correta, pois de acordo com o art. 54 da Lei Complementar 123/2006, bem como a Súmula 377 do TST, admite que o micro ou pequeno empresário tenha como preposto qualquer terceiro, desde que tenha conhecimento dos fatos; **C:** incorreta, pois o art. 25 do novo Código de Ética da OAB dispõe ser proibido ao advogado funcionar no mesmo processo, simultaneamente, como patrono e preposto do empregador; **D:** incorreta, pois a substituição objetiva, exclusivamente, o não arquivamento da reclamação.

Gabarito "B"

(OAB/Exame Unificado – 2008.1) Segundo o posicionamento atual da jurisprudência, os sindicatos atuam na forma de

(A) substituição processual com ampla legitimidade ativa *ad causam*;

(B) substituição processual no processo de conhecimento, apenas;

(C) representação processual com ampla legitimidade ativa *ad causam*;

(D) representação processual no processo de conhecimento, apenas.

A: correta, pois o art. 8º, III, da CF consagra a substituição processual de forma ampla ao sindicato no processo do trabalho; **B:** incorreta, pois os sindicatos têm legitimidade processual para atuar na defesa de todos e quaisquer direitos subjetivos individuais e coletivos dos integrantes da categoria representada; **C:** incorreta, pois não se trata de hipótese de representação; **D:** incorreta, os sindicatos atuam como substitutos processuais, ou seja, pleiteiam em nome próprio, interesses alheios, não atuando, portanto, na forma de representação processual, ou seja, atuando em nome alheio e defendendo interesses alheios.

Gabarito "A"

(OAB/Exame Unificado – 2007.3) Em uma audiência inaugural, compareceu o advogado da reclamada, o qual estava munido do instrumento de procuração e da defesa. O preposto não compareceu. O juiz, então, aplicou a revelia, argumentando que o representante legal da empresa não estava presente. Diante do problema apresentado na situação hipotética acima,

(A) está correto o posicionamento do juiz, uma vez que a presença do preposto ou representante legal da reclamada é obrigatória na audiência, não sendo suficiente a presença do advogado para apresentar contestação;

(B) o juiz deveria ter suspendido a audiência e determinado a intimação da reclamada para tal ato em nova data por ele designada;

(C) o juiz deveria ter recebido a defesa trazida pelo advogado e afastado a revelia;

(D) caberia ao juiz conceder a palavra ao advogado do reclamante, pois, em caso de concordância deste, o juiz poderia receber a contestação apresentada pelo advogado da reclamada, mesmo sem a presença do preposto.

A: correta, pois o art. 843 da CLT determina que as partes estejam presentes na audiência. A Súmula 122 do TST entende que independente da presença de advogado, ainda que munido de procuração, as partes devem estar presentes; **B:** incorreta, pois não estando a parte reclamada presente em audiência deve o juiz aplicar os efeitos da revelia, nos termos do art. 844 da CLT; **C:** incorreta, pois não estando a parte presente não pode o magistrado receber a defesa, devendo aplicar os efeitos da revelia, nos termos do art. 844 da CLT; **D:** incorreta, *vide* comentários da alternativas B e C.

Gabarito "A"

(OAB/Exame Unificado – 2007.2) A respeito das condições de validade do mandato e do substabelecimento, julgue os itens a seguir.

I. O instrumento de mandato com prazo determinado que contém cláusula estabelecendo a prevalência dos poderes para atuar até o final da demanda não pode ser considerado válido.

II. São válidos os atos praticados pelo substabelecido, ainda que não haja, no mandato, poderes expressos para substabelecer.

III. Configura-se irregularidade de representação no caso de o substabelecimento ser anterior à outorga passada ao substabelecente.

A quantidade de itens certos é igual a

(A) 0.
(B) 1.
(C) 2.
(D) 3.

I: incorreta, pois nos termos da Súmula 395, I, do TST o instrumento de mandato com prazo determinado que contenha cláusula estabelecendo a prevalência dos poderes para atuar até o final da demanda será considerado válido; **II:** correta, pois a Súmula 395, III, do TST considera válidos os atos praticados pelo substabelecido, ainda que não haja, no mandato, poderes expressos para substabelecer; **III:** correta, pois assim determina a Súmula 395, IV, do TST.

Gabarito "C"

(OAB/Exame Unificado – 2007.1) Na Justiça do Trabalho, a parte ré (reclamada) pode ser representada por preposto em audiência. A respeito do preposto, assinale a opção correta.

(A) Pode figurar como preposto prestador de serviço que tenha conhecimento dos fatos discutidos na ação.

(B) Nas ações contra condomínio, pode figurar como preposto qualquer condômino, não havendo a necessidade de comparecimento do síndico ou administrador.

(C) A representação da pessoa jurídica por preposto em audiência exige que seja sócio, diretor ou empregado da reclamada.

(D) A carta de preposição é o documento hábil para a prova do mandato outorgado. A sua ausência sempre deverá atrair a aplicação da revelia.

A: incorreta, pois além de conhecimento dos fatos, o preposto deve ser empregado da reclamada, exceto quanto à reclamação de empregado doméstico, ou contra micro ou pequeno empresário, em que basta que o preposto tenha conhecimento dos fatos, nos termos da Lei Complementar 123/2006 e da Súmula 377 do TST; **B:** incorreta, pois o condomínio será representado pelo administrador ou síndico, nos termos do art. 75, XI, do CPC/2015; **C:** correta, pois o art. 843, § 1º, da CLT faculta ao empregador fazer-se substituir pelo gerente, ou qualquer outro preposto que tenha conhecimento dos fatos; o art. 75, VIII, do CPC/2015 ensina que a representação pode ser feita pelos diretores da pessoa jurídica e, por último, a Súmula 377 do TST exige a condição de empregado, exceto quanto à reclamação de empregado doméstico, ou contra micro ou pequeno empresário; **D:** incorreta, pois embora não exista nenhum artigo de lei que obrigue o preposto a estar munido de carta de preposição, a doutrina majoritária entende que sua ausência apenas atrai a aplicação da revelia caso o magistrado conceda prazo para regularização da situação e, no prazo assinalado, a parte não cumpre a determinação. Ademais, a condição de empregado poderá ser comprovada por meio de outros documentos.

Gabarito "C"

(OAB/Exame Unificado – 2006.3) A respeito do preposto, julgue os itens subsequentes.

I. Para figurar como preposto em um processo, basta ser conhecedor da situação de fato, objeto da demanda.

II. A carta de preposição é documento hábil para prova do mandato outorgado. A sua ausência deve atrair a aplicação da revelia, em qualquer caso.

III. O preposto deve ser, necessariamente, sócio, diretor ou empregado da reclamada.

IV. Nas ações que digam respeito a empregados domésticos, não é necessário que o preposto seja empregado do reclamado.

Estão certos apenas os itens

(A) I e II.
(B) I e III.
(C) II e IV.
(D) III e IV.

I: incorreta, pois além de conhecimento dos fatos, o preposto deve ser empregado da reclamada, exceto quanto à reclamação de empregado doméstico, ou contra micro ou pequeno empresário, em que basta que o preposto tenha conhecimento dos fatos, nos termos da Lei Complementar 123/2006 e da Súmula 377 do TST; **II:** incorreta, pois embora não exista nenhum dispositivo legal que obrigue o preposto a estar munido de carta de preposição, a doutrina majoritária entende que sua ausência apenas atrai a aplicação da revelia caso o magistrado conceda prazo para regularização da situação e, no prazo assinalado, a parte não cumpra a determinação. Ademais, a condição de empregado poderá ser comprovada por meio de outros documentos; **III:** correta, pois o art. 843, § 1º, da CLT faculta ao empregador fazer-se substituir pelo gerente, ou qualquer outro preposto que tenha conhecimento dos fatos; o art. 75, VIII, do CPC/2015 ensina que a representação pode ser feita pelos diretores da pessoa jurídica e, por último, a Súmula 377 do TST exige a condição de empregado, exceto quanto à reclamação de empregado doméstico, ou contra micro ou pequeno empresário; **IV:** correta, pois nos termos da Súmula 377 do TST nas reclamações contra empregador doméstico o preposto não necessita ser empregado.

Gabarito "D"

5. RECLAMAÇÃO TRABALHISTA E RESPOSTAS DA RECLAMADA

(OAB/Exame Unificado – 2016.2) Mário ajuizou reclamação trabalhista em face de seu ex-empregador. No dia da audiência, não compareceu, razão pela qual o processo foi arquivado. Em nova ação proposta em idênticos termos, o juiz extinguiu o feito sem resolução do mérito, pois a ré não foi localizada. Imediatamente, Mário ajuizou a demanda pela terceira vez. Na audiência, com todos presentes, o advogado da sociedade empresária aduziu que o juiz deveria extinguir o processo sem resolução do mérito em razão da perempção, pois não decorreu o prazo de seis meses entre o segundo e o terceiro processo.

Sobre a hipótese apresentada, na qualidade de advogado de Mário, assinale a afirmativa correta.

(A) Deverá ser requerido que o juiz apenas suspenda o processo.

(B) Deverá desistir da ação para evitar a condenação em custas.
(C) Deverá aduzir que o prazo de seis meses é contado da primeira ação.
(D) Deverá aduzir que não houve perempção e requerer o prosseguimento do feito.

"D" é a opção correta. Isso porque nos termos do art. 732 da CLT o reclamante que, por 2 (duas) vezes seguidas, der causa ao arquivamento, por não comparecimento à audiência inaugural, art. 844 da CLT sofrerá os efeitos da perempção provisória, ou seja, perderá o direito de propor uma nova reclamação trabalhista por 6 (seis) meses. No entanto, verifica-se no enunciado da questão que a segunda demanda foi extinta sem resolução de mérito, pois a empresa ré não foi encontrada. Portanto, a perempção provisória prevista no art. 732 da CLT não poderá ser reconhecida no caso em estudo, devendo o advogado de Mário requerer o prosseguimento do feito.

Gabarito "D"

(OAB/Exame Unificado – 2016.1) José ajuizou reclamação trabalhista em face da sociedade empresária ABCD Ltda., requerendo horas extras. A sociedade empresária apresentou contestação negando as horas extras e juntou os cartões de ponto, os quais continham horários variados de entrada e saída, marcados por meio de relógio de ponto. O advogado do autor impugnou a documentação.

Com base no caso apresentado, assinale a afirmativa correta.

(A) Na qualidade de advogado do autor, você não precisará produzir qualquer outra prova, pois já impugnou a documentação.
(B) Na qualidade de advogado da ré, você deverá produzir prova testemunhal, já que a documentação foi impugnada.
(C) Na qualidade de advogado do autor, o ônus da prova será do seu cliente, razão pela qual você deverá produzir outros meios de prova em razão da sua impugnação à documentação.
(D) Dada a variação de horários nos documentos, presumem-se os mesmos inválidos diante da impugnação, razão pela qual só caberá o ônus da prova à empresa ré.

A: opção incorreta, pois por ter impugnado a documentação juntada pela ré, nos termos do art. 818 da CLT e art. 373, I, CPC/2015. **B:** opção incorreta, pois o ônus da prova com relação às horas extras é do empregado, na medida em que foi negado a prestação de serviços extraordinários e feito provas nesse sentido. **C:** opção correta, pois ao negar a prestação de horas extras e juntar documentação comprobatória, caberá ao autor as provas de fatos que constituem seu direito, art. 818 da CLT e art. 373, I, CPC/2015. **D:** opção incorreta, pois os cartões de ponto juntados demonstram horários variáveis, sendo válidos a *contrario sensu*, nos termos da súmula 338, III, TST.

Gabarito "C"

(OAB/Exame Unificado – 2016.1) A sociedade empresária Sucos Naturais Ltda., empresa de pequeno porte, teve contra si ajuizada uma reclamação trabalhista, na qual Alice, uma de suas ex-empregadas, postula o pagamento de horas extras. Para a audiência, a sociedade empresária enviou como preposto o empregado que foi contratado para substituir Alice. Em razão disso, o advogado da reclamante protestou contra tal fato, requerendo a aplicação da confissão, pois o preposto não havia presenciado os fatos.

Segundo a sistemática da CLT, assinale a afirmativa correta.

(A) A impugnação deve ser acolhida, pois não se pode admitir a existência de um preposto que não tenha testemunhado os fatos.
(B) A lei é omissa acerca de o preposto precisar, ou não, ter testemunhado os fatos, daí porque, diante da omissão legislativa, caberá ao juiz definir.
(C) A impugnação deve ser acolhida, pois é necessário que o preposto tenha vivenciado os fatos, tanto assim que ele obrigatoriamente deverá ser empregado da empresa.
(D) A impugnação deve ser rejeitada, pois o preposto precisa apenas ter conhecimento dos fatos.

A: opção incorreta, pois a lei não exige que o preposto tenha presenciado/testemunhado os fatos, mas apenas ter conhecimento de tais fatos, art. 843, § 1º, CLT. **B:** opção incorreta, pois a lei exige apenas o conhecimento os fatos, art. 843, § 1º, CLT. **C:** opção incorreta, pois como vimos o preposto não precisa ter vivenciado os fatos, apenas ter conhecimentos dos fatos, art. 843, § 1º, CLT. Ademais, por se tratar de uma empresa de pequeno porte, não é necessário que o preposto seja empregado da empresa, nos termos da súmula 377 do TST. **D:** opção correta, pois nos termos do art. 843, § 1º, da CLT e súmula 377 do TST, por se tratar de uma empresa de pequeno porte o preposto necessita apenas ter conhecimento dos fatos, não havendo a necessidade de ser empregado da empresa.

Gabarito "D"

(OAB/Exame Unificado – 2015.3) Na qualidade de advogado de Mauro, você ajuizou reclamação trabalhista no local da prestação de serviços do empregado. Entretanto, o advogado da empresa ré, na audiência, apresentou exceção de incompetência em razão do lugar.

Diante disso, à luz da CLT,

(A) o autor-exceto terá 24 horas improrrogáveis para se manifestar.
(B) o juiz julgará independentemente da manifestação da parte contrária, pois não há previsão para tanto em razão do princípio da celeridade.
(C) o autor-exceto terá prazo de 48 horas para manifestação.
(D) o autor-exceto poderá se manifestar até a sessão de julgamento da exceção de incompetência.

A: opção correta, pois nos termos do art. 800 da CLT apresentada a exceção de incompetência territorial, abrir-se-á vista dos autos ao exceto, por 24 (vinte e quatro) horas improrrogáveis, devendo a decisão ser proferida na primeira audiência ou sessão que se seguir. **B:** opção incorreta, pois em obediência ao princípio do contraditório o art. 800 da CLT determina a manifestação da parte adversa. **C:** opção incorreta, pois nos termos do art. 800 da CLT o prazo é de 24 horas. **D:** opção incorreta, pois o prazo para manifestação é de 24 horas, art. 800 da CLT.

Gabarito "A"

(OAB/Exame Unificado – 2015.2) Brenda aufere um salário mínimo e meio e ajuizou reclamação trabalhista contra o empregador, postulando diversas verbas que entende fazer jus. Na petição inicial, não houve requerimento de gratuidade de justiça nem declaração de miserabilidade jurídica. O pedido foi julgado improcedente, mas, na sentença, o juiz concedeu, de ofício, a gratuidade de justiça. Diante da situação e do comando legal, assinale a afirmativa correta.

(A) Houve julgamento extra petita no tocante à gratuidade, atraindo a nulidade do julgado, já que isso não foi requerido na petição inicial.

(B) A Lei é omissa a respeito, daí porque o juiz, invocando o princípio da proteção, poderia conceder espontaneamente a gratuidade de justiça.

(C) A sociedade empresária poderia recorrer para ver reformada a sentença, no tocante à concessão espontânea da gratuidade de justiça, tratando-se de julgamento ultra petita.

(D) O juiz agiu dentro do padrão legal, pois é possível a concessão da gratuidade de justiça de ofício, desde que presentes os requisitos legais, como era o caso.

A: incorreta, pois não há nulidade no julgado por julgamento *extra petita* (sentença decide fora do pedido do autor), tendo em vista que o Juiz do Trabalho poderá conceder de ofício o benefício da justiça gratuita, nos termos do art. 790, § 3º, da CLT. **B:** incorreta, pois não existe omissão legislativa sobre o tema, sendo ele tratado no art. 790, § 3º, da CLT. Ademais, não poderá conceder o benefício espontaneamente, mas sim se verificar o estado de miserabilidade da parte. **C:** incorreta, pois não se trata de julgamento *ultra petita* (sentença concede algo a mais do que foi pedido), pois é permitido ao juiz do Trabalho a concessão do benefício *ex officio*, art. 790, § 3º, da CLT. **D:** correta, conforme comentários anteriores.

Gabarito "D"

(OAB/Exame Unificado – 2015.1) Antônio é assistente administrativo na sociedade empresária Setler Conservação Ltda., que presta serviços terceirizados à União. Ele está com o seu contrato em vigor, mas não recebeu o ticket refeição dos últimos doze meses, o que alcança o valor de R$ 2.400,00 (R$ 200,00 em cada mês). Em razão dessa irregularidade, estimulada pela ausência de fiscalização por parte da União, Antônio pretende cobrar o ticket por meio de reclamação trabalhista contra a empregadora e o tomador dos serviços, objetivando garantir deste a responsabilidade subsidiária, na forma da Súmula 331 do TST.

Diante da hipótese, assinale a afirmativa correta.

(A) A ação deverá seguir o procedimento ordinário, vez que há litisconsórcio passivo, sendo, em razão disso, obrigatório o rito comum.

(B) A ação deverá seguir o procedimento sumaríssimo, uma vez que o valor do pedido é inferior a 40 salários mínimos.

(C) A ação tramitará pelo rito ordinário porque um dos réus é ente público.

(D) O autor poderá optar pelo procedimento que lhe seja mais vantajoso.

A: incorreta, pois será obrigatório o rito comum, tendo em vista que órgãos da administração pública direta estão excluídos do procedimento sumaríssimo, nos termos do art. 852-A, parágrafo único, da CLT. **B:** incorreta, pois embora a ação tenha valor abaixo de 40 salários mínimos, os órgãos da administração pública direta estão excluídos do procedimento sumaríssimo, art. 852-A, parágrafo único, da CLT. **C:** correta, pois por não ser possível a submissão da causa pelo procedimento sumaríssimo, a ação deverá tramitar pelo rito comum ordinário. **D:** incorreta, pois tendo em vista a proibição da submissão da ação ao rito sumaríssimo, art. 852-A, parágrafo único, da CLT, não há opção por parte do autor, devendo a ação ser submetida ao procedimento comum ordinário.

Gabarito "C"

(OAB/Exame Unificado – 2014.3) Jorge, que presta serviços a uma companhia aérea na China, é autor de um processo em face da Viação Brasil S/A, sua ex empregadora. Na data da audiência, Jorge estará, comprovadamente, trabalhando na China.

Considerando que Jorge tem interesse no desfecho rápido de seu processo, deverá

(A) requerer o adiamento para data próxima.

(B) dar procuração com poderes específicos ao seu advogado para que este o represente.

(C) fazer-se representar por outro empregado da mesma profissão ou pelo seu sindicato.

(D) deixar arquivar a demanda e ajuizar uma nova.

A: incorreta, pois nos termos do art. 843 da CLT o autor/reclamante deve estar presente pessoalmente na audiência inaugural, sob pena de arquivamento da reclamação trabalhista, nos termos dos arts. 843 e 844 da CLT. **B:** incorreta, pois nos termos do art. 843 da CLT as partes devem estar presentes, independente da presença de seus advogados. **C:** correta, pois reflete o entendimento disposto no art. 843, § 2º, da CLT. **D:** incorreta, pois deverá fazer-se representar por um outro empregado de sua categoria ou pelo sindicato com o fim de evitar o arquivamento da ação.

Gabarito "C"

(OAB/Exame Unificado – 2014.2) Sandro Vieira ajuizou reclamação trabalhista contra a empresa Trianon Bebidas e Energéticos Ltda. pleiteando o pagamento de horas extras, pois alegou trabalhar de 2ª feira a sábado, das 9h às 19h, com intervalo de uma hora para refeição. Em defesa, a ré negou a jornada descrita na petição inicial, mas não juntou os controles de ponto. Em audiência, ao ser interrogado, o preposto informou que a ré possuía 18 empregados no estabelecimento. Diante da situação retratada, e considerando o entendimento consolidado do TST, assinale a opção correta.

(A) Aplica-se a pena de confissão pela ausência de juntada dos controles, sendo então considerada verdadeira a jornada da petição inicial, na qual o juiz irá se basear na condenação de horas extras.

(B) Haverá inversão do ônus da prova, que passará a ser da empresa, prevalecendo a jornada da inicial se dele não se desincumbir com sucesso.

(C) Diante do impasse, e considerando que, com menos de 20 empregados, a empresa não é obrigada a manter controle escrito dos horários de entrada e saída dos empregados, o juiz decidirá a quem competirá o ônus da prova.

(D) A falta de controle quando a empresa possui mais de 10 empregados é situação juridicamente imperdoável, o que autoriza o indeferimento da oitiva das testemunhas da empresa porventura presentes à audiência.

A: incorreta, pois nos termos do art. 74, § 2 º da CLT as empresas que contam com mais de 10 empregados são obrigadas a manter o registro de jornada de trabalho. Nessa linha, a súmula 338, I, do TST ensina que a apresentação dos registros de ponto é ônus do empregador e sua não apresentação injustificável inverte o ônus da prova com relação à jornada extraordinária, criando assim a presunção relativa, ou seja, admitindo-se prova em contrário, de que a jornada apontada na inicial foi efetivamente trabalhada pelo autor. Assim, prevalecerá a jornada de trabalho apontada na inicial caso o empregador não prove o contrário. Desta forma, o juiz não poderá considerar verdadeira a jornada da petição, como induz a assertiva, na medida em que será admitido prova em contrário. **B:** correta, pois reflete o entendimento disposto na súmula 338, I, do TST. **C:** incorreta, pois nos termos do art. 74, § 2 ° da CLT as empresas que contam com mais de 10 empregados são obrigadas a manter o registro de jornada de trabalho. Vide comentários da alternativa "a". **D:** incorreta, pois a não apresentação dos controles irá gerar presunção relativa da jornada apontada na inicial, mas nunca o indeferimento da oitiva das testemunhas, até mesmo porque como é admitida a prova em contrário, caberá ao empregador o ônus de provar que a jornada apontada na inicial não é correta, o que fará inclusive, por meio de testemunhas.

Gabarito "B"

(OAB/Exame Unificado – 2014.1) Paulo ajuizou reclamação trabalhista em face de sua ex-empregadora, empresa *Ouropuro Ltda*. No dia da audiência, a ré apresentou exceção de incompetência em razão do lugar, aduzindo fatos que eram desconhecidos até então pelo advogado de Paulo.

De modo a possibilitar a melhor defesa de Paulo e para evitar o possível acolhimento da exceção, de acordo com a legislação trabalhista, assinale a opção que indica o procedimento correto a ser adotado.

(A) Deverá ser requerido prazo de 10 dias para manifestação com o consequente adiamento da audiência.

(B) Deverá o Juiz conceder prazo a Paulo por 24 horas para manifestação, prolatando a sentença da exceção de incompetência na primeira audiência.

(C) O Juiz deverá adiar a audiência para a decisão, não sendo cabível a concessão de prazo à parte contrária, para manifestação.

(D) O Juiz apreciará imediatamente a arguição de exceção de incompetência, não havendo previsão de concessão de prazo a Paulo, já que as audiências são unas.

A: incorreta, pois o prazo será de 24 horas, nos termos do art. 800 da CLT. Acreditamos que a banca examinadora colocou na assertiva o prazo de 10 dias, com o intuito de confundir o examinando com o prazo no caso de apresentação de exceção de impedimento, em conformidade com o art. 146, § 1°, do CPC/2015. **B:** correta, pois reflete o disposto no art. 800 da CLT. **C:** incorreta, pois o art. 800 da CLT prevê um prazo de 24 horas para manifestação por parte do exceto. **D:** incorreta, veja comentários anteriores.

Gabarito "B"

(OAB/Exame Unificado – 2013.3) Em 10/04/2013 a empresa AlfaBeta Ltda. recebeu cópia da petição inicial de ação em face dela ajuizada, com notificação citatória para audiência no dia 14/04/2013. Nesta data, compareceu apenas o preposto da ré, munido da respectiva carta e carteira de trabalho, sem portar defesa, requerendo oralmente o adiamento da audiência.

A partir do caso apresentado, assinale a afirmativa correta.

(A) O juiz deverá manter a audiência e aplicar a revelia por ausência de defesa.

(B) O juiz deverá adiar a audiência pela exiguidade de tempo entre a citação e a realização da audiência.

(C) O juiz deverá manter a audiência, podendo o preposto apresentar defesa oral no prazo legal de 20 minutos, já que vigora o *jus postulandi*.

(D) Face aos princípios da celeridade e economia processual, o juiz deverá manter a audiência, mas em razão da presença da ré, evidente o ânimo de defesa, não aplicará a revelia.

O juiz deverá designar uma nova audiência. Isso porque de acordo com o entendimento disposto no art. 841, parte final, da CLT, entre a data do recebimento da notificação pela reclamada e a data designada para a audiência deverá ser obedecido o prazo mínimo de 5 (cinco) dias, sob pena de nulidade. Vale dizer que, em se tratando de Fazenda Pública, esse prazo deverá ser contado em quádruplo, ou seja, entre a data do recebimento da notificação e a data da audiência deverá ser observado um lapso temporal de 20 (vinte) dias, nos termos do art. 1°, II, do Decreto-Lei 779/1969.

Gabarito "B"

(OAB/Exame Unificado – 2013.3) Carlos Alberto foi caixa numa instituição bancária e ajuizou reclamação trabalhista, postulando o pagamento de horas extras, já que em uma das agências, na qual trabalhou por dois anos, cumpria jornada superior à legal. Em contestação, foram apresentados os controles, que não continham sobrejornada, e por essa razão foram expressamente impugnados pelo acionante. Na instrução, o banco não produziu prova, mas Carlos Alberto conduziu uma testemunha que com ele trabalhou sete meses na agência em questão e ratificou a jornada mais extensa declarada na petição inicial.

Diante desta situação e de acordo com o entendimento consolidado do TST, assinale a afirmativa correta.

(A) Uma vez que a testemunha trabalhou com o autor somente sete meses, este é o limite de tempo que limitará eventual condenação.

(B) Se o juiz se convencer, pela prova testemunhal, que a sobrejornada ocorreu nos dois anos, poderá deferir as horas extras em todo o período.

(C) Uma vez que a testemunha trabalhou com o autor em período inferior à metade do tempo questionado, não poderá ser fator de convencimento acerca da jornada.

(D) Considerando que os controles foram juntados, uma única testemunha não poderia servir de prova da jornada cumprida.

A: incorreta, pois a testemunha servirá para a comprovação do que foi alegado pelo autor. Nesse sentido vale pontuar a OJ 233 da SDI 1 do TST que ensina que a decisão que defere horas extras com base em prova oral ou documental não ficará limitada ao tempo por ela abrangido, desde que o julgador fique convencido de que o procedimento questionado superou aquele período **B:** correta. O caso apresentado tem como plano de fundo a jornada de trabalho e horas extraordinárias. Nesse sentido importante lembrar a regra disposta no art. 74, § 2 ° da CLT que ensina que as empresas que contam com mais de 10 empregados são obrigadas a manter o registro de jornada de trabalho. Assim, tendo em vista a apresentação do registro de ponto pela empresa reclamada, o ônus de prova passou para o reclamante que, por meio de uma testemunha, conseguiu demonstrar os fatos apontados em sua reclamação trabalhista. Assim, se o juiz se convencer das alegações feitas pelo reclamante poderá deferir as horas extras por todo período, de acordo com o princípio do livre convencimento motivado. **C:** incorreta, pois o juiz poderá se valer da prova testemunhal para se convencer de todo período alegado e não somente aquele presenciado. Veja comentários anteriores. **D:** incorreta, pois não há hierarquia entre as provas.

Gabarito "B"

(OAB/Exame Unificado – 2013.2) Ícaro, piloto de avião, foi empregado da empresa Voe Alto Linhas Aéreas S/A de 12 de maio de 2010 a 20 de abril de 2012. Ao ser dispensado, deixou de receber parte de seus haveres trabalhistas da extinção, razão pela qual ajuizou reclamação trabalhista. A audiência foi designada para

10/10/2013. Porém, nessa data Ícaro estaria fora do país, já que necessitado de emprego e com a escassez do mercado nacional, empregou-se como piloto na China, onde reside, e não faz voos para o Brasil. Você é o advogado de Ícaro que, naturalmente, tem pressa em receber seus direitos sonegados.

Assinale a alternativa que indica a medida legal a ser adotada para o mais rápido desenrolar do processo.

(A) Deverá ser requerido o adiamento da audiência sem data posterior e, tão logo Ícaro informe quando poderá estar no Brasil, será requerido ao juiz a designação da realização da audiência.

(B) Como advogado de Ícaro você deverá ter procuração com poderes especiais para representá-lo e assisti-lo em audiência suprindo assim a ausência.

(C) Tendo em vista tratar-se de motivo relevante, e estar devidamente comprovado, Ícaro poderá fazer-se representar por outro empregado de mesma profissão ou por seu sindicato de classe.

(D) Tendo em vista tratar-se de motivo poderoso, e estar devidamente comprovado, Ícaro poderá fazer-se representar por membro de sua família ou outro empregado da mesma empresa empregadora.

A: incorreta, pois não há previsão legal para o adiamento da audiência e posterior designação de data a critério do reclamante. **B:** incorreta, pois o advogado não poderá substituir o reclamante. Veja art. 843, § 2º, da CLT. **C:** correta, pois reflete o disposto no art. 843, § 2º, da CLT. **D:** incorreta, pois nos termos do art. 843, § 2º, da CLT poderá fazer-se representar por outro empregado que pertença à mesma profissão, ou pelo seu sindicato.

Gabarito "C"

(OAB/Exame Unificado – 2013.2) Após trabalhar como empregado durante 6 meses, Paulo ajuizou reclamação trabalhista em face de sua ex-empregadora, a empresa Alfa Beta Ltda., pretendendo horas extras, nulidade do pedido de demissão por coação, além de adicional de insalubridade. Na primeira audiência o feito foi contestado, negando a ré o trabalho extraordinário, a coação e a atividade insalubre. Foram juntados controles de ponto e carta de próprio punho de Paulo pedindo demissão, documentos estes que foram impugnados pelo autor. Não foi produzida a prova técnica (perícia).

Para a audiência de prosseguimento, as partes estavam intimadas pessoalmente para depoimentos pessoais, sob pena de confissão, mas não compareceram, estando presentes apenas os advogados. Declarando as partes que não têm outras provas a produzir, o Juiz encerrou a fase de instrução, seguindo o processo concluso para sentença.

Com base nestas considerações, analise a distribuição do ônus da prova e assinale a afirmativa correta.

(A) A ausência das partes gera a confissão ficta recíproca, devendo ser aplicada a regra de que para os fatos constitutivos cabe o ônus da prova ao autor, e para os extintivos, modificativos e impeditivos, o ônus será do réu. Assim, todos os pedidos deverão ser julgados improcedentes.

(B) Não há confissão em razão da presença dos advogados. Mas não havendo outras provas, os pedidos deverão ser julgados improcedentes.

(C) Em razão da confissão, presumem-se verdadeiros os fatos alegados. Tal aliado ao princípio da proteção ao hipossuficiente leva à presunção de que Paulo foi coagido a pedir demissão, trabalhava extraordinariamente e faz jus ao adicional de insalubridade. Logo, os pedidos procedem.

(D) Em razão da confissão, os pedidos de horas extras e nulidade do pedido de demissão procedem. Porém, improcede o de adicional de insalubridade, pois necessária a prova pericial para configurar o grau de insalubridade. Logo, este pleito improcede.

A: correta, pois não comparecendo as partes à audiência para a qual foram devidamente intimadas, ocorre a confissão ficta recíproca, devendo o juiz julgar o processo de acordo com a distribuição de ônus da prova, dispostas no art. 818 da CLT e art. 373 do CPC/2015. **B:** incorreta, pois nos termos do art. 843 da CLT na audiência de julgamento deverão estar presentes o reclamante e o reclamado, independentemente do comparecimento de seus representantes. **C:** incorreta, pois como houve confissão recíproca, deverá ser seguida a distribuição de ônus da prova, que nos termos do art. 818 da CLT indica que a prova das alegações incumbe à parte que as fizer. **D:** incorreta, pois os pedidos serão improcedentes, tendo em vista que o autor não cuidou de fazer prova de fato constitutivo de seu direito, nos termos do art. 818 da CLT e art. 373 do CPC/2015.

Gabarito "A"

(OAB/Exame Unificado – 2013.2) Um determinado trabalhador ajuizou uma reclamação trabalhista e, na data designada, faltou injustificadamente à audiência. Seu advogado requereu o desentranhamento dos documentos, no que foi atendido. Dois meses depois, apresentou a mesma reclamação, mas posteriormente resolve desistir dela em mesa de audiência, o que foi homologado pelo magistrado, sendo extinto o processo sem resolução do mérito.

Caso queira ajuizar uma nova ação, o trabalhador

(A) terá de aguardar o prazo de seis meses, pois contra ele será aplicada a pena de perempção;

(B) poderá ajuizar a nova ação de imediato, contanto que pague o valor de uma multa que será arbitrada pelo juiz;

(C) não precisará aguardar nenhum prazo para ajuizar nova ação;

(D) deverá aguardar seis meses para ajuizar ação contra aquele empregador, mas não para outros que porventura venha a ter.

A: incorreta, pois nos termos do art. 732 da CLT a pena de perempção será imposta ao trabalhador que por 2 (duas) vezes seguidas, der causa ao arquivamento da ação por não comparecimento. **B:** incorreta, pois não haverá multa a ser imposta. **C:** correta, pois tendo em vista que a segunda ação não foi arquivada por não comparecimento do reclamante, poderá apresentar nova reclamação sem aguardar prazo algum, pois não serão aplicados os efeitos da perempção, prevista no art. 732 da CLT. **D:** incorreta, pois não serão aplicados os efeitos da perempção. Veja os comentários anteriores.

Gabarito "C"

(OAB/Exame Unificado – 2013.1) Em reclamação trabalhista movida contra um município, este não comparece à audiência inaugural.

Diante dessa hipótese, assinale a afirmativa correta.

(A) Não se cogita de revelia porque o direito é indisponível.

(B) Aplica-se a revelia contra o ente público.
(C) Não há revelia, mas se aplica a confissão.
(D) O juiz deve designar audiência de instrução, haja vista tratar-se de ente público.

A: incorreta, pois embora o art. 345, II, do CPC/2015 ensine que não induz revelia se o litígio versar sobre direitos indisponíveis, no direito processual do trabalho a revelia se dá com o não comparecimento da parte na audiência, nos termos do art. 844 da CLT. Importante notar que o art. 844 da CLT não faz qualquer distinção em relação à pessoa e não estabelece privilégio algum ao ente público. **B:** correta, pois reflete o entendimento disposto na OJ 152 da SDI-1 do TST. **C:** incorreta, pois no caso em análise há revelia. Veja comentários da alternativa "a". **D:** incorreta, pois o juiz aplicará os efeitos da revelia, não havendo necessidade de audiência de instrução.

Gabarito "B".

(OAB/Exame Unificado – 2012.3.B) Em audiência inicial de uma ação trabalhista, infrutífera a proposta de conciliação, foi recebida a contestação e, ato contínuo, adiada a audiência em razão da ausência da testemunha indicada pelo réu. Foram intimadas as partes e patronos, sob as penas da lei, para comparecimento em nova data para produção das demais provas requeridas, isto é, oitiva de testemunhas e depoimento pessoal das partes. Na data e hora marcadas o autor se atrasou e não respondeu ao pregão quando chamado seu nome.

Dados os fatos acima, assinale a afirmativa correta.

(A) A ausência do reclamante à audiência pode resultar na confissão em seu desfavor, se cominada.
(B) A ausência do reclamante à audiência provoca a revelia.
(C) A ausência do reclamante provoca automaticamente a improcedência dos seus pedidos.
(D) A ausência do reclamante à audiência provoca o arquivamento do processo.

A: correta, pois o não comparecimento do reclamante implicará na confissão, caso tenha sido intimado com essa cominação. **B:** incorreta, pois revelia é efeito a ser aplicado à reclamada que não comparece à primeira audiência. A ausência à segunda audiência, quando fracionada, não provoca revelia. **C:** incorreta, pois o não comparecimento do reclamante a audiência não importará na improcedência dos pedidos. **D:** incorreta, pois nos termos da Súmula 9 do TST a ausência do reclamante, quando adiada a instrução após contestada a ação em audiência, não importa arquivamento do processo.

Gabarito "A".

(OAB/Exame Unificado – 2012.3.A) Uma das espécies de resposta é a reconvenção, que vem a ser a ação do réu contra o autor no mesmo feito e juízo em que é demandado. Malgrado não estar formalmente previsto na CLT, é pacífico o cabimento da reconvenção nas lides trabalhistas. Das hipóteses abaixo listadas, assinale aquela em que, pela natureza da pretensão deduzida, seria inviável a apresentação de reconvenção na Justiça do Trabalho.

(A) Quando a empresa pretender a condenação do empregado no valor do aviso-prévio por ele não concedido, ao pedir demissão.
(B) Quando a empresa pretender o ressarcimento por dano causado pelo empregado no decorrer do contrato de trabalho.
(C) Quando a empresa pretender a devolução do valor de um curso pago em benefício do empregado e pelo qual o obreiro comprometeu-se a não pedir demissão durante determinado período, o que depois foi descumprido pelo trabalhador.
(D) Quando a empresa pretender a devolução de valor pago pela compra de um bem do seu empregado que, após, verificou possuir vício redibitório.

A: incorreta, pois um dos requisitos para que a reconvenção seja admitida é que o juízo da causa principal deve ser competente para apreciar, além da ação principal, a própria reconvenção. Sendo o Juiz do Trabalho competente para apreciar a condenação em aviso-prévio, pois é matéria de competência da Justiça do Trabalho, art. 114, I, da CF, seria viável a apresentação de reconvenção. **B:** incorreta, pois é perfeitamente viável a pretensão disposta na assertiva por meio de reconvenção. Veja comentários da alternativa "**A**". **C:** incorreta, veja comentários da alternativa "**A**". **D:** correta, pois a matéria tratada na assertiva é correlata ao direito comum, não sendo matéria de competência da Justiça do Trabalho, devendo ser apresentada em ação própria na Justiça Comum.

Gabarito "D".

(OAB/Exame Unificado – 2012.1) Josenildo da Silva ajuizou reclamação trabalhista em face da empresa Arca de Noé Ltda., postulando o pagamento de verbas resilitórias, em razão de dispensa imotivada; de horas extraordinárias com adicional de 50% (cinquenta por cento); das repercussões devidas em face da percepção de parcelas salariais não contabilizadas e de diferenças decorrentes de equiparação salarial com paradigma por ele apontado. Na defesa, a reclamada alega que, após discussão havida com colega de trabalho, o reclamante não mais retornou à empresa, tendo sido surpreendida com o ajuizamento da ação; que a empresa não submete seus empregados à jornada extraordinária; que jamais pagou qualquer valor ao reclamante que não tivesse sido contabilizado e que não havia identidade de funções entre o autor e o paradigma indicado. Considerando que a ré possui 10 (dez) empregados e que não houve a juntada de controles de ponto, assinale a alternativa correta.

(A) Cabe ao reclamante o ônus de provar a dispensa imotivada.
(B) Cabe à reclamada o ônus da prova quanto à diferença entre as funções do equiparando e do paradigma.
(C) Cabe ao reclamante o ônus de provar o trabalho extraordinário.
(D) Cabe à reclamada o ônus da prova no tocante à ausência de pagamento de salário não contabilizado.

A: incorreta, pois nos termos da Súmula 212 do TST o ônus de provar o término do contrato de trabalho, é do empregador/reclamada. Isso porque ao consignar que não dispensou o reclamante e que ele abandonou o serviço, a reclamada alega fato novo e extintivo do direito do reclamante, competindo-lhe o ônus da prova. **B:** incorreta, pois nos termos do art. 818 da CLT e art. 373, I, do CPC/2015 compete ao autor provar os fatos constitutivos do seu direito alegado. **C:** correta, pois pertence ao reclamante o ônus da prova do labor em sobrejornada alegado, nos moldes do art. 818 da CLT e art. 373, I, do CPC/2015. **D:** incorreta, pois nesse caso o ônus é do reclamante, arts. 818 da CLT e 373, I, do CPC/2015.

Gabarito "C".

(OAB/Exame Unificado – 2011.3.B) No Processo do Trabalho, em relação ao ônus da prova, assinale a alternativa correta.

(A) É do empregador quanto à alegação de inexistência de vínculo de emprego, se admitida a prestação de serviços com outra qualidade.
(B) É sempre do empregador nas reclamações versando sobre horas extras.
(C) É sempre da parte que fizer a alegação, não importando o comportamento da parte contrária a respeito.
(D) É sempre do empregador nas reclamações versando sobre equiparação salarial.

A: correta, pois ao admitir que o reclamante prestava serviços, mas com outras qualidades, a reclamada alega fato modificativo ou extintivo do direito do autor, atraindo para si o ônus de prova nos moldes do art. 373, II, do CPC/2015. **B:** incorreta, pois o ônus da prova do labor em sobrejornada pertence ao reclamante, nos moldes do art. 818 da CLT e art. 373, I, do CPC/2015. **C:** incorreta, pois se a defesa for simplesmente negativa, ou seja, reclamada simplesmente nega o fato, o ônus pertencerá à parte que a fizer, na medida em que consiste no fato constitutivo do seu direito. No entanto, caso a parte, ao invés de simplesmente negar o fato, apontar fatos impeditivos, modificativos ou extintivos, atrairá para si o ônus da prova desse fato. **D:** incorreta, pois pertence ao empregador o ônus da prova do fato impeditivo, modificativo ou extintivo, nos termos da Súmula 6, item, VIII, do TST.
Gabarito "A".

(OAB/Exame Unificado – 2011.3.B) Em relação às exceções processuais, assinale a alternativa correta.

(A) No processo trabalhista, entre as exceções previstas em lei, a de suspeição suspende o processo, com abertura de vista ao exceto por 24 horas improrrogáveis, devendo a decisão ser proferida na primeira audiência ou sessão que se seguir.
(B) No processo trabalhista, em face dos princípios da celeridade e da simplicidade, as exceções não suspendem o processo, devendo ser decididas na sentença que a ele põe termo.
(C) No processo trabalhista, são cabíveis as exceções de incompetência absoluta ou relativa e de suspeição, devendo ser decididas na sentença que põe termo ao processo.
(D) No processo trabalhista, a incompetência relativa e a suspeição do juiz devem ser arguidas como matéria de defesa e decididas somente na sentença que põe termo ao processo.

A: correta, pois reflete o disposto no arts. 799 e 800 da CLT. **B:** incorreta, pois nos termos do art. 799 da CLT as exceções de suspeição ou incompetência suspendem o processo. **C:** incorreta, pois a incompetência absoluta é matéria preliminar ao mérito, art. 337, II, do CPC/2015. **D:** incorreta, pois nos termos do art. 800 da CLT a decisão será proferida na primeira audiência ou sessão que seguir sua apresentação.
Gabarito "A".

(OAB/Exame Unificado – 2011.3.A) No processo trabalhista, a compensação ou retenção

(A) só poderá ser arguida como matéria de defesa;
(B) poderá ser arguida em qualquer fase do processo, mesmo na execução definitiva da sentença;
(C) poderá ser arguida em qualquer momento, até que a sentença seja proferida pelo juiz de 1ª instância;
(D) poderá ser arguida em qualquer momento, até que a sentença tenha transitado em julgado.

A alternativa **A** está correta, pois nos termos do art. 767 da CLT a compensação e a retenção somente poderão ser alegadas como matérias de defesa, ou seja, na contestação. Veja também as Súmulas 18 e 48 do TST.
Gabarito "A".

(OAB/Exame Unificado – 2011.3.A) Cíntia Maria ajuíza reclamação trabalhista em face da empresa Tictac Ltda., postulando o pagamento de horas extraordinárias, aduzindo que sempre labutou no horário das 8h às 19h, de segunda a sexta-feira, sem intervalo intrajornada. A empresa ré oferece contestação, impugnando o horário indicado na inicial, afirmando que a autora sempre laborou no horário das 8h às 17h, com 1 hora de pausa alimentar, asseverando ainda que os controles de ponto que acompanham a defesa não indicam a existência de labor extraordinário. À vista da defesa ofertada e dos controles carreados à resposta do réu, a parte autora, por intermédio de seu advogado, impugna os registros de frequência porque não apresentam qualquer variação no registro de entrada e saída, assim como porque não ostentam sequer a pré-assinalação do intervalo intrajornada. Admitindo-se a veracidade das argumentações do patrono da parte autora e com base na posição do TST acerca da matéria, é correto afirmar que

(A) compete ao empregado o ônus de comprovar o horário de trabalho indicado na inicial, inclusive a supressão do intervalo intrajornada, a teor do disposto no art. 818 da CLT;
(B) diante da impugnação apresentada, inverte-se o ônus probatório, que passa a ser do empregador, prevalecendo o horário da inicial, se dele não se desincumbir por outro meio probatório, inclusive no que se refere à ausência de intervalo intrajornada;
(C) em se tratando de controles de ponto inválidos, ao passo que não demonstram qualquer variação no registro de entrada e saída, não poderá a ré produzir qualquer outra prova capaz de confirmar suas assertivas, porquanto a prova documental é a única capaz de demonstrar a jornada de trabalho cumprida;
(D) diante da impugnação apresentada, inverte-se o ônus probatório, que passa a ser do empregador, prevalecendo o horário da inicial, se dele não se desincumbir, exceto quanto ao intervalo intrajornada, cujo ônus probatório ainda pertence à parte autora.

A: incorreta, pois nos termos da Súmula 338, item III, do TST sendo apresentados cartões de ponto com horários de entrada e saída uniformes, serão eles considerados inválidos como meio de prova, invertendo-se o ônus da prova, relativo às horas extras, que passa a ser do empregador. **B:** correta, pois em consonância com o entendimento cristalizado na Súmula 338, item III, do TST. **C:** incorreta, pois poderá ser elidida por outros meios de provas, como a testemunhal, por exemplo. **D:** incorreta, pois de acordo com a Súmula 338, item III, do TST não há qualquer restrição, permanecendo, em razão da inversão do ônus da prova, o dever do empregador em comprovar a jornada por ele alegada.
Gabarito "B".

(OAB/Exame Unificado – 2011.2) A respeito da prova testemunhal no processo do trabalho, é correto afirmar que

(A) no processo do trabalho sumaríssimo, a simples ausência da testemunha na audiência enseja a sua condução coercitiva;
(B) em se tratando de ação trabalhista pelo rito ordinário ou sumaríssimo, as partes poderão ouvir no máximo três testemunhas cada; sendo inquérito, o número é elevado para seis;

(C) as testemunhas comparecerão à audiência independentemente de intimação e, no caso de não comparecimento, serão intimadas *ex officio* ou a requerimento da parte;

(D) apenas as testemunhas arroladas previamente poderão comparecer à audiência a fim de serem ouvidas.

A: incorreta, pois nos termos do art. 852-H, § 3º, da CLT em se tratando de procedimento sumaríssimo, somente será deferida intimação de testemunha que, comprovadamente convidada, deixar de comparecer. Não comparecendo a testemunha intimada, o juiz poderá determinar sua imediata condução coercitiva; **B:** incorreta, pois no procedimento ordinário cada parte poderá levar até 3 (três) testemunhas, no inquérito para apuração de falta grave o número será elevado para 6 (seis) testemunhas por parte (art. 821 CLT) e, por último, no procedimento sumaríssimo esse número é reduzido para 2 (duas) testemunhas (art. 852-H, § 2º, CLT); **C:** correta, pois reflete o disposto no art. 825, *caput* e parágrafo único, da CLT; **D:** incorreta, pois não há necessidade de arrolamento de testemunhas, que deverão comparecer independente de notificação ou intimação, art. 825 CLT.

Gabarito "C"

(OAB/Exame Unificado – 2011.1) Em audiência de conciliação, instrução e julgamento, o reclamado não respondeu ao pregão, mas compareceu o seu advogado, munido de procuração e dos atos constitutivos da empresa. Dada a palavra ao reclamante, seu advogado requereu que a empresa fosse considerada revel e confessa, pelo que o juiz indeferiu a juntada da defesa escrita que o advogado da parte reclamada pretendia apresentar. Assinale a alternativa correta, indicando como deve o advogado da parte reclamada proceder.

(A) Deve conformar-se, pois, no processo do trabalho, a revelia tanto pode decorrer da ausência da parte ré quanto da falta de apresentação da defesa, estando ou não presente o advogado da parte ausente (ainda que munido de procuração) e sempre importa em confissão quanto a qualquer matéria, de fato ou de direito.

(B) Deve conformar-se, pois, no processo do trabalho, a revelia decorre da ausência da parte ré, importando em confissão quanto à qualquer matéria, pelo que a presença do advogado da parte ausente, munido de procuração e defesa, é irrelevante.

(C) Deve lançar em ata o protesto, alegando que, no processo do trabalho, a revelia decorre da falta de apresentação de defesa, pelo que a presença do advogado, munido de procuração, supre a ausência da parte.

(D) Deve lançar em ata o protesto, alegando que, no processo do trabalho, a revelia decorre da ausência da parte ré, importando em confissão quanto à matéria de fato, pelo que o juiz deve receber a defesa apresentada pelo advogado da parte ausente, desde que munido de procuração, para o exame das questões de direito.

A: incorreta, pois prevalece na doutrina que a revelia nos domínios do processo do trabalho se dá com a ausência da reclamada à audiência inaugural, em conformidade com o art. 843 da CLT; **B:** incorreta, pois a revelia no processo do trabalho gera a confissão quanto à matéria de fato (art. 844 da CLT) e não para as matérias de direito; **C:** incorreta, pois o art. 843 da CLT dispõe que na audiência de julgamento deverão estar presentes o reclamante e o reclamado, independentemente do comparecimento de seus representantes; **D:** correta, pois na questão estamos trabalhando como advogado da reclamada e por este motivo devemos defender seus interesses. Desta forma, os interesses da reclamada seriam melhores defendidos, se lançando em ata o protesto, consignando que, no processo do trabalho, a revelia decorre da ausência da parte ré à audiência (art. 843 da CLT), importando em confissão exclusivamente quanto à matéria de fato, devendo o juiz receber a defesa apresentada pelo advogado da parte ausente para o exame das questões de direito.

Gabarito "D"

(OAB/Exame Unificado – 2010.2) Com relação às provas no processo do trabalho, assinale a alternativa correta.

(A) As testemunhas devem ser necessariamente arroladas pelas partes dentro do prazo estabelecido pelo juiz, a fim de que sejam notificadas para comparecimento à audiência.

(B) Cada uma das partes não pode indicar mais de três testemunhas, inclusive nas causas sujeitas ao procedimento sumaríssimo, salvo quando se tratar de inquérito para apuração de falta grave, caso em que este número pode ser elevado a seis.

(C) Na hipótese de deferimento de prova técnica, é vedada às partes a apresentação de peritos assistentes.

(D) Nas causas sujeitas ao procedimento sumaríssimo, somente quando a prova do fato o exigir, ou for legalmente imposta, será deferida prova técnica, incumbindo ao juiz, desde logo, fixar o prazo, o objeto da perícia e nomear perito.

A: incorreta, pois no processo do trabalho não há depósito de rol de testemunhas. As testemunhas comparecerão à audiência independentemente de intimação, conforme dispõem os arts. 825, *caput*, 845 e 852-H, § 2º, da CLT; **B:** incorreta, pois no procedimento sumaríssimo as partes poderão levar apenas duas testemunhas, de acordo com o art. 852-H, § 2º, da CLT; **C:** incorreta, pois as partes poderão indicar assistentes, conforme consta do art. 826 da CLT e Súmula 341 do TST; **D:** correta, pois a assertiva reflete o disposto no art. 852-H, § 4º, da CLT.

Gabarito "D"

(OAB/Exame Unificado – 2010.2) No dia 23.05.2003, Paulo apresentou reclamação verbal perante o distribuidor do fórum trabalhista, o qual, após livre distribuição, o encaminhou para a 132ª Vara do Trabalho do Rio de Janeiro. Entretanto, Paulo mudou de ideia e não compareceu à secretaria da Vara para reduzi-la a termo. No dia 24.12.2003, Paulo retornou ao distribuidor da Justiça do Trabalho e, decidido, apresentou novamente a sua reclamação verbal, cuja livre distribuição o encaminhou para a 150ª Vara do Trabalho do Rio de Janeiro. Desta vez, o trabalhador se dirigiu à secretaria da Vara, reduziu a reclamação a termo e saiu de lá ciente de que a audiência inaugural seria no dia 01.02.2004. Contudo, ao chegar o dia da audiência, Paulo mudou de ideia mais uma vez e não compareceu, gerando o arquivamento dos autos. Diante desta situação concreta, é correto afirmar que:

(A) Paulo não poderá ajuizar uma nova reclamação verbal, uma vez que a CLT proíbe o ajuizamento sucessivo de três reclamações desta modalidade.

(B) Paulo poderá ajuizar uma nova reclamação verbal, uma vez que somente a segunda foi reduzida a termo, gerando apenas um arquivamento dos autos por ausência do autor na audiência inaugural.

(C) Paulo não poderá ajuizar uma nova reclamação verbal, uma vez que deu ensejo à perempção prevista no CPC, aplicável subsidiariamente ao processo do trabalho.

(D) Paulo poderá ajuizar nova reclamação trabalhista, mas apenas na forma escrita e assistido obrigatoriamente por advogado.

A: incorreta, pois Paulo poderá ajuizar nova reclamação trabalhista. Isso porque na primeira reclamação Paulo sofreu os efeitos da perempção (art. 731 da CLT), sendo que somente após 7 (sete) meses distribuiu a segunda reclamação que foi reduzida a termo e arquivada pelo não comparecimento. A CLT proíbe o ajuizamento de nova ação do reclamante que der causa a dois arquivamentos seguidos (art. 732 da CLT) o que não ocorreu no caso em tela, tendo em vista que somente a segunda reclamação foi arquivada. **B:** correta, pois Paulo poderá ajuizar nova reclamação. Somente em duas hipóteses a parte perde o direito de ingressar com nova reclamação. A primeira ocorre quando a parte não comparece à sede do juízo para reduzir a termo a reclamação verbal, hipótese analisada na Opção "A", art. 731 da CLT. A segunda delas, que não se relaciona com a primeira, nos termos do art. 732 da CLT, consiste no duplo arquivamento seguido pelo não comparecimento do reclamante na audiência inaugural. Como no caso proposto Paulo deu causa a apenas um arquivamento por não comparecer à audiência, poderá ingressar com nova reclamação; **C:** incorreta, pois a regra de perempção prevista no CPC (art. 486, § 3º, CPC/2015) não pode ser aplicada ao processo do trabalho, na medida em que existem regras próprias acerca da perempção, que vêm dispostas nos arts. 731 e 732 da CLT. Importante ressaltar que a regra de perempção do direito processual civil constitui em perempção definitiva, pois a parte que der causa a (03) três arquivamentos – e não dois como no processo do trabalho – não poderá ingressar com nova ação. No processo do trabalho, nos termos dos arts. 731 e 732 da CLT, temos a perempção provisória que consiste na perda do direito de propor nova reclamação pelo lapso de 6 (seis) meses; **D:** incorreta, pois não existe previsão legal nesse sentido.

Gabarito "B".

(OAB/Exame Unificado – 2010.1) Em determinada reclamação trabalhista, o preposto da empresa reclamada não soube responder às perguntas formuladas pelo juiz e pelo advogado do reclamante na audiência de instrução e argumentou que não possuía conhecimento específico a respeito dos fatos que estavam sendo tratados no processo. O advogado da empresa juntou à contestação diversos documentos na audiência inaugural. Nessa situação hipotética,

(A) a prova pré-constituída nos autos pode ser considerada para o confronto com a confissão ficta;

(B) a empresa deve ser declarada confessa, independentemente de ter juntado defesa e documentos;

(C) o juiz, antes de aplicar a penalidade de confissão, deve determinar à empresa que apresente novas provas ao processo;

(D) o juiz deve designar nova audiência, determinando que a empresa nomeie preposto que conheça os fatos abordados no processo.

A: correta, pois nos termos da Súmula 74, item II, do TST, a prova pré-constituída deve ser levada em consideração pelo julgador para o confronto com a confissão ficta; **B:** incorreta, pois apesar de o preposto não ter sabido responder às perguntas por não ter conhecimento específico dos fatos discutidos no processo, a parte apresentou defesa e juntou documentos, que nesse caso, poderão servir de suporte ao julgador, entendimento consubstanciado na Súmula 74, item II, do TST; **C:** incorreta, pois o juiz não determinará a produção de novas provas. Deverá analisar as provas já existentes no processo; **D:** incorreta, pois não deve ser designada nova audiência.

Gabarito "A".

(OAB/Exame Unificado – 2010.1) Assinale a opção correta relativamente à resposta do reclamado.

(A) Quando forem notificados para a ação vários reclamados, com diferentes procuradores, o prazo para a contestação será contado em dobro.

(B) De acordo com a CLT, o fato de o juiz ter parentesco por consanguinidade ou afinidade até o terceiro grau civil em relação à pessoa dos litigantes é causa de suspeição, devendo ser questionada, via exceção, no caso de não pronunciamento pelo próprio magistrado.

(C) A perempção, a conexão e a falta de caução ou de outra prestação, que a lei exige como preliminar, podem ser alegadas quando da discussão de mérito.

(D) Cabe ao reclamado manifestar-se precisamente sobre os fatos narrados na petição inicial, presumindo-se verdadeiros os fatos não impugnados, ainda que em contradição com a defesa, considerada em seu conjunto.

A: incorreta, pois a regra do prazo em dobro para litisconsortes com procuradores distintos, disposta no art. 229, *caput*, §§ 1º e 2º, do CPC/2015, em conformidade com o art. 769 da CLT, não poderá ser aplicável ao processo do trabalho por se mostrar incompatível com o princípio da celeridade processual aplicável à justiça trabalhista. Nesse sentido, o TST solidificou entendimento através da orientação jurisprudencial 310 da SDI-1 do TST; **B:** correta, pois de acordo com o art. 801 "c" da CLT, o fato de o juiz ter parentesco por consanguinidade ou afinidade até o terceiro grau civil em relação à pessoa dos litigantes é causa de suspeição, devendo ser alegada pela parte em sua resposta/defesa; **C:** incorreta, pois nos termos do art. 337, V, VIII e XII, do CPC/2015 , a perempção, a conexão e a falta de caução ou de outra prestação, que a lei exige como preliminar, devem ser discutidas como preliminares ao mérito; **D:** incorreta, pois dispõe o art. 341, III, do CPC/2015, aplicado ao processo do trabalho por força do art. 769 do CLT e art. 15 do CPC/2015, que cabe ao réu manifestar-se precisamente sobre os fatos narrados na petição inicial, presumindo-se verdadeiros os fatos não impugnados, exceto, entre outras situações, se estiverem em contradição com a defesa, considerada em seu conjunto.

Gabarito "B".

(OAB/Exame Unificado – 2009.3) A respeito das comissões de conciliação prévia, assinale a opção correta.

(A) A provocação da comissão de conciliação prévia não suspende o prazo prescricional para a propositura da reclamação trabalhista.

(B) As comissões de conciliação prévia compõem a estrutura da Justiça do Trabalho.

(C) O termo de conciliação é título executivo extrajudicial e terá eficácia liberatória geral, exceto quanto às parcelas expressamente ressalvadas.

(D) A ausência da empresa na data designada para a tentativa de conciliação prévia implica a penalidade de revelia.

A: incorreta, pois de acordo com o art. 625-G da CLT, a partir da provocação da Comissão de Conciliação Prévia, o prazo prescricional ficará suspenso e recomeçará a fluir, pelo que resta, a partir da tentativa frustrada de conciliação; **B:** incorreta, pois a Comissão de Conciliação Prévia não compõem a estrutura da Justiça do Trabalho. Nos termos do art. 111 da CF são órgãos da Justiça do Trabalho: o Tribunal Superior do Trabalho, Os Tribunais Regionais do Trabalho e os juízes do trabalho; **C:** correta, pois nos termos do art. 625-E, parágrafo único, da CLT, o termo de conciliação é título executivo extrajudicial e terá eficácia liberatória geral, exceto quanto às parcelas expressamente ressalvadas. **D:** incorreta, pois a Lei n. 9.958/2000, que alterou e acrescentou os arts. 625-A a 625-H, na CLT, dispondo sobre a Comissão de Conciliação Prévia, não determinou a obrigatoriedade de o empregado comparecer à sessão de conciliação, facultando-lhe apenas encaminhar sua pretensão à Comissão de Conciliação Prévia, objetivando maior celeridade no recebimento de seus créditos trabalhistas.

Gabarito "C"

(OAB/Exame Unificado – 2009.3) No que diz respeito à exceção de suspeição, assinale a opção correta.

(A) A suspeição será admitida se do processo constar que o recusante deixou de alegá-la anteriormente, quando já a conhecia, ou que, depois de conhecida, aceitou o juiz recusado ou, finalmente, se procurou, de propósito, o motivo de que ela se originou.

(B) Das decisões sobre exceções de suspeição, salvo, quanto a estas, se terminativas do feito, não caberá recurso, podendo, no entanto, as partes alegá-las novamente no recurso que couber da decisão final.

(C) Em razão do princípio do juiz natural, não cabe falar em suspeição do juiz na Justiça do Trabalho.

(D) Parentesco de terceiro grau civil, em relação à pessoa dos litigantes, não é motivo para o juiz dar-se por suspeito.

A: incorreta, pois naqueles casos, de acordo com o art. 801, parágrafo único, da CLT, a exceção de suspeição não será admitida; **B:** correta, pois de acordo com o art. 799, § 2º, da CLT, da decisão sobre a exceção de suspeição não caberá recurso, salvo quando terminativas de feito. É a regra da irrecorribilidade imediata das decisões interlocutórias. Nesse caso, por não existir a possibilidade de recurso imediato, art. 893, § 1º, da CLT, deverá a parte alegá-la como preliminar no recurso cabível da decisão final; **C:** incorreta, pois o princípio do juiz natural se relaciona com a imparcialidade do juiz. É utilizado para assegurar a imparcialidade do juiz e encontra-se previsão no art. 5º, XXXVII e LIII, da CF; **D:** incorreta, pois de acordo com o art. 801, "c", da CLT, o parentesco por consanguinidade ou afinidade até o terceiro grau civil da CLT, é motivo de suspeição do juiz.

Gabarito "B"

(OAB/Exame Unificado – 2009.3) Se, em reclamação trabalhista de rito não sumaríssimo, o reclamante arrolar seis testemunhas para provar a realização de horas extras e o juiz indeferir o depoimento de três, essa decisão do juiz

(A) será correta, visto que cada uma das partes não pode indicar mais de três testemunhas, salvo quando se tratar de inquérito, caso em que esse número poderá ser elevado a seis.

(B) será incorreta, pois somente na hipótese de inquérito o número de testemunhas se limita a três.

(C) constituirá cerceamento de defesa, dada a possibilidade de a parte provar os fatos por todos os meios em direito admitidos.

(D) ferirá o ordenamento jurídico, haja vista a garantia, conferida pela norma trabalhista, de o reclamante arrolar até três testemunhas para cada fato.

A: correta, pois nas reclamações trabalhistas de rito ordinário, nos termos do art. 821 da CLT, cada parte poderá levar até 3 testemunhas; **B:** incorreta, pois em conformidade com o art. 821, parte final, em inquérito para apuração de falta grave cada parte poderá levar até 6 testemunhas; **C:** incorreta, pois o cerceamento de defesa, art. 5º, LV, da CF, ficará configurado caso o juiz não observe a regra do número de testemunhas disposta no art. 821 da CLT.

Gabarito "A"

(OAB/Exame Unificado – 2009.2) No que se refere às nulidades no processo do trabalho, assinale a opção correta de acordo com a CLT.

(A) Tratando-se de nulidade fundada em incompetência de foro, serão considerados nulos os atos ordinatórios.

(B) O juiz ou tribunal que declarar a nulidade declarará os atos a que ela se estende.

(C) A nulidade será pronunciada quando for possível suprir-se a falta ou repetir-se o ato.

(D) Não haverá nulidade quando dos atos inquinados resultar manifesto prejuízo às partes litigantes.

A: incorreta, pois nos termos do art. 795, § 1º, da CLT, apenas os atos decisórios serão considerados nulos; **B:** correta, pois reflete o disposto no art. 797 da CLT; **C:** incorreta, pois sempre que for possível suprir-se a falta ou repetir-se o ato, nos termos do art. 796, "a", da CLT a nulidade não será pronunciada; **D:** incorreta, pois em conformidade com o art. 794 da CLT os atos viciados que resultarem manifesto prejuízo para as partes serão declarados nulos.

Gabarito "B"

(OAB/Exame Unificado – 2009.1) A respeito das Comissões de Conciliação Prévia, assinale a opção correta.

(A) É obrigatória a instituição de tais comissões pelas empresas e sindicatos.

(B) As referidas comissões não interferem no curso do prazo prescricional.

(C) O termo de conciliação é considerado título executivo judicial.

(D) É vedada a dispensa dos representantes dos empregados membros das comissões em apreço até um ano após o final do mandato, salvo se cometerem falta grave.

A: incorreta, pois o art. 625-A da CLT ensina que não é obrigatória a instituição de Comissões de Conciliação Prévia, ao determinar que as empresas "podem" instituir referidas comissões; **B:** incorreta, pois nos termos do art. 625-G da CLT, havendo provocação da Comissão de Conciliação Prévia, o prazo prescricional é suspenso; **C:** incorreta, pois nos termos do art. 625-E, parágrafo único, da CLT, o termo de conciliação é considerado título executivo extrajudicial; **D:** correta, pois em conformidade com o art. 625-B, § 1º, da CLT é vedada a dispensa dos representantes dos empregados membros da Comissão de Conciliação Prévia, titulares e suplentes, até um ano após o final do mandato, salvo se cometerem falta grave. Para essa espécie de garantia de emprego não há necessidade de inquérito judicial para apuração de falta grave.

Gabarito "D"

(OAB/Exame Unificado – 2008.3) A respeito da conciliação no processo trabalhista, assinale a opção correta.

(A) Sob pena de nulidade, a conciliação tem de ser buscada antes do oferecimento da defesa pelo réu e antes do julgamento do feito.

(B) O juiz deve propiciar a conciliação tão logo dê início à audiência; caso não seja esta alcançada, deve o magistrado passar à instrução e ao julgamento sem permitir nova possibilidade para a composição das partes.

(C) Encerrado o juízo conciliatório, as partes não mais podem celebrar acordo ante a ocorrência da preclusão.

(D) A decisão que homologa o acordo é irrecorrível para qualquer das partes e, quando for o caso, para a previdência social.

A: correta, pois no processo do trabalho a conciliação deve ser buscada pelo juiz em dois momentos. A primeira tentativa de conciliação ocorre após a abertura da audiência inaugural, antes do oferecimento da resposta/defesa pela reclamada, nos termos do art. 846 da CLT. A segunda tentativa de conciliação ocorre após a apresentação das razões finais, em conformidade com o art. 850 da CLT; **B:** incorreta, pois nos termos do art. 847 da CLT, não havendo acordo o juiz abrirá o prazo para apresentação de resposta/defesa. A fase de instrução não se inicia após tentativa de conciliação, como tenta induzir a assertiva, mas sim, após a defesa, nos termos do art. 848 da CLT; **C:** incorreta, pois a conciliação pode ser feita a qualquer momento, em conformidade com o art. 764, § 3º, da CLT; **D:** incorreta, pois a Previdência Social poderá apresentar recurso ordinário, exclusivamente, quanto às contribuições que lhe forem devidas, nos termos do art. 831, parágrafo único, da CLT.

Gabarito "A"

(OAB/Exame Unificado – 2008.3) Ao término de relação empregatícia, quando negados a prestação do serviço e o despedimento, o ônus da prova é do

(A) empregado, pois trata-se de prova da relação de emprego;

(B) empregado, por caber ao autor a demonstração dos fatos por ele alegados;

(C) empregador, pois vigora o princípio da continuidade da relação de emprego, que constitui presunção favorável ao empregado;

(D) empregador, pois cabe a este demonstrar, em qualquer caso, a prova dos fatos alegados por qualquer das partes, por vigorar, no processo do trabalho, o princípio do *in dubio pro misero*.

A: incorreta, pois nos termos do art. 818 da CLT e art. 373, I, do CPC/2015 cabe ao empregado demonstrar os fatos constitutivos do seu direito, ou seja, que é empregado; **B:** incorreta, pois quando o empregador nega a prestação de serviços e o despedimento, alega fato extintivo do direito do autor, hipótese em que o ônus é invertido ao empregador; **C:** correta, pois reflete o disposto na Súmula 212 do TST; **D:** incorreta, pois ao empregador/réu cabe a demonstração dos fatos impeditivos, modificativos ou extintivos do direito do autor, nos termos do art. 373, II, do CPC/2015. O princípio *in dubio pro misero* ou *in dubio pro operario*, é um princípio de direito material do trabalho e nos ensina que uma norma que admita diversas interpretações, deve ser interpretada da maneira que melhor favoreça o empregado. Esse princípio, no entanto, não é aplicável ao processo do trabalho e, consequentemente, não possui incidência no campo probatório.

Gabarito "C"

(OAB/Exame Unificado – 2008.3) Manuel, contratado por uma empresa de comunicação visual, no dia 18/9/2005, para prestar serviços como desenhista, foi dispensado sem justa causa em 3/11/2008. Inconformado com o valor que receberia a título de adicional noturno, férias e horas extras, Manuel firmou, no dia 11/11/2008, acordo com a empresa perante a comissão de conciliação prévia, recebendo, na ocasião, mais R$ 927,00, além do valor que a empresa pretendia pagar-lhe. A comissão de conciliação prévia ressalvou as horas extras. Considerando essa situação hipotética, assinale a opção correta.

(A) Manuel não poderá reclamar na Justiça do Trabalho nenhuma parcela, visto que o acordo ocorreu regularmente.

(B) Manuel pode postular na Justiça do Trabalho o pagamento de horas extras, dada a ressalva apresentada pela comissão de conciliação prévia.

(C) A comissão de conciliação prévia não poderia firmar acordo parcial indicando ressalvas.

(D) O título decorrente da homologação somente pode ser questionado perante a comissão de conciliação prévia.

A: incorreta, pois Manuel poderá reclamar na Justiça do Trabalho as parcelas ressalvadas no termo de conciliação. O trâmite da conciliação prévia vem disposto no art. 625-D e parágrafos da CLT. Importante ressaltar que a Suprema Corte decidiu por maioria de votos – ADIs 2139 e 2160 -, que as ações trabalhistas podem ser submetidas ao judiciário trabalhista mesmo antes de submeter a questão à Comissão de Conciliação Prévia; **B:** correta, pois o art. 625-E, parágrafo único, da CLT, ensina que o termo de conciliação terá eficácia liberatória geral, não alcançando as parcelas expressamente ressalvadas no título, podendo a parte postular na Justiça do Trabalho seu pagamento; **C:** incorreta, pois não há vedação legal para a ressalva apontada. *Vide* art. 625-E, parágrafo único da CLT; **D:** incorreta, pois o título decorrente da conciliação poderá ser questionado, desde que haja nulidade, na medida em que nenhuma lesão ou ameaça de direito poderá ser afastado da apreciação pelo Poder Judiciário, em decorrência do princípio da inafastabilidade da jurisdição.

Gabarito "B"

(OAB/Exame Unificado – 2008.1) João moveu reclamação trabalhista contra a Empresa Delta Ltda., pleiteando pagamento de adicional de insalubridade. Alegou, na inicial, que tinha contato permanente com o elemento A, nocivo à saúde. Realizada a perícia, ficou constatado que João trabalhava em condições nocivas, porém em contato permanente com o elemento B e, não, como afirmado na inicial, com o elemento A. Considerando a situação hipotética apresentada, assinale a opção correta.

(A) A ação deve ser julgada improcedente, visto que a prova dos autos não se coaduna com o pedido.

(B) Tendo a perícia concluído que João trabalhava em condições insalubres, o fato de ele ter apontado agente insalubre diverso não prejudica o pedido de adicional de insalubridade.

(C) A reclamação trabalhista movida por João deve ser extinta sem o julgamento do mérito, visto que o pedido se torna juridicamente impossível, em virtude de o elemento nocivo justificador do pedido não ter sido o mesmo detectado pela perícia.

(D) O juiz deve abrir prazo para que João reformule o pedido e substitua o agente nocivo.

A: incorreta, pois a ação não pode ser julgada improcedente, na medida em que o apontamento na petição inicial de agente diverso do apurado em perícia não prejudica o pedido de adicional de insalubridade. Isso porque apenas a perícia técnica poderá apontar qual é o elemento prejudicial à saúde do trabalhador; **B:** correta, pois reflete o disposto na Súmula 293 do TST; **C:** incorreta, pois o pedido de João não pode ser considerado "juridicamente impossível", na medida em que há em nosso ordenamento jurídico, a possibilidade de pedido de adicional de insalubridade. Nesse caso, a causa de pedir ficará atrelada quanto ao trabalho em local insalubre e não quanto ao agente em si; **D:** incorreta, pois não há necessidade de abertura de prazo para que João reformule seu pedido.

Gabarito "B"

(OAB/Exame Unificado – 2008.1) Francisco trabalhava na Empresa ABC Ltda., a qual, encerradas suas atividades, dispensou todos os seus empregados sem justa causa. Francisco resolveu, então, ingressar com reclamação trabalhista para obter o pagamento do adicional de insalubridade. Com base na situação hipotética apresentada, assinale a opção correta.

(A) Ocorrendo o encerramento das atividades da empresa, fica prejudicado o pedido de pagamento do adicional de insalubridade, pois fica descaracterizada a atividade em condições insalubres.

(B) Uma vez que trabalhou em condições insalubres durante todo o vínculo com a empresa, vindo a pleitear o pagamento do adicional somente após a ruptura do contrato de trabalho, caracteriza-se a renúncia tácita por parte de Francisco ao adicional.

(C) Não é possível estabelecer condenação por adicional de insalubridade, visto que, com o encerramento das atividades da empresa, a realização da perícia torna-se inviável.

(D) Quando não for possível a realização da perícia, por motivo de encerramento das atividades da empresa, o juiz pode utilizar-se de outros meios de prova para julgar o pedido de pagamento de adicional de insalubridade.

A: incorreta, pois o encerramento da empresa não descaracteriza o trabalho realizado em condições insalubres, não podendo prejudicar o pedido do autor; **B:** incorreta, pois o direito é irrenunciável. Ademais, uma vez observado o prazo prescricional, João tem direito ao pleito de adicional de insalubridade; **C:** incorreta, pois nos casos de fechamento da empresa, o magistrado deverá se utilizar de outros meios de prova, como por exemplo, prova emprestada; **D:** correta, pois reflete o disposto na orientação jurisprudencial 278 da SDI-1 do TST.

Gabarito "D"

(OAB/Exame Unificado – 2008.1) Assinale a correta com relação à reclamação trabalhista.

(A) É necessário que a petição inicial esteja assinada por advogado.

(B) A reclamação só pode ser apresentada de modo escrito, não sendo admitida na forma verbal.

(C) O empregador pode ser substituído em audiência por preposto.

(D) A ausência do reclamante na audiência designada acarreta o arquivamento da reclamação, o que impede o ajuizamento de nova ação.

A: incorreta, pois na Justiça do Trabalho existe o *jus postulandi* da parte, admitindo, nos termos do art. 791 da CLT, que a reclamação trabalhista seja apresentada pela própria parte, sem a necessidade de advogado; **B:** incorreta, pois nos termos do art. 840, § 2º, da CLT, a reclamação trabalhista poderá ser apresentada de forma verbal; **C:** correta, pois nos termos do art. 843, § 1º, da CLT é facultado ao empregador fazer-se substituir pelo gerente, ou qualquer outro preposto que tenha conhecimento do fato; **D:** incorreta, pois embora a ausência do reclamante na audiência inaugural provoque o arquivamento da reclamação, poderá o autor ingressar com uma segunda reclamação. Apenas após o segundo arquivamento consecutivo é que o autor perde o direito de ingressar com nova reclamação trabalhista, chamada de perempção provisória, em conformidade com o art. 732 da CLT.

Gabarito "C"

(OAB/Exame Unificado – 2007.1) No que diz respeito ao instituto da reconvenção, assinale a opção correta.

(A) O instituto da reconvenção é de direito material e não processual.

(B) A reconvenção, apesar de não estar prevista expressamente na CLT, também é cabível no processo trabalhista.

(C) Caberá ao juiz trabalhista, ao analisar uma questão, decidir sobre o cabimento ou não da reconvenção.

(D) Não existe na jurisprudência ou na doutrina nenhum posicionamento ou previsão a respeito do cabimento da reconvenção em ação declaratória.

A: incorreta, pois a reconvenção é instituto de direito processual, esculpido nos arts. 343 e seguintes do CPC/2015; **B:** correta, pois, a reconvenção é aplicada subsidiariamente ao processo do trabalho por força do art. 769 da CLT e art. 15 CPC/2015, na medida em que a CLT é omissa e o instituto se mostra compatível com os princípios informadores do direito processual do trabalho; **C:** incorreta, pois o cabimento ou não da reconvenção será analisado com os demais pedidos; **D:** incorreta, pois o STF editou a Súmula 258 que ensina ser admissível a reconvenção em ação declaratória.

Gabarito "B"

(OAB/Exame Unificado – 2006.3) Tércio moveu reclamação trabalhista contra a empresa Aurora Ltda. Na audiência de instrução, Tércio apresentou, como sua testemunha, Iram, que, por sua vez, também litigava contra a empresa Aurora Ltda., na condição de ex-empregado. O advogado da empresa contraditou a testemunha, alegando que, por também estar litigando em outro processo contra a mesma reclamada, Iram seria suspeito. Nessa situação hipotética, o juiz deve

(A) indeferir a contradita e ouvir o depoimento de Iram como testemunha compromissada, pois o fato de este estar litigando contra o mesmo empregador não o torna suspeito;

(B) deferir a contradita e dispensar a oitiva de Iram, devido a sua manifesta suspeição;

(C) proceder à oitiva de Iram como informante, sem que este preste compromisso;

(D) suspender a audiência, para que Tércio apresente nova testemunha no lugar de Iram.

A: correta, pois reflete o disposto na Súmula 357 do TST; **B:** incorreta, pois em conformidade com a Súmula 357 do TST a testemunha não pode ser considerada suspeita; **C:** incorreta, pois as hipóteses em que o juiz ouvirá a testemunha como mero informante vêm dispostas no art. 829 da CLT; **D:** incorreta, pois não há motivo para suspensão da audiência, tampouco, a apresentação de nova testemunha.

Gabarito "A"

(OAB/Exame Unificado – 2004.ES) Considerando as regras que informam o procedimento ordinário observado nas ações individuais na Justiça do Trabalho, assinale a opção incorreta.

(A) A audiência destinada à instalação da *litiscontestatio* em ação movida contra pessoa jurídica de direito privado deve ser realizada com prazo mínimo de 5 (cinco) dias, a partir da data da notificação citatória.

(B) Necessariamente, a petição inicial tem de ser escrita e conter o valor da causa, o pedido e a causa de pedir, além da correta qualificação dos litigantes e da indicação do juízo para o qual ela é dirigida, sob pena de inépcia.

(C) Quando ainda não estiver instalada a *litiscontestatio*, o comparecimento da parte reclamada à audiência é obrigatório, sob pena de configuração de revelia e confissão ficta.

(D) A ausência do reclamante à audiência determina o arquivamento do feito, salvo se já produzida defesa nos autos pela parte reclamada.

A: correta, pois nos termos do art. 841 da CLT a notificação deve ser entregue ao destinatário com antecedência mínima de 5 (cinco) dias da data da audiência, sob pena de nulidade; **B:** incorreta, devendo ser assinalada, pois vigora no processo do trabalho o princípio da informalidade. Ademais, os requisitos da reclamação trabalhista estão esculpidos no art. 840, § 1º, da CLT. Importante ressaltar que o valor da causa na Justiça do Trabalho, se presta exclusivamente para fixação de rito; **C:** correta, pois até que apresente a contestação deverá o reclamado comparecer à audiência, sob pena de revelia e confissão quanto à matéria de fato, nos termos do art. 844, segunda parte da CLT; **D:** correta, pois antes da apresentação da defesa pelo reclamado, o reclamante também deverá comparecer à audiência sob pena de arquivamento, nos termos do art. 844, primeira parte, da CLT. Porém, em conformidade com a Súmula 9 do TST, a ausência do reclamante após contestada a ação não importará no arquivamento da ação.

Gabarito "B"

(OAB/Exame Unificado – 2004.ES) A propósito das provas na Justiça do Trabalho, assinale a opção correta.

(A) Nas ações que tenham por objeto falta grave supostamente praticada por empregado detentor de estabilidade provisória no emprego, o número máximo de testemunhas é seis por litigante.

(B) A testemunha que demandar contra o ex-empregador, em situação semelhante a do autor que a convida a comparecer em juízo, não prestará compromisso, valendo seu depoimento como simples informação.

(C) A critério dos magistrados que presidem as instruções, a prova pericial é sempre admissível na Justiça do Trabalho, salvo nos casos em que se discuta direito a adicional de insalubridade ou periculosidade, em que a sua produção será obrigatória, sob pena de nulidade.

(D) A parte autora pode apresentar os documentos essenciais à propositura da ação a qualquer tempo, desde que antes da prolação do julgamento.

A: incorreta, pois nos termos do art. 821 da CLT o número máximo é de 6 testemunhas por parte e não por litigante como dispõe a assertiva. **B:** incorreta, pois em conformidade com a Súmula 357 do TST a testemunha não é considerada suspeita; **C:** correta, pois nos termos do art. 195 e parágrafos da CLT, sempre que houver pedido de periculosidade ou insalubridade a perícia é obrigatória; **D:** incorreta, pois os documentos capazes de provar o direito alegado pelo autor deverão ser juntados com a petição inicial, nos termos do art. 787 da CLT. Pela parte reclamada os documentos deverão ser juntados com a contestação. Fora esses momentos será impossível a juntada de documentos, salvo os documentos novos, que podem ser juntados a qualquer momento pelas partes, nos termos do art.435 do CPC/2015. Sobre a juntada de documentos na fase recursal veja a Súmula 8 do TST.

Gabarito "C"

(OAB/Exame Unificado – 2004.ES) A respeito das regras que informam as nulidades no âmbito do processo do trabalho, assinale a opção correta.

(A) Em nenhuma hipótese, a parte demandada está desobrigada de suscitar a nulidade processual resultante da incompetência territorial, sob pena de convalidação.

(B) Não há preclusão quando a parte prejudicada com o indeferimento da produção de prova pericial, ocorrido em audiência, apenas questiona a nulidade processual por cerceio de defesa por ocasião do recurso ordinário aviado contra a sentença terminativa proferida.

(C) A competência da Justiça do Trabalho para julgar indenização por dano moral resultante de acidente de trabalho será prorrogada caso a parte demandada deixe de suscitar tal questão por ocasião de sua resposta.

(D) Proclamada a nulidade processual, todos os atos ulteriores serão nulos, ainda que não dependam daquele ato anterior viciado.

A: correta, pois em conformidade com o art. 795, *caput*, da CLT, a parte deverá arguir à primeira vez em que tiverem que falar na audiência, sob pena de convalidação. Vale lembrar que a incompetência territorial é espécie de nulidade relativa, que somente poderá ser declarado pelo juiz, mediante provocação da parte, sob pena de prorrogação da competência; **B:** incorreta, pois havendo indeferimento da prova pericial em audiência, deverá a parte interessada, mediante protesto, consignar tal indeferimento em ata, ou seja, deverá a parte à primeira vez em que tiver que falar em audiência, consignar o indeferimento, em conformidade com o art. 795 da CLT; **C:** incorreta, pois a competência para apreciar demanda acerca de danos morais é uma regra de competência material e, portanto, absoluta, que poderá ser declarada *ex officio* pelo magistrado, em conformidade com o art. 795, § 1º, da CLT. As regras de competência absoluta – material, funcional, e da pessoa – não se convalidam com o tempo; **D:** incorreta, pois nos termos do art. 795, § 1º, da CLT, declarada a nulidade por incompetência de foro, leia-se, competência material, apenas os atos decisórios serão considerados nulos.

Gabarito "A"

(FGV – 2010) Em reclamação trabalhista na qual se postulava o vínculo de emprego, a empresa apresenta defesa em que reconhece a prestação de serviços do reclamante, sustentando a natureza autônoma da relação. Na ausência total de provas no processo, a sentença acolheu o pedido e condenou a reclamada a reconhecer o vínculo de emprego entre as partes.

Em relação à decisão, assinale a alternativa correta.

(A) É correta ao acolher o pedido, com o fundamento de que a reclamada não se desincumbiu do ônus de comprovar o alegado fato impeditivo do direito postulado.

(B) É correta ao acolher o pedido sob o argumento de que a relação de emprego precede a relação de trabalho e se presume em processos trabalhistas.

(C) É incorreta porque a Vara do Trabalho é incompetente em razão da matéria para apreciar pedido de diferenças remuneratórias decorrentes de prestação de serviços autônoma.

(D) É incorreta, tendo que a Vara do Trabalho afrontou os artigos 373, II, do CPC e 818 da CLT, que estabelecem a distribuição do ônus da prova no processo do trabalho.

(E) É suscetível de ser impugnada mediante recurso de apelação, no prazo de 15 (quinze) dias, tendo em vista que se trata de discussão de matéria concernente à relação de trabalho, nos termos do novo artigo 114 da Constituição.

A: correta, pois em conformidade com o art. 818 da CLT e o art. 373, II, do CPC/2015, cabe ao réu demonstrar fato impeditivo ao direito do autor; **B:** incorreta, pois relação de trabalho não se confunde com relação de emprego; **C:** incorreta, pois de acordo com o art. 114 da CF, que fixa a competência material da Justiça do Trabalho, em seus incisos I e IX, dispõem que todas as ações decorrentes da relação de trabalho, serão de competência da justiça laboral; **D:** incorreta, pois não há afronta aos arts. 818 da CLT e 373, II, do CPC/2015, na medida em que foram observadas suas regras; **E:** incorreta, pois não existe na Justiça do Trabalho o recurso de apelação.

Gabarito "A"

6. PROCEDIMENTO SUMARÍSSIMO

(OAB/Exame Unificado – 2016.2) Em audiência trabalhista sob o rito sumaríssimo, o advogado da ré aduziu que suas testemunhas estavam ausentes. Sem apresentar qualquer justificativa ou comprovante de comunicação às testemunhas, requereu o adiamento do feito. Diante disso, estando presentes as testemunhas do autor, o juiz indagou do advogado do autor se ele concordava ou não com o adiamento, requerendo justificativa.

Sobre o caso relatado, na qualidade de advogado do autor, assinale a afirmativa correta.

(A) Deve concordar com o adiamento, já que ausentes as testemunhas, essas poderão ser intimadas para comparecimento na próxima audiência.

(B) Deve se opor ao adiamento, requerendo o prosseguimento do feito, pois, não havendo comprovação do convite às testemunhas, a audiência não poderá ser adiada para intimação das mesmas.

(C) Deve se opor ao adiamento imediato, requerendo a oitiva de suas testemunhas e protestar por depoimentos pessoais para, na próxima audiência, serem ouvidas as testemunhas da ré.

(D) Deve concordar com o adiamento, pois a lei não exige justificativa ou comprovação de convite às testemunhas.

A: opção incorreta, pois nos termos do art. 852-H, § 3º, da CLT só será deferida intimação de testemunha que, comprovadamente convidada, deixar de comparecer. **B:** opção correta, pois não havendo comprovação do convite das testemunhas a audiência não poderá ser adiada para a intimação, art. 852-H, § 3º, da CLT **C:** opção incorreta, pois não haverá adiamento de audiência a serem ouvidas as testemunhas da ré, art. 852-h, § 3º, da CLT. **D:** opção incorreta, pois não deverá concordar com o adiamento, na medida em que a lei exige justificativa/comprovação de convite às testemunhas para o adiamento, art. 852-H, § 3º, da CLT.

Gabarito "B".

(OAB/Exame Unificado – 2015.3) Em sede de reclamação trabalhista sob o rito sumaríssimo, as testemunhas do autor não compareceram à audiência, apesar de convidadas verbalmente por ele. Na audiência, nada foi comprovado acerca da alegação do convite às testemunhas.

Diante disso, assinale a afirmativa correta.

(A) A audiência deverá prosseguir, pois não cabe a intimação das testemunhas, uma vez que não foi comprovado o convite a elas.

(B) As testemunhas deverão ser intimadas porque a busca da verdade real é um princípio que deve sempre prevalecer.

(C) As testemunhas deverão ser conduzidas coercitivamente, porque não se admite que descumpram seu dever de cidadania.

(D) O feito deverá ser adiado para novo comparecimento espontâneo das testemunhas.

A: opção correta, pois nos termos do art. 852-H, § 3º, da CLT somente será deferida intimação de testemunha que, comprovadamente convidada, deixar de comparecer à audiência. **B:** opção incorreta, pois as testemunhas somente serão intimadas se forem comprovadamente convidadas. **C:** opção incorreta, pois de acordo com a parte final do art. 852-H, § 3º, da CLT caso a testemunha devidamente intimada não comparecer, o juiz poderá determinar sua imediata condução coercitiva. **D:** opção incorreta, pois não sendo comprovado o convite das testemunhas, o feito não será adiado, tampouco aguardará o comparecimento espontâneo delas.

Gabarito "A".

(OAB/Exame Unificado – 2013.3) Paulo ajuizou reclamação trabalhista pelo rito sumaríssimo em face da sua empregadora Carregada Ltda. Arrolou suas testemunhas na petição inicial e pediu a notificação das mesmas, solicitação que foi indeferida. Na audiência, o advogado de Paulo requereu o adiamento pela ausência das testemunhas, dizendo que protestava pelo indeferimento da notificação e por isso não convidou espontaneamente as testemunhas. O requerimento foi indeferido pelo juiz, que prosseguiu com a audiência.

Sobre a decisão do juiz, a partir da hipótese apresentada, assinale a opção correta.

(A) A decisão foi equivocada, devendo ser deferido o adiamento, pois o prosseguimento do feito poderia gerar a nulidade por cerceamento de defesa.

(B) A decisão foi correta, já que o procedimento sumaríssimo não contempla a oitiva de testemunhas.

(C) A decisão foi correta, pois o procedimento sumaríssimo não admite a intimação de testemunhas.

(D) A decisão foi correta, pois no procedimento sumaríssimo as testemunhas deverão comparecer à audiência independentemente de intimação. Em caso de ausência e mediante comprovação de convite, as testemunhas serão intimadas.

A: incorreta, pois no procedimento sumaríssimo, nos termos do art. 852-H, § 3º, da CLT somente será deferida intimação de testemunha que, comprovadamente convidada, deixar de comparecer. **B:** incorreta, pois embora a decisão tenha sido correta, no procedimento sumaríssimo admite-se a prova testemunhal como se observa pela redação do art. 852-H, §§ 2º e 3º, da CLT. **C:** incorreta, pois embora a decisão tenha sido correta, o art. 852-H, § 4º, da CLT contempla hipótese de intimação da testemunha somente se, comprovadamente convidada, deixar de comparecer. Não comparecendo a testemunha intimada, o juiz poderá determinar sua imediata condução coercitiva. **D:** correta, pois reflete o disposto nos §§ 3º e 4º do art. 852-H da CLT.

Gabarito "D".

(OAB/Exame Unificado – 2013.1) José ajuizou reclamação trabalhista contra a empresa Libertação Ltda., valendo-se do procedimento sumaríssimo. Contudo, José não liquidou os pedidos.

De acordo com a CLT, o juiz deve

(A) conceder prazo de 10 dias para que José sane o vício;

(B) enviar os autos ao calculista da Vara, que liquidará o pedido;

(C) arquivar a reclamação trabalhista e condenar o autor em custa;

(D) prosseguir na reclamação e enfrentar o assunto caso provocado pela ré.

A: incorreta, pois nos termos do art. 852-B, I, da CLT o pedido deverá ser certo ou determinado e indicar o valor correspondente. **B:** incorreta, pois não há regramento específico determinando a remessa dos autos ao calculista da Vara, tendo em vista o regramento disposto no art. 852-B, I, da CLT. **C:** correta, pois reflete o disposto no art. 852-B, § 1º, da CLT. **D:** incorreta, pois a reclamação será arquivada. Veja comentários anteriores.

Gabarito "C".

(OAB/Exame Unificado – 2012.2) A respeito do procedimento sumaríssimo no processo do trabalho, assinale a afirmativa correta.

(A) A apreciação da reclamação trabalhista deverá ocorrer no prazo máximo de quinze dias da data de seu ajuizamento.
(B) A citação por edital somente é cabível se esgotadas todas as tentativas de se localizar o reclamado.
(C) As partes devem ser intimadas da sentença por notificação postal.
(D) Não cabe a interposição de recurso de revista.

A: correta, pois reflete o disposto no art. 852-B, III, da CLT. **B:** incorreta, pois nos termos do art. 852-B, II, da CLT não é admitida citação por edital no procedimento sumaríssimo. **C:** incorreta, pois nos termos do art. 852-I, § 3º, da CLT as partes serão intimadas da sentença na própria audiência em que for prolatada. **D:** incorreta, pois no procedimento sumaríssimo o recurso de revista é cabível nas hipóteses do art. 896, § 9º, da CLT. Veja Súmula 442 do TST.

Gabarito "A"

(OAB/Exame Unificado – 2012.1) Nos processos trabalhistas submetidos ao rito sumaríssimo, é correto afirmar que

(A) não cabe a produção de prova pericial;
(B) a citação por edital somente será permitida se efetivamente for comprovado pelo autor que o réu se encontra em local incerto ou desconhecido;
(C) o recurso ordinário terá parecer circunstanciado escrito do Ministério Público do Trabalho nos casos em que o desembargador relator entender estritamente necessário, diante da existência de interesse público a ser tutelado;
(D) se submetem ao rito sumaríssimo as causas cujo valor não exceda a quarenta vezes o salário-mínimo vigente na data do ajuizamento da ação.

A: incorreta, pois nos termos do art. 852-H, § 4º, da CLT é permitida a prova pericial/técnica. **B:** incorreta, pois não é permitida a citação por edital no procedimento sumaríssimo, nos termos do art. 852-B, II, da CLT. **C:** incorreta, pois nos termos do art. 895, § 1º, III, da CLT o parecer é oral. **D:** correta, pois reflete o disposto no art. 852-A da CLT.

Gabarito "D"

(OAB/Exame Unificado – 2009.3) Assinale a correta acerca do procedimento sumaríssimo.

(A) A ausência de pedido certo e determinado impõe, além do pagamento das custas sobre o valor da causa, o arquivamento da reclamação.
(B) No âmbito desse procedimento, não será possível a produção de prova técnica.
(C) Tal procedimento é aplicável aos dissídios individuais e coletivos, desde que o valor da causa não exceda quarenta vezes o salário mínimo vigente na data do seu ajuizamento.
(D) Estão excluídas desse tipo de procedimento as demandas em que seja parte a administração pública direta, autárquica, fundacional ou sociedade de economia mista.

A: correta, pois o reflete o disposto no art. 852-B, I, da CLT, combinado com seu § 1º; **B:** incorreta, pois em conformidade com o art. 852-H, § 4º, da CLT, admite-se a prova técnica no procedimento sumaríssimo; **C:** incorreta, pois de acordo com o art. 852-A da CLT, apenas os dissídios individuais que não ultrapassarem 40 salários mínimos serão submetidos ao procedimento sumaríssimo; **D:** incorreta, pois nos termos do art. 852-A, parágrafo único, da CLT estão excluídos do procedimento sumaríssimo as demandas em que é parte a Administração Pública direta, autárquica e fundacional, e não cita a sociedade de economia mista.

Gabarito "A"

(OAB/Exame Unificado – 2009.1) Com relação ao procedimento sumaríssimo estipulado na CLT, assinale a opção correta.

(A) Nas reclamações enquadradas no referido procedimento, não é permitida a citação por edital, incumbindo ao autor a correta indicação do nome e do endereço do reclamado.
(B) Nas reclamações enquadradas no referido procedimento, o pedido pode ser ilíquido, desde que não seja possível a parte indicá-lo expressamente.
(C) O procedimento sumaríssimo é apropriado para reclamação trabalhista com valor de até sessenta vezes o salário mínimo vigente na data do seu ajuizamento.
(D) O número máximo de testemunhas que cada uma das partes pode indicar é três, devendo elas comparecer à audiência de instrução e julgamento independentemente de intimação ou convite.

A: correta, pois de acordo com o art. 852-B, II, da CLT, no procedimento sumaríssimo não se admite a citação por edital; **B:** incorreta, pois nos termos do art. 852-B, I, da CLT, as causas submetidas ao procedimento sumaríssimo, o pedido deverá ser certo ou determinado. Importante ressaltar que o não atendimento a este requisito importará no arquivamento das reclamações com o pagamento de custas, em conformidade com o § 1º do art. 852-B da CLT; **C:** incorreta, pois de acordo com o art. 852-A da CLT serão submetidas ao procedimento sumaríssimo as causas cujo valor não exceda 40 salários mínimos; **D:** incorreta, pois nos termos do art. 852-H, § 2º, da CLT cada parte poderá indicar duas testemunhas.

Gabarito "A"

(OAB/Exame Unificado – 2008.1) Antônio moveu reclamação trabalhista contra a Empresa Sol Ardente, tendo o valor total das verbas pleiteadas correspondido a R$ 6.500,00. Na audiência de conciliação, a empresa reclamada não compareceu, e o juiz percebeu que a citação não fora realizada porque o reclamante havia fornecido o endereço da reclamada de forma incompleta.

Nessa situação, o juiz deve

(A) determinar o retorno do processo à secretaria da vara para tentativa de localização da reclamada;
(B) determinar o arquivamento da reclamação trabalhista;
(C) abrir prazo para que o reclamante informe o endereço correto da reclamada, determinando a designação de nova audiência;
(D) aplicar a penalidade da revelia e confissão da reclamada.

A: incorreta, pois de acordo com o art. 852-B, II, da CLT cabe ao autor a indicação correta de endereço do reclamado; **B:** correta, pois nos termos do art. 852-B, II, da CLT, cabe ao autor a indicação correta de endereço do reclamado. O não atendimento a este requisito importará no arquivamento da reclamação, em conformidade com o art. 852-B, § 1º, da CLT; **C:** incorreta, pois não se admite no procedimento sumaríssimo a emenda da petição inicial, devendo o autor indicar o correto endereço; **D:** incorreta, pois as cominações da revelia apenas poderão ser aplicadas àquele reclamado que notificado não comparece à audiência inaugural.

Gabarito "B"

(OAB/Exame Unificado – 2007.1) A respeito do procedimento sumaríssimo na Justiça do Trabalho, julgue os itens seguintes.

I. O pedido deverá ser certo ou determinado e indicará o valor correspondente.

II. As demandas em que é parte a administração pública direta, autárquica ou fundacional também podem se submeter ao procedimento sumaríssimo, se o valor pleiteado não exceder a quarenta vezes o salário mínimo.

III. Não se fará citação por edital, incumbindo ao autor a correta indicação do nome e do endereço do reclamado.

IV. As partes poderão arrolar até no máximo três testemunhas cada, que comparecerão à audiência de instrução e julgamento independentemente de intimação.

Estão certos apenas os itens

(A) I e II.
(B) I e III.
(C) II e IV.
(D) III e IV.

I: correta, pois reflete o disposto no art. 852-B, I, da CLT; **II:** incorreta, pois nos termos do art. 852-A, parágrafo único, da CLT, estão excluídas do procedimento sumaríssimo as demandas em que é parte a administração pública direta, autárquica ou fundacional. **III:** correta, pois reflete o disposto no art. 852-B, II, da CLT; **IV:** incorreta, pois nos termos do art. 852-H, § 2º, da CLT cada parte poderá indicar duas testemunhas.

Gabarito "B"

(OAB/Exame Unificado – 2006.2) Ana ajuizou reclamação trabalhista contra a pessoa jurídica Eta, pleiteando sua reintegração ao emprego, com base na alegação de ter sido acometida de doença profissional. Ana deu à causa o valor de R$ 7.430,00. Durante a audiência de instrução e julgamento, Maria, uma das testemunhas de Ana, que compareceria espontaneamente, faltou. Na mesma audiência, foi determinada a produção de prova pericial. Para a formulação dos quesitos à perícia, bem como para a nomeação de assistente técnico, os advogados foram intimados, por via postal, em seus respectivos escritórios profissionais. Considerando essa situação hipotética, assinale a opção incorreta.

(A) Caso Eta seja uma fundação pública, a reclamação de Ana deve tramitar pelo procedimento ordinário.

(B) Se o advogado de Ana tiver mudado o endereço de seu escritório sem comunicar o juízo, e a intimação para apresentação dos quesitos tiver sido encaminhada para o endereço antigo, é lícito que Ana obtenha restituição do prazo para a realização desse ato processual.

(C) Ana somente poderia ter requerido intimação judicial de Maria se demonstrasse que esta foi efetivamente convidada e deixou de comparecer à audiência de instrução e julgamento.

(D) A prova pericial pode ser corretamente produzida no procedimento sumaríssimo.

A: correta, pois nos termos do art. 852-A, parágrafo único, da CLT, estão excluídas do procedimento sumaríssimo as demandas em que é parte fundação pública; **B:** incorreta, devendo ser assinalada, pois nos termos do art. 852-B, § 2º, da CLT as partes e advogados devem informar o juízo as mudanças de endereço no curso do processo. Caso não seja feita a comunicação de mudança de endereço, as intimações feitas no endereço antigo serão consideradas eficazes e, portanto, sem direito à devolução de prazo; **C:** correta, pois está em consonância com o art. 852-H, § 3º, da CLT; **D:** correta, pois reflete o disposto no art. 852-H, § 4º, da CLT.

Gabarito "B"

(OAB/Exame Unificado – 2004.ES) Quanto ao procedimento sumaríssimo na Justiça do Trabalho, assinale a opção correta.

(A) Aplicável às ações que tenham por objeto pretensões cujo valor não suplante sessenta salários mínimos, não há possibilidade de fracionamento da audiência, a qual deve ser realizada em uma única oportunidade, sob pena de nulidade.

(B) Sobrevindo condenação em ação proposta sob o rito sumaríssimo em face de autarquia federal, será obrigatória a submissão da sentença ao duplo grau de jurisdição, sob pena de nulidade.

(C) Inexistindo indicação do valor do pedido deduzido, deve o magistrado indeferir de plano a inicial, arquivando a reclamação.

(D) Cada parte pode indicar até três testemunhas, que devem comparecer à audiência em qualquer hipótese, independentemente de intimação, sob pena de preclusão.

A: incorreta, pois de acordo com o art. 852-A da CLT serão submetidas ao procedimento sumaríssimo as causas cujo valor não exceda 40 salários mínimos; **B:** incorreta, pois nos termos do art. 852-A, parágrafo único, da CLT, estão excluídas do procedimento sumaríssimo as demandas em que é parte autarquia federal; **C:** correta, pois de acordo com o art. 852-B, inciso I, da CLT, deverá o autor fazer pedido certo ou determinado. O não atendimento a este requisito importará no arquivamento da reclamação; **D:** incorreta, pois nos termos do art. 852-H, § 2º, da CLT cada parte poderá indicar duas testemunhas.

Gabarito "C"

(FGV – 2010) Nos termos da Consolidação das Leis do Trabalho, a demanda trabalhista contra uma empresa de economia mista, no valor de trinta vezes o salário-mínimo vigente na data do ajuizamento da reclamação, ficará submetida ao procedimento:

(A) sumário;
(B) sumaríssimo;
(C) ordinário;
(D) especial;
(E) comum.

A: incorreta, pois o procedimento sumário, também conhecido como procedimento de alçada, será observado nas demandas cujo valor não ultrapasse 2 salários mínimos; **B:** correta, pois, em conformidade com o art. 852-A, *caput*, da CLT, as causas cujo valor não ultrapassar 40 salários mínimos, serão submetidas ao procedimento sumaríssimo. Ademais, a sociedade de economia mista não está elencada nos rol de pessoas proibidas de demandar pelo procedimento sumaríssimo, previsto no art. 852-A, parágrafo único, da CLT; **C:** incorreta, pois somente as causas cujo valor ultrapassar 40 salários mínimos serão submetidas ao procedimento ordinário; **D:** incorreta, pois não há rito especial para a demanda objeto de questionamento. Podemos citar como exemplos de rito especial a ação rescisória, que possui um capítulo próprio no CPC (arts. 966 e seguintes do CPC/2015) e, também, o mandado de segurança, cujo rito vem disposto na Lei. 12.016/2009; **E:** incorreta, pois a expressão "comum" se refere, também, ao procedimento ordinário. O procedimento ordinário é reservado para as causas cujo valor exceda 40 salários mínimos.

Gabarito "B"

7. RECURSOS

(OAB/Exame Unificado – 2016.1) João foi empregado da sociedade empresária Girassol Terceirização Ltda. e trabalhou como vigilante terceirizado na sociedade empresária Passo Fundo Ltda. durante todo o seu contrato. João foi dispensado e não recebeu nenhuma verba da extinção contratual, motivando-o a ajuizar ação contra ambas as sociedades empresárias. Em audiência, a sociedade empresária Girassol Terceirização Ltda. comprovou documentalmente ter sido decretada a sua falência, ao passo que a sociedade empresária Passo Fundo Ltda. comprovou, nas mesmas condições, ter conseguido a recuperação judicial. As partes estiveram regularmente representadas e assistidas, nenhuma delas requereu a sua exclusão da lide e o pedido foi julgado procedente em parte, com condenação principal da sociedade empresária Girassol e responsabilidade subsidiária da sociedade empresária Passo Fundo.

Diante da situação retratada, da previsão legal e do entendimento do TST, considerando que as sociedades empresárias recorrerão, assinale a afirmativa correta.

(A) Diante da situação jurídica das sociedades empresárias, elas ficam dispensadas do preparo.

(B) A sociedade empresária Girassol precisará realizar preparo, mas a sociedade empresária Passo Fundo, não.

(C) Ambas as sociedades empresárias precisarão realizar o preparo integralmente.

(D) A sociedade empresária Girassol não precisará realizar preparo, mas a sociedade empresária Passo Fundo, sim.

"D" é a opção correta. Tendo sido decretada a falência da empresa Girassol Terceirização Ltda. e a recuperação judicial da empresa Passo Fundo Ltda., somente a empresa Girassol Terceirização Ltda. ficará dispensada de efetuar o preparo para interposição do recurso, tendo em vista que nos termos da súmula 86 do TST, não ocorre deserção de recurso da massa falida por falta de pagamento de custas ou de depósito do valor da condenação. Esse privilégio, todavia, não se aplica à empresa em liquidação extrajudicial.

Gabarito "D"

(OAB/Exame Unificado – 2015.2) A papelaria Monte Fino Ltda. foi condenada numa reclamação trabalhista movida pelo ex-empregado Sérgio Silva. Uma das parcelas reivindicadas e deferidas foi o 13º salário, que a sociedade empresária insistia haver pago, mas não tinha o recibo em mãos porque houve um assalto na sociedade empresária, quando os bandidos levaram o cofre, as matérias primas e todos os arquivos com a contabilidade e os documentos da sociedade empresária. Recuperados os arquivos pela polícia, agora, no momento do recurso, a Monte Fino Ltda. pretende juntar o recibo provando o pagamento, inclusive porque a sentença nada mencionou acerca da possível dedução de valores pagos sob o mesmo título. De acordo com o caso apresentado e o entendimento jurisprudencial consolidado, assinale a afirmativa correta.

(A) É possível a juntada do documento no caso concreto, porque provado o justo impedimento para sua oportuna apresentação.

(B) O momento de apresentação da prova documental já se esgotou, não sendo possível fazê-lo em sede de recurso.

(C) Pelo princípio da primazia da realidade, qualquer documento pode ser apresentado com sucesso em qualquer grau de jurisdição, inclusive na fase de execução, independentemente de justificativa.

(D) Há preclusão, e o juiz não pode aceitar a produção da prova em razão do princípio da proteção, pois isso diminuiria a condenação.

Tendo em vista o entendimento disposto na súmula 8 do TST, a juntada de documentos na fase recursal só se justifica quando provado o justo impedimento para sua oportuna apresentação ou se referir a fato posterior à sentença. Veja também art. 1.014 do CPC/2015.

Gabarito "A"

(OAB/Exame Unificado – 2015.1) No momento em que a sociedade empresária estava fazendo o recolhimento do preparo relativo ao recurso de revista que iria interpor em face de um acórdão, houve um lapso do departamento financeiro e o depósito recursal foi feito com uma diferença a menor, de R$ 5,00, o que somente foi verificado após o término do prazo. Diante da situação retratada e de acordo com o entendimento consolidado do TST, assinale a afirmativa correta.

(A) A diferença é ínfima e deve ser desprezada, não prejudicando a apreciação imediata do recurso.

(B) Apesar de pequena, a diferença existe, cabendo, então, ao Ministro Relator, no TST, intimar a parte à complementação do preparo, sob pena de deserção.

(C) O recurso não será conhecido por deserto, mesmo que a diferença seja de pequeno valor.

(D) Não havendo nenhuma disciplina a respeito, caberá a cada magistrado, valendo-se do seu poder diretivo do processo, determinar o que deve ser feito.

Nos termos da OJ 140 da SDI 1 do TST, ocorrerá deserção do recurso pelo recolhimento insuficiente das custas e do depósito recursal, ainda que a diferença em relação ao "quantum" devido seja ínfima, referente a centavos.

Gabarito "C"

(OAB/Exame Unificado – 2015.1) O Desembargador Relator de um recurso ordinário, ao verificar que a matéria posta em debate já era sumulada pelo TRT do qual é integrante, resolveu julgar, monocraticamente, o recurso.

Diante do caso e da jurisprudência consolidada do TST, assinale a afirmativa correta.

(A) A atitude está equivocada, pois, na Justiça do Trabalho, não cabe julgamento monocrático pelo TRT.

(B) O julgamento monocrático está correto e dessa decisão não caberá recurso, com o objetivo de abreviar o trânsito em julgado.

(C) É possível o uso subsidiário do Art. 932 do CPC/2015, de modo que a decisão monocrática é válida na hipótese, e caberá recurso contra a decisão.

(D) A única possibilidade de julgamento monocrático válido é aquele feito pelo TST.

A: incorreta, pois a regra disposta no art. 932 do CPC/2015 é aplicável ao processo do trabalho por força do art. 769 da CLT, em conformidade com a Súmula 435 do TST. **B:** incorreta, pois embora a decisão esteja correta, por se tratar de decisão monocrática, a parte poderá interpor agravo regimental, recurso previsto no regimento interno de cada TRT.

C: correta, pois reflete o entendimento disposto na Súmula 435 do TST. **D:** incorreta, pois os TRTs também podem realizar o julgamento monocrático, sendo aplicável a regra do art. 932 do CPC/2015 ao processo do trabalho.

Gabarito "C"

(OAB/Exame Unificado – 2014.3) Simone, ré em uma demanda trabalhista ajuizada por sua ex-empregada doméstica, em audiência una requereu ao juiz o adiamento para juntada de documento suplementar, que não conseguiu obter, pois se referia ao depoimento prestado pela ora autora em outro processo como testemunha, no qual confessava nunca haver laborado em horário extraordinário. O documento não foi obtido por Simone, pois, logo após a audiência daquele processo, os autos seguiram para conclusão, sem que fosse permitido a ela o acesso ao depoimento. O juiz da causa ora em audiência indeferiu o adiamento requerido por Simone, e, ao sentenciar, condenou-a ao pagamento de horas extras. No prazo de recurso ordinário, Simone finalmente teve acesso ao documento que comprovava a inexistência do labor extraordinário.

Diante da situação apresentada, assinale a afirmativa correta.

(A) Simone poderá juntar o documento no recurso ordinário.
(B) Não cabe juntada do documento em recurso ordinário.
(C) Precluiu a possibilidade de produção da prova documental por Simone.
(D) Simone só poderia juntar o documento em embargos de declaração.

A: correta, pois reflete o entendimento disposto na súmula 8 do TST pelo qual a juntada de documentos na fase recursal só se justifica quando provado o justo impedimento para sua oportuna apresentação ou se referir a fato posterior à sentença. **B:** incorreta, pois está em desacordo com o entendimento disposto na súmula 8 do TST. **C:** incorreta, pois tendo em vista a possibilidade de apresentação de documentos, não há que se falar em preclusão da possibilidade de sua apresentação. **D:** incorreta, pois os embargos de declaração servem para impugnar sentença ou acórdão eivado de omissão, contradição ou obscuridade, art. 897-A da CLT.

Gabarito "A"

(OAB/Exame Unificado – 2014.3) A Lei 5.010/1966, Art. 62, I, considera *"feriados na Justiça Federal, inclusive nos Tribunais Superiores"* os dias compreendidos entre 20 de dezembro e 6 de janeiro, inclusive.

Na ótica do Tribunal Superior do Trabalho, o prazo para apresentação de recurso de revista, que se inicia três dias antes do início do recesso forense, deve ser contado do seguinte modo:

(A) o prazo recomeça sua contagem, desde o início, no primeiro dia útil após o fim do recesso.
(B) o prazo retoma sua contagem de onde parou, no primeiro dia útil após o fim do recesso.
(C) o prazo continua a ser contado, prorrogando-se apenas o seu termo final para o primeiro dia útil após o fim do recesso.
(D) o prazo se encerra ao atingir seu termo final, em razão da possibilidade de se cumprir o prazo por peticionamento eletrônico.

Nos termos da súmula 262, II, do TST o recesso forense suspende os prazos recursais. Assim, por se tratar de suspensão o prazo volta a fluir de onde parou. Diferente seria se tratasse de hipótese de interrupção do prazo, hipótese em que o prazo recomeça sua contagem desde o início.

Gabarito "B"

(OAB/Exame Unificado – 2014.1) Em outubro de 2013, Gilberto ajuizou ação contra a empresa *CSC Computadores Ltda.*, na qual ainda trabalha, postulando o pagamento de vale-transporte de 2 meses e o *ticket* refeição de 3 meses. O juiz julgou procedente o pedido e, para tanto, valeu-se da Lei 7.418/1985 (Lei do Vale-transporte) e da análise da norma coletiva da categoria do autor, que, na cláusula 8ª, garante o benefício da alimentação.

A sentença foi prolatada de forma líquida, no valor total de R$ 657,00, mesmo valor de alçada arbitrado na audiência. Diante do que prevê a Lei, assinale a afirmativa correta.

(A) Desta sentença não caberá recurso, tendo em vista a matéria discutida, bem como por se tratar de causa de alçada exclusiva da Vara.
(B) Caberá recurso de apelação, já que a Constituição Federal garante o duplo grau de jurisdição.
(C) Caberá recurso ordinário, no prazo de 8 dias, por qualquer dos litigantes.
(D) Por envolver análise de Lei Federal, a sentença deve ser submetida ao duplo grau de jurisdição obrigatório.

A: correta, pois no caso apresentado a ação tramitou pelo procedimento sumário, também chamado de procedimento de alçada, previsto no art. 2º, § 3º, da Lei 5.584/1970. Nesse procedimento somente admite-se recurso extraordinário para o STF no prazo de 15 dias somente se a decisão ofender matéria constitucional, § 4º do art. 2º da Lei 5.584/1970. Como no caso em debate a matéria envolve questão de Lei Federal não será possível a interposição de recurso. **B:** incorreta, pois nos domínios do processo do trabalho não existe o denominado recurso de apelação. **C:** incorreta, pois nos termos do art. 2º, § 4º, da Lei 5.584/1970 somente caberá recurso extraordinário para o STF se versarem sobre matéria constitucional. **D:** incorreta, pois como a sentença tratou de matéria infraconstitucional (Lei Federal) não será submetida ao duplo grau de jurisdição. Veja comentários anteriores.

Gabarito "A"

(OAB/Exame Unificado – 2013.3) A empresa Restaurante M foi condenada em reclamação trabalhista a pagar diversos direitos sonegados a um dos seus ex-empregados. Na sentença, entendendo que o ex-empregador teve um comportamento processual reprovável, o juiz ainda o condenou como litigante de má-fé. De acordo com o entendimento pacificado do TST, caso a empresa pretenda recorrer ordinariamente desta decisão, ela

(A) deverá recolher as custas, o depósito recursal e o valor da multa por litigância de má-fé para viabilizar o recurso.
(B) não havendo nenhum normativo a respeito, deverá opor embargos declaratórios, requerendo ao juiz que diga se o depósito da multa é necessário.
(C) em razão da peculiaridade do Processo do Trabalho, deverá recolher a multa, imediatamente, pela metade e o restante quando do trânsito em julgado, caso mantida.
(D) não precisará recolher o valor da multa, já que tal recolhimento não é pressuposto para interposição dos recursos trabalhistas.

Isso porque o TST solidificou entendimento disposto na OJ 409 da SDI 1 ensinando que o recolhimento do valor da multa imposta como sanção por litigância de má-fé (art. 81 do CPC de 2015 – art. 18 do CPC de 1973) não é pressuposto objetivo para interposição dos recursos de natureza trabalhista..

Gabarito "D"

(OAB/Exame Unificado – 2013.1) Sobre o manejo do recurso adesivo na Justiça do Trabalho, assinale a afirmativa correta.

(A) É cabível e a matéria nele veiculada não precisa estar relacionada ao recurso principal.

(B) É incabível na Justiça do Trabalho porque não há previsão dele na CLT.

(C) É cabível, pressupondo sucumbência recíproca e, caso interposto pela empresa, ela fica isenta de preparo.

(D) É cabível, mas a matéria nele veiculada precisa estar relacionada ao recurso principal.

A: correta, pois reflete o entendimento disposto na Súmula 283 do TST. **B:** incorreta, pois embora não exista previsão na CLT, o recurso adesivo (art. 997, §§ 1º e 2º, CPC/2015) é perfeitamente cabível no processo do trabalho, em conformidade com o art. 769 da CLT e art. 15 CPC/2015. **C:** incorreta, pois é devido preparo para o recurso adesivo, nos termos do art. 997, § 2º, do CPC/2015. **D:** incorreta, pois a matéria veiculada no recurso adesivo não precisa se relacionar com a matéria tratada no recurso principal, em conformidade com a Súmula 283 do TST.

Gabarito "A"

(OAB/Exame Unificado – 2013.1) Uma reclamação trabalhista é ajuizada em São Paulo (TRT da 2ª Região) e, na audiência designada, a reclamada apresenta resposta escrita sob a forma de contestação e exceção de incompetência relativa em razão do lugar, pois o autor sempre trabalhara em Minas Gerais, que na sua ótica deve ser o local onde tramitará o feito.

Após conferida vista ao exceto, na forma do Art. 800, da CLT, e confirmada a prestação dos serviços na outra localidade, o juiz acolhe a exceção e determina a remessa dos autos à capital mineira (MG – TRT da 3ª Região).

Dessa decisão, de acordo com o entendimento do TST, e independentemente do seu mérito,

(A) cabe de imediato recurso de agravo de instrumento para o TRT de São Paulo, por tratar-se de decisão interlocutória;

(B) nada há a fazer, pois das decisões interlocutórias, na Justiça do Trabalho, não é possível recurso imediato;

(C) compete à parte deixar consignado o seu protesto e renovar o inconformismo no recurso ordinário que for interposto após a sentença que será proferida em Minas Gerais;

(D) cabe de imediato a interposição de recurso ordinário para o TRT de São Paulo.

A: incorreta, pois o agravo de instrumento, art. 897, *b*, da CLT é cabível contra os despachos que denegarem a interposição de recursos. **B:** incorreta, pois embora a regra seja que as decisões interlocutórias são irrecorríveis de imediato, art. 893, § 1º, da CLT excepcionalmente se admite a interposição de recurso contra decisões interlocutórias terminativas de feito, art. 799, § 2º, da CLT e Súmula 214 do TST. **C:** incorreta, pois somente quando não couber recurso imediato é que o protesto se torna viável. **D:** correta, pois nos domínios do processo do trabalho, em regra, as decisões interlocutórias não ensejam, de imediato, a interposição de qualquer recurso, permitindo a apreciação do seu merecimento em recurso de decisão definitiva, nos termos do art. 893, § 1º, da CLT. No entanto, a regra da irrecorribilidade imediata das decisões interlocutórias possui exceções previstas no art. 799, § 2º, da CLT e, também, na Súmula 214 do TST. Assim, a decisão que acolhe a exceção de incompetência territorial e remete os autos a TRT distinto, é impugnável via recurso ordinário (art. 895, I, da CLT) em conformidade com o art. 799, § 2º da CLT e Súmula 214, item c, do TST.

Gabarito "D"

(OAB/Exame Unificado – 2012.3.B) Em sentença prolatada numa reclamação trabalhista, o juiz reconheceu a garantia no emprego do reclamante, que é membro eleito da CIPA, e nela deferiu a tutela antecipada requerida na petição inicial para retorno imediato, determinando o magistrado a expedição de mandado reintegratório.

Assinale a alternativa que indica o procedimento que a empresa deverá adotar para neutralizar essa decisão.

(A) Interpor recurso ordinário que, por ser dotado de efeito suspensivo, automaticamente impedirá a expedição do mandado de reintegração.

(B) Impetrar mandado de segurança contra a determinação judicial de reintegração imediata.

(C) Interpor recurso ordinário e, paralelamente, impetrar mandado de segurança para desconstituir apenas a tutela antecipada.

(D) Interpor recurso ordinário e ajuizar ação cautelar para conferir-lhe efeito suspensivo.

A: incorreta, pois os recursos trabalhistas, em regra, são dotados unicamente de efeito devolutivo. **B:** incorreta, pois por ser a decisão recorrível não se admite a impetração de mandado de segurança. Vale dizer que nos termos do item II da Súmula 414 do TST no caso da tutela antecipada (ou liminar) ser concedida antes da sentença, cabe a impetração do mandado de segurança, em face da inexistência de recurso próprio. Por ter sido proferida sentença o meio processual adequado é o recurso ordinário. **C:** incorreta, pois não é possível a impetração de mandado de segurança. Veja comentários das alternativas "**A**", "**B**" e "**D**". **D:** correta, pois reflete o disposto na Súmula 414, item I, do TST.

Gabarito "D"

(OAB/Exame Unificado – 2012.3.B) Uma empresa é condenada em reclamação trabalhista à entrega do perfil profissiográfico previdenciário (PPP), único pedido formulado pelo ex-empregado, que está com dificuldade de obtenção da aposentadoria especial junto ao INSS pela ausência deste documento.

Com relação à obrigação de fazer, caso a empresa queira recorrer, assinale a afirmativa correta.

(A) Deve pagar as custas e efetuar o depósito recursal na conta vinculada do empregado.

(B) Deve efetuar o depósito recursal no valor do salário mínimo e não pagará as custas.

(C) Deve pagar as custas e ficará dispensada de efetuar o depósito recursal.

(D) Não deve pagar as custas nem efetuar o depósito recursal, haja vista inexistir condenação em pecúnia.

A: incorreta, pois embora a empresa tenha obrigação de pagar as custas, não deverá recolher depósito recursal, que é exigido somente nas condenações em pecúnia. Veja Súmula 161 do TST. **B:** incorreta, pois o depósito recursal não é devido. *Vide* comentários acima. Ademais, as custas devem ser pagas, nos termos do art. 789, IV e § 1º, da CLT. **C:** correta, pois as custas devem ser pagas, nos termos do art. 789, IV e § 1º, da CLT e o depósito recursal será dispensado, nos termos da Súmula 161 do TST. **D:** incorreta, pois embora não seja necessário o depósito recursal por não existir condenação em pecúnia (veja Súmula 161 do TST, as custas são devidas nos termos do art. 789, IV e § 1º, da CLT.

Gabarito "C"

(OAB/Exame Unificado – 2012.3.B) Ao receber decisão de agravo regimental que manteve o indeferimento de medida liminar postulada em mandado de segurança de competência originária do Tribunal Regional do Trabalho, o advogado pretende recorrer ao Tribunal Superior do Trabalho.

Assinale a afirmativa que indica o procedimento processual correto.

(A) O recurso cabível é o recurso de revista.
(B) O recurso cabível é o recurso ordinário.
(C) O recurso cabível é o agravo de instrumento.
(D) O recurso é incabível, de forma que nada há a ser feito.

Nos termos da OJ 100 da SDI 2 do TST não cabe recurso ordinário para o TST de decisão proferida pelo Tribunal Regional do Trabalho em agravo regimental interposto contra despacho que concede ou não liminar em ação cautelar ou em mandado de segurança, uma vez que o processo ainda pende de decisão definitiva do Tribunal *a quo*.

Gabarito "D"

(OAB/Exame Unificado – 2012.3.B) A decisão judicial que homologa acordo entre as partes não pode ser objeto de recurso ordinário interposto pelo próprio reclamante ou reclamado em razão, especificamente, da

(A) preclusão lógica;
(B) preclusão consumativa;
(C) lealdade processual;
(D) boa-fé objetiva.

A: correta, pois nos termos do art. 831, parágrafo único, da CLT o termo de acordo tem força de sentença irrecorrível para as partes. Assim, por terem celebrado acordo, as partes ficarão impedidas de oferecer recurso, o que configura típica preclusão lógica que se apresenta quando é praticado determinado ato que impeça fazê-lo de outra forma. **B:** incorreta, pois a preclusão consumativa ocorre quando o ato já se realizou, não podendo ser realizado novamente. **C:** incorreta, pois a lealdade processual é derivada da boa-fé e pugna pela exclusão da fraude processual. Em outras palavras é a "boa-fé processual". **D:** incorreta, pois a boa-fé objetiva visa estabelecer um padrão ético de conduta entre as partes nas relações obrigacionais, para que ajam com honestidade, lealdade e probidade.

Gabarito "A"

(OAB/Exame Unificado – 2011.3.B) Carlos José Pereira teve julgados procedentes os pedidos de equiparação salarial e de pagamento das diferenças salariais daí decorrentes. Iniciada a execução provisória, Carlos apresentou seus cálculos de liquidação, requerendo a sua homologação. O juiz, contudo, abriu prazo para que a parte contrária se manifestasse sobre os cálculos. Feito o contraditório, o juiz acabou por homologar os cálculos apresentados pela demandada e, com base nesse valor, expediu o mandado de citação, penhora e avaliação. Vinte e quatro horas após a expedição, o executado garantiu o juízo e requereu a expedição de alvará para o exequente, com a consequente extinção da execução. O juiz indeferiu o requerimento do executado, sob o argumento de que deveria aguardar o decurso de cinco dias a contar da garantia efetuada. Passados os cinco dias, o juiz julgou extinta a execução pelo cumprimento da obrigação e determinou a expedição de alvará em favor do exequente, intimando-o dessa decisão.

Com base na situação acima descrita, é correto afirmar que o exequente tem o direito de interpor

(A) apelação no prazo de 15 dias, uma vez que não foi intimado da garantia do juízo e, portanto, não lhe foi dada a oportunidade de impugnar a sentença de homologação dos cálculos;
(B) agravo de petição no prazo de 8 dias, uma vez que não foi intimado da garantia do juízo e, portanto, não lhe foi dada a oportunidade de impugnar a sentença de homologação dos cálculos;
(C) recurso ordinário no prazo de 8 dias, uma vez que não foi intimado da garantia do juízo e, portanto, não lhe foi dada a oportunidade de impugnar a sentença de homologação dos cálculos;
(D) agravo de instrumento no prazo de 10 dias, uma vez que não foi intimado da garantia do juízo e, portanto, não lhe foi dada a oportunidade de impugnar a sentença de homologação dos cálculos.

A: incorreta, pois nos domínios do processo do trabalho não existe o recurso de apelação. Veja art. 893 da CLT. **B:** correta, pois art. 897, "a", da CLT, o agravo de petição é o recurso cabível, no prazo de 8 (oito) dias, em face das decisões do Juiz do Trabalho proferidas na fase de execução de sentença. **C:** incorreta, pois na fase de execução não é cabível recurso ordinário. **D:** incorreta, pois o agravo de instrumento é cabível, no prazo de 8 (oito) dias, para impugnar os despachos proferidos, pelo juízo *a quo* no 1º juízo de admissibilidade recursal, que negarem seguimento a recursos.

Gabarito "B"

(OAB/Exame Unificado – 2011.3.B) Proferida decisão em reclamação trabalhista, foi o réu X, empresa pública estadual, fornecedor de energia elétrica e serviços, condenado ao pagamento das parcelas postuladas, bem como ao pagamento das custas processuais no valor de R$ 200,00, calculadas sobre o valor da condenação arbitrado em R$ 10.000,00. Ao interpor recurso ordinário, invocando o disposto no art. 790-A, I, da CLT, assevera a recorrente que não procederá ao recolhimento das custas, já que isenta.

Diante da hipótese, é correto afirmar que

(A) se considera deserto o recurso, e não será conhecido por falta de requisito extrínseco, já que os únicos entes isentos do pagamento das custas processuais são a União, os Estados, o Distrito Federal, os Municípios e respectivas autarquias e fundações públicas, que não explorem atividade econômica, além do Ministério Público do Trabalho;
(B) se considera deserto o recurso interposto, porquanto a empresa pública estadual não goza de isenção de custas processuais, mas apenas as empresas públicas de âmbito federal;
(C) não se considera deserto o recurso interposto porque, tratando-se de ente público da administração indireta, sempre será isento do pagamento das custas processuais;

(D) não se considera deserto o recurso interposto, porque o reclamado, empresa pública, no caso específico, não está obrigado ao recolhimento das custas, uma vez que o valor arbitrado à condenação não ultrapassa o limite de 40 salários mínimos.

A: correta, pois reflete o disposto o art. 790-A, I e II, da CLT. **B:** incorreta, pois a empresa pública, seja ela estadual ou federal, não são isentas do recolhimento. Veja art. 790-A da CLT. **C:** incorreta, pois o recurso será considerado deserto, pois as empresas públicas não são isentas do recolhimento do depósito recursal. **D:** incorreta, pois o recurso será considerado deserto. Ademais, somente as condenações contrárias à Fazenda Pública (União, Estados, Distrito Federal, Municípios e autarquias ou fundações de direito público federais, estaduais ou municipais que não explorem atividade econômica) não superior a 60 (sessenta) salários mínimos, estão sujeitas ao reexame necessário.

Gabarito "A"

(OAB/Exame Unificado – 2011.3.A) Uma ação é movida contra duas empresas integrantes do mesmo grupo econômico e uma terceira, que alegadamente foi tomadora dos serviços durante parte do contrato. Cada empresa possui um advogado. No caso de interposição de recurso de revista,

(A) o prazo será computado em dobro porque há litisconsórcio passivo com procuradores diferentes;
(B) o prazo será contado normalmente;
(C) o prazo será de 10 dias;
(D) fica a critério de o juiz deferir a dilação do prazo para não prejudicar os réus quanto à ampla defesa.

A: incorreta, pois a regra disposta no art. 229 do CPC/2015 que prevê em dobro os prazos para se manifestar no processo quando os litisconsortes tiverem diferentes procuradores, pertencentes à escritórios distintos, não é aplicável ao processo do trabalho, nos termos da OJ 310 da SDI-1 do TST. **B:** correta, pois por não ser a regra do prazo em dobro, disposta no art. 229 do CPC/2015 aplicável ao processo do trabalho, nos termos da OJ 310 da SDI-1 do TST o prazo será computado normalmente. **C:** incorreta, pois o prazo é de 8 dias, nos termos do art. 6º da Lei 5.584/1970 e será contado normalmente, a teor da OJ 310 da SDI-1 do TST. **D:** incorreta, pois por ser norma imperativa, não é possível sua dilação a critério do juiz. As exceções para dilação de prazos estão previstas no art. 223 do CPC/2015.

Gabarito "B"

(OAB/Exame Unificado – 2011.2) No dia 22.07.2009 (quarta-feira), foi publicada a sentença de improcedência do pedido. O advogado do autor tomou ciência da decisão, mas, como estava viajando, localizando-se em outro Estado da federação, interpôs recurso ordinário via fac-símile no dia 27.07.2009 (segunda-feira). Ao retornar de viagem, o advogado do autor requereu a juntada do recurso original no dia 04.08.2009 (terça-feira). Entretanto, após este último ato do advogado do autor, o juiz considerou intempestiva a interposição do recurso ordinário, negando-lhe seguimento.

Diante dessa situação concreta, é correto afirmar que o advogado do autor deve

(A) impetrar mandado de segurança, uma vez que o juiz violou o seu direito líquido e certo de interpor recurso ordinário no prazo de oito dias a contar da publicação;
(B) ajuizar uma ação rescisória, uma vez que a sentença judicial se tornou irrecorrível diante da decisão judicial que negou seguimento ao recurso ordinário;
(C) interpor agravo de instrumento, uma vez que atendeu o prazo de oito dias para a interposição do recurso ordinário e o prazo de cinco dias para a juntada do original;
(D) ingressar com uma reclamação correicional, uma vez que o juiz praticou um ato desprovido de amparo legal.

De acordo com o art. 2º da Lei 9.800/1999, realizado o ato processual via *fac simile*, os originais deverão ser entregues em juízo, necessariamente, até 5 (cinco) dias da data de seu término, ou seja, 5 (cinco) dias após o prazo recursal. Já os atos não sujeitos a prazo, os originais deverão ser entregues, necessariamente, até cinco dias da data da recepção do material.
Nesse sentido, o TST editou a Súmula 387 que no seu item II ensina que a contagem do quinquídio para apresentação dos originais de recurso interposto por intermédio de fac-símile começa a fluir do dia subsequente ao término do prazo recursal, nos termos do art. 2º da Lei n. 9.800, de 26.05.1999, e não do dia seguinte à interposição do recurso, se esta se deu antes do termo final do prazo.

Gabarito "C"

(OAB/Exame Unificado – 2010.3) Determinada turma do Tribunal Superior do Trabalho não conheceu de recurso de revista interposto pela empresa Alfa Empreendimentos Ltda. em razão de a decisão recorrida (proferida por Tribunal Regional do Trabalho em sede de recurso ordinário, em dissídio individual) estar em perfeita consonância com enunciado de Súmula de direito material daquela Corte Superior. Transcorrido *in albis* o prazo recursal, essa decisão transitou em julgado.

Na condição de advogado contratado pela respectiva empresa, para ajuizamento de ação rescisória, é correto afirmar que a decisão rescindenda será a proferida pelo

(A) Tribunal Regional do Trabalho, em recurso ordinário, tendo competência originária para o seu julgamento a Seção Especializada em Dissídios Individuais do Tribunal Superior do Trabalho.
(B) Tribunal Superior do Trabalho, que não conheceu do recurso de revista, tendo competência originária a Seção Especializada em Dissídios Individuais do próprio Tribunal Superior do Trabalho.
(C) Tribunal Regional do Trabalho, em recurso ordinário, tendo competência originária para o seu julgamento o próprio Tribunal Regional do Trabalho.
(D) Tribunal Superior do Trabalho, que não conheceu do recurso de revista, tendo competência originária uma das turmas do próprio Tribunal Superior do Trabalho.

A: incorreta, pois a competência originária para a ação rescisória é do Tribunal Superior do Trabalho. Ademais, não é possível a interposição de recurso ordinário, tendo em vista que a decisão transitou em julgado; **B:** correta, pois está em conformidade com o art. 3º, I, *a*, da Lei 7.701/1988 – Regimento Interno do TST; **C:** incorreta, pois a decisão transitou em julgado, não sendo possível a interposição de recurso ordinário; **D:** incorreta, pois nos termos do art. 3º, I, *a*, da Lei 7.701/1988 – Regimento Interno do TST, a competência para apreciação é da Seção Especializada em Dissídios Individuais do TST e não de uma das turmas como induz a alternativa.

Gabarito "B"

(OAB/Exame Unificado – 2010.2) Assinale a alternativa que apresente requisitos intrínsecos genéricos de admissibilidade recursal.

(A) Capacidade, legitimidade e interesse.
(B) Preparo, interesse e representação processual.
(C) Representação processual, preparo e tempestividade.
(D) Legitimidade, tempestividade e preparo.

A: correta, pois são pressupostos intrínsecos ou subjetivos de admissibilidade recursal; **B:** incorreta, pois embora o interesse seja um pressuposto intrínseco, o preparo e a representação são pressupostos extrínsecos ou objetivos; **C:** incorreta, pois todos eles constituem pressupostos extrínsecos ou objetivos; **D:** incorreta, pois embora a legitimidade seja um pressuposto subjetivo ou intrínseco, a tempestividade e o preparo são pressupostos extrínsecos ou objetivos.

Gabarito "A".

(OAB/Exame Unificado – 2010.2) Pedro ajuizou ação em face de seu empregador objetivando a satisfação dos pedidos de horas extraordinárias, suas integrações e consectárias. O seu pedido foi julgado improcedente. Recorre ordinariamente, pretendendo a substituição da decisão por outra de diverso teor, tempestivamente. Na análise da primeira admissibilidade recursal há um equívoco, e se nega seguimento ao recurso por intempestivo. Desta decisão, tempestivamente, se interpõe o recurso de agravo por instrumento, que tem seu conhecimento negado pelo Tribunal Regional, por ausência do depósito recursal referente à metade do valor do recurso principal que se pretendia destrancar, nos termos do artigo 899, § 7º, da Consolidação das Leis do Trabalho. Quanto à conduta do Desembargador Relator, é corretor afirmar que:

(A) ela está correta, uma vez que o referido artigo afirma que nos casos de interposição do recurso de agravo por instrumento é necessária a comprovação do depósito recursal de 50% do valor do depósito referente ao recurso que se pretende dar seguimento;
(B) ela está correta, uma vez que o preparo é requisito de admissibilidade recursal e, por isso, não pode estar ausente, sob pena de não conhecimento do recurso;
(C) ela está equivocada, pois em que pese haver a necessidade do preparo para a interposição do recurso de agravo por instrumento, no problema acima, o pedido foi julgado improcedente sendo recorrente o autor, portanto, dispensável o preparo no que se refere a depósito recursal;
(D) ela está equivocada, pois o recurso de agravo por instrumento, na esfera laboral é o único, juntamente com os embargos por declaração, que não necessita de preparo para a sua interposição.

A: incorreta, pois dada a natureza jurídica do depósito recursal de garantia de juízo, o empregado/reclamante não está obrigado a recolher depósito recursal. Ademais, embora o art. 899 da CLT não declare expressamente que apenas o reclamado deverá fazer o depósito recursal, chegamos a essa conclusão pela leitura dos §§ 4º e 5º do art. 899 da CLT; **B:** incorreta, pois como falamos o reclamante não está obrigado a efetuar o recolhimento de depósito recursal; **C:** correta, pois o reclamante não está obrigado a efetuar o recolhimento de depósito recursal; **D:** incorreta, pois embora esteja equivocada a decisão do magistrado, na esfera laboral, o recurso de agravo de instrumento, após a edição da Lei 12.275/2010, que introduziu o § 7º ao art. 899 da CLT, necessita que a parte comprove o recolhimento de um depósito recursal prévio de 50% do valor do depósito do recurso ao qual se pretende destrancar.

Gabarito "C".

(OAB/Exame Unificado – 2010.1) Acerca dos recursos no processo do trabalho, assinale a opção correta.

(A) Nas execuções, cabe agravo de instrumento, no prazo de 8 (oito) dias, contra as decisões do juiz ou presidente.
(B) Nas causas sujeitas ao procedimento sumaríssimo, somente será admitido recurso de revista por violação direta da CF.
(C) Contra as decisões definitivas ou terminativas das varas e juízos cabe recurso ordinário para a instância superior, no prazo de 8 (oito) dias.
(D) Nas reclamações sujeitas ao procedimento sumaríssimo, o recurso ordinário terá de ser imediatamente distribuído, devendo o relator liberá-lo no prazo máximo de 30 (trinta) dias.

A: incorreta, pois nos termos do art. 897, "a", da CLT, das decisões em processo de execução é cabível o agravo de petição; **B:** incorreta, pois nos termos do art. 896, § 9º, da CLT, no procedimento sumaríssimo o recurso de revista somente será admitido por contrariedade a súmula de jurisprudência uniforme do Tribunal Superior do Trabalho ou a súmula vinculante do Supremo Tribunal Federal e por violação direta da Constituição Federal. Veja Súmula 442 do TST; **C:** correta, pois reflete o disposto no art. 895, I da CLT; **D:** incorreta, pois embora no procedimento sumaríssimo o recurso ordinário tenha de ser imediatamente distribuído, deverá o relator liberá-lo no prazo de 10 (dez) dias, em conformidade com o art. 895, § 1º, II, da CLT.

Gabarito "C".

(OAB/Exame Unificado – 2010.1) Em reclamação trabalhista, o advogado do reclamante interpôs recurso ordinário contra a sentença proferida pelo juiz de primeiro grau, que julgou improcedente o pedido de condenação em horas extras formulado pelo reclamante e indeferiu a oitiva das testemunhas arroladas, por entender que o depoimento do reclamante era suficiente para o julgamento da demanda. Argumentando a tese do cerceamento de defesa, o advogado formulou pedido de anulação dos atos processuais, sem requerer expressamente a análise, pelo tribunal, das horas extras negadas. Ao se julgar o recurso ordinário no TRT, foi reconhecido o cerceamento de defesa e condenada a empresa a pagar ao reclamante as horas extras pleiteadas. Em face dessa situação hipotética, assinale a opção correta a respeito da decisão do TRT.

(A) O recurso ordinário devolve toda a matéria para a análise do TRT, logo, reconhecido o cerceamento de defesa, deve o tribunal analisar a questão das horas extras.
(B) Não cabe ao TRT fazer nova análise de prova em sede de recurso ordinário, portanto o tribunal não poderia ter estabelecido condenação em horas extras.
(C) Não tendo o advogado requerido análise das horas extras, o julgamento deve limitar-se ao que foi expressamente pedido, logo, não poderia o TRT estabelecer condenação em horas extras.
(D) O TRT agiu equivocadamente, visto que, reconhecido o cerceamento de defesa, deveria ter designado data para a oitiva de testemunhas, e, só então, analisar o pedido de condenação em horas extras.

A: incorreta, pois o recurso ordinário devolve para o Tribunal a análise das matérias impugnadas no recurso, chamado de princípio da devolutividade do recurso ou *tantum devolutum quantum appellatum*. Devolve, ainda, a análise de todos os fundamentos da matéria impugnada, ainda que não alegados pelo recorrente, (efeito devolutivo em profundidade, art. 1.013, § 1º, do CPC/2015; **B:** incorreta, pois o TRT poderá fazer nova análise de prova, dada a natureza ordinária do recurso. A análise fática não poderá ser apreciada nos recursos de natureza extraordinária, como por exemplo, o recurso de revista e o recurso de embargos de divergência no TST; **C:** correta, pois reflete o princípio da devolutividade dos recursos, ou seja, a nova análise se limitará à matéria e fundamentos alegados no recurso; **D:** incorreta, pois caso o Tribunal entenda necessário a realização de diligências, deverá baixar os autos ao juiz de 1º grau. O pleito de horas extras, como não foi objeto de recurso, não poderá ser analisado pelo TRT.

Gabarito "C"

(OAB/Exame Unificado – 2010.1) Considere que, em processo trabalhista, as empresas Delta e Echo sejam condenadas, de forma solidária, pelo juiz do trabalho, que ambas interponham recurso ordinário, que apenas Delta efetue o depósito recursal, e nenhuma delas pleiteie a exclusão da lide. Nessa situação hipotética, o recurso apresentado pela empresa Echo

(A) será deserto, em razão de não ter sido efetuado o depósito recursal;

(B) será intempestivo, em razão de não ter sido efetuado o depósito recursal;

(C) deverá ser conhecido, mas improvido, em razão de não ter sido efetuado o depósito recursal;

(D) estará apto a ser conhecido, visto que, sendo a condenação solidária, o depósito efetuado pela empresa Delta aproveita à empresa Echo.

A: incorreta, pois, de acordo com a Súmula 128, III, do TST, havendo condenação solidária de duas ou mais empresas, o depósito recursal efetuado por uma das empresas aproveita as demais, desde que a empresa que efetuou o depósito não pleiteie sua exclusão da lide; **B:** incorreta, pois intempestividade não se relaciona com ausência de depósito, e sim com o prazo; **C:** incorreta, pois, como vimos, havendo condenação solidária e não pedindo a empresa exclusão da lide, o depósito de uma aproveitará a outra; **D:** correta, pois está em consonância com a Súmula 128, III, do TST.

Gabarito "D"

(OAB/Exame Unificado – 2009.3) Assinale a opção correta com referência aos recursos no processo do trabalho.

(A) As decisões proferidas pelos TRTs em processos de dissídios coletivos são irrecorríveis.

(B) Nos recursos de revista, assim como nos recursos especiais, o recorrente apenas poderá fundamentar a afronta a dispositivo de lei federal, cabendo ao STF a análise de afrontas à CF.

(C) O agravo de petição só será recebido quando o agravante delimitar, justificadamente, as matérias e os valores impugnados.

(D) Omissões e contradições podem ser questionadas por intermédio de embargos de declaração, que deverão ser opostos no prazo de oito dias, contados da publicação da sentença ou acórdão.

A: incorreta, pois a decisão proferida pelo TRT em dissídio coletivo ou individuais são recorríveis via recurso ordinário, com fulcro no art. 895, II, da CLT; **B:** incorreta, pois é possível a interposição de recurso de revista por afronta à CF, nos termos do art. 896, *c*, da CLT; **C:** correta, pois reflete o disposto no art. 897, § 1º, da CLT; **D:** incorreta, pois nos termos do art. 897-A, da CLT, o prazo para oposição de embargos de declaração é de 5 (cinco) dias.

Gabarito "C"

(OAB/Exame Unificado – 2009.3) Assinale a opção correta no que diz respeito à interposição de recurso sob o rito sumaríssimo.

(A) Em razão do princípio da celeridade, que norteia todo rito sumaríssimo, o prazo de interposição do recurso ordinário, em tal hipótese, é reduzido para 5 (cinco) dias.

(B) O parecer do representante do MP, se necessário, deve ser escrito e apresentado na sessão de julgamento do recurso.

(C) Nas causas sujeitas ao procedimento sumaríssimo, somente será admitido recurso de revista por contrariedade a Súmula de jurisprudência uniforme do Tribunal Superior do Trabalho.

(D) O recurso ordinário terá acórdão consistente unicamente na certidão de julgamento, com a indicação suficiente do processo e parte dispositiva, e das razões de decidir do voto prevalente; caso a sentença seja confirmada pelos próprios fundamentos, a certidão de julgamento, na qual se registra tal circunstância, servirá de acórdão.

A: incorreta, pois nos termos do art. 895, I, da CLT, o prazo para interposição de recurso ordinário é de 8 (oito) dias; **B:** incorreta, pois nos termos do art. 895, § 1º, III, da CLT, o parecer do MP será oral; **C:** incorreta, pois em conformidade com o art. 896, § 9º, da CLT, o recurso de revista somente será admitido por contrariedade a súmula de jurisprudência uniforme do Tribunal Superior do Trabalho ou súmula vinculante do Supremo Tribunal Federal e por violação direta da Constituição Federal. Veja Súmula 442 do TST; **D:** correta, pois reflete o disposto no art. 895, § 1º, IV, da CLT.

Gabarito "D"

(OAB/Exame Unificado – 2009.2) O art. 899 da CLT dispõe que os recursos trabalhistas devem ser interpostos por simples petição. Segundo entendimento pacífico da jurisprudência, no tratamento da necessidade de fundamentação dos recursos apresentados,

(A) o recurso deve ser fundamentado, visto que, na Justiça do Trabalho, exige-se que as razões ataquem os fundamentos da decisão recorrida;

(B) a fundamentação recursal será necessária somente se o pedido não delimitar com precisão o objeto da irresignação, impossibilitando compreender-se a controvérsia em toda sua extensão;

(C) não será necessária, ante a informalidade do processo trabalhista, a fundamentação dos recursos;

(D) apenas os recursos de natureza extraordinária, por expressa previsão constitucional, devem ser fundamentados, sob pena de não serem conhecidos.

A alternativa A está correta, pois a doutrina majoritária, assim como os Tribunais superiores confirmam a necessidade do oferecimento das razões que fundamentam o recurso, a fim de que o Tribunal conheça os motivos de sua interposição, bem assim para que não se permita a proliferação de recursos meramente protelatórios. Segundo alguns autores, a regra do *caput* do art. 899 da CLT, que admite interposição do recurso por simples petição não teria sido recepcionada pela nova ordem constitucional, estando derrogada, em face da garantia da ampla defesa prevista no art. 5.º, LV, e § 1º, da CF, que impõe a obrigatoriedade de fundamentação dos recursos com as razões de fato e de direito, para possibilitar o contraditório pela outra parte através de contrarrazões.

Gabarito "A"

(OAB/Exame Unificado – 2009.1) A respeito do recurso de revista, assinale a opção correta.

(A) Não cabe recurso de revista contra decisão proferida na fase de execução de sentença pelos tribunais regionais do trabalho ou por suas turmas, salvo na hipótese de ofensa direta e literal de norma da CF.

(B) Não é cabível a interposição de recurso de revista nas causas sujeitas ao procedimento sumaríssimo.

(C) Os requisitos de admissibilidade do recurso de revista devem ser apreciados pelo tribunal de origem, na pessoa do seu presidente, não cabendo recurso para atacar a decisão que lhe nega seguimento.

(D) O presidente do tribunal recorrido pode conferir efeito suspensivo ao recurso de revista interposto, desde que a parte interessada assim o requeira.

A: correta, pois reflete o disposto no art. 896, § 2º, da CLT; **B:** incorreta, pois as hipóteses de cabimento de recurso de revista no procedimento sumaríssimo estão dispostas no art. 896, § 9º da CLT, ou seja, somente será admitido por contrariedade a súmula de jurisprudência uniforme do Tribunal Superior do Trabalho ou a súmula vinculante do Supremo Tribunal Federal e por violação direta da Constituição Federal. Veja Súmula 442 do TST; **C:** incorreta, pois contra a decisão que negar seguimento ao recurso de revista, é cabível a interposição de agravo de instrumento, nos termos do art. 897, *b*, da CLT; **D:** incorreta, pois assim como todos os recursos trabalhistas, em regra, o recurso de revista é recebido unicamente no efeito devolutivo, art. 896, § 1º, da CLT. Poderá a parte interessada requerer a concessão do efeito suspensivo ao recurso, por meio de ação cautelar, nos termos da Súmula 414, I, parte final, do TST e não no corpo do próprio recurso, como sugere a alternativa.

Gabarito "A"

(OAB/Exame Unificado – 2009.1) O agravo de petição é o recurso cabível contra a decisão do juiz do trabalho, nas execuções. A respeito desse recurso, assinale a opção correta.

(A) A simples interposição do agravo de petição suspende a execução na sua totalidade.

(B) O prazo para a interposição do agravo de petição é de 10 (dez) dias.

(C) O julgamento do agravo de petição cabe ao juiz do trabalho da vara onde estiver em curso a execução.

(D) O agravo de petição somente será recebido se o agravante tiver delimitado, justificadamente, as matérias e os valores impugnados.

A: incorreta, pois nos termos do art. 897, § 1º, da CLT, somente as matérias e valores impugnados no agravo de petição serão suspensas, permitindo, inclusive, a execução definitiva das matérias e valores não especificados no recurso; **B:** incorreta, pois nos termos do art. 897, *a*, da CLT, o prazo para interposição do agravo de petição é de 8 (oito) dias; **C:** incorreta, pois nos termos do art. 897, § 3º, da CLT, o agravo de petição será apreciado pelo TRT competente, **D:** correta, pois reflete o disposto no art. 897, § 1º, da CLT.

Gabarito "D"

(OAB/Exame Unificado – 2009.1) Considerando o recurso de embargos, após a edição da Lei n. 11.496/2007, assinale a opção correta.

(A) São incabíveis os embargos contra decisão proferida, em agravo, por Turma do TST, que tenham a finalidade de impugnar o conhecimento de agravo de instrumento.

(B) São cabíveis os embargos contra as decisões que, tomadas por turmas do TST, contrariarem a letra de lei federal e(ou) da CF.

(C) Cabem embargos para impugnar decisão não unânime prolatada em dissídio coletivo de competência originária do TST.

(D) Cabem embargos contra decisão proferida pelo tribunal pleno, salvo se a decisão estiver em consonância com Súmula ou jurisprudência uniforme do TST.

A: incorreta, pois a Súmula 353, item d, do TST, admite a interposição de embargos ao TST, em conformidade com o art. 894 da CLT, contra decisão proferida por uma Turma do TST, em agravo, com a finalidade de impugnar o conhecimento do agravo de instrumento; **B:** incorreta, pois não são cabíveis embargos ao TST no caso de decisão que contrariar lei federal ou Constituição Federal. Essa foi a mudança trazida pela Lei 11.496/2007, que retirou o cabimento dos embargos de nulidade; **C:** correta, pois reflete o disposto no art. 894, I, *a*, da CLT. Importante ressaltar que o recurso de embargos no TST é gênero, que comporta duas espécies, quais sejam: embargos infringentes, art. 894, I, "a", da CLT, cabível somente em dissídios coletivos e embargos de divergência, art. 894, II, da CLT, cabível apenas em dissídios individuais; **D:** incorreta, pois a alternativa se refere à hipótese de cabimento existente antes da edição da Lei 11.496/2007, que alterou a redação do art. 894 da CLT.

Gabarito "C"

(OAB/Exame Unificado – 2008.2) Juca, advogado da empresa Terra e Mar Ltda., compareceu pessoalmente à Secretaria da 1ª Turma do TRT e tomou conhecimento do teor de decisão que havia negado provimento a recurso ordinário interposto pela empresa. No mesmo dia, Juca interpôs recurso de revista para o TST, antes de ocorrer a publicação do acórdão regional. Segundo orientação do TST, na situação hipotética apresentada, o recurso de revista interposto é considerado

(A) tempestivo;

(B) intempestivo;

(C) extemporâneo;

(D) deserto.

A: incorreta, pois recurso tempestivo é aquele protocolizado adequadamente dentro do prazo recursal, ou seja, desde sua abertura até o dia de encerramento do prazo; **B:** incorreta, pois intempestivo é o recurso protocolizado depois de expirado o prazo recursal; **C:** correta, pois reflete o disposto na Súmula 434, I, do TST, que entende ser extemporâneo o recurso protocolizado antes do início do prazo recursal; **D:** incorreta, pois será considerado deserto o recurso que a parte deixar de efetuar o preparo, ou seja, o recolhimento do depósito recursal e o pagamento de custas.

Gabarito "C"

(OAB/Exame Unificado – 2008.2) O prazo para a interposição de recurso de embargos para a Seção de Dissídios Individuais no TST é de

(A) 5 (cinco) dias.

(B) 8 (oito) dias.

(C) 10 (dez) dias.

(D) 15 (quinze) dias.

A: incorreta, pois o prazo de 5 (cinco) dias é para o recurso de embargos de declaração, nos termos do art. 897-A da CLT; **B:** correta, em conformidade com o art. 894 da CLT; **C:** incorreta, pois não há prazo recursal de 10 (dez) dias na Justiça do Trabalho; **D:** incorreta, pois para recurso extraordinário, art. 102, III, *a*, da CF e para recurso ordinário constitucional, art. 102, II, *a*, da CF, o prazo recursal será de 15 (quinze) dias, nos termos do art. 1.003, § 5º, do CPC/2015.

Gabarito "B"

(OAB/Exame Unificado – 2008.2) Contra decisão definitiva proferida por TRT em mandado de segurança cabe

(A) recurso ordinário para o TST, no prazo de 8 (oito) dias;
(B) recurso ordinário para o TST, no prazo de 10 (dez) dias;
(C) agravo de instrumento para o TST, no prazo de 8 (oito) dias;
(D) agravo de instrumento para o TST, no prazo de 10 (dez) dias.

A: correta, em conformidade com o art. 895, II, da CLT e Súmula 201 do TST; **B:** incorreta, pois o prazo é de 8 (oito) dias; **C:** incorreta, pois o agravo de instrumento não é o recurso adequado para atacar decisão definitiva de TRT em mandado de segurança, na medida em que objetiva, exclusivamente, destrancar recurso que teve negado o seguimento; **D:** incorreta. *Vide* comentário alternativa C.

Gabarito "A"

(OAB/Exame Unificado – 2008.2) A oposição dos embargos de declaração

(A) suspende o prazo para a interposição do recurso ordinário;
(B) interrompe o prazo para a interposição do recurso ordinário;
(C) impede a contagem do prazo para a interposição do recurso ordinário;
(D) não afeta a contagem do prazo para a interposição do recurso ordinário.

A: incorreta, pois nos termos do art. 897-A, § 3º, da CLT, a oposição de embargos de declaração não suspende, mas sim, interrompe o prazo para o recurso ordinário; **B:** correta, pois em conformidade com o art. 897-A, § 3º, da CLT; **C:** incorreta, pois a oposição de embargos de declaração não impede, mas sim, interrompe o prazo recursal; **D:** incorreta, pois nos termos do art. 897-A, § 3º, da CLT o prazo será interrompido.

Gabarito "B"

(OAB/Exame Unificado – 2008.1) No que diz respeito ao recurso de revista, assinale a opção correta.

(A) Não é cabível a interposição de recurso de revista nas causas sujeitas ao procedimento sumaríssimo.
(B) O prazo para interposição do recurso de revista é de 10 (dez) dias.
(C) Tal recurso possui efeitos devolutivo e suspensivo em todos os casos.
(D) Esse recurso é cabível contra decisões proferidas pelos tribunais regionais do trabalho ou por suas turmas, em execução de sentença, em casos de ofensa direta e literal de norma da Constituição Federal.

A: incorreta, pois nas causas sujeitas ao procedimento sumaríssimo as hipóteses de cabimento do recurso vêm esculpidas no art. 896, § 9º, da CLT, ou seja, somente será admitido por contrariedade a súmula de jurisprudência uniforme do Tribunal Superior do Trabalho ou a súmula vinculante do Supremo Tribunal Federal e por violação direta da Constituição Federal. Veja Súmula 442 do TST; **B:** incorreta, pois nos termos do art. 6º da Lei 5.584/1970 c/c art. 893, III, da CLT, o prazo para interposição de recurso de revista, é de 8 (oito) dias; **C:** incorreta, pois, em regra, o recurso de revista será recebido no efeito devolutivo, nos termos do art. 896, § 1º, da CLT. Eventual pedido de feito suspensivo deverá ser feito em ação cautelar, em conformidade com a Súmula 414, I, parte final, do TST; **D:** correta, pois reflete o disposto no art. 896, § 2º, da CLT.

Gabarito "D"

(OAB/Exame Unificado – 2008.1) O prazo para a oposição de embargos de declaração, no processo do trabalho, é de

(A) 5 (cinco) dias.
(B) 8 (oito) dias.
(C) 10 (dez) dias.
(D) 15 (quinze) dias.

Art. 897-A da CLT: "Caberão embargos de declaração da sentença ou acórdão, no prazo de cinco dias...".

Gabarito "A"

(OAB/Exame Unificado – 2008.1) Considere que Antonino, advogado da Empresa Água Limpa Ltda., tenha apresentado recurso de revista contra acórdão proferido por tribunal regional do trabalho, de forma tempestiva, e efetuado corretamente o depósito recursal, mas não tenha assinado o referido recurso. Nessa situação,

(A) o recurso deve ser considerado como inexistente, por falta de assinatura do advogado;
(B) o recurso deve ser remetido ao TST, conhecido, e seu mérito analisado, visto que a falta de assinatura constitui mera irregularidade formal;
(C) o desembargador-presidente do tribunal regional, ao aferir a admissibilidade do recurso, deve abrir prazo para o advogado assiná-lo e sanar a irregularidade;
(D) o recurso deve ser encaminhado ao Tribunal Superior do Trabalho (TST), para que o ministro relator decida sobre a abertura de prazo para o advogado assinar o recurso ou sobre a negativa de seguimento, com fundamento na irregularidade.

A: correta, pois o recurso sem assinatura do advogado, conhecido como recurso apócrifo, é tido como inexistente, em conformidade com o entendimento jurisprudencial consolidado pelo TST na orientação jurisprudencial 120 da SDI-1 do TST, mas será considerado válido o apelo assinado, ao menos, na petição de apresentação ou nas razões recursais, segunda parte da mencionada OJ; **B:** incorreta, pois o recurso de revista que não esteja assinado por advogado é considerado inexistente e consequentemente não poderá ser remetido ao TST; **C:** incorreta, pois não há possibilidade de abertura de prazo para regularização; **D:** incorreta, pois o recurso será considerado inexistente, orientação jurisprudencial 120 da SDI-1 do TST.

Gabarito "A"

(OAB/Exame Unificado – 2008.1) Antônio moveu reclamação trabalhista contra a Empresa Alfa Ltda. e formulou pedido de condenação solidária da Empresa Ômega Ltda. O juiz de 1ª instância julgou procedente o pedido e estabeleceu condenação contra a Empresa Alfa Ltda. e condenação solidária da Empresa Ômega Ltda. As empresas possuíam advogados distintos, constituídos nos autos. A Empresa Ômega Ltda. interpôs recurso ordinário no 7º dia do prazo, e a Empresa Alfa Ltda. o fez no 14º dia, fundamentando-se no art. 229 do Código de Processo Civil (CPC), que assim dispõe: "Os litisconsortes que tiverem diferentes procuradores, de escritórios de advocacia distintos, terão prazos contados em dobro para todas as suas manifestações, em qualquer juízo ou tribunal, independentemente de requerimento.." Considerando essa situação hipotética, assinale a opção correta com relação ao prazo para a interposição do recurso ordinário.

(A) O prazo em dobro previsto no CPC é inaplicável ao processo do trabalho, visto que é incompatível com o princípio da celeridade inerente ao processo trabalhista.

(B) Ambos os recursos apresentados seriam intempestivos, visto que o prazo para apresentar recurso ordinário é de 5 (cinco) dias.

(C) Sendo a CLT omissa, aplica-se subsidiariamente o disposto no CPC, de forma que o prazo é contado em dobro quando houver litisconsortes com procuradores distintos.

(D) O advogado da Empresa Alfa Ltda. não precisaria sequer invocar o CPC, pois a CLT também estabelece o prazo em dobro quando presentes litisconsortes com procuradores distintos.

A: correta, pois reflete o disposto na orientação jurisprudencial 310 da SDI-1 do TST: **B:** incorreta, pois o prazo para interposição de recurso ordinário é de 8 (oito) dias, nos termos do art. 895 da CLT; **C:** incorreta, pois a regra do art. 229 do CPC/2015 não é aplicável, nesse caso, ao processo do trabalho por contrariar o princípio da celeridade processual, próprio do processo do trabalho: **D:** incorreta, pois a CLT não possui regra especifica nesse sentido, tampouco será aplicado subsidiariamente o CPC, dada a incompatibilidade do instituto com o processo do trabalho.

Gabarito "A".

(OAB/Exame Unificado – 2008.1) Acerca dos prazos recursais, assinale a opção incorreta.

(A) É de 5 (cinco) dias o prazo dos embargos de declaração.

(B) É de 8 (oito) dias o prazo do recurso de revista.

(C) É de 15 (quinze) dias o prazo do recurso ordinário.

(D) É de 8 (oito) dias o prazo do agravo de petição.

A: correta, pois nos termos do art. 897-A da CLT o prazo para oposição de embargos de declaração é de 5 (cinco) dias; **B:** correta, pois nos termos do art. 6º da lei 5.584/1970 o prazo é de 8 (oito) dias; **C:** incorreta, devendo ser assinalada, pois nos termos do art. 895 da CLT o prazo para interposição de recurso ordinário é de 8 (oito) dias; **D:** correta, pois nos termos do art. 897, *a*, da CLT o prazo para interposição de agravo de petição é de 8 (oito) dias.

Gabarito "C".

(OAB/Exame Unificado – 2007.3) Considerando que uma empresa que se encontre em liquidação extrajudicial apresente recurso ordinário de uma sentença de 1º grau, mas não efetue o pagamento das custas, tampouco realize o depósito recursal, assinale a opção correta.

(A) As empresas em liquidação extrajudicial equiparam-se a uma massa falida, por isso gozam do privilégio de não precisar efetuar o depósito recursal, nem recolher as custas processuais para recorrer.

(B) O recurso da empresa deve ser considerado deserto, pois empresa em liquidação extrajudicial não goza do mesmo benefício concedido às massas falidas.

(C) O juiz deve mandar intimar a empresa para fazer o recolhimento das custas e efetuar o depósito recursal, no prazo de 5 (cinco) dias, sob pena de o recurso ser considerado deserto.

(D) O juiz deve mandar processar o recurso da forma como se encontra, e o tribunal julgará a questão do pagamento das custas e do depósito recursal.

A: incorreta, pois a empresa em liquidação extrajudicial não pode ser equiparada à massa falida e, portanto, não goza do privilégio de isenção de depósito recursal, em conformidade com a Súmula 86 do TST; **B:** correta, pois reflete o entendimento consubstanciado na Súmula 86 do TST; **C:** incorreta, pois o magistrado não pode intimar a parte para efetuar o depósito recursal; **D:** incorreta, pois o juiz de 1º grau realizará o exame de admissibilidade do recurso, analisando o preenchimento dos pressupostos recursais e na ausência de qualquer um dos pressupostos, deverá negar seguimento ao recurso.

Gabarito "B".

(OAB/Exame Unificado – 2007.3) Alfredo, advogado da empresa Casa Nova, apresentou recurso de revista contra acórdão do tribunal regional do trabalho (TRT) que teria sido desfavorável à empresa. Nos fundamentos do recurso, Alfredo argumentou que o depoimento da única testemunha apresentada pelo reclamante não havia comprovado o direito alegado na inicial e que, portanto, a sentença de 1º grau, confirmada no TRT, deveria ser reformada. Considerando a situação hipotética acima, assinale a opção correta.

(A) O recurso de revista deve ser conhecido e provido pelo TST, já que a prova apresentada pelo reclamante no processo não foi suficiente para comprovar o seu direito.

(B) O advogado da empresa deveria ter interposto, juntamente com o recurso de revista, o recurso extraordinário para o STF.

(C) Não é cabível a interposição de recurso de revista para reexame de fatos e provas.

(D) Como a sentença de 1º grau foi confirmada pelo TRT, não seria cabível a interposição de qualquer recurso para o TST.

A: incorreta, pois o recurso não pode ser conhecido, tampouco provido. O recurso de revista é um recurso de natureza extraordinária, na medida em que não se presta para o reexame de fatos e provas, a teor da Súmula 126 do TST; **B:** incorreta, pois ambos os recursos não se prestam para o reexame de fatos e provas. Ademais, não é possível a interposição desses dois recursos simultaneamente; **C:** correta, pois reflete o disposto na Súmula 126 do TST; **D:** incorreta, pois não é pelo fato da sentença ter sido confirmada que não cabe recurso, mas sim porque no caso apresentado a parte pretende o reexame de fatos e provas, o que não é permitido em sede de recurso de revista.

Gabarito "C".

(OAB/Exame Unificado – 2007.3) Contra as decisões dos juízes do trabalho, nas execuções, cabe(m)

(A) recurso ordinário;

(B) apelação;

(C) agravo de petição;

(D) embargos do devedor.

A: incorreta, pois na fase de execução não há possibilidade de interposição de recurso ordinário, que tem previsão legal no art. 895 da CLT; **B:** incorreta, pois no processo do trabalho não existe o recurso de apelação; **C:** correta, em conformidade com o art. 897, *a*, da CLT; **D:** incorreta, pois os embargos do devedor possuem natureza jurídica de ação e está previsto no art. 884 da CLT.

Gabarito "C".

(OAB/Exame Unificado – 2007.3) Assinale a opção correta no que diz respeito a recurso de revista na Justiça do Trabalho.

(A) Das decisões proferidas pelos tribunais regionais ou por suas turmas, na fase executória, em nenhuma hipótese cabe recurso de revista.

(B) Das decisões proferidas pelos tribunais regionais ou por suas turmas, na fase executória, não cabe recurso de revista, salvo na hipótese de ofensa direta e literal de norma da Constituição Federal.

(C) Das decisões proferidas pelo juízo de primeiro grau na fase executória, não cabe recurso de revista, salvo na hipótese de dúvida de interpretação de lei federal.

(D) Das decisões proferidas pelo juízo de primeiro grau na fase executória, não cabe recurso de revista, salvo na hipótese de violação de Súmula do próprio tribunal regional a cuja jurisdição esteja ele subordinado.

A: incorreta, pois na fase de execução permite-se a interposição de recurso de revista em caso de ofensa direta e literal da CF, nos termos do art. 896, § 2º, da CLT; **B:** correta, pois reflete o disposto no art. 896, § 2º, da CLT; **C:** incorreta, pois não se admite recurso de revista de dúvida de interpretação de lei federal; **D:** incorreta, pois não será possível a interposição de recurso de revista na fase de execução por violação de Súmula do TRT.

Gabarito "B".

(OAB/Exame Unificado – 2007.3) A empresa Nuvem Branca Ltda. foi condenada, em processo trabalhista, em 1ª instância. Com o objetivo de interpor recurso ordinário, o advogado da empresa providenciou o recolhimento das custas processuais e do depósito recursal, o qual foi pago na guia correta e recolhido na Caixa Econômica Federal. Contudo, as custas foram recolhidas em um banco particular, no qual a empresa possuía convênio. Com relação a essa situação hipotética, assinale a correta.

(A) O recurso está apto a ser conhecido e provido, já que qualquer instituição financeira estaria apta a receber o valor correspondente às custas processuais.

(B) O recurso está apto a ser conhecido e provido, já que, na Justiça do Trabalho, não existe a exigência expressa de obrigatoriedade no recolhimento de custas processuais para que se possa recorrer.

(C) O recurso da empresa Nuvem Branca está deserto, visto que as custas somente poderiam ter sido recolhidas no Banco do Brasil S.A.

(D) O recurso da empresa Nuvem Branca está deserto, uma vez que as custas deveriam ter sido recolhidas, obrigatoriamente, na Caixa Econômica Federal.

A: correta, pois a Instrução Normativa n. 20/2002, do TST, que disciplina o recolhimento de custas e emolumentos devidos à União no âmbito da Justiça do Trabalho, estabelece em seu item IV que "as custas e emolumentos deverão ser recolhidos nas instituições financeiras integrantes da Rede Arrecadadora de Receitas Federais", bastando, conforme entendimento do TST, que seja utilizada a guia correta, DARF, e o código correto para cada caso; **B:** incorreta, pois para que a parte interessada possa recorrer deverá efetuar o preparo, que compreende o pagamento de custas e depósito recursal; **C:** incorreta, pois havendo o recolhimento em instituição cadastrada, não há deserção. **D:** incorreta.

Gabarito "A".

(OAB/Exame Unificado – 2007.3) O recurso adesivo, embora não esteja disciplinado de forma expressa na CLT, é compatível com o processo do trabalho. O prazo para a interposição de um recurso adesivo ao recurso de revista é de

(A) 5 (cinco) dias.

(B) 8 (oito) dias.

(C) 10 (dez) dias.

(D) 15 (quinze) dias.

Não há previsão legal do recurso adesivo na CLT, sendo o art. 997, §§ 1º e 2º, do CPC/2015 aplicado subsidiariamente ao processo do trabalho por força do art. 769 da CLT e art. 15 CPC/2015. Por meio da Súmula 283, o TST entendeu que o recurso adesivo é compatível com o processo do trabalho e cabe, no prazo de 8 (oito) dias, nas hipóteses de interposição de recurso ordinário, de agravo de petição, de recurso de revista e de embargos no TST, sendo desnecessário que a matéria nele veiculada esteja relacionada com a do recurso interposto pela parte contrária. Vale dizer, ainda, que o recurso adesivo está sujeito ao preparo, se for o caso.

Gabarito "B".

(OAB/Exame Unificado – 2007.2) Severino, advogado da empresa Solar Ltda., interpôs agravo de instrumento contra decisão do presidente de tribunal regional do trabalho (TRT), que negou seguimento a recurso de revista. O prazo para a interposição do agravo de instrumento é de 8 (oito) dias. A decisão que negou seguimento a referido recurso foi publicada no Diário da Justiça em uma sexta-feira, 13/7/2007. Como o dia 23/7/2007 foi feriado local, Severino protocolou o recurso no dia 24/7/2007, sem, contudo, juntar cópia aos autos da prova do feriado local, para atestar que o TRT não teve expediente no citado dia. A respeito dessa situação hipotética, assinale a opção correta.

(A) A parte deve comprovar, quando da interposição do recurso, a existência de feriado local ou de dia útil em que não haja expediente forense para justificar a prorrogação do prazo recursal.

(B) Caberia ao relator do processo no Tribunal Superior do Trabalho solicitar ao TRT a comprovação do feriado local.

(C) Cabe ao TRT providenciar a juntada aos autos da respectiva certidão comprovando a existência de feriado local, com o não funcionamento do foro no respectivo dia.

(D) Não existe necessidade de prova do feriado, nem de certidão emitida pelo TRT, já que o feriado local é constituído por lei estadual, publicada no respectivo Diário Oficial.

A: correta, pois reflete o disposto na Súmula 385, I, do TST; **B:** incorreta, pois comprovar a existência de feriado local é ônus da parte. Isso porque, o juiz tem o dever de conhecer a lei federal, mas não tem obrigação de conhecer de ofício sobre leis estaduais ou municipais que criam feriados ou em que não há expediente forense; **C:** incorreta, pois cabe à parte comprovar a existência de feriado local; **D:** incorreta, pois há necessidade de comprovar a existência de feriado local, pelo fato do juiz não ter obrigação de conhecer leis estaduais ou municipais que criam feriados, como tratado na Opção C.

Gabarito "A".

(OAB/Exame Unificado – 2007.2) O recurso de revista possui a característica de ser uma espécie de recurso extraordinário. Sendo assim, o prazo para a interposição do citado recurso é de

(A) 5 (cinco) dias.

(B) 8 (oito) dias.

(C) 10 (dez) dias.

(D) 15 (quinze) dias.

O recurso de revista está disposto no art. 896 da CLT e o prazo para sua interposição, nos termos do art. 6º da Lei 5.584/1970, é de 8 (oito) dias.

Gabarito "B".

(OAB/Exame Unificado – 2007.1) Considerando que a Lei n. 10.035/2000 autorizou o INSS a recorrer dos acordos que contenham parcelas indenizatórias, assinale a opção correta.

(A) Apesar da possibilidade de recurso do INSS, o acordo homologado pelo juiz torna-se definitivo e põe fim ao processo.

(B) Caberá ao juiz, nessas situações, avaliar a pertinência ou não da intimação do INSS.

(C) O INSS deverá ser intimado das decisões homologatórias de acordos que contenham parcela indenizatória, sendo-lhe facultado interpor recurso relativo às contribuições que lhe forem devidas.

(D) Não existe necessidade de intimação do INSS, pois a Lei n. 10.035/2000 apenas previu possibilidade de recurso por parte do INSS, mas não a obrigatoriedade de recorrer.

A: incorreta, pois o processo será extinto após o cumprimento integral do acordo; **B:** incorreta, pois nos termos do art. 832, § 4º, da CLT a intimação do INSS é obrigatória; **C:** correta, pois reflete o disposto no art. 832, § 4º, da CLT; **D:** incorreta, pois o art. 832, § 4º, da CLT determina a necessidade de intimação do INSS ao se utilizar da expressão *"A União será intimada..."*

Gabarito "C"

(OAB/Exame Unificado – 2007.1) No que diz respeito ao recurso de revista, assinale a opção correta.

(A) O prazo para a interposição do recurso, em razão de sua natureza extraordinária, é de 15 (quinze) dias.

(B) Nas razões do recurso de revista, é vedada a discussão a respeito de afronta direta e literal à Constituição Federal, já que tal matéria cabe apenas a análise do STF.

(C) Não cabe recurso de revista para discutir interpretação de cláusula de contrato de trabalho.

(D) Em sede de recurso de revista, não é cabível nenhum tipo de depósito recursal.

A: incorreta, pois nos termos do art. 6º da Lei 5.584/1970, o prazo para interposição do recurso de revista é de 8 (oito) dias; **B:** incorreta, pois a alínea "c" do art. 896 da CLT permite a interposição do recurso de revista contra decisões proferidas com violação literal de disposição de lei federal ou afronta direta e literal à Constituição Federal; **C:** correta, pois dada sua natureza extraordinária, não se admite recurso de revista para reexame de fatos e provas, nos termos da Súmula 126 do TST; **D:** incorreta.

Gabarito "C"

(OAB/Exame Unificado – 2006.3) Em processo movido contra determinada empresa, o juiz, na sentença de primeiro grau, julgou procedente o pedido formulado na inicial e estabeleceu como valor da condenação a quantia de R$ 8.500,00. Ao interpor o recurso ordinário, o advogado da empresa efetuou um depósito recursal no valor de R$ 5.000,00. Considerando-se, hipoteticamente, que a tabela de interposição de recursos estabeleça o recolhimento de R$ 5.000,00 para interposição de recurso ordinário, R$ 7.000,00 para interposição de recurso de revista e R$ 9.000,00 para interposição de recurso extraordinário e considerando-se, ainda, que a sentença não foi reformada, a quantia que o advogado deve depositar para interpor o recurso de revista é de

(A) R$ 7.000,00.

(B) R$ 8.500,00.

(C) R$ 3.500,00.

(D) R$ 5.000,00.

A empresa reclamada deve efetuar o depósito recursal até atingir o valor da condenação. Atingido o valor da condenação não há necessidade de depósito de valor superior, tendo em vista que o depósito recursal objetiva a garantia do débito trabalhista para a execução da dívida. Assim, nos termos da Súmula 128, I do TST, para a interposição do recurso de revista, deverá a reclamada efetuar o depósito recursal de R$ 3.500,00.

Gabarito "C"

(OAB/Exame Unificado – 2006.3) Assinale a opção correspondente ao recurso cabível das decisões proferidas pelo juiz do trabalho em sentença de execução.

(A) Recurso ordinário.

(B) Agravo de petição.

(C) Embargos do devedor.

(D) Agravo de instrumento.

A: incorreta, pois na fase de execução de sentença não é possível a interposição de recurso ordinário, nos termos do art. 895 da CLT; **B:** correta, nos termos do art. 897, "a", da CLT; **C:** incorreta, pois o embargo do devedor (art. 884 da CLT) não possui natureza jurídica de recurso, mas sim de ação; **D:** incorreta, pois o agravo de instrumento (art. 897, "b", da CLT) é o recurso utilizado para destrancar recurso que teve negado seu seguimento.

Gabarito "B"

(OAB/Exame Unificado – 2006.2) A pessoa jurídica Ômega, com sede em São Paulo, celebrou contrato de empreitada para a construção de um edifício na cidade de Fortaleza – CE. Para execução da avença, Ômega contratou diversos empregados moradores do município de Fortaleza. Durante as obras, Mário, que exercia a função de pedreiro, por não utilizar equipamentos de proteção individual, caiu do terceiro andar do edifício em construção, objeto do contrato de empreitada. Em virtude desse acidente, Mário perdeu a perna esquerda e a visão de um dos olhos. Inconformado, ajuizou ação de indenização por danos morais e estéticos contra sua empregadora. Ômega contestou a pretensão de Mário e apresentou exceção de incompetência, que foi julgada improcedente, em 10/5/2005. O juiz da causa, em 20/3/2006, proferiu sentença que julgou procedente o pedido de Mário e condenou Ômega ao pagamento de indenização no valor de R$ 150.000,00. A partir da situação hipotética acima descrita, assinale a opção correta.

(A) Considere que Ômega tenha recebido notificação postal, em sua sede, em São Paulo, que informava o teor da sentença condenatória. Nesse caso, o prazo para interposição do recurso ordinário se inicia no dia da juntada aos autos da notificação.

(B) É permitido, tanto às partes quanto aos seus procuradores, obter certidões do referido processo, independentemente de despacho do juiz, ainda que aquele tramite em segredo de justiça.

(C) Para interposição do recurso ordinário, Ômega deve recolher R$ 3.000,00 a título de custas processuais, acrescidos do valor correspondente ao depósito recursal.

(D) Em sede de recurso ordinário, é defeso a Ômega arguir a incompetência do juízo.

A: incorreta, pois nos termos do art. 851, 1º, da CLT, em regra, o prazo para interposição do recurso se inicia com a juntada da sentença aos autos, o que deve acontecer em até 48 horas contados da audiência de julgamento. Caso a sentença não seja juntada nesse período, o prazo para interposição do recurso será contado a partir da data em que a parte receber a intimação da sentença, nos termos da Súmula 30 do TST; **B:** incorreta, pois nos termos do art. 781, parágrafo único, da CLT as certidões dos processos que correrem em segredo de justiça dependerão de despacho do juiz ou presidente; **C:** correta, pois para a interposição do recurso deverá a parte observar o pressuposto do preparo, que consiste no recolhimento das custas e depósito recursal. Com relação às custas, a teor do art. 789, inciso I, da CLT, serão calculadas à base de 2% sobre o valor da condenação. Nessa linha, o § 1º, do mesmo dispositivo legal, ensina que em caso de recurso, as custas serão pagas e comprovado o recolhimento dentro do prazo recursal. Com relação ao depósito recursal, o art. 7º da Lei 5.584/1970 exige que este seja feito e comprovado no prazo do recurso. Nesse sentido, veja a Súmula 245 do TST. Com relação ao valor do depósito recursal veja a Súmula 128 do TST; **D:** incorreta, pois o fato de ter a empresa arguido a incompetência do juízo no momento oportuno em 1º grau de jurisdição, legitima a arguição em sede de recurso. Veja, também, o art. 799, § 2º, da CLT.

Gabarito "C"

(OAB/Exame Unificado – 2006.2) Fernando ajuizou reclamação trabalhista contra sua antiga empregadora, a pessoa jurídica Gama, alegando direito a estabilidade provisória, em virtude do registro de sua candidatura para o cargo de dirigente sindical, pedindo sua reintegração ao emprego e, alternativamente, o pagamento das verbas rescisórias devidas. Gama apresentou contestação sob a alegação de que não houvera, da parte do sindicado, comunicação oportuna, que tivesse informado a respeito da candidatura de Fernando e sob o argumento de que todas as verbas haviam sido pagas corretamente. A primeira instância julgou parcialmente procedente o pedido de Fernando, condenando Gama ao pagamento das verbas rescisórias devidas. Ambos recorreram. Na segunda instância, a sentença foi mantida. Dessa decisão, somente Fernando interpôs recurso de revista, que foi protocolado no nono dia, em virtude de feriado criado por lei estadual. Como fundamento do recurso de revista, Fernando alegou dissídio jurisprudencial não específico. Com base nessa situação hipotética, assinale a opção correta.

(A) É incabível a interposição de recurso adesivo ao recurso de revista de Fernando.

(B) O fato de o dissídio jurisprudencial não ter sido específico não inviabiliza a apreciação do recurso de revista, que deve ser conhecido.

(C) Para comprovação da tempestividade do recurso de revista, Fernando deve comprovar a existência do feriado estadual.

(D) Qualquer omissão existente no acórdão que julgar o recurso de revista interposto deve ser objeto de embargos à SDI-1, do Tribunal Superior do Trabalho, não ocorrendo preclusão se não forem opostos embargos declaratórios.

A: incorreta, pois em conformidade com a Súmula 283 do TST, o recurso adesivo (art. 997, §§ 1º e 2º, do CPC/2015) é aplicado subsidiariamente ao processo do trabalho por força do art. 769 da CLT e art. 15 CPC/2015; **B:** incorreta, pois nos termos da Súmula 296, I, do TST, a divergência jurisprudencial ensejadora da admissibilidade, do prosseguimento e do conhecimento do recurso há de ser específica, revelando a existência de teses diversas na interpretação de um mesmo dispositivo legal, embora idênticos os fatos que as ensejaram; **C:** correta, pois reflete o disposto na Súmula 385, I, do TST; **D:** incorreta, pois as hipóteses de cabimento de embargos à SDI do TST estão dispostas no art. 894, II, da CLT. Ademais, nos termos da Súmula 297, II, do TST, incumbe à parte interessada, desde que a matéria haja sido invocada no recurso principal, opor embargos declaratórios objetivando o pronunciamento sobre o tema, sob pena de preclusão.

Gabarito "C"

(OAB/Exame Unificado – 2006.2) Justiniano ajuizou reclamação trabalhista contra seu antigo empregador, a pessoa jurídica Zeta, pleiteando o recebimento de complementação de aposentadoria, indevidamente suprimida, e verbas trabalhistas. O juízo de primeira instância, em 22/8/2003, ao analisar a questão, julgou parcialmente procedente o pedido de Justiniano, condenando Zeta ao pagamento das verbas, observando-se o prazo prescricional das parcelas anteriores a 5 (cinco) anos do ajuizamento da ação, e improcedente o pedido de complementação de aposentadoria. Justiniano e Zeta recorreram. O recurso de Justiniano não foi conhecido por sua manifesta intempestividade. O recurso de Zeta foi improvido. Zeta, então, interpôs recurso de revista, que foi julgado procedente, considerando-se indevida a condenação ao pagamento das verbas rescisórias. O acórdão transitou em julgado no dia 13.03.2004. Inconformado, Justiniano ajuizou ação rescisória pedindo a desconstituição do acórdão, para condenar Zeta ao pagamento das verbas trabalhistas e da complementação da aposentadoria. Com relação à situação hipotética descrita, assinale a opção incorreta.

(A) Considere que o tribunal, ao analisar a ação rescisória ajuizada por Justiniano, profira decisão condenando Zeta. Nesse caso, para interposição do recurso ordinário desse acórdão, Zeta deve recolher o valor do depósito recursal.

(B) A competência para julgar a referida ação rescisória, relativamente aos dois pedidos, é do tribunal regional do trabalho.

(C) O prazo decadencial para a propositura de ação rescisória que vise desconstituir a decisão que julgou improcedente o pedido de condenação de Zeta ao pagamento de complementação de aposentadoria iniciou-se em 30/8/2003.

(D) É juridicamente impossível o pedido de desconstituição do acórdão quanto à decisão que julgou improcedente o pedido de condenação de Zeta ao pagamento de complementação de aposentadoria.

A: correta, pois para a interposição de recurso deverá a parte comprovar o recolhimento das custas, nos termos do art. 789 e seguintes da CLT e depósito recursal, em conformidade com o art. 7º da Lei 5.584/1970. Veja, também, as Súmulas 128 e 245 do TST; **B:** incorreta, devendo ser assinalada, pois quanto ao pedido de verbas trabalhistas, a competência será do TRT, nos termos do art. 678, I, "c", 2, da CLT, tendo em vista que o acórdão do TST não apreciou o mérito do pedido de Justiniano no seu recurso de revista. Já com relação ao pedido de complementação de aposentadoria, como o TST se pronunciou quanto ao mérito daquele recurso, a competência será do TST, nos termos dos arts. 2º, I, *c*, e 3º, I, *a*, da Lei 7.701/1988 (Regimento Interno do TST); **C:** correta, pois o prazo decadência para propositura da ação rescisória se iniciará no dia 30/08/2003, nos termos da Súmula 100, I e II, do TST; **D:** correta, nos termos do art. 966, V, do CPC/2015.

Gabarito "B"

(OAB/Exame Unificado – 2006.1) Renato ajuizou reclamação trabalhista contra sua antiga empregadora. A sentença de primeira instância julgou improcedente o pedido de Renato. Inconformado com a decisão, Renato interpôs recurso ordinário. O TRT, ao analisar o referido recurso, reformou a sentença e condenou a reclamada ao pagamento de R$ 4.000,00 a título de verbas rescisórias. A reclamada protocolou recurso de revista, no quinto dia do prazo, e juntou o comprovante da realização do depósito recursal somente no oitavo dia do prazo recursal. Com base nessa situação hipotética, assinale a opção incorreta.

(A) Para a interposição de recurso de revista é necessária a realização de depósito recursal, no valor de R$ 4.000,00.
(B) Se for aumentado o valor inicialmente atribuído à condenação, será necessária a complementação do depósito recursal para a interposição do recurso extraordinário.
(C) O recurso deve ser considerado deserto, em face de o depósito recursal ter sido efetivado apenas no oitavo dia do prazo e não juntamente com a interposição do recurso.
(D) Na fase de execução, após garantido o juízo, não há necessidade de realização de depósito recursal, como pressuposto de admissibilidade dos recursos.

A: correta, pois nos termos do art. 7º da Lei 5.584/1970 é ônus da parte recorrente efetuar o depósito legal, integralmente, em relação a cada novo recurso interposto, sob pena de deserção; **B:** correta, pois a Súmula 128, I, do TST entende que atingido o valor da condenação, nenhum depósito mais é exigido para qualquer recurso; **C:** incorreta, devendo ser assinalada, pois nos termos da Súmula 245 do TST, o depósito recursal deve ser feito e comprovado no prazo alusivo ao recurso. A interposição antecipada deste não prejudica a dilação legal; **D:** correta, pois reflete o disposto na Súmula 128, II, do TST.

Gabarito "C"

(FGV – 2010) Assinale a alternativa que apresente um pressuposto processual subjetivo dos recursos da Justiça do Trabalho.

(A) Previsão legal.
(B) Capacidade.
(C) Adequação.
(D) Tempestividade.
(E) Preparo.

Pressupostos recursais subjetivos ou intrínsecos dizem respeito à pessoa do recorrente. São eles: legitimidade, capacidade e interesse. Pressupostos recursais objetivos ou extrínsecos dizem respeito ao recurso em si. São eles: recorribilidade do ato, representação, adequação, tempestividade e preparo, que se subdivide em: custas e depósito recursal.

Gabarito "B"

(FGV – 2004) Da sentença proferida por juiz trabalhista nos Embargos à Execução, cabe:

(A) agravo de petição;
(B) embargos infringentes;
(C) recurso ordinário;
(D) apelação;
(E) recurso de revista.

A: correta, em conformidade com o art. 897, *a*, da CLT; **B:** incorreta, pois nos termos do art. 894, I, *a*, da CLT, os embargos infringentes, são cabíveis da decisão não unânime de julgamento que conciliar, julgar ou homologar conciliação em dissídios coletivos; **C:** incorreta, pois recurso ordinário é cabível contra as decisões definitivas ou terminativas, proferidas pela vara do trabalho ou dos TRTs em sua competência originária; **D:** incorreta, pois não existe o recurso de apelação nos domínios do processo do trabalho; **E:** incorreta, pois o recurso de revista é cabível contra as decisões proferidas em grau de recurso ordinário, em dissídio individual, pelos TRTs.

Gabarito "A"

8. EXECUÇÃO

(OAB/Exame Unificado – 2016.1) Na fase de execução de uma reclamação trabalhista, as partes se apresentaram ao juiz da causa postulando a homologação de acordo que envolveria 80% do valor que estava sendo executado.

Diante dessa situação, de acordo com a CLT e o entendimento consolidado do TST, assinale a afirmativa correta.

(A) O juiz não pode homologar o acordo porque estará violando a coisa julgada, pois o pagamento estará sendo feito em valor inferior àquele determinado pela Justiça.
(B) O juiz tem a obrigação de homologar o acordo, se essa é a legítima vontade das partes, sem vícios ou dúvidas.
(C) O acordo, uma vez homologado, faz coisa julgada material para todos, sem exceção, somente podendo ser desconstituído por ação anulatória.
(D) É possível a homologação do acordo, que pode ser realizado a qualquer momento, mas ficará a critério do juiz fazê-lo à luz do caso concreto.

A: opção incorreta, pois nos termos do art. 764 da CLT a conciliação pode ser celebrada em qualquer fase processual. **B:** opção incorreta, pois em conformidade com o entendimento disposto na súmula 418 do TST a homologação de acordo é uma faculdade do juiz, não um dever/obrigação. **C:** opção incorreta, pois embora a homologação de acordo seja irrecorrível para as partes, poderá o INSS apresentar recurso com relação às contribuições sociais. As partes poderão desconstituir a homologação via ação rescisória, nos termos da súmula 259 do TST.

Gabarito "D"

(OAB/Exame Unificado – 2015.2) No bojo de uma execução trabalhista, a sociedade empresária executada apresentou uma exceção de pré-executividade, alegando não ter sido citada para a fase de conhecimento. Em razão disso, requereu a nulidade de todo o processo, desde a citação inicial. O juiz conferiu vista à parte contrária para manifestação e, em seguida, determinou a conclusão dos autos. Após analisar as razões da parte e as provas produzidas, convenceu-se de que a alegação da sociedade empresária era correta e, assim, anulou todo o feito desde o início. Diante desse quadro, assinale a afirmativa correta.

(A) Contra essa decisão caberá agravo de petição.
(B) Trata-se de decisão interlocutória e, portanto, não passível de recurso imediato.
(C) Caberá a interposição de recurso ordinário.
(D) Caberá a interposição de agravo de instrumento.

A: correta, pois nos termos do art. 897, *a*, da CLT agravo de petição é o recurso cabível contra as decisões do juiz da fase de execução. **B:** incorreta, pois não se trata de decisão interlocutória, mas sim uma sentença, cujo conceito está disposto no art. 203, § 1º, do CPC/2015 **C:** incorreta, pois não é cabível o recurso ordinário, recurso cabível de decisões terminativas ou definitivas da vara do Trabalho, no processo de conhecimento, art. 895 da CLT. **D:** incorreta, pois o agravo de instrumento é o recurso cabível contra as decisões que não admitirem recurso, nos termos do art. 897, *b*, da CLT.

Gabarito "A"

(OAB/Exame Unificado – 2015.2) A sociedade empresária Beta S.A. teve a falência decretada durante a tramitação de uma reclamação trabalhista, fato devidamente informado ao juízo. Depois de julgado procedente em parte o pedido de diferenças de horas extras e de parcelas rescisórias, nenhuma das partes recorreu da sentença, que transitou em julgado dessa forma. Teve, então, início a execução, com a apresentação dos cálculos pelo autor e posterior homologação pelo juiz. Diante da situação, assinale a afirmativa correta.

(A) Há equívoco, pois, a partir da decretação da falência, a ação trabalhista passa a ser da competência do juízo falimentar, que deve proferir a sentença.
(B) O pagamento do valor homologado deverá ser feito no juízo da falência, que é universal.
(C) A execução será feita diretamente na Justiça do Trabalho, porque o título executivo foi criado pelo Juiz do Trabalho.
(D) Essa é a única hipótese de competência concorrente, ou seja, poderá ser executado tanto na Justiça do Trabalho quanto na Justiça comum.

A: incorreta, pois o processo em face da massa falida tramitará na Justiça do Trabalho até a fixação do crédito do reclamante em definitivo (julgamento final da liquidação de sentença). Após deverá ser expedida certidão para habilitação no juízo falimentar. **B:** correta, pois reflete o entendimento disposto no art. 6º, § 2º, da Lei 11.101/2005. **C:** incorreta, pois em razão do disposto no art. 6º, § 2º, da Lei 11.101/2005 a execução não poderá ser efetivada a Justiça do Trabalho, mas sim perante o juízo universal da falência. **D:** incorreta, pois como estudamos não se trata de competência concorrente, devendo a parte interessada requerer a execução no juízo falimentar universal.

Gabarito "B"

(OAB/Exame Unificado – 2014.3) A sociedade empresária "V" Ltda., executada em ação trabalhista, apresentou embargos à execução arrolando testemunhas, o que foi indeferido pelo juiz, ao argumento de que não se tratava de processo de conhecimento.

Sobre o caso apresentado, assinale a afirmativa correta.

(A) Correta a decisão do juiz, pois já fora ultrapassada a fase de conhecimento.
(B) Errada a decisão do juiz, pois era cabível a prova testemunhal em sede de embargos à execução, podendo o juiz indeferir as testemunhas se desnecessários os depoimentos.
(C) Errada a decisão do juiz, sendo cabível a prova testemunhal, não podendo indeferir as testemunhas, cabendo, nesse caso, arguição de nulidade da decisão.
(D) Correta a decisão do juiz, já que a matéria da execução está restrita a valores.

A: incorreta, pois embora tenha ultrapassado a fase de conhecimento é permitido ao executado arrolar testemunhas nos embargos á execução. Evidente que questões já discutidas e decididas na fase de conhecimento não poderão ser reanalisadas. **B:** correta, pois de acordo com a interpretação dos arts. 885 e 886 da CLT é permitido ao executado arrolar testemunhas na fase de execução. **C:** incorreta, pois embora esteja errada a decisão do juiz, ele poderá dispensar as testemunhas que entender impertinentes. **D:** incorreta, pois nos termos dos arts. 885 e 886 da CLT é permitida a instrução processual na fase de execução.

Gabarito "B"

(OAB/Exame Unificado – 2013.1) A requerimento do credor e após não localizar bens da pessoa jurídica ex-empregadora, o juiz desconsiderou a personalidade jurídica numa reclamação trabalhista, incluiu um dos sócios no polo passivo e o citou para pagamento. Este sócio, então, depositou a quantia exequenda, mas pretende questionar o valor da execução.

Assinale a alternativa que indica a maneira pela qual ele materializará seu inconformismo.

(A) Ação Rescisória.
(B) Embargos de Terceiro.
(C) Impugnação de Credor.
(D) Embargos à Execução.

A: incorreta, pois a ação rescisória necessita de trânsito em julgado, o que não ocorreu no caso em análise. Veja art. 836 da CLT e arts. 966 e seguintes do CPC/2015. **B:** incorreta, pois os embargos de terceiro devem ser apresentados por terceiros interessados, que não são parte do processo, nos termos dos arts. 674 a 681 do CPC/2015. **C:** incorreta, pois a impugnação será apresentada pelo credor e não pelo devedor, como no caso em análise. **D:** correta, pois é por meio dos embargos à execução que o executado/devedor irá requerer a extinção total ou parcial da execução, atacando o próprio conteúdo do título, nos termos do art. 884 da CLT.

Gabarito "D"

(OAB/Exame Unificado – 2012.3.A) A liquidação tem por objetivo a apuração do *quantum debeatur* nas sentenças proferidas de forma ilíquida e que tenham deferido, ao menos em parte, a pretensão deduzida.

De acordo com a CLT, assinale a alternativa que indica as formas possíveis de liquidação da sentença nas obrigações de dar (pagar) e, caso o juiz conceda prazo às partes para manifestação, o número de dias para a impugnação.

(A) Artigos, cálculo ou arbitramento. Prazo de 8 dias.
(B) Cálculo, arbitramento ou artigos. Prazo de 10 dias.
(C) Artigos ou arbitramento. Prazo de 15 dias.
(D) Cálculo ou arbitramento. Prazo de 5 dias.

Nos termos do art. 879, *caput*, da CLT a liquidação poderá ser feita por, cálculos, arbitramento e artigos, devendo ser apresentada no prazo sucessivo de 10 dias, em conformidade com o art. 879, § 2º, da CLT.

Gabarito "B"

(OAB/Exame Unificado – 2012.3.A) De acordo com a Consolidação das Leis do Trabalho, assinale a afirmativa correta.

(A) não há citação para a execução, uma vez que a fase executiva pode ser iniciada de ofício;
(B) a citação na execução será realizada por via postal;
(C) a citação na execução será realizada por mandado;
(D) a citação na execução será realizada por mandado, mas, se o executado não for encontrado após três tentativas, caberá a citação por edital.

A: incorreta, pois embora possa ser iniciada de ofício, nos termos do art. 878 da CLT, a fase executória exige citação pessoal do executado por meio de oficial de justiça, nos termos do art. 880, *caput* e § 2º, da CLT. **B:** incorreta, pois somente na fase de conhecimento a citação é postal, veja art. 841, § 1º, da CLT. Porém, na fase de execução a citação deve ser feita por oficial de justiça, nos termos do art. 880, § 2º, da CLT. **C:** correta, pois reflete o disposto no art. 880, §§ 1º e 2º, da CLT. **D:** incorreta, pois embora a citação seja realizada por mandado, art. 880, §§ 1º e 2º, da CLT (veja também art. 721, § 1º, da CLT) a citação por edital será feita se o executado, procurado por 2 (duas) vezes no espaço de 48 (quarenta e oito) horas, não for encontrado, nos termos o art. 880, § 3º, da CLT.

Gabarito "C"

(OAB/Exame Unificado – 2012.2) Em 30/7/2008 foi efetuada a penhora de um veículo BMW, modelo X1, por meio de carta precatória executória. Depois de devolvida a carta, o executado Eliezer Filho, proprietário do veículo, opôs embargos à execução em 4/8/2008, dirigindo essa ação incidental ao juízo deprecante. Em seus embargos, alegando a existência de um grosseiro vício, o embargante apontou para a irregularidade na avaliação do bem, uma vez que constou do auto da constrição judicial sua avaliação em R$ 15.000,00, montante muito abaixo do valor de mercado. Logo, por força do princípio da execução menos onerosa ao devedor, requereu a reavaliação do bem, sob pena de nulidade da execução. Com base nesse caso concreto, é correto afirmar que o juiz deprecante

(A) deve remeter os autos ao juízo deprecado, uma vez que o ato de avaliação foi por ele praticado, sendo sua a competência para decidir;

(B) deve realizar o julgamento antecipado da lide e acolher os embargos, haja vista o notório erro de avaliação;

(C) deve determinar a realização de perícia, a fim de aferir o correto valor de mercado do bem;

(D) não deve conhecer dos embargos e extinguir o processo sem julgamento do mérito, haja vista a sua intempestividade.

A alternativa A está correta, pois tendo em vista que houve vício/irregularidade no ato do Juízo deprecado, qual seja erro na avaliação do bem penhorado, os embargos deverão ser decididos pelo Juízo deprecado, nos termos do art. 20, parágrafo único, da Lei 6.830/1980 por aplicação do art. 889 da CLT. Veja Súmula 46 do STJ (embargos do devedor). Sobre embargos de terceiro, veja Súmula 419 do TST.

Gabarito "A"

(OAB/Exame Unificado – 2012.1) Relativamente à execução trabalhista, assinale a afirmativa correta.

(A) Pode ser por título judicial ou extrajudicial. São títulos extrajudiciais os termos de ajuste de conduta firmados perante o Ministério Público do Trabalho, os termos de conciliação firmado perante as Comissões de Conciliação Prévia e os cheques sem fundo passados pelo empregador ao empregado.

(B) Pode ser por título judicial ou extrajudicial. São títulos judiciais unicamente as decisões passadas em julgado com efeito suspensivo e são títulos extrajudiciais os termos de ajuste de conduta firmados perante o Ministério Público do Trabalho e os termos de conciliação firmado perante as Comissões de Conciliação Prévia.

(C) Dependem de prévia liquidação, pelo que só podem ser executados a sentença e o acordo não cumpridos.

(D) Pode ser por título judicial, caso do acordo descumprido, e por título extrajudicial, caso do termo de ajuste de conduta firmado perante o Ministério Público do Trabalho.

A: incorreta, pois em razão de sua natureza não causal, os cheques não são considerados títulos executivos extrajudiciais na Justiça do Trabalho. **B:** incorreta, pois nos termos do art. 876 da CLT as decisões transitadas em julgado ou das quais não tenha havido recurso com efeito suspensivo, assim como as decisões que homologam acordo entre as partes também são consideradas títulos executivos judiciais. **C:** incorreta, pois também podem ser executadas "As decisões passadas em julgado ou das quais não tenha havido recurso com efeito suspensivo; os termos de ajuste de conduta firmados perante o Ministério Público do Trabalho e os termos de conciliação firmados perante as Comissões de Conciliação Prévia **D:** correta, pois a assertiva traz verdadeiras hipóteses de execução por título judicial e extrajudicial, respectivamente. Vale lembrar que são títulos executivos judiciais: *a)* sentenças ou acórdãos condenatórios transitados em julgado ou as decisões que não tenham recurso com efeito suspensivo; *b)* decisões que homologam acordo entre as partes. São títulos executivos extrajudiciais: *a)* os termos de compromisso de ajuste de conduta com conteúdo obrigacional firmados perante o MPT; *b)* os termos de conciliação celebrados perante a Comissão de Conciliação Prévia; *c)* certidões da dívida ativa, decorrentes das multas aplicadas pelo MTE, de acordo com a redação do art. 114, VII, CF.

Gabarito "D"

(OAB/Exame Unificado – 2011.1) Assinale a alternativa correta no que diz respeito à execução trabalhista.

(A) As partes devem ser previamente intimadas para a apresentação do cálculo de liquidação, exceto da contribuição previdenciária incidente, que ficará a cargo da União.

(B) Tratando-se de prestações sucessivas, por tempo indeterminado, a execução compreenderá inicialmente as prestações devidas até a data do ingresso na execução.

(C) Em se tratando de execução provisória, não fere direito líquido e certo do impetrante a determinação de penhora em dinheiro, quando nomeados outros bens à penhora, uma vez que obedece à gradação prevista em lei.

(D) Na execução por carta precatória, os embargos de terceiro serão oferecidos no juízo deprecante ou no juízo deprecado, mas a competência para julgá-los será sempre do juízo deprecante.

A: incorreta, pois de acordo com o art. 879, § 1º-B, da CLT, as partes deverão ser previamente intimadas para a apresentação do cálculo de liquidação, inclusive da contribuição previdenciária incidente; **B:** correta, pois reflete o disposto no art. 892 da CLT; **C:** incorreta, pois contraria o entendimento cristalizado na Súmula 417, I e III, do TST; **D:** incorreta, pois de acordo com a Súmula 419 do TST, a competência para julgar os embargos de terceiro é do juiz deprecante, salvo se tratar de vícios ou irregularidades de penhora, avaliação ou alienação de bens, praticados pelo juízo deprecado, em que a competência será deste último

Gabarito "B"

(OAB/Exame Unificado – 2010.3) Em relação aos embargos de terceiro na execução por carta precatória, é correto afirmar que

(A) podem ser oferecidos no juízo deprecante ou deprecado, sendo do juízo deprecante a competência para julgamento, exceto quando se tratar de vício ou irregularidade de penhora, avaliação ou alienação dos bens, praticados pelo juízo deprecado.

(B) devem ser oferecidos no juízo deprecante, pois a carta precatória se presta apenas para que se pratiquem atos em outra localidade, mantida a competência para atos decisórios no juízo principal da execução.

(C) devem ser oferecidos no juízo deprecado, que possui competência por delegação para a execução em outra localidade.

(D) devem ser oferecidos no juízo deprecante, exceto quando se tratar de vício ou irregularidade de penhora, avaliação ou alienação dos bens, praticados pelo juízo deprecado.

A: correta, pois reflete o entendimento consolidado na Súmula 419 do TST; **B:** incorreta, pois os embargos de terceiro podem ser oferecidos tanto no juízo deprecante como no deprecado; **C:** incorreta, veja comentários anteriores; **D:** incorreta, veja comentários anteriores.

Gabarito "A"

(OAB/Exame Unificado – 2010.2) Com relação à execução trabalhista, assinale a afirmativa correta.

(A) A execução deve ser impulsionada pela parte interessada, sendo vedado ao juiz promovê-la de ofício.

(B) O termo de compromisso de ajustamento de conduta firmado perante o Ministério Público do Trabalho, para que possa ser executado no processo do trabalho, depende de prévia homologação pelo juiz que teria competência para o processo de conhecimento relativo à matéria.

(C) Conforme disposição expressa na Consolidação das Leis do Trabalho, considera-se inexigível o título judicial fundado em lei ou ato normativo declarados inconstitucionais pelo Supremo Tribunal Federal ou em aplicação ou interpretação tidas por incompatíveis com a Constituição Federal.

(D) Garantida a execução ou penhorados os bens, é de 10 (dez) dias o prazo para o executado apresentar embargos à execução, cabendo igual prazo ao exequente para impugnação.

A: incorreta, pois no processo do trabalho a execução poderá ser promovida por qualquer interessado ou de ofício pelo juiz ou presidente do tribunal competente, conforme dispõe o art. 878, *caput*, da CLT; **B:** incorreta, pois os termos de compromisso de ajustamento de conduta são títulos executivos extrajudiciais, ou seja, não dependem de prévia homologação judicial, conforme consta do art. 876, *caput*, da CLT e no art. 5º, § 6º, da Lei n. 7.347/1985; **C:** correta, pois a assertiva reflete o disposto no art. 884, § 5º, da CLT; **D:** incorreta, pois o prazo para oposição de embargos à execução no processo do trabalho é de 5 (cinco) dias, conforme consta do art. 884, *caput*, da CLT.

Gabarito "C"

(OAB/Exame Unificado – 2009.3) Com relação ao princípio da inércia jurisdicional no âmbito da Justiça do Trabalho, assinale a opção correta.

(A) A execução poderá ser promovida de ofício.

(B) A execução, no âmbito da Justiça do Trabalho, terá início somente quando a parte interessada requerer o cumprimento da sentença.

(C) O juiz não pode promover, de ofício, a execução.

(D) Tratando-se de decisões dos tribunais regionais, a execução deverá ser promovida, necessariamente, pelo advogado da parte credora.

A: correta, pois nos termos do art. 878 da CLT, é permitido ao juiz iniciar *ex officio* a execução trabalhista; **B:** incorreta, pois como dispõe o art. 878 da CLT, é permitido ao juiz iniciar *ex officio* a execução trabalhista; **C:** incorreta, pois a opção contraria o disposto no art. 878 da CLT; **D:** incorreta, pois a opção contraria o disposto no art. 878 da CLT.

Gabarito "A"

(OAB/Exame Unificado – 2009.3) Assinale a opção correta no tocante aos embargos à execução e à sua impugnação na Justiça do Trabalho.

(A) Dado o princípio da celeridade, se, na defesa, tiverem sido arroladas testemunhas, é defeso ao juiz ou ao presidente do tribunal a oitiva das citadas testemunhas.

(B) Considera-se inexigível o título judicial fundado em lei ou o ato normativo declarados inconstitucionais pelo STF ou em aplicação ou interpretação consideradas incompatíveis com a CF.

(C) Garantida a execução ou penhorados os bens, terá o executado 8 (oito) dias para apresentar embargos à execução, cabendo igual prazo ao exequente para a respectiva impugnação.

(D) A matéria de defesa nos embargos à execução será restrita às alegações de cumprimento da decisão ou do acordo.

A: incorreta, pois nos termos do art. 884, § 2º, da CLT, é permitido ao juiz a oitiva das testemunhas; **B:** correta, pois reflete o disposto no art. 884, § 5º, da CLT; **C:** incorreta, pois o prazo para oferecimento de embargos à execução é de 5 (cinco) dias, em conformidade com o art. 884, *caput*, da CLT; **D:** incorreta, pois além das matérias elencadas no art. 884, § 1º, da CLT, admite-se a alegação de qualquer das matérias dispostas nos arts. 525, § 1º e 917 do CPC/2015.

Gabarito "B"

(OAB/Exame Unificado – 2009.1) Acerca da execução trabalhista regulamentada pela CLT, assinale a opção correta.

(A) Somente as partes poderão promovê-la.

(B) Poderá ser impulsionada ex officio pelo juiz.

(C) O prazo estipulado para o ajuizamento dos embargos à execução é de dez dias após garantida a execução ou penhorados os bens.

(D) Não poderão ser executadas ex officio as contribuições sociais devidas em decorrência de decisão proferida pelos juízes e tribunais do trabalho e resultantes de condenação ou homologação de acordo.

A: incorreta, pois nos termos do art. 878 da CLT a execução trabalhista poderá ser promovida por qualquer interessado, ou *ex officio* pelo próprio Juiz ou Presidente ou Tribunal competente; **B:** correta, pois está em consonância com o disposto no art. 878 da CLT; **C:** incorreta, pois nos termos do art. 884 da CLT, o prazo para oferecimento dos embargos à execução é de 5 (cinco) dias; **D:** incorreta, pois a opção contraria o disposto no art. 876, parágrafo único, da CLT.

Gabarito "B"

(FGV – 2004) No processo trabalhista, garantida a execução ou penhorados os bens, o executado terá, para apresentar embargos, o prazo de:

(A) 15 (quinze)dias.

(B) 10 (dez) dias.

(C) 8 (oito) dias.

(D) 5 (cinco) dias.

(E) 48 (quarenta e oito) horas.

O prazo para apresentação de embargos à execução é de 5 (cinco) dias, conforme art. 884, *caput*, da CLT.

Gabarito "D"

9. AÇÕES ESPECIAIS

(OAB/Exame Unificado – 2015.3) A empresa XPTO Ltda., necessitando dispensar empregado estável, ajuizou inquérito para apuração de falta grave em face de seu empregado. No dia da audiência, a empresa apresentou seis testemunhas, protestando pela oitiva de todas. O empregado apresentou três testemunhas, afirmando ser este o limite na Justiça do Trabalho.

Assinale a alternativa que mostra qual advogado agiu da forma determinada na CLT.

(A) O advogado da empresa agiu corretamente, pois trata-se de inquérito para apuração de falta grave.

(B) O juiz determinou que a empresa dispensasse três das seis testemunhas, pois é necessário o equilíbrio com a outra parte. Logo, ambos os advogados agiram corretamente, levando o número de testemunhas que entendiam cabível.

(C) O advogado do empregado está correto, pois o limite de testemunhas para o processo de rito ordinário é de três para cada parte.

(D) Os dois advogados se equivocaram, pois o limite legal é de três por processo no rito ordinário, sendo as testemunhas do juízo.

A: opção correta, pois nos termos do art. 821 da CLT em se tratando de inquérito judicial para apuração de falta grave cada parte poderá levar 6 (seis) testemunhas. No rito ordinário esse número é de 3 (três) testemunhas por parte. Todavia, no rito sumaríssimo cada parte poderá levar até 2 (duas) testemunhas, art. 852-H, § 2º, da CLT. No caso em estudo, por se tratar de inquérito judicial para apuração de falta grave, o advogado da empresa agiu corretamente e indicou o número exato de testemunhas. **B:** opção incorreta, pois por ter o advogado da empresa indicado o número correto de testemunhas, não há razão para dispensa das testemunhas. **C:** opção incorreta, pois embora no procedimento ordinário cada parte poderá levar até 3 (três) testemunhas, o inquérito judicial para apuração de falta grave não tramita pelo rito ordinário, pois possui regramento especial previsto nos arts. 853 e seguintes da CLT. **D:** opção incorreta, vide comentário alternativa "A".

Gabarito "A"

(OAB/Exame Unificado – 2014.2) Geraldo requereu na sua petição inicial, e teve deferida, a concessão de tutela antecipada para sua imediata reintegração, haja vista ser dirigente sindical. O ex-empregador, cientificado, impetrou Mandado de Segurança, no qual obteve liminar revogando a tutela antecipada concedida. Logo depois, a reclamação trabalhista de Geraldo foi instruída na Vara do Trabalho e encaminhada para sentença, que julgou procedente o pedido, tendo o juiz concedido novamente a tutela antecipada, agora na sentença. Diante do quadro retratado, de acordo com o entendimento sumulado pelo TST, assinale a opção correta.

(A) O juiz poderia conceder a tutela na sentença, e, nesse caso, o Mandado de Segurança perde o objeto.

(B) O Juiz não poderia conceder novamente a tutela antecipada, haja vista que ela havia sido revogada pelo Tribunal.

(C) Se a tutela antecipada foi revogada, somente havendo autorização do TRT ela poderia ser revigorada, de modo que o juiz subverteu a ordem processual vigente, cabendo reclamação correicional.

(D) Poderá a parte ré impetrar novo mandado de segurança, agora contra a tutela antecipada concedida na sentença.

A: correta, pois reflete o entendimento disposto na súmula 414, III, do TST. Ocorre a perda do mandado de segurança, na medida em que a decisão impugnada deixa de existir em razão da sentença de mérito proferida, que a substitui. **B:** incorreta, pois foi revogada pelo Tribunal a decisão liminar do juiz singular e não a decisão definitiva, sentença. **C:** incorreta, pois a decisão liminar do juiz singular foi substituída por uma decisão definitiva. **D:** incorreta, pois contra a tutela antecipada concedida na sentença caberá recurso ordinário, os termos da súmula 414, I, do TST.

Gabarito "A"

(OAB/Exame Unificado – 2014.1) Rômulo impetrou mandado de segurança contra ato praticado por Juiz do Trabalho que teria violado um direito seu, líquido e certo. Por descuido, Rômulo deixou de juntar os documentos pertinentes, indispensáveis. Verificando o equívoco, o Relator deverá, de acordo com a jurisprudência consolidada do TST,

(A) conceder prazo improrrogável de 10 dias para o impetrante sanar o vício, sob pena de indeferimento da petição inicial.

(B) prosseguir normalmente no trâmite processual, pois a matéria não pode ser conhecida de ofício.

(C) indeferir a petição inicial de plano e extinguir o processo sem resolução do mérito.

(D) solicitar à autoridade coatora que, juntamente com as informações que serão prestadas, envie cópia dos documentos faltantes.

A: incorreta, pois no mandado de segurança não se admite a emenda da petição inicial disposta no art. 321 do CPC/2015, tendo em vista a exigência de prova pré-constituída, súmula 415 do TST. **B:** incorreta, pois o juiz poderá conhecer a matéria de ofício, tendo em vista que para a impetração do mandado de segurança exige-se a violação de um direito líquido e certo, ou seja, direito que não requer produção de provas, daí a exigência de prova pré-constituída disposta na súmula 415 do TST. **C:** correta. Isso porque nos termos da súmula 415 do TST a impetração de mandado de segurança exige prova documental pré-constituída, sendo, portanto, inaplicável o art.321 do CPC/2015, que trata da emenda da petição inicial. **D:** incorreta, pois como estudado o juiz deverá extinguir o processo sem resolução do mérito e não solicitar à autoridade coatora a cópia dos documentos, que é ônus do impetrante.

Gabarito "C"

(OAB/Exame Unificado – 2013.2) Tendo em vista a proximidade de realização de grande evento na área de esportes, a cidade de Tribobó do Oeste decidiu reformar seu estádio de futebol. Para tanto, após licitação, contratou a empresa Alfa Ltda. para executar a reforma no prazo de um ano. Faltando dois meses para a conclusão da obra e a realização do mega evento, os operários entraram em greve paralisando os trabalhos integralmente.

Diante destes fatos, assinale a afirmativa que se coaduna com a legitimidade ativa para instauração do dissídio coletivo.

(A) Tanto a empresa Alfa Ltda. como o Sindicato da categoria dos empregados poderá instaurar a instância, sendo o ato privativo das partes litigantes.

(B) Apenas o Sindicado dos Empregados poderá requerer a instauração do dissídio coletivo, já que se trata do sujeito ativo no caso de greve, sendo a empresa Alfa ré no processo.

(C) Por haver interesse público a legitimidade ativa é exclusiva da empresa e do sindicato, bem como do Ministério Público do Trabalho, em caráter excepcional.

(D) O dissídio poderá ser instaurado pelas partes por representação escrita ao Presidente do Tribunal; bem como por iniciativa do próprio Presidente e, ainda, por requerimento do Ministério Público do Trabalho.

A alternativa **D** é a correta, pois reflete o disposto no art. 856 da CLT, que assim dispõe: "A instância será instaurada mediante representação escrita ao Presidente do Tribunal. Poderá ser também instaurada por iniciativa do presidente, ou, ainda, a requerimento da Procuradoria da Justiça do Trabalho, sempre que ocorrer suspensão do trabalho."

Gabarito "D"

(OAB/Exame Unificado – 2011.1) Quanto ao cabimento do mandado de segurança na Justiça do Trabalho, assinale a alternativa correta.

(A) É permitido o exercício do *jus postulandi* das partes quando da impetração do mandado de segurança na Justiça do Trabalho.
(B) Cabe a impetração de mandado de segurança da decisão que indefere liminar ou homologação de acordo.
(C) O mandado de segurança impetrado contra decisão liminar que concedeu a tutela antecipada perde o objeto quando da superveniência de sentença nos autos originários.
(D) Tratando-se de execução provisória, não fere direito líquido e certo do impetrante a determinação de penhora em dinheiro, ainda que nomeados outros bens à penhora, uma vez que obedece à gradação da lei processual.

A: incorreta, pois a Súmula 425 do TST determina não ser possível fazer uso do *jus postulandi* – art. 791 da CLT, para a impetração de mandado de segurança; **B:** incorreta, pois nos termos da Súmula 418 do TST, a concessão de liminar ou a homologação de acordo constituem faculdade do juiz, inexistindo direito líquido e certo tutelável pela via do mandado de segurança; **C:** correta, pois reflete o disposto na Súmula 414, III, do TST; **D:** incorreta, pois contraria o disposto na Súmula 417, I e III do TST.

Gabarito "C"

(OAB/Exame Unificado – 2010.3) Tício, gerente de operações da empresa Metalúrgica Comercial, foi eleito dirigente sindical do Sindicato dos Metalúrgicos. Seis meses depois, juntamente com Mévio, empregado representante da CIPA (Comissão Interna para Prevenção de Acidentes) da empresa por parte dos empregados, arquitetaram um plano para descobrir determinado segredo industrial do seu empregador e repassá-lo ao concorrente mediante pagamento de numerário considerável. Contudo, o plano foi descoberto antes da venda, e a empresa, agora, pretende dispensar ambos por falta grave.

Você foi contratado como consultor jurídico para indicar a forma de fazê-lo.

O que deve ser feito?

(A) Ajuizamento de inquérito para apuração de falta grave em face de Tício e Mévio, no prazo decadencial de 30 (trinta) dias, caso tenha havido suspensão deles para apuração dos fatos.
(B) Ajuizamento de inquérito para apuração de falta grave em face de Tício, no prazo decadencial de 30 (trinta) dias, contados do conluio entre os empregados; e simples dispensa por justa causa em relação a Mévio, independentemente de inquérito.
(C) Simples dispensa por falta grave para ambos os empregados, pois o inquérito para apuração de falta grave serve apenas para a dispensa do empregado estável decenal.
(D) Ajuizamento de inquérito para apuração de falta grave em face de Tício, no prazo decadencial de 30 (trinta) dias, caso tenha havido suspensão dele para apuração dos fatos; e simples dispensa por justa causa em relação a Mévio, independentemente de inquérito.

A: incorreta, pois embora Mévio, tenha estabilidade no emprego, por ser representante da CIPA, para sua dispensa não é exigido o ajuizamento de inquérito judicial para apuração de falta grave; **B:** incorreta, pois o marco inicial para o ajuizamento do inquérito judicial é a data da suspensão do empregado ou, caso não haja a suspensão do empregado, a data do cometimento da falta, ou seja, a data da descoberta do plano; **C:** incorreta, pois os dirigentes sindicais somente podem ser demitidos por falta grave, precedida de inquérito judicial para apuração, nos termos do art. 8º, VIII, da CF e Súmula 197 do STF; **D:** correta, pois por ser Tício dirigente sindical, sua dispensa somente pode ocorrer por falta grave, precedida de inquérito judicial para apuração da falta, nos termos do art. 8º, VIII, da CF e Súmula 197 do STF. Já Mévio, embora tenha estabilidade no emprego por ser representante da CIPA, para sua dispensa não exige o ajuizamento de inquérito judicial para apuração de falta grave.

Gabarito "D"

(OAB/Exame Unificado – 2009.1) Com base no que dispõe a CLT sobre a ação rescisória e à luz do entendimento do TST sobre a matéria, assinale a opção correta.

(A) Por falta de previsão legal, a ação rescisória é incabível no âmbito da Justiça do Trabalho.
(B) A ação rescisória é cabível no âmbito da Justiça do Trabalho e está sujeita ao depósito prévio de 20% do valor da causa, salvo o caso de miserabilidade jurídica do autor.
(C) É admissível o reexame de fatos e provas do processo que originou a decisão rescindenda mediante ação rescisória fundamentada em violação de lei.
(D) É dispensável a prova do trânsito em julgado da decisão rescindenda para o processamento de ação rescisória, mesmo porque é admissível a ação rescisória preventiva.

A: incorreta, pois há previsão legal acerca da ação rescisória no art. 836 da CLT; **B:** correta, pois reflete o disposto no art. 836 do CLT; **C:** incorreta, pois de acordo com o entendimento cristalizado na Súmula 410 do TST, não se admite o reexame de fatos e provas do processo que originou a decisão rescindenda; **D:** incorreta, pois conforme entendimento consubstanciado na Súmula 299, I, do TST, é indispensável ao processamento da ação rescisória a prova do trânsito em julgado da decisão rescindenda.

Gabarito "B"

(OAB/Exame Unificado – 2007.2) Pedro e a empresa Mar Grande pactuaram acordo para resolução de reclamação trabalhista. Formalizaram o acordo por escrito, e encaminharam petição ao juiz, com cópia do acordo em anexo, formulando pedido de homologação. O juiz, contudo, não homologou o acordo. Pedro, então, impetrou mandado de segurança contra o juiz, pleiteando a homologação do acordo via concessão de segurança. Considerando essa situação hipotética, assinale a opção correta.

(A) A homologação do acordo constitui uma faculdade do juiz, inexistindo direito líquido e certo tutelável pela via do mandado de segurança.
(B) Não é cabível mandado de segurança na Justiça do Trabalho.
(C) O desembargador designado relator deve conceder a segurança, pois caberia ao juiz a homologação do acordo, uma vez que a vontade das partes deve prevalecer.
(D) O desembargador designado relator não deve sequer conhecer as razões do mandado de segurança, já que o juiz de 1º grau não seria autoridade coatora, sendo, portanto, parte ilegítima.

A: correta, pois reflete o disposto na Súmula 418 do TST; **B:** incorreta, pois se admite mandado de segurança na Justiça do Trabalho, nos termos do art. 114, IV, da CF.; **C:** incorreta, pois contraria o entendimento consubstanciado na Súmula 418 do TST; **D:** incorreta, pois não há ato ilegal ou abusivo.

Gabarito "A"

(OAB/Exame Unificado – 2007.1) Sob a sistemática da Justiça do Trabalho, no inquérito judicial contra empregado estável, o número máximo de testemunhas que cada parte poderá arrolar é igual a

(A) 2.
(B) 3.
(C) 5.
(D) 6.

A: incorreta, pois 2 é o número máximo de testemunhas nas causas sujeitas ao procedimento sumaríssimo, conforme art. 852-H, § 2º, da CLT; **B:** incorreta, pois 3 é o número máximo de testemunhas nas causas sujeitas ao procedimento ordinário, conforme art. 821, primeira parte, da CLT; **C:** incorreta, não existe tal previsão legal; **D:** correta, pois nos termos do art. 821, parte final, da CLT, no inquérito judicial para apuração de falta grave (art. 853 e ss. da CLT), cada parte poderá indicar somente 6 testemunhas.

Gabarito "D"

(OAB/Exame Unificado – 2006.1) Mário ajuizou reclamação trabalhista, pleiteando, em antecipação de tutela, a sua reintegração ao emprego, com base na alegação de que possuía estabilidade provisória e sua demissão ocorrera sem justa causa, confirmada pela inexistência de inquérito para apuração de falta grave. O juiz indeferiu o pedido de antecipação de tutela e determinou a notificação da reclamada. Não se conformando com a decisão, Mário impetrou mandado de segurança, para obter a antecipação de tutela pleiteada. Com referência a essa situação hipotética, assinale a opção incorreta.

(A) Somente será cabível o mandado de segurança, após o trânsito em julgado da reclamação trabalhista.
(B) Se a tutela for antecipada na sentença, o recurso cabível é o ordinário.
(C) Se, na reclamação ajuizada por Mário, ocorrer o trânsito em julgado de sentença condenatória e forem impugnados os valores por intermédio de embargos à execução, na interposição de agravo de petição, a sentença poderá ser executada no que concerne aos valores que não forem objeto de discordância.
(D) Não é cabível mandado de segurança contra decisão que conceder pedido de liminar.

A: incorreta, devendo ser assinalada, pois não há necessidade de trânsito em julgado para impetração do mandado de segurança; **B:** correta, pois nos termos da Súmula 414, I, do TST, a tutela antecipada concedida na sentença, admite a interposição de recurso ordinário; **C:** correta, pois em consonância com o art. 897, § 1º, da CLT; **D:** correta, pois nos termos da Súmula 418 do TST, A concessão de liminar ou a homologação de acordo constituem faculdade do juiz, inexistindo direito líquido e certo tutelável pela via do mandado de segurança.

Gabarito "A"

10. TEMAS COMBINADOS

(OAB/Exame Unificado – 2016.2) Carlos tinha 17 anos quando começou a trabalhar na sociedade empresária ABCD Ltda. No dia seguinte ao completar 18 anos foi dispensado. A sociedade empresária pagou as verbas rescisórias, mas não pagou as horas extras trabalhadas ao longo de todo o contrato de trabalho.

Para o caso apresentado, na qualidade de advogado de Carlos, assinale a afirmativa correta.

(A) A ação deverá ser ajuizada no prazo de dois anos contados da dispensa.
(B) Sendo Carlos menor na época da contratação e durante quase todo o pacto laboral, não corre prescrição bienal, iniciando-se a quinquenal a partir da data da dispensa.
(C) A ação deverá ser proposta no prazo de cinco anos após a dispensa, já que Carlos era menor quando da contratação, não correndo prescrição.
(D) Não há prazo prescricional para ajuizamento da ação, pois não corre prescrição para o empregado menor e Carlos trabalhou sempre nessa condição.

A: opção correta, pois na data da dispensa Carlos é maior de idade, razão pela qual o prazo prescricional do art. 7º, XXIX, da CF e art. 11, I, da CLT é contado normalmente, não aplicando a regra do art. 440 da CLT. **B:** opção incorreta, pois nos termos do art. 189 do Código Civil o prazo prescricional sei inicia da data da violação do direito, ou seja, será contado a partir da data da dispensa, ocorrida quando Carlos já era considerado maior de idade. **C:** opção incorreta, pois nos termos do art. 7º, XXIX, da CF e art. 11, I, da CLT a ação deve ser proposta no prazo de 2 anos contados da data da dispensa. **D:** opção incorreta, pois no caso em estudo, o prazo prescricional estará em curso a partir da data da dispensa.

Gabarito "A"

(OAB/Exame Unificado – 2016.2) Paulo é juridicamente pobre, razão pela qual teve a gratuidade de justiça deferida em sede de reclamação trabalhista ajuizada em face de seu empregador, na qual pleiteava adicional de periculosidade. No curso do processo, o perito constatou que o local de trabalho não era perigoso, uma vez que Paulo não trabalhava em condição que ensejasse o pagamento do adicional de periculosidade.

Diante disso, assinale a opção que indica a quem cabe custear os honorários periciais.

(A) Paulo deverá realizar o pagamento, pois honorários periciais não se incluem na gratuidade de justiça, que alcança apenas as custas
(B) A sociedade empresária deverá pagar a perícia, já que Paulo não tem condições de fazê-lo.
(C) A União será a responsável pelo pagamento dos honorários periciais.
(D) O perito deverá se habilitar como credor de Paulo até que esse tenha condição de custear a perícia.

A: opção incorreta, pois nos termos do art. 98, § 1º, VI, CPC/2015 pagamento dos honorários periciais estão abrangidos pela gratuidade de justiça. **B:** opção incorreta, pois a responsabilidade pelo pagamento dos honorários periciais pertence a parte que perde a pretensão do objeto da perícia, art. 790-B da CLT. **C:** opção correta, pois reflete o entendimento disposto na súmula 457 TST que a União é responsável pelo pagamento dos honorários de perito quando a parte sucumbente no objeto da perícia for beneficiária da assistência judiciária gratuita, observado o procedimento disposto nos arts. 1º, 2º e 5º da Resolução n.º 66/2010 do Conselho Superior da Justiça do Trabalho – CSJT. **D:** opção incorreta, pois Paulo não é o devedor da verba, cujo pagamento ficará a cargo da União.

Gabarito "C"

(OAB/Exame Unificado – 2015.3) Marcos ajuizou reclamação trabalhista em face de sua ex-empregadora, a sociedade empresária Cardinal Roupas Ltda., afirmando ter sofrido acidente do trabalho (doença profissional). Em razão disso, requereu indenização por danos material e moral. Foi determinada a realização de perícia, que concluiu pela ausência de nexo causal entre o problema sofrido e as condições ambientais. Na audiência de instrução, foram ouvidas cinco testemunhas e colhidos os depoimentos pessoais. Com base na prova oral, o juiz se convenceu de que havia o nexo causal e os demais requisitos para a responsabilidade civil, pelo que deferiu o pedido.

Diante da situação retratada, e em relação aos honorários periciais, assinale a afirmativa correta.

(A) O trabalhador sucumbiu no objeto da perícia feita pelo *expert*, de modo que pagará os honorários.

(B) Uma vez que a perícia não identificou o nexo causal, mas o juiz, sim, os honorários serão rateados entre as partes.

(C) A empresa pagará os honorários, pois foi sucumbente na pretensão objeto da perícia.

(D) Não havendo disposição a respeito, ficará a critério do juiz, com liberdade, determinar quem pagará os honorários.

A: opção incorreta, pois embora tenha sucumbido no objeto da perícia, foi vencedor na pretensão do objeto da perícia, razão pela qual não pagará os honorários periciais. Vide art. 790-B da CLT **B:** opção incorreta, pois no caso apresentado não há rateio dos honorários pelas partes. **C:** opção correta, pois reflete a disposição contida no art. 790-B da CLT que determina a responsabilidade pelo pagamento dos honorários periciais é da parte sucumbente na pretensão objeto da perícia, salvo se beneficiária de justiça gratuita. **D:** opção incorreta, pois o art. 790-B da CLT regula a hipótese em estudo.

Gabarito "C"

(OAB/Exame Unificado – 2015.2) José é empregado da sociedade empresária Bicicletas Ltda. Necessitando de dinheiro, ele vendeu seu automóvel para seu patrão, sócio da sociedade empresária. Para sua surpresa, foi dispensado imotivadamente 4 meses depois. Para garantir o pagamento de horas extras trabalhadas e não pagas, Jonas ajuizou ação trabalhista contra a sociedade empresária Bicicletas Ltda. A defesa da ré aduziu que não devia nenhuma hora extra a Jonas, pois o automóvel vendido ao sócio da ré apresentou defeito no motor, o que gerou prejuízo enorme para ele, razão pela qual tudo deveria ser compensado. Diante disso, assinale a afirmativa correta.

(A) Descabe a condenação em horas extras, dado o prejuízo causado, tendo em vista a vedação ao enriquecimento sem causa.

(B) Descabe a arguição de compensação de qualquer natureza na Justiça do Trabalho, pois contrária ao princípio de proteção ao hipossuficiente.

(C) Descabe a compensação, porque a dívida imputada a José não é trabalhista, devidas assim as horas extras na integralidade.

(D) Cabe a compensação, desde que arguida em ação própria.

A: incorreta, pois a condenação em horas extras será devida, independente do prejuízo causado ao empregador pela venda do automóvel. **B:** incorreta, pois a compensação é permitida no processo do trabalho, art. 477, § 5º, da CLT, porém para serem compensadas as dívidas devem possuir natureza trabalhista. O negócio jurídico avençado (compra e venda de automóvel) possui natureza civil, portanto não pode ser compensada em um processo trabalhista, em conformidade com a súmula 18 do TST. **C:** correta, pois a dívida imputada a José é de natureza civil, não podendo ser compensada na Justiça do Trabalho, nos termos da súmula 18 do TST. **D:** incorreta, pois a compensação, quando cabível, deve ser arguida em contestação, nos termos da Súmula 48 do TST.

Gabarito "C"

(OAB/Exame Unificado – 2015.1) Jairo requereu adicional de periculosidade em ação trabalhista movida em face de seu empregador. A gratuidade de justiça foi deferida e o perito realizou o laudo para receber ao final da demanda, tudo nos termos e nas limitações de valores fixados pelo Conselho Superior da Justiça do Trabalho. Contudo, não foi constatada atividade em situação que ensejasse o pagamento do adicional pretendido.

Diante disso, assinale a afirmativa correta.

(A) A União fica responsável pelo pagamento dos honorários periciais.

(B) Como Jairo é beneficiário da gratuidade de justiça, está isento do pagamento de custas; logo, não poderá custear os honorários do perito, que ficam dispensados.

(C) A parte ré fica responsável pelo custeio da perícia, face à inversão do ônus da prova pela hipossuficiência do empregado.

(D) Jairo deverá custear os honorários parceladamente ou compensá-los com o que vier a receber no restante da demanda.

A: correta, pois reflete o entendimento disposto na Súmula 457 do TST que ensina que a União é responsável pelo pagamento dos honorários de perito quando a parte sucumbente no objeto da perícia for beneficiária da assistência judiciária gratuita, observado o procedimento disposto nos arts. 1º, 2º e 5º da Resolução 66/2010 do Conselho Superior da Justiça do Trabalho – CSJT. **B:** incorreta, pois os honorários periciais não serão dispensados, como vimos a responsabilidade será da União. **C:** opção incorreta, pois como a parte ré não foi sucumbente no objeto da perícia, não poderá ser responsável por seu pagamento. Veja art. 790-B da CLT. **D:** incorreta, pois a responsabilidade pelo pagamento pertence a União, nos termos da Súmula 457 do TST.

Gabarito "A"

(OAB/Exame Unificado – 2015.1) Julgado dissídio coletivo entre uma categoria profissional e a patronal, em que foram concedidas algumas vantagens econômicas à categoria dos empregados, estas não foram cumpridas de imediato pela empresa Alfa Ltda. Diante disso, o sindicato profissional decidiu ajuizar ação de cumprimento em face da empresa. Sobre o caso apresentado, assinale a afirmativa correta.

(A) Deverá aguardar o trânsito em julgado da decisão, para ajuizar a referida ação.

(B) Poderá ajuizar a ação, pois o trânsito em julgado da sentença normativa é dispensável.

(C) Não juntada a certidão de trânsito em julgado da sentença normativa, o feito será extinto sem resolução de mérito.

(D) Incabível a ação de cumprimento, no caso.

De acordo com o entendimento consubstanciado na súmula 246, o TST entende ser dispensável o trânsito em julgado da sentença normativa para a propositura da ação de cumprimento.

Gabarito "B"

(OAB/Exame Unificado – 2014.2) Plínio, empregado da Padaria Pão Bom Ltda., insatisfeito com o trabalho, procurou seu empregador pedindo para ser mandado embora. O empregador aceitou a proposta, desde que tudo fosse realizado por intermédio de um acordo na Justiça do Trabalho, motivo pelo qual foi elaborada ação trabalhista pedindo verbas rescisórias. No dia da audiência, as partes disseram que se conciliaram, mas o juiz, ao indagar Plínio, compreendeu o que estava ocorrendo e decidiu não homologar o acordo. Para a hipótese, assinale a opção correta.

(A) Plínio deverá impetrar Mandado de Segurança para obter a homologação do acordo.

(B) A homologação do acordo é faculdade do juiz, que poderá não homologá-lo.

(C) Sendo a conciliação um princípio do processo do trabalho, deverá o processo ser remetido para outra Vara para homologação por outro juiz.

(D) Plínio deverá interpor reclamação correicional para obter a homologação do acordo.

A: incorreta, pois não há direito líquido e certo da parte em exigir que o magistrado homologue acordo, o que impede a impetração de mandado de segurança, súmula 418 do TST. **B:** correta, pois o juiz do trabalho não está obrigado a homologar o acordo entabulado entre as partes, na medida em que se constatar que esse ajuste viola preceito legal ou fere os interesses do trabalhador ou, ainda, se a vontade do trabalhador estiver viciada, deverá negar a homologação do acordo, sendo, portanto, uma faculdade do magistrado, em conformidade com o entendimento disposto na súmula 418 do TST. **C:** incorreta, pois embora a conciliação seja um princípio do processo do trabalho (princípio conciliatório), a não homologação de acordo não é motivo para que os autos sejam remetidos para outra Vara, com esse fim, justamente por ser uma faculdade do magistrado, súmula 418 do TST. **D:** incorreta, pois a reclamação correicional, tem como objetivo atacar procedimentos do juiz que atentam à boa ordem processual. Como vimos, o juiz negará a homologação de acordo objetivando sempre a proteção do trabalhador, portanto, não há que se falar em procedimento judicial contra à boa ordem processual.

Gabarito "B"

(OAB/Exame Unificado – 2013.3) Pedro realizou um acordo em reclamação trabalhista que moveu contra o seu ex-empregador, conferindo quitação quanto ao extinto contrato de trabalho e, em contrapartida, recebeu, no ato da homologação judicial, a quantia de R$ 2.500,00 em espécie. Dez dias após, Pedro arrependeu-se de ter aceitado a transação, entendendo que a quantia recebida seria inferior à que faria jus.

Considerando as circunstâncias do caso e de acordo com o entendimento legal e jurisprudencial, assinale a afirmativa correta.

(A) Pedro poderá ajuizar ação rescisória, no prazo de dois anos, cujo prazo se inicia oito dias após a homologação do acordo.

(B) Pedro poderá ajuizar ação anulatória, buscando o desfazimento do ato jurídico.

(C) Pedro nada poderá fazer, pois houve trânsito em julgado, impedindo recursos, além do que o motivo apresentado não autoriza ação rescisória.

(D) Pedro poderá ajuizar nova ação, postulando outros direitos que não aqueles postulados na ação que redundou no acordo, permitindo a dedução dos R$ 2.500,00 recebidos.

A: incorreta, pois Pedro não poderá ajuizar ação rescisória, na medida em que o motivo apontado não se enquadra em nenhum daqueles descritos no art. 966 do CPC/2015. Ademais, o início do prazo decadencial conta-se do dia imediatamente subsequente ao trânsito em julgado. Veja súmula 100, itens I e V, do TST. **B:** incorreta, pois a ação anulatória tem como objeto a anulação um juízo de atos praticados pelas partes, nos termos do art. 966, § 4º, CPC/2015. Desta forma, não poderá ajuizar ação anulatória. **C:** correta, pois havendo acordo e homologado pelo juiz, o título valerá como sentença irrecorrível, transitando em julgado imediatamente, nos termos do art. 831, parágrafo único, da CLT. **D:** incorreta, pois foi dada total quitação ao contrato de trabalho extinto. Nesse sentido entende o TST em sua OJ 132 da SDI 2 que o acordo celebrado – homologado judicialmente – em que o empregado dá plena e ampla quitação, sem qualquer ressalva, alcança não só o objeto da inicial, como também todas as demais parcelas referentes ao extinto contrato de trabalho, violando a coisa julgada, a propositura de nova reclamação trabalhista.

Gabarito "C"

(OAB/Exame Unificado – 2013.2) No acordo coletivo em vigor firmado pela empresa Pluma Comércio de Óculos Ltda. existe uma cláusula na qual os seus empregados podem adquirir as mercadorias lá produzidas a preço de custo. Emerson, empregado desta firma, pretendia comprar um par de óculos, mas o empregador exigiu que ele pagasse também o valor da margem mínima de lucro do comércio local.

Diante do ocorrido, assinale a alternativa que contempla a ação que, de acordo com a CLT, deverá ser ajuizada por Emerson para fazer prevalecer o seu direito.

(A) Execução de Título Extrajudicial.

(B) Mandado de Segurança.

(C) Ação de Cumprimento.

(D) Ação Monitória.

A: incorreta, pois o acordo coletivo não é considerado título executivo extrajudicial capaz de dar ensejo à propositura de uma execução de título extrajudicial. **B:** incorreta, pois o mandado de segurança disposto no art. 5º, LXIX, da CF e regulado pela Lei 12.016/2009 é classificado como uma ação constitucional de natureza mandamental destinada a proteger direito legítimo e certo contra ato de autoridade, praticado com ilegalidade ou abuso de poder. **C:** correta, pois nos termos do art. 872 da CLT a ação de cumprimento é o meio processual que visa o cumprimento das normas estabelecidas em sentença normativa, convenção ou acordo coletivo. **D:** incorreta, pois nos termos dos arts. 700 e seguintes do CPC/2015.

Gabarito "C"

(OAB/Exame Unificado – 2013.2) Félix trabalhou na empresa Só Patinhas Pet Shop de 03.01.2011 a 15.06.2011, quando recebeu aviso-prévio indenizado. Em 10.07.2013 procurou a comissão de conciliação prévia de sua categoria, reclamando contra a ausência de pagamento de algumas horas extras. A sessão foi designada para 20.07.2013, mas a empresa não compareceu. Munido de declaração neste sentido, Félix ajuizou reclamação trabalhista em 22.07.2013 postulando as referidas horas extraordinárias. Em defesa, a ré arguiu prescrição bienal.

A partir dessa situação, assinale a afirmativa correta.

(A) Ocorreu prescrição porque a ação foi ajuizada após dois anos do rompimento do contrato.

(B) Não se cogita de prescrição no caso apresentado, pois com o ajuizamento da demanda perante a Comissão de Conciliação Prévia, o prazo prescricional foi suspenso.

(C) Está prescrito porque o período do aviso-prévio não é computado para a contagem de prescrição, pois foi indenizado, e a apresentação de demanda na Comissão de Conciliação Prévia não gera qualquer efeito.

(D) Não se cogita de prescrição no caso apresentado, pois com o ajuizamento da demanda perante a Comissão de Conciliação Prévia, o prazo foi interrompido.

A: incorreta, pois não ocorreu a prescrição, a teor do disposto no art. 625-G da CLT. **B:** correta, pois a partir da provocação da Comissão de Conciliação Prévia, o prazo prescricional será suspenso. **C:** incorreta, pois o período de aviso-prévio é computado como tempo de serviço, nos termos do art. 487, § 1º, da CLT. **D:** incorreta, pois em conformidade com o art. 625-G da CLT o prazo será suspenso e não interrompido.

Gabarito "B"

(OAB/Exame Unificado – 2012.1) Arlindo dos Santos ajuizou ação trabalhista em face do seu antigo empregador, pleiteando adicional de insalubridade e indenização por danos morais. Nas suas alegações contidas na causa de pedir, Arlindo argumentou que trabalhou permanentemente em contato com produtos químicos altamente tóxicos, o que lhe acarretou, inclusive, problemas de saúde. Em contestação, o réu negou veementemente a existência de condições insalubres e, por consequência, a violação do direito fundamental à saúde do empregado, não apenas porque o material utilizado por Arlindo não era tóxico, como também porque ele sempre utilizou equipamento de proteção individual (luvas e máscara). Iniciada a fase instrutória, foi feita prova pericial. Ao examinar o local de trabalho, o perito constatou que o material usado por Arlindo não era tóxico como mencionado por ele na petição inicial. Entretanto, verificou que o autor trabalhou submetido a níveis de ruído muito acima do tolerado e sem a proteção adequada. Assim, por força desse outro agente insalubre não referido na causa de pedir, concluiu que o autor fazia jus ao pagamento do adicional pleiteado com o percentual de 20%. Com base nessa situação concreta, é correto afirmar que o juiz deve julgar

(A) improcedente o pedido de pagamento de adicional de insalubridade, uma vez que está vinculado aos fatos constantes da causa de pedir, tal como descritos pelo autor na petição inicial;

(B) procedente em parte o pedido de pagamento de adicional de insalubridade, concedendo apenas metade do percentual sugerido pelo perito, haja vista a existência de agente insalubre distinto daquele mencionado na causa de pedir;

(C) improcedente o pedido de pagamento de adicional de insalubridade, uma vez que a existência de ruído não é agente insalubre;

(D) procedente o pedido de pagamento de adicional de insalubridade, uma vez que a constatação de agente insalubre distinto do mencionado na causa de pedir não prejudica o pedido respectivo.

A: incorreta, pois o pedido deverá ser julgado procedente. Veja comentários da alternativa D. **B:** incorreta, pois ainda que o agente insalubre apontado na inicial seja diverso daquele apontado pela perícia o pedido deverá ser julgado totalmente procedente. Veja Súmula 293 do TST. **C:** incorreta, pois de acordo com a Norma Regulamentadora 15 do Ministério do Trabalho e Emprego o ruído é considerado agente insalubre. **D:** correta, pois de acordo com o entendimento cristalizado na Súmula 293 do TST a verificação mediante perícia de prestação de serviços em condições nocivas, considerado agente insalubre diverso do apontado na inicial, não prejudica o pedido de adicional de insalubridade. Isso porque a causa de pedir deve ser considerada apenas quanto ao pedido de insalubridade, na medida em que, por ser técnico, é o perito quem avaliará qual é o agente insalubre.

Gabarito "D"

(OAB/Exame Unificado – 2011.3.A) Numa reclamação trabalhista, o autor teve reconhecido o direito ao pagamento de horas extras, sem qualquer reflexo. Após liquidado o julgado, foi homologado o valor de R$ 15.000,00, iniciando-se a execução. Em seguida, as partes comparecem em juízo pleiteando a homologação de acordo no valor de R$ 10.000,00.

Com base no narrado acima, é correto afirmar que

(A) o juiz não pode homologar o acordo porque isso significaria violação à coisa julgada;

(B) é possível a homologação do acordo, mas o INSS será recolhido sobre R$ 15.000,00;

(C) a homologação do acordo, no caso, dependeria da concordância do órgão previdenciário, pois inferior ao valor homologado;

(D) é possível a homologação do acordo, e o INSS será recolhido sobre R$ 10.000,00.

A: incorreta, pois nos termos do art. 764 da CLT, o acordo pode ser celebrado em qualquer momento processual, inclusive na fase de execução. **B:** incorreta, pois a contribuição previdenciária será recolhida sobre o valor do acordo celebrado e homologado, nos termos da OJ 376 da SDI-1 do TST. **C:** incorreta, pois não requer concordância do órgão previdenciário. Deve ser respeitada, porém a proporcionalidade de valores entre as parcelas de natureza salarial e indenizatória deferidas na decisão condenatória e as parcelas objeto do acordo, OJ 376 da SDI-1 do TST, parte final. **D:** correta, pois nos termos do art. 764 da CLT a conciliação é permitida em qualquer fase processual, inclusive na fase de execução de sentença. Ademias, uma vez celebrado acordo a contribuição previdenciária será recolhida sobre o valor do acordo celebrado e homologado, nos termos da OJ 376 da SDI-1 do TST.

Gabarito "D"

(OAB/Exame Unificado – 2011.1) Lavrado auto de infração contra uma empresa por alegada violação às normas da CLT, o valor da multa importa em R$ 5.000,00. Pretendendo recorrer administrativamente da multa, a empresa

(A) não precisará recolher qualquer multa para ter apreciado o seu recurso administrativo;

(B) não precisará depositar a multa, pois isso somente será obrigatório se desejar ajuizar ação anulatória perante a Justiça do Trabalho;

(C) para ser isenta do depósito da multa, deverá valer-se de ação própria requerendo judicialmente a isenção até o julgamento do recurso administrativo;

(D) deverá recolher o valor da multa, que ficará retida até o julgamento do recurso administrativo.

A: correta, pois embora a multa esteja prevista no art. 636, § 1º, da CLT, sendo exigida como condição para interposição do recurso administrativo, o TST interpretou referido dispositivo de lei, conforme o art. 5, LV, da CF (princípio do contraditório e ampla defesa), editando a Súmula 424, ensinando que a norma em debate não foi recepcionado pela Constituição Federal de 1988, ante a sua incompatibilidade com o inciso LV do art. 5º; **B:** incorreta, pois não há obrigatoriedade de depósito em ação anulatória; **C:** incorreta, pois em conformidade com a Súmula 424 do TST não há exigência de multa; **D:** incorreta, *vide* comentários da Opção **A**.

Gabarito "A".

(OAB/Exame Unificado – 2010.3) O sindicato representante de determinada categoria profissional ajuizou ação civil pública em face da Construtora Beta Ltda., postulando sua condenação na obrigação de se abster de coagir seus empregados a deixarem de se filiar ao respectivo ente sindical. A pretensão foi julgada procedente, tendo transitado em julgado a decisão condenatória.

Diante dessa situação hipotética, assinale a alternativa correta.

(A) A sentença fará coisa julgada às partes entre as quais é dada (*inter partes*), não beneficiando nem prejudicando terceiros.
(B) Seria obrigatória a intervenção do Ministério Público do Trabalho como fiscal da lei nesse processo.
(C) A competência funcional para julgamento dessa ação civil pública é do Tribunal Regional do Trabalho que tenha jurisdição no local onde se situa a sede da empresa.
(D) O ajuizamento dessa ação civil pública visou à tutela de interesses ou direitos meramente individuais.

A: incorreta, pois nos termos do art. 16 da LACP, a sentença fará coisa julgada *erga omnes*; **B:** correta, pois em conformidade com o art.83, III da Lei Complementar 75/1993; **C:** incorreta, pois a ação civil pública deve ser proposta perante os órgãos de primeira instância, ou seja, na vara do trabalho da localidade onde ocorreu ou deva ocorrer a lesão aos interesses; **D:** incorreta, pois a ação civil pública visou a tutela de direitos e interesses metaindividuais.

Gabarito "B".

(OAB/Exame Unificado – 2010.3) Segundo o texto da Consolidação das Leis do Trabalho, é correto afirmar que a lei de execução fiscal

(A) somente é fonte subsidiária para aplicação das normas na execução trabalhista caso não exista regramento sobre o assunto no Código de Processo Civil, que é a primeira fonte subsidiária da legislação processual do trabalho;
(B) somente é fonte subsidiária do Processo do Trabalho na execução das contribuições previdenciárias e sindicais;
(C) é fonte subsidiária para a aplicação das normas na execução trabalhista;
(D) somente é fonte subsidiária do Processo do Trabalho na execução das contribuições previdenciárias.

A: incorreta, pois será aplicada a lei de execução fiscal (Lei 6.830/1980), sempre que a CLT ou a Lei 5.584/1970 for omissa; **B:** incorreta, pois a lei de execução fiscal é aplicável a toda execução trabalhista; **C:** correta, pois em consonância com o art. 889 da CLT; **D:** incorreta, pois contraria o disposto no art. 769 da CLT. Importante frisar que, na fase de execução de sentença, deve-se em primeiro lugar aplicar a CLT. Sendo omissa a CLT com relação à matéria, aplica-se a Lei 5.584/1970. Existindo omissão na Lei 5.584/1970, aplicar-se-ão, os dispositivos da lei de execução fiscal, Lei 6.830/1980. Persistindo a omissão, aplica-se o Código de Processo Civil, em conformidade com o art. 769 da CLT.

Gabarito "C".

(OAB/Exame Unificado – 2010.1) Determinada empresa, ao apresentar contestação em processo trabalhista, formulou pedido de concessão da justiça gratuita, alegando dificuldades financeiras, sem a devida comprovação de incapacidade, e anexou, apenas, declaração de miserabilidade firmada por seu representante legal. A respeito dessa situação hipotética e do benefício da justiça gratuita, assinale a opção correta.

(A) Os benefícios da justiça gratuita só podem ser concedidos aos reclamantes.
(B) A simples alegação de dificuldades financeiras é suficiente para a concessão do referido benefício.
(C) Para que possa usufruir do benefício da justiça gratuita, a empresa em questão deve comprovar a sua condição de miserabilidade.
(D) Pessoas jurídicas não fazem jus aos benefícios da justiça gratuita no processo do trabalho, podendo apenas requerer o pagamento das custas ao final do processo.

A: incorreta, pois a jurisprudência se manifesta no sentido de que a pessoa jurídica pode receber o benefício da justiça gratuita; **B:** incorreta, na medida em que, diferentemente da pessoa física, que basta fazer o pedido para receber os benefícios da justiça gratuita, a jurisprudência entende que a pessoa jurídica poderá ser beneficiária da justiça gratuita, desde que comprove a dificuldade financeira; **C:** correta, pois o TST já manifestou entendimento no sentido de que a pessoa jurídica pode receber o benefício da justiça gratuita, desde que comprove a condição de miserabilidade. O art. 5º, LXXIV, da CF, ensina que o Estado prestará assistência jurídica integral e gratuita aos que comprovarem insuficiência de recursos. A Lei 1.060/1950 não faz distinção entre pessoa física ou jurídica para a concessão da assistência judiciária gratuita. No entanto, o benefício para a pessoa jurídica vem sendo admitido de forma cautelosa, sempre condicionado a prova inequívoca de incapacidade financeira da parte. Precedente: ROAG – 478/2008-909-09- 40; **D:** incorreta. *Vide* justificativa apresentada na Opção "C".

Gabarito "C".

(OAB/Exame Unificado – 2009.2) No que concerne ao acordo homologado judicialmente, assinale a opção correta.

(A) O termo conciliatório transita em julgado na data da publicação da homologação judicial.
(B) O acordo homologado judicialmente tem força de decisão irrecorrível, salvo para a previdência social, quanto às contribuições que lhe forem devidas.
(C) Acordos judiciais não transitam em julgado, visto que podem sofrer alterações a qualquer tempo, conforme a vontade das partes.
(D) Cabe agravo de instrumento contra a decisão que homologa acordo.

A: incorreta, pois o termo de conciliação transita em julgado imediatamente, pois vale como decisão irrecorrível, nos termos do art. 831, parágrafo único, da CLT; **B:** correta, pois reflete o disposto no art. 831, parágrafo único, da CLT; **C:** incorreta, pois contraria o disposto no art. 831, parágrafo único, da CLT; **D:** incorreta, pois conforme o art. 831, parágrafo único, da CLT, a decisão que homologa o acordo é irrecorrível, só podendo ser objeto de impugnação via ação rescisória.

Gabarito "B".

(OAB/Exame Unificado – 2009.2) Segundo grande parte da doutrina, prescrição consiste na perda do direito de ação pelo não exercício desse direito no prazo determinado por lei. A esse respeito, assinale a opção correta.

(A) No caso de ação ajuizada em razão do não recolhimento da contribuição para o FGTS, a prescrição é de 30 (trinta) anos, respeitado o biênio posterior ao término do contrato de trabalho.

(B) A prescrição da pretensão relativa às parcelas remuneratórias não alcança o respectivo recolhimento da contribuição para o FGTS.

(C) Para ações em que se questionem créditos resultantes das relações empregatícias, prevê-se prazo prescricional de 2 (dois) anos no curso da relação de emprego e de 5 (cinco) anos após a extinção do contrato de trabalho.

(D) Para a ação em que se pleiteie apenas anotação da carteira de trabalho e previdência social, conta-se o prazo prescricional a partir da extinção do contrato de trabalho.

A: correta à época em que a questão foi elaborada. A atual redação da Súmula 362 do TST é: "No tocante à prescrição trintenária, vide Súmula 362 do TST: "I – Para os casos em que a ciência da lesão ocorreu a partir de 13.11.2014, é quinquenal a prescrição do direito de reclamar contra o não recolhimento de contribuição para o FGTS, observado o prazo de dois anos após o término do contrato; II – Para os casos em que o prazo prescricional já estava em curso em 13.11.2014, aplica-se o prazo prescricional que se consumar primeiro: trinta anos, contados do termo inicial, ou cinco anos, a partir de 13.11.2014 (STFARE-709212/DF)"; **B:** incorreta, pois nos termos da Súmula 206 do TST a prescrição da pretensão relativa às parcelas remuneratórias alcança o respectivo recolhimento da contribuição para o FGTS; **C:** incorreta, pois contraria o disposto no art. 7º, XXIX, da CF e art. 11 da CLT; **D:** incorreta, pois as ações de estado são imprescritíveis, nos termos do art. 11, § 1º, da CLT.

Gabarito "A"

(OAB/Exame Unificado – 2008.2) Segundo orientação do TST, na Justiça do Trabalho, a condenação em honorários advocatícios, necessariamente, requer

(A) a assistência por sindicato, apenas;

(B) o benefício da justiça gratuita, apenas;

(C) a simples procuração do advogado juntada aos autos;

(D) a assistência por sindicato e o benefício da justiça gratuita, de forma concomitante.

A: incorreta, pois contraria o disposto na súmula 219, I, do TST; **B:** incorreta, pois contraria o disposto na súmula 219, I, do TST; **C:** incorreta, pois a procuração juntada aos autos em nada se confunde com o pedido de justiça gratuita; **D:** correta, pois reflete o entendimento cristalizado na súmula 219, I, do TST.

Gabarito "D"

(OAB/Exame Unificado – 2007.3) Assinale a opção correta em relação ao direito processual.

(A) Ainda que a competência em razão da matéria seja trabalhista, em se tratando de "relação de emprego" em que se discutam danos morais imputados ao empregador em prejuízo do empregado, as normas processuais que devem ser aplicadas são exclusivamente as do direito processual civil.

(B) Em nenhuma hipótese deve-se aplicar norma do direito processual civil em ações trabalhistas.

(C) Mesmo que a competência em razão da matéria seja trabalhista, em se tratando de mera "relação de trabalho" e não de "relação de emprego", as normas processuais que devem ser aplicadas são as do direito processual civil.

(D) Nos casos omissos, o direito processual comum será fonte subsidiária do direito processual do trabalho, exceto naquilo em que for incompatível com as normas deste.

A: incorreta, pois a norma processual civil será aplicada nos casos de omissão da lei processual trabalhista e desde que não contrarie os princípios informadores do direito processual do trabalho, de acordo com o art. 769 da CLT; **B:** incorreta, pois contraria o disposto no art. 769 da CLT; **C:** incorreta, veja comentários da Opção "a"; **D:** correta, pois reflete o disposto no art. 769 da CLT.

Gabarito "D"

(FGV – 2010) Com relação aos Dissídios Coletivos, analise as alternativas a seguir:

I. A competência no Tribunal Superior do Trabalho para julgamento dos dissídios coletivos é da Seção Especializada em Dissídios Coletivos.

II. Os dissídios coletivos de natureza jurídica são aqueles destinados a reavaliar normas e condições coletivas de trabalho preexistentes, que se hajam tornado injustas.

III. O dissídio coletivo é o processo que visa a dirimir controvérsias entre pessoas jurídicas e grupo de empregados determinados, em que se discute interesses concretos de acordo com as normas já existentes no mundo jurídico.

Assinale:

(A) se somente a afirmativa I estiver correta;

(B) se somente a afirmativa II estiver correta;

(C) se somente as afirmativas I e III estiverem corretas;

(D) se somente as afirmativas II e III estiverem corretas;

(E) se todas as afirmativas estiverem corretas.

I: correta, pois nos termos do art. 70, I, *a*, do Regimento Interno do TST, compete à Seção Especializada em Dissídios Coletivos, originariamente, julgar os dissídios coletivos de natureza econômica e jurídica, de sua competência, ou rever suas próprias sentenças normativas, nos casos previstos em lei; **II:** incorreta, pois os dissídios coletivos de natureza jurídica visam à interpretação de norma preexistente. Objetivam interpretar disposição normativa específica da categoria; **III:** incorreta, pois o dissídio coletivo é o processo que visa dirimir conflito de toda uma categoria e com a presença do sindicato como parte na ação e não de empregados determinados.

Gabarito "A"

(FGV – 2010) Com relação às nulidades nos processos sujeitos à apreciação da Justiça do Trabalho, analise as alternativas a seguir:

I. Haverá nulidade quando do ato processual puder resultar prejuízo às partes litigantes, ou se houver prejuízo ao direito financeiro ou econômico, decorrente do conflito de direito material.

II. A incompetência do juízo não poderá ser declarada ex officio pelo magistrado, mas somente arguida pela parte interessada, no primeiro momento em que puder falar nos autos.

III. A nulidade do ato não prejudicará senão os posteriores que dele dependam ou sejam consequência.

Assinale:

(A) se somente a afirmativa I estiver correta;

(B) se somente a afirmativa III estiver correta;

(C) se somente as afirmativas I e II estiverem corretas;

(D) se somente as afirmativas II e III estiverem corretas;

(E) se todas as afirmativas estiverem corretas.

I: incorreta, pois nos termos do art. 794 da CLT, nos processos trabalhistas, só haverá nulidade quando resultar dos atos inquinados manifesto prejuízo às partes litigantes; **II:** incorreta, pois a incompetência do juízo, é critério de competência absoluta e, portanto, poderá ser conhecida de ofício pelo juiz; **III:** correta, pois reflete o disposto no art. 798 da CLT.

Gabarito "B"

(FGV – 2010) Em relação a normas de direito processual do trabalho, assinale a afirmativa INCORRETA.

(A) Há previsão específica contida na CLT que faculta ao juiz do trabalho conceder medida liminar, até decisão final do processo, em reclamações trabalhistas que visem reintegrar no emprego dirigente sindical afastado, suspenso ou dispensado pelo empregador.

(B) Os dissídios individuais ou coletivos submetidos à apreciação da Justiça do Trabalho serão sempre sujeitos à conciliação.

(C) As custas relativas ao processo de conhecimento em dissídios individuais incidirão à base de 2% (dois por cento) da condenação ou acordo, quando houver, se serão cobradas imediatamente após o pagamento sem qualquer limite máximo ou mínimo.

(D) A responsabilidade pelo pagamento dos honorários periciais é da parte sucumbente na pretensão objeto da perícia, salvo se beneficiária de justiça gratuita.

(E) Nos processos sujeitos à apreciação da Justiça do Trabalho só haverá nulidade quando resultar dos atos inquinados manifesto prejuízo às partes litigantes.

A: correta, pois o art. 659, X, da CLT, prevê tal situação; **B:** correta, pois reflete o disposto no art. 764, *caput*, da CLT; **C:** incorreta, devendo ser assinalada, pois há previsão de um limite mínimo na parte final do art. 789, *caput*, da CLT; **D:** correta, pois reflete o disposto no art. 790-B da CLT; **E:** correta, pois reflete o disposto no art. 794 da CLT.

Gabarito "C"

12. DIREITO AMBIENTAL

Wander Garcia[1]

1. INTRODUÇÃO E PRINCÍPIOS DO DIREITO AMBIENTAL

Segue um resumo sobre Princípios do Direito Ambiental:

1. **Princípio do desenvolvimento sustentável** *é aquele que determina a harmonização entre o desenvolvimento econômico e social e a garantia da perenidade dos recursos ambientais*. Tem raízes na Carta de Estocolmo (1972) e foi consagrado na ECO-92.
2. **Princípio do poluidor-pagador:** *é aquele que impõe ao poluidor tanto o dever de prevenir a ocorrência de danos ambientais, como o de reparar integralmente eventuais danos que causar com sua conduta*. O princípio não permite a poluição, conduta absolutamente vedada e passível de diversas e severas sanções. Ele apenas reafirma o dever de prevenção e de reparação integral por parte de quem pratica atividade que possa poluir. Esse princípio **também** impõe ao empreendedor a internalização das externalidades ambientais negativas das atividades potencialmente poluidoras, buscando evitar a socialização dos ônus (ou seja, que a sociedade pague pelos danos causados pelo empreendedor) e a privatização dos bônus (ou seja, que somente o empreendedor ganhe os bônus de gastar o meio ambiente).
3. **Princípio da obrigatoriedade da intervenção estatal:** *é aquele que impõe ao Estado o dever de garantir o meio ambiente ecologicamente equilibrado*. O princípio impõe ao poder público a utilização de diversos instrumentos para proteger o meio ambiente, que serão vistos em capítulo próprio.
4. **Princípio da participação coletiva ou da cooperação de todos:** *é aquele que impõe à coletividade (além do Estado) o dever de garantir e participar da proteção do meio ambiente*. O princípio cria deveres (preservar o meio ambiente) e direitos (participar de órgãos colegiados e audiências públicas, p. ex.) às pessoas em geral.
5. **Princípio da responsabilidade objetiva e da reparação integral:** *é aquele que impõe o dever de qualquer pessoa responder integralmente pelos danos que causar ao meio ambiente, independentemente de prova de culpa ou dolo*. Perceba que a proteção é dupla. Em primeiro lugar, fixa-se que a responsabilidade é objetiva, o que impede que o causador do dano deixe de ter a obrigação de repará-lo sob o argumento de que não agiu com culpa ou dolo. Em segundo lugar, a obrigação de reparar o dano não se limita a pagar uma indenização, mas impõe que a reparação seja específica, isto é, deve-se buscar a restauração ou recuperação do bem ambiental lesado, procurando, assim, retornar à situação anterior.
6. **Princípio da prevenção:** *é aquele que impõe à coletividade e ao poder público a tomada de medidas prévias para garantir o meio ambiente ecologicamente equilibrado para as presentes e futuras gerações*. A doutrina faz uma distinção entre este princípio e o **da precaução. O princípio da prevenção** incide naquelas hipóteses em que se tem **certeza** de que dada conduta causará um dano ambiental. O princípio da prevenção atuará de forma a evitar que o dano seja causado, impondo licenciamentos, estudos de impacto ambiental, reformulações de projeto, sanções administrativas etc. A ideia aqui é eliminar os perigos já comprovados. Já o **princípio da precaução** incide naquelas hipóteses de **incerteza científica** sobre se dada conduta pode ou não causar um dano ao meio ambiente. O princípio da precaução atuará no sentido de que, na dúvida, deve-se ficar com o meio ambiente, tomando as medidas adequadas para que o suposto dano de fato não ocorra. A ideia aqui é eliminar que o próprio perigo possa se concretizar.
7. **Princípio da educação ambiental:** *é aquele que impõe ao poder público o dever de promover a educação ambiental em todos os níveis de ensino e a conscientização pública para a preservação do meio ambiente*. Perceba que a educação ambiental deve estar presente em todos os níveis de ensino e, que, além do ensino, a educação ambiental deve acontecer em programas de conscientização pública.
8. **Princípio do direito humano fundamental:** *é aquele pelo qual os seres humanos têm direito a uma vida saudável e produtiva, em harmonia com o meio ambiente*. De acordo com o princípio, as pessoas têm direito ao meio ambiente ecologicamente equilibrado.
9. **Princípio da ubiquidade:** *é aquele pelo qual as questões ambientais devem ser consideradas em todas as atividades humanas*. Ubiquidade quer dizer existência concomitantemente em todos os lugares. De fato, o meio ambiente está em todos os lugares, de modo que qualquer atividade deve ser feita com respeito à sua proteção e promoção.

1. Os comentários das questões do Exame Unificado 2010.1 foram feitos pela própria organizadora da prova.

10. **Princípio do usuário-pagador:** *é aquele pelo qual as pessoas que usam recursos naturais devem pagar por tal utilização.* Esse princípio difere do princípio do poluidor-pagador, pois o segundo diz respeito a condutas ilícitas ambientalmente, ao passo que o primeiro a condutas lícitas ambientalmente. Assim, aquele que polui (conduta ilícita), deve reparar o dano, pelo princípio do poluidor-pagador. Já aquele que usa água (conduta lícita) deve pagar pelo seu uso, pelo princípio do usuário-pagador. A ideia é que o usuário pague com o objetivo de incentivar o uso racional dos recursos naturais, além de fazer justiça, pois há pessoas que usam mais e pessoas que usam menos dados recursos naturais.
11. **Princípio da informação e da transparência das informações e atos:** *é aquele pelo qual as pessoas têm direito de receber todas as informações relativas à proteção, preventiva e repressiva, do meio ambiente.* Assim, pelo princípio, as pessoas têm direito de consultar os documentos de um licenciamento ambiental, assim como têm direito de participar de consultas e de audiências públicas em matéria de meio ambiente.
12. **Princípio da função socioambiental da propriedade:** *é aquele pelo qual a propriedade deve ser utilizada de modo sustentável, com vistas não só ao bem-estar do proprietário, mas também da coletividade como um todo.*
13. **Princípio da equidade geracional:** *é aquele pelo qual as presentes e futuras gerações têm os mesmos direitos quanto ao meio ambiente ecologicamente equilibrado.* Assim, a utilização de recursos naturais para a satisfação das necessidades atuais não deverá comprometer a possibilidade das gerações futuras satisfazerem suas necessidades. O princípio impõe, também, equidade na distribuição de benefícios e custos entre gerações, quanto à preservação ambiental.

(OAB/Exame Unificado – 2013.1) Na perspectiva da tutela do direito difuso ao meio ambiente, o ordenamento constitucional exigiu o estudo de impacto ambiental para instalação e desenvolvimento de certas atividades. Nessa perspectiva, o estudo prévio de impacto ambiental está concretizado no princípio

(A) da precaução.
(B) da prevenção.
(C) da vedação ao retrocesso.
(D) do poluidor-pagador.

O art. 225, § 1º, IV, da CF, ao impor a realização de estudo prévio de impacto ambiental para atividades potencialmente causadora de significativa degradação ambiental, acabou por acolher o princípio da precaução, pelo qual há de se tomar medidas com vistas à proteção do meio ambiente mesmo quando haja dúvida científica de que determinada atividade pode causar dano ambiental. O fato de a Constituição Federal ter usado o termo "potencialmente" revela que mesmo não havendo certeza de dano (mas mera potencialidade deste), de rigor a tomada de medidas para o fim mencionado.

Gabarito "B".

(OAB/Exame Unificado – 2009.2) Assinale a opção correta com relação aos princípios do direito ambiental.

(A) O ressarcimento do dano ambiental deve ocorrer, preferencialmente, mediante indenização em dinheiro, e, secundariamente, pela reparação natural do ambiente degradado.
(B) Conforme o princípio do limite, o particular que pretenda desenvolver atividade ou empreendimento que cause significativa degradação ambiental tem o dever de fixar parâmetros que levem em conta a proteção da vida e do próprio meio ambiente.
(C) Em conformidade com o princípio do desenvolvimento sustentável, o direito ao desenvolvimento deve ser exercido de modo a permitir que sejam atendidas as necessidades do tempo presente sem comprometer as necessidades das gerações futuras.
(D) O princípio do poluidor-pagador estabelece que a pessoa, física ou jurídica, antes de desenvolver atividade considerada causadora de degradação ambiental, terá de pagar para evitar a contaminação.

A: incorreta. Segundo o princípio da reparação integral deve-se buscar a restauração ou recuperação do bem ambiental lesado, procurando retornar à situação anterior, "independentemente da obrigação de reparar os danos causados" (art. 225, § 3º, da CF); **B:** incorreta. Trata-se, na verdade, do princípio da prevenção, que impõe, como forma de evitar um dano ambiental, licenciamentos, estudos, reformulações de projetos, sanções; no caso específico da alternativa, há de se realizar EIA/RIMA, tendo em vista a potencial causação de significativo impacto ambiental (art. 225, § 1º, IV, da CF); **C:** correta. A alternativa traz o conceito do princípio do desenvolvimento sustentável; de fato, há de haver um equilíbrio entre as necessidades de cada geração e a preservação do meio ambiente para cada uma das gerações; aliás, nesse ponto, a doutrina também faz referência ao princípio da equidade geracional; **D:** incorreta. O princípio do poluidor-pagador é aquele que impõe ao poluidor o dever de prevenir a ocorrência de danos ambientais e de reparar integralmente eventuais danos que causar com a sua conduta; aliás, a alternativa é absurda, pois, pagando, não se evita contaminação.

Gabarito "C".

(OAB/Exame Unificado – 2007.2) Relativamente aos princípios gerais do direito ambiental e a suas formas de materialização, assinale a opção correta.

(A) De acordo com o princípio da precaução, diante de ameaças de danos sérios e irreversíveis, a falta de certeza científica não pode ser invocada como motivo para se adiarem medidas destinadas a prevenir a degradação ambiental, podendo a administração pública, com base no poder de polícia, embargar obras ou atividades.
(B) Consoante o princípio do poluidor-pagador, a definição dos custos de produção de determinada empresa poluidora não pode levar em consideração os custos sociais externos decorrentes de sua atividade poluente, sob pena de cometimento de infração administrativa ambiental.
(C) Em decorrência do princípio da prevenção, o empreendedor deve apresentar ao poder público estudo prévio de impacto ambiental referente a qualquer atividade que implique a utilização ou transformação de recursos naturais.
(D) O princípio da função socioambiental da propriedade autoriza o poder público a impor limites apenas ao uso de bens imóveis localizados em área rural, no que respeita à exploração de seus recursos naturais, não se aplicando, porém, tal preceito à propriedade urbana.

A: correta. Pelo princípio da precaução, na dúvida sobre se certa atividade prejudica o meio ambiente, deve-se ficar com este, tomando as medidas adequadas para que o suposto dano de fato não ocorra. A ideia aqui é eliminar que o próprio perigo possa se concretizar. O texto da questão decorre do Princípio 15 da Declaração do Rio (produzida na ECO/92); **B:** incorreta. *Vide* Princípio 16 da Declaração do Rio (que afirma ser dever do poluidor arcar com os custos da poluição, levando em consideração o interesse público), bem como o princípio do poluidor-pagador; **C:** incorreta. O estudo prévio de impacto ambiental só deve ser exigido para atividades que podem causar significativo impacto ambiental (art. 225, IV, da CF); **D:** incorreta, Tais limites também são aplicados à propriedade urbana (art. 225, § 1º, IV, da CF).

Gabarito "A".

(FGV – 2009) A Constituição Federal/1988 assevera que "*todos têm direito ao meio ambiente ecologicamente equilibrado, bem de uso comum do povo e essencial à sadia qualidade de vida*". A esse respeito, é correto inferir que a concepção constitucional sobre meio ambiente é:

(A) holística.
(B) panteísta.
(C) pragmática.
(D) antropocêntrica.
(E) criacionista.

Não há dúvida de que a proteção do meio ambiente trabalha, ainda, com uma *visão antropocêntrica*, ou seja, de que o *homem* é o centro da vida e o centro das normas protetivas do meio ambiente. Aliás, o Princípio 1º da Declaração do Meio Ambiente, elaborada na 1ª Conferência Mundial do Meio Ambiente (Estocolmo – 1972), dispõe que "os seres humanos estão no centro das preocupações com o desenvolvimento sustentável; têm direito a uma vida saudável e produtiva, em harmonia com a natureza". Assim, não adotamos uma *visão ecocêntrica*, ou seja, a de que todas as formas de vida devem ser preservadas. Todavia, há hoje um debate sobre a necessidade de evolução da visão adotada, com a ideia de *antropocentrismo alargado* ou *holístico*, para o fim de reconhecer o valor intrínseco do meio ambiente, independentemente do valor que ele tem para o ser humano.

Gabarito "D".

(FGV – 2008) Com base no artigo 225 da Constituição da República Federativa do Brasil, analise as afirmativas a seguir: I. As condutas e atividades consideradas lesivas ao meio ambiente sujeitarão os infratores, pessoas físicas ou jurídicas, a sanções penais e administrativas, independentemente da obrigação de reparar os danos causados. II. São indisponíveis as terras devolutas ou arrecadadas pelos Estados, por ações discriminatórias, necessárias à proteção dos ecossistemas naturais. III. As usinas que operem com reator nuclear deverão ter sua localização definida em lei estadual e federal, sem o que não poderão ser instaladas. Assinale:

(A) se nenhuma afirmativa estiver correta.
(B) se somente as afirmativas I e II estiverem corretas.
(C) se somente as afirmativas I e III estiverem corretas.
(D) se somente as afirmativas II e III estiverem corretas.
(E) se todas as afirmativas estiverem corretas.

I: Correta, é o que dispõe o art. 225, § 3º, da CF; **II:** Correta, conforme estatui o art. 225, § 5º, da CF; **III:** Incorreta (art. 225, § 6º, da CF – só lei federal!).

Gabarito "B".

(FGV – 2007) A respeito dos princípios fundamentais do Direito Ambiental, assinale a afirmativa incorreta.

(A) A orientação do princípio poluidor-pagador é pela internalização das externalidades ambientais negativas das atividades potencialmente poluidoras, buscando evitar a socialização dos ônus e a privatização dos bônus.
(B) Pelo princípio da prevenção, sempre que houver perigo da ocorrência de um dano grave ou irreversível, a ausência de certeza científica absoluta não deverá ser invocada como razão para se adiar a adoção de medidas eficazes, a fim de evitar a degradação ambiental.
(C) A defesa do meio ambiente é um dos princípios gerais da atividade econômica e deve ser observada inclusive mediante tratamento diferenciado para produtos e serviços em razão do impacto ambiental decorrente de sua produção ou execução.
(D) O artigo 225 da Constituição da República consagra o princípio da intervenção estatal obrigatória na defesa do meio ambiente.
(E) A Constituição da República consagra o princípio da solidariedade intergeracional, ao conferir ao Poder Público e à coletividade o dever de defender e preservar o meio ambiente para as presentes e futuras gerações.

A: correta. *Vide* Princípio 16 da Declaração do Rio (produzida na ECO/92), cujo texto é o seguinte – "As autoridades nacionais devem procurar promover a internacionalização dos custos ambientais e o uso de instrumentos econômicos, tendo em vista a abordagem segundo a qual o poluidor deve, em princípio, arcar com o custo da poluição, com a devida atenção ao interesse público e sem provocar distorções no comércio e nos investimentos internacionais"; **B:** incorreta, devendo ser assinalada, pois contraria a previsão contida no Princípio 15 da Declaração do Rio (produzida na ECO/92), cujo texto é o seguinte – "Com o fim de proteger o meio ambiente, o princípio da precaução deverá ser amplamente observado pelos Estados, de acordo com suas capacidades. Quando houver ameaça de danos graves ou irreversíveis, a ausência de certeza científica absoluta não será utilizada como razão para o adiamento de medidas economicamente viáveis para prevenir a degradação ambiental"; **C:** correta, corresponde ao disposto no art. 170, VI, da CF; **D:** correta, o princípio está no *caput* do art. 225 da CF, encontrando especificações no § 1º do mesmo artigo; também decorre dos dispositivos da Lei 6.938/1981; **E:** correta, consoante dispõe o art. 225, *caput*, da CF e art. 6º da Lei 11.428/2006 (Lei de Proteção da Mata Atlântica).

Gabarito "B".

(Defensor Público/SP – 2012 – FCC) A inversão do ônus da prova em Ação Civil Pública em matéria ambiental, conforme entendimento jurisprudencial do Superior Tribunal de Justiça, consolidado no julgamento do Recurso Especial nº 1.060.753/SP, de relatoria da Ministra Eliana Calmon, tem como fundamento normativo principal, além da relação interdisciplinar entre as normas de proteção ao consumidor e as de proteção ambiental e o caráter público e coletivo do bem jurídico tutelado, o princípio

(A) da precaução.
(B) da função ambiental da propriedade.
(C) do usuário-pagador.
(D) do desenvolvimento sustentável.
(E) da cooperação.

De acordo com a decisão citada, "o princípio da **precaução** pressupõe a inversão do ônus probatório, competindo a quem supostamente promoveu o dano ambiental comprovar que não o causou ou que a substância lançada ao meio ambiente não lhe é potencialmente lesiva". Assim, a alternativa "A" é a correta.

Gabarito "A".

(Magistratura/MG – 2012 – VUNESP) Em se considerando que o princípio da precaução e o princípio da prevenção já se encontram instrumentalizados no artigo 225, *caput*, da Constituição da República, é correto afirmar que

(A) se adota o princípio da prevenção quando há dúvida científica sobre o potencial danoso de uma ação que interfira no ambiente.

(B) se adota o princípio da precaução quando conhecidos os males que a ação causa ao ambiente.

(C) o princípio da precaução pressupõe a inversão do ônus probatório.

(D) o princípio da prevenção derroga o princípio da precaução se estiverem em rota de colisão quando da solução de um caso concreto.

A: incorreta, pois, em caso de dúvida científica, aplica-se o princípio da *precaução* e não da *prevenção*; **B:** incorreta, pois, não havendo dúvida científica (ou seja, conhecidos os males que a ação causa ao meio ambiente), aplica-se o princípio da *prevenção* e não da *precaução*; **C:** correta; o princípio da precaução leva à adoção do "in dubio, pro societate", que implica na inversão do ônus da prova, para que o empreendedor tenha o ônus de demonstrar que não haverá dano ao meio ambiente; **D:** incorreta, pois cada princípio tem um âmbito de incidência (um em caso de certeza de dano e outro, em caso de dúvida); ademais, os dois princípios levam a tomada de medida comum, no caso, medidas com vistas a impedir o dano ambiental.

Gabarito "C"

2. DIREITO AMBIENTAL NA CONSTITUIÇÃO FEDERAL

(OAB/Exame Unificado – 2013.3) Com relação aos ecossistemas Floresta Amazônica, Mata Atlântica, Serra do Mar, Pantanal Mato-grossense e Zona Costeira, assinale a afirmativa correta.

(A) Tais ecossistemas são considerados pela CRFB/1988 patrimônio difuso, logo todos os empreendimentos nessas áreas devem ser precedidos de licenciamento e estudo prévio de impacto ambiental.

(B) Tais ecossistemas são considerados patrimônio nacional, devendo a lei infraconstitucional disciplinar as condições de utilização e de uso dos recursos naturais, de modo a garantir a preservação do meio ambiente.

(C) Tais ecossistemas são considerados bens públicos, pertencentes à União, devendo a lei infraconstitucional disciplinar suas condições de utilização, o uso dos recursos naturais e as formas de preservação.

(D) Tais ecossistemas possuem terras devolutas que são, a partir da edição da Lei n. 9.985/2000, consideradas unidades de conservação de uso sustentável, devendo a lei especificar as regras de ocupação humana nessas áreas.

A: incorreta, pois são considerados *patrimônio nacional* e não *patrimônio difuso*, nos termos do art. 225, § 4º, da CF; **B:** correta (art. 225, § 4º, da CF); **C:** incorreta, pois o fato de a Constituição ter rotulado os ecossistemas em questão como patrimônio nacional não significa que os considerou bens públicos, mas apenas que a utilização desses bens deverá, na forma da lei, dar-se dentro de condições que assegurem a preservação do meio ambiente, inclusive quanto ao uso dos recursos naturais; **D:** incorreta, pois não há qualquer previsão nesse sentido na Lei 9.985/1999.

Gabarito "B"

(OAB/Exame Unificado – 2011.3.B) Imagine que três municípios, localizados em diferentes estados membros da federação brasileira, estejam interessados em abrigar a instalação de uma usina de energia que opera com reatores nucleares. A respeito do tema, é correto afirmar que

(A) o Congresso Nacional irá definir, mediante a edição de lei, qual município receberá a usina nuclear.

(B) após a escolha do local para a instalação da usina nuclear, o município que a receber deverá criar a legislação que disciplinará seu funcionamento, bem como o plano de evacuação da população em caso de acidentes, por ser assunto de relevante interesse local.

(C) em razão do princípio da predominância do interesse, a União deverá legislar sobre o tema, após ouvir e sabatinar obrigatoriamente o Ministro de Minas e Energia no Congresso Nacional, versando sobre os riscos ambientais que a usina pode trazer ao meio ambiente e à população de cada município postulante.

(D) a CRFB não estabelece expressamente qual ente da federação deverá legislar sobre o tema energia nuclear. Mas, em razão do acidente nuclear de Chernobyl, a doutrina defende que apenas a União deverá criar normas sobre regras de segurança de usinas nucleares.

A: correta, conforme arts. 21, XXIII, a, 49, XIV, e 225, § 6º, da CF; **B:** incorreta, pois compete privativamente à União legislar sobre atividades nucleares de qualquer natureza (art. 22, XXVI, da CF); **C:** incorreta, pois não há previsão da oitiva e sabatina do Ministro de Minas e Energia, como providência prévia à aprovação de lei sobre o tema; **D:** incorreta, pois, conforme se viu, a competência legislativa da União para legislar sobre energia nuclear está prevista no art. 22, XXVI, da CF.

Gabarito "A"

(OAB/Exame Unificado – 2011.1) (adaptada) O inciso VII do § 1º do art. 225 da Constituição da República prevê a proteção da fauna e da flora, vedadas as práticas que coloquem em risco sua função ecológica, enquanto que o § 1º do art. 231 do referido texto constitucional estabelece que são terras indígenas as habitadas por eles em caráter permanente e que podem ser utilizadas por esses povos, desde que necessárias ao seu bem-estar e à sua reprodução física e cultural. A esse respeito, assinale a alternativa correta.

(A) Os indígenas têm o usufruto exclusivo das riquezas do solo, dos rios e dos lagos nas terras ocupadas em caráter permanente por eles e, portanto, podem explorá-las, sem necessidade de licenciamento ambiental.

(B) Os indígenas são proprietários das terras que ocupam em caráter permanente, mas devem explorá-las segundo as normas ambientais estabelecidas na Lei da Política Nacional do Meio Ambiente e do Código Florestal.

(C) Os indígenas podem suprimir vegetação de mata atlântica sem autorização do órgão ambiental competente porque são usufrutuários das terras que habitam

(D) É proibido o uso de fogo na vegetação, exceto, dentre outros casos, as práticas de prevenção e combate aos incêndios e as de agricultura de subsistência exercidas pelas populações tradicionais e indígenas.

A e **C:** incorretas, pois, apesar de os índios terem o direito de usufruto mencionado (art. 231, § 2º, da CF), eles não têm imunidade ao cumprimento das leis, não podendo se furtar ao licenciamento ambiental, quando este for necessário; **B:** incorreta, pois a propriedade das terras tradicionalmente ocupadas pelos índios é da União (art. 20, XI, da CF); **D:** correta. É o que prevê o art. 38, § 2º, da Lei 12.651/2012 – Código Florestal.

Gabarito "D"

(OAB/Exame Unificado – 2009.3) O § 4.º do art. 225 da CF estabelece que "a Floresta Amazônica brasileira, a Mata Atlântica, a Serra do Mar, o Pantanal Mato-Grossense e a Zona Costeira são patrimônio nacional, e sua utilização far-se-á, na forma da lei, dentro de condições que assegurem a preservação do meio ambiente, inclusive quanto ao uso dos recursos naturais". Em face desse dispositivo, assinale a opção correta.

(A) O poder público está impedido de promover a desapropriação de imóveis rurais para fins de reforma agrária nas áreas referidas no preceito constitucional em apreço.

(B) Os proprietários dos imóveis particulares inseridos nas florestas e matas referidas nesse dispositivo constitucional podem utilizar os recursos naturais existentes nessas áreas, desde que observadas as prescrições legais e respeitadas as condições necessárias à preservação ambiental.

(C) Tal preceito constitucional converteu em bens públicos os imóveis particulares abrangidos pelas florestas e pelas matas nele referidas.

(D) A Mata Atlântica, que integra o patrimônio nacional, é considerada bem da União.

O dispositivo constitucional em questão não é incompatível com a desapropriação para fins de reforma agrária, nem com a existência de propriedade privada no local, vez que a norma constitucional não proíbe o uso desses locais, mas apenas determina que o uso seja regulamentado, criando uma especial proteção.

Gabarito "B"

(OAB/Exame Unificado – 2009.2) Considerando as normas constitucionais sobre meio ambiente, assinale a opção correta.

(A) Sendo o meio ambiente bem de caráter difuso, não se reconhece legitimidade ao cidadão para que proponha, isoladamente, ação popular com o objetivo de anulação de ato lesivo ao meio ambiente.

(B) Incumbe ao poder público definir, em todas as unidades da Federação, espaços territoriais a serem especialmente protegidos, sendo a alteração e a supressão permitidas somente por meio de ato do Poder Executivo no exercício do poder de polícia administrativa.

(C) O direito à integridade do meio ambiente, que constitui prerrogativa jurídica de titularidade individual, e não coletiva, é assim atribuído ao indivíduo identificado em sua singularidade.

(D) Além de buscar a conscientização pública para a preservação do meio ambiente, o poder público tem o encargo de promover a educação ambiental em todos os níveis de ensino.

A: incorreta, pois tal legitimidade é reconhecida ao cidadão (art. 5º, LXXIII, da CF); **B:** incorreta. As alterações e supressões somente serão permitidas por meio de lei (art. 225, § 1º, III, da CF); **C:** incorreta, não condiz com o preceito do art. 225, *caput*, da CF: Todos têm direito ao meio ambiente ecologicamente equilibrado, bem de uso comum do povo e essencial à sadia qualidade de vida, impondo-se ao Poder Público e à coletividade o dever de defendê-lo e preservá-lo para as presentes e futuras gerações; **D:** correta, de acordo com o art. 225, § 1º, VI, da CF.

Gabarito "D"

(OAB/Exame Unificado – 2009.1) Tendo em vista as normas sobre meio ambiente constantes da CF, assinale a opção correta.

(A) Em face do princípio constitucional da livre-iniciativa, os recursos minerais podem ser explorados independentemente de autorização ou de concessão do poder público, mas o explorador deve promover a recuperação do meio ambiente degradado de acordo com as normas técnicas exigidas pela administração.

(B) O meio ambiente é bem de uso especial, sob domínio do Estado, e sua utilização se dá por interesse da administração.

(C) Compete à União, aos Estados e ao DF legislar sobre florestas, caça, pesca, fauna, conservação da natureza, proteção do meio ambiente e controle da poluição. Aos Municípios cabe suplementar a legislação federal e a estadual, no que couber.

(D) A floresta amazônica brasileira, a mata atlântica e o pantanal mato-grossense são considerados patrimônio nacional. Assim também o são a Serra do Mar, a zona costeira, o cerrado e a caatinga, devendo a utilização de qualquer dessas áreas dar-se na forma da lei.

A: incorreta. A exploração depende de autorização ou concessão da União – art. 225, § 2º, da CF (parte correta) c/c art. 176, § 1º, da CF (parte incorreta); **B:** incorreta, pois o meio ambiente é "bem de uso comum do povo" (art. 225, *caput*, da CF); **C:** correta, corresponde aos arts. 24, VI e 30, II, da CF; **D:** incorreta. O cerrado e a caatinga não são considerados patrimônio nacional (art. 225, § 4º, da CF).

Gabarito "C"

(OAB/Exame Unificado – 2008.1) Com relação à disciplina constitucional no âmbito do meio ambiente, assinale a opção correta.

(A) A Constituição consagra o direito ao meio ambiente ecologicamente equilibrado fora do Título II, que se refere aos direitos e garantias fundamentais.

(B) As usinas que operem com reator nuclear devem ter sua localização definida em lei estadual.

(C) O estudo prévio de impacto ambiental para instalação de obra potencialmente lesiva ao meio ambiente, embora não tenha sido expressamente consagrado na Constituição, tornou-se obrigatório em virtude da jurisprudência pacífica do Supremo Tribunal Federal (STF).

(D) Por disposição constitucional, o Atol das Rocas é considerado patrimônio nacional, devendo sua utilização obedecer às condições de preservação do meio ambiente.

A: correta. O direito ao meio ambiente está previsto no Título VIII – Da Ordem Social (art. 225 da CF); **B:** incorreta, pois terão sua localização definida em lei federal (art. 225, § 6º, da CF); **C:** incorreta. Está expressamente previsto no art. 225, § 1º, IV, da CF; **D:** incorreta. Apenas a Floresta Amazônica brasileira, a Mata Atlântica, a Serra do Mar, o Pantanal Mato-Grossense e a Zona Costeira são considerados patrimônio nacional (art. 225, § 4º, da CF).

Gabarito "A"

(FGV – 2014) O art. 225, *caput*, da Constituição da República Federativa do Brasil dispõe que "Todos têm direito ao meio ambiente ecologicamente equilibrado, bem de uso comum do povo e essencial à sadia qualidade de vida, impondo-se ao Poder Público e à coletividade o dever de defendê-lo e preservá-lo para a presente e as futuras gerações."

Em relação aos conceitos e princípios contidos no dispositivo constitucional acima, analise as afirmativas a seguir.

I. O uso do pronome indefinido "todos" particulariza quem tem direito ao meio ambiente.
II. O poder público e a coletividade deverão defender e preservar o meio ambiente desejado pela Constituição da República Federativa do Brasil e não a qualquer meio ambiente.
III. Ao poder público e à coletividade é imposto o dever de defender e preservar o meio ambiente para a presente e as futuras gerações, o que se refere, expressamente, à solidariedade intergeracional e traduz o chamado desenvolvimento sustentado.

Assinale:

(A) se somente as afirmativas I e III estiverem corretas.
(B) se somente as afirmativas II e III estiverem corretas.
(C) se somente as afirmativas I e II estiverem corretas.
(D) se somente a afirmativa III estiver correta.
(E) se somente a afirmativa II estiver correta.

I: incorreta, pois a expressão "todos" não particulariza, não individualiza, mas sim traz um conceito bastante amplo e geral; **II:** correta, pois a ideia é buscar a defesa e a preservação do meio ambiente ecologicamente equilibrado, e não de qualquer meio ambiente; **III:** correta, pois o princípio da solidariedade intergeracional é aquele pelo qual as presentes e futuras gerações têm os mesmos direitos quanto ao meio ambiente ecologicamente equilibrado. Assim, a utilização de recursos naturais para a satisfação das necessidades atuais não deverá comprometer a possibilidade das gerações futuras satisfazerem suas necessidades, daí a necessidade de se buscar sempre o desenvolvimento sustentável.

Gabarito "B"

(Promotor de Justiça/MS – 2013 – FADEMS) Em relação ao direito ambiental, é **correto** afirmar que:

(A) A Constituição Federal, para assegurar a efetividade ao direito ao meio ambiente ecologicamente equilibrado, determina que cabe ao Poder Público exigir, na forma da lei, para a instalação de todas as obras ou atividades potencialmente causadoras de degradação ambiental, estudo prévio de impacto ambiental, a que se dará publicidade.
(B) O Plano Diretor é um dos instrumentos básicos para o pleno desenvolvimento das funções ambientais da cidade e garantir o bem-estar dos seus habitantes, sendo obrigatório quando o município possui mais de vinte mil habitantes.
(C) É obrigatória a realização de audiências públicas precedendo a implementação de qualquer um dos instrumentos da política ambiental, como modo de garantir a participação da sociedade na política de proteção ambiental.
(D) A localização de usinas que operem com reator nuclear deve ser definida em lei federal e estadual, sem o que não podem ser instaladas.
(E) Para a defesa do direito ao meio ambiente ecologicamente equilibrado, conjuntamente com os demais interesses difusos e coletivos, a Constituição Federal prevê, entre outros: a ação direta de inconstitucionalidade, ação civil pública, ação popular, inquérito civil e compromisso de ajustamento de conduta.

A: incorreta, pois esse estudo é necessário apenas quando as obras ou as atividades são potencialmente causadoras de **significativo** impacto ambiental (art. 225, § 1º, IV, da CF); do contrário, bastará que se faça um licenciamento ambiental simples; **B:** correta (art. 182, § 1º, da CF); **C:** incorreta, pois não há essa determinação na Constituição Federal e também nos artigos correspondentes da Lei de Política Nacional do Meio Ambiente (arts. 9º e ss. da Lei 6.938/1981); **D:** incorreta, pois a localização em questão deve ser definida apenas em lei federal, e não em lei federal e estadual (art. 225, § 6º, da CF); **E:** incorreta, pois o compromisso de ajustamento de conduta não está previsto na CF, apesar de os demais mencionados estarem.

Gabarito "B"

(Magistratura/BA – 2012 – CESPE) No que se refere à previsão constitucional da proteção ao meio ambiente, assinale a opção correta.

(A) A fim de minimizar os impactos provocados ao meio ambiente pela mineração, a CF impõe àqueles que exploram recursos minerais a elaboração e observância de plano de controle ambiental.
(B) Compete a todos os entes da Federação, concorrentemente, a execução das normas destinadas à tutela do patrimônio ambiental, ou seja, é concorrente a competência material.
(C) As terras devolutas necessárias à proteção de ecossistemas naturais deixam de ser indisponíveis após sua arrecadação e incorporação, mediante ação discriminatória, ao patrimônio público.
(D) Como a CF determina que a fiscalização da pesquisa e da manipulação de material genético deve ser realizada sob a perspectiva ambiental, aplica-se o princípio da precaução a esse tema.
(E) A constitucionalização da proteção ambiental, de forma específica e global, ocorreu sob a égide da Constituição de 1967, tendo a CF ampliado o tratamento dado ao tema.

A: incorreta, pois a Constituição não entra nesse nível de detalhe em relação à proteção do meio ambiente em face da exploração mineral, limitando-se a tratar da parte econômica deste último assunto; **B:** incorreta, pois a competência administrativa não é concorrente, mas comum (art. 23, *caput* e incisos VI e VII, da CF); **C:** incorreta, pois tanto as terras devolutas como as terras arrecadadas pelo Estado por ações discriminatórias, desde que necessárias à proteção dos ecossistemas naturais, são indisponíveis (art. 225, § 5º, da CF); **D:** correta (art. 225, § 1º, II, da CF); **E:** incorreta, pois a Constituição de 1988 é que iniciou o tratamento de maneira específica e global do meio ambiente; em 1967 ainda vivíamos a fase de fragmentação das normas ambientais, sendo que tais normas estavam na legislação infraconstitucional e o seu tratamento foi bem pontual.

Gabarito "D"

3. MEIO AMBIENTE CULTURAL

(OAB/Exame Unificado – 2016.1) Pedro, em visita a determinado Município do interior do Estado do Rio de Janeiro, decide pichar e deteriorar a fachada de uma Igreja local tombada, por seu valor histórico e cultural, pelo Instituto Estadual do Patrimônio Histórico-Cultural – INEPAC, autarquia estadual. Considerando o caso em tela, assinale a afirmativa correta.

(A) Pedro será responsabilizado apenas administrativamente, com pena de multa, uma vez que os bens integrantes do patrimônio cultural brasileiro não se sujeitam, para fins de tutela, ao regime de responsabilidade civil ambiental, que trata somente do meio ambiente natural.
(B) Pedro será responsabilizado administrativa e penalmente, não podendo ser responsabilizado civilmente, pois o dano, além de não poder ser

considerado de natureza ambiental, não pode ser objeto de simultânea recuperação e indenização.

(C) Pedro, por ter causado danos ao meio ambiente cultural, poderá ser responsabilizado administrativa, penal e civilmente, sendo admissível o manejo de ação civil pública pelo Ministério Público, demandando a condenação em dinheiro e o cumprimento de obrigação de fazer.

(D) Pedro, além de responder administrativa e penalmente, será solidariamente responsável com o INEPAC pela recuperação e indenização do dano, sendo certo que ambos responderão de forma subjetiva, havendo necessidade de inequívoca demonstração de dolo ou culpa por parte de Pedro e dos servidores públicos responsáveis.

A: incorreta, pois o meio ambiente é um interesse difuso protegido administrativa, civil e penalmente em suas várias facetas, aí incluído o meio ambiente cultural; **B:** incorreta, pois no plano civil se busca a reparação do meio ambiente lesado, o que deve se dar de forma específica, ou seja, buscando o retorno do bem ao estado anterior, cabendo, quando for o caso, outros tipos de reparação, como a compensação ambiental e a indenização; **C:** correta, pois o meio ambiente é um interesse difuso protegido administrativa, civil e penalmente em suas várias facetas, aí incluído o meio ambiente cultural; no plano civil há de se buscar primariamente o retorno do bem ao estado anterior, cabendo condenação em obrigação de fazer, conforme mencionado na alternativa, e também em dinheiro, quando for o caso (art. 3º da Lei 7.347/1985); **D:** incorreta, pois o causador do dano ambiental (no caso, Pedro) responde modo objetivo (art. 14, § 1º, da Lei 6.938/1981), sendo que a responsabilidade subjetiva em matéria ambiental somente é discutida quando se trata de omissão estatal do dever de fiscalização.

Gabarito "C".

(OAB/Exame Unificado – 2009.3) Considerando a tutela do meio ambiente cultural, assinale a opção correta.

(A) São bens sujeitos a tombamento os provenientes da atividade humana, como os documentos, as obras e outros bens de valor histórico, artístico e cultural. Os bens naturais, como os sítios arqueológicos e as paisagens naturais, não podem ser objeto de tombamento ambiental.

(B) Compete à União, aos Estados e ao DF legislar concorrentemente sobre a proteção do patrimônio histórico, cultural, artístico, turístico e paisagístico.

(C) O tombamento, como instrumento de proteção do patrimônio histórico e artístico nacional, pode recair em bens particulares, mas não em bens públicos.

(D) Um bem somente pode ter reconhecido seu valor cultural e ser, portanto, objeto de tombamento, por via legislativa ou por intermédio de procedimento administrativo, não admitindo a legislação que o tombamento seja feito por determinação jurisdicional.

A: incorreta. Os sítios arqueológicos e as paisagens naturais constituem patrimônio cultural, portanto, podem ser objeto de tombamento ambiental (art. 216, V, e § 1º, da CF); **B:** correta, de acordo com o art. 24, VII, da CF; **C:** incorreta. O Dec.-lei 25/1937 admite o tombamento de bens públicos (art. 5º); **D:** incorreta. Como nenhuma lesão ou ameaça de lesão a direito pode ser subtraída da apreciação do Poder Judiciário (art. 5º, XXXV, da CF), é possível que se ingresse com ação judicial (ação popular ou ação civil pública) para que o tombamento seja determinado.

Gabarito "B".

(OAB/Exame Unificado – 2007.3) Segundo o jurista Vladimir Passos de Freitas, na concepção moderna de meio ambiente, este é considerado não apenas como a natureza, mas também como as modificações que o homem nela vem introduzindo. Assim, assinala o jurista, é possível classificar o meio ambiente em ambiente natural, que compreende a água, a flora, o ar, a fauna, e ambiente cultural, que abrange as obras de arte, imóveis históricos, museus, belas paisagens, enfim, tudo o que possa contribuir para o bem-estar e a felicidade do ser humano. Considerando tal concepção, assinale a opção correta.

(A) A Constituição Federal admite formas específicas de proteção do patrimônio cultural, tais como o tombamento, o registro, o inventário, a retrocessão e a desapropriação.

(B) As criações científicas e tecnológicas integram o patrimônio cultural brasileiro, sendo elas objeto de especial proteção pelo poder público.

(C) Os Municípios não detêm competência para proteger o patrimônio cultural, em razão da relevância nacional dos bens que o integram.

(D) Sendo comum a competência material para a proteção do patrimônio cultural, União, Estados, DF e Municípios podem instituir tombamento de bens imóveis dotados de valor histórico-cultural, não se admitindo, porém, o tombamento de um mesmo bem por mais de uma pessoa política, em razão da proibição do *bis in idem*.

A: incorreta. A retrocessão não é forma específica de proteção (art. 216, § 1º, da CF); **B:** correta, condiz com o art. 216, III, da CF; **C:** incorreta. Os Municípios detêm tal competência (arts. 216, § 1º, e 23, III, da CF); **D:** incorreta. A Lei de Tombamento (Decreto-Lei 25/1937) não proíbe o chamado tombamento cumulativo.

Gabarito "B".

(FGV – 2014) A respeito do conceito de meio ambiente e seu aspecto cultural, inserido no texto constitucional brasileiro de 1988, analise as afirmativas a seguir.

I. Os princípios da prevenção e da precaução não incidem no meio ambiente cultural, porquanto a recuperação de bens culturais não padece dos mesmos problemas que afetam os bens naturais.

II. Ao reconhecer o meio ambiente ecologicamente equilibrado, essencial à sadia qualidade de vida, o constituinte de 1988 não deixou de inserir, neste direito fundamental, a dimensão cultural.

III. Os princípios da prevenção e da precaução incidem no meio ambiente cultural, porquanto a recuperação de bens culturais padece dos mesmos problemas que afetam os bens naturais.

Assinale:

(A) se somente a afirmativa I estiver correta.
(B) se somente a afirmativa II estiver correta.
(C) se somente a afirmativa III estiver correta.
(D) se somente as afirmativas I e II estiverem corretas.
(E) se somente as afirmativas II e III estiverem corretas.

I: incorreta, pois a proteção do meio ambiente cultural deve ser tão ampla como a das demais modalidades de meio ambiente; **II:** correta, pois o constituinte trouxe regras bem protetivas acerca do meio ambiente cultural (art. 216 da CF); **III:** correta, pois a proteção do meio ambiente cultural deve ser tão ampla como a das demais modalidades de meio ambiente por conta justamente da informação trazida na assertiva, de que os bens culturais padecem dos mesmos problemas que afetam os bens naturais.

Gabarito "E".

(Procurador do Município/Cubatão-SP – 2012 – VUNESP) O Poder Público, com a colaboração da comunidade, promoverá e protegerá o patrimônio cultural brasileiro, entre outras formas, por meio de

(A) expropriação.
(B) vinculação.
(C) tombamento.
(D) embargo.
(E) notificação.

De fato, conforme dispõe o art. 216, § 1º, CF, são instrumentos para a proteção do patrimônio cultural brasileiro: i) inventários; ii) registros; iii) vigilância; iv) tombamento (daí a alternativa C estar correta); v) desapropriação (daí a alternativa A estar incorreta). As demais alternativas (B, D e E) não constituem instrumentos constitucionalmente previstos para a tutela do meio ambiente cultural.

Gabarito "C"

4. COMPETÊNCIA EM MATÉRIA AMBIENTAL

(OAB/Exame Unificado – 2015.2) O Município Z deseja implementar política pública ambiental, no sentido de combater a poluição das vias públicas. Sobre as competências ambientais distribuídas pela Constituição, assinale a afirmativa correta.

(A) União, Estados, Distrito Federal e Municípios têm competência material ambiental comum, devendo leis complementares fixar normas de cooperação entre os entes.
(B) Em relação à competência material ambiental, em não sendo exercida pela União e nem pelo Estado,o Município pode exercê-la plenamente.
(C) O Município só pode exercer sua competência material ambiental nos limites das normas estaduais sobre o tema.
(D) O Município não tem competência material em direito ambiental, por falta de previsão constitucional, podendo, porém, praticar atos por delegação da União ou do Estado.

A: correta (art. 23, *caput*, VI e parágrafo único, da CF); **B:** incorreta, pois essa disposição diz respeito à competência *concorrente* (e não à competência *comum*), e se refere aos *Estados-membro* (e não aos Municípios), conforme o art. 24, *caput* e § 3º, da CF; **C** e **D:** incorretas, pois os municípios poderão exercer sua competência material na proteção do meio ambiente, nos limites determinados na lei complementar de que trata o parágrafo único do art. 23 da CF (LC 140/2011) e nos assuntos de interesse local e de suplementação da legislação federal e estadual no que couber, a título de aplicar suas leis que tratam dessas questões (art. 30, I, da CF).

Gabarito "A"

(OAB/Exame Unificado – 2013.3) O estado Y pretende melhorar a qualidade do ar e da água em certa região que compõe o seu território, a qual é abrangida por quatro municípios. Considerando o caso, assinale a alternativa que indica a medida que o estado Y deve adotar.

(A) Instituir Região Metropolitana por meio de lei ordinária, a qual retiraria as competências dos referidos municípios para disciplinar as matérias.
(B) Por iniciativa da Assembleia Estadual, editar lei definindo a região composta pelos municípios como área de preservação permanente, estabelecendo padrões ambientais mínimos, de acordo com o plano de manejo.
(C) Editar lei complementar, de iniciativa do Governador do estado, a qual imporá níveis de qualidade a serem obedecidos pelos municípios, sob controle e fiscalização do órgão ambiental estadual.
(D) Incentivar os municípios que atingirem as metas ambientais estipuladas em lei estadual, por meio de distribuição de parte do ICMS arrecadado, nos limites constitucionalmente autorizados.

A: incorreta, pois apenas por lei complementar é que se pode instituir região metropolitana; além disso, a criação dessas regiões não tem por objetivo retirar competências dos municípios, mas integrar a organização, o planejamento e a execução de funções públicas de interesse comum (art. 25, § 3º, da CF); **B:** incorreta, pois a criação de áreas de preservação permanente até colaboram na preservação dos recursos hídricos ("água"), mas não tem o mesmo efeito quanto à proteção do "ar" referida no enunciado da questão (vide art. 3º, II, da Lei 12.651/2012); vale lembrar, ainda, que há áreas de preservação permanente já definidas em lei (art. 4º da Lei 12.651/2012), sendo que outras podem ser criadas, nas hipóteses previstas no art. 6º da Lei 12.651/2012, mas por meio decreto do Chefe do Executivo, não sendo necessária lei aprovada pela assembleia estadual; **C:** incorreta, pois medida dessa natureza fere a autonomia municipal e quebra o pacto federativo, vez que um Estado-membro não pode criar, sem previsão constitucional, norma a ser obedecida pelos municípios; **D:** correta, pois aqui se tem uma medida de mero incentivo e não a criação de uma obrigação estadual imposta a um município, fora das previsões constitucionais.

Gabarito "D"

(OAB/Exame Unificado – 2013.2) Em determinado Estado da federação é proposta emenda à Constituição, no sentido de submeter todos os Relatórios de Impacto Ambiental à comissão permanente da Assembleia Legislativa.

Com relação ao caso proposto, assinale a afirmativa correta.

(A) Os Relatórios e os Estudos de Impacto Ambiental são realizados exclusivamente pela União, de modo que a Assembleia Legislativa não é competente para analisar os Relatórios.
(B) A análise e a aprovação de atividade potencialmente causadora de risco ambiental são consubstanciadas no poder de polícia, não sendo possível a análise do Relatório de Impacto Ambiental pelo Poder Legislativo.
(C) A emenda é constitucional, desde que de iniciativa parlamentar, uma vez que incumbe ao Poder Legislativo a direção superior da Administração Pública, incluindo a análise e a aprovação de atividades potencialmente poluidoras.
(D) A emenda é constitucional, desde que seja de iniciativa do Governador do Estado, que detém competência privativa para iniciativa de emendas sobre organização administrativa, judiciária, tributária e ambiental do Estado.

A, C e **D:** incorretas; os relatórios de impacto ambiental, instrumentos essenciais para licenciamentos ambientais e estudos de impacto ambiental são típica atividade administrativa (poder de polícia), de competência própria do Poder Executivo, podendo ser realizados não só no âmbito da União (por meio do IBAMA), como também dos Estados, DF e Municípios, de acordo com a competência para o exercício do licenciamento ambiental respectivo; assim, a afirmativa "a" está incorreta por dizer que somente a União pode realizar tais estudos; não bastasse, a Assembleia Legislativa, órgão legislativo, não pode querer fazer típica atividade administrativa, apreciando relatórios de impacto ambiental, sob pena de violação ao princípio da independência dos poderes, o que torna incorretas também as alternativas "C" e "D", pouco importando se a emenda em questão teve como órgão de iniciativa o parlamento ou a Chefia do Executivo; **B:** correta, pois, como se viu do comentário às alternativas anteriores, a competência para apreciar esses relatório é do Executivo, não podendo o legislativo querer promover típica atividade administrativa de poder de polícia.

Gabarito "B"

(OAB/Exame Unificado – 2010.2) Considerando a repartição de competências ambientais estabelecida na Constituição Federal, assinale a alternativa correta.

(A) Deverá ser editada lei ordinária com as normas para a cooperação entre a União e os Estados, o Distrito Federal e os Municípios para o exercício da competência comum de defesa do meio ambiente.

(B) A exigência de apresentação, no processo de licenciamento ambiental, de certidão da Prefeitura Municipal sobre a conformidade do empreendimento com a legislação de uso e ocupação do solo decorre da competência do Município para o planejamento e controle do uso, do parcelamento e da ocupação do solo urbano.

(C) Legislar sobre proteção do meio ambiente e controle da poluição é de competência concorrente da União, dos Estados, do Distrito Federal e dos Municípios, com fundamento no artigo 24 da Constituição Federal.

(D) A competência executiva em matéria ambiental não alcança a aplicação de sanções administrativas por infração à legislação de meio ambiente.

A: incorreta; de acordo com o art. 23, VI, da Constituição, a competência *material* (ou *administrativa* ou *executiva*), como, por exemplo, a competência para a fiscalização do meio ambiente, é, de fato, *comum* da União, dos Estados, do Distrito Federal e dos Municípios; porém, o parágrafo único do art. 23 estabelece que "*leis complementares* fixarão normas para a cooperação entre a União e os Estados, o Distrito Federal e os Municípios, tendo em vista o equilíbrio do desenvolvimento e do bem-estar em âmbito nacional" (g.n.); ou seja, não basta *lei ordinária*, sendo necessária *lei complementar* para fixar a cooperação entre os entes políticos nessa matéria; **B:** correta, pois é de competência do Município o planejamento e controle do uso, do parcelamento e da ocupação do solo (art. 30, VIII, da CF); **C:** incorreta, pois as matérias "proteção do meio ambiente e controle da poluição" estão previstas no art. 23, VI, da CF como matérias da competência *material* e *comum* da União, dos Estados, do Distrito Federal e dos *Municípios*, e não da competência *legislativa* e *concorrente* da União, dos Estados e do Distrito Federal, sendo certo que o art. 24, VII e VIII, da CF traz redação diferente daquela prevista no enunciado da questão ("proteção do meio ambiente e controle da poluição"); bom, o fato é que para resolver a questão o examinando tinha que conhecer as palavras exatas dos dispositivos constitucionais citados; **D:** incorreta, pois a competência *executiva* (também chamada de competência *material* ou *administrativa*) é justamente aquela que tem por objeto *executar a lei* (ao contrário da competência *legislativa*, que é a de *fazer a lei*); assim, considerando que *fiscalizar* o meio ambiente importa em *executar* a lei, a competência executiva inclui, sim, a competência para aplicar sanções administrativas por infração à legislação.

Gabarito "B"

(FGV – 2007) A respeito da tutela jurídica do meio ambiente e da repartição de competências administrativas em matéria ambiental, assinale a afirmativa incorreta.

(A) No Ordenamento Jurídico brasileiro, meio ambiente é considerado bem jurídico autônomo, definido como o conjunto de condições, leis, influências e interações de ordem física, química e biológica, que permite, abriga e rege a vida em todas as suas formas.

(B) A Constituição da República conferiu tratamento especial ao meio ambiente, dedicando a esse um capítulo específico, incluído no Título "Da Ordem Social".

(C) A proteção do meio ambiente, o combate à poluição e a preservação das florestas, da fauna e da flora são de competência comum da União, dos Estados, dos Municípios e do Distrito Federal.

(D) União, Estados, Municípios e Distrito Federal têm competência comum para proteger os documentos, as obras e outros bens de valor histórico, artístico e cultural, os monumentos, as paisagens naturais notáveis e os sítios arqueológicos, bem como para preservar as florestas, a fauna e a flora.

(E) As normas para a cooperação entre União, Estados, Municípios e o Distrito Federal no exercício de sua competência executiva comum para proteger o meio ambiente deverão ser fixadas por decreto federal.

A: correta (art. 3º, I, da Lei 6.938/1981); **B:** correta (Título VIII, Capítulo VI – art. 225 da CF); **C:** correta (art. 23, VI e VII, da CF); **D:** correta (art. 23, IV e VII, da CF); **E:** incorreta, devendo ser assinalada. As normas de cooperação deverão ser fixadas por leis complementares (art. 23, parágrafo único, da CF).

Gabarito "E"

(Promotor de Justiça/MS – 2013 – FADEMS) À luz da competência para legislar em matéria ambiental, é **correto** afirmar que:

(A) Em matéria ambiental, não há competência legislativa privativa e suplementar do Município.

(B) Os Estados, no âmbito da legislação concorrente, não podem legislar sobre matéria ainda não tratada pela União.

(C) Compete privativamente à União legislar sobre floresta, caça e pesca, com fulcro no princípio da prodominância do interesse

(D) As normas gerais no âmbito da competência concorrente são atribuídas à União.

(E) Mesmo que exista atuação normativa por parte da União, o Estado-membro também pode trata das normas gerais que não atendam somente suas peculiaridades.

A: incorreta, pois, em matéria de interesse local, a competência é privativa do Município (art. 30, I, da CF); ademais, o Município pode, sim, suplementar a legislação federal e estadual, no que couber (art. 30, II, da CF); **B:** incorreta, pois, nesse caso (de a União ainda não ter legislado sobre alguma matéria), os Estados podem legislar para atender às suas peculiaridades (art. 24, § 3º, da CF); naturalmente que, uma vez editada uma lei federal geral superveniente sobre o assunto, a legislação estadual correspondente terá sua eficácia suspensa no que for incompatível com a lei federal (art. 24, § 4º, da CF); **C:** incorreta, pois essa competência é concorrente da União, Estados e Distrito Federal (art. 24, VI, da CF); **D:** correta (art. 24, § 1º, da CF); **E:** incorreta, pois, nesse caso (de a União ter produzido normas gerais), o Estado não pode produzir outras normas gerais a título de atender a suas peculiaridades, pois isso só pode acontecer na hipótese de inexistir normas federais (art. 24, § 3º, da CF); porém, nada impede que os Estados suplementem a legislação federal (art. 24, § 2º, da CF), ou seja, tratem de aspecto não abordado na lei federal ou criem normas com vistas à aplicação local da lei federal.

Gabarito "D"

5. SISNAMA E PNMA

(OAB/Exame Unificado – 2011.1) Assinale a alternativa correta quanto ao licenciamento ambiental e ao acesso aos dados e informações existentes nos órgãos e entidades integrantes do Sisnama.

(A) A exigência de Estudo Prévio de Impacto Ambiental para aterros sanitários depende de decisão discricionária do órgão ambiental, que avaliará no caso concreto o potencial ofensivo da obra.
(B) Uma pessoa jurídica com sede na França poderá solicitar, aos órgãos integrantes do Sisnama, mediante requerimento escrito, mesmo sem comprovação de interesse específico, informações sobre resultados de monitoramento e auditoria nos sistemas de controle de poluição e de atividades potencialmente poluidoras das empresas brasileiras.
(C) Um cidadão brasileiro pode solicitar informações sobre a qualidade do meio ambiente em um município aos órgãos integrantes do Sisnama, mediante a apresentação de título de eleitor e comprovação de domicílio eleitoral no local.
(D) Caso a área que sofrerá o impacto ambiental seja considerada estratégica para o zoneamento industrial nacional de petróleo e gás e em áreas do pré-sal, o órgão ambiental poderá elaborar estudo prévio de impacto ambiental sigiloso.

A: incorreta, pois o EIA/RIMA no caso de aterro sanitário é obrigatório (art. 2º, X, da Resolução CONAMA n. 1/1986); **B:** assertiva considerada correta, muito provavelmente pela interpretação bem extensiva do *princípio da informação*, que permeia o Direito Ambiental; todavia, a Lei 10.650/2003, que trata especificamente sobre o assunto, estabelece que apenas o "indivíduo" terá direito às informações de que trata o enunciado da questão; a "pessoa jurídica estrangeira", portanto, não teria legitimidade para fazer a solicitação mencionada, de modo que a questão em tela é, no mínimo, polêmica; **C:** incorreta, pois a Lei 10.650/2003 (art. 2º, § 1º) estabelece que qualquer indivíduo tem legitimidade para esse requerimento, não sendo necessário que se trate de um cidadão, ou seja, aquele que está com os direitos políticos em dia; **D:** incorreta, pois o EIA/RIMA é feito pelo empreendedor, e não por órgão público; ademais, a regra é ser o EIA/RIMA público, e não sigiloso; o sigilo só é admitido em caso de sigilo industrial, sendo necessária a devida justificativa (art. 11 da Resolução CONAMA n. 1/1986).

Gabarito "B".

(OAB/Exame Unificado – 2009.1) Com base na disciplina legal sobre a política de desenvolvimento urbano, julgue os itens a seguir.

I. Compete aos Municípios instituir diretrizes para o desenvolvimento urbano, incluindo-se habitação, saneamento básico e transportes urbanos.
II. O plano diretor, instrumento básico da política de desenvolvimento e expansão urbana, é obrigatório para as cidades com mais de vinte mil habitantes, para as que pertencem a regiões metropolitanas e aglomerações urbanas e para as que integram área de especial interesse turístico.
III. Aquele que possuir, como sua, área ou edificação urbana de até duzentos e cinquenta metros quadrados, por cinco anos, ininterruptamente e sem oposição, utilizando-a para sua moradia ou de sua família, adquirir-lhe-á o domínio, desde que não seja proprietário de outro imóvel urbano ou rural.
IV. Compete aos Municípios, como executores da política de desenvolvimento urbano e no exercício de sua autonomia legislativa, editar normas gerais de direito urbanístico.

Estão certos apenas os itens

(A) I e II.
(B) I e IV.
(C) II e III.
(D) III e IV.

I: incorreta, a competência é da União (art. 21, XX, da CF); **II:** correta (arts. 40 e 41 da Lei 10.257/2001); **III:** correta (art. 9º da Lei 10.257/2001); **IV:** incorreta, o Município não possui essa competência (art. 24, I, da CF).

Gabarito "C".

(OAB/Exame Unificado – 2008.1) Quanto à constituição e ao funcionamento do Conselho Nacional do Meio Ambiente (CONAMA), julgue os itens que se seguem.

I. A participação dos membros do CONAMA é considerada serviço de natureza relevante e não será remunerada, cabendo às instituições representadas o custeio das despesas de deslocamento e estadia.
II. O CONAMA é composto pelo plenário, pelas câmaras técnicas e pelos diretórios regionais de políticas socioambientais.
III. Nesse Conselho, é obrigatória a presença de um representante de sociedade civil legalmente constituída, de cada uma das regiões geográficas do país, cuja atuação esteja diretamente ligada à preservação da qualidade ambiental e cadastrada no Cadastro Internacional das Organizações Não Governamentais Ambientalistas.

Assinale a opção correta.

(A) Apenas o item I está certo.
(B) Apenas o item II está certo.
(C) Apenas o item III está certo.
(D) Todos os itens estão certos.

I: correto (art. 6º, § 4º, do Decreto 99.274/1990); **II:** incorreto, O CONAMA é composto pelo plenário, câmaras técnicas, câmara especial recursal, comitê de integração de políticas ambientais, grupos de trabalho e grupos assessores (art. 4º do Decreto 99.274/1990); **III:** incorreto. É composto por 21 representantes de entidades de trabalhadores e da sociedade civil (art. 5º, VIII, do Decreto 99.274/1990).

Gabarito "A".

(FGV – 2014) A Lei n. 6.938/1981 trouxe importantes inovações no que diz respeito à legislação ambiental.

Com relação ao tema acima, analise as afirmativas a seguir.

I. O conceito de poluição contido no art. 3º, inciso III, afirma que o dano ambiental não se limita ao dano ecológico puro, tendo objeto mais amplo, que inclui os aspectos naturais, culturais e individuais.
II. Em matéria de dano ambiental, a Lei em comento adota o regime da responsabilidade objetiva, sendo imprescindível o nexo causal entre a fonte poluidora e o dano advindo dela.
III. São os únicos Instrumentos da Política Nacional do Meio Ambiente: o estabelecimento de padrões de

qualidade ambiental, o zoneamento ambiental, a avaliação de impactos ambientais, o licenciamento e a revisão de atividades efetiva ou potencialmente poluidoras.

Assinale:

(A) se somente a afirmativa I estiver correta.
(B) se somente a afirmativa III estiver correta.
(C) se somente as afirmativas I e II estiverem corretas.
(D) se somente as afirmativas II e III estiverem corretas.
(E) se todas as afirmativas estiverem corretas.

I: correta, dada a abrangência do conteúdo das alíneas do art. 3º da Lei 6.938/1981; **II:** correta (art. 14, § 1º, da Lei 6.938/1981); **III:** incorreta, pois também são instrumentos da Política Nacional do Meio Ambiente os incentivos à produção e instalação de equipamentos e a criação ou absorção de tecnologia, voltados para a melhoria da qualidade ambiental; a criação de espaços territoriais especialmente protegidos pelo Poder Público federal, estadual e municipal, tais como áreas de proteção ambiental, de relevante interesse ecológico e reservas extrativistas; o sistema nacional de informações sobre o meio ambiente; o Cadastro Técnico Federal de Atividades e Instrumentos de Defesa Ambiental; as penalidades disciplinares ou compensatórias ao não cumprimento das medidas necessárias à preservação ou correção da degradação ambiental; a instituição do Relatório de Qualidade do Meio Ambiente, a ser divulgado anualmente pelo Instituto Brasileiro do Meio Ambiente e Recursos Naturais Renováveis – IBAMA; a garantia da prestação de informações relativas ao Meio Ambiente, obrigando-se o Poder Público a produzi-las, quando inexistentes; o Cadastro Técnico Federal de atividades potencialmente poluidoras e/ou utilizadoras dos recursos ambientais; instrumentos econômicos, como concessão florestal, servidão ambiental, seguro ambiental e outros (art. 9º, V a XIII, da Lei 6.938/81).

Gabarito "C"

(FGV – 2008) Com base na PNMA, julgue as afirmativas a seguir.

I. Entende-se por recursos ambientais a atmosfera, as águas interiores, superficiais e subterrâneas, os estuários, o mar territorial, o solo, o subsolo, os elementos da biosfera, a fauna e a flora.
II. O órgão consultivo e deliberativo do SISNAMA é o Conselho Nacional do Meio Ambiente (CONAMA), com a finalidade de assessorar, estudar e propor ao Conselho de Governo diretrizes de políticas governamentais para o meio ambiente e os recursos naturais e deliberar, no âmbito de sua competência, sobre normas e padrões compatíveis com o meio ambiente ecologicamente equilibrado e essencial à sadia qualidade de vida
III. Compete ao CONAMA decidir, como última instância administrativa em grau de recurso, mediante depósito prévio, sobre as multas e outras penalidades impostas pelo Ibama.

Assinale:

(A) se nenhuma afirmativa estiver correta.
(B) se somente as afirmativas I e II estiverem corretas.
(C) se somente as afirmativas I e III estiverem corretas.
(D) se somente as afirmativas II e III estiverem corretas.
(E) se todas as afirmativas estiverem corretas.

I: correta (art. 3º, V, da Lei 6.938/1981); **II:** correta (art. 6º, II, da Lei 6.938/1981); **III:** incorreta, pois tal disposição, que estava prevista no art. 8º, III, da Lei 6.938/1981, foi revogada pela Lei 11.941/2009.

Gabarito "B"

(Juiz de Direito/PE – 2013 – FCC) A Lei Federal nº 6.938/1981 impõe a obrigatoriedade de licenciamento ambiental para as atividades consideradas "efetiva e potencialmente poluidoras", assim como as "capazes, sob qualquer forma, de causar degradação ambiental". Nesse contexto, as competências do Conselho Nacional do Meio Ambiente – CONAMA incluem, dentre outras,

(A) o estabelecimento de normas e critérios para o licenciamento, especificando quais atividades estarão a ele desde logo sujeitas, bem como o efetivo exercício do licenciamento ambiental, sempre que este estiver sob a alçada da União.
(B) a definição de quais entidades da Federação são competentes para o licenciamento ambiental, bem como o procedimento administrativo que deverá ser seguido em seus respectivos âmbitos.
(C) relacionar atividades que estão aprioristicamente sujeitas ao estudo de impacto ambiental (EIA), bem como disciplinar as espécies de licenças ambientais passíveis de expedição e suas respectivas hipóteses de cabimento.
(D) a fixação de critérios e padrões de qualidade do meio ambiente e a supervisão da atividade de licenciamento exercida pelos órgãos estaduais e municipais integrantes do Sistema Nacional do Meio Ambiente – SISNAMA.
(E) homologar o licenciamento ambiental a cargo de órgãos estaduais e municipais integrantes do Sistema Nacional do Meio Ambiente – SISNAMA e estabelecer normas e critérios para o licenciamento das atividades efetiva ou potencialmente poluidoras.

A: incorreta, pois o CONAMA, como órgão consultivo e deliberativo, tem competência para o estabelecimento de normas e padrões ambientais (arts. 6º, II, e 8º, I, da Lei 6.938/1981), mas não tem competência para promover o licenciamento ambiental, que é da alçada, na esfera federal, do IBAMA, órgão executor (art. 6º, IV, da Lei 6.938/81); **B:** incorreta, pois a Lei Complementar 140/2011 é que estabelece a competência de cada esfera federativa para o licenciamento ambiental (arts. 7º, XIV, 8º, XIV e XV, e 9º, XIV, da LC 140/2011); **C:** correta, desde que respeitado o disposto na LC 140/2011; **D:** incorreta, pois o CONAMA se limita a estabelecer as normas e critérios para o licenciamento (art. 8º, I, da Lei 6.938/1981); **E:** incorreta, pois o licenciamento ambiental em si não é da competência do CONAMA, e sim das entidades federativas (União, Estados e Municípios) mencionadas nos arts. 7º, XIV, 8º, XIV e XV, e 9º, XIV, da LC 140/2011.

Gabarito "C"

6. INSTRUMENTOS DE PROTEÇÃO E PROMOÇÃO DO MEIO AMBIENTE

(OAB/Exame Unificado – 2010.1) Assinale opção correta de acordo com as normas constitucionais sobre zoneamento ambiental.

(A) Os Estados podem, por lei complementar, instituir regiões metropolitanas, aglomerações urbanas e microrregiões, com a finalidade de integrar a organização, o planejamento e a execução de funções públicas de interesse comum. Para isso, precisam da concordância dos Municípios envolvidos, os quais devem aprovar leis municipais com o mesmo teor e conteúdo da lei estadual.
(B) Compete à União elaborar planos nacionais e regionais de ordenação do território e de desenvolvimento econômico e social.

(C) As zonas de uso predominantemente industrial destinam-se, preferencialmente, à localização de estabelecimentos industriais cujos resíduos sólidos, líquidos e gasosos, ruídos, vibrações e radiações possam causar danos à saúde, ao bem-estar e à segurança das populações, mesmo depois da aplicação de métodos adequados de combate e tratamento de efluentes.

(D) É da competência dos Estados a promoção, no que couber, do adequado ordenamento territorial mediante planejamento e controle do uso, do parcelamento e da ocupação do solo urbano.

A: Opção incorreta. O art. 25, § 3.º, da CF preceitua que "os Estados poderão, mediante lei complementar, instituir regiões metropolitanas, aglomerações urbanas e microrregiões, constituídas por agrupamentos de Municípios limítrofes, para integrar a organização, o planejamento e a execução de funções públicas de interesse comum". Não há, na legislação, qualquer referência à concordância dos Municípios ou à aprovação de leis municipais; **B:** Opção correta. De acordo com o art. 21, IX, da CF, compete à União "elaborar e executar planos nacionais e regionais de ordenação do território e de desenvolvimento econômico e social"; **C:** Opção incorreta. Segundo o art. 2.º da Lei n. 6.803/1980, as zonas com essas características são as zonas de uso estritamente industrial. As zonas de uso predominantemente industrial, nos termos do art. 3.º da mencionada lei, têm destinação diversa; **D:** Opção incorreta. Nos termos do que determina o art. 30, VIII, da CF, compete aos municípios "promover, no que couber, adequado ordenamento territorial, mediante planejamento e controle do uso, do parcelamento e da ocupação do solo urbano".

Gabarito "B".

(OAB/Exame Unificado – 2008.1) São instrumentos da Política Nacional do Meio Ambiente

I. o estabelecimento de padrões de qualidade ambiental e o zoneamento ambiental.

II. a avaliação de impacto ambiental e o licenciamento e a revisão de atividades efetivamente ou potencialmente poluidoras.

III. os incentivos à produção e instalação de equipamentos e a criação ou absorção de tecnologia, voltados para a melhoria da qualidade ambiental e a criação de espaços territoriais especialmente protegidos pelo poder público federal, estadual e municipal, tais como áreas de proteção ambiental de relevante interesse ecológico e reservas extrativistas.

Assinale a opção correta.

(A) Apenas os itens I e II estão certos.
(B) Apenas os itens I e III estão certos.
(C) Apenas os itens II e III estão certos.
(D) Todos os itens estão certos.

I: correta (art. 9º, I e II, da Lei 6.938/1981); **II:** correta (art. 9º, III e IV, da Lei 6.938/1981); **III:** correta (art. 9º, V e VI, da Lei 6.938/1981).

Gabarito "D".

(FGV – 2008) A respeito do Zoneamento Ambiental Urbano, julgue as definições a seguir:

I. As Zonas de Uso Industrial são aquelas cuja localização se dá em função de um planejamento econômico resultante de determinada política do governo.

II. As Zonas de Uso Predominantemente Industrial são destinadas preferencialmente à localização de estabelecimentos industriais cujos resíduos sólidos, líquidos e gasosos, ruídos, vibrações e radiações possam causar perigo à saúde, ao bem-estar e à segurança da população, independente da aplicação adequada de métodos de controle de efluentes.

III. As Zonas de Uso Estritamente Ambiental se destinam preferencialmente à instalação de indústrias cujos processos, submetidos a métodos adequados de controle e tratamento de efluentes, não causem incômodos sensíveis às demais atividades urbanas e nem perturbem o repouso das populações.

Assinale:

(A) se nenhuma afirmativa estiver correta.
(B) se somente a afirmativa I estiver correta.
(C) se somente a afirmativa II estiver correta.
(D) se somente a afirmativa III estiver correta.
(E) se todas as afirmativas estiverem corretas.

I: correta, pois tais zonas têm sua localização determinada em função de planejamento econômico do governo, como demonstram as regras estabelecidas nos arts. 6º a 11 da Lei 6.803/1980; **II:** incorreta, pois a lei define *zonas de uso predominantemente **industrial*** como aquelas que se destinam preferencialmente "*à instalação de indústrias cujos processos, submetidos a métodos adequados de controle e tratamento de efluentes, não causem incômodos sensíveis às demais atividades urbanas e nem perturbem o repouso noturno das populações*" (art. 3º da Lei 6.803/1980); **III:** incorreta, pois não existe, na Lei 6.803/1980, definição de *zonas de uso estritamente **ambiental***; aliás, se existisse tal definição, certamente não haveria uso industrial algum nesse tipo de zona, mesmo que se tratasse de um uso industrial que não causasse incômodo sensível às pessoas; vale ressaltar que a lei mencionada define a *zona de uso estritamente **industrial*** como aquela que se destina "*preferencialmente à localização de estabelecimentos industriais cujos resíduos sólidos, líquidos e gasosos, ruídos, vibrações, emanações e radiações possam causar perigo à saúde, ao bem-estar e à segurança das populações, mesmo depois da aplicação de métodos adequados de controle e tratamento de efluentes, nos termos da legislação vigente*" (art. 2º, *caput*); a definição lançada na afirmativa em análise, corresponde, na verdade, à definição legal de *zonas de uso predominantemente **industrial*** (art. 3º, *caput*).

Gabarito "B".

(FGV – 2005) Tendo em vista o que dispõe o art. 8º da Lei 6.902/1981, sobre áreas reservadas a proteção ambiental, assinale a alternativa correta.

(A) É ilimitada a implantação de indústrias com potencial de vir a poluir ou afetar a atmosfera.
(B) É limitado o exercício de atividades capazes de provocar a aceleração de erosão da terra ou acentuado assoreamento das águas existentes.
(C) É limitado o exercício de atividades que ameacem a extinção de área que tenha por objetivo proteger determinado ecossistema.
(D) É ilimitado o exercício de atividades de indústria que ponham em risco o ecossistema e seus mananciais de água.
(E) É ilimitada a implantação de indústrias ou atividades que não ponham em risco de alteração as condições ecológicas locais.

As áreas de proteção ambiental de que trata a Lei 6.902/1981 estarão sujeitas a normas do Poder Executivo limitando ou proibindo as seguintes condutas: "a) a implantação e o funcionamento de indústrias potencialmente poluidoras, capazes de afetar mananciais de água; b) a realização de obras de terraplenagem e a abertura de canais, quando essas iniciativas importarem em sensível alteração das condições ecológicas locais; *c) o exercício de atividades capazes de provocar uma acelerada erosão das terras e/ou um acentuado assoreamento das coleções hídricas;* d) o exercício de atividades que ameacem extinguir na área protegida as espécies raras da biota regional." (art. 9º da Lei 6.902/1981)

Gabarito "B"

7. LICENCIAMENTO AMBIENTAL E EIA/RIMA

Para resolver as questões sobre Licenciamento Ambiental e EIA/RIMA, segue um resumo da matéria:

O **licenciamento ambiental** pode ser **conceituado** como *o procedimento administrativo destinado a licenciar atividades ou empreendimentos utilizadores de recursos ambientais, efetiva ou potencialmente poluidores ou capazes, sob qualquer forma, de causar degradação ambiental* (art. 2º, I, da Lei Complementar 140/2011). Assim, toda vez que uma determinada atividade puder causar degradação ambiental, além das licenças administrativas pertinentes, o responsável pela atividade deve buscar a necessária licença ambiental também.

A **regulamentação** do licenciamento ambiental compete ao CONAMA, que expede normas e critérios para o licenciamento. A Resolução n. 237/1997 do órgão traz as normas gerais de licenciamento ambiental. Há também sobre o tema o Decreto 99.274/1990 e a Lei Complementar 140/2011, que trata da cooperação dos entes políticos para o exercício da competência comum em matéria ambiental, e consagrou a maior parte das disposições da Resolução CONAMA 237/1997, colocando ponto final sobre qualquer dúvida que existisse sobre a competência do Município para o exercício do licenciamento ambiental em casos de impacto ambiental local.

Já a **competência** para executar o licenciamento ambiental é assim dividida:

a) **impacto nacional e regional:** é do IBAMA, com a colaboração de Estados e Municípios. O IBAMA poderá delegar sua competência aos Estados, se o dano for regional, por convênio ou lei. Assim, a competência para o licenciamento ambiental de uma obra do porte da transposição do Rio São Francisco é do IBAMA.
b) **impacto em dois ou mais municípios (impacto microrregional):** é dos estados-membros. Por exemplo, uma estrada que liga 6 municípios de um mesmo estado-membro.
c) **impacto local:** é do Município. Por exemplo, o licenciamento para a construção de um prédio de apartamentos. A Lei Complementar 140/2011, em seu art. 9º, XIV, estabelece que o Município promoverá o licenciamento ambiental das atividades ou empreendimentos localizados em suas unidades de conservação e também das demais atividades e empreendimentos que causem ou possam causar impacto ambiental local, conforme tipologia definida pelos respectivos Conselhos Estaduais do Meio Ambiente, considerados os critérios de porte, potencial poluidor e natureza da atividade. A Resolução n. 237/1997 permite que, por convênio ou lei, os Municípios recebam delegação dos estados para determinados licenciamentos, desde que tenha estrutura para tanto.

Há três **espécies** de licenciamento ambiental (art. 19 do Decreto 99.274/1990):

a) **Licença Prévia (LP):** *é o ato que aprova a localização, a concepção do empreendimento e estabelece os requisitos básicos a serem atendidos nas próximas fases*; trata-se de licença ligada à fase preliminar de planejamento da atividade, já que traça diretrizes relacionadas à localização e instalação do empreendimento. Por exemplo, em se tratando do projeto de construir um empreendimento imobiliário na beira de uma praia, esta licença disporá se é possível o empreendimento no local e, em sendo, quais os limites e quais as medidas que deverão ser tomadas, como construção de estradas, instalação de tratamento de esgoto próprio etc. Essa licença tem validade de até 5 anos.
b) **Licença de Instalação (LI):** é o *ato que autoriza a implantação do empreendimento, de acordo com o projeto executivo aprovado.* Depende da demonstração de possibilidade de efetivação do empreendimento, analisando o projeto executivo e eventual estudo de impacto ambiental. Essa licença autoriza as intervenções no local. Permite que as obras se desenvolvam. Sua validade é de até 6 anos.
c) **Licença de Operação (LO):** *é o ato que autoriza o início da atividade e o funcionamento de seus equipamentos de controle de poluição, nos termos das licenças anteriores.* Aqui, o empreendimento já está pronto e pode funcionar. A licença de operação só é concedida se for constado o respeito às licenças anteriores, bem como se não houver perigo de dano ambiental, independentemente das licenças anteriores. Sua validade é de 4 a 10 anos.

É importante ressaltar que a **licença ambiental**, diferentemente da licença administrativa (por ex., licença para construir uma casa), apesar de normalmente envolver competência vinculada, tem prazo de validade definida e não gera direito adquirido para seu beneficiário. Assim, de tempos em tempos, a licença ambiental deve ser renovada. Além disso, mesmo que o empreendedor tenha cumprido os requisitos da licença, caso, ainda assim, tenha sido causado dano ao meio ambiente, a existência de licença em seu favor não o exime de reparar o dano e de tomar as medidas adequadas à recuperação do meio ambiente.

O **licenciamento ambiental**, como se viu, é obrigatório para todas as atividades que utilizam recursos ambientais, em que há possibilidade de se causar dano ao meio ambiente. Em processos de licenciamento ambiental é comum se proceder a Avaliações de Impacto Ambiental (AIA). Há, contudo, atividades que, potencialmente, podem causar danos *significativos* ao meio ambiente, ocasião em que, além do licenciamento, deve-se proceder a uma AIA mais rigorosa e detalhada, denominada Estudo de Impacto Ambiental (EIA), que será consubstanciado no Relatório de Impacto Ambiental (RIMA).

O **EIA** pode ser **conceituado** como *o estudo prévio das prováveis consequências ambientais de obra ou atividade, que deve ser exigido pelo Poder Público, quando estas forem potencialmente causadoras de significativa degradação do meio ambiente* (art. 225, § 1º, IV, CF). Destina-se a averiguar as alterações nas propriedades do local e de que forma tais alterações podem afetar as pessoas e o meio ambiente, o que permitirá ter uma ideia acerca da viabilidade da obra ou atividade que se deseja realizar.

O Decreto 99.274/1990 conferiu ao CONAMA atribuição para traçar as regras de tal estudo. A Resolução 1/1986, desse órgão, traça tais diretrizes, estabelecendo, por exemplo, um rol exemplificativo de atividades que devem passar por um EIA, apontando-se, dentre outras, a implantação de estradas com duas ou mais faixas de rolamento, de ferrovias, de portos, de aterros sanitários, de usina de geração de eletricidade, de distritos industriais etc.

O EIA trará conclusões quanto à fauna, à flora, às comunidades locais, dentre outros aspectos, devendo ser realizado por equipe multidisciplinar, que, ao final, deverá redigir um relatório de impacto ambiental (RIMA), o qual trará os levantamentos e conclusões feitos, devendo o órgão público licenciador receber o relatório para análise das condições do empreendimento.

O empreendedor é quem **escolhe** os componentes da equipe e é quem **arca** com os custos respectivos. Os profissionais que farão o trabalho terão todo interesse em agir com correção, pois fazem seus relatórios sob as penas da lei. Como regra, o estudo de impacto ambiental e seu relatório são **públicos**, podendo o interessado solicitar sigilo industrial, fundamentando o pedido.

O EIA normalmente é exigido **antes** da licença prévia, mas é cabível sua exigência mesmo para empreendimentos já licenciados.

(OAB/Exame Unificado – 2015.3) Determinada sociedade empresária consulta seu advogado para obter informações sobre as exigências ambientais que possam incidir em seus projetos, especialmente no que tange à apresentação e aprovação de Estudo Prévio de Impacto Ambiental e seu respectivo Relatório (EIA/RIMA). Considerando a disciplina do EIA/RIMA pelo ordenamento jurídico, assinale a afirmativa correta.

(A) O EIA/RIMA é um estudo simplificado, integrante do licenciamento ambiental, destinado a avaliar os impactos ao meio ambiente natural, não abordando impactos aos meios artificial e cultural, pois esses componentes, segundo pacífico entendimento doutrinário e jurisprudencial, não integram o conceito de "meio ambiente".

(B) O EIA/RIMA é exigido em todas as atividades e empreendimentos que possam causar impactos ambientais, devendo ser aprovado previamente à concessão da denominada Licença Ambiental Prévia.

(C) O EIA/RIMA, além de ser aprovado entre as Licenças Ambientais Prévia e de Instalação, tem a sua metodologia e o seu conteúdo regrados exclusivamente por Resoluções do Conselho Nacional do Meio Ambiente (CONAMA), podendo a entidade / o órgão ambiental licenciador dispensá-lo segundo critérios discricionários e independentemente de fundamentação, ainda que a atividade esteja prevista em Resolução CONAMA como passível de EIA/RIMA.

(D) O EIA-RIMA é um instrumento de avaliação de impactos ambientais, de natureza preventiva, exigido para atividades/empreendimentos não só efetiva como potencialmente capazes de causar significativa degradação, sendo certo que a sua publicidade é uma imposição Constitucional (CRFB/1988).

A: incorreta, pois o EIA/RIMA é um estudo complexo, é prévio ao licenciamento e abrange todos as facetas do meio ambiente, inclusive a relativa aos meios ambientes artificial e cultural; **B:** incorreta, pois o EIA/RIMA só é exigido em atividades e empreendimentos que possam causar **significativo** impacto ambiental (art. 225, IV, da CF); **C:** incorreta, pois se trata de um estudo prévio ao licenciamento (art. 225, IV, da CF), previsto não só em resoluções do CONAMA, como também na CF, em leis e em decretos, sendo que é um procedimento obrigatório, e não discricionário, caso esteja previsto como tal em resolução do CONAMA; **D:** correta, nos termos do art. 225, IV, da CF.

Gabarito "D"

(OAB/Exame Unificado – 2015.1) Miguel, empreendedor particular, tem interesse em dar início à construção de edifício comercial em área urbana de uma grande metrópole. Nesse sentido, consulta seu advogado e indaga sobre quais são as exigências legais para o empreendimento.

Sobre a situação apresentada, assinale a afirmativa correta.

(A) Não é necessária a realização de estudo de impacto ambiental, por ser área urbana, ou estudo de impacto de vizinhança, uma vez que não foi editada até hoje lei complementar exigida pela Constituição para disciplinar a matéria.

(B) É necessário o estudo prévio de impacto ambiental, anterior ao licenciamento ambiental, a ser efetivado pelo município, em razão de o potencial impacto ser de âmbito local.

(C) É necessária a realização de estudo de impacto de vizinhança, desde que o empreendimento esteja compreendido no rol de atividades estabelecidas em lei municipal.

(D) É necessária a realização de estudo de impacto ambiental, o qual não será precedido necessariamente por licenciamento ambiental, uma vez que a atividade não é potencialmente causadora de impacto ambiental.

A: incorreta, pois já foi editada a lei complementar em questão (LC 140/2011); **B** e **D:** incorretas, pois o estudo de impacto ambiente (EIA/RIMA) só é necessário em caso de significativo impacto ambiental, não havendo elementos no enunciado da questão para dizer que o caso é dessa natureza, tudo levando a crer, inclusive, de que não seja, por ser um mero edifício comercial; vale lembrar que o licenciamento ambiental é procedimento obrigatório toda vez que o empreendimento puder causar impacto ambiental (não sendo necessário que se trate impacto significativo, como é o caso do EIA/RIMA), de modo que o licenciamento ambiental sempre existe quando se tem necessidade de EIA/RIMA, mas o contrário não é verdade e, quando é, o EIA/RIMA é sempre anterior ao licenciamento ambiental; **C:** correta (art. 36 do Estatuto da Cidade – Lei 10.257/2001); **D:** incorreta.

Gabarito "C"

(OAB/Exame Unificado – 2014.3) Antes de dar início à instalação de unidade industrial de produção de roupas no Município X, Julio Cesar consulta seu advogado acerca dos procedimentos prévios ao começo da construção e produção. Considerando a hipótese, assinale a afirmativa correta.

(A) Caso a unidade industrial esteja localizada em terras indígenas, ela não poderá ser instalada.

(B) Caso a unidade industrial esteja localizada e desenvolvida em dois estados da federação, ambos terão competência para o licenciamento ambiental.

(C) Caso inserida em qualquer Unidade de Conservação, a competência para o licenciamento será do IBAMA.

(D) Caso o impacto seja de âmbito local, a competência para o licenciamento ambiental será do Município.

A: incorreta, pois admite-se a instalação em terra indígena, desde que devidamente licenciada pela União (art. 7º, XIV, "c", da LC 140/2011); **B:** incorreta, pois nesse tipo de caso a competência é da União (art. 7º, XIV, "e", da LC 140/2011); **C:** incorreta, pois a competência será da União quando o empreendimento ou atividade estiver localizado em unidades de conservação instituídas pela União (art. 7º, XIV, "d", da LC 140/2011), será dos Estados quando localizados em unidades instituí-das pelos Estados (art. 8º, XV, da LC 140/2011) e será dos Municípios quando localizados em unidades instituídas pelos Municípios (art. 9º, XIV, "b", da LC 140/11); **D:** correta (art. 9º, XIV, "a", da LC 140/2011).

Gabarito "D"

(OAB/Exame Unificado – 2014.2) Kellen, empreendedora individual, obtém, junto ao órgão municipal, licença de instalação de uma fábrica de calçados. A respeito da hipótese formulada, assinale a afirmativa correta.

(A) A licença não é válida, uma vez que os municípios têm competência para a análise de estudos de impacto ambiental, mas não para a concessão de licença ambiental.

(B) Com a licença de instalação obtida, a fábrica de calçados poderá iniciar suas atividades de produção, gerando direito adquirido pelo prazo mencionado na licença expedida pelo município.

(C) A licença é válida, porém não há impedimento que um Estado e a União expeçam licenças relativas ao mesmo empreendimento, caso entendam que haja impacto de âmbito regional e nacional, respectivamente.

(D) Para o início da produção de calçados, é imprescindível a obtenção de licença de operação, sendo concedida após a verificação do cumprimento dos requisitos previstos nas licenças anteriores.

A: incorreta, pois os municípios têm competência para a concessão de licença ambiental nos casos de atividades que causam impacto ambiental local (art. 9º, XIV, "a", da LC 140/2011), desde que tenham conselho municipal do meio ambiente e órgão capacitado a executar as atividades (art. 15, II, da LC 140/2011); **B:** incorreta, pois somente a licença de operação é que permite o início das atividades de produção (art. 19, III, do Decreto Federal 99.274/1990); **C:** incorreta, pois o art. 13, *caput*, da Lei Complementar 140/11 consagra o princípio da unicidade, pelo qual os empreendimentos e atividades são licenciados ou autorizados, ambientalmente, por um único ente federativo. Os demais entes interessados podem se manifestar junto ao órgão responsável pela licença ou autorização, de maneira não vinculante, respeitados os prazos e procedimentos do licenciamento ambiental; **D:** correta (art. 19, III, do Decreto Federal 99.274/1990).

Gabarito "D"

(OAB/Exame Unificado – 2012.3.A) A Lei Complementar n. 140 de 2011 fixou normas para a cooperação entre os entes da federação nas ações administrativas decorrentes do exercício da competência comum relativas ao meio ambiente. Sobre esse tema, assinale a afirmativa correta.

(A) Compete à União aprovar o manejo e a supressão de vegetação, de florestas e formações sucessoras em reas de Preservação Ambientais – APAs.

(B) Compete aos Estados e ao Distrito Federal controlar a introdução no País de espécies exóticas potencialmente invasoras que possam ameaçar os ecossistemas, habitats e espécies nativas.

(C) Compete aos municípios gerir o patrimônio genético e o acesso ao conhecimento tradicional associado, respeitadas as atribuições setoriais.

(D) Compete à União aprovar a liberação de exemplares de espécie exótica da fauna e da flora em ecossistemas naturais frágeis ou protegidos.

A: incorreta, pois a definição do ente federativo responsável pelo licenciamento ambiental e também pela autorização para aprovar o manejo e a supressão de vegetação varia de acordo com os critérios previstos na Lei Complementar 140/2011, podendo ser da União, dos Estados ou dos Municípios (art. 12, parágrafo único, da LC 140/2011), não sendo, assim, da alçada exclusiva da União; **B:** incorreta, pois compete à União (art. 7º, XVII, da LC 140/2011); **C:** incorreta, pois compete à União (art. 7º, XXIII, da LC 140/2011); **D:** correta (art. 7º, XVIII, da LC 140/2011).

Gabarito "D"

(OAB/Exame Unificado – 2012.3.B)A respeito dos princípios aplicáveis ao Licenciamento e ao Estudo Prévio de Impacto Ambiental (EIA), assinale a afirmativa correta.

(A) O licenciamento ambiental é norteado pelos princípios da informação e da participação popular. Logo, a audiência pública é uma etapa fixa do processo de avaliação ambiental, não podendo ser dispensada pelo órgão ambiental competente.

(B) O licenciamento ambiental e o estudo prévio de impacto ambiental devem preceder toda obra em área pública, em razão do princípio da função socioambiental da propriedade.

(C) O licenciamento ambiental pode ocorrer sem que haja audiência pública. Porém, havendo EIA, esta pode ser realizada de ofício pelo órgão ambiental ao julgar necessária ou requerida por, no mínimo, 50 cidadãos, por entidade civil ou pelo Ministério Público, em razão dos princípios da informação e da participação popular.

(D) O licenciamento ambiental se baseia no princípio da prevenção de danos. Logo, só atividades em que haja certeza científica e inconteste de degradação ambiental estão sujeitas ao estudo prévio de impacto ambiental.

A: incorreta, pois a audiência pública não é etapa fixa do processo de avaliação ambiental; até mesmo em EIA/RIMA, estudo muito mais abrangente do que uma avaliação ambiental simples, não há essa obrigatoriedade absoluta, já que a norma estabelece que "sempre que julgar necessário, ou quando for solicitado por entidade civil, pelo Ministério Público, ou por 50 (cinquenta) ou mais cidadãos, o órgão de Meio Ambiente promoverá a realização de audiência pública" (art. 2º, *caput*, da Resolução CONAMA n. 9/1987); **B**: incorreta, pois, seja obra pública, seja obra privada, o licenciamento ambiental é necessário apenas quando uma atividade puder causar degradação ambiental e o estudo de impacto ambiental é necessário toda vez que uma atividade puder causar significativa degradação ambiental; **C**: correta (art. 2º, *caput*, da Resolução CONAMA n. 9/1987); **D**: incorreta, pois, pelo princípio da precaução, em casos de incerteza científica de degradação ambiental, também será necessário licenciamento ambiental.

Gabarito "C"

(OAB/Exame Unificado – 2013.2) Técnicos do IBAMA, autarquia federal, verificaram que determinada unidade industrial, licenciada pelo Estado no qual está localizada, está causando degradação ambiental significativa, vindo a lavrar auto de infração pelos danos cometidos.

Sobre o caso apresentado e aplicando as regras de licenciamento e fiscalização ambiental previstas na Lei Complementar n. 140/2011, assinale a afirmativa correta.

(A) Há irregularidade no licenciamento ambiental, uma vez que em se tratando de atividade que cause degradação ambiental significativa, o mesmo deveria ser realizado pela União.

(B) É ilegal a fiscalização realizada pelo IBAMA, que só pode exercer poder de polícia de atividades licenciadas pela União, em sendo a atividade regularmente licenciada pelo Estado.

(C) É possível a fiscalização do IBAMA o qual pode, inclusive, lavrar auto de infração, que, porém, não prevalecerá caso o órgão estadual de fiscalização também lavre auto de infração.

(D) Cabe somente à União, no exercício da competência de fiscalização, adotar medidas para evitar danos ambientais iminentes, comunicando imediatamente ao órgão competente, em sendo a atividade licenciada pelo Estado.

A: incorreta, pois compete à União fazer o licenciamento ambiental nos casos previstos no art. 7º, XIV, da Lei Complementar 140/2011 e o simples fato de uma degradação ambiental ser significativa não está previsto no dispositivo em questão como hipótese de competência federal; vale lembrar que, em caso de impacto local (conforme definido em resoluções dos Conselhos Estaduais do Meio Ambiente), a competência é do Município (art. 9º, XIV, da LC 140/2011), nos casos previstos no art. 7º, XIV, da LC 140/2011, da União e, nos demais casos, a competência para o licenciamento ambiental é dos Estados (art. 8º, XIV, da LC 140/2011); **B**: incorreta; normalmente o ente que tiver promovido o licenciamento ambiental é quem vai fazer a fiscalização, o poder de polícia, para apurar as infrações à legislação ambiental no local (art. 17, *caput*, da LC 140/2011); porém, tal regra "não impede o exercício pelos entes federativos da atribuição comum de fiscalização da conformidade de empreendimentos e atividades efetiva ou potencialmente poluidores ou utilizadores de recursos naturais com a legislação ambiental em vigor, prevalecendo o auto de infração ambiental lavrado por órgão que detenha a atribuição de licenciamento ou autorização" para o caso (art. 17, § 3º, da LC 140/2011); **C**: correta (art. 17, § 3º, da LC 140/2011), lembrando que o IBAMA é autarquia criada pela União para atuar nesse segmento; **D**: incorreta, pois nesse tipo de caso (iminência de dano ambiental), o próprio ente federativo que tiver conhecimento do fato (no caso, a União) deverá determinar as providências para evitá-la, cessá-la ou mitigá-la, comunicando imediatamente ao órgão competente para as providências cabíveis (art. 17, § 2º, da LC 140/2011).

Gabarito "C"

(OAB/Exame Unificado – 2012.1) Um *shopping center*, que possui cerca de 250 lojas e estacionamento para dois mil veículos, foi construído há doze anos sobre um antigo aterro sanitário e, desde sua inauguração, sofre com a decomposição de material orgânico do subsolo, havendo emissão diária de gás metano, em níveis considerados perigosos à saúde humana, podendo causar explosões. Em razão do caso exposto, assinale a alternativa correta:

(A) Como o *shopping* foi construído há mais de cinco anos, a obrigação de elaborar estudo prévio de impacto ambiental e de se submeter a licenciamento já prescreveu. Assim, o empreendimento poderá continuar funcionando.

(B) A licença de operação ambiental tem prazo de validade de dez anos. Logo, o *shopping* já cumpriu com suas obrigações referentes ao licenciamento e ao estudo prévio de impacto ambiental, e poderá continuar com suas atividades regularmente.

(C) A decomposição de material orgânico continua ocorrendo, e é considerada perigosa à saúde humana e ao meio ambiente. Logo, o *shopping center* em questão poderá ser obrigado pelo órgão ambiental competente a adotar medidas para promover a dispersão do gás metano, de forma a minimizar ou anular os riscos ambientais, mesmo que já possua licença de operação válida.

(D) Caso o *shopping center* possua licença de operação válida, não poderá ser obrigado pelo órgão ambiental competente, no caso exposto, a adotar novas medidas para a dispersão do gás metano. Apenas no momento da renovação de sua licença de operação poderá ser obrigado a adquirir novo equipamento para tal fim.

A: incorreta, pois as obrigações mencionadas são permanentes em matéria ambiental, não prescrevendo; prova disso são os fatos de que a pretensão de reparação civil ambiental é imprescritível e de que as licenças ambientais são sempre temporárias, o que, neste caso, impõe que os empreendedores estejam sempre tendo que pedir ou renovar a licença ambiental; **B**: incorreta; primeiro porque o shopping já tem 12 anos e, caso tenha sido exigida a licença de operação, esta, se fosse de 10 anos, já estaria vencida; segundo porque a licença de operação nem sempre tem prazo de validade de 10 anos; o art. 18, III, da Resolução CONAMA n. 237/1997 estabelece que o prazo da licença de operação variará de 04 (quatro) a 10 (dez) anos; **C**: correta, considerando os argumentos apresentados na resposta à alternativa "**A**"; **D**: incorreta, pois, mesmo diante de uma licença de operação ainda em validade, "o órgão ambiental competente, mediante decisão motivada, poderá modificar os condicionantes e as medidas de controle e adequação, suspender ou cancelar uma licença expedida, quando ocorrer", por exemplo, "superveniência de graves riscos ambientais e de saúde" (art. 19, III, da Resolução CONAMA n. 237/1997).

Gabarito "C"

(OAB/Exame Unificado – 2011.3.B) Uma empresa de telefonia celular deseja instalar uma antena próxima a uma floresta localizada no município de Cantinho Feliz. A antena produzirá uma quantidade significativa de energia eletromagnética. Com base no exposto, assinale a alternativa correta.

(A) Como a energia é incolor e inodora, e é praticamente imperceptível a olho nu, não pode ser considerada potencialmente poluente. Logo, o Poder Público não pode exigir licenciamento e estudo prévio de impacto ambiental à empresa de telefonia, porque não há como comprovar o risco de impacto ambiental.

(B) Como não há certeza científica sobre a existência de riscos ambientais causados pela poluição eletromagnética, o princípio da prevenção deve ser invocado, e a empresa de telefonia deverá solicitar ao Município de Cantinho Feliz que faça o licenciamento e que elabore o estudo prévio de impacto ambiental.

(C) O direito ao meio ambiente ecologicamente equilibrado é visto pelos tribunais superiores como um direito fundamental e possui viés antropocêntrico. Logo, se a área não for habitada por seres humanos, o Poder Público não poderá exigir licenciamento e estudo prévio de impacto ambiental.

(D) Caso haja licenciamento e estudo prévio de impacto ambiental para avaliar a possível instalação da antena, o órgão competente não estará necessariamente obrigado a marcar a audiência pública. Entretanto, ela pode ser requerida por abaixo-assinado subscrito por, no mínimo, 50 cidadãos, por entidade civil ou pelo Ministério Público.

A: incorreta; o fato de a energia eletromagnética ser incolor e inodora não quer dizer que ela não possa causar dano ao meio ambiente; **B:** incorreta, pois quando há incerteza científica sobre a existência de riscos ambientais, o princípio invocável é o da *precaução*, e não o da *prevenção*; **C:** incorreta, pois, mais do que nunca, tem sido reconhecido que o meio ambiente tem um valor intrínseco, devendo ser protegido independentemente da presença humana; ainda que assim não fosse, a ausência de presença humana não significa que um dano ambiental não vá, no futuro, afetar o ser humano; **D:** correta (art. 2º da Resolução CONAMA n. 9/1987).

Gabarito "D"

(OAB/Exame Unificado – 2008.3) Quanto ao licenciamento ambiental, assinale a opção correta.

(A) Uma das modalidades de licença ambiental é a licença de operação, que é concedida após a apresentação dos documentos referentes a determinado empreendimento e de seu projeto de implementação e antes da licença de instalação.

(B) O órgão licenciador tem sempre sua decisão vinculada aos resultados do estudo de impacto ambiental e ao seu respectivo relatório de impacto ambiental, sendo expressamente vedada a autorização de empreendimentos desaconselhados por este.

(C) A licença ambiental não pode ser concedida a empreendimentos que não sejam cadastrados no Cadastro Técnico Federal de Empreendimentos Sustentáveis.

(D) O CONAMA definiu, em uma de suas resoluções, estudos ambientais como sendo todos e quaisquer estudos relativos aos aspectos ambientais relacionados à localização, instalação, operação e ampliação de uma atividade ou empreendimento, que sejam apresentados como subsídios para a análise de razões para a concessão da licença.

A: incorreta. Pela ordem, primeiro vem a licença prévia, depois a de instalação e, por último, a de operação (art. 19 do Decreto 99.274/1990); **B:** incorreta. O órgão licenciador é quem deve dar a palavra final; **C:** incorreta. Não existe esse requisito na Resolução CONAMA 237/1997 e na Lei Complementar 140/2011; **D:** correta (art. 1º, III, da Resolução CONAMA 237/1997).

Gabarito "D"

(OAB/Exame Unificado – 2008.2) Assinale a opção correta de acordo com a legislação de direito ambiental.

(A) O licenciamento ambiental é o procedimento administrativo pelo qual o órgão ambiental competente licencia a localização, instalação, ampliação e operação de atividades e empreendimentos potencialmente poluidores ou de atividades que, sob qualquer forma, possam causar degradação ambiental.

(B) Cabe ao órgão ambiental local definir os critérios de exigibilidade, o detalhamento e os riscos de atividade potencialmente poluidora ou degradadora, de acordo com os critérios estabelecidos pelo Conselho de Governo.

(C) As atividades potencialmente poluidoras só podem receber a licença de operação após audiência pública realizada no Conselho Nacional de Meio Ambiente, sendo necessária a participação de dois terços dos conselheiros.

(D) A licença de instalação só pode ser concedida a empreendimentos e atividades potencialmente poluidores após se verificar o efetivo cumprimento das medidas de controle ambiental propostas na licença de operação.

A: correta, nos termos do art. 10, *caput*, da Lei 6.938/1981; a definição também está de acordo com o conceito dado pelo art. 2º, I, da Lei Complementar 140/2011 **B:** incorreta. A definição dos critérios de exigibilidade cabe ao órgão ambiental estadual, de acordo com os critério básicos estabelecidos pelo Conama (art. 17, § 1º, do Decreto 99.274/1990); **C:** incorreta. A Resolução 237/1997 do CONAMA (art. 10, V) admite a realização de audiência pública no licenciamento ambiental; no entanto, não há obrigação que seja feita em todos os licenciamentos, nem determinação para que o CONAMA a realize, ficando a sua feitura, quando for o caso, a cargo do órgão licenciador (p. ex: o IBAMA); **D:** incorreta. A licença de instalação é dada antes da licença de operação (art. 19 do Decreto 99.2741990).

Gabarito "A"

(OAB/Exame Unificado – 2007.3) Quanto ao Estudo de Impacto Ambiental (EIA) e sua relação com o Relatório de Impacto Ambiental (RIMA), assinale a opção correta.

(A) O EIA deve ser elaborado posteriormente à autorização da obra ou atividade potencialmente poluidora, desde que o licenciamento prévio tenha sido autorizado pelo órgão ambiental competente.

(B) Em respeito ao segredo industrial e comercial, a Constituição Federal de 1988 (CF) estabeleceu como uma das características centrais do EIA o sigilo, sendo, portanto, vedada a sua publicidade.

(C) O EIA e o RIMA apresentam algumas diferenças: o primeiro compreende o levantamento da literatura científica e legal pertinente, trabalhos de campo, análises de laboratório e a própria redação do relatório. É, portanto, mais abrangente que o segundo e o engloba em si mesmo.

(D) O EIA divide-se em três etapas bem distintas: a análise da dinâmica dos sistemas socioambientais, a diagnose das interferências ecossistêmicas e a avaliação progressiva das ações antrópicas, sendo estes os elementos que darão suporte à redação do RIMA.

A: incorreta. Segundo a doutrina e a jurisprudência o EIA deve ser realizado antes do licenciamento ambiental propriamente dito, ou seja, antes da concessão de licença prévia; **B:** incorreta. Em regra, o EIA não é sigiloso (Art. 225, § 1º, IV, da CF); **C:** correta (Resolução 01/1986 do CONAMA); **D:** incorreta (Resolução 01/1986 do CONAMA).

Gabarito "C"

(OAB/Exame Unificado – 2007.2) Considerando aspectos relativos à proteção administrativa do meio ambiente, assinale a opção correta.

(A) A legislação brasileira estabelece, em enumeração taxativa, todos os casos em que a administração pública deve exigir do empreendedor a elaboração de estudo prévio de impacto ambiental, o qual nunca poderá ser dispensado pelo órgão ambiental.

(B) O EIA/RIMA é uma das fases do procedimento de licenciamento ambiental, devendo ser elaborado por equipe técnica multidisciplinar indicada pelo órgão ambiental competente, cabendo ao empreendedor recolher à administração pública o valor correspondente aos seus custos.

(C) São instrumentos da Política Nacional do Meio Ambiente, entre outros, o zoneamento ambiental, a avaliação de impactos ambientais e a criação de espaços territoriais especialmente protegidos, em áreas públicas ou particulares.

(D) A legislação brasileira estabelece, em rol exemplificativo, os casos em que a administração pública deve solicitar ao empreendedor estudo de impacto ambiental (EIA). A exigência, ou não, do EIA está vinculada ao custo final do empreendimento proposto, de acordo com tabela fixada pela administração pública.

A: incorreta. É exemplificativo o rol previsto na Resolução 1/1986 do CONAMA, face ao fato do EIA ser um instituto de natureza constitucional (art. 225, § 1º, IV, da CF); **B:** incorreta. Consoante o disposto no art. 8º da Resolução 1/1986 do CONAMA: "Correrão por conta do proponente do projeto todas as despesas e custos referentes à realização do estudo de impacto ambiental, tais como: coleta e aquisição dos dados e informações, trabalhos e inspeções de campo, análises de laboratório, estudos técnicos e científicos e acompanhamento e monitoramento dos impactos, elaboração do RIMA e fornecimento de pelo menos 5 (cinco) cópias"; **C:** correta. Art. 9º, II, III e VI, da Lei 6.938/1981; **D:** incorreta. A exigência do EIA não está ligada ao custo do empreendimento, mas a potencialidade deste causar significativo impacto ambiental.

Gabarito "C".

(FGV – 2014) Com relação à Lei Complementar n. 140/2011, que fixou normas para a cooperação entre os entes da federação nas ações administrativas decorrentes do exercício da competência comum relativas ao meio ambiente, analise as afirmativas a seguir.

I. O ente federativo poderá delegar a execução de ações administrativas de sua competência, desde que o ente delegatário disponha de órgão ambiental capacitado e de conselho de meio ambiente.

II. Na atuação supletiva há substituição do ente federativo originariamente detentor da competência, conforme hipóteses legais, enquanto na atuação subsidiária cuida-se de auxiliar no desempenho de atribuições decorrentes das competências comuns.

III. A LC n. 140/11 adota o posicionamento de que o licenciamento ambiental deve ser conduzido por um único ente federativo.

Assinale:

(A) se somente a afirmativa I estiver correta.
(B) se somente a afirmativa II estiver correta.
(C) se somente a afirmativa III estiver correta.
(D) se somente as afirmativas I e II estiverem corretas.
(E) se todas as afirmativas estiverem corretas.

I: correta (art. 5º, *caput*, da LC 140/2011); **II:** correta (art. 2º, II e III, da LC140/2011); **III:** correta, tratando-se do princípio da unicidade (art. 13, *caput*, da LC 140/2011).

Gabarito "E".

(FGV – 2009) No que se refere a Licenciamento Ambiental, assinale a alternativa correta.

(A) O licenciamento do órgão ambiental estadual estará vinculado aos estudos técnicos procedidos pelos órgãos ambientais dos Municípios, uma vez que lhe compete o licenciamento ambiental dos empreendimentos e atividades cujos impactos ambientais diretos ultrapassem os limites territoriais de um ou mais Municípios.

(B) Os Municípios, para exercerem suas competências licenciatórias, deverão ter implementados os Conselhos de Meio Ambiente, com caráter deliberativo e participação social e, ainda, possuir em seus quadros ou a sua disposição, profissionais legalmente habilitados.

(C) As atividades utilizadoras de recursos ambientais, consideradas efetiva e potencialmente poluidoras dependerão de prévio licenciamento do Instituto Brasileiro do Meio Ambiente e Recursos Naturais Renováveis – IBAMA, e de órgão estadual competente, em caráter supletivo, sem prejuízo de outras licenças exigíveis.

(D) A legislação ambiental estadual e municipal pode prever prazos de vigência das licenças diferentes dos estabelecidos pelas diretrizes federais básicas, constantes na Resolução do CONAMA n. 237/1997, se as peculiaridades regionais e locais assim exigirem.

(E) O Poder Público expedirá a chamada *Licença Prévia* para autorizar a instalação de empreendimento ou atividade, de acordo com as especificações constantes dos planos, programas e projetos aprovados, incluindo as medidas de controle ambiental.

A: incorreta, pois o parágrafo único do art. 5º da Resolução do CONAMA n. 237/1997 estabelece que o Estado irá "considerar" o exame técnico feito pelos Municípios, o que é bem diferente de ficar "vinculado" a tais estudos; **B:** correta, pois somente Municípios que tiverem Conselho do Meio Ambiente, com caráter deliberativo e participação social, além de profissionais legalmente habilitados, podem realizar licenciamentos ambientais (art. 20 da Resolução do CONAMA n. 237/1997); vale salientar que esses requisitos foram mantidos pela Lei Complementar 140/2011, que exige, para que o ente possa licenciar, *órgão ambiental capacitado* ("aquele que possui técnicos próprios ou em consórcio, devidamente habilitados e em número compatível com a demanda das ações administrativas a serem delegadas" – art. 5º, parágrafo único, da LC 140/2011) e *Conselho de Meio Ambiente* (art. 15 da LC 140/2011); por fim, é imperioso lembrar que os Municípios só podem fazer licenciamento ambiental em caso de empreendimentos que causem ou possam causar "impacto ambiental local", sendo que a LC 140/2011 estabelece que compete ao Conselho **Estadual** do Meio Ambiente definir as tipologias sobre o que é impacto ambiental local, considerados os critérios de porte, potencial poluidor e natureza da atividade (art. 9º, XIV, "a", da LC 140/2001); **C:** incorreta, pois tais atividades dependem sim de licenciamento ambiental, mas tal licenciamento não compete somente ao IBAMA, havendo uma divisão de competências de acordo com o impacto da atividade; se o impacto for **nacional e regional, a competência** é do IBAMA, com a colaboração de Estados e Municípios; se o impacto for **em dois ou mais Municípios (impacto microrregional), a competência** é dos Estados-membros; e se o impacto for **local, a competência** é do Município (arts. 4º a 6º da Resolução do CONAMA n. 237/97; arts. 7º a 9º da LC 140/2011); **D:** incorreta, pois o art. 18 da Resolução do CONAMA n, 237/1997 traz limites à fixação de prazos no âmbito local, trazendo norma geral que deve ser respeitada pelos entes locais; **E:** incorreta, pois a definição dada na afirmativa é de *licença de instalação* (art. 8º, II, da Resolução do CONAMA n. 237/1997), e não de *licença prévia*.

Gabarito "B"

(FGV – 2007) Analise as afirmativas a seguir:

I. Iniciar a construção, a instalação, a ampliação, a reforma ou o funcionamento de estabelecimentos, obras ou serviços potencialmente poluidores sem a prévia obtenção de licença ambiental constitui infração administrativa ambiental.

II. Compete aos órgãos ambientais estaduais competentes o licenciamento ambiental de atividades localizadas ou desenvolvidas em dois ou mais Estados.

III. O Estudo Prévio de Impacto Ambiental e seu respectivo Relatório de Impacto Ambiental (EIA/Rima) devem ser exigidos e apresentados antes da concessão da Licença Prévia, fase do licenciamento ambiental em que é analisada a localização e viabilidade ambiental do projeto.

IV. As audiências públicas realizadas no âmbito dos procedimentos de licenciamento ambiental destinam-se a fornecer informações sobre o projeto e seus impactos ambientais, bem como a possibilitar a discussão e o debate sobre o Relatório de Impacto Ambiental. As críticas e sugestões manifestadas durante as audiências públicas vinculam a decisão do órgão ambiental competente a respeito da concessão da licença ambiental ou do seu indeferimento.

Assinale:

(A) se somente as afirmativas I e II estiverem corretas.
(B) se somente as afirmativas I e III estiverem corretas.
(C) se somente as afirmativas II e IV estiverem corretas.
(D) se somente as afirmativas III e IV estiverem corretas.
(E) se todas as afirmativas estiverem corretas.

I: correta, pois, segundo o art. 70 da Lei 9.605/1998, qualquer violação a norma ambiental configura *infração administrativa ambiental*; **II:** incorreta, pois se trata de impacto regional, cujo licenciamento é de competência do IBAMA (art. 4º da Resolução do CONAMA n. 237/1997; art. 7º, XIV, "e", da LC 140/2011); **III:** correta, pois o licenciamento ambiental será orientado justamente pelos estudos e conclusões do EIA/RIMA, valendo salientar que o próprio nome do instituto (estudo *prévio* de impacto ambiental), deixa claro que se trata de estudo prévio à concessão de licenças ambientais; **IV:** incorreta, pois as críticas e sugestões feitas não vinculam a autoridade pública; o interessado pode apenas exigir esclarecimentos e complementações (art. 10, VI, da Resolução do CONAMA n. 237/1997), mas não pode impor sua opinião à Administração.

Gabarito "B"

(Defensor Público/AM – 2013 – FCC) São ações administrativas da União promover o licenciamento ambiental de empreendimentos e atividades

(A) localizados ou desenvolvidos em unidades de conservação instituídas pela União, exceto em Áreas de Proteção Ambiental (APAs).
(B) localizados ou desenvolvidos em dois ou mais Municípios.
(C) de alto impacto ambiental.
(D) localizados ou desenvolvidos em rios federais.
(E) localizados ou desenvolvidos em terras quilombolas.

A: correta (art. 7.º, XIV, "d", da Lei Complementar 140/2011); **B:** incorreta, pois nesse caso a competência é do Estado (art. 8.º, XIV, da Lei Complementar 140/2011); **C:** incorreta, pois esse não é o critério para a distribuição da competência para o licenciamento ambiental, previsto nos arts. 7.º a 9.º da Lei Complementar 140/2011; **D:** incorreta, pois não há tal previsão no art. 7.º, XIV, da Lei Complementar 140/2011; de qualquer forma, caso se verifique impacto de âmbito regional, atingindo, por exemplo, dois Estados, aí sim a competência para o licenciamento será da União (art. 7.º, XIV, "e", da Lei Complementar 140/2011); **E:** incorreta, pois não há essa previsão, apesar de haver quanto a empreendimentos localizados ou desenvolvidos em terras indígenas (art. 7.º, XIV, "c", da Lei Complementar 140/2011).

Gabarito "A"

8. UNIDADES DE CONSERVAÇÃO

(OAB/Exame Unificado – 2016.1) Paulo é proprietário de um grande terreno no qual pretende instalar um loteamento, já devidamente aprovado pelo Poder Público. Contudo, antes que Paulo iniciasse a instalação do projeto, sua propriedade foi integralmente incluída nos limites de um Parque Nacional. Considerando as normas que regem o Sistema Nacional de Unidades de Conservação – SNUC, é correto afirmar que

(A) Paulo deverá aguardar a elaboração do plano de manejo do parque para verificar a viabilidade de seu empreendimento.
(B) Paulo poderá ajuizar ação com o objetivo de ser indenizado pelo lucro cessante decorrente da inviabilidade do empreendimento.
(C) Caso seu terreno não seja desapropriado, Paulo poderá ajuizar ação de desapropriação indireta em face da União.
(D) Paulo não poderá implementar seu loteamento, mas poderá explorar o ecoturismo na área com cobrança de visitação.

A: incorreta, pois o Parque Nacional é um tipo de Unidade de Proteção Integral, unidade essa que só admite o uso indireto do imóvel, ressalvadas as poucas exceções legais (art. 7º, § 1º, da Lei 9.985/2000), exceções essas que, por sinal, não se aplicam ao Parque Nacional; dessa forma, de nada vai adiantar Paulo aguardar o plano de manejo, pois este não deverá autorizar o uso do bem; **B:** incorreta, pois, caso o Poder Público não ingresse com ação desapropriação do imóvel, Paulo deverá ajuizar ação de desapropriação indireta, cujo foco e a indenização pela perda da propriedade; **C:** correta, já que esse tipo de unidade de conservação impõe a desapropriação do imóvel (art. 11, § 1º, da Lei 9.985/2000); **D:** incorreta, esse tipo de unidade de conservação impõe a desapropriação do imóvel pelo Poder Público, de modo que Paulo não poderá explorar qualquer tipo de negócio no local, aí incluído o ecoturismo (art. 11, § 1º, da Lei 9.985/2000).

Gabarito "C"

(OAB/Exame Unificado – 2015.2) Determinado Município, por intermédio de lei que contemplou questões como potencial construtivo, zoneamento de bairros e complexos esportivos, reduziu os limites de uma determinada Unidade de Conservação. Considerando o caso hipotético em tela, assinale a opção que se harmoniza com a legislação ambiental.

(A) A lei municipal em questão será considerada válida e eficaz, pois a redução dos limites de uma Unidade de Conservação pode ser feita até mesmo por Decreto.
(B) A redução de limites, assim como a desafetação de uma Unidade de Conservação, não demanda lei específica, exigindo apenas a necessária e prévia aprovação de Estudo de Impacto Ambiental e respectivo relatório (EIA-RIMA).

(C) A redução operada pela lei, para produzir efeitos, dependerá da aprovação do Conselho Gestor da Unidade de Conservação impactada, garantindo-se a participação pública direta no referido procedimento de deliberação e aprovação.

(D) A redução dos limites da Unidade de Conservação, conquanto possa evidenciar os efeitos concretos da lei, somente pode ser feita mediante lei específica, regra esta que também se aplica à desafetação.

A e **B**: incorretas, pois a redução dos limites de uma unidade de conservação (e a desafetação desta também) só pode ser feita mediante lei específica (art. 22, § 7º, da Lei 9.985/2000, não podendo, portanto, ser feita por decreto ou atos de outra natureza; **C**: incorreta, pois não há essa exigência na legislação, até porque a lei específica teria primazia em relação a atos de hierarquia inferior; **D**: correta (art. 22, § 7º, da Lei 9.985/2000).

Gabarito "D"

(OAB/Exame Unificado – 2014.1) Bruno é proprietário de pousada que está em regular funcionamento há seis anos e explora o ecoturismo. Na área em que a pousada está localizada, o estado da federação pretende instituir estação ecológica com o objetivo de promover a proteção da flora e da fauna locais. A partir do caso apresentado, assinale a afirmativa correta.

(A) Não é possível o estado instituir a estação ecológica, pois fere o princípio da segurança jurídica, tendo em vista que a pousada funcionava regularmente há mais de cinco anos.

(B) É possível a instituição da estação ecológica pelo estado da federação, não impedindo o funcionamento da pousada, visto que Bruno tem direito adquirido ao exercício da atividade econômica.

(C) É possível a instituição da estação ecológica com a cessação da atividade econômica da pousada, desde que o Poder Público Estadual indenize Bruno pelos prejuízos que a instituição da unidade de conservação causar à sua atividade.

(D) É possível a instituição da estação ecológica com a cessação da atividade econômica da pousada, não cabendo ao Poder Público qualquer forma de indenização, tendo em vista a supremacia do interesse coletivo sobre os interesses individualmente considerados.

A, **B** e **D**: incorretas, pois a lei prevê, para o caso, que o imóvel seja desapropriado (art. 9º, § 1º, da Lei 9.985/2000), prevalecendo o interesse público em instituir a unidade de conservação *versus* o interesse privado em manter a pousada no local, valendo lembrar que a desapropriação, nos termos da própria Constituição Federal, impõe a devida indenização, que deve ser prévia, justa e em dinheiro (art. 5º, XXIV); **C**: correta (art. 9º, § 1º, da Lei 9.985/2000).

Gabarito "C"

(OAB/Exame Unificado – 2012.3.B) Com relação ao Sistema Nacional de Unidades de Conservação, assinale a afirmativa correta.

(A) As unidades de conservação devem ser criadas por lei, exigindo-se para tal prévia consulta pública e elaboração de estudo prévio de impacto ambiental.

(B) São unidades de conservação do grupo de proteção integral a floresta nacional, o parque nacional, a área de proteção ambiental e a reserva de fauna.

(C) As unidades de conservação do grupo de proteção integral podem ter seus limites reduzidos, através de lei específica.

(D) São unidades de conservação do grupo de uso sustentável a estação ecológica, a reserva extrativista e a reserva particular do patrimônio natural.

A: incorreta, pois a criação de unidades de conservação pode se dar por ato do Poder Público (não sendo necessário que se trate de uma lei – art. 22, *caput*, da Lei 9.985/2000); ademais, apesar de a criação dessas unidades reclamar prévia consulta pública (e estudos técnicos também), não é necessária a elaboração de estudo prévio de impacto ambiental (art. 22, *caput* e § 2º, da Lei 9.985/2000); **B**: incorreta, pois a floresta nacional, a área de proteção ambiental e a reserva de fauna não são unidades de proteção integral (art. 8º da Lei 9.985/2000), mas unidades de uso sustentável (art. 14, I, III e V, da Lei 9.985/2000); **C**: correta (art. 22, § 7º, da Lei 9.985/2000); **D**: incorreta, pois a estação ecológica não é unidade de uso sustentável (art. 14 da Lei 9.985/2000), mas unidade de proteção integral (art. 8º, I, da Lei 9.985/2000).

Gabarito "C"

(OAB/Exame Unificado – 2012.2) Sobre a Reserva Particular do Patrimônio Natural (RPPN), assinale a afirmativa correta.

(A) As RPPN's são unidades de conservação criadas em áreas de posse e domínios privados, gravadas com perpetuidade, e deverão ser averbadas, por intermédio de Termo de Compromisso, no Registro Público de Imóveis

(B) As RPPN's são unidades de conservação criadas em áreas de posse pública e domínio privado, e deverão ser averbadas, por intermédio de Termo de Compromisso, no Registro Público de Imóveis

(C) As RPPN's são unidades de conservação criadas em áreas de posse e domínios privados, deverão ser averbadas, por intermédio de Termo de Compromisso, no Registro Público de Imóveis. Porém não serão perpétuas, em razão do direito fundamental à propriedade privada.

(D) As RPPN's são unidades de conservação criadas em áreas de posse pública e domínio privado. Em razão do princípio da defesa do meio ambiente são instituídas automaticamente, sem necessidade de avaliação do órgão ambiental, bastando o interesse do proprietário privado e a averbação, por intermédio de Termo de Compromisso, no Registro Público de Imóveis.

A: correta, conforme o disposto no art. 21, *caput*, e § 1º, da Lei 9.985/2000; **B**: incorreta, pois as RPPN's são unidades de conservação criadas em áreas de posse e domínios privados, e não em áreas de posse pública (art. 21, *caput*, da Lei 9.985/2000); **C**: incorreta, pois as RPPN's são gravadas com perpetuidade; **D**: incorreta, pois as RPPN's são unidades de conservação criadas em áreas de posse e domínios privados, e não em áreas de posse pública (art. 21, *caput*, da Lei 9.985/2000); ademais, as RPPN's não são instituídas automaticamente, sendo necessária aprovação perante o órgão ambiental, que verificará a existência de interesse público (art. 21, § 1º, da Lei 9.985/2000).

Gabarito "A"

(OAB/Exame Unificado – 2012.1) O Prefeito do Município de Belas Veredas, após estudos técnicos e realização de audiência pública, decide pela criação de um parque, em uma área onde podem ser encontrados exemplares exuberantes de Mata Atlântica. Assim, edita decreto que fixa os limites do novo parque municipal. Passados dois anos, recebe pedidos para que o parque seja reavaliado e transformado em uma Área de Relevante Interesse Ecológico, com uma pequena redução de seus limites. Tendo em vista a situação descrita, assinale a alternativa correta.

(A) Em razão do princípio da simetria das formas no direito ambiental, a Unidade de Conservação criada por ato do Poder Executivo poderá ser reavaliada e ter seus limites reduzidos também por decreto.

(B) Como a Mata Atlântica é considerada patrimônio nacional, por força do art. 225, § 4º, da CRFB, apenas a União possui competência para a criação de unidades de conservação que incluam tal bioma em seus limites.

(C) A criação do parque é constitucional e legal, mas, como a área está definida como Unidade de Conservação de Proteção Integral, a alteração para Área de Relevante Interesse Ecológico, que é de Unidade de Conservação de Uso Sustentável, com redução de limites, só pode ser feita por lei.

(D) A reavaliação poderá ser feita por decreto, uma vez que a Área de Relevante Interesse Ecológico também é uma Unidade de Conservação do grupo de proteção integral.

A: incorreta, pois quando o objetivo for a redução dos limites de uma unidade de conversão somente por lei específica é possível tal transformação (art. 22, § 7º, da Lei 9.985/2000); caso o objetivo fosse a ampliação da unidade de conservação, aí sim poder-se-ia usar do mesmo instrumento utilizado para a criação da unidade, no caso, um decreto (art. 22, § 6º, da Lei 9.985/2000); **B:** incorreta, pois as unidades de conservação são criadas por ato do Poder Público (art. 22 da Lei 9.985/2000), seja ele de qual esfera federativa for; ademais, a própria Lei da Mata Atlântica (Lei 11.428/2006) não traz disposição no sentido do texto da alternativa; **C:** correta (art. 22, § 7º, da Lei 9.9985/2000); **D:** incorreta, pois a Área de Relevante Interesse Ecológico é unidade de conservação de uso sustentável (art. 14, II, da Lei 9.985/2000), e não de proteção integral (art. 8º da Lei 9.985/2000.

Gabarito "C"

(OAB/Exame Unificado – 2011.3.A) Com relação ao sistema nacional de unidades de conservação, assinale a alternativa correta.

(A) As unidades de conservação do grupo de proteção integral são incompatíveis com as atividades humanas; logo, não se admite seu uso econômico direto ou indireto, não podendo o Poder Público cobrar ingressos para a sua visitação.

(B) A ampliação dos limites de uma unidade de conservação, sem modificação dos seus limites originais, exceto pelo acréscimo proposto, pode ser feita por instrumento normativo do mesmo nível hierárquico do que criou a unidade. O Poder Público está dispensado de promover consulta pública e estudos técnicos novos, bastando a reanálise dos documentos que fundamentaram a criação da unidade de conservação.

(C) O parque nacional é uma unidade de conservação do grupo de proteção integral, de posse e domínios públicos. É destinado à preservação ambiental e ao lazer e à educação ambiental da população; logo, não se admite seu uso econômico direto ou indireto, não podendo o Poder Público cobrar ingressos para a sua visitação.

(D) As unidades de conservação do grupo de Uso Sustentável podem ser transformadas total ou parcialmente em unidades do grupo de Proteção Integral, por instrumento normativo do mesmo nível hierárquico do que criou a unidade, desde que respeitados os procedimentos de consulta pública e estudos técnicos.

A: incorreta, pois, nas unidades de proteção integral, não se admite o uso *direto*, mas se admite o uso *indireto* dos seus recursos naturais (art. 7º, § 1º, da Lei 9.985/2000); ademais, admite-se a cobrança de ingressos para a sua visitação (art. 35 da Lei 9.985/2000); **B:** incorreta, pois será necessário, sim, promover novos estudos técnicos e consulta pública (art. 22, § 6º, da Lei 9.985/2000); **C:** incorreta, pois o parque nacional é destinado à preservação de ecossistemas naturais de grande relevância ecológica e beleza cênica, possibilitando a realização de pesquisas científicas e o desenvolvimento de atividades de educação e interpretação ambiental, de recreação em contato com a natureza e de turismo ecológico (art. 11, *caput*, da Lei 9.985/2000); tratando-se de unidade de conservação de proteção integral (art. 8º, *caput* e III, da Lei 9.985/2000) é admitido sim o USO INDIRETO dos seus recursos naturais (art. 7º, § 1º, da Lei 9.985/2000); ademais, admite-se a cobrança de ingressos para a sua visitação (art. 35 da Lei 9.985/2000); **D:** correta (art. 22, § 6º, da Lei 9.985/2000).

Gabarito "D"

(OAB/Exame Unificado – 2011.3.A) A Lei 9.985/2000 instituiu a compensação ambiental, posteriormente julgada pelo Supremo Tribunal Federal. A respeito do tema, é correto afirmar que

(A) a compensação ambiental será concretizada, pelo empreendedor, pelo plantio de mudas de espécies nativas no entorno de unidades de conservação, visando reduzir os impactos ambientais dos empreendimentos potencialmente poluidores, especialmente aqueles que emitem gases causadores do efeito estufa.

(B) a compensação ambiental é exigida nos processos de licenciamento ambiental de empreendimentos potencialmente causadores de impactos significativos no meio ambiente, e será exigida em espécie, apurando-se o seu valor de acordo o grau de impacto causado, sendo os recursos destinados a uma unidade de conservação do grupo de proteção integral.

(C) a compensação ambiental é exigida nos processos de licenciamento ambiental de empreendimentos potencialmente causadores de impactos significativos no meio ambiente, e será exigida em espécie, apurando-se o seu valor de acordo com o grau de impacto causado, sendo os recursos destinados a uma unidade de conservação à escolha do empreendedor, em razão do princípio da livre-iniciativa.

(D) a compensação ambiental foi considerada inconstitucional, por violar frontalmente o princípio do poluidor-pagador, uma vez que permitia ao empreendedor compensar os possíveis danos ambientais de seu empreendimento por meio de um pagamento, em espécie, destinado a uma unidade de conservação do grupo de proteção integral. Logo, não pode mais ser exigida ou mesmo oferecida pelo órgão ambiental competente.

Vide o art. 36 da Lei 9.985/2000 e a ementa do entendimento jurisprudencial mencionado, cujo teor é o seguinte: “EMENTA: AÇÃO DIRETA DE INCONSTITUCIONALIDADE. ART. 36 E SEUS §§ 1º, 2º E 3º DA LEI Nº 9.985, DE 18 DE JULHO DE 2000. CONSTITUCIONALIDADE DA COMPENSAÇÃO DEVIDA PELA IMPLANTAÇÃO DE EMPREENDIMENTOS DE

SIGNIFICATIVO IMPACTO AMBIENTAL. INCONSTITUCIONALIDADE PARCIAL DO § 1º DO ART. 36. 1. O compartilhamento-compensação ambiental de que trata o art. 36 da Lei n. 9.985/2000 não ofende o princípio da legalidade, dado haver sido a própria lei que previu o modo de financiamento dos gastos com as unidades de conservação da natureza. De igual forma, não há violação ao princípio da separação dos Poderes, por não se tratar de delegação do Poder Legislativo para o Executivo impor deveres aos administrados. 2. Compete ao órgão licenciador fixar o *quantum* da compensação, de acordo com a compostura do impacto ambiental a ser dimensionado no relatório – EIA/RIMA. 3. O art. 36 da Lei n. 9.985/2000 densifica o princípio usuário-pagador, este a significar um mecanismo de assunção partilhada da responsabilidade social pelos custos ambientais derivados da atividade econômica. 4. Inexistente desrespeito ao postulado da razoabilidade. Compensação ambiental que se revela como instrumento adequado à defesa e preservação do meio ambiente para as presentes e futuras gerações, não havendo outro meio eficaz para atingir essa finalidade constitucional. Medida amplamente compensada pelos benefícios que sempre resultam de um meio ambiente ecologicamente garantido em sua higidez. 5. Inconstitucionalidade da expressão "não pode ser inferior a meio por cento dos custos totais previstos para a implantação do empreendimento", no § 1º do art. 36 da Lei n. 9.985/2000. O valor da compensação-compartilhamento é de ser fixado proporcionalmente ao impacto ambiental, após estudo em que se assegurem o contraditório e a ampla defesa. Prescindibilidade da fixação de percentual sobre os custos do empreendimento. 6. Ação parcialmente procedente" (DJ 20.06.2008). Assim, a alternativa "**A**" está incorreta, pois a compensação será feita em dinheiro. A alternativa "**B**" está correta. A alternativa "**C**" está incorreta, pois compete ao órgão licenciador (e não ao empreendedor) definir as unidades de conservação a serem beneficiadas (art. 36, § 2º, da Lei 9.985/2000). E a alternativa "**D**" está incorreta, pois, como se viu da ementa citada, a compensação ambiental em si não foi considerada inconstitucional.

Gabarito "B"

(OAB/Exame Unificado – 2010.3) A Lei 9.985/2000, que instituiu o Sistema Nacional de Unidades de Conservação – SNUC, previu que as unidades de conservação devem dispor de uma zona de amortecimento definida no plano de manejo. A esse respeito, assinale a alternativa correta.

(A) As Áreas de Proteção Ambiental – APAs não precisam demarcar sua zona de amortecimento.

(B) As Reservas Particulares do Patrimônio Natural – RPPN são obrigadas a elaborar plano de manejo delimitando suas zonas de amortecimento, por conta própria e orientação técnica particular.

(C) Tanto as unidades de conservação de proteção integral como as de uso sustentado devem elaborar plano de manejo, delimitando suas zonas de amortecimento.

(D) Os parques, como unidades de conservação de uso sustentado, não têm zona de amortecimento.

De acordo com o art. 25, *caput*, da Lei 9.985/2000: "As unidades de conservação, *exceto Área de Proteção Ambiental* e Reserva Particular do Patrimônio Natural, devem possuir uma zona de amortecimento e, quando conveniente, corredores ecológicos".

Gabarito "A"

(OAB/Exame Unificado – 2008.2) De acordo com a lei que institui o Sistema Nacional de Unidades de Conservação, assinale a opção correta.

(A) Na denominada zona de amortecimento, localizada no interior de uma unidade de conservação, as atividades humanas estão sujeitas a normas e restrições específicas, como forma de minimizar os impactos negativos sobre a unidade.

(B) Plano de manejo é o documento técnico mediante o qual se estabelecem, de acordo com os objetivos gerais de uma unidade de conservação, o seu zoneamento e as normas que devem presidir o uso da área e o manejo dos recursos naturais, inclusive a implantação das estruturas físicas necessárias à gestão da unidade.

(C) É permitida a ocupação social de uma estação ecológica, na qual é possível o funcionamento de atividades econômicas, o que não pode ocorrer em uma reserva de desenvolvimento sustentável, uma vez que esta é de posse e domínio públicos.

(D) A reserva extrativista é uma unidade de proteção integral utilizada por populações extrativistas tradicionais, cuja existência baseia-se no extrativismo e, complementarmente, na agricultura de subsistência.

A: incorreta. A zona de amortecimento é localizada no entorno de uma unidade de conservação (art. 2º, XVIII, da Lei 9.985/2000); **B:** correta. (art. 2º, XVII, da Lei 9.985/2000); **C:** incorreta. Não é possível o funcionamento de atividades econômicas (art. 9º da Lei 9.985/2000); **D:** incorreta. Trata-se de unidade de uso sustentável (art. 14, IV, da Lei 9.985/2000).

Gabarito "B"

(OAB/Exame Unificado – 2007.2) Acerca do Sistema Nacional de Unidades de Conservação, assinale a opção correta.

(A) As UCs podem ser criadas por decreto do Poder Executivo, mas somente a lei em sentido formal pode autorizar a desafetação ou a redução de seus limites.

(B) A reserva particular do patrimônio natural é uma UC que visa à conservação da diversidade biológica, cuja criação depende tão somente da manifestação de vontade do proprietário perante o órgão ambiental e da subsequente declaração de interesse social para fins de desapropriação da área.

(C) Nas unidades de conservação (UCs) de proteção integral, a visitação pública é absolutamente proibida; entretanto, a administração pública pode autorizar a realização de pesquisa científica em tais unidades.

(D) A reserva extrativista é uma espécie de UC de uso sustentável de domínio coletivo privado, cuja titularidade cabe a populações extrativistas tradicionais, assim reconhecidas pelo poder público.

A: correta. De fato, nos termos do art. 22 da Lei 9.985/2000, para criar uma unidade de conservação basta um ato do Poder Público (decreto ou lei); já para reduzir ou desafetar a unidade, apenas mediante lei específica (art. 22, § 7º); **B:** incorreta. A criação da unidade deve obedecer ao art. 22 referido acima; **C:** incorreta. A visitação pública é permitida, atendidos certos requisitos (arts. 8º a 13 da Lei 9.985/2000); **D:** incorreta. Art. 18 da Lei 9.985/2000.

Gabarito "A"

(FGV – 2014) A Lei n. 9.985/2000 instituiu o Sistema Nacional de Unidades de Conservação. Nos termos deste diploma legal, assinale a afirmativa **incorreta**.

(A) As unidades de conservação integrantes do SNUC dividem-se em Unidades de Proteção Integral e Unidades de Uso Sustentável.

(B) As Unidades de Uso Sustentável tem como objetivo básico compatibilizar a conservação da natureza com o uso sustentável de parcela dos seus recursos naturais.

(C) O grupo das Unidades de Proteção Integral é composto de unidades de conservação nas categorias de Estação Ecológica, Reserva Biológica, Parque Nacional, Monumento Natural e Refúgio de Vida Silvestre.

(D) A Estação Ecológica tem como objetivo a preservação integral da biota e demais atributos naturais existentes em seus limites, sem interferência humana direta ou modificações ambientais.

(E) O Monumento Natural tem como objetivo básico preservar sítios naturais raros, singulares ou de grande beleza cênica, sendo constituído por áreas particulares, desde que seja possível compatibilizar os objetivos da unidade com a utilização da terra e dos recursos naturais do local pelos proprietários.

A: correta (art. 7º, I e II, da Lei 9.985/2000); **B:** assertiva correta (art. 7º, § 2º, da Lei 9.985/00); **C:** correta (art. 8º, I a V, da Lei 9.985/2000); **D:** incorreta, devendo ser assinalada, pois a alternativa trouxe o objetivo da reserva biológica e não da estação ecológica (art. 10, *caput*, da Lei 9.985/2000); **E:** correta (art. 12, *caput* e § 1º, da Lei 9.985/2000).

Gabarito "D"

(FGV - 2010) Assinale a afirmativa que indica a área de proteção integral, que tem como objetivo básico preservar sítios naturais raros, singulares ou de grande beleza cênica.

(A) Estação Ecológica.
(B) Monumento Natural.
(C) Parque Nacional.
(D) Refúgio da Vida Silvestre.
(E) Reserva Biológica.

Assim dispõe o art. 12, *caput*, da Lei 9.985/2000: "O Monumento Natural tem como objetivo básico preservar sítios naturais raros, singulares ou de grande beleza cênica.".

Gabarito "B"

(FGV - 2010) A área de uso sustentável, em geral extensa, com um certo grau de ocupação humana, dotadas de atributos abióticos, bióticos, estéticos ou culturais especialmente importantes para a qualidade de vida e o bem-estar das populações humanas. Tem como objetivos básicos proteger a diversidade biológica, disciplinar o processo de ocupação e assegurar a sustentabilidade do uso dos recursos naturais.

O texto acima refere-se à:

(A) Área de Proteção Ambiental.
(B) Área de Relevante Interesse Ecológico.
(C) Floresta Nacional.
(D) Reserva de Fauna.
(E) Reserva Extrativista.

O texto acima descreveu a previsão contida no art. 15, *caput*, da Lei 9.985/2000, que define Área de Proteção Ambiental.

Gabarito "A"

(FGV - 2009) Observadas as categorias de unidades de conservação, assinale a alternativa que indique a Unidade de Proteção Integral.

(A) Reserva biológica.
(B) Reserva extrativista.
(C) Reserva de fauna.
(D) Área de proteção ambiental.
(E) Área de interesse ecológico.

Unidades de proteção integral são *aqueles espaços territorialmente protegidos, criados por lei ou decreto, que apenas admitem o uso indireto da coisa*. Já as **unidades de uso sustentável** também *são espaços territoriais especialmente protegidos, criados por lei ou decreto, que admitem o uso direto da coisa, segundo normas mais rigorosas de proteção do meio ambiente*. A regulamentação dessas **unidades de conservação** está na Lei 9.985/2000. A Reserva Biológica, prevista no art. 8º, II, da Lei 9.985/2000, é a única do rol previsto nas alternativas da questão, que é considerada unidade de proteção **integral**. As demais estão no grupo das unidades de **uso sustentável** (art. 14, IV, V, I, II, respectivamente, da Lei 9.985/2000). Por fim, vale mencionar que, apesar de uma unidade de conservação poder ser criada por Ato do Poder Público (normalmente por *decreto* ou *lei*), para **reduzir** ou **desafetar** (acabar) uma área dessas, é necessário *lei específica*.

Gabarito "A"

(FGV - 2009) Nos termos da Lei n. 9.985/2000, a unidade de conservação que compreende uma área com cobertura florestal de espécies predominantemente nativas e tem como objetivo básico o uso múltiplo sustentável dos recursos florestais e a pesquisa científica, com ênfase em métodos para exploração sustentável de florestas nativas, é denominada:

(A) Área de Proteção Ambiental.
(B) Estação Ecológica.
(C) Parque Nacional.
(D) Floresta Nacional.
(E) Monumento Natural.

O texto acima descreveu a previsão contida no art. 17 da Lei 9.985/2000 que traz a definição de Monumento Natural.

Gabarito "D"

(Promotor de Justiça/MS - 2013 - FADEMS) O Sistema Nacional de Unidades de Conservação - SNUC é composto pelo conjunto das unidades de conservação federais, estaduais e municipais. Referido sistema estabelece dois grupos de unidades de conservação, as de Proteção Integral e as de Uso Sustentável. NÃO é Unidade de Proteção Integral:

(A) Parque Nacional.
(B) Refúgio de Vida Silvestre.
(C) Estação Ecológica.
(D) Área de Proteção Ambiental - APA
(E) Monumento Natural.

A APA (Área de Proteção Ambiental) NÃO é Unidade de Proteção Integral, mas Unidade de Uso Sustentável, nos termos do art. 14, I, da Lei 9.985/2000. Já o Parque Nacional, o Refúgio de Vida Silvestre, a Estação Ecológica e o Monumento Natural, esses sim são Unidades de Proteção integral, nos termos do art. 8º, III, V, I e IV, respectivamente, da Lei 9.985/2000.

Gabarito "D"

(Defensor Público/SP - 2012 - FCC) No Estado do Acre, onde, a partir da década de 1970, iniciou-se um processo acelerado de desmatamento da floresta para dar lugar a grandes pastagens de gado, Chico Mendes, junto ao movimento local dos seringueiros, desenvolveu práticas pacíficas de resistência para defender a floresta. A sua luta contra a devastação da Floresta Amazônica chamou a atenção do mundo, especialmente em razão da sua morte, ocorrida em 22 de dezembro de 1988. Em vista de tal cenário, com o propósito de proteger áreas de relevância ambiental e regulamentar o disposto no art. 225, § 1.º, I, II, III e VII, da Lei Fundamental de 1988, o legislador infraconstitucional editou a Lei do Sistema

Nacional de Unidades de Conservação – SNUC (Lei nº 9.985/2000). Integra a categoria de Unidade de Conservação de Uso Sustentável:

(A) Estação Ecológica.
(B) Área de Relevante Interesse Ecológico.
(C) Reserva Biológica.
(D) Monumento Natural.
(E) Refúgio da Vida Silvestre.

A: incorreta, pois a assertiva "A" refere-se à Unidade de Proteção Integral (art. 8.º, I, da Lei 9.985/2000); **B:** correta (art. 14, II, da Lei 9.985/2000); **C:** incorreta, pois a assertiva "C" refere-se à Unidade de Proteção Integral (art. 8.º, II, da Lei 9.985/2000); **D:** incorreta, pois a assertiva "D" refere-se à Unidade de Proteção Integral (art. 8.º, IV, da Lei 9.985/2000); **E:** incorreta, pois a assertiva "E" refere-se à Unidade de Proteção Integral (art. 8.º, V, da Lei 9.985/2000).

Gabarito "B"

9. PROTEÇÃO DA FLORA. CÓDIGO FLORESTAL. MATA ATLÂNTICA

(OAB/Exame Unificado – 2015.3) João acaba de adquirir dois imóveis, sendo um localizado em área urbana e outro, em área rural. Por ocasião da aquisição de ambos os imóveis, João foi alertado pelos alienantes de que os imóveis contemplavam Áreas de Preservação Permanente (APP) e de que, por tal razão, ele deveria buscar uma orientação mais especializada, caso desejasse nelas intervir. Considerando a disciplina legal das Áreas de Preservação Permanente (APP), bem como as possíveis preocupações gerais de João, assinale a afirmativa correta.

(A) As APPs não são passíveis de intervenção e utilização, salvo decisão administrativa em sentido contrário de órgão estadual integrante do Sistema Nacional de Meio Ambiente – SISNAMA, uma vez que não há preceitos legais abstratamente prevendo exceções à sua preservação absoluta e integral.
(B) As hipóteses legais de APP, com o advento do denominado "Novo Código Florestal" – Lei nº 12.651/2012 –, foram abolidas em âmbito federal, subsistindo apenas nos casos em que os Estados e Municípios assim as exijam legalmente.
(C) As APPs são espaços territoriais especialmente protegidos, comportando exceções legais para fins de intervenção, sendo certo que os Estados e os Municípios podem prever outras hipóteses de APP além daquelas dispostas em normas gerais, inclusive em suas Constituições Estaduais e Leis Orgânicas, sendo que a supressão irregular da vegetação nela situada gera a obrigação do proprietário, possuidor ou ocupante a qualquer título de promover a sua recomposição, obrigação esta de natureza *propter rem*.
(D) As APPs, assim como as reservas legais, não se aplicam às áreas urbanas, sendo certo que a Lei Federal nº 12.651/2012 ("Novo Código Florestal"), apesar de ter trazido significativas mudanças no seu regime, garantiu as APPs para os imóveis rurais com mais de 100 hectares.

A: incorreta, pois há sim preceito legal abstrato já prevendo exceções à preservação absoluta e integral do caracterizado como APP, como é o previsto no art. 8º, § 3ª, da Lei 12.651/2012, pelo qual "É dispensada a autorização do órgão ambiental competente para a execução, em caráter de urgência, de atividades de segurança nacional e obras de interesse da defesa civil destinadas à prevenção e mitigação de acidentes em áreas urbanas"; **B:** incorreta, pois o atual Código Florestal também prevê hipóteses de APP (art. 4º da Lei 12.651/2012); **C:** correta, pois de fato são áreas especialmente protegidas (art. 3º, II, da Lei 12.651/2012); Estados e Municípios podem prever outras hipóteses além das já dispostas no Código Florestal (art. 6º da Lei 12.651/2012); e a obrigação de proteger essa área se impõe também ao sucessor do imóvel, ou seja, é *propter rem* (art. 7º, § 2º, da Lei 12.651/2012); **D:** incorreta, pois as APPs se aplicam às áreas urbanas (art. 4º, *caput*, da Lei 12.651/2012).

Gabarito "C"

(OAB/Exame Unificado – 2015.1) Hugo, proprietário de imóvel rural, tem instituída Reserva Legal em parte de seu imóvel. Sobre a hipótese, considerando o instituto da Reserva Legal, de acordo com a disciplina do Novo Código Florestal (Lei nº 12.651/2012), assinale a afirmativa correta.

(A) As áreas de Reserva Legal são excluídas da base tributável do Imposto sobre a Propriedade Territorial Rural (ITR), compreendendo esta uma função extrafiscal do tributo.
(B) Caso Hugo transmita onerosamente a propriedade, o adquirente não tem o dever de recompor a área de Reserva Legal, mesmo que averbada, tendo em vista o caráter personalíssimo da obrigação.
(C) Hugo não pode explorar economicamente a área de Reserva Legal, conduta tipificada como crime pelo Novo Código Florestal (Lei n2 12.651/2012).
(D) A área compreendida pela Reserva Legal é considerada Unidade de Conservação de Uso Sustentável, admitindo exploração somente se inserida no plano de manejo instituído pelo Poder Público.

A: correta (art. 41, II, "c", da Lei 12.651/2012); **B:** incorreta, pois, segundo o art. 2º, § 2º, da Lei 12.651/2012, as obrigações previstas no Código Florestal têm natureza real e são transmitidas ao sucessor, no caso, o adquirente do imóvel; **C:** incorreta, pois é admitida a exploração econômica da Reserva Legal, desde que mediante manejo sustentável, previamente aprovado pelo órgão competente do SISNAMA (art. 17, § 1º, da Lei 12.651/2012); **D:** incorreta, pois o manejo é *aprovado* e não *instituído* pelo Poder Público.

Gabarito "A"

(OAB/Exame Unificado – 2014.2) A definição dos espaços territoriais especialmente protegidos é fundamental para a manutenção dos processos ecológicos. Sobre o instituto da Reserva Legal, de acordo com o Novo Código Florestal (Lei n. 12.651/2012), assinale a afirmativa **correta**.

(A) Pode ser instituído em área rural ou urbana, desde que necessário à reabilitação dos processos ecológicos.
(B) Incide apenas sobre imóveis rurais, e sua área deve ser mantida sem prejuízo da aplicação das normas sobre as Áreas de Preservação Permanente.
(C) Foi restringida, de acordo com a Lei n. 12.651/2012, às propriedades abrangidas por Unidades de Conservação.
(D) Incide apenas sobre imóveis públicos, consistindo em área protegida para a preservação da estabilidade geológica e da biodiversidade.

A: incorreta, pois a reserva legal incide apenas sobre áreas rurais (arts. 3º, III, e 12, *caput*, da Lei 12.651/2012); **B:** correta (art. 12, *caput*, da Lei 12.651/2012); **C:** incorreta, pois se aplica a todo imóvel rural, independentemente de ser unidade de conservação (art. 12, *caput*, da Lei 12.651/2012); **D:** incorreta, pois incide sobre imóvel público ou privado e seu objetivo é "assegurar o uso econômico de modo sustentável dos recursos naturais do imóvel rural, auxiliar a conservação e a reabilitação dos processos ecológicos e promover a conservação da biodiversidade, bem como o abrigo e a proteção de fauna silvestre e da flora nativa".

Gabarito "B"

(OAB/Exame Unificado – 2013.1) João, militante ambientalista, adquire chácara em área rural já degradada, com o objetivo de cultivar alimentos orgânicos para consumo próprio. Alguns meses depois, ele é notificado pela autoridade ambiental local de que a área é de preservação permanente.

Sobre o caso, assinale a afirmativa correta.

(A) João é responsável pela regeneração da área, mesmo não tendo sido responsável por sua degradação, uma vez que se trata de obrigação *propter rem*.

(B) João somente teria a obrigação de regenerar a área caso soubesse do dano ambiental cometido pelo antigo proprietário, em homenagem ao princípio da boa-fé.

(C) O único responsável pelo dano é o antigo proprietário,causador do dano, uma vez que João não pode ser responsabilizado por ato ilícito que não cometeu.

(D) Não há responsabilidade do antigo proprietário ou de João, mas da Administração Pública, em razão da omissão na fiscalização ambiental quando da transmissão da propriedade.

A: correta, pois a obrigação de manter a vegetação situada em área de preservação permanente é real e transmitida ao sucessor do proprietário no caso de alienação do bem ou transferência da posse deste, tratando-se, assim, de obrigação propter rem (art. 7º, § 2º, da Lei 12.651/2012); **B** a **D:** incorretas, pois, como se viu, a obrigação é propter rem, ou seja, decorrente simplesmente do fato de João ser o novo proprietário da coisa (art. 7º, § 2º, da Lei 12.651/2012), não sendo necessário comprovar culpa ou dolo de João; quanto à Administração Pública, ela até poderá responder junto com os proprietários antigos e novos, mas desde que se demonstre que se omitiu culposamente na fiscalização ambiental do bem.

Gabarito "A"

(OAB/Exame Unificado – 2011.2) João adquiriu em maio de 2000 um imóvel em área rural, banhado pelo Rio Formoso. Em 2010, foi citado para responder a uma ação civil pública proposta pelo Município de Belas Veredas, que o responsabiliza civilmente por ter cometido corte raso na mata ciliar da propriedade. João alega que o desmatamento foi cometido pelo antigo proprietário da fazenda, que já praticava o plantio de milho no local. Em razão do exposto, é correto afirmar que

(A) a manutenção de área de mata ciliar é obrigação *propter rem*; sendo obrigação de conservação, é automaticamente transferida do alienante ao adquirente. Logo, João terá que reparar a área.

(B) João será obrigado a recuperar a área, mas, como não poderá mais utilizá-la para o plantio do milho, terá direito a indenização, a ser paga pelo Poder Público, por força do princípio do protetor-recebedor.

(C) a responsabilidade por dano ambiental é objetiva, mas, como não há nexo de causalidade entre a ação do novo proprietário e o corte raso na área, verifica-se a excludente de responsabilidade, e João não será obrigado a reparar o dano.

(D) a responsabilidade civil por dano ambiental difuso prescreve em cinco anos por força da Lei 9.873/1999. Logo, João não será obrigado a reparar o dano.

O STJ vem decidindo que é dispensável a prova do nexo de causalidade na responsabilidade de adquirente de imóvel já danificado, por se tratar de obrigação *propter rem* (Resp. 1.056.540). Não bastasse, o atual Código Florestal (Lei 12.651/2012), é claro no sentido de que "as obrigações previstas nesta Lei têm natureza real e são transmitidas ao sucessor, de qualquer natureza, no caso de transferência de domínio ou posse do imóvel rural" (art. 2º, § 2º). Assim, a alternativa "A" está correta.

Gabarito "A"

(OAB/Exame Unificado – 2010.3) A supressão de vegetação primária e secundária no estágio avançado de regeneração somente poderá ser autorizada em caso de utilidade pública, sendo que a vegetação secundária em estágio médio de regeneração poderá ser suprimida nos casos de utilidade pública e interesse social, em todos os casos devidamente caracterizados e motivados em procedimento administrativo próprio, quando inexistir alternativa técnica e locacional ao empreendimento proposto, conforme o disposto no art. 14 da Lei 11.428/2006, que dispõe sobre a utilização e proteção da vegetação nativa do bioma Mata Atlântica. A esse respeito, assinale a alternativa correta.

(A) Desde que obtida a autorização de supressão de vegetação de Mata Atlântica, com base na Lei 11.428/2006, não é aplicável a legislação que exige a licença ambiental, de acordo com a CRFB/1988, a Lei 6.938/1981 e o Decreto 99.274/1990.

(B) Um advogado de proprietário de terreno urbano afirma ser possível a obtenção de licença ambiental para edificação de condomínio residencial com supressão de Mata Atlântica com base em utilidade pública.

(C) A licença ambiental de empreendimento de relevante e significativo impacto ambiental localizado em terreno recoberto de Mata Atlântica não pode ser concedida em hipótese alguma.

(D) Um produtor de pequena propriedade ou posse rural entende que é possível a obtenção de licença ambiental para atividade agroflorestal sustentável, tendo como motivo o interesse social.

A: incorreta, pois a autorização de supressão de vegetação da Mata Atlântica é um requisito a mais que o empreendedor deve cumprir, e não uma providência que dispensa a realização do licenciamento previsto nas leis mencionadas na alternativa; **B:** incorreta, pois os casos de utilidade pública estão previstos no art. 3º, VII, da Lei 11.428/2006, e não contemplam a hipótese mencionada na alternativa; **C:** incorreta, pois a lei em tela regulamenta justamente os casos em que é cabível a utilização desse tipo de bem; **D:** correta (art. 3º, VIII, *b*, da Lei 11.428/2006).

Gabarito "D"

(FGV – 2014) Com relação à Área de Preservação Permanente, nos termos da Lei Federal n. 12.651/2012, que dispõe sobre a proteção da vegetação nativa e dá outras providências, analise as afirmativas a seguir.

I. É considerada área de preservação permanente as florestas e demais formas de vegetação natural, situadas ao longo dos rios, em faixa marginal, cuja largura mínima será de cinco metros para os rios de menos de dez metros de largura.

II. É considerada área de preservação permanente, em zonas rurais ou urbanas, as faixas marginais de qualquer curso d'água natural, perene e intermitente, excluídos os efêmeros, desde a borda da calha do leito regular, em largura mínima de trinta metros, para os cursos d'água de menos de dez metros de largura.

III. É considerada área de preservação permanente, as florestas e demais formas de vegetação natural situadas no topo de morros, montanha e serras, com altura mínima de oitenta metros e inclinação média maior que 25º em relação à base.

Assinale:

(A) se somente a afirmativa I estiver correta.
(B) se somente a afirmativa II estiver correta.
(C) se somente as afirmativas I e II estiverem corretas.
(D) se somente as afirmativas II e III estiverem corretas.
(E) se todas as afirmativas estiverem corretas.

I: incorreta, pois a largura mínima é de 30 metros e não de 5 metros (art. 4º, I, "a", da Lei 12.651/2012); **II:** correta (art. 4º, I, "a", da Lei 12.651/2012); **III:** incorreta, pois a altura mínima é de 100 metros e não de 80 metros, nos termos do art. 4º, IX, da Lei 12.651/2012.

Gabarito "B".

(FGV – 2005) É correto afirmar que, no Direito brasileiro, face ao que estabelece a Lei 4.771/1965, as florestas existentes no território nacional e as demais formas de vegetação, reconhecidas de utilidade pública, são bens de:

(A) interesse internacional.
(B) domínio internacional.
(C) interesse comum.
(D) interesse coletivo.
(E) domínio eminente.

A resposta a essa pergunta encontrava-se, à época da questão, no art. 1º, *caput*, da Lei 4.771/1965 (antigo Código Florestal). Atualmente, temos um novo Código Florestal, que também estabelece que esses bens são de "interesse comum" (art. 2º da Lei 12.651/2012).

Gabarito "C".

(Defensor Público/AM – 2013 – FCC) A intervenção ou a supressão de vegetação nativa em área de preservação permanente

(A) poderá ser autorizada, excepcionalmente, nas restingas estabilizadoras de mangues e nos manguezais, em locais onde a função ecológica do manguezal esteja comprometida, para execução de obras habitacionais e de urbanização, inseridas em projetos de regularização fundiária de interesse social, em áreas urbanas consolidadas ocupadas por população de baixa renda.
(B) não será autorizada.
(C) somente ocorrerá nas hipóteses de utilidade pública e de interesse social.
(D) protetora de nascentes, dunas e restingas somente poderá ser autorizada em caso de interesse social.
(E) poderá ser autorizada desde que haja solicitação tecnicamente fundamentada do proprietário ou possuidor do imóvel.

A: correta (art. 8.º, § 2.º, da Lei 12.651/2012); **B:** incorreta, pois há autorização expressa no art. 8.º, § 2.º, da Lei 12.651/2012; **C:** incorreta, pois também é cabível na hipótese de baixo impacto ambiental, na forma da lei, tudo conforme o art. 8.º, *caput*, da Lei 12.651/2012; **D:** incorreta, pois, nesses casos, só é possível a autorização em caso de utilidade pública e não de interesse social (art. 8.º, § 1.º, da Lei 12.651/2012); **E:** incorreta, pois não basta esse tipo de solicitação, sendo necessário que se enquadre nas hipóteses taxativas previstas no art. 8.º da Lei 12.651/2012.

Gabarito "A".

(Defensor Público/To – 2013 – CESPE) A respeito da proteção e uso das florestas e demais formas de vegetação nativa, assinale a opção correta.

(A) São áreas de preservação permanente, além das elencadas no Código Florestal, as áreas cobertas com florestas e demais formas de vegetação nativa consideradas de interesse social, devendo a declaração de interesse social ocorrer, necessariamente, por lei em sentido formal.
(B) Considera-se manejo sustentável a substituição de vegetação nativa e de formações sucessoras por outras coberturas do solo, como atividades agropecuárias, industriais, de geração e transmissão de energia, de mineração e de transporte, assentamentos urbanos ou outras formas de ocupação humana.
(C) A área de preservação permanente é a que se localiza no interior de uma propriedade ou posse rural, devendo ser mantida a sua cobertura vegetal nativa, por ser ela necessária ao abrigo e proteção da fauna e flora nativas, à conservação da biodiversidade e à reabilitação dos processos ecológicos.
(D) As florestas existentes no território nacional e as demais formas de vegetação nativa, reconhecidas de utilidade às terras que revestem, são bens de interesse comum a todos os habitantes do país, exercendo-se os direitos de propriedade com as limitações que a legislação em geral, e em especial o Código Florestal, estabelecem.
(E) Dada a competência da União para legislar privativamente sobre florestas, áreas de preservação permanente e de reserva legal, a legislação federal pertinente – Código Florestal – contém normas de aplicação obrigatória por todos os entes da Federação.

A: incorreta, pois são Áreas de Preservação Permanente por força de lei as previstas no art. 4.º da Lei 12.651/2012 e, por força de ato do Chefe do Executivo (por exemplo, por Decreto) as mencionadas pelo art. 6.º da Lei 12.651/2012, que contemplam a hipótese prevista na alternativa ora comentada; assim, não é necessário lei em sentido formal para a declaração de que tais áreas (as previstas no art. 6.º) são de interesse social e constituem Área de Preservação Permanente; **B:** incorreta, pois a alternativa definiu o instituto do "uso alternativo do solo" e não do "manejo sustentável", conforme art. 3.º, VI e VII, respectivamente, da Lei 12.651/2012; **C:** incorreta, pois a alternativa definiu o instituto da "reserva legal" e não da "área de preservação permanente" (art. 3.º, III e II, respectivamente, da Lei 12.651/2012); **D:** correta (art. 2.º, *caput*, da Lei 12.651/2012); **E:** incorreta, pois a competência não é privativa da União, mas concorrente dela, dos Estados e do Distrito Federal, cabendo à União editar normas gerais, sem prejuízo de Estados e Distrito Federal legislar inexistindo lei geral federal ou para suplementar a legislação federal (art. 24, VI e §§. 1º a 4.º, da CF).

Gabarito "D".

10. PROTEÇÃO DA FAUNA

(Magistratura/MT – 2009 – VUNESP) Diante da preocupação com a extinção de espécies, pode-se afirmar que o Código de Caça brasileiro (Lei n. 5.197/1967) prevê que

(A) apenas espécies de peixes exóticos poderão ser introduzidas no País, sem parecer técnico oficial favorável e licença expedida na forma da Lei.
(B) é permitido o exercício da caça profissional para exportação de peles e couros em bruto para o Exterior.
(C) as licenças de caçadores serão concedidas, mediante pagamento de uma taxa anual equivalente a um décimo do salário-mínimo mensal.
(D) somente é permitida a exportação de peles e couros de anfíbios e répteis, em bruto.
(E) o pagamento das licenças, registros e taxas, previstos nesta Lei, será recolhido à Caixa Econômica Federal, em conta especial, a crédito do Fundo Federal Agropecuário, sob o título "Recursos da Fauna".

A: incorreta, pois "nenhuma espécie poderá ser introduzida no País, sem parecer técnico oficial favorável e licença expedida na forma da Lei" (art. 4º da Lei 5.197/1967); **B:** incorreta, pois é proibido o exercício de caça profissional (art. 2º da Lei 5.197/1967); **C:** correta (art. 20 da Lei 5.197/1967); **D:** incorreta, pois é "proibida a exportação para o exterior, de peles e couros de anfíbios e répteis, em bruto" (art. 18 da Lei 5.197/1967); **E:** incorreta, pois o recolhimento será no Banco do Brasil (art. 24 da Lei 5.197/1967).

Gabarito "C".

11. RESPONSABILIDADE CIVIL AMBIENTAL

Segue um resumo sobre a **Responsabilidade Civil Ambiental**:

1. **Responsabilidade objetiva.**
A responsabilidade objetiva pode ser ***conceituada*** *como o dever de responder por danos ocasionados* ao meio ambiente, independentemente de culpa ou dolo do agente responsável pelo evento danoso. *Essa responsabilidade está prevista no § 3º do art. 225 da CF, bem como no § 1º do art. 14 da Lei 6.938/1981 e ainda no art. 3º da Lei 9.605/1998.*
Quanto a seus ***requisitos,*** *diferentemente do que ocorre com a responsabilidade objetiva no Direito Civil, onde são apontados três requisitos para a configuração da responsabilidade (conduta, dano e nexo de causalidade), no Direito Ambiental são necessários apenas dois.*
A doutrina aponta a necessidade de existir um ***dano*** *(evento danoso), mais o* ***nexo de causalidade, que o liga ao poluidor.***
Aqui não se destaca muito a conduta como requisito para a responsabilidade ambiental, apesar de diversos autores entenderem haver três requisitos para sua configuração (conduta, dano e nexo de causalidade). *Isso porque é comum o dano ambiental ocorrer sem que se consiga identificar uma conduta específica e determinada causadora do evento.*
Quanto ao **sujeito responsável pela reparação do dano**, é o poluidor, que pode ser tanto pessoa física como jurídica, pública ou privada.
Quando o Poder Público não é o responsável pelo empreendimento, ou seja, não é o poluidor, sua responsabilidade é **subjetiva**, ou seja, depende de comprovação de culpa ou dolo do serviço de fiscalização, para se configurar. Assim, o Poder Público pode responder pelo dano ambiental por omissão no dever de fiscalizar. Nesse caso, haverá responsabilidade solidária do poluidor e do Poder Público. Mas lembre-se: se o Poder Público é quem promove o empreendimento, sua responsabilidade é **objetiva**.
Em se tratando de pessoa jurídica, a Lei 9.605/1998 estabelece que esta será responsável *nos casos em que a infração for cometida por decisão de seu representante legal ou contratual, ou de seu órgão colegiado, no interesse ou benefício da sua entidade*. Essa responsabilidade da pessoa jurídica não exclui a *das pessoas físicas, autoras, coautoras ou partícipes do mesmo fato.*
A Lei 9.605/1998 também estabelece uma cláusula geral que permite a **desconsideração da personalidade jurídica** da pessoa jurídica, em qualquer caso, desde que destinada ao ressarcimento dos prejuízos causados à qualidade do meio ambiente. Segundo o seu art. 4º, *poderá ser desconsiderada a pessoa jurídica sempre que sua personalidade for obstáculo ao ressarcimento dos prejuízos causados à qualidade do meio ambiente*. Adotou-se, com isso, a chamada **teoria menor da desconsideração**, para a qual basta a insolvência da pessoa jurídica, para que se possa atingir o patrimônio de seus membros. No direito civil, ao contrário, adotou-se a teoria maior da desconsideração, teoria que exige maiores requisitos, no caso, a existência de um desvio de finalidade ou de uma confusão patrimonial para que haja desconsideração.

2. ***Reparação integral dos danos.***
A obrigação de reparar o dano não se limita a pagar uma indenização; ela vai além: a reparação deve ser específica, *isto é, ela deve buscar a restauração ou recuperação do bem ambiental lesado, ou seja, o seu retorno à situação anterior. Assim, a responsabilidade pode envolver as seguintes obrigações:*
a) ***de reparação natural ou in specie:*** é a reconstituição ou recuperação do meio ambiente agredido, cessando a atividade lesiva e revertendo-se a degradação ambiental. *É a primeira providência que deve ser tentada, ainda que mais onerosa que outras formas de reparação;*
b) ***de indenização em dinheiro:*** consiste no ressarcimento pelos danos causados e não passíveis de retorno à situação anterior. *Essa solução só será adotada quando não for viável fática ou tecnicamente a reconstituição. Trata-se de forma indireta de sanar a lesão.*
c) ***compensação ambiental:*** *consiste em forma alternativa à reparação específica do dano ambiental, e importa na adoção de uma medida de equivalente importância ecológica, mediante a observância de*

critérios técnicos especificados por órgãos públicos e aprovação prévia do órgão ambiental competente, admissível desde que seja impossível a reparação específica. Por exemplo, caso alguém tenha derrubado uma árvore, pode-se determinar que essa pessoa, como forma de compensação ambiental, *replante duas árvores da mesma espécie.*

3. **Dano ambiental.**

Não é qualquer alteração adversa no meio ambiente causada pelo homem que pode ser considerada dano ambiental. Por exemplo, o simples fato de alguém inspirar oxigênio e expirar gás carbônico não é dano ambiental. O art. 3º da Lei 6.938/1981 nos ajuda a desvendar quando se tem dano ambiental, ao dispor que a poluição é a degradação ambiental resultante de atividades que direta ou indiretamente: a) prejudiquem a saúde, a segurança e o bem-estar da população; b) criem condições adversas às atividades sociais e econômicas; c) afetem desfavoravelmente a biota; d) afetem as condições estéticas ou sanitárias do meio ambiente; e) lancem matérias ou energia em desacordo com os padrões ambientais estabelecidos.

Quanto aos atingidos pelo dano ambiental, este pode atingir pessoas indetermináveis e ligadas por circunstâncias de fato (ocasião em que será difuso), grupos de pessoas ligadas por relação jurídica base (ocasião em que será coletivo), vítimas de dano oriundo de conduta comum (ocasião em que será individual homogêneo) e vítima do dano (ocasião em que será individual puro).

De acordo com o pedido formulado na ação reparatório é que se saberá que tipo de interesse (difuso, coletivo, individual homogêneo ou individual) está sendo protegido naquela demanda.

Quanto à extensão do dano ambiental, a doutrina reconhece que este pode ser material (patrimonial) ou moral (extrapatrimonial). Será da segunda ordem quando afetar o bem-estar de pessoas, causando sofrimento e dor. Há de se considerar que há decisão do STJ no sentido que não se pode falar em dano moral difuso, já que o dano deve estar relacionado a pessoas vítimas de sofrimento, e não a uma coletividade de pessoas. De acordo com essa decisão, pode haver dano moral ambiental a pessoa determinada, mas não pode haver dano moral ambiental a pessoas indetermináveis.

4. **A proteção do meio ambiente em juízo.**

A reparação do dano ambiental pode ser buscada extrajudicialmente, quando, por exemplo, é celebrado termo de **compromisso de ajustamento de conduta** com o Ministério Público, ou judicialmente, pela propositura da ação competente.

Há duas ações vocacionadas à defesa do meio ambiente. São elas: a **ação civil pública** (art. 129, III, da CF e Lei 7.347/1985) e a **ação popular** (art. 5º, LXXIII, CF e Lei 4.717/1965). A primeira pode ser promovida pelo Ministério Público, por entes da Administração Pública ou por associações constituídas há pelo menos um ano, que tenham por objetivo a defesa do meio ambiente. Já a segunda é promovida pelo cidadão.

Também são cabíveis em matéria ambiental o **mandado de segurança** (art. 5º, LXIX e LXX, da CF e Lei 12.016/2009), individual ou coletivo, preenchidos os requisitos para tanto, tais como prova pré-constituída, e ato de autoridade ou de agente delegado de serviço público; o **mandado de injunção** (art. 5º, LXXI, da CF), quando a falta de norma regulamentadora torne inviável o exercício dos direitos e liberdades constitucionais e das prerrogativas inerentes à nacionalidade, à soberania e à cidadania; as **ações de inconstitucionalidade** (arts. 102 e 103 da CF e Leis 9.868/1999 e 9.882/1999); e a **ação civil de responsabilidade por ato de improbidade administrativa** em matéria ambiental (art. 37, § 4º, da CF, Lei 8.429/1992 e art. 52 da Lei 10.257/2001).

(OAB/Exame Unificado – 2016.2) No curso de obra pública de construção de represa para fins de geração de energia hidrelétrica em rio que corta dois estados da Federação, a associação privada Sorrio propõe ação civil pública buscando a reconstituição do ambiente ao *status quo* anterior ao do início da construção, por supostos danos ao meio ambiente. Considerando a hipótese, assinale a afirmativa correta.

(A) Caso a associação Sorrio abandone a ação, o Ministério Público ou outro legitimado assumirá a titularidade ativa.
(B) Caso haja inquérito civil público em curso, proposto pelo Ministério Público, a ação civil pública será suspensa pelo prazo de até 1 (um) ano.
(C) Como o bem público objeto da tutela judicial está localizado em mais de um estado da federação, a legitimidade ativa exclusiva para propositura da ação civil pública é do Ministério Público Federal.
(D) Caso o pedido seja julgado improcedente por insuficiência de provas, não será possível a propositura de nova demanda com o mesmo pedido.

A: correta (art. 5º, § 3º, da Lei 7.347/1985); **B:** incorreta, pois a existência de inquérito civil em curso não é causa prevista em lei para impedir ou suspender uma ação civil pública promovida por um outro legitimado ativo para esse tipo de ação; **C:** incorreta, pois não há essa exclusividade, podendo outros legitimados ativos previstos em lei (como associações) e até mesmo os ministérios públicos dos estados respectivos promoverem a ação, sem prejuízo de, no último caso, o Ministério Público Federal ser chamado a se manifestar na ação respectiva e até mesmo ter interesse em assumir o polo ativo da demanda; **D:** incorreta, pois nesse específico caso (improcedência por falta de provas) não se forma a coisa julgada material, mas apenas a formal, sendo possível o ajuizamento de ação no futuro, desde que embasada em nova prova (art. 16 da Lei 7.347/1985).

Gabarito "A".

(OAB/Exame Unificado – 2014.3) No curso de obra pública, a Administração Pública causa dano em local compreendido por área de preservação permanente.

Sobre o caso apresentado, assinale a opção que indica de quem é a responsabilidade ambiental.

(A) Em se tratando de área de preservação permanente, que legalmente é de domínio público, o ente só responde pelos danos ambientais nos casos de atuação com dolo ou culpa grave.
(B) Em se tratando de área de preservação permanente, a Administração Pública responderá de forma objetiva pelos danos causados ao meio ambiente, independentemente das responsabilidades administrativa e penal.

(C) Em se tratando de dano ambiental cometido dentro de área de preservação permanente, a Administração Pública não tem responsabilidade, sob pena de confusão, recaindo sobre o agente público causador do dano, independentemente das responsabilidades administrativa e penal.

(D) Trata-se de caso de responsabilidade subjetiva solidária de todos aqueles que contribuíram para a prática do dano, inclusive do agente público que determinou a prática do ato.

A: incorreta, pois, em sendo a área do próprio Poder Público, a responsabilidade deste é objetiva, como de resto é a responsabilidade civil do Estado e a responsabilidade ambiental; **B:** correta, pois o Poder Púbico responde objetivamente quando ele é o próprio empreendedor, prevalecendo a responsabilidade objetiva do Estado prevista no art. 37, § 6º, da CF; **C** e **D:** incorretas, pois, em sendo a obra pública, o Estado é empreendedor e, como tal, responde objetivamente, ficando o agente público responsável, por meio de ação de regresso, em caso de culpa ou dolo deste; ou seja, o Estado responde sim (ficando afastada a alternativa "c", além de que a responsabilidade é objetiva (e não subjetiva) e não se dá diretamente em relação ao agente público (que só responde regressivamente e se for comprovada a culpa ou o dolo dele), ficando afastada a alternativa "D".

Gabarito "B".

(OAB/Exame Unificado – 2007.3) Assinale a opção correta em relação ao dano ambiental.

(A) Sendo o meio ambiente um bem difuso, o dano ambiental também tem natureza exclusivamente difusa, razão pela qual é vedado ao indivíduo – vítima direta de um dano – reivindicar indenização a si próprio.

(B) Quanto à extensão, o dano ambiental pode ser patrimonial, quando disser respeito à perda material do bem ambiental, ou extrapatrimonial, quando ofender valores imateriais, reduzindo o bem-estar do indivíduo ou da coletividade ou atingindo o valor intrínseco do bem.

(C) Dada a irreversibilidade do dano ambiental, a única forma de reparação contra esse tipo de dano, na via judicial, é a indenização pecuniária, a qual deverá resultar em recursos para a minimização dos impactos na área afetada pela atividade lesiva.

(D) A responsabilidade civil por danos causados ao meio ambiente é de natureza objetiva, sendo imprescindíveis, para sua caracterização, o elemento culpa e a comprovação do indiscutível caráter lesivo da atividade desenvolvida pelo agente.

A: incorreta. Quanto às vítimas do dano ambiental, este pode atingir pessoas em particular (individual e individual homogêneo), um grupo de pessoas (coletivo) ou um número indeterminável de pessoas (difusos); **B:** correta. Quanto à extensão, o dano pode ser patrimonial (material) ou extrapatrimonial (moral); **C:** incorreta. Deve-se, em primeiro lugar, buscar a recuperação do bem lesado; não sendo possível tecnicamente a reparação específica, a indenização não é a única alternativa; é possível também utilizar a compensação ambiental; **D:** incorreta. A responsabilidade por dano ambiental é objetiva, ou seja, não é imprescindível o elemento culpa.

Gabarito "B".

(OAB/Exame Unificado – 2007.3) Quanto aos meios processuais para a defesa ambiental, assinale a opção correta.

(A) Cabe exclusivamente ao Conselho Superior do Ministério Público e ao Conselho Federal Gestor do Fundo de Direitos Difusos a propositura de ação civil pública por danos causados ao meio ambiente provenientes de empresa pública, fundação, sociedade de economia mista ou associação.

(B) De acordo com a CF, qualquer cidadão é parte legítima para propor ação popular que vise anular ato lesivo ao meio ambiente ou ao patrimônio histórico e cultural, ficando o autor, salvo comprovada má-fé, isento de custas judiciais e do ônus da sucumbência.

(C) O inquérito civil é um instrumento indispensável para o exercício da ação civil pública em defesa do meio ambiente, pois é ele que dá suporte à preparação dessa ação perante o Judiciário.

(D) O Ministério Público, ainda que não encontre elementos que indiquem a autoria do possível dano ambiental ou o mínimo de prova para propor a ação judicial, não pode promover o arquivamento do inquérito civil ou dos documentos em seu poder.

A: incorreta. Caberá ao Ministério Público, Defensoria Pública, União, Estados, Distrito Federal e Municípios, autarquia, empresa pública, fundação ou sociedade de economia mista, associação (art. 5º da Lei 7.347/1985); **B:** correta. Art. 5º, LXXIII, da CF; **C:** incorreta. O inquérito civil não é indispensável para a propositura de ação civil pública; **D:** incorreta. Nessas condições, poderá promover o arquivamento, desde que fundamente sua decisão (art. 9º da Lei 7.347/1985).

Gabarito "B".

(OAB/Exame Unificado – 2007.2) Com relação à responsabilidade por danos ambientais, assinale a opção correta.

(A) A responsabilidade civil em matéria ambiental é de caráter objetivo, prescindindo-se, para sua caracterização, do elemento culpa e do nexo causal entre a conduta e o evento danoso.

(B) A natureza objetiva da responsabilidade civil por danos ambientais inspira-se em um postulado de equidade, pois aquele que obtém lucros com uma atividade deve responder por eventuais prejuízos dela resultantes, independentemente de culpa, sendo igualmente irrelevante saber se a atividade danosa é lícita ou ilícita.

(C) A responsabilidade civil por danos causados ao meio ambiente, por ser de natureza objetiva, exige a caracterização de culpa para efeito de obrigação de reparar os prejuízos causados.

(D) Em razão da necessidade de melhor proteção ao meio ambiente, é objetiva a natureza das responsabilidades penal e administrativa por danos causados a esse bem jurídico.

A: incorreta. A responsabilidade ambiental objetiva depende, sim, de nexo de causalidade; **B:** correta. De fato, a responsabilidade ambiental é objetiva, ou seja, pouco importa se é lícita ou não a atividade causadora do dano; assim, não se discute se a atividade é ilícita (culposa ou dolosa), mas apenas se há conduta, dano e nexo de causalidade; o instituto da responsabilidade objetiva em matéria ambiental decorre da teoria do risco-proveito, pela qual quando alguém tem proveito com certa atividade, deve arcar com os prejuízos decorrentes do risco inerente a essa atividade; **C:** incorreta. Se a responsabilidade é objetiva, não é necessária a culpa; **D:** incorreta. Não existe responsabilidade penal objetiva.

Gabarito "B".

(FGV – 2014) A fábrica de sabonetes Cheiro Bom Ltda. foi construída há 10 anos sobre um terreno onde funcionou, por 30 anos, um posto de gasolina, cuja atividade contaminou o solo da área e seu entorno, de forma perigosa à saúde. Em razão do caso exemplificado, assinale a afirmativa correta.

(A) A fábrica de sabonetes não tem qualquer obrigação de remediar a área contaminada, porque a degradação ambiental, no momento da transferência dominial, não é automaticamente repassada ao adquirente do bem imóvel.

(B) A fábrica de sabonetes estará desobrigada a remediar o solo da área contaminada e seu entorno pois, no curso do licenciamento ambiental, celebrou Termo de Ajustamento de Conduta, com base na Lei Estadual n. 3.467/2000, visando à adoção de medidas compensatórias relacionadas aos danos ambientais oriundos da contaminação.

(C) A fábrica de sabonetes, ainda que já possua licença ambiental válida, será obrigada pelo órgão ambiental competente a adotar medidas que promovam a remediação de toda a área contaminada, de forma a minimizar ou anular os riscos ambientais.

(D) A fábrica de sabonetes, construída há 10 anos, poderá continuar funcionando, já que a obrigação de elaborar um EIA-RIMA e de se submeter a licenciamento prescreveu.

(E) A fábrica de sabonetes possui licença de operação válida e, por isso, o órgão ambiental competente só poderá obrigá-la a adotar medidas de remediação da área contaminada no momento da renovação de sua licença.

A: incorreta, pois em direito ambiental vem-se reconhecendo que a obrigação de reparar o dano é de natureza real (*propter rem*), que é transmitida inclusive para o sucessor da área, conforme previsão legal expressa, por exemplo, no art. 7º, *caput*, e § 2º, da Lei 12.651/12; **B:** incorreta, pois a responsabilidade ambiental deve se dar prioritariamente pela reparação *in specie*, ficando a compensação ambiental prejudicada quando possível fazer a reparação específica do meio ambiente; **C:** correta, considerando a responsabilidade que tem, na forma do mencionado no comentário à alternativa "A"; **D:** incorreta, pois a licença ambiental, diferentemente da licença administrativa (por exemplo, licença para construir uma casa), apesar de normalmente envolver competência vinculada, tem prazo de validade definido e não gera direito adquirido para seu beneficiário; dessa forma, mesmo que o empreendedor tenha cumprido os requisitos da licença, caso, ainda assim, tenha sido causado dano ao meio ambiente, a existência de licença em seu favor não o exime de reparar o dano e de tomar as medidas adequadas à recuperação do meio ambiente.

Gabarito "C".

(FGV – 2014) Um representante do Ministério Público Federal promoveu uma Ação Civil Pública em face do Estado do Ceará e de seu órgão ambiental com o objetivo de anular a licença de instalação expedida pelo órgão ambiental estadual que autorizava a construção de um porto, sob o argumento de que a mencionada licença fora concedida sem prévia avaliação de viabilidade. Em reunião entre as partes foi celebrado um Termo de Ajustamento de Conduta (TAC), que levou a efeito a demanda judicial mediante compensação ambiental. Após o cumprimento do TAC, uma Associação de Pescadores local promoveu nova Ação Civil Pública, de objeto e pedidos idênticos aos da demanda promovida pelo *parquet* federal. A partir do caso apresentado, assinale a afirmativa correta.

(A) A tutela antecipada do pedido foi deferida pelo juízo, com fundamento no Princípio da Prevenção e com o objetivo de suprir a omissão da transação.

(B) A tutela antecipada do pedido foi indeferida pelo juízo, já que a Associação não possui legitimidade para promover a demanda.

(C) A tutela antecipada do pedido foi indeferida pelo juízo, já que o cumprimento do TAC faz coisa julgada.

(D) A tutela antecipada do pedido foi indeferida pelo juízo, já que a insuficiência do estudo de viabilidade ambiental não denota dano ao meio ambiente.

(E) A tutela antecipada do pedido foi deferida pelo juízo, já que o *parquet* federal não possui legitimidade para celebrar o TAC com o Estado e seu órgão ambiental.

A: correta, pois, havendo omissão na transação, não há que se falar em coisa julgada; **B:** incorreta, pois associações têm legitimidade para propor ação civil pública (art. 1º, I, c.c art. 5º, V, da Lei 7.347/1985); **C:** incorreta, pois, havendo omissão na transação, não há que se falar em coisa julgada no ponto omisso; **D:** incorreta, pois não há essa restrição na lei (art. 5º, § 6º, da Lei 7.347/1985).

Gabarito "A".

(FGV – 2007) Assinale a afirmativa incorreta.

(A) O patrimônio cultural brasileiro é constituído por bens de natureza material e imaterial, tomados individualmente ou em conjunto, portadores de referência à identidade, à ação e à memória dos diferentes grupos formadores da sociedade brasileira.

(B) Até a promulgação da Constituição da República, a responsabilidade civil por danos ambientais no Brasil dependia da prova de que a conduta do agente causador do dano foi culposa.

(C) É responsável pela reparação de danos ambientais, independentemente de culpa, a pessoa física ou jurídica, de direito público ou privado, responsável, direta ou indiretamente, por atividade causadora de degradação ambiental.

(D) A utilização adequada dos recursos naturais disponíveis e a preservação do meio ambiente são requisitos para que a propriedade rural cumpra a sua função social.

(E) As florestas existentes no território nacional e as demais formas de vegetação, reconhecidas de utilidade às terras que revestem, são bens de interesse comum a todos os habitantes do País, exercendo-se os direitos de propriedade com as limitações que a legislação em geral e especialmente o Código Florestal (Lei 4.771/1965) estabelecem.

A: correta (art. 216 da CF); **B:** incorreta, devendo ser assinalada, pois o art. 14, § 1º, da Lei 6.938/1981, já estabelecia responsabilidade objetiva do agente causador de dano ao meio ambiente; **C:** correta (art. 225, § 3º, da CF); **D:** correta (art. 186, II, da CF); **E:** correta Art. 2º, *caput*, da Lei 12.651/2012.

Gabarito "B".

(Magistratura/BA – 2012 – CESPE) No que se refere à tutela processual ao meio ambiente e à responsabilidade pelo dano ambiental, assinale a opção correta.

(A) O inquérito civil, procedimento administrativo de caráter inquisitorial cujo objetivo é realizar atividades investigativas preparatórias, está sujeito ao princípio da ampla defesa, consistindo o desrespeito a esse princípio vício capaz de eivar de nulidade a ação civil pública ambiental nele embasada.

(B) Sendo os interesses difusos e transindividuais marcados pela indisponibilidade, o MP não pode, de acordo com a moderna doutrina, celebrar acordos extrajudiciais em matéria ambiental.

(C) Ocorrendo desistência ou abandono da ação civil pública pela associação que a tiver promovido, deverá o MP, obrigatoriamente, assumir a titularidade ativa da demanda, já que tal prerrogativa é vedada aos demais legitimados.

(D) Independentemente de requerimento do autor, pode o juiz, em decisão relativa a ação civil pública, impor multa diária ao réu em substituição à execução específica da obrigação de fazer ou não fazer, se a multa for suficiente ou compatível.

(E) A pretensão da administração pública à promoção da execução da multa por infração ambiental prescreve em cinco anos, contados da data da prática do ato ou, no caso de infração permanente, de sua cessação.

A: incorreta, pois o inquérito civil é procedimento de apuração de elementos para possível ajuizamento de ação civil pública, não havendo que se falar contraditório e ampla defesa; **B:** incorreta, pois tais acordos não significam que o direito está sendo objeto de disposição, mas que está-se a conformar condutas com os objetivos de cessar a lesão ao meio ambiente e de reparar o dano ambiental pretérito; **C:** incorreta, pois outros legitimados também podem assumir a titularidade ativa (art. 5º, § 3º, da Lei 7.347/1985); **D:** correta (art. 11 da Lei 7.347/1985); **E:** incorreta, pois aplicada a multa, a ação referente a esse crédito prescreve em 5 anos da dada da constituição definitiva do crédito tributário, após o término regular do processo administrativo (art. 1º-A da Lei 9.873/1999, com redação dada pela Lei 11.941/2009); o STJ ainda não tem uma jurisprudência consolidada em relação a essa nova redação da Lei 9.873/1999, de maneira que os acórdãos desse tribunal geralmente estão ainda no sentido de que esse prazo de 5 anos para a cobrança se inicia com o vencimento do crédito sem pagamento, que, na prática pode até coincidir com a ideia de que só depois que se encerra o processo administrativo é que o prazo corre; *vide*, a respeito, a seguinte decisão: STJ, REsp 1.260.915, *DJ* 01.12.2011.

Gabarito "D"

(Magistratura/MG – 2012 – VUNESP) Analise as afirmativas a seguir.

A manutenção da área destinada à reserva legal é obrigação propter rem

PORQUE

o adquirente possui legitimidade passiva ad causam *em ação civil pública proposta em razão de dano ambiental, ainda que este não seja o autor do dano.*

Assinale a alternativa correta.

(A) A primeira afirmativa é falsa e a segunda é verdadeira.

(B) A segunda afirmativa é falsa e a primeira é verdadeira.

(C) As duas afirmativas são verdadeiras e a segunda justifica a primeira.

(D) As duas afirmativas são verdadeiras, mas a segunda não justifica a primeira.

É verdadeira a primeira afirmativa. De fato, a jurisprudência já vinha reconhecendo a natureza *propter rem* dessa obrigação, o que foi confirmado com o disposto nos arts. 7º, §§ 1º e 2º, 18, §§ 2º e 3º, da Lei 12.651/2012). A segunda afirmativa também é verdadeira, em decorrência da primeira afirmativa. Portanto, a segunda afirmativa não é justificativa para primeira, e sim sua consequência.

Gabarito "D"

(Magistratura/PA – 2012 – CESPE) Carlos, empresário da construção civil, iniciou, de forma dolosa, a construção de prédios em unidade de conservação de proteção integral, precisamente a dois metros de nascentes existentes no local, sem a devida licença urbanística e ambiental, tendo o município se omitido em relação à fiscalização da obra.

Nessa situação hipotética, para a proteção do meio ambiente, é cabível

(A) o ajuizamento de ação civil pública, mas não de ação penal.

(B) o ajuizamento de ação civil pública e de ação penal.

(C) o ajuizamento de mandado de segurança coletivo, mas não de ação penal.

(D) a impetração de mandado de segurança contra a unidade de conservação, além do ajuizamento de ação civil pública.

(E) a impetração de mandado de injunção ambiental.

O caso impõe o ajuizamento de ação civil pública, com o fito de reparar o dano causado ao meio ambiente, bem como de ação penal, por ser crime a conduta perpetrada (art. 40 da Lei 9.605/1998).

Gabarito "B"

12. RESPONSABILIDADE ADMINISTRATIVA AMBIENTAL

(OAB/Exame Unificado – 2012.3.A) A respeito da responsabilidade administrativa federal por danos ambientais, regulamentada pelo Decreto n. 6.514/2008 e alterado pelo Decreto 6.686/2008, assinale a afirmativa correta.

(A) A demolição de obras só poderá ser aplicada em edificações não residenciais e sua execução deverá ocorrer às custas do infrator.

(B) A demolição de obra é medida excepcional e só poderá ser aplicada em situações de flagrante ilegalidade e em edificações com menos de dez anos.

(C) A demolição de obra, em respeito ao direito fundamental à moradia, só poderá ser aplicada em construções residenciais erguidas em unidades de conservação e outros espaços ambientalmente protegidos e as custas para a sua realização correrão por conta do infrator.

(D) A demolição de obra ou construção com fins residenciais ou comerciais, em razão do princípio da defesa do meio ambiente, dar-se-á nos casos em que a ausência da demolição importa em iminente risco de agravamento do dano ambiental e as custas para sua realização correrão por conta do infrator.

A: correta (art. 19, § 2º, do Decreto 6.514/2008); **B** a **D:** incorretas, pois tal sanção pode ser aplicada quando "verificada a construção de obra em área ambientalmente protegida em desacordo com a legislação ambiental ou quando a obra ou construção realizada não atenda às condicionantes da legislação ambiental e não seja passível de regularização" (art. 19 do Decreto 6.514/2008), ou seja, não há na norma a exigência de "flagrante ilegalidade" ou de "edificação com menos de 10 anos" (alternativa "b"), bem como de que, em se tratando de construções residenciais, estas tenham sido "erguidas em unidades de conservação e outros espaços ambientalmente protegidos" (alternativa "c") e, em imóveis residenciais ou comerciais, que "a ausência da demolição importe em iminente risco de agravamento do dano ambiental" (alternativa "d").

Gabarito "A"

(OAB/Exame Unificado – 2007.2) Com relação aos mecanismos de tutela administrativa do meio ambiente, assinale a opção correta.

(A) A implantação de reserva legal florestal em imóvel rural gera, para o proprietário, direito a indenização, em face da limitação ao potencial econômico do bem.

(B) A fixação de um regime peculiar de fruição de um bem imóvel em área merecedora de especial proteção, em razão de sua relevância ambiental, nem sempre dependerá de desapropriação pelo poder público.

(C) No exercício do poder de polícia administrativa, o órgão ambiental pode lavrar autos de infração e aplicar multas apenas nos casos em que a conduta lesiva ao meio ambiente estiver descrita em lei como crime ambiental.

(D) No exercício do poder de polícia administrativa, o órgão ambiental poderá aplicar sanções referentes a condutas lesivas ao meio ambiente, bastando que estas, em consonância com o princípio da taxatividade, estejam expressa e previamente tipificadas em portaria ou resolução do Conselho Nacional do Meio Ambiente.

A: incorreta. A reserva legal decorre da Lei 12.651/2012 (Código Florestal) e atinge todos os imóveis rurais, de modo se tratar de uma limitação administrativa, que, por sua natureza, é gratuita, não gerando direito à indenização em favor do proprietário da área; **B:** correta. De fato, nem sempre as restrições administrativas importam em desapropriação (veja, por exemplo, o caso das reservas legais, acima comentadas); **C** e **D:** incorretas. Quanto ao poder de polícia administrativa, as sanções administrativas são aplicadas quando o infrator incorrer em infração administrativa, e não em infração criminal; considera-se infração administrativa toda ação ou omissão que viole as regras de proteção ao meio ambiente (art. 70 da Lei 9.605/1998); a Lei 9.605/1998 estabelece tais regras e o Decreto 6.514/2008 (que revogou o Decreto 3.179/1999) especifica as condutas e as respectivas sanções cabíveis.

Gabarito "B"

(Juiz de Direito/PE – 2013 – FCC) Com relação aos prazos prescricionais do poder de polícia sancionador de infrações administrativas ambientais, é correto afirmar que

(A) caso a infração administrativa também seja capitulada como crime, o prazo prescricional é aquele da lei penal.

(B) não são admitidas hipóteses de prescrição intercorrente.

(C) o prazo prescricional é sempre de 5 (cinco) anos, contado da data da prática do ato ou da sua cessação, no caso de infração permanente ou continuada.

(D) a prescrição varia conforme a gravidade da infração.

(E) a extinção da pretensão punitiva pela prescrição estende-se à esfera cível.

A: correta (art. 21, § 3º, do Decreto 6.514/2008); **B:** incorreta, pois "incide a prescrição no procedimento de apuração do auto de infração paralisado por mais de três anos, pendente de julgamento ou despacho, cujos autos serão arquivados de ofício ou mediante requerimento da parte interessada, sem prejuízo da apuração da responsabilidade funcional decorrente da paralisação, se for o caso" (art. 21, § 2º, do Decreto 6.514/2008, com redação dada pelo Decreto 6.686/2008); **C:** incorreta, pois o prazo não será sempre de 5 anos, já que, no caso em que a infração também constituir crime, a prescrição reger-se-á pelo prazo previsto na lei penal (art. 21, § 3º, do Decreto 6.514/2008); **D:** incorreta, pois o prazo geral é de 5 anos, pouco importando a gravidade da infração, havendo como exceção apenas os casos em que a infração também constituir crime, hipótese em que se observa a lei penal (art. 21, *caput* e § 3º, do Decreto 6.514/2008); **E:** incorreta, pois as esferas civil e administrativa são independentes entre si (art. 146, §§ 3º e 4º, I e II, do Decreto 6.514/2008).

Gabarito "A"

(Magistratura/BA – 2012 – CESPE) Acerca da responsabilidade ambiental, assinale a opção correta.

(A) As ações penais por crimes ambientais previstos na Lei n. 9.605/1998 são públicas incondicionadas ou condicionadas à representação.

(B) Em matéria ambiental, a responsabilidade por ilícitos é sempre objetiva, dispensando-se a comprovação de culpa em sentido amplo.

(C) A omissão da autoridade ambiental competente, sendo ela obrigada a agir, poderá configurar infração administrativa ambiental.

(D) Os valores arrecadados em decorrência do pagamento de multas por infração ambiental devem ser integralmente revertidos ao Fundo Nacional do Meio Ambiente.

(E) Entre os efeitos da condenação por crime ambiental inclui-se a apreensão de produtos dele decorrentes e de instrumentos utilizados para cometê-lo, salvo os instrumentos lícitos.

A: incorreta, pois a ação penal na Lei 9.605/1998 é pública incondicionada (art. 26 da Lei 9.605/1998); **B:** incorreta, pois em matéria ambiental a responsabilidade depende do elemento objetivo dolo, como regra, e do elemento objetivo culpa em sentido estrito, nos crimes culposos; a responsabilidade administrativa também requer elemento subjetivo para aplicação de determinadas sanções (art. 72, § 3º, da Lei 9.605/1998); e na responsabilidade civil, como regra não se fala em elemento subjetivo, já que a responsabilidade é objetiva, salvo quando se busca a responsabilidade do Poder Público por ausência de fiscalização, ocasião em que a responsabilidade é subjetiva, ficando dependente da demonstração de falta do serviço; **C:** correta (art. 70, § 3º, da Lei 9.605/1998); **D:** incorreta, pois tais valores serão revertidos, além do Fundo Nacional do Meio Ambiente, para o Fundo Naval e para os fundos estaduais ou municipais do meio ambiente, ou correlatos, conforme dispuser o órgão arrecadador (art. 73 da Lei 9.605/1998); **E:** incorreta, pois serão apreendidos seus produtos ou instrumentos, pouco importando se lícitos ou ilícitos (art.25 da Lei 9.605/1998).

Gabarito "C"

13. RESPONSABILIDADE PENAL AMBIENTAL

(OAB/Exame Unificado – 2012.2) Luísa, residente e domiciliada na cidade de Recife, após visitar a Austrália, traz consigo para a sua casa um filhote de coala, animal típico daquele país e inexistente no Brasil. Tendo em vista tal situação, assinale a afirmativa correta.

(A) Ao trazer o animal, Luísa não cometeu qualquer ilícito ambiental já que a propriedade de animais domésticos é livre no Brasil.

(B) Ao trazer o animal, Luísa, em princípio, não cometeu qualquer ilícito ambiental, pois o crime contra o meio ambiente só se configuraria caso Luísa abandonasse ou praticasse ações de crueldade contra o animal por ela adotado.

(C) Ao trazer o animal, Luísa cometeu crime ambiental, pois o introduziu no Brasil sem prévio licenciamento ambiental, sendo a Justiça estadual de Pernambuco competente para julgar a eventual ação.

(D) Ao trazer o animal, Luísa cometeu crime ambiental, pois o introduziu no Brasil sem licença e sem parecer técnico oficial favorável, sendo a Justiça Federal competente para julgar a eventual ação.

Segundo o art. 31 da Lei 9.605/1998, é crime punível com detenção e multa a introdução de espécime animal no País, sem parecer técnico favorável e licença expedida por autoridade competente. Assim, Luísa cometeu sim ilícito ambiental. Ficam afastadas, portanto, as alternativas "**A**" e "**B**". Quanto à alternativa "**C**", também está incorreta, pois o ilícito penal se dá em face de competência de autarquia federal; com efeito, compete ao IBAMA a autorização de ingresso de espécime nova no País, o que faz com que, nos termos do art. 109 da CF, a competência seja da Justiça Federal, e não da Justiça Estadual, por haver interesse de autarquia federal em jogo (STJ, CC 96.853/RS, DJ 17.10.2008). Não bastasse, a introdução de animais exóticos no País concerne diretamente com o exercício da soberania deste e a tutela que dispensa a sua própria fauna globalmente considerada, em consequência dos imprevisíveis efeitos que tais animais podem causar no meio ambiente (TRF 3ª Região, RSE 4.528, DJ 19.06.2007), envolvendo, assim, interesse da União, a atrair a competência da Justiça Federal. Já a alternativa "**D**" está correta, nos termos do art. 31 da Lei 9.605/1998, bem como da competência do IBAMA, autarquia federal, para a autorização que Luísa deveria ter pedido, atraindo, definitivamente, a competência da Justiça Federal.

Gabarito "D"

(OAB/Exame Unificado – 2011.2) A Lei 9.605/1998, regulamentada pelo Decreto 6.514/2008, que dispõe sobre sanções penais e administrativas derivadas de condutas e atividades lesivas ao meio ambiente, trouxe novidades nas normas ambientais. Entre elas está a

(A) possibilidade de assinatura de termos de ajustamento de conduta, que somente é possível pelo cometimento de ilícito ambiental.

(B) desconsideração da pessoa jurídica, que foi estabelecida para responsabilizar a pessoa física sempre que sua personalidade for obstáculo ao ressarcimento de prejuízos causados à qualidade do meio ambiente.

(C) substituição da pena privativa de liberdade pela restritiva de direito quando tratar-se do crime doloso.

(D) responsabilidade penal objetiva pelo cometimento de crimes ambientais.

A: incorreta, pois o termo de ajustamento de conduta já estava previsto na Lei 7.347/1985; ademais, não é só ato ilícito (ato danoso culposo ou doloso) que enseja a celebração de TAC; qualquer ato que venha causando dano ao meio ambiente, mesmo ato em que não há culpa ou dolo, também é passível de TAC; **B:** correta (art. 4º da Lei 9.605/1998), valendo ressaltar que a lei ambiental adotou a Teoria Menor da Desconsideração da Personalidade Jurídica, havendo menos requisitos para que o juiz aplique o instituto; **C:** incorreta, pois tal substituição depende de que se trate de crime culposo (art. 7º, I, da Lei 9.605/1998); **D:** incorreta, pois não existe responsabilidade penal objetiva.

Gabarito "B"

(OAB/Exame Unificado – 2010.2) Diante das disposições estabelecidas pela Lei n. 9.605/1998 sobre as sanções penais e administrativas derivadas de condutas e atividades lesivas ao meio ambiente, assinale a alternativa correta.

(A) A desconsideração da pessoa jurídica somente será admitida se a pena restritiva de direitos se revelar inócua para os fins a que se destina.

(B) A pena restritiva de direitos da pessoa jurídica, no que tange a proibição de contratar com o poder público, terá duração equivalente ao tempo de permanência dos efeitos negativos da conduta delituosa sobre o meio ambiente.

(C) Constitui inovação da lei de crimes ambientais a excludente de antijuridicidade relativamente ao comércio não autorizado de animais da fauna silvestre voltado exclusivamente à subsistência da entidade familiar.

(D) Os tipos penais ambientais, em regra, descrevem crimes de perigo abstrato, que se consumam com a própria criação do risco, efetivo ou presumido, independentemente de qualquer resultado danoso.

A: incorreta, pois a Lei 9.605/1998 adotou a Teoria Menor da Desconsideração, ou seja, exige "*menos*" requisitos para a desconsideração da personalidade; no caso, exige-se apenas que a personalidade seja obstáculo ao ressarcimento de prejuízo causados à qualidade do meio ambiente (art. 4º), de modo que não há outros requisitos para a desconsideração da personalidade, em matéria de responsabilidade civil ambiental; **B:** incorreta, pois tal pena não poderá exceder o prazo de 10 anos (art. 22, § 3º, da Lei 9.605/1998); **C:** incorreta, pois não existe essa excludente no art. 29, § 1º, III, da Lei 9.605/1998; a excludente nesse sentido diz respeito ao desmatamento e à degradação de floresta (art. 50-A, § 1º, da Lei 9.605/1998); **D:** correta, pois grande parte dos crimes previstos na Lei 9.605/1998 se consuma com a simples *criação do risco*, independentemente do *resultado danoso*; por exemplo, repare o crime do art. 29 da lei; basta *perseguir* um espécime da fauna silvestre, sem a devida permissão, para que esse crime contra a fauna se configure.

Gabarito "D"

(OAB/Exame Unificado – 2010.1) Relativamente à tutela penal do meio ambiente, assinale a opção correta.

(A) Não constitui crime o abate de animal quando realizado, entre outras hipóteses, em estado de necessidade, para saciar a fome do agente ou de sua família.

(B) Constitui crime matar, perseguir, caçar, apanhar ou utilizar espécimes da fauna silvestre sem a devida permissão, licença ou autorização da autoridade competente. Tal proibição não alcança, entretanto, os espécimes em rota migratória que não sejam nativos.

(C) Comprovada a responsabilidade de pessoa jurídica na prática de crime ambiental, ficará automaticamente excluída a responsabilidade das pessoas físicas, autoras, coautoras ou partícipes do mesmo fato.

(D) Os animais ilegalmente caçados que forem apreendidos deverão ser libertados em seu *habitat*, não podendo ser entregues a jardins zoológicos ou a entidades similares.

A: Opção correta. Conforme o art. 37, I, da Lei n. 9.605/1998, não é crime o abate de animal quando realizado em estado de necessidade, para saciar a fome do agente ou de sua família; **B:** Opção incorreta. Nos termos do art. 29 da Lei n. 9.605/1998, constitui crime ambiental matar, perseguir, caçar, apanhar, utilizar espécimes da fauna silvestre, nativos ou em rota migratória, sem a devida permissão, licença ou autorização da autoridade competente, ou em desacordo com a obtida; **C:** Opção incorreta. Segundo o parágrafo único do art. 3.º da Lei n. 9.605/1998, a responsabilidade das pessoas jurídicas não exclui a das pessoas físicas, autoras, coautoras ou partícipes do mesmo fato; **D:** Opção incorreta. O art. 25, § 1.º, da Lei n. 9.605/1998 estabelece que os animais serão libertados em seu *habitat* ou entregues a jardins zoológicos, fundações ou entidades assemelhadas, desde que fiquem sob a responsabilidade de técnicos habilitados.

Gabarito "A"

(OAB/Exame Unificado – 2008.3) De acordo com o que estabelece a legislação de combate aos crimes ambientais,

(A) É crime abusar de animais domésticos ou domesticados, maltratá-los bem como realizar experiência dolorosa ou cruel em animal vivo, ainda que para fins didáticos ou científicos, quando existirem recursos alternativos.

(B) É contravenção abusar de animais domésticos ou domesticados, maltratá-los bem como realizar experiência dolorosa ou cruel em animal vivo, ainda que para fins didáticos ou científicos, salvo quando estas experiências resultarem em benefícios para a espécie humana.

(C) É crime a utilização, ainda que parcial, do carboidrato, natural ou geneticamente modificado, na alimentação humana e na engorda do gado de corte.

(D) É crime inafiançável executar pesquisa, lavra ou extração de recursos minerais ainda que se disponha de competente autorização, permissão, concessão ou licença, quando a exploração econômica de recursos ambientais não renováveis exceder a três quintos da zona de extração das bacias hidrográficas.

A: correta (art. 32, *caput* e § 1º, da Lei 9.605/1998; **B:** incorreta – art. 32, *caput* e § 1º, da Lei 9.605/1998 (a Lei de Crimes Ambientais, e não de contravenções); **C:** incorreta. A lei admite a utilização de OGMs (organismos geneticamente modificados) na alimentação, obedecidas as normas pertinentes; aliás, é muito comum a comercialização de alimentos transgênicos no Brasil; há regulamentação desse assunto na Lei 11.105/2005 (Lei de Biossegurança), que não traz essa tipificação penal em seus arts. 24 a 29; **D:** incorreta. Trata-se de crime afiançável (art. 55 da Lei 9.605/1998).

Gabarito "A"

(OAB/Exame Unificado – 2008.1) Assinale a opção correta acerca dos crimes contra o meio ambiente.

(A) As pessoas jurídicas devem ser responsabilizadas administrativa, civil e penalmente nos casos em que a infração seja cometida por decisão de seu representante legal ou contratual, ou de seu órgão colegiado, no interesse ou benefício da sua entidade.

(B) Punem-se pelo crime ambiental o autor e os coautores, mas não o partícipe.

(C) A competência para o julgamento desses crimes, em regra, é da Justiça Federal.

(D) Quando animais forem exterminados dentro de unidade de conservação ambiental mantida pela União, a competência para julgamento do crime ambiental será da Justiça Estadual.

A: correta (art. 3º, *caput*, da Lei 9.605/1998); **B:** incorreta. O partícipe também é punido (art. 3º, parágrafo único, da Lei 9.605/1998); **C:** incorreta. A competência é da Justiça Estadual, ressalvados os casos de competência da Justiça Federal previstos no art. 109 da CF; **D:** incorreta. No caso versado na alternativa, a competência será da Justiça Federal (art. 109, I, da CF).

Gabarito "A"

(OAB/Exame Unificado – 2007.2) Assinale a opção correta no que se refere à tutela ambiental penal do meio ambiente.

(A) Admite-se, na legislação brasileira, em caráter excepcional, a responsabilidade penal objetiva da pessoa jurídica por crime ambiental, exigindo-se, para sua caracterização, a culpabilidade social da empresa.

(B) Na hipótese de o diretor de uma empresa determinar a seus empregados que utilizem veículos e instrumentos a ela pertencentes, em horário normal de expediente, para extraírem e transportarem madeira de lei, sem autorização do órgão ambiental competente, destinada a construção particular daquele dirigente, fica caracterizada a responsabilidade penal da pessoa jurídica e da pessoa física.

(C) Em razão da prática de crime ambiental, são aplicáveis às pessoas jurídicas, de forma isolada ou cumulativa, penas de multa, suspensão total ou parcial de atividades, interdição temporária, proibição de recebimento de subvenções ou subsídios, prestação de serviços à comunidade, independentemente da obrigação de reparar os prejuízos causados.

(D) Nos crimes ambientais, a aplicação de pena de multa decorrente de sentença transitada em julgado impede a cominação de multa por infração administrativa relativamente ao mesmo fato, em razão do princípio do *non bis in idem*.

A: incorreta. Não existe responsabilidade penal objetiva; **B:** incorreta. Falta interesse ou benefício da pessoa jurídica (art. 3º da Lei 9.605/1998); **C:** correta. (arts. 20 a 22 da Lei 9.605/1998); **D:** incorreta. O art. 225, § 3º, da CF estabelece a independência entre as sanções civis, administrativas e penais.

Gabarito "C"

(FGV – 2014) A Lei n. 9.605/1998 trata de crimes contra o meio ambiente e de infrações administrativas ambientais. Nos termos deste diploma legal, assinale a afirmativa correta.

(A) A Lei ambiental previu, para as pessoas jurídicas, penas autônomas de multas, de prestação de serviços à comunidade, restritivas de direito, liquidação forçada e desconsideração da pessoa jurídica.

(B) A responsabilidade das pessoas jurídicas exclui a das pessoas físicas, autoras, coautoras ou partícipes do mesmo fato.

(C) A responsabilidade penal pelo cometimento de crimes ambientais é objetiva.

(D) Os delitos elencados no referido diploma legal são de autoria singular e, portanto, cometidos apenas por um único agente.

A: correta (arts. 21 e 22 da Lei 9.605/1998); **B:** incorreta, pois não exclui a responsabilidade das pessoas físicas nesses casos (art. 3º, parágrafo único, da Lei 9.605/1998); **C:** incorreta, pois não há responsabilidade penal objetiva, dependendo esta de dolo, como regra, e de culpa nos casos excepcionados na lei; **D:** incorreta, pois a lei admite autores, coautores e partícipes (art. 3º, parágrafo único, da Lei 9.605/1998).

Gabarito "A"

(FGV – 2008) Relativamente aos crimes contra o meio ambiente, analise as afirmativas a seguir:

I. Nos crimes previstos na Lei 9.605/1998, o baixo grau de instrução ou escolaridade do agente constitui circunstância que atenua a pena.

II. Nos crimes previstos na Lei 9.605/1998, a prática do crime no domingo é circunstância que agrava a pena, quando não constitui ou qualifica o crime.

III. Constitui crime reformar estabelecimentos potencialmente poluidores, sem licença ou autorização dos órgãos ambientais competentes.

IV. Constitui crime impedir ou dificultar a regeneração natural de florestas e demais formas de vegetação.

Assinale:

(A) se apenas as afirmativas I e II estiverem corretas.
(B) se apenas as afirmativas II e III estiverem corretas.
(C) se apenas as afirmativas III e IV estiverem corretas.
(D) se todas as afirmativas estiverem corretas.
(E) se apenas a afirmativa II estiver correta.

I: correta (art. 14, I, da Lei 9.605/1998); **II:** correta (art. 15, II, "h", da Lei 9.605/1998); **III:** correta (art. 60 da Lei 9.605/1998); **IV:** correta (art. 48 da Lei 9.605/1998).

Gabarito "D"

(FGV – 2008) Segundo a Lei 9605/1998, as penas restritivas de direito por condutas e atividades lesivas ao meio ambiente estão relacionadas nas alternativas a seguir, à exceção de uma. Assinale-a.

(A) Prestação de serviços à comunidade
(B) Interdição temporária de direitos
(C) Prestação pecuniária não inferior a um salário-mínimo nem superior a quatrocentos e vinte salários-mínimos
(D) Suspensão parcial ou total de atividades
(E) Recolhimento domiciliar

Os arts. 8º, IV e 12 da Lei 9.605/1998 assim determinam: Art. 8º. As penas restritivas de direito são: (...) IV – prestação pecuniária; (...) 12. A prestação pecuniária consiste no pagamento em dinheiro à vítima ou à entidade pública ou privada com fim social, de importância, fixada pelo juiz, não inferior a um salário-mínimo nem superior a trezentos e sessenta salários-mínimos. O valor pago será deduzido do montante de eventual reparação civil a que for condenado o infrator.

Gabarito "C"

(FGV – 2008) Assinale a afirmativa incorreta a respeito dos crimes ambientais.

(A) Comercializar motosserra ou utilizá-la em florestas e nas demais formas de vegetação, sem licença ou registro da autoridade competente: Pena – detenção, de um a três anos, e multa.
(B) Destruir ou danificar floresta considerada de preservação permanente, mesmo que em formação, ou utilizá-la com infringência das normas de proteção: Pena – detenção, de um a três anos, ou multa, ou ambas as penas cumulativamente.
(C) Exportar para o exterior peles e couros de anfíbios e répteis em bruto, sem a autorização da autoridade ambiental competente: Pena – reclusão, de um a três anos, e multa.
(D) Causar poluição de qualquer natureza em níveis tais que resultem ou possam resultar em danos à saúde humana, ou que provoquem a mortandade de animais ou a destruição significativa da flora: Pena – reclusão, de um a quatro anos, e multa.
(E) Promover construção em solo não edificável, ou no seu entorno, assim considerado em razão de seu valor paisagístico, ecológico, artístico, turístico, histórico, cultural, religioso, arqueológico, etnográfico ou monumental, sem autorização da autoridade competente ou em desacordo com a concedida: Pena – detenção, de seis meses a um ano, e multa.

A: incorreta, devendo ser assinalada. A pena é de detenção, de três meses a um ano, e multa (art. 51 da Lei 9.605/1998); **B:** correta (art. 38 da Lei 9.605/1998); **C:** correta (art. 30 da Lei 9.605/1998); **D:** correta (art. 54 da Lei 9.605/1998); **E:** correta (art. 64 da Lei 9.605/1998).

Gabarito "A"

(FGV – 2005) O crime de poluição foi introduzido no direito positivo brasileiro pela Lei 6.938/1981, que estabeleceu a Política Nacional do Meio Ambiente. Dessa forma, é correto afirmar que se caracteriza em forma qualificada do tipo penal estabelecido pelo art. 15 do mencionado diploma legal:

(A) ter sido o crime cometido mediante o concurso de pessoas e emprego de armas.
(B) ter sido o dano decorrente de atividades industrial ou de transporte.
(C) ter sido o crime cometido por estrangeiro e decorrente de atividades nocivas ao ecossistema.
(D) ter sido o dano causado por autoridade sem competência para a proteção ao meio ambiente.
(E) ter sido o dano irreversível à fauna, à flora e ao meio ambiente.

Conforme preceitua o art. 15, § 1º, I, "a", da Lei 6.938/1981: "O poluidor que expuser a perigo a incolumidade humana, animal ou vegetal, ou estiver tornando mais grave situação de perigo existente, fica sujeito à pena de reclusão de 1 (um) a 3 (três) anos e multa de 100 (cem) a 1.000 (mil) MVR. A pena é aumentada até o dobro se: I – resultar: a) dano irreversível à fauna, à flora e ao meio ambiente".

Gabarito "E"

14. ESTATUTO DA CIDADE

(OAB/Exame Unificado – 2016.2) O prefeito do Município Alfa, que conta hoje com 30 (trinta) mil habitantes e tem mais de 30% de sua área constituída por cobertura vegetal, consulta o Procurador Geral do Município para verificar a necessidade de edição de Plano Diretor, em atendimento às disposições constitucionais e ao Estatuto da Cidade (Lei nº 10.257/01). Sobre o caso, assinale a afirmativa correta.

(A) O Plano Diretor não é necessário, tendo em vista a área de cobertura vegetal existente no Município Alfa, devendo este ser substituído por Estudo Prévio de Impacto Ambiental (EIA).
(B) O Plano Diretor não será necessário, tendo em vista que todos os municípios com mais de 20 (vinte) mil habitantes estão automaticamente inseridos em "aglomerações urbanas", que, por previsão legal, são excluídas da necessidade de elaboração de Plano Diretor.
(C) Será necessária a edição de Plano Diretor, aprovado por lei municipal, que abrangerá todo o território do Município Alfa, em razão do seu número de habitantes.
(D) O Plano Diretor será necessário na abrangência da região urbana do município, regendo, no que tange à área de cobertura vegetal, as normas da Política Nacional do Meio Ambiente.

A e B: incorretas, pois o plano diretor é obrigatório para cidades com mais de 20 mil habitantes (art. 182, § 1º, da CF; art. 41, I, da Lei 10.257/2001); **C:** correta, pois o plano diretor é obrigatório para cidades com mais de 20 mil habitantes (art. 182, § 1º, da CF; art. 41, I, da Lei 10.257/2001); **D:** incorreta, pois o plano diretor deverá englobar a área do Município com um todo e não só a área urbana (art. 40, § 2º, da Lei 10.257/2001).

Gabarito "C"

(OAB/Exame Unificado – 2010.3) O Estudo de Impacto de Vizinhança – EIV é uma espécie do gênero Avaliação de Impacto Ambiental e está disciplinado no Estatuto da Cidade, que estabelece e enumera os instrumentos da política de desenvolvimento urbano, de acordo com seus arts. 4º e 36 a 38. A esse respeito, assinale a alternativa correta.

(A) A elaboração de estudo de impacto de vizinhança não substitui a elaboração de estudo prévio de impacto ambiental, requerida nos termos da legislação ambiental.

(B) As atividades de relevante e significativo impacto ambiental que atingem mais de um Município são precedidas de estudo de impacto de vizinhança.

(C) A Avaliação de Impacto Ambiental é exigida para analisar o adensamento populacional e a geração de tráfego e demanda por transporte público advindos da edificação de um prédio.

(D) O estudo de impacto de vizinhança só pode ser exigido em área rural pelo órgão ambiental municipal.

A: correta (art. 38 da Lei 10.257/2001); **B:** incorreta, pois o impacto de vizinhança tem caráter local; no caso, como há mais de um Município, há de se fazer outro tipo de estudo de impacto ambiental; **C:** incorreta, pois esse caso impõe Estudo de Impacto de Vizinhança, e não Avaliação de Impacto Ambiental (art. 37, I e V, da Lei 10.527/2001); **D:** incorreta, pois tal estudo se dá em área urbana (art. 36 da Lei 10.527/2001), e não rural.

Gabarito "A"

(Magistratura/BA – 2012 – CESPE) Em relação à política urbana, assinale a opção correta.

(A) O zoneamento ambiental, instrumento da PNMA para grandes espaços econômico-ecológicos, não se aplica ao âmbito urbano.

(B) No âmbito municipal, o estudo ambiental cabível é o estudo de impacto de vizinhança, que substitui a elaboração e a aprovação de estudo de impacto ambiental.

(C) O plano diretor é obrigatório para cidades com mais de 20 mil habitantes e para aquelas que integrem áreas de especial interesse turístico, entre outras situações definidas em lei.

(D) O Estatuto da Cidade é norma federal que fixa diretrizes gerais para a política de desenvolvimento urbano, cuja execução, conforme repartição constitucional de competências, cabe aos estados.

(E) A lei que instituir o plano diretor, instrumento básico da política de desenvolvimento e de expansão urbana, só poderá ser revista depois de decorridos cinco anos da sua promulgação, a fim de evitar pressões de especulação imobiliária.

A: incorreta (art. 4º, III, "c", da Lei 10.257/2001); **B:** incorreta, pois o estudo de impacto de vizinhança não substitui a elaboração e a aprovação de estudo prévio de impacto ambiental (EIA), requeridos nos termos da legislação ambiental (art. 38 da Lei 10.257/2001); **C:** correta (art. 41, I e IV, da Lei 10.257/2001); **D:** incorreta, pois a maior parte das competências trazidas pela Lei 10.257/2001 incumbe aos Municípios e não aos Estados a execução das diretrizes fixadas no Estatuto da Cidade; **E:** incorreta, pois a regra é outra, qual seja, "a lei que instituir o plano diretor deverá ser revista, pelo menos, a cada dez anos" (art. 40, § 3º, da Lei 10.257/2001).

Gabarito "C"

(Procurador do Município/São José dos Campos-SP – 2012 – VUNESP) Com base nos instrumentos de política urbana, assinale a alternativa correta.

(A) A Política de Desenvolvimento Urbano é executada pelo Poder Público Municipal, conforme diretrizes fixadas em lei, e tem por objetivo ordenar o pleno desenvolvimento das funções sociais da cidade e garantir o bem-estar de seus habitantes.

(B) O Plano Diretor, aprovado pela Câmara Municipal, para as cidades com mais de quinze mil habitantes, é instrumento básico da política de desenvolvimento e de expansão urbana.

(C) A propriedade urbana cumpre sua função social quando atende às exigências fundamentais de ordenação da cidade estabelecida na Lei de Diretrizes e Bases.

(D) Os imóveis públicos são passíveis de usucapião.

(E) A desapropriação de imóveis urbanos é feita com indenização em título da dívida pública.

A: correta (art. 182, *caput*, da CF); **B:** incorreta, pois o plano diretor, aprovado pela Câmara Municipal, obrigatório para cidades com mais de vinte mil habitantes, é o instrumento básico da política de desenvolvimento e de expansão urbana (art. 182, § 1º, da CF); **C:** incorreta, pois a propriedade urbana cumpre sua função social quando atende às exigências fundamentais de ordenação da cidade expressas no plano diretor (art. 182, § 2º, da CF); **D:** incorreta, pois os imóveis públicos não serão adquiridos por usucapião (art. 183, § 3º, da CF); **E:** incorreta, pois as desapropriações de imóveis urbanos serão feitas com prévia e justa indenização em dinheiro (art. 182, § 3º, da CF).

Gabarito "A"

(Procurador do Município/São José dos Campos-SP – 2012 – VUNESP) Nos termos do Estatuto da Cidade, adquirirá o domínio da propriedade, por meio da usucapião especial urbana, aquele que não seja proprietário de outro imóvel e que utilizar, para sua moradia ou de sua família, área ou edificação de até

(A) 200 m², por cinco anos, ininterruptamente e sem oposição.

(B) 250 m², por cinco anos, ininterruptamente e sem oposição.

(C) 250 m², por dez anos, ininterruptamente e sem oposição.

(D) 350 m², por cinco anos, ininterruptamente e sem oposição.

(E) 350 m², por dez anos, ininterruptamente e sem oposição.

Art. 9º do Estatuto da Cidade (Lei 10.257/01).

Gabarito "B"

(Procurador do Município/São José dos Campos-SP – 2012 – VUNESP) De acordo com termos da Lei Federal n.º 6.766, de 19.12.1979, é correto afirmar que

(A) lote é o terreno desprovido de infraestrutura básica cujas dimensões atendem, no mínimo, os índices urbanísticos definidos pelo Plano Diretor ou lei municipal para a zona em que se situe.

(B) desmembramento é a subdivisão de gleba em lotes destinados a edificação, com aproveitamento do sistema viário existente que implique na abertura de novas vias e logradouros públicos e prolongamento, modificação ou ampliação dos já existentes.

(C) loteamento é a subdivisão de gleba em lotes destinados à edificação, com abertura de novas vias de circulação, de logradouros públicos ou prolongamento, modificação ou ampliação das vias existentes.
(D) é requisito urbanístico para o loteamento que os lotes tenham área mínima de 105 m² (cento e cinco metros quadrados) e frente mínima de 5 (cinco) metros, salvo quando o loteamento se destinar a urbanização específica ou edificação de conjuntos habitacionais de interesse social, previamente aprovados pelos órgãos públicos competentes.
(E) não se permite o parcelamento do solo em terreno com declividade igual ou superior a 20% (vinte por cento), salvo se atendidas exigências específicas das autoridades competentes.

A: incorreta, pois considera-se lote o terreno servido de infraestrutura básica cujas dimensões atendam aos índices urbanísticos definidos pelo plano diretor ou lei municipal para a zona em que se situe (art. 2º, § 4º, da Lei 6.766/79); **B:** incorreta, pois considera-se desmembramento a subdivisão de gleba em lotes destinados a edificação, com aproveitamento do sistema viário existente, desde que não implique na abertura de novas vias e logradouros públicos, nem no prolongamento, modificação ou ampliação dos já existentes (art. 2º, § 2º, da Lei 6.766/79); **C:** correta, pois a afirmativa reflete o disposto no art. 2º, § 1º, da Lei 6.766/79; **D:** incorreta, pois a área mínima para o loteamento é de 125m² (art. 4º, II, da Lei 6.766/79); **E:** incorreta, pois não se permite o parcelamento do solo em terreno com declividade igual ou superior a 30% (art. 3º, par. único, III, da Lei 6.766/79).

Gabarito "C".

(Procurador do Município/Sorocaba-SP – 2012 – VUNESP) O plano diretor, aprovado pela Câmara Municipal, é o instrumento básico da política de desenvolvimento e de expansão urbana, sendo obrigatório para cidades com mais de

(A) dez mil habitantes.
(B) vinte mil habitantes.
(C) vinte mil eleitores.
(D) trinta mil habitantes.
(E) trinta mil eleitores.

Art. 41, I, do Estatuto da Cidade (Lei 10.257/2001).

Gabarito "B".

(Procurador do Município/Sorocaba-SP – 2012 – VUNESP) É possível a indenização da desapropriação por títulos da dívida pública

(A) pelo Município, de bens urbanos inadequadamente utilizados.
(B) pelo Município, de bens rurais, para fins de reforma agrária.
(C) pelo Estado, no caso de declaração de necessidade pública.
(D) pela União, quando houver interesse social.
(E) pela União, de bens dominicais.

Art. 182, § 4º, III, da CF e art. 8º do Estatuto da Cidade (Lei 10.257/01).

Gabarito "A".

15. RESÍDUOS SÓLIDOS

(Juiz de Direito/PE – 2013 – FCC) Considere as afirmações abaixo acerca da Política Nacional de Resíduos Sólidos, tal como instituída pela Lei nº 12.305/2010.

I. No gerenciamento de resíduos sólidos, a não geração e a redução de resíduos são objetivos preferíveis à reciclagem e ao seu tratamento adequado.
II. Os fabricantes de produtos em geral têm o dever de implementar sistemas de logística reversa.
III. Os consumidores têm responsabilidade compartilhada pelo ciclo de vida de quaisquer produtos adquiridos.

Está correto o que se afirma em

(A) II e III, apenas.
(B) I e II, apenas.
(C) I, apenas.
(D) I, II e III.
(E) I e III, apenas.

I: correta; pela ordem, a gestão e o gerenciamento de resíduos sólidos devem buscar o seguinte – não geração, redução, reutilização, reciclagem, tratamento dos resíduos e disposição final ambientalmente adequada dos rejeitos (art. 9º, "caput", da Lei 12.305/2010); **II:** incorreta, pois fabricantes (além de importadores, distribuidores e comerciantes) devem providenciar o retorno dos produtos após o uso pelo consumidor (logística reversa), apenas quanto aos produtos mencionados no art. 33 da Lei 12.305/2010, tais como pilhas, baterias, pneus, dentre outros; **III:** correta (arts. 3º, I e XVII, 6º, VII, 7º, XII, 8º, III, 17, VIII, 21, VII, e 30 a 36, todos da Lei 12.305/2010).

Gabarito "E".

(Defensor Público/AM – 2013 – FCC) Uma organização não governamental (ONG) está trazendo para o Estado do Amazonas resíduos sólidos perigosos, provenientes dos Estados Unidos da América, cujas características causam dano ao meio ambiente e à saúde pública, para tratamento e posterior reutilização em benefício de população de baixa renda. Tal conduta, segundo a Política Nacional de Resíduos Sólidos (Lei Federal nº 12.305/2010),

(A) depende de autorização discricionária do Presidente da República por envolver os Ministérios do Meio Ambiente e da Saúde.
(B) é permitida, diante da destinação social do resíduo sólido.
(C) é proibida, ainda que haja tratamento e posterior reutilização do resíduo sólido.
(D) é permitida, desde que exame prévio do material, realizado no país de origem, comprove a possibilidade de adequado tratamento do resíduo sólido.
(E) é permitida, desde que exame prévio do material, realizado no Brasil, comprove a possibilidade de adequado tratamento do resíduo sólido.

A, B, D e **E:** incorretas, pois é absolutamente proibida a importação de resíduos sólidos perigosos e rejeitos que possam causar danos ao meio ambiente, à saúde pública e animal e à sanidade vegetal, mesmo que para tratamento, reforma, reúso, reutilização ou recuperação, nos termos do que dispõe o art. 49 da Lei 12.305/2010; **C:** correta, nos termos do referido art. 49 da Lei 12.305/2010.

Gabarito "C".

16. RECURSOS HÍDRICOS

(Defensor Público/AM – 2013 – FCC) Sobre a Política Nacional de Recursos Hídricos, analise as afirmações abaixo.

I. A água é um bem de domínio público.
II. A água é um recurso natural ilimitado.

III. A gestão dos recursos hídricos deve sempre proporcionar o uso múltiplo das águas.

IV. A gestão dos recursos hídricos deve ser centralizada e contar com a participação do Poder Público, dos usuários e das comunidades.

É correto o que se afirma APENAS em

(A) I.
(B) II e IV.
(C) II e III.
(D) II.
(E) I e III.

I: correta (art. 1.º, I, da Lei 9.433/1997 – Lei que instituiu a Política Nacional de Recursos Hídricos); **II:** incorreta, pois é um recurso reconhecido como limitado (art. 1.º, II, da Lei 9.433/1997); III: correta (art. 1.º, IV, da Lei 9.433/1997); **IV:** incorreta, pois a gestão deve ser descentralizada (art. 1.º, VI, da Lei 9.433/1997).

Gabarito "E"

(Defensor Público/To – 2013 – CESPE) Considerando os instrumentos de gestão de recursos hídricos previstos na Lei n.º 9.433/1997, que institui a Política Nacional de Recursos Hídricos e cria o Sistema Nacional de Gerenciamento de Recursos Hídricos, assinale a opção correta.

(A) São princípios básicos do funcionamento do Sistema de Informações sobre Recursos Hídricos, de acordo com a citada lei, a centralização na obtenção e produção de dados e informações e a gestão compartilhada do sistema por todos os entes federativos.

(B) A outorga de direito de uso de recursos hídricos implica a alienação parcial das águas, não sua alienação total.

(C) A extração de água de aquífero subterrâneo para insumo de processo produtivo está condicionada à outorga pelo poder público; a captação de parcela da água existente em um corpo de água para abastecimento público independe de outorga.

(D) Os valores arrecadados com a cobrança pelo uso de recursos hídricos devem ser aplicados na bacia hidrográfica correspondente, vedada sua destinação ao pagamento de despesas de custeio administrativo de qualquer natureza.

(E) Constituindo-se em um dos instrumentos da Política Nacional de Recursos Hídricos, os planos de recursos hídricos devem ser elaborados por bacia hidrográfica, por Estado e para o País.

A: incorreta, pois o princípio impõe a descentralização e a não a centralização da gestão dos recursos hídricos; os demais princípios são da coordenação unificada do sistema e do acesso aos dados e informações garantido à toda a sociedade (art. 26, III, da Lei 9.433/1997); **B:** incorreta, pois a outorga não implica na alienação das águas, que são inalienáveis, mas simples direito de uso (art. 18 da Lei 9.433/1997); **C:** incorreta, pois a captação de água para abastecimento público também depende de outorga pelo Poder Público (art. 12, I, da Lei 9.433/1997); **D:** incorreta, pois os valores arrecadados também podem ser utilizados no custeio administrativo dos órgãos integrantes do Sistema Nacional de Gerenciamento de Recursos Hídricos (art. 22, II, da Lei 9.433/1997); **E:** correta (art. 8.º da Lei 9.433/1997).

Gabarito "E"

(Procurador do Estado/AC – FMP – 2012) Com base no disposto na Lei Federal n.º 9.433/1997, analise as assertivas que seguem.

I. Para os fins da Política Nacional de Recursos Hídricos, em situações de escassez, o uso prioritário dos recursos hídricos é o consumo humano e a dessedentação de animais.

II. Bacia hidrográfica é a unidade territorial para implementação da Política Nacional de Recursos Hídricos e atuação do Sistema Nacional de Gerenciamento de Recursos Hídricos.

III. A gestão dos recursos hídricos deve ser descentralizada e contar com a participação do Poder Público, dos usuários e das comunidades.

Quais delas são **corretas**?

(A) Apenas a I e a II.
(B) Apenas a I e a III.
(C) Apenas a II e a III.
(D) Todas estão corretas.

I: correta, pois reflete o disposto no art. 1º, III, da Lei 9.433/1997; **II:** correta, pois reflete o disposto no art. 1º, V, da Lei 9.433/1997; **III:** correta, pois reflete o disposto no art. 1º, VI, da Lei 9.433/1997.

Gabarito "D"

17. BIOSSEGURANÇA

(Magistratura/MT – 2006 – VUNESP) Com relação à Comissão Técnica Nacional de Biossegurança, pode-se afirmar que

I. é integrante do Ministério do Meio Ambiente;

II. é instância colegiada multidisciplinar, tanto de caráter deliberativo como consultivo;

III. seu objetivo é aumentar sua capacitação somente para o meio ambiente.

De acordo com as assertivas dadas, assinale a alternativa correta.

(A) Somente II está correta.
(B) Somente III está correta.
(C) Somente I está correta.
(D) Somente I e II estão corretas.

I: incorreta, pois a CTNBio é integrante do Ministério da Ciência e da Tecnologia (art. 10, *caput*, da Lei 11.105/2005); **II:** correta (art. 10, *caput*, da Lei 11.105/2005); **III:** incorreta, pois "a CTNBio deverá acompanhar o desenvolvimento e o progresso técnico e científico nas áreas de biossegurança, biotecnologia, bioética e afins, com o objetivo de aumentar sua capacitação para a proteção da saúde humana, dos animais e das plantas e do meio ambiente" (art. 10, parágrafo único, da Lei 11.105/2005).

Gabarito "A"

18. AGRÁRIO

(FGV – 2009) Nos termos da Emenda Constitucional n. 45/2004, para dirimir conflitos fundiários é correto afirmar que:

(A) o Tribunal de Justiça designará juízes de entrância especial, com competência para questões agrárias.

(B) o juiz natural da causa que verse sobre questão agrária deverá sempre se manter afastado do local do litígio, para eficiência e imparcialidade da prestação jurisdicional.

(C) o Tribunal de Justiça proporá a criação de varas especializadas, com competência exclusiva para questões agrárias.

(D) o Superior Tribunal de Justiça criará turmas especializadas para julgar recursos sobre questões agrárias.
(E) a lei estadual de organização judiciária determinará as varas de fazenda públicas e, na falta destas no local do litígio, as varas cíveis, sendo vedada a criação de vara ou entrância com competência exclusiva para questão agrária.

Consoante determina o art. 126 da CF: "Para dirimir conflitos fundiários, o Tribunal de Justiça proporá a criação de varas especializadas, com competência exclusiva para questões agrárias".
Gabarito "C".

(FGV – 2009) No que diz respeito à usucapião especial rural, ou *pro labore*, é correto afirmar que:

(A) pode recair sobre imóvel público rural.
(B) dispensa tanto o justo título como a posse de boa-fé.
(C) exige área não superior a 25 (vinte e cinco) hectares.
(D) aplica-se à posse de terreno urbano sem construção.
(E) admite interrupção do prazo de aquisição.

De acordo com o art. 191 da CF: "Aquele que, não sendo proprietário de imóvel rural ou urbano, possua como seu, por cinco anos ininterruptos, sem oposição, área de terra, em zona rural, não superior a cinquenta hectares, tornando-a produtiva por seu trabalho ou de sua família, tendo nela sua moradia, adquirir-lhe-á a propriedade".
Gabarito "B".

(FGV – 2009) De acordo com a jurisprudência consolidada pelo Superior Tribunal de Justiça, a invasão de um imóvel rural submetido a processo expropriatório para fins de reforma agrária é causa de:

(A) mero reconhecimento do fato, irrelevante ao procedimento.
(B) julgamento do litígio conforme o estado do processo.
(C) nulidade absoluta da desapropriação.
(D) suspensão do processo expropriatório.
(E) revisão do valor da indenização devida ao proprietário.

De fato, esse é o entendimento sumulado do STJ (Súmula 354: "A invasão do imóvel é causa de suspensão do processo expropriatório para fins de reforma agrária"). A respeito, *vide* o art. 2º, § 6º, da Lei 8.629/1993, com redação dada pela MP de n. 2.183-56/2001.
Gabarito "D".

(FGV – 2005) Não será desapropriada para fins de reforma agrária:

(A) a propriedade produtiva.
(B) a propriedade em que sejam realizadas pesquisas científicas.
(C) a propriedade que compreenda trabalho cooperativo.
(D) a propriedade que esteja quite com os tributos.
(E) a propriedade ocupada por mais de cinquenta pessoas.

A propriedade produtiva é insuscetível de desapropriação para fins de reforma agrária (art. 185, II, da CF).
Gabarito "A".

(FGV – 2005) Tem direito a adquirir a propriedade rural por usucapião aquele que, não sendo proprietário de imóvel rural ou urbano, possua, como sua, área de terra, em zona rural, tornando-a produtiva por seu trabalho ou de sua família, desde que observado o prazo de ocupação e metragem da área correspondentes a:

(A) dez anos e cinquenta hectares.
(B) cinco anos e cem hectares.
(C) vinte anos e cinquenta hectares.
(D) cinco anos e, no máximo, cinquenta hectares.
(E) quinze anos e trinta hectares.

De acordo com o art. 191 da CF, o prazo são cinco nãos e a metragem será até 50 hectares.
Gabarito "D".

(FGV – 2005) A competência para a desapropriação por interesse social e o pagamento da indenização correspondente:

(A) pertence à União, ao Estado e ao Município, mediante pagamento em dinheiro.
(B) pertence ao Estado, mediante prévia e justa indenização em títulos da dívida agrária.
(C) pertence ao Município, mediante prévia e justa indenização em títulos da dívida agrária, indenizando-se em dinheiro as benfeitorias úteis e necessárias.
(D) pertence ao Município e ao Estado, mediante prévia e justa indenização em dinheiro.
(E) pertence à União, mediante prévia e justa indenização em títulos da dívida agrária com cláusula de preservação do valor real, resgatáveis no prazo de até vinte anos a partir do segundo ano de sua emissão, indenizando-se em dinheiro as benfeitorias úteis e necessárias.

A alternativa "E" está correta, corresponde ao disposto no art. 184 da CF.
Gabarito "E".

19. SANEAMENTO BÁSICO

(OAB/Exame Unificado – 2014.1) Nos termos da Lei nº 11.445/2007 (Lei de Diretrizes Nacionais para o Saneamento Básico), assinale a afirmativa que indica o serviço público que *não* pode ser considerado como saneamento básico.

(A) Esgotamento sanitário.
(B) Manejo de águas pluviais urbanas.
(C) Limpeza urbana.
(D) Administração de recursos hídricos.

O art. 3º, I, da Lei 11.445/2007 considera serviços de saneamento básico os seguintes: a) abastecimento de água potável; b) esgotamento sanitário; c) limpeza urbana e manejo de recursos sólidos; d) drenagem e manejo de águas pluviais urbanas. Dessa forma, apenas o item "administração de recursos hídricos" não se encontra no conceito de saneamento básico.
Gabarito "D".

13. DIREITO DA CRIANÇA E DO ADOLESCENTE

Eduardo Dompieri

1. CONCEITOS BÁSICOS E PRINCÍPIOS

(OAB/Exame Unificado – 2015.1) O Estatuto da Criança e do Adolescente estabelece que pessoas com até doze anos de idade incompletos são consideradas crianças e aquelas entre doze e dezoito anos incompletos, adolescentes. Estabelece, ainda, o Art. 2º, parágrafo único, que "Nos casos expressos em lei, aplica-se excepcionalmente este Estatuto às pessoas entre dezoito e vinte e um anos de idade".

Partindo da análise do caráter etário descrito no enunciado, assinale a afirmativa correta.

(A) O texto foi derrogado, não tendo qualquer aplicabilidade no aspecto penal, que considera a maioridade penal aos dezoito anos, não podendo, portanto, ser aplicada qualquer medida socioeducativa a pessoas entre dezoito e vinte e um anos incompletos, pois o critério utilizado para a incidência é a idade na data do julgamento e não a idade na data do fato.

(B) A proteção integral às crianças e adolescentes, primado do ECA, estendeu a proteção da norma especial aos que ainda não tenham completado a maioridade civil, nisso havendo a proteção especialmente destinada aos menores de vinte e um anos, nos âmbitos do Direito Civil e do Direito Penal.

(C) O texto destacado no parágrafo único desarmoniza-se da regra do Código Civil de 2002 que estabelece que a maioridade civil dá-se aos dezoito anos; por esse motivo, a regra indicada no enunciado não tem mais aplicabilidade no âmbito civil.

(D) Ao menor emancipado não se aplicam os princípios e as normas previstas no ECA; por isso, o estabelecido no texto transcrito, desde a entrada em vigor da norma especial em 1990, não era aplicada aos menores emancipados, exceto para fins de Direito Penal.

Questão, a nosso ver, digna de anulação. É que, embora se trate de tema polêmico, em relação ao qual, bem por isso, não há consenso, doutrina e jurisprudência majoritárias sustentam inexistir desarmonia entre a regra acima transcrita e a aquela do Código Civil que estabelece que a maioridade civil é alcançada aos dezoito anos. Isso porque, apesar de o ECA ter sido concebido para disciplinar a situação de *crianças* e *adolescentes*, ele também incidirá, sempre de forma excepcional, sobre pessoas com idade entre 18 e 21 anos (incompletos), no que concerne, por exemplo, às medidas socioeducativas de *semiliberdade* e de *internação* do adolescente, cujo cumprimento deverá, necessariamente, findar até os 21 anos da pessoa, respeitado o período máximo de 3 anos. Neste caso, é imprescindível que o ato infracional tenha sido praticado antes de a pessoa tornar-se imputável, é dizer, completar 18 anos. Nessa linha, confira o posicionamento pacífico do Supremo Tribunal Federal: "*Medida Socioeducativa e Advento da Maioridade.* A Turma reafirmou jurisprudência da Corte no sentido de que o atingimento da maioridade não impede o cumprimento de medida socioeducativa de semiliberdade e indeferiu *habeas corpus* em que se pleiteava a extinção dessa medida aplicada ao paciente que, durante o seu curso, atingira a maioridade penal. Sustentava a impetração constrangimento ilegal, dado que, como o paciente completara a maioridade civil – 18 anos –, e, portanto, alcançara a plena imputabilidade penal, não teria mais legitimação para sofrer a imposição dessa medida socioeducativa. Asseverou-se, todavia, que, se eventualmente a medida socioeducativa superar o limite etário dos 18 anos, ela poderá ser executada até os 21 anos de idade, quando a liberação tornar-se-á compulsória. Alguns precedentes citados: HC 91441/RJ (DJU de 29.6.2007); HC 91490/RJ (DJU de 15.6.2007) e HC 94938/RJ (DJE de 3.10.2008). HC 96355/RJ, rel. Min. Celso de Mello, 19.05.2009. (HC-96355) (Inform. STF 547)".

Gabarito "C"

(OAB/Exame Unificado – 2009.2) Considerando o ECA, assinale a opção correta.

(A) Entre as medidas socioeducativas que podem ser aplicadas ao adolescente, estão a prestação de serviços à comunidade e a substituição de internação em estabelecimento educacional por multa.

(B) A medida aplicada por força de remissão não pode ser revista judicialmente, sob pena de ofensa à coisa julgada.

(C) Na interpretação do ECA, devem ser considerados os fins sociais a que o estatuto se dirige, as exigências do bem comum, os direitos e deveres individuais e coletivos, bem como a condição peculiar da criança e do adolescente como pessoas em desenvolvimento.

(D) O adolescente civilmente identificado não pode ser submetido à identificação compulsória pelos órgãos policiais, de proteção e judiciais, nem mesmo para efeito de confrontação, havendo dúvida fundada.

A: incorreta, pois as medidas socioeducativas estão previstas no art. 112 do ECA; não existe previsão de substituição de internação por multa, até porque a multa não constitui modalidade de medida socioeducativa; **B:** incorreta, visto que, segundo estabelece o art. 128 do ECA, a medida decorrente da remissão poderá, sim, ser revista judicialmente, a qualquer tempo, desde que diante de pedido expresso do adolescente ou de seu representante legal, ou ainda do Ministério Público; **C:** correta, pois corresponde à redação do art. 6º do ECA; **D:** incorreta, pois, regra geral, não poderá o adolescente civilmente identificado ser submetido a identificação compulsória, salvo para efeito de confrontação, desde que haja dúvida fundada. A identificação compulsória constitui, portanto, medida de caráter excepcional – art. 109 do ECA. *Vide* Lei 12.037/2009, que dispõe, entre outras coisas, sobre as hipóteses em que é permitida a identificação criminal do civilmente identificado (art. 3º).

Gabarito "C"

2. DIREITOS FUNDAMENTAIS. DIREITO À CONVIVÊNCIA FAMILIAR E COMUNITÁRIA

(OAB/Exame Unificado – 2016.2) Vanessa e Vitor vivem com o filho Marcelo, criança com 06 anos de idade, na casa dos avós paternos. Em um trágico acidente, Vitor veio a falecer. A viúva, logo após o óbito, decide morar na casa de seus pais com o filho. Após 10 dias, já residindo com os pais, Vanessa, em depressão e fazendo uso de entorpecentes, deixa o filho aos cuidados dos avós maternos, e se submete a tratamento de internação em clínica de reabilitação. Decorridos 20 dias e com alta médica, Vanessa mantém acompanhamento ambulatorial e aluga apartamento para morar sozinha com o filho. Os avós paternos inconformados ingressaram com Ação de Guarda de Marcelo. Afirmaram que sempre prestaram assistência material ao neto, que com eles residia desde o nascimento até o falecimento de Vitor. Citada, Vanessa contestou o pedido, alegando estar recuperada de sua depressão e da dependência química. Ainda, demonstrou possuir atividade laborativa, e que obteve vaga para o filho em escola. Os avós maternos, por sua vez, ingressam com oposição. Aduziram que Marcelo ficou muito bem aos seus cuidados e que possuem excelente plano de saúde, que possibilitará a inclusão do neto como dependente.

Sobre a guarda de Marcelo, à luz da Proteção Integral da Criança e do Adolescente, assinale a afirmativa correta.

(A) Marcelo deve ficar com os avós maternos, com quem por último residiu, em razão dos benefícios da inclusão da criança como dependente do plano de saúde.

(B) Marcelo deve ficar na companhia dos avós paternos, pois sempre prestaram assistência material à criança, que com eles residia antes do falecimento de Vitor.

(C) Marcelo deve ficar sob a guarda da mãe, já que ela nunca abandonou o filho e sempre cumpriu com os deveres inerentes ao exercício do poder familiar, ainda que com o auxílio dos avós.

(D) Em programa de acolhimento familiar, até que esteja cabalmente demonstrado que a genitora não faz mais uso de substâncias entorpecentes.

Com o novo panorama instaurado pela Lei Nacional de Adoção – Lei 12.010/2009, busca-se, em primeiro lugar e com absoluta prioridade, a manutenção da criança ou do adolescente na sua família natural, assim entendida a comunidade constituída pelos pais ou qualquer deles e seus descendentes. Neste último caso, família *monoparental* (é o caso narrado no enunciado). Constitui, segundo o ECA, o ambiente mais favorável ao bom desenvolvimento da criança e do adolescente. Diante da imperiosa necessidade de se retirar a pessoa em desenvolvimento de sua família natural, será encaminhada para sua família *extensa*, entendida aquela que contempla os parentes próximos que convivem e mantêm vínculos de afinidade e afetividade com a criança ou o adolescente (é o caso, por exemplo, dos avós); não sendo isso possível, para programa de acolhimento familiar ou institucional, ou, ainda, para as modalidades de família substituta (guarda ou tutela). Se, neste ínterim, a família natural não se reestruturar, aí sim, a criança ou adolescente poderá ser encaminhado para adoção – art. 19, *caput* e § 3º do ECA (com redação alterada pela recente Lei 13.257/2016). A adoção, portanto, deve ser vista, no atual contexto, como o último recurso, a última alternativa. Percebe-se, pelos dados que constam do enunciado, que Vanessa superou a depressão e a dependência química, além do que demonstrou possuir atividade laborativa e que obteve vaga para o filho em escola. Assim, não há nenhuma razão para retirar o filho da mãe, devendo Marcelo permanecer sob a guarda de Vanessa. Como já dissemos, o ECA estabeleceu como prioridade a manutenção da criança ou adolescente em sua família natural, ambiente mais propício ao bom desenvolvimento do menor, dali somente podendo ser retirado em situações excepcionais (maus-tratos, por exemplo).

Gabarito "C"

(OAB/Exame Unificado – 2016.2) Casal de brasileiros, domiciliado na Itália, passa regularmente férias duas vezes por ano no Brasil. Nas férias de dezembro, o casal visitou uma entidade de acolhimento institucional na cidade do Rio de Janeiro, encantando-se com Ana, criança de oito anos de idade, já disponível nos cadastros de habilitação para adoção nacional e internacional. Almejando adotar Ana, consultam advogado especialista em infância e juventude.

Assinale a opção que apresenta a orientação jurídica correta pertinente ao caso.

(A) Ingressar com pedido de habilitação para adoção junto à Autoridade Central Estadual, pois são brasileiros e permanecem, duas vezes por ano, em território nacional.

(B) Ingressar com pedido de habilitação para adoção no Juízo da Infância e da Juventude e, após a habilitação, ajuizar ação de adoção.

(C) Ajuizar ação de adoção requerendo, liminarmente, a guarda provisória da criança.

(D) Ingressar com pedido de habilitação junto à Autoridade Central do país de acolhida, para que esta, após a habilitação do casal, envie um relatório para a Autoridade Central Estadual e para a Autoridade Central Federal Brasileira, a fim de que obtenham o laudo de habilitação à adoção internacional.

A adoção pretendida pelo casal de brasileiros deve obedecer às regras estabelecidas para a adoção internacional (arts. 51 e 52 do ECA). Isso porque o critério empregado é o local de domicílio dos postulantes, e não a nacionalidade destes. Assim, brasileiros residentes no exterior, como é o caso aqui tratado, submetem-se às regras de adoção internacional, embora tenham primazia diante dos estrangeiros. É essa a conclusão a que se chega pela leitura do art. 51, *caput*, do ECA. Tratando-se, assim, de adoção internacional, impõe-se seja obedecido o procedimento previsto no art. 52 do ECA, com o qual está em consonância a alternativa "D", que deve, por isso, ser considerada correta.

Gabarito "D"

(OAB/Exame Unificado – 2016.1) Marcelo, com 17 anos, e seu irmão Caio, com 20 anos de idade, permanecem sozinhos na casa da família, enquanto os pais viajam por 30 dias em férias no exterior. Durante tal período, Marcelo, que acabou de terminar o ensino médio, recebe uma excelente proposta de trabalho. Ao comparecer à empresa para assinar o contrato de trabalho, Marcelo é impedido pela falta de um responsável. Marcelo, então, procura orientação de um advogado. Assinale a opção que apresenta a ação que deverá ser ajuizada, de acordo com o Estatuto da Criança e do Adolescente, para que o adolescente não perca a oportunidade de emprego.

(A) Marcelo deve ingressar com ação de emancipação, com pedido de antecipação de tutela.

(B) Caio deve ingressar com ação de guarda de Marcelo, requerendo a sua guarda provisória.

(C) Caio deve ingressar com ação, objetivando o direito de assistir Marcelo para a prática do ato.

(D) Caio deve ingressar com ação de tutela de Marcelo, com pedido liminar.

No que concerne ao direito à profissionalização dos adolescentes, valem alguns esclarecimentos. Segundo o art. 7º, XXXIII, da CF, é proibido o trabalho *noturno, perigoso* ou *insalubre* a menores de 18 anos (como é o caso de Marcelo), e de qualquer trabalho a menores de 16 anos, salvo na condição de aprendiz, se contar, no mínimo, com 14 anos. Temos, portanto, três situações distintas: i) menos de 14 anos: trabalho proibido; ii) entre 14 e 16 anos: somente na condição de aprendiz; iii) entre 16 e 18 anos: qualquer trabalho, menos noturno, insalubre e perigoso. No caso narrado no enunciado, tendo em conta que os pais de Marcelo estão em viagem, deverá Caio ajuizar ação com vistas a assistir Marcelo, seu irmão, na prática do ato (art. 142, parágrafo único, do ECA).

Gabarito "C"

(OAB/Exame Unificado – 2015.3) Isabela e Matheus pretendem ingressar com ação judicial própria a fim de adotar a criança P., hoje com 4 anos, que está sob guarda de fato do casal desde quando tinha 1 ano de idade. Os pais biológicos do infante são conhecidos e não se opõem à referida adoção, até porque as famílias mantêm convívio em datas festivas, uma vez que Isabela e Matheus consideram importante que P. conheça sua matriz biológica e mantenha convivência com os membros de sua família originária.

Partindo das diretrizes impostas pelo ECA e sua interpretação à luz da norma civilista aplicáveis à situação narrada, assinale a afirmativa correta.

(A) Durante o processo de adoção, Isabela, que reside fora do país, pode, mediante procuração, constituir Matheus como seu mandatário com poderes especiais para representar sua esposa e ajuizar a ação como adoção conjunta.

(B) Dispensável a oitiva dos pais biológicos em audiência, desde que eles manifestem concordância com o pedido de adoção por escritura pública ou declaração de anuência com firma reconhecida.

(C) Concluído o processo de adoção com observância aos critérios de regularidade e legalidade, caso ocorra o evento da morte de Isabela e Matheus antes de P. atingir a maioridade civil, ainda assim não se reestabelecerá o poder familiar dos pais biológicos.

(D) A adoção é medida excepcional, que decorre de incompatibilidade de os pais biológicos cumprirem os deveres inerentes ao poder familiar, motivo pelo qual, mesmo os pais de P. sendo conhecidos, a oitiva deles no curso do processo é mera faculdade e pode ser dispensada.

A: incorreta, dado que o art. 39, § 2º, do ECA estabelece ser vedada a adoção por meio de procuração; **B:** incorreta, uma vez que o art. 166, § 1º, do ECA impõe sejam os pais biológicos ouvidos pela autoridade judiciária e pelo representante do Ministério Público, tomando-se por termo suas declarações; **C:** correta. A adoção é irrevogável e incaducável (art. 39, § 1º, do ECA). Por conta disso, a morte dos adotantes jamais restabelecerá o poder familiar dos pais naturais. Tal qual se dá com os pais biológicos, a perda ou suspensão do poder familiar dos pais adotantes somente se dará com o descumprimento dos deveres de guarda, sustento e educação; **D:** incorreta, pois contraria o disposto no art. 161, § 4º, do ECA.

Gabarito "C"

(OAB/Exame Unificado – 2015.1) B e P, vizinhos da criança Y, cuidam do menino desde a tenra idade, quando o pai da criança faleceu e sua genitora, por motivos profissionais, mudou-se para localidade distante, fazendo visitas esporádicas ao infante, mas sempre enviando ajuda de custo para a alimentação do filho. Quando a criança completou um ano de idade, a genitora alcançou patamar financeiro estável, passando a ter meios para custear os gastos da criança também com educação, lazer, saúde etc. Assim, buscou a restituição do convívio diário com a criança Y, levando-a para morar consigo, o que gerou discordância dos vizinhos B e P, que ingressaram com Ação de Guarda e Tutela do menor, argumentando a construção de laços afetivos intensos e que a criança iria sofrer com a distância. Analise a situação e, sob o ponto de vista jurídico, assinale a afirmativa correta.

(A) O afastamento da genitora do convívio cotidiano com a criança Y impede a reconstrução de laços afetivos, devendo ser, de pronto, conferida a guarda provisória aos vizinhos que o criaram e, ao final, a tutela do menor aos demandantes B e P.

(B) A reintegração à família natural, no caso, junto à mãe, deve ser priorizada em relação a outra providência, não havendo justo motivo para que a criança seja posta sob tutela na hipótese narrada, uma vez que isso demandaria a perda ou suspensão do poder familiar, o que não encontra aplicabilidade nos estritos termos do enunciado.

(C) Os vizinhos que detinham a guarda de fato da criança Y têm prioridade no exercício do encargo de tutores, considerando esse o atendimento ao melhor interesse da criança, podendo eles assumir a função mesmo que a mãe mantenha o poder familiar, ante a precariedade e provisoriedade do referido encargo jurídico.

(D) A mãe da criança Y pode anuir com o pedido de colocação da criança sob tutela se considerar que atenderá ao melhor interesse do infante, hipótese em que a sentença homologatória poderá ser revogada a qualquer tempo, caso mudem as circunstâncias que a justificaram, não fazendo, pois, coisa julgada material.

Não é o caso de se deferir a tutela tampouco a adoção aos vizinhos B e P, modalidades de colocação em família substituta. Embora a criança tenha permanecido sob a guarda de fato destes, sua mãe biológica não a abandonou. Tanto que, quando podia, visitava seu filho e sempre lhe enviava ajuda de custo para sua manutenção. Como bem sabemos, a carência de recursos materiais não pode levar à suspensão ou perda do poder familiar (pressuposto para a concessão da tutela), neste caso exercido pela mãe (art. 23, *caput*, do ECA). Menos ainda é o caso de deferir-lhes a adoção, à qual somente se deve recorrer em último caso. É que, com o novo panorama instaurado pela Lei Nacional de Adoção – Lei 12.010/2009, busca-se, em primeiro lugar e com absoluta prioridade, a manutenção da criança ou do adolescente na sua família natural. Diante da imperiosa necessidade de se retirar a pessoa em desenvolvimento de sua família natural, será encaminhada para sua família extensa, não sendo isso possível, para programa de acolhimento familiar ou institucional, ou, ainda, para as modalidades de família substituta (guarda ou tutela). Se, neste ínterim, a família natural não se reestruturar, aí sim, a criança ou adolescente poderá ser encaminhado para adoção – art. 19, *caput* e § 3º do ECA, cuja redação foi recentemente alterada pela Lei 13.257/2016. A adoção, portanto, deve ser vista, no atual contexto, como o último recurso, a última alternativa (art. 100, parágrafo único, X, do ECA).

Gabarito "B"

(OAB/Exame Unificado – 2014.3) O Ministério Público moveu ação civil pública em face do estado A1 e do município A2, e em favor dos interesses da criança B, que precisava realizar um procedimento cirúrgico indispensável à manutenção de sua saúde, ao custo de R$ 8.000,00 (oito mil reais), o qual a família não tinha como custear.

Os réus aduziram em contestação que os recursos públicos não poderiam ser destinados individualmente, mas sim, em caráter igualitário e geral a todos os que deles necessitassem.

Considere a narrativa e assinale a única opção correta a seguir.

(A) Não tem cabimento a medida intentada pelo Ministério Público, uma vez que a ação civil pública destina-se a interesse difusos ou coletivos, não sendo ferramenta jurídica hábil a tutelar os interesses individuais indisponíveis, como os descritos no enunciado, devendo o processo ser extinto sem resolução do mérito.

(B) A causa terá seguimento, visto que cabível ação civil pública na hipótese, mas, no mérito, os argumentos dos réus merecem acolhimento, já que conferir tratamento desigual à criança B implica violação ao princípio da isonomia, o que não encontra amparo na norma especial do ECA.

(C) A ação civil pública é perfeitamente cabível no caso e, no mérito, a prioridade legal assiste a criança B no atendimento a necessidades como vida e saúde, nisso justificando-se a absoluta prioridade na efetivação dos seus direitos, conferindo-lhe primazia de receber socorro e proteção, e a precedência no atendimento em serviço público.

(D) Não é cabível ação civil pública na hipótese, por se tratar de direito meramente individual, embora indisponível, e, como no mérito assiste razão aos interesses da criança B, a ação deverá ser extinta sem resolução do mérito, a fim de que outra ação judicial, intentada com o uso da ferramenta jurídica adequada, possa ser processada sem incorrer em litispendência.

Em conformidade com a regra presente no art. 201, V, do ECA, constitui atribuição do Ministério Público, entre outras, "promover o inquérito civil e a ação civil pública para a proteção dos interesses individuais, difusos ou coletivos relativos à infância e à adolescência, inclusive os definidos no art. 220, § 3º, II, da CF". Além disso, é claro o art. 7º do mesmo estatuto ao enunciar que "a criança e o adolescente têm direito à proteção à vida e à saúde, mediante a efetivação de políticas (...)". No mais, no que toca à legitimidade do MP para ajuizar ação civil pública para a defesa de interesse individual indisponível, conferir: "LEGITIMIDADE. – MINISTÉRIO PÚBLICO. – AÇÃO CIVIL PÚBLICA -. FORNECIMENTO DE REMÉDIO PELO ESTADO. O Ministério Público é parte legítima para ingressar em juízo com ação civil pública visando a compelir o Estado a fornecer medicamento indispensável à saúde de pessoa individualizada" (STF, RE 407902, Relator(a): Min. Marco Aurélio, Primeira Turma, julgado em 26.05.2009).

Gabarito "C"

(OAB/Exame Unificado – 2014.2) A Declaração Universal dos Direitos da Criança reconhece como necessária ao desenvolvimento completo e harmonioso das crianças e dos adolescentes a necessidade de cuidados e um ambiente de afeto e de segurança moral e material, o que prioritariamente deve ocorrer na companhia e sob a responsabilidade dos pais. Mas, em circunstâncias excepcionais, a criança ou o adolescente podem ser confiados às chamadas famílias substitutas. A respeito da colocação de criança ou adolescente em família substituta, segundo os termos do Estatuto da Criança e do Adolescente, assinale a afirmativa correta.

(A) O ECA disciplina procedimento específico para a colocação em família substituta de criança ou adolescente indígena, que requer, obrigatoriamente, a intervenção e oitiva de representantes de órgão federal responsável pela política indígena e de antropólogos.

(B) A criança ou adolescente será prévia e necessariamente ouvida pela equipe interprofissional no curso do processo, dispensando-se o consentimento da criança ou adolescente, que será substituído pelo parecer da equipe.

(C) A colocação da criança ou adolescente em família substituta, por ser de caráter provisório e precário, exime o guardião ou o tutor dos deveres de companhia e guarda, que poderão ser transferidos a terceiros.

(D) A guarda e a tutela são as únicas modalidades de colocação da criança ou adolescente em família substituta, que pode ser nacional ou estrangeira, sendo a adoção medida de colocação em família definitiva, não em família substituta.

A: correta (art. 28, § 6º, do ECA); **B:** incorreta, pois contraria o disposto no art. 28, § 1º, do ECA; **C:** incorreta (art. 30, ECA); **D:** incorreta. A adoção, a exemplo da guarda e da tutela, constitui modalidade de colocação da pessoa em desenvolvimento em família substituta (art. 28, *caput*, do ECA). Somente a adoção poderá ser nacional ou internacional, a depender do local de residência dos postulantes (art. 51, *caput*, do ECA).

Gabarito "A"

(OAB/Exame Unificado – 2014.1) Vilma, avó materna do menor Oscar, de quinze anos de idade, pretende mover ação de suspensão do poder familiar em face de Onísio e Paula, pais do menor. Argumenta que Oscar estaria na condição de evasão escolar e os pais negligentes, embora incansavelmente questionados por Vilma quanto às consequências negativas para a formação de Oscar.

Considere a hipótese narrada e assinale a única opção correta aplicável ao caso.

(A) Do ponto de vista processual, Vilma não tem legitimidade para propor a ação que deve ser movida exclusivamente pelo Ministério Público, diante da indisponibilidade do direito em questão, a quem a interessada deve dirigir a argumentação para a tomada das medidas judiciais cabíveis.

(B) Do ponto de vista material, os elementos indicados por Vilma são suficientes ao pleito de suspensão do poder familiar, do mesmo modo que a falta ou a carência de recursos materiais são, ainda que isoladamente, justo motivo para propositura da medida de suspensão do poder familiar.

(C) Do ponto de vista material, os argumentos indicados por Vilma são irrelevantes a dar ensejo à medida de suspensão de poder familiar, medida grave e excepcionalmente aplicada, mas são suficientes ao pleito de aplicação de multa e repreensão aos pais negligentes, por se tratar de infração administrativa.

(D) Do ponto de vista processual, Vilma possui legitimidade para propor a ação de suspensão do poder familiar e, tramitando o processo perante a Justiça da Infância e da Juventude, é impositiva a isenção de custas e emolumentos, independente de concessão da gratuidade de justiça, conforme dispõe expressa e literalmente o ECA.

A e **D**: em vista do disposto no art. 155 do ECA, são legitimados a propor a ação de perda ou suspensão do poder familiar tanto o Ministério Público quanto aquele que tenha *legítimo interesse* (é o caso da avó). No mais, segundo estabelece o art. 141, § 2º, do ECA, "as ações judiciais da competência da Justiça da Infância e da Juventude são isentas de custas e emolumentos, ressalvada a hipótese de litigância de má-fé"; **B**: incorreta, tendo em vista que a falta ou a carência de recursos materiais não constitui motivo suficiente para a perda ou a suspensão do poder familiar, devendo a família ser incluída em programas oficiais de auxílio (art. 23, do ECA); **C**: incorreta, uma vez que os argumentos indicados por Vilma podem, sim, dar ensejo à medida de suspensão do poder familiar (arts. 22 e 24 do ECA).

Gabarito "D"

(OAB/Exame Unificado – 2013.3) Paulo, de 4 anos, é filho de Carla e não teve a sua paternidade reconhecida. Cláudio, avô de Carla e bisavô de Paulo, muito preocupado com o futuro do bisneto, pretende adotá-lo, tendo em vista que Carla ostenta uma situação financeira precária e, na opinião do avô, não é muito responsável.

Acerca da possibilidade de adoção de Paulo por Cláudio, assinale a afirmativa correta.

(A) Cláudio sendo bisavô de Paulo e membro de sua família extensa, terá prioridade na adoção da criança, exigindo-se, contudo, que Carla, mãe de Paulo, autorize e que o adotando dê o seu consentimento em juízo.

(B) Cláudio, por ser bisavô de Paulo, não poderá adotá-lo, mesmo que Carla consinta, já que tal medida excepcional não é permitida quando o adotante é ascendente ou irmão do adotando.

(C) Como Cláudio só poderá adotar Paulo se Carla for destituída do poder familiar exercido em favor da criança, a medida, dada a sua excepcionalidade, só se justificaria na hipótese de adoção bilateral.

(D) Claudio, por ser bisavô de Paulo, por um lado, tem prioridade na adoção da criança, mas, por outro, só poderá adotá-lo se Carla, além de autorizar a medida, for destituída do poder familiar.

São impedidos de adotar os ascendentes e os irmãos do adotando (art. 42, § 1º, do ECA). Tios, portanto, podem adotar; avós, no entanto, não podem.

Gabarito "B"

(OAB/Exame Unificado – 2012.3.B) A respeito da família substituta, com base no Estatuto da Criança e do Adolescente, assinale a afirmativa correta.

(A) A colocação em família substituta de maior de doze anos de idade far-se-á mediante consentimento do menor, colhido em audiência.

(B) Os grupos de irmãos serão sempre colocados sob adoção, tutela ou guarda da mesma família substituta.

(C) A colocação em família substituta estrangeira constitui medida excepcional, somente admissível na modalidade de tutela.

(D) A colocação em família substituta far-se-á mediante guarda, tutela ou adoção, sendo esta limitada pela situação jurídica da criança ou adolescente.

A: correta, pois corresponde ao que estabelece o art. 28, § 2º, do ECA; **B**: incorreta, pois não reflete o disposto no art. 28, § 4º, do ECA; **C**: incorreta, pois contraria o que estabelece o art. 31 do ECA, onde somente é admissível na modalidade de adoção; **D**: incorreta, pois não corresponde à norma contida no art. 28, *caput*, do ECA, independentemente da situação jurídica da criança ou adolescente.

Gabarito "A"

(OAB/Exame Unificado – 2012.3.B) Assegurar o direito fundamental à vida e à saúde da criança e do adolescente é dever da família, da sociedade e do Poder Público.

Acerca da regulamentação desses direitos pelo Estatuto da Criança e do Adolescente, assinale a afirmativa correta.

(A) Os hospitais e demais estabelecimentos de atenção à saúde de gestantes, públicos e particulares, são obrigados a manter os prontuários individuais, pelo prazo de dez anos, assim como fornecer declaração de nascimento.

(B) Incumbe ao poder público proporcionar assistência psicológica à gestante e à mãe, no período pré e pós-natal, salvo se a mesma manifestar interesse em entregar seus filhos para adoção, quando será assegurada assistência psicológica pré-natal apenas.

(C) A gestante tem direito ao acompanhamento pré-natal, sendo-lhe assegurado o direito de ser atendida no parto pelo mesmo médico que a acompanhou, assim como de optar pelo tipo de parto a que será submetida.

(D) O atendimento pré-natal à gestante inclui o dever do poder público de propiciar apoio alimentar à gestante, como forma de assegurar o direito à vida e à saúde do nascituro.

A: incorreta, pois não reflete o disposto no art. 10, I, do ECA; **B**: incorreta, pois não reflete o disposto no art. 8º, § 5º, do ECA; **C**: incorreta, pois não reflete o disposto no art. 8º, § 2º, do ECA; **D**: correta, pois reflete o disposto no art. 8º, *caput*, do ECA, que teve a sua redação alterada pela Lei 13.257/2016.. Ao tempo em que esta questão foi elaborada, o fundamento legal desta alternativa era extraído do art. 8º, § 3º, do ECA, cuja redação foi alterada por força da Lei 13.257/2016.

Gabarito "D"

(OAB/Exame Unificado – 2012.3.A) Acerca do estágio de convivência precedente a adoção, assinale a afirmativa correta.

(A) O período do estágio de convivência será fixado pela autoridade judiciária, sendo dispensado na hipótese do o adotando encontrar-se sob a tutela, a guarda legal ou de fato do adotante durante tempo suficiente para a avaliação da conveniência da constituição do vínculo.

(B) A finalidade do estágio de convivência é permitir a avaliação da conveniência da constituição do vínculo familiar entre adotante e adotado, razão pela qual pode ser dispensado se, cumulativamente, o adotando já encontrar-se sob a tutela, guarda legal ou de fato do adotante e, em audiência, consentir com a adoção.

(C) O período do estágio de convivência será fixado pela autoridade judiciária, em observância as peculiaridades do caso, não podendo este ser inferior a 60 dias para os casos de adoção internacional e de 30 dias para adoção nacional, salvo a hipótese de convivência prévia em decorrência de tutela, guarda legal ou de fato.

(D) O período do estágio de convivência prévio a adoção internacional deverá ser cumprido no Brasil e terá prazo mínimo 30 dias, ao passo que para a adoção nacional inexiste prazo mínimo, podendo, inclusive, ser dispensado na hipótese de prévia convivência familiar em decorrência da guarda legal ou da tutela.

A e **B**: incorretas, pois não correspondem ao teor do art. 46, § 2º, do ECA; **C**: incorreta. O estágio de convivência, previsto no art. 46, *caput*, do ECA, terá o prazo de duração que o juiz fixar, levando-se em conta as peculiaridades do caso concreto, exceção feita à adoção internacional, em que o legislador achou por bem estabelecer um prazo mínimo, que é de trinta dias (art. 46, § 3º); **D**: correta, pois corresponde ao que estabelece o art. 46, §§ 1º e 3º, do ECA.

Gabarito "D"

(OAB/Exame Unificado – 2012.2) Eduardo e Mônica, casados, tinham um filho menor chamado Renato. Por orientação de um advogado, Eduardo e Mônica, em 2005, fizeram os respectivos testamentos e nomearam Lúcio, irmão mais velho de Eduardo, como tutor do menor para o caso de alguma eventualidade. Pouco antes da nomeação por testamento, Lúcio fora definitivamente condenado pelo crime de dano (art. 163 do Código Penal), mas o casal manteve a nomeação, acreditando no arrependimento de Lúcio, que, desde então, mostrou conduta socialmente adequada. Em 2010, Eduardo e Mônica morreram em um acidente aéreo. Dois anos depois do acidente, pretendendo salvaguardar os interesses do menor colocado sob sua tutela, Lúcio, prevendo manifesta vantagem negocial em virtude do aumento dos preços dos imóveis, decide alienar a terceiros um dos bens imóveis do patrimônio de Renato, depositando, imediatamente, todo o dinheiro obtido na negociação em uma conta de poupança, aberta em nome do menor.

Diante do caso narrado, assinale a afirmativa correta.

(A) A nomeação de Lúcio como tutor é inválida em razão de ter sido condenado criminalmente, independentemente do cumprimento da pena, mas a alienação do imóvel é lícita, pois atende ao princípio do melhor interesse do menor.

(B) A nomeação de Lúcio como tutor é válida, apesar da condenação criminal, e a alienação do imóvel é lícita, pois atende ao princípio do melhor interesse do menor.

(C) A nomeação de Lúcio como tutor é válida, apesar da condenação criminal, mas a alienação do imóvel, sem prévia avaliação e autorização judicial, é ilícita.

(D) A nomeação de Lúcio é inválida em razão de ter sido condenado criminalmente, mas a alienação do imóvel é lícita, pois somente bens móveis de alto valor necessitam de prévia avaliação e autorização judicial.

Não poderá exercer a tutela, em obediência ao que dispõe o art. 1.735, IV, do CC, os condenados por crime de furto, roubo, estelionato, falsidade, contra a família ou os costumes (atualmente denominados "crimes contra a dignidade sexual"). O condenado por crime de dano não foi incluído, portanto, no rol dos impedidos de exercer a tutela. Art. 1750, CC: "Os imóveis pertencentes aos menores sob tutela somente podem ser vendidos quando houver manifesta vantagem, mediante prévia autorização judicial e aprovação do juiz".

Gabarito "C"

(OAB/Exame Unificado – 2012.1) Com forte inspiração constitucional, a Lei nº. 8.069, de 13 de julho de 1990, consagra a doutrina da proteção integral da criança e do adolescente, assegurando-lhes direitos fundamentais, entre os quais o direito à educação. Igualmente, é-lhes franqueado o acesso à cultura, ao esporte e ao lazer, preparando-os para o exercício da cidadania e qualificação para o trabalho, fornecendo-lhes elementos para seu pleno desenvolvimento e realização como pessoa humana. De acordo com as disposições expressas no Estatuto da Criança e do Adolescente, é correto afirmar que

(A) toda criança e todo adolescente têm direito a serem respeitados por seus educadores, mas não poderão contestar os critérios avaliativos, uma vez que estes são estabelecidos pelas instâncias educacionais superiores, norteados por diretrizes fiscalizadas pelo MEC.

(B) é dever do Estado assegurar à criança e ao adolescente o ensino fundamental, obrigatório e gratuito, mas sem a progressiva extensão da obrigatoriedade e gratuidade ao ensino médio.

(C) não existe obrigatoriedade de matrícula na rede regular de ensino àqueles genitores ou responsáveis pela criança ou adolescente que, por convicções ideológicas, políticas ou religiosas, discordem dos métodos de educação escolástica tradicional para seus filhos ou pupilos.

(D) os dirigentes de estabelecimentos de ensino fundamental comunicarão ao Conselho Tutelar os casos de maus-tratos envolvendo seus alunos, a reiteração de faltas injustificadas e a evasão escolar, esgotados os recursos escolares, assim como os elevados níveis de repetência.

A: assertiva incorreta, pois o art. 53, III, do ECA confere à criança e ao adolescente "o direito de contestar critérios avaliativos, podendo recorrer às instâncias escolares superiores"; **B**: a primeira parte da proposição está correta, pois em consonância com o que estabelece o art. 54, I, do ECA; a segunda parte da alternativa, no entanto, está incorreta, visto que não corresponde ao teor do art. 54, II, do ECA; **C**: incorreta. Aos pais e responsáveis incumbe o dever de matricular seus filhos ou pupilos na rede regular de ensino – art. 55 do ECA. Tema bastante em voga atualmente, a assim chamada *educação domiciliar* (educação dos filhos promovida pelos pais), além de não contemplada em nosso ordenamento jurídico, não encontra guarida na jurisprudência de nossos tribunais; **D**: alternativa correta – art. 56, ECA.

Gabarito "D"

(OAB/Exame Unificado – 2011.3.A) Um famoso casal de artistas residente e domiciliado nos Estados Unidos, em viagem ao Brasil para o lançamento do seu mais novo filme, se encantou por Caio, de 4 anos, a quem pretende adotar. Caio teve sua filiação reconhecida exclusivamente pela mãe Isabel, que, após uma longa conversa com o casal, concluiu que o melhor para o filho era ser adotado, tendo em vista que o famoso casal possuía condições infinitamente melhores de bem criar e educar Caio. Além disso, Isabel ficou convencida do amor espontâneo e sincero que o casal de imediato nutriu pelo menino.

Ante a situação hipotética, é correto afirmar que

(A) a adoção só é concedida quando for impossível manter a criança ou o adolescente em sua família, razão pela qual o consentimento de Isabel é irrelevante para a apreciação do pedido do famoso casal, que será deferido caso represente o melhor interesse de Caio.

(B) independentemente da manifestação de vontade de Isabel, o famoso casal terá prioridade na adoção de Caio, depois de esgotadas todas as possibilidades de colocação de Caio em uma família brasileira.

(C) tendo em vista o consentimento da mãe de Caio, o famoso casal terá prioridade em sua adoção em face de outros casais já previamente inscritos nos cadastros de interessados na adoção, mantidos pela Justiça da Infância e da Juventude.

(D) a adoção internacional é medida excepcional; entretanto, em virtude do consentimento de Isabel para a adoção de seu filho pelo famoso casal, este só não terá prioridade se houver casal de brasileiro, residente no Brasil, habilitado para a adoção.

A: incorreta. Ressalvada a hipótese em que os pais do adotando são desconhecidos ou foram destituídos do poder familiar, é imprescindível, em vista do que dispõe o art. 45 do ECA, o consentimento dos pais ou do representante legal; **B:** incorreta. Terão primazia na adoção internacional, em relação ao casal de estrangeiros, os brasileiros residentes no exterior – art. 51, § 2º, do ECA; **C:** incorreta, nos termos do art. 51, § 1º, II, do ECA; **D:** considerada como correta, esta assertiva, a nosso ver, merece reparo, pois incompatível com o texto legal. É correto dizer-se que a adoção internacional é medida excepcional. Até aqui, sem problemas. Está incorreta, entretanto, a parte da assertiva que afirma que o famoso casal somente não terá prioridade se houver casal de brasileiros, residente no Brasil, habilitado para a adoção. Explico. Em vista do que estabelece o art. 51, § 2º, do ECA, o casal de estrangeiros também não terá prioridade na hipótese de haver interesse de brasileiros residentes no exterior. Isto é, na adoção internacional, é dada primazia aos brasileiros residentes no estrangeiro (adoção internacional) em detrimento de estrangeiros.

Gabarito "D"

(OAB/Exame Unificado – 2011.3.B) Companheiros há cinco anos e com estabilidade familiar, Jonas, de trinta anos de idade, e Marta, de vinte e cinco anos de idade, conheceram, em um abrigo, Felipe, de oito anos de idade e filho de pais desconhecidos, e pretendem adotá-lo. Como advogado consultado pelo casal, assinale a alternativa correta.

(A) Jonas e Marta não podem adotar a criança, tendo em vista não serem casados.

(B) Jonas e Marta podem adotar a criança mediante a lavratura de escritura pública de adoção, tendo em vista ser desnecessário o consentimento de Felipe e de seus pais biológicos, bem como que os adotantes são companheiros, com estabilidade familiar.

(C) Jonas e Marta não podem adotar a criança, tendo em vista que a diferença de idade entre Marta e Felipe é de apenas dezessete anos.

(D) Jonas e Marta poderão adotar a criança, desde que seja instaurada ação judicial, sendo desnecessário o consentimento de Felipe e de seus pais biológicos.

A: incorreta. Na dicção do art. 42, § 2º, do ECA, poderão adotar conjuntamente os casados e também os conviventes, desde que demonstrada a estabilidade familiar; **B:** incorreta. Dado o que dispõe o art. 47 do ECA, a adoção somente se constitui por meio de sentença judicial; a escritura pública, portanto, não se presta a esse fim; **C:** incorreta. O § 3º do art. 42 do ECA estabelece que o adotante deve ser pelo menos dezesseis anos mais velho que o adotando; **D:** correta. Se desconhecidos, é prescindível o consentimento dos pais biológicos – art. 45, § 1º, ECA. De igual modo, o consentimento de Felipe somente se faria necessário se já contasse com 12 anos (adolescente) – art. 45, § 2º, do ECA.

Gabarito "D"

(OAB/Exame Unificado – 2011.2) Fernando e Eulália decidiram adotar uma menina. Iniciaram o processo de adoção em maio de 2010. Com o estágio de convivência em curso, o casal se divorciou. Diante do fim do casamento dos pretendentes à adoção, é correto afirmar que

(A) a adoção será deferida, contanto que o casal acorde sobre a guarda, regime de visitas e desde que o estágio de convivência tenha sido iniciado na constância do período de convivência e que seja comprovada a existência de vínculo de afinidade e afetividade com aquele que não seja o detentor da guarda que justifique a excepcionalidade da concessão.

(B) a lei não prevê tal hipótese, pois está em desacordo com os ditames constitucionais da paternidade responsável.

(C) a adoção deverá ser suspensa, e outro casal adotará a menor, segundo o princípio do melhor interesse do menor, pois a adoção é medida geradora do vínculo familiar.

(D) a adoção poderá prosseguir, contanto que o casal opte pela guarda compartilhada no acordo de divórcio, mesmo que o estágio de convivência não tenha sido iniciado na constância do período de convivência.

Art. 42, § 4º, do ECA. Registre-se que, pela disciplina estabelecida no § 5º do mesmo dispositivo, pode o magistrado, no interesse do adotando, deferir a guarda compartilhada, instituto previsto no art. 1.584 do Código Civil.

Gabarito "A"

(OAB/Exame Unificado – 2011.1) Washington, adolescente com 14 (quatorze) anos, movido pelo desejo de ajudar seus genitores no sustento do núcleo familiar pobre, pretende iniciar atividade laborativa como ensacador de compras na pequena mercearia Tudo Tem, que funciona 24h, localizada em sua comunidade. Recentemente, esta foi pacificada pelas Forças de Segurança Nacional. Tendo como substrato a tutela do Estatuto da Criança e do Adolescente no tocante ao Direito à Profissionalização e à Proteção no Trabalho, assinale a alternativa correta.

(A) Como a comunidade onde reside Washington foi pacificada pelas forças de paz, não há falar em local perigoso ou insalubre para o menor; assim, poderá o adolescente exercer a carga horária laborativa no período das 22h às 24h, sem qualquer restrição legal, desde que procure outra atividade laborativa que seja de formação técnico-profissional.

(B) Na condição de aprendiz, não é necessário que o adolescente goze de horário especial compatível com a garantia de acesso e frequência obrigatória ao ensino regular.

(C) Washington poderá ser contratado como ensacador de compras, mesmo não sendo tal atividade de aprendizagem, pois, como já possui 14 (quatorze) anos, tem discernimento suficiente para firmar o contrato de trabalho e, assim, prestar auxílio material aos seus pais, adotando a louvável atitude de preferir o trabalho às ruas.

(D) Washington não poderá trabalhar na mercearia como ensacador de compras, pois tal atividade não é enquadrada como de formação técnico-profissional; portanto, não se pode afirmar que o menor exercerá atividade laborativa na condição de aprendiz.

A: alternativa incorreta. Como conta com 14 (quatorze) anos, a Washington somente é permitido exercer atividade laborativa na condição de aprendiz – art. 7º, XXXIII, da CF. O trabalho *noturno, perigoso* ou *insalubre* é reservado somente àqueles que já contam com 18 (dezoito) anos. Pouco importa se o local onde será exercida a atividade laborativa está situado em região onde as forças de segurança atuaram e lograram pacificar. Importa, sim, é que o adolescente exerça sua atividade técnico--profissional em horário adequado, não seja exposto, no exercício de sua atividade, a perigo nem a trabalho insalubre. *Vide* art. 428 da CLT; **B:** alternativa incorreta, pois está em desconformidade com o que prescreve o art. 63, I e III, do ECA; **C:** alternativa incorreta. Não se tratando de atividade de aprendizagem, Washington, que conta com 14 (quatorze) anos, não poderá, por força do que dispõe o art. 7º, XXXIII, da CF, ser contratado como ensacador de compras. Ainda que a sua iniciativa seja louvável, o comando constitucional tem como propósito evitar que o adolescente deixe os estudos para trabalhar; **D:** alternativa correta. A atividade de aprendizagem deve promover uma formação técnico-profissional, o que não é o caso do ensacador de compras.

Gabarito "D"

(OAB/Exame Unificado – 2010.2) Tendo por substrato legal as alterações promovidas pela Lei n. 12.010, de 2009 no tocante à adoção, assinale a afirmativa correta.

(A) A morte dos adotantes não restabelece o poder familiar dos pais naturais.

(B) Para viabilizar a celeridade no processo de adoção, a legislação específica – ECA – admite a representação do adotante por procuração.

(C) Uma vez falecido o adotante no curso do procedimento de adoção e antes de prolatada a sentença, não poderá o juiz deferir a adoção, mesmo que tenha havido inequívoca manifestação de vontade do adotante.

(D) Os cartórios de registros públicos de pessoas naturais deverão fornecer certidão a qualquer requisitante, independentemente, de justificativa de seu interesse, em que conste o vínculo da adoção constituído por sentença judicial.

A: correta (art. 49 do ECA); **B:** incorreta, pois é vedada a adoção por procuração (art. 39, § 2º, do ECA); **C:** incorreta, pois "a adoção poderá ser deferida ao adotante que, após inequívoca manifestação de vontade, vier a falecer no curso do procedimento, antes de prolatada a sentença" (art. 42, § 6º, do ECA); **D:** incorreta, pois nenhuma observação sobre a origem do ato poderá constar das certidões de registro (art. 47, § 4º, do ECA).

Gabarito "A"

(OAB/Exame Unificado – 2010.2) Dentre os direitos de toda criança ou todo adolescente, o ECA assegura o de ser criado e educado no seio de sua família e, excepcionalmente, a colocação em família substituta, assegurando--lhe a convivência familiar e comunitária.

Fundando-se em tal preceito, acerca da colocação em família substituta, é correto afirmar que:

(A) a colocação em família substituta far-se-á, exclusivamente, por meio da tutela ou da adoção.

(B) a guarda somente obriga seu detentor à assistência material a criança ou adolescente.

(C) o adotando não deve ter mais que 18 anos à data do pedido, salvo se já estiver sob a guarda ou tutela dos adotantes.

(D) desde que comprovem seu estado civil de casados, somente os maiores de 21 anos podem adotar.

A: incorreta, pois a guarda, assim como a tutela e a adoção, também constitui modalidade de colocação em família substituta (art. 28 do ECA); **B:** incorreta, pois a guarda obriga "a prestação de assistência material, moral e educacional à criança ou adolescente, conferindo a seu detentor o direito de opor-se a terceiros, inclusive aos pais" (art. 33, *caput*, do ECA); **C:** correta, nos termos do art. 40 do ECA; **D:** incorreta, pois os maiores de 18 anos podem adotar, independentemente do estado civil (art. 42, *caput*, do ECA).

Gabarito "C"

(OAB/Exame Unificado – 2010.1) Assinale a opção correta no que se refere à família substituta.

(A) A colocação em família substituta ocorrerá mediante guarda, tutela, curatela ou adoção, conforme a situação jurídica da criança ou adolescente, o que só poderá ser reconhecido e determinado pelo juiz da vara da infância e da adolescência.

(B) Sempre que possível, a criança ou adolescente deverá ser previamente ouvido, e a sua opinião, devidamente considerada.

(C) Na apreciação do pedido de adoção, o grau de parentesco e a relação de afinidade ou de afetividade devem ser considerados, a fim de que sejam evitadas ou minoradas as consequências decorrentes da medida, o que não ocorre nos casos de guarda provisória e tutela, para cuja concessão o Conselho Tutelar considera requisito apenas a certidão de bons antecedentes da família substituta.

(D) Não se deferirá a colocação da criança ou do adolescente em família substituta à pessoa que apresente, por prazo superior a 180 dias, limitações em sua capacidade laborativa.

A: incorreta. De acordo com o art. 28, *caput*, do ECA: "A colocação em família substituta far-se-á mediante guarda, tutela ou adoção, independentemente da situação jurídica da criança ou adolescente, nos termos desta Lei.". A curatela, assim sendo, não constitui modalidade de colocação em família substituta; **B:** correta. Sempre que possível, a criança e o adolescente deverão ser previamente ouvidos, e a sua opinião, devidamente considerada. É o que prescreve o art. 28, § 1º, do ECA; **C:** incorreta. Na apreciação do pedido, levar-se-ão em conta o grau de parentesco e a relação de afinidade ou de afetividade, a fim de se evitarem ou minorarem as consequências decorrentes da medida (art. 28, § 3º, do ECA); **D:** incorreta. A lei se refere à pessoa que revele, por qualquer modo, incompatibilidade com a natureza da medida ou não ofereça ambiente familiar adequado (ECA, art. 29).

Gabarito "B"

(OAB/Exame Unificado – 2009.2) No que se refere ao direito à convivência familiar e comunitária, assinale a opção correta com base no ECA.

(A) O pátrio poder não poderá ser exercido, simultaneamente, pelo pai e pela mãe. Em caso de discordância quanto a quem caberá titularizá-lo, a ambos será facultado o direito de recorrer à autoridade judiciária competente para a solução da divergência.

(B) Na ausência dos pais, o pátrio poder poderá ser delegado, nessa ordem: ao irmão mais velho, desde que já tenha alcançado a maioridade, ao tio paterno ou ao avô paterno. Na ausência de qualquer um desses, o pátrio poder poderá, excepcionalmente, ser delegado à avó materna.

(C) Toda criança ou adolescente tem direito à educação no seio da sua família e, excepcionalmente, em família substituta, assegurada a participação efetiva da mãe biológica no convívio diário com o educando, em ambiente livre da presença de pessoas discriminadas.

(D) Os filhos, havidos, ou não, da relação do casamento, ou por adoção, terão os mesmos direitos e qualificações, proibidas quaisquer designações discriminatórias relativas à filiação.

A: incorreta. A teor do que dispõe o art. 21 do ECA, o pátrio poder, atualmente denominado "poder familiar", será exercido conjuntamente pelo pai e pela mãe; **B:** incorreta. Na ausência dos pais, a criança e o adolescente serão colocados em família substituta, por meio dos institutos da guarda, da tutela ou da adoção; no caso da adoção, os novos pais passarão a exercer o poder familiar (antigo "pátrio poder"), devendo-se dar primazia à manutenção da criança ou adolescente na família natural ou extensa (art. 39, § 1º, do ECA, com a nova redação dada pela Lei 12.010/2009); portanto, não há que se falar em delegação do poder familiar e também na ordem de preferência apresentada na alternativa; **C:** incorreta (art. 19 do ECA); **D:** correta (art. 20 do ECA).

Gabarito "D".

(OAB/Exame Unificado – 2009.1) Com relação às disposições do ECA acerca da colocação da criança e do adolescente em família substituta, assinale a opção correta.

(A) A colocação da criança em família substituta, na modalidade de adoção, constitui medida excepcional, preferindo-se que ela seja criada e educada no seio saudável de sua família natural.

(B) A guarda destina-se a regularizar a posse de fato e, uma vez deferida pelo juiz, não pode ser posteriormente revogada.

(C) Somente a adoção constitui forma de colocação da criança em família substituta.

(D) O guardião não pode incluir a criança que esteja sob sua guarda como beneficiária do seu sistema previdenciário visto que a guarda não confere à criança condição de dependente do guardião.

A: correta. De fato, as crianças devem permanecer no seio de sua família natural. Trata-se de direito tanto da família quanto da criança. Quando necessário, contudo, deverá ser colocada em família substituta. Essa é, pois, a tônica estabelecida pela Lei 12.010/2009, que prestigia a manutenção da criança e do adolescente junto à sua família natural (à sua falta, a extensa), dado que é este o ambiente considerado mais favorável ao seu bom desenvolvimento; **B:** incorreta. A guarda tem como característica o fato de poder ser revogada a qualquer momento, consoante dispõe o art. 35 da Lei 8.069/1990; **C:** incorreta. Em vista do disposto no art. 28, *caput*, da Lei 8.069/1990, constituem modalidades de família substituta, além da guarda, a tutela e a adoção; **D:** incorreta, visto que esta modalidade de colocação de criança em família substituta confere-lhe a condição de dependente para todos os fins, inclusive previdenciários, nos moldes do art. 33, § 3º, da Lei 8.069/1990.

Gabarito "A".

(FGV – 2011) Com relação à proteção reservada ao menor em nosso ordenamento jurídico, está de acordo com o Estatuto da Criança e do Adolescente

(A) o acesso à escola pública de toda criança que comprovadamente não tiver recursos para pagar uma escola privada.

(B) o desenvolvimento de capacitação profissional, assegurado ao menor de 12 anos o trabalho como ajudante.

(C) a criação da criança no seio de sua família, livre da presença de pessoas que sejam dependentes químicas.

(D) o ingresso em locais de espetáculos públicos, sempre acompanhadas de um parente, que pode ser menor.

(E) o acesso a oportunidades de lazer, que lhe serão garantidas prioritariamente pela escola pública de seu bairro.

A: incorreta, pois o acesso à escola pública é direito tanto da criança sem recursos como da criança que dispõe de recursos para pagar uma escola privada (art. 53, V, do ECA); **B:** incorreta, pois o direito à capacitação profissional é do adolescente (ou seja, o maior de 12 anos), conforme art. 69, II, do ECA; **C:** correta, ao tempo em que esta questão foi elaborada, visto que em conformidade com o que estabelecia o vart. 19, *caput*, do ECA). Atualmente, dada a modificação a que foi submetido tal dispositivo legal (por força da Lei 13.257/2016), está incorreto o que se afirma nesta alternativa; **D:** incorreta (art. 75, parágrafo único, do ECA); **E:** incorreta, pois o lazer deve ser oferecido por outros meios, não havendo disposição no ECA de que deve ser oferecido prioritariamente por meio da escola pública do bairro.

Gabarito "C".

(FGV – 2010) Mévia e Tício contraem núpcias no dia 14 de abril de 2007. Em 21 de janeiro de 2008 nasce o filho do casal Nero da Silva. No dia 22 de janeiro do mesmo ano, Tício vem a falecer. Após três meses de luto, Mévia vem a conhecer Caio e, com ele, mantém relações sexuais. Em 23 de janeiro de 2009 nasce Kate. Caio veio a se casar com Antônia em maio de 2008, não tendo filhos dessa união. Procurado por Mévia decide reconhecer Kate, por escritura pública, devidamente averbada no registro civil. Mévia decide trilhar novos caminhos e viajar para a Índia, onde realizará o seu encontro espiritual e comunica o fato a Caio, dizendo-lhe que a guarda de Kate lhe será transferida, assim que seus preparativos de viagem forem ultimados. Caio, ansioso, comunica a situação à sua esposa Antônia que não concorda com a presença da menor Kate no lar conjugal.

Diante dos fatos narrados analise as afirmativas a seguir:

I. o reconhecimento da filiação pode ser unilateral por um dos genitores e constante de escritura pública.

II. o menor reconhecido por um dos cônjuges e sendo fruto de relação extraconjugal somente poderá residir no lar conjugal se o outro aquiescer.

III. Antônia, esposa de Caio poderá impugnar o reconhecimento de paternidade da menor Kate, por via judicial.

IV. o ato de reconhecimento da maternidade ou paternidade é irrevogável.

V. os filhos nascidos de quaisquer relações não podem ser discriminados pela origem, se oriundos ou não do casamento ou mesmo adotados.

Assinale:

(A) se somente as afirmativas IV e V forem verdadeiras.

(B) se somente as afirmativas II e IV forem verdadeiras.

(C) se somente as afirmativas II e III forem verdadeiras.

(D) se somente as afirmativas I, II e V forem verdadeiras.

(E) se somente as afirmativas I, II, IV e V forem verdadeiras.

I: correta, pois o Código Civil admite o reconhecimento do filho havido fora do casamento pelos pais, conjunta ou separadamente (art. 1.607), reconhecimento esse que pode ser feito pelas formas constantes no art. 1.609 do CC, entre as quais a escritura pública ou escrito particular, a ser arquivado em cartório; **II:** correta, pois, segundo o art. 1.611 do CC, "o filho havido fora do casamento, reconhecido por um dos cônjuges, não poderá residir no lar conjugal sem o consentimento do outro"; **III:** incorreta, pois o reconhecimento de paternidade é ato personalíssimo, não havendo legitimidade da esposa de Caio para a impugnação mencionada; **IV:** correta (art. 1.610 do CC); **V:** correta (art. 1.596 do CC).

Gabarito "E".

3. PREVENÇÃO

(OAB/Exame Unificado – 2014.1) João e Joana são pais de Mila, 9 anos, e de Letícia, 8 anos. João mudou-se para Maringá depois do divórcio, e levou sua filha mais nova para morar com ele. Nas férias escolares, Letícia quer ir ao Rio de Janeiro visitar sua mãe, enquanto Mila deseja passar seus dias livres com seu pai em Maringá.

Avalie as situações apresentadas a seguir e, de acordo com o Estatuto da Criança e do Adolescente, assinale a afirmativa correta.

(A) Letícia poderá viajar sem autorização judicial se a sua prima, Olívia, que tem 19 anos, aceitar acompanhá-la. Mila poderá viajar sem autorização, se a sua avó, Filomena, a acompanhar.

(B) Se houver prévia e expressa autorização dos pais ou responsáveis, Letícia e Mila ficam dispensadas da autorização judicial e poderão viajar desacompanhadas dentro do território nacional.

(C) Letícia poderá viajar desacompanhada dos pais por todo território nacional se houver autorização judicial, que poderá ser concedida pelo prazo de dois anos. Mila não precisará de autorização judicial para ir a Maringá se seu tio José aceitar acompanhá-la.

(D) Mila poderia aproveitar a ida de sua vizinha Maria, de 23 anos, para acompanhá-la, desde que devidamente autorizada por seus pais, enquanto Letícia não precisaria de autorização judicial se seu padrinho, Ricardo, primo do seu pai, a acompanhasse.

Antes de mais nada, é importante que se diga que tanto Mila quanto Letícia são consideradas, à luz do ECA (art. 2º), criança. Nessa qualidade, elas não podem viajar para fora da comarca na qual residem desacompanhadas dos pais ou responsável, sem expressa autorização judicial – art. 83, *caput*, do ECA, salvo se (hipóteses em que a autorização judicial não é exigida – art. 83, § 1º, do ECA): se tratar de comarca contígua à da residência da criança, se na mesma unidade da Federação, ou incluída na mesma região metropolitana; a criança estiver acompanhada: de ascendente ou colateral maior, até o terceiro grau, comprovado documentalmente o parentesco; de pessoa maior, expressamente autorizada pelo pai, mãe ou responsável. Assim, Letícia não poderá viajar com sua prima, mesmo sendo esta maior de 18 anos, visto que são parentes colaterais de *quarto* grau (assertiva "A", portanto, incorreta). Está incorreta, também, a proposição "B", uma vez que, por serem crianças, não poderão viajar desacompanhadas para fora da comarca onde residem, mesmo que contem com autorização dos pais ou responsável (precisa de autorização judicial). Correta é a assertiva "C": embora desacompanhada, Letícia poderá viajar porque conta com autorização judicial; já Mila, por estar acompanhada de seu tio (parente colateral de terceiro grau), poderá viajar. A assertiva "D" deve ser considerada incorreta, na medida em que Letícia não poderá viajar acompanhada do primo de seu pai.

Gabarito "C".

(OAB/Exame Unificado – 2012.3.A) Juliana, estudante de 17 anos, em comemoração a sua recente aprovação no vestibular de uma renomada universidade, saiu em viagem com Gustavo, seu namorado de 25 anos, funcionário público federal.

Acerca de possíveis intercorrências ao longo da viagem, é correto afirmar que

(A) Juliana, por ser adolescente, independentemente de estar em companhia de Gustavo, maior de idade, não poderá se hospedar no local livremente por eles escolhido, sem portar expressa autorização de seus pais ou responsável.

(B) Juliana, em companhia de Gustavo, poderá ingressar em um badalado bar do local, onde é realizado um show de música ao vivo no primeiro piso e há um salão de jogos de bilhar no segundo piso.

(C) Juliana, por ser adolescente e estar em companhia de Gustavo, maior de idade, poderá se hospedar no local livremente por eles escolhido, independentemente de portar ou não autorização de seus pais.

(D) Juliana poderá se hospedar em hotel, motel, pensão ou estabelecimento congênere, assim como poderá ingressar em local que explore jogos de bilhar, se portar expressa autorização dos seus pais ou responsável.

A: correta, pois em conformidade com o disposto no art. 82 do ECA; **B:** incorreta, pois contraria o que estabelece o art. 80 do ECA; **C:** incorreta, pois em desconformidade com o estabelecido no art. 82 do ECA; **D:** incorreta, pois não reflete o disposto no art. 80 do ECA.

Gabarito "A".

(OAB/Exame Unificado – 2012.2) João e Maria, ambos adolescentes, com dezessete e dezesseis anos, respectivamente, resolvem realizar uma viagem para comemorar o aniversário de um ano de namoro. Como destino, o jovem casal elege Armação dos Búzios, no estado do Rio de Janeiro, e efetua a reserva, por telefone, em uma pousada do balneário.

Considerando a normativa acerca da prevenção especial contida na Lei n. 8.069, de 13 de julho de 1990, assinale a afirmativa correta.

(A) O casal poderá hospedar-se na pousada reservada sem quaisquer restrições, já que ambos são maiores de dezesseis anos e, portanto, relativamente capazes para a prática desse tipo de ato civil, não podendo ser exigido que estejam acompanhados dos pais ou responsáveis nem que apresentem autorização destes.

(B) O Estatuto da Criança e do Adolescente proíbe apenas a hospedagem de crianças e adolescentes em motel, desacompanhadas de seus pais ou responsável, sendo permitida a hospedagem em hotéis ou estabelecimentos congêneres, uma vez que estes são obrigados a manter regularmente o registro de entrada de seus hóspedes.

(C) A proibição da legislação especial refere-se apenas às crianças, na definição do ECA consideradas como as pessoas de até doze anos de idade incompletos, sendo, portanto, dispensável que os adolescentes estejam acompanhados dos pais ou responsáveis, ou, ainda, autorizados por estes para a regular hospedagem.

(D) O titular da pousada, ou um de seus prepostos, pode, legitimamente e fundado na legislação especial que tutela a criança e o adolescente, negar-se a promover a hospedagem do jovem casal, já que ambos estão desacompanhados dos pais ou responsável e desprovidos, igualmente, da autorização específica exigida pelo ECA.

A: incorreta, pois não reflete o disposto no art. 82 do ECA, que proíbe "a hospedagem de criança ou adolescente em hotel, motel, pensão ou estabelecimento congênere, salvo se autorizado ou acompanhado pelos pais ou responsável"; **B:** incorreta, visto que o legislador contemplou na proibição, além do motel, o hotel e demais estabelecimentos congêneres; **C:** incorreta, uma vez que, assim como as crianças, os adolescentes somente poderão se hospedar nesses estabelecimentos se acompanhados ou autorizados pelos pais ou responsável; **D:** correta, tanto que a conduta do titular ou do preposto que hospedar criança ou adolescente em desacordo com o art. 82 do ECA constitui a infração administrativa prevista no art. 250 do ECA.

Gabarito "D"

(OAB/Exame Unificado – 2010.1) Considerando o que dispõe o Estatuto da Criança e do Adolescente, assinale a opção correta.

(A) O vínculo da adoção constitui-se por sentença judicial, que será inscrita no registro civil mediante mandado, do qual se fornecerá, administrativamente, certidão somente ao adotado e aos pais, biológicos e adotivos, à vista de documentação comprobatória.

(B) É dever do Estado assegurar atendimento gratuito, em creche e pré-escola, às crianças de zero a sete anos de idade.

(C) É proibida a venda de bilhetes da Mega-Sena a crianças e adolescentes.

(D) Criança ou adolescente desacompanhados dos pais ou do responsável estão proibidos de viajar para fora da comarca onde residem, sem expressa autorização judicial.

A: incorreta, pois nenhuma observação sobre a origem do ato poderá constar nas certidões de registro (art. 47, § 4º, do ECA); **B:** incorreta. A assertiva contraria o disposto no art. 54, IV, do ECA; **C:** correta. Art. 81 do ECA: "É proibida a venda à criança ou ao adolescente de: I – armas, munições e explosivos; II – bebidas alcoólicas; III – produtos cujos componentes possam causar dependência física ou psíquica ainda que por utilização indevida; IV – fogos de estampido e de artifício, exceto aqueles que pelo seu reduzido potencial sejam incapazes de provocar qualquer dano físico em caso de utilização indevida; V – revistas e publicações a que alude o art. 78; VI – bilhetes lotéricos e equivalentes". **D:** incorreta. Adolescentes podem viajar sem expressa autorização judicial (ECA, art. 83).

Gabarito "C"

4. MEDIDAS DE PROTEÇÃO

(OAB/Exame Unificado – 2013.3) O Estatuto da Criança e do Adolescente estabelece os princípios que devem ser adotados por entidades que desenvolvam programas de acolhimento familiar ou institucional. Segundo esses princípios, assinale a afirmativa correta.

(A) As entidades devem buscar constantemente a transferência para outras entidades de crianças e adolescentes abrigados, a fim de promover e aprofundar a integração entre eles e os diferentes contextos sociais.

(B) Por força de disposição expressa de lei, o dirigente das entidades com o objetivo de acolhimento institucional ou familiar é equiparado ao guardião, para todos os efeitos de direito.

(C) Mesmo inserida em programa de acolhimento institucional ou familiar, a criança ou o adolescente deve ser estimulado a manter contato com seus pais ou responsável.

(D) É vedado o acolhimento de crianças e adolescentes em entidades que mantenham programa de acolhimento institucional sem prévia determinação da autoridade competente.

A: incorreta. A teor do art. 92, VI, do ECA, as entidades devem evitar, sempre que possível, a transferência de crianças e adolescentes para outras entidades. **B:** incorreta, uma vez que tal equiparação somente foi feita, de forma expressa, em relação ao dirigente de entidades que desenvolvem programa de acolhimento institucional (art. 92, § 1º, do ECA); **C:** correta, pois corresponde ao que estabelece o art. 92, § 4º, do ECA; **D:** incorreta, na medida em que tal providência (acolhimento sem autorização judicial) é possível, desde que em caráter excepcional e de urgência; neste caso, incumbe à entidade cuidar para que, no prazo de 24 horas, o juiz da Infância e da Juventude seja de tudo informado (art. 93, *caput*, do ECA).

Gabarito "C"

(OAB/Exame Unificado – 2013.2) A interpretação e aplicação da Lei n 8.069/90 (Estatuto da Criança e do Adolescente – ECA) deve perseguir os objetivos de proteção integral e prioritária dos direitos das crianças e dos adolescentes, que deles são titulares.

Sobre o tema, assinale a afirmativa correta.

(A) A aplicação das medidas específicas de proteção previstas pelo ECA pode se dar cumulativamente, devendo a autoridade competente escolher a mais adequada diante das necessidades específicas do destinatário.

(B) Se Joana, que tem 09 anos, tiver seus direitos violados por ação ou omissão do Estado, serão cabíveis as medidas específicas de proteção previstas pelo ECA que, dependendo das circunstâncias, não deverão ser aplicadas ao mesmo tempo.

(C) Se Júlio, que tem 09 anos, tiver seus direitos violados por abuso ou omissão dos pais, não serão aplicáveis as medidas específicas de proteção, mas, sim, medidas destinadas aos pais ou responsável, previstas pelo ECA.

(D) As medidas específicas de proteção previstas pelo ECA devem ser aplicadas de modo a afastar uma intervenção precoce, efetuada logo que a situação de perigo seja conhecida, sob pena de responsabilidade primária e solidária do poder público.

A: correta, pois em consonância com o que reza o art. 99 do ECA, que estabelece que as medidas de proteção "poderão ser aplicadas isoladas ou cumulativamente, bem como substituídas a qualquer tempo". A propósito, deve-se entender como tal as ações implementadas sempre que a criança ou o adolescente encontrar-se em situação de risco, ou ainda quando do cometimento de ato infracional; **B:** incorreta. Desde que haja compatibilidade e se revelem necessárias, nada obsta que seja aplicada, simultaneamente, mais de uma medida de proteção. É o que se infere do art. 99 do ECA; **C:** incorreta, pois não reflete do disposto no art. 98, II, do ECA; **D:** incorreta, pois contraria o que estabelece o art. 100, parágrafo único, VI, do ECA.

Gabarito "A"

5. ATO INFRACIONAL – DIREITO MATERIAL

(OAB/Exame Unificado – 2015.3) J., com 11 anos, L., com 12 anos, e M., com 13 anos de idade, desde que foram estudar na mesma turma, passaram a causar diversos problemas para o transcurso normal das aulas, tais como: escutar música; conversar; dormir; colocar os pés nas mesas e não desligar o aparelho celular. O professor de matemática, inconformado com a conduta desrespeitosa dos alunos, repreende-os, avisando que os encaminhará para a direção da escola. Ato contínuo, os alunos reagem da seguinte forma: J. chama o professor de "velho idiota"; L. levanta e sai da sala no meio da aula; e M. ameaça matá-lo. Diante dos atos de indisciplina dos três alunos, a direção da escola entra em contato com o seu departamento jurídico para, com base no Estatuto da Criança e do Adolescente, receber a orientação de como proceder.

Com base na hipótese apresentada, assinale a opção que apresenta a orientação recebida pela direção escolar.

(A) Os atos de indisciplina praticados por J., L. e M. deverão ser coibidos pela própria direção escolar.

(B) J. e M. praticaram atos infracionais. J. deverá ser encaminhado ao Conselho Tutelar e M. para a autoridade policial. A indisciplina de L. deverá ser coibida pela própria direção escolar.

(C) J., L. e M. praticaram atos infracionais e deverão ser encaminhados para a autoridade policial.

(D) J. e M. praticaram atos infracionais. Ambos deverão ser encaminhados para a autoridade policial. A indisciplina de L. deverá ser coibida pela própria direção escolar.

Analisemos, em separado, a conduta dos alunos. J., que conta com 11 anos e, portanto, é criança (art. 2º, *caput*, do ECA), ao chamar seu professor de "velho idiota" incorreu em ato infracional correspondente ao crime de injúria, previsto, no Código Penal, no art. 140. Deverá ser submetido, em razão de sua conduta (ato infracional), a medida protetiva, que não tem caráter punitivo, na forma estatuída no art. 105 do ECA. Em hipótese alguma, portanto, poderá ser impingida medida socioeducativa a crianças, reservada tão somente a adolescentes que praticarem atos infracionais. Crianças, quando surpreendidas diante da prática de ato infracional, como é o caso de J., deverão ser encaminhadas ao Conselho Tutelar. No que toca ao adolescente L., sua conduta, consistente em deixar a sala de aula sem autorização do professor, não constitui ato infracional; agora, por se tratar de um comportamento de indisciplina e, portanto, reprovável, deverá ser coibida pela direção da escola; já M., por ser adolescente e ter incorrido em ato infracional análogo ao crime de ameaça (previsto, no Código Penal, no art. 147), deverá ser responsabilizado por sua conduta (será submetido a medida socioeducativa), devendo, logo em seguida aos fatos, ser encaminhado à presença da autoridade policial (art. 172, *caput*, do ECA).

Gabarito "B"

(OAB/Exame Unificado – 2015.2) O adolescente N. ficou conhecido no bairro onde mora por praticar roubos e furtos e ter a suposta habilidade de nunca ter sido apreendido. Certa noite, N. saiu com o propósito de praticar novos atos de subtração de coisa alheia. Diante da reação de uma vítima a quem ameaçava, N. disparou sua arma de fogo, levando a vítima a óbito. N. não conseguiu fugir, sendo apreendido por policiais que passavam pelo local, no momento em que praticava o ato infracional. Sobre o caso narrado, assinale a opção correta.

(A) A medida de internação não terá cabimento contra N., uma vez que somente poderá ser aplicada em caso de reincidência no cometimento de infrações graves.

(B) Mesmo estando privado de liberdade, N. poderá entrevistar-se pessoalmente com o representante do Ministério Público, mas não terá direito a peticionar diretamente a este ou a qualquer autoridade que seja.

(C) A medida de internação de N. é cabível por se tratar de ato infracional praticado com ameaça e violência contra pessoa, mesmo que não seja caso de reincidência.

(D) Caso N. seja condenado por sentença ao cumprimento de medida de internação, e somente nesse caso, tornam-se obrigatórias as intimações do seu defensor e dos pais ou responsáveis, mesmo que o adolescente tenha sido intimado pessoalmente.

A e **C:** segundo consta do enunciado, o adolescente N praticou ato infracional correspondente ao crime de latrocínio (roubo seguido de morte – art. 157, § 3º, segunda parte, do CP). A internação, espécie de medida socioeducativa privativa de liberdade, a ser aplicada, portanto, em caráter excepcional, tem cabimento nas hipóteses descritas no art. 122 do ECA, entre as quais está aquela em que o ato infracional é cometido mediante grave ameaça ou violência contra a pessoa. Estão inseridos nesse contexto os atos infracionais equiparados aos crimes de roubo, homicídio, estupro, dentre outros. Dessa forma, esta medida extrema pode, sim, ser aplicada ao adolescente N, que, como já dissemos, praticou ato infracional equiparado ao crime de roubo seguido de morte; **B:** incorreta. O adolescente privado de liberdade tem, sim, o direito de peticionar a qualquer autoridade, inclusive ao representante do Ministério Público, com o qual poderá, ainda, entrevistar-se pessoalmente (art. 124, I e II, do ECA); **D:** incorreta. Estabelece o art. 190 do ECA que, da sentença que aplicar medida socioeducativa de internação ou semiliberdade, serão intimados o adolescente e seu defensor; sendo outra medida aplicada, será intimado tão somente o defensor. Em outras palavras, o defensor será sempre intimado da sentença de procedência da representação; em se tratando de medida restritiva de liberdade, será também intimado, além do defensor, o adolescente.

Gabarito "C"

(OAB/Exame Unificado – 2012.1) Joana tem 16 anos e está internada no Educandário Celeste, na cidade de Pitió, por ato infracional equiparado ao crime de tráfico de entorpecentes. O Estatuto da Criança e do Adolescente regula situações dessa natureza, consignando direitos do adolescente privado de liberdade. Diante das disposições aplicáveis ao caso de Joana, é correto afirmar que

(A) Joana tem direito à visitação, que deve ser respeitado na frequência mínima semanal, e não poderá ser suspenso sob pena de violação das garantias fundamentais do adolescente internado.

(B) é expressamente garantido o direito de Joana se corresponder com seus familiares e amigos, mas é vedada a possibilidade de avistar-se reservadamente com seu defensor.

(C) a autoridade judiciária poderá suspender temporariamente a visita, exceto de pais e responsável, se existirem motivos sérios e fundados de sua prejudicialidade aos interesses do adolescente.

(D) as visitas dos pais de Joana poderão ser suspensas temporariamente, mas em tal situação permanece o seu direito de continuar internada na mesma localidade ou naquela mais próxima ao domicílio de seus pais.

A e **C:** incorretas. O art. 124 do ECA contempla, em dezesseis incisos, os direitos do adolescente que se acha privado de sua liberdade, entre os quais entrevistar-se pessoalmente com o promotor de justiça, receber visitas, ao menos semanalmente etc. Esse direito, no entanto, pode ser restringido, na medida em que, entendendo o juiz que existem motivos sérios e fundados que tornam a visita, inclusive dos pais ou responsável, prejudicial aos interesses do adolescente, poderá suspendê-la temporariamente – art. 124, § 2º; **B:** incorreta. São direitos do adolescente privado de sua liberdade, entre outros, o de avistar-se reservadamente com seu defensor (art. 124, III, do ECA) e de corresponder-se com seus familiares e amigos (art. 124, VIII, do ECA); **D:** correta. Direito contemplado no art. 124, VI, do ECA.

Gabarito "D"

(OAB/Exame Unificado – 2011.3.A) Considerando os princípios norteadores do Estatuto da Criança e do Adolescente, a prática de atos infracionais fica sujeita a medidas que têm objetivos socioeducativos. Nesse sentido, é correto afirmar que

(A) se Aroldo, que tem 11 anos, subtrair para si coisa alheia pertencente a uma creche, deverá cumprir medida socioeducativa de prestação de serviços comunitários, por período não superior a um ano.

(B) a obrigação de reparar o dano causado pelo ato infracional não é considerada medida socioeducativa, tendo em vista que o adolescente não pode ser responsabilizado civilmente.

(C) o acolhimento institucional e a colocação em família substituta podem ser aplicados como medidas protetivas ou socioeducativas, a depender das características dos atos infracionais praticados.

(D) a internação, como uma das medidas socioeducativas previstas pelo ECA, não poderá exceder o período máximo de três anos, e a liberação será compulsória aos 21 anos de idade.

A: incorreta. É do art. 105 do ECA que as crianças que cometerem ato infracional estarão sujeitas tão somente a *medidas protetivas*. Em hipótese alguma, pois, será a elas impingida *medida socioeducativa*, reservada aos adolescentes. Pode-se dizer, portanto, que, em relação a elas, vige o *sistema da irresponsabilidade*, já que as medidas de proteção não têm caráter punitivo. Têm natureza administrativa e podem ser aplicadas pelo Conselho Tutelar. Pode-se afirmar, ainda, que, em relação aos adolescentes, dada a natureza de sanção que têm as medidas socioeducativas, sua responsabilidade pela prática de ato infracional é *especial*, porque disciplinada em *legislação especial*; **B:** incorreta. A *obrigação de reparar o dano* (art. 112, II, do ECA) constitui, sim, modalidade de medida socioeducativa, adequada aos atos infracionais com reflexos patrimoniais; **C:** incorreta. Disciplinados no art. 19, §§ 1º e 2º, do ECA, constituem, a teor do art. 101, VII e VIII, também do ECA, *medida de proteção* cujo propósito reside na retirada da criança ou adolescente de sua família e o seu encaminhamento para uma família acolhedora ou para uma entidade de atendimento (presente situação de risco à criança ou ao adolescente). Não podem, portanto, ser aplicadas como medida socioeducativa, cujas modalidades estão listadas no art. 112 do ECA. Cuidado: à exceção do *acolhimento institucional*, da *inclusão em programa de acolhimento familiar* e *da colocação em família substituta*, as demais medidas de proteção previstas no art. 101 podem ser aplicadas ao adolescente infrator em conjunto ou não com as medidas socioeducativas previstas no art. 112 do ECA. É o que estabelece o art. 112, VII, do ECA; **D:** correta, pois reflete o disposto no art. 121, §§ 2º e 5º, do ECA. Atenção: a Lei 12.594/2012, que criou o Sinase – Sistema Nacional de Atendimento Socioeducativo, introduziu no art. 121 do ECA o § 7º.

Gabarito "D"

(OAB/Exame Unificado – 2010.3) Considerando a prática de ato infracional por criança ou adolescente, é correto afirmar que

(A) a internação, por constituir medida privativa de liberdade do menor, não poderá exceder o período de 5 (cinco) anos.

(B) a prestação de serviços comunitários consiste na realização de tarefas gratuitas de interesse geral, por período não excedente a 1 (um) ano, em entidades assistenciais, hospitais, escolas e outros estabelecimentos congêneres, bem como em programas comunitários ou governamentais.

(C) entre as garantias processuais garantidas ao adolescente encontra-se o direito de solicitar a presença de seus pais ou responsável em qualquer fase do procedimento. Contudo, não poderá o menor ser ouvido pessoalmente pela autoridade competente, devendo em todo o caso ser assistido pelos genitores.

(D) em se tratando de ato infracional com reflexos patrimoniais, a autoridade poderá determinar, se for o caso, que o adolescente restitua a coisa, promova o ressarcimento do dano, ou, por outra forma, compense o prejuízo da vítima.

A: incorreta, pois a internação terá como prazo máximo 3 anos (art. 121, § 3º, do ECA); **B.** incorreta, pois não pode exceder o interregno de 6 meses (art. 117 da ECA); **C:** incorreta, pois o adolescente poderá ser ouvido pessoalmente pela autoridade competente (art. 111, V, do ECA); **D:** correta (art. 116 do ECA).

Gabarito "D"

(OAB/Exame Unificado – 2009.3) Em relação às medidas socioeducativas previstas no ECA, assinale a opção correta.

(A) A medida socioeducativa de prestação de serviços à comunidade pode ser aplicada pelo prazo de até um ano.

(B) A advertência somente pode ser aplicada se houver provas suficientes da autoria e da materialidade da infração.

(C) As medidas socioeducativas de semiliberdade e de internação por prazo indeterminado não podem ser incluídas na remissão, sendo admissível sua aplicação somente após a instrução processual em sede de sentença de mérito.

(D) A obrigação de reparar o dano à vítima não constitui medida socioeducativa.

A: incorreta. A prestação de serviços à comunidade, prevista no art. 117 do ECA, não poderá exceder a seis meses; **B:** incorreta. Em face do disposto no art. 114, parágrafo único, do ECA, para a imposição da medida socioeducativa de *advertência*, a mais branda de todas, basta a prova da materialidade e *indícios suficientes da autoria*; já no que toca às outras medidas (obrigação de reparar o dano, prestação de serviços à comunidade, liberdade assistida, inserção em regime de semiliberdade e internação), é necessária a existência de *provas* suficientes da autoria e da materialidade da infração (art. 114, *caput*). Parte significativa da doutrina se insurge contra essa peculiaridade da medida socioeducativa de advertência; **C:** correta, nos termos do art. 127 do ECA; **D:** incorreta, nos termos do art. 116 do ECA.

Gabarito "C"

(OAB/Exame Unificado – 2009.3) Assinale a opção correta conforme as disposições do ECA.

(A) As eleições para o Conselho Tutelar, órgão com poderes jurisdicionais, são organizadas em âmbito municipal.

(B) Inclui-se, entre as medidas aplicáveis aos pais ou responsável do menor, o encaminhamento a tratamento psicológico ou psiquiátrico.

(C) O prazo máximo previsto para a medida de internação é de três anos, devendo ser prefixado pelo magistrado na sentença.

(D) Não havendo arquivamento dos autos ou concessão de remissão, o membro do MP procederá à apresentação de denúncia contra o adolescente.

A: incorreta. O Conselho Tutelar constitui órgão não jurisdicional, nos termos do art. 131 do ECA. Além disso, conforme estatui a nova redação do art. 132 do mesmo Diploma, "em cada Município e em cada região administrativa do Distrito Federal haverá, no mínimo, um Conselho Tutelar como órgão integrante da administração pública local, composto de cinco membros, escolhidos pela população local para mandato de quatro anos, permitida uma recondução, mediante novo processo de escolha". Esse dispositivo foi alterado pela Lei 12.696/2012, que, além desta, promoveu, no âmbito do Conselho Tutelar, diversas alterações; **B:** correta (art. 129, III, do ECA); **C:** incorreta. De fato, a medida de internação terá como prazo máximo três anos, nos termos do art. 121, § 3º, do ECA; entretanto, tal medida, de caráter excepcional, não comporta prazo determinado, devendo, dessa forma, em conformidade com o preconizado no § 2º do art. 121 do ECA, ser reavaliada com a periodicidade de seis meses; **D:** incorreta. Denúncia é a peça inaugural que contém a acusação formulada pelo Ministério Público nas ações penais públicas. Não tem, pois, qualquer incidência no âmbito do ECA. Se o representante do Ministério Público deixar de promover o arquivamento ou a remissão, oferecerá *representação* à autoridade judiciária, nos termos do art. 182 do ECA.

Gabarito "B"

(OAB/Exame Unificado – 2009.1) Acerca da medida socioeducativa de internação, prevista no ECA, assinale a opção correta.

(A) Comprovada a autoria e materialidade de ato infracional considerado hediondo, tal como o tráfico de entorpecentes, ao adolescente infrator deve, necessariamente, ser aplicada medida socioeducativa de internação.

(B) O adolescente que atinge os 18 anos de idade deve ser compulsoriamente liberado da medida socioeducativa de internação em razão do alcance da maioridade penal.

(C) No processo para apuração de ato infracional de adolescente, não se exige defesa técnica por advogado.

(D) A medida socioeducativa de internação não comporta prazo determinado, devendo sua manutenção ser reavaliada, mediante decisão fundamentada, no máximo a cada 6 meses.

A: incorreta (art. 122, ECA). Embora seja assemelhado a hediondo, a prática de ato infracional equiparado ao tráfico de drogas não justifica, por si só, a internação do adolescente infrator. Nesse sentido: STJ, HC 165.704-SP, Rel. Min. Maria Thereza e Assis Moura, j. 2.9.2010. Consagrando esse entendimento, o STJ editou a Súmula n. 492: "O ato infracional análogo ao tráfico de drogas, por si só, não conduz obrigatoriamente à imposição de medida socioeducativa de internação". Atenção: a Lei 12.594/2012 alterou a redação do parágrafo primeiro do art. 122 do ECA; **B:** incorreta, pois, a teor do art. 121, § 5º, da Lei 8.069/1990, a liberação será compulsória somente aos 21 anos; **C:** incorreta (art. 207 da Lei 8.069/1990); **D:** correta (art. 121, § 2º, da Lei 8.069/1990).

Gabarito "D"

(OAB/Exame Unificado – 2008.2) Os irmãos Leo, com 18 anos de idade, Lúcio, com 17 anos de idade, e Lino, com 11 anos de idade, roubaram dinheiro do caixa de uma padaria. Com base nessa situação hipotética, é correto afirmar que

(A) Lúcio e Lino praticaram ato infracional e responderão a procedimento junto à Vara da Infância e Juventude, podendo ser aplicada, para ambos, medida socioeducativa de internação.

(B) Leo não será processado criminalmente por sua conduta, visto que os demais autores do fato são menores de idade e, nesse caso, as condições de caráter pessoal se comunicam.

(C) Leo, Lino e Lúcio serão processados criminalmente pelos seus atos, caso fique demonstrado que todos quiseram praticar o fato e possuíam plena capacidade de entender o caráter ilícito dele.

(D) Lúcio poderá, excepcionalmente, ficar submetido a medida socioeducativa de internação até completar 21 anos, idade em que a liberação será compulsória.

A: incorreta, pois Lino é criança e não está sujeito a medida socioeducativa (art. 105 da Lei 8.069/1990 – ECA); **B:** incorreta, pois Léo é adulto e, portanto, responderá criminalmente; **C:** incorreta, pois Lino ficará sujeito às medidas do art. 101 do ECA (medidas de proteção); Léo, às medidas criminais; e Lúcio, às medidas socioeducativas (art. 112 do ECA); **D:** correta (arts. 122, I, e 121, § 5º, ambos do ECA).

Gabarito "D"

(OAB/Exame Unificado – 2007.3) Acerca da medida socioeducativa de internação prevista no Estatuto da Criança e do Adolescente, assinale a opção correta.

(A) Essa medida somente pode ser aplicada em caso de ato infracional cometido mediante grave ameaça ou violência à pessoa.

(B) Não é permitida a realização de atividades externas pelo interno, salvo com expressa autorização judicial.

(C) Quando não houver local apropriado, o adolescente poderá permanecer em estabelecimento prisional destinado a maiores, desde que haja critérios de separação por sexo e gravidade da infração.

(D) A liberação será compulsória aos dezoito anos de idade.

Praticado um ato infracional, só caberá medida de internação se se tratar de ato cometido mediante grave ameaça ou violência à pessoa (art. 122, I, do ECA). É importante ressaltar que a lei também autoriza a aplicação dessa medida se houver reiteração no cometimento de outras infrações graves ou se houver descumprimento reiterado e injustificável de medida anteriormente imposta (art. 122, II e III, do ECA). Como já dissemos, a despeito de o ato infracional análogo ao tráfico de drogas não justificar, por si só, a aplicação de internação (Súmula n. 492, STJ), por se tratar de infração grave, a sua prática reiterada poderá conduzir à aplicação de internação, conforme prevê o art. 122, II, do ECA. Insisto: a prática de tão somente um ato infracional análogo a tráfico não pode determinar a internação do adolescente infrator.

Gabarito "A".

(OAB/Exame Unificado – 2007.2) As medidas que podem ser aplicadas pela autoridade competente ao adolescente que pratique ato infracional não incluem a

(A) inserção em regime de semiliberdade.
(B) prestação de trabalhos forçados.
(C) obrigação de reparar o dano.
(D) liberdade assistida.

As medidas aplicáveis ao adolescente que praticar ato infracional são as seguintes: advertência, obrigação de reparar o dano, prestação de serviços à comunidade, liberdade assistida, inserção em regime de semiliberdade, internação, bem como as previstas no art. 101, I a VI, do ECA. Não cabe, portanto, a aplicação de prestação de trabalhos forçados, vedada no ECA (art. 112, § 2º) e na própria Constituição Federal (art. 5º, XLVII, "c").

Gabarito "B".

(OAB/Exame Unificado – 2006.3) Assinale a opção correta acerca do Estatuto da Criança e do Adolescente (ECA).

(A) A aplicação de medida socioeducativa cumulada com remissão enseja necessariamente o reconhecimento da autoria e da materialidade do ato infracional.
(B) O prazo da internação, por descumprimento reiterado e injustificado de medida socioeducativa anteriormente imposta, pode exceder a três meses.
(C) O ECA permite a aplicação da medida socioeducativa da internação por prazo indeterminado quando se tratar de ato infracional praticado com grave ameaça ou violência contra pessoa, contudo também ressalva que, em nenhuma hipótese, será ela aplicada se houver outra medida adequada.
(D) A aplicação de medida socioeducativa de prestação de serviços à comunidade sem a devida instrução probatória, apenas com base na confissão do adolescente, não viola os princípios constitucionais relativos ao devido processo legal o à ampla defesa.

A medida de internação não comporta prazo determinado, devendo sua manutenção ser reavaliada, mediante decisão fundamentada, no máximo a cada 6 meses (art. 121, § 2º, do ECA). Em nenhuma hipótese será aplicada a internação, se houver outra medida adequada (art. 122, § 2º, do ECA).

Gabarito "C".

(OAB/Exame Unificado – 2006.1) Julgue os itens seguintes, que estão relacionados ao Estatuto da Criança e do Adolescente (ECA) (Lei n.º 8.069/1990).

I. A finalidade precípua da Lei n.º 8.069/1990 é conferir proteção integral à criança e ao adolescente, mesmo que autor de ato infracional, buscando, no tempo fixado pela própria norma especial, reeducar e corrigir rumos de comportamento, no interesse maior do adolescente, que, indiscutivelmente, é também o interesse da sociedade como um todo.
II. O ECA prevê que as medidas de proteção impostas podem ser substituídas a qualquer tempo, desde que assim seja necessário.
III. O delito de auxiliar na prática de ato ilícito com o escopo de enviar criança ou adolescente ao exterior sem a observância das formalidades legais (adoção) ou com o fito de obter lucro é crime material.
IV. A medida socioeducativa de internação deve ser aplicada quando presente uma das circunstâncias do rol taxativo previsto no ECA.

A quantidade de itens certos é igual a

(A) 1.
(B) 2.
(C) 3.
(D) 4.

I: assertiva correta. Enuncia o princípio da proteção integral que todas as crianças e adolescentes, como sujeitos de direito, são merecedores de ampla e integral proteção, estejam ou não em conflito com a lei; **II**: assertiva correta, pois em consonância com o art. 99 do ECA; **III**: assertiva incorreta. O crime nela descrito é formal, pois basta a realização do núcleo do tipo ("auxiliar") para a sua caracterização (art. 239 do ECA); **IV**: assertiva correta, pois reflete o disposto no art. 122 do ECA.

Gabarito "C".

6. ATO INFRACIONAL – DIREITO PROCESSUAL

(OAB/Exame Unificado – 2013.1) Com relação à internação, observado o que prevê o Estatuto da Criança e do Adolescente, assinale a afirmativa correta.

(A) Deve obedecer ao período determinado de um ano e meio, prorrogável por igual período, para atos infracionais praticados com emprego de violência.
(B) Deve obedecer ao período determinado de um ano, prorrogável por igual período, para atos infracionais praticados sem emprego de violência.
(C) Não comporta período determinado e não pode ultrapassar o máximo de três anos, independente do emprego ou não de violência no ato infracional praticado.
(D) Não pode ultrapassar o período máximo de três anos, quando o adolescente deverá ser colocado em liberdade com o dever de reparar o dano no caso de ato infracional com reflexos patrimoniais.

A medida socioeducativa de *internação*, a mais severa de todas, não comporta, segundo dispõe o art. 121, § 2º, do ECA, prazo determinado, devendo sua manutenção ser reavaliada, mediante decisão fundamentada, no máximo a cada seis meses. O período de internação não excederá a três anos (art. 121, § 3º, ECA). Findo esse prazo, poderá o juiz: a) liberar o adolescente, se a medida atingiu sua finalidade; b) colocá-lo em regime de semiliberdade; c) colocá-lo em liberdade assistida. De qualquer forma, a liberação será compulsória aos 21 anos (art. 121, § 5º, ECA).

Gabarito "C".

(OAB/Exame Unificado – 2011.1) No tocante às normas contidas no Estatuto da Criança e do Adolescente, é correto afirmar que

(A) ao ato infracional praticado por crianças corresponderão as seguintes medidas socioeducativas: advertência, obrigação de reparar o dano, prestação de serviços à comunidade, liberdade assistida e inserção em regime de semiliberdade.

(B) a concessão da remissão, que prescinde da homologação da Autoridade Judiciária, é medida que o membro do Ministério Público atribuído poderá adotar no processamento de ato infracional.

(C) o adolescente apreendido em flagrante de ato infracional será imediatamente encaminhado ao Juiz de Direito em exercício na Vara da Infância e Juventude, que decidirá sobre a necessidade ou não de seu acautelamento provisório.

(D) a medida socioeducativa de internação aplicada em razão do descumprimento reiterado e injustificável da medida anteriormente imposta ao adolescente infrator não poderá ser superior a três meses.

A: é do art. 105 do ECA que as crianças que cometerem ato infracional estarão sujeitas tão somente às *medidas protetivas*. Em hipótese alguma, pois, será a elas impingida *medida socioeducativa*, reservada exclusivamente aos adolescentes. Pode-se, portanto, dizer que, em relação a elas – crianças – vige o *sistema da irresponsabilidade*, já que as medidas de proteção não têm caráter punitivo. Têm, isto sim, natureza administrativa e podem ser aplicadas pelo Conselho Tutelar. Podemos ainda dizer que, em relação aos adolescentes, dada a natureza de sanção que têm as medidas socioeducativas, sua responsabilidade pela prática de ato infracional é *especial*, porque disciplinada em *legislação especial*. A assertiva, portanto, está incorreta; **B:** incorreta, pois a *remissão*, quando concedida pelo membro do Ministério Público (remissão ministerial), não prescinde de homologação do juiz – art. 126, *caput*, do ECA. De outro lado, uma vez iniciado o procedimento, a remissão não mais poderá ser concedida pelo promotor de Justiça; agora, somente pela autoridade judiciária. Esta é a *remissão judicial*, que importa em suspensão ou extinção do processo (art. 126, parágrafo único, ECA) e tem como propósito amenizar os efeitos da continuidade do processo; **C:** incorreta, visto que, pela disciplina do art. 172 do ECA, o adolescente apreendido em flagrante de ato infracional deverá ser conduzido à presença da autoridade policial competente. Diferentemente, o adolescente apreendido por força de ordem judicial (para o cumprimento de medida socioeducativa de internação; para que compareça à audiência de apresentação etc.) será encaminhado à autoridade judiciária – art. 171, ECA; **D:** correta. Esta é a chamada *internação com prazo determinado* ou *internação-sanção*. Assim, uma vez aplicada a medida por sentença em processo de conhecimento, cabe ao adolescente a ela submeter-se, independentemente de sua vontade. Se assim não fizer, poderá sujeitar-se à internação-sanção, cujo prazo de duração, a teor do art. 122, § 1º, poderá chegar a três meses. Segundo o STJ, a reiteração pressupõe mais de três atos. Além disso, o descumprimento há de ser injustificável, devendo o juiz, portanto, ouvir as razões do adolescente. A esse respeito, a Súmula 265 do STJ: "É necessária a oitiva do menor infrator antes de decretar-se a regressão da medida socioeducativa".

Gabarito "D"

(OAB/Exame Unificado – 2008.3) À luz do ECA, assinale a opção correta.

(A) A internação constitui medida privativa de liberdade e, dada essa condição, não é permitida ao adolescente interno a realização de atividades externas, como trabalho e estudo.

(B) A medida de internação poderá ser aplicada, ainda que haja outra medida adequada, se o MP assim requerer.

(C) Poderá ser decretada a incomunicabilidade do adolescente, a critério da autoridade competente, quando ele praticar atos reiterados de indisciplina.

(D) Em caso de internação, a autoridade judiciária poderá suspender temporariamente a visita, inclusive de pais ou responsável, se existirem motivos sérios e fundados de prejudicialidade aos interesses do adolescente.

A: incorreta, nos termos do art. 121, § 1º, do ECA (Lei 8.069/1990); **B:** incorreta. Ainda que o MP requeira, a medida socioeducativa de internação somente terá lugar se inexistir outra mais adequada – art. 122, § 2º, do ECA; **C:** incorreta. É vedada a incomunicabilidade do adolescente, salvo se, em determinada situação, o seu isolamento dos demais internos (colocação em ambiente separado) mostrar-se a medida mais adequada à segurança dele – art. 124, § 1º, do ECA; **D:** correta. Se a autoridade judiciária entender que existem motivos sérios e fundados que tornam a visita, inclusive dos pais ou responsável, prejudicial aos interesses do adolescente, poderá suspendê-la temporariamente – art. 124, § 2º, do ECA.

Gabarito "D"

(OAB/Exame Unificado – 2008.3) Acerca do ECA, assinale a opção correta.

(A) Nos casos de ato infracional, a competência jurisdicional, em regra, será determinada pelo domicílio dos pais ou responsável pelo adolescente.

(B) O adolescente a quem se atribua autoria de ato infracional não poderá ser conduzido ou transportado em compartimento fechado de veículo policial, sob pena de responsabilidade.

(C) A representação feita pelo MP em face de adolescente dependerá de prova pré-constituída da autoria e materialidade do ato infracional.

(D) O adolescente apreendido por força de ordem judicial será, desde logo, encaminhado à autoridade policial competente, para oitiva e qualificação.

A: incorreta (art. 147, § 1º, do ECA); **B:** correta (art. 178 do ECA); **C:** incorreta (art. 182, § 2º, do ECA); **D:** incorreta (art. 171 do ECA).

Gabarito "B"

(OAB/Exame Unificado – 2008.3) Assinale a opção correta acerca do Estatuto da Criança e do Adolescente.

(A) Caso não haja sentença condenatória, a internação pode ser determinada pelo prazo máximo de sessenta dias.

(B) Considera-se ato infracional a conduta descrita como crime, não sendo consideradas atos infracionais as contravenções penais.

(C) Para os efeitos dessa lei, deve ser considerada a idade do adolescente à data do resultado da conduta delitiva, ainda que outra seja a data da ação ou omissão.

(D) O adolescente somente será privado de sua liberdade em caso de flagrante de ato infracional ou por ordem escrita e fundamentada da autoridade judiciária competente.

A: incorreta. Em vista do que dispõe o art. 108 da Lei 8.069/1990, a internação provisória não poderá durar mais de *quarenta e cinco dias*, prazo em que o processo deverá ser ultimado (art. 183, ECA). Findo esse prazo, o adolescente deverá ser imediatamente liberado. Há decisões, contudo, que entendem que, a depender da particularidade do caso concreto, é possível estendê-lo, notadamente quando é a defesa que dá causa à dilação. O descumprimento injustificado deste prazo configura o crime do art. 235, ECA; **B:** incorreta. Ato infracional é a conduta descrita como crime ou contravenção penal (art. 103, ECA); **C:** incorreta. Para os efeitos do ECA, deve ser considerada a idade do adolescente à data do fato (art. 104, parágrafo único, ECA). Assim, cometido o ato poucos dias antes de o adolescente completar 18 anos (o disparo de uma arma de fogo em alguém, por exemplo) e produzido o resultado já quando o agente completou 18 anos (morte da vítima), valerá a data do fato e não a do resultado, de forma que o agente ficará sujeito a uma medida socioeducativa, é dizer, não responderá criminalmente. Incorporou-se, portanto, a *teoria da atividade*, consagrada no art. 4º do CP; **D:** correta, nos termos do art. 106, *caput*, da Lei 8.069/1990.

Gabarito "D"

(OAB/Exame Unificado – 2008.2) Acerca dos direitos individuais previstos no ECA, assinale a opção correta.

(A) Nenhum adolescente será privado de sua liberdade, senão em flagrante de ato infracional, por determinação judicial, ou para averiguação, por ordem de autoridade policial.

(B) A internação antes da sentença, ocorrida durante o procedimento de apuração do ato infracional, não tem prazo máximo pré-estabelecido, contudo o juiz deve justificar a demora excessiva, sob pena de constrangimento ilegal.

(C) Excetuando-se as hipóteses de dúvida fundamentada, o adolescente civilmente identificado não será submetido a identificação compulsória pelos órgãos oficiais.

(D) A internação antes da sentença, ao contrário do que ocorre com a prisão cautelar, prevista no processo penal, dispensa fundamentação em face das peculiaridades do procedimento de apuração do ato infracional e das condições especiais de desenvolvimento do adolescente.

A: incorreta. A detenção do adolescente para averiguação não está contemplada no art. 106 do ECA; **B:** incorreta. A internação provisória terá o prazo máximo de quarenta e cinco dias – art. 108 do ECA; **C:** correta. Regra geral, não poderá o adolescente civilmente identificado ser submetido a identificação compulsória, salvo para efeito de confrontação, desde que haja dúvida fundada. A identificação compulsória constitui, portanto, medida de caráter excepcional – art. 109 do ECA. *Vide* Lei 12.037/2009, que dispõe, entre outras coisas, sobre as hipóteses em que é permitida a identificação criminal do civilmente identificado (art. 3º); **D:** incorreta (art. 108, parágrafo único, do ECA).

Gabarito "C"

(OAB/Exame Unificado – 2008.2) Com relação ao procedimento de apuração do ato infracional, assinale a opção correta de acordo com o que dispõe o ECA.

(A) Cabe recurso em sentido estrito da decisão que aplica medida socioeducativa, sendo possível o juízo de retratação.

(B) No recurso de apelação, antes de determinar a remessa dos autos à instância superior, o juiz poderá reformar a decisão proferida.

(C) Na ausência de advogado constituído, para resguardar o sigilo quanto à conduta do infrator, não se admite a nomeação de defensor *ad hoc.*

(D) A outorga de mandato é indispensável caso o defensor seja constituído ou nomeado, sendo a formalidade necessária em face das peculiaridades do procedimento.

A: incorreta (art. 198 do ECA); **B:** correta (art. 198, VII, do ECA); **C** e **D:** incorretas (art. 186 do ECA).

Gabarito "B"

(OAB/Exame Unificado – 2008.1) Acerca do procedimento de apuração do ato infracional e de execução das medidas previstas no Estatuto da Criança e do Adolescente (ECA), assinale a opção correta.

(A) A remissão, como forma de extinção ou suspensão do processo, pode ser aplicada em qualquer fase do procedimento ou depois de proferida a sentença.

(B) A representação do Ministério Público no que se refere à proposta de instauração de procedimento para aplicação de medida socioeducativa independe de prova pré-constituída de autoria e materialidade.

(C) Será competente o juiz da infância e juventude do lugar da ação ou omissão, observadas as regras de conexão e continência, inclusive nos casos de concurso com a jurisdição comum.

(D) A execução da medida de proteção poderá ser delegada à autoridade competente do lugar onde residem os pais da criança, desde que situado no mesmo estado da Federação do juízo processante.

A: incorreta, pois em desacordo com o art. 188 do ECA (antes da sentença); **B:** correta. Não depende de prova pré-constituída de autoria e materialidade (art. 182, § 2º, do ECA); **C:** incorreta, pois não reflete o disposto no art. 147, § 1º, do ECA; **D:** incorreta (art. 147, § 2º, do ECA).

Gabarito "B"

(OAB/Exame Unificado – 2007.3) De acordo com o Estatuto da Criança e do Adolescente (ECA), assinale a opção correta.

(A) O adolescente civilmente identificado não será submetido a identificação compulsória pelos órgãos policiais, salvo no caso de dúvida fundamentada.

(B) É desnecessária a oitiva do adolescente antes de ser decretada a regressão da medida socioeducativa, visto que já foi citado para se defender no procedimento.

(C) Ao contrário do que ocorre com o maior de idade, o adolescente somente poderá ser privado de sua liberdade se estiver em flagrante de ato infracional.

(D) Ao ser preso, o adolescente deve ser informado de seus direitos, entre eles, o de permanecer em silêncio, e deve ser alertado de que o que disser pode ser interpretado em seu prejuízo.

A resposta à questão decorre do art. 109 da Lei 8.069/1990 (ECA). Outros direitos individuais e garantias estão previstos nos arts. 106 a 108 e 110 e 111 do ECA.

Gabarito "A"

(OAB/Exame Unificado – 2007.3) Sobre o instituto da remissão no ECA, assinale a opção correta.

(A) A remissão implica necessariamente o reconhecimento da responsabilidade do adolescente infrator, mas o isenta do cumprimento das medidas socioeducativas.

(B) A remissão prevalece para efeito de antecedentes e pode ser revista, a qualquer tempo, de ofício ou a requerimento, escrito ou verbal, pelo Ministério Público.

(C) Iniciado o procedimento judicial para apuração de ato infracional, a concessão da remissão pelo juiz importará na suspensão ou extinção do processo.

(D) Não pode ser concedida a remissão antes de iniciado o procedimento judicial para apuração de ato infracional.

A e **B:** incorretas. A remissão não implica necessariamente o reconhecimento ou comprovação da responsabilidade, nem prevalece para efeito de antecedentes (art. 127, ECA). É dizer, o fato de o adolescente e seu representante aquiescerem na aplicação da medida não quer dizer que aquele esteja admitindo a culpa pelo ato infracional praticado; **C:** correta. No âmbito da remissão judicial, o juiz da infância e da juventude poderá suspender (paralisar) ou ainda extinguir (pôr fim) o processo. Suspenderá na hipótese de o adolescente ser submetido a uma medida socioeducativa em que se faça necessário o seu acompanhamento, como, por exemplo, a prestação de serviços à comunidade. Ao término desta, o processo será extinto. Por fim, será extinto sempre que não for necessária a imposição de medida socioeducativa cumulada com a remissão ou mesmo no caso de ser aplicada medida que prescinda de acompanhamento. Ex.: advertência; **D:** incorreta. A remissão ministerial somente terá lugar antes de iniciado o procedimento judicial para apuração de ato infracional (art. 126, *caput*, do ECA).

Gabarito "C"

(OAB/Exame Unificado – 2007.2) Acerca do Estatuto da Criança e do Adolescente (ECA), assinale a opção correta.

(A) O adolescente civilmente identificado não será submetido a identificação compulsória pelos órgãos policiais, de proteção e judiciais, salvo para efeito de confrontação, havendo dúvida fundada.

(B) Não é assegurado ao adolescente infrator o direito de solicitar a presença de seus pais ou responsável em qualquer fase do procedimento.

(C) Os crimes definidos no ECA são de ação pública condicionada.

(D) A internação, antes da sentença, pode ser determinada por prazo máximo de 65 dias.

A resposta à questão decorre do art. 109 da Lei 8.069/1990 (ECA). Outros direitos individuais e garantias estão previstos nos arts. 106 a 108 e 110 e 111 do ECA. A internação antes da sentença pode ser determinada pelo prazo máximo de 45 dias. Os crimes definidos no ECA são de ação pública incondicionada (art. 227).

Gabarito "A"

(FGV – 2008) Assinale a afirmativa incorreta.

(A) Considera-se criança, para os efeitos da lei, a pessoa até doze anos de idade incompletos, e adolescente aquela entre doze e dezoito anos de idade, mas há casos em que as disposições do Estatuto da Criança e do Adolescente (Lei 8.069/90) se aplicam às pessoas entre dezoito e vinte e um anos de idade.

(B) A internação constitui medida privativa da liberdade que não comporta prazo determinado e só poderá ser aplicada quando se tratar de ato infracional cometido mediante grave ameaça ou violência à pessoa, por reiteração no cometimento de outras infrações graves ou por descumprimento reiterado e injustificável da medida anteriormente imposta.

(C) São direitos dos adolescentes, entre outros: ser tratado com respeito e dignidade, permanecer internado na mesma localidade ou naquela mais próxima ao domicílio de seus pais ou responsável, peticionar diretamente a qualquer autoridade e ter acesso aos meios de comunicação social.

(D) O adolescente apreendido em flagrante de ato infracional será, desde logo, encaminhado à autoridade judicial competente.

(E) Antes de iniciado o procedimento judicial para apuração de ato infracional, o representante do Ministério Público poderá conceder a remissão, como forma de exclusão do processo, atendendo às circunstâncias e consequências do fato, ao contexto social, bem como à personalidade do adolescente e sua maior ou menor participação no ato infracional.

A: correta (art. 2º da Lei 8.069/1990 – ECA); **B:** correta (art. 121, § 2º, c/c art. 122 do ECA); **C:** correta (art. 124 do ECA); **D:** incorreta, devendo ser assinalada, pois o adolescente apreendido em flagrante de ato infracional será encaminhado à autoridade *policial* competente (art. 172 do ECA), ao passo que o apreendido por força de ordem judicial será encaminhado à autoridade judiciária (art. 171 do ECA); **E:** correta (art. 126 do ECA).

Gabarito "D"

7. CONSELHO TUTELAR

(OAB/Exame Unificado – 2015.2) Um conselheiro tutelar, ao passar por um parquinho, observa Ana corrigindo o filho, João, por ele não permitir que os amigos brinquem com o seu patinete. Para tanto, a genitora grita, puxa o cabelo e dá beliscões no infante, na presença das outras crianças e mães, que assistem a tudo assustadas. Assinale a opção que indica o procedimento correto do Conselheiro Tutelar.

(A) Requisitar a Polícia Militar para conduzir Ana à Delegacia de Polícia e, após a atuação policial, dar o caso por encerrado.

(B) Não intervir, já que Ana está exercendo o seu poder de correção, decorrência do atributo do poder familiar.

(C) Intervir imediatamente, orientando Ana para que não corrija o filho dessa forma, e analisar se não seria recomendável a aplicação de uma das medidas previstas no ECA.

(D) Apenas colher elementos para ingressar em Juízo com uma representação administrativa por descumprimento dos deveres inerentes ao poder familiar.

A Lei 13.010/2014, conhecida como *Lei da Palmada*, entre outras alterações, modificou a redação do art. 18 do ECA, que passou a contar, a partir de então, com os arts. 18-A e 18-B, que tratam, respectivamente, do que se deve entender por *castigo físico* e *tratamento cruel ou degradante* e as medidas a serem tomadas, pelo Conselho Tutelar, em casos assim. Não há dúvida de que o conselheiro tutelar, ao presenciar a conduta agressiva praticada pela mãe contra o seu filho, deve intervir com o fim de fazer cessar o ato, orientar a mãe a não mais proceder daquela maneira e, se necessário, aplicar as medidas previstas no art. 18-B do ECA.

Gabarito "C"

(OAB/Exame Unificado – 2012.2) Acerca das atribuições do Conselho Tutelar determinadas no Estatuto da Criança e do Adolescente, assinale a alternativa correta.

(A) O Conselho Tutelar, considerando sua natureza não jurisdicional, destaca-se no aconselhamento e na orientação à família ou responsável pela criança ou adolescente, inclusive na hipótese de inclusão em programa oficial ou comunitário de auxilio, orientação e tratamento a alcoólatras e toxicômanos.

(B) O Conselho Tutelar, em consequência de sua natureza não jurisdicional, não é competente para encaminhar ao Ministério Público as ocorrências administrativas ou criminais que importem violação aos direitos da criança e do adolescente.

(C) O Conselho Tutelar pode assessorar o Poder Executivo local na elaboração da proposta orçamentária para planos e programas de atendimento dos direitos da criança e do adolescente, em decorrência de sua natureza jurisdicional não autônoma.

(D) O Conselho Tutelar não poderá promover a execução de suas decisões, razão pela qual só lhe resta encaminhar ao Ministério Público notícia de fato que constitua infração administrativa ou penal contra os direitos da criança ou adolescente.

A: correta, nos moldes do que estabelecem os arts. 131 e 136 do ECA; **B:** incorreta, dado que esta assertiva contraria o disposto no art. 136, IV, do ECA; **C:** incorreta, pois o Conselho Tutelar é órgão *não* jurisdicional (art. 131, ECA). De resto, a assertiva está correta, visto que em conformidade com o que estabelece o art. 136, IX, do ECA; **D:** incorreta, pois, em vista do que dispõe o art. 136, III, do ECA, o Conselho Tutelar poderá promover a execução de suas próprias decisões.

Gabarito "A".

(Magistratura/GO – 2009 – FCC) Devem ser comunicados ao Conselho Tutelar, pelo dirigente do estabelecimento de ensino, segundo obriga o Estatuto da Criança e do Adolescente, casos de

(A) evasão de alunos matriculados no ensino médio.
(B) ato infracional praticado por adolescente dentro do ambiente escolar.
(C) ato de indisciplina grave cometido por criança ou adolescente.
(D) maus-tratos envolvendo alunos matriculados no ensino fundamental.
(E) faltas injustificadas e reiteradas na educação infantil.

Art. 56, I, do ECA.

Gabarito "D".

8. CONSELHO MUNICIPAL DA CRIANÇA E DO ADOLESCENTE

(Ministério Público/PR – 2008) Assinale a alternativa INCORRETA:

(A) os Conselhos Municipais, Estaduais e Nacional dos Direitos da Criança e do Adolescente são órgãos deliberativos da política de atendimento à infância e juventude, bem como controladores das ações em todos os níveis;
(B) nos conselhos dos direitos da criança e do adolescente deve ser assegurada a participação popular paritária por meio de organizações representativas;
(C) é diretriz da política de atendimento à infância e juventude a manutenção de fundos nacional, estaduais e municipais vinculados aos respectivos conselhos dos direitos da criança e do adolescente;
(D) a função de membro do Conselho Nacional e dos Conselhos Estaduais e Municipais dos Direitos da Criança e do Adolescente é considerada de interesse público relevante e não será remunerada;
(E) as entidades de atendimento às crianças e adolescentes, exceto as governamentais, deverão proceder a inscrição de seus programas junto ao Conselho Municipal dos Direitos da Criança e do Adolescente.

A: correta (art. 88, II, do ECA); **B:** correta (art. 88, II, do ECA); **C:** correta (art. 88, IV, do ECA); **D:** correta (art. 89 do ECA); **E:** incorreta (art. 90, § 1º, do ECA).

Gabarito "E".

9. ACESSO À JUSTIÇA

(OAB/Exame Unificado – 2013.2) No que se refere aos procedimentos afetos à Justiça da Infância e da Juventude, inclusive os relativos à execução das medidas socioeducativas, assinale a afirmativa correta.

(A) Será adotado o sistema recursal do Código de Processo Civil.
(B) Em todos os recursos, salvo nos embargos de declaração, o prazo para o Ministério Público e para a defesa será sempre de 30 (trinta) dias.
(C) É exigido o preparo para a interposição dos recursos.
(D) Os recursos não terão preferência de julgamento, nem dispensarão revisor.

A: correta, pois reflete o disposto no art. 198 do ECA, cuja redação foi alterada pela Lei 12.594/2012; **B:** incorreta, visto que em desconformidade com o que dispõe o art. 198, II, do ECA, que estabelece o prazo de 10 (dez) dias para a interposição de recurso, exceção feita aos embargos de declaração (dispositivo também alterado por força da Lei 12.594/2012); **C:** incorreta. É do art. 198, I, do ECA que os recursos, no âmbito do procedimento afeto à Justiça da Infância e da Juventude, será interposto independentemente de preparo; **D:** incorreta, dado que o art. 198, III, do ECA estabelece que os recursos, neste caso, terão preferência de julgamento e dispensarão revisor.

Gabarito "A".

(OAB/Exame Unificado – 2011.2) Com nítida inspiração na doutrina da proteção integral, o ECA garantiu à criança e ao adolescente o mais amplo acesso à Justiça, como forma de viabilizar a efetivação de seus direitos, consagrou-lhes o acesso a todos os órgãos do Poder Judiciário, assim como lhes assegurou o acesso a órgãos que exercem funções essenciais à Justiça, como o Ministério Público e a Defensoria. Tendo em conta tal ampla proteção, assinale a alternativa correta.

(A) Na hipótese de colisão de interesses entre a criança ou adolescente e seus pais ou responsável, a autoridade judiciária lhes dará curador especial, o mesmo ocorrendo nas hipóteses de carência de representação ou assistência legal, ainda que eventual.
(B) Em obediência ao princípio da publicidade, é permitida a divulgação de atos judiciais e administrativos que digam respeito à autoria de ato infracional praticado por adolescente, podendo ser expedida certidão ou extraída cópia dos autos, independentemente da demonstração do interesse e justificativa acerca da finalidade. Tais fatos, no entanto, se noticiados pela imprensa escrita ou falada, devem conter apenas as iniciais do nome e sobrenome do menor, sendo vedadas as demais formas expositivas, como fotografia, referência ao nome, apelido, etc.
(C) A assistência judiciária gratuita será prestada aos que dela necessitarem por defensor público, sendo admitida a nomeação pelo juiz de advogado se o adolescente não tiver defensor, não podendo, posteriormente, o adolescente constituir outro de sua preferência.
(D) As custas e emolumentos nas ações de destituição do poder familiar, perda ou modificação da tutela deverão ser custeadas pela parte sucumbente ao final do processo.

A: assertiva correta, pois em consonância com o disposto no art. 142, parágrafo único, do ECA; **B:** assertiva incorreta, pois contraria o contido no art. 143 do ECA; **C:** assertiva incorreta, dado que é vedado ao juiz impedir que o adolescente, a quem foi nomeado defensor pelo magistrado, constitua, posteriormente, advogado de sua preferência; **D:** assertiva incorreta. Desde que não haja litigância de má-fé, as ações que envolvam crianças e adolescentes são, nos termos do art. 141, § 2º, do ECA, isentas de custas e emolumentos.

Gabarito "A".

(OAB/Exame Unificado – 2010.3) Com relação aos procedimentos para a perda e a suspensão do poder familiar regulados pelo Estatuto da Criança e do Adolescente, é correto afirmar que

(A) o procedimento para perda ou suspensão do poder familiar dispensa que os pais sejam ouvidos, mesmo se estes forem identificados e estiverem em local conhecido.

(B) o procedimento para perda ou suspensão do poder familiar terá início por provocação do Ministério Público ou de quem tenha legítimo interesse.

(C) em conformidade com a nova redação dada pela Lei 12.010, de 3 de agosto de 2009, o prazo máximo para a conclusão do procedimento de perda ou suspensão do poder familiar será de 180 (cento e oitenta) dias.

(D) a autoridade judiciária, ouvido o Ministério Público, poderá decretar liminar ou incidentalmente a suspensão do poder familiar, independentemente da gravidade do motivo.

A: incorreta (art. 161, § 4º, do ECA); **B:** correta (art. 155 do ECA); **C:** incorreta, pois o prazo máximo é de 120 dias (art. 163 do ECA); **D:** incorreta, pois a medida só pode ser tomada "havendo motivo grave" (art. 157 do ECA).

Gabarito "B"

10. INFRAÇÕES ADMINISTRATIVAS E CRIMES

(OAB/Exame Unificado – 2016.1) O adolescente F, 16 anos, filho de Pedro, foi surpreendido por seu pai enquanto falava pela internet com Fábio, 30 anos, que o induzia à prática de ato tipificado como infração penal. Pedro informou imediatamente o ocorrido à autoridade policial, que instaurou a persecução penal cabível.

No caso narrado, ao induzir o adolescente F à prática de ato tipificado como infração penal, a conduta de Fábio

(A) configura crime nos termos do ECA, ainda que realizada por meio eletrônico e que não venha a ser provada a corrupção do adolescente, por se tratar de delito formal.

(B) não configura crime nos termos do ECA, pois a mera indução sem a prática do ato pelo adolescente configura infração administrativa, já que se trata de delito material.

(C) configura infração penal, tipificada na Lei de Contravenções Penais, mas a materialidade do crime com a prova da corrupção do adolescente é imprescindível à condenação do réu em observância ao princípio do favor rei.

(D) não configura crime nos termos estabelecidos pelo ECA, posto que inexiste tipificação se o ato for praticado por meio eletrônico, não havendo de se aplicar analogia em *malam partem*.

A conduta de Fábio se amolda ao tipo penal do art. 244-B, § 1º, do ECA, já que induziu o adolescente F., de 16 anos, por meio da internet, à prática de ato infracional definido como infração penal. Cabem alguns esclarecimentos acerca deste crime: i) a corrupção de menores, antes prevista no art. 1º da Lei 2.252/1954, foi revogada pela Lei 12.015/2009, que introduziu esse crime, com redação idêntica, no art. 244-B do ECA; ii) o tipo penal é constituído por duas ações nucleares (tipo misto alternativo ou plurinuclear), a saber: corromper (perverter) ou facilitar a corrupção (faverecerfavorecer a corrupção, torná-la mais fácil, viabilizá-la). No mais, há, tanto na doutrina quanto na jurisprudência, duas correntes quanto ao momento consumativo do crime de corrupção de menores (art. 244-B do ECA). Para parte da doutrina e também para o STJ, o crime em questão é *formal*, consumando-se independentemente da efetiva corrupção da vítima. Nesse sentido: "(...) A Terceira Seção do controvérsia, pacificou seu entendimento no sentido de que o crime de corrupção de menores – antes previsto no art. 1º da Lei 2.252/1954, e hoje inscrito no art. 244-B do Estatuto da Criança e do Adolescente – é delito formal, não exigindo, para sua configuração, prova de que o inimputável tenha sido corrompido, bastando que tenha participado da prática delituosa" (AgRg no REsp 1371397/DF, 6ª T., j. 04.06.2013, rel. Min. Assusete Magalhães, *DJe* 17.06.2013). Consolidando tal entendimento, o STJ editou a Súmula 500, a seguir transcrita: "A configuração do crime previsto no art. 244-B do Estatuto da Criança e do Adolescente independe da prova da efetiva corrupção do menor, por se tratar de delito formal". Uma segunda corrente sustenta que o crime do art. 244-B do ECA é *material*, sendo imprescindível, à sua consumação, a ocorrência do resultado naturalístico, isto é, a efetiva corrupção do menor.

Gabarito "A"

(OAB/Exame Unificado – 2014.3) José, tutor da criança Z, soube que Juarez vem oferecendo recompensa àqueles que lhe entregam crianças ou adolescentes em caráter definitivo. Entusiasmado com a quantia oferecida, José promete entregar a criança exatamente dez dias após o início da negociação. José contou aos seus vizinhos que não queria mais "ter trabalho com o menino". Indignada, Marieta, vizinha de José, comunicou imediatamente o fato à autoridade policial, que conseguiu impedir a entrega da criança Z a Juarez.

Nesse caso, à luz do Estatuto da Criança e do Adolescente, assinale a afirmativa correta.

(A) A promessa de entrega de Z, por si só, já configura infração penal, do mesmo modo que o seria em caso de efetiva entrega da criança.

(B) Somente a efetiva entrega da criança mediante paga ou recompensa configuraria a prática de infração penal tanto para quem entrega quanto para quem oferece o valor pecuniário.

(C) Tratar-se-ia de infração penal somente se a criança Z fosse filho de José, sendo a figura do tutor atípica para esse tipo de infração penal, não se podendo aplicar analogia para a configuração de crime.

(D) Somente incorre na pena pela prática de infração penal o sujeito que oferece a paga ou recompensa, sendo atípica para o responsável legal a mera promessa de entrega da criança.

Por ter se comprometido com Juarez a entregar-lhe a criança Z, da qual é tutor, José incorreu na figura típica do art. 238 do ECA, na forma consumada. Isso porque o crime em questão é formal, alcançando a sua consumação com a mera prática da conduta consubstanciada em *prometer* entregar, que tem o sentido de obrigar-se a tal. Pouco importa, neste caso, se a promessa será ou não cumprida; na modalidade *efetivar* a entrega, que significa concretizar o ato, todavia, o crime é material. Trata-se de delito próprio, na medida em que impõe que seja praticado por determinadas pessoas, a saber: pais, tutor e o guardião.

Gabarito "A"

(OAB/Exame Unificado – 2014.2) O Hotel Botanic recebeu o casal de namorados Júlia e Matheus como hóspedes durante um feriado prolongado. Júlia tem 15 anos de idade e Matheus 18 anos, motivo pelo qual a adolescente foi admitida no estabelecimento, por estar acompanhada de uma pessoa maior de idade. Com base no caso apresentado, a partir do que dispõe o Estatuto da Criança e do Adolescente, assinale a opção correta.

(A) Trata-se de infração penal, motivo pelo qual, sem prejuízo da pena de multa aplicada ao estabelecimento, o funcionário responsável pela admissão da adolescente está sujeito à responsabilidade criminal pessoal.

(B) Trata-se de prática cotidiana sem implicações administrativas ou criminais previstas na norma especial, uma vez que a adolescente estava acompanhada de pessoa maior de idade que se torna responsável por ela.

(C) Trata-se de infração administrativa, sujeitando-se à aplicação de pena de multa, a hospedagem de adolescente desacompanhado dos pais, responsáveis, ou sem autorização escrita desses ou da autoridade judiciária.

(D) Trata-se de infração administrativa e penal, sujeitando-se o estabelecimento, por determinação da autoridade judiciária, a imediato fechamento por até quinze dias.

Cuida-se de infração administrativa (a conduta em questão não é definida como infração penal), conforme dispõe o art. 250 da Lei 8.069/1990 (Estatuto da Criança e do Adolescente): "Hospedar criança ou adolescente desacompanhado dos pais ou responsável, ou sem autorização escrita desses ou da autoridade judiciária, em hotel, pensão, motel ou congênere".

Gabarito "C"

(OAB/Exame Unificado – 2008.1) Com relação às infrações administrativas e aos crimes praticados contra crianças e adolescentes, assinale a opção correta de acordo com o ECA.

(A) O agente que produz ou dirige representação televisiva ou cinematográfica utilizando-se de criança ou adolescente em cena pornográfica ou de sexo explícito pratica crime, que deve ser objeto de ação penal pública incondicionada.

(B) O médico ou enfermeiro que deixa de identificar corretamente o neonato e a parturiente, por ocasião do parto, pratica crime, que só admite a modalidade dolosa e deve ser processado mediante ação penal pública condicionada à representação.

(C) O agente que submete criança ou adolescente sob sua autoridade, guarda ou vigilância a vexame ou a constrangimento comete infração administrativa.

(D) O professor ou responsável por estabelecimento de ensino que deixa de comunicar à autoridade competente os casos de que tenha conhecimento e que envolvam suspeita de maus-tratos contra criança ou adolescente pratica crime.

A: correta (arts. 227 e 240 do ECA); **B:** incorreta (arts. 227 e 229 do ECA); **C:** incorreta (art. 232 do ECA); **D:** incorreta (art. 245 do ECA).

Gabarito "A"

(FGV – 2005) De acordo com o Estatuto da Criança e do Adolescente, é correto afirmar que:

(A) somente é ato infracional a conduta descrita como crime.

(B) são idênticas as medidas legais previstas para os atos infracionais praticados por crianças e adolescentes.

(C) apenas fotografar, sem a publicação, cena de sexo explícito envolvendo adolescente não é crime.

(D) entregar gratuitamente a adolescente fogos de estampido é sempre crime.

(E) é crime o ato de deixar o médico, enfermeiro ou dirigente de estabelecimento de atenção à saúde de gestante, de identificar corretamente o neonato e a parturiente por ocasião do parto.

A: incorreta, pois também é ato infracional a conduta descrita como *contravenção penal* (art. 103 do ECA); **B:** incorreta, pois o ato infracional cometido por *criança* dá ensejo às medidas do art. 101 do ECA ("Medidas Específicas de Proteção"), ao passo que o ato infracional cometido por *adolescente* dá ensejo às medidas previstas no art. 112 do ECA ("Medidas Socioeducativas"); **C:** incorreta (art. 240 do ECA); **D:** incorreta (art. 244 do ECA); **E:** correta (art. 229 do ECA).

Gabarito "E"

14. DIREITO PENAL

Eduardo Dompieri[1]

1. CONCEITO, FONTES E PRINCÍPIOS DO DIREITO PENAL

(OAB/Exame Unificado – 2014.3) Pedro Paulo, primário e de bons antecedentes, foi denunciado pelo crime de descaminho (Art. 334, *caput*, do Código Penal), pelo transporte de mercadorias procedentes do Paraguai e desacompanhadas de documentação comprobatória de sua importação regular, no valor de R$ 3.500,00, conforme atestam o Auto de Infração e o Termo de Apreensão e Guarda Fiscal, bem como o Laudo de Exame Merceológico, elaborado pelo Instituo Nacional de Criminalística.

Em defesa de Pedro Paulo, segundo entendimento dos Tribunais Superiores, é possível alegar a aplicação do

(A) princípio da proporcionalidade.

(B) princípio da culpabilidade.

(C) princípio da adequação social.

(D) princípio da insignificância ou da bagatela.

Está correta a alternativa "D", já que os tribunais vêm entendendo, de forma pacífica, que o princípio da insignificância ou bagatela tem incidência no crime de descaminho. A divergência diz respeito ao limite do valor do tributo não pago. Para o STJ, tem prevalecido o posicionamento segundo o qual deve ser considerado o valor de R$ 10.000,00, previsto no art. 20 da Lei 10.522/2002; já para o STF, que considera, como critério, o limite estabelecido na Portaria 75/2012, o valor é de 20.000,00. De uma forma ou de outra, a questão refere-se, de fato, ao princípio da insignificância, já que o valor sonegado, pelo enunciado, é da ordem de R$ 3.500,00. Conferir, nesse sentido, decisão da nossa Corte Suprema: "(...) O reconhecimento da insignificância penal da conduta, com relação ao crime de descaminho, pressupõe a demonstração inequívoca de que o montante dos tributos suprimidos não ultrapassa o valor de R$ 20.000,00 (vinte mil reais) (...)" (HC 126746 AgR, relator Min. Roberto Barroso, Primeira Turma, julgado em 14/04/2015).

Gabarito "D"

(OAB/Exame Unificado – 2014.2) O Presidente da República, diante da nova onda de protestos, decide, por meio de medida provisória, criar um novo tipo penal para coibir os atos de vandalismo. A medida provisória foi convertida em lei, sem impugnações. Com base nos dados fornecidos, assinale a opção correta.

(A) Não há ofensa ao princípio da reserva legal na criação de tipos penais por meio de medida provisória, quando convertida em lei.

(B) Não há ofensa ao princípio da reserva legal na criação de tipos penais por meio de medida provisória, pois houve avaliação prévia do Congresso Nacional.

(C) Há ofensa ao princípio da reserva legal, pois não é possível a criação de tipos penais por meio de medida provisória.

(D) Há ofensa ao princípio da reserva legal, pois não cabe ao Presidente da República a iniciativa de lei em matéria penal.

O *princípio da legalidade*, *estrita legalidade* ou *reserva legal* (arts. 1º do CP e 5º, XXXIX, da CF) estabelece que os tipos penais só podem ser concebidos por lei em sentido estrito, ficando afastada, assim, a possibilidade de a lei penal ser criada por outras formas legislativas que não a lei em sentido formal, como, por exemplo, a *medida provisória* (art. 62, § 1º, I, *b*, da CF). Correta, portanto, a assertiva "C". No mais, em relação à proposição "D", embora esteja correto o seu trecho inicial, em que se afirma que há ofensa ao princípio da reserva legal a criação de tipos penais por meio de medida provisória, está incorreta, no entanto, a parte em que se afirma que o presidente da República não dispõe do poder de iniciativa em matéria penal; em conformidade com a regra presente no art. 61, *caput*, da CF, a iniciativa das leis ordinárias cabe ao presidente da República, inclusive.

Gabarito "C"

(OAB/Exame Unificado – 2013.2) O Art. 33 da Lei 11.343/2006 (Lei Antidrogas) diz: *"Importar, exportar, remeter, preparar, produzir, fabricar, adquirir, vender, expor à venda, oferecer, ter em depósito, transportar, trazer consigo, guardar, prescrever, ministrar, entregar a consumo ou fornecer drogas, ainda que gratuitamente, sem autorização ou em desacordo com determinação legal ou regulamentar. Pena – reclusão de 5 (cinco) a 15 (quinze) anos e pagamento de 500 (quinhentos) a 1.500 (mil e quinhentos) dias-multa."*

Analisando o dispositivo acima, pode-se perceber que nele não estão inseridas as espécies de drogas não autorizadas ou que se encontram em desacordo com determinação legal ou regulamentar.

Dessa forma, é correto afirmar que se trata de uma norma penal

(A) em branco homogênea.

(B) em branco heterogênea.

(C) incompleta (ou secundariamente remetida).

(D) em branco inversa (ou ao avesso).

Norma penal em branco é aquela cujo preceito primário, porque incompleto, necessita ser integralizado por outra norma, do mesmo nível ou de nível diferente. Na hipótese retratada no enunciado (tráfico de drogas), está-se a falar da chamada *norma penal em branco heterogênea* (em sentido estrito), na medida em que o seu complemento deve ser extraído de uma norma infralegal (portaria da Anvisa). De outro lado, *norma penal em branco em sentido lato* ou *amplo* (ou homogênea) é aquela em que a norma complementar consiste numa *lei* (mesma fonte legislativa da norma que há de ser complementada). É bom que se diga que a norma penal em branco não fere o postulado da reserva legal (legalidade), visto que o seu complemento pode ser encontrado em outra fonte, de todos conhecida.

Gabarito "B"

1. Os comentários das questões do Exame Unificado 2010.1 foram feitos pela própria organizadora da prova.

(OAB/Exame Unificado – 2012.2) Em relação ao princípio da insignificância, assinale a afirmativa correta.

(A) O princípio da insignificância funciona como causa de exclusão da culpabilidade. A conduta do agente, embora típica e ilícita, não é culpável.
(B) A mínima ofensividade da conduta, a ausência de periculosidade social da ação, o reduzido grau de reprovabilidade do comportamento e a inexpressividade da lesão jurídica constituem, para o Supremo Tribunal Federal, requisitos de ordem objetiva autorizadores da aplicação do princípio da insignificância.
(C) A jurisprudência predominante dos tribunais superiores é acorde em admitir a aplicação do princípio da insignificância em crimes praticados com emprego de violência ou grave ameaça à pessoa (a exemplo do roubo).
(D) O princípio da insignificância funciona como causa de diminuição de pena.

A: incorreta, pois o *princípio da insignificância* funciona como *causa supralegal de exclusão da tipicidade* (material), atuando como instrumento de interpretação restritiva do tipo penal. Nesse sentido: STJ, REsp. 1171091-MG, 5ª T., rel. Min. Arnaldo Esteves Lima, 16.03.10; **B:** assertiva correta. Segundo entendimento jurisprudencial consagrado, são requisitos necessários ao reconhecimento do princípio da insignificância: mínima ofensividade da conduta; nenhuma periculosidade social da ação; reduzido grau de reprovabilidade do comportamento; e inexpressividade da lesão jurídica provocada (STF, HC 98.152-MG, 2ª T., rel. Min. Celso de Mello, 19.05.2009); **C:** incorreta. É firme a jurisprudência dos tribunais superiores no sentido de que é inaplicável o princípio da insignificância nas hipóteses de cometimento de crime de roubo, ainda que se trate de valor ínfimo. Isso porque, por se tratar de delito complexo, o roubo atinge, além do patrimônio, a integridade física e a liberdade da vítima. Nesse sentido: Informativos 567 e 595 do STF. **D:** incorreta. Funciona, como já dito, como causa de exclusão da tipicidade material. É dizer, uma vez reconhecido, de rigor a exclusão da tipicidade.

Gabarito "B".

(OAB/Exame Unificado – 2011.3.B) Acerca dos princípios que limitam e informam o Direito Penal, assinale a afirmativa correta.

(A) O princípio da insignificância diz respeito aos comportamentos aceitos no meio social.
(B) A conduta da mãe que autoriza determinada enfermeira da maternidade a furar a orelha de sua filha recém-nascida não configura crime de lesão corporal por conta do princípio da adequação social.
(C) O princípio da legalidade não se aplica às medidas de segurança, que não possuem natureza de pena, tanto que somente quanto a elas se refere o art. 1º do Código Penal.
(D) O princípio da lesividade impõe que a responsabilidade penal seja exclusivamente subjetiva, ou seja, a conduta penalmente relevante deve ter sido praticada com consciência e vontade ou, ao menos, com a inobservância de um dever objetivo de cuidado.

A: incorreta, visto que a assertiva traz o conceito do princípio da adequação social, e não da insignificância; **B:** correta, já que a proposição contempla, de fato, o princípio da adequação social, segundo o qual não se pode reputar criminosa a conduta tolerada pela sociedade, ainda que corresponda a uma descrição típica. É dizer, embora formalmente típica, porque subsumida num tipo penal, carece de tipicidade material, porquanto em sintonia com a realidade social em vigor. A sociedade se mostra, nessas hipóteses, indiferente ante a prática da conduta, como é o caso da tatuagem. Também são exemplos: a circuncisão praticada na religião judaica; o furo na orelha para colocação de brinco etc. Pelo postulado da insignificância, ao qual faz menção o enunciado, não pode ser considerada típica a conduta causadora de lesão insignificante ao bem jurídico tutelado pela norma penal; **C:** incorreta. As medidas de segurança – *internação* e *tratamento ambulatorial* -, previstas no art. 96, I e II, do CP, devem, sim, obediência ao *princípio da legalidade*. A esse respeito, *vide*: STF, 1ª T., HC 84.219/SP, Rel. Min. Marco Aurélio, j. 16.08.2005; **D:** incorreto. O enunciado descreve o *princípio da culpabilidade* ou da *responsabilidade subjetiva*, para o qual ninguém pode ser punido se não houver agido com dolo ou culpa, sendo vedada, portanto, em direito penal, a responsabilidade objetiva.

Gabarito "B".

(OAB/Exame Unificado – 2011.2) Jefferson, segurança da mais famosa rede de supermercados do Brasil, percebeu que João escondera em suas vestes três sabonetes, de valor aproximado de R$ 12,00 (doze reais). Ao tentar sair do estabelecimento, entretanto, João é preso em flagrante delito pelo segurança, que chama a polícia.

A esse respeito, assinale a alternativa correta.

(A) Embora sua conduta constitua crime, João deverá ser absolvido, uma vez que a prisão em flagrante é nula, por ter sido realizada por um segurança particular.
(B) A conduta de João não constitui crime, uma vez que o fato é materialmente atípico.
(C) A conduta de João constitui crime, uma vez que se enquadra no artigo 155 do Código Penal, não estando presente nenhuma das causas de exclusão de ilicitude ou culpabilidade, razão pela qual este deverá ser condenado.
(D) A conduta de João não constitui crime, uma vez que este agiu em estado de necessidade.

A: incorreto. O fato de a prisão em flagrante ter-se efetuado por pessoa não pertencente aos quadros das forças policiais não gera sua nulidade. Com efeito, o art. 301 do CPP contempla duas modalidades de prisão em flagrante: *flagrante facultativo*, quando realizado por qualquer pessoa do povo; e *flagrante obrigatório* ou *compulsório*, quando realizado pela autoridade policial e seus agentes, aos quais – daí a denominação – a lei impõe o dever de prender quem quer que se encontre em situação de flagrante; **B:** assertiva correta, já que a conduta praticada por João, a despeito de se ajustar ao tipo penal do furto (tipicidade formal), é desprovida de tipicidade material, porquanto de ínfima relevância a lesão produzida (R$ 12,00). É hipótese de incidência do princípio da insignificância (crime de bagatela), que constitui causa supralegal de exclusão da tipicidade material; **C:** incorreto. A conduta de João não constitui crime, pois ausente, como já mencionado, a tipicidade material; **D:** incorreto. O furto de sabonetes, ainda que de valor irrelevante para o Direito Penal, não caracteriza estado de necessidade.

Gabarito "B".

(OAB/Exame Unificado – 2008.2) Assinale a opção correta com base nos princípios de direito penal na CF.

(A) O princípio básico que orienta a construção do direito penal é o da intranscendência da pena, resumido na fórmula *nullum crimen, nulla poena, sine lege.*
(B) Segundo a CF, é proibida a retroação de leis penais, ainda que estas sejam mais favoráveis ao acusado.
(C) Nenhuma pena passará da pessoa do condenado, podendo a obrigação de reparar o dano e a decretação de perdimento de bens ser, nos termos da lei, estendidas até os sucessores e contra eles executadas, mesmo que ultrapassem o limite do valor do patrimônio transferido.

(D) O princípio da humanidade veda as penas de morte, salvo em caso de guerra declarada, bem como as de caráter perpétuo, de trabalhos forçados, de banimento e as cruéis.

A: incorreto. A fórmula corresponde ao *princípio da legalidade*, contido nos arts. 5º, XXXIX, da CF e 1º do CP; **B:** incorreto. O art. 5º, XL, da CF estabelece uma exceção à não retroatividade da lei penal, ao autorizar que esta projete seus efeitos para o passado para beneficiar o réu; **C:** incorreto. A assertiva corresponde ao princípio da pessoalidade ou personalidade ou da responsabilidade pessoal, segundo o qual a pena não pode passar da pessoa do delinquente; podem, entretanto, a obrigação de reparar o dano e a decretação de perdimento de bens ser, nos termos da lei, estendidas aos sucessores e contra eles executadas até o limite do valor do patrimônio transferido (art. 5º, XLV, CF); **D:** correto (art. 5º, XLVII, da CF). Pelo *princípio da humanidade*, incumbe ao Estado o dever de assegurar aos condenados tratamento digno e respeitoso (art. 5º, XLIX, CF).

Gabarito "D"

(OAB/Exame Unificado – 2006.3) Relativamente à jurisprudência do STJ e do STF, assinale a opção incorreta.

(A) Segundo o princípio da legalidade, a elaboração das normas incriminadoras e das respectivas sanções constitui função exclusiva da lei.

(B) O sistema constitucional brasileiro autoriza que se apliquem leis penais supervenientes mais gravosas a fatos delituosos cometidos em momento anterior ao da edição da *lex gravior*.

(C) O Estatuto do Desarmamento, ao estabelecer o prazo de 180 dias para que os possuidores e proprietários de armas de fogo sem registro regularizassem a situação ou as entregassem à Polícia Federal, criou uma situação peculiar, pois, durante esse período, a conduta de possuir arma de fogo deixou de ser considerada típica.

(D) A missão do direito penal moderno consiste em tutelar os bens jurídicos mais relevantes. Em decorrência disso, a intervenção penal deve ter o caráter fragmentário, protegendo apenas os bens jurídicos mais importantes e em caso de lesões de maior gravidade.

A: correto. Arts. 5º, XXXIX, da CF e 1º do CP: somente por lei, na sua acepção formal, podem ser criadas condutas criminosas e estabelecidas as respectivas sanções; **B:** assertiva incorreta (devendo ser assinalada), visto que somente retroagirá a lei penal mais benéfica ao acusado; sendo-lhe prejudicial (*lex gravior*), não poderá projetar seus efeitos para o passado e reger fatos anteriores à sua entrada em vigor – art. 5º, XL, da CF; **C:** correto (art. 32 da Lei 10.826/2003). Importante que se diga que a redação atual do mencionado dispositivo, conferida pela Lei n. 11.706/2008, estabelece que a entrega de arma de fogo, pelo possuidor ou proprietário, dentro do prazo fixado no art. 30 do Estatuto do Desarmamento, levará à extinção da punibilidade em relação à posse irregular da referida arma; **D:** correto. Pelo *princípio da fragmentariedade*, a lei penal constitui, por força do postulado da intervenção mínima, uma pequena parcela (fragmento) do ordenamento jurídico. Isso porque somente se deve lançar mão desse ramo do direito diante da ineficácia ou inexistência de outros instrumentos de controle social menos traumáticos (subsidiariedade).

Gabarito "B"

(OAB/Exame Unificado – 2006.2) É cediço que a pena não pode passar da pessoa do condenado. Esse entendimento corresponde ao princípio da

(A) necessidade concreta da pena.

(B) intranscendência.

(C) suficiência.

(D) proporcionalidade.

Também denominado *princípio da personalidade* ou *da responsabilidade pessoal*, está inserido no art. 5º, XLV, da CF. De se ver que o mesmo dispositivo assegura ao ofendido indenização civil e confere ao Estado a possibilidade de confiscar o produto do crime, obrigações que podem ser estendidas aos sucessores do agente, até o limite do valor do patrimônio transferido.

Gabarito "B"

(OAB/Exame Unificado – 2006.3) O princípio da insignificância considera necessária, na aferição do relevo material da tipicidade penal, a presença de certos vetores, entre os quais não se inclui

(A) A mínima ofensividade da conduta do agente.

(B) Nenhuma periculosidade social da ação.

(C) Reduzidíssimo grau de reprovabilidade do comportamento.

(D) Expressividade da lesão jurídica provocada.

Conforme entendimento sedimentado na jurisprudência, o reconhecimento do crime de bagatela (*princípio da insignificância)* está condicionado à observância de alguns vetores, entre os quais a *inexpressividade da lesão jurídica provocada*. Além desse, devem também estar presentes *a mínima ofensividade da conduta*; *a nenhuma periculosidade social da ação*; e *o reduzidíssimo grau de reprovabilidade do comportamento*.

Gabarito "D"

(FGV – 2013) Com relação *ao princípio da legalidade*, assinale a afirmativa **incorreta**.

(A) Tal princípio se aplica às contravenções e medida de segurança.

(B) Tal princípio impede a criação de crimes por meio de medida provisória.

(C) Tal princípio impede incriminação genérica por meio de tipos imprecisos.

(D) Tal princípio impede a aplicação de analogia de qualquer forma no Direito Penal.

(E) Tal princípio está previsto no texto constitucional vigente.

A: correta. De fato, as medidas de segurança – *internação* e *tratamento ambulatorial* –, previstas no art. 96, I e II, do CP, bem assim as contravenções penais devem obediência ao *princípio da legalidade*. A esse respeito, vide: STF, 1ª T., HC 84.219/SP, Rel. Min. Marco Aurélio, j. 16.8.2005; **B:** correta. O princípio da legalidade, consagrado nos arts. 1º do CP e 5º, XXXIX, da CF, estabelece que os tipos penais incriminadores só podem ser concebidos por lei em sentido estrito, ficando afastada, assim, a possibilidade de a lei penal ser criada por outras formas legislativas que não a lei em sentido formal, como, por exemplo, a *medida provisória* (art. 62, § 1º, I, *b*, da CF); **C:** correta. *O princípio da taxatividade*, que constitui um desdobramento do postulado da legalidade, impõe ao legislador o dever de descrever as condutas típicas de maneira pormenorizada e clara, de forma a não deixar dúvidas por parte do aplicador da norma; **D:** incorreta, já que, em matéria penal, é permitido o emprego de analogia *in bonam partem* (em favor do réu), sendo vedada, pois, a sua aplicação em prejuízo do agente, em obediência ao princípio da legalidade ou tipicidade; **E:** correta (art. 5º, XXXIX, da CF).

Gabarito "D"

(FGV – 2010) Quando o Supremo Tribunal Federal editou a Súmula Vinculante nº 11 "Só é lícito o uso de algemas em casos de resistência e de fundado receio de fuga ou de perigo à integridade física própria ou alheia, por parte do preso ou de terceiros, justificada a excepcionalidade por escrito, sob pena de responsabilidade disciplinar, civil e penal do agente ou da autoridade e de nulidade da prisão ou do ato processual a que se refere, sem prejuízo da responsabilidade civil do Estado", o fez com base na interpretação de determinados princípios constitucionais do direito penal. Assinale qual das alternativas a seguir contém um princípio que não foi utilizado como fundamento dessa decisão.

(A) "*A República Federativa do Brasil, formada pela união indissolúvel dos Estados e Municípios e do Distrito Federal, constitui-se em Estado Democrático de Direito e tem como fundamentos* (...) *a dignidade da pessoa humana*" (art. 1º, III, CF).

(B) "*Ninguém será privado da liberdade ou de seus bens sem o devido processo legal*" (art. 5º, LIV, CF).

(C) "*São invioláveis a intimidade, a vida privada, a honra e a imagem das pessoas, assegurado o direito a indenização pelo dano material ou moral decorrente de sua violação*" (art. 5º, X, CF).

(D) "*É assegurado aos presos o respeito à integridade física e moral*" (art. 5º, XLIX, CF).

(E) "*Ninguém será submetido a tortura nem a tratamento desumano ou degradante*" (art. 5º, III, CF).

A Súmula Vinculante nº 11 de fato não teve como princípio informador o do *devido processo legal*, que consiste em garantir à pessoa o direito de não ser tolhida de sua liberdade e de seus bens sem um processo desenvolvido na forma prescrita na lei; os demais princípios, estes contidos nas demais alternativas, serviram de base para a edição da Súmula em questão.

Gabarito "B"

(FGV – 2010) Assinale a alternativa que apresente uma garantia judicial constante da Convenção Americana sobre Direitos Humanos (pacto de San José da Costa Rica) que não possua correspondente expresso na Constituição de 1988.

(A) Toda pessoa acusada de delito tem direito a que se presuma sua inocência enquanto não se comprove legalmente sua culpa.

(B) Toda pessoa acusada de delito tem direito de não ser obrigado a depor contra si mesma, nem a declarar-se culpada.

(C) Toda pessoa acusada de delito tem direito de recorrer da sentença a juiz ou tribunal superior.

(D) O processo penal deve ser público, salvo no que for necessário para preservar os interesses da justiça.

(E) Se depois da perpetração do delito a lei previr a imposição de pena mais leve, o delinquente será por isso beneficiado.

A: incorreto (art. 5º, LVII, da CF – presunção de inocência); **B:** incorreto (art. 5º, LXIII, da CF – direito ao silêncio); **C:** correto. A garantia do *duplo grau de jurisdição* de fato não está contemplada de forma expressa no texto da Constituição. Ela decorre, no entanto, da estrutura que ela, Constituição Federal, atribui ao Poder Judiciário; **D:** incorreto (arts. 5º, LX, e 93, IX, da CF – publicidade); **E:** incorreto (art. 5º, XL, da CF – retroatividade benéfica).

Gabarito "C"

(FGV – 2010) Com relação aos princípios constitucionais de Direito Penal, examine as seguintes afirmativas:

I. reza o princípio da reserva legal que não há crime sem lei anterior que o defina, nem pena sem prévia cominação legal.

II. de acordo com o princípio da irretroatividade, a lei penal não retroagirá, salvo disposição expressa em lei.

III. segundo o princípio da pessoalidade, nenhuma pena passará da pessoa do condenado, podendo a obrigação de reparar o dano e a decretação do perdimento de bens ser, nos termos da lei, estendidas aos sucessores e contra eles executadas, independentemente do limite do valor do patrimônio transferido.

Assinale:

(A) se todas as afirmativas estiverem corretas.

(B) se somente a afirmativa III estiver correta.

(C) se somente as afirmativas I e II estiverem corretas.

(D) se somente a afirmativa I estiver correta.

(E) se somente as afirmativas II e III estiverem corretas.

I: correto. O *princípio da legalidade* ou da *reserva legal*, contido nos arts. 5º, XXXIX, da CF e art. 1º do CP, preconiza que os tipos penais só podem ser criados por lei em sentido formal. É defeso ao legislador, pois, lançar mão de outros expedientes legislativos para veicular matéria penal. Alguns doutrinadores consideram o *princípio da legalidade* gênero, do qual são espécies os postulados *da reserva legal* e da anterioridade; **II:** incorreto. O art. 5º, XL, da CF estabelece uma exceção à irretroatividade da lei penal, que é a chamada retroatividade benéfica. É dizer: a lei somente projetará seus efeitos para o passado se puder ser considerada, em relação à norma revogada, mais vantajosa ao réu. Dessa forma, está incorreta esta proposição, na medida em que a retroatividade, pelas razões já explicitadas, não depende de previsão expressa nesse sentido; **III:** incorreto. A primeira parte do art. 5º, XLV, da CF abriga o chamado princípio da personalidade ou da responsabilidade pessoal: "*nenhuma pena passará da pessoa do condenado* (...)". O mesmo dispositivo estabelece, na sua parte final, que a obrigação de reparar o dano e a decretação do perdimento de bens serão estendidas aos sucessores e contra eles executadas, até o limite do patrimônio transferido. A regra constitucional, portanto, como é possível notar, impõe limites à obrigação dos sucessores do agente. É aqui que reside o erro da assertiva.

Gabarito "D"

(FGV – 2009) Relativamente aos princípios de direito penal, analise as afirmativas a seguir.

I. Os crimes praticados na vigência de leis temporárias, quando criadas por estas, não se sujeitam a *abolitio criminis* em razão do término de sua vigência.

II. Considera-se praticado o crime no lugar em que ocorreu a ação ou omissão, no todo ou em parte, bem como onde se produziu ou deveria produzir-se o resultado. Considera-se praticado o crime no momento da ação ou omissão, ainda que outro seja o momento do resultado.

III. A pena será cumprida em estabelecimentos distintos, de acordo com a natureza do delito, a idade e o sexo do apenado, sendo asseguradas às presidiárias condições para que possam permanecer com seus filhos durante o período de amamentação.

Assinale:

(A) se nenhuma afirmativa estiver correta.

(B) se somente as afirmativas I e II estiverem corretas.

(C) se somente as afirmativas I e III estiverem corretas.

(D) se somente as afirmativas II e III estiverem corretas.

(E) se todas as afirmativas estiverem corretas.

I: correto. Na dicção do art. 3º do CP, as *leis temporárias*, editadas para vigorar por tempo determinado, aplicam-se aos fatos ocorridos durante a sua vigência, ainda que findo o período de sua duração; **II:** correto. No que tange ao *lugar do crime*, adotamos a *teoria mista* ou *da ubiquidade*, consagrada no art. 6º do CP, sendo considerado lugar do crime tanto o da conduta quanto o do resultado. Cuidado: o Código de Processo Penal, diferentemente, adotou, como critério para fixação da competência, o foro do lugar da consumação do crime, conforme prescreve o art. 70 do CPP. No que diz respeito ao *tempo do crime*, reputa-se praticada a infração penal no momento da ação ou omissão, ainda que outro seja o do resultado. É a chamada *teoria da ação* ou *atividade*, presente no art. 4º do CP; **III:** correto (art. 5º, XLVIII e L, da CF). *Vide* também arts. 82 e seguintes da Lei 7.210/1984 (Lei de Execução Penal).

Gabarito "E".

(FGV – 2008) Relativamente aos princípios de direito penal, assinale afirmativa incorreta.

(A) Não há crime sem lei anterior que o defina.
(B) Não há pena sem prévia cominação legal.
(C) Crimes hediondos não estão sujeitos ao princípio da anterioridade da lei penal.
(D) Ninguém pode ser punido por fato que a lei posterior deixa de considerar crime.
(E) A lei posterior que de qualquer modo favorece o agente aplica-se aos casos anteriores.

A: correto. Os arts. 5º, XXXIX, da CF e 1º do CP consagram o *princípio da legalidade*, que parte da doutrina subdivide em *reserva legal* e *anterioridade*, este último entendido como o postulado segundo o qual a lei penal, para ter incidência, deve ser anterior ao fato, isto é, o agente só será responsabilizado se, à época em que praticou a conduta, já vigia a lei que incriminava seu comportamento; **B:** correto (art. 1º do CP e art. 5º, XXXIX, da CF); **C:** incorreto (devendo ser assinalado). O *princípio da anterioridade penal* tem incidência, sim, nos crimes hediondos; **D:** correto. É o fenômeno denominado *abolitio criminis* (art. 2º, *caput*, do CP), em que a lei posterior deixa de considerar crime fato que antes era tipificado como tal; **E:** correto (art. 2º, parágrafo único, do CP).

Gabarito "C".

(FGV – 2008) Em matéria de princípios constitucionais de Direito Penal, é correto afirmar que:

(A) a lei penal não retroagirá mesmo que seja para beneficiar o réu.
(B) a prática de racismo não é considerada crime, salvo se a vítima for detentor de função pública
(C) os presos têm assegurado o respeito à sua integridade física, mas não à integridade moral.
(D) a Constituição não autoriza a criação de penas de trabalhos forçados.
(E) as penas privativas de liberdade poderão ser impostas aos sucessores do condenado.

A: incorreto. A teor do disposto nos arts. 5º, XL, da CF e 2º do CP, a lei penal não retroagirá, a não ser que seja para favorecer o réu; **B:** incorreto (art. 5º, XLII, da CF e Lei 7.716/1989); **C:** incorreto (art. 5º, XLIX, da CF); **D:** correto (art. 5º, XLVII, *c*, da CF); **E:** incorreto (art. 5º, XLV, da CF).

Gabarito "D".

2. APLICAÇÃO DA LEI NO TEMPO

(OAB/Exame Unificado – 2016.1) Em razão do aumento do número de crimes de dano qualificado contra o patrimônio da União (pena: detenção de 6 meses a 3 anos e multa), foi editada uma lei que passou a prever que, entre 20 de agosto de 2015 e 31 de dezembro de 2015, tal delito (Art. 163, parágrafo único, inciso III, do Código Penal) passaria a ter pena de 2 a 5 anos de detenção. João, em 20 de dezembro de 2015, destrói dolosamente um bem de propriedade da União, razão pela qual foi denunciado, em 8 de janeiro de 2016, como incurso nas sanções do Art. 163, parágrafo único, inciso III, do Código Penal.

Considerando a hipótese narrada, no momento do julgamento, em março de 2016, deverá ser considerada, em caso de condenação, a pena de

(A) 6 meses a 3 anos de detenção, pois a Constituição prevê o princípio da retroatividade da lei penal mais benéfica ao réu.
(B) 2 a 5 anos de detenção, pois a lei temporária tem ultratividade gravosa.
(C) 6 meses a 3 anos de detenção, pois aplica-se o princípio do *tempus regit actum* (tempo rege o ato).
(D) 2 a 5 anos de detenção, pois a lei excepcional tem ultratividade gravosa.

A *lei temporária*, ainda que transcorrido o prazo de vigência nela estabelecido, será aplicada ao fato praticado durante a sua vigência, conforme reza o art. 3º do CP. É bem isso que se deu no fato narrado no enunciado. Como João praticou o crime de dano durante o período de vigência da lei que estabeleceu, para esse crime, pena mais grave, o fato será regido por ela, mesmo depois de transcorrido o período de vigência da lei. É que as leis de vigência temporária (tanto as temporárias quanto as excepcionais) são *ultra-ativas* e *autorrevogáveis*. Quer-se com isso dizer que tudo o que ocorrer na vigência de uma lei temporária ou excepcional será por ela regido, mesmo que não mais esteja em vigor, pois, se assim não fosse, nenhuma eficácia teria. Não se aplica às leis de vigência temporária, assim, o princípio da retroatividade benéfica.

Gabarito "B".

(OAB/Exame Unificado – 2014.1) Considere que determinado agente tenha em depósito, durante o período de um ano, 300 kg de cocaína. Considere também que, durante o referido período, tenha entrado em vigor uma nova lei elevando a pena relativa ao crime de tráfico de entorpecentes.

Sobre o caso sugerido, levando em conta o entendimento do Supremo Tribunal Federal sobre o tema, assinale a afirmativa correta.

(A) Deve ser aplicada a lei mais benéfica ao agente, qual seja, aquela que já estava em vigor quando o agente passou a ter a droga em depósito.
(B) Deve ser aplicada a lei mais severa, qual seja, aquela que passou a vigorar durante o período em que o agente ainda estava com a droga em depósito.
(C) As duas leis podem ser aplicadas, pois ao magistrado é permitido fazer a combinação das leis sempre que essa atitude puder beneficiar o réu.
(D) O magistrado poderá aplicar o critério do caso concreto, perguntando ao réu qual lei ele pretende que lhe seja aplicada por ser, no seu caso, mais benéfica.

Por se tratar de crime permanente, em que a consumação se prolonga no tempo por vontade do agente, a sucessão de leis penais no tempo enseja a aplicação da lei vigente enquanto não cessado o comportamento ilícito, ainda que se trate de lei mais gravosa. É esse o entendimento firmado na Súmula n. 711 do STF: "A lei penal mais grave aplica-se ao crime continuado ou ao crime permanente, se a sua vigência é anterior à cessação da continuidade ou permanência". No que toca à viabilidade de o magistrado, no caso narrado no enunciado, proceder à combinação das duas leis, o STJ, consolidando o entendimento segundo o qual é vedada tal combinação, editou a Súmula 501, que, embora se refira ao crime de tráfico, também terá incidência no âmbito de outros delitos: "É cabível a aplicação retroativa da Lei 11.343/2006, desde que o resultado da incidência das suas disposições, na íntegra, seja mais favorável ao réu do que o advindo da aplicação da Lei 6.368/1976, sendo vedada a combinação de leis".

Gabarito "B".

(OAB/Exame Unificado – 2012.3.B) No curso de um delito de sequestro, em que a vítima ainda se encontrava privada de sua liberdade, sobreveio nova lei penal aumentando a pena prevista no preceito secundário do tipo penal descrito no Art. 148 do CP.

Nesse caso, atento (a) ao entendimento dos Tribunais Superiores acerca do tema, assinale a afirmativa correta.

(A) Aplica-se a lei penal mais grave, ou seja, aquela cuja entrada em vigor se deu no curso do delito.

(B) Aplica-se a lei penal mais benéfica, pois a lei penal não retroage, salvo em benefício do réu.

(C) Aplica-se a lei penal mais benéfica, com base na teoria da atividade, a qual impõe ser aplicável a lei penal vigente à época da ação/omissão, ainda que outro seja o momento do resultado.

(D) Aplica-se, eventualmente, as duas leis combinadas, caso tal conduta importe em benefício para o agente.

Segundo entendimento firmado na Súmula n. 711 do STF, "A lei penal mais grave aplica-se ao crime continuado ou ao crime permanente, se a sua vigência é anterior à cessação da continuidade ou da permanência". Cabe relembrar que *crime permanente* é aquele cuja consumação se protrai no tempo por vontade do agente. Exemplo sempre lembrado pela doutrina é o crime de *sequestro e cárcere privado*, capitulado no art. 148 do CP, em que a consumação se opera no momento em que a vítima é privada de sua liberdade. Essa consumação, que teve início com a privação da liberdade da vítima, prolongar-se-á no tempo.

Gabarito "A"

(OAB/Exame Unificado – 2012.3.B) Determinado estado, membro da Federação, editou lei excepcional em 1º de março de 2011, criminalizando a conduta de utilizar telefone celular no interior de agências bancárias.

Com base no fato relatado, assinale a afirmativa correta.

(A) Não será aplicada ao fato praticado durante sua vigência, cessadas as circunstâncias que a determinaram.

(B) É inconstitucional por força do princípio da culpabilidade.

(C) É inconstitucional porque somente a União pode legislar em matéria de direito penal.

(D) Poderá retroagir para alcançar fatos anteriores é sua vigência por força do brocardo *in dubio pro societate*.

A: incorreto. Lei excepcional (art. 3º do CP) é aquela destinada a vigorar durante períodos de anormalidade (calamidade, guerra etc.). Mesmo depois de revogada, continua a produzir efeitos em relação aos fatos ocorridos durante a sua época de vigência. Constitui, pois, exceção ao *princípio da retroatividade benéfica*; **B:** incorreto. O princípio da culpabilidade enuncia que ninguém poderá ser responsabilizado no âmbito criminal se não houver agido com dolo ou culpa; **C:** correto. Cuida-se, de fato, de hipótese de inconstitucionalidade, visto que cabe à União (fonte de produção da lei penal), na dicção do art. 22, I, da CF, legislar sobre matéria penal; **D:** incorreto. A lei posterior que criminaliza conduta até então considerada atípica (*novatio legis* incriminadora) não pode retroagir para alcançar fatos praticados antes do início de sua vigência, conforme estabelece o art. 2º, parágrafo único, do CP.

Gabarito "C"

(OAB/Exame Unificado – 2011.2) Acerca da aplicação da lei penal no tempo e no espaço, assinale a alternativa correta.

(A) Na ocorrência de sucessão de leis penais no tempo, não será possível a aplicação da lei penal intermediária mesmo se ela configurar a lei mais favorável.

(B) As leis penais temporárias e excepcionais são dotadas de ultratividade. Por tal motivo, são aplicáveis a qualquer delito, desde que seus resultados tenham ocorrido durante sua vigência.

(C) O ordenamento jurídico-penal brasileiro prevê a combinação de leis sucessivas sempre que a fusão puder beneficiar o réu.

(D) Se um funcionário público a serviço do Brasil, na Itália, praticar, naquele país, crime de corrupção passiva (art. 317 do Código Penal), ficará sujeito à lei penal brasileira em face do princípio da extraterritorialidade.

A: incorreto. Na sucessão de leis penais no tempo, terá incidência, sim, a lei intermediária mais benéfica; **B:** incorreto. É fato que as leis penais *temporárias* e *excepcionais* são ultrativas, isto é, mesmo depois de revogadas, atingirão os fatos verificados sob a sua égide. Para tanto, basta que a conduta (ação ou omissão) tenha sido praticada no período de vigência da lei, não sendo necessário que tal ocorra em relação ao resultado do crime; **C:** incorreto. O ordenamento jurídico-penal brasileiro não traz essa previsão; **D:** assertiva correta, nos termos do que dispõe o art. 7º, I, *c*, do CP.

Gabarito "D"

(OAB/Exame Unificado – 2008.2) Ainda de acordo com o que dispõe o CP, assinale a opção correta.

(A) Ninguém pode ser punido por fato que lei posterior deixa de considerar crime, cessando em virtude dela a execução e os efeitos penais e civis da sentença condenatória.

(B) Considera-se praticado o crime no lugar em que ocorreu a ação ou omissão, no todo ou em parte, bem como onde se produziu o resultado, sendo irrelevante o local onde deveria produzir-se o resultado.

(C) A lei excepcional ou temporária, embora tenha decorrido o período de sua duração ou cessadas as circunstâncias que a determinaram, aplica-se ao fato praticado durante a sua vigência.

(D) Considera-se praticado o crime no momento da produção do resultado.

A: incorreto. A *abolitio criminis* faz desaparecer todos os efeitos penais, principais e secundários; subsistem, entretanto, os efeitos civis (extrapenais), por força do que dispõe o art. 2º, *caput*, parte final, do CP; **B:** incorreto. No que toca ao *lugar do crime*, o Código Penal acolheu, em seu art. 6º, a teoria mista ou da ubiquidade, pela qual deve ser considerado lugar do crime tanto aquele em que foi, no todo ou em parte, praticada a conduta, quanto aquele em que o resultado se produziu ou deveria produzir-se. Com relação a esse tema, é importante que se diga que o *lugar do crime*, estabelecido no CP, somente tem aplicação no chamado *crime à distância* ou *de espaço máximo*, que é aquele em que a execução tem início em um país e o resultado é produzido em outro. Esse dispositivo, portanto, não estabelece o foro competente, fixado nos moldes dos arts. 69 de seguintes do CPP; **C:** correto (art. 3º do CP); **D:** incorreto (art. 4º do CP – *teoria da ação*).

Gabarito "C"

(OAB/Exame Unificado – 2007.3) Sobre a aplicação da lei penal e da lei processual penal, assinale a opção incorreta.

(A) Os atos processuais realizados sob a vigência de lei processual anterior são considerados válidos, mesmo após a revogação da lei.

(B) As normas processuais têm aplicação imediata, ainda que o fato que deu origem ao processo seja anterior à entrada em vigor dessas normas.

(C) O dispositivo constitucional que estabelece que a lei não retroagirá, salvo para beneficiar o réu, aplica-se à lei penal e à lei processual penal.

(D) Lei penal que substitua outra e que favoreça o agente aplica-se aos fatos anteriores à sua entrada em vigor, ainda que decididos por sentença condenatória transitada em julgado.

Art. 5º, XL, da CF; art. 2º do CPP. O dispositivo constitucional que estabelece que a lei não retroagirá faz alusão tão somente à lei penal. A lei processual penal, conforme preceitua o art. 2º do CPP, terá aplicação imediata, disciplinando o restante do processo. Não tem, pois, efeito retroativo. Vale, entretanto, fazer uma ressalva. Se se tratar de uma norma processual dotada de caráter material, a sua eficácia no tempo deverá obedecer ao regramento do art. 2º, parágrafo único, do CP.

Gabarito "C"

(OAB/Exame Unificado – 2004.ES) Com relação à aplicação da lei penal, assinale a opção incorreta.

(A) Quanto ao tempo do crime, o Código Penal adotou a teoria da ubiquidade, pela qual considera-se praticado o crime no momento da ação ou do resultado.

(B) A lei posterior, que de qualquer modo favoreça o agente, aplica-se aos fatos anteriores, ainda que decididos por sentença condenatória transitada em julgado.

(C) Ocorre a *abolitio criminis* quando a lei nova deixa de considerar determinado fato como crime, ocasionando a extinção da punibilidade dos fatos ocorridos anteriormente à edição da lei nova.

(D) Ficam sujeitos à lei brasileira, embora cometidos no estrangeiro, os crimes contra a administração pública, por quem estiver a seu serviço.

A: incorreto (art. 4º do CP). Adotou-se, quanto ao *tempo do crime*, a *teoria da ação* ou *da atividade (o tempo do crime é o da conduta, pouco importando em que momento ocorreu o resultado)*; **B:** correto (art. 2º, parágrafo único, do CP). É o chamado *princípio da retroatividade benéfica ao réu*; **C:** correto (art. 2º, *caput*, do CP); **D:** correto (art. 7º, I, *c*, do CP). O inciso I do art. 7º enuncia as hipóteses em que a aplicação da lei penal brasileira fora do território nacional não se sujeita a nenhuma condição. É a chamada *extraterritorialidade incondicionada*. Portanto, a prática do crime, nesses casos, é o bastante à incidência da lei penal brasileira fora do território nacional. O art. 7º, II, do CP, por seu turno, enumera as situações em que a aplicação da lei penal brasileira fora do território nacional submete-se a determinadas condições. Estamos a falar, agora, da *extraterritorialidade condicionada*.

Gabarito "A"

(FGV – 2008) Assinale a alternativa correta.

(A) Expirado o prazo de validade da lei temporária, não se poderá impor prisão em flagrante àqueles que pratiquem o crime após a expiração, mas ainda será possível a instauração de processo criminal.

(B) Todos aqueles que praticaram o crime durante a vigência da lei temporária poderão ser processados, mesmo depois de expirado seu prazo de vigência.

(C) Cessada a vigência da lei temporária, consideram-se prescritos os crimes praticados durante sua vigência.

(D) O princípio da ultra-atividade da lei penal permite que todos aqueles que pratiquem o crime no intervalo de 3 (três) anos a partir do fim do prazo de vigência da lei temporária sejam processados criminalmente.

(E) Terminado o prazo de vigência da lei temporária, ocorrerá a *abolitio criminis*, libertando-se os que estiverem presos em razão da prática do crime previsto nessa lei.

Temporárias são as leis destinadas a vigorar por período determinado, estabelecido na própria lei – art. 3º do CP. Os fatos ocorridos após esse período não podem ser atingidos pela lei de caráter temporário.

Gabarito "B"

(FGV – 2008) A respeito do tema da retroatividade da lei penal, assinale a afirmativa correta.

(A) A lei penal posterior que de qualquer forma favorecer o agente não se aplica aos fatos praticados durante a vigência de uma lei temporária.

(B) A lei penal posterior que de qualquer forma favorecer o agente aplica-se aos fatos anteriores, com exceção daqueles que já tiverem sido objeto de sentença condenatória transitada em julgado.

(C) A lei penal mais gravosa pode retroagir, aplicando-se a fatos praticados anteriormente à sua vigência, desde que trate de crimes hediondos, tortura ou tráfico de drogas, como expressamente ressalvado na Constituição.

(D) Quando um fato é praticado na vigência de uma determinada lei e ocorre uma mudança que gera uma situação mais gravosa para o agente, ocorrerá a ultratividade da lei penal mais favorável, salvo se houver a edição de uma outra lei ainda mais gravosa, situação em que prevalecerá a lei intermediária.

(E) A lei penal posterior que de qualquer forma prejudicar o agente não se aplica aos fatos praticados anteriormente, salvo se houver previsão expressa na própria lei nova.

A: correto (art. 3º do CP); **B:** incorreto (art. 2º, parágrafo único, do CP); **C:** incorreto (art. 5º, XL, da CF); **D:** incorreto. A lei nova prejudicial ao agente não retroage, consoante determina o art. 5º, XL, da CF. Deverá, aqui, ser aplicada a lei em vigor quando da prática do fato, visto que é a mais benéfica ao agente nesta sucessão de leis; **E:** incorreto. Ainda que haja previsão expressa na própria lei nova, ela não poderá retroagir para agravar a situação do agente – art. 5º, XL, da CF.

Gabarito "A"

(FGV – 2005) Assinale a afirmativa incorreta.

(A) Quanto ao "tempo do crime", o Código Penal adotou a teoria da atividade e não a teoria mista ou da ubiquidade.

(B) Segundo o nosso ordenamento jurídico, é possível a aplicação, em matéria penal, dos princípios da ultratividade e da retroatividade da lei penal.

(C) O Código Penal dispõe que a pena cumprida no estrangeiro atenua a pena imposta no Brasil pelo mesmo crime, quando diversas, ou nela é computada, quando idênticas.

(D) No concurso de pessoas, a instigação e o auxílio nunca são puníveis, se o crime não chega, pelo menos, a ser tentado.

(E) Dentre os regimes de cumprimento das penas privativas de liberdade, está o regime aberto. Ele se baseia na autodisciplina e senso de responsabilidade do condenado.

A: correto. No que se refere ao *tempo do crime*, de fato o Código Penal, em seu art. 4º, adotou a *teoria da ação* ou *da atividade*, segundo a qual se reputa praticado o crime no momento da ação ou omissão, ainda que outro seja o momento do resultado; **B:** correto. *Ultra-atividade da lei penal anterior mais favorável*: embora já não esteja mais em vigor, em face da edição de lei nova mais prejudicial, continua aplicável aos fatos verificados ao seu tempo, isto é, a lei nova, que é mais severa, não retroage, em obediência ao disposto no art. 5º, XL, da CF; *retroatividade* *da lei penal nova mais favorável*: a lei penal nova mais benéfica deve ser aplicada ao acusado e também ao condenado definitivo; **C:** correto (art. 8º do CP); **D:** incorreto, devendo ser assinalada. O art. 31 do CP faz uma ressalva: "... *salvo disposição expressa em contrário* (...)"; **E:** correto (arts. 33, *caput*, e 36, *caput*, do CP).

Gabarito "D"

3. APLICAÇÃO DA LEI NO ESPAÇO

(OAB/Exame Unificado – 2013.2) No ano de 2005, Pierre, jovem francês residente na Bulgária, atentou contra a vida do então presidente do Brasil que, na ocasião, visitava o referido país. Devidamente processado, segundo as leis locais, Pierre foi absolvido.

Considerando apenas os dados descritos, assinale a afirmativa correta.

(A) Não é aplicável a lei penal brasileira, pois como Pierre foi absolvido no estrangeiro, não ficou satisfeita uma das exigências previstas à hipótese de extraterritorialidade condicionada.

(B) É aplicável a lei penal brasileira, pois o caso narrado traz hipótese de extraterritorialidade incondicionada, exigindo-se, apenas, que o fato não tenha sido alcançado por nenhuma causa extintiva de punibilidade no estrangeiro.

(C) É aplicável a lei penal brasileira, pois o caso narrado traz hipótese de extraterritorialidade incondicionada, sendo irrelevante o fato de ter sido o agente absolvido no estrangeiro.

(D) Não é aplicável a lei penal brasileira, pois como o agente é estrangeiro e a conduta foi praticada em território também estrangeiro, as exigências relativas à extraterritorialidade condicionada não foram satisfeitas.

Pela disciplina estabelecida no art. 7º, I, *a*, do CP, embora cometido no estrangeiro, o crime praticado por Pierre ficará sujeito à lei penal brasileira, ainda que absolvido ou condenado no país em que o fato se deu (Bulgária). Estamos diante da incidência *extraterritorial* da lei penal brasileira, que, em face da qualidade do sujeito passivo do delito (presidente da República), opera-se de forma *incondicionada*, já que a lei brasileira, neste caso, será aplicada independente de qualquer condição, sendo irrelevante, além disso, a nacionalidade do sujeito ativo.

Gabarito "C"

(OAB/Exame Unificado – 2012.1) John, cidadão inglês, capitão de uma embarcação particular de bandeira americana, é assassinado por José, cidadão brasileiro, dentro do aludido barco, que se encontrava atracado no Porto de Santos, no Estado de São Paulo. Nesse contexto, é correto afirmar que a lei brasileira

(A) não é aplicável, uma vez que a embarcação é americana, devendo José ser processado de acordo com a lei estadunidense.

(B) é aplicável, uma vez que a embarcação estrangeira de propriedade privada estava atracada em território nacional.

(C) é aplicável, uma vez que o crime, apesar de haver sido cometido em território estrangeiro, foi praticado por brasileiro.

(D) não é aplicável, uma vez que, de acordo com a Convenção de Viena, é competência do Tribunal Penal Internacional processar e julgar os crimes praticados em embarcação estrangeira atracada em território de país diverso.

Em face do que estabelece o art. 5º, § 2º, do CP, aos crimes praticados a bordo de embarcações estrangeiras, desde que natureza privada, será aplicada a lei brasileira; se pública a embarcação, por ser considerada extensão do território do país de origem, deverá incidir a legislação deste (art. 5º, § 1º, do CP).

Gabarito "B"

(OAB/Exame Unificado – 2010.1) Assinale a opção correta acerca da pena cumprida no estrangeiro e da eficácia da sentença estrangeira.

(A) É possível a homologação, pelo STJ, de sentença penal condenatória proferida pela justiça de outro país, para obrigar o condenado residente no Brasil à reparação do dano causado pelo crime que cometeu.

(B) A competência para a homologação de sentença estrangeira é do STF, restringindo-se a referida homologação a casos que envolvam cumprimento de pena privativa de liberdade no Brasil.

(C) Apenas nas hipóteses de infração penal de menor potencial ofensivo, admite-se que a pena cumprida no estrangeiro atenue a pena imposta, no Brasil, pelo mesmo crime.

(D) A pena cumprida no estrangeiro não atenua nem compensa a pena imposta, no Brasil, pelo mesmo crime, dado o caráter independente das justiças nacional e estrangeira.

A: correta. Cuida-se da previsão do art. 9.º, I, do CP, sendo a competência para a referida homologação do STJ (CF, art. 105, I, *i*); **B:** incorreta. A competência para a homologação de sentença estrangeira é do STJ (CF, art. 105, I, *i*). Ademais, a homologação pode ocorrer para fins diversos do cumprimento de pena privativa de liberdade (CP, art. 9.º, I e II); **C:** incorreta. Não existe, na norma aplicável à espécie (CP, art. 8º), a restrição descrita na assertiva; **D:** incorreta. A pena cumprida no estrangeiro deve ser descontada da aplicada, no Brasil, pelo mesmo crime (CP, art. 8º).

Gabarito "A"

(OAB/Exame Unificado – 2007.3) O Código Penal brasileiro,

(A) quanto ao lugar do crime, adotou a teoria mista ou da ubiquidade.

(B) quanto ao lugar do crime, adotou a teoria da atividade ou da ação.

(C) quanto ao tempo do crime, adotou a teoria mista ou da ubiquidade.

(D) quanto ao tempo do crime, adotou a teoria do resultado.

A: correta, dado que, quanto ao lugar do crime, o Código Penal, em seu art. 6º, acolheu, de fato, a teoria mista ou da ubiquidade, pois é considerado lugar do crime tanto o local em que foi praticada a conduta quanto aquele no qual o resultado foi produzido; **B:** incorreta, conforme comentário à alternativa "A"; **C** e **D:** incorretas, nos termos do art. 4º, CP (no que se refere ao tempo do crime, o Código adotou a *teoria da ação* ou *da atividade*, segundo a qual o crime é tido por praticado no momento da ação ou omissão, mesmo que o resultado se produza posteriormente).

Gabarito "A"

(FGV – 2010) Relativamente ao tema da *territorialidade e extraterritorialidade*, analise as afirmativas a seguir.

I. Ficam sujeitos à lei brasileira, embora cometidos no estrangeiro, os crimes contra a administração pública, por quem está a seu serviço.

II. Ficam sujeitos à lei brasileira os crimes praticados em aeronaves ou embarcações brasileiras, mercantes ou de propriedade privada, quando em território estrangeiro ainda que julgados no estrangeiro.

III. Ficam sujeitos à lei brasileira, embora cometidos no estrangeiro, os crimes contra o patrimônio da União, do Distrito Federal, de Estado, de Território ou de Município quando não sejam julgados no estrangeiro.

Assinale:

(A) se somente a afirmativa I estiver correta.
(B) se somente a afirmativa II estiver correta.
(C) se somente a afirmativa III estiver correta.
(D) se somente as afirmativas II e III estiverem corretas.
(E) se todas as afirmativas estiverem corretas.

I: correto (art. 7º, I, *c*, do CP); **II:** incorreto (art. 7º, II, *c*, do CP); **III:** incorreto (art. 7º, I, *b*, e § 1º, do CP). O art. 7º do Código Penal trata da chamada extraterritorialidade, que é a possibilidade de incidência da lei penal brasileira a crimes praticados no exterior.

Gabarito "A".

(FGV – 2010) Assinale a alternativa que apresente local que não é considerado como extensão do território nacional para os efeitos penais.

(A) aeronaves ou embarcações brasileiras, mercantes ou de propriedade privada, quando em território estrangeiro, desde que o crime figure entre aqueles que, por tratado ou convenção, o Brasil se obrigou a reprimir.
(B) as aeronaves e as embarcações brasileiras, mercantes ou de propriedade privada, que se achem, respectivamente, no espaço aéreo correspondente ou em alto-mar.
(C) as embarcações e aeronaves brasileiras, de natureza pública, onde quer que se encontrem.
(D) aeronaves ou embarcações estrangeiras de propriedade privada, achando-se aquelas em pouso no território nacional ou em voo no espaço aéreo correspondente, e estas em porto ou mar territorial do Brasil.
(E) as embarcações e aeronaves brasileiras, a serviço do governo brasileiro, onde quer que se encontrem.

Art. 5º do CP. Incide, aqui, o *princípio da territorialidade*, segundo o qual a lei penal terá aplicação no território do Estado que a editou.

Gabarito "A".

(FGV – 2008) Um fato criminoso praticado no interior de uma embarcação privada brasileira que esteja em alto-mar, fora das águas territoriais de qualquer país, está sujeito à aplicação da seguinte lei penal:

(A) brasileira.
(B) do país de onde a embarcação tiver partido.
(C) do país para onde a embarcação estiver se dirigindo.
(D) do país mais próximo de onde estiver a embarcação.
(E) do país em que primeiro aportar a embarcação.

Art. 5º, § 1º, do CP.

Gabarito "A".

(FGV – 2008) A organização não governamental holandesa *Expanding Minds*, dirigida pelo psicólogo holandês Johan Cruiff, possui um barco de bandeira holandesa que navega ao redor do mundo recebendo pessoas que desejam consumir substâncias entorpecentes que alteram a percepção da realidade. O prefeito de um Município decide embarcar para fazer uso recreativo da substância *Cannabis sativa*, popularmente conhecida como maconha. Na ocasião em que ele fez uso dessa substância, o barco estava em alto-mar, além do limite territorial brasileiro ou de qualquer outro país. Sabendo que a lei brasileira pune criminalmente o consumo de substância entorpecente e que a maconha é considerada pela legislação brasileira uma substância entorpecente, ao passo que a Holanda admite esse consumo para fins recreativos, assinale a alternativa correta a respeito do crime praticado pelo prefeito.

(A) nenhum crime
(B) crime de consumo de substância entorpecente
(C) crime de responsabilidade
(D) improbidade administrativa
(E) crime contra a fé pública

O consumo de substância entorpecente ocorreu em alto-mar, além do limite territorial brasileiro e fora, portanto, do âmbito de incidência da lei penal brasileira. O mar territorial brasileiro é fixado em doze milhas marítimas, contadas a partir da baixa-mar, conforme determina o art. 1º da Lei 8.617/1993 (faixa dentro da qual a lei penal tem aplicação).

Gabarito "A".

(FGV – 2007) A, de nacionalidade espanhola, funcionário da Embaixada do Brasil na Espanha, desviou para a loja de um irmão diversas obras de arte do acervo da embaixada, ali sendo as mesmas vendidas. Descoberto o crime, instauraram-se processos criminais para apuração do fato, no Brasil e na Espanha, tendo sido A condenado pela justiça espanhola e pela brasileira a três anos de reclusão. O advogado de A apelou da sentença condenatória proferida no Brasil, alegando que, de acordo com os artigos 5º e 6º do Código Penal Brasileiro, o fato ocorreu na Espanha e o réu é estrangeiro, portanto, não seria aplicável a lei brasileira, sustentando, ainda, que, mesmo se admitindo pudesse ser ele julgado no Brasil, a decisão não poderia ser condenatória, pois fora igualmente condenado na Espanha pelo mesmo fato. Em relação aos fundamentos do recurso de apelação manifestado por A, pode-se afirmar que:

(A) são improcedentes, porque, em caso de tutela do patrimônio público, a aplicação extraterritorial da lei penal brasileira se opera de forma incondicionada.
(B) são improcedentes, pois somente a absolvição pela justiça espanhola poderia impedir que ele fosse processado no Brasil pelo mesmo fato.
(C) são procedentes, pois a aplicação extraterritorial da lei penal brasileira somente é possível aos brasileiros natos ou naturalizados.
(D) são procedentes, pois a lei penal brasileira somente pode ser aplicada no âmbito do território nacional.

Diante do que estabelece o art. 7º, I, *c* e § 1º, do CP, o crime praticado contra a administração pública brasileira por quem está a seu serviço (brasileiro ou estrangeiro) ficará sujeito à lei brasileira, mesmo que condenado o agente segundo a legislação estrangeira. Neste caso, a pena cumprida no estrangeiro será abatida de eventual condenação impingida ao agente em território nacional (art. 8º do CP).

Gabarito "A".

(FGV – 2007) A organização não governamental holandesa "Women on the waves", dirigida pelo médico holandês Marco Van Basten, possui um barco de bandeira holandesa que navega ao redor do mundo recebendo gestantes que desejam realizar aborto. Quando passou pelo Brasil, o navio holandês recebeu a bordo mulheres que praticaram a interrupção de sua gestação, dentre elas Maria da Silva, jovem de 25 anos. Na ocasião em que foi interrompida a gravidez, o barco estava em alto-mar, além do limite territorial brasileiro ou de qualquer outro país. Sabendo que a lei brasileira pune o aborto (salvo em casos específicos, não aplicáveis à situação de Maria) ao passo que a Holanda não pune o aborto, assinale quais foram os crimes praticados por Marco e Maria, respectivamente.

(A) Nenhum dos dois praticou crime.
(B) Provocar aborto sem o consentimento da gestante e provocar aborto em si mesma.
(C) Provocar aborto com o consentimento da gestante e provocar aborto em si mesma.
(D) Provocar aborto em si mesma e provocar aborto sem o consentimento da gestante.
(E) Provocar aborto em si mesma e provocar aborto com o consentimento da gestante.

A interrupção da gravidez se deu em alto-mar, além do limite territorial brasileiro, fora, portanto, do âmbito de aplicação da lei penal brasileira (trata-se de embarcação de bandeira holandesa). O mar territorial é fixado em doze milhas marítimas, contadas a partir da baixa-mar, consoante reza o art. 1º da Lei 8.617/1993 (faixa dentro da qual a lei penal tem incidência).

Gabarito "A"

4. CLASSIFICAÇÃO DOS CRIMES

(OAB/Exame Unificado – 2014.2) Isadora, mãe da adolescente Larissa, de 12 anos de idade, saiu um pouco mais cedo do trabalho e, ao chegar à sua casa, da janela da sala, vê seu companheiro, Frederico, mantendo relações sexuais com sua filha no sofá. Chocada com a cena, não teve qualquer reação. Não tendo sido vista por ambos, Isadora decidiu, a partir de então, chegar à sua residência naquele mesmo horário e verificou que o fato se repetia por semanas. Isadora tinha efetiva ciência dos abusos perpetrados por Frederico, porém, muito apaixonada por ele, nada fez. Assim, Isadora, sabendo dos abusos cometidos por seu companheiro contra sua filha, deixa de agir para impedi-los. Nesse caso, é correto afirmar que o crime cometido por Isadora é

(A) omissivo impróprio.
(B) omissivo próprio.
(C) comissivo.
(D) omissivo por comissão.

A: correta. Isadora, por ser mãe de Larissa, tem o dever jurídico, imposto pelo art. 13, § 2º, do CP, de protegê-la e mantê-la a salvo de todo e qualquer perigo. Em assim sendo, tinha, no caso descrito no enunciado, a obrigação de intervir e fazer cessar a agressão sexual perpetrada por seu companheiro contra a sua filha. Fala-se, aqui, em crime *omissivo impróprio* (comissivo por omissão), já que a genitora, podendo agir, omitiu-se e, com isso, contribuiu para o crime de estupro que reiteradamente vinha sendo praticado por Frederico, pelo qual, bem por isso, deverá, juntamente com este, responder – neste caso, estupro de vulnerável (art. 217-A, CP). Perceba que esta modalidade de crime omissivo pressupõe, à sua consumação, a produção de resultado naturalístico (conjunção carnal), o que não ocorre no chamado crime *omissivo puro*, cuja consumação se dá com a mera abstenção do agente, independente de qualquer resultado. Outra coisa: o tipo penal, na *omissão imprópria*, descreve uma conduta comissiva (estupro, neste caso), que, diante da ocorrência de uma das hipóteses previstas no art. 13, § 2º, do CP, ensejará a responsabilidade do agente; já na omissão própria o tipo penal contempla uma conduta omissiva. É bom que se diga, ademais, que, em razão da idade da vítima, que contava com doze anos, sendo, por isso, vulnerável, pouco importa se consentiu ou não para o ato sexual; **B:** incorreta. *Crime omissivo próprio* ou *puro*, como já dito, é aquele que se consuma com a mera abstenção, com o deixar de fazer, sendo desnecessário, pois, um resultado naturalístico posterior. O próprio tipo penal faz menção à omissão. Exemplo sempre lembrado pela doutrina é o crime de omissão de socorro (art. 135 do CP), em que o tipo penal descreve no que consiste a omissão do agente. No caso narrado no enunciado, o crime pelo qual são acusados Isadora e Frederico (estupro de vulnerável) é comissivo, isto é, pressupõe, ao seu cometimento, uma ação, um fazer; somente comporta, portanto, a modalidade imprópria de omissão, desde que presente, é claro, uma das hipóteses previstas no art. 13, § 2º, do CP; **C:** incorreta. Na sua origem, o crime de estupro de vulnerável é comissivo. Será praticado, em regra, por meio de um comportamento positivo, portanto. Agora, no caso do enunciado, dada a obrigação imposta por lei à mãe da vítima, sua conduta foi omissiva (imprópria), e não comissiva. Comissiva foi a conduta de Frederico; **D:** incorreta. O crime omissivo impróprio (ou impuro) também é chamado, pela doutrina, de crime *comissivo por omissão*, e não *omissivo por comissão*. Fica claro, aqui, que o examinador quis induzir o candidato em erro.

Gabarito "A"

(OAB/Exame Unificado – 2009.2) Em relação à classificação das infrações penais, assinale a opção correta.

(A) Crimes hediondos são os previstos como tal na lei específica, e crimes assemelhados a hediondos são todos aqueles delitos que, embora não estejam previstos como tal na lei, causem repulsa social, por sua gravidade e crueldade.
(B) Crime próprio é sinônimo de crime de mão própria.
(C) Crime unissubsistente é o que se consuma com a simples criação do perigo para o bem jurídico protegido, sem produzir dano efetivo.
(D) No crime comissivo por omissão, o agente responde pelo resultado, e não, pela simples omissão, uma vez que esta é o meio pelo qual o agente produz o resultado.

A: incorreto. Adotamos o *sistema legal*, segundo o qual à lei cabe definir quais crimes devem ser rotulados como *hediondo*. Este rol – taxativo – encontra-se contemplado no art. 1º da Lei 8.072/1990. De outro lado, o Constituinte, no art. 5º, XLIII, da CF, tratou de indicar quais crimes merecem tratamento mais severo: tortura, tráfico de drogas e terrorismo. São os chamados *delitos equiparados a hediondo*; **B:** incorreto. *Crime próprio* é o que exige do agente uma característica especial. São exemplos o peculato (art. 312, CP), em que somente poderá figurar como sujeito ativo o funcionário público, e o infanticídio (art. 123 do CP), cujo sujeito ativo há de ser a mãe em estado puerperal. Nestes dois exemplos, são admitidas, a teor do art. 30 do CP, a coautoria e a participação de pessoas desprovidas dessas qualidades; o *crime de mão própria*, diferentemente, exige que o sujeito ativo pratique pessoalmente a conduta descrita no tipo penal. Não cabe, nesta modalidade de crime, coautoria. Exemplo sempre lembrado pela doutrina é o crime de falso testemunho, que exige uma atuação pessoal do agente; **C:** incorreto. *Crime unissubsistente* é aquele cuja conduta é constituída de um único ato. Não admite a tentativa, posto que a conduta não pode ser fracionada; **D:** correto. No crime omissivo impróprio (comissivo por omissão), o agente deixa de evitar o resultado que podia ou devia ter evitado. Sua obrigação está consubstanciada no art. 13, § 2º, do CP.

Gabarito "D"

(OAB/Exame Unificado – 2008.3) Constitui crime omissivo próprio

(A) o abandono intelectual.
(B) a mediação para servir a lascívia de outrem.
(C) a falsidade de atestado médico.
(D) o atentado ao pudor mediante fraude.

Crime omissivo próprio ou puro é aquele cuja consumação se dá com a mera abstenção do agente (não se exige a produção de resultado naturalístico). O delito de abandono intelectual (art. 246 do CP) se perfaz no instante em que os pais deixam de tomar as providências necessárias para proporcionar instrução primária aos filhos. Note que o tipo penal, que não exige resultado naturalístico, descreve no que consiste a omissão do agente, o seu *não fazer*.

Gabarito "A"

(OAB/Exame Unificado – 2008.2) Assinale a opção correta acerca da classificação dos crimes.

(A) O crime é qualificado quando, ao tipo básico, ou fundamental, o legislador agrega circunstâncias que elevam ou majoram a pena, tal como ocorre com o homicídio.
(B) O delito de ameaça pode ser classificado como crime material.
(C) Os crimes de quadrilha e rixa são unissubjetivos.
(D) O delito de infanticídio pode ser classificado como crime comum.

A: correto. Diz-se qualificado o crime quando a lei insere circunstâncias que elevam a pena em abstrato; **B:** incorreto. A ameaça é crime formal, já que a sua consumação se dá com o conhecimento, pela vítima, do ato ameaçador, pouco importando se esta, por conta disso, será ou não intimidada. Não depende, portanto, da produção de qualquer resultado naturalístico; **C:** incorreto. Os crimes de quadrilha (hoje denominado associação criminosa) e rixa são *plurissubjetivos* (de concurso necessário), pois só podem ser cometidos por mais de uma pessoa; **D:** incorreto. Trata-se de crime próprio, na medida em que a conduta só pode ser praticada pela genitora do recém-nascido ou do nascente (qualidade especial do sujeito ativo).

Gabarito "A"

(OAB/Exame Unificado – 2007.2) Assinale a opção correta acerca do direito penal.

(A) O crime de extorsão é considerado crime de mera conduta e se consuma independentemente de o agente auferir a vantagem indevida almejada.
(B) O crime de cárcere privado constitui espécie de delito instantâneo.
(C) O princípio da consunção pressupõe a existência de um nexo de dependência das condutas ilícitas, para que se verifique a possibilidade de absorção da menos grave pela mais danosa.
(D) Nos delitos instantâneos de efeitos permanentes, a atividade criminosa se prolonga no tempo, tendo o agente a possibilidade de cessar ou não a sua conduta e seus efeitos.

A: incorreto. O crime de que trata o art. 158 do CP é *formal*; isso porque a sua consumação não está condicionada à produção do resultado naturalístico descrito no tipo penal (obtenção de vantagem indevida). A esse respeito, o STJ editou a Súmula n. 96: "O crime de extorsão consuma-se independentemente da obtenção da vantagem indevida"; **B:** incorreto. É delito permanente, uma vez que o momento consumativo se protrai no tempo por vontade do agente; **C:** correto. Aplicar-se-á o *princípio da consunção* a situações em que o cometimento de um crime (chamado de crime-meio) constitua fase de realização de outro (crime-fim). Neste caso, o fato menos grave restará absorvido pelo mais grave. Hipóteses de incidência do princípio: crime progressivo; progressão criminosa; e crime complexo; **D:** incorreto. A definição contida nesta alternativa corresponde ao *crime permanente* (sequestro e cárcere privado, por exemplo). No *delito instantâneo de efeitos permanentes*, os efeitos são irreversíveis (homicídio, por exemplo).

Gabarito "C"

(FGV – 2013) Com relação ao *sujeito ativo* do crime, assinale a afirmativa **incorreta**.

(A) Crime comum é aquele que pode ser praticado por qualquer pessoa.
(B) Crime próprio é aquele que exige do sujeito ativo uma qualidade especial.
(C) Crime de mão própria é aquele que só pode ser praticado diretamente pelo sujeito ativo, não admitindo sequer a coautoria ou a participação.
(D) Pessoa jurídica pode, excepcionalmente, ser sujeito ativo de um crime.
(E) Menor de 18 anos é penalmente inimputável, ficando sujeito às normas estabelecidas na legislação especial.

A: correta. Comum é o crime em que não se impõe ao sujeito ativo nenhuma qualidade especial; pode ser praticado, portanto, por qualquer pessoa. É o caso do homicídio, do roubo etc.; **B:** correta. É o caso dos crimes de peculato (o sujeito ativo deve ser o funcionário público); do infanticídio (só pode ser praticado pela mãe em estado puerperal), dentre outros; **C:** incorreta. De fato, o *crime de mão própria* exige que o sujeito ativo pratique pessoalmente a conduta descrita no tipo penal. Embora, nesta modalidade de crime, não caiba a coautoria, é perfeitamente possível o concurso de pessoas na modalidade *participação*. Exemplo sempre lembrado é o do falso testemunho, em que o advogado induza ou instigue a testemunha a mentir em juízo ou na polícia. A esse respeito: STF, RHC 81.327-SP, 1ª T., rel. Min. Ellen Gracie, *DJ* 05.04.2002; **D:** correta, nos termos dos art. 225, § 3º, da CF e 3º da Lei 9.605/1998 (Crimes contra o Meio Ambiente); **E:** correta, nos termos dos arts. 228 da CF e 27 do CP.

Gabarito "C"

(FGV – 2010) Analise as proposições a seguir.

I. O exame do direito positivo é a metodologia indicada para promover a distinção entre crime e contravenção penal posto que não há diferença ontológica entre ambos.
II. Segundo dispõe o legislador penal, crime é a infração penal a que a lei comina pena de reclusão ou de detenção, quer isoladamente, quer alternativa ou cumulativamente com a pena de multa; contravenção é a infração penal a que a lei comina, isoladamente, pena de prisão simples ou multa, ou ambas, alternativa ou cumulativamente.
III. No direito penal pátrio a expressão crime é tida como gênero, do qual são espécies as contravenções penais e os delitos.
IV. A diferença entre ilícito civil e ilícito penal é que o primeiro gera a imposição de uma pena, que pode até chegar ao extremo de privação da liberdade do agente; já o segundo tem como consequência a obrigação de reparar o dano, primordialmente.

Assinale:

(A) se somente as proposições III e IV estiverem corretas.
(B) se somente as proposições I e II estiverem corretas.
(C) se somente as proposições II e IV estiverem corretas.
(D) se somente as proposições I e IV estiverem corretas.
(E) se somente as proposições II e III estiverem corretas.

I: correta. A distinção entre as duas espécies de infração penal, que de fato não reside no aspecto ontológico, está contida no art. 1º da Lei de Introdução ao Código Penal (Decreto-Lei 3.914/1941); **II:** correta. A assertiva reproduz o teor do art. 1º da Lei de Introdução ao Código Penal (Decreto-Lei 3.914/1941); **III:** incorreta, pois, com base no dispositivo supramencionado, *infração penal* é gênero, cujas espécies são *crime* (ou delito) e *contravenção penal*; **IV:** incorreta, pois é o contrário. A prática do ilícito penal pode gerar a imposição de uma pena, que pode chegar, conforme o caso, até a privação da liberdade do agente; a prática de ilícito civil, por sua vez, não pode acarretar a imposição de pena. Pode, entretanto, gerar a obrigação de reparar o dano.

Gabarito "B".

(FGV – 2008) Relativamente ao tipo objetivo, pode-se afirmar que o crime de incêndio ("art. 250: Causar incêndio, expondo a perigo a vida, a integridade física ou o patrimônio de outrem") é considerado:

(A) de perigo abstrato.
(B) de perigo concreto.
(C) de perigo presumido.
(D) de alto risco.
(E) de baixo risco.

Nos *crimes de perigo concreto*, deve-se comprovar que o perigo ocorreu de forma efetiva, concreta; já nos *crimes de perigo abstrato*, este é presumido pela norma.

Gabarito "B".

(FGV – 2005) Crimes que têm por sujeito passivo entidades sem personalidade jurídica são chamados de crimes:

(A) de perigo.
(B) vagos.
(C) de tendência.
(D) inominados.
(E) de referência.

Delitos vagos de fato são aqueles em que o sujeito passivo é uma entidade destituída de personalidade jurídica. Ex.: a sociedade.

Gabarito "B".

5. FATO TÍPICO E TIPO PENAL

(OAB/Exame Unificado – 2014.2) Wallace, hemofílico, foi atingido por um golpe de faca em uma região não letal do corpo. Júlio, autor da facada, que não tinha dolo de matar, mas sabia da condição de saúde específica de Wallace, sai da cena do crime sem desferir outros golpes, estando Wallace ainda vivo. No entanto, algumas horas depois, Wallace morre, pois, apesar de a lesão ser em local não letal, sua condição fisiológica agravou o seu estado de saúde. Acerca do estudo da relação de causalidade, assinale a opção correta.

(A) O fato de Wallace ser hemofílico é uma causa relativamente independente preexistente, e Júlio não deve responder por homicídio culposo, mas, sim, por lesão corporal seguida de morte.
(B) O fato de Wallace ser hemofílico é uma causa absolutamente independente preexistente, e Júlio não deve responder por homicídio culposo, mas, sim, por lesão corporal seguida de morte.
(C) O fato de Wallace ser hemofílico é uma causa absolutamente independente concomitante, e Júlio deve responder por homicídio culposo.
(D) O fato de Wallace ser hemofílico é uma causa relativamente independente concomitante, e Júlio não deve responder pela lesão corporal seguida de morte, mas, sim, por homicídio culposo.

A: correta. Pelo enunciado, resta claro que Júlio, ao golpear Wallace, não desejava a sua morte. Queria, apenas e tão somente, lesioná-lo. Tanto é assim que a lesão produzida pela facada desferida por Júlio foi em região não letal. Não é o caso, portanto, de imputar-lhe o resultado morte a título de dolo (homicídio doloso). De outro lado, embora não quisesse a morte de Wallace, ao atingi-lo, Júlio conhecia sua condição de hemofílico. Bem por isso, é o caso de imputar-lhe o resultado morte, mas não a título de dolo (ele não o quis tampouco assumiu o risco de produzi-lo), mas, sim, a título de culpa, uma vez que tal desdobramento era previsível. Sendo assim: lesão corporal (resultado perseguido) seguida de morte (resultado produzido a título de culpa), crime previsto no art. 129, § 3º, do CP; **B:** incorreta. Diz-se *absolutamente independente* a concausa que, sendo anterior à prática da conduta do agente, teria, de qualquer forma, produzido o resultado. Não é este o caso descrito no enunciado, uma vez que, não fosse a lesão experimentada por Wallace, sua morte não se teria verificado; **C:** incorreta, dado que o fato de Wallace ser hemofílico constitui *concausa preexistente* (e não concomitante), na medida em que sua existência é anterior à conduta de Júlio; **D:** incorreta, tendo em conta o que foi afirmado acima. *Concomitante* é a concausa que incide de forma simultânea em relação à conduta do agente. Surgem, enfim, ao mesmo tempo.

Gabarito "A".

(OAB/Exame Unificado – 2013.3) Paula, com intenção de matar Maria, desfere contra ela quinze facadas, todas na região do tórax. Cerca de duas horas após a ação de Paula, Maria vem a falecer. Todavia, a *causa mortis* determinada pelo auto de exame cadavérico foi envenenamento. Posteriormente, soube-se que Maria nutria intenções suicidas e que, na manhã dos fatos, havia ingerido veneno.

Com base na situação descrita, assinale a afirmativa correta.

(A) Paula responderá por homicídio doloso consumado.
(B) Paula responderá por tentativa de homicídio.
(C) O veneno, em relação às facadas, configura concausa relativamente independente superveniente que por si só gerou o resultado.
(D) O veneno, em relação às facadas, configura concausa absolutamente independente concomitante.

Não é possível imputar a Paula a responsabilidade pela morte de Maria. É que, embora este resultado fosse desejado por ela, Paula, a sua ocorrência decorreu de circunstância absolutamente independente da sua conduta (quinze facadas). Isto é, o evento morte, neste caso, teria ocorrido de qualquer maneira, uma vez que Maria, que tinha intenções suicidas, já havia, antes de ser golpeada por Paula, ingerido veneno que, depois se soube, veio a causar-lhe a morte. Pelo que fez, Paula há de ser responsabilizada por tentativa de homicídio. O enunciado não deixa dúvidas quanto ao propósito de Paula, que era o de ver Maria morta. Diz-se que a ingestão do veneno configura concausa absolutamente independente preexistente, já que a sua ocorrência é anterior à conduta de Paula. É independente porque a causa que deu origem ao resultado não se originou na conduta do agente.

Gabarito "B".

(OAB/Exame Unificado – 2013.3) Odete é diretora de um orfanato municipal, responsável por oitenta meninas em idade de dois a onze anos. Certo dia Odete vê Elisabeth, uma das recreadoras contratada pela Prefeitura para trabalhar na instituição, praticar ato libidinoso com Poliana, criança de 9 anos, que ali estava abrigada. Mesmo enojada pela situação que presenciava, Odete achou melhor não intervir, porque não desejava criar qualquer problema para si.

Nesse caso, tendo como base apenas as informações descritas, assinale a opção correta.

(A) Odete não pode ser responsabilizada penalmente, embora possa sê-lo no âmbito cível e administrativo.
(B) Odete pode ser responsabilizada pelo crime descrito no Art. 244-A, do Estatuto da Criança e do Adolescente, *verbis*: "*Submeter criança ou adolescente, como tais definidos no caput do art. 2º desta Lei, à prostituição ou à exploração sexual*".
(C) Odete pode ser responsabilizada pelo crime de estupro de vulnerável, previsto no Art. 217-A do CP, *verbis*: "*Ter conjunção carnal ou praticar outro ato libidinoso com menor de 14 (catorze) anos*".
(D) Odete pode ser responsabilizada pelo crime de omissão de socorro, previsto no Art. 135, do CP, *verbis*: "*Deixar de prestar assistência, quando possível fazê-lo sem risco pessoal, à criança abandonada ou extraviada, ou à pessoa inválida ou ferida, ao desamparo ou em grave e iminente perigo; ou não pedir, nesses casos, o socorro da autoridade pública*".

A *omissão* de Odete, diretora do orfanato em que se encontrava abrigada Poliana, menor com nove anos de idade, equivale a uma *ação*. Isso porque, nessa qualidade, Odete tinha o dever, imposto pelo art. 13, § 2º, do CP, de cuidado e proteção em relação Poliana, deixando-a a salvo de toda e qualquer ameaça ou perigo. Deveria, pois, agir para impedir a prática libidinosa da qual foi vítima Poliana. Se nada fez, há de ser responsabilizada pelo mesmo crime em que incorreu Elizabeth: estupro de vulnerável (art. 217-A, CP). É hipótese de omissão imprópria, também chamada de impura ou delito comissivo por omissão. Nesta modalidade imprópria de omissão, o agente, podendo, nada faz para evitar a prática de crime que, na sua essência, é comissivo (pressupõe conduta positiva, um fazer), como é o caso do estupro, do homicídio etc. Nesses casos, o agente não toma parte na conduta de forma direta, mas, devendo e podendo agir para impedir o resultado, nada faz (omite-se). Afasta-se, assim, a prática do crime de omissão de socorro (art. 135, CP), que é típico exemplo de omissão própria, em que a conduta do agente consistente em abster-se está descrita no tipo penal. A consumação, nesses crimes, se opera, por isso, com a mera abstenção. Diferentemente, na omissão imprópria a consumação do crime, cuja descrição legal corresponde a uma ação, condiciona-se à produção do resultado naturalístico previsto no tipo penal. Note que a omissão imprópria não se encontra em tipos específicos, sendo a tipicidade gerada por extensão.

Gabarito "C".

(OAB/Exame Unificado – 2013.1) Jane, dirigindo seu veículo dentro do limite de velocidade para a via, ao efetuar manobra em uma rotatória, acaba abalroando o carro de Lorena, que, desrespeitando as regras de trânsito, ingressou na rotatória enquanto Jane fazia a manobra. Em virtude do abalroamento, Lorena sofreu lesões corporais.

Nesse sentido, com base na teoria da imputação objetiva, assinale a afirmativa correta.

(A) Jane não praticou crime, pois agiu no exercício regular de direito.
(B) Jane não responderá pelas lesões corporal contra Lorena com base no princípio da intervenção mínima.
(C) Jane não pode ser responsabilizada pelo resultado com base no princípio da confiança.
(D) Jane praticou delito previsto no Código de Trânsito Brasileiro, mas poderá fazer jus a benefícios penais.

A: incorreto. Jane não praticou crime, pois não agiu com dolo tampouco com culpa (princípio da culpabilidade). Atua em exercício regular de direito, que exclui a ilicitude da conduta, o agente que comete o fato típico no exercício de uma prerrogativa a ele conferida por lei. Não é este o caso de Jane, dado que não praticou fato típico nenhum; **B:** incorreto. Pelo princípio da intervenção mínima, que tem incidência no âmbito da atividade legislativa, o direito penal, instrumento mais traumático de resolução de conflitos, deve intervir o mínimo possível na vida das pessoas; **C:** correta. À Jane não poderão ser atribuídas as lesões corporais experimentadas por Lorena porque dela (Jane) não se pode exigir a previsão de ações descuidadas de terceiros (princípio da confiança); **D:** incorreto. Jane, pelas razões que expusemos, não praticou crime algum.

Gabarito "C".

(OAB/Exame Unificado – 2013.1) João, com intenção de matar, efetua vários disparos de arma de fogo contra Antônio, seu desafeto. Ferido, Antônio é internado em um hospital, no qual vem a falecer, não em razão dos ferimentos, mas queimado em um incêndio que destrói a enfermaria em que se encontrava.

Assinale a alternativa que indica o crime pelo qual João será responsabilizado.

(A) Homicídio consumado.
(B) Homicídio tentado.
(C) Lesão corporal.
(D) Lesão corporal seguida de morte.

João, agindo com *animus necandi*, efetuou vários disparos contra seu desafeto Antônio, que, ferido, foi socorrido e internado em hospital. Até aqui, temos que a conduta de João configura o crime de tentativa de homicídio. Sucede que, uma vez no hospital, local em que se encontrava tão somente em razão do crime de que foi vítima, Antônio vem a falecer, não em consequência dos ferimentos que lhe causaram os projéteis disparados por João, mas em razão de um incêndio ocorrido na enfermaria do hospital. O incêndio do qual decorreu a morte de Antônio constitui causa superveniente relativamente independente que, por si só, gerou o resultado. O nexo causal, nos termos do art. 13, § 1º, do CP, é interrompido (há imprevisibilidade). João, por isso, responderá por homicídio na forma tentada.

Gabarito "B".

(OAB/Exame Unificado – 2012.2) José conversava com Antônio em frente a um prédio. Durante a conversa, José percebe que João, do alto do edifício, jogara um vaso mirando a cabeça de seu interlocutor. Assustado, e com o fim de evitar a possível morte de Antônio, José o empurra com força. Antônio cai e, na queda, fratura o braço. Do alto do prédio, João vê a cena e fica irritado ao perceber que, pela atuação rápida de José, não conseguira acertar o vaso na cabeça de Antônio.

Com base no caso apresentado, segundo os estudos acerca da teoria da imputação objetiva, assinale a afirmativa correta.

(A) José praticou lesão corporal culposa.
(B) José praticou lesão corporal dolosa.
(C) O resultado não pode ser imputado a José, ainda que entre a lesão e sua conduta exista nexo de causalidade.
(D) O resultado pode ser imputado a José, que agiu com excesso e sem a observância de devido cuidado.

Ainda que presente o nexo de causalidade entre a conduta e o resultado produzido, a lesão corporal experimentada por Antônio não pode ser imputada a José, que assim agiu para preservar a integridade física da vítima.

Gabarito "C".

(OAB/Exame Unificado – 2011.3.B) Maquiavel, industrial dono de uma fábrica de pincéis feitos de pelos de cabra, sabia ser essencial a desinfecção dos pelos para que os funcionários pudessem manuseá-los, sob pena de contração de grave enfermidade. Ocorre que Maquiavel, querendo cortar custos e acreditando piamente que nenhum de seus funcionários padeceria de qualquer moléstia, pois eram todos "homens de bem", resolveu por bem não proceder ao tratamento com desinfetante. Ao manusearem os pelos de cabra que não haviam passado pela limpeza, quatro funcionários da empresa de Maquiavel faleceram. Maquiavel, então, foi denunciado e consequentemente processado pela prática de homicídio culposo, na modalidade culpa consciente. No curso do processo, entretanto, restou provado que ainda que os pelos de cabra tivessem passado pela ação do desinfetante, os quatro funcionários morreriam, porque os microrganismos já estavam resistentes à ação do desinfetante que devia ter sido utilizado.

Com base na situação descrita e tendo por base os estudos acerca da imputação objetiva, é corretor afirmar que Maquiavel:

(A) deve, realmente, responder por homicídio culposo, na modalidade culpa consciente.
(B) não praticou fato típico, sendo amparado pelo princípio da confiança, que limita o dever objetivo de cuidado.
(C) agiu dentro de um risco permitido, razão pela qual o resultado não lhe pode se imputado.
(D) não pode ter o fato imputado a si, pois, com sua conduta, não incrementou risco já existente.

Embora reprovável a conduta de Maquiavel, não poderá ser responsabilizado porque o resultado letal teria se verificado de qualquer modo. É dizer, ainda que tivesse providenciado a limpeza dos pelos de cabra, o resultado, do mesmo jeito, teria sido produzido. Sua conduta não gerou tampouco incrementou o risco já existente.

Gabarito "D"

(OAB/Exame Unificado – 2009.1) Ana e Bruna desentenderam-se em uma festividade na cidade onde moram e Ana, sem intenção de matar, mas apenas de lesionar, atingiu levemente, com uma faca, o braço esquerdo de Bruna, a qual, ao ser conduzida ao hospital para tratar o ferimento, foi vítima de acidente de automóvel, vindo a falecer exclusivamente em razão de traumatismo craniano. Acerca dessa situação hipotética, é correto afirmar, à luz do CP, que Ana

(A) não deve responder por delito algum, uma vez que não deu causa à morte de Bruna.
(B) deve responder apenas pelo delito de lesão corporal.
(C) deve responder pelo delito de homicídio consumado.
(D) deve responder pelo delito de homicídio na modalidade tentada.

O acidente de automóvel do qual resultou a morte de Bruna constitui, conforme reza o art. 13, § 1º, do CP, *causa superveniente relativamente independente*, que tem o condão de romper o nexo causal, fazendo com que Ana responda tão somente pela lesão corporal. Embora o acidente automobilístico tenha sido gerado pela lesão experimentada por Ana (causas relativamente independentes), ele, acidente, foi capaz, por si só, de produzir o resultado.

Gabarito "B"

(OAB/Exame Unificado – 2008.1) Assinale a opção correta quanto às formas de exteriorização da conduta típica.

(A) O crime de sequestro exige uma conduta omissiva.
(B) O crime de omissão de socorro é classificado como omissivo impróprio.
(C) A apropriação de coisa achada é delito de conduta omissiva e comissiva ao mesmo tempo.
(D) A apropriação indébita previdenciária é crime de conduta comissiva, apenas.

A: incorreto. O delito de sequestro e cárcere privado, capitulado no art. 148 do CP, é, em regra, comissivo; **B:** incorreto. O crime do art. 135 do CP é *omissivo próprio*, pois se consuma com a mera abstenção do agente, consubstanciada, aqui, na ausência de socorro; **C:** correto. Diz-se que o crime do art. 169, II, do CP (apropriação de coisa achada) é, ao mesmo tempo, de conduta omissiva e comissiva porquanto a consumação se opera com a não devolução da coisa ao proprietário ou a não entrega à autoridade dentro no prazo de 15 (quinze) dias (omissão), não bastando à consumação do delito o encontro da *res*. Esta deve, portanto, vir acompanhada da inércia do agente; **D:** incorreto. O crime do art. 168-A do CP consuma-se no momento em que o agente deixa de repassar a quantia devida ao INSS. Trata-se, portanto, de *delito omissivo*.

Gabarito "C"

(FGV – 2013) Com relação ao estudo da *teoria do crime*, assinale a afirmativa **incorreta**.

(A) A conduta pode se manifestar por meio de um comportamento positivo (ação) ou de um comportamento negativo (omissão), quando não atua o agente de acordo com o comportamento esperado pela norma.
(B) Os crimes omissivos se dividem em próprio e impróprio, não se admitindo a tentativa em qualquer deles.
(C) Os delitos omissivos impróprios são crimes próprios, já que se exige do autor uma qualidade especial.
(D) Admite-se a coautoria nos crimes omissivos impróprios.

A: correta. De fato, a conduta, que nada mais é do que a materialização da vontade humana, comporta duas formas: *ação*, que consiste no comportamento positivo (um fazer, portanto); e *omissão*, que constitui um comportamento negativo, um não fazer, uma abstenção. Esta forma de conduta pode ser classificada, por seu turno, em *omissão própria* (ex.: omissão de socorro – art. 135, CP) e omissão imprópria, que envolve um dever de agir (art. 13, § 2º, do CP); **B:** incorreta. Se é verdade, de um lado, que o crime omissivo próprio não admite a modalidade tentada, é incorreto dizer o mesmo em relação à omissão imprópria, uma vez que, neste caso, o *conatus* é, sim, admitido. Vale lembrar que são crimes cuja consumação está condicionada à produção de resultado naturalístico. Diferente da omissão própria, em que a consumação se dá com a mera abstenção do agente, independente de qualquer resultado posterior; **C:** correta. Somente poderá ser responsabilizado pelo cometimento de crime omissivo impróprio aquele que se encontrar em uma das hipóteses descritas no art. 13, § 2º, do CP. É uma condição especial que deve ter o sujeito ativo; **D:** correta. Os crimes omissivos impróprios (comissivos por omissão) comportam a coautoria. É o caso dos pais que deixam de alimentar o filho que, em razão disso, vem a morrer por inanição. Pai e mãe, neste exemplo, respondem na qualidade de coautores. É bom que se diga que este posicionamento não é pacífico na doutrina.

Gabarito "B"

(FGV – 2010) Carlos Cristiano trabalha como salva-vidas no clube municipal de Tartarugalzinho. O clube abre diariamente às 8hs, e a piscina do clube funciona de terça a domingo, de 9 às 17 horas, com um intervalo de uma hora para o almoço do salva-vidas, sempre entre 12 e 13 horas. Carlos Cristiano é o único salva-vidas do clube e sabe a responsabilidade de seu trabalho, pois várias crianças utilizam a piscina diariamente e muitas dependem da sua atenção para não morrerem afogadas. Normalmente, Carlos Cristiano trabalha com atenção e dedicação, mas naquele dia 2 de janeiro estava particularmente cansado, pois dormira muito tarde após as comemorações do *reveillon*. Assim, ao invés de voltar do almoço na hora, decidiu tirar um cochilo. Acordou às 15 horas, com os gritos dos sócios do clube que tentavam reanimar uma criança que entrara na piscina e fora parar na parte funda. Infelizmente, não foi possível reanimar a criança. Embora houvesse outras pessoas na piscina, ninguém percebera que a criança estava se afogando. Assinale a alternativa que indique o crime praticado por Carlos Cristiano.

(A) Homicídio culposo.
(B) Nenhum crime.
(C) Omissão de socorro.
(D) Homicídio doloso, na modalidade de ação comissiva por omissão.
(E) Homicídio doloso, na modalidade de ação omissiva.

É verdade que o salva-vidas tem o dever jurídico, imposto pelo art. 13, § 2º, do CP, de agir sempre que alguém corre risco em uma piscina ou mesmo no mar. Deve, portanto, fazer gestões para impedir o resultado letal. Ocorre que o salva-vidas, neste caso, por ter ido um pouco além do seu horário de almoço, não estava no seu local de trabalho no momento em que uma criança se afogou. Só se poderia falar em crime omissivo impróprio (comissivo por omissão) se houvesse por parte de Carlos Cristiano a constatação da situação de perigo (afogamento) seguida de omissão. Não é o caso. O fato é que o salva-vidas não estava no local dos fatos para se omitir e, dessa forma, dar ensejo ao resultado naturalístico. Ademais disso, a criança não estava sozinha.

Gabarito "B".

(FGV – 2008) *José da Silva é guarda-vidas da piscina do clube Bonsucesso, muito frequentado por crianças. Todos os dias, a piscina do clube é aberta às 9 horas da manhã pelo servente João de Souza e José da Silva é sempre o primeiro a entrar na área da piscina e assumir seu posto no alto da cadeira de guarda-vidas. Contudo, no dia 1º de novembro de 2008, José da Silva não chegou no horário. Mesmo sabendo que a piscina é aberta às 9 horas, José chegou no clube somente às 10 horas e se deparou com uma cena macabra: duas crianças estavam mortas, afogadas na piscina.* A partir do fragmento acima, assinale a alternativa correta.

(A) José da Silva não praticou crime algum.
(B) José da Silva praticou o crime de omissão de socorro (art. 135, do Código Penal).
(C) José da Silva praticou o crime de homicídio culposo (art. 121, § 3º, do Código Penal).
(D) José da Silva praticou o crime de homicídio doloso na modalidade comissiva (art. 121, *caput*, do Código Penal).
(E) José da Silva praticou o crime de homicídio doloso na modalidade comissiva por omissão, pois ele exercia a função de garantidor (art. 121, *caput* c/c art. 13, § 2º, do Código Penal).

Da mesma forma que ocorre na questão anterior, o guarda-vidas não estava no seu local de trabalho no momento em que as crianças se afogaram, razão pela qual não poderá ser responsabilizado pelas mortes. Ainda que tenha se atrasado, não há que se falar em omissão por parte de José da Silva a caracterizar o crime de homicídio na modalidade comissiva por omissão (art. 13, § 2º, do CP). Ele não tinha conhecimento da situação de risco a que as crianças estavam submetidas.

Gabarito "A".

(FGV – 2008) Josefina Ribeiro é médica pediatra, trabalhando no hospital municipal em regime de plantão. De acordo com a escala de trabalho divulgada no início do mês, Josefina seria a única médica no plantão que se iniciava no dia 5 de janeiro, às 20h, e findava no dia 6 de janeiro, às 20h. Contudo, depois de passar toda a noite do dia 5 sem nada para fazer, Josefina resolve sair do hospital um pouco mais cedo para participar da comemoração do aniversário de uma prima sua. Quando se preparava para deixar o hospital às 18h do dia 6 de janeiro, Josefina é surpreendida pela chegada de José de Souza, criança de apenas 06 anos, ao hospital precisando de socorro médico imediato. Josefina percebe que José se encontra em estado grave, mas decide deixar o hospital mesmo assim, acreditando que Joaquim da Silva (o médico plantonista que a substituiria às 20h) chegaria a qualquer momento, já que ele tinha o hábito de se apresentar no plantão sempre com uma ou duas horas de antecedência. Contudo, naquele dia, Joaquim chega ao hospital com duas horas de atraso (às 22h) porque estava atendendo em seu consultório particular. José de Souza morre em decorrência de ter ficado sem atendimento por quatro horas. Que crime praticaram Josefina e Joaquim, respectivamente?

(A) Homicídio culposo e homicídio culposo.
(B) Homicídio doloso e homicídio doloso.
(C) Omissão de socorro e omissão de socorro.
(D) Homicídio doloso e nenhum crime.
(E) Homicídio doloso e homicídio culposo.

Não há nenhuma relevância penal na conduta de Joaquim da Silva, que, sem ter ciência do que se passava, apenas se atrasou para o plantão. Quanto a Josefina, a situação é bem diferente. Ciente da chegada da criança e de seu grave estado de saúde, abandonou o plantão para ir a uma festa de aniversário, atitude no mínimo repugnante. Nos termos do art. 13, § 2º, do CP, a médica tinha o dever de agir para evitar o resultado. Como assim não o fez, responderá por homicídio doloso (crime omissivo impróprio).

Gabarito "D".

(FGV – 2007) Caio dispara uma arma objetivando a morte de Tício, sendo certo que o tiro não atinge um órgão vital. Durante o socorro, a ambulância que levava Tício para o hospital é atingida violentamente pelo caminhão dirigido por Mévio, que ultrapassara o sinal vermelho. Em razão da colisão, Tício falece. Responda: quais os crimes imputáveis a Caio e Mévio, respectivamente?

(A) Tentativa de homicídio e homicídio doloso consumado.
(B) Lesão corporal seguida de morte e homicídio culposo.
(C) Homicídio culposo e homicídio culposo.
(D) Tentativa de homicídio e homicídio culposo.
(E) Tentativa de homicídio e lesão corporal seguida de morte.

A colisão que vitimou Tício constitui *causa superveniente relativamente independente* que por si só gerou o resultado. O nexo causal, nos termos do art. 13, § 1º, do CP, é interrompido (há imprevisibilidade). Caio, por isso, responderá por homicídio na forma tentada; Mévio, que ultrapassou o sinal vermelho (agiu com imprudência), responderá por homicídio culposo.

Gabarito "D".

(FGV – 2007) Maria da Silva é médica pediatra, trabalhando no hospital municipal em regime de plantão. De acordo com a escala de trabalho divulgada no início do mês, Maria seria a única médica pediatra com obrigação de trabalhar no plantão que se iniciava no dia 5 de janeiro, às 20h e findava no dia 6 de janeiro, às 20h. Contudo, depois de passar toda a noite do dia 5 sem nada para fazer, Maria resolve sair do hospital para participar da comemoração do aniversário de uma prima sua, um churrasco que se realizaria em uma casa a poucas quadras do hospital. Maria deixa o hospital às 12h do dia 6 de janeiro sem, contudo, avisar onde estaria. Maria deixou o número de seu telefone celular, mas o papel que o continha se extraviou do quadro de avisos. Maria não retornou mais ao hospital até o final do plantão. Ocorre que, às 14h do dia 6 de janeiro, Manoel de Souza, criança de apenas 6 anos, é levado ao hospital por parentes precisando de socorro médico imediato. Embora houvesse outros médicos de plantão (um cardiologista e uma ortopedista), ambos se recusam a examinar Manoel, alegando que não eram especialistas e que a responsável pelo plantão da emergência era Maria da Silva. Manoel de Souza morre de meningite cerca de oito horas depois, na porta do hospital, sem ter sido atendido. Qual foi o crime praticado por Maria?

(A) Homicídio culposo.
(B) Nenhum crime.
(C) Omissão de socorro.
(D) Homicídio doloso, na modalidade de ação comissiva por omissão.
(E) Homicídio doloso, na modalidade de ação omissiva.

Para que à médica pudesse ser imputado o crime de homicídio (omissivo impróprio), seu dever de agir devia estar previsto no art. 13, § 2º, do CP. A presença de outros médicos no plantão do hospital elide a configuração do crime de omissão de socorro.

Gabarito "B"

6. CRIMES DOLOSOS, CULPOSOS E PRETERDOLOSOS

(OAB/Exame Unificado – 2013.3) Wilson, competente professor de uma autoescola, guia seu carro por uma avenida à beira-mar. No banco do carona está sua noiva, Ivana. No meio do percurso, Wilson e Ivana começam a discutir: a moça reclama da alta velocidade empreendida. Assustada, Ivana grita com Wilson, dizendo que, se ele continuasse naquela velocidade, poderia facilmente perder o controle do carro e atropelar alguém. Wilson, por sua vez, responde que Ivana deveria deixar de ser medrosa e que nada aconteceria, pois se sua profissão era ensinar os outros a dirigir, ninguém poderia ser mais competente do que ele na condução de um veículo. Todavia, ao fazer uma curva, o automóvel derrapa na areia trazida para o asfalto por conta dos ventos do litoral, o carro fica desgovernado e acaba ocorrendo o atropelamento de uma pessoa que passava pelo local. A vítima do atropelamento falece instantaneamente. Wilson e Ivana sofrem pequenas escoriações. Cumpre destacar que a perícia feita no local constatou excesso de velocidade.

Nesse sentido, com base no caso narrado, é correto afirmar que, em relação à vítima do atropelamento, Wilson agiu com

(A) dolo direto.
(B) dolo eventual.
(C) culpa consciente.
(D) culpa inconsciente.

Pela narrativa, é possível afastar, de pronto, a ocorrência do *dolo direto*. É que restou claro que a intenção de Wilson não era a de provocar a morte do pedestre, que, por sinal, nem conhecia. Pois bem. Da mesma forma que fizemos com o dolo direto, há de se afastar a *culpa inconsciente*, uma vez que o resultado que poderia redundar de sua conduta foi antevisto: o atropelamento do qual resultou a morte do pedestre. Assim, restam o *dolo eventual* (assertiva "B") e a *culpa consciente* (alternativa "C"). No *dolo eventual*, a postura do agente em relação ao resultado é de indiferença. É verdade que, nesta modalidade de dolo, a sua vontade não é dirigida ao resultado (morte, neste caso), mas, prevendo a possibilidade de ele (resultado) ocorrer, revela-se indiferente e dá sequência à sua empreitada, assumindo o risco de causá-lo. Em outras palavras, ele não o deseja, mas se acontecer, aconteceu. Não foi isso que aconteceu na narrativa acima. Muito embora Wilson tivesse a previsão do resultado ofensivo, sua postura não foi de indiferença em relação a ela, mas de excesso de confiança, o que configura a chamada *culpa consciente*. Wilson não tolera tampouco aceita a produção do resultado. Ele acreditou piamente que, com a sua habilidade e destreza, o atropelamento não iria acontecer. Foi bem isso que se deu com Wilson. Correta, portanto, a assertiva "C".

Gabarito "C"

(OAB/Exame Unificado – 2012.3.B) Platão, desejando matar Sócrates, entrega a Aristóteles uma arma, fazendo-o supor, erroneamente, que está desmuniciada e, portanto, incapaz de oferecer qualquer perigo. Ao perceber que Aristóteles está manuseando a arma e que sequer conferiu a informação dada no sentido de que não havia balas no seu interior, Platão induz Aristóteles a acionar o gatilho na direção de Sócrates. Assim é feito e Sócrates acaba falecendo em decorrência do tiro que levou.

Com base na situação descrita, assinale a afirmativa correta.

(A) Platão praticou homicídio doloso e Aristóteles, homicídio culposo.
(B) Platão participou, dolosamente, do crime culposo de Aristóteles.
(C) É possível verificar-se o concurso de pessoas.
(D) Platão agiu com dolo direto e Aristóteles, com dolo eventual.

Está-se, aqui, diante da chamada *autoria mediata* ou *autoria por determinação*. Platão, desejando pôr fim à vida de Sócrates, recorre a Aristóteles, que funciona como *instrumento* do cometimento do crime, isto é, o autor *mediato*, que é Platão, utiliza o executor (autor imediato), que é Aristóteles, como mero instrumento para a sua empreitada criminosa. Evidente que Platão, porque desejou a morte de Sócrates e utilizou Aristóteles para alcançar seu objetivo, será responsabilizado pelo crime de homicídio doloso consumado; já Aristóteles, que não queria a morte de Sócrates mas não se cercou dos cuidados necessários ao manuseio da arma de fogo, deverá responder pelo crime de homicídio culposo.

Gabarito "A"

(OAB/Exame Unificado – 2010.3) Pedro, não observando seu dever objetivo de cuidado na condução de uma bicicleta, choca-se com um telefone público e o destrói totalmente. Nesse caso, é correto afirmar que Pedro

(A) deverá ser responsabilizado pelo crime de dano simples, somente.
(B) deverá ser responsabilizado pelo crime de dano qualificado, sem prejuízo da obrigação de reparar o dano causado.
(C) não será responsabilizado penalmente.
(D) deverá ser responsabilizado pelo crime de dano qualificado, somente.

Do enunciado da questão é possível concluir-se que o ato praticado por Pedro foi culposo, já que inobservou seu dever de cuidado objetivo. Como tal se deu na condução de sua bicicleta e teve como resultado a destruição total de um telefone público, Pedro estaria incurso, por conta disso, nas penas do crime de "dano culposo". Ocorre que não há, no Código Penal, previsão desse crime. O crime de dano, que somente comporta a modalidade dolosa, está no art. 163 do CP. É correto, portanto, afirmar-se que Pedro não será responsabilizado penalmente, já que a destruição se deu a título de culpa. *Vide* art. 18, parágrafo único, do CP, que trata da *excepcionalidade do crime culposo.*

Gabarito "C"

(OAB/Exame Unificado – 2009.2) Com relação ao dolo e à culpa, assinale a opção correta.

(A) A conduta culposa poderá ser punida ainda que sem previsão expressa na lei.
(B) Caracteriza-se a culpa consciente caso o agente preveja e aceite o resultado de delito, embora imagine que sua habilidade possa impedir a ocorrência do evento lesivo previsto.
(C) Caracteriza-se a culpa própria quando o agente, por erro de tipo inescusável, supõe estar diante de uma causa de justificação que lhe permite praticar, licitamente, o fato típico.
(D) Considere que determinado agente, com intenção homicida, dispare tiros de pistola contra um desafeto e, acreditando ter atingido seu objetivo, jogue o suposto cadáver em um lago. Nessa situação hipotética, caso se constate posteriormente que a vítima estava viva ao ser atirada no lago, tendo a morte ocorrido por afogamento, fica caracterizado o dolo geral do agente, devendo este responder por homicídio consumado.

A: incorreto. O art. 18, parágrafo único, do CP prevê a chamada *excepcionalidade do crime culposo*, ou seja, só há que se falar em crime culposo se houver previsão legal expressa nesse sentido; caso contrário, o agente não poderá ser punido a título de culpa; **B:** incorreto. Na *culpa consciente* o agente prevê o resultado, mas espera sinceramente que ele não ocorra. O agente, neste caso, não aceita a ocorrência do resultado. Tal postura (de aceitar o resultado) é compatível com o *dolo eventual*, em que o sujeito assume o risco de produzi-lo, conforma-se com ele, mostra-se, enfim, indiferente em relação a ele, resultado; **C:** incorreto. *Culpa própria*: o agente não deseja o resultado tampouco assume o risco de produzi-lo; **D:** correto. Também chamado de *erro sucessivo* ou *aberratio causae*.

Gabarito "D"

(OAB/Exame Unificado – 2008.3) De acordo com o Código Penal, salvo exceção, quando, por acidente ou erro na execução do crime, sobrevém resultado diverso do pretendido, o agente responde por culpa caso o fato seja previsto como crime culposo. Entretanto, se ocorrer, também, o resultado pretendido, o agente

(A) não responderá por ele, sob pena de responsabilidade penal objetiva.
(B) responderá por ele, segundo a regra do concurso formal.
(C) responderá por ele, segundo a regra do concurso material.
(D) não responderá por ele, sob pena de *bis in idem*.

Art. 74 do CP (resultado diverso do pretendido).

Gabarito "B"

(OAB/Exame Unificado – 2008.1) Acerca do dolo e da culpa, assinale a opção correta.

(A) Quando o agente comete erro sobre elemento constitutivo do tipo legal de crime, exclui-se o dolo, embora seja permitida a punição por crime culposo, se previsto em lei.
(B) Quando o agente, embora não querendo diretamente praticar a infração penal, não se abstém de agir e, com isso, assume o risco de produzir o resultado que por ele já havia sido previsto e aceito, há culpa consciente.
(C) Quando o agente deixa de prever o resultado que lhe era previsível, fica caracterizada a culpa imprópria e o agente responderá por delito preterdoloso.
(D) Quando o agente, embora prevendo o resultado, não deixa de praticar a conduta porque acredita, sinceramente, que esse resultado não venha a ocorrer, caracteriza-se a culpa inconsciente.

A: correto. O erro de tipo exclui sempre o dolo, mas permite, quando o caso, a punição por crime culposo (art. 20, *caput*, do CP). Excluído o dolo, excluída, por conseguinte, estará a tipicidade; **B:** incorreto (art. 18, I, segunda parte, CP). Trata-se do *dolo eventual*, e não da *culpa consciente*; **C:** incorreto. Na *culpa inconsciente*, o agente não prevê o resultado que é previsível. *Culpa imprópria*, por sua vez, é aquela na qual o agente supõe estar agindo acobertado por uma descriminante putativa; **D:** incorreto. Trata-se da *culpa consciente*, na medida em que o agente previu o resultado, mas, ainda assim, achou por bem agir, porque acreditava que, com sua habilidade, poderia evitá-lo.

Gabarito "A"

(OAB/Exame Unificado – 2007.3) É elemento do crime culposo

(A) A observância de um dever objetivo de cuidado.
(B) O resultado lesivo não querido, mas assumido, pelo agente.
(C) A conduta humana voluntária, sempre comissiva.
(D) A previsibilidade.

O crime culposo encontra previsão no art. 18, II, do CP. Além da *previsibilidade*, a doutrina aponta os seguintes elementos: conduta; dever de cuidado objetivo; resultado involuntário; ausência de previsão (culpa inconsciente); tipicidade; e nexo causal.

Gabarito "D"

(OAB/Exame Unificado – 2007.3) Com relação aos crimes culposos, é correto afirmar que se denomina

(A) imprudência a conduta do atirador de elite que mata a vítima em vez de acertar o criminoso.
(B) culposa a conduta do motorista que foge, omitindo socorro após provocar um acidente de trânsito.
(C) imperícia a conduta do motorista que desrespeita um sinal vermelho em um cruzamento.
(D) negligência a conduta do pai que deixa sua arma de fogo ao alcance de seus filhos menores.

Art. 18, II, do CP. *Negligência* é a conduta do agente que deixa de agir quando deveria; é a omissão que dá causa ao resultado. Difere, pois, da *imprudência*, que é sempre uma conduta positiva, um comportamento sem cautela. Não deve, da mesma forma, ser confundida com a *imperícia*, que é a falta de aptidão técnica, teórica ou prática para o exercício de arte ou ofício.

Gabarito "D"

(OAB/Exame Unificado – 2004.ES) Assinale a opção correta.

(A) No crime preterdoloso, há resultado diverso do pretendido, havendo dolo direto no antecedente e dolo eventual no consequente.
(B) O dolo eventual ocorre quando o agente não assume o risco de produzir o resultado do crime, mas age com imprudência.
(C) Ocorre culpa consciente quando o agente, embora preveja o resultado do crime, acredita sinceramente que ele não se produzirá.
(D) O dolo eventual é punido com a pena do tipo doloso, reduzida de um a dois terços.

A: incorreto. Constitui espécie do gênero *crime qualificado pelo resultado*. No delito preterdoloso, há dolo no antecedente (conduta) e culpa no consequente (resultado). Não comporta tentativa, já que o resultado final não é querido, desejado; **B:** incorreto. No *dolo eventual*, o agente, ao contrário, assume o risco de produzir o resultado; **C:** correto (art. 18, II, do CP). O agente, na culpa consciente, prevê o resultado e acredita na sua não ocorrência, confia plenamente na sua atuação, na sua destreza. Ele espera poder evitá-lo; **D:** incorreto (art. 18, I, do CP). A lei não faz qualquer distinção entre dolo direto e eventual no que concerne à aplicação da pena. De todo modo, deverá o juiz, ao individualizar a reprimenda, levar em conta tal circunstância.

Gabarito "C"

(FGV – 2008) João da Silva acabara de roubar um banco. Ao sair da agência bancária, furta um veículo que estava estacionado e sai em alta velocidade. Durante a fuga, começa a ser perseguido por dois carros de polícia. João da Silva é um excelente motorista e está em vias de despistar os policiais quando surge no meio da rua, logo à frente, um carro de polícia bloqueando a pista e um policial a pé determinando a parada do carro para uma fiscalização de rotina (*blitz*). Ao invés de reduzir, João aumenta a velocidade, pretendendo passar ao lado do policial sem atropelá-lo. Como é bom motorista, acredita que conseguirá passar, mas pensa consigo mesmo: "Se o policial for atropelado, azar o dele." Se João atropelar o policial, sua conduta deverá ser classificada como:

(A) culpa inconsciente.
(B) culpa consciente.
(C) dolo eventual.
(D) dolo direto.
(E) estado de necessidade.

No *dolo eventual*, a postura do agente em relação ao resultado é de indiferença. Sua vontade não está dirigida à sua obtenção; ele, em verdade, deseja outra coisa (passar ao lado do policial sem atropelá-lo, o que, por certo, possibilitará sua fuga), mas, prevendo a possibilidade de o resultado ocorrer, não se contém e, revelando-se indiferente, dá sequência à sua empreitada, assumindo o risco de causá-lo. Ele não o deseja, mas se acontecer, aconteceu: "Se o policial for atropelado, azar o dele". O dolo eventual não deve ser confundido com a culpa consciente. Nesta, embora o agente tenha a previsão do resultado ofensivo (como no dolo eventual), espera sinceramente que ele não ocorra. O agente repudia a possibilidade de o resultado por ele antevisto acontecer. Enfim, ele não o deseja (dolo direto) tampouco assume o risco de produzi-lo (dolo eventual).

Gabarito "C"

7. ERRO DE TIPO, DE PROIBIÇÃO E DEMAIS ERROS

(OAB/Exame Unificado – 2016.2) Wellington pretendia matar Ronaldo, camisa 10 e melhor jogador de futebol do time Bola Cheia, seu adversário no campeonato do bairro. No dia de um jogo do Bola Cheia, Wellington vê, de costas, um jogador com a camisa 10 do time rival. Acreditando ser Ronaldo, efetua diversos disparos de arma de fogo, mas, na verdade, aquele que vestia a camisa 10 era Rodrigo, adolescente que substituiria Ronaldo naquele jogo. Em virtude dos disparos, Rodrigo faleceu.

Considerando a situação narrada, assinale a opção que indica o crime cometido por Wellington.

(A) Homicídio consumado, considerando-se as características de Ronaldo, pois houve erro na execução.
(B) Homicídio consumado, considerando-se as características de Rodrigo.
(C) Homicídio consumado, considerando-se as características de Ronaldo, pois houve erro sobre a pessoa.
(D) Tentativa de homicídio contra Ronaldo e homicídio culposo contra Rodrigo.

Em primeiro lugar, necessário proceder à distinção entre os institutos do erro sobre a pessoa e erro na execução. Este último, também chamado de *aberratio ictus*, **refere-se à situação em que o a**gente, por acidente ou erro no uso dos meios de execução, atinge pessoa diversa da pretendida. No erro sobre a pessoa (art. 20, § 3º, do CP), o agente, por uma falsa percepção da realidade, se equivoca quanto à própria vítima do crime, atingindo pessoa diversa da pretendida. Note que, na *aberratio ictus*, inexiste por parte do agente equívoco sobre a pessoa que deverá ser atingida; o que existe é erro na execução do crime: por exemplo, erro de pontaria. No caso narrado no enunciado, Wellington não incorreu em erro de execução, mas em erro quanto à pessoa, já que atingiu Rodrigo pensando se tratar de Ronaldo. De qualquer forma, nos dois casos a consequência é a mesma: serão levadas em consideração as qualidades da pessoa que o agente queria atingir (neste caso Ronaldo), e não as da pessoa que o agente efetivamente atingiu (Rodrigo). É o que estabelecem os arts. 20, § 3º, do CP (erro quanto à pessoa) e 73, também do CP (erro na execução).

Gabarito "C"

(OAB/Exame Unificado – 2016.1) Pedro e Paulo bebiam em um bar da cidade quando teve início uma discussão sobre futebol. Pedro, objetivando atingir Paulo, desfere contra ele um disparo que atingiu o alvo desejado e também terceira pessoa que se encontrava no local, certo que ambas as vítimas faleceram, inclusive aquela cuja morte não era querida pelo agente.

Para resolver a questão no campo jurídico, deve ser aplicada a seguinte modalidade de erro:

(A) erro sobre a pessoa.
(B) *aberratio ictus*.
(C) *aberratio criminis*.
(D) erro determinado por terceiro.

O art. 73 do CP contempla duas modalidades de erro na execução (aberratio ictus): aberratio ictus com resultado único ou unidade símplessimples (primeira parte do art. 73, CP), em que o agente, no lugar de atingir a vítima desejada, atinge terceiro não visado. Nesta hipótese, deve-se aplicar o art. 20, § 3º, do CP, que estabelece que serão levadas em conta as qualidades da vítima almejada, e não as da vítima efetivamente atingida (terceiro); e aberratio ictus com duplo resultado ou unidade complexa (segunda *parte do art. 73, CP)*. Aqui, o agente, além de atingir a vítima desejada, também atinge terceira pessoa não visada. É a hipótese narrada no enunciado, em que Pedro, querendo atingir Paulo, também atinge, além deste, terceira pessoa que se achava no mesmo local, levando ambos à morte. Ou seja, uma morte foi desejada e a outra não. Responderá de acordo com a regra do art. 70 do CP (concurso formal de crimes).

Gabarito "B"

(OAB/Exame Unificado – 2015.1) Paloma, sob o efeito do estado puerperal, logo após o parto, durante a madrugada, vai até o berçário onde acredita encontrar-se seu filho recém-nascido e o sufoca até a morte, retornando ao local de origem sem ser notada. No dia seguinte, foi descoberta a morte da criança e, pelo circuito interno do hospital, é verificado que Paloma foi a autora do crime. Todavia, constatou-se que a criança morta não era o seu filho, que se encontrava no berçário ao lado, tendo ela se equivocado quanto à vítima desejada. Diante desse quadro, Paloma deverá responder pelo crime de

(A) homicídio culposo.
(B) homicídio doloso simples.
(C) infanticídio.
(D) homicídio doloso qualificado.

Embora Paloma, que se encontrava sob a influência do estado puerperal, tenha investido e matado outra criança que não o seu filho recém-nascido, o crime em que incorreu, ainda assim, é o de infanticídio (art. 123, CP). É hipótese de erro sobre a pessoa (art. 20, § 3º, do CP), segundo o qual o agente responderá pelo crime como se tivesse atingido a vítima pretendida. No caso, responderá pelo infanticídio (art. 123 do CP).

Gabarito "C"

(OAB/Exame Unificado – 2014.2) Eslow, holandês e usuário de maconha, que nunca antes havia feito uma viagem internacional, veio ao Brasil para a Copa do Mundo. Assistindo ao jogo Holanda x Brasil decidiu, diante da tensão, fumar um cigarro de maconha nas arquibancadas do estádio. Imediatamente, os policiais militares de plantão o prenderam e o conduziram à Delegacia de Polícia. Diante do Delegado de Polícia, Eslow, completamente assustado, afirma que não sabia que no Brasil a utilização de pequena quantidade de maconha era proibida, pois, no seu país, é um hábito assistir a jogos de futebol fumando maconha. Sobre a hipótese apresentada, assinale a opção que apresenta a principal tese defensiva.

(A) Eslow está em erro de tipo essencial escusável, razão pela qual deve ser absolvido.
(B) Eslow está em erro de proibição direto inevitável, razão pela qual deve ser isento de pena.
(C) Eslow está em erro de tipo permissivo escusável, razão pela qual deve ser punido pelo crime culposo.
(D) Eslow está em erro de proibição, que importa em crime impossível, razão pela qual deve ser absolvido.

A: incorreta. No *erro de tipo*, o equívoco do agente recai sobre elemento integrante do tipo. A consequência, neste caso, é a exclusão do dolo e da culpa, desde que haja previsão nesse sentido. Consiste na falsa percepção, por parte do agente, da realidade acerca dos elementos constitutivos do tipo penal. Exemplo sempre lembrado pela doutrina é aquele em que determinada pessoa, pensando se tratar do seu veículo, "subtrai" veículo de outrem, levado a isso em razão da semelhança existente entre os dois carros. É evidente que àquele que assim agiu não poderá ser atribuída responsabilidade pelo crime de furto, tendo em conta que não atuou com dolo; não sabia que o veículo no qual ingressou e com o qual deixou o local de estacionamento não lhe pertencia. Seu erro, aqui, incidiu sobre o elemento *alheio*, presente na descrição típica do art. 155, *caput*, do CP. Neste caso, estabelece o art. 20, *caput*, do CP que fica excluído o dolo. Não caberia a imputação por delito culposo na medida em que o crime de furto somente comporta a modalidade dolosa. Dito isso, pode-se afirmar que Eslow não incorreu em erro de tipo, pois seu equívoco não se referiu a nenhum elemento integrante de tipo penal; seu erro reside, isto sim, na ilicitude de seu comportamento. É dizer, Eslow achou que sua atitude, consistente em fazer uso de um cigarro de maconha, não era proibida pelo ordenamento jurídico brasileiro, quando, na verdade, era. Está-se aqui diante do que a doutrina convencionou chamar de *erro de proibição* (erro sobre a ilicitude do fato) – art. 21, CP. A consequência, neste caso, é a exclusão da culpabilidade (isenção de pena), quando inevitável; e causa de diminuição de pena, se evitável; **B:** correta. Tendo em conta que o erro de Eslow resultou da falta de conhecimento acerca da ilicitude de seu comportamento, isento estará de pena (exclusão de sua culpabilidade). Considera-se *inevitável* (invencível ou escusável) o erro de proibição em que o agente não tinha condições de saber que sua conduta era ilícita; **C:** incorreta. O chamado erro de tipo permissivo é o que recai sobre causas excludentes da ilicitude; **D:** incorreta. Não se confundem *erro de proibição* e *crime impossível*. Erro de proibição, como dissemos, é a falta de conhecimento acerca da ilicitude. Uma vez reconhecido, afasta-se a culpabilidade; já o crime impossível resulta da impossibilidade de o agente, ante a ineficácia (absoluta) do meio ou a impropriedade do objeto (absoluta), atingir a consumação do crime (art. 17, CP). É causa de exclusão da tipicidade. Também chamada pela doutrina de tentativa inidônea, inadequada ou quase-crime.

Gabarito "B"

(OAB/Exame Unificado – 2012.3.A) Jaime, brasileiro, passou a morar em um país estrangeiro no ano de 1999. Assim como seu falecido pai, Jaime tinha por hábito sempre levar consigo acessórios de arma de fogo, o que não era proibido, levando-se em conta a legislação vigente à época, a saber, a Lei n. 9.437/1997. Tal hábito foi mantido no país estrangeiro que, em sua legislação, não vedava a conduta. Todavia, em 2012, Jaime resolve vir de férias ao Brasil. Além de matar as saudades dos familiares, Jaime também queria apresentar o país aos seus dois filhos, ambos nascidos no estrangeiro. Ocorre que, dois dias após sua chegada, Jaime foi preso em flagrante por portar ilegalmente acessório de arma de fogo, conduta descrita no Art. 14 da Lei n. 10.826/2003, *verbis*: "Portar, deter, adquirir, fornecer, receber, ter em depósito, transportar, ceder, ainda que gratuitamente, emprestar, remeter, empregar, manter sob guarda ou ocultar arma de fogo, acessório ou munição, de uso permitido, sem autorização e em desacordo com determinação legal ou regulamentar".

Nesse sentido, podemos afirmar que Jaime agiu em hipótese de

(A) erro de proibição direto.
(B) erro de tipo essencial.
(C) erro de tipo acidental.
(D) erro sobre as descriminantes putativas.

A proibição que existia em relação à conduta de Jaime (art. 14 da Lei 10.826/2003) não era de seu conhecimento. Ele não sabia que sua conduta de portar, aqui no Brasil, acessório de arma de fogo era crime. Tal justifica-se pelo tempo em que permaneceu fora do país e também porque, ao ir morar nos EUA, a conduta hoje descrita no art. 14 da Lei 10.826/2003 (Estatuto do Desarmamento) era atípica. Sendo assim, embora tenha praticado um fato típico e antijurídico (pois não estava autorizado pelo direito a agir assim), não se mostra razoável reprovar a conduta de Jaime. É caso, portanto, de excluir a sua culpabilidade (art. 21, *caput*, CP). Erro de proibição direto é o que incide sobre a norma proibitiva; indireto é o erro de proibição que incide sobre uma norma justificante.

Gabarito "A"

(OAB/Exame Unificado – 2011.2) Apolo foi ameaçado de morte por Hades, conhecido matador de aluguel. Tendo tido ciência, por fontes seguras, que Hades o mataria naquela noite e, com o intuito de defender-se, Apolo saiu de casa com uma faca no bolso de seu casaco. Naquela noite, ao encontrar Hades em uma rua vazia e escura e, vendo que este colocava a mão no bolso, Apolo precipita-se e, objetivando impedir o ataque que imaginava iminente, esfaqueia Hades, provocando-lhe as lesões corporais que desejava. Todavia, após o ocorrido, o próprio Hades contou a Apolo que não ia matá-lo, pois havia desistido de seu intento e, naquela noite, foi ao seu encontro justamente para dar-lhe a notícia. Nesse sentido, é correto afirmar que

(A) havia dolo na conduta de Apolo.
(B) mesmo sendo o erro inescusável, Apolo responde a título de dolo.
(C) mesmo sendo o erro escusável, Apolo não é isento de pena.
(D) Apolo não agiu em legítima defesa putativa.

A: proposição correta, pois age com dolo o sujeito que, na legítima defesa putativa, deseja lesionar ou matar aquele que supõe ser o seu agressor; **B:** incorreto. O erro sempre afasta o dolo; subsistirá, porém, a culpa se houver previsão nesse sentido e o erro for inescusável; **C:** incorreto. Se o erro for escusável, Apolo, que agiu sob o manto da legítima defesa putativa, ficará isento de pena, em conformidade com o art. 20, § 1º, do CP; **D:** incorreto. Apolo, ao imaginar situação que, se existisse, tornaria a ação legítima, incorreu em legítima defesa putativa – art. 20, § 1º, do CP.

Gabarito "A"

(OAB/Exame Unificado – 2010.3) Joaquim, desejoso de tirar a vida da própria mãe, acaba causando a morte de uma tia (por confundi-la com aquela). Tendo como referência a situação acima, é correto afirmar que Joaquim incorre em erro

(A) de tipo essencial escusável – inevitável – e deverá responder pelo crime de homicídio sem a incidência da agravante relativa ao crime praticado contra ascendente (haja vista que a vítima, de fato, não era a sua genitora).
(B) de tipo essencial inescusável – evitável –, mas não deverá responder pelo crime de homicídio qualificado, uma vez que a pessoa atingida não era a sua ascendente.
(C) de proibição e deverá responder pelo crime de homicídio qualificado pelo fato de ter objetivado atingir ascendente (preserva-se o dolo, independente da identidade da vítima).
(D) de tipo acidental na modalidade *error in persona* e deverá responder pelo crime de homicídio com a incidência da agravante relativa ao crime praticado contra ascendente (mesmo que a vítima não seja, de fato, a sua genitora).

Em vista do que dispõe o art. 20, § 3º, do CP, serão levadas em conta, neste caso, as qualidades da vítima que Joaquim pretendia atingir, e não aquelas de quem, por erro quanto à pessoa, ele efetivamente atingiu. Não se trata de erro na execução (art. 73 do CP), em que o agente, por acidente ou erro no uso dos meios de execução, atinge uma pessoa no lugar de outra. No erro quanto à pessoa, há um equívoco de representação, na medida em que o agente investe contra determinada pessoa acreditando tratar-se de outra. Consequência: o erro não o isenta de pena (trata-se de erro acidental). Assim, consideram-se, para o fim de agravar ou qualificar o crime, as qualidades ou condições da vítima pretendida. Joaquim, dessa forma, será responsabilizado como se tivesse matado sua mãe, isto é, incidirá, sim, a agravante relativa a crime praticado contra ascendente.

Gabarito "D"

(OAB/Exame Unificado – 2010.2) Arlete, em estado puerperal, manifesta a intenção de matar o próprio filho recém-nascido. Após receber a criança no seu quarto para amamentá-la, a criança é levada para o berçário. Durante a noite, Arlete vai até o berçário, e, após conferir a identificação da criança, a asfixia, causando a sua morte. Na manhã seguinte, é constatada a morte por asfixia de um recém-nascido, que não era o filho de Arlete.

Diante do caso concreto, assinale a alternativa que indique a responsabilidade penal da mãe.

(A) Crime de homicídio, pois, o erro acidental não a isenta de responsabilidade.
(B) Crime de homicídio, pois, uma vez que o art. 123 do CP trata de matar o próprio filho sob influência do estado puerperal, não houve preenchimento dos elementos do tipo.
(C) Crime de infanticídio, pois houve erro quanto à pessoa.
(D) Crime de infanticídio, pois houve erro essencial.

Na dicção do art. 20, § 3º, do CP, serão levadas em consideração, neste caso, as qualidades da vítima que Arlete pretendia atingir, e não aquelas de quem ela de fato atingiu. Significa dizer, portanto, que, reconhecido o *estado puerperal* e verificado que o delito foi praticado *durante* ou *logo após* o parto, Arlete será responsabilizada pelo crime de infanticídio, e não por homicídio, já que houve por parte dela *erro quanto à pessoa*.

Gabarito "C"

(FGV – 2008) Assinale a afirmativa incorreta.

(A) O erro de tipo incide sobre os elementos que integram o tipo penal, abrangendo qualificadoras, causas de aumento e agravantes.
(B) O erro de tipo exclui o dolo, mas o comportamento pode ser punido a título culposo se o erro for escusável.
(C) O erro de proibição incide sobre a ilicitude do fato, atuando como causa excludente de culpabilidade.
(D) No crime putativo, o agente crê estar cometendo um delito e age com consciência do ilícito, mas não é crime; no erro de proibição o agente acredita que nada faz de ilícito, quando, na realidade, trata-se de um delito.
(E) O erro quanto aos pressupostos fáticos de uma causa de exclusão de ilicitude, o erro quanto à existência de uma causa excludente de ilicitude e o erro quanto aos limites de uma excludente de antijuridicidade são considerados descriminantes putativos.

A: correto. O erro de tipo (art. 20 do CP) tem como objeto de incidência as *elementares* de um crime, as *qualificadoras*, as *causas de aumento de pena* e as *agravantes*; **B:** incorreto (devendo ser assinalado). O erro de tipo exclui o dolo, mas permite, se *inescusável*, a punição por crime culposo, desde que previsto em lei – art. 20, *caput*, do CP. Agora, se o erro de tipo for *escusável*, devem ser afastados o dolo e a culpa; **C:** correto (art. 21 do CP); **D:** correto. O crime putativo ou imaginário só existe na cabeça do agente – sua conduta, em verdade, é lícita –, ao passo que, no erro de proibição, o agente desconhece que sua conduta é proibida – ocorre, aqui, um erro quanto à ilicitude do fato; **E:** correto (art. 20, § 1º, do CP).

Gabarito "B"

(FGV – 2005) A mulher que ingere substância abortiva, com o intuito de provocar um aborto, supondo, erroneamente, estar grávida, realiza o que a doutrina penal denomina de:

(A) delito putativo por obra do agente provocador.
(B) delito putativo por erro de proibição.
(C) erro de tipo.
(D) delito putativo por erro de tipo.
(E) erro de proibição.

Neste caso, o agente imagina estar presente uma elementar que, na verdade, inexiste. Não há crime. A doutrina aponta três modalidades de delito putativo ou imaginário, a saber: delito putativo por erro de tipo; delito putativo por erro de proibição; e delito putativo por obra de agente provocador.

Gabarito "D"

8. TENTATIVA, CONSUMAÇÃO, DESISTÊNCIA, ARREPENDIMENTO E CRIME IMPOSSÍVEL

(OAB/Exame Unificado – 2016.2) Rafael foi condenado pela prática de crime a pena privativa de liberdade de 04 anos e 06 meses, tendo a sentença transitado em julgado em 10/02/2008. Após cumprir 02 anos e 06 meses de pena, obteve livramento condicional em 10/08/2010, sendo o mesmo cumprido com correção e a pena extinta em 10/08/2012. Em 15/09/2015, Rafael pratica novo crime, dessa vez de roubo, tendo como vítima senhora de 60 anos de idade, circunstância que era do seu conhecimento. Dois dias depois, arrependido, antes da denúncia, reparou integralmente o dano causado. Na sentença, o magistrado condenou o acusado, reconhecendo a existência de duas agravantes pela reincidência e idade da vítima, além de não reconhecer o arrependimento posterior.

O advogado de Rafael deve pleitear

(A) reconhecimento do arrependimento posterior.
(B) reconhecimento da tentativa.
(C) afastamento da agravante pela idade da vítima.
(D) afastamento da agravante da reincidência.

A: incorreta. O reconhecimento do arrependimento posterior pressupõe que o crime em que incorreu o agente seja desprovido de violência ou grave ameaça à pessoa (art. 16, CP). Não é o caso do roubo; **B:** incorreta. Pelos dados fornecidos pelo enunciado, resta claro que o crime de roubo consumou-se. Tanto é que Rafael permaneceu na posse do produto do crime durante dois dias, quando então, arrependido, achou por bem reparar o dano causado; **C:** incorreta. Isso porque o fato de a vítima contar com mais de 60 anos configura a agravante prevista no art. 61, II, *h*, do CP. Agora cuidado: se o delito é praticado no dia do aniversário de 60 anos da vítima (e isso o enunciado não esclarece), não haverá incidência da agravante pela idade; **D:** correta, já que reflete a regra presente no art. 64, I, do CP.

Gabarito "D"

(OAB/Exame Unificado – 2016.1) Durante uma discussão, Theodoro, inimigo declarado de Valentim, seu cunhado, golpeou a barriga de seu rival com uma faca, com intenção de matá-lo. Ocorre que, após o primeiro golpe, pensando em seus sobrinhos, Theodoro percebeu a incorreção de seus atos e optou por não mais continuar golpeando Valentim, apesar de saber que aquela única facada não seria suficiente para matá-lo.

Neste caso, Theodoro

(A) não responderá por crime algum, diante de seu arrependimento.
(B) responderá pelo crime de lesão corporal, em virtude de sua desistência voluntária.
(C) responderá pelo crime de lesão corporal, em virtude de seu arrependimento eficaz.
(D) responderá por tentativa de homicídio.

Faz-se necessário, neste caso, estabelecer a diferença entre os institutos previstos no art. 15 do CP, a saber: *desistência voluntária* e *arrependimento eficaz*. Importante, antes de mais nada, saber que tanto um quanto o outro constituem hipótese de exclusão de tipicidade (segundo doutrina majoritária). Não há, portanto, que se falar em crime tentado, que pressupõe, como um de seus requisitos, que a consumação não seja atingida por circunstânciaiscircunstâncias alheias à vontade do agente. Na desistência e no arrependimento, o agente desiste de prosseguir na execução/evitar que o resultado se produza por vontade própria (voluntariedade na conduta). Na *desistência voluntária* – art. 15, primeira parte, do CP –, o agente, podendo chegar até a consumação do crime, acha por bem interromper sua execução, isto é, o sujeito ativo, depois de dar início à execução do crime e antes de atingir a consumação, muda de ideia e desiste de concluir o *iter criminis*. É imprescindível, portanto, para o reconhecimento desta causa de exclusão de tipicidade, que o agente, depois de dar início à execução do crime, desista e, como isso, o resultado deixe de ser produzido. Note que é bem esse o caso narrado no enunciado. Theodoro, depois de golpear seu cunhado e desafeto com uma faca, no lugar de prosseguir na execução do crime de homicídio (ele desejava a morte da vítima), já que dispunha de meios para isso (poderia desferir-lhe outras facadas), decide, de forma voluntária, desistir do seu intento inicial, que era provocar a morte de Valentin. Da mesma forma que a desistência voluntária, o arrependimento eficaz pressupõe que o agente, tendo iniciado a execução do crime que pretendia, num primeiro momento, praticar, desiste e age (conduta positiva) para que o resultado não ocorra. Como Theodoro tão somente desistiu de prosseguir na execução do crime (sem realizar qualquer ato posterior), fará jus à exclusão da tipicidade do crime de homicídio (é hipótese, como já dissemos, de desistência voluntária). No entanto, responderá pelas lesões corporais experimentadas por Valentin. A alternativa correta, portanto, é a "B".

Gabarito "B"

(OAB/Exame Unificado – 2015.3) Mário subtraiu uma TV do seu local de trabalho. Ao chegar em casa com a coisa subtraída, é convencido pela esposa a devolvê-la, o que efetivamente vem a fazer no dia seguinte, quando o fato já havia sido registrado na delegacia.

O comportamento de Mário, de acordo com a teoria do delito, configura

(A) desistência voluntária, não podendo responder por furto.
(B) arrependimento eficaz, não podendo responder por furto.
(C) arrependimento posterior, com reflexo exclusivamente no processo dosimétrico da pena.
(D) furto, sendo totalmente irrelevante a devolução do bem a partir de convencimento da esposa.

Como o crime já se consumara, não é mais o caso de se aplicar os institutos previstos no art. 15 do CP – *desistência voluntária* e *arrependimento eficaz*. Ficam excluídas, assim, as alternativas "A" e "B". Seria o caso se o agente, com o propósito, por exemplo, de subtrair determinado objeto que estivesse no interior de veículo, quebrasse o vidro deste e, antes de apossar-se dele (objeto), desistisse e fosse embora. Note que o *iter criminis* foi interrompido por iniciativa do agente, o que afasta, de plano, a figura da tentativa. Neste exemplo, o sujeito, depois de dar início à execução do crime, desiste, de forma voluntária, antes de atingir a sua consumação (art. 15, primeira parte, CP). Voltando ao enunciado, que descreve, repita-se, crime consumado, restará ao agente, neste caso, o *arrependimento posterior* (art. 16, CP), desde que a denúncia ou queixa ainda não tenha sido recebida (o fato acabara de ser registrado na delegacia). Mais: que o crime tenha sido cometido sem violência ou grave ameaça contra a pessoa (a conduta descrita no enunciado corresponde ao crime de furto). Atenção aqui: a violência ou grave ameaça empregada contra a coisa não afasta a incidência desta causa de diminuição de pena, como no caso do furto qualificado pelo rompimento ou destruição de obstáculo à subtração da *res*. Outros requisitos contidos no art. 16 do CP: é necessário que o ato seja voluntário, bem assim, como já dito, que a reparação do dano ou restituição do objeto material do crime seja efetivada até o recebimento da peça acusatória – queixa ou denúncia.

Gabarito "C"

(OAB/Exame Unificado – 2015.2) Cristiane, revoltada com a traição de seu marido, Pedro, decide matá-lo. Para tanto, resolve esperar que ele adormeça para, durante a madrugada, acabar com sua vida. Por volta das 22h, Pedro deita para ver futebol na sala da residência do casal. Quando chega à sala, Cristiane percebe que Pedro estava deitado sem se mexer no sofá. Acreditando estar dormindo, desfere 10 facadas em seu peito. Nervosa e arrependida, liga para o hospital e, com a chegada dos médicos, é informada que o marido faleceu. O laudo de exame cadavérico, porém, constatou que Pedro havia falecido momentos antes das facadas em razão de um infarto fulminante. Cristiane, então, foi denunciada por tentativa de homicídio. Você, advogado(a) de Cristiane, deverá alegar em seu favor a ocorrência de

(A) crime impossível por absoluta impropriedade do objeto.
(B) desistência voluntária.
(C) arrependimento eficaz.
(D) crime impossível por ineficácia do meio.

A: correta. Cristiane, conforme é possível concluir pela leitura do enunciado, praticou crime impossível por absoluta impropriedade do objeto material (art. 17, CP). É que, estando a vítima, no caso Pedro, morta ao tempo em que Cristiane desferiu-lhe as facadas, o homicídio que esta pretendia praticar não alcançaria, em hipótese alguma, sua consumação. E a razão para isso é simples: não é possível matar alguém que já está morto. Perceba que o bem jurídico tutelado pela norma do art. 121 do CP, a vida, não poderia, dessa forma, ser violado. Nesta hipótese, a despeito de Cristiane desejar a morte de Pedro, isso jamais ocorreria, já que, como dissemos, ele já estava morto. Também chamada pela doutrina de tentativa inidônea, inadequada ou quase crime, é causa de exclusão da tipicidade (art. 17, CP). Registre-se que a configuração do chamado crime impossível também se dá na hipótese em que o meio empregado pelo agente é absolutamente ineficaz a atingir o resultado pretendido. É o caso, por exemplo, da gestante que, desejando interromper sua gravidez, escolhe, para tanto, meio absolutamente ineficaz à produção do resultado, que, neste caso, é a morte do produto da concepção. Está-se a falar, neste caso, de crime impossível por absoluta ineficácia do meio empregado, já que o crime de aborto jamais poderia ser praticado ante a inaptidão do meio escolhido pela gestante. De uma forma ou de outra, é imprescindível que a ineficácia do meio e a impropriedade do objeto sejam *absolutas*; **B:** incorreta. Na *desistência voluntária* – art. 15, primeira parte, do CP –, o agente, podendo chegar até a consumação do crime, acha por bem interromper sua execução, isto é, o sujeito ativo, depois de dar início à execução do crime e antes de atingir a consumação, muda de ideia e desiste de concluir o *iter criminis*. É imprescindível, portanto, para o reconhecimento desta causa de exclusão de tipicidade, que o agente, depois de dar início à execução do crime, desista e, como isso, o resultado deixe de ser produzido. Se a vítima já estava morta, sequer houve início de execução do crime que pretendia praticar (homicídio); **C:** incorreta. Da mesma forma que a desistência voluntária, o arrependimento eficaz pressupõe que o agente, tendo iniciado a execução do crime que pretendia, num primeiro momento, praticar, desiste e age (conduta positiva) para que o resultado não ocorra; **D:** incorreta. *Vide* comentários à questão "A".

Gabarito "A"

(OAB/Exame Unificado – 2010.3) Marcus, visando roubar Maria, a agride, causando-lhe lesões corporais de natureza leve. Antes, contudo, de subtrair qualquer pertence, Marcus decide abandonar a empreitada criminosa, pedindo desculpas à vítima e se evadindo do local. Maria, então, comparece à delegacia mais próxima e narra os fatos à autoridade policial.

No caso acima, o delegado de polícia

(A) nada poderá fazer, uma vez que houve a desistência voluntária por parte de Marcus.
(B) deverá lavrar termo circunstanciado pelo crime de lesões corporais de natureza leve.
(C) nada poderá fazer, uma vez que houve arrependimento posterior por parte de Marcus.
(D) deverá instaurar inquérito policial para apurar o crime de roubo tentado, uma vez que o resultado pretendido por Marcus não se concretizou.

Na *desistência voluntária* – art. 15, primeira parte, do CP –, o agente, podendo chegar até a consumação do crime, acha por bem interromper sua execução, isto é, o sujeito ativo, depois de dar início à execução do crime e antes de atingir a consumação, muda de ideia e desiste de concluir o *iter criminis*. Foi o que se passou com Marcus. Ele deu início à execução do crime de roubo, já que empregou violência contra Maria com o propósito de subtrair-lhe bens, nela resultando lesão corporal de natureza leve, e, após, de forma voluntária, desistiu da empreitada e evadiu-se do local. A vítima, ferida, compareceu à delegacia e narrou os fatos ao delegado. A tentativa do crime de roubo deve ser afastada, pois, para sua configuração, seria necessário que a consumação não tivesse ocorrido por circunstâncias *alheias* à vontade do agente. Aqui, o crime não se consumou por vontade e iniciativa do agente. Por força do que dispõe o art. 15, parte final, do CP, Marcus responderá somente pelos atos praticados, ou seja, pela lesão corporal sofrida por Maria. Tratando-se de infração de menor potencial ofensivo, deve a autoridade policial lavrar termo circunstanciado, nos moldes do art. 69, *caput*, da Lei 9.099/1995.

Gabarito "B"

(OAB/Exame Unificado – 2009.3) Amaro, durante uma calorosa discussão no trânsito, desferiu, com intenção homicida, dois tiros de revólver em Bernardo. Mesmo dispondo de mais munição e podendo prosseguir, Amaro arrependeu-se, desistiu de continuar a ação criminosa e prestou imediato socorro a Bernardo, levando-o ao hospital mais próximo. A atitude de Amaro foi fundamental para a preservação da vida do Bernardo, que, contudo, teve sua integridade física comprometida, ficando incapacitado para suas ocupações habituais, por 60 (sessenta) dias, em decorrência das lesões provocadas pelos disparos. Considerando essa situação hipotética, assinale a opção correta.

(A) A atitude de Amaro caracteriza arrependimento posterior, tornando-o isento de pena.
(B) Amaro deve responder apenas pelo delito de lesão corporal de natureza grave.
(C) Amaro deve responder pelo delito de tentativa de homicídio.
(D) A atitude de Amaro caracteriza desistência voluntária, ficando excluída a ilicitude de sua conduta.

Amaro, após ter dado início à execução do crime, já que desferiu contra Bernardo dois tiros de arma de fogo, mesmo podendo prosseguir na sua empreitada, na medida em que dispunha de meios para tanto (seu revólver ainda tinha cartucho íntegro), arrependeu-se e, de forma voluntária, desistiu de avançar no *iter criminis*. Em seguida, agiu para que o resultado não se produzisse. Em consonância com o disposto no art. 15 do CP, o agente deve responder tão somente pelos *atos praticados*, isto é, pela lesão corporal de natureza grave experimentada por Bernardo, nos termos do art. 129, § 1º, I, do CP.

Gabarito "B"

(OAB/Exame Unificado – 2009.2) De acordo com o art. 14, inciso II, do CP, diz-se tentado o crime quando, iniciada a execução, este não se consuma por circunstâncias alheias à vontade do agente. Em relação ao instituto da tentativa (*conatus*) no ordenamento jurídico brasileiro, assinale a opção correta.

(A) A tentativa determina a redução da pena, obrigatoriamente, em dois terços.
(B) As contravenções penais não admitem punição por tentativa.
(C) O crime de homicídio não admite tentativa branca.
(D) Considera-se perfeita ou acabada a tentativa quando o agente atinge a vítima, vindo a lesioná-la.

A: incorreto. A diminuição a ser aplicada é da ordem de um a dois terços, conforme preceitua o art. 14, parágrafo único, do CP; **B:** correto. O art. 4º da Lei das Contravenções Penais reza que a tentativa de contravenção não é punida; **C:** incorreto. *Tentativa branca* ou *incruenta* é aquela em que a vítima não é atingida fisicamente. Exemplo: o sujeito descarrega sua arma contra a vítima, mas esta não chega a ser atingida (tentativa branca de homicídio), **D:** incorreto. *Perfeita* ou *acabada* (crime falho) é a tentativa em que o agente pratica todos os atos executórios que estão à sua disposição, mas, ainda assim, o crime não se consuma.

Gabarito "B"

(OAB/Exame Unificado – 2009.1) Acerca dos institutos da desistência voluntária, do arrependimento eficaz e do arrependimento posterior, assinale a opção correta.

(A) O agente que, voluntariamente, desiste de prosseguir na execução ou impede que o resultado se produza responderá pelo crime consumado com causa de redução de pena de um a dois terços.
(B) A desistência voluntária e o arrependimento eficaz, espécies de tentativa abandonada ou qualificada, passam por três fases: o início da execução, a não consumação e a interferência da vontade do próprio agente.
(C) Crimes de mera conduta e formais comportam arrependimento eficaz, uma vez que, encerrada a execução, o resultado naturalístico pode ser evitado.
(D) A natureza jurídica do arrependimento posterior é a de causa geradora de atipicidade absoluta da conduta, que provoca a adequação típica indireta, de forma que o autor não responde pela tentativa, mas pelos atos até então praticados.

A: incorreto. O art. 15 do CP, que cuida da *desistência voluntária* e do *arrependimento eficaz*, dispõe que o agente que, voluntariamente, desiste de prosseguir na execução do crime (desistência voluntária) ou impede que o resultado se produza (arrependimento eficaz) responde tão somente pelos atos até então praticados; **B:** correto. Parte da doutrina faz uso da terminologia *tentativa abandonada* ou *qualificada* para se referir à desistência voluntária e ao arrependimento eficaz. Sua aplicação de fato pressupõe início de *execução e ausência de consumação por vontade do agente*. Se a não consumação se der por circunstâncias alheias à sua vontade, a ele será imputada a prática de delito tentado; **C:** incorreto. Crimes de mera conduta não admitem resultado naturalístico; delitos formais admitem, mas não exigem que ele ocorra para que o crime atinja sua consumação. São crimes de consumação antecipada. Bem por isso, não comportam arrependimento eficaz, que somente terá incidência no âmbito dos crimes materiais, em que o resultado, previsto no tipo, é indispensável à consumação do delito; **D:** incorreto. É causa obrigatória de redução de pena contida no art. 16 do CP.

Gabarito "B"

(OAB/Exame Unificado – 2007.3) Alonso, com evidente intenção homicida, praticou conduta compatível com a vontade de matar Betina. A partir dessa situação hipotética, assinale a opção correta.

(A) Caso Alonso interrompesse voluntariamente os atos de execução, caracterizar-se-ia desistência voluntária, e ele só responderia pelos atos já praticados.
(B) Caso Alonso utilizasse os meios que tinha ao seu alcance para atingir a vítima, mas não conseguisse fazê-lo, ele só responderia por expor a vida de terceiro a perigo.
(C) Caso Alonso fosse interrompido, durante os atos de execução, por circunstâncias alheias à sua vontade, não chegando a fazer tudo que pretendia para consumar o crime, não se caracterizaria a tentativa de homicídio, mas lesão corporal.
(D) Caso Alonso não fosse interrompido e, após praticar tudo o que estava ao seu alcance para consumar o crime, resolvesse impedir o resultado, obtendo êxito neste ato, caracterizar-se-ia o arrependimento posterior, mas ficaria afastado o arrependimento eficaz.

A: correto (art. 15, primeira parte, do CP); **B** e **C:** incorretas (art. 14, II, do CP – tentativa); **D:** incorreta (art. 15, segunda parte, do CP – arrependimento eficaz).

Gabarito "A"

(OAB/Exame Unificado – 2007.2) É cabível o arrependimento posterior no crime de

(A) Roubo.
(B) Furto.
(C) Lesão corporal dolosa.
(D) Homicídio.

Art. 16 do CP. Conforme se depreende do dispositivo, o instituto só se aplica aos crimes cometidos sem violência ou grave ameaça à pessoa. É o caso do furto.

Gabarito "B"

(OAB/Exame Unificado – 2006.3) O ato em que o sujeito esgota, segundo seu entendimento, todos os meios, a seu alcance, de consumar a infração penal, que somente deixa de ocorrer por circunstâncias alheias à sua vontade, é denominado

(A) Tentativa imperfeita.
(B) Crime consumado.
(C) Crime falho.
(D) Tentativa branca.

A: incorreto. Na tentativa *imperfeita* ou *inacabada*, o processo de execução é interrompido, sofre solução de continuidade; **B:** incorreto (art. 14, I, do CP). O agente, no crime consumado, realiza integralmente o tipo penal; **C:** correto (art. 14, II, do CP). É a chamada *tentativa perfeita* ou *acabada*, em que o agente exaure os meios executórios de que dispõe; **D:** incorreto. Fala-se em tentativa *branca* ou *incruenta* quando o objeto material do crime não sofre lesão.

Gabarito "C"

(OAB/Exame Unificado – 2006.3) Considere-se que, depois de esgotar todos os meios disponíveis para chegar à consumação da infração penal, o agente arrependa-se e atue em sentido contrário, evitando a produção do resultado inicialmente por ele pretendido. Nessa hipótese, configura-se

(A) arrependimento eficaz.
(B) desistência voluntária.
(C) crime impossível.
(D) Arrependimento posterior.

A: correto. Se o agente, depois de lançar mão de todos os recursos de que dispunha para atingir a consumação, passa a atuar, voluntariamente, para que o resultado não se concretize, deverá ser responsabilizado tão somente pelos atos que praticou – art. 15, segunda parte, do CP; **B:** incorreto. A *desistência voluntária* (art. 15, primeira parte, do CP) pressupõe que o agente não tenha esgotado os meios executórios, pois só assim ele poderá *desistir* de prosseguir na execução. Há, portanto, interrupção voluntária do *iter criminis*, anterior à consumação. Se o agente, no entanto, já tendo realizado tudo que julgava necessário à consumação, agir para que o resultado não se produza, responderá somente pelos atos praticados. É o chamado *arrependimento eficaz*; **C:** incorreto (art. 17 do CP – crime impossível); **D:** incorreto (art. 16 do CP – arrependimento posterior).

Gabarito "A"

(OAB/Exame Unificado – 2006.2) Se, durante os atos de execução do crime, mas sem esgotar todo o processo executivo do delito, o agente desiste, voluntariamente, de nele prosseguir, ocorre

(A) Arrependimento eficaz.
(B) Desistência voluntária.
(C) Arrependimento posterior.
(D) Tentativa perfeita.

A: incorreto (art. 15, segunda parte, do CP); **B:** correto (art. 15, primeira parte, do CP); **C:** incorreto (art. 16 do CP); **D:** incorreto. *Tentativa perfeita* ou *crime falho*: mesmo tendo realizado todos os atos de execução, o agente, ainda assim, não consegue atingir a consumação do crime.

Gabarito "B"

(FGV – 2013) Sobre o *crime impossível*, assinale a afirmativa **incorreta**.

(A) Não se pune a tentativa quando, por ineficácia absoluta do meio ou por absoluta impropriedade do objeto, é impossível consumar-se o crime.
(B) A jurisprudência dos Tribunais Superiores tem entendido que a existência de sistema de monitoramento do local por câmeras não autoriza, por si só, o reconhecimento de crime impossível.
(C) Na hipótese de flagrante preparado e esperado, aplica-se a mesma regra do crime impossível.
(D) A hipótese de crime impossível é caso de atipicidade comportamental.
(E) O princípio da lesividade é um dos principais fundamentos para o tratamento conferido pelo Código Penal ao crime impossível.

A: correta, pois corresponde à redação do art. 17 do CP; **B:** correta. De fato, o *furto sob vigilância* pode, em determinadas situações, a depender do caso concreto, caracterizar *crime impossível* pela *ineficácia absoluta do meio* (art. 17 do CP). É o caso, por exemplo, do agente que, desde o momento em que ingressa no supermercado, passa a ser permanentemente vigiado por sistema de câmeras e também por seguranças, que ficam o tempo todo no seu encalço. Não há, neste caso, a menor possibilidade de o crime consumar-se. Isso não quer dizer que a existência, por si só, de sistema de segurança por câmeras elimine a possibilidade de o crime chegar à sua consumação. É perfeitamente plausível que o agente se aproveite de determinado ângulo de monitoramento em que a subtração não é visualizada pelo sistema de câmeras. Dessa forma, a ineficácia do meio deve ser avaliada caso a caso. Nesse sentido: STF, HC 110.975-RS, 1ª T., rel. Min. Carmen Lúcia, 22.05.2012. Consagrando esse entendimento, o STJ editou a Súmula n. 567: "Sistema de vigilância realizado por monitoramento eletrônico ou por existência de segurança no interior de estabelecimento comercial, por si só, não torna impossível a configuração do crime de furto"; **C:** incorreta, devendo ser assinalada, na medida em que somente o flagrante preparado (e não o esperado) constitui hipótese de crime impossível (art. 17, CP). Verificar-se-á o chamado *flagrante preparado* sempre que o agente provocador levar alguém a praticar uma infração penal. *Vide* Súmula n. 145 do STF; situação diferente é a do chamado *flagrante esperado*, em que a polícia não controla a ação do agente, apenas aguarda, depois de comunicada, a ocorrência do crime. É hipótese viável de prisão em flagrante; **D:** correta. De fato, o reconhecimento do crime impossível leva à atipicidade do comportamento. Não há crime, nem tentado muito menos consumado; **E:** correta. No crime impossível, dada a impossibilidade de atingir-se o resultado (impossível alcançar a consumação), não há que se falar em lesão ou perigo de lesão ao bem jurídico sob tutela.

Gabarito "C"

Determinado agente, insatisfeito com as diversas brigas que tinha com seu vizinho, resolve matá-lo. Ao ver seu desafeto passando pela rua, pega sua arma, que estava em situação regular e contava com apenas uma bala, e atira, vindo a atingi-lo na barriga. Lembrando-se que o vizinho era pai de duas crianças, arrepende-se de seu ato e leva a vítima ao hospital. O médico, diante do pronto atendimento e rápida cirurgia, salva a vida da vítima.

(FGV – 2013) Diante da situação acima, o membro do Ministério Público deve

(A) denunciar o agente pelo crime de lesão corporal, pois o arrependimento posterior no caso impede que o agente responda pelo resultado pretendido inicialmente.
(B) denunciar o agente pelo crime de lesão corporal, pois houve arrependimento eficaz.
(C) denunciar o agente pelo crime de lesão corporal, pois houve desistência voluntária.
(D) denunciar o agente pelo crime de tentativa de homicídio, tendo em vista que o resultado pretendido inicialmente não foi obtido.
(E) requerer o arquivamento, diante da atipicidade da conduta.

A: incorreta. O *arrependimento posterior*, disciplinado no art. 16 do CP, pressupõe, diferentemente da *desistência voluntária* e do *arrependimento eficaz*, que o crime já tenha atingido sua consumação. No caso descrito no enunciado, o crime, por iniciativa do agente, não se consumou. Mais: mesmo que tivesse se consumado, ainda assim não poderia o agente beneficiar-se do arrependimento posterior, já que se exige, ao reconhecimento desta causa de diminuição de pena, que o crime não tenha sido praticado mediante violência ou grave ameaça;

B: correta. O agente, determinado a dar cabo da vida de seu vizinho e desafeto, desfere contra ele um tiro de arma de fogo, que é atingido em região vital (barriga). Logo em seguida, o atirador se arrepende do que acabara de fazer e passa agir para evitar que o resultado *morte* (inicialmente por ele desejado) ocorresse, providenciando para que a vítima fosse socorrida ao hospital. Por conta dessa intervenção, a vítima é salva. Neste caso, em vista do que estabelece o art. 15, segunda parte, do CP, o agente deverá responder tão somente pelos atos que praticou: a lesão corporal; **C:** incorreta. Não é hipótese de *desistência voluntária*. É que, nesta modalidade de tentativa abandonada, exige-se que o agente não tenha esgotado os meios executórios, pois só assim ele poderá *desistir* de prosseguir na execução. No caso aqui retratado, o agente esgotou os meios de que dispunha para alcançar o resultado: depois de disparar o único tiro de que dispunha, nada mais havia a ser feito. Não houve, portanto, interrupção voluntária do *iter criminis*, requisito necessário ao reconhecimento da *desistência voluntária*. O agente, ao contrário, já tendo realizado tudo que julgava necessário à consumação, agiu para que o resultado não se produzisse. Enfim, na desistência voluntária, o agente, arrependido, desiste de dar sequência à execução; no arrependimento eficaz, o agente, depois de realizar tudo que podia para alcançar o resultado, arrepende-se e passa agir para evitá-lo. Pressupõe, portanto, uma ação, um fazer; **D:** incorreta. Tanto a desistência voluntária quanto o arrependimento eficaz afastam a ocorrência do crime tentado. Isso porque a ausência de consumação se dá por iniciativa do agente, e não por circunstâncias alheias à sua vontade (pressuposto da tentativa); **E:** incorreta. A teor do art. 15 do CP, ao agente deverá ser imputada a prática dos atos anteriores; neste caso, a lesão corporal. .

Gabarito "B".

(FGV – 2010) Um funcionário público apropria-se de valores particulares, dos quais tinha posse em razão do cargo, em proveito próprio. Posteriormente, acometido por um conflito moral, arrepende-se e, antes do recebimento da denúncia, por ato voluntário, restitui os valores indevidamente apropriados e repara totalmente os danos decorrentes de sua conduta. De acordo com o Código Penal, a hipótese será de:

(A) causa do inadequação típica pelo arrependimento eficaz.
(B) desistência voluntária com exclusão da tipicidade.
(C) arrependimento posterior que extingue a punibilidade.
(D) circunstância atenuante genérica pela reparação eficaz do dano.
(E) causa de diminuição de pena pelo arrependimento posterior.

Art. 16 do CP – arrependimento posterior. O crime praticado pelo funcionário público – art. 312 do CP – já se consumara, não sendo o caso, por isso, de se aplicar os institutos previstos no art. 15 do CP (desistência voluntária e arrependimento eficaz). De outro lado, a reparação do dano prevista no art. 312, § 3º, do CP, apta a extinguir a punibilidade quando levada a efeito até a sentença irrecorrível, só terá lugar se se tratar de peculato culposo. Será mesmo, portanto, hipótese de arrependimento posterior, já que estamos a falar de peculato-apropriação (que é doloso) consumado.

Gabarito "E".

(FGV – 2008) Um domingo, ao chegar em casa vindo do jogo de futebol a que fora assistir, Tício encontra sua esposa Calpúrnia traindo-o com seu melhor amigo, Mévio. No mesmo instante, Tício saca sua arma e dispara um tiro na cabeça de Calpúrnia e outro na cabeça de Mévio. Embora pudesse fazer outros disparos, Tício guarda a arma. Ato contínuo, apercebendo-se da besteira que fizera, coloca os amantes em seu carro e parte em disparada para um hospital. O trabalho dos médicos é extremamente bem-sucedido, retirando a bala da cabeça dos amantes sem que ambos tivessem qualquer espécie de sequela. Aliás, não fosse a imediata atuação de Tício, Calpúrnia e Mévio teriam morrido. Com efeito, quinze dias depois, ambos já retornaram às suas atividades profissionais habituais. A partir do texto, assinale a alternativa que indique o crime praticado por Tício.

(A) lesão corporal leve.
(B) lesão corporal grave.
(C) tentativa de homicídio.
(D) Tício não praticou crime.
(E) exercício arbitrário das próprias razões.

Art. 15, segunda parte, do CP (arrependimento eficaz). Tício, após efetuar o primeiro disparo contra Calpúrnia e Mévio, desiste de dar sequência à sua empreitada. Podia ir além, já que dispunha de meios para tanto, mas achou por bem interromper o *iter criminis*. Vendo a gravidade dos ferimentos e arrependido do que acabara de fazer, Tício pratica a conduta positiva necessária a salvar o bem jurídico, isto é, coloca os amantes no carro e os leva até o hospital para que ali recebam atendimento. Em razão disso, e também por conta da rápida e bem-sucedida intervenção dos médicos, Calpúrnia e Mévio são salvos. Dessa forma, Tício não será responsabilizado por tentativa de homicídio, tendo em vista que o crime não se consumou em razão de sua pronta intervenção (circunstâncias relacionadas à sua vontade). Responderá tão somente pela lesão corporal de natureza grave, em virtude do perigo de vida a que foram submetidos os amantes – art. 129, § 1º, II, do CP.

Gabarito "B".

(FGV – 2008) Relativamente ao Direito Penal Brasileiro, analise as afirmativas a seguir:

I. Os crimes unissubsistentes, habituais próprios, comissivos e permanentes na forma omissiva não admitem tentativa.
II. Considera-se desistência voluntária ou arrependimento posterior a conduta do agente que, depois de consumado o crime, repara o dano causado respondendo o agente somente pelos fatos praticados.
III. Considera-se impossível o crime quando o meio utilizado pelo agente é relativamente incapaz de alcançar o resultado.
IV. Nos crimes tentados, aplica-se a pena do crime consumado reduzindo-a de 1/3 a 2/3, ao passo que no arrependimento eficaz se aplica a pena do crime consumado reduzindo-a de 1/6 a 1/3.

Assinale:

(A) se apenas as afirmativas I e II estiverem corretas.
(B) se apenas as afirmativas I e III estiverem corretas.
(C) se apenas as afirmativas I e IV estiverem corretas.
(D) se nenhuma afirmativa estiver correta.
(E) se apenas as afirmativas II e III estiverem corretas.

I: incorreto. Os crimes *unissubsistentes* não comportam a modalidade tentada porque constituídos de ato único. A conduta, por essa razão, não é passível de fracionamento. *Habitual*, que também não comporta tentativa, é o crime cuja prática pressupõe a reiteração de atos. Um ato, isoladamente considerado, não tem o condão de constituir lesão ao bem jurídico tutelado. É o caso do crime de curandeirismo (art. 284 do CP). O crime comissivo, que é o que exige por parte do agente uma ação, pode ser doloso ou culposo. Este último não admite o "conatus", dado que o resultado, neste tipo de crime, não é perseguido pelo agente. Os crimes permanentes na forma omissiva não admitem a tentativa; **II:** incorreto. A *desistência voluntária* está prevista no art. 15, primeira parte, do CP (pressupõe ausência de consumação); já o *arrependimento posterior*, que está no art. 16 do CP, só terá incidência nos crimes consumados, desde que preenchidos os demais requisitos contidos no dispositivo. Este constitui uma causa obrigatória de redução da pena; aquele, uma causa excludente de tipicidade, respondendo o agente tão somente pelos atos praticados; **III:** incorreto. O art. 17 do CP reza que a tentativa não será punida quando o meio utilizado pelo agente é *absolutamente* ineficaz para alcançar o resultado. Não basta, pois, à configuração do crime impossível, que o meio empregado seja *relativamente* ineficaz; **IV:** determina o art. 14, II, do CP que, salvo disposição em contrário, pune-se a tentativa com a mesma pena do crime consumado, diminuída de um a dois terços. Até aqui a assertiva está correta. Já no que toca ao *arrependimento eficaz*, disposto no art. 15, segunda parte, do CP, a afirmativa está incorreta, na medida em que o agente responderá tão somente pelos atos então praticados. O arrependimento eficaz e a desistência voluntária, esta disciplinada na primeira parte do art. 15, têm como natureza jurídica causa excludente de tipicidade, ao passo que a tentativa constitui uma norma de extensão que tem como consequência a redução de pena dentro dos patamares estabelecidos no art. 14, II, do CP.

Gabarito "D"

(FGV – 2008) Assinale a afirmativa incorreta.

(A) Sempre que o agente, por ato voluntário, reparar o dano ou restituir a coisa, antes do recebimento da denúncia ou da queixa, a pena será reduzida de um a dois terços.

(B) O erro sobre elemento constitutivo do tipo legal de crime exclui o dolo, mas permite a punição por crime culposo, se previsto em lei.

(C) Não se pune a tentativa quando, por ineficácia absoluta do meio ou por absoluta impropriedade do objeto, é impossível consumar-se o crime.

(D) A omissão é penalmente relevante quando o omitente devia e podia agir para evitar o resultado, sendo o dever de agir descrito no Código Penal.

(E) Salvo disposição em contrário, pune-se a tentativa com a pena correspondente ao crime consumado, diminuída de um a dois terços.

A: incorreto (devendo ser assinalado). O *arrependimento posterior*, disciplinado no art. 16 do CP, só cabe nos crimes cometidos sem violência ou grave ameaça contra a pessoa; **B:** correto (art. 20, *caput*, do CP); **C:** correto (art. 17 do CP); **D:** correto (art. 13, § 2º, do CP); **E:** correto (art. 14, II, do CP).

Gabarito "A"

(FGV – 2008) Qual das seguintes condutas não constitui crime impossível?

(A) O furto de dinheiro guardado, cujas cédulas haviam sido marcadas para descobrir quem ia tentar a subtração.

(B) A tentativa de homicídio com revólver descarregado.

(C) A apresentação ao banco de cheque para sacar determinado valor, se a vítima já determinara a sustação do pagamento do cheque furtado.

(D) Quando o agente pretendia furtar um bem que estava protegido por aparelho de alarme que tornava absolutamente ineficaz o meio empregado para a subtração.

(E) Quando o agente deu veneno à vítima, mas a quantidade não foi suficiente para matá-la.

A: correto. Trata-se, de fato, de crime impossível (TACrSP, *RT* 520/405); **B:** correto. A tentativa de homicídio com revólver desmuniciado constitui crime impossível, já que o agente, com tal conduta, nunca poderia chegar ao resultado almejado (TJSP, *RT* 514/336); **C:** correto. Trata-se, da mesma forma, de crime impossível, segundo entende a jurisprudência (TACrSP, *RT* 611/380); **D:** correto. A hipótese também configura crime impossível (TACrSP, *RT* 545/373); **E:** incorreto (devendo ser assinalado). Cuida-se de meio *relativamente* ineficiente, ineficaz, razão pela qual não há que se falar em crime impossível, em que se exige, por imposição do art. 17 do CP, a ineficácia *absoluta* do meio empregado. O agente, portanto, responderá por tentativa de homicídio (TJSP, *RT* 613/303).

Gabarito "E"

(FGV – 2007) Maria da Silva, esposa do Promotor de Justiça Substituto José da Silva, mantém um caso extraconjugal com o serventuário do Tribunal de Justiça Manoel de Souza. Passado algum tempo, Maria decide separar-se de José da Silva, contando a ele o motivo da separação. Inconformado com a decisão de sua esposa, José da Silva decide matá-la, razão pela qual dispara três vezes contra sua cabeça. Todavia, logo depois dos disparos, José da Silva coloca Maria da Silva em seu carro e conduz o veículo até o hospital municipal. No trajeto, José da Silva imprime ao veículo velocidade bem acima da permitida e "fura" uma barreira policial, tudo para chegar rapidamente ao hospital. Graças ao pouco tempo decorrido entre os disparos e a chegada ao hospital, os médicos puderam salvar a vida de Maria da Silva. Maria sofreu perigo de vida, atestado por médicos e pelos peritos do Instituto Médico Legal, mas recuperou-se perfeitamente vinte e nove) dias após os fatos. Qual crime praticou José da Silva?

(A) Tentativa de homicídio.

(B) Nenhum crime, pois agiu em legítima defesa.

(C) Lesão corporal grave.

(D) Lesão corporal leve.

(E) Lesão corporal seguida de morte.

Art. 15, segunda parte, do CP (arrependimento eficaz). José da Silva, depois de esgotar os meios que reputou suficientes para atingir seus objetivos (levar sua esposa à morte), arrependeu-se do que fez, agiu conforme esse sentimento, atuando para impedir a ocorrência do resultado letal, e, dessa forma, conseguiu evitá-lo. Responderá tão somente pelos atos que praticou (lesão corporal de natureza grave), ficando afastada a tentativa de homicídio, uma vez que o crime inicialmente desejado por José da Silva não se consumou por circunstâncias ligadas à sua vontade.

Gabarito "C"

(FGV – 2005) Pedro Paulo municiou completamente o tambor de uma arma calibre 38 e desferiu, com vontade de matar, quatro tiros contra Aldo Tinoco, desistindo voluntariamente de prosseguir na execução do seu intento, razão por que não desferiu os dois últimos tiros. A vítima foi socorrida por Pedro Paulo e sofreu lesões corporais incapacitantes para o exercício das atividades habituais por 30 (trinta) dias. Pedro Paulo deverá ser processado por crime de:

(A) lesões leves.

(B) lesões graves.

(C) lesões gravíssimas.

(D) tentativa de homicídio.

(E) lesões graves, beneficiado pelo arrependimento posterior.

Art. 15, segunda parte, do CP (arrependimento eficaz). Pedro Paulo, depois de desferir contra Aldo quatro tiros, desistiu de prosseguir na execução do crime. Podia ir além, já que dispunha de meios para tanto, mas achou por bem interromper o *iter criminis*. Arrependido do que acabara de fazer, Pedro Paulo pratica a conduta positiva necessária para salvar o bem jurídico, ou seja, socorre a vítima até o hospital para que ali receba atendimento. Como consequência, Aldo Tinoco, a despeito dos ferimentos experimentados, é salvo, sofrendo lesões que o incapacitaram para o exercício das atividades habituais pelo período de *trinta dias*, interregno inferior ao necessário a caracterizar a lesão grave capitulada no art. 129, § 1º, I, do CP (que exige que a incapacidade dure mais de trinta dias). De outro lado, não é o caso de imputar a Pedro Paulo a prática do crime de tentativa de homicídio, tendo em vista que o delito não se consumou por circunstâncias relacionadas à sua vontade. Responderá, assim, tão somente por lesão corporal de natureza leve, crime esse previsto no art. 129, *caput*, do CP.

Gabarito "A"

9. ANTIJURIDICIDADE E CAUSAS EXCLUDENTES

(OAB/Exame Unificado – 2015.1) Carlos e seu filho de dez anos caminhavam por uma rua com pouco movimento e bastante escura, já de madrugada, quando são surpreendidos com a vinda de um cão pitbull na direção deles. Quando o animal iniciou o ataque contra a criança, Carlos, que estava armado e tinha autorização para assim se encontrar, efetuou um disparo na direção do cão, que não foi atingido, ricocheteando a bala em uma pedra e acabando por atingir o dono do animal, Leandro, que chegava correndo em sua busca, pois notou que ele fugira clandestinamente da casa. A vítima atingida veio a falecer, ficando constatado que Carlos não teria outro modo de agir para evitar o ataque do cão contra o seu filho, não sendo sua conduta tachada de descuidada.

Diante desse quadro, assinale a opção que apresenta a situação jurídica de Carlos.

(A) Carlos atuou em legítima defesa de seu filho, devendo responder, porém, pela morte de Leandro.
(B) Carlos atuou em estado de necessidade defensivo, devendo responder, porém, pela morte de Leandro.
(C) Carlos atuou em estado de necessidade e não deve responder pela morte de Leandro.
(D) Carlos atuou em estado de necessidade putativo, razão pela qual não deve responder pela morte de Leandro.

Incorre em estado de necessidade (e não em legítima defesa) aquele que, prestes a ser atacado por um cão, vê-se obrigado, para preservar a sua vida ou de terceiro, a investir contra o animal. Diz-se estado de necessidade *defensivo* porquanto, neste caso, o ato necessário a afastar o perigo voltou-se contra a própria coisa da qual emana este perigo: o cão. No mais, se a conduta de Carlos não foi descuidada, não deve ser responsabilizado pela morte do dono do animal agressivo. A alternativa correta, dessa forma, é a "C".

Gabarito "C"

(OAB/Exame Unificado – 2014.1) Jaime, objetivando proteger sua residência, instala uma cerca elétrica no muro. Certo dia, Cláudio, com o intuito de furtar a casa de Jaime, resolve pular o referido muro, acreditando que conseguiria escapar da cerca elétrica ali instalada e bem visível para qualquer pessoa. Cláudio, entretanto, não obtém sucesso e acaba levando um choque, inerente à atuação do mecanismo de proteção. Ocorre que, por sofrer de doença cardiovascular, o referido ladrão falece quase instantaneamente. Após a análise pericial, ficou constatado que a descarga elétrica não era suficiente para matar uma pessoa em condições normais de saúde, mas suficiente para provocar o óbito de Cláudio, em virtude de sua cardiopatia.

Nessa hipótese é correto afirmar que

(A) Jaime deve responder por homicídio culposo, na modalidade culpa consciente.
(B) Jaime deve responder por homicídio doloso, na modalidade dolo eventual.
(C) Pode ser aplicado à hipótese o instituto do resultado diverso do pretendido.
(D) Pode ser aplicado à hipótese o instituto da legítima defesa preordenada.

Embora não se trate de tema pacífico, é certo que a única alternativa que pode ser considerada como correta é a "D". Explico. A cerca elétrica instalada por Jaime, que o fez com o propósito de proteger seu patrimônio, constitui o que a doutrina convencionou chamar de *ofendículo*, que nada mais é do que o dispositivo empregado para atuar na proteção da propriedade ou de outros bens jurídicos. Pois bem. Quanto à natureza jurídica deste mecanismo de proteção, destacam-se, na doutrina, dois posicionamentos, a saber: para uns, cuida-se de autêntico *exercício regular de direito*; para outros, trata-se de *legítima defesa preordenada*, levando-se em conta, neste último caso, o momento em que o dispositivo de proteção é acionado. De todo modo, o *ofendículo* há de ser visível (ostensivo) e apenas o suficiente para rechaçar a agressão ao bem jurídico.

Gabarito "D"

(OAB/Exame Unificado – 2013.2) Débora estava em uma festa com seu namorado Eduardo e algumas amigas quando percebeu que Camila, colega de faculdade, insinuava-se para Eduardo. Cega de raiva, Débora esperou que Camila fosse ao banheiro e a seguiu. Chegando lá e percebendo que estavam sozinhas no recinto, Débora desferiu vários tapas no rosto de Camila, causando-lhe lesões corporais de natureza leve. Camila, por sua vez, atordoada com o acontecido, somente deu por si quando Débora já estava saindo do banheiro, vangloriando-se da surra dada. Neste momento, com ódio de sua algoz, Camila levanta-se do chão, agarra Débora pelos cabelos e a golpeia com uma tesourinha de unha que carregava na bolsa, causando-lhe lesões de natureza grave.

Com relação à conduta de Camila, assinale a afirmativa correta.

(A) Agiu em legítima defesa.
(B) Agiu em legítima defesa, mas deverá responder pelo excesso doloso.
(C) Ficará isenta de pena por inexigibilidade de conduta diversa.
(D) Praticou crime de lesão corporal de natureza grave, mas poderá ter a pena diminuída.

Não há que se falar em legitima defesa, pois ausente um de seus requisitos, qual seja, a *atualidade* ou *iminência* da agressão. É dizer, é necessário, à configuração desta excludente de ilicitude, que a agressão esteja ocorrendo ou, ao menos, prestes a ocorrer. A lei (art. 25 do CP), como se pode ver, não contemplou a agressão *futura* tampouco a *passada*. Fica claro, pela leitura do enunciado, que Camila, ao investir contra Débora, não teve como propósito defender-se da agressão que havia sofrido, mas tão somente se vingar pela humilhação que acabara de sofrer. No mais, a pena poderá, em princípio, ser diminuída, visto que se trata de hipótese de lesão corporal privilegiada (art. 129, § 4º, do CP – violenta emoção).

Gabarito "D"

(OAB/Exame Unificado – 2012.3.A) Acerca das causas excludentes de ilicitude e extintivas de punibilidade, assinale a afirmativa **incorreta**.

(A) A coação moral irresistível exclui a culpabilidade, enquanto que a coação física irresistível exclui a própria conduta, de modo que, nesta segunda hipótese, sequer chegamos a analisar a tipicidade, pois não há conduta penalmente relevante.

(B) Em um bar, Caio, por notar que Tício olhava maliciosamente para sua namorada, desfere contra este um soco no rosto. Aturdido, Tício vai ao chão, levantando-se em seguida, e vai atrás de Caio e o interpela quando este já estava saindo do bar. Ao voltar-se para trás, atendendo ao chamado, Caio é surpreendido com um soco no ventre. Tício praticou conduta típica, mas amparada por uma causa excludente de ilicitude.

(C) Mévio, atendendo a ordem dada por seu líder religioso e, com o intuito de converter Rufus, permanece na residência deste a sua revelia, ou seja, sem o seu consentimento. Neste caso, Mévio, mesmo cumprindo ordem de seu superior e mesmo sendo tal ordem não manifestamente ilegal, pratica crime de violação de domicílio (Art. 150 do Código Penal), não estando amparado pela obediência hierárquica.

(D) O consentimento do ofendido não foi previsto pelo nosso ordenamento jurídico-penal como uma causa de exclusão da ilicitude. Todavia, sua natureza justificante é pacificamente aceita, desde que, entre outros requisitos, o ofendido seja capaz de consentir e que tal consentimento recaia sobre bem disponível.

A: correta. De fato, a coação física irresistível (*vis absoluta*), porque afeta a voluntariedade do comportamento humano, afasta a conduta e, por conseguinte, o próprio fato típico. Não há crime. A coação moral irresistível (*vis compulsiva*), por sua vez, afasta a culpabilidade por inexigibilidade de conduta diversa, mantendo íntegros, porém, o fato típico e a ilicitude; **B:** incorreta (devendo ser assinalada). A conduta praticada por Tício é típica e também ilícita. Ao atingir Caio, em resposta à agressão que acabara de sofrer, Tício não tinha a intenção de defender-se. Nem era o caso. Logo em seguida à agressão contra Tício, Caio se preparou para deixar o local. A agressão havia cessado. É incorreto, portanto, dizer-se que Tício, ao reagir à agressão de Caio, o fez acobertado por uma causa excludente de ilicitude, no caso a legítima defesa, visto que esta tem como requisito a *atualidade* ou, ao menos, a *iminência*, é dizer, a agressão contra a qual se insurge há de estar acontecendo ou prestes a acontecer; **C:** correta. A obediência hierárquica somente tem lugar nas relações de direito público, o que não se verifica entre um líder religioso e seus seguidores; **D:** assertiva correta. Há duas situações. Se se tratar de bem disponível em que a vítima for capaz, o consentimento funcionará como *causa supralegal de exclusão da antijuridicidade*; de outro lado, há crimes que só se tipificam diante do dissenso da vítima. Assim, havendo o consentimento do ofendido, opera-se a exclusão da tipicidade. É o caso do crime de violação de domicílio, previsto no art. 150 do CP. O consentimento do morador, neste exemplo, exclui a própria tipicidade.

Gabarito "B"

(OAB/Exame Unificado – 2008.1) Com relação às causas excludentes de ilicitude (ou antijuridicidade), assinale a opção correta.

(A) Agem em estrito cumprimento do dever legal policiais que, ao terem de prender indiciado de má fama, atiram contra ele para dominá-lo.

(B) O exercício regular do direito é compatível com o homicídio praticado pelo militar que, em guerra externa ou interna, mata o inimigo.

(C) Considera-se em estado de necessidade quem pratica o fato para salvar-se de perigo atual ou iminente que não provocou por sua vontade ou era escusável.

(D) Supondo o agente, equivocadamente, que está sendo agredido, e repelindo a suposta agressão, configura-se a legítima defesa putativa, considerada na lei como caso *sui generis* de erro de tipo, o denominado erro de tipo permissivo.

A: incorreto. Atirar contra um indiciado de má fama com o objetivo de dominá-lo não constitui ação praticada em cumprimento de um dever imposto por lei (art. 23, III, primeira parte, CP); **B:** incorreto. É hipótese de *estrito cumprimento de dever legal*; **C:** incorreto (art. 24 do CP); **D:** correto (art. 20, § 1º, do CP).

Gabarito "D"

(OAB/Exame Unificado – 2008.1) Um delegado de polícia, querendo vingar-se de um desafeto, prendeu-o sem qualquer justificativa, amedrontando-o com o seu cargo. Descobriu, posteriormente, que já existia mandado de prisão preventiva contra aquele cidadão, cabendo a ele, delegado, cumpri-lo.

Nessa situação, a conduta do delegado

(A) Está amparada pelo estrito cumprimento do dever legal.

(B) Está acobertada pelo exercício regular de direito.

(C) Está amparada pelo estrito cumprimento do dever legal putativo.

(D) Não está acobertada por qualquer excludente de ilicitude.

A conduta acima descrita não está amparada por qualquer das excludentes de antijuridicidade, pois estas, contidas no art. 23 do CP, trazem como requisito subjetivo o fato de o agente ter conhecimento da situação justificante, ou seja, além dos requisitos objetivos da causa excludente, deve o sujeito ter conhecimento de que atua de forma justificada.

Gabarito "D"

(OAB/Exame Unificado – 2007.3) É imprescindível para que se caracterize a legítima defesa:

(A) Consciência de atuar nessa condição.

(B) Agressão passada, atual ou iminente.

(C) Agressão justa a direito próprio ou de terceiro.

(D) Repulsa com os meios necessários, ainda que imoderados.

A: correto. Trata-se do *requisito subjetivo*, necessário a todas as excludentes; **B:** incorreto. A agressão, na legítima defesa, há de ser *atual* ou *iminente*; a *agressão passada* não está contemplada na norma permissiva; **C:** incorreto. A agressão a direito próprio ou de terceiro deve ser *injusta*; **D:** incorreto. Os meios necessários para rechaçar a agressão devem ser empregados de forma *moderada*. A *legítima defesa* tem sua disciplina no art. 25 do CP.

Gabarito "A"

(OAB/Exame Unificado – 2004.ES) Com relação às causas de exclusão de ilicitude, assinale a opção correta.

(A) Quanto ao estado de necessidade, o Código Penal brasileiro adotou a teoria diferenciadora alemã, que leva em consideração os bens em conflito, a fim de justificar se o estado de necessidade é exculpante ou justificante.

(B) Não há possibilidade de haver legítima defesa real recíproca.
(C) Ocorre legítima defesa sucessiva quando o sujeito age em legítima defesa em relação a dois agressores.
(D) Para que seja excluída a ilicitude de conduta nos casos de estrito cumprimento de dever legal e exercício regular do direito, a ação somente deve ser praticada por funcionário público no exercício de suas funções.

A: incorreto. No *estado de necessidade justificante*, o valor do bem jurídico preservado é *superior* ao do bem sacrificado. Consequência: exclusão da ilicitude da conduta. Já no *estado de necessidade exculpante*, temos que o valor do bem jurídico preservado é *igual* ou *inferior* ao do sacrificado. É hipótese de exclusão da culpabilidade. Para a *teoria diferenciadora*, não acolhida por nosso Código, que adotou a *teoria unitária* (o estado de necessidade constitui sempre uma causa excludente da antijuridicidade), coexistem o estado de necessidade exculpante e o justificante; **B:** correta. A impossibilidade reside no fato de não haver, aqui, agressão injusta, um dos requisitos da excludente; **C:** incorreta. *Legítima defesa sucessiva* é a repulsa do agressor original contra o excesso; **D:** incorreta. A ação, nessas excludentes, pode, sim, ser praticada por particulares.

Gabarito "B".

No Direito Penal brasileiro, prevalece no âmbito doutrinário e jurisprudencial a adoção da teoria tripartida do fato criminoso, ou seja, crime é a conduta típica, ilícita e culpável. Nem toda conduta típica será ilícita, tendo em vista que existem causas de exclusão da ilicitude.

(FGV – 2013) As alternativas a seguir apresentam causas que excluem a ilicitude, de acordo com o Código Penal, **à exceção de uma**. Assinale-a.

(A) Legítima Defesa.
(B) Obediência hierárquica.
(C) Estrito cumprimento de dever legal.
(D) Exercício regular de direito.
(E) Estado de necessidade.

A: a legítima defesa constitui hipótese de causa excludente da ilicitude (antijuridicidade) – art. 23, II, do CP; **B:** alternativa a ser assinalada. A obediência hierárquica (e também a coação moral irresistível) constitui hipótese de exclusão da culpabilidade (art. 22, CP); **C:** causa de exclusão da ilicitude prevista no art. 23, III, do CP; **D:** causa de exclusão da ilicitude prevista no art. 23, III, do CP; **E:** causa de exclusão da ilicitude prevista no art. 23, I, do CP.

Gabarito "B".

(FGV – 2013) Assinale a alternativa que apresenta causas *excludentes da ilicitude*.

(A) O estado de necessidade e a ausência de dolo.
(B) A legítima defesa e o exercício regular de direito.
(C) A obediência hierárquica e o estrito cumprimento do dever legal.
(D) A coação moral irresistível e a obediência hierárquica.

A: incorreta. A despeito de o estado de necessidade constituir causa excludente de ilicitude, a ausência de dolo leva à atipicidade da conduta; **B:** correta, pois se trata de duas causas excludentes de ilicitude (art. 23, II e III, do CP); **C:** incorreta. Embora o estrito cumprimento do dever legal seja causa de exclusão da ilicitude (art. 23, III, do CP), a obediência hierárquica é causa de exclusão da culpabilidade (art. 22, CP); **D:** incorreta. O reconhecimento da coação moral irresistível ou da obediência hierárquica leva à exclusão da culpabilidade (art. 22, CP).

Gabarito "B".

(FGV – 2008) João da Silva é jogador de futebol profissional, disputando a final do campeonato estadual. Aos 40 minutos do segundo tempo, o juiz marca um pênalti a favor do time de João. Escalado para cobrar o pênalti, João desfere um potente chute em direção ao gol, atingindo, porém, a cabeça do goleiro adversário, José de Arimatéia, vindo este a falecer em decorrência das lesões provenientes da referida ação contundente. A esse respeito, assinale a alternativa correta.

(A) João da Silva deve ser condenado pelo cometimento do delito de homicídio culposo.
(B) João da Silva deve ser absolvido. Embora a conduta seja típica e antijurídica, não é culpável.
(C) João da Silva deve ser condenado pelo cometimento do delito de homicídio doloso.
(D) João da Silva deve ser absolvido, tendo em conta estar ele amparado pela excludente de ilicitude de exercício regular do direito.
(E) João da Silva deve ser absolvido, tendo em conta estar ele amparado pela excludente de ilicitude de estrito cumprimento do dever legal.

Art. 23, III, do CP. Desde que o agente atue dentro dos limites impostos pelo ordenamento legal, respeitando-se as regras de cada modalidade esportiva, não há que se falar em crime nas chamadas "lesões esportivas".

Gabarito "D".

(FGV – 2008) Considera-se em legítima defesa quem:

(A) pratica o fato sob coação irresistível.
(B) pratica o fato para salvar-se de perigo que ele próprio provocou.
(C) pratica o fato para salvar de perigo atual, que não provocou por sua vontade, nem podia de outro modo evitar, direito próprio ou alheio cujo sacrifício não era razoável exigir-se.
(D) pratica o fato por erro plenamente justificado pelas circunstâncias e que tenha sido causado por terceiro.
(E) pratica o fato utilizando moderadamente dos meios necessários para repelir uma agressão injusta a direito próprio ou de outrem, desde que a agressão seja atual ou iminente.

A: incorreto. A *coação moral irresistível* constitui causa de exclusão da culpabilidade, nos termos do art. 22, primeira parte, do CP. A *legítima defesa* é causa de exclusão da ilicitude (art. 23, CP); **B** e **C:** incorretas. A legítima defesa – art. 25 do CP – pressupõe a existência de uma *agressão injusta*. Aquele que pratica o fato para salvar de perigo atual direito próprio ou alheio age sob o manto do *estado de necessidade*, desde que preenchidos os demais requisitos do art. 24 do CP; **D:** incorreto (art. 20, § 2º, do CP); **E:** correto. É o conceito de legítima defesa extraído do art. 25 do CP.

Gabarito "E".

(FGV – 2008) São consideradas causas legais de exclusão da ilicitude:

(A) estado de necessidade, legítima defesa e embriaguez voluntária.
(B) estado de necessidade, legítima defesa, coação moral resistível e obediência hierárquica de ordem não manifestamente ilegal.
(C) estado de necessidade, legítima defesa, coação moral irresistível e obediência hierárquica de ordem não manifestamente ilegal.

(D) coação física irresistível, obediência hierárquica de ordem não manifestamente ilegal, estado de necessidade, legítima defesa, exercício regular do direito, estrito cumprimento do dever legal e embriaguez voluntária.

(E) estado de necessidade, legítima defesa, exercício regular do direito e estrito cumprimento do dever legal.

O Código Penal elenca expressamente as seguintes causas excludentes de ilicitude: estado de necessidade, legítima defesa, estrito cumprimento do dever legal e exercício regular do direito. Insta consignar que as causas excludentes de antijuridicidade não se submetem ao princípio da legalidade, o que enseja o reconhecimento de outras condições para afastar a ilicitude de um ato típico, como é o caso do consentimento do ofendido. Art. 23 do CP.

Gabarito "E"

(FGV – 2005) No tocante ao estado de necessidade, é correto afirmar que o Código Penal Brasileiro:

(A) menciona expressamente, como requisito, que o perigo deva ser atual ou iminente.

(B) exige, de forma expressa, que a situação de perigo não tenha sido causada dolosamente pelo sujeito.

(C) exige que a agressão seja injusta para que o agente possa agir amparado por tal excludente.

(D) adotou a teoria unitária.

(E) admite o "estado de necessidade exculpante".

A: incorreto. De acordo com o disposto no art. 24 do CP, o perigo, no estado de necessidade, deve ser *atual, presente*. O dispositivo não faz menção ao perigo *iminente*. Vale aqui o registro de que parte da doutrina considera que o perigo iminente é apto a configurar o estado de necessidade; **B:** incorreto. Na verdade, o dispositivo exige que a situação de perigo não tenha sido causada *voluntariamente* pelo sujeito, o que, para parte da doutrina (Damásio E. de Jesus), deve ser entendido como *intencionalmente*. Dessa forma, se o sujeito causar de forma culposa o perigo, ainda assim poderá invocar a excludente do estado de necessidade; **C:** incorreto. *Agressão injusta* é um dos componentes da legítima defesa (art. 25, CP). No estado de necessidade, o que existe é o sacrifício de um bem jurídico com o propósito de preservar outro (conflito entre bens jurídicos); **D:** correto. O Código Penal, no que se refere à natureza jurídica do estado de necessidade, adotou a *teoria unitária*, já que o considera como causa excludente da ilicitude; **E:** incorreto. A teoria diferenciadora aponta a existência de duas modalidades de estado de necessidade: *justificante*, em que o valor do bem jurídico preservado é *superior* ao do bem sacrificado. Consequência: exclusão da ilicitude da conduta; e *exculpante*, em relação ao qual o valor do bem jurídico preservado é *igual* ou *inferior* ao do sacrificado. É hipótese de exclusão da culpabilidade. Nosso Código – repita-se – adotou a *teoria unitária*, para a qual o estado de necessidade sempre será uma causa excludente da antijuridicidade.

Gabarito "D"

10. CONCURSO DE PESSOAS

(OAB/Exame Unificado – 2015.1) Maria Joaquina, empregada doméstica de uma residência, profundamente apaixonada pelo vizinho Fernando, sem que este soubesse, escuta sua conversa com uma terceira pessoa acordando o furto da casa em que ela trabalha durante os dias de semana à tarde. Para facilitar o sucesso da operação de seu amado, ela deixa a porta aberta ao sair do trabalho. Durante a empreitada criminosa, sem saber que a porta da frente se encontrava destrancada, Fernando e seu comparsa arrombam a porta dos fundos, ingressam na residência e subtraem diversos objetos. Diante desse quadro fático, assinale a opção que apresenta a correta responsabilidade penal de Maria Joaquina.

(A) Deverá responder pelo mesmo crime de Fernando, na qualidade de partícipe, eis que contribuiu de alguma forma para o sucesso da empreitada criminosa ao não denunciar o plano.

(B) Deverá responder pelo crime de furto qualificado pelo concurso de agentes, afastada a qualificadora do rompimento de obstáculo, por esta não se encontrar na linha de seu conhecimento.

(C) Não deverá responder por qualquer infração penal, sendo a sua participação irrelevante para o sucesso da empreitada criminosa.

(D) Deverá responder pelo crime de omissão de socorro.

A assertiva correta é a "C". O objetivo, nesta questão, é o candidato visualizar que, pelos dados fornecidos, inexiste *concurso de pessoas*, que, pressupõe, entre outros requisitos, *liame subjetivo*, assim entendida a aderência de uma conduta à outra, e *relevância causal* do comportamento, que consiste na necessidade de a colaboração prestada ter, de alguma forma, contribuído para a prática criminosa. Inexiste, assim, liame subjetivo na conduta da empregada que deixa a porta de acesso à residência aberta para que o agente ali ingresse e subtraia bens. Veja que, neste caso, o ladrão não tem conhecimento da colaboração da empregada, o que, de plano, afasta a ocorrência do concurso de pessoas. Além disso, fica claro, pelos dados apresentados, que a conduta de Maria Joaquina em nada colaborou para realização da subtração, na medida em que o ingresso do agente se deu por outro acesso. É dizer, não há relevância no seu comportamento.

Gabarito "C"

(OAB/Exame Unificado – 2014.3) Numerosos cidadãos, sem qualquer combinação prévia, revoltados com os sucessivos escândalos e as notícias de corrupção envolvendo as autoridades locais, vestiram-se totalmente de preto e foram para as escadarias da Câmara Municipal, após terem escutado do prefeito, durante uma entrevista ao vivo, que os professores municipais eram marajás. Lá chegando, alguns manifestantes, também sem qualquer combinação ou liame subjetivo, começaram a atirar pedras em direção ao referido prédio público e, com isso, três vidraças foram quebradas. A polícia, com o auxílio das imagens gravadas e transmitidas pela imprensa, conseguiu identificar todas as pessoas que atiraram pedras e danificaram o patrimônio público.

Nesse sentido, tendo por base as informações apresentadas no fragmento acima, assinale a afirmativa correta.

(A) Os cidadãos devem responder pelos crimes de associação criminosa (Art. 288, do CP) e dano qualificado (Art. 163, § único, inciso III, do CP).

(B) Descabe falar-se em crime de associação criminosa (Art. 288, do CP), pois, dentre outras circunstâncias, a reunião das pessoas, naquele momento, foi apenas eventual.

(C) Deve incidir, para o crime de dano qualificado (Art. 163, parágrafo único, inciso III, do CP), a circunstância agravante do concurso de pessoas.

(D) Não houve a prática de nenhum ato criminoso, pois as condutas descritas não encontram adequação típica e, mais ainda, não havia dolo específico de deteriorar patrimônio público.

Está correto o que se afirma na alternativa "B". É que, pelo que consta do enunciado, a reunião de pessoas se deu de forma eventual. Inexistia entre elas qualquer liame subjetivo ou acordo prévio. Afasta-se, pois, a configuração do crime de *associação criminosa* (art. 288, CP), que pressupõe permanência e durabilidade da associação. O enunciado retrata, portanto, hipótese de concurso eventual de pessoas para a prática do crime de dano qualificado (delito cometido contra o patrimônio público), capitulado no art. 163, parágrafo único, III, do CP.

Gabarito "B"

(OAB/Exame Unificado – 2013.2) Sofia decide matar sua mãe. Para tanto, pede ajuda a Lara, amiga de longa data, com quem debate a melhor maneira de executar o crime, o melhor horário, local etc. Após longas discussões de como poderia executar seu intento da forma mais eficiente possível, a fim de não deixar nenhuma pista, Sofia pede emprestado a Lara um facão. A amiga prontamente atende ao pedido. Sofia despede-se agradecendo a ajuda e diz que, se tudo correr conforme o planejado, executará o homicídio naquele mesmo dia e assim o faz. No entanto, apesar dos cuidados, tudo é descoberto pela polícia.

A respeito do caso narrado e de acordo com a teoria restritiva da autoria, assinale a afirmativa correta.

(A) Sofia é a autora do delito e deve responder por homicídio com a agravante de o crime ter sido praticado contra ascendente. Lara, por sua vez, é apenas partícipe do crime e deve responder por homicídio, sem a presença da circunstância agravante.

(B) Sofia e Lara devem ser consideradas coautoras do crime de homicídio, incidindo, para ambas, a circunstância agravante de ter sido, o crime, praticado contra ascendente.

(C) Sofia e Lara devem ser consideradas coautoras do crime de homicídio. Todavia, a agravante de ter sido, o crime, praticado contra ascendente somente incide em relação à Sofia.

(D) Sofia é a autora do delito e deve responder por homicídio com a agravante de ter sido, o crime, praticado contra ascendente. Lara, por sua vez, é apenas partícipe do crime, mas a agravante também lhe será aplicada.

Para a chamada *teoria restritiva* (ou formal-objetiva), adotada pelo Código Penal, é *autor* aquele que pratica a conduta descrita no tipo penal (neste caso, *matar*); e partícipe o que, sem realizar a conduta típica (representada pelo verbo nuclear), concorre, de outro modo, para o delito. No caso narrado no enunciado, deve-se considerar *autora* tão somente Sofia, visto que foi ela quem realizou o verbo nuclear do tipo penal (matar); Lara, sua amiga, embora tenha contribuído para a prática delituosa, emprestando a Sofia um facão (auxílio material), deve ser considerada *partícipe*, já que não praticou a conduta descrita no tipo (matar). Quanto ao mais, a circunstância agravante presente no art. 61, II, *e*, do CP, dado o que estabelece o art. 30 do CP, somente será atribuída a Sofia.

Gabarito "A"

(OAB/Exame Unificado – 2012.2) Analise detidamente as seguintes situações:

Casuística 1: Amarildo, ao chegar a sua casa, constata que sua filha foi estuprada por Terêncio. Imbuído de relevante valor moral, contrata Ronaldo, pistoleiro profissional, para tirar a vida do estuprador. O serviço é regularmente executado.

Casuística 2: Lucas concorre para um infanticídio auxiliando Julieta, parturiente, a matar o nascituro – o que efetivamente acontece. Lucas sabia, desde o início, que Julieta estava sob a influência do estado puerperal.

Levando em consideração a legislação vigente e a doutrina sobre o concurso de pessoas (*concursus delinquentium*), é correto afirmar que

(A) no exemplo 1, Amarildo responderá pelo homicídio privilegiado e Ronaldo pelo crime de homicídio qualificado por motivo torpe. No exemplo 2, Lucas e Julieta responderão pelo crime de infanticídio.

(B) no exemplo 1, Amarildo responderá pelo homicídio privilegiado e Ronaldo pelo crime de homicídio simples (ou seja, sem privilégio pelo fato de não estar imbuído de relevante valor moral). No exemplo 2, Lucas, que não está influenciado pelo estado puerperal, responderá por homicídio, e Julieta pelo crime de infanticídio.

(C) no exemplo 1, Amarildo responderá pelo homicídio privilegiado e Ronaldo pelo crime de homicídio simples (ou seja, sem privilégio pelo fato de não estar imbuído de relevante valor moral). No exemplo 2, tanto Lucas quanto Julieta responderão pelo crime de homicídio (ele na modalidade simples, ela na modalidade privilegiada em razão da influência do estado puerperal).

(D) no exemplo 1, Amarildo responderá pelo homicídio privilegiado e Ronaldo pelo crime de homicídio qualificado pelo motivo fútil. No exemplo 2, Lucas, que não está influenciado pelo estado puerperal, responderá por homicídio e Julieta pelo crime de infanticídio.

Casuística 1: não deve restar dúvida de que Amarildo será responsabilizado por homicídio privilegiado (art. 121, § 1º, do CP), dado que, ao contratar Ronaldo para executar o crime, agiu impelido por motivo de relevante valor moral (que diz respeito a interesse particular do agente). O pistoleiro profissional, contratado para concretizar o intento de Amarildo, deverá responder pelo crime de homicídio qualificado, pois o motivo que o levou à prática do delito é considerado torpe (art. 121, § 2º, I, do CP). Casuística 2: em vista da regra estampada no art. 30 do CP, tanto coautores quanto partícipes respondem pelo crime de infanticídio. Esta é a posição amplamente dominante na doutrina e jurisprudência.

Gabarito "A"

(OAB/Exame Unificado – 2012.1) Zenão e Górgias desejam matar Tales. Ambos sabem que Tales é pessoa bastante metódica e tem a seguinte rotina ao chegar ao trabalho: pega uma xícara de café na copa, deixa-a em cima de sua bancada particular, vai a outra sala buscar o jornal e retorna à sua bancada para lê-lo, enquanto degusta a bebida. Aproveitando-se de tais dados, Zenão e Górgias resolvem que executarão o crime de homicídio através de envenenamento. Para tanto, Zenão, certificando-se que não havia ninguém perto da bancada de Tales, coloca na bebida 0,1 ml de poderoso veneno. Logo em seguida chega Górgias, que também verifica a ausência de qualquer pessoa e adiciona ao café mais 0,1 ml do mesmo veneno poderoso. Posteriormente, Tales retorna à sua mesa e senta-se confortavelmente na cadeira para degustar o café lendo o jornal, como fazia todos os dias. Cerca de duas horas após a ingestão da bebida, Tales vem a falecer. Ocorre que toda a conduta de Zenão e Górgias foi filmada pelas câmeras internas presentes na sala da vítima, as quais eram desconhecidas de ambos, razão pela qual a autoria restou comprovada. Também restou comprovado que Tales somente morreu em decorrência da ação conjunta das duas doses de veneno, ou seja, somente 0,1 ml da substância não seria capaz de provocar o resultado morte. Com base na situação descrita, é correto afirmar que

(A) caso Zenão e Górgias tivessem agido em concurso de pessoas, deveriam responder por homicídio qualificado doloso consumado.
(B) mesmo sem qualquer combinação prévia, Zenão e Górgias deveriam responder por homicídio qualificado doloso consumado.
(C) Zenão e Górgias, agindo em autoria colateral, deveriam responder por homicídio culposo.
(D) Zenão e Górgias, agindo em concurso de pessoas, deveriam responder por homicídio culposo.

Se um sabe da intenção do outro (liame subjetivo), devem ambos responder, em concurso, por homicídio qualificado doloso consumado.

Gabarito "A"

(OAB/Exame Unificado – 2010.3) Tomás decide matar seu pai, Joaquim. Sabendo da intenção de Tomás de executar o genitor, Pedro oferece, graciosamente, carona ao agente até o local em que ocorre o crime. A esse respeito, é correto afirmar que Pedro é

(A) coautor do delito, respondendo por homicídio agravado por haver sido praticado contra ascendente.
(B) coautor do delito, respondendo por homicídio sem a incidência da agravante.
(C) partícipe do delito, respondendo por homicídio sem a incidência da agravante.
(D) partícipe do delito, respondendo por homicídio agravado por haver sido praticado contra ascendente.

Pedro é partícipe do crime em questão, já que prestou colaboração consistente em transportar o executor do delito até o local onde se deram os fatos, sem incorrer em qualquer das condutas típicas (verbos contidos no tipo penal). No mais, por força do que dispõe o art. 30 do CP, a agravante decorrente da relação de parentesco (art. 61, II, *e*, do CP) não se comunica a Pedro, tendo incidência somente em relação a Tomás.

Gabarito "C"

(OAB/Exame Unificado – 2008.3) Acerca do concurso de pessoas, assinale a opção correta em conformidade com o CP.

(A) Se algum dos concorrentes tiver optado por participar de crime menos grave, ser-lhe-á aplicada a pena deste, a qual, entretanto, será aumentada, nos termos da lei, na hipótese de ter sido previsível o resultado mais grave.
(B) As circunstâncias e as condições de caráter pessoal não se comunicam, mesmo quando elementares do crime.
(C) O ajuste, a determinação ou instigação e o auxílio, salvo disposição expressa em contrário, são puníveis, mesmo se o crime não chegar a ser tentado.
(D) Quem, de qualquer modo, concorre para o crime incide nas penas a este cominadas, independentemente de sua culpabilidade.

A: correta (art. 29, § 2º, do CP – cooperação dolosamente distinta); **B:** incorreta (art. 30 do CP); **C:** incorreta (art. 31 do CP); **D:** incorreta (art. 29, *caput*, do CP).

Gabarito "A"

(OAB/Exame Unificado – 2006.2) Relativamente à participação, a doutrina majoritária brasileira adotou a teoria da

(A) acessoriedade mínima.
(B) acessoriedade máxima.
(C) hiperacessoriedade.
(D) acessoriedade limitada.

Para esta teoria (acessoriedade limitada), o fato praticado pelo autor, para que o partícipe possa responder pelo crime, há de ser *típico* e *antijurídico*. Assim, se o autor praticar o fato sob o manto de uma das excludentes de ilicitude, não poderá o partícipe ser responsabilizado. Neste caso, ele também será, a exemplo do autor, beneficiado pela excludente. É necessário, portanto, que o fato, além de típico, seja também antijurídico. Para a *teoria da acessoriedade mínima*, exige-se que o autor tenha praticado tão somente um fato típico. É o suficiente para que o partícipe responda pelo crime. Já para a *teoria da acessoriedade máxima*, o autor, para que seja punido o partícipe, há de ter praticado um fato típico, antijurídico e culpável. Há também a *teoria da hiperacessoriedade*, para a qual o partícipe somente será punido se o autor praticar um fato típico, ilícito, culpável e punível.

Gabarito "D"

(FGV – 2009) João Carvalho, respeitado neurocirurgião, opera a cabeça de José Pinheiro. Terminada a operação, com o paciente já estabilizado e colocado na Unidade de Tratamento Intensivo para observação, João Carvalho deixa o hospital e vai para casa assistir ao último capítulo da novela. Ocorre que, pelas regras do hospital, João Carvalho deveria permanecer acompanhando José Pinheiro pelas doze horas seguintes à operação. Como é um fanático noveleiro, João desrespeita essa regra e pede à Margarida, médica da sua equipe, que acompanhe o pós-operatório. Margarida é uma médica muito preparada e tão respeitada e competente quanto João. Margarida, ao ver José Pinheiro, o reconhece como sendo o assassino de seu pai. Tomada por uma intensa revolta e um sentimento incontrolável de vingança, Margarida decide matar aquele assassino cruel que nunca fora punido pela Justiça, porque é afilhado de um influente político. Margarida determina à enfermeira Hortência que troque o frasco de soro que alimenta José, tomando o cuidado de misturar, sem o conhecimento de Hortência, uma dose excessiva de anticoagulante no soro. José morre de hemorragia devido ao efeito do anticoagulante. Assinale a alternativa que indique o crime praticado por cada envolvido.

(A) João Carvalho: homicídio culposo – Margarida: homicídio doloso – Hortênsia: homicídio culposo.
(B) João Carvalho: homicídio culposo – Margarida: homicídio doloso – Hortênsia: não praticou crime algum.
(C) João Carvalho: homicídio preterdoloso – Margarida: homicídio culposo – Hortênsia: homicídio culposo.
(D) João Carvalho: não praticou crime algum – Margarida: homicídio doloso – Hortênsia: não praticou crime algum.
(E) João Carvalho: homicídio culposo – Margarida: homicídio preterdoloso – Hortênsia: não praticou crime algum.

A João Carvalho, ainda que tenha desrespeitado uma norma interna do hospital, não pode ser atribuída nenhuma responsabilidade, já que, ao ir para sua residência, deixou José Pinheiro aos cuidados da médica Margarida. No que toca a esta, a situação é bem outra. Está-se, aqui, diante da chamada *autoria mediata* ou *autoria por determinação*.

Margarida, tomada por um sentimento de revolta e determinada a pôr fim à vida de José Pinheiro, faz uso de Hortênsia, que funciona como *instrumento* do cometimento do crime, isto é, o autor *mediato*, que é a médica, utiliza o executor (autor imediato), que é a enfermeira, como mero instrumento para a sua empreitada criminosa. Evidente que a responsabilidade recairá, ante a falta de ciência do autor imediato, somente sobre a médica, que responderá por homicídio doloso.

Gabarito "D"

(FGV – 2008) Com relação ao concurso de pessoas, assinale a afirmativa incorreta.

(A) Quem, de qualquer modo, concorre para o crime incide nas penas a este cominadas, na medida de sua culpabilidade.

(B) Se a participação for de menor importância, a pena pode ser diminuída de um sexto a um terço.

(C) Se algum dos concorrentes quis participar de crime menos grave, ser-lhe-á aplicada a pena deste, salvo quando previsível o resultado mais grave, caso que será aplicada a pena do crime mais grave.

(D) Não se comunicam as circunstâncias e as condições de caráter pessoal, salvo quando elementares do crime.

(E) O ajuste, a determinação ou instigação e o auxílio, salvo disposição expressa em contrário, não são puníveis, se o crime não chega, pelo menos, a ser tentado.

A: correta (art. 29, *caput*, do CP); **B:** correta (art. 29, § 1º, do CP – participação de menor importância); **C:** incorreta (devendo ser assinalada). Reza o art. 29, § 2º, do CP que, se algum dos agentes quis participar de crime menos grave, a ele será aplicada a pena deste; essa pena, no entanto, será aumentada até metade, no caso de o resultado mais grave ser previsível; **D:** correta (art. 30 do CP); **E:** correta (art. 31 do CP).

Gabarito "C"

(FGV – 2005) No "Concurso de Pessoas", é correto afirmar que:

(A) o crime de conduta paralela não é uma forma de crime plurissubjetivo.

(B) ao examinar as teorias aplicáveis ao estudo da "participação", nos deparamos com a teoria da acessoriedade máxima, em que se requer que o comportamento do autor seja um fato típico e antijurídico.

(C) havendo autoria colateral, ocorrerá o que se denomina de autoria incerta.

(D) a autoria incerta se equipara à autoria ignorada.

(E) não é necessário um acordo de vontades, basta que uma vontade adira à outra.

A: incorreto. *Crime plurissubjetivo de conduta paralela* é aquele em que os agentes se auxiliam mutuamente buscando um resultado comum. Crime de conduta paralela, portanto, é uma forma de crime plurissubjetivo (de concurso necessário); **B:** incorreto. No Brasil, vige a teoria da *acessoriedade limitada*, segundo a qual, para punir o partícipe, é suficiente que o autor tenha praticado um fato típico e antijurídico. Além dessa, há outras teorias, a saber: para a teoria da *acessoriedade mínima*, basta que o autor tenha praticado um fato típico; já para a *hiperacessoriedade*, é necessário, para punir o partícipe, que o fato principal seja típico, antijurídico, culpável e punível; há, por fim, a *acessoriedade máxima*, em que o fato principal precisa ser típico, antijurídico e culpável; **C:** incorreto. Na *autoria colateral*, os agentes, sem que um tenha conhecimento do propósito do outro, dirigem sua conduta para a prática do mesmo crime e ao mesmo tempo. Por inexistir *liame subjetivo* entre eles, não há que se falar em coautoria ou participação. Uma vez esclarecido qual dos agentes praticou a conduta geradora do resultado, este será responsabilizado pelo crime consumado; o outro, pelo crime na forma tentada. Não sendo isso possível (identificar qual dos agentes foi o responsável pelo resultado), estaremos, então, diante da chamada *autoria incerta*. Neste caso, ambos devem responder pelo crime na forma tentada, dada a impossibilidade de descobrir-se qual conduta produziu o resultado. Pode, portanto, haver autoria colateral sem que haja autoria incerta; **D:** incorreto. *Autoria ignorada* é conceito de processo penal. Verifica-se quando não esclarecida a autoria de uma infração penal. Difere, portanto, dá já abordada autoria incerta; **E:** correto. De fato, é suficiente, à caracterização do concurso de pessoas, a unidade de desígnios, isto é, que uma vontade adira à outra, sendo desnecessário, dessa forma, um acordo de vontades entre os agentes.

Gabarito "E"

11. CULPABILIDADE E CAUSAS EXCLUDENTES

(OAB/Exame Unificado – 2015.2) Durante um assalto a uma instituição bancária, Antônio e Francisco, gerentes do estabelecimento, são feitos reféns. Tendo ciência da condição deles de gerentes e da necessidade de que suas digitais fossem inseridas em determinado sistema para abertura do cofre, os criminosos colocam, à força, o dedo de Antônio no local necessário, abrindo, com isso, o cofre e subtraindo determinada quantia em dinheiro. Além disso, sob a ameaça de morte da esposa de Francisco, exigem que este saia do banco, levando a sacola de dinheiro juntamente com eles, enquanto apontam uma arma de fogo para os policiais que tentavam efetuar a prisão dos agentes. Analisando as condutas de Antônio e Francisco, com base no conceito tripartido de crime, é correto afirmar que

(A) Antônio não responderá pelo crime por ausência de tipicidade, enquanto Francisco não responderá por ausência de ilicitude em sua conduta.

(B) Antônio não responderá pelo crime por ausência de ilicitude, enquanto Francisco não responderá por ausência de culpabilidade em sua conduta.

(C) Antônio não responderá pelo crime por ausência de tipicidade, enquanto Francisco não responderá por ausência de culpabilidade em sua conduta.

(D) Ambos não responderão pelo crime por ausência de culpabilidade em suas condutas.

Antônio "praticou" o fato sob coação *física* irresistível (*vis absoluta*), já que a sua ação foi desprovida de voluntariedade. Isso porque Antônio praticou o movimento em decorrência de força corporal exercida sobre ele. Afasta-se, neste caso, a conduta e, por conseguinte, o próprio fato típico. Não há crime. Embora Francisco, da mesma forma que Antônio, não possa ser responsabilizado criminalmente, o fato é que a sua situação é diferente, na medida em que foi submetido a coação *moral* (e não física!) irresistível (*vis compulsiva*), que tem o condão de afastar a culpabilidade por inexigibilidade de conduta diversa, mantendo íntegros, porém, o fato típico e a ilicitude. Note que, neste caso, existe conduta, mas a culpabilidade é excluída. De uma forma ou de outra, à luz do conceito tripartido de crime, não houve, por parte de ambos, prática de delito. A coação moral irresistível está prevista no art. 22 do CP.

Gabarito "C"

(OAB/Exame Unificado – 2015.1) Patrício e Luiz estavam em um bar, quando o primeiro, mediante ameaça de arma de fogo, obriga o último a beber dois copos de tequila. Luiz ficou inteiramente embriagado. A dupla, então, deixou o local, sendo que Patrício conduzia Luiz, que caminhava com muitas dificuldades. Ao encontrarem

Juliana, que caminhava sozinha pela calçada, Patrício e Luiz, se utilizando da arma que era portada pelo primeiro, constrangeram-na a com eles praticar sexo oral, sendo flagrados por populares que passavam ocasionalmente pelo local, ocorrendo a prisão em flagrante. Denunciados pelo crime de estupro, no curso da instrução, mediante perícia, restou constatado que Patrício era possuidor de doença mental grave e que, quando da prática do fato, era inteiramente incapaz de entender o caráter ilícito do seu comportamento, situação, aliás, que permanece até o momento do julgamento. Também ficou demonstrado que, no momento do crime, Luiz estava completamente embriagado. O Ministério Público requereu a condenação dos acusados. Não havendo dúvida com relação ao injusto, tecnicamente, a defesa técnica dos acusados deverá requerer, nas alegações finais,

(A) a absolvição dos acusados por força da inimputabilidade, aplicando, porém, medida de segurança para ambos.

(B) a absolvição de Luiz por ausência de culpabilidade em razão da embriaguez culposa e a absolvição imprópria de Patrício, com aplicação, para este, de medida de segurança.

(C) a absolvição de Luiz por ausência de culpabilidade em razão da embriaguez completa decorrente de força maior e a absolvição imprópria de Patrício, com aplicação, para este, de medida de segurança.

(D) a absolvição imprópria de Patrício, com a aplicação de medida de segurança, e a condenação de Luiz na pena mínima, porque a embriaguez nunca exclui a culpabilidade.

Está correta a assertiva "C". Note que o comportamento de Luis configura hipótese de embriaguez completa proveniente de força maior (art. 28, § 1º, do CP), o que leva à exclusão da imputabilidade. A propósito, esta é a única hipótese, no contexto da embriaguez, capaz de isentar o agente de pena. Em assim sendo, Luis não deve ser responsabilizado. Perceba que esta causa de exclusão da culpabilidade (embriaguez), por ser meramente ocasional, é incompatível com a aplicação de medida de segurança. Quanto a Patrício, a situação é diferente. É que, neste caso, ele era, ao tempo da conduta, inteiramente incapaz de entender o caráter ilícito do fato, uma vez que padecia de doença mental grave (art. 26, *caput*, do CP). Há de se reconhecer, assim, a sua inimputabilidade, devendo, em razão disso, ser submetido a tratamento (medida de segurança). Embora a sentença, aqui, tenha natureza absolutória (art. 386, VI, CPP), o agente há de ser submetido a tratamento. Daí falar-se em absolvição *imprópria*.

Gabarito "C"

(OAB/Exame Unificado – 2013.2) Para aferição da inimputabilidade por doença mental ou desenvolvimento mental incompleto ou retardado, assinale a alternativa que indica o critério adotado pelo Código Penal vigente.

(A) Biológico.

(B) Psicológico.

(C) Psiquiátrico.

(D) Biopsicológico.

O art. 26, *caput*, do CP, tratando da inimputabilidade por doença mental ou por desenvolvimento mental incompleto ou retardado, adotou, como regra, o denominado *critério biopsicológico*. Bem por isso, somente será considerado inimputável aquele que, em virtude de problemas mentais (desenvolvimento mental incompleto ou retardado – fator biológico), ao tempo da ação ou omissão, for inteiramente incapaz de entender o caráter ilícito do fato ou de determinar-se de acordo com esse entendimento (fator psicológico). Assim, somente será considerada inimputável aquela pessoa que, em razão de *fatores biológicos*, tiver afetado, por completo, sua *capacidade psicológica* (discernimento ou autocontrole). Daí o nome: *critério biopsicológico,* que nada mais é, portanto, do que a conjugação dos critérios biológico e psicológico. De se ver que, em matéria de inimputabilidade por menoridade, o critério adotado foi o *biológico* (art. 27 do CP), segundo o qual se leva em conta tão somente o desenvolvimento mental do acusado (considerado, no caso do menor de 18 anos, incompleto).

Gabarito "D"

(OAB/Exame Unificado – 2012.2) Analise as hipóteses abaixo relacionadas e assinale a alternativa que apresenta somente causas excludentes de culpabilidade.

(A) Erro de proibição; embriaguez completa proveniente de caso fortuito ou força maior; coação moral irresistível.

(B) Embriaguez culposa; erro de tipo permissivo; inimputabilidade por doença mental ou por desenvolvimento mental incompleto ou retardado.

(C) Inimputabilidade por menoridade; estrito cumprimento do dever legal; embriaguez incompleta.

(D) Embriaguez incompleta proveniente de caso fortuito ou força maior; erro de proibição; obediência hierárquica.

Somente a embriaguez completa do art. 28, § 1º, do CP exclui a imputabilidade (elemento da culpabilidade). Não excluem a culpabilidade, portanto, a embriaguez voluntária e a culposa (art. 28, II, do CP). O *estrito cumprimento de dever legal* constitui causa excludente da ilicitude – art. 23, III, do CP. As demais hipóteses contidas nas assertivas constituem causa de exclusão da culpabilidade.

Gabarito "A"

(OAB/Exame Unificado – 2010.1) Em relação à imputabilidade penal, assinale a opção correta.

(A) Quanto à aferição da inimputabilidade, o CP adota, como regra, o critério psicológico, segundo o qual importa saber se o agente, no momento da ação ou da omissão delituosa, tem ou não condições de avaliar o caráter criminoso do fato e de orientar-se de acordo com esse entendimento.

(B) A pena poderá ser reduzida se o agente, em virtude de perturbação de saúde mental ou por desenvolvimento mental incompleto ou retardado, não for inteiramente capaz de entender o caráter ilícito do fato ou de determinar-se de acordo com esse entendimento.

(C) A pena imposta ao semi-imputável não pode ser substituída por medida de segurança.

(D) A embriaguez não acidental, seja voluntária ou culposa, completa ou incompleta, exclui a imputabilidade do agente que, ao tempo da ação ou omissão delituosa, for inteiramente incapaz de entender o caráter ilícito do fato ou de determinar-se de acordo com esse entendimento.

A: incorreta. Como regra, o CP adotou o *critério biopsicológico* para a aferição da inimputabilidade, que constitui uma fusão do sistema biológico com o psicológico; **B:** correta. *Vide* art. 26, parágrafo único, do Código Penal; **C:** incorreta. A pena imposta ao semi-imputável pode ser substituída por medida de segurança, conforme estabelece o art. 98 do CP; **D:** incorreta. A embriaguez não acidental jamais excluirá a imputabilidade do agente. Somente a embriaguez acidental, nas condições estabelecidas no art. 28, § 1º, do CP, excluirá a imputabilidade do agente, que constitui um dos elementos da culpabilidade.

Gabarito "B"

(OAB/Exame Unificado – 2006.2) As hipóteses excludentes de imputabilidade penal não incluem a

(A) menoridade penal.
(B) emoção ou paixão.
(C) embriaguez fortuita completa.
(D) dependência toxicológica comprovada.

A: incorreta. A menoridade, nos termos do que estabelece o art. 27 do CP, constitui causa de exclusão da imputabilidade; **B:** correto. A emoção e a paixão, nos exatos termos do art. 28, I, do CP, não excluem a imputabilidade penal; **C:** incorreta. A embriaguez completa do art. 28, § 1º, do CP constitui causa de exclusão da imputabilidade; **D:** incorreta (art. 26, *caput*, do CP).

Gabarito "B"

(OAB/Exame Unificado – 2004.ES) Assinale a opção incorreta, levando em consideração os elementos da culpabilidade.

(A) O Código Penal brasileiro adotou o critério biopsicológico para aferição da imputabilidade do agente.
(B) É isento de pena o agente que, por embriaguez completa, proveniente de caso fortuito ou força maior, era, ao tempo da ação ou da omissão, inteiramente incapaz de entender o caráter ilícito do fato ou de determinar-se de acordo com esse entendimento.
(C) A emoção ou a paixão não excluem a imputabilidade penal.
(D) O erro de proibição, ainda que evitável, exclui a potencial consciência da ilicitude, isentando de pena, por consequência, o agente.

A: correto. O CP adotou, como regra, o *critério biopsicológico* para a aferição da inimputabilidade, que constitui uma fusão dos sistemas biológico e psicológico; **B:** correto (art. 28, § 1º, do CP); **C:** correto. A emoção e a paixão, nos exatos termos do art. 28, I, do CP, não excluem a imputabilidade penal; **D:** incorreto (devendo ser assinalado). Se evitável (inescusável, indesculpável) o erro de proibição, a pena será reduzida de um sexto a um terço, a teor do art. 21, parte final, do CP.

Gabarito "D"

(FGV – 2013) Com relação à *culpabilidade*, assinale a afirmativa correta.

(A) A emoção é causa de exclusão da culpabilidade.
(B) A embriaguez em qualquer de suas formas, exceto a preordenada, exclui a culpabilidade.
(C) A coação moral irresistível exclui a culpabilidade por não ser exigível outro comportamento do agente.
(D) O agente que por doença mental era, no momento da sentença, inteiramente incapaz de reconhecer o caráter ilícito do fato praticado, é isento de pena.
(E) Os menores de 18 anos excepcionalmente podem responder pelo crime praticado de acordo com o Código Penal.

A: incorreta, uma vez que nem emoção nem paixão tem o condão de excluir a imputabilidade, que é um dos elementos da culpabilidade (art. 28, CP); **B:** incorreta, dado que somente é apta a excluir a imputabilidade (elemento da culpabilidade), a teor do art. 28, II, § 1º, do CP, a embriaguez completa, proveniente de caso fortuito ou força maior, desde que, como consequência disso, o agente, ao tempo da ação ou omissão, seja inteiramente incapaz de entender o caráter ilícito do fato ou de autodeterminar-se de acordo com tal entendimento; assim, não afastam a imputabilidade a embriaguez voluntária nem culposa; **C:** correta. De fato, a *coação moral irresistível* constitui causa excludente de culpabilidade quanto ao elemento *exigibilidade de conduta diversa* – art. 22, 1ª parte, CP; cuidado: não deve ser confundida com a *coação física irresistível*, ou *vis absoluta*, que exclui a conduta, e não a culpabilidade; **D:** incorreta. Somente será isento de pena o agente que, nessa condição, não podia, ao tempo da conduta (ação ou omissão) – e não no momento da sentença, entender o caráter ilícito do fato praticado – art. 26, *caput*, do CP; **E:** incorreta, já que a responsabilidade (pela prática de atos descritos como crime/contravenção) dos menores de 18 anos é regida por lei especial (Estatuto da Criança e do Adolescente), e não pelo Código Penal.

Gabarito "C"

(FGV – 2013) A doutrina majoritária brasileira entende que haverá crime diante de uma conduta típica, ilícita e culpável.

Sobre a *culpabilidade*, assinale a afirmativa correta.

(A) O *erro de tipo* é causa de exclusão da culpabilidade em seu elemento potencial da ilicitude.
(B) A *conduta em coação física irresistível*, apesar de típica e ilícita, não enseja punição do agente por ausência de culpabilidade.
(C) O *estrito cumprimento do dever legal* é tratado pelo Código Penal como causa excludente de culpabilidade.
(D) A *embriaguez culposa completa* não exclui a imputabilidade penal.
(E) O *exercício regular do direito* é causa legal de exclusão da culpabilidade.

A: incorreta, visto que o erro de tipo afasta o dolo; se não há dolo, inexiste conduta; e se não há conduta, não há crime. Isso se se tratar de erro de tipo invencível; se for vencível, afasta-se o dolo, mas pune-se por crime culposo, desde que haja previsão nesse sentido; **B:** incorreta. Falta, na *coação física irresistível* (*vis absoluta*), voluntariedade no ato do agente, que tem eliminada, em razão dela, a conduta e, por conseguinte, o próprio crime; **C:** incorreta, uma vez que o estrito cumprimento do dever legal constitui causa excludente da ilicitude, e não da culpabilidade (art. 23, III, CP); **D:** correta. Somente é apta a excluir a imputabilidade penal a embriaguez acidental proveniente de caso fortuito ou força maior (desde que completa) – art. 28, § 1º, CP; a embriaguez culposa (e também a voluntária), ainda que completa, não leva à exclusão da imputabilidade –art. 28, II, do CP; **E:** incorreta. Trata-se de causa de exclusão da ilicitude – art. 23, III, do CP.

Gabarito "D"

(FGV – 2010) Exclui, em qualquer caso, a imputabilidade penal.

(A) a violenta emoção.
(B) a embriaguez culposa.
(C) a embriaguez preordenada.
(D) a menoridade, ainda que o indivíduo seja casado.
(E) a perturbação da saúde mental.

A: incorreto. A *emoção* e a *paixão*, nos exatos termos do art. 28, I, do CP, não excluem a imputabilidade penal. A emoção pode, no entanto, conforme preceitua o art. 65, III, *c*, do CP, funcionar como *atenuante genérica*; **B** e **C:** incorretas, pois, nos termos do art. 28, II, do CP, a *embriaguez culposa* e também a *preordenada* não têm o condão de excluir a imputabilidade penal; esta, aliás, funciona como agravante genérica, de acordo com o art. 61, II, *l*, do CP; **D:** correto (art. 27 do CP). Adotamos, quanto aos menores de 18 anos, o *critério biológico*, pelo qual presume-se, de forma absoluta, que a criança e o adolescente são inteiramente incapazes de entender o caráter ilícito do fato ou de determinar-se de acordo com esse entendimento; **E:** incorreto. Do art. 26 do CP, que acolheu o critério *biopsicológico*, consubstanciado na conjugação dos critérios *biológico* e *psicológico*, é possível extrair a ideia de que não é suficiente que haja tão somente uma perturbação da saúde mental. É mister que exista prova de que tal transtorno afetou de forma efetiva a capacidade de compreensão do ilícito ou de determinação segundo esse entendimento. Além disso, a perturbação, desde que acompanhada de uma privação *parcial* na capacidade de compreensão do sujeito (semi-imputabilidade), ensejará uma redução de pena da ordem de um a dois terços.

Gabarito "D"

(FGV – 2010) Trata-se de hipótese de *exclusão de culpabilidade*:

(A) estado de necessidade.
(B) estrito cumprimento de dever legal.
(C) erro inevitável sobre a ilicitude do fato.
(D) exercício regular de direito.
(E) legítima defesa.

O erro sobre a ilicitude do fato (erro de proibição), desde que inevitável (escusável), gera a exclusão da culpabilidade (art. 21, *caput*, primeira parte, do CP); se, no entanto, o erro de proibição for inescusável (evitável), constituirá causa de redução de pena (art. 21, *caput*, segunda parte, do CP). As outras assertivas contemplam causas excludentes de ilicitude, listadas no art. 23 do CP.

Gabarito "C"

12. PENA E MEDIDA DE SEGURANÇA

(OAB/Exame Unificado – 2015.2) Marcus foi definitivamente condenado pela prática de um crime de roubo simples à pena privativa de liberdade de quatro anos de reclusão e multa de dez dias. Apesar de reincidente, em razão de condenação definitiva pretérita pelo delito de furto, Marcus confessou a prática do delito, razão pela qual sua pena foi fixada no mínimo legal. Após cumprimento de determinado período de sanção penal, pretende o apenado obter o benefício do livramento condicional. Considerando o crime praticado e a hipótese narrada, é correto afirmar que

(A) Marcus não faz jus ao livramento condicional, pois condenado por crime doloso praticado com violência ou grave ameaça à pessoa.
(B) O livramento condicional pode ser concedido pelo juiz da condenação logo quando proferida sentença condenatória.
(C) Não é cabível livramento condicional para Marcus, tendo em vista que é condenado reincidente em crime doloso.
(D) Ainda que praticada falta grave, Marcus não terá o seu prazo de contagem para concessão do livramento condicional interrompido.

A: incorreta, pois contraria o disposto no art. 83, parágrafo único, do CP; **B:** incorreta, dado que tal atribuição cabe ao juiz da execução, na forma prevista no art. 66, III, *e*, da LEP; **C:** incorreta. Ainda que o agente seja reincidente em crime doloso, mesmo assim poderá a ele ser concedido o livramento condicional, conforme estabelece o art. 83, II, do CP, exigindo-se, neste caso, o cumprimento de mais da metade da pena imposta; **D:** correta, nos exatos termos da Súmula 441 do STJ: "A falta grave não interrompe o prazo para obtenção de livramento condicional".

Gabarito "D"

(OAB/Exame Unificado – 2015.2) Reconhecida a prática de um injusto culpável, o juiz realiza o processo de individualização da pena, de acordo com o Art. 68 do Código Penal. Segundo a jurisprudência do Superior Tribunal de Justiça, assinale a afirmativa correta.

(A) A condenação com trânsito em julgado por crime praticado em data posterior ao delito pelo qual o agente está sendo julgado pode funcionar como maus antecedentes.
(B) Não se mostra possível a compensação da agravante da reincidência com a atenuante da confissão espontânea.
(C) Nada impede que a pena intermediária, na segunda fase do critério trifásico, fique acomodada abaixo do mínimo legal.
(D) O aumento da pena na terceira fase no roubo circunstanciado exige fundamentação concreta, sendo insuficiente a simples menção ao número de majorantes.

A: incorreta. Considerando que o crime foi praticado em data posterior àquela em relação à qual o agente está sendo processado, não se pode falar em *maus antecedentes*. Nesse sentido, conferir: "(...) É impossível a consideração de condenação transitada em julgado correspondente a fato posterior ao narrado na denúncia, seja para valorar negativamente os maus antecedentes, a personalidade ou a conduta social do agente (...)" (HC 185.614/RJ, rel. Ministro Sebastião Reis Júnior, Sexta Turma, julgado em 08/10/2013, DJe 16/10/2013); **B:** incorreta. Bem ao contrário, é perfeitamente possível a compensação da agravante da reincidência com a atenuante da confissão espontânea. Na jurisprudência do STJ: "(...) É possível, na segunda fase do cálculo da pena, a compensação da agravante da reincidência com a atenuante da confissão espontânea, por serem igualmente preponderantes, de acordo com o art. 67 do Código Penal" (EREsp 1154752/RS, Rel. Ministro Sebastião Reis Júnior, Terceira Seção, julgado em 23/05/2012, DJe 04/09/2012); **C:** incorreta, na medida em que contraria o entendimento firmado na Súmula n. 231 do STJ; **D:** correta, pois retrata o entendimento consolidado na Súmula nº 443 do STJ: "O aumento na terceira fase de aplicação da pena no crime de roubo circunstanciado exige fundamentação concreta, não sendo suficiente para a sua exasperação a mera indicação do número de majorantes".

Gabarito "D"

(OAB/Exame Unificado – 2014.3) José cometeu, em 10/11/2008, delito de roubo. Foi denunciado, processado e condenado, com sentença condenatória publicada em 18/10/2009. A referida sentença transitou definitivamente em julgado no dia 29/08/2010. No dia 15/05/2010, José cometeu novo delito, de furto, tendo sido condenado, por tal conduta, no dia 07/04/2012.

Nesse sentido, levando em conta a situação narrada e a disciplina acerca da reincidência, assinale a afirmativa correta.

(A) Na sentença relativa ao delito de roubo, José deveria ser considerado reincidente.
(B) Na sentença relativa ao delito de furto, José deveria ser considerado reincidente.
(C) Na sentença relativa ao delito de furto, José deveria ser considerado primário.
(D) Considera-se reincidente aquele que pratica crime após publicação de sentença que, no Brasil ou no estrangeiro, o tenha condenado por crime anterior.

Dado que José, ao tempo em que praticou o crime de furto (15/05/2010), ainda não tinha sido condenado em definitivo pelo crime de roubo, o que somente ocorreu em 29/08/2010, não poderá, a teor do que estabelece o art. 63 do CP, ser considerado *reincidente*. Há de ser reputado, portanto, *primário*. A assertiva correta, dessa forma, é a "C".

Gabarito "C"

(OAB/Exame Unificado – 2014.1) A respeito do benefício da suspensão condicional da execução da pena, assinale a afirmativa **incorreta**.

(A) Não exige que o crime praticado tenha sido cometido sem violência ou grave ameaça à pessoa.
(B) Não pode ser concedido ao reincidente em crime doloso, exceto se a condenação anterior foi a pena de multa.
(C) Somente pode ser concedido se não for indicada ou se for incabível a substituição da pena privativa de liberdade por pena restritiva de direitos.
(D) Sobrevindo, durante o período de prova, condenação irrecorrível por crime doloso, o benefício será revogado, mas tal período será computado para efeitos de detração.

A: correta, uma vez que o art. 77 do CP não impõe, como condição à concessão do *sursis*, que o crime em que incorreu o beneficiário seja desprovido de violência ou grave ameaça. Situação diversa é a do art. 44, I, do CP, em que se exige, como condição à substituição da pena privativa de liberdade por restritiva de direitos, que o crime não seja praticado com violência ou grave ameaça; **B:** correta, pois em conformidade com o que estabelece o art. 77, I e § 1º, do CP; **C:** correta, pois corresponde à regra presente no art. 77, III, do CP; **D:** incorreta, devendo ser assinalada. É verdade que se, no curso do período de prova, sobrevier condenação irrecorrível por crime doloso, impõe-se a revogação do benefício (art. 81, I, do CP); no entanto, tal período não será computado para efeitos de detração.

Gabarito "D".

(OAB/Exame Unificado – 2012.3.A) Guilherme praticou, em 18/02/2009, contravenção penal de vias de fato (Art. 21 do Decreto-Lei n. 3.688/1941), tendo sido condenado à pena de multa. A sentença transitou definitivamente em julgado no dia 15/03/2010, mas Guilherme não pagou a multa. No dia 10/07/2010, Guilherme praticou crime de ato obsceno (Art. 233 do CP).

Com base na situação descrita e na legislação, assinale a afirmativa correta.

(A) Guilherme não pode ser considerado reincidente por conta de uma omissão legislativa.
(B) Guilherme deve ter a pena de multa não paga da primeira condenação convertida em pena privativa de liberdade.
(C) Guilherme é reincidente, pois praticou novo crime após condenação transitada em julgado.
(D) A pena de multa não gera reincidência.

Da aplicação conjugada dos arts. 63 do CP e 7º da Lei das Contravenções penais, temos que a reincidência ocorrerá nos seguintes casos: a) crime (antes) + crime (depois); b) contravenção (antes) + contravenção (depois); e c) crime (antes) + contravenção (depois). Não se admite, por falta de amparo legal, contravenção (antes) + crime (depois). No mais, a pena de multa gera, sim, reincidência, já que o art. 63 do CP não a excepciona. De toda sorte, o tema é polêmico, havendo quem sustente o contrário.

Gabarito "A".

(OAB/Exame Unificado – 2012.3.A) O sistema punitivo brasileiro é progressivo. Por meio dele o condenado passa do regime inicial de cumprimento de pena mais severo para regime mais brando, até alcançar o livramento condicional ou a liberdade definitiva.

A respeito da progressão de regime, assinale a afirmativa correta.

(A) O sistema progressivo brasileiro é compatível com a progressão "por saltos", consistente na possibilidade da passagem direta do regime fechado para o aberto.
(B) O cumprimento da pena privativa de liberdade nos crimes hediondos é uma exceção ao sistema progressivo. O condenado nesta modalidade criminosa deve iniciar e encerrar o cumprimento da pena no regime fechado, sem possibilidade de passagem para regime mais brando.
(C) A progressão está condicionada, nos crimes contra a Administração Pública, a reparação do dano causado ou a devolução do produto do ilícito praticado com os acréscimos legais, além do cumprimento de 1/6 da pena no regime anterior e do mérito do condenado.
(D) O pedido de progressão deve ser endereçado ao juízo sentenciante, que decidirá independente de manifestação do Ministério Público.

A: incorreta, pois não corresponde ao entendimento firmado na Súmula n. 491 do STJ: "É inadmissível a chamada progressão *per saltum* de regime prisional"; **B:** incorreta. Embora o art. 2º, § 1º, da Lei 8.072/1990 (Crimes Hediondos) estabeleça o regime inicial fechado aos condenados por crimes hediondos e equiparados, o STF, no julgamento do HC 111.840, reconheceu, incidentalmente, a inconstitucionalidade deste dispositivo legal, não havendo mais, portanto, a obrigatoriedade de fixar-se o regime inicial fechado nesses crimes. Alterado por força da Lei 11.464/2007, o art. 2º, § 2º, da Lei 8.072/1990 prescreve que, nos crimes hediondos e equiparados, a progressão dar-se-á nos seguintes termos: se primário o condenado, fará jus à progressão de regime depois de cumprir 2/5 da pena; em se tratando de apenado reincidente, deverá cumprir 3/5 da sanção imposta. Conclusão: em se tratando de crimes hediondos e assemelhados, a progressão de regime – que é possível – deve dar-se nos moldes do art. 2º, § 2º, da Lei 8.072/1990, que estabelece patamares diferenciados; além do que, inexiste a obrigatoriedade de o condenado por esses crimes iniciar o cumprimento de sua reprimenda no regime mais rigoroso; **C:** correta, pois reflete o que dispõe o art. 33, § 4º, do CP; **D:** incorreta. É do art. 66, III, *b*, da LEP que o pedido de progressão deve ser dirigido ao juiz da execução.

Gabarito "C".

(OAB/Exame Unificado – 2012.1) Pitágoras foi definitivamente condenado, com sentença penal condenatória transitada em julgado, à pena de 6 (seis) anos de reclusão a ser cumprida, inicialmente, em regime semiaberto. Cerca de quatro meses após o início do cumprimento da pena privativa de liberdade, sobreveio nova condenação definitiva, desta vez a 3 (três) anos de reclusão no regime inicial aberto, em virtude da prática de crime anterior. Atento ao caso narrado, bem como às disposições pertinentes ao tema presentes tanto no código penal quanto na lei de execuções penais, é correto afirmar que

(A) Pitágoras poderá continuar a cumprir a pena no regime semiaberto.
(B) Pitágoras deverá regredir para o regime fechado.
(C) Pitágoras deverá regredir de regime porque a nova condenação significa cometimento de falta grave.
(D) prevalece o regime isolado de cada uma das condenações, devendo-se executar primeiro a pena mais grave.

É dos arts. 111, parágrafo único, e 118, II, da LEP que, neste caso, as penas devem ser somadas, a fim de que se determine o regime de cumprimento adequado. Somando-se o restante da pena a ser cumprida (cinco anos e oito meses) e aquela decorrente da segunda condenação, teremos a pena total de oito anos e oito meses, que deverá ser cumprida, inicialmente, em regime fechado.

Gabarito "B".

(OAB/Exame Unificado – 2011.3.A) Nise está em gozo de suspensão condicional da execução da pena. Durante o período de prova do referido benefício, Nise passou a figurar como indiciada em inquérito policial em que se apurava eventual prática de tráfico de entorpecentes. Ao saber de tal fato, o magistrado responsável decidiu por bem prorrogar o período de prova. Atento ao caso narrado e consoante legislação pátria, é correto afirmar que

(A) não está correta a decisão de prorrogação do período de prova.
(B) a hipótese é de revogação facultativa do benefício.
(C) a hipótese é de revogação obrigatória do benefício.
(D) Nise terá o benefício obrigatoriamente revogado se a denúncia pelo crime de tráfico de entorpecentes for recebida durante o período de prova.

A: correto. Não é o caso de se prorrogar o período de prova, o que somente poderá acontecer a partir do recebimento da denúncia ou da queixa, conforme prescreve o art. 81, § 2º, do CP. Em outras palavras, o indiciamento em inquérito policial daquele que se encontra em gozo de *sursis* não é motivo bastante a determinar a prorrogação do período de prova, sendo necessário, para tanto, que o condenado esteja sendo *processado*; **B:** incorreto. O indiciamento em inquérito não é causa de revogação facultativa do *sursis* – art. 81, § 1º, do CP; **C:** incorreto. Somente a condenação com trânsito em julgado por crime doloso poderá ensejar a revogação obrigatória da suspensão condicional da pena (art. 81, I, do CP); **D:** incorreto. Neste caso, o período de prova deverá ser prorrogado, nos termos do art. 81, § 2º, do CP.

Gabarito "A"

(OAB/Exame Unificado – 2011.1) Com relação aos critérios para substituição da pena privativa de liberdade por restritiva de direitos, assinale a alternativa correta.

(A) Somente fará jus à substituição o réu que for condenado a pena não superior a 4 (quatro) anos.
(B) Se superior a um ano, a pena privativa de liberdade pode ser substituída por uma pena restritiva de direitos e multa ou por duas restritivas de direitos.
(C) A substituição nunca poderá ocorrer se o réu for reincidente em crime doloso.
(D) Em caso de descumprimento injustificado da pena restritiva de direitos, esta será convertida em privativa de liberdade, reiniciando-se o cumprimento da integralidade da pena fixada em sentença.

A: incorreto. A assertiva estaria correta se se referisse somente aos crimes dolosos. Isso porque *também* faz jus à substituição, além do condenado a pena não superior a 4 (quatro) anos, aquele condenado por crime culposo, qualquer que seja a pena imposta; **B:** proposição correta, nos termos do art. 44, § 2º, segunda parte, do CP; **C:** incorreto. A substituição, neste caso, é, em regra, vedada – art. 44, II. Entretanto, poderá ela operar-se se estiverem presentes os requisitos a que alude o art. 44, § 3º, do CP, a saber: a substituição há de ser *socialmente recomendável*; e o réu não pode ser reincidente na prática do mesmo crime (reincidência específica); **D:** incorreto. É verdade que o descumprimento injustificado da pena restritiva de direitos acarreta a sua conversão em privativa de liberdade. Mas não é verdadeira a afirmação segundo a qual, neste caso, a pena fixada na sentença deve ser cumprida na íntegra. Em vista do disposto no art. 44, § 4º, do CP, "no cálculo da pena privativa de liberdade a executar será deduzido o tempo cumprido da pena restritiva de direitos, respeitado o saldo mínimo de 30 (trinta) dias de detenção ou reclusão".

Gabarito "B"

(OAB/Exame Unificado – 2011.1) Em relação ao cálculo da pena, é correto afirmar que

(A) a análise da reincidência precede à verificação dos maus antecedentes, e eventual acréscimo de pena com base na reincidência deve ser posterior à redução pela participação de menor importância.
(B) é possível que o juiz, analisando as circunstâncias judiciais do art. 59 do Código Penal, fixe pena-base em patamar acima do máximo previsto.
(C) é defeso ao juiz fixar a pena intermediária em patamar acima do máximo previsto, ainda que haja circunstância agravante a ser considerada.
(D) o acréscimo de pena pela embriaguez preordenada deve se feito posteriormente à redução pela confissão espontânea.

A: incorreto. Os *maus antecedentes* fazem parte do rol do art. 59 do CP, que contempla as chamadas *circunstâncias judiciais*. Devem, por isso, ser levados em conta na eleição do *quantum* da pena-base, que constitui a primeira etapa de fixação da pena. A *reincidência*, por sua vez, por se tratar de circunstância agravante (art. 61, I, CP), será analisada em momento posterior, na segunda fase (fase intermediária). No mais, a redução de pena pela participação de menor importância – art. 29, § 1º, do CP – deve ser aplicada pelo magistrado na terceira e derradeira fase de fixação da pena, posterior, portanto, ao acréscimo decorrente da reincidência, operada, como já dito, na segunda fase de fixação da pena (circunstância agravante); **B** e **C:** na primeira e na segunda etapas de aplicação da pena, é defeso ao juiz fixá-la em patamar superior ou inferior ao estabelecido no preceito secundário do tipo penal incriminador. Já na terceira fase é possível fixar-se pena inferior à mínima ou superior à máxima. A esse respeito, a Súmula nº 231 do STJ. A assertiva correta, portanto, é a "C"; **D:** incorreto (art. 67 do CP).

Gabarito "C"

(OAB/Exame Unificado – 2010.1) Admite-se a suspensão condicional da pena (*sursis*)

(A) nos casos de condenação a pena restritiva de direito ou privativa de liberdade, desde que não superior a quatro anos.
(B) a reincidente em crime doloso, desde que a condenação anterior tenha sido exclusivamente à pena de multa.
(C) para o condenado que, na data do fato, tenha idade acima de setenta anos, desde que a pena não seja superior a dois anos.
(D) para o condenado em estado de saúde grave ou portador de doença incurável, desde que ele tenha reparado o dano.

A: incorreta. Na dicção do art. 77, *caput* e III, do CP, é vedada a aplicação do "sursis" nos casos de condenação a pena restritiva de direito. Além disso, constitui requisito objetivo à concessão do *sursis* a condenação a uma pena privativa de liberdade não superior a dois a 2 (dois) anos. É o que estabelece o art. 77, *caput*, do CP. A exceção fica por conta do *sursis* etário, que poderá ser concedido quando a pena privativa de liberdade não for superior a quatro anos (art. 77, § 2º, do CP); **B:** correta. É vedada nos casos de reincidência em crime doloso, à exceção do previsto no § 1.º do art. 77 do CP. Vide, nesse sentido, a Súmula nº 499 do STF; **C:** incorreta. A pessoa tem de ter mais de 70 (setenta) anos à data da sentença, e a pena não pode ser superior a 4 (quatro) anos; **D:** incorreta. A lei não menciona doença incurável nem a obrigação de reparar o dano.

Gabarito "B"

(OAB/Exame Unificado – 2010.1) No que se refere às penas restritivas de direitos e à de multa, assinale a opção correta.

(A) Se o condenado for reincidente, o juiz não poderá aplicar a substituição da pena privativa de liberdade, apesar de, em face de condenação anterior, a medida ser socialmente recomendável e a reincidência não se ter operado em virtude da prática do mesmo crime.

(B) A prestação de serviços à comunidade ou a entidades públicas consiste na atribuição de tarefas gratuitas ao condenado, sendo aplicável às condenações superiores a seis meses de privação da liberdade, atendidos os demais requisitos legais.

(C) A limitação de fim de semana consiste na obrigação de permanência, aos sábados, domingos e feriados, por oito horas diárias, em casa de albergado ou em outro estabelecimento adequado.

(D) A pena de multa consiste no pagamento, ao fundo penitenciário, da quantia determinada na sentença e calculada em dias-multa, sendo, no mínimo, de dez e, no máximo, de trezentos e sessenta e cinco dias-multa, a ser fixada pelo juiz, não podendo ser inferior a um trigésimo do maior salário-mínimo mensal vigente ao tempo do fato, nem superior a cinco vezes esse salário.

A: incorreta. O juiz poderá, neste caso, aplicar a substituição (CP, art. 44, § 3.º); **B:** correta. A assertiva está de acordo com o disposto no art. 46 do CP; **C:** incorreta. Essa modalidade de pena deve ser cumprida apenas aos sábados e domingos e em casa de albergado ou em outro estabelecimento adequado (CP, art. 48: "A limitação de fim de semana consiste na obrigação de permanecer, aos sábados e domingos, por 5 (cinco) horas diárias, em casa de albergado ou outro estabelecimento adequado"); **D:** incorreta. A multa é, no máximo, de 360 (trezentos e sessenta) dias-multa, e não 365 (trezentos e sessenta e cinco) dias-multa, conforme art. 49 do CP.

Gabarito "B"

(OAB/Exame Unificado – 2010.1) Com relação à pena de multa, assinale a opção correta.

(A) Transitada em julgado a sentença condenatória, a multa será considerada dívida de valor, aplicando-se-lhe as normas da legislação relativa à dívida ativa da fazenda pública, exceto no que concerne às causas interruptivas e suspensivas da prescrição, incidindo, nesse caso, as normas do CP.

(B) Sobrevindo ao condenado doença mental, é suspensa a execução da pena de multa.

(C) Transitada em julgado a sentença condenatória, a multa deverá ser paga no prazo de 10 (dez) dias e será convertida em pena privativa de liberdade caso o condenado não realize o pagamento.

(D) É vedado o pagamento da pena de multa em parcelas mensais, dada a natureza jurídica de tal espécie de sanção.

A: incorreta. Aplicam-se as normas da legislação relativa à dívida ativa da Fazenda Pública, inclusive no que concerne às causas interruptivas e suspensivas da prescrição. De acordo com o art. 51 do CP, "Transitada em julgado a sentença condenatória, a multa será considerada dívida de valor, aplicando-se-lhe as normas da legislação relativa à dívida ativa da Fazenda Pública, inclusive no que concerne às causas interruptivas e suspensivas da prescrição"; **B:** correta. Assim dispõe o art. 52 do CP acerca da suspensão da execução da multa: "É suspensa a execução da pena de multa, se sobrevém ao condenado doença mental."; **C:** incorreta. O art. 51 do CP determina que seja ela considerada dívida ativa de valor, vedada, pois, a conversão em pena privativa de liberdade; **D:** incorreta. O pagamento em parcelas mensais é expressamente previsto no art. 50 do CP: "A multa deve ser paga dentro de 10 (dez) dias depois de transitada em julgado a sentença. A requerimento do condenado e conforme as circunstâncias, o juiz pode permitir que o pagamento se realize em parcelas mensais."

Gabarito "B"

(OAB/Exame Unificado – 2009.3) Assinale a opção correta quanto à fixação da pena.

(A) Concorrendo circunstâncias atenuantes e agravantes, deve sempre prevalecer a circunstância atenuante, em respeito ao princípio *in dubio pro reo*.

(B) Na segunda etapa da dosimetria da pena, o juiz não pode reduzir a pena em razão de circunstância relevante, anterior ou posterior ao crime, visto que tal possibilidade não está prevista expressamente em lei.

(C) Será reincidente o réu que possuir condenação por crime anterior, ainda que esta não tenha transitado em julgado.

(D) O CP adotou o sistema trifásico de fixação da pena, segundo o qual o juiz fixa a pena-base, considera, em seguida, as circunstâncias agravantes e atenuantes e, por último, as causas de aumento e de diminuição da pena.

A: incorreto (art. 67 do CP); **B:** incorreto (art. 66 do CP); **C:** incorreto (art. 63 do CP); **D:** correto (art. 68, *caput*, do CP).

Gabarito "D"

(OAB/Exame Unificado – 2009.2) Em cada uma das opções a seguir, é apresentada uma situação hipotética seguida de uma assertiva a respeito de penas. Assinale a opção em que a assertiva está de acordo com o que dispõe o CP.

(A) Júlio foi definitivamente condenado à pena privativa de liberdade em regime fechado e passou a trabalhar no presídio. Nessa situação, embora o trabalho de Júlio seja remunerado, ele não terá direito aos benefícios da previdência social.

(B) Roberto, durante o trâmite de processo por crime de roubo, ficou preso provisoriamente em razão de prisão preventiva decretada pelo juiz para a garantia da ordem pública. Nessa situação, caso o juiz imponha a Roberto, na sentença definitiva, medida de segurança, e não pena privativa de liberdade, o tempo de prisão provisória não será computado na medida de segurança.

(C) Paulo foi definitivamente condenado à pena privativa de liberdade em regime fechado. Nessa situação, Paulo deverá, necessariamente, ser submetido ao exame criminológico para a obtenção da progressão de regime.

(D) Túlio, funcionário público, praticou crime de peculato doloso, vindo a ser definitivamente condenado à pena privativa de liberdade. Nessa situação, a progressão do regime de cumprimento de sua pena ficará condicionada à reparação do dano que causou ou à devolução do produto do crime, com os acréscimos legais.

A: incorreto (art. 39 do CP); **B:** incorreto (art. 42 do CP); **C:** incorreto. A nova redação conferida ao art. 112 da LEP deixou de exigir o exame criminológico. Entretanto, a jurisprudência firmou entendimento no sentido de que o Juízo da Execução, em face das peculiaridades do caso concreto, se entender necessário, pode determinar a sua realização. Nesse sentido, a Súmula 439 do STJ; **D:** correto (art. 33, § 4º, do CP).

Gabarito "D"

(OAB/Exame Unificado – 2009.1) Com relação à finalidade das sanções penais, assinale a opção correta.

(A) Segundo entendimento doutrinário balizador das normas aplicáveis à espécie, as teorias tidas por absolutas advogam a tese da aplicação das penas para a prevenção de futuros delitos.

(B) As teorias tidas por relativas advogam a tese da retribuição do crime, justificada por seu intrínseco valor axiológico, que possui, em si, seu próprio fundamento.

(C) O ordenamento jurídico brasileiro não reconheceu somente a função de retribuição da pena, sendo certo que a denominada teoria mista ou unificadora da pena é a mais adequada ao regime adotado pelo CP.

(D) As medidas de segurança têm finalidade essencialmente retributiva.

A: incorreto. *As teorias absolutas* sustentam que a pena constitui mera retribuição, compensação pelo mal impingido à sociedade. Ela é desprovida de objetivos práticos; **B:** incorreto. As *teorias relativas*, diferentemente, enxergam na pena um instrumento preventivo, um meio de se evitar um futuro delito; **C:** correto. A adoção da *teoria mista* pelo ordenamento jurídico brasileiro está no art. 59 do CP; **D:** incorreto. A função primordial das *medidas de segurança* é prevenir crimes que possam vir a ser praticados pelo sujeito tido por perigoso.

Gabarito "C"

(OAB/Exame Unificado – 2008.3) À luz do que dispõe o CP acerca da reabilitação, assinale a opção correta.

(A) Caso o condenado seja reabilitado, terá assegurado o sigilo dos registros sobre o seu processo e a condenação.

(B) Após o decurso de dois anos do dia em que for extinta, de qualquer modo, a pena ou terminar sua execução, o condenado poderá requerer a reabilitação, não se computando o período de prova da suspensão e o do livramento condicional.

(C) Caso o reabilitado seja condenado, como reincidente, por decisão definitiva, à pena de multa, o Ministério Público pode requerer a revogação da reabilitação.

(D) A reabilitação não pode ser revogada de ofício.

A: correto (art. 93, *caput*, do CP); **B:** incorreto (art. 94, *caput*, do CP); **C:** incorreto (art. 95 do CP); **D:** incorreto (art. 95 do CP).

Gabarito "A"

(OAB/Exame Unificado – 2008.2) Entre as penas restritivas de direitos previstas no Código Penal, não está incluída

(A) A prestação de serviço a entidades públicas.

(B) A prestação pecuniária.

(C) A perda de bens e valores.

(D) A interdição permanente de direitos.

Art. 43, V, do CP. O dispositivo faz alusão tão somente à interdição de caráter *temporário*, e não à de caráter permanente.

Gabarito "D"

(OAB/Exame Unificado – 2008.2) Assinale a opção correta segundo o CP.

(A) Na hipótese de embriaguez, voluntária ou culposa, pelo álcool ou por substância de efeitos análogos, exclui-se a imputabilidade penal.

(B) Se houver concurso entre agravantes e atenuantes, a pena deve aproximar-se do limite indicado pelas circunstâncias preponderantes, entendendo-se como tais as que resultam dos motivos determinantes do crime, da personalidade do agente e da reincidência.

(C) O agente que incide em erro sobre elemento constitutivo do tipo legal de crime deverá ter excluída a sua punibilidade.

(D) Se alguém praticar crime sob coação moral irresistível, deverá ser punido juntamente com o autor da coação ou da ordem.

A: incorreto (art. 28, II, do CP); **B:** correto (art. 67 do CP); **C:** incorreto (art. 20, *caput*, do CP). Ocorrido o *erro de tipo*, excluído estará o dolo e, por consequência, a conduta e o fato típico. Não há qualquer repercussão no campo da punibilidade; **D:** incorreto (art. 22 do CP).

Gabarito "B"

(OAB/Exame Unificado – 2008.1) Em cada uma das opções abaixo, é apresentada uma situação hipotética, seguida de uma assertiva a ser julgada. No que se refere à reparação do dano no Código Penal, assinale a opção em que a assertiva está correta.

(A) Pedro cometeu crime de furto, mas reparou o dano à vítima, por ato voluntário, na audiência de instrução criminal. Nessa situação, a reparação do dano é causa de diminuição de pena.

(B) Zeca foi condenado por roubo e, para reabilitar-se, consultou seu advogado, informando-lhe que já haviam passado mais de dois anos da extinção da pena, que manteve domicílio no país durante o referido prazo e que nada havia a desabonar sua conduta pública ou privada. Informou, ainda, que não reparou o dano causado pelo crime nem possuía documentos que demonstrassem a impossibilidade de fazê-lo. Nessa situação, a reparação do dano não é condição para a reabilitação.

(C) Hugo foi condenado à pena privativa de liberdade de dois anos de reclusão. Cumpriu mais de um terço da pena, comprovou comportamento satisfatório durante a execução da pena, bom desempenho no trabalho que lhe foi atribuído e aptidão para prover a própria subsistência mediante trabalho honesto. Nessa situação, a reparação do dano não é condição para concessão do livramento condicional.

(D) Eduardo, funcionário público, praticou peculato culposo. Nessa situação, a reparação do dano, caso preceda à sentença irrecorrível, extingue a punibilidade.

A: incorreto (art. 16 do CP). A reparação do dano, no arrependimento posterior, deve ser efetuada até o recebimento da denúncia ou da queixa; **B:** incorreto (art. 94, III, do CP); **C:** incorreto (art. 83, IV, do CP); **D:** assertiva correta. No peculato culposo – art. 312, § 2º, primeira parte, do CP, a reparação do dano, quando anterior à sentença irrecorrível, extingue a punibilidade; se, no entanto, lhe é posterior, reduz de metade a pena imposta, conforme prescreve o art. 312, § 3º, segunda parte, do CP.

Gabarito "D"

(OAB/Exame Unificado – 2008.1) Acerca da reincidência, assinale a opção correta.

(A) Para efeito de reincidência específica, prevalece a condenação anterior, se, entre a data do cumprimento da pena e a infração posterior, tiver decorrido tempo superior a 5 anos.

(B) Para efeitos de reincidência, são considerados os crimes eleitorais, os crimes militares próprios e os crimes políticos.

(C) Para se caracterizar a reincidência na prática de crime, é necessário que haja trânsito em julgado de sentença condenatória por prática de crime anterior.

(D) O agente que, na fase de recurso de sentença condenatória pela prática de crime, comete contravenção penal, deve ser considerado reincidente não específico.

A: incorreto (art. 64, I, do CP); **B:** incorreto (art. 64, II, do CP); **C:** correto (art. 63 do CP); **D:** incorreto. O art. 7º do Dec.-lei n. 3.688/1941 (Lei das Contravenções Penais) exige que a sentença condenatória pela prática de crime tenha transitado em julgado.

Gabarito "C"

(OAB/Exame Unificado – 2007.3) Entre as circunstâncias que sempre atenuam a pena, não está incluído o fato de o agente

(A) Desconhecer a lei.

(B) Ter cometido o crime sob coação a que pudesse resistir.

(C) Ter cometido o crime sob a influência de multidão em tumulto, se não o tiver provocado.

(D) Ter cometido o crime em ocasião de incêndio, inundação ou qualquer calamidade pública.

Art. 65 do CP.

Gabarito "D"

(OAB/Exame Unificado – 2007.3) Acerca das penas, assinale a opção correta.

(A) Em regra, no regime semiaberto, o condenado deverá trabalhar fora do estabelecimento e sem vigilância, permanecendo recolhido durante o período noturno e nos dias de folga.

(B) A limitação de fim de semana consiste na obrigação de o condenado permanecer, aos sábados e domingos, no período matutino e vespertino, em casa de albergado ou em outro estabelecimento adequado.

(C) A pena de reclusão deve ser cumprida sempre em regime fechado ou semiaberto; e a pena de detenção, em regime semiaberto ou aberto.

(D) A pena restritiva de direitos converte-se em privativa de liberdade quando ocorrer o descumprimento injustificado da restrição imposta.

A: incorreto (art. 35, §§ 1º e 2º, do CP); **B:** incorreto (art. 48, *caput* e parágrafo único, do CP; art. 152 da Lei 7.210/1984); **C:** incorreto (art. 33, *caput*, do CP); **D:** correto (art. 44, § 4º, do CP).

Gabarito "D"

(OAB/Exame Unificado – 2007.1) Assinale a opção correta acerca do direito penal.

(A) Aos crimes militares não se aplica o princípio da insignificância.

(B) As penas restritivas de direitos admitem a execução provisória.

(C) Ocorrendo a morte da vítima em decorrência de disparo de arma de fogo utilizada para a prática de roubo, há crime de latrocínio tentado se não houve a subtração de bens.

(D) A pena restritiva de direitos, como toda e qualquer resposta penal, está ordenada, na sua aplicação, ao princípio da suficiência.

A: incorreto. O *princípio da insignificância* tem sido, sim, aplicado a crimes militares. Há, inclusive, precedentes do próprio Supremo Tribunal Federal; **B:** incorreto. Segundo o STF, é inadmissível a execução provisória das penas restritivas de direito; **C:** incorreto (Súmula 610 do Supremo Tribunal Federal: "Há crime de latrocínio, quando o homicídio se consuma, ainda que não realize o agente a subtração de bens da vítima"); **D:** correto. Segundo este princípio, nenhuma pena deverá ser quantitativamente superior àquela necessária à reprovação e prevenção do delito.

Gabarito "D"

(FGV – 2013) De acordo com entendimentos firmados em enunciados de súmulas elaborados pelos Tribunais Superiores sobre aplicação e execução de pena, assinale a afirmativa correta.

(A) É inadmissível a fixação de pena substitutiva (Art. 44, CP) como condição especial ao regime aberto.

(B) Assim como a regressão, a progressão de regime pode ocorrer *per saltum*.

(C) O condenado por crime hediondo cometido no ano de 2006, sendo primário, deverá cumprir pelo menos 2/5 da pena privativa de liberdade para obter progressão de regime.

(D) A opinião pessoal do julgador sobre a gravidade em abstrato do crime praticado é fundamento suficiente para aplicação de regime mais severo do que o *quantum* da pena permite.

(E) Em nenhuma hipótese poderá ser fixado o regime semiaberto ao condenado reincidente, ainda que a pena aplicada seja inferior a 4 anos.

A: correta, pois corresponde à redação da Súmula n. 493 do STJ; **B:** incorreta, pois em desacordo com o entendimento firmado na Súmula n. 491 do STJ: "É inadmissível a progressão *per saltum* de regime prisional"; **C:** incorreta, pois não reflete o entendimento firmado na Súmula n. 471, do STJ, segundo a qual ao condenado por crime hediondo ou assemelhado cometido antes da Lei 11.464/2007 aplicar-se-á, no que toca ao tempo de cumprimento de pena para a progressão de regime prisional, a regra presente no art. 112 da Lei 7.210/1984 (Lei de Execução Penal), que estabelece que, nesta hipótese, basta, para autorizar a ida do condenado ao regime menos rígido, o cumprimento de 1/6 da pena no regime anterior (e não 2/5, como consta da proposição), além, é claro, de bom comportamento carcerário. A fração de 2/5, necessária à progressão no âmbito dos crimes hediondos e equiparados, somente passou a ser aplicada a partir da Lei 11.464/2007, para o condenado primário; para o reincidente, passou a ser exigido o cumprimento de 3/5 da pena, conforme consta da nova redação do art. 2º, § 2º, da Lei 8.072/1990; **D:** incorreta, pois em desconformidade com o teor da Súmula n. 718 do STF. Veja também Súmula n. 440 do STJ; E: incorreta, já que contraria o entendimento firmado na Súmula n. 269 do STJ.

Gabarito "A"

Diante das falhas do sistema penitenciário atual, o Direito Penal moderno vem buscando evitar o encarceramento, em especial através da previsão de medidas alternativas à pena privativa de liberdade.

(FGV – 2013) A esse respeito, assinale a afirmativa correta.

(A) São hipóteses de penas restritivas de direito a prestação pecuniária, perda de bens e valores, prestação de serviço à comunidade ou a entidades públicas, interdição temporária de direitos e limitação de fim de semana.

(B) Poderá a pena privativa de liberdade inferior a 4 anos ser substituída pela restritiva de direito se o réu for tecnicamente primário, mas não será admitida a substituição em nenhuma hipótese de réu reincidente.

(C) De acordo com o Código Penal, a pena privativa de liberdade inferior a 6 meses poderá ser substituída por apenas uma restritiva de direitos, inclusive prestação de serviços à comunidade.

(D) A pena restritiva de direito converte-se em privativa de liberdade quando ocorrer o descumprimento injustificado da restrição imposta, não sendo deduzido o tempo de pena cumprido da restritiva de direitos.

(E) Em qualquer hipótese, sobrevindo condenação a pena privativa de liberdade, por outro crime, a pena restritiva de direito deverá ser convertida em privativa de liberdade.

A: correta, pois contempla o rol de penas restritivas de direitos presente no art. 43 do CP; **B:** incorreta. Primeiro porque, para beneficiar-se da substituição, a pena aplicada ao agente deve ser *igual* ou inferior a quatro anos (*não seja superior a quatro anos* – art. 44, I, do CP); em segundo lugar, porque, embora a substituição, neste caso, seja, em regra, vedada – art. 44, II, poderá ela operar-se se estiverem presentes os requisitos a que alude o art. 44, § 3º, do CP, a saber: a substituição há de ser *socialmente recomendável*; e o réu não pode ser reincidente na prática do mesmo crime (reincidência específica); **C:** incorreta, nos termos do art. 46, *caput*, do CP, que estabelece que a prestação de serviços à comunidade ou a entidades públicas é aplicável às condenações superiores a seis meses de privação de liberdade; **D:** incorreta, uma vez que, na hipótese de conversão, será deduzido o tempo cumprido da pena restritiva de direitos (art. 44, § 4º, do CP); **E:** incorreta, pois não corresponde à regra disposta no art. 44, § 5º, do CP.

Gabarito "A"

(FGV – 2013) Sobre o *instituto do livramento condicional*, assinale a afirmativa incorreta.

(A) A obtenção do livramento condicional nos casos de condenação por crimes hediondos exige, como requisito temporal, o cumprimento de mais de dois terços da pena pelo condenado primário e mais de três quintos para o condenado reincidente na prática de crimes desta natureza.

(B) Tem como requisito temporal, em regra, o cumprimento de um terço da pena se o condenado não for reincidente em crime doloso e tiver bons antecedentes.

(C) As penas que correspondem às infrações diversas devem somar-se para efeito de livramento.

(D) Se o liberado for condenado irrecorrivelmente, por crime ou contravenção, à pena que não seja privativa de liberdade, poderá o juiz revogar o livramento.

(E) A revogação será obrigatória se o liberado vem a ser condenado à pena privativa de liberdade, em sentença irrecorrível, por crime cometido durante vigência do benefício.

A: incorreta, dado que o reincidente em crime hediondo ou equiparado não faz jus ao livramento condicional; somente poderá obtê-lo o não reincidente em crimes dessa natureza depois de cumpridos mais de 2/3 (dois terços) da pena – art. 83, V, do CP; **B:** correta, pois reflete a regra do art. 83, I, do CP; **C:** correta, pois corresponde à regra presente no art. 84 do CP; **D:** correta, nos termos do art. 87, segunda parte, do CP; **E:** correta, nos termos do art. 86, I, do CP.

Gabarito "A"

(FGV – 2009) Com relação à aplicação da pena, analise as afirmativas a seguir:

I. São circunstâncias que sempre agravam a pena, quando não constituem ou qualificam o crime, dentre outras, as seguintes: a gravidade do crime praticado, ter o agente cometido o crime por motivo fútil ou torpe e ter o agente cometido o crime contra criança, maior de 60 (sessenta) anos, enfermo ou mulher grávida.

II. São circunstâncias que sempre atenuam a pena, dentre outras, as seguintes: ser o agente menor de 21 (vinte e um) anos na data do fato, ter o agente cometido o crime por motivo de relevante valor social ou moral e ter o agente cometido o crime em estado de embriaguez preordenada.

III. A pena será ainda agravada em relação ao agente que promove ou organiza a cooperação no crime ou dirige a atividade dos demais agentes, ao passo que a pena será ainda atenuada em relação ao agente que induz outrem à execução material do crime.

Assinale:

(A) se nenhuma afirmativa estiver correta.

(B) se somente as afirmativas I e II estiverem corretas.

(C) se somente as afirmativas I e III estiverem corretas.

(D) se somente as afirmativas II e III estiverem corretas.

(E) se todas as afirmativas estiverem corretas.

I: incorreto. São circunstâncias que sempre agravam a pena: ter o agente cometido o crime por motivo fútil ou torpe (art. 61, II, *a*, CP); bem assim contra criança, maior de 60 anos, enfermo ou mulher grávida (art. 61, II, *h*, CP). A *gravidade* do crime praticado não constitui circunstância apta a agravar a pena; **II:** incorreto. O fato de o agente ser menor de 21 (vinte e um) anos na data do fato é circunstância que atenua a pena (art. 65, I); além disso, o fato de ter cometido o crime por motivo de relevante valor moral ou social também constitui, nos termos do art. 65, III, *a*, circunstância atenuante. Se o agente, no entanto, cometer o crime em estado de embriaguez preordenada, incorrerá na circunstância agravante capitulada no art. 61, II, *l*, do CP; **III:** incorreto. Determina o art. 62, I e II, do CP que a pena será agravada em relação ao agente que promove ou organiza a cooperação no crime ou dirige a atividade dos demais agentes, bem como daquele que coage ou induz outrem à execução material do crime.

Gabarito "A"

(FGV – 2008) Com relação às penas, analise as afirmativas a seguir:

I. São penas privativas de liberdade: detenção, reclusão e limitação de fim de semana.

II. O Código Penal prevê somente as seguintes hipóteses de penas restritivas de direitos: prestação de serviços à comunidade ou a entidades públicas; interdição temporária de direitos e prestação pecuniária.

III. A pena de interdição temporária de direitos compreende as seguintes situações: proibição do exercício de cargo, função ou atividade pública, bem como mandato eletivo; proibição do exercício de profissão, atividade ou ofício que dependam de habilitação especial, de licença ou autorização do poder público; suspensão de autorização ou de habilitação para dirigir veículo; proibição de frequentar determinados lugares; e, obrigação de permanecer, aos sábados e domingos, por cinco horas diárias, em casa de albergado ou outro estabelecimento adequado, ocasião em que serão ministrados cursos e palestras ou atribuídas atividades educativas.

Assinale:

(A) se nenhuma afirmativa estiver correta.
(B) se somente as afirmativas I e II estiverem corretas.
(C) se somente as afirmativas I e III estiverem corretas.
(D) se somente as afirmativas II e III estiverem corretas.
(E) se todas as afirmativas estiverem corretas.

I: incorreto. São penas privativas de liberdade: reclusão, detenção e prisão simples; a limitação de fim de semana – arts. 43, VI, e 48, do CP – é pena restritiva de direitos; **II:** incorreto. As penas restritivas de direitos estão elencadas no art. 43 do CP. Além daquelas contidas na assertiva, há também a perda de bens e valores e a limitação de fim de semana; **III:** incorreto. A obrigação consistente em permanecer, aos sábados e domingos, por cinco horas diárias, em casa de albergado ou outro estabelecimento adequado constitui a pena de *limitação de fim de semana* (art. 48 do CP), e não a de *interdição temporária de direitos*. Aqui reside a incorreção da assertiva, que de resto está correta, porquanto compatível com o art. 47 do CP, que rege a interdição temporária de direitos.

Gabarito "A"

13. CONCURSO DE CRIMES

(OAB/Exame Unificado – 2014.3) Roberto estava dirigindo seu automóvel quando perdeu o controle da direção e subiu a calçada, atropelando dois pedestres que estavam parados num ponto de ônibus.

Nesse contexto, levando-se em consideração o concurso de crimes, assinale a opção correta, que contempla a espécie em análise:

(A) concurso material.
(B) concurso formal próprio ou perfeito.
(C) concurso formal impróprio ou imperfeito.
(D) crime continuado.

Está correta a assertiva "B". O enunciado contempla típica hipótese de *concurso formal perfeito*, em que o agente, neste caso Roberto, mediante uma única ação (perdeu o controle sobre o seu veículo e subiu a calçada), produziu dois resultados (atropelamento de dois pedestres que se encontravam no ponto de ônibus), que, é importante dizer, não decorreram de desígnios autônomos (art. 70, *caput*, primeira parte, CP). Seria o caso de reconhecer-se o *concurso formal imperfeito* (art. 70, *caput*, segunda parte, CP) somente se os crimes fossem dolosos e o agente agisse, em relação a cada um deles, com desígnios autônomos (propósito de atropelar os dois pedestres). Não é este o caso narrado no enunciado, que trata da ocorrência de crime culposo, em que o agente não visa aos resultados produzidos. Da mesma forma, não há que se falar em crime continuado, que pressupõe a prática de mais de uma conduta, além dos demais requisitos contemplados no art. 71 do CP. Pela mesma razão, não se está diante de concurso material de crimes, que também exige a prática de mais de uma conduta (art. 69, CP).

Gabarito "B"

(OAB/Exame Unificado – 2014.1) Paulo tinha inveja da prosperidade de Gustavo e, certo dia, resolveu quebrar o carro que este último havia acabado de comprar. Para tanto, assim que Gustavo estacionou o veículo e dele saiu, Paulo, munido de uma barra de ferro, foi correndo em direção ao bem para danificá-lo. Ao ver a cena, Gustavo colocou-se à frente do carro e acabou sendo atingido por um golpe da barra de ferro, vindo a falecer em decorrência de traumatismo craniano derivado da pancada. Sabe-se que Paulo não tinha a intenção de matar Gustavo e que este somente recebeu o golpe porque se colocou à frente do carro quando Paulo já estava com a barra de ferro no ar, em rápido movimento para atingir o veículo, que ficou intacto.

Com base no caso relatado, assinale a afirmativa correta.

(A) Paulo responderá por tentativa de dano em concurso formal com homicídio culposo.
(B) Paulo responderá por homicídio doloso, tendo agido com dolo eventual.
(C) Paulo responderá por homicídio culposo.
(D) Paulo responderá por tentativa de dano em concurso material com homicídio culposo.

Está-se diante do chamado *resultado diverso do pretendido* (ou *aberratio criminis*), presente no art. 74 do CP, em que o agente, desejando determinado resultado (neste caso, danificar veículo alheio), termina por alcançar resultado diverso daquele inicialmente pretendido (neste caso, a morte de Gustavo). É dizer, em vez de cometer o crime de dano, resultado de fato desejado, Paulo, por erro na execução deste crime, acaba por golpear Gustavo, que, em razão da lesão provocada, vem a falecer por traumatismo craniano. O problema é claro ao afirmar que Paulo não agiu com o propósito de matar Gustavo. Sua intenção era tão somente de danificar o veículo deste. Assim sendo, Paulo, que agiu, portanto, com culpa em relação à morte de Gustavo, responderá, na forma estatuída no art. 74 do CP, por homicídio culposo (art. 121, § 3º, do CP). O mesmo dispositivo estabelece que, na hipótese de também ocorrer o resultado desejado (neste caso, o dano), deverá incidir a regra do art. 70 do CP (concurso formal). Como isso não aconteceu, Paulo responderá – repita-se – pelo crime de homicídio culposo. Correta, pois, a assertiva "C".

Gabarito "C"

(OAB/Exame Unificado – 2012.3.B) Ana e Júlia, irmãs gêmeas de 15 anos, estavam caminhando no calçadão da praia por volta das 18h, ocasião em que foram abordadas por Malu, jovem franzina de 18 anos. Malu, simulando portar arma de fogo, amedrontou as vítimas, que lhe entregaram os telefones celulares que portavam. Ato contínuo, a delinquente saiu correndo, rindo para as vítimas, enquanto mostrava que não portava nenhuma arma de fogo.

Levando em conta os dados fornecidos, assinale a afirmativa correta.

(A) Malu deve responder por furto qualificado, praticado em concurso formal.
(B) Malu deve responder por roubo qualificado, praticado em concurso formal.
(C) Malu deve responder por roubo simples, praticado em concurso formal.
(D) Malu não faz jus a nenhuma circunstância atenuante.

O entendimento do STF é no sentido de que, se o crime de roubo for perpetrado contra diversas vítimas, atingindo patrimônios diversos, mediante uma ação, caracterizado estará o *concurso formal*. Confira-se a ementa, que demonstra já ser antiga a discussão do tema naquela Corte: "Roubos contra vítimas diversas, cometidos em uma única ação, desdobrada em vários atos. O recorrido, juntamente com comparsas, mediante ameaça de arma de fogo, subtraiu objetos e dinheiro de pessoas que estavam no interior de um estabelecimento comercial. Configura-se concurso formal e não crime único. Dissídio jurisprudencial comprovado. Recurso extraordinário conhecido e provido, restabelecendo-se a sentença" (RE 103308/SP, 1ª Turma, j. 04.12.1984). Na doutrina: "Roubo contra várias pessoas através de uma ação: concurso formal. Como regra, a ação desencadeada pelo agente envolve uma única grave ameaça, voltada a determinados ofendidos, confinados num local. Eles se desfazem dos seus pertences, quase ao mesmo tempo, constituindo cenário único. Por isso, caracteriza-se a figura do art. 70 do Código Penal (...)" (Guilherme de Souza Nucci, *Código Penal Comentado*, 13. ed., p. 807).

Gabarito "C"

(OAB/Exame Unificado – 2012.3.B) José vem praticando, em continuidade delitiva, vários crimes dolosos da mesma espécie, cometidos sem violência ou grave ameaça à pessoa, nas mesmas condições de tempo, lugar e maneira de execução, sendo certo que tais crimes são cometidos contra a mesma vítima.

O magistrado, ao sentenciar José, fará incidir a causa de aumento de pena pelo crime continuado, levando em conta, para a fixação do *quantum* de aumento,

(A) o número de infrações praticadas.
(B) as consequências dos crimes praticados.
(C) a presença de circunstâncias agravantes.
(D) a primariedade ou não de José

Deve-se levar em consideração, ao aplicar o acréscimo de pena no crime continuado, o número de infrações praticadas, segundo doutrina e jurisprudência majoritárias. Conferir: "O aumento da pena pela continuidade delitiva se faz, basicamente, quanto ao art. 71, *caput*, do Código Penal, por força do número de infrações praticadas" (STJ, HC 128.888-DF, 5ª T., rel. Min. Felix Fischer, 26.05.2009).

Gabarito "A"

(OAB/Exame Unificado – 2011.3.A) Otelo objetiva matar Desdêmona para ficar com o seguro de vida que esta havia feito em seu favor. Para tanto, desfere projétil de arma de fogo contra a vítima, causando-lhe a morte. Todavia, a bala atravessa o corpo de Desdêmona e ainda atinge Iago, que passava pelo local, causando-lhe lesões corporais. Considerando-se que Otelo praticou crime de homicídio doloso qualificado em relação a Desdêmona e, por tal crime, recebeu pena de 12 anos de reclusão, bem como que praticou crime de lesão corporal leve em relação a Iago, tendo recebido pena de 2 meses de reclusão, é correto afirmar que

(A) o juiz deverá aplicar a pena mais grave e aumentá-la de um sexto até a metade.
(B) o juiz deverá somar as penas.
(C) é caso de concurso formal homogêneo.
(D) é caso de concurso formal impróprio.

É o caso de aplicar o art. 73, segunda parte, do CP, que trata da chamada *aberratio ictus* com resultado duplo. Em vez de atingir somente a pessoa visada, também foi atingida pessoa diversa. Em conformidade com o dispositivo a que fizemos menção, deve ser aplicado o *concurso formal* do art. 70 do CP. Seria então o caso de aplicar a pena correspondente ao crime mais grave (homicídio desejado) acrescida de 1/6 até 1/2, diante da exasperação imposta. Sucede que, neste caso, a pena decorrente desse concurso formal, resultante da exasperação das penas, seria superior àquela apurada em *concurso material*, que obedece ao sistema da cumulação. Em casos assim, deve prevalecer o concurso material, porquanto mais favorável ao acusado. Temos então um concurso formal em que a pena deverá ser aplicada em consonância com a regra do concurso material, que estabelece a aplicação do sistema do acúmulo material. É o que impõe o art. 70, parágrafo único, do CP (concurso material benéfico ou favorável).

Gabarito "B"

(OAB/Exame Unificado – 2011.3.A) José dispara cinco tiros de revólver contra Joaquim, jovem de 26 (vinte e seis) anos que acabara de estuprar sua filha. Contudo, em decorrência de um problema na mira da arma, José erra seu alvo, vindo a atingir Rubem, senhor de 80 (oitenta) anos, ceifando-lhe a vida.

A esse respeito, é correto afirmar que José responderá

(A) pelo homicídio de Rubem, agravado por ser a vítima maior de 60 (sessenta) anos.
(B) por tentativa de homicídio privilegiado de Joaquim e homicídio culposo de Rubem, agravado por ser a vítima maior de 60 (sessenta) anos.
(C) apenas por tentativa de homicídio privilegiado, uma vez que ocorreu erro quanto à pessoa.
(D) apenas por homicídio privilegiado consumado, uma vez que ocorreu erro na execução.

Art. 73 do CP (erro na execução ou *aberratio ictus*). Neste caso, o sujeito deseja atingir certa pessoa, mas, por acidente ou erro no uso dos meios de execução, acaba por atingir outra. O *erro na execução* não deve ser confundido com o *erro sobre a pessoa* (art. 20, § 3º, CP), em que há equívoco de representação, isto é, o agente investe contra determinada pessoa acreditando tratar-se de outra. Nos dois casos, deverá responder como se tivesse atingido a vítima pretendida. É por essa razão que deverá ser aplicada a causa de diminuição de pena prevista no art. 121, § 1º, do CP (resultado perseguido), e não a circunstância agravante presente no art. 61, II, *h*, do CP (resultado não pretendido).

Gabarito "D"

(OAB/Exame Unificado – 2011.2) As regras do concurso formal perfeito (em que se adota o sistema da exasperação da pena) foram adotadas pelo Código Penal com o objetivo de beneficiar o agente que, mediante uma só conduta, praticou dois ou mais crimes. No entanto, quando o sistema da exasperação for prejudicial ao acusado, deverá prevalecer o sistema do cúmulo material (em que a soma das penas será mais vantajosa do que o aumento de uma delas com determinado percentual, ainda que no patamar mínimo).

A essa hipótese, a doutrina deu o nome de

(A) exasperação *sui generis*.
(B) concurso formal imperfeito.
(C) concurso material benéfico.
(D) concurso formal heterogêneo.

O concurso material benéfico ou favorável encontra-se no art. 70, parágrafo único, do CP.

Gabarito "C"

(OAB/Exame Unificado – 2010.2) Com relação ao concurso de delitos, é correto afirmar que:

(A) no concurso de crimes as penas de multa são aplicadas distintamente, mas de forma reduzida.
(B) o concurso material ocorre quando o agente, mediante mais de uma ação ou omissão, pratica dois ou mais crimes com dependência fática e jurídica entre estes.
(C) o concurso formal perfeito, também conhecido como próprio, ocorre quando o agente, por meio de uma só ação ou omissão, pratica dois ou mais crimes idênticos, caso em que as penas serão somadas.
(D) o Código Penal Brasileiro adotou o sistema de aplicação de pena do cúmulo material para os concursos material e formal imperfeito, e da exasperação para o concurso formal perfeito e crime continuado.

A: incorreto. No concurso de crimes, as penas de multa, em conformidade com o disposto no art. 72 do CP, são aplicadas distinta e *integralmente*; **B:** incorreto. O *concurso material* está previsto no art. 69 do CP e se dá nas hipóteses em que "o agente, mediante mais de uma ação ou omissão, pratica dois ou mais crimes, idênticos ou não"; **C:** incorreto. No chamado *concurso formal perfeito* (normal ou próprio), ao contrário do que ocorre no *concurso imperfeito*, não há, por parte do agente, desígnios autônomos no que toca a cada delito; **D:** correto. De fato, nos *concursos material* e *formal imperfeito*, as penas são cumuladas, somadas, aplicando-se, por conta disso, o sistema do *cúmulo material* ou da *cumulatividade das penas*; já no *concurso formal perfeito* e no *crime continuado*, é aplicada uma só pena, se idêntica, ou a maior, se diferentes forem, fazendo incidir, em seguida, o aumento previsto na lei. É o *sistema da exasperação das penas*.

Gabarito "D"

(OAB/Exame Unificado – 2008.2) Segundo o Código Penal (CP) brasileiro, quando, por acidente ou erro no uso dos meios de execução, o agente, em vez de atingir a pessoa que pretendia ofender, atinge pessoa diversa, ele deve responder como se tivesse praticado o crime contra aquela. No caso de ser, também, atingida a pessoa que o agente pretendia ofender, aplica-se a regra do

(A) Concurso material.

(B) Concurso formal.

(C) Crime continuado.

(D) Crime habitual.

A: incorreto (art. 69 do CP); **B:** correto (art. 73, parte final, do CP – erro na execução); **C:** incorreto (art. 71 do CP); **D:** incorreto. Aqui, a pluralidade de atos constitui elemento do tipo, já que cada ato, por si só, é atípico.

Gabarito "B"

(OAB/Exame Unificado – 2004.ES) Com relação ao concurso de crimes, assinale a opção incorreta.

(A) Ocorre o concurso material de crimes quando o agente, mediante mais de uma ação ou omissão, pratica dois ou mais crimes da mesma espécie e, pelas condições de tempo, lugar, maneira de execução e outras semelhantes, devem os subsequentes ser havidos como continuação do primeiro.

(B) Ocorre o concurso formal quando o agente, mediante uma só ação ou omissão, pratica dois ou mais crimes, idênticos ou não.

(C) No concurso material, aplicam-se cumulativamente as penas privativas de liberdade em que o agente haja incorrido.

(D) De acordo com o entendimento do STJ, o benefício da suspensão do processo não é aplicável em relação às infrações penais cometidas em concurso material, concurso formal ou continuidade delitiva, quando a pena mínima cominada, seja pelo somatório, seja pela incidência da majorante, ultrapassar o limite de um ano.

A: incorreto. A alternativa contempla a descrição do chamado crime continuado (art. 71, CP), e não do concurso material, cuja previsão está no art. 69 do CP; **B:** correto (art. 70 do CP); **C:** correto (art. 69 do CP); **D:** correto. Súmulas 243 do STJ e 723 do STF.

Gabarito "A"

(FGV – 2010) Relativamente ao *concurso de crimes*, assinale a afirmativa incorreta:

(A) O concurso material ocorre quando o agente, mediante mais de uma ação ou omissão, pratica dois ou mais crimes, idênticos ou não.

(B) Na presença de um concurso formal, aplica-se ao agente a mais grave das penas cabíveis ou, se iguais, somente uma delas, mas aumentada, em qualquer caso, de um sexto até metade, salvo se a ação ou omissão é dolosa e os crimes concorrentes resultam de desígnios autônomos (hipótese em que as penas aplicam-se cumulativamente).

(C) Quando se tratar de crime continuado, aplica-se ao agente a pena de um só dos crimes, se idênticas, ou a mais grave, se diversas, aumentada, em qualquer caso, de um sexto a dois terços.

(D) Quando se tratar de crime continuado em que os crimes sejam dolosos, contra vítimas diferentes, cometidos com violência ou grave ameaça à pessoa, o juiz poderá, observados os artigos 70, 71 e 74 do Código Penal, aumentar a pena mais grave até o triplo.

(E) No concurso de crimes, as penas de multa são aplicadas de acordo com as regras aplicáveis às penas privativas de liberdade.

A: correto (art. 69 do CP); **B:** correto (art. 70 do CP); **C:** correto (art. 71, *caput*, do CP); **D:** correto (art. 71, p. único, do CP); **E:** incorreta, devendo ser assinalada (art. 72 do CP).

Gabarito "E"

(FGV – 2010) Relativamente ao *concurso de crimes*, analise as afirmativas a seguir.

I. A pena será ainda agravada em relação ao agente que promove, ou organiza a cooperação no crime ou dirige a atividade dos demais agentes.

II. A pena será ainda agravada em relação ao agente que coage ou induz outrem à execução material do crime.

III. A pena será ainda agravada em relação ao agente que instiga a cometer o crime alguém não punível em virtude de condição.

Assinale:

(A) se somente a afirmativa I estiver correta.

(B) se somente a afirmativa II estiver correta.

(C) se somente a afirmativa III estiver correta.

(D) se somente as afirmativas II e III estiverem corretas.

(E) se todas as afirmativas estiverem corretas.

I: correta (art. 62, I, do CP); **II:** correta (art. 62, II, do CP); **III:** correta (art. 62, III, do CP).

Gabarito "E"

14. AÇÃO PENAL

(OAB/Exame Unificado – 2012.3.A) Tendo como base o instituto da ação penal, assinale a afirmativa correta.

(A) Na ação penal privada vigora o princípio da oportunidade ou conveniência.

(B) A ação penal privada subsidiária da pública fere dispositivo constitucional que atribui ao Ministério Público o direito exclusivo de iniciar a ação pública.

(C) Como o Código Penal é silente no tocante à natureza da ação penal no crime de lesão corporal culposa, verifica-se que a referida infração será de ação penal pública incondicionada.

(D) A legitimidade para ajuizamento da queixa-crime na ação penal exclusivamente privada (ou propriamente dita) é unicamente do ofendido.

A: correta. A ação penal de iniciativa privada é regida pelos princípios, dentre outros, da conveniência ou oportunidade e disponibilidade, que lhe são exclusivos. Pelo primeiro, a decisão de ajuizar ou não a ação fica a critério do ofendido. Ele escolhe o caminho que lhe pareça mais conveniente. Vale aqui lembrar que, no âmbito da ação penal pública, o princípio informador, quanto à iniciativa de deflagrar a ação penal, é o da obrigatoriedade, dado que não pode o Ministério Público, titular da ação pública, deixar de propor a demanda quando presentes os requisitos legais. Quanto ao segundo princípio, o da disponibilidade, o titular da ação penal privada, depois de iniciada esta, pode desistir de dar-lhe prosseguimento. Ficará a critério dele. Mais uma vez, este princípio não tem incidência no âmbito da ação penal pública, na qual vigora o princípio da indisponibilidade, segundo o qual não pode o MP desistir de prosseguir na ação penal por ele ajuizada; **B:** incorreto. A prerrogativa conferida ao ofendido de dar início à ação penal pública em face da desídia do MP constitui direito fundamental contemplado no art. 5º, LIX, da CF. Não há que se falar, portanto, em violação de dispositivo constitucional; **C:** incorreto. A ação penal, nos crimes de lesão corporal dolosa leve e lesão culposa, é pública condicionada à representação da vítima, conforme estabelece o art. 88 da Lei 9.099/1995 (Juizados Especiais); **D:** incorreto. Sendo a ação penal exclusivamente privada, terão legitimidade para o ajuizamento da queixa, na hipótese de morte ou declaração judicial de ausência do ofendido, o cônjuge, o ascendente, o descendente e o irmão da vítima (art. 31 do CPP).

Gabarito "A"

(OAB/Exame Unificado – 2008.2) Maria, que tem 18 anos de idade, é universitária e reside com os pais, que a sustentam financeiramente, foi vítima de crime que é processado mediante ação penal pública condicionada à representação. Considerando essa situação hipotética, assinale a opção correta.

(A) O representante legal de Maria também poderá mover a ação penal, visto que o direito de ação é concorrente em face da dependência financeira e inicia-se a partir da data em que o crime tenha sido consumado.
(B) Caso Maria deixe de exercer o direito de representação, a condição de procedibilidade da ação penal poderá ser satisfeita por meio de requisição do ministro da justiça.
(C) Caso Maria exerça seu direito à representação e o membro do MP não promova a ação penal no prazo legal, Maria poderá mover ação penal privada subsidiária da pública.
(D) Caso Maria venha a falecer, prescreverá o direito de representação se seus pais não requererem a nomeação de curador especial pelo juiz, no prazo legal.

A ação penal privada subsidiária da pública, que somente terá lugar na hipótese de inércia, desleixo do membro do Ministério Público, encontra previsão nos arts. 5º, LIX, da CF; 100, § 3º, do CP; e 29 do CPP.

Gabarito "C"

15. EXTINÇÃO DA PUNIBILIDADE – PRESCRIÇÃO

(OAB/Exame Unificado – 2015.1) Felipe, menor de 21 anos de idade e reincidente, no dia 10 de abril de 2009, foi preso em flagrante pela prática do crime de roubo. Foi solto no curso da instrução e acabou condenado em 08 de julho de 2010, nos termos do pedido inicial, ficando a pena acomodada em 04 anos de reclusão em regime fechado e multa de 10 dias, certo que houve a compensação da agravante da reincidência com a atenuante da menoridade. A decisão transitou em julgado para ambas as partes em 20 de julho de 2010. Foi expedido mandado de prisão e Felipe nunca veio a ser preso. Considerando a questão fática, assinale a afirmativa correta.

(A) A extinção da punibilidade pela prescrição da pretensão executória ocorrerá em 20 de julho de 2016.
(B) A extinção da punibilidade pela prescrição da pretensão executória ocorreu em 20 de julho de 2014.
(C) A extinção da punibilidade pela prescrição da pretensão executória ocorrerá em 20 de julho de 2022.
(D) A extinção da punibilidade pela prescrição da pretensão executória ocorrerá em 20 de novembro de 2015.

A alternativa dada como certa é a "D". Sendo a pena aplicada a Felipe, com trânsito em julgado, de 4 anos, o prazo de prescrição, conforme estabelece o art. 109, IV, do CP, é de oito anos (pena não superior a quatro). Ocorre que, sendo o condenado, ao tempo da conduta, menor de 21 anos, o prazo, dado o que dispõe o art. 115 do CP, vai a 4 anos (reduzido de metade); acontece que Felipe, como consta do enunciado, é reincidente, o que impõe, a teor do art. 110, *caput*, do CP, um incremento da ordem de um terço, resultando no prazo prescricional final de 5 anos e 4 meses. A prescrição, neste caso, ocorreria em 19 de novembro de 2015, e não 20 de novembro de 2015, como constou da alternativa dada como correta. Isso porque o prazo prescricional, sendo de natureza penal (leva à extinção da punibilidade), deve ser contado na forma estatuída no art. 10 do CP: inclui-se o dia do começo e exclui-se o do vencimento. Convenhamos que a questão, além de não contemplar alternativa correta, é muito mal elaborada, uma vez que impõe ao candidato a necessidade de, numa prova objetiva, fazer uma série de cálculos aritméticos a fim de encontrar o resultado correto (que, neste caso, não existe!). Ademais, exigia também que o candidato conhecesse, de cor, a tabela do art. 109 do CP e diversos outros prazos.

Gabarito "D"

(OAB/Exame Unificado – 2014.3) Francisco foi condenado por homicídio simples, previsto no Art. 121 do Código Penal, devendo cumprir pena de seis anos de reclusão. A sentença penal condenatória transitou em julgado no dia 10 de agosto de 1984. Dias depois, Francisco foge para o interior do Estado, onde residia, ficando isolado num sítio. Após a fuga, as autoridades públicas nunca conseguiram capturá-lo. Francisco procura você como advogado(a) em 10 de janeiro de 2014.

Com relação ao caso narrado, assinale a afirmativa correta.

(A) Ainda não ocorreu prescrição do crime, tendo em vista que ainda não foi ultrapassado o prazo de trinta anos requerido pelo Código Penal.
(B) Houve prescrição da pretensão executória.
(C) Não houve prescrição, pois o crime de homicídio simples é imprescritível.
(D) Houve prescrição da pretensão punitiva pela pena em abstrato, pois Francisco nunca foi capturado.

Tendo em conta que a pena aplicada na sentença condenatória que transitou em julgado é de *seis* anos, o prazo prescricional da pretensão executória, calculada nos termos do art. 109, III, do CP, é de *doze* anos. Assim, considerando que o trânsito da sentença que condenou Francisco se deu no dia 10 de agosto de 1984, a prescrição ocorreu no dia 9 de agosto de 1996 (12 anos depois). Em 10 de janeiro de 2014, quando Francisco, ainda foragido, procura seu advogado, a pena não poderá mais ser executada. É o que estabelece o art. 110, *caput*, do CP. Correta é a assertiva "B", portanto.

Gabarito "B"

(OAB/Exame Unificado – 2012.2) Trata-se de causa extintiva da punibilidade consistente na exclusão, por lei ordinária com efeitos retroativos, de um ou mais fatos criminosos do campo de incidência do Direito Penal,

(A) o indulto individual.
(B) a anistia.
(C) o indulto coletivo.
(D) a graça.

A anistia pode se dar antes ou depois da condenação definitiva. É retroativa e também irrevogável. Faz desaparecer o crime bem como todos os efeitos penais da sentença. É inaplicável, nos termos do art. 5º, XLIII, da CF, a crimes hediondos, tortura, tráfico de entorpecentes e terrorismo. Constitui, a teor do art. 107, II, do CP, causa de extinção da punibilidade. Sua concessão é atribuída à União, por meio de lei do Congresso Nacional.

Gabarito "B"

(OAB/Exame Unificado – 2011.3.A) No dia 18.10.2005, Eratóstenes praticou um crime de corrupção ativa em transação comercial internacional (Art. 337-B do CP), cuja pena é de 1 a 8 anos e multa. Devidamente investigado, Eratóstenes foi denunciado e, em 20.01.2006, a inicial acusatória foi recebida. O processo teve regular seguimento e, ao final, o magistrado sentenciou Eratóstenes, condenando-o à pena de 1 ano de reclusão e ao pagamento de dez dias-multa. A sentença foi publicada em 07.04.2007. O Ministério Público não interpôs recurso, tendo, tal sentença, transitado em julgado para a acusação. A defesa de Eratóstenes, por sua vez, que objetivava sua absolvição, interpôs sucessivos recursos. Até o dia 15.05.2011, o processo ainda não havia tido seu definitivo julgamento, ou seja, não houve trânsito em julgado final. Levando-se em conta as datas descritas e sabendo-se que, de acordo com o art. 109, incisos III e V, do Código Penal, a prescrição, antes de transitar em julgado a sentença final, verifica-se em 12 (doze) anos se o máximo da pena é superior a quatro e não excede a oito anos e em 4 (quatro) anos se o máximo da pena é igual a um ano ou, sendo superior, não exceda a dois, com base na situação apresentada, é correto afirmar que

(A) não houve prescrição da pretensão punitiva nem prescrição da pretensão executória, pois desde a publicação da sentença não transcorreu lapso de tempo superior a doze anos.
(B) ocorreu prescrição da pretensão punitiva retroativa, pois, após a data da publicação da sentença e a última data apresentada no enunciado, transcorreu lapso de tempo superior a 4 anos.
(C) ocorreu prescrição da pretensão punitiva superveniente, que pressupõe o trânsito em julgado para a acusação e leva em conta a pena concretamente imposta na sentença.
(D) não houve prescrição da pretensão punitiva, pois, como ainda não ocorreu o trânsito em julgado final, deve-se levar em conta a teoria da pior hipótese, de modo que a prescrição, se houvesse, somente ocorreria doze anos após a data do fato.

Art. 110, § 1º, do CP, com redação determinada pela Lei 12.234/2010 (prescrição intercorrente, subsequente ou superveniente).

Gabarito "C"

(OAB/Exame Unificado – 2011.3.B) Com relação às causas de extinção da punibilidade previstas no artigo 107 do Código Penal, assinale a alternativa correta.

(A) O perdão do ofendido é ato unilateral, prescindindo de anuência do querelado.
(B) Nos crimes conexos, a extinção da punibilidade de um deles impede, quanto aos outros, a agravação da pena resultante da conexão.
(C) A perempção é causa de extinção de punibilidade exclusiva da ação penal privada.
(D) Em caso de morte do réu, não há falar em extinção da punibilidade, devendo o juiz absolvê-lo com base no método de resolução de conflitos do *in dubio pro reo*.

A: incorreto. Por se tratar de *ato bilateral*, o *perdão* somente gera a extinção da punibilidade se aceito for pelo querelado – art. 51 do CPP e arts. 105 e 107, V, do CP; a *renúncia*, diferentemente, constitui *ato unilateral*, que independe, portanto, da manifestação de vontade do ofensor para gerar a extinção da punibilidade – art. 49 do CPP e arts. 104 e 107, V, do CP; **B:** incorreto. Assertiva em desacordo com o que estabelece o art. 108, parte final, do CP; **C:** correto. A *perempção* (art. 107, IV, do CP), instituto exclusivo da ação penal privada, constitui um castigo aplicado ao querelante que deixa de promover o bom andamento processual, mostrando-se negligente e desidioso. Suas hipóteses estão contidas no art. 60 do CPP; **D:** incorreta, visto que a morte do agente constitui, sim, causa geradora da extinção da punibilidade. É o que determina o art. 107, I, do CP.

Gabarito "C"

(OAB/Exame Unificado – 2010.2) A respeito do regime legal da prescrição no Código Penal, tendo por base ocorrência do fato na data de hoje, assinale a alternativa correta.

(A) A prescrição, depois da sentença condenatória com trânsito em julgado para a acusação, regula-se pela pena aplicada, não podendo, em nenhuma hipótese, ter por termo inicial data anterior à da denúncia ou queixa.
(B) A prescrição da pena de multa ocorrerá em 2 (dois) anos, independentemente do prazo estabelecido para a prescrição da pena de liberdade aplicada cumulativamente.
(C) Se o réu citado por edital permanece revel e não constitui advogado, fica suspenso o processo, mantendo-se em curso o prazo prescricional, que passa a ser computado pelo dobro da pena máxima cominada ao crime.
(D) São causas interruptivas do curso da prescrição previstas no Código Penal, dentre outras, o recebimento da denúncia ou da queixa, a pronúncia, a publicação da sentença condenatória ou absolutória recorrível.

A: correto (art. 110, § 1º, do CP). Este dispositivo teve sua redação alterada pela Lei 12.234/2010; **B:** incorreto. Sendo a pena de multa a única aplicada ou cominada, a prescrição dar-se-á em 2 (dois) anos, segundo reza o art. 114, I, do CP; se, no entanto, ela for alternativa ou cumulativamente cominada ou cumulativamente aplicada com a pena privativa de liberdade, no mesmo prazo estabelecido para a prescrição desta, conforme dispõe o art. 114, II, do CP; **C:** incorreto. Na hipótese de o réu não ser encontrado, deverá o juiz determinar a sua citação por edital, depois de esgotados os meios disponíveis para a sua localização. Se o réu, depois de citado por edital, não comparecer tampouco constituir defensor, o processo e o prazo prescricional ficarão, em vista da disciplina estabelecida no art. 366 do CPP, suspensos. Quanto ao período durante o qual o prazo prescricional deverá permanecer suspenso, prevalece o entendimento de que tal deverá ocorrer pelo interregno correspondente ao prazo máximo em abstrato previsto para o crime narrado na peça acusatória. A esse respeito, Súmulas 415 e 455 do STJ; **D:** incorreto. As causas interruptivas da prescrição estão listadas no art. 117 do CP, entre as quais não figura a publicação de sentença absolutória recorrível.

Gabarito "A"

(OAB/Exame Unificado – 2009.3) Em relação aos institutos da graça, do indulto e da anistia, assinale a opção correta.

(A) Com a outorga da graça, benefício individual concedido mediante a provocação da parte interessada, eliminam-se os efeitos penais principais e secundários da condenação.

(B) Após a concessão do indulto, benefício de caráter coletivo outorgado espontaneamente pela autoridade competente, eliminam-se apenas os efeitos extrapenais da condenação.

(C) Compete, privativamente, ao presidente da República conceder graça e indulto; já a anistia é atribuição do Congresso Nacional, com a sanção do presidente da República.

(D) A anistia foi instituída por lei penal de efeito retroativo, que retira as consequências da ação criminosa já praticada, eliminando os efeitos penais e extrapenais da condenação.

A: incorreto. A *graça* ou *indulto individual* atinge tão somente a pena imposta, permanecendo os demais efeitos da condenação, tais como reincidência, antecedentes etc.; **B:** incorreto. O *indulto coletivo*, que é concedido de ofício pelo presidente da República, também só atinge a pena imposta, permanecendo os demais efeitos penais e os extrapenais da condenação; **C:** correto. Ao presidente da República compete, privativamente, conceder *graça* e *indulto*, nos termos do art. 84, XII, da CF. De outro lado, constitui de fato atribuição do Congresso Nacional, com a sanção do presidente da República, a concessão de anistia, conforme reza o art. 48, VIII, da CF; **D:** incorreto. A anistia, de fato, é instituída por lei penal de efeito retroativo, que afasta todas as consequências de natureza penal; os efeitos civis, todavia, subsistem.

Gabarito "C"

(OAB/Exame Unificado – 2008.1) A respeito da prescrição, assinale a opção correta.

(A) A prescrição começa a correr a partir do dia em que transita em julgado, para a defesa, a sentença condenatória.

(B) O curso da prescrição interrompe-se pelo oferecimento da denúncia e pela sentença condenatória ou absolutória recorrível.

(C) Nas infrações permanentes, assim como na bigamia e na falsificação, a prescrição da pretensão punitiva começa a correr a partir do primeiro dia em que o crime ocorreu.

(D) No caso de o condenado evadir-se, a prescrição da pretensão executória deve ser regulada pelo tempo que resta da pena.

A: incorreto (art. 112, I, do CP); **B:** incorreto (art. 117, I e IV, do CP); **C:** incorreto (art. 111, III e IV, do CP); **D:** correto (art. 113 do CP).

Gabarito "D"

(OAB/Exame Unificado – 2007.3) Acerca do instituto da prescrição penal e seus efeitos, assinale a opção correta.

(A) A partir do trânsito em julgado da sentença penal condenatória, começa a correr o prazo da prescrição da pretensão punitiva.

(B) O reconhecimento da prescrição da pretensão punitiva significa que o réu pode ser considerado reincidente caso pratique novo crime.

(C) Ocorrendo a prescrição da pretensão executória, o título executório é formado com o trânsito em julgado; entretanto, o Estado perde o direito de executar a sentença penal condenatória.

(D) Ocorrendo a prescrição da pretensão executória, a vítima não tem à sua disposição o título executivo judicial para promover a liquidação e execução cível.

A: incorreta. A prescrição da pretensão punitiva somente ocorre antes do trânsito em julgado da sentença condenatória; **B:** incorreto. A prescrição da pretensão punitiva tem o condão de afastar todos os efeitos, principais e secundários, penais e extrapenais, da condenação, ou seja, se acaso o réu vier a praticar novo crime, não poderá ser considerado reincidente; **C:** correto. Se o Estado não conseguir dar início à execução da pena dentro do prazo fixado, terá lugar a prescrição da pretensão executória, que atinge tão somente a pena principal; subsistem, portanto, os demais efeitos condenatórios; **D:** incorreto. A vítima tem, sim, à sua disposição o título executivo judicial, já que a prescrição, como dito, só atinge a pena principal.

Gabarito "C"

(OAB/Exame Unificado – 2007.3) Extingue a punibilidade do agente

(A) A decadência, nos crimes de ação penal privada e pública incondicionada.

(B) A renúncia, nos crimes de ação penal privada subsidiária da pública.

(C) A perempção, nos crimes de ação penal privada.

(D) O perdão, nos crimes de ação penal pública condicionada à representação.

A: incorreto. Na ação penal privada, o não oferecimento da queixa dentro do prazo legal gera a extinção da punibilidade do agente. Na ação penal pública incondicionada, no entanto, o não oferecimento da queixa subsidiária não acarreta a extinção da punibilidade, já que o Ministério Público pode, a qualquer tempo, dar início à ação penal; **B:** incorreto. Embora haja divergência na doutrina, a renúncia não pode ser aplicada à ação penal privada subsidiária da pública; **C:** correto (art. 107, IV, do CP). Trata-se de instituto que tem aplicação exclusiva à ação penal privada; **D:** incorreto. É instituto exclusivo da ação penal privada.

Gabarito "C"

(OAB/Exame Unificado – 2007.3) Extingue-se a punibilidade do agente pelo(a):

(A) Morte do agente, perempção e *aberractio criminis*.

(B) Perdão judicial e casamento, nos casos admitidos em lei.

(C) Prescrição, decadência e preclusão.

(D) Retratação do agente, nos casos admitidos em lei.

A: incorreto. A *aberractio criminis* não constitui causa de extinção da punibilidade do agente; **B:** incorreto. O *perdão judicial*, a teor do art. 107, IX, do CP, constitui causa extintiva da punibilidade. Com o advento da Lei 11.106/2005, que revogou o art. 107, VII, do CP, não mais existe a possibilidade de extinguir-se a punibilidade do agente pelo *casamento deste com a vítima*, nos crimes contra os costumes, atualmente denominados crimes contra a dignidade sexual; **C:** incorreto. A *preclusão*, que é a perda de uma faculdade processual pela inércia da parte, não extingue a punibilidade; **D:** assertiva correta, já que a *retratação* do agente está contemplada, como causa extintiva da punibilidade, no art. 107, VI, do CP.

Gabarito "D"

(OAB/Exame Unificado – 2006.3) Assinale a opção correta a respeito da prescrição.

(A) O prazo de prescrição da pretensão punitiva é regulado pela quantidade de pena imposta na sentença condenatória.

(B) No caso de evadir-se o condenado, a prescrição é regulada pelo tempo que resta da pena.

(C) Se, entre a data da sentença e a data do recebimento da denúncia, houver ocorrido o lapso de tempo de prescrição regulado pela pena *in concreto*, dar-se-á a prescrição intercorrente.

(D) O curso da prescrição é suspenso pela reincidência.

A: incorreto. O prazo é regulado nos moldes do art. 109 do CP (máximo da pena privativa de liberdade cominada ao crime); **B:** correto (art. 113 do CP). Cuida-se, aqui, da *prescrição da pretensão executória*; **C:** incorreto. A *prescrição intercorrente* está contida no § 1º do art. 110 do CP; **D:** incorreto (art. 117, VI, do CP). A reincidência constitui causa interruptiva da prescrição. A propósito, a única causa suspensiva da prescrição da pretensão executória está contida no parágrafo único do art. 116 do CP.

Gabarito "B"

(FGV – 2013) As causas interruptivas da prescrição da pretensão punitiva estão listadas a seguir, *à exceção de uma*. Assinale-a.

(A) Recebimento da denúncia ou da queixa.
(B) Reincidência.
(C) Pronúncia.
(D) Decisão confirmatória da pronúncia.
(E) Publicação da sentença condenatória recorrível.

As hipóteses de interrupção da prescrição da pretensão punitiva estão contempladas no art. 117, I a IV, do CP, a saber: *recebimento da denúncia ou da queixa*; *pronúncia*; *decisão confirmatória da pronúncia*; e *publicação da sentença ou acórdão condenatórios recorríveis*. Nos incisos V e VI do mesmo dispositivo, estão listadas as hipóteses de interrupção da prescrição da pretensão executória (e não punitiva), que são *o início ou continuação do cumprimento da pena* e a *reincidência*.

Gabarito "B"

José, funcionário público, no dia 10.10.2008, apropriou-se de dinheiro recebido de terceiro por erro, no exercício do cargo. Tendo em vista que contava com 19 anos completos, foi instaurado inquérito policial para apurar a ocorrência da infração. A investigação foi recebida pelo membro do Ministério Público em 11.10.2012, onde ficou constatado que há indícios de autoria e materialidade na prática do crime de peculato mediante erro de outrem, que tem prevista a pena de reclusão de 1 a 4 anos e multa.

(FGV – 2013) Com relação à situação acima, é correto afirmar que:

(A) o *parquet* deve oferecer denúncia pela prática do crime de peculato mediante erro de outrem, indicando obrigatoriamente todas as atenuantes e agravantes que entenda presente na hipótese fática.
(D) o *parquet* deve requerer ao juiz a extinção da punibilidade pela prescrição pela pena ideal, tendo em vista que, sendo o réu primário, provavelmente haverá prescrição com base na pena posteriormente aplicada.
(C) o *parquet* deve requerer ao juiz o arquivamento com base na extinção da punibilidade pela prescrição da pretensão punitiva pela pena em abstrato.
(D) o *parquet* deve oferecer denúncia pela prática do crime de peculato mediante erro de outrem, sem necessidade de indicar todas as agravantes e atenuantes aplicáveis ao caso concreto.
(E) o *parquet* deve requerer ao juiz o arquivamento com base na extinção da punibilidade pela prescrição de pretensão executória.

É caso de *arquivamento* dos autos de inquérito. Considerando a pena máxima aplicada ao crime do qual é acusado José, que, segundo estabelece o art. 109, IV, do CP, é de 8 anos, temos que a prescrição dar-se-ia no dia 09.10.2016. Neste caso, ainda não se teria atingido a prescrição. Sucede que, pelo fato de João contar com 19 anos à data da prática do crime, menor, portanto, de 21 anos, o prazo prescricional, a teor do art. 115 do CP, será reduzido de metade, chegando-se, assim, ao interregno de 4 anos. A prescrição, neste caso, dar-se-á no dia 09.10.2012. Portanto, resta ao MP requerer ao juiz o arquivamento dos autos, já que se operou a extinção da punibilidade pela prescrição – art. 107, IV, do CP.

Gabarito "C"

(FGV – 2010) Relativamente à *extinção da punibilidade*, analise as afirmativas a seguir:

I. Extingue-se a punibilidade, dentre outros motivos, pela morte do agente; pela anistia, graça ou indulto; pela prescrição, decadência ou perempção; e pelo casamento do agente com a vítima, nos crimes contra os costumes, definidos nos capítulos I, II e III, do Título IV do Código Penal.
II. Nos crimes conexos, a extinção da punibilidade de um deles impede, quanto aos outros, a agravação da pena resultante da conexão.
III. A renúncia do direito de queixa, ou o oferecimento de perdão pelo querelante, nos crimes de ação privada, acarreta a extinção da punibilidade.

Assinale:

(A) se somente a afirmativa I estiver correta.
(B) se somente a afirmativa II estiver correta.
(C) se somente a afirmativa III estiver correta.
(D) se somente as afirmativas II e III estiverem corretas.
(E) se nenhuma afirmativa estiver correta.

I: incorreto. Com a entrada em vigor da Lei 11.106/2005, que revogou o art. 107, VII, do CP, não mais existe a possibilidade de extinguir-se a punibilidade do agente pelo *casamento deste com a vítima*, nos crimes contra os costumes, atualmente denominados crimes contra a dignidade sexual. À exceção desta, as demais causas mencionadas na assertiva extinguem a punibilidade, pois previstas no art. 107 do CP; **II:** incorreto. Proposição em desacordo com o que estabelece o art. 108, parte final, do CP; **III:** incorreto. A *renúncia ao direito de queixa* tem, de fato, o condão de gerar a extinção da punibilidade, conforme reza o art. 107, V, do CP. No que toca ao perdão, o seu mero oferecimento pelo querelante não acarreta a extinção da punibilidade. É que, por se tratar de ato bilateral, a punibilidade somente será extinta se o perdão for aceito pelo ofensor – art. 107, V, do CP.

Gabarito "E"

(FGV – 2009) Assinale a causa que não interrompe o curso da prescrição.

(A) Reincidência.
(B) Oferecimento da denúncia ou da queixa.
(C) Publicação da sentença condenatória recorrível.
(D) Publicação do acórdão condenatório recorrível.
(E) Decisão confirmatória da pronúncia.

A: incorreto (art. 117, VI, do CP); **B:** correto (art. 117, I, do CP); **C** e **D:** incorretos (art. 117, IV, do CP); **E:** incorreto (art. 117, III, do CP).

Gabarito "B"

(FGV – 2008) O prazo para o ajuizamento da queixa-crime é:

(A) de seis meses, iniciando a fluência desse prazo no dia seguinte ao dia em que o ofendido vem a saber quem é o autor do crime.
(B) de dois meses, iniciando a fluência desse prazo no dia seguinte ao dia em que o ofendido vem a saber quem é o autor do crime.
(C) de seis meses, iniciando a fluência desse prazo no dia em que o ofendido vem a saber quem é o autor do crime.

(D) de dois meses, iniciando a fluência desse prazo no dia em que o ofendido vem a saber quem é o autor do crime.

(E) enquanto não estiver prescrito o crime praticado.

Arts. 103 do CP e 38 do CPP. O prazo a que se referem esses dispositivos é *decadencial* e começa a correr do dia em que o ofendido ou seu representante legal vem a saber quem é o autor da infração penal. Ademais, os prazos decadenciais e também os prescricionais são de natureza penal; devem, em razão disso, ser contados nos moldes do art. 10 do CP, incluindo-se, no seu cômputo, o dia do começo.

Gabarito "C"

(FGV – 2008) Assinale a afirmativa correta.

(A) São causas de extinção da punibilidade a anistia, graça, indulto e perdão da vítima nos crimes de ação pública incondicionada.

(B) A retroatividade da lei que não considera mais o fato como criminoso extingue a punibilidade do agente, salvo quando se tratar de crime hediondo.

(C) A reparação do dano extingue a punibilidade do peculato culposo, se ocorre antes da sentença condenatória irrecorrível.

(D) Nos crimes contra a fé pública, extingue-se a punibilidade do agente quando este espontaneamente confessa o crime no interrogatório judicial.

(E) A morte do agente só extingue a punibilidade se houver expressa concordância do Ministério Público ou do querelante.

A: incorreto. Nos termos do art. 107, II, do CP, são causas de extinção da punibilidade a *anistia*, a *graça* e o *indulto*. Extinguirá também a punibilidade o *perdão* aceito, nos crimes de *ação privada* – art. 107, V, do CP; **B:** incorreto. A retroatividade da norma mais benéfica abrange os delitos hediondos. Não há qualquer ressalva; **C:** correto (art. 312, § 3º, do CP). Se a reparação é posterior à sentença irrecorrível, reduz de metade a pena imposta; **D:** incorreto. O Código Penal não contempla esta causa extintiva da punibilidade. Trata-se, sim, de uma circunstância atenuante – art. 65, III, *d*, do CP; **E:** incorreto. Tendo em vista o disposto no art. 62 do CPP, o juiz, na hipótese de morte do agente, diante de sua certidão de óbito, ouvido o Ministério Público, declarará extinta a punibilidade. Esta causa extintiva da punibilidade não está condicionada à concordância do Ministério Público tampouco do querelante.

Gabarito "C"

(FGV – 2005) Assinale a afirmativa incorreta.

(A) O casamento do agente com a vítima, em determinados crimes contra os costumes, é causa de extinção da punibilidade.

(B) A prescrição, antes de transitar em julgado a sentença final, começa a correr, no crime de bigamia, da data em que o fato se tornou conhecido.

(C) No caso de evadir-se o condenado, a prescrição é regulada pelo tempo que resta da pena.

(D) A prescrição da pena de multa ocorre no mesmo prazo estabelecido para a pena privativa de liberdade quando, com esta, for cumulativamente aplicada.

(E) São reduzidos de metade os prazos de prescrição quando o criminoso for, na data da sentença, maior de 70 anos.

A: incorreta, pois, com a revogação do art. 107, VII, do CP, o que se deu com o advento da Lei 11.106/2005, o casamento da vítima com o agente, nos crimes contra os costumes (atualmente denominados crimes contra a dignidade sexual), não mais constitui causa extintiva da punibilidade; **B:** correto (art. 111, IV, do CP); **C:** correto (art. 113 do CP); **D:** correto (art. 114, II, do CP); **E:** correto (art. 115 do CP).

Gabarito "A"

(FGV – 2005) Segundo o Código Penal, o curso da prescrição se interrompe:

(A) enquanto o agente cumpre pena no estrangeiro.

(B) durante o tempo em que o condenado está preso por outro motivo.

(C) pela continuação do cumprimento da pena.

(D) pela decisão confirmatória da sentença condenatória recorrível.

(E) enquanto não resolvida, em outro processo, questão de que dependa o reconhecimento da existência do crime.

Art. 117 do CP.

Gabarito "C"

16. CRIMES CONTRA A PESSOA

16.1. CRIMES CONTRA A VIDA

(OAB/Exame Unificado – 2015.3) Maria mantém relacionamento clandestino com João. Acreditando estar grávida, procura o seu amigo Pedro, que é auxiliar de enfermagem, e implora para que ele faça o aborto. Pedro, que já auxiliou diversas cirurgias legais de aborto, acreditando ter condições técnicas de realizar o ato sozinho, atende ao pedido de sua amiga, preocupado com a situação pessoal de Maria, que não poderia assumir a gravidez por ela anunciada. Durante a cirurgia, em razão da imperícia de Pedro, Maria vem a falecer, ficando apurado que, na verdade, ela não estava grávida.

Em razão do fato narrado, Pedro deverá responder pelo crime de

(A) aborto tentado com consentimento da gestante qualificado pelo resultado morte.

(B) aborto tentado com consentimento da gestante.

(C) homicídio culposo.

(D) homicídio doloso.

De pronto, podemos rechaçar as duas primeiras assertivas ("A" e "B"), que sugerem a prática do crime de tentativa de aborto. É que Maria, ao contrário do que imaginara, não estava grávida. Ora, se não estava grávida, inexistia vida humana em formação. Impossível, dessa forma, interromper uma gravidez que não existe. Cuida-se, portanto, de crime impossível por absoluta impropriedade do objeto. Situação idêntica é representada pela tentativa de matar pessoa já morta. Nos dois casos, é inviável chegar-se, pelas razões que já expusemos, à consumação do crime, dada a impropriedade absoluta do objeto: o produto da concepção, no caso do aborto; e a pessoa viva, no caso do homicídio. Ocorre que essa "tentativa de aborto", que na verdade configura crime impossível, produziu um desfecho inusitado, qual seja, a morte de Maria. De ver-se que tal resultado ocorreu a título de culpa (imperícia), uma vez que Pedro não detinha o necessário conhecimento técnico para proceder à intervenção cirúrgica em Maria. Deverá responder, assim, pelo crime de homicídio culposo. Não é o caso de imputar-lhe a prática do crime de homicídio doloso, pois, como restou evidente, Pedro não desejou a morte de sua amiga.

Gabarito "C"

(OAB/Exame Unificado – 2014.1) Maria, jovem de 22 anos, após sucessivas desilusões, deseja dar cabo à própria vida. Com o fim de desabafar, Maria resolve compartilhar sua situação com um amigo, Manoel, sem saber que o desejo dele, há muito, é vê-la morta. Manoel, então, ao perceber que poderia influenciar Maria, resolve instigá-la a matar-se. Tão logo se despede do amigo, a moça, influenciada pelas palavras deste, pula a janela de seu apartamento, mas sua queda é amortecida por uma lona que abrigava uma barraca de feira. Em consequência, Maria sofre apenas escoriações pelo corpo e não chega a sofrer nenhuma fratura.

Considerando apenas os dados descritos, assinale a afirmativa correta.

(A) Manoel deve responder pelo delito de induzimento, instigação ou auxílio ao suicídio em sua forma consumada.
(B) Manoel deve responder pelo delito de induzimento, instigação ou auxílio ao suicídio em sua forma tentada.
(C) Manoel não possui responsabilidade jurídico-penal, pois Maria não morreu e nem sofreu lesão corporal de natureza grave.
(D) Manoel, caso tivesse se arrependido daquilo que falou para Maria e esta, em virtude da queda, viesse a óbito, seria responsabilizado pelo delito de homicídio.

É consenso na doutrina que o crime de *participação em suicídio* não comporta a modalidade tentada. Isso porque, neste delito, capitulado no art. 122 do CP, só há que se falar em punição diante da ocorrência de *morte* ou *lesão grave*, hipóteses em que o crime já é considerado consumado. É a conclusão que se extrai da redação do preceito secundário desta norma penal: "Pena – reclusão, de 2 (dois) a 6 (seis) anos, se o suicídio se consuma; ou reclusão, de 1 (um) a 3 (três) anos, se da tentativa de suicídio resulta lesão corporal de natureza grave". Portanto, se a vítima sofre, em decorrência da tentativa de suicídio, lesões leves, o fato é atípico. De duas uma: ou ocorre morte ou lesão grave e o crime se consuma; ou ocorre lesão leve (ou mesmo não ocorre lesão) e o fato é atípico, não cabendo, portanto, responsabilizar o agente por delito algum. Foi o que ocorreu no caso narrado no enunciado: embora Manoel tenha instigado, reforçado, em Maria, a ideia de cometer suicídio, não é o caso de imputar-lhe, por isso, responsabilidade penal, dado que Maria, ao lançar-se da janela de seu apartamento, não chegou a sofrer sequer lesão grave, na medida em que sua queda foi amortecida por uma lona. Correta, portanto, a assertiva "C".

Gabarito "C"

(OAB/Exame Unificado – 2013.1) José e Maria estavam enamorados, mas posteriormente vieram a descobrir que eram irmãos consanguíneos, separados na maternidade. Extremamente infelizes com a notícia recebida, que impedia por completo qualquer possibilidade de relacionamento, resolveram dar cabo à própria vida. Para tanto, combinaram e executaram o seguinte: no apartamento de Maria, com todas as portas e janelas trancadas, José abriu o registro do gás de cozinha.

Ambos inspiraram o ar envenenado e desmaiaram, sendo certo que somente não vieram a falecer porque os vizinhos, assustados com o cheiro forte que vinha do apartamento de Maria, decidiram arrombar a porta e resgatá-los. Ocorre que, não obstante o socorro ter chegado a tempo, José e Maria sofreram lesões corporais de natureza grave.

Com base na situação descrita, assinale a afirmativa correta.

(A) José responde por tentativa de homicídio e Maria por instigação ou auxílio ao suicídio.
(B) José responde por lesão corporal grave e Maria não responde por nada, pois sua conduta é atípica.
(C) José e Maria respondem por instigação ou auxílio ao suicídio, em concurso de agentes.
(D) José e Maria respondem por tentativa de homicídio.

Aquele cujo ato realizado colaborou de forma *direta* para a morte do parceiro (abertura do registro de gás) deverá ser responsabilizado pelo crime de homicídio. Sucede que o delito narrado no enunciado (homicídio), por circunstâncias alheias à vontade dos agentes, não se consumou. Deverá José, assim, que praticou –repita-se – ato de execução, consistente na abertura do registro de gás, responder pelo crime de tentativa de homicídio. Já Maria, que não realizou qualquer ato de execução, incorrerá somente nas penas do crime do art. 122 do CP (participação em suicídio), já que José sofreu lesão corporal grave. Este crime, que não admite tentativa, comporta dois momentos consumativos: morte da vítima ou ocorrência de lesão corporal grave.

Gabarito "A"

(OAB/Exame Unificado – 2012.1) Assinale a alternativa correta.

(A) Aquele que, desejando subtrair ossadas de urna funerária, viola sepultura, mas nada consegue obter porque tal sepultura estava vazia, não pratica o crime descrito no art. 210 do Código Penal: crime de violação de sepultura.
(B) O crime de infanticídio, por tratar-se de crime próprio, não admite coautoria.
(C) O homicídio culposo, dada a menor reprovabilidade da conduta, permite a compensação de culpas.
(D) Há homicídio privilegiado quando o agente atua sob a influência de violenta emoção.

A: correta. Estando a sepultura vazia, não há que se falar na prática do crime do art. 210 do CP. Isso porque o bem jurídico tutelado pela norma, o sentimento de respeito pelos mortos, não poderia ser violado. Cuida-se, portanto, de crime impossível, por absoluta impropriedade do objeto (art. 17 do CP); **B:** incorreta, visto que o crime de infanticídio comporta, sim, as duas modalidades de concurso (coautoria e participação). Incidência do art. 30 do CP. **C:** incorreta, já que não existe, no Direito Penal, a chamada compensação de culpas; **D:** incorreta, pois, para que fique caracterizado o homicídio privilegiado (art. 121, § 1º, CP), deve o agente agir sob o *domínio* de violenta emoção; não basta que este aja sob a influência dessa violenta emoção.

Gabarito "A"

(OAB/Exame Unificado – 2011.3.B) Grávida de nove meses, Maria se desespera e, visando evitar o nascimento de seu filho, toma um comprimido contendo um complexo vitamínico, achando, equivocadamente, tratar-se de uma pílula abortiva. Ao entrar em trabalho de parto, poucos minutos depois, Maria dá à luz um bebê saudável. Todavia, Maria, sob a influência do estado puerperal, lança a criança pela janela do hospital, causando-lhe o óbito. Com base no relatado acima, é correto afirmar que Maria praticou

(A) crime de homicídio qualificado pela utilização de recurso que impediu a defesa da vítima.
(B) em concurso material os crimes de aborto tentado e infanticídio consumado.
(C) apenas o crime de infanticídio.
(D) em concurso formal os crimes de aborto tentado e infanticídio consumado.

Se o meio escolhido pelo agente à prática do crime de aborto for inapto a provocar a morte do produto da concepção, está-se a falar de crime impossível por absoluta ineficácia do meio empregado. Note que, nesta hipótese, a despeito de o agente, neste caso a gestante, desejar a morte do produto da concepção, isso jamais ocorrerá, já que o medicamento de que se valeu para atingir o resultado visado é inócuo para o fim de levar o feto à morte. Maria, dessa forma, não praticou o crime de tentativa de aborto, mas deverá ser responsabilizada pelo delito de infanticídio (CP, art. 123), pois, sob a influência do estado puerperal, matou seu filho recém-nascido, atirando-o pela janela do hospital.

Gabarito "C"

(OAB/Exame Unificado – 2011.1) Osíris, jovem universitária de Medicina, soube estar gestante. Todavia, tratava-se de gravidez indesejada, e Osíris queria saber qual substância deveria ingerir para interromper a gestação. Objetivando tal informação, Osíris estimulou uma discussão em sala de aula sobre o aborto. O professor de Osíris, então, bastante animado com o interesse dos alunos sobre o assunto, passou também a emitir sua opinião, a qual era claramente favorável ao aborto. Referido professor mencionou, naquele momento, diversas substâncias capazes de provocar a interrupção prematura da gravidez, inclusive fornecendo os nomes de inúmeros remédios abortivos e indicando os que achava mais eficazes. Além disso, também afirmou que as mulheres deveriam ter o direito de praticar aborto sempre que achassem indesejável uma gestação. Nesse sentido, considerando-se apenas os dados mencionados, é correto afirmar que o professor de Osíris praticou

(A) o crime previsto no art. 286 do Código Penal, que dispõe: "incitar, publicamente, a prática de crime".

(B) a contravenção penal prevista no art. 20 do Decreto-Lei 3.688/1941, que dispõe: "anunciar processo, substância ou objeto destinado a provocar aborto".

(C) fato atípico.

(D) o crime previsto no art. 68 da Lei 8.078/1990, que dispõe: "fazer ou promover publicidade que sabe ou deveria saber ser capaz de induzir o consumidor a se comportar de forma prejudicial ou perigosa à sua saúde ou segurança".

A conduta praticada pelo professor de Osíris é atípica. O tipo penal prefigurado no art. 286 do CP exige que o agente aja com o propósito de *estimular, impelir* a prática de crime (elemento subjetivo do tipo). Não é o que se deu no contexto apresentado no enunciado. Em verdade, o professor, instigado pelos alunos, apenas exerceu seu direito à manifestação do pensamento (art. 5º, IV e IX, da CF), é dizer, exteriorizou sua opinião acerca do aborto, sem, com isso, incitar a sua prática. Note bem: ele não disse "pratiquem o aborto"; ele limitou-se a defender seu ponto de vista sobre o tema, estimulando, a esse respeito, um debate. Não há que se cogitar, de outro lado, da prática da contravenção prevista no art. 20 da LCP, visto que não houve, por parte do professor, anúncio de processo, substância ou objeto destinado a provocar aborto. No mais, inexiste relação de consumo entre o professor e os alunos.

Gabarito "C"

(OAB/Exame Unificado – 2008.3) Suponha que Bárbara tenha se suicidado após ter sido induzida e instigada por Mercedes. Nessa situação hipotética, segundo o CP, a pena de Mercedes será duplicada

(A) Se ela deixar de prestar socorro imediato à vítima.

(B) Caso o crime tenha sido praticado por motivo egoístico.

(C) Se ela fugir para evitar prisão em flagrante.

(D) Caso o crime tenha resultado de inobservância de regra técnica de profissão, arte ou ofício.

Art. 122, parágrafo único, I, do CP. O legislador estabeleceu, para o crime de *participação em suicídio*, duas hipóteses de aumento de pena. Além do motivo egoístico, a pena também será duplicada se a vítima for menor ou tiver diminuída sua capacidade de resistência (art. 122, parágrafo único, II, CP).

Gabarito "B"

(OAB/Exame Unificado – 2008.2) Assinale a opção correta com base na legislação penal.

(A) O agente que mata alguém, sob o domínio de violenta emoção, logo após injusta provocação da vítima, está legalmente acobertado pela excludente da legítima defesa.

(B) Não pratica crime ou contravenção penal o agente que, no intuito de provocar alarme, afirma, inveridicamente, que há uma bomba em determinado prédio.

(C) Pratica o crime de sequestro em concurso formal com furto o agente que, no intuito de obter senha de cartão bancário, priva a vítima de liberdade e, obtendo êxito, a liberta.

(D) Pratica o crime de latrocínio o agente que subtrai uma bolsa mediante violência a pessoa, em face da qual resulta morte da vítima.

A: incorreto. A excludente da legítima defesa pressupõe, para a sua configuração, *injusta agressão*, entre outros requisitos, conforme estabelece a norma contida no art. 25 do CP. A *injusta provocação* da vítima, portanto, é insuficiente ao reconhecimento desta excludente. A hipótese acima narrada diz respeito ao homicídio privilegiado, previsto no art. 121, § 1º, segunda parte, do CP; **B:** incorreto (art. 41 da Lei das Contravenções Penais – Decreto-Lei n. 3.688/1941); **C:** incorreto. Antes, o chamado sequestro-relâmpago suscitava na doutrina e na jurisprudência, no que se refere à sua tipificação, grande controvérsia. Atualmente, com o advento da Lei 11.923/2009, que introduziu o § 3º no art. 158 do CP, o delito de extorsão será qualificado quando praticado mediante a restrição da liberdade da vítima, desde que tal condição seja necessária à obtenção da vantagem econômica; **D:** correto (art. 157, § 3º, parte final, do CP). É crime hediondo, nos termos do art. 1º, II, da Lei 8.072/1990.

Gabarito "D"

(OAB/Exame Unificado – 2007.3) Leonardo, indignado por não ter recebido uma dívida referente à venda de cinco cigarros, desferiu facadas no devedor, que, em razão dos ferimentos, faleceu. Logo após o fato, Leonardo escondeu o cadáver em uma gruta. Com base na situação hipotética acima, é correto afirmar que

(A) A ocultação de cadáver é crime permanente.

(B) Há concurso formal entre o homicídio e a ocultação de cadáver.

(C) Leonardo praticou crime de homicídio qualificado por motivo torpe.

(D) O fato de Leonardo ter cometido o crime por não ter recebido uma dívida é circunstância que agrava a pena.

A: correto. O crime a que se refere o art. 211 do CP contém três núcleos (tipo misto alternativo ou delito plurinuclear). Nas modalidades "destruir" e "subtrair", o crime é considerado *instantâneo*; já na forma "ocultar", o delito é *permanente*, na medida em que a sua consumação se prolonga no tempo, condicionada à vontade do sujeito ativo; **B:** incorreto. O art. 70 do CP, que trata do *concurso formal*, fala em *ação ou omissão* única. No caso narrado, os crimes foram cometidos em concurso material; **C:** incorreto. Torpe é o motivo vil, repugnante, abjeto. Ao que parece, Leonardo matou por motivo insignificante, de pequena importância, por motivo fútil (art. 121, § 2º, II, do CP); **D:** incorreto. A circunstância não está contida no rol do art. 61 do CP (circunstâncias agravantes).

Gabarito "A"

(OAB/Exame Unificado – 2006.1) Fábio induziu Marília, portadora de desenvolvimento mental retardado — síndrome de Down — a praticar suicídio. Posteriormente, após Marília ter aderido à ideia, Fábio emprestou-lhe um revólver, vindo ela a se matar. Nessa situação, Fábio responderá por

(A) Induzimento a suicídio.
(B) Instigação a suicídio.
(C) Auxílio a suicídio.
(D) Homicídio.

O crime do art. 122 do CP (participação em suicídio) pressupõe que a vítima disponha de alguma capacidade de discernimento e resistência; se não dispuser, como é o caso do enunciado, o delito praticado será o de homicídio. Importante observar que a causa de aumento de pena prevista no art. 122, parágrafo único, II, do CP somente terá incidência se a capacidade de resistência da vítima estiver *diminuída*, parcialmente comprometida em decorrência, por exemplo, de quadros de depressão e embriaguez. Dessa forma, se a vítima – repita-se – não dispuser de nenhuma capacidade de resistência, o crime em que incorrerá o agente será o do art. 121 do CP, não o do art. 122 com a incidência da causa de aumento do inciso II do parágrafo único do mesmo dispositivo.

Gabarito "D"

(FGV – 2010) Assinale a alternativa que não qualifica o *crime de homicídio*.

(A) Emprego de veneno, fogo, explosivo, asfixia, tortura ou outro meio insidioso ou cruel.
(B) Para assegurar a ocultação de outro crime.
(C) Motivo fútil.
(D) Abuso de poder ou violação de dever inerente a cargo, ofício, ministério ou profissão.
(E) Mediante dissimulação.

A: correto (art. 121, § 2º, III, do CP); **B:** correto (art. 121, § 2º, V, do CP); **C:** correto (art. 121, § 2º, II, do CP); **D:** incorreto, pois a alternativa não corresponde a nenhuma qualificadora do crime de homicídio; **E:** correto (art. 121, § 2º, IV, do CP). As Leis 13.104/2015 e 13.142/2015 introduziram, neste § 2º do art. 121 do CP, outras modalidades de homicídio qualificado, a saber: quando praticado contra a mulher por razões da condição de sexo feminino (inciso VI — feminicídio); e quando praticado contra agentes das forças de segurança (inciso VII).

Gabarito "D"

(FGV – 2009) Jorge é uma pessoa má e sem caráter, que sempre que pode prejudica outra pessoa. Percebendo que Ivete está muito triste e deprimida porque foi abandonada por Mateus, Jorge inventa uma série de supostas traições praticadas por Mateus que fazem Ivete sentir-se ainda mais desprezível, bem como deturpa várias histórias de modo que Ivete pense que nenhum de seus amigos realmente gosta dela. Por causa das conversas que mantém com Jorge, Ivete desenvolve o desejo de autodestruição. Percebendo isso, Jorge continua estimulando seu comportamento autodestrutivo. Quando Ivete já está absolutamente desolada, Jorge se oferece para ajudá-la a suicidar-se, e ensina Ivete a fazer um nó de forca com uma corda para se matar. No dia seguinte, Ivete prepara todo o cenário do suicídio, deixando inclusive uma carta para Mateus, acusando-o de causar sua morte. Vai até a casa de Mateus, amarra a corda na viga da varanda, sobe em um banco, coloca a corda no pescoço e pula para a morte. Por causa do seu peso, a viga de madeira onde estava a corda se quebra e Ivete apenas cai no chão. Como consequência da tentativa frustrada de suicídio, Ivete sofre apenas arranhões leves. Assinale a alternativa que indique a pena a que, por esse comportamento, Jorge está sujeito.

(A) Tentativa de homicídio.
(B) Lesão corporal leve.
(C) Induzimento ou instigação ao suicídio.
(D) Auxílio ao suicídio.
(E) Esse comportamento não é punível.

O art. 122 do CP (participação em suicídio) prevê punição somente nos casos de morte e lesão grave. Não haverá este crime na hipótese de a vítima não chegar a investir contra a própria vida ou ainda se sofrer tão somente lesões leves. Este delito não comporta tentativa.

Gabarito "E"

(FGV – 2008) Assinale a alternativa que apresente circunstância que não qualifica o crime de homicídio doloso.

(A) Quando o homicídio é praticado mediante promessa de recompensa.
(B) Quando o homicídio é praticado mediante emprego de veneno.
(C) Quando o homicídio é praticado contra ascendente, descendente, irmão ou cônjuge.
(D) Quando o homicídio é praticado para assegurar a impunidade de outro crime.
(E) Quando o homicídio é praticado mediante emprego de asfixia.

A: correto (art. 121, § 2º, I, do CP); **B:** correto (art. 121, § 2º, III, do CP); **C:** incorreto, pois esta circunstância não constitui qualificadora no homicídio. Trata-se, sim, de circunstância agravante contida no art. 61, II, *e*, do CP; **D:** correto (art. 121, § 2º, V, do CP); **E:** correto (art. 121, § 2º, III, do CP).

Gabarito "C"

(FGV – 2008) Assinale a alternativa que apresente circunstância que não aumenta a pena do crime de homicídio culposo.

(A) Se o crime resulta de inobservância de regra técnica de profissão.
(B) Se o agente deixa de prestar imediato socorro à vítima.
(C) Se o agente foge para evitar prisão em flagrante.
(D) Se o crime é praticado contra pessoa menor de 14 (quatorze) ou maior de 60 (sessenta) anos.
(E) Se o crime resulta de inobservância de regra técnica de ofício.

Art. 121, § 4º, do CP. A circunstância de o crime ser praticado contra pessoa menor de 14 ou maior de sessenta anos constitui causa de aumento a ser aplicada ao homicídio doloso.

Gabarito "D"

(FGV – 2002) Antônio, inimigo de Gilmar, em plena via pública, sem provocação anterior, desfere-lhe um soco no rosto e uma rasteira. Com o impacto sofrido, Gilmar bateu a cabeça no meio-fio, vindo a falecer em decorrência do fato. O crime cometido foi de:

(A) homicídio doloso.
(B) homicídio culposo.
(C) homicídio tentado.
(D) homicídio em concurso formal com lesões corporais.
(E) lesão corporal seguida de morte.

Art. 129, § 3º, do CP. Estamos diante do chamado crime *preterdoloso*, que é o resultado da combinação entre o *dolo*, no precedente, e a *culpa*, no consequente. Esta modalidade de crime é uma das espécies dos chamados *crimes qualificados pelo resultado*.

Gabarito "E"

16.2. CRIMES CONTRA A HONRA

(OAB/Exame Unificado – 2014.2) Jaime, candidato à prefeitura da cidade X, durante o horário de propaganda eleitoral em rede televisiva, proferiu as seguintes palavras: "O atual prefeito e candidato à reeleição, que se mostra defensor da família, posando com esposa e filhos para fotos, foi flagrado na semana passada entrando em um motel com uma prostituta! É esse tipo de governante que você quer?". A partir do caso exposto, assinale a opção que indica o delito praticado por Jaime.

(A) Difamação, previsto no Código Eleitoral.
(B) Difamação, previsto no Código Penal.
(C) Injúria, previsto no Código Eleitoral.
(D) Injúria, previsto no Código Penal.

A: correta. De fato, a conduta praticada por Jaime corresponde ao tipo penal do art. 325 da Lei 4.737/1965 (Código Eleitoral), que define o crime de *difamação* praticado por meio de propaganda eleitoral. Por força do *princípio da especialidade* (conflito aparente de normas), não é o caso de enquadrar a conduta descrita no enunciado no art. 139 do Código Penal (difamação), que constitui, em relação à conduta do art. 325 do Código Eleitoral, norma geral. Vale lembrar que, no âmbito do conflito aparente de normas, a norma especial prevalece sobre a geral; **B:** incorreta. *Vide* comentário anterior; **C:** embora o Código Eleitoral contemple o crime de injúria (art. 326), a conduta levada a efeito por Jaime configura delito de difamação, tendo em conta que imputou ao atual prefeito da cidade X fato determinado e ofensivo à sua reputação (ingressou em motel com uma prostituta). O crime de injúria, como bem sabemos, seja no CP (art. 140), seja no CE (art. 326), pressupõe que o agente atribua ao ofendido uma qualidade negativa, e não um fato desabonador (difamação) ou mesmo criminoso (calúnia); é, enfim, o xingamento; **D:** incorreta, tendo em vista que o crime de injúria, como já expusemos, consiste no xingamento. Não há, neste crime, imputação de fato determinado, como ocorre na difamação e também na calúnia, com a diferença de que, neste último caso, o fato imputado à vítima é criminoso.

Gabarito "A"

(OAB/Exame Unificado – 2011.3.A) Ana Maria, aluna de uma Universidade Federal, afirma que José, professor concursado da instituição, trai a esposa todo dia com uma gerente bancária. A respeito do fato acima, é correto afirmar que Ana Maria praticou o crime de

(A) calúnia, pois atribuiu a José o crime de adultério, sendo cabível, entretanto, a oposição de exceção da verdade com o fim de demonstrar a veracidade da afirmação.
(B) difamação, pois atribuiu a José fato desabonador que não constitui crime, sendo cabível, entretanto, a oposição de exceção da verdade com o fim de demonstrar a veracidade da afirmação, uma vez que José é funcionário público.
(C) calúnia, pois atribuiu a José o crime de adultério, não sendo cabível, na hipótese, a oposição de exceção da verdade.
(D) difamação, pois atribuiu a José fato desabonador que não constitui crime, não sendo cabível, na hipótese, a oposição de exceção da verdade.

O fato atribuído por Ana Maria a José, seu professor, em razão da revogação operada pela Lei 11.106/2005 do art. 240 do CP, que previa o delito de adultério, deixou de ser crime. Por essa razão, a conduta de Ana Maria não pode configurar o crime do art. 138 do CP (calúnia), que exige que o fato imputado seja criminoso. Sua conduta, no entanto, ainda que não constitua o crime de calúnia, se amolda, à perfeição, ao tipo penal do art. 139, *caput*, do CP (difamação). Não cabe, neste caso, a exceção da verdade, na medida em que, na difamação, não basta que o ofendido seja funcionário público; é ainda necessário que a ofensa tenha relação com o exercício de suas funções, nos termos do art. 139, parágrafo único, CP.

Gabarito "D"

(OAB/Exame Unificado – 2010.2) Assinale a alternativa que preencha corretamente as lacunas do texto:

"para a ocorrência de ____________,não basta a imputação falsa de crime, mas é indispensável que em decorrência de tal imputação seja instaurada, por exemplo, investigação policial ou processo judicial. A simples imputação falsa de fato definido como crime pode constituir ____________, que, constitui infração penal contra a honra, enquanto a ____________ é crime contra a Administração da Justiça".

(A) denunciação caluniosa, calúnia, denunciação caluniosa.
(B) denunciação caluniosa, difamação, denunciação caluniosa.
(C) comunicação falsa de crime ou de contravenção, calúnia, comunicação falsa de crime ou de contravenção.
(D) comunicação falsa de crime ou de contravenção, difamação, comunicação falsa de crime ou de contravenção.

Consiste a *calúnia* (art. 138 do CP) em atribuir *falsamente* a alguém fato capitulado como crime. A honra atingida, neste caso, é a objetiva (conceito que o sujeito tem diante do grupo no qual está inserido). *Difamar* alguém (art. 139, CP), por sua vez, significa divulgar fatos infamantes à sua honra objetiva. *Injúria*, crime contra a honra previsto no art. 140 do CP, consiste na atribuição de qualidade ofensiva. Atinge-se, aqui, a honra subjetiva. São esses os crimes contra a honra, que não devem ser confundidos com o crime de *denunciação caluniosa*, delito contra a Administração da Justiça previsto no art. 339 do CP, que pressupõe que o agente *dê causa*, provoque a instauração de investigação policial, de processo judicial, de investigação administrativa, inquérito civil ou ação de improbidade administrativa contra alguém (pessoa determinada), atribuindo-lhe crime de que o sabe inocente. O delito de *comunicação falsa de crime ou de contravenção*, que também ofende a Administração da Justiça, está capitulado no art. 340 do CP. Neste caso, não há imputação a pessoa determinada.

Gabarito "A"

(OAB/Exame Unificado – 2009.1) Acerca dos crimes contra a honra, assinale a opção correta.

(A) Não constituem injúria ou difamação punível a ofensa não excessiva praticada em juízo, na discussão da causa, pela parte ou por seu advogado e a opinião da crítica literária sem intenção de injuriar ou difamar.
(B) Em regra, a persecução criminal nos crimes contra a honra processa-se mediante ação pública condicionada à representação da pessoa ofendida.
(C) Caracterizado o crime contra a honra de servidor público, em razão do exercício de suas funções, a ação penal será pública incondicionada.
(D) O CP prevê, para os crimes de calúnia, de difamação e de injúria, o instituto da exceção da verdade, que consiste na possibilidade de o acusado comprovar a veracidade de suas alegações, para a exclusão do elemento objetivo do tipo.

A: correto (art. 142, I e II, do CP); **B:** incorreto. A ação penal, nos crimes contra a honra, em consonância com o que dispõe o art. 145, *caput*, do CP, cabe, em regra, à vítima, ou seja, é de iniciativa privada; **C:** incorreto. Segundo entendimento firmado na Súmula 714 do STF, se se tratar de ação penal por crime contra honra de servidor público em razão do exercício de suas funções, será concorrente a legitimidade do ofendido, mediante queixa, e do Ministério Público, condicionada à representação da vítima; **D:** incorreta, pois o crime de injúria (art. 140 do CP) não admite a *exceção da verdade*; a calúnia (art. 138 do CP) e a difamação (art. 139 do CP) comportam o instituto, previsto, respectivamente, nos arts. 138, § 3º, e 139, parágrafo único, ambos do Código Penal, com a ressalva de que, na difamação, somente há que se falar em exceção da verdade se o ofendido for funcionário público e a ofensa a ele impingida tiver relação com o exercício de suas funções.

Gabarito "A"

(OAB/Exame Unificado – 2008.3) Assinale a opção correta acerca dos crimes contra a honra.

(A) Tratando-se do delito de injúria, admite-se a exceção da verdade caso o ofendido seja funcionário público, e a ofensa, relativa ao exercício de suas funções.

(B) Caso o querelado, antes da sentença, se retrate cabalmente da calúnia ou da difamação, sua pena será diminuída.

(C) Caracterizado o delito de injúria, o juiz pode deixar de aplicar a pena, no caso de retorsão imediata, que consista em outra injúria.

(D) O pedido de explicações em juízo é cabível nos delitos de calúnia e difamação, mas não se aplica ao de injúria.

A: incorreto. A *exceção da verdade* é incompatível com o delito de injúria (art. 140 do CP). Já na calúnia (art. 138 do CP), a *exceção da verdade* é, em regra, admitida. Diz-se "em regra" porque o art. 138, § 3º, do CP estabelece algumas exceções. Por fim, no crime do art. 139 do CP (difamação) somente é admitida a *exceção da verdade* se o ofendido é funcionário público e a ofensa é relativa ao exercício de suas funções, nos termos do art. 139, parágrafo único, do CP; **B:** incorreto (art. 143 do CP). A retratação implica a isenção de pena; **C:** correto (art. 140, § 1º, II, do CP); **D:** incorreto. O pedido de explicações do art. 144 do CP tem cabimento nos três crimes contra a honra.

Gabarito "C"

(OAB/Exame Unificado – 2008.3) Acerca dos crimes contra a honra, assinale a opção correta.

(A) Considere que Pedro pratique crime contra a honra de José, imputando-lhe, falsamente, fato definido como crime e que Eduardo, sabendo falsa a imputação, a propale e divulgue. Nessa situação hipotética, Eduardo incorre na mesma pena de Pedro.

(B) A imputação vaga, imprecisa ou indefinida de fatos ofensivos à reputação caracteriza difamação.

(C) É impunível a calúnia contra os mortos.

(D) No delito de injúria, o juiz deve aplicar a pena ainda que o ofendido, de forma reprovável, tenha provocado diretamente a injúria.

A: correto. A conduta de Eduardo se subsume ao tipo penal do art. 138, § 1º, do CP; **B:** incorreto. Embora não seja necessário, na difamação – art. 139, *caput*, do CP, que o fato imputado seja detalhado, especificado em todas as suas circunstâncias, é imprescindível que seja *determinado*, razão por que não incorrerá neste crime o agente que imputar ao ofendido fato impreciso, vago, indeterminado; **C:** incorreto. Ao contrário, o art. 138, § 2º, do CP prevê a calúnia contra os mortos; **D:** incorreto. Neste caso, o juiz, com fulcro no art. 140, § 1º, I, do CP, deixará de aplicar a pena.

Gabarito "A"

(OAB/Exame Unificado – 2008.2) Acerca dos crimes contra a honra, assinale a opção correta.

(A) O agente que atribui a alguém a autoria de um estupro, ciente da falsidade da imputação, comete o crime de calúnia.

(B) O agente que imputa a alguém a conduta de mulherengo, no intuito de ofender sua reputação, comete o crime de injúria.

(C) O agente que designa alguém como ladrão, no intuito de ofender sua dignidade, comete o crime de difamação.

(D) O agente que preconceituosamente se refere a alguém como velho surdo, ciente da idade e deficiência da pessoa, comete uma das modalidades do crime de racismo.

A: correto (art. 138, CP). Pratica o crime de calúnia o agente que atribui a alguém, falsamente, fato capitulado como crime. A honra atingida é a *objetiva* (conceito que o sujeito tem diante do grupo no qual está inserido); **B:** incorreto. Na injúria não há imputação de fato, mas atribuição de qualidade negativa. É o xingamento que atinge a honra subjetiva; **C:** incorreto. Difamar alguém significa divulgar fato (determinado) ofensivo à sua honra objetiva. Designar alguém como *ladrão* (qualidade negativa) implica ofensa à sua honra subjetiva (crime de injúria); **D:** incorreto. A conduta está tipificada no art. 140, § 3º, do CP, cuja pena cominada é bem superior à do *caput*. A ação penal, neste crime, passou a ser pública condicionada à representação do ofendido. Tal se deu com a edição da Lei 12.033, de 29 de setembro de 2009, que modificou a redação do parágrafo único do art. 145 do CP.

Gabarito "A"

(OAB/Exame Unificado – 2007.3) A respeito dos crimes contra a honra, assinale a opção correta.

(A) De acordo com o Código Penal, é punível o crime de calúnia e difamação contra os mortos.

(B) O prazo decadencial dos crimes contra a honra tratados pela Lei de Imprensa — Lei n.º 5.250/1967 — é de três meses e, no Código Penal, esse prazo é de seis meses.

(C) A difamação, tratada pelo Código Penal, não admite exceção da verdade.

(D) Segundo a Lei de Imprensa, o crime de calúnia é de ação penal pública condicionada a representação.

A: incorreto. Na dicção do art. 138, § 2º, do CP, somente é punida a calúnia contra os mortos; **B:** correto (em vista da legislação vigente à época do Exame). A Lei de Imprensa não está mais em vigor. Foi declarada inconstitucional pelo STF (ADPF 130). De todo modo, o prazo decadencial nela estabelecido era de três meses, diferente, portanto, do interregno decadencial previsto no CP, que é, a teor do art. 103, CP, de seis meses; **C:** incorreto. O art. 139, parágrafo único, do CP estabelece que a exceção da verdade, na difamação, é admitida, desde que o ofendido seja funcionário público e a ofensa seja relativa ao exercício de suas funções; **D:** foi declarada inconstitucional, já que seus dispositivos não foram recepcionados pela CF/1988.

Gabarito "B"

(OAB/Exame Unificado – 2006.1) Assinale a opção incorreta no que se refere aos crimes contra a honra.

(A) A calúnia é a falsa imputação a alguém de fato definido como crime.

(B) Na injúria, não se imputa fato determinado, mas se formulam juízos de valor, exteriorizando-se qualidades negativas ou defeitos que importem menoscabo, ultraje ou vilipêndio de alguém.

(C) O crime de difamação consiste na imputação de fato que incide na reprovação ético-social, ferindo, portanto, a reputação do indivíduo, pouco importando que o fato imputado seja ou não verdadeiro.

(D) A imunidade processual, conferida aos advogados pela Constituição da República e pelo Código Penal, abrange o delito de calúnia.

A: correto (art. 138 do CP – calúnia); **B:** correto (art. 140 do CP – injúria); **C:** correto (art. 139 do CP – difamação); **D:** incorreto, devendo ser assinalado (art. 142, I, do CP; art. 133, CF; e art. 7º, § 2º, da Lei 8.906/1994 – Estatuto da OAB). A imunidade processual a que se refere o Código Penal tem aplicação tão somente aos crimes de injúria e difamação, aos quais faz alusão o *caput* do art. 142 do CP. O crime de calúnia, portanto, não foi contemplado no dispositivo.

Gabarito "D"

(FGV – 2007) Dentre os crimes contra a honra, admitem a retratação como forma de isenção de pena:

(A) calúnia e injúria
(B) desacato e calúnia
(C) difamação e injúria
(D) calúnia e difamação

Em vista do que prescreve o art. 143 do CP, a retratação somente é admitida, no universo dos crimes contra a honra, na calúnia e na difamação. Não é admissível, portanto, na injúria.

Gabarito "D"

(FGV – 2005) No tocante ao crime de calúnia, praticado contra funcionário público, em razão de suas funções, podemos afirmar que:

(A) a ação penal é pública condicionada.
(B) não admite retratação, pois o sujeito passivo é um funcionário público, havendo interesse da administração na apuração do fato.
(C) a competência para processo e julgamento é do Juizado Especial Criminal.
(D) não admite a exceção da verdade.
(E) admite a exceção de verdade somente se a ofensa for relativa ao exercício de suas funções.

A despeito de o art. 145, parágrafo único, do CP estabelecer que a ação penal, nos crimes contra a honra praticados contra funcionário público no exercício de suas funções, é pública condicionada, é tranquila a orientação jurisprudencial, firmada na Súmula 714 do STF, de que, neste caso, será concorrente a legitimidade do ofendido, mediante queixa, e do Ministério Público, condicionada à representação.

Gabarito "A"

16.3. OUTROS CRIMES CONTRA A PESSOA

(OAB/Exame Unificado – 2015.3) Cacau, de 20 anos, moça pacata residente em uma pequena fazenda no interior do Mato Grosso, mantém um relacionamento amoroso secreto com Noel, filho de um dos empregados de seu pai. Em razão da relação, fica grávida, mas mantém a situação em segredo pelo temor que tinha de seu pai. Após o nascimento de um bebê do sexo masculino, Cacau, sem que ninguém soubesse, em estado puerperal, para ocultar sua desonra, leva a criança para local diverso do parto e a deixa embaixo de uma árvore no meio da fazenda vizinha, sem prestar assistência devida, para que alguém encontrasse e acreditasse que aquele recém-nascido fora deixado por desconhecido. Apesar de a fazenda vizinha ser habitada, ninguém encontra a criança nas 06 horas seguintes, vindo o bebê a falecer. A perícia confirmou que, apesar do estado puerperal, Cacau era imputável no momento dos fatos.

Considerando a situação narrada, é correto afirmar que Cacau deverá ser responsabilizada pelo crime de

(A) abandono de incapaz qualificado.
(B) homicídio doloso.
(C) infanticídio.
(D) exposição ou abandono de recém-nascido qualificado.

Numa análise mais açodada, chegar-se-ia à conclusão de que Cacau cometeu o crime capitulado no art. 133, § 2º, do CP, que corresponde ao delito de abandono de incapaz qualificado, neste caso, pelo resultado morte. Isso porque a sua conduta se enquadra, em princípio, na descrição típica desse crime, já que abandonou pessoa sob a sua guarda incapaz de defender-se dos riscos desse abandono. Sucede que, numa leitura mais acurada, logo se vê que o abandono do recém-nascido, por sua mãe, se deu com o objetivo de ocultar desonra própria (dolo específico), conduta essa descrita no art. 134 do CP, com incidência, pela ocorrência do resultado morte, da qualificadora do § 2º. Por conta da pena cominada no preceito secundário do tipo penal, forçoso afirmar que se trata de uma figura privilegiada em relação ao crime do artigo anterior (abandono de incapaz), cuja sanção neste caso cominada, na hipótese de morte, é superior ao do crime de exposição ou abandono de recém-nascido. Não há que se falar, de outro lado, no cometimento do crime de homicídio doloso, na medida em que a morte do recém-nascido, resultante do abandono, se deu a título de *culpa*. É dizer, a mãe não desejava a morte de seu filho. Bem ao contrário, ela esperava que algum desconhecido o encontrasse. Também se deve excluir a prática do crime de infanticídio (art. 123, CP), pelo fato de Cacau ser considerada imputável ao tempo da conduta. Além do que, como já ressaltamos, Cacau não desejava a morte de seu filho. Correta, em razão do que foi ponderado, a alternativa "D".

Gabarito "D"

(OAB/Exame Unificado – 2011.3.B) Rama, jovem de 19 anos, estava cuidando de suas irmãs mais novas, Sita e Durga, enquanto a mãe viajava a trabalho. Na tarde desse dia, Rama recebeu uma ligação dos amigos, que o chamaram para sair com o objetivo de comemorar o início das férias. Certo de que não se demoraria, Rama deixou as crianças, ambas com 4 anos, brincando sozinhas no quintal de casa, que era grande, tinha muitos brinquedos e uma piscina. Ocorre que Rama bebeu demais e acabou perdendo a hora, chegando em casa tarde da noite, extremamente alcoolizado. As meninas ficaram sem alimentação durante todo o tempo e ainda sofreram com várias picadas de pernilongos. Com base na situação apresentada, é correto afirmar que Rama praticou crime

(A) de lesão corporal leve por meio de omissão imprópria.
(B) de perigo para a vida ou saúde de outrem.
(C) de abandono de incapaz, com causa de aumento de pena.
(D) previsto no Estatuto da Criança e do Adolescente.

O agente, porque se afastou das vítimas, deixando-as à própria sorte, deverá ser responsabilizado pelo crime do art. 133 do CP, com o aumento previsto no § 3º, II, do mesmo dispositivo. É crime próprio, pois impõe ao sujeito ativo uma qualidade especial.

Gabarito "C"

(OAB/Exame Unificado – 2009.2) A respeito do crime de omissão de socorro, assinale a opção correta.

(A) O crime de omissão de socorro é admitido na forma tentada.
(B) É impossível ocorrer participação, em sentido estrito, em crime de omissão de socorro.
(C) A omissão de socorro classifica-se como crime omissivo próprio e instantâneo.
(D) A criança abandonada pelos pais não pode ser sujeito passivo de ato de omissão de socorro praticado por terceiros.

A: incorreto. O crime *omissivo puro*, como a omissão de socorro, não comporta a forma tentada; **B:** incorreto. Apesar de o tema ser polêmico, a jurisprudência majoritária entende que é possível participação em crime omissivo próprio; **C:** correto. É *crime omissivo próprio* (puro), na medida em que a lei descreve a omissão. Diz-se *instantâneo* porque a consumação se dá em um só instante. Não há continuidade temporal; **D:** incorreto. Dispõe o art. 135 do CP que a *criança abandonada* por seus responsáveis pode, sim, ser sujeito passivo do ato praticado por terceiros (deixar de prestar assistência).

Gabarito "C"

(OAB/Exame Unificado – 2008.3) O médico que, durante um plantão, realizar uma intervenção cirúrgica justificada por iminente perigo à vida, mas sem o consentimento do paciente ou de seu representante legal, praticará, segundo o CP,

(A) Constrangimento ilegal, visto que o paciente não era obrigado a submeter-se a cirurgia.

(B) Lesão corporal, em razão das manobras cirúrgicas.

(C) Conduta não criminosa, pois o paciente corria risco de morte.

(D) Perigo para a vida ou saúde de outrem, dado que o médico expôs a vida do paciente a perigo direto e iminente.

Art. 146, § 3º, I, do CP. Trata-se de uma excludente de ilicitude prevista na Parte Especial do Código Penal.

Gabarito "C"

(OAB/Exame Unificado – 2008.3) Maria, ao encontrar, abandonado, na porta de sua residência, um recém-nascido desconhecido, deixou de prestar-lhe assistência, quando podia tê-lo feito sem risco pessoal. Além da vontade de omitir-se e consciente da situação de perigo em que a vítima se encontrava, Maria sequer pediu socorro à autoridade pública. Na situação hipotética apresentada, a conduta de Maria pode ser tipificada como

(A) Abandono de incapaz.

(B) Exposição ou abandono de recém-nascido.

(C) Omissão de socorro.

(D) Maus-tratos.

A: incorreto (Art. 133 do CP). Sendo crime *próprio* ou *especial*, somente pode ser praticado por quem tem o dever de zelar pela vítima. Não é o caso de Maria; **B:** incorreto (art. 134 do CP). Também é *crime próprio*. Só pode ser praticado pelo pai ou pela mãe do recém-nascido com o objetivo de esconder a gravidez havida fora do casamento; **C:** correto (art. 135 do CP). Não se exige, neste caso, qualquer vínculo com a vítima. Pode ser praticado por qualquer pessoa; **D:** incorreto (art. 136 do CP). O crime de que trata este dispositivo é próprio, na medida em que somente pode ser praticado por quem tem a vítima sob sua autoridade, guarda ou vigilância.

Gabarito "C"

(OAB/Exame Unificado – 2008.2) Com base na legislação penal, não se impõe o dever de agir

(A) Ao pai que deixa de prover ao filho em idade escolar a instrução primária, porque deseja que este o ajude no trabalho.

(B) Ao médico que, em face de pedido do paciente, deixa de denunciar à autoridade pública doença cuja notificação seja obrigatória.

(C) Ao servidor público que deixa de praticar, indevidamente, ato de ofício, para satisfazer sentimento pessoal de comiseração.

(D) Ao condutor do veículo que, por motivo de segurança, deixa de prestar socorro à vítima de acidente, mas solicita auxílio da autoridade pública.

A: incorreto (art. 246 do CP – crime de abandono intelectual); **B:** incorreto (art. 269 do CP – crime de omissão de notificação de doença); **C:** incorreto (art. 319 do CP – crime de prevaricação); **D:** correto (art. 135 do CP; e art. 304 da Lei 9.503/1997 – Código de Trânsito Brasileiro).

Gabarito "D"

(OAB/Exame Unificado – 2007.3) Assinale a opção correta a respeito de curandeirismo e charlatanismo.

(A) Charlatanismo não é crime, mas contravenção penal.

(B) Curandeirismo e charlatanismo são sinônimos; portanto são tratados em um único dispositivo legal do Código Penal.

(C) No crime de curandeirismo, o agente ilicitamente exerce atividade de diagnosticar e prescrever substâncias ao paciente.

(D) No curandeirismo, o crime se consuma com o prejuízo financeiro da vítima.

A: incorreto. O crime de charlatanismo está capitulado no art. 283 do Código Penal; cuida-se, portanto, de crime, não de contravenção; **B:** incorreto. Os crimes de charlatanismo e curandeirismo estão previstos, respectivamente, nos arts. 283 e 284, ambos do CP; **C:** correto (art. 284, I e III, do CP); **D:** incorreto. Trata-se de crime habitual, em que a consumação condiciona-se à prática reiterada da conduta descrita no tipo.

Gabarito "C"

(OAB/Exame Unificado – 2006.2) Considere que uma gestante, sóbria, estando na direção de seu veículo automotor, colida, culposamente, com um poste, causando, em razão do impacto sofrido, o aborto. Nessa situação, a conduta da gestante

(A) Corresponde ao delito de homicídio.

(B) Corresponde ao delito de lesão corporal culposa.

(C) Corresponde ao delito de aborto provocado pela gestante.

(D) Não gera responsabilidade, haja vista a inexistência de previsão legal para a modalidade culposa do aborto.

Art. 18, parágrafo único, do CP: excepcionalidade do crime culposo, ou seja, só há que se falar em crime culposo se houver previsão legal expressa nesse sentido. De se ver, ademais, que o crime previsto no art. 129, § 2º, V, do CP (lesão corporal da qual resulta aborto) é *preterdoloso*, já que tem um antecedente doloso (lesão corporal) e um consequente culposo (aborto).

Gabarito "D"

17. CRIMES CONTRA O PATRIMÔNIO

(OAB/Exame Unificado – 2016.2) Aproveitando-se da ausência do morador, Francisco subtraiu de um sítio diversas ferramentas de valor considerável, conduta não assistida por quem quer que seja. No dia seguinte, o proprietário Antônio verifica a falta das coisas subtraídas, resolvendo se dirigir à delegacia da cidade. Após efetuar o devido registro, quando retornava para o sítio, Antônio avistou Francisco caminhando com diversas ferramentas em um carrinho, constatando que se tratavam dos bens dele subtraídos no dia anterior. Resolve fazer a abordagem, logo dizendo ser o proprietário dos objetos, vindo Francisco, para garantir a impunidade do crime anterior, a desferir um golpe de pá na cabeça de Antônio, causando-lhe as lesões que foram a causa de sua morte. Apesar de tentar fugir em seguida, Francisco foi preso por policiais que passavam pelo local, sendo as coisas recuperadas, ficando constatado o falecimento do lesado.

Revoltada, a família de Antônio o procura, demonstrando interesse em sua atuação como assistente de acusação e afirmando a existência de dúvidas sobre a capitulação da conduta do agente.

Considerando o caso narrado, o advogado esclarece que a conduta de Francisco configura o(s) crime(s) de

(A) latrocínio consumado.
(B) latrocínio tentado.
(C) furto tentado e homicídio qualificado.
(D) furto consumado e homicídio qualificado.

A e **B**: incorretas. No crime de latrocínio (roubo seguido de morte -- art. 157, § 3º, segunda parte, do CP), é necessário que a morte resulte da violência empregada na prática do crime de roubo. Não foi isso que aconteceu. Pelo que consta do enunciado, a morte resultou de agressão empregada somente no dia seguinte à subtração (furto); **C**: incorreta, já que o crime de furto consumou-se; **D**: correta. No dia seguinte à consumação do crime de furto, a vítima surpreendeu o agente na posse do produto do crime, tendo este, para garantir a sua impunidade, investido contra o ofendido, causando-lhe a morte. Deverá, assim, ser responsabilizado pelo crime de furto consumado e por homicídio qualificado (art. 121, § 2º, V, do CP -- para assegurar a execução, a ocultação, a impunidade ou a vantagem de outro crime).

Gabarito "D"

(OAB/Exame Unificado – 2016.1) Após realizarem o roubo de um caminhão de carga, os roubadores não sabem como guardar as coisas subtraídas até o transporte para outro Estado no dia seguinte. Diante dessa situação, procuram Paulo, amigo dos criminosos, e pedem para que ele guarde a carga subtraída no seu galpão por 24 horas, admitindo a origem ilícita do material. Paulo, para ajudá-los, permite que a carga fique no seu galpão, que é utilizado como uma oficina mecânica, até o dia seguinte. A polícia encontra na mesma madrugada todo o material no galpão de Paulo, que é preso em flagrante.

Diante desse quadro fático, Paulo deverá responder pelo crime de

(A) receptação.
(B) receptação qualificada.
(C) roubo majorado.
(D) favorecimento real.

Pelo enunciado, fica claro que Paulo não tomou parte no crime de roubo praticado por seus amigos. Tanto é que ele somente foi procurado depois de o delito de roubo consumar-se. Não será responsabilizado, portanto, por esse crime, cometido sem o seu conhecimento. Atendendo a pedido de seus amigos, os roubadores, Paulo aceita prestar auxílio aos criminosos, a fim de tornar seguro o proveito do crime. Aquele que assim o faz (assegura o proveito do crime sem dele tomar parte) será responsabilizado pelo crime de *favorecimento real* (art. 349 do CP). É esse o crime pelo qual Paulo deverá responder. Difere do crime de receptação (art. 180 do CP), em que o agente recebe o proveito do crime para si ou para terceiro, e não para o roubador.

Gabarito "D"

(OAB/Exame Unificado – 2015.2) Marcondes, necessitando de dinheiro para comparecer a uma festa no bairro em que residia, decide subtrair R$ 1.000,00 do caixa do açougue de propriedade de seu pai. Para isso, aproveita-se da ausência de seu genitor, que, naquele dia, comemorava seu aniversário de 63 anos, para arrombar a porta do estabelecimento e subtrair a quantia em espécie necessária. Analisando a situação fática, é correto afirmar que

(A) Marcondes não será condenado pela prática de crime, pois é isento de pena, em razão da escusa absolutória.
(B) Marcondes deverá responder pelo crime de furto de coisa comum, por ser herdeiro de seu pai.
(C) Marcondes deverá responder pelo crime de furto qualificado.
(D) Marcondes deverá responder pelos crimes de dano e furto simples em concurso formal.

A despeito de o crime contra o patrimônio ter sido praticado contra ascendente e não ter sido empregada, no seu cometimento, violência ou grave ameaça à pessoa, não é o caso de incidir a imunidade a que alude o art. 181, II, do CP, pois o ofendido conta com mais de 60 anos de idade – nos termos do art. 183, III, do CP. Dessa forma, Marcondes será responsabilizado pelo crime de furto qualificado.

Gabarito "C"

(OAB/Exame Unificado – 2014.3) No dia 14 de setembro de 2014, por volta das 20h, José, primário e de bons antecedentes, tentou subtrair para si, mediante escalada de um muro de 1,70 metros de altura, vários pedaços de fios duplos de cobre da rede elétrica avaliados em, aproximadamente, R$ 100,00 (cem reais) à época dos fatos.

Sobre o caso apresentado, segundo entendimento sumulado do STJ, assinale a afirmativa correta.

(A) É possível o reconhecimento do furto qualificado privilegiado independentemente do preenchimento cumulativo dos requisitos previstos no Art. 155, § 2º, do CP.
(B) É possível o reconhecimento do privilégio previsto no Art. 155, § 2º, do CP nos casos de crime de furto qualificado se estiverem presentes a primariedade do agente e o pequeno valor da coisa, e se a qualificadora for de ordem objetiva.
(C) Não é possível o reconhecimento do privilégio previsto no Art. 155, § 2º, do CP nos casos de crime de furto qualificado, mesmo que estejam presentes a primariedade do agente e o pequeno valor da coisa, e se a qualificadora for de ordem objetiva.
(D) É possível o reconhecimento do privilégio previsto no Art. 155, § 2º, do CP nos casos de crime de furto qualificado se estiverem presentes a primariedade do agente, o pequeno valor da coisa, e se a qualificadora for de ordem subjetiva.

Correta é a alternativa "B", pois corresponde ao entendimento firmado na Súmula n. 511 do STJ: "É possível o reconhecimento do privilégio previsto no § 2º do art. 155 do CP nos casos de crime de furto qualificado, se estiverem presentes a primariedade do agente, o pequeno valor da coisa e a qualificadora for de ordem objetiva".

Gabarito "B"

(OAB/Exame Unificado – 2013.3) Lúcia, objetivando conseguir dinheiro, sequestra Marcos, jovem cego. Quando estava escrevendo um bilhete para a família de Marcos, estipulando o valor do resgate, Lúcia fica sabendo, pela própria vítima, que sua família não possui dinheiro algum. Assim, verificando que nunca conseguiria obter qualquer ganho, Lúcia desiste da empreitada criminosa e coloca Marcos dentro de um ônibus, orientando-o a descer do coletivo em determinado ponto.

Com base no caso apresentado, assinale a afirmativa correta.

(A) Lúcia deve responder pelo delito de sequestro ou cárcere privado, apenas.

(B) Lúcia não praticou crime algum, pois beneficiada pelo instituto da desistência voluntária.

(C) Lúcia deve responder pelo delito de extorsão mediante sequestro em sua modalidade consumada.

(D) Lúcia não praticou crime algum, pois beneficiada pelo instituto do arrependimento eficaz.

A: incorreta. Não se trata do cometimento do crime de *sequestro e cárcere privado*, previsto no art. 148 do CP. É que Lúcia, ao privar Marcos de sua liberdade, pretendia, com isso, obter vantagem patrimonial (finalidade específica). Assim sendo, o crime em que incorreu é o do art. 159 do CP – *extorsão mediante sequestro*; **B:** incorreta. Embora Lúcia tenha desistido de obter qualquer ganho, o crime de extorsão mediante sequestro já se consumara. Como bem sabemos, o instituto da desistência voluntária pressupõe a falta de consumação do crime (art. 15, primeira parte, do CP). Inaplicável, portanto, neste caso; **C:** correta. Com efeito, o crime deste art. 159 do CP é considerado, pela doutrina e pela jurisprudência, *formal*. Significa dizer que a sua consumação se opera em instante anterior à produção do resultado previsto no tipo penal. Melhor explicando, a consumação, neste crime, é alcançada com a privação de liberdade da vítima. A obtenção de resgate, resultado, como já dissemos, previsto no tipo penal, é prescindível à sua consumação; se ocorrer, constituirá mero exaurimento do delito (desdobramento típico); **D:** incorreta. Da mesma forma que ocorre com a desistência voluntária, o arrependimento eficaz pressupõe ausência de consumação (art. 15, segunda parte, do CP).

Gabarito "C"

(OAB/Exame Unificado – 2012.3.A) José subtrai o carro de um jovem que lhe era totalmente desconhecido, chamado João. Tal subtração deu-se mediante o emprego de grave ameaça exercida pela utilização de arma de fogo. João, entretanto, rapaz jovem e de boa saúde, sem qualquer histórico de doença cardiovascular, assusta-se de tal forma com a arma, que vem a óbito em virtude de ataque cardíaco.

Com base no cenário acima, assinale a afirmativa correta.

(A) José responde por latrocínio.

(B) José não responde pela morte de João.

(C) José responde em concurso material pelos crimes de roubo e de homicídio culposo.

(D) José praticou crime preterdoloso.

É necessário, no latrocínio – art. 157, § 3º, segundo parte, do CP –, que a morte seja causada pela violência empregada, não sendo o caso de imputar ao agente a prática deste crime na hipótese de o evento letal decorrer de grave ameaça. O crime pelo qual deverá responder José, portanto, é o de roubo majorado pelo emprego de arma de fogo (art. 157, § 2º, I, do CP).

Gabarito "B"

(OAB/Exame Unificado – 2012.2) Jaime, conhecido pelos colegas como "Jaiminho mão de seda", utilizando-se de sua destreza, consegue retirar a carteira do bolso traseiro da calça de Ricardo que, ao perceber a subtração, sai ao encalço do delinquente. Ocorre que, durante a perseguição, Ricardo acaba sendo atropelado, vindo a falecer em decorrência dos ferimentos.

Nesse sentido, com base nas informações apresentadas na hipótese, e a jurisprudência predominante dos tribunais superiores, assinale a afirmativa correta.

(A) Jaime praticou delito de furto em sua modalidade tentada.

(B) Jaime consumou a prática do delito de furto simples.

(C) Jaime consumou a prática do delito de furto qualificado.

(D) Jaime consumou a prática de latrocínio.

Ainda que Jaime não tenha tido a posse mansa e pacífica do objeto material do crime, operou-se, ainda assim, a sua consumação. Isso porque a jurisprudência do STF e do STJ dispensa, para a consumação do furto, o critério da saída da coisa da *esfera de vigilância da vítima* e se contenta com a constatação de que, cessada a clandestinidade ou a violência, o agente tenha tido a posse da *res*, mesmo que retomada, em seguida, pela perseguição imediata: STF, HC 92450-DF, 1ª T., Rel. Min. Ricardo Lewandowski, 16.9.08; STJ, REsp 1059171-RS, 5ª T., Rel. Min. Felix Fischer, j. 2.12.08. Trata-se de furto simples, já que o fato de a vítima perceber a ação do agente elide a configuração da destreza. Se destreza tivesse havido, a vítima não teria percebido a ação do batedor. No mais, é imprescindível, para a caracterização do latrocínio, que a violência tenha sido exercida para viabilizar a subtração, ou, após esta, para garantir a impunidade ou a detenção da *res*. Não é este o caso narrado no enunciado.

Gabarito "B"

(OAB/Exame Unificado – 2011.3.A) Ares, objetivando passear com a bicicleta de Ártemis, desfere contra esta um soco. Ártemis cai, Ares pega a bicicleta e a utiliza durante todo o resto do dia, devolvendo-a ao anoitecer. Considerando os dados acima descritos, assinale a alternativa correta.

(A) Ares praticou crime de roubo com a causa de diminuição de pena do arrependimento posterior.

(B) Ares praticou atípico penal.

(C) Ares praticou constrangimento ilegal.

(D) Ares praticou constrangimento legal com a causa de diminuição de pena do arrependimento posterior.

A jurisprudência majoritária não reconhece a figura do *roubo de uso*. Assim, pouco importa se o agente subtrai imbuído do propósito de ficar ou de usar. A conduta, de uma maneira ou de outra, será típica, antijurídica e culpável. No furto, diferentemente, tem-se admitido o chamado *furto de uso*, reconhecido sempre que o agente, depois de apossar-se de coisa alheia móvel, espontaneamente a restitui à vítima. Ante o que foi exposto, entendemos que a hipótese narrada no enunciado não corresponde a nenhuma das assertivas da questão.

Gabarito "C"

(OAB/Exame Unificado – 2010.2) Paula Rita convenceu sua mãe adotiva, Maria Aparecida, de 50 anos de idade, a lhe outorgar um instrumento de mandato para movimentar sua conta bancária, ao argumento de que poderia ajudá-la a efetuar pagamento de contas, pequenos saques, pegar talões de cheques etc., evitando assim que a mesma tivesse que se deslocar para o banco no dia a dia. De posse da referida procuração, Paula Rita compareceu à agência bancária onde Maria Aparecida possuía conta e sacou todo o valor que a mesma possuía em aplicações financeiras, no total de R$ 150.000,00 (cento e cinquenta mil reais), apropriando-se do dinheiro antes pertencente a sua mãe.

Considerando tal narrativa, assinale a alternativa correta.

(A) Paula Rita praticou crime de estelionato em detrimento de Maria Aparecida e, pelo fato de ser sua filha adotiva, é isenta de pena.

(B) Paula Rita praticou crime de furto mediante fraude em detrimento de Maria Aparecida e, pelo fato de ser sua filha adotiva, é isenta de pena.

(C) Paula Rita praticou crime de estelionato em detrimento de Maria Aparecida e, apesar de ser sua filha adotiva, não é isenta de pena.

(D) Paula Rita praticou crime de furto mediante fraude em detrimento de Maria Aparecida e, apesar de seu sua filha adotiva, não é isenta de pena.

Não devemos confundir o crime de *furto mediante fraude* (art. 155, § 4º, II, do CP) com o de *estelionato*, este previsto no art. 171, *caput*, do CP. Naquele, a fraude é aplicada com o propósito de iludir a vigilância da vítima, para, assim, viabilizar a subtração da *res*. O ofendido, em verdade, nem percebe que a coisa lhe foi subtraída. No estelionato a situação é bem outra. A vítima, ludibriada, entrega ao agente a coisa. A fraude é anterior ao apossamento e inexiste subtração. Foi, pois, o que se deu com Maria Aparecida, que, levada a erro por sua filha, outorgou-lhe procuração para o fim de que esta movimentasse sua conta, fizesse saques e lhe proporcionasse outras facilidades no seu dia a dia. Sua filha, no lugar disso, dirigiu-se à agência bancária e sacou todo o dinheiro que a mãe mantinha em aplicações financeiras (vantagem ilícita em prejuízo alheio). Incorreu, portanto, no art. 171, *caput*, do CP. Ocorre que o crime foi praticado por filha contra mãe e, nos termos do art. 181, II, do CP, ainda que se trate de adoção, está-se diante de hipótese de *escusa absolutória de caráter pessoal*, razão pela qual fica afastada a possibilidade de se aplicar sanção penal a Paula Rita. Cuidado: a jurisprudência sedimentou entendimento segundo o qual a conduta consistente em sacar valores sem o consentimento da vítima e por meio de clonagem de cartão configura o crime capitulado no art. 155, § 4º, II, do CP (furto qualificado pelo emprego de fraude).

Gabarito "A"

(OAB/Exame Unificado – 2010.1) Com relação aos crimes contra o patrimônio, assinale a opção correta.

(A) A conduta da vítima não é fator de distinção entre os delitos de roubo e extorsão.

(B) O crime de extorsão mediante sequestro consuma-se no momento em que o resgate é exigido, independentemente do momento da privação da liberdade da vítima.

(C) Ocorre crime de extorsão indireta quando alguém, abusando da situação de outro, exige, como garantia de dívida, documento que pode dar causa a procedimento criminal contra a vítima ou terceiro.

(D) No crime de apropriação indébita, o fato de o agente praticá-lo em razão de ofício, emprego ou profissão não interfere na imposição da pena, por se tratar de elementar do tipo.

A: incorreta. No roubo, a subtração da *res* é feita pelo autor do crime, ao passo que, na extorsão, o apoderamento da *res* depende de uma conduta da vítima, que, em regra, entrega o bem ao agente; **B:** incorreta. Este crime é consumado no momento em que a vítima é privada de sua liberdade, independentemente do momento em que a condição ou preço do resgate é exigido (crime formal); **C:** correta. O crime de extorsão indireta está tipificado no art. 160 do CP, que assim dispõe: "exigir ou receber, como garantia de dívida, abusando da situação de alguém, documento que pode dar causa a procedimento criminal contra a vítima ou contra terceiro"; **D:** incorreta. Trata-se de causa de aumento especial, prevista no art. 168, § 1.º, do CP.

Gabarito "C"

(OAB/Exame Unificado – 2009.1) Acerca dos crimes contra o patrimônio, assinale a opção correta.

(A) O crime de latrocínio só se consuma quando o agente, após matar a vítima, realiza a subtração dos bens visados no início da ação criminosa.

(B) O crime de extorsão é consumado quando o agente, mediante violência ou grave ameaça, obtém, efetivamente, vantagem econômica indevida, constrangendo a vítima a fazer alguma coisa ou a tolerar que ela seja feita.

(C) Quem falsifica determinado documento exclusivamente para o fim de praticar um único estelionato não responderá pelos dois delitos, mas apenas pelo crime contra o patrimônio.

(D) O crime de apropriação indébita de contribuição previdenciária é delito material, exigindo-se, para a consumação, o fim específico de apropriar-se da coisa para si (*animus rem sibi habendi*).

A: incorreto. Súmula 610 do STF: "Há crime de latrocínio, quando o homicídio se consuma, ainda que não realize o agente a subtração de bens da vítima"; **B:** incorreto. O crime de extorsão é formal, consumando-se independentemente da obtenção de vantagem indevida por parte do agente. É a posição esposada na Súmula 96 do STJ; **C:** correto. É o entendimento consagrado na Súmula 17 do STJ; **D:** incorreto. O crime do art. 168-A do CP é formal, consumando-se com a mera omissão do agente, consubstanciada em deixar de repassar a quantia devida ao INSS.

Gabarito "C"

(OAB/Exame Unificado – 2008.3) Viviane esteve em uma locadora de filmes e, fazendo uso de documento falso, preencheu o cadastro e locou vários DVDs, já com a intenção de não devolvê-los. Nessa situação hipotética, por ter causado à casa comercial prejuízo equivalente ao valor dos DVDs, Viviane praticou, segundo o CP, o delito de

(A) Uso de documento falso.

(B) Estelionato.

(C) Furto mediante fraude.

(D) Apropriação indébita.

A: incorreto. O crime praticado por Viviane está capitulado no *caput* do art. 171 do CP. Não responderá pelo crime de falso (art. 304 do CP) porque este serviu de meio para a prática da fraude (crime-fim). É o entendimento consagrado na Súmula 17 do STJ: "Quando o falso se exaure no estelionato, sem mais potencialidade lesiva, é por este absorvido". Trata-se de hipótese de incidência do princípio da consunção; **B:** correto (art. 171, *caput*, do CP); **C:** incorreto (art. 155, § 4º, II, do CP). No caso narrado acima, não houve subtração dos DVDs; eles foram entregues espontaneamente; **D:** incorreto (art. 168 do CP). Seria o caso de imputar a Viviane a prática do crime de apropriação indébita se a sua intenção em não mais restituir os DVDs tivesse surgido posteriormente. Na apropriação, portanto, é necessário que preexista a posse justa, é dizer, que a coisa tenha sido entregue sem fraude ao agente.

Gabarito "B"

(OAB/Exame Unificado – 2007.3) Durante uma festa, na noite de Natal, em sua casa, Lauro permitiu que Marcelo entrasse em seu quarto para ter acesso ao banheiro, oportunidade em que Marcelo subtraiu uma máquina fotográfica de propriedade de Lauro. Marcelo foi preso em flagrante, oportunidade em que o objeto foi apreendido, juntamente com uma arma de fogo, da qual tinha porte. O inquérito policial que apurava o fato foi concluído e encaminhado ao Ministério Público. A partir dessa situação hipotética, assinale a opção correta.

(A) Caso o Ministério Público requeira o arquivamento do inquérito policial, Lauro deve mover a ação penal privada subsidiária da pública.

(B) Ainda que Lauro perdoe Marcelo pela subtração da máquina fotográfica, por se tratar de crime que procede mediante ação pública incondicionada, o trâmite da ação penal terá continuidade.

(C) Marcelo deve responder pelo crime de apropriação indébita com o aumento de pena referente ao fato de o crime ter sido praticado à noite.

(D) Marcelo deve responder pelo crime de roubo, visto que, apesar de não ter utilizado a arma, ele a estava portando no dia dos fatos.

O crime capitulado no art. 155 do Código Penal (furto) é de ação penal pública incondicionada, já que somente está legitimado a agir, em regra, o Ministério Público, que não depende, para tanto, de nenhuma manifestação de vontade do ofendido. Logo, o perdão deste é irrelevante para o fim de evitar o início tampouco elidir o prosseguimento da ação penal. Em relação ao Ministério Público, vigoram os princípios da *oficialidade*, da *obrigatoriedade* e da *indisponibilidade*.

Gabarito "B".

(OAB/Exame Unificado – 2004.ES) Acerca da parte especial do direito penal, assinale a opção incorreta.

(A) O furto é qualificado quando cometido com destruição ou rompimento de obstáculo à subtração da coisa.

(B) Ocorre o chamado homicídio privilegiado quando o agente comete o crime impelido por motivo de relevante valor social ou moral, ou sob o domínio de violenta emoção, logo depois de injusta provocação da vítima.

(C) De acordo com a legislação vigente, não se pune o aborto praticado por médico, em caso de anencefalia do feto.

(D) Na lesão corporal leve, a ação penal é pública e condicionada à representação.

A: correto. Conduta prevista no art. 155, § 4º, I, do CP; **B:** correto (art. 121, § 1º, do CP); **C:** incorreto, devendo ser assinalado (art. 128, I e II, do CP). As hipóteses de aborto legal, que constituem causas especiais de exclusão da ilicitude, estão contidas no mencionado dispositivo. Trata-se do aborto necessário (inciso I), que é aquele praticado por médico com o objetivo de salvar a vida da gestante; e o aborto sentimental (inciso II), que é a interrupção da gravidez, também realizada por médico, resultante de estupro. Necessário, nesse caso, o consentimento da gestante ou, sendo ela incapaz, de seu representante legal. Atenção: no julgamento da ADPF nº 54, o STF declarou a inconstitucionalidade de qualquer interpretação segundo a qual a interrupção da gravidez de feto anencefálico constitui crime previsto no CP; **D:** art. 88 da Lei 9.099/1995 (Lei dos Juizados Especiais Cíveis e Criminais).

Gabarito "C".

(FGV – 2010) Com base no artigo 168-A do Código Penal – crime de apropriação indébita previdenciária, assinale a afirmativa incorreta.

(A) O elemento objetivo do tipo é deixar de repassar, ou seja, não transferir aos cofres públicos a contribuição previdenciária descontada dos contribuintes.

(B) A pena do crime de apropriação indébita previdenciária comporta o benefício da suspensão condicional do processo.

(C) O elemento subjetivo do crime é o dolo, não sendo possível apropriação indébita previdenciária culposa.

(D) Não é cabível tentativa do crime, pois este se traduz como crime unisubsistente.

(E) É crime de ação penal pública incondicionada cuja competência para processamento é da Justiça Federal.

A: correto. O núcleo do tipo, *deixar de repassar*, consiste em *não transferir* o valor devido a título de contribuição previdenciária descontada dos contribuintes. Trata-se de crime omissivo próprio (a lei descreve a conduta omissiva); **B:** incorreto, devendo ser assinalado. Não comporta, pois a pena mínima cominada é superior a um ano, acima do limite estabelecido no *caput* do art. 89 da Lei 9.099/1995; **C:** correta. De fato não comporta a modalidade culposa; **D:** correta. *Unissubsistente* é o crime cuja conduta se desenvolve em ato único (não admite fracionamento). Se não pode ser fracionada, não é admitida a tentativa; **E:** correta. A ação penal é pública incondicionada. A previdência social constitui uma autarquia federal, daí porque a competência da Justiça Federal – art. 109, IV, da CF.

Gabarito "B".

(FGV – 2010) A respeito do crime de apropriação indébita envolvendo contribuições previdenciárias, analise as afirmativas a seguir.

I. Constitui crime de apropriação indébita deixar de recolher aos cofres públicos valor de contribuição descontada dos funcionários da empresa.

II. Deixar de repassar a parcela de contribuição devida pela própria empresa, não constitui crime de apropriação indébita.

III. A ação penal por crime de apropriação indébita de contribuições previdenciárias, no entendimento seguido pela jurisprudência, conforme já reconhecido em decisão do Superior Tribunal de Justiça, não dispensa a demonstração do dolo específico, isto é, a efetiva intenção do sujeito ativo de utilizar os valores das contribuições recolhidas dos contribuintes em benefício próprio.

Assinale:

(A) se somente a afirmativa I estiver correta.

(B) se somente as afirmativas I e II estiverem corretas.

(C) se somente as afirmativas II e III estiverem corretas.

(D) se somente a afirmativa III estiver correta.

(E) se todas as afirmativas estiverem corretas.

I: correta, nos termos do art. 168-A, § 1º, I, do CP; **II:** correta, pois o ato consubstanciado em sonegar contribuição previdenciária configura o crime do art. 337-A do CP (sonegação de contribuição previdenciária); **III:** assertiva correta. Nesse sentido, conferir: STJ, 6ª T., AgRg no REsp 695.487-CE, rel. Min. Maria Thereza de Assis Moura, j. 10.11.2009.

Gabarito "E".

(FGV – 2010) Relativamente aos *crimes contra o patrimônio*, analise as afirmativas a seguir:

I. No crime de furto, se o criminoso é primário, e a coisa furtada é de pequeno valor, o juiz pode substituir a pena de reclusão pela de detenção.

II. Considera-se qualificado o dano praticado com violência à pessoa ou grave ameaça, com emprego de substância inflamável ou explosiva (se o fato não constitui crime mais grave), contra o patrimônio da União, Estado, Município, empresa concessionária de serviços públicos ou sociedade de economia mista ou ainda por motivo egoístico ou com prejuízo considerável para a vítima.

III. É isento de pena quem comete qualquer dos crimes contra o patrimônio em prejuízo do cônjuge, na constância da sociedade conjugal, desde que não haja emprego de grave ameaça ou violência à pessoa ou que a vítima não seja idosa nos termos da Lei 10.741/2003.

Assinale:

(A) se somente a afirmativa I estiver correta.
(B) se somente a afirmativa II estiver correta.
(C) se somente a afirmativa III estiver correta.
(D) se somente as afirmativas II e III estiverem corretas.
(E) se todas as afirmativas estiverem corretas.

I: correto (art. 155, § 2º, do CP); **II:** correto (art. 163, parágrafo único, do CP); **III:** correto (arts. 181, I, e 183, I e III, do CP).

Gabarito "E".

(FGV – 2010) João e Marcos decidem furtar uma residência. Vigiam o local até que os proprietários deixem a casa. Tentam forçar as janelas e verificam que todas estão bem fechadas, com exceção de uma janela no terceiro andar da casa. Usando sua habilidade, João escala a parede e entra na casa, pedindo a Marcos que fique vigiando e avise se alguém aparecer. Enquanto está pegando os objetos de valor, João escuta um barulho e percebe que a empregada tinha ficado na casa e estava na cozinha bebendo água. João vai até a empregada (uma moça de 35 anos) e decide constrangê-la, mediante grave ameaça, a ter conjunção carnal com ele. Logo após consumar a conjunção carnal, com a empregada e deixá-la amarrada e amordaçada (mas sem sofrer qualquer outro tipo de lesão corporal), João termina de pegar os objetos de valor e vai ao encontro de Marcos. Ao contar o que fez a Marcos, este o chama de tarado e diz que nunca teria concordado com o que João fizera, mas que agora uma outra realidade se impunha e era preciso silenciar a testemunha. Marcos retorna à casa e mesmo diante dos apelos de João que tenta segurá-lo, utiliza uma pedra de mármore para quebrar o crânio da empregada. Ambos decidem ali mesmo repartir os bens que pegaram na casa e seguir em direções opostas. Horas depois, ambos são presos com os objetos. Assinale a alternativa que identifica os crimes que cada um deles praticou.

(A) João: furto qualificado e estupro. Marcos: furto qualificado e homicídio qualificado.
(B) João: furto qualificado, estupro e homicídio simples. Marcos: furto qualificado, estupro e homicídio qualificado.
(C) João: furto simples e estupro. Marcos: furto simples e homicídio qualificado.
(D) João: furto simples, estupro e homicídio qualificado. Marcos: furto qualificado, estupro e homicídio simples.
(E) João: furto qualificado e estupro. Marcos: furto simples e homicídio qualificado.

Não há dúvida de que os dois, João e Marcos, devem responder pelo crime de furto qualificado – art. 155, § 4º, II e IV, do CP –, já que contribuíram de forma eficaz para o resultado (lesão patrimonial). Ocorre, porém, que o crime de estupro praticado por João somente a este há de ser atribuído, tendo em conta que a sua ocorrência não estava dentro do âmbito de previsibilidade de Marcos. Trata-se, pois, de um crime mais grave não previsível, pelo qual deverá responder tão somente João. Da mesma forma que Marcos não tinha ciência do comportamento de João e, dessa forma, a ele não aderiu, João, ao saber da intenção de Marcos, não adere à sua vontade, mas não consegue evitar que este ponha fim à vida da testemunha. A responsabilidade pelo homicídio, portanto, deve recair somente sobre Marcos, que incorrerá nas penas do crime previsto no art. 121, § 2º, II e V, do CP.

Gabarito "A".

(FGV – 2009) Há meses José Pereira vinha insistindo com seu pai para que lhe comprasse roupas novas de grifes da moda. Seu pai, Manoel Pereira, negava todos esses pedidos sob o argumento de que as roupas pretendidas por José eram muito mais caras do que outras equivalentes. Manoel dizia que, se José desejasse roupas caras, criasse vergonha na cara e conseguisse um emprego, pois já tinha quase trinta anos de idade e ainda dependia economicamente de seus pais. Indignado com a insensibilidade de seu pai, José arranca uma folha do talão de cheques de seu pai, falsifica a assinatura deste e saca todo o dinheiro que havia na conta – o salário do mês inteiro –, utilizando-o para adquirir as roupas desejadas. Assinale a alternativa que indique a pena a que, por esse ato, José está sujeito.

(A) Detenção, de quinze dias a um mês, ou multa, pois praticou o crime de exercício arbitrário das próprias razões.
(B) Reclusão, de um a cinco anos, e multa, pois praticou o crime de falsificação de documento particular.
(C) Reclusão de um a três anos, e multa, pois praticou o crime de falsidade ideológica em documento particular.
(D) Reclusão, de um a cinco anos, e multa, pois praticou o crime de estelionato.
(E) Não está sujeito a pena alguma.

Se o crime narrado no enunciado for perpetrado contra ascendente ou descendente, ou por um cônjuge contra o outro, na constância da sociedade conjugal, terão lugar as imunidades penais absolutas (escusas absolutórias) previstas, respectivamente, nos incisos II e I, do art. 181 do CP. Agora, sendo este crime cometido por um irmão contra o outro, ou, ainda, se já tiver terminado a sociedade conjugal, a ação penal será pública condicionada à representação (art. 182, I e II, do CP).

Gabarito "E".

(FGV – 2008) São considerados crimes contra o patrimônio:

(A) homicídio (art. 121 do Código Penal), furto (art. 155 do Código Penal) e sequestro e cárcere privado (art. 148 do Código Penal).
(B) roubo (art. 157 do Código Penal), furto (art. 155 do Código Penal) e sequestro e cárcere privado (art. 148 do Código Penal).
(C) roubo (art. 157 do Código Penal), furto (art. 155 do Código Penal) e extorsão mediante sequestro (art. 159 do Código Penal).
(D) estelionato (art. 171 do Código Penal), furto (art. 155 do Código Penal) e sequestro e cárcere privado (art. 148 do Código Penal).
(E) dano (art. 163 do Código Penal), violação de domicílio (art. 151 do Código Penal) e furto (art. 155 do Código Penal).

A e **B:** incorretas. O *homicídio* e o *sequestro e cárcere privado* são crimes contra a pessoa (Título I); o furto e o roubo são crimes contra o patrimônio (Título II); **C:** correto. Os crimes mencionados nesta alternativa integram o título "Dos Crimes contra o Patrimônio"; **D:** incorreto. O crime de sequestro e cárcere privado, já mencionado, não é considerado crime contra o patrimônio; **E:** incorreto. O crime de violação de domicílio está capitulado no art. 150 do CP. É crime contra a pessoa.

Gabarito "C"

(FGV – 2008) A respeito dos crimes contra o patrimônio, analise as afirmativas a seguir:

I. Nos crimes contra o patrimônio, é isento de pena o autor que pratica o crime em prejuízo de ascendente ou descendente, salvo se houver emprego de grave ameaça ou violência à pessoa ou ainda se a vítima tiver idade igual ou superior a 60 (sessenta) anos.

II. Sempre que houver isenção de pena ao autor de crime contra o patrimônio, a isenção não se aplica ao estranho que participa do crime, mas é causa de diminuição da pena em grau que varia de 1/6 (um sexto) a 1/3 (um terço).

III. Nos crimes contra o patrimônio somente se procede mediante representação se o crime é cometido em prejuízo de tio ou sobrinho, com quem o agente coabita, salvo se houver emprego de grave ameaça ou violência à pessoa ou ainda se a vítima tiver idade igual ou superior a 60 (sessenta) anos.

Assinale:

(A) se nenhuma afirmativa estiver correta.
(B) se somente as afirmativas I e II estiverem corretas.
(C) se somente as afirmativas I e III estiverem corretas.
(D) se somente as afirmativas II e III estiverem corretas.
(E) se todas as afirmativas estiverem corretas.

I: correto (arts. 181, II, e 183, I e III, do CP); **II:** incorreto (art. 183, II, do CP); **III:** correto (arts. 182, III, e 183, I e III, do CP).

Gabarito "C"

(FGV – 2008) São crimes contra o patrimônio:

(A) roubo, furto, estelionato e lesão corporal.
(B) roubo, furto, estelionato e usurpação de águas.
(C) roubo, furto, estelionato e peculato.
(D) roubo, furto, estelionato e moeda falsa.
(E) roubo, furto, estelionato e injúria.

Roubo, furto, estelionato e *usurpação de águas* constituem crimes contra o patrimônio (Título II do Código Penal). O crime de *lesão corporal* está inserido no Título I (Dos Crimes contra a Pessoa). O delito de *peculato* integra o Título XI (Dos Crimes contra a Administração Pública). O crime de *moeda falsa*, por sua vez, encontra previsão no art. 289 do CP, que faz parte do Título X (Dos Crimes contra a Fé Pública). Já o crime de *injúria*, capitulado no art. 140 do CP, está inserto no Título I (Dos Crimes contra a Pessoa).

Gabarito "B"

(FGV – 2007) C, para saldar dívida de jogo, subtraiu algumas joias de sua mãe, com quem mora, e as vendeu a um negociante de ouro. Sobre a conduta de C, pode-se dizer que:

(A) tipifica o crime de furto qualificado por abuso de confiança.
(B) não é punível, pois o agente é isento de pena, neste caso.
(C) tipifica o delito de furto de coisa comum.
(D) é típica de furto privilegiado.

Art. 181, II, do CP.

Gabarito "B"

(FGV – 2007) Durante o almoço dominical da família Silva, José da Silva pede a seu tio, com quem não coabita, Manoel da Silva, que lhe empreste algum dinheiro para comprar roupas novas. Segundo José da Silva, as meninas andam dizendo que ele só veste as mesmas camisas e calças e isso tem prejudicado suas conquistas amorosas. Manoel da Silva repreende seu sobrinho José dizendo que ele precisa amadurecer, pois tem 20 (vinte) anos, mas comporta-se como um adolescente ainda. No mesmo dia, José subtrai R$ 15,00 (quinze reais) e o talão de cheques de seu tio Manoel com intuito de adquirir roupas novas para si. Quando chega o sábado seguinte, José vai até o banco para sacar o dinheiro necessário à aquisição de uma camisa e uma bermuda, preenchendo o cheque corretamente e imitando com perfeição a assinatura de seu tio. Ocorre que Manoel percebera o desaparecimento do talão de cheques e comunicara o banco, razão pela qual o caixa se recusa a aceitar o cheque apresentado por José.

Qual(is) crime(s) praticou José da Silva?

(A) Não praticou crime algum.
(B) Furto consumado e estelionato tentado.
(C) Furto e estelionato consumados.
(D) Apenas estelionato.
(E) Apenas furto.

José da Silva responderá tão somente pelo crime de furto, tendo em vista que a prévia comunicação feita por Manoel ao banco tornara inviável a consumação do crime de estelionato por parte do sobrinho (crime impossível), nos termos do art. 17 do CP.

Gabarito "E"

(FGV – 2005) Em matéria de crimes patrimoniais, é correto afirmar que:

(A) o emprego de chave falsa é causa de aumento no crime de roubo.
(B) não é punível a subtração de coisa móvel comum e fungível praticada por um sócio em relação ao outro, desde que o valor não exceda a quota a que tem direito na sociedade.
(C) no roubo próprio, a violência contra a pessoa ou grave ameaça são empregadas logo depois de subtraída a coisa.
(D) exigir, como garantia de dívida, abusando da situação de alguém, documento que pode dar causa a procedimento criminal contra terceiro é crime de extorsão direta.

A: incorreto. As *causas de aumento de pena* do crime de roubo estão listadas no art. 157, § 2º, do CP, entre as quais não está o *emprego de chave falsa*, que constitui uma das *qualificadoras* do crime de furto – art. 155, § 4º, III, do CP; **B:** correto (art. 156, § 2º, do CP); **C:** incorreto. O *roubo próprio* está no *caput* do art. 157 do CP; a modalidade de roubo em que a violência contra a pessoa ou grave ameaça é empregada logo depois de subtraída a coisa é o *impróprio*, previsto no art. 157, § 1º, do CP; **D:** incorreto. Trata-se do crime de *extorsão indireta*, capitulado no art. 160 do CP.

Gabarito "B"

18. CRIMES CONTRA A DIGNIDADE SEXUAL

(OAB/Exame Unificado – 2016.2) Durante dois meses, Mário, 45 anos, e Joana, 14 anos, mantiveram relações sexuais em razão de relacionamento amoroso. Apesar do consentimento de ambas as partes, ao tomar conhecimento da situação, o pai de Joana, revoltado, comparece à Delegacia e narra o ocorrido para a autoridade policial, esclarecendo que o casal se conhecera no dia do aniversário de 14 anos de sua filha.

Considerando apenas as informações narradas, é correto afirmar que a conduta de Mário

(A) é atípica, em razão do consentimento da ofendida.
(B) configura crime de estupro de vulnerável.
(C) é típica, mas não é antijurídica, funcionando o consentimento da ofendida como causa supralegal de exclusão da ilicitude.
(D) configura crime de corrupção de menores.

Considerando que Joana não é menor de 14 anos (eles se conheceram no dia do aniversário de Joana, quando ela não podia mais ser considerada *menor* de 14 anos) e consentiu na prática dos atos sexuais, não há crime a ser imputado a Mário. O delito de estupro de vulnerável (art. 217-A, CP) pressupõe que a vítima seja *menor* de 14 anos ou não disponha do necessário discernimento, por enfermidade ou deficiência mental, para consentir na prática do ato, situações em que Joana não se encontrava. As relações sexuais, pelo que consta do enunciado, foram validamente por ela consentidas, o que afasta a prática do crime de estupro (art. 213, CP).

Gabarito "A".

(OAB/Exame Unificado – 2015.3) Glória é contratada como secretária de Felipe, um grande executivo de uma sociedade empresarial. Felipe se apaixona por Glória, mas ela nunca lhe deu atenção fora daquela necessária para a profissão. Felipe, então, simula a existência de uma reunião de negócios e pede para que a secretária fique no local para auxiliá-lo. À noite, Glória comparece à sala do executivo acreditando que ocorreria a reunião, quando é surpreendida por este, que coloca uma faca em seu pescoço e exige a prática de atos sexuais, sendo, em razão do medo, atendido. Após o ato, Felipe afirmou que Glória deveria comparecer normalmente ao trabalho no dia seguinte e ainda lhe entregou duas notas de R$ 100,00.

Diante da situação narrada, é correto afirmar que Felipe deverá responder pela prática do crime de

(A) violação sexual mediante fraude.
(B) assédio sexual.
(C) favorecimento da prostituição ou outra forma de exploração sexual.
(D) estupro.

Segundo consta, Felipe, executivo de uma sociedade empresarial, apaixona-se por Glória, sua secretária, mas não é correspondido. Perceba que em momento algum, pelo que consta do enunciado, Felipe exteriorizou seu sentimento pela subordinada. Se não manifestou seu interesse, não há que se falar na prática do crime de assédio sexual (art. 216-A, CP), cuja configuração pressupõe que o superior hierárquivohierárquico, neste caso Felipe, valendo-se dessa condição, invista contra sua subordinada com o fim de dela obter vantagem ou favorecimento sexual. Podemos excluir, por isso, a assertiva "B". De igual forma, devemos eliminar a alternativa "A", que corresponde ao crime de violação sexual mediante fraude, descrito no art. 215 do CP e que pressupõe a utilização de ardil, engano, fraude. Não é este o caso narrado no enunciado. Também não há que se falar no delito de favorecimento da prostituição ou outra forma exploração sexual, já que inexiste comércio de atividade sexual. O que se deu foi o crime de estupro, capitulado no art. 213 do CP. Isso porque Felipe, vendo-se não correspondido, simulando a existência de uma reunião de negócios, o que fez com o propósito de ficar a sós com Glória, constrange-a, fazendo uso de uma faca, a prática de atos sexuais, no que foi atendido, tendo em conta o emprego de grave ameaça.

Gabarito "D".

(OAB/Exame Unificado – 2014.1) Analise os fragmentos a seguir:

I. João constrange Maria, por meios violentos, a ter com ele relação sexual. Em virtude da violência empregada para a consumação do ato, Maria sofre lesões corporais de natureza grave que a levam a óbito.
II. Joaquim constrange Benedita, por meio de grave ameaça, a ter com ele relação sexual. Após o coito Benedita falece em decorrência de ataque cardíaco, pois padecia, desde criança, de cardiopatia grave, condição desconhecida por Joaquim.

A partir das situações apresentadas nos fragmentos I e II, os delitos cometidos são, respectivamente,

(A) estupro qualificado pelo resultado morte e estupro qualificado pelo resultado morte.
(B) estupro em concurso com lesão corporal seguida de morte e estupro simples.
(C) estupro qualificado pelo resultado morte e estupro em concurso com homicídio preterdoloso.
(D) estupro qualificado pelo resultado morte e estupro simples.

I: ao que parece, pela leitura do enunciado, é possível afirmar-se que João não queria a morte de Maria; seu intento se limitava à prática do crime sexual. A despeito disso, a morte, neste caso, há de ser imputada a João, não a título de dolo, mas, sim, a título de culpa, já que resultou do meio (violência) por este empregado. Temos, então, dolo no crime de estupro (delito antecedente) e culpa na morte (resultado consequente). É o crime do art. 213, § 2º, do CP (estupro qualificado pela morte), que enuncia hipótese de *crime preterdoloso*, em que se pressupõe dolo em relação ao estupro e culpa em relação à morte; **II:** a responsabilidade penal de Joaquim deve circunscrever-se à prática do crime sexual, uma vez que a morte de Benedita resultou de caso fortuito, fora do âmbito de previsibilidade, portanto, de Joaquim (art. 19, CP).

Gabarito "D".

(OAB/Exame Unificado – 2013.3) Bráulio, rapaz de 18 anos, conhece Paula em um *show* de rock, em uma casa noturna. Os dois, após conversarem um pouco, resolvem dirigir-se a um motel e ali, de forma consentida, o jovem mantém relações sexuais com Paula. Após, Bráulio descobre que a moça, na verdade, tinha apenas 13 anos e que somente conseguira entrar no *show* mediante apresentação de carteira de identidade falsa.

A partir da situação narrada, assinale a afirmativa correta.

(A) Bráulio deve responder por estupro de vulnerável doloso.
(B) Bráulio deve responder por estupro de vulnerável culposo.
(C) Bráulio não praticou crime, pois agiu em hipótese de erro de tipo essencial.

(D) Bráulio não praticou crime, pois agiu em hipótese de erro de proibição direto.

Quando da prática do ato sexual, consentido por Paula, Bráulio pensava se tratar de pessoa com idade superior a 14 anos. E razão para isso tinha, pois Paula, para poder entrar na casa noturna em que conheceu Bráulio, fez uso de carteira de identidade falsa, da qual constava idade superior a que de fato tinha. Bráulio, portanto, imaginou manter relações sexuais com alguém maior de 14 anos. Seu equívoco, justificado plenamente pelas circunstâncias, é apto a afastar o dolo e, por conseguinte, a ocorrência de crime, na forma prevista no art. 20 do CP (erro sobre elemento do tipo). Não se trata de erro de proibição, já que o equívoco de Bráulio diz respeito à condição de menoridade de Paula, e não à ilicitude do fato. Correta, portanto, a assertiva "C".

Gabarito "C"

(OAB/Exame Unificado – 2013.1) José, rapaz de 23 anos, acredita ter poderes espirituais excepcionais, sendo certo que todos conhecem esse seu "dom", já que ele o anuncia amplamente. Ocorre que José está apaixonado por Maria, jovem de 14 anos, mas não é correspondido. Objetivando manter relações sexuais com Maria e conhecendo o misticismo de sua vítima, José a faz acreditar que ela sofre de um mal espiritual, o qual só pode ser sanado por meio de um ritual mágico de cura e purificação, que consiste em manter relações sexuais com alguém espiritualmente capacitado a retirar o malefício. José diz para Maria que, se fosse para livrá-la daquilo, aceitaria de bom grado colaborar no ritual de cura e purificação. Maria, muito assustada com a notícia, aceita e mantém, de forma consentida, relação sexual com José, o qual fica muito satisfeito por ter conseguido enganá-la e, ainda, satisfazer seu intento, embora tenha ficado um pouco frustrado por ter descoberto que Maria não era mais virgem.

Com base na situação descrita, assinale a alternativa que indica o crime que José praticou.

(A) Corrupção de menores (Art. 218, do CP).
(B) Violência sexual mediante fraude (Art. 215, do CP).
(C) Estupro qualificado (Art. 213, § 1º, parte final, do CP).
(D) Estupro de vulnerável (Art. 217-A, do CP).

A conduta descrita no enunciado corresponde ao tipo penal do art. 215 do CP, cujo nome jurídico é *violação sexual mediante fraude*, e não *violência sexual mediante fraude*, que consta na assertiva considerada como correta. Não tem previsão no Código Penal a figura da *violência sexual mediante fraude*. A propósito, a fraude, nos crimes em geral (sexuais e patrimoniais), é incompatível com a violência. Ou o meio empregado é violento ou é fraudulento. Ao que parece, o examinador, inadvertidamente, trocou *violação* por *violência*. De outro lado, não há que se falar na prática do crime de estupro qualificado (art. 213, § 1º, parte final, do CP) porque o agente não empregou, para atingir seu propósito (prática de conjunção carnal), violência nem grave ameaça. No mais, também não se está diante do crime de estupro de vulnerável (art. 217-A, CP), pois a vítima já contava, ao tempo da prática do crime, com 14 anos.

Gabarito "B"

(OAB/Exame Unificado – 2012.1) Filolau, querendo estuprar Filomena, deu início à execução do crime de estupro, empregando grave ameaça à vítima. Ocorre que ao se preparar para o coito vagínico, que era sua única intenção, não conseguiu manter seu pênis ereto em virtude de falha fisiológica alheia à sua vontade. Por conta disso, desistiu de prosseguir na execução do crime e abandonou o local. Nesse caso, é correto afirmar que

(A) trata-se de caso de desistência voluntária, razão pela qual Filolau não responderá pelo crime de estupro.
(B) trata-se de arrependimento eficaz, fazendo com que Filolau responda tão somente pelos atos praticados.
(C) a conduta de Filolau é atípica.
(D) Filolau deve responder por tentativa de estupro.

Se o agente deu início à execução de crime que somente não se consumou por circunstâncias alheias à sua vontade (ausência de ereção), deve responder por tentativa. Cuidado: a desistência decorreu da falta de ereção (fator alheio à vontade do agente). Por essa razão, a hipótese descrita no enunciado não se enquadra na desistência voluntária (art. 15, primeira parte, CP), que exige que a interrupção da execução do crime se dê por vontade própria do agente.

Gabarito "D"

(OAB/Exame Unificado – 2010.3) Em 7 de fevereiro de 2010, Ana, utilizando-se do emprego de grave ameaça, constrange seu amigo Lucas, bem-sucedido advogado, a com ela praticar ato libidinoso diverso da conjunção carnal. Em 7 de agosto de 2010, Lucas comparece à delegacia policial para noticiar o crime, tendo sido instaurado inquérito a fim de apurar as circunstâncias do delito. A esse respeito, é correto afirmar que o promotor de justiça

(A) deverá oferecer denúncia contra Ana pela prática do crime de estupro, haja vista que, com a alteração do Código Penal, passou-se a admitir que pessoa do sexo masculino seja vítima de tal delito, sendo a ação penal pública incondicionada.
(B) deverá pedir o arquivamento do inquérito por ausência de condição de procedibilidade para a instauração de processo criminal, haja vista que a ação penal é pública condicionada à representação, não tendo a vítima se manifestado dentro do prazo legalmente previsto para tanto.
(C) deverá oferecer denúncia contra Ana pela prática do crime de atentado violento ao pudor, haja vista que, por se tratar de crime hediondo, a ação penal é pública incondicionada.
(D) nada poderá fazer, haja vista que os crimes sexuais, que atingem bens jurídicos personalíssimos da vítima, só são persequíveis mediante queixa-crime.

A: incorreto. Com as alterações implementadas nos crimes sexuais pela Lei 12.015/2009, a pessoa do sexo masculino passou também a ser vítima do crime de estupro – art. 213, CP. Ocorre que, também por conta das alterações provocadas por essa lei, a ação penal, que antes era, em regra, de iniciativa privada, passou a ser pública condicionada a representação. Assim estabelece a nova redação conferida ao art. 225, *caput*, do CP. Será, no entanto, pública incondicionada quando se tratar de vítima menor de 18 anos ou de pessoa vulnerável, nos termos do art. 225, parágrafo único, do CP; **B:** correto. Sendo a ação penal pública condicionada à representação (art. 225, *caput*, do CP), dispõe a vítima, no caso Lucas, do prazo de 6 (seis) meses para oferecer a representação (art. 38, *caput*, do CPP). Embora se trate de um prazo processual, sua contagem deve obedecer ao que estabelece o art. 10 do CP, ou seja, conta-se como prazo penal, visto que tem o condão de gerar a extinção da punibilidade. Assim sendo, considerando-se que Lucas veio a conhecer a identidade do autor do crime de que foi vítima na data dos fatos (eram amigos), deve-se, na contagem do prazo, incluir o dia do começo e excluir o do vencimento. Dessa forma, teremos que o termo final do prazo será o dia 6 de agosto de 2010. Em 7 de agosto de 2010, quando Lucas comparece à delegacia para relatar os fatos, nada mais há a fazer, já que operou-se a decadência, que constitui uma das causas de extinção da punibilidade – art. 107, IV, do CP. Por não ter Lucas se manifestado dentro do prazo de que dispunha para tanto (seis meses), o inquérito instaurado pela autoridade policial deverá ser arquivado a pedido do promotor de justiça; **C:** incorreto. O art. 214 do CP, que definia o crime de atentado violento ao pudor, foi revogado pela Lei 12.015/2009; **D:** incorreto. No panorama atual, a ação penal nos crimes sexuais é, em regra, pública condicionada a representação – art. 225, *caput*, do CP.

Gabarito "B".

(OAB/Exame Unificado – 2007.1) Assinale a opção correta acerca do direito penal.

(A) O delito de corrupção de menores prescinde da efetiva corrupção do menor, bastando, para a sua configuração, a prova de participação do inimputável em crime juntamente com agente maior de 18 anos.
(B) Os delitos de estupro e de atentado violento ao pudor, em sua forma simples, não configuram modalidades de crime hediondo.
(C) O crime de denunciação caluniosa dispensa a ciência, pelo agente, da inocência do acusado.
(D) No caso de crime cometido no âmbito de uma empresa, o simples fato de o réu ser administrador da empresa autoriza a instauração de processo criminal pelo crime, mesmo se não restar comprovada a mínima relação de causa e efeito entre as imputações e a condição de dirigente da empresa.

A e **B:** o art. 7º da Lei 12.015/2009 revogou expressamente a Lei 2.252/1954 (Corrupção de Menores). A conduta prevista no tipo penal do crime de corrupção de menores, até então prevista no art. 1º da Lei 2.252/1954, foi inserida no art. 244-B da Lei 8.069/1990 (ECA). Quanto ao momento consumativo deste crime, *vide* Súmula n. 500 do STJ: "A configuração do crime previsto no art. 244-B do Estatuto da Criança e do Adolescente independe da prova da efetiva corrupção do menor, por se tratar de delito formal". Embora ainda não haja consenso na doutrina e na jurisprudência, o examinador, como se pode notar, adotou a corrente que sustenta ser este crime formal, segundo a qual é desnecessária a produção de resultado naturalístico consistente na efetiva corrupção do menor de 18 anos. De outro lado, a mesma Lei 12.015/2009, em seu art. 4º, alterou a redação do art. 1º, V e VI, da Lei 8.072/1990 (Crimes Hediondos), reputando-se hediondos os delitos de *estupro* e *estupro de vulnerável*; **C:** incorreto (art. 339 do CP). O tipo subjetivo exige o *dolo direto*, não sendo suficiente o *dolo eventual*. O agente, dessa maneira, precisa ter ciência da inocência do imputado; **D:** incorreto (art. 18, parágrafo único, do CP).

Gabarito "A".

(OAB/Exame Unificado – 2006.2) A conduta de constranger alguém com o intuito de obter favorecimento sexual, aproveitando-se o agente da sua condição de superior hierárquico ou ascendência inerente ao exercício do emprego, corresponde ao delito de

(A) estupro.
(B) ameaça.
(C) assédio sexual.
(D) constrangimento ilegal.

A: incorreto (art. 213 do CP); **B:** incorreto (art. 147 do CP); **C:** correto (art. 216-A do CP – crime introduzido pela Lei 10.224/2001); **D:** incorreto (art. 146 do CP).

Gabarito "C".

(FGV – 2009) Com relação aos crimes contra a liberdade sexual, analise as afirmativas a seguir.

I. São formas qualificadas dos crimes contra a liberdade sexual aqueles em que há violência e desta violência resulta lesão corporal de natureza grave ou morte.
II. Nos crimes contra a liberdade sexual, somente se procede mediante queixa. Mas se o crime é praticado com violência ou ameaça, a ação penal é pública, condicionada à representação.
III. Nos crimes contra a liberdade sexual, se o crime é cometido com abuso do pátrio poder, a ação penal é pública incondicionada.

Assinale:

(A) se nenhuma afirmativa estiver correta.
(B) se somente as afirmativas I e II estiverem corretas.
(C) se somente as afirmativas I e III estiverem corretas.
(D) se somente as afirmativas II e III estiverem corretas.
(E) se todas as afirmativas estiverem corretas.

I: correto. O art. 223 do CP, que tratava da forma qualificada aplicada aos crimes contra a liberdade sexual envolvendo lesão corporal grave e morte, foi revogado pela Lei 12.015/2009. *Vide* atual redação dos §§ 1º e 2º do art. 213, acrescentados pela mesma lei; **II** e **III:** ao tempo em que esta questão foi elaborada, a assertiva II era incorreta, visto que não correspondia ao entendimento firmado na Súmula n. 608 do STF, que estabelecia que a ação penal, no crime de estupro praticado com violência real, era pública incondicionada. Somente era condicionada à representação, na forma estatuída no art. 225, § 1º, I, do CP, quando a vítima ou seus pais não podiam prover às despesas do processo sem se privar dos recursos indispensáveis para o sustento próprio ou da família. Já os crimes contra a liberdade sexual praticados por meio de ameaça obedeciam, quanto à ação penal, a regra geral (ação penal privada). A assertiva III, quando da aplicação deste certame, estava correta, dado que compatível com o que previa o art. 225, § 1º, II, do CP. Com o advento da Lei 12.015/2009, a ação penal, que até então era, em regra, de iniciativa privada, passou a ser pública condicionada a representação, isso por força do que dispõe a nova redação do art. 225, *caput*, do CP. Será, entretanto, pública incondicionada em se tratando de vítima menor de 18 anos ou de pessoa vulnerável, conforme dispõe o art. 225, parágrafo único, do CP.

Gabarito "C".

19. CRIMES CONTRA A FÉ PÚBLICA

(OAB/Exame Unificado – 2015.2) Paulo pretende adquirir um automóvel por meio de sistema de financiamento junto a uma instituição bancária. Para tanto, dirige-se ao estabelecimento comercial para verificar as condições de financiamento e é informado que, quanto maior a renda bruta familiar, maior a dilação do prazo para pagamento e menores os juros. Decide, então, fazer falsa declaração de parentesco ao preencher a ficha cadastral, a fim de aumentar a renda familiar informada, vindo, assim, a obter o financiamento nas condições pretendidas. Considerando a situação narrada e os crimes contra a fé pública, é correto afirmar que Paulo cometeu o delito de

(A) falsificação material de documento público.
(B) falsidade ideológica.
(C) falsificação material de documento particular.
(D) falsa identidade.

Paulo, com o propósito de obter condições de financiamento mais vantajosas (juros menores e prazo maior para pagamento), insere, em ficha cadastral, informação falsa quanto à existência de parentesco, o que lhe proporcionou um incremento na sua renda familiar. Assim agindo, Paulo cometeu o crime do art. 299 do CP (falsidade ideológica), delito esse que não deve ser confundido com aqueles previstos nos arts. 297 e 298 do

CP, respectivamente *falsificação de documento público* e *falsificação de documento particular*, em que a falsidade é *material*, já que o vício incide sobre o aspecto físico do documento, a sua *forma*. Já a *falsidade ideológica*, diferentemente, incide sobre o *conteúdo* do documento, a ideia nele contida, que é perfeito do ponto de vista material.

Gabarito "B"

(OAB/Exame Unificado – 2010.3) Ao concluir o curso de Engenharia, Arli, visando fazer uma brincadeira, inseriu, à caneta, em seu diploma, declaração falsa sobre fato juridicamente relevante. A respeito desse ato, é correto afirmar que Arli

(A) não praticou crime algum.
(B) praticou crime de falsificação de documento público.
(C) praticou crime de falsidade ideológica.
(D) praticou crime de falsa identidade.

Há algumas questões a considerar. Em primeiro lugar, como nos crimes em geral – e aqui não é diferente -, é imprescindível que Arli aja com dolo, isto é, com o propósito de alterar o diploma verdadeiro ciente de que poderá, com isso, causar prejuízo a outrem. Não nos parece que seja esse o caso. Ao lançar declaração falsa no seu diploma, Arli queria, tão somente, fazer uma brincadeira. Ainda que essa declaração versasse sobre fato juridicamente relevante, Arli não tinha a intenção de causar prejuízo a quem quer que fosse. Além disso, uma declaração inserida à caneta em um diploma não nos parece que tenha um mínimo de idoneidade material a torná-lo aceitável, tratando-se, portanto, a nosso ver, de falsificação grosseira. Assim, ante a ausência de dolo do agente e a inaptidão da falsificação praticada para enganar terceiros, não há responsabilidade penal a incidir.

Gabarito "A"

(OAB/Exame Unificado – 2010.2) Fundação Pública Federal contrata o técnico de informática Abelardo Fonseca para que opere o sistema informatizado destinado à elaboração da folha de pagamento de seus funcionários. Abelardo, ao elaborar a referida folha de pagamento, altera as informações sobre a remuneração dos funcionários da Fundação no sistema, descontando a quantia de cinco reais de cada um deles. A seguir, insere o seu próprio nome e sua própria conta bancária no sistema, atribuindo-se a condição de funcionário da Fundação e destina à sua conta o total dos valores desviados dos demais. Terminada a elaboração da folha, Abelardo remete as informações à seção de pagamentos, a qual efetua os pagamentos de acordo com as informações lançadas no sistema por ele.

Considerando tal narrativa, é correto afirmar que Abelardo praticou crime de:

(A) estelionato.
(B) peculato.
(C) concussão.
(D) inserção de dados falsos em sistema de informações.

A conduta praticada por Abelardo Fonseca se amolda ao tipo penal previsto no art. 313-A do CP. *Vide*, também, art. 327 do CP.

Gabarito "D"

(OAB/Exame Unificado – 2008.2) Aquele que omitir, em documento público ou particular, declaração que dele devesse constar, ou nele inserir ou fizer inserir declaração falsa ou diversa da que devesse ser escrita, com o fim de prejudicar direito, criar obrigação ou alterar a verdade sobre fato juridicamente relevante praticará o crime de

(A) Falsificação de papéis públicos.
(B) Falsificação do selo ou sinal público.
(C) Falsidade ideológica.
(D) Falsificação de documento público.

Art. 299 do CP. Este crime não deve ser confundido com aqueles previstos nos arts. 297 e 298 do CP, respectivamente falsificação de documento público e falsificação de documento particular, em que a falsidade é material, já que o vício incide sobre o aspecto físico do documento, a sua forma. Já a falsidade ideológica incide sobre o conteúdo do documento, que é perfeito do ponto de vista material.

Gabarito "C"

(OAB/Exame Unificado – 2007.1) O sujeito que empresta seu nome para terceiro abrir empresa de fachada, sabendo que não será a empresa estabelecida para realizar o objeto social declarado, pratica o crime de

(A) Falsificação de documento particular.
(B) Falsidade documental.
(C) Falsidade ideológica.
(D) Falso reconhecimento de firma.

A: incorreto (art. 298 do CP); **B:** incorreto (art. 296 e seguintes do CP – Capítulo III); **C:** correto (art. 299 do CP); **D:** incorreto (art. 300 do CP).

Gabarito "C"

(OAB/Exame Unificado – 2006.3) A conduta do réu que, diante da autoridade policial, atribui a si mesmo falsa identidade, em atitude de autodefesa, consiste em

(A) Falsa identidade.
(B) Falsidade ideológica.
(C) Falsificação de documento público.
(D) Fato atípico.

A: assertiva incorreta, segundo considerou a banca examinadora (art. 307 do CP); **B:** incorreto (art. 299 do CP); **C:** incorreto (art. 297 do CP); **D:** assertiva considerada como correta (art. 5º, LXIII e § 2º, da CF). Não comete o crime do art. 307 do CP o agente que atribui a si falsa identidade com o propósito de escapar de ação policial e, dessa forma, evitar sua prisão. Está, a rigor, procurando preservar sua liberdade. Sucede que, atualmente, este posicionamento não mais prevalece. Segundo STF e STJ, aquele que atribui a si identidade falsa com o espoco de furtar-se à responsabilidade criminal deve, sim, responder pelo crime de falsa identidade (art. 307, STJ). A propósito, o STJ, consolidando tal entendimento, editou a Súmula n. 522: "A conduta de atribuir-se falsa identidade perante autoridade policial é típica, ainda que em situação de alegada autodefesa". Também nesse sentido, o STF: "Direito penal. Agravo regimental em recurso extraordinário com agravo. Crime de falsa identidade. Art. 307 do Código Penal. Alegação de autodefesa. Impossibilidade. Tipicidade configurada. 1. O Plenário Virtual do Supremo Tribunal Federal, no julgamento do RE 640.139, Rel. Min. Dias Toffoli, decidiu que o princípio constitucional da autodefesa não alcança aquele que atribui falsa identidade perante autoridade policial com o intuito de ocultar maus antecedentes. Na ocasião, reconheceu-se a existência de repercussão geral da questão constitucional suscitada e, no mérito, reafirmou a jurisprudência dominante sobre a matéria. 2. Agravo regimental a que se nega provimento." (ARE 870572 AgR, Relator(a): Min. Roberto Barroso, Primeira Turma, julgado em 23/06/2015, acórdão eletrônico DJe-154 DIVULG 05-08-2015 Publicado em 06-08-2015).

Gabarito "D"

(FGV – 2010) Relativamente ao tema dos *crimes contra a fé pública*, analise as afirmativas a seguir.

I. O crime de atestado médico falso só é punido com detenção se há intuito de lucro.
II. A simples posse de qualquer objeto especialmente destinado à falsificação de moeda constitui crime punido com pena de reclusão.

III. A reprodução ou alteração de selo ou peça filatélica que tenha valor para coleção constitui modalidade criminosa, independentemente dessa reprodução ou a alteração estar visivelmente anotada no verso do selo ou peça.

Assinale:

(A) se somente a afirmativa I estiver correta.
(B) se somente a afirmativa II estiver correta.
(C) se somente a afirmativa III estiver correta.
(D) se somente as afirmativas II e III estiverem corretas.
(E) se todas as afirmativas estiverem corretas.

I: assertiva incorreta. O crime capitulado no art. 302, *caput*, do CP prevê, na sua forma simples, pena privativa de liberdade; se, contudo, houver intuito de *vantagem econômica*, ao agente será aplicada, sem prejuízo da pena de detenção, a de multa, nos termos do parágrafo único do dispositivo, que estabelece uma forma qualificada; **II:** correto (art. 291 do CP – petrechos para falsificação de moeda); **III:** incorreto. O art. 303 do CP faz a seguinte ressalva: "(...) *salvo quando a reprodução ou a alteração está visivelmente anotada na face ou no verso do selo ou peça*".

Gabarito "B".

(FGV – 2009) Relativamente aos crimes contra a fé pública, analise as afirmativas a seguir.

I. A jurisprudência não autoriza que o criminoso seja processado criminalmente apenas pelo crime-meio quando o crime-fim já estiver prescrito, ainda que aquele tenha pena maior do que este, como, por exemplo, no caso da falsificação de documento público que é absorvida pelo crime de estelionato.

II. A conduta de possuir ou guardar objeto especialmente destinado à falsificação de selo destinado a controle tributário constitui crime contra a fé pública, não sendo necessário que se verifique nenhum tipo de utilização ou efetiva fabricação do selo de controle tributário.

III. O uso de documento falso que é perceptível à primeira vista porque se trata de uma falsificação grosseira constitui crime impossível.

Assinale:

(A) se nenhuma afirmativa estiver correta.
(B) se somente as afirmativas I e II estiverem corretas.
(C) se somente as afirmativas I e III estiverem corretas.
(D) se somente as afirmativas II e III estiverem corretas.
(E) se todas as afirmativas estiverem corretas.

I: correto. Na hipótese de conflito aparente de normas, a prescrição da pretensão punitiva relativa ao crime-fim engloba o crime-meio; **II:** correto. A consumação do crime do art. 294 do CP se dá com a simples posse ou guarda do objeto, sendo desnecessária a sua utilização ou falsificação; **III:** correto. A falsidade grosseira, inapta para enganar e, dessa forma, causar prejuízos, caracteriza crime impossível por absoluta ineficácia do meio.

Gabarito "E".

20. CRIMES CONTRA A ADMINISTRAÇÃO PÚBLICA

(OAB/Exame Unificado – 2016.2) Guilherme, funcionário público de determinada repartição pública do Estado do Paraná, enquanto organizava os arquivos de sua repartição, acabou, por desatenção, jogando ao lixo, juntamente com materiais inúteis, um importante livro oficial, que veio a se perder.

Considerando apenas as informações narradas, é correto afirmar que a conduta de Guilherme

(A) configura crime de prevaricação.
(B) configura situação atípica.
(C) configura crime de condescendência criminosa.
(D) configura crime de extravio, sonegação ou inutilização de livro ou documento.

A conduta de Guilherme, embora revele falta de atenção e zelo, não constitui infração penal. É fato atípico, portanto. Dos crimes referidos nas alternativas "A", "C" e "D", o que mais se aproxima do comportamento levado a efeito por Guilherme é o de *extravio, sonegação ou inutilização de livro ou documento*, capitulado no art. 314 do CP. Sucede que a configuração desse delito pressupõe que o agente aja com dolo na sua conduta. Como fica claro no enunciado, Guilherme não tinha como propósito se desfazer do livro oficial. Somente o fez por desatenção. Pode-se dizer que agiu com culpa. No entanto, porque o crime do art. 314 do CP não admite a modalidade culposa, inexiste crime na conduta de Guilherme.

Gabarito "B".

(OAB/Exame Unificado – 2016.1) Patrício, ao chegar em sua residência, constatou o desaparecimento de um relógio que havia herdado de seu falecido pai. Suspeitando de um empregado que acabara de contratar para trabalhar em sua casa e que ficara sozinho por todo o dia no local, Patrício registrou o fato na Delegacia própria, apontando, de maneira precipitada, o empregado como autor da subtração, sendo instaurado o respectivo inquérito em desfavor daquele "suspeito". Ao final da investigação, o inquérito foi arquivado a requerimento do Ministério Público, ficando demonstrado que o indiciado não fora o autor da infração.

Considerando que Patrício deu causa à instauração de inquérito policial em desfavor de empregado cuja inocência restou demonstrada, é correto afirmar que o seu comportamento configura

(A) fato atípico.
(B) crime de denunciação caluniosa dolosa.
(C) crime de denunciação caluniosa culposa.
(D) calúnia.

Trata-se de fato atípico. A configuração do crime de denunciação caluniosa (art. 339, CP), que só comporta a modalidade dolosa, pressupõe que o agente saiba (esteja certo) da inocência do ofendido (não comporta o dolo eventual; somente o dolo direto). No contexto do fato narrado no enunciado, fica claro que Patrício, nas circunstâncias em que se deram os fatos, acreditava ser autor da subtração o empregado recém-contratado. Bem por isso, Patrício, ao registrar a subtração na delegacia e atribuí-la, de forma açodada, a seu empregado, não cometeu crime algum. De ver-se que o crime de denunciação caluniosa não deve ser confundido com o do art. 340 do CP, comunicação falsa de crime ou de contravenção, em que se provoca a ação da autoridade, a esta comunicando crime ou contravenção que se sabe não se ter verificado. Difere, também, do tipo prefigurado no art. 138 do CP – calúnia – na medida em que, neste delito, atribui-se falsamente a alguém fato definido como crime. Sua consumação se opera no momento em que o fato chega ao conhecimento de terceiro (a honra atingida é a objetiva). Aqui, o agente não dá causa à instauração de investigação ou processo.

Gabarito "A".

(OAB/Exame Unificado – 2013.3) Lucas, funcionário público do Tribunal de Justiça, e Laura, sua noiva, estudante de direito, resolveram subtrair *notebooks* de última geração adquiridos pela serventia onde Lucas exerce suas funções. Assim, para conseguir seu intento, combinaram dividir a execução do delito. Lucas, em determinado feriado municipal, valendo-se da facilidade que seu cargo lhe proporcionava, identificou-se na recepção e disse ao segurança que precisava ir até a serventia para buscar alguns pertences que havia esquecido. O segurança, que já conhecia Lucas de vista, não desconfiou de nada e permitiu o acesso. Ressalte-se que, além de ser serventuário, Lucas conhecia detalhadamente o prédio público, razão pela qual se dirigiu rapidamente ao local desejado, subtraindo todos os *notebooks*. Após, foi a uma janela e, dali, os entregou a Laura, que os colocou no carro e saiu. Ao final, Lucas conseguiu deixar o edifício sem que ninguém suspeitasse de nada. Todavia, cerca de uma semana após, Laura e Lucas têm uma discussão e terminam o noivado. Muito enraivecida, Laura procura a polícia e noticia os fatos, ocasião em que devolve todos os notebooks subtraídos.

Com base nas informações do caso narrado, assinale a afirmativa correta.

(A) Laura e Lucas devem responder pelo delito de peculato-furto praticado em concurso de agentes.

(B) Laura deve responder por furto qualificado e Lucas deve responder por peculato-furto, dada à incomunicabilidade das circunstâncias.

(C) Laura e Lucas serão beneficiados pela causa extintiva de punibilidade, uma vez que houve reparação do dano ao erário anteriormente à denúncia.

(D) Laura será beneficiada pelo instituto do arrependimento eficaz, mas Lucas não poderá valer-se de tal benefício, pois a restituição dos bens, por parte dele, não foi voluntária.

Pelo enunciado é possível concluir que Lucas, embora tivesse, em razão de sua condição de funcionário público, facilidade de acesso aos computadores, não dispunha da posse destes. Fica excluída, portanto, a prática do crime de peculato na modalidade *apropriação*, figura prevista no art. 312, *caput*, primeira parte, do CP. Tendo Lucas se valido de facilidade proporcionada pelo cargo que ocupa para efetuar a subtração dos notebooks, dos quais – repita-se – não tinha a posse, o crime que praticou é o do art. 312, § 1º, do CP (peculato-furto). Resta, agora, estabelecer a responsabilidade de sua noiva, que, segundo consta, não é funcionária da repartição, mas contribuiu para a subtração realizada por seu noivo, auxiliando na retirada do objeto material do delito, os computadores. Embora Laura não seja funcionária pública, qualidade exclusiva de Lucas, pelo crime de peculato também deverá, junto com ele, responder, posto que tal qualidade (ser funcionário público), porque elementar do crime em questão, deve, por expressa disposição do art. 30 do CP, comunicar-se ao coautor/partícipe que, de alguma forma, haja contribuído. É curial que se diga que, sob pena de reconhecimento de responsabilidade penal objetiva, será de rigor que o particular (neste caso, Laura) tenha ciência da condição de funcionário público de Lucas.

Gabarito "A"

(OAB/Exame Unificado – 2013.1) Coriolano, objetivando proteger seu amigo Romualdo, não obedeceu à requisição do Promotor de Justiça no sentido de determinar a instauração de inquérito policial para apurar eventual prática de conduta criminosa por parte de Romualdo.

Nesse caso, é correto afirmar que Coriolano praticou crime de

(A) desobediência (Art. 330, do CP).

(B) prevaricação (Art. 319, do CP).

(C) corrupção passiva (Art. 317, do CP).

(D) crime de advocacia administrativa (Art. 321, do CP).

A conduta praticada por Coriolano se amolda ao tipo penal do art. 319 do CP (prevaricação), uma vez que deixou de praticar, indevidamente, ato de ofício (instauração de inquérito policial requisitado pelo MP) com o propósito de satisfazer *sentimento pessoal* (amizade que tem com Romualdo).

Gabarito "B"

(OAB/Exame Unificado – 2012.1) Baco, após subtrair um carro esportivo de determinada concessionária de veículos, telefona para Minerva, sua amiga, a quem conta a empreitada criminosa e pede ajuda. Baco sabia que Minerva morava em uma grande casa e que poderia esconder o carro facilmente lá. Assim, pergunta se Minerva poderia ajudá-lo, escondendo o carro em sua residência. Minerva, apaixonada por Baco, aceita prestar a ajuda. Nessa situação, Minerva deve responder por

(A) participação no crime de furto praticado por Baco.

(B) receptação.

(C) favorecimento pessoal.

(D) favorecimento real.

Em primeiro lugar, não há que se falar em participação no crime praticado por Barco, já que inexistia, entre este e Minerva, o necessário acordo de vontades, elemento indispensável à caracterização do concurso de pessoas. Da mesma forma, é incorreto dizer que Minerva incorreu no crime de receptação, pois não atuou em proveito próprio ou alheio. Seu propósito foi tão somente o de auxiliar Barco, por quem era apaixonada, a tornar seguro o proveito do crime (carro esportivo). Cometeu, assim, o crime de favorecimento real (art. 349 do CP). Ademais, não praticou o crime de favorecimento pessoal porque não teve como propósito auxiliar Barco a subtrair-se à ação de autoridade pública.

Gabarito "D"

(OAB/Exame Unificado – 2011.2) Ao tomar conhecimento de um roubo ocorrido nas adjacências de sua residência, Caio compareceu à delegacia de polícia e noticiou o crime, alegando que vira Tício, seu inimigo capital, praticar o delito, mesmo sabendo que seu desafeto se encontrava na Europa na data do fato. Em decorrência do exposto, foi instaurado inquérito policial para apurar as circunstâncias do ocorrido.

A esse respeito, é correto afirmar que Caio cometeu

(A) delito de denunciação caluniosa.

(B) crime de falso testemunho.

(C) delito de comunicação falsa de crime.

(D) delito de calúnia.

Caio, ao provocar a instauração de investigação policial contra Tício, seu desafeto, sabendo-o inocente do crime que levou ao conhecimento da autoridade policial, cometeu o delito de *denunciação caluniosa*, capitulado no art. 339 do CP. Este crime não deve ser confundido com o do art. 340 do CP, *comunicação falsa de crime ou de contravenção*, em que a comunicação que deflagra a ação da autoridade não recai sobre pessoa certa, determinada. Na *denunciação caluniosa*, como já dito, o agente atribui a autoria da infração penal por ele levada ao conhecimento da autoridade a pessoa determinada, fornecendo dados à sua identificação. Difere, também, do tipo prefigurado no art. 138 do CP – *calúnia*, na medida em que, neste delito, atribui-se falsamente a alguém fato definido como crime. Sua consumação se opera no momento em que o fato chega ao conhecimento de terceiro (a honra atingida é a objetiva). Aqui, o agente não dá causa à instauração de investigação ou processo.

Gabarito "A"

(OAB/Exame Unificado – 2011.1) Configura modalidade de peculato prevista no Código Penal

(A) o peculato eletrônico, modalidade anômala de peculato, consistente em inserir dados falsos, alterar ou modificar dados no sistema de informações da administração pública.

(B) o peculato por erro de outrem, consistente na apropriação de bem ou valores que o funcionário tenha recebido pela facilidade que seu cargo lhe proporciona.

(C) o peculato-desvio, consistente no desvio de bens ou valores, pelo funcionário público, em benefício de terceiro.

(D) o peculato-culposo, consistente na apropriação de bens ou valores que o funcionário tenha recebido por erro de outrem em razão do cargo público que exerce.

A: correto. A conduta descrita nesta alternativa – dada como certa – não está contemplada, na íntegra, no art. 313-A do Código Penal, que abriga o chamado peculato eletrônico. A descrição contida na alternativa não contém o elemento subjetivo específico, consistente na finalidade de *obter vantagem indevida para si ou para outrem* ou *para causar dano*. Ademais, a *dados* deveria ser agregado o termo *corretos*, pois é imprescindível à caracterização do crime do art. 313-A que os dados indevidamente alterados ou excluídos assim sejam considerados. Cremos, por isso, que esta proposição não poderia ser considerada como correta; **B:** incorreto. O contido na assertiva não corresponde ao crime do art. 313 do CP – *peculato mediante erro de outrem*, também chamado de *peculato-estelionato* ou *peculato impróprio*. Neste, o terceiro, enganado quanto à pessoa do funcionário, entrega-lhe dinheiro ou qualquer utilidade. O *intraneus*, em vez de restituir o bem, dele se apropria, aproveitando-se do erro em que incorreu o terceiro; **C:** incorreto. Entendemos que esta assertiva não pode ser considerada como incorreta, visto que em consonância com o art. 312, *caput, in fine*, do CP, ainda que lhe falte o elemento "...em proveito próprio..."; **D:** incorreta, pois o peculato culposo, previsto no art. 312, § 2º, do CP, pressupõe que o agente tenha concorrido com culpa para o crime doloso de outrem, é dizer, tenha agido com imprudência, negligência ou imperícia.

Gabarito "A"

(OAB/Exame Unificado – 2010.1) Considere que Charles, funcionário público no exercício de suas funções, tenha desviado dolosamente valores particulares de que tinha a posse em razão do cargo. Nessa situação hipotética,

(A) Charles praticou crime de furto, e não de peculato, haja vista que os valores de que tinha a posse em razão do cargo eram particulares, e não, públicos.

(B) se Charles reparar o dano antes do recebimento da denúncia, sua punibilidade será extinta; se o fizer posteriormente, sua pena será diminuída.

(C) a pena de Charles não seria alterada na eventualidade de ser ele ocupante de cargo em comissão de órgão da administração direta, visto que a tipificação do crime já considera o fato de ser o agente funcionário público como elementar do tipo.

(D) Charles praticou peculato-desvio, podendo eventual reparação do dano ser considerada arrependimento posterior ou circunstância atenuante genérica, a depender do momento em que for efetivada.

A: incorreta. O tipo penal do peculato prevê o envolvimento de valores particulares de que o agente tem a posse em razão do cargo. Assim dispõe o art. 312 do CP: "Apropriar-se o funcionário público de dinheiro, valor ou qualquer outro bem móvel, público ou particular, de que tem a posse em razão do cargo, ou desviá-lo, em proveito próprio ou alheio. Pena: reclusão, de dois a doze anos, e multa. § 1.º Aplica-se a mesma pena, se o funcionário público, embora não tendo a posse do dinheiro, valor ou bem, o subtrai, ou concorre para que seja subtraído, em proveito próprio ou alheio, valendo-se de facilidade que lhe proporciona a qualidade de funcionário."; **B:** incorreta. A reparação do dano só gera os efeitos mencionados no caso de peculato culposo (CP, art. 312). § 2.º "Se o funcionário concorre culposamente para o crime de outrem. Pena: detenção, de três meses a um ano." § 3.º "No caso do parágrafo anterior, a reparação do dano, se precede à sentença irrecorrível, extingue a punibilidade; se lhe é posterior, reduz de metade a pena imposta."; **C:** incorreta. Há aumento de um terço da pena em tais situações. Assim dispõe o art. 327, § 2.º, do CP: "A pena será aumentada da terça parte quando os autores dos crimes previstos neste Capítulo forem ocupantes de cargos em comissão ou de função de direção ou assessoramento de órgão da administração direta, sociedade de economia mista, empresa pública ou fundação instituída pelo poder público."; **D:** correta. A conduta se amolda ao tipo descrito no art. 312 do CP. Além disso, quanto ao arrependimento posterior, assim prevê o CP, no art. 16: "Nos crimes cometidos sem violência ou grave ameaça à pessoa, reparado o dano ou restituída a coisa, até o recebimento da denúncia ou da queixa, por ato voluntário do agente, a pena será reduzida de um a dois terços." Se for posterior ao recebimento da denúncia, somente haverá a incidência de circunstância atenuante genérica.

Gabarito "D"

(OAB/Exame Unificado – 2008.3) Segundo o Código Penal (CP), aquele que patrocina, direta ou indiretamente, interesse privado perante a administração pública, valendo-se da qualidade de funcionário público, pratica o crime de

(A) Prevaricação.

(B) Condescendência criminosa.

(C) Tráfico de influência.

(D) Advocacia administrativa.

A: incorreto (art. 319 do CP); **B:** incorreto (art. 320 do CP); **C:** incorreto (art. 332 do CP); **D:** correto. O crime de *advocacia administrativa* – art. 321, CP – é praticado pelo funcionário público que, prevalecendo-se da condição de *intraneus*, defende interesse alheio perante a Administração Pública. Se se tratar de interesse ilegítimo, incidirá a qualificadora do parágrafo único do art. 321 do Código Penal.

Gabarito "D"

(OAB/Exame Unificado – 2008.1) Ernesto, funcionário público, após se aposentar, permitiu o fornecimento de sua senha de acesso aos bancos de dados da administração pública a Vinícius, que, por acaso, acabou perdendo a senha. Na situação narrada, a conduta de Ernesto é

(A) Atípica, por se tratar de funcionário público aposentado.

(B) Atípica, porque não houve prejuízo para a administração pública.

(C) Típica e consiste em violação de sigilo funcional através de sistema informatizado.

(D) Típica e consiste em inserção de dados falsos em sistema de informações.

Art. 325, § 1º, I, do CP.

Gabarito "C"

(OAB/Exame Unificado – 2006.2) De acordo com a jurisprudência do STJ, a conduta do advogado que ilicitamente instrui a testemunha a mentir em juízo incide no tipo penal denominado

(A) fraude processual.

(B) patrocínio infiel.

(C) participação em falso testemunho.
(D) advocacia administrativa.

Embora o crime de falso testemunho seja de mão própria, é perfeitamente possível o concurso de pessoas na modalidade *participação*, uma vez que nada obsta que o advogado induza ou instigue a testemunha a mentir em juízo ou na polícia. A esse respeito: STF, RHC 81.327-SP, 1ª T., rel. Min. Ellen Gracie, *DJ* 05.04.2002.

Gabarito "C"

(OAB/Exame Unificado – 2006.1) Considerando os crimes contra a administração pública, assinale a opção correta.

(A) O agente que, valendo-se das atribuições de um assessor de funcionário público, lhe promete ou oferece vantagem indevida, para determiná-lo a praticar, omitir ou retardar ato de ofício, comete crime de corrupção ativa.
(B) O sujeito que atribui a si mesmo a prática de crime inexistente ou que foi cometido por terceiro pratica denunciação caluniosa.
(C) Há corrupção ativa no caso de o sujeito, sem oferecer ou prometer qualquer utilidade ao funcionário público, pedir-lhe que "dê um jeitinho" em sua situação perante a Administração Pública.
(D) No favorecimento pessoal, o sujeito visa tornar seguro o proveito do delito; no real, o objetivo é tornar seguro o autor do crime antecedente.

A: correto (art. 333 do CP); **B:** incorreto (art. 341 do CP – autoacusação falsa); **C:** incorreto. O crime de corrupção ativa, previsto no art. 333 do CP, tem dois núcleos alternativos, *oferecer* e *prometer*. Se o agente, dessa forma, sem *oferecer* ou *prometer* vantagem ao funcionário público, tão somente pede a ele que dê um "jeitinho", não incorrerá no crime do art. 333 do CP; **D:** incorreto (art. 348 do CP – favorecimento pessoal; art. 349 do CP – favorecimento real).

Gabarito "A"

(OAB/Exame Unificado – 2004.ES) Marília exigiu de Luciana, para si, em razão da função pública que exercia, vantagem consistente em R$ 10.000,00. Nessa situação hipotética, Marília cometeu o crime de

(A) Corrupção ativa.
(B) Corrupção passiva.
(C) Excesso de exação.
(D) Concussão.

Pratica o delito de *concussão* – art. 316, *caput*, do CP – o funcionário público que, em razão da função que exerce, *impõe* vantagem indevida (ilícita). A conduta típica, neste crime, é representada pelo verbo *exigir*, que tem o sentido de *demandar*, *ordenar*. Essa exigência traz ínsita uma ameaça à vítima, que, sentindo-se intimidada, acuada, acaba por ceder, entregando ao agente a vantagem indevida por ele perseguida. Por essa razão, Luciana deve ser considerada vítima do crime. Sua conduta de curva-se à exigência formulada por Marília é atípica. É aqui que este crime se distingue daquele previsto no art. 317 do CP – *corrupção passiva*. Neste, no lugar de *exigir*, o agente *solicita* (pede) vantagem indevida. No mais, o crime do art. 333 do CP – corrupção ativa – pressupõe que o particular tenha tomado a iniciativa de corromper o funcionário, *oferecendo* ou *prometendo* a ele vantagem indevida.

Gabarito "D"

(FGV – 2013) Sobre os crimes praticados por funcionário público contra a Administração em geral, analise as afirmativas a seguir.

I. O Código Penal admite a figura do peculato culposo.
II. Configura crime de corrupção ativa solicitar ou receber, para si ou para outrem, direta ou indiretamente, ainda que fora da função ou antes de assumi-la, mas em razão dela, vantagem indevida, ou aceitar promessa de tal vantagem.
III. Aquele que retarda ou deixa de praticar, indevidamente, ato de ofício ou o pratica contra disposição expressa de lei, para satisfazer interesse ou sentimento pessoal pratica crime de concussão.
IV. Equipara-se a funcionário público aquele que exerce cargo, emprego ou função em entidade paraestatal.

Assinale:

(A) se somente as afirmativas II e IV estiverem corretas.
(B) se apenas as afirmativas I e II estiverem corretas.
(C) se apenas as afirmativas II e III estiverem corretas.
(D) se apenas as afirmativas I e III estiverem corretas.
(E) se apenas as afirmativas I e IV estiverem corretas.

I: correta. De fato, o Código Penal, em seu art. 312, § 2º, traz a previsão da figura do *peculato culposo*, no qual incorre o funcionário que, de forma culposa, concorre para o crime de outrem; **II:** incorreta, uma vez que a assertiva contempla a descrição típica do crime de *corrupção passiva* (art. 317, CP), e não o de *corrupção ativa* (art. 333, CP), que é crime praticado por particular contra a Administração e consiste em oferecer ou prometer vantagem indevida a funcionário público. Veja que, se o particular oferece e o funcionário aceita a promessa de receber vantagem, este incorrerá no crime de corrupção passiva (crime próprio do funcionário público) e aquele (particular), por sua vez, cometerá, por ter tido a iniciativa de oferecer ao funcionário a vantagem que não lhe era devida, o delito de corrupção ativa (que pode ser praticado por qualquer pessoa – crime comum); **III:** incorreta. A proposição contém a descrição típica do crime de *prevaricação* (art. 319, CP). O crime de *concussão*, previsto no art. 316 do CP, consiste na imposição (exigência) de pagamento formulada pelo funcionário e dirigida ao particular; IV: correta, nos termos do art. 327, § 1º, primeira parte, do CP.

Gabarito "E"

(FGV – 2011) O servidor público pode responder civil, penal e administrativamente por seus atos. A esse respeito, analise a tipificação das condutas pelo Código Penal e a descrição proposta para as situações delitivas a seguir:

I. Peculato culposo: apropriar-se de dinheiro ou qualquer utilidade que, no exercício do cargo, recebeu por erro de outrem.
II. Emprego irregular de verbas ou rendas públicas: dar às verbas ou rendas públicas aplicação diversa da estabelecida em lei.
III. Prevaricação: retardar ou deixar de praticar, indevidamente, ato de ofício, ou praticá-lo contra disposição expressa de lei, para satisfazer interesse ou sentimento pessoal.
IV. Condescendência criminosa: devassar o sigilo de proposta de concorrência pública, ou proporcionar a terceiro o ensejo de devassá-lo.

Assinale

(A) se apenas os itens I, II e III estiverem corretos.
(B) se apenas os itens II, III e IV estiverem corretos.
(C) se apenas os itens II e III estiverem corretos.
(D) se apenas os itens I e IV estiverem corretos.
(E) se apenas os itens I, II e IV estiverem corretos.

I: incorreto. A assertiva contempla o preceito primário do crime capitulado no art. 313 do CP – *peculato mediante erro de outrem*, e não o do crime de peculato culposo, este previsto no art. 312, § 2º, do CP, cujo preceito primário tem a seguinte redação: "Se o funcionário concorre culposamente para o crime de outrem"; **II:** assertiva correta, tendo em vista que a sua redação corresponde ao preceito primário do crime do art. 315 do CP – *emprego irregular de verbas ou rendas públicas*; **III:** assertiva correta, visto que a sua redação corresponde ao preceito primário do crime do art. 319 do CP – *prevaricação*; **IV:** incorreta, pois esta assertiva contempla o preceito primário do crime do art. 326 do CP – *violação do sigilo de proposta de concorrência*, e não o do crime de *condescendência criminosa*, previsto no art. 320 do CP, cujo preceito primário tem a seguinte redação: "Deixar o funcionário, por indulgência, de responsabilizar subordinado que cometeu infração no exercício do cargo ou, quando lhe falte competência, não levar o fato ao conhecimento da autoridade competente".

Gabarito "C"

(FGV – 2010) Relativamente ao tema dos *crimes contra a administração pública*, analise as afirmativas a seguir.

I. Considera-se funcionário público, para os efeitos penais, quem, embora transitoriamente exerce cargo, emprego ou função pública, excetuados aqueles que não percebam qualquer tipo de remuneração.

II. Equipara-se a funcionário público quem exerce cargo, emprego ou função em entidade paraestatal, mas não quem trabalha para empresa prestadora de serviço contratada para a execução de atividade típica da Administração Pública.

III. A pena é aumentada da terça parte quando o autor do crime praticado por funcionário público contra a administração em geral for ocupante de cargo em comissão de órgão da administração direta.

Assinale:

(A) se somente a afirmativa I estiver correta.
(B) se somente a afirmativa II estiver correta.
(C) se somente a afirmativa III estiver correta.
(D) se somente as afirmativas II e III estiverem corretas.
(E) se todas as afirmativas estiverem corretas.

I: incorreto. Nos termos do disposto no art. 327, *caput*, do CP, considera-se funcionário público, para os fins penais, aquele que, embora transitoriamente ou *sem remuneração*, exerce cargo, emprego ou função pública. Como se vê, o fato de o agente não perceber remuneração não impede que seja considerado, para os fins penais, funcionário público; **II:** incorreto. Estabelece o art. 327, § 1º, do CP que é considerado funcionário público *por equiparação* aquele que exerce cargo, emprego ou função em entidade paraestatal e também quem trabalha para empresa prestadora de serviço contratada ou conveniada para a execução de atividade típica da Administração Pública; **III:** assertiva correta, nos termos do art. 327, § 2º, do CP.

Gabarito "C"

(FGV – 2010) É crime praticado por funcionário público contra a Administração em geral, previsto no Código Penal:

(A) corrupção ativa.
(B) tráfico de influência.
(C) advocacia administrativa.
(D) favorecimento real.
(E) fraude processual.

A e **B:** incorretas. A *corrupção ativa* e o *tráfico de influência*, capitulados, respectivamente, nos arts. 333 e 332 do CP, são delitos praticados por particular contra a Administração em geral; **C:** correta, pois o crime de *advocacia administrativa*, previsto no art. 321 do CP, é crime próprio, na medida em que somente comporta na qualidade de sujeito ativo o funcionário público, salvo o particular na condição de coautor ou partícipe, desde que tal circunstância seja de seu conhecimento. É, pois, crime praticado por funcionário público contra a Administração em geral (Capítulo I do Título XI do CP); **D** e **E:** incorretas. Os crimes de *favorecimento real* (art. 349, CP) e *fraude processual* (art. 347, CP) são delitos contra a Administração da Justiça – Capítulo III do Título XI do CP. Não são próprios de funcionário público.

Gabarito "C"

(FGV – 2010) Com relação ao conceito de funcionário público e às causas de aumento de pena dos crimes praticados por funcionário público contra a administração em geral, previsto no Código Penal, analise as alternativas a seguir:

I. Considera-se funcionário público, para os efeitos penais, quem, embora transitoriamente ou sem remuneração, exerce cargo, emprego ou função pública.

II. Equipara-se a funcionário público, para os efeitos penais, quem trabalha para empresa prestadora de serviço contratada ou conveniada para a execução de atividade típica da Administração Pública.

III. A pena será aumentada da metade quando os autores dos crimes praticados forem ocupantes de cargos em comissão ou de função de direção ou de assessoramento de órgão da administração direta.

Assinale:

(A) se somente a afirmativa I estiver correta.
(B) se somente a afirmativa II estiver correta.
(C) se somente as afirmativas I e II estiverem corretas.
(D) se somente as afirmativas II e III estiverem corretas.
(E) se todas as afirmativas estiverem corretas.

I: correta. A assertiva corresponde ao teor do art. 327, *caput*, do CP; **II:** correta. A assertiva está de acordo com o que prescreve o art. 327, § 1º, segunda parte, do CP; **III:** o aumento previsto no § 2º do art. 327 do CP (terça parte) não corresponde ao da assertiva (metade), que está, portanto, incorreta.

Gabarito "C"

(FGV – 2010) No que tange à corrupção passiva é correto afirmar que:

(A) a vantagem indevida oferecida é, exclusivamente, de natureza patrimonial.
(B) o ato funcional visado pela corrupção tanto pode ser lícito como ilícito.
(C) é válido o entendimento de que o funcionário em gozo de férias não possa ser agente do delito.
(D) o agente atua para satisfazer interesse ou sentimento pessoal.
(E) a pena é aumentada da metade se o funcionário público retarda, efetivamente, o dever funcional.

A: incorreto. Neste ponto há divergência na doutrina. Há quem entenda que o objeto material deste crime é representado somente pela vantagem indevida de natureza patrimonial; outros, porém, admitem qualquer espécie de benefício, não só o de natureza patrimonial; **B:** correto. Dá-se aqui origem à chamada corrupção *própria* (o ato funcional visado pela corrupção é ilícito) e à *imprópria* (o ato funcional visado pela corrupção é lícito); **C:** incorreto. No crime de *corrupção passiva*, a exemplo do que ocorre com o crime de *concussão*, é desnecessário que o funcionário esteja trabalhando no momento da prática do crime, sendo, entretanto, fundamental que o *intraneus* o faça em razão da função que exerce; **D:** incorreto. Se o agente viola sua função com o propósito de satisfazer *interesse* ou *sentimento pessoal*, praticará o crime descrito no art. 319 do CP – *prevaricação*. Na *corrupção passiva* a situação é outra: o sujeito visa a uma *vantagem indevida*; **E:** incorreto. A pena é aumentada de um terço se o funcionário retarda ou deixa de praticar qualquer ato de ofício ou o pratica infringindo dever funcional – art. 317, § 1º, do CP.

Gabarito "B"

(FGV – 2010) O funcionário José, responsável pela prestação de informações aos sistemas informatizados ou banco de dados da Administração Pública Federal, após receber da empresa "X" uma determinada quantia em dinheiro, excluiu, indevidamente, alguns dados corretos do sistema, o que implicou inequívoco prejuízo à Administração Tributária. Sobre a situação hipotética do funcionário José é correto afirmar que:

(A) responderá somente por infração de ordem administrativa, uma vez que sua conduta não caracteriza qualquer ilícito penal.
(B) além das consequências administrativas a que estará sujeito, responderá por crime de peculato, previsto no artigo 313, *caput,* do Código Penal.
(C) além das consequências administrativas a que estará sujeito, responderá por crime de excesso de exação, previsto no artigo 316, parágrafo 1º, do Código Penal.
(D) além das consequências administrativas a que estará sujeito, responderá por crime de modificação ou alteração não autorizada de sistema de informações, previsto no artigo 313-B do Código Penal.
(E) além das consequências administrativas, a que estará sujeito, responderá por crime de inserção de dados falsos em sistema de informações, previsto no artigo 313-A do Código Penal.

Neste crime do art. 313-A do CP, que é próprio, visto que exige do agente uma qualidade especial, qual seja, a de ser funcionário autorizado a operar sistemas informatizados ou bancos de dados, o sujeito ativo *insere* dados falsos, *facilita* sua inserção, *altera* ou *exclui* indevidamente dados corretos nos sistemas informatizados ou bancos de dados da Administração Pública imbuído do propósito de obter vantagem indevida ou causar dano. Há doutrinadores que consideram esse crime como sendo *de mão própria*.

Gabarito "E".

(FGV – 2010) Um servidor público, valendo-se da facilidade que lhe proporciona a qualidade de funcionário da Secretaria da Receita, subtrai diversos objetos de uso da repartição, inclusive um microcomputador, para seu uso pessoal. O crime descrito configura:

(A) peculato-furto.
(B) furto qualificado.
(C) exploração de função.
(D) emprego irregular de bem público.
(E) favorecimento pessoal.

No *peculato-furto* (art. 312, § 1º, do CP), também chamado pela doutrina de *impróprio*, o agente, embora não tenha a posse do bem, diferentemente do que ocorre no peculato-apropriação (*próprio*), vale-se de facilidade que o cargo lhe proporciona para *efetuar* a subtração ou *concorrer* para que terceiro o faça. Tal facilidade, que constitui pressuposto desta modalidade de peculato doloso, consiste, por exemplo, no livre ingresso que o funcionário tem ao interior da repartição.

Gabarito "A".

(FGV – 2010) Com relação aos crimes praticados por funcionário público contra a Administração Pública, previstos no Código Penal, considere as seguintes assertivas:

I. Modificar ou alterar sistema de informações ou programa de informática sem autorização ou solicitação de autoridade competente acarreta, para o agente, as penas de detenção e multa.
II. Na advocacia administrativa, a conduta típica consiste em patrocinar interesse privado alheio perante a Administração Pública, ainda que legítimo, valendo-se da qualidade de funcionário.
III. A forma privilegiada de corrupção passiva ocorre quando o funcionário público pratica, deixa de praticar ou retarda ato de ofício, com infração de dever funcional cedendo a pedido ou influência de outrem.
IV. A concussão se consuma com a simples exigência da vantagem indevida, sendo que a sua obtenção pode se concretizar no futuro e se destinar ao agente ou a terceira pessoa.

Assinale:

(A) se somente as assertivas I e II estiverem corretas.
(B) se somente as assertivas I e IV estiverem corretas.
(C) se somente as assertivas I, II e III estiverem corretas.
(D) se somente as assertivas I, II e IV estiverem corretas.
(E) se todas as assertivas estiverem corretas.

I: assertiva correta, nos termos do que estabelece o art. 313-B do CP (modificação ou alteração não autorizada de sistema de informações); **II:** proposição correta, nos moldes do art. 321 do CP. A prática deste crime pressupõe que o interesse defendido pelo agente seja de terceiro; **III:** assertiva correta, nos termos do art. 317, § 2º, do CP; **IV:** assertiva correta, visto que, de fato, o crime de concussão se consuma com a mera *exigência*, isto é, com a imposição do pagamento indevido, não sendo necessário que se concretize o recebimento da vantagem, que, se porventura ocorrer, configurará mero *exaurimento*.

Gabarito "E".

(FGV – 2010) Com base no Código Penal, considere as seguintes assertivas:

I. Em relação aos crimes chamados funcionais, equipara-se a funcionário público quem exerce cargo, emprego ou função em empresas públicas, autarquias e sociedades de economia mista.
II. Os jurados e mesários eleitorais foram alcançados pela conceituação de funcionário público para fins penais.
III. Quando o funcionário público detentor de função de direção de órgão da Administração Direta pratica o crime de prevaricação, a pena é aumentada da terça parte.

Assinale:

(A) se somente a afirmativa I estiver correta.
(B) se somente a afirmativa II estiver correta.
(C) se somente a afirmativa III estiver correta.
(D) se somente as afirmativas I e II estiverem corretas.
(E) se todas as afirmativas estiverem corretas.

I: assertiva correta. São os chamados funcionários públicos *por equiparação*, (art. 327, § 1º, do CP); **II:** assertiva correta. Os *jurados* e *mesários eleitorais* exercem função pública (art. 327, *caput*, do CP); **III:** assertiva correta, conforme art. 327, § 3º, do CP.

Gabarito "E".

(FGV – 2008) Maria da Silva, funcionária da Secretaria de Fazenda Estadual, falsificando a assinatura do Secretário de Fazenda, forjou um documento de liberação de R$ 500.000,00 dos cofres do Estado. A seguir, ela transferiu tal quantia para uma conta corrente do Banco do Brasil, de titularidade de João de Souza, que a sacou e, posteriormente, remunerou Maria com R$ 250.000,00. Ficou comprovado que Maria da Silva se valeu de sua função pública para desviar dinheiro dos cofres públicos estaduais. O crime praticado por Maria foi o de:

(A) peculato-desvio (art. 312, *caput*, CP).
(B) peculato culposo (art. 312, § 2º, CP).
(C) peculato-furto (art. 312, § 1º, CP).
(D) peculato mediante erro de outrem (art. 313, CP).
(E) estelionato qualificado (171, § 3º, CP).

No *peculato-furto*, também chamado de *impróprio*, o agente, embora não tenha a posse do bem, vale-se de facilidade que o cargo lhe proporciona para efetuar a sua subtração. Tal facilidade, que constitui pressuposto desta modalidade de peculato doloso, consiste, por exemplo, no livre ingresso que o funcionário tem na repartição.

Gabarito "C"

(FGV – 2008) Maria da Silva e Joaquina de Souza, delegadas da Polícia Federal que conduzem uma investigação criminal em que é investigado Daniel Santos, intimam Manoel Santos, irmão de Daniel, para prestar depoimento. Antes de ouvi-lo, contudo, as policiais exigem de Manoel a importância de R$ 30.000,00 (trinta mil reais), sob a ameaça de envolvê-lo no inquérito policial, caso a referida quantia não fosse paga, como coautor do crime de Daniel. É correto afirmar que as policiais cometeram o delito de:

(A) extorsão (art. 158, CP).
(B) ameaça (art. 147, CP).
(C) corrupção passiva (art. 317, CP).
(D) corrupção ativa (art. 333, CP).
(E) concussão (art. 316, CP).

A conduta praticada pelas delegadas está capitulada no art. 316 do CP – *concussão*, visto que impuseram a Manoel a entrega de vantagem indevida, consistente na importância de trinta mil reais. Neste crime, o particular, sentindo-se intimidado e acuado, cede em vista do mal que poderá vir a sofrer.

Gabarito "E"

(FGV – 2008) Não pode ser considerado próprio de funcionário público o crime de:

(A) corrupção passiva.
(B) corrupção ativa.
(C) prevaricação.
(D) concussão.
(E) advocacia administrativa.

O crime de *corrupção ativa*, que está no art. 333 do CP, faz parte do Capítulo II (crimes praticados por particular contra a Administração em geral). Cuida-se, assim, de delito *comum* (pode ser praticado por qualquer pessoa). Os demais delitos são *próprios*, já que exigem do sujeito ativo uma qualidade especial, qual seja, a de ser funcionário público.

Gabarito "B"

(FGV – 2008) João da Silva é funcionário público municipal concursado, lotado na Secretaria de Fazenda do Município do Rio de Janeiro. Sua função é controlar a execução de determinados contratos licitados pela prefeitura, especialmente a autorização para pagamento. Auxiliado por seu irmão, José da Silva, João decide apropriar-se de dinheiro pertencente à Prefeitura. João cadastra a conta corrente de José como sendo de uma empresa que efetivamente presta serviços à Prefeitura. Ao autorizar os pagamentos, João destina 90% dos recursos à conta verdadeira daquela empresa e 10% para a conta de seu irmão. Aremitas Martins, responsável pela conferência e liberação dos pagamentos autorizados por João, não observa os deveres de cuidado a que estava obrigado, e o desvio ocorre. Assinale a alternativa que apresente corretamente o crime praticado por João, José e Aremitas, respectivamente.

(A) peculato culposo, peculato doloso e nenhum crime.
(B) peculato doloso, peculato doloso e peculato culposo.
(C) peculato doloso, estelionato e peculato culposo.
(D) peculato doloso, peculato doloso e nenhum crime.
(E) estelionato, estelionato e nenhum crime.

João e José deverão ser responsabilizados por *peculato doloso*. Embora José não seja funcionário público, esta condição, por ser elementar do crime, a ele se comunica, nos termos do art. 30 do CP. Já Aremitas, por ter concorrido culposamente para o crime dos irmãos, responderá por *peculato culposo*. Este crime pressupõe que o funcionário público ou aquele a ele equiparado para fins penais (art. 327 do CP), a quem incumbia o dever de bem zelar pelos bens da administração sob sua responsabilidade, viole, com a sua conduta, o *dever de cuidado objetivo*, elemento inerente aos delitos culposos. É imprescindível, neste crime do art. 313, § 2º, do CP, que o *terceiro* a que faz menção o tipo penal cometa um delito *doloso*, seja ele outro funcionário público ou até mesmo o particular. Além disso, é importante, aqui, que o autor do crime doloso se valha de facilidade proporcionada, de forma culposa, pelo agente que detinha a guarda do objeto material. Sempre é bom lembrar que o agente que incorrer no peculato culposo fará jus, se reparar o dano antes da sentença irrecorrível, à extinção de sua punibilidade; se a reparação for posterior ao trânsito em julgado da sentença, terá sua pena reduzida de metade, à luz do que estabelece o art. 312, § 3º, do CP.

Gabarito "B"

(FGV – 2008) Maria de Souza devia R$ 500,00 (quinhentos reais) a José da Silva e vinha se recusando a fazer o pagamento havia meses. Cansado de cobrar a dívida de Maria pelos meios amistosos, José decide obter a quantia que lhe é devida de qualquer forma. Ao encontrar Maria fazendo compras no centro da cidade, José retira a bolsa das mãos de Maria puxando-a com força. A fivela da alça causa uma lesão leve no braço de Maria. José abre a bolsa de Maria, constatando que ela levava consigo R$ 2.000,00 (dois mil reais), e pega R$ 500,00 (quinhentos reais), deixando a bolsa com os pertences de Maria no chão. Qual será a punição para o crime praticado por José?

(A) Incidirá na pena de roubo simples.
(B) Incidirá na pena de furto simples.
(C) Incidirá nas penas de exercício arbitrário das próprias razões.
(D) Incidirá nas penas de exercício arbitrário das próprias razões, além da pena correspondente à violência.
(E) Incidirá nas penas de exercício arbitrário das próprias razões, além da pena de furto simples.

Art. 345 do CP. Haverá concurso material entre este crime e o de lesão corporal. A ação penal, por conta da violência empregada, é pública incondicionada. Não fosse isso, seria privativa do ofendido, nos termos do art. 345, parágrafo único, do CP.

Gabarito "D"

(FGV – 2007) A, beneficiada pelo transporte que a Prefeitura lhe proporcionou, levando-a a tratamento médico na capital do Estado, supondo ser de sua obrigação, entregou a B, motorista da viatura oficial, o valor gasto com o combustível, que ele recebeu e embolsou em proveito próprio. A conduta de B configura:

(A) peculato mediante erro de outrem
(B) peculato culposo
(C) peculato-furto
(D) peculato

Art. 313 do CP. É a conduta do agente que se apropria (passa a agir como se dono fosse) de objeto que lhe foi entregue, equivocadamente, pela vítima, que pode ser tanto o particular como outro funcionário público. É importante que se diga que, neste crime, o erro em que incorreu a vítima não pode ter sido causado pelo funcionário.
Gabarito "A"

(FGV – 2007) Assinale a alternativa que reúne exclusivamente os crimes próprios de funcionário público.

(A) prevaricação, concussão, corrupção passiva e usurpação de função pública.
(B) peculato, excesso de exação, falsificação de documento público e corrupção ativa.
(C) desacato, peculato culposo, corrupção ativa e prevaricação.
(D) facilitação de contrabando ou descaminho, advocacia administrativa, peculato e tráfico de influência.
(E) prevaricação, abandono de função, concussão e modificação não autorizada de sistema de informações.

A: incorreto. Usurpação de função pública – art. 328 do CP – é crime praticado por particular contra a Administração em geral (crime comum); os demais são crimes próprios, já que o tipo penal impõe uma qualidade especial ao sujeito ativo do delito; **B:** incorreto. Falsificação de documento público – art. 297 do CP – e corrupção ativa – art. 333 do CP – são crimes comuns. Podem, portanto, ser praticados por qualquer pessoa; os demais são próprios; **C:** incorreto. Desacato – art. 331 do CP – e corrupção ativa – art. 333 do CP – são crimes comuns; os demais são próprios; **D:** incorreto. Tráfico de influência – art. 332 do CP – é crime comum; os outros são próprios; **E:** correto. São todos próprios de funcionário público.
Gabarito "E"

(FGV – 2005) É correto afirmar que:

(A) sempre que houver o crime de corrupção ativa haverá o de corrupção passiva.
(B) sempre que houver o crime de corrupção passiva haverá o de corrupção ativa.
(C) o funcionário público que retarda ou deixa de praticar, indevidamente, ato de ofício, contra disposição expressa de lei, sem qualquer interesse ou sentimento pessoal, pratica crime de prevaricação.
(D) é possível a prática do crime de corrupção passiva pela pessoa que ainda não assumiu a função pública.
(E) aquele que trabalha para empresa prestadora de serviço conveniada para a execução de atividade típica da Administração Pública não é equiparado a funcionário público para efeitos penais.

A: incorreto. Pode haver o crime de corrupção ativa sem que haja o de corrupção passiva, bastando, para tanto, que o particular tome a iniciativa e ofereça vantagem indevida, recusada pelo funcionário, por exemplo; **B:** incorreto. Da mesma forma, é possível que ocorra o delito de corrupção passiva sem que isso implique necessariamente a prática do crime de corrupção ativa. Se o funcionário solicita ao particular vantagem indevida, o crime de corrupção passiva está consumado. Não há aqui corrupção ativa por parte do particular; **C:** incorreto. É indispensável que a conduta, na prevaricação (art. 319 do CP), seja levada a efeito com o propósito de satisfazer interesse ou sentimento pessoal (elemento subjetivo especial); **D:** correto (art. 317, *caput*, do CP); **E:** incorreto (art. 327, § 1º, segunda parte, do CP).
Gabarito "D"

(FGV – 2005) O funcionário público que deixa de praticar ou retarda ato de ofício, com infração de dever funcional, cedendo a pedido de outrem, pratica crime de:

(A) prevaricação.
(B) condescendência criminosa.
(C) excesso de exação.
(D) corrupção ativa.
(E) corrupção passiva.

Art. 317, § 2º, do CP.
Gabarito "E"

(FGV – 2002) Petrolino de Souza, durante uma investigação criminal, foi abordado por policiais civis que lhe exigiram de vantagem a importância de R$ 300 000,00, sob a ameaça de envolvê-lo, como traficante, no inquérito policial, caso a referida quantia não fosse paga. Os policiais cometeram delito de:

(A) extorsão.
(B) ameaça.
(C) concussão.
(D) prevaricação.
(E) corrupção passiva.

Art. 316 do CP.
Gabarito "C"

21. CRIMES CONTRA AS FINANÇAS PÚBLICAS

(OAB/Exame Unificado – 2007.3) No que se refere aos crimes contra as finanças públicas, previstos no Código Penal, assinale a opção correta.

(A) A prestação de garantia graciosa em operação de crédito sem contragarantia de valor igual ou superior ao da garantia prestada só será criminosa se a operação de crédito não for honrada.
(B) Responde criminalmente o funcionário público que ordenar despesa não autorizada por dispositivo legal.
(C) O Código Penal incrimina o aumento de despesa total de pessoal a partir dos 365 dias finais do mandato ou da legislatura do funcionário público.
(D) Aquele que ordena a colocação, no mercado financeiro, de títulos da dívida pública em desacordo com as normas legais responde como partícipe. Autor é aquele que efetivamente coloca, no mercado financeiro, os títulos da dívida pública em comento.

A: correto (art. 359-E do CP – prestação de garantia graciosa); **B:** incorreto, devendo ser assinalado (art. 359-D do CP); **C:** correto (art. 359-G do CP – aumento de despesa total no último ano do mandato ou legislatura); **D:** correto (art. 359-H do CP – oferta pública ou colocação de títulos no mercado).
Gabarito "B"

(FGV – 2008) As condutas a seguir constituem hipótese de crime contra as finanças públicas, previstos no Capítulo V do Título XI da Parte Especial do Código Penal, à exceção de uma. Assinale-a.

(A) Dar às verbas ou rendas públicas aplicação diversa da estabelecida em lei.
(B) Ordenar despesa não autorizada por lei.

(C) Executar ato que acarrete aumento de despesa total com pessoal, nos cento e oitenta dias anteriores ao final do mandato ou da legislatura.

(D) Promover a oferta pública ou a colocação no mercado financeiro de títulos da dívida pública sem que tenham sido criados por lei.

(E) Autorizar a inscrição em restos a pagar, de despesa que exceda limite estabelecido em lei.

A: incorreto (devendo ser assinalado). Corresponde ao preceito primário do crime do art. 315 do CP (emprego irregular de verbas ou rendas públicas), que integra o capítulo "Dos Crimes Praticados por Funcionário contra a Administração em Geral"; **B:** correto (art. 359-D do CP); **C:** correto (art. 359-G do CP); **D:** correto (art. 359-H do CP); **E:** correto (art. 359-B do CP).

Gabarito "A".

22. OUTROS CRIMES DO CÓDIGO PENAL

(OAB/Exame Unificado – 2014.2) José, mestre de obras, foi contratado para realizar a reforma de um escritório no centro da cidade de Niterói. Durante a reforma, José, sem analisar a planta do edifício, derruba uma parede do escritório, com o intuito de unir duas salas contíguas. Dois dias após a derrubada da parede, o prédio desaba, e, no desabamento, morre uma pessoa que estava no local na hora da queda. A perícia consegue apurar que a queda foi provocada pela obra realizada por José, que não poderia derrubar a parede, pois esta seria estrutural no edifício. Diante dos fatos narrados, assinale a opção que indica a responsabilidade penal de José.

(A) Desabamento doloso em concurso formal com o crime de homicídio doloso.

(B) Desabamento doloso em concurso material com o crime de homicídio culposo.

(C) Desabamento culposo, circunstanciado pela causa de aumento de pena em razão da morte culposa da vítima.

(D) Desabamento culposo, circunstanciado pela causa de aumento de pena em razão da morte dolosa da vítima.

A: incorreta. Não há que se falar, aqui, em crime doloso, quer em relação ao desabamento, quer em relação ao evento morte. O enunciado, em momento algum, sugere que José desejou o desabamento do prédio ou mesmo a morte da pessoa que ali se encontrava. A conduta do mestre de obras, portanto, que deixou de observar regras próprias de edificação (não consultou a planta do local), se enquadra no art. 256, parágrafo único, do CP (desabamento culposo), com incidência da causa de aumento de pena presente no art. 258, 2ª parte, CP, que estabelece que a pena, se do desabamento culposo resultar morte, será a do homicídio culposo (detenção de 1 a 3 anos), aumentada de um terço; **B:** incorreta. Reporto-me ao comentário à alternativa anterior; **C:** correta. A justificativa encontra-se no comentário à alternativa "A"; **D:** incorreta, dado que a morte foi produzida a título de culpa (o mestre de obras deixou de observar regra de edificação).

Gabarito "C".

(FGV – 2010) Relativamente aos *crimes contra a propriedade imaterial*, analise as afirmativas a seguir.

I. Nos crimes contra a propriedade imaterial, se o crime tiver deixado vestígio, a queixa poderá ser instruída com o exame pericial dos objetos que constituam o corpo de delito ou, na falta do exame, por declaração de duas pessoas idôneas, portadoras de diploma de curso superior preferencialmente na área específica de que se tratar a propriedade imaterial.

II. Nos crimes contra a propriedade intelectual previstos no Código Penal, procede-se mediante ação penal pública incondicionada quando os crimes tiverem sido cometidos em desfavor de entidades de direito público, autarquia, empresa pública, sociedade de economia mista ou fundação instituída pelo Poder Público.

III. Nos crimes contra a propriedade imaterial em que se proceda mediante queixa, a diligência de busca ou de apreensão será realizada por dois peritos nomeados pelo juiz, que verificarão a existência de fundamento para a apreensão, e quer esta se realize, quer não, o laudo pericial será apresentado dentro de 3 (três) dias após o encerramento da diligência.

Assinale:

(A) se somente a afirmativa I estiver correta.

(B) se somente a afirmativa II estiver correta.

(C) se somente a afirmativa III estiver correta.

(D) se somente as afirmativas II e III estiverem corretas.

(E) se todas as afirmativas estiverem corretas.

I: incorreto (art. 525 do CPP); **II:** correto (art. 186, III, do CP); **III:** correto (art. 527 do CPP).

Gabarito "D".

(OAB/Exame Unificado – 2008.1) Júlio, empresário, deixou de recolher, no prazo legal, contribuição destinada à previdência social que ele havia descontado de pagamento efetuado a segurado. Considerando a situação hipotética descrita, assinale a opção correta.

(A) O crime praticado por Júlio constitui espécie de apropriação indébita, que deve ser processado na justiça federal mediante ação penal pública incondicionada.

(B) O crime, consumado no momento em que Júlio decidiu deixar de recolher as contribuições, depois de ultrapassado o prazo legal, admite tentativa e a modalidade culposa.

(C) Caso Júlio, espontaneamente, confesse e efetue o pagamento integral das contribuições à previdência social, antes do início da ação fiscal, ele terá direito à suspensão condicional da pena.

(D) O juiz deve conceder o perdão judicial ou aplicar somente a pena de multa, caso Júlio seja primário e tenha bons antecedentes.

Art. 168-A, § 1º, I, do CP. A competência é da Justiça Federal e a ação é pública incondicionada.

Gabarito "A".

(OAB/Exame Unificado – 2007.1) O agente que, na qualidade de servidor do INSS, obtém de forma indevida a concessão de benefício previdenciário junto ao INSS, em favor de terceiro, pratica o crime de

(A) peculato-furto.

(B) apropriação indébita.

(C) estelionato.

(D) corrupção passiva.

A: incorreto (art. 312, § 1º, do CP); **B:** incorreto (art. 168 do CP); **C:** correto (art. 171 do CP); **D:** incorreto (art. 317 do CP).

Gabarito "C".

23. CRIMES RELATIVOS A DROGAS

(OAB/Exame Unificado – 2013.1) Filipe foi condenado em janeiro de 2011 à pena de cinco anos de reclusão pela prática do crime de tráfico de drogas, ocorrido em 2006.

Considerando-se que a Lei n. 11.464, que modificou o período para a progressão de regime nos crimes hediondos para 2/5 (dois quintos) em caso de réu primário, foi publicada em março de 2007, é correto afirmar que:

(A) se reputará cumprido o requisito objetivo para a progressão de regime quando Felipe completar 1/6 (um sexto) do cumprimento da pena, uma vez que o crime foi praticado antes da Lei n. 11.464.

(B) se reputará cumprido o requisito objetivo para a progressão de regime quando Felipe completar 2/5 (dois quintos) do cumprimento da pena, uma vez que a Lei n.11.464 tem caráter processual e, portanto, deve ser aplicada de imediato.

(C) se reputará cumprido o requisito subjetivo para a progressão de regime quando Felipe completar 1/6 (um sexto) do cumprimento da pena, uma vez que o crime foi praticado antes da Lei n. 11.464.

(D) se reputará cumprido o requisito subjetivo para a progressão de regime quando Felipe completar 2/5 (dois quintos) do cumprimento da pena, uma vez que a Lei n.11.464 tem caráter processual e, portanto, deve ser aplicada de imediato.

Aquele que cometeu o crime de tráfico de drogas, que é delito equiparado a hediondo, antes da edição da Lei 11.464/2007, deverá progredir de regime na forma estatuída no art. 112 da LEP, que estabelece que a progressão dar-se-á depois de cumprido 1/6 da pena imposta (além do mérito). É que a antiga redação do art. 2º, § 2º, da Lei 8.072/1990 (Crimes Hediondos), que estabelecia que a pena, nos crimes hediondos e equiparados, fosse cumprida integralmente em regime fechado, foi declarada inconstitucional pelo STF (HC 82.959-SP). Com isso, a progressão, nesses crimes, a partir de então, passou a ser regulada pela norma contida no art. 112 da LEP. Dessa forma, os novos patamares estabelecidos na Lei 11.464/2007 (dois quintos da pena para réu primário ou três quintos da pena para réu reincidente) para a progressão de regime somente poderão incidir nos crimes praticados a partir de sua entrada em vigor, o que somente se deu no ano de 2007. É este o entendimento materializado na Súmula 471 do STJ.

Gabarito "A".

(OAB/Exame Unificado – 2012.1) Huguinho está sendo acusado pela prática do delito de tráfico de entorpecentes. O Ministério Público narra na inicial acusatória que o acusado foi preso em flagrante com 120 papelotes de cocaína, na subida do morro "X", em conhecido ponto de venda de entorpecentes. O Magistrado competente notifica o denunciado Huguinho para apresentar a defesa preliminar. Após a resposta prévia, a denúncia é recebida, oportunidade em que o Juiz designará dia e hora para a audiência de instrução e julgamento, ordenará a citação pessoal do acusado e a intimação do Ministério Público. De acordo com a Lei nº. 11.343/2006, na Audiência de Instrução e Julgamento,

(A) o juiz interrogará o acusado, promoverá a inquirição das testemunhas (acusação e defesa), dando a palavra, sucessivamente, para a acusação e para a defesa, para sustentação oral, proferindo, posteriormente, sentença.

(B) o juiz procederá a inquirição das testemunhas (acusação e defesa), interrogando-se em seguida o acusado e, após, proferirá sentença.

(C) o juiz ouvirá a vítima e as testemunhas de acusação e defesa, interrogando-se a seguir o acusado, se presente, passando-se imediatamente aos debates orais e à prolação da sentença.

(D) o juiz providenciará o interrogatório do acusado, a oitiva da vítima e das testemunhas de defesa, nessa ordem, passando aos debates orais e à prolação da sentença.

Em vista do que estabelece o art. 57 da Lei 11.343/2006, os atos processuais, na audiência de instrução em julgamento, obedecerão à seguinte sequência: interrogatório do acusado, com a posterior indagação das partes, pelo juiz, acerca da existência de algum fato que ainda não foi esclarecido; depois disso, procede-se à inquirição das testemunhas de acusação e defesa; sustentação oral do MP e da defesa; e, ao final, a prolação da sentença, o que será feito de imediato ou no prazo de dez dias. É importante que se diga que a aplicação desta norma, que determina que o interrogatório seja a primeira providência a ser tomada na instrução, não constitui consenso nos tribunais superiores. Há entendimento no sentido de que, em homenagem ao princípio da ampla defesa, o interrogatório deve ser o último ato da instrução, conforme estabelece o art. 400 do CPP. No sentido de que deve prevalecer, em detrimento da lei geral, a norma especial: "Se a Lei 11.343 determina que o interrogatório do acusado será o primeiro ato da audiência de instrução e julgamento, ao passo que o art. 400 do Código de Processo Penal prevê a realização de tal ato somente ao final, não há dúvidas de que deve ser aplicada a legislação específica, pois, como visto, as regras do procedimento comum ordinário só tem lugar no procedimento especial quando nele houver omissões ou lacunas" (STJ, HC 180033-SP, Quinta turma, rel. Min. Jorge Mussi, 16.02.2002). Para Guilherme de Souza Nucci, cujo entendimento é no sentido de que deve ser aplicado o rito especial previsto na Lei de Drogas, seria recomendável, para evitar futura alegação de nulidade, que o juiz indague o defensor se o acusado pretende ser ouvido logo no início da instrução ou ao final desta (*Leis Penais e Processuais Penais Comentadas*, 8. ed. São Paulo: Revista dos Tribunais, 2014. p. 405).

Gabarito "A".

(OAB/Exame Unificado – 2009.3) Considere que Júlio, usuário de droga, tenha oferecido pela primeira vez, durante uma festa, a seu amigo Roberto, sem intuito de lucro, pequena quantidade de maconha para consumirem juntos. Nessa situação hipotética, Júlio

(A) praticou conduta típica, entretanto, como a lei em vigor despenalizou a conduta, ele deve ser apenas submetido a admoestação verbal.

(B) praticou tráfico ilícito de entorpecentes e, de acordo com a legislação em vigor, a pena abstratamente cominada será a mesma do traficante regular de drogas.

(C) deverá ser submetido à pena privativa de liberdade, diversa e mais branda que a prevista abstratamente para o traficante de drogas.

(D) praticou conduta atípica, dada a descriminalização do uso de substância entorpecente.

Cuida-se de inovação introduzida pela Lei 11.343/2006. É a chamada *cessão gratuita e eventual*, que, a teor do art. 33, § 3º, da Lei de Drogas, traz os seguintes requisitos: eventualidade no oferecimento da droga; ausência de objetivo de lucro; intenção de consumir a droga em conjunto; e oferecimento da droga a pessoa de relacionamento do agente. Dado que a pena máxima cominada é de 1 ano, a competência é do Juizado Especial Criminal.

Gabarito "C".

(OAB/Exame Unificado – 2008.3) Com relação à legislação referente ao combate às drogas, assinale a opção correta.

(A) O agente que, para consumo pessoal, semeia plantas destinadas à preparação de pequena quantidade de substância capaz de causar dependência psíquica pode ser submetido à medida educativa de comparecimento a programa ou curso educativo.

(B) O agente que tiver em depósito, para consumo pessoal, drogas sem autorização poderá ser submetido à pena de reclusão.

(C) O agente que transportar, para consumo pessoal, drogas em desacordo com determinação legal poderá ser submetido à pena de detenção.

(D) O agente que entregar a consumo drogas, ainda que gratuitamente, em desacordo com determinação legal, pode ser submetido à pena de advertência sobre os efeitos das drogas.

A: correto (art. 28, III e § 1º, da Lei 11.343/2006); **B:** incorreto. O agente que tiver em depósito, para consumo pessoal, drogas sem autorização estará sujeito às penas previstas no preceito secundário da norma do art. 28 da Lei 11.343/2006, a saber: advertência sobre os efeitos das drogas; prestação de serviços à comunidade; e medida educativa de comparecimento a programa ou curso educativo. O legislador não previu pena de prisão para esses casos; **C:** incorreto. Pelas razões invocadas no comentário anterior, serão aplicadas as medidas relacionadas nos incisos do art. 28 da Lei 11.343/2006. A prática deste crime, portanto, não comporta a aplicação de pena de prisão; **D:** incorreto. A conduta está tipificada no art. 33, *caput*, da Lei 11.343/2006, cuja pena prevista é reclusão de 5 a 15 anos, além do pagamento de 500 a 1.500 dias-multa.

Gabarito "A"

(OAB/Exame Unificado – 2008.2) Assinale a opção correta com base na legislação atual de combate às drogas (Lei n. 11.343/2006).

(A) Se um indivíduo, acusado de tráfico de drogas, colaborar voluntariamente com a investigação policial e o processo criminal na identificação dos demais coautores do crime e na recuperação total do produto do crime, nessa situação, caso ele seja condenado, terá sua pena reduzida nos termos da lei.

(B) Segundo a novel legislação, o indivíduo que esteja cumprindo pena em decorrência de condenação por tráfico ilícito de entorpecentes não pode beneficiar-se de livramento condicional.

(C) O agente que, em razão da dependência de droga, era, ao tempo da ação ou da omissão, qualquer que tenha sido a infração penal praticada, inteiramente incapaz de entender o caráter ilícito do fato ou de determinar-se de acordo com esse entendimento terá sua pena reduzida pela metade.

(D) É vedada, em qualquer fase da persecução criminal relativa aos crimes previstos na lei em questão, a infiltração, por agentes de polícia, em tarefas de investigação.

A: correto (art. 41 da Lei 11.343/2006 – Lei de Tóxicos); **B:** incorreto (art. 44, parágrafo único, da Lei de Tóxicos); **C:** incorreto (art. 45 da Lei de Tóxicos); **D:** incorreto (art. 53, I, da Lei de Tóxicos).

Gabarito "A"

(OAB/Exame Unificado – 2008.1) Alguém que tenha, em sua residência, para consumo pessoal, substância entorpecente, sem autorização legal, pratica, segundo a nova legislação sobre o tema, conduta caracterizada como

(A) Contravenção.

(B) Crime.

(C) Infração penal *sui generis*.

(D) Fato atípico.

A teor do art. 28 da Lei 11.343/2006, aquele que *adquire, guarda, tem em depósito, transporta* ou *traz consigo*, para consumo pessoal, drogas sem autorização ou em desacordo com determinação legal ou regulamentar será submetido às seguintes penas: advertência sobre os efeitos das drogas; prestação de serviços à comunidade; e medida educativa de comparecimento a programa ou curso educativo. Não será mais aplicável ao usuário (mesmo que reincidente), como se pode ver, a pena de prisão. A natureza jurídica do art. 28 da Lei 11.343/2006 gerou, num primeiro momento, polêmica na doutrina, uma vez que, para uns, teria havido descriminalização da conduta ali descrita. Atualmente, esta discussão encontra-se superada. Não há mais dúvida de que o comportamento descrito neste art. 28 continua a ser crime, isso porque inserido no Capítulo III da atual Lei de Drogas. Nesse sentido, a 1.ª Turma do STF, no julgamento do RE 430.105-9-RJ, considerou que o dispositivo em questão tem natureza de crime, e o usuário é um "tóxico delinquente" (Rel. Min. Sepúlveda Pertence, j. 13.2.2007).

Gabarito "B"

(OAB/Exame Unificado – 2007.3) Acerca das modificações penais e processuais penais introduzidas pela Lei n.º 11.343/2006 – Lei de Tóxicos – com relação à figura do usuário de drogas, assinale a opção correta.

(A) A conduta daquele que, para consumo pessoal, cultiva plantas destinadas à preparação de substância capaz de causar dependência física ou psíquica permanece sem tipificação.

(B) É possível, além das penas de advertência, prestação de serviços à comunidade ou medida educativa, a imposição de pena privativa de liberdade ao usuário de drogas.

(C) O porte de drogas tornou-se infração de menor potencial ofensivo, estando sujeito ao procedimento da Lei n.º 9.099/1995, que dispõe sobre os juizados especiais criminais.

(D) Poderá ser imposta ao usuário de drogas prisão em flagrante, devendo o autuado ser encaminhado ao juízo competente para que este se manifeste sobre a manutenção da prisão, após a lavratura do termo circunstanciado.

A: incorreto. A conduta configura crime e está tipificada no art. 28, § 1º, da Lei 11.343/2006; **B:** incorreto. O autor dos crimes previstos no art. 28 da Lei de Tóxicos não se sujeita a qualquer tipo de pena privativa de liberdade, ainda que reincidente; **C:** correto (art. 48, § 1º, da Lei 11.343/2006); **D:** incorreto (art. 48, § 2º, da Lei de Tóxicos – não se imporá prisão em flagrante ao agente que praticar as condutas previstas no art. 28 da Lei 11.343/2006).

Gabarito "C"

(OAB/Exame Unificado – 2006.3) As penas submetidas a quem adquirir, guardar, tiver em depósito, transportar ou trouxer consigo, para consumo pessoal, drogas sem autorização ou em desacordo com determinação legal ou regulamentar não incluem

(A) Prestação de serviços à comunidade.

(B) Advertência quanto aos efeitos das drogas.

(C) Detenção.

(D) Medida educativa de comparecimento a programa ou curso educativo.

O agente, neste caso, será submetido às penas previstas no preceito secundário da norma incriminadora do art. 28 da Lei 11.343/2006, a saber: advertência sobre os efeitos das drogas; prestação de serviços à comunidade; e medida educativa de comparecimento a programa ou curso educativo. O legislador não previu pena de prisão para esses casos.

Gabarito "C"

(FGV – 2010) O oferecimento da substância entorpecente *Cannabis sativa L.* (popularmente conhecida como maconha) a outrem sem objetivo de lucro e para consumo conjunto constitui o seguinte crime:

(A) posse de drogas sem autorização ou em desacordo com determinação legal ou regulamentar para consumo pessoal (art. 28, da Lei 11.343/2006), punido com penas de advertência, prestação de serviços à comunidade e medida educativa de comparecimento a programa ou curso educativo.

(B) conduta equiparada ao crime de tráfico de drogas (art. 33, § 3º, da Lei 11.343/2006) punido com pena de detenção seis meses a um ano, pagamento de 700 (setecentos) a 1.500 (mil e quinhentos) dias-multa, sem prejuízo das penas de advertência, prestação de serviços à comunidade e medida educativa de comparecimento a programa ou curso educativo.

(C) cultivo de plantas destinadas à preparação de pequena quantidade de substância ou produto capaz de causar dependência física ou psíquica para uso pessoal (art. 28, § 1º, da Lei 11.343/2006) punido com penas de advertência, prestação de serviços à comunidade e medida educativa de comparecimento a programa ou curso educativo.

(D) tráfico de drogas (art. 33, da Lei 11.343/2006), punido com pena de reclusão de cinco a quinze anos e pagamento de 500 (quinhentos) a 1.500 (mil e quinhentos) dias-multa.

(E) posse de drogas sem autorização ou em desacordo com determinação legal ou regulamentar para consumo pessoal (art. 28, da Lei 11.343/2006), punido com penas de detenção de seis meses a dois anos e pagamento de 500 (quinhentos) a 1.500 (mil e quinhentos) dias-multa.

A Lei 11.343/2006 introduziu, no contexto dos crimes de tráfico, forma mais branda deste delito, a se configurar na hipótese de o agente oferecer droga, a pessoa de seu relacionamento, ocasionalmente e sem o propósito de lucro, para juntos a consumirem. Veja que tal inovação legislativa, prevista no art. 33, § 3º, da atual Lei de Drogas, por razões de política criminal, procurou colocar em diferentes patamares o traficante habitual, que atua com o propósito de lucro, e o eventual, para o qual a pena prevista é de detenção de seis meses a um ano, sem prejuízo da multa e das penas previstas no art. 28 da mesma lei, bem inferior, como se pode ver, à pena cominada para o crime previsto no *caput* do art. 33.

Gabarito "B"

(FGV – 2008) Relativamente à lei que instituiu o Sistema Nacional de Políticas Públicas sobre drogas (Lei 11.343/2006), analise as afirmativas a seguir:

I. Quem adquirir, guardar, tiver em depósito, transportar ou trouxer consigo, para consumo pessoal, drogas sem autorização ou em desacordo com determinação legal ou regulamentar só poderá ser submetido às seguintes penas: advertência sobre os efeitos das drogas, prestação de serviços à comunidade ou medida educativa de comparecimento a programa ou curso educativo.

II. As glebas cultivadas com plantações ilícitas serão expropriadas, conforme o disposto no art. 243 da Constituição Federal, de acordo com a legislação em vigor.

III. O juiz, na fixação das penas dos crimes previstos na Lei 11.343/2006, considerará, com preponderância sobre o previsto no art. 59 do Código Penal, a natureza e a quantidade da substância ou do produto, a personalidade e a conduta social do agente.

IV. É crime a associação de duas ou mais pessoas para o fim de praticar, reiteradamente ou não, qualquer dos crimes previstos nos arts. 33, *caput* e § 1º, e 34 da Lei 11.343/2006.

Assinale:

(A) se apenas as afirmativas I e II estiverem corretas.

(B) se apenas as afirmativas II e III estiverem corretas.

(C) se apenas as afirmativas III e IV estiverem corretas.

(D) se apenas as afirmativas I, II e III estiverem corretas.

(E) se todas as afirmativas estiverem corretas.

I: correta (art. 28 da Lei 11.343/2006); **II:** correta (art. 32, § 4º, da Lei 11.343/2006); **III:** correta (art. 42 da Lei 11.343/2006); **IV:** correta (art. 35 da Lei 11.343/2006).

Gabarito "E"

(FGV – 2007) A respeito da Lei 11.343/2006, assinale a afirmativa incorreta.

(A) Prevê a redução de pena de um sexto a um terço para os crimes definidos no *caput* e no parágrafo primeiro do art. 33, quando o agente for primário, de bons antecedentes e não se dedique às atividades criminosas nem integre organização criminosa.

(B) Tipifica em separado, no art. 37, a conduta de quem colabora, como informante, com grupo criminoso destinado ao tráfico de drogas (art. 33).

(C) Prevê o aumento de pena de um sexto a dois terços para o crime de tráfico (art. 33) quando o agente financiar a prática do crime.

(D) Criminaliza a conduta de quem conduz aeronave após o consumo de drogas, expondo a dano potencial a incolumidade alheia no art. 39.

A: incorreta (devendo ser assinalada). A redução de pena prevista no § 4º do art. 33 da Lei de Drogas é da ordem de 1/6 a 2/3, e não de 1/6 a 1/3; **B:** correta. A conduta do chamado *informante colaborador* encontra-se agora em um tipo autônomo: art. 37 da Lei 11. 343/2006; **C:** correta (art. 40, VII, da Lei 11.343/2006); **D:** correta. É a conduta daquele que, sob efeito de drogas, dirige embarcação ou aeronave. O parágrafo único do dispositivo prevê uma forma qualificada para a hipótese de o agente praticar o crime na condução de embarcação ou aeronave de transporte coletivo de passageiros.

Gabarito "A"

24. LEI MARIA DA PENHA

(OAB/Exame Unificado – 2016.2) A Lei Maria da Penha objetiva proteger a mulher da violência doméstica e familiar que lhe cause morte, lesão, sofrimento físico, sexual ou psicológico, e dano moral ou patrimonial, desde que o crime seja cometido no âmbito da unidade doméstica, da família ou em qualquer relação íntima de afeto.

Diante deste quadro, após agredir sua antiga companheira, porque ela não quis retomar o relacionamento encerrado, causando-lhe lesões leves, Jorge o (a) procura para saber se sua conduta fará incidir as regras da Lei nº 11.340/2006.

Considerando o que foi acima destacado, você, como advogado (a) irá esclarecê-lo de que

(A) o crime em tese praticado ostenta a natureza de infração de menor potencial ofensivo.

(B) a violência doméstica de que trata a Lei Maria da Penha abrange qualquer relação íntima de afeto, sendo indispensável a coabitação.

(C) a agressão do companheiro contra a companheira, mesmo cessado o relacionamento, mas que ocorra em decorrência dele, caracteriza a violência doméstica e autoriza a incidência da Lei nº 11.340/2006.

(D) ao contrário da transação penal, em tese se mostra possível a suspensão condicional do processo na hipótese de delito sujeito ao rito da Lei Maria da Penha.

A: incorreta. É que o art. 41 da Lei 11.340/2006 estabelece que aos delitos praticados com violência doméstivadoméstica e familiar contra a mulher, independentemente da pena prevista, não terá incidência a Lei 9.099/1995, o que leva à conclusão de que esses crimes não podem ser considerados de menor potencial ofensivo. A propósito, o STF já reconheceu, por meio da ADC n. 19, a constitucionalidade do art. 41 da Lei Maria da Penha; **B:** incorreta, uma vez que em desconformidade com o que dispõe o art. 5º, III, da Lei Maria da Penha. Assim entende o STJ, segundo o qual a aplicação da Lei Maria da Penha (Lei 11.340/2006) será possível independentemente de coabitação entre agressor e vítima, bastando que estejam presentes as hipóteses de seu art. 5º, dentre os quais não se insere a coabitação. Nesse sentido: STJ, HC 115857/MG, 6ª Turma, j. 16.12.2008, rel. Min. Jane Silva (desembargadora convocada do TJ/MG, *DJe* 02.02.2009); **C:** correta, pois em conformidade com o art. 5º, III, da Lei Maria da Penha; D: incorreta, já que descabe, no âmbito da Lei Maria da Penha, a suspensão condicional do processo e também a transação penal, institutos previstos na Lei 9.099/1995. Na jurisprudência: "criminal. *Habeas corpus*. Violência doméstica. Suspensão condicional do processo. Lei Maria da Penha. Inaplicabilidade da Lei Nº 9.099/1995. Constrangimento ilegal não evidenciado. Exaurimento de todos os argumentos da defesa. Não obrigatoriedade. Ordem denegada. I – O art. 41 da Lei 11.340/2006 – Lei Maria da Penha – dispõe que, aos crimes praticados com violência doméstica e familiar contra a mulher, independentemente da pena prevista, não se aplica a Lei nº 9.099/1995, o que acarreta a impossibilidade de aplicação dos institutos despenalizadores nesta previstos, quais sejam, acordo civil, transação penal e suspensão condicional do processo (...)" (HC 180.821/MS, rRel. Ministro. Gilson Dipp, QUINTA TURMA5ª T., julgado em. 22./03./2011, *DJe*04./04./2011). Consagrando esse entendimento, o STJ editou a Súmula n. 536: "A suspensão condicional do processo e a transação penal não se aplicam na hipótese de delitos sujeitos ao rito da Lei Maria da Penha".

Gabarito "C".

(OAB/Exame Unificado – 2008.3) Com base na Lei Maria da Penha, assinale a opção correta.

(A) Para os efeitos da lei, configura violência doméstica e familiar contra a mulher a ação que, baseada no gênero, lhe cause morte, lesão, sofrimento físico ou sexual, não estando inserido em tal conceito o dano moral, que deverá ser pleiteado, caso existente, na vara cível comum.

(B) É desnecessário, para que se aplique a Lei Maria da Penha, que o agressor coabite ou tenha coabitado com a ofendida, desde que comprovado que houve a violência doméstica e familiar e que havia entre eles relação íntima de afeto.

(C) A competência para o processo e julgamento dos crimes decorrentes de violência doméstica é determinada pelo domicílio ou pela residência da ofendida.

(D) Para a concessão de medida protetiva de urgência prevista na lei, o juiz deverá colher prévia manifestação do MP, sob pena de nulidade absoluta do ato.

A: incorreta (art. 5º, *caput*, da Lei 11.340/2006); **B:** correta (art. 5º, III, da Lei 11.340/2006); **C:** incorreta (art. 70 do CPP); **D:** incorreta (art. 19, § 1º, da Lei 11.340/2006).

Gabarito "B".

(OAB/Exame Unificado – 2008.2) De acordo com a Lei n.º 11.340/2006, conhecida como Lei Maria da Penha, constatada a prática de violência doméstica e familiar contra a mulher, o juiz poderá aplicar ao agressor, de imediato, a seguinte medida protetiva de urgência:

(A) Proibição de aproximar-se da ofendida, de seus familiares e das testemunhas, fixando limite mínimo de distância entre estes e o agressor.

(B) Decretação da prisão temporária do agressor.

(C) Proibição de contato direto com a ofendida, seus familiares e testemunhas, salvo indiretamente, por telefone ou carta.

(D) Arbitramento do valor a ser prestado a título de alimentos definitivos à ofendida e aos filhos menores.

A: correta, pois em conformidade com o que estabelece o art. 22, III, *a*, da Lei 11.340/2006; **B:** incorreta, uma vez que a Lei Maria da Penha não prevê a possibilidade de decretação da prisão temporária, tão somente a custódia preventiva (art. 20); **C:** incorreta, já que, segundo estatui o art. 22, III, *b*, da Lei Maria da Penha, é vedado qualquer tipo de contato, inclusive por carta ou telefone; **D:** incorreta, pois o art. 22, V, da Lei 11.340/2006 somente faz alusão aos alimentos provisionais ou provisórios.

Gabarito "A".

(OAB/Exame Unificado – 2008.1) Assinale a opção correta no que se refere aos casos de violência doméstica e familiar contra a mulher.

(A) É possível a prisão preventiva no crime de ameaça, punido com detenção, se resulta de violência contra a mulher no âmbito familiar.

(B) Para a concessão de medidas protetivas de urgência, é necessária a audiência das partes.

(C) Permite-se a aplicação, nos casos de violência doméstica e familiar contra a mulher, de penas de cesta básica.

(D) Nas ações penais públicas condicionadas à representação da ofendida, não será admitida renúncia à representação.

A: correta (art. 20 da Lei 11.340/2006); **B:** incorreta (art. 19, § 1º, da Lei 11.340/2006); **C:** incorreta (art. 17 da Lei 11.340/2006); **D:** incorreta, uma vez que é admitida, no contexto da Lei Maria da Penha, a renúncia ao direito de representação, que deverá ser formulada perante o juiz e em audiência designada para esse fim, na forma estabelecida no art. 16 da Lei 11.340/2006. É importante que se diga que o STF, em decisão tomada no julgamento da ADIn n. 4.424, de 09.02.2012, estabeleceu a natureza *incondicionada* da ação penal nos crimes de lesão corporal, independente de sua extensão, praticados contra a mulher no ambiente doméstico. Sucede que tal decisão, como se pode notar, é restrita aos crimes de lesão corporal, não se aplicando, pois, aos crimes de ameaça, que, por força do que estabelece o art. 147, parágrafo único, do CP, continua a ser de ação penal pública *condicionada* à representação da vítima, que deverá, bem por isso, manifestar seu desejo em ver processado o autor deste delito. A esse respeito, a Súmula n. 542, do STJ.

Gabarito "A"

(FGV – 2008) Relativamente à Lei Maria da Penha (Lei 11.340/2006), assinale a afirmativa incorreta.

(A) Considera-se violência doméstica e familiar contra a mulher, entre outras condutas, a conduta que configure destruição parcial ou total de seus objetos, instrumentos de trabalho, bens, valores e direitos ou recursos econômicos, incluindo os destinados a satisfazer suas necessidades.

(B) A Lei Maria da Penha (Lei 11.340/2006) não considera violência doméstica contra a mulher a omissão baseada no gênero que lhe cause sofrimento apenas psicológico em uma relação íntima de afeto, na qual o agressor conviva ou tenha convivido com a ofendida.

(C) Constatada a prática de violência doméstica e familiar contra a mulher, nos termos da lei, o juiz poderá aplicar, de imediato, ao agressor, em conjunto ou separadamente, medidas protetivas de urgência, dentre elas o afastamento do lar, proibição de aproximação da ofendida e a prestação de alimentos provisórios.

(D) É vedada a aplicação, nos casos de violência doméstica e familiar contra a mulher, de penas de cesta básica ou outras de prestação pecuniária, bem como a substituição de pena que implique o pagamento isolado de multa.

(E) Nas ações penais públicas condicionadas à representação da ofendida de que trata essa lei, só será admitida a renúncia à representação perante o juiz, em audiência especialmente designada com tal finalidade, antes do recebimento da denúncia e ouvido o Ministério Público.

A: correta (art. 7º, IV, da Lei 11.340/2006); **B:** incorreto (art. 5º da Lei 11.340/2006); **C:** correta (art. 22 da Lei 11.340/2006); **D:** correta (art. 17 da Lei 11.340/2006); **E.** correta (art. 16 da Lei 11.340/2006). O STF, ao julgar a ADIN nº 4.424, de 09.02.2012, entendeu ser incondicionada a ação penal em caso de crime de lesão corporal praticado contra a mulher no ambiente doméstico. A atuação do MP, nesses casos, portanto, prescinde da anuência da vítima. Nos demais crimes em que a ação é pública condicionada praticados contra a mulher no ambiente doméstico, como a ameaça (art. 147, CP), o seu titular (MP), continua a depender, para o seu ajuizamento, da manifestação de vontade da vítima.

Gabarito "D"

25. CRIMES DE TRÂNSITO

(OAB/Exame Unificado – 2015.3) Vinícius, primário e de bons antecedentes e regularmente habilitado, dirigia seu veículo em rodovia na qual a velocidade máxima permitida era de 80 km/h. No banco do carona estava sua namorada Estefânia. Para testar a potência do automóvel, ele passou a dirigir a 140 km/h, acabando por perder o controle do carro, vindo a cair em um barranco. Devido ao acidente, Estefânia sofreu lesão corporal e foi socorrida por policiais rodoviários. No marcador do carro ficou registrada a velocidade desenvolvida. Apesar do ferimento sofrido, a vítima afirmou não querer ver o autor processado por tal comportamento imprudente. Apresentado o inquérito ao Ministério Público, foi oferecida denúncia contra Vinícius pela prática do injusto do Art. 303 da Lei nº 9.503/1997 (Código de Trânsito Brasileiro), que prevê a pena de 06 meses a 02 anos de detenção e a suspensão ou proibição da permissão ou da habilitação para dirigir veículo automotor.

Considerando o acima exposto, a defesa de Vinícius deverá requerer

(A) a extinção do processo por não ter o Ministério Público legitimidade para oferecer denúncia, em razão da ausência de representação da vítima.

(B) a realização de audiência de composição civil.

(C) a realização de audiência para proposta de transação penal.

(D) a suspensão condicional do processo, caso a denúncia seja recebida.

A lesão corporal culposa cometida na direção de veículo automotor (art. 303 da Lei 9.503/1997 – Código de Trânsito Brasileiro) é considerada, em regra, infração penal de menor potencial ofensivo, cabendo a aplicação dos benefícios previstos na Lei 9.099/1995, conforme estabelece o art. 291, § 1º, do CTB. Têm incidência, portanto, a composição dos danos civis, a transação penal e a representação do ofendido. Ocorre que Vinícius imprimia, quando do acidente, velocidade superior à máxima permitida para a via em mais de cinquenta quilômetros por hora (a máxima era de 80 km/h e ele estava a 140 km/h). Por essa razão, Vinícius não faz jus aos benefícios da Lei 9.099/1995, na medida em que o art. 291, § 1º, do CTB estabelece exceções à incidência de tais benefícios. São três as hipóteses, sendo uma delas a circunstância (prevista no inciso III do dispositivo) de o agente transitar em velocidade superior à máxima permitida para a via em cinquenta quilômetros por hora. Assim, não há que se falar, neste caso, em representação da vítima, já que se trata de ação penal pública incondicionada, o que torna a alternativa "A" incorreta; da mesma forma, não cabem a composição civil bem como o instituto da transação penal (alternativas "B" e "C"). Cabe, no entanto, a suspensão condicional do processo (*sursis* processual), que, embora esteja contemplada na Lei 9.099/1995 (art. 89), não tem aplicação exclusiva no contexto das infrações penais de menor potencial ofensivo. Aplicar-se-á o *sursis* processual às infrações penais cuja pena mínima cominada for igual ou inferior a um ano. Correta, portanto, a alternativa "D".

Gabarito "D"

(OAB/Exame Unificado – 2011.2) Joaquim, conduzindo seu veículo automotor (que se encontrava sem as placas de identificação) em velocidade superior à máxima permitida para a via – 50km/h –, pratica o crime de lesões corporais culposas em virtude da sua não observância ao dever objetivo de cuidado no trânsito.

Com base na situação acima e à luz do Código de Trânsito Brasileiro, assinale a alternativa correta.

(A) Pelo fato de Joaquim praticar o fato na condução de veículo automotor sem placas de identificação, o Juiz poderá, caso entenda necessário, agravar a penalidade do crime.

(B) A pena a que Joaquim estará sujeito não se alterará se a lesão corporal culposa for praticada em faixa de pedestres ou mesmo na calçada.

(C) Por se tratar a lesão corporal culposa praticada na direção de veículo automotor de uma infração de menor potencial ofensivo, Joaquim responderá pelo seu crime no Juizado Especial Criminal.

(D) Sem prejuízo da pena de detenção correspondente, Joaquim estará sujeito à suspensão ou proibição de se obter a permissão ou a habilitação para dirigir veículo automotor.

A: incorreta. Em vista do disposto no art. 298, II, do CTB, o fato de o agente causador de crime de trânsito encontrar-se na direção de veículo automotor desprovido de placas de identificação impõe ao juiz o *dever* de elevar a sua pena. Não se trata, portanto, de mera faculdade; **B:** incorreta, pois caso a lesão corporal culposa (art. 303 do CTB) seja praticada em *faixa de pedestre* ou na *calçada*, a pena deverá ser aumentada de 1/3 a 1/2, a teor do art. 303, parágrafo único, da Lei 9.503/1997; **C:** incorreta, visto que não reflete o disposto no art. 291, § 1º, III, da Lei 9.503/1997 (CTB); **D:** proposição correta, visto que corresponde ao preceito secundário do art. 303 do CTB.

Gabarito "D"

(OAB/Exame Unificado – 2010.3) Guiando o seu automóvel na contramão de direção, em outubro de 2010, Tício é perseguido por uma viatura da polícia militar. Após ser parado pelos agentes da lei, Tício realiza, espontaneamente, o exame do etilômetro e fornece aos militares sua habilitação e o documento do automóvel. No exame do etilômetro, fica constatado que Tício apresentava concentração de álcool muito superior ao patamar previsto na legislação de trânsito. Além disso, os policiais constatam que o motorista estava com a habilitação vencida desde maio de 2009. Com relação ao relatado acima, é correto afirmar que o promotor de justiça deverá denunciar Tício

(A) apenas pelo crime de embriaguez ao volante, uma vez que o fato de a habilitação estar vencida constitui mera infração administrativa.

(B) apenas pelo crime de direção sem habilitação, pois o delito de embriaguez ao volante só se configura quando ocorre acidente de trânsito com vítima.

(C) apenas pelo crime de direção sem habilitação, uma vez que o perigo gerado por tal conduta faz com que o delito de embriaguez ao volante seja absorvido, em razão da aplicação do Princípio da Consunção.

(D) pela prática dos crimes de embriaguez ao volante e direção sem habilitação

Ao conduzir seu veículo automotor em via pública, na contramão de direção e com concentração de álcool no sangue em quantidade bem superior ao estabelecido no art. 306 da Lei 9.503/1997 – Código de Trânsito Brasileiro, Tício cometeu o crime de embriaguez ao volante. Agora, por estar com a habilitação vencida, Tício deverá responder tão somente pela infração administrativa prevista no art. 162, V, da Lei 9.503/1997. É que o crime do art. do art. 309 do CTB – direção sem habilitação – refere-se somente à conduta de dirigir veículo automotor sem *permissão* ou *habilitação* ou, ainda, na hipótese de estar *cassado* o direito de dirigir. O legislador não cuidou de incluir no tipo penal a conduta consistente em dirigir com a habilitação *vencida*, o que, como já dito, configura infração no âmbito administrativo. Atenção: ao tempo em que esta prova foi elaborada, somente o teste do bafômetro e o exame de sangue para a verificação de dosagem alcoólica serviam à comprovação do crime de embriaguez ao volante (REsp. 1.111.566-DF, 3ª Seção, rel. Min. Marco Aurélio Bellizze). Com a edição da Lei 12.760/2012, que conferiu nova redação ao art. 306 do CTB, a comprovação do estado de embriaguez, antes restrita ao *teste do bafômetro* e ao *exame de sangue*, passou a admitir outras formas de constatação (§ 2º do dispositivo, cuja redação foi alterada pela Lei 12.971/2014).

Gabarito "A"

(OAB/Exame Unificado – 2007.3) Assinale a opção correta no que se refere aos crimes de trânsito.

(A) Responde por crime de trânsito o agente que viola a suspensão de dirigir veículo automotor.

(B) O indivíduo que, pilotando uma lancha em alto mar, mata, culposamente, uma pessoa comete, de acordo com a Lei n.º 9.503/1997, que trata dos crimes de trânsito, crime de homicídio culposo.

(C) O agente que, dirigindo automóvel, causa, culposamente, lesão corporal na vítima e deixa de prestar socorro a ela responde tanto pelo crime de lesão corporal culposa tratado nos crimes de trânsito quanto por crime de omissão de socorro.

(D) Responde como coautor pelo crime de homicídio o pai ou responsável que empresta veículo automotor a menor de idade que, acidentalmente, atropele e mate uma pessoa.

A: correta. Conduta prevista no art. 307, Lei 9.503/1997 (Código de Trânsito Brasileiro); **B:** incorreta. Só responde pelo crime do art. 302 (homicídio culposo) do Código de Trânsito aquele que estiver na direção de veículo automotor. Aquele que mata, culposamente, pilotando uma lancha responde pelo crime de homicídio do Código Penal (art. 121, § 3º); **C:** incorreta. Neste caso, incidirá a causa de aumento de pena prevista no art. 302, parágrafo único, III, por força do que dispõe o parágrafo único do art. 303, ambos do Código de Trânsito; **D:** incorreta. Por essa conduta, o pai ou responsável responderá pelo crime capitulado no art. 310 do Código de Trânsito.

Gabarito "A"

(OAB/Exame Unificado – 2007.3) Acerca dos crimes previstos na legislação especial brasileira, assinale a opção incorreta.

(A) O condutor que for condenado por qualquer dos delitos previstos no Código de Trânsito Brasileiro ficará obrigado a se submeter a novos exames para que possa voltar a dirigir.

(B) Admite-se a concessão do perdão judicial ao acusado de homicídio culposo na direção de veículo, ainda que o instituto não esteja previsto no Código de Trânsito Brasileiro.

(C) A competência para processar e julgar os crimes de porte ilegal e tráfico internacional de armas é da justiça comum estadual.

(D) O porte ilegal de arma de fogo de uso permitido é crime inafiançável, salvo se a arma de fogo estiver registrada em nome do agente.

A: incorreta, devendo ser assinalada. A Lei 9.503/1997 (Código de Trânsito Brasileiro) não impõe ao condenado pelos crimes nela previstos a obrigação de se submeter a novos exames como condição para que possa voltar a dirigir; **B:** correta. De fato, o *perdão judicial*, embora não previsto no Código de Trânsito, pode, sim, ser aplicado ao crime de homicídio culposo praticado na direção de veículo automotor (art. 302 da Lei 9.503/1997); **C:** correta; art. 109 da CF; **D:** correta, se levarmos em conta o disposto no art. 14, parágrafo único, do Estatuto do Desarmamento. Ocorre que o STF, no julgamento da ADIN nº 3.112-1, de 10.05.07, reconheceu a inconstitucionalidade desse dispositivo, não mais subsistindo tal vedação.

Gabarito "A"

(FGV – 2010) José da Silva dirigia seu automóvel em velocidade acima da permitida e de forma imprudente. Ao passar por um cruzamento, José não percebe que o sinal estava vermelho e atropela Maria de Souza, que vem a sofrer uma fratura exposta na perna direita e fica mais de 30 dias impossibilitada de desenvolver suas ocupações habituais. A fim de socorrer a vítima, José da Silva para o carro, sai do veículo e retira Maria do meio da via. Contudo, ao ver um grupo de pessoas vociferando e gritando "assassino!", "pega!" e "lincha!", José retorna para seu veículo e se evade do local, sendo parado alguns metros adiante por uma patrulha de policiais militares que o levam preso em flagrante à Delegacia de Polícia. Com base no relato acima, analise as afirmativas a seguir:

I. Segundo a Lei 9.503/1997 (Código Nacional de Trânsito), José não poderia ser preso em flagrante porque prestou socorro à vítima e só não permaneceu no local porque corria risco pessoal.

II. José praticou o crime de lesão corporal culposa grave na direção de veículo automotor.

III. José praticou o crime do art. 305 da Lei 9.503/1997 (Afastar-se o condutor do veículo do local do acidente, para fugir à responsabilidade penal ou civil que lhe possa ser atribuída).

Assinale:

(A) se somente a afirmativa I estiver correta.

(B) se somente a afirmativa II estiver correta.

(C) se somente a afirmativa III estiver correta.

(D) se somente as afirmativas I e II estiverem corretas.

(E) se todas as afirmativas estiverem corretas.

I: a assertiva está correta. Embora tenha dado causa ao acidente do qual resultou a lesão corporal culposa na vítima (art. 303 da Lei 9.503/1997 – CTB), a José não poderia ser atribuída a causa de aumento de pena contemplada no art. 302, § 1º, III, do CTB, haja vista que não seria possível, nas circunstâncias, prestar integral socorro sem se colocar em situação de risco pessoal. Também não é o caso de se impor ao condutor a prisão em flagrante, nos termos do art. 301 do CTB; **II:** assertiva incorreta. A classificação da lesão corporal, no Código Penal, em *leve* (art. 129, *caput*) e *grave* (art. 129, §§ 1º e 2º), corresponde à lesão dolosa; a lesão culposa não comporta essa classificação; **III:** assertiva incorreta. O tipo penal do art. 305 do CTB, cuja constitucionalidade é atualmente bastante discutida na doutrina e jurisprudência, não pode ser aplicado no caso em questão, já que não havia, por parte do condutor, o propósito de fugir à responsabilidade penal ou civil.

Gabarito "A"

(FGV – 2008) Segundo o Código de Trânsito Brasileiro (Lei 9.503/1997), não constitui crime o seguinte procedimento:

(A) conduzir motocicleta, motoneta e ciclomotor sem usar capacete de segurança com viseira ou óculos de proteção e vestuário de acordo com as normas e especificações aprovadas pelo Contran.

(B) afastar-se o condutor do veículo do local do acidente, para fugir à responsabilidade penal ou civil que lhe possa ser atribuída.

(C) deixar o condutor do veículo, na ocasião do acidente, de prestar imediato socorro à vítima, ou, não podendo fazê-lo diretamente, por justa causa, deixar de solicitar auxílio da autoridade pública.

(D) praticar lesão corporal culposa na direção de veículo automotor.

(E) dirigir veículo automotor, em via pública, sem a devida Permissão para Dirigir ou Habilitação, gerando perigo de dano.

A: correta. A conduta constitui a infração administrativa prevista no art. 244, I, do Código de Trânsito Brasileiro (Lei 9.503/1997); **B:** incorreta (art. 305 do CTB); **C:** incorreta (art. 304 do CTB); **D:** incorreta (art. 303 do CTB); **E:** incorreta (art. 309 do CTB).

Gabarito "A"

26. CRIMES DE LAVAGEM DE DINHEIRO

(OAB/Exame Unificado – 2010.2) Relativamente à legislação sobre lavagem de capitais (Lei n. 9.613/1998), assinale a alternativa correta.

(A) O crime de lavagem só ocorre quando os bens, direitos ou valores provenientes, direta ou indiretamente, de um dos crimes antecedentes completam todo o processo de lavagem (ocultação, dissimulação e integração).

(B) Não constitui lavagem de dinheiro, mas crime de descaminho, a importação ou exportação de bens com valores não correspondentes aos verdadeiros, feita com o propósito de ocultar ou dissimular a utilização de bens, direitos ou valores provenientes de qualquer dos crimes antecedentes referidos na Lei n. 9.613/1998.

(C) O processo e julgamento dos crimes previstos na Lei n. 9.613/1998 dependem do processo e julgamento dos crimes antecedentes.

(D) Pratica crime de lavagem de dinheiro quem utiliza, na atividade econômica ou financeira, bens, direitos ou valores que sabe serem provenientes de qualquer dos crimes antecedentes previstos na Lei n. 9613/1998.

O art. 1º, § 2º, I, da Lei 9.613/1998 teve sua redação alterada por força da Lei 12.683/2012. Agora, não mais se exige, à configuração do crime de lavagem de dinheiro, que a operação financeira esteja vinculada a determinados crimes, listados em rol taxativo.

Gabarito "D"

(OAB/Exame Unificado – 2008.1) Acerca do crime de lavagem de dinheiro, previsto na Lei n.º 9.613/1998, assinale a opção incorreta.

(A) No processo por crime de lavagem de dinheiro, não se aplica o disposto no art. 366 do Código de Processo Penal, que estabelece que o processo e o curso do prazo prescricional fiquem suspensos caso o acusado, citado por edital, não compareça nem constitua advogado, situação em que o processo deve seguir à sua revelia.

(B) Esse crime admite ação controlada, pela qual a ordem de prisão de pessoas ou da apreensão ou sequestro de bens, direitos ou valores poderá ser suspensa pelo juiz, ouvido o Ministério Público, quando a sua execução imediata possa comprometer as investigações.

(C) O crime de lavagem de dinheiro pressupõe a existência de uma conduta antecedente, que não precisa ser, necessariamente, criminosa, mas que deve estar prevista no rol exemplificativo da lei acima citada.

(D) Esse crime constitui atividade complexa, que envolve três fases: a introdução do dinheiro ilícito no sistema financeiro, promovendo o distanciamento dos recursos de sua origem; a transformação, quando, por meio de negócios, é ocultada a procedência dos recursos; e a integração, quando os bens aparentemente regulares são incorporados ao sistema econômico.

A: correta. Apesar de a redação do art. 2º, § 2º, da Lei 9.613/1998 ter sido alterada pela Lei 12.683/2012, permanece a impossibilidade de incidir, no âmbito dos crimes de lavagem de dinheiro, a suspensão condicional do processo, prevista no art. 366 do CPP; **B:** correta. A ação controlada está disciplinada no art. 3º, III, da Lei n. 12.850/2013; **C:** incorreta (devendo ser assinalada). Com o advento da Lei 12.683/2012, que alterou diversos dispositivos da Lei 9.613/1998, a conduta antecedente, que antes deveria estar contemplada no rol do art. 1º, agora pode ser representada por qualquer infração penal (crime e contravenção); **D:** correta. De fato, é bastante comum o fracionamento do processo de lavagem de dinheiro em três momentos. No primeiro, o dinheiro, de forma muitas vezes pulverizada, é introduzido no mercado financeiro; na segunda etapa, os valores são transferidos entre contas com o objetivo de ocultá-los; e, por fim, são introduzidos na economia formal, e, dessa forma, adquirem aparência de legalidade.

Gabarito "C"

(OAB/Exame Unificado – 2006.2) A conduta do agente que oculta ou dissimula natureza, origem, localização, disposição, movimentação ou propriedade de bens provenientes, direta ou indiretamente, do crime de terrorismo corresponde a crime

(A) de lavagem de dinheiro.
(B) contra o sistema financeiro.
(C) contra a administração pública.
(D) de responsabilidade fiscal.

Art. 1º, *caput*, da Lei 9.613/1998. Com as modificações implementadas pela Lei 12.683/2012, os bens, direitos e valores agora podem ser provenientes de qualquer infração penal.

Gabarito "A"

27. CRIMES CONTRA A ORDEM TRIBUTÁRIA

(OAB/Exame Unificado – 2008.2) A conduta de exigir, solicitar ou receber, para si ou para outrem, direta ou indiretamente, ainda que fora da função ou antes de iniciar seu exercício, mas em razão dela, vantagem indevida, para deixar de lançar ou cobrar tributo ou contribuição social, ou para cobrá-los parcialmente, corresponde a

(A) Fato atípico.
(B) Crime de concussão.
(C) Crime de corrupção passiva.
(D) Crime contra a ordem tributária.

Art. 3º, II, da Lei 8.137/1990 (Crimes contra a Ordem Tributária).

Gabarito "D"

(FGV – 2011) O estabelecimento comercial Gonçalves Ltda. foi multado em processo regular administrativo por expor à venda mercadorias sem emissão de nota fiscal de trânsito. Sua sócia administradora está sendo processada de acordo com o artigo 1º da Lei 8.937/1990, pelo qual estaria configurada a supressão do tributo. O feito corre em uma das varas penais do Estado. No entanto, a defesa de Ângela Gonçalves afirma que não teria havido supressão do tributo (ICMS), mas apenas atos tendentes a esse fim, caracterizando o delito descrito no artigo 2º, I, da Lei 8.137/1990, considerado de menor potencial ofensivo, a ser apreciado em sede de Juizado Especial, tendo a paciente direito à transação penal. Nesse caso,

(A) a hipótese deve ser capitulada no artigo 2º, I, da Lei 8.137/1990, visto que a sonegação é crime material e requer efetivo prejuízo aos cofres do Estado.
(B) a hipótese é tipicamente de sonegação, visto que houve a exposição à venda sem emissão da nota fiscal de trânsito, suprimindo-se o pagamento do tributo.
(C) a hipótese é de crime de sonegação por ser este um crime formal, bastando para sua concretização a conduta ilícita, e não o resultado desta.
(D) a hipótese é de sonegação, devendo ser tipificada pelo artigo 1º da Lei 8.137/1990, uma vez que houve omissão de declaração sobre mercadorias para se furtar ao pagamento de tributo.
(E) a inscrição do débito em dívida ativa e a multa é que permitirão conhecer a correta tipificação da conduta como sendo sonegação, e não mero ato preparatório.

O crime previsto no art. 2º, I, da Lei 8.137/1990, por ser considerado *formal*, independe da ocorrência de prejuízo para o Estado. Se, no entanto, tal se verificar, o delito deixa de ser *formal* e passa a ser *material*, ante a existência de resultado naturalístico, consubstanciado na supressão ou redução de tributo. O crime, neste caso, será o do art. 1º da Lei 8.137. A propósito, adotando orientação consolidada na jurisprudência, o STF editou a Súmula Vinculante nº 24, consagrando o entendimento segundo o qual o crime previsto no art. 1º da Lei 8.137/1990 é material (exige, para sua consumação, a ocorrência de resultado naturalístico).

Gabarito "A"

(FGV – 2010) Eis o texto da Lei n. 8.137/1990:

Art. 1º Constitui crime contra a ordem tributária suprimir ou reduzir tributo, ou contribuição social e qualquer acessório, mediante as seguintes condutas:

I – omitir informação, ou prestar declaração falsa às autoridades fazendárias;

II – fraudar a fiscalização tributária, inserindo elementos inexatos, ou omitindo operação de qualquer natureza, em documento ou livro exigido pela lei fiscal;

III – falsificar ou alterar nota fiscal, fatura, duplicata, nota de venda, ou qualquer outro documento relativo à operação tributável;

IV – elaborar, distribuir, fornecer, emitir ou utilizar documento que saiba ou deva saber falso ou inexato;

V – negar ou deixar de fornecer, quando obrigatório, nota fiscal ou documento equivalente, relativa à venda de mercadoria ou prestação de serviço, efetivamente realizada, ou fornecê-la em desacordo com a legislação.

Pena – reclusão de 2 (dois) a 5 (cinco) anos, e multa.
Parágrafo único. A falta de atendimento da exigência da autoridade, no prazo de 10 (dez) dias, que poderá ser convertido em horas em razão da maior ou menor complexidade da matéria ou da dificuldade quanto ao atendimento da exigência, caracteriza a infração prevista no inciso V.

Art. 2º Constitui crime da mesma natureza:

I – fazer declaração falsa ou omitir declaração sobre rendas, bens ou fatos, ou empregar outra fraude, para eximir-se, total ou parcialmente, de pagamento de tributo;

II – deixar de recolher, no prazo legal, valor de tributo ou de contribuição social, descontado ou cobrado, na qualidade de sujeito passivo de obrigação e que deveria recolher aos cofres públicos;

III – exigir, pagar ou receber, para si ou para o contribuinte beneficiário, qualquer percentagem sobre a parcela dedutível ou deduzida de imposto ou de contribuição como incentivo fiscal;

IV – deixar de aplicar, ou aplicar em desacordo com o estatuído, incentivo fiscal ou parcelas de imposto liberadas por órgão ou entidade de desenvolvimento;

V – utilizar ou divulgar programa de processamento de dados que permita ao sujeito passivo da obrigação tributária possuir informação contábil diversa daquela que é, por lei, fornecida à Fazenda Pública.

Pena – detenção, de 6 (seis) meses a 2 (dois) anos, e multa.

Em relação aos crimes acima tipificados, é correto afirmar que:

(A) o artigo 1º da Lei nº 8.137, segundo a atual jurisprudência do Supremo Tribunal Federal é material ou de resultado.

(B) o inciso I do artigo 1º trata das obrigações tributárias ditas principais, ou seja, relacionadas à omissão de informações e prestação de declarações falsas às autoridades fazendárias.

(C) o inciso I do artigo 2º traduz-se em delito material, exigindo-se, para configuração do crime, apenas o dolo genérico.

(D) o parágrafo único do artigo 1º cuida de delito omissivo impróprio.

A: correta. Entendimento esposado na Súmula Vinculante nº 24 do STF; **B:** incorreta. O objeto material, neste caso, não é o tributo, mas, sim, a informação ou a declaração inverídica, que consiste em obrigação acessória; **C:** incorreta. O delito previsto no art. 2º, I, da Lei 8.137/1990 é *formal*, porquanto não exige a produção de resultado para sua consumação (prejuízo para o Estado), e requer o elemento subjetivo do tipo específico (para alguns, o dolo específico), que consiste em eximir-se total ou parcialmente do pagamento do tributo (fraudar o fisco); **D:** incorreta. O parágrafo único do art. 1º, cuja redação é bastante criticada pela doutrina, não constitui crime omissivo impróprio, pois o dispositivo faz menção a uma omissão.

Gabarito "A".

(FGV – 2010) Com relação aos crimes contra a ordem tributária, assinale a alternativa correta.

(A) nos crimes contra a ordem tributária é necessário verificar a intenção por parte do sujeito ativo no sentido de suprimir ou reduzir o tributo.

(B) a omissão intencional de declaração de renda, bens ou fatos não tipifica crime contra a ordem tributária.

(C) a elisão fiscal, entendida como o planejamento tributário feito de acordo com a lei, poderá, dependendo da interpretação do agente fiscal, tipificar crime contra a ordem tributária.

(D) os crimes contra a ordem tributária não admitem coautoria.

(E) a legislação que tipifica o crime contra a ordem tributária tem por objetivo final assegurar o cumprimento das obrigações acessórias.

A: assertiva correta. Nos crimes contra a ordem tributária é necessário verificar a existência do elemento subjetivo, neste caso o *dolo*, consubstanciado na vontade livre e consciente de fraudar o fisco, *suprimindo* ou *reduzindo* tributo mediante as condutas descritas no art. 1º da Lei 8.137/1990; **B:** assertiva incorreta. A omissão intencional de declaração de renda, bens ou fatos, sem prejuízo para o fisco, configura o crime formal tipificado no art. 2º, I, da Lei 8.137/1990. Se, todavia, constatar-se prejuízo para o fisco (crime material), o contribuinte incorrerá no crime do art. 1º, I, da Lei 8.137/1990; **C:** assertiva incorreta. A elisão fiscal, que consiste no planejamento tributário feito em conformidade com a lei, não poderá tipificar crime contra a ordem tributária; **D:** assertiva incorreta. Os crimes contra a ordem tributária comportam *coautoria* e *participação* (art. 29 do CP); **E:** assertiva incorreta. O Direito Penal Tributário tem como escopo criminalizar as condutas mais nocivas, mais prejudiciais ao processo de arrecadação tributária.

Gabarito "A".

(FGV – 2010) Há uma acirrada discussão sobre a relação entre o processo administrativo tributário e a ação penal, principalmente no que tange ao cumprimento da obrigação principal, tema que costuma colocar advogados e representantes do Ministério Público em polos argumentativos opostos. Essa discussão tem relação com:

(A) a submissão do Ministério Público aos órgãos de julgamento administrativo, como o recentemente criado Conselho Administrativo de Recursos Fiscais (CARF).

(B) o instituto da denúncia espontânea prevista no artigo 138 do Código Tributário Nacional.

(C) impossibilidade de o contribuinte ser duplamente penalizado – tanto na esfera administrativa como na judicial.

(D) a necessidade de constituição definitiva do crédito tributário para a consumação de crime fiscal relativo à supressão ou redução do tributo como elemento essencial à configuração do delito.

(E) o início da contagem do prazo prescricional da cobrança do crédito tributário.

A edição da Súmula Vinculante nº 24, cujo teor está a seguir transcrito, pacificou a celeuma existente até então: "Não se tipifica crime material contra a ordem tributária, previsto no art. 1º, incisos I a IV, da Lei 8.137/1990, antes do lançamento definitivo do tributo".

Gabarito "D".

(FGV – 2010) Muito se discute sobre a natureza do crime contra a ordem tributária como crime formal ou crime material. Admitindo-se o enquadramento como crime *material*, ainda que hipoteticamente, seria correto afirmar que:

(A) não admite tentativa.

(B) não se pode falar em culpa.

(C) é irrelevante o aspecto subjetivo para a configuração do crime.

(D) é necessário haver efetiva supressão ou redução do tributo.

(E) o crime deverá estar previsto em lei.

Tratando-se de *crime material* (Súmula Vinculante nº 24), é indispensável à sua consumação a ocorrência de prejuízo ao fisco, consubstanciado na *supressão* (no todo) ou *redução* (em parte) do tributo.

Gabarito "D".

(FGV – 2010) A Lei 8.137, de 27 de dezembro de 1990 prevê algumas hipóteses de crimes praticados por funcionários públicos como as relacionadas nas alternativas a seguir, à exceção de uma. Assinale-a.

(A) Facilitar, com infração de dever funcional, a prática de contrabando ou descaminho.

(B) Extraviar livro oficial, processo fiscal ou qualquer documento de que tenha a guarda em razão da função.

(C) Inutilizar qualquer documento acarretando pagamento indevido ou inexato do tributo.
(D) Exigir para si ou para outrem vantagem indevida eximindo-se de proceder ao lançamento ou cobrança do tributo.
(E) Aproveitar-se da condição de funcionário público para defender interesse privado perante a administração fazendária.

A: incorreta, devendo ser assinalada. A descrição típica contida nesta assertiva refere-se ao crime de facilitação de contrabando ou descaminho, delito próprio capitulado no art. 318 do Código Penal. Esta, portanto, a proposição a ser marcada, pois não está inserida no rol dos crimes praticados por funcionários públicos da Lei 8.137/1990; **B** e **C:** corretas. As descrições típicas contidas nestas assertivas estão contempladas no art. 3º, I, da Lei 8.137/1990; **D:** correta. Descrição típica contida no art. 3º, II, da Lei 8.137/1990; **E:** correta. Descrição típica contida no art. 3º, III, da Lei 8.137/1990.

Gabarito "A"

(FGV – 2010) Em relação aos crimes contra a ordem tributária, não se configura causa da extinção da punibilidade:

(A) o pagamento do tributo antes do oferecimento da denúncia.
(B) a anistia.
(C) a *abolitio criminis*.
(D) a prescrição.
(E) o parcelamento do débito tributário.

Em vista do que dispõe o art. 9º da Lei 10.684/2003, o parcelamento, mesmo que realizado após o recebimento da denúncia, desde que levado a efeito antes do trânsito em julgado, tem o condão de suspender a pretensão punitiva estatal e o curso do prazo prescricional. Com o cumprimento do parcelamento, impõe-se a extinção da punibilidade.

Gabarito "E"

(FGV – 2010) Analise as seguintes afirmativas.

I. A jurisprudência do Supremo Tribunal Federal firmou-se no sentido de que a ausência de constituição definitiva do crédito tributário impede a persecução penal dos crimes materiais contra a ordem tributária.
II. Uma vez versada situação concreta em que, mediante o exercício do poder de polícia, dá-se a apreensão de mercadoria acompanhada de notas fiscais e guias falsas, possível é a propositura da ação penal, independentemente da responsabilidade administrativo-fiscal.
III. Omitir informação ou prestar declaração falsa às autoridades fazendárias se afigura como crime contra a ordem tributária apenado com reclusão de 2(dois) a 5 (cinco) anos e multa.

Assinale:

(A) se somente a afirmativa I for verdadeira.
(B) se todas as afirmativas forem verdadeiras.
(C) se somente as afirmativas I e II forem verdadeiras.
(D) se somente as afirmativas II e III forem verdadeiras.
(E) se somente as afirmativas I e III forem verdadeiras.

I: correta (Súmula Vinculante nº 24 do STF); **II:** correta. A assertiva se refere ao julgamento, pelo STF, do HC 90.795-PE, 1ª T., rel. Min. Marco Aurélio, j. 03.02.2007, cujo resultado contraria o contido na Súmula Vinculante nº 24 do STF; **III:** correta. A conduta está prevista no art. 1º, I, da Lei 8.137/1990. Por se tratar de crime material, é necessário, à consumação do delito, que haja supressão ou redução de tributo.

Gabarito "B"

(FGV – 2010) Cássio Túlio e Virgilio Arantes foram denunciados com base no artigo 1º da Lei 8.137/1990, havendo indícios de fraude (omissão de operação econômica) no cometimento da conduta delituosa praticada. Entretanto, foi constatado que não houve a constituição definitiva do crédito tributário pela Fazenda, no processo administrativo fiscal. Dessa forma,

(A) inexiste condição objetiva de punibilidade.
(B) inexiste crime, à vista da falta de requisito formal.
(C) devem ser apurados o ilícito e o crédito fazendário.
(D) deve haver a suspensão condicional do processo penal.
(E) deve ser reconhecida a continuidade delitiva.

Súmula Vinculante nº 24, STF: "Não se tipifica crime material contra a ordem tributária, previsto no art. 1º, incisos I a IV, da Lei 8.137/1990, antes do lançamento definitivo do tributo".

Gabarito "A"

(FGV – 2008) O Plenário do Supremo Tribunal Federal já se manifestou acerca da necessidade de se aguardar o término do procedimento administrativo-fiscal para que se possa iniciar o processo penal por delito contra ordem tributária previsto no art. 1º da Lei 8.137/1990. Assinale o argumento jurídico que não serviu de fundamento para essa decisão.

(A) A representação fiscal para fins penais de que trata a Lei 9.430/1996 constitui uma condição de procedibilidade.
(B) O lançamento definitivo na esfera administrativa é elemento do tipo penal de sonegação (art. 1º, Lei 8.137/1990).
(C) Não há falar em alta probabilidade de prescrição dos crimes em razão da necessidade de se aguardar o término do procedimento administrativo devido ao óbice dos arts. 111 e 116 do Código Penal.
(D) O lançamento definitivo na esfera administrativa constitui uma condição objetiva de punibilidade do tipo penal de sonegação (art. 1º, Lei 8.137/1990).
(E) O lançamento definitivo na esfera administrativa é essencial porque os tipos penais do art. 1º da Lei 8.137/1990 são crimes de perigo e não de dano.

Súmula Vinculante nº 24 do STF: "Não se tipifica crime material contra a ordem tributária, previsto no art. 1º, incisos I a IV, da Lei 8.137/1990, antes do lançamento definitivo do tributo".

Gabarito "A"

(FGV – 2008) O Supremo Tribunal Federal decidiu que os crimes previstos no art. 1º da Lei 8.137/1990 são crimes materiais. Isso significa que:

(A) é preciso aguardar o término do procedimento administrativo-fiscal em que seja constatada a efetiva redução ou supressão do tributo para ajuizar a ação penal por crime de sonegação fiscal.
(B) é preciso que a denúncia venha acompanhada de laudo pericial subscrito por dois peritos oficiais atestando a falsificação da Certidão Negativa de Débitos Fiscais.
(C) o autor do crime terá a pena aumentada em 1/3 a 2/3.
(D) não será instaurado inquérito para apuração da conduta do funcionário que patrocinar, direta ou indiretamente, interesse privado perante a administração fazendária, valendo-se da qualidade de funcionário público.

(E) a lei foi revogada.

Súmula Vinculante nº 24 do STF: "Não se tipifica crime material contra a ordem tributária, previsto no art. 1º, incisos I a IV, da Lei 8.137/1990, antes do lançamento definitivo do tributo".

Gabarito "A"

(FGV – 2007) José da Silva e Manoel de Souza são empresários do ramo têxtil e detêm, respectivamente, 45% e 50% do mercado de produção de fantasias infantis no Estado do Pará. Tomando conhecimento de que a empresa cearense "Rapadura" de propriedade da executiva Maria de Jesus abriu uma filial na cidade de Belém e iniciou sua produção, José e Manoel decidem ajustar a fixação artificial do preço de seus produtos, além de fazerem uma aliança para controlar os fornecedores de matéria prima indispensável (tinta atóxica) em toda a Região Norte, tudo com vistas a impedir o funcionamento e desenvolvimento da empresa concorrente. Que crime praticaram José e Manoel?

(A) Crime de estelionato (art. 171 do Código Penal).
(B) Crime contra as relações de consumo (art. 7º da Lei 8.137/1990).
(C) Crime contra a ordem econômica (art. 4º da Lei 8.137/1990).
(D) Crime de fraude no comércio (art. 175 do Código Penal).
(E) Não praticaram crime algum. A conduta é atípica.

A conduta praticada por José e Manuel está prefigurada no art. 4º, II, *a*, da Lei 8.137/1990.

Gabarito "C"

(FGV – 2005) O crime de patrocinar diretamente interesse privado perante a administração fazendária, valendo-se da qualidade de funcionário público:

(A) é crime de patrocínio infiel, previsto no Código Penal.
(B) é crime de favorecimento pessoal, previsto no Código Penal.
(C) é crime de advocacia administrativa, previsto no Código Penal.
(D) é crime contra a ordem tributária, previsto em lei especial.
(E) é crime de exploração de prestígio, previsto no Código Penal.

Art. 3º, III, da Lei 8.137/1990.

Gabarito "D"

28. CRIMES DE ABUSO DE AUTORIDADE

(FGV – 2008) A respeito do comportamento da autoridade pública, no exercício de suas funções não é correto afirmar que:

(A) constitui abuso de autoridade prolongar a execução de prisão temporária, de pena ou de medida de segurança, deixando de expedir em tempo oportuno ou de cumprir imediatamente ordem de liberdade.
(B) constitui abuso de autoridade não comunicar, imediatamente, ao juiz competente a prisão ou detenção de qualquer pessoa.
(C) constitui abuso de autoridade ordenar ou executar medida privativa da liberdade individual, sem as formalidades legais ou com abuso de poder.
(D) constitui abuso de autoridade praticar, com desvio de poder, ato lesivo da honra ou do patrimônio de pessoa jurídica.
(E) constitui abuso de autoridade deixar, por indulgência, de responsabilizar subordinado que cometeu infração no exercício do cargo.

A: correta (art. 4º, *i*, da Lei 4.898/1965); **B:** correta (art. 4º, *c*, da Lei 4.898/1965); **C:** correta (art. 4º, *a*, da Lei 4.898/1965); **D:** correta (art. 4º, *h*, da Lei 4.898/1965); **E:** incorreta, devendo ser assinalada (art. 320 do CP – condescendência criminosa).

Gabarito "E"

(FGV – 2008) Assinale a alternativa que indique o comportamento que não constitui crime de abuso de autoridade, tal como previsto na Lei 4.898/1965.

(A) Prolongar a execução de prisão temporária, de pena ou de medida de segurança, deixando de expedir em tempo oportuno ou de cumprir imediatamente ordem de liberdade.
(B) Retardar ou deixar de praticar, indevidamente, ato de ofício, ou praticá-lo contra disposição expressa de lei, para satisfazer interesse ou sentimento pessoal.
(C) Deixar de comunicar, imediatamente, ao juiz competente a prisão ou detenção de qualquer pessoa.
(D) Submeter pessoa sob sua guarda ou custódia a vexame ou a constrangimento não autorizado em lei.
(E) Levar à prisão e nela deter quem quer que se proponha a prestar fiança, permitida em lei.

A: correta (art. 4º, *i*, da Lei 4.898/1965); **B:** incorreta, devendo ser assinalada (art. 319 do CP – prevaricação); **C:** correta (art. 4º, *c*, da Lei 4.898/1965); **D:** correta (art. 4º, *b*, da Lei 4.898/1965); **E:** correta (art. 4º, *e*, da Lei 4.898/1965).

Gabarito "B"

(FGV – 2008) Assinale a afirmativa incorreta.

(A) Constitui abuso de autoridade o comportamento da autoridade pública que, no exercício de suas funções, deixar de comunicar, imediatamente, ao juiz competente a prisão ou detenção de qualquer pessoa.
(B) Constitui abuso de autoridade o comportamento da autoridade pública que, no exercício de suas funções, leva à prisão quem quer que se proponha a prestar fiança, permitida em lei.
(C) Constitui abuso de autoridade o comportamento da autoridade pública que, no exercício de suas funções, submete alguém sob sua guarda com emprego de violência a intenso sofrimento mental, como forma de aplicar castigo pessoal.
(D) Constitui abuso de autoridade o comportamento da autoridade pública que, no exercício de suas funções, pratica, com desvio de poder, ato lesivo da honra ou do patrimônio de pessoa jurídica.
(E) Constitui abuso de autoridade deixar o juiz de ordenar o relaxamento de prisão ou detenção ilegal que lhe seja comunicada.

A: correta (art. 4º, *c*, da Lei 4.898/1965); **B:** correta (art. 4º, *e*, da Lei 4.898/1965); **C:** incorreta, devendo ser assinalada (art. 1º, II, da Lei de Tortura – Lei 9.455/1997); **D:** correta (art. 4º, *h*, da Lei 4.898/1965); **E:** correta (art. 4º, *d*, da Lei 4.898/1965).

Gabarito "C"

29. CRIMES HEDIONDOS

(OAB/Exame Unificado – 2009.2) Antônio, réu primário, sofreu condenação já transitada em julgado pela prática do crime previsto no art. 273 do CP, consistente na falsificação de produto destinado a fins terapêuticos, praticado em janeiro de 2009. Em face dessa situação hipotética e com base na legislação e na jurisprudência aplicáveis ao caso, assinale a opção correta.

(A) Antônio cometeu crime hediondo, mas poderá progredir de regime de pena privativa de liberdade após o cumprimento de um sexto da pena, caso ostente bom comportamento carcerário comprovado pelo diretor do estabelecimento prisional.
(B) Antônio cometeu crime hediondo, de forma que só poderá progredir de regime de pena privativa de liberdade após o cumprimento de dois quintos da pena, caso atendidos os demais requisitos legais.
(C) Antônio cometeu crime hediondo e, portanto, não poderá progredir de regime.
(D) Antônio não cometeu crime hediondo e poderá progredir de regime de pena privativa de liberdade após o cumprimento de um sexto da pena, caso ostente bom comportamento carcerário comprovado pelo diretor do estabelecimento prisional, mediante decisão fundamentada precedida de manifestação do MP e do defensor.

O crime capitulado no art. 273 do CP é hediondo, nos exatos termos do art. 1º, VII-B, da Lei 8.072/1090. Com a modificação legislativa implementada pela Lei 11.464/2007, que alterou a redação do § 2º do art. 2º da Lei 8.072/1990 (Crimes Hediondos), a progressão de regime, no caso de condenado a crime hediondo, dar-se-á após o cumprimento de dois quintos da pena, se se tratar de apenado primário; e de três quintos, se reincidente.

Gabarito "B"

(OAB/Exame Unificado – 2008.3) Assinale a opção correta no que concerne à legislação acerca de crimes hediondos.

(A) A nova Lei dos Crimes Hediondos prevê, como requisito objetivo para a progressão de regime, o cumprimento de um sexto da pena caso o réu seja primário.
(B) Em caso de sentença condenatória, o réu não poderá apelar em liberdade, haja vista a gravidade dos crimes elencados na referida legislação.
(C) É previsto, para a prisão temporária, nos crimes hediondos, o prazo, improrrogável, de trinta dias.
(D) A nova Lei dos Crimes Hediondos afasta a obrigatoriedade de cumprimento de pena em regime integralmente fechado.

A: incorreta (art. 2º, § 2º, da Lei 8.072/1990). Se primário o condenado, fará jus à progressão de regime depois de cumprir 2/5 da pena; em se tratando de apenado reincidente, deverá cumprir 3/5 da sanção imposta. Trata-se de modificação introduzida pela Lei 11.464/07, que pôs fim à celeuma existente a respeito da matéria; **B:** incorreta (art. 2º, § 3º, da Lei 8.072/1990); **C:** incorreta (art. 2º, § 4º, da Lei 8.072/1990). A custódia temporária está disciplinada na Lei 7.960/1989; **D:** correta (art. 2º, §§ 1º e 2º, da Lei 8.072/1990).

Gabarito "D"

(OAB/Exame Unificado – 2004.ES) Não é considerado crime hediondo o(a)

(A) Extorsão mediante sequestro e na forma qualificada.
(B) Estupro.
(C) Lesão corporal de natureza grave.
(D) Desencadeamento de epidemia com resultado morte.

Art. 1º, Lei n. 8.072/1990.

Gabarito "C"

(FGV – 2013) Avalie os tipos de crimes listados a seguir.

I. Extorsão mediante sequestro;
II. Estupro;
III. Qualquer homicídio, simples ou qualificado, desde que doloso;
IV. Falsificação, corrupção, adulteração ou alteração de produto destinado a fins terapêuticos ou medicinais.

De acordo com a Lei 8.072/1990, são considerados crimes hediondos:

(A) I e II, somente.
(B) I e III, somente.
(C) I, II e IV, somente.
(D) I, III e IV, somente.
(E) II, III e IV, somente.

I: correta. Crime hediondo previsto no art. 1º, IV, da Lei 8.072/1990; **II:** correta. Crime hediondo previsto no art. 1º, V, da Lei 8.072/1990; **III:** incorreta, uma vez que o homicídio simples somente será considerado hediondo quando praticado em atividade típica de grupo de extermínio, ainda que cometido por somente um agente (art. 1º, I, da Lei 8.072/1990). O homicídio qualificado, de outro lado, será sempre hediondo; **IV:** correta. Crime hediondo previsto no art. 1º, VII-B, da Lei 8.072/1990.

Gabarito "C"

(FGV – 2011) Quanto aos crimes hediondos, analise os itens a seguir:

I. extorsão qualificada;
II. roubo com uso de meio insidioso;
III. tráfico de animais silvestres;
IV. epidemia com resultado morte.

É correto afirmar que são crimes hediondos somente os itens

(A) I e III.
(B) I e IV.
(C) II e III.
(D) II e IV.
(E) I, II e III.

I: correto. A teor do art. 1º, III, da Lei 8.072/1990, é crime hediondo a forma qualificada de extorsão prevista no art. 158, § 2º, do CP; II e III: incorretos. Crimes não contemplados no rol do art. 1º da Lei 8.072/1990; IV: correto. É crime hediondo, nos termos do art. 1º, VII, da Lei 8.072/1990 (Crimes Hediondos).

Gabarito "B"

(FGV – 2010) De acordo com a Lei 8.072/1990, assinale a alternativa que não apresenta um crime considerado hediondo.

(A) latrocínio (art. 157, § 3º, *in fine*); extorsão qualificada pela morte (art. 158, § 2º) e envenenamento de água potável ou de substância alimentícia ou medicinal (art. 270).
(B) epidemia com resultado morte (art. 267, § 1º); homicídio qualificado (art. 121, § 2º, I, II, III, IV e V) e extorsão qualificada pela morte (art. 158, § 2º).

(C) latrocínio (art. 157, § 3º, *in fine*); epidemia com resultado morte (art. 267, § 1º); e homicídio qualificado (art. 121, § 2º, I, II, III, IV e V).

(D) latrocínio (art. 157, § 3º, *in fine*); falsificação, corrupção, adulteração ou alteração de produto destinado a fins terapêuticos ou medicinais (art. 273, *caput* e § 1º, § 1º-A e § 1º-B; e homicídio qualificado (art. 121, § 2º, I, II, III, IV e V).

(E) latrocínio (art. 157, § 3º, *in fine*); epidemia com resultado morte (art. 267, § 1º); falsificação, corrupção, adulteração ou alteração de produto destinado a fins terapêuticos ou medicinais (art. 273, *caput* e § 1º, § 1º-A e § 1º-B e homicídio qualificado (art. 121, § 2º, I, II, III, IV e V).

O crime previsto no art. 270 do CP não integra o rol do art. 1º da Lei 8.072/1990; os demais estão ali listados.

Gabarito "A"

(FGV – 2008) Com relação aos crimes hediondos, assinale a afirmativa incorreta.

(A) Os crimes hediondos são insuscetíveis de anistia, graça e indulto.

(B) A progressão de regime, no caso dos condenados por crimes hediondos, dar-se-á após o cumprimento de 2/5 (dois quintos) da pena, se o apenado for primário, e de 3/5 (três quintos), se reincidente.

(C) São crimes hediondos, dentre outros, o latrocínio (art. 157, § 3º, *in fine*), a extorsão qualificada pela morte (art. 158, § 2º) e crime de genocídio previsto nos arts. 1º, 2º e 3º da Lei 2.889/1956.

(D) A pena por crime hediondo será cumprida inicialmente em regime fechado.

(E) Os crimes hediondos são insuscetíveis de fiança e liberdade provisória.

A: correta. A assertiva corresponde à redação do art. 2º, I, da Lei 8.072/1990; **B:** correta (art. 2º, § 2º, da Lei 8.072/1990); **C:** correta (art. 1º, II, III e parágrafo único, da Lei 8.072/1990); **D:** correta (art. 2º, § 1º, da Lei 8.072/1990); **E:** incorreta, devendo ser assinalada. Com a nova redação dada ao inciso II do art. 2º da Lei de Crimes Hediondos pela Lei 11.464/2007, suprimiu-se a vedação que antes existia ao deferimento de liberdade provisória sem fiança.

Gabarito "E"

(FGV – 2008) Assinale a alternativa que contém um crime que não é considerado hediondo.

(A) homicídio qualificado (art. 121, § 2º, I, II, III, IV e V); latrocínio (art. 157, § 3º, *in fine*); extorsão qualificada pelo emprego de arma de fogo (art. 158, § 1º).

(B) extorsão qualificada pela morte (art. 158, § 2º); falsificação, corrupção, adulteração ou alteração de produto destinado a fins terapêuticos ou medicinais (art. 273, *caput* e § 1º, § 1º-A e § 1º-B); homicídio qualificado (art. 121, § 2º, I, II, III, IV e V).

(C) epidemia com resultado morte (art. 267, § 1º); latrocínio (art. 157, § 3º, *in fine*); homicídio qualificado (art. 121, § 2º, I, II, III, IV e V).

(D) extorsão qualificada pela morte (art. 158, § 2º); atentado violento ao pudor (art. 214 e sua combinação com o art. 223, *caput* e parágrafo único); homicídio qualificado (art. 121, § 2º, I, II, III, IV e V).

(E) latrocínio (art. 157, § 3º, *in fine*); atentado violento ao pudor (art. 214 e sua combinação com o art. 223, *caput* e parágrafo único); estupro (art. 213 e sua combinação com o art. 223, *caput* e parágrafo único).

À exceção do crime de extorsão qualificada pelo emprego de arma de fogo, presente na alternativa "A", os demais são hediondos, já que integram a lista do art. 1º da Lei 8.072/1990. Registre-se que a conduta consistente em praticar, mediante violência ou grave ameaça, ato libidinoso diverso da conjunção carnal configura, hoje, o crime de estupro, e não mais o de atentado violento ao pudor, já que a conduta antes presente no art. 214 do CP foi incorporada ao art. 213. De qualquer modo, por força do disposto no art. 1º, V e VI, da Lei 8.072/1990, são hediondos o estupro (simples e qualificado) e o estupro de vulnerável (simples e qualificado).

Gabarito "A"

30. OUTROS CRIMES DA LEGISLAÇÃO EXTRAVAGANTE

(OAB/Exame Unificado – 2016.1) Durante uma operação em favela do Rio de Janeiro, policiais militares conseguem deter um jovem da comunidade portando um rádio transmissor. Acreditando ser o mesmo integrante do tráfico da comunidade, mediante violência física, os policiais exigem que ele indique o local onde as drogas e as armas estavam guardadas. Em razão das lesões sofridas, o jovem vem a falecer. O fato foi descoberto e os policiais disseram que ocorreu um acidente, porquanto não queriam a morte do rapaz por eles detido, apesar de confirmarem que davam choques elétricos em seu corpo molhado com o fim de descobrir o esconderijo das drogas.

Diante desse quadro, que restou integralmente provado, os policiais deverão responder pelo crime de

(A) lesão corporal seguida de morte.

(B) tortura qualificada pela morte com causa de aumento.

(C) homicídio qualificado pela tortura.

(D) abuso de autoridade.

Não deve restar dúvida de que o crime em que incorreram os policiais é o de tortura qualificada pelo resultado morte (art. 1º, I, e § 3º, segunda parte, da Lei 9.455/1997), que constitui crime preterdoloso, na medida em que há dolo na conduta de torturar e culpa no resultado morte. Incide ainda a causa de aumento prevista no art. 1º, § 4º, I, da Lei 9.455/1997, pelo fato de o crime haver sido praticado por agente público.

Gabarito "B"

(OAB/Exame Unificado – 2015.3) No ano de 2014, Bruno, Bernardo e Bianca se uniram com a intenção de praticar, reiteradamente, a contravenção penal de jogo do bicho. Para tanto, reuniam-se toda quarta-feira e decidiam em quais locais o jogo do bicho seria explorado.

Chegaram, efetivamente, em uma oportunidade, a explorar o jogo do bicho em determinado estabelecimento. Considerando apenas as informações narradas, Bruno, Bernardo e Bianca responderão

(A) pela contravenção penal do jogo do bicho, apenas.

(B) pela contravenção penal do jogo do bicho e pelo crime de associação criminosa.

(C) pela contravenção penal do jogo do bicho e pelo crime de organização criminosa.

(D) pelo crime de associação criminosa, apenas.

Não há que se falar na prática do delito de *associação criminosa*, previsto no art. 288 do CP, cuja redação atual foi conferida pela Lei 12.850/2013. E a razão é simples: o delito em questão pressupõe que a constituição do grupo criminoso (de três ou mais pessoas) se dê para o fim de cometer *crimes*. As contravenções, como se vê, não foram contempladas. Incorretas, assim, as assertivas "B" e "D". De igual forma, não se configura o crime de *organização criminosa* (arts. 1º, § 2º, e 2º, *caput*, da Lei 12.850/2013), que tem dentre os seus requisitos o número mínimo de quatro integrantes e o propósito de cometer infrações penais cuja pena máxima seja superior a quatro anos, o que exclui as contravenções penais. Resta, assim, a assertiva "A", que deve ser considerada como correta, já que a conduta praticada por Bruno, Bernardo e Bianca se subsume ao tipo penal do art. 50 do Decreto-lei n. 3.688/1941 (Lei das Contravenções Penais).

Gabarito "A"

(OAB/Exame Unificado – 2012.3.B) Assinale a alternativa que apresenta dois institutos despenalizadores previstos na Lei dos Juizados Especiais.

(A) Suspensão condicional da pena privativa de liberdade e transação penal.

(B) Transação penal e livramento condicional.

(C) Composição civil extintiva da punibilidade e suspensão condicional do processo.

(D) *Sursis* e pena restritiva de direitos substitutiva da privativa de liberdade.

A: incorreta, pois, embora a *transação penal* esteja prevista na Lei dos Juizados Especiais (art. 76 da Lei 9.099/1995), a *suspensão condicional da pena* (*sursis*), que não deve ser confundida com a *suspensão condicional do processo* (*sursis* processual – art. 89 da Lei 9.099/1995), tem a sua disciplina estabelecida nos arts. 77 e ss. do CP; **B:** incorreta. Como já dito, a *transação penal* é instituto previsto na Lei 9.099/1995; já o *livramento condicional* está previsto nos arts. 83 e ss., do CP, e 131 e ss. da Lei de Execuções Penais (Lei 7.210/1984); **C:** correta, pois contempla institutos previstos na Lei 9.099/1995 (Juizados Especiais). Vale lembrar que, embora prevista na Lei dos Juizados Especiais, o âmbito de incidência da *suspensão condicional do processo* não é restrito às infrações penais de menor potencial ofensivo, aplicando-se a todos os crimes cuja pena mínima cominada não exceda a um ano; **D:** incorreta. Institutos previstos no Código Penal, respectivamente nos arts. 77 e 43, ambos do CP.

Gabarito "C"

(OAB/Exame Unificado – 2010.3) A tortura, conduta expressamente proibida pela Constituição Federal e lei específica,

(A) se reconhecida, não implicará aumento de pena, caso seja cometida por agente público.

(B) pode ser praticada por meio de uma conduta comissiva (positiva, por via de uma ação) ou omissiva (negativa, por via de uma abstenção).

(C) exige, na sua configuração, que o autor provoque lesões corporais na vítima ao lhe proporcionar sofrimento físico com o emprego de violência.

(D) é crime inafiançável, imprescritível e insuscetível de graça ou anistia.

A: a assertiva está incorreta. A prática da tortura, por agente público, implicará, sim, aumento de pena, nos termos do disposto no art. 1º, § 4º, I, da Lei 9.455/1997; **B:** assertiva correta. De fato, este crime comporta tanto uma conduta comissiva (uma ação) quanto uma conduta omissiva (vide art. 1º, § 2º, da Lei 9.455/1997); **C:** assertiva incorreta. O tipo penal não faz essa exigência. Aliás, o art. 1º, § 3º, da Lei 9.455/1997 estabelece uma série de consequências que podem advir da tortura: lesão corporal de natureza grave, de natureza gravíssima e morte. Trata-se de hipótese de crime preterdoloso, em que a tortura constitui um antecedente doloso e a lesão ou morte um consequente culposo. É este o entendimento da maioria da doutrina e jurisprudência; **D:** assertiva incorreta. É correto afirmar-se que a tortura é inafiançável e insuscetível de graça ou anistia (art. 1º, § 6º, da Lei 9.455/1997). De outro lado, não é correto afirmar que o delito de tortura é imprescritível, já que, no Brasil, somente o são o racismo (art. 5º, XLII, da CF) e a ação de grupos armados, civis ou militares, contra a ordem constitucional e o Estado Democrático (art. 5º, XLIV, da CF).

Gabarito "B"

(OAB/Exame Unificado – 2010.2) João da Silva, José da Silva e Maria da Silva são os acionistas controladores do Banco Silva's e Família, cada um com 30% das ações com direito a voto e exercendo respectivamente os cargos de Diretor-Presidente, Diretor Comercial e Diretora de Contabilidade. Em razão das dificuldades financeiras que afetaram o Banco Silva's e Família, os diretores decidem pôr em curso as seguintes práticas: (1) adquirir no mercado títulos do tesouro nacional já caducos (portanto sem valor algum) e, utilizando-os como simulacro de lastro, emitir títulos do banco para captar recursos financeiros junto aos investidores; (2) forjar negócios com pessoas jurídicas inexistentes a fim de simular ganhos; e, por fim, (3) fraudar o balanço da instituição simulando lucros no exercício ao invés dos prejuízos efetivamente sofridos.

Os primeiros doze meses demonstraram resultados excelentes, com grande aumento do capital, mas os vinte e quatro meses seguintes são marcados por uma perda avassaladora de recursos, levando o banco à beira da insolvência, com um passivo cerca de 50 vezes maior que o ativo. Nesse momento, o Banco Silva's e Família sofre uma intervenção do Banco Central e todos os fatos narrados acima vêm à tona.

Assinale a alternativa que indique o(s) crime(s) praticado(s) pelos acionistas controladores.

(A) Crimes de falsidade ideológica, falsidade documental e estelionato qualificado.

(B) Crime de gestão temerária de instituição financeira.

(C) Crime de gestão fraudulenta de instituição financeira.

(D) Crime de gestão temerária em concurso com crime de gestão fraudulenta de instituição financeira.

Art. 4º, *caput*, da Lei 7.492/1986.

Gabarito "C"

(OAB/Exame Unificado – 2008.2) Constitui, segundo a Lei de Execução Penal, direito que pode ser suspenso ou restringido ao preso mediante ato motivado do diretor do estabelecimento prisional

(A) o chamamento nominal.

(B) a entrevista pessoal e reservada com o advogado.

(C) o contato com o mundo exterior por meio de correspondência escrita, da leitura e de outros meios de informação que não comprometam a moral e os bons costumes.

(D) a representação e petição a qualquer autoridade, em defesa de direito.

Art. 41, parágrafo único, da Lei 7.210/1984 (Lei de Execuções Penais).

Gabarito "C"

(OAB/Exame Unificado – 2008.1) Patrícia, vendedora em uma butique, recusou o acesso de Latifa, mulher muçulmana, à loja, e negou-se a atendê-la, por acreditar que, pelo modo como estava trajada, Latifa não tinha o perfil de compradora daquele estabelecimento. Na ocasião, Patrícia deixou transparecer que se considerava superior a Latifa. Considerando a situação hipotética descrita, assinale a opção correta.

(A) Os elementos subjetivos do delito são o dolo e a culpa.

(B) No delito em questão, pune-se o preconceito, que resultou em atitude segregacionista, pouco interessando a eventual alegação da comerciante de que Latifa, pessoa discriminada, não teria o perfil de cliente daquela loja.

(C) O sujeito ativo do delito limita-se ao gerente.

(D) O delito em questão é prescritível.

Art. 5º da Lei 7.716/1989 (legislação que define crimes resultantes de preconceito de raça ou de cor). É crime doloso e imprescritível, nos termos do art. 5º, XLII, da CF.

Gabarito "B"

(OAB/Exame Unificado – 2007.3) Assinale a opção correta no que se refere à clonagem humana.

(A) A clonagem humana é crime previsto no Código Penal.

(B) A clonagem humana deixa de ser crime se for realizada para salvar um enfermo.

(C) A utilização de células-tronco embrionárias obtidas de embriões humanos produzidos por fertilização *in vitro* é sempre permitida se houver consentimento dos genitores e os embriões forem inviáveis.

(D) A clonagem humana é crime tratado pela Lei de Biossegurança.

Art. 26, Lei 11.105/2005.

Gabarito "D"

(OAB/Exame Unificado – 2007.3) Quanto aos crimes falimentares, previstos na Lei n.º 11.101/2005, assinale a opção correta.

(A) Os efeitos da condenação, tais como inabilitação para o exercício de atividade empresarial, impossibilidade de gerir empresa por mandato, entre outros, devem ser aplicados automaticamente com a sentença condenatória.

(B) A fraude contra credores, descrita como conduta criminosa, só poderá ocorrer antes da sentença que decretar a falência.

(C) A redução ou substituição da pena privativa de liberdade prevista na lei dos crimes falimentares só poderá ser aplicada às microempresas e às empresas de médio porte.

(D) Praticam crime falimentar o juiz, o representante do Ministério Público, o administrador judicial, o gestor judicial, o perito, o avaliador, o escrivão, o oficial de justiça ou o leiloeiro, por si ou por interposta pessoa, que adquiram bens da massa falida ou de devedor em recuperação judicial.

A: incorreta (art. 181, § 1º, da Lei 11.101/2005); **B:** incorreta (art. 168 da Lei 11.101/2005); **C:** incorreta (art. 168, § 4º, Lei 11.101/2005); **D:** correta (art. 177, Lei 11.101/2005).

Gabarito "D"

(OAB/Exame Unificado – 2007.3) A respeito das contravenções penais, assinale a opção correta.

(A) As penas privativas de liberdade tratadas na lei das contravenções penais são de prisão simples.

(B) A lei das contravenções penais foi revogada, tendo algumas das condutas sido transformadas em infrações administrativas e outras, em infrações criminais.

(C) A contravenção penal de porte de arma não foi revogada pela lei de armas de fogo — Lei n.º 10.826/2003.

(D) As contravenções penais de vadiagem e mendicância foram revogadas após a ratificação do Brasil à Convenção Americana de Direitos Humanos.

A: correta (art. 1º do Dec.-lei 3.914/1941 – Lei de Introdução ao Código Penal; art. 5º, I, do Dec.-lei 3.688/1941 – Lei das Contravenções Penais). Crime é a infração penal que comporta as penas de reclusão ou de detenção; contravenção, a infração que admite as penas de prisão simples ou multa, ou ambas, alternativa ou cumulativamente; **B:** incorreta. O Decreto-lei 3.688/1941 (Lei das Contravenções Penais) está em vigor, tendo sido recepcionado pela Carta de 1988 como lei ordinária; **C:** incorreta. A contravenção de porte de arma foi revogada pela Lei 9.437/1997; **D:** incorreta. Com o advento da Lei 11.983/2009, que revogou o art. 60 da Lei das Contravenções Penais, a mendicância deixou de ser infração penal (Dec.-lei 3.688/1941), operando-se autêntica *abolitio criminis*. A vadiagem permanece como contravenção penal, capitulada no art. 59 do Dec.-lei 3.688/1941.

Gabarito "A"

(OAB/Exame Unificado – 2007.1) O agente que mantém, no exterior, depósitos não declarados à repartição federal competente pratica crime contra

(A) As relações de consumo.

(B) O sistema financeiro.

(C) A ordem econômica.

(D) A ordem tributária.

Art. 22, parágrafo único, da Lei 7.492/1986.

Gabarito "B"

(FGV – 2010) Relativamente ao *Estatuto do Idoso* (Lei nº 10.741/2003), analise as afirmativas a seguir:

I. O Estatuto do Idoso é destinado a regular os direitos assegurados às pessoas com idade igual ou superior a 65 (sessenta e cinco) anos.

II. Os crimes definidos no Estatuto do Idoso são de ação penal pública incondicionada, não se lhes aplicando os arts. 181 e 182 do Código Penal.

III. Aos crimes previstos no Estatuto do Idoso, cuja pena máxima privativa de liberdade não ultrapasse 2 (dois) anos, aplica-se o procedimento previsto na Lei 9.099, de 26 de setembro de 1995, e, subsidiariamente, no que couber, as disposições do Código Penal e do Código de Processo Penal.

Assinale:

(A) se somente a afirmativa I estiver correta.

(B) se somente a afirmativa II estiver correta.

(C) se somente a afirmativa III estiver correta.

(D) se somente as afirmativas II e III estiverem corretas.

(E) se todas as afirmativas estiverem corretas.

I: incorreto (art. 1º da Lei 10.741/2003: "É instituído o Estatuto do Idoso, destinado a regular os direitos assegurados às pessoas com idade igual ou superior a 60 (sessenta) anos."); **II:** assertiva correta, nos termos do art. 95 do Estatuto do Idoso; **III:** assertiva incorreta, nos termos do art. 94 do Estatuto.

Gabarito "B"

(FGV – 2008) Relativamente ao crime de tortura (Lei 9.455/1997), é correto afirmar que a pena do crime é aumentada quando:

(A) o crime é cometido contra agente público.
(B) o crime é cometido por pessoa maior de sessenta anos.
(C) o crime é cometido por agente público.
(D) o crime é cometido durante o repouso noturno.
(E) a pessoa que tinha o dever de evitá-las ou apurá-las se omite em face dessas condutas.

As causas de aumento de pena estão previstas no art. 1º, § 4º, da Lei 9.455/1997, a saber: se o crime é cometido por agente público; se o crime é cometido contra criança, gestante, portador de deficiência, adolescente ou maior de 60 anos; e se o crime é cometido mediante sequestro.

Gabarito "C"

(FGV – 2005) Em matéria de contravenções penais, podemos afirmar que:

(A) as penas principais previstas na Lei das Contravenções Penais são: prisão simples, multa e perda de função pública.
(B) a lei brasileira é sempre aplicada à contravenção praticada fora do território nacional.
(C) recusar o recebimento de cheque é contravenção penal prevista na Lei de Contravenções Penais.
(D) é contravenção penal anunciar substância destinada a provocar aborto.
(E) a exploração da credulidade pública é uma contravenção penal.

A: incorreta. As penas principais previstas na Lei das Contravenções Penais, em seu art. 5º, são: prisão simples e multa; **B:** incorreta. Reza o art. 2º da LCP que a lei brasileira só é aplicável à contravenção praticada no território nacional; **C:** incorreta. Não constitui contravenção penal; **D:** correta (art. 20 da LCP); **E:** incorreta. O art. 27 da LCP (exploração da credulidade pública) foi revogado pela Lei 9.521/1997.

Gabarito "D"

31. TEMAS COMBINADOS

(OAB/Exame Unificado – 2015.1) Moura, maior de 70 anos, primário e de bons antecedentes, mediante grave ameaça, subtraiu o relógio da vítima Lúcia, avaliado em R$ 550,00 (quinhentos e cinquenta reais). Cerca de 45 minutos após a subtração, Moura foi procurado e localizado pelos policiais que foram avisados do ocorrido, sendo a coisa subtraída recuperada, não sofrendo a vítima qualquer prejuízo patrimonial. O fato foi confessado e Moura foi condenado pela prática do crime de roubo simples, ficando a pena acomodada em 04 anos de reclusão em regime aberto e multa de 10 dias.

Procurado pela família do acusado, você, como advogado poderá apelar, buscando

(A) o reconhecimento da forma tentada do roubo.
(B) a aplicação do sursis da pena.
(C) o reconhecimento da atipicidade comportamental por força da insignificância.
(D) a redução da pena abaixo do mínimo legal, em razão das atenuantes da confissão espontânea e da senilidade.

A: incorreta, na medida em que o crime de roubo, nas circunstâncias narradas no enunciado, atingiu a sua consumação. Quanto ao momento consumativo deste crime, reputo oportuno fazer algumas considerações. Doutrina e jurisprudência há muito consolidaram o entendimento segundo o qual a consumação do crime de furto e roubo está condicionada à retirada da *res* da esfera de vigilância e proteção da vítima. Pois bem. De uns anos para cá, a jurisprudência, notadamente dos tribunais superiores, à revelia de boa parte da doutrina, vem se inclinando em considerar, como momento consumativo do crime de furto (e também o de roubo), o da subtração do bem. Para a doutrina, tal mudança de entendimento significa antecipar o momento consumativo desse crime e, com isso, passar a considerá-lo formal (de consumação antecipada ou resultado cortado), já que o resultado previsto no tipo penal (lesão patrimonial) passaria a constituir mero exaurimento. Concordemos ou não com essa tendência da jurisprudência, o fato é que diversos julgados assim têm entendido. Senão vejamos: "A jurisprudência do Supremo Tribunal Federal dispensa, para a consumação do furto ou do roubo, o critério da saída da coisa da chamada "esfera de vigilância da vítima" e se contenta com a verificação de que, cessada a clandestinidade ou a violência, o agente tenha tido a posse das *res* furtiva, ainda que retomada, em seguida, pela perseguição imediata" (STF, HC 108.678-RS, 1ª Turma, rel. Min. Rosa Weber, 17.04.2012). Parece-nos que, no caso em tela, o crime de roubo, de uma forma ou de outra, se consumara; **B:** correta. Esta alternativa, dentre todas, é a única que se mostra viável, considerando os dados fornecidos no enunciado, uma vez que é a que prevê a concessão do *sursis* (suspensão condicional da pena), disciplinado no art. 77 e seguintes do CP. Importante notar que, por ser maior de 70 anos, Moura faz jus ao chamado *sursis* etário, previsto no art. 77, § 2º, do CP, que autoriza a sua concessão nas hipóteses em que a pena não seja superior a quatro anos (a pena aplicada a Moura é de 4 anos); **C:** incorreta. Há, neste caso, duas razões pelas quais não tem lugar o princípio da insignificância: primeiro que o crime praticado foi o de roubo, que, como bem sabemos, tutela outros bens além do patrimônio (delito complexo), o que, por si só, já é suficiente para afastar a incidência deste postulado; além disso e em segundo lugar, o valor atribuído ao relógio subtraído é, ao menos em tese, incompatível com o princípio da insignificância; **D:** incorreta, uma vez que, nos termos da Súmula 231 do STJ, *a incidência da circunstância atenuante não pode conduzir à redução da pena abaixo do mínimo legal.*

Gabarito "B"

(OAB/Exame Unificado – 2009.1) Constitui conduta criminosa

(A) deixar o pai de prover, sem justa causa, a instrução primária do filho em idade escolar.
(B) cometer adultério.
(C) emitir cheque pré-datado, sabendo-o sem provisão de fundos.
(D) destruir culposamente a vidraça de prédio pertencente ao departamento de polícia civil.

A: correta. A conduta dos pais que deixam de providenciar, sem justa causa, a educação primária do filho em idade escolar está descrita no art. 246 do CP – abandono intelectual; **B:** incorreta. O art. 240 do CP, que definia o crime de adultério, foi revogado pela Lei 11.106/2005. Suas implicações atualmente estão limitadas ao direito de família; **C:** incorreta. Cheque é ordem de pagamento à vista. Se alguém aceita o cheque para futura compensação, configurada estará uma promessa de pagamento. Nesse caso, não sendo o título compensado por falta de provisão de fundos, estaremos diante de um ilícito civil; **D:** incorreta. Não há, no CP, previsão de dano culposo. O art. 163 do CP não faz qualquer menção à modalidade culposa desse crime.

Gabarito "A"

(OAB/Exame Unificado – 2007.3) No ordenamento jurídico brasileiro, é considerado infração penal o ato de o (a)

(A) Marido cometer adultério.
(B) Pessoa usar substância que cause dependência física ou psíquica.

(C) Indivíduo prostituir-se, ou seja, manter relação sexual mediante pagamento.

(D) Pessoa praticar a vadiagem ou mendigar por ociosidade.

A: incorreta. O art. 240 do CP, que continha o crime de adultério, foi revogado pela Lei 11.106/2005 (*abolitio criminis*); **B:** incorreta. O ato de usar droga não constitui a infração penal prevista no art. 28, *caput* e § 1º, da Lei de Tóxicos; **C:** incorreta. O ato de o indivíduo prostituir-se não configura infração penal. A lei, entretanto, com o fito de tutelar a moralidade pública sexual, reprime algumas formas de exploração da prostituição, contidas no Capítulo V da Parte Especial do Código Penal, sob a denominação "Do Lenocínio e do Tráfico de Pessoas"; **D:** correta. A mendicância deixou de ser infração penal, mas a vadiagem continua a ser.

Gabarito "D"

(OAB/Exame Unificado – 2006.3) De acordo com jurisprudência do STJ e do STF, assinale a opção correta.

(A) A inexistência de dinheiro ou de outro objeto de valor em poder da vítima afasta a tentativa do crime de roubo.

(B) Relativamente ao advogado, a imunidade profissional contemplada na Constituição Federal é absoluta, não sofrendo restrições legais.

(C) O decreto de prisão preventiva há de substanciar-se no fato-crime e no homem-autor concretos, porém é cabível inferir-se fuga em função da revelia do paciente.

(D) Estão submetidos à disciplina da Lei de Imprensa, entre outros, os delitos contra a honra por meio dela praticados, quais sejam, aqueles cuja ofensa à honra subjetiva ou objetiva é veiculada em jornais e outras publicações periódicas.

A: incorreta. Trata-se de crime complexo, que atinge outros bens além do patrimônio. Dessa forma, a inexistência de dinheiro ou de outro objeto de valor em poder da vítima não tem o condão de afastar a tentativa do crime de roubo. Pela mesma razão não se aplica o *delito de bagatela*; **B:** incorreta (art. 133 da CF; art. 142, I, do CP; e art. 7º, § 2º, da Lei 8.906/1994 – Estatuto da OAB); **C:** incorreta (art. 312 do CPP); **D:** correta. A Lei de Imprensa (Lei 5.250/1967) não está mais em vigor. Foi declarada não recepcionada pelo STF no julgamento da ADPF 130.

Gabarito "D"

(OAB/Exame Unificado – 2006.3) De acordo com jurisprudência firmada no âmbito do STJ e no do STF, assinale a opção correta.

(A) Para a configuração do crime de tráfico de entorpecentes, é necessária a presença do especial fim de agir consistente na finalidade de comercialização da droga.

(B) O delito de associação para o tráfico de entorpecentes é considerado hediondo.

(C) A aplicação da pena, no ordenamento normativo brasileiro, não pode converter-se em instrumento de opressão judicial, nem traduzir exercício arbitrário de poder. Assim, o magistrado sentenciante está necessariamente vinculado aos fatores e aos critérios que, em matéria de dosimetria penal, limitam-lhe a prerrogativa de definir a pena aplicável ao condenado.

(D) Nos crimes contra a liberdade sexual cometidos mediante grave ameaça ou com violência presumida, impõe-se necessariamente o exame de corpo de delito direto, porque tais infrações penais sempre deixam vestígios materiais.

A: incorreta. O crime de tráfico de drogas não exige nenhuma finalidade específica; **B:** incorreta, pois o crime de associação para o tráfico (art. 35 da Lei 11.343/2006), segundo doutrina e jurisprudência dominantes, não pode, por falta de amparo legal, ser considerado hediondo tampouco a ele assemelhado; **C:** correta. Art. 59, CP: o juiz fixará a pena de tal forma que ela seja necessária e suficiente para reprovar e prevenir o crime. É o chamado *princípio da suficiência*; **D:** incorreta (art. 158 do CPP). Se a infração penal deixar vestígios, o exame de corpo de delito, direto ou indireto, é obrigatório.

Gabarito "C"

(OAB/Exame Unificado – 2006.3) Relativamente ao direito penal, assinale a opção correta.

(A) Admite-se a responsabilidade penal da pessoa jurídica em crimes ambientais desde que haja a imputação simultânea do ente moral e da pessoa física que atua em seu nome ou em seu benefício, uma vez que não se pode compreender a responsabilização do ente moral dissociada da atuação de uma pessoa física, que age com elemento subjetivo próprio.

(B) O crime de omissão de socorro qualifica-se como crime omissivo impróprio, bastando, para que se repute consumado, que o agente tenha se omitido quando deveria ter agido.

(C) O princípio da insignificância pode ser aplicado ao delito de contrabando de munição de arma de fogo.

(D) O reconhecimento da atenuante da confissão espontânea tem o condão de reduzir a pena aquém do mínimo legal.

A: correta (art. 225, § 3º, da CF; art. 3º, parágrafo único, da Lei 9.605/1998 – Lei de Crimes Ambientais); **B:** incorreta. O crime de omissão de socorro (art. 135 do CP) é omissivo próprio, já que se consuma com a mera abstenção do agente; **C:** incorreta. O princípio da insignificância, para ser aplicado, conforme tem entendido o STF, deve atender a alguns requisitos, a saber: mínima ofensividade da conduta; nenhuma periculosidade social da ação; reduzidíssimo grau de reprovabilidade do comportamento; e inexpressividade da lesão jurídica provocada; **D:** incorreta. A confissão espontânea está no art. 65, III, *d*, do CP. Quanto à possibilidade de o magistrado, diante da confissão espontânea, romper o mínimo legal, a despeito de parte da doutrina – minoritária – defender tal posicionamento, a Súmula 231 do STJ é clara: "A incidência da circunstância atenuante não pode conduzir a redução da pena abaixo do mínimo legal".

Gabarito "A"

(OAB/Exame Unificado – 2006.2) Assinale a opção incorreta de acordo com o STJ e o STF.

(A) No crime de estupro, a pena será aumentada se o agente possuir relação de parentesco ou autoridade com a vítima.

(B) A calúnia e a difamação atingem a honra objetiva da vítima.

(C) Não havendo risco de dano concreto à pessoa, a direção de veículo sem habilitação é apenas infração administrativa, não configurando crime.

(D) É impossível atribuir a pessoa jurídica capacidade penal para a prática de crimes ambientais.

A: correta (art. 226, II, do CP); **B:** correta. *Honra objetiva*, atingida nos crimes de calúnia e difamação, é o conceito no qual cada pessoa é tida no meio social; **C:** correta. O crime capitulado no art. 309 do Código de Trânsito Brasileiro é de *perigo concreto*, ou seja, a probabilidade de ocorrer dano há de restar provada. Tal entendimento está materializado na Súmula 720 do STF; **D:** incorreta, devendo ser assinalada (art. 225, § 3º, da CF; art. 3º, *caput*, da Lei 9.605/1998 – Lei de Crimes Ambientais).

Gabarito "D"

(OAB/Exame Unificado – 2006.1) Considerando a legislação penal e a jurisprudência do Superior Tribunal de Justiça (STJ), assinale a opção incorreta.

(A) A sentença penal condenatória com trânsito em julgado torna certa a obrigação de reparar o dano causado pelo crime.
(B) O crime de quadrilha ou bando é um delito de natureza permanente.
(C) O objeto jurídico tutelado pelo delito de corrupção de menores é a proteção da moralidade do menor e visa a coibir a prática de delitos em que existe sua exploração.
(D) A apologia de contravenção penal satisfaz o elemento constitutivo do delito de apologia de crime ou criminoso.

A: correta (art. 91, I, do CP). Atenção: a Lei 12.694/2012 inseriu no art. 91 do CP os §§ 1º e 2º; **B:** correta. É delito permanente porque a consumação se prolonga no tempo por vontade dos agentes que integram a quadrilha, ainda que eles não venham a cometer qualquer crime. Atualmente, dada a modificação operada pela Lei 12.850/2013 na redação do art. 288 do CP, o crime de quadrilha (que passou a ser denominado associação criminosa) passou a exigir o número mínimo de três pessoas (antes eram necessárias quatro); **C:** correta. Trata-se da corrupção de menores, crime antes tipificado no art. 1º da Lei 2.252/1954 e agora previsto no art. 244-B do ECA; **D:** incorreta, devendo ser assinalada. A apologia de contravenção penal não satisfaz elemento constitutivo do delito capitulado no art. 287 do CP. *Fato criminoso*, mencionado no tipo penal, deve ser entendido como *crime*, ficando, portanto, excluída a *contravenção penal*; *crime*, também contido no tipo, difere de *contravenção penal*.

Gabarito "D"

(OAB/Exame Unificado – 2006.1) De acordo com a legislação penal e a jurisprudência pátria, sobretudo do STJ e do STF, assinale a opção correta.

(A) O arrependimento posterior é compatível com o delito de roubo.
(B) O crime de extorsão consuma-se com a obtenção da vantagem indevida.
(C) Cultivar plantas destinadas à preparação de entorpecentes é crime, segundo a Lei de Tóxicos.
(D) A condenação por extorsão mediante sequestro, delito tido como hediondo, deve ser cumprida em regime integralmente fechado, estando vedada a progressão de regime.

A: incorreta (art. 16 do CP). O *arrependimento posterior* só se aplica aos crimes cometidos sem violência ou grave ameaça à pessoa. Incompatível, por essa razão, com o delito de roubo (art. 157 do CP); **B:** incorreta. O delito de extorsão é *formal* (Súmula 96 do STJ). O constrangimento impingido à vítima e, por conseguinte, a ação desta, fazendo, tolerando que se faça ou deixando de fazer alguma coisa, já são suficientes à consumação do crime. A obtenção da vantagem indevida, portanto, constitui mero exaurimento; **C:** correta (art. 28, § 1º, da Lei 11.343/2006 – para consumo pessoal); **D:** incorreta (art. 2º, § 2º, da Lei 8.072/1990 – redação determinada pela Lei 11.464/2007).

Gabarito "C"

(OAB/Exame Unificado – 2006.1) Assinale a opção correta, considerando a jurisprudência do STJ e do STF.

(A) O STJ não admite a aplicação do princípio da bagatela no crime de furto, ainda que seja insignificante o valor dos bens furtados.
(B) O STF nega a possibilidade de se atribuir à pessoa jurídica capacidade para a prática de crime ambiental.
(C) O uso de arma de brinquedo justifica aumento de pena no caso de roubo.
(D) O STJ não admite extinção da punibilidade pela prescrição em perspectiva.

A: incorreta. O STJ e o STF têm, sim, aplicado o *princípio da bagatela* ao crime de furto; **B:** incorreta (art. 3º da Lei 9.605/1998; art. 225, § 3º, da CF); **C:** incorreta. A Súmula 174 do STJ (*critério subjetivo*) foi cancelada; **D:** correta. Também chamada *prescrição antecipada*. Embora não prevista em lei, grande parte da doutrina e da jurisprudência vem admitindo essa modalidade de prescrição.

Gabarito "D"

(OAB/Exame Unificado – 2006.1) Assinale a opção correta, de acordo com o ordenamento penal brasileiro.

(A) No peculato, a restituição do valor desviado importa, por si só, o afastamento do *animus rem sibi habendi* porque, para a caracterização desse tipo penal, é necessária a efetiva obtenção da vantagem ilícita.
(B) A doutrina penal brasileira instrui que o dolo, ainda que eventual, conquanto constitua elemento subjetivo do tipo, deve ser compreendido sob dois aspectos: o cognitivo, que traduz o conhecimento dos elementos objetivos do tipo, e o volitivo, configurado pela vontade de realizar a conduta típica.
(C) A consumação do crime de estelionato se dá independentemente da efetiva obtenção de vantagem ilícita, em detrimento de outrem, mediante sua indução ou manutenção em erro, utilização de artifício, ardil ou fraude.
(D) O crime de estupro, se perpetrado em sua forma simples ou com violência presumida, não é considerado crime hediondo.

A: incorreta. Predomina o entendimento segundo o qual não existe peculato de uso de bem fungível. O peculato de uso, portanto, pressupõe que a coisa seja infungível; **B:** correta. O *dolo natural*, adotado pela teoria finalista da ação, engloba a *consciência* e a *vontade*; **C:** incorreta. É crime material cuja consumação se dá com a obtenção da vantagem ilícita pelo agente, em prejuízo alheio; **D:** incorreta. Com a reforma implementada pela Lei 12.015/2009, a *presunção de violência* foi abolida, o que se deu por meio da revogação do art. 224 do CP. Ademais disso, esta Lei estabeleceu, ao modificar a redação do art. 1º da Lei 8.072/1990, que o *estupro*, na sua nova acepção, e o *estupro de vulnerável* constituem crime hediondo.

Gabarito "B"

15. DIREITO PROCESSUAL PENAL

Eduardo Dompieri[1]

1. FONTES, PRINCÍPIOS GERAIS E INTERPRETAÇÃO

(OAB/Exame Unificado – 2016.1) João, no dia 2 de janeiro de 2015, praticou um crime de apropriação indébita majorada. Foi, então, denunciado como incurso nas sanções penais do Art. 168, § 1º, inciso III, do Código Penal. No curso do processo, mas antes de ser proferida sentença condenatória, dispositivos do Código de Processo Penal de natureza exclusivamente processual sofrem uma reforma legislativa, de modo que o rito a ser seguido no recurso de apelação é modificado. O advogado de João entende que a mudança foi prejudicial, pois é possível que haja uma demora no julgamento dos recursos.

Nesse caso, após a sentença condenatória, é correto afirmar que o advogado de João

(A) deverá respeitar o novo rito do recurso de apelação, pois se aplica ao caso o princípio da imediata aplicação da nova lei.

(B) não deverá respeitar o novo rito do recurso de apelação, em razão do princípio da irretroatividade da lei prejudicial e de o fato ter sido praticado antes da inovação.

(C) não deverá respeitar o novo rito do recurso de apelação, em razão do princípio da ultratividade da lei.

(D) deverá respeitar o novo rito do recurso de apelação, pois se aplica ao caso o princípio da extratividade.

A lei processual penal será aplicada desde logo (*princípio da aplicação imediata* ou *da imediatidade*), sem prejuízo dos atos realizados sob o império da lei anterior. É o que estabelece o art. 2º do CPP. A exceção a essa regra fica por conta da lei processual penal dotada de carga material, em que deverá ser aplicado o que estabelece o art. 2º, parágrafo único, do CP. Nesse caso, a exemplo do que se dá com as leis penais, a norma processual nova, se favorável ao réu, deverá retroagir; se prejudicial, aplica-se a lei já revogada (*lex mitior*). No caso narrado no enunciado, fica claro que a lei nova, que entrou em vigor no curso do processo, tem caráter exclusivamente processual, razão penal qual, em vista do que acima foi dito, terá aplicação imediata, incidindo desde logo. Dessa forma, o rito da apelação a ser interposta pela defesa de João obedecerá à normativa estabelecida pela lei processual nova.

Gabarito "A"

(OAB/Exame Unificado – 2013.2) A Lei 9.099/1995 modificou a espécie de ação penal para os crimes de lesão corporal leve e culposa. De acordo com o art. 88 da referida lei, tais delitos passaram a ser de ação penal pública condicionada à representação. Tratando-se de questão relativa à Lei Processual Penal no Tempo, assinale a alternativa que corretamente expõe a regra a ser aplicada para processos em curso que não haviam transitado em julgado quando da alteração legislativa.

(A) Aplica-se a regra do Direito Penal de retroagir a lei, por ser norma mais benigna.

(B) Aplica-se a regra do Direito Processual de imediatidade, em que a lei é aplicada no momento em que entra em vigor, sem que se questione se mais gravosa ou não.

(C) Aplica-se a regra do Direito Penal de irretroatividade da lei, por ser norma mais gravosa.

(D) Aplica-se a regra do Direito Processual de imediatidade, em que a lei é aplicada no momento em que entra em vigor, devendo-se questionar se a *novatio legis* é mais gravosa ou não.

A lei processual penal, conforme preceitua o art. 2º do CPP, terá aplicação imediata, conservando-se, entretanto, os atos realizados sob o império da lei anterior. Sucede que existem leis processuais que possuem carga de direito penal, chamadas, bem por isso, de leis *materiais*, *híbridas* ou *mistas*, como é o caso acima narrado, em que a eficácia no tempo deverá obedecer ao regramento dos arts. 5º, XL, da CF e 2º, parágrafo único, do CP.

Gabarito "A"

(OAB/Exame Unificado – 2013.2) Em um processo em que se apura a prática dos delitos de supressão de tributo e evasão de divisas, o Juiz Federal da 4ª Vara Federal Criminal de Arroizinho determina a expedição de carta rogatória para os Estados Unidos da América, a fim de que seja interrogado o réu Mário. Em cumprimento à carta, o tribunal americano realiza o interrogatório do réu e devolve o procedimento à Justiça Brasileira, a 4ª Vara Federal Criminal. O advogado de defesa de Mário, ao se deparar com o teor do ato praticado, requer que o mesmo seja declarado nulo, tendo em vista que não foram obedecidas as garantias processuais brasileiras para o réu.

Exclusivamente sobre o ponto de vista da Lei Processual no Espaço, a alegação do advogado está correta?

(A) Sim, pois no processo penal vigora o princípio da extraterritorialidade, já que as normas processuais brasileiras podem ser aplicadas fora do território nacional.

(B) Não, pois no processo penal vigora o princípio da territorialidade, já que as normas processuais brasileiras só se aplicam no território nacional.

(C) Sim, pois no processo penal vigora o princípio da territorialidade, já que as normas processuais brasileiras podem ser aplicadas em qualquer território.

(D) Não, pois no processo penal vigora o princípio da extraterritorialidade, já que as normas processuais brasileiras podem ser aplicas fora no território nacional.

1. Os comentários das questões do Exame Unificado 2010.1 foram feitos pela própria organizadora da prova.

Da mesma forma que a lei penal processual brasileira deve ser aplicada, em razão do princípio da territorialidade, quando do cumprimento, pelo Poder Judiciário brasileiro, de carta rogatória oriunda do estrangeiro, a rogatória aqui expedida será cumprida, pelo Poder Judiciário do país destinatário, de acordo com as regras processuais ali em vigor. Não há que se falar, portanto, em nulidade do ato realizado pelo PJ americano.

Gabarito "B"

(OAB/Exame Unificado – 2010.2) Ao final da audiência de instrução e julgamento, o advogado do réu requer a oitiva de testemunha inicialmente não arrolada na resposta escrita, mas referida por outra testemunha ouvida na audiência. O juiz indefere a diligência alegando que o número máximo de testemunhas já havia sido atingido e que, além disso, a diligência era claramente protelatória, já que a prescrição estava em vias de se consumar se não fosse logo prolatada a sentença. A sentença é proferida em audiência, condenando-se o réu à pena de 6 anos em regime inicial semiaberto.

Com base exclusivamente nos fatos acima narrados, assinale a alternativa que apresente o que alegaria na apelação o advogado do réu, como pressuposto da análise do mérito recursal.

(A) A redução da pena ou a fixação de um regime de cumprimento de pena mais vantajoso.

(B) A anulação da sentença para que outra seja proferida em razão da violação do princípio da ampla defesa.

(C) A reinquirição de todas as testemunhas em sede de apelação.

(D) A anulação da sentença para que outra seja proferida em razão da violação do princípio da ampla defesa, com a correspondente suspensão do prazo da prescrição de modo que o órgão *ad quem* se sinta confortável para anular a sentença sem gerar impunidade no caso concreto.

Incumbe ao magistrado avaliar a conveniência de ouvir a testemunha referida. Considerando que esta não integra o número máximo a que a parte tem direito de arrolar, é defeso ao juiz, ao argumento de que o número máximo de testemunhas já foi atingido, indeferir o pleito da parte de ouvir a testemunha que indicou ao término da instrução. Se assim proceder o magistrado, violado estará o princípio da ampla defesa (art. 5º, LV, da CF). De se ver, de outro lado, que o requerimento da parte não será atendido quando evidente o seu propósito protelatório – art. 209, § 1º, do CPP.

Gabarito "B"

(OAB/Exame Unificado – 2009.3) A lei processual penal

(A) não admite aplicação analógica, em obediência ao princípio da legalidade estrita ou tipicidade expressa.

(B) admite interpretação extensiva e o suplemento dos princípios gerais de direito, por expressa disposição legal.

(C) tem aplicação imediata, devendo os atos praticados sob a vigência de lei anterior revogada ser renovados e praticados sob a égide na nova lei, sob pena de nulidade absoluta.

(D) não retroagirá, salvo para beneficiar o réu, não vigorando, no direito processual penal, o princípio *tempus regit actum*.

A: incorreta. A lei processual penal, a teor do que dispõe o art. 3º do CPP, comporta, sim, aplicação analógica; **B:** correta. Por expressa disposição do art. 3º do CPP, a lei processual penal admite a interpretação extensiva bem como o suplemento dos princípios gerais de direito; **C** e **D:** incorretas. Art. 2º do CPP. Adotou-se, quanto à eficácia da lei processual no tempo, o *princípio da aplicação imediata* ou do efeito imediato (*tempus regit actum*), preservando-se os atos até então praticados, que, por essa razão, não serão renovados. Vale, aqui, fazer uma ressalva. Quando se tratar de uma norma processual dotada de caráter material (norma mista), a sua eficácia no tempo deverá seguir o regramento do art. 2º, parágrafo único, do Código Penal, ou seja, a lei processual dotada de carga penal poderá retroagir em benefício do réu.

Gabarito "B"

(OAB/Exame Unificado – 2009.1) Acerca do significado dos princípios limitadores do poder punitivo estatal, assinale a opção correta.

(A) Segundo o princípio da culpabilidade, o direito penal deve limitar-se a punir as ações mais graves praticadas contra os bens jurídicos mais importantes, ocupando-se somente de uma parte dos bens protegidos pela ordem jurídica.

(B) De acordo com o princípio da fragmentariedade, o poder punitivo estatal não pode aplicar sanções que atinjam a dignidade da pessoa humana ou que lesionem a constituição físico-psíquica dos condenados por sentença transitada em julgado.

(C) Segundo o princípio da ofensividade, no direito penal somente se consideram típicas as condutas que tenham certa relevância social, pois as consideradas socialmente adequadas não podem constituir delitos e, por isso, não se revestem de tipicidade.

(D) O princípio da intervenção mínima, que estabelece a atuação do direito penal como *ultima ratio*, orienta e limita o poder incriminador do Estado, preconizando que a criminalização de uma conduta só se legitima se constituir meio necessário para a proteção de determinado bem jurídico.

A: incorreta. O *princípio da culpabilidade* preconiza que ninguém pode ser punido se não houver agido com dolo ou culpa – art. 18, parágrafo único, do CP. A assertiva contempla o princípio da fragmentariedade, segundo o qual a lei penal constitui, por força do postulado da intervenção mínima, uma pequena parcela (fragmento) do ordenamento jurídico. Isso porque somente se deve lançar mão desse ramo do direito diante da ineficácia ou inexistência de outros instrumentos de controle social menos traumáticos (subsidiariedade); **B:** incorreta. Não corresponde ao postulado da fragmentariedade, ao qual nos referimos no comentário à alternativa anterior. A proposição descreve o princípio da humanidade; **C:** incorreta. Preconiza o *princípio da ofensividade* que não se pode incriminar uma conduta dotada de ínfima lesão. A alternativa descreve o postulado da adequação social, segundo o qual não se pode reputar criminosa a conduta tolerada pela sociedade, ainda que corresponda a uma descrição típica. É dizer, embora formalmente típica, porque subsumida num tipo penal, carece de tipicidade material, porquanto em sintonia com a realidade social em vigor. A sociedade se mostra, nessas hipóteses, indiferente ante a prática da conduta, como é o caso da tatuagem. Também são exemplos: a circuncisão praticada na religião judaica; o furo na orelha para colocação de brinco etc.; **D:** correta. O direito penal deve ser visto como o último recurso de que dispõe o legislador para solucionar as lides ocorridas na coletividade. Isto é, o legislador, antes de recorrer ao direito penal, deve lançar mão de outros ramos do direito, outros mecanismos pacificadores. O direito penal, enfim, há de ser visto como a *ultima ratio*.

Gabarito "D"

(OAB/Exame Unificado – 2008.3) Assinale a opção correta de acordo com o CPP.

(A) Com a aplicação imediata da lei processual penal, os atos realizados sob a vigência da lei anterior perdem sua validade.

(B) A lei processual penal não admite interpretação extensiva.

(C) Caso a autoridade policial tome conhecimento de um crime de ação penal privada, ela poderá instaurar, de ofício, o inquérito policial.

(D) Caso a autoridade policial tome conhecimento da prática de infração penal, ela deve averiguar a vida pregressa do indiciado, sob o ponto de vista individual, familiar e social, sua condição econômica, sua atitude e estado de ânimo antes e depois do crime e durante ele, bem como quaisquer outros elementos que contribuírem para a apreciação do seu temperamento e caráter.

A: incorreta. Dado o que estabelece o art. 2º do CPP, a lei processual penal é aplicada desde logo e os atos realizados sob a égide da lei anterior serão preservados. Não há que se falar, portanto, em perda de validade dos atos realizados sob o império da lei revogada; **B:** incorreta. Por expressa disposição do art. 3º do CPP, a lei processual penal admite, sim, interpretação extensiva; **C:** incorreta. Em vista do que dispõe o art. 5º, § 5º, do CPP, sendo a ação penal de iniciativa privada, a instauração de inquérito policial condiciona-se ao requerimento de quem tem qualidade para ajuizar a respectiva ação penal. É dizer, sem essa manifestação de vontade, é vedado à autoridade policial proceder a inquérito; **D:** correta, pois em conformidade com o disposto no art. 6º, IX, do CPP.

Gabarito "D".

(OAB/Exame Unificado – 2008.2) Com base na CF, assinale a opção correta.

(A) O Estado indenizará o condenado por erro judiciário, a pessoa que ficar presa além do tempo fixado na sentença bem como o preso provisório.

(B) Concede-se *habeas corpus* sempre que o indivíduo sofrer ou se achar em iminente perigo de sofrer violência ou coação em relação a qualquer de seus direitos individuais, por ilegalidade ou abuso de poder.

(C) Aos acusados são assegurados o contraditório e a ampla defesa, não sendo possível restringir determinado recurso a apenas uma das partes, como a defesa, por exemplo.

(D) Assegura-se ao acusado a gratuidade do *habeas corpus*, a razoável duração do processo e os meios que garantam a celeridade de tramitação processual.

A: incorreta, pois o art. 5º, LXXV, da CF não contemplou o preso provisório; **B:** incorreta (art. 5º, LXVIII, da CF). O *habeas corpus* será concedido em relação à liberdade de locomoção; **C:** incorreta, já que pode haver recurso exclusivo da defesa (art. 5º, LV, da CF e art. 609, parágrafo único, do CPP); **D:** correta. Art. 5º, LXXVII, da CF (gratuidade do *habeas corpus*); art. 5º, LXXVIII, da CF (razoável duração do processo e os meios que garantam a celeridade de sua tramitação).

Gabarito "D".

(OAB/Exame Unificado – 2008.1) Acerca do princípio da inocência, assinale a opção correta.

(A) Com a decisão de pronúncia, que reconhece a existência de crime e indícios de autoria, o nome do réu pode ser incluído no rol dos culpados.

(B) A restrição à liberdade do acusado antes da sentença definitiva deve ser admitida sempre que se verificar o *fumus boni iuris*, independentemente da existência de *periculum in mora*.

(C) O juiz deve ter plena convicção de que o acusado é responsável pelo delito, bastando a dúvida a respeito da sua culpa para absolvê-lo.

(D) O réu tem o dever de provar sua inocência e cabe ao acusador apresentar indícios de autoria e materialidade.

Corolário do *princípio do estado de inocência*, havendo dúvida quanto à culpa do agente, é de rigor a absolvição (*in dubio pro reo*). A condenação só terá lugar se restar comprovada a culpa do acusado. É com base nesse princípio que a prisão processual, nas suas diversas modalidades, somente será decretada em caso de absoluta necessidade. Tem caráter, pois, excepcional. Também por isso é vedada a inclusão do nome do réu no rol dos culpados antes do trânsito em julgado da sentença penal condenatória. O mesmo ocorre em relação à acusação, à qual incumbe o ônus de provar a culpa do réu. Cuidado: a prova da alegação incumbe a quem a fizer. Se a defesa, por exemplo, na resposta à acusação, invoca, em favor do réu, legítima defesa, a prova dessa excludente cabe ao acusado.

Gabarito "C".

(OAB/Exame Unificado – 2008.1) Assinale a opção correta à luz dos princípios regentes do processo penal.

(A) O juiz pode abster-se de julgar os casos que lhe forem apresentados, independentemente de causa de suspeição, impedimento ou incompetência.

(B) As partes, se entrarem em acordo, podem subtrair ao juízo natural o conhecimento de determinada causa na esfera criminal.

(C) Pode o juiz transmitir o poder jurisdicional a quem não o possui.

(D) No processo penal, o juiz tem o dever de investigar como os fatos se passaram na realidade, não devendo se conformar com a verdade formal constante dos autos.

A: incorreta, dado o que enuncia o *princípio da indeclinabilidade*; **B:** incorreta, em vista do que estabelece o *princípio da inevitabilidade*; **C:** incorreta, dado o que prescreve o *princípio da indelegabilidade*; **D:** correta, pois em conformidade com o disposto no art. 156, I e II, do CPP. No processo penal, em que vige, diferentemente do que se dá no âmbito do processo civil, o *princípio da busca da verdade real*, o juiz não pode se limitar a ser um mero espectador da produção da prova. A lei lhe confere, com algumas limitações, a iniciativa de descobrir a verdade dos fatos, a verdade substancial. Note que essa atuação do magistrado, consistente em determinar, de ofício, a produção da prova, é supletiva à das partes e terá lugar mesmo antes de iniciada a ação penal, desde que se trate de prova considerada urgente e relevante. No curso da ação penal, poderá o magistrado determinar diligências que entender necessárias para esclarecer dúvida sobre ponto relevante, também por iniciativa própria. Registre-se, no entanto, que parte da comunidade jurídica não vê com bons olhos essa iniciativa do juiz, notadamente na fase inquisitorial, pois representa patente violação ao sistema acusatório, por nós adotado.

Gabarito "D".

(OAB/Exame Unificado – 2007.3) Acerca das garantias constitucionais referentes aos direitos processual e penal, assinale a opção correta.

(A) São imprescritíveis, entre outros, os crimes de racismo, tortura, tráfico ilícito de entorpecentes, terrorismo e os definidos como hediondos.

(B) Os princípios do contraditório, ampla defesa, devido processo legal, vedação das provas ilícitas e publicidade têm expressa previsão constitucional.

(C) A violação do sigilo das comunicações telefônicas pode ocorrer por ordem judicial, para fins de investigação criminal, instrução processual penal ou civil.

(D) A busca e apreensão em domicílio podem ocorrer durante o dia ou à noite, desde que mediante determinação judicial.

A: proposição incorreta, já que, no Brasil, somente são considerados imprescritíveis o racismo (art. 5º, XLII, da CF) e a ação de grupos armados, civis ou militares, contra a ordem constitucional e o Estado Democrático (art. 5º, XLIV, da CF); **B:** proposição correta. Art. 5º, LV, da CF (contraditório e ampla defesa); art. 5º, LIV, da CF (devido processo legal); art. 5º, LVI, da CF (vedação das provas ilícitas); e art. 5º, LX, da CF (publicidade); **C:** proposição incorreta. A violação do sigilo das comunicações telefônicas não pode ter como fim, ainda que por determinação judicial, a instrução de processo de natureza civil, a teor do art. 5º, XII, da CF; **D:** proposição incorreta. Ainda que por ordem judicial, o cumprimento de mandado de busca e apreensão em domicílio somente pode ser feito durante o dia, ressalvada a hipótese em que o morador autorizar o ingresso – art. 5º, XI, da CF.

Gabarito "B"

(OAB/Exame Unificado – 2007.3) Esse princípio refere-se aos fatos, já que implica ser ônus da acusação demonstrar a ocorrência do delito e demonstrar que o acusado é, efetivamente, autor do fato delituoso. Portanto, não é princípio absoluto. Também decorre desse princípio a excepcionalidade de qualquer modalidade de prisão processual. (...) Assim, a decretação da prisão sem a prova cabal da culpa somente será exigível quando estiverem presentes elementos que justifiquem a necessidade da prisão. Edilson Mougenot Bonfim. **Curso de processo penal**. 2. ed. São Paulo: Saraiva, 2007. p. 46 (com adaptações). O princípio específico de que trata o excerto acima é o do(a)

(A) livre convencimento motivado.

(B) inocência.

(C) contraditório e ampla defesa.

(D) devido processo legal.

O excerto corresponde ao princípio da inocência, previsto no art. 5º, LVII, da CF: "ninguém será considerado culpado até o trânsito em julgado de sentença penal condenatória".

Gabarito "B"

(OAB/Exame Unificado – 2007.1) Com relação ao processo penal, assinale a opção incorreta.

(A) O acusado, embora preso, tem o direito de comparecer, de assistir e de presenciar, sob pena de nulidade absoluta, os atos processuais, notadamente aqueles que se produzem na fase de instrução do processo penal, que se realiza, sempre, sob a égide do contraditório.

(B) O direito de audiência, de um lado, e o direito de presença do réu, de outro, traduzem prerrogativas jurídicas essenciais que derivam da garantia constitucional do *due process of law*.

(C) São irrelevantes as alegações do poder público concernentes à dificuldade ou inconveniência de proceder à remoção de acusados presos a outros pontos do estado ou do país, pois razões de mera conveniência administrativa não têm precedência sobre as inafastáveis exigências de cumprimento e respeito ao que determina a Constituição.

(D) O estatuto constitucional do direito de defesa é um complexo de princípios e de normas que amparam os acusados em sede de persecução criminal, exceto os réus processados por suposta prática de crimes hediondos ou de delitos a estes equiparados.

A: correta, pois em consonância com o que dispõe o art. 5º, LV, da CF; **B:** correta, nos termos do art. 5º, LIV, da CF; **C:** correta, pois em conformidade com o que estabelece o art. 5º, LV e LIV, da CF. Trata-se do *direito de audiência* e do *direito de presença do réu*; **D:** incorreta, pois não traduz o disposto no art. 5º, LV, da CF. As garantias insculpidas na Constituição Federal aplicam-se aos *acusados em geral*, inclusive aos autores de crimes hediondos e delitos a estes equiparados.

Gabarito "D"

(OAB/Exame Unificado – 2006.2) Com referência às características do sistema processual acusatório, assinale a opção correta.

(A) O sistema de provas adotado é o do livre convencimento.

(B) As funções de acusar, defender e julgar concentram-se nas mãos de uma única pessoa.

(C) O processo é regido pelo sigilo.

(D) Não há contraditório nem ampla defesa.

É o sistema por nós adotado. Outras características: o processo é público; ampla defesa e contraditório assegurados; imparcialidade do órgão julgador; e funções de acusar, defender e julgar atribuídas a pessoas distintas.

Gabarito "A"

(OAB/Exame Unificado – 2006.1) Assinale a opção incorreta no que se refere aos princípios e garantias constitucionais do processo penal.

(A) O preso em flagrante delito, ainda que identificado civilmente, deve ser submetido à identificação criminal, inclusive pelo processo datiloscópico e fotográfico.

(B) Em consonância com o princípio da igualdade das partes e do contraditório, sempre que for carreado aos autos documento novo, relevante para a decisão, deve ser concedida à parte contrária, em face da qual foi produzida a prova, oportunidade de manifestação a respeito.

(C) Todo acusado tem direito à finalização do processo criminal dentro dos prazos previstos na lei processual ou em tempo razoável, não se tolerando demora injustificável e abusiva por inércia de órgãos do estado-administração.

(D) O devido processo legal foi insculpido na Constituição da República como cláusula pétrea, para vedar que qualquer cidadão seja privado da sua liberdade ou de seus bens sem que se realize um julgamento justo, ou seja, informado pelo devido processo legal.

A: incorreta, devendo ser assinalada (art. 5º, LVIII, da CF). Essa regra, conforme dispõe o próprio texto constitucional, pode ser excepcionada ("salvo nas hipóteses previstas em lei"); **B:** correta (art. 5º, LV, da CF); **C:** correta. Art. 5º, LXXVIII, da CF (introduzido pela E.C. n. 45/2004); **D:** correta. Art. 5º, LIV, da CF – devido processo legal; e art. 60, § 4º, IV, da CF – cláusulas pétreas.

Gabarito "A"

(FGV – 2008) Relativamente ao princípio de vedação de autoincriminação, analise as afirmativas a seguir:

I. O direito ao silêncio aplica-se a qualquer pessoa (acusado, indiciado, testemunha etc.), diante de qualquer indagação por autoridade pública de cuja resposta possa advir imputação da prática de crime ao declarante.

II. O indiciado em inquérito policial ou acusado em processo criminal pode ser instado pela autoridade a fornecer padrões vocais para realização de perícia sob pena de responder por crime de desobediência.

III. O acusado em processo criminal tem o direito de permanecer em silêncio, sendo certo que o silêncio não importará em confissão, mas poderá ser valorado pelo juiz de forma desfavorável ao réu.

IV. O Supremo Tribunal Federal já pacificou entendimento de que não é lícito ao juiz aumentar a pena do condenado utilizando como justificativa o fato do réu ter mentido em juízo.

Assinale:

(A) se apenas as afirmativas I e II estiverem corretas.
(B) se apenas as afirmativas II e III estiverem corretas.
(C) se apenas as afirmativas I e IV estiverem corretas.
(D) se apenas as afirmativas I, II e IV estiverem corretas.
(E) se todas as afirmativas estiverem corretas.

I: correta. Ninguém é obrigado a acusar a si próprio, produzir prova contra si mesmo ("nemo tenetur se detegere"). Embora as testemunhas não tenham direito ao silêncio (se omitirem ou mentirem, serão processadas por falso testemunho – art. 342 do CP), a elas não poderá ser imposta a obrigação de dizer a verdade quando, do teor de sua resposta, puder advir a prática, por esta, de infração penal; **II:** incorreta. Se o indiciado em inquérito policial ou acusado em processo criminal se opuser a fornecer padrões vocais para realização de perícia, nenhuma infração cometerá. Mais uma vez: ninguém é obrigado a produzir prova contra si mesmo; **III:** incorreta. O silêncio do acusado não importará em confissão tampouco poderá ser interpretado em seu prejuízo (art. 186, parágrafo único, do CPP); **IV:** correta. O réu pode mentir ou omitir, pois não é obrigado a acusar a si próprio.

Gabarito "C"

(FGV – 2008) Com relação ao sistema processual penal brasileiro, analise as afirmativas a seguir:

I. O processo penal rege-se pelo Código de Processo Penal, em todo o território brasileiro, ressalvados, entre outros, os tratados, as convenções e regras de direito internacional.

II. A lei processual penal admitirá interpretação extensiva e aplicação analógica, bem como o suplemento dos princípios gerais de direito.

III. A lei processual penal aplica-se imediatamente, sem prejuízo da validade dos atos já realizados sob a vigência da lei anterior.

Assinale:

(A) se nenhuma afirmativa estiver correta.
(B) se somente as afirmativas I e II estiverem corretas.
(C) se somente as afirmativas I e III estiverem corretas.
(D) se somente as afirmativas II e III estiverem corretas.
(E) se todas as afirmativas estiverem corretas.

I: correta (art. 1º do CPP); **II:** correta (art. 3º do CPP); **III:** correta, pois reflete do disposto no art. 2º do CPP. Adotou-se, quanto à eficácia da lei processual penal no tempo, o princípio da aplicação imediata ou efeito imediato, preservando-se os atos até então praticados. Vale, todavia, fazer uma ressalva. Quando se tratar de norma processual dotada de caráter material, a sua eficácia no tempo deverá seguir o regramento do art. 2º, parágrafo único, do Código Penal. Assim, se a lei processual dotada de carga penal for mais benéfica ao réu, deverá retroagir.

Gabarito "E"

2. INQUÉRITO POLICIAL E OUTRAS FORMAS DE INVESTIGAÇÃO CRIMINAL

(OAB/Exame Unificado – 2015.3) No dia 10 de maio de 2015, Maria, 25 anos, foi vítima de um crime de estupro simples, mas, traumatizada, não mostrou interesse em dar início a qualquer investigação penal ou ação penal em relação aos fatos. Os pais de Maria, porém, requerem a instauração de inquérito policial para apurar autoria, entendendo que, após identificar o agente, Maria poderá decidir melhor sobre o interesse na persecução penal. Foi proferido despacho indeferindo o requerimento de abertura de inquérito.

Considerando a situação narrada, assinale a afirmativa correta.

(A) Do despacho que indefere o requerimento de abertura de inquérito policial não cabe qualquer recurso, administrativo ou judicial.
(B) Em que pese o interesse de Maria ser relevante para o início da ação penal, a instauração de inquérito policial independe de sua representação.
(C) Caso Maria manifeste interesse na instauração de inquérito policial após o indeferimento, ainda dentro do prazo decadencial, o procedimento poderá ter início, independentemente do surgimento de novas provas.
(D) Apesar de os pais de Maria não poderem requerer a instauração de inquérito policial, o Ministério Público pode requisitar o início do procedimento na hipótese, tendo em vista a natureza pública da ação.

A: incorreta, uma vez que o art. 5º, § 2º, do CPP estabelece que em face do despacho que indeferir o requerimento de abertura de inquérito caberá recurso para o chefe de Polícia. Cuida-se de recurso, portanto, administrativo; **B:** incorreta, pois a ação penal, no contexto dos crimes sexuais, por força do que estabelece o art. 225, *caput*, do CP, cuja redação foi alterada pela Lei 12.015/2009, é, em regra, pública condicionada à representação do ofendido. A exceção a essa regra fica por conta da hipótese em que a vítima é menor de 18 anos ou pessoa vulnerável, caso em que a ação será incondicionada (art. 225, parágrafo único, do CP). Perceba que Maria, que foi vítima de estupro, não se enquadra nessas exceções. A ação penal, então, no caso narrado no enunciado, é pública condicionada à representação de Maria, não cabendo aos seus pais, pois, requerer a abertura de inquérito para apuração dos fatos tampouco oferecer representação, o que somente poderá ser feito por ela, Maria; **C:** correta. Maria poderá, a qualquer tempo, desde que ainda não tenha operado a decadência, cujo prazo, que é de seis meses, tem início da data em que a ela tem conhecimento da identidade do agente, requerer a abertura do inquérito policial, oferecendo, para tanto, a necessária representação, que nada mais é do que a sua manifestação de vontade em ver processado o seu agressor (art. 5º, § 4º, do CPP); **D:** incorreta. Ainda que requisitada pelo MP, que é o titular da ação penal pública (condicionada e incondicionada), a abertura de inquérito somente poderá se dar com o oferecimento de representação por parte do ofendido.

Gabarito "C"

(OAB/Exame Unificado – 2015.2) No dia 01.04.2014, Natália recebeu cinco facadas em seu abdômen, golpes estes que foram a causa eficiente de sua morte. Para investigar a autoria do delito, foi instaurado inquérito policial e foram realizadas diversas diligências, dentre as quais se destacam a oitiva dos familiares e amigos da vítima e exame pericial no local. Mesmo após todas essas medidas, não foi possível obter indícios suficientes de autoria, razão pela qual o inquérito policial foi arquivado pela autoridade judiciária por falta de justa causa, em 06.10.2014, após manifestação nesse sentido da autoridade policial e do Ministério Público. Ocorre que, em 05.01.2015, a mãe de Natália encontrou, entre os bens da filha que ainda guardava, uma carta escrita por Bruno, ex-namorado de Natália, em 30.03.2014, em que ele afirmava que ela teria 24 horas para retomar o relacionamento amoroso ou deveria arcar com as consequências. A referida carta foi encaminhada para a autoridade policial. Nesse caso,

(A) nada poderá ser feito, pois o arquivamento do inquérito policial fez coisa julgada material.
(B) a carta escrita por Bruno pode ser considerada prova nova e justificar o desarquivamento do inquérito pela autoridade competente.
(C) nada poderá ser feito, pois a carta escrita antes do arquivamento não pode ser considerada prova nova.
(D) pela falta de justa causa, o arquivamento poderia ter sido determinado diretamente pela autoridade policial, independentemente de manifestação do Ministério Público ou do juiz.

Uma vez ordenado o arquivamento do inquérito policial pelo juiz de direito, por falta de base para a denúncia, nada obsta que a autoridade policial proceda a novas pesquisas, desde que de outras provas tenha conhecimento, independente de autorização judicial – art. 18 do CPP. Isso porque a decisão que determina o arquivamento do inquérito policial não gera, em regra, coisa julgada material. Registre-se, no entanto, que as "outras provas" a que faz alusão o art. 18 do CPP devem ser entendidas como *provas substancialmente novas*, ou seja, aquelas que até então não eram de conhecimento das autoridades. É bem esse o caso da carta encontrada pela mãe da vítima, que dá conta de ameaça proferida por Bruno contra Natália. Veja, a propósito, o teor da Súmula 524 do STF: "Arquivado o inquérito policial, por despacho do juiz, a requerimento do Promotor de Justiça, não pode a ação penal ser iniciada, sem novas provas". É importante que se diga que, se o arquivamento do inquérito se der por ausência de tipicidade, a decisão, neste caso, tem efeito preclusivo, é dizer, produz coisa julgada material, impedindo, dessa forma, o desarquivamento do inquérito. A esse respeito, *Informativo STF* 375. No caso narrado no enunciado, o arquivamento se deu por falta de indícios de autoria, o que não corresponde, por óbvio, a ausência de tipicidade. As investigações, portanto, podem (e devem!) ser retomadas.

Gabarito "B".

(OAB/Exame Unificado – 2015.1) O inquérito policial pode ser definido como um procedimento investigatório prévio, cuja principal finalidade é a obtenção de indícios para que o titular da ação penal possa propô-la contra o suposto autor da infração penal.

Sobre o tema, assinale a afirmativa correta.

(A) A exigência de indícios de autoria e materialidade para oferecimento de denúncia torna o inquérito policial um procedimento indispensável.
(B) O despacho que indeferir o requerimento de abertura de inquérito policial é irrecorrível.
(C) O inquérito policial é inquisitivo, logo o defensor não poderá ter acesso aos elementos informativos que nele constem, ainda que já documentados.
(D) A autoridade policial, ainda que convencida da inexistência do crime, não poderá mandar arquivar os autos do inquérito já instaurado.

A: incorreta. O inquérito policial constitui instrumento de investigação cuja presença, tanto nos delitos em que ação penal é publica quanto naqueles em que é privativa do ofendido, não é indispensável, essencial ao oferecimento da denúncia ou queixa, desde que a inicial contenha elementos suficientes (existência do crime e indícios suficientes de autoria) ao exercício da ação penal. O inquérito, assim, não constitui fase obrigatória da persecução penal; **B:** incorreta, haja vista que do despacho que indeferir o requerimento de abertura de IP cabe, sim, recurso para o chefe de Polícia (art. 5º, § 2º, CPP); **C:** incorreta. Ainda que se trate de procedimento inquisitivo, o defensor tem amplo acesso aos elementos de informação reunidos no inquérito policial. O inquérito policial é, em vista do que dispõe o art. 20 do CPP, *sigiloso*. Ocorre que, a teor do art. 7º, XIV, da Lei 8.906/1994 (Estatuto da Advocacia), cuja redação foi alterada por força da Lei 13.245/2016, constitui direito do advogado, entre outros: "examinar, em qualquer instituição responsável por conduzir investigação, mesmo sem procuração, autos de flagrante e de investigações de qualquer natureza, findos ou em andamento, ainda que conclusos à autoridade, podendo copiar peças e tomar apontamentos". Sobre este tema, a propósito, o STF editou a Súmula Vinculante 14, a seguir transcrita: "É direito do defensor, no interesse do representado, ter acesso amplo aos elementos de prova que, já documentados em procedimento investigatório realizado por órgão com competência de polícia judiciária, digam respeito ao exercício do direito de defesa"; **D:** correta. A autoridade policial, mesmo que convencida da inexistência do crime, não está credenciada a promover o arquivamento de autos de inquérito policial (art. 17, CPP), o que somente poderá ser feito, a requerimento do MP, pelo juiz de direito (art. 18, CPP).

Gabarito "D".

(OAB/Exame Unificado – 2013.3) Quanto ao inquérito policial, assinale a afirmativa **incorreta**.

(A) O inquérito policial poderá ser instaurado de ofício pela Autoridade Policial nos crimes persequíveis por ação penal pública incondicionada.
(B) O inquérito, nos crimes em que a ação pública depender de representação, não poderá ser iniciado sem ela.
(C) Nos crimes de ação penal privada, não caberá instauração de inquérito policial, mas sim a lavratura de termo circunstanciado.
(D) O inquérito policial, mesmo nos crimes hediondos, poderá ser dispensável para o oferecimento de denúncia.

A: correta. O delegado de polícia não depende, para proceder a inquérito no âmbito dos crimes de ação penal pública incondicionada, de qualquer manifestação de vontade do ofendido ou de seu representante. Atuará, portanto, de ofício (art. 5º, I, do CPP). Situação diferente é a de crime em que a ação é pública condicionada ou mesmo privativa do ofendido. No primeiro caso, a autoridade policial somente estará credenciada a instaurar inquérito diante de representação da vítima (ou, sendo este o caso, de seu representante legal), nos termos do art. 5º, § 4º, do CPP; se privada for a ação penal, a instauração do inquérito dependerá de requerimento a ser ofertado por quem dispuser de qualidade para ajuizar a ação penal respectiva (art. 5º, § 5º, do CPP); **B:** correta, pois em conformidade com o disposto no art. 5º, § 4º, do CPP; **C:** incorreta, devendo ser assinalada. Caberá, sim, sendo o crime de ação penal privada, a instauração de inquérito policial. O termo circunstanciado se destina ao registro de infrações penais de menor potencial ofensivo (art. 69, Lei 9.099/1995), assim consideradas as contravenções e os crimes cuja pena máxima cominada não ultrapasse dois anos (art. 61, Lei 9.099/1995); **D:** correta. O inquérito policial, mesmo nos crimes hediondos, não constitui fase indispensável da persecução penal; em outras palavras, pode o titular da ação penal, desde que presentes materialidade e indícios de autoria, abrir mão do inquérito e ajuizar, de imediato, a ação penal.

Gabarito "C".

(OAB/Exame Unificado – 2012.2) Um Delegado de Polícia determina a instauração de inquérito policial para apurar a prática do crime de receptação, supostamente praticado por José. Com relação ao Inquérito Policial, assinale a afirmativa que não constitui sua característica.

(A) Escrito.
(B) Inquisitório.
(C) Indispensável.
(D) Formal.

De fato, o inquérito policial não é indispensável, essencial ao oferecimento da denúncia ou queixa, desde que a inicial contenha elementos suficientes (prova da existência do crime e indícios suficientes de autoria) ao exercício da ação penal. No mais, trata-se de procedimento administrativo escrito (suas peças, a teor do art. 9º do CPP, devem ser reduzidas a escrito), inquisitivo ou inquisitório (nele não vigoram contraditório e ampla defesa – arts. 14 e 107 do CPP).

Gabarito "C"

(OAB/Exame Unificado – 2011.3.B) No tocante ao inquérito policial, é correto afirmar que

(A) por ser um procedimento investigatório que visa reunir provas da existência (materialidade) e autoria de uma infração penal, sua instauração é indispensável.
(B) pode ser arquivado por determinação da Autoridade Policial se, depois de instaurado, inexistirem provas suficientes da autoria e materialidade do crime em apuração.
(C) para qualquer modalidade criminosa, deverá terminar no prazo de 10 (dez) dias se o indiciado tiver sido preso em flagrante ou estiver preso preventivamente, ou no prazo de 30 (trinta) dias, quando estiver solto.
(D) tem valor probatório relativo, mesmo porque os elementos de informação, no inquérito policial, não são colhidos sob a égide do contraditório e ampla defesa, nem na presença do magistrado.

A: incorreta, já que o inquérito policial não é *imprescindível*, *indispensável* ao oferecimento da queixa ou denúncia (art. 12 do CPP), desde que o titular da ação penal disponha de elementos suficientes para propô-la; se não dispuser, deverão ser reunidos por meio de inquérito policial; **B:** incorreta, dado que é vedado à autoridade policial proceder ao arquivamento de inquérito, somente podendo fazê-lo o juiz diante de requerimento formulado pelo Ministério Público, nos termos do que estabelecem os arts. 17, 18 e 28 do CPP; **C:** incorreta. O art. 10, *caput*, do CPP estabelece o prazo *geral* de 30 dias para conclusão do inquérito, quando o indiciado não estiver preso; se preso estiver, o inquérito deve terminar em 10 dias. Na Justiça Federal, se o indicado estiver preso, o prazo para conclusão do inquérito é de quinze dias, podendo haver uma prorrogação por igual período, conforme dispõe o art. 66 da Lei 5.010/1966; se solto, o inquérito deve ser concluído em 30 dias, em consonância com o disposto no art. 10, *caput*, do CPP. Há outras leis especiais, além desta, que estabelecem prazos diferenciados para a ultimação das investigações; **D:** correta, pois constitui, de fato, peça meramente informativa. Tanto é assim que as nulidades porventura ocorridas no curso do inquérito não contaminam a ação penal respectiva.

Gabarito "D"

(OAB/Exame Unificado – 2011.2) Tendo em vista o enunciado da Súmula Vinculante n. 14 do Supremo Tribunal Federal, quanto ao sigilo do inquérito policial, é correto afirmar que a autoridade policial poderá negar ao advogado

(A) a vista dos autos, sempre que entender pertinente.
(B) o acesso aos elementos de prova que ainda não tenham sido documentados no procedimento investigatório.
(C) a vista dos autos, somente quando o suspeito tiver sido indiciado formalmente.
(D) do indiciado que esteja atuando com procuração o acesso aos depoimentos prestados pelas vítimas, se entender pertinente.

Súmula Vinculante n. 14: "É direito do defensor, no interesse do representado, ter acesso amplo aos elementos de prova que, já documentados em procedimento investigatório realizado por órgão com competência de polícia judiciária, digam respeito ao exercício do direito de defesa". Disso se infere que a autoridade policial poderá negar ao advogado o acesso aos elementos de prova ainda não documentados em procedimento investigatório.

Gabarito "B"

(OAB/Exame Unificado – 2011.1) Acerca das disposições contidas na Lei Processual sobre o Inquérito Policial, assinale a alternativa correta.

(A) Do despacho que indeferir o requerimento de abertura de inquérito caberá recurso para o tribunal competente.
(B) A autoridade policial poderá mandar arquivar autos de inquérito.
(C) Nos crimes de ação privada, a autoridade policial poderá proceder a inquérito a requerimento de qualquer pessoa do povo que tiver conhecimento da existência de infração penal.
(D) Para verificar a possibilidade de haver a infração sido praticada de determinado modo, a autoridade policial poderá proceder à reprodução simulada dos fatos, desde que esta não contrarie a moralidade ou a ordem pública.

A: incorreta. Em consonância com o que dispõe o art. 5º, § 2º, do CPP, o despacho que indefere o requerimento de abertura de inquérito comporta recurso para o chefe de polícia; **B:** assertiva incorreta, pois, à luz do princípio da indisponibilidade, é vedado ao delegado mandar arquivar autos de inquérito (art. 17 do CPP). Somente está credenciado a fazê-lo o juiz de direito, sempre a requerimento do Ministério Público (arts. 18 e 28 do CPP); **C:** incorreta, dado que é vedado à autoridade policial proceder a inquérito, em crime de ação penal privada, sem que a sua instauração seja requerida, conforme preconiza o art. 5º, § 5º, do CPP; **D:** correta, pois a proposição corresponde ao teor do art. 7º do CPP, que trata da reconstituição do crime.

Gabarito "D"

(OAB/Exame Unificado – 2009.1) Em relação ao inquérito policial, assinale a opção incorreta.

(A) Caso as informações obtidas por outros meios sejam suficientes para sustentar a inicial acusatória, o inquérito policial torna-se dispensável.
(B) O MP não poderá requerer a devolução do inquérito à autoridade policial, senão para que sejam realizadas novas diligências, dado que imprescindíveis ao oferecimento da denúncia.
(C) Nas hipóteses de ação penal pública, condicionada ou incondicionada, a autoridade policial deverá instaurar, de ofício, o inquérito, sem que seja necessária a provocação ou a representação.
(D) A autoridade policial não poderá mandar arquivar autos de inquérito, uma vez que tal arquivamento é de competência da autoridade judicial.

A: correta. De fato, o inquérito policial não constitui fase imprescindível da persecução criminal, podendo o titular da ação penal, em razão disso, dele abrir mão se dispuser de elementos suficientes para subsidiar a peça exordial (arts. 12, 39, § 5º, e 46, § 1º, do CPP); **B:** correta, nos termos do art. 16 do CPP; **C:** incorreta, devendo ser assinalada, pois não reflete o disposto no art. 5º, § 4º, do CPP. Em se tratando de crime de ação penal pública condicionada a representação, é imprescindível o oferecimento desta para a instauração do inquérito policial; na hipótese de ação penal pública incondicionada, a autoridade policial tem a obrigação de instaurar o inquérito, independente de provocação do ofendido; **D:** correta, pois corresponde ao que estabelecem os arts. 17 e 18 do CPP.

Gabarito "C"

(OAB/Exame Unificado – 2008.3) Com base no CPP, assinale a opção correta acerca do inquérito policial.

(A) O MP, caso entenda serem necessárias novas diligências, por considerá-las imprescindíveis ao oferecimento da denúncia, poderá requerer a devolução do inquérito à autoridade policial.

(B) Se o órgão do MP, em vez de apresentar a denúncia, requerer o arquivamento do inquérito policial, o juiz determinará a remessa de ofício ao tribunal de justiça para que seja designado outro órgão de MP para oferecê-la.

(C) A autoridade policial, caso entenda não estarem presentes indícios de autoria de determinado crime, poderá mandar arquivar autos de inquérito.

(D) Depois de ordenado o arquivamento do inquérito pela autoridade judiciária, por falta de base para a denúncia, a autoridade policial não poderá proceder a novas pesquisas, ainda que tome conhecimento de outras provas.

A: correta, pois em conformidade com o que estabelece o art. 16 do CPP; **B:** incorreta. Se o juiz não concordar com o pleito do MP, e isso é perfeitamente possível, remeterá os autos, na forma estatuída no art. 28 do CPP, ao procurador-geral de Justiça, a quem incumbirá apreciar se a razão está com o promotor ou com o magistrado. Se entender o chefe do Ministério Público que não é caso de denúncia, ao juiz então não resta outra opção senão a de determinar o arquivamento dos autos; se, ao contrário, o procurador-geral entender que é caso de denúncia, poderá ele mesmo oferecê-la, ou ainda designar outro membro da instituição para fazê-lo, o que é mais comum. De qualquer forma, não poderá o chefe da instituição, à luz do postulado da independência, obrigar o promotor do feito a oferecer a denúncia; **C:** incorreta, na medida em que não pode o delegado de polícia determinar o arquivamento de autos de inquérito, ainda que inexistam elementos de autoria e materialidade a justificar a investigação – art. 17 do CPP; **D:** incorreta, já que, uma vez ordenado o arquivamento do inquérito policial pelo juiz de direito, por falta de base para a denúncia, nada obsta que a autoridade policial proceda a novas pesquisas, desde que de outras provas tenha conhecimento – art. 18 do CPP. Isso porque a decisão que determina o arquivamento do inquérito policial não gera, em regra, coisa julgada material. Registre-se, no entanto, que as "outras provas" a que faz alusão o art. 18 do CPP devem ser entendidas como *provas substancialmente novas*, ou seja, aquelas que até então não eram de conhecimento das autoridades. Veja, a propósito, o teor da Súmula n. 524 do STF: "Arquivado o inquérito policial, por despacho do juiz, a requerimento do Promotor de Justiça, não pode a ação penal ser iniciada, sem novas provas". Agora, se o arquivamento do inquérito se der por ausência de tipicidade, a decisão, neste caso, tem efeito preclusivo, é dizer, produz coisa julgada material, impedindo, dessa forma, o desarquivamento do inquérito. A esse respeito, *Informativo STF* 375.

Gabarito "A"

(OAB/Exame Unificado – 2008.1) O inquérito é um procedimento investigativo que pode ser realizado pela polícia judiciária ou por outras autoridades. Nesse contexto, assinale a opção correta acerca dos inquéritos.

(A) As comissões parlamentares de inquérito têm poderes de investigação próprios das autoridades judiciais para a apuração de fato determinado e por prazo certo, sendo suas conclusões encaminhadas à respectiva mesa do Senado ou da Câmara para promover a responsabilidade civil e criminal.

(B) O poder de polícia da Câmara dos Deputados e do Senado Federal, em caso de crime cometido nas suas dependências, compreende a prisão em flagrante do agente e a realização do inquérito.

(C) Quando, no curso das investigações, surgir indício da prática de infração penal por parte de membro da magistratura, após a conclusão do inquérito, a denúncia deve ser remetida ao tribunal ou órgão especial competente para o julgamento.

(D) O inquérito judicial ocorre nos casos das infrações falimentares e deve ser presidido pelo juiz de direito da vara em que esteja tramitando o processo de falência.

A: incorreta, dado que as conclusões, quando o caso, serão encaminhadas ao Ministério Público, para que este promova a responsabilidade civil e criminal dos infratores. É o que estabelece o art. 58, § 3º, da CF; **B:** correta, pois corresponde ao entendimento firmado na Súmula n. 397, do STF; **C:** incorreta, pois em desacordo com o teor do art. 33, parágrafo único, da Lei Complementar n. 35/1979 (Lei Orgânica da Magistratura), que estabelece que os autos do inquérito, neste caso, devem ser remetidos ao tribunal competente assim que surgirem indícios da prática de infração penal por parte de membro da magistratura; **D:** incorreta. O inquérito judicial foi extinto pela Lei n. 11.101/1995. A atribuição para apurar crimes falimentares, antes do juiz de direito, passou para a Polícia Judiciária.

Gabarito "B"

(OAB/Exame Unificado – 2008.1) Assinale a opção correta acerca do inquérito policial e da ação penal.

(A) O despacho que indefere o requerimento de abertura de inquérito policial é irrecorrível.

(B) Caso seja instaurado um inquérito policial para a apuração de um crime de roubo e, por não haver provas da autoria, seja arquivado o inquérito, é possível reabrir a investigação, independentemente de novas provas, se houver pressão da imprensa.

(C) Qualquer pessoa pode encaminhar ao promotor de justiça uma petição requerendo providências e fornecendo dados e documentos, para que seja, se for o caso, instaurado inquérito policial.

(D) Considere a seguinte situação hipotética. Célia, pessoa comprovadamente carente de recursos financeiros, foi vítima de estupro e fez a comunicação do crime à autoridade competente, solicitando providências para apurá-lo e punir seu autor. Apurada a autoria do crime e confirmada a materialidade, o promotor ofereceu a denúncia. Nessa situação, a representação pode ser retratada até a sentença condenatória recorrível.

A: incorreta, pois, contra o despacho que indefere o requerimento de abertura de inquérito, cabe recurso para o chefe de polícia – art. 5º, § 2º, do CPP; **B:** incorreta. Estabelece o art. 18 do CPP que, uma vez arquivado o inquérito policial por falta de base para a denúncia, é possível, diante da existência de provas novas, a retomada das investigações, com a reabertura do inquérito, o que não está condicionado à pressão porventura exercida pela imprensa; **C:** correta, pois reflete a norma contida no art. 27 do CPP; **D:** incorreta, pois a representação é retratável até o oferecimento da denúncia – art. 25 do CPP e 102 do CP.

Gabarito "C"

(OAB/Exame Unificado – 2007.3) Com relação ao inquérito policial, assinale a opção correta.

(A) É indispensável a assistência de advogado ao indiciado, devendo ser observadas as garantias constitucionais do contraditório e da ampla defesa.

(B) A instauração de inquérito policial é dispensável caso a acusação possua elementos suficientes para a propositura da ação penal.

(C) Trata-se de procedimento escrito, inquisitivo, sigiloso, informativo e disponível.

(D) A interceptação telefônica poderá ser determinada pela autoridade policial, no curso da investigação, de forma motivada e observados os requisitos legais.

A: incorreta. Art. 5º, LV e LXIII, da CF (o contraditório e a ampla defesa só se aplicam ao processo; o inquérito policial é inquisitivo). Além disso, a assistência de advogado constitui direito do preso/indiciado. Incumbe à autoridade policial dar-lhe ciência disso; **B:** correta, nos moldes dos arts. 12, 39, § 5º, e 46, § 1º, do CPP. O inquérito policial não é essencial ao oferecimento da denúncia ou queixa, desde que a inicial contenha elementos suficientes (prova da existência do crime e indícios suficientes de autoria); **C:** incorreta; de fato, o inquérito policial é escrito, inquisitivo, sigiloso e informativo, mas, por força do que dispõe o art. 17 do CPP, é indisponível, na medida em que a autoridade policial não poderá determinar o seu arquivamento; **D:** incorreta. A interceptação telefônica é determinada por ordem judicial (art. 5º, XII, da CF; Lei n. 9.296/1996).

Gabarito "B"

(OAB/Exame Unificado – 2007.1) Acerca do inquérito policial (IP), assinale a opção correta.

(A) Do plexo de direitos dos quais é titular o indiciado – interessado primário no procedimento administrativo do IP –, é corolário e instrumento a prerrogativa do advogado de acesso aos autos respectivos, explicitamente outorgada pelo Estatuto da Advocacia, da qual, porém, excluíram-se os IPs que correm em sigilo.

(B) Não é direito fundamental do indiciado, no curso do IP, fazer-se assistir por advogado.

(C) No curso do inquérito policial, ao indiciado não é dado o direito de manter-se em silêncio.

(D) Todo IP é modalidade de investigação que tem seu regime jurídico traçado a partir da Constituição Federal, mecanismo que é das atividades genuinamente estatais de segurança pública.

A: incorreta. Art. 133 da CF; art. 7º, XIV, da Lei n. 8.906/1994; **B:** incorreta, dado que constitui direito fundamental previsto no art. 5º, LXIII, da CF; **C:** incorreta, é direito fundamental previsto no art. 5º, LXIII, da CF; **D:** correta (art. 144, § 1º, IV, e § 4º, da CF).

Gabarito "D"

(OAB/Exame Unificado – 2006.1) Com relação ao inquérito policial, considerando a legislação pertinente, a doutrina e a jurisprudência do STJ, assinale a opção correta.

(A) Quando se trata de ação penal privada, a autoridade policial pode tomar a iniciativa para instauração do inquérito policial se tiver presenciado o crime.

(B) Projetam-se na ação penal eventuais irregularidades praticadas no respectivo inquérito policial.

(C) O inquérito policial tem natureza de peça informativa, de cunho inquisitivo, e contém o resultado das investigações, para a formação da *opinio delicti*.

(D) O princípio do contraditório se aplica ao inquérito policial.

A: incorreta. É irrelevante, para esse fim, o fato de a autoridade policial ter presenciado o crime. De uma forma ou de outra, não poderá o delegado de polícia determinar a instauração de inquérito para apurar crime de ação penal privada sem que o legitimado à propositura da ação penal assim requeira – art. 5º, § 5º, do CPP; **B:** incorreta, dado que os vícios porventura existentes no inquérito não têm o condão de acarretar nulidades processuais; **C:** correta. A natureza inquisitiva do inquérito policial está contida nos arts. 14 e 107 do CPP (não vigora o contraditório); ademais disso, trata-se de peça meramente informativa, segundo doutrina e jurisprudência pacíficas; **D:** incorreta, visto que o *princípio do contraditório* não se aplica ao inquérito policial, que tem caráter inquisitivo, o que fica evidenciado nos arts. 14 e 107 do CPP.

Gabarito "C"

(OAB/Exame Unificado – 2004.ES) Com referência a inquérito policial (IP), assinale a opção correta.

(A) É peça indispensável à propositura da ação penal, tendo em vista que se destina a apurar a autoria e a materialidade do crime.

(B) Os vícios existentes no IP acarretam nulidades no processo subsequente.

(C) No IP, devem ser observadas as garantias constitucionais do contraditório e da ampla defesa, sendo indispensável a assistência de advogado ao indiciado.

(D) Arquivado o IP por falta de provas, a autoridade policial poderá, enquanto não se extinguir a punibilidade pela prescrição, proceder a novas pesquisas e diligências, desde que surjam novas provas.

A: incorreta. O inquérito não é essencial ao oferecimento da denúncia ou queixa; **B:** incorreta. Não acarretam, como já dito, por se tratar de peça meramente informativa; **C:** incorreta. O inquérito policial é procedimento inquisitivo, em relação ao qual, portanto, não vigoram o contraditório e a ampla defesa; **D:** correta, pois em conformidade com o que estabelece o art. 18 do CPP.

Gabarito "D"

(FGV – 2013) Com relação ao *inquérito*, assinale a afirmativa **incorreta**.

(A) O inquérito é um procedimento investigatório prévio, no qual diversas diligências são realizadas na busca da obtenção de indícios que permitam o titular da ação propô-la contra o autor da infração penal.

(B) O inquérito policial é inquisitivo, não vigorando o princípio do contraditório pleno, apesar de a autoridade que o presidir ter a obrigação de agir dentro dos termos da lei.

(C) Apesar de o inquérito ser sigiloso, é direito do defensor, no interesse do representado, ter aceso amplo aos elementos de prova que, já documentados, digam respeito ao exercício do direito de defesa.

(D) O inquérito, que é obrigatório, pode ser iniciado de ofício, por requisição da autoridade judiciária ou do Ministério Público, ou a requerimento do ofendido ou de quem tiver qualidade para representá-lo.

(E) O inquérito, nos crimes em que a ação pública depende de representação, não poderá ser iniciado sem ela.

A: correta, na medida em que contempla conceito de inquérito policial, apontando algumas de suas características; **B:** correta. De fato, o inquérito policial é *inquisitivo*, isto é, nele não se aplicam, segundo doutrina e jurisprudência dominantes, os princípios do *contraditório* e da *ampla defesa* (art. 107 do CPP); **C:** correta, pois corresponde ao teor da Súmula Vinculante 14, a seguir transcrita: "É direito do defensor, no interesse do representado, ter acesso amplo aos elementos de prova que, já documentados em procedimento investigatório realizado por órgão com competência de polícia judiciária, digam respeito ao exercício do direito de defesa"; **D:** incorreta. É verdade que o inquérito policial pode ser iniciado, nos termos do art. 5º do CPP, de ofício, pela autoridade policial, por requisição da autoridade judiciária ou do Ministério Público, ou a requerimento do ofendido ou de quem tiver qualidade para representá-lo. Está incorreto, no entanto, afirmar-se que o inquérito constitui fase obrigatória da persecução penal, já que o titular da ação poderá, se dispuser de elementos para tanto, abrir mão do inquérito e ajuizar diretamente a ação penal (art. 12, CPP); **E:** correta, pois em conformidade com o disposto no art. 5º, § 4º, do CPP.

Gabarito "D"

(FGV – 2010) Maria tem seu veículo furtado e comparece à Delegacia de Polícia mais próxima para registrar a ocorrência. O Delegado de Polícia instaura inquérito policial para apuração do fato. Esgotadas todas as diligências que estavam a seu alcance, a Autoridade Policial não consegue identificar o autor do fato ou recuperar a *res furtiva*. Assinale a alternativa que indique a providência que o Delegado deverá tomar.

(A) Relatar o inquérito policial e encaminhar os autos ao Ministério Público para que este promova o arquivamento.

(B) Promover o arquivamento do inquérito policial, podendo a vítima recorrer ao Secretário de Segurança Pública.

(C) Relatar o inquérito policial e encaminhar os autos ao Secretário de Segurança Pública para que este promova o arquivamento.

(D) Manter os autos do inquérito policial com a rotina suspenso, até que surja uma nova prova.

(E) Prosseguir na investigação, pois o arquivamento só é possível quando transcorrer o prazo prescricional.

Nada mais restando a ser apurado no inquérito policial, deverá o delegado de polícia confeccionar minucioso relatório e enviar os autos ao juiz competente (art. 10, § 1º, do CPP). A autoridade policial não está credenciada a determinar o arquivamento de autos de inquérito policial (art. 17 do CPP), o que somente poderá ser feito, pelo juiz de direito, a requerimento do Ministério Público (arts. 18 e 28 do CPP).

Gabarito "A"

(FGV – 2010) Rosa Margarida é uma conhecida escritora de livros de autoajuda, consolidada no mercado já há mais de 20 anos, com vendas que alcançam vários milhares de reais. Há cerca de dois meses, Rosa Margarida descobriu a existência de um sistema que oferece ao público, mediante fibra ótica, a possibilidade do usuário realizar a seleção de uma obra sobre a qual recaem seus (de Rosa Margarida) direitos de autor, para recebê-la em um tempo e lugar previamente determinados por quem formula a demanda. O sistema também indica um telefone de contato caso o usuário tenha problemas na execução do sistema. O marido de Rosa Margarida, Lírio Cravo instala no telefone um identificador de chamadas e descobre o número do autor do sistema que permitia a violação dos direitos autorais de Rosa Margarida. De posse dessa informação, Lírio Cravo vai à Delegacia de Polícia registrar a ocorrência de suposta prática do crime previsto no art. 184, § 3º, do Código Penal (violação de direitos autorais). O Delegado instaura inquérito e de fato consegue identificar o autor do crime. Considerando a narrativa acima, assinale a alternativa correta.

(A) O Delegado agiu corretamente. Encerrado o inquérito policial, deve encaminhá-lo ao Ministério Público para que adote as providências cabíveis.

(B) O Delegado agiu incorretamente. O marido da ofendida não poderia ter obtido o número do telefone do autor das ameaças sem prévia autorização judicial, pois tal informação é sigilosa.

(C) O Delegado agiu incorretamente. A instauração do inquérito nesse caso depende de representação da ofendida, não podendo ser suprida por requerimento de seu marido.

(D) O Delegado agiu incorretamente. A instauração do inquérito policial nesse caso depende de requisição do Ministério Público, pois a interceptação telefônica é imprescindível à apuração dos fatos.

(E) O Delegado agiu corretamente. Encerrado o inquérito policial, deve entregar os autos à vítima, mediante recibo, para que a mesma possa oferecer queixa crime.

A representação do ofendido, na ação penal pública condicionada, constitui condição de procedibilidade. O Código de Processo Penal, no seu art. 5º, § 4º, reza que o inquérito não poderá ser instaurado sem o oferecimento da representação por parte do ofendido. Tratando-se de crime de ação penal pública condicionada, conforme dispõe o art. 186, IV, do CP, não agiu de forma correta o delegado, pois só poderia instaurar inquérito diante da representação ofertada por Rosa Margarida.

Gabarito "C"

(FGV – 2010) A respeito do *inquérito policial*, analise as afirmativas a seguir:

I. se o investigado estiver sob prisão cautelar, o prazo para encerramento do inquérito policial é de dez dias, contado o prazo do dia em que se executar a ordem de prisão. Concluído tal prazo, nada obsta que a autoridade policial requeira sua prorrogação para realização de diligências imprescindíveis. Contudo, acolhido tal requerimento pelo Ministério Público, o juiz deverá relaxar a prisão cautelar, por excesso de prazo.

II. a instauração de inquérito policial para apuração de fatos delituosos decorre da garantia de que ninguém será processado criminalmente sem que tenham sido reunidos previamente elementos probatórios que apontem seu envolvimento na prática criminosa. Assim, não há possibilidade no sistema brasileiro de que seja ajuizada ação penal contra alguém, sem que a denúncia esteja arrimada em inquérito policial.

III. Nos crimes de ação penal pública, quando o ministério público recebe da autoridade policial os autos do inquérito policial já relatado, deve tomar uma das seguintes providências: 1. oferecer denúncia; 2. baixar os autos, requisitando à autoridade policial novas diligências que considerar imprescindíveis à elaboração da denúncia; 3. promover o arquivamento do inquérito policial, na forma do art. 28 do CPP.

Assinale:

(A) se somente as alternativas I e III estiverem corretas.

(B) se somente as alternativas I e II estiverem corretas.

(C) se somente as alternativas II e III estiverem corretas.

(D) se somente a alternativa III estiver correta.

(E) se todas as alternativas estiverem corretas.

I: correta, dado que o prazo fixado no art. 10, *caput*, do CPP para a conclusão do inquérito em que o indiciado esteja preso não comporta qualquer espécie de dilação; **II:** incorreta, pois o inquérito policial não é indispensável ao oferecimento da denúncia (art. 12 do CPP), desde que o titular da ação penal disponha de elementos suficientes para o seu exercício em juízo; se não dispuser desses elementos, eles deverão ser reunidos por meio de inquérito policial. Trata-se, portanto, de peça informativa, dispensável e inquisitiva, já que no inquérito não vigoram a ampla defesa e o contraditório, indispensáveis, contudo, na fase processual, em obediência ao princípio do devido processo legal; **III:** correta, conforme dispõem os arts. 16, 24 e 28 do CPP.

Gabarito "A".

(FGV – 2008) Relativamente ao inquérito policial, assinale a alternativa correta.

(A) O inquérito pode ser instaurado pelo inspetor de polícia.

(B) Nos crimes de ação penal privada, o inquérito será instaurado mesmo sem a manifestação expressa de concordância por parte da vítima ou de quem puder representá-la.

(C) Nos crimes de ação penal pública incondicionada, o inquérito somente será instaurado se houver manifestação expressa de concordância por parte da vítima ou de quem puder representá-la.

(D) O inquérito pode ser instaurado mediante requisição do Ministério Público.

(E) Não cabe recurso do despacho que indefere o requerimento de abertura de inquérito.

A: incorreta. A instauração e presidência do inquérito policial cabem à autoridade policial (delegado de polícia) – art. 4º do CPP e art. 1º, § 1º, da Lei 12.830/2013; **B:** incorreta; em consonância com o que dispõe o art. 5º, § 5º, do CPP, o delegado somente poderá proceder à instauração de inquérito, nos crimes de ação penal privada, a requerimento de quem tiver legitimidade para ajuizar a ação penal; **C:** incorreta, pois o Ministério Público, titular da ação penal pública incondicionada, não se sujeita a nenhuma manifestação de vontade da vítima ou de seu representante legal para promover a respectiva ação penal; **D:** correta, conforme disposição do art. 5º, II, do CPP: "Art. 5º. Nos crimes de ação pública o inquérito será iniciado: (...) II – mediante requisição da autoridade judiciária ou do Ministério Público, ou a requerimento do ofendido ou de quem tiver qualidade para representá-lo"; **E:** incorreta, pois cabe recurso ao chefe de polícia (art. 5º, § 2º, do CPP)

Gabarito "D".

(FGV – 2008) Um delegado poderá deixar de realizar, a seu juízo, a seguinte diligência:

(A) colheita de todas as provas que servirem para o esclarecimento do fato e suas circunstâncias.

(B) determinação, se for caso, que se proceda a exame de corpo de delito e a quaisquer outras perícias.

(C) oitiva do indiciado.

(D) oitiva do ofendido.

(E) diligência que for requerida pelo ofendido.

A providência a que se refere a alternativa "E" está contida no art. 14 do CPP, que estabelece que o indiciado poderá requerer à autoridade policial, no curso do inquérito, a realização de qualquer diligência que repute útil à busca da verdade real. O delegado, por sua vez, poderá deferir ou não o pedido, sem necessidade de fundamentar sua resposta ao pleito; as providências às quais se referem as outras alternativas, todas listadas no art. 6º do CPP, *devem* ser adotadas pela autoridade policial.

Gabarito "E".

(FGV – 2008) A respeito do inquérito policial, analise as afirmativas a seguir:

I. Nos crimes de ação pública, o inquérito policial será iniciado de ofício ou mediante requisição da autoridade judiciária ou do Ministério Público, ou a requerimento do ofendido ou de quem tiver qualidade para representá-lo.

II. Nos crimes de ação privada, a autoridade policial somente poderá proceder a inquérito de ofício ou a requerimento do ofendido ou de quem tiver qualidade para representá-lo.

III. O inquérito, nos crimes em que a ação pública depender de representação, não poderá sem ela ser iniciado.

Assinale:

(A) se nenhuma afirmativa estiver correta.

(B) se somente as afirmativas I e II estiverem corretas.

(C) se somente as afirmativas I e III estiverem corretas.

(D) se somente as afirmativas II e III estiverem corretas.

(E) se todas as afirmativas estiverem corretas.

I: correta, nos termos do art. 5º, I e II, do CPP; **II:** incorreta. Se se tratar de crime de ação privada, a autoridade não poderá proceder a inquérito de ofício, somente a requerimento do ofendido ou de quem tiver qualidade para representá-lo, conforme dispõe o art. 5º, § 5º, do CPP; **III:** correta, pois reflete a regra contida no art. 5º, § 4º, do CPP.

Gabarito "C".

(FGV – 2008) Relativamente ao inquérito policial, é correto afirmar que:

(A) a autoridade assegurará no inquérito o sigilo necessário à elucidação do fato, aplicando, porém, em todas as suas manifestações, os princípios do contraditório e da ampla defesa.

(B) a autoridade policial poderá mandar arquivar autos de inquérito por falta de base para a denúncia.

(C) o inquérito deverá terminar no prazo de 30 dias, se o indiciado estiver preso, ou no prazo de 60 dias, quando estiver solto.

(D) o inquérito policial não acompanhará a denúncia ou queixa quando servir de base a uma ou outra.

(E) o indiciado poderá requerer à autoridade policial a realização de qualquer diligência.

A: incorreta. Em vista do que dispõe o art. 20 do CPP, deve a autoridade policial assegurar, no inquérito, o sigilo que reputar necessário à elucidação do fato. Por se tratar de procedimento inquisitivo, não há que se falar em contraditório e ampla defesa nesta fase pré-processual, visto que inexiste, até aqui, acusação; **B:** incorreta, dado que o inquérito policial só pode ser arquivado pelo magistrado, a requerimento do Ministério Público, conforme rezam os arts. 18 e 28 do CPP; **C:** incorreta. O art. 10, *caput*, do CPP estabelece o prazo geral de 30 (trinta) dias para a conclusão do inquérito, quando o indiciado não estiver preso; se se tratar de indiciado preso, o inquérito deve terminar em 10 (dez) dias; **D:** incorreta, pois, em vista da regra contida no art. 12 do CPP, o inquérito acompanhará a denúncia; **E:** correta, valendo lembrar que essa diligência poderá ou não, a critério da autoridade, ser realizada (art. 14 do CPP).

Gabarito "E".

3. AÇÃO PENAL, SUSPENSÃO CONDICIONAL DO PROCESSO E AÇÃO CIVIL

(OAB/Exame Unificado – 2016.2) Lúcio Flavio, advogado, ofereceu queixa-crime em face de Rosa, imputando-lhe a prática dos delitos de injúria simples e difamação. As partes não celebraram qualquer acordo e a querelada negava os fatos, não aceitando qualquer benefício. Após o regular processamento e a instrução probatória, em alegações finais, Lúcio Flávio requer a condenação de Rosa pela prática do crime de difamação, nada falando em sua manifestação derradeira sobre o crime de injúria.

Diante da situação narrada, é correto afirmar que

(A) deverá ser extinta a punibilidade de Rosa em relação ao crime de injúria, em razão da perempção.
(B) deverá ser extinta a punibilidade de Rosa em relação ao crime de injúria, em razão do perdão do ofendido.
(C) deverá ser extinta a punibilidade de Rosa em relação ao crime de injúria, em razão da renúncia ao direito de queixa.
(D) poderá Rosa ser condenada pela prática de ambos os delitos, já que houve apresentação de alegações finais pela defesa técnica do querelante.

O caso narrado no enunciado constitui a hipótese de perempção contemplada no art. 60, III, segunda parte, do CPP, em que o querelante, mostrando-se negligente e desidioso, deixa de formular pedido de condenação em alegações finais. Como consequência dessa omissão por parte do querelante, impõe-se, em relação ao crime de injúria, o reconhecimento da extinção da punibilidade da querelada em razão da perempção, na forma estatuída no art. art. 107, IV, do CP.

Gabarito "A"

(OAB/Exame Unificado – 2015.2) Carlos foi indiciado pela prática de um crime de lesão corporal grave, que teria como vítima Jorge. Após o prazo de 30 dias, a autoridade policial elaborou relatório conclusivo e encaminhou o procedimento para o Ministério Público. O promotor com atribuição concluiu que não existiam indícios de autoria e materialidade, razão pela qual requereu o arquivamento. Inconformado com a manifestação, Jorge contratou advogado e propôs ação penal privada subsidiária da pública. Nesse caso, é correto afirmar que

(A) caso a queixa seja recebida, o Ministério Público não poderá aditá-la ou interpor recurso no curso do processo.
(B) caso a queixa seja recebida, havendo negligência do querelante, deverá ser reconhecida a perempção.
(C) a queixa proposta deve ser rejeitada pelo magistrado, pois não houve inércia do Ministério Público.
(D) a queixa proposta deve ser rejeitada pelo magistrado, tendo em vista que o instituto da ação penal privada subsidiária da pública não foi recepcionado pela Constituição Federal.

Segundo posicionamento doutrinário e jurisprudencial pacífico, a propositura da ação penal privada subsidiária da pública tem como pressuposto a ocorrência de desídia do membro do Ministério Público, deixando de promover a ação penal dentro do prazo estabelecido em lei. Bem por isso, não há que se falar nesta modalidade de ação privada na hipótese de o representante do MP requerer o arquivamento dos autos de inquérito policial, e bem assim quando requerer o retorno dos autos de inquérito à Delegacia de Polícia para a realização de diligências complementares. Não há, nestes dois casos, inércia por parte do representante do *parquet*. Conferir o magistério de Guilherme de Souza Nucci: "(...) é inaceitável que o ofendido, porque o inquérito foi arquivado, a requerimento do Ministério Público, ingresse com ação penal privada subsidiária da pública. A titularidade da ação penal não é, nesse caso, da vítima e a ação privada, nos termos do art. 29, somente é admissível quando o órgão acusatório estatal deixa de intentar a ação penal, no prazo legal, mas não quando age, pedindo o arquivamento. Há, pois, diferença substancial entre não agir e manifestar-se pelo arquivamento, por crer inexistir fundamento para a ação penal" (*Código de Processo Penal Comentado*, 12ª ed., p. 153).

Gabarito "C"

(OAB/Exame Unificado – 2014.2) Fábio, vítima de calúnia realizada por Renato e Abel, decide mover ação penal privada em face de ambos. Após o ajuizamento da ação, os autos são encaminhados ao Ministério Público, pois Fábio pretende desistir da ação penal privada movida apenas em face de Renato para prosseguir em face de Abel. Diante dos fatos narrados, assinale a opção correta.

(A) A ação penal privada é divisível; logo, Fábio poderá desistir da ação penal apenas em face de Renato.
(B) A ação penal privada é indivisível; logo, Fábio não poderá desistir da ação penal apenas em face de Renato.
(C) A ação penal privada é obrigatória, por conta do princípio da obrigatoriedade da ação penal.
(D) A ação penal privada é indisponível; logo, Fábio não poderá desistir da ação penal apenas em face de Renato.

A ação penal privativa do ofendido é informada pelos princípios da *indivisibilidade*, *oportunidade* e *disponibilidade*. Pelo postulado da *indivisibilidade*, consagrado no art. 48 do CPP, não é dado ao ofendido escolher contra quem a ação será ajuizada. Se já foi ajuizada a ação, é-lhe vedado, da mesma forma, dela desistir (conceder o perdão) em relação a somente um dos querelados (art. 51, CPP). É dizer: ou processa todos os autores identificados ou não processa nenhum (ou desiste da ação contra todos ou não desiste). A ação privativa também é regida pelo princípio da *oportunidade* (conveniência), segundo o qual o ofendido tem a *faculdade*, não a obrigação, de promover a ação, bem como tem ele, ofendido, a prerrogativa de prosseguir ou não até o término do processo (disponibilidade). Estes dois últimos princípios não se aplicam no âmbito da ação penal pública, na qual vigoram os princípios da *obrigatoriedade* e *indisponibilidade*. No que concerne à incidência do postulado da indivisibilidade na ação penal pública, embora não haja disposição expressa de lei, a maior parte da doutrina, a nosso ver com razão, sustenta que este princípio é também aplicável a este tipo de ação, uma vez que o promotor de justiça tem o dever de promover a ação penal contra todos os agentes identificados que cometeram a infração penal.

Gabarito "B"

(OAB/Exame Unificado – 2014.1) Em determinada ação penal privada, na qual se apura a prática dos delitos de calúnia e difamação, a parte não apresenta, em alegações finais, pedido de condenação em relação ao delito de calúnia, fazendo-o tão somente em relação ao delito de difamação.

Com relação ao caso apresentado, assinale a afirmativa correta.

(A) Ocorreu a perempção em relação ao delito de calúnia.
(B) Não ocorreu perempção em relação a nenhum delito.
(C) Ocorreu o perdão tácito em relação ao delito de calúnia.
(D) Não ocorreu perempção, mas, sim, renúncia em relação ao delito de calúnia.

É do art. 60, III, segunda parte, do CPP que, no âmbito da ação penal privativa do ofendido, não tendo sido por este apresentado o necessário pedido de alegações finais, operar-se-á a extinção da punibilidade pela ocorrência da perempção (art. 107, IV, do CP). Correta, portanto, a proposição "A".

Gabarito "A".

(OAB/Exame Unificado – 2014.1) Felipe foi reconhecido em sede policial por meio de fotografia como o autor de um crime de roubo. O inquérito policial seguiu seus trâmites de forma regular e o Ministério Público decidiu denunciar o indiciado. O oficial de justiça procurou em todos os endereços constantes nos autos, mas a citação pessoal ou por hora certa foram impossíveis. Assim, o juiz decidiu pela citação por edital. Marcela, irmã de Felipe, ao passar pelo fórum leu a citação por edital e procurou um advogado para tomar ciência das consequências de tal citação, pois ela também não sabe do paradeiro do irmão.

Diante da situação descrita, acerca da orientação a ser dada pelo advogado, assinale a afirmativa correta.

(A) Felipe deve comparecer em juízo, sob pena de ser processado e condenado sem que seja dada oportunidade para a sua defesa.
(B) Se Felipe não comparecer e não constituir advogado, o processo e o curso do prazo prescricional ficarão suspensos, sendo decretada a sua prisão preventiva de forma automática.
(C) Se Felipe não comparecer e não constituir advogado, o processo e o curso do prazo prescricional ficarão suspensos, sendo determinada a produção antecipada de provas de forma automática, diante do risco do desaparecimento das provas pelo decurso do tempo.
(D) Se Felipe não comparecer e não constituir advogado, o processo e o curso do prazo prescricional ficarão suspensos e, se for urgente, o juiz determinará a produção antecipada de provas, podendo decretar a prisão preventiva se presentes os requisitos expressos no artigo 312, do CPP.

Na hipótese de o réu não ser encontrado, deverá o juiz determinar a sua citação por edital, depois de esgotados os meios disponíveis para a sua localização. Se o réu, depois de citado por edital, não comparecer tampouco constituir defensor (é o caso de Felipe), o processo e o prazo prescricional ficarão, em vista da disciplina estabelecida no art. 366 do CPP, suspensos. A produção da prova considerada urgente deverá se dar em conformidade com o entendimento firmado na Súmula 455 do STJ: "A decisão que determina a produção antecipada de provas com base no art. 366 do CPP deve ser concretamente fundamentada, não a justificando unicamente o mero decurso do tempo". No que toca à prisão preventiva, a sua decretação, no âmbito do art. 366 do CPP, somente poderá se dar diante da presença dos requisitos do art. 312 do CPP, sendo vedada, portanto, a decretação automática da custódia. O mesmo há de ser aplicado à produção antecipada de provas, que está condicionada à demonstração de sua necessidade, não bastando, a autorizá-la, o mero decurso do tempo.

Gabarito "D".

(OAB/Exame Unificado – 2013.3) João e José, músicos da famosa banda NXY, se desentenderam por causa de uma namorada. João se descontrolou e partiu para cima de José, agredindo-o com socos e pontapés, vindo a ser separado de sua vítima por policiais militares que passavam no local, e lhe deram voz de prisão em flagrante. O exame de corpo de delito revelou que dois dedos da mão esquerda do guitarrista José foram quebrados e o braço direito, luxado, ficando impossibilitado de tocar seu instrumento por 40 dias.

Na hipótese, trata-se de crime de ação penal

(A) privada propriamente dita.
(B) pública condicionada à representação.
(C) privada subsidiária da pública.
(D) pública incondicionada.

João praticou o crime de lesão corporal de natureza *grave*, uma vez que José, em decorrência da agressão que sofreu, permaneceu incapacitado para as ocupações habituais por período superior a 30 dias – art. 129, § 1º, I, do CP. Neste caso, a ação penal será pública *incondicionada*. Somente seria condicionada à representação da vítima se se tratasse de lesão corporal de natureza *leve* ou *culposa*, nos termos do art. 88 da Lei 9.099/1995. Quanto ao que se deve entender por *ocupação habitual*, conferir a lição de Guilherme de Souza Nucci: "(...) deve-se compreender como tal toda e qualquer atividade regularmente desempenhada pela vítima, e não apenas a sua ocupação laborativa. Assim, uma pessoa que não trabalhe, vivendo de renda ou sustentada por outra, deixando de exercitar suas habituais ocupações, sejam elas quais forem – até mesmo de simples lazer -, pode ser enquadrada nesse inciso, desde que fique incapacitada por mais de trinta dias (...)" (*Código Penal Comentado*. 13. ed., São Paulo: Ed. RT, 2013. p. 677). Por fim, vale registrar que a configuração desta forma qualificada de lesão corporal está condicionada à elaboração de laudo complementar que ateste que a incapacidade perdurou por tempo superior a trinta dias (art. 168, § 2º, do CPP).

Gabarito "D".

(OAB/Exame Unificado – 2013.1) Na cidade "A", o Delegado de Polícia instaurou inquérito policial para averiguar a possível ocorrência do delito de estelionato praticado por Márcio, tudo conforme minuciosamente narrado na requisição do Ministério Público Estadual. Ao final da apuração, o Delegado de Polícia enviou o inquérito devidamente relatado ao Promotor de Justiça. No entendimento do *parquet*, a conduta praticada por Márcio, embora típica, estaria prescrita.

Nessa situação, o Promotor deverá

(A) arquivar os autos.
(B) oferecer denúncia.
(C) determinar a baixa dos autos.
(D) requerer o arquivamento.

Ao receber o inquérito policial devidamente concluído, caberá ao representante do Ministério Público tomar uma das seguintes providências: oferecimento de denúncia, na hipótese de haver suporte probatório mínimo (prova da existência do crime e indícios de autoria); requisição de diligências indispensáveis ao exercício da ação penal (art. 16 do CPP); e promoção de arquivamento. Neste último caso, o requerimento pode estar calcado em diversos motivos, entre os quais: ocorrência de prescrição (caso do enunciado); falta de lastro probatório mínimo ao exercício da ação penal; atipicidade da conduta atribuída ao investigado.

Gabarito "D".

(OAB/Exame Unificado – 2013.1) Um professor na aula de Processo Penal esclarece a um aluno que o Ministério Público, após ingressar com a ação penal, não poderá desistir dela, conforme expressa previsão do art. 42 do CPP. O professor estava explicando ao aluno o princípio da

(A) indivisibilidade.
(B) obrigatoriedade.
(C) indisponibilidade.
(D) intranscedência.

A ação penal pública, cujo titular é o Ministério Público, tem como princípios informadores a indisponibilidade, a obrigatoriedade, a oficialidade, a intranscendência e, a nosso ver, a indivisibilidade. Os dois primeiros não são aplicáveis à ação penal de iniciativa privada, regidas pelos princípios da conveniência ou oportunidade e disponibilidade. Pelo princípio da indisponibilidade, não é dado ao Ministério Público, na ação penal pública, desistir da ação que haja interposto. É o que estabelece o art. 42 do CPP. Diz-se que a ação penal pública é **obrigatória** porque, preenchidos os requisitos legais, o Ministério Público, seu titular, está obrigado a propô-la. Fala-se em **indivisibilidade** porque não pode o membro do MP escolher contra quem será ajuizada a denúncia. Enuncia o **princípio da intranscendência** que a ação penal só será proposta contra quem praticou a infração penal. Por fim, pela oficialidade, os órgãos aos quais incumbe a persecução penal devem ser oficiais, públicos.

Gabarito "C"

(OAB/Exame Unificado – 2012.3.B) O juiz não pode absolver sumariamente o réu, quando entender demonstrada de forma manifesta

(A) a existência de causa excludente de ilicitude.
(B) a ocorrência de causa extintiva de punibilidade.
(C) a inimputabilidade do acusado.
(D) a atipicidade da conduta atribuída.

A inimputabilidade, elemento da culpabilidade, foi excluída do rol do art. 397 do CPP (inciso II), que estabelece as hipóteses de cabimento da absolvição sumária.

Gabarito "C"

(OAB/Exame Unificado – 2011.3.A) Tício está sendo investigado pela prática do delito de roubo simples, tipificado no artigo 157, *caput*, do Código Penal. Concluída a investigação, o Delegado Titular da 41ª Delegacia Policial envia os autos ao Ministério Público, a fim de que este tome as providências que entender cabíveis. O *Parquet*, após a análise dos autos, decide pelo arquivamento do feito, por falta de provas de autoria. A vítima ingressou em juízo com uma ação penal privada subsidiária da pública, que foi rejeitada pelo juiz da causa, que, no caso acima, agiu

(A) erroneamente, tendo em vista a Lei Processual admite a ação privada nos crimes de ação pública quando esta não for intentada.
(B) corretamente, pois a vítima não tem legitimidade para ajuizar ação penal privada subsidiária da pública.
(C) corretamente, já que a Lei Processual não admite a ação penal privada subsidiária da pública nos casos em que o Ministério Público não se mantém inerte.
(D) erroneamente, já que a Lei Processual admite, implicitamente, a ação penal privada subsidiária da pública.

A *ação penal privada subsidiária da pública*, que será intentada pelo ofendido ou seu representante legal, somente terá lugar na hipótese de o membro do Ministério Público revelar-se desidioso, omisso, deixando de cumprir o prazo fixado em lei para a propositura da ação penal pública (art. 29 do CPP). Se falamos em desídia, não há que se falar em propositura da queixa subsidiária diante do pedido de arquivamento do inquérito formulado pelo MP, visto que o representante do *parquet*, após examinar os autos de inquérito, agiu e adotou uma das medidas legais postas à sua disposição. Intentada a ação penal privada subsidiária, caberá ao MP, nos moldes do que prescreve o art. 29 do CPP, "(...) aditar a queixa, repudiá-la e oferecer denúncia substitutiva, intervir em todos os termos do processo, fornecer elementos de prova, interpor recurso e, a todo tempo, no caso de negligência do querelante, retomar a ação como parte principal". Na jurisprudência: "PENAL. AÇÃO PENAL PRIVADA SUBSIDIÁRIA DA PÚBLICA. INÉRCIA DO MINISTÉRIO PÚBLICO. COMPROVAÇÃO INEQUIVOCA. REQUISITO ESSENCIAL. MINISTÉRIO PÚBLICO. TITULAR DA AÇÃO PENAL. PEDIDO DE ARQUIVAMENTO. ACOLHIMENTO OBRIGATÓRIO. 1. A comprovação inequívoca da inércia do Ministério Público é requisito essencial para justificar o ajuizamento da ação penal privada subsidiária da pública. 2. O pedido de arquivamento do feito, formulado pelo Ministério Público, titular da ação penal, não pode ser discutido, senão acolhido. Precedentes do STF e do STJ. 3. Agravo regimental não provido" (STJ – AgRg na APn: 557 DF 2008/0269543-6, Relator: Ministra NANCY ANDRIGHI, Data de Julgamento: 06.10.2010, CE – CORTE ESPECIAL, Data de Publicação: *DJe* 09.11.2010).

Gabarito "C"

(OAB/Exame Unificado – 2010.2) Relativamente às regras sobre ação civil fixadas no Código de Processo Penal, assinale a alternativa correta.

(A) São fatos que impedem a propositura da ação civil: o despacho de arquivamento do inquérito ou das peças de informação, a decisão que julgar extinta a punibilidade e a sentença absolutória que decidir que o fato imputado não constitui crime.
(B) Sobrevindo a sentença absolutória no juízo criminal, a ação civil não poderá ser proposta em nenhuma hipótese.
(C) Transitada em julgado a sentença penal condenatória, a execução só poderá ser efetuada pelo valor fixado na mesma, não se admitindo, neste caso, a liquidação para a apuração do dano efetivamente sofrido.
(D) Transitada em julgado a sentença penal condenatória, poderão promover-lhe a execução, no juízo cível, para o efeito da reparação do dano, o ofendido, seu representante legal ou seus herdeiros.

A: incorreta. Trata-se, ao contrário, de fatos que não obstam a propositura da ação civil. É o que determina o art. 67 do CPP; **B:** incorreta. A ação civil poderá ser proposta se não for reconhecida, categoricamente, a inexistência material do fato – art. 66 do CPP; **C:** incorreta; admite-se a liquidação para apuração dos danos efetivamente sofridos (art. 63, parágrafo único, do CPP); **D:** correta, dado o que estabelece o art. 63, *caput*, do CPP.

Gabarito "D"

(OAB/Exame Unificado – 2010.1) Acerca da ação civil *ex delicto*, assinale a opção correta.

(A) A execução da sentença penal condenatória no juízo cível é ato personalíssimo do ofendido e não se estende aos seus herdeiros.
(B) Ao proferir sentença penal condenatória, o juiz fixará valor mínimo para a reparação dos danos causados pela infração, considerando os prejuízos sofridos pelo ofendido, sem prejuízo da liquidação para apuração do dano efetivamente sofrido.
(C) Segundo o CPP, a sentença absolutória no juízo criminal impede a propositura da ação civil para reparação de eventuais danos resultantes do fato,

uma vez que seria contraditório absolver o agente na esfera criminal e processá-lo no âmbito cível.

(D) O despacho de arquivamento do inquérito policial e a decisão que julga extinta a punibilidade são causas impeditivas da propositura da ação civil.

A: incorreta. O art. 63 do CPP assegura a legitimidade para a execução da sentença penal condenatória ao ofendido, a seu representante legal ou a seus herdeiros; **B:** correta. Cuida-se da previsão do art. 63, parágrafo único, c/c art. 387, IV, ambos do CPP. A resposta é fruto da reforma do CPP, em 2008; **C:** incorreta. Apenas na hipótese de ter sido reconhecida, categoricamente, a inexistência material do fato, mediante sentença absolutória, é que se impede a propositura da ação civil (CPP, art. 66); **D:** incorreta. As causas apontadas na assertiva não impedem a propositura da ação civil, conforme previsto no art. 67, I e II, do CPP.

Gabarito "B"

(OAB/Exame Unificado – 2009.3) Impede a propositura da ação civil para a reparação do dano causado pelo fato delituoso

(A) a sentença penal que reconhecer ter sido o ato praticado em estrito cumprimento de dever legal.

(B) a sentença absolutória que decidir que o fato imputado não constitui crime.

(C) o despacho de arquivamento do inquérito ou das peças de informação.

(D) a decisão que julgar extinta a punibilidade.

A: correta, nos termos do art. 65 do CPP; **B:** incorreta, pois não reflete o disposto no art. 67, III, do CPP; **C:** incorreta, nos termos do art. 67, I, do CPP; **D:** incorreta, pois contraria o que estabelece o art. 67, II, do CPP.

Gabarito "A"

(OAB/Exame Unificado – 2008.3) Assinale a opção correta de acordo com o que dispõe o CPP acerca da perempção.

(A) Na ação penal pública, a perempção é causa extintiva da punibilidade.

(B) A perempção se aplica à ação penal privada subsidiária da pública.

(C) Considera-se perempta a ação penal privada quando, iniciada esta, o querelante deixa de promover o andamento do processo durante trinta dias seguidos.

(D) A ausência de pedido de condenação, nas alegações finais, por parte do querelante, não enseja a perempção.

A: incorreta. Trata-se de instituto exclusivo da ação penal privada – art. 60, *caput*, do CPP; **B:** incorreta, pois não há se falar em perempção na ação penal privada subsidiária da pública. Isso porque, nos termos do art. 29 do CPP, se o querelante revelar-se desidioso, pode o Ministério Público retomar a titularidade da ação; **C:** correta, pois em conformidade com a regra contida no art. 60, I, do CPP; **D:** incorreta, dado que a ausência de pedido de condenação, nas alegações finais, acarretará, sim, a perempção (art. 60, III, parte final, do CPP).

Gabarito "C"

(OAB/Exame Unificado – 2008.2) Assinale a opção correta acerca da ação penal.

(A) Se, em qualquer fase do processo, o juiz reconhecer extinta a punibilidade, deverá aguardar o requerimento do MP, do querelante ou do réu, apontando a causa de extinção da punibilidade, para poder declará-la.

(B) A renúncia ao exercício do direito de queixa, em relação a um dos autores do crime, não se estende aos demais agentes.

(C) A queixa contra qualquer dos autores do crime obrigará ao processo de todos, e o MP velará pela sua indivisibilidade.

(D) O perdão concedido a um dos querelados aproveitará a todos, inclusive ao querelado que o recusar.

A: incorreta. Reconhecida a extinção da punibilidade, deverá o juiz declará-la de ofício (art. 61 do CPP); **B:** incorreta. A renúncia alcançará todos (art. 49 do CPP); **C:** correta, nos termos do art. 48 do CPP. Fica a critério do ofendido o ajuizamento ou não da queixa; não poderá, todavia, escolher contra quem irá propor a ação penal (princípio da indivisibilidade); **D:** incorreta, pois não aproveitará ao querelado que o recusar (art. 51 do CPP).

Gabarito "C"

(OAB/Exame Unificado – 2008.2) Segundo o CPP, não faz coisa julgada no cível a sentença penal que reconhecer ter sido o ato praticado em

(A) Estrita obediência à ordem, não manifestamente ilegal, de superior hierárquico.

(B) Estado de necessidade.

(C) Legítima defesa.

(D) Estrito cumprimento de dever legal.

O art. 65 do CPP assim prevê: "Faz coisa julgada no cível a sentença penal que reconhecer ter sido o ato praticado em estado de necessidade, em legítima defesa, em estrito cumprimento de dever legal ou no exercício regular de direito".

Gabarito "A"

(OAB/Exame Unificado – 2008.1) A respeito das condições de procedibilidade, assinale a opção correta.

(A) Nos crimes comuns e de responsabilidade praticados pelo presidente da República, é condição de procedibilidade a autorização do Senado Federal para ser instaurado o processo.

(B) Havendo vestígios nos crimes contra a propriedade imaterial, o exame pericial é condição de procedibilidade para a ação penal.

(C) Nos crimes contra a honra do presidente da República, a requisição do ministro da Justiça é condição de procedibilidade para a ação penal, que deve ser providenciada no prazo legal de seis meses a contar da data do fato.

(D) Nos crimes cometidos fora do território nacional, são condições de procedibilidade a entrada do agente no território nacional e o fato de os crimes não serem puníveis no país em que foram praticados.

A: incorreta, pois, nos crimes comuns praticados pelo Presidente da República, a autorização é dada pela Câmara dos Deputados (arts. 51, I, 52, I, e 86 da CF); **B:** correta, nos moldes do art. 525 CPP; **C:** incorreta, dado que o CPP não fixa prazo. Assim sendo, a requisição poderá ser oferecida enquanto não estiver extinta a punibilidade pela prescrição; **D:** incorreta, pois os crimes também devem ser puníveis no país em que foram praticados (art. 7º, § 2º, *b*, do CP).

Gabarito "B"

(OAB/Exame Unificado – 2006.3) Assinale a opção correta acerca da ação penal.

(A) Em se tratando de crime de ação penal pública condicionada, exige-se rigor formal na representação do ofendido ou de seu representante legal.

(B) O perdão do ofendido, seja ele expresso ou tácito, pode ser causa de extinção da punibilidade nos crimes que se apuram por ação penal pública condicionada.

(C) A representação será retratável depois de oferecida a denúncia.

(D) Nos crimes contra os costumes, uma vez atestada a pobreza da vítima pela autoridade policial ou por outros meios de prova, a ação penal passa a ser pública condicionada à representação, tendo o Ministério Público legitimidade para oferecer a denúncia.

A: incorreta. A representação (art. 39, *caput* e §§ 1º e 2º, do CPP) não tem rigor formal. Os tribunais, inclusive o STF, já se manifestaram nesse sentido. É suficiente que a vítima demonstre de forma inequívoca a intenção de ver processado o suspeito; **B:** incorreta. O perdão do ofendido (art. 107, V, do CP) é instituto que só se aplica no âmbito da ação penal privada; **C:** incorreta. Depois de oferecida a denúncia, a representação se torna irretratável (art. 25 do CPP); **D:** correta. Outra relevante modificação produzida pela Lei 12.015/2009 diz respeito à ação penal nos crimes sexuais. A ação penal, no âmbito dos crimes sexuais, é, em regra, pública condicionada à representação. Será, entretanto, pública incondicionada em duas situações: se a vítima é menor de 18 anos; ou se é pessoa vulnerável. Como se pode ver, a situação econômica da vítima deixou de ser critério a determinar a natureza da ação penal.

Gabarito "D"

(OAB/Exame Unificado – 2004.ES) Assinale a opção correta quanto à ação penal.

(A) Na ação penal pública condicionada, a representação será retratável até a prolação da sentença de primeiro grau.

(B) A ação penal é pública, salvo quando a lei expressamente a declare privativa do ofendido.

(C) O direito de queixa, nas ações penais privadas, não pode ser renunciado, pois é direito personalíssimo.

(D) Admite-se o perdão do ofendido, nos crimes de ação penal privada, em qualquer tempo e grau de jurisdição.

A: incorreta, na medida em que, uma vez oferecida a denúncia, a representação passa a ser irretratável. É o que estabelece o art. 25 do CPP; **B:** correta – art. 100, *caput*, do CP; **C:** incorreta, visto que a ação penal privada é informada pelos princípios da *oportunidade* e *disponibilidade*. Significa que o ofendido tem a *faculdade*, não a obrigação, de promover a ação (oportunidade), bem como tem ele, ofendido, a prerrogativa de prosseguir ou não até o término do processo (disponibilidade). São princípios que não se aplicam à ação penal pública, na qual vigoram os princípios da obrigatoriedade e indisponibilidade; **D:** incorreta, dado que o perdão do ofendido só terá lugar a partir do início da ação penal e antes do trânsito em julgado da sentença condenatória.

Gabarito "B"

(OAB/Exame Unificado – 2007.3) Assinale a opção correta quanto à suspensão condicional do processo.

(A) Corre prescrição durante o prazo de suspensão do processo.

(B) O juiz pode especificar condições não expressas em lei a que fica submetida a suspensão, desde que adequadas ao fato e à situação do acusado.

(C) O não cumprimento da condição de reparação do dano, sendo possível ao réu fazê-lo, é causa de revogação facultativa.

(D) A instauração de processo por suposta prática de outro crime no período de prova é causa de revogação facultativa.

A: incorreta, pois não correrá a prescrição durante o período de suspensão do processo (art. 89, § 6º, da Lei n. 9.099/1995); **B:** correta, nos termos do art. 89, § 2º, da Lei n. 9.099/1995; **C** e **D:** incorretas. A revogação, nesses casos, é obrigatória (art. 89, § 3º, da Lei n. 9.099/1995). *Vide*, quanto ao *sursis* processual, a Súmula n. 415 do STJ.

Gabarito "B"

(OAB/Exame Unificado – 2006.1) Com relação à ação penal, é correto afirmar que

(A) A Constituição da República deferiu ao Ministério Público o monopólio da ação penal pública.

(B) O inquérito policial é obrigatório e indispensável para o exercício da ação penal.

(C) O princípio da indivisibilidade aplica-se à ação penal pública, já que o oferecimento da denúncia contra um dos acusados impossibilita posterior acusação de outro envolvido.

(D) O prazo para a ação penal privada é de seis meses, estando sujeito a interrupções e suspensões.

A: correta, dado o que estabelecem os arts. 129, I, da CF; 100, § 1º, do CP; e 24 do CPP; **B:** incorreta, pois – ao contrário – é facultativo e dispensável (arts. 12 e 39, § 5º, do CPP); **C:** incorreta. O princípio da indivisibilidade da ação penal privada está consagrado no art. 48 do CPP. Embora não haja disposição expressa de lei, o postulado da indivisibilidade, em princípio, é também aplicável à ação penal pública. No que se refere a esta modalidade de ação, seria inconcebível imaginar que o MP pudesse escolher contra quem iria propor a ação penal. Mas o STF não compartilha dessa lógica. Para a nossa Corte Suprema, a indivisibilidade não se aplica à ação penal pública (somente à ação privada). Dito de outro modo, o art. 48 do CPP somente tem incidência na ação penal de iniciativa privada. Sustenta o STF que a divisibilidade da ação penal pública reside no fato de o MP ter a liberdade de não ofertar a denúncia contra alguns autores de crime contra os quais ainda não há elementos suficientes e, assim que esses elementos forem reunidos, aditar a denúncia. Assim, a ação deixa de ser indivisível pelo simples fato de a denúncia comportar aditamento posterior; **D:** incorreta, pois se trata de prazo decadencial (art. 38 do CPP). Assim sendo, não está sujeito a interrupção nem a suspensão.

Gabarito "A"

(OAB/Exame Unificado – 2004.ES) Quanto à suspensão condicional do processo, assinale a opção incorreta.

(A) A suspensão será revogada se, no curso do prazo, o beneficiário vier a ser processado por outro crime.

(B) A suspensão será revogada se, no curso do prazo, o beneficiário não efetuar, sem motivo justificado, a reparação do dano.

(C) Expirado o prazo sem revogação, o juiz declarará extinta a punibilidade.

(D) Correrá a prescrição durante o prazo de suspensão do processo.

A e **B:** corretas, nos moldes do art. 89, § 3º, da Lei n. 9.099/1995; **C:** correta, pois em conformidade com o art. 89, § 5º, da Lei n. 9.099/1995; **D:** incorreta, devendo ser assinalada. Não corre a prescrição durante o prazo de suspensão do processo (art. 89, § 6º, da Lei n. 9.099/1995).

Gabarito "D"

(FGV – 2013) De acordo com o Código de Processo Penal, no caso de morte do ofendido ou quando declarado ausente por decisão judicial, o direito de oferecer queixa ou prosseguir na ação passará

(A) ao cônjuge, ascendente, descendente ou irmão.

(B) ao cônjuge, companheiro, ascendente e descendente, apenas.

(C) ao cônjuge, ascendente, descendente e colateral até o 3º grau.

(D) ao cônjuge, ascendente e descendente, apenas, não havendo ordem entre eles a ser seguida.

(E) ao cônjuge em primeiro lugar e, somente na omissão deste, ao ascendente e descendente, apenas.

Segundo a regra disposta no art. 31 do CPP, na superveniência de morte ou ausência do ofendido, o direito de oferecer queixa ou de prosseguir na ação é transferido às seguintes pessoas, nesta ordem: cônjuge, ascendente, descendente e irmão. Se houver discordância, deve prevalecer a vontade daquele que deseja ajuizar a ação.

Gabarito "A"

As *ações penais* podem ser classificadas como públicas incondicionadas, públicas condicionadas à representação ou à requisição do Ministro da Justiça ou ação penal privada.

(FGV – 2013) A respeito dessas modalidades, assinale a afirmativa correta.

(A) A representação feita pelo ofendido é retratável até o momento do recebimento da denúncia.

(B) Seja qual for o crime, quando praticado em detrimento do patrimônio ou interesse da União, Estado ou Município, a ação penal será pública.

(C) O direito de representação não possui uma forma predeterminada, podendo ser exercido mediante declaração pessoal do ofendido ou de procurador com poderes gerais, de maneira escrita ou oral, feita ao juiz, ao órgão do Ministério Público ou à autoridade policial.

(D) No caso de morte do ofendido, se a ação penal de natureza privada não for classificada como personalíssima, o direito de oferecer queixa ou prosseguir na ação passará ao cônjuge, companheiro, ascendentes e descendentes, mas não ao irmão.

(E) O perdão independe de aceitação do querelado, tácita ou expressa.

A: incorreta, na medida em que a *representação* formulada pelo ofendido poderá ser retratada até o *oferecimento* da denúncia (e não até o seu *recebimento*). É o que estabelece o art. 25 do CPP; **B:** correta, pois corresponde à redação do art. 24, § 2º, do CPP; **C:** incorreta. É verdade que a representação, segundo doutrina e jurisprudência pacíficas, não depende de fórmula sacramental prescrita em lei, sendo suficiente que o ofendido manifeste, de forma inequívoca, seu desejo em ver processado seu ofensor. Também é fato que a representação comporta as formas *escrita* e *verbal*, conforme prescreve o art. 39 do CPP, que também estabelece que esta condição de procedibilidade pode ser dirigida ao magistrado, ao promotor ou à autoridade policial. Até aqui, a proposição está correta. Está incorreta, no entanto, quando afirma que a representação poderá ser ofertada por procurador com poderes *gerais*. É que, neste caso, a procuração deve conter poderes *especiais* (art. 39, *caput*, do CPP); **D:** incorreta, pois não corresponde à regra presente no art. 31 do CPP; **E:** incorreta. Sendo ato bilateral, o perdão só gera a extinção da punibilidade se for aceito pelo querelado – art. 51 do CPP e art. 105 do CP.

Gabarito "B"

(FGV – 2013) Com relação ao tema *ação penal*, assinale a afirmativa **incorreta**.

(A) Na ação penal pública vigoram os princípios da indisponibilidade e da oficialidade.

(B) Na ação penal privada a iniciativa incumbe à vítima ou a seu representante legal.

(C) Na ação penal pública condicionada, a representação da vítima e a requisição do Ministro da Justiça têm a natureza jurídica de condição de procedibilidade.

(D) Legitimidade de parte, interesse de agir e possibilidade jurídica do pedido são condições para a propositura de toda ação penal, seja de natureza pública ou privada.

(E) O princípio da indivisibilidade da ação penal não se aplica na ação privada.

A: correta. De fato, a ação penal pública é informada pelos princípios da *indisponibilidade*, segundo o qual é vedado ao seu titular desistir da ação que haja proposto (art. 42, CPP), e *oficialidade*, que estabelece que a persecução deve ser promovida por órgão oficial; **B:** correta, nos termos do art. 30 do CPP; **C:** correta. A representação do ofendido e a requisição do ministro da Justiça, na ação penal pública condicionada, têm natureza jurídica de *condição de procedibilidade*; **D:** correta. De fato, tais condições devem se fazer presentes em todo e qualquer tipo de ação penal. É importante o registro de que, além dessas condições, que são comuns a todas as ações, há algumas modalidades que impõem condições específicas. É o caso da representação no âmbito da ação penal condicionada, necessária ao seu exercício; **E:** incorreta, devendo ser assinalada. A ação penal de iniciativa privada, por expressa disposição do art. 48 do CPP, submete-se, sim, ao *princípio da indivisibilidade*. Vale uma observação: embora não haja disposição expressa de lei, o *postulado da indivisibilidade* é também aplicável à ação penal pública. No que se refere a esta modalidade de ação, seria inconcebível imaginar que o MP pudesse escolher contra quem iria propor a ação penal. É nesse sentido que incorporamos o postulado da indivisibilidade no âmbito da ação penal pública. Mas o STF não compartilha dessa lógica. Para a nossa Corte Suprema, a indivisibilidade não se aplica à ação penal pública (somente à ação privada). Sustenta o STF que a divisibilidade da ação penal pública reside no fato de o MP ter a liberdade de não ofertar a denúncia contra alguns autores de crime contra os quais ainda não há elementos suficientes e, assim que esses elementos forem reunidos, aditar a denúncia. Assim, a ação deixa de ser indivisível pelo simples fato de a denúncia comportar aditamento posterior (HC 96.700, Rel. Min. Eros Grau, julgamento em 17-3-2009, Segunda Turma, *DJE* de 14-8-2009; no mesmo sentido: HC 93.524, Rel. Min. Cármen Lúcia, julgamento em 19-8-2008, Primeira Turma, *DJE* de 31-10-2008). Com a devida vênia, a indivisibilidade, a nosso ver, consiste na impossibilidade de o membro do MP escolher contra quem a denúncia será oferecida. Se houver elementos, a ação deverá ser promovida contra todos.

Gabarito "E"

(FGV – 2009) A respeito dos efeitos da sentença penal na esfera cível, analise as afirmativas a seguir.

I. O ofendido deve aguardar a prolação de sentença penal condenatória, para promover sua execução em vara cível, sendo-lhe vedado ajuizar ação cível sobre os mesmos fatos enquanto a ação penal estiver em curso.

II. A prolação de sentença penal absolutória fundada na atipicidade do fato não impede a apuração da responsabilidade civil do réu.

III. O arquivamento de inquérito policial com fundamento em legítima defesa impede a apuração da responsabilidade civil do autor do fato.

IV. Se o juiz criminal fixar o valor da reparação dos danos na sentença penal condenatória, o ofendido não poderá demandar o pagamento de valor superior ao fixado em vara cível.

Assinale:

(A) se somente a afirmativa II estiver correta.

(B) se somente a afirmativa IV estiver correta.

(C) se somente as afirmativas I e II estiverem corretas.

(D) se somente as afirmativas II e III estiverem corretas.

(E) se todas as afirmativas estiverem corretas.

I: incorreta. Pelo sistema que adotamos (independência das esferas penal e cível), nada impede que aquele que sofreu o dano causado pela prática criminosa persiga a correspondente reparação, em ação de conhecimento instaurada no juízo cível, independente do destino da ação penal e antes do término desta. Bem por isso, as ações podem, sim, tramitar paralelamente. Nada obsta, de outro lado, que o ofendido, se assim preferir, opte por aguardar o desfecho da ação penal para, depois disso, buscar a reparação do dano no juízo cível. Nesta última hipótese, a sentença penal condenatória com trânsito em julgado no juízo penal faz coisa julgada no âmbito civil, encerrando, assim, qualquer discussão atinente à existência do fato e sua respectiva autoria. A discussão, a partir daí, envolverá tão somente o montante devido; **II:** correta, nos moldes do art. 67, III, do CPP; **III:** incorreta, pois o arquivamento do inquérito não impede a apuração da responsabilidade civil (art. 67, I, do CPP); **IV:** incorreta, pois contraria o dispositivo previsto no art. 63, parágrafo único, do CPP.

Gabarito "A"

(FGV – 2008) Em relação à ação penal, analise as afirmativas a seguir:

I. A mulher casada não poderá exercer o direito de queixa sem consentimento do marido, salvo quando estiver dele separada ou quando a queixa for contra ele.

II. O direito de ação penal privada subsidiária da pública está previsto na Constituição bem como no Código de Processo Penal.

III. Se o ofendido for retardado mental e colidirem os interesses dele com os de seu representante legal, o direito de queixa poderá ser exercido por curador especial, nomeado pelo juiz competente para o processo penal.

Assinale:

(A) se nenhuma afirmativa estiver correta.
(B) se somente as afirmativas I e II estiverem corretas.
(C) se somente as afirmativas I e III estiverem corretas.
(D) se somente as afirmativas II e III estiverem corretas.
(E) se todas as afirmativas estiverem corretas.

I: incorreta. O art. 35 do CPP, que estabelecia que a mulher casada não podia exercer o direito de queixa sem o consentimento do marido, salvo se dele estivesse separada ou quando a queixa fosse contra ele, foi revogado pela Lei 9.520/1997; **II:** correta, dado que a ação penal privada subsidiária da pública ou substitutiva, que somente terá lugar na hipótese de inércia do membro do Ministério Público, encontra previsão nos arts. 5º, LIX, da CF, 100, § 3º, do CP e 29 do CPP; **III:** correta (art. 33 do CPP).

Gabarito "D"

(FGV – 2008) A requisição do Ministro da Justiça, nos crimes de ação pública em que a lei assim o exige constitui condição:

(A) objetiva de punibilidade.
(B) subjetiva de punibilidade.
(C) de procedibilidade.
(D) de legitimidade passiva.
(E) de plausibilidade.

Arts. 5º, II, e 24, *caput*, do CPP.

Gabarito "C"

(FGV – 2007) Assinale a afirmativa incorreta.

(A) Intentada a ação penal, o juiz da ação civil, visando ao ressarcimento do dano, poderá suspender o curso do processo civil.
(B) Não faz coisa julgada no cível a sentença penal que reconhecer ter sido o ato praticado em estrito cumprimento de dever legal.
(C) É cabível a indenização ao dono de animal que é morto em quintal da casa do seu proprietário por pessoa que invade o mencionado quintal para fugir de roubo.
(D) A decisão que julga extinta a punibilidade do crime não impede a propositura da ação civil.
(E) Não obstante a sentença absolutória no juízo criminal, a ação civil poderá ser proposta quando não tiver sido, categoricamente, reconhecida a inexistência material do fato.

A: correta (art. 64, parágrafo único, do CPP); **B:** incorreta, devendo ser assinalada, pois faz coisa julgada no cível (art. 65 do CPP); **C:** correta, dado o que estabelecem os art. 65 do CPP e 188, II, 929 e 930 do Código Civil; **D:** correta, pois em conformidade com o teor do art. 67, II, do CPP; **E:** correta, nos termos do art. 66 do CPP.

Gabarito "B"

(FGV – 2005) Em matéria de ação penal, é incorreto afirmar que:

(A) na ação penal privada, na hipótese de morte do ofendido, o direito de prosseguir na ação passará ao cônjuge, ascendente, descendente ou irmão.
(B) o órgão do Ministério Público dispensará o inquérito policial, se com a representação que lhe for dirigida forem oferecidos elementos que o habilitem a promover a ação penal, e, nesse caso, oferecerá a denúncia no prazo de 15 (quinze) dias.
(C) a denúncia será rejeitada quando houver a prescrição.
(D) a renúncia ao exercício do direito de queixa, em relação a um dos autores do crime, a todos se estende, sem que produza, todavia, efeito em relação ao que o recusar.
(E) a renúncia tácita e o perdão tácito admitirão todos os meios de prova.

A: correta, pois reflete a regra prevista no art. 31 do CPP; **B:** correta, pois em consonância com o que estabelece o art. 39, § 5º, do CPP; **C:** correta, nos termos do art. 395, II, do CPP; **D:** incorreta, devendo ser assinalada. A renúncia (art. 49 do CPP), porque constitui ato unilateral do ofendido, prescinde de aceitação do ofensor; já o perdão (art. 51 do CPP), sendo ato bilateral, somente extinguirá a punibilidade se aceito for pelo querelado. A assertiva refere-se, portanto, à redação do art. 51, aplicável ao perdão, e não à renúncia; **E:** correta, nos moldes do art. 57 do CPP.

Gabarito "D"

4. JURISDIÇÃO E COMPETÊNCIA; CONEXÃO E CONTINÊNCIA

(OAB/Exame Unificado – 2015.3) Estando preso e cumprindo pena na cidade de Campos, interior do estado do Rio de Janeiro, Paulo efetua ligação telefônica para a casa de Maria, localizada na cidade de Niterói, no mesmo Estado, anunciando o falso sequestro do filho desta e exigindo o depósito da quantia de R$ 2.000,00 (dois mil reais), a ser efetuado em conta bancária na cidade do Rio de Janeiro. Maria, atemorizada, efetua a transferência do respectivo valor, no mesmo dia, de sua conta-corrente de uma agência bancária situada em São Gonçalo.

Descoberto o fato e denunciado pelo crime de extorsão, assinale a opção que indica o juízo competente para o julgamento.

(A) Vara Criminal de Campos.
(B) Vara Criminal de Niterói.
(C) Vara Criminal de São Gonçalo.
(D) Vara Criminal do Rio de Janeiro.

A competência, a teor do art. 70 do CPP, firmar-se-á, em regra, em razão do lugar em que o crime se consumar. No caso retratado no enunciado, o delito de extorsão, sendo formal, consumou-se no local em que a vítima, neste caso Maria, foi constrangida, mediante grave ameaça, a efetuar o depósito exigido por Paulo. Sendo a extorsão crime formal (Súmula 96, STJ), pouco importa, para a sua consumação, se o agente auferiu a vantagem por ele perseguida. Dessa forma, será competente o foro do local em que se deu a consumação, que é a Vara Criminal de Niterói, lugar em que Maria foi constrangida por Paulo a efetuar o depósito bancário.

Gabarito "B".

(OAB/Exame Unificado – 2015.2) Durante 35 anos, Ricardo exerceu a função de juiz de direito junto ao Tribunal de Justiça de Minas Gerais. Contudo, no ano de 2012, decidiu se aposentar e passou a morar em Florianópolis, Santa Catarina. No dia 22.01.2015, travou uma discussão com seu vizinho e acabou por ser autor de um crime de lesão corporal seguida de morte, consumado na cidade em que reside. Oferecida a denúncia, de acordo com a jurisprudência majoritária dos Tribunais Superiores, será competente para julgar Ricardo

(A) o Tribunal de Justiça do Estado de Minas Gerais.
(B) uma das Varas Criminais de Florianópolis.
(C) o Tribunal de Justiça de Santa Catarina.
(D) o Tribunal do Júri de Florianópolis.

A teor da Súmula n. 451, do STF, a competência por prerrogativa de função não deve ter incidência depois de cessado o exercício funcional. No caso narrado no enunciado, o juiz de direito, porque aposentado ao tempo em que praticou o crime acima narrado, não mais faz jus a ser julgado pelo Tribunal de Justiça do Estado em que era magistrado, seu juízo natural somente se ainda não tivesse aposentado. Nunca é demais lembrar que a Súmula n. 394, do STF, que assegurava a autoridade a prerrogativa de foro mesmo depois de cessado o exercício de cargo ou mandato, foi cancelada pelo Pleno do próprio tribunal. Conferir, a esse respeito, a seguinte ementa, que, embora se refira a membro do MP, tem aplicação no âmbito da magistratura: "HABEAS CORPUS LIBERATÓRIO. TORTURA CONTRA CRIANÇA EM CONTINUIDADE DELITIVA. PROCURADORA DE JUSTIÇA APOSENTADA. INEXISTÊNCIA DE PRIVILÉGIO DE FORO. SÚMULA 451/STF. COMPETÊNCIA DO JUIZ CRIMINAL E NÃO DO JUIZADO ESPECIAL DE VIOLÊNCIA DOMÉSTICA E FAMILIAR CONTRA A MULHER. CRIME COMETIDO EM RAZÃO DA CONDIÇÃO DE CRIANÇA DA VÍTIMA. PEDIDO DE LIBERDADE PROVISÓRIA PREJUDICADO. SUPERVENIÊNCIA DA SENTENÇA E DO ACÓRDÃO CONFIRMATÓRIO DA CONDENAÇÃO. NOVOS TÍTULOS APTOS A SUSTENTAR A CUSTÓDIA, CUJOS FUNDAMENTOS NÃO FORAM IMPUGNADOS NA INICIAL. PRECEDENTES DA 3A. SEÇÃO DESTA CORTE. PARECER DO MPF PELA DENEGAÇÃO DA ORDEM. HC PARCIALMENTE CONHECIDO E, NESSA EXTENSÃO, DENEGADA A ORDEM. 1. A competência especial por prerrogativa de função não se estende ao crime cometido após a cessação definitiva do exercício funcional. Súmula 451/STF. 2. Ressai dos fatos narrados na denúncia que a paciente tinha a guarda provisória e precária da vítima e a submeteu a intolerável e intenso sofrimento psicológico e físico ao praticar, em continuidade delitiva, diversas agressões verbais e violência física, de forma a caracterizar o crime de tortura descrito no art. 1º, inciso II, combinado com o § 4º, inciso II da Lei 9.455/1997. 3. O fato de a menor agredida ser do sexo feminino não possui qualquer influência no delito praticado pela paciente, pois foi a condição de criança que levou a acusada a praticá-lo. Caso a vítima fosse homem, a conduta não deixaria de existir, pois o fundamental para a acusada era a incapacidade de resistência da vítima diante das agressões físicas e mentais praticadas. Destarte, se o delito não tem razão no fato de a vítima ser do gênero mulher, não há falar em competência do Juizado Especial de Violência Doméstica e Familiar. 4. Ao que se tem das informações colhidas no endereço eletrônico do TJRJ, foi proferida a sentença condenatória e julgado o recurso de Apelação defensivo. Nesses casos, esta Corte tem entendido pela prejudicialidade da análise do decreto prisional, uma vez que há novos títulos a amparar a custódia cautelar, cujos fundamentos se desconhece e não foram impugnados na inicial deste HC. 5. Parecer do MPF pela denegação da ordem. 6. HC parcialmente conhecido e, nessa extensão, denegada a ordem" (HC 172.784/RJ, Rel. Ministro NAPOLEÃO NUNES MAIA FILHO, QUINTA TURMA, julgado em 03.02.2011, *DJe* 21.02.2011).

Gabarito "B".

(OAB/Exame Unificado – 2015.1) Juan da Silva foi autor de uma contravenção penal, em detrimento dos interesses da Caixa Econômica Federal, empresa pública. Praticou, ainda, outra contravenção em conexão, dessa vez em detrimento dos bens do Banco do Brasil, sociedade de economia mista.

Dessa forma, para julgá-lo será competente

(A) a Justiça Estadual, pelas duas infrações.
(B) a Justiça Federal, no caso da contravenção praticada em detrimento da Caixa Econômica Federal, e Justiça Estadual, no caso da infração em detrimento do Banco do Brasil.
(C) a Justiça Federal, pelas duas infrações.
(D) a Justiça Federal, no caso de contravenção praticada em detrimento do Banco do Brasil, e Justiça Estadual pela infração em detrimento da Caixa Econômica Federal.

A assertiva a ser assinalada como correta é a "A", dado que o art. 109, IV, primeira parte, da CF afasta a competência da Justiça Federal para o processamento e julgamento das contravenções penais, mesmo que praticadas em detrimento de bens, serviços ou interesse da União ou de suas entidades autárquicas ou empresas públicas. Nesse sentido a Súmula 38, STJ: "Compete à Justiça Estadual Comum, na vigência da Constituição de 1988, o processo por contravenção penal, ainda que praticada em detrimento de bens, serviços ou interesse da União ou de suas entidades".

Gabarito "A".

(OAB/Exame Unificado – 2014.1) Carolina, voltando do Paraguai com diversas mercadorias que configurariam o crime de contrabando, entra no país pela cidade de Foz do Iguaçu (PR). Em lá chegando, compra uma passagem de ônibus para a cidade de São Paulo e segue, posteriormente, para o Rio de Janeiro, sua cidade natal, quando é surpreendida por policiais federais que participavam de uma operação de rotina na rodoviária. Os policiais, então, apreendem as mercadorias e conduzem Carolina à Delegacia Policial.

Na hipótese, assinale a alternativa que indica o órgão competente para proceder ao julgamento de Carolina.

(A) A Justiça Federal de Foz de Iguaçu.
(B) A Justiça Federal do Rio de Janeiro.
(C) A Justiça Federal de São Paulo.
(D) Qualquer das anteriores, independentemente da regra da prevenção.

A competência, no caso narrado no enunciado, é da Justiça Federal do Rio de Janeiro. É este o entendimento sufragado na Súmula n. 151 do STJ: "A competência para o processo e julgamento por crime de contrabando ou descaminho define-se pela prevenção do Juízo Federal do lugar da apreensão dos bens".

Gabarito "B".

(OAB/Exame Unificado – 2012.3.B) Maria está sendo processada por crime de tráfico de entorpecente em conexão com o homicídio qualificado. Na fase própria, o Juiz decidiu por impronunciar a ré, restando apenas o crime remanescente para julgamento. Transcorrido o prazo para eventual recurso da decisão que impronunciou a ré, o órgão competente para julgamento do crime remanescente será

(A) o Tribunal do Júri.
(B) o Tribunal de Justiça.
(C) a Vara Criminal.
(D) o Tribunal Regional Federal

Se o réu for impronunciado pelo crime contra a vida, cabe o magistrado, na hipótese de haver conexão deste com crime de competência do juízo comum, a este remeter os autos para julgamento. Nesse sentido, conferir: "Verificada a impronúncia do réu, denunciado pela prática de crime doloso contra a vida, cumpre ao juiz aguardar a preclusão para remeter os autos ao juízo competente para o julgamento do crime contra o patrimônio, a ele conexo" (TJDF, Recurso em sentido estrito n. 20.000.510.024.613, 2ª T., rel. Des. Getulio Pinheiro, DJU 27.02.2002).

Gabarito "C".

(OAB/Exame Unificado – 2012.2) Paulo reside na cidade "Y" e lá resolveu falsificar seu passaporte. Após a falsificação, pegou sua moto e viajou até a cidade "Z", com o intuito de chegar ao Paraguai. Passou pela cidade "W" e pela cidade "K", onde foi parado pela Polícia Militar. Paulo se identificou ao policial usando o documento falsificado e este, percebendo a fraude, encaminhou Paulo à delegacia. O *Parquet* denunciou Paulo pela prática do crime de uso de documento falso. Assinale a afirmativa que indica o órgão competente para julgamento.

(A) Justiça Estadual da cidade "Y".
(B) Justiça Federal da cidade "K".
(C) Justiça Federal da cidade "Y".
(D) Justiça Estadual da cidade "K".

Em resumo, Paulo falsificou documento público na cidade "Y" e, depois de passar por diversas cidades, fez uso do documento que falsificou na cidade "K". Se considerarmos que o crime de falsificação do passaporte constitui meio para a prática do crime-fim, que é o uso desse documento, o foro competente para o processamento e julgamento deve ser estabelecido em razão do lugar em que o crime de uso se consumou (art. 70 do CPP), que é, neste caso, a cidade "K", onde se deu o efetivo uso do passaporte. A competência é da Justiça Federal. Súmula n. 200 do STJ: "O Juízo Federal competente para processar e julgar acusado de crime de uso de passaporte falso é o do lugar onde o delito se consumou".

Gabarito "B".

(OAB/Exame Unificado – 2011.3.B) Em relação à conexão intersubjetiva por simultaneidade, assinale a alternativa correta.

(A) Ocorre quando duas ou mais pessoas forem acusadas pela mesma infração.
(B) Ocorre quando duas ou mais infrações são praticadas, por várias pessoas, umas contra as outras.
(C) Ocorre quando duas ou mais infrações são praticadas, ao mesmo tempo, por várias pessoas reunidas.
(D) Ocorre quando a prova de uma infração influir na prova de outra infração.

Art. 76, I, primeira parte, do CPP: "se, ocorrendo duas ou mais infrações penais, houverem sido praticadas, ao mesmo tempo, por várias pessoas reunidas (...)". Exemplo sempre lembrado pela doutrina é aquele em que diversos torcedores, que não se conhecem, invadem o campo para agredir os jogadores e o árbitro.

Gabarito "C".

(OAB/Exame Unificado – 2011.3.A) A Constituição do Estado X estabeleceu foro por prerrogativa de função aos prefeitos de todos os seus Municípios, estabelecendo que "os prefeitos serão julgados pelo Tribunal de Justiça". José, Prefeito do Município Y, pertencente ao Estado X, está sendo acusado da prática de corrupção ativa em face de um policial rodoviário federal.

Com base na situação acima, o órgão competente para o julgamento de José é

(A) a Justiça Estadual de 1ª Instância.
(B) o Tribunal de Justiça.
(C) o Tribunal Regional Federal.
(D) a Justiça Federal de 1ª Instância.

Súmula n. 702, STF: "A competência do Tribunal de Justiça para julgar prefeitos restringe-se aos crimes de competência da Justiça comum estadual; nos demais casos, a competência originária caberá ao respectivo tribunal de segundo grau".

Gabarito "C".

(OAB/Exame Unificado – 2011.2) Quando se tratar de acusação relativa à prática de infração penal de menor potencial ofensivo, cometida por estudante de direito, a competência jurisdicional será determinada pelo(a)

(A) natureza da infração praticada e pela prevenção.
(B) natureza da infração praticada.
(C) natureza da infração praticada e pelo local em que tiver se consumado o delito.
(D) local em que tiver se consumado o delito.

Arts. 98 da CF e 61 da Lei 9.099/1995 (competência em razão da natureza da infração). O art. 63 da Lei 9.099/1995 estabelece que a competência do Juizado Especial Criminal será determinada em razão do lugar em que foi praticada a infração penal. Surgiram, assim, três teorias a respeito do juiz competente para o julgamento da causa: teoria da atividade: é competente o juiz do local onde se verificou a ação ou omissão; teoria do resultado: a ação deve ser julgada no local onde se produziu o resultado; e teoria da ubiquidade: é considerado competente tanto o juiz do local em que se deu a ação ou omissão quanto aquele do lugar em que se produziu o resultado. Na doutrina e na jurisprudência, predominam as teorias da atividade e da ubiquidade. A assertiva dada como certa, não acolhida pela doutrina e jurisprudência, considera que a competência será determinada pelo local em que tiver se consumado o delito.

Gabarito "C".

(OAB/Exame Unificado – 2010.3) Tendo como referência a competência *ratione personae*, assinale a alternativa correta.

(A) Tício, juiz estadual, pratica um crime eleitoral. Por ter foro por prerrogativa de função, será julgado no Tribunal de Justiça do Estado onde exerce suas atividades.
(B) Caio, vereador de um determinado município, pratica um crime comum previsto na parte especial do Código Penal. Será, pois, julgado no Tribunal de

Justiça do Estado onde exerce suas funções, uma vez que goza do foro por prerrogativa de função.

(C) Terêncio é prefeito e pratica um crime comum, devendo ser julgado pelo Tribunal de Justiça do respectivo Estado. Segundo entendimento do STF, a situação não se alteraria se o crime praticado por Terêncio fosse um crime eleitoral.

(D) Mévio é governador do Distrito Federal e pratica um crime comum. Por uma questão de competência originária decorrente da prerrogativa de função, será julgado pelo Superior Tribunal de Justiça.

A: incorreta, visto que o juiz estadual que comete crime eleitoral é julgado pelo Tribunal Regional Eleitoral; **B:** errada, já que vereador não goza de foro por prerrogativa de função; **C:** incorreta. De acordo com a Súmula 702 do STF, "a competência do Tribunal de Justiça para julgar Prefeitos restringe-se aos crimes de competência da Justiça comum estadual; nos demais casos, a competência originária caberá ao respectivo tribunal de segundo grau". Desse modo, se o crime praticado por Terêncio fosse eleitoral, a competência para julgá-lo seria do Tribunal Regional Eleitoral do respectivo Estado; **D:** correta, visto que compete ao Superior Tribunal de Justiça processar e julgar, originariamente, nos crimes comuns, os governadores dos Estados e do Distrito Federal – art. 105, I, *"a"*, da CF.

Gabarito "D".

(OAB/Exame Unificado – 2010.1) Acerca da competência no âmbito do direito processual penal, assinale a opção correta.

(A) Caso um policial militar cometa, em uma mesma comarca, dois delitos conexos, um cujo processo e julgamento seja de competência da justiça estadual militar e o outro, da justiça comum estadual, haverá cisão processual.

(B) Os desembargadores dos tribunais de justiça dos estados e dos tribunais regionais federais possuem prerrogativa de foro especial, devendo ser processados e julgados criminalmente no STF.

(C) A competência para processo e julgamento por crime de contrabando ou descaminho define-se pela prevenção do juízo federal do local por onde as mercadorias sejam indevidamente introduzidas no Brasil.

(D) Caso um indivíduo tenha cometido, em uma mesma comarca, dois delitos conexos, um cujo processo e julgamento seja da competência da justiça federal e o outro, da justiça comum estadual, a competência para o julgamento unificado dos dois crimes será determinada pelo delito considerado mais grave.

A: opção correta. Previsão no art. 79, inciso I, do CPP e entendimento solidificado na Súmula 90 do STJ; **B:** opção incorreta. O art. 105, inciso I, alínea "a", da CF atribui tal competência ao STJ; **C:** opção incorreta. Segundo a Súmula 151 do STJ: "A competência para o processo e julgamento por crime de contrabando ou descaminho define-se pela prevenção do juízo federal do lugar da apreensão dos bens."; **D:** opção incorreta. Nessas hipóteses, a competência será da justiça federal, ainda que o delito afeto à justiça comum estadual tenha pena superior (STJ, Súmula 122).

Gabarito "A".

(OAB/Exame Unificado – 2009.3) Determinada rede de lanchonetes estabelecida nos Estados Unidos da América utiliza navios próprios para fornecer mercadorias aos seus franqueados fora daquele país. A bordo de um desses navios, em águas pertencentes ao mar territorial brasileiro, paralelas ao estado de Pernambuco, houve um crime contra o patrimônio e, algumas horas após esse fato, a embarcação atracou no porto de Santos – SP, onde, de acordo com o respectivo plano de viagem, seria sua primeira e última parada no território brasileiro.

Em face dessa situação hipotética, assinale a opção correta no que se refere à competência para processar e julgar o mencionado delito, de acordo com a CF, o CP e o CPP.

(A) A competência para processar e julgar o referido crime será da justiça federal de Pernambuco.

(B) A competência para processar e julgar o referido crime será da justiça federal de Santos.

(C) A justiça brasileira não tem competência para processar e julgar tal crime, pois a lei penal pátria não se aplica aos delitos cometidos a bordo de navios estrangeiros.

(D) O mencionado crime deve ser processado e julgado pela justiça do DF.

Art. 109, IX, da CF; art. 89 do CPP; e art. 5º, § 2º, do CP. É hipótese de territorialidade. Nesse sentido: STF, 1ª T., RHC 86.998-SP, rel. Min. Marco Aurélio Mello, j. 13.2.2007.

Gabarito "B".

(OAB/Exame Unificado – 2008.2) No que se refere às disposições do CPP acerca da competência por conexão ou continência, assinale a opção incorreta.

(A) No concurso entre a competência do júri e de outro órgão da jurisdição comum, prevalecerá a competência do júri.

(B) No concurso entre a jurisdição comum e a especial, prevalecerá a jurisdição especial.

(C) A conexão e a continência importarão unidade de processo e julgamento, inclusive no concurso entre a jurisdição comum e a militar.

(D) A conexão e a continência no concurso entre a jurisdição comum e a do juízo de menores importarão separação de processos e de julgamento.

A: correta (art. 78, I, do CPP); **B:** correta (art. 78, IV, do CPP); **C:** incorreta, devendo ser assinalada, pois não importarão em unidade de processo no caso do concurso entre a jurisdição comum e a militar (art. 79, I, do CPP); **D:** correta (art. 79, II, do CPP).

Gabarito "C".

(OAB/Exame Unificado – 2008.2) Compete à justiça federal processar e julgar

(A) Crime contra a organização do trabalho.

(B) Crime de transporte de eleitores no dia da votação.

(C) Furto de bem de sociedade de economia mista.

(D) Crime de deserção praticado por bombeiro militar.

A alternativa correta é a "A", conforme preceitua o art. 109, VI, da CF.

Gabarito "A".

(OAB/Exame Unificado – 2008.2) Assinale a opção correta acerca da conexão e da continência, segundo o Código de Processo Penal (CPP).

(A) No concurso entre a competência do júri e a de outro órgão da jurisdição comum, prevalecerá a competência deste último.

(B) No concurso de jurisdições da mesma categoria, preponderará a do lugar da infração à qual for cominada a pena mais grave.

(C) A conexão e a continência importarão unidade de processo e julgamento, inclusive no concurso entre a jurisdição comum e a do juízo de menores.

(D) No concurso entre a jurisdição comum e a especial, prevalecerá aquela.

A: incorreta. Prevalece a competência do júri (art. 78, I, do CPP); **B:** correta, dado o que prevê o art. 78, II, *a*, do CPP; **C:** incorreta. Entre as duas jurisdições citadas, haverá separação dos processos (art. 79, II, do CPP); **D:** incorreta, pois prevalecerá a jurisdição especial (art. 78, IV, do CPP).

Gabarito "B"

(OAB/Exame Unificado – 2008.1) Em relação à delimitação da competência no processo penal, às prerrogativas de função e ao foro especial, assinale a opção correta.

(A) No caso de conexão entre um crime comum e um crime eleitoral, este deve ser processado perante a justiça eleitoral e aquele, perante a justiça estadual, visto que, no concurso de jurisdições de diversas categorias, ocorre a separação dos processos.

(B) Não viola a garantia do juiz natural a atração por continência do processo do corréu ao foro especial do outro denunciado, razão pela qual um advogado e um juiz de direito que pratiquem crime contra o patrimônio devem ser processados perante o tribunal de justiça.

(C) O militar que, no exercício da função, pratica crime doloso contra a vida de um civil deve ser processado perante a justiça militar.

(D) Membro do Ministério Público estadual que pratica crime doloso contra a vida deve ser processado perante o tribunal do júri e, não, no foro por prerrogativa de função ou especial, visto que a competência do tribunal do júri está expressa na Constituição Federal.

A: incorreta. Não haverá a separação de processos. A Justiça Eleitoral, por ser especial, atrairá o crime comum (art. 78, IV, do CPP); **B:** correta (art. 96, III, da CF; e art. 78, III, do CPP); **C:** incorreta. Será processado perante o Tribunal do Júri (art. 125, § 4º, da CF); **D:** incorreta; prevalece o foro por prerrogativa de função (art. 96, III, da CF), uma vez que a própria Constituição estabelece a exceção à competência do Tribunal do Júri. No entanto, se acaso a competência por prerrogativa de função não estiver contida na Carta Magna, o julgamento deverá ocorrer perante o Tribunal Popular.

Gabarito "B"

(OAB/Exame Unificado – 2008.1) Com base no CPP, assinale a opção correta acerca da competência.

(A) Levando-se em consideração apenas delitos praticados integralmente dentro do território brasileiro, aplica-se a teoria da atividade.

(B) O foro competente no caso de tentativa é o local onde o agente praticou o primeiro ato executório.

(C) Reserva-se a teoria da ubiquidade para a hipótese do delito que tenha se iniciado em um país estrangeiro e findado no Brasil ou vice-versa.

(D) Nos casos de exclusiva ação privada, o foro competente corresponde ao do lugar da infr ação, não cabendo à vítima optar pelo domicílio ou residência do réu.

A: incorreta; o art. 70, *caput*, do CPP adotou a *teoria do resultado*; **B:** incorreta. Em se tratando de *crime tentado*, por força do que dispõe o art. 70, *caput*, segunda parte, do CPP, competente será o foro do lugar onde se deu o derradeiro ato executório; **C:** correta, dado o que estabelece o art. 70, §§ 1º e 2º, do CPP. São os chamados crimes a distância ou de espaço máximo; **D:** incorreta, pois tal opção está prevista no art. 73 do CPP.

Gabarito "C"

(OAB/Exame Unificado – 2007.2) A competência jurisdicional não é determinada em função

(A) Do lugar da infração.

(B) Do domicílio ou residência da vítima.

(C) Da prevenção.

(D) Da distribuição.

Art. 69, II, do CPP. A competência é determinada em função do domicílio ou residência do réu, e não da vítima.

Gabarito "B"

(FGV – 2013) Determinado servidor público, com foro por prerrogativa de função no Tribunal de Justiça fixado exclusivamente pela Constituição Estadual, pratica dolosamente um aborto em sua namorada, mesmo diante da divergência desta.

Diante dessa situação hipotética, o servidor deveria ser processado e julgado perante

(A) o Tribunal de Justiça, desde que não aposentado quando do processamento da ação penal.

(B) o juízo de primeiro grau da Vara Comum, pois o STF já se posicionou pela inconstitucionalidade do foro por prerrogativa de função fixado na Constituição Estadual.

(C) o juízo de primeiro grau da Vara Comum, pois o crime foi praticado por motivos particulares, não tendo sido motivado pela função que exerce.

(D) o Tribunal do Júri, por ser tratar de crime doloso contra a vida.

(E) o Tribunal de Justiça, ainda que não mais exercesse a função quando da propositura da ação penal.

A solução deve ser extraída da Súmula 721 do STF, cujo teor foi reproduzido na Súmula Vinculante 45: "A competência constitucional do Tribunal do Júri prevalece sobre o foro por prerrogativa de função estabelecido exclusivamente pela Constituição estadual".

Gabarito "D"

A competência em matéria penal, condicionando o exercício da jurisdição, representa um conjunto de regras que asseguram a eficácia do princípio da imparcialidade e, em especial, do juiz natural.

(FGV – 2013) Sobre esse tema, assinale a afirmativa correta.

(A) Mesmo quando conhecido o local da infração, nos casos de exclusiva ação privada, o querelante poderá preferir o foro de sua residência ou domicílio.

(B) Quando houver conexão entre crime federal e estadual, a consequência necessária será a cisão dos processos, com julgamento na Justiça Federal e Estadual, respectivamente.

(C) Qualquer que seja o crime cometido, cabe ao Tribunal de Justiça julgar os juízes estaduais, do Distrito Federal e dos Territórios.

(D) A competência constitucional do Tribunal do Júri prevalece sobre o foro por prerrogativa de função, estabelecido "exclusivamente" pela Constituição estadual.

(E) O membro do Ministério Público estadual vinculado ao Tribunal de Justiça do Mato Grosso do Sul que cometer crime doloso contra a vida será julgado perante o Tribunal do Júri deste estado, qualquer que seja o local da infração, diante da previsão de foro por prerrogativa de função.

A: incorreta. Ainda que conhecido o lugar da infração, o querelante, na ação penal privada exclusiva, poderá preferir o foro de domicílio ou da residência do *réu* – art. 73 do CPP; **B:** incorreta, já que em desconformidade com o entendimento sufragado na Súmula 122 do STJ: "Compete à Justiça Federal o processo e julgamento unificado dos crimes conexos de competência federal e estadual, não se aplicando a regra do art. 78, II, *a*, do Código de Processo Penal"; **C:** incorreta, na medida em que a competência para julgar juízes de direito (e também promotores de justiça) em exercício de função eleitoral é do Tribunal Regional Eleitoral, e não do Tribunal de Justiça (art. 96, III, da CF); **D:** correta, nos termos da Súmula 721 do STF, cujo teor foi reproduzido na Súmula Vinculante 45, a seguir transcrita: "A competência constitucional do Tribunal do Júri prevalece sobre o foro por prerrogativa de função estabelecido exclusivamente pela Constituição estadual"; **E:** incorreta. Prevalece, neste caso, a competência do foro por prerrogativa de função, devendo o membro do MP ser julgado pelo Tribunal de Justiça de seu Estado.

Gabarito "D"

O Presidente da República, durante entrevista coletiva, agrediu, com socos e pontapés, um jornalista que fez uma pergunta relativa à ocorrência de desvio de recursos em obras públicas federais, conduta atribuída a um dos Ministros de Estado, filiado ao mesmo partido político do Presidente.

(FGV – 2013) Nesse caso,

(A) será necessário aguardar o final do mandato presidencial para dar início à persecução penal.

(B) o Presidente da República somente poderá ser submetido a julgamento após autorização do Senado Federal.

(C) o Supremo Tribunal Federal é o órgão competente para proceder ao julgamento do Presidente.

(D) a agressão ao jornalista configura crime de responsabilidade do Presidente da República.

(E) o Presidente da República tem imunidade em relação à prática dos crimes comuns.

A: incorreta, nos termos do art. 86, *caput*, da CF; **B:** incorreta, nos termos do art. 86, *caput*, da CF, que estabelece que a admissão da acusação será apreciada pela Câmara dos Deputados; **C:** correta. Em consonância com o art. 86, *caput*, da CF, o julgamento do presidente da República, pela prática de crime comum, cabe ao STF; por crime de responsabilidade, ao Senado Federal; **D:** incorreta, pois o crime praticado pelo presidente não se enquadra no rol do art. 85 da CF; **E:** incorreta, já que o presidente da República não goza de imunidade material (somente formal).

Gabarito "C"

(FGV – 2011) Juraci Silva ingressou com pedido de *habeas corpus*, depreendendo-se dos autos que o paciente fora denunciado pela suposta prática dos crimes definidos nos arts. 4º, II, *a*, *b* e *c* da Lei 8.137/1990 (cartel) e 288 do CPB (formação de quadrilha), cominado com o art. 69 do CPB (concurso material). Juraci questiona a competência da Justiça Estadual do Estado do Rio de Janeiro para julgar o processo-crime, em virtude da acusação de cartel, sendo certo que os atos praticados pelo paciente demonstram que Juraci, bem como os demais acusados, todos diretores de empresas do mesmo segmento econômico, se reuniam em hotéis para estabelecer, de forma artificial, o preço de seus produtos; no caso, gases industriais, segmento enérgico de importância nacional estratégica. Foi ainda apurado que as empresas envolvidas, por meio de seus diretores, almejavam a fixação artificial de preços e quantidades vendidas e produzidas para controlar o mercado nacional. Nesse caso, a ordem deve ser

(A) concedida, visto ser inequívoco o interesse da União por se tratar de setor estratégico para a economia nacional e o risco à ordem econômica transcender a esfera local.

(B) denegada, visto que só há competência da Justiça Federal, conforme artigo 109, VI, da CRFB, nos casos expressamente referidos por lei.

(C) denegada, visto que a Lei 8.137/1990 afasta a competência federal nos casos de crime contra a ordem econômica.

(D) concedida, uma vez que a formação de quadrilha e o concurso material são absorvidos pelo crime de formação de cartel, de competência federal.

(E) concedida, pois qualquer formação de cartel é prejudicial ao mercado e à economia nacional.

A Lei 8.137/1990, no que toca aos crimes contra a ordem econômica, não traz dispositivo expresso que estabeleça a competência da Justiça Federal, competindo, em regra, à Justiça Estadual o processamento e julgamento dessa modalidade de crime; isso, no entanto, não elide a competência da Justiça Federal. Mas, para tanto, deve-se verificar hipótese de ofensa a bens, serviços ou interesse da União, suas autarquias ou empresas públicas, nos moldes do art. 109, IV, da CF, ou, ainda, que, pela repercussão da atuação do grupo econômico ou pelo tipo de atividade desenvolvida, o ilícito tenha o condão de repercutir em vários Estados da Federação, prejudicar setor econômico estratégico para a economia nacional ou o fornecimento de serviços essenciais. Nesse sentido, conferir: STJ, 5ª T., HC 217483-5, rel. Min. Napoleão Nunes Maia Filho, j. 19.02.2009.

Gabarito "A"

(FGV – 2010) Após surpreender Manoel Cunha mantendo relações sexuais com sua esposa, o deputado federal Paulo Soares persegue Manoel até uma cidade vizinha. Nessa cidade, dá três tiros em Manoel, que vem a falecer em decorrência das lesões provocadas pela ação de Paulo. No curso do inquérito policial instaurado para apurar os fatos, o mandato de Paulo chega ao fim e o mesmo não consegue se reeleger. Considerada tal narrativa, assinale a alternativa que indique quem tem competência para processar e julgar Paulo por homicídio.

(A) o Supremo Tribunal Federal, já que na época dos fatos o mesmo era deputado federal.

(B) o tribunal do júri da comarca em que a vítima faleceu.

(C) o tribunal de júri federal com jurisdição na comarca em que a vítima faleceu.

(D) o Superior Tribunal de Justiça, já que na época dos fatos o mesmo era deputado federal.

(E) o tribunal de júri da comarca em que a vítima residia.

A Súmula 394 do STF foi cancelada pelo Pleno do próprio tribunal. Além disso, o STF declarou a inconstitucionalidade da Lei 10.628/2002, que acrescentou os §§ 1º e 2º ao art. 84 do CPP. Com isso, cessado o exercício da função pública, cessa também a prerrogativa de função. Foi o que se deu com Paulo. Findo seu mandato, a competência para processá-lo e julgá-lo será do tribunal do júri da comarca em que o crime se consumou. Vide Súmula 451, do STF.

Gabarito "B"

(FGV – 2010) Relativamente ao tema *Jurisdição e Competência*, analise as afirmativas a seguir:

I. A competência será, de regra, determinada pelo lugar em que se consumar a infração, ou, no caso de tentativa, pelo lugar em que for praticado o último ato de execução. Se, iniciada a execução no território nacional, a infração se consumar fora dele, a competência será determinada pelo lugar em que tiver sido praticado, no Brasil, o último ato de execução.

II. Quando o último ato de execução for praticado fora do território nacional, será competente o juiz do lugar em que o crime, embora parcialmente, tenha produzido ou devia produzir seu resultado.

III. Quando incerto o limite territorial entre duas ou mais jurisdições, ou quando incerta a jurisdição por ter sido a infração consumada ou tentada nas divisas de duas ou mais jurisdições, ou tratando-se de infração continuada ou permanente, praticada em território de duas ou mais jurisdições, a competência firmar-se-á pela prevenção.

Assinale:

(A) se somente a afirmativa I estiver correta.
(B) se somente a afirmativa II estiver correta.
(C) se somente a afirmativa III estiver correta.
(D) se somente as afirmativas II e III estiverem corretas.
(E) se todas as afirmativas estiverem corretas.

I: correta (art. 70, *caput* e § 1º, do CPP); **II:** correta (art. 70, § 2º, do CPP); **III:** correta (arts. 70, § 3º, e 71 do CPP).

Gabarito "E".

(FGV – 2009) Deputado federal do Estado do Pará é acusado de matar sua esposa. O crime ocorreu no curso do mandato parlamentar na cidade de Belém. Encerrado o inquérito policial, a denúncia foi oferecida contra o deputado perante o Supremo Tribunal Federal. O processo seguiu seu curso ao longo dos anos e o deputado foi reeleito para outros dois mandatos, quando finalmente o Ministro Relator da ação penal originária pediu data para que fosse iniciado o julgamento pelo Plenário. Com receio de ser condenado pelo Supremo Tribunal Federal, o deputado renunciou a seu cargo e seu advogado requereu ao Supremo que se declarasse incompetente para processar e julgar aquela ação penal, remetendo-a para um dos Tribunais do Júri de Belém. A esse respeito, assinale a alternativa correta.

(A) O deputado federal deveria ter sido processado desde o início perante o Tribunal de Júri, já que se trata de competência fixada na Constituição que prevalece sobre a de prerrogativa de foro.

(B) O Supremo Tribunal Federal deve acolher o pedido do advogado e declinar da competência para um dos Tribunais do Júri de Belém.

(C) O Supremo Tribunal Federal deve rejeitar o pedido do advogado, pois, fixada a competência do foro por prerrogativa de função, ela não se modifica, mesmo que o réu deixe de ocupar o respectivo cargo.

(D) O Supremo Tribunal Federal deve rejeitar o pedido do advogado, pois, dado o tempo já decorrido desde o fato, a remessa do feito à Justiça Comum do Estado do Pará acabará acarretando a prescrição da pretensão punitiva.

(E) O Supremo Tribunal Federal deve rejeitar o pedido do advogado, pois o deputado não tinha o direito de renunciar ao cargo apenas para protelar o julgamento, tratando-se de medida claramente protelatória e tumultuária.

Com o cancelamento da Súmula 394 pelo STF e a declaração de inconstitucionalidade do art. 84, §§ 1º e 2º, do CPP, o pedido formulado pelo advogado do acusado deve, sim, ser acolhido pelo STF. O processamento e julgamento da ação penal, ante a renúncia do réu, cabem ao tribunal do júri da comarca de Belém. Nesse sentido a Súmula 451, STF.

Gabarito "B".

(FGV – 2008) Relativamente à competência no processo penal, analise as afirmativas a seguir:

I. Na determinação da competência por conexão, em caso de concurso de jurisdições da mesma categoria, observa-se a regra da preponderância da jurisdição em que houver ocorrido o maior número de infrações, se as respectivas penas forem de igual gravidade.

II. A competência prevista na Constituição Estadual de foro por prerrogativa de função para procurador do estado não prevalece sobre a competência prevista na Constituição Federal do julgamento pelo tribunal do júri para crimes dolosos contra a vida.

III. É possível a separação de processos em razão do número excessivo de acusados.

IV. A competência prevista na Constituição Federal de foro por prerrogativa de função para juiz de direito prevalece sobre a competência prevista na Constituição Federal do julgamento pelo tribunal do júri para crimes dolosos contra a vida.

Assinale:

(A) se apenas as afirmativas I e II estiverem corretas.
(B) se apenas as afirmativas II e III estiverem corretas.
(C) se apenas as afirmativas III e IV estiverem corretas.
(D) se todas as afirmativas estiverem corretas.
(E) se nenhuma afirmativa estiver correta.

I: correta, nos termos do art. 78, II, b, do CPP; **II:** correta, pois reflete o entendimento sedimentado na Súmula 721 do STF, cujo teor foi reproduzido na Súmula Vinculante 45; **III:** correta, nos termos do art. 80 do CPP; **IV:** correta, dado que os juízes de direito serão sempre julgados pelo tribunal ao qual estão vinculados.

Gabarito "D".

(FGV – 2008) Havendo conexão entre crime eleitoral e crime comum é competente:

(A) a Justiça Eleitoral.
(B) a Justiça Comum.
(C) o juiz que recebeu a denúncia.
(D) a Justiça Comum, para o crime dessa natureza, e a Justiça eleitoral, para o crime eleitoral.
(E) a Justiça para a qual foi inicialmente distribuída a denúncia envolvendo os crimes conexos.

Por força do que dispõe o art. 78, IV, do CPP, em face de conflito estabelecido entre jurisdição comum e especial, no caso a Eleitoral, prevalece a força atrativa desta.

Gabarito "A".

(FGV – 2005) Segundo o Código de Processo Penal, qual opção a seguir não determina a competência jurisdicional?

(A) a conexão ou continência
(B) a prerrogativa de função
(C) o domicílio ou residência do réu
(D) a natureza da infração
(E) a requisição judicial

De acordo com o rol previsto no art. 69, I a VII, do CPP, a única opção que não determina a competência jurisdicional é a requisição judicial.
Gabarito "E"

5. QUESTÕES E PROCESSOS INCIDENTES

(OAB/Exame Unificado – 2016.2) Clodoaldo figura como indiciado em inquérito policial que investiga a prática de um crime de estupro de vulnerável. Já no curso das investigações, Clodoaldo apresenta sinais de que poderia ser portador de doença mental. Concluídas as investigações, é oferecida denúncia contra o indiciado. Durante a audiência, o advogado de Clodoaldo requer a instauração de incidente de insanidade mental, sendo o pleito indeferido pelo magistrado, que considerou o ato protelatório.

Sobre o tema incidente de insanidade mental, é correto afirmar que

(A) se o perito concluir que o acusado era inimputável ao tempo da infração, o processo prosseguirá, mas se a insanidade surgiu após o ato criminoso imputado, o processo ficará suspenso.
(B) da decisão do magistrado que indeferiu a instauração do incidente caberá recurso em sentido estrito.
(C) diante da suspeita da autoridade policial, poderia ela mesmo ter instaurado incidente de insanidade mental.
(D) o incidente de insanidade mental é processado em autos em apartado e não gera, de imediato, qualquer suspensão do processo.

A: correta, pois reflete o disposto nos arts. 151 e 152, *caput*, do CPP; **B:** incorreta, já que a lei não previu recurso a ser interposto neste caso; em casos excepcionais, à evidência, poderá ser impetrado *habeas corpus*; **C:** incorreta. Neste caso, a autoridade policial deverá representar pela realização do exame de integridade mental no investigado, cabendo ao juiz determiná-lo (art. 149, § 1º, do CPP); **D:** incorreta, pois em desacordo com a regra presente no art. 149, § 2º, do CPP.
Gabarito "A"

(OAB/Exame Unificado – 2016.1) No dia 18 de março de 2015, Bruce foi indiciado pela prática de um crime de roubo majorado que teve como vítima Lourdes, famosa atriz com patrimônio avaliado em R$ 3.000.000,00 (três milhões de reais). Antes de oferecer denúncia, entendendo que haveria indícios veementes da autoria e de que a casa de Bruce havia sido adquirida com os proventos da infração, o Ministério Público requereu, em 14 de abril de 2015, o sequestro desse bem imóvel, sendo a medida deferida e concluída a diligência do sequestro no dia seguinte. Em 26 de agosto de 2015, Bruce o procura para, na condição de advogado, confirmar que a casa foi adquirida com proventos do crime, mas diz que, até aquela data, não foi denunciado.

Considerando a situação narrada, em relação à medida assecuratória decretada, o advogado de Bruce deverá requerer o levantamento do sequestro, pois

(A) a medida assecuratória decretada pelo magistrado foi inadequada, tendo em vista que caberia o arresto.
(B) a ação penal não foi intentada nos 60 dias posteriores à conclusão da diligência.
(C) a medida assecuratória não poderia ter sido decretada antes do oferecimento da denúncia.
(D) o Ministério Público não tinha legitimidade para requerer a medida, pois não havia interesse da Fazenda Pública e o ofendido não era pobre.

Considerando que o sequestro (arts. 125 e seguintes do CPP) constitui medida constritiva e excepcional, não pode, por isso, perdurar indefinidamente. O art. 131 do CPP contempla as hipóteses em que o sequestro deverá ser levantado, perdendo, dessa forma, a sua eficácia. Uma dessas hipóteses, presente no inciso I do referido dispositivo, é aquela em o Ministério Público deixa de oferecer a denúncia dentro do prazo de 60 dias a contar da efetivação da medida. No caso retratado no enunciado, a execução da medida de constrição se deu no dia 15 de abril de 2015 e, até o dia 26 de agosto do mesmo ano, ainda perdurava. De rigor, portanto, o levantamento do sequestro.
Gabarito "B"

(OAB/Exame Unificado – 2015.3) Bruna foi presa em flagrante e denunciada pela prática de um crime de falsificação de documento público. Na ocasião da prisão, foi apreendida uma mochila que estava dentro do veículo de Bruna, sendo que em seu interior existiam algumas joias. Diante da natureza do crime apurado, não existe mais interesse na mochila apreendida com as joias para o desenrolar do processo. Cláudia, colega de trabalho de Bruna, requer a restituição desses bens, alegando ser proprietária. Existe, porém, dúvida quanto ao direito da reclamante.

Considerando as informações narradas na hipótese, é correto afirmar que

(A) a restituição poderá ser ordenada pela autoridade policial ou pelo juiz, sempre ouvido o Ministério Público.
(B) o pedido de restituição não deverá ser autuado em autos em apartado.
(C) havendo dúvida sobre o verdadeiro dono, não superada no incidente, o juiz remeterá as partes para o juízo cível, ordenando o depósito das coisas.
(D) não caberá produção de provas no incidente de restituição.

A: incorreta, já que a restituição pelo juiz ou pela autoridade policial somente terá lugar quando não existir dúvida quanto ao direito do reclamante (art. 120, *caput*, do CPP). No caso narrado no enunciado, o direito da reclamante é duvidoso; **B:** incorreta. Pelo contrário, o pedido de restituição há de ser autuado, por força do que estabelece o art. 120, § 1º, do CPP, em autos apartados; **C:** correta, pois em conformidade com o disposto no art. 120, § 4º, do CPP; **D:** incorreta, pois não reflete a regra presente no art. 120, § 1º, do CPP.
Gabarito "C"

(OAB/Exame Unificado – 2015.1) Melinda Cunha foi denunciada pela prática do crime de bigamia. Ocorre que existe ação em curso no juízo cível onde se discute a validade do primeiro casamento celebrado pela denunciada. Entendendo o magistrado penal que a existência da infração penal depende da solução da controvérsia no juízo cível e que esta é séria e fundada, estaremos diante de

(A) prejudicial obrigatória, o que levará à suspensão do processo criminal e do prazo prescricional.
(B) prejudicial facultativa, podendo o magistrado suspender o processo por, no máximo, 06 meses.
(C) prejudicial obrigatória, o que levará à suspensão do processo criminal, mas não do curso do prazo prescricional.
(D) prejudicial facultativa, podendo o magistrado suspender o processo por, no máximo, 01 ano.

A discussão acerca da validade do primeiro casamento, no contexto do crime de bigamia, constitui questão prejudicial séria e fundada, que implicará a suspensão obrigatória do processo criminal, na forma estatuída no art. 92 do CP. Imagine a situação em que o agente, depois de condenando, no juízo criminal, pelo cometimento do crime de bigamia, veja anulado, no juízo civil, um de seus casamentos. Ademais disso, por força do que dispõe o art. 116, I, do CP, o curso da prescrição permanecerá suspenso até que o processo principal seja retomado.

Gabarito "A"

(OAB/Exame Unificado – 2013.1) No curso de uma investigação policial que apurava a ocorrência dos delitos de sonegação fiscal e evasão de divisas, o Procurador da República "X" requereu ao Juízo Federal Criminal medida assecuratória, já que obteve documentos que informavam os bens que teriam sido adquiridos pelo investigado com proventos da infração penal. O Juiz Federal decretou a medida assecuratória, que foi cumprida a contento.

A partir do caso apresentado, assinale a alternativa que indica a medida assecuratória adotada.

(A) Busca e Apreensão.
(B) Arresto.
(C) Sequestro.
(D) Hipoteca Legal.

A medida a ser pleiteada pelo representante do MPF é o sequestro, providência preventiva de natureza cautelar prevista no art. 125 do CPP, que somente pode ter como objeto bens adquiridos com o provento da infração (lucro do crime, vantagem financeira obtida). O provento, ganho obtido com a prática criminosa, não deve ser confundido com o produto do crime. Exemplo: o veículo subtraído no furto é o produto deste crime; o ganho financeiro obtido com a venda do veículo, por sua vez, é o provento do crime.

Gabarito "C"

(OAB/Exame Unificado – 2011.1) Em relação às exceções previstas na legislação processual penal, assinale a alternativa correta.

(A) A arguição de suspeição sempre precederá a qualquer outra.
(B) As exceções serão processadas em autos apartados e não suspenderão, em regra, o andamento da ação penal.
(C) Se for arguida a suspeição do órgão do Ministério Público, o juiz, depois de ouvi-lo, decidirá, sem recurso, podendo antes admitir a produção de provas no prazo de 10 (dez) dias.
(D) Poderá se opor suspeição às autoridades policiais nos atos do inquérito.

A: incorreta, pois esta regra comporta exceção, conforme reza o art. 96 do CPP; **B:** correta, nos termos do que dispõe o art. 111 do CPP; **C:** incorreta, uma vez que o prazo estabelecido no art. 104 do CPP é de três dias; **D:** incorreta, pois não se poderá opor exceção às autoridades policiais nos atos do inquérito – art. 107 do CPP.

Gabarito "B"

(OAB/Exame Unificado – 2011.1) Em relação ao incidente de falsidade, é correto afirmar que

(A) a arguição de falsidade, feita por procurador, não exige poderes especiais.
(B) se reconhecida a falsidade por decisão irrecorrível, mandará desentranhar o documento e remetê-lo, com os autos do processo incidente, ao Ministério Público.
(C) o juiz não poderá, de ofício, proceder à verificação da falsidade.
(D) arguida, por escrito, a falsidade de documento constante dos autos, o juiz observará o seguinte processo: mandará autuar em apartado a impugnação e em seguida ouvirá a parte contrária, que, num prazo de 24 (vinte a quatro) horas, oferecerá resposta.

A: incorreta. Tendo em conta o disposto no art. 146 do CPP, exige-se que a procuração contenha poderes especiais; **B:** correta. A providência a que se refere o art. 145, IV, do CPP tem como escopo provocar a apuração do crime de falso reconhecido em documento inserido nos autos do processo criminal; **C:** incorreta, dado que, em busca da verdade real, nada obsta que o magistrado, sem ser provocado pelas partes, determine a instauração do incidente de falsidade. É o que preceitua o art. 147 do CPP; **D:** incorreta, pois o prazo de que dispõe a parte contrária para oferecer a resposta é de 48 horas – art. 145, I, do CPP.

Gabarito "B"

(OAB/Exame Unificado – 2009.3) Acerca de incidente de insanidade mental do acusado, assinale a opção correta.

(A) Não se admite a instauração de exame de sanidade mental do acusado após o trânsito em julgado da sentença penal condenatória, uma vez que a medida não terá mais eficácia.
(B) O exame de avaliação da saúde mental do acusado poderá ser ordenado na fase do inquérito, mediante representação da autoridade policial ao juiz competente.
(C) Caso seja comprovada a insanidade mental do acusado, ao tempo da infração penal, o processo deverá ser imediatamente extinto, decretando-se a extinção da punibilidade do réu.
(D) Para efeito do exame, o acusado acometido de insanidade mental, se estiver preso, deverá ser imediatamente libertado, para que a família o conduza para a análise clínica em estabelecimento que entenda adequado.

A: incorreta. Se a doença mental surgir no curso da execução da pena, aplica-se o art. 154 do CPP; **B:** correta, nos termos do art. 149, § 1º, do CPP; **C:** incorreta. O processo não será extinto; prosseguirá com a presença do curador (art. 151 do CPP); **D:** incorreta. Se o acusado estiver preso, será internado em manicômio judiciário; se estiver solto e requererem os peritos, onde o juiz entender necessário (art. 150, *caput*, do CPP).

Gabarito "B"

(OAB/Exame Unificado – 2009.2) Assinale a opção correta a respeito da exceção de suspeição.

(A) Sempre que houver arguição de suspeição de jurado no procedimento do tribunal do júri, deverá o juiz determinar a suspensão do processo principal até que se decida o incidente.
(B) As partes não poderão arguir de suspeição os serventuários ou funcionários da justiça e os peritos

não oficiais, pois tais servidores exercem atividade meramente administrativa.

(C) Caso seja arguida a suspeição de membro do MP, a decisão caberá ao próprio juiz criminal que conduz o processo principal.

(D) Julgada procedente a exceção de suspeição do juiz pelo tribunal competente, o processo deverá ser remetido ao seu substituto, com aproveitamento dos atos já praticados no processo principal.

A: incorreta, pois o juiz decidirá o incidente imediatamente (art. 106 do CPP); **B:** incorreta, por contrariar o disposto no art. 105 do CPP; **C:** correta, nos moldes do art. 104 do CPP; **D:** incorreta. Os atos já praticados no processo principal ficarão nulos (art. 101 do CPP).

Gabarito "C"

(OAB/Exame Unificado – 2009.1) Acerca de exceções, assinale a opção correta.

(A) Podem ser opostas exceções de suspeição, incompetência de juízo, litispendência, ilegitimidade de parte e coisa julgada e, caso a parte oponha mais de uma, deverá fazê-lo em uma só petição ou articulado.

(B) Tratando-se da exceção de incompetência do juízo, uma vez aceita a declinatória, o feito deve ser remetido ao juízo competente, onde deverá ser declarada a nulidade absoluta dos atos anteriores, não se admitindo a ratificação.

(C) A exceção de incompetência do juízo, que não pode ser oposta verbalmente, deve ser apresentada, no prazo de defesa, pela parte interessada.

(D) A parte interessada pode opor suspeição às autoridades policiais nos atos do inquérito, devendo fazê-lo na primeira oportunidade em que tiver vista dos autos.

A: correta, nos termos dos arts. 95 e 110, § 1º, do CPP; **B:** incorreta, já que os atos anteriores serão ratificados (art. 108, § 1º, do CPP); **C:** incorreta, pois pode ser oposta verbalmente (art. 108, *caput*, do CPP); **D:** incorreta. Não se poderá opor suspeição às autoridades policiais nos atos do inquérito (art. 107 do CPP).

Gabarito "A"

(OAB/Exame Unificado – 2008.3) Com relação ao sequestro como medida assecuratória, assinale a opção correta, de acordo com o CPP.

(A) Se o indiciado tiver adquirido bens imóveis utilizando os proventos da infração, caberá o sequestro desses bens, desde que não tenham sido transferidos a terceiro.

(B) Para a decretação de sequestro, é necessária a existência de certeza acerca da proveniência ilícita dos bens.

(C) O sequestro pode ser embargado pelo acusado, mas não, por terceiro a quem os bens tenham sido transferidos a título oneroso.

(D) Se for julgada extinta a punibilidade ou absolvido o réu, por sentença transitada em julgado, o sequestro será levantado.

A: incorreta. Ainda que tenham sido transferidos para terceiro, o sequestro será cabível (art. 125 do CPP); **B:** incorreta, visto que basta que haja indícios (art. 126 do CPP); **C:** incorreta. O terceiro que tenha adquirido o bem a título oneroso e de boa-fé poderá embargar o sequestro (art. 130, II, do CPP); **D:** correta, nos termos do art. 131, III, do CPP.

Gabarito "D"

(OAB/Exame Unificado – 2008.3) Assinale a opção correta acerca do sequestro de bens, segundo o CPP.

(A) Caberá o sequestro dos bens imóveis adquiridos pelo indiciado com os proventos da infração, salvo se já tiverem sido transferidos a terceiro.

(B) O sequestro será levantado se for julgada extinta a punibilidade ou absolvido o réu, por sentença transitada em julgado.

(C) Para a decretação do sequestro, exige-se a certeza acerca da proveniência ilícita dos bens.

(D) O juiz, de ofício, poderá ordenar o sequestro, desde que já tenha sido oferecida a denúncia ou queixa.

A: incorreta, visto que, mesmo que já tenham sido transferidos a terceiro, caberá o sequestro (art. 125 do CPP); **B:** correta, nos termos do art. 131, III, do CPP; **C:** incorreta, pois basta que haja indícios (art. 126 do CPP); **D:** incorreta, pois, conforme estabelece o art. 127 do CPP: "O juiz, de ofício, a requerimento do Ministério Público ou do ofendido, ou mediante representação da autoridade policial, poderá ordenar o sequestro, em qualquer fase do processo ou ainda antes de oferecida a denúncia ou queixa".

Gabarito "B"

(OAB/Exame Unificado – 2008.2) Assinale a opção correta acerca do processo penal.

(A) É vedado ao magistrado, na busca da verdade real, determinar, de ofício, a oitiva de testemunhas.

(B) Se a decisão sobre a existência da infração depender da solução de controvérsia, que o juiz repute séria e fundada, sobre o estado civil das pessoas, o curso da ação penal ficará suspenso até que no juízo cível seja a controvérsia dirimida por sentença passada em julgado, sem prejuízo, entretanto, da inquirição das testemunhas e de outras provas de natureza urgente.

(C) Verificar-se-á a competência por prevenção toda vez que, concorrendo dois ou mais juízes igualmente competentes ou com jurisdição cumulativa, um deles tiver antecedido aos outros na prática de algum ato do processo ou de medida a este relativa, desde que não seja anterior ao oferecimento da denúncia ou da queixa.

(D) Antes de a sentença final transitar em julgado, as coisas apreendidas poderão ser restituídas mesmo se interessarem ao processo.

A: incorreta, visto que é dado ao juiz, caso entenda necessário ao esclarecimento da verdade, ouvir testemunhas não indicadas pelas partes (arts. 156, II, e 209 do CPP); **B:** correta, pois em conformidade com o que dispõe o art. 92 do CPP; **C:** incorreta. Ainda que anterior ao oferecimento da denúncia ou da queixa, poderá ser verificada a prevenção (art. 83 do CPP); **D:** incorreta. Enquanto interessarem ao processo, as coisas apreendidas não poderão ser restituídas (art. 118 do CPP).

Gabarito "B"

(OAB/Exame Unificado – 2008.1) Assinale a opção correta acerca das exceções no processo penal.

(A) A exceção de incompetência, quando oposta, põe fim ao processo.

(B) No tribunal do júri, a suspeição dos jurados deve ser arguida após os debates orais da acusação e da defesa.

(C) Quando constatar que alguma das circunstâncias legais está presente, o juiz deve declarar-se suspeito ou impedido de julgar a causa, remetendo o processo ao seu substituto legal, conforme dispõe a organização judiciária.

(D) A exceção de litispendência é dilatória.

A: incorreta, pois não põe fim ao processo (arts. 108 e 109 do CPP); **B:** incorreta, já que deverá ser arguida imediatamente (art. 106 do CPP); **C:** correta, nos termos dos arts. 97 do CPP (hipótese de afirmação de suspeição de ofício); art. 254, CPP (causas que tornam o juiz suspeito); art. 112, CPP (o juiz deve declarar-se impedido; se não o fizer, o obstáculo ao exercício da função jurisdicional poderá ser arguido pelas partes); e arts. 252 e 253, CPP (hipóteses geradoras de impedimento); **D:** incorreta, visto que a exceção de litispendência não é dilatória, e sim peremptória, na medida em que ela elide o exercício da pretensão.

Gabarito "C"

(OAB/Exame Unificado – 2007.3) A propósito da restituição de bens apreendidos no processo penal, assinale a opção correta.

(A) Tratando-se de coisas facilmente penhoráveis, não se admite a realização de leilão público, pois a aplicação da lei processual civil é subsidiária.

(B) Não se admite a tutela de interesse de terceiros de boa-fé no bem apreendido.

(C) Antes do trânsito em julgado de decisão inserta em sentença, os bens apreendidos só podem ser restituídos se não mais interessarem ao processo e aos efeitos penais de uma condenação.

(D) Em caso de dúvida sobre quem seja o verdadeiro dono do bem apreendido, o juízo criminal é o competente para solucioná-la.

A: incorreta. Se se tratar de coisas facilmente deterioráveis, a lei (art. 120, § 5º, do CPP) autoriza sejam avaliadas e levadas a leilão público, depositando-se o dinheiro apurado, ou entregues ao terceiro que as detinha; **B:** incorreta. O interesse de terceiro de boa-fé é tutelado em diversos dispositivos, a saber: arts. 119, 120, § 2º, e 122, parágrafo único, todos do CPP; **C:** correta, nos termos do art. 118 do CPP; **D:** incorreta. Se houver dúvida, o juízo criminal encaminhará as partes ao juízo cível (art. 120, § 4º, do CPP).

Gabarito "C"

(OAB/Exame Unificado – 2007.2) Assinale a opção correta acerca do processo penal.

(A) Caberá o sequestro dos bens imóveis, adquiridos pelo indiciado com os proventos da infração, salvo se já tiverem sido transferidos a terceiro.

(B) Pode-se opor suspeição às autoridades policiais nos atos do inquérito.

(C) A arguição de suspeição precederá a qualquer outra, salvo quando fundada em motivo superveniente.

(D) Antes de transitar em julgado a sentença final, as coisas apreendidas poderão ser restituídas, ainda que interessem ao processo.

A: incorreta. Mesmo que já tenham sido transferidos a terceiro, terá lugar o sequestro (art. 125 do CPP); **B:** incorreta. Não se poderá opor suspeição às autoridades policiais nos atos do inquérito (art. 107 do CPP); **C:** correta, nos moldes do art. 96 do CPP; **D:** incorreta. Enquanto interessarem ao processo, as coisas apreendidas não poderão ser restituídas (art. 118 do CPP).

Gabarito "C"

(OAB/Exame Unificado – 2006.1) No que diz respeito às exceções no processo penal, de acordo com a legislação processual penal e a doutrina pátria, assinale a opção correta.

(A) A litispendência visa impedir que, por um mesmo fato punível, o réu responda em mais de um processo. Para tanto, esse instituto reclama o reconhecimento inequívoco dos seguintes requisitos: identidade de pessoas, de pedido e de causa de pedir.

(B) Se, sendo ilegítima a parte, for instaurada a ação penal, pode ser arguida exceção de suspeição.

(C) A arguição das exceções constitui incidente processual próprio da defesa, não sendo possível que também o autor possa opô-la.

(D) São peremptórias as exceções de suspeição, incompetência e ilegitimidade da parte.

A: correta, pois em conformidade com os arts. 95, III, 110 e 111, do CPP. Ninguém pode ser julgado duas vezes pelo mesmo fato. É esse o fundamento desta exceção, cujos elementos que a identificam são: pedido, causa de pedir e partes. À falta de um deles, não há se falar em *exceção de litispendência*; **B:** incorreta. Legitimidade de parte é uma das condições da ação. Estas devem ser analisadas pelo juiz quando do recebimento da peça acusatória; **C:** incorreta, pois contraria os arts. 98 e 105 do CPP; **D:** incorreta, dado que as exceções de suspeição, incompetência e ilegitimidade de parte são dilatórias.

Gabarito "A"

(FGV – 2010) Relativamente ao tema *medidas assecuratórias*, analise as afirmativas a seguir:

I. Caberá o sequestro dos bens imóveis, adquiridos pelo indiciado com os proventos da infração, ainda que já tenham sido transferidos a terceiro.

II. O sequestro será levantado se a ação penal não for intentada no prazo de sessenta dias, contado da data em que ficar concluída a diligência.

III. O juiz poderá ordenar o sequestro ainda antes de oferecida a denúncia ou queixa mediante representação da autoridade policial.

Assinale:

(A) se somente a afirmativa I estiver correta.

(B) se somente a afirmativa II estiver correta.

(C) se somente a afirmativa III estiver correta.

(D) se somente as afirmativas II e III estiverem corretas.

(E) se todas as afirmativas estiverem corretas.

I: correta (art. 125 do CPP); **II:** correta (art. 131, I, do CPP); **III:** correta (art. 127 do CPP).

Gabarito "E"

(FGV – 2010) Relativamente ao tema *medidas assecuratórias*, analise as afirmativas a seguir:

I. Constituem modalidades de medidas assecuratórias previstas expressamente no Código de Processo Penal o sequestro, o arresto, a hipoteca legal e a medida cautelar de indisponibilidade de bens.

II. A hipoteca legal sobre os imóveis do indiciado poderá ser decretada pelo juiz, de ofício, a requerimento do Ministério Público ou do ofendido, ou mediante representação da autoridade policial, desde que haja certeza da infração e indícios suficientes da autoria.

III. Passando em julgado a sentença condenatória, serão os autos de hipoteca ou arresto remetidos ao juiz do cível.

Assinale:

(A) se somente a afirmativa I estiver correta.
(B) se somente a afirmativa II estiver correta.
(C) se somente a afirmativa III estiver correta.
(D) se somente as afirmativas II e III estiverem corretas.
(E) se todas as afirmativas estiverem corretas.

I: incorreta. O sequestro está disciplinado nos arts. 125 e ss. do CPP; a hipoteca legal, nos arts. 134 e 135; já o arresto tem sua disciplina nos arts. 136 e ss. A medida cautelar de indisponibilidade de bens não está contemplada como medida assecuratória; **II:** incorreta. O art. 134 do CPP preleciona que tem legitimidade para requerer a hipoteca legal o ofendido. Não poderá o juiz, assim, decretá-la de ofício, tampouco a requerimento do MP, ou ainda mediante representação da autoridade policial; **III:** correta, nos termos do art. 143 do CPP.

Gabarito "C"

(FGV – 2010) Relativamente ao tema *medidas assecuratórias*, analise as afirmativas a seguir:

I. O depósito e a administração dos bens arrestados ficam sujeitos ao regime do processo civil.
II. Quando os bens arrestados forem coisas fungíveis e facilmente deterioráveis, serão avaliados e levados a leilão público, depositando-se o dinheiro apurado, ou entregues as coisas ao terceiro que as detinha, se este for pessoa idônea e assinar termo de responsabilidade.
III. Das rendas dos bens móveis arrestados poderão ser fornecidos recursos arbitrados pelo juiz para a manutenção do indiciado e de sua família.

Assinale:

(A) se somente a afirmativa I estiver correta.
(B) se somente a afirmativa II estiver correta.
(C) se somente a afirmativa III estiver correta.
(D) se somente as afirmativas II e III estiverem corretas.
(E) se todas as afirmativas estiverem corretas.

I: correta (art. 139 do CPP); **II:** correta (art. 137, § 1º, do CPP); **III:** correta (art. 137, § 2º, do CPP).

Gabarito "E"

(FGV – 2010) Relativamente ao tema *incidente de insanidade*, analise as afirmativas a seguir:

I. O exame de sanidade mental somente poderá ser ordenado após iniciada a ação penal.
II. O juiz nomeará curador ao acusado, quando determinar o exame, ficando suspensa a ação penal já iniciada, salvo quanto às diligências que possam ser prejudicadas pelo adiamento.
III. Quando houver dúvida sobre a integridade mental do acusado, o juiz ordenará, de ofício ou a requerimento do Ministério Público, do defensor, do curador, do ascendente, descendente, irmão ou cônjuge do acusado, seja este submetido a exame médico-legal.

Assinale:

(A) se somente a afirmativa I estiver correta.
(B) se somente a afirmativa II estiver correta.
(C) se somente a afirmativa III estiver correta.
(D) se somente as afirmativas II e III estiverem corretas.
(E) se todas as afirmativas estiverem corretas.

I: incorreta, visto que o exame de sanidade mental pode ser realizado ainda na fase investigatória, desde que a autoridade policial presidente do feito formule ao juiz competente representação nesse sentido, conforme autoriza o art. 149, § 1º, do CPP; **II:** correta, pois reflete do que estabelece o art. 149, § 2º, do CPP; **III:** correta, nos termos do art. 149, *caput*, do CPP.

Gabarito "D"

(FGV – 2007) Configura hipótese de questão prejudicial homogênea:

(A) a questão sobre a declaração da nulidade de registro ou patente em processo penal por crime contra a propriedade imaterial.
(B) a questão sobre a declaração da validade do casamento em processo penal por crime de bigamia.
(C) a questão sobre a declaração da quota parte a que tem direito o condômino em processo penal por crime de furto de coisa comum fungível.
(D) a questão sobre a declaração da existência do crime de que proveio a coisa em processo penal por delito de receptação.
(E) a questão sobre a declaração da posse e propriedade de coisa móvel em processo penal por crime de apropriação indébita fundada em inversão da posse.

Questão prejudicial homogênea é a que integra o mesmo ramo do direito da questão principal ou prejudicada.

Gabarito "D"

(FGV – 2005) Assinale a hipótese que não é considerada exceção em matéria processual penal.

(A) questão prejudicial
(B) incompetência de juízo
(C) ilegitimidade de parte
(D) suspeição
(E) coisa julgada

As exceções estão listadas no art. 95 do CPP. As questões prejudiciais, que não constituem exceção em matéria processual, estão previstas nos arts. 92 a 94 do CPP.

Gabarito "A"

(FGV – 2005) Segundo o Código de Processo Penal, assinale a alternativa falsa.

(A) A suspeição, a incompetência de juízo, a litispendência, a ilegitimidade de parte e a coisa julgada são exceções previstas na lei processual penal.
(B) As partes podem arguir a suspeição de peritos, intérpretes e serventuários ou funcionários da justiça, decidindo o juiz de plano e sem recurso, à vista da matéria alegada e prova imediata.
(C) Não se poderá opor suspeição da autoridade policial nos atos do inquérito, mas deverá ela declarar-se suspeita, quando ocorrer motivo legal.
(D) As exceções serão processadas em autos apartados e não suspenderão, em regra, o andamento da ação penal.
(E) Se for arguida a suspeição do órgão do Ministério Público, o juiz, depois de ouvi-lo, decidirá, cabendo recurso em sentido estrito.

A: correta (art. 95 do CPP); **B:** correta (art. 105 do CPP); **C:** correta (art. 107 do CPP); **D:** correta (art. 111 do CPP); **E:** incorreta, pois o juiz decidirá sem recurso (art. 104 do CPP).

Gabarito "E"

6. PROVA

(OAB/Exame Unificado – 2016.1) Thales foi denunciado pela prática de um crime de apropriação indébita. Para oitiva da vítima Marcos, residente em cidade diversa do juízo competente, foi expedida carta precatória, sendo todas as partes intimadas dessa expedição. Antes do retorno, foi realizada audiência de instrução e julgamento, mas apenas foram ouvidas as testemunhas de acusação João e José, que apresentaram versões absolutamente discrepantes sobre circunstâncias relevantes, sendo que ambas afirmaram que estavam no local dos fatos. Hélio, padre que escutou a confissão de Thales e tinha conhecimento sobre a dinâmica delitiva, em razão de seu dever de guardar segredo, não foi intimado. Com a concordância das partes, a audiência de continuação para oitiva das testemunhas de defesa e interrogatório foi remarcada.

Considerando apenas as informações narradas, assinale a afirmativa correta.

(A) O depoimento de João foi inválido, já que a oitiva do ofendido deve ser realizada antes das demais testemunhas e a expedição de carta precatória suspende a instrução criminal.

(B) O juiz poderá fazer a contradita, diante das contradições sobre circunstâncias relevantes nos depoimentos das testemunhas.

(C) Hélio está proibido de depor sem autorização da parte interessada, salvo quando não for possível, por outro modo, obter a prova do fato.

(D) O advogado do acusado não precisa ser intimado pessoalmente da data designada para audiência a ser realizada no juízo deprecado.

A: incorreta. Embora o ofendido deva, em regra, ser ouvido antes das testemunhas, nada obsta que seja ouvido em momento diverso quando o seu depoimento for colhido por meio de carta precatória, cuja expedição não suspende a instrução criminal (art. 222, § 1º, do CPP); **B:** incorreta, já que a *contradita* (art. 214, CPP), instrumento colocado à disposição das partes, presta-se a questionar a parcialidade da testemunha que será ouvida. Terá lugar logo em seguida à qualificação da testemunha e antes do início do seu depoimento. Havendo contradição sobre circunstâncias relevantes nos depoimentos das testemunhas, deve-se recorrer à *acareação* (art. 229, CPP), cujo objetivo é dirimir versões discrepantes oferecidas pelas testemunhas; **C:** incorreta. Ainda que não seja possível, por outro meio, obter a prova do fato, é defeso a Hélio oferecer seu testemunho sem que o interessado no segredo por ele guardado o desobrigue (art. 207, CPP); **D:** correta, pois reflete o entendimento firmado na Súmula 273, do STJ: "Intimada a defesa da expedição da carta precatória, torna-se desnecessária intimação da data da audiência no juízo deprecado".

Gabarito "D"

(OAB/Exame Unificado – 2015.3) Determinada autoridade policial recebeu informações de vizinhos de Lucas dando conta de que ele possuía arma de fogo calibre .38 em sua casa, razão pela qual resolveu indiciá-lo pela prática de crime de posse de arma de fogo de uso permitido, infração de médio potencial ofensivo, punida com pena de detenção de 01 a 03 anos e multa. No curso das investigações, requereu ao Judiciário interceptação telefônica da linha do aparelho celular de Lucas para melhor investigar a prática do crime mencionado, tendo sido o pedido deferido.

De acordo com a situação narrada, a prova oriunda da interceptação deve ser considerada

(A) ilícita, pois somente o Ministério Público tem legitimidade para representar pela medida.

(B) válida, desde que tenha sido deferida por ordem do juiz competente para ação principal.

(C) ilícita, pois o crime investigado é punido com detenção.

(D) ilícita, assim como as dela derivadas, ainda que estas pudessem ser obtidas por fonte independente da primeira.

A: incorreta, na medida em que, além do MP, também está credenciada a representar pela decretação da interceptação telefônica a autoridade policial (art. 3º, I, da Lei 9.296/1996); **B:** incorreta. É que a prova produzida a partir da interceptação, pelas razões que a seguir serão aduzidas, não pode ser considerada válida. Ainda que determinada por juiz competente para a ação principal, exigência imposta pelo art. 1º, *caput*, da Lei 9.296/1996, é mister que ao crime investigado seja cominada pena de *reclusão* (art. 2º, III, da Lei 9.296/1996). No caso retratado no enunciado, a pena em abstrato é de *detenção*; **C:** correta. Como acima já expusemos, a interceptação telefônica somente poderá ser autorizada pelo magistrado se a pena cominada ao crime sob investigação for de *reclusão*. Não é este o caso do delito em que incorreu Lucas, cuja pena cominada, conforme consta do enunciado, é de *detenção* de 1 a 3 anos e multa; **D:** incorreta. Isso porque o **art. 157, § 1º, do CPP, cuja redação foi conferida pela** Lei 11.690/2008, fez, em relação às provas ilícitas por derivação, a seguinte ressalva: "(...) *salvo quando não evidenciado o nexo de causalidade entre umas e outras, ou quando as derivadas puderem ser obtidas por uma fonte independente das primeiras*".

Gabarito "C"

(OAB/Exame Unificado – 2015.3) O Ministério Público ofereceu denúncia em face de Cristiano, Luiz e Leonel pela prática do crime de associação para o tráfico. Na audiência designada para realização dos interrogatórios, Cristiano, preso em outra unidade da Federação, foi interrogado através de videoconferência. Luiz foi interrogado na presença física do magistrado e respondeu às perguntas realizadas. Já Leonel optou por permanecer em silêncio.

Sobre o interrogatório, considerando as informações narradas, assinale a afirmativa correta.

(A) O interrogatório judicial, notadamente após o advento da Lei 10.792/2003, deve ser interpretado apenas como meio de prova e não também como ato de defesa dos acusados.

(B) Luiz, ainda que não impute crime a terceiro, não poderá mentir sobre os fatos a ele imputados, apesar de poder permanecer em silêncio.

(C) A defesa técnica de Cristiano não poderá, em hipótese alguma, formular perguntas para o corréu Luiz.

(D) O interrogatório por videoconferência de Cristiano pode ser considerado válido se fundamentado, pelo magistrado, no risco concreto de fuga durante o deslocamento.

A: incorreta. Embora haja divergência na doutrina, o STF firmou entendimento segundo o qual o interrogatório constitui meio de *defesa*. A conferir: "Em sede de persecução penal, o interrogatório judicial – notadamente após o advento da Lei 10.792/2003 – qualifica-se como ato de defesa do réu, que, além de não ser obrigado a responder a qualquer indagação feita pelo magistrado processante, também não pode sofrer qualquer restrição em sua esfera jurídica em virtude do exercício, sempre legítimo, dessa especial prerrogativa (...)" (HC 94.601-CE, 2ª T., rel. Min. Celso de Mello, 11.09.2009). Nesse mesmo sentido o ensinamento de Guilherme de Souza Nucci: "(...) Note-se que o interrogatório é, fundamentalmente, um meio de defesa, pois a Constituição assegura ao réu o direito ao silêncio. Logo, a primeira alternativa que se avizinha ao acusado é calar-se, daí não advindo consequência alguma. Defende-se apenas. Entretanto, caso opte por falar, abrindo mão do direito ao silêncio, seja lá o que disser, constitui meio de prova inequívoco, pois o magistrado poderá levar em consideração suas declarações para condená-lo ou absolve-lo" (*Código de Processo Penal Comentado*, 12ª ed., p. 428); **B:** incorreta, já que ao interrogando é dado, no exercício do seu direito de defesa, calar-se, deixando de responder às perguntas formuladas pelo magistrado processante, ou ainda faltar com a verdade, mentindo sobre os fatos contra ele imputados. O direito ao silêncio não alcança, entretanto, as indagações que digam respeito à qualificação do interrogando, sendo-lhe vedado calar-se ou mesmo faltar com a verdade, fornecendo dados falsos acerca de sua individualização; **C:** incorreta, já que pode o advogado de um dos acusados formular perguntas ao corréu, cabendo a este, no exercício do seu direito ao silêncio, responder ou não aos questionamentos. Vale lembrar que as perguntas das partes, no contexto do interrogatório, somente podem ser formuladas por intermédio do juiz e depois das indagações deste (art. 188, CPP); **D:** correta, pois reflete o que estabelece o art. 185, § 2º, I, parte final, do CPP.

Gabarito "D"

(OAB/Exame Unificado – 2014.2) O Delegado de Polícia, desconfiado de que Fabiano é o líder de uma quadrilha que realiza assaltos à mão armada na região, decide, com a sua equipe, realizar uma interceptação telefônica sem autorização judicial. Durante algumas semanas, escutaram diversas conversas, por meio das quais descobriram o local onde a *res furtiva* era armazenada para posterior revenda. Com essa informação, o Delegado de Polícia representou pela busca e apreensão a ser realizada na residência suspeita, sendo tal diligência autorizada pelo Juízo competente. Munidos do mandado de busca e apreensão, ingressam na residência encontrando diversos objetos fruto de roubo, como joias, celulares, documentos de identidade etc., tudo conforme indicou a interceptação telefônica. Assim, Fabiano foi conduzido à Delegacia, onde se registrou a ocorrência. Acerca do caso narrado, assinale a opção correta.

(A) A realização da busca e apreensão é admissível, tendo em vista que houve autorização prévia do juízo competente, existindo justa causa para ajuizamento da ação penal.

(B) A realização da busca e apreensão é admissível, apesar da interceptação telefônica ter sido realizada sem autorização judicial, existindo justa causa para ajuizamento da ação penal.

(C) A realização da busca e apreensão não é admissível porque houve representação do Delegado de Polícia, não existindo justa causa para o ajuizamento da ação penal.

(D) A realização da busca e apreensão não é admissível, pois derivou de uma interceptação telefônica ilícita, aplicando-se a teoria dos frutos da árvore envenenada, não existindo justa causa para o ajuizamento da ação penal.

Segundo o texto da Constituição, ao tratar das *provas ilícitas*: "são inadmissíveis, no processo, as provas obtidas por meios ilícitos" (art. 5º, LVI). Embora a CF/1988 não faça menção à chamada *prova ilícita por derivação*, o art. 157, § 1º, do CPP se encarregou de fazê-lo. Assim, a prova derivada da ilícita deve ser defenestrada do processo, não podendo, dessa forma, contribuir para a formação da convicção do julgador. Adotou-se, aqui, a *teoria norte-americana dos frutos da árvore envenenada*. Todavia, o CPP, neste mesmo dispositivo, previu duas exceções, a saber: quando não evidenciado o nexo de causalidade entre a prova primária e a secundária; e quando as derivadas (prova secundária) puderem ser obtidas por uma fonte independente das primeiras (prova primária). No caso narrado no enunciado, a busca e apreensão, não obstante realizada validamente em momento ulterior, acha-se afetada pelo vício da ilicitude originária (interceptação telefônica realizada sem autorização judicial), que a ela se transmite, contaminando-a, por efeito de repercussão causal.

Gabarito "D"

(OAB/Exame Unificado – 2012.1) De acordo com o Código de Processo Penal, quanto ao interrogatório judicial, assinale a afirmativa INCORRETA.

(A) O silêncio do acusado não importará confissão e não poderá ser interpretado em prejuízo da defesa, mesmo no caso de crimes hediondos.

(B) A todo tempo o juiz poderá, atendendo pedido fundamentado das partes, ou mesmo de ofício, proceder a novo interrogatório, mesmo quando os autos já se encontrarem conclusos para sentença.

(C) O mudo será interrogado oralmente, devendo responder às perguntas por escrito, salvo quando não souber ler e escrever, situação em que intervirá no ato, como intérprete e sob compromisso, pessoa habilitada a entendê-lo.

(D) O juiz, por decisão fundamentada, poderá realizar o interrogatório do réu preso por sistema de videoconferência, desde que a medida seja necessária para reduzir os custos para a Administração Pública.

A: assertiva correta, pois em consonância com o disposto no art. 186, parágrafo único, do CPP; **B:** correta, visto que corresponde ao que enuncia o art. 196 do CPP; **C:** correta – está em conformidade com o que estabelece o art. 192 do CPP; **D:** incorreta, devendo ser assinalada, pois esta hipótese não está contemplada no rol do art. 185, § 2º, do CPP.

Gabarito "D"

(OAB/Exame Unificado – 2011.2) A respeito da prova no processo penal, assinale a alternativa correta.

(A) A prova objetiva demonstra a existência/inexistência de um determinado fato ou a veracidade/falsidade de uma determinada alegação. Todos os fatos, em sede de processo penal, devem ser provados.

(B) As leis em geral e os costumes não precisam ser comprovados.

(C) A lei processual pátria prevê expressamente a inadmissibilidade da prova ilícita por derivação, perfilhando-se à "teoria dos frutos da árvore envenenada" (*"fruits of poisonous tree"*).

(D) São consideradas provas ilícitas aquelas obtidas com a violação do direito processual. Por outro lado, são consideradas provas ilegítimas as obtidas com a violação das regras de direito material.

A: incorreta, na medida em que nem todos os fatos precisam ser provados, como os notórios e os axiomáticos; **B:** incorreta, dado que o direito estadual, o municipal e o consuetudinário devem ser provados pela parte que os invocar; **C:** correta, nos termos do art. 157, § 1º, do CPP; **D:** incorreta. Ilícita é a prova obtida em violação a norma de direito material; ilegítima, por sua vez, é a prova obtida em violação a norma de direito processual.

Gabarito "C"

(OAB/Exame Unificado – 2010.2) Em uma briga de bar, Joaquim feriu Pedro com uma faca, causando-lhe sérias lesões no ombro direito. O promotor de justiça ofereceu denúncia contra Joaquim, imputando-lhe a prática do crime de lesão corporal grave contra Pedro, e arrolou duas testemunhas que presenciaram o fato. A defesa, por sua vez, arrolou outras duas testemunhas que também presenciaram o fato.

Na audiência de instrução, as testemunhas de defesa afirmaram que Pedro tinha apontado uma arma de fogo para Joaquim, que, por sua vez, agrediu Pedro com a faca apenas para desarmá-lo. Já as testemunhas de acusação disseram que não viram nenhuma arma de fogo em poder de Pedro.

Nas alegações orais, o Ministério Público pediu a condenação do réu, sustentando que a legítima defesa não havia ficado provada. A Defesa pediu a absolvição do réu, alegando que o mesmo agira em legítima defesa. No momento de prolatar a sentença, o juiz constatou que remanescia fundada dúvida sobre se Joaquim agrediu Pedro em situação de legítima defesa.

Considerando tal narrativa, assinale a afirmativa correta.

(A) O ônus de provar a situação de legítima defesa era da defesa. Assim, como o juiz não se convenceu completamente da ocorrência de legítima defesa, deve condenar o réu.

(B) O ônus de provar a situação de legítima defesa era da acusação. Assim, como o juiz não se convenceu completamente da ocorrência de legítima defesa, deve condenar o réu.

(C) O ônus de provar a situação de legítima defesa era da defesa. No caso, como o juiz ficou em dúvida sobre a ocorrência de legítima defesa, deve absolver o réu.

(D) Permanecendo qualquer dúvida no espírito do juiz, ele está impedido de proferir a sentença. A lei obriga o juiz a esgotar todas as diligências que estiverem a seu alcance para dirimir dúvidas, sob pena de nulidade da sentença que vier a ser prolatada.

Art. 156, *caput*, do CPP. Regra geral, à acusação incumbe o ônus de provar a culpa do réu. Cuidado: a prova da alegação incumbe a quem a fizer. Se, por exemplo, a defesa, na resposta à acusação, invoca, em favor do réu, legítima defesa, a prova dessa excludente cabe ao acusado. Enfim, quem alega deve provar. Se, no entanto, depois de produzida a prova, persistir dúvida em relação à configuração da legítima defesa, por exemplo, é de rigor seja o réu absolvido, à luz dos princípios da presunção de inocência e do *in dubio pro reo*.

Gabarito "C".

(OAB/Exame Unificado – 2010.1) Com relação aos meios de prova no processo penal, assinale a opção correta de acordo com o CPP.

(A) Se o juiz tiver notícia da existência de documento relativo a ponto relevante da acusação ou da defesa, não poderá providenciar, independentemente de requerimento das partes, a juntada aos autos, uma vez que é mero espectador do processo, sem atuação de ofício na gestão da prova.

(B) Em regra, a testemunha não pode eximir-se da obrigação de depor. No entanto, o cônjuge do acusado à época do fato criminoso, ainda que dele se encontre separado judicialmente, pode recusar-se a testemunhar.

(C) Em regra, as partes deverão apresentar os documentos necessários à comprovação de suas alegações na primeira oportunidade que falarem nos autos, sob pena de preclusão.

(D) O procedimento de acareação só será admitido entre acusados, sendo vedada a acareação entre acusado e testemunha.

A: incorreta. O juiz, neste caso, pode, sim, atuar de ofício, por força do que dispõe o art. 234 do CPP; **B:** correta. Cuida-se da previsão do art. 206 do CPP; **C:** incorreta. Em regra, as partes poderão apresentar documentos em qualquer fase do processo (CPP, art. 231); **D:** incorreta. Nos termos do art. 229 do CPP: "A acareação será admitida entre acusados, entre acusado e testemunha, entre testemunhas, entre acusado ou testemunha e a pessoa ofendida, e entre as pessoas ofendidas, sempre que divergirem, em suas declarações, sobre fatos ou circunstâncias relevantes".

Gabarito "B".

(OAB/Exame Unificado – 2008.3) Com relação ao processo em geral, assinale a opção correta de acordo com o CPP.

(A) Considera-se álibi a circunstância conhecida e provada que, tendo relação com o fato, autorize, por indução, concluir-se a existência de outra ou outras circunstâncias.

(B) Com exceção dos casos expressos em lei, as partes podem apresentar documentos em qualquer fase do processo.

(C) A fotografia do documento, mesmo que devidamente autenticada, não possui o mesmo valor do documento original.

(D) Não é permitida a apreensão de documento em poder do defensor do acusado, mesmo quando constituir elemento do corpo de delito.

A: incorreta, visto que a alternativa descreve o indício (art. 239 do CPP); **B:** correta (art. 231 do CPP); **C:** incorreta, já que a fotografia autenticada tem o mesmo valor do documento original (art. 232, parágrafo único, do CPP); **D:** incorreta, pois será permitida caso constitua elemento do corpo de delito (art. 243, § 2º, do CPP).

Gabarito "B".

(OAB/Exame Unificado – 2008.3) Assinale a opção correta quanto às provas ilícitas, de acordo com o Código de Processo Penal (CPP), segundo recentes alterações legislativas.

(A) São entendidas como provas ilícitas apenas as que forem obtidas em violação a normas constitucionais, devendo tais provas ser desentranhadas do processo.

(B) São, em regra, admissíveis as provas derivadas das ilícitas.

(C) Considera-se fonte independente aquela que, por si só, seguindo os trâmites típicos e de praxe, próprios da investigação ou instrução criminal, seja capaz de conduzir ao fato objeto da prova.

(D) As cartas particulares, ainda que interceptadas ou obtidas por meios criminosos, são, em regra, admitidas em juízo.

A: incorreta, na medida em que também são ilícitas as provas que violem normas legais (art. 157, *caput*, do CPP); **B:** incorreta, pois, em regra, são inadmissíveis as provas derivadas das ilícitas (art. 157, § 1º, do CPP); **C:** correta, nos termos art. 157, § 2º, do CPP; **D:** incorreta, pois tais cartas não serão admitidas em juízo (art. 233 do CPP).

Gabarito "C".

(OAB/Exame Unificado – 2008.3) No que se refere à prova testemunhal, assinale a opção correta de acordo com o CPP.

(A) As testemunhas serão inquiridas uma de cada vez, de forma que umas não saibam nem ouçam os depoimentos das outras, devendo o juiz, na ocasião da oitiva, adverti-las das penas cominadas ao falso testemunho.
(B) As perguntas devem ser formuladas pelas partes, por intermédio do juiz e não diretamente à testemunha.
(C) Admite-se que as partes formulem perguntas que possam induzir a resposta das testemunhas.
(D) São admissíveis perguntas que não tenham relação com a causa.

A: correta, pois reflete o que estabelece o art. 210, *caput*, do CPP; **B**, **C** e **D:** incorretas. Antes de o Código de Processo Penal ser alterado pela Lei de Reforma nº 11.690/2008, vigia, entre nós, o *sistema presidencialista*, pelo qual a testemunha, depois de inquirida pelo juiz, respondia, por intermédio deste, às perguntas formuladas pelas partes. Por este sistema, não podiam acusação e defesa formular seus questionamentos diretamente à testemunha, o que somente era feito por meio do juiz. Com a alteração promovida pela Lei 11.690/2006 na redação do art. 212 do CPP, o *sistema presidencialista*, até então em vigor, deu lugar ao chamado sistema *cross examination*, segundo o qual as partes passam a dirigir suas indagações às testemunhas sem a intermediação do magistrado, de forma direta, vedados os questionamentos que puderem induzir a resposta, não tiverem relação com a causa ou importarem na resposta de outra já respondida.

Gabarito "A"

(OAB/Exame Unificado – 2008.2) Assinale a opção correta acerca do exame de corpo de delito e das perícias em geral, segundo o CPP.

(A) Se a perícia requerida pelas partes não for necessária ao esclarecimento da verdade, o juiz ou a autoridade policial negará a perícia, exceto na hipótese de exame de corpo de delito.
(B) Se não for possível o exame de corpo de delito por haverem desaparecido os vestígios, a prova testemunhal não poderá suprir-lhe a falta.
(C) O juiz ficará adstrito ao laudo.
(D) Se a infração deixar vestígios, a confissão do acusado poderá suprir o exame de corpo de delito, direto ou indireto.

A: correta, nos termos do art. 184 do CPP; **B:** incorreta, pois a prova testemunhal, neste caso, poderá suprir-lhe a falta (art. 167 do CPP); **C:** incorreta, dado que o juiz não ficará adstrito ao laudo, podendo aceitá-lo ou recusá-lo (art. 182 do CPP); **D:** incorreta, pois o exame de corpo de delito – direto ou indireto, nas infrações que deixam vestígios, é indispensável – art. 158 do CPP. Na hipótese de desaparecimento desses vestígios, nosso ordenamento jurídico admite que a prova testemunhal supra essa falta – art. 167, CPP; o que não se admite é que a confissão supra a falta do exame.

Gabarito "A"

(OAB/Exame Unificado – 2008.2) Assinale a opção correta acerca da confissão e do interrogatório, segundo o CPP e a CF.

(A) O réu pode retratar-se da confissão, bem como pode confessar a totalidade ou apenas uma parte do fato que lhe foi imputado.
(B) Se o acusado confessa o crime perante o juiz, na presença de seu advogado, é desnecessário confrontar a confissão com as demais provas do processo para a verificação de compatibilidade ou concordância.
(C) Antes de iniciar o interrogatório, o juiz esclarecerá ao réu que, embora não esteja obrigado a responder às perguntas que lhe forem formuladas, o seu silêncio poderá ser interpretado em prejuízo da própria defesa.
(D) O silêncio do acusado importa em confissão ficta ou presumida.

A: correta, pois reflete o disposto no art. 200, CPP; **B:** incorreta, dado que, a teor do que estabelece o art. 197 do CPP, é necessário que o juiz proceda ao confronto entre a confissão e as demais provas do processo; **C** e **D:** incorretas, pois contrariam o que estabelece o art. 186, parágrafo único, do CPP: "O silêncio, que não importará em confissão, não poderá ser interpretado em prejuízo da defesa".

Gabarito "A"

(OAB/Exame Unificado – 2008.1) Assinale a opção correta acerca da prova no processo penal.

(A) A prova, ainda que produzida por iniciativa de uma das partes, pertence ao processo e pode ser utilizada por todos os participantes da relação processual, destinando-se à apuração da verdade dos fatos alegados.
(B) O sistema da livre convicção, adotado majoritariamente no processo penal brasileiro, com fundamento na Constituição Federal, significa a permissão dada ao juiz para decidir a causa de acordo com seu livre entendimento, devendo o magistrado, no entanto, cuidar de fundamentá-lo, nos autos, e buscar persuadir as partes e a comunidade em abstrato.
(C) O sistema da persuasão racional é o que prevalece no tribunal do júri.
(D) O juiz fica adstrito ao laudo pericial, não podendo decidir, de acordo com sua convicção, a matéria que lhe é apresentada.

A: correta. Trata-se do *princípio da aquisição* ou *comunhão da prova*, segundo o qual as provas produzidas pertencem ao processo, e não às partes, pois se destinam à formação da convicção do juiz; **B:** incorreta. *Livre convicção* é o sistema relativo à valoração livre, desvinculada de motivação, não adotado entre nós. O sistema acolhido pelo processo penal brasileiro é o da *persuasão racional* (art. 93, IX, CF); **C:** incorreta, pois no Tribunal do Júri prevalece o sistema da *íntima convicção*, na medida em que os jurados não podem declarar o voto. É exceção à regra; **D:** incorreta, visto que o juiz não ficará adstrito ao laudo, podendo aceitá-lo ou recusá-lo (art. 182 do CPP).

Gabarito "A"

(OAB/Exame Unificado – 2007.3) Relativamente ao interrogatório, assinale a opção correta.

(A) O interrogatório constitui meio de defesa e as declarações oportunamente prestadas pelo acusado podem servir de fonte de prova.
(B) Trata-se, exclusivamente, de meio de prova.
(C) A defesa técnica não pode se manifestar na realização do interrogatório.
(D) Somente a autodefesa é exercida quando se presta declarações em interrogatório.

Arts. 185 a 196 do CPP. Cuida-se de matéria controversa. Juristas consagrados como Frederico Marques e Julio Fabbrini Mirabete entendem ser o interrogatório tanto meio de prova quanto meio de defesa. Guilherme de Souza Nucci, por seu turno, entende que o interrogatório constitui autêntico *meio de defesa* Conferir: "(...) Note-se que o interrogatório é, fundamentalmente, um meio de defesa, pois a Constituição assegura ao réu o direito ao silêncio. Logo, a primeira alternativa que se avizinha ao acusado é calar-se, daí não advindo consequência alguma. Defende-se apenas. Entretanto, caso opte por falar, abrindo mão do direito ao silêncio, seja lá o que disser, constitui meio de prova inequívoco, pois o magistrado poderá levar em consideração suas declarações para condená-lo ou absolve-lo" (*Código de Processo Penal Comentado*, 12ª ed., p. 428). Na mesma esteira, o STF: "Em sede de persecução penal, o interrogatório judicial – notadamente após o advento da Lei 10.792/2003 – qualifica-se como ato de defesa do réu, que, além de não ser obrigado a responder a qualquer indagação feita pelo magistrado processante, também não pode sofrer qualquer restrição em sua esfera jurídica em virtude do exercício, sempre legítimo, dessa especial prerrogativa (...)" (HC 94.601-CE, 2ª T., rel. Min. Celso de Mello, 11.09.2009).

Gabarito "A".

(OAB/Exame Unificado – 2007.3) Relativamente ao instituto da prova criminal, assinale a opção correta.

(A) É permitida a juntada de documentos no plenário do tribunal do júri, desde que trate de prova relativa ao fato imputado e esclareça a verdade real.
(B) A existência de prova da materialidade e de indícios de autoria são suficientes para o recebimento da denúncia, para a determinação de interceptação telefônica e para a inclusão do réu no rol dos culpados.
(C) As provas periciais, ainda que produzidas durante o inquérito policial, têm valor probatório, visto que se submetem a contraditório diferido.
(D) A confissão feita durante o interrogatório judicial pode suprir a ausência do laudo de exame cadavérico.

A: incorreta, pois o art. 479 do CPP assim determina: "Durante o julgamento não será permitida a leitura de documento ou a exibição de objeto que não tiver sido juntado aos autos com a antecedência mínima de 3 (três) dias úteis, dando-se ciência à outra parte"; **B:** incorreta. Embora a prova da existência do crime e a presença de indícios de autoria sejam suficientes a autorizar o recebimento da denúncia e a interceptação telefônica (art. 2º da Lei n. 9.296/1996), a inclusão do nome do réu no rol dos culpados pressupõe o trânsito em julgado da sentença penal condenatória (o art. 393 do CPP foi revogado pela Lei 12.403/2011); **C:** correta, dado que as provas periciais não são renovadas em juízo, como ocorre com o interrogatório (realizado tanto na fase inquisitorial quanto na processual), porque os vestígios deixados pela infração já desapareceram. Submetem-se, pois, ao contraditório diferido, postergado; **D:** incorreta, pois o exame de corpo de delito – direto ou indireto, nas infrações que deixam vestígios, é indispensável – art. 158 do CPP. Na hipótese de desaparecimento desses vestígios, nosso ordenamento jurídico admite que a prova testemunhal supra essa falta – art. 167, CPP; o que não se admite é que a confissão supra a falta do exame.

Gabarito "C".

(OAB/Exame Unificado – 2007.2) Acerca da prova testemunhal, assinale a opção correta.

(A) Ao juiz é vedado ouvir outras testemunhas, além das indicadas pelas partes.
(B) As testemunhas da acusação e da defesa serão inquiridas umas na presença das outras.
(C) Se o juiz, ao pronunciar sentença final, reconhecer que alguma testemunha fez afirmação falsa, calou ou negou a verdade, remeterá cópia do depoimento à autoridade policial para a instauração de inquérito.
(D) A testemunha deve prestar o depoimento oralmente ou trazê-lo por escrito.

A: incorreta, pois ao juiz é dado ouvir, sempre que reputar necessário, outras testemunhas além das indicadas (arts. 156, II, e 209 do CPP); **B:** incorreta, pois o art. art. 210 do CPP determina que "as testemunhas serão inquiridas cada uma de per si, de modo que umas não saibam nem ouçam os depoimentos das outras, devendo o juiz adverti-las das penas cominadas ao falso testemunho"; **C:** correta, pois reflete o que dispõe o art. 211 do CPP; **D:** incorreta, pois não é permitido à testemunha levar o depoimento por escrito (art. 204 do CPP).

Gabarito "C".

(FGV – 2013) Assinale a alternativa que indica o princípio que fundamenta a lição da doutrina de que a prova não pertence à parte que a produziu, mas ao processo.

(A) Princípio do livre convencimento motivado.
(B) Princípio do contraditório.
(C) Princípio da oralidade da prova.
(D) Princípio da publicidade da prova.
(E) Princípio da aquisição ou comunhão da prova.

Por este princípio, a prova, mesmo que produzida por iniciativa de uma das partes ou ainda do magistrado, pertence ao processo, podendo, por isso, ser utilizada por todos aqueles que integram a relação processual, destinando-se à formação da convicção do juiz.

Gabarito "E".

(FGV – 2013) O princípio da persuasão racional permite que o magistrado decida de acordo com sua convicção, desde que o faça de maneira motivada. Para que o convencimento do julgador lhes seja favorável, as partes utilizam-se das provas produzidas nos autos.

Sobre as provas, de acordo com o entendimento majoritário do Superior Tribunal de Justiça, assinale a afirmativa correta.

(A) A formulação direta pelo magistrado, antes das partes, de perguntas às testemunhas durante instrução no procedimento comum ordinário enseja nulidade absoluta.
(B) Ainda que intimada a defesa da expedição da carta precatória, será sempre necessária intimação da data da audiência no juízo deprecado.
(C) Para efeitos penais, o reconhecimento da menoridade do réu pode ser feito por qualquer instrumento, inclusive prova testemunhal.
(D) Para apurar unicamente a prática de crime de ameaça cabe interceptação das comunicações telefônicas.
(E) A interceptação das comunicações telefônicas pode ser determinada de ofício pelo magistrado.

A: incorreta, uma vez que se trata, segundo jurisprudência dominante, de *nulidade relativa*. Conferir: "*HABEAS CORPUS*. PROCESSO PENAL. SUBSTITUTIVO DO RECURSO CONSTITUCIONAL. INADEQUAÇÃO DA VIA ELEITA. INQUIRIÇÃO DE TESTEMUNHA. ART. 212 DO CÓDIGO DE PROCESSO PENAL COM AS ALTERAÇÕES DA LEI 11.690/2008. ADOÇÃO DO SISTEMA PRESIDENCIALISTA. PERGUNTAS INICIADAS PELO JUIZ. NULIDADE RELATIVA. PREJUÍZO NÃO COMPROVADO. 1. Contra a denegação de *habeas corpus* por Tribunal Superior prevê a Constituição Federal remédio jurídico expresso, o recurso ordinário. Diante da dicção do art. 102, II, "a", da Constituição da República, a impetração de novo habeas corpus em caráter substitutivo escamoteia o instituto recursal próprio, em manifesta burla ao preceito constitucional. 2. O art. 212 do Código de Processo Penal, com a redação da Lei 11.690/2008, inaugurou nova sistemática para a inquirição das testemunhas, franqueando às partes a formulação de perguntas diretamente e em primeiro lugar, com a complementação pelo juiz. A não observância de tal ordem, no caso, não implicou prejuízo processual, a atrair a aplicação do princípio maior regente da matéria – *pas de nullité sans grief* –, conforme o art. 563 do Código de Processo Penal, em se tratando de nulidade relativa. Não se prestigia a forma pela forma. Se do vício formal não deflui prejuízo, o ato deve ser preservado. 3. *Habeas corpus* extinto sem resolução do mérito". (HC 114512, ROSA WEBER, STF); **B:** incorreta, pois contraria o entendimento firmado na Súmula 273 do STJ: "Intimada a defesa da expedição da carta precatória, torna-se desnecessária intimação da data da audiência no juízo deprecado"; **C:** incorreta, pois em desconformidade com o entendimento sufragado na Súmula n. 74 do STJ: "Para efeitos penais, o reconhecimento da menoridade do réu requer prova por documento hábil"; **D:** incorreta. Descabe a interceptação telefônica para apurar tão somente o crime de ameaça (art. 147, CP). Isso porque a Lei 9.296/1996, em seu art. 2º, III, estabelece que a interceptação telefônica somente terá lugar se o crime sob investigação for apenado com *reclusão*. Não é o caso da ameaça, em que o preceito secundário do tipo penal prevê pena de *detenção* de 1 (um) a 6 (seis) meses; **E:** correta. A interceptação telefônica, desde que preenchidos os requisitos elencados no art. 2º da Lei 9.296/1996, poderá, no curso da instrução, ser decretada de ofício pelo juiz, que não dependerá, bem por isso, de requerimento das partes; poderá a interceptação também ser decretada a requerimento do MP ou mediante representação da autoridade policial (art. 3º da Lei 9.296/1996).

Gabarito "E"

O juiz formará sua convicção pela livre apreciação da prova. Todas as provas são relativas, não ficando o magistrado subordinado a nenhum critério apriorístico no apurar, através dela, a verdade.

(FGV – 2013) Sobre o *direito probatório*, de acordo com o Código de Processo Penal, assinale a afirmativa correta.

(A) É papel da testemunha sempre expor seus conhecimentos sobre os fatos, além de suas apreciações pessoais.

(B) A expedição de carta precatória para oitiva de testemunha suspende a instrução criminal.

(C) O juiz, ao verificar que a veracidade do depoimento da testemunha pode ficar comprometido pela presença do réu, causando humilhação, temor ou sório constrangimento à testemunha, determinará a retirada do réu, independente de qualquer medida anterior.

(D) Desde a reforma do Código de Processo Penal realizada pela Lei n. 11.690/2008, o interrogatório do réu no procedimento ordinário passou a ser feito pelo sistema *cross examination*, ou seja, primeiro as partes devem formular as perguntas ao réu. Ao magistrado cabe a complementação, formulando perguntas que entenda pertinente.

(E) O ofendido, quando devidamente intimado para prestar declarações sobre as circunstâncias da infração, pode ser conduzido à presença da autoridade, se deixar de comparecer sem justo motivo.

A: incorreta, já que o juiz somente autorizará a testemunha a fazer apreciações de ordem subjetiva quando estas forem inseparáveis da narrativa do fato (art. 213 do CPP); **B:** incorreta, uma vez que contraria a regra presente no art. 222, § 1º, do CPP, que estabelece que a instrução criminal não é suspensa; **C:** incorreta, visto que, neste caso, caberá ao juiz, antes de determinar a retirada do réu da sala de audiências, procurar proceder à inquirição por videoconferência; não sendo isso possível, aí sim o juiz providenciará a retirada do acusado. Além disso, estas providências e suas justificativas devem constar do termo de audiência. É o que estabelece o art. 217 do CPP; **D:** incorreta, já que o sistema denominado *cross examination*, em que as perguntas são formuladas, pelas partes, diretamente, sem a intermediação do juiz, somente se aplica ao depoimento das testemunhas. No interrogatório, vige o sistema *presidencialista*, em que as perguntas das partes, ao final da oitiva do acusado pelo magistrado, serão formuladas por este; **E:** correta, pois reflete o disposto no art. 201, § 1º, do CPP.

Gabarito "E"

(FGV – 2010) Relativamente ao tema *prova*, analise as afirmativas a seguir:

I. O juiz que conhecer do conteúdo da prova declarada inadmissível não poderá proferir a sentença ou acórdão.

II. O juiz formará sua convicção pela livre apreciação da prova produzida em contraditório judicial, não podendo fundamentar sua decisão exclusivamente nos elementos informativos colhidos na investigação, ressalvadas as provas cautelares, não repetíveis e antecipadas.

III. A lei autoriza a produção antecipada de provas consideradas urgentes e relevantes, mesmo antes de iniciada a ação penal, observando a necessidade, adequação e proporcionalidade da medida.

Assinale:

(A) se somente a afirmativa I estiver correta.

(B) se somente a afirmativa II estiver correta.

(C) se somente a afirmativa III estiver correta.

(D) se somente as afirmativas II e III estiverem corretas.

(E) se todas as afirmativas estiverem corretas.

I: incorreta (redação correspondente ao § 4º do art. 157 do CPP, que foi vetado); **II:** correta (art. 155, *caput*, do CPP); **III:** correta (art. 156, I, do CPP).

Gabarito "D"

(FGV – 2010) Relativamente ao tema *prova*, analise as afirmativas a seguir:

I. Quando a infração deixar vestígios, será indispensável o exame de corpo de delito, direto ou indireto, realizado por perito oficial, portador de diploma de curso superior. Na falta de perito oficial, o exame será realizado por duas pessoas idôneas, portadoras de diploma de curso superior preferencialmente na área específica, dentre as que tiverem habilitação técnica relacionada com a natureza do exame. Na falta do exame, poderá supri-lo a confissão do acusado.

II. Serão facultadas ao Ministério Público, ao assistente de acusação, ao ofendido, ao querelante e ao acusado a formulação de quesitos e indicação de assistente técnico, que atuará durante a perícia e antes da conclusão dos exames e elaboração do laudo pelos peritos oficiais.

III. Durante o curso do processo judicial, é permitido às partes, quanto à perícia, requerer a oitiva dos peritos para esclarecerem a prova ou para responderem a quesitos, desde que o mandado de intimação e os quesitos ou questões a serem esclarecidas sejam encaminhados com antecedência mínima de 10 (dez) dias, podendo apresentar as respostas em laudo complementar.

Assinale:

(A) se somente a afirmativa I estiver correta.

(B) se somente a afirmativa II estiver correta.

(C) se somente a afirmativa III estiver correta.
(D) se somente as afirmativas II e III estiverem corretas.
(E) se todas as afirmativas estiverem incorretas.

I: a assertiva está correta no que tange à realização de perícia (arts. 158, 159, § 1º, e 167 do CPP), a ser levada a efeito por perito oficial portador de diploma de curso superior, ou, na falta deste, por duas pessoas idôneas, também portadoras de diploma de curso superior, preferencialmente na área específica. No que toca à possibilidade de a confissão suprir a falta do exame, está incorreta. Será de fato indispensável, quando a infração deixar vestígios, a verificação da prova da existência do crime; não sendo possível tal verificação, ante a falta do exame ou em vista do desaparecimento dos vestígios, a prova testemunhal poderá suprir-lhe a falta; a confissão, nunca; **II:** incorreta, pois o assistente técnico atuará a partir de sua admissão pelo juiz e após a conclusão dos exames e elaboração do laudo pelos peritos oficiais (art. 159, §§ 3º e 4º, do CPP); **III:** correta, pois corresponde ao que estabelece o art. 159, § 5º, I, do CPP.

Gabarito "C"

(FGV – 2010) Relativamente ao tema *prova*, analise as afirmativas a seguir:

I. Em caso de lesões corporais, se o primeiro exame pericial tiver sido incompleto, proceder-se-á a exame complementar por determinação da autoridade policial ou judiciária, de ofício, ou a requerimento do Ministério Público, do ofendido ou do acusado, ou de seu defensor.

II. No exame para o reconhecimento de escritos, por comparação de letra, quando não houver escritos para a comparação ou forem insuficientes os exibidos, a autoridade mandará que a pessoa escreva o que lhe for ditado, não podendo o indiciado recusar-se sob pena de crime de desobediência.

III. O juiz ficará adstrito ao laudo, não podendo aceitá-lo ou rejeitá-lo apenas em parte.

Assinale:

(A) se somente a afirmativa I estiver correta.
(B) se somente a afirmativa II estiver correta.
(C) se somente a afirmativa III estiver correta.
(D) se somente as afirmativas II e III estiverem corretas.
(E) se todas as afirmativas estiverem corretas.

I: correta, pois reflete a disciplina estabelecida no art. 168 do CPP; **II:** incorreta; constitui, neste caso, mera faculdade, já que ninguém pode ser obrigado a produzir prova contra si mesmo (*nemo tenetur se detegere*); **III:** incorreta. É do art. 182 do CPP que o juiz não ficará vinculado ao laudo, podendo, pois, aceitá-lo ou recusá-lo. Cuidado: o fato de o juiz dispor da prerrogativa de não acolher o trabalho pericial não o autoriza a, substituindo-se ao perito, elaborar, ele próprio, o laudo. Neste caso, cuidará para que outro seja realizado no lugar do que foi rejeitado.

Gabarito "A"

(FGV – 2008) Assinale a alternativa correta.

(A) São consideradas ilícitas as provas obtidas em violação a normas constitucionais ou legais, devendo ser desentranhadas do processo, mas a ilegalidade não se estende às provas derivadas daquelas, qualquer que seja a hipótese.
(B) Os exames de corpo de delito e as outras perícias serão feitos por dois peritos oficiais.
(C) Os cadáveres serão fotografados apenas depois de retirados do local do crime, em respeito à família dos mortos.
(D) O juiz formará sua convicção pela livre apreciação da prova produzida em contraditório judicial, não podendo fundamentar sua decisão exclusivamente nos elementos informativos colhidos na investigação, ressalvadas as provas cautelares, não repetíveis e antecipadas.
(E) Antes de transitar em julgado a sentença final, as coisas apreendidas que interessarem ao processo poderão ser restituídas, desde que aos seus proprietários.

A: incorreta, pois as provas derivadas das ilícitas também são inadmissíveis (art. 157, *caput* e § 1º, do CPP); **B:** incorreta. A redação anterior do art. 159 do CPP estabelecia que a perícia fosse realizada por dois profissionais. Atualmente, com a modificação a que foi submetido esse dispositivo (pela Lei 11.690/2008), a perícia será levada a efeito por um perito oficial portador de diploma de curso superior. À falta deste, determina o § 1º do art. 159 que o exame seja feito por duas pessoas idôneas, detentoras de diploma de curso superior preferencialmente na área específica, dentre aquelas que tiverem habilitação técnica relacionada com a natureza do exame; **C:** incorreta, pois contraria a previsão contida no art. 164 do CPP, que assim dispõe: "Os cadáveres serão sempre fotografados na posição em que forem encontrados, bem como, na medida do possível, todas as lesões externas e vestígios deixados no local do crime"; **D:** correta, pois corresponde à redação do art. 155 do CPP; **E:** incorreta. Enquanto não transitar em julgado, as coisas apreendidas que interessam ao processo não poderão ser restituídas (art. 118 do CPP).

Gabarito "D"

(FGV – 2008) Relativamente à prova, assinale a afirmativa incorreta.

(A) O juiz que conhecer do conteúdo da prova declarada inadmissível não poderá proferir a sentença.
(B) A prova da alegação incumbirá a quem a fizer, sendo, porém, facultado ao juiz de ofício determinar, no curso da instrução, ou antes de proferir sentença, a realização de diligências para dirimir dúvida sobre ponto relevante.
(C) São inadmissíveis, devendo ser desentranhadas do processo as provas ilícitas, assim entendidas as obtidas em violação a normas constitucionais ou legais.
(D) São também inadmissíveis as provas derivadas das ilícitas, salvo quando não evidenciado o nexo de causalidade entre umas e outras, ou quando as derivadas puderem ser obtidas por uma fonte independente das primeiras.
(E) O juiz formará sua convicção pela livre apreciação da prova produzida em contraditório judicial, não podendo fundamentar sua decisão exclusivamente nos elementos informativos colhidos na investigação, ressalvadas as provas cautelares, não repetíveis e antecipadas.

A: incorreta, devendo ser assinalada. A assertiva corresponde à redação do art. 157, § 4º, do CPP, que foi vetado; **B:** correta. Antes do início da ação penal, o juiz somente poderá atuar, de ofício, se for para determinar a produção antecipada da prova considerada urgente e relevante, sempre levando em conta a necessidade, a adequação e a proporcionalidade da medida – art. 156, I, do CPP. Já no curso da ação penal, poderá o juiz, sempre de forma supletiva, determinar a realização de diligências com o objetivo de dirimir dúvida sobre ponto relevante – art. 156, II, do CPP; **C:** correta, nos termos do art. 157, *caput*, do CPP; **D:** correta, pois reflete o disposto no art. 157, § 1º, do CPP; **E:** correta, visto que corresponde ao que preleciona o art. 155, *caput*, do CPP.

Gabarito "A"

(FGV – 2007) Em tema de prova penal, é correto afirmar que:

(A) em regra vigora o sistema da íntima convicção, pelo qual o juiz formará sua convicção pela livre apreciação da prova, estando dispensado de motivá-la.

(B) não sendo possível o exame de corpo de delito, por haverem desaparecido os vestígios, a confissão poderá suprir-lhe a falta.

(C) em crime que deixa vestígios, o juiz não ficará adstrito ao laudo, podendo aceitá-lo ou rejeitá-lo, no todo ou em parte.

(D) as provas requeridas pela Defesa deverão ser deferidas pelo juiz independentemente da pertinência que guardem com o objeto do processo.

(E) são inadmissíveis no processo as provas produzidas por meios ilícitos, salvo quando servirem para esclarecer dúvida sobre ponto relevante.

A: incorreta. Adotamos, como regra, o sistema da persuasão racional ou livre convencimento motivado, em que o magistrado decidirá com base no seu livre convencimento. Deverá, todavia, fundamentar sua decisão (art. 93, IX, da CF). O sistema da íntima convicção é o que vige no Tribunal do Júri, onde o jurado não motiva seu voto. Existe ainda o sistema da prova legal: o juiz fica adstrito ao valor atribuído à prova pelo legislador; **B:** incorreta. À falta do exame de corpo de delito, a solução está no art. 167 do CPP, com a colheita de depoimentos de testemunhas. A confissão jamais poderá suprir tal falta; **C:** correta, pois de acordo do o art. 182 do CPP; **D:** incorreta. As provas consideradas impertinentes deverão ser indeferidas (arts. 400, § 1º, e 411, § 2º, do CPP); **E:** incorreta, pois, ainda que para esclarecer dúvida sobre ponto relevante, as provas ilícitas são inadmissíveis (art. 157, *caput* e § 1º, do CPP).

Gabarito "C"

7. PRISÃO, MEDIDAS CAUTELARES E LIBERDADE PROVISÓRIA

(OAB/Exame Unificado – 2016.2) José Augusto foi preso em flagrante delito pela suposta prática do crime de receptação (Art. 180 do Código Penal – pena: 01 a 04 anos de reclusão e multa). Em que pese seja tecnicamente primário e de bons antecedentes e seja civilmente identificado, possui, em sua Folha de Antecedentes Criminais, duas anotações pela prática de crimes patrimoniais, sem que essas ações tenham resultados definitivos.

Neste caso, de acordo com as previsões expressas do Código de Processo Penal, assinale a afirmativa correta.

(A) Estão preenchidos os requisitos para decretação da prisão preventiva, pois as ações penais em curso demonstram a existência de risco para a ordem pública.

(B) A autoridade policial não poderá arbitrar fiança neste caso, ficando tal medida de responsabilidade do magistrado.

(C) Antes de decidir pela liberdade provisória ou conversão em preventiva, poderá a prisão em flagrante do acusado perdurar pelo prazo de 10 dias úteis, ou seja, até o oferecimento da denúncia.

(D) O juiz não poderá converter a prisão em flagrante em preventiva, mas poderá aplicar as demais medidas cautelares.

A: incorreta. Não cabe, neste caso, a decretação da custódia preventiva, já que a pena máxima cominada ao crime de receptação não é superior a quatro anos, conforme impõe o art. 313, I, do CPP. A prisão poderia ser decretada, em princípio, se José Augusto tivesse condenação por crime doloso com trânsito em julgado. Não é o caso, já que as ações penais que constam das suas anotações ainda não passaram em julgado. Ademais disso, ações penais em curso, por si sós, não bastam para a decretação da custódia preventiva; **B: incorreta. A** Lei 12.403/2011 mudou sobremaneira o panorama da fiança. Antes da reforma por ela implementada, a autoridade policial, em vista da revogada redação do art. 322 do CPP, somente estava credenciada a concedê-la nas hipóteses de infração punida com *detenção* ou *prisão simples*. Bem por isso, não podia o delegado de polícia arbitrar fiança nos crimes punidos com *reclusão*, tarefa exclusiva do magistrado. Pela nova redação dada ao art. 322 do CPP, a autoridade policial passou a conceder fiança nos casos de infração cuja pena privativa de liberdade máxima não seja superior a quatro anos (é este o caso do crime imputado a José Augusto), independentemente de ser o crime apenado com reclusão ou detenção (qualidade da pena). Naqueles casos em que a pena máxima superar os quatro anos, somente o magistrado poderá estabelecer a fiança; **C:** incorreta. O art. 310 do CPP, cuja redação foi alterada pela Lei 12.403/2011, impõe ao magistrado, quando do recebimento do auto de prisão em flagrante, o dever de manifestar-se *fundamentadamente* acerca da prisão que lhe é comunicada. Pela *novel* redação do dispositivo, abrem-se para o juiz as seguintes opções: se se tratar de prisão ilegal, deverá o magistrado relaxá-la e determinar a soltura imediata do preso; se a prisão estiver em ordem, deverá o juiz, desde que entenda necessário ao processo, converter a prisão em flagrante em preventiva, sempre levando em conta os requisitos do art. 312 do CPP, não sendo suficiente a prova da existência do crime e indícios de autoria. Ressalte-se que, tendo em vista o *postulado da proporcionalidade*, a custódia preventiva somente terá lugar se as medidas cautelares diversas da prisão revelarem-se inadequadas. Disso inferimos que a prisão em flagrante não mais poderá perdurar por vários dias ou mesmo até o final do processo como modalidade de prisão cautelar, como antes ocorria. Vedada, pois, a homologação da prisão em flagrante. Se achar que é o caso de manter o investigado preso, deverá, isto sim, converter, sem demora, a prisão em flagrante em preventiva; poderá o juiz, por fim, conceder a liberdade provisória, com ou sem fiança, substituindo, assim, a prisão em flagrante; **D:** correta (arts. 283, § 1º, e 310, II, do CPP).

Gabarito "D"

(OAB/Exame Unificado – 2015.1) A prisão temporária pode ser definida como uma medida cautelar restritiva, decretada por tempo determinado, destinada a possibilitar as investigações de certos crimes considerados pelo legislador como graves, antes da propositura da ação penal. Sobre o tema, assinale a afirmativa correta.

(A) Assim como a prisão preventiva, pode ser decretada de ofício pelo juiz, após requerimento do Ministério Público ou representação da autoridade policial.

(B) Sendo o crime investigado hediondo, o prazo poderá ser fixado em, no máximo, 15 dias, prorrogável uma vez pelo mesmo período.

(C) Findo o prazo da temporária sem prorrogação, o preso deve ser imediatamente solto.

(D) O preso, em razão de prisão temporária, poderá ficar detido no mesmo local em que se encontram os presos provisórios ou os condenados definitivos.

A assertiva a ser assinalada como correta é a "C". No curso do inquérito, tanto a prisão temporária quanto a preventiva não podem ser decretadas de ofício; quanto à custódia preventiva, cabe decretação de ofício tão somente na instrução processual (art. 311, CPP); no que toca à prisão temporária, sua decretação somente pode realizar-se no curso das investigações e mediante representação da autoridade policial ou a requerimento do MP (art. 2º da Lei 7.960/1989); não pode ser decretada de ofício. Em resumo, somente comporta decretação de ofício a prisão preventiva no curso da ação penal. Se o crime for hediondo ou assemelhado, o prazo de prisão temporária será de *trinta* dias, prorrogável por mais trinta, também em caso de comprovada e extrema necessidade. É o teor do art. 2º, § 4º, da Lei 8.072/1990 (Crimes Hediondos). Diz-se que a ordem de prisão temporária contém o chamado "comando implícito de soltura" porquanto, passados os 5 dias de custódia, o investigado deverá ser imediatamente posto em liberdade pela autoridade policial, sem a necessidade de alvará de soltura a ser expedido pelo juiz que decretou a prisão. Evidente que permanecerá custodiado o investigado que contra si for prorrogada a prisão temporária ou mesmo expedido mandado de prisão preventiva. É o que estabelece o art. 2º, § 7º, da Lei 7.960/1989. Por fim, os presos temporários devem permanecer separados dos demais (art. 3º da Lei 7.960/1989).

Gabarito "C"

(OAB/Exame Unificado – 2012.3.A) O Código de Processo Penal pátrio menciona que também se considera em flagrante delito quem é perseguido, logo após o delito, pela autoridade, pelo ofendido ou por qualquer pessoa, em situação que faça-a presumir ser o perseguido autor da infração.

A essa modalidade dá-se o nome de flagrante

(A) impróprio.
(B) ficto.
(C) diferido ou retardado.
(D) esperado.

No chamado flagrante impróprio, imperfeito ou quase flagrante, o sujeito é perseguido, logo em seguida à prática criminosa, em situação que faça presumir ser o autor da infração (art. 302, III). Já no flagrante próprio, real ou perfeito, o agente é surpreendido no momento em que comete o crime ou quando acaba de cometê-lo – art. 302, I e II, do CPP. Ficto ou presumido, por sua vez, é a modalidade de flagrante (art. 302, IV) em que o agente é encontrado, depois do crime, na posse de instrumentos, armas, objetos ou papéis em circunstâncias que revelem ser ele o autor da infração penal. De se ver que, nesta modalidade de flagrante, inexiste perseguição, como ocorre no flagrante impróprio. Por fim, diferido ou retardado é o flagrante em que a lei confere à autoridade policial, para o fim de tornar mais eficaz a colheita de provas e o fornecimento de informações, a faculdade de retardar a prisão daqueles que se acham em situação de flagrante. Esta modalidade de flagrante está prevista no art. 53, II, da Lei 11.343/2006 (Drogas) e arts. 3º, III, 8º e 9º da Lei 12.850/2013 (Crime Organizado).

Gabarito "A"

(OAB/Exame Unificado – 2012.2) O deputado "M" é um famoso político do Estado "Y", e tem grande influência no governo estadual, em virtude das posições que já ocupou, como a de Presidente da Assembleia Legislativa. Atualmente, exerce a função de Presidente da Comissão de Finanças e Contratos. Durante a reunião semestral com as empresas interessadas em participar das inúmeras contratações que a Câmara fará até o final do ano, o deputado "M" exigiu do presidente da empresa "Z" R$ 500.000,00 (quinhentos mil reais) para que esta pudesse participar da concorrência para a realização das obras na sede da Câmara dos Deputados. O presidente da empresa "Z", assustado com tal exigência, visto que sua empresa preenchia todos os requisitos legais para participar das obras, compareceu à Delegacia de Polícia e informou ao Delegado de Plantão o ocorrido, que o orientou a combinar a entrega da quantia para daqui a uma semana, oportunidade em que uma equipe de policiais estaria presente para efetuar a prisão em flagrante do deputado. No dia e hora aprazados para a entrega da quantia indevida, os policiais prenderam em flagrante o deputado "M" quando este conferia o valor entregue pelo presidente da empresa "Z". Na qualidade de advogado contratado pelo Deputado, assinale a alternativa que indica a peça processual ou pretensão processual, exclusiva de advogado, cabível na hipótese acima.

(A) Liberdade Provisória.
(B) *Habeas Corpus*.
(C) Relaxamento de Prisão.
(D) Revisão Criminal.

Segundo o enunciado, o deputado federal "M", valendo-se do cargo que ocupa na Câmara dos Deputados, exigiu do presidente da empresa "Z", para que esta pudesse participar de concorrência para a realização de obras na Câmara dos Deputados, o pagamento de R$ 500.000,00. Neste exato momento (imposição do valor indevido), o crime se consumara. Uma semana depois, a polícia, tendo conhecimento dos fatos e após orientar a vítima a combinar a entrega da importância exigida, prendeu em flagrante o deputado no instante em que este conferia o dinheiro a ele entregue pelo presidente da empresa "Z", por orientação dos policiais. Considerando que o crime de concussão, que é formal, se aperfeiçoa com a imposição da vantagem indevida, o posterior recebimento dessa vantagem por parte do deputado constitui mero exaurimento do delito (desdobramento típico). A prisão em flagrante seria, em princípio, possível se tivesse sido realizada no momento em que foi formulada a exigência. A captura efetuada uma semana depois de o crime consumar-se, portanto, é ilegal, visto que não se enquadra em nenhuma das hipóteses listadas no art. 302 do CPP. Não é só. Por ser deputado federal, "M" somente poderia ter sido preso em flagrante, em obediência ao disposto no art. 53, § 2º, da CF, pela prática de crime inafiançável. Não é o caso do delito imputado a "M". Também por essa razão o flagrante é ilegal. Neste caso, deve ser formulado pedido de relaxamento da prisão em flagrante, que tem lugar sempre que o flagrante padecer de vício formal ou material. Note que o enunciado fala em peça exclusiva de advogado. Impende ainda consignar que, apesar de a liberdade provisória ser um sucedâneo da prisão em flagrante, somente será o caso de pleiteá-la/concedê-la quando se tratar de prisão legal desnecessária (ausência dos requisitos estampados no art. 312 do CPP – prisão preventiva).

Gabarito "C"

(OAB/Exame Unificado – 2010.3) Como se sabe, a prisão processual (provisória ou cautelar) é a decretada antes do trânsito em julgado de sentença penal condenatória, nas hipóteses previstas em lei. A respeito de tal modalidade de prisão, é correto afirmar que

(A) são requisitos da prisão preventiva a sua imprescindibilidade para as investigações do inquérito policial e o fato de o indiciado não ter residência fixa ou não fornecer elementos necessários ao esclarecimento de sua identidade.
(B) a prisão temporária tem como pressupostos a existência de indícios de autoria e prova da materialidade, e como fundamentos a necessidade de garantia da ordem pública, a conveniência da instrução criminal, a necessidade de garantir a futura aplicação da lei penal e a garantia da ordem pública.
(C) o prazo de duração da prisão temporária é de 5 (cinco) dias, prorrogável por mais cinco em caso de extrema e comprovada necessidade. Em se tratando, todavia, de crime hediondo, a prisão temporária poderá ser decretada pelo prazo de 30 (trinta) dias, prorrogável por igual período.

(D) em nosso ordenamento jurídico, a prisão processual contempla as seguintes modalidades: prisão em flagrante, preventiva, temporária, por pronúncia e em virtude de sentença condenatória recorrível.

A: incorreta, visto que o fato de a custódia ser imprescindível às investigações do inquérito policial constitui requisito da prisão temporária – art. 1º, I, da Lei 7.960/1989. No mais, a possibilidade de decretar-se a prisão na hipótese de o investigado não ter residência fixa ou não fornecer elementos necessários ao esclarecimento de sua identidade foi também contemplada na Lei 7.960/1989, em seu art. 1º, II. Impende, por fim, consignar que o art. 313, parágrafo único, do CPP (com a redação dada pela Lei 12.403/2011) admite que a prisão preventiva seja decretada quando houver dúvida sobre a identidade civil da pessoa ou quando esta não fornecer elementos suficientes para esclarecê-la; **B:** incorreta, na medida em que faz referência aos pressupostos e aos fundamentos da *prisão preventiva,* deixando de fazer menção tão somente ao fundamento "como garantia da ordem econômica"; **C:** correta. A *prisão temporária* terá o prazo de 5 (cinco) dias, prorrogável por igual período, em caso de extrema e comprovada necessidade, nos termos do art. 2º, *caput*, da Lei 7.960/1989. Em se tratando, no entanto, de crime hediondo ou equiparado (tortura, tráfico de drogas e terrorismo), a *custódia temporária* será decretada por *até* 30 (trinta) dias, prorrogável por igual período em caso de extrema e comprovada necessidade, em consonância com o disposto no art. 2º, § 4º, da Lei 8.072/1990 (Crimes Hediondos); **D:** incorreta. Com o advento da Lei 12.403/2011, instaurou-se uma nova realidade. A partir de então, a *prisão em flagrante* não mais pode perdurar durante todo o processo como modalidade de custódia cautelar. Deverá o juiz, se entender que o indiciado deve permanecer encarcerado, converter a prisão em flagrante em preventiva. Alguns doutrinadores passaram a entender que a prisão em flagrante deixou de constituir modalidade de prisão cautelar (processual). Passaríamos, neste caso, a contar com duas modalidades de prisão cautelar, a saber: *prisão preventiva* e *prisão temporária.* Só para lembrar: a *prisão decorrente de pronúncia* e a *prisão decorrente de sentença condenatória recorrível* deixaram de integrar o rol das prisões processuais com a entrada em vigor das Leis 11.689/2008 e 11.719/2008.

Gabarito "C"

(OAB/Exame Unificado – 2010.3) Com relação às modalidades de prisão, assinale a alternativa correta.

(A) A prisão preventiva poderá ser decretada durante o inquérito policial.
(B) A prisão em flagrante delito somente poderá ser realizada dentro do período de 24 (vinte e quatro) horas, contadas do momento em que se inicia a execução do crime.
(C) A prisão temporária poderá ser decretada a qualquer tempo, desde que se mostre imprescindível para a produção da prova.
(D) Em caso de descumprimento de medida protetiva prevista na Lei 11.340/2006, o juiz não poderá decretar a prisão preventiva do acusado.

A: assertiva correta, na medida em que a prisão preventiva pode ser decretada pelo juiz em qualquer fase do *inquérito* ou do *processo*, conforme preceitua o art. 311 do CPP. Ocorre que, com a edição da Lei 12.403/2011, a redação do art. 311 do CPP foi modificada. A prisão preventiva continua a ser decretada em qualquer fase da investigação policial ou do processo penal, mas o juiz, que antes podia determiná-la de ofício também na fase investigatória, somente poderá fazê-lo, a partir de agora, no curso da ação penal. É dizer, para que a custódia preventiva seja decretada no curso da investigação, somente mediante representação da autoridade policial ou a requerimento do Ministério Público. Atenção: a prisão temporária, destinada a viabilizar investigações de crimes graves, somente pode ser decretada na fase de inquérito. Aqui, nada mudou; **B:** assertiva incorreta. O Código de Processo Penal não estabelece este prazo no art. 302. O art. 306, §§ 1º e 2º, do CPP fixa o prazo de 24 (vinte e quatro) horas, a contar da prisão, para que a autoridade que presidiu o flagrante providencie o encaminhamento do auto de prisão em flagrante ao juiz competente juntamente com todas as peças. Caso não informe o nome de seu advogado, deverá a autoridade, dentro do mesmo prazo, encaminhar as peças à Defensoria Pública. Deverá ainda, no prazo de 24 (vinte e quatro) horas da prisão, entregar ao autuado a nota de culpa, cientificando-lhe do motivo de sua prisão, o nome do condutor e o das testemunhas. Quanto a isso, vale o registro de que, recentemente, o Conselho Nacional de Justiça, em parceria com o Tribunal de Justiça de São Paulo e também com o Ministério da Justiça, lançou e vem implementando o projeto "audiência de custódia", cujo propósito é assegurar ao preso o direito de ser apresentado, de forma rápida, a um juiz de direito, ao qual caberá analisar, entre outros aspectos, a legalidade da prisão em flagrante e também a necessidade de a mesma ser convertida em prisão preventiva. Tudo leva a crer que tal iniciativa, que vai ao encontro de garantia presente no Pacto de São José da Costa Rica, venha a ser, paulatinamente, introduzida em todas as comarcas do país. Mais recentemente, o CNJ, por meio da Resolução 213/2015, disciplinou as audiências de custódia em todo o território nacional; **C:** assertiva incorreta. A prisão temporária será decretada quando, no curso do inquérito policial, mostrar-se imprescindível para as investigações. Não pode, portanto, ser decretada a qualquer tempo; **D:** assertiva incorreta, dado que, em caso de descumprimento, o juiz poderá decretar a prisão preventiva do acusado (art. 20 da Lei 11.340/2006 e art. 313, III, do CPP).

Gabarito "A"

(OAB/Exame Unificado – 2009.2) Acerca das prisões cautelares, assinale a opção correta.

(A) Em regra, a prisão temporária deve ter duração máxima de 5 (cinco) dias. Tratando-se, no entanto, de procedimento destinado à apuração da prática de delito hediondo, tal prazo poderá estender-se para 30 (trinta) dias, prorrogável por igual período em caso de extrema e comprovada necessidade.
(B) A apresentação espontânea do acusado à autoridade policial, ao juiz criminal ou ao MP impede a prisão preventiva, devendo o acusado responder ao processo em liberdade.
(C) Considere que Amanda, na intenção de obter vantagem econômica, tenha sequestrado Bruna, levando-a para o cativeiro. Nesse caso, a prisão em flagrante de Amanda só poderá ocorrer até 24 (vinte e quatro) horas após a constrição da liberdade de Bruna, devendo a autoridade policial, caso descubra o paradeiro da vítima após tal prazo, solicitar ao juiz competente o mandado de prisão contra a sequestradora.
(D) São pressupostos da prisão preventiva: garantia da ordem pública ou da ordem econômica; conveniência da instrução criminal; garantia de aplicação da lei penal; prova da existência do crime; indício suficiente de autoria.

A: correta. A *prisão temporária*, a ser decretada tão somente pelo juiz de direito, terá o prazo de 5 (*cinco) dias*, prorrogável por igual período em caso de extrema e comprovada necessidade, nos termos do art. 2º da Lei 7.960/1989. Em se tratando, no entanto, de crime hediondo ou delito a ele equiparado (tortura, tráfico de drogas e terrorismo), a *custódia temporária* será decretada por *até* 30 (trinta) dias, prorrogável por igual período em caso de extrema e comprovada necessidade, em consonância com o disposto no art. 2º, § 4º, da Lei 8.072/1990 (Lei de Crimes Hediondos); **B:** incorreta. O art. 317 do CPP, que previa a apresentação espontânea do acusado, foi revogado pela Lei 12.403/2011. A despeito disso, a apresentação espontânea do acusado não elide a possibilidade de o juiz decretar-lhe a prisão preventiva, desde que presentes os requisitos legais; **C:** incorreta. O crime perpetrado por Amanda – extorsão mediante sequestro (art. 159 do CP) – é permanente, o que permite, com fulcro no art. 303 do CPP, a prisão em flagrante de seus autores enquanto o processo de consumação não cessar. Dito de outro modo, enquanto Bruna estiver no cativeiro, Amanda poderá, sim, ser presa em flagrante, ainda que isso venha a ocorrer dias, semanas depois do arrebatamento da vítima; **D:** alternativa, a nosso ver, correta, uma vez que está em conformidade com o disposto no art. 312 do CPP.

Gabarito "A"

(OAB/Exame Unificado – 2008.3) Relativamente à prisão, assinale a opção correta de acordo com o CPP.

(A) Se o réu, sendo perseguido, passar ao território de outro município ou comarca, o executor poderá efetuar-lhe a prisão no lugar onde o alcançar, apresentando-o imediatamente à autoridade local, que providenciará a remoção do preso depois de haver lavrado, se for o caso, o auto de flagrante.

(B) Na hipótese de resistência à prisão em flagrante, por parte de terceiras pessoas, diversas do réu, o executor e as pessoas que o auxiliarem não poderão usar dos meios necessários para defender-se ou para vencer a resistência.

(C) Na hipótese de o executor do mandado verificar, com segurança, que o réu tenha entrado em alguma casa, o morador será intimado a entregá-lo, à vista da ordem de prisão. Se não for atendido imediatamente, o executor convocará duas testemunhas e, ainda que seja noite, entrará à força na casa, arrombando as portas, caso seja necessário.

(D) Ainda que haja tentativa de fuga do preso, não será permitido o emprego de força.

A: correta, pois reflete a regra contida no art. 290, *caput*, do CPP; **B:** incorreta, pois, neste caso, o art. 292 do CPP autoriza o emprego dos meios necessários para a defesa do executor e das pessoas que lhe prestam auxílio ou ainda para vencer a resistência oposta; **C:** incorreta, pois a providência prevista no art. 293 do CPP (arrombamento diante da recalcitrância do morador) somente poderá ser tomada durante o dia; sendo noite, por força do mesmo dispositivo, deverá o executor da ordem, diante da recusa do morador em franquear-lhe o ingresso, providenciar para que todas as saídas do imóvel sejam vigiadas até o amanhecer, quando, aí sim, será possível proceder-se ao arrombamento e à prisão do acusado; **D:** incorreta, dado que é permitido o emprego de força no caso de resistência ou fuga (art. 284 do CPP).

Gabarito "A"

(OAB/Exame Unificado – 2008.2) Os parâmetros previstos no CPP para que a autoridade determine o valor da fiança não incluem

(A) A natureza da infração.

(B) O grau de instrução do acusado.

(C) A vida pregressa do acusado.

(D) O valor provável das custas do processo.

É do art. 326 do CPP que "Para determinar o valor da fiança, a autoridade terá em consideração a natureza da infração, as condições pessoais de fortuna e vida pregressa do acusado, as circunstâncias indicativas de sua periculosidade, bem como a importância provável das custas do processo, até final julgamento".

Gabarito "B"

(OAB/Exame Unificado – 2007.3) É compatível com a Constituição Federal de 1988

(A) o processo iniciado, de ofício, pela autoridade policial ou judiciária.

(B) A prisão processual.

(C) A prisão para averiguação.

(D) A busca domiciliar determinada pela autoridade policial.

A: incorreta (*princípio da ação ou da demanda*: incumbe à parte provocar a atuação da função jurisdicional). No que concerne à autoridade policial, vige o *princípio da obrigatoriedade*, já que, assim que tenha notícia da prática da infração, deverá instaurar, de ofício, inquérito policial, exceção feita às hipóteses em que o crime sob investigação seja de ação penal privativa do ofendido, em que é imprescindível o requerimento formulado por este, ou pública condicionada à representação da vítima ou requisição do MJ; **B:** correta (arts. 282 e ss. do CPP); **C:** incorreta. A prisão para averiguação foi extinta pela CF/1988 (art. 5º, LXI e LXV, da CF); **D:** incorreta, dado que a busca domiciliar é ordenada por determinação judicial (art. 5º, XI, da CF).

Gabarito "B"

(OAB/Exame Unificado – 2007.3) Acerca dos crimes hediondos, assinale a opção correta.

(A) O rol dos crimes enumerados na Lei n. 8.072/1990 não é taxativo.

(B) É possível o relaxamento da prisão por excesso de prazo.

(C) O prazo da prisão temporária em caso de homicídio qualificado é igual ao de um homicídio simples.

(D) Em caso de sentença condenatória, o réu não poderá apelar em liberdade, independentemente de fundamentação do juiz.

A: incorreta. Adotou-se o *critério legal*, pelo qual devem ser considerados hediondos tão somente os crimes contidos no rol do art. 1º da Lei n. 8.072/1990. Trata-se, pois, de rol taxativo. Cuidado: nada obsta, entretanto, que o legislador infraconstitucional faça incluir ou excluir, por meio de lei ordinária, determinado crime deste rol, fato, a propósito, que já ocorreu diversas vezes; **B:** correta (art. 5º, LXV, da CF; Súmula n. 697 do STF); **C:** incorreta. O prazo de prisão temporária, em se tratando de homicídio qualificado (art. 1º, I, Lei n. 8.072/1990), é fixado pela Lei de Crimes Hediondos, em seu art. 2º, § 4º. O homicídio simples, salvo o praticado em atividade típica de grupo de extermínio, não é delito hediondo; **D:** incorreta. A decretação ou manutenção da prisão cautelar (provisória ou processual), assim entendida aquela que antecede a condenação definitiva, deve sempre estar condicionada à demonstração de sua imperiosa necessidade. Bem por isso, deve o magistrado apontar as razões, no seu entender, que a tornam indispensável (art. 312 do CPP). Colocado de outra forma, a prisão provisória ou cautelar somente se justifica dentro do ordenamento jurídico quando necessária ao processo. Deve ser vista, portanto, como um instrumento do processo a ser utilizado em situações excepcionais. É por essa razão que a prisão decorrente de sentença penal condenatória recorrível deixou de constituir modalidade de prisão cautelar. Era uma prisão automática, já que, com a prolação da sentença condenatória, o réu era recolhido ao cárcere (independente de a prisão ser necessária). Nesse contexto, o acusado era considerado presumidamente culpado. Com as modificações introduzidas pela Lei 11.719/2008 e também em razão da atuação dos tribunais, esta modalidade de prisão cautelar deixou de existir, consagrando, assim, o postulado da presunção de inocência. Em vista dessa nova realidade, se o acusado permanecer preso durante toda a instrução, a manutenção dessa prisão somente terá lugar se indispensável for ao processo, pouco importando se, uma vez condenado em definitivo, permanecerá ou não preso. A prisão desnecessária decretada ou mantida antes de a sentença passar em julgado constitui antecipação da pena que porventura seria aplicada em caso de condenação, o que representa patente violação ao princípio da presunção de inocência, postulado esse de índole constitucional – art. 5º, LVII. De se ver ainda que, tendo em conta as mudanças implementadas pela Lei 12.403/2011, que instituiu as medidas cautelares alternativas à prisão provisória, esta somente terá lugar diante da impossibilidade de se recorrer às medidas cautelares. Dessa forma, a prisão, como medida excepcional que é, deve também ser vista como instrumento subsidiário, supletivo. A despeito de tudo quanto foi dito acima, o STF, em julgamento histórico, realizado recentemente, mudou, à revelia de grande parte da comunidade jurídica, seu entendimento acerca desse tema. A Corte, ao julgar o HC n. 126.292, passou a admitir a execução da pena após decisão condenatória proferida em segunda instância. Com isso, deixa de ser necessário, para dar início ao cumprimento da pena, aguardar o trânsito em julgado da decisão condenatória. Flexibilizou-se, pois, o postulado da presunção de inocência. É bem verdade que votaram pela mudança de paradigma sete ministros, enquanto quatro mantiveram o entendimento até então prevalente. Também é fato que se trata de uma decisão tomada em processo subjetivo, sem eficácia vinculante, portanto. Mas não há dúvida de que tal decisão aponta uma mudança de entendimento acerca de tema que há vários anos havia se sedimentado. Cuida-se de tema sobremaneira polêmico cujo debate, na Suprema Corte, está longe de ser superado. É que os ministros serão chamados, num futuro não muito distante, a se manifestar sobre a constitucionalidade do art. 283 do CPP, em ações declaratórias de constitucionalidade impetradas pelo Conselho Federal da OAB e pelo Partido Ecológico Nacional.

Gabarito "B".

(OAB/Exame Unificado – 2007.3) Acerca do instituto da prisão, assinale a opção incorreta.

(A) A prisão temporária não pode ser decretada de ofício e somente tem cabimento durante o inquérito policial.

(B) As hipóteses legais para a decretação da prisão preventiva, incluem a garantia da ordem pública, a conveniência da instrução criminal e o clamor público.

(C) Nos crimes de menor potencial ofensivo, em regra, não são admitidas a lavratura do auto de prisão em flagrante nem a imposição de fiança quando o autor do fato for encaminhado ao juizado.

(D) A prisão penal é a que ocorre após uma sentença penal condenatória transitada em julgado e admite, preenchidos os requisitos legais, o livramento condicional.

A: correta, nos termos dos arts. 1º, I, e 2º, *caput*, da Lei n. 7.960/1989; **B:** incorreta, devendo ser assinalada. A expressão "clamor público" não está contida no art. 312 do CPP; **C:** correta, nos moldes do art. 69, parágrafo único, da Lei n. 9.099/1995; **D:** correta. De fato, *prisão penal* ou *prisão-pena* é aquela que decorre de sentença condenatória com trânsito em julgado; *prisão processual* ou *provisória*, por sua vez, é aquela decretada antes do trânsito em julgado de sentença condenatória.

Gabarito "B".

(OAB/Exame Unificado – 2007.1) Não há vedação expressa à liberdade provisória no diploma legal conhecido como

(A) Estatuto do Desarmamento.

(B) Lei sobre o tráfico ilícito de drogas.

(C) Lei Maria da Penha.

(D) Lei das Organizações Criminosas.

A: incorreta. Art. 21 da Lei n. 10.826/2003 (o STF, no julgamento da ADIN 3.112-1, declarou a inconstitucionalidade deste dispositivo); **B:** incorreta. Art. 44 da Lei n. 11.343/2006 (o STF, no julgamento do HC 104.339-SP, declarou, incidentalmente, a inconstitucionalidade da expressão "e liberdade provisória", contida no *caput* do art. 44 da Lei de Drogas); **C:** correta, nos termos da Lei n. 11.340/2006; **D:** à época em que a questão foi formulada, havia a previsão de vedação à liberdade provisória no tocante à Lei de Organizações Criminosas, conforme disposição contida no art. 7º da Lei n. 9.034/1995, que foi revogada por força da Lei 12.850/2013, que não trouxe disposição expressa nesse sentido.

Gabarito "C".

(OAB/Exame Unificado – 2006.2) Assinale a opção incorreta de acordo com o STJ e o STF.

(A) Os conceitos de flagrante preparado e esperado se confundem.

(B) Tão somente os crimes militares, cuja definição é dada pelo Código Penal Militar, quando cometidos por agentes militares, poderão ser julgados pela justiça castrense.

(C) O estado de flagrante delito é uma das exceções constitucionais à inviolabilidade do domicílio, nos termos da Constituição Federal.

(D) A interposição de recurso, sem efeito suspensivo, contra decisão condenatória não obsta a expedição de mandado de prisão.

A: incorreta, devendo ser assinalada. Verificar-se-á o *flagrante preparado* sempre que o agente provocador levar alguém a praticar uma infração penal. Está-se aqui diante de uma modalidade de crime impossível (art. 17 do CP), consubstanciada na Súmula n. 145 do STF; difere, dessa forma, do chamado *flagrante esperado*, em que a polícia não controla a ação do agente, apenas aguarda, depois de comunicada, a ocorrência do crime. É hipótese viável de prisão em flagrante; **B:** correta, nos termos dos arts. 124, *caput*, e 125, § 4º, da CF; **C:** correta, nos moldes do art. 5º, XI, da CF; **D:** correta (Súmula n. 267 do STJ).

Gabarito "A".

(OAB/Exame Unificado – 2004.ES) Eduardo, agente de polícia encarregado de desvendar a atividade de tráfico de drogas, induziu Márcio, suposto traficante, a fornecer-lhe certa quantidade de droga. Como Márcio não a possuía no momento, saiu do local e retornou minutos depois com a exata quantidade de entorpecente pedida por Eduardo que, no ato da entrega, lhe deu voz de prisão. Na situação hipotética acima, ocorreu um flagrante do tipo

(A) Esperado.

(B) preparado ou provocado.

(C) prorrogado.

(D) Compulsório.

É crime impossível (art. 17 do CP). *Vide* o teor da Súmula n. 145 do STF.

Gabarito "B".

(FGV – 2013) A Lei n. 12.403, de 04.05.2011, introduziu mudanças significativas no Código de Processo Penal ao disciplinar as prisões e medidas cautelares.

Sobre as *prisões cautelares*, assinale a afirmativa **incorreta**.

(A) A prisão preventiva poderá ser decretada de ofício pelo magistrado, no curso da ação penal.

(B) A prisão preventiva pode ser substituída pela domiciliar quando o agente for maior de 80 anos.

(C) A gravidade em abstrato do crime não é fundamento suficiente para, por si só, justificar a decretação da prisão preventiva.

(D) O juiz poderá relaxar a prisão preventiva se, no correr do processo, verificar a falta de motivo para que subsista, ou poderá revogá-la, verificando qualquer ilegalidade em sua decretação.

(E) Computam-se, na pena privativa de liberdade e na medida de segurança, o tempo de prisão provisória no Brasil ou no estrangeiro, o de prisão administrativa e o de internação em hospital de custódia e tratamento psiquiátrico ou outro estabelecimento adequado.

A: correta, pois em conformidade com a atual redação do art. 311 do CPP, resultado da modificação introduzida pela Lei de Reforma n. 12.403/2011. Com isso, a prisão preventiva era e continua a ser decretada (sempre pelo juiz) em qualquer fase da investigação policial ou do processo penal, mas o juiz, que antes podia determiná-la de ofício também na fase investigatória, somente poderá fazê-lo, a partir de agora, no curso da ação penal. É dizer, para que a custódia preventiva seja decretada no curso da investigação, somente mediante representação da autoridade policial ou a requerimento do Ministério Público; **B:** correta. A prisão domiciliar, é bom que se diga, não está inserida no âmbito das medidas cautelares diversas da prisão (art. 319, CPP). Cuida-se, isto sim, de prisão preventiva que deverá ser cumprida no domicílio do investigado/acusado, desde que, é claro, este esteja em uma das situações previstas no art. 318 do CPP (com redação alterada por força da Lei 13.257/2016): maior de 80 anos; extremamente debilitado por motivo de doença grave; imprescindível aos cuidados especiais de pessoa menor de 6 anos de idade ou com deficiência; gestante, mulher com filho de até 12 (doze) anos de idade incompletos; homem, caso seja o único responsável pelos cuidados do filho de até 12 (doze) anos de idade incompletos; **C:** correta. De fato, a jurisprudência dos tribunais sedimentou entendimento no sentido de que a prisão cautelar exige motivação idônea e concreta, sendo vedado ao juiz se valer de motivação relacionada à gravidade abstrata do crime. Conferir: "*Habeas corpus*. Corrupção passiva e formação de quadrilha. Fraudes em benefícios previdenciários. Condenação. Manutenção da custódia cautelar. Pressupostos do art. 312 do Código de Processo Penal. Demonstração. Gravidade em abstrato in suficiente para justificá-la. Precedentes da Corte. Ordem parcialmente concedida. 1. Segundo a jurisprudência consolidada do Supremo Tribunal Federal, para que o decreto de custódia cautelar seja idôneo, é necessário que o ato judicial constritivo da liberdade traga, fundamentadamente, elementos concretos aptos a justificar tal medida. 2. Está sedimentado na Corte o entendimento de que a gravidade em abstrato do delito não basta para justificar, por si só, a privação cautelar da liberdade individual do agente. 3. As recentes alterações promovidas pela Lei 12.403/2011 no Código de Pro cesso Penal trouxeram alterações que aditaram uma exceção à regra da prisão. 4. Não mais subsistente a situação fática que ensejou a decretação da prisão preventiva, é o caso de concessão parcial da ordem de habeas corpus, para que o Juiz de piso substitua a segregação cautelar pelas medidas cautelares diversas da prisão elencadas no art. 319, incisos I, II III e VI, do Código de Processo Penal". (HC 109709, DIAS TOFFOLI, STF); **D:** incorreta, devendo ser assinalada, posto que, sendo a prisão ilegal, impõe-se ao juiz o seu relaxamento (e não a sua revogação); agora, se a prisão preventiva mostrar-se desnecessária ao processo, deverá o juiz, neste caso, revogá-la (e não relaxá-la), conforme o que estabelece o art. 316 do CPP; **E:** correta. Corresponde ao instituto da *detração*, presente no art. 42 do CP.

Gabarito "D"

Em 2011, a Lei n. 12.403 trouxe uma série de inovações no tratamento conferido pelo Código de Processo Penal às prisões cautelares. Ademais, uma grande novidade foi a previsão detalhada de medidas cautelares típicas diversas da prisão que poderão ser aplicadas pelo magistrado.

(FGV – 2013) Sobre o tema *prisão e medidas cautelares*, assinale a afirmativa correta.

(A) A prisão preventiva pode ser decretada em qualquer fase do processo penal ou investigação policial, sempre de ofício ou a requerimento do Ministério Público, do assistente de acusação ou do querelante, ou por representação da autoridade policial.

(B) De acordo com a jurisprudência amplamente majoritária do Superior Tribunal de Justiça, tanto o flagrante esperado quanto o flagrante preparado são ilegais.

(C) A medida cautelar de internação provisória poderá ser decretada nos crimes praticados com violência ou grave ameaça, quando os peritos concluírem ser inimputável ou semi-imputável o acusado, desde que haja risco de reiteração.

(D) O juiz poderá substituir a prisão preventiva pela domiciliar, de acordo com o Código de Processo Penal, sempre que o agente for maior de 65 anos.

(E) A prisão temporária será decretada pelo juiz pelo prazo máximo de 10 dias, prorrogável por igual período no caso de extrema e comprovada necessidade.

A: incorreta, dado que, com as modificações operadas pela Lei 12.403/2011 no campo da prisão processual, o juiz, que antes podia determinar a custódia preventiva de ofício em qualquer fase da persecução penal, agora somente poderá fazê-lo no curso da ação penal; assim, a prisão preventiva, no decorrer da investigação, somente será decretada (sempre pelo juiz) a requerimento do MP, ou por representação da autoridade policial, conforme estabelece o art. 311 do CPP; **B:** incorreta. Segundo doutrina e jurisprudência pacíficas, não há ilegalidade no chamado *flagrante esperado*, em que a polícia, uma vez comunicada, aguarda a ocorrência do crime, não exercendo qualquer tipo de controle sobre a ação do agente; inexiste, neste caso, intervenção policial que leve o agente à prática delituosa. É, por isso, hipótese viável de prisão em flagrante. Não deve ser confundido com o *flagrante preparado*. Este restará configurado sempre que o agente provocador levar alguém a praticar uma infração penal. Está-se aqui diante de uma modalidade de crime impossível (art. 17 do CP), consubstanciada na Súmula n. 145 do STF; **C:** correta, nos termos do art. 319, VII, do CPP; **D:** incorreta, uma vez que tal substituição somente é possível se o agente contar com mais de oitenta anos (e não sessenta e cinco), nos termos do art. 318 do CPP, que estabelece outras hipóteses em que o agente faz jus à substituição: extremamente debilitado por motivo de doença grave; imprescindível aos cuidados especiais de pessoa menor de 6 anos de idade ou com deficiência; gestante; mulher com filho de até 12 (doze) anos de idade incompletos; homem, caso seja o único responsável pelos cuidados do filho de até 12 (doze) anos de idade incompletos; **E:** incorreta, uma vez que esta modalidade de prisão provisória terá o prazo de cinco dias, prorrogável por igual período em caso de extrema e comprovada necessidade, nos termos do art. 2º, caput, da Lei 7.960/1989. Em se tratando, no entanto, de crime hediondo ou a ele equiparado (tortura, tráfico de drogas e terrorismo), a custódia temporária será decretada por *até* trinta dias, prorrogável por igual período em caso de extrema e comprovada necessidade, em consonância com o disposto no art. 2º, § 4º, da Lei 8.072/1990 (Crimes Hediondos).

Gabarito "C"

(FGV – 2013) Com relação à Lei n. 7.960/1989, que dispõe sobre *prisão temporária*, assinale a afirmativa correta.

(A) O prazo limite, seja qual for o crime em apuração, é de 30 dias.

(B) O prazo, em se tratando de crime hediondo ou assemelhado, é de trinta dias, enquanto nos demais é de cinco dias, não sendo possível a prorrogação.

(C) O juiz, atendendo representação da autoridade policial ou a requerimento do Ministério Público, poderá decretá-la de ofício.

(D) O preso, decorrido o prazo da prisão, deverá ser posto imediatamente em liberdade, independentemente de alvará de soltura, salvo se já tiver sido decretada sua prisão preventiva.

(E) Os presos temporários, dentro do possível, devem ficar separados dos demais detentos.

A: incorreta. No âmbito da prisão temporária, o prazo será, em regra, de 5 dias, podendo, em caso de extrema e comprovada necessidade, ser prorrogado por igual período, nos termos do art. 2º, *caput*, da

Lei 7.960/1989; agora, se se tratar de crime hediondo ou a ele equiparado (tortura, tráfico de drogas e terrorismo), o prazo é diferenciado: a custódia será decretada por *até* trinta dias, prorrogável por igual período em caso de extrema e comprovada necessidade, em consonância com o disposto no art. 2º, § 4º, da Lei 8.072/1990 (Crimes Hediondos); **B:** incorreta. Hediondo ou não o crime, o prazo poderá ser prorrogado (uma única vez), desde que diante de extrema e comprovada necessidade; **C:** incorreta, uma vez que, no campo da prisão temporária, é vedado ao juiz decretá-la de ofício; somente poderá determiná-la diante da representação formulada pela autoridade policial ou de requerimento do Ministério Público – art. 2º, *caput*, da Lei 7.960/1989; **D:** correta (art. 2º, § 7º, da Lei 7.960/1989); **E:** incorreta, pois o art. 3º da Lei 7.960/1989 estabelece que *os presos temporários deverão permanecer, obrigatoriamente, separados dos demais detentos.*

Gabarito "D"

(FGV – 2011) A respeito da prisão preventiva, é correto afirmar que

(A) durante o inquérito policial não é possível a decretação da prisão preventiva pelo juiz "ex officio", somente sendo ela permitida durante a instrução criminal.

(B) o juiz pode decretar a prisão preventiva quando as provas dos autos indicam que o agente cometeu o fato em estrito cumprimento do dever legal, mas não se pode dizer o mesmo se o fato foi cometido em estado de necessidade.

(C) o juiz pode revogar a prisão preventiva se verificar falta de motivo para a sua subsistência; entretanto, uma vez revogada, o juiz não pode decretá-la de novo.

(D) nos termos do Código de Processo Penal, a prisão preventiva pode ser decretada como garantia da ordem pública ou para assegurar a aplicação da lei penal, quando houver prova da existência do crime e indício suficiente de autoria.

(E) a apresentação espontânea do acusado, confessando crime de autoria ignorada ou imputada a outrem, impede a decretação da prisão preventiva.

A: ao tempo em que esta questão foi formulada, a assertiva estava incorreta, já que não correspondia à redação do então vigente art. 311 do CPP, pois a *prisão preventiva* podia ser determinada de ofício pelo magistrado em qualquer fase do inquérito policial ou da instrução criminal. Atualmente, dada a modificação implementada no art. 311 pela Lei 12.403/2011, é defeso ao juiz decretar, de ofício, a prisão preventiva no curso do inquérito policial. Ele somente poderá fazê-lo, doravante, sem ser provocado pelas partes, no curso da ação penal; **B:** a proposição está incorreta, visto que, em consonância com o que dispõe o art. 314 do CPP, não será decretada a custódia preventiva do investigado ou acusado que agiu sob o manto de qualquer das excludentes de ilicitude (art. 23, I, II e III, do CP). Impende observar que a modificação implementada pela Lei 12.403/2011 no art. 314 do CPP se deu tão somente para o fim de alterar a referência ao dispositivo do Código Penal que trata das excludentes de antijuridicidade. De resto, o artigo permanece intacto; **C:** em vista do disposto no art. 316 do CPP, se a prisão preventiva mostrar-se desnecessária ao processo, deve o juiz revogá-la; se, no entanto, surgir nova prova, apta a alterar a situação fática e justificar novo decreto prisional, deverá o juiz assim proceder, mandando expedir o competente mandado de prisão; **D:** assertiva em consonância com o disposto no art. 312 do CPP; **E:** a revogação do art. 317 do CPP pela Lei 12.403/2011 não impede que o juiz decrete a prisão preventiva daquele que se apresente espontaneamente.

Gabarito "D"

(FGV – 2010) Roberto entra em uma agência bancária e efetua o saque de quinhentos reais da conta-corrente de terceiro, utilizando um cheque falsificado. De posse do dinheiro, Roberto se retira da agência. Quinze minutos depois, o caixa do banco observa o cheque com mais cuidado e percebe a falsidade. O segurança da agência é acionado e consegue deter Roberto no ponto de ônibus próximo à agência. O segurança revista Roberto e encontra os quinhentos reais em seu bolso. Roberto é conduzido pelo segurança à Delegacia de Polícia mais próxima. Considerando a narrativa acima, assinale a alternativa correta.

(A) O Delegado de Polícia deve baixar a portaria de instauração do inquérito policial, tomar o depoimento de Roberto, lavrar termo de apreensão do dinheiro que havia sido sacado por ele na agência bancária, e liberá-lo, já que a situação narrada não caracterizou flagrante delito. Encerradas as investigações, deve remeter os autos do inquérito policial ao Ministério Público para que ofereça denúncia.

(B) O Delegado de Polícia a quem Roberto é apresentado deve lavrar o auto de prisão em flagrante, sendo-lhe vedado tomar o depoimento do preso sem que esteja assistido por advogado. Se o autuado não informar o nome de seu advogado, o Delegado deverá solicitar a presença de um defensor público ou nomear um advogado dativo para proceder à oitiva. Após a lavratura do auto, deve comunicar a prisão ao juiz competente e entregar nota de culpa ao preso.

(C) O Delegado de Polícia a quem Roberto é apresentado deve lavrar o auto de prisão em flagrante, comunicar a prisão imediatamente ao juiz competente e à família do preso ou à pessoa por ele indicada, bem como entregar a nota de culpa ao preso. Se o juiz constatar a desnecessidade da decretação de prisão cautelar, deverá conceder liberdade provisória ao preso, com ou sem fiança, independentemente de manifestação do Ministério Público ou da defensoria pública.

(D) O Delegado de Polícia a quem Roberto é apresentado deve lavrar o auto de prisão em flagrante, comunicar a prisão imediatamente ao juiz competente e à família do preso ou à pessoa por ele indicada, devendo ainda remeter, em vinte e quatro horas, o auto de prisão em flagrante acompanhado de todas as oitivas colhidas ao juiz competente e, caso o autuado não informe o nome de seu advogado, cópia integral do auto à Defensoria Pública, e entregar nota de culpa ao preso.

(E) O Delegado de Polícia a quem Roberto é apresentado deve lavrar o auto de prisão em flagrante, comunicar a prisão imediatamente ao juiz competente e à família do preso ou à pessoa por ele indicada, devendo ainda remeter, em vinte e quatro horas, o auto de prisão em flagrante acompanhado de todas as oitivas colhidas ao juiz competente e entregar nota de culpa ao preso. Caberá ao juiz abrir vista dos autos de comunicação de prisão ao Ministério Público e, caso o preso tenha declarado não possuir advogado, à defensoria pública.

As providências que devem ser tomadas pela autoridade policial, na hipótese de prisão em flagrante, estão contempladas nos arts. 304 e ss. do CPP, com destaque para a modificação introduzida no art. 306, *caput*, do CPP pela Lei 12.403/2011, que impõe à autoridade policial o dever de comunicar, incontinenti, a prisão de qualquer pessoa e o local onde esta se encontre ao Ministério Público, sem prejuízo da comunicação ao juiz e à família do preso ou à pessoa por ele indicada. Recentemente, o Conselho Nacional de Justiça, em parceria com o Tribunal de Justiça de São Paulo e também com o Ministério da Justiça, lançou e vem implementando o projeto "audiência de custódia", cujo propósito é assegurar ao preso o direito de ser apresentado, de forma rápida, a um juiz de direito, ao qual caberá analisar, entre outros aspectos, a legalidade da prisão em flagrante e também a necessidade de a mesma ser convertida em prisão preventiva. Tudo leva a crer que tal iniciativa, que vai ao encontro de garantia presente no Pacto de São José da Costa Rica, venha a ser, paulatinamente, introduzida em todas as comarcas do país. Mais recentemente, o CNJ, por meio da Resolução 213/2015, disciplinou as audiências de custódia em todo o território nacional.

Gabarito "D"

(FGV – 2010) Assinale a alternativa que contenha um princípio que não se aplica à *prisão preventiva*.

(A) Taxatividade das hipóteses de aplicação.
(B) Admissibilidade de aplicação automática.
(C) Adequação e proporcionalidade.
(D) Jurisdicionariedade das medidas cautelares.
(E) Demonstração do *fumus comissi delicti* e do *periculum libertatis*.

A decretação ou manutenção da prisão cautelar (provisória ou processual), assim entendida aquela que antecede a condenação definitiva, deve sempre estar condicionada à demonstração de sua imperiosa necessidade. Bem por isso, deve o magistrado, e somente ele (jurisdicionalidade das cautelares), apontar as razões, no seu entender, que a tornam indispensável (art. 312 do CPP). Colocado de outra forma, a prisão provisória ou cautelar somente se justifica dentro do ordenamento jurídico quando necessária ao processo. Deve ser vista, portanto, como um instrumento do processo a ser utilizado em situações excepcionais. É por essa razão que a prisão decorrente de sentença penal condenatória recorrível deixou de constituir modalidade de prisão cautelar. Era uma prisão automática, já que, com a prolação da sentença condenatória, o réu era recolhido ao cárcere (independente de a prisão ser necessária). Nesse contexto, o acusado era considerado presumidamente culpado. Com as modificações introduzidas pela Lei 11.719/2008 e também em razão da atuação dos tribunais, esta modalidade de prisão cautelar deixou de existir, consagrando, assim, o postulado da presunção de inocência. Em vista dessa nova realidade, se o acusado permanecer preso durante toda a instrução, a manutenção dessa prisão somente terá lugar se indispensável for ao processo, pouco importando se, uma vez condenado em definitivo, permanecerá ou não preso. A prisão desnecessária decretada ou mantida antes de a sentença passar em julgado constitui antecipação da pena que porventura seria aplicada em caso de condenação, o que representa patente violação ao princípio da presunção de inocência, postulado esse de índole constitucional – art. 5º, LVII. De se ver ainda que, tendo em conta as mudanças implementadas pela Lei 12.403/2011, que instituiu as medidas cautelares alternativas à prisão provisória, esta somente terá lugar diante da impossibilidade de se recorrer às medidas cautelares. Dessa forma, a prisão, como medida excepcional que é, deve também ser vista como instrumento subsidiário, supletivo. A despeito de tudo quanto foi dito acima, o STF, em julgamento histórico, realizado recentemente, mudou, à revelia de grande parte da comunidade jurídica, seu entendimento acerca desse tema. A Corte, ao julgar o HC n. 126.292, passou a admitir a execução da pena após decisão condenatória proferida em segunda instância. Com isso, deixa de ser necessário, para dar início ao cumprimento da pena, aguardar o trânsito em julgado da decisão condenatória. Flexibilizou-se, pois, o postulado da presunção de inocência. É bem verdade que votaram pela mudança de paradigma sete ministros, enquanto quatro mantiveram o entendimento até então prevalente. Também é fato que se trata de uma decisão tomada em processo subjetivo, sem eficácia vinculante, portanto. Mas não há dúvida de que tal decisão aponta uma mudança de entendimento acerca de tema que há vários anos havia se sedimentado. Cuida-se de tema sobremaneira polêmico cujo debate, na Suprema Corte, está longe de ser superado. É que os ministros serão chamados, num futuro não muito distante, a se manifestar sobre a constitucionalidade do art. 283 do CPP, em ações declaratórias de constitucionalidade impetradas pelo Conselho Federal da OAB e pelo Partido Ecológico Nacional.

Gabarito "B"

(FGV – 2010) Eduardo Souza é um conhecido estelionatário que falsifica documentos para obtenção de benefícios previdenciários estaduais falsos (pensões de funcionários públicos estaduais). Numa fiscalização de rotina, funcionários do setor de controladoria e auditoria da Secretaria de Fazenda Estadual identificaram um grande número de benefícios com valores semelhantes e documentações idênticas, concedidos na mesma data para pessoas com nomes muito parecidos (Fernando Souza, Ferdinand Souza, Hernandes Souza, Hernando Souza, Ernani Souza, Ernesto Souza, Ernã Souza, Fernnando Souza etc.). Desconfiados, checaram a documentação e desconfiaram da sua validade. De posse desses documentos, os funcionários dirigem-se à polícia que instaura inquérito para apuração dos crimes de estelionato qualificado, falsificação de documento público e uso de documento falso. Durante as investigações, o laudo pericial confirma tratar-se de falsificações muito parecidas e todos os indícios (provas testemunhais e filmagens, entre outras) e apontam para Eduardo, o qual é indiciado de forma indireta, já que não foi localizado. O Delegado de Polícia considera que é imprescindível a prisão de Eduardo para as investigações do inquérito policial (mesmo porque Eduardo não possui residência fixa) e decide representar pela prisão temporária do indiciado. Considerando a narrativa acima, assinale a alternativa correta.

(A) O Delegado deve dirigir sua representação ao promotor de justiça, não podendo fazê-lo diretamente ao juiz, sugerindo que ele requeira ao juiz competente a decretação da prisão temporária, que tem como finalidade justamente assegurar a investigação do inquérito policial, adequando-se perfeitamente à hipótese narrada.

(B) O Delegado deve dirigir sua representação ao juiz competente, requerendo a decretação da prisão temporária, que tem como finalidade justamente assegurar a investigação do inquérito policial, adequando-se perfeitamente à hipótese narrada. O juiz poderá decidir sem ouvir o Ministério Público.

(C) O Delegado deve dirigir sua representação ao Ministério Público, requerendo a decretação da prisão preventiva, que tem como finalidade justamente assegurar a investigação do inquérito policial, adequando-se perfeitamente à hipótese narrada.

(D) O Delegado deve dirigir sua representação ao promotor de justiça, não podendo fazê-lo diretamente ao juiz, sugerindo que ele requeira ao juiz competente a decretação da prisão preventiva, obrigando-se contudo a demonstrar qual das hipóteses presentes no art. 312 do Código Processual Penal se amolda à hipótese narrada.

(E) O Delegado deve dirigir sua representação ao juiz competente, requerendo a decretação da prisão preventiva, obrigando-se contudo a demonstrar qual das hipóteses presentes no art. 312 do Código Processual Penal se amolda à hipótese narrada.

A prisão temporária, conforme preleciona o art. 1º, I, da Lei 7.960/1989, constitui modalidade de prisão provisória destinada a viabilizar as investigações acerca de crimes graves durante a fase de inquérito. Não pode ser decretada de ofício pelo juiz, que deverá determiná-la diante da representação formulada pela autoridade policial ou de requerimento do Ministério Público. Será decretada pelo prazo de 5 (cinco) dias, podendo esse prazo ser prorrogado uma vez em caso de comprovada e extrema necessidade (art. 2º, *caput*, da Lei 7.960/1989). Se o crime apurado, de outro lado, for hediondo ou delito a ele equiparado, o prazo de prisão temporária será de 30 (trinta) dias, prorrogável por mais 30 (trinta), também em caso de comprovada e extrema necessidade. É o teor do art. 2º, § 4º, da Lei 8.072/1990 (Crimes Hediondos). Ocorre que os crimes imputados a Eduardo não fazem parte do rol do art. 1º, III, da Lei 7.960/1989, de tal sorte que não poderia ser decretada sua prisão temporária para viabilizar a investigação desses crimes. Resta, portanto, a prisão preventiva, que somente será decretada se presentes seus requisitos legais. Registre-se que o juiz somente decretará a prisão preventiva do indiciado diante da necessidade da custódia, sempre levando em conta os requisitos do art. 312 do CPP. Ausentes estes, deve o magistrado, ante a desnecessidade da prisão, revogá-la, permitindo ao acusado que aguarde o trânsito em julgado da sentença em liberdade. No mais, em vista da mudança a que foi submetido o art. 313 do CPP (Lei 12.403/2011), ainda assim o crime de estelionato comporta a custódia preventiva, dado que sua pena máxima cominada é superior a 4 (quatro) anos.

Gabarito "E"

(FGV – 2010) Relativamente ao tema *prisão temporária*, analise as afirmativas a seguir:

I. A prisão temporária será decretada pelo Juiz, em face da representação da autoridade policial ou de requerimento do Ministério Público, e terá o prazo de 5 (cinco) dias. A prorrogação dispensará nova decisão judicial, devendo entretanto a autoridade policial colocar o preso imediatamente em liberdade findo o prazo da prorrogação.

II. Ao decretar a prisão temporária, o Juiz podera, de ofício, determinar que o preso lhe seja apresentado, solicitar esclarecimentos da autoridade policial e submeter o preso a exame de corpo do delito.

III. Os presos temporários deverão permanecer, obrigatoriamente, separados dos demais detentos.

Assinale:

(A) se somente a afirmativa I estiver correta.
(B) se somente a afirmativa II estiver correta.
(C) se somente a afirmativa III estiver correta.
(D) se somente as afirmativas II e III estiverem corretas.
(E) se todas as afirmativas estiverem corretas.

I: incorreta, uma vez que a prorrogação se submete a nova decisão judicial, já que cabe ao magistrado verificar se a medida é de fato necessária; **II:** correta, pois em conformidade com o que estabelece o art. 2º, § 3º, da Lei 7.960/1989; **III:** correta, pois reflete a regra presente no art. 3º da Lei 7.960/1989.

Gabarito "D"

(FGV – 2009) Manoela de Jesus foi presa em flagrante, quando estava em sua casa assistindo à televisão, porque supostamente teria jogado um bebê recém-nascido no rio. Os responsáveis pela prisão foram dois policiais civis que realizavam diligências no local a partir de uma denúncia anônima. Ao realizar a prisão os policiais identificaram Manoela a partir da descrição fornecida pela denúncia anônima. A esse respeito, assinale a alternativa correta.

(A) Trata-se de flagrante próprio, previsto no art. 302, I, do Código de Processo Penal.
(B) Trata-se de flagrante próprio, previsto no art. 302, II, do Código de Processo Penal.
(C) A prisão é ilegal, pois não está presente nenhuma das situações autorizadoras da prisão em flagrante.
(D) Trata-se de flagrante presumido, previsto no art. 302, IV, do Código de Processo Penal.
(E) Trata-se de flagrante impróprio, previsto no art. 302, III, do Código de Processo Penal.

Manoela não foi presa no momento em que cometia ou quando acabava de cometer o crime a ela atribuído. Se assim fosse, estaríamos diante do chamado flagrante próprio, real ou perfeito, presente no art. 302, I e II, do CPP. Da mesma forma, inocorreu o chamado flagrante impróprio, imperfeito ou quase flagrante, em que o sujeito é perseguido, logo após, em situação que faça presumir ser o autor da infração (art. 302, III). Manoela sequer foi perseguida. Também não há que se falar em flagrante ficto ou presumido (art. 302, IV), em que o agente é encontrado, depois do crime, na posse de instrumentos, armas, objetos ou papéis em circunstâncias que revelem ser ele o autor da infração penal. Manoela, ao ser presa em sua residência, não estava na posse de nenhum instrumento que a ligasse ao crime que a ela foi imputado. Assim, ausente qualquer das situações elencadas no art. 302 do CPP, a prisão em flagrante é ilegal.

Gabarito "C"

(FGV – 2008) Relativamente à prisão temporária, assinale a afirmativa correta.

(A) A prisão temporária poderá ser decretada em casos de grande repercussão pública para garantir a ordem pública, em crimes como roubo, estupro com resultado morte e homicídio qualificado.
(B) São requisitos para a decretação da prisão temporária a garantia da ordem pública, da ordem econômica ou ainda a necessidade de aplicação da lei penal e a conveniência da instrução criminal.
(C) A prisão temporária poderá ser requerida pelo delegado de polícia ou pelo promotor de justiça, devendo o juiz decidir em até vinte e quatro horas, dispensada a fundamentação em caso de urgência.
(D) São princípios que se aplicam ao regime da prisão temporária a taxatividade e inadmissibilidade de renovação automática.
(E) A prisão temporária será decretada por dez dias, prorrogáveis por mais dez dias, salvo nos casos de crimes hediondos em que o prazo será de trinta dias, prorrogáveis por mais trinta dias.

A: incorreta. A prisão temporária constitui modalidade de prisão provisória destinada a viabilizar as investigações acerca dos crimes previstos no art. 1º, III, da Lei 7.960/1989. A garantia da ordem pública constitui hipótese de cabimento da prisão preventiva (art. 312 do CPP); **B:** incorreta. Trata-se de hipóteses em que pode ser decretada a prisão preventiva, todas presentes no art. 312 do CPP; **C:** incorreta. Não há dispensa de fundamentação (art. 2º, *caput* e § 2º, da Lei 7.960/1989); **D:** correta. Diz-se que a prisão temporária é regida pelo princípio da taxatividade na medida em que as hipóteses para aplicá-la são somente aquelas contempladas na Lei 7.960/1989. De outro lado, a custódia temporária somente será renovada se ficar comprovada sua necessidade. Não há que se falar, portanto, em renovação automática;

E: incorreta. A prisão temporária será decretada pelo prazo de 5 (cinco) dias, podendo esse período ser prorrogado uma vez em caso de comprovada e extrema necessidade (art. 2º, *caput*, da Lei 7.960/1989). Se hediondo ou a ele equiparado for o crime investigado, o prazo máximo de prisão temporária será de 30 (trinta) dias, prorrogável por mais 30 (trinta), também em caso de comprovada e extrema necessidade. É o que determina o art. 2º, § 4º, da Lei 8.072/1990 (Crimes Hediondos).

Gabarito "D"

(FGV – 2008) As alternativas a seguir completam corretamente o fragmento a seguir, à exceção de uma. Assinale-a. *Considera-se em flagrante delito quem...*

(A) está cometendo a infração penal.
(B) acaba de cometer a infração penal.
(C) é perseguido, logo após, pela autoridade, pelo ofendido ou por qualquer pessoa, em situação que faça presumir ser autor da infração.
(D) é encontrado, logo depois, com instrumentos, armas, objetos ou papéis que façam presumir ser ele autor da infração.
(E) é apontado por qualquer pessoa do povo como autor de crime infamante.

A: correta, nos termos do art. 302, I, do CPP (flagrante próprio, real ou perfeito); **B:** correta, nos termos do art. 302, II, do CPP (flagrante próprio, real ou perfeito); **C:** correta, nos termos do art. 302, III, do CPP (flagrante impróprio, imperfeito ou quase flagrante); **D:** correta, nos termos do art. 302, IV, do CPP (flagrante ficto ou presumido); **E:** incorreta, devendo ser assinalada, dado que não constitui situação elencada no art. 302 do CPP.

Gabarito "E"

(FGV – 2008) Nas situações apresentadas a seguir é imposta prisão em flagrante, à exceção de uma. Assinale-a.

(A) nas infrações de menor potencial ofensivo, ao agente que se recusar a comparecer ao juizado especial criminal quando intimado
(B) nos crimes de trânsito ao condutor de veículo, nos casos de acidentes de trânsito de que resulte vítima, se o agente prestar pronto e integral socorro àquela
(C) ao agente do crime de extorsão mediante sequestro que se comprometer a delatar os comparsas da prática criminosa
(D) ao agente que alterar o aspecto ou estrutura de edificação ou local especialmente protegido por lei, em razão de seu valor ecológico sem autorização da autoridade competente
(E) ao agente do crime de estelionato que se propuser a reparar o dano causado posteriormente

A: correta Uma vez surpreendido pela prática de infração penal de menor potencial ofensivo, o autor dos fatos será conduzido à presença da autoridade policial e, após a confecção do termo circunstanciado, será liberado, desde que não se recuse a encaminhar-se ao juizado ou, não sendo isso possível, assumir o compromisso de fazê-lo quando convocado (art. 69, parágrafo único, da Lei 9.099/1995); se assim não fizer, será contra ele lavrado auto de prisão em flagrante; E: correta (art. 66, parágrafo único, da Lei 9.099/1995); **B:** incorreta, devendo ser assinalada, pois não reflete o que estabelece o art. 301 da Lei 9.503/1997 (Código de Trânsito Brasileiro); **C, D** e **E:** corretas. Haverá imposição da prisão em flagrante.

Gabarito "B"

(FGV – 2008) Analise as afirmativas a seguir:

I. O preso especial não será transportado juntamente com o preso comum.
II. Serão recolhidos a quartéis ou a prisão especial, à disposição da autoridade competente, quando sujeitos a prisão antes de condenação definitiva, dentre outros, os cidadãos que já tiverem exercido efetivamente a função de jurado, salvo quando excluídos da lista por motivo de incapacidade para o exercício daquela função.
III. Qualquer do povo deverá prender quem quer que seja encontrado em flagrante delito.

Assinale:

(A) se nenhuma afirmativa estiver correta.
(B) se somente as afirmativas I e II estiverem corretas.
(C) se somente as afirmativas I e III estiverem corretas.
(D) se somente as afirmativas II e III estiverem corretas.
(E) se todas as afirmativas estiverem corretas.

I: correta (art. 295, § 4º, do CPP): **II:** correta (art. 295, X, do CPP); **III:** incorreta, visto que qualquer do povo poderá prender quem quer que seja encontrado em flagrante delito (flagrante facultativo); já a autoridade policial e seus agentes deverão prender quem quer que seja encontrado nessa situação (flagrante obrigatório).

Gabarito "B"

(FGV – 2008) Quais os tipos de prisões cautelares que existem no ordenamento processual penal brasileiro?

(A) Temporária, administrativa, preventiva e decorrente de pronúncia.
(B) Flagrante, temporária, preventiva e decorrente de sentença (ou acórdão) condenatória recorrível e decorrente de pronúncia.
(C) Preventiva, temporária, decorrente de pronúncia e decorrente de sentença (ou acórdão) condenatória recorrível.
(D) Flagrante, temporária, administrativa, preventiva, decorrente de sentença (ou acórdão) condenatória recorrível, decorrente de pronúncia.
(E) Temporária, preventiva, decorrente de sentença (ou acórdão) condenatória recorrível e decorrente de pronúncia.

A Lei 12.403/2011 produziu alterações significativas no campo da prisão processual. A *prisão em flagrante*, que podia perdurar durante todo o processo, deve, a partir de agora, ser convertida em prisão preventiva, desde que presentes os requisitos do art. 312 do CPP. Há doutrinadores que entendem que, por conta disso, a prisão em flagrante deixou de ser uma modalidade de custódia cautelar, passando a ser considerada uma prisão pré-cautelar. Para aqueles que não entendem assim, contamos hoje com três modalidades de prisão processual (cautelar): *prisão em flagrante, prisão preventiva* e *prisão temporária*. Só para lembrar: a *prisão decorrente de pronúncia* e a *prisão decorrente de sentença condenatória recorrível* deixaram de integrar o rol das prisões processuais com a entrada em vigor das Leis 11.689/2008 e 11.719/2008.

Gabarito "B"

(FGV – 2008) Qual dos elementos abaixo não está previsto no art. 312 do Código de Processo Penal como um dos requisitos para a decretação da prisão preventiva?

(A) Quando necessária para assegurar a aplicação da lei penal.
(B) Quando conveniente para a instrução criminal.
(C) Quando imprescindível para apaziguar o clamor público.
(D) Quando houver prova da existência do crime e indício suficiente de autoria.

(E) Quando necessária para garantir a ordem econômica.

O *clamor público*, por si só, além de não estar inserto no art. 312 do CPP, não é apto a justificar a prisão preventiva. Na jurisprudência do STJ: "O clamor público, inerente ao repúdio que a sociedade confere à prática criminosa, não é bastante, por si só, para fazer presente o *periculum libertatis* e justificar a prisão preventiva" (HC 33.770-BA, 6ª T., rel. Min. Paulo Medina, 17.06.2004).

Gabarito "C"

(FGV – 2005) Em matéria de liberdade provisória, é correto afirmar que:

(A) a autoridade policial somente poderá conceder fiança nos casos de infração punida com detenção, prisão simples e reclusão em que a pena máxima cominada não for superior a 2 (dois) anos.

(B) em caso de prisão por mandado, também será competente para conceder a fiança a autoridade policial a quem tiver sido requisitada a prisão.

(C) em caso de quebramento da fiança, haverá a perda de 2/3 do seu valor e a obrigação de recolhimento à prisão.

(D) não será concedida fiança nos crimes punidos com reclusão em que a pena mínima cominada for superior a 1 (um) ano.

A: incorreta. Também fruto de alteração promovida pela Lei 12.403/2011, a autoridade policial, agora, pode arbitrar fiança em qualquer infração penal cuja pena máxima cominada não seja superior a 4 (quatro) anos (reclusão ou detenção). Pela redação anterior do art. 322 do CPP, o delegado somente podia arbitrar fiança nas contravenções e nos crimes apenados com detenção; **B:** correta, nos termos do art. 332 do CPP; **C:** incorreta. Apesar de o art. 343 do CPP ter sido modificado pela Lei 12.403/2011, a assertiva permanece incorreta; **D:** incorreta. Com a modificação a que foi submetido o art. 323 do CPP, operada pela Lei 12.403/2011, somente são inafiançáveis os crimes ali listados e também aqueles contidos em leis especiais, como o art. 31 da Lei 7.492/1986 (Sistema Financeiro).

Gabarito "B"

8. SUJEITOS PROCESSUAIS, CITAÇÃO, INTIMAÇÃO E PRAZOS

(OAB/Exame Unificado – 2011.3.B) A Justiça Brasileira recebeu Carta Rogatória encaminhada pelo Ministério das Relações Exteriores a pedido da Embaixada da Romênia, com o fim de verificar a possível ocorrência de crime de lavagem de dinheiro do empresário brasileiro Z. A quem compete a execução da Carta Rogatória?

(A) Aos Juízes Federais.

(B) Ao Superior Tribunal de Justiça.

(C) Aos Juízes Estaduais.

(D) Ao Supremo Tribunal Federal.

Assim estabelecem os arts. 105, I, "i", e 109, X, da CF: "Art. 105. Compete ao Superior Tribunal de Justiça: I – processar e julgar, originariamente: (...) i) a homologação de sentenças estrangeiras e a concessão de *exequatur* às cartas rogatórias; (...) Art. 109. Aos juízes federais compete processar e julgar: (...) X – os crimes de ingresso ou permanência irregular de estrangeiro, a execução de carta rogatória, após o exequatur, e de sentença estrangeira, após a homologação, as causas referentes à nacionalidade, inclusive a respectiva opção, e à naturalização".

Gabarito "A"

(OAB/Exame Unificado – 2010.1) Carlos, empresário reconhecidamente bem sucedido, foi denunciado por crime contra a ordem tributária. No curso da ação penal, seu advogado constituído renunciou ao mandato procuratório. Devidamente intimado para constituir novo advogado, Carlos não o fez, tendo o juiz nomeado defensor dativo para patrocinar sua defesa. Nessa hipótese, de acordo com o que dispõe o CPP, Carlos

(A) será obrigado, por não ser pobre, a pagar os honorários do defensor dativo, arbitrados pelo juiz.

(B) será obrigado, por não ser pobre, a pagar os honorários do defensor dativo, arbitrados pelo próprio defensor.

(C) será obrigado, por não ser pobre, a pagar os honorários do defensor dativo, os quais deverão ser postulados em ação própria no juízo cível da comarca onde tenha tramitado a ação penal.

(D) estará desobrigado do pagamento dos honorários advocatícios, visto que é incabível o arbitramento de honorários ao defensor dativo, ainda que o réu não seja pobre.

A: correta. Dispõe o art. 263, parágrafo único, do CPP que: "O acusado que, não for pobre, será obrigado a pagar os honorários do defensor dativo, arbitrados pelo juiz."; **B:** incorreta. *Vide* texto do art. 263, parágrafo único, do CPP, transcrito na justificativa da opção "A"; **C:** incorreta. *Vide* texto do art. 263, parágrafo único, do CPP, transcrito na justificativa da opção "A". Não há determinação legal que obrigue o defensor dativo a postular em ação própria o pagamento de seus honorários, os quais devem ser arbitrados pelo próprio juiz da causa criminal; **D:** incorreta. *Vide* texto do art. 263, parágrafo único, do CPP, transcrito na justificativa da opção "A".

Gabarito "A"

(OAB/Exame Unificado – 2009.3) No que se refere a citações e intimações, assinale a opção correta.

(A) É inadmissível no processo penal a citação por hora certa.

(B) Tratando-se de processo penal, a citação inicial deve ser feita pelo correio.

(C) Tratando-se de processo penal, não se admite a citação do acusado por edital.

(D) O réu preso deve ser citado pessoalmente.

A: incorreta. A Lei 11.719/2008 alterou a redação do art. 362 do CPP e introduziu no processo penal a *citação por hora certa*, a ser realizada por oficial de Justiça na hipótese de ocultação do réu; **B:** incorreta. No processo penal, a citação inicial far-se-á por mandado, nos termos do art. 351 do CPP. Inexiste, no âmbito do processo penal, citação pelo correio, comumente utilizada no processo civil; **C:** incorreta, pois se admite a citação por edital (arts. 364, 365 e 366 do CPP); **D:** correta, nos termos do art. 360 do CPP.

Gabarito "D"

(OAB/Exame Unificado – 2008.3) De acordo com o CPP, considera-se impedido o juiz

(A) Que seja amigo íntimo ou inimigo capital de qualquer das partes.

(B) Cujo cônjuge ou parente, consanguíneo ou afim, em linha reta ou colateral até o terceiro grau, inclusive, tenha funcionado como defensor ou advogado, órgão do Ministério Público, autoridade policial, auxiliar da justiça ou perito.

(C) Que tenha aconselhado qualquer das partes.

(D) Que esteja respondendo a processo por fato análogo, sobre cujo caráter criminoso haja controvérsia.

A: incorreta. Art. 254, I, do CPP. É hipótese de exceção de suspeição; **B:** correta (art. 252, I, do CPP); **C:** incorreta (art. 254, IV, do CPP). Outra hipótese de suspeição; **D:** incorreta (art. 254, II, do CPP). Também é causa geradora de suspeição.

Gabarito "B"

(OAB/Exame Unificado – 2008.1) Acerca dos sujeitos processuais, assinale a opção correta.

(A) A vítima pode intervir no processo penal por intermédio de advogado, como assistente da acusação, depois de iniciada a ação penal e enquanto não transitada em julgado a decisão final.

(B) O assistente da acusação pode arrolar testemunhas e recorrer da decisão que rejeita a denúncia, pronúncia ou absolve sumariamente o réu, tendo o recurso efeito suspensivo.

(C) O juiz deve declarar-se suspeito caso seja amigo ou inimigo das partes, esteja interessado no feito ou quando a parte o injuriar de propósito.

(D) A participação de membro do Ministério Público no inquérito policial acarreta o seu impedimento para o oferecimento da denúncia.

A: correta, nos termos dos arts. 268 e 269 do CPP; **B:** incorreta, pois não reflete o que dispõe o art. 271, *caput*, parte final, do CPP. O assistente de acusação só está credenciado a recorrer, autonomamente, nos casos contidos no art. 271 do CPP (arts. 584, § 1º, e 598); **C:** incorreta, nos termos dos arts. 252, IV (impedimento), 254 (suspeição) e 256 do CPP; **D:** incorreta, pois não acarreta impedimento (Súmula n. 234 do STJ).

Gabarito "A"

(OAB/Exame Unificado – 2006.1) Assinale a opção incorreta acerca da citação no processo penal.

(A) Inexiste nulidade na citação feita por edital quando o réu, procurado reiteradas vezes nos endereços fornecidos, não é encontrado.

(B) A circunstância de a citação ter ocorrido no próprio dia do interrogatório judicial constitui, por si só, ato capaz de infirmar a validade formal do processo penal de conhecimento.

(C) Residindo o réu em comarca diversa daquela em que o juiz processante exerce sua jurisdição, a citação do acusado deve ser realizada por carta precatória.

(D) A menção do juízo perante o qual o citando deve comparecer, com o respectivo endereço, o dia e a hora marcados para o interrogatório são dados considerados imprescindíveis para a validade da citação.

A: correta, nos moldes do art. 361 do CPP. Esgotados os meios disponíveis para localizar o réu nos endereços fornecidos e, ainda assim, não sendo este encontrado, procede-se à citação por edital; **B:** incorreta, devendo ser assinalada (Súmula n. 523 do STF). Para que tal ocorra (decreto de nulidade) é mister que reste demonstrado prejuízo para o réu; **C:** correta (art. 353 do CPP); **D:** correta (art. 352 do CPP).

Gabarito "B"

O Ministério Público é instituição permanente, essencial à função jurisdicional do Estado, incumbindo-lhe a defesa da ordem jurídica, do regime democrático e dos interesses sociais e individuais indisponíveis (Art. 127 da Constituição).

(FGV – 2013) A esse respeito, analise as afirmativas a seguir.

I. Os órgãos do Ministério Público não funcionarão nos processos em que o juiz ou qualquer das partes for seu cônjuge, ou parente, consanguíneo ou afim, em linha reta ou colateral, até o terceiro grau, inclusive, e a eles se estendem, no que lhes for aplicável, as prescrições relativas à suspeição e aos impedimentos dos juízes.

II. A participação de membro do Ministério Público na fase investigatória criminal não acarreta impedimento ou suspeição para o oferecimento da denúncia.

III. No caso de ação penal privada subsidiária da pública, cabe ao Ministério Público aditar a queixa, repudiá-la e oferecer denúncia substitutiva, interpor recurso e, no caso de negligência do querelante e desde que haja sua concordância, retomar a ação penal como parte principal.

Assinale:

(A) se somente a afirmativa I estiver correta.

(B) se somente a afirmativa II estiver correta.

(C) se somente a afirmativa III estiver correta.

(D) se somente as afirmativas I e II estiverem corretas.

(E) se todas as afirmativas estiverem corretas.

I: correta, pois corresponde à redação do art. 258 do CPP; **II:** correta, pois reflete o entendimento firmado na Súmula n. 234, STJ: "A participação de membro do Ministério Público na fase investigatória criminal não acarreta seu impedimento ou suspeição para o oferecimento da denúncia"; **III:** incorreta, uma vez que a retomada da titularidade da ação privada subsidiária pelo MP, na hipótese de negligência do querelante, prescinde da concordância deste (art. 29, CPP).

Gabarito "D"

(FGV – 2013) No tocante à *citação*, aponte a afirmativa correta.

(A) No direito processual penal não há previsão da citação por hora certa.

(B) Na citação ficta, realizada por meio de edital, o acusado não comparecendo ou não tendo constituído advogado no prazo legal, o processo deve ficar suspenso, bem como o prazo prescricional.

(C) A citação do militar é feita por mandado.

(D) O réu que se encontra preso e tenha advogado constituído com poderes especiais, pode ser citado por meio deste para apresentar resposta preliminar.

(E) Quando o processo for suspenso em razão da não localização do acusado, tal circunstância, por si só, autoriza o juiz a decretar a prisão preventiva e determinar a produção antecipada de provas.

A: incorreta, uma vez que, segundo dispõe o art. 362 do CPP, diante da ocultação do réu, incumbe ao oficial de Justiça proceder à citação com hora certa. Esta modalidade de citação ficta, antes exclusiva do processo civil, agora também é admitida no âmbito do processo penal, dada a mudança introduzida na redação do dispositivo legal pela Lei 11.719/2008. Bem recentemente, o STF, ao julgar o RE 635.145, reconheceu, em votação unânime, a constitucionalidade da citação por hora certa, rechaçando a tese segundo a qual esta modalidade de citação ficta ofende os postulados da ampla defesa e do contraditório; **B:** correta. De fato, se o réu, depois de citado por edital, não comparecer tampouco constituir defensor, o processo e o prazo prescricional ficarão, em vista da disciplina estabelecida no art. 366 do CPP, suspensos; **C:** incorreta. Em obediência ao que dispõe o art. 358 do CPP, a citação do militar será feita por meio do chefe do respectivo serviço, e não por mandado; **D:** incorreta, pois, estando o réu preso, sua citação será feita pessoalmente – art. 360 do CPP; **E:** incorreta. A produção da prova considerada urgente deverá se dar em conformidade com o entendimento firmado na Súmula 455 do STJ: "A decisão que determina a produção antecipada de provas com base no art. 366 do CPP deve ser concretamente fundamentada, não a justificando unicamente o mero decurso do tempo". No que toca à prisão preventiva, a sua decretação, no âmbito do art. 366 do CPP, somente poderá se dar diante da presença dos requisitos do art. 312 do CPP, sendo vedada, portanto, a decretação automática da custódia. O mesmo há de ser aplicado à produção antecipada de provas, que está condicionada à demonstração de sua necessidade, não bastando, a autorizá-la, como dissemos, o mero decurso do tempo.

Gabarito "B"

(FGV – 2010) Com relação ao tema *citações*, assinale a afirmativa incorreta.

(A) No processo penal o réu que se oculta para não ser citado poderá ser citado por hora certa na forma estabelecida no Código de Processo Civil.

(B) Estando o acusado no estrangeiro, em lugar sabido, a citação far-se-á por certa ou qualquer meio hábil de comunicação.

(C) Se o acusado, citado por edital, não comparecer, nem constituir advogado, ficarão suspensos o processo e o curso do prazo prescricional.

(D) O processo seguirá sem a presença do acusado que, citado ou intimado pessoalmente para qualquer ato, deixar de comparecer sem motivo justificado.

(E) Se o réu estiver preso, será pessoalmente citado.

A: a alternativa está correta, na medida em que a Lei 11.719/2008 alterou a redação do art. 362 do CPP e introduziu no âmbito do processo penal a citação por hora certa, a ser realizada por oficial de Justiça na hipótese de ocultação do réu; **B:** incorreta, devendo ser assinalada. Estando o acusado no estrangeiro, sua citação realizar-se-á por carta rogatória (art. 368 do CPP); **C:** correta (art. 366 do CPP). *Vide* Súmulas ns. 415 e 455, STJ; **D:** correta, nos termos do art. 367 do CPP; **E:** correta, nos termos do art. 360 do CPP.

Gabarito "B"

(FGV – 2010) Com relação ao tema *intimação*, assinale a afirmativa incorreta.

(A) A intimação do defensor constituído feita por publicação no órgão incumbido da publicidade dos atos judiciais da comarca deve, necessariamente, conter o nome do acusado, sob pena de nulidade.

(B) A intimação do Ministério Público e do defensor nomeado será pessoal.

(C) No processo penal, contam-se os prazos da juntada aos autos do mandado ou da carta precatória ou de ordem, e não da data da intimação.

(D) Quando não houver órgão de publicação dos atos judiciais na comarca, a intimação far-se-á diretamente pelo escrivão, por mandado, ou via postal com comprovante de recebimento, ou por qualquer outro meio idôneo.

(E) Adiada, por qualquer motivo, a instrução criminal, o juiz marcará desde logo, na presença das partes e testemunhas, dia e hora para seu prosseguimento, do que se lavrará termo nos autos.

A: correta (art. 370, § 1º, do CPP); **B:** correta (art. 370, § 4º, do CPP); **C:** incorreta, devendo ser assinalada. Segundo entendimento firmado na Súmula n. 710 do STF, contam-se os prazos da data da intimação, e não da juntada aos autos do mandado ou da carta precatória ou de ordem; **D:** correta (art. 370, § 2º, do CPP); **E:** correta (art. 372 do CPP).

Gabarito "C"

(FGV – 2009) Antônio Pereira é denunciado por crime de roubo. Recebendo a denúncia, o juiz determina a citação do réu para oferecimento de resposta escrita preliminar, no endereço indicado pelo próprio réu em seu interrogatório policial. O mandado de citação é negativo, tendo o oficial de justiça certificado que Antônio não reside naquele local há um mês, sendo que o atual morador não soube informar seu novo endereço. Assinale a alternativa que indique como deve agir o juiz.

(A) O juiz, como o réu mudou de endereço sem comunicar o juízo, deve decretar sua revelia e nomear-lhe um advogado dativo para apresentar a resposta escrita preliminar, prosseguindo-se nos demais termos do processo.

(B) O juiz deve esgotar os meios disponíveis para localizar o réu. Frustrada sua localização, deve citá-lo por edital, com prazo de quinze dias. Se o réu não comparecer e não constituir advogado, o juiz deve decretar sua revelia e suspender o processo e o curso da prescrição pelo prazo máximo de 90 dias, devendo decretar sua prisão preventiva.

(C) O juiz deve citar o réu por edital, com prazo de quinze dias. Se o réu não comparecer e não constituir advogado, o juiz deve decretar sua revelia e suspender o processo e o curso da prescrição, podendo decretar sua prisão preventiva.

(D) O juiz deve esgotar os meios disponíveis para localizar o réu. Frustrada sua localização, deve citá-lo por edital, com prazo de quinze dias. Se o réu não comparecer e não constituir advogado, o juiz deve decretar sua revelia e nomear-lhe um defensor dativo para apresentar a resposta escrita preliminar, prosseguindo-se nos demais termos do processo.

(E) O juiz deve esgotar os meios disponíveis para localizar o réu. Frustrada sua localização, deve citá-lo por edital, com prazo de quinze dias. Se o réu não comparecer e não constituir advogado, o juiz deve decretar sua revelia e suspender o processo e o curso da prescrição, podendo decretar sua prisão preventiva.

A citação por edital (art. 361 do CPP) constitui providência de natureza excepcional, dela só podendo lançar mão o magistrado depois de esgotados todos os meios para localizar o réu. Esta tem sido a posição consagrada na jurisprudência. Se, ainda assim, o réu não comparecer tampouco constituir advogado, deve o juiz, com fulcro no art. 366 do CPP, suspender o processo e o curso do prazo prescricional, podendo, no entanto, determinar a produção antecipada das provas consideradas urgentes, bem como, presentes os requisitos do art. 312 do CPP, decretar a prisão preventiva do acusado. *Vide* Súmulas ns. 415 e 455 do STJ.

Gabarito "E"

(FGV – 2008) Relativamente ao regime legal das citações e intimações, analise as afirmativas a seguir:

I. A citação inicial far-se-á por mandado, quando o réu estiver no território sujeito à jurisdição do juiz que a houver ordenado; por carta precatória quando o réu estiver fora do território da jurisdição do juiz processante; e por carta rogatória se estiver no estrangeiro. Em nenhum caso a prescrição será suspensa.

II. O réu poderá ser citado com hora certa, aplicando-se ao processo penal as regras estabelecidas no Código de Processo Civil, no caso em que o réu se oculta para não ser citado.

III. Se o acusado, citado por edital, não comparecer, nem constituir advogado, ficarão suspensos o processo e o curso do prazo prescricional, podendo o juiz determinar a produção antecipada das provas consideradas urgentes e, se for o caso, decretar prisão preventiva, respeitado o disposto no art. 312.

IV. O processo não seguirá sem a presença do acusado que, citado ou intimado pessoalmente para qualquer ato, deixar de comparecer sem motivo justificado, ou, no caso de mudança de residência, não comunicar o novo endereço ao juízo, suspendendo-se o processo e a prescrição até que o réu seja encontrado.

Assinale:

(A) se apenas as afirmativas I e II estiverem corretas.
(B) se apenas as afirmativas II e III estiverem corretas.
(C) se apenas as afirmativas III e IV estiverem corretas.
(D) se todas as afirmativas estiverem corretas.
(E) se apenas as afirmativas I, III e IV estiverem corretas.

I: incorreta. Nos termos do art. 368 do CPP, estando o acusado no estrangeiro, em lugar sabido, será citado por carta rogatória, suspendendo-se, neste caso, o curso do prazo prescricional até o seu cumprimento; **II:** correta. Alteração implementada pela Lei 11.719/2008 no art. 362 do CPP, que passou a admitir a citação por hora certa no processo penal, antes exclusiva do processo civil; **III:** correta, nos moldes do art. 366 do CPP; IV: incorreta, pois o processo, neste caso, seguirá (art. 367 do CPP).

Gabarito "B"

(FGV – 2008) Analise as afirmativas a seguir:

I. Nenhum acusado, ainda que ausente ou foragido, será processado ou julgado sem defensor e a lei determina que a defesa técnica, quando realizada por defensor público ou dativo, será sempre exercida através de manifestação fundamentada.

II. A intimação do defensor constituído, do defensor nomeado, do advogado do querelante e do assistente far-se-á por publicação no órgão incumbido da publicidade dos atos judiciais da comarca, incluindo, sob pena de nulidade, o nome do acusado

III. A audiência poderá ser adiada se, por motivo justificado, o defensor não puder comparecer

Assinale:

(A) se nenhuma afirmativa estiver correta.
(B) se somente as afirmativas I e II estiverem corretas.
(C) se somente as afirmativas I e III estiverem corretas.
(D) se somente as afirmativas II e III estiverem corretas.
(E) se todas as afirmativas estiverem corretas.

I: correta (art. 261 do CPP); **II:** incorreta, dado que a intimação do defensor nomeado e do Ministério Público será pessoal, conforme imposição do art. 370, § 4º, do CPP; a dos demais far-se-á por publicação no órgão incumbido da publicidade dos atos judiciais da comarca, incluindo, sob pena de nulidade, o nome do acusado, tudo em conformidade com o prescrito no art. 370, § 1º, do CPP; **III:** correta (art. 265, § 1º, do CPP).

Gabarito "C"

9. PROCESSO E PROCEDIMENTO; SENTENÇA, PRECLUSÃO E COISA JULGADA

(OAB/Exame Unificado – 2016.2) Guilherme foi denunciado pela prática de um crime de lesão corporal seguida de morte. Após o recebimento da denúncia, Guilherme é devidamente citado. Em conversa com sua defesa técnica, Guilherme apresenta prova inequívoca de que agiu em estado de necessidade.

Diante da situação narrada, o advogado de Guilherme, em resposta à acusação, deverá requerer a

(A) rejeição de denúncia, que fará coisa julgada material.
(B) absolvição sumária do réu, que fará coisa julgada material.
(C) absolvição imprópria do réu, que fará coisa julgada material.
(D) impronúncia do acusado, que não faz coisa julgada material.

Deverá o advogado pleitear, em sede de resposta à acusação, a absolvição sumária de seu cliente, nos termos do art. 397, I, do CPP, na medida em que, uma vez recebida a denúncia e sendo Guilherme citado, chegou ao conhecimento de seu patrono prova inequívoca de que teria o denunciado agido em estado de necessidade, que constitui uma das causas de exclusão da ilicitude. De ver-se que o reconhecimento das excludentes de ilicitude, nesta fase, pressupõe que a prova obtida seja inconteste, inegável, não deixando dúvida quanto à sua existência. Se dúvida houver, deverá o juiz dar seguimento ao feito, instruindo o processo e, ao final, reconhecer, se o caso, a excludente de ilicitude. Afinal, estamos a falar (hipóteses de absolvição sumária) de um julgamento antecipado da lide, antes, portanto, da fase instrutória.

Gabarito "B"

(OAB/Exame Unificado – 2016.1) Em 16/02/2016, Gisele praticou um crime de lesão corporal culposa simples no trânsito, vitimando Maria Clara. Gisele, então, procura seu advogado para saber se faz jus à transação penal, esclarecendo que já foi condenada definitivamente por uma vez a pena restritiva de direitos pela prática de furto e que já se beneficiou do instituto da transação há 7 anos.

Deverá o advogado esclarecer sobre o benefício que

(A) não cabe oferecimento de proposta de transação penal porque Gisele já possui condenação anterior com trânsito em julgado.
(B) não cabe oferecimento de proposta de transação penal porque Gisele já foi beneficiada pela transação em momento anterior.
(C) poderá ser oferecida proposta de transação penal porque só quem já se beneficiou da transação penal nos 3 anos anteriores não poderá receber novamente o benefício.
(D) a condenação pela prática de furto e a transação penal obtida há 7 anos não impedem o oferecimento de proposta de transação penal.

Pelas razões que a seguir serão expostas, é cabível, no caso narrado no enunciado, o oferecimento de proposta de transação penal. Vejamos. O fato de Gisele ostentar uma condenação definitiva e já haver se beneficiado do instituto da transação não obsta seja uma vez mais agraciada. Porque, em primeiro lugar, a condenação definitiva que lhe foi imposta foi a pena restritiva de direitos. Pelo que estabelece o art.

76, § 2º, I, da Lei 9.099/1995, somente seria óbice à transação penal a condenação com trânsito em julgado a pena privativa de liberdade, não sendo esse o caso de Gisele, que, como já dito, foi condenada à pena restritiva de direitos. Além disso, por imposição do art. 76, § 2º, II, da Lei 9.099/1995, a proposta de transação penal não será admitida na hipótese de o agente ter sido beneficiado, no prazo de cinco anos, pela aplicação de pena restritiva ou multa (decorrente de transação penal). Sabemos que Gisele já foi beneficiada pelo instituto da transação penal, mas tal ocorreu há sete anos. Assim, Gisele faz jus à obtenção de nova transação penal.

Gabarito "D"

(OAB/Exame Unificado – 2014.2) Wilson está sendo regularmente processado pela prática do crime de furto. Durante a instrução criminal, entretanto, as testemunhas foram unissonas ao afirmar que, para a subtração, Wilson utilizou-se de grave ameaça, exercida por meio de uma faca. A partir do caso narrado, assinale a opção correta.

(A) A hipótese é de *emendatio libelli* e o juiz deve absolver o réu relativamente ao crime que lhe foi imputado.

(B) Não haverá necessidade de aditamento da inicial acusatória, haja vista o fato de que as alegações finais orais acontecem após a oitiva das testemunhas e, com isso, respeitam-se os princípios do contraditório e da ampla defesa.

(C) A hipótese é de *mutatio libelli* e, nos termos da lei, o Ministério Público deverá fazer o respectivo aditamento.

(D) Caso o magistrado entenda que deve ocorrer o aditamento da inicial acusatória, se o promotor de justiça e, recusar-se a fazê-lo, o juiz estará obrigado a absolver o réu da imputação que lhe foi originalmente atribuída.

É hipótese de *mutatio libelli*, já que a prova colhida na instrução aponta para uma nova definição jurídica do fato, diversa daquela contida na inicial. Com o advento da Lei 11.719/2008, que modificou a redação do art. 384 do CPP, se o magistrado entender cabível nova definição jurídica do fato em consequência de prova de elementar ou circunstância não contida na inicial, o aditamento pelo Ministério Público passa a ser obrigatório, ainda que a nova capitulação jurídica implique aplicação de pena igual ou menos grave. No panorama anterior, a participação do Ministério Público não era necessária, ou seja, bastava que o processo baixasse para manifestação da defesa e oitiva de testemunhas. No caso narrado no enunciado, o réu foi denunciado por furto e, concluída a instrução, chegou-se à conclusão de que o crime em que ele incorreu foi o de roubo, uma vez que, para efetuar a subtração, Wilson valeu-se de grave ameaça. É de rigor, neste caso, o aditamento pelo MP. Afasta-se, dessa forma, a ocorrência de *emendatio libelli* (art. 383 do CPP), em que o fato permanece inalterado, sem prejuízo, por isso mesmo, para a defesa. A mudança, aqui, incide na classificação da conduta, levada a efeito pela acusação, no ato da propositura da ação, e retificada pelo juiz, de ofício, no momento da sentença, sendo desnecessário, em vista disso, ouvir a esse respeito o defensor. Em vista do que dispõe o art. 384, § 1º, do CPP (que manda aplicar o art. 28 do CPP), o juiz, diante da recusa do promotor em proceder ao aditamento, fará a remessa dos autos ao chefe do Ministério Público, o procurador-geral, que é quem tem atribuição para reavaliar a situação. A partir daí, pode o procurador-geral, em face da provocação do magistrado, designar outro membro do MP para proceder ao aditamento ou ainda insistir no prosseguimento da ação tal como foi proposta, julgando a lide nos termos da imputação contida na denúncia.

Gabarito "C"

(OAB/Exame Unificado – 2014.1) João foi denunciado pela prática de crime de furto simples. Na denúncia, o Ministério Público apenas narrou que houve a subtração do cordão da vítima, indicando hora e local. Na audiência de instrução e julgamento, a vítima narrou que João empurrou-a em direção ao chão dizendo que se gritasse "o bicho ia pegar", arrancando, em seguida, o seu cordão. Diante da narrativa da violência e da grave ameaça, o juiz fica convencido de que houve crime de roubo e não de furto.

Sobre o caso apresentado, de acordo com o Código de Processo Penal, assinale a afirmativa correta.

(A) O juiz na sentença poderá condenar João pelo crime de roubo, com base no artigo 383 do CPP, que assim dispõe: "*O juiz, sem modificar a descrição do fato contida na denúncia ou queixa, poderá atribuir-lhe definição jurídica diversa, ainda que, em consequência, tenha de aplicar pena mais grave*".

(B) Encerrada a instrução probatória, o Ministério Público deverá aditar a denúncia em 5 (cinco) dias. Se o Ministério Público ficar inerte, o juiz deve aplicar o artigo 28 do CPP.

(C) Encerrada a instrução probatória, o Ministério Público deverá aditar a denúncia em 5 (cinco) dias. Se o Ministério Público ficar inerte, o juiz poderá condenar João pelo crime de roubo, tendo em vista que a vítima narrou a agressão em juízo.

(D) O juiz poderá condenar João pelo crime de roubo, independentemente de qualquer providência, em homenagem ao princípio da verdade real.

Se, depois de concluída a fase instrutória, o juiz verificar que a definição jurídica conferida ao fato na denúncia não corresponde àquela resultante da instrução, tendo isso ocorrido em razão da mudança do fato, deverá providenciar para que o MP adite a denúncia no prazo de cinco dias. Diante da recusa do órgão acusatório em assim proceder, estabelece o art. 384, § 1º, do CPP que o juiz deverá aplicar o art. 28 do CPP, com a remessa dos autos ao chefe do Ministério Público, o procurador-geral, que é quem tem atribuição para reavaliar a situação. A partir daí, pode o procurador-geral, em face da provocação do magistrado, designar outro membro do MP para proceder ao aditamento ou ainda insistir no prosseguimento da ação tal como foi proposta, julgando a lide nos termos da imputação contida na denúncia.

Gabarito "B"

(OAB/Exame Unificado – 2012.3.B) Com relação aos artigos 383 e 384 do Código de Processo Penal, assinale a afirmativa **incorreta**.

(A) Se, no curso da instrução processual, vier aos autos prova de circunstância elementar, não contida explícita ou implicitamente na denúncia, de crime menos grave, não será necessário ao Ministério Público aditar a inicial, podendo o juiz proferir sentença condenatória.

(B) Se, encerrada a instrução processual, o juiz, sem modificar a descrição do fato contido na denúncia, verificar tratar-se de delito diverso do classificado na inicial, poderá proferir sentença condenatória, ainda que, em consequência, tenha de aplicar pena mais grave.

(C) Se, no curso da instrução processual, vier aos autos prova de circunstância elementar, não contida explícita ou implicitamente na denúncia, de crime mais grave, o Ministério Público deverá aditar a inicial.

(D) Se, encerrada a instrução processual, o juiz, sem modificar a descrição do fato contido na denúncia, verificar tratar-se de delito diverso do indicado na inicial, em relação ao qual caiba a suspensão condicional do processo, deverá abrir vista ao Ministério Público para que se manifeste sobre o oferecimento do *sursis* processual.

A: incorreta, devendo ser assinalada. Se surgir, no curso da instrução, prova de circunstância elementar, não contemplada na peça acusatória, que resulte capitulação jurídica diversa daquela contida na denúncia, é de rigor o aditamento pelo Ministério Público, pouco importando se a pena do novo crime é maior ou menor do que aquela prevista para o crime descrito na exordial. É o que estabelece o art. 384 do CPP (*mutatio libelli*). Incorreta, portanto, a assertiva; **B:** correta, pois o acusado, no processo penal, defende-se dos fatos que lhe são imputados, e não da capitulação que é atribuída à conduta na peça acusatória, denúncia ou queixa. Pouco importa, pois, a classificação operada pelo titular da ação penal na exordial. É nesse sentido que reza o art. 383 do CPP (*emendatio libelli*). Note que o fato, na *emendatio libelli*, permanece inalterado, sem prejuízo, por isso mesmo, para a defesa. A mudança, aqui, incide na classificação da conduta, levada a efeito pela acusação, no ato da propositura da ação, e retificada pelo juiz, de ofício, no momento da sentença, sendo desnecessário, em vista disso, aditar a denúncia; **C:** correta, pois, no campo da *mutatio libelli* (art. 384 do CPP), o MP sempre deverá proceder ao aditamento da denúncia, ainda que se trate de crime menos grave; **D:** correta, pois reflete do disposto no art. 383, § 1º, do CPP.

Gabarito "A"

(OAB/Exame Unificado – 2011.3.A) Trácio foi denunciado pela prática do delito descrito no artigo 333 do Código Penal. A peça inaugural foi recebida pelo Juiz Titular da Vara Única da Comarca X, que presidiu a Audiência de Instrução e Julgamento. Encerrada a instrução do feito, o processo foi concluso ao juiz substituto, que proferiu sentença condenatória, tendo em vista que o juiz titular havia sido promovido e estava, nesse momento, na 11ª Vara Criminal da Comarca da Capital. De acordo com a Lei Processual Penal, assinale a alternativa correta.

(A) A sentença é nula, porque foi prolatada por juiz que não presidiu a instrução do feito, em desacordo com o princípio da identidade física do juiz.

(B) A sentença é nula, porque ao juiz substituto é vedada a prolação de decisão definitiva ou terminativa.

(C) Não há nulidade na sentença, porque não se faz exigível a identidade física do juiz diante das peculiaridades narradas no enunciado.

(D) A sentença é nula, porque viola o princípio do juiz natural.

A Lei 11.719/2008 introduziu no art. 399 do CPP o § 2º, conferindo-lhe a seguinte redação: "O juiz que presidiu a instrução deverá proferir a sentença". O *princípio da identidade física do juiz*, antes exclusivo do processo civil, agora será também aplicável ao processo penal. Como as restrições não foram disciplinadas no Código de Processo Penal, deve-se aplicar, quanto a estas, o que dispõe o art. 132 do Código de Processo Civil: "O juiz, titular ou substituto, que concluir a audiência, julgará a lide, salvo se estiver convocado, licenciado, afastado por qualquer motivo, promovido ou aposentado, caso em que passará os autos ao seu sucessor.".

Gabarito "C"

(OAB/Exame Unificado – 2011.1) Levando em consideração as modificações trazidas pela Lei 11.719/2008, assinale a alternativa correta.

(A) Na *mutatio libelli* (em que a denúncia descreve determinado fato, mas as provas apontam que o fato delituoso é diverso), o Ministério Público deverá, após encerrada a instrução probatória, aditar a denúncia no prazo de 5 (cinco) dias sob pena de se operar a preclusão temporal.

(B) O rito comum ordinário é o reservado aos crimes apenados com reclusão, independentemente do montante da pena para eles prevista.

(C) O rito sumário é o reservado para as infrações penais de menor potencial ofensivo.

(D) O Código de Processo Penal admite a figura da citação com hora certa, tal como ocorre no Código de Processo Civil.

A: incorreta. Não há que se falar em preclusão temporal. Em face da recusa do membro do Ministério Público em proceder ao aditamento da denúncia, deverá o magistrado aplicar, por analogia, o art. 28 do CPP, determinando o encaminhamento dos autos do processo ao chefe do *parquet* para que este decida; **B:** antes da modificação implementada pela Lei 11.719/2008, o procedimento comum ordinário era reservado aos crimes apenados com reclusão. Atualmente, impõe o art. 394, § 1º, I, do CPP que o procedimento comum será ordinário se tiver por objeto crime cuja sanção máxima cominada seja igual ou superior a 4 (quatro) anos de pena privativa de liberdade. A assertiva, por isso, está incorreta; **C:** incorreta. As infrações penais de menor potencial ofensivo submetem-se ao procedimento comum sumaríssimo, previsto na Lei 9.099/1995, conforme impõe o art. 394, § 1º, III, do CPP. O procedimento comum sumário, por sua vez, é aquele a que se submetem os crimes cuja sanção máxima cominada seja inferior a 4 (quatro) anos de pena privativa de liberdade – art. 394, § 1º, II, do CPP; **D:** alternativa correta. A Lei 11.719/2008 alterou a redação do art. 362 do CPP e introduziu no processo penal a citação por hora certa, a ser realizada por oficial de justiça na hipótese de ocultação do réu.

Gabarito "D"

(OAB/Exame Unificado – 2010.3) Em relação aos procedimentos previstos atualmente no Código de Processo Penal, assinale a alternativa correta.

(A) No rito sumário, oferecida a denúncia, se o juiz não a rejeitar liminarmente, recebê-la-á e ordenará a citação do acusado para responder à acusação, por escrito, no prazo de 10 (dez) dias.

(B) No rito ordinário, oferecida a denúncia, se o juiz não a rejeitar liminarmente, recebê-la-á e ordenará a citação do acusado para responder à acusação, por escrito, no prazo de 15 (quinze) dias.

(C) No rito ordinário, oferecida a denúncia, se o juiz não a rejeitar liminarmente, recebê-la-á e designará dia e hora para a realização do interrogatório, ocasião em que o acusado deverá estar assistido por defensor.

(D) No rito sumário, oferecida a denúncia, se o juiz não a rejeitar liminarmente, recebê-la-á e designará dia e hora para a realização do interrogatório, ocasião em que o acusado deverá estar assistido por defensor.

A: assertiva correta, visto que de acordo com o prescrito no art. 396, *caput*, do CPP; **B:** assertiva incorreta, já que o art. 396, *caput*, do CPP estabelece que o acusado, depois de citado, disporá do prazo de *dez* dias para apresentar sua resposta escrita (defesa prévia), tanto no procedimento ordinário quanto no sumário; **C** e **D:** assertivas incorretas. Recebida a denúncia, o juiz designará dia e hora para a audiência, ordenando a intimação do réu, de seu defensor, do MP e, quando o caso, do querelante e do assistente de acusação (art. 399 do CPP). Nesta audiência (art. 400 do CPP – ordinário; art. 531, CPP – sumário), em face do novo panorama estabelecido pela Lei 11.719/2008, realizar-se-á toda a instrução. Ouve-se, em primeiro lugar, o ofendido;

depois, serão ouvidas as testemunhas de acusação e, em seguida, as de defesa. Após, vêm os esclarecimentos dos peritos e as acareações. Em seguida, procede-se ao reconhecimento de pessoas e coisas. Finalmente, interroga-se o acusado.

Gabarito "A"

(OAB/Exame Unificado – 2010.2) Em processo sujeito ao rito ordinário, ao apresentar resposta escrita, o advogado requer a absolvição sumária de seu cliente e não propõe provas. O juiz, rejeitando o requerimento de absolvição sumária, designa audiência de instrução e julgamento, destinada à inquirição das testemunhas arroladas pelo Ministério Público e ao interrogatório do réu. Ao final da audiência, o advogado requer a oitiva de duas testemunhas de defesa e que o juiz designe nova data para que sejam inquiridas.

Considerando tal narrativa, assinale a afirmativa correta.

(A) O juiz deve deferir o pedido, pois a juntada do rol das testemunhas de defesa pode ser feita até o encerramento da prova de acusação.

(B) O juiz não deve deferir o pedido, pois o desmembramento da audiência una causa nulidade absoluta.

(C) O juiz só deve deferir a oitiva de testemunhas de defesa arroladas posteriormente ao momento da apresentação da resposta escrita se ficar demonstrado que a necessidade da oitiva se originou de circunstâncias ou fatos apurados na instrução.

(D) O juiz deve deferir o pedido, pois apesar de a juntada do rol de testemunhas da defesa não ter sido feita no momento correto, em nenhuma hipótese do processo penal, o juiz deve indeferir diligências requeridas pela defesa.

De fato, à luz do que estabelece o art. 396-A do CPP, a resposta do acusado constitui o momento adequado para que a defesa arrole testemunhas. Se não o fizer, só poderá indicar testemunhas, em momento posterior a esse, se restar demonstrado que a necessidade da oitiva surgiu de fato apurado no curso da instrução. É o caso, por exemplo, das chamadas testemunhas referidas, que surgem durante as declarações prestadas por outra testemunha, o que se dá no curso da instrução.

Gabarito "C"

(OAB/Exame Unificado – 2010.2) João foi denunciado pela prática do crime de furto (CP, art. 155), pois segundo narra a denúncia ele subtraiu colar de pedras preciosas da vítima. No decorrer da instrução processual, a testemunha Antônio relata fato não narrado na denúncia: a subtração do objeto furtado se deu mediante "encontrão" dado por João no corpo da vítima. Na fase de sentença, sem antes tomar qualquer providência, o Juiz decide, com base no sobredito testemunho de Antônio, condenar João nas penas do crime de roubo (CP, art. 157), por entender que o "encontrão" relatado caracteriza emprego de violência contra a vítima. A sentença condenatória transita em julgado para o Ministério Público.

O Tribunal, ao julgar apelo de João com fundamento exclusivo na insuficiência da prova para a condenação, deve:

(A) anular a sentença.

(B) manter a condenação pela prática do crime de roubo.

(C) abrir vista ao Ministério Público para aditamento da denúncia.

(D) absolver o acusado.

Com o advento da Lei 11.719/2008, que modificou o art. 384 do CPP, se o magistrado entender cabível nova definição jurídica do fato, em consequência de prova existente nos autos de elemento ou circunstância da infração não contida na inicial, o aditamento pelo Ministério Público passa a ser obrigatório, ainda que a nova capitulação jurídica implique aplicação de pena igual ou menos grave. No panorama anterior, a participação do Ministério Público não era necessária, ou seja, bastava que o processo baixasse para manifestação da defesa e oitiva de testemunhas. Dessa forma, em vista dos novos fatos trazidos pela testemunha Antônio, o que se deu no curso da instrução, deveria o juiz, ao seu término, em obediência ao disposto no art. 384 do CPP, determinar o aditamento da inicial pelo Ministério Público. Como no Tribunal a questão suscitada limitou-se à insuficiência probatória, coube a este absolver o recorrente.

Gabarito "D"

(OAB/Exame Unificado – 2010.1) Márcio foi denunciado pelo crime de bigamia. O advogado de defesa peticionou ao juízo criminal requerendo a suspensão da ação penal, por entender que o primeiro casamento de Márcio padecia de nulidade, fato que gerou ação civil anulatória, em trâmite perante o juízo cível da mesma comarca. Nessa situação hipotética,

(A) deverá o juízo criminal, de ofício, extinguir a punibilidade de Márcio, uma vez que o delito de bigamia foi revogado.

(B) considerando-se a independência das instâncias, o processo criminal deverá ter seguimento independentemente do desfecho da ação anulatória civil.

(C) apesar de as instâncias cível e criminal serem independentes, o juízo criminal poderá, por cautela, determinar a suspensão da ação penal até que se resolva, no juízo cível, a controvérsia relativa à nulidade do primeiro casamento de Márcio.

(D) a ação penal deverá ser suspensa até que a nulidade do primeiro casamento de Márcio seja resolvida definitivamente no juízo cível.

A: incorreta. A Lei n. 11.106/2005, que alterou o Código Penal, revogou, no capítulo referente aos crimes contra o casamento, entre outros, apenas o delito de adultério (antigo art. 240), de forma que a figura típica da bigamia continua em vigor (art. 235); **B:** incorreta. *Vide* justificativa à opção "D"; **C:** incorreta. *Vide* justificativa à opção "D"; **D:** correta. Trata-se de hipótese de suspensão obrigatória (CPP, art. 92). Nesse sentido, ainda: Fauzi Hassan Choukr. Código de Processo Penal – Comentários Consolidados e Crítica Jurisprudencial. Rio de Janeiro: Lumen Juris, 2007. p. 233.

Gabarito "D"

(OAB/Exame Unificado – 2009.3) Assinale a opção correta quanto ao procedimento comum previsto no CPP.

(A) O juiz decidirá se realiza o interrogatório por videoconferência em razão de pedido do MP, não precisando fundamentar sua decisão.

(B) Na audiência de instrução e julgamento, deverá proceder-se à tomada das declarações do ofendido e do réu, designando-se nova data para a inquirição das testemunhas e dos peritos.

(C) Conforme a complexidade do caso, após a audiência de instrução e julgamento, poderá o juiz conceder às partes prazo de cinco dias sucessivamente para a apresentação de memoriais.

(D) Caso a denúncia ou a queixa sejam manifestamente ineptas ou falte justa causa para a ação penal, deverá o réu ser absolvido sumariamente.

A: incorreta, visto que esta decisão deverá ser fundamentada (art. 185, § 2º, do CPP); **B:** incorreta. Em face do novo panorama trazido pela Lei 11.719/2008, toda a instrução deverá ser realizada em audiência única (de instrução e julgamento). Ouve-se, em primeiro lugar, o ofendido; depois, serão ouvidas as testemunhas de acusação e, em seguida, as de defesa. Após, vêm os esclarecimentos dos peritos e as acareações. Em seguida, procede-se ao reconhecimento de pessoas e coisas. Finalmente, interroga-se o acusado; **C:** correta, nos termos do art. 403, § 3º, do CPP; **D:** incorreta. Se acaso a denúncia ou a queixa for absolutamente inepta ou faltar justa causa para o exercício da ação penal, a peça inicial será rejeitada, nos termos do art. 395 do CPP. As hipóteses de absolvição sumária estão contidas no art. 397 do CPP.

Gabarito "C"

(OAB/Exame Unificado – 2009.2) Acerca das normas aplicáveis ao processo e ao julgamento dos crimes de calúnia e injúria, previstas no CPP, assinale a opção correta.

(A) É pública incondicionada a ação penal por crime contra a honra de funcionário público em razão do exercício de suas funções.

(B) Caso seja oferecida a exceção da verdade ou da notoriedade do fato imputado, poderá o querelante contestar a exceção, podendo ser inquiridas as testemunhas arroladas na queixa.

(C) O juiz, antes de receber a queixa, oferece às partes oportunidade para se reconciliarem, fazendo-as comparecer em juízo para serem ouvidas, separadamente, na presença, obrigatória, dos seus advogados, lavrando-se o termo respectivo.

(D) No caso de reconciliação, depois de assinado pelo querelante termo de desistência da queixa, esta será suspensa pelo prazo de dois anos, e o juiz fixará as condições a serem respeitadas pelo querelado para que se opere a extinção da punibilidade após o decurso do referido prazo.

A: incorreta. Nos termos do disposto no art. 145, parágrafo único, do CP, se se tratar de crime perpetrado contra a honra de funcionário público em razão de suas funções, a ação penal será *pública condicionada à representação do ofendido*. Ocorre, no entanto, que o STF, por meio da Súmula 714, firmou entendimento no sentido de que, nesses casos, a legitimidade é concorrente entre o ofendido (mediante queixa) e o Ministério Público (ação pública condicionada à representação do ofendido); **B:** correta – art. 523 do CPP; **C:** incorreta. As partes serão ouvidas sem a presença dos seus advogados e não será lavrado termo (art. 520 do CPP); **D:** incorreta. Depois de assinado o termo, a queixa será arquivada (art. 522 do CPP).

Gabarito "B"

(OAB/Exame Unificado – 2009.1) Acerca do procedimento relativo aos crimes de menor potencial ofensivo, previsto na Lei n. 9.099/1995, assinale a opção correta.

(A) A reparação dos danos sofridos pela vítima não é objetivo do processo perante o juizado especial criminal, devendo ser objeto de ação de indenização por eventuais danos materiais e morais sofridos, perante a vara cível ou o juizado especial cível competente.

(B) Não sendo encontrado o acusado, para ser citado pessoalmente, e havendo certidão do oficial de justiça afirmando que o réu se encontra em local incerto e não sabido, o juiz do juizado especial criminal deverá proceder à citação por edital, ouvido previamente o MP.

(C) Na audiência preliminar, o ofendido terá a oportunidade de exercer o direito de representação verbal nas ações penais públicas condicionadas e, caso não o faça, ocorrerá a decadência do direito.

(D) Tratando-se de crime de ação penal pública incondicionada, não sendo o caso de arquivamento, o MP poderá propor a aplicação imediata de pena de multa, a qual, se for a única aplicável, poderá ser reduzida, pelo juiz, até a metade.

A: incorreta, pois um dos objetivos dos juizados especiais criminais é a reparação dos danos sofridos pela vítima (art. 62 da Lei 9.099/1995); **B:** incorreta. No âmbito do juizado, não se procederá à citação por edital. Na hipótese de o autor não ser encontrado para citação pessoal, o juiz encaminhará as peças ao juízo comum para adoção do procedimento previsto em lei – art. 66, parágrafo único, da Lei 9.099/95; **C:** incorreta. Não ocorrerá a decadência. O direito poderá ser exercido no prazo estabelecido na lei (art. 75, parágrafo único, da Lei 9.099/1995); **D:** correta, nos termos do art. 76, § 1º, da Lei 9.099/1995.

Gabarito "D"

(OAB/Exame Unificado – 2008.3) Considerando a redação atual do CPP, assinale a opção correta no que diz respeito ao processo ordinário.

(A) O acusado será citado para responder à acusação, por escrito, no prazo de 10 dias.

(B) O acusado será citado para apresentar defesa prévia, no prazo de 3 dias.

(C) O acusado será citado para comparecer a audiência de introdução, debates e julgamento.

(D) O acusado será citado para comparecer a audiência de interrogatório.

Estabelece o art. 396, *caput*, do CPP que "Nos procedimentos ordinário e sumário, oferecida a denúncia ou queixa, o juiz, se não a rejeitar liminarmente, recebê-la-á e ordenará a citação do acusado para responder à acusação, por escrito, no prazo de 10 (dez) dias." Dispositivo introduzido pela Lei 11.719/2008.

Gabarito "A"

(OAB/Exame Unificado – 2007.3) Configura hipótese de inépcia da denúncia

(A) Não indicação de testemunhas por parte da acusação.

(B) Utilização de alcunha do acusado no texto da exordial, mesmo constando o nome completo na qualificação.

(C) Exposição obscura de fato criminoso desprovida de todas as suas circunstâncias.

(D) A errônea classificação do crime imputado na inicial acusatória.

Arts. 41 e 395, I, do CPP. A indicação do rol de testemunhas é facultativa; o erro quanto à capitulação é irrelevante. A exposição do fato criminoso com todas as suas circunstâncias, no entanto, deverá ser precisa, caso contrário poderá resultar em prejuízo para a defesa.

Gabarito "C"

(OAB/Exame Unificado – 2007.2) Assinale a opção correta acerca do direito penal e processual penal.

(A) O advogado que, por força de convênio celebrado com o poder público, atua de forma remunerada em defesa dos agraciados com o benefício da justiça pública não se enquadra no conceito de funcionário público para fins penais.

(B) Vige, na fase da pronúncia, o princípio *in dubio pro reo*.

(C) Para a caracterização da legítima defesa real, exige-se a demonstração objetiva da existência de suposição de fato que, por erro plenamente justificado pelas circunstâncias, legitime a ação do agente.

(D) A decisão de pronúncia é mero juízo de admissibilidade da acusação, bastando para tanto que o juiz se convença da existência do crime e dos indícios de autoria.

A: incorreta. Em conformidade com a redação conferida ao art. 327 do CP: "Considera-se funcionário público, para os efeitos penais, quem, embora transitoriamente ou sem remuneração, exerce cargo, emprego ou função pública"; **B:** incorreta. Vigora, na fase de pronúncia, o princípio "*in dubio pro societate*". Cuidado: a dúvida, na pronúncia, deve recair tão somente sobre a existência ou não dos indícios suficientes de autoria; se houver dúvida quanto à existência do crime (materialidade), é de rigor a impronúncia (art. 414, caput, do CPP); **C:** incorreta. *Legítima defesa real* é aquela que é produto de uma agressão existente, efetiva (seus requisitos estão contidos no art. 25 do CP); *legítima defesa putativa*, por seu turno, é aquela em que o agente supõe haver agressão injusta, decorrente de erro, de engano; **D:** correta, nos moldes do art. 413, *caput* e § 1º, do CPP. Trata-se de decisão interlocutória mista.

Gabarito "D"

(OAB/Exame Unificado – 2006.1) Assinale a opção incorreta, de acordo com a legislação processual penal, considerando a jurisprudência do STJ.

(A) O recurso de apelação de decisão do júri tem caráter restrito, razão pela qual o tribunal *ad quem* só pode conhecer das alegações suscitadas na irresignação, não sendo lícito o reconhecimento, em desfavor do réu, de nulidades processuais que não foram formalmente arguidas pelo Ministério Público.

(B) As nulidades ocorridas durante o julgamento devem ser alegadas em plenário do tribunal do júri e constar da ata, sob pena de preclusão.

(C) O ordenamento penal brasileiro permite a fundamentação das decisões dos juízes leigos do júri.

(D) Em tema de nulidades processuais, o Código de Processo Penal brasileiro acolheu o princípio segundo o qual se deduz que somente há de se declarar a nulidade do feito quando, além de alegada *opportuno tempore*, for comprovado o efetivo prejuízo dela decorrente.

A: correta (Súmula n. 713 do STF); **B:** correta (art. 571, VIII, do CPP); **C:** incorreta, devendo ser assinalada (art. 5º, XXXVIII, *b*, da CF; e arts. 486 e 487, do CPP). Esses dispositivos asseguram e disciplinam o sigilo das votações, uma das características essenciais do júri. Por essa razão, não há que se falar em fundamentação das decisões dos juízes leigos; **D:** correta (arts. 563 e 571 do CPP).

Gabarito "C"

(OAB/Exame Unificado – 2004.ES) Com relação ao procedimento sumaríssimo, preceituado pelas Leis ns. 9.099/1995 e 10.259/2001, que dispõem sobre os juizados especiais, assinale a opção correta.

(A) Consideram-se de menor potencial ofensivo os crimes punidos com reclusão ou detenção a que seja cominada pena máxima não superior a 2 anos, a partir do advento da Lei n. 10.259/2001, que ampliou o conceito de crime de menor potencial ofensivo.

(B) O procedimento sumaríssimo do juizado especial criminal não se aplica na justiça federal.

(C) Na ação penal privada ou pública condicionada à representação, o acordo de composição dos danos civis não acarreta a renúncia ao direito de queixa ou representação.

(D) É cabível a transação penal nas ações penais privadas, sendo que a sentença homologatória não gera reincidência, maus antecedentes ou efeitos civis.

A: correta (art. 61, Lei n. 9.099/1995); **B:** incorreta, pois o procedimento previsto na Lei 9.099/1995 será aplicado na justiça federal, no que com ele for compatível (art. 1º da Lei n. 10.259/2001); **C:** incorreta. O acordo de composição acarreta renúncia ao direito de queixa ou representação (art. 74, parágrafo único, da Lei n. 9.099/1995); **D:** incorreta (art. 76 da Lei n. 9.099/1995).

Gabarito "A"

(FGV – 2007) Efe é preso em flagrante na posse de um carro roubado três dias antes. O Ministério Público oferece denúncia por receptação, o acusado é citado e interrogado, e, durante a instrução criminal, são ouvidas as testemunhas e a vítima. Esta, que não fora ouvida no inquérito policial, afirmou que fora Efe o autor do roubo. A esse respeito, assinale a alternativa correta.

(A) À luz das declarações da vítima, nada mais cabe senão julgar o acusado pelo crime de receptação, uma vez que ocorreu o arquivamento implícito.

(B) À luz das declarações da vítima, nada mais cabe senão absolver o acusado, uma vez que ocorreu a decadência.

(C) À luz das declarações da vítima, o Ministério Público poderá aditar a denúncia para incluir a imputação por crime de roubo, e o juiz poderá condenar o acusado simultaneamente pela prática de ambos os delitos.

(D) À luz das declarações da vítima, o Ministério Público poderá aditar a denúncia para modificar a imputação para crime de roubo, e o juiz somente poderá condenar o acusado pela prática desse delito se receber o aditamento.

(E) Não caberá aditamento à denúncia porque o acusado já foi citado e ofereceu defesa.

Com o advento da Lei 11.719/2008, que modificou o art. 384 do CPP, se o magistrado entender cabível nova definição jurídica do fato, em consequência de prova dos autos não contida na acusação, o aditamento pelo Ministério Público passa a ser obrigatório, ainda que a nova capitulação jurídica implique aplicação de pena igual ou menos grave. Antes disso, a participação do Ministério Público, em se tratando de nova definição jurídica que ensejasse pena igual ou menor, não era necessária, ou seja, bastava que o processo baixasse para manifestação da defesa e oitiva de testemunhas. A atuação do MP só se fazia necessária na hipótese de a nova definição jurídica redundar em aplicação de pena mais grave.

Gabarito "D"

10. PROCESSO DOS CRIMES DE COMPETÊNCIA DO JÚRI

(OAB/Exame Unificado – 2014.3) Fabrício, com dolo de matar, realiza vários disparos de arma de fogo em direção a Cristiano. Dois projéteis de arma de fogo atingem o peito da vítima, que vem a falecer. Fabrício foge para não ser preso em flagrante. Os fatos ocorreram no final de uma tarde de domingo, diante de várias testemunhas. O inquérito policial foi instaurado, e Fabrício foi indiciado pelo homicídio de Cristiano. Os autos são remetidos ao Ministério Público, que denuncia Fabrício. O processo tem seu curso regular e as testemunhas confirmam que Fabrício foi o autor do disparo. Após a apresentação dos memoriais, os autos são remetidos para conclusão, a fim de que seja exarada a sentença, sendo certo que o juiz está convencido de que há indícios de autoria em desfavor de Fabrício e prova da materialidade de crime doloso contra a vida.

Diante do caso narrado, assinale a alternativa correta acerca da sentença a ser proferida pelo juiz na primeira fase do procedimento do Júri.

(A) O juiz deve impronunciar Fabrício pelo crime de homicídio, diante dos indícios de autoria e prova da materialidade, que indicam a prática de crime doloso contra a vida.

(B) O juiz deve pronunciar Fabrício, remetendo os autos ao Juízo comum, diante dos indícios de autoria e prova da materialidade, que indicam a prática de crime doloso contra a vida.

(C) O juiz deve pronunciar Fabrício, submetendo-o ao plenário do Júri, diante dos indícios de autoria e prova da materialidade, que indicam a prática de crime doloso contra a vida.

(D) O juiz deve pronunciar Fabrício, submetendo-o ao plenário do Júri mediante desclassificação do crime comum para crime doloso contra a vida, diante dos indícios de autoria e prova da materialidade, que indicam a prática de crime doloso contra a vida.

Tendo em vista o enunciado da questão, a outra conclusão não se pode chegar senão a de que ao juiz, diante da presença de prova da existência do crime doloso contra a vida (materialidade) e indícios suficientes de autoria, deverá, a teor do art. 413 do CPP, proferir decisão de pronúncia, levando o réu a julgamento perante o Tribunal Popular. Correta, portanto, a alternativa "C". Seria o caso de impronunciar Fabrício se o magistrado não se convencesse acerca da materialidade do fato (há dúvidas quanto ao fato de o crime ter existido) ou dos indícios suficientes de autoria (art. 414, CPP). No mais, não há que se falar em desclassificação, na medida em que o enunciado nenhuma dúvida deixa quanto à ocorrência de crime doloso contra a vida (homicídio), cuja competência para o julgamento cabe, por imposição do art. 5º, XXXVIII, da CF, ao Tribunal do Júri.

Gabarito "C"

(OAB/Exame Unificado – 2013.2) Quanto ao julgamento pelo Tribunal do Júri, assinale a afirmativa **incorreta**.

(A) As partes não poderão fazer referência, em plenário, à decisão de pronúncia, às decisões posteriores que julgaram admissível a acusação ou à determinação do uso de algemas como argumento de autoridade que beneficiem ou prejudiquem o acusado.

(B) Durante o julgamento, não será permitida a leitura de documento ou a exibição de objeto que não tiver sido juntado aos autos com a antecedência mínima de três dias úteis, dando-se ciência à outra parte.

(C) Durante os debates em Plenário, os jurados poderão solicitar ao orador, por intermédio do juiz-presidente do Tribunal do Júri, que esclareça algum fato por ele alegado em sua tese.

(D) Se a verificação de qualquer fato, reconhecida como essencial para o julgamento da causa, não puder ser realizada imediatamente, o juiz-presidente determinará que o Conselho de Sentença se recolha à sala secreta, ordenando a realização das diligências entendidas necessárias.

A: correta, visto que corresponde ao que estabelece o art. 478, I, do CPP; **B:** correta, pois em consonância com o disposto no art. 479 do CPP; **C:** correta, conforme dispõe o art. 480, *caput*, do CPP; **D:** incorreta, devendo ser assinalada, pois o art. 481, *caput*, do CPP estabelece que, neste caso, deve o magistrado dissolver o Conselho de Sentença.

Gabarito "D"

(OAB/Exame Unificado – 2013.1) João está sendo processado por um crime doloso contra a vida e, após o oferecimento das alegações finais, o magistrado impronuncia o réu. Assinale a alternativa que apresenta a situação em que seria possível processar João novamente pelo mesmo fato delituoso.

(A) Desde que haja novas provas e não tenha ocorrido qualquer causa extintiva de punibilidade, pois a decisão de impronúncia não transita em julgado.

(B) A justiça já se manifestou em relação ao processo de João, tendo a decisão do magistrado transitado em julgado.

(C) Ninguém pode ser processado duas vezes pelo mesmo fato (*non bis in idem*).

(D) A sentença de impronúncia é uma decisão interlocutória mista não terminativa.

Estabelece o parágrafo único do art. 414 do CPP que "Enquanto não ocorrer a extinção da punibilidade, poderá ser formulada nova denúncia ou queixa se houver prova nova".

Gabarito "A"

(OAB/Exame Unificado – 2012.3.B) Com relação aos procedimentos a serem adotados no Tribunal do Júri, assinale a afirmativa correta.

(A) O julgamento pelo Tribunal do Júri não será adiado pelo não comparecimento de acusado solto que tiver sido regularmente intimado.

(B) A nova legislação processual penal permite que se simplifique a quesitação do Júri com a introdução do seguinte quesito: "o jurado condena o acusado?".

(C) Diversamente do que ocorre no procedimento comum, no rito do júri o juiz recebe a denúncia após a apresentação da resposta escrita do acusado.

(D) Não será possível recusa ao serviço do Júri fundada em convicção religiosa, filosófica ou política.

A: correta, pois reflete o que estabelece o art. 457, *caput*, do CPP; **B:** quesito não contemplado no rol do art. 483 do CPP. Proposição, portanto, incorreta; **C:** incorreta, pois não corresponde ao que dispõe o art. 406 do CPP, que estabelece que o juiz, depois de receber a denúncia ou queixa, determinará a citação do acusado para, no prazo de dez dias, responder à acusação, regra idêntica, portanto, àquela contida no art. 396, *caput*, do CPP, que trata do procedimento comum; **D:** incorreta, pois não reflete o que prescreve o art. 438, *caput*, do CPP.

Gabarito "A"

(OAB/Exame Unificado – 2012.2) Pedro foi denunciado pela prática de homicídio triplamente qualificado. Como se trata de um crime doloso contra a vida, será julgado pelo Tribunal do Júri. O processo seguiu seu curso normal, tendo Pedro sido pronunciado.

Acerca da 2ª fase do procedimento, assinale a afirmativa que **não** corresponde à realidade.

(A) Encerrada a instrução, será concedida a palavra ao Ministério Público, que fará a acusação, nos limites da pronúncia ou das decisões posteriores que julgaram admissível a acusação, sustentando, se for o caso, a existência de circunstância agravante.

(B) À medida que as cédulas forem sendo retiradas da urna, o juiz presidente as lerá, e a defesa e, depois dela, o Ministério Público poderão recusar os jurados sorteados, até 3 (três) cada parte, sem motivar a recusa.

(C) Prestado o compromisso pelos jurados, será iniciada a instrução plenária quando o juiz presidente, o Ministério Público, o assistente, o querelante e o defensor do acusado tomarão, sucessiva e diretamente, as declarações do ofendido, se possível, e inquirirão as testemunhas arroladas pela acusação.

(D) Durante o julgamento não será permitida a leitura de documento ou a exibição de objeto que não tiver sido juntado aos autos com a antecedência mínima de 3 (três) dias úteis, dando-se ciência à outra parte, salvo jornais ou revistas.

A: proposição correta, pois em consonância com o que dispõe o art. 476 do CPP; **B:** correta, nos termos do art. 468, *caput*, do CPP; **C:** correta, pois em conformidade com o art. 473, *caput*, do CPP; **D:** incorreta (devendo ser assinalada), pois nem mesmo jornais ou revistas poderão ser lidos ou exibidos sem a antecedência mínima e ciência da outra parte, nos termos do art. 479, *caput* e parágrafo único, do CPP.

Gabarito "D".

(OAB/Exame Unificado – 2010.3) Assinale a alternativa correta à luz da doutrina referente ao Tribunal do Júri.

(A) Alcançada a etapa decisória do sumário da culpa, o juiz poderá exarar quatro espécies de decisão, a saber: pronúncia, impronúncia, absolvição sumária e condenação.

(B) A natureza jurídica da sentença de pronúncia (em que o magistrado se convence da existência material do fato criminoso e de indícios suficientes de autoria) é de decisão interlocutória mista não terminativa.

(C) O rito das ações de competência do Tribunal do Júri se desenvolve em duas fases: *judicium causae* e *judicium accusacionis*. O *judicium accusacionis* se inicia com a intimação das partes para indicação das provas que pretendem produzir e tem fim com o trânsito em julgado da decisão do Tribunal do Júri.

(D) São princípios que informam o Tribunal do Júri: a plenitude de defesa, o sigilo das votações, a soberania dos veredictos e a competência exclusiva para julgamento dos crimes dolosos contra a vida.

A: incorreta. Ao final da primeira fase do processo dos crimes de competência do júri, etapa essa denominada sumário de culpa ou *judicium accusationis*, ao magistrado resta seguir um dos seguintes caminhos: pronunciar o réu (art. 413 do CPP); impronunciá-lo (art. 414 do CPP), operar a desclassificação do crime (art. 419 do CPP); ou absolvê-lo sumariamente (art. 415 do CPP). A condenação não se dá, no âmbito do Tribunal do Júri, nesse momento. Se pronunciado for, o caso será remetido para apreciação do Tribunal popular, onde o réu poderá, aí sim, ser condenado. Trata-se de uma imposição de índole constitucional – art. 5º, XXXVIII, *d*, da CF; **B:** assertiva correta. A pronúncia de fato tem como natureza jurídica *decisão interlocutória mista não terminativa*; **C:** incorreta. O procedimento é bifásico (escalonado), constituído pelo sumário de culpa (*judicium accusationis*), que tem seu início com o recebimento da denúncia e termina com a preclusão da decisão de pronúncia, e pelo *judicium causae*, que se inicia com a intimação das partes para a indicação das provas que pretendem produzir e tem fim com o trânsito em julgado da decisão do Tribunal do Júri; **D:** incorreta. São princípios que de fato informam o Tribunal do Júri: plenitude de defesa, sigilo das votações, soberania dos veredictos e competência para o julgamento dos crimes dolosos contra a vida. A competência a que alude o art. 5º, XXXVIII, *d*, da CF é *mínima*, nada impedindo que a lei inclua outras infrações na competência do Júri. Não se trata, portanto, de competência exclusiva para julgamento dos crimes dolosos contra a vida.

Gabarito "B".

(OAB/Exame Unificado – 2010.2) João da Silva foi denunciado por homicídio qualificado por motivo fútil. Nos debates orais ocorridos na primeira fase do procedimento de júri, a Defesa alegou que João agira em estrito cumprimento de dever legal, postulando sua absolvição sumária. Ao proferir sua decisão, o juiz rejeitou a tese de estrito cumprimento de dever legal e o pedido de absolvição sumária, e pronunciou João por homicídio simples, afastando a qualificadora contida na denúncia. A decisão de pronúncia foi confirmada pelo Tribunal de Justiça, operando-se a preclusão.

Considerando tal narrativa, assinale a afirmativa correta.

(A) Nos debates orais perante os jurados, o promotor de justiça não poderá sustentar a qualificadora de motivo fútil, mas a defesa poderá alegar a tese de estrito cumprimento de dever legal.

(B) Nos debates orais perante os jurados, o promotor de justiça poderá sustentar a qualificadora de motivo fútil e a defesa poderá alegar a tese de estrito cumprimento de dever legal.

(C) Nos debates orais perante os jurados, o promotor de justiça não poderá sustentar a qualificadora de motivo fútil e a defesa não poderá alegar a tese de estrito cumprimento de dever legal.

(D) Nos debates orais perante os jurados, o promotor de justiça poderá sustentar a qualificadora de motivo fútil, mas a defesa não poderá alegar a tese de estrito cumprimento de dever legal.

Art. 476, *caput*, do CPP. Antes da nova sistemática trazida pela Lei 11.689/2008, a acusação deveria basear-se no chamado libelo-crime acusatório, peça extinta com o advento dessa lei. Hoje, é à pronúncia que incumbe estabelecer os os limites da acusação, não podendo, dessa forma, o promotor de justiça sustentar qualificadora que não constou da pronúncia. De outro lado, as teses da defesa poderão ser inovadas em sede de debate oral perante os jurados.

Gabarito "A".

(OAB/Exame Unificado – 2009.1) A respeito do questionário utilizado no tribunal do júri, assinale a opção correta.

(A) O juiz-presidente não deve formular quesitos sobre causas de diminuição de pena alegadas pela defesa, visto tratar-se de matéria atinente à fixação da pena, que incumbe ao juiz-presidente, e não, aos jurados.

(B) Havendo mais de um crime ou mais de um acusado, os quesitos devem ser formulados em série única, dividida em capítulos conforme o crime ou o acusado.

(C) Se a resposta a qualquer dos quesitos estiver em contradição com outra ou outras já apresentadas, o juiz-presidente deverá, de imediato, declarar a nulidade da sessão de julgamento, designando outra para o primeiro dia desimpedido.

(D) Se, pela resposta apresentada a um dos quesitos, o juiz-presidente verificar que ficam prejudicados os seguintes, assim o declarará, dando por finda a votação.

A: incorreta, pois devem ser formulados quesitos sobre as causas de diminuição de pena alegadas pela defesa (art. 483, IV, do CPP); **B:** incorreta. Neste caso, os quesitos devem ser formulados em séries distintas (art. 483, § 6º, do CPP); **C:** incorreta. O juiz-presidente deverá submeter novamente à votação os quesitos a que se referirem tais respostas (art. 490, *caput*, do CPP); **D:** correta (art. 490, parágrafo único, do CPP).

Gabarito "D"

(OAB/Exame Unificado – 2007.3) No que se refere ao tribunal do júri, assinale a opção correta.

(A) Os crimes que são submetidos ao tribunal do júri, incluem: aborto provocado pela gestante, instigação ao suicídio e homicídio simples na forma tentada.

(B) O tribunal do júri compõe-se de um juiz de direito e quinze jurados, escolhidos dentre cidadãos maiores de 18 anos.

(C) Caso sejam julgados quatro réus na sessão plenária do tribunal do júri, as partes terão quatro horas para os debates e duas horas para réplica e tréplica.

(D) Os crimes de tortura, genocídio e latrocínio, por tutelarem o bem jurídico vida, são submetidos ao procedimento do tribunal do júri.

A: correta (art. 5º, XXXVIII, *d*, da CF). Os crimes mencionados são todos dolosos contra a vida, porquanto contidos no Capítulo I do Título I da Parte Especial do Código Penal; **B:** incorreta, pois contraria previsão contida no art. 447 do CPP, *in verbis:* "O Tribunal do Júri é composto por 1 (um) juiz togado, seu presidente e por 25 (vinte e cinco) jurados que serão sorteados dentre os alistados, 7 (sete) dos quais constituirão o Conselho de Sentença em cada sessão de julgamento"; **C:** incorreta. As partes terão duas horas e meia para os debates, duas horas para a réplica e duas horas para a tréplica (art. 477, §§ 1º e 2º do CPP); **D:** incorreta. Os crimes de tortura, genocídio e latrocínio não são dolosos contra a vida, já que não estão inseridos no Capítulo I do Título I da Parte Especial do CP. Somente estes (homicídio doloso, participação em suicídio etc.), exceção feita ao homicídio culposo (art. 121, § 3º, CP), são julgados pelo Tribunal Popular.

Gabarito "A"

(OAB/Exame Unificado – 2007.1) Assinale a opção incorreta acerca do desaforamento no processo penal, de acordo com entendimento do STF.

(A) A mera suposição de parcialidade do júri, sem nada que a demonstre, fundada tão somente na circunstância de a irmã da vítima ser funcionária do juízo, é suficiente para a decretação do desaforamento.

(B) No processo penal, a competência é determinada pelo lugar em que se consumou a infração, mas, nas hipóteses de julgamento pelo júri, é permitido que seja ele realizado em outra comarca, se presente alguma das circunstâncias previstas no Código de Processo Penal.

(C) O desaforamento reveste-se do caráter de medida absolutamente excepcional.

(D) A maior divulgação do fato e dos seus incidentes e consequências, pelos meios de comunicação social, não basta, só por si, para justificar o desaforamento.

A: incorreta, devendo ser assinalada – art. 427 do CPP. A alegação de parcialidade dos jurados deve ser comprovada. Caso contrário, não terá o condão de determinar o desaforamento. Na jurisprudência: "RECURSO ORDINÁRIO EM HABEAS CORPUS. PROCESSUAL PENAL. JÚRI. DESAFORAMENTO. EXCEPCIONALIDADE. INOCORRÊNCIA. O desaforamento é medida excepcional que somente se justifica "[s]e o interesse da ordem pública o reclamar, ou houver dúvida sobre a imparcialidade do júri ou sobre a segurança pessoal do réu" (CPP, art. 424). No caso concreto, a mera suposição de parcialidade do júri, sem nada que a demonstre, fundada tão-somente na circunstância de a irmã da vítima ser funcionária do Juízo, não é suficiente para a decretação do ato. Recurso ordinário em habeas corpus a que se nega provimento" (RHC 90001, Relator(a): Min. EROS GRAU, Segunda Turma, julgado em 14.11.2006, *DJ* 07.12.2006); **B:** correta, nos termos dos arts. 70 (competência pelo lugar da infração), 427 e 428 do CPP; **C:** correta. Trata-se de medida de caráter excepcional cujo propósito consiste em assegurar direitos constitucionais, tais como a incolumidade física do réu e a celeridade no julgamento. *Vide* ementa acima transcrita; **D:** correta. A maior divulgação do fato, pela imprensa local, não basta para justificar o desaforamento. Nesse sentido, conferir: "(...) A maior divulgação do fato e dos seus incidentes e consequências, pelos meios de comunicação social, não basta, só por si, para justificar o desaforamento, sempre excepcional, do julgamento pelo júri. A opinião da imprensa não reflete, necessariamente, o estado de ânimo da coletividade e, por extensão, dos membros integrantes do Conselho de Sentença" (HC 70228, Relator(a): Min. CELSO DE MELLO, Primeira Turma, julgado em 04.05.1993, *DJ* 04.06.1993).

Gabarito "A"

(OAB/Exame Unificado – 2004.ES) Não é princípio constitucional básico do júri popular o (a)

(A) plenitude do direito de defesa.

(B) sigilo nas votações.

(C) competência para o julgamento dos crimes dolosos e culposos contra a vida.

(D) soberania dos veredictos.

Art. 5º, XXXVIII, *d*, da CF. A competência do Tribunal Popular, assegurada aos crimes *dolosos* contra a vida, não se estende aos crimes *culposos*.

Gabarito "C"

(FGV – 2008) Ao final da primeira fase do processo dos crimes de competência do júri, quais as diferentes decisões que o juiz presidente do Tribunal do Júri poderá tomar?

(A) Pronúncia, impronúncia, despronúncia e desclassificação.

(B) Pronúncia, impronúncia, despronúncia, desclassificação e absolvição sumária.

(C) Pronúncia, despronúncia, desclassificação e arquivamento.

(D) Pronúncia, impronúncia, desclassificação e absolvição sumária.

(E) Pronúncia, impronúncia, desclassificação, absolvição sumária e condenação sumária.

Pronúncia (art. 413 do CPP); impronúncia (art. 414 do CPP); desclassificação (art. 419 do CPP); absolvição sumária (art. 415 do CPP).

Gabarito "D"

(FGV – 2007) Agá é denunciado como autor de homicídio qualificado por motivo torpe. A primeira fase do procedimento do júri é encerrada sem que as testemunhas arroladas pelas partes tenham sido encontradas e ouvidas. Há, nos autos, laudo de exame de corpo de delito. Após as alegações finais das partes, caberá ao juiz:

(A) proferir decisão de desclassificação e, após o trânsito em julgado, determinar a remessa dos autos ao juízo comum.

(B) impronunciar o acusado.

(C) absolver sumariamente o acusado.

(D) pronunciar o acusado, pois bastam os indícios do inquérito policial para fundamentar essa decisão.

(E) condenar o acusado como autor de homicídio simples.

Segundo estabelece o art. 414 do CPP, "Não se convencendo da materialidade do fato ou da existência de indícios suficientes de autoria ou de participação, o juiz, fundamentadamente, impronunciará o acusado".

Gabarito "B"

11. NULIDADES

(OAB/Exame Unificado – 2013.3) A Teoria Geral das Nulidades determina que nulidade é a sanção aplicada pelo Poder Judiciário ao ato imperfeito, defeituoso. Tal teoria é regida pelos princípios relacionados a seguir, *à exceção de um*. Assinale-o.

(A) Princípio do Prejuízo.
(B) Princípio da Causalidade.
(C) Princípio do Interesse.
(D) Princípio da Voluntariedade.

A: correta. Impõe o *princípio do prejuízo*, consagrado no art. 563 do CPP, que, em se tratando de *nulidade relativa*, em que o prejuízo não é presumido, é necessário, para se decretar a nulidade do ato, verificar se o mesmo gerou efeitos prejudiciais; **B:** correta. Segundo o *princípio da causalidade* (ou da *consequencialidade*), que diz respeito ao alcance dos efeitos da decretação da nulidade de certo ato, "a nulidade de um ato, uma vez declarada, causará a dos atos que dele diretamente dependam ou sejam consequência" (§ 1º do art. 573 do CPP); **C:** correta. Por este princípio, é defeso à parte arguir nulidade a que ela própria deu causa ou para a qual tenha concorrido, ou, ainda, que diga respeito a formalidade cuja observância somente à parte contrária interesse (art. 565, CPP); **D:** incorreta, devendo ser assinalada, uma vez que o *princípio da voluntariedade* tem incidência no campo dos recursos, e não no das nulidades (art. 574, CPP).

Gabarito "D"

(OAB/Exame Unificado – 2012.1) O advogado José, observando determinado acontecimento no processo, entende por bem arguir a nulidade do processo, tendo em vista a violação do devido processo legal, ocorrida durante a Audiência de Instrução e Julgamento. Acerca da Teoria Geral das Nulidades, é correto afirmar que o princípio da causalidade significa

(A) a possibilidade do defeito do ato se estender aos atos que lhes são subsequentes e que deles dependam.
(B) que não há como se declarar a nulidade de um ato se este não resultar prejuízo à acusação ou à defesa.
(C) que nenhuma das partes poderá arguir nulidade a que haja dado causa, ou para que tenha concorrido.
(D) que as nulidades poderão ser sanadas.

Reza o § 1º do art. 573 do CPP: "A nulidade de um ato, uma vez declarada, causará a dos atos que dele diretamente dependam ou sejam consequência".

Gabarito "A"

(OAB/Exame Unificado – 2011.2) Aristóteles, juiz de uma vara criminal da justiça comum, profere sentença em processo-crime cuja competência era da justiça militar.

Com base em tal afirmativa, pode-se dizer que a não observância de Aristóteles à matriz legal gerará a

(A) nulidade absoluta do ato.
(B) nulidade relativa do ato.
(C) irregularidade do ato.
(D) inexistência do ato.

A incompetência absoluta constitui causa geradora de nulidade absoluta do processo – art. 564, I, do CPP.

Gabarito "A"

(OAB/Exame Unificado – 2008.3) Acerca das nulidades, assinale a opção correta de acordo com o CPP.

(A) A incompetência do juiz é causa de nulidade, ao passo que a sua suspeição é mera irregularidade.
(B) A falta de intervenção do Ministério Público em todos os termos da ação por ele intentada e nos da intentada pela parte ofendida, quando se tratar de crime de ação pública, é causa de nulidade.
(C) Uma vez declarada a nulidade de um ato, esta causará a dos atos que dele indiretamente dependam ou sejam consequência.
(D) As omissões da denúncia, da queixa ou da representação não poderão ser supridas, ainda que antes da sentença final.

A: incorreta, já que a suspeição também gera nulidade (art. 564, I, do CPP); **B:** correta, nos termos do art. 564, III, *d*, do CPP; **C:** incorreta, pois causará a nulidade dos atos que dele diretamente dependam (art. 573, § 1º, do CPP); **D:** incorreta, dado que, desde que antes da sentença final, tais omissões poderão ser supridas a qualquer tempo (art. 569 do CPP).

Gabarito "B"

(OAB/Exame Unificado – 2008.1) Assinale a opção correta acerca das nulidades no processo penal.

(A) Em matéria de nulidades, atua o princípio geral de que, inexistindo prejuízo, não se proclama a nulidade do ato processual, embora produzido em desacordo com as formalidades legais (*pas de nullite sans grief*).
(B) A suspeição do juiz é motivo de nulidade absoluta, ainda que a parte interessada não oponha a exceção cabível.
(C) Diz respeito às nulidades absolutas e relativas a seguinte afirmação do CPP: "nenhuma das partes poderá arguir nulidade a que haja dado causa, ou para que tenha concorrido, ou referente a formalidade cuja observância só à parte contrária interesse."
(D) A incompetência do juízo anula todo o processo, desde o seu início.

A: correta. *Princípio do prejuízo*, consubstanciado no art. 563 do CPP e na Súmula n. 523 do STF; **B:** incorreta, nos termos do art. 564, I, do CPP. Trata-se de *nulidade relativa*. Assim, se a parte não suscitar a suspeição, os atos praticados pelo juiz nao serão anulados; **C.** incorreta. O dispositivo em questão só se aplica às nulidades relativas, já que as nulidades absolutas devem ser reconhecidas a qualquer tempo e de ofício, inclusive; **D:** incorreta, já que a incompetência do juízo anula apenas os atos decisórios (art. 567 do CPP).

Gabarito "A"

(OAB/Exame Unificado – 2007.3) Quanto às nulidades no processo penal, assinale a opção correta.

(A) Há nulidade absoluta se houver violação a direito ou garantia processual penal fundamental, ainda que não prevista na legislação processual ordinária.
(B) As hipóteses de nulidade são apenas as previstas em lei, em decorrência do princípio processual-penal da legalidade.
(C) A regra do prejuízo é aplicável em qualquer hipótese de nulidade.
(D) Toda nulidade, em tese, pode ser convalidada.

A: correta. Aqui a violação é dirigida aos princípios constitucionais do *devido processo legal*, como contraditório, ampla defesa, juiz natural etc.; **B:** incorreta. Trata-se de rol exemplificativo, já que outras nulidades, além daquelas contidas no art. 564, podem ser reconhecidas; **C:** incorreta, visto que o *princípio do prejuízo* (art. 563 do CPP) não se aplica às nulidades absolutas, em relação às quais o prejuízo é presumido; **D:** incorreta, dado que o *princípio da convalidação* é aplicado apenas às nulidades relativas (art. 572 do CPP).

Gabarito "A"

(OAB/Exame Unificado – 2006.3) No processo penal, nenhuma das partes poderá arguir nulidade a que haja dado causa, ou para que tenha concorrido. Tal enunciado refere-se especificamente ao princípio

(A) Da convalidação.
(B) Da causalidade.
(C) Do prejuízo.
(D) Do interesse.

Art. 565 do CPP, *in verbis*: "Nenhuma das partes poderá arguir nulidade a que haja dado causa, ou para que tenha concorrido, ou referente à formalidade cuja observância só à parte contrária interesse".

Gabarito "D"

(OAB/Exame Unificado – 2006.2) Assinale a opção correta a respeito das nulidades.

(A) As nulidades relativas podem ser decretadas de ofício.
(B) Se houver sentença condenatória, as nulidades absolutas não serão acobertadas pela coisa julgada, pois o julgamento poderá ser objeto de revisão criminal ou de *habeas corpus*.
(C) As nulidades relativas impedem que o ato seja convalidado.
(D) As nulidades relativas podem ser invocadas em qualquer tempo e grau de jurisdição.

A: incorreta, na medida em que só as nulidades absolutas podem ser decretadas de ofício pelo juiz; **B:** correta, nos termos dos arts. 621 a 631 do CPP (revisão criminal); e 647 a 667 do CPP (*habeas corpus*). Por se tratar de ofensa ao texto da Constituição Federal, a nulidade absoluta prescinde de alegação por parte dos litigantes e não preclui. Pode, pois, ser reconhecida de ofício pelo juiz; **C:** incorreta, nos moldes do art. 572 do CPP. O *princípio da convalidação* aplica-se tão somente às nulidades relativas; **D:** incorreta. Devem obedecer ao disposto nos arts. 571 e 572 do CPP.

Gabarito "B"

(OAB/Exame Unificado – 2006.1) Quanto à atuação do advogado no processo penal, tendo em conta a jurisprudência pátria, assinale a opção correta.

(A) É absoluta a nulidade decorrente de atos praticados por advogado cujo exercício profissional tenha sido suspenso pela OAB.
(B) A constituição de advogado para funcionar na defesa criminal requer algumas formalidades. Não basta que o acusado, ao ser interrogado, declare o nome de seu defensor, independentemente do instrumento de mandato.
(C) É direito líquido e certo do advogado o acesso irrestrito a autos de inquérito policial conduzido sob sigilo, ainda que o segredo das informações seja imprescindível para as investigações.
(D) No processo penal, a falta da defesa constitui nulidade absoluta, mas a sua deficiência só o anulará se houver prova de prejuízo para o réu.

Art. 564, III, "*c*", do CPP; Súmula n. 523 do STF, *in verbis*: "No processo penal, a falta da defesa constitui nulidade absoluta, mas a sua deficiência só o anulará se houver prova de prejuízo para o réu".

Gabarito "D"

12. RECURSOS

(OAB/Exame Unificado – 2016.1) Antônio foi denunciado e condenado pela prática de um crime de roubo simples à pena privativa de liberdade de 4 anos de reclusão, a ser cumprido em regime fechado, e 10 dias-multa. Publicada a sentença no Diário Oficial, o advogado do réu se manteve inerte. Antônio, que estava preso, foi intimado pessoalmente, em momento posterior, manifestando interesse em recorrer do regime de pena aplicado. Diante disso, 2 dias após a intimação pessoal de Antônio, mas apenas 10 dias após a publicação no Diário Oficial, sua defesa técnica interpôs recurso de apelação. O juiz de primeira instância denegou a apelação, afirmando a intempestividade.

Contra essa decisão, o advogado de Antônio deverá apresentar

(A) Recurso de Agravo.
(B) Carta Testemunhável.
(C) Recurso Ordinário Constitucional.
(D) Recurso em Sentido Estrito.

Tendo em vista o fato narrado no enunciado, caberá à defesa de Antônio interpor recurso em sentido estrito, conforme estabelece o art. 581, XV, do CPP.

Gabarito "D"

(OAB/Exame Unificado – 2015.2) Marcelo foi denunciado pela prática de um crime de furto. Entendendo que não haveria justa causa, antes mesmo de citar o acusado, o magistrado não recebeu a denúncia. Diante disso, o Ministério Público interpôs o recurso adequado. Analisando a hipótese, é correto afirmar que

(A) o recurso apresentado pelo Ministério Público foi de apelação.
(B) apesar de ainda não ter sido citado, Marcelo deve ser intimado para apresentar contrarrazões ao recurso, sob pena de nulidade.
(C) mantida a decisão do magistrado pelo Tribunal, não poderá o Ministério Público oferecer nova denúncia pelo mesmo fato, ainda que surjam provas novas.
(D) antes da rejeição da denúncia, deveria o magistrado ter citado o réu para apresentar resposta à acusação.

Está correto o que se afirma na alternativa "B", porquanto em conformidade com o entendimento firmado na Súmula 707, STF: "Constitui nulidade a falta de intimação do denunciado para oferecer contrarrazões ao recurso interposto da rejeição da denúncia, não a suprimindo a nomeação de defensor dativo".

Gabarito "B"

(OAB/Exame Unificado – 2015.2) Após regular instrução processual, Flávio foi condenado pela prática do crime de tráfico ilícito de entorpecentes a uma pena privativa de liberdade de cinco anos de reclusão, a ser cumprida em regime inicial fechado, e 500 dias-multa. Intimado da sentença, sem assistência da defesa técnica, Flávio renunciou ao direito de recorrer, pois havia confessado a prática delitiva. Rafael, advogado de Flávio, porém, interpôs recurso de apelação dentro do prazo legal, buscando a mudança do regime de pena. Neste caso, é correto dizer que o recurso apresentado por Rafael

(A) não poderá ser conhecido, pois houve renúncia por parte de Flávio, mas nada impede que o Tribunal, de ofício, melhore a situação do acusado.
(B) deverá ser conhecido, pois não é admissível a renúncia ao direito de recorrer, no âmbito do processo penal.
(C) não poderá ser conhecido, pois a renúncia expressa de Flávio não pode ser retratada, não podendo o Tribunal, de ofício, alterar a decisão do magistrado.
(D) deverá ser conhecido, pois a renúncia foi manifestada sem assistência do defensor.

A solução para esta questão deve ser extraída da Súmula 705: "A renúncia do réu ao direito de apelação, manifestada sem a assistência do defensor, não impede o conhecimento da apelação por este interposta".

Gabarito "D".

(OAB/Exame Unificado – 2014.3) Tiago e Andrea agiram em concurso de agentes em determinado crime. O processo segue seu curso natural, culminando com sentença condenatória, na qual os dois são condenados. Quando da interposição do recurso, apenas Andrea apela. O recurso é julgado. Na decisão, fundada em motivos que não são de caráter exclusivamente pessoal, os julgadores decidem pela absolvição de Andrea.

Nesse sentido, diante apenas das informações apresentadas pelo enunciado, assinale a afirmativa correta.

(A) Andrea será absolvida e Tiago continuará condenado, devido ao fato de a decisão ter sido fundada em motivos que não são de caráter exclusivamente pessoal.
(B) Andrea e Tiago serão absolvidos, pois os efeitos da decisão serão estendidos a este, devido ao fato de a decisão ter sido fundada em motivos que não são de caráter exclusivamente pessoal.
(C) Andrea e Tiago serão absolvidos, porém será necessário interpor Recurso Especial.
(D) Andrea será absolvida e Tiago continuará condenado, pois não interpôs recurso.

Estabelece o art. 580 do CPP que o corréu que não recorreu da sentença será beneficiado pelo recurso interposto pelo outro corréu, desde que este seja fundado em motivo que não seja de caráter exclusivamente pessoal. É o chamado efeito *extensivo* dos recursos. Correta, dessa forma, a assertiva "B".

Gabarito "B".

(OAB/Exame Unificado – 2013.3) A jurisprudência uníssona do Supremo Tribunal Federal admite a proibição da *reformatio in pejus* indireta. Por este instituto entende-se que

(A) o Tribunal não poderá agravar a pena do réu, se somente o réu houver recorrido – não havendo, portanto, recurso por parte da acusação.
(B) o juiz está proibido de prolatar sentença com condenação superior à que foi dada no primeiro julgamento quando o Tribunal, ao julgar recurso interposto apenas pela defesa, anula a sentença proferida pelo juízo *a quo*.
(C) o Tribunal não poderá tornar pior a situação do réu, quando não só o réu houver recorrido.
(D) o Tribunal está proibido de exarar acórdão com condenação superior à que foi dada no julgamento *a quo* quando julga recurso da acusação.

É tranquilo o entendimento doutrinário e jurisprudencial segundo o qual, anulada a condenação proferida em recurso exclusivo da defesa, a nova decisão a ser prolatada não pode ser mais prejudicial ao réu do que aquela que foi anulada (proibição da *reformatio in pejus* indireta – art. 617 do CPP). Nesse sentido: "Justiça Federal: incompetência. A concussão ou a corrupção passiva praticadas por funcionário estadual são graves violações do dever fundamental de probidade, cujo sujeito passivo primário é a entidade estatal à qual a relação funcional vincula o agente: no caso, o Estado-membro; não o converte em delito contra a administração pública da União a circunstância de ser o sujeito passivo secundário da ação delituosa um condenado pela Justiça Federal, que, por força de delegação legal, cumpre pena em estabelecimento penitenciário estadual. II. Prescrição pela pena concreta: condenação por Justiça incompetente: *ne reformatio in pejus* indireta. Declarada a nulidade do processo por incompetência da Justiça de que emanou a condenação, a pena por ela aplicada se considera para efeito de cálculo da condenação – dada a vedação da *reformatio in pejus* indireta – desconsideradas as interrupções do fluxo do prazo prescricional decorrentes do processo nulo, a partir da instauração" (STF, RE 211.941, Sepúlveda Pertence).

Gabarito "B".

(OAB/Exame Unificado – 2013.2) De acordo com a doutrina, recurso é todo meio voluntário de impugnação apto a propiciar ao recorrente resultado mais vantajoso. Em alguns casos, fenômenos processuais impedem o caminho natural de um recurso. Quando a parte se manifesta, esclarecendo que não deseja recorrer, estamos diante do fenômeno processual conhecido como

(A) preclusão.
(B) desistência.
(C) deserção.
(D) renúncia.

A manifestação de vontade, expressa ou tácita, da parte no sentido de que não deseja recorrer da decisão configura, de fato, *renúncia*.

Gabarito "D".

(OAB/Exame Unificado – 2013.1) José, após responder ao processo cautelarmente preso, foi condenado à pena de oito anos e sete meses de prisão em regime inicialmente fechado. Após alguns anos no sistema carcerário, seu advogado realizou um pedido de livramento condicional, que foi deferido pelo magistrado competente. O membro do *parquet* entendeu que tal benefício era incabível no momento e deseja recorrer da decisão.

Sobre o caso apresentado, assinale a afirmativa que menciona o recurso correto.

(A) Agravo em Execução, no prazo do 10 (dez dias);
(B) Recurso em Sentido Estrito, no prazo de 05 (cinco dias);
(C) Agravo em Execução, no prazo de 05 (cinco dias);
(D) Recurso em Sentido Estrito, no prazo de 10 (dez dias).

O recurso de agravo em execução, que deve seguir o mesmo rito previsto para o recurso em sentido estrito (arts. 582 a 592 do CPP), está previsto no art. 197 da LEP.

Gabarito "C".

(OAB/Exame Unificado – 2012.3.A) Joel foi condenado pela prática do crime de extorsão mediante sequestro. A defesa interpôs recurso de Apelação, que foi recebido e processado, sendo certo que o tribunal, de forma não unânime, manteve a condenação imposta pelo juízo *a quo*. O advogado do réu verifica que o acórdão viola, de forma direta, dispositivos constitucionais, razão pela qual decide continuar recorrendo da decisão exarada pela Segunda Instância.

De acordo com as informações acima, assinale a alternativa que indica o recurso a ser interposto.

(A) Recurso em Sentido Estrito.
(B) Recurso Ordinário Constitucional.
(C) Recurso Extraordinário.
(D) Embargos Infringentes.

Os embargos infringentes, recurso exclusivo da defesa, somente podem ser opostos quando a decisão desfavorável ao réu, em segunda instância, não for unânime – art. 609, parágrafo único, do CPP.

Gabarito "D".

(OAB/Exame Unificado – 2012.2) Adão ofereceu uma queixa-crime contra Eva por crime de dano qualificado (art. 163, parágrafo único, IV). A queixa preenche todos os requisitos legais e foi oferecida antes do fim do prazo decadencial. Apesar disso, há a rejeição da inicial pelo juízo competente, que refere, equivocadamente, que a inicial é intempestiva, pois já teria transcorrido o prazo decadencial.

Nesse caso, assinale a afirmativa que indica o recurso cabível.

(A) Recurso em sentido estrito.
(B) Apelação.
(C) Embargos infringentes.
(D) Carta testemunhável.

Conforme norma contida no art. 581, I, do CPP, caberá recurso em sentido estrito da decisão que não receber a denúncia ou a queixa.

Gabarito "A".

(OAB/Exame Unificado – 2012.1) Em relação aos meios de impugnação de decisões judiciais, assinale a afirmativa INCORRETA.

(A) Caberá recurso em sentido estrito contra a decisão que rejeitar a denúncia, podendo o magistrado, entretanto, após a apresentação das razões recursais, reconsiderar a decisão proferida.
(B) Caberá apelação contra a decisão que impronunciar o acusado, a qual terá efeito meramente devolutivo.
(C) Caberá recurso em sentido estrito contra a decisão que receber a denúncia oferecida contra funcionário público por delito próprio, o qual terá duplo efeito.
(D) Caberá apelação contra a decisão que rejeitar a queixa-crime oferecida perante o Juizado Especial Criminal, a qual terá efeito meramente devolutivo.

A: correta, já que, de fato, a rejeição da inicial poderá ser combatida por meio de recurso em sentido estrito, em conformidade com o que estabelece o art. 581, I, do CPP. Também é verdade que esse recurso comporta retratação (art. 589 do CPP); **B:** correta. Contra a sentença de impronúncia cabe, de fato, apelação (art. 416 do CPP); **C:** assertiva incorreta, devendo ser assinalada, pois não cabe recurso contra o despacho que recebe a denúncia. É possível, neste caso, impetrar HC; **D:** correta (art. 82 da Lei 9.099/1995).

Gabarito "C".

(OAB/Exame Unificado – 2011.3.A) Caio, Mévio e Tício estão sendo acusados pela prática do crime de roubo majorado. No curso da instrução criminal, ficou comprovado que os três acusados agiram em concurso para a prática do crime. Os três acabaram condenados, e somente um deles recorreu da decisão. A decisão do recurso interposto por Caio

(A) aproveitará aos demais, sempre.
(B) se fundado em motivos que não sejam de caráter exclusivamente pessoal, aproveitará aos outros.
(C) sempre aproveitará apenas ao recorrente.
(D) aproveitará aos demais, desde que eles tenham expressamente consentido nos autos com os termos do recurso interposto.

É do art. 580 do CPP que, se houver concurso de agentes, "a decisão do recurso interposto por um dos réus, se fundado em motivos que não sejam de caráter exclusivamente pessoal, aproveitará aos outros".

Gabarito "B".

(OAB/Exame Unificado – 2011.2) Da sentença que absolver sumariamente o réu caberá(ão)

(A) recurso em sentido estrito.
(B) embargos.
(C) revisão criminal.
(D) apelação.

Arts. 416 (no âmbito do Tribunal do Júri) e 593, I, do CPP.

Gabarito "D".

(OAB/Exame Unificado – 2010.3) José é denunciado sob a acusação de que teria praticado o crime de roubo simples contra Ana Maria. Na audiência de instrução e julgamento, o magistrado indefere, imotivadamente, que sejam ouvidas duas testemunhas de defesa. Ao proferir sentença, o juiz condena José a pena de quatro anos de reclusão, a ser cumprida em regime aberto. Após a sentença passar em julgado para a acusação, a defesa interpõe recurso de apelação, arguindo, preliminarmente, a nulidade do processo em razão do indeferimento imotivado de se ouvirem duas testemunhas, e alegando, no mérito, a improcedência da acusação. Analisando o caso, o Tribunal de Justiça dá provimento ao recurso e declara nulo o processo desde a Audiência de Instrução e Julgamento. Realizado o ato e apresentadas novas alegações finais por meio de memoriais, o juiz profere outra sentença, desta vez condenando José a pena de quatro anos de reclusão a ser cumprida em regime inicialmente semiaberto, pois, sendo reincidente, não poderia iniciar o cumprimento de sua reprimenda em regime aberto. Com base no relatado acima, é correto afirmar que o juiz agiu

(A) corretamente, pois a pena atribuída proíbe a imposição do regimento aberto para o início do cumprimento de pena.
(B) corretamente, pois, embora a pena atribuída permita a fixação do regime aberto para o início do cumprimento de pena, o fato de ser o réu reincidente impede tal providência, não se podendo falar em prejuízo para o réu uma vez que o recurso de apelação da defesa foi provido pelo Tribunal de Justiça.
(C) equivocadamente, pois, por ser praticado com violência ou grave ameaça contra a pessoa, o crime de roubo impõe o início do cumprimento da pena em regime fechado.
(D) equivocadamente, pois a primeira sentença transitou em julgado para a acusação, de sorte que não poderia a segunda decisão trazer consequência

mais gravosa para o réu em razão da interposição de recurso exclusivo da defesa.

De fato, uma vez anulada a condenação proferida em recurso exclusivo da defesa, a nova decisão a ser prolatada não pode ser mais prejudicial ao réu do que aquela que foi anulada. É o que a doutrina convencionou chamar de "*reformatio in pejus*" indireta.

Gabarito "D"

(OAB/Exame Unificado – 2010.3) Ao proferir sentença, o magistrado, reputando irrelevantes os argumentos desenvolvidos pela defesa, deixa de apreciá-los, vindo a condenar o acusado. Com base no caso acima, assinale a alternativa correta.

(A) Como reputou irrelevantes as alegações feitas pela defesa, o magistrado não precisava tê-las apreciado na sentença proferida, não havendo qualquer nulidade processual, pois não há nulidade sem prejuízo.

(B) Como é causa de nulidade absoluta da sentença, a falta de fundamentação não precisa ser arguida por meio de embargos de declaração, devendo necessariamente, no entanto, ser sustentada no recurso de apelação para poder ser conhecida pelo Tribunal.

(C) Como é causa de nulidade da sentença, a falta de fundamentação deve ser arguida inicialmente por meio de embargos de declaração, que, se não forem opostos, gerarão a preclusão da alegação, pois a nulidade decorrente da falta de fundamentação do decreto condenatório importa em nulidade relativa.

(D) Como é causa de nulidade absoluta da sentença, a falta de fundamentação não precisa ser arguida nem por meio de embargos de declaração, nem no recurso de apelação, podendo ser conhecida de ofício pelo Tribunal.

A sentença que condenou o acusado padece de nulidade absoluta, razão pela qual poderá ser reconhecida de ofício pelo Tribunal, sendo desnecessário, assim, que a falta de fundamentação da sentença seja arguida por meio de embargos de declaração ou mesmo por meio de recurso de apelação.

Gabarito "D"

(OAB/Exame Unificado – 2010.2) Antônio Ribeiro foi denunciado pela prática de homicídio qualificado, pronunciado nos mesmos moldes da denúncia e submetido a julgamento pelo Tribunal do Júri em 25.05.2005, tendo sido condenado à pena de 15 anos de reclusão em regime integralmente fechado. A decisão transita em julgado para o Ministério Público, mas a defesa de Antônio apela, alegando que a decisão dos Jurados é manifestamente contrária à prova dos autos. A apelação é provida, sendo o réu submetido a novo Júri. Neste segundo Júri, Antônio é novamente condenado e sua pena é agravada, mas fixado regime mais vantajoso (inicial fechado).

A esse respeito, assinale a afirmativa correta.

(A) Não cabe nova apelação no caso concreto, em respeito ao princípio da soberania dos veredictos.

(B) A decisão do juiz togado foi incorreta, pois violou o princípio do *ne reformatio in pejus*, cabendo apelação.

(C) A decisão dos jurados foi incorreta, pois violou o princípio do *tantum devolutum quantum appelatum*.

(D) Não cabe apelação por falta de interesse jurídico, já que a fixação do regime inicial fechado é mais vantajosa do que uma pena a ser cumprida em regime integralmente fechado.

O artigo 617 do CPP, em sua parte final, veda a chamada *reformatio in pejus*, que consiste na possibilidade de o tribunal piorar a situação processual do recorrente, em razão de recurso por este interposto. Significa dizer, pois, que, no Tribunal do Júri, a despeito de os jurados, em vista da soberania dos veredictos, princípio de índole constitucional (art. 5º, XXXVIII, "c"), não ficarem adstritos ao primeiro julgamento, o juiz togado, este sim, na hipótese de o júri, no segundo julgamento, proferir decisão idêntica à do primeiro, ficará limitado, no que se refere à imposição da pena, ao primeiro julgamento, não podendo ir além da pena imposta neste. Nesse sentido: "Homicídio doloso. Tribunal do Júri. Três julgamentos da mesma causa. Reconhecimento da legítima defesa, com excesso, no segundo julgamento. Condenação do réu à pena de seis anos de reclusão, em regime semiaberto. Interposição de recurso exclusivo da defesa. Provimento para cassar a decisão anterior. Condenação do réu, por homicídio qualificado, à pena de doze anos de reclusão, em regime integralmente fechado, no terceiro julgamento. Aplicação de pena mais grave. Inadmissibilidade. *Reformatio in pejus* indireta. Caracterização. Reconhecimento de outros fatos ou circunstâncias não ventilados no julgamento anterior. Irrelevância. Violação consequente do justo processo da lei (*due process of law*), nas cláusulas do contraditório e da ampla defesa. Proibição compatível com a regra constitucional da soberania relativa dos veredictos. HC concedido para restabelecer a pena menor. Ofensa ao art. 5º, incs. LIV, LV e LVII, da CF. Inteligência dos arts. 617 e 626 do CPP. Anulados o julgamento pelo Tribunal do Júri e a correspondente sentença condenatória, transitada em julgado para a acusação, não pode o acusado, na renovação do julgamento, vir a ser condenado a pena maior do que a imposta na sentença anulada, ainda que com base em circunstância não ventilada no julgamento anterior" (STF, HC 89.544, 2ª Turma, rel. Min.. Cezar Peluso, 14.04.2009).

Gabarito "B"

(OAB/Exame Unificado – 2010.1) Maurício foi denunciado pela prática do delito de estelionato perante a 1.ª Vara Criminal de Justiça de Belo Horizonte – MG. Por entender que não havia justa causa para a ação penal, o advogado contratado pelo réu impetrou *habeas corpus* perante o TJ/MG, que, por maioria de votos, denegou a ordem. Nessa situação hipotética, em face da inexistência de ambiguidade, omissão, contradição, ou obscuridade no acórdão, caberá recurso

(A) ordinário constitucional ao STJ.

(B) ordinário constitucional ao STF.

(C) especial ao STJ e(ou) recurso extraordinário ao STF, conforme o teor da fundamentação do acórdão.

(D) de embargos infringentes e de nulidade ao grupo criminal competente do TJ/MG.

O art. 105, II, "a", da CF/1988 assim dispõe: "Art. 105. Compete ao Superior Tribunal de Justiça: I – julgar, em recurso ordinário: a) os "habeas-corpus" decididos em única ou última instância pelos Tribunais Regionais Federais ou pelos tribunais dos Estados, do Distrito Federal e Territórios, quando a decisão for denegatória".

Gabarito "A"

(OAB/Exame Unificado – 2008.3) Acerca das disposições gerais sobre os recursos criminais, assinale a opção correta.

(A) O MP poderá desistir de recurso que haja interposto, desde que se verifique que o fato evidentemente não constitui crime.

(B) Ainda que haja má-fé, em face do princípio da fungibilidade recursal, que possui natureza absoluta no direito processual penal, a parte não será prejudicada pela interposição de um recurso por outro.
(C) No caso de concurso de agentes, a decisão do recurso interposto por um dos réus, se fundado em motivos que não sejam de caráter exclusivamente pessoal, aproveitará aos outros.
(D) O recurso não poderá ser interposto pelo réu, pois tal ato é exclusivo de advogado.

A: incorreta. À luz do princípio da indisponibilidade, é defeso ao Ministério Público desistir da ação penal proposta (CPP, art. 42) e do recurso interposto (CPP, art. 576); **B:** incorreta, pois em desconformidade com o teor do art. 579 do CPP, que assim dispõe: "Salvo a hipótese de má-fé, a parte não será prejudicada pela interposição de um recurso por outro"; **C:** correta, nos termos do art. 580 do CPP; **D:** incorreta, pois o recurso pode ser interposto pelo réu (art. 577 do CPP).
Gabarito "C"

(OAB/Exame Unificado – 2008.3) Assinale a opção que representa, segundo o CPP, recurso cujas razões podem ser apresentadas, posteriormente à interposição do recurso, na instância superior.
(A) Embargos de nulidade
(B) Embargos de declaração
(C) Apelação
(D) Carta testemunhável

De acordo com o § 4º do art. 600 do CPP: "Se o apelante declarar, na petição ou no termo, ao interpor a apelação, que deseja arrazoar na superior instância, serão os autos remetidos ao tribunal ad quem onde será aberta vista às partes, observados os prazos legais, notificadas as partes pela publicação oficial".
Gabarito "C"

(OAB/Exame Unificado – 2008.2) Assinale a opção correta acerca do tribunal do júri.
(A) Em se tratando de nulidades do júri, o CPP determina que sejam elas suscitadas logo após a réplica.
(B) O efeito devolutivo da apelação contra decisões do júri não é adstrito aos fundamentos da sua interposição.
(C) A soberania dos veredictos não é assegurada, pela CF, à instituição do júri.
(D) Se a decisão for manifestamente contrária à prova dos autos, ou seja, quando os jurados decidirem arbitrariamente, dissociando-se de toda e qualquer evidência probatória, caberá apelação.

A: incorreta. *Vide* art. 571, I, V e VIII, do CPP, que indica o momento oportuno para suscitá-las; **B:** incorreta. Súmula n. 713 do STF: "O efeito devolutivo da apelação contra decisões do júri é adstrito aos fundamentos da sua interposição"; **C:** incorreta, já que está expressamente prevista no art. 5º, XXXVIII, *c*, da CF; **D:** correta (art. 593, III, *d*, do CPP).
Gabarito "D"

(OAB/Exame Unificado – 2008.2) Assinale a opção correta de acordo com as súmulas do STF.
(A) A renúncia do réu ao direito de apelação, manifestada sem a assistência do defensor, não impede o conhecimento da apelação por este interposta.
(B) Admite-se a suspensão condicional do processo por crime continuado, se a soma da pena mínima da infração mais grave com o aumento mínimo de um sexto for superior a um ano.
(C) A pena unificada para atender ao limite de trinta anos de cumprimento, determinado pelo CP, é considerada para a concessão de outros benefícios, tais como o livramento condicional ou regime mais favorável de execução.
(D) Inadmite-se a progressão de regime de cumprimento da pena ou a aplicação imediata de regime menos severo nela determinada, antes do trânsito em julgado da sentença condenatória.

A: correta (Súmula n. 705 do STF); **B:** incorreta, pois, se ultrapassar o limite de um ano, a suspensão não poderá ser admitida (Súmula n. 243 do STJ); **C:** incorreta, uma vez que a pena unificada não é considerada para a concessão dos benefícios citados (Súmula n. 715 do STF); **D:** incorreta, pois é admitida, neste caso, a progressão (Súmula n. 716 do STF).
Gabarito "A"

(OAB/Exame Unificado – 2008.2) Assinale a opção correta acerca dos recursos, segundo o CPP.
(A) O juiz deverá recorrer, de ofício, da sentença concessiva de *habeas corpus*.
(B) O MP poderá desistir de recurso que haja interposto.
(C) Admite-se recurso da parte que não tiver interesse na reforma ou modificação da decisão.
(D) A parte será prejudicada pela interposição de um recurso por outro, ainda que tenha atuado de boa-fé.

A: correta (art. 574, I, do CPP); **B:** incorreta, visto que ao MP não é dado desistir do recurso que haja interposto (art. 576 do CPP – postulado da indisponibilidade); **C:** incorreta, pois, não havendo interesse na reforma ou modificação do julgado, não será admitida a interposição de recurso (art. 577, parágrafo único, do CPP); **D:** incorreta, pois em conformidade com o art. 579 do CPP, que enuncia o princípio da fungibilidade recursal.
Gabarito "A"

(OAB/Exame Unificado – 2008.1) Acerca dos recursos no processo penal, assinale a opção correta.
(A) No caso de crime político previsto na Lei de Segurança Nacional, cabe recurso ordinário constitucional ao STJ.
(B) No caso de concurso de pessoas, a decisão do recurso interposto por um dos réus se estende aos demais, em face do princípio da igualdade, sendo irrelevante o fundamento.
(C) Admite-se protesto por novo júri quando a condenação imposta em grau de recurso for igual ou superior a vinte anos, desde que decorrente de concurso material.
(D) É nula a decisão do tribunal de justiça que acolhe, contra o réu, nulidade não arguida no recurso da acusação, ressalvados os casos de recurso de ofício.

A: incorreta. Caberá recurso ordinário constitucional ao STF (art. 102, II, *b*, da CF); **B:** incorreta. Só se estenderá aos demais se os motivos não forem de caráter exclusivamente pessoal (art. 580 do CPP); **C:** incorreta. Os artigos 607 e 608 do CPP, que disciplinavam o *protesto por novo júri*, foram revogados por força da Lei n. 11.689/2008; **D:** correta, pois a redação da assertiva corresponde à Súmula n. 160 do STF.
Gabarito "D"

(OAB/Exame Unificado – 2008.1) Assinale a opção correta acerca do recurso de apelação.
(A) O regular processamento de recurso de apelação do condenado depende do seu recolhimento à prisão.
(B) O Código de Processo Penal (CPP) não permite que o apelante recorra de apenas uma parte da

sentença, como, por exemplo, do regime de cumprimento da pena, visto que a apelação deve ser interposta em relação a todo o julgado.

(C) O acesso à instância recursal superior consubstancia direito que se encontra incorporado ao sistema pátrio de direitos e garantias fundamentais.

(D) A apelação da sentença absolutória impedirá que o réu seja posto imediatamente em liberdade.

A: incorreta (art. 5º, LXVI, da CF). A prisão processual automática é incompatível com a atual ordem constitucional; **B:** incorreta, já que ao apelante é dado o direito de recorrer de apenas uma parte da sentença (art. 599 do CPP); **C:** correta, conforme art. 5º, LV e § 2º, da CF; e arts. 92 e ss., também da CF ("Do Poder Judiciário"). A garantia do *duplo grau de jurisdição* está implicitamente prevista na Constituição Federal; **D:** incorreta, pois não impedirá que ele seja posto imediatamente em liberdade (art. 596 do CPP).

Gabarito "C"

(OAB/Exame Unificado – 2007.3) Com relação a recursos, assinale a opção correta.

(A) O recurso em sentido estrito será declarado deserto caso o réu fuja após haver recorrido.

(B) No julgamento de apelação de decisão do tribunal do júri em que a sentença seja contrária à decisão dos jurados, o tribunal *ad quem* deve determinar que o réu seja submetido a novo júri, em respeito à soberania dos veredictos.

(C) No julgamento de apelação de decisão do tribunal do júri em que a decisão dos jurados seja manifestamente contrária à prova dos autos, o tribunal *ad quem* deve determinar que o réu seja submetido a novo júri, em respeito à soberania dos veredictos.

(D) Na apelação das decisões proferidas por juiz singular, admite-se o juízo de retratação.

A: incorreta. A fuga do réu não acarreta a deserção do recurso em sentido estrito, como ocorria na apelação (o art. 595 do CPP foi revogado pela Lei 12.403/2011); **B:** incorreta. O tribunal *ad quem* deverá retificá-la (art. 593, § 1º, do CPP); **C:** correta, nos termos do art. 593, § 3º, do CPP; **D:** incorreta. Não há juízo de retratação, como ocorre no recurso em sentido estrito.

Gabarito "C"

(OAB/Exame Unificado – 2007.3) No processo penal, os instrumentos utilizáveis pela defesa e pela acusação incluem

(A) A revisão criminal.

(B) Os embargos infringentes.

(C) O protesto por novo júri.

(D) A carta testemunhável.

Art. 639, I, do CPP. "Recurso", referido no dispositivo, pode ser: correição parcial; agravo em execução; e recurso em sentido estrito. Podem ser manejados tanto pela acusação quanto pela defesa. Os arts. 607 e 608 do CPP, que cuidavam do protesto por novo júri, foram revogados por força da Lei n. 11.689/2008.

Gabarito "D"

(OAB/Exame Unificado – 2007.3) Em processo penal, os embargos infringentes

(A) Não são cabíveis, não se admitindo a aplicação subsidiária da lei processual comum.

(B) Têm cabimento se a decisão desfavorável ao réu de segunda instância não for unânime.

(C) Não são cabíveis se a divergência constante do acórdão for parcial.

(D) Têm efeito devolutivo pleno, portanto sua interposição redunda em renúncia a interposição de recursos extraordinários, em caso de rejeição.

Em conformidade com a disciplina estabelecida no parágrafo único do art. 609 do CPP, "Quando não for unânime a decisão de segunda instância, desfavorável ao réu, admitem-se embargos infringentes e de nulidade, que poderão ser opostos dentro de 10 (dez) dias, a contar da publicação de acórdão, na forma do art. 613. Se o desacordo for parcial, os embargos serão restritos à matéria objeto de divergência".

Gabarito "B"

(OAB/Exame Unificado – 2007.1) Assinale a opção correta acerca do processo penal.

(A) No caso de concurso de agentes, a decisão do recurso interposto por um dos réus aproveitará aos outros, mesmo se fundado em motivos de caráter exclusivamente pessoal.

(B) Dispondo a sentença condenatória – transitada em julgado para a acusação – que o réu pode recorrer em liberdade, condicionando a execução da pena ao trânsito em julgado, não pode o tribunal *a quo*, em apelação exclusiva da defesa, piorar a situação do condenado, para determinar a imediata execução da reprimenda, pois isso caracteriza *reformatio in pejus*.

(C) O ato que determina a expedição de mandado de prisão – proveniente de tribunal (do relator de apelação, por exemplo) – dispensa fundamentação.

(D) Há que se falar em piora na situação do condenado por acórdão que, ao reduzir o *quantum* da condenação, determina seu imediato cumprimento, em oposição à sentença que determinara que tal só ocorresse após o trânsito em julgado.

A: incorreta, visto que só se estenderá aos demais se não for fundada em caráter exclusivamente pessoal (art. 580 do CPP); **B:** correta, nos termos do art. 617 do CPP; **C:** incorreta. É de rigor a fundamentação (art. 93, IX, da CF); **D:** incorreta. A decisão proferida em sede de recurso é benéfica ao condenado, pois lhe impõe pena inferior àquela fixada no juízo "*a quo*".

Gabarito "B"

(OAB/Exame Unificado – 2006.2) O recurso cabível da decisão que revoga o livramento condicional é o(a)

(A) Carta testemunhável.

(B) Recurso em sentido estrito.

(C) Apelação.

(D) Agravo.

Art. 197 da Lei n. 7.210/1984 (Lei de Execuções Penais).

Gabarito "D"

(OAB/Exame Unificado – 2004.ES) Não caberá recurso em sentido estrito em

(A) Decisão que não receber a denúncia ou queixa.

(B) Decisão do tribunal do júri, quando ocorrer nulidade posterior à pronúncia.

(C) Decisão que concluir pela incompetência do juízo.

(D) Decisão que julgar procedentes as exceções, salvo a de suspeição.

É caso de interposição de recurso de apelação, por força do disposto no art. 593, III, *a*, CPP.

Gabarito "B"

(FGV – 2008) A respeito do sistema de recursos em geral, previsto no Código de Processo Penal, analise as afirmativas a seguir:

I. O Ministério Público não poderá desistir de recurso que haja interposto.

II. No caso de concurso de agentes, a decisão do recurso interposto por um dos réus, se fundado em motivos que não sejam de caráter exclusivamente pessoal, aproveitará aos outros.

III. Os recursos serão sempre voluntários, não se admitindo recursos interpostos, de ofício, pelo juiz.

Assinale:

(A) se nenhuma afirmativa estiver correta.
(B) se somente as afirmativas I e II estiverem corretas.
(C) se somente as afirmativas I e III estiverem corretas.
(D) se somente as afirmativas II e III estiverem corretas.
(E) se todas as afirmativas estiverem corretas.

I: correta (art. 576 do CPP); **II:** correta (art. 580 do CPP); **III:** incorreta. O recurso de ofício será admitido nas hipóteses do art. 574, I e II, do CPP.

Gabarito "B"

(FGV – 2005) Assinale a hipótese em que o recurso é necessário, ou seja, *ex officio*.

(A) Da decisão que arquivar inquérito referente a crime falimentar.
(B) Da decisão do juiz togado que vier a absolver sumariamente o processado por crime de homicídio doloso, reconhecendo a inimputabilidade e aplicando medida de segurança.
(C) Da decisão que negar a reabilitação.
(D) Da decisão de impronúncia.
(E) De toda decisão que incidentalmente julgar a inconstitucionalidade de lei em divergência com julgado do Supremo Tribunal Federal.

Assim dispõe o art. 574, II, do CPP: "Art. 574. Os recursos serão voluntários, excetuando-se os seguintes casos, em que deverão ser interpostos, de ofício, pelo juiz: (...) II – da que absolver desde logo o réu com fundamento na existência de circunstância que exclua o crime ou isente o réu de pena, nos termos do art. 411".

Gabarito "B"

(FGV – 2005) Em relação à decisão que julgar o incidente de falsidade, segundo o Código de Processo Penal, é correto afirmar que:

(A) não é possível haver recurso imediato, devendo ser atacada quando do recurso da sentença condenatória ou absolutória.
(B) caberá recurso em sentido estrito.
(C) é possível a interposição de agravo.
(D) caberá apelação.
(E) caberá recurso inominado.

O incidente de falsidade é atacável por meio de recurso em sentido estrito (Art. 581, XVIII, do CPP).

Gabarito "B"

(FGV – 2005) Segundo as normas gerais do Código de Processo Penal, é correto afirmar que:

(A) não recebido o recurso em sentido estrito, caberá apelação.
(B) não recebida a carta testemunhável, caberá recurso em sentido estrito.
(C) não recebidos os embargos, caberá recurso em sentido estrito.
(D) julgada deserta a apelação, caberá recurso em sentido estrito.
(E) não recebida a revisão, caberá recurso em sentido estrito.

A alternativa "D" está em consonância com o disposto no art. 581, XV, do CPP.

Gabarito "D"

(FGV – 2005) O prazo previsto no Código de Processo Penal, como regra geral, para interposição do recurso de apelação é de:

(A) 03 (três) dias.
(B) 05 (cinco) dias.
(C) 10 (dez) dias.
(D) 15 (quinze) dias.
(E) 20 (vinte) dias.

O prazo do art. 593 do CPP é de 5 dias.

Gabarito "B"

13. *HABEAS CORPUS*, MANDADO DE SEGURANÇA E REVISÃO CRIMINAL

(OAB/Exame Unificado – 2016.2) José foi absolvido em 1ª instância após ser denunciado pela prática de um crime de extorsão em face de Marina. O Ministério Público interpôs recurso de apelação, sendo a sentença de primeiro grau reformada pelo Tribunal de Justiça de Santa Catarina para condenar o réu à pena de 05 anos, sendo certo que o acórdão transitou em julgado. Sete anos depois da condenação, já tendo cumprido integralmente a pena, José vem a falecer. Posteriormente, Caio, filho de José, encontrou um vídeo no qual foi gravada uma conversa de José e Marina, onde esta admite que mentiu ao dizer que foi vítima do crime pelo qual José foi condenado, mas que a atitude foi tomada por ciúmes. Caio, então, procura o advogado da família.

Diante da situação narrada, é correto afirmar que Caio, através de seu advogado,

(A) não poderá apresentar revisão criminal, pois a pena de José já havia sido extinta pelo cumprimento.
(B) não poderá apresentar revisão criminal, pois o acusado, que é quem teria legitimidade, já é falecido.
(C) poderá apresentar revisão criminal, sendo competente para julgamento o Superior Tribunal de Justiça.
(D) poderá apresentar revisão criminal, sendo competente para julgamento o Tribunal de Justiça de Santa Catarina.

A: incorreta. É que inexiste prazo para ingressar com a revisão criminal, que poderá ser ajuizada mesmo depois de extinta a pena (art. 622, *caput*, do CPP); **B:** incorreta. Ainda que morto o interessado, é admissível a propositura da revisão criminal, sendo legitimados, neste caso, o cônjuge, o ascendente, o descendente e o irmão do falecido (art. 623 do CPP); **C:** incorreta. Em vista do que estabelece o art. 624 do CPP, o julgamento da revisão criminal cabe ao tribunal que detém competência para o conhecimento de recurso ordinário. Jamais será julgado, portanto, por magistrado de primeiro grau. No caso narrado no enunciado, o julgamento da ação revisional deverá dar-se pelo Tribunal de Justiça do Estado de Santa Catarina; **D:** correta, pois em conformidade com o disposto no art. 624, II, do CPP (*vide* comentário anterior).

Gabarito "D"

(OAB/Exame Unificado – 2014.2) Eduardo foi denunciado pelo crime de estupro de vulnerável. Durante a instrução, negou a autoria do crime, afirmando estar, na época dos fatos, no município "C", distante dois quilômetros do local dos fatos. Como a afirmativa não foi corroborada por outros elementos de convicção, o Juiz entendeu que a palavra da vítima deveria ser considerada, condenando Eduardo. A defesa recorreu, mas após longo debate nos Tribunais Superiores, a decisão transitou em julgado desfavoravelmente ao réu. Eduardo dirigiu-se, então, ao município "C", em busca de provas que pudessem apontar a sua inocência, e, depois de muito procurar, conseguiu as filmagens de um estabelecimento comercial, que estavam esquecidas em um galpão velho. Nas filmagens, Eduardo aparece comprando lanche em uma padaria. Com a prova em mãos, procura seu advogado. Assinale a opção que apresenta a providência a ser adotada pelo advogado de Eduardo.

(A) O advogado deve ingressar com agravo em execução, pois Eduardo descobriu uma prova que atesta a sua inocência de forma inconteste.

(B) O advogado deve ingressar com revisão criminal, pois Eduardo descobriu uma prova que atesta a sua inocência de forma inconteste.

(C) O advogado deve ingressar com reclamação constitucional, pois Eduardo descobriu uma prova que atesta a sua inocência de forma inconteste.

(D) O advogado deve ingressar com ação de habeas corpus, pois Eduardo descobriu uma prova que atesta a sua inocência de forma inconteste.

Tendo em conta o trânsito em julgado da sentença que condenou Eduardo pela prática do crime de estupro de vulneral e também o surgimento posterior (após a sentença) de provas ainda não conhecidas e não anexadas aos autos, é o caso de ajuizar-se ação de revisão criminal, nos termos do art. 621, III, do CPP. Não se trata, aqui, de reapreciar a prova que consta dos autos, já que não houve equívoco do juiz quando da apreciação da prova (art. 621, I, do CPP). Trata-se, isto sim, de reavaliar a condenação em razão do surgimento de prova nova, obtida depois da sentença. Importante dizer que inexiste prazo para ingressar com a revisão criminal, que poderá ser ajuizada mesmo depois de extinta a pena (art. 622, *caput*, CPP).

Gabarito "B"

(OAB/Exame Unificado – 2013.2) Frida foi condenada pela prática de determinado crime. Como nenhuma das partes interpôs recurso da sentença condenatória, tal decisão transitou em julgado, definitivamente, dentro de pouco tempo. Pablo, esposo de Frida, sempre soube da inocência de sua consorte, mas somente após a condenação definitiva é que conseguiu reunir as provas necessárias para inocentá-la. Ocorre que Frida não deseja vivenciar novamente a angústia de estar perante o Judiciário, preferindo encarar sua condenação injusta como um meio de tornar-se uma pessoa melhor. Nesse sentido, tomando-se por base o caso apresentado e a medida cabível à espécie, assinale a afirmativa correta.

(A) Pablo pode ingressar com revisão criminal em favor de Frida, ainda que sem a concordância desta.

(B) Caso Frida tivesse sido absolvida com base em falta de provas, seria possível ingressar com revisão criminal para pedir a mudança do fundamento da absolvição.

(C) Da decisão que julga a revisão criminal são cabíveis, por exemplo, embargos de declaração, mas não cabe apelação.

(D) Caso a sentença dada à Frida, no caso concreto, a tivesse condenado mas, ao mesmo tempo, reconhecido a prescrição da pretensão executória, seria incabível revisão criminal.

A: incorreta, dado que só dispõe de legitimidade para a propositura de revisão criminal o próprio sentenciado. Somente será conferida legitimidade às pessoas elencadas no art. 623 do CPP no caso de o condenado ser falecido; **B:** incorreta. Constitui pressuposto ao ajuizamento da revisão criminal a existência de uma sentença condenatória definitiva. Exceção a esta regra é a sentença absolutória *imprópria*, que impõe ao inimputável uma medida de segurança; **C:** correta. Embora caibam embargos de declaração, não é viável a interposição de recurso de apelação, dado que competem aos tribunais o processamento e julgamento da revisão; **D:** incorreta. Se a extinção da punibilidade se der em razão da prescrição da pretensão executória, caberá a revisão criminal; agora, se a extinção da punibilidade se der em razão da prescrição da pretensão punitiva, não terá lugar, neste caso, o ajuizamento do pedido revisional.

Gabarito "C"

(OAB/Exame Unificado – 2008.3) Acerca da revisão criminal, assinale a opção correta.

(A) A revisão poderá ser requerida em qualquer tempo, antes ou após a extinção da pena.

(B) Ainda que fundada em novas provas, não é admitida a reiteração do pedido de revisão criminal.

(C) A revisão não pode ser pedida pelo próprio réu, pois é recurso de interposição privativo de advogado.

(D) Julgando procedente a revisão, o tribunal poderá alterar a classificação da infração ou absolver o réu, mas não poderá modificar a pena.

A: correta (art. 622, *caput*, do CPP); **B:** incorreta, visto que, se fundada em novas provas, é admitida a reiteração do pedido (art. 622, parágrafo único, do CPP); **C:** incorreta. Pode ser pedida pelo réu, por seu procurador ou, no caso de morte do réu, pelo seu cônjuge, ascendente, descendente ou irmão (art. 623 do CPP); **D:** incorreta, pois poderá modificar a pena (art. 626, *caput*, do CPP).

Gabarito "A"

(OAB/Exame Unificado – 2008.2) Durante uma blitz, um policial simulou a descoberta de arma de fogo e substância alucinógena no porta-malas do carro de Rui, que foi preso em flagrante. O flagrante foi comunicado ao juiz no prazo legal. O advogado de Rui apresentou requerimento adequado ao juiz de plantão, que indeferiu o pedido, sob o fundamento de que as prisões provisórias não ofendem os preceitos constitucionais. Nessa situação hipotética, a providência cabível para que Rui seja liberado será

(A) O *habeas corpus* perante o tribunal de justiça.

(B) O livramento condicional perante o juiz titular.

(C) A reclamação à corregedoria de polícia.

(D) O *habeas corpus* perante o STF.

Art. 5º, LXVIII, da CF; arts. 647 e 648, I, do CPP. O remédio constitucional deverá ser impetrado no Tribunal de Justiça porque a autoridade coatora, neste caso, é juiz de direito.

Gabarito "A"

(OAB/Exame Unificado – 2008.1) No que se refere às ações autônomas criminais, assinale a opção correta.

(A) Em face da soberania dos veredictos, das decisões de mérito do tribunal do júri não se admite revisão criminal.

(B) A revisão criminal pode ser requerida, desde que antes da extinção da pena, pelo réu ou por procurador, independentemente de habilitação.

(C) Cabe *habeas corpus* contra decisão condenatória a pena de multa ou quando já estiver extinta a pena privativa de liberdade.

(D) Admite-se mandado de segurança para o advogado poder acompanhar diligência em processo judicial, ainda que sigiloso.

A: incorreta. Prevalece hoje na doutrina e na jurisprudência o entendimento segundo o qual cabe revisão criminal contra decisão definitiva proferida pelo Tribunal Popular; **B:** incorreta, visto que a revisão pode ser requerida depois de extinta a pena, e o procurador deve estar legalmente habilitado (arts. 622 e 623 do CPP); **C:** incorreta. Não cabe *habeas corpus* nas hipóteses contidas na alternativa (Súmulas n. 693 e 695 do STF); **D:** correta, nos moldes do art. 5º, LXIX, da CF. As Leis 1.533/1951 e 4.348/1964 foram expressamente revogadas pela Lei 12.016/2009, que estabeleceu nova disciplina para o mandado de segurança (individual e coletivo). Destina-se o mandado de segurança a amparar direito líquido e certo. A jurisprudência tem entendido cabível o uso do mandado de segurança, entre outras hipóteses, para permitir o acesso do advogado aos autos de inquérito e também do processo, ainda que tramitem em segredo de justiça.

Gabarito "D"

(OAB/Exame Unificado – 2008.1) Adalberto, indiciado pelo crime de roubo, está preso preventivamente por mais de dois anos, sendo o excesso de prazo culpa do Poder Judiciário. Além disso, o juiz marcou a audiência de oitiva de testemunhas do Ministério Público para 2009.

Nesse caso, o advogado de Adalberto, a fim de que este aguarde o término do processo em liberdade, poderá

(A) impetrar *habeas corpus*.

(B) opor embargos de declaração da decisão do juiz quanto à designação da audiência de oitiva de testemunhas para 2009.

(C) opor embargos infringentes da decisão do juiz quanto à designação da audiência de oitiva de testemunhas para 2009.

(D) interpor agravo em execução.

Art. 5º, LXVIII, da CF; e arts. 647 e 648, II, do CPP.

Gabarito "A"

(OAB/Exame Unificado – 2007.1) Assinale a opção correta acerca do *habeas corpus*.

(A) Cabe *habeas corpus* quando já extinta a pena privativa de liberdade.

(B) É incabível pedido de *habeas corpus* em favor de beneficiado com a suspensão condicional do processo, já que inexiste ameaça à sua liberdade de locomoção.

(C) Em princípio, ressalvada manifesta ilegalidade, descabe o uso de *habeas corpus* para cassar indeferimento de liminar.

(D) É incabível *habeas corpus* para declarar-se a atipicidade da conduta, mesmo quando esta é verificável de plano, *primus ictus oculi*, sem a necessidade de exame valorativo do conjunto fático ou probatório.

A: incorreta. Não cabe *habeas corpus* se já extinta a pena privativa de liberdade (Súmula n. 695 do STF); **B:** incorreta. Em princípio é possível, sim, impetrar-se *habeas corpus* para questionar processo suspenso por força do art. 89 da Lei n. 9.099/1995; **C:** correta (art. 648 do CPP); **D:** incorreta. O Superior Tribunal de Justiça assim já se manifestou: "O trancamento de ação penal pela via estreita do *habeas corpus* é medida de exceção, só admissível quando emerge dos autos, de forma inequívoca e sem a necessidade de valoração probatória, a inexistência de autoria por parte do indiciado ou a atipicidade da conduta" (HC 39.231-CE, 5ª Turma, rel. Laurita Vaz, 01.03.2005, DJ 28.03.2005).

Gabarito "C"

(OAB/Exame Unificado – 2006.1) Assinale a opção correta acerca do *habeas corpus*, considerando a jurisprudência do STJ e do STF.

(A) O *habeas corpus* constitui ação constitucional que comporta dilação probatória.

(B) O trancamento de ação penal, pela via estreita do *habeas corpus*, não é possível, ainda que, pela mera exposição dos fatos narrados na denúncia, fique constatada a imputação, ao acusado, de fato penalmente atípico.

(C) É inviável o exame da dosimetria da pena por meio de *habeas corpus*, devido a eventual desacerto na consideração de circunstância ou errônea aplicação do método trifásico, se daí resultar flagrante ilegalidade e prejuízo ao réu.

(D) O *habeas corpus* é remédio processual simples e rápido destinado a restabelecer o direito à liberdade de ir, vir e permanecer, quando já violado, ou preservá-lo, quando sob ameaça concreta, atual ou iminente, contra ilegalidade ou abuso de poder.

A: incorreta. O *habeas corpus* é ação constitucional de natureza urgente. Dessa forma, não se destina a um exame minucioso e detalhado das provas contidas nos autos; **B:** incorreta. É possível, sim, trancar a ação penal por intermédio do *habeas corpus*, e a ausência de tipicidade é apta a gerar o trancamento. A jurisprudência transcrita na questão acima é emblemática; **C:** incorreta. Diversos julgados já reconheceram a possibilidade de se apreciar a dosimetria da pena em sede de *habeas corpus* **D:** correta. Art. 5º, LXVIII, da CF; e arts. 647 e seguintes do CPP. O *habeas corpus*, ação de índole constitucional, presta-se a evitar (preventivo) ou fazer cessar (repressivo) violência ou coação ilegal na liberdade de ir e vir de alguém.

Gabarito "D"

(FGV – 2008) A ordem de *habeas corpus* deve ser concedida:

(A) exclusivamente em caso de estar alguém sofrendo violência ou coação em sua liberdade de locomoção por ilegalidade ou abuso de poder.

(B) exclusivamente em caso de estar alguém ameaçado de sofrer violência ou coação em sua liberdade de locomoção por ilegalidade ou abuso de poder.

(C) em caso de estar alguém sofrendo ou se achar na eminência de sofrer violência ou coação em sua liberdade de locomoção por ilegalidade ou abuso de poder.

(D) exclusivamente em caso de estar alguém ameaçado de sofrer violência ou coação em sua liberdade de locomoção por ilegalidade, excluindo-se, entretanto, o abuso de poder.

(E) em qualquer caso que alguém sofrer ou se achar na eminência de sofrer ameaça em liberdade individual e não couber a impetração de mandado de segurança ou *habeas data*.

A, **B** e **D:** incorretas. O *habeas corpus*, além de impetrado em caso de estar alguém sofrendo ou se achando ameaçado de sofrer violência ou coação em sua liberdade de locomoção por ilegalidade ou abuso de poder, também pode ser utilizado para o trancamento de ação penal;

bem por isso, as alternativas A, B e D estão incorretas ao fazer uso do termo "exclusivamente"; **C:** correta (art. 5º, LXVIII, da CF e art. 647 do CPP); **E:** incorreta, pois a privação ou ameaça de privação de liberdade de locomoção devem ser ilegais ou com abuso de poder; portanto, não será concedido em qualquer caso. E se o direito em questão for a liberdade individual de ir e vir, não serão cabíveis mandado de segurança e *habeas data*.

Gabarito "C"

(FGV – 2005) No tocante à revisão criminal, podemos afirmar que:

(A) o prazo para ser requerida é de 2 (dois) anos.

(B) também será admitida quando a sentença condenatória for contrária à evidência dos autos.

(C) poderá ser requerida até em caso de sentença absolutória por insuficiência de provas quando o requerente pretender provar não haver praticado o fato criminoso.

(D) será sempre admissível a reiteração do pedido de revisão criminal.

(E) a revisão somente poderá ser requerida pelo próprio réu, sendo personalíssima. Em caso de morte, não poderá ser requerida pelo cônjuge, ascendente, descendente ou irmão.

A: incorreta, pois pode ser requerida a qualquer tempo (art. 622 do CPP); **B:** correta (art. 621, I, do CPP); **C:** incorreta. Constitui pressuposto para a revisão criminal a existência de uma sentença condenatória com trânsito em julgado, nos termos do art. 621 do CPP, que estabelece um rol taxativo; **D:** incorreta, pois a reiteração do pedido somente será admissível na hipótese de provas novas, conforme preleciona o art. 622, parágrafo único, do CPP; **E:** incorreta, já que têm legitimidade para pedir a revisão as pessoas listadas no art. 623 do CPP.

Gabarito "B"

14. EXECUÇÃO PENAL

(OAB/Exame Unificado – 2014.3) Daniel foi condenado à pena privativa de liberdade de 06 anos de reclusão, em regime inicial fechado, pela prática do delito de estupro (Art. 213, do Código Penal). Tendo decorrido lapso temporal para progressão de regime prisional e ostentando o reeducando bom comportamento carcerário, sua defesa pleiteou a concessão do benefício. Em 26.07.2013, o Juízo das Execuções, tendo em vista a necessidade de melhor aferição do requisito subjetivo, determinou a realização de exame criminológico, em decisão devidamente fundamentada.

Sobre o caso apresentado, segundo entendimento sumulado nos Tribunais Superiores, assinale a opção correta.

(A) Agiu corretamente o magistrado, eis que é possível a realização de exame criminológico pelas peculiaridades do caso, desde que em decisão motivada.

(B) Agiu corretamente o magistrado, pois a realização de exame criminológico é sempre necessária.

(C) Não agiu corretamente o magistrado, uma vez que não é possível a realização de exame criminológico.

(D) Não agiu corretamente o magistrado, na medida em que o exame criminológico só poderá ser realizado no caso de crimes graves e hediondos.

Deve ser assinalada a alternativa "A". Com as alterações implementadas pela Lei 10.792/2003, o exame criminológico, até então obrigatório para fins de progressão de regime, deixou de sê-lo. Contudo, doutrina e jurisprudência dominantes passaram a entender que, desde que determinado por decisão fundamentada em elementos concretos, o exame pode ser exigido, entendimento esse que se acha consagrado na Súmula n. 439 do STJ: "Admite-se o exame criminológico pelas peculiaridades do caso, desde que em decisão motivada".

Gabarito "A"

(OAB/Exame Unificado – 2014.3) João Paulo, primário e de bons antecedentes, foi denunciado pela prática de homicídio qualificado por motivo fútil (Art. 121, § 2º, II, do Código Penal). Logo após o recebimento da denúncia, o magistrado, acatando o pedido realizado pelo Ministério Público, decretou a prisão preventiva do acusado, já que havia documentação comprobatória de que o réu estava fugindo do país, a fim de se furtar de uma possível sentença condenatória ao final do processo. O processo transcorreu normalmente, tendo ao réu sido assegurados todos os seus direitos legais. Após cinco anos de prisão provisória, foi marcada a audiência no Plenário do Júri. Os jurados, por unanimidade, consideraram o réu culpado pela prática do homicídio supramencionado. O Juiz Presidente então passou à aplicação da pena e, ao término do cálculo no rito trifásico, obteve a pena de 12 anos de prisão em regime inicialmente fechado.

Sobre a hipótese narrada, assinale a afirmativa correta.

(A) Somente o juiz da Vara de Execuções Penais poderá realizar o cômputo do tempo de prisão provisória para fins de determinação do regime inicial de cumprimento de pena.

(B) O magistrado sentenciante deverá computar o tempo de prisão provisória para fins de determinação do regime inicial de pena privativa de liberdade.

(C) O condenado deverá iniciar seu cumprimento de pena no regime inicial fechado e, passado o prazo de 1/6, poderá requerer ao juízo de execução a progressão para o regime mais benéfico, desde que preencha os demais requisitos legais.

(D) O condenado deverá iniciar seu cumprimento de pena no regime inicial fechado e, passado o prazo de 1/6, poderá requerer ao juízo sentenciante a progressão para o regime mais benéfico, desde que preencha os demais requisitos legais.

A assertiva a ser assinalada como correta é a "B", já que está em conformidade com a regra presente no art. 387, § 2º, do CPP (dispositivo introduzido pela Lei 12.736/2012), que estabelece que o juiz que sentenciar deverá, para determinar o regime inicial de cumprimento de pena, levar em consideração o tempo em que o condenado permaneceu preso cautelarmente. Ademais disso, se se tratar de crime hediondo ou delito a ele equiparado, como é o caso do crime de homicídio qualificado, a progressão, nos moldes do art. 2º, § 2º, da Lei 8.072/1990, dar-se-á depois de o condenado cumprir 2/5 da pena, se primário (caso de João Paulo); se reincidente, a progressão somente se dará após o cumprimento de 3/5 da pena, com a ressalva de que, se se tratar de crime praticado antes da entrada em vigor da Lei 11.464/2007, que alterou, na Lei de Crimes Hediondos, a disciplina relativa à progressão de pena, deverá prevalecer o entendimento firmado na Súmula 471 do STJ, que estabelece que, neste caso, deve-se obedecer à regência do art. 112 da LEP, que impõe, como condição para progressão de regime, o cumprimento de um sexto da pena no regime anterior, além de bom comportamento carcerário.

Gabarito "B"

(OAB/Exame Unificado – 2014.2) Washington foi condenado à pena de 5 anos e 4 meses de reclusão e ao pagamento de 10 dias-multa pela prática do delito de roubo (Art. 157, do CP), em regime semiaberto, tendo iniciado o cumprimento da pena logo após a publicação da sentença condenatória. Decorrido certo lapso temporal, a defesa de Washington pleiteia a progressão de regime prisional ao argumento de que, com a remição de pena a que faz jus, já cumpriu a fração necessária para ser agraciado com o avanço prisional, estando, assim, presente o requisito objetivo. Washington ostentaria, ainda, bom comportamento carcerário, atestado pelo diretor do estabelecimento prisional. Na decisão, o juiz a quo concedeu a progressão para o regime aberto, mediante a condição especial de prestação de serviços à comunidade (Art. 43, IV, do CP). De acordo com entendimento sumulado pelo Superior Tribunal de Justiça, assinale a opção correta.

(A) O magistrado não agiu corretamente, eis que é inadmissível a fixação de prestação de serviços à comunidade (Art. 43, IV, do CP) como condição especial para o regime aberto.

(B) O magistrado agiu corretamente, uma vez que é admissível a fixação de prestação de serviços à comunidade (Art. 43, IV, do CP) como condição especial para o regime aberto.

(C) O magistrado não agiu corretamente, tendo em vista que deveria ter fixado mais de uma pena substitutiva prevista no Art. 44, do CP, como condição especial para a concessão do regime aberto.

(D) O magistrado agiu corretamente, pois poderia estabelecer qualquer condição como requisito para a concessão do regime aberto.

A Súmula n. 493 do Superior Tribunal de Justiça consagrou o entendimento no sentido de que não podem ser aplicadas as penas substitutivas do art. 44 do CP como condição para a ida do condenado ao regime aberto. Conferir: "É inadmissível a fixação de pena substitutiva (art. 44 do CP) como condição especial ao regime aberto". Nesse sentido: "*HABEAS CORPUS*. EXECUÇÃO PENAL. FURTO QUALIFICADO. CONVERSÃO DAS PENAS RESTRITIVAS DE DIREITOS EM PRIVATIVA DE LIBERDADE. IMPOSIÇÃO DE CONDIÇÕES ESPECIAIS PARA A CONCESSÃO DO REGIME INICIAL ABERTO. OBSERVÂNCIA DA SÚMULA 493 DESTA CORTE. MEDIDAS PREVISTAS NO ART. 115 DA LEI 7.210/1984. POSSIBILIDADE. HABEAS CORPUS PARCIALMENTE CONCEDIDA. 1. Nos termos da Súmula 493 desta Corte, "[é] inadmissível a fixação de pena substitutiva (art. 44 do CP) como condição especial ao regime aberto." É permitida, todavia, a imposição de medidas especiais constantes do art. 115 da Lei 7.210/1984. 2. Ordem de habeas corpus parcialmente concedida para que sejam afastadas, como condições especiais ao regime aberto, quaisquer das penas restritivas de direitos previstas no art. 43 do Código Penal" (HC 201101288995, LAURITA VAZ – QUINTA TURMA, *DJE* 30.04.2013).

Gabarito "A"

(OAB/Exame Unificado – 2013.2) Helena, condenada a pena privativa de liberdade, sofre, no curso da execução da referida pena, superveniência de doença mental. Nesse caso, o juiz da execução, verificando que a enfermidade mental tem caráter permanente, deverá

(A) aplicar o art. 41, do CP, que assim dispõe, *verbis*: *"O condenado a quem sobrevém doença mental deve ser recolhido a hospital de custódia e tratamento psiquiátrico ou, à falta, a outro estabelecimento adequado."*

(B) aplicar o art. 97, do CP, que assim dispõe, *verbis*: *"Se o agente for inimputável, o juiz determinará sua internação (art. 26). Se, todavia, o fato previsto como crime for punível com detenção, poderá o juiz submetê-lo a tratamento ambulatorial."*

(C) aplicar o art. 183 da LEP (Lei n. 7.210/1984), que assim dispõe, *verbis*: *"Quando, no curso da execução da pena privativa de liberdade, sobrevier doença mental ou perturbação da saúde mental, o Juiz, de Ofício, a requerimento do Ministério Público, da Defensoria Pública ou da autoridade administrativa, poderá determinar a substituição da pena por medida de segurança."*

(D) aplicar o Art. 108 da LEP (Lei n. 7.210/1984), que assim dispõe, *verbis*: *"O condenado a quem sobrevier doença mental será internado em Hospital de Custódia e Tratamento Psiquiátrico".*

Há que se distinguir, aqui, duas situações. Em se tratando de doença mental de caráter *transitório*, com perspectiva, portanto, de cura, não há por que converter a pena privativa de liberdade em medida de segurança. Aplica-se, neste caso, o art. 41 do CP, que estabelece que o sentenciado será transferido para hospital de custódia e tratamento e ali permanecerá até o seu restabelecimento. De outro lado, se se tratar de doença mental de caráter *permanente*, como é o caso narrado no enunciado, deverá o juiz, em obediência ao que estabelece o art. 183 da LEP, converter a pena privativa de liberdade em medida de segurança, já que não existe, ao menos naquele momento, perspectiva de melhora da saúde mental do condenado.

Gabarito "C"

(OAB/Exame Unificado – 2011.3.B) Com relação ao Regime Disciplinar Diferenciado, instituído pela Lei 10.792/2003, assinale a alternativa correta.

(A) O período de aplicação do Regime Disciplinar Diferenciado não poderá ultrapassar 360 (trezentos e sessenta dias), sendo vedada a repetição da sanção por nova falta grave.

(B) O Regime Disciplinar diferenciado não poderá ser aplicado a presos provisórios, mesmo no caso de crimes hediondos.

(C) A autorização para a inclusão do preso em regime disciplinar dependerá de requerimento circunstanciado elaborado pelo diretor do estabelecimento ou outra autoridade administrativa e despacho fundamentado da autoridade judicial competente.

(D) O preso terá direito a sair de sua cela por um período de 2 (duas) horas semanais para banho de sol, salvo nos casos de crimes inafiançáveis.

A: incorreta, pois poderá ser repetida a sanção caso cometa nova falta da mesma espécie (art. 52, I, da LEP); **B:** incorreta, na medida em que poderá ser aplicado aos presos provisórios (art. 52, *caput*, da LEP); **C:** correta, pois corresponde ao que estabelece o art. 54 da LEP; **D:** incorreta. Não há essa vedação no art. 52, IV, da LEP.

Gabarito "C"

(OAB/Exame Unificado – 2009.3) Acerca do instituto da remição, previsto na Lei de Execução Penal, assinale a opção correta.

(A) O tempo remido não poderá ser computado para a concessão de livramento condicional e indulto.

(B) O condenado que for punido por falta grave não perderá o direito ao tempo remido, que constitui direito adquirido do preso.

(C) Poderão ser beneficiados pela remição em razão do trabalho o preso provisório e o preso condenado que cumpra a pena em regime fechado, semiaberto ou aberto.

(D) O preso impossibilitado, por acidente, de prosseguir no trabalho continuará a se beneficiar da remição.

A: incorreta. Em vista da nova redação dada ao art. 128 pela Lei 12.433/2011, o tempo remido será computado para todos os fins, não só para a concessão de livramento condicional e indulto. Na prática, já funcionava dessa maneira; **B:** incorreta. O cometimento de falta grave implica a revogação de parte do tempo remido. Não há que se falar, aqui, em direito adquirido. Em vista das alterações implementadas na LEP pela Lei 12.433/2011, estabeleceu-se, no caso de cometimento de falta grave, uma proporção máxima em relação à qual poderá se dar a perda dos dias remidos. Assim, diante da prática de falta grave, poderá o juiz, em vista da nova redação do art. 127 da LEP, revogar no máximo 1/3 do tempo remido, devendo a contagem recomeçar a partir da data da infração disciplinar. Antes disso, o condenado perdia os dias remidos na sua totalidade. *Vide* o teor da Súmula Vinculante 9, que, com a edição da Lei 12.433/2011, perdeu sua razão de ser; **C:** incorreta. Os condenados que cumpram pena em regime aberto não poderão ser beneficiados (art. 126, *caput*, da Lei 7.210/1984, com redação modificada pela Lei 12.344/2011); **D:** correta. Art. 126, § 4º, da Lei 7.210/1984, com redação alterada pela Lei 12.433/2011.

Gabarito "D"

(OAB/Exame Unificado – 2009.2) Com base no que dispõe a Lei de Execuções Penais, assinale a opção correta.

(A) A execução da pena privativa de liberdade ficará sujeita à forma regressiva, com a transferência para regimes mais rigorosos, quando o condenado, por exemplo, praticar fato definido como crime doloso ou falta grave.

(B) A saída temporária destina-se aos condenados que cumpram pena em regime fechado ou semiaberto e poderá ser autorizada para visita à família, frequência a curso profissionalizante ou de instrução do ensino médio ou superior.

(C) Considere que James tenha sido definitivamente condenado pela prática de crime de estupro e que, posteriormente, no curso da execução de tal pena, ele tenha sido condenado pela prática de crime de corrupção passiva. Nessa situação, como James já estava cumprindo a pena do crime de estupro, não poderá haver soma das penas para determinação do regime.

(D) O ingresso do condenado no regime aberto em decorrência da progressão do regime semiaberto fixado como inicial pela sentença condenatória constitui resultado do cumprimento de parte da pena imposta e é automático, não pressupondo a aceitação do programa do regime aberto e de eventuais condições impostas pelo juiz.

A: correta (art. 118 da Lei 7.210/1984); **B:** incorreta. Os condenados que cumprem a pena em regime fechado não fazem jus à saída temporária, nos termos do disposto no art. 122 da Lei 7.210/1984; **C:** incorreta. As penas serão somadas para determinação do regime de cumprimento da reprimenda (art. 111, parágrafo único, da Lei 7.210/1984); **D:** incorreta, dado que o ingresso no regime mais brando não é automático e pressupõe a aceitação do programa e das condições impostas pelo juiz (arts. 113 e 114 da Lei 7.210/1984).

Gabarito "A"

(OAB/Exame Unificado – 2009.1) Acerca da substituição da pena privativa de liberdade, assinale a opção incorreta.

(A) As penas restritivas de direitos são autônomas e substituem as penas privativas de liberdade, podendo ser aplicadas em casos de crimes cometidos com grave ameaça, desde que não tenha havido violência contra a pessoa.

(B) Se o condenado for reincidente, o juiz poderá aplicar a substituição, desde que, em face de condenação anterior, a medida seja socialmente recomendável e a reincidência não se tenha operado em virtude da prática do mesmo crime.

(C) A pena restritiva de direitos converte-se em privativa de liberdade quando ocorrer o descumprimento injustificado da restrição imposta.

(D) A pena de multa descumprida não pode ser convertida em prisão.

A: incorreta, devendo ser assinalada, visto que não pode ter havido grave ameaça (art. 44, I, do CP); **B:** correta, nos termos do art. 44, § 3º, do CP; **C:** correta, nos termos do art. 44, § 4º, primeira parte, do CP; **D:** correta. Com a alteração implementada pela Lei 9.268/1996, que modificou a redação do art. 51 do Código Penal, fica vedada a conversão da pena de multa em prisão.

Gabarito "A"

(OAB/Exame Unificado – 2008.3) Assinale a opção correta acerca do regime disciplinar diferenciado, segundo a Lei de Execução Penal.

(A) Estará sujeito a esse regime disciplinar, sem prejuízo da sanção penal, o condenado que praticar, enquanto preso, fato previsto como crime doloso, causando com isso subversão da ordem ou disciplina internas.

(B) O regime disciplinar diferenciado terá a duração máxima de 6 meses.

(C) O preso provisório não se sujeita ao regime disciplinar diferenciado.

(D) O preso não terá direito a visitas semanais.

A: correta, nos moldes do art. 52, *caput*, da Lei 7.210/1984 (Lei de Execução Penal); **B:** incorreta. Determina o art. 52, I, da Lei 7.210/1984 que o regime disciplinar diferenciado (RDD) terá a duração máxima de 360 dias; **C:** incorreta. Por força do disposto no *caput* do art. 52 da Lei 7.210/1984, além do condenado, o preso provisório também sujeitar-se-á ao regime disciplinar diferenciado; **D:** incorreta. O preso, condenado ou provisório, terá direito a visitas semanais de duas pessoas, sem contar as crianças, com duração de duas horas, conforme prescreve o art. 52, III, da Lei 7.210/1984.

Gabarito "A"

(OAB/Exame Unificado – 2008.2) Com base na Lei de Execução Penal, assinale a opção correta.

(A) A assistência material ao preso consiste no fornecimento de alimentação, vestuário, objetos de higiene pessoal e da limpeza da cela, bem como instrumentos de trabalho e educacionais.

(B) A assistência à saúde do preso, de caráter preventivo e curativo, compreende atendimento médico, farmacêutico e odontológico.

(C) A autoridade administrativa pode decretar o isolamento preventivo do preso faltoso e incluí-lo em regime disciplinar diferenciado, por interesse da disciplina, independentemente de despacho do juiz competente.

(D) Os presos, sem distinção, têm direito a contato com o mundo exterior por meio de visitas, inclusive íntimas, correspondência escrita, leitura e demais meios de comunicação e informação.

A: incorreta (art. 41 da Lei de Execuções Penais); **B:** correta, nos termos do art. 14 da Lei n. 7.210/1984 (Lei de Execuções Penais); **C:** incorreta. A inclusão em regime disciplinar diferenciado depende de despacho do juiz competente (art. 60 da Lei de Execuções Penais); **D:** incorreta, visto que a visita íntima, apesar de ser um costume adotado nos presídios, não está legalmente prevista (art. 41, X e XV, da Lei de Execuções).

Gabarito "B"

(OAB/Exame Unificado – 2007.3) No que diz respeito ao indulto, assinale a opção correta.

(A) O indulto somente pode ser concedido por lei elaborada pelo Congresso Nacional.

(B) Trata-se de atribuição do presidente da República, exercida por meio de expedição de decreto.

(C) Não se admite indulto parcial.

(D) Se o sentenciado for beneficiado por indulto coletivo, este benefício não pode ser reconhecido, de ofício, pelo juízo das execuções penais competente.

Assim prescreve o art. 84, XII, da CF: "Art. 84: Compete privativamente ao Presidente da República: (...) XII – conceder indulto e comutar penas, com audiência, se necessário, dos órgãos instituídos em lei".

Gabarito "B"

(OAB/Exame Unificado – 2007.2) A perda dos dias remidos em virtude do cometimento de falta grave durante o cumprimento da pena

(A) viola o princípio da individualização da pena.

(B) viola o princípio da dignidade da pessoa humana.

(C) ofende ao princípio da isonomia.

(D) não significa ofensa ao direito adquirido.

O cometimento de falta grave implica a revogação de parte do tempo remido. Não há que se falar, aqui, em direito adquirido. Em vista das alterações implementadas na LEP pela Lei 12.433/2011, estabeleceu-se, no caso de cometimento de falta grave, uma proporção máxima em relação à qual poderá se dar a perda dos dias remidos. Assim, diante da prática de falta grave, poderá o juiz, em vista da nova redação do art. 127 da LEP, revogar no máximo 1/3 do tempo remido, devendo a contagem recomeçar a partir da data da infração disciplinar. Antes disso, o condenado perdia os dias remidos na sua totalidade. *Vide* o teor da Súmula Vinculante 9, que, com a edição da Lei 12.433/2011, perdeu sua razão de ser.

Gabarito "D"

(OAB/Exame Unificado – 2007.2) Acerca da execução penal, assinale a opção correta.

(A) É permitido o emprego de cela escura.

(B) São permitidas as sanções coletivas.

(C) O condenado à pena privativa de liberdade é obrigado a realizar qualquer trabalho que lhe for conferido, independentemente de suas aptidões e de sua capacidade.

(D) O trabalho externo será admissível para os presos em regime fechado somente em serviço ou obras públicas realizadas por órgãos da administração direta ou indireta, ou entidades privadas, desde que tomadas as cautelas contra a fuga e em favor da disciplina.

A: incorreta (art. 45, § 2º, da Lei n. 7.210/1984); **B:** incorreta. As sanções coletivas são proibidas (art. 45, § 3º, da Lei n. 7.210/1984); **C:** incorreta. O trabalho deverá levar em conta as aptidões e capacidade do condenado (art. 31 da Lei n. 7.210/1984); **D:** correta, nos termos do art. 34, § 3º, do CP e arts. 36 e 37 da Lei n. 7.210/1984 (Lei de Execuções Penais).

Gabarito "D"

(OAB/Exame Unificado – 2007.2) Da decisão que negar o livramento condicional, caberá

(A) Apelação.

(B) Agravo.

(C) Recurso em sentido estrito.

(D) Recurso especial.

Conforme preceitua o art. 197 da Lei n. 7.210/1984, a decisão denegatória de livramento condicional é passível de agravo.

Gabarito "B"

(OAB/Exame Unificado – 2006.3) De acordo com jurisprudência do STJ e do STF, assinale a opção correta no que se refere à execução penal.

(A) A Lei de Execuções Penais deixou de exigir a submissão do condenado a exame criminológico, anteriormente imprescindível para fins de progressão do regime prisional, sem, no entanto, retirar do juiz a faculdade de requerer sua realização quando, de forma fundamentada e excepcional, entender absolutamente necessária sua confecção para a formação de seu convencimento.

(B) O agravo em execução possui efeito suspensivo.

(C) Na execução penal, o condenado tem direito adquirido ao tempo remido, independentemente do cometimento de falta grave.

(D) O exame criminológico pode ser considerado isoladamente como fator para a denegação de benefícios.

A: correta, nos termos do art. 112 da Lei n. 7.210/1984 (redação alterada pela Lei n. 10.792/2003). A despeito da modificação implementada pela Lei 10.792/2003 no art. 112 da LEP, o STJ e o STF têm entendido que o magistrado pode, sempre que entender necessário e conveniente, determinar a realização do exame criminológico no condenado, como condição para aferir se preenche o requisito subjetivo para progressão de regime. Em outras palavras, não está o juiz impedido de determinar a realização de exame criminológico. *Vide* Súmula Vinculante 26 e Súmula n. 439 do STJ; **B:** incorreta, pois não possui efeito suspensivo (art. 197 da Lei de Execuções Penais); **C:** incorreta, visto que o cometimento de falta grave implica a revogação de parte do tempo remido. Não há que se falar, aqui, em direito adquirido. Em vista das alterações implementadas na LEP pela Lei 12.433/2011, estabeleceu-se, no caso de cometimento de falta grave, uma proporção máxima em relação à qual poderá se dar a perda dos dias remidos. Assim, diante da prática de falta grave, poderá o juiz, em vista da nova redação do art. 127 da LEP, revogar no máximo 1/3 do tempo remido, devendo a contagem recomeçar a partir da data da infração disciplinar. Antes disso, o condenado perdia os dias remidos na sua totalidade; **D:** incorreta. Não pode o exame criminológico ser considerado de forma isolada como fator para denegação de benefícios.

Gabarito "A"

(OAB/Exame Unificado – 2006.3) Com relação à execução penal, assinale a opção correta.

(A) A transferência de penitenciária pode ser decidida no interesse do condenado, de forma que não lhe seja cerceado o direito a visitas dos familiares. Contudo isso não constitui direito subjetivo do preso, cabendo a decisão ao juízo da execução, com base em interesses administrativos, notadamente a conveniência da segurança pública.

(B) É compatível com o cumprimento das penas em regime fechado a autorização para saídas temporárias que consistam em visitas periódicas ao lar ou em trabalho extramuros.

(C) A posse de aparelho celular ou de seus componentes, no interior do estabelecimento prisional, caracteriza falta grave.

(D) Cabe à autoridade estadual dispor sobre as faltas disciplinares de natureza grave.

O condenado não tem o direito de cumprir a pena no local de seu domicílio. Em regra, deverá cumpri-la no lugar onde cometeu o crime. As transferências, atribuição dos órgãos envolvidos na execução penal, são feitas com base no interesse público.

Gabarito "A"

(OAB/Exame Unificado – 2006.1) Assinale a opção incorreta relativamente à execução penal.

(A) Após a Lei n. 10.792/2003, a concessão de livramento condicional prescinde de manifestação prévia do conselho penitenciário, estando a critério do juízo de execuções.

(B) Ofende o direito adquirido a decretação da perda dos dias remidos em decorrência de falta grave.

(C) Caso um presidiário não possa receber a devida assistência médica nas dependências do estabelecimento prisional, é-lhe garantido, por lei, o direito à assistência de médico particular e a realização dos exames necessários.

(D) O cometimento de falta grave, como a fuga, enseja o reinício da contagem de período necessário à concessão de nova progressão de regime.

A: incorreta, haja vista que o Conselho Penitenciário deverá ser ouvido (131 da LEP – Lei n. 7.210/1984); **B:** correta, dado que o cometimento de falta grave implica a revogação de parte do tempo remido. Não há que se falar, aqui, em direito adquirido. Em vista das alterações implementadas na LEP pela Lei 12.433/2011, estabeleceu-se, no caso de cometimento de falta grave, uma proporção máxima em relação à qual poderá se dar a perda dos dias remidos. Assim, diante da prática de falta grave, poderá o juiz, em vista da nova redação do art. 127 da LEP, revogar no máximo 1/3 do tempo remido, devendo a contagem recomeçar a partir da data da infração disciplinar. Antes disso, o condenado perdia os dias remidos na sua totalidade; **C:** incorreta. Não existe essa garantia (art. 41, VII, da LEP); **D:** incorreta (art. 112 da LEP).

Gabarito "B"

(FGV – 2013) Na forma do Art. 61 da LEP, assinale a alternativa que indica órgãos da execução penal.

(A) OAB e Ministério Público.

(B) Secretaria de Polícia Civil e Juízo da Execução.

(C) Patronato e Conselho da Comunidade.

(D) Defensoria Pública e OAB.

(E) Conselho Penitenciário e Conselho Tutelar.

A: incorreta, uma vez que a OAB não constitui órgão da execução penal, já que não integra o rol do art. 61 da Lei 7.210/1984; **B:** incorreta, uma vez que a Secretaria de Polícia Civil não constitui órgão da execução penal, já que não integra o rol do art. 61 da Lei 7.210/1984; **C:** correta, pois contempla órgãos da execução penal (art. 61, VI e VII, da LEP); **D:** incorreta. *Vide* comentário à alternativa "A"; **E:** incorreta, uma vez que o Conselho Tutelar não constitui órgão da execução penal, já que não integra o rol do art. 61 da Lei 7.210/1984.

Gabarito "C"

(FGV – 2013) As faltas disciplinares classificam-se em leves, médias e graves.

As alternativas a seguir apresentam faltas graves segundo a lei de execução penal, **à exceção de uma**. Assinale-a.

(A) Deixar de conservar em ordem os objetos de uso pessoal.

(B) Fugir.

(C) Tiver em sua posse, utilizar ou fornecer aparelho telefônico, de rádio ou similar, que permita a comunicação com outros presos ou com o ambiente externo.

(D) Descumprir, no regime aberto, as condições impostas.

(E) Faltar com o dever de obediência ao servidor e respeito a qualquer pessoa com quem deve relacionar-se.

A: incorreta, devendo ser assinalada. Embora se trate de dever imposto ao condenado (art. 39, X, da LEP), sua inobservância não configura falta grave, posto que não integra o rol do art. 50 da LEP; **B:** correta (art. 50, II, da LEP); **C:** correta (art. 50, VII, da LEP); **D:** correta (art. 50, V, da LEP); E: correta (arts. 39, II, e 50, VI, da LEP).

Gabarito "A"

(FGV – 2013) Com relação à *anistia*, à *graça* e ao *indulto*, assinale a afirmativa **incorreta**.

(A) A anistia, a graça e o indulto são causas de extinção da punibilidade previstas no Art. 107, do Código Penal.

(B) A anistia faz desaparecer o crime, cessando os efeitos penais, permanecendo os civis.

(C) A anistia resulta de uma lei, dependendo da sanção do Presidente.

(D) O indulto tem caráter coletivo, enquanto a graça é individual, sendo a concessão de ambos da competência do Presidente da República.

(E) A concessão do indulto prejudica o julgamento da apelação manejada pela defesa técnica.

A: correta, nos termos do art. 107, II, do CP; **B:** correta. De fato, na anistia, a lei penal que a institui tem efeito retroativo, que afasta todas as consequências de natureza penal; os efeitos civis, todavia, subsistem; **C:** correta. A concessão de anistia constitui de fato atribuição do Congresso Nacional, com a sanção do presidente da República, conforme reza o art. 48, VIII, da CF; **D:** correta. Ao presidente da República compete, privativamente, conceder *graça* e *indulto*, nos termos do art. 84, XII, da CF; **E:** incorreta, devendo ser assinalada, pois a concessão de indulto não impede o julgamento da apelação, na medida em que o recorrente pode, na apelação, obter absolvição.

Gabarito "E"

(FGV – 2007) O Ministério Público requer ao juiz a suspensão e posterior revogação de livramento condicional, isso porque o apenado foi preso durante o período de prova e terminou condenado pela prática de novo crime. Aludindo ao fato de que, embora a condenação pelo novo crime tenha sido proferida durante o período de prova do livramento, o trânsito em julgado somente ocorreu após o término do citado livramento, o juiz indeferiu o requerimento do Ministério Público. Dessa decisão:

(A) não cabe recurso.

(B) cabe apelação.

(C) cabe recurso em sentido estrito.

(D) cabe agravo.

(E) cabe carta testemunhável.

Art. 197 da Lei de Execução Penal – LEP.

Gabarito "D"

(FGV – 2005) Em se tratando de execução das penas, assinale a afirmativa verdadeira.

(A) A permissão de saída do estabelecimento, mediante escolta, em caso de doença grave da companheira, não poderá ser concedida se o preso for provisório.

(B) O condenado que cumpre pena em regime aberto poderá remir, pelo trabalho, parte do tempo de execução da pena.

(C) O preso impossibilitado de prosseguir no trabalho, por acidente, continuará a beneficiar-se com a remição, mesmo sem estar trabalhando.

(D) O juiz da execução penal poderá imediatamente revogar o livramento condicional em caso de prática pelo liberado de outra infração penal, bastando apenas ouvir o interessado, assegurando-lhe ampla defesa e o contraditório.

A: incorreta, pois a permissão de saída poderá, sim, ser concedida ao preso provisório (art. 120, I, da LEP); **B:** incorreta, pois o condenado que cumpre pena em regime aberto não poderá remir – art. 126, *caput*, da LEP (com redação alterada pela Lei 12.433/2011); **C:** correta, nos termos do art. 126, § 4º, da LEP (com redação alterada pela Lei 12.433/2011); **D:** incorreta, pois o art. 145 da LEP assim determina: "Praticada pelo liberado outra infração penal, o Juiz poderá ordenar a sua prisão, ouvidos o Conselho Penitenciário e o Ministério Público, suspendendo o curso do livramento condicional, cuja revogação, entretanto, ficará dependendo da decisão final".

Gabarito "C"

(FGV – 2005) São incidentes de execução previstos na Lei de Execuções Penais:

(A) o livramento condicional, a suspensão condicional da pena e a anistia.

(B) a anistia, o indulto e o livramento condicional.

(C) as conversões de penas, o excesso ou desvio de execução, a anistia e o indulto.

(D) a anistia, o indulto, o livramento condicional e a medida de segurança.

(E) o excesso ou desvio de execução, as conversões e o livramento condicional.

Conversões (arts. 180 e ss. da LEP); excesso ou desvio (arts. 185 e 186 da LEP); anistia e indulto (arts. 187 e ss. da LEP).

Gabarito "C"

15. LEGISLAÇÃO EXTRAVAGANTE E TEMAS COMBINADOS

(OAB/Exame Unificado – 2015.1) Scott procurou um advogado, pois tinha a intenção de ingressar com queixa-crime contra dois vizinhos que vinham lhe injuriando constantemente. Narrados os fatos e conferida procuração com poderes especiais, o patrono da vítima ingressou com a ação penal no Juizado Especial Criminal, órgão efetivamente competente, contudo o magistrado rejeitou a queixa apresentada. Dessa decisão do magistrado caberá

(A) recurso em sentido estrito, no prazo de 05 dias.

(B) pelação, no prazo de 05 dias.

(C) recurso em sentido estrito, no prazo de 02 dias.

(D) apelação, no prazo de 10 dias.

Está correta a assertiva "D", já que em consonância com o que estabelece o art. 82, *caput* e § 1º, da Lei 9.099/1995, segundo o qual, no âmbito do Juizado Especial, a decisão que rejeita a queixa (e também a denúncia) desafia recurso de apelação, que deverá ser interposto no prazo de dez dias.

Gabarito "D"

(OAB/Exame Unificado – 2014.3) Matheus foi denunciado pela prática dos crimes de tráfico de drogas (Art. 33, *caput*, da Lei 11.343/2006) e associação para o tráfico (Art. 35, *caput*, da Lei 11.343/2006), em concurso material. Quando da realização da audiência de instrução e julgamento, o advogado de defesa pleiteou que o réu fosse interrogado após a oitiva das testemunhas de acusação e de defesa, como determina o Código de Processo Penal (Art. 400 do CPP, com redação dada pela Lei 11.719/2008), o que seria mais benéfico à defesa. O juiz singular indeferiu a inversão do interrogatório, sob a alegação de que a norma aplicável à espécie seria a Lei 11.343/2006, a qual prevê, em seu Art. 57, que o réu deverá ser ouvido no início da instrução.

Nesse caso,

(A) o juiz não agiu corretamente, pois o interrogatório do acusado, de acordo com o Código de Processo Penal, é o último ato a ser realizado.

(B) o juiz agiu corretamente, eis que o interrogatório, em razão do princípio da especialidade, deve ser o primeiro ato da instrução nas ações penais instauradas para a persecução dos crimes previstos na Lei de Drogas.

(C) o juiz não agiu corretamente, pois é cabível a inversão do interrogatório, devendo ser automaticamente reconhecida a nulidade em razão da adoção de procedimento incorreto.

(D) o juiz agiu corretamente, já que, independentemente do procedimento adotado, não há uma ordem a ser seguida em relação ao momento da realização do interrogatório do acusado.

O examinador, adotando o princípio da especialidade, considerou como correta a alternativa "B", que está em conformidade com a regra presente no art. 57 da Lei 11.343/2006, segundo a qual o interrogatório, no âmbito do crime de tráfico, constitui o primeiro ato da instrução. É importante que se diga que a aplicação desta norma, que determina que o interrogatório seja a primeira providência a ser tomada na instrução, não constitui consenso nos tribunais superiores. Há entendimento no sentido de que, em homenagem ao princípio da ampla defesa, o interrogatório deve ser o último ato da instrução, conforme estabelece o art. 400 do CPP. No sentido de que deve prevalecer, em detrimento da lei geral, a norma especial: "Se a Lei 11.343 determina que o interrogatório do acusado será o primeiro ato da audiência de instrução e julgamento, ao passo que o art. 400 do Código de Processo Penal prevê a realização de tal ato somente ao final, não há dúvidas de que deve ser aplicada a legislação específica, pois, como visto, as regras do procedimento comum ordinário só tem lugar no procedimento especial quando nele houver omissões ou lacunas" (STJ, HC 180033-SP, QUINTA TURMA, rel. Min. Jorge Mussi, 16.02.2002). Para Guilherme de Souza Nucci, cujo entendimento é no sentido de que deve ser aplicado o rito especial previsto na Lei de Drogas, seria recomendável, para evitar futura alegação de nulidade, que o juiz indague o defensor se o acusado pretende ser ouvido logo no início da instrução ou ao final desta (**Leis Penais e Processuais Penais Comentadas**, 8. ed. São Paulo: Revista dos Tribunais, 2014. p. 405).

Gabarito "B"

(OAB/Exame Unificado – 2014.1) Fernanda, durante uma discussão com seu marido Renato, levou vários socos e chutes. Inconformada com a agressão, dirigiu-se à Delegacia de Polícia mais próxima e narrou todo o ocorrido. Após a realização do exame de corpo de delito, foi constatada a prática de lesão corporal leve por parte de Renato. O Delegado de Polícia registrou a ocorrência e requereu as medidas cautelares constantes no Artigo 23 da Lei 11.340/2006. Após alguns dias e com objetivo de reconciliação com o marido, Fernanda foi novamente à Delegacia de Polícia requerendo a cessação das investigações para que não fosse ajuizada a ação penal respectiva.

Diante do caso narrado, de acordo com o recente entendimento do Supremo Tribunal Federal, assinale a afirmativa correta.

(A) No âmbito da Lei Maria da Penha, nos crimes de lesão corporal leve, a ação penal é condicionada à representação. Desta forma, é possível a sua retratação, pois não houve o oferecimento da denúncia.

(B) No âmbito da Lei Maria da Penha, nos crimes de lesão corporal leve, a ação penal é pública incondicionada, sendo impossível interromper as investigações e obstar o prosseguimento da ação penal.

(C) No âmbito da Lei Maria da Penha, nos crimes de lesão corporal leve, a ação penal é pública incondicionada, mas é possível a retratação da representação antes do oferecimento da denúncia.

(D) No âmbito da Lei Maria da Penha, nos crimes de lesão corporal leve, a ação penal é pública condicionada à representação, mas como os fatos já foram levados ao conhecimento da autoridade policial será impossível impedir o prosseguimento das investigações e o ajuizamento da ação penal.

Em decisão tomada no julgamento da ADIn n. 4.424, de 09.02.2012, o STF estabeleceu a natureza *incondicionada* da ação penal nos crimes de lesão corporal, independente de sua extensão, praticados contra a mulher no ambiente doméstico. Tal decisão, é importante que se diga, é restrita aos crimes de lesão corporal, não se aplicando, por exemplo, ao crime de ameaça, que, por força do que estabelece o art. 147, parágrafo único, do CP, continua a ser de ação penal pública condicionada à representação da vítima, que deverá, bem por isso, manifestar seu desejo em ver processado o autor deste delito. De se ver que, se praticada (a ameaça) no âmbito doméstico, exige-se que a renúncia à representação seja formulada perante o juiz e em audiência designada para esse fim (art. 16 da Lei 11.340/2006). *Vide*, quanto a isso, a Súmula 542, do STJ.

Gabarito "B"

(OAB/Exame Unificado – 2013.3) Segundo a Lei dos Juizados Especiais, assinale a alternativa que apresenta o procedimento correto.

(A) Aberta a audiência, será dada a palavra ao defensor para responder à acusação, após o que o Juiz receberá, ou não, a denúncia ou queixa; havendo recebimento, serão ouvidas a vítima e as testemunhas de acusação e defesa, interrogando-se a seguir o acusado, se presente, passando-se imediatamente aos debates orais e à prolação da sentença.

(B) Da decisão de rejeição da denúncia ou queixa caberá recurso em sentido estrito, que deverá ser interposto no prazo de cinco dias.

(C) Os embargos de declaração são cabíveis quando, em sentença ou acórdão, houver obscuridade, contradição, omissão ou dúvida, que deverão ser opostos em dois dias.

(D) Se a complexidade do caso não permitir a formulação da denúncia oral em audiência, o Ministério Público poderá requerer ao juiz dilação do prazo para apresentar denúncia escrita nas próximas 72 horas.

A: correta, pois corresponde à redação do art. 81, *caput*, da Lei 9.099/1995; **B:** incorreta. O art. 82, *caput* e § 1º, da Lei 9.099/1995 estabelece que da decisão que rejeitar a denúncia ou a queixa caberá recurso de *apelação* (e não *recurso em sentido estrito*), a ser interposto, por petição escrita, no prazo de dez dias, da qual deverão constar as razões e o pedido. Registre-se que o julgamento deste recurso caberá a uma turma composta de três juízes em exercício no primeiro grau de jurisdição, reunidos na sede do Juizado; **C:** incorreta, uma vez que os embargos de declaração, no âmbito do juizado especial criminal, deverão ser opostos no prazo de cinco dias (e não de dois), a contar da ciência da decisão – art. 83, § 1º, da Lei 9.099/1995; **D:** incorreta. Se a complexidade do caso impedir a formulação de denúncia em audiência, poderá o MP requerer ao juiz o encaminhamento das peças existentes, na forma estatuída no art. 66, parágrafo único, da Lei 9.099/1995 (art. 77, § 2º, da Lei 9.099/1995).

Gabarito "A"

(OAB/Exame Unificado – 2012.3.A) Em relação Lei Maria da Penha, assinale a afirmativa correta.

(A) Constatada a prática de violência doméstica e familiar contra a mulher, a autoridade policial poderá aplicar, de imediato, ao agressor, em conjunto ou separadamente, medidas protetivas de urgência, dentre as quais o afastamento do lar, domicílio ou local de convivência com a ofendida.

(B) Em todos os casos de violência doméstica e familiar contra a mulher, feito o registro da ocorrência, deverá a autoridade policial adotar, de imediato, procedimentos especiais em relação ao agressor, dentre os quais podemos citar a suspensão da posse ou restrição do porte de armas, com comunicação ao órgão competente, nos termos da Lei n. 10.826, de 22 de dezembro de 2003, sem prejuízo daqueles previstos no Código de Processo Penal.

(C) Somente o advogado da ofendida deverá ser notificado, através do Diário Oficial, dos atos processuais relativos ao agressor, especialmente dos pertinentes ao ingresso e à saída da prisão.

(D) Em qualquer fase do inquérito policial ou da instrução criminal, caberá a prisão preventiva do agressor, decretada pelo juiz, de ofício, a requerimento do Ministério Público ou mediante representação da autoridade policial.

A: incorreta. Somente o juiz poderá aplicar as medidas protetivas de urgência, nos termos do art. 22, *caput*, da Lei 11.340/2006 (Maria da Penha); **B:** incorreta. Providência não prevista no art. 12 da Lei Maria da Penha; **C:** incorreta, pois contraria o disposto no art. 21, *caput*, da Lei Maria da Penha; **D:** correta, pois reflete o que estabelece o art. 20, *caput*, da Lei Maria da Penha.

Gabarito "D"

(OAB/Exame Unificado – 2012.3.A) Em relação aos procedimentos previstos na Lei n. 8.666/1993, que instituiu as normas de licitações e contratos da Administração Pública, assinale a afirmativa correta.

(A) Todos os crimes definidos na lei de licitação e contratos ação penal pública incondicionada.

(B) Somente a vítima poderá provocar a iniciativa do Ministério Público, fornecendo-lhe, por escrito, informações sobre o fato e sua autoria, bem como as circunstâncias em que se deu a ocorrência.

(C) Não será admitida ação penal privada subsidiária da pública.

(D) Da sentença caberá apelação, interponível no prazo de 10 (dez) dias.

A: correta, pois, em conformidade com o que dispõe o art. 100 da Lei 8.666/1993, a ação penal, nos crimes nela previstos, é pública incondicionada; **B:** incorreta, pois contraria o disposto no art. 101 da Lei 8.666/1993; **C:** incorreta, já que a ação penal privada subsidiária está expressamente prevista no art. 103 da Lei 8.666/1993; **D:** incorreta. A teor do art. 107 da Lei 8.666/1993, o prazo para a interposição de apelação é de cinco dias, não de dez.

Gabarito "A"

(OAB/Exame Unificado – 2011.3.B) O policial Fernando recebe determinação para investigar a venda de drogas em uma determinada localidade, próximo a uma reconhecida Faculdade de Direito. A autoridade judiciária autoriza que o policial, nesse primeiro momento, não atue sobre os portadores e vendedores de entorpecentes, com a finalidade de identificar e responsabilizar um maior número de integrantes na operacionalização do tráfico e de sua distribuição. A figura do flagrante diferido é prevista em quais legislações brasileiras?

(A) Na Lei de Drogas (11.343/2006) e na Lei do Crime Organizado (9.034/1995).
(B) Somente na Lei de Drogas (11.343/2006).
(C) Na Lei de Drogas (11.343/2006) e na Lei de Crimes Hediondos (8.072/1990).
(D) Na Lei do Crime Organizado (9.034/1995) e na Lei de Crimes Hediondos (8.072/1990).

Art. 53, II, da Lei 11.343/2006 (Lei de Drogas); com a revogação da Lei 9.034/1995 pela Lei 12.850/2013 (Crime Organizado), a disciplina da ação controlada, nesta novel legislação, está prevista nos arts. 3º, III, 8º e 9º.

Gabarito "A"

(OAB/Exame Unificado – 2011.3.B) Mévio recebeu intimação para comparecer ao Juizado Especial Criminal pelo fato de ter em sua guarda espécie silvestre considerada ameaçada de extinção. Mévio não aceitou a proposta de transação penal ofertada pelo membro do *Parquet*, tendo sido denunciado por crime previsto na Lei 9.605/1998, nada sendo mencionado sobre o instituto da suspensão condicional do processo. A esse respeito, é correto afirmar que

(A) nos crimes previstos na Lei Ambiental, após o cumprimento das condições da proposta, o juiz somente declarará a extinção da punibilidade após o laudo de constatação de reparação do dano ambiental, salvo no caso de impossibilidade de fazê-lo.
(B) não é possível a suspensão condicional do processo nos crimes definidos na Lei Ambiental.
(C) o juiz, entendendo cabível o instituto, poderá formular e oferecer a proposta de suspensão do processo ao acusado.
(D) nos crimes previstos na Lei Ambiental, após o cumprimento das condições da proposta, o juiz declarará extinta a punibilidade.

A alternativa correta é a "A", conforme disposição contida no art. 28, I, da Lei 9.605/1998.

Gabarito "A"

(OAB/Exame Unificado – 2011.1) À luz da lei que dispõe sobre os Juizados Especiais Criminais (Lei 9.099/1995), assinale a alternativa correta.

(A) Tratando-se de crime de ação penal pública incondicionada, não sendo caso de arquivamento, o Ministério Público poderá propor a aplicação imediata de pena restritiva de direitos ou multas, a ser especificada na proposta.
(B) A competência do juizado será determinada pelo lugar em que se consumar a infração penal.
(C) A citação será pessoal e se fará no próprio juizado, sempre que possível, ou por edital.
(D) O instituto da transação penal pode ser concedido pelo juiz sem a anuência do Ministério Público.

A: o texto da assertiva – que está correta – corresponde à redação do art. 76 da Lei 9.099/1995, que cuida da chamada transação penal; **B:** incorreta, pois, a teor do disposto no art. 63 da Lei 9.099/1995, a competência do juizado será determinada pelo lugar em que foi praticada a infração penal. Já o Código de Processo Penal, em seu art. 70, estabelece que a competência será determinada, de regra, pelo lugar em que se consumar a infração penal; **C:** a proposição está em parte correta. É verdadeira a parte da assertiva em que se afirma que "a citação será pessoal e se fará no próprio juizado, sempre que possível" – art. 66, *caput*, Lei 9.099/1995. Mas se dizer que a citação far-se-á, no âmbito do juizado especial, por edital torna a assertiva incorreta. É que, em obediência ao que preleciona o art. 66, parágrafo único, da Lei 9.099/1995, uma vez não localizado o acusado para ser citado, o juiz deverá providenciar o encaminhamento dos autos ao juízo comum para prosseguimento, e não determinar a sua citação por edital; **D:** incorreto, já que é vedado ao juiz substituir-se ao membro do Ministério Público e, ele próprio, oferecer a proposta de transação penal. Diante da recusa injustificada do promotor de Justiça em oferecer a proposta, cabe ao magistrado aplicar, por analogia, o art. 28 do CPP, provocando a atuação do chefe do *parquet*.

Gabarito "A"

(OAB/Exame Unificado – 2011.1) A Lei 7.492/1986 define os Crimes contra o Sistema Financeiro Nacional. Acerca do procedimento previsto para tais crimes, é correto afirmar que

(A) a ação penal será promovida perante a Justiça Federal quando a infração for praticada em detrimento de bens e serviços de entes federais. Nos demais casos, será proposta perante a Justiça Estadual.
(B) os órgãos dos Ministérios Públicos Federal e Estadual, sempre que julgarem necessário, poderão requisitar, a qualquer autoridade, informação, documento ou diligência relativa à prova dos crimes previstos na Lei 7.492/1986.
(C) quando a denúncia não for intentada no prazo legal, o ofendido poderá representar ao Procurador-Geral da República, para que este a ofereça, designe outro órgão do Ministério Público para oferecê-la ou determine o arquivamento das peças de informações recebidas.
(D) nos crimes previstos nessa lei, cometidos em quadrilha ou coautoria, o coautor ou partícipe que, por meio de confissão espontânea, revelar à autoridade policial ou judicial toda a trama delituosa terá sua pena reduzida de 1 (um) a 2/5 (dois quintos).

A: incorreta, na medida em que a ação penal nos crimes contra o sistema financeiro nacional será sempre promovida perante a Justiça Federal, conforme estabelecem os arts. 109, VI, segunda parte, da CF e 26, *caput*, da Lei 7.492/1986; **B:** incorreta, pois esta atribuição é exclusiva do Ministério Público Federal – art. 29, *caput*, da Lei 7.492/1986; **C:** correta, nos moldes do art. 27 da Lei 7.492/1986; **D:** incorreta, uma vez que a redução prevista no 25, § 2º, da Lei 7.492/1986 é da ordem de um a dois terços.

Gabarito "C"

(OAB/Exame Unificado – 2010.1) Considerando as disposições processuais penais previstas na Lei federal n. 9.099/1995 (Lei dos Juizados Especiais), assinale a opção correta.

(A) Os processos referentes aos juizados especiais criminais devem orientar-se pelos critérios de oralidade, documentação, simplicidade, formalidade, economia processual e celeridade, em busca, sempre que possível, da conciliação ou da transação.

(B) O juizado especial criminal, provido por juízes togados ou togados e leigos, tem competência apenas para a conciliação e o julgamento das infrações penais de menor potencial ofensivo, respeitadas as regras de conexão e continência.

(C) Na reunião de processos, perante o juízo comum ou o tribunal do júri, decorrente da aplicação das regras de conexão e continência, serão observados os institutos da transação penal, excluindo-se os da composição dos danos civis.

(D) Os atos processuais serão públicos e poderão realizar-se em horário noturno e em qualquer dia da semana, conforme dispuserem as normas de organização judiciária.

A: opção incorreta. Dispõe o art. 2.º da Lei n. 9.099/1995 que "o processo orientar-se-á pelos critérios de oralidade, simplicidade, informalidade, economia processual e celeridade, buscando, sempre que possível, a conciliação ou a transação". Do mesmo modo, também não há exigência, no sistema dos juizados especiais, que as provas sejam conservadas "por escrito", o que afasta o critério da "documentação". Ada Pellegrini Grinover, Antônio Carlos de Araújo Cintra e Cândido Rangel Dinamarco lecionam que "quando se exige que as alegações ou provas orais sejam conservadas por escrito, fala-se no princípio da documentação" (**Teoria Geral do Processo**. 18 ed., Malheiros Editores, 2002. p. 325); **B:** opção incorreta. Dispõe o art. 60 da Lei n. 9.099/1995 que "o Juizado Especial Criminal, provido por juízes togados ou togados e leigos, tem competência para a conciliação, o julgamento e a execução das infrações penais de menor potencial ofensivo, respeitadas as regras de conexão e continência"; **C:** opção incorreta. Dispõe o parágrafo único do art. 60 da Lei n. 9.099/1995 que "na reunião de processos, perante o juízo comum ou o tribunal do júri, decorrentes da aplicação das regras de conexão e continência, observar-se-ão os institutos da transação penal e da composição dos danos civis"; **D:** opção correta. Trata-se da redação expressa no art. 64 da Lei n. 9.099/1995.

Gabarito "D"

(OAB/Exame Unificado – 2009.2) A respeito dos meios de prova e das citações e intimações no âmbito do direito processual penal, assinale a opção correta.

(A) O procedimento de acareação, objeto de severas críticas por violar o princípio da dignidade da pessoa humana, foi extinto pela recente reforma do CPP.

(B) O oficial de justiça, ao verificar que o réu se oculta para não ser citado, deve certificar a ocorrência e proceder à citação com hora certa, na forma estabelecida no CPC.

(C) O exame de corpo de delito e outras perícias devem ser feitos, necessariamente, por dois peritos oficiais ou, na impossibilidade de estes o fazerem, por duas pessoas idôneas assim consideradas pelo juiz.

(D) Tratando-se de processo penal, é absoluta a nulidade por falta de intimação da expedição de precatória para inquirição de testemunha.

A: incorreta, porquanto a acareação, meio de prova presente nos arts. 229 e 230 do CPP, não sofreu qualquer modificação. A reforma a que foi submetido do CPP, portanto, não extinguiu o procedimento; **B:** correta, pois, de fato, a Lei 11.719/2008 alterou a redação do art. 362 do CPP e introduziu, no âmbito do processo penal, a *citação por hora certa*, antes exclusiva do processo civil; **C:** incorreta, já que o art. 159, *caput*, do CPP, com a redação que lhe foi dada pela Lei 11.690/2008, determina que o exame de corpo de delito e outras perícias sejam realizados por *perito oficial*, portador de diploma de curso superior. A redação anterior do dispositivo exigia a realização da perícia por dois profissionais; **D:** incorreta. Cuida-se de *nulidade relativa*, consoante entendimento esposado na Súmula 155 do STF.

Gabarito "B"

(OAB/Exame Unificado – 2008.2) Manoel está sendo investigado pela prática do crime de lavagem de dinheiro. Por meio de testemunhas, a autoridade policial tomou conhecimento de que, em sua residência, constam provas da autoria do crime, tais como dinheiro, registros contábeis e transferências bancárias. Considerando a situação hipotética acima, assinale a opção correta.

(A) A autoridade policial pode realizar imediatamente a busca e apreensão, visto que, quando realiza a diligência pessoalmente, não necessita de mandado judicial.

(B) Caso Manoel permita que a autoridade policial entre em sua residência, a diligência poderá ser efetuada durante o dia ou à noite, com ou sem mandado judicial.

(C) Cartas particulares encontradas durante a busca e apreensão, estejam elas abertas ou fechadas, poderão ser apreendidas, quando a diligência ocorrer mediante autorização judicial.

(D) Ainda que Manoel, durante a busca e apreensão, se negue terminantemente a abrir gavetas, sob o argumento de que tenha perdido as chaves, os policiais não poderão arrombá-las; caso o façam, estará caracterizado abuso de autoridade, independentemente da existência de mandado judicial.

Assim dispõe o inc. XI do art. 5º da CF: "a casa é asilo inviolável do indivíduo, ninguém nela podendo penetrar sem consentimento do morador, salvo em caso de flagrante delito ou desastre, ou para prestar socorro, ou, durante o dia, por determinação judicial".

Gabarito "B"

(OAB/Exame Unificado – 2008.1) Assinale a opção correta acerca do processo penal.

(A) No que se refere ao processo e julgamento dos crimes de responsabilidade dos funcionários públicos, é desnecessária a resposta preliminar na ação penal instruída por inquérito policial.

(B) A opinião do julgador sobre a gravidade em abstrato do crime constitui motivação idônea para a imposição de regime mais severo do que o permitido segundo a pena aplicada.

(C) A reincidência penal pode ser considerada como circunstância agravante e, simultaneamente, como circunstância judicial.

(D) Viola as garantias do juiz natural, da ampla defesa e do devido processo legal a atração por continência ou conexão do processo do corréu ao foro por prerrogativa de função de um dos denunciados.

A: correta (art. 514 do CPP; Súmula 330 do STJ); **B:** incorreta, visto que a opinião do julgador não constitui motivação idônea (Súmula n. 718 do STF); **C:** incorreta. Não pode ser considerada como circunstância agravante e, simultaneamente, como circunstância judicial (Súmula n. 241 do STJ); **D:** incorreta, pois não viola tais garantias (Súmula n. 704 do STF).

Gabarito "A"

(OAB/Exame Unificado – 2007.2) Acerca do processo penal, assinale a opção correta.

(A) Havendo concurso de agentes, a decisão de recurso interposto por um dos réus, se fundado em motivos que sejam de caráter exclusivamente pessoal, aproveitará aos outros.

(B) A sentença absolutória que decidir que o fato imputado não constitui crime impede a propositura da ação civil.

(C) Em qualquer fase do processo, o juiz, se reconhecer extinta a punibilidade, deverá declará-lo de ofício.

(D) Nos termos da Lei Maria da Penha, as medidas protetivas de urgência poderão ser concedidas inclusive de ofício pelo juiz, desde que haja audiência das partes.

A: incorreta, dado que só se estenderá a todos se não for fundado em motivo de caráter exclusivamente pessoal (art. 580 do CPP); **B:** incorreta, visto que não impede a propositura de ação civil (art. 67, III, do CPP); **C:** correta (art. 61 do CPP); **D:** incorreta, na medida em que independe de audiência das partes (art. 19, § 1º, da Lei n. 11.340/2006).

Gabarito "C"

(OAB/Exame Unificado – 2007.1) Assinale a opção correta acerca do processo penal.

(A) A jurisprudência do STF consolidou o entendimento segundo o qual as interceptações telefônicas não podem ser prorrogadas.

(B) As férias forenses interrompem a contagem dos prazos recursais.

(C) É competente a justiça federal para o processo e o julgamento de crime praticado dentro de reserva indígena, ainda que, na ocasião, não tenha havido disputa sobre direitos indígenas.

(D) É inepta a denúncia que, contendo narração incongruente dos fatos, impossibilita o exercício pleno do direito de defesa.

A: incorreta. Predomina o entendimento segundo o qual a intercepção deve perdurar pelo interregno necessário à elucidação do crime sob investigação; comporta, por isso, sucessivos pedidos de renovação. Conferir: "(...) Nesse contexto, considerando o entendimento jurisprudencial e doutrinário acerca da possibilidade de se prorrogar o prazo de autorização para a interceptação telefônica por períodos sucessivos quando a intensidade e a complexidade das condutas delitivas investigadas assim o demandarem, não há que se falar, na espécie, em nulidade da referida escuta e de suas prorrogações, uma vez que autorizada pelo Juízo de piso com a observância das exigências previstas na lei de regência (Lei 9.296/1996, art. 5º) (...)" (STF, 1ª T., RHC 120.111, rel. Min. Dias Toffoli, j. 11.03.2014); **B:** incorreta. A contagem dos prazos não se interrompe (art. 798 do CPP); **C:** incorreta. Há precedentes no STF e no STJ dando conta de que, não tendo havido disputa envolvendo direitos indígenas, é competente a Justiça Estadual para processar e julgar crime praticado no interior de reserva indígena; **D:** correta, conforme estabelecem os arts. 41 e 395, I, do CPP. A denúncia há de ser precisa e clara, com o objetivo de viabilizar o exercício do direito de defesa. Na jurisprudência: "AÇÃO PENAL. Denúncia. Inépcia caracterizada. Narração incongruente dos fatos. Impossibilidade do exercício pleno do direito de defesa. Anulação do processo *ab initio*. HC concedido para esse fim. Ordem estendida a outros corréus, em processo desmembrado. É inepta a denúncia que, contendo narração incongruente dos fatos, impossibilita o exercício pleno do direito de defesa" (HC 88359, Relator(a): Min. CEZAR PELUSO, Segunda Turma, julgado em 14.11.2006, *DJ* 09.03.2007).

Gabarito "D"

(OAB/Exame Unificado – 2007.1) Assinale a opção correta acerca do processo penal.

(A) A interposição de recurso sem efeito suspensivo contra decisão condenatória obsta a expedição de mandado de prisão.

(B) Ao tribunal *ad quem* é vedado, em sede recursal, ordenar a prisão do condenado quando improvido o recurso por este interposto, conforme previsão expressa no Código de Processo Penal.

(C) A falta ou a nulidade da citação são insanáveis.

(D) A fundamentação das decisões do Poder Judiciário, tal como resulta da Constituição Federal, é condição absoluta de sua validade e, portanto, pressuposto da sua eficácia, substanciando-se na definição suficiente dos fatos e do direito que a sustentam, de modo a certificar a realização da hipótese de incidência da norma e os efeitos dela resultantes.

A: incorreta. Não obsta a expedição de mandado de prisão (Súmula n. 267 do STJ); **B:** incorreta. Poderá ordenar a prisão (art. 675, § 1º, do CPP); **C:** incorreta. As nulidades serão sanadas "desde que o interessado compareça, antes de o ato consumar-se, embora declare que o faz para o único fim de argui-la. O juiz ordenará, todavia, a suspensão ou o adiamento do ato, quando reconhecer que a irregularidade poderá prejudicar direito da parte" (art. 570 do CPP); **D:** correta, art. 93, IX, da CF; e art. 381 do CPP.

Gabarito "D"

(OAB/Exame Unificado – 2006.3) Com relação à jurisprudência do STJ e do STF, assinale a opção incorreta.

(A) É impossível o relaxamento da prisão em flagrante nos crimes hediondos.

(B) A determinação de produção antecipada de prova testemunhal é faculdade legal do julgador.

(C) A incompetência do juízo anula os atos decisórios.

(D) Somente a dúvida séria acerca da integridade mental do acusado serve de motivação para a instauração do incidente de insanidade mental, sendo certo que o simples requerimento, por si só, não obriga o juiz.

A: incorreta, devendo ser assinalada. A prisão em flagrante será relaxada pelo juiz sempre que apresentar alguma ilegalidade (art. 5º, LXV, da CF). O dispositivo constitucional não fez nenhuma distinção em relação aos crimes hediondos; **B:** correta, nos termos dos arts. 156, I, e 225 do CPP; **C:** correta (art. 567 do CPP); **D:** correta (art. 149 e ss. do CPP).

Gabarito "A"

(OAB/Exame Unificado – 2006.3) De acordo com jurisprudência do STF e do STJ, assinale a opção correta.

(A) É legal o decreto de prisão preventiva fundamentado na necessidade de identificação dos corréus e de prevenção de reincidência.

(B) O promotor de justiça que participa na fase investigatória está impedido ou suspeito para o oferecimento da denúncia.

(C) O *habeas corpus* é meio próprio para apreciar-se a denúncia formalizada pelo Ministério Público.

(D) Arquivado o inquérito a requerimento do Ministério Público, nova ação penal não pode ser iniciada sem novas provas.

A: incorreta, dado que tais hipóteses não se encontram contempladas no rol do art. 312 do CPP, que é taxativo; **B:** incorreta, uma vez que o promotor de justiça não está impedido (Súmula n. 234 do STJ); **C:** incorreta, porquanto não é meio próprio. Nesse sentido: STF, 1ª T., HC 88.280-SP, rel. Min. Marco Aurélio, j. 14.08.06. Informativo 439; **D:** correta, nos termos do art. 18 do CPP e da Súmula n. 524 do STF.

Gabarito "D"

(OAB/Exame Unificado – 2006.3) Assinale a opção correta, considerando jurisprudência do STF e do STJ.

(A) Competem à justiça federal o processo e o julgamento de feito que vise à apuração de possível crime ambiental em área de preservação permanente perpetrada em terras particulares, mesmo quando não restar demonstrada a existência de eventual lesão a bens, serviços ou interesses da União.
(B) As normas de direito processual penal são regidas pelo princípio do *tempus regit actum*.
(C) A lei que instituiu os juizados especiais criminais no âmbito da justiça federal ampliou o rol dos delitos de menor potencial ofensivo, elevando para três anos o teto da pena abstratamente cominada ao delito.
(D) É inadmissível, segundo a lei processual penal, que as omissões da acusatória inicial possam ser supridas a todo tempo antes da sentença final.

A: incorreta (art. 109 da CF); **B:** correta (art. 2º do CPP); **C:** incorreta, visto que o limite foi elevado para dois anos, não para três (art. 61 da Lei n. 9.099/1995); **D:** incorreta. A denúncia (art. 41 do CPP) poderá ser aditada, desde que o réu seja ouvido acerca do aditamento, sob pena de configurar violação ao princípio da ampla defesa.

Gabarito "B"

(OAB/Exame Unificado – 2006.2) Assinale a opção correta de acordo com o STJ e o STF.

(A) O oferecimento de denúncia ou queixa pressupõe a existência de elementos probatórios mínimos que justifiquem a abertura de ação penal.
(B) Incompetência relativa, como a relacionada ao lugar da infração, pode ser reconhecida de ofício.
(C) O *habeas corpus* constitui meio idôneo para discussão de matéria de fato no processo.
(D) O defensor público e o dativo não têm a prerrogativa de intimação pessoal.

A: correta (arts. 41 e 395 do CPP); **B:** incorreta, visto que "A incompetência relativa não pode ser declarada de ofício" (Súmula n. 33 do STJ); **C:** incorreta. Não constitui porque o *habeas corpus* é medida urgente, incompatível, portanto, com um exame mais detalhado das provas; **D:** incorreta, dado que ambos possuem a prerrogativa da intimação pessoal (art. 5º, § 5º, da Lei n. 1.060/1950; e art. 370, § 4º, do CPP).

Gabarito "A"

(OAB/Exame Unificado – 2006.1) No que se refere ao processo penal brasileiro, é correto afirmar que

(A) A Lei de Execução Penal não se aplica ao preso provisório.
(B) O custodiado tem o direito de ficar em silêncio quando de seu interrogatório policial e deve ser informado pela própria polícia, antes de falar, que tem direito de comunicar-se com seu advogado ou com seus familiares.
(C) A opinião do julgador sobre a gravidade em abstrato do crime constitui motivação idônea para a imposição de regime mais severo do que o permitido segundo a pena aplicada.
(D) A Constituição da República determina que a prisão de qualquer pessoa e o local onde essa pessoa se encontra devem ser comunicados imediatamente ao juiz competente e à família do preso ou à pessoa por ele indicada. Assim, a omissão da autoridade no que se refere a esse direito do preso, por si só, exclui a legalidade da prisão.

A: incorreta, pois a LEP tem incidência, sim, sobre o preso provisório (art. 2º, parágrafo único, da Lei n. 7.210/1984); **B:** correta (art. 5º, LXIII, da CF); **C:** incorreta, pois não constitui motivação idônea (Súmula n. 718 do STF); **D:** incorreta, pois tal omissão, sozinha, não exclui a legalidade da prisão (art. 5º, LXII, da CF).

Gabarito "B"

(FGV – 2013) A Lei n. 8.038/1990 disciplina a forma procedimental para o julgamento das ações penais originárias perante o Supremo Tribunal Federal e o Superior Tribunal de Justiça.

Sobre tal diploma legal, analise as afirmativas a seguir.

I. O acusado, apresentada a denúncia ou a queixa ao Tribunal, será notificado para oferecer resposta no prazo de 15 dias.
II. O relator decidirá monocraticamente pelo recebimento ou rejeição da denúncia ou da queixa, devendo submeter ao colegiado eventual improcedência imediata da acusação.
III. O Supremo Tribunal Federal, inobstante a previsão da realização do interrogatório logo após o recebimento da denúncia, tem entendido que aquele ato de oitiva do acusado deve se realizar ao final da instrução, como previsto atualmente no procedimento ordinário.

Assinale:

(A) se somente a afirmativa I estiver correta.
(B) se somente as afirmativas I e III estiverem corretas.
(C) se somente as afirmativas I e II estiverem corretas.
(D) se somente as afirmativas II e III estiverem corretas.
(E) se todas as afirmativas estiverem corretas.

I: correta, pois em conformidade com a regra prevista no art. 4º, *caput*, da Lei 8.038/1990; **II:** incorreta, pois não reflete a regra do art. 6º, *caput*, da Lei 8.038/1990, que estabelece que tal deliberação cabe ao tribunal, e não ao relator, que deverá, para tanto, designar dia e hora; **III:** correta. Nesse sentido: "PROCESSUAL PENAL. INTERROGATÓRIO NAS AÇÕES PENAIS ORIGINÁRIAS DO STF. ATO QUE DEVE PASSAR A SER REALIZADO AO FINAL DO PROCESSO. NOVA REDAÇÃO DO ART. 400 DO CPP. AGRAVO REGIMENTAL A QUE SE NEGA PROVIMENTO. I – O art. 400 do Código de Processo Penal, com a redação dada pela Lei 11.719/ 2008, fixou o interrogatório do réu como ato derradeiro da instrução penal. II – Sendo tal prática benéfica à defesa, deve prevalecer nas ações penais originárias perante o Supremo Tribunal Federal, em detrimento do previsto no art. 7º da Lei 8.038/1990 nesse aspecto. Exceção apenas quanto às ações nas quais o interrogatório já se ultimou. III – Interpretação sistemática e teleológica do direito. IV – Agravo regimental a que se nega provimento" (STF, AP 528 AgR, rel. Min. Ricardo Lewandowski, Tribunal Pleno, 24.03.2011)

Gabarito "B"

(FGV – 2013) João foi denunciado e condenado no Juizado Especial Criminal pela prática do crime de ameaça à pena privativa de liberdade de 5 meses. Inconformado com a pena aplicada, o advogado decide interpor o seguinte recurso adequado:

(A) apelação, no prazo de 5 dias, com razões a serem oferecidas no prazo de 8 dias.
(B) apelação, no prazo de 8 dias, com razões a serem oferecidas no prazo de 5 dias.
(C) apelação, no prazo de 10 dias.
(D) apelação, no prazo de 15 dias.
(E) recurso em sentido estrito, no prazo de 2 dias.

Segundo estabelece o art. 82, § 1º, da Lei 9.099/1995, da sentença, proferida pelo Juizado Especial Criminal, caberá apelação escrita no prazo de 10 (dez) dias, da qual constarão as razões e o pedido do recorrente.

Gabarito "C"

(FGV – 2008) Relativamente ao regime legal das interceptações telefônicas, analise as afirmativas a seguir:

I. Não será admitida a interceptação de comunicações telefônicas quando a prova puder ser feita por outros meios disponíveis.
II. A interceptação telefônica não poderá exceder o prazo de quinze dias, renovável por igual tempo se comprovada a indispensabilidade desse meio de prova.
III. A interceptação das comunicações telefônicas poderá ser determinada pelo juiz, de ofício, ou a requerimento da autoridade policial durante a investigação criminal e na instrução processual penal.
IV. A gravação que não interessar à prova será inutilizada por decisão judicial sem que as partes tomem conhecimento desse material.

Assinale:

(A) se apenas as afirmativas I e II estiverem corretas.
(B) se apenas as afirmativas II e III estiverem corretas.
(C) se apenas as afirmativas III e IV estiverem corretas.
(D) se todas as afirmativas estiverem corretas.
(E) se apenas a afirmativa I estiver correta.

I: correta, nos termos do art. 2º, II, da Lei 9.296/1996; **II:** correta, nos termos do art. 5º da Lei 9.296/1996; **III:** incorreta, uma vez que a autoridade policial só poderá requerer ao juiz a interceptação telefônica no curso da investigação criminal (art. 3º da Lei 9.296/1996); **IV:** incorreta. Conforme preceitua o art. 9º da Lei 9.296/1996, "A gravação que não interessar à prova será inutilizada por decisão judicial, durante o inquérito, a instrução processual ou após esta, em virtude de requerimento do Ministério Público ou da parte interessada".

Gabarito "A"

(FGV – 2008) Relativamente aos juizados especiais criminais, analise as afirmativas a seguir:

I. São princípios que orientam os juizados especiais a oralidade, simplicidade, informalidade, economia processual, celeridade e a busca pela conciliação.
II. Os conciliadores são auxiliares da Justiça, recrutados, na forma da lei local, preferentemente entre bacharéis em Direito que exerçam funções na administração da Justiça Criminal.
III. Os atos processuais serão públicos, sendo vedada sua realização em horário noturno.
IV. É possível a aplicação dos institutos da conciliação e da transação no tribunal do júri nas infrações de menor potencial ofensivo conexas com crimes dolosos contra a vida.

Assinale:

(A) se apenas as afirmativas I e II estiverem corretas.
(B) se apenas as afirmativas I e III estiverem corretas.
(C) se apenas as afirmativas I e IV estiverem corretas.
(D) se apenas as afirmativas II e III estiverem corretas.
(E) se apenas as afirmativas III e IV estiverem corretas.

I: correta, nos termos do art. 62 da Lei 9.099/1995; **II:** incorreta, pois contraria o disposto no art. 73, parágrafo único, da Lei 9.099/1995; **III:** incorreta, pois podem ser realizados em horário noturno (art. 64 da Lei 9.099/1995); **IV:** correta (art. 60, parágrafo único, da Lei 9.099/1995).

Gabarito "C"

(FGV – 2008) Assinale a alternativa que indique o crime em que não é cabível a interceptação das comunicações telefônicas regulada pela Lei 9.296/1996.

(A) homicídio doloso (art. 121, *caput*, e seu § 2º)
(B) estupro (art. 213, *caput*, e sua combinação com o art. 223, *caput*, e parágrafo único)
(C) extorsão mediante sequestro (art. 159, *caput*, e seus §§ 1º, 2º e 3º)
(D) ameaça (art. 147)
(E) roubo (art. 157, *caput*, e seus §§ 1º, 2º e 3º)

Em razão de a pena cominada ao crime de ameaça ser de detenção (art. 147 do CP), não será admitida, por força do disposto no art. 2º, III, da Lei 9.296/1996, a interceptação de comunicação telefônica que tenha por objeto a investigação deste crime. Vale registrar que o art. 223 do CP, a que faz referência a proposição "B", foi revogado pela Lei 12.015/2009.

Gabarito "D"

(FGV – 2008) Relativamente à lei de interceptações telefônicas, assinale a afirmativa incorreta.

(A) A interceptação das comunicações telefônicas poderá ser determinada pelo juiz, de ofício ou a requerimento da autoridade policial, na investigação criminal.
(B) Deferido o pedido de interceptação, o ofendido conduzirá os procedimentos de interceptação.
(C) O pedido de interceptação de comunicação telefônica conterá a demonstração de que a sua realização é necessária à apuração de infração penal, com indicação dos meios a serem empregados.
(D) Só será admitida a interceptação de comunicações telefônicas quando a prova não puder ser feita por outros meios disponíveis.
(E) Constitui crime realizar interceptação de comunicações telefônicas, de informática ou telemática, ou quebrar segredo da Justiça, sem autorização judicial ou com objetivos não autorizados em lei.

A: correta (art. 3º da Lei 9.296/1996); **B:** incorreta, devendo ser assinalada. Reza o art. 6º da Lei 9.296/1996 que, uma vez deferido o pedido de interceptação, cabe à autoridade policial conduzir os procedimentos, dando ciência ao Ministério Público, que poderá acompanhar a sua realização; **C:** correta (art. 4º, *caput*, da Lei 9.296/1996); **D:** correta (art. 2º, II, da Lei 9.296/1996); **E:** correta (art. 10 da Lei 9.296/1996).

Gabarito "B"

(FGV – 2008) Relativamente aos Juizados Especiais Criminais, assinale a afirmativa incorreta.

(A) Nas hipóteses de infração de menor potencial ofensivo, ao autor do fato que, após a lavratura do termo circunstanciado, for imediatamente encaminhado ao juizado ou assumir o compromisso de a ele comparecer, não se imporá prisão em flagrante, nem se exigirá fiança.

(B) Nos casos de infrações penais de menor potencial ofensivo em que a ação penal é de iniciativa privada ou de ação penal pública condicionada à representação, o autor do fato e a vítima poderão realizar a composição dos danos, pondo fim ao litígio e acarretando a renúncia ao direito de queixa ou representação.

(C) A composição dos danos civis será reduzida a escrito e homologada pelo Juiz mediante sentença irrecorrível, porá fim ao processo, devendo, no entanto, a vítima ajuizar ação de conhecimento perante o juízo civil competente.

(D) O processo perante o Juizado Especial orientar-se-á pelos critérios da oralidade, informalidade, economia processual e celeridade, objetivando, sempre que possível, a reparação dos danos sofridos pela vítima e a aplicação de pena não privativa de liberdade.

(E) Consideram-se infrações penais de menor potencial ofensivo as contravenções penais e os crimes a que a lei comine pena máxima não superior a 2 (dois) anos, cumulada ou não com multa.

A: correta (art. 69, parágrafo único, da Lei 9.099/1995); **B:** correta (art. 74, parágrafo único, da Lei 9.099/1995); **C:** incorreta, devendo ser assinalada, uma vez que "terá eficácia de título a ser executado no juízo civil competente" (art. 74, *caput*, da Lei 9.099/1995); **D:** correta (art. 62 da Lei 9.099/1995); **E:** correta (art. 61 da Lei 9.099/1995).

Gabarito "C"

(FGV – 2008) A Lei do Crime Organizado (Lei 9.034/1995) prevê a seguinte medida investigativa:

(A) prisão temporária.
(B) infiltração de agentes.
(C) interceptação de comunicações telefônicas.
(D) arresto de bens.
(E) prisão preventiva.

Atualmente, a infiltração de agentes está prevista nos arts. 10 e ss. da Lei 12.850/2013, que revogou, na íntegra, a Lei 9.034/1955, que contemplava esta medida investigativa no seu art. 2º, V.

Gabarito "B"

(FGV – 2008) Assinale a alternativa que indique medidas investigativas que somente podem ser executadas em investigações policiais que versem sobre ilícitos decorrentes de ações praticadas por quadrilha ou bando ou organizações ou associações criminosas de qualquer tipo.

(A) Interceptação de dados e das comunicações telefônicas.
(B) Sequestro de bens móveis, além dos bens imóveis.
(C) Quebra dos sigilos bancário e fiscal dos investigados, mediante prévia autorização judicial.
(D) Captação e a interceptação ambiental de sinais eletromagnéticos, óticos ou acústicos, mediante circunstanciada autorização judicial.
(E) Prisão para averiguações, sem exigência de prévia autorização judicial.

A atual Lei de Organizações Criminosas – Lei 12.850/2013, que revogou a anterior lei de regência (Lei 9.034/1995), prevê, em seu art. 3º, II, a "captação ambiental de sinais eletromagnéticos, ópticos ou acústicos" como meio de prova".

Gabarito "D"

16. Direitos Humanos

Renan Flumian

1. TEORIA GERAL E DOCUMENTOS HISTÓRICOS

(OAB/Exame Unificado – 2013.2) *"Ninguém poderá ser detido, preso ou despojado dos seus bens, costumes e liberdades, senão em virtude de julgamento de seus pares, segundo as leis do país."*

O texto transcrito é um trecho da Magna Carta, proclamada na Inglaterra, no ano de 1215. Esse importante documento é apontado como um marco na afirmação histórica dos direitos humanos, dentre outras razões, porque

(A) consolida os direitos civis e políticos e os econômicos e sociais.

(B) é origem daquilo que na modernidade ficou conhecido como devido processo legal.

(C) representa um marco jurídico político que estabeleceu uma nova ordem social na Inglaterra, tendo sido respeitada por todos os governos seguintes.

(D) institui e oficializa o direito ao habeas corpus.

Dentre as assertivas existentes, a única que faz correta menção à importância destacada da Magna Carta é a B. O século XII marcou o início de uma onda de centralização de poder, tanto em nível civil como eclesiástico. É importante ter em mente tal consideração, pois ela é o motivador da assinatura da Magna Carta. À título histórico, cabe lembrar que já em 1188 havia sido feita a declaração das cortes de Leão, na Espanha. Depois dessa declaração, os senhores feudais espanhóis continuaram se manifestando, mediante declarações e petições, contra a instalação do poder real soberano. A Magna Carta é um documento de 1215 que limitou o poder dos monarcas da Inglaterra, impedindo o exercício do poder absoluto. Ela resultou de desentendimentos entre o rei João I (conhecido como "João Sem Terra"), o papa e os barões ingleses acerca das prerrogativas do soberano. Essas discordâncias tinham raízes diversas. A contenda com os barões foi motivada pelo aumento das exações fiscais, constituídas para financiar campanhas bélicas, pois o rei João Sem Terra acabara de perder a Normandia – que era sua por herança dinástica – para o rei francês Filipe Augusto. A desavença com o papa surgiu de seu apoio às pretensões territoriais do imperador Óton IV, seu sobrinho, em prejuízo do papado. Ademais, o rei João I recusara a escolha papal de Stephen Langton como cardeal de Canterbury, o que lhe rendeu a excomunhão, operada pelo papa Inocêncio III. A Magna Carta só foi assinada pelo rei quando a revolta armada dos barões atingiu Londres, sendo sua assinatura condição para o cessar-fogo. Todavia, ela foi reafirmada solenemente (pois tinha vigência determinada de três meses) em 1216, 1217 e 1225, quando se tornou direito permanente. Como curiosidade, cabe apontar que algumas de suas disposições se encontram em vigor ainda nos dias de hoje. Sua forma foi de promessa unilateral, por parte do monarca, de conceder certos privilégios aos barões, mas é possível entendê-la como uma convenção firmada entre os barões e o rei. Além disso, segundo os termos do documento, o rei deveria renunciar a certos direitos e respeitar determinados procedimentos legais (apontado, pela historiologia jurídica, como a origem do devido processo legal), bem como reconhecer que sua vontade estaria sujeita à lei. Considera-se a Magna Carta o primeiro capítulo de um longo processo histórico que levaria ao surgimento do constitucionalismo[1] e da democracia moderna. Em síntese, o documento é uma limitação institucional dos poderes reais.

Gabarito "B"

(OAB/Exame Unificado – 2013.1) Sobre o sistema global de proteção dos Direitos Humanos, assinale a afirmativa correta.

(A) O Direito Humanitário, a Organização Internacional do Trabalho e a Liga das Nações são considerados os principais precedentes do processo de internacionalização dos direitos humanos, uma vez que rompem com o conceito de soberania, já que admitem intervenções nos países em prol da proteção dos direitos humanos.

(B) A Declaração Universal dos Direitos Humanos juntamente com a adoção do Pacto Internacional dos Direitos Civis e Políticos formam a Carta Internacional dos Direitos Humanos, podendo um Estado adotar ou não os seus postulados.

(C) O sistema global restringe-se à Carta Internacional dos Direitos Humanos. Outros tratados multilaterais sobre Direitos Humanos, que se referem a violações específicas de direitos, tais como Convenção Internacional contra a Tortura, são facultativos e, consequentemente, não são considerados como parte do sistema global.

(D) O sistema global é composto por mecanismos não convencionais de proteção dos direitos humanos. Tais mecanismos são aqueles criados por convenções específicas de Direitos Humanos, de adoção facultativa para os Estados.

A: correta. A ideia de soberania absoluta encontra-se há muito superada. Assim, o Estado que violar direitos humanos poderá ser responsabilizado perante a comunidade internacional, como, por exemplo, por intermédio de cortes regionais (ex.: Corte Interamericana de Direitos Humanos) ou de comitês internacionais (ex.: Comitê dos Direitos Humanos criado pelo Pacto Internacional dos Direitos Civis e Políticos). Por essa lógica, o indivíduo que tiver sua dignidade violada e não conseguir a efetiva tutela poderá dirigir-se (direta ou indiretamente), quando previsto, a cortes e comitês internacionais para buscar sua devida proteção. Sobre a responsabilização do Estado, é importante dizer que o artigo 28 da Convenção Americana de Direitos Humanos estabelece a cláusula federal, que em seu ponto 2 determina: "No tocante às disposições relativas às matérias que correspondem à competência das entidades componentes da federação, o governo nacional deve tomar imediatamente as medidas pertinentes, em conformidade com sua Constituição e com suas leis, a fim de que as

1. O constitucionalismo pode ser conceituado como o movimento político, social e jurídico cujo objetivo é limitar o poder do Estado por meio de uma Constituição. Já o neoconstitucionalismo surge depois da Segunda Guerra Mundial e tem por objetivo principal conferir maior efetividade aos comandos constitucionais, notadamente os direitos fundamentais.

autoridades competentes das referidas entidades possam adotar as disposições cabíveis para o cumprimento desta Convenção". Ademais, sempre é o governo central que responderá perante a comunidade internacional, pois é o representante do Estado como um todo, o único detentor de personalidade jurídica internacional. Em outras palavras, a Federação de Estados ou Estado Federal é a união permanente de dois ou mais estados, dos quais cada um conserva apenas a autonomia interna, pois a soberania externa é exercida por um órgão central, normalmente denominado *governo federal*. O Brasil é Estado Federal desde a Constituição Federal de 1891. Por fim, pode-se afirmar que a divisão de autonomias em relação às competências internas não interfere na responsabilização internacional. E o dirigente político que conduzir o país à prática de crimes contra a humanidade também poderá ser julgado e condenado pelo Tribunal Penal Internacional (TPI). Sobre esse processo de mitigação da soberania, é imprescindível apontar o papel do Tribunal de Nuremberg[2], pois com a instalação desse tribunal *ad hoc* ficou demonstrada a necessária flexibilização da noção de soberania para bem proteger os direitos humanos. Por outro lado, ficou comprovado o reconhecimento de direitos do indivíduo pelo direito internacional. Antes do Tribunal de Nuremberg, podemos citar o Direito Humanitário, a Liga das Nações e a Organização Internacional do Trabalho como exemplos de limitação, oriundas da comunidade internacional, que os Estados sofreram em sua inabalável soberania. É importante destacar o caráter *complementar* e *subsidiário* dos sistemas internacionais, porque estes apenas serão acionados caso o sistema jurídico nacional tenha sido incapaz ou não tenha demonstrado interesse em julgar o caso. Sob outro aspecto, não se configuraria vilipêndio à soberania, pois, na maioria dos casos, o Estado, com suporte no *princípio da autodeterminação dos povos*, aquiesceu à competência de cortes e comitês internacionais. Isto é, com supedâneo em sua soberania escolheu fazer parte de certo sistema de proteção internacional, e qualquer determinação ou punição que provier desse sistema já é aceita de antemão pelo Estado; **B:** incorreta. A denominada Carta Internacional de Direitos Humanos ou *International Bill of Rights* é constituída pela Declaração Universal dos Direitos Humanos em conjunto com os dois Pactos Internacionais – sobre Direitos Civis e Políticos e sobre Direitos Econômicos, Sociais e Culturais; **C:** incorreta, pois os tratados que se referem à violações específicas também fazem parte do sistema global de proteção (específica) dos direitos humanos. E são considerados específicos por protegerem indivíduos determinados, e não todos os seres humanos. Nas palavras de Norberto Bobbio, é o processo de *especificação* dos sujeitos titulares de direitos[3]; **D:** incorreta. Os mecanismos criados por convenções específicas de Direitos Humanos são convencionais. Pode-se apontar que o Conselho de Direitos Humanos se insere no sistema global[4] de proteção dos direitos humanos como um mecanismo não convencional, destoando dos mecanismos convencionais de proteção instituídos pelas Convenções da ONU. A fonte material do sistema não convencional são as resoluções elaboradas pelos órgãos da ONU (notadamente o Conselho de Direitos Humanos, a Assembleia Geral e o Conselho Econômico e Social).

Gabarito "A".

(OAB/Exame Unificado – 2011.2) A respeito da internacionalização dos direitos humanos, assinale a alternativa correta.

(A) A limitação do poder, quando previsto na Constituição, garante por si só o respeito aos direitos humanos.

(B) A internacionalização dos direitos humanos impõe que o Estado, e não o indivíduo, seja sujeito de direitos internacional.

(C) A criação de normas de proteção internacional no âmbito dos direitos humanos possibilita a responsabilização do Estado quando as normas nacionais forem omissas.

(D) Já antes do fim da II Guerra Mundial ocorreu a internacionalização dos direitos humanos, com a limitação dos poderes do Estado a fim de garantir o respeito integral aos direitos fundamentais da pessoa humana.

A: incorreta. Para a doutrina internacional os Estados têm uma tripla obrigação para com todos os direitos humanos: de proteger (*to protect*), de respeitar (*to respect*) e de realizar (*to fulfill*). Pelo dito, podemos afirmar que somente a limitação do poder não vai garantir a satisfatória implementação dos direitos humanos. Cabe frisar que a limitação do poder insere-se na primeira geração de direitos, que engloba os direitos ditos individuais. Por exemplo, na Convenção Internacional sobre a Eliminação de todas as formas de Discriminação Racial, os Estados-partes têm a obrigação de implementar políticas públicas que assegurem efetivamente a progressiva eliminação da discriminação racial. Percebe-se que o ideal de igualdade não vai ser atingido somente por meio de políticas repressivas que proíbam a discriminação. É necessária uma comunhão da proibição da discriminação (igualdade formal) com políticas promocionais temporárias (igualdade material). Por fim, deve-se lembrar que os direitos humanos possuem como características a indivisibilidade e a interdependência, dentre outras. A indivisibilidade se traduz na ideia de que todos os direitos humanos se retroalimentam e se complementam, assim é infrutífero buscar a proteção e a promoção de apenas uma parcela deles. E a interdependência se traduz na ideia de que cada direito depende dos outros para ser substancialmente realizado; **B:** incorreta. É interessante apontar a peculiaridade dos tratados internacionais de direitos humanos, pois diferentemente dos tradicionais que visam compor os interesses dos Estados, aqueles buscam garantir o exercício de direitos por indivíduos. Cabe lembrar que o processo recente de internacionalização dos direitos humanos está ligado ao reconhecimento da pessoa humana como sujeito de direito internacional; **C:** correta. O Estado que violar direitos humanos poderá ser responsabilizado perante a comunidade internacional, como, por exemplo, por intermédio de cortes regionais (ex: Corte Interamericana de Direitos Humanos) ou de comitês internacionais (ex: Comitê dos Direitos Humanos criado pelo Pacto Internacional dos Direitos Civis e Políticos). Dentro desta lógica, caso o Estado-Membro tenha assinado e ratificado o Protocolo Facultativo dos

---

2. O Tribunal de Nuremberg foi instituído para julgar os crimes de guerra e contra a humanidade perpetrados durante a Segunda Guerra Mundial pelos líderes nazistas (o julgamento começou em 20 de novembro de 1945). Idealizado pelos Aliados (sobretudo EUA, URSS, Reino Unido e França), escalou o Chefe da Justiça americana, Robert Jackson, para ser seu coordenador. Cabe lembrar que a experiência de Nurembergue marca a primeira vez em que crimes de guerra foram julgados por um tribunal internacional. Uma crítica que se faz ao Tribunal é que se trata de uma "justiça dos vencedores".
3. BOBBIO, Norberto. **A era dos direitos**. Rio de Janeiro: Elsevier, 2004. Mais detidamente: "Essa especificação ocorreu com relação seja ao gênero, seja às várias fases da vida, seja à diferença entre estado normal e estados excepcionais na existência humana. Com relação ao gênero, foram cada vez mais reconhecidas as diferenças específicas entre a mulher e o homem. Com relação às várias fases da vida, foram-se progressivamente diferenciando os direitos da infância e da velhice, por um lado, e os do homem adulto, por outro. Com relação aos estados normais e excepcionais, fez-se valer a exigência de reconhecer direitos especiais aos doentes, aos deficientes, aos doentes mentais etc." (p. 59).
4. Também denominado Sistema das Nações Unidas.

Tratados ou Convenções a que fazem parte, o indivíduo que tiver sua dignidade violada e não conseguir a efetiva tutela, poderá buscar (direta ou indiretamente) cortes e comitês internacionais para buscar sua devida proteção. Ademais, o dirigente político que conduzir o país à prática de crimes contra a humanidade também poderá ser julgado e condenado pelo Tribunal Penal Internacional (TPI). É importante apontar o caráter **complementar** e **subsidiário** dos sistemas internacionais. Isso porque estes apenas serão acionados caso o sistema jurídico nacional tenha sido incapaz ou não tenha demonstrado interesse em julgar o caso; **D:** incorreta. Questão é altamente polêmica, pois é indiscutível que o Direito Humanitário, a Liga das Nações e a OIT foram considerados por muitos a primeira limitação internacional que os Estados sofreram na sua soberania. No caso do Direito Humanitário, logo, na hipótese de conflito armado, por exemplo, os Estados teriam de respeitar certas regras que visam proteger as vítimas civis e os militares fora de combate. Assim, teve-se início o processo de internacionalização dos direitos humanos. Todavia, a questão é expressa em afirmar que o processo de internacionalização da proteção dos direitos humanos ocorreu antes da II Guerra Mundial, e isso não é verdade, pois, por mais que esse processo tem raízes históricas anteriores à segunda grande guerra, o seu processo só ocorre (leia-se efetiva) após o citado conflito. Foi assim que abalados pelas barbáries deflagradas nas duas Grandes Guerras e ensejosos de construir um mundo sob novos alicerces ideológicos, os dirigentes das nações que emergiram como potências no período pós-guerra, liderados por URSS e Estados Unidos, estabeleceram na Conferência de Yalta, na Ucrânia, em 1945, as bases de uma futura "paz", para isso definiram as áreas de influência das potências e acertaram a criação de uma organização multilateral que promovesse negociações sobre conflitos internacionais, com o objetivo de evitar guerras, construir a paz e a democracia, além de fortalecer os direitos humanos. Teve aí sua origem a Organização das Nações Unidas. A ONU é uma organização internacional que tem por objetivo facilitar a cooperação em matéria de direito internacional, segurança internacional, desenvolvimento econômico, progresso social, direitos humanos e a realização da paz mundial. Por isso, diz-se que é uma organização internacional de vocação universal. Sua lei básica é a Carta das Nações Unidas, elaborada em São Francisco de 25 de abril a 26 de junho de 1945. Esta Carta tem como anexo o Estatuto da Corte Internacional de Justiça. Percebe-se que uma das preocupações da ONU é a proteção dos direitos humanos mediante a cooperação internacional. **A Carta das Nações Unidas é o exemplo mais emblemático do processo de internacionalização dos direitos humanos ocorridos no pós--guerra. Aliás é importante lembrar que este processo recente de internacionalização dos direitos humanos é fruto da ressaca moral da humanidade ocasionada pelo excesso de violações de direitos humanos perpetradas pelo nazifascismo.**

Gabarito "C"

1.1. INTERPRETAÇÃO E APLICAÇÃO

(Defensoria/SP – 2009 – FCC) De acordo com o Direito Internacional dos Direitos Humanos, no tocante à interpretação, em caso de conflito, das normas definidoras de direitos e garantias,

(A) prevalece sempre a norma mais benéfica à pessoa humana.
(B) prevalece sempre a norma internacional.
(C) prevalece sempre a norma interna.
(D) norma posterior derroga a anterior.
(E) norma especial derroga a geral no que apresenta de específico.

Em se tratando de interpretação e de aplicação das regras protetivas de direitos humanos, deve-se ter por fundamento o princípio da primazia da norma mais favorável à vítima. Tal princípio determina a busca da maior efetividade possível na proteção dos direitos humanos. Portanto, de um modo geral, os sistemas protetivos de direitos humanos global, regional e nacional interagem-se e complementam-se para melhor proteger o indivíduo dos abusos perpetrados contra sua dignidade humana. Esse exercício foi denominado por Erik Jaime[5] o *diálogo das fontes*[6], ou seja, os diversos sistemas de proteção (fontes heterogêneas) são coordenados para garantir a maior tutela possível da dignidade da pessoa humana – dessa forma, o sistema com maiores possibilidades de garantir a proteção no caso específico será o eleito, podendo até haver uma aplicação conjunta dos sistemas, desde que apropriada. A Constituição brasileira traz previsão expressa da "cláusula de diálogo ou dialógica" no seu art. 4º, II.

Gabarito "A"

2. GERAÇÕES DOS DIREITOS HUMANOS

(OAB/Exame Unificado – 2013.3) O processo histórico de afirmação dos direitos humanos foi inscrito em importantes documentos, tais como a Declaração Universal dos Direitos do Homem e do Cidadão de 1789 ou mesmo a Constituição Mexicana de 1917. Desse processo é possível inferir que os Direitos Humanos são constituídos por, ao menos, duas dimensões interdependentes e indivisíveis.

São elas:

(A) Direitos Naturais e Direitos Positivos.
(B) Direitos Civis e Direitos Políticos.
(C) Direitos Civis e Políticos e Direitos Econômicos e Sociais.
(D) Direito Público e Direito Privado.

Apenas as assertivas "B" e "C" cuidam das chamadas dimensões (gestações ou gerações) dos direitos humanos. Mas a assertiva "B" traz apenas os direitos pertencentes à primeira dimensão (direitos individuais), em razão disso está incorreta. Já a "C" traz exemplos das duas primeiras dimensões de direitos humanos. A segunda geração trata dos direitos sociais, culturais e econômicos. A titularidade desses direitos é atribuída à coletividade, por isso são conhecidos como direitos coletivos. Tal análise perde um pouco de seu sentido quando o enfoque recai sobre países ditos novos, como o Brasil e a Austrália, pois a maioria dos tipos de direitos humanos foram reconhecidos, logo disciplinados, de uma só vez em suas respectivas Constituições. Mas quando a análise leva em conta os países europeus, por exemplo, entende-se muito bem que o reconhecimento dos direitos humanos é um processo que perpassa vários séculos. Assim, os direitos civis apareceram no século XVIII para garantir a liberdade do indivíduo perante o Estado (opressor). Essa maior liberdade permitiu uma atuação mais ativa por parte das pessoas, o que eclodiu no reconhecimento dos direitos políticos no século XIX, ou seja, esse direito, antes exclusivo de poucos, foi estendido para grande parcela da população masculina, incluindo os trabalhadores. E o exercício desses direitos políticos, sobretudo pela classe trabalhadora, permitiu a constituição dos direitos sociais no século XX (MARSHALL, Thomas. *Cidadania, classe social e status.* Rio de Janeiro: Zahar, 1967. p. 57 a 114).

Gabarito "C"

5. **Identité culturelle et integration:** le droit international privé postmoderne. Séries Recueil des Cours de l'Académie de Droit International de la Haye 251, 1995.
6. O citado diálogo também é previsto expressamente no artigo 29, *b*, da Convenção Americana de Direitos Humanos.

3. CARACTERÍSTICAS DOS DIREITOS HUMANOS

(OAB/Exame Unificado – 2014.1) A Companhia Energética de Minas Gerais (Cemig) foi responsabilizada por fiscais do Ministério do Trabalho e Emprego (MTE) e pelo Ministério Público do Trabalho (MPT) pela submissão de 179 trabalhadores a condições análogas às de escravos, em Belo Horizonte. Esse fato gravíssimo comprova, na prática, violação de um princípio crucial acerca dos Direitos Humanos.

Assinale a opção que expressa esse princípio.

(A) O princípio do relativismo cultural determina que o trabalho forçado seja combatido apenas nos países onde a legislação defina tal conduta como ilícita.

(B) O princípio da razoabilidade, pois não é razoável que pessoas sejam submetidas ao trabalho na condição análoga à de escravo.

(C) O princípio do direito humanitário, pois o trabalho na condição análoga à de escravo é desumano.

(D) O princípio da indivisibilidade dos direitos humanos, pois o trabalho na condição análoga à de escravo viola a um só tempo os direitos civis e políticos e os direitos econômicos e sociais.

A: incorreta. Condições ideias de trabalho são requisitos objetivos que têm a ver com a segurança e saúde dos trabalhadores. O princípio do relativismo cultural não incide aqui. Até porque para defender sua incidência seria necessário provar que em certos países, em função de um contexto cultural específico, certas pessoas estão fadadas a ser escravas. Além do que cabe dizer que a proibição de tortura faz parte do *jus cogens*; **B:** incorreta. Não é uma questão de ser razoável ou não, mas sim de ser indiscutivelmente proibido (ler o comentário anterior); **C:** incorreta. O Direito Humanitário é composto de princípios e regras – positivadas ou costumeiras – que têm como função, por questões humanitárias, **limitar os efeitos do conflito armado**. Mais especificamente, o Direito Humanitário protege as pessoas que não participam ou não mais participam das hostilidades e restringe os meios e os métodos de guerra. Tal conceito permite-nos encará-lo como Direito Internacional dos Conflitos Armados ou Direito da Guerra. Pelo âmbito de aplicação do Direito Humanitário, podemos apontar essa assertiva como incorreta; **D:** correta, pois, certamente, ao reduzir alguém a condições análogas às de escravos, essa pessoa perderia o gozo de todos os seus direitos fundamentais. E quanto mais um tipo de direito humano (ex.: direito econômico) é desrespeitado e violado, os outros são enfraquecidos. Isso porque a indivisibilidade é uma característica central dos direitos humanos. Cabe lembrar que um escravo nem possui o básico direito de ir e vir conforme seu próprio interesse.

Gabarito "D"

(OAB/Exame Unificado – 2013.2) Em 11 de abril de 2011 passou a vigorar na França uma lei que proíbe o uso, nos espaços públicos, da burca e do niqab, véus que cobrem totalmente os rostos das mulheres e que, para algumas correntes da cultura muçulmana, são de uso obrigatório. Essa situação se insere no polêmico debate acerca da universalidade ou da relatividade cultural dos direitos humanos. Em relação a esse debate, assinale a afirmativa correta.

(A) Os defensores do relativismo cultural são a favor da lei uma vez que ela, ao proibir o uso da burca e do niqab, permite a livre manifestação de todas as religiões.

(B) Os defensores da universalidade dos direitos humanos são a favor da lei com o argumento de que todas as culturas devem preservar a igualdade entre os sexos e a burca e o niqab são instrumentos de opressão da mulher.

(C) Os defensores do relativismo cultural são contra a lei porque ela viola o princípio básico de que os direitos humanos se aplicam igualmente a todas as culturas.

(D) Os defensores da universalidade dos direitos humanos são contra a lei, alegando que ela viola o direito à liberdade religiosa.

Primeiro ponto e por uma questão de lógica, os defensores da universalidade dos direitos humanos são a favor da lei (o que elimina a assertiva D) e os defensores do relativismo cultural são contra a lei (o que elimina a assertiva A). A discussão que envolve os relativistas e os universalistas é muito antiga e está longe de um consenso ideal. No ocidente, a visão da universalidade é a que vigora em sua grande maioria e deverá ser adotada na OAB e em concursos em geral. Nessa toada, pode-se afirmar que a Declaração Universal dos Direitos Humanos de 1948 foi fator fundamental para o processo de universalização da noção de direitos humanos. Muito importante foi seu papel, pois antes disso a proteção dos direitos humanos era relegada a cada Estado, que, com suporte em sua intocável soberania, tinha autonomia absoluta para determinar e executar as políticas relacionadas à proteção da dignidade da pessoa humana. Todavia, obras de horror, como o nazifascismo, demonstraram que a proteção do ser humano não pode ficar somente nas "mãos de governos" ou de "governantes". Assim, um dos grandes objetivos perseguidos com a criação da ONU foi buscar a proteção dos direitos humanos em nível universal. Grande passo foi dado nesse sentido com a promulgação da Declaração Universal dos Direitos Humanos. Assim, "o direito a ter direitos" de Hannah Arendt passaria a ter tutela internacional. As críticas referentes à leitura de *universalização* por *ocidentalização* não procedem, porque os direitos humanos transcendem às criações culturais no sentido lato (religião, tradição, organização política etc.) por serem adstritos à condição humana. Destarte, particularidades regionais e nacionais devem ser levadas em conta, mas nunca impedir a proteção mínima dos direitos humanos, até porque estes fazem parte do *jus cogens*. Assim, o universalismo derrota o relativismo. Importante lembrar que o *jus cogens* (normas cogentes de direito internacional) é calcado no reconhecimento da existência de direitos e de obrigações naturais, independentemente da existência de algum tratado internacional. O *jus cogens* seria como um qualificador de regras consideradas basilares para a ordenação e a viabilidade da comunidade internacional. Portanto, a compreensão da existência de uma comunidade internacional e de interesses que advêm dela (sobretudo para sua existência – como, por exemplo, na proteção internacional do meio ambiente), e não somente de Estados em sua individualidade, deu suporte para o aparecimento do *jus cogens*. Mas é oportuno apresentar a teoria da hermenêutica diatópica arquitetada pelo Professor português Boaventura de Souza Santos. Em seu artigo intitulado "Para uma concepção intercultural dos direitos humanos", Boaventura tenta apontar as condições que permitem conferir aos direitos humanos tanto um escopo global como uma legitimidade local, para, assim, fundar uma política progressista de direitos humanos. Em outras palavras, busca construir uma proposta para superação do debate sobre universalismo e relativismo cultural. Importante ter em mente a profunda ligação que o autor estabelece entre ambiente cultural e conceituação dos direitos humanos. Assim, Boaventura pondera que os direitos humanos podem ser produzidos e interpretados dentro do paradigma da globalização hegemônica ou da globalização contra-hegemônica. Sem esconder sua preferência pelo último enfoque, o pensador português assim diz: "A minha tese é que, enquanto forem concebidos como direitos humanos universais em abstracto, os direitos humanos tenderão a operar como localismo globalizado e, portanto, como uma forma de globalização hegemônica. Para poderem operar como forma de cosmopolitismo insurgente, como globalização contra-

-hegemónica, os direitos humanos têm de ser reconceptualizados como interculturais[7]". Para entender o funcionamento da hermenêutica diatópica, a qual permitirá o diálogo intercultural, cabe ter por base o conceito de *topoi*. De forma geral, os *topoi* são os lugares comuns retóricos mais abrangentes de determinada cultura. Funcionam como premissas de argumentação, logo, não podem ser discutidas, devido sua evidência. Na prática, a hermenêutica diatópica assim funcionaria: "A hermenêutica diatópica baseia-se na ideia de que os topoi de uma dada cultura, por mais fortes que sejam, são tão incompletos quanto a própria cultura a que pertencem. Tal incompletude não é visível a partir do interior dessa cultura, uma vez que a aspiração à totalidade induz a que se tome a parte pelo todo. O objectivo da hermenêutica diatópica não é, porém, atingir a completude – um objectivo inatingível – mas, pelo contrário, ampliar ao máximo a consciência de incompletude mútua através de um diálogo que se desenrola, por assim dizer, com um pé numa cultura e outro, noutra. Nisto reside o seu carácter dia-tópico[8]". Mediante a aplicação da hermenêutica diatópica seria possível a aproximação do *topos* dos direitos humanos da cultural ocidental com o *topos* do dharma da cultura hindu e com o *topos* da umma da cultura islâmica. E o resultado seria, nas palavras do autor, a formatação de uma concepção híbrida da dignidade humana, ou seja, uma concepção mestiça dos direitos humanos. Esse processo desaguaria numa alternativa à teoria geral de aplicação pretensamente universal, a qual não é mais do que uma versão peculiar de universalismo que concebe como particularismo tudo o que não coincide com ele. Por todo o dito, percebe-se que a hermenêutica diatópica exige uma produção de conhecimento coletiva, participativa, interativa, intersubjetiva e reticular.

Gabarito "B"

(OAB/Exame Unificado – 2011.1) Com relação aos chamados "direitos econômicos, sociais e culturais", é correto afirmar que

(A) formam, juntamente com os direitos civis e políticos, um conjunto indivisível de direitos fundamentais, entre os quais não há qualquer relação hierárquica.

(B) são previstos, no âmbito do sistema interamericano, no texto original da Convenção Americana sobre Direitos Humanos (Pacto de San José da Costa Rica).

(C) incluem o direito à participação no processo eleitoral, à educação, à alimentação e à previdência social.

(D) são direitos humanos de segunda geração, o que significa que não são juridicamente exigíveis, diferentemente do que ocorre com os direitos civis e políticos.

A: correta. Todos os direitos humanos se retroalimentam e se complementam, assim, é infrutífero buscar a proteção de apenas uma parcela deles. Veja-se o exemplo do direito à vida, núcleo dos direitos humanos. Este compreende o direito do ser humano de não ter sua vida ceifada (atuação estatal negativa), como também o direito de ter acesso aos meios necessários para conseguir a sua subsistência e uma vida digna (atuação estatal positiva). Percebe-se a interação dos direitos pessoais com os direitos sociais, econômicos e culturais para garantir a substancial implementação do direito à vida. Ademais, o princípio da complementaridade solidária dos direitos humanos de qualquer espécie foi proclamado solenemente pela Conferência Mundial de Direitos Humanos, realizada em Viena em 1993. Importante transcrever trecho da Declaração de Viena que bem sintetiza as características dos direitos humanos de um modo geral: "Todos os direitos humanos são universais, indivisíveis, interdependentes e inter-relacionados. A comunidade internacional deve tratar os direitos humanos de forma global, justa e equitativa, em pé de igualdade e com a mesma ênfase. Embora particularidades nacionais e regionais devam ser levadas em consideração, assim como diversos contextos históricos, culturais e religiosos, é dever dos Estados promover e proteger todos os direitos humanos e liberdades fundamentais, sejam quais forem seus sistemas políticos, econômicos e culturais"; **B:** correta. Isto porque foi o protocolo adicional à Convenção Americana de Direitos Humanos (Protocolo de San Salvador) que definiu o conteúdo dos direitos econômicos, sociais e culturais no âmbito do sistema interamericano de proteção dos direitos humanos. Entretanto, os direitos econômicos, sociais e culturais já estavam previstos no art. 26 da Convenção Americana de Direitos Humanos ou Pacto de San José da Costa Rica. Portanto, resta claro que os direitos econômicos, sociais e culturais estão previstos (mas não definidos) no texto original da Convenção Americana de Direitos Humanos (Pacto de San José da Costa Rica). Percebe-se que a redação da assertiva "b" refere-se simplesmente à previsão dos direitos econômicos, sociais e culturais, destarte, nós consideramos esta assertiva como correta também. O gabarito oficial indicou somente a assertiva "A" como correta; **C:** incorreta. O direito à participação no processo eleitoral é um exemplo típico de direito político e não econômico, social e cultural. Os direitos políticos encontram-se disciplinados no art. 21 da Declaração Universal dos Direitos Humanos; **D:** incorreta. Todos os direitos humanos são juridicamente exigíveis, pois, conforme dito na assertiva "A", são indivisíveis, interdependentes e inter-relacionados. Importante lembrar que os direitos humanos de segunda geração referem-se aos direitos econômicos, sociais e culturais. A titularidade destes direitos é atribuída à coletividade, destarte, são conhecidos como direitos coletivos. O seu fundamento é a ideia de igualdade e o grande motivador do aparecimento destes direitos foi o movimento antiliberal, notadamente após a Primeira Guerra Mundial. A URSS teve papel central neste movimento, pois defendia a perspectiva social dos direitos humanos. E tal linha foi consagrada no Pacto Internacional de Direitos Econômicos, Sociais e Culturais. Cabe destacar que esses direitos aparecerem em primeiro lugar na Constituição Mexicana de 1917 e na Constituição da Alemanha de 1919 ("Constituição de Weimar"). Em que pese nossa afirmação no tocante à justiciabilidade dos direitos econômicos, sociais e culturais, cabe explicar como ela se dá no sistema interamericano. A Corte Interamericana tem competência para interpretar e aplicar o Protocolo Adicional à Convenção Americana de Direitos Humanos (Protocolo de San Salvador) somente em relação ao art. 8, ponto 1, alínea a (direitos sindicais dos trabalhadores) e o art. 13 (direito à educação). Tudo em conformidade com o art. 19, ponto 6, do mencionado Protocolo, o qual determina que são esses os únicos direitos passíveis de serem acionados perante à Corte (justiciabilidade), entre um amplo conjunto de direitos econômicos, sociais e culturais de que trata esse protocolo. Entretanto, o que se percebe no campo prático é uma jurisprudência criativa que permite uma implementação indireta dos direitos econômicos, sociais e culturais. Uma das grandes contribuições para essa substancial evolução foi a construção jurisprudencial de um conceito amplo ou *lato sensu* do direito de acesso à justiça (art. 25 da Convenção Americana), o que permite o acionamento da Corte para proteção de todos os direitos humanos, inclusive os econômicos, sociais e culturais. Cabe destacar também a construção jurisprudencial da Corte que qualificou de *jus cogens* os princípios da equidade e da não discriminação, os quais são, logicamente, aplicados em relação a todos direitos humanos. E, por fim, o estabelecimento, pela Corte, de um conceito amplo do direito à vida, o qual exige a proteção e a implementação dos direitos econômicos, sociais e culturais para sua satisfatória efetivação.

Gabarito oficial "A" / Nosso Gabarito "A" e "B"

4. CLASSIFICAÇÃO DOS DIREITOS HUMANOS

(Defensoria/SP – 2007 – FCC) As Constituições Mexicana (1917) e Alemã (1919) são historicamente relevantes para os direitos humanos porque

(A) incorporaram ao direito interno as normas da Declaração Universal dos Direitos Humanos.

(B) restabeleceram o paradigma da dignidade humana, abalado pelos eventos da Segunda Guerra Mundial.

(C) enfatizaram a prevalência dos direitos individuais sobre os coletivos.

7. **Revista Contexto Internacional**, vol. 23, n 1º, 2001, pág. 14.
8. **Revista Contexto Internacional**, vol. 23, n 1º, 2001, pág. 21.

(D) elevaram os direitos trabalhistas e previdenciários ao nível de direitos fundamentais.
(E) inspiraram a elaboração da Declaração dos Direitos do Povo Trabalhador e Explorado.

A segunda geração de direitos humanos trata dos direitos sociais, culturais e econômicos. A titularidade destes direitos é atribuída à coletividade, destarte, são conhecidos como direitos coletivos. Seu fundamento é a ideia de igualdade. Cabe destacar que esses direitos apareceram em primeiro lugar na Constituição Mexicana de 1917 e na Constituição da Alemanha de 1919 ("Constituição de Weimar"). São exemplos de direitos econômicos principalmente os direitos ao trabalho, ao repouso e ao lazer, e à segurança social (arts. 22 a 25 da Declaração Universal dos Direitos Humanos).
Gabarito "D"

5. SISTEMA GLOBAL DE PROTEÇÃO DOS DIREITOS HUMANOS

5.1. DECLARAÇÃO UNIVERSAL DOS DIREITOS HUMANOS

(FGV – 2013) Com relação à Declaração Universal dos Direitos Humanos, adotada e proclamada pela Assembleia Geral das Nações Unidas, em 1948, analise as afirmativas a seguir.

I. Ninguém será submetido à tortura nem a tratamento ou castigo cruel, desumano ou degradante, salvo quando suspeito de ter cometido crime hediondo.
II. Toda pessoa tem direito, sem qualquer distinção, a igual proteção da lei, exceto quando suspeito de envolvimento em atos lesivos à ordem pública.
III. Toda pessoa acusada de ato delituoso tem o direito de ser presumida inocente, até que sua culpabilidade venha a ser provada de acordo com a lei.

Assinale:

(A) se somente a afirmativa I estiver correta.
(B) se somente a afirmativa II estiver correta.
(C) se somente a afirmativa III estiver correta.
(D) se somente as afirmativas I e II estiverem corretas.
(E) se somente as afirmativas II e III estiverem corretas.

I: incorreta, pois o artigo V da Declaração não traz a exceção disposta no item I da presente questão; **II:** incorreta, pois o artigo VII da Declaração não traz a exceção disposta no item II da presente questão; **III:** correta (artigo XI, ponto 1, da Declaração Universal dos Direitos Humanos).
Gabarito "C"

5.1.1. 2ª CONFERÊNCIA MUNDIAL DE DIREITOS HUMANOS

(Defensoria/SP – 2006 – FCC) Considere as afirmações seguintes, baseadas na Declaração e Programa de Ação da Conferência Mundial dos Direitos Humanos (Viena, 1993).

I. Todos os direitos humanos são universais, indivisíveis, interdependentes e inter-relacionados.
II. A comunidade internacional deve tratar os direitos humanos de forma global, justa e equitativa, em pé de igualdade e com a mesma ênfase.
III. Embora particularidades nacionais devam ser levadas em consideração, é dever dos Estados promover e proteger todos os direitos humanos e liberdades fundamentais, sejam quais forem seus sistemas políticos, econômicos e culturais.
IV. Todos os povos têm direito à autodeterminação. Em virtude desse direito, determinam livremente sua condição política e promovem livremente o desenvolvimento econômico, social e cultural, observadas as prescrições da Declaração Universal dos Direitos Humanos.

SOMENTE estão corretas as afirmações

(A) I e IV.
(B) II e III.
(C) III e IV.
(D) I, II e III.
(E) I, II e IV.

I, II e **III:** corretas, pois refletem o disposto no ponto 5 da Declaração e Programa de Ação da Conferência Mundial dos Direitos Humanos (Viena, 1993). Segue a redação do ponto 5 da Declaração de Viena que bem sintetiza as características dos direitos humanos de um modo geral: "Todos os direitos humanos são universais, indivisíveis, interdependentes e inter-relacionados. A comunidade internacional deve tratar os direitos humanos de forma global, justa e equitativa, em pé de igualdade e com a mesma ênfase. Embora particularidades nacionais e regionais devam ser levadas em consideração, assim como diversos contextos históricos, culturais e religiosos, é dever dos Estados promover e proteger todos os direitos humanos e liberdades fundamentais, sejam quais forem seus sistemas políticos, econômicos e culturais."; **IV:** incorreta. Tal colocação é uma reprodução do art. 1º do Pacto Internacional dos Direitos Civis e Políticos e não tem nenhuma ligação com a Declaração e Programa de Ação da Conferência Mundial dos Direitos Humanos (Viena, 1993).
Gabarito "D"

5.2. PACTOS INTERNACIONAIS – SOBRE DIREITOS CIVIS E POLÍTICOS E SOBRE DIREITOS ECONÔMICOS, SOCIAIS E CULTURAIS

(OAB/Exame Unificado – 2011.3.A) O Pacto Internacional dos Direitos Econômicos, Sociais e Culturais e o Pacto Internacional dos Direitos Civis e Políticos preveem em seu texto mecanismos de proteção, efetivação e monitoramento dos Direitos Humanos consagrados em seus respectivos textos. É correto afirmar que, em ambos os pactos, encontra-se o seguinte mecanismo:

(A) envio de relatórios sobre medidas adotadas e progressos alcançados.
(B) acusação de regresso de proteção dos direitos, que poderá ser protocolada por qualquer Estado-parte, inclusive o próprio analisado.
(C) sistemática de petições, que deverão ser elaboradas e protocoladas por um Estado-parte diferente daquele que está sendo acusado.
(D) envio de relatórios sobre medidas adotadas e progressos alcançados, que deverão ser elaborados e protocolados por um Estado-parte diferente daquele que está sendo analisado.

O Pacto Internacional dos Direitos Civis e Políticos, também conhecido simplesmente como "Pacto Civil", foi adotado em 1966 pela Resolução 2.200 A (XXI) da Assembleia Geral das Nações Unidas, mas, devido à grande resistência que sofreu, somente adquiriu as ratificações necessárias para entrar em vigor no ano de 1976. Seu grande objetivo é tornar obrigatório, vinculante e expandir os direitos civis e políticos elencados na Declaração Universal dos Direitos Humanos. É um exemplo de *hard law,* e foi ratificado pelo Brasil em 24 de janeiro de 1992. O Pacto Internacional dos Direitos Civis e Políticos impôs ao Estados-membros sua imediata aplicação (autoaplicabilidade), diferentemente do Pacto Internacional dos Direitos Econômicos, Sociais e Culturais que determinou sua aplicação progressiva. Conforme determina seu art. 40, os Estados que aderirem ao Pacto comprometem-se a *submeter relatórios* sobre as medidas legais e administrativas por eles adotadas para tornar efetivos os direitos reconhecidos no Pacto e sobre o progresso alcançado no gozo desses direitos. O Pacto apresenta também um sistema, opcional, de *comunicações interestatais* ou *actio popularis*. Por este sistema um estado parte pode denunciar o outro que incorrer em violações dos direitos humanos. Mas, para ter validade, os dois estados, denunciante e denunciado, devem ter expressamente declarado a competência do Comitê de Direitos Humanos para processar tais denúncias. E o processamento das comunicações interestatais deverá seguir o rito descrito no art. 41 do Pacto Internacional de Direitos Civis e Políticos, que assim determina: "as comunicações recebidas em virtude do presente Artigo estarão sujeitas ao procedimento que se segue: a) se um Estado Parte do presente Pacto considerar que outro Estado Parte não vem cumprindo as disposições da presente Convenção poderá, mediante comunicação escrita, levar a questão ao conhecimento deste Estado Parte. Dentro de um prazo de três meses, a contar da data do recebimento da comunicação, o Estado destinatário fornecerá ao Estado que enviou a comunicação explicações ou quaisquer outras declarações por escrito que esclareçam a questão, as quais deverão fazer referência, até onde seja possível e pertinente, aos procedimentos, nacionais e aos recursos jurídicos adotados, em trâmite ou disponíveis sobre a questão; b) se, dentro de um prazo de seis meses, a contar da data do recebimento da comunicação original pelo Estado destinatário, a questão não estiver dirimida satisfatoriamente para ambos os Estados Partes interessados, tanto um como o outro terão o direito de submetê-lo ao comitê, mediante notificação endereçada ao Comitê ou outro Estado interessado; c) o comitê tratará de todas as questões que se lhe submetam em virtude do presente Artigo somente após ter-se assegurado de que todos os recursos jurídicos internos disponíveis tenham sido utilizados e esgotados, em consonância com os princípios do Direito internacional geralmente reconhecido. Não se aplicará esta regra quando a aplicação dos mencionados recursos se prolongar injustificadamente. d) o comitê realizará reuniões confidenciais quando estiver examinando as comunicações previstas no presente Artigo; e) sem prejuízo das disposições da alínea "c', o Comitê colocará seus bons ofícios à disposição dos Estados Partes interessados no intuito de se alcançar uma solução amistosa para a questão, baseada no respeito aos direitos humanos e a liberdades fundamentais reconhecidos no presente Pacto. f) em todas as questões que se lhe submetem em virtude do presente artigo, o Comitê poderá solicitar aos Estados Partes interessados, a que se faz referência na alínea b), que lhe forneçam quaisquer informação pertinentes; g) os estados Partes interessados, a que se faz referência na alínea "b", terão o direito de fazer-se representar quando as questões forem examinadas no Comitê e de apresentar suas observações verbalmente e/ou por escrito; h) o Comitê, dentro dos doze meses seguintes à data de recebimento da notificação mencionada na h), apresentará relatório em que: i) se houver sido alcançada uma solução nos termos da alinea e), o comitê restringir-se-á, em seu relatório, a uma breve exposição dos fatos e da solução alcançada; ii) se não houver sido alcançada solução alguma nos termos alínea "e", o comitê restringir-se-á, em seu relatório, a uma breve exposição dos fatos; serão anexados ao relatório o texto das observações escritas e as atas das observações orais apresentadas pelos Estados Partes interessados". O Comitê de Direitos Humanos, conforme determina o art. 28 do Pacto, é o órgão criado com o objetivo de controlar a aplicação, pelos estados partes, das disposições deste instrumento. Essa fiscalização é denominada de controle de convencionalidade internacional[9]. Deve-se destacar que o citado controle pode ser exercido até em face das Constituições nacionais[10], podendo gerar as chamadas normas constitucionais inconvencionais[11]. Isto é, engloba todos os atos estatais, inclusive as omissões. Em termos práticos, o Comitê vai analisar a conformidade dos atos estatais em relação às obrigações internacionais assumidas no momento da ratificação do Pacto Internacional dos Direitos Civis e Políticos. Por sua vez, o Pacto Internacional dos Direitos Econômicos, Sociais e Culturais também foi aprovado em 1966 pela Assembleia Geral das Nações Unidas, mas devido à grande resistência que sofreu, somente adquiriu as ratificações necessárias para entrar em vigor no ano de 1976. E também tem como grande objetivo tornar obrigatório, vinculante e expandir os direitos econômicos, sociais e culturais elencados na Declaração Universal dos Direitos Humanos. É um exemplo de *hard law*. Como vimos, o Pacto Internacional dos Direitos Econômicos, Sociais e Culturais determinou uma aplicação progressiva de seus preceitos partindo de um mínimo essencial. Isso porque grande parte dos Estados não teriam os meios materiais necessários para garantir a máxima efetivação dos direitos econômicos, sociais e culturais de suas populações. E esta progressividade na implementação dos direitos do Pacto cria, como consequência, o *princípio ou cláusula da proibição/ vedação do retrocesso social ou da evolução reacionária*[12]. Isto é, os Estados somente podem avançar na implementação dos direitos do Pacto, e nunca recuar (leia-se: eliminar direitos já garantidos ou diminuir a proteção conferida por eles)[13]. Num sentido amplo, essa

9. Há ainda o controle de convencionalidade nacional, que venha a ser o exame de compatibilidade do ordenamento interno às normas internacionais feito pelos Tribunais internos" (Ramos, André de Caravalho. **Teoria Geral dos Direitos Humanos na Ordem Internacional**, pág. 250. Editora Saraiva, 2. ed., 2012).

10. *Vide* o caso A Última Tentação de Cristo Vs. Chile – Corte Interamericana de Direitos Humanos.

11. "(...) também é possível admitir que existam normas constitucionais inconvencionais, por violarem direitos humanos provenientes de tratados, direitos estes que (justamente por terem *status* constitucional) também pertencem ao bloco das cláusulas pétreas. Seria o caso daquelas normas da Constituição alocadas à margem do bloco de constitucionalidade, ou seja, que não integrem o núcleo intangível constitucional que estão a violar normas de tratados de direitos humanos (as quais, por serem normas de "direitos humanos", já detêm primazia sobre quaisquer outras, por pertencerem ao chamado "bloco de constitucionalidade"). (Mazzuoli, Valerio de Oliveira. **O Controle Jurisdicional da Convencionalidade das Leis**, págs. 149/150. Editora RT, 2. ed., 2011.).

12. Ou ainda a vedação da contrarrevolução social nas palavras de José Gomes Canotilho (**Direito Constitucional e Teoria da Constituição**, 7. edição, Almedina, Coimbra, Portugal, 2003). Outro termo utilizado para conceituar tal regra é *efeito cliquet*. Lembrando que *cliquet* é uma expressão utilizada por alpinistas e significa a impossibilidade do alpinista retroceder em seu percurso, ou seja, o mesmo deve continuar subindo e nunca descer.

13. Deve-se asseverar que essa regra deve ser aplicada como garantia para a efetividade de todos os tipos de direitos humanos e não somente em relação aos direitos econômicos, sociais e culturais. Cabe aqui reproduzir o importante art. 29 da Convenção Americana dos Direitos Humanos que corrobora tal colocação: "Nenhuma disposição da presente Convenção pode ser interpretada no sentido de:

a) permitir a qualquer dos Estados-partes, grupo ou indivíduo, suprimir o gozo e o exercício dos direitos e liberdades reconhecidos na Convenção ou limitá-los em maior medida do que a nela prevista;

b) limitar o gozo e exercício de qualquer direito ou liberdade que possam ser reconhecidos em virtude de leis de qualquer dos Estados-partes ou em virtude de Convenções em que seja parte um dos referidos Estados;

c) excluir outros direitos e garantias que são inerentes ao ser humano ou que decorrem da forma democrática representativa de governo;

d) excluir ou limitar o efeito que possam produzir a Declaração Americana dos Direitos e Deveres do Homem e outros atos internacionais da mesma natureza"

No mesmo sentido é o conhecido voto em separado do Juiz Piza-Escalante, no Parecer Consultivo 04/84 da Corte Interamericana de Direitos Humanos, que defende a aplicação do princípio da proibição do retrocesso também para os direitos civis e políticos.

vedação se estende aos novos tratados de direitos humanos, assim, não vai ser possível a diminuição protetiva e a restrição para o gozo dos direitos humanos por meio da edição de um novo tratado. Fica nítido o caráter vinculativo do *princípio ou cláusula da proibição/vedação do retrocesso social ou da evolução reacionária.* No que tange à sistemática de controle sobre a aplicação, pelos estados partes, das disposições do Pacto Internacional dos Direitos Econômicos, Sociais e Culturais, foi adotado apenas o envio de relatórios pelos estados-partes. Tais relatórios deverão ser encaminhados para o Secretário-Geral, que os encaminhará ao Conselho Econômico e Social. E para efetuar a análise dos relatórios e assim proceder ao controle de convencionalidade internacional, o Conselho Econômico e Social criou o Comitê sobre Direitos Econômicos, Sociais e Culturais.

Gabarito "A"

5.2.1. SEGUNDO PROTOCOLO ADICIONAL AO PACTO DOS DIREITOS CIVIS E POLÍTICOS COM VISTA À ABOLIÇÃO DA PENA DE MORTE

(OAB/Exame Unificado – 2014.3) Em atos de violência que provocam grande comoção social, é comum que setores da mídia, parte da opinião pública e algumas personalidades políticas reclamem por mudanças na ordem jurídica, a fim de que seja implantada a pena de morte como sanção penal.

Em relação à pena de morte, segundo o Protocolo Adicional ao Pacto dos Direitos Civis e Políticos, devidamente ratificado pelo Brasil, assinale a afirmativa correta.

(A) É permitida apenas nos casos mais graves de extrema violência contra a pessoa, desde que respeitado o devido processo legal.

(B) É proibida em qualquer hipótese, pois o direito à vida é inerente à pessoa humana e tal direito deve ser respeitado e protegido pela lei.

(C) É permitida apenas para os países que já haviam adotado a pena de morte antes de ratificarem o Protocolo, desde que reservada para os crimes mais graves e que a sentença tenha sido proferida pelo Tribunal competente.

(D) É proibida de forma geral, admitindo, como exceção, apenas para o caso de infração penal grave de natureza militar e cometida em tempo de guerra, desde que o Estado Parte tenha formulado tal reserva no ato da ratificação do Protocolo.

O Segundo **Protocolo Facultativo ao Pacto Internacional dos Direitos Civis e Políticos com Vista à Abolição da Pena de Morte**, adotado pela ONU em 15 de dezembro de 1989, tem por fundamento a consciência de que a abolição da pena de morte contribui para a promoção da dignidade humana e para o desenvolvimento progressivo dos direitos do homem. Ademais, devem-se considerar todas as medidas de abolição da pena de morte como um progresso no gozo do direito à vida.

Não é admitida qualquer reserva ao Protocolo, ou seja, a pena de morte é proibida, de forma geral, pelo Protocolo. Porém, é possível formular uma única reserva que possibilitaria a pena de morte numa dada situação. Trata-se da reserva formulada no momento da ratificação ou adesão do Protocolo prevendo a aplicação da pena de morte em tempo de guerra, em virtude de condenação por infração penal de natureza militar de gravidade extrema, desde que cometida em tempo de guerra (artigo 2º do Protocolo).

Gabarito "D"

5.3. QUESTÕES COMBINADAS DO SISTEMA GLOBAL DE PROTEÇÃO DOS DIREITOS HUMANOS

(Procurador do Município/Cubatão-SP – 2012 – VUNESP) Assinale a alternativa correta.

(A) A internacionalização dos direitos humanos constitui um movimento extremamente recente na história, que surgiu a partir do pós-guerra, como resposta às atrocidades e aos horrores cometidos durante o nazismo.

(B) O movimento do Direito Internacional dos Direitos Humanos é baseado na concepção de que toda nação tem a obrigação de respeitar os direitos humanos de seus cidadãos, mas a comunidade internacional não tem o direito e a responsabilidade de protestar, se um Estado não cumprir suas obrigações.

(C) A Declaração Universal dos Direitos Humanos (1948) foi o documento fundante da Organização das Nações Unidas – ONU, e se constitui no primeiro instrumento normativo do Direito Internacional dos Direitos Humanos.

(D) A Carta das Nações Unidas (1945) compreende um conjunto de direitos e faculdades sem as quais o ser humano não pode desenvolver sua personalidade física, moral e intelectual. Além disso, tem caráter universal: é aplicável a todas as pessoas de todos os países, raças, religiões e sexos, seja qual for o regime político dos territórios nos quais incide.

(E) Desde os horrores da Primeira Guerra Mundial, a comunidade internacional traçou a meta de preservar as gerações vindouras do flagelo da guerra, que deveria ser alcançada por meio de um sistema de segurança coletiva, para o qual todos os Estados-membros deveriam cooperar estreitamente.

A: correta, pois o marco recente ou a concepção contemporânea dos direitos humanos foi inaugurado, sem dúvida, pela Declaração Universal dos Direitos Humanos de 1948 e reforçado pela Declaração de Direitos Humanos de Viena de 1993. Com importância neste processo pode-se também citar a Declaração de Direitos Francesa, impulsionada pela Revolução Francesa de 1789, e a Declaração de Direitos Americana, conhecida como Declaração de Direitos do Bom Povo da Virgínia, ambas do século XVIII. A ONU e a Declaração Universal dos Direitos Humanos criam um verdadeiro sistema de proteção global da dignidade humana. É importante ter em mente que este processo recente de internacionalização dos direitos humanos é fruto do pós-guerra e da ressaca moral da humanidade ocasionada pelo excesso de violações de direitos humanos perpetradas pelo nazifascismo. Cada estado estabelece suas próprias regras de direitos humanos ("direitos fundamentais") e executa sua própria política de proteção e efetivação dos direitos humanos. Todavia, o que se percebe é a mitigação da soberania dos estados em função da característica de universalidade dos direitos humanos. Isto é, a comunidade internacional fiscaliza e opina sobre a situação dos direitos humanos em cada país, podendo até sancionar em determinadas situações; **B:** incorreta (reler o comentário sobre a assertiva anterior); **C:** incorreta. Abalados pelas barbáries deflagradas nas duas Grandes Guerras e ensejosos de construir um mundo sob novos alicerces ideológicos, os dirigentes das nações que emergiram como potências no período pós-guerra, liderados por URSS e Estados Unidos, estabeleceram na Conferência de Yalta, na Ucrânia, em 1945, as bases de uma futura "paz", para isso definiram as áreas de influência das potências e acertaram a criação de uma organização multilateral que promovesse negociações sobre conflitos internacionais, com o objetivo de evitar guerras, construir a paz e a democracia, além de fortalecer os direitos humanos. Teve aí sua origem a Organização das Nações Unidas. A ONU é uma organização internacional que tem por objetivo facilitar a cooperação em matéria de direito internacional, segurança internacional, desenvolvimento econômico, progresso social, direitos humanos e a realização da paz mundial. Por isso, diz-se que é uma organização internacional de vocação universal. Sua lei básica é a Carta das Nações Unidas, elaborada em São Francisco de 25 de abril a 26 de junho de 1945. Esta Carta tem como anexo o Estatuto da Corte Internacional de Justiça. E a Declaração Universal dos Direitos Humanos também não foi o primeiro instrumento normativo de proteção internacional dos direitos humanos, pois a Declaração Americana dos Direitos e Deveres do Homem foi o primeiro acordo internacional sobre direitos humanos, antecipando a Declaração Universal dos Direitos Humanos, escrita seis meses depois; **D:** incorreta, pois a questão faz menção erroneamente a Carta das Nações Unidas. A assertiva cuida das características da Declaração Universal dos Direitos Humanos de 1948; **E:** incorreta. Com o fim da Primeira Guerra Mundial, os aliados (vencedores) se reuniram em Paris e firmaram um tratado de paz, conhecido como Tratado de Versalhes. Um dos objetivos do Tratado de Versalhes era a criação de um organismo internacional (Liga das Nações) que tivesse como missão assegurar a paz num mundo traumatizado pela guerra que se encerrara. O problema foi que o Tratado impôs a necessidade dos países do eixo (perdedores) pagarem pesadas indenizações financeiras aos ganhadores e ainda traçou outras limitações. Esse fato causou um sentimento de forte humilhação nos países perdedores, e foi, como aponta inúmeros historiadores, o motivador psicossocial para o florescimento do nazismo na Alemanha, país que foi o grande derrotado da Primeira Guerra Mundial. A corrida armamentista que se iniciou na década de 30 e a própria Segunda Guerra Mundial demonstra o fracasso da Liga das Nações. Por todo o dito, percebe-se que o Tratado de Versalhes estabeleceu obrigações distintas aos Estados, portanto, a afirmação de que os estados deveriam cooperar estreitamente não é correta.

Gabarito "A".

(Defensoria Pública da União – 2010 – CESPE) Com relação à proteção internacional dos direitos humanos, julgue os itens a seguir.

(1) A Declaração Universal dos Direitos Humanos, de 1948, apesar de ter natureza de resolução, não apresenta instrumentos ou órgãos próprios destinados a tornar compulsória sua aplicação.

(2) Entre os diversos órgãos especializados que tratam da proteção dos direitos humanos, inclui-se a Corte Internacional de Justiça, órgão das Nações Unidas cuja competência alcança não só os Estados, mas também quaisquer pessoas físicas e jurídicas, as quais podem encaminhar suas demandas diretamente à Corte.

(3) Os direitos humanos são indivisíveis, como expresso na Declaração Universal dos Direitos Humanos, a qual englobou os direitos civis, políticos, econômicos, sociais e culturais.

1: correta, pois a Declaração Universal dos Direitos Humanos foi aprovada pela Resolução n. 217 A (III) da Assembleia Geral da ONU, em 10 de dezembro de 1948, por 48 votos a zero e oito abstenções. E, em conjunto com os dois Pactos Internacionais, sobre Direitos Civis e Políticos e sobre Direitos Econômicos, Sociais e Culturais, constituem a "Carta Internacional de Direitos Humanos". A Declaração é fruto de um consenso sobre valores de cunho universal a serem seguidos pelos Estados. E também do reconhecimento do indivíduo como sujeito direto do direito internacional. É importante esclarecer que a Declaração é um exemplo de *soft law*, isto porque ela não prevê mecanismos constritivos para a implementação dos direitos previstos. Por outro lado, quando o documento legal prevê mecanismos constritivos para a implementação dos seus direitos, estaremos diante de um exemplo de *hard law*; **2:** incorreta. A Corte é o principal órgão judicial da ONU. A Corte funciona com base em seu Estatuto e pelas chamadas Regras da Corte – uma espécie de código de processo. A competência da Corte é ampla. Em relação à competência *ratione materiae*, a Corte poderá analisar todas as questões levadas até ela, como também todos os assuntos previstos na Carta da ONU ou em tratados e convenções em vigor. Já a competência *ratione personae* é mais limitada, pois a Corte só poderá receber postulações de Estados, sejam ou não membros da ONU (art. 34, § 1º, do Estatuto da Corte Internacional de Justiça). E o art. 96 da Carta da ONU prevê uma função consultiva para a Corte. Assim, qualquer organização internacional intergovernamental – especialmente a ONU – poderá requerer parecer consultivo à Corte. Tal função permite à Corte ser um órgão produtor de doutrina internacional; **3:** correta, porque todos os direitos humanos se retroalimentam e se complementam, assim, é infrutífero buscar a proteção e a promoção de apenas uma parcela deles. Veja-se o exemplo do direito à vida, núcleo dos direitos humanos. Este compreende o direito do ser humano de não ter sua vida ceifada (atuação estatal negativa), como também o direito de ter acesso aos meios necessários para conseguir sua subsistência e uma vida digna (atuação estatal positiva). Percebe-se a interação dos direitos pessoais com os direitos econômicos, sociais e culturais para garantir a substancial implementação do direito à vida. E no bojo da Declaração Universal dos Direitos Humanos encontram-se direitos civis e políticos (arts. 3º a 21) e direitos econômicos, sociais e culturais (arts. 22 a 28).

Gabarito 1C, 2E, 3C

6. SISTEMA GLOBAL DE PROTEÇÃO ESPECÍFICA DOS DIREITOS HUMANOS

6.1. CONVENÇÃO CONTRA A TORTURA E OUTROS TRATAMENTOS OU PENAS CRUÉIS, DESUMANOS OU DEGRADANTES

(Defensoria/MA – 2009 – FCC) Nos termos da Convenção contra a Tortura e outros Tratamentos ou Penas Cruéis, Desumanos ou Degradantes, a tortura é

(A) proibida em toda e qualquer circunstância, seja ameaça ou estado de guerra, instabilidade política interna ou qualquer outra emergência pública, sendo um crime impróprio em que a qualidade de agente público é causa de aumento de pena.

(B) permitida excepcionalmente em estado de guerra, sendo um crime próprio que tem como sujeito ativo um agente público.

(C) permitida excepcionalmente para o combate ao terrorismo, sendo um crime impróprio em que a qualidade de agente público é causa de aumento de pena.

(D) proibida em toda e qualquer circunstância, seja ameaça ou estado de guerra, instabilidade política interna ou qualquer outra emergência pública, sendo um crime próprio que tem como sujeito ativo um agente público.

(E) permitida excepcionalmente em estado de guerra, sendo um crime impróprio em que a qualidade de agente público é causa de aumento de pena.

A Convenção contra a Tortura e outros Tratamentos ou Penas Cruéis, Desumanos ou Degradantes, adotada pela ONU em 28 de setembro de 1984 e ratificada pelo Brasil em 28 de setembro de 1989, tem por fundamento a obrigação que incumbe aos Estados, em virtude da Carta, em particular do artigo 55, de promover o respeito universal e a observância dos direitos humanos e das liberdades fundamentais. Ademais, o art. 5º da Declaração Universal dos Direitos Humanos e o art. 7º do Pacto Internacional sobre Direitos Civis e Políticos determinam que ninguém será sujeito à tortura ou a pena ou tratamento cruel, desumano ou degradante. Os Estados partes têm a obrigação de proibir a tortura, esta não podendo ser utilizada nem mesmo em circunstâncias excepcionais. Além de proibir, os Estados se obrigam a punir os torturadores, independentemente do país em que a tortura foi realizada e da nacionalidade do torturador. Percebe-se que a Convenção contra a Tortura e outros Tratamentos ou Penas Cruéis, Desumanos ou Degradantes estabeleceu jurisdição compulsória e universal para julgar os acusados de tortura. A compulsoriedade da jurisdição determina que os Estados partes devem punir os torturadores, independentemente do local onde o crime foi cometido e da nacionalidade do torturador e da vítima. E a universalidade da jurisdição determina que os Estados partes devem processar ou extraditar o suspeito da prática de tortura, independentemente da existência de tratado prévio de extradição. Por fim, e com base no art. 1º da Convenção, afirmamos que a tortura é crime próprio, pois as dores ou os sofrimentos são infligidos por um funcionário público ou outra pessoa no exercício de funções públicas, ou por sua instigação, ou com o seu consentimento ou aquiescência. À título de curiosidade: os últimos Relatórios enviados pelo Brasil no tocante à esta importante Convenção foram apreciados e julgados pelo Comitê de Fiscalização como parcialmente aceitáveis, pois, de um lado, o Comitê elogiou a disposição do governo brasileiro para tentar resolver o problema da tortura no Brasil; mas, por outro, também repreendeu o país por entender que existe uma certa cultura de aceitação popular da tortura, principalmente em relação a presídios, casas de detenção e delegacias, o que foi duramente criticado e repreendido pelo Comitê, gerando, de um modo geral, um relatório final desfavorável ao Brasil no que tange à aplicação efetiva de meios administrativos e legais para cumprimento dos termos e preceitos da Convenção.

Gabarito "D"

6.2. CONVENÇÃO SOBRE A ELIMINAÇÃO DE TODAS AS FORMAS DE DISCRIMINAÇÃO RACIAL

(Defensoria/MA – 2009 – FCC) À luz da Convenção Internacional sobre a Eliminação de todas as formas de Discriminação Racial, as ações afirmativas são

(A) proibidas, porque constituem uma forma de discriminação direta positiva, nos termos da Convenção.
(B) permitidas, cabendo aos Estados partes adotá-las para fomentar a promoção da igualdade étnico-racial.
(C) obrigatórias, devendo os Estados partes adotá-las no prazo de até cinco anos a contar da data da ratificação da Convenção.
(D) proibidas, porque constituem uma forma de discriminação indireta negativa, nos termos da Convenção.
(E) obrigatórias, devendo os Estados partes adotá-las no prazo de até dois anos a contar da data da ratificação da Convenção.

A Convenção Internacional sobre a Eliminação de todas as formas de Discriminação Racial, adotada pela ONU em 21 de dezembro de 1965 e ratificada pelo Brasil em 27 de março de 1968, tem por fundamento a consciência de que a discriminação entre as pessoas por motivo de raça, cor ou origem étnica é um obstáculo às relações amistosas e pacíficas entre as nações e é capaz de perturbar a paz e a segurança entre os povos e a harmonia de pessoas vivendo lado a lado, até dentro de um mesmo Estado. Os Estados partes têm a obrigação de implementar políticas públicas que assegurem efetivamente a progressiva eliminação da discriminação racial. Percebe-se que o ideal de igualdade não vai ser atingido somente por meio de políticas repressivas que proíbam a discriminação. É necessário uma comunhão da proibição da discriminação (igualdade formal) com **políticas promocionais temporárias** (igualdade material), aliás, o art. 1º, ponto 4, da Convenção dispõe que as ações afirmativas não serão consideradas como discriminação racial. Tal dualidade de ação faz-se necessária, pois a parcela populacional vítima de discriminação racial coincide com a parcela socialmente vulnerável.

Gabarito "B"

6.3. CONVENÇÃO SOBRE OS DIREITOS DA CRIANÇA

(OAB/Exame Unificado – 2012.2) A Convenção sobre os Direitos da Criança estabelece que os Estados-partes reconheçam a importância da função exercida pelos órgãos de comunicação social, devendo assegurar o acesso da criança à informação. Do mesmo modo o Estatuto da Criança e do Adolescente assegura que a informação é um direito da criança e do adolescente.

Acerca da política de informação envolvendo menores, assinale a afirmativa correta.

(A) No que concerne às Medidas Específicas de Proteção, é incabível, qualquer que seja o estágio de compreensão da criança, prestar-lhe informações sobre os motivos que determinam a intervenção, o que será informado apenas aos pais e responsáveis.
(B) Deve haver o encorajamento dos órgãos de comunicação social a levar em conta as necessidades linguísticas das crianças indígenas ou que pertençam a um grupo minoritário.
(C) Os proprietários das lojas que explorem a locação de fitas de programação respondem pela falta de informação no invólucro sobre a natureza da obra e faixa etária a que se destinam, isentando os funcionários e gerentes.
(D) A criança tem direito à liberdade de expressão, que compreende, inclusive, liberdade de procurar, receber e expandir informações e ideias, sem restrições, de forma oral ou por qualquer outro meio à escolha da criança.

A: incorreta, pois contraria a redação do art. 100, par. único, XI do Estatuto da Criança e Adolescente (ECA): "obrigatoriedade da informação: a criança e o adolescente, respeitado seu estágio de desenvolvimento e capacidade de compreensão, seus pais ou responsável devem ser informados dos seus direitos, dos motivos que determinaram a intervenção e da forma como esta se processa"; **B:** correta, pois reflete a redação do art. 17, *d*, da Convenção sobre os Direitos da Criança; **C:** incorreta, pois contraria o disposto no art. 77 do ECA: "Os proprietários, diretores, gerentes e funcionários de empresas que explorem a venda ou aluguel de fitas de programação em vídeo cuidarão para que não haja venda ou locação em desacordo com a classificação atribuída pelo órgão competente"; **D:** incorreta, pois existem restrições ao direito da criança à liberdade de expressão. Essas restrições estão no art. 17, ponto 2, da Convenção sobre os Direitos da Criança: Art. 17. 1. A criança terá direito à liberdade de expressão. Esse direito incluirá a liberdade de procurar, receber e divulgar informações e ideias de todo tipo, independentemente de fronteiras, de forma oral, escrita ou impressa, por meio das artes ou por qualquer outro meio escolhido pela criança. 2. O exercício de tal direito poderá estar sujeito a determinadas restrições, que serão unicamente as previstas pela lei e consideradas necessárias: a) para o respeito dos direitos ou da reputação dos demais, ou b) para a proteção da segurança nacional ou da ordem pública, ou para proteger a saúde e a moral públicas.

Gabarito "B"

6.4. CONVENÇÃO SOBRE A ELIMINAÇÃO DE TODAS AS FORMAS DE DISCRIMINAÇÃO CONTRA A MULHER

(OAB/Exame Unificado – 2016.1) Você, advogado, foi procurado por Maria. Esta relatou que era funcionária de uma sociedade empresária e seu empregador lhe disse que ela estava cotada para uma promoção, mas para tanto deveria entregar um laudo comprovando que não estava grávida. O empregador ainda afirmou que se soubesse, por meio de laudo médico, que ela havia feito algum procedimento que a impedisse de ter filhos, teria a certeza de que Maria estaria plenamente dedicada à sociedade empresária, o que seria muito favorável a sua carreira. Maria terminou o relato que fez a você, informando que se negou a entregar tal laudo e acabou sendo demitida no mês seguinte. Você sabe que o Brasil é signatário da Convenção sobre a Eliminação de Todas as Formas de Discriminação contra a Mulher.

A conduta praticada pelo empregador de Maria pode ser caracterizada como

(A) ato moralmente reprovável mas plenamente lícito, uma vez que o empregador agiu na sua esfera de autonomia e dentro do exercício de seu direito potestativo.

(B) violação à Convenção sobre a Eliminação de Todas as Formas de Discriminação contra a Mulher, porém sem ensejar consequência jurídica de responsabilização do empregador, uma vez que não há nenhuma outra lei nacional que proteja a mulher trabalhadora em casos como esse.

(C) abuso de direito que sujeita o empregador, única e exclusivamente, ao pagamento de indenização pelo dano moral causado à funcionária.

(D) violação à Convenção sobre a Eliminação de Todas as Formas de Discriminação contra a Mulher e, também, um crime que pode acarretar ao empregador infrator multa administrativa e proibição de empréstimo, além do ser possível a readmissão da funcionária, desde que ela assim deseje.

A resposta correta é a "D". Cabe lembrar que segundo o art. 1º da Convenção define que violência contra a mulher é qualquer ato ou conduta baseados no gênero, que causem morte, dano ou sofrimento físico, sexual ou psicológico à mulher, tanto na esfera pública como na esfera privada. Portanto, pelo caso narrado na questão fica patente a violação à Convenção sobre a Eliminação de Todas as Formas de Discriminação contra a Mulher. E de maneira ainda mais específica, segue a redação do art. 11, ponto 2, *a* da Convenção: "A fim de impedir a discriminação contra a mulher por razões de casamento ou maternidade e assegurar a efetividade de seu direito a trabalhar, os Estados-partes tomarão as medidas adequadas para: a) proibir, sob sanções, a demissão por motivo de gravidez ou de licença-maternidade e a discriminação nas demissões motivadas pelo estado civil". O restante da assertiva traz possíveis sanções com base na legislação pátria. Porém, cabe criticar exatamente esse ponto por exigir dos candidatos conhecimento que extrapola o conteúdo dos Direitos Humanos.

Gabarito "D"

(OAB/Exame Unificado – 2011.3.A) A respeito da Convenção sobre Eliminação de Todas as Formas de Discriminação contra a Mulher, ratificada pelo Brasil, assinale a alternativa correta.

(A) Uma vez que a Convenção tem como objetivo proteger um grupo específico, não pode ser considerada como um documento de proteção internacional dos direitos humanos.

(B) A Convenção possui um protocolo facultativo, que permite a apresentação de denúncias sobre violação dos direitos por ela consagrados.

(C) A Convenção permite que o Estado-parte adote, de forma definitiva, ações afirmativas para garantir a igualdade entre gêneros.

(D) A Convenção traz em seu texto um mecanismo de proteção dos direitos que consagra, por meio de petições sobre violações, que podem ser protocoladas por qualquer Estado-parte.

A: incorreta. Pois é sim um documento de proteção internacional dos direitos humanos. A convenção citada é um exemplo do processo alcunhado, por Norberto Bobbio, de *especificação dos sujeitos titulares de direitos*. Percebeu-se que a proteção geral destinada a todas as pessoas não era suficiente para garantir uma vida digna a certos grupos sociais vulneráveis. Em razão disso, inúmeros documentos internacionais e leis internas (ex.: Estatuto do Idoso) foram confeccionados para tutelar de forma efetiva a dignidade destas pessoas; **B:** correta. A Convenção, adotada pela ONU em 18 de dezembro de 1979 e promulgada no Brasil em 13 de setembro de 2002 pelo Decreto nº 4.377[14], tem por fundamento a consciência de que a discriminação contra a mulher viola os princípios da igualdade de direitos e do respeito da dignidade humana, dificulta a participação da mulher, nas mesmas condições que o homem, na vida política, social, econômica e cultural de seu país, constitui um obstáculo ao aumento do bem-estar da sociedade e da família e dificulta o pleno desenvolvimento das potencialidades da mulher para prestar serviço a seu país e à humanidade. Os Estados-partes, atualmente 187, têm a obrigação de progressivamente eliminar a discriminação e promover a igualdade de gênero. Assim, consoante visto na Convenção Internacional sobre a Eliminação de todas as formas de Discriminação Racial, os Estados, além de proibir a discriminação, podem adotar medidas promocionais temporárias para acelerar o processo de obtenção do ideal de igualdade de gênero. E para monitorar o cumprimento, pelos Estados-partes, das obrigações constantes na Convenção, foi criado o Comitê sobre a Eliminação da Discriminação contra a Mulher. Este será responsável para receber os relatórios confeccionados pelos Estados-partes (note-se que os relatórios governamentais costumam ser acompanhados de relatórios independentes e complementares feitos por organizações não governamentais, as ONG's, os quais, não raras as vezes, refletem muito mais a realidade de um Estado-membro do que os relatórios governamentais). As petições individuais e a possibilidade de realizar investigações *in loco* só foram possibilitadas, como mecanismos de controle e fiscalização (controle de convencionalidade internacional), com a adoção do Protocolo Facultativo à Convenção Internacional sobre a Eliminação de todas as formas de Discriminação contra a Mulher. A decisão do Comitê não tem força vinculante, mas será publicada no relatório anual, o qual é encaminhado para a Assembleia Geral da ONU; **C:** incorreta, pois, como dito no comentário anterior, os Estados, além de proibir a discriminação, podem adotar medidas promocionais temporárias para acelerar o processo de obtenção do ideal de igualdade de gênero; **D:** incorreta. Reler o comentário sobre a assertiva "B". Ademais, quando o Estado assina e ratifica um Protocolo Facultativo, as petições individuais podem ser manejadas por qualquer pessoa ou grupo de pessoas, ou qualquer entidade não governamental. Isto é, os Estados não podem se utilizar desse instrumento.

Gabarito "B"

14. Que também revoga o Decreto nº 89.460, de 20 de março de 1984.

6.5. CONVENÇÃO SOBRE OS DIREITOS DAS PESSOAS COM DEFICIÊNCIA

(Defensor Público/GO – 2010 – I. Cidades) A Convenção sobre os Direitos das Pessoas com Deficiência e seu Protocolo Facultativo foram incorporados, com *status* constitucional, ao nosso ordenamento jurídico. Com base nos conceitos e institutos nela presentes, é correto afirmar:

(A) A expressão "Adaptação razoável" designa, no contexto da convenção, quaisquer modificações e ajustes necessários e adequados, quando requeridos em cada caso, a fim de assegurar que as pessoas com deficiência possam gozar ou exercer, em igualdade de oportunidades com as demais pessoas, todos os direitos humanos e liberdades fundamentais.

(B) A Convenção prevê a possibilidade de conceder aposentadoria especial às pessoas portadoras de deficiência, com a contagem do tempo ficto inclusive.

(C) A Convenção é expressa ao dispor que nenhum de seus dispositivos afetará quaisquer disposições mais propicias à realização dos direitos das pessoas com deficiência, mesmo que estejam contidas na legislação infraconstitucional do Estado Parte.

(D) A Convenção estabelece um direito de preferência para o exercício de direitos sindicais por parte da pessoa com deficiência.

(E) O Estado brasileiro, ao adotar a Convenção, comprometeu-se, em relação aos direitos econômicos, sociais e culturais, a tomar medidas, a fim de assegurar o pleno e imediato exercício desses direitos, independentemente de quaisquer condicionamentos.

A: incorreta, pois, segundo o art. 2º da Convenção sobre os Direitos das Pessoas com Deficiência, "adaptação razoável" significa as modificações e os ajustes necessários e adequados que não acarretem ônus desproporcional ou indevido, quando requeridos em cada caso, a fim de assegurar que as pessoas com deficiência possam gozar ou exercer, em igualdade de oportunidades com as demais pessoas, todos os direitos humanos e liberdades fundamentais; **B:** incorreta, pois o art. 29, e, da Convenção sobre os Direitos das Pessoas com Deficiência determina que os Estados partes devem assegurar igual acesso de pessoas com deficiência a programas e benefícios de aposentadoria; **C:** correta, pois é o que determina o art. 4º, ponto 4, da Convenção sobre os Direitos das Pessoas com Deficiência; **D:** incorreta, pois o art. 27, ponto 1, c, da Convenção sobre os Direitos das Pessoas com Deficiência determina que os Estados partes devem assegurar que as pessoas com deficiência possam exercer seus direitos trabalhistas e sindicais, em condições de igualdade com as demais pessoas; **E:** incorreta, pois os direitos econômicos, sociais e culturais serão implementados progressivamente.

Gabarito "C"

6.6. CONVENÇÃO PARA A PREVENÇÃO E REPRESSÃO DO CRIME DE GENOCÍDIO

(OAB/Exame Unificado – 2012.3.A) A Resolução 96 (I), de 11 de dezembro de 1946, da Assembleia Geral da Organização das Nações Unidas declarou que o genocídio é um crime contra o Direito Internacional.

Nesse passo, a Convenção para a Prevenção e Repressão do Crime de Genocídio afirmou que

(A) as partes contratantes da Convenção confirmam que o genocídio configura crime contra o Direito Internacional, exceto se cometido em tempo de guerra.

(B) o genocídio é entendido como o assassinato de membros de um grupo nacional, étnico, racial ou religioso, com a intenção de destruí-lo no todo, não se entendendo como tal, dano grave à saúde do grupo.

(C) os atos tentados ou consumados, bem como a cumplicidade para cometer genocídio, serão punidos, mas a incitação ao cometimento de genocídio, ainda que direta e pública, não será punida.

(D) a transferência forçada de menores de um grupo religioso para outro grupo religioso, cometida com a intenção de destruir aquele, considera-se genocídio.

A Convenção sobre a Prevenção e Repressão do Crime de Genocídio – a primeira Convenção após a criação da ONU e da Declaração Universal dos Direitos do Homem – adotada pela Resolução 260 A (III) da Assembleia Geral das Nações Unidas, em 9 de dezembro de 1948, definiu no art. 2º que *crime de genocídio é a conduta criminosa que tenha a intenção de destruir, no todo ou em parte, um grupo nacional, étnico, religioso ou racial.* Tal definição foi reproduzida no art. 6º do Estatuto de Roma. O próprio art. 2º indica os tipos de crime considerados genocídio (também reproduzidos pelo art. 6º do Estatuto de Roma): **a)** assassinato de membros do grupo; **b)** atentado grave à integridade física e mental de membros do grupo; **c)** submissão deliberada do grupo a condições de existência que acarretarão sua destruição física, total ou parcial; **d)** medidas destinadas a impedir os nascimentos no seio do grupo; e **e) transferência forçada das crianças do grupo para outro grupo.** O art. 3º dispõe que, além do genocídio, serão punidas as demais condutas: **a)** o acordo com vista a cometer genocídio; **b)** o incitamento, direto e público, ao genocídio; **c)** a tentativa de genocídio; e **d)** a cumplicidade no genocídio.

Gabarito "D"

6.7. CONVENÇÃO INTERNACIONAL PARA A PROTEÇÃO DE TODAS AS PESSOAS CONTRA O DESAPARECIMENTO FORÇADO

(OAB/Exame Unificado – 2014.3) Em julho de 2013, o ajudante de pedreiro "X", após ter sido detido por policiais militares e conduzido da porta de sua casa em direção à delegacia, desapareceu. Há um amplo debate em torno do caso e, dentre outros aspectos, discute-se se seria esse caso uma hipótese de desaparecimento forçado.

Sabendo que o Brasil ratificou, em 2010, a Convenção Internacional Para a Proteção de Todas as Pessoas Contra o Desaparecimento Forçado, assinale a afirmativa correta.

(A) Entende-se por desaparecimento forçado a privação da liberdade promovida por particulares no exercício de uma coação irresistível, seguida da recusa em reconhecer a privação de liberdade ou do encobrimento do destino ou do paradeiro da pessoa desaparecida, colocando-a, assim, fora do âmbito de proteção da lei.

(B) Entende-se por desaparecimento forçado a prisão, a detenção, o sequestro ou qualquer outra forma de privação de liberdade por agentes do Estado ou por pessoas ou grupos de pessoas agindo com a autorização, o apoio ou o consentimento do Estado, seguida da recusa em reconhecer a privação de liberdade ou do encobrimento do destino ou do paradeiro da pessoa desaparecida, colocando-a, assim, fora do âmbito de proteção da lei.

(C) Entende-se por desaparecimento forçado a prisão, a detenção, o sequestro ou qualquer outra forma de privação de liberdade por agentes do Estado ou por pessoas ou grupos de pessoas agindo com a autorização, o apoio ou o consentimento do Estado, colocando-a, assim, fora do âmbito de proteção da lei.

(D) Entende-se por desaparecimento forçado o sequestro de um cidadão praticado por agentes das forças armadas do Estado, seguido da recusa em reconhecer a privação de liberdade ou do encobrimento do destino ou do paradeiro da pessoa desaparecida, colocando-a, assim, fora do âmbito de proteção da lei.

O artigo 2º da Convenção assim define o "desaparecimento forçado": a prisão, a detenção, o sequestro ou qualquer outra forma de privação de liberdade que seja perpetrada por agentes do Estado ou por pessoas ou grupos de pessoas agindo com a autorização, apoio ou aquiescência do Estado, e a subsequente recusa em admitir a privação de liberdade ou a ocultação do destino ou do paradeiro da pessoa desaparecida, privando-a assim da proteção da lei.

Gabarito "B"

6.8. CONVENÇÃO INTERNACIONAL SOBRE A PROTEÇÃO DOS DIREITOS DE TODOS OS TRABALHADORES MIGRANTES E DOS MEMBROS DAS SUAS FAMÍLIAS

(OAB/Exame Unificado – 2015.1) Em setembro de 2014, na cidade de São Paulo, foi inaugurado o Centro de Referência e Acolhida para Imigrantes (CRAI), que é o primeiro do país e tem como objetivo oferecer a estrutura de uma casa de passagem e auxiliar os imigrantes na adaptação à vida na capital paulista, além de dar condições para a autonomia de tais imigrantes. Do ponto de vista dos Direitos Humanos, essa situação é regulada pela Convenção Internacional sobre a Proteção dos Direitos de Todos os Trabalhadores Migrantes e dos Membros das suas Famílias, adotada pela ONU em dezembro de 1990 e em vigor desde julho de 2003. Em relação ao posicionamento do Estado brasileiro perante essa Convenção, assinale a afirmativa correta.

(A) A Convenção não foi ratificada pelo Brasil e, por isso, suas normas não produzem efeito jurídico em território brasileiro.

(B) A Convenção foi ratificada pelo Brasil e, por isso, suas normas podem ser juridicamente exigidas.

(C) A Convenção foi ratificada pelo Brasil, mas não foi regulamentada. Por isso, suas normas possuem efeito contido no território brasileiro.

(D) A Convenção não foi ratificada pelo Brasil, mas suas normas produzem pleno efeito jurídico, uma vez que as normas de Direitos Humanos não dependem de ratificação para vigorar em território brasileiro.

A Convenção Internacional sobre a Proteção dos Direitos de Todos os Trabalhadores Migrantes e dos Membros das suas Famílias, adotada pela ONU, por meio da Resolução 45/158 da Assembleia Geral, em 18 de dezembro de 1990 e **não** ratificada pelo Brasil, tem por fundamento a importância e a extensão do fenômeno da migração, que envolve milhares de pessoas e afeta um grande número de Estados na comunidade internacional, como também o efeito das migrações de trabalhadores nos Estados e nas populações interessadas. Tem por objetivo estabelecer normas que possam contribuir para a harmonização das condutas dos Estados mediante a aceitação de princípios fundamentais relativos ao tratamento dos trabalhadores migrantes e dos membros das suas famílias, pessoas que frequentemente se encontram em situação de vulnerabilidade.

O tema, de certo modo, já tinha sido abordado no seio da Organização Internacional do Trabalho (OIT). A Convenção 97/1949 da OIT (ratificada pelo Brasil em 18 de junho de 1965) tratou de forma geral sobre os trabalhadores migrantes e a Convenção 143/1975 da OIT (não ratificada pelo Brasil) tratou das migrações em condições abusivas e da promoção da igualdade de oportunidades e de tratamento para os trabalhadores migrantes. No seio da ONU, antes dessa Convenção, o tema apareceu algumas vezes em resoluções do Conselho Econômico e Social e da Assembleia Geral, como também dentro de relatórios.

Por fim, a Convenção, no seu art. 2º, determina que trabalhador migrante é a pessoa que vai exercer, exerce ou exerceu uma atividade remunerada num Estado de que não é nacional.

Gabarito "A"

6.9. CONVENÇÃO OIT SOBRE POVOS INDÍGENAS E TRIBAIS EM PAÍSES INDEPENDENTES

(OAB/Exame Unificado – 2016.2) Considere o seguinte caso: Em um Estado do norte do Brasil está havendo uma disputa que envolve a exploração de recursos naturais em terras indígenas. Esta disputa envolve diferentes comunidades indígenas e uma mineradora privada. Como advogado que atua na área dos Direitos Humanos, foi-lhe solicitado elaborar um parecer. Nesse caso, é imprescindível se ter em conta a Convenção 169 da OIT, que foi ratificada pelo Brasil, em 2002. De acordo com o Art. 2º desta Convenção, os governos deverão assumir a responsabilidade de desenvolver, com a participação dos povos interessados, uma ação coordenada e sistemática com vistas a proteger os direitos desses povos e a garantir o respeito pela sua integridade.

Levando-se em consideração esta Convenção e em relação ao que se refere aos recursos naturais eventualmente existentes em terras indígenas, assinale a afirmativa correta.

(A) Os povos indígenas que ocupam terras onde haja a exploração de suas riquezas minerais e do subsolo têm direito ao recebimento de parte dos recursos auferidos, mas não possuem direito a participar da utilização, administração e conservação dos recursos mencionados.

(B) Em caso de a propriedade dos minérios ou dos recursos do subsolo pertencer ao Estado, o governo deverá estabelecer ou manter consultas dos povos interessados, a fim de determinar se os interesses desses povos seriam prejudicados, antes de empreender ou autorizar qualquer programa de prospecção ou exploração dos recursos existentes.

(C) A exploração de riquezas minerais e do subsolo em terras ocupadas por povos indígenas é aceitável e prescinde de consulta prévia desde que se cumpram os seguintes requisitos: preservação da identidade cultural dos povos ocupantes da terra, pagamento de *royalties* em função dos transtornos causados e autorização por meio de decreto legislativo.

(D) Em nenhuma hipótese pode haver a exploração de riquezas minerais e do subsolo em terras ocupadas por populações indígenas.

A: incorreta, pois as comunidades afetadas devem ser ouvidas (art. 231, § 3º, da CF) e o art. 2º da Convenção 169 da OIT é claro ao definir a necessidade de "participação dos povos interessados". Além do que, existe previsão expressa nesse sentido no art. 15, ponto 2, da Convenção: "Em caso de pertencer ao Estado a propriedade dos minérios ou dos recursos do subsolo, ou de ter direitos sobre outros recursos, existentes na terras, os governos deverão estabelecer ou manter procedimentos com vistas a consultar os povos interessados, a fim de se determinar se os interesses desses povos seriam prejudicados, e em que medida, antes de se empreender ou autorizar qualquer programa de prospecção ou exploração dos recursos existentes nas suas terras. Os povos interessados deverão participar sempre que for possível dos benefícios que essas atividades produzam, e receber indenização equitativa por qualquer dano que possam sofrer como resultado dessas atividades"; **B:** correta (reler o comentário sobre a assertiva anterior); **C** e **D:** incorretas (reler o comentário sobre a assertiva A).

Gabarito "B"

6.10. CONVENÇÃO SOBRE A ABOLIÇÃO DA ESCRAVATURA, DO TRÁFICO DE ESCRAVOS E DAS INSTITUIÇÕES E PRÁTICAS ANÁLOGAS À ESCRAVATURA

(OAB/Exame Unificado – 2016.1) Em dezembro de 2014, a sul-africana Urmila Bhoola, relatora especial das Nações Unidas sobre as formas contemporâneas de escravidão, declarou que "pelo menos 20,9 milhões de pessoas estão sujeitas a formas modernas de escravidão, que atingem principalmente mulheres e crianças". A relatora da ONU, para fazer tal afirmação, considerou o conceito de escravidão presente na Convenção Suplementar sobre a Abolição da Escravatura, do Tráfico de Escravos e das Instituições e Práticas Análogas à Escravatura adotada em Genebra, em 7 de setembro de 1956.

Assinale a opção que apresenta o conceito de escravidão conforme disposto na referida Convenção:

(A) Estado ou a condição de um indivíduo sobre o qual se exercem todos ou parte dos poderes atribuídos ao direito de propriedade.
(B) Situação em que um indivíduo trabalha em condições precárias e não recebe seus direitos trabalhistas de modo pleno e integral.
(C) Relação em que uma pessoa possui o controle físico sobre o corpo de outra pessoa.
(D) Condição por meio da qual uma pessoa se encontra psicologicamente constrangida a cumprir as ordens que lhe são dadas por terceiros, ainda que tais ordens sejam contrárias aos seus interesses.

A citada Convenção define escravidão da seguinte maneira: "é o estado ou a condição de um indivíduo sobre o qual se exercem todos ou parte dos poderes atribuídos ao direito de propriedade". Desta forma, a única assertiva correta é a "A" e deve ser assinalada.

Gabarito "A"

6.11. TRIBUNAL PENAL INTERNACIONAL

(OAB/Exame Unificado – 2014.1) O sistema global de Direitos Humanos foi pensado para proteger as vítimas de violações ou ameaças de violações dos direitos humanos. Daí os variados mecanismos que buscam proteção ou reparações em face de diferentes violências.

Contudo, dentro do sistema global há um tratado internacional que instituiu um órgão de caráter permanente e independente voltado especificamente para o julgamento e a punição de indivíduos agressores e não diretamente para a proteção das vítimas.

Assinale a opção que indica esse órgão.

(A) Corte Internacional de Justiça – Corte de Haia – instituída pela Carta das Nações Unidas.
(B) Conselho de Segurança da ONU, instituído pela Carta das Nações Unidas.
(C) Tribunal Penal Internacional, instituído pelo Estatuto de Roma.
(D) Corte Europeia dos Direitos dos Homens, instituída pela Convenção Europeia dos Direitos do Homem.

A: incorreta. A Corte de Haia, principal órgão judicial da ONU, não julga indivíduos, mas apenas Estados, sejam ou não membros da ONU. Em relação à competência *ratione materiae*, a Corte pode analisar todas as questões levadas até ela, como também todos os assuntos previstos na Carta da ONU ou em tratados e convenções em vigor (artigo 36, ponto 1, do Estatuto da CIJ); **B:** incorreta. O Conselho de Segurança (CS) também não julga indivíduos. Cabe destacar que o CS é o maior responsável pela manutenção da paz e da segurança internacionais; **C:** correta. O Tribunal Penal Internacional (TPI) foi constituído na Conferência de Roma, em 17 de julho de 1998, na qual se aprovou o Estatuto de Roma (tratado que não admite a apresentação de reservas), que só entrou em vigor internacionalmente em 1º de julho de 2002 e passou a vigorar, para o Brasil, no dia 25 de setembro de 2002. Com a criação do TPI, tem-se um tribunal permanente para julgar **indivíduos** acusados da prática de crimes de genocídio, de crimes de guerra, de crimes de agressão e de crimes contra a humanidade. Deve-se apontar que indivíduos diz respeito a quaisquer indivíduos, independentemente de exercerem funções governamentais ou cargos públicos (artigo 27 do Estatuto de Roma), desde que, à data da alegada prática do crime, tenham completado 18 anos de idade; **D:** incorreta. A Corte Europeia faz parte do sistema regional (europeu) de proteção dos direitos humanos.

Gabarito "C"

7. SISTEMA REGIONAL DE PROTEÇÃO DOS DIREITOS HUMANOS – SISTEMA INTERAMERICANO

7.1. CONVENÇÃO AMERICANA DE DIREITOS HUMANOS OU PACTO DE SÃO JOSÉ DA COSTA RICA

(OAB/Exame Unificado – 2016.2) Alguns jovens relataram um caso em que um outro jovem, de origem vietnamita, foi preso sob a alegação de tráfico de drogas. O acusado não conhece ninguém no Brasil e o processo penal já se iniciou, mas ele não compreende o que se passa no processo por não saber o idioma e pela grande dificuldade de comunicação entre ele e seu defensor.

A partir da hipótese apresentada, de acordo com o Pacto de São José da Costa Rica, assinale a afirmativa correta.

(A) O acusado tem direito de ser assistido gratuitamente por tradutor ou intérprete, se não compreender ou não falar o idioma do juízo ou tribunal.
(B) O acusado tem que garantir por seus próprios meios a assistência de tradutor ou intérprete, mas tem o direito de que os atos processuais sejam suspensos até que seja providenciado o intérprete.

(C) A investigação e o processo penal somente poderão acontecer quando o acusado tiver assistência consular de seu país de origem.

(D) O Pacto de São José da Costa Rica não dá ao acusado o direito de ser assistido por um intérprete providenciado pelo Estado signatário ou de ter algum rito especial no processo.

A única assertiva correta é "A", pois está em consonância com o art. 8º, ponto 2, *a*, do Pacto de São José da Costa Rica.

Gabarito "A"

(OAB/Exame Unificado – 2015.3) Em relação ao direito de liberdade de pensamento e expressão, a Convenção Americana sobre os Direitos Humanos, devidamente ratificada pelo Estado brasileiro, adotou o seguinte posicionamento:

(A) vedou a censura prévia, mas admite que a lei o faça em relação aos espetáculos públicos apenas como forma de regular o acesso a eles, tendo em vista a proteção moral da infância e da adolescência.

(B) vedou a censura prévia em geral, mas admite que ela ocorra expressamente nos casos de propaganda política eleitoral, tendo em vista a proteção da ordem pública e da segurança nacional.

(C) admitiu a censura prévia em geral, tendo em vista a proteção da saúde e da moral públicas, mas a veda expressamente nos casos de propaganda eleitoral, a fim de assegurar a livre manifestação das ideias políticas.

(D) admitiu a censura prévia como forma de assegurar o respeito aos direitos e à reputação das demais pessoas.

A assertiva correta é "A", pois está em sintonia com o disposto no art. 13, ponto 4, da Convenção Americana sobre Direitos Humanos. Quanto à censura prévia, a Corte Interamericana assim definiu em decisão sobre o paradigmático caso *A Última Tentação de Cristo (Olmedo Bustos e outros) vs. Chile*: "A censura prévia não é permitida dentro do marco dos sistema interamericano de proteção dos direitos humanos. O artigo 13, ponto 4, da Convenção estabelece apenas uma exceção à censura prévia, e se trata de regular o acesso à espetáculos públicos pela única razão de garantir a tutela moral da infância e da juventude. Em todos os demais casos, qualquer medida preventiva implica desrespeito à liberdade de pensamento e de expressão[15];

Gabarito "A"

(OAB/Exame Unificado – 2012.3.B) O propósito dos movimentos internacionais de proteção aos Direitos Humanos é a busca pela valorização e proteção dos direitos do ser humano, formado pelos elementos físicos e psíquicos, de personalidade e morais.

Sobre as disposições do Pacto de São José da Costa Rica em relação ao "direito à integridade pessoal" e à "proibição da escravidão e da servidão", assinale a afirmativa correta.

(A) Ninguém pode ser constrangido a executar trabalho obrigatório, mas o serviço militar, nos termos do Pacto de São José da Costa Rica, não constitui constrangimento à execução de trabalho forçado ou obrigatório.

(B) Os indivíduos processados e os condenados, em regra, não necessitam ficar separados, e os primeiros devem ser submetidos a tratamento adequado à condição de pessoa não condenada.

(C) Os menores, quando puderem ser processados, devem ser separados de adultos, mas não deve haver distinção entre adultos, não merecendo ficar separados os processados ou condenados.

(D) A pena privativa de liberdade não pode ser acompanhada de trabalho forçado para cumprimento de pena, vedado em qualquer de suas formas, por afetar a dignidade do recluso.

A: correta, pois em consonância com os ditames do art. 6º, pontos 2 e 3, *b*, do Pacto de São José da Costa Rica; **B:** incorreta, pois os indivíduos processados e condenados, em regra, devem ficar separados (art. 5º, ponto 4, do Pacto); **C:** incorreta. De fato, os menores devem ser separados dos adultos quando puderem ser processados (art. 5º, ponto 5, do Pacto). Entretanto, e conforme já dito no comentário anterior, os indivíduos adultos processados e condenados, em regra, devem ficar separados; **D:** incorreta. A redação do art. 6º, ponto 2, do Pacto: "Ninguém deve ser constrangido a executar trabalho forçado ou obrigatório. Nos países em que se prescreve, para certos delitos, pena privativa de liberdade acompanhada de trabalhos forçados, esta disposição não pode ser interpretada no sentido de proibir o cumprimento da dita pena, imposta por um juiz ou tribunal competente. O trabalho forçado não deve afetar a dignidade, nem a capacidade física e intelectual do recluso."

Gabarito "A"

(OAB/Exame Unificado – 2011.3.B) Assinale a alternativa correta sobre a questão do respeito ao direito à vida segundo o Pacto de São José da Costa Rica e a CRFB.

(A) A CRFB não prevê em seus artigos a pena de morte. Sendo assim, está em conformidade com o Pacto de São José da Costa Rica e não poderá incluir disposições nesse sentido em seu texto constitucional.

(B) O Pacto de São José da Costa Rica, em respeito à soberania estatal, dispõe que o Estado-membro poderá adotar a pena de morte. Logo, o Estado-parte poderá estender a pena de morte a delitos aos quais não se aplique atualmente.

(C) O país poderá adotar a pena de morte, mas essa só poderá ser imposta pelos delitos mais graves, em cumprimento de sentença final de tribunal competente e em conformidade com a lei que estabeleça tal pena, promulgada antes de haver o delito sido cometido.

(D) O Pacto de São José da Costa Rica, em respeito à soberania estatal e ao fato de ser o Poder Constituinte originário dos países inicial, autônomo e incondicionado, dispõe que o Estado-membro poderá adotar a pena de morte. Logo, o Estado-parte que já adotou a pena capital em algum momento de sua história poderá criar novas legislações sobre o tema, mesmo que atualmente tenha abolido sua aplicação. Mas ela só poderá ser imposta pelos delitos mais graves, em cumprimento de sentença final de tribunal competente e em conformidade com a lei que estabeleça tal pena, promulgada antes de haver o delito sido cometido.

A: incorreta. Em relação ao tema pena de morte, cabe esclarecer que esta é admitida no Brasil, desde que cumpridas certas condições (art. 5º, XLVII, *a*, c/c art. 84, XIX, ambos da CF). As condições são as seguintes:

15 Corte IDH. *Caso A Última Tentação de Cristo" (Olmedo Bustos e outros) vs. Chile*. Item 70 da decisão.

a) existência de guerra declarada em virtude de agressão externa e b) a prática, por brasileiro ou estrangeiro, do crime de alta traição (disciplinado no Código Penal Militar – CPM). Logo, em tempos de paz não é possível a aplicação da pena capital no Brasil, encontrando-se também abolida para todos os crimes não militares. À título de curiosidade, o CPM disciplina que a execução da pena capital será por fuzilamento; **B:** incorreta. O art. 4º, ponto 2, do Pacto de São José da Costa Rica assim da dispõe: "Nos países que não houverem abolido a pena de morte, esta só poderá ser imposta pelos delitos mais graves, em cumprimento de sentença final de tribunal competente e em conformidade com a lei que estabeleça tal pena, promulgada antes de haver o delito sido cometido. Tampouco se estenderá sua aplicação a delitos aos quais não se aplique atualmente". E o ponto 3 do mesmo artigo sacramenta: "Não se pode restabelecer a pena de morte nos Estados que a hajam abolido"; **C:** correta. Reler o comentário sobre a assertiva anterior; **D:** incorreta. Reler comentário sobre a assertiva "B".

Gabarito "C"

(OAB/Exame Unificado – 2011.3.A) A Convenção Interamericana de Direitos Humanos dispõe que toda pessoa tem direito à vida, que deve ser protegida por lei, e que ninguém dela poderá ser privado arbitrariamente. A respeito da pena de morte, o documento afirma que

(A) é inadmissível a aplicação da pena de morte em qualquer circunstância, já que o direito à vida deve ser protegido por lei desde a concepção.

(B) não se pode aplicar pena de morte aos delitos políticos, exceto se forem conexos a delitos comuns sujeitos a tal pena.

(C) a pena de morte não pode ser imposta àquele que, no momento da perpetração do delito, for menor de dezoito anos, nem aplicada à mulher em estado gestacional.

(D) não se admite que Estados promulguem pena de morte, exceto se já a tiverem aplicado e a tenham abolido, hipótese em que a tal pena poderá ser restabelecida.

Cabe transcrever o art. 4º da Convenção Interamericana de Direitos Humanos que cuida de uma forma abrangente do direito à vida: "Artigo 4º – Direito à vida. 1. Toda pessoa tem o direito de que se respeite sua vida. Esse direito deve ser protegido pela lei e, em geral, desde o momento da concepção. Ninguém pode ser privado da vida arbitrariamente; 2. Nos países que não houverem abolido a pena de morte, esta só poderá ser imposta pelos delitos mais graves, em cumprimento de sentença final de tribunal competente e em conformidade com a lei que estabeleça tal pena, promulgada antes de haver o delito sido cometido. Tampouco se estenderá sua aplicação a delitos aos quais não se aplique atualmente; 3. Não se pode restabelecer a pena de morte nos Estados que a hajam abolido; 4. Em nenhum caso pode a pena de morte ser aplicada a delitos políticos, nem a delitos comuns conexos com delitos políticos; 5. Não se deve impor a pena de morte a pessoa que, no momento da perpetração do delito, for menor de dezoito anos, ou maior de setenta, nem aplicá-la a mulher em estado de gravidez; 6. Toda pessoa condenada à morte tem direito a solicitar anistia, indulto ou comutação da pena, os quais podem ser concedidos em todos os casos. Não se pode executar a pena de morte enquanto o pedido estiver pendente de decisão ante a autoridade competente.

Gabarito "C"

7.2. PROTOCOLO DE SAN SALVADOR

(Defensoria/MT – 2009 – FCC) Tendo em vista o Protocolo Adicional à Convenção Americana sobre Direitos Humanos em Matéria de Direitos Econômicos, Sociais e Culturais, NÃO constitui direito nele reconhecido:

(A) À reserva de percentual de cargos públicos para as pessoas portadoras de deficiência.

(B) À licença-maternidade, antes e depois do parto.

(C) A uma remuneração equitativa e igual por trabalho igual.

(D) À total imunização contra as principais doenças infecciosas.

(E) À educação primária gratuita.

A: incorreta, devendo ser assinalada, pois no Protocolo de San Salvador não há previsão nesse sentido; **B:** correta. A licença-maternidade antes e depois do parto está prevista no art. 9º, ponto 2, do Protocolo de San Salvador; **C:** correta. A remuneração equitativa e igual por trabalho igual está prevista no art. 7º, *a*, do Protocolo de San Salvador; **D:** correta. Tal direito à saúde está previsto expressamente no art. 10, ponto 2, *c*, do Protocolo de San Salvador; **E:** correta. O art. 13, ponto 3, *a*, do Protocolo de San Salvador determina que: "O ensino de primeiro grau deve ser obrigatório e acessível a todos gratuitamente.

Gabarito "A"

Segue, para conhecimento, a lista dos direitos humanos protegidos na Convenção Americana de Direitos Humanos e a lista dos protegidos no Protocolo de São Salvador:

Os direitos humanos protegidos na Convenção Americana de Direitos Humanos são:

a) direito ao reconhecimento da personalidade jurídica (art. 3º);
b) direito à vida (art. 4º). É importante apontar que a Convenção determina que, em geral, este direito deve ser protegido desde o momento da concepção;
c) direito à integridade pessoal (art. 5º). Leia-se integridade física, psíquica e moral;
d) proibição da escravidão e da servidão (art. 6º). O tráfico de escravos e o tráfico de mulheres também são proibidos em todas as suas formas;
e) direito à liberdade pessoal (artigo 7º). É no ponto 7 deste artigo que aparece o princípio da proibição da detenção por dívidas e a sua correlata exceção somente em virtude de inadimplemento de obrigação alimentar. E seu reflexo no Brasil foi, depois de muitas decisões, a Súmula Vinculante 25 do STF;
f) garantias judiciais (art. 8º). É neste artigo que aparece o princípio da celeridade dos atos processuais;
g) princípio da legalidade e da retroatividade da lei penal mais benéfica (art. 9º);
h) direito à indenização por erro judiciário (art. 10). O artigo dispõe ser necessário o trânsito em julgado da condenação;
i) proteção da honra e da dignidade (art. 11);
j) liberdade de consciência e de religião (art. 12);
k) liberdade de pensamento e de expressão (art. 13)
l) direito de retificação ou resposta (art. 14). Direito a ser utilizado quando as informações inexatas ou ofensivas forem emitidas, em seu prejuízo, por meios de difusão legalmente regulamentados e que se dirijam ao público em geral;
m) direito de reunião (art. 15). Desde que pacífica e sem armas;
n) liberdade de associação (art. 16);
o) proteção da família (art. 17);
p) direito ao nome (art. 18);
q) direitos da criança (art. 19);

r) direito à nacionalidade (art. 20). Este artigo traz a importante regra de que toda pessoa tem direito à nacionalidade do Estado em cujo território houver nascido, se não tiver direito a outra;
s) direito à propriedade privada (art. 21);
t) direito de circulação e de residência (art. 22). Tal artigo traz duas regras importantes, a primeira, constante do ponto 7 do artigo, é a de que toda pessoa tem o direito de buscar e receber asilo em território estrangeiro, em caso de perseguição por delitos políticos ou comuns conexos com delitos políticos e a segunda, constante do ponto 8 do artigo, é a de que em nenhum caso o estrangeiro pode ser expulso ou entregue a outro país, seja ou não de origem, onde seu direito à vida ou à liberdade pessoal esteja em risco de violação em virtude de sua raça, nacionalidade, religião, condição social ou de suas opiniões políticas;
u) direitos políticos (art. 23);
v) Igualdade perante a lei (art. 24);
w) Proteção judicial (art. 25).

Os direitos humanos protegidos no Protocolo San Salvador são:

a) direito ao trabalho (art. 6º);
b) condições justas, equitativas e satisfatórias de trabalho (art. 7º);
c) direitos sindicais (art. 8º);
d) direito à seguridade social (art. 9º);
e) direito à saúde (art. 10);
f) direito à um meio-ambiente sadio (art. 11);
g) direito à alimentação (art. 12);
h) direito à educação (art. 13);
i) direito de receber os benefícios da cultura (art. 14);
j) direito à constituição e à proteção da família (art. 15);
k) direitos da criança (art. 16);
l) proteção dos idosos (art. 17);
m) proteção dos deficientes (art. 18).

7.3. COMISSÃO INTERAMERICANA DE DIREITOS HUMANOS

(OAB/Exame Unificado – 2015.2) A Comissão Interamericana de Direitos Humanos é competente para examinar comunicações encaminhadas por indivíduos ou grupos de indivíduos que contenham denúncia de violação de direitos previstos na Convenção Americana de Direitos Humanos, violação essa que tenha sido cometida por um Estado-parte. Após receber a denúncia e considerá-la admissível, a Comissão deverá requerer mais informações e buscar uma solução amistosa. Em não ocorrendo tal solução, enviará um informe ao Estado, concedendo-lhe três meses para cumprir suas exigências. Caso o Estado não atenda às exigências deliberadas pela Comissão, esta poderá

(A) encaminhar o caso para deliberação pela Assembleia Geral da OEA.

(B) proceder ao desligamento do Estado violador da Organização dos Estados Americanos.

(C) enviar o caso à Corte Interamericana de Justiça ou à Corte Internacional de Haia, desde que escolha apenas uma das duas Cortes para evitar litispendência no sistema internacional de proteção dos Direitos Humanos.

(D) elaborar um segundo informe ao Estado ou enviar o caso à Corte Interamericana de Justiça.

De posse da acusação, a Comissão assim agirá:
a) declarada a admissibilidade, a Comissão buscará uma solução amistosa entre o indivíduo denunciante e o Estado violador;
b) se não se chegar a uma solução, e dentro do prazo que for fixado pelo Estatuto da Comissão, esta redigirá um relatório no qual exporá os fatos e suas conclusões;
c) o relatório será encaminhado aos Estados interessados, aos quais não será facultado publicá-lo;
d) ao encaminhar o relatório, a Comissão pode formular as proposições e as recomendações que julgar adequadas;
e) se, no prazo de três meses a partir da remessa aos Estados interessados do relatório da Comissão, o assunto não tiver sido solucionado ou submetido à decisão da Corte pela Comissão (chamada remessa automática) ou pelo Estado interessado, aceitando sua competência, a Comissão poderá emitir, pelo voto da maioria absoluta de seus membros, sua opinião e conclusões sobre a questão submetida à sua consideração;
f) a Comissão fará as recomendações pertinentes e fixará um prazo dentro do qual o Estado deve tomar as medidas que lhe competir para remediar a situação examinada;
g) transcorrido o prazo fixado, a Comissão decidirá, pelo voto da maioria absoluta de seus membros, se o Estado tomou ou não as medidas adequadas e se publica ou não seu relatório.
Importante aclarar que na Opinião Consultiva 13/1993, a Corte asseverou que os artigos 50 e 51 da Convenção contemplam relatórios separados, cujo conteúdo pode ser similar, mas o primeiro não pode ser publicado. Já o segundo pode ser, desde que haja prévia decisão da Comissão, por maioria absoluta de votos, depois de transcorrido o prazo que foi conferido ao Estado para tomar as medidas adequadas. E vale frisar que o envio à Corte apenas será permitido se o Estado violador tiver aquiescido de forma expressa e inequívoca em relação à competência da Corte Interamericana de Direitos Humanos para solucionar os casos de violação dos direitos humanos insculpidos na Convenção e em outros tratados do sistema americano de proteção.

Gabarito "D"

(OAB/Exame Unificado – 2013.3) Um advogado é procurado por um grupo de familiares que narraram a ocorrência de tortura e tratamento degradante num presídio estadual. Após constatar a denúncia *in loco*, o advogado levou a situação ao conhecimento das autoridades administrativas competentes que, entretanto, não deram a atenção devida ao caso. Em razão disso, o advogado admitiu recorrer à Comissão Interamericana de Direitos Humanos.

A respeito do caso narrado, assinale a afirmativa correta.

(A) A Comissão apenas receberá a denúncia se ficar comprovado prévio esgotamento dos recursos internos.

(B) A competência para a análise desse caso não é da Comissão Interamericana de Direitos Humanos e, sim, da Corte Interamericana de Direitos Humanos.

(C) A Comissão é competente para receber a denúncia, mas apenas por meio de petições individualizadas, a fim de proferir decisões mediante o devido processo legal.

(D) Por se tratar de caso grave e urgente, a Comissão pode receber a denúncia e expedir medida cautelar para obrigar o Estado a fazer cessar a violação ocorrente no presídio.

A: incorreta, porque para a Comissão receber a denúncia é necessário o cumprimento de outros requisitos, como, por exemplo, inexistência de litispendência internacional, ausência de coisa julgada internacional e o respeito ao prazo de seis meses para apresentar a petição, contado a partir da data em que o presumido prejudicado em seus direitos tenha sido notificado da decisão definitiva exarada no sistema protetivo nacional; **B:** incorreta. A Corte Interamericana não recebe petições individuais. Portanto, a competência é sim da Comissão; **C:** incorreta. A Comissão também tem competência para receber comunicações interestatais; **D:** correta, apesar da redação estar mal elaborada. É importante destacar que a Comissão não pode obrigar um Estado a tomar certa posição, pois trata-se de um órgão administrativo. O que a Comissão pode fazer é entrar em contato com o Estado denunciado, por iniciativa própria (*ex officio*) ou depois de receber uma denúncia, para que este adote, com urgência, medidas cautelares de natureza individual ou coletiva antes da análise do mérito da denúncia, desde que verificado risco de dano irreparável à vítima ou às vítimas. Ora, pelo dito percebe-se que é o próprio Estado que adota as medidas cautelares não a Comissão como é possível inferir em função da estranha redação da assertiva "D". De qualquer forma, é a assertiva a ser assinalada por exclusão.

Gabarito "D".

(OAB/Exame Unificado – 2013.2) Após interpor uma denúncia por violação de direitos humanos contra um Estado membro da Organização dos Estados Americanos, o cidadão "X" espera que, dentre outras possibilidades, a Comissão Interamericana de Direitos Humanos recomende

(A) o pagamento de indenização por danos materiais e morais ao cidadão "X", mas não poderá recomendar a introdução de mudanças em seu ordenamento jurídico.

(B) a suspensão imediata dos atos que causam violação de direitos humanos, mas não poderá exigir que "X" receba indenização pecuniária pelos danos sofridos.

(C) a introdução de mudanças no ordenamento jurídico, podendo cumular tal ato com outras medidas, tais como a reparação dos danos sofridos por "X".

(D) a investigação e a punição dos responsáveis pela violação, mas não poderá tentar uma solução amistosa com o Estado, uma vez que protocolada a denúncia, ela deverá ser investigada e, caso comprovada, a punição será necessariamente imposta pela Comissão.

A: incorreta, pois a Comissão pode sim recomendar alterações na legislação interna do país infrator; **B:** incorreta, pois a Comissão pode exigir que o indivíduo vilipendiado receba indenização pecuniária pelos danos sofridos; **C:** correta. Um aspecto importante da competência da Comissão é a possibilidade de receber petições do indivíduo "lesionado", de terceiras pessoas ou de organizações não governamentais legalmente reconhecidas em um ou mais Estados-membros da OEA que representem o indivíduo lesionado[16]. Entrementes, essa competência só poderá ser exercida se o Estado violador tiver aderido à Convenção Americana de Direitos Humanos. Percebe-se que não é necessária a expressa aceitação da competência da Comissão para receber petições, bastando que o Estado tenha aderido à Convenção. A Comissão também tem competência para receber comunicações interestatais. Conforme já visto no sistema global de proteção, nesse mecanismo um Estado-parte pode denunciar o outro que incorrer em violação dos direitos humanos. Mas, para a denúncia ter validade, os dois Estados, denunciante e denunciado, devem ter expressamente declarado a competência da Comissão Interamericana de Direitos Humanos para tanto. Figuram aqui os mesmos requisitos de admissibilidade verificados quando da análise do procedimento de apresentação de petições individuais e de comunicações interestatais no sistema global de proteção. Ou seja, só são aceitas as petições ou as comunicações que comprovarem a inexistência de litispendência internacional, ausência de coisa julgada internacional e o esgotamento de todos os recursos internos disponíveis[17]. Ademais, o artigo 46 da Convenção Americana de Direitos Humanos exige que a petição ou a comunicação seja apresentada dentro do prazo de seis meses, a partir da data em que o presumido prejudicado em seus direitos tenha sido notificado da decisão definitiva exarada no sistema protetivo nacional e a petição a ser interposta deve conter o nome, a nacionalidade, a profissão, o domicílio e a assinatura da pessoa ou pessoas ou do representante legal da entidade que submeter a petição. Importante destacar que **não** é necessária a manifestação expressa de concordância da vítima ou vítimas da alegada violação aos direitos humanos. O sistema americano impõe a mesma ideia de ressalva existente no sistema global. As regras de esgotamento de todos os recursos administrativos e judiciais internos disponíveis e do prazo de seis meses para a apresentação da petição ou comunicação não serão aplicadas quando o indivíduo for privado de seu direito de ação pela jurisdição doméstica, ou lhe forem ceifadas as garantias do devido processo legal, ou, ainda, se os processos internos forem excessivamente demorados. E o ônus da prova da existência de um recurso acessível e suficiente recai sobre o Estado demandado. De posse da acusação, a Comissão assim agirá: **a)** buscará uma solução amistosa entre o indivíduo denunciante e o Estado violador; **b)** se não se chegar a uma solução, e dentro do prazo que for fixado pelo Estatuto da Comissão, esta redigirá um relatório no qual exporá os fatos e suas conclusões; **c)** o relatório será encaminhado aos Estados interessados, aos quais não será facultado publicá-lo; **d)** ao encaminhar o relatório, a Comissão pode formular as proposições e as recomendações que julgar adequadas; **e)** se, no prazo de três meses a partir da remessa aos Estados interessados do relatório da Comissão, o assunto não tiver sido solucionado ou submetido à decisão da Corte pela Comissão (chamada remessa automática) ou pelo Estado interessado, aceitando sua competência, a Comissão poderá emitir, pelo voto da maioria absoluta de seus membros, sua opinião e conclusões sobre a questão submetida à sua consideração; **f)** a Comissão fará as recomendações pertinentes e fixará um prazo dentro do qual o Estado deve tomar as medidas que lhe competir para remediar a situação examinada; **g)** transcorrido o prazo fixado, a Comissão decidirá, pelo voto da maioria absoluta de seus membros, se o Estado tomou ou não as medidas adequadas e se publica ou não seu relatório. Importante aclarar que na Opinião Consultiva 13/1993, a Corte asseverou que os arts. 50 e 51 da Convenção contemplam relatórios separados, cujo conteúdo pode ser similar, mas o primeiro não pode ser publicado. Já o segundo pode ser, desde que haja prévia decisão da Comissão por maioria absoluta de votos depois de transcorrido o prazo que foi conferido ao Estado para tomar as medidas adequadas. Vale frisar que o envio à Corte apenas

16. Como exemplo pode-se citar o conhecido caso Maria da Penha.

17. Cabe apontar, consoante jurisprudência da Corte Interamericana, que o Estado-parte tem direito de renunciar a regra do prévio esgotamento dos recursos internos. Na decisão de 13 novembro de 1981 (caso Viviana Gallardo e outras), a Corte Interamericana, invocando precedente da Corte Europeia de Direitos Humanos (De Wilde, Ooms and Versyp Cases – "Vagrancy" Cases), apontou que segundo os princípios do Direito Internacional geralmente reconhecidos e a prática internacional, a regra que exige o prévio esgotamento dos recursos internos foi concebida no interesse do Estado, pois busca dispensa-lo de responder perante um órgão internacional por atos a ele imputado, antes de ter a oportunidade de resolve-los com seus próprios instrumentos. Essa regra é considerada como meio de defesa e como tal, renunciável, ainda que de modo tácito. Essa renúncia, uma vez anunciada, é irrevogável.

será permitido se o Estado violador tiver aquiescido de forma expressa e inequívoca em relação à competência da Corte Interamericana de Direitos Humanos para solucionar os casos de violação dos direitos humanos insculpidos na Convenção e em outros tratados do sistema americano de proteção. Por fim, a Comissão, por iniciativa própria (*ex officio*) ou depois de receber uma denúncia, poderá entrar em contato com o Estado denunciado para que este adote, com urgência, medidas cautelares de natureza individual ou coletiva antes da análise do mérito da denúncia, desde que verificado risco de dano irreparável à vítima ou às vítimas. Dentro dessa ótica, poderá também solicitar que a Corte adote medidas provisórias mesmo antes da análise do mérito do caso, desde que o caráter de urgência e de gravidade as justifique; **D:** incorreta. Reler o comentário sobre a assertiva anterior.

Gabarito "C"

(OAB/Exame Unificado – 2013.1) Sobre as denúncias e o sistema de responsabilização por violação de Direitos Humanos, perante a Comissão Interamericana de Direitos Humanos, assinale a afirmativa correta.

(A) A Comissão poderá responsabilizar tanto o Estado como as pessoas naturais e jurídicas, de direito público ou privado, que cometeram a violação, solidariamente.

(B) A Comissão não possui competência para responsabilizar a pessoas naturais, podendo apenas determinar a responsabilidade das pessoas jurídicas, de direito público ou privado, que cometeram a violação.

(C) A Comissão poderá responsabilizar tanto o Estado como as pessoas naturais e jurídicas, de direito público ou privado, que cometeram a violação. Neste caso a responsabilidade do Estado será subsidiária.

(D) A Comissão não possui competência para atribuir responsabilidades individuais, podendo apenas determinara responsabilidade internacional de um Estado membro da OEA.

A: incorreta, pois a Comissão apenas poderá responsabilizar o Estado (pessoa jurídica de direito público) parte do sistema interamericano de proteção dos direitos humanos; **B:** incorreta, pois pessoas jurídicas de direito privado não podem ter sua responsabilidade determinada pela Comissão; **C:** incorreta. Reler os comentários anteriores; **D:** correta (reler comentário sobre a assertiva **A**).

Gabarito "D"

(OAB/Exame Unificado – 2012.3.B) Considere como se fosse verdadeira a seguinte narrativa: foi constatado este ano que na Penitenciária Anhanguera os presos estão sofrendo diversas formas de maus tratos – incluindo violência física. Você foi procurado por um grupo de familiares que lhe disse ter boas razões para achar que medidas judiciais no Brasil podem ser inócuas no prazo desejado e, por isso, consultaram-no sobre a possibilidade de submeter o caso à Comissão Interamericana de Direitos Humanos (CIDH).

Considerando as regras de funcionamento desta Comissão, você deve informá-los de que

(A) a CIDH não é competente para receber esta denúncia uma vez que a violação de normas jurídicas, tal qual a Convenção Interamericana para Prevenir e Punir a Tortura (ratificada pelo Brasil em 1989), deve ser julgada diretamente pela Corte Interamericana de Justiça.

(B) a CIDH pode receber a denúncia mas apenas se forem feitas petições individualizadas, relatando a violação sofrida por cada uma das vítimas e relacionando-as com os direitos previstos na Convenção Americana.

(C) a CIDH pode receber a denúncia e, se considerar que há situação de gravidade e urgência, pode instaurar de ofício um procedimento no qual pode solicitar que um estado adote medidas cautelares de natureza coletiva para evitar danos irreparáveis às pessoas.

(D) a CIDH pode receber a denúncia e, se considerar que há situação de gravidade e urgência, pode encaminhar diretamente o caso à Corte Interamericana de Justiça que poderá ordenar a medida provisória que julgar necessária à cessação da violação.

Um aspecto importante da competência da Comissão Interamericana (CIDH) é a possibilidade de receber petições do indivíduo "lesionado", de terceiras pessoas ou de organizações não governamentais legalmente reconhecidas em um ou mais Estados-membros da OEA que representem o indivíduo lesionado[18]. Entrementes, essa competência só poderá ser exercida se o Estado violador tiver aderido à Convenção Americana de Direitos Humanos. Percebe-se que não é necessária a expressa aceitação da competência da Comissão para receber petições, bastando que o Estado tenha aderido à Convenção. E por iniciativa própria (*ex officio*) ou depois de receber uma denúncia, a Comissão poderá entrar em contato com o Estado denunciado para que este adote, com urgência, medidas cautelares de natureza individual ou coletiva antes da análise do mérito da denúncia, desde que verificado risco de dano irreparável à vítima ou às vítimas. Dentro dessa ótica, poderá também solicitar que a Corte adote medidas provisórias mesmo antes da análise do mérito do caso, desde que o caráter de urgência e de gravidade as justifiquem.

Gabarito "C"

(OAB/Exame Unificado – 2012.1) Joana, funcionária de um hospital, decide adotar um recém-nascido. Porém seu pedido de licença-maternidade é negado, por falta de previsão legal. Inconformada Joana ingressa na Justiça Trabalhista, onde recebe decisões favoráveis à luz dos princípios constitucionais, inclusive do Tribunal Superior do Trabalho. Porém, em última análise do caso, o Supremo Tribunal Federal decide pela denegação do pedido de licença maternidade, operando-se o trânsito em julgado da decisão. Segundo o Sistema Interamericano de Direitos Humanos, qual será a alternativa correta:

(A) Como a questão já transitou em julgado no Poder Judiciário do país acusado, Joana terá sua petição inadmitida pela falta de cumprimento do requisito previsto na Convenção Americana de Direitos Humanos.

(B) Como a proteção da família não está garantida pelo Pacto de São José da Costa Rica, Joana terá sua petição inadmitida pela falta de cumprimento do requisito previsto na Convenção Americana de Direitos Humanos.

(C) Joana poderá ter sua petição admitida pela Comissão Interamericana de Direitos Humanos, que poderá continuar a analisar o mérito do assunto mesmo que o Brasil tenha alterado a legislação sobre o tema após a decisão do caso de Joana pelo STF, passando a beneficiar mães adotivas, em face da impossibilidade de retroatividade da norma para atingir coisa julgada.

18. Como exemplo pode-se citar o conhecido caso Maria da Penha.

(D) Joana não poderá ter sua petição admitida, em razão de ser requisito indispensável que estivesse representada por um Estado-membro da Organização dos Estados Americanos, para apresentar à Comissão Interamericana de Direitos Humanos a petição que contém denúncia ou queixa de violação da Convenção Americana de Direitos Humanos por um outro Estado-parte do qual é nacional.

A: incorreta, pois é o contrário, ou seja, o trânsito em julgado no país acusado é um dos requisitos de admissibilidade da petição. Assim, só serão aceitas as petições que comprovarem a inexistência de litispendência internacional e o esgotamento de todos os recursos judiciais e administrativos internos disponíveis (leia-se: trânsito em julgado). Ademais, o art. 46 da Convenção Americana de Direitos Humanos também exige que a petição seja apresentada dentro do prazo de seis meses, a partir da data em que o presumido prejudicado em seus direitos tenha sido notificado da decisão definitiva exarada no sistema protetivo nacional; **B:** incorreta, pois o art. 17 do Pacto de São José da Costa Rica cuida da *proteção da família*; **C:** correta. Reler o comentário sobre a assertiva "A" e ler o art. 5º, XXXVI, da CF; **D:** incorreta, pois o indivíduo pode apresentar petições à Comissão Interamericana de Direitos Humanos. Já a Corte Interamericana de Direitos Humanos só pode ser acionada pelos Estados partes ou pela Comissão; o indivíduo, conforme art. 61 da Convenção, fica proibido de apresentar petição à Corte.

Gabarito "C"

(OAB/Exame Unificado – 2012.1) A população do Quilombo da Cachoeira e da Pedreira é surpreendida com o lançamento do "Centro de Lançamento de Foguetes da Cachoeira e da Pedreira" e pelo consequente processo de desapropriação do local de moradia das populações tradicionais. Os quilombolas procuram o Governo Federal, que se recusa em conferir os títulos de propriedade definitiva para a comunidade. Segundo o Sistema Interamericano de Direitos Humanos, é correto afirmar:

(A) Como a questão versa sobre propriedade privada, questão não abordada pelo Pacto de São José da Costa Rica, a população do Quilombo da Cachoeira e da Pedreira terá sua petição inadmitida pela falta de cumprimento do requisito previsto na Convenção Americana de Direitos Humanos.

(B) Como o caso em tela versa sobre o direito do Estado sobre o seu território, a Soberania do Estado prevalece, e a população do Quilombo da Cachoeira e da Pedreira terá sua petição inadmitida pela falta de cumprimento do requisito previsto na Convenção Americana de Direitos Humanos.

(C) Como o caso versa sobre discriminação racial, a população do Quilombo da Cachoeira e da Pedreira deverá estar representada por uma entidade não governamental que seja reconhecida em um ou mais Estados-membros da Organização dos Estados Americanos, e que inclua em suas finalidades institucionais o combate ao racismo, para apresentar à Comissão Interamericana de Direitos Humanos a petição que contém denúncia ou queixa de violação da Convenção Americana de Direitos Humanos por um Estado-parte.

(D) Como a questão versa, também, sobre a proteção da família, a população do Quilombo da Cachoeira e da Pedreira poderá protocolar, diretamente por seus indivíduos ou representada por uma entidade não governamental que seja reconhecida em um ou mais Estados-membros da Organização dos Estados Americanos, a petição que contém denúncia ou queixa de violação da Convenção Americana de Direitos Humanos por um Estado-parte à Comissão Interamericana de Direitos Humanos.

A: incorreta. A questão não versa propriamente sobre propriedade privada, mas está incorreta porque o Pacto de São José da Costa Rica cuida do *direito à propriedade privada* no seu art. 21; **B:** incorreta. O caso gira em torno do direito da população quilombola às suas terras ancestrais e não do direito do Estado sobre seu território; **C:** incorreta. Pelos elementos do enunciado não é possível afirmar que a questão trata de discriminação racial; **D:** correta. A questão gira em torno da proteção da família, pois é necessário espaço físico para o ideal desenvolvimento das relações familiares. E a Comissão tem competência para receber petições do indivíduo "lesionado", de terceiras pessoas ou de organizações não governamentais legalmente reconhecidas em um ou mais Estados-membros da OEA que representem o indivíduo lesionado. Entretanto, essa competência só poderá ser exercida se o estado violador aderiu à Convenção Americana de Direitos Humanos. Percebe-se que não é necessária a expressa aceitação da competência da Comissão para receber petições, bastando que o Estado tenha aderido à Convenção. E só serão aceitas as petições ou as comunicações que comprovarem a inexistência de litispendência internacional e o esgotamento de todos os recursos internos disponíveis. Ademais, o art. 46 da Convenção Americana de Direitos Humanos também exige que a petição ou a comunicação seja apresentada dentro do prazo de seis meses, a partir da data em que o presumido prejudicado em seus direitos tenha sido notificado da decisão definitiva exarada no sistema protetivo nacional. E o sistema americano impõe a mesma ideia de ressalva existente no sistema global. As regras de esgotamento de todos os recursos internos disponíveis e a do prazo de seis meses para a apresentação da petição ou comunicação não serão aplicadas quando o indivíduo for privado de seu direito de ação pela jurisdição doméstica, ou lhe forem ceifadas as garantias do devido processo legal ou, ainda, se os processos internos forem excessivamente demorados.

Gabarito "D"

7.4. CORTE INTERAMERICANA DE DIREITOS HUMANOS

(OAB/Exame Unificado – 2014.2) Na hipótese de inadimplência do Estado brasileiro, condenado ao pagamento de quantia certa pela Corte Interamericana de Direitos Humanos, deverá o interessado

(A) executá-la perante a Justiça Federal pelo processo interno vigente para a execução de sentenças contra o Estado.

(B) pedir que os autos do processo sejam encaminhados ao Conselho de Segurança da ONU para a imposição de sanções internacionais.

(C) reivindicar pelo processo vigente no país, porque as sentenças proferidas pela Corte Interamericana de Direitos Humanos são desprovidas de executoriedade.

(D) postular perante a Corte a intimação do Estado brasileiro para efetuar o pagamento em vinte e quatro horas ou nomear bens à penhora.

O cumprimento da sentença da Corte se dá geralmente de maneira voluntária pelos Estados. Caso isso não ocorra, por exemplo, no Brasil, o cumprimento se dará mediante execução da sentença, como título executivo judicial, perante a justiça federal, consoante disposto no art. 109, I, da CF. Mas deve-se saber que os Estados-partes da Convenção se comprometem a cumprir a decisão da Corte em todo caso em que forem parte (artigo 68 da Convenção Americana de Direitos Humanos). Ademais, caso o Estado levante óbices jurídicos para viabilizar a execução da sentença em conformidade com o processo interno vigente, estará incorrendo em violação adicional da CADH (art. 2º), por não adotar providências no sentido de adequar o seu direito interno às obrigações internacionalmente assumidas.

Gabarito "A"

(OAB/Exame Unificado – 2013.2) Diante de uma sentença desfavorável não unânime da Corte Interamericana de Direitos Humanos, que lhe condenou ao pagamento de determinada quantia em dinheiro, pretende a República Federativa do Brasil insurgir-se contra a mesma. A partir da hipótese sugerida, assinale a afirmativa correta.

(A) A sentença da Corte pode ser modificada mediante recurso de embargos infringentes, diante da falta de unanimidade da decisão a ser hostilizada.

(B) A sentença da Corte somente pode ser modificada por intermédio de uma ação rescisória.

(C) A sentença da Corte é definitiva e inapelável.

(D) A sentença da Corte pode ser modificada graças a um recurso de apelação.

Em relação à sentença da Corte Interamericana, cabe informar que ela será sempre fundamentada, definitiva e inapelável (arts. 66 e 67 da Convenção Americana de Direitos Humanos), todavia, em caso de divergência sobre o sentido ou alcance da sentença, a Corte interpretá-la-á, à pedido de qualquer das partes[19], desde que o pedido seja apresentado dentro de 90 dias a partir da data da *notificação* da sentença. Ainda é possível apontar que a Corte admitiu, em casos excepcionais, o recurso de revisão contra sentenças que colocam fim ao processo, com o propósito de evitar que a coisa julgada mantenha uma situação de evidente injustiça, devido ao descobrimento de um fato que, se houvesse sido conhecido no momento da confecção da sentença, teria o condão de alterar seu resultado, o que demonstraria a existência de um vício substancial na sentença[20].

Gabarito "C"

(OAB/Exame Unificado – 2012.3.B) Sobre a execução da sentença proferida pela Corte Interamericana de Direitos Humanos, assinale a afirmativa correta.

(A) A Corte, findo o processo, profere uma sentença fundamentada, passível de recurso de revisão e de embargos de declaração. Somente após o trânsito em julgado da decisão o Estado estará obrigado a cumprir a decisão da Corte.

(B) O Estado signatário, em respeito ao princípio da soberania, não está obrigado a cumprir as decisões da Corte em todo caso em que for parte, mas somente nos casos em que houver solução amistosa sobre a denúncia.

(C) O Estado condenado, em razão de situações internas como a ocorrência de catástrofes ambientais, poderá requerer dilação do prazo para o cumprimento da sentença proferida pela Corte em até um ano, contados a partir do término dos eventos.

(D) A Assembleia Geral da OEA, na hipótese de inexecução dos julgados, indicará, em relatório anual, de maneira especial e com as recomendações pertinentes, os casos em que um Estado não tenha dado cumprimento a suas sentenças.

19. Funciona como os embargos de declaração.

20. Caso Genie Lacayo, Solicitação de Revisão da sentença de 29 de janeiro de 1997 (Resolução de 13 de setembro de 1997, item 10).

A: incorreta. A sentença da Corte Interamericana será sempre fundamentada, definitiva e **inapelável** (arts. 66 e 67 da Convenção Americana de Direitos Humanos), todavia, em caso de divergência sobre o sentido ou alcance da sentença, a Corte interpretá-la-á, à pedido de qualquer das partes (funciona como os embargos de declaração), desde que o pedido seja apresentado dentro de 90 dias a partir da data da *notificação* da sentença. Ainda é possível apontar que a Corte admitiu, **em casos excepcionais**, o recurso de revisão contra sentenças que colocam fim ao processo, com o propósito de evitar que a coisa julgada mantenha uma situação de evidente injustiça, devido à descoberta de um fato que se houvesse sido conhecido no momento da confecção da sentença teria o condão de alterar seu resultado, o que demonstraria a existência de um vício substancial na sentença[21]; **B:** incorreta. O cumprimento da sentença da Corte se dá geralmente de maneira voluntária pelos Estados. Caso isso não ocorra, por exemplo, no Brasil, o cumprimento se dará mediante execução da sentença, como título executivo judicial, perante a justiça federal, consoante disposto no art. 109, I, da CF. Mas deve-se saber que os Estados-partes da Convenção se comprometem a cumprir a decisão da Corte em todo caso em que forem parte (art. 68 da Convenção Americana de Direitos Humanos). Ademais, caso o Estado levante óbices jurídicos para viabilizar a execução da sentença em conformidade com o processo interno vigente, estará incorrendo em violação adicional da CADH (art. 2º), por não adotar providências no sentido de adequar o seu direito interno às obrigações internacionalmente assumidas; **C:** incorreta, pois não existe previsão nesse sentido no ordenamento jurídico internacional. Oportuno aqui a releitura do comentário sobre a assertiva anterior; **D:** correta. A assertiva não está bem construída e pode suscitar dúvidas, mas é correto apontar o seguinte: a principal função da Comissão Interamericana é promover o respeito aos direitos humanos no continente americano. Destarte, tem competência para enviar recomendações aos Estados-partes da Convenção Americana de Direitos Humanos ou até mesmo para os Estados-membros da OEA. Em sua competência inserem-se também a possibilidade de realizar estudos, solicitar informações aos Estados no que tange à implementação dos direitos humanos insculpidos na Convenção e confeccionar um relatório anual[22] para ser submetido à

21. Caso Genie Lacayo, Solicitação de Revisão da sentença de 29 de janeiro de 1997 (Resolução de 13 de setembro de 1997, item 10).

22. Segue a redação do art. 59, ponto 1, do Regulamento da Comissão Interamericana de Direitos Humanos: "O Relatório Anual à Assembleia Geral da Organização incluirá o seguinte: a) uma análise da situação dos direitos humanos no Hemisfério, acompanhada das recomendações aos Estados e aos órgãos da Organização sobre as medidas necessárias para fortalecer o respeito aos direitos humanos; b) um breve relato referente à origem, às bases jurídicas, à estrutura e aos fins da Comissão, bem como ao estado da Convenção Americana e dos demais instrumentos aplicáveis; c) informação sucinta dos mandatos conferidos e recomendações formuladas à Comissão pela Assembleia Geral e pelos outros órgãos competentes, bem como da execução de tais mandatos e recomendações; d) uma lista das sessões realizadas no período abrangido pelo relatório e de outras atividades desenvolvidas pela Comissão em cumprimento de seus fins, objetivos e mandatos; e) uma súmula das atividades de cooperação da Comissão com outros órgãos da Organização, bem como com organismos regionais ou mundiais da mesma natureza, e dos resultados alcançados em suas atividades; f) os relatórios sobre petições e casos individuais cuja publicação haja sido aprovada pela Comissão, e uma relação das medidas cautelares concedidas e estendidas e das atividades desenvolvidas perante a Corte Interamericana; g) uma exposição sobre o progresso alcançado na consecução dos objetivos estabelecidos na Declaração Americana dos Direitos e Deveres do Homem e na Convenção Americana sobre Direitos Humanos e nos demais instrumentos aplicáveis; h) os relatórios gerais ou especiais que a Comissão considerar necessários sobre a situação

Assembleia Geral da OEA. À parte do relatório anual, a Comissão pode confeccionar relatórios especiais ou gerais sobre a situação dos direitos humanos nos Estados membros sempre que considerar necessário (art. 59, ponto 1, *h*, do Regulamento da Comissão Interamericana de Direitos Humanos). Cabe lembrar que as recomendações e os relatórios (tanto o anual e o alicerçado em alguma acusação[23]) da Comissão não têm poder vinculante, isto é, não vinculam os Estados destinatários. Portanto, a Comissão elabora o relatório anual e envia para a Assembleia Geral. Outro ponto confuso da assertiva é o fato de suscitar que a Assembleia Geral confecciona sentenças, o que não é verdade, pois o único órgão do Sistema Interamericano de proteção dos direitos humanos que pode emitir alguma sentença é a Corte Interamericana. Parece-nos que o examinador quis dizer sentenças *oriundas do sistema interamericano*. Apesar da falta de tecnicismo na elaboração dessa assertiva, pode-se indicá-la como correta pela ideia apresentada no seu conjunto.

Gabarito "D"

(OAB/Exame Unificado – 2012.3.B) Após obter sentença favorável perante a Corte Interamericana de Direitos Humanos, que condenou a República Federativa do Brasil ao pagamento de determinada quantia em dinheiro, deverá o interessado, em caso de inércia da sucumbente em adimplir o comando condenatório voluntariamente, adotar o seguinte procedimento:

(A) Requerer perante a Corte a intimação da executada para efetuar o pagamento em vinte e quatro horas ou nomear bens à penhora.

(B) Solicitar o encaminhamento dos autos do processo ao Conselho de Segurança da ONU para a imposição de sanções internacionais.

(C) Aceitar que as sentenças proferidas pela Corte Interamericana de Direitos Humanos são desprovidas de executoriedade.

(D) Executar a sentença perante a Justiça Federal pelo processo interno vigente para a execução de sentenças contra o Estado.

O cumprimento da sentença da Corte Interamericana se dá geralmente de maneira voluntária pelos Estados. Caso isso não ocorra, por exemplo, no Brasil, o cumprimento se dará mediante execução da sentença, como título executivo judicial, perante a justiça federal, consoante disposto no art. 109, I, da CF. Mas deve-se saber que os Estados-partes da Convenção se comprometem a cumprir a decisão da Corte em todo caso em que forem parte (art. 68 da Convenção Americana de Direitos Humanos). Ademais, caso o Estado levante óbices jurídicos para viabilizar a execução da sentença em conformidade com o processo interno vigente, estará incorrendo em violação adicional da CADH (art. 2º), por não adotar providências no sentido de adequar o seu direito interno às obrigações internacionalmente assumidas.

Gabarito "D"

(OAB/Exame Unificado – 2012.3.A) O Pacto de São José da Costa Rica prevê que os Estados signatários devem cumprir com as decisões emanadas pela

Corte Interamericana de Direitos Humanos. Uma das hipóteses de condenação consiste no pagamento, pelo Estado, de indenização compensatória à vítima da violação de direitos humanos.

Assinale a afirmativa que indica o procedimento a ser adotado, caso o Estado brasileiro não cumpra espontaneamente a sentença internacional que o obriga a pagar a indenização.

(A) Como é considerada título executivo judicial, poderá ser executada perante o Superior Tribunal de Justiça, uma vez que goza de *status* internacional.

(B) Como é considerada título executivo judicial, poderá ser executada perante a Vara Federal competente territorialmente.

(C) A Corte Interamericana, em razão do princípio da soberania, obrigará o Estado brasileiro a cumprir a sentença, sendo necessária a propositura de processo de execução, autônomo, pela parte interessada na Corte.

(D) A Corte Interamericana, em razão do princípio da soberania, não poderá obrigar o Brasil a cumprir a sentença, mas o descumprimento poderá fundamentar uma advertência da Assembleia Geral da Organização das Nações Unidas, pelo descumprimento da Convenção Americana de Direitos Humanos.

Se no exercício de sua competência contenciosa ficar comprovada a violação de direitos humanos da(s) vítima(s), a Corte determinará a adoção, pelo Estado agressor, de medidas que façam cessar a violação e restaurar o direito vilipendiado (*restitutio in integrum*), além de poder condenar o Estado agressor ao pagamento de indenização (tendo por base o plano material e o imaterial) à(s) vítima(s). A obrigação de reparar, que se regulamenta em todos os aspectos (alcance, natureza, modalidades e determinação dos beneficiários) pelo direito internacional, não pode ser modificada ou descumprida pelo Estado obrigado, mediante a invocação de disposições de seu direito interno. O cumprimento da sentença da Corte se dá geralmente de maneira voluntária pelos Estados. Caso isso não ocorra, por exemplo, no Brasil, o cumprimento se dará mediante execução da sentença, como título executivo judicial, perante a justiça federal, consoante disposto no art. 109, I, da CF. Mas deve-se saber que os Estados-partes da Convenção se comprometem a cumprir a decisão da Corte em todo caso em que forem parte (art. 68 da Convenção Americana de Direitos Humanos).

Gabarito "B"

(OAB/Exame Unificado – 2011.3.B) O Protocolo de San Salvador é complementar à Convenção Americana sobre Direitos Humanos em Matéria de Direitos Econômicos, Sociais e Culturais. Assim, o direito de petição ao Sistema Interamericano de Direitos Humanos é estendido pelo Protocolo de San Salvador aos casos de violação

(A) ao direito de livre associação sindical.

(B) ao direito de vedação ao trabalho escravo.

(C) à proibição do tráfico internacional de pessoas.

(D) ao direito à moradia digna.

A Corte Interamericana tem competência para interpretar e aplicar o Protocolo Adicional à Convenção Americana de Direitos Humanos (Protocolo de San Salvador) somente em relação ao art. 8, ponto 1, alínea *a* (direitos sindicais dos trabalhadores) e o art. 13 (direito à educação). Tudo em conformidade com o art. 19, ponto 6, do mencionado Protocolo, o qual determina que são esses os únicos direitos passíveis de serem acionados perante à Corte (justiciabilidade), entre um amplo conjunto de direitos econômicos, sociais e culturais de que trata esse protocolo. Entretanto, o que se percebe no campo prático é uma jurisprudência criativa que permite uma implementação indireta dos direitos econômicos, sociais e culturais. Uma das grandes contribuições para essa substancial evolução foi a construção jurisprudencial

dos direitos humanos nos Estados membros e, se pertinente, os relatórios de seguimento, destacando-se nos mesmos os progressos alcançados e as dificuldades que houverem surgido para uma efetiva observância dos direitos humanos; i) qualquer outra informação, observação ou recomendação que a Comissão considerar conveniente submeter à Assembleia Geral e qualquer nova atividade ou projeto que implique despesa adicional".

23. A acusação é feita mediante petição individual ou comunicação interestatal.

de um conceito amplo ou *lato sensu* do direito de acesso à justiça[24] (art. 25 da Convenção Americana), o que permite o acionamento da Corte para proteção de todos os direitos humanos, inclusive os econômicos, sociais e culturais. Cabe destacar também a construção jurisprudencial da Corte que qualificou de *jus cogens* os princípios da equidade e da não discriminação, os quais são, logicamente, aplicados em relação a todos direitos humanos. E, por fim, o estabelecimento, pela Corte, de um conceito amplo do direito à vida, o qual exige a proteção e a implementação dos direitos econômicos, sociais e culturais para sua satisfatória efetivação.

Gabarito "A".

7.5. QUESTÃO DO SISTEMA INTERAMERICANO DE PROTEÇÃO DOS DIREITOS HUMANOS

(MINISTÉRIO PÚBLICO/MT – 2012 – UFMT) Sobre o processamento do Estado no sistema interamericano de direitos humanos, é correto afirmar:

(A) Cabe à Comissão Interamericana ou ao cidadão diretamente prejudicado propor perante a Corte Interamericana denúncias ou queixas por violação de direitos humanos, devendo a condenação da Corte recair sempre sobre um Estado-parte na Convenção Americana sobre Direitos Humanos.

(B) Cabe exclusivamente ao Estado de nacionalidade da vítima propor perante a Corte Interamericana ação competente de reparação de danos sempre que a violação aos direitos humanos tenha ocorrido em território de outro Estado, desde que este último seja parte na Convenção Americana sobre Direitos Humanos e tenha aceitado a jurisdição contenciosa do tribunal.

(C) Cabe à Comissão Interamericana, e não aos particulares, propor perante a Corte Interamericana ação competente por violação de direitos humanos e sua reparação, podendo também fazê-lo outro Estado pactuante, desde que o país acusado tenha anteriormente aceito a jurisdição contenciosa do tribunal.

(D) Cabe à parte especialmente prejudicada pela violação de direitos humanos a propositura de ação competente perante a Corte Interamericana de Direitos Humanos, porém, com o acompanhamento de técnicos da Comissão Interamericana, que também ficarão responsáveis pelo encaminhamento dos demais atos processuais perante a Corte.

(E) Podem propor uma ação de reparação de danos por violação de direitos humanos perante a Corte Interamericana de Direitos Humanos a Comissão Interamericana ou um Estado-parte na Convenção Americana, podendo fazê-lo contra outro Estado-parte na Convenção ou contra um grupo de pessoas (p. ex.: um grupo de militares) que exerça atividades de comando dentro da ordem estatal.

A: incorreta. A Corte só pode ser acionada pelos Estados-partes ou pela Comissão; o indivíduo, conforme artigo 61 da Convenção, é proibido de apresentar petição à Corte. Entretanto, pessoas e ONGs podem, excepcionalmente, peticionar à Corte, nos casos em que já sejam partes, para que esta adote medidas provisórias em casos de extrema gravidade e urgência, desde que verificado risco de dano irreparável à vítima ou às vítimas, nos termos do artigo 63, ponto 2, da Convenção Americana de Direitos Humanos. Se o assunto ainda não estiver submetido ao conhecimento da Corte, a Comissão poderá solicitar que esta adote medidas provisórias mesmo antes da análise do mérito do caso, desde que o caráter de urgência e de gravidade as justifique; **B:** incorreta, pois essa competência não é exclusiva (reler comentário sobre a assertiva anterior); **C:** correta. Reler o comentário sobre a assertiva A. Ademais, a competência contenciosa só será exercida em relação aos Estados-partes da Convenção que expressem e inequivocamente tenham aceitado essa competência da Corte (artigo 62 da Convenção Americana de Direitos Humanos). A declaração de aceite da competência da Corte pode ser feita incondicionalmente ou sob condição de reciprocidade, por prazo determinado ou ainda somente para casos específicos. Em síntese, pode-se dizer que a jurisdição contenciosa da Corte está limitada em razão das partes que intervêm no procedimento (*ratione personae*), em razão da matéria objeto da controvérsia (*ratione materiae*) e em razão do tempo transcorrido desde a notificação aos Estados do relatório da Comissão (*ratione temporis*). É limitada *ratione personae* porque só os Estados-partes ou a Comissão podem acioná-la; é limitada *ratione materiae* porque apenas pode conhecer de casos que tenham por supedâneos a Convenção Americana de Direitos Humanos, o Protocolo de San Salvador (somente em relação aos artigos 8º, ponto 1, alínea *a*, e 13), a Convenção Interamericana para Prevenir e Punir a Tortura (conforme o que dispõe o artigo 8º) e a Convenção Interamericana sobre o Desaparecimento Forçado de Pessoas (conforme o que dispõe o artigo 13); e, por fim, é limitada *ratione temporis* porque o caso tem de ser tanto submetido à Corte no prazo de três meses contados da data de envio do relatório, pela Comissão, aos Estados interessados, como também as alegadas violações devem datar de momento posterior ao reconhecimento da competência contenciosa da Corte pelo Estado; **D:** incorreta (reler comentário sobre a assertiva A); **E:** incorreta, pois a ação só pode ser proposta em face de Estado e não contra grupo de pessoas.

Gabarito "C".

8. SISTEMA AMERICANO DE PROTEÇÃO ESPECÍFICA DOS DIREITOS HUMANOS

(OAB/Exame Unificado – 2012.3.A) Com relação à Convenção Interamericana para Prevenir e Punir a Tortura, ratificada pelo Brasil em 20 de julho de 1989, assinale a afirmativa correta.

(A) Os funcionários públicos que ordenem a execução da tortura ou a cometam diretamente são responsáveis pelo delito de tortura, exceto se houverem agido por ordens superiores, o que eximirá o agente da responsabilidade penal correspondente.

(B) O Estado Parte somente tomará as medidas necessárias para conceder a extradição, em conformidade com sua legislação e suas obrigações internacionais, de pessoa condenada pela prática de delito de tortura, não bastando a acusação pela prática do delito.

(C) As declarações obtidas por meio de tortura não podem ser admitidas como prova em processo, salvo em processo instaurado contra a pessoa acusada de havê-las obtido mediante atos de tortura e unicamente como prova de que, por esse meio, o acusado obteve tal declaração.

(D) Esgotado o procedimento jurídico interno do Estado e os recursos que este prevê para a investigação sobre caso de tortura, o processo deverá ser submetido a instâncias internacionais, mesmo que o Estado não tenha aceitado tal competência.

24. Nesse sentido, cabe transcrever o ponto 1 da Resolução 2656/11 da OEA: "Afirmar que o acesso à justiça, como direito humano fundamental, é, ao mesmo tempo, o meio que possibilita que se restabeleça o exercício dos direitos que tenham sido ignorados ou violados".

A Convenção Interamericana para Prevenir e Punir a Tortura, adotada em 9 de dezembro de 1985, em Cartagena, na Colômbia, e promulgada no Brasil em 9 de dezembro de 1989 pelo Decreto nº 98.386, tem por fundamento a consciência de que todo ato de tortura ou outros tratamentos ou penas cruéis, desumanos ou degradantes constituem uma ofensa à dignidade humana. Os Estados-partes têm obrigação de proibir a tortura, esta não podendo ser praticada nem mesmo em circunstâncias excepcionais. Por tortura entende-se todo ato pelo qual são infligidos intencionalmente a uma pessoa penas ou sofrimentos físicos ou mentais, com fins de investigação criminal, como meio de intimidação, como castigo pessoal, como medida preventiva, como pena ou com qualquer outro fim. Entende-se também como tortura a aplicação em uma pessoa de métodos tendentes a anular a personalidade da vítima ou a diminuir sua capacidade física ou mental, embora não causem dor física ou angústia psíquica (art. 2º da Convenção). E consoante o art. 3º, *a* e *b*, da Convenção, apenas os funcionários ou empregados públicos, ou ainda os particulares, desde que instigados pelos dois primeiros, podem ser sujeitos ativos do crime de tortura. É muito importante a ressalva do art. 4º: "O fato de haver agido por ordens superiores não eximirá da responsabilidade penal correspondente". Igualmente ao previsto na Convenção da ONU contra a Tortura e outros Tratamentos ou Penas Cruéis, Desumanos ou Degradantes, os Estados-partes se obrigam a punir os torturadores, independentemente do país em que a tortura tenha sido realizada e da nacionalidade do torturador. Percebe-se que a Convenção Interamericana também estabeleceu jurisdição compulsória e universal para julgar os acusados de tortura. A compulsoriedade da jurisdição determina que os Estados-partes devem punir os torturadores, independentemente do local onde o crime foi cometido e da nacionalidade do torturador e da vítima. E a universalidade da jurisdição determina que os Estados-partes processem ou extraditem o suspeito da prática de tortura, independentemente da existência de tratado prévio de extradição. Para monitorar o cumprimento das obrigações constantes na Convenção, a Comissão Interamericana de Direitos Humanos recebe relatórios confeccionados pelos Estados-partes, os quais auxiliam a confecção do relatório anual da Comissão. **A**: incorreta. Conforme destacado no texto inicial, o fato de haver agido por ordens superiores não eximirá da responsabilidade penal correspondente; **B**: incorreta, porque a Convenção Interamericana estabeleceu jurisdição compulsória e universal para julgar os acusados de tortura; **C**: correta, pois reproduz integralmente o texto do art. 10 da Convenção Interamericana para Prevenir e Punir a Tortura; **D**: incorreta, pois é necessária a prévia aceitação do Estado. Ou seja, os Estados, com base em sua soberania, escolhem fazer parte do sistema internacional de proteção dos direitos humanos.

Gabarito "C"

9. DIREITOS HUMANOS NO BRASIL

9.1. HISTÓRICO DAS CONSTITUIÇÕES

(OAB/Exame Unificado – 2011.2) As Constituições brasileiras se mostraram com avanços e retrocessos em relação aos direitos humanos. A esse respeito assinale a alternativa correta.

(A) A Constituição de 1934 se revelou retrógrada ao ignorar normas de proteção social ao trabalhador.

(B) A Constituição de 1969, mesmo incorporando as medidas dos Atos Institucionais, se revelou mais atenta aos direitos humanos que a Constituição de 1967.

(C) A Constituição de 1946 apresentou diversos retrocessos em relação aos direitos humanos, principalmente no tocante aos direitos sociais.

(D) A Constituição de 1967 consolidou arbitrariedades decretadas nos Atos Institucionais, caracterizando diversos retrocessos em relação aos direitos humanos.

A: incorreta. A Constituição de 1934 sofreu grande influência da Constituição alemã de Weimar e passou a tratar de temas antes relegados, como a ordem social e econômica, a família, a educação e a cultura. Cuidou dos assuntos trabalhistas ao determinar a proibição de diferença de salário para um mesmo trabalho por motivo de idade, sexo, nacionalidade ou estado civil, a regulamentação dos trabalhos dos menores e das mulheres, a instituição do salário-mínimo, do descanso semanal, das férias remuneradas e da indenização na despedida sem justa causa. Tome de exemplo o art. 113, ponto 34, da Constituição da República dos Estados Unidos do Brasil de 1934 que assim dispõe: "A todos cabe o direito de prover à própria subsistência e à de sua família, mediante trabalho honesto. O Poder Público deve amparar, na forma da lei, os que estejam em indigência". Percebe-se que a Constituição de 1934 **não** ignorou a proteção social do trabalhador; **B**: incorreta. Em dezembro de 1968 o Congresso Nacional foi fechado pelo AI-5, baixado pelo então Presidente Costa e Silva. O AI-5 suspendeu a Constituição de 1967, concedeu ainda mais poderes para o Executivo e, ao contrário dos atos anteriores, não tinha vigência definida – dando início à fase mais dura da repressão. A emenda constitucional nº 17/1969, que passou a ser chamada de Constituição de 1969, foi outorgada pelo general Emílio Garrastazu Médici e incorporou o AI-5; **C**: incorreta. Depois de terminada a ditadura do Estado Novo, Dutra foi eleito Presidente em 1945 e no ano seguinte a nova Constituição foi promulgada. A Constituição dos Estados Unidos do Brasil de 1946 é nitidamente de roupagem liberal-democrática, assim, afasta-se da Constituição anterior, de 1937, apesar de manter algumas similaridades com essa. Em relação à ordem social, a Constituição de 1946 manteve, de certa forma, os benefícios mínimos assegurados na Constituição de 1934. Cabe destacar que foi a Constituição de 1946 que conferiu, no plano dos direitos políticos, a igualdade entre homens e mulheres. Por todo o dito, fica claro que a Constituição de 1946 **não** representou um retrocesso em relação aos direitos humanos, pelo contrário, significou um avanço em certas áreas; **D**: correta. As mudanças nas instituições do Brasil foram iniciadas com os Atos Institucionais levados a cabo pelo Regime Militar, que completou o ciclo de mudanças com a aprovação da Constituição da República Federativa do Brasil de 1967, lembrando que o Congresso Nacional foi reconvocado, pois estava fechado devido às inúmeras cassações de parlamentares, para aprovar o novo texto constitucional. A Constituição de 1967 absorveu a legislação que tinha ampliado os poderes do Executivo, principalmente no tocante à segurança pública. Por todo o dito, fica patente que a Constituição de 1967 representou grande retrocesso em relação aos direitos humanos.

Gabarito "D"

9.2. CONSTITUIÇÃO CIDADÃ DE 1998

(OAB/Exame Unificado – 2016.1) Você, na condição de advogado, foi procurado por um travesti que é servidor público federal. Na verdade, ele adota o nome social de Joana, embora, no assento de nascimento, o seu nome de registro seja João. Ele gostaria de ser identificado no trabalho pelo nome social e que, assim, o nome social constasse em coisas básicas, como o cadastro de dados, o correio eletrônico e o crachá.

Sob o ponto de vista jurídico, em relação à orientação a ser dada ao solicitante, assinale a afirmativa correta.

(A) A Constituição Federal até prevê a promoção do bem sem qualquer forma de discriminação, mas não existe nenhuma norma específica que ampare a pretensão do solicitante.

(B) Não apenas a Constituição está orientada para a ideia de promoção do bem sem discriminação, como a demanda pleiteada pelo solicitante encontra amparo em norma infraconstitucional.

(C) O solicitante possui esse direito, pois assim está previsto na Convenção das Nações Unidas para os Direitos LGBT.

(D) Ainda que compreenda a demanda do solicitante, ele não possui o direito de ser identificado pelo nome social no trabalho, uma vez que é um homem que se traveste de mulher.

A: incorreta. O art. 3º da CF coloca como um dos objetivos fundamentais da República Federativa do Brasil, o seguinte: "promover o bem de todos, sem preconceitos de origem, raça, sexo, cor, idade e quaisquer outras formas de discriminação" (inciso IV). Além do que, um dos fundamentos da República Federativa do Brasil é a dignidade da pessoa humana (art. 1º, III, da CF). Sobre o tema, é importante conhecer posicionamento da ministra do STJ Nancy Andrighi: quando se iniciou a obrigatoriedade do registro civil, a distinção entre os dois sexos era feita baseada na conformação da genitália. Hoje, com o desenvolvimento científico e tecnológico, existem vários outros elementos identificadores do sexo, razão pela qual a definição de gênero não pode mais ser limitada somente ao sexo aparente. Todo um conjunto de fatores, tanto psicológicos quanto biológicos, culturais e familiares, devem ser considerados. A título exemplificativo, podem ser apontados, para a caracterização sexual, os critérios cromossomial, gonadal, cromatínico, da genitália interna, psíquico ou comportamental, médico-legal, e jurídico. Para Andrighi, se o Estado consente com a possibilidade de realizar-se cirurgia de transgenitalização, logo deve também prover os meios necessários para que o indivíduo tenha uma vida digna e, por conseguinte, seja identificado jurídica e civilmente tal como se apresenta perante a sociedade. Assim, mesmo que não exista uma norma específica na Constituição, existem os princípios, que são normas jurídicas dotadas de maior plasticidade e informam a direção axiological que todas as leis e atos públicos devem ser seguidos, sob o risco de serem tachados de inconstitucionais. No caso específico dessa questão, podemos destacar o princípio da dignidade da pessoa e da vedação à discriminação, que constitui o fundamento da pretensão do travesti. Esse é o entendimento do STJ, segundo o qual deve-se levar em consideração a realidade psicológica; **B:** correta. Além do já dito no comentário sobre a assertiva "A", o entendimento predominante é o de que após a edição da Lei 9.708/1998, que alterou a Lei 6.015 (Lei de Registros Públicos), admite-se, com fundamento no art. 58, a alteração do nome para constar o nome social. Ademais, após a realização dessa prova, foi promulgado o Decreto 8.727, de 28 de abril de 2016, que dispõe sobre o uso do nome social e o reconhecimento da identidade de gênero de pessoas travestis e transexuais no âmbito da administração pública federal direta, autárquica e fundacional; **C:** incorreta, pois não existe uma convenção específica da ONU para tratar dos direitos dos Lésbicas, Gays, Bissexuais, Travestis, Transexuais e Transgêneros.; **D:** incorreta (reler os comentários sobre as duas primeiras alternativas).

Gabarito "B"

(OAB/Exame Unificado – 2015.3) O STJ decidiu, no dia 10/12/2014, que uma causa relativa à violação de Direitos Humanos deve passar da Justiça Estadual para a Justiça Federal, configurando o chamado Incidente de Deslocamento de Competência. A causa trata do desaparecimento de três moradores de rua e da suspeita de tortura contra um quarto indivíduo. Desde a promulgação da Emenda 45, em 2004, essa é a terceira vez que o STJ admite o Incidente de Deslocamento de Competência.

De acordo com o que está expressamente previsto na Constituição Federal, a finalidade desse Incidente é o de

(A) garantir o direito de acesso à Justiça.

(B) assegurar o cumprimento de obrigações decorrentes de tratados internacionais de Direitos Humanos dos quais o Brasil seja parte.

(C) combater a morosidade de órgãos da Administração Pública e do Poder Judiciário.

(D) combater a corrupção em entes públicos dos Estados e do Distrito Federal.

A assertiva correta é "B" pois trata-se da denominada *federalização* dos crimes contra os direitos humanos. O § 5º ao artigo 109 da CF assim dispõe: "Nas hipóteses de grave violação de direitos humanos, o Procurador-Geral da República, com a finalidade de assegurar o cumprimento de obrigações decorrentes de tratados internacionais de direitos humanos dos quais o Brasil seja parte, poderá suscitar, perante o Superior Tribunal de Justiça, em qualquer fase do inquérito ou processo, incidente de deslocamento de competência para a Justiça Federal". **É importante asseverar, com base na jurisprudência do STJ, que o incidente de desloc**amento só será provido se ficar comprovado que a justiça estadual constitui verdadeira barreira ao cumprimento dos compromissos internacionais de proteção dos direitos humanos assumidos pelo Brasil.

Gabarito "B"

(OAB/Exame Unificado – 2015.3) No Caso Damião Ximenes (primeiro caso do Brasil na Corte Interamericana de Direitos Humanos), o Brasil foi condenado a investigar e sancionar os responsáveis pela morte de Damião Ximenes, a desenvolver um programa de formação e capacitação para as pessoas vinculadas ao atendimento de saúde mental e a reparação pecuniária da família. Damião Ximenes foi morto, sob tortura, em uma clínica psiquiátrica particular na cidade de Sobral, no Ceará. A condenação recaiu sobre a Federação (União) e não sobre o estado do Ceará ou sobre o município de Sobral, embora ambos tenham algum tipo de responsabilidade sobre o funcionamento da clínica.

A responsabilização do governo federal (e não do estadual ou do municipal) aconteceu porque

(A) estado e município não possuem capacidade jurídica para responder pela violação de direitos humanos praticados por seus agentes.

(B) o Brasil é um estado federativo e, nesses casos, cabe ao governo nacional cumprir todas as disposições da Convenção Americana sobre Direitos Humanos, relacionadas com as matérias sobre as quais exerce competência legislativa e judicial.

(C) o falecimento de Damião Ximenes aconteceu em uma clínica particular e cabe ao SUS, que é federal, a regulamentação e supervisão do funcionamento de todas as casas de saúde.

(D) a Corte Interamericana de Direitos Humanos possui jurisdição internacional e para que a condenação recaísse sobre um estado ou um município seria necessária a homologação da decisão da Corte pelo Tribunal de Justiça do Ceará.

A assertiva correta é a "B" porque é sempre o governo central que responderá perante a comunidade internacional, pois é o representante do Estado como um todo, o único detentor de personalidade jurídica internacional. Tome de exemplo a Federação de Estados ou Estado Federal, que é a união permanente de dois ou mais estados, dos quais cada um conserva apenas a autonomia interna, pois a soberania externa é exercida por um órgão central, normalmente denominado *governo federal*. O Brasil é Estado Federal desde a Constituição de 1891. Cabe sublinhar que a divisão de autonomias em relação às competências internas não interfere na responsabilização internacional. Dito de outra maneira, "no plano internacional o Estado é reconhecido como um sujeito único e indivisível e o princípio da unidade do Estado estabelece que os atos ou omissões dos órgãos do Estado devem ser reconhecidos como atos ou omissões desse Estado em sua totalidade[25]".

Gabarito "B"

25. Convención Americana sobre Derechos Humanos – Comentario: STEINER, Christian e URIBE, Patricia (Editores). Konrad Adenauer Stiftung. Bolívia: Plural editores, 2014. P.15.

(OAB/Exame Unificado – 2013.3) Segundo informações do Comitê para a Proteção dos Jornalistas (CPJ), no Brasil, nos últimos 20 anos, 70% dos casos de assassinatos a jornalistas ficaram impunes. O CPJ contabilizou 23 assassinatos entre 1992 e 2012, sendo que quatro ocorreram de janeiro a abril de 2012. Desse total, quatorze não foram punidos.

Diante desse quadro, sindicatos de jornalistas de vários estados brasileiros propuseram à Secretaria de Direitos Humanos do Governo Federal a federalização da investigação desses crimes, porque, segundo esses sindicatos, tais crimes caracterizam graves violações de Direitos Humanos. Para que a investigação e o julgamento de tais violações sejam federalizados é necessário que fique demonstrado que se trata de grave violação de Direitos Humanos afirmados em Tratados internacionais, dos quais o Brasil seja parte e pode, por isso mesmo, responder diante de instâncias internacionais. Além disso, é preciso que

(A) os familiares das vítimas entrem com o pedido de incidente de deslocamento de competência perante o STJ que deve julgá-lo favoravelmente.

(B) os familiares das vítimas entrem com um mandado de segurança perante o STF que deve julgá-lo favoravelmente.

(C) as autoridades locais entrem com o pedido de incidente de deslocamento de competência perante o STJ que deve julgá-lo favoravelmente.

(D) o Procurador Geral da República entre com o pedido de incidente de deslocamento de competência perante o STJ que deve julgá-lo favoravelmente.

A assertiva correta, conforme o disposto no § 5º do art. 109 da CF, é a "D". Segue a redação do parágrafo citado: "Nas hipóteses de grave violação de direitos humanos, o Procurador-Geral da República, com a finalidade de assegurar o cumprimento de obrigações decorrentes de tratados internacionais de direitos humanos dos quais o Brasil seja parte, poderá suscitar, perante o Superior Tribunal de Justiça, em qualquer fase do inquérito ou processo, incidente de deslocamento de competência para a Justiça Federal".

Gabarito "D"

(OAB/Exame Unificado – 2013.1) A Assembleia Constituinte de 1988 reservou texto expresso para elevar os Direitos Humanos ao patamar de princípio fundamental não só no território nacional, como também nas relações internacionais. Além de valorizar a independência do país no cenário internacional, consagrou a proteção dos interesses do ser humano. Considerando o texto constitucional do Estado-parte e a Convenção Americana de Direitos Humanos, as afirmativas a seguir estão corretas, **à exceção de uma**. Assinale-a.

(A) Proibição de propaganda a favor da guerra e repúdio ao terrorismo e ao racismo.

(B) Proteção judicial mesmo quando a violação de direitos fundamentais for cometida por pessoa atuando em função oficial.

(C) Direito de retificação ou de resposta, que eximirão das outras responsabilidades legais.

(D) Concessão de asilo político em delitos políticos ou comuns, conexos com delitos políticos.

Fruto da redemocratização, a Constituição Federal (CF) de 1988 torna a dignidade da pessoa humana um dos fundamentos da República Federativa do Brasil (art. 1º, III, da CF). Outros fundamentos que reforçam o *status* dos direitos humanos no Brasil são a cidadania, os valores sociais do trabalho e o pluralismo político (respectivamente art. 1º, incisos II, IV e V, da CF). O parágrafo único do art. 1º da CF aponta que o regime de governo, no Brasil, será uma democracia, pois todo o poder emana do povo (soberania popular) e este poderá exercê-lo indiretamente, por meio de seus representantes, ou diretamente. Os mecanismos de democracia direta encontram-se listados no art. 14, I, II e III, da CF (plebiscito, referendo e iniciativa popular). "Ademais, a Constituição de 1988 conferiu significado ímpar ao direito de acesso à justiça e criou mecanismos especiais de controle da omissão legislativa (ação direta por omissão e mandado de injunção), destinados a colmatar eventuais lacunas na realização de direitos, especialmente na formulação de políticas públicas destinadas a atender às determinações constitucionais.[26]" Um dos objetivos fundamentais do Brasil, segundo a CF, é a promoção do bem de todos, sem preconceitos de origem, raça, sexo, cor, idade e quaisquer outras formas de discriminação (art. 3º, IV). Outro objetivo que posiciona nuclearmente os direitos humanos no Brasil é o que determina a erradicação da pobreza e da marginalização e a redução das desigualdades sociais e regionais (art. 3º, III). E, ainda, o Brasil tem por objetivo a construção de uma sociedade livre, justa, solidária (art. 3º, I) e desenvolvida economicamente (art. 3º, II). O outro fator que sacramenta a nuclearidade dos direitos humanos no Brasil é o que dispõe o art. 4º, II, da CF. Ou seja, as relações internacionais do Brasil serão regidas, entre outros, pelo *princípio da prevalência dos direitos humanos*. Outros incisos do art. 4º da CF que corroboram a dita nuclearidade dos direitos humanos são: **a)** repúdio ao terrorismo e ao racismo (inciso VIII); **b)** cooperação entre os povos para o progresso da humanidade (inciso IX); e **c)** concessão de asilo político (inciso X). Ora, além dos direitos humanos fundamentarem a existência da República brasileira, são vetores para o estabelecimento da política nacional e externa. Ademais, podem-se considerar os direitos humanos até como limitadores do poder constituinte originário: "É fora de dúvida que o poder constituinte é um fato político, uma força material e social, que não está subordinado ao Direito positivo preexistente. Não se trata, porém, de um poder ilimitado ou incondicionado. Pelo contrário, seu exercício e sua obra são pautados tanto pela realidade fática como pelo Direito, âmbito no qual a dogmática pós-positivista situa os valores civilizatórios, os direitos humanos e a justiça[27]". Outro ponto de destaque é a inclusão dos direitos da pessoa humana na lista dos princípios sensíveis da Constituição (art. 34, VII, *b*, da CF), os quais autorizam, diante de suas violações, a medida extrema da intervenção[28]. Isso significa que, se um estado federado incidir em grave violação dos direitos humanos e nada fizer para mudar essa situação lamentável, a União intervirá[29] nessa unidade federada para restabelecer o respeito integral dos direitos da pessoa humana. O STF já se pronunciou sobre um pedido de intervenção federal que teve por base a grave violação dos direitos da pessoa humana (art. 34, VII, *b*, da CF). Foi a IF 114-5/MT, ocasião em que o STF sublinhou que a gravidade do fato por si só (violação dos direitos da pessoa humana) não é motivo suficiente

26. MENDES, *op. cit.*, p. 681. Também: "A Constituição de 1988 é a primeira Carta brasileira a consagrar o direito fundamental de proteção à saúde. Textos constitucionais anteriores possuíam apenas disposições esparsas sobre a questão, como a Constituição de 1824, que fazia referência à proteção de socorros públicos (art. 179, XXXI)" (p. 685).
27. BARROSO, *op. cit.*, p. 110.
28. "A intervenção federal pelo inciso VII do art. 34 busca resguardar a observância dos chamados princípios constitucionais sensíveis. Esses princípios visam assegurar uma unidade de princípios organizativos tidos como indispensáveis para a identidade jurídica da federação, não obstante a autonomia dos Estados-membros para se auto-organizarem" (MENDES, *op. cit.*, p. 835).
29. O STF entende que a intervenção é medida extrema e, para ser decretada, precisa observar a proporcionalidade (IF 2.915/SP, rel. min. Marco Aurélio).

para intervenção federal. É necessária a cabal demonstração de que o Estado não pode dar uma resposta efetiva ao fato grave ocorrido, ou seja, somente será possível a intervenção federal nesses casos se o Estado não possuir uma estrutura mínima que lhe permita responder ao fato danoso – na maioria dos casos, estrutura para movimentar efetivamente a persecução penal[30]. Cabe também mencionar a obrigação, preponderantemente atribuída ao Legislativo brasileiro, que o inciso XLI do art. 5º da CF criou: "a lei punirá qualquer discriminação atentatória dos direitos e liberdades fundamentais". O destaque indicado até aqui pelas previsões constitucionais analisadas, ganhou corpo com a inclusão do § 5º ao art. 109 da CF pela EC nº 45 de 2004. Segue a redação legal do mencionado parágrafo: "Nas hipóteses de grave violação de direitos humanos, o Procurador-Geral da República, com a finalidade de assegurar o cumprimento de obrigações decorrentes de tratados internacionais de direitos humanos dos quais o Brasil seja parte, poderá suscitar, perante o Superior Tribunal de Justiça, em qualquer fase do inquérito ou processo, incidente de deslocamento de competência para a Justiça Federal". Trata-se da denominada *federalização* dos crimes contra os direitos humanos, e um caso conhecido é o IDC 2-DF/STJ de relatoria da ministra Laurita Vaz, pois o caso tinha como pano de fundo a atuação de um grupo de extermínio e o incidente de deslocamento de competência foi parcialmente acolhido[31]. É importante asseverar, com base na jurisprudência do STJ, que o incidente de deslocamento só será provido se ficar comprovado que a Justiça Estadual constitui verdadeira barreira ao cumprimento dos compromissos internacionais de proteção dos direitos humanos assumidos pelo Brasil. Dito de outra forma e agora com ênfase na razão de ser do instituto, deve-se ter consciência de que um caso de grave violação dos direitos humanos previstos em tratados internacionais em que o Brasil seja parte, embora ocorrido no âmbito de um estado-membro da federação, é capaz de ensejar no cenário internacional a responsabilidade do Estado brasileiro, de modo que o deslocamento de competência para a órbita federal, em casos como esse, dá a oportunidade, no plano interno, para o órgão de Justiça da União examinar e decidir a questão, antes de arcar com o pesado ônus dessa violação. Para corroborar a importância de tudo o que foi dito, é mister asseverar que é regra básica da hermenêutica jurídica aquela que determina que a aplicação da lei deverá levar em conta os valores constitucionais que irradiam sobre todo o ordenamento jurídico. Vimos que os direitos humanos ocupam lugar central na CF (logo, direitos fundamentais), destarte, toda interpretação e aplicação de alguma norma do ordenamento jurídico brasileiro devem ser balizadas pela dignidade da pessoa humana. Assim, a interpretação que violar a dignidade da pessoa humana não é válida, ou melhor, é inconstitucional.

A: correta. O art. 4º, VIII, da CF prevê expressamente o repúdio ao racismo e ao terrorismo. E o art. 13, ponto 5, da Convenção Americana de Direitos Humanos assim dispõe: "A lei deve proibir toda propaganda a favor da guerra, bem como toda apologia ao ódio nacional, racial ou religioso que constitua incitamento à discriminação, à hostilidade, ao crime ou à violência"; **B:** correta. O art. 25, ponto 1, da Convenção Americana de Direitos Humanos assim dispõe: "Toda pessoa tem direito a um recurso simples e rápido ou a qualquer outro recurso efetivo, perante os juízes ou tribunais competentes, que a proteja contra atos que violem seus direitos fundamentais reconhecidos pela Constituição, pela lei ou pela presente Convenção, mesmo quando tal violação seja cometida por pessoas que estejam atuando no exercício de suas funções oficiais"; **C:** incorreta, devendo ser assinalada. O art. 5º, V, da CF assim estatui: "é assegurado o direito de resposta, proporcional ao agravo, além da indenização por dano material, moral ou à imagem". Ademais, o art. 14, ponto 2, da Convenção dispõe no mesmo sentido: "Em nenhum caso a retificação ou a resposta eximirão das outras responsabilidades legais em que se houver incorrido"; **D:** correta, pois a assertiva está em consonância com o disposto no art. 4º, X, da CF e no art. 22, ponto 7, da Convenção Americana de Direitos Humanos.

Gabarito "C"

(OAB/Exame Unificado – 2011.2) No âmbito dos direitos humanos, a respeito do Incidente de Deslocamento de Competência, instituído pela Emenda Constitucional 45, assinale a alternativa correta.

(A) Pelo incidente de deslocamento de competência, a Justiça Federal só julgaria os casos relativos aos direitos humanos após o Brasil ser responsabilizado internacionalmente.

(B) O incidente de deslocamento de competência se efetiva contrariamente ao princípio do federalismo cooperativo por não obedecer à hierarquia de competência para julgamento dos crimes comuns, mesmo no âmbito de ferimento aos direitos humanos.

(C) Para assegurar o cumprimento de obrigações decorrentes de tratados internacionais de direitos humanos de que o Brasil seja parte, o Procurador-Geral da República pode suscitar, perante o Superior Tribunal de Justiça, incidente de deslocamento de competência para a Justiça Federal, nas hipóteses de graves violações aos direitos humanos.

---

30. Cabe aqui transcrever a ementa da IF 114-5/MT, rel. min. Néri da Silveira:

"Intervenção Federal.

2. Representação do Procurador-Geral da República pleiteando intervenção federal no Estado de Mato Grosso para assegurar a observância dos 'direitos da pessoa humana', em face de fato criminoso praticado com extrema crueldade a indicar a inexistência de 'condição mínima', no Estado, 'para assegurar o respeito ao primordial direito da pessoa humana, que é o direito à vida'. Fato ocorrido em Matupá, localidade distante cerca de 700 km de Cuiabá.

3. Constituição, arts. 34, VII, letra *b*, e 36, III.

4. Representação que merece conhecida, por seu fundamento: alegação de inobservância pelo Estado-membro do princípio constitucional sensível previsto no art. 34, VII, alínea *b*, da Constituição de 1988, quanto aos 'direitos da pessoa humana'. Legitimidade ativa do Procurador-Geral da República (Constituição, art. 36, III).

5. Hipótese em que estão em causa 'direitos da pessoa humana', em sua compreensão mais ampla, revelando-se impotentes as autoridades policiais locais para manter a segurança de três presos que acabaram subtraídos de sua proteção, por populares revoltados pelo crime que lhes era imputado, sendo mortos com requintes de crueldade.

6. Intervenção Federal e restrição à autonomia do Estado-membro. Princípio federativo. Excepcionalidade da medida interventiva.

7. No caso concreto, o Estado de Mato Grosso, segundo as informações, está procedendo à apuração do crime. Instaurou-se, de imediato, inquérito policial, cujos autos foram encaminhados à autoridade judiciária estadual competente que os devolveu, a pedido do Delegado de Polícia, para o prosseguimento das diligências e averiguações.

8. Embora a extrema gravidade dos fatos e o repúdio que sempre merecem atos de violência e crueldade, não se trata, porém, de situação concreta que, por si só, possa configurar causa bastante a decretar-se intervenção federal no Estado, tendo em conta, também, as providências já adotadas pelas autoridades locais para a apuração do ilícito.

9. Hipótese em que não é, por igual, de determinar-se intervenha a Polícia Federal, na apuração dos fatos, em substituição à Polícia Civil de Mato Grosso. Autonomia do Estado-membro na organização dos serviços de justiça e segurança, de sua competência (Constituição, arts. 25, § 1º; 125 e 144, § 4º).

10. Representação conhecida mas julgada improcedente".

31. IDC 2-DF, rel. min. Laurita Vaz, julgado em 27/10/2010. (Inform. STJ 453)

(D) O incidente de deslocamento de competência, embora garanta o cumprimento de obrigações do Estado brasileiro em relação aos tratados internacionais de direitos humanos, não está relacionado com a razoável duração do processo para a consecução da finalidade de efetiva proteção dos direitos humanos.

O art. 109, § 5º, da CF assim dispõe: "Nas hipóteses de grave violação de direitos humanos, o Procurador-Geral da República, com a finalidade de assegurar o cumprimento de obrigações decorrentes de tratados internacionais de direitos humanos dos quais o Brasil seja parte, poderá suscitar, perante o Superior Tribunal de Justiça, em qualquer fase do inquérito ou processo, incidente de deslocamento de competência para a Justiça Federal". A assertiva "C" é a correta porque transcreve a redação do § 5º do art. 109 da Constituição Brasileira.

Gabarito "C"

9.3. DIREITOS FUNDAMENTAIS – ARTIGO 5º DA CF

(OAB/Exame Unificado – 2011.1) Determinado congressista é flagrado afirmando em entrevista pública que não se relaciona com pessoas de etnia diversa da sua e não permite que, no seu prédio residencial, onde atua como síndico, pessoas de etnia negra frequentem as áreas comuns, os elevadores sociais e a piscina do condomínio. Ciente desses atos, a ONG TudoAfro relaciona as pessoas prejudicadas e concita a representação para fins criminais com o intuito de coibir os atos descritos. À luz das normas constitucionais e dos direitos humanos, é correto afirmar que

(A) o prazo de prescrição incidente sobre o crime de racismo é de vinte anos.
(B) o crime de racismo não está sujeito a prazo extintivo de prescrição.
(C) o crime de racismo é afiançável, sendo o valor fixado por decisão judicial.
(D) nos casos de crime de racismo, a pena cominada é de detenção.

A e **B:** segundo o art. 5º, XLII, da CF, o crime de racismo é **imprescritível; C:** segundo o art. 5º, XLII, da CF, o crime de racismo é **inafiançável; D:** segundo o art. 5º, XLII, da CF, o crime de racismo está sujeito à pena de reclusão e não de detenção.

Gabarito "B"

9.4. INCORPORAÇÃO DE TRATADOS NO DIREITO BRASILEIRO

(OAB/Exame Unificado – 2014.1) Considere a seguinte informação jurisprudencial: "*Súmula Vinculante nº 25 do STF: É ilícita a prisão civil de depositário infiel, qualquer que seja a modalidade do depósito.*" Os debates no STF que levaram à alteração de sua própria jurisprudência e à adoção da Súmula acima consagraram a prevalência do Pacto de São José da Costa Rica e de sua proibição de prisão civil (Artigo 7º, item 7, do Pacto).

Assinale a opção que contém a tese majoritária que fundamentou a decisão do STF.

(A) A natureza supraconstitucional das Convenções de Direitos Humanos já que estas são universais e possuem força vinculante.
(B) A natureza constitucional das Convenções de Direitos Humanos que no Brasil decorre do Artigo 5º, § 2°, da Constituição de 1988.
(C) A natureza supralegal das Convenções de Direitos Humanos que faz com que elas sejam hierarquicamente superiores ao código civil e ao de processo civil.
(D) A natureza de lei ordinária das Convenções de Direitos Humanos, considerando que lei posterior revoga lei anterior.

Em 3 de dezembro de 2008, o Ministro Gilmar Mendes, no RE 466.343-SP, defendeu a tese da supralegalidade de tais tratados, ou seja, superior às normas infraconstitucionais e inferior às normas constitucionais. O voto do Ministro Gilmar Mendes foi acompanhado pela maioria (posição atual do STF). Portanto, todo tratado de direitos humanos que for internalizado sem observar o procedimento estabelecido no art. 5º, § 3º, da CF, tem *status* de norma supralegal.

Gabarito "C"

(OAB/Exame Unificado – 2011.1) Em 2010, o Congresso Nacional aprovou por Decreto Legislativo a Convenção Internacional sobre os Direitos das Pessoas com Deficiência. Essa convenção já foi aprovada na forma do artigo 5º, § 3º, da Constituição, sendo sua hierarquia normativa de

(A) emenda constitucional.
(B) *status* supralegal.
(C) lei complementar.
(D) lei federal ordinária.

No Brasil, os tratados só terão validade interna após terem sido aprovados pelo Congresso Nacional e ratificados e promulgados pelo Presidente da República, lembrando que a promulgação é efetuada mediante decreto presidencial. Depois de incorporado internamente, o tratado é equiparado hierarquicamente à norma infraconstitucional. Todavia, com a edição da Emenda Constitucional n. 45, os **tratados de direitos humanos** que forem aprovados, em cada Casa do Congresso Nacional, em dois turnos, por três quintos dos votos dos respectivos membros, serão equivalentes às emendas constitucionais – consoante determina o artigo 5º, §3º, da CF. Ou seja, tais tratados terão hierarquia constitucional. A Convenção sobre os Direitos das Pessoas com Deficiência foi adotada pela ONU em 13 de dezembro de 2006 e ratificada (consoante determina o art. 5º, §3º, da CF) pelo Brasil em 25 de agosto de 2009, e tem por fundamento a consciência de que a deficiência é um conceito em evolução, e que a deficiência resulta da interação entre pessoas com deficiência, e que as barreiras devidas às atitudes e ao ambiente impedem a plena e efetiva participação dessas pessoas na sociedade em igualdade de oportunidades com as demais pessoas. Ademais, a discriminação contra qualquer pessoa, por motivo de deficiência, configura violação da dignidade e do valor inerentes ao ser humano.

Gabarito "A"

(OAB/Exame Unificado – 2009.3) Os tratados internacionais sobre direitos humanos firmados pela República Federativa do Brasil serão equivalentes às emendas constitucionais, se forem aprovados, em cada Casa do Congresso Nacional,

(A) em único turno, por maioria absoluta dos votos dos respectivos membros.
(B) em único turno, por três quintos dos votos dos respectivos membros.
(C) em dois turnos, por três quintos dos votos dos respectivos membros.
(D) em dois turnos, por maioria absoluta dos votos dos respectivos membros.

Com a edição da Emenda Constitucional n. 45, os tratados de direitos humanos que forem aprovados, em cada Casa do Congresso Nacional, em dois turnos, por três quintos dos votos dos respectivos membros, serão equivalentes às emendas constitucionais – conforme o que determina o art. 5º, §3º, da CF. Ou seja, tais tratados terão hierarquia constitucional.

Gabarito "C"

9.5. CONTROLE DE CONVENCIONALIDADE

(MINISTÉRIO PÚBLICO/MT – 2012 – UFMT) Acerca dos tratados e convenções internacionais de direitos humanos ratificados pelo Brasil e seu sistema de controle, analise as afirmativas.

I. O instrumento utilizado pelo Congresso Nacional para aprovar conjuntamente, com equivalência de emenda constitucional, os dois primeiros tratados de direitos humanos pela sistemática do art. 5º, § 3º, da Constituição, respectivamente, a Convenção sobre os Direitos das Pessoas com Deficiência e seu Protocolo Facultativo, assinados em Nova York, em 30 de março de 2007, foi um Decreto Legislativo.

II. Paralelamente ao conhecido controle de constitucionalidade, há na sistemática da Convenção Americana sobre Direitos Humanos (1969) o chamado "controle de convencionalidade", que pode ser exercido pela Corte Interamericana de Direitos Humanos, bem assim pelo Poder Judiciário interno dos Estados-partes na Convenção apenas pela via abstrata.

III. É cabível a Ação Direta de Inconstitucionalidade ou a Arguição de Descumprimento de Preceito Fundamental para atacar lei federal ou estadual que, não obstante compatível com o texto da Constituição Federal, viola disposição de tratado de direitos humanos internalizado com equivalência de emenda constitucional no Brasil.

IV. O exame de compatibilidade das leis internas com os tratados internacionais de direitos humanos em vigor no país só pode ser exercido em relação a casos concretos pelos juízes e tribunais nacionais, mesmo tendo sido o tratado internalizado pela sistemática do art. 5º, § 3º, da Constituição, eis que, como já decidiu o STF, não pode este Tribunal usurpar a competência da ADI ou da ADPF prevista pela Constituição Federal.

V. A declaração de constitucionalidade de uma norma pelo STF impede que o mesmo Tribunal, tempos depois, controle a "convencionalidade" dessa mesma norma, declarando-a inválida para reger determinada situação jurídica, uma vez que o exercício prévio do controle de constitucionalidade pelo Supremo exclui eventual exercício posterior do controle de convencionalidade.

Estão corretas as afirmativas:

(A) I, II e III, apenas.
(B) II e V, apenas.
(C) III e IV, apenas.
(D) I e III, apenas.
(E) I, IV e V, apenas.

I: correta. No Brasil é necessário um procedimento complexo para proceder à ratificação de tratados. O Congresso Nacional deve aprovar o texto do tratado, e o fará por meio de um decreto legislativo[32] promulgado pelo presidente do Senado e publicado no Diário Oficial da União. Em seguida, cabe ao presidente da República ratificar ou não – lembrando que a aprovação congressional não obriga a ulterior ratificação do tratado pelo presidente da República. Por fim, o tratado regularmente concluído depende da promulgação e da publicidade levada a efeito pelo presidente da República para integrar o Direito Nacional. No Brasil, a promulgação ocorre por meio de decreto presidencial e a publicidade perfaz-se com a publicação no Diário Oficial. Tal procedimento também foi observado na ratificação da Convenção sobre os Direitos das Pessoas com Deficiência e seu Protocolo Facultativo, que seguiu a sistemática do art. 5º, § 3º, da Constituição; **II:** incorreta. O controle de convencionalidade internacional é assim definido por André de Carvalho Ramos: "O controle de convencionalidade *internacional* é atividade de fiscalização dos atos e condutas dos Estados em confronto com seus compromissos internacionais. Em geral, o controle de convencionalidade é atribuído a órgãos compostos por julgadores independentes, criados por tratados internacionais, o que evita que os próprios Estados sejam, ao mesmo tempo, fiscais e fiscalizados[33]". Em termos práticos, a Corte Interamericana de Direitos Humanos vai analisar a conformidade dos atos estatais em relação às obrigações internacionais assumidas no momento da ratificação da Convenção Americana sobre Direitos Humanos. No Brasil, o controle jurisdicional de convencionalidade das leis ganhou formato específico por obra de Valerio de Oliveira Mazzuoli. O citado controle tem a função de compatibilizar a legislação interna (objeto) com os tratados internacionais de direitos humanos em vigor no Brasil (paradigma ou parâmetro)[34] – o que o difere do já mencionado controle de convencionalidade internacional, exercido pelos órgãos internacionais. Antes de analisar o citado controle, cabe mencionar que André de Carvalho Ramos considera somente o controle de convencionalidade internacional como autêntico, principalmente pelo fato da decisão nacional não ter o condão de vincular o juiz internacional (intérprete autêntico). Além dessa consideração, o citado autor deduz algumas diferenças entre os controles, dentre as quais destaco as duas seguintes: a) o controle internacional pode fiscalizar o Poder Constituinte Originário e o nacional não; b) o controle nacional fica dependente da hierarquia conferida ao tratado-parâmetro pelo próprio ordenamento jurídico. No caso brasileiro, temos três possibilidades: legal, supralegal e constitucional[35]. Para compreender a funcionalidade do controle de convencionalidade nacional, cabe entender como Mazzuoli concebe a alocação hierárquica dos tratados de direitos humanos no ordenamento pátrio após internalização. Em apertada síntese, os tratados de direitos humanos que foram incorporados pelo *procedimento simples* (artigo 5º, § 2º, da CF) terão *status* constitucional, melhor dizendo, materialmente constitucional. Por outro lado, quando o procedimento adotado para a incorporação for o *especial* (artigo 5º, § 3º, da CF), os tratados de direitos humanos serão formal e materialmente constitucionais (equivalentes às emendas constitucionais). E os outros tratados terão *status* supralegal (artigo 27 da Convenção de Viena sobre Direito dos Tratados) e servirão de paradigma para o controle de supralegalidade da legislação infraconstitucional. "Em suma, doravante se falará em controle de constitucionalidade apenas para o estrito caso de (in)compatibilidade vertical das leis com a Constituição, e em controle de convencionalidade para os casos de (in)compatibilidade legislativa com os tratados de direitos humanos (formalmente constitucionais ou não) em vigor no

32. Lembrando que as matérias de competência exclusiva do Congresso Nacional (artigo 49 da CF) devem ser normatizadas via decreto legislativo.

33. RAMOS, André de Carvalho. **Teoria geral dos direitos humanos na ordem internacional**. 2. ed. São Paulo: Saraiva, 2012. p. 250

34. É o controle de convencionalidade nacional, nas palavras de André de Carvalho Ramos.

35. RAMOS, André de Carvalho. **Teoria geral dos direitos humanos na ordem internacional**. 2. ed. São Paulo: Saraiva, 2012. p. 250-251.

país.[36]" Em outras palavras, criou-se um controle vertical material de validade[37] da legislação interna. Em termos gerais, o citado autor defende que a produção normativa interna apenas será válida quando passar por dois limites verticais materiais. O primeiro é a Constituição (controle de constitucionalidade) e os tratados de direitos humanos que possuem natureza constitucional (controle de convencionalidade); o outro são os demais tratados que possuem *status* supralegal (controle de supralegalidade). Com maiores detalhes, o controle de convencionalidade e de supralegalidade será exercido de forma difusa, isto é, por todos os juízes e tribunais no caso concreto. Nesse caso, são aplicadas todas as considerações referentes ao controle de constitucionalidade difuso. Por outro lado, só existirá controle concentrado de convencionalidade na hipótese de o paradigma de verificação ser um tratado de direitos humanos formal e materialmente constitucional (internalizado consoante o disciplinado no artigo 5º, § 3º, da CF). Portanto, "o controle de *supralegalidade* é sempre exercido pela via de exceção, ou seja, é sempre *difuso*; já o controle de *convencionalidade* poderá ser *difuso* ou *concentrado*, neste último caso quando o tratado de direitos humanos for aprovado pela sistemática do art. 5º, § 3º, da Constituição e entrar em vigor no Brasil (entenda-se, após ratificado...) com a equivalência de emenda constitucional[38]". Todas as ponderações sobre o controle de constitucionalidade concentrado são aplicadas ao controle de convencionalidade concentrado, inclusive no tocante à utilização das ações destinadas ao controle abstrato de constitucionalidade – ADIn, Adecon, ADO e ADPF[39] – e os respectivos entes/pessoas detentores de competência para seu manuseio (artigo 103 da CF). A razão de ser reside no fato de a análise de compatibilidade de legislação interna (objeto) ser feita com base em tratado de direitos humanos internalizados pelo procedimento especial (paradigma ou parâmetro), que é equivalente a uma emenda constitucional (formal e materialmente constitucional). O autor também menciona a possibilidade de lançar mão do controle de convencionalidade preventivamente, tanto pelo Congresso Nacional, quando julgar inconvencional um projeto de lei (especialmente por obra da Comissão de Constituição e Justiça), como pelo presidente da República, quando vetar o projeto de lei considerado inconvencional. Para ficar claro o objeto do dito controle de convencionalidade, o autor sublinha que ele entrará em ação quando a lei interna (objeto) estiver em sintonia com a Constituição, mas em desarmonia com o tratado de direitos humanos (paradigma ou parâmetro) – tanto no controle concentrado como no difuso. Do contrário, seria feito o controle de constitucionalidade. Dito de outra forma, se o paradigma de verificação de compatibilidade for a Constituição, estará em jogo o controle de constitucionalidade (difuso ou concentrado); por sua vez, quando o paradigma for o tratado de direitos humanos, entrará em cena o controle de convencionalidade (difuso ou concentrado) – desde que previamente se tenha atestado a compatibilidade da lei com a Carta Magna. Percebe-se que o controle de convencionalidade ocasiona o fenômeno chamado doutrinariamente de ampliação de parametricidade constitucional. Por fim, "ambas essas supernormas (Constituição e tratados) é que irão se *unir* em prol da construção de um direito infraconstitucional compatível com ambas, sendo certo que a incompatibilidade desse mesmo direito infraconstitucional com apenas uma das supernormas já o invalida por completo. Com isto, possibilita-se a criação de um Estado Constitucional e Humanista de Direito em que *todo* o direito doméstico guarde total compatibilidade tanto com a Constituição quanto com os tratados internacionais de direitos humanos ratificados pelo Estado, chegando-se, assim, a uma ordem jurídica interna *perfeita*, que tem no valor dos direitos humanos sua maior racionalidade, principiologia e sentido[40]"; **III:** correta. Reler o comentário sobre a assertiva anterior; **IV:** incorreta. Reler o comentário sobre a assertiva II; **V:** incorreta, pois o exercício prévio do controle de constitucionalidade não exclui eventual exercício posterior do controle de convencionalidade, principalmente pela fato de o paradigma de análise ser diverso, sendo a Constituição o parâmetro no primeiro caso e o tratado de direitos humanos no segundo.

Gabarito "D"

9.6. LEGISLAÇÃO NACIONAL PROTETIVA

9.6.1. QUILOMBOLAS

(OAB/Exame Unificado – 2014.2) Em 2014, em pelo menos 24 Estados do Brasil, estavam cadastradas mais de 3.500 comunidades quilombolas. As comunidades quilombolas são grupos étnico-raciais, segundo critérios de autoatribuição, com trajetória histórica própria, dotados de relações territoriais específicas e com ancestralidade negra relacionada com a resistência à opressão histórica sofrida. O constituinte brasileiro reconheceu a identidade dos quilombolas e, especificamente, seu direito fundamental à

(A) expressão cultural e artística.
(B) educação em escolas próprias.
(C) prática religiosa e litúrgica conforme suas tradições.
(D) propriedade definitiva das terras que estejam ocupando.

O direito fundamental dos quilombolas, reconhecido expressamente pelo constituinte, foi o de propriedade definitiva das terras que estejam ocupando (art. 68 do ADCT).

Gabarito "D"

9.6.2. COMISSÃO NACIONAL DA VERDADE

(OAB/Exame Unificado – 2014.2) A história recente da república brasileira conta com capítulos autoritários e violentos. Para restituir o direito à memória e cessar a violência do silêncio e da desinformação, o Estado brasileiro aprovou a Lei n. 12.528/2011 que instituiu, no âmbito da Casa Civil da Presidência da República, a Comissão Nacional da Verdade, como forma de realizar, no Brasil, a Justiça de Transição. Assinale a opção que apresenta o objetivo dessa Comissão.

(A) Investigar as atividades praticadas por grupos de oposição ao governo, no período de 1946 até 1988, para apurar as responsabilidades civis e criminais de seus militantes em eventuais atos ilegais.
(B) Promover uma avaliação e revisão da anistia no Brasil para, ao final, propor uma PEC que modifique e adeque o Art. 8º, dos Atos das Disposições Constitucionais Transitórias, que trata, justamente, da anistia.
(C) Examinar e esclarecer as graves violações de direitos humanos praticadas entre 1946 e 1988, a fim de efetivar o direito à memória e à verdade histórica, bem como promover a reconciliação nacional.

36. MAZZUOLI, *op. cit.*, p. 74.

37. "Em suma, a validade das normas jurídicas, nesse novo contorno que o constitucionalismo contemporâneo lhe traz, não é mais uma conotação meramente formal, a depender somente da regularidade do seu processo de produção (conforme defendido por Hobbes, posteriormente por Bentham e Austin, até chegar a Kelsen e Bobbio). Tornou-se ela também (como explica Ferrajoli) um fato *substancial*, dependente dos *conteúdos das decisões*, as quais serão inválidas se contrastarem com os novos princípios positivos do direito internacional" (MAZZUOLI, *op. cit.*, p. 105-106).

38. MAZZUOLI, *op. cit.*, p. 136.

39. Podendo se falar também do Mandado de Injunção.

40. MAZZUOLI, *op. cit.*, p. 142.

(D) Examinar e esclarecer ocorrência de crimes praticados entre 1946 e 1988 que não tenham sido resolvidos à época, a fim de efetivar o direito à memória e à verdade histórica, bem como promover a reconciliação nacional.

A única assertiva com conteúdo correto, em função da delimitação dada pela pergunta, é a "C". Isso porque essa assertiva reproduziu o disposto no art. 1º da Lei 12.528/2011.

Gabarito "C"

9.6.3. PESSOA PORTADORA DE DEFICIÊNCIA OU COM MOBILIDADE REDUZIDA

(OAB/Exame Unificado – 2016.2) João e Maria são casados e ambos são deficientes visuais. Enquanto João possui visão subnormal (incapacidade de enxergar com clareza suficiente para contar os dedos da mão a uma distância de 3 metros), Maria possui cegueira total. O casal tentou se habilitar ao processo de adoção de uma criança, mas foi informado no Fórum local que não teriam o perfil de pais adotantes, em função da deficiência visual, uma vez que isso seria um obstáculo para a criação de um futuro filho.

Diante desse caso, assinale a opção que melhor define juridicamente a situação.

(A) A informação obtida no Fórum local está errada e o casal, a despeito da deficiência visual, pode exercer o direito à adoção em igualdade de oportunidades com as demais pessoas, conforme previsão expressa na legislação pátria.

(B) A informação prestada no Fórum está imprecisa. Embora não haja previsão legal expressa que assegure o direito à adoção em igualdade de oportunidades pela pessoa com deficiência, é possível defender e postular tal direito com base nos princípios constitucionais.

(C) Conforme previsto no Art. 149 do Estatuto da Criança e do Adolescente, cabe ao juiz disciplinar, por meio de Portaria, os critérios de habilitação dos pretendentes à adoção. Assim, se no Fórum foi dito que o casal não pode se habilitar em função da deficiência é porque a Portaria do Juiz assim definiu, sendo esta válida nos termos do artigo citado do ECA.

(D) Como não há nenhuma previsão expressa na legislação sobre adoção em igualdade de oportunidades por pessoas com deficiência e os princípios constitucionais não possuem densidade normativa para regulamentar tal caso, deve-se reconhecer a lacuna da lei e raciocinar com base em analogia, costumes e princípios gerais do direito, conforme determina o Art. 4º da Lei de Introdução às Normas do Direito Brasileiro.

A: correta. Primeiro, não existe nenhum impedimento expresso na legislação brasileira que proíba a adoção por pessoas com limitação visual. E cabe esclarecer que a deficiência visual não tem nada a ver com limitação da capacidade de uma pessoa. Assim, se a pessoa for capaz e preencher todos os demais requisitos exigidos pela legislação, não há qualquer impedimento para a adoção acontecer. E, além do que, existe previsão expressa nesse sentido no sistema internacional de proteção específica dos direitos humanos, mais precisamente no art. 23, ponto 2, da Convenção Internacional sobre os Direitos das Pessoas com Deficiência: "Os Estados-Partes assegurarão os direitos e responsabilidades das pessoas com deficiência, relativos à guarda, custódia, curatela e adoção de crianças ou instituições semelhantes, caso esses conceitos constem na legislação nacional. Em todos os casos, prevalecerá o superior interesse da criança. Os Estados-Partes prestarão a devida assistência às pessoas com deficiência para que essas pessoas possam exercer suas responsabilidades na criação dos filhos"; **B** e **D:** incorretas. A Convenção Internacional sobre os Direitos das Pessoas com Deficiência foi adotada pela ONU por meio da Resolução 61/106 da Assembleia Geral em 13 de dezembro de 2006 e promulgada no Brasil em 25 de agosto de 2009 pelo Decreto 6.949/2009. Essa Convenção e seu respectivo Protocolo Facultativo foram internalizados, no Brasil, em conformidade com o artigo 5º, § 3º, da Constituição (regime especial de incorporação), isto é, têm hierarquia constitucional tanto pelo aspecto formal quanto pelo material. Em outras palavras, possuem hierarquia de emenda constitucional. E o tratado uma vez incorporado passa a fazer parte da legislação pátria, e no caso específico da questão, pode-se dizer que temos previsão constitucional expressa; **C:** incorreta, pois art. 149 do ECA trata da possibilidade de edição de portaria para entrada e permanência em determinados locais e também para participação em eventos.

Gabarito "A"

(OAB/Exame Unificado – 2012.2) A Declaração Universal dos Direitos Humanos idealizou a figura do "ser humano livre", caso fossem atendidos os elementos que criassem condições que permitissem que os indivíduos usufruíssem de direitos econômicos, sociais e culturais, além dos civis e políticos. No Brasil, a Lei n. 10.098/2003 criou mecanismos para a promoção da acessibilidade das pessoas portadoras de deficiência ou com mobilidade reduzida.

A respeito de tais disposições legais, as afirmativas a seguir estão corretas, à exceção de uma. Assinale-a.

(A) A pessoa portadora de deficiência ou com mobilidade reduzida é aquela que em caráter permanentemente, não temporário, tenha limitada sua capacidade de relacionar-se com o meio e de utilizá-lo.

(B) O Programa Nacional de Acessibilidade dispõe de dotação orçamentária específica a fim de tratar de medidas de acessibilidade das pessoas portadoras de deficiência ou com mobilidade reduzida.

(C) O Programa Nacional de Acessibilidade foi instituído no âmbito da Secretaria de Estado de Direitos Humanos do Ministério da Justiça.

(D) Os edifícios de uso público, em que seja obrigatória a instalação de elevadores, devem atender ao requisito de percurso acessível que una a edificação à via pública, exigindo-se o mesmo de edifícios de uso privado.

A: incorreta, pois o art. 2, III, da Lei 10.098/00 assim define pessoa portadora de deficiência ou com mobilidade reduzida: a que temporária ou permanentemente tem limitada sua capacidade de relacionar-se com o meio e de utilizá-lo; **B:** correta, pois reflete o art. 22 da Lei 10.098/00; **C:** correta (*vide* art. 22 da Lei 10.098/00); **D:** correta, pois em conformidade com a redação do art. 13 da Lei 10.098/00.

Gabarito "A"

9.6.4. DIREITO INDIGENISTA

(OAB/Exame Unificado – 2012.2) O Pacto de São José da Costa Rica estabelece que todas as pessoas são iguais perante a Lei, não se admitindo qualquer discriminação, sendo assegurada a proteção legal.

No que tange ao direito indigenista, segundo a norma brasileira, assinale a afirmativa correta.

(A) As terras tradicionalmente ocupadas pelos índios destinam-se a sua posse permanente, cabendo-lhes o usufruto exclusivo das riquezas do solo, dos rios e dos lagos, irrelevante o interesse público da União, sendo nulos e não produzindo efeitos jurídicos os atos que tenham por objeto a ocupação, o domínio e a posse das terras.

(B) Os índios e as comunidades indígenas ainda não integrados à comunhão nacional ficam sujeitos ao regime tutelar, mas qualquer índio poderá requerer ao juiz competente a sua liberação do regime tutelar, mesmo que não conheça a língua portuguesa.

(C) O Ministério Público Federal, com exclusão de qualquer outro órgão público ou privado, deve promover a plena assistência ao índio e a defesa judicial ou extrajudicial dos direitos dos silvícolas e das comunidades indígenas.

(D) Os atos praticados entre um índio não integrado e qualquer pessoa estranha à comunidade indígena, quando não tenha havido assistência do órgão tutelar competente, são nulos, salvo se o índio revelar consciência e conhecimento do ato praticado, desde que não lhe seja prejudicial, diante da extensão dos seus efeitos.

A: incorreta, pois existe ressalva em relação ao relevante interesse público da União (art. 231, §§ 2º e 6º, da CF); **B:** incorreta, pois contraria o disposto nos arts. 7º e 9º do Estatuto do Índio (Lei 6.001/73). Os requisitos para obter a liberação do regime tutelar são: a) idade mínima de 21 anos; b) conhecimento da língua portuguesa; c) habilitação para o exercício de atividade útil, na comunhão nacional; d) razoável compreensão dos usos e costumes da comunhão nacional; **C:** incorreta, pois contraria o disposto no art. 37 do Estatuto do Índio; **D:** correta, pois reflete o disposto no art. 8º, *caput* e parágrafo único, do Estatuto do Índio.

Gabarito "D"

9.6.5. IDOSOS

(OAB/Exame Unificado – 2012.1) O IBGE estima que nos próximos trinta anos a previsão é de que os idosos ultrapassem cinquenta milhões de pessoas, o que corresponderá a 28% da população brasileira. Os Direitos Humanos inerentes à população idosa no Brasil são amplamente reconhecidos. A Constituição Federal estabelece que a família, o Estado e toda a sociedade devem amparar pessoas idosas, defendendo sua dignidade e bem-estar. Em 1994 foi criado o Conselho Nacional do Idoso, por meio da Lei nº. 8.842 e, atualmente, o Estatuto do Idoso (Lei nº 10.741/03) contempla políticas diversas de proteção aos maiores de sessenta anos e estabelece, ainda, que os idosos

(A) têm direito a alimentos, mas a obrigação alimentar é subsidiária e não cabe ao idoso optar por quem os prestará, devendo obedecer à ordem estabelecida na lei civil.

(B) devem contar com direito à prioridade, nisso consistindo, inclusive, prioridade no recebimento da restituição do imposto de renda.

(C) podem ser admitidos em qualquer trabalho ou emprego, vedada, em qualquer hipótese, discriminação e fixação de limite máximo de idade.

(D) maiores de sessenta e cinco anos têm direito à gratuidade dos transportes coletivos públicos urbanos, mesmo os serviços seletivos e especiais, quando prestados paralelamente aos serviços regulares.

A: incorreta, pois em contradição com o art. 12 do Estatuto do Idoso ("A obrigação alimentar é solidária, podendo o idoso optar entre os prestadores"); **B:** correta, pois em consonância com o art. 3º, parágrafo único, IX, do Estatuto do Idoso; **C:** incorreta. A assertiva traz a regra geral, mas existem exceções e por isso o alegado está errado. O art. 27 do Estatuto do Idoso assim dispõe: "Na admissão do idoso em qualquer trabalho ou emprego, é vedada a discriminação e a fixação de limite máximo de idade, inclusive para concursos, ressalvados os casos em que a natureza do cargo o exigir"; **D:** incorreta, pois em contradição com o art. 39 do Estatuto do Idoso ("Aos maiores de 65 anos fica assegurada a gratuidade dos transportes coletivos públicos urbanos e semiurbanos, exceto nos serviços seletivos e especiais, quando prestados paralelamente aos serviços regulares").

Gabarito "B"

9.6.6. PRESOS

(OAB/Exame Unificado – 2015.1) Como é sabido, o Pacto Internacional dos Direitos Civis e Políticos estabelece em seu Art. 25 que todo cidadão terá o direito e a possibilidade de votar e de ser eleito em eleições periódicas, autênticas, realizadas por sufrágio universal e igualitário e por voto secreto, que garantam a manifestação da vontade dos eleitores. Segundo informação da Agência Brasil (Empresa Brasileira de Comunicação), o Brasil possuía, em 2014, cerca de 230 mil presos provisórios. Em relação a tais presos, assinale a afirmativa correta.

(A) A despeito do Pacto supramencionado, eles não possuem direito ao voto, por estarem em situa-ção de encarceramento, o que enseja perda da condição de cidadão.

(B) Tais presos provisórios têm direito ao voto apenas se manifestarem expressamente o interesse em votar e forem previamente cadastrados pelo TRE.

(C) Todos aqueles que estão privados de liberdade por ato legal do Estado perdem seus direitos políticos, não podendo, portanto, votar e nem se candidatar.

(D) Presos provisórios têm o direito de votar em seções eleitorais especiais devidamente instaladas em estabelecimentos penais e em unidades de internação de adolescentes.

O art. 1º da Resolução do TSE 23.219/2010 assim dispõe:
"Os Juízes Eleitorais, sob a coordenação dos Tribunais Regionais Eleitorais, criarão seções eleitorais especiais em estabelecimentos penais e em unidades de internação de adolescentes, a fim de que os presos provisórios e os adolescentes internados tenham assegurado o direito de voto, observadas as normas eleitorais e as normas específicas constantes desta resolução".

Gabarito "D"

(OAB/Exame Unificado – 2011.3.B) Numa perspectiva dos direitos humanos, acerca dos direitos e deveres dos presos, é correto afirmar que

(A) o preso conserva todos os direitos não atingidos pela perda da liberdade. Assim, afigura-se ofensa à dignidade do preso, bem como desrespeito à lei, impedir a visita da esposa ou companheira àquele que se encontra preso.

(B) a concessão de benefícios é vedada aos presos, pois eles possuem o dever geral de obediência pessoal às normas de execução penal.

(C) o trabalho do preso possui natureza de dever social e é remunerado, sendo certo que tal contraprestação não poderá ser inferior ao salário-mínimo.

(D) a possibilidade de o preso manter relações com o mundo exterior, por meio de correspondência e leitura, é recompensa que se confere pelo bom comportamento daquele que se encontra cumprindo pena privativa de liberdade.

A: correta, pois, de fato, o preso conserva todos os direitos não atingidos pela perda da liberdade. A justificação sobre o direito de visita poderia ser construída de várias formas, mas tal exercício não é necessário porque a legislação brasileira conta com previsão expressa desse direito – art. 41, X, da Lei de Execuções Penais – LEP. Ademais, interessante transcrever o trecho do Informativo 640 do STF que nos interessa: "*Habeas corpus" e direito de detento a visitas – 1.* É cabível *habeas corpus* para apreciar toda e qualquer medida que possa, em tese, acarretar constrangimento à liberdade de locomoção ou, ainda, agravar as restrições a esse direito. Esse foi o entendimento da 2ª Turma ao deferir *habeas corpus* para assegurar a detento em estabelecimento prisional o direito de receber visitas de seus filhos e enteados. Na espécie, o juízo das execuções criminais decidira que o condenado não teria jus à visitação, visto que a prisão seria local impróprio aos infantes, o que poderia trazer-lhes prejuízos na formação psíquica. A defesa, então, impetrara *habeas corpus* no STJ, que o indeferira liminarmente, ao fundamento de que a pretensão não se compatibilizava com a modalidade eleita, uma vez que não ofendido o direito de locomoção do ora paciente. De início, rememorou-se que a jurisprudência hodierna da Corte estabelece sérias ressalvas ao cabimento do *writ*, no sentido de que supõe violação, de forma mais direta, ao menos em exame superficial, à liberdade de ir e vir dos cidadãos. Afirmou-se que essa orientação, entretanto, não inviabilizaria, por completo, o processo de ampliação progressiva que essa garantia pudesse vir a desempenhar no sistema jurídico brasileiro, sobretudo para conferir força normativa mais robusta à Constituição. À respeito, ponderou-se que o Supremo tem alargado o campo de abrangência dessa ação constitucional, como no caso de impetrações contra instauração de inquérito criminal para tomada de depoimento, indiciamento de determinada pessoa, recebimento de denúncia, sentença de pronúncia no âmbito do processo do Júri e decisão condenatória, dentre outras. Enfatizou-se que a Constituição teria o princípio da humanidade como norte e asseguraria aos presidiários o respeito à integridade física e moral (CF, art. 5º: "*XLIX – **é assegurado aos presos o respeito à integridade física e moral***" e Pacto de São José da Costa Rica: "*Art. 5º Direito à Integridade Social 1. Toda pessoa tem o direito de que se respeite sua integridade física, psíquica e moral. 2. Ninguém deve ser submetido a torturas, nem a penas ou tratos cruéis, desumanos ou degradantes. Toda pessoa privada da liberdade deve ser tratada com respeito devido à dignidade inerente ao ser humano*"). Preconizou-se, por conseguinte, que não se poderia tratar a pena com objetivo de retaliação, mas de ressocialização. HC 107701/RS, rel. Min. Gilmar Mendes, 13.9.2011. (HC-107701). *"Habeas corpus" e direito de detento a visitas – 2.* Aludiu-se que a visitação seria desdobramento do direito de ir e vir, na medida em que seu empece agravaria a situação do apenado. Isso porque só haveria direito de visitas porque a liberdade do paciente estava tolhida. Ponderou-se que, segundo a própria teleologia da segregação criminal, eventuais erros estatais ao promovê-la poderiam e deveriam ser sanados pela via do *habeas corpus*, sob pena de não se alcançar a harmônica reintegração à comunidade daqueles que sofrem a ação do magistério punitivo do Estado. Nesse contexto, salientaram-se como escopos para o tratamento dos condenados, enquanto perdurar a sanção: a) inspirar-lhes a vontade de viver conforme a lei; b) incutir-lhes o respeito por si mesmos; e c) desenvolver-lhes o senso de responsabilidade (Regras Mínimas para o Tratamento de Prisioneiros da Organização das Nações Unidas, nº 65). Igualmente, destacou-se que seria direito do custodiado receber visitas do cônjuge, da companheira, de parentes e de amigos (LEP: "*Art. 41 – Constituem direitos do preso: ... X – visita do cônjuge, da companheira, de parentes e amigos em dias determinados*" e Resolução nº 14 do Conselho Nacional de Política Criminal e Penitenciária: "*Art. 33. O preso estará autorizado a comunicar-se periodicamente, sob vigilância, com sua família, parentes, amigos ou instituições idôneas, por correspondência ou por meio de visitas*"). Logo, consignou-se que não caberia negativa desse direito nem mesmo aos enteados, porquanto, à despeito de não terem comprovado seu vínculo com o paciente, tampouco a estabilidade da relação com a genitora, inserir-se-iam naquela última categoria. Sublinhou-se que poderia haver denegação motivada de visita pelo diretor do estabelecimento, o que não ocorrera no caso (LEP, art. 41, parágrafo único: "*Os direitos previstos nos incisos V, X e XV poderão ser suspensos ou restringidos mediante ato motivado do diretor do estabelecimento*"). Ademais, explicitou-se que o notório desajuste do sistema carcerário nacional não poderia justificar o óbice à visita de menores. Esclareceu-se, pois, que caberia ao Poder Público o dever de propiciar meios para que o apenado pudesse receber, inclusive, seus filhos e enteados, em ambiente minimamente aceitável e preparado, de modo a não colocar em risco a integridade física e psíquica dos visitantes. Assim, concluiu-se que o *habeas corpus* seria o meio apto a tutelar todo o plexo de relações ligadas à execução penal, até porque outro instrumento não seria identicamente expedito. HC 107701/RS, rel. Min. Gilmar Mendes, 13.9.2011. (HC-107701); **B:** incorreta, pois existem inúmeros benefícios na legislação pátria direcionados aos presos que ostentam, por exemplo, bom comportamento carcerário. Reler o comentário anterior; **C:** incorreta, pois o art. 29 da LEP assim dispõe: "O trabalho do preso será remunerado, mediante prévia tabela, não podendo ser inferior a 3/4 (três quartos) do salário-mínimo"; **D:** incorreta, pois se trata de um direito do preso (art. 41, XV, da LEP), e não recompensa.

Gabarito "A"

9.6.7. IGUALDADE RACIAL

(Ministério Público/SP – 2012 – VUNESP) O Estatuto da Igualdade Racial (Lei n. 12.288/2010), destinado a garantir à população negra a efetivação da igualdade de oportunidades, a defesa dos direitos étnicos individuais, coletivos e difusos e o combate à discriminação e às demais formas de intolerância étnica, considera

(A) Desigualdade racial: toda situação justificada de diferenciação de acesso e fruição de bens, serviços e oportunidades, nas esferas pública e privada, em virtude de raça, cor, descendência ou origem nacional ou étnica.

(B) Discriminação racial ou étnico-racial: toda distinção, exclusão, restrição ou preferência baseada em raça, cor, descendência ou origem nacional ou étnica que tenha por objeto anular ou restringir o reconhecimento, gozo ou exercício, em igualdade de condições, de direitos humanos e liberdades fundamentais nos campos político, econômico, social, cultural ou em qualquer outro campo da vida pública ou privada.

(C) População negra: o conjunto de pessoas que se autodeclaram não brancas, conforme o quesito cor ou raça usado pelos órgãos oficiais de estatística.

(D) Ações afirmativas: os programas incentivados pelo Estado e pela iniciativa privada para a conscientização das desigualdades raciais e para a promoção dos direitos humanos.

(E) Desigualdade de gênero e raça: simetria existente no âmbito da sociedade que acentua a distância social entre mulheres negras e os demais segmentos sociais.

A: incorreta, pois a redação do art. 1º, parágrafo único, II, do Estatuto é a seguinte: "desigualdade racial: toda situação **injustificada** de diferenciação de acesso e fruição de bens, serviços e oportunidades, nas esferas pública e privada, em virtude de raça, cor, descendência ou origem nacional ou étnica"; **B:** correta, pois reproduz corretamente a redação do art. 1º, parágrafo único, I, do Estatuto da Igualdade Racial; **C:** incorreta, pois a redação do art. 1º, parágrafo único, IV, do Estatuto é a seguinte: "população negra: o conjunto de pessoas que se autodeclaram **pretas e pardas**, conforme o quesito cor ou raça usado pela Fundação Instituto Brasileiro de Geografia e Estatística (IBGE), ou que adotam autodefinição análoga"; **D:** incorreta, pois a redação do art. 1º, parágrafo único, VI, do Estatuto é a seguinte: "ações afirmativas: os programas e medidas especiais adotados pelo Estado e pela iniciativa privada para a **correção** das desigualdades raciais e para a **promoção da igualdade de oportunidades**"; **E:** incorreta, pois a redação do art. 1º, parágrafo único, III, do Estatuto é a seguinte: "desigualdade de gênero e raça: **assimetria** existente no âmbito da sociedade que acentua a distância social entre mulheres negras e os demais segmentos sociais".

Gabarito "B"

9.6.8. MECANISMO NACIONAL DE PREVENÇÃO E COMBATE À TORTURA

(OAB/Exame Unificado – 2014.3) Como forma de evitar a ocorrência de violação de Direitos Humanos em estabelecimentos prisionais, o Brasil ratificou, em 2007, o Protocolo Facultativo à Convenção contra a tortura e outros tratamentos ou penas cruéis, desumanos ou degradantes. Tal protocolo estabelece que cada Estado-Parte deverá designar ou manter, em nível doméstico, um ou mais mecanismos preventivos nacionais. Por meio da Lei 12.847/2013, o Brasil pretendeu atender à exigência do Protocolo, ao criar o Mecanismo Nacional de Prevenção e Combate à Tortura.

Quanto ao meio proposto tanto pelo Protocolo quanto pela Lei para alcançar a finalidade almejada, assinale a afirmativa correta.

(A) Sistema de visitas regulares de seus membros.
(B) Mutirões judiciais.
(C) Medidas legislativas de parlamentares que integrem o Mecanismo.
(D) Criação e fortalecimento de defensorias públicas.

A única assertiva que traz um meio proposto tanto pelo Protocolo como pela Lei 12.847/2013 é a "A". A redação do art. 1º do Protocolo é a seguinte: "O objetivo do presente Protocolo é estabelecer um sistema de visitas regulares efetuadas por órgãos nacionais e internacionais independentes a lugares onde pessoas são privadas de sua liberdade, com a intenção de prevenir a tortura e outros tratamentos ou penas cruéis, desumanos ou degradantes". Já a lei estatui no seu artigo 9º, I, que compete ao Mecanismo Nacional de Prevenção e Combate à Tortura "planejar, realizar e monitorar visitas periódicas e regulares a pessoas privadas de liberdade em todas as unidades da Federação, para verificar as condições de fato e de direito a que se encontram submetidas".

Gabarito "A"

9.7. PROGRAMA NACIONAL DE DIREITOS HUMANOS – PNDH

(OAB/Exame Unificado – 2014.2) Em maio de 1996, o Brasil instituiu seu primeiro Programa Nacional de Direitos Humanos (PNDH 1). Na Introdução do PNDH 2, adotado em maio de 2002, vem escrito o seguinte:

"Entre as principais medidas legislativas que resultaram de proposições do PNDH figuram... a transferência da justiça militar para a justiça comum dos crimes dolosos contra a vida praticados por policiais militares (Lei 9.299/1996), que permitiu o indiciamento e o julgamento de policiais militares em casos de múltiplas e graves violações como os do Carandiru, Corumbiara e Eldorado dos Carajás; a tipificação do crime de tortura (Lei 9.455/1997), que constituiu marco referencial para o combate a essa prática criminosa no Brasil; e a construção da proposta de reforma do Poder Judiciário, na qual se inclui, entre outras medidas destinadas a agilizar o processamento dos responsáveis por violações, a chamada 'federalização' dos crimes de direitos humanos."

Em relação ao último ponto descrito, é correto dizer que a federalização contra os crimes de direitos humanos pode ocorrer apenas no seguinte caso:

(A) havendo indício de violação de direitos humanos previstos na legislação nacional ou nos tratados internacionais.
(B) havendo grave violação de direitos humanos previstos nos tratados internacionais de direitos humanos dos quais o Brasil seja parte.
(C) havendo violação das leis protetivas dos direitos humanos, tais quais as leis citadas na Introdução do PNDH 2.
(D) havendo grave violação dos direitos humanos previstos na Constituição Federal.

O § 5º do art. 109 da CF assim dispõe: "Nas hipóteses de **grave violação de direitos humanos**, o Procurador-Geral da República, com a finalidade de assegurar o cumprimento de **obrigações decorrentes de tratados internacionais de direitos humanos dos quais o Brasil seja parte**, poderá suscitar, perante o Superior Tribunal de Justiça, em qualquer fase do inquérito ou processo, incidente de deslocamento de competência para a Justiça Federal". Pela redação acima disposta percebe-se que a assertiva correta é a "B". Sobre o tema é importante asseverar, com base na jurisprudência do STJ, que o incidente de deslocamento só será provido se ficar comprovado que a justiça estadual constitui verdadeira barreira ao cumprimento dos compromissos internacionais de proteção dos direitos humanos assumidos pelo Brasil. Dito de outra forma e agora com ênfase na razão de ser do instituto, deve-se ter consciência de que um caso de grave violação dos direitos humanos previstos em tratados internacionais em que o Brasil seja parte, embora ocorrido no âmbito de um estado-membro da federação, é capaz de ensejar no cenário internacional a responsabilidade do Estado brasileiro, de modo que o deslocamento de competência para a órbita federal, em casos como esse, dá a oportunidade, no plano interno, para o órgão de Justiça da União examinar e decidir a questão, antes de arcar com o pesado ônus dessa violação. No IDC 1-PA/STJ, a linha jurisprudencial acima disposta foi inicialmente construída e no voto do relator desse julgamento ficou fixado a necessidade de se observar os princípios da proporcionalidade e da razoabilidade quando da efetivação do deslocamento.

Gabarito "B"

9.8. CONSELHO NACIONAL DOS DIREITOS HUMANOS – CNDH

(OAB/Exame Unificado – 2015.2) A Lei 12.986/2014 transformou o antigo Conselho de Defesa dos Direitos da Pessoa Humana – CDDPH – em Conselho Nacional dos Direitos Humanos – CNDH. A respeito da finalidade desse Conselho, de acordo com a lei mencionada, assinale a afirmativa correta.

(A) Deve apresentar as demandas brasileiras relativas aos direitos humanos junto aos organismos internacionais e multilaterais de proteção dos Direitos Humanos.

(B) Deve representar o Estado brasileiro em todas as notificações que este venha a receber em função de procedimentos, como parte da Comissão Interamericana de Direitos Humanos, ou de processos movidos contra o Brasil na Corte Interamericana de Direitos Humanos.

(C) Deve elaborar um projeto nacional de Educação para os Direitos Humanos.

(D) Deve promover e defender os direitos humanos mediante ações preventivas, protetivas, reparadoras e sancionadoras das condutas e situações de ameaça ou da violação desses direitos.

A assertiva "D" é a correta porque reproduz a redação do artigo 2º da Lei nº 12.986/2014. Essa lei transformou o Conselho de Defesa dos Direitos da Pessoa Humana – CDDPH – em Conselho Nacional dos Direitos Humanos. O Conselho é um órgão colegiado[41] com representantes de setores representativos ligados aos Direitos Humanos e com importância fundamental na promoção e defesa desses no País.

Gabarito "D".

(OAB/Exame Unificado – 2015.1) A Lei 12.986, de 2 de junho de 2014, transformou o antigo Conselho de Defesa dos Direitos da Pessoa Humana em Conselho Nacional dos Direitos Humanos — CNDH. Esse Conselho poderá solicitar credenciamento junto à Organização das Nações Unidas (ONU) para ser reconhecido como Instituição Nacional de Direitos Humanos. Para isso, é necessário que atenda aos Princípios de Paris, que foram sugeridos durante o Encontro Internacional das Instituições Nacionais de Direitos do Homem, em 1991, e adotados pela Assembleia Geral das Nações Unidas, em 1993. De acordo com os Princípios de Paris, as Instituições Nacionais de Direitos Humanos devem atender a cinco características. Assinale a afirmativa que as indica.

(A) 1) Autonomia para monitorar qualquer violação de Direitos Humanos; 2) Autoridade para assessorar o Executivo, o Legislativo e qualquer outra instância sobre temas relacionados aos Direitos Humanos; 3) Capacidade de se relacionar com instituições regionais e internacionais; 4) Legitimidade para educar e informar sobre Direitos Humanos; e 5) Competência para atuar em temas jurídicos (quase judicial)

(B) 1) Autonomia orçamentária; 2) Eleição direta de seus membros; 3) Autoridade para negociar com lideranças do setor público e do setor privado; 4) Jurisdição administrativa em matéria de Direitos Humanos; e 5) Competência para denunciar estados-partes que não cumpram as convenções de que são parte.

(C) 1) Legitimidade legiferante e poder de veto em legislação relativa aos Direitos Humanos; 2) Competência deliberativa sobre a alocação de recursos públicos em programas e projetos de Direitos Humanos; 3) Capacidade de responder em juízo em casos de litígio que envolvam os Direitos Humanos; 4) Expertise para realizar pesquisas em Direitos Humanos; e 5) Autoridade para definir currículos escolares em matérias relativas aos Direitos Humanos.

(D) 1) Indivisibilidade; 2) Universalidade; 3) Complementaridade; 4) Imprescritibilidade; e 5) Irrenunciabilidade dos Direitos Humanos.

A assertiva correta com base nos Princípios de Paris é a "A".

Gabarito "A".

10. DIREITO DOS REFUGIADOS

(OAB/Exame Unificado – 2015.2) Segundo dados do CONARE (Comitê Nacional para os Refugiados), o Brasil possuía, no fim de 2014, 6.492 refugiados de 80 nacionalidades. Como é sabido, o Brasil ratificou a Convenção das Nações Unidas sobre o Estatuto dos Refugiados, assim como promulgou a Lei nº 9.474/97, que define os mecanismos para a implementação dessa Convenção. Assinale a opção que, conforme a lei mencionada, define a condição jurídica do refugiado no Brasil.

(A) Possui os direitos e deveres dos estrangeiros no Brasil, bem como direito a cédula de identidade comprobatória de sua condição jurídica, carteira de trabalho e documento de viagem.

(B) Está sujeito aos deveres dos estrangeiros no Brasil e tem direito a documento de viagem para deixar o país quando for de sua vontade.

(C) Sendo acolhido como refugiado, tem todos os direitos previstos no seu país de origem, mas deve acatar os deveres impostos a todos os brasileiros. Também tem direito à cédula de identidade.

(D) Possui os direitos e deveres dos estrangeiros no Brasil, bem como direito a cédula de identidade comprobatória de sua condição jurídica, carteira de trabalho, documento de viagem e título de eleitor.

Conforme o art. 6º da Lei 9.474/97, a assertiva correta é a "A".

Gabarito "A".

(Procurador do Município/Cubatão-SP – 2012 – VUNESP) O Direito Internacional dos Direitos Humanos volta-se, entre vários enfoques, à aplicação da lei de forma a serem assegurados os direitos humanos de grupos vulneráveis, como mulheres e crianças. Nesse sentido, a pessoa que, devido a fundados temores de perseguição por motivo de raça, religião, nacionalidade, grupo social ou opinião política, encontre-se fora do país de sua nacionalidade e não possa ou não queira acolher-se à proteção desse país é identificada como pertencente ao grupo vulneravel de

(A) deslocados internos.

(B) migrantes.

(C) imigrantes.

(D) emigrantes.

(E) refugiados.

O Direito dos Refugiados é composto por princípios e regras, estas sendo positivadas ou costumeiras, que tem como função proteger e auxiliar o indivíduo considerado refugiado. E Refugiado é o indivíduo, perseguido devido a sua raça, religião, nacionalidade, opinião política ou por sua ligação com certo grupo social, que se encontre

41. Seus integrantes estão elencados no art. 3º da Lei 12.986/2014.

fora de seu país de nacionalidade e não possa ou não queira, por temor, regressar ao seu país, ou a situação de apátrida, perseguido devido a sua raça, religião, nacionalidade, opinião política ou por sua ligação com certo grupo social, que esteja fora do país onde teve sua última residência habitual e não possa ou não queira, por temor, regressar a tal país. Ainda, é possível considerar refugiado todo aquele que for vítima de grave e generalizada violação de direitos humanos. Lembrando que apátrida é a condição de indivíduo que não possui qualquer nacionalidade. Os efeitos da condição do *status* de refugiado serão extensivos ao cônjuge, aos ascendentes e descendentes, assim como aos demais membros do grupo familiar que do refugiado dependerem economicamente, desde que se encontrem em território nacional. Em 1951, foi convocada uma Conferência de Plenipotenciários das Nações Unidas para Genebra com o objetivo de redigir uma Convenção regulatória do *status* legal dos refugiados. Como resultado, a Convenção das Nações Unidas relativa ao Estatuto dos Refugiados foi adotada em 28 de julho de 1951, entrando em vigor em 22 de abril de 1954. No Brasil, foi promulgada por meio do Decreto nº 50.215, de 28 de janeiro de 1961. A Convenção deve ser aplicada sem discriminação por raça, religião, sexo e país de origem. Além disso, estabelece cláusulas consideradas essenciais às quais nenhuma reserva pode ser apresentada. Entre essas cláusulas, incluem-se a definição do termo "refugiado" e o princípio de non-refoulement ("não devolução"), disciplinado no art. 33 da Convenção de 1951, o qual define que nenhum país deve expulsar ou "devolver" (refouler) um refugiado, contra a vontade do mesmo, em quaisquer ocasiões, para um território onde ele ou ela sofra perseguição. Ainda, estabelece providências para a disponibilização de documentos, como os documentos de viagem específicos para refugiados na forma de um "passaporte". A definição do termo "refugiado" no art. 1º engloba um grande número de pessoas. No entanto, a Convenção só é aplicada a fatos ocorridos antes de 1º de janeiro de 1951. Com o tempo e a emergência de novas situações geradoras de conflitos e perseguições, tornou-se crescente a necessidade de providências que colocassem os novos fluxos de refugiados sob a proteção das provisões da Convenção. Assim, um Protocolo relativo ao Estatuto dos Refugiados foi preparado e submetido à Assembleia Geral das Nações Unidas em 1966. O Protocolo foi assinado pelo Presidente da Assembleia Geral e o Secretário-Geral no dia 31 de janeiro de 1967 e transmitido aos governos. Entrou em vigor internacional em 4 de outubro de 1967 e foi promulgado no Brasil em sete de agosto de 1972 pelo Decreto nº 70.946. Com a ratificação do Protocolo, os países foram levados a aplicar as provisões da Convenção de 1951 para todos os refugiados enquadrados na definição da carta, mas sem limite de datas e de espaço geográfico. Embora relacionado com a Convenção, o Protocolo é um instrumento independente cuja ratificação não é restrita aos Estados signatários da Convenção de 1951 (os EUA só assinaram o Protocolo de 1967). A Convenção e o Protocolo são os principais instrumentos internacionais estabelecidos para a proteção dos refugiados. Ao ratificar a Convenção e/ou o Protocolo, os Estados signatários aceitam cooperar com o Alto Comissariado das Nações Unidas para os Refugiados (ACNUR) no desenvolvimento de suas funções e, em particular, a facilitar a função específica de supervisionar a aplicação das provisões desses instrumentos. A Convenção de 1951 e o Protocolo de 1967, por fim, são os meios através dos quais é assegurado que qualquer pessoa, em caso de necessidade, possa exercer o direito de procurar e de gozar de refúgio em outro país. E lembrando que refúgio **é o acolhimento, pelo estado, em seu território, de indivíduo perseguido por motivos de raça, religião, nacionalidade, grupo social ou opiniões políticas.**

Gabarito "E".

11. DIREITO HUMANITÁRIO

(OAB/Exame Unificado – 2008.2) Não se inclui entre as quatro Convenções de Genebra de 1949 sobre Direito Internacional Humanitário a convenção relativa

(A) à melhoria da sorte dos feridos e enfermos dos exércitos em campanha.
(B) ao tratamento dos prisioneiros de guerra.
(C) à proteção de bens culturais em caso de conflito armado.
(D) à proteção das pessoas civis em tempo de guerra.

O Direito Humanitário é composto de princípios e regras – positivadas ou costumeiras – que têm como função, por questões humanitárias, limitar os efeitos do conflito armado. Mais especificamente, o Direito Humanitário protege as pessoas que não participam ou não mais participam das hostilidades e restringe os meios e os métodos de guerra. Tal conceito permite-nos encará-lo como Direito Internacional dos Conflitos Armados ou Direito da Guerra. *É considerado por muitos a primeira limitação internacional que os Estados sofreram na sua soberania*[42], pois, na hipótese de conflito armado, estes teriam que respeitar certas regras que visavam proteger as vítimas civis e os militares fora de combate. Assim, teve-se início o processo de internacionalização dos direitos humanos. O Direito Internacional Humanitário é principalmente fruto das quatro Convenções de Genebra de 1949 (em 1949 foram revistas as três Convenções anteriores – 1864, 1906 e 1929 – e criada uma quarta, relativa à proteção dos civis em período de guerra) e seus Protocolos Adicionais, os quais formam o conjunto de leis para reger os conflitos armados e buscar limitar seus efeitos (Direito de Genebra). A proteção recai sobre as pessoas que não participam dos conflitos (civis, profissionais da saúde e de socorro) e os que não mais participam das hostilidades (soldados feridos, doentes, náufragos e prisioneiros de guerra). As Convenções e seus Protocolos apelam para que sejam tomadas medidas para evitar ou para encerrar todas as violações. Eles contêm regras rigorosas para lidar com as chamadas "violações graves", devendo seus responsáveis ser julgados ou extraditados, independentemente de sua nacionalidade. Em seus 64 artigos, a ***1ª Convenção de Genebra protege feridos e enfermos das forças armadas em campanha***, além do pessoal médico e religioso, as unidades e os transportes médicos. A Convenção também reconhece os emblemas distintivos. A 2ª Convenção de Genebra, que substituiu a Convenção de Haia de 1907 sobre a Adaptação dos Princípios da Convenção de Genebra de 1864 a Guerras Marítimas, protege feridos, enfermos e náufragos das forças armadas no mar. Ela segue as disposições da 1ª Convenção de Genebra em termos de estrutura e conteúdo. Seus 63 artigos se aplicam especificamente a guerras marítimas, por exemplo, protegendo os navios-hospitais. A 3ª Convenção de Genebra, que substitui a Convenção sobre Prisioneiros de Guerra de 1929, se aplica aos prisioneiros de guerra. Contém 143 artigos, enquanto a de 1929 continha apenas 97. As categorias de pessoas com direito ao *status* de prisioneiras de guerra foram ampliadas. As condições e os locais de cativeiro também foram definidos com mais precisão, em particular com relação ao trabalho de prisioneiros de guerra, seus recursos pecuniários, o socorro que recebem e os processos judiciais contra eles. A Convenção estabelece que os prisioneiros de guerra devem ser liberados e repatriados sem demora após o término das hostilidades ativas. As Convenções de Genebra adotadas antes de 1949 preocupavam-se apenas com os combatentes, não com os civis. Os eventos da Segunda Guerra Mundial, no entanto, mostraram as consequências desastrosas da ausência de uma convenção para proteger os civis em tempos de guerra – e essa experiência foi levada em consideração na 4ª Convenção de Genebra, adotada em 1949, que protege os civis, inclusive em territórios ocupados. Ela é composta por 159 artigos e contém uma pequena seção referente à proteção geral das populações contra certas consequências da guerra, sem tratar da conduta das operações militares, que foi examinada depois nos Protocolos Adicionais de 1977. Ademais, a 4ª Convenção esclarece as obrigações da potência ocupante com relação à população

42. A Liga das Nações e a Organização Internacional do Trabalho são os outros exemplos dessa primeira limitação, oriunda da comunidade internacional, que os Estados sofreram em sua inabalável soberania.

civil e contém disposições detalhadas sobre o socorro humanitário em território ocupado. Merece destaque o art. 3º, que é comum às quatro Convenções de Genebra e marca um avanço ao disciplinar, pela primeira vez, os conflitos armados não internacionais. Esses tipos de conflito variam muito. Eles incluem guerras civis tradicionais, conflitos armados internos que se expandem para outros Estados ou conflitos internos nos quais um terceiro Estado ou uma força multinacional intervém junto com o governo. O art. 3º estabelece regras fundamentais que não podem ser derrogadas e funciona como uma miniconvenção dentro das Convenções, pois contém as regras essenciais das Convenções de Genebra em um formato condensado e as torna aplicáveis aos conflitos de caráter não internacional. Por fim, nas duas décadas após a adoção das Convenções de Genebra, o mundo testemunhou um aumento no número de conflitos armados não internacionais e de guerras por independência. Em resposta *à* isso, foram adotados em 1977 dois Protocolos Adicionais às Convenções de Genebra de 1949. Eles fortalecem a proteção das vítimas de conflitos armados internacionais (Protocolo I) e não internacionais (Protocolo II) e determinam limites aos métodos de guerra. O Protocolo II foi o primeiro tratado internacional exclusivamente dedicado às situações de conflitos armados não internacionais. Em 2007, um terceiro Protocolo Adicional foi adotado, criando um emblema adicional, o Cristal Vermelho, que tem o mesmo *status* internacional dos emblemas da Cruz Vermelha e do Crescente Vermelho. A outra parte das regras do Direito Internacional Humanitário provém do Direito de Haia (Convenções de Haia de 1899 e de 1907), as quais regulam especificamente o meio e os métodos utilizados na guerra, ou, em outras palavras, a condução das hostilidades pelos beligerantes e as Regras de Nova Iorque[43], que cuidam da proteção dos direitos humanos em período de conflito armado. Pode-se apontar ainda o Tribunal Penal Internacional como um dos destaques na tutela do Direito Internacional Humanitário. Por sua vez, os bens culturais, que nada mais são que bens civis, possuem uma proteção específica: a Convenção da Haia para a Proteção de Bens Culturais durante os Conflitos Armados, de 1954. Essa Convenção tem por base o reconhecimento da herança cultural de todos os povos. Posteriormente, a tutela dos bens culturais foi complementada pelos Protocolos Adicionais às Convenções de Genebra de 1977[44] e pelo Protocolo Adicional à Convenção da Haia para a Proteção de Bens Culturais durante os Conflitos Armados de 1999. Interessante também notar que o grande fator motivador dessa Convenção foi a destruição de inúmeros bens culturais durante a Segunda Guerra Mundial, situação que levou a comunidade internacional a se conscientizar e prever proteção jurídica específica.

Gabarito "C".

43. Resolução 2.444 (XXIII) adotada em 1968 pela Assembleia Geral das Nações Unidas.

44. Mais especificamente o art. 53 do Protocolo I Adicional às Convenções de Genebra e o art. 16 do Protocolo II Adicional às Convenções de Genebra.

17. FILOSOFIA DO DIREITO

Renan Flumian

1. HERMENÊUTICA

1.1. TEORIA GERAL

(EXAME 2003) "A Hermenêutica Jurídica tem por objeto o estudo e a sistematização dos processos aplicáveis para determinar o sentido e o alcance das expressões do Direito.

As leis positivas são formuladas em termos gerais; fixam regras, consolidam princípios, estabelecem normas, em linguagem clara e precisa, porém ampla, sem descer a minúcias. É tarefa primordial do executor a pesquisa da relação entre o texto abstrato e o caso concreto, entre a norma jurídica e o fato social, isto é, aplicar o Direito. Para o conseguir, se faz mister um trabalho preliminar: descobrir e fixar o sentido verdadeiro da regra positiva; e, logo depois, o respectivo alcance, a sua extensão. Em resumo, o executor extrai da norma tudo o que na mesma se contém: é o que se chama interpretar, isto é, determinar o sentido e o alcance das expressões do Direito". (MAXIMILIANO, Carlos. **Hermenêutica e aplicação do Direito**. 9. ed. São Paulo: Forense, 1980. p.1)

Considerando o texto apresentado, é correto afirmar que

(A) as leis disciplinam apenas os casos concretos, por isso só admitem uma interpretação.

(B) hermenêutica e interpretação são palavras sinônimas e significam a busca do exato sentido da lei.

(C) a hermenêutica oferece as regras de interpretação e interpretar um texto de lei consiste em buscar-lhe o significado e o alcance.

(D) a hermenêutica não se insere na Ciência do Direito, sendo mera manifestação da arte de advogar.

(E) o intérprete não deve pesquisar a relação entre o texto legal e o caso concreto, sob pena de violar o princípio da legalidade inserido na Constituição Federal.

A: incorreta, pois as leis admitem inúmeras interpretações e cabe ao intérprete, respeitadas as regras hermenêuticas, definir a que melhor regula a situação concreta, lembrando que o intérprete poderá utilizar nesse trabalho os métodos gramatical, lógico, sistemático, histórico e teleológico (esses são os métodos tradicionais); **B:** incorreta, pois apesar dos termos, num sentido amplo, parecerem ter o mesmo sentido, a hermenêutica, num sentido estrito, tem viés filosófico, ao passo que a interpretação tem feição empírica. Em outros termos, a hermenêutica funda-se na formulação de preceitos e a interpretação prende-se à resolução de casos concretos. Portanto, hermenêutica jurídica "é a ciência e a arte da interpretação da linguagem jurídica, tendo por objetivo sistematizar princípios e regras. Interpretação é o processo de definição do sentido e alcance das normas jurídicas, tendo em vista a integração do sistema com a harmoniosa aplicação da fonte a um determinado caso concreto[1]"; **C:** correta. Reler o comentário sobre a assertiva anterior; **D:** incorreta, pois a hermenêutica faz parte da Ciência do Direito; **E:** incorreta, pois a interpretação se dá justamente no relacionamento do texto legal com o caso concreto.

Gabarito "C"

(EXAME 2003) Das asserções abaixo relacionadas, é verdadeira a que afirma:

(A) uma lei especial revoga uma lei geral, e uma lei inferior posterior revoga uma lei superior anterior.

(B) o juiz não está autorizado, em hipótese alguma, a julgar sem se basear em dispositivo expresso de lei no direito brasileiro.

(C) a norma hipotética fundamental de um Estado é a Constituição positivada, de acordo com Hans Kelsen.

(D) a analogia e a equidade são formas de integração do direito.

(E) toda vez em que há interpretação de uma norma jurídica, necessariamente há aplicação do Direito a um caso concreto.

A: incorreta. A antinomia (contradição entre duas normas legais e/ou princípios) é superada pelos critérios hierárquico (lei superior prevalece sobre lei de hierarquia inferior), cronológico ou temporal (lei posterior prevalece sobre lei anterior) e da especialidade (lei especial prevalece sobre lei geral); caso o conflito de normas não se resolva por esses critérios, ter-se-á a antinomia real, que é resolvida pelos seguintes metacritérios: a) quando houver conflito entre os critérios hierárquico e o cronológico, prevalece o hierárquico (norma superior-anterior), pois a competência é mais forte que o tempo; b) quando houver conflito entre o critério da especialidade e o cronológico, prevalece o da especialidade (norma especial-anterior), em face do princípio da igualdade, admitindo-se exceções no caso concreto; c) quando houver conflito entre o critério hierárquico e o da especialidade, não é possível estabelecer um metacritério de antemão, com alguma vantagem para o critério hierárquico, em virtude da competência; **B:** incorreta, pois o art. 4º da LINDB (Lei de Introdução às Normas do Direito Brasileiro) permite ao juiz, quando a lei for omissa, decidir o caso de acordo com a analogia, os costumes e os princípios gerais de direito; **C:** incorreta. A norma hipotética fundamental é uma norma suposta, vale dizer, não é editada por um ato de autoridade, não possui um conteúdo, é uma exigência lógica, apenas uma ficção que sustenta o fundamento de validade da ordem jurídica, evitando uma regressão ao infinito ou a discussão política sobre a legitimidade do poder originário. À norma hipotética fundamental, que é suposta, segue-se a primeira norma posta: o conjunto normativo da Constituição Federal. Assim, para Hans Kelsen, a norma hipotética fundamental é um pressuposto lógico de validade das normas constitucionais positivas; **D:** correta, pois, de fato, são duas formas de integração do direito (além dos costumes e princípios gerais de direito). A analogia está prevista no art. 4º da LINDB e a equidade tem previsão doutrinária; **E:** incorreta, pois a interpretação pode demonstrar que o Direito não precisa ser aplicado no caso concreto. É o caso de um fato atípico.

Gabarito "D"

1. Ana Elisa Spaolonzi Queiroz Assis, Antonio de Pádua Serafim, Olney Queiroz de Assis e Vitor Frederico Kümpel. **Noções Gerais de Direito e Formação Humanística**, pág. 120. Ed. Saraiva, 2012.

Instruções: Para responder a próxima questão considere este hipotético Projeto de Lei:

Art. 1º Esta lei disciplina o uso da Internet para difusão de informações, comunicação pessoal e empresarial, bem como as atividades econômicas e relações jurídicas vinculadas.

Art. 2º Antes de iniciar suas atividades, a empresa de comercialização de produtos ou serviços pela Internet deverá obter a aprovação do órgão federal competente, renovável a cada cinco anos, comprovando o atendimento das exigências de capacitação técnica e econômica previstas em lei específica.

Parágrafo único – A empresa que, na realização de seus objetivos sociais, utilize serviços de pessoas físicas para desenvolvimento de sua atividade fim, será considerada empregadora desde que comprovadas a pessoalidade e a fiscalização direta dos trabalhos, mesmo quando os serviços sejam realizados por empresa interposta, assegurando-se ao contratado todos os direitos decorrentes do contrato de trabalho.

Art. 3º A capacidade dos contratantes será condição de validade das transações efetuadas pela Internet para débito eletrônico em conta bancária.

Art. 4º Considera-se crime informático, punido com pena de um a três anos de reclusão e multa, o acesso, sem autorização, aos registros de computador alheio, com a finalidade de causar dano, alterar informações ou obter qualquer outra vantagem ilícita.

§ 1º – A pena será acrescida de um terço se o agente divulga o conteúdo do registro.

§ 2º – A pena será reduzida de um terço se o agente não é reincidente e não houve perda dos registros.

§ 3º – O crime será punido com pena de dois a cinco anos de reclusão se:

I – o agente ingressou em computador situado em outro país;

II – o ingresso ocorreu em computador de órgão público.

Art. 5º A competência para o julgamento dos crimes informáticos é da Justiça Federal, só se procedendo mediante ação penal pública incondicionada, ficando vedada a ação penal privada subsidiária da pública.

§ 1º – O prazo de decadência para oferecimento da denúncia é de seis meses após o conhecimento da autoria pelo ofendido ou pela autoridade policial.

§ 2º – Se a comarca em que foi cometido o crime não for sede da Justiça Federal, a denúncia poderá ser oferecida por membro do Ministério Público Estadual perante juiz estadual, sendo o recurso julgado pelo Tribunal de Justiça do Estado.

§ 3º – O juiz poderá, em despacho fundamentado, determinar a quebra do sigilo dos dados constantes do computador do investigado ou acusado.

Art. 6º As disposições dessa lei deverão ser observadas estritamente pelos aplicadores, sendo vedada qualquer interpretação.

Art. 7º Esta lei entra em vigor na data de sua publicação.

(ENADE) Considere o seguinte texto de Miguel Reale: "Se desejarmos alcançar um conceito geral de regra jurídica, é preciso, por conseguinte, abandonar a sua redução a um juízo hipotético, para situar o problema segundo outro prisma. A concepção formalista do Direito de Kelsen, para quem o Direito é norma, e nada mais do que norma, se harmoniza com a compreensão da regra jurídica como simples enlace lógico que, de maneira hipotética, correlaciona, através do verbo dever ser, uma consequência C ao fato F, mas não vemos como se possa vislumbrar qualquer relação condicional ou hipotética em normas jurídicas como estas: a) "Compete privativamente à União legislar sobre serviço postal" (Constituição, art. 22, V); b) "Brasília é a Capital Federal" (Constituição, art. 18, parágrafo 1º); c) "Todo homem é capaz de direitos e obrigações na vida civil" (Código Civil, art. 2º); ..." (REALE, Miguel. **Lições preliminares de Direito**. São Paulo: Saraiva, 2000. p. 94)

Na passagem transcrita, o autor procura

(A) defender a noção de norma como juízo hipotético.
(B) aderir à concepção positiva de Kelsen.
(C) demonstrar a origem jusnaturalista de todas as normas.
(D) mostrar que existem normas jurídicas que não podem ser pensadas como juízos hipotéticos.
(E) deixar claro que não existe relação de consequência entre as normas constitucionais e as do Código Civil.

Utilizaremos Kant para traçar a distinção entre imperativo hipotético e categórico e assim entendermos bem o significado de um juízo hipotético. O imperativo categórico funciona no campo da moral, pois prescreve uma ação boa por si mesma, como, por exemplo, "você não deve injuriar uma pessoa". Percebe-se que aqui temos um exemplo de juízo categórico. Normalmente, o imperativo hipotético funciona no campo do direito porque prescreve uma ação boa para alcançar um certo fim, como, por exemplo, "se você quer evitar ser condenado por injúria, você não deve injuriar". Percebe-se que aqui temos um exemplo de juízo hipotético. Portanto, as normas jurídicas listadas por Miguel Reale que aparecem na presente questão não podem ser pensadas como juízos hipotéticos.

Gabarito "D"

1.1.1. NORBERTO BOBBIO

(OAB/Exame Unificado – 2016.2) O raciocínio analógico é típico do pensamento jurídico. Esse é um tema debatido por vários teóricos e filósofos do Direito. Para Norberto Bobbio, na obra Teoria do Ordenamento Jurídico, trata-se de um método de autointegração do Direito. Assinale a opção que, segundo esse autor, apresenta o conceito de analogia.

(A) Subsunção de um caso (premissa menor) a uma norma jurídica (premissa maior) de forma a permitir uma conclusão lógica e necessária.
(B) Existindo relevante semelhança entre dois casos, as consequências jurídicas atribuídas a um caso já regulamentado deverão ser atribuídas também a um caso não regulamentado.
(C) Raciocínio em que se produz, como efeito, a extensão de uma norma jurídica para casos não previstos por esta.
(D) Decisão, por meio de recurso, às práticas sociais que sejam uniformes e continuadas e que possuam previsão de necessidade jurídica.

Segundo o citado autor, o método de autointegração apoia-se particularmente em dois procedimentos: a analogia e os princípios gerais do direito. E entende-se por "analogia" o procedimento pelo qual se atribui a um caso não regulamentado a mesma disciplina que a um caso regulamentado *semelhante* (norma geral inclusiva). Para fazer a atribuição ao caso não regulamentado das mesmas consequências jurídicas atribuídas ao caso regulamentado semelhante, é preciso que entre os dois casos exista não uma semelhança qualquer, mas uma *semelhança relevante (ratio legis)*. Costuma-se distinguir a analogia propriamente dita (*analogia legis*) seja da *analogia iuris*, seja da *interpretação extensiva*. Por *analogia iuris* entende-se o procedimento através do qual se tira uma nova regra para um caso imprevisto não mais da regra que se refere a um caso singular, como acontece na *analogia legis*, mas de todo o sistema ou de uma parte dele. Quanto à interpretação extensiva, a sua diferença em relação a analogia propriamente dita é calcada nos diversos efeitos. O efeito da extensão analógica é a criação de uma nova norma jurídica; o efeito da interpretação extensiva é a extensão de uma norma para os casos não previstos por esta.

Gabarito "B"

(OAB/Exame Unificado – 2015.1) O Art. 126 do CPC afirma que o juiz não se exime de sentenciar ou despachar alegando lacuna ou obscuridade da lei. A questão das lacunas também é recorrente no âmbito dos estudos da Filosofia e da Teoria Geral do Direito. O jusfilósofo Norberto Bobbio, no livro *Teoria do Ordenamento Jurídico*, apresenta um estudo sobre essa questão.

O autor denomina por *lacuna ideológica* a falta de uma norma

(A) legitimamente produzida pelo legislador democrático.
(B) justa, que enseje uma solução satisfatória ao caso concreto.
(C) que atenda às convicções ideológicas pessoais do juiz.
(D) costumeira, que tenha surgido de práticas sociais inspiradas nos valores vigentes.

Segundo o jusfilósofo italiano, a lacuna ideológica é ocasionada pela falta de uma norma justa, que enseje uma solução satisfatória ao caso concreto.

Gabarito "B"

(Defensor Público/SP – 2012 – FCC) Na classificação das normas jurídicas proposta por Norberto Bobbio, em sua obra **Teoria da Norma Jurídica**, encontra-se a distinção formal entre a norma "que estabelece que uma determinada ação deve ser cumprida quando se verifica uma certa condição" e a norma "que estabelece que uma determinada ação deve ser cumprida". Estas normas são chamadas, respectivamente,

(A) norma indefinida e norma definida.
(B) norma categórica e norma eficaz.
(C) norma hipotética e norma categórica.
(D) norma indefinida e norma hipotética.
(E) norma categórica e norma hipotética.

Segundo a classificação elaborada por Bobbio em sua obra **Teoria da Norma Jurídica** e a ordem das definições apresentada na questão, as normas são chamadas de norma hipotética e norma categórica.

Gabarito "C"

1.1.2. HANS KELSEN

(OAB/Exame Unificado – 2015.2) Hans Kelsen, ao abordar o tema da interpretação jurídica no seu livro Teoria Pura do Direito, fala em ato de vontade e ato de conhecimento. Em relação à aplicação do Direito por um órgão jurídico, assinale a afirmativa correta da interpretação.

(A) Prevalece como ato de conhecimento, pois o Direito é atividade científica e, assim, capaz de prover precisão técnica no âmbito de sua aplicação por agentes competentes.
(B) Predomina como puro ato de conhecimento, em que o agente escolhe, conforme seu arbítrio, qualquer norma que entenda como válida e capaz de regular o caso concreto.
(C) A interpretação cognoscitiva combina-se a um ato de vontade em que o órgão aplicador efetua uma escolha entre as possibilidades reveladas por meio da mesma interpretação cognoscitiva.
(D) A interpretação gramatical prevalece como sendo a única capaz de revelar o conhecimento apropriado da *mens legis*.

A assertiva correta é a "C", pois traz de maneira correta o processo interpretativo de um órgão julgador para aplicar o Direito no caso concreto e destaca e relação entre o ato de conhecimento (interpretação cognoscitiva) e o ato de vontade.

Gabarito "C"

(OAB/Exame Unificado – 2014.3) Na Doutrina do Direito, Kant busca um conceito puramente racional e que possa explicar o direito independentemente da configuração específica de cada legislação. Mais precisamente, seria o direito entendido como expressão de uma razão pura prática, capaz de orientar a faculdade de agir de qualquer ser racional.

Assinale a opção que contém, segundo Kant, essa lei universal do direito.

(A) Age de tal maneira que uses a humanidade, tanto na tua pessoa como na pessoa de qualquer outro, sempre e simultaneamente como fim, e nunca como meio.
(B) Age exteriormente, de modo que o livre uso de teu arbítrio possa se conciliar com a liberdade de todos, segundo uma lei universal.
(C) Age como se a máxima de tua ação se devesse tornar, pela tua vontade, lei universal da natureza.
(D) Age de forma que conserves sempre a tua liberdade, ainda que tenhas de resistir à liberdade alheia.

A assertiva "B" é o exemplo da lei universal do direito apontado por Kant. Isso porque as leis são proposições que apresentam uma ação como objetivamente necessária para todo agente dotado de razão.[2]

Gabarito "B"

(Defensor Público/PR – 2012 – FCC) Um argumento correto quanto à doutrina da norma para Hans Kelsen é:

(A) Para Kelsen as normas jurídicas são juízos, isto é, enunciados sobre um objeto dado ao conhecimento. São apenas comandos do ser.

2. O artigo denominado "Sobre o princípio e a lei universal do Direito em Kant", de autoria de Guido Antônio de Almeida, é indicado para aqueles que desejarem aprofundar a leitura so-bre o tema.

(B) Para Kelsen, na obra **Teoria Pura do Direito**, norma é o sentido de um ato através do qual uma conduta é prescrita, permitida ou, especialmente, facultada, no sentido de adjudicada à competência de alguém.

(C) Kelsen não reconhece a distinção entre normas jurídicas e proposições normativas.

(D) Para Kelsen a norma que confere validade a todo o sistema jurídico ou conjunto de normas é a norma fundamental que se confunde com a Constituição, já que ambas são postas e impostas.

(E) Segundo Mata Machado, Kelsen, enquanto jusnaturalista, reduz o direito à norma, mas desenvolve a noção de direito objetivo enquanto coisa devida e a de justiça como Direito Natural.

O único argumento correto segundo à doutrina da norma para Hans Kelsen é aquele exposto pela assertiva "B". A assertiva apontada como correta trouxe uma colocação de Kelsen em sua obra Teoria Pura do Direito[3].

Gabarito "B".

(Defensor Público/SP – 2012 – FCC) Na perspectiva da Teoria Pura do Direito de Hans Kelsen, é possível distinguir uma "jurisprudência" que trata da *validade* do Direito de outra que considera a *eficácia* do Direito. Para o pensador, estas jurisprudências "andam lado a lado" e "nenhuma é capaz de substituir a outra, porque cada uma trata de problemas diferentes". Daí a Teoria Pura do Direito insistir em distingui-las claramente. Segundo a nomenclatura que lhes é atribuída por Kelsen, na obra **O que é justiça?**, elas podem ser chamadas, respectivamente, de

(A) jurisprudência validativa e jurisprudência eficiente.

(B) jurisprudência sociológica e jurisprudência normativa.

(C) jurisprudência eficiente e jurisprudência validativa.

(D) jurisprudência normativa e jurisprudência sociológica.

(E) jurisprudência normativa e jurisprudência eficiente.

Segundo Kelsen, a nomenclatura referida no texto é, respectivamente, jurisprudência normativa e jurisprudência sociológica.

Gabarito "D".

(ENADE) A expressão "hierarquia normativa", segundo Kelsen, alude

(A) ao predomínio das normas gerais sobre os privilégios.

(B) ao caráter autoritário do Estado.

(C) ao fato de que a sentença, como ato concreto e específico, se sobrepõe à lei, geral e abstrata.

(D) ao fato de que a criação de uma norma é determinada por outra.

(E) a um ordenamento jurídico que sancione a estratificação da sociedade.

Kelsen criou a chamada Teoria Escalonada do Ordenamento Jurídico, na qual a hierarquia normativa diz respeito ao fato de que a *criação de uma norma é determinada por outra*, que está em *posição hierárquica superior*, isto é, uma norma vale não porque é justa, mas porque está em conformidade com uma norma superior na qual se fundamenta. Todo o universo normativo vale e é legítimo em função dessa hierarquia ou encadeamento lógico. Norberto Bobbio explica essa teoria kelseniana de uma maneira ímpar, de modo que vale transcrever seus ensinamentos à respeito: "Aceitamos aqui a teoria da construção escalonada do ordenamento jurídico, elaborada por Kelsen. Essa teoria serve para dar uma explicação da unidade de um ordenamento jurídico complexo. Seu núcleo é que *as normas de um ordenamento não estão todas no mesmo plano*. Há normas superiores e normas inferiores. As inferiores dependem das superiores. Subindo das normas inferiores àquelas que se encontram mais acima, chega-se a uma norma suprema, que não depende de nenhuma outra norma superior, e sobre a qual repousa a unidade do ordenamento. Essa norma suprema é a *norma fundamental*. Cada ordenamento tem uma norma fundamental. É essa norma fundamental que dá unidade a todas as outras normas, isto é, faz das normas espalhadas e de várias proveniências um conjunto unitário que pode ser chamado *ordenamento*. A norma fundamental é o termo unificador das normas que compõem um ordenamento jurídico. Sem uma norma fundamental, as normas de que falamos até agora constituiriam um amontoado, não um ordenamento. Em outras palavras, por mais numerosas que sejam as fontes do direito num ordenamento complexo, tal ordenamento constitui uma unidade pelo fato de que, direta ou indiretamente, com voltas mais ou menos tortuosas, todas as fontes do direito podem ser remontadas a uma única norma. Devido à presença, num ordenamento jurídico, de normas superiores e inferiores, ele tem uma *estrutura hierárquica*. As normas de um ordenamento são dispostas em *ordem hierárquica*. (...) Normalmente, representa-se a estrutura hierárquica de um ordenamento jurídico através de uma *pirâmide*, donde se falar também de construção em pirâmide do ordenamento jurídico. Nessa pirâmide o vértice é ocupado pela norma fundamental; a base é constituída de atos executivos. Se a olharmos de cima para baixo, veremos uma *série de processos de produção jurídica*; se a olharmos de baixo para cima veremos, ao contrário, uma série de processos de execução jurídica. Nos graus intermediários, estão juntas a produção e a execução; nos graus extremos, só produção (norma fundamental) ou só execução (atos executivos) – **Teoria do Ordenamento Jurídico**, 8.ª ed., Brasília: UNB, pp. 49-51.

Gabarito "D".

1.1.3. CHAÏM PERELMAN

(OAB/Exame Unificado – 2014.1) Segundo Chaïm Perelman, ao tratar da argumentação jurídica na obra *Lógica Jurídica*, a decisão judicial aceitável deve satisfazer três auditórios para os quais ela se destina.

Assinale a alternativa que indica corretamente os auditórios.

(A) A opinião pública, o parlamento e as cortes superiores.

(B) As partes em litígio, os profissionais do direito e a opinião pública.

(C) As partes em litígio, o parlamento e as cortes superiores.

(D) As cortes superiores, os organismos internacionais e os profissionais do direito.

Os três auditórios mencionados por Perelman, em sua obra, são: as partes em litígio, os profissionais do direito e a opinião pública.

Gabarito "B".

1.1.4. RONALD DWORKIN

(OAB/Exame Unificado – 2014.1) Em seu livro *Levando os Direitos a Sério*, Ronald Dworkin cita o caso Riggs contra Palmer, em que um jovem matou o próprio avô para ficar com a herança. O Tribunal de Nova Iorque (em 1889) julga o caso considerando que a legislação do local e da época não previa o homicídio como causa de exclusão da sucessão. Para solucionar o caso, o Tribunal aplica o princípio, não legislado, do direito que diz que ninguém pode se beneficiar de sua própria iniquidade ou ilicitude. Assim, o assassino não recebeu sua herança.

3. 6.ª ed. São Paulo: Vozes, 1999. p. 4.

Com esse exemplo podemos concluir que a jusfilosofia de Ronald Dworkin, dentre outras coisas, pretende

(A) revelar que a responsabilidade sobre o maior ou menor grau de justiça de um ordenamento jurídico é responsabilidade exclusiva do legislador que deve se esforçar por produzir leis justas.

(B) mostrar como as cortes podem ser ativistas quando decidem com base em princípios e não com base na lei e que decidir assim fere o estado de direito.

(C) defender que regras e princípios são normas jurídicas que possuem as mesmas características e, por isso, ambos podem ser aplicados livremente pelos tribunais.

(D) argumentar que regras e princípios são normas com características distintas e em certos casos os princípios poderão justificar de forma mais razoável a decisão judicial, pois a tornam também moralmente aceitável.

O caso Riggs contra Palmer é um dos exemplos que Dworkin utiliza no seu livro para diferenciar os princípios das regras. Diz o autor: "A diferença entre princípios jurídicos e regras jurídicas é de natureza lógica. Os dois conjuntos de padrões apontam para decisões particulares acerca da obrigação jurídica em circunstâncias específicas, mas distinguem-se quanto à natureza da orientação que oferecem. As regras são aplicáveis à maneira do tudo ou nada. Dados os fatos que uma regra estipula, então ou a regra é válida, e neste caso a resposta que ela fornece deve ser aceita, ou não é válida, e neste caso em nada contribui para a decisão. (...) Mas não é assim que funcionam os princípios (...) Mesmo aqueles que mais se assemelham a regras não apresentam consequências jurídicas que se seguem automaticamente quando as condições são dadas (...) Um princípio como 'Nenhum homem pode beneficiar-se de seus próprios delitos' não pretende [nem mesmo] estabelecer condições que tornem sua aplicação necessária. Ao contrário, enuncia uma razão que conduz o argumento em uma certa direção, mas [ainda assim] necessita uma decisão particular. Se um homem recebeu ou está na iminência de receber alguma coisa como resultado direto de um ato ilícito que tenha praticado para obtê-la, então essa é uma razão que o direito levará em consideração ao decidir se ele deve mantê-la. Pode haver outros princípios ou outras políticas que argumentem em outra direção (...) Se assim for, nosso princípio pode não prevalecer, mas isso não significa que não se trate de um princípio de nosso sistema jurídico, pois em outro caso, quando essas considerações em contrário estiverem ausentes ou tiverem menor força, o princípio poderá ser decisivo[4]". Com os trechos citados acima fica mais nítida a diferença de atuação dos princípios e das regras no deslinde de um caso. No caso Riggs contra Palmer, a mera aplicação da regra jurídica levaria à uma situação bastante injusta. Para evitar a patente injustiça, os juízes utilizaram do princípio de quem ninguém pode se beneficiar de sua própria ilicitude para resolver o caso de forma justa e torná-lo moralmente aceito. O Direito não pode servir de base para decisões injustas e imorais, pois, se assim fosse, a sua própria existência ficaria ameaçada porque as pessoas não confiariam mais nele para solucionar os problemas e as disputas da sociedade.

Gabarito "D".

1.1.5. HERBERT L. A. HART

(OAB/Exame Unificado – 2013.3) Considere a seguinte afirmação de Herbert L. A. Hart:

"Seja qual for o processo escolhido, precedente ou legislação, para a comunicação de padrões de comportamentos, estes, não obstante a facilidade com que atuam sobre a grande massa de casos correntes, revelar-se-ão como indeterminados em certo ponto em que a sua aplicação esteja em questão."

(HART, Herbert. O Conceito de Direito. Lisboa: Calouste Gulbenkian, 1986, p. 141)

Hart admite um grau de indeterminação nos padrões de comportamento previstos na legislação e nos precedentes judiciais. A respeito, assinale a afirmativa correta.

(A) Trata-se do fenômeno chamado na doutrina jurídica de lacuna material do direito, em que o jurista não consegue dar uma resposta com base no próprio direito positivo para uma situação juridicamente relevante.

(B) Trata-se da textura aberta do direito, expressa por meio de regras gerais de conduta, que deve ganhar um sentido específico dado pela autoridade competente, à luz do caso concreto.

(C) Trata-se da incompletude do ordenamento jurídico que, por isso mesmo, deve recorrer aos princípios gerais do direito, a fim de promover uma integração do direito positivo.

(D) Trata-se do fenômeno denominado de anomia social pelos sociólogos do direito, em que existe um vácuo de normas jurídicas e a impossibilidade real de regulação de conflitos juridicamente relevantes.

Para destacar a indeterminação dos padrões de comportamento, sejam aqueles previstos na legislação ou em precedentes, Hart os caracteriza como *textura aberta do direito*. Assim, na hora do juiz aplicar o direito indeterminado (legislação ou precedente) no caso concreto, ele deverá determinar o conteúdo desse direito para poder resolver satisfatoriamente o caso concreto sob análise. Não poderia ser diferente tendo em vista que uma lei estabelece uma regra geral de conduta e não teria como abarcar todas as minúcias possíveis dos casos concretos. Portanto, a textura aberta permite que o juiz determine o conteúdo do direito para cada casa concreto levando em conta sua especificidade.

Gabarito "B".

1.1.6. RUDOLF VON IHERING

(OAB/Exame Unificado – 2015.1) Rudolf Von Ihering, em *A Luta pelo Direito*, afirma que "O fim do direito é a paz, o meio de atingi-lo, a luta." Assinale a afirmativa que melhor expressa o pensamento desse autor.

(A) O Direito de uma sociedade é a expressão dos conflitos sociais desta sociedade, e ele resulta de uma luta de pessoas e grupos pelos seus próprios direitos subjetivos. Por isso, o Direito é uma força viva e não uma ideia.

(B) O Direito é o produto do espírito do povo — *volksgeist* —, que é passado de geração em geração. Por isso, quando se fala em Direito, é preciso sempre olhar para a história e as lutas sociais. O Direito Romano é a melhor expressão desse processo.

(C) O Direito é parte da infraestrutura da sociedade e resulta de um processo de luta de classes, em que a classe dominante o usa para manter o controle sobre os dominados.

(D) O Direito resulta da ação institucional do Estado, e no parlamento são travadas as lutas políticas que definem os direitos subjetivos de uma sociedade.

---

4. **Levando os direitos a sério**. Dworkin, Ronald. São Paulo: Martins Fontes, 2007. P. 39-42.

A assertiva que melhor apresenta o pensamento de Rudolf Von Ihering é a "A". Nesse clássico o autor defende que a defesa do direito é tanto um dever do interessado para consigo mesmo como também é um dever para com a sociedade. Como essa luta nunca acaba, o Direito é dinâmico e está em contínua construção – mediante muita luta. Por fim, cabe destacar que esse texto leva ao afastamento do idealismo em favor de um certo naturalismo, culturalista.

Gabarito "A"

1.1.7. MIGUEL REALE

(OAB/Exame Unificado – 2016.1) Segundo o Art. 1.723 do Código Civil, "É reconhecida como entidade familiar a união estável entre o homem e a mulher, configurada na convivência pública, contínua e duradoura e estabelecida com o objetivo de constituição de família". Contudo, no ano de 2011, os ministros do Supremo Tribunal Federal (STF), ao julgarem a Ação Direta de Inconstitucionalidade 4.277 e a Arguição de Descumprimento de Preceito Fundamental 132, reconheceram a união estável para casais do mesmo sexo.

A situação acima descrita pode ser compreendida, à luz da Teoria Tridimensional do Direito de Miguel Reale, nos seguintes termos:

(A) uma norma jurídica, uma vez emanada, sofre alterações semânticas pela superveniência de mudanças no plano dos fatos e valores.

(B) toda norma jurídica é interpretada pelo poder discricionário de magistrados, no momento em que estes transformam a vontade abstrata da lei em norma para o caso concreto.

(C) o fato social é que determina a correta compreensão do que é a experiência jurídica e, por isso, os costumes devem ter precedência sobre a letra fria da lei.

(D) o ativismo judicial não pode ser confundido com o direito mesmo. Juízes não podem impor suas próprias ideologias ao julgarem os casos concretos.

A única assertiva que está em consonância com a Teoria Tridimensional do Direito de Reale é a "A". Essa metodologia de caráter dialético é fundada nos termos do culturalismo. Os elementos integrantes do Direito – fato, valor e norma – estão em permanente atração, posto que o *fato* tende a realizar o *valor*, mediante a *norma*. Por essa razão, a conexão entre esses elementos é denominada dialética da implicação e da polaridade, ou simplesmente dialética da complementaridade. A correlação entre fato, valor e norma permite entender o Direito como um sistema aberto, dependente de outros que o abrange e circunscreve.

Gabarito "A"

(OAB/Exame Unificado – 2015.2) *"Mister é não olvidar que a compreensão do direito como 'fato histórico-cultural' implica o conhecimento de que estamos perante uma realidade essencialmente dialética, isto é, que não é concebível senão como 'processus', cujos elementos ou momentos constitutivos são fato, valor e norma (...)" (Miguel Reale, in Teoria Tridimensional do Direito) Assinale a opção que corretamente explica a natureza da dialética de complementaridade que, segundo Miguel Reale, caracteriza a Teoria Tridimensional do Direito.*

(A) A relação entre os polos opostos que são o fato, a norma e o valor, produz uma síntese conclusiva entre tais polos.

(B) A implicação dos opostos na medida em que se desoculta e se revela a aparência da contradição, sem que, com esse desocultamento, os termos cessem de ser contrários.

(C) A síntese conclusiva que se estabelece entre diferentes termos, conforme o modelo hegeliano de tese, antítese e síntese.

(D) A estrutura estática que resulta da lógica de subsunção entre os três termos que constituem a experiência jurídica: fato, norma e valor.

A única assertiva que está em consonância com a Teoria Tridimensional do Direito de Reale é a "B". Essa metodologia de caráter dialético é fundada nos termos do culturalismo. Os elementos integrantes do Direito – fato, valor e norma – estão em permanente atração, posto que o *fato* tende a realizar o *valor*, mediante a *norma*. Por essa razão, a conexão entre esses elementos é denominada dialética da implicação e da polaridade, ou simplesmente dialética da complementaridade. A correlação entre fato, valor e norma permite entender o Direito como um sistema aberto, dependente de outros que o abrange e circunscreve.

Gabarito "B"

1.2. TENDÊNCIAS TEÓRICAS

(OAB/Exame Unificado – 2014.3) Ao explicar as características fundamentais da Escola da Exegese, o jusfilósofo italiano Norberto Bobbio afirma que tal Escola foi marcada por uma concepção rigidamente estatal de direito. Como consequência disso, temos o princípio da onipotência do legislador.

Segundo Bobbio, a Escola da Exegese nos leva a concluir que

(A) a lei não deve ser interpretada segundo a razão e os critérios valorativos daquele que deve aplicá-la, mas, ao contrário, este deve submeter-se completamente à razão expressa na própria lei.

(B) o legislador é onipotente porque é representante democraticamente eleito pela população, e esse processo representativo deve basear-se sempre no direito consuetudinário, porque este expressa o verdadeiro espírito do povo.

(C) uma vez promulgada a lei pelo legislador, o estado--juiz é competente para interpretá-la buscando aproximar a letra da lei dos valores sociais e das demandas populares legítimas.

(D) a única força jurídica legitimamente superior ao legislador é o direito natural; portanto, o legislador é soberano para tomar suas decisões, desde que não violem os princípios do direito natural.

A Escola da Exegese consagrou a interpretação formalista dos textos legais, isto é, uma interpretação marcada pela predominância do raciocínio formalista, de caráter lógico-dedutivo, que se baseia na mera subsunção do fato à norma. Muitos estudiosos apontam que a Escola da Exegese surgiu como consequência da adoção do Código Civil francês de 1804 (Código Napoleônico) e como resposta direta ao pensamento jusnaturalista.

Gabarito "A"

1.3. TIPOS DE INTERPRETAÇÃO

(OAB/Exame Unificado – 2008.2) A ciência da interpretação normativa tem por objetivo descobrir o sentido e o alcance das normas jurídicas. Nesse contexto, a interpretação autêntica da lei é realizada

(A) Pela doutrina.
(B) Pela prolação de uma decisão judicial.
(C) Pelo legislador.
(D) Pela jurisprudência.

A interpretação autêntica é aquela realizada pelo próprio autor da lei, ou seja, o legislador. Essa interpretação tem força obrigatória.

Gabarito "C"

(Defensor Público/TO – 2013 – CESPE) Assinale a opção correta com relação à interpretação do direito.

(A) A interpretação autêntica é a que se realiza pelo próprio legislador.
(B) Consoante o sistema da livre pesquisa, o direito só pode ser interpretado com base na lei.
(C) A escola de interpretação da teoria pura do direito foi criada por Carlos Cossio.
(D) A hermenêutica e a interpretação, conceitos sinônimos, consistem em revelar o sentido da norma jurídica.
(E) Segundo a doutrina, toda norma jurídica se ampara em um texto legal que lhe é correspondente.

A: correta, pois a interpretação autêntica é aquela realizada pelo legislador, ou seja, o próprio autor da norma a ser interpretada; **B:** incorreta. É exatamente o contrário. Na livre investigação científica, o intérprete não fica condicionado aos mandamentos da lei e a solução interpretativa é fundada em critérios objetivos. A atividade do intérprete se realiza num duplo campo de ação: o dado (fontes materiais) e o construído (fontes formais), que são os componentes da norma jurídica. O dado corresponde à realidade observada pelo legislador (fatos: econômicos, históricos, políticos, geográficos, culturais). O construído é uma operação técnica que, considerando o dado, subordina os fatos a determinados fins. Assim, por trás das normas jurídicas, há uma realidade anterior que as próprias normas não podem desprezar. É no dado que se apoia a existência das normas; é desse dado que cada norma tira seu sentido e condição de sua aplicabilidade. O intérprete, por princípio de segurança jurídica, não substitui a vontade do legislador, mas deve fazê-lo considerando o dado. A interpretação não está, portanto, adstrita apenas à letra da lei, ela deve também considerar os fatos sociais; **C:** incorreta. Kelsen é o principal teórico do positivismo jurídico. A sua obra Teoria Pura do Direito busca conferir à ciência jurídica um método e objeto próprios, capazes de assegurar ao jurista o conhecimento científico do direito. Para Kelsen, o objeto da ciência jurídica consiste em normas jurídicas e a tarefa do cientista do direito consiste em descrever e sistematizar esse objeto mediante proposições. Por outro lado, Carlos Cossio criou o egologismo jurídico e defendia, em contraposição à Kelsen, que o Direito é ciência porque estuda a conduta humana e não a norma; **D:** incorreta. Em termos gerais, pode-se dizer que hermenêutica e a teoria que tem por objeto o estudo das técnicas (regras, métodos) aplicáveis à interpretação do direito. E interpretação é o processo que determina o sentido e alcance das normas jurídicas utilizando-se das técnicas fixadas pela hermenêutica. Mas é importante asseverar que alguns juristas (como Miguel Reale) entendem que não é necessário estabelecer essa distinção entre hermenêutica (como teoria que pesquisa regras de interpretação) e interpretação (como o mero emprego das regras estabelecidas pela hermenêutica), pois as expressões seriam equivalentes. Nesse sentido, a expressão hermenêutica jurídica é utilizada para identificar não apenas as teorias da interpretação, mas também as regras (métodos) de interpretação propostas por essas teorias; **E:** incorreta, pois o princípio jurídico também pode dar embasamento a uma norma jurídica.

Gabarito "A"

(Defensor Público/TO – 2013 – CESPE) De acordo com o método de interpretação jurídica desenvolvido por Recaséns Siches, o processo de investigação dos fatos, na ordem jurídica vigente, assegura maior satisfação e legitimidade na solução e na interpretação jurídica. Segundo a jurisprudência, a melhor interpretação do direito não se subordina servilmente ao texto legal nem se vale de raciocínios artificiais para enquadrar friamente os fatos em conceitos prefixados, mas se direciona para a solução justa. Essas definições correspondem ao método de interpretação jurídica denominado

(A) lógico-dedutivo.
(B) hipotético-condicional.
(C) lógica do razoável.
(D) modo final de aplicação.
(E) conflito normativo.

A questão trata do método de interpretação jurídica alcunhado lógica do razoável. Esse método foi formulado pelo jurista espanhol Recaséns Siches, e tem como principal ponto o encorajamento à busca de justiça pelo magistrado, desvencilhando-o da obrigação de seguir a lógica tradicional (método lógico-dedutivo).

Gabarito "C"

1.4. MÉTODOS OU REGRAS DE INTERPRETAÇÃO

(Magistratura do Trabalho – 16ª Região – 2008) Considerando os métodos de interpretação da lei, indicar a alternativa correta:

(A) A interpretação gramatical (ou literal) analisa a norma sob o aspecto linguístico, verificando a pontuação e os aspectos gramaticais do texto, sem se preocupar com o sentido e o alcance das palavras.
(B) A interpretação lógica utiliza regras de raciocínio para compreender a intenção do legislador e a finalidade da norma, mas não visa impedir resultado contraditório em relação a outros preceitos normativos.
(C) A interpretação histórica preocupa-se com a dimensão temporal do processo legislativo, as circunstâncias sociais que ditaram sua elaboração, mas não permite apurar a vontade do legislador.
(D) A interpretação sistemática considera a lei como parte de um micro sistema legal, devendo ser entendida conforme sua situação topológica, relacionando com o contexto em que está localizada.
(E) A interpretação teleológica ou sociológica considera a finalidade social da lei, os interesses que determinaram sua criação, que devem ser mantidos independente da nova realidade social.

A: incorreta, pois a interpretação gramatical preocupa-se também com o sentido e alcance das palavras; **B:** incorreta, pois a interpretação lógica visa também impedir resultado contraditório em relação a outros preceitos normativos; **C:** incorreta, pois a interpretação histórica é considerada como o melhor método para apurar a vontade do legislador e os objetivos que visava atingir; **D:** correta, pois a alternativa traz o conceito correto de interpretação sistemática; **E:** incorreta, pois a nova realidade social influencia no sentido e finalidade da norma e se altera com as novas exigências sociais.

Gabarito "D"

1.5. INTEGRAÇÃO DO DIREITO

(Procurador do Estado/RO – 2011 – FCC) Quando a lei for omissa, o juiz decidirá o caso com o emprego da

(A) analogia, dos costumes e dos princípios gerais do direito.

(B) equidade em quaisquer casos, dos costumes e dos princípios gerais do direito.

(C) analogia, da equidade e dos costumes, apenas.

(D) interpretação, dos costumes, da equidade e dos princípios gerais do direito.

(E) interpretação, da analogia e dos princípios gerais do direito.

A assertiva correta é a "A" (*vide* art. 4º da LINDB).

Gabarito "A"

(MINISTÉRIO PÚBLICO/RO – 2010 – CESPE) Assinale a opção correta com referência à Lei de Introdução ao Código Civil (LICC).

(A) A equidade, uma das formas de colmatação de lacunas, está expressa na LICC.

(B) Os fatos sociais são disciplinados pela LICC, haja vista que se referem ao direito internacional privado.

(C) A LICC prevê o procedimento de integração do direito como recurso técnico para a interpretação das normas jurídicas.

(D) Segundo a LICC, a autointegração do direito, como espécie de integração, ocorre quando se utilizam recursos do próprio sistema.

(E) A LICC foi criada originariamente mediante lei ordinária.

A: incorreta, pois a equidade não está expressa na LINDB (atual denominação da LICC) como forma de colmatação de lacunas. A equidade está expressa em outros diplomas legais, como no CDC (art. 7º, *caput*); **B:** incorreta, pois os fatos ou fins sociais não são disciplinados pela LINDB porque se referem ao direito internacional privado, e sim porque devem ser observados pelo juiz ao aplicar toda e qualquer lei (art. 5º), de modo que o juiz deverá levar em conta os acontecimentos do mundo fenomênico, não se limitando a aplicar a lei como um fim em si mesmo; **C:** incorreta, pois o procedimento de integração do direito é utilizado para solucionar os casos de lacuna de lei; **D:** correta, pois a alternativa traz o conceito correto de autointegração, técnica utilizada pela LINDB no caso da analogia e dos princípios gerais do direito (art. 4º); **E:** incorreta, pois a LINDB foi criada originariamente (na época se chamava LICC, como se refere a questão) como decreto-lei.

Gabarito "D"

(Analista – TRT/21ª – 2010 – CESPE) A respeito de interpretação, integração e aplicação da lei, julgue o item a seguir.

(1) O juiz que aplica a um caso concreto norma jurídica prevista para situação semelhante, considerando a identidade de finalidade, utiliza a interpretação extensiva.

1: errada, pois o conceito disposto na alternativa diz respeito à analogia, expressamente prevista no art. 4º da LINDB como uma das formas de julgamento no caso de omissão da lei.

Gabarito 1E

1.6. ANTINOMIA

(OAB/Exame Unificado – 2015.3) "A solução do conflito aparente de normas dá-se, na hipótese, mediante a incidência do critério da especialidade, segundo o qual prevalece a norma específica sobre a geral." É conhecida a distinção no âmbito da Teoria do Direito entre antinomias aparentes (ou antinomias solúveis) e antinomias reais (ou antinomias insolúveis).

Para o jusfilósofo Norberto Bobbio, uma antinomia real se caracteriza quando estamos diante

(A) de duas normas colidentes que pertencem a ordenamentos jurídicos diferentes.

(B) de normas que colidem entre si, porém essa colisão é solúvel mediante a aplicação do critério cronológico, do critério hierárquico ou do critério de especialidade.

(C) de normas colidentes e o intérprete é abandonado a si mesmo pela falta de um critério ou pela impossibilidade de solução do conflito entre os critérios existentes.

(D) de duas ou mais normas que colidem entre si e que possuem diferentes âmbitos de validade temporal, espacial, pessoal ou material.

Segundo o autor citado na questão, *antinomia jurídica* é aquela situação verificada entre duas normas incompatíveis, pertencentes ao mesmo ordenamento e tendo o mesmo âmbito de validade (*temporal, espacial, pessoal e material*). Chama-se as antinomias solúveis de *aparentes* e as insolúveis de *reais*. As regras fundamentais para a solução das antinomias são três: a) critério cronológico; b) critério hierárquico; e c) critério da especialidade. O critério cronológico serve quando duas normas incompatíveis são sucessivas; o critério hierárquico serve quando duas normas incompatíveis estão em nível diverso; o critério de especialidade serve no choque de uma norma geral com uma norma especial. Mas pode ocorrer antinomia entre duas normas contemporâneas, do mesmo nível e ambas gerais (antinomia real causada pela inaplicabilidade dos critérios). No caso de um conflito no qual não se possa aplicar nenhum dos três critérios, a solução do conflito é confiada à liberdade do intérprete, o qual se valerá de todas as técnicas hermenêuticas e não se limitará a aplicar uma só regra.

Gabarito "C"

(Defensoria Pública/SP – 2010 – FCC) Em sua teoria do ordenamento jurídico, Norberto Bobbio estuda os aspectos da unidade, da coerência e da completude do ordenamento. Relativamente ao aspecto da coerência do ordenamento jurídico, "a situação de normas incompatíveis entre si" refere-se ao problema

(A) das lacunas.

(B) da incompletude.

(C) das antinomias.

(D) da analogia.

(E) do espaço jurídico vazio.

Se um ordenamento jurídico é composto de mais de uma norma, disso advém que os principais problemas conexos com a existência de um ordenamento são os que nascem das relações das diversas normas entre si: a) as normas constituem uma unidade? problemática central: hierarquia das normas; **b) o ordenamento constitui um sistema? problemática central: antinomias jurídicas**; c) todo ordenamento jurídico é completo? problemática central: lacunas do Direito; d) têm relações entre si os vários ordenamentos? problemática central: reenvio de um ordenamento a outro. **Pode-se conceituar o instituto**

da antinomia como a situação de conflito entre duas ou mais normas jurídicas e chama-se as antinomias solúveis de aparentes e as insolúveis de reais. As regras fundamentais para a solução das antinomias aparentes são três: **a)** critério cronológico (*lex posterior derogat legi priori*): serve quando duas normas incompatíveis são sucessivas e a lei posterior prevalece sobre a anterior; **b)** critério hierárquico (*lex superior derogat legi inferiori*): serve quando duas normas incompatíveis estão em nível diverso e a lei superior prevalece sobre a de hierarquia inferior; e **c)** critério da especialidade (*lex specialis derogat legi generali*): serve no choque de uma norma geral com uma norma especial e a lei especial prevalece sobre a geral. Mas pode ocorrer antinomia entre duas normas contemporâneas, do mesmo nível e ambas gerais (antinomia real causada pela inaplicabilidade dos critérios), ou seja, a incompatibilidade entre os critérios válidos para a solução da incompatibilidade entre as normas é chamada de antinomia de segundo grau. E para resolver as antinomias reais ou de segundo grau, devemos lançar mão dos seguintes metacritérios: **a)** conflito entre o critério hierárquico e o cronológico: o critério hierárquico prevalece sobre o cronológico; **b)** conflito entre o critério de especialidade e o cronológico: o critério de especialidade prevalece sobre o hierárquico. Essa regra, por outro lado, tem um valor menos decisivo que o da regra anterior; e **c)** conflito entre o critério hierárquico e o de especialidade: não existe uma regra geral consolidada. A solução dependerá do intérprete, o qual aplicará ora um ora outro critério segundo as circunstâncias, mas deve-se dizer que existe uma certa vantagem para o critério hierárquico, em virtude da competência. Caso não se consiga resolver o conflito pelos metacritérios, deve-se recorrer ao *critério dos metacritérios*, o princípio da justiça: escolhe-se a norma mais justa. Por fim, uma regra que se refere às normas de um ordenamento jurídico, como o é a proibição de antinomias, pode ser dirigida apenas àqueles que têm relação com a produção (legislador) e aplicação das normas (juiz). A coerência não é condição de validade, mas é sempre condição para a *justiça* do ordenamento.

Gabarito "C"

(EXAME 2001) São critérios utilizados pelo jurista para resolver as antinomias normativas aparentes:

(A) empírico, analógico e sistemático.
(B) expansivo, gramatical e sistemático.
(C) hierárquico, cronológico e da especialidade.
(D) hierárquico, cronológico e analógico.
(E) analógico, literal e da especialidade.

Quanto ao critério de solução do conflito de normas, a antinomia pode ser dividida em duas espécies: a) aparente: quando a própria lei tiver critério para a solução do conflito; b) real: quando não houver na lei critério para a solução do conflito. A ordem jurídica prevê critérios para a solução de antinomias aparentes. São eles: a) o hierárquico (*lex superior derogat legi inferiori*), pelo qual a lei superior prevalece sobre a de hierarquia inferior, b) o cronológico ou temporal (*lex posterior derogat legi priori*), pelo qual a lei posterior prevalece sobre a anterior; c) e o da especialidade (*lex specialis derogat legi generali*), pela qual a lei especial prevalece sobre a geral.

Gabarito "C"

1.7. QUESTÕES COMBINADAS

(OAB/Exame Unificado – 2013.1) A hermenêutica aplicada ao direito formula diversos modos de interpretação das leis. A interpretação que leva em consideração principalmente os objetivos para os quais um diploma legal foi criado é chamada de

(A) interpretação restritiva, por levar em conta apenas os objetivos da lei, ignorando sua estrutura gramatical.
(B) interpretação extensiva, por aumentar o conteúdo de significado das sentenças com seus objetivos historicamente determinados.
(C) interpretação autêntica, pois apenas as finalidades da lei podem dar autenticidade à interpretação.
(D) interpretação teleológica, pois o sentido da lei deve ser considerado à luz de seus objetivos.

A questão cuida da interpretação teleológica (assertiva D é a correta). Na dimensão pragmática da linguagem, a questão interpretativa diz respeito à relação entre os símbolos (palavras) e as pessoas (intérpretes) que os utilizam. Nessa dimensão a hermenêutica desenvolveu a interpretação teleológica e axiológica. Essa regra (ou método) de interpretação postula a neutralização dos valores e o esclarecimento da finalidade das normas, motivo pelo qual ativa a participação do intérprete na configuração do sentido do texto normativo. As palavras contêm uma carga emotiva que produz alterações no significado. Vale dizer, as palavras não apenas designam objetos e suas propriedades, mas manifestam emoções favoráveis e desfavoráveis. Termos como "dignidade da pessoa humana", "boa-fé", "função social da propriedade", "direitos iguais", além de vagos e ambíguos, possuem forte significado valorativo que favorece a manipulação arbitrária de seu alcance e sentido. O intérprete pode manipular o conteúdo dessas expressões com o propósito de orientar emoções favoráveis às situações que apoia ou emoções desfavoráveis às situações que repudia. A regra de interpretação teleológica e axiológica estabelece técnicas que visam o controle das valorações. Vale dizer, o intérprete deve ***neutralizar*** os conteúdos que possuem forte significado valorativo, como, por exemplo: "dignidade da pessoa humana", "boa-fé", "interesse coletivo", "bem comum", "direitos iguais" etc. Neutralizar não significa eliminar a carga valorativa, mas apenas controlá-la. Para isto é necessário que o intérprete generalize de tal modo os valores que eles passem a expressar "valores universais do sistema". Assim, a interpretação teleológica e axiológica estabelece a ideia segundo a qual o sistema jurídico é um meio a serviço de valores primordiais, como "a dignidade da pessoa humana", "a boa-fé", "o bem comum" etc. A unidade do sistema jurídico se funda nesses universais, considerados fins imanentes da ordem jurídica e reguladores teleológicos da atividade interpretativa. Esses princípios, também denominados regras de calibração, garantem a harmonia do sistema. A assertiva A menciona a interpretação restritiva de forma errônea. A interpretação restritiva é um tipo de interpretação que restringe o sentido literal do texto da norma. O intérprete limita a incidência do texto para evitar que a norma produza efeitos desastrosos. É comum colocar na entrada de edifícios a seguinte prescrição: "*proibida a entrada de animais*". Os humanos, evidentemente, estão excluídos da proibição, mas também estão excluídos, por exemplo, os peixinhos ornamentais. Já a assertiva B mencionou a interpretação extensiva e também de forma equivocada. A interpretação extensiva é um tipo de interpretação que amplia o sentido da norma para além dos termos contidos no seu texto. A interpretação aumenta o conteúdo da norma jurídica para possibilitar a sua aplicação à situação não expressamente prevista no texto. Um exemplo é o art. 1.337 do CC: "*o condômino ou possuidor que, por seu reiterado comportamento antissocial, gerar incompatibilidade de convivência com os demais condomínios ou possuidores, poderá ser constrangido a pagar multa*". A norma também alcança o locatário, usufrutuário, comodatário ou qualquer um que tenha a posse direta da coisa. Por fim, a assertiva C menciona a interpretação autêntica de forma errada. A interpretação autêntica nada mais é do que aquela realizada pelo próprio legislador (órgão responsável pela edição da norma).

Gabarito "D"

(OAB/Exame Unificado – 2008.3) A Lei de Introdução ao Código Civil (LICC), lei de introdução às leis, contém princípios gerais sobre as normas sem qualquer discriminação, indicando como aplicá-las, determinando-lhes a vigência e eficácia, suas projeções nas situações conflitivas, evidenciando os respectivos elementos de conexão determinantes das normas substantivas aplicáveis no caso de haver conflito de leis no tempo e no espaço. Maria Helena Diniz. **Curso de direito civil brasileiro**. Teoria geral do direito civil. Vol. 1, 24. ed., São Paulo: Saraiva, 2007 (com adaptações).

Considerando as ideias do texto acima e os dispositivos da LICC, assinale a opção correta.

(A) Em caso de lacunas, a LICC estabelece mecanismos de integração de normas, tais como a analogia, os costumes e os princípios gerais de direito.
(B) Na interpretação sociológica da norma, o aplicador examina cada termo do texto normativo, isolada ou sintaticamente, atendendo à pontuação, colocação de vocábulos e origem etimológica das palavras.
(C) Na aplicação da norma, observa-se a existência do critério de subsunção quando, ao aplicar a norma ao caso, o juiz não encontra norma que lhe seja aplicável.
(D) A ab-rogação torna sem efeito uma parte da lei.

A: correta. *Vide* o art. 4º da LINDB; **B:** incorreta, pois a interpretação sociológica verifica a finalidade social a que a lei deve satisfazer; o conceito explicitado na assertiva "B" é, na verdade, da interpretação gramatical; **C:** incorreta, pois a subsunção ocorre justamente em situação contrária, ou seja, quando o caso concreto enquadra-se na descrição hipotética da norma jurídica; a situação narrada na assertiva diz respeito à existência de *lacuna*, e não de *subsunção*; **D:** incorreta, pois a ab-rogação torna sem efeito a lei por inteiro, e não parte da lei; a derrogação é que torna sem efeito apenas parte da lei.

Gabarito "A".

(Ministério Público/SP – 2010) Assinale a alternativa incorreta:

(A) a interpretação extensiva é recurso passível de ser utilizado pelo aplicador do direito quando não existir norma jurídica que regule a matéria.
(B) o princípio geral de direito introduzido no direito positivo caracteriza-se como cláusula geral.
(C) a analogia, os costumes e os princípios gerais do direito são elementos de integração do direito.
(D) a *analogia legis* é a analogia propriamente dita e a *analogia juris* é a que dá solução igual a duas hipóteses em virtude da mesma razão de direito.
(E) a equidade é recurso passível de ser utilizado pelo aplicador do direito nos casos de lacuna da lei.

A: incorreta (devendo ser assinalada), pois, quando não existir norma que regule a matéria, o aplicador deverá aplicar a analogia, os costumes e os princípios gerais de direito (art. 4º da LINDB); a interpretação extensiva consiste na interpretação da lei que leva a um resultado extensivo em relação ao texto da lei. Tal interpretação é vedada em matéria de sanções (ex.: direito penal, direito administrativo disciplinar etc.); na verdade, o resultado da interpretação pode ser *declarativo, restritivo ou extensivo* e isso dependerá do tipo de direito envolvido e da técnica interpretativa utilizada (ex.: gramatical, lógica, sistemática, histórica e teleológica); **B:** correta. Um exemplo de princípio geral de direito introduzido no direito positivo é o princípio da boa-fé objetiva; tal princípio é uma cláusula geral, valendo lembrar que cláusulas gerais *são normas jurídicas orientadoras, sob a forma de diretrizes indeterminadas, cabendo ao juiz criar a solução adequada ao caso concreto*; o art. 422 do Código Civil traz diretriz que determina respeito à boa-fé, diretriz essa que é indeterminada, pois dá margem a mais de uma interpretação; afinal de contas, o que é agir conforme a boa-fé? Não bastasse, a norma citada não traz qual solução deve dar o juiz quando se deparar com uma situação que ele entenda ter violado a diretriz que determina respeito à boa-fé objetiva; **C:** correta, pois são os elementos de que se deve valer o aplicador da lei quando estiver diante de lacunas (art. 4º da LINDB); **D:** correta. A analogia *legis consiste em aplicar, a um acontecimento não regulado por uma norma jurídica, outra* norma *prevista para hipótese semelhante, ao passo que a analogia juris consiste em aplicar, a um acontecimento não regulado por uma norma jurídica, outra* razão de direito *utilizada para solucionar hipótese semelhante*; **E:** correta, pois em caso de lacuna, deve-se aplicar a analogia, os costumes e os princípios gerais de direito; no entanto, caso nenhum dos critérios acima resolva a lacuna, o juiz pode se valer da equidade, segundo a doutrina.

Gabarito "A".

(MAGISTRATURA DO TRABALHO – 1ª REGIÃO – 2010 – CESPE) A respeito de hierarquia, interpretação e integração de lei, assinale a opção correta.

(A) A interpretação teleológica pode ser utilizada pelo juiz para superar antinomia.
(B) Não há hierarquia entre lei complementar e decreto autônomo, quando este for validamente editado.
(C) O costume, para que possa suprir lacuna legal, deve consistir em conduta reiterada de determinada prática.
(D) Não é correto falar em hierarquia entre lei editada pela União e lei editada por estado.
(E) A interpretação é do tipo analógica quando pressupõe que a autoridade expressou na norma exatamente o que pretendia.

A: incorreta, pois a antinomia é superada pelos critérios hierárquico (lei superior prevalece sobre lei de hierarquia inferior), cronológico ou temporal (lei posterior prevalece sobre lei anterior) e da especialidade (lei especial prevalece sobre lei geral); caso o conflito de normas não se resolva por esses critérios, ter-se-á a antinomia real, que é resolvida pelos seguintes metacritérios: a) quando houver conflito entre os critérios hierárquico e o cronológico, prevalece o hierárquico (norma superior-anterior), pois a competência é mais forte que o tempo; b) quando houver conflito entre o critério da especialidade e o cronológico, prevalece o da especialidade (norma especial-anterior), em face do princípio da igualdade, admitindo-se exceções no caso concreto; c) quando houver conflito entre o critério hierárquico e o da especialidade, não é possível estabelecer um metacritério de antemão, com alguma vantagem para o critério hierárquico, em virtude da competência; **B:** correta, pois o decreto autônomo tem fundamento de validade direto na Constituição Federal (art. 84, VI, da CF), e não em uma norma intermediária; **C:** incorreta, pois não basta a prática reiterada de determinado ato, sendo necessária, também, a *convicção, pelas pessoas, da obrigatoriedade jurídica dessa prática reiterada*; **D:** incorreta, pois quando há competência concorrente da União, dos Estados e do DF (art. 24 da CF), tal hierarquia existe, valendo lembrar que, sobrevindo lei federal, fica suspensa a eficácia da lei estadual, no que for contrário à primeira (art. 24, § 4º, da CF); **E:** incorreta, pois é exatamente o contrário. A interpretação analógica é utilizada quando a lei utiliza expressões genéricas vinculadas a especificações, o que demanda a investigação da verdadeira extensão do preceito. Um exemplo é o art. 121, § 2º, I, do CP, porque depois de mencionar que o homicídio será qualificado quando envolver pagamento ou promessa de pagamento, o preceito traz a expressão genérica "ou por outro motivo torpe", assim, qualquer motivação torpe ficará abrangida pela norma, mas tal verificação no caso concreto dependerá da interpretação analógica.

Gabarito "B".

2. ÉTICA

2.1. TEORIA GERAL

(EXAME 2009)

Olhe pro menino
Sem camisa e descalço
Que chora por comida
Que te pede um trocado

Olhe pro menino
Que não tem onde morar
Não tem pra onde ir
E não tem onde ficar
Olhe em seus olhos
Sinta o ódio animal
A revolta que ele sente
Da injustiça social

Injustiça Social – Esgoto.
In: <http://www.letras.com.br/esgoto/injustica-social>

A música retrata situação que afronta direitos fundamentais, registrados no texto constitucional brasileiro. Esses direitos traduzem-se em

(A) falácias do legislador constituinte.
(B) situações referidas à dignidade humana.
(C) valores religiosos, de matriz filosófica.
(D) regras gerais, sem eficácia plena.
(E) situações políticas, sem viés jurídico.

Esses direitos traduzem-se em situações referidas à dignidade humana. E a dignidade da pessoa humana se traduz na situação de mínimo gozo garantido dos direitos pessoais, civis, políticos, judiciais, de subsistência, econômicos, sociais e culturais. Todavia, a música citada na presente questão expõe uma situação, infelizmente diuturna em nosso país, em que o gozo dos direitos humanos não é garantido a uma pessoa, isto é, a dignidade humana é totalmente violentada ("ódio animal").

Gabarito "B".

(ENADE) Considere as seguintes afirmações:

A Filosofia do Direito preocupa-se com o fundamento ético do sistema jurídico, com os problemas lógicos do conceito de Direito e com a concretização dessas exigências éticas e lógicas na ordem social e histórica do Direito Positivo PORQUE a Filosofia do Direito implica compreender a experiência jurídica na unidade de seus elementos ético, lógico, social e histórico.

De acordo com as afirmações acima, assinale:

(A) se as duas são verdadeiras e a segunda justifica a primeira.
(B) se as duas são verdadeiras e a segunda não justifica a primeira.
(C) se a primeira é verdadeira e a segunda é falsa.
(D) se a primeira é falsa e a segunda é verdadeira.
(E) se as duas são falsas.

De acordo com Miguel Reale, em sua clássica obra **Filosofia do Direito** (SP: Saraiva, 17ª ed., pgs. 291 e ss), a Filosofia do Direito preocupa-se com três questões: a) *lógica* do Direito; b) *ética* do Direito; e c) e *concretização social e histórica* do Direito. Tal preocupação implica, portanto, em compreender os elementos ético, lógico e sociocultural, daí porque as duas afirmações são verdadeiras e a segunda explica a primeira. Avançando um pouco na divisão tripartida de Miguel Reale, entende-se, a partir dessa visão da filosofia do direito, a razão desse autor entender o Direito a partir de uma *Teoria Tridimensional*, pela qual o Direito *é uma dialética de complementaridade entre a* ***norma*** *(lei, lógica), o* ***valor*** *(ética) e o* ***fato*** *(elemento sócio cultural)*. O Direito, assim, é uma síntese desses três elementos e a correlação entre fato, valor e norma permite entender o Direito como um sistema aberto, dependente de outros que o abrangem e circunscrevem.

Gabarito "A".

2.2. ÉTICA NA CULTURA GREGA ANTIGA

(Defensor Público/TO – 2013 – CESPE) Com relação ao conceito de justiça, assinale a opção correta.

(A) O vocábulo justiça é empregado, em sentido lato, como equivalente a organização judiciária.
(B) O sentido estrito de justiça está associado ao conjunto das virtudes que regulam as relações entre os homens.
(C) De acordo com a doutrina majoritária, caracterizam o sentido lato de justiça a alteridade, o débito e a igualdade.
(D) Consoante a doutrina aristotélica, a justiça comutativa caracteriza-se como aquela em que o particular dá a outro o bem que lhe é devido.
(E) Na antiguidade clássica, Platão definiu justiça como a vontade constante e perpétua de dar a cada um o que lhe pertence.

Justiça, na obra de Aristóteles, pode ser definida como sendo relação bilateral, preferencial e voluntária, em conformidade com a lei e com o bem comum e que respeita a igualdade. O termo, como já se pode perceber, não é unívoco, é ambíguo, porque possui uma pluralidade de sentidos, vários significados e acepções. Daí a distinção que Aristóteles realiza entre justiça universal e justiça particular. A primeira (universal), também denominada de justiça em sentido lato, define-se como a conduta de acordo com a lei; a segunda (particular) denominada, às vezes, de justiça em sentido estrito, define-se como o hábito que realiza e respeita a igualdade. A justiça particular, que realiza e respeita a igualdade, é promovida de duas maneiras. Uma maneira é a que se manifesta na igualdade que consiste na distribuição proporcional geométrica (igualar o desigual) de bens e outras vantagens entre os cidadãos da *polis*, a esta se dá o nome de justiça distributiva. A outra maneira é a que se manifesta na igualdade que desempenha um papel corretivo nas transações entre os cidadãos, a esta se dá o nome de justiça retificadora ou comutativa que consiste numa proporcionalidade aritmética (igual). A justiça universal, que é a conduta conforme a lei, abrange, de certo modo, todas as demais virtudes, quando estas estiverem prescritas em lei. Com efeito, é normalmente por intermédio da lei que se realiza o bem comum. Nesse sentido, diz Aristóteles que nas disposições que tomam sobre todos os assuntos, as leis têm em mira a vantagem comum. Nesse sentido, o hábito de respeitar a lei faz do homem respeitador da lei um homem justo. Por fim, devemos destacar que Platão (filosofia metafísica) não construiu um conceito fechado de justiça.

Gabarito "D".

(Ed. Foco 2012) Qual das expressões abaixo enuncia o conceito antigo de justiça (*diké*).

(A) *dura lex, sed lex*
(B) perseguir o próprio desejo sempre
(C) dar a cada um o que é seu
(D) *in dubio pro reo*

A expressão que enuncia o conceito antigo de justiça é a contida na assertiva "C".

Gabarito "C".

(Ed. Foco 2012) A ideia de justiça, na cultura grega, adquire a concepção forte de igualdade. Justiça é, portanto, igualdade e retidão (*diké*). Por sua vez, qual o termo utilizado para expressar o excesso e a desmedida

(A) *íson*
(B) *hybris*
(C) areté
(D) phronésis

A: incorreta, pois *íson* significa isonomia; **B:** correta, pois hybris significa excesso e desmedida; **C:** incorreta, pois *areté* significa virtude; **D:** incorreta, pois *phronésis* significa prudência ética. A *phronésis* constitui a mais alta qualidade moral a se opor a *hybris*.

Gabarito "B"

(Ed. Foco 2012) Etimologicamente, a palavra necessidade (*ananké*) indica os laços de sangue (parentesco, estirpe, família) que determinam o destino do indivíduo. Este não pode negar a sua origem e o destino que os laços de parentesco lhe impõe. Os deuses antecipam, mas não podem alterar o curso dos acontecimentos. Qual tragédia grega é construída em torno dessa situação (necessidade-destino)

(A) *Édipo Rei* de Sófocles
(B) *Os Persas* de Ésquilo
(C) *O Ciclope* de Eurípides
(D) *As Suplicantes* de Ésquilo

A: correta, pois a tragédia *Édipo Rei* se desenvolve no contexto citado na presente questão; **B:** incorreta, pois essa tragédia retrata a invasão persa na Grécia, que ocorreu enquanto Ésquilo ainda vivia, e o destino do povo grego; **C:** incorreta. O Ciclope é um drama satírico em que Eurípides relata o encontro de Odisseu com o canibal Polifemo de um só olho, a quem enganou e deixou cego ao final para poder fugir; **D:** incorreta, pois nessa tragédia Ésquilo cuida das ambições individuais.

Gabarito "A"

2.2.1. SÓCRATES

(Ed. Foco 2012) Com Sócrates, o pensamento desloca-se da contemplação da natureza para a contemplação do homem na sua subjetividade. Sócrates dialoga, não há ensinamento de dogmas. Assim, é possível ao homem redescobrir as virtudes que existem em si mesmo ("Conhece-te a ti mesmo"). Qual o nome que leva essa investigação metódica subjetiva criada por Sócrates

(A) ética
(B) dialética
(C) jusnaturalismo
(D) maiêutica

O nome dessa investigação metódica subjetiva criada por Sócrates é maiêutica.

Gabarito "D"

2.2.2. ARISTÓTELES

(OAB/Exame Unificado – 2016.2) A partir da leitura de Aristóteles (Ética a Nicômaco), assinale a alternativa que corresponde à classificação de justiça constante do texto:

"... uma espécie é a que se manifesta nas distribuições de honras, de dinheiro ou das outras coisas que são divididas entre aqueles que têm parte na constituição (pois aí é possível receber um quinhão igual ou desigual ao de um outro)..."

(A) Justiça Natural.
(B) Justiça Comutativa.
(C) Justiça Corretiva.
(D) Justiça Distributiva.

Os gregos são os artífices dos conceitos de *isonomia* e de *justiça distributiva*. A *isonomia* implica a igualdade dos cidadãos, por mais diferentes que sejam em função de sua aparência, de sua origem, da classe ou da função. A *justiça distributiva* é a que se manifesta na igualdade material, que consiste na distribuição proporcional geométrica (igualar os desiguais) de bens e de outras vantagens entre os cidadãos da *polis*. Na construção da *isonomia*, é preciso igualar as diferenças, o que pressupõe uma igualdade que consista em tratar desigualmente os desiguais. Hoje, o princípio da igualdade (*isonomia*) constitui o alicerce sobre o qual se constrói os direitos da pessoa portadora de deficiência. Aristóteles também cuidou da ideia de *justiça comutativa* e essa diz respeito à igualdade em sentido formal, tendo por pressuposto a igualdade entre as pessoas.

Gabarito "D"

(OAB/Exame Unificado – 2013.2) Considere a seguinte afirmação de Aristóteles:

"Temos pois definido o justo e o injusto. Após distingui--los assim um do outro, é evidente que a ação justa é intermediária entre o agir injustamente e o ser vítima da injustiça; pois um deles é ter demais e o outro é ter demasiado pouco."

(Aristóteles. **Ética a Nicômaco**. Coleção Os Pensadores. São Paulo: Abril Cultural, 1973, p. 329.)

De efeito, é correto concluir que para Aristóteles a justiça deve sempre ser entendida como

(A) produto da legalidade, pois o homem probo é o homem justo.
(B) espécie de meio termo.
(C) relação de igualdade aritmética.
(D) ação natural imutável.

Segundo Aristóteles, a virtude não é uma coisa natural no ser humano, mas um hábito adquirido ou uma disposição permanente. A ética orienta o homem para a aquisição dos hábitos virtuosos que o encaminham no sentido da perfeição. Virtude, portanto, é ação, atividade da vontade que delibera, isto é, examina várias possibilidades possíveis e escolhe. O ato de escolher passa a ser um ato racional e voluntário próprio do cidadão ético e político. Portanto, a virtude se desenvolve na *polis*; ou seja, no encontro dos homens enquanto cidadãos. Por isso, os fins racionais de uma escolha têm sempre em vista um bem, que é o bem comum. A partir dessa ideia, Aristóteles defende que virtude é uma disposição para agir de um modo deliberado, consistindo numa mediania relativa ao ser humano, racionalmente determinada e tal como seria determinada pelo homem prudente, dotado de sabedoria prática. A ação virtuosa consiste em um ato feito por e com virtude, isto é, numa escolha preferencial (*proairesis*) proveniente de uma deliberação racional (*bouleusis*), que depende do ser humano e que ele pode realizar. O homem delibera à respeito do preferível e não do necessário, isto é, daquilo que está em seu poder. A mediania ou medida relativa que caracteriza a virtude é o justo meio, entendido como equilíbrio ou moderação entre dois extremos (excesso e escassez). A justiça (vontade racional) é o cálculo moderador que encontra o justo meio entre dois extremos. A ética aparece, assim, como a ciência da moderação e do equilíbrio, isto é, da prudência ou *phronesis*. *Hybris* é, conforme especificado pelos antigos, a falta de medida, a origem do vício por excesso ou por escassez. Em outras palavras, pode-se dizer que em Aristóteles, a justiça corresponde ao controle da *hybris*, tanto no excesso quanto na escassez. Coragem (virtude), por exemplo, é o justo meio entre a temeridade (excesso) e a covardia (escassez), amor (virtude) é o justo meio entre a possessão (excesso) e a indiferença (escassez) e assim em relação a todas as virtudes. Nesse sentido, a noção aristotélica de justiça tem algo a ver com a antiga noção de *diké*.

Gabarito "B"

(Ed. Foco 2012) Aristóteles, numa conhecida passagem da **Retórica**, estabelece a sua clássica distinção dicotômica entre lei particular e lei comum. Lei particular, diz ele, é aquela que cada povo dá a si mesmo, podendo as normas dessa lei particular serem escritas ou não escritas. Já Lei comum é aquela de acordo com:

(A) o justo
(B) a natureza
(C) a vontade do povo
(D) a sabedoria dos sábios

A assertiva que completa corretamente a questão é a "B".

Gabarito "B"

(Ed. Foco 2012) Aristóteles faz distinção entre justiça universal e justiça particular. A primeira (universal), também denominada de justiça em sentido lato, define-se como a conduta de acordo com a lei; a segunda (particular) denominada, às vezes, de justiça em sentido estrito, define-se como o hábito que realiza e respeita a igualdade. A justiça particular, segundo Aristóteles, pode ser realizada de duas formas, quais são elas :

(A) justiça distributiva e justiça natural
(B) justiça retificadora ou comutativa e justiça natural
(C) justiça distributiva e justiça retificadora ou comutativa
(D) justiça natural e justiça mediana

Uma forma de promover a justiça particular é mediante a distribuição proporcional geométrica (igualar o desigual) de bens e outras vantagens entre os cidadãos da *polis*, a esta se dá o nome de **justiça distributiva**. A outra maneira é mediante uma correção das transações entre os cidadãos, a esta se dá o nome de **justiça retificadora ou comutativa** que consiste numa proporcionalidade aritmética (igual).

Gabarito "C"

(ENADE) A justiça é uma espécie de meio-termo, porém não no mesmo sentido que as outras virtudes, e sim porque se relaciona com uma quantia ou quantidade intermediária, enquanto a injustiça se relaciona com os extremos. E justiça é aquilo em virtude do qual se diz que o homem justo pratica, por escolha própria, o que é justo (...). Este trecho, extraído de uma obra clássica da filosofia ocidental, trata de uma discussão da justiça considerada como

(A) simetria, dentro da filosofia estética de Platão.
(B) valor, no tridimensionalismo de Miguel Reale.
(C) medida, dentro da concepção rigorista e positivista de Hans Kelsen.
(D) virtude, dentro do pensamento ético de Aristóteles.
(E) contradição, na oposição dialética entre justo e injusto, no pensamento de Karl Marx.

O texto constante no enunciado dessa questão foi extraído da obra Ética a Nicômaco, de Aristóteles. No Livro V dessa obra, esse filósofo trata do conceito de *justiça*. Esse conceito está ligado a três ideias: a) virtude; b) bem; c) busca do meio termo. Para Aristóteles, a justiça é uma virtude. Trata-se da mais elevada expressão da excelência moral. Essa virtude deve conter a busca pelo bem do próximo. E, na prática da justiça, o indivíduo deve se orientar pela busca do meio termo. Para Aristóteles, as extremidades trazem a injustiça, e o meio-termo, a justiça. Assim, percebe-se que Aristóteles traz duas definições de virtude. Uma delas em relação ao hábito, onde a *virtude* é uma disposição de caráter, um hábito adquirido. Nesse sentido, a ética vai sempre orientar o homem para a incorporação de hábitos virtuosos, os quais o encaminham-para a perfeição. E em relação à mediania, onde a *virtude* é uma disposição para agir de um modo deliberado, essa é determinada de maneira racional pelo homem prudente, dotado de sabedoria prática. A ação virtuosa consiste, portanto, numa escolha preferencial baseada numa deliberação racional. Por todo o dito, a assertiva "D" é a correta.

Gabarito "D"

2.2.3. ESTOICISMO

(Ed. Foco 2012) A ética estoica é subdivida em duas: uma identifica-se com o *honestum*, consiste na retidão da vontade (*recta ratio*), na firmeza moral, na convicção inabalável e no caráter incorruptível; e a outra consiste no cumprimento das ações conforme as tendências naturais que todo homem possui, como a tendência à conservação da vida e à sociabilidade ou na escolha de coisas e condutas tidas como úteis, convenientes, preferíveis ou desejáveis relativas à vida prática ou cotidiana. Consoante a ordem apresentada, quais são os institutos definidos na questão ?

(A) *moral absoluta* e *moral do dever reto*
(B) *moral dos deveres médios* e *moral do dever reto*
(C) *moral do dever reto* e *moral dos deveres médios*
(D) *moral absoluta* e *moral dos deveres médios*

Conforme a sequência apresentada na questão, a ética estoica é dividida em: a) moral do dever reto; e b) moral dos deveres médios.

Gabarito "C"

2.3. ÉTICA MEDIEVAL

2.3.1. TOMÁS DE AQUINO

(Ed. Foco 2013) Qual a definição de Tomás de Aquino para lei eterna:

(A) é a expressão da razão divina, que governa todo o universo, de ninguém conhecida inteiramente em si, mas da qual o homem pode obter conhecimento parcial através de suas manifestações
(B) é a lei revelada, ou seja, a expressão da lei eterna (ex.: Sagradas Escrituras)
(C) é a lei que pode ser conhecida pelo homem por meio da razão, consiste, por exemplo, em fazer o bem e evitar o mal, conservar a vida, educar a prole, participação na vida social etc.
(D) é a lei humana (lei positiva) que determina

A definição tomasiana de lei eterna encontra-se dada na assertiva A. A assertiva B traz a definição de lei divina e a C de lei natural. Por último, a assertiva D traz a definição de lei escrita.

Gabarito "A"

2.3.2. AGOSTINHO

(Ed. Foco 2012) Assinale a alternativa incorreta em relação ao Querer e Poder.

(A) a filosofia grega não chega a elaborar a noção de liberdade subjetiva (*livre arbítrio*), portanto, a autonomia da vontade é algo estranho a cultura greco-romana. Nessa cultura, liberdade pressupõe *status* (prestígio) e está conectado à ação política, ser livre é participar da *polis* ou viver em conformidade com a natureza, não se trata, pois, de algo que se passa no interior da subjetividade.
(B) o deslocamento da liberdade para o interior da subjetividade inicia-se, portanto, com Paulo de Tarso, e solidifica-se na Idade Média com a separação entre *querer* e *poder*. Com os filósofos medievais o *querer* passa a ser considerado, na sua intimidade, como uma espécie de optar, mas não necessariamente de realizar (quero, mas não posso).

(C) Santo Agostinho foi um dos primeiros a sublinhar a noção de que *querer* é ser livre. Se a vontade quer, diz ele, é *ela* que quer, tendo podido não querer.

(D) Para Santo Agostinho o homem não tinha a possibilidade de querer alguma coisa, pois sua única possibilidade é respeitar e ser guiado pelo poder divino.

A única assertiva que traz informação incorreta é a "D" (devendo ser assinalada).

Gabarito "D"

2.4. ÉTICA MODERNA

2.4.1. KANT

(OAB/Exame Unificado – 2016.1) Segundo o filósofo Immanuel Kant, em sua obra Fundamentação da Metafísica dos Costumes, a ideia de dignidade humana é entendida

(A) como qualidade própria de todo ser vivo que é capaz de sentir dor e prazer, isto é, característica de todo ser senciente.

(B) quando membros de uma mesma espécie podem ser considerados como equivalentes e, portanto, iguais e plenamente cooperantes se eles possuem dignidade.

(C) como valor jurídico que se atribui às pessoas como característica de sua condição de sujeitos de direitos.

(D) como algo que está acima de todo o preço, pois quando uma coisa tem um preço pode-se pôr em vez dela qualquer outra como equivalente; mas quando uma coisa está acima de todo o preço, e portanto não permite equivalência, então ela tem dignidade.

A assertiva que traz corretamente o conceito de dignidade trabalhado por Kant na sua obra Fundamentação da Metafísica dos Costumes é a "D". Nesse livro Kant trabalha as diferenças entre direito e moral, dentre as diferenças apontadas, merecem ser destacadas: **a)** a que decorre da diferença entre moralidade e legalidade; **b)** a que decorre da diferença entre autonomia e heteronomia; e **c)** a que decorre da diferença entre imperativo categórico e imperativo hipotético.

Gabarito "D"

(OAB/Exame Unificado – 2013.1) *"Manter os próprios compromissos não constitui dever de virtude, mas dever de direito, a cujo cumprimento pode-se ser forçado. Mas prossegue sendo uma ação virtuosa (uma demonstração de virtude) fazê-lo mesmo quando nenhuma coerção possa ser aplicada. A doutrina do direito e a doutrina da virtude não são, consequentemente, distinguidas tanto por seus diferentes deveres, como pela diferença em sua legislação, a qual relaciona um motivo ou outro com a lei".*

Pelo trecho acima podemos inferir que Kant estabelece uma relação entre o direito e a moral. A esse respeito, assinale a afirmativa correta.

(A) O direito e a moral são idênticos, tanto na forma como no conteúdo prescritivo. Assim, toda ação contrária à moralidade das normas jurídicas é também uma violação da ordem jurídica.

(B) A conduta moral refere-se à vontade interna do sujeito, enquanto o direito é imposto por uma ação exterior e se concretiza no seu cumprimento, ainda que as razões da obediência do sujeito não sejam morais.

(C) A coerção, tanto no direito quanto na moral, é um elemento determinante. É na possibilidade de impor-se pela força, independentemente da vontade, que o direito e a moral regulam a liberdade.

(D) Direito e moral são absolutamente distintos. Consequentemente, cumprir a lei, ainda que espontaneamente, não é demonstração de virtude moral.

Em sua obra **Metafísica dos Costumes**, Kant trata das diferenças entre direito e moral, geralmente considerado como problema preliminar da filosofia do direito. Dentre as diferenças apontadas, merecem ser destacadas: **a)** a que decorre da diferença entre moralidade e legalidade; **b)** a que decorre da diferença entre autonomia e heteronomia; e **c)** a que decorre da diferença entre imperativo categórico e imperativo hipotético.

A. Moralidade e Legalidade: Essa diferença diz respeito aos motivos da ação e toma como base a noção de boa vontade. ***Boa vontade*** é aquela que não está determinada por atitude alguma e por cálculo interessado algum, mas somente pelo respeito ao dever. Assim, tem-se ***moralidade*** quando a ação é cumprida por dever, ou seja, a legislação moral é aquela que não admite que uma ação possa ser cumprida segundo inclinação ou interesse. Tem-se ***legalidade*** quando a ação é cumprida em conformidade ao dever, mas segundo alguma inclinação ou interesse. Kant dá o exemplo do comerciante que não abusa do cliente ingênuo: Se ele age assim, não porque este seja seu dever, mas porque seja de seu próprio interesse, a sua ação não é moral.

B. Autonomia e Heteronomia: Essa distinção também implica em separar direito e moral. *Autonomia* é a qualidade que a vontade tem de dar leis a si mesma. A vontade moral é por excelência uma vontade autônoma. *Heteronomia* é quando a vontade é determinada por outra vontade. A vontade jurídica (estatal) é por excelência uma vontade heterônoma. Pode-se dizer que quando a pessoa age conforme a sua vontade, encontra-se no terreno da moralidade (autonomia); quando age em obediência à lei do Estado, encontra-se no terreno da legalidade (heteronomia).

C. Imperativo Categórico e Imperativo Hipotético: ***Categóricos*** são os imperativos que prescrevem uma ação boa por si mesma, por exemplo: "Você não deve mentir", e chamam-se assim porque são declarados por meio de um juízo categórico. ***Hipotéticos*** são aqueles que prescrevem uma ação boa para alcançar um certo fim, por exemplo: "Se você quer evitar ser condenado por falsidade, você não deve mentir", e chamam-se assim porque são declarados por meio de um juízo hipotético.

Pelos preceitos acima, vemos que a resposta B é a correta.

Gabarito "B"

(Ed. Foco 2012) Na obra **Metafísica dos costumes**, Kant faz algumas distinções entre moral e direito. Uma delas é mediante a autonomia e heteronomia. Assinale a alternativa incorreta.

(A) autonomia é a qualidade que a vontade tem de dar leis a si mesma

(B) heteronomia é quando a vontade é determinada por outra vontade

(C) a vontade jurídica (estatal) é por excelência uma vontade heterônoma

(D) a vontade moral é por excelência uma vontade heterônoma

A única assertiva incorreta é a "D" (devendo ser assinalada), pois a vontade moral é por excelência uma vontade autônoma. Pode-se dizer que quando a pessoa age conforme a sua vontade, encontra-se no terreno da moralidade (autonomia); quando age em obediência à lei do Estado, encontra-se no terreno da legalidade (heteronomia).

Gabarito "D"

2.4.2. UTILITARISMO

(OAB/Exame Unificado – 2014.2) O filósofo inglês Jeremy Bentham, em seu livro "Uma introdução aos princípios da moral e da legislação", defendeu o princípio da utilidade como fundamento para a Moral e para o Direito. Para esse autor, o princípio da utilidade é aquele que

(A) estabelece que a moral e a lei devem ser obedecidas porque são úteis à coexistência humana na vida em sociedade.
(B) aprova ou desaprova qualquer ação, segundo a tendência que tem a aumentar ou diminuir a felicidade das pessoas cujos interesses estão em jogo.
(C) demonstra que o direito natural é superior ao direito positivo, pois, ao longo do tempo, revelou-se mais útil à tarefa de regular a convivência humana.
(D) afirma que a liberdade humana é o bem maior a ser protegido tanto pela moral quanto pelo direito, pois são a liberdade de pensamento e a ação que permitem às pessoas tornarem algo útil.

O utilitarismo é um movimento fortemente influenciado pelo Iluminismo francês e que teve em Bentham o seu grande expoente. É uma doutrina consequencialista. Assim, a ética utilitarista defende que com o aumento do prazer e a diminuição da dor (chegando a sua eliminação), a felicidade humana estaria garantida (cunho hedonista). E o princípio da utilidade é o parâmetro para julgamento da conduta individual e coletiva, permitindo, dessa forma, encontrar a fórmula que proporcione a maior quantidade de felicidade ao maior número de integrantes da sociedade.

Gabarito "B".

(OAB/Exame Unificado – 2013.3) O utilitarismo é uma filosofia moderna que conquistou muitos adeptos nos séculos XIX e XX, inclusive no pensamento jurídico. As principais características do utilitarismo são:

(A) convencionalismo, consequencialismo e antifundacionalismo.
(B) consequencialismo, transcendentalismo e fundacionalismo.
(C) convencionalismo, materialismo e fatalismo.
(D) mecanicismo, fatalismo e antifundacionalismo.

Questão bastante controvertida. Das características dispostas nas assertivas, a única que, de fato, diz respeito ao utilitarismo é o consequencialismo. O utilitarismo é uma doutrina **consequencialista**, pois defende que com o aumento do prazer e a diminuição da dor (chegando a sua eliminação), a felicidade humana estaria garantida (cunho hedonista).

Gabarito Nosso "Anulada"/Gabarito Oficial "A".

(Ed. Foco 2013) Assinale a assertiva incorreta acerca da ética utilitarista.

(A) defende que com o aumento do prazer e a diminuição da dor (chegando a sua eliminação), a felicidade humana estaria garantida
(B) o princípio da utilidade é o parâmetro para julgamento da conduta individual e coletiva
(C) a utilidade permitiria encontrar a fórmula que proporcione a maior quantidade de felicidade ao maior número de integrantes da sociedade
(D) a ética utilitarista é uma doutrina não consequencialista

A única assertiva incorreta é a D (devendo ser assinalada), porque a ética utilitarista é altamente consequencialista. Tanto é assim que o princípio da utilidade é o parâmetro para julgamento da conduta individual e coletiva. E afirma que a utilidade permitiria encontrar a fórmula que proporcione a maior quantidade de felicidade ao maior número de integrantes da sociedade. Segundo Bentham, o legislador não deve focar na felicidade de cada qual, mas sim de garantir um estado de bem-estar social (utilidade geral que garanta a felicidade da maioria). Na prática, toma corpo via estímulo e desestímulo de condutas que possam ou não contribuir para o aumento de felicidade.

Gabarito "D".

(Ed. Foco 2013) O Utilitarismo é um movimento fortemente influenciado pelo (a):

(A) escolástica
(B) pensamento aristotélico
(C) iluminismo francês
(D) teoria da igualdade de John Rawls

O Utilitarismo recebeu forte influência do iluminismo francês.

Gabarito "C".

2.5. ÉTICA CONTEMPORÂNEA

(OAB/Exame Unificado – 2013.2) Boa parte da doutrina jusfilosófica contemporânea associa a ideia de Direito ao conceito de razão prática ou sabedoria prática.

Assinale a alternativa que apresenta o conceito correto de razão prática.

(A) Uma forma de conhecimento científico (episteme) capaz de distinguir entre o verdadeiro e o falso.
(B) Uma técnica (techne) capaz de produzir resultados universalmente corretos e desejados.
(C) A manifestação de uma opinião (doxa) qualificada ou ponto de vista específico de um agente diante de um tema específico.
(D) A capacidade de bem deliberar (*phronesis*) a respeito de bens ou questões humanas.

A única questão que traz informação correta acerca da razão prática é a "D". Os argumentos podem ser teóricos (premissa descritiva e conclusão descritiva) ou práticos. O prático pode ser normativo (ao menos uma premissa normativa e a conclusão é uma norma – proibido, permitido e facultativo), e, assim, imanar uma prescrição (o Direito funciona na maior parte do tempo assim). Portanto, sempre que se tentar inferir uma prescrição (normativa) de uma premissa apenas fática, tem-se a falácia naturalista. Cabe elucidar que a maioria das teorias de razão prática na atualidade são de orientação kantiana. A razão prática tem a ver com a ação, enquanto a teórica com o conhecimento. A ação não é de mera conduta (psicológica, biológica), a ação tem a ver com a justificação da conduta. Existem três concepções gerais (denotativas) sobre razão prática: como razão instrumental: orientada aos fins; como razão normativa: orientada à normas; e como razão valorativa: orientada à valores.

Gabarito "D".

2.5.1. JOHN RAWLS

(FGV – 2013) O pensador norte-americano John Rawls (1921-2002) contribuiu para a reformulação do pensamento moral contemporâneo, ao pretender ampliar o conceito e o papel da justiça.

Nesse sentido, seu modelo de justiça

(A) é igualitarista, identificando a justiça com a igualdade econômica, a ser conquistada por meio da planificação e estatização da economia.
(B) se baseia em uma concepção metafísica e apriorística de Bem, que obriga a pessoa a se orientar eticamente através de imperativos categóricos que comandam o sentido individual de suas ações.
(C) é utilitarista, pois concebe uma sociedade justa quando suas organizações são instituídas de forma a alcançar a maior soma de satisfação para o conjunto de indivíduos.
(D) defende as assimetrias econômicas e sociais, na medida em que recusa o argumento de ser vantajoso amparar os menos favorecidos.

(E) é pluralista, no sentido de compreender o universo social como composto por elementos diferentes e conflitantes, mas orientado por princípios, entre os quais, o da liberdade.

Como bem estatui Manuel Atienza, a teoria de justiça de Rawls busca superar o *intuicionismo* e o *utilitarismo*, assim busca inspiração na filosofia kantiana e constrói uma nova versão da teoria do contrato social. A teoria de justiça de Rawls tem por objetivo garantir a liberdade individual (via tolerância) e a igualdade econômica e social. A equidade é garantida pelo *véu da ignorância na posição original*, momento em que serão definidas as estruturas institucionais da sociedade, ou seja, o "contrato social pactuado". A escolha dos direitos e deveres é feita totalmente com base na igualdade inicial, que impossibilita a definição de princípios que vise privilegiar a condição particular de alguém (garantindo a neutralidade das pessoas pactuantes). Para uma compreensão melhor do dito, cabe esclarecer que *véu da ignorância* quer dizer que quem está na posição original não pode saber a posição que ocupará na sociedade, seu *status* social, sua sorte na distribuição de dotes naturais (inteligência, força física), a situação econômica e política, o nível de civilização e cultura etc. É uma teoria de justiça processual que para funcionar, segundo Rawls, as pessoas devem ter direito ao mais amplo sistema de liberdades básicas. Por fim, é pluralista porque forjada pelas próprias pessoas via contrato social.

Gabarito "E"

(Ed. Foco 2013) Assinale a assertiva incorreta acerca da teoria da justiça de John Rawls:

(A) Ralws se posiciona no campo da ética normativa

(B) Ralws se posiciona no campo da metaética

(C) a posição original de Rawls é uma situação hipotética que permitirá a criação dos princípios de justiça por consenso

(D) Rawls cria o conceito de véu da ignorância para garantir a imparcialidade

A assertiva incorreta é a B (devendo ser assinalada), porque Rawls se posiciona claramente no campo da ética normativa, assim não se preocupa em descrever o modo como as pessoas pensam e agem. Seu objetivo é prescrever como as pessoas devem pensar e agir. Em outras palavras, o objetivo principal da ética normativa é formular normas válidas de conduta e de avaliação de caráter. Por outro lado, a metaética tem um papel explicativo e não prescritivo, pois busca o conhecimento das regras e das proposições éticas.

Gabarito "B"

2.5.2. HABERMAS

(Ed. Foco 2013) Assinale a assertiva incorreta acerca da teoria da justiça de Habermas:

(A) a ética habermasiana está centrada na ideia de interação pelo discurso

(B) sua ética não tenta definir o conteúdo dos valores, mas apenas descrever a formação racional da vontade

(C) segundo Habermas, a ação estratégica é orientada ao êxito

(D) segundo Habermas, a ação comunicativa é orientada ao êxito

A assertiva incorreta é a "D" (devendo ser assinalada) porque a ação comunicativa visa à compreensão intersubjetiva.

Gabarito "D"

2.5.3. TERCIO SAMPAIO FERRAZ JÚNIOR

(Defensor Público/SP – 2012 – FCC) Na obra **A Ciência do Direito**, o jurista Tercio Sampaio Ferraz Júnior desenvolve uma análise que o conduz a concluir que o problema central da Ciência do Direito é a decidibilidade. Assim, ao envolver uma questão de decidibilidade, essa Ciência manifesta-se, para o autor, como pensamento

(A) tecnocrata.

(B) teleológico.

(C) fenomenológico.

(D) tecnológico.

(E) demonstrativo.

Para Tercio, trata-se de um pensamento tecnológico. "Reconhecemos, é verdade, que correntes há e houve que praticaram uma espécie de sociologismo jurídico, com a expressa intenção de fazer da ciência jurídica uma ciência social, empírica nos moldes das ciências do comportamento (Sociologia, Psicologia). Mas não é a elas que nos reportamos neste capítulo. Mantemos, por isso, a ideia diretriz que comanda nossa exposição, qual seja, de que o pensamento jurídico é um pensamento tecnológico específico, voltado para o problema da decidibilidade normativa de conflitos. Nestes termos, o modelo empírico deve ser entendido não como *descrição* do direito como realidade social, mas como investigação dos instrumentos jurídicos de e para controle do comportamento. Não se trata de saber *se* o direito é um sistema de controle, mas, assumindo-se que ele o seja, *como devemos* fazer para exercer este controle. Neste sentido, a ciência jurídica se revela não como teoria sobre a decisão mas como teoria *para* a obtenção de decisão. Mas uma vez se acentua o seu caráter criptonormativo[5]".

Gabarito "D"

(Defensor Público/SP – 2012 – FCC) *"A Ciência do Direito* (...), se de um lado quebra o elo entre jurisprudência e procedimento dogmático fundado na *autoridade* dos textos romanos, não rompe, de outro, com o caráter dogmático, que tentou aperfeiçoar, ao dar-lhe a qualidade de *sistema*, que se constrói a partir de premissas cuja validade repousa na sua generalidade racional. A teoria jurídica passa a ser um *construído sistemático* da razão e, em nome da própria razão, um instrumento de *crítica* da realidade".

Esta caracterização, realizada por Tercio Sampaio Ferraz Júnior, em sua obra **A Ciência do Direito**, evoca elementos essenciais do

(A) jusnaturalismo moderno.

(B) historicismo.

(C) realismo crítico.

(D) positivismo jurídico.

(E) humanismo renascentista.

O fragmento disposto na questão cuida de considerações feitas por Tercio Sampaio Ferraz Júnior acerca do jusnaturalismo moderno. Segundo Luiz Recassem Xirxes, o grande objetivo do jusnaturalismo foi aproximar o direito posto (normatizado) do ideal de justiça. Mas cabe asseverar que existem diferentes perspectivas de jusnaturalismo ao longo da história e o jusnaturalismo moderno é apenas uma delas. Essa vertente do jusnaturalismo apareceu no final do século XVI e início do XVII e teve como seu maior expoente Samuel Pufendorf.

Gabarito "A"

5. FERRAZ JR, Tercio Sampaio. **A Ciência do Direito**. 2. ed. São Paulo: Atlas, 2010. p. 87-88.

2.5.4. GUSTAV RADBRUCH

(OAB/Exame Unificado – 2014.2) O jusfilósofo alemão Gustav Radbruch, após a II Guerra Mundial, escreve, como circular dirigida aos seus alunos de Heidelberg, seu texto "Cinco Minutos de Filosofia do Direito", na qual afirma: "Esta concepção da lei e sua validade, a que chamamos Positivismo, foi a que deixou sem defesa o povo e os juristas contra as leis mais arbitrárias, mais cruéis e mais criminosas." De acordo com a fórmula de Radbruch,

(A) embora as leis injustas sejam válidas e devam ser obedecidas, as leis extremamente injustas perderão a validade e o próprio caráter de jurídicas, sendo, portanto, dispensada sua obediência.
(B) apenas a lei justa pode ser considerada jurídica, pois a lei injusta não será direito.
(C) o direito é o mínimo ético de uma sociedade, de forma que qualquer lei injusta não será direito.
(D) o direito natural é uma concepção superior ao positivismo jurídico; por isso, a justiça deve sempre prevalecer sobre a segurança.

A fórmula de Radbruch cria uma escala que irá determinar a validade das leis. Primeiro, é preciso verificar se todos os requisitos formais forma respeitados. Se sim, tem-se hipoteticamente leis válidas. Depois cabe perscrutar sobre a justiça que emana dessas leis, se forem injustas continuam válidas, mas se forem extremamente injustas aí já perdem a validade. Percebe-se que a teoria de Radbruch defende a segurança jurídica enquanto valor para o funcionamento da sociedade, mas em situações extremas ele relativiza o formalismo para cumprir (ou não atrapalhar) com o ideal de justiça do Direito.

Gabarito "A"

2.5.5. KARL LARENZ

(OAB/Exame Unificado – 2015.3) Segundo o jusfilósofo alemão Karl Larenz, os textos jurídicos são problematizáveis porque estão redigidos em linguagem corrente ou em linguagem especializada, mas que, de todo modo, contêm expressões que apresentam uma margem de variabilidade de significação. Nesse sentido, assinale a opção que exprime o pensamento desse autor acerca da ideia de interpretação da lei.

(A) Deve-se aceitar que os textos jurídicos apenas carecem de interpretação quando surgem particularmente como obscuros, pouco claros ou contraditórios.
(B) Interpretar um texto significa alcançar o único sentido possível de uma norma conforme a intenção que a ela foi dada pelo legislador.
(C) Os textos jurídicos, em princípio, são suscetíveis e carecem de interpretação porque toda linguagem é passível de adequação a cada situação.
(D) A interpretação dada por uma autoridade judicial a uma lei é uma conclusão logicamente vinculante que, por isso mesmo, deve ser repetida sempre que a mesma lei for aplicada.

Segundo o citado autor, interpretar um texto significa ter que escolher entre as possíveis interpretações. Isso porque sempre existem múltiplos significados em um texto, e a interpretação demanda um ato decisório do intérprete, de escolha entre as opções apresentadas. E a justificativa pela escolha será dada pela fundamentação apresentada. Dessa forma, tem-se uma relação dialética entre interpretação e aplicação dos textos jurídicos ao caso concreto. O intérprete deve adequar a regra – de necessária generalidade – ao caso concreto – de sabida singularidade. Por todo o dito, pode-se afirmar que a assertiva "C" é a correta, afinal, os textos jurídicos são suscetíveis e dependem da interpretação para se adequarem à particularidades do caso concreto.

Gabarito "C"

3. QUESTÕES COMBINADAS E OUTROS TEMAS

(Defensor Público/RO – 2012 – CESPE) Considerando os conceitos de direito e de moral, assinale a opção correta à luz da filosofia do direito.

(A) Kant desenvolveu a teoria do mínimo ético, segundo a qual o direito representa todo o conteúdo moral obrigatório para que a sociedade possa sobreviver minimamente.
(B) Hans Kelsen formulou a teoria da bilateralidade atributiva, asseverando que a moral não se distingue do direito, mas o complementa por meio da bilateralidade ou intersubjetividade.
(C) Christian Thomasius propôs a distinção entre o direito e a moral, sob a inspiração pufendorfiana, com base na ideia de coação.
(D) Thomas Hobbes desenvolveu a teoria da atributividade, segundo a qual direito e moral estão inter-relacionados, tendo ambos origem no direito natural.
(E) Max Scheler preconizava uma espécie de moral pura, condição para a existência de um comportamento que, guiado pelo direito e pela ética, não muda segundo as circunstâncias.

A: incorreta. Quem desenvolveu a teoria do mínimo ético foi Georg Jellinek; **B:** incorreta, pois Kelsen não desenvolveu a teoria da bilateralidade atributiva. No Brasil, essa teoria foi muito bem desenvolvida pelo jurista Miguel Reale. "Pelos estudos que temos desenvolvido sobre a matéria pensamos que há bilateralidade atributiva quando duas ou mais pessoas se relacionam segundo uma proporção objetiva que as autoriza a pretender ou a fazer garantidamente algo. Quando um fato social apresente esse tipo de relacionamento dizemos que ele é jurídico. Onde não existe proporção no pretender, no fazer ou no exigir não há Direito, como inexiste este se não houver garantia específica para tais atos. Bilateralidade atributiva é, pois, uma proporção intersubjetiva, em função da qual os sujeitos de uma relação ficam autorizados a pretender, exigir, ou a fazer, garantidamente, algo[6]"; **C:** correta, pois, de fato, Thomasius fez a citada distinção na assertiva; **D:** incorreta, pois a assertiva não correlaciona um pensamento de Hobbes. Na obra de Hobbes, Estado o Direito surgem simultaneamente, e seus fundamentos repousam no *pacto social* firmado entre os homens. Para que haja corpo político, diz Hobbes, é preciso que as vontades de todos sejam depositadas numa única vontade. Essa vontade é denominada *soberania*, cujo detentor é chamado de soberano, e dele se diz que possui poder soberano. Todos os restantes são súditos. *Soberania* é, assim, uma vontade suprema que se coloca acima das vontades individuais. O poder soberano, em Hobbes, possui as seguintes características: a) absoluto: não tolera restrições nem condicionamentos; b) indivisível: o soberano tem todo o poder ou não tem poder nenhum; c) perpétuo: quem tem o poder soberano o tem para sempre. Uma vez constituído o Estado, a vontade soberana passa a ser a única fonte do Direito. As leis expressam a vontade do soberano, e a validade da lei repousa no

6. REALE, Miguel. **Lições Preliminares de Direito**. 25. ed. São Paulo: Saraiva, 2001. p. 47-48.

fato de ser a expressão dessa vontade. As leis positivas são para os súditos comandos que devem ser obedecidos absolutamente, enquanto as leis naturais são para o soberano apenas regras de prudência. Para justificar teoricamente a sua concepção, Hobbes afirma que no Estado de natureza a condição do homem é a de guerra de todos contra todos, em que cada um é governado por sua própria vontade. O homem é o lobo do próprio homem. Segundo ele, enquanto perdurar esse estado não haverá segurança de viver. Daí a ideia de que o homem não é livre no estado de natureza, ele se torna livre no estado civil. A liberdade passa a ser uma realidade quando se completa a passagem do estado de natureza para o Estado Leviatã. Liberdade passa a ser, desse modo, a conformação com a ordem jurídica estatal, um padrão objetivo produzido pelo Estado; **E:** incorreta. Max Scheler nunca preconizou a dita moral pura, pelo contrário, ele criticava o pensamento como apreensão intelectual-racional.

Gabarito "C"

(ENADE) A eficácia do Direito, enquanto tema privilegiado da sociologia jurídica, implica:

(A) o estudo da eficiência dos magistrados.

(B) o exame dos efeitos e consequências das regras jurídicas.

(C) o reconhecimento da legitimidade do Direito estatal.

(D) a análise da estrutura lógica da norma jurídica.

A **sociologia jurídica** ou **sociologia do Direito** é a ciência que procura entender até que ponto as regras do Direito são observadas e como os indivíduos se orientam de acordo com elas. Ou seja, até que ponto o Direito tem eficácia. Para isso, faz-se necessário examinar **os efeitos e consequências das regras jurídicas**, estando correta a alternativa "B". A alternativa "A" está incorreta, pois, apesar da eficiência dos magistrados ser tema que também preocupa a sociologia do Direito, a eficácia do Direito, aqui, guarda maior relação com o cumprimento ou não das normas jurídicas pelas pessoas, e não com a produtividade dos juízes. A alternativa "C" está incorreta, pois apesar da legitimidade do Direito ser tema que também preocupa a sociologia do Direito, ela está relacionada com a questão da legitimidade ou não do poder competente que elabora a regra jurídica e não em saber se as pessoas estão observando as regras jurídicas. A alternativa "D" está incorreta, pois, na análise da eficácia do Direito, não se estuda a existência e a validade da norma jurídica, nem muito menos sua estrutura lógica, mas sim a sua observância ou não pelas pessoas.

Gabarito "B"

(ENADE) Com as mudanças em curso na sociedade – especialmente a globalização econômica e a propalada crise da soberania dos Estados nacionais – algumas correntes da sociologia jurídica tiveram, nos últimos dez anos, renovado impulso. Dentre elas, podemos destacar

(A) as abordagens marxistas de crítica ao direito burguês.

(B) o jusnaturalismo católico.

(C) as análises neoweberianas do direito material.

(D) o "psicologismo" social.

(E) as correntes defensoras do pluralismo jurídico.

O *pluralismo jurídico* se contrapõe ao *monismo jurídico*. De acordo com este, somente o Estado é competente para legislar, de maneira que o Direito só é valido se sua origem for o próprio Estado. O *pluralismo jurídico*, por sua vez, admite que possam conviver mais de um sistema jurídico num mesmo espaço, de maneira que convivem normas emanadas do Estado, com outras, oriundas de determinado grupo social e, principalmente, na atualidade, pelas corporações transnacionais. A globalização econômica deixou em evidência o fato de que o poderio das companhias transnacionais ultrapassou os limites de controle do Estado. Portanto, para as correntes defensoras do pluralismo jurídico, a era do Estado-nação parece chegar ao seu fim e com ela, o Direito como produto exclusivo do Estado. A sociologia jurídica destaca essa mudança principalmente pela atuação determinante do campo financeiro na elaboração da nova ordem jurídica, que facilita ainda mais a evolução da globalização. As correntes defensoras do pluralismo jurídico ganharam grande destaque nos últimos anos. Todavia, é bom registrar que prevalece, ainda, a corrente do monismo jurídico ou monismo estatal, apesar do crescimento da corrente pluralista. Cabe aqui fazer uma digressão aos primórdios da teoria do pluralismo jurídico e em tal empreitada intelectual utilizaremos a obra de Georges Gurvitch. Para esse sociólogo, a sociologia é a ciência que estuda os *fenômenos sociais*. E o sociólogo elaborou a **teoria pluralista das fontes do Direito** para demonstrar que os fenômenos sociais constituem a base do Direito. O autor começa apontando que o problema maior do Direito Positivo é em demonstrar qual o fundamento que o torna válido e obrigatório. E responde pela impossibilidade do Direito extrair sua obrigatoriedade de si mesmo, de forma autônoma, e também que o Direito cria o Direito. Chama atenção o autor para o fato de que o Direito, desde a sua origem, está ligado aos fatos e é inseparável da experiência. Aliás, se assim não fosse, o Direito nunca estaria apto a realizar a justiça e a justiça é a razão de ser do Direito. Assim, para Gurvitch, o Direito Positivo é formado por um autoridade determinada, por uma regra legal e pela eficiência social dessa regra. Depois de tal revelação, identificamos a obrigatoriedade do Direito exatamente na ligação e retroalimentação desses três elementos: *autoridade*, *valor* e *eficiência real*. Depois dessa explanação inicial, cabe apontar quais são as fontes do Direito Positivo para o autor, o qual as divide em tradicionais ou secundárias ou essenciais e primárias. As tradicionais são a lei, o costume e a prática judiciária, que são insuficientes para explicar a obrigatoriedade e a efetividade do Direito. Já as fontes primárias são os fatos sociais, que são marcadamente dinâmicos e garantem a autoridade e a eficiência das fontes ditas secundárias, pois os fatos sociais encerram em si os valores de justiça. Termina Gurvitch a dizer que todas as fontes tradicionais – notadamente formais – são equivalentes e, portanto, não comportam hierarquia entre elas e isso tudo porque elas são o resultado da constatação dos fatos sociais. O Direito só é jurídico porque é social nas suas próprias fundações. O Direito é, portanto, um fenômeno social, motivo pelo qual constitui um quadro de referência que se modifica e se renova incessantemente. Por essa razão, o Direito Positivo torna-se obsoleto em um dado momento. A regra jurídica está diretamente ligada ao dado concreto do campo social que é sua *fonte primária*. Para Gurvitch, a *teoria pluralista das fontes do Direito positivo* amplia a esfera da experiência jurídica e elimina qualquer preconceito dogmático ou estático, permitindo amplas perspectivas para uma concepção puramente dinâmica, que pode servir de base filosófica tanto para a ciência dogmática do Direito (evitando assim a petrificação de seus conceitos) quanto para a sociologia jurídica propriamente dita.

Gabarito "E"

(ENADE) A coisa é muito distinta no Estado nacional, o único no qual pode prosperar o capitalismo moderno. Funda-se na burocracia profissional e no Direito racional. (WEBER, Max. **Sociologia del derecho**. Granada: Editorial Comares, 2001. p. 242 – nossa tradução).

A partir da leitura do texto acima, NÃO pode ser atribuída ao pensamento de Max Weber a

(A) dependência do capitalismo moderno com relação ao Estado nacional.

(B) teoria funcionalista do Direito como sistema autopoiético, ao lado de outros subsistemas sociais.

(C) concepção de que o Direito racional substitui a moral e a religião no regramento da vida social.

(D) ideia de que a burocracia estabiliza um modo de dominação novo na história.

(E) diferenciação dos sistemas sociais, com crescente processo de laicização e de juridificação na justificação do poder.

Antes de comentarmos as alternativas, faremos uma rápida introdução ao tema do Direito racional e do Estado burocratizado. O Direito racional prevalece no Estado moderno burocratizado em que vivemos, onde é de grande importância o aspecto formal, ou seja, a racionalização do processo e, por consequência, a criação de um *pensamento jurídico-formal*. Assim, o fruto do Estado moderno é um Direito formalista. Nesta toada, os funcionários da justiça são como técnicos da administração burocrática. Para Weber, essa racionalização experimentada pelo Direito é contemporânea de uma racionalização geral da vida em si, pois tudo surge como resultado do evolver do sistema econômico capitalista e da burocracia. **A:** esta resposta contém afirmação correta, mas é a opção incorreta a ser assinalada porque a questão aborda pensamento de Weber ao dizer que o capitalismo depende, para prosperar, do Estado nacional, pois neste há a *burocracia profissional* (que é um poder exercido por meio da rotina da administração) e o *Direito racional* (que é um direito calculável e não um direito imprevisível); enfim, o capitalismo precisa das rotinas administrativas (burocracia) e da segurança jurídica (direito racional); **B:** esta opção é que deve ser assinalada, pois não pode ser atribuído ao pensamento de Max Weber a teoria do Direito como sistema autopoiético, que é aquele sistema que se autodelimita, se autodetermina, se autorregula, pois o Direito tem por função atender certas demandas do Estado Moderno, não sendo um fim em si mesmo. Cabe aqui convidá-los para uma reflexão: pensemos no estruturalismo exacerbado que foi a base das teorias jurídicas tradicionais. Em muitas ocasiões, tal sistema composto por normas gerais e abstratas não consegue resolver satisfatoriamente situações singularizadas do mundo fenomênico, e principalmente hodiernamente, onde isso acontece com certa habitualidade, devido à complexidade das relações intersubjetivas. E isso ocorre porque o Estruturalismo pregado pela dogmática jurídica defende um Direito vinculado, conservador e formalista, o que impede a satisfatória regulação dos acontecimentos em constante transformação no atual e complexo mundo real. Tal constatação obriga os estudiosos do Direito a encararem a ciência jurídica de forma livre, inovadora e realista. Apenas dessa maneira o estudo do Direito pode evolver para conseguir regular satisfatoriamente as novas e complexas relações sociais. Ao lado desse engessamento proporcionado pela visão dogmática, percebe-se que o Estado contemporâneo é muito atuante, ou seja, a outrora única função do Direito (repressiva) deu lugar a muitas outras hodiernamente, como, por exemplo, é fácil observar um elevado número de leis que constituíram instituições públicas destinadas a distribuir bens, dinheiro e serviços (função distributiva do Direito); **C:** não é a resposta a ser assinalada, pois tal concepção decorre, sim, do pensamento de Weber, pelo qual o Direito racional substitui a subjetividade das regras morais e religiosas; **D:** igualmente não é resposta a ser assinalada, pois tal ideia decorre, sim, do pensamento de Weber, uma vez que a *burocracia profissional* possibilita um novo modo de dominação, que deixa para trás a *autoridade tradicional* (dominação pela religião) e a *autoridade carismática* (dominação pelo líder popular ou caudilho), para passar a dominar a *autoridade legal*, a autoridade decorrente das ordens impessoais emanadas pelos agentes competentes, segundo princípios racionais; **E:** por fim, também esta opção não é a correta para ser assinalada, pois Weber faz a diferenciação mencionada, deixando claro que o processo de racionalização e profissionalização supera os processos morais e religiosos na justificação do poder.

Gabarito "B"

ANOTAÇÕES

ANOTAÇÕES